KB128469

춘추좌전

•

중권

춘추좌전

•

중권

좌구명 지음

장세후 옮김

을유문화사

옮긴이 장세후(張世厚)

1963년 경북 상주에서 태어나 1986년 영남대학교 중어중문학과를 졸업하고, 1988년과 1996년 같은 대학에서 각각 석·박사 학위를 받았다. 영남대학교 겸임교수와 경북대학교 연구 초빙교수를 거쳐 현재 경북대학교 퇴계연구소(退溪研究所) 전임연구원으로 재직하고 있다.
주요 역서로는 『한학 연구(漢學 研究)의 길잡이—고적도독(古籍導讀)』〔취완리(屈萬里) 지음·이회문화사, 1998〕, 『초당시(初唐詩, *The Poetry of the Early T'ang*)』〔스티븐 오웬(Stephen Owen) 지음, 대구 중문출판사, 2000〕, 『퇴계시(退溪詩) 풀이 1~6』(공역, 영남대학교 출판부, 2006~2011), 『고문진보(古文眞寶)·전집(前集)』(황견 엮음, 공역, 을유문화사, 2001), 『주희 시 역주(朱熹 詩 譯註)·권지일(卷之一)』(이회문화사, 2004), 『주희 시 역주(朱熹 詩 譯註)·권지이(卷之二)』(이회문화사, 2006), 『당송팔대가문초-소순(唐宋八大家文抄-蘇洵)』(공역, 전통문화연구회, 2012) 외 다수가 있다.

춘추좌전 중권

초판 제1쇄 발행 2013년 1월 15일

지은이 좌구명
옮긴이 장세후
펴낸이 정무영
펴낸곳 (주)을유문화사

창립 1945년 12월 1일
주소 서울시 종로구 수송동 46-1
전화 02-733-8151~3
팩스 02-732-9154
홈페이지 www.eulyoo.co.kr
ISBN 978-89-324-5263-0 03150

＊이 책은 동양고전연구회의 지원으로 발간되었습니다.

＊옮긴이와 협의하여 인지는 붙이지 않습니다.
＊값은 뒤표지에 표시되어 있습니다.

추천 서문

대구를 중심으로 활동하고 있는 사단법인 동양고전연구회는, 조호철 박사(동양정신과의원 원장, 주역 전문가)가 중심이 되어, 장윤기 변호사(전 영남대 재단 이사장, 법원행정처장), 박병탁 교수(전 영남대 정신의학과 교수), 윤용섭 박사(국학진흥원 부원장) 등등 대구·경북을 대표할 만한 지식인들과 뜻을 함께하는 동호인들이 모여 만든 문화단체로, 시민을 대상으로 하는 한문고전에 대한 강좌도 상설하고 있으며, 『동양고전 읽기』란 잡지도 정기적으로 내고, 몇 가지 한문으로 된 책을 번역해 내기도 하였으며, 다음 카페(동양고전연구소, http://cafe.daum.net/dong--yang)를 통하여 동양고전에 대한 회원들의 정보와 의견을 수시로 교환하는 일도 병행하고 있다.

필자는 이 모임에 초창기부터 참여하여, 연구책임자(동양고전연구소장)라는 직함을 하나 얻게 되었는데, 지금까지도 이 모임의 상설 강좌를 조 박사와 함께 주관하기도 하고, 번역 작업을 주도하고 있기도 하다. 이 작업 가운데 하나로 기획한 것이 바로 이 을유문화사에서 내는 고전 번역 총서들이다. 이미 『논어』, 『맹자』, 『대학·중용』, 『노자』, 『주역』, 『장자』(내·외편·잡편)를 완간하였고, 지금 『시경』 등은 편집 중이며, 『예기』와 『묵자』 같은 책은 집필 중에 있다.

이러한 책의 특징은 한문을 잘 모르는 한글세대 독자들이 읽어도 알기 쉽도록, 한문 원문에 한자 발음을 표기하여 놓았으며, 토를 달았고〔현토(懸吐)〕, 주석을 쉬운 말로 많이 달았으며 또한 본문의 문장과 한글 번역 문장을 짧게 끊어 서로 대조하여 보기에 편하게 만든 대역본이란 점이 가장 큰 특징이다. 이렇게 책을 만들고 보니, 책의 쪽수가 한없이 늘어나게 되어 출판사에서도 자주 애로를 이야기하게 되었으나, 그래도 지금까지 나온 책들은 모두 성공작이라는 게 정평이니, 우리 연구회의 목표의 일부가 제대로 이루어져 가고 있는 듯하여 매우 즐겁게 생각하고 있다.

이 『춘추좌전(春秋左傳)』(『좌전』)은 이 번역 작업의 일환으로, 우리 고전연구회에서 초창기부터 필자와 함께 강의도 담당하고, 지금은 회지 편집과, 카페 운영의 책임을 지고 있는 장세후 박사가 번역 주석한 책이 되어, 누구보다도 우리가 기획한 이러한 고전 신역의 취지와 방침을 잘 이해하고 있기 때문에, 지금까지 나온 위의 여러 책들과 함께, 이 책은 또다시 우리 한국의 한문고전 번역사에서 새로운 지표를 마련할 만한 역작이 될 것이라고 필자는 확신하고 있다.

장세후 박사는 필자와 함께 대한민국 학술원 우수도서로 연거푸 선정된 바 있는 『고문진보(古文眞寶)·전집(前集)』(전2권)과 『퇴계시 풀이』(현재 6권까지 출간) 같은 분량이 매우 두툼한 책을 상세하게 번역 주석하여 내었고, 본인이 따로 주자시를 번역하여 책을 몇 권 내기도 하였으며, 영어로 된 『초당시(初唐詩, *The Poetry of the Early T'ang*)』라는 볼 만한 책도 우리말로 잘 번역하여 낸 바 있다. 필자가 생각하건대 지금 한국에서 한문으로 된 책을 장세후 박사와 같이 일관성 있게, 성실하게 번역·주석하여 우리 학계와 문화계에 큰 공로를 세우고 있는 중견 학자는 아마 얼마 되지 않을 것으로 생각한다.

이 『춘추좌전』 번역은 그 방대한 분량 때문에, 원래 장 박사 외에 또 한 사람을 공역자로 지정하여 의뢰하였던 것이나, 그 사람이 이 작업을 하는 도중에 건강이 나빠져 중도에서 포기하는 바람에, 장 박사 한 사람이 2백 자 원고지로 환산하였을 때 1만 8천 매에 육박하는 거대한 작업을 이루어 낸 것이다. 한 가지 아쉬운 것은, 이 역주의 분량이 너무 많기 때문에 원문의 한자 발음을 글자마다 다 달지 않았다는 것은 필자가 주장하는 원래의 편집 방침과는 좀 다른 것이나, 상세한 각주 항목을 보면 원문 글자의 발음도 대개는 밝혀지리라 생각한다.

원래 방대한 분량과 예상치 못한 작업 시간의 연장으로 인하여, 이 책을 교열하는 데도 많은 사람이 동원되었다. 전반부의 교열을 거의 도맡아 봐주다시피 한 영남대 중문학과 강사 박한규 군과, 후반부의 교열을 나누어 맡아 서로 돌려 가며 읽어 준 동양고전연구회의 회원들인 조인숙, 남계순, 정호선 선생 등 여러분에게도 이 자리를 빌려 고맙다는 뜻을 전하고자 한다.

이장우

(영남대학교 중국언어문화학부 명예교수)

머리말

중국 문학을 전공하려면 피해 갈 수 없는 것들이 있다. 이른바 경서(經書)와 제자(諸子, 諸子書)다. 중국에서는 이를 모두 합하여 문사철(文史哲)이라 하고, 우리나라에서는 인문학이라고 한다. 경서는 내용이 다양하다. 이는 유가(儒家)의 텍스트가 되는 책으로 사고분류법(四庫分類法)에 의해 재분류를 한다면 사(史)·자(子)·집부(集部)로 나눌 수가 있다. 그중에서도 『춘추(春秋)』에 주석을 단 이른바 '춘추3전(春秋三傳)'은 재분류한다면 사부(史部)로 들어가는 책이다.

『춘추』는 공자가 제자들에게 노나라의 역사를 가르치기 위한 교재였다. 노나라 사관들이 남긴 역사를 재정리한 책이라고 이해를 하면 가장 쉬운 설명이라 하겠다. 이 수백 년간의 역사를 얼마나 간략하게 정리를 하였던지 후세의 사람들이 보기에는 추가 설명이 없으면 도저히 이해하기 힘든 부분들이 많이 있었다. 그래서 『춘추』의 이해를 도모하기 위하여 주석을 단 사람들이 나오게 된 것이다. 그들이 좌구명(左丘明)과 곡량적(穀梁赤), 공양고(公羊高)라는 '춘추3전'의 주석가들이다. 『전(傳)』은 평성(平聲, chuán)과 거성(去聲, zhuàn)으로 읽힌다. 거성은 높은 소리로 성인(聖人)의 글에 단 주석이라는 뜻이 된다. 이 가운데 좌구명이 지었다고 알려진 『춘추좌전(春秋左傳)』(『좌전』)은 다른 두 주석서와 그 성격이 판이하게 다르다. 다른 두 권이 글자 한 자 한 자에 대한 공자의 의도를 밝히는 데 주력한 반면, 『좌전』은 거의 당시의 역사적 사실들을 가져다 설명하였다. 말하자면 좌구명의 책은 『춘추좌전』(『춘추』에 대한 좌구명의 주석)이 아니라 『좌씨춘추(左氏春秋)』(좌구명이 지은 역사)가 되는 것이다. 보다 상세한 내용은 〈『춘추좌전』을 읽기 전에〉에서 다루었으므로 여기서는 이 정도로 설명을 끝내기로 하겠다.

그야말로 본격적으로 중국 문학을 전공하기 위해서 박사과정에 들어갔을 때 『좌전』을 읽은 적이 있었다. 원서로 읽었으면 가장 좋았겠지만 위에는 원문이 있고 아래에는 번역문이 있는 대역본을 읽었다. 그때 받은 느낌이 새 세대를 위한 좀 새롭고 친절한 번역과 주석이 나오면 좋지 않겠는가, 하는 것이었다. 2006년 여름으로 기억된다. 대역본을 읽으면서 아쉬움을 느꼈던 때로부터 15, 6년의 세월이 흐른 뒤였다. 대구의 동양고전연구회와 을유문화사에서 새로운 중국의 고전을 번역할 기획을 하고 회합을 가졌다. 『춘추좌전』도 그 기획의 목록에 들어 있었고, 뜻밖에 공역이긴 하지만 내게 이 책의 번역 의뢰가 들어왔다. 두렵기도 했으나 오랜 바람을 실현할 수 있는 좋은 기회라는 생각에 역량은 생각지도 않고 덜컥 수락을 하였다. 약 3년에 걸쳐 내가 맡은 분량이 끝났을 때 새로운 문제가 생겼다. 공역하기로 했던 다른

한 분이 신병상의 이유로 번역을 못하게 됐다는 것이었다. 이에 동양고전연구회와 을유문화사 측에서는 내게 뒷부분까지 마저 번역을 해 줄 수 없겠느냐는 제의를 해왔다. 적잖은 부담이 되었지만 앞서 해놓은 분량이 아까웠다. 또 이런저런 이유로 책의 출간이 늦어질까 나름 걱정이 되었다. 심사숙고 끝에 다시 수락을 하여 결국 2011년 초에 초역을 끝내게 되었다.

이 책은 분량이 워낙 방대하다. 혼자서는 교정을 보거나 다시 읽어 보며 검토하기에 어려운 점이 많은 건 당연하다. 먼저 후배인 박한규 선생이 상권 분량에 해당하는 부분을 꼼꼼히 읽어 주었다. 그 이하는 동양고전연구회에서 같이 공부하는 학반인 남계순, 조인숙, 정호선 선생 등이 돌려 가며 읽었다. 고맙게도 오탈자도 잡아 주고 의견도 개진해 주었다. 이 자리를 빌려서 심심한 감사의 뜻을 전하는 바이다.

그 외에도 흔쾌히 추천 서문을 써 주시며 격려를 아끼지 않으셨던 동양고전연구회의 소장님이신 이장우 선생님께도 감사를 드린다. 또한 이 책을 훌륭한 책으로 만들기 위하여 방대한 분량의 교열을 도맡아 해주신 윤현식 선생께도 감사드린다. 마지막으로 이 책의 가치를 인정하고 확고한 신념으로 출판에 대한 유무형의 노력을 아끼지 않은 을유문화사에 감사를 드린다.

장세후

차례

춘추좌전 | 중권 |

6. 문공(기원전 626년~기원전 609년)

7. 선공(기원전 608년~기원전 591년)

8. 성공(기원전 590년~기원전 573년)

9. 양공(기원전 572년~기원전 542년)

| 일러두기 |

1. 이 책은 『춘추좌전』의 본문만을 비교적 쉽고 간단하게 읽고자 하는 독자와 『춘추좌전』을 깊이 있게 읽고 혼자서 고서를 읽는 능력을 배양하고자 하는 독자에 맞게 구성하였다.
2. 두예의 『춘추좌씨전집해(春秋左氏傳集解)』와 공영달의 『춘추좌전정의(春秋左傳正義)』, 양백준의 『춘추좌전주(春秋左傳注)』 등 관련 주석을 참고하여 가능한 한 상세하게 주석을 달았다.
3. 기존의 〈을유세계사상고전〉 시리즈와 같이 음을 달고 토를 달려고 하였으나 분량이 지나치게 많아져서 생략하였다. 다만 중요한 한자 등은 주석에서 모두 밝혀 놓았다.
4. 번역은 일반인들의 수준을 고려하여 쉽게 이해할 수 있는 정도로 하되 직역을 원칙으로 하였으며, 필요한 경우 의미 전달의 효율성을 고려하여 다소 의역한 부분도 있다.
5. 주석에 인용된 번역에는 원문을 달지 않았으나 『좌전』과 밀접한 관련이 있는 경우에는 해당 부분에 한해서라도 원문을 달았다.
6. 개념을 풀어쓰고 원개념을 밝힐 때는 〔 〕를 사용하였다. 예) 세수〔沃盥〕
7. 주석에 인용된 책의 제목은 원문에 충실하게 따랐다. 다만 자주 인용되는 책 가운데 처음 나오는 책은 원서의 명칭을 사용하였고 두 번째 이하는 원서의 인용 서목에서 사용한 약칭을 썼다. 예) 『독사방여기요(讀史方輿紀要)』〔이하 『방여기요(方輿紀要)』〕
8. 이 책에서 자주 쓰이는 약칭은 다음과 같다. (*약칭이 같은 경우는 앞에 저자 표시)

1) 춘추류(春秋類)

* 두주(杜注) : 진(晉)나라 두예(杜預 : 222~284)의 『춘추좌씨전집해(春秋左氏傳集解)』
* 공소(孔疏) : 당(唐)나라 공영달(孔穎達 : 574~648)의 『정의(正義)』
* 『간서간오(簡書刊誤)』 : 청(淸)나라 모기령(毛奇齡 : 1623~1716)의 『춘추모씨전(春秋毛氏傳)』, 『춘추간서간오(春秋簡書刊誤)』
* 『수필(隨筆)』 : 청나라 만사대(萬斯大 : 1633~1683)의 『학춘추수필(學春秋隨筆)』
* 『휘찬(彙纂)』〔1699년 칙찬(勅撰)〕 : 『흠정춘추전설휘찬(欽定春秋傳說彙纂)』
* 『이문전(異文箋)』 : 조탄(趙坦 : 1765~1828)의 『춘추이문전(春秋異文箋)』

2) 춘추좌전류(春秋左傳類)

* 『보정(補正)』 : 청나라 고염무(顧炎武 : 1613~1682)의 『좌전두해보정(左傳杜解補正)』
* 『대사표(大事表)』 : 청나라 고동고(顧棟高 : 1679~1759)의 『춘추대사표(春秋大事表)』
* 『소소(小疏)』 : 청나라 심동(沈彤 : 1688~1752)의 『춘추좌전소소(春秋左傳小疏)』
* 『보주(補注)』 : 청나라 혜동(惠棟 : 1697~1758)의 『춘추좌전보주(春秋左傳補注)』
* 『고증(考證)』 : 청나라 제소남(齊召南 : 1703~1768)의 『춘추좌씨전주소고증(春秋左氏傳注疏考證)』
* 『고정(考正)』 : 청나라 진수화(陳樹華 : 1730~1815)의 『춘추경전집해고정(春秋經傳集解考正)』

* 『보주(補注)』 : 청나라 요내(姚鼐 : 1731~1815)의 『좌전보주(左傳補注)』
* 『고이(考異)』 혹은 『의증(議證)』 : 청나라 무억(武億 : 1745~1799)의 『좌전독고이(左傳讀考異)』〔『경독고이(經讀考異)』 내에 수록〕, 『좌전의증(左傳義證)』〔『군경의증(羣經義證)』 내에 수록〕
* 『고(詁)』 : 청나라 홍양길(洪亮吉 : 1746~1809)의 『춘추좌전고(春秋左傳詁)』
* 『보석(補釋)』 : 청나라 양이승(梁履繩 : 1748~1793)의 『좌통보석(左通補釋)』
* 『석례(釋例)』 : 청나라 손성연(孫星淵 : 1753~1818)이 집교(輯校)한 두예(杜預)의 『춘추석(春秋釋例)』
* 『교문(校文)』 : 청나라 엄가균(嚴可均 : 1762~1843)의 『당석경교문(唐石經校文)』
* 『보소(補疏)』 : 청나라 초순(焦循 : 1763~1820)의 『좌전보소(左傳補疏)』
* 『두주습유(杜注拾遺)』 : 청나라 완지생〔阮芝生 : 고종(高宗) 건륭(乾隆) 때 사람〕의 『좌전두주습유(左傳杜注拾遺)』
* 『술문(述聞)』 : 청나라 왕인지(王引之 : 1766~1834)의 『좌전술문(左傳述聞)』〔『경의술문(經義述聞)』 내에 수록〕
* 『보주(補注)』 : 청나라 마종련(馬宗璉 : ?~1802)의 『춘추좌전보주(春秋左傳補注)』
* 『보주(補注)』 : 청나라 심흠한(沈欽韓 : 1775~1832)의 『춘추좌전보주(春秋左傳補注)』
* 『변증(辨證)』 : 청나라 장총함(張聰咸 : 1783~1814)의 『좌전두주변증(左傳杜注辨證)』
* 『구주소증(舊注疏證)』 : 청나라 유문기(劉文淇 : 1789~1854)의 『춘추좌씨전구주소증(春秋左氏傳舊注疏證)』
* 『평의(平議)』 : 청나라 유월(兪樾 : 1821~1906)의 『춘추좌전평의(春秋左傳平議)』
* 『독(讀)』 : 장병린(章炳麟 : 1869~1936)의 『춘추좌전독(春秋左傳讀)』
* 『회전(會箋)』 : 다케조에 고코(竹添光鴻 : 1842~1917)의 『좌전회전(左傳會箋)』

3) 경사(經史) 기타류
* 『석문(釋文)』 : 당나라 육덕명(陸德明 : 550?~630)의 『경전석문(經傳釋文)』
* 『집해(集解)』 : 남조(南朝) 송나라 배인(裴駰)의 『사기』 주석서 『사기집해(史記集解)』
* 『색은(索隱)』 : 당나라 사마정(司馬貞)의 『사기』 주석서 『사기색은(史記索隱)』
* 『정의(正義)』 : 당나라 장수절(張守節)의 『사기』 주석서 『사기정의(史記正義)』
* 『지의(志疑)』 : 청나라 양옥승〔梁玉繩 : 1744~1819, 고종(高宗) 건륭(乾隆) 때 사람〕의 『사기지의(史記志疑)』
* 『패소(稗疏)』 : 청나라 왕부지(王夫之 : 1619~1692)의 『춘추패소(春秋稗疏)』
* 『방여기요(方輿紀要)』 : 청나라 고조우(顧祖禹 : 1624~1680)의 『독사방여기요(讀史方輿紀要)』
* 『고략(考略)』 혹은 『지명고략(地名考略)』 : 청나라 고사기(高士奇 : 1645~1704)의 『춘추지명고략(春秋地名考略)』
* 『고실(考實)』 : 청나라 강영(江永 : 1681~1762)의 『춘추지리고실(春秋地理考實)』
* 『지명보주(地名補注)』 : 청나라 심흠한(沈欽韓 : 1775~1832)의 『춘추지명보주(春秋地名補注)』

『춘추좌전』을 읽기 전에

1. 『춘추(春秋)』란 무엇인가?

'춘추(春秋)'는 원래 '사기(史記)'와 마찬가지로 당시 각국 역사책의 통칭이었다. 따라서 『국어·진어(國語·晉語) 7』에서는 "양설힐(羊舌肸)이 춘추에 익숙하였다"라 한 것이라든가, 『국어·초어(國語·楚語) 상(上)』에서 "춘추를 가르쳤다"라 한 것 또한 모두 일반적인 역사책을 가리켜 한 말로 쓰인 것이다. 『묵자·명귀(墨子·明鬼)』편에는 일찍이 각국의 괴이한 일을 기록한 적이 있는데, 첫째는 "주나라의 춘추에 나타난 것"이고, 둘째는 "연나라의 춘추에 나타난 것"이며, 세 번째는 "송나라의 춘추에 나타난 것"이고, 네 번째는 "제나라의 춘추에 나타난 것"이라는 말이 있는데 또한 모두 역사책을 가리킨 것이다. 『수서·이덕림전(隋書·李德林傳)』에는 「답위수서(答魏收書)」가 실려 있는데, 또한 말하기를 "『묵자』에서는 또한 '나는 백 나라의 춘추를 보았다'라 하였다"〔지금 판본에는 이 글이 없으며, 청나라 손이양(孫詒讓, 1848~1908)의 『묵자한고(墨子閒詁)』에서는 '일문(佚文)' 중에 넣었다〕

라 하였다.

'춘추'라는 명칭은 그 유래가 상당히 오래된 것 같다. 당나라 유지기(劉知幾)의 『사통·육가(史通·六家)』편에서는 "춘추가(春秋家)라는 것은 그 선(先)이 삼대(三代)에서 나왔다. 『급총소어(汲冢瑣語)』에 의하면 태정(太丁) 때의 일을 기록하여 『하은춘추(夏殷春秋)』라고 하였다"라 하여 "『춘추』의 시작은 『상서(尙書)』〔『서경(書經)』〕와 동시임을 알겠다"라 하였다. 그러나 유지기의 이 추론은 믿고 따르기가 어렵다. 『급총소어』라는 책은 지금 이미 볼 수가 없어 확실히 고증하기 어렵기 때문이다.

그러나 나라마다 역사책을 부르는 데 나름대로 고유한 명칭이 있었으니, 『좌전·소공(昭公) 2년』의 『전(傳)』에서는 "진후가 한선자로 하여금 내빙케 하고, …… 태사씨에게서 기록하는 것을 살피고 『역(易)』과 『상(象)』, 그리고 『노춘추(魯春秋)』를 보았다(晉侯使韓宣子來聘, …… 觀書於大史氏, 見易, 象與魯春秋)"라 하였고, 『맹자·이루(離婁) 하(下)』에서도 "진(晉)나라의 승(乘)과 초나라의 도올(檮杌), 노나라의 춘추(春秋)는 마찬가지이다"라 하였다.

이에 의하면 '춘추'는 이미 각국 역사책의 통칭일 뿐만 아니라 또한 노나라 역사책의 고유한 명칭이라고도 볼 수 있다. 따라서 각국의 역사책에 따라 어떤 것은 각기 고유한 명칭이 있었으니 진나라의 역사책은 '승'이라 하였고 초나라의 것은 '도올'이라 하였는데, 이들과 노나라의 '춘추'는 그 성질이 서로 같은 것이라는 말이다.

그러면 역사책을 무엇 때문에 '춘추'라고 하였을까? 옛사람들은 사계(四季) 중 춘(春)·추(秋) 두 계절을 중시하여 늘 춘추 두 자를 연용하곤 하였다. 이를테면 『주례·천관·궁정(周禮·天官·宮正)』에서는 "봄·가을로 목탁을 가지고 화기를 엄금하는 것을 준수하였다(春秋以鐸修火禁)"라 하였고, 『시경·노송·비궁(詩經·魯頌·閟宮)』에서는 "봄·가을로 게으르지 않게(春秋匪解)"라 하였으며〔『좌전·문공(文公) 2년』에 이 말이 인용되어 있다〕, 『예기·중용(禮記·中庸)』에는 "봄과 가을에 조상의 사당을 수리한다(春秋修其祖廟)"라는 말이 있으며, 그 외에도 『좌전』과 『국어』 등에도 이런 예가 많이 보인다.

이 말들은 어떤 것들은 『춘추』의 경문(經文)이 이루어지기 전에 이미 생겨났지만 대다수는 『춘추』의 경문이 이루어진 후에 사용되었고, 더욱이 한선자(韓宣子)가 본 노나라 『춘추』의 뒤에 사용되었지만 그것이 춘추와 춘추시대 이전의 현상을 반영하고 있다는 사실에는 의심의 여지가 없다. 진(晉)나라 두예(杜預 : 222~284)의 『춘추좌씨전집해(春秋左氏傳集解)』 서문에서 "사관의 기록은 반드시 해의 표시를 함으로써 표기를 시작하였으며, 1년에는 사시(四時)가 있었으니 엇갈리게 들어 기록한 책의 이름으로 삼았다"라 한 것은 전혀 이상한 것이 아니다. 의미는 역사책의 이름을 '춘추'라 한 것은 곧 '춘하추동(春夏秋冬)' 넉 자 가운데서 '춘추' 두 자를 절취한 것이라는 말이다. 또한 사계절을 연접한 것을 표기하는 것보다는 엇갈리게 배치하여야 세월의 흐름을 자연스럽게 효과적으로 표현할 수 있었을 것이며, 봄〔春〕은 한 해의 첫 계절이므로 반드시 넣어야 한다고 생각하였을 것이다.

2.『춘추』와 공자

『공양전(公羊傳)』(『춘추공양전』)과 『곡량전(穀梁傳)』(『춘추곡량전』)의 경문에 의하면 노나라 양공(襄公) 21년(B.C. 552) "11월 경자일에 공자가 태어났다"고 하였으며, 또한 『공양전』과 『곡량전』의 경문에 의하면 노나라 애공(哀公) 14년에 "서쪽에서 기린이 잡혔다"는 기록이 있다. 반면에 『좌전』에서는 애공 16년(B.C. 479) 공자가 죽은 것까지 기록하고 있다. 『좌전』에서는 뿐만 아니라 애공이 27년 월나라로 도망간 일이며 조양자(趙襄子)와 한(韓), 위(魏) 2가(家)가 함께 지백(智伯)을 멸망시킨 일까지 서술하고 있는데, 이는 이미 춘추시대가 지나간 몇 년 후의 일이다. 위의 세 『춘추』를 보면 둘은 공자의 탄생을, 하나는 공자의 죽음을 기록하고 있으며, 『좌전』은 또한 애공이 공자의 죽음을 애도하는 말까지 수록하였고 더 나아가 자공(子貢)의 논평까지 덧붙였다. 이런 현상들로 볼 때 『춘추』와 공자는 관계가 없다고 말할 수가 없다.

먼저 공자가 과연 진짜 『춘추』의 편수자인가 하는 점을 짚고 넘어가야 한다. 『좌전』에는 『춘추』는 공자가 지은 것이라 강조한 곳이 여러 군데 보인다. 또한 성공(成公) 14년의 『전(傳)』에서는 "그러므로 군자가 말하였다. '『춘추』의 기록은 적으면서도 드러나고 기록하였으되 깊으며 완전하면서도 장을 이루고 다하였으되 더럽지 아니하며 악을 징계하고 선을 권하니 성인이 아니고서야 누가 그렇게 지을 수 있겠는가?'(君子曰, 春秋之稱 微而顯, 志而晦, 婉而成章, 盡而不汚, 懲惡而勸善,

非聖人, 誰能脩之?)"라 하였는데, 이 군자의 입을 빌린 성인이 곧 공자로, 『공양전』의 '군자'와 같다.

또한 『맹자·등문공(滕文公) 하(下)』에서는 "세상이 쇠하고 도가 미약해져서 부정한 학설과 포학한 행동이 일어나 군주를 죽이는 신하가 있으며 아비를 죽이는 자식이 있었다. 공자가 두려워하여 『춘추』를 지으니 『춘추』는 천자의 일이었다. 그러므로 공자께서 말씀하시기를 '나를 알아주는 것은 오직 『춘추』일 것이며, 나를 죄주는 것도 오로지 『춘추』일 것이다!'라 하였다(世衰道微, 邪說暴行有作, 臣弑其君者有之, 子弑其父者有之. 孔子懼, 作春秋. 春秋, 天子之事也, 是故孔子曰, 知我者其惟春秋乎! 罪我者其惟春秋乎!)"라 하였다.

『좌전』과 『공양전』에서는 다만 공자가 『춘추』를 편수〔脩〕하였다고만 하였는데, 맹자는 마침내 공자가 『춘추』를 "지었다〔作〕"고 하였으니 이는 설이 더욱 멀어진 것이다.

공자는 스스로 말하기를 "전술하되 창작하지 않는다(述而不作)"〔『논어·술이(述而)』〕고 하였는데 맹자는 "『춘추』를 지었다"고 하였으니 이는 분명히 모순되는 것이다.

어쨌든 공자가 『춘추』를 편수하였거나 지었다면 그 시기는 언제쯤일까? 『사기·공자세가(孔子世家)』에서는 그 사실을 애공 14년 서쪽에서 기린이 잡힌 후에 열거하였으며, 또 말하기를 "'안 되지 안 돼. 군자는 죽은 후에 이름이 알려지지 않을 것을 걱정한다. 나의 도가 행하여지지 않았으니 그럼 나는 무엇으로 후세에 이름을 남기겠는가?' 이에 공자는 역사의 기록에 근거하여 『춘추』를 지었다"라 하였다.

이 말이 믿을 만하다면 공자가 『춘추』를 지은 것은 기린이 잡힌 것이 동기가 되었을 것이다. 그러나 공자는 이로부터 2년 뒤에 병으로 죽는다. 고대의 간책(簡冊)의 번중함과 필사 및 도삭(刀削)을 감안한다면 242년에 달하는 역사책을 70이 넘은 늙은이가 단 2년 만에 완성한다는 것은 거의 불가능할 것이다. 마찬가지로 『사기·12제후 연표서(十二諸侯年表序)』에서는 "이에 공자는 왕도를 밝히려고 70여 제후들에게 강구하였으나 아무도 그를 맞아들이지 않았다. 그래서 공자는 서쪽 주왕실의 서적을 살펴보고, 역사 기록과 예전의 견문들을 논술하였는데, 노나라의 사적을 위시하여 『춘추』를 편차(編次)하였다"라 하였다. 이 말은 공자가 『춘추』를 지었다는 『사기·공자세가』의 말과는 서로 배치된다. 『사기』에 의하면 공자는 30세 이전에 주나라에 간 적이 있으며, 그 이후로는 다시는 주나라에 가지 않았다. 『사기』의 설(說)대로 주왕실의 서적을 살펴보고 역사를 서술했다면 30세 이전인 노나라 소공 때까지의 역사만 있어야 하는데, 『춘추』는 애공 때까지의 역사를 서술하였으니 이는 또 어떻게 설명할 것인가? 또한 공자와 문하의 제자들에 대한 언행이 기록되어 있는 『논어』에는 『역』을 읽고 『시경』의 「아(雅)」와 「송(頌)」을 정리하였다는 말은 보이지만 『춘추』에 대한 언급은 찾아볼 수 없다. 만약 정말로 공자가 『춘추』를 짓거나 편수하였다면 공자의 제자들이 이에 대하여 단 한마디의 언급도 없을 수 없을 것이다.

『춘추』는 노나라 옛 역사이다. 『춘추』는 총 12공(公), 240여 년의 일을 기록하였으며, 집필한 자는 필시 연인원 수십 명에 달할 것이다.

이 수십 명의 집필자는 각기 스스로 일가를 이루었을 것이니 그 서술하는 방법이 어찌 모두 같았을 수 있겠는가?

그렇다면 『춘추』와 공자는 도대체 무슨 관계가 있을까? 아마 공자는 일찍이 『노춘추』를 교본으로 삼아 제자들에게 이를 가르쳤을 것이다. 『논어·술이(述而)』편에는 "공자는 네 가지를 가지고 가르쳤으며 문(文)과 행(行), 충(忠), 신(信)이다"라 하였는데, 이 네 가지 중에 문(文)에는 당연히 노나라의 역사 문헌이 포함되었을 것이니, 곧 당시의 기준으로 보면 근대사와 현대사일 것이다. 공자는 반드시 『노춘추』에 궐문(闕文 : 문장 가운데 빠진 글자나 빠진 글귀. 또는 글자나 글귀가 빠진 문장)이 있는 것을 보았을 것이므로 "나는 오히려 사관들이 글을 빼놓고 기록하지 않은 것을 미처 보았다(吾猶及史之闕文也)"〔『논어·위령공(衛靈公)』〕라 하였으니 『춘추』에는 반드시 궐문이 있었을 것이다. 이를테면 희공 14년 『경(經)』의 "겨울에 채후 힐(肹)이 죽었다(冬, 蔡侯肹卒)"는 기록에는 월과 일이 보이지 않는데 이런 것이 곧 궐문이다. 이렇게 공자는 노나라의 사관들이 남긴 『노춘추』를 교본으로 삼아 학생들을 가르치면서 그것을 정리하였을 따름이다.

결론적으로 『춘추』와 공자는 상관이 있기는 하나 다만 공자가 『노춘추』를 제자들에게 전수한 것일 따름이다. 『사기·공자세가』에서 이른바 "자하의 무리들도 한마디도 보탤 수가 없었다" 한 것이다. 제자 특히 자하가 『춘추』를 전수하였을 가능성이 몇 가지 있다. 첫째, 자하는 공자의 후기 제자로 공자보다 44세 어리며 만년에 위문후(魏文侯)의 스승이 되었으며 서하(西河)에서 교수하였다. 둘째, 『춘추』의 『전

(傳)』은 자하에게서 많이 나왔다. 셋째, 『한비자·외저설·우상(韓非子·外儲說·右上)』에서 "근심을 제거하는 방법에 대하여 공자의 제자인 자하는 『춘추』를 들어 적절하게 설파하였다"라 하였다. "공자가 나고", "공자가 죽은" 기록에 관하여서는 당연히 후인들이 『춘추』를 전하면서 덧붙여진 것이며 『노춘추』의 구문(舊文)이 아닐 것이다. 첨가한 사람이 『춘추』와 공자와의 관계를 나타내지 않았을 따름이다.

3. 『춘추』와 춘추3전(春秋三傳)

후한(後漢) 시대 반고(班固)의 『한서·예문지(漢書·藝文志)』에서는 "『춘추고경(春秋古經)』 12편. 『경』 11권"이라 하였는데, 반고(班固)는 "『경』 11권"의 아래에 "『공양』, 『곡량』 2가(家)"라고 주석을 달았다. 그렇다면 『춘추고경』은 바로 『좌씨전(左氏傳)』의 『경』을 말할 것이며, 원래 고대(古代) 문자로 쓰여 있었기 때문에 "고경(古經)"이라 하였을 것이다. 노나라의 한 공(公)이 한 편(篇)이었으므로 12공 12편이 된 것이다. 『경』이 11권인 것은 아마 민공(閔公)이 겨우 2년밖에 되지 않아 장공(莊公)과 합쳤기 때문일 것이다.

『공양전』과 『곡량전』은 모두 한대(漢代)에 쓰여졌으며 당대의 통용 문자를 썼기 때문에 금문(今文)이라 한다. 『좌전』은 일부는 노벽〔魯壁 : 진시황의 분서갱유(焚書坑儒)를 피해 공자의 9대손 공부(孔鮒)가 『상서』, 『춘추』, 『예기』, 『논어』, 『효경』 등 유교 경전을 보전하기 위해 벽 속에 감추어 두었던 곳인데, 그 공로를 기념하기 위해 건축한 노나라 벽으로 공자의 고향 곡부(曲阜)에 있다]에서 나왔고, 일부는 민간에 전하여져서 학관(學館)에 설치되지 못하였다. 한나라 애제(哀帝) 때에는 유흠(劉歆 : ?~23)이 학관에 설치할 것을 극력 주장을 하였으나 금문가들에 의해 거부되었는데, 그 이유 중 하나는 "『좌전』은 『춘추』를 전하지 않았기 때문에" 『좌전』 자체로 고찰을 해야 한다는 것이었다. 이는 후한의 환담(桓譚 : ?~56)이 『신론(新論)』에서 지적한 "『경』이 있는데도 『전(傳)』이 없다" 한 것에서 잘 나타난다. 환담의 논조는 『경』이 『좌전』에서 떨어질 수가 없다는 것인데, 사실 『좌전』 또한 『춘추경』에서 아주 떠나지는 않았다. 그러나 『좌전』의 해석은 현저히 『공양전』이나 『곡량전』과는 같지 않았다.

『좌전』에서 직접적으로 『경문』을 해석하여 말한 것은 비교적 드물지만 기본적으로는 필수불가결한 것이었다. 『좌전』은 또한 이따금 서로 상관이 있는 『경문』 몇 조목을 하나의 『전(傳)』으로 합쳐 놓기도 하여 4조목의 『경문』을 하나의 『전』으로 합쳐 놓은 것도 있다. 뿐만 아니라 『좌전』에는 『경』이 없는 『전』은 더욱 많다. 『좌전』에는 『경』과 모순된 것이 많은데, 이는 일반적으로 『좌전』이 『경』을 바로잡은 것이다.

결론적으로 말하자면 『공양전』과 『곡량전』은 빈말이 아니라 허탄(虛誕)한 괴언(怪言)이 많아 구체적으로 가치가 있는 사료는 거의 없다. 다만 우연히 한두 가지가 『경』의 체례에 부합하여 한나라 사람들에게 중시되어 답습되었고 심지어 부회하기에 이르렀다. 이런 곳은 또한 분명히 밝히고 설명되어야 한다. 그러나 『좌전』은 구체적인 사실

(史實)을 들어 경문을 설명하고 보정하였으며 나아가 바로잡기까지 하였다. 문장이 간결하고 굳세며 유창하여 동한〔東漢, 후한(後漢)〕 이래 더욱 중시되어 위진(魏晉) 이후에는 결국 『공양전』과 『곡량전』을 압도하게 되었다.

4. 『좌전』의 작자

『사기·12제후 연표서』에서는 "노나라의 군자 좌구명(左丘明)은 제자들이 각각 오류를 범하며, 제각기 주관에 집착하여 그 진의를 잃는 것을 염려하였다. 그래서 그는 공자의 기록에 연유하여 그 구절을 상세하게 논술하여 『좌씨춘추(左氏春秋)』를 지었다"라 하였다. 『춘추경전좌씨집해』 서문의 공영달(孔穎達 : 574~648)의 소(疏)에서는 심(沈)씨의 말을 인용하여 "『엄씨춘추(嚴氏春秋)』에서는 〔서한본 『공자가어(孔子家語)』의 한 편(篇)인〕 「관주(觀周)」편을 인용하여 '공자가 『춘추』를 편수하려 할 때 좌구명과 함께 수레를 타고 주나라로 가서 주나라의 역사를 보고 돌아와 『춘추』의 『경』을 지었으며, 좌구명은 거기에 『전(傳)』을 지으니 서로 표리가 되었다'라 하였다"라 하였다. 한나라 엄팽조(嚴彭祖)는 사마천보다 앞선 인물일 것인데, 양자의 설에는 이동(異同)이 있다. 같은 것은 공자가 『춘추』를 편수하였고 좌구명이 『전(傳)』을 지었다는 것이다. 다른 것은 공자가 『춘추』를 지은 것이 먼저이고 좌구명이 공자의 제자들이 각자 자기의 견해를 가지고 공자의 원의를 상실할까 두려워 『전』을 지었다고 하였으므로 『전』이 지어진 것이 나중이라고 한 것이다. 엄팽조는 오히려 공자와 좌구명이 함께 수레를 타고 주나라 태사에게 가서 그곳의 책을 보고 한 사람은 『경』을 짓고 한 사람은 『전』을 지어 이 둘이 동시에 지어졌다고 하였다. 좌구명에 대해서는 『논어·공야장(公冶長)』에서 "공자께서 말씀하셨다. '말을 잘하고 얼굴빛을 좋게 하고 공손을 지나치게 함을 옛날 좌구명이 부끄러워하였는데 나 또한 이를 부끄러워한다. 원망을 감추고 그 사람과 사귐을 좌구명이 부끄러워하였는데 나 또한 이를 부끄러워한다'"라 하였으니, 좌구명은 공자의 제자가 아님을 알 수 있으며 이로 인하여 사마천도 그를 "노나라의 군자"라고 하였으며, 당연히 『사기열전·중니제자열전(史記列傳·仲尼弟子列傳)』에도 그의 이름이 보이지 않는다. 그렇다면 그는 최소한 공자와 동시대의 인물일 것이며 나이 또한 공자보다 적지는 않을 것이다. 그러나 당나라 육순(陸淳 : ?~806)의 『춘추집전찬례·조씨손익례(春秋集傳纂例·趙氏損益例)』에서는 동시대인이 아니며 공자 약간 이전 시대의 사람이라고 하여 그가 『좌씨전』을 지은 것을 부정하였다.

후인들은 좌구명의 성(姓)에 대해 의심을 품었다. 사마천은 이미 좌구명(左丘明)이라고 하고는 또 「보임안서(報任安書)」에서 "좌구는 실명하였다(左丘失明)"라 하고 또 그의 저작을 『좌씨전』이라 하였으니 도대체 성이 좌(左)이고 이름이 구명(丘明)이라는 말인가? 아니면 그대로 좌구(左丘)가 복성(複姓)이고 이름이 명(明)이란 말인가? 청나라 주이존(朱彝尊 : 1629~1709)은 좌구가 복성이라는 주장을 폈고, 반고(班固)는 『한서·예문지』에서 성이 좌이고 이름이 구명이라고 하였으며, 당나라의 공영달도 반고의 설을 따랐다. 심지어 청나라 유정섭(兪正燮 : 1775~1840) 같은 사람은 『계사유고·좌구명자손성씨론(癸巳類稿·左丘明子孫姓氏論)』에서 말하기를 "『광운(廣韻)』 18 우(尤)부 구(丘)자의 주에서는 『풍속통』을 인용하여 '노좌구명의 후손'이라고 하였다. 구명(丘明)의 자손이 구(丘)성임은 오랜 옛날부터 의심이 없다. 구명은 『춘추』를 전하였는데 『좌씨전』이라 한 것은 좌사의 관직으로 말한 것이기 때문이다"라 하였다. 유정섭에 의하면 좌는 관직 이름이고, 구가 성이며 이름은 명이라는 것이다. 그러나 좌사(左史)를 다만 좌(左)라고 생략한 예는 예로부터 보이지 않는다. 그러나 좌구명의 성씨가 어떻든 좌구명이 공자와 동시대 사람이거나 이전 시대 사람이거나 간에 『논어』에 나오는 좌구명은 『좌전』의 작자가 될 수 없다.

『좌전』의 마지막 기록은 노나라 애공 27년에 이르며, 맨 끝에 한 단락을 더 추가하여 지백이 멸망당한 것을 설명하고 또한 조무휼(趙無恤)을 시호인 양자(襄子)로 일컫고 있다. 지백이 멸망당한 것은 B.C. 453년으로 공자가 죽은 해와는 이미 26년이란 시차가 있으며 조양자(趙襄子)의 죽음과는 53년이나 되는 시차가 있다. 좌구명이 공자와 동시대인이라면 공자가 죽은 후 53년이 되도록 여전히 저서 활동을 하지는 못하였을 것이므로 이에 대해서는 역대로 여러 가지 견해가 있어 왔다.

남송 여대규(呂大圭 : 1227~1275)는 "좌씨는 대대로 사관을 지내왔고 성인과 동시대의 인물은 구명이다. 그 후 『좌전』에 『전(傳)』을 지은 자는 구명의 자손이거나 문하의 제자일 것이다"라 하였는데, 이에 대해서는 언급한 사람이 하나도 없으므로 이는 단지 억측일 뿐이다. 청나라 요내(姚鼐 : 1731~1815)는 "좌씨의 책은 한 사람의 손에서 완성된 것이 아니다. 좌구명이 『전(傳)』을 지어 증신(曾申)에게 전수하였으며, 증신은 오기(吳起)에게 전하고, 오기는 그의 아들 기(期)에게 전하였으며, 기는 초나라 사람 탁초(鐸椒)에게 전하였고, 탁초는 조나라 사람 우경(虞卿)에게 전하였으며, 우경은 순경(荀卿)에게 전하였다. 아마 후인들이 자주 덧붙였을 것이다. 구명이 『경』을 말한 옛날의 글과 후인이 덧붙인 것은 지금 어느 것이 더 많은지 알 수가 없다"고 하였다. 이는 『좌전』이 후대의 전습(傳習) 과정을 거치면서 내용이 계속 증가되었다는 것을 설명하는 것이지만 또한 어느 부분이 추가된 부분인지에 대해서는 제대로 지적해 내지 못하였다. 이는 『좌전』에는 작자가 언급하여야 하는데도 후인이 추가하지 않은 것이 있다는 것으로 보아 설득력이 떨어진다. 아마 『좌전』은 B.C. 403년 이후에 이루어졌기 때문에 『좌전』의 작자는 자연스레 조양자의 죽음을 목도하였을 것이다.

『좌전』의 작자는 분명 좌구명이 아니다. 『논어』에 나오는 좌구명도 아니고 다른 좌구명도 아니다. 이에 대해서는 『한서·고금인표(古今人表)』 및 기타 어떤 사료에서도 제2의 좌구명에 대해서는 언급이 없기 때문에 알 수 있다. 오기가 실로 『좌전』을 전수한 적은 있지만 『좌씨전』이란 명칭은 절대로 오기가 좌씨 일파의 사람이기 때문이 아니다. 『좌전』은 매우 많은 원시 자료를 채취하였는데, 이를테면 성공 13

년 『전(傳)』의 「진후가 여상을 보내어 진나라와 절교한 편지(晉侯使呂相絶秦書)」 같은 것은 사리에는 전혀 맞지 않는 억지 문자이기는 하나 예술성은 매우 높다. 진(秦)나라는 나중에 이를 모방하여 「초나라를 저주하는 글(詛楚文)」을 쓰기에 이른다. 「초나라를 저주하는 글(詛楚文)」로부터 「진후가 여상을 보내어 진나라와 절교한 편지(晉侯使呂相絶秦書)」는 반드시 원시 기록이거나 원시 문헌임을 알 수 있다. 『좌전』의 작자는 이런 사료를 적절히 배치하여 시종 혜공(惠公)이 은공(隱公)을 낳고 환공(桓公)에서 지백의 멸망까지를 수미일관하게 풍격을 일치시키고 있다. 작자는 아마 공자의 영향을 받았을 가능성이 있지만 유가의 별파일 것이다. 『한비자·현학(顯學)』편에서는 "그러므로 공묵(孔墨)의 후로 유가는 여덟 갈래로, 묵가는 세 갈래로 나누어졌다"라 하였다. 공자는 "괴(怪)·력(力)·난(亂)·신(神)"에 대하여 말하지 않았는데, 『좌전』의 작자는 적어도 "괴·력·난·신"을 배척하지 않았으므로 유가의 별파일 것이라는 것을 알 수 있다.

『좌전』이 사료를 개편(改編)한 것은 『자치통감』이 사료를 개편한 과정과 비슷할 것으로 보인다. 『자치통감』은 송나라 때 1362년이라는 유구한 역사를 유서(劉恕 : 1031~1078)와 유반(劉攽 : 1023~1089), 범조우(范祖禹 : 1041~1098) 같은 당시의 저명한 사학자의 도움을 받아 저술되었지만 사마광(司馬光 : 1019~1086)의 손을 거쳐 체제를 통일시켜 마치 한 사람이 지은 것처럼 보인다. 『좌전』의 작자도 취재를 많이 하기는 하였으나 255년에 불과하며, 『춘추경』을 제외하면 18만여 자에 불과하다. 당시의 작업 여건이 어려웠고 또한 『자치통감』

과 같이 황제의 지지와 관가의 협조 같은 면에서는 훨씬 못하였으니 애당초 한 사람의 손으로 책을 완성시켰을 수는 없었을 것이다.

5. 『좌전』이 이루어진 시기

『좌전』은 한 사람이 아니라 여러 사람의 손을 거쳐 이루어진 책임은 앞에서 이미 밝혔다. 당나라 육순의 『춘추집전찬례』(권1)에서 그 스승 담조(啖助)의 설을 가지고 말했다.

> 내가 『좌씨전』을 보니 주(周)·진(晉)·제(齊)·송(宋)·초(楚)·정(鄭) 등의 나라에 대한 일이 가장 상세하다. 진나라는 출병을 할 때마다 여러 장수들을 갖추어 도왔으며, 송나라는 매번 흥폐(興廢)에 따라 육경(六卿)을 빠짐없이 모두 갖추었다. 그러므로 역사를 기록한 문장이 나라마다 각기 달랐음을 알 수 있다. 좌씨는 이 여러 나라의 역사를 얻어서 문인들에게 전수하였는데, 올바른 뜻[義]은 입으로 전하여졌지만 책으로 갖추어지지는 않았다. 후대의 학자들이 이에 그것을 부연하여 유통시키고 모아서 합쳐 연월순으로 편차하여 전기(傳記)로 만들었다. 또 당시의 문헌과 전적을 널리 채집하여……

당나라 조광(趙匡) 또한 그 책이 공문(孔門) 제자의 후대에서 나왔다고 하였다(『춘추집전찬례』 권1의 인용에 보인다). 송대(宋代)에는 이 책에 대하여 논한 사람이 매우 많은데, 왕안석(王安石)은 『좌씨해(左氏解)』에서 좌씨가 육국(六國) 때의 사람임을 증명하였고, 섭몽득(葉夢得 : 1077~1148)은 『춘추고(春秋考)』에서 전국시대 주나라와 진(秦)나라 사이의 사람이 지었다고 하였다. 정초(鄭樵 : 1104~1162)의 『육경오론(六經奧論)』에서는 육국 때 초나라 사람이 지었다고 하였으며, 진진손(陳振孫 : 1183~?)의 『직재서록해제(直齋書錄解題)』에서도 또한 이 책의 작자는 공자 때의 좌구명이 아니라고 하였다. 무릇 이들은 모두 이 책에 기록된 역사적 사실이 이미 전국시대에까지 미치니 좌구명의 시대와는 미칠 수가 없기 때문에 좌구명이 지은 것이 아니라고 의심하였다.

이 책에 기록된 역사적 사실이 좌구명의 시대와 서로 미칠 수 없다는 것을 논한 것 가운데 송대인의 것으로는 섭몽득의 설이 가장 상세하다. 그의 『춘추고』 권3에서는 말했다.

> 지금의 『춘추』가 끝난 것은 애공(哀公) 14년인데, 이때 공자는 죽었다(실제 공자는 애공 16년에 죽었다). 『전(傳)』이 끝난 것은 애공 27년으로 공자가 죽은 지 13년 뒤이다(실은 11년이다). 그 말에 한(韓)·위(魏)·지백(智伯)·조양자(趙襄子)의 일을 언급하고 있으며 노도공(魯悼公)과 초혜왕(楚惠王)을 일컫고 있다. …… 연대를 고증해 보건대 초혜왕의 죽음은 공자와는 47년이란 거리가 있고, 노도공의 죽음은 공자와 48년, 조양자의 죽음은 공자와는 53년이란 차이가 있다. 그 말을 살펴보면 애공의 손자가 월나라에서 일생을 마친 일이 『경』의 끝이며, 나중의 일까지 두루 언급한 것으

로는 조양자가 가장 먼데 양자에게서 멈추지 않았다. 좌씨의 뒤로 양자가 또 어느 때 사람인지를 모르겠다. 공자와 동시에 있으면서도 제자가 아니니 이렇다면 그가 얼마나 오래 살았단 말인가! …… 지금 그 책을 보니 진 효공(秦孝公) 이후의 일이 섞이어 들어간 것이 매우 많으니 내가 보기에는 아마 전국시대 주나라와 진나라 사이의 사람임에 의심이 없다.

이 책을 공자 때의 좌구명이 짓지 않았다고 한 것은 청나라 사람들도 많이 언급하였으며, 근대인들이 논한 것은 더욱 많다. 그것이 이루어진 시대에 대해서는 근대인 위취현(衛聚賢, 1899~1989)이 지은 「좌전 연구(左傳之硏究)」라는 글이 가장 상세하다. 거기서는 대략 이렇게 말했다.

『좌전』에는 조양자의 시호가 있는데, 양자는 주나라 위열왕(威烈王) 원년에 죽었으니 저자는 이해 이후의 사람이다. 복사(卜辭)에서는 "계씨가 망하니 노나라는 창성하지 않았다"라 하였는데 사실은 그렇지 않으니 이 저자는 노나라 계씨가 망한 것을 볼 수 없었다. 제나라의 전(田)씨에 대해서 "5세에 창성해져서 8세의 후에는 경사에 견줄 만한 사람이 없었다"라 하였는데 그 10세가 후(侯)가 된 것은 말하지 않았으니 이는 주안왕(周安王) 16년에 전화(田和)가 후가 된 것은 볼 수 없었다. 또한 "성왕(成王)이 겹욕(郟鄏)에 정(鼎)을 안치하였는데 점을 친 세대는 30세이고 점을 친 해는 700년이다"라 하였는데 30세는 안왕이고 700년은 안왕 3년이다. 그러나 안왕의 후에도 아직 4세 153년이 있다. 안왕 때까지만 해도 주나라는 아직 망하지 않았는데 저자가 어찌 이러쿵저러쿵할 수 있단 말인가? 또한 위자(魏子)에 대해서는 "그 장자는 진나라의 뒤를 이었다"라 하였는데, 위나라가 후작이 된 것을 보았다면 "그 장자는 위나라의 뒤를 이었다"라고 말해야 된다. 이 저자는 주나라 위열왕 23년 위사(魏斯)가 후가 되기 이전의 사람이면서 위열왕 원년 이후의 사람이다.

위취현은 또한 따라서 위양왕(魏襄王)의 무덤에서 출토된 「사춘(師春)」편은 이 책의 일부분이라고 하였다. 그런데 위양왕은 주나라 신정왕(愼靚王) 2년에 죽었는데, 이로써 신정왕 2년 이전에 이 책이 이미 전포되었음을 알겠다. 더욱 나아가 다섯 가지 증거를 열거하며 이 책은 자하(子夏)가 지은 것이라고 단정하였다.

위취현은 이 책에서 이미 조양자의 시호를 말했다는 것으로 그것이 주나라 위열왕 원년 이후에 이루어졌다고 증명하였으며, 주나라의 점친 해에 관한 설로 저자가 동주(東周)의 멸망을 보지 못했음을 증명하였다. 논거로 세운 것이 모두 자못 정확하고 타당하다. 다만 "그 장자는 진나라의 뒤를 이었다"라 한 일로 이 책이 지어진 것이 주나라 위열왕 23년 이전이어야 한다 하였고, 또 이 책을 지은 이는 노나라 계씨의 죽음을 볼 수 없었을 것이라고 한 것은 논거가 부회를 벗어날 수 없다. "8세의 후에는 경사에 견줄 만한 사람이 없었다"라고 논한 설 또한 정확하지 않다. 대체로 여기에서 이른바 8세라는 것은 마땅히 전완(田完)의 아들 전치(田穉)에게서 시작되어야 한다. 전치에게서 전장자〔田莊子, 전백(田白)〕까지는 무릇 8세가 되며 8세의 후는 곧 전화(田和)이다. 이 점쟁이의 예언은 실은 전화가 제(齊)를 찬탈한 것을 가리키며, 또한 이 책이 이루어진 것은 주안왕(周安王) 36년 이후의 일이어야 한다. 이른바 복세 30이나 복년 700이라 한 것은 정수를 들어서 말한 것으로 그것이 마치 안왕 3년에서 멎었다고 할 수는 없다. 이로써 말해 보면 이 책의 완성은 이르다 해도 안왕을 넘을 수 없고 늦다고 해도 신정왕 2년(위양왕이 죽은 해) 이전이어야 한다.

위취현이 이 책은 자하가 지었다고 한 것은 증거가 충분치 못하며, 또한 자하의 죽음도 결코 안왕의 시대에 미치지 못한다. 그 설이 믿을 만하지 못함을 단정할 수 있다. 또한 요내(姚鼐) 이래 이 책이 오기(吳起)에게서 지어졌다고 말하는 사람이 자못 많으며, 근대의 석학 전목(錢穆 : 1895~1990)이 논한 것이 더욱 상세하다. 그런데 오기는 위열왕 21년에 죽었으니 전화가 제나라를 찬탈하였음을 알 도리가 없다. 그러나 고서의 기록에 의하면 오기와 『좌씨춘추』의 전수는 확실히 관계가 있다. 오기가 이 책을 짓고 후인이 또 윤색을 했단 말인가? 이는 아직도 고찰하여 정정을 해야 한다.

6. 『좌전』과 『국어』

이른바 『좌전』은 그 원서가 본래 경전을 해석하여 지어진 것도 아니고 또한 본래 『춘추』의 『전(傳)』도 아니라는 것은 앞에서 이미 말한 바 있다. 이에 근대인 강유위〔康有爲 : 1858~1927, 『신학위경고

(新學僞經考)』〕·요평〔寥平 : 1852~1932, 『고학고(古學考)』〕·최적〔崔適 : 1852~1924, 『사기탐원(史記探源)』〕·전현동〔錢玄同 : 1887~1939, 「춘추여공자(春秋與孔子)」〕 등은 마침내 모두 『좌전』이 『국어』에서 갈라져 나왔다고 하였는데, 그 전신이 실은 『좌씨춘추』라는 것을 소홀히 보았다. 제가(諸家)가 지니고 있는 이유는 대체로 비슷하다. 여기에 강유위의 설을 다음과 같이 일부만 옮겨 본다.

『한서·사마천전(司馬遷傳)』에 실려 있는 사마천의 「보임안서(報任安書)」에서는 "좌구는 실명하여 『국어』를 지었고, 손자는 빈형(臏刑)을 받고 병법서를 정리하였다"라 하였고, 아래에서는 "좌구명이 봉사가 되고 손자가 다리가 잘리어 끝내 쓰일 수 없게 된 것처럼 물러나 책이나 짓고 논문이나 쓰면서 분만을 펴고 쓸데없는 글이나 드리워 스스로를 드러내고자 하였다"라 하였으며, 「12제후 연표」에서는 "연표에 『춘추』와 『국어』를 보이도록 드러내었다"라 하였다. 이 세 가지를 종합하여 살피건대 구명이 두 책을 모두 지은 것 같은데 태사공은 『춘추』를 버리고 그 외전(外傳)을 일컬었으니 어찌된 도리인가? 혹자는 『국어』를 지은 사람은 좌구이고, 『춘추전』을 지은 사람은 좌구명이라 하여 두 사람으로 나누어서 의심하였다. 「보임안서」에서는 분명히 "좌구가 실명한 것과 같이"라 하였으니 좌구명이 명백하다. 두 사람이라는 설은 대체로 의심할 가치가 없다. 『좌전』이 『국어』에서 갈라져 나왔음을 또한 어찌 의심하겠는가!

또 말했다.

『국어』는 하나뿐인데 『지(志)』에서는 2종이라고 하였으니 첫 번째 이상한 점이다. 그 하나는 21편인데 지금 전해지는 판본이며, 하나는 유향이 분리한 『신국어(新國語)』 54편이다. 동일한 『국어』인데 어째서 편수가 서로 몇 배나 차이가 나는가? 이것이 두 번째 이상한 점이다. 유향의 책은 모두 후한(後漢)에 전하여졌는데 54편본 『신국어』는 후한 사람들이 언급을 하지 않았으니 세 번째 이상한 점이다. 대개 54편이라는 것은 좌구명의 원본이다. 유흠이 거의 절반이 되는 30편을 분리하여 『춘추전』을 지었으며, 이에 그 남은 잔여분을 남겨 두고 잡서에서 주워 모아 덧붙여 지금의 『국어』를 만들었다. 그렇기 때문에 겨우 21편을 얻었을 뿐이다.

강유위가 논한 것은 특히나 수긍이 가지 않는다. 대체로 그 앞의 설을 가지고 살펴보면 『사기·12제후 연표』에서는 이미 좌구명이 『좌씨춘추』를 지었다고 분명히 말했다. 이 한 가지 증거로 이미 강유위가 의심한 것을 풀 수 있다. 그 뒤의 설을 가지고 살펴보건대 강유위가 논한 대로라면 54편본 『국어』가 먼저 있어서 『국어』와 『좌전』을 두 책으로 분리하고 난 후에야 비로소 21편의 『국어』가 있게 된 것이다. 그러나 『한서·예문지』의 기록에 의하면 실상 21편본 『국어』가 먼저 있었고, 54편본 『국어』는 유향으로부터 편집이 되었다. 강유위의 의논은 그와는 정반대이므로 그 설은 모두 따를 수 없다.

대만의 학자 장이인(張以仁)은 일찍이 「『국어』와 『좌전』의 관계를 논함(論國語與左傳的關係)」이라는 글〔『중앙연구원 역사어언연구소집간(中央研究院 歷史語言研究所集刊)』 제33본을 보라〕을 짓고는 『국어』

에 기록하고 있는 240여 건 가운데 약 3분의 1은 『좌전』에 없으며, 그 나머지 3분의 2는 『좌전』과 서로 중복되니 기록하고 있는 사실 가운데 『좌전』과 차이가 있는 것이 대부분을 차지하고 있다. 『사기』에 기록되어 있는 역사적 사실은 때로는 『좌전』에 근거하였으며, 때로는 『국어』에 근거하고 있다. 그리고 두 책의 저작 태도가 서로 다른 점에서도〔『국어』는 권선(勸善), 『좌전』은 역사의 기술에 치중〕 『국어』와 『좌전』은 원래 한 가지 책이 아니라는 판단을 내릴 수 있다. 그 뒤에 다시 「문법과 어휘의 차이로 『국어』와 『좌전』 두 책이 한 사람이 짓지 않았음을 증명함(從文法語彙差異證國語左傳二書非一人所作)」이란 글을 지어 『국어』와 『좌전』이 하나의 책이 아니라는 데 보다 진일보한 증명을 하였다. 이는 원서에서 살펴본 것으로 『국어』와 『좌전』이 하나의 책이 아니었음을 증명하여 알 수 있다.

진(晉) 태강(太康) 2년 급군(汲郡)에 있는 위왕(魏王)의 무덤에서 많은 죽서(竹書)가 출토되었다. 그 가운데 「사춘(師春)」이란 글이 있는데, 『진서·속석전(晋書·束皙傳)』에서는 "『좌전』의 점을 적었다"고 하였다. 두예(杜預)의 「춘추좌전후서(春秋左傳後序)」에서는 그것에 대해 "위아래의 차제(次第)와 그 문의가 모두 『좌전』과 같다"고 하였다. 『사통·신좌(史通·申左)』편의 자주(自注)에서는 「사춘」에 기록된 복사(卜辭)에 대해서 말하고 있는데, 또한 "『좌씨』를 가지고 비교해 보니 한 자도 차이가 나지 않는다"라 하였다. 『좌전』과 『국어』에는 모두 점을 친 복사가 기록되어 있다. 「사춘」에 『좌전』의 복사만 기록하고 있고 『국어』에 대해서는 언급을 하지 않았으니 「사춘」을 지었을 때 『좌전』

과 『국어』는 또한 확실히 두 가지 책이었다.

서한〔西漢, 전한(前漢)〕 말엽 이전에 『좌씨춘추』와 『국어』 두 책이 모두 행해졌다. 유향이 이 두 책을 합하여 54편본 『국어』를 만들었다. 유향은 『좌씨춘추』를 윤색해서 『좌전』을 완성했다. 동한 이후에는 『좌전』이 이미 유행했고 21편본 『국어』도 그대로 남아 있었으니, 이에 유향이 새로 편집한 『국어』는 마침내 없어져서 전하여지지 않게 되었을 따름이다.

춘추좌전

•

중권

6. 문공

文公

(기원전 626년~기원전 609년)

이름은 흥(興)이며, 희공의 아들이다. 어머니는 성강(聲姜)이다.

문공 원년

經

元年春王正月,[1]	원년 봄 주력으로 정월에
公即位.[2]	공이 즉위하였다.
二月癸亥,	2월 계해일에
日有食之.[3]	일식이 있었다.

---

1 원년(元年): 을미년 B.C. 626년으로 주양왕(周襄王) 27년이다. 정월 23일 병술일이 동지였으며, 건자(建子)이다. 윤달이 있다.

2 『전』이 없다. 춘추시대의 예제의 의하면 선군이 죽으면 장례를 했건 안 했건 사군(嗣君)은 모두 이듬해 정월에 개원을 하고 즉위한다. 『공양전』 문공 19년의 『전』에서 "하루라도 임금이 없어서는 안 된다. 마치고 시작하는 뜻 때문에 한 해에 두 임금이 있어서도 안 되고 오랫동안 임금이 없어서도 안 된다. ……" 하였는데, 이는 당시의 예제를 충분히 설명해 주고 있다.

3 『전』이 없다. 『공양전』에는 "癸亥"의 아래에 "삭(朔)"자가 쓸데없이 끼어 들어가 있는데, 청나라 왕인지(王引之)의 『술문(述聞)』의 설에 의거하여 없앴다. 세 『전』에는 모두 이문(異文)이 없다. 사관(史官)이 삭(朔)자를 기록하지 않은 것은 계해일이 그믐날이면서 일식이 었다고 생각해서였을 것이다. 『송사·율력지(宋史·律曆志) 3』과 『원사·역지(元史·曆志)』에서는 모두 3월 계해 삭에 부분일식에 들어갔다고 하였는데 옳으며, 『송사』에서만 이 2월은 3월의 잘못일 것이라고 하였는데 틀렸다. 청나라 주문흠(朱文鑫)의 「춘추일식고(春秋日食考)」에서는 "『춘추』에는 일식이 서른일곱 차례 있으며 일과 삭을 기록한 것은 27회이고, 삭은 기록하고 일은 기록하지 않은 것이 1회, 일은 기록하고 삭은 기록하지 않은 것이 7회이며, 일과 삭을 기록하지 않은 것이 2회이다. 은공 3년에서 선공 17년까지는 모두 128년인데 일식이 15회 기록되어 있으며, 삭자를 기록한 것이 7회, 기록하지 않은 것이 8회이다. 성공 16년부터 애공 14년까지는 모두 94년이며 일식이 22회 기록되어 있고, 삭자를 기록한 것이 21회이며 기록하지 않은 것은 1회이다. 이로써 보건대 선공 이전에는 평균 8년 반 만에 한 차례씩 일식을 기록하였는데 삭자를 쓰지 않은 경우가 많으며, 성공 이후에는 평균 4년 반 만에 한 번씩 일식을 기록하였는데 삭자를 쓰지 않은 것이 겨우 한 번이다. 이로써 당시의 역술가들이 이미 일식은 반드시 삭일에 있다는 것을 알았으며 관측하여 얻은 것이 또한 천상과 부합되었으므로 나중의 기록이 전보다 비교적 낫게 되었다"라고 하였다. 이 설은 자못 일리가 있으니 이번의 2월 계해일의 일식은 아마 당시의 역법이 3월 삭일을 2월의 그믐으로 잘못 안 것이기 때문에 삭이라고 기록을 하지 않은 것이

天王使叔服來會葬.[4]	천왕이 숙복을 보내와 장례에 참석하게 하였다.
夏四月丁巳,[5]	여름 4월 정사일에
葬我君僖公.	우리 임금이신 희공을 장사 지냈다.
天王使毛伯來錫公命.[6]	천왕이 모백을 보내와 공에게 명을 내리게 했다.
晉侯伐衛.[7]	진후가 위나라를 쳤다.
叔孫得臣如京師.[8]	숙손 득신이 경사에 갔다.

지 오자는 아니다.

4 숙복(叔服): 『전』에서는 내사(內史) 숙복(叔服)이라고 하였는데, 내사는 관직이다. 『공양전』 하휴(何休)의 주에서는 숙복은 곧 왕자 호(王子虎)라고 하였는데 아닐 것이다. 공영달의 소(疏)에서는 "4년에 풍씨(風氏)가 죽자 5년에 천자가 영숙(榮叔)을 보내고 또 예물을 보냈으며, 소소공(召昭公)이 장례에 참석하였는데 『전』에서는 예의에 합당하다고 하였다. 부인의 상에는 장례에 오는 것이 예의이며, 제후의 상에는 천자가 대부를 보내 장례에 참석하게 하는 것이 예에 맞는 일이다"라 하였다.

5 정사(丁巳)일은 26일이다.

6 모백(毛伯): 희공 24년에 모백이 있는데 공영달은 "한 사람으로 생각된다"라 하였다. 모는 대체로 그 채읍이며, 백은 그 집을 부르는 호칭이다. 진(晉)나라의 두예(杜預)는 "모(毛)는 나라이고, 백(伯)은 작위이다"라 하였다. 확실치 않은 것 같다.
석명(錫命): 장공 원년의 『전』과 희공 11년의 『전』에 보인다. 이는 곧 제후가 지위를 이을 때 내리는 명으로 『춘추』의 『경』과 『전』에 이런 경우가 두 번 실려 있다. 한 번은 문공 원년에 노나라 문공에게 내린 명이고, 한 번은 희공 11년에 진혜공(晉惠公)에게 내린 명이다.

7 『전』에 의하면 처음에는 진양공(晉襄公)이 친히 군사를 거느리었다가 나중에 선차거(先且居)의 계책을 좇아 선차거 및 서신(胥臣)에게 군사를 거느리게 하였다. 두예는 "진양공이 먼저 제후들에게 고하고 위나라를 쳤는데 대부가 친히 정벌을 한 것이지만 진후라고 한 것은 알린 말을 좇아서였기 때문이다"라 하였다.

8 『예기·단궁(禮記·檀弓)』의 『정의(正義)』에서는 인용한 『세본(世本)』을 인용하여 "환공(桓公)은 희숙(僖叔) 아(牙)를 낳았으며, 아는 대백(戴伯) 자(玆)를 낳았고, 자는 장숙(莊叔) 득신을 낳았으며, 득신은 목숙(穆叔) 표(豹)를 낳았고, 표는 소자(昭子) 야(婼)를 낳았고, 야는 성자(成子) 불감(不敢)을 낳았으며, 불감은 무중(武仲) 주구(州仇)를 낳았다"라 하였다. 청나라 뇌학기(雷學淇)의 『교집세본(校輯世本)』에서는 "『춘추전』 및 『세족보(世族

衛人伐晉.	위나라 사람이 진나라를 쳤다.
秋,	가을에
公孫敖會晉侯于戚.[9]	공손오가 척에서 진후를 만났다.
冬十月丁未,[10]	겨울 10월 정미일에
楚世子商臣弑其君頵.[11]	초나라 세자 상신이 그 임금 군을 죽였다.
公孫敖如齊.	공손오가 제나라로 갔다.

譜)』에 의하면 장숙 득신은 선백(宣伯) 교여(僑如) 및 목숙 표를 낳았으며, 표는 소자 야 및 맹병(孟丙)과 중임(中壬), 수우(豎牛)를 낳았고, 야는 성자 불감을 낳았고, 불감은 무중 주구를 낳았으며, 주구는 문자(文子) 서(舒)를 낳았는데, 이 사람이 숙손씨(叔孫氏)로 그 설은 『세본(世本)』과 모두 합치한다"라 하였다.

9 공손오(公孫敖): 경보(慶父)의 아들로 바로 『예기·단궁(檀弓)』의 공영달의 소(疏)에서 인용한 『세본(世本)』에서 "경보는 목백오(穆伯敖)를 낳았다"라 한 목백오이다.
척(戚): 위(衛)나라의 읍으로 지금의 하남성 복양현(濮陽縣) 북쪽에 있다. 청나라 고동고(顧棟高)의 『춘추대사표(春秋大事表)』[이하 『대사표(大事表)』] 권7의 2에서는 "아마 그 땅은 하수(河水)의 서쪽 물가일 것이다. 중국의 요추(要樞)라는 것에 의거하여 보면 위나라의 중요한 땅일 뿐만 아니라 또한 진(晉)·정(鄭)·오(吳)·초(楚)의 대로이기도 하다"라 하였다. 『흠정춘추전설휘찬(欽定春秋傳說彙纂)』[이하 『휘찬(彙纂)』]에서는 "이는 대부가 전적으로 제후의 회합에 참여한 시초이다"라 하였다.

10 정미(丁未): 18일이다.

11 상신(商臣): 초목왕(楚穆王)이다.
군(頵): 『공양전』과 『곡량전』에는 모두 "곤(髡)"으로 되어 있다. 『한서·인표(漢書·人表)』에는 "운(惲)"으로 되어 있고, 『사기·초세가(史記·楚世家)』에는 "웅운(熊惲)"으로 되어 있다. 초나라 임금의 이름 앞에는 "熊"자를 많이 붙이는데, 이는 「초세가」를 보면 알 수 있으며 『좌씨(左氏)』에서는 이 "熊"자를 생략하고 그 이름만 칭하였다. 애공 6년의 『전』에 "월나라 여인의 아들 장을 맞아 즉위시켰다(逆越女之子章, 立之)"는 말이 있는데 장(章)은 초왕웅장종(楚王熊章鐘)을 만든 웅장(熊章)인 것으로 더욱 잘 알 수 있다. 지금 세상에 전하는 초왕군종(楚王頵鐘)의 명문(銘文)에서 "초왕 군이 스스로 영종을 지었다(楚王頵自作鈴鐘)"라 하였으니 군(頵)은 그 이름의 본자이다.

傳

元年春,	원년 봄에
王使內史叔服來會葬.	주나라 왕이 내사 숙복을 보내어 장례에 참가하게 하였다.
公孫敖聞其能相人也,	공손오가 그가 사람의 관상을 잘 본다는 소리를 듣고
見其二子焉.[12]	그의 두 아들을 그에게 보였다.
叔服曰,	숙복이 말하였다.
“穀也食子,[13]	“곡은 그대를 먹이겠고
難也收子.[14]	난을 거둘 것이오.
穀也豐下,[15]	곡은 턱이 풍만하게 생겼으니
必有後於魯國.”[16]	반드시 노나라에서 후대가 창성하게 될 것이오.”

---

12 현(見): 거성(去聲)으로 두 아들을 데리고 숙복을 찾아본 것이다. 『논어·미자(論語·微子)』의 “자로를 머물러 재우고는 닭을 잡고 기장밥을 지어 먹이고 그의 두 아들을 뵙게 하였다(止子路宿, 殺雞爲黍而食之, 見其二子焉)”의 구법과 같다.

13 곡(穀): 문백(文伯)이다.
식자(食子): 제사를 받들고 봉양하는 것이다.

14 난(難): 혜숙(惠叔)이다.
수자(收子): 장례를 시켜 주는 것을 말한다. 혜숙이 거두어 장례를 지내는 것은 15년의 『전』에 보인다.
문백과 혜숙은 또한 7년의 『전』에도 보인다.

15 풍하(豐下): 턱이 풍만한 것이다.

16 『예기·단궁(檀弓)』 공영달의 소(疏)에 인용된 『세본(世本)』에서는 “경보(慶父)는 목백(穆伯) 오(敖)를 낳았고 오는 문백(文伯) 곡(穀)을 낳았다”라 하였다. 문백 이하는 후사가 대대로 노나라의 경이 되었는데 맹씨(孟氏)라 불린다. 곡은 공손오보다 먼저 죽으며 14년의 『전』에 보인다. 그 자손이 실제 제사를 받드는데 곧 이것이 “후대가 있을 것(有後)”이

於是閏三月,	이해에는 3월을 윤달로 하였는데
非禮也.[17]	예의에 맞지 않았다.
先王之正時也,	선왕이 시령을 정할 때
履端於始,	동지를 시작으로 삼고
擧正於中,	정삭(正朔)을 들어 중간으로 삼았으며
歸餘於終.[18]	남는 것을 끝으로 돌렸다.

라는 것이다.

17 청나라 강영(江永)의 『군경보의(羣經補義)』에서는 "옛 역법은 모두 평삭(平朔)을 썼는데 일월이 모두 평행하다 하였으므로 삭일이 어쩌다 잘못되어 앞에 있기도 하였고, 어떨 때는 잘못하여 뒤에 있기도 하였으며 일식이 삭일에 있지 않기도 하였다. 문공 원년 '2월 계해일에 일식이 있었다'라 하였는데 『강급(姜岌)』과 『대연(大衍)』, 『수시(授時)』의 여러 역법은 모두 3월 계해일 삭에 일식에 들어갔다고 추산하였지만 『경』에서는 '2월 계해일'이라고만 기록하고 삭(朔)이라는 말은 하지 않았는데, 이는 아마 계해일을 2월 그믐날이라고 잘못 알았으며 갑자일을 3월 삭이라고 알았기 때문일 것이다. 3월 갑자 삭은 곧 4월에 정사일이 있어야 하므로 『경』에서 '4월 정사일에 희공을 장사 지냈다'라고 기록한 것이다. 이해에는 본래 윤3월이 없었는데, 좌씨는 일식은 반드시 삭일에 있어야 한다고 생각하여 2월이 계해 삭이면 4월에는 정사일이 없으므로 그 사이에는 반드시 윤달이 있을 것이라고 생각하였기 때문에, 근거 없이 『전』에서 '이해에는 3월을 윤달로 하였는데 예의에 맞지 않았다'라고 하였다"라 하였다.

18 위의 세 구절에 대해서는 예로부터 설이 분분하였는데 지금은 강영(江永)의 『군경보의(羣經補義)』의 설에 의하여 해석한다. 이단어시(履端於始)의 시(始)는 동지를 가리키며 세시와 절후의 추산을 동지로부터 시작하는 것이다. 그러므로 아래에서 "사철의 절서가 어긋나지 않는다(序則不愆)"라 하였다. 『태평어람』 권29에서는 장영서(臧榮緖)가 『진서(晉書)』의 웅원(熊遠)의 의논을 인용하여 "시작을 원일로 한다"라 하였고, 또 유천(庾闡)의 「양도부(揚都賦)」를 인용하여 "해의 원단에 음양을 대신 기록하네. 이단(履端)과 귀여(歸餘)로 삼조(三朝)에 시작을 알리네"라 하여 이단을 한 해의 처음으로 정하였다.
거정어중(擧正於中): 3대(三代)에는 각기 정삭(正朔)이 있었는데 정삭의 달을 정월로 삼는 것이다. 두예는 "중기(中氣)를 들어 정월로 삼는다"라 하였는데 틀렸다. 옛날에는 계(啓)와 폐(閉), 분(分)과 지(止)의 8절기만 있었고 어쩌다 계칩[啓蟄: 곧 경칩(驚蟄)]이 있기는 하였지만 24절기는 그 후에 비로소 갖추어졌다. 동지를 처음으로 하고 윤달의 남은 것을 끝으로 하기 때문에 정삭의 달을 중간으로 삼은 것이다. 주력에 건자(建子)가 있기는 하나 "이단어시(履端於始)"의 전에 있어서 선왕의 정시(正時)를 말할 때는 삼대를 통괄하여 말한다. 청나라 심동(沈彤)의 『춘추좌전소소(春秋左傳小疏)』(이하 『소소(小疏)』)에서는 "거정어중(擧正於中)이라는 것은 역은 일영(日影)과 중성(中星)을 본받아 분지(分至)를 네 철의 가운데 달에 기록한 것을 말한다. 동지가 정북에 있으니 하지는 정남에 있고, 춘·추분은 정동과 정서에 있음을 알 수 있으므로 그 있는 위치를 가리켜서 정(正)이라고 한 것이다"라 하였는데 이 설 또한 통한다. 옛사람들이 역법을 추산하는 데는 두 가지 방법이 있었는데 하나는 천상을 보는 것이었고, 하나는 해의 그림자를 측정하는 것이었다. 천상을 관측하는 것은 때때로 구름에 의해 가려졌으므로 정확할 수가 없었으며, 해의 그림자를 측량하는 것도 이따금 흐린 날이나 비 오는 날이 있어서 그 장단점을 정하기가 어려웠으므로 애초에는 정확하지 않은 경우가 많았다. 그 후에 경험이 축적되어서 일월과 성수(星宿)의 운행의 대체를 알 수 있었고 거기에 다시 관측술을 더하여 날로 더 잘 들어맞게 되었다. 『맹자·이루(孟子·離婁) 하』에서는 "만일 그 옛것을 구한다면 천년의 동지라 하더라도 가만히 앉아서 알 수 있다"라 하였으니 전국시대에 이르러서는 천문 역법의 학문이 이미 볼 만하게 되었음을 알 수 있다.

귀여어종(歸餘於終): 윤달은 3년이나 2년 만에 오는데 항상 한 해의 마지막에 두는 것을 말한다. 지금 여기서는 3월에 두었으므로 예에 맞지 않는다는 것이다. 그러나 이는 아마 선왕의 정시(正時)를 말한 것으로 『춘추』의 『경』과 『전』에서는 일월을 미루어서 고찰하였으므로 윤달이 반드시 한 해의 끝에 있지 않아도 되었음을 알 수 있다. 『춘추』의 『경』과 『전』에서 윤달을 기록한 것은 아홉 번인데 양공 9년의 윤달이 오자인 것을 제외하면 겨우 여덟 번이다. 소공 20년 『전』의 "윤달 무진일에 선강(宣姜)을 죽였다" 한 『전』의 글 위에 8월이 있고 아래에 10월이 있어서 윤달이 그 사이에 있었다면 연말에 있지 않게 되는 것이다. 그 외에도 이를테면 소공 원년의 『경』에서는 "6월 정사일에 주자화(朱子華)가 죽었다"라 기록하였는데 또 그 아래에 "11월 기유일에 초자(楚子) 미(麇)가 죽었다"고 기록하였다. 6월에 정사일이 있으면 11월에는 기유일이 있을 수가 없게 되니 중간에 마땅히 윤달을 하나 두었을 것이다. 또한 소공 28년의 『경』에서는 "여름 4월 병술일에 정백 영(寧)이 죽었다"라 기록하고 아래에서는 "가을 7월 계사일에 등자(滕子) 영(寧)이 죽었다"라고 기록하였다. 4월과 7월은 110여 일의 간격이 있는데 4월에 병술일이 있으면 7월에 어찌 계사일이 있을 수 있겠는가? 그 사이에는 반드시 윤달이 있을 것이다. 이런 경우는 일일이 다 들 수가 없다. 옛사람들은 윤달에는 큰일을 하지 않으므로 『경』과 『전』에 윤달을 기록하는 일이 드물었으며 연말에 있었다고 기록할 필요가 없었고, 『전』을 지은 사람이 옛 법에 의하여 이론을 폈을 따름이다. 이른바 고(古)라는 것에 대하여서도 오늘날 출토된 복사(卜辭)를 가지고 고찰해 보건대 또한 은대의 조갑(祖甲) 이전이다. 복사에 의하면 무정(武丁)에서 조갑까지는 연말에 윤달을 두고 13월이라고 하였다. 그러나 제을(帝乙), 제신(帝辛) 시대의 복사에는 13월이란 말이 아예 없으며 순(旬)을 점친 말을 모아서 추산을 해보면 모두 한 해의 중간에 두었다. 서주(西周) 초기에도 해의 중간에 윤달을 두었으며, 왕국유(王國維: 1877~1927)의 「생패사패고(生覇死覇考)」와 오기창(吳其昌: 1904~1944)의 『금문의연표(今文擬年表)』에서 이미 명확하게 말하였다. 『주금문존(周金文存)』에 저록된 견준(遣尊)과 수존(受尊), 목궤(牧簋)에 "13월(十又三月)"이란

履端於始,	동지를 시작으로 삼으니
序則不愆;	사철의 절서가 어긋나지 않았으며,
擧正於中,	정삭을 들어 중간으로 삼으니
民則不惑;	백성들이 의혹을 일으키지 않았고
歸餘於終,	남는 것을 끝으로 돌리니
事則不悖.[19]	일을 행하는 데 어그러짐이 없었다.

夏四月丁巳,	여름 4월 정사일에
葬僖公.[20]	희공을 장사 지냈다.

王使毛伯衛來賜公命.[21]	주나라 왕이 모백위를 보내와서 공에게 책명을 내렸다.

말이 있긴 하지만 실제로는 곧 윤12월의 이칭이지 이 때문에 한 해의 마지막에 윤달을 두는 것이 일상적이었다고 말할 수는 없다.

19 『사기·역서(史記·曆書)』에도 이 말이 기록되어 있지만 자구가 대략 다르다.

20 두예는 "『전』에서는 모두 『경』의 문장을 헛되이 싣지 않았는데, 여기에는 『경』이 외로이 보이니 희공 말년의 『전』이 이 아래에 있어야 한다는 것을 알겠다"라 하였다. 오개생(吳闓生: 1877~1948)의 『문사견미(文史甄微)』에서는 "『전』은 '반드시 노나라에서 후대가 창성하게 될 것이오(必有後於魯國)'의 아래에 있어야 하며 '장례에 참여하였다(會葬)'란 문장으로 끝이 나야 한다. 후인들이 『전』을 끌어다가 『경』에다 붙이는데 시월(時月)의 순서에 얽매여 '윤삼월'의 『전』문 사이에 있기 때문에 그 중간에 끼워 넣었다"라 하였다. 『전』에 헛되이 『경』을 실은 예가 없다고 한 두예의 소견은 아주 옳은데, 이 『전』만은 외로이 실려 있음에 대한 두 사람의 말이 모두 일리가 있어서 누가 옳은지 모르겠다.

21 사(賜): 완각본(阮刻本)에는 "석(錫)"으로 되어 있으며, 여기서는 『당석경(唐石經)』과 가나자와 문고본(金澤文庫本), 송본(宋本)을 따른다. 대체로 『경』에는 고자(古字)를 쓰는데, 『전』에서는 금자(今字)를 쓴다.

叔孫得臣如周拜.[22]	숙손득신이 주나라로 가서 배사(拜謝)하였다.
晉文公之季年,	진문공 말년에
諸侯朝晉,	제후들이 진나라에 조현하였는데
衛成公不朝,	위성공은 조현하지 않고
使孔達侵鄭,[23]	공달로 하여금 정나라를 침공하게 하여
伐緜, 訾及匡,[24]	면과 자를 치고 광에까지 이르렀다.

모백위(毛伯衛): 위는 모백의 이름일 것인데, 두예는 모백의 자로 생각을 하였다. 틀렸을 것이다.

22 책명을 내린 것에 감사의 답을 한 것이다.

23 애공 11년의 『전』에 의하면 공문자(孔文子)가 공길(孔姞)을 태숙질(太叔疾)에게 시집보냈는데 이로써 공씨는 길성임을 알 수 있고, 『예기』의 『정의』에서 이성대부라고 한 것이 이것이다. 후한(後漢) 때 왕부(王符)의 『잠부론·지씨성(潛夫論·志氏姓)』에서는 "공씨는 위나라 희(姬)성이다"라 하였는데 이 설은 틀렸다.
『예기·제통(祭統)』의 『정의』에서는 『세본(世本)』을 인용하여 "공장숙(孔莊叔) 달(達)은 득창숙(得閭叔) 곡(穀)을 낳았으며, 곡은 성숙(成叔) 증서(烝鉏)를 낳았고, 서는 경숙(頃叔) 나(羅)를 낳았으며, 나는 소숙(昭叔) 기(起)를, 기는 문숙(文叔) 어(圉)를, 어는 회(悝)를 낳았다"라 하였다. 성숙 증서는 곧 공성자(孔成子)로 성공 14년의 『전』에 보인다. 경숙 나(羅)는 두예의 『세족보(世族譜)』에는 수숙(須叔) 기(羈)로 되어 있으며 소공 7년의 『전』에도 또한 "羈"로 되어 있는데, 아마 "나(羅)"의 오자일 것이다. 문숙 어(圉) 또한 소공 7년의 『전』에 보이며, 회는 애공 15년의 『전』에 보인다.

24 면(緜): 지금의 어디인지는 상세하지 않으나 광(匡)과 가까운 곳일 것이다.
자(訾): 곧 희공 18년의 자루(訾婁)인 것 같은데, 본래는 위나라의 읍이었으나 나중에는 정나라에 예속되었기 때문에 이때 위나라가 또 친 것이다.
광(匡): 곧 지금의 하남성 장원현 서남쪽 15리 지점의 광성(匡城)으로 『논어·자한(子罕)』편의 "공자가 광에서 경계심을 품었다(子畏於匡)"라 한 그곳이며, 8년의 『전』에서 이른바 "진후가 해양(解揚)으로 하여금 광과 척의 전지를 위나라에게 돌려주게 하였다"라 한 곳이다. 본래 위나라 땅이었는데 정나라가 빼앗아서 위나라가 지금 또 친 것이다. 북

晉襄公旣祥,[25]	진양공은 소상을 마치고
使告於諸侯而伐衛,	제후들에게 알리게 하여 위나라를 쳐서
及南陽.[26]	남양에까지 이르렀다.
先且居曰,	선차거가 말하였다.
"效尤,	허물을 본받는 것은
禍也.[27]	재화입니다.
請君朝王,	청컨대 임금께옵선 천자를 조현하시고
臣從師."	신은 군대를 따르겠습니다."
晉侯朝王於溫.	진후는 온에서 천자를 조현하였다.

위(北魏) 역도원(酈道元)의 『수경주·사수(水經注·沙水)』에서는 "곧 부구(扶溝)의 광정(匡亭)인데 정은 광성향(匡城鄕)에 있으며, 『춘추』의 '공달이 정나라를 침략하여 면과 자를 치고 광에까지 이르렀다'라 한 곳이 바로 이곳이다"라 하였다. 두예의 주석 및 『일통지(一統志)』에서는 모두 이 말을 좇았는데 부구가 지금의 허창(許昌) 지구에 속하는지를 몰랐으며, 위나라와 멀리 떨어져 있어 그 땅을 가질 수가 없었기 때문에 이 설은 믿을 수가 없다.

25 기상(旣祥): 옛 상례는 부모의 상을 당하면 합사〔祔〕한 후 13개월째에 소상을 치른다. 진문공은 32년 12월에 죽었으니 33년 12월이 소상이다. 기상(旣祥)이라는 것은 소상의 제사를 이미 지낸 것을 말한다.

26 남양(南陽): 희공 25년의 『전』에 보인다. 그 땅이 매우 커서 진나라가 소유를 했는지 정확치 않으며, 응소(應劭)가 이른바 "위(魏)나라와 정(鄭)나라, 위(衛)나라 3국의 땅이다"라 한 곳이다. 위(魏)나라는 곧 진(晉)나라를 나누었으니 응소의 말은 나중에 한 말일 따름이다.

27 청나라 우창(于鬯)의 『향초교서(香草校書)』에서는 "화(禍)는 과(過)로 읽어야 한다. 위나라가 조현하지 않은 것을 허물하였는데, 그것을 본받는다고 반드시 재화가 되지는 않을 것이며, 다만 허물일 따름이니 허물〔尤過〕을 본받는다라고 하였다"라 하였는데 또한 뜻이 통한다.

先且居, 胥臣伐衛.	선차거와 서신은 위나라를 쳤다.
五月辛酉朔,	5월 신유 삭에
晉師圍戚.	진나라 군사가 척을 에워쌌다.
六月戊戌,[28]	6월 무술일에
取之,	그곳을 취하고
獲孫昭子.[29]	손소자를 사로잡았다.
衛人使告於陳.	위나라 사람이 진나라에게 알리게 하니
陳共公曰,	진공공이 말하기를
"更伐之,	"다시 진나라를 치면
我辭之."[30]	내가 화친을 주선하겠소"라 하였다.
衛孔達帥師伐晉.	위나라 공달이 군사를 이끌고 진나라를 쳤다.
君子以爲古.	군자는 이를 거칠다고 생각하였다.
古者,	거친 사람은
越國而謀.[31]	나라를 건너 도모한다.

28 무술(戊戌)일은 8일이다.

29 척(戚)은 대대로 손씨(孫氏)의 채읍이었으므로 척을 취하고 손소자를 사로잡은 것이다. 두예의 『세족보(世族譜)』에서는 "손장자(孫莊子) 급은 무공(武公)의 3세손이며, 손소자는 무공의 4세손이다"라고 하였다.

30 사지(辭之): 위나라를 위하여 진나라에게 화친을 청하여 주겠다는 것이다. 2년 『전』에서 "진후가 위나라를 위하여 진나라에 화친을 청하고 공달(孔達)을 잡아와서 해명하였다"라 한 것이 곧 이 일이다.

秋,	가을에
晉侯疆戚田,[32]	진후가 척의 전지를 정했기 때문에
故公孫敖會之.	공손오가 그들을 만났다.

初,	처음에
楚子將以商臣爲大子,	초자가 상신을 태자로 삼으려 하여
訪諸令尹子上.[33]	영윤 자상을 찾았다.
子上曰,	자상이 말하였다.
"君之齒未也.[34]	"임금님은 연세도 아직 어리고

---

31 고(古): 『예기·단궁(檀弓) 상』에 "두교(杜橋)가 어머니 상을 당하였는데, 빈궁(殯宮)에 상례를 도와서 끌어 주는 사람이 없자 조략하다고 하였다(已爲沽也)"는 말이 있는데 후한(後漢) 말의 정현(鄭玄)은 "고(沽)는 약(略)과 같다"라고 하였다. 이 고(古)자는 고(沽)자와 통할 것이다. 국사(國事)에 주체적이지를 못하고 나라를 건너 도모를 하니 이것이 조략(粗略)함이 심하다는 것이다. 두예와 명나라 유현(劉炫)은 고(古)자를 문자 그대로 읽어 "옛 도에 부합한다(合古之道)"라 하였는데 매우 잘못 이해한 것이다. 청나라 주빈(朱彬)의 『경전고증(經傳考證)』에서 잘 갖추어 말하였으며, 우창의 『향초교서(香草校書)』에서는 고(古)를 고(固)로 읽어 고루(固陋)하다는 뜻으로 해석하였는데 주빈의 설만큼 명확하지가 않다.

32 두예는 "진나라가 위나라의 전지를 취하여 강계를 획정한 것이다"라 하였다.

33 『전』의 "초(初)"자 및 다음의 "君之齒未也"란 글에 의하면 초자가 자상을 찾은 것은 자상이 아직 영윤이 되지 않았을 때일 것이다. 희공 28년 여름 영윤 자옥(子玉)이 죽고 위여신(蔿呂臣)이 영윤이 되었으며, 그 후에 자상이 비로소 영윤이 되었으니 자상이 영윤이 된 것은 당연히 희공 29년 이후일 것이며 이때로부터 몇 년이 지나지 않았다. 성왕이 난 것은 장공 14년 전일 것이므로 희공 29년에 이르러서는 또한 50세 이상이 되었을 것이니 "임금님은 나이도 아직 어리고(君之齒未也)"라고 말할 수가 없으므로 자상을 찾은 것이 그보다 더 앞이어야 함을 알 수 있다. 『전』에서 "영윤자상(令尹子上)"이라 한 것은 마지막의 관계(官階)를 가지고 말한 것이다.

34 나이가 아직 어림을 말하였다.

而又多愛,[35]	또한 사랑하는 사람도 많사온데
黜乃亂也.[36]	폐출한다면 난리가 일어납니다.
楚國之擧,	초나라에서 세운 분은
恒在少者.[37]	항상 나이가 어린 사람이었습니다.
且是人也,	또한 이 사람은
蠭目而豺聲,[38]	벌의 눈에 승냥이의 목소리를 하고 있어
忍人也,	잔인한 사람이므로
不可立也."	세울 수가 없습니다."
弗聽.	그 말을 듣지 않았다.
旣,	얼마 후
又欲立王子職,[39]	또 왕자 직을 세우고자 하여
而黜大子商臣.	태자인 상신을 폐출시켰다.

---

35 『초세가』에서는 "그리고 또한 사랑하는 처첩이 많았다(而又多內寵)"고 하였는데 이는 내총(內寵)을 "사랑 애(愛)"자로 풀이한 것이다.

36 소생 가운데 사랑하는 아들을 세우려면 상신(商臣)을 폐출시키어 바꾸어야 하는데 그렇게 되면 화란(禍亂)이 발생할 것이라는 말이다.

37 초나라는 나이가 어린 사람을 세우는 것이 통상적이었다는 말이다. 거(擧)는 세운다는 뜻이다. 소공 13년의 『전』의 "미(芈)씨 성이 난리를 일으켰을 때는 반드시 끝의 아들이 실로 왕위에 오르는 것이 초나라의 상례였습니다"라는 말이 이것과 같은 뜻이다.

38 봉(蠭): 곧 "벌 봉(蜂)"자와 같은 자이다.

39 왕자 직(王子職): 『열녀전·절의전(列女傳·節義傳)』에서는 "직은 상신의 서제이다"라 하였다.

商臣聞之而未察,[40]	상신은 그 소리를 들었으나 제대로 파악을 하지 못하여
"若之何而察之?"	"어떻게 하면 정확히 알 수 있겠소?" 라 하였다.
潘崇曰,	반숭이 말하였다.
"享江芈而勿敬也."[41]	"강미에게 연회를 베풀되 무례하게 구십시오."
從之.	그 말대로 하였다.
江芈怒曰,	강미가 노하여 말하였다.
"呼![42]	"허!
役夫![43]	이 천한 놈아!

---

40 찰(察): 한(漢)나라 가의(賈誼)의 『가자·도술(賈子·道術)』편에서는 "섬미(纖微)는 모두 살피는 것으로 찰(察)이라 한다"라 하였다.

41 두예는 "강미는 성왕(成王)의 누이로 강나라로 출가한 사람이다"라 하였다. 그러나 「초세가」에서는 "왕의 총희인 강미에게 향연을 베풀고 무례하게 굴었다"라 하여 강미를 성왕의 총희로 보아 두 설이 다르다. 『사기·진본기(史記·秦本紀)』의 태사공 찬(贊)과 『사기·진기세가(史記·陳杞世家)』의 『색은(索隱)』에서 인용한 『세본(世本)』에 의하면 강나라는 영(嬴)씨 성이다. 강미가 성왕의 총희라면 당연히 강영(江嬴)이라고 칭해야 하는데 여기서는 강미라고 하였으니 미(芈)성이 분명하다.

42 호(呼): 감탄사이다. 『예기·단궁(檀弓) 상』편에 "증자가 그 말을 듣고 놀라 두리번거리며 말하기를 '허!(呼)'라고 하였다"는 말이 있는데 모두 놀라서 괴상하게 여기는 표현이다. 우(吁)라고도 한다.

43 역부(役夫): 천한 사람을 일컫는 말이다. 『관자·경중·기(管子·輕重·己)』편에 "마을에 거처하는 것은 아래의 반열이며 군사에 처하는 것은 아래로 통하는 것으로 역부라고 한다"는 말이 있고, 『열자·주목왕(列子·周穆王)』편에는 "늙은 역부(役夫)가 근력이 다 떨어져 낮에는 신음을 하며 종〔복로(僕虜)〕이 되었다"라는 말이 있다.

宜君王之欲殺女而立職也."[44]	군왕께서 너를 죽이고 직을 세우려 하심이 당연하다."
告潘崇曰,	그대로 반숭에게 말하였다.
"信矣."	"그럴 것입니다."
潘崇曰,	반숭이 말하였다.
"能事諸乎?"[45]	"그를 섬길 수 있겠습니까?"
曰,	말하기를
"不能."	"그럴 수 없습니다"라 하였다.
"能行乎?"[46]	"떠날 수 있겠는가?"
曰,	말하기를
"不能.	"그럴 수 없습니다.

---

44 살여(殺女): 『한비자·내저설(韓非子·內儲說) 하』편에는 "폐여(廢女)"로 되어 있고, 당나라 유지기(劉知幾)의 『사통·언어(史通·言語)』편의 인용에도 "廢女"로 되어 있다. 『열녀전·절의(節義)』편에도 이 일이 수록되어 있는데, 또한 "태자가 왕이 자기를 폐하려는 것을 알았다"라 하였다. 상하의 문의로 보아서는 폐(廢)로 되는 것이 순조로우며 아래 문장에서 반숭이 "그를 섬길 수 있겠는가(能事諸乎)"라 물었으니 또한 스스로도 피살까지는 되지 않을 것이라 생각한 것이다. 그러므로 왕인지의 『술문(述聞)』에서는 "고자(古字)는 많이 발(發)자를 폐(廢)라 하였는데 『전』에서는 거의 본래 발(發)이라 하였다. 발(發)과 살(殺)은 모양이 비슷하여 잘못하여 살(殺)이라 하였다"라 하였다. 그러나 『사기·초세가』 및 『사기·연표(年表)』에서는 모두 "殺"이라 하였으니, 사마천이 근거로 한 판본은 "殺"로 되어 있었을 것이며 꼭 오자는 아니었다. 청나라 진수화(陳樹華)의 『춘추경전집해고정(春秋經傳集解考正)』〔이하 『고정(考正)』〕에서는 "강미(江芈)가 노하여 그 말을 심하게 한 것이니 독자들은 그것 때문에 꼭 흐려져서는 안 된다"라 하였는데 그럴지도 모르겠다.

45 제(諸): 지(之)자의 뜻으로 쓰였다.

46 『초세가』에는 "도망을 갈 수 있겠는가?(能亡去乎)"라 하여 망거(亡去)로 행(行)자를 해석하였는데 옳다.

能行大事乎?"[47]	큰일을 하실 수 있겠습니까?"라 하였다.
曰,	말하기를
"能."	"할 수 있소"라 하였다.
冬十月,	겨울 10월에
以宮甲圍成王.[48]	궁중의 갑사를 가지고 성왕을 포위하였다.
王請食熊蹯而死.[49]	왕이 곰 발바닥을 먹은 후에 죽게 해달라고 청하였다.
弗聽.	그 말을 듣지 않았다.
丁未,	정미일에
王縊.	왕이 목을 매었다.
謚之曰"靈",	그 시호를 "영"이라 하자

---

47 두예는 "대사(大事)는 왕을 해치는 것이다"라 하였다. 소공 원년『전』에 "영윤이 큰일을 실행하려 하였다(令尹將行大事)"는 말이 있는데 두예의 주석은 같다.『국어·진어(國語·晉語) 1』에 "내 큰일을 일으키려 한다(吾欲作大事)"는 말이 있는데 위소는 "대사(大事)는 적자를 폐하고 서자를 세우는 것이다"라 하였다.『전국책·제책(戰國策·齊策) 1』에는 "장군이 큰일을 할 수 있겠는가"라는 말이 있는데 아마 역시 군사정변을 거행하려는 것을 이르는 것일 것이다.

48 두예는 "태자의 궁중의 갑사는 희공 28년 왕이 동궁의 병사로 자옥에게 딸려 보냈던 것으로 아마 이 궁중의 갑사를 취하였을 것이다"라 하였다.『한비자·내저설(內儲說) 하』편에서는 "이에 곧 숙영(宿營)의 갑사를 일으켜 성왕을 공격하였다"라 하였다.

49 웅번(熊蹯): 웅장(熊掌), 곧 곰 발바닥으로 익히기가 어려우며, 선공 2년『전』에 "요리사가 곰 발바닥을 삶았는데 익지 않았다"는 말로 알 수 있다. 왕이 곰 발바닥을 먹기를 청한 것은 시간을 끌어 외부의 구원을 바란 것이다.

不瞑;	눈을 감지 않았으며,
曰"成",	"성"이라 하자
乃瞑.[50]	비로소 눈을 감았다.
穆王立,	목왕이 즉위하자
以其爲大子之室與潘崇,[51]	그가 태자였을 때의 집을 반숭에게 주고
使爲大師,	태사가 되게 하였으며
且掌環列之尹.[52]	또한 궁중을 경위하는 우두머리를 맡겼다.

---

50 고례(古禮)에 의하면 장례를 치르면 시호를 올리는데 소렴 때는 얼굴이 드러나지 않으며, 이때는 그 눈이 감기지 않은 것이 보였으니 염도 하기 전에 나쁜 시호를 올린 것이다. 공영달의 소(疏)에서는 환담(桓譚)의 말을 인용하여 "시체가 차가워지면 눈을 감는 것이지 시호의 좋고 나쁨과는 상관이 없다"라 하였다.

51 공영달은 "상신은 지금 이미 왕이 되어 자기가 태자였을 당시에 거처하던 집의 재물과 노복을 모두 반숭에게 준 것이지 그가 살던 궁실을 준 것은 아니다"라 하였다. 이 설이 사실에 가깝다. 『국어·초어(國語·楚語)』에서는 "장수 둘을 베풀고 집을 나누었다(分其室)"라 하였는데, 위소는 "실(室)은 집의 자산이다"라 하였다. 성공 7년의 『전』에 "자중(子重)과 자반(子反)이 무신(巫臣)의 일족 자염(子閻)과 자탕(子蕩) 및 청윤(淸尹) 불기(弗忌), 그리고 양로(襄老)의 아들 흑요(黑要)를 죽이고 그 집안을 나누었다. 자중은 자염의 집안을 취하고 심윤(沈尹)과 왕자 파(王子罷)로 하여금 자탕의 집안을 나누게 하였으며 자반은 흑요와 청윤의 집안을 취하였다"라는 말이 나오는데, 실(室)은 아마 그 일체의 재산을 가리켜 말하였을 것이며 전지와 노예도 포괄한다. 노예는 실로 실(室)로 헤아리는데 『주서(周書)』에서 이른바 "일실의 녹(一室之祿)"이니 "천실의 녹(千室之祿)"이니 하는 것이 이것이다. 「초세가」에는 "태자궁을 반숭에게 주었다"라 하였고, 「연표」에서도 "태자의 집[宅]을 숭에게 내렸다"라 하여 궁택(宮宅)이란 말로 이 "室"자를 풀었는데 확실치 않다.

52 청나라 심흠한(沈欽韓)의 『춘추좌전보주(春秋左傳補注)』[이하 『보주(補注)』]에서는 "환열지윤(環列之尹)은 한나라의 위위(衛尉)와 같다. 『당육전(唐六典)』에는 12위(尉)의 대장군이 궁정의 경위(警衛)의 법령을 관장하였는데, 후인들은 환위관(環衛官)이라 하였다"라 하였다. 「초세가」에서는 "태사가 되어 나라의 일을 관장하게 하였다"라 하였다. 「연

穆伯如齊,[53]	목백이 제나라로 가서
始聘焉,	비로소 조빙을 하였는데
禮也.	예에 맞았다.
凡君卽位,	무릇 임금이 즉위하면
卿出幷聘,[54]	경이 나가서 두루 조빙을 하여
踐修舊好,[55]	옛 화친을 이어서 다지고

표」에서는 "재상이 되었다(爲相)"라 하였으니 모두 억측한 말로 이때 초나라는 성대심(成大心)이 영윤이었고 후에 또한 성가(成嘉)에게 계승되며, 12년의 『전』을 보면 반숭이 "재상이 되어", "나라의 일을 관장한 것"이 아님이 분명하다. 목왕은 이듬해에 즉위하며 『전』에서는 뒤의 것을 찾아 말하였으므로 「연표」에서는 이 일을 다음 해에 열거하였다.

53 목백(穆伯): 공손오(公孫敖)이다.

54 병(幷): 보(普)와 편(徧), 곧 두루라는 뜻이다. 병빙(幷聘)은 제후들을 널리 두루 빙문하는 것이다. 『주례·추관·대행인(周禮·秋官·大行人)』에서는 "무릇 제후국끼리의 국교는 해마다 서로 방문하고 3년 만에 빙문을 하며 대가 바뀌면 조빙을 한다"라 하였다. 『대대예기·조사(大戴禮記·朝事)』편에서도 "제후들로 하여금 대가 바뀌면 조빙을 하게 하고 해마다 방문을 하며 3년마다 빙문을 한다"라 하였는데 여기서 말하는 것은 대가 바뀌어서 조빙을 하는 것이다. 정현은 「대행인」에 주석을 달고 "아버지가 죽고 아들이 즉위하는 것을 세(世)라고 하며, 무릇 임금이 즉위하면 대국은 조빙을 하고 소국은 빙문을 한다"라 하였다. 제나라와 노나라는 적국이었으며 문공이 희공을 이어 즉위하여 제나라로 가서 처음으로 빙문을 하였다. 양공 원년의 『전』에서 말하기를 "9월에 주자(邾子)가 와서 조빙한 것은 예에 맞았다. 겨울에 위자숙(衛子叔)과 진(晉)나라 지무자(知武子)가 와서 조빙하였는데 예에 맞았다. 무릇 제후들이 즉위하면 작은 나라는 조빙하고 큰 나라는 빙문을 하여, 우호를 잇고 신의를 맺으며 빠진 일들을 모의하는 것이 예 가운데서 큰 것이다"라 하였다. 이는 아마 양공이 성공을 이어 막 즉위했으며 제후가 와서 조빙한 것이다. 주나라는 노나라보다 작기 때문에 그 임금이 와서 조빙을 한 것이고 위나라와 진(秦)나라는 노나라와는 형제의 나라이므로 와서 빙문한 것이다. 문공 9년의 『경』에서는 "조백(曹伯) 양(襄)이 죽었다"라 하였고 11년 『전』에서는 "가을에 조문공이 와서 조빙하였는데 즉위한 후에 와서 본 것이다"라 하였는데, 역시 대가 바뀌면 조빙을 하는 예이다.

55 천(踐): 찬(纘)으로 읽어야 하며, 후한(後漢) 때 허신(許愼)의 『설문해자(說文解字)』에서는 "찬은 잇는다는 뜻이다(纘, 繼也)"라 하였다. 경전(經典)에는 또한 "찬(纂)"으로 되어 있는데, 『이아·석고(爾雅·釋詁)』에서는 "찬은 잇는다는 뜻이다(纂, 繼也)"라 하였다. 『국어·주어(周語) 상』에 "그 실마리를 잇는다(纂修其緖)"는 말이 있고, 『진서(晉書)』 권9에

要結外援,	외국과 구원 조약을 맺어
好事鄰國,	이웃나라를 우호적으로 대하여
以衛社稷,	사직을 지키는데
忠, 信, 卑讓之道也.	이는 충성, 신의 낮추어 양보하는 도이다.
忠,	충은
德之正也;	덕의 순정함을 나타내는 것이고,
信,	신은
德之固也;	덕의 온고(穩固)함을 나타내는 것이며,
卑讓,	낮추어 양보함은
德之基也.	덕의 터전이다.

殽之役,[56]	효에서의 전역(戰役)에서
晉人既歸秦帥,[57]	진나라 사람들이 진나라 장수들을 돌려보낸 후

는 "그 몸을 이어서 닦는다(纂修其身)"라는 말이 있는데 모두 찬수(纂修)를 이어서 썼으니 찬수는 곧 이어서 닦는다는 뜻이다. 여기서는 옛 우호를 이어서 닦는다는 것이다. 청나라 홍양길(洪亮吉: 1746~1809)의 『한위음(漢魏音)』에서는 천(踐)을 전(翦)으로 읽었는데, 『이아(爾雅)』에서는 "전은 부지런하다는 뜻이다(翦, 勤也)"라 하였다. 그러나 찬(纘, 纂)으로 보는 것만 못하다.

56 희공 33년에 있었다.

57 수(帥): 완각본에는 "사(師)"로 잘못되어 있으나 『당석경』과 가나자와 문고본(金澤文庫

秦大夫及左右皆言於秦伯曰,	진나라 대부 및 좌우에서 모두 진백에게 말하였다.
"是敗也,	"이번 패배는
孟明之罪也,	맹명의 죄이니
必殺之."	반드시 죽여야 합니다."
秦伯曰,	진백이 말하였다.
"是孤之罪也.	"이는 나의 죄요.
周芮良夫之詩曰,[58]	주나라 예량부의 시에서 말하기를
'大風有隧,[59]	'큰바람 쌩쌩
貪人敗類.[60]	탐욕스런 사람 선한 사람 해치도다.
聽言則對,	말 들으면 대답하나
誦言如醉.[61]	말해 주면 취한 듯하네.

本)에 따라 정정하였다.

58 예량부(芮良夫): 주나라 여왕(厲王) 때의 경사이다. 『일주서·예량부(逸周書·芮良夫)』편에 의하면 자칭 "소신 양부(小臣良夫)"라 하였으니 양부는 당연히 그의 이름일 것이다. 나머지는 환공 3년의 『전』에 상세하다.

59 유수(有隧): 수(隧)는 신속하다는 말이다. 유수(有隧)는 빠른 것을 형용하는 말이다.

60 유(類): 모씨의 『전』에서는 "유는 선(善)하다는 뜻이다"라 하였고, 정현의 전(箋)에서는 "유는 같다는 뜻이다"라 하였는데 모씨의 『전』이 옳다. 『일주서·예량부』편은 믿을 만한 문헌인데, 그 가운데 "임금이 훌륭한 일을 하면(后作類) 임금이고, 훌륭하지 않으면 백성들은 임금을 모르며 다만 원망만 할 뿐이다"라 하여 역시 유(類)를 훌륭한 것이라 하였다. 진목공이 아래에서 "내가 실로 욕심을 내서 부자에게 재화를 끼쳤다"라 하였으니 탐욕스런 사람이 훌륭한 사람을 해친다는 뜻임을 알 수 있다.

61 정현의 전(箋)에서는 "대(對)는 답하는 것이다. 탐욕스럽고 악한 사람은 길에서 듣는 말에는 응답을 하지만, 『시』와 『서』 같은 말을 암송해 주면 술에 취한 것처럼 누워 버린다"라 하였다.

匪用其良,	좋은 말은 쓰지 않고
覆俾我悖.'[62]	오히려 나로 하여금 어그러지게만 하네'라 하였소.
是貪故也,	이는 탐욕 때문이니
孤之謂矣.	나를 이른 것이다.
孤實貪以禍夫子,[63]	내가 실로 욕심을 내어 부자에게 화를 끼친 것이니
夫子何罪?"	부자가 무슨 죄가 있는가?"
復使爲政.[64]	다시 집정을 하게 하였다.

---

62 모씨의 『전』에서는 "복(覆)은 오히려라는 말이다"라 하였다. 정현의 전(箋)에서는 "윗자리에 있으면서 훌륭한 사람을 쓰지 않고 오히려 나로 하여금 어그러지고 거스르는 행동을 하게 한다"라 하였다. 수(隧)·류(類)·대(對)·취(醉)·패(悖)는 운자로 옛 음은 모두 몰(沒)부에 있었다.

「시」는 『시경·대아·상유(詩經·大雅·桑柔)』의 제13장을 말한다. 「시서(詩序)」에서는 "「상유」는 예백(芮伯)이 여왕(厲王)을 풍자한 것이다"라 하였다. 『잠부론·알리(遏利)』편에서는 "옛날에 여왕이 이익을 독차지하는 것을 좋아하여 예량부가 간하였으나 받아들여지지 않자 물러나 「상유」의 시를 지어 풍자하였다"라 하였는데 그 설이 이것과 같다.

63 부자(夫子): 맹명을 가리킨다. 자(子)는 남자의 미칭이다. 부(夫)는 지금의 나(那), 곧 저, 그의 뜻이니 부자는 저 사람, 그 사람이라는 뜻인데 존경을 나타낼 때만 쓰였다.

64 이 단락은 다음 해 『전』의 "2년 봄 진나라의 맹명시가 군사를 이끌고 진나라를 쳤는데 효의 전역(戰役)을 보복하기 위함이었다(二年春, 秦孟明視帥師伐晉, 以報殽之役)"와 이어서 읽어야 한다. 대체로 그 까닭을 먼저 서술한 것이다. 사실 진백이 맹명의 지위를 회복시켜 준 것은 이미 효공 33년의 일로 문공 원년의 일이 아니다. 그러나 「연표」에서도 이해에 "효에서 패한 장수가 도망쳐 돌아왔는데 공이 그 관직을 회복시켜 주었다"라 하였는데, 이는 대체로 『좌전』의 이 말에 근거한 것이니 사마천이 근거한 『전』의 문장은 이미 이 장을 문공 원년에 배열한 것 같다.

문공 2년

經

二年春王二月甲子,[1]	2년 봄 주력으로 2월 갑자일에
晉侯及秦師戰于彭衙,[2]	진후가 진나라 군사와 팽아에서 싸웠는데
秦師敗績.	진나라가 대패하였다.
丁丑,[3]	정축일에
作僖公主.[4]	희공의 신주를 만들었다.

---

1 이년(二年): 병신년 B.C. 625년으로 주양왕(周襄王) 28년이다. 정월 초4일 신묘일이 동지로, 건자(建子)이다. 갑자일은 7일이다.

2 팽아(彭衙): 진(秦)나라의 읍이다. 「진본기」에서는 "무공(武公) 원년 팽희씨(彭戲氏)를 쳤다"라 하였는데 『정의(正義)』에서는 팽희에 대해 "오랑캐의 호이다. 아마 동주(同州) 팽아의 옛 성이 이것일 것이다"라 하였다. 곧 지금의 섬서성 백수현 동북쪽 40리 지점의 팽아보(彭衙堡)로 한나라 아현(衙縣)의 고성이다.

3 정축일은 20일이다.

4 주(主): 죽은 사람의 신주이다. 당(唐)나라 두우(杜佑)의 『통전·길례(通典·吉禮) 7』에서는 후한(後漢) 때 허신(許愼)의 『오경이의(五經異義)』를 인용하여 "신주를 만드는 방법은 정방형으로 중앙에 구멍을 뚫어 사방으로 이르게 한다. 천자의 신주는 길이가 한 자 두 치이며, 제후는 한 자로 모두 뒷면에 시호를 새겨 놓는다"라 하였다. 『오경이의(五經異義)』에서는 또한 "천자와 제후만이 신주가 있고 경대부는 신주가 없다"고 하였는데 그렇지는 않을 것이다. 『예기·단궁(檀弓) 하』에서는 "중(重)은 신주와 같은 예도이다. 은나라는 신주에 중을 매달았고, 주나라는 신주를 만들면 중을 철거하였다"라 하였는데 모두 천자와 제후를 가리켜서 한 말이 아니다. 『예기·방기(禮記·坊記)』에서는 공자의 말을 인용하여 "제사에 시동(尸童)이 있는 것이랑 종묘에 신주가 있는 것은 백성들에게 일이 있음을 보여주는 것이다. 이것으로 백성을 막아도 백성들은 오히려 그 어버이를 잊는다"라 하였다. 백성들을 막는다 운운하였으니 천자와 제후를 가리키지 않음을 알 수 있다. 대부도 신주가 있는데 전기(傳記)에 더욱 자주 보인다. 위(衛)나라 공회(孔悝)는 신주를 서포(西圃)로 되돌렸는데 애공 16년의 『전』에 보인다. 대부는 임금의 상(喪)을 들으면 신주를 잡고 가는데, 『공양전』 소공 15년의 『전』에 보인다. 하휴(何休)의 『공양전』 문공 2년 『전』의 주석에서

三月乙巳,[5]	3월 을사일에
及晉處父盟.[6]	진나라 처보와 맹약했다.
夏六月,	여름 6월에
公孫敖會宋公, 陳侯, 鄭伯, 晉士縠盟于垂隴.[7]	공손오가 송공과 진후, 정백, 진나라의 사곡을 만나 수롱에서 맹약했다.
自十有二月不雨,	12월부터 비가 내리지 않아
至于秋七月.[8]	가을 7월까지 이르렀다.

인용한 『사우기(士虞記)』에서는 "상주(桑主: 우제(虞祭) 때 쓰는 뽕나무로 만든 신주)에는 글자를 쓰지 않고 길주(吉主: 부모가 돌아가신 뒤 만 1년이 되어 종묘에서 제사를 지낼 때 쓰는 신주)의 뒷면에는 시호를 새긴다"라 하였으며, 『설문해자』 석(祏)자 아래에서는 "어떤 데서는 대부는 돌로 신주를 만든다"라 하였다. 북제(北齊) 때 위수(魏收)의 『후위서(後魏書)』에서는 왕역(王懌)이 말하기를 "음식을 바치고 신주를 마련하는 것이 없어진 예법에 보인다"라 하였으니 모두 그 사실을 입증할 수 있다.

5 을사(乙巳)일은 19일이다.

6 두예는 "장소를 기록하지 않은 것은 진나라의 도읍에서 맹약했기 때문이다"라 하였다. 이전에는 대부가 노나라와 맹약한 적이 없으며 있게 된 것은 처보에게서 비롯되었다.

7 사곡(士縠): 『곡량전』에는 "士穀"으로 되어 있다. "縠"과 "穀"은 통하여 쓴다.
수롱(垂隴): 『공양전』과 『곡량전』에는 모두 "수렴(垂斂)"으로 되어 있다. 수롱은 정나라 땅이다. 『수경·경수주(水經·濟水注)』에서는 "또 남쪽에서 형택(滎澤)과 만나며 수롱성(垂斂城)이 있다"라고 하였다. 지금의 하남성 형양현(滎陽縣) 동북쪽에 있을 것이다.
이 맹약은 진나라가 주관하였으며 이전에는 대부가 나서서 제후들의 맹약을 주관한 적이 없었으며 있게 된 것은 사곡에서 시작되었다. 『경』에서 사곡을 제후의 아래에 열거한 것은 그가 대부이기 때문이다.

8 『전』이 없다. 희공 3년 『전』에 "봄에 비가 내리지 않았으며, 여름 6월에 비가 내렸다. 10월부터 비가 내리지 않아 5월까지 5월까지 계속되었다. 가뭄이 들었다고 기록하지 않은 것은 재해가 되지는 않았기 때문이다(春不雨, 夏六月雨. 自十月不雨至于五月. 不曰旱, 不爲災也)"라는 말이 있다. 여기서도 한(旱)이라고 말하지 않은 것은 예로 비추어 보건대 또한 재해가 되지는 않은 것 같으며, 그러므로 두예는 "주나라의 7월은 지금의 5월이다. 비가 오지 않으면 재앙이 될 만한데 가뭄이 들었다고 기록하지 않은 것은 오곡을 그래도 거두었기 때문이다"라 하였다.

八月丁卯,[9]	8월 정묘일에
大事于大廟,[10]	태묘에서 제사를 올리고
躋僖公.	희공을 올렸다.
冬晉人宋人陳人鄭人伐秦.	겨울에 진나라 사람과 송나라 사람, 진나라 사람, 정나라 사람이 진나라를 쳤다.
公子遂如齊納幣.[11]	공자 수가 진나라로 가서 납폐를 하였다.

傳

二年春,	2년 봄
秦孟明視帥師伐晉,	진나라의 맹명시가 군사를 이끌고 진나라를 쳤는데
以報殽之役.[12]	효의 전역(戰役)을 보복하기 위함이었다.
二月,	2월에
晉侯禦之,	진후가 그들을 방어하였는데

9 정묘(丁卯)일은 13일이다.

10 대사(大事): 길체(吉禘)이다.
태묘(大廟): 주공의 묘당이다.

11 공 22년의 『경』에 상세하다.

12 이 장은 지난해의 『전』의 말미에 붙여 함께 읽어야 한다.

先且居將中軍,	선차거가 중군 장수가 되고
趙衰佐之.[13]	조최가 보좌하였다.
王官無地御戎,[14]	왕관무지가 융거를 몰고
狐鞫居爲右.[15]	호국거가 거우가 되었다.
甲子,	갑자일에
及秦師戰於彭衙,[16]	진나라 군사와 팽아에서 싸웠는데
秦師敗績.[17]	진나라 군사가 대패하였다.
晉人謂秦"拜賜之師."[18]	진나라 사람은 진나라를 "은사(恩賜)에 배사(拜謝)한 군사"라 하였다.
戰於殽也,	효에서의 싸움에서
晉梁弘御戎,	진나라 양홍이 융거를 몰았으며

13 조최는 극진(郤溱)을 대신하였다.

14 왕관무지(王官無地): 왕관(王官)은 지명이다. 3년의 『전』에 보이는데 아마 채읍을 성씨로 삼은 것일 것이다. 양홍(梁弘)을 대신하였다.

15 호국거(狐鞫居): 곧 다음 문장의 속간백(續簡伯)이다. 6년 『전』에서는 또한 속국거(續鞫居)라 하였는데, 속(續)은 식읍일 것이고 간백은 아마 그의 자일 것이다.

16 팽아(彭衙): 진나라 땅으로 다음 『전』의 "왕 및 팽아를 취하여 돌아왔다(取汪及彭衙而還)"라 한 것으로 알 수 있다. 진(晉)나라가 진나라 군사의 침범을 막을 때 진(晉)나라에서 싸우지 않고 진(秦)나라에서 싸운 것이 이해가 되지 않지만 어찌 진나라가 나라의 도성 바깥에서 적을 막으려는 뜻이 있어 먼저 적의 경계를 넘어서 주객이 전도된 것이 아니겠는가?

17 「진본기」에서는 "목공(繆公)이 이에 다시 맹명시 등의 장수로 하여금 군사를 이끌고 진나라를 치게 하여 팽아에서 싸웠다. 진나라가 불리하여 병사를 이끌고 돌아왔다"라 하였다. 대패하였다고 하지 않은 것이 『전』과 다르다.

18 희공 33년의 『전』에 맹명이 양처보(陽處父)에게 "3년 안에 임금께서 베푸신 은혜에 절하겠소(三年將拜君賜)"라 한 말이 있기 때문에 진나라에서 이 말을 가지고 놀린 것이다.

萊駒爲右.	내구가 거우가 되었다.
戰之明日,	싸움이 있은 다음 날
晉囊公縛秦囚,	진양공이 진나라의 포로들을 묶어
使萊駒以戈斬之.	내구로 하여금 과로 참수하게 하였다.
囚呼,	포로가 고함을 지르니
萊駒失戈,	내구가 과를 떨어뜨려
狼瞫取戈以斬囚,	낭심이 과를 들고 포로를 베어
禽之以從公乘.[19]	그를 잡아 공의 수레를 따랐다.
遂以爲右.	마침내 그를 거우로 삼았다.
箕之役,[20]	기의 전역(戰役)에서
先軫黜之,	선진이 그를 쫓아내고
而立續簡伯.[21]	속간백을 세웠다.
狼瞫怒.	낭심이 노하였다.
其友曰,	그의 벗이 말하였다.

19 내구를 잡아 양공의 수레를 쫓아서 따른 것이다.

20 기의 전역(戰役)은 희공 33년에 있었다.

21 공영달의 소(疏)에서는 "어(御)와 거우(車右)는 항상 두는 인원이지만 전쟁을 앞두고는 반드시 다시 선정하게 된다. 한(韓)의 전역(戰役)에서 거우를 점쳤는데 경정(慶鄭)이 길하다고 한 것이 이의 경우이다. 효(殽)의 전역(戰役) 이후로는 낭심이 거우가 되었다. 기의 전약에서는 전투를 하려 할 때 거우를 뽑으면서 선진이 그를 쫓아냈다"라 하였다. 속간백은 기의 전역(戰役) 때부터 거우가 되었고 이 전역(戰役) 때도 여전히 거우였다.

"盍死之?"[22]	"어찌 죽지 않는가?"
瞫曰,	낭심이 말하였다.
"吾未獲死所."	"내 아직 죽을 곳을 찾지 못하였다."
其友曰,	그의 벗이 말하였다.
"吾與女爲難."[23]	"내 그대를 위해 난을 일으키겠다."
瞫曰,	낭심이 말하였다.
"周志有之,[24]	"『주지』에 이런 말이 있네.
'勇則害上,	'용맹하여 윗사람을 해친다면
不登於明堂.'[25]	명당에 오르지 못한다.'

---

22 합(盍): "어찌 ~아니하다"의 뜻인 "何不"의 합음(合音)이다.

23 여(與): "위하여"라는 말이다. 내가 너를 위하여 난을 일으키겠다는 말이다.
위난(爲難): 난(難)은 거성(去聲)이다. 난을 일으켜 함께 선진(先軫)을 죽이겠다는 말이다.

24 주지(周志): 두예는 "『주지』는 『주서(周書)』이다"라 하였다. 고서(古書)는 지(志)라는 이름을 많이 붙이는데, 「초어(楚語) 상」에서는 "『고지(故志)』를 가지고 많이 가르치는데 흥폐(興廢)를 알게 해서 경계하여 두렵게 하려는 것이다"라 하였다. 위소는 "『고지』는 전세의 성패(成敗)를 기록한 책을 말한다"라 하였다. 문공 6년 및 성공 18년 『전』의 『전지(前志)』는 곧 「초어」의 『고지』를 가리킬 것이며, 성공 4년 『전』의 『사일지지(史佚之志)』는 곧 사일(史佚)의 책이다. 양공 4년과 25년, 소공 원년과 3년, 12년, 애공 18년 『전』 및 「진어(晉語) 9」에서는 모두 『지(志)』를 인용하였고, 희공 28년, 선공 12년, 소공 21년의 여러 『전』에서는 모두 『군지(軍志)』를 인용하였는데 모두 지(志)자를 가지고 책의 이름을 삼은 것이다. 태강(太康) 10년 급(汲)의 현령 노무기(盧無忌)의 「제태공여망비(齊太公呂望碑)」에서는 "태강 2년 현의 서쪽 변두리에서 어떤 도둑이 무덤을 도굴하여 죽간의 서적을 얻었다. 그 『주지(周志)』에서는……"이라 하였으니 급총(汲冢)에도 『주지』가 있었다. 주희조(朱希祖: 1879~1944)의 『급총서고(汲冢書考)』에서는 『주지』는 곧 『주서(周書)』라 하였는데 인용된 말이 『주서·대광(周書·大匡)』편에 보이기 때문이다.

25 이 말은 지금 『일주서·대광(逸周書·大匡)』편에 보이며 "勇如害上, 則不登於明堂"으로 되어 있다. 즉(則)자는 또한 가정을 나타내는 접속사로도 쓰일 수 있으며 "勇則害上"은 곧 "勇如害上"과 같다.

死而不義,	죽어서 의롭지 못하면
非勇也.[26]	용감한 것이 아니다.
共用之謂勇.[27]	나라를 위해 죽는 것을 용감하다고 한다.
吾以勇求右,	나는 용맹으로 거우가 되었는데

명당(明堂): 태묘(大廟), 태학(大學)과 같은 곳이다. 청나라 손성연(孫星衍)의「고금궁실유제고(古今宮室遺制考)」에서는 "명당은 대체로 예를 행하는 궁실로 예가 끝나면 그 위(位)를 비우므로 종묘의 제사 때는 청묘(淸廟)라 하고, 재계하고 밤을 지낼 때는 노침(路寢)이라 하며, 사(士)를 가르칠 때는 태학(大學), 노인을 봉양할 때는 상(庠), 비로소 동에서 왔을 때는 동서(東序), 활쏘기를 익힐 때는 반궁(泮宮)이라 하였다. 대향(大饗)과 헌괵(獻馘) 등 대례(大禮)가 모두 이곳에서 행해졌다"라 하였는데 사실에 가깝다.『통전·길례(吉禮)』에서는 위(魏)나라 고당륭(高堂隆)의『의(議)』를 인용하여 "『주지』에서 말하기를 '용맹하여 윗사람을 해친다면 명당에 오르지 못한다'라 하였는데, 용맹함은 있으나 의가 없으면 죽어서 명당에 올라 음식을 받아먹지 못한다는 것을 말한다"라 하였다. 곧 등명당(登明堂)을 선조에게 향사하고 공신이 음식을 나누어 먹는 것으로 풀이하였는데 매우 타당하다.『상서·낙고(尙書·洛誥)』에서는 "이제 임금께서 명하시기를 '공을 기록하여 높이어 공으로 크게 제사 지내도록 하라' 하였다"라 하였는데 이것이 추나라가 처음으로 공신을 배향(配享)한 예이다.『상서·반경(尙書·般庚) 상』에서는 "이에 내가 선왕들을 크게 제사 지낼 터이니 그대들의 조상들도 거기에 따라 제사를 지내도록 하오"라 하였으니 은상(殷商)에서 일찍이 공산에게 제사를 지낸 예이다.『여씨춘추·신대람(呂氏春秋·愼大覽)』에서 "이윤(伊尹)을 공신으로 태묘에 배향하여 대대로 상나라의 제사를 받게 하였다"라 한 것으로 알 수 있다. 주나라가 공신을 배향한 것은 아마 은나라의 예를 이은 것일 수도 있다.『주례·하관·사훈(周禮·夏官·司勳)』편에서는 "무릇 공이 있는 사람은 왕의 대상(大常)에 그 공을 새겨 기록하여 두고 크게 제사 지냈다"라 하였다.『예기·제통(祭統)』에서는 위(衛)나라의「공회지정명(孔悝之鼎銘)」을 인용하여 "대명(大命)에 보답하여 하명하신 취지를 밝히고 겨울 제사에는 이정(彝鼎)에 새기겠습니다"라 하였으니 또한 이 예가 춘추시대까지도 행하여졌음을 알 수 있다. 두예는 명당에 대하여 "공로를 간책(簡策)에 기록하고 공덕의 서열을 정하는 것이기 때문에 의롭지 못한 사(士)는 오를 수가 없다"라 하여 등명당(登明堂)을 작록을 내려 주는 것으로 해석한 것 같은데 그렇지는 않을 것이다.

26 선진을 죽인다면 자기도 반드시 죽을 것이며, 이는 의롭지 못한 죽음이니 용맹한 것이 아니라는 말이다.

27 공용(共用): 공(共)은 공(恭)과 같다. 공용은 나라의 쓰임에 죽는 것이다.

無勇而黜,	용맹함이 없어 쫓겨났으니
亦其所也.[28]	또한 타당하다.
謂上不我知,[29]	윗사람이 나를 모른다고 하였는데
黜而宜,	쫓겨난 것이 마땅하니
乃知我矣.	곧 나를 안 것이다.
子姑待之."	그대는 잠깐 기다려 보라."
及彭衙,[30]	팽아의 전투에서
旣陳,	진을 다 치자
以其屬馳秦師,	그 부하들을 이끌고 진나라 군사에게 내달려
死焉.	거기에서 죽었다.
晉師從之,	진나라 군사가 그를 쫓아
大敗秦師.	진나라 군사를 대패시켰다.
君子謂"狼瞫於是乎君子.	군자가 말하기를 "낭심은 이렇게 하여 군자가 되었도다.
詩曰,	『시』에서 말하기를
'君子如怒,	'군자가 노하면

28 역기소(亦其所): 득의(得宜), 곧 타당함을 얻었다는 말과 같다. 만약 난을 일으켜 선진을 죽인다면 이는 용맹한 것이 아니고, 선진이 나를 쫓아낸 것은 곧 타당한 것이 된다는 뜻이다.

29 상(上): 선진을 가리킨다.

30 팽아의 전역(戰役) 때가 되어서라는 말이다.

亂庶遄沮.'[31]	난리도 빨리 그치리라'라 하였고,
又曰,	또 말하기를
'王赫斯怒,	'문왕이 불끈 노하니
爰整其旅.'[32]	그 군대를 정돈하였도다'라 하였다.
怒不作亂,	노하였으되 난을 일으키지 않았고
而以從師,	종군하였으니
可謂君子矣."	군자라 할 만하다"라 하였다.
秦伯猶用孟明.[33]	진백은 여전히 맹명을 썼다.
孟明增修國政,	맹명은 국정을 더 잘 닦아
重施於民.	백성들에게 은혜를 두터이 베풀었다.
趙成子言於諸大夫曰,[34]	조성자가 여러 대부들에게 말하였다.
"秦師又至,	"진나라 군사가 다시 이른다면
將必辟之.	반드시 피해야 할 것이다.

31 『시』는 『시경·소아·교언(詩經·小雅·巧言)』의 구절이다. 모씨의 『전』에서는 "천(遄)은 빠르다는 뜻이고, 저(沮)는 그친다는 뜻이다"라 하였다. 정현의 주석에서는 "군자가 참소하는 사람을 보기를 노하여 꾸짖듯이 하니 이 난리는 빨리 그칠 것이다"라 하였다. 이것이 본래의 뜻인데 『전』에서는 다만 문자의 표면적인 뜻만 취하였다.

32 『시』는 『시경·대아·황의(詩經·大雅·皇矣)』의 구절이다. 혁사(赫斯)는 곧 혁연(赫然)으로, 노한 모습이다. 『공양전』 선공 6년에서는 "곧 불끈 노하여 사람을 죽인 것이다(則赫然死人也)"라 하여, 여기서는 혁사(赫斯)라 하고 저기서는 혁연(赫然)이라 하였는데 뜻은 비록 다르나 말은 유사하다. 원(爰)은 "이에"라는 뜻이다. 왕이 불끈 노하여 이에 군대를 정돈하였다는 것이다.

33 「진본기」에서는 "목공(繆公)은 맹명 등을 다시 더욱 두터이 대하였다"라 하였다.

34 조성자(趙成子): 조최(趙衰)이다.

懼而增德, 두려워하여 덕을 더하였다면

不可當也. 당해 낼 수가 없다.

詩曰, 『시』에서 말하기를

'毋念爾祖, '너의 조상을 생각하여

聿修厥德.'[35] 그 덕을 닦아라'라 하였는데,

孟明念之矣. 맹명이 이를 생각한 것이다.

念德不怠, 덕을 생각하여 게으르지 않았으니

其可敵乎?"[36] 어찌 대적할 수 있겠는가?"

丁丑, 정축일에

作僖公主. 희공의 신주를 만들었다.

書, 기록한 것은

不時也.[37] 때에 맞지 않았기 때문이다.

---

35 『시』는 『시경·대아·문왕(大雅·文王)』의 구절이다. 지금의 『시경(詩經)』에는 "무념이조(無念爾祖)"로 되어 있으며, "無"는 "毋"와 같다. 두예는 "무념(毋念)은 념(念)과 같다"라고 하였다. 무(毋)와 율(聿)은 모두 발어사로 뜻이 없다. 조고(祖考)를 생각하면서 그 덕을 닦으라는 말이다.

36 기(其): "어찌 기(豈)"자의 뜻으로 쓰였다.
두예는 "이듬해에 진(秦)나라 사람이 진(晉)나라를 치는 복선이다"라고 하였다. 두예의 뜻을 미루어 보면 "秦伯猶用孟明" 등 64자는 별도의 『전』을 이루어야 한다. 그러나 문의를 가지고 논하건대 팽아의 전역(戰役)과 하나의 『전』으로 이어져야 하며, 나중의 사건을 탐색하여 말하면 모두 다음의 왕관(王官)의 전역(戰役)의 복선이 된다.

37 공 33년의 『전』에서는 "졸곡을 하고 합사를 하며, 합사를 하고 신주를 만든다(卒哭而祔, 祔而作主)"라 하였으니, 신주를 만드는 것은 당연히 희공을 장사 지낸 후 14일째 되는 날이어야 한다. 이제 장사를 지낸 후 열 달 만에 비로소 신주를 만들었으므로 33년

晉人以公不朝來討,	진나라 사람이 공이 조현하지 않는다 하여 와서 성토하니
公如晉.	공이 진나라로 갔다.
夏四月己巳,[38]	여름 4월 기사일에
晉人使陽處父盟公以耻之.[39]	진나라 사람이 양처보로 하여금 공과 맹약하게 하여 욕보였다.
書曰"及晉處父盟,"[40]	"진나라의 처보와 맹약하였다"라고 기록한 것은
以厭之也.[41]	그 사실을 싫어해서이다.
適晉不書,	진나라에 갔으나 기록하지 않은 것은
諱之也.	그 사실을 꺼려서이다.

公未至,[42]	공이 귀국하기 전에

의『전』에서 "신주를 만드는 일이 늦추어졌다"라 하였고, 이『전』에서는 "기록한 것은 때에 맞지 않았기 때문이다"라고 한 것이다.

38 기사(己巳)일은 13일이다.

39『경』에서는 "3월 을사일에 진나라 처보와 맹약했다(三月乙巳, 及晉處父盟)"라 기록하고『전』에서는 "여름 4월 기사일에 진나라 사람이 양처보로 하여금 공과 맹약하게 하였다(夏四月己巳, 晉人使陽處父盟公以耻之)"라 기록하여 달과 날이 다르다. 두예는『경』과『전』가운데 하나는 반드시 오류가 있을 것이라고 하였고,『독본(讀本)』에서는 3월에 문공이 진나라로 갔으니 맹약은 4월에 있었을 것이라고 하였다.

40 "양(陽)"자를 말하지 않은 것은 그 씨족을 없앴기 때문이다.

41 염(厭):『논어·헌문(憲問)』편의 "부자는 때에 맞추어 말을 하였으므로 사람들이 그 말을 싫어하지 않았다(夫子時然後言, 人不厭其言)"라 하였을 때의 염(厭)자와 같아서 미워하다의 뜻으로 쓰였다. 두예는 "덜 손(損)"자와 같은 뜻으로 쓰였다고 하였는데 옳지 않다.

42 가나자와 문고본(金澤文庫本)에는 "公自晉未至"로 되어 있어 "自晉" 두 자가 더 많다.

六月,	6월에
穆伯會諸侯及晉司空士穀盟於垂隴,[43]	목백이 제후들 및 진나라 사공 사곡과 회합하여 수롱에서 맹약하였는데
晉討衛故也.[44]	진나라가 위나라를 쳤기 때문이다.
書"士穀,"[45]	"사곡"이라고 기록한 것은
堪其事也.[46]	그 일을 감당할 만하였기 때문이다.

---

43 사공(司空): 곧 대사공(大司空)이다.
사곡(士穀): 사위(士蔿)의 아들이다. 장공 26년 『전』에는 진나라 사위가 대사공이었으니 사곡이 아버지의 직위를 계승한 것일 것이다.

44 원년에 위나라가 진공공(陳共公)의 계책을 듣고 공달(孔達)로 하여금 진(晉)나라를 치게 하였다.

45 가나자와 문고본(金澤文庫本)에는 "書曰晉士穀"으로 되어 있어 "曰晉"의 두 자가 더 많다.

46 감기사(堪其事): 그 일을 충분히 맡을 만하다는 것이다. 사실 문공 이전에는 회맹과 침벌(侵伐)을 할 때 내국의 대부는 이름을 나타내었고 외국의 대부는 거의 인(人)이라 칭하였다. 희공 25년의 조(洮)의 맹약 때 거경(莒慶)은 이름을 일컬었고, 26년의 상(向)의 맹약 때 위나라 영속(寧速)도 이름을 일컬었는데 그런 예는 어쩌다 보일 따름이었다. 이후로 선공(宣公) 이전에 이르기까지는 패국(霸國)의 대부가 맹회를 할 때는 이름을 쓰고, 패국의 대부 및 한두 나라의 대부 이를테면 송나라의 화원(華元)과 정나라 공자 귀생(歸生), 위나라의 손면(孫免) 등 침벌자 역시 이름을 기록하였다. 회합하여 정벌하거나 회맹을 할 때 대부의 이름과 성씨를 열거하여 기록한 경우는 없다. 성공 2년 안(鞌)에서의 싸움에서 내국의 대부 네 명은 나란히 열거하고 진나라의 극극(郤克)과 위나라의 손량부(孫良夫), 조나라 공자 수(首)는 모두 순서대로 열거하였으며, 성공 15년 종리(鍾離)에서 오나라와 회합하였을 때는 진나라의 사섭(士燮), 제나라 고무구(高無咎), 송나라 화원(華元), 위나라 손림보(孫林父), 정나라 공자 추(鰌)를 모두 순서대로 열거하였다. 이때 이후로 이름을 나타내지 않고 사람〔人〕이라 일컬은 경우는 오직 조(曹)·허(許)·주(邾)·거(莒)·등(滕)·설(薛)·기(杞)·증(鄫)의 소국의 대부일 따름이었다. 이는 아마 역사를 기록하는 사람이 형세에 의거하여 점차 기록하는 법을 변화시킨 것일 것이다.

陳侯爲衛請成於晉,[47]	진후가 위나라를 위하여 진나라에 화평을 청하자
執孔達以說.[48]	공달을 잡아서 해명하였다.

秋八月丁卯,	가을 8월 정묘일에
大事於大廟,	태묘에서 제사를 올리고
躋僖公,	희공의 신주를 올렸는데
逆祀也.[49]	순서에 의거하지 않은 제사였다.

---

47 이는 진공공이 지난해의 "내가 화친을 주선하겠다(我辭之)"라 한 말을 이행한 것이다.

48 진(晉)나라에 해명한 것이다.

49 제희공(躋僖公): 향사(享祀)의 순위에서 희공을 민공의 위로 올리는 것을 말한다. 민공과 희공은 형제로 『사기·노세가(史記·魯世家)』에서는 민공이 형이고 희공이 아우라고 하였으며, 『한서·오행지(漢書·五行志)』에서는 희공이 민공의 서형이라고 하였다. 누가 형이고 누가 동생이든지 간에 희공은 민공을 이었으며 당시의 체제에 의하면 민공이 실로 위에 있어야 한다. 『국어·노어(國語·魯語) 상』에도 이 일이 기록되어 있는데 "하보불기가 종백(宗伯)이 되어 증제(蒸祭)를 지내고 희공을 민공의 위로 올리려고 하였다. 종백의 유사가 말하기를 '소목(昭穆)의 차서에 맞지 않습니다'라 하였다. 이에 말하기를 '내가 종백이다. 덕이 밝은 사람이 소가 되고 그 다음이 목이 되는 것이지 어찌 고정된 차서가 있겠느냐?'라 하였다. 유사가 말하기를 '종묘에 소목이 있는 것은 세계(世系)의 장유를 배열하는 것으로 후손의 친소(親疎)와 같습니다. 제사는 효를 밝히는 것입니다. 각자 황천의 조상에게 경의를 표하는데 효도의 지극한 도리를 밝히는 것입니다. 그러므로 악공과 사관은 세계를 기록하고, 종백과 태축(太祝)은 소목의 차서를 기록해야 하는데 이는 오히려 그것을 뛰어넘을까 두려워해서입니다. 지금 덕을 앞세우고 조상을 뒤로 하시려는데 현왕(玄王)에서 주계(主癸)까지가 탕(湯)만 못하며, 직(稷)에서 왕계(王季)까지가 문왕, 무왕보다 못합니다. 상나라와 주나라의 증제 때 일찍이 탕과 문, 무왕을 넘은 적이 없습니다. 노나라가 상나라와 주나라만 못한데 그 상규(常規)를 고친다면 안 되지 않겠습니까?'라 하였다. 그 말을 듣지 않고 끝내 그를 더 위에 올렸다"라 하였다. 이에 의하면 희공을 올린 것은 향사를 하는 순위만 바꾼 것이 아니라 소와 목도 또한 바꾸었다. 『주례·춘관·총인(周禮·春官·冢人)』의 가규의 주석에서는 이 일에 대하여 말하기를 "문공 2년 가을 8월 태묘에서 제사를 지내고 희공을 올렸는데 혜공을 소로 삼고 은공을

於是夏父弗忌爲宗伯,[50]	이때 하보불기가 종백이었는데
尊僖公,	희공을 높이었으며
且明見曰,	또한 본 것을 밝히며 말하기를
"吾見新鬼大,	"나는 새 귀신은 크고
故鬼小.[51]	옛 귀신은 작은 것을 보았소.
先大後小,	큰 분을 앞에 두고 작은 분을 뒤에 두는 것이
順也.	순서입니다.
躋聖賢,[52]	성현을 위로 올리는 것이
明也.	밝은 것입니다.

목으로 삼았으며, 환공을 소로 삼고 장공을 목으로 삼았고, 민공을 소로 삼고 희공을 목으로 삼았다. 지금 희공을 민공의 위로 올린 것은 소가 된 것이며 민공이 목이 된 것이기 때문에 역사(逆祀)라고 한 것이다"라 하였다.

50 어시(於是): '이때에'라는 뜻이다.
하보불기(夏父弗忌): 『예기·예기(禮記·禮器)』에는 "夏父弗綦"로 되어 있으며, 『한서·고금인표(古今人表)』에는 "夏父不忌"로 되어 있다. 「노어 상」에 종인(宗人) 하보전(夏父展)이 있는데, 위소의 주에서는 "불기는 노나라 대부 하보전의 후손이다"라 하였다.
종백(宗伯): 고대의 예를 집행하는 관원으로 또한 곧 애공 24년 『전』의 종인(宗人)이며, 「노어」에는 생략하여 종(宗)이라고 하였다. 청나라 호광충(胡匡衷)의 『의례석관(儀禮釋官)』에서는 노나라에는 종백이 없으며 이 "宗伯"이 "宗人"의 오자가 아닌가 의심하였다. 그러나 「노어 상」에서도 "나는 종백이다(我爲宗伯)"라 하였으니 호광충의 설은 반드시 그렇지는 않을 것이다.

51 신귀(神鬼): 새로 죽은 사람의 귀신으로 희공을 가리킨다.
고귀(故鬼): 죽은 지 이미 오래된 귀신으로 민공을 가리킨다.

52 희공을 성현으로 생각한 것이다. 청나라 제소남(齊召南)의 『춘추좌씨전주소고증(春秋左氏傳注疏考證)』(이하 『고증(考證)』)에서는 "노나라 사람들은 희공을 매우 중시하였는데 『시경·노송(詩經·魯頌)』에 아주 찬양하는 글이 깔려 있고 찬송을 하는데 반대를 허용하지 않으니 하보불기가 성현으로 생각하는 것도 타당하다"라고 하였다.

明, 順,	밝고 순서에 맞는 것이
禮也."	예입니다"라 하였다.
君子以爲失禮,[53]	군자는 예를 잃은 것이라고 생각하고 말하였다.
"禮無不順.	"예는 순서에 부합하지 않음이 없다.
祀,	제사는
國之大事也,	나라의 큰일인데
而逆之,	거꾸로 하였으니
可謂禮乎?	예라고 할 수 있겠는가?
子雖齊聖,[54]	아들이 아무리 성인이라 하더라도
不先父食久矣.[55]	아버지의 앞에서 제사를 받아먹을 수 없게 된 지가 오래되었다.

53 공영달은 "『전』에는 평론이 있는데 모두 군자에게 의탁하고 있으며 여기서는 아래의 '고모를 먼저 하였다(先姑)'까지가 모두 한 군자의 말일 따름이다. 희공이 죽고 난 후 비로소 「노송(魯頌)」이 지어졌는데, 『전』을 지을 때 이 말이 지어졌으니 당시 군자가 이 말을 하지는 않았을 것이다"라 하였다. 그러나 「노어」의 말에 의하면 이는 실은 종백의 유사가 한 말이므로 공영달의 설이 반드시 그렇지는 않다.

54 제성(齊聖): 고인들의 상투어로 『시경·소아·소완(詩經·小雅·小宛)』에 "사람이 총명하면(人之齊聖)"이라는 말이 있고, 문공 18년 『전』에 "총명하고 예지력이 있으며 따뜻하고 깊다(齊聖淵淵)"라는 말로 알 수 있다. 왕인지(王引之)의 『시경술문(詩經述聞)』에서는 "제(齊)라는 것은 지혜와 생각이 민첩한 것이다"라고 하였으니, 제성이란 말은 총명하고 성스러우며 밝다는 말과 같다. 청말(淸末) 유월(兪樾)의 『춘추좌전평의(春秋左傳平議)』(이하 『평의(平議)』)에서는 "제(齊)는 정명(精明)이라는 뜻과 같다. 제성이라는 말은 명성(明聲)이라는 말과 같다"라 하였는데 또한 뜻이 통한다.

55 아들이 아버지보다 앞에 제사를 받아먹지 않는다는 말로 비유의 말이다. 여기서는 나중에 임금이 된 사람이 먼저 임금이 된 사람보다 먼저 제사를 받아먹지 않는다는 말과 같다. 다음에 든 세 가지 증명으로 알 수 있다. 두예는 "신하가 임금의 뒤를 잇는 것이

故禹不先鯀,[56]	그러므로 우는 곤의 앞에 오지 못하고
湯不先契,[57]	탕은 설의 앞에 오지 못하며
文, 武不先不窋.[58]	문왕과 무왕은 부줄의 앞에 있지 않는다.
宋祖帝乙,	송나라가 제을을 시조로 삼고
鄭祖厲王.	정나라가 여왕을 시조로 삼는 것은
猶上祖也.[59]	조상을 높이는 것이다.
是以魯頌曰,	그러므로 『노송』에서 말하기를
'春秋匪解,[60]	'춘추로 게을리 하지 않아

아들이 아버지의 뒤를 잇는 것과 같다"라고 하였는데, 『전』에는 이런 뜻이 없다.

56 곤(鯀)은 우임금의 아버지이다.

57 설(契)은 탕임금의 13세조이다.

58 위소의 『국어·주어 상』의 주석 및 두예의 주석에서는 모두 부줄이 기(棄)의 아들이라고 하였는데, 초주(譙周) 및 공영달은 모두 이를 반박하였다. 우임금과 탕임금 및 문왕과 무왕은 모두 이른바 "아들이 비록 성인이라고 하다라도"에 해당하는 인물들로 제사를 받아먹는 순위가 실로 그 아버지와 선조의 위에 올 수가 없었다.

59 송나라는 제을을 시조로 삼았고, 정나라는 여왕을 시조로 삼았다. 제을은 미자(微子)의 아버지이며, 여왕은 정환공(鄭桓公)의 아버지이다. 송나라는 미자에게서 처음 봉하여졌고 정나라는 환공에게서 처음으로 봉하여졌지만, 함께 제사를 지낼 때는 미자가 제을보다 앞에 올 수가 없었으며, 환공도 여왕의 앞에 올 수가 없었다. 처음으로 봉하여진 임금이라도 그 조부를 높이기 때문에 "조상을 숭상한다"고 하였다. 상(上)은 상(尙)자와 같은 뜻이다. 두예는 유(猶)자의 뜻을 해석하여 "두 나라가 제을과 여왕을 불초하다고 생각하지 않고 오히려 높이고 숭상하였다"라 하였다. 여왕은 불초하다고 할 수 있었지만 제을은 『상서·다사(尙書·多士)』편에 의하면 "성탕(成湯)에서 제을에 이르기까지 덕을 밝히고 제사를 삼가지 않은 사람이 없었다"고 하였으니 제을은 반드시 불초한 것은 아니었다. 두예의 설은 따르기가 어렵다.

60 춘추(春秋): 사시(四時)라는 말과 같다.
해(解): 해(懈)와 같은 뜻. 게으르다.

享祀不忒,[61]	제사 지내는 일에 어그러짐 없네.
皇皇后帝,	위대한 하느님과
皇祖后稷.'[62]	위대한 선조 후직께'라 하였다.
君子曰'禮',	군자가 '예에 맞았다' 하였는데
謂其后稷親而先帝也.[63]	후직이 가깝지만 하늘에 먼저 제사 지냄을 이른 것이다.
詩曰,	『시』에서 말하기를,
'問我諸姑,	'나의 여러 고모에게 문후하고
遂及伯姊.'[64]	마침내 큰 언니에게 미쳤네'라 하였는데
君子曰,	군자가 말하기를
'禮',	'예에 합당하다'고 하였다.
謂其姊親而先姑也."[65]	언니가 친하지만 고모를 먼저 문후하였음을 이른 것이다."

---

61 특(忒): 어긋나다.
이상 『시경』의 구절은 사철 지내는 제사를 게을리 하여 어긋남이 없었다는 것을 말한다.

62 『시』는 『시경·노송·비궁(詩經·魯頌·閟宮)』의 구절이다. 황황후제(皇皇后帝)는 하늘을 말한다. 황황은 첩자 형용사이다. 양공 7년의 『전』에 "후직에게 교사를 지내는 것은 농사를 기원하는 것이다"라고 하였다. 이는 아마 교사(郊祀)를 말하는 것으로 상제와 후직에게 제사를 지내는 것이다.

63 군자는 『노송(魯頌)』의 시를 평론한 사람으로, 위의 군자와 동일한 사람일 수도 있고 또한 다른 사람일 수도 있다. 아래의 군자도 마찬가지이다.

64 『시』는 『시경·패풍·천수(詩經·邶風·泉水)』의 구절이다. 아버지의 자매를 고모라고 한다.

65 정공 8년의 『전』에 "전의 임금을 종묘에서 제사 지내기로 했다(從祀先公)"라는 말이 있고, 『전』에서는 "겨울 10월에 노나라의 선대 임금들에게 차례로 제사를 지내고 자기 뜻

仲尼曰,	중니가 말하였다.
"臧文仲,[66]	"장문중은
其不仁者三,	어질지 못한 것이 셋이고
不知者三.	지혜롭지 못한 것이 셋이다.
下展禽,[67]	전금을 아래 자리에 두고
廢六關,[68]	육관을 폐기하였으며
妾織蒲,[69]	첩이 부들자리를 짠 것이

대로 되게 해달라고 빌었다. 신묘일에는 희공에게 체제(禘祭)를 올렸다"라 하였다. 곧 이 해에 희공을 소(昭)로 민공을 목(穆)의 제사로 고쳤는데, 정공 8년에 이르러 다시 원래대로 민공을 소로 희공을 목으로 고쳐 제사를 지냈다. 군자의 이 논평은 아마 이 때문에 나왔을 것이다.

66 장문중(臧文仲): 장공 11년『전』에 보인다.

67 하전금(下展禽): 전금(展禽)은 유하혜(柳下惠)이다.『논어·위령공(衛靈公)』편에서는 "장문중은 그 지위를 훔친 자일 것이다. 유하혜의 어짊을 알고서도 더불어 조정에 서지 않았구나!(臧文仲其竊位者與! 知柳下惠之賢而不與立也)"라 하였다. 하전금(下展禽)은 전금을 굴복시켜 자기보다 낮은 자리에 둔 것을 말한다.

68 폐육관(廢六關): 두 가지 해석이 있다. 두예는 "새관(塞關), 양관(陽關) 등의 모두 여섯 개 관문을 장사치들을 금하여 끊기 위하여 폐쇄시켰다"라 하였으니 폐(廢)를 폐기(廢棄)의 뜻으로 본 것이 첫째 뜻이다. 그러나『공자가어(孔子家語)』에는 "廢"가 "둘 치(置)"자로 되어 있으며, 왕숙(王肅)의 주석에서는 "육관은 관문의 이름으로 노나라에는 본래 이 관문이 없었으나 문중(文仲)이 설치하여 통행하는 사람들에게 세금을 매겼으므로 어질지 못하다고 여겼다"라 하였으니 폐(廢)를 설치하였다는 뜻으로 봤으며, 이것이 또 하나의 해석이다. 두 가지의 뜻이 정반대이다. 청나라 혜동〔惠棟,『춘추좌전보주(春秋左傳補注)』, 이하『보주(補注)』〕과 홍양길〔洪亮吉,『춘추좌전고(春秋左傳詁)』, 이하『고(詁)』〕은 모두 후자를 지지하였는데 사실에 가까운 것 같다.

69 첩이 부들자리를 짜서 팔았다는 뜻으로, 백성들과 이익을 다투었다는 것을 말한다.『사기·순리·공의휴전(循吏·公儀休傳)』에 "그의 집에서 짠 베가 좋은 것을 보고 그 가부(家婦)를 재빨리 쫓아내고 베틀을 불태우고서는 '농부와 공녀들로 하여금 그들이 생산한 물건을 어디서 팔 수 있게 하겠는가?'라 하였다"는 말이 있는데 이곳과는 정반대로 관점은 똑같으며 여기에서 또한 옛사람들의 관념을 볼 수 있다.

三不仁也.	세 가지 어질지 못한 것이다.
作虛器,[70]	헛된 기물을 만들고
縱逆祀,[71]	거꾸로 지내는 제사를 함부로 따랐으며
祀爰居,[72]	원거에게 제사를 지낸 것이
三不知也."	세 가지 지혜롭지 못한 것이다."

---

70 작(作): 『공자가어(孔子家語)』에는 "베풀 설(設)"자로 되어 있다.
허기(虛器): 장문중이 사사로이 큰 거북〔대채(大蔡)〕을 기르고 있었는데 집을 지어 살게 한 일을 가리킨다. 『논어·공야장(公冶長)』편에서 말한 "장문중이 큰 거북을 기르고 있었는데, 기둥머리 두공에는 산 모양을 조각하고 들보 위 동자기둥에는 수초를 그렸으니 어찌 지혜롭다 하겠는가?(臧文仲居蔡, 山節藻梲, 何如其知也)"라 한 것이 곧 이를 가리킨 것이다. 양공 23년 『전』에 장무중(臧武仲)이 대채를 들이는 기록이 있는데, 또한 거채(居蔡)의 채(蔡)이니 채구(蔡龜)는 장씨네 집에서 사적으로 대대로 지켜 오던 물건이다.

71 하보불기의 주장을 함부로 용인한 것이다. 『예기·예기(禮器)』에서는 "공자가 말하였다. '장문중이 어찌 예를 아는가? 하보불기가 거꾸로 제사를 지냈는데도 그것을 말리지 않았다'"라 하였다. 대체로 장문중은 장공 때부터 노나라 조정에 서서 민공과 희공을 거쳐 문공까지 네 임금을 섬긴 노신이었으니 그의 언행은 당시의 여론을 좌지우지할 수 있었다. 이때 집정자가 비록 공자 수(公子遂), 계손행보(季孫行父)이기는 하였지만 장문중은 당시의 예법에 의거하여 이를 제지하지 않았으므로 이 때문에 공자가 유독 그를 책망한 것이 아니겠는가?

72 원거(爰居): 해조(海鳥)의 이름이다. 『이아·석조(釋鳥)』 곽박(郭璞)의 주에서는 "한나라 원제(元帝) 때 낭야(瑯琊)에 망아지만 한 큰 새가 있었는데 당시 사람들이 원거라고 불렀다"라 하였다. 『석문(釋文)』(당나라 육덕명의 『경전석문』)에서는 번광(樊光)의 말을 인용하여 "봉황과 비슷하다"라고 하였다. 『장자·지락(莊子·至樂)』편의 『석문(釋文)』에서는 사마표(司馬彪)의 말을 인용하여 "원거는 고개를 들면 높이가 여덟 자이다"라고 하였다. 「노어 상」에서는 "원거라고 하는 해조가 노나라 동문 바깥에서 사흘간 머물렀는데 장문중이 백성들에게 제사를 지내 주게 하였다. 전금이 말하기를 '이제 해조가 이르렀는데 자기도 모르면서 제사를 지내어 국가적인 의전으로 삼으니 어질지도 지혜롭다고도 하기 어렵습니다……' 하였다" 한 것이 이 일을 말한다.

冬,	겨울에
晉先且居, 宋公子成, 陳轅選, 鄭公子歸生伐秦,[73]	진나라의 선차거와 송나라의 공자 성, 진나라의 원선, 정나라 공자 귀생이 진나라를 쳐서
取汪及彭衙而還,[74]	왕과 팽아를 취하여 돌아와
以報彭衙之役.	팽아의 전역(戰役)을 보복하였다.
卿不書,[75]	경을 기록하지 않은 것은
爲穆公故,	목공 때문에
尊秦也,	진나라를 높인 것인데

---

73 송공자성(宋公子成): 문공 7년『전』의 두예의 주에 의하면 송장공(宋莊公)의 아들이다. 진원선(陳轅選):『독본(讀本)』에서는 원도도(轅濤塗)의 후손이라 하였는데 그럴지도 모르겠다.
정공자 귀생(鄭公子歸生): 자는 자가(子家)이며 영공(靈公)의 아우라고도 한다.

74 왕(汪)은 팽아와 가까이 있을 것이며, 명말청초(明末淸初) 고조우(顧祖禹)의 역사지리서『독사방여기요(讀史方輿紀要)』(이하『방여기요(方輿紀要)』)에서는 백수현(白水縣)에 왕성(汪城)이 있다고 하였으며 어떤 사람은 왕이 징성현(澄城縣)에 있다고 하였다. 백수와 징성 두 현은 이웃하고 있으며 지금은 모두 섬서성에 속해 있다.「진세가」에서는 "3년 후에 진(秦)나라가 과연 맹명에게 진(晉)나라를 치게 해서 효(殽)에서의 패배를 보복하게 하고 진(晉)나라의 왕을 취하여 돌아갔다"라 하여『전』과는 반대로 기술하였는데 잘못되었을 것이다.「연표」에서도 진(秦)나라가 진(晉)나라를 쳤다고 하였지만 또한 진(晉)나라가 이기고 진(秦)나라가 패하였다고 하였으니 또한「세가」와 다른 것 같다.

75 진나라의 선차거는 진나라의 중군장수이며, 공자 성 등은 또한 모두 각국의 경(卿)인데『경』에서 "진인·송인·진인·정인(晉人·宋人·陳人·鄭人)"이라고 기록하였기 때문에 "경은 기록하지 않았다"고 한 것이다. 희공 이전에는 외국의 대부가 쳐들어갈 때 으레 "인(人)"이나 "사(師)"로 칭하고 모두 이름을 적지 않았지만 천토(踐土) 이래로는 진(晉)나라의 원수가 제후의 경을 거느리고 나라를 정벌하였는데 이번의 전역(戰役)에서 비롯되었다. 그러나 다음 해에 양처보가 초나라를 치는데『경』에서는 그 이름을 기록하였으니 이번 전역(戰役)의 선차거 등도 또한 마땅히 이름을 적어야 옳다.

謂之崇德.[76]	덕행을 존숭한 것이라 한다.
襄仲如齊納幣,	양중이 제나라로 가서 납폐를 하였는데
禮也.	예에 합당하였다.
凡君卽位,	무릇 임금이 즉위하면
好舅甥,	구생국 간에 우호를 맺고
修婚姻,	혼인의 일을 처리하여
娶元妃以奉粢盛,	원비를 맞아 제사를 받드는 것이
孝也.[77]	효도이다.
孝,	효도는

76 양공 8년에 진후(晉侯)가 형구(邢丘)에서 제후의 대부를 만나는데 『전』에서는 "대부를 기록하지 않은 것은 진후를 높이기 위함이다"라 하였으며, 이 뜻의 예와 비슷한 점이 있다.

77 제나라와 노나라는 대대로 혼인을 하였으며 노나라 임금은 여러 번 제나라 여인을 취하였으니 제나라와 노나라는 구생의 나라이므로 사자를 보내어 우호를 폈으므로 구생국 간에 우호를 맺었다고 한 것이다.
납폐는 혼인을 맺는 것이기 때문에 수혼인(修昏姻)이라고 하였다.
여기서는 문공이 처음으로 아내를 취하였기 때문에 원비를 맞았다고 하였다.
여기 및 대상에 이르러 『공양전』에서는 "3년 내에는 혼인을 꾀하지 않았다"고 하여 후인들이 이 때문에 의논이 분분한데, 대체로 후대의 예법으로 전인을 기평(譏評)하였다고 하였지만 아마 서주(西周)와 동주(東周) 사람들은 결코 이런 예법이 없었을 것이며, 『공양전』은 곧 한나라 사람의 저작이다. 선공은 실로 문공의 아들로 문공을 이어 즉위하였다. 문공은 2월에 죽었으며 선공은 다음 해에 즉위하였고 3월에 부인을 맞아들였으니 부친이 죽은 지 겨우 1년여 만에 혼인을 한 것으로 『경』과 『전』에는 기롱하는 내용이 없는데 하물며 이 납폐이겠는가?

禮之始也.　　　　　예의 시작이다.

문공 3년

經

三年春王正月,[1]　　　　　3년 봄 주력으로 정월에

叔孫得臣會晉人, 宋人, 陳人, 衛人, 鄭人伐沈.[2]　　　　　숙손득신이 진나라 사람과 송나라 사람, 진나라 사람, 위나라 사람, 정나라 사람과 만나 침나라를 쳤다.

沈潰.　　　　　침나라는 궤멸되었다.

夏五月,[3]　　　　　여름 5월에

王子虎卒.[4]　　　　　왕자 호가 죽었다.

---

1 삼년(三年): 정유년 B.C. 624년으로 주양왕(周襄王) 29년이다. 정월 15일 정유일이 동지로, 건자(建子)이다. 윤달이 있다.

2 침(沈): 나라 이름이다. 전해지는 기물로 침자궤(沈子簋)가 있는데, 명문에 위하면 침자는 주공(周公)의 증손임으로 그 부친이 비로소 침나라에 봉하여졌으며, 침자는 그 아버지를 이어 봉하여졌으나 여전히 그 대종(大宗)인 주공을 이어받았음을 알 수 있다. 그 땅은 안휘성 부양현(阜陽縣) 서북쪽 120리 지점의 침구집(沈丘集)에 있으며 서북쪽으로 하남성 침구(沈丘)의 구현 소재지와 30리 떨어져 있으며 대략 지금의 임천현(臨泉縣)에 있다. 지금의 침구현은 이미 옛 소재지 북쪽의 괴점(槐店)으로 옮겼다.

3 『전』에는 여름 4월 을해일로 되어 있다. 을해일은 24일이다. 『경』에 5월로 되어 있는 것은 『경』의 잘못일 것이다.

4 왕자 호(王子虎): 『전』에는 왕숙문공(王叔文公)으로 되어 있으며, 아래의 『전』에 왕숙환공(王叔桓公)이 있는데 그 아들이라고 하였으니, 왕숙(王叔)을 씨로 삼았으며 문(文)은

秦人伐晉.	진나라 사람이 진나라를 쳤다.
秋,	가을에
楚人圍江.[5]	초나라 사람이 강을 에워쌌다.
雨螽于宋.	송나라에 황충이 비처럼 쏟아졌다.
冬,	겨울에
公如晉.[6]	공이 진나라로 갔다.
十有二月己巳,[7]	12월 기사일에
公及晉侯盟.	공이 진후와 맹약하였다.
晉陽處父帥師伐楚以救江.[8]	진나라 양처보가 군사를 이끌고 초나라를 쳐서 강을 구원하였다.

곧 시호이다. 『공양전』과 『곡량전』에는 모두 왕자 호는 곧 숙복(叔服)이라고 하였다. 왕자 호는 「국어 상」에서는 태재문공(太宰文公)이라고 칭하고 있으니 관직은 태재이며, 숙복은 문공 원년 『전』에서 내사숙복이라 칭하였으니 관직은 내사이다. 또한 문공 14년 『전』 및 성공 원년의 『전』에서 모두 숙복의 말을 인용하였으니 숙복이 왕자 호가 아님이 분명하며 이로써 두 『전』의 말은 믿을 수가 없다.

5 강(江)은 희공 2년의 『경』에 보인다.

6 이곳이 "공이 진나라로 갔다"고 기록한 시초이다.

7 기사(己巳)일은 22일이다.

8 『공양전』과 『곡량전』에는 모두 "써 이(以)"자가 없다. 『회남자·설림훈(淮南子·說林訓)』에서는 "진나라 양처보가 초나라를 쳐서 강을 구하였으므로 전쟁을 종식시키는 것은 중재에 있지 않고 요충지를 치는 데 있다"라 하였다. 장병린(章炳麟: 1869~1936)의 『춘추좌전독(春秋左傳讀)』(이하 『독(讀)』)에서는 거기서 인용한 것이 곧 좌씨의 설이라고 하였는데 어쩌면 맞을 것이다.
『춘추』에서 군사를 거느리고(帥師)라고 기록한 것은 130차례이며 희공 이전에는 겨우 아홉 차례이며 또한 모두 노나라의 대부였다. 문공과 선공 이후에는 노나라 이외의 대부도 또한 거의 솔사(帥師)라 기록하고 있으며, 정공과 애공 사이에는 기록한 것이 더욱 많아 제후의 대부의 권력이 날로 더하여져 갔으며 이로 인해 사서의 체례도 변하여 감을 알 수 있다.

傳

三年春,	3년 봄에
莊叔會諸侯之師伐沈,[9]	장숙이 제후들의 군사를 모아 침나라를 쳤는데
以其服於楚也.	초나라에 복종하였기 때문이었다.
沈潰.	침나라는 궤멸되었다.
凡民逃其上曰潰,	백성들이 그 임금으로부터 도망간 것을 궤멸되었다고 하고
在上曰逃.[10]	도망간 것이 임금이면 도망하였다고 한다.
衛侯如陳,	위후가 진나라에 가서
拜晉成也.[11]	진나라와 화친을 이루어 준 것에 배사하였다.

---

9 장(莊)은 숙손득신의 시호일 것이며 숙(叔)은 자이다.

10 희공 5년의 『경』에서 "제후들이 수지에서 맹약했다. 정백은 도망가 귀국하여 맹약하지 않았다(諸侯盟于首止. 鄭伯逃歸不盟)"라 하였다. 양공 7년 위(鄬)의 회합에서도 『경』에서는 또한 "진후가 도망하여 귀국하였다(陳侯逃歸)"라 하였는데 이것이 임금이 도망한 것을 도(逃)라고 한 예이다. 왕이 도망한 것은 왕 한 사람과 왕을 수행하는 사람일 따름이며, 백성들이 임금에게서 도망하는 것은 사람의 수가 매우 많기 때문에 도(逃)라고 하지 않고 궤(潰)라고 하는 것이다.

11 2년에 진공공(陳共公)이 위나라를 위하여 진(晉)나라에 화친을 주선할 것을 청하였다. 진나라와 화친을 이루어 준 것에 배사하였다는 것은 진나라와 위나라가 화친을 하도록 해준 것에 대하여 답하여 감사를 표한 것이다.

夏四月乙亥, 여름 4월 을해일에

王叔文公卒, 왕숙문공이 죽었는데

來赴, 부고가 오자

弔如同盟,[12] 동맹제후의 예로 조문을 하니

禮也. 예에 합당하였다.

秦伯伐晉, 진백이 진나라를 쳤는데

濟河焚舟,[13] 황하를 건너자 배를 태워 버렸으며

取王官及郊,[14] 왕관과 교를 취하였는데도

---

12 희공 28년에 왕자 호가 노나라 및 다른 제후들과 천토에서 맹약을 맺고, 29년에는 또 적천에 맹약을 하였는데 이것이 이른바 동맹이다. 그러나 왕자 호는 곧 주나라 왕실의 경사이지 제후가 아닌데 또한 동맹 제후의 예로 조문을 하였기 때문에 이렇게 말하였다.

13 항우(項羽)가 거록(鉅鹿)의 전투에서 배를 가라앉히고 솥을 깨뜨려 필사의 결심을 보인 것과 같다.

14 「진본기」에는 "取王官及鄗"로 되어 있는데 "郊"와 "鄗"는 고음(古音)이 같다. 또한 사마천이 교(郊)를 지명으로 보았음을 알 수 있으며, 그 땅은 왕관과 가까울 것이다. 선공 12년 『전』과 애공 4년 『전』에 나오는 호(鄗)와는 모두 다른 곳이다. 청나라 염약거(閻若璩)는 『사서석지우속(四書釋地又續)』에서 교(郊)는 원교(遠郊)니 근교(近郊)니 할 때의 교라고 하였으며, 소공 23년 『전』의 진(晉)나라 사람이 교(郊)를 포위하였다 했을 때의 교는 주나라의 교(郊)이고, 정공 12년의 위(衛)나라가 조(曹)나라를 치고 교에서 이겼다 한 교는 조나라의 교이며, 애공 11년 제나라 군사와 교에서 싸웠다 한 교는 노나라의 교로 여러 교자가 모두 같은 글자이니 "取王官"을 한 구절로 보아 진나라 병사가 왕관을 쳐서 빼앗았다는 것으로 보아야 한다. 또한 "及郊"를 하나의 구절로 보아 진나라 병사가 진(晉)나라의 도읍인 강(絳)성의 교외에 이르렀다고 보아야 한다. 그러나 이번에 진나라 병사들이 진나라를 친 것은 먼저 서쪽에서 황하를 건너 동쪽으로 와서 왕관을 취하고 다시 북에서 남하하여 모진(茅津)에서 황하를 건넜다. 왕관을 취한 후에 진나라의 교외에 이르렀다면 북에서 남하하기 이전으로 먼저 반드시 남에서 동북쪽으로 백 수십 리를 간 연후에 또 돌아서 남으로 와야 하기 때문에 당시의 행군법으로는 타당하지 않았을 것이므로 취하지 않았을 것이다. 왕관은 성공 13년 여상(呂相)이 진(秦)나라와 절교를

晉人不出.[15]	진나라 사람이 나오지 않았다.
遂自茅津濟,[16]	마침내 모진에서 건너
封殽尸而還.[17]	효에서 죽은 시체의 무덤을 쌓고 돌아갔다.
遂覇西戎,[18]	마침내 서융의 패주가 되었으니
用孟明也.	맹명을 썼기 때문이다.

하면서 쓴 편지에서 "우리 속천(涑川)을 치고 왕관의 백성을 포로로 잡았다"라 하였으니 왕관은 속천과 가까울 것이니 곧 『수경주·속수(涑水)』에서 이른바 "속수는 또 서쪽으로 왕관성 북쪽을 거친다"라고 한 것이니, 산서성 문희현(聞喜縣) 서쪽에 있을 것이다. 혹은 섬서성 징성현(澄城縣)의 왕관이 그곳일 것이라고 하는데 틀렸다.

15 전(前)해의 조최의 말을 썼다.

16 모진(茅津): 곧 지금의 산서성 평륙현 모진도(茅津渡)이며 또한 대양도(大陽渡)라고 한 것이 이것일 것이다. 맞은편 강안은 하남 섬현(陜縣)으로 황하를 건너 동으로 가면 효산(殽山)에 이른다.

17 두예는 봉(封)자를 해석하여 "매장하는 것"이라고 하였으며, 「진본기」의 『집해(集解)』에서는 가규의 설을 인용하여 "흙을 쌓고 표지를 세웠다"라 하였고, 청나라 유문기(劉文淇)의 『춘추좌씨전구주소증(春秋左氏傳舊注疏證)』(이하 『구주소증(舊注疏證)』)에서는 청나라 주준성(朱駿聲: 1788~1858)의 말을 인용하여 "효에서의 패배는 희공 33년 4월인데 시체의 봉분을 쌓은 것은 문공 3년 5월이니 3년이란 세월의 간격이 있는데 어찌하여 아직도 매장할 시체가 있겠는가? 그 땅에 표지만 세운 것일 따름이다. 가규가 옳고 두예는 틀렸다"라 하였다. 주준성의 설이 옳다. 「진본기」에서는 "36년 목공이 다시 맹명 등을 더욱 후하게 대하여 장병들로 하여금 진나라를 치게 하였는데 황하를 건너 배를 태우고 진나라 사람을 대패시키고 왕관과 호(鄗)를 빼앗아 효의 전역(戰役)에서의 패배를 보복하였다. 진나라 사람들은 모두 성을 지키고 감히 나오지 못했다. 이에 목공이 모진에서 황하를 건너 효 땅에 있는 시체의 봉분을 쌓고 발상을 한 후 사흘간 곡을 하였다"라 하였으니 「진본기」에서 "진나라 사람을 대패시켰다"라 한 것은 『전』과는 다르다. 『전』에서 "진나라 사람이 나오지 않았다"라 하였으니 일찍이 교전을 한 적이 없음을 알겠다.

18 「진본기」에서는 "37년 진나라가 유여(由余)의 계책을 써서 융왕을 치고 열두 나라를 더하고 천리의 땅을 열어 마침내 서융의 패주가 되었다"라고 하였다.

君子是以知"秦穆之爲君也,[19]	군자는 이 때문에 "진목공이 임금이 됨에
擧人之周也,[20]	사람을 씀이 주도면밀하였고
與人之壹也,[21]	사람을 대함에 한결같았다.
孟明之臣也,[22]	맹명이 신하의 도리를 다함에
其不解也,[23]	게을리 하지 않았고
能懼思也,[24]	두려워하고 생각할 줄 알았다.
子桑之忠也,[25]	자상이 충성을 함에
其知人也,	남을 잘 알았고
能擧善也.[26]	훌륭한 이를 천거할 수 있었다.

---

19 완각본에는 "秦穆公"으로 되어 있어 "公" 한 자가 더 들어갔는데 청나라 완원(阮元)의 『교감기(校勘記)』와 왕인지의 『술문(述聞)』 및 『당석경』, 가나자와 문고본(金澤文庫本), 족본(足本)에 의거해 산거(刪去)하였다.

20 주(周): 두예는 "주는 갖추었다는 뜻이다. 하나의 단점 때문에 그 장점을 버리지 않은 것이다"라 하였다. 「진본기」에서는 "군자가 그 말을 듣고 모두 눈물을 떨구며 말하였다. '아아! 진목공은 사람을 대함이 용의주도하다'"라고 하였다.

21 일(壹): 두예는 "일은 두 마음이 없는 것이다"라 하였다. 그 신임을 오로지하여 여러 번 패하였는데도 그대로 쓴 것을 말한다.

22 신(臣): 신하로서의 도리를 다함을 말한다.

23 해(解): "게으를 해(懈)"자와 같다. 다음의 "夙夜匪解"와 같은 뜻이다.

24 구사(懼思): 지난해에 조최가 말한 "두려워하여 덕을 더하다(懼而增德)", "너의 조상을 생각하여 그 덕을 닦아라(毋念爾祖, 聿修厥德)" 한 뜻이다. 패하고 난 다음에 두려워하였고, 두려워한 후에 생각을 하였으며, 생각을 한 후에 덕을 닦았다는 것을 말한다.

25 자상(子桑): 곧 공손지(公孫枝)로 희공 13년의 『전』에 보인다.

26 두예는 자상은 맹명을 천거한 사람이라고 하였다. 그러나 『여씨춘추·신인(呂氏春秋·愼人)』편 및 『한비자·설림(韓非子·說林) 상』편에 의하면 자상은 백리해(百里奚)를 천거한 사람이며, 맹명은 바로 백리해의 아들이라고 하였다. 장병린(章炳麟)의 『독(讀)』에서는 "한번 천거하여 현인 두 세대를 얻었으므로 이 『전』에서도 맹명의 성공을 자상에게로

詩曰,	『시』에서 말하기를
'于以采蘩?[27]	'어디에서 쑥을 캐는가?
于沼, 于沚.	늪과 물가라네.
于以用之?	어디에 그것을 쓰는가?
公侯之事.'[28]	공후의 일이라네'라 하였는데
秦穆有焉.	진목공이 그러하였다.
'夙夜匪解,	'아침저녁으로 게으르지 않으니
以事一人,'[29]	오직 한 사람 섬긴다네'라 하였는데
孟明有焉.	맹명이 그러하였다.
'詒厥孫謀,	'자손에게 그 계책 주어
以燕翼子,'[30]	자손 편안히 보좌하네'라 하였는데,

돌리고 있는 것이다"라고 하였다.

27 우이(于以): "于何"와 같으며 "어디에서"라는 뜻이다.

28 『시』는 『시경·소남·채번(詩經·召南·采蘩)』의 구절이다. 은공 3년의 『전』에서는 "「국풍(國風)」에 「채번」과 「채빈」이 있고 「대아(大雅)」에 「행위」와 「형작」이 있는데, 이는 충성과 믿음을 밝힌 것이다(風有采蘩·采蘋, 雅有行葦·泂酌, 昭忠信也)"라 하였다. 여기에 인용한 시 또한 이 뜻과 가까우며, 진목공이 충(忠)과 신(信)으로 사람을 대할 수 있었으므로 사람이 그 쓰임이 될 수 있었다는 말이다.

29 『시』는 『시경·대아·증민(大雅·蒸民)』의 구절이다. 일인(一人)은 원래 주선왕(周宣王)을 가리키나 여기서는 진목공을 가리키는 말로 빌려 썼다.

30 『시』는 『시경·대아·문왕유성(大雅·文王有聲)』의 구절이다. 이(詒)는 준다는 뜻으로, 그 자손에게 계책을 주는 것이다. 연(燕)은 편안하다는 뜻이다. 익(翼)은 돕다, 보좌한다는 뜻으로 편안하게 그 자손을 보좌한다는 말이다. 『후한서·반표전(後漢書·班彪傳)』에서도 이 시를 인용하여 현인을 얻어 보좌하는 것이 자손에게 계책을 남겨 주는 일이라 하여 이곳에서 인용한 시와 함께 자상이 백리해 부자를 천거하여 진목공을 보좌하였다고 하였는데 두 곳에서의 뜻은 일맥상통한다.

子桑有焉."[31]	자상이 그러하였다"는 것을 알았다.
秋,	가을에
雨螽於宋,	송나라에서 황충이 비처럼 내렸는데
隊而死也.[32]	떨어져 죽은 것이다.
楚師圍江,	초나라 군사가 강을 포위하였는데
晉先僕伐楚以救江.	진나라 선복이 초나라를 쳐서 강을 구원하였다.
冬,	겨울에
晉以江故告於周,	진나라는 강의 일 때문에 주나라에 고하였는데
王叔桓公, 晉陽處父伐楚以救江,[33]	왕숙환공과 진나라 양처보가 초나라를 쳐서 강을 구원하여

31 「진본기」에서는 또한 『상서·진서(秦誓)』를 인용하였는데 『전』에는 없다.

32 추(隊): 추(墜)의 고자이다. 『공양전』에서는 "황충이 비처럼 내렸다는 것은 무엇인가? 죽어서 떨어진 것이다"라고 하였다. 떨어져 죽은 것이나 죽어서 떨어진 것은 그 뜻의 대략 같다. 『곡량전』에서는 "재해가 심했다"라 하여 두 『전』과 다르다. 오개생(吳闓生)의 『문사견미(文史甄微)』에서는 "이는 '楚人圍江'과 아래의 '救江' 같은 것으로 『전』을 서술하였으므로 먼저 '雨螽於宋'을 풀이한 것이다"라고 하였다.

33 두예는 "환공은 주나라의 경사(卿士)로 왕숙문공(王叔文公)의 아들이다"라고 하였다. 『경』에서 진나라 양처보만 기록하고 환공에 대하여 기록하지 않은 것은 또한 천토(踐土)와 황지(黃池)에서 왕자 호와 단평공(單平公)을 기록하지 않은 것과 같으며, 유강공(劉康公)과 성숙공(成肅公)이 제후들을 만나 진나라를 칠 때와 성환공(成桓公)이 진나라를 만나 정나라를 칠 때도 모두 기록하지 않았다.

門於方城,[34]	방성을 공격하다가
遇息公子朱而還.[35]	식공 자주를 만나 돌아왔다.
晉人懼其無禮於公也,	진나라 사람이 공에게 무례하게 군 것을 두려워하여
請改盟.[36]	맹약을 바꿀 것을 청하였다.
公如晉,	공이 진나라로 가서
及晉侯盟.	진후와 맹약하였다.
晉侯饗公,	진후가 공에게 연회를 베풀었는데
賦菁菁者莪.[37]	「청청자아」를 읊었다.
莊叔以公降, 拜.[38]	장숙이 문공을 보고 내려가서 절하며

34 방성(方城): 이미 희공 4년의 『전』에 보인다. 이 방성은 방성산(方城山)의 관문 입구를 가리킬 것이다. 혹은 정공 4년 『전』의 성 입구일 것으로 문공 16년 『전』의 용방성(庸方城)과는 다르다.

35 식공 자주(息公子朱): 식공은 식현(息縣)의 윤(尹)으로 이름은 자주(子朱)이다. 두예는 "자주는 초나라 대부로 강을 친 장수이며 진나라가 군사를 일으켰다는 말을 듣고 강나라의 포위를 풀었기 때문에 진나라도 돌아간 것이다"라고 하였다.

36 무례(無禮)는 지난해에 양처보로 하여금 노나라 문공과 맹약을 하게 하여 욕보인 것을 말하며 이제 맹약을 고치는 것이다.

37 두예는 "「청청자아」는 『시경·소아』이다. 그 '이미 군자 만나 보니, 즐겁고 위엄 있네(旣見君子, 樂且有儀)'라는 구절의 뜻을 취한 것이다"라고 하였다.

38 장숙(莊叔): 숙손득신으로 당시 맹약의 예를 도왔다. 『전국책·진책(戰國策·秦策)』에 "영향(泠向)이 진나라 왕에게 말하였다. '제가 제나라로 하여금 왕을 섬기게끔 하고 싶습니다(向欲以齊事王)'"라는 말이 있는데, 후한(後漢)의 고유(高誘)가 말하기를 "'써 이(以)'자는 '하여금 사(使)'자와 같다"라 하였으며, 이곳의 "以"자도 "使"자의 뜻이 되어야 한다. 항·배(降·拜)는 계단을 내려가서 두 번 절하는 것으로 두예는 "공을 군자에 비기는

曰,	말하기를
"小國受命於大國,	"작은 나라가 대국의 명을 받았으니
敢不愼儀?	감히 의례를 삼가지 않겠습니까?
君貺之以大禮,[39]	임금께서 큰 예를 내려 주시니
何樂如之?	어떤 즐거움이 그와 같겠습니까?
抑小國之樂,[40]	또한 작은 나라의 즐거움은
大國之惠也."	큰 나라의 은혜이옵니다"라 하였다.
晉侯降,	진후가 내려와서
辭.[41]	사양하였다.
登,	올라가서는
成拜.[42]	배례를 이루었다.
公賦嘉樂.[43]	공이 「가락」을 읊었다.

것에 감사한 것이다"라 하였다.

39 대례(大禮): 향례(饗禮)를 말한다.

40 억(抑): 아무 뜻이 없는 구절의 첫머리에 오는 말이다.

41 계단을 내려가 사양하고 노나라 문공으로 하여금 절을 하지 못하게 한 것이다.

42 두 사람 모두 계단을 올라가 당상에까지 이르러 배례를 완성한 것이다.

43 두예는 "「가락」은 『시경·대아』이다. '환한 아름다운 덕, 백성과 관리에 마땅하니, 하늘에서 복을 받는도다'라는 구절의 뜻을 취하였다"라 하였다.

문공 4년

經

四年春,[1]	4년 봄
公至自晉.[2]	공이 진나라에서 돌아왔다.
夏,	여름에
逆婦姜于齊.[3]	제나라에서 며느리 강씨를 맞았다.
狄侵齊.[4]	적나라가 제나라로 쳐들어갔다.
秋,	가을에
楚人滅江.[5]	초나라 사람이 강나라를 멸하였다.
晉侯伐秦.	진후가 진나라를 쳤다.

---

1 사년(四年): 무술년 B.C. 623년으로 주양왕(周襄王) 30년이다. 지난해 윤 12월 26일 임인일이 동지로, 건축(建丑)이다.

2 『전』이 없다.

3 두예는 "부(婦)라 일컬은 것은 시어머니가 있다는 말이다"라 하였다. 선공 원년과 성공 14년 『경』의 『주』를 함께 참고하여 보라. 춘추시대 노나라 12왕 가운데 6왕은 제나라의 여인을 아내로 맞았으며, 희공이 성강(聲姜)을 맞으러 가고 이른 것만 기록하지 않았다. 『공양전』에서는 맞아들인 사람이 제나라 대부의 딸이라고 하였으며, 『곡량전』에서는 공이 직접 맞았다고 하였는데 억측일 따름이며, 모기령(毛奇齡)이 『춘추전(春秋傳)』에서 반박을 하였는데 옳다.

4 『전』이 없다.

5 문공 15년 『전』에서는 "무릇 한나라에 이기는 것을 멸하였다고 한다(凡勝國曰滅之)"라 하였다. 두예는 "승국이라는 것은 그 사직을 끊어 버리고 그 토지를 차지하는 것이다"라 하였다. 양공 13년 『전』에서는 "큰 군사를 쓰는 것을 멸하였다고 한다(用大師焉曰滅)"라 하였는데, 여기서는 문공 15년 『전』의 뜻일 것이다.

衛侯使甯俞來聘.	위후가 영유를 보내와 조빙하게 하였다.
冬十有一月壬寅,[6]	겨울 11월 임인일에
夫人風氏薨.[7]	부인 풍씨가 죽었다.

傳

四年春,	4년 봄
晉人歸孔達於衛,	진나라 사람이 공달을 위나라로 돌려보냈는데
以爲衛之良也,	위나라의 현량한 신하라 여겼기 때문에
故免之.[8]	사면한 것이다.

夏,	여름에
衛侯如晉拜.[9]	위후가 진나라로 가서 배사하였다.

---

6 임인(壬寅)일은 초하룻날〔삭일(朔日)〕이다.

7 풍씨(風氏): 『전』에 의하면 성풍(成風)은 희공의 어머니이다. 비록 장공의 원비(元妃)는 아니었지만 『경』에서 부인이니, 훙(薨)이니, 장(葬)이니 하며 기록한 것으로 보아 부인과 같은 예우를 하였는데, 이는 선공 8년 선공의 어머니 경영(敬嬴) 및 양공 4년 양공의 어머니 정사(定姒), 소공 11년 소공의 어머니 제귀(齊歸)의 경우와 예가 똑같다.

8 2년의 『전』에 "진후가 위나라를 위하여 진나라에 화평을 청하자 공달을 잡아서 해명하였다(陳侯爲衛請成於晉, 執孔達以說)"라 한 일이 있는데 이때에 이르러 진나라 사람이 그를 돌려보낸 것이다.

9 두예는 "공달을 돌려보낸 것에 감사하였다"라 하였다.

曹伯如晉會正.[10]	조백이 진나라로 가서 공부를 바치는 회합에 참여하였다.
逆婦姜於齊,	제나라에서 며느리 강씨를 맞았는데
卿不行,	경이 가지 않은 것은
非禮也.[11]	예의가 아니었다.
君子是以知出姜之不允於魯也,[12]	군자는 이 때문에 출강이 노나라에서 좋은 결과를 얻지 못할 것임을 알고

---

10 두예는 "공부(貢賦)를 받는 정사(政事)에 참여한 것이다. 『전』에서는 양공이 문공의 왕업을 이어받을 수 있었기 때문에 제후들이 복종한 것을 말하였다"라 하여 정(正)을 정(政)으로 보았다. 대체로 당시에는 소국의 제후에게는 패주에게 공부를 바칠 의무가 있었기 때문에 그 액수를 정하려는 것이었다. 명말청초(明末淸初) 고염무(顧炎武)의 『좌전두해보정(左傳杜解補正)』[이하 『보정(補正)』]에서는 "회정(會正)은 곧 조정(朝正)이다"라 하였으니 정(正)을 정월(正月) 정세(正歲)란 뜻의 정으로 보았다. 그러나 비록 하력[夏正]을 행하였다 하더라도 주나라는 3월을 정월로 삼았지만 조백은 늦여름에 진나라로 갔으니 또한 이미 조정(朝正)의 시기를 지난 것이 되니 고염무의 설은 두예의 설보다 못하다.

11 유문기(劉文淇)의 『구주소증(舊注疏證)』에서는 "환공 3년 『전』의 예에서 '무릇 공족(公族)의 자녀가 대등한 나라에 시집을 갔을 경우 임금의 자매이면 상경이 호송을 하여 선군을 예우를 표하며, 임금의 딸이라면 하경이 호송한다. 대국이라면 임금의 딸이라 하더라도 상경이 호송을 한다(凡公女, 嫁于敵國, 姊妹, 則上卿送之, 以禮於先君. 公子, 則下卿送之. 於大國, 雖公子, 亦上卿送之)'라 하여 대등한 나라의 상경이 딸을 보내면 딸을 맞아하는 것이 당연하므로 『전』에서 경이 가지 않은 것을 예가 아니라고 하였다. 다음의 '貴聘賤逆'은 대부가 간 것이다"라 하였다.

12 장병린의 『독(讀)』에서는 "윤(允)은 수(遂)자의 뜻을 가차한 것으로 마친다[終]는 뜻이며, 이는 출강이 노나라에서 결과가 좋지 못하여 다시 제나라로 복귀할 따름이라는 것을 말한다. 윤(允)은 또 준(駿)자와도 뜻이 통하여 노나라에서 뛰어나지 못할 것이라는 말이며, 또한 자손이 노나라에서 잘 뻗어나지 못할 것이라는 말이다"라 하였다. 출강의 아들이 피살되고 자신은 친정으로 돌아간 일이 모두 18년의 『전』에 보인다.

曰,	말하기를
“貴聘而賤逆之,[13]	“존귀한 사람이 납빙을 하였는데 천한 사람이 영접을 하였으니
君而卑之,[14]	군부인인데도 낮춘 것이며
立而廢之,[15]	세우고도 폐기한 것으로
棄信而壞其主,[16]	신의를 버리고 내주(內主)를 허물어뜨린 것이니
在國必亂,	나라에 이런 일이 있으면 반드시 어지러워지고
在家必亡.[17]	집에 있으면 반드시 망한다.
不允宜哉!	결과가 좋지 못함이 당연하지 않은가!
詩曰,	『시』에서 말하기를
‘畏天之威,	‘하늘의 위엄을 두려워하여

13 두예는 “공자 수가 납폐를 한 것이 귀한 사람이 납빙을 한 것이다”라 하였다.

14 군(君): 소군(小君)이다. 임금의 아내를 소군이라고 한다. 임금의 부인으로 영접을 하지 않았으므로 낮추었다고 한 것이다.

15 부인으로 세웠는데 그 예대로 하지 않았으니 폐한 것과 같은 것이다.

16 두예는 “주는 내주(內主)이다”라고 하였다. 기신(棄信)은 존귀한 사람이 납빙을 하였는데 천한 사람이 영접을 한 것으로, 납빙할 때의 예에 맞추어 일을 행하지 않은 것이다. 부인은 공궁(公宮)의 주인인데 낮추고 폐하였으므로 “내주를 허물어뜨렸다”고 한 것이다.

17 가(家): 경대부를 말한다. 옛날의 경대부는 거의 채읍이 있었으므로 가(家)라고 하는데, 『논어·계씨(季氏)』에서 “나라가 있고 집이 있다(有國有家)”라 한 것이 바로 이를 말한 것이다.

于時保之,'[18]	이에 맞추어 보전한다'라 하였는데
敬主之謂也."	내주를 존경하는 것을 이른다"라 하였다.
秋,	가을에
晉侯伐秦,	진후가 진나라를 치고
圍邧, 新城,[19]	원과 신성을 포위하여
以報王官之役.[20]	왕관의 전역(戰役)을 앙갚음했다.
楚人滅江,	초나라 사람이 강나라를 멸하니
秦伯爲之降服,[21]	진백이 이 일로 소복을 입고
出次,[22]	나가서 머물며

---

18 『시』는 『시경·주송·아장(詩經·周頌·我將)』의 구절이다. 우시(于時)는 어시(於是)와 같다. 두예는 "하늘의 위엄을 두려워하면 이에 복록을 보전해 줌을 말하였다"라 하였다. 두예는 시의 본의를 쓴 것 같다. 그런데 『전』에서는 단장취의를 하여 "내주를 존경한다"고 증명하였으니 "之"자는 복록을 가리키지 않고 내주를 가리킬 것이며, 다음 구 "내주를 존경하는 것을 이른다(敬主之謂)"라 한 것으로 알 수 있다.

19 원(邧): 심흠한의 『춘추지명보주(春秋地名補注)』(이하 『지명보주(地名補注)』)에서는 곧 『사기·위세가(史記·魏世家)』의 원리(元里)라 하였는데, 바로 지금의 섬서성 징성현(澄城縣) 남쪽과 대려현(大荔縣) 동북쪽에 있다.
신성(新城): 곧 양국(梁國)의 신리(新里)로 『휘찬(彙纂)』에서는 지금의 섬서성 징성현 동북쪽 20리 지점에 옛 신성이 있다고 하였다.

20 왕관지역(王官之役): 바로 지난해에 있었다.

21 항복(降服): 소복을 말한다. 또한 「성공」 5년 조의 『전』에 상세하다.

22 출차(出次): 정침(正寢)을 피하여 거처하지 않는 것이다.

不擧,[23]	성찬과 음악을 물리쳐
過數.[24]	정해진 예수(禮數)보다 지나치게 하였다.
大夫諫.	대부가 간하자
公曰,	공이 말하였다.
"同盟滅,[25]	"동맹국이 멸망하였는데
雖不能救,	구원은 못할지라도
敢不矜乎?[26]	감히 가련히 여기지 않겠는가?
吾自懼也."	내 스스로 두려워하는 것이오."
君子曰,	군자가 말하였다.
"詩云,[27]	"『시』에서 말하기를
'惟彼二國,[28]	'저 두 나라

---

23 불거(不擧): 성찬(盛饌)을 물리고 음악을 거두는 것으로, 장공 20년 조의 『전』과 『주』에 상세히 나와 있다.

24 과수(過數): 신분과 관직에 따라 예의를 구분한 제도인 예수(禮數)가 지나쳤음을 이른다. 타국이 멸망된 것을 애도하는 데는 일정한 예수가 있는데, 애공 10년의 『전』에서는 "제나라 사람들이 도공을 죽이고 (우리) 군사에게 와서 알렸다. 오나라 임금은 사흘 동안 군문 밖에서 곡을 하였다(齊人弑悼公, 赴于師. 吳子三日哭于軍門之外)"라 하였다. 이는 다른 나라 임금이 피살된 것을 애도하는 예수이다. 다른 나라가 멸망된 것에 대해서는 애도하는 예수가 어떤지는 알 수 없지만 『전』에 의하면 진목공이 "소복을 입고 나가서 머물렀으며 성찬과 음악을 물리쳤다"하였으니 이는 너무 지나친 것이다. 애공 20년의 『전』에 월(越)나라가 오나라를 포위하여 오나라가 거의 멸망할 무렵에도 조맹(趙孟)은 또한 "상을 당하여 간소한 음식을 들었을 정도로 낮추었을(降於喪食)" 따름이었다.

25 동맹(同盟): 진나라와 강나라는 동성의 나라이거나 또는 동맹국이다.

26 긍(矜): 애련(哀憐)의 뜻이다.

27 시(詩): 『시경·대아·황의(大雅·皇矣)』에 나오는 구절이다.

其政不獲;[29]	정치 인심 못 얻었다네.
惟此四國,[30]	이 사방의 나라
爰究爰度,'[31]	거울삼아 도모하였다네'라 하였는데
其秦穆之謂矣."[32]	아마 진목공을 이른 것인저!"

衛甯武子來聘,	위나라 영무자가 와서 빙문하여
公與之宴,	공이 그에게 연회를 베풀어 주고
爲賦湛露及彤弓.[33]	「잠로」와 「동궁」편을 읊어 주었다.
不辭,[34]	아무런 말도 하지 않았고
又不答賦.	답하여 읊지도 않았다.

---

28 이국(二國): 모씨의 전[모전(毛傳)]에서는 "은나라와 하나라이다(殷夏)"라 하였다.

29 불획(不獲): 두예는 "인심을 얻지 못한 것(不得人心)"이라 하였으며, 우성오(于省吾)는 "獲"은 곧 체(薙), 확(穫)의 뜻으로 법도(法度)를 말한다고 하였다. 곧 법도에 맞지 않는다는 뜻이 되는데, 두 가지 해석이 모두 뜻이 통하나 인용된 『시경』의 위 구절에서 "백성의 안정됨 구하시니(求民之莫)"라 하였으므로 두예의 말이 더욱 알맞다.

30 사국(四國): 사방의 나라.

31 원(爰): 이에.

32 『전』에서 『시경』을 인용한 뜻은 하나라와 은나라의 정치는 인심을 얻지 못하여 멸망당하였으니 사방의 제후들은 이를 귀감으로 삼아 이에 잘 도모하여야 한다는 것이다. 진목공이 스스로 두려워한 까닭도 또한 이 뜻이다.

33 잠로·동궁(湛露·彤弓): 모두 『시경·소아』의 편명이다. 『전』에서 "읊어 주었다"라 한 것은 이것 외에도 양공 7년의 "「판(板)」의 3장을 읊어 주었다", 양공 27년의 "「상서(相鼠)」를 읊어 주었다", 소공 12년의 "「육소(蓼蕭)」를 읊어 주었다"라 한 것이 있는데, 모두 이것을 읊은 것을 표명하는 데 치중하고 있으며 모두 의도적으로 그렇게 하였음을 말한다.

34 불사(不辭): 아무런 말이 없었다는 것과 같으며, 혹자는 사례의 말을 하지 않은 것이라고도 하였다.

使行人私焉.[35]	행인으로 하여금 사사로이 뜻을 묻게 하였는데
對曰,	대답하여 말하였다.
"臣以爲肄業及之也.[36]	"신은 연습을 하다가 그곳까지 이른 줄 알았습니다.
昔諸侯朝正於王,[37]	지난날에는 제후가 정월에 왕께 조현하면

35 가나자와 문고본(金澤文庫本)에는 위에 공(公)자가 한 자 더 있다.
행인(行人): 위 환공 9년의 『전』과 『주』에 상세히 나와 있다.
사(私): 개인의 자격으로 캐묻는 것이다.

36 업(業): 『설문해자』에서 "업은 큰 널빤지이다(業, 大版也)"라 하였다. 청나라 주준성(朱駿聲: 1788~1858)의 『통훈정성(通訓定聲)』에서는 "또한 서책의 판으로, 『예기·곡례(曲禮)』에 '(선생께) 수업을 청할 때는 일어서야 한다(請業則起)'는 말이 있는데 『주』에서 '서책을 이른다(謂篇卷也)'라 하였다"라 하였다. 옛날 사람들은 배우는 문자를 모난 널빤지에 적어 놓았기 때문에 업(業)이라고 한다. 스승이 학생을 가르치는 것을 수업(授業)이라 하고, 학생이 선생에게 배우는 것을 수업(受業)이라 하며, 익히는 것을 이습(肄習)이라 한다. 『예기·옥조(玉藻)』에 "아버지가 사람을 시켜 부를 때에는 예하고 천천히 대답하지 않으며 손에 서책을 잡고 있으면 던지고 먹을 것이 입안에 있으면 토해 낸다(父命呼, 唯而不諾, 手執業則投之, 食在口則吐之)"라는 말이 있는데 이곳의 업(業) 또한 서책이다. 이 말은 수식어이다.
영무자는 노나라가 『시경(詩經)』의 「소아·잠로(小雅·湛露)」와 「소아·동궁(小雅·彤弓)」을 읊는 것이 예의에 맞지 않다는 것을 분명히 알았는데도 모르는 척하였다. 『논어·공야장(公冶長)』에서 공자가 "영무자는 나라에 도가 있을 때는 지혜롭고 나라에 도가 없을 때는 어리석었다. 그 지혜는 따를 수 있으나 그 어리석음은 따를 수 없다(甯武子, 邦有道則知, 邦無道則愚. 其知可及也, 其愚不可及也)"라 하였으니, 이로써 그 일단을 엿볼 수 있다.

37 조정어왕(朝正於王): 양공 29년의 『전』에 "29년 봄 왕력으로 정월에 양공이 초나라에 있다라 한 것은 공이 종묘에 정월의 참배를 하지 못하였기 때문이다(二十九年春王正月, 公在楚, 釋不朝正于廟也)"라 하였다. 새해 정월에 조상의 사당에 이르러 새해를 경하하는 것을 "정월에 왕께 조현한다(朝正於王)"라 한다. 이곳의 "朝正於王"은 정월에 경사에 가서 조현하고 경하하는 것이다.

王宴樂之,[38]	왕이 연회를 열고 음악을 연주하는데
於是乎賦湛露,[39]	이에 「잠로」를 읊어
則天子當陽,	천자는 태양에 해당하고
諸侯用命也.[40]	제후는 명을 받듦을 나타내었습니다.
諸侯敵王所愾,[41]	제후가 왕이 분개하게 하는 적을 상대하여
而獻其功,[42]	그 포로를 바치면

---

38 연악(宴樂): 연회를 열면 음악을 연주하므로 이렇게 말하였다.

39 「잠로」의 서문에서는 "천자가 제후에게 연악을 베푼 것이다(天子宴諸侯也)"라 하였으며, 첫 장에서 "흠뻑 맺힌 이슬이여, 햇볕이 아니면 마르지 않는다네. 충분히 술 마심이여, 취하지 않으면 돌아가지 않는도다(湛湛露斯, 匪陽不晞. 厭厭夜飮, 不醉無歸)"라 하였다. 고염무(顧炎武)의 『보정(補正)』에서는 "「잠로」의 시는 다만 연악의 뜻일 뿐이며 이를 취하여 흥으로 삼았을 따름이다"라 하였다. 모씨의 주석[모전(毛傳)]에서는 "잠잠은 이슬이 성한 모양이다. 희(晞)는 마른다는 뜻이다. 이슬이 비록 성하나 햇볕을 보면 마른다"라 하였다. 영무자는 이 시를 해석하여 또한 햇볕을 천자에 비유하였으며, 천자가 햇볕을 지향하여 다스리는 것을 당양(當陽)이라고 하였다. 대체로 햇볕은 항상 남쪽을 향하여 내리 쬐므로 천자는 햇볕을 보고 앉는 것이다. 그러므로 동자(董子)는 또한 『변인재편(辨人在篇)』에서 "천하의 존비(尊卑)는 햇볕을 따라 지위가 정하여지는데, 햇볕을 마주하지 않는 것은 신하이고, 햇볕을 마주하는 것은 군부(君父)이다"라 하였다.

40 제후용명(諸侯用命): 시구에는 본래 이런 뜻이 없는 것 같은데 영무자가 의도적으로 더한 것 같다.

41 개(愾): 『설문해자』에는 "鎎"로 되어 있으며 "성을 내어 싸우는 것이다(怒戰也)"라 하였다. "愾"와 "鎎"는 통가자(通假字)로, 원망하고 분노하다의 뜻이다. 이 구절은 왕이 원망하고 분노하는 적은 제후도 원수로 삼아 치므로 이렇게 말하였다.

42 헌공(獻功): 장공 31년의 『전』에 "무릇 제후가 사방의 오랑캐를 쳐서 공을 세우면 천자에게 바치고 천자는 이로써 오랑캐를 경계한다. 중원의 국가에서는 그렇게 하지 않는다(凡諸侯有四夷之功, 則獻于王, 王以警于夷; 中國則否)"라 하였고, 성공(成公) 2년의 『전』에서도 "만이와 융적이 왕명을 따르지 않고 주색에 빠져 상도를 무너뜨리면 왕명으로 그들을 정벌하는데, 곧 포로를 바치는 예가 있다. 왕이 친히 받아들이고 위로하니 불경함을 징벌하고 공이 있음을 권면하기 위함이다. 형제나 이성의 제후가 왕이 정한 경

王於是乎賜之彤弓一, 彤矢百, 玈弓矢千,[43]	왕이 이에 동궁 하나와 동시 백 대, 검은 활과 화살 천 대를 내리니
以覺報宴.[44]	공을 헤아려 연회로 보답하는 것입니다.
今陪臣來繼舊好,[45]	지금 배신은 옛 우호를 잇고자 왔사온데
君辱貺之,[46]	임금께서 욕되이 연회를 베풀어 주시니
其敢干大禮以自取戾?"[47]	어찌 감히 큰 예법을 범하여 스스로 죄를 짓겠습니까?"

계를 침범하여 왕명으로 정벌하는데 사실만 아뢸 따름이며 포로를 바쳐 공로로 삼지 않으니 친한 사이를 공경하고 음란하고 사특함을 금하기 위함이다(蠻夷戎狄, 不式王命, 淫湎毁常, 王命伐之, 則有獻捷. 王親受而勞之, 所以懲不敬, 勸有功也. 兄弟甥舅, 侵敗王略, 王命伐之, 告事而已, 不獻其功, 所以敬親暱, 禁淫慝也)"라 하였으니 이것을 헌공이라 하며, 주대(周代)의 예법에 의하면 사이(四夷)의 포로를 바치는 것일 따름이다.

43 노궁시천(玈弓矢千): 가나자와 문고본(金澤文庫本)과 『당석경』, 『태평어람』(권539)에는 "玈弓"와 "矢千" 사이에 "십로(十玈)" 두 자가 더 있다.

44 이교보연(以覺報宴): 두예는 "교는 밝히는 것이다(覺, 明也)"라 하였는데, "以明報宴"은 뜻이 통하지 않는다. 청나라 풍등부(馮登府)의 『십삼경고답문(十三經詁答問)』에서는 "'覺'와 '校'는 옛날에 서로 가차하였으며, '以覺報宴'은 제후들의 공을 조사하여 연악으로 보답하는 것이다"라 하였다. 이는 아마 「동궁(彤弓)」을 읊은 예를 말한 것이다. 「동궁」의 서문에서는 "천자가 공이 있는 제후에게 물건을 하사하는 것이다(天子賜有功諸侯也)"라 하였다.

45 배신(陪臣): 두예는 "바야흐로 천지의 음악을 논하였으므로 배신이라 자칭하였다"라 하였다. 배신의 뜻은 희공 11년의 『전』에 보인다.

46 욕황(辱貺): "辱"은 존경의 의미를 나타내는 부사로 실제의 뜻은 없다. 황(貺)은 연회를 내려 줌을 말한다.

47 기(其): "어찌 기(豈)"자와 같은 뜻으로 쓰였다. 의심을 전달하는 뜻의 어기부사로 쓰였다고 보아도 괜찮다.

冬, 겨울에

成風薨.[48] 성풍이 죽었다.

문공 5년

經

五年春王正月,[1] 5년 봄 주력으로 정월에

王使榮叔歸含,[2] 왕이 영숙을 보내어 사자의 입에 넣는 구슬을 주고

且賵.[3] 또한 봉을 주었다.

간(干): 범하다.

대례(大禮): 천자가 제후에게 베푸는 예.

48 이 구절에 대하여 두예는 "이듬해에 왕의 사자가 와서 함(含)과 봉(賵)을 준 『전』의 복선이다"라 하였다. 이 구절은 마땅히 다음 해의 『전』 "五年春, 王使榮叔來歸含且賵"과 이어서 읽어야 한다. 그렇지 않으면 『전』을 세운 체례와 맞지 않는다.

1 오년(五年): 기해년 B.C. 622년으로 주양왕(周襄王) 31년이다. 정월 초7일 정미일이 동지로, 건자(建子)이다.

2 장공 원년의 『경』에도 주나라에서 영숙(榮叔)이 노나라에 와서 환공의 명을 내리는데, 이 해와는 71년의 격차가 있으므로 당연히 동일인은 아닐 것이고 이 영숙은 그의 후예인 것 같다. 영씨는 대대로 "숙(叔)"이라 일컫는데, 조돈(趙盾)·조무(趙武)·조앙(趙鞅)·조무휼(趙無恤)이 대대로 "조맹(趙孟)"으로 일컬어지고, 순앵(荀罃)·순영(荀盈)·순력(荀躒)·순요(荀瑤)가 대대로 "지백(智伯)"으로 일컬어지고, 순림보(荀林父)·순경(荀庚)·순언(荀偃)·순오(荀吳)가 대대로 "중항백(中行伯)"이라 일컬어지던 것과 같은 것 같다.

3 함봉(含賵): 죽은 사람의 입속에 주옥(珠玉) 등의 물건을 채우는 일을 함이라고 한다. 양공 19년의 『전』에 "2월 갑인일에 죽었는데 눈을 뜨고 있어서 (구슬로) 입을 채우지 못했다(二月甲寅, 卒, 而視, 不可含)"라고 한 것이 그것이다. 입에 채우는 물건을 또한 함이라고 하는데, 이곳의 "귀함(歸含)"이 바로 이것이다. 『설문해자』에는 "琀"으로 되어 있으며 "죽

三月辛亥,[4] 3월 신해일에

葬我小君成風.[5] 우리 소군 성풍을 장사 지냈다.

은 사람의 입안에 구슬을 넣는 것이다"라고 하였다. 옛날에는 "晗"이라고도 하였다. 주준성의 『통훈정성(通訓定聲)』에서는 "'琀'과 '晗'은 모두 함(含)의 속체(俗體)이다"라 하였다. 함으로 넣는 물건에 대해서는 옛날부터 이설이 많았다. 전한(前漢) 말 유향(劉向)의 『설원·수문(說苑·修文)』편에서는 "입에 채우는 것을 함(晗)이라고 하는데 천자는 함으로 구슬〔珠〕을 채우고 제후는 옥(玉)을 채우며 대부는 기(璣)를 채우고 선비는 패(貝), 서인들은 곡식〔穀〕을 채운다"라 하였다. 『공양전』의 이 구절에 대한 하휴(何休)의 주석에서는 "효자가 어버이의 입을 채우는 것으로 산 사람이 죽은 사람을 섬기므로 차마 그 입을 비워 둘 수 없다. 천자는 구슬〔珠〕을, 제후는 옥을, 대부는 벽(璧)을, 선비는 조개를 쓰는 것이 춘추시대의 제도이다. 문례(文禮)를 숭상하던 시대에는 벼와 쌀로 밥을 더하였다"라 하였다. 그러나 『좌전』을 가지고 고찰해 보건대 대부도 옥(玉)을 썼으니, 성공 17년의 『전』에서 "성백이 원수를 건너는 꿈을 꾸었는데 어떤 사람이 자기에게 주옥을 먹였다(聲伯夢涉洹, 或與己瓊瑰食之)"라 한 것과 애공 11년의 『전』에서 "진자행이 그 무리들에게 죽으면 입에 넣는 옥을 준비하도록 하였다(陳子行命其徒具含玉)"라 한 것이 이것이다. 『장자·외물(外物)』편에서는 『시경』을 인용하여 "푸릇푸릇한 보리, 무덤가 언덕에서 나는데, 살아서 남에게 베풀지 못한 사람이, 죽어서 어찌 입에 구슬을 머금고 있는가?(靑靑之麥, 生於陵陂, 生不佈施, 死何含珠爲)"라 하였고, 『여씨춘추·절상(呂氏春秋·節喪)』편에서는 "나라가 크거나 집안이 부유할수록 장례가 더 두터워 옥을 물리고 비늘 같은 옥을 단다(國彌大, 家彌富, 葬彌厚, 含珠鱗施)"라 하여 모두 죽은 사람이 구슬을 머금었다고 말하였다. 그러나 이곳의 구슬은 조개에서 나는 진주가 아니며, 청나라 혜사기(惠士奇)는 "구슬〔珠〕이라는 것은 옥 가운데 구슬처럼 둥근 것으로 곧 옥부(玉府)의 주옥이다"라 하였다. 청나라 홍양길의 『설주(說珠)』에서는 "주(珠)자는 옥(玉)부로 모두 옥으로 만들었으며, 『주례·옥부(玉府)』는 왕에게 이바지할 복장에 달 옥〔복옥(服玉)〕, 패옥(佩玉), 주옥을 관장하는데 제후에 부합하면 주반(珠槃)과 옥돈(玉敦)을 이바지한다"라 하였는데 그럴듯하다. 죽은 사람을 보낼 때는 옥을 머금게 하는데, 반드시 진짜로 죽은 사람의 입에 둘 필요는 없다. 이는 대체로 먼 길을 보낼 때 죽은 사람을 입렴한 지 이미 오래되었기 때문으로 『예기·잡기(雜記)』에서는 "함을 놓는 사람은 초빈하는 곳의 동남쪽에 몸을 구부리고 앉아 있는데 갈대 자리가 깔려 있으며 장례를 치른 후에는 부들자리를 깐다(含者坐委于殯東南, 有葦席, 既葬蒲席)"라 하였는데, 이는 아마 함을 넣는 사람이 함으로 넣는 물건을 빈을 하는 동남쪽 자리에 두고 구부리고 앉아 있는데 장례를 치르기 전에는 갈대 자리로 받치며 장례를 치른 후에는 부들자리로 받치는 것을 말하는 것 같다. 봉(賵)자는 은공 원년의 『전』과 『주』에 보이며, 여기서는 동사로 쓰였다.

4 신해(辛亥)일은 12일이다.

5 『전』이 없다.

王使召伯來會葬.[6]	왕이 소백으로 하여금 장례에 참석하게 하였다.
夏,	여름에
公孫敖如晉.[7]	공손오가 진나라로 갔다.
秦人入鄀.[8]	진나라 사람이 약나라로 들어갔다.
秋,	가을에
楚人滅六.[9]	초나라 사람이 육국을 멸하였다.
冬十月甲申,	겨울 10월 갑신일에
許男業卒.[10]	허남 업이 죽었다.

傳

五年春,	5년 봄에

---

6 소백(召伯): 『곡량전』에는 "召"자가 "털 모(毛)"자로 되어 있는데, 오자(誤字)인 것 같다. 『전』에 의하면 소백은 소소공(召昭公)인데, 소씨(召氏)는 대대로 천자의 경(卿)으로 희공 11년의 『전』에 소무공(召武公)이 있으니 소공은 혹 그의 아들일 것이다. 또한 소씨는 대대로 백(伯)으로 일컬어지니 이를테면 장공 27년 『전』에 소백료(召伯廖)가 있으며, 또한 선공 15년 『경』의 소백(召伯)은 소대공(召戴公)이고, 성공 8년 『경』의 소백은 소환공(召桓公)이다. 소공 22년 『전』의 소백환(召伯奐)은 소장공(昭莊公)이며, 또한 26년 『경』과 『전』의 소백영(召伯盈)은 소간공(召簡公)이다. 아마 소강공(召康公)이 소백(召伯)이라 일컬은 후에 이 칭호를 세습한 것 같다. 장공 27년 『전』과 『주』를 함께 보라.

7 『전』이 없다.

8 희공 25년의 『전』 및 『주』에 상세하다.

9 육(六): 나라 이름으로 『전』에 의하면 고요(皐陶)의 후예이다. 옛 성은 지금의 안휘성 육안현 북쪽에 있을 것이다. 옛 기명(器銘)에 의하면 회수(淮水) 유역에 녹국(彔國)이라는 나라가 있었다고 하는데, 곽말약은 "녹국은 아마 곧 '초나라 사람이 육국을 멸하였다'라 한 육국일 것이다"라 하였다.

10 『전』이 없다.

王使榮叔來含且賵,[11]	왕이 영숙을 보내와서 사자의 입에 넣는 구슬과 봉을 하사하고
召昭公來會葬,	소소공이 와서 장례에 참석하니
禮也.[12]	예의에 맞았다.

初,	처음에
鄀叛楚卽秦,	약나라가 초나라에 반기를 들고 진나라로 갔으며
又貳於楚.	또한 초나라에 두 마음을 가졌다.
夏,	여름에
秦人入鄀.[13]	진나라 사람이 약나라로 들어갔다.

---

11 내함차봉(來含且賵): 가나자와 문고본(金澤文庫本)에는 "來歸含且賵"으로 되어 있어 『경』문과 일치한다.

12 공영달의 소(疏)에서는 정현의 『잠고황(箴膏肓)』을 인용하여 말하였다. "예는 천자가 이왕후(二王後)의 상에 대한 것으로 함(含)이 먼저이고 수의를 입히는 일은 그 다음이며, 봉(賵)은 그 다음이고 부의를 보내는 것은 그 다음 일이다. 제후에 있어서는 함을 물리고 봉을 하며, 소군도 그렇게 한다. 제후의 신하에게는 수의만 입힌다. 제후의 상(相)에 대해서는 천자가 이왕후에게 하는 것과 같이 한다. 경대부에게는 천자가 제후에게 하는 것과 같이 한다. 사(士)에게는 천자가 제후의 신하에게 하는 것과 같이 한다." 여기서 함을 물리고 봉을 하는 것이 천자가 소군에게 행하여 주는 예와 꼭 맞았다. 경으로 하여금 와서 장례식에 참석케 한 것도 당시의 예이므로 『전』에서 "예의에 맞았다(禮也)"라 한 것이다. 『공양전』과 『곡량전』에서는 모두 함과 봉은 두 가지 일로 당연히 두 사람을 보내야 하는데, 지금 영숙 한 사람을 보내어 이 두 가지 일을 겸하게 하였으므로 "또한(且)"이란 글자를 써서 예법에 어긋남을 놀렸다라고 하였는데 『좌씨』의 뜻에 맞지 않을 뿐만 아니라 『경』의 뜻에도 부합하지 않는다.

13 문공 15년의 『전』에서 "큰 성을 빼앗는 것을 들어갔다라고 한다(獲大城焉, 曰入之)"라 하였는데 여기서 아마 그 뜻을 쓴 것 같다. 이때 약나라는 여전히 상밀(商密)에 도읍을 하고 있었을 것인데 진나라 사람이 약나라로 들어갔다라 하였으니 상밀을 빼앗고 자기

六人叛楚卽東夷.	육나라 사람이 초나라를 배반하고 동이에게 갔다.
秋,	가을에
楚成大心, 仲歸帥師滅六.[14]	초나라의 성대심과 중귀가 군사를 끌고 가 육나라를 멸하였다.

冬,	겨울에
楚公子燮滅蓼.[15]	초나라 공자 섭이 요나라를 멸하였다.
臧文仲聞六與蓼滅,	장문중이 육나라와 요나라가 멸망하였다는 말을 듣고
曰,	말하였다.

의 나라와 합병한 것이다. 약나라는 망하지 않고 도읍을 지금의 호북성 의성현(宜城縣) 동남쪽으로 옮겨 초나라의 속국이 되었다. 『수경·면수(水經·沔水)』에서는 "면수는 또 약현(鄀縣) 옛 성의 남쪽을 지나간다"라 하였는데 『주』에서는 "옛 약자(鄀子)의 나라로 진나라와 초나라 사이에서 이곳으로 옮겨 초나라의 속국이 되었는데 초나라가 멸하고 읍으로 삼았다"라 하였다. 정공 6년 초나라 영윤 자서(子西)가 영(郢)을 약(鄀)으로 옮길 수 있었는데 언영(鄢郢)이라 한다.

14 10년의 『전』에 의하면 중귀의 자는 자가(子家)이다. 옛사람들 중에 이름이 귀(歸)인 사람은 가(家)자를 자로 많이 썼는데, 이를테면 선공 4년 『경』과 『전』의 정나라 공자 귀생(歸生)과 14년 『전』의 노나라의 공손귀보(公孫歸父), 양공 28년 『전』의 제나라의 석귀보(析歸父), 소공 원년 『경』과 『전』의 채(蔡)나라 공손귀생(公孫歸生)이 모두 자를 "자가(子家)"라 하였다.

15 요(蓼): 나라 이름. 환공 11년의 『전』에 등장하는 나라와는 이름은 같으나 다른 나라이다. 『전』에 의하면 이 요나라는 정견(庭堅)의 후예로 『예기·방기(坊記)』와 『회남자·범론훈(氾論訓)』에서는 모두 "양후(陽侯)가 요후(蓼侯)를 죽이고 그 부인을 훔쳐 갔다"라 하였다. 지금의 하남성 고시현(固始縣) 동북쪽에 요성강(蓼城岡)이 있는데 아마 곧 옛 요나라일 것이다.

"皐陶, 庭堅不祀忽諸.[16]	"고요와 정견의 제사가 갑자기 끊어졌구나.
德之不建,	덕을 세우지 못하여
民之無援,	백성들이 구원받지 못하였으니
哀哉!"	슬프도다!"

晉陽處父聘於衛,	진나라 양처보가 위나라를 빙문하고
反過甯,[17]	돌아오는 길에 영에 들렀는데
甯嬴從之.[18]	영영이 그를 따랐다.

---

16 고요~홀저(皐陶~忽諸): 고요와 정견의 제사를 갑자기 지내지 않다. 홀저(忽諸)는 홀언(忽焉)과 같은 말이며, "不祀忽諸"는 "忽諸不祀"의 도치형임. 문공 18년 『전』에 고양씨(高陽氏)의 재자(才子) 8인 중에 정견(庭堅)이 있는데 두예는 반고(班固)의 『한서·고금인표(古今人表)』에 근거하여 "정견은 곧 고요의 자이다"라 하였으니 이는 고요와 정견을 한 사람으로 봤는데 믿기 어렵다. 청나라 최술(崔述)은 『하고신록(夏考信錄)』에서 이를 의심하여 "「전(典)」과 「모(謨)」에 고요를 일컬은 곳이 많은데 제(帝)가 일컫고 같은 조정의 사람이 그를 일컫고 사신(史臣)이 그를 일컬음에 모두 고요라 하였다. 후세의 시인들이 일컫고 유자들이 일컬을 때에도 또한 같은 말을 썼으며 한 사람도 정견이라 일컬은 사람이 없으니 무엇을 보고 정견이 고요임을 알겠는가?"라 하였다. 고요와 정견은 두 사람이다. 청나라 뇌학기(雷學淇)의 『교집세본(校輯世本)』에서는 "고요는 소호(少昊)씨에게서 나왔으며 그 후예는 육(六), 언(偃)성이 되었으며, 정견은 전욱(顓頊)에게서 나왔으며 그 후예는 요(蓼), 희(姬)성이 되었다. 두 나라의 성은 모두 『세본(世本)』에 보인다"라 하여, 그 설이 『전』의 뜻과 서로 일치한다. 그러나 「초세가」에서는 "목왕 4년에 육나라와 요나라를 멸하였다. 육나라와 요나라는 고요의 후예이다"라 하여, 고요와 정견이 한 사람임은 말하지 않았지만 육나라와 요나라가 모두 고요의 후예라고 하였다.

17 영(甯): 진(晉)나라의 읍이다. 정공 원년 『전』에 위헌자(魏獻子)가 영에 돌아가 죽었다고 서술한 것으로 입증할 수 있다. 그 땅은 지금의 하남성 획가현(獲嘉縣) 서북쪽과 수무현(修武縣)의 동쪽에 있을 것이다.

18 영영(甯嬴): 가규(賈逵)와 공조(孔晁)의 『국어』 주에서는 모두 객관을 관장하는 대부라고 하였으며 두예도 그렇게 보았으나, 유현(劉炫)은 객관의 주인이라고 하였다. 공씨의

及溫而還.[19]	온에 이르러 돌아갔다.
其妻問之.	그 처가 까닭을 물었다.
嬴曰,	영영이 말하였다.
"以剛.[20]	"너무 강하다.
商書曰,[21]	「상서」에서 말하기를
'沈漸剛克,	'가라앉아 드러나지 않은 것은 강함으로 극복하고
高明柔克.'[22]	뜻이 높고 시원한 것은 부드러움으로 극복한다' 하였는데

『소』에서는 "객관의 주인이라면 평민으로 비천한 사람일 것인데 오히려 중(重)의 관인(館人)이 문중(文仲)에게 아뢰고 중구의 사람〔重丘人〕이 손괴(孫蒯)를 꾸짖다라 한 것처럼 그냥 사람〔人〕으로 일컬어야 할 따름이니 어찌 이름이 『전』에 보일 수 있겠는가?"라 하였다. 두예는 『전』에 이름과 성씨가 실려 있으므로 객관의 대부라고 보았다"라 하였다. 『진어(晉語) 5』에서는 "양처보가 위나라에 갔다가 돌아오는 길에 영에 들렀는데 객관 영영씨의 집에 묵었다. 영영이 그 처에게 말하기를 '내 군자를 찾은 지가 오래되었는데 지금에야 얻었다'라 하고는 그를 따라 나섰다"라 하였다.

19 『진어(晉語) 5』에서는 "양자(陽子)가 그와 이야기를 나누었는데 산에 이르러 돌아갔다"라 하였다. 위소(韋昭)는 "산은 하내(河內)의 온산(溫山)이다"라 하였다. 온산은 지금의 하남성 수무현 북쪽 50리 지점에 있다.

20 이(以): 너무.

21 상서(商書): 이 구절은 「홍범(洪範)」에 나오며, 「홍범」은 금본(今本) 『서경(書經)』에는 『주서(周書)』에 들어 있다. 『좌전』에는 모두 세 번 「홍범」이 인용되어 있는데 여기 말고도 성공 6년과 양공 3년에도 있으며, 모두 「상서」라고 하고 있는 것으로 보아 옛날에는 「홍범」이 「상서」에 들어 있었음을 알 수 있다.

22 침점·고명(沈漸·高明): "沈漸"은 지금 『서경』에는 "沈潛"으로 되어 있다. 그러나 『사기·송세가(宋世家)』와 『한서·곡영전(谷永傳)』 등에는 모두 "沈漸"으로 되어 있다. "漸"과 "潛"은 고음(古音)이 서로 가까워 옛날에는 통하여 썼다.
이 두 구절은 예로부터 두 가지 해석이 있어 왔다. 하나는 침잠하고 고명한 사람을 가리키며, 한 가지는 침잠과 고명을 본성을 가리키는 것으로 본 것이다. 두예는 "침잠은 체닉(滯溺)과 같고, 고명은 항상(亢爽)과 같다. 각각 강하고 부드러운 것으로 자기의 본성을

夫子壹之,[23]	그분은 한결같이 하니
其不沒乎!	죽지 않겠는가!
天爲剛德,	하늘은 강을 덕으로 삼으면서도
猶不干時,[24]	오히려 사시의 운행을 범하지 않는데
況在人乎?	하물며 사람이겠는가?
且華而不實,[25]	또한 꽃만 피우고 열매를 맺지 않으면
怨之所聚也.[26]	원한이 모인다.
犯而聚怨,[27]	남을 범하여 원한을 모으니
不可以定身.	몸을 편안히 지키지 못할 것이다.
余懼不獲其利而離其難,[28]	내 그 이로움은 얻지 못하고 어려움을 만날 것을 두려워하여
是以去之."[29]	그를 떠난 것이다."

이겨야 완전함을 이룰 수 있음을 말하였다"라 하여 『전』의 뜻을 상세히 풀었는데, 두예의 설이 가깝다.

23 일지(壹之): 양처보는 본래 고명한 본성인데 또한 강한 것을 더하였다는 말이다.

24 『서경·홍범』의 공영달의 주석〔소(疏)〕에서는 "이는 하늘도 부드러운 덕이 있어 사철의 순서를 범하지 않음을 말한다"라 하였다.

25 말이 행동보다 지나침이 꽃은 피워도 결실을 맺지 못함과 같다는 것이다.

26 『국어·진어 5』의 "실질에 부합하지 않으니 원한이 모인다(非其實也, 怨之所聚也)"라 한 것과 같다.

27 강하면 남을 범하게 되는 데다가 자신은 겉만 꾸미고 부실하므로, 남을 범하여 원한을 모은다고 하였다.

28 리(離): "걸릴 리(罹)자"와 같은 뜻으로 쓰였다.

29 두예는 "6년의 진나라가 양처보를 죽이는 『전』의 복선이다"라 하였다. 이 장은 마땅히 다음 해의 "이에서 봄 군사훈련을 하였다(蒐于夷)"의 장과 합하여 보아야 하며, "양처보

晉趙成子, 欒貞子, 霍伯, 臼季皆卒.[30] 진나라의 조성자, 난정자 곽백, 구계가 모두 죽었다.

문공 6년

經

六年春,[1] 6년 봄

가 온에서 이르렀다(陽處父至自溫)"는 구절이 이 장에 딱 부합하며 이 장은 고립된 장절이 아니다.

30 조성자(趙成子): 조최(趙衰)이다. 희공 31년 진나라는 청원(淸原)에서 봄 군사훈련〔蒐〕을 하였으며, 『진어 4』에서는 "조최로 하여금 신상군(新上軍)의 장수를 삼았다"라 하였고, 문공 2년의 팽아(彭衙)의 전역(戰役) 때 『전』에서는 "선차거(先且居)로 중군의 장수를 삼고 조최가 보좌하였다"라 하였으니 조최는 먼저 신상군의 장수가 되었다가 이어서 중군좌(中軍佐)가 되었다.

난정자(欒貞子): 난지(欒枝)로 희공 27년 『전』에서 "난지로 하여금 하군 장수로 삼았다"라 하였으니 하군의 장수이다.

곽백(霍伯): 선차거(先且居)로 선진(先軫)의 아들이며, 희공 30년에 그 아버지를 대신하여 중군장수가 되었다. 곽은 그 식읍이다. 곽에 대해서는 민공 원년의 『전』과 『주』에 상세히 나와 있다.

구계(臼季): 곧 서신(胥臣)으로 희공 33년의 『전』과 『주』에 보인다. 희공 28년의 『전』에서 "서신은 하군을 보좌하였다"라 하였으니 하군좌이다.

이 구절은 다음 해의 『전』 "6년 봄 진나라는 이에서 봄 군사훈련을 하였다(六年春, 晉蒐于夷)"라는 구절과 이어서 읽어야 한다. 『연표』의 이해에서 "조성자와 난정자, 곽백과 계구가 모두 죽었다"라 하여 『전』의 말을 온전히 썼으며 또한 문공 5년의 일이라 하였다. 『국어·진어 5』 위소의 주석에서도 "노나라 문공 5년 진나라의 네 경이 죽었다"라 한 것으로 보아 사마천 및 위소가 근거한 것이 『좌전』임을 알 수 있다. 이것과 양처보, 영영의 일 및 다음 해의 진나라가 이에서 봄 군사훈련을 한 것은 모두 연관이 있다.

1 육년(六年): 경자년 B.C. 621년으로 주양왕(周襄王) 32년이다. 정월 18일 임자일이 동지로, 건자(建子)이다.

葬許僖公.[2]	허희공을 장사 지냈다.
夏,	여름에
季孫行父如陳.[3]	계손행보가 진나라로 갔다.
秋,	가을에
季孫行父如晉.	계손행보가 진나라로 갔다.
八月乙亥,[4]	8월 을해일에
晉侯驩卒.[5]	진후 환이 죽었다.
冬十月,	겨울 11월에
公子遂如晉.	공자 수가 진나라로 갔다.
葬晉襄公.	진양공을 장사 지냈다.
晉殺其大夫陽處父.	진나라가 그 대부 양처보를 죽였다.

---

2 『전』이 없다.

3 『곡량전』의 본년의 소(疏)에서는 『세본(世本)』을 인용하여 "계우(季友)는 중무일(仲無佚)을 낳았고 중무일은 행보(行父)를 낳았다"라 하였으며, 위소의 『국어주(国語注)』에서도 "계문자는 계우의 손자이며 제중무일(齊仲無佚)의 아들이다"라 하였으니 중무일은 곧 제중무일이며 제(齊)는 아마 시호일 것이다. 『예기·단궁(檀弓)』의 공영달의 소(疏)에서는 『세본(世本)』을 인용하여 "無佚"을 "無逸"이라 하였으며 잘못 제중과 희일을 두 사람 두 대로 나누었는데 근거할 수 없다. 『세족보(世族譜)』에서도 "문자(文子) 행보는 환공의 아들 성계우의 손자이다"라 하였다. 『서경·홍범』의 서문의 공영달의 소(疏)에서는 "춘추시대에 제후(齊侯) 녹보(祿父)와 채후(蔡侯) 고보(考父), 계손행보(季孫行父)가 있었는데, 보 또한 이름이며 반드시 자는 아니다"라 하였으니 행보는 이름이다. 『춘추』에는 자를 『경』의 문장에 넣은 경우가 극히 드물다. 보이면 『전』에서 거의 상세하게 말하였는데, 이를테면 은공 원년의 "의보라 한 것은 그를 존중하였기 때문이다(曰儀父, 貴之也)"라 한 것과 같은 것이 있다.

4 을해(乙亥)일은 14일이다.

5 진후환(晉侯驩): "驩"은 『공양전』에는 "讙"으로 되어 있다. 또한 「진세가」에는 "歡"으로 되어 있는데 이들 세 글자는 모두 통하여 쓸 수 있다.

晉狐射姑出奔狄.[6] 진나라의 호역고가 적나라로 달아났다.

閏月不告月,[7] 윤달에 곡삭(告朔)을 하지 않았는데

猶朝于廟. 종묘에 알현은 하였다.

傳

六年春, 6년 봄에

晉蒐于夷,[8] 진나라가 이에서 군사훈련을 하면서,

舍二軍.[9] 2군을 감축하였다.

---

6 호역고(狐射姑): "射"는 『곡량전』에는 "야(夜)"로 되어 있다. 『석문(釋文)』에서는 "'射'의 음은 역(亦)이며 야(夜)라는 음도 있다"라 하였다. "射"와 "夜"의 고음은 모두 탁(鐸)부에 있어서 통가(通假)할 수 있었다. 호역고는 호언(狐偃)의 아들이다. 가(賈)에 식읍을 두었으며 자는 계(季)이므로 가계(賈季)라고도 한다.

7 고월(告月): 『전』에서 "윤월에 곡삭하지 않았다(閏月不告朔)" 하였으므로 고월은 곧 곡삭(告朔)임을 알 수 있다. 곡삭이라는 것은 매월 초하룻날에 신에게 고유(告由)하는 것이다. 『논어·팔일(八佾)』편에서 "자공이 초하룻날 고유 때 바치는 희생양을 없애려 하였다(子貢欲去告朔之餼羊)"라 하였으니 곡삭 때는 양을 제물로 썼다. 곡삭을 한 후에는 그 달의 정사를 듣는데 이를 청삭(聽朔)이라 하였으니 『예기·옥조(玉藻)』편에서 "천자는 월삭(月朔)의 일을 남문 밖에서 듣는다. 윤달에는 문의 왼쪽 문짝을 닫고 중앙에 서며 …… 제후는 피변을 하여 태묘에서 월삭의 일을 듣는다(天子聽朔於南門之外. 閏月則闔門左扉, 立于其中……諸侯皮弁以聽朔於大廟)"라 한 것이 바로 이것이다. 청삭은 또한 시삭(視朔)이라고도 한다. 희공 5년의 『전』과 문공 16년의 『경』과 『전』에 보인다. 이 예가 끝난 다음에 여러 사당에 제사를 지내는데 이를 조묘(朝廟)라고 하며 여기에서 말한 "종묘에 알현은 하였다(猶朝于廟)"라 한 것이 곧 이것을 말한다. 또한 월제(月祭)라고도 하는데 『예기·제법(祭法)』의 "매월 제사를 지낸다(皆月祭之)"라 한 것이 이것이다. 세초(歲初)에 행하는 것은 조정(朝正)이라고 하는데, 양공 29년 『전』의 "종묘에 정월의 참배를 하지 못한 것을 설명했다(釋不朝正于廟)"라 한 것이 이것이다. 먼저 곡삭을 하고 다음에 시삭을 하며 그런 다음에 조묘를 행하는데 이 세 가지는 같은 날에 행한다. 곡삭과 시삭은 모두 태묘에서 이루어진다.

8 이(夷): 장공 16년의 『전』과 『경』에 보인다.

使狐射姑將中軍,	호역고에게 중군장을 맡기고
趙盾佐之.[10]	조돈이 보좌하였다.
陽處父至自溫,[11]	양처보가 온에서 이르렀는데
改蒐于董,[12]	동에서 다시 군사훈련을 하면서
易中軍.[13]	중군을 바꾸었다.

---

9 사이군(舍二軍): 희공 31년 진나라는 청원(淸原)에서 군사훈련을 하였으며 5군을 일으켜 적(狄)의 공격을 막았다. 5군에는 각기 장수와 보좌관이 있으니 모두 10경(卿)으로, 선진(先軫)·극진(郤溱)·선차거(先且居)·호언(狐偃)·난지(欒枝)·서신(胥臣)·조최(趙衰)·기정(箕鄭)·서영(胥嬰)·선도(先都)가 바로 그들이다. 33년 기(箕)의 전역(戰役)에서 선진이 죽었으며, 지난해에는 조최와 난지, 선차거와 서신이 죽었다. 문공 8년『전』의 "진후가 기정보와 선도의 품계를 올려 주려 하였다(晉侯將登箕鄭父, 先都)"라 한 것에 의하면 극진과 호언, 서영 또한 먼저 죽고 10경 중 기정과 선도 두 사람만 살아 있었을 뿐이었다. 이는 아마 이의 군사훈련을 통하여 장수를 뽑으려 한 것 같다. 사이군이라는 것은 신상군과 신하군을 없애 진문공 4년의 3군의 옛 편제(희공 27년의『전』을 보라)를 회복한 것이다. 7년의『전』에 의하면 조돈이 중군장이 되고 선극이 보좌하였으며, 기정이 상군장이 되었고 순림보가 보좌하였고, 선말(先蔑)이 하군장이 되었고 선도가 보좌하였다.

10 8년의『전』에 의하면 진양공은 본래 사곡(士穀)과 양익이(梁益耳)를 중군장으로 삼으려 했던 것 같은데 선극의 말 때문에 호역고와 조돈으로 바꾸어 임명하였다.

11 온(溫): 성왕 11년의『전』에 의하면 온은 양처보의 채읍(采邑)이다. 양처보는 위나라에서 진나라로 돌아오면서 채읍인 온에 들러 잠시 머무르게 되었으므로 영영이 먼저 그를 따랐는데 또한 온에 이르러 돌아갔다.

12 동(董): 두예에 의하면 "하동(河東) 분양현(汾陽縣)에 동정(董亭)이 있다"라 하였으니 지금의 산서성 만영현(萬榮縣) 영하진(榮河鎭)의 동쪽에 있을 것이다. 그러나 역도원의『수경주·속수(涑水)』에서는 동이 곧 선왕 12년『전』의 동택(董澤)이라 하였으니, 곧 지금의 문희현 동북쪽 40리 지점에 있다고 하였다. 어느 설이 맞는지 모르겠다.

13 역중군(易中軍):『공양전』에서는 "임금이 호역고를 장수로 삼으려 하였다. 양처보가 간하기를 '호역고는 백성들이 좋아하지 않으니 장수를 시켜서는 안 됩니다'라 하여 이에 장수직을 폐하였다"라 하였다.『곡량전』에서는 "진나라가 적(狄)과 싸우려 함에 호야고(狐夜姑)를 장군으로 삼고 조돈이 보좌하게 하였다. 양처보가 말하기를 '안 됩니다. 옛날에 임금께서 신하를 부릴 때는 인자(仁者)로 하여금 현자를 보좌하게 하였지 현자로 하여금 인자를 보좌하게 하지는 않았습니다. 지금 조돈은 현명하고 호야고는 어지니 안 되지 않겠습니까?'라 하니 양공이 '좋다'라 하고 호야고에게 말하기를 '내 처음에는 조돈으로 하여금 너를 보좌하게 하였는데, 지금은 네가 조돈을 보좌하라'라 하니 호야고가 '삼가

陽子,	양자는
成季之屬也,[14]	성계의 부하였으므로
故黨於趙氏,	조씨를 편들고
且謂趙盾能,	또한 조돈이 유능하다고 이르며
曰,	말하였다.
"使能,	"유능한 사람을 쓰는 것이
國之利也."[15]	나라에 이익입니다."
是以上之.	그런 까닭으로 그를 올린 것이다.
宣子於是乎始爲國政,[16]	선자가 이에 비로소 국정을 맡아하여

그러겠습니다'라 하였다"라 하였다. 『공양전』과 『곡량전』에서 말한 것은 『좌전』과는 다르므로 믿을 수 없다. 다음 해의 『전』에서 "남의 권한을 침범하였기 때문이다(侵官也)"라 한 것으로 보건대, 양처보가 군사훈련을 바꾼 것은 진양공에게 먼저 말하기는 하였으나 결국 전단(專斷)한 것이다. 양처보는 당시 태부(太傅)였으므로 국로(國老)의 신분으로 얼마든지 이렇게 할 수 있었다.

14 『사기·조세가(史記·趙世家)』에서는 "조최(趙衰)는 죽어서 시호를 성계(成季)라 하였다"라 하였다. 성은 시호일 것이고 계는 자이므로, 또한 조돈의 시호가 선(宣)이어서 혹 선자(宣子)라 부르는 것과 같으며, 성공 8년의 『전』에서는 또한 선맹(宣孟)이라 부른다. 청나라 홍양길(洪亮吉)의 『고(詁)』에서는 "양처보는 일찍이 조최의 속대부였다. 『설원(說苑)』에서는 사광(師曠)이 진평공(晉平公)에게 대답하여 말하기를 '양처보는 문공의 신하가 되고자 하였으니 구범(咎犯) 때문에 3년 동안 이르지 못하였으며, 조최로 인해 사흘만에 이르게 되었습니다'라 하였으니 양처보는 조최로 말미암아 바야흐로 쓰일 수 있게 되었다"라 하였다.

15 『곡량전』에서 이른바 "인자로 하여금 현자를 보좌하게 한다"는 뜻이다.

16 위국정(爲國政): 진나라는 본래 중군수(中軍帥)가 국정을 쥐고 있었는데 조돈이 지금 중군수가 되었으므로 이렇게 말하였다. 「진세가」에서는 "조돈이 조최를 대신하여 집정하였다"라 하였는데 조최는 중군좌일 따름으로 중군수보다 한 등급 차이가 있다.

制事典,[17]	일의 조례를 제정하고
正法罪,[18]	형벌의 율령을 바로잡았으며
辟獄刑,[19]	형옥을 다스리고
董逋逃,[20]	달아나 도망 다니는 자를 감독하였으며
由質要,[21]	장부를 썼고
治舊洿,[22]	오래된 더러움을 다스렸으며

---

17 제사전(制事典): 제는 제정(制定)하다의 뜻. 사전(事典)은 장정(章程)이나 조례(條例)를 맡아서 처리하는 것을 말한다. 『주례·태재(太宰)』에서 "여섯 번째는 사전(事典)이라 하는데 나라를 부유하게 하고, 백관을 임명하며 만민을 살리는 것이다"라 한 것이 바로 이를 말한다.

18 정법죄(正法罪): 죄의 경중에 준하여 미리 법령을 만들어 나중에 거기에 맞추어 쓰게 하는 것이다. 곧 형벌의 율령을 제정하는 것.

19 벽옥형(獄刑辟): 두예는 "벽은 리(理)와 같다"라 하였다. 공영달은 "당시의 죄를 미처 처결하지 못한 것이 있는 것을 말하며, 소공 14년에 한선자가 옛 송옥을 처단하라고 한 것이 이것이다"라 하였다. 곧 쌓여 있는 소송문건을 깨끗하게 다스리는 것을 말한다.

20 동포도(董逋逃): 두예는 "동은 감독(督)하는 것이다"라 하였다. 공영달은 "옛날에는 죄를 짓고 유리하는 사람들이 있었는데 그들을 좇아가 잡아오는 것을 독찰(督察)하는 것이다"라 하였다.

21 유질요(由質要): 유(由)는 "쓸 용(用)"자와 같은 뜻으로 쓰였다. 질(質)은 어음이란 뜻으로 『주례·천관·소재(天官·小宰)』에서 "매매는 질제(質劑)로 한다"라 할 때의 질(質)이다. 정현은 "질제는 둘이 하나의 간찰(簡札)에 쓰는 것을 이르며, 같은 것을 구별하여 긴 것은 질이라 하고 짧은 것은 제라 한다"라 하였다. 손이양(孫詒讓)의 『정의(正義)』에서는 "질제는 손으로 하나의 간찰에 쓰며 전후의 글이 같다. 그 가운데를 나누어 각기 간찰의 절반씩을 갖게끔 하는데, 간찰은 절반으로 나누되 글자는 온전히 하여 반으로 나누지 않는다. 질제는 매매를 할 때 쓸 뿐만 아니라 군사를 균등하게 나누고 거두어 축적하며 백성을 모으고 흩는 데도 또한 양제에 의거하여 신표로 삼는다"라 하였다. 요(要)는 곧 「소재(小宰)」의 "출입에는 요회(要會)를 쓴다"의 요회이다. 가규의 소(疏)에서는 "한 해 단위로 결산하는 것을 회라 하고, 한 달 단위로 결산하는 것을 요라고 한다"라 하였다. 곧 장부를 말한다. 유질요(由質要)라는 것은 재물의 출입을 이르며, 모두 계약서와 장부를 써서 결재의 증빙으로 삼는 것이다.

本秩禮,[23]	등급 제도를 근본으로 되돌렸고
續常職,[24]	없어진 관직을 이었으며
出滯淹,[25]	적체된 인재를 등용하였는데
旣成,	이미 완성을 하자
以授大傅陽子與大師賈佗,[26]	태부 양자와 태사 가타에게 주어
使行諸晉國,	진나라에 행하도록 하여
以爲常法.	상법으로 삼았다.

---

22 치구오(治舊洿): 공영달은 "법에는 백성에게 불편한 것이 있고, 일에는 나라에 이롭지 못한 것이 있는 것이 정치의 더러운 것이다. 다스리고 바르게 고쳐 깨끗하게 하여야 한다"라 하였다.

23 본질례(本秩禮): 공영달은 "당시 참람되게 뛰어넘은 것이 있으며 귀천이 서로 넘쳤는데, 차례의 근본을 되돌려 옛날과 같이 하는 것이다"라 하였다.

24 속상직(續常職): 두예는 곧 『논어·요왈(堯曰)』의 "폐지된 관직을 다시 설치하는 것(修廢官)"이라 하였다. 공열달은 "직관에 폐지되거나 없어진 것이 있는데, 현명한 이를 쓰고 능한 이를 부려 옛 떳떳함을 잇게 하는 것이다"라 하였다.

25 출체엄(出滯淹): 당연히 소공 13년 『전』의 "적체된 사람을 천거하다(擧淹滯)"와 같은 뜻일 것이며, 또한 『논어·요왈(堯曰)』의 "일민을 천거하다(擧逸民)"와 같은 뜻일 것이다. 공영달은 "현명하고 유능한 사람이 전리(田里)에 가라앉아 있는데 선발해 내어 관작을 내리는 것이다"라 하였다.

26 양자는 양처보(陽處父)이다. 선공 16년의 『전』에서 "진후가 왕에게 청하자 불면으로 사회에게 중군장을 명하고 아울러 태부로 삼았다(晉侯請于王, 以黻冕命士會將中軍, 且爲大傅)"라 하였으니 태부 역시 경인데, 다만 군대에 있지 않을 따름이다. 진나라 태부는 대체로 예(禮)와 형(刑)을 주관하므로 선왕 16년에 사회가 태부를 겸하면서 범무자(范武子)의 법을 닦도록 하였으며, 「진어 8」에서도 "숙상(叔向)이 태부가 되어 봉록을 관장하였다"라 한 것으로 모두 입증된다. 「진어 4」에서는 "송나라 공손고(公孫固)가 양공에게 말하기를 '진나라 공자 는 좋은 일 하기를 싫어하지 않아 호언(狐偃)을 아버지처럼 섬기고 조최(趙衰)를 스승처럼 섬기며 가타(賈佗)를 어른처럼 섬깁니다. 가타는 공족인데 아는 것이 많고 공손합니다'"라 하였다. 소공 13년의 『전』에서는 "우리나라의 선군이신 문공께서는 17세 때 사 5인이 있었으니 선대부인 자여와 자범이 심복이 되고 위주와 가타가 고굉이 되었습니다"라 하였으니, 가타는 곧 진문공의 옛 신하로 일찍이 문공을 따라 망명을 하였으며 나이는 호언, 조최보다 어렸다.

臧文仲以陳, 衛之睦也,	장문중은 진나라와 위나라가 화목하다 하여
欲求好於陳.	진나라와 화친을 구하려고 하였다.
夏,	여름에
季文子聘于陳,	계문자는 진나라를 빙문하고
且娶焉.	아울러 아내를 맞이했다.

秦伯任好卒,[27]	진백 임호가 죽자
以子車氏之三子奄息, 仲行, 鍼虎爲殉,[28]	자거씨의 세 아들 엄식과 중항, 침호를 순장하려고 하였는데

---

27 진백임호(秦伯任好): 임호는 진나라 목공의 이름. 유문기(劉文淇)의 『구주소증(舊注疏證)』에서는 "『연표』에서는 '진목공(秦繆公) 39년에 목공이 죽었는데 장사를 지낼 때 사람을 순장시키니 따라 죽은 사람이 170명이었으며 군자가 이를 기롱하였으므로 졸하였다고 말하지 않았다'라 하였다. 이는 『좌전』의 구설로 『경』에서는 진백이 졸한 뜻을 적지 않았다"라 하였다.

28 자거(子車): 두예는 "자거는 진나라 대부의 씨(氏)이다"라 하였다. 『시경·진풍·황조(秦風·黃鳥)』에 "자거엄식(子車奄息)"이라는 구절이 있는데, 공영달은 "『좌전』에는 자여(子輿)로 되어 있다"라 하였다. 공영달이 본 『좌전』에는 "子車"가 "子輿"로 되어 있는 것 같으며, 「진본기」에도 "子輿"로 되어 있다.
엄식·중항·침호(奄息·仲行·鍼虎): 세 사람의 이름이다. 정현은 『시경』의 주석에서 "중항"은 자라고 하였는데 틀린 것 같다. 「진본기」에서는 "39년 진목공이 죽어 옹(雍)에다 장사 지냈다. 따라 죽은 사람이 77명이었는데, 진나라의 훌륭한 신하인 자여씨의 세 아들인 엄식과 중항, 침호도 따라 죽은 사람 가운데 있었다"라 하였으니 순장된 사람이 세 사람만은 아니었고 다만 이 세 사람이 특히 훌륭한 신하였을 따름이다. 「진본기」에서는 진무공(秦武公)이 죽어 "처음으로 사람을 순장시켰다(初以人從死)"라 하였는데, 사실 사람을 순장시키는 것은 상고시대부터 이미 그래 왔으며 사마천의 설은 틀린 것 같다.

皆秦之良也.	모두 진나라의 훌륭한 신하였다.
國人哀之,	백성들이 이를 슬퍼하여
爲之賦黃鳥.[29]	「황조」 시를 지어 주었다.
君子曰,	군자가 말하였다.
"秦穆之不爲盟主也宜哉!	"진목공이 맹주가 되지 못함은 마땅하다!
死而棄民.	죽으면서 백성을 버렸기 때문이다.
先王違世,[30]	선왕들은 세상을 떠나면서도
猶詒之法,[31]	모범을 남겼는데

29 황조(黃鳥): 『시경·진풍·황조(秦風·黃鳥)』의 서문에서는 "「황조」는 세 훌륭한 사람을 슬퍼한 것이니, 백성들이 목공이 사람을 따라 죽게 한 것을 풍자하여 이 시를 지은 것이다"라 하여 또한 세 훌륭한 사람의 죽음이 곧 목공이 죽인 것이라 하였으니, 유명(遺命)으로 그렇게 한 것을 말할 것이다. 그런데 「진본기」의 『정의』에서는 응소(應劭)의 말을 인용하여 "진목공이 여러 신하들과 술을 마셔 얼큰하게 취하자 말하기를 '살아서는 이 즐거움을 함께하고, 죽어서는 이 슬픔을 함께하자'라 하니 이에 엄식과 중항, 침호가 허락하였다. 목공이 죽자 모두 따라 죽으니 「황조」 시가 지어진 까닭이다"라 하였다. 『한서·광형전(匡衡傳)』의 광형이 올린 상소에서도 "신이 가만히 「국풍(國風)」의 시를 고찰하여 보니 진목공은 신의를 귀하게 여겼으며, 선비들이 많이 따라죽었습니다"라 하였고, 정현의 『시경』의 주석〔전(箋)〕에서도 "세 어진 사람이 스스로 목숨을 끊어 따라 죽었다"라 하여 세 사람이 자살하였다고 하였는데, 이는 『좌전』 및 『시경』의 뜻에 부합되지 않는 것이다. 『사기·몽염전(蒙恬傳)』에는 몽염이 대답하는 말이 실려 있는데, "옛날 진목공은 세 훌륭한 사람을 살해하여 죽였으며, 백리해(百里奚)에게 사죄를 내렸는데 그의 죄가 아니었습니다. 그러므로 시호를 목(繆)이라 하였습니다"라 하였으니, 선진(先秦)에는 모두 세 사람이 피살되었다고 하였다. 자살했다는 설은 아마 한대(漢代) 인이 제기한 것 같다.

30 위세(違世): 위(違)는 "떠날 리(離)"자와 같은 뜻으로 쓰였다. 위세는 죽었다는 말과 같다.

31 이(詒): 곧 『시경·대아·문왕유성(大雅·文王有聲)』의 "후손에게 계책 남겼다네(詒厥孫謀)"라 할 때의 이(詒)와 같으며, 뒤의 "유후사(遺後嗣)"의 "遺"자와 뜻이 같다.

而況奪之善人乎?[32]

하물며 그런 훌륭한 사람을 앗아 간단 말인가!

詩曰,[33]

『시』에서 말하기를

'人之云亡,

'사람이 죽으니

邦國殄瘁',[34]

나라가 병든다네'라 하였다.

無善人之謂.

이는 훌륭한 사람이 없음을 말한 것인데

若之何奪之?

어찌하여 그들을 빼앗는가?

古之王者知命之不長,[35]

옛날의 왕자는 생명이 영원하지 않음을 알았기 때문에

---

32 탈지선인(奪之善人): 지(之)자는 "그 기(其)"자와 같은 뜻으로 쓰였다. 백성들의 훌륭한 인물을 빼앗아 간다는 말이다.

33 『시』는 『시경·대아·첨앙(大雅·瞻卬)』을 말한다.

34 인지~진췌(人之~殄瘁): 모씨의 주석[모전(毛傳)]에서는 "진은 모두라는 뜻이고, 췌는 병들다의 뜻이다(殄, 盡. 瘁, 病也)"라 하였다. 정현은 "현인들이 모두 달아났다고 하니 천하 온 나라가 곧 모두 곤궁하게 될 것이다"라 하여 "云"을 "言"으로 풀이했고, "亡"을 "奔亡"으로 풀이했으며 "殄"을 "盡"으로 풀이하여 모두 『시경』의 뜻과는 부합되지 않는다. 인(人)은 선인(善人), 현인(賢人)을 가리킨다. "人之云亡"의 구법은 『시경·패풍·웅치(邶風·雄稚)』의 "길 멀기도 하니(道之云遠)"라 한 구절과 같다. "之"와 "云"은 모두 구중의 조사로 실제 뜻은 없다. 『전』의 뜻에 의하면 망(亡)은 곧 사망을 말하지 분망(奔亡)의 뜻은 아니다. 진(殄)은 『주례·지관·도인(地官·稻人)』의 "무릇 못에다 농작물을 심는 것은 여름에 물이 풀을 병들게(水殄草) 하므로 베어 버린다"라 할 때의 진(殄)자와 같은 뜻으로, 정현은 "진은 병들다의 뜻이다(殄, 病也)"라 하였다. 『국어·노어(魯語) 상』에 "실로 백성들이 병들기를 기다린다(殄病是待)"는 말이 있다. 진병(殄病)은 같은 뜻의 글자를 이어서 쓴 것으로 『시경』의 이 구절도 같은 뜻으로 쓰였다.

35 지명지부장(知命之不長): 공영달은 "생명이 오래지 않음을 알고 반드시 곧 죽을 것임을 알며, 오래 살고 오래 볼 수 없기 때문에 법도를 제정하여 후인들에게 물려주는 것이지, 다만 자신이 사는 세상에만 훌륭한 법도를 설치하는 것이 아니다. '성스럽고 밝은 사람을 두루 세워' 이하는 즉위하면 곧 그렇게 하는 것이지 죽을 때가 되어서야 비로소 이렇

是以並建聖哲,[36]	성스럽고 밝은 사람을 두루 세워
樹之風聲,[37]	그들에게 풍화(風化)와 성교(聲敎)를 세워 주고
分之采物,[38]	채색한 복색을 나누어 주며
著之話言,[39]	도움이 되는 말을 지어 주고
爲之律度,[40]	법도를 만들어 주며
陳之藝極,[41]	준칙을 베풀어 주고
引之表儀,[42]	법도로 이끌어 주며

게 하는 것이 아니다. 아래의 '뭇사람들에게 믿게 한 후에야 세상을 떠났다'라는 것은 이 일을 행하여 공이 이루어지면 곧 죽을 따름이라는 것을 말하였으며, 이 법을 설치하여 죽으려 하는 것을 이르는 것이 아니다"라 하였다.

36 병(並): 널리[普], 두루[徧]의 뜻으로 쓰였다.
성철(聖哲): 현능(賢能)한 사람을 두루 일컫는다.

37 백성들에게 풍화와 성교를 수립시켜 주는 것이다.

38 채물(采物): 은공 5년의 물채(物采)와 같은 뜻이다. 깃발과 의복이 존비에 따라 다르고 명위(名位)의 고하가 각기 정해진 품계가 있어 천자가 구분하여 주는 것을 말한다. 정공 4년의 『전』에서 "노공에게 큰 수레와 큰 기를 나누어 주었다(分魯公以大路大旂)"라 한 것 따위가 바로 이를 말한다.

39 공영달은 "선언(善言)과 유계(遺戒)를 지어 죽백(竹帛)에 적는 것이다"라 하였다. 화(話)와 언(言)은 같은 뜻의 단어가 연용된 것이다. 일반적으로 선언(善言)이란 뜻으로 쓰이며, 『시경·대아·억(大雅·抑)』에 "훌륭한 말을 일러 주었네(告之話言)"라는 말이 나오는데, 모씨의 주석에서는 "화언은 옛날의 훌륭한 말이다(話言, 古之善言也)"라 하였다.

40 율도(律度): 법도(法度), 법제(法制)와 같은 말이다.

41 예극(藝極): 두예는 "예는 맞는다는 뜻이고, 극은 들어맞는다는 뜻이다(藝, 準也. 極, 中也)"라 하였다. 예와 극 또한 같은 뜻의 말을 연용한 것으로, 준칙(準則)이라는 말과 같다. 이 구절의 뜻은 각종 표준을 제정하여 공용(公用)하게 하는 것을 말한다.

42 표의(表儀): 청나라 왕념손(王念孫)은 "나무를 세워서 사람에게 보여주는 것을 표(表)라고 하며, 또한 의(儀)라고도 한다. 『설문(說文)』에서는 '의(檥)는 줄기이다. 나무 목(木)변을 따르며 의(義)는 성부이다'라 하였다. 『경』과 『전』에서는 의(儀)로 통하여 썼다. 표의와 예극은 뜻이 서로 가까우며 모두 법도를 비유한다. 『관자·형세해(管子·形勢解)』편에서

予之法制,[43]	법제를 부여하고
告之訓典,[44]	선왕의 책으로 일러 주며
敎之防利,[45]	이익을 막도록 가르치고
委之常秩,[46]	일정한 관직을 맡기며
道之禮則,[47]	그들을 예법으로 이끌어
使毋失其土宜,[48]	그 지역의 타당함을 잃지 않게 하였고

는 '법도는 만민의 의표(儀表)이고, 예의는 존비의 의표이다'라 하였다. 전한(前漢) 때 한영(韓嬰)의 『한시외전(韓詩外傳)』에서는 '지혜가 샘의 근원과 같아 표의(表儀)가 될 수 있는 사람은 남의 스승이다'라 하였다. 혹자는 '표의'라 하고 혹자는 '의표'라 하였는데 그 뜻은 마찬가지이다"라 하였다. 이 구절의 뜻은 법도로 이끌어 줌을 말한다.

43 이상 네 구절의 "율도"와 "예극", "표의", "법제"는 뜻이 서로 비슷한데 다만 "爲"와 "陳", "引", "予"의 동사만 다를 뿐이다. 위(爲)는 제정(制定)하여 주는 것이며, 진(陳)은 그것을 공개하는 것이고, 인(引)은 인도하여 주는 것이며, 여(予)는 그것을 쓰게 하는 것이다.

44 훈전(訓典): 두예는 "훈전은 선왕의 책이다(訓典, 先王之書)"라 하였다. 훈전은 아마 전장 제도의 책을 가리킬 것이다.

45 방리(防利): 방은 제방(堤防)의 방이다. 『주례·지관·도인(地官·稻人)』의 "고여 있는 물을 막는다(以防止水)"라 할 때의 방과 같다. 방리는 양공 28년 『전』의 "폭리(幅利)"와 같은 뜻으로 족함을 알아 많은 것을 탐내지 않는 것을 이른다.

46 위지상질(委之常秩): 두예는 "위는 맡기는 것이다. 상질은 관아에서 항상 그 직무를 지키는 것이다(委, 任也. 常秩, 官司之常職)"라 하였다. 곧 일정한 직무를 맡겨 주고 그 일을 하도록 독려하는 것을 말한다. 다케조에 고코(竹添光鴻: 1842~1917. 다케조에 신이치로(竹添進一郎))의 『좌전회전(左傳會箋)』(이하 『회전(會箋)』)에서는 "질은 녹봉으로 받는 곡식이다. 이는 녹봉으로 받는 곡식이 항상 있도록 함을 말한다. 위는 『예기·유행(禮記·儒行)』편의 '재화를 맡겨 둔다(委之以貨財)'라 할 때의 위자와 같은 뜻이다"라 하였는데, 두 가지 설 다 뜻이 통한다.

47 도지예칙(道之禮則): "道之以禮則"으로 된 판본도 있으며 "道之以禮"로 끊고 "則"자를 아래의 구절로 붙인 판본도 있다. 도(道)는 교도(敎導)한다는 뜻으로 위에 나온 인(引)자와는 구별이 있다.

48 토의(土宜): 『주례·지관·대사도(地官·大司徒)』에 "그 지방에 타당한 법으로 열두 곳의 땅의 명물을 변별한다(以土宜之法, 辨十有二土之名物)"라는 말이 있는데, 손이양(孫詒

衆隷賴之,	뭇사람들에게 믿게 하였으며
而後卽命.[49]	그런 다음에야 세상을 떠났다.
聖王同之.	성인도 그와 마찬가지이다.
今縱無法以遺後嗣,	지금은 도무지 뒤를 잇는 사람에게 남겨 줄 법이 없는 데다가
而又收其良以死,	또한 훌륭한 사람들을 거두어 죽이니
難以在上矣."	왕위에 있기 어려울 것이다."
君子是以知秦之不復東征也.[50]	군자는 이로 진나라가 다시는 동쪽을 정벌하지 못할 것임을 알았다.

讓)의 『정의(正義)』에서는 "곧 각지의 백성과 조수, 초목에 타당한 법이다"라고 하였다. 곧 그 지역에 따라 타당한 것을 제정한다는 뜻이다.

49 즉명(卽命): 명은 천명(天命)이다. 성공 13년의 즉세(卽世), 앞의 위세(違世)와 같은 말로 모두 죽음을 달리 일컫는 말이다.

50 첫머리의 군자와 이곳의 군자는 다른 사람이다. 『사기·진본기(史記·秦本紀)』에서는 "군자는 말하였다. '진목공은 영토를 넓혀서 나라를 부강하게 하였다. 동쪽으로는 강한 진(晉)나라를 굴복시켰으며 서쪽으로는 융족을 쟁패하였다. 그러나 그가 여러 제후들 가운데 맹주가 될 수 없었던 것은 어쩌면 당연한 일이다. 왜냐하면 죽은 후에 백성들을 버리고 어진 신하를 순장시켰기 때문이다. 고대의 선왕은 죽은 후에도 좋은 도덕과 법도를 남겼거늘 목공은 오히려 백성들이 동정하는 착한 사람과 어진 신하들을 빼앗아 갔으니, 진나라가 더 이상 동쪽을 정벌할 수 없을 것임을 알 만하다'"라 하여 『전』의 문장을 절취하였는데 두 군자를 한 사람으로 합쳐 말하였다. 『사기·12제후 연표』에서는 "군자가 그를 기롱하여 끝까지 말하지 않았다"라 하였다. 『논형·무형(論衡·無形)』편에서는 "『전』에서는 또한 말하기를 진목공이 밝은 덕을 지녀 상제가 19년의 수명을 더 내렸다고 하는데 이 또한 헛된 말이다"라 하였다.

秋,

가을에

季文子將聘於晉,

계문자가 진나라를 빙문하려고

使求遭喪之禮以行.[51]

상례를 당하였을 때 쓸 물품을 구하게 하여 떠났다.

其人曰,[52]

그 사람이 말하였다.

"將焉用之?"

"어디에 쓰시려 합니까?"

文子曰,

문자가 말하였다.

"備豫不虞,

"뜻밖의 일에 대비하라는 것은

古之善教也.[53]

옛날의 훌륭한 가르침이오.

求而無之,

구하여도 없으면

實難.[54]

실로 난처하게 됩니다.

---

51 구조상지례(求遭喪之禮): 두예는 "진후가 병들었음을 들었기 때문이다"라 하였다. 공영달은 유현(劉炫)의 말을 인용하여 "빙문하는 사신으로 가는 법도는 반드시 상을 당할 예법을 갖추어서 감으로 미연의 일을 방비하는 것이지 진후가 병들었다는 말을 들어서 그런 것이 아니다"라 하였다. 『의례·빙례(聘禮)』편에 의하면 상을 당할 경우의 예법은 다섯 가지가 있는데, 첫째는 국군(國君)의 상이고, 둘째는 국군의 부인이나 세자의 상, 셋째는 빙군(聘君)의 상, 넷째는 사상(私喪), 곧 사자 부모의 상이며, 다섯째는 빈개(賓介)의 상이라 하였다. 또한 『예기·증자문(曾子問)』편에 의하면 "임금이 강역을 나가면 상에 대비한 준비와 내관(內棺: 椑)을 갖고 따라야 한다"라 하여 임금이 출경할 때는 상에 대한 준비를 하였으니 신하도 출경할 때 상사를 미리 생각하였을 것이다. 다음 문장의 "그 사람이 말하기를 어디에 쓰시려 합니까?"라 한 것으로 보아 진후가 병들었음을 듣지 못하였음이 틀림없으니 유현의 설이 옳다.

52 기인(其人): 두예는 종자(從者)라고 하였다.

53 비예~선교(備豫~善教): 비(備)와 예(豫)는 같은 뜻이다. 성공 9년의 『전』에서도 "뜻하지도 않은 일에 대비하는 것은 훌륭한 일 가운데서도 큰 것이다(備豫不虞, 善之大者也)"라 하였으니, 나누어 말하면 은공 5년의 "대비하지 않고 헤아리지 않으면 군사를 쓸 수 없다(不備不虞, 不可以師)"는 것과 같다.

過求,	지나치게 구한들
何害?"	무슨 해가 되겠는가?"
八月乙亥,	8월 을해일에
晉襄公卒.[55]	진나라 양공이 죽었다.
靈公少,[56]	영공이 어려서
晉人以難故,[57]	진나라 사람들이 환난을 이유로 들어
欲立長君.[58]	나이가 많은 사람을 임금으로 세우려고 하였다.
趙孟曰,[59]	조맹이 말하였다.
"立公子雍.	"공자 옹을 세웁시다.
好善而長,	선을 좋아하고 나이도 있으며

---

54 이상 두 구절은 일에 임박해서 구하게 되면 구할 수 없게 되고, 그렇게 되면 실로 곤경에 처한다는 말이다.

55 『사기·편작열전(扁鵲列傳)』에 의하면 양공은 방종음란(縱淫)하다고 하였다.

56 영공은 이때 포대기(襁褓)에 있었을 것이다.

57 고염무(顧炎武)의 『보정(補正)』에서는 "해마다 진(秦)나라와 적(狄)나라가 군사를 일으켜 초나라가 동맹국을 친 것을 말한다"라 하였다.

58 입장군(立長君): 태자를 폐하는 것이다. 「연표」에서는 "조돈은 태자가 어리다고 임금을 바꾸어 세우려고 하였다"라 하였다.

59 조맹(趙孟): 조돈(趙盾)을 말한다. 조돈 이후 조씨는 대대로 맹(孟)이라 일컬어졌다. 문공 『전』의 조맹은 조돈이고, 양공 및 소공 원년의 조맹은 모두 조무(趙武)이며, 소공 29년부터 애공 10년까지의 조맹은 조앙(趙鞅)이고, 애공 20년 이후의 『전』에 등장하는 조맹은 조무휼(趙無恤)이다.

先君愛之,[60]	선군께서 좋아하신 데다가
且近於秦.[61]	진나라와도 가깝습니다.
秦,	진나라는
舊好也.	오랜 우호국입니다.
置善則固,	선한 이를 세우면 견고해지고
事長則順,[62]	연장자를 세우면 순종하며
立愛則孝,	사랑하는 사람을 세우면 효도에 맞고
結舊則安.	우호를 맺으면 나라가 안정됩니다.
爲難故,	환난 때문에
故欲立長君.	나이 많은 사람을 세우려고 합니다.
有此四德者,[63]	이 네 가지 덕이 있는 사람은
難必抒矣."[64]	환난이 반드시 풀릴 것입니다."

---

60 선군(先君): 문공을 가리킨다. 공자 옹은 문공의 아들이고 양공(襄公)의 서제(庶弟)이다.

61 근어진(近於秦): 공자 옹이 진나라에서 벼슬한 것은 아래에 상세하게 보인다. 「진본기」에서는 "양공의 아우는 이름이 옹이며 진(秦)나라로 나갔다"라 하였다. 공자 옹의 어머니는 두기인데 『전』에 분명한 글이 있으니 진나라로 나갔다고 말할 수 없다.

62 사장즉순(事長則順): 소공 26년의 『전』에 초평왕이 죽자 "영윤자상이 자서를 세우고자 하여 '자서는 나이도 있고 선을 좋아합니다. 나이가 있는 사람을 세우면 순종하고 선한 사람을 세우면 잘 다스려집니다(子西長而好善. 立長則順, 建善則治)'"라는 말이 나오는데, 말뜻이 이와 비슷하다. 여기서는 사장(事長)이라 하였고, 저기서는 입장(立長)이라 하였는데 말뜻이 또한 서로 가깝다.

63 사덕(四德): 고(固)·순(順)·효(孝)·안(安)을 말한다.

64 서(抒): 서(紓)와 같은 뜻. 공영달의 주석에서 인용한 복건(服虔)의 판본에는 "紓"로 되어 있다. 『설문』에서는 "서는 느슨하게 하는 것(緩)이다"라 하였다. 장공 30년의 『전』과 성공

賈季曰,[65] 가계가 말하였다.

"不如立公子樂.[66] "공자 낙을 세움만 못합니다.

辰嬴嬖於二君,[67] 신영이 두 임금에게 사랑을 받았으니

立其子, 그 아들을 세우면

民必安之." 백성들이 반드시 편안히 여길 것입니다."

趙孟曰, 조맹이 말하였다.

"辰嬴賤, "신영은 천하여

班在九人,[68] 서열이 아홉 번째이니

其子何震之有?[69] 그 아들이 무슨 위엄이 있겠소?

2년의 『전』에도 모두 "紓"로 되어 있다.

65 가계(賈季): 곧 호역고(狐射姑)를 말한다. 「진세가」의 『정의』에서는 위소의 주를 인용하여 가계는 가타(賈佗)라 하였는데 혜동(惠棟)과 전조망(全祖望)이 이미 반박한 바 있다.

66 「진세가」에서는 "가계가 말하기를 그 아우 낙을 세움만 못합니다(不如立其弟樂)"라 하였으니 낙은 옹의 아우이다.

67 신영폐어이군(辰嬴嬖於二君): 신영은 희공 22년 『전』의 자어(子圉)의 처 영씨(嬴氏), 23년 『전』의 회영(懷嬴)이다. 회영이라고 한 것은 그때는 진회공의 처였기 때문이다. 나중에 또 문공에게 시집을 갔으므로 여기서는 신영이라 고쳐 불렀다. 진은 시호인 것 같다. 이군은 회공과 문공이다.

68 반재구인(班在九人): 반(班)은 곧 위차(位次)이다. 문공의 비첩(妃妾) 가운데 위차가 아홉 번째라는 말이다. 「진세가」에는 "서열이 아홉 번째 아래에 있었다(班在九人下)"라 하였다. 청나라 유정섭(兪正燮)의 『계사존고·진부인(癸巳存稿·晉夫人)』에서는 "문영(文嬴)은 적실이다. 양공의 모친인 핍길이 두 번째이고, 계괴(季媿)가 세 번째, 공자 옹의 모친인 두기가 네 번째이며, 신영이 아홉째인데 이는 모두 『전』에 나온다. 그 네 사람은 서열대로 추리한 것이고 제강(齊姜)이 다섯째이며, 진(秦)나라 여인 셋 또한 잉첩(媵妾)이었는데 그들이 서열 6, 7, 8위란 말인가?"라 하였다.

69 진(震): 위(威)와 같은 뜻. 성공 2년의 『전』에 "畏君之震"이라는 말이 나오는데 곧 "畏君

且爲二君嬖, 또한 두 임금의 사랑을 받았으니

淫也. 음탕합니다.

爲先君子, 선군의 아들로

不能求大, 대국의 비호를 구할 수 없어

而出在小國, 작은 나라에 나가 있는 것은

辟也.[70] 비루한 것입니다.

母淫子辟, 어미가 음탕하고 아들은 비루하면

無威; 위망(威望)이 없으며,

陳小而遠, 진나라는 작고 멀어

無援, 원조가 없을 것이니

將何安焉?[71] 어떻게 안정될 수 있겠습니까?

杜祁以君故,[72] 두기는 임금님 때문에

讓偪姞而上之,[73] 핍길에게 양위하여 위에 앉혔으며,

之威"라는 말과 같다.

70 벽(辟): "僻"자와 같으며, 비루하다는 뜻이다.

71 이는 가계가 "백성들이 반드시 편안히 여길 것입니다(民必安之)"라 한 말에 대한 반박이다. 공자 낙은 진(陳)나라에 있는데, 『설원·건본(說苑·建本)』편에서는 "낙은 나라의 총애를 받고 있고 선군이 사랑하였으며 적(翟)나라에서 벼슬을 하고 있으니 적은 구원을 할 수 있습니다"라 하여 『전』과는 다른데 아마 전하여 들은 것이 다르기 때문일 것이다.

72 두기(杜祁): 공자 옹의 모친. 두는 나라 이름이고, 기는 성(姓)이다. 옛 이기(彝器)로 두백력(杜伯鬲)이 있다. 두나라의 옛터는 지금의 섬서성 서안(西安)시 옛 두릉(杜陵) 땅에 있다. 군(君)은 진양공을 말한다.

73 핍길(偪姞): 양공은 핍길의 아들인데 양공이 태자가 되자 두기는 핍길에게 높은 자리를 물려주었다. 핍은 나라 이름이고, 길은 성이다. 그 땅은 지금은 고찰을 할 수 없다. 장병린의 『독(讀)』에서는 『잠부론·지씨성(潛夫論·志氏姓)』의 "길씨에게는 별도로 밀수씨

以狄故,	적나라 때문에
讓季隗而己次之,[74]	계외에게 양보하고 자신은 그 다음이 되어
故班在四.[75]	서열이 네 번째에 있게 되었습니다.
先君是以愛其子,	선군께서는 이 때문에 그 아들을 사랑하였으며
而仕諸秦,	진나라에서 벼슬하여
爲亞卿焉.[76]	아경이 되었습니다.
秦大而近,[77]	진나라는 대국이면서 가까이 있어
足以爲援;	충분히 원조를 할 수 있고
母義子愛.[78]	어머니는 도의가 있고 아들은 사랑을 받았으니

(密須氏)가 있다"라 한 말에 의거하여 "필은 곧 밀수씨의 밀이다"라 하였는데 참고할 만하다.

74 계외(季隗): 희공 23년의 『전』에 보이며, 문공이 적(狄)나라에서 취한 부인이다. 적나라는 진나라의 강한 이웃이어서 두기가 예외에게 윗자리를 양보하였다. 정치적인 작용 때문이었던 것 같다.

75 반재사(班在四): 신영은 위차가 아홉 번째로 조돈이 천하다고 하였으니, 두기의 위차가 네 번째라면 또한 그리 귀한 편이 못되는데 이 때문에 해석을 한 것이다. 두기의 위차는 본래 두 번째이며 아울러 두기의 현명함을 보여주고 있다.

76 공자 옹은 진나라의 아경인데 여기에서 그의 현명함을 보게 된다.

77 진대이근(秦大而近): 위에 나온 "진나라는 작고 멀다(陳小而遠)"는 말과 정반대되는 말이다.

78 모의자애(母義子愛): 위의 "어미는 음탕하고 아들은 비루하다(母淫子辟)"는 말과 정반대되는 말이다.

足以威民.[79]	족히 백성들에게 위엄을 세울 수 있습니다.
立之,	그를 임금으로 세우는 것이
不亦可乎?"	또한 옳지 않겠습니까?"
使先蔑, 士會如秦逆公子雍.[80]	선말과 사회에게 진나라로 가서 공자 옹을 맞아오게 하였다.
賈季亦使召公子樂于陳,	가계 또한 공자 낙을 진나라에서 불러오게 하였는데
趙孟使殺諸郫.[81]	조맹이 사람을 시켜 비에서 죽여 버렸다.

賈季怨陽子之易其班也,[82]	가계는 양자가 그 서열을 바꾸어 버린 데 원한을 품었으며
而知其無援於晉也,	진나라에 그를 도울 사람이 없음을 알고

79 족이위민(足以威民): 위의 "그 아들이 무슨 위엄이 있겠소?(其子何震之有)"라는 말과 상대되는 말이다.

80 선말·사회(先蔑·士會): 모두 희공 28년의 『전』에 보인다.

81 비(郫): 곧 양공 23년 『전』의 비읍(郫邑)으로 진나라의 읍이며, 지금의 하남성 제원현(濟源縣) 서쪽 1백 리 지점의 소원진(邵源鎭)이다. 청나라 마종련(馬宗璉)의 『춘추좌전보주(春秋左傳補注)』(이하 『보주(補注)』)에서는 "비소(郫邵)는 곧 진(晉)나라 하내(河內)에서 하동(河東)으로 가는 좁은 길인데, 공자 낙이 진(陳)나라에서부터 오므로 사람을 시켜 이곳에서 죽였다"라 하였다.

82 본래 중군수(中軍帥)였는데 양자가 군사훈련을 바꾸어 중군좌(中軍佐)가 되었다. 앞에 보인다.

九月,	9월에
賈季使續鞫居殺陽處父.[83]	가계는 속국거를 시켜 양처보를 죽였다.
書曰“晉殺其大夫,”	“진나라가 그 대부를 죽였다”라고 기록한 것은
侵官也.[84]	남의 권한을 침범하였기 때문이다.

冬,	겨울
十月,	10월에
襄仲如晉葬襄公.[85]	양중이 진나라로 가서 양공의 장례에 참석했다.

十一月丙寅,[86]	11월 병인일에
晉殺續簡伯.[87]	진나라가 속간백을 죽였다.

---

83 속국거(續鞫居): 곧 호국거(狐鞫居)로 호씨네 족속이다. 2년의 『전』에도 보인다.

84 두예는 “임금이 이미 장수에 임명하였는데 양처보가 바꾸었으므로 ‘권한을 침범하였다(侵官)’고 한 것이다”라 하였다.

85 소공 16년 『전』의 “겨울 10월에 계평자가 진나라로 가서 소공의 장례에 참석하였다(冬十月, 季平子如晉葬昭公)”라는 것과 구법이 같다. 소공 3년의 『전』에서는 “옛날 진나라 문공과 양공이 패자가 되었을 때 일이 제후들을 번다하게 하지 않아 …… 군주가 훙거하면 대부가 조문을 하고 경들이 장례에 함께하였다(昔文·襄之覇也, 其務不煩諸侯…… 君薨, 大夫弔, 卿共葬事)”라 하였으니 이 때문에 양중이 진나라에 간 것이다. 진나라는 양공 이후로 모두 3개월 만에 장사를 지냈다.

86 병인(丙寅): 11월에는 병인일이 없다.

87 속간백(續簡伯): 곧 속국거(續鞫居)이다.

賈季奔狄.	가계는 적나라로 달아났다.
宣子使臾駢送其帑.[88]	선자는 유변을 시켜 그 처자를 보내 주었다.
夷之蒐,	이에서 군사훈련을 할 때
賈季戮臾駢,[89]	가계가 유변을 모욕하였으므로
臾駢之人欲盡殺賈氏以報焉.	유변을 따르는 사람이 가씨를 모두 죽여 보복하려고 하였다.
臾駢曰,	유변이 말하였다.
"不可.	"안 된다.
吾聞前志有之曰,	내가 듣자 하니 옛 기록에
'敵惠敵怨,[90]	'은혜를 갚고 원한을 갚는 것은
不在後嗣,	후대에 있지 않음이
忠之道也.'	충성의 도리이다'라 하였다.

88 선자(宣子): 곧 조돈이다.
유변(臾駢): 12년의 『전』에서는 "조씨가 새로 그 부하를 발탁하였는데 유변이라 합니다(趙氏新出其屬曰臾駢)"라 하였다.
내탕(內帑): 탕은 "노(孥)"와 같으며, 처자라는 뜻이다.

89 육(戮): 위(魏)나라 장읍(張揖)의 『광아·석고(廣雅·釋詁)』편에서는 "육은 욕보임이다(辱也)"라 하였고, 또한 "형벌을 내리는 것이다(罪也)"라 하였는데, 이곳에서는 두 가지 뜻이 다 통한다.

90 적(敵): 두예는 "적은 대한다는 뜻과 같다. 자손에게 미친다면 올바른 상대가 아니다. 올바른 상대가 아니라면 곧 화를 다른 사람에게 옮기는 것이다"라 하였다. 공영달의 소(疏)에서는 "적혜(敵惠)는 그 사람에게 은혜가 있어도 그 사람의 자손에게 갚기를 바랄 수 없다는 것을 말하였으며, 적원(敵怨)은 저 사람에게 원한이 있어도 저 사람의 자손에게 원수를 갚을 수 없다는 것을 말한다"라 하였다.

夫子禮於賈季,[91]	부자가 가계를 예우하였으니
我以其寵報私怨,	내가 총애를 사적인 원수로 갚는다면
無乃不可乎?	안 되지 않겠는가?
介人之寵,[92]	사람의 총애를 이용하는 것은
非勇也.	용감한 것이 아니다.
損怨益仇,[93]	원망을 덜려 하다가 원한을 더하는 것은
非知也.	지혜로운 일이 아니다.
以私害公,	사적인 일로 공적인 일을 해치는 것은
非忠也.	충성이 아니다.
釋此三者,[94]	이 세 가지를 버린다면
何以事夫子?"	무엇으로 부자를 섬기겠는가?"
盡具其帑與其器用財賄,	그 처자와 기용, 재물을 있는 대로 갖추어
親帥扞之,[95]	친히 거느리고 호위하여

91 부자(夫子): 조돈이다.

92 개(介): 두예는 "개는 인(因)이다"라 하였다.

93 손원익구(損怨益仇): 손원(損怨)은 나의 원한의 기운을 없애고자 하는 것이지만, 익구(益仇)는 가씨를 모두 죽이면 다만 다른 사람의 나에 대한 원한만 더 키울 따름이라는 것이다.

94 석(釋): 버린다는 뜻이다.
삼자(三者): 용(勇)·지(知)·충(忠)이다.

送致諸竟.[96]	변경까지 보내 주었다.
閏月不告朔,[97]	윤달에 곡삭의 의식을 행하지 않았는데
非禮也.	예의에 맞지 않았다.
閏以正時,[98]	윤달을 가지고 사철을 바로잡고
時以作事,[99]	때에 맞추어 농사를 지으며

---

95 한(扞): 두예는 "호위한다는 뜻이다(衛也)"라 하였다. 이 구절의 뜻은 그 사람이 자신을 따르지 않고 가씨들을 해칠까 봐 걱정하는 것이다.

96 경(竟): "지경 경(境)"자와 같다.

97 곡삭(告朔): 곧 『경』의 곡월(告月)이며, 『경』의 주에 상세하다.

98 윤이정시(閏以正時): 달이 지구를 한 바퀴 도는 평균 일수는 27.3216일이다. 고대에는 한대(漢代)에 이르러서야 그 근사치를 얻을 수 있었다. 서주(西周) 및 오늘날의 이른바 음력(陰曆)은 초하루(朔)부터 그믐(晦)까지를 한 달의 일수로 하는데, 옛날에는 삭실(朔實)이라 하였으며 지금은 평삭월(平朔月)이라 한다. 고인들은 그 일수를 약 29.530585일로 측정하였으며, 근세에 측정한 평삭월은 29.53059일로 약간 차이가 있다. 한 평삭월이 29일 반이었으므로 반드시 큰달은 30일로 작은 달은 29일로 나누어서야 비로소 그 합삭(合朔)을 얻을 수 있었다. 일식은 반드시 초하룻날 있었으니 『시경·소아·시월지교(小雅·十月之交)』의 "초하룻날 신묘일에, 일식 있었다네(朔日辛卯, 日有食之)"라는 구절로 알 수 있다. 매년이 12개월이라면 전년(全年)은 354일이나 355일이 된다. 그런데 지구가 태양을 도는 날은 365.24219일인데 이것이 회귀년(回歸年)의 일수이며 양자를 서로 비교하여 보면 평균 매년 약 평균적으로 매년 약 10일 21시간의 차이가 나게 된다. 분(分)과 지(至), 계(啓)를 닫아서 사철에 미치면 반드시 지구가 해를 도는 날을 기준으로 삼기 때문에 반드시 윤달을 설치하여 차수(差數)를 보충한 연후에 사시가 올바름을 얻게 되므로 이렇게 말하였다.

99 시이작사(時以作事): 『수서·경적지(隋書·經籍志)』에서는 "때에 맞추어 일의 순서를 정한다(時以序事)"라 하였는데, 절기(節氣)와 물후(物候)에 맞춰 생산 활동을 정하였으니 『시경·빈풍·칠월(豳風·七月)』에서 이른바 "삼양의 날엔 쟁기 수리하고, 사양의 날에 발꿈치 들고 밭 갈러 가거든 …… 봄에 햇볕 비로소 따뜻해져, 꾀꼬리 울면, 아가씨 아름다운 광주리 잡고, 저 오솔길 따라, 이에 부드러운 뽕잎 구한다네(三之日于耜, 四之日擧趾……春日載陽, 有鳴倉庚. 女執懿筐, 遵彼微行. 爰求柔桑)"라 읊은 것이 곧 이를 말

事以厚生,[100] 일로 백성들을 넉넉하게 하니

生民之道於是乎在矣. 백성들을 살리는 도가 여기에 있다.

不告閏朔, 윤달에 곡삭을 알리지 않았으니

棄時政也. 사시를 버린 것이다.

何以爲民?[101] 그러니 무엇으로 백성들을 다스리겠는가?

문공 7년

經

七年春,[1] 7년 봄에

公伐邾. 공이 주나라를 쳤다.

三月甲戌,[2] 3월 갑술일에,

取須句.[3] 수구를 취하였다.

한다.

100 생산과 노동에 그때를 잃지 않아야 비로소 의식을 능히 조달할 수 있다.

101 위민(爲民): 곧 치민(治民)과 같은 뜻이다.

1 칠년(七年): 신축년 B.C. 620년으로 주양왕(周襄王) 33년이다. 지난해 윤12월 29일 무자일이 동지로, 건축(建丑)이다.

2 갑술(甲戌)일은 17일이다.

3 취수구(取須句): 수구는 희공 21년 『전』에 보인다. 『전』에서는 "주(邾)"나 사람들이 수구를 멸하였다"라 하였다. 이듬해의 『전』에서는 또 "주나라를 쳐서 수미를 얻었으며 그 임금을 돌려보냈다"라 하였으니, 이곳의 "수구를 취하였다(取須句)"라는 말은 또한 (주나라를

遂城郚.[4]	마침내 오에 성을 쌓았다.
夏四月,	여름 4월에
宋公王臣卒.[5]	송공 왕신이 죽었다.
宋人殺其大夫.	송나라 사람이 그 대부를 죽이고,
戊子,[6]	무자일에
晉人及秦人戰于令狐.[7]	진나라 사람 및 진나라 사람이 영호에서 싸웠다.
晉先蔑奔秦.[8]	진나라 선말이 진나라로 달아났다.
狄侵我西鄙.	적이 우리나라 서쪽 변경으로 쳐들어왔다.
秋八月,	가을 8월에

치고) 서로 연결되어 있으며, 그러므로 두예는 "수구는 노나라가 내국에 봉한 속국이다. 희공이 그 임금을 돌려보낸 후에 주나라가 다시 멸하였다. '취하였다(取)'고 기록한 것은 쉬움을 말한 것이다. 예가 양공 13년에 있다"라 하였다.

4 『전』이 없다. 오(郚)는 노나라의 읍으로 장공 원년 『경』의 오가 기(紀)나라 읍으로 제나라에 빼긴 나라와는 다르다. 이 오는 지금의 산동성 사수현(泗水縣) 동남쪽에 있을 것이다.

5 왕신(王臣): 『곡량전』에는 임신(壬臣)으로 되어 있다. "王"과 "壬"이 서체가 비슷하여 와전되기 쉽다.

6 무자(戊子)일은 4월 삭일이다.

7 영호(令狐): 이미 24년의 『전』과 『주』에 보인다.

8 이 구절은 『공양전』에는 "진나라 선말이 군사들을 이끌고 진나라로 달아났다(晉先眜以師奔秦)"라 되어 있다. "蔑"과 "眜"은 음이 같은 말로 가차한 것이며, 은공 원년 『경』과 『주』에 보인다. "二師" 두 자는 연문(衍文)인 것 같으며, 『공양석문(公羊釋文)』에는 "'眜'은 『좌씨』에는 '蔑'로 되어 있다"라 하였으며, 『좌씨』에 "二師" 두 자가 없는 것에 대하여서는 언급이 없다. 곧 육덕명(陸德明)이 의거한 판본에는 이 두 자가 없었음을 알 수 있다. 당시 무자일을 초하룻날로 삼았다면 당연히 "송공 왕신이 죽었다(宋公王臣卒)"의 앞에 놓여야 하니 혹 당시에 영호의 전역(戰役)이 초하룻날이 아니라고 생각했는지도 모르겠다.

公會諸侯晉大夫盟于扈.[9]	공이 진나라 대부와 회합하여 호에서 맹약을 맺었다.
冬,	겨울에
徐伐莒,	서나라가 거나라를 쳤다.
公孫敖如莒涖盟.	공손오가 거나라로 가서 맹약에 임하였다.

傳

七年春,	7년 봄에
公伐邾,	공이 주나라를 쳤는데
間晉難也.[10]	진나라의 환난을 틈탄 것이었다.

三月甲戌,	3월 갑술일에
取須句,	수구를 취하고

---

9 "제후(諸侯)"라고 총괄적으로 말하고 순서를 매기지 않은 것은 노문공이 나중에 이르렀기 때문이다. "진대부"라 기록하고 조돈의 이름을 기록하지 않은 것은 장공 9년 "공이 제나라 대부와 기에서 회맹했다(公及齊大夫盟于蔇)"라 한 것과 같은 뜻이다. 당시 제나라에는 임금이 없어서 노나라는 자규(子糾)를 들이려고 하였는데, 제나라 대부가 자규의 일당이었기 때문에 공과 회맹하였다. 여기서는 진나라 영공이 막 즉위하였지만 포대기에 있어서 회맹을 주관할 수 없었기 때문이 반드시 조돈이 주관을 해야 했다.
호(扈): 정나라 땅으로 지금의 하남성 원양현(原陽縣) 서쪽 약 60리 지점에 있을 것이며, 장공 23년 조에 나오는 호와는 다른 곳인 것 같다.

10 간(間): 거성(jiàn)이다. 진나라의 환난을 틈탔다는 것은 진나라 국내에 왕을 세우는 다툼이 있어서 이 틈을 타서 군사를 일으킨 것을 말한다.

寘文公子焉,	문공의 아들을 두었는데
非禮也.[11]	예의에 맞지 않았다.

夏四月,	여름 4월에
宋成公卒.[12]	송성공이 죽었다.
於是公子成爲右師,[13]	이에 공자 성이 우사가 되고
公孫右爲左師,[14]	공손우가 좌사가 되었으며
樂豫爲司馬,[15]	낙예가 사마가 되고
鱗矔爲司徒,[16]	인관이 사도가 되었으며

---

11 이 구절은 희공 22년『전』의 "수구를 취하였는데 그 임금은 돌려보내 주었으니 예의에 합당하였다(取須句, 反其君焉, 禮也)"라 한 것과 정반대되는 것이다. 지난번에는 그 임금을 돌려보내고 나라를 회복시킨 것이 "예의에 맞았는데", 이번에는 그 나라를 멸하고 다른 사람을 수구의 대부로 삼았으므로 "예의에 합당하지 않다"고 한 것이다. "문공의 아들"은 두예에 의하면 주문공(邾文公)의 아들인데 당시 주나라를 배반하고 노나라에 있었다.

12「송세가」에서는 "17년 성공이 죽었다"라 하여『전』과 내용이 일치한다. 그러나『연표』에서는 "17년 공손고(公孫固)가 성공을 죽였다"라 하였다. 이렇게 사마천의 내용이 서로 상이한 것은 이문(異聞)을 함께 채록했기 때문인 것 같다.

13 공자 성(公子成): 두예는 "장공(莊公)의 아들이다"라 하였다.

14 공손우(公孫右): 두예는 "목이(目夷)의 아들이다"라 하였다.

15 낙예(樂豫): 공영달은『세본(世本)』을 인용하여 "대공(戴公)은 낙보술〔樂甫術: 술(術)은『당서·재상세계표 삼하(唐書·宰相世系表 三下)』와『통지·씨족략(通志·氏族略)』에 의하면 간(衎)이 되어야 한다. 이름이 간(衎)이고 자가 낙보(樂甫)면 서로 상응한다〕을 낳았으며, 술은 석보택(碩甫澤)을 낳았고, 택은 이보수(夷甫須)를 낳았으며, 보는 자복이(子僕伊)와 낙예를 낳았다"라 하였다. 두예는 "낙예는 대공의 현손자이다"라 하였다. 또한 18년의『전』에서 "낙여(樂呂)를 사구로 삼았다"라 하였는데 공영달은『세본(世本)』을 인용하여 "대공은 낙보술을 낳았고 술은 석보택을 낳았으며, 택은 이보수를 낳았고, 수는 대사구 여를 낳았다"라 하였다. 세계로 보면 낙예와 낙여는 동일한 인물일 것이다.

16 인관(鱗矔): 공영달은『세본(世本)』을 인용하여 "환공(桓公)은 공린(公鱗)을 낳았고 인은

公子蕩爲司城,[17] 공자 탕이 사성이 되고

華御事爲司寇.[18] 사어는 사구가 되었다.

昭公將去羣公子,[19] 소공이 여러 공자들을 없애려 하자

동향관(東鄕矔)을 낳았다"라 하였다. 두예는 "관은 환공의 손자이다"라 하였다.

17 공자 탕(公子蕩): 두예는 "환공의 아들이다"라 하였다.
사성(司城): 곧 사공(司空)이다. 송무공(宋武公)의 이름이 사공이었기 때문에 송나라는 사공이란 관직의 이름을 사성으로 고쳤다. 환공 16년의 『전』에 "송나라는 무공 때문에 사공을 없앴다"라 하였다.

18 화어사(華御事): 문공 16년에서 공영달은 『세본(世本)』을 인용하여 "화독은 세자가를 낳았고 가는 화손어사를 낳았으며 사는 화원우사를 낳았다"라 하였으니 화어사는 곧 화독의 손자이며, 화원의 부친이다. 장병린의 『독(讀)』에서는 "『풍속통』에서는 '소성(所姓)은 송대부 화소사(華所事)의 후예이다. 전한의 소충(所忠)과 후한의 소보(所輔)가 모두 거기서 나왔다'라 하였다. 소(所)와 어(御)는 소리가 통하니 소사(所事)는 곧 어사(御事)이다"라 하였다.
송나라는 우사와 좌사, 사마, 사도, 사성, 사구를 육경으로 삼았는데, 문공 16년의 『전』 및 성공 15년의 『전』에서 서술한 차서도 이와 같으며, 다만 성공 15년에는 사수를 대사구와 소사구로 나누었으며, 또한 태재와 소재가 있었을 따름이다. 소공 22년의 『전』에서는 대사마, 대사도, 사성, 좌사, 우사, 대사구의 순이었고, 애공 26년의 『전』에서는 또한 우사, 대사마, 사도, 좌사, 사성, 대사구의 순이었는데 아마 시세(時世)가 달라짐에 따라 육경의 경중도 마침내 바뀌게 된 것 같다. 양공 이전에는 모두 대사마가 집정을 하였는데 화독은 태재로서 집정을 하였다. 희공 9년의 『전』에서는 "공자 목이가 어질다 하여 좌사가 되게 하여 정치를 듣도록 하였다"라 하였으니 송양공 때는 좌사가 우사의 위에 있었다.

19 「송세가」에서는 "성공(成公)이 죽자 성공의 아우인 어(禦)가 태자 및 대사마 공손고를 죽이고 스스로 즉위하여 임금이 되니 송나라 사람들이 함께 임금인 어를 죽이고 성공의 어린 아들 저구(杵臼)를 세웠는데 곧 소공(昭公)이다"라 하였으며, 「연표」에서는 "송소공 저구는 양공의 아들이다"라 하였다. 한곳에서는 성공의 어린 아들이라 하고 한곳에서는 효공의 아들이라 하니 이는 사마천이 이설을 존속시킨 것이다. 그러나 문공 16년의 『전』을 가지고 고찰해 보건대, 송소공이 양공 부인을 칭하여 "군조모(君祖母)"라 하였으니 성공의 아들이며 양공의 손자임에는 의심이 없다. 「송세가」에서 서술한 성공의 아우 어가 태자를 죽인 일은 『좌전』에는 보이지 않으며, 공손고의 죽음도 『좌전』과는 부합하지 않으니 아마 모두 사마천이 이문(異聞)을 채록한 것 같다.
소공이 여러 공자들을 제거하고자 한 것은 당연히 공족 중의 일부를 말하며 전부를 말하는 것은 아니다. 그렇지 않으면 공손고와 공손정은 공궁에서 피살되지 않았을 것이다. 『전』에 의하면 "목공과 양공의 일족이 백성들을 이끌고 공을 공격하였다"라 한 것은

樂豫曰,	낙예가 말하였다.
“不可.	“안 됩니다.
公族,	공족은
公室之枝葉也;	공실의 지엽입니다.
若去之,	없애 버리면
則本根無所庇蔭矣.	근본을 가려 줄 그늘이 없게 됩니다.
葛藟猶能庇其本根,[20]	갈류도 그 뿌리를 가려 줄 수 있어서
故君子以爲比,[21]	군자가 비유하였는데

혹 제거한 공자들이 모두 목공과 양공의 일족을 일컫는 것일 수도 있고 반드시 그렇지 않을 수도 있다. 문공 8년의 『전』에서도 “부인은 대씨의 일족을 이용하여 양공의 손자 공숙과 공손종리 및 대사마 공자 앙을 죽였는데 모두 소공의 무리였다(夫人因戴氏之族, 以殺襄公之孫孔叔·公孫鍾離及大司馬公子卬, 皆昭公之黨也)”라 하였다. 소공의 무리 가운데는 양공의 손자도 있었을 것이니 그 일족을 다 제거할 수 없었음은 분명하다. 아래에서 “덕으로 가까이하면 모두가 고굉이니 누가 감히 두 마음을 품겠습니까?(親之以德, 皆股肱也, 誰敢携貳?)”라 간한 것을 가지고 살펴보건대 소공이 제거하고자 하였던 사람은 자기를 따르지 않는 공족이었을 것이다.

20 갈류(葛藟): 갈(葛)과 류(藟)는 하나의 식물이다. 정현은 『시경·주남·남규목(周南·南樛木)』의 주석에서 두 가지 식물이라고 하였는데 틀렸다. 갈류는 또한 다만 유(藟)라고도 부르며, 천세류(千歲藟)·유무〔虆蕪: 『명의별록(名醫別祿)』에 보임〕·퇴류〔蓷虆: 청나라 진환(陳奐)의 『시모씨전소(詩毛氏傳疏)』에 보임〕·거과〔苣瓜: 당(唐)나라 진장기(陳藏器)의 『본초습유(本草拾遺)』에 보임〕·거황〔巨荒: 진(晉)나라 육기(陸機)의 『시의소(詩義疏)』에 보임〕이라고도 하는데, 포도과에 속하며 자생하는 넝쿨〔蔓性〕 식물이다. 『시경·주남·갈담(周南·葛覃)』의 갈은 콩과의 넝쿨 식물로 갈류와는 다르다.

21 『시경·왕풍·갈류(王風·葛藟)』편의 뜻을 썼다. 첫 머리에서는 “길게 뻗은 갈료, 황하 언덕 위에서 자랐네. 끝내 형제들 멀리하고, 남을 형제라 부른다네. 남을 아버지라 불러도, 또한 나 돌보지 않는다네(緜緜葛藟, 在河之滸, 終遠兄弟, 謂他人父. 謂他人父, 亦莫我顧)”라 하였으며, 「서」에서는 “「갈료」는 왕족이 평왕을 풍자한 것이다. 주나라 왕실의 도가 쇠미해지자 그의 구족을 버렸다(葛藟, 王族刺平王也. 周室道衰, 棄其九族焉)”라 하였다.

況國君乎?

하물며 임금이겠습니까?

此諺所謂'庇焉而縱尋斧焉'者也.[22]

이것이 속담에서 이른바 '가려 주면서도 도끼를 움직여 쓴다'는 것입니다.

必不可.

반드시 안 됩니다.

君其圖之!

임금님께서는 헤아리십시오!

親之以德,

덕으로 가까이하면

皆股肱也,

모두가 고굉이니

誰敢攜貳?

누가 감히 두 마음을 품겠습니까?

若之何去之?"

그 어찌 없애겠습니까?"

不聽.

듣지 않았다.

穆, 襄之族率國人以攻公,

목공과 양공의 일족이 백성을 이끌고 공을 공격하여

殺公孫固, 公孫鄭于公宮.[23]

공궁에서 공손고와 공손정을 죽였다.

---

22 『공자가어·관주(孔子家語·觀周)』편에서는 「금인명(金人銘)」을 인용하여 "터럭 같은 끝을 뽑지 않으면 곧 도끼를 쓰게 된다(將尋斧柯)"라 하였고, 『진서·유부전(晉書·庾旉傳)』에서는 "그것을 비호해 주면서도 멋대로 도끼를 쓰는 것이다(芘焉而縱尋斧柯者也)"라 하였는데 모두 심(尋)자를 동사로 썼으니 심자는 쓰다(用)의 뜻으로 보아야 한다. 종(縱)자의 뜻에 대해서는 장병린의 『독(讀)』에서 "『시경·정풍·대숙우전(鄭風·大叔于田)』에 '활을 쐈다 새를 좇았다(抑縱送忌)'라는 구절이 있는데 『전(傳)』에서 '화살을 쏘는 것을 종이라고 한다(發矢曰縱)'라 하였다. 이로부터 인신되어 병기를 발동하는 것을 모두 종이라고 부를 수 있다"라 하였다. 그렇다면 심(尋)과 종(縱)은 두 단어인데 뜻이 서로 가까워서 연용된 것이다.

23 공손고는 곧 희공 22년 『전』의 "대사마 고"인데 이때는 이미 사마가 아니었다.

六卿和公室,	육경이 공실을 화해시켜
樂豫舍司馬以讓公子卬.[24]	낙예가 사마를 그만두고 공자 앙에게 양보하였다.
昭公卽位而葬.[25]	소공이 즉위하여 장사 지냈다.
書曰"宋人殺其大夫",	"송나라 사람이 그 대부를 죽였다"라 기록하여
不稱名,	이름을 칭하지 않은 것은
衆也,	많기 때문이며
且言非其罪也.[26]	또한 그들의 죄가 아님을 말한 것이다.

秦康公送公子雍于晉,	진강공이 공자 옹을 진나라로 보내면서
曰,	말하였다.
"文公之入也無衛,	"문공이 입국할 때는 호위가 없어서
故有呂, 郤之難."[27]	여와 극의 난이 일어났다."

---

24 두예는 "앙은 소공의 아우이다"라 하였다. 8년의 『전』에 의하면 앙은 소공의 일당이다.

25 예법에 따르면 새 임금은 옛 임금의 빈(殯) 앞에서 즉위를 하고 이듬해 다시 조정의 종묘 앞에서 즉위를 한다. 이는 아마 소공이 아직 개원(改元)을 하지 않았는데 성공은 이미 장례를 치러야 했을 것이다. 소공은 다음 해에 다시 개원을 하고 즉위하였다.

26 두예는 "살해한 자와 죽은 자의 이름을 칭하지 않은 것이다. 죽인 자는 많아서 이름을 알 수 없고, 죽은 자가 죄가 없으면 으레 이름을 칭하지 않는다"라 하였다.

27 진강공은 진목공의 태자 앵(罃)이다. 그 모친 목희는 진헌공의 딸이며 진문공과 진혜공의 이복 누나이므로 진문공은 진강공에게 외삼촌이 된다. 『시경·진풍·위양(秦風·渭

乃多與之徒衛.[28]	이에 호위하는 병사들을 많이 붙여 주었다.
穆嬴日抱大子以啼于朝,[29]	목영이 날마다 태자를 안고 조정에서 울며
曰,	말하였다.
"先君何罪?	"선군이 무슨 죄란 말인가?
其嗣亦何罪?	그 사자 또한 무슨 죄란 말인가?
舍嫡嗣不立,	적통의 사자를 버려두고 세우지 않으며
而外求君,	밖에서 임금을 구하니
將焉寘此?"[30]	이 아이는 어디에 두려는 것인가?"
出朝,	조정을 나가더니
則抱以適趙氏,	안고서 조씨에게 가서

陽)」편에 "내 외삼촌 보내드리는데, 위양에까지 이르렀네(我送舅氏, 曰至渭陽)"라는 구절이 있는데, 전하는 바에 의하면 강공이 문공을 전송하는 시로 문공이 진나라에 들어갈 때 강공이 친히 본 것일 한다. 여와 극의 난은 희공 24년의 『전』에 보인다.

28 보졸(步卒)을 도(徒)라고 한다. 도위(徒闈)는 보졸로 호위를 해주는 사람들이다. 군사 작전이 아니기 때문에 융거(戎車)와 병사를 쓰지 않았다.

29 『예기·상대기(喪大記)』에 "막 죽었으면 상주는 흐느껴 울고 형제는 곡을 한다(始卒, 主人啼, 兄弟哭)"라 하였으며, 정현은 "슬픔에 깊고 얕음이 있는 것이다. 어린아이가 길에서 어미를 잃었다면 울지 않을 수 있겠는가?(能勿啼乎)"라 하였다. 제(啼)와 곡(哭)은 우는 경중과 깊이의 구별이다. 「진세가」에서는 "태자의 모친인 목영(繆嬴)이 밤낮으로 태자를 안고 조정에서 울부짖었다(號泣)"라 하였으니 이 "號泣"의 두 자는 "啼"자의 뜻으로 풀이된다.

30 치차(寘此): 치(寘)는 "둘 치(置)"자와 음과 뜻이 같다. 차(此)는 태자 이고(夷皐)를 가리킨다.

頓首於宣子,[31]	선자에게 머리를 조아리고
曰,	말하였다.
“先君奉此子也,	“선군께서 이 아이를 받들고
而屬諸子,[32]	그대에게 당부하며
曰,	말하였습니다.
‘此子也才,	‘이 아이가 재주를 꽃피우면
吾受子之賜;	내 그대가 내린 은혜를 받은 것이며,
不才,	재주를 꽃피우지 못한다면
吾唯子之怨.’[33]	내 오로지 그대를 원망하리라.’
今君雖終,	지금 임금께서는 돌아가셨지만
言猶在耳,	말은 아직도 남아 있을 따름이니
而棄之,	그래도 버리신다면
若何?”	어찌하겠습니까?”

31 『예기·소의(少儀)』에 “부인은 길사를 당하여 임금으로부터 물건을 하사받을 때에는 숙배를 한다. 상주면 수배를 하지 않는다(婦人, 吉事雖有君賜, 肅拜. 爲喪主則不手拜)”는 말이 있는데, 정현은 “숙배는 절을 할 때 머리를 낮추는 것이다. 수배는 손이 땅에 닿는 것이다. 부인은 숙배를 하는 것이 옳은 것이며, 흉사 때는 곧 수배를 한다. 상주가 되면 수배를 하지 않는다는 것은 남편과 맏아들이 이마를 조아려야 한다는 것이다”라 하였다. 이에 의하면 목영은 선자에게 상중에 있다면 이마를 조아려야 하고, 길배(吉拜)라면 숙배를 해야 하며 머리를 조아리지 않아야 하므로 「소의」편의 공영달의 주석에서는 “『좌전』에 목영이 선자의 문에서 머리를 조아렸는데 선자에게 바라는 것이 있는 것으로 올바른 예가 아니다”라 하였다.

32 촉(屬): “囑”자와 같으며, 부탁한다는 뜻이다.

33 지(之): “시(是)”자의 뜻으로 쓰였다. 이는 대체로 양공이 조돈에게 그 아들을 잘 가르쳐 이끌라 한 것을 말한다.

宣子與諸大夫皆患穆嬴,	선자와 여러 대부들은 모두 목영을 걱정하고
且畏偪,[34]	또 핍박을 두려워하여
乃背先蔑而立靈公,	이에 선말을 저버리고 영공을 세워
以禦秦師.[35]	진나라 군사를 막았다.
箕鄭居守.	기정이 남아서 지켰다.
趙盾將中軍,	조돈은 중군의 장수가 되고
先克佐之;[36]	선극이 보좌하였다.
荀林父佐上軍;[37]	순림보가 상군의 좌가 되었으며,
先蔑將下軍,[38]	선말이 하군의 장수가 되었으며

---

34 「진세가」에서는 "조돈이 대부들과 함께 모두 목영을 근심하였으며 또한 죽일까 두려워하였다(且畏誅)"라 하였으니, 주(誅)자를 핍(偪)자로 풀이한 것이다. 희공 24년의 『전』에 "여생과 극예가 박해를 받을까 두려워하였다(呂·郤畏偪)"는 말이 나오는데 「진세가」에서는 "여생과 극예는 본래 문공의 편에 붙지 않아 문공이 즉위하자 죽일까 두려워하였다(呂省·郤芮本不附文公, 文公立, 恐誅)"라 하여 또한 주(誅)자를 핍(偪)자로 풀이하였다. 「조세가」에 "조돈은 이 일을 근심하였으며 그 종친과 대부들이 습격하여 주살할까 두려워하였다"라는 말이 있으니 두려워한 것은 목영의 도당이다.

35 「진세가」에서는 "이에 맞아들이려는 사람을 버리고 태자 이고를 세우니 곧 영공이다. 군사를 일으켜 진나라가 공자 옹을 보내는 것을 막았다"라 하였으니 『전』에서 "선말을 저버리고"라 한 것은 사실은 맞이하려던 공자 옹을 저버린 것이다. 선말은 맞아들여 세우려던 사신의 정사로 끝내 이 때문에 진나라로 달아났으므로 "선말을 저버렸다"고 한 것이다. 이때 선말은 이미 돌아와 있었으므로 하장군이 될 수 있었다.

36 선극(先克): 두예는 "극은 선차거(先且居)의 아들로 호역고를 대신하였다"라 하였다.

37 상장군은 기정인데 이미 남아서 지켰으므로 좌(佐)가 혼자 갔다.

38 선말은 이때 이미 진(晉)나라에 먼저 돌아왔으므로 하군장이 되었다. 그가 하군장이 된 것은 핍박을 받아 어쩔 수 없이 그랬을 따름이므로 영호의 전역(戰役)이 있은 그 다음 날 진(秦)나라로 달아났으며, 어쩌면 진나라와 교전을 않았을 수도 있다. 『곡량전』에서는 "싸움을 그만두고 진나라로 달아났으니 이것을 군대에서 도망간 것이라 하였다"라

先都佐之.	선도가 보좌하였다.
步招御戎,	보초가 융거의 어자가 되었고
戎津爲右.[39]	융진이 거우가 되었다.
及堇陰.[40]	근음에 이르자
宣子曰,	선자가 말하였다.
“我若受秦,	“우리가 진나라를 받아들이면
秦則賓也;[41]	진나라는 손님이며,
不受,	받아들이지 않으면
寇也.[42]	원수이다.

하였고, 『공양전』에서는 “이는 진(晉)나라의 선말(先眜)이다. 사람을 일컬은 것은 어째서인가? 폄하해서이다. 어찌하여 폄하하였는가? 바깥으로 달아나서이다. 바깥으로 달아났다는 것은 무엇인가? 군대의 바깥을 말한다”라 하여 두 『전』에서도 선말을 장군이라 하였다.

39 이곳의 어융(御戎)과 거우는 중군수의 어융과 거우일 것이다. 민공 2년의 『전』에서는 “호돌(狐突)이 융거의 어자가 되고 선우(先友)가 거우가 되었다”라 하였는데, 이때는 태자 신생(申生)이 공의 상군장의 어자, 거우를 대신하였다. 또한 “양여자양(梁餘子養)이 한이(罕夷)의 어자가 되고 선단목(先丹木)이 거우가 되었다”라 하였으니 한이는 하군장이고 양여자양과 선단목은 그 어자와 거우이다. 희공 8년의 『전』에서는 “진나라 이극(里克)이 군사를 거느렸으며 양유미(梁由靡)가 어자가 되고 괵석(虢射)이 거우가 되었다”라 하였으니, 이는 이극의 어자와 거우이다. 문공 11년의 『전』에서는 “후숙하(侯叔夏)가 장숙(莊叔)의 어자가 되고 면방생(緜房甥)이 거우가 되었다”라 하였으니, 이는 숙손득신의 어자와 거우이다. 12년 『전』에서는 “조돈이 중군장이 되고 범무휼이 융거의 어자가 되었다”라 하였으니, 이는 조돈의 융거이다. 곧 어(御)와 우(右)를 기록하여도 반드시 임금이 스스로 장수가 된 것은 아니었다.

40 근음(堇陰): 진나라 땅으로 지금의 산서성 임의현(臨猗縣) 동쪽에 있을 것이며, 영호(令狐)와 거리가 그리 멀지 않다.

41 호송해 오는 공자 옹(雍)을 받아들이면 진나라를 마땅히 빈례(賓禮)로 접대를 해야 한다는 말이다.

42 거절을 한다면 당연히 적과 원수로 보아야 한다는 것이다.

旣不受矣,	받아들이지 않기로 하고서는
而復緩師,	다시 군사를 늦춘다면
秦將生心.[43]	진나라는 다른 마음을 품을 것이다.
先人有奪人之心,[44]	기선을 제압하여 남의 전의를 빼앗아 버리는 것이
軍之善謀也.	군사를 내는 훌륭한 계책이다.
逐寇如追逃,	적을 쫓아냄을 도망자를 쫓듯이 하는 것이
軍之善政也."[45]	군사를 내는 훌륭한 정치이다."
訓卒,[46]	군사들을 훈계하고
利兵,[47]	병기에 날을 세웠으며
秣馬,	말에게 꼴을 먹이고
蓐食,[48]	든든히 밥을 먹이고

43 생심(生心): 무력을 동원하여 공자 옹을 강제로 입국시키려는 마음을 말한다.

44 선인(先人): 기선을 제압하는 것을 이른다. 기선을 제압하면 적의 전의를 빼앗을 수 있다.

45 유문기(劉文淇)의 『구주소증(舊注疏證)』에서는 "'先人有奪人之心'과 '逐寇如追逃'는 당연히 옛 『군지(軍志)』에서 나왔을 것이다"라 하였다.

46 훈졸(訓卒): 성공 18년 『전』의 "졸(보병)과 승(전차병)에게 훈계를 하다(訓卒乘)"와 같은 말이다. 여기서 승에 대하여서는 언급이 없는 것은 승도 그 안에 포함되어 있기 때문이다.

47 이병(利兵): 희공 33년 『전』의 "여병(厲兵)"과 같은 말이다. 숫돌에 가는 것을 려(厲)라 하고 날카롭게 하는 것을 리(利)라고 한다. 말하자면 숫돌에 가는 것은 방법이고 날카롭게 벼리는 것은 목적이지만 사실 뜻은 마찬가지이다.

48 욕식(蓐食): 전한(前漢) 말 양웅(揚雄)의 『방언(方言)』에서는 "욕은 두텁다(厚)는 뜻이다"라 하였다. 욕식은 후식(厚食)과 같은 말이다. 전쟁 전에는 반드시 군사들이 배불리 먹게 해야 한다. 전국시대 진(秦)나라 상앙(商鞅)의 『상군서·병수(商君書·兵守)』편에서는 "기력이 왕성한 남자들의 군대는 풍성하게 먹이고 병기를 갈아 늘어서서 적을 기다린

潛師夜起.	몰래 군사를 밤에 일으켰다.
戊子,	무자일에
敗秦師于令狐,	영호에서 진나라 군사를 물리치고
至于刳首.[49]	고수에 이르렀다.
己丑,[50]	기축일에
先蔑奔秦,	선말이 진나라로 달아났으며
士會從之.[51]	사회가 따랐다.
先蔑之使也,	선말이 사신으로 갈 때
荀林父止之,	순림보가 말리면서
曰,	말하였다.
"夫人, 大子猶在,	"부인과 태자가 아직 건재한데
而外求君,	밖에서 임금을 구하니

다. 기력이 왕성한 여자들의 군대는 풍성하게 먹이고 진채를 등지고 있다가 늘어서서 영을 기다린다"라 하였다. 『사기·항우본기(項羽本紀)』에 "항우가 크게 노하여 말하였다. '내일 아침에 사졸들을 잘 먹이고(饗士卒) 패공의 군대를 격파할 것이다'"라는 말이 있다. 홍양길과 유문기는 야식(夜食), 조식(早食)이라 하였는데 틀렸다.

49 고수(刳首): 『수경주』에서 감인(闞駰)의 말을 인용하여 "영호는 곧 의씨(猗氏)이며, 고수는 서쪽 30리 지점에 있다"라 하였으니 고수는 황하의 동쪽 진나라의 경계에 있을 것이며, 지금의 임의현(臨猗縣) 서쪽 45리 임진현(臨晉縣) 폐치(廢治)가 있는 곳일 것이다. 『청일통지(淸一統志)』에서는 지금의 섬서성 합양현(合陽縣) 동남쪽에 있다고 하였는데, 진(晉)나라 군사들은 황하를 건너 진나라 병사들을 추격한 적이 없을 것이므로 틀린 것 같다.

50 기축(己丑): 4월 2일이다.

51 두예는 "고수(刳首)에서 도망간 것이다"라 하였다. 이로써 또한 선말이 본래 군중에 있었으나 진(秦)나라 군사가 패한 뒤에 달아났으니 선말이 진나라를 막은 적이 없음을 증명할 수 있다.

此必不行. 이는 필시 안 될 일이오.

子以疾辭, 그대는 병을 핑계로 사퇴함이

若何? 어떻겠소?

不然, 그렇지 않으면

將及.[52] 화가 미칠 것이오.

攝卿以往,[53] 경을 대신하여 보내도

可也, 될 것인데

何必子? 어찌 반드시 그대입니까?

同官爲寮, 같이 관직을 하는 사람을 동료라 하는데

吾嘗同寮,[54] 내 일찍이 동료였으니

敢不盡心乎?" 감히 마음을 다하지 않겠는가?"

弗聽. 그 말을 듣지 않았다.

爲賦板之三章,[55] 「판」의 3장을 읊어 주었는데도

---

52 두예는 "화가 곧 자신에게 미칠 것이다"라 하였다.

53 섭경(攝卿): 섭은 대리(代理)하다의 뜻. 은공 원년 『전』의 "즉위하였다라고 기록하지 않은 것은 섭정을 하였기 때문이다(不書卽位, 攝也)"와 희공 28년 『전』의 "사회가 임시로 거우를 맡았다(士會攝右)"와 같은 뜻이다. 섭경은 대부를 잠깐 경의 관직을 대신하게 함을 말한다.

54 동료(同寮): 희공 28년에 임보(林父)가 중항장(中行將)이었고, 선말이 좌항장이었기 때문에 동료(同寮)라고 하였다.

55 판(板): 『시경·대아(大雅)』의 한 편명이다. 3장에서는 "내 비록 직책은 다르나, 그대들은 동료일세. 내 그대들에게 계책 말하였으나, 내 말 귓전에서 흘리더군. 내 말 잘 들어야 할 것이니, 비웃지들 마시길. 옛 분들 말씀에, 나무꾼에게 일 물으라 하셨다네(我雖異

又弗聽.	또 그 말을 듣지 않았다.
及亡,	망명을 하게 되자
荀伯盡送其帑及器用財賄於秦,	순백이 그 처자와 기용 및 재물을 모두 진나라로 보내 주었다.
曰,	말하기를
"爲同寮故也."	"동료였기 때문이다"라 하였다.
士會在秦三年,	사회가 진나라에 있은 지 3년이 되도록
不見士伯.[56]	사백을 만나지 않았다.
其人曰,[57]	그 종자가 말하였다.
"能亡人於國,[58]	"함께 나라에서 망명을 할 수 있었는데
不能見於此,	이곳에서는 만날 수가 없으니
焉用之?"[59]	어째서 그렇게 하시는지요?"
士季曰,	사계가 말하였다.
"吾與之同罪,[60]	"내 그와 같은 죄를 지은 것이지

事, 及爾同寮. 我卽爾謀, 聽我囂囂. 我言維服, 勿以爲笑. 先民有言, 詢于芻蕘)"라 하였다. 동료 및 다른 사람들의 계책을 취하여 들으라는 뜻이다.

56 사백(士伯): 곧 선말이다.

57 기인(其人): 사회의 종자(從者)이다.

58 두예는 "그 사람과 함께 진나라에서 도망칠 수 있었다는 말이다"라 하였다.

59 두예는 "무엇 때문에 이렇게 하느냐?"라는 뜻이라 하였다.

60 동죄(同罪): 두예는 "함께 공자 옹을 맞아들이려는 죄를 지었다"라 하였다.

非義之也,	그를 의롭게 여긴 것은 아니니
將何見焉?"[61]	무엇 때문에 그를 만나려 하겠는가?"
及歸,	돌아갈 때까지
遂不見.[62]	끝내 만나지 못하였다.

狄侵我西鄙,	적나라가 우리나라 서쪽 변경을 쳐들어와서
公使告於晉.	공이 진나라에 알리게 하였다.
趙宣子使因賈季問酆舒,[63]	조선자가 가계를 통하여 풍서에게 문안하고
且讓之.[64]	또한 꾸짖었다.
酆舒問於賈季曰,	풍서가 가계에게 묻기를
"趙衰, 趙盾孰賢?"	"조최와 조돈은 누가 현명한가?" 라 하니
對曰,	대답하여 말하였다.
"趙衰,	"조최는

61 사회는 평소에 선말의 사람됨을 의롭게 보지 않았다.

62 사회는 13년에 돌아가게 되니 『전』에서는 뒤의 일을 좇아서 말하였다.

63 선공 15년 『전』의 "풍서가 정치를 하였다(酆舒爲政)"라 한 말에 의거하였다. 풍서는 적나라 재상일 것이며, 적나라는 적적(赤狄) 노씨(潞氏)이다.

64 노나라를 침공한 것을 꾸짖은 것이다.

冬日之日也; 겨울날의 해이옵고

趙盾, 조돈은

夏日之日也."[65] 여름날의 해입니다."

秋八月, 가을 8월에

齊侯, 宋公, 衛侯, 陳侯, 鄭伯, 許男, 曹伯會晉趙盾盟于扈,
제후와 송공, 위후, 진후, 정백, 허남, 조백이 호에서 진나라 조돈과 회합하였는데

晉侯立故也.[66] 진후가 즉위했기 때문이다.

公後至, 공이 나중에 이르러

故不書所會.[67] 회합한 나라를 기록하지 않았다.

凡會諸侯, 무릇 제후가 회합을 하였는데

不書所會, 회합한 나라를 기록하지 않은 것은

後也.[68] 늦었기 때문이다.

後至, 나중에 이르러

65 두예는 "겨울 해는 사랑스럽고, 여름 해는 두렵다"라 하였다.

66 「진세가」에서는 "가을에 제나라와 송·위·정·조·허나라의 임금이 모두 조돈을 만나 호에서 맹약을 하였는데, 이는 영공이 갓 즉위하였기 때문이다"라 하였다.

67 불서소회(不書所會): 여러 나라 및 경·대부를 갖추어 열거하지 않은 것을 가리킨다.

68 성공 16년 사수(沙隨)의 회합 때는 공이 나중에 이르렀지만 회합한 제후 및 경·대부를 그대로 기록하였는데, 이때는 그 허물이 공에 있지 않았기 때문에 이 예에 들지 않는다.

不書其國,	그 나라를 기록하지 않는 것은
辟不敏也.[69]	상세하지 못함을 기피해서이다.
穆伯娶于莒,[70]	목백이 거나라에서 아내를 맞았는데
曰戴己,	대기라 하였으며
生文伯;	문백을 낳았다.
其娣聲己生惠叔.[71]	여동생 성기는 혜숙을 낳았다.
戴己卒,	대기가 죽자
又聘於莒,	또 거나라를 찾아갔는데
莒人以聲己辭,[72]	거나라 사람이 성기를 이유로 사절하니
則爲襄仲聘焉.[73]	양중을 위해 그곳을 찾아갔다.
冬,	겨울에

---

69 고염무(顧炎武)의 『보정(補正)』에서는 "공이 회합에 미치지 못하였으니 반위(班位)의 차서를 알지 못하므로 여러 나라를 기록하지 않아 불민함을 피하였다"라 하였다. 희공 23년 『전』에도 이 말이 나오는데 두예는 "민은 상세하다는 뜻이다"라 하였으며, 이 두 가지 뜻은 같다.

70 목백(穆伯): 공손오(公孫敖)로 원년의 『경』과 『주』에 보인다.

71 대기·성기(戴己·聲己): 대와 성은 모두 시호로 춘추시대 때는 경의 부인에게도 시호가 있었다.
문백·혜숙(文伯·惠叔): 또한 모두 원년의 『경』과 『주』에 보인다.

72 성기가 당연히 후실을 이어야 하므로 달리 찾아올 필요가 없다는 말이다.

73 양중(襄仲): 곧 공자 수(遂)로 공손오의 형제(昆弟)이다. 희공 26년의 『경』과 『주』에 상세히 보인다.

徐伐莒,	서나라가 거나라를 치니
莒人來請盟,[74]	거나라 사람이 와서 맹약을 청하여
穆伯如莒涖盟,	목백이 거나라로 가서 맹약에 임하고
且爲仲逆.[75]	또한 양중을 위해 여자를 맞이하였다.
及鄢陵,[76]	언릉에 이르러
登城見之,	성에 올라 만나 보니
美,	아름다워
自爲娶之.	자기가 맞이하였다.
仲請攻之,	양중이 공격할 것을 청하여
公將許之.	공이 허락하여 하였다.
叔仲惠伯諫,[77]	숙중혜백이 간하여
曰,	말하였다.
"臣聞之,	"신이 듣건대

74 두예는 "토벌을 당하여 맹약을 맺고 구원을 청하려 하였다"라 하였다.

75 위중역(爲仲逆): 중(仲)은 양중이다. 자만 말한 것이다. 그를 위하여 거나라의 여자를 맞아 오는 것이다.

76 언릉(鄢陵): 거나라의 읍이다. 고동고(顧棟高)의 『대사표(大事表)』에 의하면 지금의 산동성 임목현(臨沐縣) 경계에 있을 것이며, 성공 16년 정나라 땅 언릉과는 다른 곳이다.

77 숙중혜백(叔仲惠伯): 『예기·단궁(檀弓)』편의 공영달의 소(疏)에서는 『세본(世本)』을 인용하여 "환공(桓公)은 희숙아(僖叔牙)를 낳았고, 숙아는 무중휴(武仲休)를 낳았으며, 휴는 혜백팽(惠伯彭)을 낳았고, 팽은 피(皮)를 낳았는데 숙중씨이다"라 하였다. 두예는 "혜백은 숙아의 손자이다"라 하였다.

'兵作於內爲亂,	'전쟁이 나라 안에서 일어나면 난이고
於外爲寇.	밖에서 일어나면 구라 한다.
寇猶及人,[78]	구는 (화가) 남에게 미치지만
亂自及也.'[79]	난은 자기에게 미친다'라 하였습니다.
今臣作亂而君不禁,	지금 신하가 난을 일으킴에 임금이 금하지 않아
以啓寇讎,[80]	외구에게 길을 열어 주면
若之何?"	이를 어찌하시겠습니까?"
公止之.[81]	공이 그만두게 하였다.
惠伯成之,[82]	혜백이 화해를 하고
使仲舍之,[83]	양중더러 포기하라고 하니
公孫敖反之,[84]	공손오가 되돌려 보내어
復爲兄弟如初.	다시 형제가 처음처럼 되었다.

78 외구(外寇)가 쳐들어오면 쌍방 간에 모두 사상자가 남을 면치 못하므로 화가 남에게 미친다라고 하였다.

79 내란이 일어나면 사상자가 모두 일가의 사람임을 말한다.

80 나라에 내란이 일어나면 반드시 외구가 쳐들어올 마음을 먹게 한다는 것이다.

81 중수(仲遂)가 목백을 공격하는 것을 그만두게 한 것이다.

82 성(成): 화해(和解)를 뜻한다. 서로 원망하지 않게끔 하는 것이다.

83 사(舍): 거나라 여인을 아내로 맞아들이는 것을 포기하는 것이다.

84 거나라 여인을 거나라로 돌려보내게 한 것이다.

從之.[85]	두 사람은 그를 좇았다.
晉郤缺言於趙宣子曰,[86]	진나라 극결이 조선자에게 말하였다.
"日衛不睦,[87]	"지난날 위나라는 화목하지 못하여
故取其地.[88]	그 땅을 차지하였습니다.
今已睦矣,[89]	지금은 이미 화목하여졌으니
可以歸之.[90]	돌려줄 만합니다.
叛而不討,	배반을 하였는데 치지 않으면
何以示威?	어떻게 위엄을 보이겠습니까?
服而不柔,[91]	복종을 하였는데 회유하지 않으면
何以示懷?[92]	어떻게 관심을 보이겠습니까?

---

85 두예는 "이듬해에 공손오가 거나라로 달아나는 『전』의 배경이다"라 하였다.

86 극결(郤缺): 희공 33년의 『전』에 보인다.

87 일(日): 왕일(往日), 지난날.
불목(不睦): 나와 화목하자 않는 자, 곧 진나라에 복종하지 않은 것을 말한다. 희공 22년의 『전』의 "불목(不睦)"과 용법이 같다.

88 위나라가 진나라에 조회를 하지 않아 진나라가 위나라 땅을 점령하였다. 원년의 『전』에 보인다.

89 이목(已睦): 이미 귀복(歸服)하였음을 말한다.

90 그 침략한 땅을 돌려주는 것을 말한다.

91 유(柔): 회유하다. 『서경·순전(書經·舜典)』의 "먼 곳은 회유하고 가까운 곳은 도와준다(柔遠能爾)"는 것과 뜻이 같다.

92 시회(示懷): 은혜를 보여주다, 은혜를 베풀다의 뜻이다. 『여씨춘추·음률(音律)』편에 "멀리 있는 나라를 회유한다(以懷遠方)"라는 말이 있는데, 주석에서는 "회는 회유하다이다(懷, 柔也)"라 하였다. 시위와 시회는 상대되는 개념이다.

非威非懷,[93]	위엄을 보이지 않고 관심을 보이지 않으면
何以示德?	어떻게 덕을 보이겠습니까?
無德,	덕이 없으면
何以主盟?	어떻게 맹약을 주재하겠습니까?
子爲正卿,	그대는 정경이니
以主諸侯,[94]	제후의 일을 주재하면서
而不務德,	덕에 힘쓰지 않는다면
將若之何?	장차 그 일을 어찌하겠습니까?
夏書曰,	「하서」에서는 말하기를
'戒之用休,[95]	'아름다운 말로 훈계하고
董之用威,[96]	위엄으로 독려하며
勸之以九歌,[97]	「구가」를 가지고 권장하여

---

93 비(非): "아니 불(不)"자의 뜻으로 쓰였다.

94 「연표(年表)」에서는 "진영공 이고(夷皐) 원년에 조돈이 정사를 마음대로 하였다"라 하였다. 진나라는 패주가 되고 조돈이 정사를 마음대로 하였기 때문에 이렇게 말하였다.

95 휴(休): 미(美), 희(喜), 경(慶)의 뜻.
계(戒): 계(誡)와 같은 뜻. 『옥편(玉篇)』에서는 "명하다, 일러주다(命也, 告也)"의 뜻이라 하였다. 이 구절의 뜻은 경사롭고 기쁜 명으로 일러 줌을 말한다.

96 동(董): 독려하다. 위엄 있는 형벌로 독려하여 다스리는 것.

97 구가(九歌): 전국시대 초(楚)나라 굴원(屈原)의 「이소(離騷)」에서는 "계는 「구변」과 「구가」를 지었다(啓九辯與九歌)"라 하였고 「천문(天問)」에서도 "계는 꿈에 하늘의 손님이 되어, 「구변」과 「구가」를 지었다네(啓棘賓商, 九辯與九歌)"라 하였으니, 「구가」는 하나라 임금 계의 노래이다. 다음 문장을 보면 「구가」의 내용이 "구공의 덕"이니 계의 「구가」 또한 이와 같은 내용이 아닌지 모르겠다.

勿使壞.'[98]	그르치지 않도록 하십시오.'
九功之德皆可歌也,	구공의 덕을 모두 노래할 수 있는 것을
謂之九歌.[99]	「구가」라고 합니다.
六府, 三事,	육부와 삼사를
謂之九功.	구공이라고 합니다.
水, 火, 金, 木, 土, 穀,	수, 화, 목, 금, 토, 곡을
謂之六府;	육부라고 하며
正德, 利用, 厚生,	덕을 바로 하고 쓰기에 이로우며 백성을 두터이 해주는 것을
謂之三事.[100]	삼사라 합니다.
義而行之,[101]	도의에 맞게 행하는 것을
謂之德, 禮.[102]	덕과 예라고 합니다.
無禮不樂,[103]	예의가 없고 노래할 것이 없으면

98 이상은 「우서(虞書)」의 말로 『서경』 위고문의 작자가 채록하여 다음의 극결(郤缺)이 해석한 말과 함께 『대우모(大禹謨)』편에 열입시켰다.

99 극결이 「구가」의 뜻을 해석한 것이다.

100 이상은 육부(六府)와 삼사(三事)의 뜻을 해석한 것이다.
성공 16년의 『전』에서는 신숙시(申叔時)의 말을 서술하여 "민생이 두터워지면 덕이 바르게 된다"라 하였고, 양공 28년의 『전』에서는 안영(晏嬰)의 말을 서술하여 "대체로 민생이 두터워지고 쓰임이 이로워지면 이에 덕이 바르게 되어 그것을 넓힌다"라 하였으니, "정덕, 이용, 후생" 세 가지는 비록 다르기는 해도 서로 관련이 있다.

101 행지(行之): 육부와 삼사를 행하는 것이다.

102 덕이라고도 하고, 또한 예라고도 한다. 덕과 예는 두 가지 개념이다.

103 무례(無禮): 덕이 없는 것. 여기서는 다만 "예"만 말하였다.

所由叛也.	반란이 생겨납니다.
若吾子之德,[104]	그대의 덕을
莫可歌也,	아무도 노래하지 않는다면
其誰來之?[105]	그 누가 오려 하겠습니까?
盍使睦者歌吾子乎?"	어찌 화목한 사람들로 하여금 그대를 노래하지 않게 하십니까?"
宣子說之.[106]	선자가 그 말에 기뻐하였다.

문공 8년

經

八年春王正月.[1]	8년 봄 주력으로 정월이다.
夏四月.	여름 4월이다.
秋八月戊申,[2]	가을 8월 무신일에

불악(不樂): "樂"은 음악이라는 뜻도 되고 쾌락이라는 뜻도 된다. 가(歌)는 음악이며, 불악(不樂)이라는 것은 노래할 만한 것이 없다는 말과 같다. 패주를 노래할 것이 없다면 정치가 포악하고 멋대로 행하여 또한 노래할 만한 것이 없다는 것이다.

104 덕만 말하였다. 덕이 곧 예임을 알 수 있다.

105 래(來): 두예는 귀(歸)자와 같다고 하였다. 귀의하여 오다.

106 이 단락은 다음 해의 『전』 "晉侯使解揚歸匡, 戚之田于衛"와 이어서 읽어야 한다.

1 팔년(八年): 임인년 B.C. 619년으로 주양왕(周襄王) 34년이다. 정월 초10일 계해일이 동지로, 건자(建子)이다.

2 무신(戊申)일은 28일이다.

天王崩.[3]	주나라 천자께서 붕어하셨다.
冬十月壬午,[4]	겨울 10월 임오일에
公子遂會晉趙盾盟于衡雍.[5]	공자 수가 형옹에서 진나라 조돈을 만나 맹약을 맺었다.
乙酉,[6]	을유일에
公子遂會雒戎盟于暴.[7]	공자 수가 포에서 낙융을 만나 맹약을 맺었다.
公孫敖如京師,	공손오가 경사로 갔는데
不至而復.[8]	이르지도 않아 돌아왔다.
丙戌,[9]	병술일에
奔莒.[10]	거나라로 달아났다.

---

3 「연표」에서는 양왕 33년에 붕어하였다 하였고, 「주본기」에서는 "32년에 양왕이 붕어하였다"라 하였는데, 실제로는 양왕은 즉위 34년에 죽었다.

4 임오(壬午)일은 3일이다.

5 형옹(衡雍): 희공 28년의 『전』과 『주』를 보라.

6 을유(乙酉)일은 6일이다.

7 낙융(雒戎): 『공양전』에는 "이락융(伊雒戎)"으로 되어 있고, 가나자와 문고본(金澤文庫本)에는 "이락지융(伊雒之戎)"으로 되어 있다. 『석문(釋文)』에서는 "본래 '이락지융(伊雒之戎)'으로 되어 있었을 것인데, 이 후로 사람들이 함부로 『전』의 문장을 가져다가 첨가하였다"라 하였다. 낙융은 희공 11년의 『전』과 『주』에 상세하다.
포(暴): 곧 성공 15년의 『전』에 나오는 포수(暴隧)로 본래는 주나라 왕실 포신공(暴辛公)의 채읍지였는데 나중에 정나라로 들어갔으며, 지금의 하남성 원양현(原陽縣) 서쪽 옛 원무현(原武縣)의 경계에 있을 것이다. 형옹과 포는 서로 간에 거리가 멀지 않아 공자 수가 진나라와 회맹을 한 후에 다시 낙융과 회맹을 할 수 있었다.

8 『공양전』에는 "不至復"으로 되어 있어 "而"자가 없다. 당나라 육순(陸淳)의 『찬례(纂例)』에서는 "환이라는 것은 일을 마친 것이고, 복이라는 것은 마치지 못한 것이다(還者, 事畢. 復者, 未畢)"라 하였다.

9 병술(丙戌)일은 7일이다.

螽.[11] 황충이 발생했다.

宋人殺其大夫司馬. 송나라 사람이 그 대부사마를 죽였다.

宋司城來奔.[12] 송나라 사성이 도망쳐 왔다.

傳

八年春, 8년 봄

晉侯使解揚歸匡, 戚之田于衛,[13] 진후가 해양으로 하여금 광과 척의 전지를 위나라에 돌려주게 하고

且復致公壻池之封,[14] 아울러 다시 공서지가 정한 땅을 돌려주었는데

---

10 공손오는 희공 15년에 군사를 거느렸으니 이미 성년이었을 것이고, 여기까지 또 27년이 지났으므로 나이 60에 가까웠을 것이다. 그러므로 6년 뒤에는 죽는다.

11 『전』이 없다. 두예는 "재해가 되어 기록하였다(爲災, 故書)"라 하였다. 나머지는 환공 5년의 『전』에 상세하다.

12 『춘추』에 대부는 관명을 기록하는데 이는 특이한 예이다.

13 해양(解揚): 『설원·봉사(奉使)』편에서는 "곽(霍) 사람 해양(解揚)의 자가 자호(子虎)여서 후세에서는 곽호(霍虎)라 하였다"라 하였다. 『통지·씨족략(氏族略) 3』에서는 "진나라 대부 해양은 해호(解狐)의 일족으로 그 선조는 해(解)를 식읍으로 하였다"라 하였다. 해양은 또한 선공 원년 및 15년의 『전』에도 보인다. 해는 곧 지금의 산서성 옛 해현(解縣: 해현은 지금은 이미 없어져 운성현(運城縣)과 합병되었다)이다.
광·척(匡·戚): 본래 위나라의 읍으로, 문공 원년의 『전』과 『주』에 상세하다.

14 공서지(公壻池): 『한비자·망징(亡徵)』편에 "임금의 사위(公壻)나 자손(公孫)이 백성들과 한 마을에 살면서 이웃에게 난폭하고 거만하게 굴면 그 나라는 망합니다"라 하였다. 공서는 국군(國君)의 사위인데, 두예는 이에 근거하였는지 "공서지는 진나라 임금의 사위이다"라 하였는데 사실은 그렇지 않다. 17년의 『전』에서는 "진나라 공삭이 정나라에서 화친을 맺었는데 조천과 공서지가 인질이 되었다"라 하였으니, 조천과 공서지는 두 사람

自申至於虎牢之境.[15] 신에서 호뢰의 경계에 이르렀다.

夏, 여름에

秦人伐晉, 진나라 사람이 진나라를 쳐서

取武城,[16] 무성을 차지하여

以報令狐之役.[17] 영호의 전역(戰役)을 앙갚음했다.

이다〔주준성(朱駿聲)은 "조천(趙穿)은 이름이 지(池)로 한 사람이다"라 하였는데 믿을 수 없다〕 또한 12년 『전』의 "조씨에게는 측실이 있는데 진나라 임금의 사위이다"라는 말에 의하면 조천은 실로 진나라 임금의 사위인데 오히려 공서(公壻)라 하지 않고 지(池)만 유독 "공서"라 하였는가? 공서 또한 씨(氏)이다. 『공자가어·칠십이제자해(七十二弟子解)』에 공조자(公祖玆)라는 인물이 있고, 『논어·헌문(憲問)』편에는 공백료(公伯寮)가 있는데, 공조와 공백을 씨로 삼을 수 있다면 공서는 어째서 씨로 삼을 수 없겠는가?

공서지봉(公壻池封): 공서지가 정한 경계라는 뜻이지 공서지를 봉한 채읍이라는 뜻이 아니다. 성공 14년의 『전』에 "허나라 사람은 숙신이 봉한 땅을 가지고 화평하였다(許人平以叔申之封)"라는 말이 나오는데 "숙신지봉"이라는 말은 정공 손신(孫申)이 정한 허나라 전지의 경계이다. 이 "공서지지봉"도 이와 같은 뜻이다.

15 곧 공서지가 정한 땅을 말한다. 신(申)은 두예는 "정나라 땅"이라 하였다. 『휘찬(彙纂)』에 의하면 지금의 하남성 공현(鞏縣) 동쪽과 형양(滎陽) 서쪽 사수(汜水)의 경계일 것이다. 호뢰는 지금의 사수 서북쪽 성고(成皐)의 옛 성으로 지금의 이름은 상가진(上街鎭)으로 또한 곧 사수공사(汜水公社)이다.

신에서 호뢰까지의 경계를 누구에게 주었느냐에 대해서는 예로부터 두 가지 설이 있다. 공영달은 복건(服虔)의 설을 인용하여 정(鄭)나라에게 주었다 하였고, 두예는 "모두 위나라에 돌려주었다"라 하였다. 심흠한(沈欽韓)의 『보주(補注)』에서는 "신과 호뢰는 모두 정나라 땅이다. 위나라는 제구(帝丘)에 국도를 두었는데 동군(東郡) 복양(濮陽)에 있으니, 어찌 그 경계가 호뢰에 이를 수 있겠는가? 『전』에서 위나라 땅을 돌려주었다고 하였으며 마침내 정나라를 아울러 언급하였다. 정나라를 말하지 않은 것은 신과 호뢰가 밝히기 쉽기 때문이다"라 하였다. 고염무와 홍양길은 이 설이 옳다고 하였다.

16 무성(武城): 진나라 읍으로 지금의 섬서성 화현(華縣) 동북쪽 17리 지점에 있을 것이다.

17 영호지역(令狐之役): 지난해에 있었다.

秋,	가을에
囊王崩.[18]	양왕이 붕어하였다.

晉人以扈之盟來討.[19]	진나라 사람이 호에서의 맹약 때문에 와서 토벌하였다.
冬,	겨울에
襄仲會晉趙孟盟于衡雍,	양중이 형옹에서 진나라 조맹을 만나 맹약을 맺었는데
報扈之盟也.[20]	호에서의 맹약을 보상한 것이다.
遂會伊雒之戎.	마침내 이락지융을 만났다.
書曰"公子遂",	"공자 수"라고 기록한 것은
珍之也.[21]	존중한 것이다.

18 두예는 "공손오가 주나라로 가서 조문하게 된 『전』의 배경이다"라 하였다.

19 지난해의 호에서의 맹약에 노문공이 나중에 이르렀다.

20 보(報): 보상(報償)이라는 말과 같다.

21 양중이 조돈을 만난 것은 필시 노문공의 명을 받든 것일 것이다. 그러나 이락지융에서의 회맹이 명을 받든 것인지 전단한 것인지는 이미 고찰할 수 없게 되었다. 두예는 "이락지융이 노나라를 치려 했을 때 공자 수가 미처 임금에게 복명을 하지 못하였으므로 알아서 그들과 맹약을 맺었다"라 하였는데, 무슨 근거로 그렇게 말했는지 모르겠으니 아마 억측일 것이다. 두예는 또한 "珍之"를 해석하여 "존귀하게 여긴 것이다. 대부가 국경을 나가서 사직을 편안하게 하고 나라를 이롭게 할 수 있는 것이 있으면 임의로 알아서 처리를 해도 괜찮다"라 하였는데, "대부가 국경을 나가서……" 한 것은 『공양전』 장공 19년에 나오는 말인데 『공양전』의 이 말을 여기에 적용하면 『좌전』의 본뜻에 부합하는지는 모르겠다.

穆伯如周弔喪,	목백이 주나라로 가서 조상하였는데
不至,[22]	이르지도 않아서
以幣奔莒,[23]	예물을 가지고 거나라로 달아나
從己氏焉.[24]	기씨를 찾아갔다.

宋襄夫人,	송양부인은
襄王之姊也.[25]	양왕의 자씨인데
昭公不禮焉.[26]	소공이 예우를 해주지 않았다.
夫人因戴氏之族,[27]	부인은 대씨의 일족을 이용하여
以殺襄公之孫孔叔, 公孫鍾離及大司馬公子卬,	양공의 손자 공숙과 공손종리 및 대사마 공자 앙을 죽였는데
皆昭公之黨也.	모두 소공의 무리였다.

---

22 주나라에 이르지 못한 것이다.

23 폐(幣): 목백이 가져간 조상(弔喪) 예물이다.

24 기씨(己氏): 본래는 양중(襄仲)이 불러온 사람으로 마침내 스스로 부인으로 삼았다가 얼마 후 돌려보낸 거나라 여자이다. 7년의 『전』에 상세하다.

25 『예기·단궁(檀弓) 상』에서는 "송나라 양공이 그 부인을 장사 지내는데 젓이 백 단지나 되었다"라 하였는데, 이는 송양공 부인은 송양공 생전에 죽었다는 말로, 이때는 송양공이 죽은 지가 이미 18년이나 되니 아마 계실(繼室)일 것이다.

26 송양공은 소공의 조부이니 그 부인은 소공의 조모가 된다.

27 두예의 주석에 의하면 송나라의 화씨(華氏)와 낙씨(樂氏), 황씨(皇氏)의 세 씨는 모두 대공의 후손이라 하였으니 대씨의 일족이다.

司馬握節以死,[28]	사마는 부절을 쥐고 죽었기 때문에
故書以官.	관직을 기록한 것이다.
司城蕩意諸來奔,[29]	사성 탕의제가 도망쳐 왔을 때
效節於府人而出.[30]	부절을 부인에게 바치고 나왔다.
公以其官逆之,[31]	공이 그의 관직대로 맞이하여
皆復之.[32]	모두 복구시켰다.
亦書以官,	또한 관직을 썼는데
皆貴之也.	모두 존중한 것이다.

28 절(節): 부절이다. 신의를 나타내는 데 쓰인다. 두예는 "부절을 쥐고 죽은 것은 명을 버리지 않았음을 나타낸다"라 하였다.

29 탕의제(蕩意諸): 두예는 "의제는 공자 탕(公子蕩)의 손자이다"라 하였다.

30 효(效): 바치다. 부절을 부인에게 돌려준 후에 달아난 것이다. 부인(府人)은 소공 18년 및 32년의 『전』에 보인다. 『주례』에는 대부(大府)·내부(內府)·외부(外府)·왕부(王府)·천부(天府)·천부(泉府)의 여러 관직이 있다. 청나라 호광충(胡匡衷)은 『의례석관(儀禮釋官)』에서 "춘추시대의 여러 나라에는 부인은 있었으나 대부니 왕부, 내부, 외부와 같은 관직은 없었으니 제후의 부인이 그런 여러 관직을 겸하였음을 알 수 있다"라 하였다.

31 소공(昭公) 7년의 『전』에 정나라 한삭(罕朔)이 진(晉)나라로 달아나자 진나라 한기(韓起)가 자산(子產)에게 한삭을 어떻게 하여야 할지 물어보았다. 자산은 "경이 다른 나라로 가면 대부의 직위를 따르고 죄인은 그 죄에 따라 강등되는 것이 옛날의 법이다. ……"라는 말이 나오니 달아나 망명한 신하를 받아들이면 원래의 관직에 의거하여 직위를 낮추어서 안치하였다. 그런데 이번에 노문공은 탕의제에 대하여 그렇게 하지 않고 그가 원래 가지고 있던 관위에 의거하여 대우해 주었다.

32 『전』에서 "모두(皆)"라고 하였으니 한 사람에 그치지 않을 것이므로 두예는 "사성의 관속이 모두 도망 왔기 때문에 모두 (원래의 관위를) 회복시켰다"라 하였다. 이 "모두 회복시켰다(皆復之)"는 노문공이 의제를 따른 관속들을 모두 원래의 관위대로 대우해 준 것을 말하며 11년 『전』의 "양중이 송나라에 가서 빙문하고 또한 사성 탕의제를 말하여 회복시켰다"라 한 것은 별개의 일일 것인데 두예는 하나의 일로 혼동하여 여기서 "송나라에 청하여 회복시켜 주었다"라 하였으니 파헤치면 문의가 명확하지 않게 된다.

夷之蒐,[33]	이의 군사훈련에서
晉侯將登箕鄭父, 先都,[34]	진후가 기정보와 선도의 품계를 올려 주고
而使士縠, 梁益耳將中軍.[35]	사의와 양익이로 하여금 중군장을 맡기려 하였다.
先克曰,	선극이 말하였다.
"狐, 趙之勳,	"호언과 조최의 공훈은
不可廢也."[36]	폐할 수 없습니다."

---

33 이지수(夷之蒐): 문공 6년에 있었다.

34 등(登): 승진과 같은 뜻이다. 희공 31년 청원의 군사훈련에서 기정보는 신상군(新上軍)의 좌(佐)였고 선도는 신하군의 좌였는데, 승진시켜 주고자 하였으나 또한 중군장은 아니었기 때문에 두예는 "상군으로 올려 주었다"라 하였다. 그렇다면 7년 영호의 전역(戰役) 때 여러 장군의 좌를 서술할 때 기정은 이미 신상군좌였고 선도는 하군 좌였다. 기정은 여전히 원한이 있는 자로 공영달은 "기정은 비록 물러나지 않게 되었지만 호역고가 달아났을 때 기정의 위차는 중군좌였으며, 선극이 호역고의 자리를 대신하였고 기정은 옛 관직을 그대로 지키고 있었는데, 아마 이 때문에 원망한 것 같다"라고 하였다. 유문기의 『구주소증(舊注疏證)』에서는 "선극이 기정과 선도를 물릴 것을 청한 것은 『전』에는 그 설이 없으며, 혹 이의 군사훈련 때 기정이 아직 상군장이 아니어서 영호의 전역(戰役) 때 이에 승진을 시켰는데 『전』에 갖추지 않았을 것이다"라 하였다. 두 설은 모두 추측한 말로 누가 옳은지 아니면 모두 옳지 않은지 상세하지 않다.

35 사곡(士縠): 본래 사공이었다.
양익이(梁益耳): 『후한서·양통전(梁統傳)』에 "양통은 자가 중녕(仲寧)으로 안정(安定) 오씨(烏氏) 사람인데 진나라 대부 양익이가 그 선조이다"라는 말이 있다. 주석에서는 『동관한기(東觀漢記)』를 인용하여 "그 선조는 진(秦)나라와 같은 조상으로 백익(伯益)에게서 나왔으며 따로 양(梁)에 봉하여졌다"라 하였다. 청나라 양이승(梁履繩)의 『좌통보석(左通補釋)』(이하 『보석(補釋)』)에서는 "진(晉)나라에는 양씨가 있는데, 환공 3년에는 양홍(梁弘)이 있고, 장공 28년에는 양오(梁五)가 있으며, 희공 33년에는 양홍(梁弘: 다른 사람으로 같은 일족이 아닌 것 같다)이 있고, 소공 3년에는 양병(梁丙)이 있으며, 정공 13년에는 양영보(梁嬰父)가 있으니 특별히 그 세계를 모르겠다"라 하였다. 사곡과 양익이를 중군장으로 삼았다는 것은 사곡을 중군장으로 삼고 양익이를 좌로 삼은 것이다. 좌 또한 군사를 통솔하는 사람이므로 모두 장(將)이라 한 것이다.

從之.[37] 이에 따랐다.

先克奪蒯得田於菫陰.[38] 선극이 근음에서 괴득의 전지를 빼앗았다.

故箕鄭父, 先都, 士穀, 梁益耳, 蒯得作亂.[39] 그리하여 기정보와 선도, 사곡, 양익이, 괴득이 난을 일으켰다.

문공 9년

經

九年春,[1] 9년 봄에

毛伯來求金.[2] 모백이 와서 금을 요구하였다.

---

36 두예는 "호언과 조최는 (진문공이) 망명할 때 따라다닌 공로가 있다"라 하였다.

37 이의 군사훈련에서 호역고를 중군장으로 삼고 조돈을 좌로 삼은 것이다.

38 선극은 당시 중군좌였으며 7년 영호의 전역(戰役) 때 진나라 군사들이 먼저 근음에 있었기 때문에 두예는 "군사를 동원하여 그 전지를 빼앗았다"라 하였는데, 이 또한 다만 추측하여 말한 것 같다.

39 이 장은 이듬해의『전』"봄 주역으로 정월 기유일에 자객을 시켜 선극을 죽였다"와 이어서 읽어야 한다.

1 구년(九年): 계묘년 B.C. 618년으로 주경왕(周頃王) 원년이다. 정월 21일 무진일이 동지로, 건자(建子)이다. 윤달이 있다.

2 두예는 "금을 요구하여 장사를 치르는데 대려고 한 것이다. 해가 지났지만 장례를 치르지 못했으므로 왕이 시켜서(王使)라 일컫지 않은 것이다"라 하였다. 주나라 천자가 노나라에 무엇을 요구한 것은 세 차례인데 이번 및 은공 3년의 "무씨의 아들이 와서 부의를 요구하였다(武氏子來求賻)"라 한 곳에는 모두 "왕이 시켰다(王使)"라 기록하지 않았으며 환공 15년에 수레를 요구할 때만 "주나라 왕이 가보를 보내와 수레를 구하였다(天王使家

夫人姜氏如齊.[3]	부인 강씨가 제나라로 갔다.
二月,	2월에
叔孫得臣如京師.	숙손득신이 경사로 갔다.
辛丑,[4]	신축일에
葬襄王.[5]	양왕을 장사 지냈다.

父來求車)"라 하였으니 "왕이 시켰다"고 하지 않은 것은 실로 『전』에서 말한 "아직 장례를 치르지 않아서"와 같다. 금을 요구하였다는 것은 부의를 요구한 것으로 이미 은공 3년의 『경』과 『전』에 보인다. 송나라 고항(高閌)의 『춘추집주(春秋集注)』에서는 "공손오가 경사에 이르지 못하게 되어 노나라는 마침내 천자의 상을 당하여 부의를 내지 못하였으므로 모백이 이에 와서 금을 요구한 것이다"라 하였다.

3 『전』이 없다. 두예는 "귀녕(歸寧: 부모를 뵙기 위해 친정에 간 것)"이라 하였다. 출강(出姜)이 제나라 소공의 딸이므로 부모가 계시어 귀녕한 것이다. 제나라 소공은 환공의 아들인데, 환공은 희공 17년에 죽었으니 노나라 문공이 즉위한 해와는 18년이나 되므로, 문공이 그 딸을 아내로 삼는 것은 아주 타당한 일이다.

4 신축(辛丑)일은 24일이다.

5 『춘추』에는 주나라 왕을 장사 지낸 일이 다섯 번 나온다. 양왕과 경왕(景王)의 경우에만 경(卿)에게 장례 때 가보라고 기록하였고 다른 왕 때는 기록하지 않았으니, 역사에 빠진 것이 있거나 참석한 사람이 없을 것이다. 송나라 조붕비(趙鵬飛)는 『춘추경전(春秋經筌)』에서 "신분이 낮은 사람〔微者〕을 보내어 가게 했을 것이다"라 하였는데, 모두 이미 알 수가 없다. 그러나 고대의 예법에 의하면 천자가 죽으면 제후는 상에 달려가 장례에 참석을 하였다. 『서경·고명(顧命)』편에서는 성왕(成王)의 장례를 서술하여 "태보(大保)가 서방의 제후를 이끌고 응문(應門)의 왼쪽으로 들어갔고, 필공(畢公)은 동방의 제후를 이끌고 응문의 오른쪽으로 들어갔다"라 하였으니, 주나라 초기에는 천자가 상을 당하면 제후들이 모두 이르렀다. 은공 2년의 『전』에서는 "천자는 죽은 후 7개월이 지나면 장례를 지내는데 수레의 궤폭이 같은 제후들은 모두 장례에 온다(天子七月而葬, 同軌畢至)"라 하였으니, 춘추시대까지만 해도 이런 예법이 남아 있었다. 소공 30년 『전』의 정나라 유길(游吉)은 "영왕(靈王)이 돌아가셨을 때 우리나라의 선군이신 간공(簡公)께서는 초나라에 계시어 우리 선대부였던 인단(印段)이 실로 갔었습니다. 우리나라의 소경이었지만 천자의 관리는 문책하지 않으셨고 나라에 없는 것을 걱정하여 주셨습니다"라 하였으니 정간공이 있었다면 당연히 직접 갔을 것이다. 이런 체제의 서술은 춘추시대 사람의 습관적인 것이다. 『춘추경』과 『전』을 가지고 고찰해 보면 주나라 왕이 상을 당하면 제후들이 상에 달려가거나 장례에 참석하는 일이 없었으므로 두예 또한 "천자가 상을 당하거나 장례를 치를 때 제후들은 으레 가지 않았다"고 하였다. 『예기·왕제(王制)』편의 공영달의 주석〔소(疏)〕에서

晉人殺其大夫先都.[6] | 진나라 사람이 그 대부 선도를 죽였다.

三月, | 3월에

夫人姜氏至自齊.[7] | 부인 강씨가 제나라에서 왔다.

晉人殺其大夫士穀及箕鄭父.[8] | 진나라 사람이 그 대부 사곡 및 정기보를 죽였다.

는 허신(許愼)의 『오경이의(五經異義)』를 인용하여 "『좌씨』에서는 왕이 상을 당하여 보낸 자가 이르면, 제후는 곡을 하고 까닭을 물은 후 마침내 참최(斬衰)의 상복을 입고 상경으로 하여금 조문케 하고, 상경으로 하여금 장례에 참석케 한다. 『경』에서는 '숙손득신이 경사로 가서 양왕의 장례에 참석하였다'라 기록하였는데 예의에 맞다 하겠다"라 하였고, 또한 『통전(通典)』에서는 또한 『오경이의(五經異義)』를 인용하여 "『좌씨』의 설은 제후와 변경을 지키는 신하는 그 봉읍지를 지키는 일을 버려둘 수 없어 천리 안에 있는 제후는 문상을 하러가고 천리 바깥에 있는 제후는 달려가지 않는데, 사방을 비워 둘 수 없으므로 대부를 보내는 것이다"라 하였다. 이른바 『좌씨』의 설이라는 것 또한 다만 후세의 유자들이 『좌씨』를 말한 것으로 반드시 『좌씨』의 본의와 부합하지는 않는다.

6 『전』에는 정월 18일에 있는데 『경』에는 2월에 있어서, 두예는 "부고장이 온 것을 따른 것"이라 하였는데 정확하지 않다. 아마 노나라는 주력(周曆)을 사용하고 진(晉)나라는 하력(夏曆)을 사용하였기 때문일 것이다.

7 『전』이 없다. 공영달의 소(疏)에서는 소씨(蘇氏)의 말을 인용하여 "부인이 귀녕하였는데 '이르렀다(至)'라고 쓴 것은 여기 뿐이다"라 하였다.

8 공영달은 가규(賈逵)의 말을 인용하여 "기정을 '및(及)'이라고 한 것은 주모자가 아니기 때문이다"라 하였는데, 가규는 『곡량전』의 뜻을 썼을 것이다. 『곡량전』에서는 "정보는 연루된(累) 것이다"라 하였는데, 주모자가 아님을 말한 것이다. 그러나 『좌씨』의 지난해에서는 분명히 "그리하여 기정보와 선도, 사곡, 양익이, 괴득이 난을 일으켰다"라 하여 분명히 기정보를 제일 먼저 들었으니 그의 피살이 연루되어서 그런 것이 아님이 매우 분명하다. 그러므로 두예는 이를 따르지 않고 "선도와 같은 죄를 지었다"라 하였다. "及"자의 유무는 올바른 예가 되지 않는다. 성공 8년에 "진나라가 대부 조동(趙同)과 조괄(趙括)을 죽였으며", 17년에는 "진나라가 대부 극기(郤錡)와 극주(郤犨), 극지(郤至)를 죽였고", 양공 10년에는 "도둑이 정나라 공자 비(公子騑)와 공자 발(公子發), 공손첩(公孫輒)을 죽였으며", 애공 4년에는 "채나라에서 대부 공손성(公孫姓)과 공손곽(公孫霍)을 죽였는데" 모두 "及"자가 없다. 『춘추』에서 두 사람을 죽였는데 "及"자를 쓴 경우는 희공 30년 "위나라가 대부 원훤(元咺) 및 공자 하(公子瑕)를 죽였다"라 한 것이 있는데, 공자 하는 원훤이 받들어 세운 임금이었으므로 "及"자를 말하지 않을 수 없었으며, 이외에는 이곳과 양공 23년의 "진

楚人伐鄭.[9]	초나라 사람이 정나라를 쳤다.
公子遂會晉人, 宋人, 衛人, 許人救鄭.	공자 수가 진나라 사람, 송나라 사람, 위나라 사람, 허나라 사람을 만나 정나라를 구원하였다.
夏,	여름에
狄侵齊.[10]	적나라가 제나라를 침략하였다.
秋八月,	가을 8월에
曹伯襄卒.[11]	조백양이 죽었다.
九月癸酉,[12]	9월 계유일에
地震.[13]	지진이 발생하였다.

나라가 대부 경호(慶虎) 및 경인(慶寅)을 죽였다"라 한두 곳밖에 없다. 『전』에서는 모두 말하지 않았으므로 두예는 "'及'이라 말한 것은 역사의 다른 말투이지 올바른 예는 없다"라 하였다. 기정을 기정보라 한 것은 희공 11년의 『경』과 『주』를 보라.

9 『전』에서는 "초자가 낭연에서 군사를 내어 정나라를 쳤다"라 하였으니 초나라 군사는 목왕(穆王)이 스스로 장수가 되었음을 알 수 있다. 두예는 "초자가 친히 정벌하지 않았으므로" "인(人)"이라 하였으니 틀렸다. 『춘추』에서는 선공 5년 이전에는 초자(楚子)를 초인(楚人)이라 많이 일컬었다.

10 『전』이 없다.

11 『전』이 없다. 『관채세가(管蔡世家)』에서는 "공공(共公) 양(襄)은 35년간 재위에 있었으며 공공이 죽자 아들은 문공(文公) 수(壽)가 즉위하였다"라 하였다.

12 9월에는 계유일이 없다.

13 『전』이 없다. 소공 13년의 『경』에서는 "8월 을미일에 지진이 발생하였다"라 하였는데, 『전』에서는 "8월 정유일에 남궁극(南宮極)에 지진이 발생하였다"라 하였으니, 을미일의 지진은 노나라에서 있었고 정유일은 을미일의 세 번째 되는 날이니 그 지진은 주나라에서 있었을 것이다. 『경』에서는 다만 "을미지진"이라고만 기록하고 정유일의 지진은 기록하지 않았으니 『춘추』에 기록한 지진은 모두 노나라를 중심으로 말한 것임을 알 수 있다.

冬,	겨울에
楚子使椒來聘.[14]	초자가 초로 하여금 내빙케 하였다.
秦人來歸僖公成風之襚.[15]	진나라 사람이 와서 희공과 성풍의 수의를 주었다.
葬曹共公.[16]	조공공을 장사 지냈다.

傳

九年春王正月己酉,[17]	봄 주역으로 정월 기유일에
使賊殺先克.[18]	자객을 시켜 선극을 죽였다.

---

14 초(椒): 『곡량전』에는 "추(萩)"로 되어 있는데 고음이 서로 가까워 통용할 수 있었다. 초나라 대부 초거(椒擧)를 『한서·고금인표(古今人表)』에서 추거(萩擧)라 한 것 같은 예가 있다. 초는 사람의 이름으로 성씨는 쓰지 않았는데 두예는 "사관이 글을 생략한 것"이라 하였다. 희공 28년의 『경』에서는 "초나라가 대부 득신(得臣)을 죽였다"라 하였고, 희공 21년의 『경』에서는 "초나라 사람이 의신(宜申)을 보내와서 포로를 바치게 하였다"라 하였고, 문공 10년의 『경』에서는 "초나라가 그 대부 의신(宜申)을 죽였다"라 하였다. 득신의 씨는 성이고, 의신의 씨는 투(鬭)인데 모두 이며 씨를 쓰지 않았으니 『춘추』에서는 초나라의 경대부는 성공 이전에는 거의 씨를 기록하지 않았다. 성공 2년 이후에야 비로소 씨와 명을 갖추어 기록하였다.

15 수(襚): 『설문』에는 "䘨"로 되어 있으며, "죽은 사람의 의피(衣被)를 주는 것을 세(䘨)라 한다"라 하였다. 희공과 성풍은 두 사람으로, 희공과 그 모친인 성풍이다. 성풍은 문공 4년에 죽었으며, 희공은 죽은 지 이미 10년이 되었는데 진(秦)나라 사람들은 이때가 되어서야 비로소 죽은 사람의 의피를 함께 바쳤다. 은공 원년의 『경』에 "주평왕의 사자 재훤이 와서 혜공과 중자의 상사(喪事)에 쓸 재물을 주었다(天王使宰咺來歸惠公, 仲子之賵)"라 하였는데, 문장의 예가 이와 같다. 『전』에서는 분명히 "혜공중자"가 두 사람이라 하였으니 이곳의 "희공성풍"도 두 사람임에 의심이 없다. 청나라 혜동(惠棟)의 『보주(補注)』에서는 "모친이 자식 때문에 귀해져서 『경』에서 '부인 풍씨'라 하였으며, 모친이 자식을 씨로 삼아서 이 『경』에서는 '희공성풍'이라 기록하였다"라 하여 "희공성풍"을 성풍 사람이라 하였는데, 틀렸다.

16 『전』이 없다.

17 기유(己酉)일은 2일이다.

乙丑,[19]	을축일에
晉人殺先都, 梁益耳.	진나라 사람이 선도와 양익이를 죽였다.

毛伯衛來求金,	모백위가 와서 금을 요구하였는데
非禮也.[20]	예의에 맞지 않다.
不書王命,	왕의 명이라고 기록하지 않은 것은
未葬也.	장례를 치르기 전이었기 때문이다.

二月,	2월에
莊叔如周葬囊王.	장숙이 주나라로 가서 양왕을 장사 지냈다.

三月甲戌,[21]	3월 갑술일에

---

18 지난해의 『전』 "故箕鄭父·先都·士縠·梁益耳·蒯得作亂"과 이어서 읽어야 한다. 그렇지 않으면 누가 "자객을 시켜 선극을 죽였는지" 주모자의 이름을 알 길이 없다.

19 을축(乙丑)일은 18일이다.

20 두예는 "천자는 사사로이 재물을 요구하지 않으므로 '예의에 맞지 않았다'고 한 것이다"라 하였다. 「연표」에서는 "왕이 위를 보내와서 금을 요구하여 장사 지내게 한 것은 예의에 맞지 않았다"라 하였다. 이미 『좌전』의 말을 썼으면서 또 "금을 요구한 것"을 양왕의 장사에 대기 위한 것이라 한 것은 사마천이 풀이한 뜻이다.

21 갑술(甲戌)일은 28일이다.

晉人殺箕鄭父, 士穀, 蒯得.[22]	진나라 사람이 기정보와 사곡, 괴득을 죽였다.
范山言於楚子曰,[23]	범산이 초자에게 말하였다.
"晉君少,	"진군은 어린 데다
不在諸侯,[24]	마음이 패제후에 없으니
北方可圖也."	북방을 도모할 만합니다."
楚子師于狼淵以伐鄭.[25]	초자가 낭연에서 군사를 내어 정나라를 쳤다.
囚公子堅, 公子尨及樂耳.[26]	공자 수와 공자 방 및 낙이를 사로잡았다.

22 진나라는 대부 다섯 명을 죽였는데 『경』에는 세 사람의 이름만 기록하였다. 양익이와 괴득을 기록하지 않은 것은 경이 아니기 때문이다. 7년 영호의 전역(戰役) 때 삼군장의 좌에 사곡이 없지만 진나라에서는 장수의 좌 외에도 따로 위차를 흩어 경을 딸렸는데 이를테면 희공 33년에 "일등의 품급으로 극결을 경에 명하였다(以一命命郤缺爲卿)" 하였으나 또한 군에 들어가지 않았다. 하물며 사곡의 관은 사공에 이르러 마땅히 경의 직위에 있어야 한다. 공영달은 "『전』에는 기정이 사곡의 앞에 있고, 『경』에는 사곡이 기정의 앞에 있는 것은 『경』은 죽인 전후대로 기록하여서이고 『전』에서는 위차의 서열대로해서이다. 『전』에는 괴득을 아래에 두었으니 위차대로 하였음을 알겠다"라 하였다.

23 범산(范山): 초나라 대부이다. 범은 초나라의 읍으로 10년 『전』에 "초나라 범의 무당 율사(楚范巫矞似)"라는 말이 있는데, 두예 "율사는 범읍의 무당"이라 한 것으로 증명할 수 있으니 범산은 읍을 씨로 삼은 것 같다.

24 그 심지가 패제후(霸諸侯)를 칭하는 데 있지 않음을 이른다.

25 낭연(狼淵): 지금의 하남성 허창시(許昌市) 서쪽에 있을 것이다. 송나라 악사(樂史)의 『태평환우기(太平寰宇記)』에는 낭구(狼溝)라 되어 있고, 『수경·이수주(水經·潩水注)』에는 낭피(狼陂)라 되어 있는데 "비탈〔陂〕은 남북이 20리, 동서가 10리이며 『춘추좌전』에서 초자가 정나라 군사를 낭연에서 쳤다라 한 곳이 이곳이다"라 하였다.

26 두예는 "세 사람은 정나라의 대부이다"라 하였다.

鄭及楚平. 정나라와 초나라가 강화를 맺었다.

公子遂會晉趙盾, 宋華耦, 衛孔達, 許大夫救鄭,[27] 공자 수가
진나라 조돈, 송나라 화우,
위나라 공달, 허나라 대부와 만나
정나라를 구원하였는데

不及楚師. 초나라 군사에 미치지 못하였다.

卿不書,[28] 경이라고 기록하지 않은 것은

緩也,[29] 늦어서

以懲不恪.[30] 신중하지 못함을 징계한 것이다.

夏, 여름에

楚侵陳, 초나라가 진나라를 침공하여

克壺丘,[31] 호구를 함락시켰는데

以其服於晉也.[32] 진나라에 복종하였기 때문이었다.

---

27 화우(華耦): 송나라 정공열(鄭公說)의 『춘추분기세보(春秋分紀世譜) 7』에 의하면 화어사(華御事: 문공 7년에 보임)는 아들을 둘 낳았는데 우(耦)와 원(元)이라고 하였다. 두예는 "화우는 화보독(華父督)의 증손자이다"라고 하였다.

28 『경』에 "晉人·宋人·衛人"이라고만 기록하고 조돈, 화우, 공달의 여러 경을 기록하지 않은 것을 말한다.

29 군사를 출정시킴이 늦어져서 정나라를 구원하는 일에 미치지 못하였기 때문이다.

30 불각(不恪): 각은 공경스럽다는 뜻이다. 불경은 일을 처리함에 엄숙하고 성실하지 못하여 이 때문에 군사를 출정시킴이 늦추어졌다는 것을 말한다.

31 호구(壺丘): 진나라의 읍으로 지금의 하남성 신채현(新蔡縣) 동남쪽에 있을 것이다.

秋,	가을에
楚公子朱自東夷伐陳,[33]	초나라 공자 주가 동이에서 진나라를 쳤는데
陳人敗之,	진나라 사람들이 물리치고
獲公子茷.[34]	공자 폐를 사로잡았다.
陳懼,	진나라가 두려워하여
乃及楚平.[35]	이에 초나라와 강화를 맺었다.

冬,	겨울에
楚子越椒來聘,[36]	초나라 자월초가 빙문하러 왔는데
執幣傲.	폐백을 잡을 때 오만하였다.

---

32 「연표」에서는 말하였다. "초목왕(楚穆王) 8년 정나라를 쳤는데 진나라에 복종하였기 때문이었다." 그러나 『전』에 의하면 초나라가 정나라를 친 것은 범산의 말 때문이며, 진(陳)나라를 친 것이 진(晉)나라에 복종하였기 때문이다. 사마천이 『전』의 뜻을 썼으나 소홀했거나 「연표」의 "정나라를 쳤다(伐鄭)"가 "진나라를 쳤다(伐晉)"의 잘못일 것이다.

33 공자 주(公子朱): 곧 3년 『전』의 식공(息公) 자주이다.

34 공자 폐(公子茷): "茷"의 음은 폐(吠)이며, 또한 패(貝), 벌(伐)이라는 음도 있다. 공자 폐는 초나라 공자일 것이다. 고염무(顧炎武)의 『보정(補正)』에서는 "성공 16년 언릉(鄢陵)의 전역(戰役)에서 초나라 공자 폐를 사로잡았는데, 이때와는 44년의 격차가 있으므로 다른 사람일 것이다"라 하였다.

35 두예는 "소국이 대국을 이겼으므로 두려워하여 강화를 청한 것이다"라 하였다.

36 자월초(子越椒): 두예는 "자월초는 영윤 자문(子文)의 조카(從子)이다"라 하였다. 자월초는 곧 투초(鬭椒)로 자는 자월(子越)이며 또한 자를 백분(伯棼)이라고도 하였는데, 자와 이름을 이어서 말하였으므로 자월초라 하였으며 선공 4년의 『전』으로 증명할 수 있다. 약오(若敖)는 투백비를 낳았으며, 백비는 영윤 자문 및 자량을 낳았는데, 초는 자량의 아들이다.

叔仲惠伯曰,	숙중혜백이 말하였다.
“是必滅若敖氏之宗.[37]	“이 사람은 필시 약오씨의 종족을 멸망시킬 것이다.
傲其先君,	그 선군에게 오만하게 굴었으니
神弗福也.”[38]	신령이 그들에게 복을 내리지 않을 것이다.”

秦人來歸僖公, 成風之襚,	진나라 사람이 와서 희공과 성풍의 수의를 주었는데
禮也.	예의에 합당하였다.
諸侯相弔賀也,	제후들이 서로 경하하고 조문함에
雖不當事,[39]	비록 제때에 맞추지 못하였어도
苟有禮焉,	실로 예에 합당하면
書也,	기록하였는데

37 종(宗)은 종족이다. 이 말의 뜻은 선공 4년『전』의 “약오씨의 귀신이 어찌 굶주리지 않겠는가!(若敖氏之鬼不其餒而)”라는 말과 같은 뜻이다.

38 두예는 “12년『전』에서 ‘선군의 보잘것없는 기물을 신분이 낮은 신하로 하여금 집사에게 바치게 하였다’라는 말이 있으니, 사명을 받든 사람이 모두 종묘에 아뢰는 것은 분명하다. 그러므로 ‘그 선군에게 오만하게 굴었다’라 하였다. 선공 4년 초나라가 약오씨를 멸망시키게 되는 복선이다”라 하였다.

39 부당사(不當事)는 불급시(不及時), 곧 제때에 맞추지 못한다는 말과 같다. 조문의 예법은 은공 원년에 의하면 상사에 쓸 물품은 장례에 미처 대야 하고 살아 있는 사람을 위문함에는 애도를 할 때 미처 행해야 하는데, 이때는 희공이 죽은 지 10년이 되었고 성풍이 죽은 지 6년이나 되었으므로 “제때에 맞추지 못하였다”고 한 것이다.

以無忘舊好.[40] 옛 우호를 잊지 않기 위함이다.

문공 10년

經

十年春王三月辛卯,[1] 10년 봄 주력으로 3월 신묘일에

臧孫辰卒.[2] 장손신이 죽었다.

夏, 여름에

秦伐晉. 진나라가 진나라를 쳤다.

楚殺其大夫宜申.[3] 초나라가 대부 의신을 죽였다.

自正月不雨, 정월부터 비가 내리지 않아

至于秋七月.[4] 가을 7월까지 이르렀다.

---

40 『예기·단궁(檀弓) 상』에 "(衛나라) 장군 문자(文子)가 죽고 이미 상을 끝난 뒤에 월나라 사람이 조문하러 왔다. 상주가 심의(深衣)에 연관(練官) 차림으로 사당에서 기다렸다가 눈물을 흘렸다. ……"는 기록이 있으니 상이 끝나도 조문을 오면 조문을 받는 예법이 예로부터 있었다.

1 십년(十年): 갑진년 B.C. 617년으로 주경왕(周頃王) 2년이다. 정월 초2일 계유일이 동지로, 건자(建子)이다. 신묘일은 3월 21일이다.

2 『전』이 없다. 장손신은 곧 장문중(臧文仲)으로, 장공 28년 경이 되어 제나라에 사신으로 나가 쌀을 살 것을 청하였으니 늙어서 죽었을 것이다. 그 아들 허(許)가 경을 이어받아 선숙(宣叔)이 되었다. 두예는 "공이 소렴(小斂)에 참석하였기 때문에 날짜를 기록하였다"라 하였다.

3 의신(宜申)은 씨족을 기록하지 않았는데, 지난해의 『경』과 『주』에 상세하다.

4 『전』이 없다. 두예는 "2년의 뜻과 같다"라 하였다.

及蘇子盟于女栗.[5] 소자와 여율에서 맹약하였다.

冬, 겨울에

狄侵宋.[6] 적나라가 송나라를 침공하였다.

楚子蔡侯次于厥貉.[7] 초자와 채후가 궐맥에 주둔하였다.

傳

十年春, 10년 봄에

晉人伐秦, 진나라 사람이 진나라를 쳐서

取少梁.[8] 소량을 차지하였다.

---

5 소자와 회맹한 사람이 누구인지 확실치 않으나 아마 노문공일 것이다. 두예는 "소자는 주나라의 경사(卿士)이다"라 하였다. 희공 10년 적(狄)나라가 온(溫)을 멸하였을 때 소자는 위나라로 달아났다. 이 소자가 더 이상 보이지 않는 것은 적이 그 채읍을 멸하기는 했어도 소씨는 실로 망하지 않았기 때문이며, 주나라 왕이 그의 후손들을 복위시켜 주었기 때문일 것이다. 여율은 어느 곳인지 확실치 않다.

6 『전』이 없다.

7 궐맥(厥貉): 『공양전』에는 "굴맥(屈貉)"으로 되어 있는데, 소공 11년 『좌씨』와 『경』의 "궐은(厥慭)"이 『공양전』에는 "굴은(屈銀)"으로 되어 있는 것과 같다. 『전』에 의하면 궐맥에 주둔한 사람으로는 진후와 정백이 더 있다. 『경』에는 기록하지 않은 것은 공영달이 유현(劉炫)의 말을 인용하여 "고문(告文)이 소략해서이다"라고 하였는데 이치상 그럴듯하다. 두예는 "송나라를 치려다가 실행을 하지 못하였으므로 '주둔하였다(次)'라고 기록하였다"라 하였다. 장공 3년 『전』에서는 "무릇 군대가 하루를 묵는 것을 사(舍)라 하고 이틀을 묵는 것을 신(信)이라 하며, 신을 넘게 되면 차(次)라고 한다"라 하였다. 궐맥은 지명으로 두예는 "궐(闕)"이라 하였으며, 『휘찬(彙纂)』의 설에 따르면 지금의 하남성 항성현(項城縣)의 경계에 있다.

8 소량(少梁): 곧 옛 양국(梁國)으로 환공 9년의 『전』과 『주』에 보이며, 희공 19년 진나라에게 멸망당하였다.

夏, 여름에

秦伯伐晉, 진백이 진나라를 쳐서

取北徵.[9] 북징을 차지하였다.

初, 처음에

楚范巫矞似謂成王與子玉, 子西曰,[10] 초나라 범의 무당 율사가 성왕 및 자옥과 자서에게 말하기를

"三君皆將强死."[11] "세 분께서는 모두 한창때에 죽지 못할 것입니다"라 하였다.

城濮之役, 성복의 전역(戰役) 때

王思之, 왕은 이 말을 생각하였으므로

故使止子玉曰, 사람을 보내 자옥을 말리게 하여

9 북징(北徵): 진(晉)나라의 읍일 것이다. 『한서·지리지 상』에 "좌풍익징(左馮翊徵)"이 있는데 안사고는 "징은 곧 지금의 징성현(澄城縣)으로, 『좌전』에서 이른바 '진나라가 북징을 차지하였다'한 것이 이곳을 말한다"라 하였다. 「연표」의 『색은(索隱)』에서도 "아마 지금의 징성일 것이다"라 하여 모두 북징을 지금의 섬서성 징성현으로 생각하였다. 그러나 진(晉)나라의 강역이 이곳까지 이르지 못하니 안사고와 사마정(司馬貞)의 말은 믿을 것이 못 된다.

10 초범무율사(楚范巫矞似): 범은 초나라의 읍이다. 범읍의 무당 이름이 율사이다. 『북위서·양고전(北魏書·陽固傳)』에서는 북위(北魏) 양고(陽固)의 「연이부(演頤賦)」를 인용하여 "세 임금에게서 같은 운명 알았음이여, 조짐 먼저 율사에게 보였다네(識同命於三君兮, 兆先見於矞姒)"라 하여 "似"가 "姒"로 되어 있다. 유문기의 『구주소증(舊注疏證)』에서는 "사(似)와 사(姒)는 이문(異文)으로, 옛날의 무당은 여자가 많았다. 양씨가 일컬은 것은 고본(古本)인 것 같다"라 하였다.

11 강사(强死): 공영달은 "강(强)은 튼튼한 것(健)이다. 병에 걸리지 않고 죽는 것으로 피살됨을 이른다"라 하였다.

"毋死."	"죽지 말라"고 하였으나
不及.[12]	미치지 못하였다.
止子西,	자서도 말렸으나
子西縊而縣絶,[13]	자서는 목을 매었으나 끈이 끊어졌으며
王使適至,	왕의 사자가 마침 이르러
遂止之,	마침내 말렸으며
使爲商公.[14]	상공이 되게 하였다.
沿漢泝江,[15]	한수를 타고 내려갔다가 장강을 거슬러
將入郢.[16]	영으로 들어가려 하였다.
王在渚宮,[17]	왕은 저궁에 있다가

---

12 희공 28년의 『전』과 『주』를 보라.

13 현절(縣絶): "縣"은 "懸"과 같다. 묶었던 끈이 끊어져 죽지 않을 수 있게 된 것이다.

14 상(商): 두예의 주석에 의하면 지금의 섬서성 상현(商縣) 동남쪽의 상락현(商洛縣)에 있어야 할 것이나 당시 초나라의 강역은 이곳까지 미치지 못하였을 것이다. 청나라 강영(江永)의 『춘추지리고실(春秋地理考實)』〔이하 『고실(考實)』〕에서는 희공 25년 『전』의 상밀(商密)이라 하였는데 맞는 것 같다. 상밀은 지금의 하남성 석천현(淅川縣) 서남쪽에 있었을 것이니 다음 『전』의 "한(漢)수를 따라 내려가다가 장강〔江〕을 거슬러 올랐다(沿漢泝江)"라 한 지리와도 부합한다.

15 연은 물이 흐르는 대로 따르는 것이며, 한수(漢水)를 따라 내려가는 것이다. 소는 물결을 거슬러 올라가는 것이며, 나중에 장강(長江)의 상류를 향해 물길을 거슬러 올라가는 것이다.

16 영(郢): 초나라의 도읍으로 곧 지금의 호북성 강릉현(江陵縣) 북쪽 10리 지점에 있는 기남성(紀南城)이다. 자서가 영에 들어간 것은 상공이 된 뒤의 일일 것이다. 영에 들어간 까닭에 대하여 고염무(顧炎武)의 『보정(補正)』에서는 "영에 들어가 난을 일으키기 위함"이라 하였는데 아래의 문장을 보면 믿을 만하다.

下,	내려와서
見之.	그를 만나 보았다.
懼,[18]	두려워서
而辭曰,[19]	변명을 하여 말하기를
"臣免於死,[20]	"신은 죽음을 면하였는데
又有讒言,	또한 참소하여
謂臣將逃,	신이 달아나려 한다니
臣歸死於司敗也."[21]	신은 사패로 돌아가 죽으렵니다."
王使爲工尹,[22]	왕은 공윤이 되게 하고

---

17 저궁(渚宮): 『수경주·강수(江水)』에서는 "강릉현성은 초나라 배의 관지(官地)이다. 춘추 시대 저궁이다"라 하였고, 『명승지(名勝志)』에서는 "저궁은 초나라의 별궁이다. 양원제(梁元帝)가 저궁의 옛 땅에 대사(臺榭)를 수조(修造)하였다"라 하였다. 궁은 지금의 강릉현 치소(治所)에 있었을 것이다.

18 자서는 영에 들어가서 원래는 성왕을 보지 않으려 했는데 뜻하지도 않게 마주쳤으므로 두려워한 것이다.

19 사(辭): 『논어·계씨(季氏)』의 "굳이 그것을 변명한다(必爲之辭)"와 선공 11년 『전』의 "아직도 변명할 것이 있는가?(猶可辭乎)"라 할 때의 "辭"와 같다. 핑계를 대며 스스로 변명하는 말이다.

20 스스로 목을 매었으나 왕이 또한 말린 것을 이른다.

21 사패(司敗): 『논어·술이(述而)』편에 "진나라 사패(陳司敗)"라는 말이 있고, 정공 3년 『전』에 당(唐)나라 사람을 말하면서 "스스로 사패에 얽매였다"는 말이 나오니 이로써 진(陳)나라와, 초(楚)나라 당나라에 모두 사패라는 관직이 있음을 알 수 있다. 이곳의 "사패로 돌아가 죽으렵니다"라는 말은 양공 3년 『전』의 "사구로 돌아가 죽기를 청합니다(請歸死於司寇)"라는 뜻과 같으니 진, 초, 당나라의 사패는 곧 다른 나라의 사구임을 알 수 있다. 자서가 영 사람에게 부탁하여 죽기를 청한 것이다.

22 공윤(工尹): 두예는 "백공을 관장하는 관직이다"라 하였다. 선공 4년의 『전』에 "위가(蔿賈)가 공정(工正)이 되었다"라 하였으니 공윤은 곧 공정인 것 같다. 선공 12년 『전』에 "공윤 제(齊)가 오른쪽으로 병사를 막고 하군을 쫓았다"라 하였고, 소공 27년의 『전』에서는 "공윤 수(壽)가 군사를 거느리고 잠(潛)에 이르렀다"라 하였으니 공윤은 또한 임시로 군

又與子家謀弑穆王.[23]	또한 자가와 함께 목왕을 시해할 음모를 꾸몄다.
穆王聞之,	목왕이 듣고서
五月,	5월에
殺鬪宜申及仲歸.[24]	투의신 및 중귀를 죽였다.

秋七月,	가을 7월에
及蘇子盟于女栗,	소자와 여율에서 맹약을 맺었는데
頃王立故也.	경왕이 즉위했기 때문이었다.

陳侯, 鄭伯會楚子于息.	진후와 정백이 식에서 초자를 만났다.
冬,	겨울에
遂及蔡侯次于厥貉,	채후와 궐맥에서 주둔하였는데
將以伐宋.	곧 송나라를 치기 위함이었다.
宋華御事曰,[25]	송나라 화어사가 말하였다.

사를 통솔할 수도 있었다.

23 시(弑): 가나자와 문고본(金澤文庫本)에는 "煞"로 되어 있는데, 곧 살해〔殺〕한다는 뜻이다.

24 중귀(仲歸): 곧 자가(子家)이다. 자가가 살해된 것이 『경』에 기록되지 않은 것에 대해 두예는 "경이 아니기" 때문이라고 하였다.

25 화어사는 당시 사구였다. 7년의 『전』과 『주』를 보라.

"楚欲弱我也,	초나라가 우리를 고분고분하게 만들려는데
先爲之弱乎?[26]	먼저 그들에게 고분고분해야 합니다.
何必使誘我?[27]	왜 반드시 우리를 핍박하게 하겠습니까?
我實不能,	우리가 실로 무능해서이니
民何罪?"[28]	백성들이 무슨 죄가 있습니까?"
乃逆楚子,	이에 초자를 맞아들여
勞且聽命.[29]	위로하고 명령대로 따랐다.
遂道以田孟諸.[30]	마침내 맹저로 사냥하게 이끌었다.
宋公爲右盂,	송공이 우우가 되고
鄭伯爲左盂.[31]	정백이 좌우가 되었다.

26 약(弱): 강약(强弱)의 강이다. 강하면 대들고 약하면 고분고분하기 때문에 "弱我"는 우리로 하여금 복종하게 함을 이른다. "先爲我弱"은 우리가 먼저 능동적으로 복종하는 것을 말한다.

27 유(誘): 여기서는 핍박한다는 뜻으로 쓰인 것 같다.

28 우리가 실로 무능해서 초나라의 정벌을 당하게 하였으니, 초나라 군대가 오면 백성들이 재난을 당할 것은 틀림없을 것이지만 백성들은 아무런 죄도 없다는 뜻이다.

29 스스로 궐맥에 가서 초목왕을 영접하여 초나라 군사를 위로하고 아울러 복종의 뜻을 표시한 것을 말한다.

30 맹저로 가서 사냥을 하도록 이끌었다는 말이다. 맹저는 곧 희공 28년『전』의 맹제지미(孟諸之麋)이며, 그 주에 상세히 나와 있다.

31 우(盂): 두예는 "사냥을 할 때의 진형 이름이다"라고 하였다. 우는 우곡(迂曲)의 뜻을 취하였으며, 대개 원형의 진법으로 좌우화(左右和)라고도 한다.『한비자·외저설·좌상(韓非子·外儲說·左上)』을 보면 이리(李悝)가 진나라 사람들과 싸우는데 좌화(左和), 우화(右和)가 되었다는 것이 이것을 말한다. 진(晉)나라, 송나라 사람들은 좌우견(左右甄)이라 불렀는데,『송서·예지(宋書·禮志)』에 "사냥을 하기 하루 전날 영군장군(領軍將軍)

期思公復遂爲右司馬,[32]	기사공 복수가 우사마가 되었고
子朱及文之無畏爲左司馬,[33]	자주 및 문지무외가 우사마가 되었으며
命夙駕載燧.[34]	새벽에 멍에를 지우고 부싯돌을 실으라 하였다.
宋公違命,	송공이 명을 어기자

1인이 우견(右甄)을 감독하고 호군장군(護軍將軍) 1인이 좌견(左甄)을 감독한다" 한 것이 이를 말한다. 합하여 "쌍견(雙甄)"이라고도 하니 『세설신어·규잠(世說新語·規箴)』편에서 "환남군이 사냥을 좋아하여 매일같이 사냥을 하러 갈 때마다 수레와 기마대가 매우 성대하여 쌍견이 가리키는 것은 언덕과 골짜기라도 피하지 않았다"라 한 것이 이를 말한다.

32 기사(期思): 초나라의 읍으로 『순자·비상(荀子·非相)』편과 『여씨춘추·찬능(贊能)』편에서는 모두 손숙오(孫叔敖)는 곧 기사의 비인(鄙人)이라 하였으며, 그 땅은 곧 지금의 하남성 고시현(固始縣) 서북쪽의 기사진(期思鎭)이다. 초나라의 현윤(縣尹)은 으레 공(公)이라 칭하였으며, 복수는 곧 당시 기사현윤의 이름이다.

33 자주(子朱): 곧 지난해 진(陳)나라를 친 장수이다.
문지무외(文之無畏): 곧 선공 14년 『전』의 신주(申舟)이다. 『여씨춘추·행론(行論)』편과 『회남자·주술훈(主術訓)』에서는 모두 문무외(文無畏)라 하였으며, 청나라 양이승(梁履繩)의 『보석(補釋)』에서는 "문은 아마 시호를 가지고 씨를 삼은 것일 것이며, 신은 그 식읍이고, 주는 자이고, 지(之)는 어사(語辭)이다"라 하였다. 선공 15년의 『전』에서 그 아들 서(犀)가 초왕에게 "무외는 죽을 것을 알았습니다"라 말한 것에 의하면 무외는 그 이름임을 알 수 있다. 만씨(萬氏)의 『씨족략(氏族略)』에서는 문지무외는 초문왕의 후예이므로 양이승이 "시호를 씨로 삼았다"라고 하였다라 하였다.

34 숙가(夙駕): 아침 일찍 수레를 타고 나감, 곧 이른 아침에 길을 떠남을 말함.
수(燧): 부싯돌을 말함. 목수(木燧)와 금수(金燧)가 있다. 목수라는 것은 나무를 뚫어서 불을 얻는 도구로 『논어·양화(陽貨)』편에서 "불씨를 만드는 나무도 바뀐다(鑽燧改火)"라 한 것이 이를 말한다. 금수는 『예기·내칙(內則)』과 『주례·추관·사훤씨(秋官·司烜氏)』에 보이는데 또한 부수(夫燧)라고도 하였으며, 『회남자·천문훈(天文訓)』편과 『회남자·남명훈(覽冥訓)』편에서는 양수(陽燧)라고 하였다. 장홍교(章鴻釗: 1877~1951)의 『석아(石雅)』에서는 우묵한 거울로 빛을 모아 반사시켜 해를 향하여 불을 얻는 도구라고 하였다. 이곳의 수는 목수일 것이다. 마종련(馬宗璉)의 『보주(補注)』에서는 "숲을 태워 사냥을 하려는 것인 것 같다"라 하였다. 혹자는 밤 사냥을 하려는 것으로 아침 일찍 멍에를 지워 밤늦게까지 사냥을 하는 것이라 하였는데 그렇지는 않은 것 같다.

無畏抶其僕以徇.[35]	무외가 그 종을 매질하여 조리돌렸다.
或謂子舟曰,[36]	누군가 자주에게 말하였다.
"國君不可戮也."[37]	"임금은 모욕을 할 수 없다."
子舟曰,	자주가 말하였다.
"當官而行,	"관직을 맡아 일을 행하는데
何彊之有?[38]	어찌 강한 것이 있겠는가?
詩曰,	『시』에서 말하기를
'剛亦不吐,	'강해도 토해 내지 않고,
柔亦不茹.'[39]	물러도 삼키지 않는다' 했고,
'毋縱詭隨,	'거짓말하고 속이는 자를 버려두지 말고,

35 질(抶): 매질하다, 태형(笞刑)을 가하다.
복(僕): 송공의 어자이다.
순(徇): 조리돌림. 희공 28년『전』의 "군사들에게 돌렸다(徇于師)"라는 뜻과 같다. 옛날의 사냥은 곧 군사훈련이었으므로 그 제도가 같다.

36 자주(子舟): 곧 문지무외이다.

37 육(戮): 욕(辱)과 같은 뜻. 욕보이다, 모욕하다.

38 내가 그 관직을 맡아 지키고 있으니 그 직책을 행함이 강한 것이 아니라는 것을 말한다. 혹은 자주가 제후를 욕보인 것이 너무 강하다고 평을 하자 자주가 무엇이 그리 강하냐고 답한 것이라고도 한다.

39 이상은『시경·대아·증민(大雅·烝民)』에 나오는 구절인데, 원래는 이 두 구절이 바뀌어 있다. 정공 4년의『전』에서도 이 구절을 인용하여 쓰고 있는데 도치되지 않았다. 양웅(揚雄)의『방언(方言)』에서 "여(茹)는 먹는 것이다"라 하였다. 부드러운 것은 삼키지 않고, 강한 것을 토해 내지 않는다는 것은 바로 다음 구절의 "홀아비와 과부를 업신여기지 않으며, 강포한 자를 두려워하지 않는 것(不侮矜寡, 不畏彊禦)"을 말한다.

以謹罔極.'[40] 좋지 않은 자를 삼가라'고 했다.

是亦非辟彊也.[41] 이 또한 강한 자를 피하지 않는 것이다.

敢愛死以亂官乎?"[42] 감히 죽음을 아끼어 직책을 어지럽히겠는가?"

厥貉之會, 궐맥의 회합에서

麇子逃歸.[43] 균자가 도망쳐 돌아갔다.

---

40 이상은 『시경·대아·민로(大雅·民勞)』에 나오는 구절이다. 지금의 『시경』에는 "毋"가 "無"로 되어 있다. 소공 42년에 인용된 『시경』에도 "毋"로 되어 있으며, "縱"은 "從"으로 되어 있다. 궤수(詭隨)는 첩운연면어(疊雲連綿語)로 남을 속이고 기만하는 사람이라는 뜻이다. 망극(罔極)은 표준이나 준칙이 없다는 말이며, 언행이 방탕하고 추악하다는 말이다. 다음 장의 "무량(無良)", "혼노(惛怓)", "추려(醜厲)" 등과 같은 뜻이다.

41 『시경』의 뜻이 강한 것을 피하지 않는데 있다는 것을 말하였다.

42 애(愛): 석(惜), 곧 아낀다는 뜻이다.
난관(亂官): 맡은 바 직책을 행하지 않는 것을 말한다.
이 구절은 감히 죽음을 아까워하지 않고 직무를 지키겠다는 것을 말하였다. 두예는 "선공 14년 송나라 사람이 자주를 죽이는 복선이다"라고 하였다.

43 균(麇): 나라 이름. 『지리고실(地理考實)』에 의하면 지금의 호북성 운현이 곧 옛 균나라이다. 이 두 구절 또한 다음 해의 『전』 "春, 楚子伐麇"과 이어서 읽어야 한다. 원래는 하나의 전이었는데 후인에 의하여 분리되었을 것이다.

문공 11년

經

十有一年春,[1]	11년 봄
楚子伐麇.[2]	초자가 균나라를 쳤다.
夏,	여름에
叔彭生會晉郤缺于承匡.[3]	숙팽생이 승광에서 진나라 극결을 만났다.
秋,	가을에
曹伯來朝.	조백이 조현하였다.
公子遂如宋.	공자 수가 송나라로 갔다.
狄侵齊.	적나라가 제나라를 침공하였다.
冬十月甲午,[4]	겨울 10월 갑오일에

---

1 십유일년(十有一年): 을사년 B.C. 616년으로 주경왕(周頃王) 3년이다. 정월 14일 기묘일이 동지로, 건자(建子)이다.

2 균(麇): 『공양전』에는 "권(圈)"으로 되어 있으며, 음이 가까워 통가할 수 있었다.

3 숙팽생(叔彭生): 각 판본에는 "숙중팽생(叔仲彭生)"으로 중자가 더 들어 있다. 이때는 아직 숙중씨(叔仲氏)로 서지 않았기 때문에 "숙팽생"이라고만 기록하였다. 14년에 주(邾)나라를 칠 때 세 『전』에서 모두 "숙팽생"이라 하였으니 더욱 잘 증명할 수 있다. 『전』에서는 "숙중혜백(叔仲惠伯)"이라 일컬었는데, 중은 자이다. 『경』의 "仲"자는 『전』 때문에 잘못 들어간 것 같다.
승광(承匡): "匡"은 "筐"으로 된 판본도 있는데 옛날에는 이렇게도 썼다. 승광은 송나라 땅으로 지금의 하남성 휴현(睢縣) 서쪽 30리 지점에 있을 것이다.

4 갑오(甲午)일은 3일이다.

叔孫得臣敗狄于鹹.[5]	숙손득신이 함에서 적나라를 물리쳤다.

傳

十一年春,	11년 봄에
楚子伐麇.[6]	초자가 균나라를 쳤다.
成大心敗麇師於防渚.[7]	성대심이 방저에서 균나라 군사를 물리쳤다.
潘崇復伐麇,[8]	반숭이 다시 균나라를 쳐서
至于錫穴.[9]	양혈에 이르렀다.

---

5 함(鹹): 노나라 땅이다. 심흠한의 『지명보주(地名補注)』에서는 곧 환공 7년 『경』의 함구(咸丘)이며 지금의 산동성 거야현(巨野縣) 남쪽에 있다 하였고, 고동고(顧棟高)의 『대사표(大事表)』에서는 지금의 조현(曹縣)의 경계에 있다고 하였다. 요컨대 희공 13년의 함(鹹)과는 별개의 지점이다.

6 이 문장은 위의 "厥貉之會, 麇子逃歸"에 붙어야 한다.

7 성대심(成大心): 성득신(成得臣)의 아들로 자는 손백(孫伯)이며 희공 28년의 『전』에 보인다.
방저(防渚): 균나라 땅으로 곧 지금의 호북성 방현(房縣)이다.

8 반숭(潘崇): 원년의 『전』에 보인다.

9 양혈(錫穴): 『석문(釋文)』에서는 "석(錫)이라고도 한다"라 하였다. 『교감기』에서는 "『한서·지리지』에 양현은 한중군(漢中郡)에 소속되어 있고, 응소(應劭)는 '음은 양(陽)이다'라 하였으며, 안사고는 '곧 『춘추』에서 이른바 양혈이다'라 하였다. 그런데 『후한서·군국지(郡國志)』에서는 또한 '면양(沔陽)에서는 철이 나고, 안양(安陽)에서는 주석이 나는데 춘추 때에는 석혈(錫穴)이라고 하였다'"라 하였으니 또한 "석(錫)"이라고 하는 것이 타당하겠다. 청나라 전기(錢綺)의 『찰기(札記)』에서는 "이 글자는 구설에는 서로 달라서 어느 것을 따라야 할지 정할 수 없다. 그러나 『석경(石經)』에 판본보다 앞서고, 반고와 응소가 또한 『후한서(後漢書)』보다 앞서며, 육씨(陸氏)의 『석문』 또한 '鍚'자를 바르게 생각하였고 '錫'자를 어쩌다 나온 것으로 생각하였으니 '錫'자가 뒤에 나왔으며 마땅히 석본을 따라야 한다"라 하였다. 양혈은 마땅히 균나라의 도성일 것으로 『청일통지』에서는 지금의 섬서성 백하현

夏,　　여름에

叔仲惠伯會晉郤缺于承匡,[10]　　숙중혜백이 승광에서 진나라 극결을 만났는데

謀諸侯之從於楚者.[11]　　초나라를 따르는 제후들을 모의하기 위함이었다.

秋,　　가을에

曹文公來朝,　　조문공이 와서 조현하였는데

卽位而來見也.[12]　　즉위하여 와서 알현한 것이다.

襄仲聘于宋,　　양중이 송나라를 빙문하였는데

且言司城蕩意諸而復之.[13]　　아울러 사성 탕의제를 말하여 복위시키고

(白河縣) 동쪽에 있으며, 『방여기요(方輿紀要)』에서는 운현 서북쪽 180리에 있다고 하였는데, 모두 『수경·한수주(漢水注)』에 의거하였다. 초나라 군사가 이곳에 이르렀지만 이해에 다 멸하지 못하였는데, 16년 『전』에서 또한 "용(庸)나라 사람이 오랑캐들을 이끌고 초나라를 배반하니 균나라 사람이 백복(百濮)을 이끌고 선(選)에 모였다"라 한 것으로 알 수 있다. 이해에 초나라가 용을 멸하였다면 균 또한 홀로 남기 어려웠을 것이다"라 하였다.

10 광(匡): "筐"으로 된 판본도 있다.

11 초나라를 따르는 제후들은 진(陳)·정(鄭)·송(宋)나라가 있다. 9년과 10년의 『전』에 보인다.

12 9년 8월에 조공공이 죽었으니 문공은 지난해에 즉위하였을 것이다. 이때 노나라로 조현하러 온 것은 그의 부친 문공이 죽은 때로부터 23개월이나 격차가 있다.

13 제후의 경이 달아났는데 복귀시킨 경우 『경』에서는 어떤 때는 기록하고 어떤 때는 기록하지 않았다. 성공 14년에는 "위나라 손림보(孫林父)가 진(晉)나라에서 위나라로 돌아왔다"고 기록하였고, 15년에는 "송나라 화원(華元)이 진(晉)나라에서 송나라로 돌아왔다"

因賀楚師之不害也.[14]	내친김에 초나라 군사가 해를 끼치지 않은 것을 경하하였다.
鄋瞞侵齊,[15]	수만이 제나라를 침공하고는
遂伐我.[16]	마침내 우리나라를 쳤다.
公卜使叔孫得臣追之,	공이 숙손득신으로 하여금 추격해도 되는지 점을 치게 하였는데
吉.	길하다고 하였다.
侯叔夏御莊叔,[17]	후숙하가 장숙의 어자가 되고

라 기록하였는데 이는 기록한 것이다. 그런데 탕의제가 송나라로 돌아간 것은 기록하지 않았다. 『전』에서 언급한 것은 16년 『전』의 탕의제가 죽는 것에 대한 복선이다.

14 지난해에 초나라가 송나라를 치려고 하자 송나라가 먼저 명을 받아들여 병화(兵禍)를 당하지 않았다. 여름에 숙중혜백이 진나라 극결을 만나 초나라를 따르는 제후들의 처리 문제를 논의하였으니, 양중이 오히려 송나라에게 경하한 뜻을 알 수 있다.

15 수만(鄋瞞): "鄋"는 "소"라고도 읽는다. 『전』의 다음 글에서 이로 말미암아 마침내 망하였다"라 한 것으로 보아 나라 이름일 것이다. 『설문』에서는 "수는 북방의 장적(長狄)의 나라로 하나라에서는 방풍씨(防風氏)가 되었고 은나라에서는 왕망씨(汪芒氏)가 되었다"라 하였다. 홍양길(洪亮吉)은 이로 인해 수는 나라 이름이고, 만은 혹 그 임금일 것이라고 하였는데 『전』의 뜻과 맞지 않는다. 청나라 도정정(陶正靖)의 『춘추설(春秋說)』에서는 "수만은 적(狄)의 종족 이름으로 후세의 부락(部落)을 이르는 것과 같을 따름이다. 교여(僑如) 등이 그 추장(酋長)이라고 한다"라 하였는데 그럴듯하다. 대체로 춘추시대의 이른바 만이융적(蠻夷戎狄)은 그 문화가 중원의 제후국들에 비하여 많이 낙후되어 있었으므로 그들의 나라라는 것도 실은 곧 부락에 지나지 않을 것인데 두예는 『좌씨』의 주석에서 모두 나라라고 하였다. 『산해경·대황북경(山海經·大荒北經)』과 『공자가어』 및 『설원·변물(辨物)』편에 의하면 수만은 이(釐) 성이라 하였다. 「노어(魯語) 하」 및 두예의 주석에서는 칠(漆) 성이라 하였는데, "漆"은 "래(淶)"의 오자일 것이다. 수만의 국토는 『방여기요(方輿紀要)』에 의하면 지금의 산동성 경내에 있다고 하였다.

16 공영달은 복건(服虔)의 말을 인용하여 "우리나라를 친 것을 기록하지 않은 것은 꺼린 것이다"라 하였는데, 『경』에서 "적나라를 함에서 물리쳤다"라 하였으니 적이 정벌을 당한 것을 포괄한다.

緜房甥爲右, 면방생이 거우가 되었으며

富父終甥駟乘.[18] 부보종생이 사승이 되었다.

冬十月甲午, 겨울 10월 갑오일에

敗狄于鹹, 적나라를 함에서 물리치고

獲長狄僑如.[19] 장적교여를 사로잡았다.

富父終甥摏其喉以戈, 부보종생이 그 목을 과로 친 후에

殺之.[20] 죽였다.

---

17 장숙(莊叔): 곧 득신(得臣)이다.

18 사승(駟乘): 옛날의 병거에는 일반적으로 세 사람이 탔는데 여기서는 네 사람이 함께 탔으며, 네 번째 사람을 사승이라고 한다. 직책은 거우의 부관이다.

19 장적교여(長狄僑如): "僑如"는 가나자와 문고본(金澤文庫本)과 「노세가」에는 "喬如"로 되어 있다. 적에는 적적(赤狄)과 백적(白狄), 그리고 장적이 있는데 장적은 적의 일종이다. 「노어 하」에서는 "오나라가 월나라를 쳐서 회계(會稽)를 함락시키고 뼈를 얻었는데 수레를 장식하였다. 오자(吳子)가 사자를 보내 친선을 도모하여 빙문하게 하였다. 사자가 뼈를 집어 들고 묻기를 '어떤 뼈가 큽니까?'라 하였다. 공자가 말하기를 '내가 듣건대 옛날에 우임금이 여러 신을 회계산으로 소집하였는데, 방풍씨가 늦게 이르러 죽여서 시체를 돌려 보이고 그 뼈로는 수레를 장식하였다 하니 이것이 큽니다.' 사자가 묻기를 '무엇을 관장하는 것이 가장 큰 신입니까?'라 하니 공자가 말하기를 '산천의 신령은 천하의 기강을 바로잡을 수 있으니 최고의 신입니다. 사직을 지키는 귀신은 공후이니 모두 왕에게 종속됩니다'라 하였다. 사신이 말하기를 '방풍은 무엇을 관장합니까?'라 하니 중니가 말하기를 '왕망씨의 임금은 봉(封)과 우(嵎)를 관장하며 칠(漆)의 성으로 우(虞), 하(夏), 상(商) 때는 왕망씨가 되었으며 주나라에서는 장적이 되었는데 지금은 큰 사람입니다'라 하였다. 사신이 말하기를 '사람의 키는 어디까지 클 수 있습니까?'라 하니 공자가 말하였다. '초요씨(僬僥氏)의 키는 3척으로 가장 작으며, 키가 큰 사람도 열 배를 넘지 않는 것이 가장 높은 수치입니다'"라 하였다. 그러나 이는 괴탄하여 믿을 만하지 못하다.

20 용(摏): 두예는 "용은 치는 것〔衝〕이다"라 하였다. "摏其喉以戈"가 한 구절이고 "殺之"가 한 구절로, 먼저 창〔戈〕으로 그 목을 쳐서 (떨어뜨린) 후에 죽인 것이다. 『예기·학기(學記)』의 정현의 주석에서는 "부보가 과로 쳤다(富父用戈)라 할 때의 용(春)으로 읽어야 한다"라 하였으니 정현 또한 이렇게 읽은 것이다. 혹자는 말하기를 과는 걸어서 당기는 병기이거나 찍는 병기이지 찌르는 병기가 아니어서 찌르는 데는 부적합하다고 한다. 과가 비록 찌르는 병기는 아니지만 고인들이 과와 극(戟)을 말할 때 구분을 하지 않았다. 극

埋其首於子駒之門.[21]	그 머리를 자구지문에 묻고
以命宣伯.[22]	명백이라 이름을 지었다.
初,	처음에
宋武公之世,	송무공 때
鄋瞞伐宋.[23]	수만이 송나라를 쳤다.

은 과와 모(矛)의 합체로 찌르고 당기고 찍는 세 가지의 용도로 쓸 수 있는 병기이므로 극은 어떨 때는 과로 불릴 수도 있었다. 양공 28년의 『전』에 "노포계(盧蒲癸)와 왕하(王何)가 침과(寢戈)를 집고 노포계는 뒤에서 자지(子之)를 찌르고 왕하는 과로 쳐서 그의 왼쪽 어깨를 갈랐다"라는 말이 있는데 이 침과 또한 아마 극일 것이다. 그렇지 않으면 "뒤에서 찌를" 수가 없다. 소공 원년의 『전』에서는 "자남(子南)이 알고 과를 집고 좇아 찌르고는 과로 쳤다"라 하였는데 이 과 또한 과일 것이다. "摏其喉"를 한 구절로 하고 "以戈殺之"를 한 구절로 읽는다면 "그를 죽일 때" 비로소 "과(戈)를 썼으며, "그 목을 친 것"은 과연 어떤 병기인지 알 수가 없게 된다.

21 자구지문(子駒之門): 가나자와 문고본(金澤文庫本)에는 "子駒之北門"으로 되어 있어 "北"자가 덧붙여져 있다. 『태평어람』 권 351에서도 『전』을 인용하였는데, 역시 문(門)자 위에 북(北)자가 있다. 혜동(惠棟)의 『보주(補注)』에서는 "왕부(王符)의 『잠부론(潛夫論)』에 노나라의 공족 중에 자구씨(子駒氏)가 있는데, 씨(氏)를 가지고 그 문의 이름을 삼았으니 애공 11년의 당씨지구(黨氏之溝)와 같은 경우이다"라 하였다. 심흠한(沈欽韓)의 『보주(補注)』에서는 『산동통지(山東通志)』를 인용하여 "노나라 성곽 북쪽에는 세 개의 문이 있는데 가장 서쪽의 문이 자구문(子駒門)이다"라 하였으니 자구지문은 노나라 북곽의 서쪽문이다. 고동고(顧棟高)의 『대사표·칠지일(大事表·七之一)』에서는 "서곽문(西郭門)을 자구지문이라 한다"라 하였다.

22 명선백(命宣伯): 명(命)은 명명하다의 뜻이다. 선백은 숙손득신의 아들 숙손교여이며, 득신은 이미 장적교여를 사로잡아 죽였으며 이로 인하여 "교여"라는 이름으로 자식의 이름을 지었다. 이른바 정공 8년 『전』의 "일을 기다려 명명하는 것(待事而名之)"이다. 양공 30년 『전』에서 이 일을 말하여 "적나라가 노나라를 치자 숙손장숙이 이에 함에서 적나라를 물리치고 장적교여 및 훼(虺), 표(豹)를 사로잡았는데, 모두 그 아들의 이름으로 삼았다"라 하였다. 이로써 득신이 사로잡은 사람이 셋이며 세 아들에게 모두 그 이름을 붙였음을 알 수 있다. 공영달은 "이 세 아들은 필시 같은 해에 태어난 것이 아닐 것이며 혹은 태어났을 때 일이 발생했을 것이고, 혹은 일이 발생한 후에 비로소 태어나기도 했을 것인데 자신의 공로를 드러내기 위하여 그들의 이름을 취하여 이름을 지었다"라 하였다. 사로잡은 적의 이름으로 자신의 아들의 이름을 지은 것이며, 두예는 "자신의 공을 드러내기 위함이다"라 하였는데 믿을 만하다.

司徒皇父帥師禦之.	사도 황보가 군사를 이끌고 막았다.
耏班御皇父充石,[24]	이반이 황보충석의 어자가 되고
公子穀甥爲右,	공자 곡생이 거우가 되었으며
司寇牛父駟乘,	사구 우보가 사승이 되어
以敗狄于長丘,[25]	장구에서 적나라를 물리치고
獲長狄緣斯.[26]	장적연사를 사로잡았다.
皇父之二子死焉,[27]	황보와 이 두 사람은 그 전쟁에서 죽었으며

---

23 공영달의 주석[소(疏)]에서는 "『사기·12제후 연표』에서는 송무공은 즉위한 지 18년 되었으며 노혜공 21년에 죽었다 하였으니, 죽은 해는 춘추 전 26년으로 수만이 몇 년에 송나라를 쳤는지 모른다"고 하였다.

24 황보충석(皇父充石): 곧 사도 황보(皇父)이다. 사도는 관직이고 황보는 자이며, 충석이 그 이름이다. 두예는 "황보는 대공(戴公)의 아들이다"라 하였다.

25 장구(長丘): 서진(西晉) 때 장화(張華)의 『박물지(博物志)』에서 "진류(陳留) 봉구(封丘)에는 적구(狄溝)가 있는데 춘추시대의 장구이다"라 하였다. 지금의 하남성 봉구현 남쪽에 옛날에 백구(白溝)가 있었는데 지금은 이미 없어져 버렸지만 장구의 옛 터일 것이며, 춘추시대에는 송나라의 읍이었다. 유문기의 『구주소증(舊注疏證)』에서는 "「노세가」에서 송나라가 적(狄)나라를 물리친 일은 『전』과 같으며, 「연표」에서 송나라가 '장적(長狄)과 장구(長丘)를 물리친 것' 또한 노나라 문공 11년에 있었다고 하였는데 틀렸다"라 하였다.

26 장적연사(長狄緣斯): 두예는 "연사는 교여의 선대이다"라 하였다.

27 이상 두 구절에는 예로부터 세 가지 해석이 있어 왔는데 모두 공영달의 주석에 보인다. 마융(馬融)은 황보의 두 아들이 군에 있었는데 적에게 죽었다고 하였다. 이름이 보이지 않는 것은 바야흐로 두 아들의 죽음을 말하였기 때문에 이길 수 있었다는 것이다. 지금 모두 죽었으니 누가 연사를 죽였는가? 이 설은 자의적인 면에서는 통하지만 상하의 문의와는 상관이 없어 그럴듯하지만 틀렸다. 정중(鄭衆)은 곡생과 우보만 죽었을 뿐 황보는 죽지 않았다고 하였다. 이 설은 이자(二子)는 곡생과 우보를 가리키며 "之"자는 "~의"라는 뜻으로 해석한 것이다. 그러나 곡생과 우보는 실제 황보의 아들이 아니니 문자적으로는 또한 따를 수 없는 혐의가 있어 취할 수 없다. 가규(賈逵)는 "황보와 곡생, 우보 세 사람이 모두 죽었다"라 하였다. 복건(服虔)은 "아래에서 송공이 이반에게 문을 상으로 내렸다 하였는데 이반은 황보의 어자이며, 세 사람이 상을 받지 못한 것은 모두 죽

宋公於是以門賞耏班,	송공이 이에 문을 이반에게 상으로 내려
使食其征,	세금을 거두어 먹고 살게 하였는데
謂之耏門.[28]	이문이라고 한다.
晉之滅潞也,	진나라가 노나라를 멸할 때
獲僑如之弟焚如.[29]	교여의 아우 분여를 사로잡았다.
齊襄公之二年,	제양공 2년
鄋瞞伐齊.	수만이 제나라를 쳤다.

어서일 것이니 가규의 설이 사실에 가깝다"라 하였으니, "之"자를 "與"자로 해석하여 황보와 두 사람이 모두 죽었다 하여 이자(二子)는 곡생과 우보를 가리키고, 따라서 아래의 문장에서 이반이 홀로 상을 받은 사실과 연계시켰는데 이 설이 옳다. 왕인지(王引之)는 『경전석사(經傳釋詞)』에서 "지(之)는 여(與)와 같다. 『서경·입정(立政)』에 '惟有司之牧夫'라는 말이 있는데, 유사와 목부를 이른 것이다. 『주례·고공기·재인(周禮·考工記·梓人)』에는 '作其鱗之而'라는 말이 나오는데 비늘과 너를 일으키는 것을 말한다. 문공 11년의 『좌전』에서 '皇父之二子死焉'이라는 말이 나오는데 황보와 이 두 사람이 모두 죽었다는 것을 말한다"라 하였다.

28 문(門): 성문을 말한다. 이반의 녹식(祿食)이 성문의 세금이지 관세는 아니다. 『주례·지관·사문(地官·司門)』에서는 "기이한 물건을 내고 들이는 자는 그 재화를 세금으로 거둔다(正其貨賄)"라 하였는데 정현은 "정(正)은 정(征)의 뜻으로 읽으며 징세를 하는 것이다"라 하였다. 곧 성문의 세금이 있다는 것이다. 같은 책 『지관·사관(地官·司關)』에서는 "송사와 형금(刑禁), 물품 보관세를 관장한다"라 하였으니 이는 관문의 세금이다. 소공 20년 『전』에 "도읍에 가까운 관문에서 세금을 과도하게 징수한다(偪介之關暴征其私)"라는 말이 나오는데 또한 관문의 세금이다. 「사관」에서는 또한 "나라에 흉년이 들면 관과 문의 세금을 없앴다"라 하였는데 이는 성문의 세금과 관문의 세금을 모두 면제하였다는 말이다. 곧 성문의 세금과 관문의 세금을 분명히 구별하였는데, 여기서는 문만 언급하고 관은 언급하지 않았으며, 아래에서 또 말하기를 "이문이라 하였다"라 했으니 성문의 징세임이 분명하다.

29 노(潞)는 곧 선공 15년 『경』의 노씨(潞氏)이다. 『좌전』에 의하면 진나라가 노나라를 멸한 것은 선공 15년의 일이다.

齊王子成父獲其弟榮如.[30]	제나라 왕자 성보가 그 아우 영여를 사로잡았다.
埋其首於周首之北門.[31]	그 머리를 주수의 북문에 파묻었다.
衛人獲其季弟簡如.[32]	위나라 사람은 그 막내아우인 간여를 사로잡았다.
鄋瞞由是遂亡.[33]	수만은 이로 말미암아 마침내 망하였다.

郕大子朱儒自安於夫鐘,[34]	성나라 태자 주유가 부종에 안주하고 있어서
國人弗徇.[35]	백성들이 그를 따르지 않았다.

---

30 제양공 2년은 노환공 16년으로 선공 15년 분여가 사로잡힌 해와는 193년의 격차가 있으므로 또한 절대 이럴 리가 없다. 「노세가」에서는 "제혜공 2년"이라 하였고, 「제세가」 및 「연표」도 같은데, 노선공 2년이다. 3형제가 전후로 사로잡힌 격차가 그리 멀지 않으므로 정리에 맞다. 이 "제양공"의 "襄"자는 『사기』의 "惠"자를 따라야 한다. 『여씨춘추·물궁(勿躬)』편 및 『관자』, 『설원(說苑)』, 『신서(新序)』의 여러 책에 모두 왕자 성보가 있고 『한비자·외저설·좌하(韓非子·外儲說·左下)』에서는 또한 공자 성보라 하였는데, 제양공의 옛 신하일 것이며 제환공이 등용한 자들일 것이다.

31 주수(周首): 제나라의 읍으로 지금의 산동성 동아현(東阿縣) 동쪽에 있을 것이다.

32 두예는 "제나라를 치다가 퇴각하여 달아나다가 위나라에서 잡혔다"라 하였는데 믿을 만하다.

33 전기(錢綺)의 『찰기(札記)』에서는 "『전』에서는 아마 득신이 적나라를 물리치는 것으로 말을 마치려고 한 것 같은데, 전(前)의 일을 추서(追敍)한다면 '마침내 망하였다'라 해서는 안 된다"라 하였다.

34 두예는 "안은 거처〔處〕하는 것이다"라 하였다. 부종은 제나라의 읍이다. 성은 은공 5년의 『경』 및 『주』에 보이고 또한 장공 8년의 『경』과 『전』에도 보인다.

35 순(順): 두예는 "순은 순〔順〕하는 것이다"라 하였다.
이 장은 다음 해의 『전』 "봄에 성백이 죽었다"와 이어서 읽어야 한다. 혹은 본래 하나의 『전』이라고도 한다.

문공 12년

經

十有二年春王正月,[1]	12년 봄 주력으로 정월에
郕伯來奔.[2]	성백이 도망쳐 왔다.
杞伯來朝.	기백이 와서 조현하였다.
二月庚子,[3]	2월 경자일에
子叔姬卒.[4]	자숙희가 죽었다.
夏,	여름에
楚人圍巢.[5]	초나라 사람이 소를 에워쌌다.

---

1 십유이년(十有二年): 병오년 B.C. 615년으로 주경왕(周頃王) 4년이다. 정월 24일 기묘일이 동지로, 건자(建子)이다. 윤달이 있다.

2 희공 27년의 『전』과 『주』를 참고하여 보라.

3 경자일은 11일이다.

4 "자숙희"라고 기록한 것은 이미 시집을 갔음을 밝힌 것이다. 14년 "제나라 사람이 자숙희를 잡았다"와 선왕 5년에 "제나라 고고(高固) 및 자숙희가 왔다"라 기록한 것으로 증명할 수 있다. 시집을 가지 않은 딸이라면 "자(子)"자를 붙이지 않으니, 희공 9년에 "백희(伯姬)가 죽었다"라 기록한 것은 아마 시집을 가지 않은 사람일 것이다. 이로써 『전』의 문장이 정확하며 『공양전』에서 "이는 시집가지 않은 사람이다"라 한 것과, 『곡량전』에서 "시집을 허락하였는데 죽었다" 한 것이 틀렸음을 알 수 있다.

5 「서경의 서문(書序)」에서 "소백(巢伯)이 와서 조현하니 예백(芮伯)이 「여소명(旅巢命)」을 지었다"라 하였으니, 소는 은상(殷商)의 옛 나라이다. 1977년 4월 섬서성 주원(周原)의 유지에서 주나라 초기의 복사(卜辭)가 발견되었는데, 그 가운데 하나의 복갑(卜甲)에 "소를 쳤다(征巢)"라 한 기록이 있다. 『수경주·면수(沔水)』에서 "소는 뭇 서(舒)나라이다"라 하였으니 곧 언(偃)성이다. 지금의 안휘성 소현(巢縣) 동북쪽 50리 지점에 거소(居巢)의 옛 성터가 있으니 곧 옛 소국(巢國)이다. 청초(淸初) 고사기(高士奇)의 『춘추지명고략(春秋地名考略)』(이하 『고략(考略)』 혹은 『지명고략(地名考略)』)에서는 "성공 7년 오나라가 비로소 초나라와 소나라를 쳤으며, 17년 서용(舒庸)이 오나라 사람을 이끌고 소나라를 에워쌌다. 양공 25년 오자(吳子)가 초나라를 치고 소나라로 들어갔으며, 소공 4년에 원계강(薳啓

秋,	가을에
滕子來朝.	등자가 와서 조현하였다.
秦伯使術來聘.[6]	진백이 술로 하여금 와서 조빙케 하였다.
冬十有二月戊午,[7]	겨울 12월 무오일에
晉人秦人戰于河曲.[8]	진나라 사람과 진나라 사람이 하곡에서 싸웠다.
季孫行父帥師城諸及鄆.[9]	계손행보가 군사를 이끌고 제 및 운에 성을 쌓았다.

疆)이 소나라에 성을 쌓았다. 5년에 초나라가 심(沈) 땅의 윤(尹) 석(射)에게 소나라에서 명을 기다리게 하였으며, 24년에 오나라가 소나라를 멸하였다. 25년 초나라가 웅상매(熊相禖)로 하여금 소나라에 성곽을 쌓게 하였는데, 아마 소나라가 이미 망하여 초나라가 그 땅을 근거로 하고자 하였을 것이다. 『사기』 오공자광(吳公子光) 6년에 예장(豫章)에서 초나라 군사를 크게 물리치고 초나라의 거소(居巢)를 차지하였는데, 이로부터 소나라는 오나라에 들어갔다"라 하였다.

6 술(術): 『공양전』에는 수(遂)로 되어 있다. 『한서·오행지·중지상(漢書·五行志·中之上)』에도 마찬가지이다. 술(術)과 수(遂)는 고음이 가까워서 통가할 수 있었다.

7 무오일은 4일이다.

8 하곡(河曲): 진(晉)나라 땅으로 지금의 산서성 영제현(永濟縣) 남쪽에 있을 것이다. 황하가 이곳에서부터 꺾여 동쪽으로 흐르기 때문에 하곡이라 한다.

9 운(鄆)은 『공양전』에는 운(運)로 되어 있는데, 같은 음의 글자로 가차한 것이다. 『춘추』에는 성을 쌓았다는 기록이 스물아홉 차례 보이는데, 이곳과 양공 15년의 성부(成郛)에 성을 쌓은 일 및 애공 3년의 계양(啓陽)에 성을 쌓았을 때만 "군사를 거느렸다(帥師)"고 기록하였다.

제(諸)는 장공 29년의 『경』과 『주』에 보인다.

노나라에는 운(鄆)이 두 곳 있는데 동쪽의 것은 동운(東鄆)이라 하며, 소공 원년의 『전』에서 "거(莒)나라와 노나라가 운을 놓고 다툰 지가 세월이 오래되었다"라 하였다. 이때는 노나라에 속하였으므로 계손이 군사를 거느리고 성을 쌓은 것이다. 반드시 군사를 거느린 것은 거나라 병사들이 싸움을 걸어올 것을 대비한 것이다. 『곡량전』에서는 "'군사를 거느렸다'라 일컬은 것은 어려움이 있음을 말한 것이다"라 하였는데, 반드시 그렇지는 않을

傳

十二年春, 12년 봄

郕伯卒, 성백이 죽었으며

郕人立君.[10] 성나라 사람이 임금을 세웠다.

大子以夫鐘與郕邽來奔.[11] 태자가 부종과 성규를 가지고 도망쳐 왔다.

것이다. 성공 9년에 초나라가 거나라를 쳐서 "거나라가 궤멸되자 초나라가 마침내 운으로 들어갔다"라 하였고, 양공 12년 "거나라 사람이 우리 동쪽 변경을 쳐서 태(台)를 에워싸 계무자(季武子)가 태를 구하고 마침내 운으로 들어가 그 종을 가져다 공반으로 삼았다"라 하였으니, 그때는 운이 거나라에 있었다. 송나라 가현옹(家鉉翁)의 『춘추집전상설(春秋集傳詳說)』에서는 "운은 세 군데가 있는데 거나라의 별읍 또한 운이라 하였다"라 하였으니 성공 9년 및 양공 11년의 운은 별도의 운인 셈인데 확실치 않은 것 같다. 소공 원년 3월 노나라가 다시 운을 차지하였다. 제 및 운은 모두 거나라와 이웃해 있다. 운은 지금의 산동성 기수현 동북쪽 50리 지점에 있다. 서운은 성왕 4년의 『경』과 『주』에 보인다.

10 이는 마땅히 지난해 『전』의 마지막 장 "郕大子朱儒自安於夫鐘, 國人弗徇"과 이어서 읽어야 한다. 성나라 사람들이 새로 임금을 세운 이유가 태자가 다른 성읍에서 안주하고 있었기 때문에 백성들이 그를 따르지 않아서이다.

11 부종·성규(夫鐘·郕邽): 『태평어람』 권146에서는 복건의 말을 인용하여 "성규 또한 읍 이름이다. 일설에는 성(郕)은 나라의 보규(寶圭)로 태자가 그 국보와 부종의 땅을 가지고 도망쳐 왔다고도 한다"라 하였다. 그렇다면 "성규"에는 두 가지 해석이 있게 되는데 두예는 다음 문장 "땅을 기록하지 않았다" 운운한 것을 가지고 "땅(地)"만 말하였을 뿐 "보물(寶)"에 대해서는 말하지 않았으므로 복건의 앞의 설을 취하여 "성규 또한 읍이다"라 하였는데 확실하지 않은 것 같다. 고사기(高士奇)의 『지명고략(地名考略)』에서는 "정목공의 첩을 규규(圭嬀)라 하였으니 규(圭) 또한 소국일 것이며 성나라가 그것을 합병하여 읍을 더하여 규(邽)로 삼았는데, 『좌전』에서 성나라와 연관시켜 성규라 하였으니 진무(秦武)가 정벌한 구(邽)와 구별하기 위함이다"라 하였는데 이 설도 의심스럽다. 고사기의 설에 의하면 성나라가 과연 규(圭)를 멸하였다 해도 필시 이해 이전일 것이고, "규규(圭嬀)"라 칭한다면 이보다 뒤일 것인데, 양공 19년의 『전』에 보이니 규는 필시 성나라에 멸망당하지 않았을 것이다. 성규(郕邽)는 또한 성나라의 국보로 해석하는 것이 옳다. 규(邽)는 규(圭)로 본래는 규(圭)였을 것이며, 두예가 잘못 "읍명"이라는 해석을 따라 후세에 전하여 베끼는 자가 마침내 읍(邑)자를 더하여 "규(邽)"라 하였다. 옛날 기물 가운데 귀한 것은 항상 나라와 연계시켰으니 이를테면 『서경·고명(顧命)』편의 월옥(越玉)과 이옥(夷玉), 『예기·명당위(明堂位)』편의 숭정(崇鼎)과 관정(貫鼎), 『전』의 기언(紀甗)과 거정

公以諸侯逆之,	공이 제후의 예로 맞아들였는데
非禮也.	예의에 맞지 않았다.
故書曰"郕伯來奔."	그리하여 "성백이 도망쳐 왔다"라고 기록하였다.
不書地,	땅을 기록하지 않은 것은
尊諸侯也.[12]	제후를 높였기 때문이다.

杞桓公來朝,	기환공이 와서 조현하였는데
始朝公也.[13]	처음으로 공을 조현한 것이었다.
且請絶叔姬而無絶昏,	아울러 숙희와는 단절하되 혼인만은 단절하지 말기를 청하니
公許之.[14]	공이 허락하였다.
二月,	2월에

(莒鼎)이 그렇고, 이곳의 성규 또한 하나의 예로 들 수 있다. 성나라의 일은 이후로는 더 이상 기록이 없어 오래지 않아 노나라에 병탄된 것 같다.

12 두예는 "이미 제후로 높였기 때문에 더 이상 그 읍을 훔친 죄를 드러내지 않았다"라 하였다.

13 두예는 "문공이 즉위하고 처음으로 와서 조현하였다"라 하였다.

14 절숙희(絶叔姬)는 숙희를 친정으로 돌려보내 혼인 관계에서 벗어나게 하는 것이다. 무절혼(無絶昏)은 성왕 5년『경』에 "기숙희(杞叔姬)가 돌아왔다"는 말이 있는데, 이는 다른 숙희가 기부인(杞夫人)이 된 것이다. 두예는 "그 동생을 세워 부인으로 삼았다"라 하였는데, 정확하다면 성공 5년의 숙희는 이 숙희의 동생이다. 공영달은『석례(釋例)』(두예의『춘추석례(春秋釋例)』)를 인용하여 "기환공은 희공 23년에 즉위하여 양공 6년에 죽었으니 무릇 재위 기간이 71년이다. 문공과 성공의 재위 때『경』에는 두 명의 숙희를 기록하고 있으니 한 사람은 죽었고 한 사람은 나갔는데 모두 기환공의 부인이다"라 하였는데,『전』을 가지고 미루어 보면 믿을 만하다.

叔姬卒.	숙희가 죽었다.
不言"杞",	"기"라고 말하지 않은 것은
絶也.	단절하였기 때문이다.
書"叔姬",	"숙희"라 기록한 것은
言非女也.[15]	처녀가 아니었기 때문이다.

楚令尹大孫伯卒,[16]	초나라 영윤 태손백이 죽자
成嘉爲令尹.[17]	성가가 영윤이 되었다.
羣舒叛楚,[18]	여러 서씨네 나라가 초나라를 배반하니
夏,	여름에
子孔執舒子平及宗子,[19]	자공이 서자 평 및 종자를 잡고

---

15 비녀(非女): 이미 시집을 갔음을 말한다.

16 태손백(大孫伯): 곧 성대심(成大心)이다.

17 두예는 "약오(若敖)의 증손자는 자공이다"라 하였다. 송나라 정공설(程公說)의 『춘추분기(春秋分記)』「춘추분기세보(春秋分記世譜) 7」에서는 "득신(得臣)의 후손은 성씨(成氏)인데 두 아들을 낳았으며 대심(大心)과 가(嘉)라고 한다"라 하였으니, 성가 또한 자옥(子玉)의 아들로 손백의 아우이다.

18 군서(羣舒): 희공 3년의 『경』과 『주』에 보인다.

19 자공(子孔): 옛날 사람들 중 이름이 "가(嘉)"인 사람은 "공(孔)"이라는 자를 많이 썼는데, 이를테면 환공 2년 『전』에 송나라의 공보가(孔父嘉) 같은 사람이 있다.
서자평(舒子平): 평은 서자의 이름이다. 춘추시대에는 이른바 "만이(蠻夷)"의 임금을 "자(子)"로 많이 칭하였다.
종자(宗子): 종(宗)은 나라 이름이며, 종자는 종나라의 임금. 종나라 땅은 두예는 언급을 하지 않았고, 고동고(顧棟高)의 『대사표(大事表)』에서는 지금의 안휘성 서성현(舒城縣) 및 여강현(廬江縣) 동쪽의 용서성(龍舒城) 사이에 있다고 하였는데, 확증은 없지만

遂圍巢.[20] 마침내 소나라를 포위하였다.

秋, 가을에

滕昭公來朝, 등소공이 와서 조현하였는데

亦始朝公也.[21] 또한 처음으로 공을 조현하는 것이었다.

秦伯使西乞術來聘, 진백이 서걸술로 하여금 와서 빙문케 하고

且言將伐晉. 아울러 곧 진나라를 칠 것이라고 하였다.

襄仲辭玉,[22] 양중이 옥을 사양하면서

여러 서씨네 나라 땅은 지금의 안휘성 서성 및 여강현, 소현(巢縣) 일대에 있었을 것이며 종나라도 그 사이에 있었을 것이다.

20 소(巢): 『경』의 『주』를 보라.

21 이는 위의 "始朝公"을 이어서 말하였으므로 "또한(亦)"이란 자를 썼다.

22 사옥(辭玉): 옥은 곧 사자가 지니고 간 국보로 규(圭)와 장(璋) 같은 것을 빙문할 때의 예물로 삼았다. 『의례·빙례(聘禮)』의 "손님은 옷을 여미고 규를 든다. 인도하는 사람이 들어가 알리고, 나와서 (사신이 가지고 온) 옥을 사절한다(賓襲執圭. 擯者入告, 出, 辭玉)"라 한 말에 의하면 사자는 빙문한 나라의 종묘 안뜰에 이르러 반드시 옷을 여미고 규를 들며, 빈자가 임금에게 보고를 하고, 나와서 규를 받지 않는다고 사양을 한다. 곧 옥을 사양하는 것은 빙례 중의 하나의 의전 절차이다. 두예는 "진나라와 우호를 맺지 않고자 하여 옥을 거절하였다"라 하였는데, 이는 『전』의 뜻이 아닌 것 같다.
양중이 옥을 사양했다 하였으니 「빙례」에 의하면 양중이 당시의 상빈(上擯)이었다. 빈자(擯者)라는 것은 주인 나라의 임금이 사신 같은 빈객을 초대해 오도록 보내는 사람이다. 빈에는 상빈(上擯)과 승빈(承擯), 소빈(紹擯)의 구별이 있다. 「빙례」에서는 "경은 상빈이 되고, 대부는 승빈이 되며, 사는 소빈이 된다"라 하였다.

曰, 말하였다.

"君不忘先君之好, "임금님께서는 선군의 우호를 잊지 않으시어

照臨魯國, 노나라에 왕림하시어

鎭撫其社稷, 사직을 진정시키고 어루만지신 데다가

重之以大器,[23] 정중하게 큰 기물까지 주시니

寡君敢辭玉." 과군께서는 감히 옥을 사절합니다."

對曰, 대답하여 말하였다.

"不腆敝器,[24] "변변찮은 않은 기물이니

不足辭也." 사절하실 것 없습니다."

主人三辭.[25] 주인이 세 번 사절하니

賓答曰,[26] 사신이 답하여 말하였다.

"寡君願徼福于周公, 魯公以事君,[27] 과군께서는 주공과 노공께 복을 구하여 임금님을 섬기길 바라시어

---

23 대기(大器): 두예는 "대기는 규(圭)와 장(璋)이다"라 하였다.

24 전(腆): 두예는 "두텁다[厚]는 뜻이다"라 하였다.

25 주인(主人): 양중을 가리킨다.

26 빈(賓): 서걸술을 가리킨다.

27 요(徼): 요(要)와 같은 뜻으로 구한다는 뜻이다.
주공·노공(周公·魯公): 주공은 희단(姬旦)이고, 노공은 그의 아들 백금(伯禽)이다. 이 말은 당시의 상투적인 말로 이를테면 선공 12년의 『전』에 "여(厲)·선(宣)·환(桓)·무(武) 공에게서 복을 구하고", 성공 13년의 "선군이신 헌공(獻公)과 목공(穆公)에 복을 구하고

不腆先君之敝器,[28]	변변찮은 선군의 기물을
使下臣致諸執事,	하신으로 하여금 집사에게 바쳐
以爲瑞節,[29]	상서로운 부절로 삼아
要結好命,[30]	우호를 맺어
所以藉寡君之命,[31]	과군의 명을 깔아
結二國之好,	두 나라의 우호를 맺고자 하므로
是以敢致之."	그러므로 감히 이것을 바치는 것입니다."
襄仲曰,	양중이 말하였다.
"不有君子,	군자가 없으면
其能國乎?	어찌 나라를 잘 다스리겠는가?
國無陋矣."[32]	진나라는 비루하지 않도다"

자 하고", 소공 3년 『전』의 "태공(大公)과 정공(丁公)에게 복을 구하고", 32년 『전』의 "문왕과 무왕의 복을 구하고", "지금 우리는 성왕에게 복을 구하고 신령함을 빌리려 한다"와 애공 24년 『전』의 "과군은 주공에게 복을 구하고자 합니다"와 같은 것이 모두 이것이다.

28 두예는 "빙문하러 나갈 때는 반드시 종묘에 고하기 때문에 선군의 기물이라 칭한 것이다"라 하였다. 혹자는 말하기를 "사신이 잡고 있는 규옥 또한 선군으로부터 전하여진 것이기 때문에 선군이라 말하였다"라 하였다.

29 절(節): 두예는 "신물(信)이다"라 하였다.

30 요결(要結): 요(要)는 맺는다(約)는 뜻이다. 요(要)와 결(結)은 같은 뜻의 단어가 연이어 쓰인 것이다.

31 옛날 사람은 예물을 보낼 때 반드시 깔개가 있었다. 자(藉)는 천(薦)으로 밑에 붙여서 까는 것이다. 옥을 가져갈 때는 실로 깔개가 있지만 여기서 곧 옥을 바치는 것을 말하며 임금의 명을 받치는 깔개를 말하였으며, 그 의의가 중대하므로 사양할 수 없음을 극언한 것이다.

32 양수달(楊樹達: 1885~1956)의 『독좌전(讀左傳)』(이하 『독(讀)』)에서는 "'나라에 비루함

厚賄之.[33]	두터운 예물을 내렸다.
秦爲令狐之役故,[34]	진나라는 영호의 전역(戰役) 때문에
冬,	겨울에
秦伯伐晉,	진백이 진나라를 쳐서
取羈馬.[35]	기마를 차지했다.
晉人禦之.	진나라 사람이 막았다.
趙盾將中軍,	조돈이 중군장이 되었고
荀林父佐之.[36]	순림보가 보좌하였다.

이 없다(國無陋)'는 것은 애공 2년의 '나라가 작지 않다(國無所)'라는 뜻과 같다. 저기서는 정나라가 비록 작지만 활을 잘 쏘는 사람이 있음을 말하였고, 여기서는 진나라가 비록 편벽되고 비루하게 오랑캐 땅에 있지만 군자가 있음을 말하였다"라 하였다.

33 회(賄): 두예는 "(예물을) 보내 주는 것이다"라 하였다. 『의례·빙례(聘禮)』에는 옥을 돌려주는 것(還玉)과 예물을 보내 주는 것(賄禮)가 있는데, 여기서는 환옥에 대해서는 말하지 않았으니 혹 당연하다고 보아 생략한 것 같다. 『전』의 글에 의하면 "之"자는 서걸술을 가리키니 예물을 후회(厚賄)는 사자에게 예물을 두터이 내린 것으로 「빙례」의 두터이 예물을 내린 것〔重賄〕이 임금을 빙문한 것에 대한 보답임과는 다르다.

34 영호지역(令狐之役): 7년에 있었다.

35 기마(羈馬): 진나라의 읍으로 『태평환우기(太平寰宇記)』에 의하면 지금의 산서성 영제현(永濟縣) 남쪽 36리 지점에 있을 것이다. 그러나 당나라 이길보(李吉寶)의 『원화군현지(元和郡縣志)』에서는 "기미의 옛 성은 동주(同州) 합양현(郃陽縣) 동북쪽 26리 지점에 있다"고 하였으니, 지금의 섬서성 합양현(合陽縣) 동북쪽에 있다. 그러나 이곳은 곧 진(秦)나라 기마의 옛 성이지 진(晉)나라의 기마가 아니다. 다음에서 "저들을 황하로 밀어붙이면(薄諸河)"이라 하였으니 진나라 군사가 이미 황하를 건넌 것으로, 기마는 황하 동쪽에 있지 황하 서쪽에 있는 것이 아님을 분명히 알 수 있다. 합양에 기마가 있다는 것에 대해 강영(江永)의 『고실(考實)』에서는 "성공 13년 『전』에서는 '우리 왕관(王官)을 포로로 잡고 우리 기마를 쳤다'라 하였으니 진(秦)나라가 그 백성들을 황하 서쪽으로 옮긴 것 같으니 이 때문에 징성(澄城)에도 왕관이 있고, 합양에도 기마가 있게 된 것일 따름이다"라 하였는데 그렇게 말하는 것도 무리는 아니다.

郤缺將上軍,[37]	극결이 상군장이 되었고
臾騈佐之.[38]	유변이 보좌하였다.
欒盾將下軍,[39]	난순이 하군장이 되었고
胥甲佐之.[40]	서갑이 보좌하였다.
范無恤御戎,[41]	범무휼이 융거의 어자가 되어
以從秦師于河曲.	하곡에서 진나라 군사를 쫓았다.
臾騈曰,	유변이 말하였다.
"秦不能久,	"진나라는 오래 버틸 수 없으니
請深壘固軍以待之."[42]	누벽을 높이 쌓고 군대를 공고히 하여 기다리십시오."
從之.	그대로 따랐다.
秦人欲戰.	진나라 사람이 싸우고자 하였다.
秦伯謂士會曰,[43]	진백이 사회에게 말하였다.

36 두예는 "임보(林父)가 선극(先克)을 대신하였다"라 하였다. 진나라가 장수를 바꾼 것은 7, 8, 9년까지의 『전』을 참고할 만하다.

37 두예는 "기정(箕鄭)을 대신하였다"라 하였다. 극결은 희공 33년 『전』에 보인다.

38 두예는 "임보를 대신하였다"라 하였다. 유변은 문공 6년의 『전』에 보인다.

39 난순(欒盾): 두예는 "난지(欒枝)의 아들로 선말(先蔑)을 대신했다"라 하였다.

40 서갑(胥甲): 두예는 "서신(胥臣)의 아들로 선도(先都)를 대신했다"라 하였다. 서갑은 선공 원년의 『경』과 『전』에서 모두 서갑보(胥甲父)라 하였으니 갑보는 그 자이다.

41 범무휼(范無恤): 두예는 "보초(步招)를 대신하였다"라 하였다.

42 심루(深壘): 심(深)은 높다는 뜻이다. 장공 26년 『전』과 『주』에 보인다. 심루는 벽루(壁壘)를 높이는 것이다. 군영에서 흙을 쌓아 스스로 지키는 것을 루(壘)라고 한다.

43 사회(士會): 진(晉)나라 사회는 7년에 진(秦)나라로 달아났으며 이때는 진군의 모사(謀士)였다.

“若何而戰?”[44]	“어떻게 하면 싸울까?”
對曰,	대답하여 말하였다.
“趙氏新出其屬曰臾駢,[45]	“조씨가 새로 그 부하를 발탁하였는데 유변이라 하며
必實爲此謀,	필시 실로 그의 계책일 것으로
將以老我師也.	우리 군사의 사기를 지치게 하려는 것입니다.
趙有側室曰穿,[46]	조씨에게는 측실이 있는데 천이라 하며
晉君之壻也,[47]	진나라 임금의 사위로
有寵而弱,[48]	총애를 받았으나 어려서
不在軍事;[49]	군대의 일은 잘 살피지 못합니다.

---

44 어떻게 해야 장기전에 돌입하려고 “누벽을 높이 쌓고 군을 공고히 하는” 국면을 타파하여 진(晉)나라 군사들을 꾀어 싸우게 할 수 있을 것인가 하는 말이다.

45 두예는 “유변과 조돈은 속대부(屬大夫)로 새로 좌상군이 되었다”라 하였다.

46 측실(側室): 두 가지 의미가 있는데, 하나는 관직 이름이고 하나는 곁자식이다. 환공 2년의 『전』과 『주』에 상세히 보인다. 고서(古書)에는 조씨의 세계에 대하여 말한 것이 매우 많다. 조숙(趙夙)과 조최(趙衰)의 관계를 가지고만 말하더라도 「진어」에서는 형제라 하였고, 『세본(世本)』에서는 부자, 『사기』에서는 조손이라 하였는데, 민공 원년의 『전』과 『주』에서 그 대략을 이미 논한 바 있다. 여기서는 이미 혜동(惠棟)의 『보주(補注)』의 설을 따라 부자지간으로 하였으니, 조돈은 조숙의 손자가 된다. 그런데 두예는 여기에 주석을 달고 “천은 조숙의 서손(庶孫)이다”라 하였으니 조돈에게는 삼촌의 형제가 된다. 「진세가」에서는 “조돈의 곤제(昆弟) 장군 조돈”이라 하였으니 또한 증명할 수 있다.

47 이때 진나라 임금은 영공(靈公)으로 나이가 아직 어려 사위가 있을 수 없으므로 진양공(晉襄公)을 가리킨 것이다.

48 유총(有寵): 조돈이 총애한 것을 이른다.
약(弱): 두예는 “나이가 어린 것이다(年少也)”라 하였다.

好勇而狂,[50]	용력을 좋아하고 제멋대로이며
且惡臾駢之佐上軍也.[51]	또한 유변이 상군을 보좌하는 것을 미워합니다.
若使輕者肆焉,[52]	가벼운 무리들로 속히 치고 빠지게 하면
其可."	될 것입니다."
秦伯以璧祈戰于河.[53]	진백이 벽옥을 가지고 승전을 빌고 하에서 싸웠다.
十二月戊午,	12월 무오일에
秦軍掩晉上軍.[54]	진나라 군사가 진나라 상군을 엄습하였다.

49 『상서·순전(舜典)』에 "선기옥형을 살피시어 천체의 운행을 바로 잡았다(在璿璣玉衡, 以齊七政)"라는 말이 있는데 『주』에서 "재는 살핀다는 뜻이다"라 하였다. 그러므로 두예가 "또한 일찍이 군사의 일을 겪어 알지(涉知) 못한다"라 하여 "涉知"로 "在"자를 풀이한 것은 믿을 만하다. 이것과 9년 『전』의 "마음이 패제후에 없으니(不在諸侯)"는 구법은 비록 같지만 글자의 의미는 같지 않다.

50 광(狂): 광망(狂妄), 곧 미쳐 도리에 어그러지는 것을 말함.

51 유변을 미워하기 때문에 진나라가 상군을 공격하면 조천이 "황하로 밀어붙이는(薄諸河)" 책모를 반대할 것이라는 말.

52 은공 9년의 『전』에 "용감하나 굳센 의지가 없는 병사를 시켜 적을 시험해 보고 속히 떠나게 하십시오(使勇而無剛者, 嘗寇而速去之)"라는 말이 나오는데 곧 이 뜻이다. 경(輕)은 "용감하나 굳센 의지가 없는 병사들"이다.
사(肆): 『시경·대아·황의(大雅·皇矣)』에 "치고 무찌른다(是伐是肆)"라는 말이 나오는데, 모씨의 주석〔전(傳)〕에서는 "사는 빠른 것(疾)이다"라 하였다. 정씨의 주석〔전(箋)〕에서는 "사는 범하여 부딪히는 것(犯突)이다"라 하였다. 두예는 이곳에 주석을 달고 "사는 잠깐 갔다가 물러나는 것(暫往而退)이다"라 하였다. 이 세 가지의 뜻은 서로 가까워 상호간에 보충이 될 수 있다.

53 두예는 "승전(勝戰)을 기구하였다"라 하였다.

54 엄은 곧 위에 나온 사(肆)의 뜻이다. 유독 진(晉)나라의 상군을 친 것은 유변이 상군에

趙穿追之,[55]	조천이 추격하였으나
不及.	미치지 못하였다.
反,	돌아와서
怒曰,	화를 내며 말하였다.
"裹糧坐甲,[56]	"양식을 싸들고 갑옷을 입은 것은
固敵是求.	실로 적을 구함이다.
敵至不擊,	적이 이르렀는데도 치지 않으니
將何俟焉?"	장차 무엇을 기다리는 것인가?"
軍吏曰,	군리가 말하였다.
"將有待也."[57]	"장차 기다리는 것이 있습니다."
穿曰,	조천이 말하였다.

있기 때문에 진(秦)나라가 굳이 이로써 조천을 격분시키기 위함이다.

55 두예는 "상군이 움직이지 않아 조천이 홀로 쫓은 것이다"라 하였다.

56 좌갑(坐甲): 두 가지 해석이 있다. 공영달은 "갑은 적을 만나면 몸에 입고, 싸우지 않을 때는 땅에다 깔고 앉는다"라 하였고, 다케조에 고코(竹添光鴻)는 『회전(會箋)』에서 "갑옷을 깔고 앉아서 적을 기다리며 적이 이르렀을 때 빨리 입을 수 있게 하는 것이다"라 하였다. 이는 모두 좌갑을 갑옷을 착용하지 않은 것으로 본 것이다. 혜동(惠棟)의 『보주(補注)』에서는 "소공 27년 『전』에서는 오나라 왕이 갑사(甲士)들을 길에 앉게 하였으므로 '좌갑'이라 하였다"라 하였다. 심흠한(沈欽韓)의 『보주(補注)』에서는 "갑옷을 입고 앉아 수시로 벗지 못하게 함을 말한다"라 하였다. 이는 모두 "좌갑"을 이미 갑옷을 착용하고 있는 것으로 본 것이다. 성공 2년의 『전』에서는 "갑옷을 입고 병기를 잡은 것은 본래 사지로 나가기 위함이었다(擐甲執兵, 固卽死也)"라는 말이 나오는데, 문장의 뜻과 구법이 이와 비슷하며 또한 이미 갑옷을 착용하고 있는 것이라 말하였으니, 후자의 설이 비교적 정확하다.

57 위에 "누벽을 높이 쌓고 군대를 공고히하여 기다리십시오(請深壘固軍以待之)"라는 말이 나오는데 이곳의 대(待)자와 서로 상응한다.

"我不知謀,

將獨出."

乃以其屬出.[58]

宣子曰,

"秦獲穿也,[59]

獲一卿矣.[60]

秦以勝歸,

我何以報?"[61]

乃皆出戰,

交綏.[62]

"나는 계책을 모르니

홀로 나가겠다."

이에 그 부하들을 거느리고 나갔다.

선자가 말하였다.

"진나라가 조천을 사로잡으면

경 하나를 사로잡는 것이다.

진나라가 승리해서 돌아가면

내가 어떻게 보고하겠는가?"

이에 모두 나가 싸우다가

함께 물러났다.

---

58 조천은 장수는 아니지만 경이라는 위치를 가지고 군중에 있으므로 반드시 그가 통솔하는 군사들이 있을 것이다.

59 가설이다. 조천이 혼자 싸우러 나갔다가 패하는 것을 말한다.

60 두예는 "희공 33년 진후가 일명(一命)으로 극결을 경에 임명하고서도 장수의 수에는 넣지 않았으니, 그렇다면 진나라에는 절로 이름만 있고 실무는 없는 경이 있었다"라 하였다. 그런 까닭에 조천은 실제 경이었다. 심흠한은 『보주(補注)』에서 "조천은 공의 사위이니 귀중하기가 경과 같으므로 사로잡힐 것을 근심한 것이며, 조천은 이때 경이 아니었다"라 하였다. 조천이 경이 아니라면 조돈은 이렇게 말하지 않아야 했을 것이니 심흠한의 공박은 틀린 것 같다.

61 보(報): 돌아가 백성들에게 알리는 것이다.

62 유월(兪樾)의 『평의(平議)』에서는 "수(綏)와 퇴(退)는 옛날에는 소리가 같았으며, 교수(交綏)는 바로 교퇴(交退)이니 곧 고문의 소리가 같은 글자를 가차하는 상례(常例)이다"라 하였다. 두예는 "『사마법(司馬法)』에서 말하기를 '달아나는 병사를 멀리까지 쫓지 않았고 후퇴하는 적을 따라잡지 않았다. 달아나는 병사를 멀리까지 쫓지 않으면 (적이) 유인하기 어렵고 후퇴하는 적을 따라잡지 않으면 (우리 성을) 함락시키기 어렵다'라 하였다. 그렇다면 옛날에는 군사를 후퇴시키는 것을 수(綏)라고 하였다. 진나라와 진나라가 굳이 싸우고자 하는 뜻이 없어서 짧은 무기가 이르기도 전에 둘 다 후퇴하였으므로 교수(交綏)라고 하였다"라 하였다. 『삼국지·무제기(三國志·武帝紀)』에서는 전국시대 제(齊)

秦行人夜戒晉師曰,[63]	진나라의 행인이 밤에 진나라 군사에게 알리어 말하였다.
"兩軍之士皆未慭也,[64]	"양군의 병사들이 모두 싸우기를 바라지를 않으니
明日請相見也."	내일 서로 보기를 청합니다."
臾駢曰,	유변이 말하였다.
"使者目動而言肆,[65]	"사자가 눈이 움직이고 말이 절도가 안 맞으니
懼我也,	우리를 두려워하여
將遁矣.	달아나려는 것이다.
薄諸河,[66]	하에서 밀어붙이면
必敗之."	반드시 물리칠 것이다."
胥甲, 趙穿當軍門呼曰,[67]	서갑과 조천이 영문 앞에 이르러 소리 질렀다.
"死傷未收而棄之.[68]	"사상자를 거두지 않고 버리는 것은

나라 사마양저(司馬穰苴) 『사마법』을 인용하여 "장군은 퇴각하면 죽는다"라 하였는데 『주』에서 『위서』를 인용하며 말하기를 "수는 물러나는 것이다(綏, 卻也)"라 하였다.

63 계(戒): 청하다.

64 은(慭): 기꺼워하다, 원하다. 일중(日中)에 쌍방이 퇴각하니 두 나라 군사가 모두 마음이 마뜩찮아 할 것이므로 내일 싸울 것을 청함을 말한다.

65 두예는 "눈이 움직이는 것은 마음이 불안한 것이며, 말이 절도가 맞지 않음은 소리가 커서 평상시의 절도를 잃은 것이다"라 하였다.

66 박(薄): 박(迫)과 같은 뜻. 밀어붙이다, 다그치다.

67 당군문(當軍門): 군문은 영문(營門)이다. 당군문은 진(晉)나라 군사들이 나가서 진나라 군사를 다그치는 것을 막은 것이다.

不惠也.	은혜롭지 않은 것이다.
不待期而薄人於險,[69]	때를 기다리지 않고 사람을 험한 곳으로 밀어 넣는 것은
無勇也."	용기가 없는 것이다."
乃止.[70]	이에 그만두었다.
秦師夜遁.[71]	진나라 군사가 밤에 달아났다.
復侵晉,	다시 진나라를 침공하여
入瑕.[72]	하에 들어갔다.

城諸及鄆,	제와 운에 성을 쌓았는데

68 진(晉)나라 군사가 진(晉)나라의 상군을 습격하여 모두 나가 싸웠는데, 큰 싸움은 아니었지만 또한 사상자가 있었다. 옛날에는 군대가 대패하지 않으면 반드시 사상자를 거두어 가는데, 이때 진(晉)나라에서는 미처 사상자를 수습하지 못하였는데도 사자가 말하는 것을 듣고 즉시 나가서 싸우려한 것이다.

69 진나라가 내일 보자고 약속을 하였는데 진(晉)나라 군사가 밤에 나가려 하였으므로 "때를 기다리지 않았다"라 한 것이다. 진(秦)나라 군사를 황하로 몰아넣어 다그쳤으므로 "험한 곳으로"라 하였다.

70 선공 원년 진나라가 이 전역(戰役)에서 명을 따르지 않은 것을 문책하여 서갑을 추방하였는데도 조천은 문책하지 않은 것은 조천이 총애를 받았기 때문일 것이다.

71 「연표」에서는 진나라와 진나라 양쪽에 이 일을 서술하였는데 모두 『전』의 서술과 합치된다. 그러나 「진본기」에서는 "6년 진(秦)나라가 진나라를 쳐서 기마를 차지하였다. 하곡에서 싸웠는데 진나라 군사를 크게 물리쳤다"라 하였고, 「진세가」에서는 "6년 진강공이 진나라를 쳐서 기마를 차지하였다. 진후가 노하여 조돈과 조천, 극결에게 진나라를 치도록 하였는데 하곡에서 크게 싸웠으며 조천의 공이 가장 컸다"라 하여 또한 『전』의 내용과는 어긋난다. 『설원·지공(至公)』편에도 이 일을 서술하고 있는데 대강은 『전』과 같으며, 다만 조천을 조돈이라고 잘못 말하였다.

72 하(瑕): 희공 30년의 『전』과 『주』에 보인다.

書,	기록한 것은

時也.	시의적절했기 때문이다.

문공 13년

經

十有三年春王正月.[1]	13년 봄 주력으로 정월.

夏五月壬午,[2]	여름 5월 임오일에

陳侯朔卒.[3]	진후 삭이 죽었다.

邾子籧篨卒.[4]	주자 거제가 죽었다.

自正月不雨,	정월부터 비가 내리지 않아

至于秋七月.[5]	가을 7월까지 지속되었다.

---

1 십유삼년(十有三年): 정미년 B.C. 614년으로 주경왕(周頃王) 5년이다. 정월 초5일 기축일이 동지로, 건자(建子)이다.

2 왕도(王韜)가 말하기를 "5월에는 임오일이 없고 전달 그믐에 있었다"라 하였다. 두예는 주석을 달지 않았으니 그가 가진 『장력(長曆)』에는 5월에 임오일이 있었다.

3 『전』이 없다. 진후는 진공공(陳共公)이다. 희공 29년에 즉위하였다. 장례를 기록하지 않은 것은 노나라가 장례에 참석하지 않아서일 것이다.

4 거제(蘧蒢): 『공양전』과 『곡량전』에는 모두 대 죽(竹)부의 "籧篨"로 되어 있다. 『설문』에 따르면 초두〔艸〕의 거(蘧)와 제(蒢chú)는 두 가지 별개의 사물이다. 그러나 대 죽부의 거(籧)와 저(篨chú)는 모두 거친 대자리〔竹席〕로 동일한 사물이다. 이는 사물을 빌려 이름을 삼은 것으로 대 죽부의 글자를 따르는 것이 옳을 것 같다. 무릇 예서(隸書)의 대 죽부에 있던 글자는 초두로 많이 변형되었다. 이곳의 "蘧蒢" 또한 혹 예서가 변형된 것인 듯하다. 공영달은 "거제는 주자 쇄(瑣)의 아들이다. 장공 29년에 즉위하였으며 희공 원년 노나라와 낙(犖)에서 회맹하였다"라 하였다.

大室屋壞.[6]	태묘의 지붕이 무너졌다.
冬,	겨울에
公如晉.	공이 진나라에 갔다.
衛侯會公于沓.[7]	위후가 답에서 공을 만났다.
狄侵衛.[8]	적나라가 위나라를 침공하였다.
十有二月己丑,[9]	12월 기축일에
公及晉侯盟.	공이 진나라 제후와 회맹하였다.
公還自晉,	공이 진나라에서 돌아오자

---

5 『전』이 없다. 두예는 "뜻이 2년과 같다"라 하였다.

6 대실(大室): "大"는 『공양전』에는 "世"로 되어 있다. 혜동의 『공양고의(公羊古義)』에서는 "『공양전』은 모두 '世'를 '大'라 하였는데, 이를테면 위나라 '대숙의(大叔儀)'를 '세숙의(世叔儀)'라 하였고, 송나라 '악대심(樂大心)'을 '악세심(樂世心)'이라 하였다"라 하였다. 대실은 가규와 복건, 두예가 모두 "태묘지실(大廟之室)"이라 하였는데 옳다. 태묘는 주공(周公)을 모신 사당이다. 태실이란 것은 태묘의 중앙에 있는 큰 묘실이다. 『서경·낙고(洛誥)』에 "임금은 태실로 들어가 강신제를 지낸다(王入大室祼)"라는 말이 있고, 소공 13년 『전』에서는 "태실의 뜻에 벽옥을 묻는다(埋璧於大室之庭)"라 하였으며, 『예기·월령(月令)』에서 "천자는 태묘의 태실에 거처한다(天子居大廟大室)"라 한 것으로 알 수 있다. 태실은 2층으로 짓는데 지붕 위에 지붕이 있으므로 옛날에는 중옥(重屋)이라 하였다. 여기서 "지붕이 무너졌다"라 한 것은 위층이 무너졌다는 뜻으로 다 무너졌다는 것은 아니다.

7 두예는 "답은 지명인데 소재지를 빠뜨렸다(沓, 地闕)"라 하였다. 서탁(徐卓: 1897~1969)의 『경의미상설(經義未詳說)』에서는 "노나라는 연주(兗州)에 도읍을 두었고, 진나라는 평양(平陽)에 도읍을 두었으며, 정나라와 위나라는 진나라와 노나라 사이에 엇섞였다. 노공은 진나라에 갈 때 반드시 정나라와 위나라의 교외를 거쳐야 한다. 정백이 비(棐)에서 공을 만나도 또한 진나라에 화친을 청하여야 하는데, 두예는 '비는 정나라 땅이다'라 하였으니 위후가 답에서 공을 만나면서 진나라에 화친을 청한 것으로 보아 답은 당연히 위나라에 있는 땅일 것이다"라 하였다.

8 『전』이 없다.

9 12월에는 기축일이 없다. 청나라 포신언(包愼言)의 『춘추공양전역보(春秋公羊傳曆譜)』에서는 "을축(乙丑)"의 오자일 것이라고 의심하였다. 을축일은 16일이다.

鄭伯會公于棐.[10]	정백이 비에서 공을 만났다.

傳

十三年春,	13년 봄
晉侯使詹嘉處瑕,[11]	진후가 첨가를 하에 머무르게 하여
以守桃林之塞.[12]	도림지새를 지키게 했다.
晉人患秦之用士會也,	진나라 사람이 진나라가 사회를 쓰는 것을 근심하여
夏,	여름에
六卿相見於諸浮.[13]	6경이 제부에서 함께 만났다.

---

10 비(棐): 『공양전』에는 "斐"로 되어 있다. 같은 음의 통가자이다. 두예는 "비는 정나라 땅이다"라 하였다. 곧 선공 원년 및 양공 31년 『전』의 비림(棐林)일 것으로 지금의 하남성 신정현(新鄭縣) 동쪽 25리 지점에 있다.

11 두예는 "첨가는 진나라의 대부로 하읍을 내렸다"라 하였다. 성공 원년 『전』에서는 첨가(詹嘉)를 하가(瑕嘉)라 하였으니 하를 첨가의 채읍으로 생각하였으므로 두예가 "하읍을 내렸다"라 하였다.

12 도림지새(桃林之塞): 도림새(桃林塞)는 지금의 하남성 영보현(靈寶縣) 수향(閿鄉) 서쪽에 있으며 섬서성 동관(潼關)의 경계에 접해 있다. 하는 지금의 산서성 예성(芮城) 남쪽에 있어 도림과는 하를 사이에 두고 마주 보고 있으므로, 하에 거처하면 도림을 지키어 진나라 군사가 동쪽으로 나가는 것을 막을 수 있다. 고염무의 『일지록(日知錄)』 권31에서는 하(瑕)는 호(胡)와 음이 같으니 곧 『한서·지리지(漢書·地理志)』의 호(湖)로 지금의 하남성 수향(閿鄉)이라 하였다. 수향은 곧 지금의 하남성 괵략진(虢略鎭)이다. 심흠한의 『지명보주(地名補注)』에서도 하는 지금의 하남성 섬현(陝縣) 서남쪽에 있다 하였는데, 모두 서로간의 거리가 멀지 않다.

13 공영달은 "6경은 내조(內朝)에 있으면서 아침저녁으로 모이는데, 특별히 '제부에서 함께 만났다'라 한 것은 비밀 모의를 하고자 하나 기밀이 누설될 것을 염려하여 야외로 나가 남들의 사적인 의견을 차단한 것이다. 제부는 성 밖의 가까운 땅일 것이다"라 하였다.

趙宣子曰,[14]	조선자가 말하였다.
"隨會在秦,[15]	"수회는 진에 있고
賈季在狄,[16]	가계는 적에 있어
難日至矣,	난이 날로 이르니
若之何?"	이를 어찌하겠소?"
中行桓子曰,[17]	중항환자가 말하였다.
"請復賈季,	"청컨대 가계를 복위시키면
能外事,[18]	국외의 일에 능하고
且由舊勳."[19]	또한 옛날에 공로가 있는 사람을 쓰는 것입니다."
郤成子曰,[20]	극성자가 말하였다.
"賈季亂,[21]	"가계는 난을 일으켰고
且罪大,[22]	또한 죄가 커서

---

14 조선자(趙宣子): 조돈(趙盾)이다.

15 수회(隨會): 곧 사회(士會)로 희공 28년 『전』과 『주』에 상세하다.

16 가계가 적나라로 달아난 일은 6년의 『전』을 보라.

17 두예는 "중항환자는 순림보(荀林父)이다. 희공 28년에 비로소 중항장이 되었기 때문에 씨로 삼은 것이다"라 하였다.

18 공영달은 "가계는 본래 적나라 사람으로 외경(外境)의 일을 잘 알았다"라 하였다.

19 유(由): 쓴다[用]는 뜻이다.
구훈(舊勳): 그의 부친 호언(狐偃)을 가리키는데, 문공 때에 큰 공로가 있었다.

20 극성자(郤成子): 극결(郤缺)이다.

21 난(亂): 난을 일으키기를 좋아하는 것을 가리키는데, 이를테면 6년의 사람을 시켜 공자 낙(公子樂)을 불러들여 즉위시키려 한 것 같은 것이다.

22 두예는 "양처보(陽處父)를 죽인 까닭이다"라 하였다. 역시 6년 『전』에 보인다.

不如隨會.	수회만 못합니다.
能賤而有耻,	천하면서도 염치가 있고
柔而不犯,	부드러우면서도 범하지 않을 수 있으니
其知足使也.[23]	지혜가 부릴 만합니다.
且無罪."	또한 죄도 없습니다."
乃使魏壽餘僞以魏叛者,[24]	이에 위수여를 위나라 사람을 거느리고 배반한 것처럼 위장하게 하여
以誘士會.	사회를 꾀게 하였다.
執其帑於晉,	그 처자를 진나라에 잡아 두고
使夜逸.[25]	밤에 달아나게 하였다.
請自歸于秦,[26]	진나라에 귀순하기를 청하니
秦伯許之.[27]	진백이 허락하였다.

23 지(知): 지(智)와 같다.

24 위수여(魏壽餘): 환공 3년의 『전』과 『주』에 보인다. 민공 원년 『전』에서는 "진후가 2군을 일으켜 위나라를 멸하고 필만에게는 위를 내렸다(晉侯作二軍, 以滅魏. 賜畢萬魏)"라 하였으니 위수여는 곧 필만의 후손이다. 공영달은 "위주(魏犨)는 필만의 손자로 위씨의 적통이다. 수여는 위읍(魏邑)의 주인이니 위주의 가까운 친척일 것이다"라 하였다.

25 위수여가 거짓으로 위읍을 들어 배반하려 하였으므로 진나라 사람이 거짓으로 그 처자들을 진나라로 데려다가 잡아 두고 나중에 다시 그로 하여금 밤에 도망가게 한 것이다.

26 위수여가 도망쳐 진나라에 이르러 진나라에 위읍 및 그 백성들을 데리고 귀순하기를 청한 것이다.

27 두예는 "그 읍을 받을 것을 허락한 것이다"라 하였다.

履士會之足於朝.[28]	조정에서 사회의 발을 밟았다.
秦伯師于河西,[29]	진백은 황하 서쪽에 주둔하고
魏人在東,[30]	위나라 사람은 동쪽에 있었는데,
壽餘曰,	수여가 말하였다.
"請東人之能與夫二三有司言者,	"청컨대 동쪽 사람 가운데 능히 두세 유사와 말을 할 수 있는 사람이 있으면
吾與之先."[31]	내가 그와 먼저 가게 해주십시오."
使士會.	사회를 시켰다.
士會辭,	사회가 사퇴하여
曰,	말하였다.
"晉人,	"진나라 사람은
虎狼也.	호랑이나 이리입니다.
若背其言,	그 말을 저버리면

28 말을 하기가 불편하여 암암리에 발을 밟아 그 뜻을 드러낸 것이다.

29 진나라와 진나라는 이때 황화를 경계로 하고 있었다. 진나라는 황하의 서쪽에서 군사를 이끌고 위나라를 취하려고 하였다.

30 위나라가 황하 동쪽에 있기 때문에 위나라 사람이 동쪽에 있는 것이다.

31 이 부분이 사회를 꾀는 계책의 관건이 되는 부분이다. "동쪽 사람(東人)"은 곧 진(晉)나라 사람인데 진(晉)나라가 진(秦)나라의 동쪽에 있기 때문이다. 두세 유사는 위읍의 신하와 관리를 이른다. 진(晉)나라 사람으로 진(秦)나라에 있으면서 위리(魏吏)와 유관한 관리들과 말을 할 수 있는 사람은 사회를 제외하면 다른 사람은 있기 어려울 것이다. 사회라고 명확하게 말하지 않은 것은 진나라가 의심을 할까 봐서였다. 그와 먼저 가게 한다는 것은 먼저 황하를 건너 위나라로 가는 것, 곧 진나라로 가는 것을 말한다.

臣死,	신은 죽고
妻子爲戮,	처자는 죽임을 당하여
無益於君,	임금께 도움이 되지 않으니
不可悔也."[32]	후회해도 미칠 수 없습니다."
秦伯曰,	진백이 말하였다.
"若背其言,[33]	"그 말을 저버린다 해도
所不歸爾帑者,	그대의 처자를 돌려보내지 않으면
有如河!"[34]	황하 같은 것이 있다!"
乃行.	이에 갔다.
繞朝贈之以策,[35]	요조가 그에게 책서(策書)를 주며
曰,	말하였다.

32 사회가 이미 위수여의 뜻을 알았지만 진나라로 돌아간 뒤에는 처자가 진나라에 의해 살육될까 두려워하여 일부러 이 말을 하여 자신은 떠날 뜻이 없음을 밝힌 것이다.

33 만약에 진(晉)나라가 그 말을 저버린다면이라는 뜻이다.

34 위에서 사회가 "처자는 죽임을 당한다" 하였는데 여기서는 "너의 탕(帑)을 돌려보낸다" 하였으니 탕(帑)이 곧 처자임을 알겠으며, 탕을 아들로 보는 것은 온전한 뜻이 아니다.

35 요조(繞朝): 진나라의 대부. 마왕퇴(馬王堆) 3호 묘에서 출토된 백서(帛書)에 의하면 사회가 위수여의 일을 알고 있었다고 참언하여 죽음을 당한다고 하였다. 백서에는 효조(曉朝)로 되어 있다.
책(策): 두 가지 뜻이 있다. 하나는 책서(策書), 곧 간책(簡策)의 책(策)이다. 하나는 채찍, 곧 편책(鞭策)이라는 뜻이다. 복건은 앞의 뜻으로 쓰였다 하였고, 두예는 뒤의 뜻으로 쓰였다고 주장하였다. 육조시대 양(梁)나라 유협(劉勰)의 『문심조룡·서화(文心雕龍·書化)』편에서는 "춘추시대에는 빙문이 빈번하여 서간을 휴대한 사자의 왕래가 더욱 많아졌다. 요조는 사회에게 간책을 주었고 자가(子家)는 조선자(趙宣子)에게 서간을 보냈다"라 하여 복건의 뜻을 썼다.

“子無謂秦無人,	“그대는 진나라에 사람이 없다고 말하지 마라,
吾謀適不用也.”[36]	나의 계책이 마침 쓰이지 않았을 뿐이다.”
旣濟,[37]	건너가더니
魏人譟而還.[38]	위나라 사람들이 떠들썩하며 돌아갔다.
秦人歸其帑.[39]	진나라 사람은 처자를 보내 주었고
其處者爲劉氏.[40]	남은 사람은 유씨가 되었다.

---

36 『전』에 의하면 요조는 일찍이 진나라 사람의 계책을 알고 사회가 동쪽으로 가는 것을 막았는데 진강공이 그 말을 쓰지 않았다. 『한비자·세난(說難)』편에서는 “진(秦)나라 요조의 말은 합당하여 진(晉)나라에서는 성인이 되었지만 진(秦)나라에서는 죽음을 당하였다”라 하였다. 요조는 이 때문에 피살되었고 마왕퇴 3호 묘에서 출토된 백서 『춘추사어(春秋事語)』에서도 “임금이 요조를 죽였다”라 하였으니 한비의 말이 근거가 없는 것은 아니다.

37 황하를 건너 동쪽으로 간 것이다.

38 위인(魏人): 수여(壽餘) 등이다.
조이환(譟而還): 여럿이서 고함치는 것을 조라고 한다. 그 계획이 이미 행하여져서 사회를 얻은 것을 기뻐한 것이다.

39 진강공이 처자를 보내 주겠다고 허락한 말을 실천한 것이다.

40 사회의 자손 중에 진(晉)나라로 돌아가지 않고 여전히 진(秦)나라에 거처한 사람들은 유(劉)를 씨로 삼았다는 말이다. 씨를 유라 한 것은 사회가 요임금의 후예로 소공 29년 『전』에서 “도당씨(陶唐氏)가 쇠하자 그 후손에 유루(劉累)가 있었다”라 하였으니 유루의 혈통이 되므로 누(累)의 성을 되찾은 것이다. 『후한서·가규전(賈逵傳)』에는 가규가 장제(章帝)에게 올리는 상주문이 실려 있는데 “오경의 학자들은 모두 도식(圖識)을 증명할 길이 없는데 유씨(劉氏)가 요임금의 후손이라는 것을 밝힌 것은 『좌씨』만이 밝은 글이 있습니다”라 하였는데, 바로 이 구절을 가리킨다. 범엽(范曄)이 논하여 말하기를 “가규는 부회하는 글을 바쳐 가장 현귀해졌다”라 하였다. 공영달은 “아래위를 찾아보니 문장이 무리가 다르다. 이 구절은 혹 본래의 뜻이 아닌가 깊이 의심이 간다. 아마 이 말을 끼워 넣어 세상에 아첨을 하려 했던 것 같다”라 하였는데, 이 설이 나오자 후인들이 자못

邾文公卜遷于繹.[41]

주문공이 역에서 천도에 대하여 점을 쳤다.

많이 부화(附和)하였다. 그러나 이 구절은 필시 본래부터 있었으며, 동한 사람이 추가한 것이 아니고 공영달의 주석〔소(疏)〕의 말은 믿을 수가 없다. 첫째로 양공 24년 『전』의 사개(士匃)가 한 말과 소공 29년 『전』의 채묵(蔡墨)의 대답은 모두 범씨가 요임금의 후손, 유루의 후예라 하였으니 더 이상 이 말을 빌어 증거로 삼을 필요가 없다. 둘째, 『한서·휴홍전(眭弘傳)』에 그가 한 말이 수록되어 있는데, "한 왕실은 요임금의 후예"라 하였으니 또한 『좌전』의 설을 쓴 것이다. 휴홍은 무제와 소제(昭帝) 때 사람이니 서한의 『좌전』에 실로 이 글이 있었다. 셋째, 『한서·고제기찬(高帝紀贊)』에서는 유향(劉向)의 「송고조(頌高祖)」를 인용하여 "한나라 황제의 본 세계는 당제(唐帝)에게서 나왔다. 주나라에 이르러 진(秦)나라에서 유씨가 되었다"라 하였는데 "진나라에서 유씨가 되었다"는 것은 곧 『좌전』의 이 말을 쓴 것으로 유향이 본 『좌전』에 이미 이 말이 있었다. 넷째, 『한서·고제기찬(高帝紀贊)』에서는 또한 "고조가 즉위하자 제사를 지내는 관직을 설치하였으니 진(秦), 진(晉), 양(梁), 형(荊)의 무당이 있었다"라 하였다. 주석에서는 응소(應劭)의 말을 인용하여 "선인(先人)이 있는 나라는 모두 사당에 무축(巫祝)을 바쳐 신령의 뜻을 널리 구한다"라 하였다. 또한 문영(文穎)의 말을 인용하여 범씨는 대대로 진(晉)나라에서 벼슬하였기 때문에 제사를 지내는데 진나라의 무당이 있게 되었다. 범회(范會)의 갈라져 나온 혈족이 진(秦)나라에서 유씨가 되었으므로 진나라의 무당이 있게 되었다"라 하였다. 한나라 초기에는 진(晉), 진(晉)나라의 무당이 유방의 선조를 제사 지냈으니 이 말은 더욱 후인에 의해 더하여 지지 않은 것임이 분명하다. 다섯째, 『한서·서전(敍傳)』에서는 반표(班彪)의 「왕명론(王命論)」을 인용하여 "그런 까닭에 유씨는 요임금의 복을 이었으며 씨족의 세대가 『춘추』에 드러났다"라 하였다. 안사고는 "사회가 진나라로 돌아가고 남은 자들이 유씨가 된 것을 이른다"라 하였다. 반표의 연배는 가규보다 이른데 『좌전』의 이 말을 썼으니 또한 이 말이 본래부터 있었음을 증명할 수 있다. 그러므로 반고의 「고제찬」에서도 "노나라 문공 때 진(秦)나라로 달아났다가 나중에 진(晉)나라로 돌아왔는데 남은 사람들은 유씨가 되었다"라 하였다. 여섯째, 정공 5년의 『전』에서 "부개왕(夫槩王)이 돌아가 스스로 즉위하여 왕과 싸워 패하여 초나라로 도망쳐 당계씨(堂谿氏)가 되었다"라 하였다. 당계씨의 후손은 드러나지 않았으므로 이 말에는 의심의 여지가 없다. 곧 "남은 사람은 유씨가 되었다"라는 말은 "초나라로 도망친 사람은 당계씨가 되었다"라는 말과 같다. 어찌 "아래 위를 찾아보니 문장이 무리가 다르다"라고 의심을 할 수 있겠는가?

41 역(繹): 주나라의 읍으로, 지금의 산동성 추현(鄒縣) 동남쪽에는 역산(嶧山)이 있으며, 역(嶧)과 역(繹)은 통하여 쓴다. 주문공이 천도한 곳은 역산의 남쪽과 곽산(郭山)의 북쪽 협곡 지대일 것이다. 1972년 여름 이곳에서 큰비에 구리 솥〔銅鼎〕이 나왔는데 비민보(費敏父)의 시집간 딸과 주나라의 잉정(媵鼎)이었다. 심흠한의 『지명보주(地名補注)』에서는 『산동통지』를 인용하여 주성은 추현 동남쪽 25리 지점에 있으며 주문공(邾文公)이 천도한 성의 둘레는 20여 리이고, 역산의 남쪽에 있는데 세속에서는 기왕성(紀王城)으

史曰,
태사가 말하였다.

"利於民而不利於君."
"백성들에게는 이로우나 임금님께는 이롭지 못합니다."

邾子曰,
주자가 말하였다.

"苟利於民,
"백성에게 이롭기만 하다면

孤之利也.
과인에게 이로운 것이다.

天生民而樹之君,[42]
하늘이 백성을 내고 임금을 세운 것은

以利之也.
그들을 이롭게 하기 위함이다.

民旣利矣,
백성들이 이로워지면

孤必與焉."
나도 반드시 거기에 함께할 것이다."

左右曰,
좌우에서 말하였다.

"命可長也,
"명을 늘일 수 있는데

君何弗爲?"
임금께서는 어찌 그렇게 하지 않으십니까?"

로 잘못 알려졌다. 주나라가 천도를 한 후 경내에 또 다른 역읍이 생겼는데 선공 10년 공손귀보(公孫歸父)가 군사를 거느리고 주나라를 쳐서 역을 빼앗은 것은 곧 다른 별읍이지 그 국도를 빼앗은 것은 아니다.

42 『시경·주송·유고(周頌·有瞽)』에 "종경 걸이에는 깃 꽂았다네(崇牙樹羽)"라는 구절이 있는데, 모씨의 주석에서는 "수우는 깃을 꽂는 것이다"라 하였다. 성공 2년의 『전』에 "덕을 세워 공동의 욕구를 이루었다(樹德而濟同欲焉)"는 말이 있는데, 두예는 "수는 세우는 것이다(樹, 立也)"라 하였으니 수에는 세워서 꽂는다는 뜻이 있다. 수지군(樹之君)은 그것 때문에 군주를 세운다는 뜻이다.

邾子曰,	주자가 말하였다.
“命在養民.	“명은 백성을 기르는 데 있다.
死之短長,[43]	일찍 죽고 늦게 죽는 것은
時也.[44]	시운이다.
民苟利矣,	백성들만 이롭다면야
遷也,	천도를 할 것이니
吉莫如之!”	이렇게 길한 것은 없으리라!”
遂遷于繹.	마침내 역으로 천도하였다.
五月,	5월에
邾文公卒.[45]	주문공이 죽었다.
君子曰,	군자가 말하였다.
“知命.”	“천명을 알았다.”
秋七月,	가을 7월에
大室之屋壞,	태묘의 지붕이 무너졌는데
書,	기록한 것은

43 가나자와 문고본(金澤文庫本)에는 “死生之短長”으로 되어 있는데 생(生)자는 연문인 것 같다.

44 좌우에서 말하는 명(命)은 수명(壽命)이라는 뜻이며, 주문공이 말하는 명은 명분이라는 뜻으로 두 뜻이 같지 않은 것 같으므로 생명의 장단을 시운이라 말하였다.

45 주문공이 즉위한 후 이해까지 이미 51년이 되었으므로 늙어 죽었을 것이다.

不共也.[46] 공손하지 못하였기 때문이다.

冬, 겨울에

公如晉朝, 공이 진나라 조정으로 가서

且尋盟.[47] 또한 맹약을 다졌다.

衛侯會公于沓, 위후가 공을 답에서 만나

請平于晉.[48] 진나라에 화평을 청하였다.

公還, 공이 돌아오자

鄭伯會公于棐, 정백이 공을 비에서 만나

亦請平于晉.[49] 또한 진나라에 화평을 청하였다.

公皆成之.[50] 공이 화의를 모두 이루었다.

鄭伯與公宴于棐,[51] 정백이 공과 비에서 연회를 가졌는데

子家賦鴻雁.[52] 자가가 「홍안」편을 읊었다.

---

46 태실(大室): 『경』의 주에 보임. 두예는 "종묘를 태만하게 보고 기울어 쓰러지도록 하였으므로 기록하여 신하들이 공손하지 못함을 드러낸 것이다"라 하였다.

47 『독본(讀本)』에서는 "8년의 형옹(衡雍)의 맹약을 다진 것이다"라 하였다.

48 노문공이 진나라로 가는 길에 위나라를 경유하였는데, 위성공이 특별히 만나 진나라에 화평을 구하기를 도모한 것이다.

49 노문공이 진나라에서 돌아오는 길에 정나라에 들르게 되었는데, 정목공이 또한 특별히 만나서 진나라에 화평을 구하기를 도모한 것이다. 노문공이 허락을 하였다면 반드시 도로 진나라로 돌아가야 했을 것이다.

50 진나라가 화의를 모두 허락하였으며, 이에 이듬해 6월에 신성의 맹약이 있게 되었다. 여기서 말한 "공이 화의를 모두 이루었다"라는 말은 일이 끝난 다음에 한 말이다.

51 이는 "정백이 공을 비에서 만나 또한 진나라에 화평을 청한" 일을 보충하여 서술한 것으로, "공이 화의를 모두 이루었다"라는 구절을 건너뛴 것으로 보아야 한다.

季文子曰,	계문자가 말하였다.
"寡君未免於此."[53]	"과군도 이 처지를 벗어날 수가 없다."
文子賦四月.[54]	문자가 「사월」을 읊었다.
子家賦載馳之四章.[55]	자가가 「재치」의 4장을 읊자

52 자가(子家): 정나라 대부 공자 귀생(公子歸生)의 아들이다.
홍안(鴻雁): 『시경·소아(小雅)』의 편명이다. 『전』에서 모편의 시를 읊었다고만 말하고 모장을 언급하지 않은 것은 모두 첫 장을 가리킨다. 「홍안」의 첫 장은 "홍안 나르니, 파닥파닥 깃날개 치네. 우리는 길 떠나 들판에서 고생했네. 이 불쌍한 사람들이나, 홀아비 과부들 모두 동정하셨네(鴻鴈于飛, 肅肅其羽. 之子于征, 劬勞于野. 爰及矜人, 哀此鰥寡)"이다. 자가가 이 구절을 읊은 것은 정나라가 홀아비 과부로 스스로 비유해서 노문공이 불쌍히 여기고자 함이었으며, 분주히 뛰어다녀 다시 진나라로 가서 화의를 청하게 함이다. 이 장의 "之子"와 "劬勞" 운운한 것은 아마 노나라 임금을 가리킬 것이다.

53 우리도 홀아비나 과부와 같은 처지임을 말한 것으로 아마 미루어 핑계를 대는 말일 것이다.

54 사월(四月): 또한 『시경·소아(小雅)』의 편명이다. 첫 장에서 "4월에는 여름 시작되고, 6월에는 더위 한창이네. 선조들은 사람 아니신가? 어찌 차마 나를 이렇게 하실까?(四月維夏, 六月徂暑. 先祖匪人, 胡寧忍予)"라 하였다. 공영달은 "「사월」은 대부가 부역을 가는 것을 원망한 시이다. 대부가 자기는 4월 초여름이 되어 갔는데 6월이 되어 더위가 한창이라고 말하였다. 추위와 더위가 절기를 바뀌어도 여전히 돌아갈 수 없는 것이다. 우리 선조는 사람이 아닌가? 임금이 어찌 마땅히 우리에게 인내하라 하여 제사도 못 지내게 하는 것인가. 문자는 자신은 돌아가 제사를 지내고 싶으며 다시 진나라로 돌아가고 싶지 않음을 말하였다"라 하였다.

55 재치(載馳): 『시경·용풍(鄘風)』의 편명이다. 허목부인이 지은 것으로 민공 2년의 『전』에 보인다. 『전』에서는 둘 다 "「재치」의 4장"이라고 말하고 졸장(卒章)이라고 말하지 않은 것은 「재치」를 4장으로 나눔에 그치지 않은 것이다. 지금의 『전(傳)』과 『전(箋)』에서는 본래 「재치」를 5장으로 나누었지만 이곳 및 양공 19년의 『전(傳)』에서 읊은 "「재치」 4장"은 그 뜻을 취한 것이 모두 "큰 나라에 호소하고 싶으나, 누가 믿고 누가 와주겠는가?(控于大邦, 誰因誰極)"의 두 구절에 있다. 그런데 『전(傳)』과 『전(箋)』에서는 말장에 나누어 넣었으니 혹 장절을 나눈 수자가 옳다 하더라도 나눈 내용에 대해서는 토의를 거침직하다. 주희의 『집전(集傳)』에서는 이 때문에 「재치」를 4장이라고 고쳤으며, "控于大邦" 두 구절을 4장 속에 두기는 하였지만 또한 졸장이니 여전히 『전(傳)』의 뜻과는 맞지 않는다. 다케조에 고코(竹添光鴻)의 『회전(會箋)』에서는 「재치」는 본래는 5장으로 수장이 6구, 다음 장이 8구, 다음은 6구와 4구이며 마지막 장은 4구라 하였으니 "控于大邦" 두 구절을 4장에 두면 또한 끝장이 아니니 혹 『전』의 뜻과는 맞는 것 같다. "控于大邦, 誰因誰極"

文子賦采薇之四章.[56] 문자는 「채미」의 4장을 읊었다.

鄭伯拜.[57] 정백이 절하자

公答拜. 공은 답례로 절하였다.

문공 14년

經

十有四年春王正月,[1] 14년 봄 주력으로 정월

公至自晉.[2] 공이 진나라에서 왔다.

邾人伐我南鄙, 주나라 사람이 우리나라 남쪽 경계를 쳐서

는 모씨의 시경(모시(毛詩))에서 "공은 당기는 것(引)이다. 극은 이르는 것(極)이다"라 하였다. 정씨는 "지금 위후가 끌어서 도와줄 힘을 구하고자 대국의 제후에게 도움을 바라나 또한 누가 따를 것이며, 누가 이르겠는가?"라 하였다. 자가는 이 시를 읊으며 정나라가 대국인 진나라에게 도움을 청하고자 하였으며, 이로 인해 노나라가 가주기를 바란 것이다.

56 채미(采薇): 『시경·소아』의 편명이다. "전차 몰고 가는데, 사마 씩씩하기도 하네. 어찌 한 곳에 머무를 수 있는가? 한 달에 세 번은 이겨야지(戎車旣駕, 四牡業業. 豈敢定居, 一月三捷)"의 "豈敢定居"의 뜻을 취한 것이다. 감히 편안히 있지 않고 다시 진나라로 돌아가 화의를 이루겠다는 것을 허락한 것이다.

57 두예는 "공이 가주겠다는데 대한 사례를 한 것이다"라 하였다.

1 십유사년(十有四年): 무신년 B.C. 613년으로 주경왕(周頃王) 6년이다. 정월 16일 갑오일이 동지로, 건자(建子)이다.

2 『전』이 없다. 두예는 기록한 것은 종묘에 알렸기 때문이라고 하였다.

叔彭生帥師伐邾.[3]	숙팽생이 군사를 이끌고 주나라를 쳤다.
夏五月乙亥,[4]	여름 5월 을해일에
齊侯潘卒.[5]	제후 반이 죽었다.
六月,	6월에
公會宋公陳侯衛侯鄭伯許男曹伯晉趙盾.	공이 송공과 진후, 위후, 정백, 허남, 조백, 진나라 조돈을 만났다.
癸酉,[6]	계유일에
同盟于新城.[7]	신성에서 동맹을 맺었다.
秋七月,	가을 7월에

3 숙팽생(叔彭生): 11년의『경』과『주』에 보인다.

4 5월에는 을해일이 없다. 기해(己亥)의 착오인 것 같다. 5월은 정축일이 초하룻날로 을해일은 4월 28일이며, 기해일은 5월 23일이 된다.

5 제후반(齊侯潘): 제나라 소공이다. 희공 28년에 즉위하였으니 무릇 재위 20년이다.「연표」에서는 "20년 소공이 죽었다"라 하여『전』의 내용과 부합한다. 그러나「제세가」에서는 "19년 5월 소공이 죽었다"라 하여『전』과 1년 차이가 난다.

6 계유일은 27일이다.

7 두예는 "신성은 송나라 땅으로 양국(梁國) 곡숙현(穀熟縣) 서쪽에 있다"라 하였다. 이에 의하면 지금의 하남성 상구시(商丘市) 서남쪽에 있을 것이다. 그러나 명말청초(明末淸初) 왕부지(王夫之)의『춘추패소(春秋稗疏)』[이하『패소(稗疏)』]에서는 "희공 6년 제후들이 정나라 신성을 에워쌌다. 두예는 '신성은 정나라 신밀(新密)로 지금의 형양(滎陽) 밀현(密縣)이다'라 하였다. 무릇『춘추』의 지명 기록에는 이름은 같은데 땅은 다른 곳이 있으니, 이를테면 고(郜)·방(防)·자(鄑)·오(郚) 따위가 있으니 반드시 그 사적에 따라 그 형세를 거슬러 살펴본 후에 변별하여야 한다. 지금 이곳의 동맹에는 송나라와 정나라가 모두 참여하였다. 아울러 진나라가 제후들과 회맹할 때는 거의 진나라 가까이서 만났다. 정나라의 신성이 아닌 송나라의 신성임을 어찌 알겠는가?"라 하였다.

有星孛入于北斗.[8] 살별이 북두성으로 들어갔다.

公至自會.[9] 공이 회맹에서 돌아왔다.

晉人納捷菑于邾,[10] 진나라 사람이 첩치를 주나라에 들여보내려 하였는데

---

8 성패(星孛): 소공 17년의 『전』에서는 "겨울에 패성(星孛)이 대화성(大火星) 서쪽에서 은하수까지 미쳤다. 신수(申須)가 말하기를 혜성(彗)은 낡은 것을 없애고 새것을 펴는 것이다. ……"라 하여 "혜(彗)"자로 "패(孛)"자를 해석하였다. 『공양전』에서도 "패(孛)는 무엇인가? 혜성이다"라 하여 패(孛)가 곧 혜성임을 알 수 있다. 그러나 소공 26년 『전』에서는 "제나라에 혜성이 나타났는데 제후(齊侯)가 그 때문에 기도를 하게 하였다. 안자(晏子)가 말하기를 '도움이 되지 않는다'라 하였다. ……" 하였으며, 『안자춘추·내편·간(晏子春秋·內篇·諫) 상』과 『사기·제세가』에도 이 일이 모두 실려 있다. 「제세가」에서는 "불성(茀星)이 나타나려 하니 혜성이 무엇이 두려운가?"라 하였고, 「간(諫) 상」에서는 "혜성을 살필 겨를이 어디 있는가? 불성이 또 나타나려는데"라 하였다. 불(茀)은 곧 패(孛)이다. 그러므로 『곡량전』에서는 "패(孛)라는 것은 불(茀)과 같다"라 하였으니 패(孛)와 혜(彗)는 동류이기는 하나 같지는 않으며, 패(孛)가 성하여지면 혜성은 약해진다. 그러므로 『진서·천문지(晋書·天文志)』에서는 "패 또한 혜성에 속하는데 한쪽만 가리키면 혜성이고, 빛발이 사방으로 나오면 패이다"라 하였다. 『한서·문제기(文帝紀)』의 문영(文穎)의 주석에서도 "패와 혜는 모양이 조금 다른데, 패성은 빛발이 짧고 빛이 사방으로 나며 무성하다. 혜성은 빛발이 길며 빗자루처럼 길다"라 하였다. 패가 혜성이기는 하지만 『경』과 『전』에서는 모두 동사로 쓰였다. 애공 13년 『경』에 "동방에 혜성이 나타났다"라 하였고, 14년 『경』에는 "패성이 나타났다"라 한 것으로 더욱 잘 알 수 있다. 곧 이 패(孛)자의 의미는 혜성 가운데 빛발이 무성하게 지나가는 것으로 혜성이 출현했다는 것의 술어로 쓰였다. 근대 천문학자들은 이것을 헬리 혜성으로 생각하며 이것이 헬리 혜성에 대한 세계 최초의 기록이다. 또한 각국의 역사 기록을 조사하여 보면 혜성이 지나갔다고 기록한 것도 이것이 최초이다. 헬리 혜성은 평균 76년에 하번씩 태양에 가까이 다가가는데 육안으로도 볼 수 있다. 이 이후 무릇 헬리 혜성이 다시 나타나면 중국의 고적에 많은 기록이 보이는데, 이로부터 청나라 말기까지 2천여 년 동안 출현만 했다 하면 기록을 하였는데 모두 서른한 차례이다.

9 『전』이 없다.

10 첩치(捷菑): 『공양전』에는 "접치(接菑)"로 되어 있다. 첩(捷)과 접(接)은 통하여 쓴다. 첩치는 사람의 이름으로 당나라의 임보(林寶)의 『원화성찬(元和姓纂)』에는 첩씨가 있으며, 아울러 『풍속통』을 인용하여 "주나라 공자 첩치의 후손인데 왕부(王父)의 자를 씨로 삼았다"라 하였다. 왕인지(王引之)의 『명자해고(名字解詁)』에서는 이 때문에 주나라 공자 치의 자가 첩이라 하였고 치가 이름이라 하였는데, 첩을 자로 하였는지는 확실치 않은 것 같다.

弗克納.	들여보낼 수가 없었다.
九月甲申,[11]	9월 갑신일에
公孫敖卒于齊.[12]	공손오가 제나라에서 죽었다.
齊公子商人弑其君舍.[13]	제나라 공자 상인이 그 임금 사를 죽였다.
宋子哀來奔.[14]	송나라 자애가 도망쳐 왔다.
冬,	겨울에
單伯如齊.[15]	선백이 제나라로 갔다.
齊人執單伯.	제나라 사람이 선백을 잡았다.

---

11 갑신일은 10일이다.

12 공자 경보(公孫慶父), 장손흘(臧孫紇)은 『춘추』에서 모두 죽음을 기록하지 않았으므로 『곡량전』에서는 "달아난 대부는 죽음을 기록하지 않는다"라 하였다. 공손오는 8년에 거(莒)나라로 달아났으므로 으레 그 죽음을 기록하지 않아야 하는데, 여기서 기록한 것에 대해 두예는 "이미 복위를 허락하였으므로 대부의 예를 따라 죽음을 기록하였다"라 하였다.

13 『춘추』의 예에 의하면 옛 임금이 죽으면 새 임금은 해를 넘겨 즉위를 하고 비로소 임금이라 일컫는다. 그러므로 희공 9년에는 "진나라 이극이 임금의 아들 해제를 죽였다(晉里克殺其君之子奚齊)"라 하였는데 10년에서는 "진나라의 이극이 그 임금 탁을 죽였다(晉里克弑其君卓)"라 하였는데, 탁은 해를 넘겨 비로소 임금〔君〕이라 칭하였고 따라서 "시(弑)"자를 썼다. 이곳의 사(舍)는 아직 해를 넘기지 않았는데도 "군(君)"이라 칭하고 "弑"라 기록한 것은 『전』에서 "소공이 죽자 사가 즉위하였다"라 하여, 사는 해를 넘기기를 기다리지 않고 즉시 이미 즉위를 하였지만 여전히 연호를 바꾸지 않았으니 임금은 빈궁(殯宮)에 있었을 따름이다.

14 『전』에 의하면 씨는 고(高)이고 이름은 애(哀)이니 자애(子哀)는 그 자이다. 그러므로 두예는 "대부가 달아나면 으레 이름과 씨를 쓴다. 존귀하게 여겼으므로 자를 쓴 것이다"라 하였다.

15 단백(單伯): 주나라의 경사(卿士)로 장공 원년의 『경』과 『주』 및 청나라 만사대(萬斯大)의 『학춘추수필(學春秋隨筆)』에 상세하다. 장공 원년은 이해와 이미 81년의 격차가 있으므로 이곳의 단백은 필시 장공 원년의 단백과 같은 인물은 아닐 것이고 그 자손일 것이다.

齊人執子叔姬.[16]	제나라 사람이 자숙희를 잡았다.

傳

十四年春,	14년 봄
頃王崩.[17]	경왕이 붕어하였다.
周公閱與王孫蘇爭政,[18]	주공열과 왕손소가 정권을 다투었으므로
故不赴.[19]	가지 않았다.
凡崩, 薨,	무릇 붕어와 훙거에
不赴,	부고를 보내지 않았으니
則不書.	기록하지 않았다.
禍, 福,	화와 복도
不告,	알리지 않으면
亦不書.[20]	또한 기록하지 않았다.

---

16 "자숙희"라고 기록한 것은 이미 시집갔음을 밝힌 것으로 12년의 『경』과 『주』에 상세하다. 이 자숙희는 물론 12년에 이미 죽은 자숙희는 아니다. 공영달은 "어떤 공의 딸인지는 모르겠으며 노나라가 부모의 집이다"라 하였다.

17 「주본기」에서는 "양왕이 붕어하자 아들인 경왕 임신(壬臣)이 즉위하였다. 경왕이 6년에 붕어하자 아들인 광왕(匡王) 반(班)이 즉위하였다"라 하였다.

18 주공열(周公閱): 희공 30년의 『경』과 『전』에 보인다. 태재(太宰)가 된 지 오래되었을 것이다.

19 「연표」에서는 "경왕이 죽자 공경(公卿)이 정권을 다투었으므로 가지 않았다"라 하였다.

20 화와 복은 모든 재앙과 경사를 말하는데, 두예는 "달아나는 것은 화이고, 돌아오는 것은 복이다"라 하여 달아남과 돌아오는 것만 언급하였는데 협소하게 본 것 같다.

懲不敬也.[21]	불경함을 징계하는 것이다.

邾文公之卒也,[22]	주문공이 죽음에
公使弔焉,	공이 조문을 하게 하였는데
不敬.	공경치 못하였다.
邾人來討,	주나라 사람이 와서 질책하며
伐我南鄙,	우리나라 남쪽 변경을 쳤으므로
故惠伯伐邾.	혜백이 주나라를 쳤다.

子叔姬妃齊昭公,[23]	자숙희는 제나라 소공에게 시집가서
生舍.	사를 낳았다.
叔姬無寵,	숙희는 총애를 받지 못하여
舍無威.[24]	사는 위엄이 서지 않았다.
公子商人驟施於國.[25]	공자 상인이 자주 나라에 베풀었다.

---

21 9년『전』의 "徵不恪"과 같은 뜻인데 글자를 변형시킨 것이다.

22 작년에 죽었다.

23 비(妃): 배(配)와 같다.『석문(釋文)』에서는 "본래 또한 배라고 한다(本亦作配)"라 하였다.

24「제세가」에서는 "사의 어머니가 소공에게서 총애를 받지 못하여 백성들이 두려워하지 않았다"라 하였다.

25 상인(商人): 환공의 부인인 밀희(密姬)의 아들로 희공 17년의『전』에 보인다.
취(驟): 두예는 "자주라는 뜻이다(數也)"라 하였다.

而多聚士,	그리하여 선비들을 많이 모아
盡其家,[26]	가산을 모두 탕진하자
貸於公有司以繼之.[27]	공실의 유사에게 빌려서까지 계속하였다.
夏五月,	여름 5월에
昭公卒,	소공이 죽자
舍卽位.[28]	사가 즉위하였다.

邾文公元妃齊姜,	주문공의 원비인 제강은
生定公;	정공을 낳았으며
二妃晉姬,[29]	두 번째 비인 진희는
生捷菑.	첩치를 낳았다.
文公卒,	문공이 죽자
邾人立定公.[30]	주나라 사람들은 정공을 세웠다.

26 가나자와 문고본(金澤文庫本)에는 가(家)자 뒤에 자(貲)자가 더 있는데 아마 문의에 의해 후인들이 덧붙인 것 같다.

27 공유사(公有司): 공실의 재물을 관리하는 사람이다. 두예는 "가산을 다 써버리자 공 및 나라의 유사로 부유한 자들에게 빌렸다"라 하여 공 및 유사를 둘로 나누었는데 틀렸다. 「제세가」에서는 "소공의 아우 상인이 환공이 죽었을 때 왕위를 놓고 다투었으나 얻지 못하여 몰래 어진 선비들과 사귀고 백성에게 붙어 사랑하였다. 백성들이 기뻐하였다"라 하였다.

28 이 『전』은 다음 『전』의 "상인이 사를 죽였다"와 함께 이어서 읽어야 할 것이다.

29 이비(二妃): 차비(次妃), 곧 다음 부인이라는 말과 같음.

30 『예기·단궁(檀弓) 하』에 "주(邾)나라 누정공(婁定公) 때 그 아버지를 시해한 사람이 있었

捷菑奔晉.[31]	첩치는 진나라로 달아났다.
六月,	6월에
同盟于新城,	신성에서 동맹을 맺었는데
從於楚者服,[32]	초나라를 따르던 사람들이 복종하였고
且謀邾也.[33]	또한 주나라를 모의하기 위함이었다.
秋七月乙卯,[34]	가을 7월 을묘일
夜,	밤에
齊商人弑舍,[35]	제나라 상인이 사를 죽이고

는데 유사가 이를 알리니 공이 깜짝 놀라며 몸 둘 바를 몰라 하였다"는 말이 있는데, 정현은 "정공은 확차(貜且)이며 노문공 14년에 즉위하였다"라 하였다. 세상에 전하는 기물로 주공서종(邾公釳鐘)이 있는데, 곽말약(郭沫若: 1892~1978)은 『양주금문사대계고석(兩周金文辭大系考釋)』에서 서(釳)는 곧 주문공이며, "釳"은 "서(鉏)"의 고자(古字)로 또한 줄여서 "且"라고도 한다. 확(貜)은 그의 자이다.

31 이곳은 마땅히 아래의 『전』 및 조돈이 첩치를 들인 『전』과 합하여 함께 읽어야 한다.

32 두예는 "초나라를 따른 나라는 진(陳)나라와 정나라, 송나라였다"라 하였다.

33 두예는 "첩치를 들여보내기 위한 모의를 한 것이다" 하였다.

34 7월에는 을묘일이 없다. 「제세가」에는 10월로 되어 있다. "七"과 "十"은 고자가 비슷하여 잘못 틀리기 쉬웠다. 『전』이 "가을"이라 하였으므로 또한 당연히 "七"이 되어야 할 것이다. 청나라 조익(趙翼)의 『해여총고(陔餘叢考)』에서는 『경』에는 9월이고 『전』에는 7월로 되어 있다고 하였다. 또한 『관자·입정(管子·立政)』편에서는 정월에 농사를 시작하게 하였고, 『관자·경중(管子·輕重)』편에서는 9월에 보리를 심게 하였다 하였는데, 제나라는 하력(夏曆)을 썼다.

35 「제세가」에서는 "소공이 죽자 아들인 사가 섰는데, 외롭고 힘이 없어 (상인은) 무리들과 함께 10월에 소공의 묘로 가서 제나라 임금 사를 죽였다"라 하였다. 「연표」에서는 "소공

而讓元.[36]	원에게 양위하였다.
元曰,	원이 말하였다.
"爾求之久矣.	"그대가 구한 지가 오래되었다.
我能事爾,	나는 그대를 섬길 수 있는데
爾不可使多蓄憾,	그대가 원한이 많이 쌓이도록 할 수 없을 것이니
將免我乎?[37]	내 면하게 되겠는가?
爾爲之!"[38]	그대가 왕이 되라!"

有星孛入于北斗.	살별이 북두성으로 들어갔다.
周內史叔服曰,[39]	주나라 내사인 숙복이 말하였다.
"不出七年,	"7년이 지나지 않아
宋, 齊, 晉之君皆將死亂."[40]	송나라와 제나라, 진나라 임금이 모두 화란 중에 죽을 것이다."

이 죽자 아우인 상인이 태자를 죽이고 스스로 즉위하였다"라 하였다.

36 원(元): 곧 혜공(惠公)이다. 환공 소위희(少衛姬) 소생으로 상인의 형이다. 희공 17년의 『전』에도 보인다.

37 네(商人)가 제나라 임금이 되기를 추구한 것이 오래되었으니 당연히 네가 왕이 되어야 한다. 나는 너를 섬길 수 있으므로 신하가 되는 것이 마음이 편하다. 내가 만약 너의 양위를 받아들이면 너로 하여금 원한을 많이 쌓게 하는 것이 된다. 너로 하여금 원한을 쌓게 할 수 없으니 그렇지 않다면 내가 살해되는 것을 피할 수 있겠느냐는 뜻이다.

38 이는 위의 "자숙희는 제나라 소공에게 시집갔다"와 아래의 "제나라 사람이 의공(懿公)을 임금으로 정하였다"와 이어져 있으므로 합하여 함께 읽어야 한다.

39 숙복(叔服): 이미 원년의 『전』에 보인다.

40 두예는 "3년 뒤에 송나라에서 소공을 시해하였고, 5년에는 제나라에서 의공을 시해하

晉趙盾以諸侯之師八百乘納捷菑于邾.[41]	진나라 조돈이 제후의 군사 8백 승을 가지고 첩치를 주나라로 들여보냈다.
邾人辭曰,	주나라 사람이 사양하여 말하였다.
“齊出玃且長.”[42]	“제나라에서 난 확저가 연장자입니다.”
宣子曰,	선자가 말하였다.
“辭順,[43]	“말이 사리에 맞으니
而弗從,[44]	그대로 따르지 않는다면
不祥.”	상서롭지 못하다.”
乃還.	이에 돌아갔다.

였으며, 7년에는 진나라에서 영공을 시해하였다”라 하였다.

41 『공양전』에서는 “진나라 극결(郤缺)이 군사와 병거 8백 승을 이끌고 주루(邾婁)로 접치(接菑)를 들여보냈다”라 하였다. 『곡량전』에서는 “이는 극극(郤克)으로 장곡(長轂) 5백 승을 거느렸다”라 하였다. 이끈 장수가 조돈, 극결, 극극이라는 상이함이 있고, 병거도 8백, 5백으로 다르다. 극극은 극결의 아들이다. 다음 15년 및 선왕 9년에 극결은 두 차례 보이는데, 아버지는 여전히 군영에 있었으니 아들이 어떻게 군사를 이끌겠는가. 극극은 선공 17년에야 비로소 사회를 대신하여 중군장이 된다. 또한 이때는 영공이 아직 어려서 조돈이 중군장으로 정사를 이끌었으며, 신성의 회맹에서 첩치를 들여보낼 모의를 한 것도 조돈이 주도하였으니 군사를 이끈 사람은 조돈임이 분명하다. 「연표」에서는 “조돈이 병거 8백 승으로 첩치를 들여보냈다”라 하여 사마천은 『좌전』의 기사를 썼다. 「진세가」에서만 “첩치를 들여보낸 것”을 말하지 않고 다만 “주나라의 난이 평정되자 광왕을 세웠다”는 것만 말하였는데 탈문(脫文)이 있을 것이다.

42 제출(齊出): 제나라 여자 소생이란 뜻. 장공 22년 『전』과 『주』에 설이 보인다.

43 두예는 “연장자를 적자로 세웠기 때문에 ‘말이 사리에 맞다’고 하였다”라 하였다.

44 이(而)자는 여(如)자의 뜻으로 읽어야 한다. 가정을 나타내는 접속사로 쓰였다.

周公將與王孫蘇訟于晉,	주공이 왕손소와 진나라에서 쟁송을 하려 함에
王叛王孫蘇,[45]	왕이 왕손소를 저버리고
而使尹氏與聃啓訟周公于晉.[46]	윤씨와 담계에게 진나라에서 주공을 변호하게 하였다.
趙宣子平王室而復之.[47]	조선자가 왕실을 화해시키어 회복시켰다.

楚莊王立,[48]	초장왕이 즉위하자
子孔, 潘崇將襲羣舒,[49]	자공과 반숭이 여러 서씨네 나라를 습격하고자 하여
使公子燮與子儀守,[50]	공자 섭과 자의더러 지키게 하고

---

45 왕(王): 광왕(匡王)이다.
반(叛): 허락했던 말을 위반한 것이다. 한나라 유향(劉向)의 『구탄(九歎)』에서 "처음에는 묘당에서 언약 맺었음이여, 실로 도중에서 위반하였다네(始結言於廟堂兮, 信中塗而叛之)"의 "叛"자와 용법이 같다. 아마 광왕이 처음에는 왕손소를 도와주기로 했다가 얼마 후에 주공을 돕기로 바꾼 것 같다.

46 두예는 "윤씨는 주나라의 경사이며, 담계는 주나라 대부이다"라 하였다.

47 둘 사이를 조정하여 화협케 하고 각기 그 지위를 회복시킨 것이다. 「연표」에서는 "조돈이 왕실을 화해시켰다"라고 하였다.

48 장왕(莊王): 목왕(穆王)의 아들이다. 「초세가」에서는 "목왕은 즉위 21년에 죽었다. 아들인 장왕려(侶)가 즉위하였다"라 하였으니 초목왕은 지난해에 죽었다. 『춘추』에서 모두 기록하지 않은 것은 아마 부고를 보내오지 않아서였을 것이다.

49 자공은 당시 영윤으로 21년의 『경』에 보인다. 군서(羣舒)는 희공 3년의 『경』에 보인다.

50 「초어 상」에서는 "지난날 장왕이 바야흐로 어렸을 때 신공 자의보(子儀父)가 사(師)가 되었고, 왕자 섭(王子燮)이 부(傅)가 되었으며, 사숭(師崇)과 자공으로 하여금 군사를 이끌고 서나라를 치게 하였다"라고 하였다. 「초어」의 왕자섭은 곧 이곳의 공자 섭이고 자의보는 곧 자의이며 또한 곧 투극(鬪克)인데, 희공 25년의 『전』에 보인다.

而伐舒蓼.[51]	서료를 쳤다.
二子作亂.	두 사람이 난을 일으켜
城郢,[52]	영에 성을 쌓고
而使賊殺子孔,	자객을 시켜 자공을 죽이게 하였으나
不克而還.[53]	성공하지 못하고 돌아왔다.
八月,	8월에
二子以楚子出.[54]	두 사람이 초자를 끼고 나왔다.
將如商密,[55]	상밀로 가려다가
廬戢梨及叔麇誘之,[56]	여즙리 및 숙균이 그들을 꾀어
遂殺鬪克及公子燮.[57]	마침내 투극 및 공자 섭을 죽였다.

---

51 서료(舒蓼): 고동고(顧棟高)의 『대사표(大事表)』에 의하면 지금의 안휘성 서성현(舒城縣)이 옛 서성(舒城)이며, 여강현(廬江縣) 동쪽 120리 지점에 용서성(龍舒城)이 있는데 대략 이 두 성 사이에 있을 것이다.

52 자공과 반숭의 군사에 맞설 요량으로 영으로 들어간 것이다.

53 자공을 저격하여 죽이려 하다가 성공하지 못하여 영의 성으로 되돌아온 것이다.

54 형세를 헤아려 보니 자공에게 대적할 수 없음을 알고 이에 장왕을 끼고 도읍인 영을 떠난 것이다.

55 상밀(商密): 지금의 하남성 석천현(淅川縣) 서쪽에 있으며 또한 희공 25년의 『전』과 『주』에 보인다.

56 여(廬): 초나라의 읍 이름이다. 지금의 호북성 남장현(南漳縣) 동쪽 15리 지점에 있을 것이다. 서원고(徐元誥)의 『국어집해(國語集解)』에서는 지금의 의성현에 있다고 하였는데, 서로간의 거리가 그다지 멀지 않다. 두예는 "즙량은 여의 대부이고, 숙균은 보좌이다"라 하였다.

57 「초어 상」에서는 "섭과 의보는 장수 두 사람(자공과 반숭)에게 죄를 시행하고 집안의 재산을 나누었다. 군사를 되돌리니 왕과 함께 여(廬)로 갔다. 여즙리가 두 사람을 죽이고 왕을 복귀시켰다"라 하였다. 『전』에서는 "상밀로 가려 했다"라 하였고, 「초어」에서는 "여

初,　　처음에

鬪克囚于秦,[58]　　투극이 진나라에 갇혔을 때

秦有殽之敗,[59]　　진나라는 효의 전역(戰役)에서 패하여

而使歸求成.　　돌아가 화친을 구하게 하였다.

成而不得志,[60]　　이루었는데도 뜻을 얻지 못하였고

公子燮求令尹而不得,　　공자 섭은 영윤이 되기를 구하였으나 되지 못하였으므로

故二子作亂.　　두 사람이 난을 일으킨 것이었다.

穆伯之從己氏也,[61]　　목백이 기씨를 따름에

(廬)로 가려고 했다"라 하였다. 대체로 상밀로 가려면 여를 거쳐야 하는데 즙리에게 꾐을 받아 죽게 된 까닭이다. 양공 26년『전』에서 석공(析公)은 이 때문에 진으로 달아났다. 성공 6년 요각(繞角)의 전역(戰役)에서 진나라는 석공이 모의의 주동자가 된다.

58 희공 25년의『전』을 보라.

59 희공 33년의『전』을 보라.

60 성공 14년의『전』에서 여상(呂相)은 진나라와 외교를 단절하면서 "우리 양공은 임금님의 옛 공덕을 잊지 않으셨으나 사직이 떨어질 것을 두려워하여 이 때문에 효에서 군사를 일으켰습니다. 그래도 목공께 죄를 용서받기를 바랐는데 목공께서는 그 말을 듣지 않으시고 초나라와 우리나라를 도모하였습니다. 하늘이 우리나라를 도와 성왕이 죽으니 목공은 이 때문에 우리나라를 도모하려던 뜻을 이루지 못하였습니다(我襄公未忘君之舊勳, 而懼社稷之隕, 是以有殽之師. 猶願赦罪於穆公. 穆公弗聽, 而卽楚謀我. 天誘其衷, 成王隕命, 穆公是以不克逞志于我)"라 한 것이 바로 이 일을 가리킨다. 다만 여기서는 진나라와 초나라가 함께 모의하였으나 뜻을 이루지 못하여 이에 초나라 왕으로 말미암아 방해를 하고 투극은 또한 이 때문에 난을 일으켰는데, 여상의 말은 다만 초성왕의 죽음으로 말미암은 것으로 외교 사령이 그렇게 하도록 한 것일 것이다.

61 8년『전』에 보인다.

魯人立文伯.[62]	노나라 사람은 문백을 세웠다.
穆伯生二子於莒,	목백이 거나라에서 두 아들을 낳고
而求復.[63]	돌아갈 것을 구하였다.
文伯以爲請.[64]	문백이 청을 하였다.
襄仲使無朝聽命.[65]	양중이 조정에서 정사에 참여하지 못하게 하였다.
復而不出.[66]	돌아와서는 나가지 않았다.
三年而盡室以復適莒.[67]	3년 만에 재산을 다 정리하여 다시 거나라로 갔다.
文伯疾,	문백이 병이 들자
而請曰,	청하여 말하였다.
"穀之子弱,[68]	"곡의 아들은 어리니
請立難也."[69]	난을 세울 것을 청합니다."
許之.	허락하였다.

62 문백(文伯): 목백의 아들 곡(穀)으로 7년의 『전』에 보인다.
63 복(復): 노나라로 돌아가는 것이다.
64 조정에 허락해 주기를 청하는 것이다.
65 양중과 목백의 관계는 7년의 『전』에 보인다.
무조청명(無朝請命): 정치에 참여하지 못하도록 금지하다.
66 목백이 노나라로 돌아왔으나 끝내 일찍이 외출한 적이 없는 것을 말함.
67 진실(盡室): 가산을 모두 가져가다.
68 자(子): 맹헌자(孟獻子), 즉 중손말(仲孫蔑)을 말한다.
약(弱): 나이가 어림.
69 난(難): 곡(穀)의 아우이다.

文伯卒,	문백이 죽자
立惠叔.	혜숙이 즉위하였다.
穆伯請重賂以求復.	목백이 무거운 뇌물을 바치고 돌아갈 것을 청했다.
惠叔以爲請,	혜숙이 청하여 주니
許之.	허락하였다.
將來,	돌아오려다가
九月,	9월에
卒于齊.	제나라에서 죽었다.
告喪,[70]	상을 알리고
請葬,[71]	장례를 청하였으나
弗許.	허락하지 않았다.

宋高哀爲蕭封人,[72]	송나라 고애는 소의 봉인으로
以爲卿,[73]	경이 되었는데

70 노나라에 부고를 보내 상사(喪事)를 알림.

71 두예는 "경의 예에 준하여 장례를 치를 것을 청한 것이다"라 하였다. 심흠한의 『보주(補注)』에서는 "노나라로 돌아가 장례를 치를 것을 청한 것이다. 다음의 『전』에서 '관을 장식하여 당부(堂阜)에 이르렀다'라 하였으니 돌아가 장례를 치를 것만 청하였을 뿐 경의 예는 바라지 않았음을 알 수 있다"라 하였다. 심흠한의 설이 옳다.

72 소(蕭): 송나라의 읍. 장공 12년의 『전』과 『주』에 보인다.
봉인(封人): 변강(邊疆)을 지키는 지방관.

73 고애가 소읍의 대부에서 경으로 승진한 것을 말한다.

不義宋公而出,	송공을 의롭지 않게 여겨 나와
遂來奔.	마침내 도망쳐 왔다.
書曰"宋子哀來奔",	"송자애가 도망쳐 왔다"고 기록한 것은
貴之也.[74]	존귀하게 여겨서이다.

齊人定懿公,[75]	제나라 사람이 의공을 왕으로 정하고
使來告難,[76]	난을 알리어 왔으므로
故書以"九月."[77]	"9월"이라고 기록하였다.
齊公子元不順懿公之爲政也,	제나라 공자 원이 의공의 정치를 따르지 않아
終不曰"公",	끝내 "공"이라 말하지 않고
曰"夫己氏."[78]	"그 사람"이라 불렀다.

---

74 제후의 대부가 도망쳐 온 경우에 이름을 칭하지 않은 적이 없다. 8년의 탕의제(蕩意諸)만 관직을 적었으며, 여기에는 고애의 자를 써서 기록하였으므로 모두 "존귀하게 여겼다"라 한 것이다.

75 정(定): 군위(君位)에 오르도록 정하다.

76 사(舍)가 피살된 난을 알리다.

77 두예는 "제나라 사람이 불복하므로 세 달 뒤에 정하였다"라 하였다.

78 부기씨(夫己氏): 기(己)는 기(其)와 같은 뜻이다. 『시경·왕풍·양지수(王風·揚之水)』에 "저 사람(彼其之子)"이라는 말이 있는데 "其"자에 대하여 정현은 "'記'라고도 하고 '己'라고도 하는데 소리가 서로 비슷하다"라 하였다. 부기씨(夫己氏)는 "그 사람(彼其之子)"이라는 말과 같은 뜻이다. 또한 『예기·단궁(檀弓) 상』편에 증자(曾子)가 자유(子游)를 "부부(夫夫)"라고 부르는데 또한 곧 오늘의 "그 사람"이라는 뜻이다.

襄仲使告于王,	양중이 왕에게 알리게 하고
請以王寵求昭姬于齊,[79]	왕의 은총으로 제나라에서 소희를 구하여
曰,	말하였다.
"殺其子,[80]	"그 자식을 죽였으니
焉用其母?	그 어미를 어디에 쓰겠습니까?
請受而罪之."	청컨대 받아서 죄를 내리려 합니다."
冬,	겨울에
單伯如齊請子叔姬,	선백이 제나라로 가서 자숙희를 청하니
齊人執之.[81]	제나라 사람들이 잡았다.
又執子叔姬.[82]	또한 자숙희도 붙잡았다.

79 두예는 "소희는 자숙희이다"라 하였다.

80 자(子): 상인이 죽인 사(舍)를 가리킨다.

81 두예는 "노나라가 왕의 권세를 믿고 딸을 돌려달라고 요청한 데 원한을 품었기 때문이다"라 하였다.

82 두예는 "노나라에게 치욕을 주고자 한 것이다"라 하였다. 『공양전』과 『곡량전』에서는 모두 선백이 자숙희에게 음란하게 굴었다라 하여 『전』과는 다르다.

문공 15년

經

十有五年春,[1]	15년 봄
季孫行父如晉.	계손행보가 진나라로 갔다.
三月,	3월에
宋司馬華孫來盟.[2]	송나라 사마 화손이 와서 맹약을 맺었다.
夏,	여름에
曹伯來朝.	조백이 와서 조현하였다.
齊人歸公孫敖之喪.	제나라 사람이 공손오의 상구를 돌려보냈다.

---

1 십유오년(十有五年): 기유년 B.C. 612년으로 주광왕(周匡王) 원년이다. 정월 28일 경자일이 동지로, 건자(建子)이다. 윤달이 있다.

2 화손(華孫): 이름은 우(耦)이다. 그러므로 『전』에서는 "화우(華耦)"라 하였으며, 화는 그 씨이다. 화손이라 한 것은 또한 양공 14년 『전』의 후성숙(厚成叔)이 후(厚)를 씨로 삼아서 "후손(厚孫)"이라 부른 것과 같다. 노나라 바깥의 대부가 노나라의 맹약에 온 것은 네 차례인데, 환공 14년 "정백이 그 아우 어(語)를 맹약에 오게 했다"는 것과 선공 7년 "위후가 손량(孫良)에게 맹약에 오게 한 것"이 있는데, 『경』에서는 모두 "使"자를 썼다. 민공 2년의 "제나라 고자(高子)가 맹약에 왔다" 한 것과 이곳에서는 "使"자를 쓰지 않았다. 이 "使"자를 혹은 쓰고 혹은 쓰지 않았는데, 범례는 없으며 "使"자를 쓰지 않았어도 또한 그 임금이 시켜서 한 것이다. 민공 2년 제나라 고자가 온 것은 바로 제환공이 시킨 것을 받들어서인데, 「제어」에 의거하면 알 수 있다. 또한 희공 4년에는 "초나라 굴완이 군사들에게 와서 맹약했다"라 하였는데, 『전』에서는 분명히 "초자가 굴완으로 하여금 군사들에게 가게 하였다"라 하였으니 또한 초성왕이 시킨 것이다. 그런데도 다만 "맹약에 왔다"라고만 쓰고 "하게 하다(使)"는 기록하지 않았다. 곧 화우가 온 것 또한 반드시 송나라 소공이 시켜서 그런 것이다. 후인들이 "使"를 일컫지 않은 것에 대해서는 추측이 난무한데 심한 것은 아니다.

六月辛丑朔,	6월 신축 초하룻날에
日有食之.	일식이 있었다.
鼓用牲于社.[3]	북을 치고 토지신에게 희생을 바쳤다.
單伯至自齊.	선백이 제나라에서 돌아왔다.
晉郤缺帥師伐蔡.	진나라 극결이 군사를 거느리고 채나라를 쳤다.
戊申,[4]	무신일에
入蔡.	채나라로 들어갔다.
秋,	가을에
齊人侵我西鄙.	제나라 사람이 우리 서쪽 변경을 침입했다.
季孫行父如晉.	계손행보가 진나라에 갔다.
冬十有一月,	겨울 11월에
諸侯盟于扈.[5]	제후들이 호에서 맹약했다.
十有二月,	12월에

3 지금의 역법으로 추산컨대 B.C. 612년 4월 21일의 일식일 것이다.

4 무신(戊申)일은 6월 8일이다.

5 여기서도 "제후"를 총괄적으로 말하고 순서를 매기지 않았는데, 7년 호(扈)에서의 맹약 때와 같다. 그 까닭은 다르므로 『전』에서 겸하여 풀이하였다. 호는 7년 『경』 및 『주』에 보인다.

齊人來歸子叔姬.[6] 제나라 사람이 와서 자숙희를 돌려보냈다.

齊侯侵我西鄙, 제후가 우리나라 서쪽 변경을 침입하고

遂伐曹, 마침내 조나라를 치고

入其郛.[7] 그 외성으로 들어갔다.

傳

十五年春, 15년 봄

季文子如晉, 계문자가 진나라로 갔는데

爲單伯與子叔姬故也.[8] 선백과 자숙희 때문이었다.

三月, 3월에

宋華耦來盟, 송나라 화우가 맹약에 왔는데

其官皆從之.[9] 그의 속관들이 모두 따랐다.

---

6 노나라가 자숙희를 청하여 제나라 사람이 처음에는 잡았다가 지금은 또 풀어 주었으므로 "제나라 사람이 돌려보냈다"고 기록하였는데, 선공 16년 『전』에서 "담백희가 돌아왔다(郯伯姬來歸)" 한 것과는 다르다.

7 「연표」에서는 "조문공 6년 제나라 사람이 우리 외성으로 들어왔다"라 하였다.

8 진나라를 통해서 제나라에 청한 것이다.

9 맹약에 참석하러 나갈 때는 반드시 수행하는 사람이 있다. 정공 4년의 『전』에서는 "임금이 감에 사(師: 2천5백 명의 군대)가 따르고, 경이 감에 여(旅: 5백 명의 군대)가 따른다"라 하였다. 『의례·빙례(聘禮)』에 의하면 사행(使行)에는 상개(上介)와 중개(衆介)가 있으며, 빙문하는 나라에 이르면 국경에서 맹세를 하는데, 사(史)가 글을 읽고 사마가 책을

書曰“宋司馬華孫”,[10]	“송나라 사마 화손”이라고 기록한 것은
貴之也.	존귀하게 여겨서이다.
公與之宴.	공이 그에게 연회를 베풀어 주었다.
辭曰,	사양하여 말하였다.
“君之先臣督得罪於宋殤公,	“우리 임금님의 선신 독이 송상공께 죄를 지어
名在諸侯之策.[11]	이름이 제후의 간책에 있습니다.
臣承其祀,	신이 그 제사를 이었사온데
其敢辱君?[12]	어찌 감히 임금님을 욕보이겠습니까?
請承命於亞旅.”[13]	청컨대 아려에게 명을 받들게 하겠습니다.”

잡으며, 고인(賈人)이 옥을 닦고 유사는 폐백을 펼친다. 그러면 회맹에 빙문하는 사행에 수행하는 관리와 호위가 매우 많다. 춘추시대에는 제대로 다 갖출 수 없는 경우가 많지만 이곳의 화손은 유독 그 관속을 거느리어 중개와 유사를 갖출 수 있었다.

10 그 관직을 일컫고 바로 이름을 말하지 않은 것을 말한다.

11 독(督)은 화독(華督)으로 화우의 증조부이며, 환공 2년 임금인 상공을 죽였다. 환공 2년의 『경』에서는 “송독(宋督)이 그 임금 여이(與夷)를 죽였다”라 하였다. 노나라의 역사에 이렇게 기록하였으면 다른 나라의 역사도 당연히 그럴 것이므로 “이름이 제후의 간책에 있다”라 하였다. 책은 간책(簡策)이다.

12 기(其)는 “어찌 기(豈)”자와 같은 뜻으로 쓰였다. 두예는 “우는 스스로 죄인의 자손이므로 노나라 임금과 함께 연회에 참석하여 욕보일 수 없다고 생각한 것이다”라 하였다.

13 아려(亞旅): 관직 이름으로 두예는 “상대부이다”라 하였다. 『서경·목서(牧誓)』편에 “사도(司徒)·사마(司馬)·사공(司空)·아려(亞旅)·사씨(師氏)”의 관명이 보이는데, 아려는 삼사(三司)의 뒤, 사씨의 앞에 놓여 있다. 성공 2년 『전』에서는 “세 장수에게 선로와 삼명의 명복을 하사하였다. 사마와 사공·여수·후정·아려는 모두 한 명의 명복을 받았다

魯人以爲敏.[14]	노나라 사람이 민첩하다고 생각하였다.
夏,	여름에
曹伯來朝.	조백이 와서 조현하였다.
禮也.	예의에 합당했다.
諸侯五年再相朝,	제후는 5년이 지나면 다시 서로 조현하여
以脩王命,	주나라 왕의 명을 닦는 것이
古之制也.[15]	옛날의 제도이다.
齊人或爲孟氏謀,[16]	제나라 사람 중 어떤 사람이 맹씨를 위한 계책을 내면서
曰,	말하였다.

(賜三帥先路三命之服. 司馬、司空、輿帥、候正、亞旅皆受一命之服)"라 하여 여수와 후정의 뒤에 놓여 있다. 공영달은 "화손이 임금(의 연회)을 감당하지 못하여 상대부의 연회를 받기를 청하였다"라 하였다.

14 노인(魯人): 노나라 사람. 공영달은 "노둔(魯鈍)한 사람"이라 하였는데 틀렸다.

15 11년 조백이 조현하여 왔는데 금년에 또 왔으므로 이렇게 말한 것이다. 제후들이 5년에 한 번씩 서로 조현한다는 것은 다른 고서에서는 없는데 혹 춘추시대 전에 이런 제도가 행해졌는지 모르겠다.

16 공손오(公孫敖)는 경보(慶父)의 아들로 맹씨이기 때문에 「노어 상」에서 문백곡(文伯穀)을 맹문자(孟文子)라고 일컬었다. 맹헌자(孟獻子) 이후로 『전』에서는 항상 맹씨를 그렇게 칭하였다.

“魯,

爾親也,

飾棺置諸堂阜,[17]

魯必取之.”

從之.

卞人以告.[18]

惠叔猶毁以爲請,[19]

“노나라는

우리의 친속입니다.

관을 꾸며서 당부에 놓아두면

노나라가 반드시 가져갈 것입니다.”

그대로 하였다.

변읍 사람이 이를 알렸다.

혜숙은 여전히 용모를 상해 가며 청하며

17 옛날에는 죽은 사람의 관목(棺木) 및 널을 싣는 수레에 천자, 제후, 대부, 사의 신분이 다름에 따라 각기 다른 장식을 하였는데, 그것을 식관(飾棺)이라 하였다. 『예기·상대기(喪大記)』에 상세하게 수록되어 있다. 그러나 여기에서 말하는 식관은 국내의 제도이고 제나라가 공손오에게는 이렇게 하지 않았을 것이다. 『예기·잡기(雜記) 상』에는 대부가 노상에서 죽었을 때의 예법이 있는데 “베로 상여차의 덮개(輤)를 만들어 간다”고 하였다. 공손오의 식관은 아마 이렇게 하였을 것이다. 당부(堂阜)는 장공 9년의 『전』과 『주』에 보인다.

18 두예는 “변인(卞人)은 노나라 변읍의 대부이다”라 하였다. 공영달은 “읍을 다스리는 대부를 으레 인(人)이라 불렀다. 공자의 부친은 추읍(鄹邑)의 대부여서 추인(鄹人)이라 불렸으니 ‘변인’은 변읍의 대부임을 알겠다. 그 읍이 당부에 가깝기 때문에 그것을 보고 노나라 임금에게 알렸다”라 하였다. 그 후로는 현재(縣宰)라 불렀는데, 양공 7년 『전』의 남유(南遺)가 비재(費宰)가 되었고, 정공 5년 『전』에는 자설(子洩)이 비재가 되었으며 『논어·선진(先進)』편에서는 자로(子路)가 자고(子羔)에게 비재가 되게 한다. 정공 8년 『전』과 애공 14년 『전』에 성재(成宰)가 있으며, 정공 10년 『전』에 후재(郈宰)가 있고 『논어·옹야(雍也)』편에는 무성재(武城宰)가 있다. 변은 이미 희공 17년의 『전』과 『주』에 보인다.

19 거상(居喪) 때에 슬픔이 과도하여 신체와 얼굴이 축나는 것을 훼(毁)라고 한다. 그래서 『예기·단궁(檀弓) 하』에서는 “지나치게 슬퍼하여 몸이 위태롭게 하지 않는다(毁不危身)”라 하였고, 같은 책 「상복사제(喪服四制)」에서는 “지나치게 슬퍼하여 본성을 잃지 않게 한다(毁不滅性)”라 하였다. 공손오는 지난해 9월에 죽었으므로 이해 여름에는 이미 여러 달이나 된다. 이때쯤이면 슬픔이 으레 없어졌을 것인데 『전』에 의하면 혜숙은 효자여서 장례를 하기 전에 슬퍼하여 몸이 상한 것이 막 죽었을 때와 같았기 때문에 “여전히 용모를 상해 가며(猶毁)”라고 말하였다. 심흠한은 “『예기·상복소기(喪服小記)』에서는 ‘오

立於朝以待命.[20]	조정에 서서 명을 기다렸다.
許之.	허락하였다.
取而殯之.	가져다가 초빈을 하였다.
齊人送之.	제나라 사람이 보내 주었다.
書曰"齊人歸公孫敖之喪,"	"제나라 사람이 공손오의 상구를 돌려보냈다"라 기록하였으니
爲孟氏,	맹씨이고
且國故也.[21]	또한 나라의 공족이기 때문이다.
葬視共仲.[22]	공중의 예에 견주어 장례를 지냈다.
聲己不視,[23]	성기는 보지 않으려고
帷堂而哭.[24]	당에 휘장을 치고 곡하였다.

래도록 장례를 치르지 못할 때는 상주만 제상(除喪)하지 않는다'라 하였다. 여기서 아직도 용모가 상했다는 것은 졸곡을 행하여 제상의 예를 바꾸지 못한 것이다"라 하였는데, 옳다. 혜숙이 용모를 상해 가며 귀국하여 장례를 치르게 해줄 것을 조정에 청한 것이다.

20 조정에 서서 윤허를 얻지 못하면 물러나지 않는 것이다.

21 이는 그것을 기록한 까닭을 해석한 것이다. 맹씨가 된 것은 맹씨가 대대로 노나라의 경이고, 공손씨 또한 맹씨의 조부이기 때문이다.

22 공중(共仲): 곧 그의 부친 경보(慶父)로, 민공 2년의 『전』에 상세하다. 『맹자·만장(萬章) 하』에 "천자의 경은 땅을 받을 때 후에 비한다(天下之卿, 受地視侯)"는 말이 있는데, 조기(趙岐)는 "시는 비(比)하는 것이다"라 하였다. 두예는 "경보의 장사와 같은 제도로 장사를 지낸 것으로 모두 죄를 지어 등급을 낮추었다"라 하였다.

23 성기(聲己): 공손오의 둘째 처로 혜숙의 어머니이다. 7년의 『전』과 『주』에 보인다. 시(視)는 널을 보는 것이다.

24 옛날에는 사람이 막 죽었을 때 시신을 당 안에 안치하고 소렴을 하며 사방의 주위를 장막을 치는데 이를 유당(帷堂)이라고 한다. 『예기·단궁 상』에서는 "시신이 갓 죽었을 때는 시신을 아직 염습하지 않았으므로 장막으로 가린다"라 하였으며, 정현의 주에 의하면 소렴 때는 반드시 시신을 흔들어야 하는데 사람들에게 다 보이지 않게 하려고 장막으로

襄仲欲勿哭.[25]	양중이 곡을 하지 않으려 하자
惠伯曰,[26]	혜백이 말하였다.
"喪,	"상례는
親之終也.[27]	친한 사람을 마지막으로 보는 것입니다.
雖不能始,[28]	처음은 잘할 수 없더라도
善終可也.[29]	그 끝은 잘하는 것이 좋습니다.

가린다고 한다. 곧 유당(帷堂)은 초상(初喪)의 예이다. 「단궁 하」에는 또한 유빈(帷殯)이라는 것이 있다. 유빈은 관목(棺木)을 서쪽 섬돌 위에 임시로 안치하고 장막을 씌우는 것이다. 그 예는 경강(敬姜)이 공보정(公甫靖)을 곡할 때 비롯된 것인데 이때는 오히려 없어졌다. 『예기·잡기(雜記) 상』의 정현의 주에서는 "무릇 널이 외부에서 온 것은 양 기둥 사이에 관을 바르게 놓는다. 초빈을 반드시 양 기둥 사이에서 하는 것은 그 죽음이 방에서 이루어지지 않아 밖에서 왔으므로 중간에 두어 차마 멀리하지 못하기 때문이다"라 하였다. 이에 의하면 공손오의 상 또한 바깥에서 왔으니 그 널은 당연히 당의 중간에 두어 집에서 죽어 서쪽 계단에서 빈을 하는 것과는 달랐을 것이며, 유당은 곧 초빈의 예로 그를 대한 것이다. 두예는 "성기가 공손오가 거나라 여자를 찾아간 것을 원망하였기 때문에 당에 장막을 친 것이다"라 하였고, 「단궁 하」의 공영달의 주에서도 "성기가 당의 아래에서 곡을 하였으며, 목백이 그 당을 보여주려 하지 않은 것을 원망하여 당에다 장막을 친 것이다"라 하였다. 만약 그렇다면 성기의 유당(帷堂)은 옛 예법의 타당한 것이 아니게 되므로 예에 부합하지 않는다.

25 양중은 공손오에게 종부(從父)의 형제가 되는데 옛날의 예제(禮制)에는 소공(小功)의 복은 5개월이므로 이때는 이미 상이 끝났다. 그러나 『예기·상복소기(喪服小記)』에서는 "형제로 정해진 기한이 되면 제상한다. 그러나 매장을 할 때는 다시 상복을 입는다"라 하였으니 당연히 곡을 할 것이다. 양중이 곡을 하려고 하지 않은 것을 두예는 "공손오가 자기의 아내가 될 사람을 취한 것을 원망해서이다"라 하였다.

26 혜백(惠伯): 숙팽생(叔彭生)으로 7년의 『전』과 『주』에 보인다.

27 죽은 자를 애도하고 상례를 치르는 일은 곧 마지막으로 친한 사람을 대하는 것이라는 뜻이다.

28 공손오와 양중이 거나라 여자를 놓고 다툰 일을 가리킨다.

29 상례에서는 잘 대해 주는 것이 마땅하다는 말이다.

史佚有言曰,[30] 사일이 말하기를

‘兄弟致美.[31] ‘형제간에는 아름다움을 다한다.

救乏, 賀善, 弔災, 祭敬, 喪哀, 부족하면 구제하고 훌륭한 일은 경하하고, 재난을 위로하고 제사를 공경하며, 상례에는 슬퍼하니

情雖不同, 정이 비록 같지 않으나

毋絶其愛, 그 사랑을 끊지 않는 것이

親之道也.’[32] 친족으로서의 도리이다’라 하였습니다.

子無失道, 그대는 도를 잃지 않으면 그뿐인데

何怨於人?” 어찌하여 남을 원망하십니까?”

襄仲說. 양중이 기뻐하였다.

帥兄弟以哭之.[33] 형제를 이끌고 곡하였다.

他年,[34] 훗날

---

30 사일(史佚): 희공 15년의 『전』과 『주』에 보인다.

31 두예는 “각각 그 아름다운 우애를 다하여야 의리를 마치는 것이다”라 하였다.

32 궁핍함을 구원해 주고 기쁜 일은 경하하며, 재화가 있으면 위로하고 제사에 참여해서는 경건하며 상을 만나면 슬퍼하는 다섯 가지의 정리는 서로 같지 않지만 그 사랑을 끊지 않는 것은 마찬가지인데, 이것이 친한 사람을 대하는 도리라는 것이다.

33 『의례·사상례(士喪禮)』에서는 “정침(適室)에서 죽으면 친자(親者)는 방에 있고 여러 부인들은 방문 밖에서 북쪽을 향하고 있으며 형제들은 당 아래에서 북쪽을 향한다”라 하였는데 이는 사람이 막 죽었을 때 형제들이 곡을 하는 장소가 당 아래의 북쪽을 향한 곳이라는 말이다. 또 말하기를 “들어가면 형제들과 함께 북쪽을 보고 빈에 곡을 한다”라 하였는데 이는 형제들이 빈에 곡을 하는 위치가 또한 북쪽을 바라보는 곳이라는 뜻이다. 그렇다면 양중 형제가 곡을 하는 곳은 당 아래에서 북쪽을 바라보는 곳이다.

其二子來,[35]	그의 두 아들이 오니
孟獻子愛之,[36]	맹헌자가 사랑하였으며
聞於國.[37]	온 나라에 알려졌다.
或譖之,[38]	어떤 사람은 참소하여
曰,	말하였다.
"將殺子."	"아들을 죽일 것이다."
獻子以告季文子.	헌자가 그대로 계문자에게 알렸다.
二子曰,	두 사람은 말하였다.
"夫子以愛我聞,[39]	"부자는 우리를 사랑한다고 알려졌는데
我以將殺子聞,	우리는 아들을 죽일 것이라고 알려졌으니
不亦遠於禮乎?	또한 예와 먼 것이 아니겠는가?
遠禮不如死."	예와 멀면 죽느니만 못하다."
一人門於句鼆,	한 사람은 구맹의 문을 지키고

34 이후 약간 년이 지난 해를 가리킨다.
35 지난해의 『전』에서 "목백은 거나라에서 두 아들을 낳았다"라 하였으니 곧 이 두 아들이다.
36 맹헌자(孟獻子): 헌자는 문백곡의 아들 중손말로 이때는 아직 어렸으며 선공 9년 비로소 『경』에 보인다. 그가 정치를 맡은 것은 혜숙이 죽은 후부터일 것이다.
37 나라의 사람들이 모두 알았다는 뜻.
38 맹헌자에게 가서 참언을 하여 두 아들을 모함하고 해치려는 것이다.
39 부자는 맹헌자를 가리킨다. 맹헌자는 두 사람에게 조카로 항배(行輩)가 이 두 사람보다는 어리지만 맹씨의 적통을 이었으며, 또한 경의 자리를 계승하며 또한 두 사람보다 나이가 많을 수도 있으므로 두 사람이 부자라고 부른 것이다.

一人門于戾丘,	한 사람은 여구의 문을 지키다가
皆死.[40]	모두 죽었다.

六月辛丑朔,	6월 신축일 초하룻날에
日有食之.	일식이 있었다.
鼓, 用牲于社,	토지신에게 북을 울리고 희생 제사를 올렸는데
非禮也.	예의에 맞지 않았다.
日有食之,	일식이 있으면
天子不擧,[41]	천자는 음악을 듣지 않고
伐鼓于社;	토지신을 모신 사당에서 북을 칩니다.
諸侯用幣于社,	제후는 토지신에게 폐백으로 제사를 올리며

---

40 문(門)은 여기서 동사로 쓰였으며 두 가지의 뜻이 있다. 하나는 문을 공격한다는 뜻인데, 희공 28년『전』의 "진후가 조나라를 에워싸고 성문을 공격하다가 많은 사람이 죽었다(晉侯圍曹, 門焉, 多死)"라 한 것이 이 뜻으로 쓰였다. 하나는 문을 지키는 것으로, 애공 4년『전』의 "화살 두 개를 가지고 문을 지키니 사람들이 감히 나서지를 못했다(二兩矢門之, 衆莫敢進)"라 한 것이 이 뜻이다. 여기서는 후자의 뜻으로 쓰였을 것이며, 구맹과 여구는 모두 노나라의 읍이며 두 사람 모두 노나라 사람으로 난을 일으키지 않고 성문을 공격하지 않았다. 두예는 "구맹과 여구는 노나라의 읍이다. 적이 성문을 공격하여 두 사람이 지키다가 죽은 것이다"라 하였다. 추측하여 말한 것이지만 일리가 있다. 구맹과 여구는 모두 지금 어디에 있는지 상세하지 않다.

41 거(擧): 이미 장공 20년『전』과『주』에 보인다.

伐鼓于朝,	조정에서 북을 울려
以昭事神, 訓民, 事君,[42]	귀신을 섬기고 백성을 가르치며 임금을 섬기는 것을 밝혀
示有等威,[43]	위의에 등급이 있음을 보이는 것이
古之道也.[44]	옛 도입니다.

齊人許單伯請而赦之,	제나라 사람이 선백의 청을 허락하여 사면하고
使來致命.	우리나라에 와서 명을 전하게 하였다.
書曰“單伯至自齊,”	“선백이 제나라에서 돌아왔다”라 기록한 것은
貴之也.[45]	존귀하게 여겼기 때문이다.

---

42 두예는 “천자가 음악을 듣지 않고, 제후가 폐백을 쓰는 일은 신을 섬기는 것이다. 신분이 높고 낮음에 예제를 달리하는 것은 백성들을 가르치기 위함이다”라 하여 훈(訓)을 교훈이라 하였다. 주빈(朱彬)은 『경전고증(經傳考證)』에서 “훈(訓)은 순(順)과 같다”라 하였는데 또한 통한다.

43 등위(等威): 두예는 “등위는 위의(威儀)의 등차이다”라 하였다. 천자와 제후는 귀천이 일정하지 않기 때문에 위의 또한 다르며, 이 또한 보여주어야 한다는 뜻이다.

44 이는 “예의에 맞지 않다(非禮)”는 말을 풀이한 것이다. 예의에 맞지 않는 것은 북은 조정에서 쳐야 하고 토지신의 사당에서는 치지 말아야 하며, 토지신 사당에서는 폐백을 써야 하며 희생을 써서는 안 되는데, 이는 “토지신에게 북을 울리고 희생 제사를 올리는 것”은 천자의 예법을 썼기 때문이다. 장공 25년의 『전』과 『주』에 상세하여 대조해 볼 만하다.

45 유문기(劉文淇)의 『구주소증(舊注疏證)』에서는 “선백은 신하로 노나라를 위하여 자숙희의 일을 청하러 제나라에 갔다가 붙들렸는데 청이 받아들여져 돌아왔으므로 그가 이른 것을 존귀하게 여겼다고 기록하였다”라 하였다.

新城之盟,	신성에서의 회맹에
蔡人不與.[46]	채나라 사람이 참여하지 않았다.
晉郤缺以上軍, 下軍伐蔡,[47]	진나라 극결이 상군과 하군을 가지고 채나라를 치면서
曰,	말하였다.
"君弱,	"임금님이 어리시니
不可以怠."[48]	나태히 할 수 없다."
戊申,	무신일에
入蔡,	채나라로 들어가
以城下之盟而還.[49]	성 아래에서의 맹약을 맺은 뒤 돌아왔다.
凡勝國,	무릇 한 나라에 승리하는 것을
曰滅之;[50]	멸하였다 하고

---

46 신성의 회맹은 14년에 있었는데, 초나라를 따랐던 진(陳)·정(鄭)·송(宋)나라는 모두 진에 복종하였으나 채나라만 회맹에 참여하지 않았다.

47 두예는 "2군의 장수를 겸한 것이다"라 하였다. 중군은 움직이지 않았으므로 조돈은 가지 않았다.

48 진나라 영공은 7년에 즉위하였는데, 당시까지만 해도 업혀 있었는데 지금은 곧 제후의 회맹을 주관하니 나이가 이미 10세 이상은 되었을 것이다. 아직 성년이 되지 않았으므로 "어리다(弱)"라 하였다. 약은 유소(幼少)와 같은 뜻이고, 태는 해태(懈怠), 곧 게으르다는 뜻이다.

49 성하지맹(城下之盟): 환공 12년 『전』과 『주』에 보인다.

50 혜사기(惠士奇)의 『춘추설』에서는 "『춘추』에서 멸(滅)이라 기록한 것은 그 땅을 다 차지한 것이 아니라 멸하였지만 그대로 존속시킨 것이다. 선공 12년에 '초자가 소나라를 멸하였다(楚子滅蕭)'라 하였는데, 소나라는 송나라의 부용국(附庸國)으로 소나라는 12년에 멸망당하였다. 정공 11년에 다시 '송공의 아우 신(辰)이 소나라로 들어가서 반란을 일

獲大城焉,	큰 성을 빼앗는 것을
曰入之.[51]	들어갔다라고 한다.

秋,	가을에
齊人侵我西鄙,	제나라 사람이 우리나라 서쪽 변경을 침범하였으므로
故季文子告于晉.	계문자가 진나라에 알렸다.

冬十一月,	겨울 11월에
晉侯, 宋公, 衛侯, 蔡侯, 陳侯, 鄭伯, 許男, 曹伯盟于扈,	진후와 송공, 위후, 채후, 진후, 정백, 허남, 조백이 호에서 회맹하고
尋新城之盟,	신성에서의 회맹을 다졌으며

으켰다'라 하였으니 소나라는 여전히 송나라에 복속되어 있었고 초나라는 그 땅을 소유한 적이 없다. 소공 13년에 '오나라가 주래(州來)를 멸하였다'라 하였는데, 소공 23년의 『전』에서는 오나라 사람이 주래를 치자 초나라 원월(薳越)이 명을 받고 분주히 주래를 구하였다라 하였다. 그런즉 초나라의 주래나 송나라의 소나라는 멸하였으나 여전히 존속하였다"라 하였다. 양공 13년의 『전』에서는 다시 "큰 군사를 쓰는 것을 멸이라 한다"라 하였으니 멸에는 두 가지 뜻이 있다. "초자가 소나라를 멸하였다"와 "오나라가 주래를 멸하였다"는 것은 큰 군사를 쓴 예이다. 여기서 나라에 승리한 것을 멸이라고 한다는 것은 두예의 주에서 말한 "사직을 끊어버리고 토지를 차지한 것"을 이른다.

51 양공 12년 『전』에서는 또한 "그 땅을 차지하지 않은 것을 입이라 한다(弗地曰入)"라 하였으니 입(入)에는 두 가지의 뜻이 있으며, 들어가 그 땅을 차지한 것과 들어가서 그 땅을 차지하지 않은 것으로 은공 2년 『전』의 주석에 상세하다. 여기서 극결이 채나라에 들어간 것은 그 땅을 차지하지 않은 것이다.

且謀伐齊也.[52]	아울러 제나라 칠 일을 모의하였다.
齊人賂晉侯,	제나라 사람이 진후에게 뇌물을 보내어
故不克而還.	이기지 못하고 돌아왔다.
於是有齊難,[53]	이때 제나라의 난이 있어서
是以公不會.	공이 함께 모이지 못하였다.
書曰“諸侯盟于扈,”[54]	“제후들이 호에서 회맹하였다”고 기록한 것은
無能爲故也.	할 수 있는 일이 없었기 때문이다.
凡諸侯會,	무릇 제후들의 회합에
公不與,	공이 참석을 하지 못하였을 경우
不書,	기록을 하지 않는 것은
諱君惡也.[55]	임금의 잘못을 꺼려서이다.
與而不書,	참석을 하였는데 기록하지 않은 것은

---

52 제나라가 노나라를 자주 치고, 또한 일찍이 왕사(王使)를 붙들어 두었으므로 계문자가 가서 그 연유를 알린 것이다.

53 제난(齊難): 곧 다음『전』의 “우리나라 서쪽 변경을 침범하였다” 한 것이다.

54『경』에서 “제후(諸侯)”라고만 쓰고 서열을 매기지 않은 것을 말한다.

55 제후들의 회맹에 노공이 참여하지 않은 것이 하나가 아닌데 여기서 운운한 것은 아마 제후의 회맹에 노공이 참여를 해야 하는 경우도 있고 또한 참여를 하지 않아야 하는 경우도 있어서일 것이다. 참여를 하지 않아야 하는데 공이 참여를 하지 않았을 경우에는 그대로 기록하였다. 당연히 참여하여야 하는데 참여하지 않은 것은 기록하지 않았다.

後也.[56]
늦었기 때문이다.

齊人來歸子叔姬,
제나라 사람이 와서 자숙희를 돌려보내 주었는데

王故也.[57]
주나라 왕 때문이다.

齊侯侵我西鄙,
제후가 우리나라 서쪽 변경을 침범하였는데

謂諸侯不能也.[58]
제후들이 할 수 없다고 하였기 때문이다.

遂伐曹,
마침내 조나라를 쳐서

入其郛,
그 외곽까지 들어갔는데

討其來朝也.[59]
와서 조현한 것을 꾸짖은 것이었다.

季文子曰,
계문자가 말하였다.

“齊侯其不免乎?
“제후는 아마 면하지 못할 것이다.

己則無禮,[60]
자신은 예의가 없으면서

---

56 7년에 있은 호(扈)의 회맹을 겸하여 해석하였다.

57 이는 제나라가 자숙희를 돌려보낸 까닭을 해석한 것으로 왕의 명 때문이다. 『경』의 서법을 해석한 것이 아니다.

58 두예는 “자기를 토벌할 수 없다고 여긴 것이다”라 하였다. 아마 진나라가 제나라의 뇌물을 받아서일 것이다. 위의 『전』에 보인다.

59 이해 여름에 노나라에 와서 조현하였다.

60 두예는 “왕사를 붙잡아 두고 죄 없는 나라를 친 것이다”라 하였다.

而討於有禮者,	예의가 있는 사람을 꾸짖으며
曰,	말하기를
'女何故行禮?'[61]	'너희는 무엇 때문에 예를 행하였느냐?'라 하였다.
禮以順天,	예로써 하늘을 따르는 것이
天之道也.	하늘의 도이다.
己則反天,[62]	자신은 하늘을 저버리고서
而又以討人,	또 남을 꾸짖으니
難以免矣.	면하기 어려울 것이다.
詩曰,	『시』에서 말하였다.
'胡不相畏?	'어찌 서로 두려워 않는가?
不畏于天.'[63]	하늘을 두려워 않는 것이다.'
君子之不虐幼賤,	군자가 어리고 천한 자를 학대하지 않는 것은
畏于天也.	하늘을 두려워하기 때문이다.
在周頌曰,	「주송」에서는 말하기를

61 공영달은 "'왈'이라고 말한 것은 원래 제후(齊侯)의 뜻이어서 그것 때문에 한 말이다. 조나라를 꾸짖어 '너희는 무엇 때문에 예를 행하였느냐?'라 한 것은 노나라에 조현한 것을 꾸짖은 것이다"라 하였다.

62 반천(反天): 곧 예의를 저버린 것이다.

63 『시경·소아·우무정(小雅·雨無正)』편에 나오는 구절이다. 정씨의 주석〔전(箋)〕에서는 "어찌하여 상하가 서로 두려워 않는가? 상하가 서로 두려워하지 않는 것은 하늘을 두려워하지 않는 것이다"라 하였다.

'畏天之威,	'하늘의 위엄 두려워함이
于時保之.'[64]	이에 보우하는 것이리라'라 하였다.
不畏于天,	하늘을 두려워하지 않으면
將何能保?	장차 어떻게 보우할 수 있겠는가?
以亂取國,[65]	난리를 일으켜 나라를 차지하여
奉禮以守,	예를 받들어 지켜도
猶懼不終;	오히려 제때 죽지 못할까 두려울 텐데
多行無禮,	예의에 맞지 않는 것을 많이 행하면서
弗能在矣."[66]	제 명에 죽을 수 없을 것이다."

---

64 『시경·주송·아장(周頌·我將)』편에 나오는 구절이다. 우시(于時)는 어시(於是), 곧 "이에"와 같은 말로 4년의 『전』에 보인다. "보지(保之)"의 "之"는 가리키는 것이 매우 넓은데, 두예는 "복록(福祿)"이라 하였고, 유문기는 『구주소증(舊注疏證)』에서 "천명(天命)"이라 하였는데 다 괜찮다.

65 제후(齊侯)는 사(舍)를 죽이고 스스로 즉위하였으므로 이렇게 말하였다.

66 애공 27년의 『전』에 "사람을 많이 능멸한 자들은 모두 제 명에 살지 못할 것이다(多陵人者皆不在)"의 "在"가 이것과 같은 뜻이다. 『이아·석고(釋詁)』에서 "재는 죽는 것이다(在, 終也)"라 하였다. 종은 선종(善終)이다. 두예는 "18년 제나라에서 상인(商人)을 시해한 전의 배경이다"라 하였다.

문공 16년

經

十有六年春,[1] 16년 봄에

季孫行父會齊侯于陽穀,[2] 계손행보가 양곡에서 제후를 만났는데

齊侯弗及盟.[3] 제후는 그와 맹약을 맺으려 하지 않았다.

夏五月, 여름 5월에

公四不視朔.[4] 공이 네 달째 시삭을 않으셨다.

---

1 십유육년(十有六年): 경술년 B.C. 611년으로 주광왕(周匡王) 2년이다. 정월 초9일 을사일이 동지로, 건자(建子)이다.

2 양곡(陽穀)은 희공 3년 『경』과 『전』에 보인다.

3 불급맹(弗及盟): 그와 맹약을 하려 하지 않다. 불(弗)은 "그것을……하지 않다(不……之)"와 같은 뜻. 그래서 두예는 "더불어(與)"라 하였다.

4 제후는 매월 초1일 숫양을 가지고 종묘에 아뢰는데 이를 곡삭(告朔) 또는 곡월(告月)이라 한다. 곡삭이 끝나면 이달의 정치에 대하여 듣는데 이를 시삭(視朔) 또는 청삭(聽朔)이라고 한다. 또한 6년 『경』의 주석에 보인다. 공영달은 "『전』에서는 '정월에 제나라와 화평하였는데 공이 병들어 계문자로 하여금 제후와 만나게 하였다'라 하였으니 정월에 공이 처음으로 발병하였으며, 2월의 시삭을 행할 수 없었고 5월에 이르러 네 번이 되었으므로 2월과 3월, 4월, 5월의 시삭을 행하지 못하였음을 알겠다"라 하였다. 또한 "곡삭은 조상의 묘당에 고하는 것을 말하며, 시삭은 한 달의 정치를 듣는 것을 말한다. 시삭은 공의 병 때문에 폐하였으나 곡삭은 유사가 행하여도 되어서 꼭 폐하지 않아도 될 것이다"라 하였다. 공영달의 설이 옳다. 『논어·팔일(八佾)』편에서는 "자공이 곡삭에 쓰는 희생양을 없애려고 하였다. 공자가 말씀하시기를 '사야, 너는 양을 아끼느냐? 나는 예를 아끼노라'라 하였다." 『공양전』에서는 "이때부터 공은 병이 없어도 시삭을 하지 않았다"라 하여, 후인들은 이 때문에 마침내 곡삭의 예가 문공에게서 없어졌다고 하기에 이르렀는데, 이는 사실이 아니다. 노문공은 이해 2월에서 5월까지 네 차례만 시삭을 하지 않았으며, 6월 이후에는 여전히 시삭을 행하였다. 영원히 시삭을 행하지 않았다면 임금이 아닐 것이니 어찌 이럴 리가 있겠는가? 곡삭의 예(禮)는 정공과 애공 사이에서 점점 없어졌으며, 시삭의 예는

六月戊辰,[5]	6월 무진일에
公子遂及齊侯盟于郪丘.[6]	공자 수가 서구에서 제후와 맹약하였다.
秋八月辛未,[7]	가을 8월 신미일에
夫人姜氏薨.[8]	부인 강씨가 죽었다.
毁泉臺.[9]	천대를 헐었다.
楚人秦人巴人滅庸.[10]	초나라 사람, 진나라 사람, 파나라 사람이 용을 멸하였다.

없어질 수 없었다. 전인들이 이 일을 논할 때 곡삭과 시삭을 하나로 섞어서 많이 이야기하여 마침내 이렇게 되기에 이르렀다.

5 무진일은 4일이다.

6 서구(郪丘): "郪"는 음이 서이며, 『공양전』에는 "犀丘"로 되어 있고 『곡량전』에는 "師丘"로 되어 있다. "郪"와 "犀", "師"의 세 자는 모두 고음이 가까워 통가할 수 있었다. 두예는 "서구는 제나라 땅이다"라 하였다. 고동고(顧楝高)의 『대사표(大事表)』에서는 지금의 산동성 동아현(東阿縣) 경계에 있다고 하였으며, 강영의 『고실(考實)』에서는 "이해에 공이 공자 수로 하여금 제후(齊侯)에게 뇌물을 바치라 하여 서구에서 제후와 맹약을 하였는데, 그 땅은 당연히 나라와 가까울 것이니 어찌 멀리 동아에까지 가서 맹약을 맺었겠는가?"라 하였다. 강영의 설이 일리가 있으니 서구는 당연히 임치(臨淄) 부근에 있을 것이다.

7 신미일은 8일이다.

8 두예는 "희공의 부인으로 문공의 어머니이다"라 하였다.

9 천대(泉臺): 『공양전』에 의하면 곧 낭대(郎臺)이다. 나머지는 장공 31년 『경』의 주석에 상세하다.

10 파(巴): 환공 9년의 『전』과 『주』에 보인다.
용(庸): 나라 이름. 『서경·목서(牧誓)』편에 의하면 주무왕을 도와 주(紂)를 친 사람 가운데 용국(庸國)의 군사가 있으니 나라가 선 지 이미 오래되었을 것이다. 「초세가」에서는 "주이왕(周夷王) 때 웅거(熊渠)가 강(江)·한(漢) 사이의 백성들의 화합을 많이 얻었으므로 이에 군사를 일으켜 용(庸)을 쳤다"라는 말이 있으니 용은 초나라에 속한 소국으로 아마 이때부터 시작되었을 것이다. 고동고(顧楝高)의 『대사표(大事表)』에 의하면 지금의 호북성 죽산현(竹山縣) 동쪽 40리 지점에 상용(上庸)의 예성이 있는데, 곧 옛 용나라의 땅일 것이다.

冬十有一月, 겨울 11월에

宋人弒其君杵臼.[11] 송나라 사람이 그 임금 저구를 시해하였다.

傳

十六年春王正月, 16년 봄 주력으로 정월에

及齊平. 제나라와 화평하였는데

公有疾, 공이 병들어

使季文子會齊侯于陽穀. 계문자로 하여금 양곡에서 제후를 만나게 하였다.

請盟, 맹약을 청하였으나

齊侯不肯, 제후는 하려고 하지 않고

曰, 말하였다.

"請俟君間."[12] "임금의 병이 낫기를 기다릴 것을 청한다."

夏五月, 여름 5월에

公四不視朔, 공이 네 달째 시삭을 않으셨는데

---

11 저구(杵臼): 『공양전』에는 "처구(處臼)"로 되어 있으며, 희공 12년 『경』의 "진후 저구(陳侯杵臼)"와 같다.

12 두예는 "간은 병이 낫는 것이다(疾瘳)"라 하였다. 제의공이 대부와 회맹하는 것을 예법에서 벗어난 것이라 생각하여 하지 않으려 한 것이다.

疾也. 병 때문이었다.

公使襄仲納賂于齊侯, 공이 양중으로 하여금 제후에게 뇌물을 바치게 하였으므로

故盟于郪丘. 서구에서 회맹하였다.

有蛇自泉宮出, 어떤 뱀이 천궁에서 나와

入于國,[13] 도읍으로 들어가니

如先君之數.[14] 선군의 수와 같았다.

秋八月辛未, 가을 8월 신미일에

聲姜薨. 성강이 죽었다.

毁泉臺.[15] 천대를 허물었다.

楚大饑, 초나라에 큰 기근이 들어

---

13 천궁은 낭(郎)에 있으며 낭은 곡부(曲阜)의 남쪽 교외에 있으니 근교의 읍이다. 국(國)은 국도로 노나라의 도읍 곡부이다.

14 두예는 노나라는 백금(伯禽)에서 희공까지가 모두 17임금이라 하였는데 「노세가」에 상세하다. 도읍으로 들어간 뱀이 열일곱 마리였으므로 "선군의 수와 같다"고 하였다.

15 두예는 "노나라 사람들은 뱀의 요사함이 나타나서 성강이 죽었다고 생각하여 허물었다"라 하였다. 청나라 양옥성(梁玉繩)의 「별기(瞥記)」에서는 "두예는 백어(伯御)는 헤아리지 않았다. 사실은 백어까지 헤아려 18임금이 되어야 한다. 문공은 재위 18년으로 이때 마침 병이 있어 먼저 조짐을 보여주었는데, 공의 어머니 성강이 그로부터 3개월 후에 죽으니 마침내 성강이 죽는 상이 되었다. 뱀이 과연 성강 때문에 나타났다면 어찌 꼭 선군의 수만큼 되어야 하는가? 선군의 수와 같다면 공이 18년 만에 죽는 것을 알리는 것이다"라 하였다.

戎伐其西南,[16]	융족이 그 서남쪽을 쳐서
至于阜山,[17]	부산까지 이르자
師于大林.[18]	대림에 주둔하였다.
又伐其東南,[19]	또한 그 동남쪽을 쳐서
至於陽丘,[20]	양구에 이르러
以侵訾枝.[21]	자지를 침범하였다.
庸人帥羣蠻以叛楚,[22]	용 사람이 뭇 오랑캐들을 이끌고 초나라를 배반하였으며
麇人率百濮聚於選,[23]	균 사람은 백복을 이끌고 선에 모여

---

16 융(戎): 두예는 "융은 산이(山夷)이다"라 하였다.

17 부산(阜山): 초나라의 읍. 고조우(顧祖禹)의 『방여기요(方輿紀要)』에 의하면 지금의 호북성 방현(房縣) 남쪽 150리 지점에 있다.

18 초나라 군사가 대림에 주둔하면서 적을 막으려 하는 것일 것이다. 대림은 초나라의 읍으로, 『휘찬(彙纂)』에 의하면 지금의 호북성 형문현(荊門縣) 서북쪽에 있을 것이다.

19 초나라가 적을 방어하려 하자 적이 이번에는 동남쪽까지 이른 것이다.

20 양구(陽丘): 초나라 땅으로 소재처는 불확실하다.

21 자지(訾枝): 초나라의 읍으로 고동고(顧棟高)의 『대사표(大事表)』에서는 지금의 호북성 종상현(鍾祥縣) 경계에 있다고 하였으며, 심흠한의 『지명보주(地名補注)』에서는 지금의 지강현(枝江縣)에 있을 것이라고 하였다. "동남쪽을 쳤다"라는 말로 판단컨대 심흠한의 설이 사실에 가까울 것이다.

22 군만(羣蠻): 고사기(高士奇)의 『지명고략(地名考略)』에서는 『후한서·남만전(南蠻傳)』에 의거하여 지금의 호남성 원릉현(沅陵縣)과 지강현(芷江縣) 일대에 있을 것이라 하였는데, 이는 용(庸)과의 거리가 매우 멂을 알지 못한 것이다. 이 군만은 호북성 경내의 각처에 흩어져 스스로 부락을 이룬 것일 것이며 용과의 거리가 가까웠기 때문에 용이 그들을 통솔하게 되었을 것이다.

23 균(麇): 10년의 『전』과 『주』에 보인다.
복(濮): 종족 이름. 『서경·목서(牧誓)』편에 무왕을 도와 주(紂)를 토벌한 군사 중에 복(濮) 사람이 있는데, 동진(東晉) 때 매색(梅賾)의 『위공전(僞孔傳)』(공영달을 가탁한 주석)에서 "복은 강(江)·한(漢)의 남쪽에 있다"라 한 것이 곧 이것일 것이다. 아래에서 "백

將伐楚.	초나라를 치려고 하였다.
於是申, 息之北門不啓.[24]	이에 신과 식의 북문이 열리지 않았다.
楚人謀徙於阪高.[25]	초나라 사람이 판고로 옮기려고 도모하였다.
蔿賈曰,[26]	위가가 말하였다.
"不可.	"안 됩니다.
我能往,	우리가 갈 수 있으면
寇亦能往,	적들도 갈 수 있으니
不如伐庸.	용을 치느니만 못합니다.
夫麇與百濮,	저 균과 백복은

복은 흩어져 살아 각기 그들의 고을로 달아나려 할 것이다"라 하였으므로 공영달의 주석〔소(疏)〕에서는 두씨(杜氏)의 『석례(釋例)』〔두예의 『춘추석례(春秋釋例)』〕를 인용하여 "복이(濮夷)는 그들을 총괄하는 수장이 없어 각자 읍락(邑落)에서 스스로 모여살기 때문에 '백복'이라 한다"라 하였다. 복 사람들의 부족은 하나가 아니고 매우 널리 흩어져 살고 있을 것이며, 이곳의 백복은 지금의 호남성 석수현(石首縣) 근처에 있을 것이다. 『예기·왕제(王制)』편의 북(僰) 또한 곧 "복(濮)"이다. 지금의 운남과 사천성의 파이(擺彝)의 "擺" 또한 옛날의 "濮"과 "僰"의 음이 바뀐 것이다.

선(選): 초나라 땅으로 『휘찬(彙纂)』에 의하면 지금의 호북성 지강현(枝江縣) 경계에 있을 것이다.

24 신·식(申·息): 각각 은공 원년의 『전』과 『주』, 은공 11년의 『전』과 『주』에 보인다. 신과 식은 초나라 북쪽 변방과 중원의 제후국의 요해처이므로 그 북문을 감히 열지 않음은 중원의 제후국들을 대비하는 것이다.

25 판고(阪高): 두예는 초나라의 험지(險地)라고만 말했고, 『휘찬(彙纂)』에서는 지금의 호북성 양양현(襄陽縣) 서쪽에 있을 것이라 하였으며, 홍양길의 『고(詁)』와 심흠한의 『지명보주(地名補注)』에서는 모두 지금의 당양현(當陽縣) 동북쪽 20리 지점의 장판(長阪)이 그곳일 것이라 하였다.

26 위가(蔿賈): 희공 27년의 『전』과 『주』에 보인다.

謂我饑不能師.	우리가 기근이 들어 군사를 일으킬 수 없다고 합니다.
故伐我也.	그래서 우리를 친 것입니다.
若我出師,	우리가 군사를 일으키면
必懼而歸.	반드시 두려워하여 돌아갈 것입니다.
百濮離居,[27]	백복은 흩어져 살아
將各走其邑,	각기 그들의 고을로 달아나려 할 것이니
誰暇謀人?"[28]	누가 남을 모의할 겨를이 있겠습니까?"
乃出師.	이에 군사를 내었다.
旬有五日,	보름 만에
百濮乃罷.[29]	백복은 그만두고 돌아갔다.
自廬以往,	여부터는
振廩同食.[30]	곳간을 흩어 함께 먹었다.

27 이거(離居): 산처(散處)와 같은 말.

28 초나라가 용을 치면 백복은 절로 물러날 것이라는 말.

29 백복은 초나라가 군사를 내는 것을 보고 과연 위가의 말대로 각자 군사를 거두어 돌아갔다.

30 여(廬): 14년의 『전』과 『주』에 보인다. 초나라가 영(郢)에서 출병하여 용을 치려면 반드시 여를 거쳐야 하는데 여전히 각자 식량을 휴대하였다. 여에서 출발한 이후로는 당지의 식량창고를 열어 장사병에게 나누어 주어 먹게 했다.
진(振): 『서경·주서·무성(周書·武城)』편의 "녹대의 재산을 흩었다(振鹿臺之財)"라 할 때의 "振"자와 같은 뜻이며, 흩는다는 뜻이다. 두예는 "진은 여는 것이다(發也)"라 하였는

次于句澨.[31]	구서에 주둔하였다.
使廬戢梨侵庸,	여즙리로 하여금 용을 공격하게 하여
及庸方城.[32]	용의 방성에 이르렀다.
庸人逐之,	용 사람이 그들을 몰아내고
囚子揚窗.[33]	자양창을 사로잡았다.
三宿而逸,	사흘 만에 달아나서
曰,	말하였다.
"庸師衆,	용은 군사가 많고
羣蠻聚焉,	뭇 오랑캐들이 모여들어
不如復大師,[34]	다시 대군을 일으키고

데 또한 뜻이 통한다.

동식(同食): 두예는 "상하가 반찬을 달리하지 않는 것이다"라 하였다.

31 두예는 구서는 초나라 서쪽 경계라 하였고, 『휘찬(彙纂)』에서는 지금의 호북성 균현(均縣)의 폐치(廢治) 서쪽이라 하였다.

32 용의 방성이라고 한 것은 초나라의 방성과는 다름을 말한다. 고사기(高士奇)의 『지명고략(地名考略)』에서는 "지금의 죽산현(竹山縣) 동쪽 45리 지점에 방성이 있는데 산 위는 평탄하고 사방은 험난하고 견고하며 산 남쪽에는 성이 10여 리를 두르고 있으니 곧 춘추시대의 '용의 방성'이다"라 하였다.

33 두예는 "창(窗)은 즙리(戢梨)의 관속이다"라 하였다. 자영은 그의 자이며 창이 이름이다. 이는 또한 문공 9년과 선공 4년에서 투숙(鬭叔)을 자월초(子越椒)라 일컬은 것과 같은 경우이다.

34 부대사(復大師): 다시 초나라의 대군을 일으킨다는 뜻이다. 두예는 "구서의 군사들을 다시 복귀시킨다는 말이다"라 하였는데 확실치 않다. 구서의 군사들은 이미 용을 치고 돌아왔는데 어찌 쓰지 않을 것이라는 이치가 있겠는가? 또한 다음의 반왕(潘尫)의 말에 의하면 자양(子揚)의 이 말은 여즙리를 위해서만 말한 것이 아니며 또한 초나라의 여러 장수들을 위해서 한 말이다.

且起王卒,[35]	또한 임금님의 군사들까지 일으켜
合而後進."	합친 후에 나아감만 못합니다."
師叔曰,[36]	사숙이 말하였다.
"不可.	"안 됩니다.
姑又與之遇以驕之.	잠시 또 그들과 만나서 그들을 교만하게 만드십시오.
彼驕我怒,	저들은 교만하고 우리는 분노하면
而後可克,	그런 다음에는 이길 수 있으니
先君蚡冒所以服陘隰也."[37]	선군이신 분모께서 경습을 복속시킨 방법입니다."
又與之遇,	또한 그들과 만나
七遇皆北,[38]	일곱 번 만나 모두 패하니

---

35 초나라의 사람들을 모두 쓰고 싶다는 말이다.

36 선공 12년의 『전』의 문장으로부터 사숙은 곧 초나라 대부 반왕(潘尫)임을 알 수 있다.

37 「초세가」에서는 "소오(霄敖) 6년 죽으니 아들인 웅현(熊眴)이 즉위하였는데 이 사람이 분모(蚡冒)이다. 분모는 17년 만에 죽었다. 분모의 아우 웅통(雄通)은 분모의 아들을 죽이고 대신 즉위하였는데, 곧 초무왕(楚武王)이다"라 하였다. 그렇다면 분모는 곧 초무왕의 형인데 두예는 "초무왕의 아버지"라 하였으니 무슨 근거인지 모르겠다. 청나라 양옥승(梁玉繩)의 『사기지의(史記志疑)』(이하 『지의(志疑)』)에서는 "『한비자·화씨(和氏)』편에서는 '여왕(厲王)이 죽자 무왕이 즉위하였다'라 하였고, 「외저설(外儲說)·좌상」편에서도 '초여왕'이라 하였고, 『초사(楚辭)』 동방삭(東方朔)의 「칠간(七諫)」에서는 '여왕과 무왕의 불찰을 만나, 이에 두 다리를 모두 잘렸네(遇厲武之不察, 羌兩足以畢斮)'라 하였으니 분모는 여왕의 시호이다"라 하였다. 공영달은 "경습을 복속시켰다는 것은 경습은 본래 타국이었으나 분모 때 비로소 복속시켰다는 것을 말한다"라 하였다. 고동고(顧棟高)의 『대사표(大事表)』에서는 "형주부(荊州府) 동쪽에는 산과 골짜기의 험함이 많아 이런 이름이 붙었다"라 하였다.

38 두예는 "군대가 달아나는 것을 배라고 한다(軍走曰北)"라 하였다. "北"는 곧 "背"로 몸을

唯裨, 儵, 魚人實逐之.[39]	비와 조, 어 사람들이 실제로 그들을 쫓았다.
庸人曰,	용 사람이 말하였다.
"楚不足與戰矣."	"초나라는 싸우기에 부족하다."
遂不設備.	마침내 방비를 소홀히 하였다.
楚子乘馹,[40]	초자가 전거에 올라
會師于臨品,[41]	임품으로 군사를 모아
分爲二隊,[42]	두 부대로 나누어

돌려 도망치는 것이다. 여기서는 거짓으로 패한 척하여 적을 교만하게 하는 것이다.

39 조(儵): "儵"이라고도 하며 유라는 음도 있다. 두예는 "비와 조, 어는 용의 세 읍이다"라 하였다. 마종련(馬宗璉)의 『보주(補注)』에서는 "『수경·강수(江水)』에서는 '또한 동쪽으로 어복현(魚復縣)의 옛 성 남쪽을 지른다'라 하였는데 역도원(酈道元)은 '옛 어국(魚國)이다'라 하였으니, 어는 곧 뭇 오랑캐의 하나이지 용의 땅이 아니다. 유소(劉昭)는 파군(巴郡) 어복(魚復)에 '옛 용국(庸國)이라고 주석을 달았는데, 이는 원개(元凱)의 잘못을 따른 것이다"라 하였다. 마종련의 말이 옳다. 비와 조, 어는 아마 모두 용 사람이 이끈 "뭇 오랑캐(羣蠻)"들의 부락 이름일 것이며, 두예의 말은 믿을 수 없다. 비와 조의 소재지는 지금 어디인지 알 수 없다. 어는 지금의 사천성 봉절현(奉節縣) 동쪽 5리 지점에 있을 것이다.

40 일(馹): 전거(傳車)이다. 곧 역의 빨리 달리는 수레.

41 임품(臨品): 『휘찬(彙纂)』에서는 지금의 호북성 균현(均縣) 경계에 있다고 하였다.

42 두예는 "대는 부대이다. 양쪽 길로 공격한 것이다"라 하였다. 대(隊)에는 대오(隊伍)라는 뜻이 있다. 『좌전』에도 그런 뜻이 있으니 양공 10년의 "왼쪽에서 잡고 오른쪽에서는 극(戟)을 뽑아 한 대오를 이룬다"라 한 것과 23년의 "제후(齊侯)가 마침내 진(晉)나라를 치고 조가(朝歌)를 취하여 두 개의 대오가 되었다"라 한 것이 이의 뜻이다. 그러나 대(隊)에는 또한 연도(羨道: 좁은 길)라는 뜻이 있는데 위(魏)나라 장읍(張揖)의 『광아·석궁(廣雅·釋宮)』에서는 "연은 수도(隊道)이다"라 하였다. 『좌전』에는 "隧"로 되어 있다. 양공 18년의 "풍사위(風沙衛)는 큰 수레를 이어 수도〔隧〕를 막았다"라 한 것과 애공 13년의 "월자(越子)가 오나라를 쳤는데 두 갈래 길〔隧〕을 팠다"라 한 것이 이것이다. 두예가 운운한 것은 이 두 가지 뜻을 모두 쓴 것이다. 청나라 왕념손(王念孫)의 『광아소증(廣雅疏證)』〔이하 『소증(疏證)』〕에서는 뒤의 뜻을 세웠다.

子越自石溪,[43] 자월은 석계에서

子貝自仞以伐庸.[44] 자패는 인에서 용나라를 쳤다.

秦人, 巴人從楚師. 진나라와 파나라 사람이 초나라 군사를 좇았다.

羣蠻從楚子盟,[45] 뭇 오랑캐들은 초자를 좇아 맹약하였고

遂滅庸.[46] 마침내 용나라를 멸하였다.

宋公子鮑禮於國人,[47] 송나라 공자 포가 백성들을 예로 대하여

---

43 자월(子越): 투초(鬭椒)의 자이다.

44 석계·인(石溪·仞): 『휘찬(彙纂)』에 의하면 모두 지금의 균현(均縣) 경계에 있으며, 용나라로 들어가는 진입로이다.

45 두예는 "오랑캐가 초나라의 강함을 보았기 때문이다"라 하였다.

46 「초세가」에서는 "장왕(莊王)은 즉위하고 3년 동안 영(令)도 내지 않고 밤낮으로 향락만 즐기며 국중(國中)에 명령하였다. '감히 간하는 자가 있으면 용서치 않고 죽음으로 다스리도록 하라.' 오거(五擧)가 간하려 입궐하여 보니 장왕이 왼손으로는 정희(鄭姬)를 껴안고 오른손으로는 월나라 여인을 껴안고 각종 악기 사이에 앉아 있었다. 오거가 말하였다. '제가 수수께끼를 하나 내고자 합니다.' 그리고 계속하여 말하였다. '새 한 마리가 언덕에 앉아 있는데 3년 동안 날지도 않고 지저귀지도 않았습니다. 이 새는 무엇입니까?' 장왕이 말하였다. '3년이나 날지를 않았으니 날았다 하면 하늘로 치솟아 오를 것이고, 3년 동안이나 지저귀지를 않았으니 한번 지저귀었다 하면 사람을 놀라게 할 것이다. 오거 그대는 가도 좋다. 과인이 그대의 뜻을 알겠노라.' 몇 달이 지나도록 장왕은 계속하여 더욱 깊이 황음에 빠져들었다. 대부인 소종(蘇從)이 입궐하여 간하였다. 장왕이 말하였다. '그대는 금지령도 듣지 못했는가?' 소종이 대답하여 말하였다. '죽음으로써 주군을 깨닫게 하는 것이 저의 소원입니다.' 이에 장왕은 비로소 황음을 그만두고 정사를 처리하였다. 그에게 죽임을 당한 나쁜 무리가 수백이나 되었고, 등용된 사람도 수백을 헤아렸다. 장왕은 오거와 소종에게 국정을 다스리게 하여 나라 사람들이 크게 기뻐하였다. 그 해에 용나라를 멸하였다"라 하였다.

宋饑,	송나라가 기근이 들자
竭其粟而貸之.[48]	곡식을 대 주었다.
年自七十以上,	70세 이상부터는
無不饋詒也,[49]	음식을 보내 주지 않은 사람이 없고
時加羞珍異.[50]	철따라 진귀하고 기이한 음식을 더하였다.
無日不數於六卿之門.[51]	6경의 문 앞에 자주 가지 않은 날이 없었다.
國之材人,	나라의 재능 있는 사람치고
無不事也;[52]	섬기지 않은 적이 없고,

---

47 두예는 "포는 소공(昭公)의 서제 문공(文公)이다"라 하였다. 「송세가」에는 "포혁(鮑革)"이라고도 되어 있는데, 「연표」에는 그대로 "포"로만 되어 있다. 청나라 전대흔(錢大昕)은 『사기고이(史記考異)』에서 "革"은 연문이라고 하였는데 옳은 것 같다. 또한 아래의 『주』에 상세하다.

48 대(貸): 두 가지 뜻이 있다. 하나는 베푼다는 뜻으로 『설문』에서는 "대는 베푸는 것이다(施也)"라 하였고, 『광아·석고(廣雅·釋詁)』에서는 "대는 주는 것이다(予也)"라 한 것이 이 뜻이다. 하나는 빌린다는 뜻으로 14년 『전』의 "공실의 유사에게 빌려서까지 계속하였다(貸於公有司以繼之)"라 한 것과 소공 3년 『전』의 "집의 되로 빌려서 공의 되로 거두었다(以家量貸而以公量收之)"라 한 것이 이 뜻이다. 이 대자에는 두 가지 뜻 모두 적용할 수 있다. 청나라 왕념손(王念孫)은 『광아소증(廣雅疏證)』에서 이 문장을 인용하여 베풀어 주다의 뜻으로 보았다.

49 공영달은 "백성들 가운데 나이가 70 이상인 사람은 음식을 보내 주지 않은 사람이 없다"라 하여 음식에만 국한시켜 말하였다. 아마 아래의 "羞珍異"의 "羞"를 "맛있는 것을 드리다(致滋味)"의 뜻으로 보고 말한 것일 것이다.

50 두예는 "수는 바친다는 뜻이다(羞, 進也)"라 하였다. 공영달은 "진이(珍異)는 보통 맛있는 음식이 아님을 이른다. '時加羞珍異'라는 것은 사철 처음 나오는 진귀하고 색다른 것이라는 뜻이다"라고 하였다.

51 삭(數): 자주라는 뜻. 공영달은 "하루라도 6경의 문 앞에 자주자주 이르지 않은 날이 없다는 것이며, 청하기를 끊이지 않고 했다는 말이다"라 하였다.

親自桓以下, 친족 중 환공 이하의 자손들은

無不恤也.[53] 구휼하지 않은 이가 없었다.

公子鮑美而艶, 공자 포는 미남에다 얼굴도 고와

襄夫人欲通之,[54] 양부인이 사통을 하려고 하였는데

而不可,[55] 되지 않자

乃助之施. 곧 그가 베푸는 것을 도왔다.

昭公無道, 소공은 무도하여

國人奉公子鮑以因夫人. 백성들은 공자 포를 받들고 부인을 따랐다.

於是華元爲右師,[56] 이때 화원은 우사였고

公孫友爲左師, 공손지는 좌사였으며

華耦爲司馬,[57] 화우는 사마,

---

52 공영달은 "나라의 어질고 재능 있는 사람이 섬기지 않은 사람이 없고 공자가 모두 그들을 섬긴 것이다"라 하였다.

53 두예는 "환(桓)은 포(鮑)의 증조부이다"라 하였다. 공영달은 "그 친족은 환공 이하의 자손들은 구휼하지 않은 적이 없고 공자가 모두 그들을 진휼한 것이다"라 하였다.

54 8년『전』에서는 "송나라 양부인은 양왕의 누이이다"라 하였다. 양왕은 재위 기간이 34년으로 이 해는 양왕이 죽었을 때와 또 8년의 격차가 있고 송양공의 죽음과는 또한 26년의 격차가 있으니 연도를 가지고 계산을 해보면 양부인은 60세 이상일 것인데, 이는 아마 지난 일을 보충해서 서술한 것인 것 같다.

55 공자 포가 내켜 하지 않은 것이다.

56 화원(華元): 화독의 증손자다. 7년의『전』과『주』에 상세하다. 송나라 6경의 경중은 또한 7년의『전』과『주』에 상세하다.

57 두예는 "공자 앙(公子卬)을 대신하였다"라 하였다. 공자 앙은 8년에 죽었으며 15년『경』에 이미 "송사마 화손이 와서 회맹하였다"라 하였으니, 그가 사마가 된 것은 아마 8년부터일 것이다.

鱗矔爲司徒,[58]	인관은 사도,
蕩意諸爲司城,[59]	탕의제는 사성,
公子朝爲司寇.[60]	공자 조는 사구였다.
初,	처음에
司城蕩卒,[61]	사성 탕이 죽자
公孫壽辭司城,[62]	공손수가 사성을 사퇴하고
請使意諸爲之.[63]	의제에게 사성이 되도록 청하였다.
旣而告人曰,	얼마 후 사람들에게 알리기를
"君無道,	"임금이 무도하여
吾官近,	나의 관직이 너무 가까우니
懼及焉.[64]	화가 미칠까 두렵다.
棄官,	그렇다고 벼슬을 버리면
則族無所庇.	가족이 도움을 받을 곳이 없다.
子,	자식은

58 관(矔): "矔"으로 되어 있는 판본도 있는데, 음은 같다.

59 탕의제는 8년에 이미 사성이 되어 노나라로 달아났다가 11년에는 귀국하여 복위가 되었으며, 이 일은 모두 앞의 『전』에 보인다.

60 7년에는 화어사(華御事)가 사구였으니 공자 조는 아마 화어사를 대신하였을 것이다.

61 7년에 공자 탕이 사성이었고 8년에는 탕의제가 그 자리를 이었으니 공자 탕은 7년이나 8년 사이에 죽었을 것이다.

62 공손수(公孫壽): 탕의 아들로 아버지가 죽었으니 그 직위를 계승하였을 것이다.

63 의제(意諸): 수의 아들. 수가 직위를 사양하고 그 아들이 되게 한 것이다.

64 두예는 "화가 자신에게 미치는 것이다"라 하였다.

身之貳也,[65]	나의 분신이니
姑紓死焉.[66]	잠깐이나마 죽음을 늦추려는 것이다.
雖亡子,	비록 자식은 죽더라도
猶不亡族."[67]	가족은 망하지 않는다"라 하였다.
旣,	얼마 후
夫人將使公田孟諸而殺之.[68]	부인이 공에게 맹저로 사냥을 가게 한 후 죽이고자 하였다.
公知之,	공이 낌새를 채고
盡以寶行.	보물을 다 가지고 떠났다.
蕩意諸曰,	탕의제가 말하였다.
"盍適諸侯?"	"어찌하여 제후에게 가지 않으십니까?"
公曰,	공이 말하였다.

---

65 신지이(身之貳): 이 신(身)자는 "나 아(我)", 혹은 "몸 기(己)"자로 풀어야 한다. 『이아·석고(釋詁)』편에서는 "신은 나이다(身, 我也)"라 하였다. 『한비자·오두(五蠹)』편의 "내 몸이 죽으면(身死) 아무도 길러 주지 않는다"라 한 것과 『여씨춘추·응언(應言)』편의 "맹앙(孟卬) 보기를 내 몸같이 한다(視卬如身)"라 한 것이 모두 이 뜻이다. 『후한서·적방진전(翟方進傳)』에서는 왕망(王莽)의 「고(誥)」에서 "내 몸을 스스로 근심할 틈도 없다(不身自恤)"는 말을 인용하였는데, 이는 곧 『서경·대고(大誥)』편의 "내 스스로를 근심할 틈도 없다(不卬自恤)" 한 말을 쓴 것으로 "卬"자를 "身"자로 바꾼 것이니만큼 더욱 "我"자라는 뜻의 확증이 된다. 이 구절은 아들은 본인의 보좌라는 뜻이다.

66 아들이 직위를 대신하여 죽으면 자신은 죽음을 늦출 수 있다는 말이다.

67 아들은 잃더라도 본인은 살아 있으니 겨레붙이들을 오히려 보존할 수 있다는 말이다.

68 맹저(孟諸)는 희공 28년의 『전』과 『주』에 보인다.

"不能其大夫至于君祖母以及國人,[69]	대부로부터 임금의 조모 및 백성들의 신임을 얻지 못하였으니
諸侯誰納我?	제후 중에 누가 나를 받아 주겠는가?
且旣爲人君,	또한 이미 임금인데
而又爲人臣,[70]	또한 신하가 된다면
不如死."	죽느니만 못하다."
盡以其寶賜左右而使行.	그 보물을 모두 좌우에 나누어 주고 떠나게 하였다.
夫人使謂司城去公.	부인이 사성에게 공을 떠나라고 말하게 하였다.
對曰,	대답하여 말하였다.
"臣之而逃其難,	"신하이면서 어려움에 처했다 하여 도망을 가면
若後君何?"[71]	나중의 임금은 어찌합니까?"

---

69 위에서 여섯 경(卿)을 두루 말하였는데, 탕의제만이 자신의 도당이니 이것이 이른바 대부의 신임을 얻지 못한 것이다. 불능(不能)은 곧 얻지 못하였다(不得)는 뜻으로 여러 사람과 화목하지 못한 것이다. 공영달은 "애공 16년『전』에서 괴외(蒯聵)가 주나라에 고하여 말하기를 '저(괴외)는 부모님〔君父君母〕께 죄를 지었습니다'라 하여 어머니를 군모(君母)라 하였으니, 조모는 군조모(君祖母)가 된다. 소공은 성공의 아들이며 양공의 손자이므로 양부인은 그 조모이다"라 하였다. 심흠한의『보주(補注)』에서는 "상복은 적모(適母)가 군모이니 군조모는 적조모를 일컫는 것이다"라 하였다. 불능군조모(不能君祖母)는 또한 8년의『전』에도 보인다. 위에서는 "백성들이 공자 포를 받들고 부인을 따랐다"라 하였으므로 소공이 스스로 "백성들(의 신임)을 얻지 못하였다"라 하였다.

70 다른 제후국으로 가는 것이 신하가 되는 것이다.

冬十一月甲寅,[72]	겨울 11월 갑인일에
宋昭公將田孟諸,	송나라 소공이 맹제로 사냥을 가려 함에
未至,	채 미치지 못하여
夫人王姬帥甸攻而殺之.[73]	부인 왕희가 수전으로 하여금 그를 공격하여 죽이게 하였다.
蕩意諸死之.	탕의제는 그와 함께 죽었다.

---

71 두예는 "나중의 임금을 섬길 일이 없게 된다는 것이다"라 하였다.

72 갑인일은 20일이다.

73 부인왕희(夫人王姬): 곧 양부인으로 왕희라 한 것은 양왕(襄王)의 누이로 주나라 왕실의 여인이기 때문이다.

수전(帥甸): 관명으로 세 가지 해석이 있다. 공영달은 "『주례·재사(載師)』에서는 '공읍(公邑)의 전지(田地)를 가지고 전지(甸地)를 맡는다'라 하였다. 수전은 곧 전지(甸地)의 장수로 바로 공읍의 대부일 것이다"라 하였는데 이것이 첫 번째 해석이다. 심흠한의 『보주(補注)』에서는 『주례·천관(天官)』의 전사(甸師)가 곧 거기에 해당한다면서 '『주례』의 전사라는 관직은 그 무리가 3백 명이다. 「문왕세자(文王世子)」에는 공족이 죄를 지으면 전인(甸人)이 목을 매단다. 수전은 곧 이 관직이다"라 하였는데 또 한 가지 해석이다. 유월(兪樾)의 『다향실경훈(茶香室經訓)』에서는 "『예기·제의(祭義)』편에 '나이 50에는 전도(甸徒)가 되지 않는다'라 하였는데, 정현은 '사구(四丘)가 전(甸)이며 전은 64정(井)이다. 군전(軍田)의 출역(出役)하는 법으로 삼는다'라 하였다. 『정의(正義)』에서는 50이 되면 전도가 되지 않는다는 것은 사방 8리(里)의 전(甸)을 말하며 도(徒)는 보졸이다. 군법에 의하면 8리에는 장곡(長轂) 1승을 내며 보졸이 72인이다. 전(甸)이라 한 것은 군대의 구실과 전역(田役)의 일을 제공한다. 50세가 되면 기력이 쇠하기 시작하여 이 전역의 보졸이 될 수 없다. 이 전역의 도졸(徒卒)을 전도(甸徒)라 하니 이 전역 도졸의 장수를 의당 수전이라 부를 것이다"라 한 것이 또 하나의 해석이다. 세 가지 해석 가운데 심흠한의 해석이 가장 믿을 만하다. 『예기·단궁(檀弓)』의 주석〔소(疏)〕에서는 이 문장을 인용하여 "수전(帥甸)"은 곧 "전사(甸師)"라 하였으니 또한 옛사람 가운데 이미 "수전"을 "전사"로 풀이한 사람이 있었다. 「송세가」에서는 "소공이 사냥을 나가자 부인 왕희가 위백(衛伯)으로 하여금 소공 저구를 공격하여 죽이게 하였다"라 하였다. 청나라 양옥승(梁玉繩)의 『지의(志疑)』에서는 "위백이 어찌 수전의 이름인가? 아니면 수전 또한 위백을 부르는 것인가? 나온 곳을 알지 못한다"라 하였다.

書曰"宋人弑其君杵臼,"	"송나라 사람이 그 임금인 저구를 시해했다"고 기록한 것은
君無道也.[74]	임금이 무도하였기 때문이다.
文公卽位,[75]	문공이 즉위하자
使母弟須爲司城.[76]	동모제인 수로 하여금 사성이 되게 하였다.
華耦卒,	화우가 죽자
而使蕩虺爲司馬.[77]	탕훼로 하여금 사마가 되게 하였다.

문공 17년

經

十有七年春,[1]	17년에

---

74 선공 4년의 『전』에서는 "무릇 시해된 임금을 임금이라 일컫는 것은 임금이 무도하기 때문이다"라 하였다.

75 「송세가」에서는 "아우인 포혁(鮑革)이 즉위하였는데 곧 문공이다"라 하였다. 포혁은 곧 위의 공자 포(公子鮑)이며 『사기』의 주석서인 『색은(索隱)』에는 서광(徐廣)의 말을 인용하여 "어떤 판본에는 '혁(革)'자가 없다"라 하였으며, 「연표」에도 "革"자가 없다. 『한서·고금인표(古今人表)』에서는 송공자 포(宋公子鮑)라 하였으니 본래 "革"자가 없었음을 알겠다.

76 두예는 "의제를 대신하였다"라 하였다.

77 두예는 "훼는 의제의 아우이다"라 하였다. 문공의 즉위 연도는 당연히 이듬해이며, 이는 대개 뒤의 내용을 가지고 말한 것이다.

1 십유칠년(十有七年): 신해년 B.C. 610년으로 주광왕(周匡王) 3년이다. 정월 19일 경술일이 동지로, 건자(建子)이다.

晉人衛人陳人鄭人伐宋.[2]	진나라와 위나라, 진나라, 정나라 사람이 송나라를 쳤다.
夏四月癸亥,[3]	여름 4월 계해일에
葬我小君聲姜.[4]	우리 소군인 성강을 장사 지냈다.
齊侯伐我西鄙.[5]	제후가 우리나라 서쪽 변경을 쳤다.
六月癸未,[6]	6월 계미일에
公及齊侯盟于穀.[7]	공이 곡에서 제후와 맹약했다.
諸侯會于扈.	제후들이 호에서 만났다.
秋,	가을에

---

2 위나라와 진(陳)나라의 반차(班次)는 어떨 때는 위나라가 진나라의 앞에 있었는데 은공부터 장공 14년까지 42년간 모두 네 차례의 회맹에서 이와 같았으며, 어떨 때는 진나라가 위나라의 위에 놓였는데 장공 15년부터 희공 17년까지 35년 동안 모두 여덟 차례의 회맹에서 이와 같았다. 여기서부터 정공 4년이 끝날 때까지(정공 4년 이후에는 더 이상 진(陳)·위(衛)를 나란히 쓰지 않는다) 진은 또한 위나라의 위에 있었다. 그러나 또한 간혹 위나라가 진나라 위에 있는 경우도 있었는데, 이곳 및 선공 2년의 "위나라 사람·진나라 사람"과 양공 27년의 "위나라 석악(石惡)과 진나라 공환(孔奐)", 소공 원년의 "위나라 제악(齊惡)과 진나라 공자 소(公子昭)", 정공 4년의 "위후(衛侯)·진자(陳子)"가 그러한데 대체로 때와 일에 따라 다른 것 같다.

3 계해일은 4일이다.

4 성강은 『공양전』에는 "聖姜"으로 되어 있다. 음이 가까워서 통가(通假)하였다.

5 『전』에서는 "제후가 우리나라의 북쪽 변경을 쳤다"라 하였으므로 두예는 "서(西)는 북(北)이 되어야 하며, 『경』이 잘못된 것 같다"라 하였다. 그러나 공영달은 복건(服虔)의 설을 인용하여 위나라는 두 번 쳐들어왔는데, 한번은 북쪽 변경을 쳤고 한번은 서쪽 변경을 친 것으로, 서쪽 변경의 일은 기록하였고 북쪽 변경의 일은 기록하지 않았다고 하였다. 『전』에 의하면 4월에 성강을 장사 지냈으며 그전에 이미 제나라의 난이 있었다고 하였으니, 제나라가 쳐들어온 것이 한 번에 그치지는 않은 것 같으며 복건의 설이 비교적 맞는 것 같다.

6 계미일은 25일이다.

7 곡(穀): 장공 7년의 『경』과 『주』에 보인다.

公至自穀.[8] 공이 곡에서 돌아왔다.

冬, 겨울에

公子遂如齊. 공자 수가 제나라로 갔다.

傳

十七年春, 17년 봄에

晉荀林父, 衛孔達, 陳公孫寧, 鄭石楚伐宋, 진나라 순림보와 위나라 공달, 진나라 공손녕, 정나라 석초가 송나라를 쳤는데

討曰, 꾸짖어 말하기를

"何故弑君?"[9] "무슨 까닭으로 임금을 시해하였느냐?"라 하였다.

猶立文公而還.[10] 오히려 문공을 세우고 돌아왔다.

卿不書,[11] 경이라고 기록하지 않은 것은

---

8 『전』이 없다.

9 "弑"는 가나자와 문고본(金澤文庫本)에는 "殺"로 되어 있다. 「진어(晉語) 5」에 의하면 "송나라 사람이 소공을 죽이니 조선자가 영공에게 군사를 청하여 송나라를 쳤다. 이에 곁에 있는 제후들에게 알리게 하여 군사를 일으켜 종과 북을 울리며 송나라에 이르렀다. ……" 하였으니 조돈이 제창하였으며 순림보를 장수로 삼은 것이다.

10 선공 원년의 『전』에 의하면 진나라는 송나라의 뇌물을 받고 송문공이 진나라의 결맹을 받아들인 적이 있다. 「송세가」에서는 "문공 원년 진나라가 제후들을 거느리고 송나라를 쳐서 임금을 시해한 것을 꾸짖었다. 문공을 정하여 세운 것을 듣고는 곧 떠났다"라 하였다. 제후들의 군사는 원래 소공을 죽인 것을 꾸짖으려고 일으킨 것이었지만, 송나라에 이르렀을 때 문공이 이미 세워져서 정하여지자 바꿀 수 없다고 생각하여 도리어 그 왕위를 정하여 주고 돌아왔으므로 "오히려(猶)"라고 하였다.

11 『경』에서는 "진인, 위인, 진인, 정인"이라 하여 여러 나라 장수들의 성명을 쓰지 않았다.

失其所也.[12]	그 타당함을 잃었기 때문이다.

夏四月癸亥,	여름 4월 계해일에
葬聲姜.	성강을 장사 지냈다.
有齊難,	제나라의 화난이 있어서
是以緩.[13]	이 때문에 늦추었다.

齊侯伐我北鄙,	제나라가 우리나라 북쪽 변경을 쳐서
襄仲請盟.	양중이 맹약을 청하였다.
六月,	6월에
盟于穀.[14]	곡에서 맹약을 맺었다.

晉侯蒐于黃父,[15]	진후가 황보에서 열병하고

12 본래의 목적이 임금을 죽인 자를 토벌하여 죽이러 가는 것이었는데, 오히려 세우고 돌아왔으므로 "타당함을 잃었다(失其所)"라 하였다. 소는 처소(處所), 있어야 할 곳으로 지금의 입장(立場)이라는 말과 같다.

13 성강은 지난해 8월에 죽어 이때는 9개월이나 되었으며 "5개월 만에 장사 지낸다"는 예에 의거하면 늦추어진 것이다.

14 두예는 "진나라가 노나라를 구원할 수 없었으므로 복종할 것을 청하였다"라 하였다.

15 선공 7년의 『전』에 의하면 황보는 흑양(黑壤)이라고도 한다. 그 땅은 지금의 산서성 익성현(翼城縣) 동북쪽 65리 지점의 오령(烏嶺)으로 심수현(沁水縣)의 경계와 닿아 있다.

遂復合諸侯于扈,[16]	마침내 호에서 다시 제후를 규합하였는데
平宋也.[17]	송나라와 화평을 맺기 위함이었다.
公不與會,	공이 참여하지 않은 것은
齊難故也.	제나라의 화난 때문이었다.
書曰“諸侯”,	“제후”라고 기록한 것은
無功也.[18]	공이 없었기 때문이다.
於是晉侯不見鄭伯,	이때 진후는 정백을 보려 하지 않았는데
以爲貳於楚也.	초나라에 두 마음을 품고 있다고 생각하였기 때문이었다.
鄭子家使執訊而與之書,[19]	정나라의 자가가 집신에게 편지를 주어

---

16 두예는 “『전』에서 제후들을 열거하지 않고 ‘다시 규합하였다’라 하였으니 위 15년 호에서의 회맹의 제후임을 알 수 있다”라 하였다. 소공 4년『전』에서는 “주무(周武)는 맹진(孟津)의 맹세가 있었고 성(成)은 기양(岐陽)의 열병이 있었다”라 하였으며, 「진어 8」에서는 “지난날 성왕이 기양에서 제후들과 회맹하였다”라 하였으니 이로써 성왕이 기양에서 열병하였음을 유추할 수 있고 제후들을 불러 회맹을 하는 동시에 진영공 또한 황보의 열병에서 제후들을 규합하였다.

17 「연표」에서는 “진영공 11년 제후들을 거느리고 송나라와 화평하였다”라 하였다.

18 두예는 “송나라를 평정하고자 하였지만 다시 평정하지 못한 것을 풍자한 것이다”라 하였다.

19 자가(子家): 곧 공자 귀생이다. 13년『전』에 보인다. 두예는 “집신은 신문(訊問)을 전달하는 관리이다”라 하였다. 공영달은 “사집신은 그로 하여금 진나라에 가게 하는 것이다. 여지서는 편지를 주어 이를 지니고 선자에게 알리게 하는 것이다”라 하였다. 이는 실은 자가가 조선자에게 주는 편지로 편지를 지니고 가서 보내는 것일 따름이다.

以告趙宣子,	조선자에게 일러
曰,	말하였다.
"寡君卽位三年,[20]	"과군이 즉위한 지 3년 만에
召蔡侯而與之事君.	채후를 불러 함께 임금님을 섬기자고 하였습니다.
九月,	9월에
蔡侯入于敝邑以行.[21]	채후가 우리나라로 들어와 임금님께 갔습니다.
敝邑以侯宣多之難,[22]	우리나라는 후선다의 난 때문에
寡君是以不得與蔡侯偕.	과군이 이에 채나라와 함께할 수 없었습니다.
十一月,	11월에는
克減侯宣多,[23]	후선다를 이겨서 없애고
而隨蔡侯以朝于執事.	수후를 따라 집사를 뵙게 되었습니다.
十二年六月,[24]	12년 6월에

20 정목공은 희공 33년에 즉위하였으니 3년은 노문공 2년이다.

21 두예는 "행은 진나라로 가서 조현하는 것이다"라 하였다.

22 정목공이 즉위할 때 후선다의 힘이 컸으며, 희공 30년 및 선공 2년『전』에 보인다. 두예는 "후선다가 목공을 세우서는 총애를 믿고 전권을 휘둘렀다"라 하였다.

23 감(減): 절(絶)자와 같은 의미로 쓰였다.

24 문공 11년이다.

歸生佐寡君之嫡夷,[25]	귀생이 과군의 적자인 이를 보좌하여
以請陳侯于楚,	초나라에서 진후에게 청하여
而朝諸君.	임금님을 조현하자고 하였습니다.
十四年七月,	14년 7월
寡君又朝以蕆陳事.[26]	과군은 또한 조현하여 진나라의 일을 이루었습니다.
十五年五月,	15년 5월
陳侯自敝邑,	진후가 우리나라에서
往朝于君.	임금님께 가서 조현하였습니다.
往年正月,	지난해 정월에
燭之武往,[27]	촉지무가 간 것은
朝夷也.[28]	이를 조현케 함이었습니다.
八月,	8월에는
寡君又往朝.	과군이 또한 가서 조현하였습니다.

---

25 이(夷): 정목공의 태자 영공(靈公)이다.

26 천(蕆): 두예는 "칙(勅)이다"라 하였다. 양웅(揚雄)의 『방언(方言)』에서는 "갖추는 것이다"라 하였다. 천에는 완성시킨다는 의미가 있다. 천진사(蕆陳事)는 진(陳)나라가 진나라에 복종하는 일을 완성시킨 것을 말하므로 다음에서 "진후가 저희 나라에서 임금님께 가서 조현하였습니다"라 하였다. 두예는 "전날의 우호를 정리해서 완성한 것"이라 하였는데 반드시 그렇지는 않은 것 같다.

27 촉지무(燭之武): 희공 30년의 『전』에 보인다.

28 조(朝): 사동(使動) 용법으로 쓰여 이를 진나라에 조현케 하였다는 뜻이다.

以陳, 蔡之密邇於楚, 진나라와 채나라가 초나라와 매우 가까운데도

而不敢貳焉, 두 마음을 품지 않는 것은

則敝邑之故也.[29] 우리나라 때문입니다.

雖敝邑之事君,[30] 우리나라가 임금님을 섬기는데

何以不免? 어째서 면하지 못합니까?

在位之中, 재위하고 있는 동안

一朝于襄, 한 번 양공을 조현하였고

而再見于君.[31] 두 번 임금님을 조현하였습니다.

夷與孤之二三臣相及於絳.[32] 이와 우리 두세 신하도 서로 강에 미쳤습니다.

雖我小國, 오로지 우리 같은 작은 나라는

則蔑以過之矣.[33] 그보다 더할 수는 없습니다.

---

29 정나라가 진나라를 은근히 섬김으로써 진(陳)과 채(蔡)나라가 초나라를 감히 전적으로 섬기지 못하였다는 것을 말한다.

30 수(雖): 주빈(朱彬)의 『경전고증(經傳考證)』에서는 "유(惟)"자와 뜻이 같다고 하였다.

31 군(君): 진영공이다. 공영달은 "한 번 양공을 조현한 것은 3년 11월이었고, 두 번 영공을 조현한 것은 14년 7월과 지난해 8월이다"라고 하였다.

32 고(孤): 『예기·옥조(玉藻)』편에서는 "작은 나라의 임금을 고(孤)라고 하며 (임금의 말을 전하는) 빈자(擯者) 또한 (제후의 자칭인) 고라고 한다"라 하였다. 이것이 정나라 자가 또한 그 임금을 고(孤)라 칭한 까닭이다.
이삼신(二三臣): 귀생 자신과 촉지무 등을 말함.
강(絳): 진나라의 도읍. 진나라의 도읍인 강까지 가는 길에 여러 사람이 끊이지 않음을 말함.

33 수(雖)자는 유(唯)자의 뜻으로 쓰였다. 우리 같은 소국으로서는 진나라를 섬기는 데 더할 것이 없다는 말이다.

今大國曰,	지금 대국에서는
“爾未逞吾志.”[34]	‘너희는 우리 뜻을 만족시키지 못한다’고 말합니다.
敝邑有亡,	우리나라는 망하더라도
無以加焉.[35]	더 해드릴 게 없습니다.
古人有言曰,	옛사람들의 말에 이런 게 있습니다.
“畏首畏尾,	‘머리를 두려워하고 꼬리를 두려워하면
身其餘幾?”[36]	몸 가운데 남는 것은 얼마인가?’
又曰,	또 말하였습니다.
“鹿死不擇音.”[37]	‘사슴이 죽을 때는 소리를 가리지 않는다.’

---

34 지금 진(晉)나라가 우리나라를 책망하여 너희 정나라는 아직도 우리의 뜻을 만족시키지 못하였다는 말이다.

35 그러나 우리 정나라는 이미 있는 힘을 다하여 다시 가렴주구를 하면 소국은 진나라에 의해 멸망당하여 다시는 더 해줄 것이 없을 것이라는 말이다.

36 『회남자·설림훈(說林訓)』에서는 “머리를 두려워하고 꼬리를 두려워하면 몸에 무릇 얼마나 남겠는가?”라 하였는데, 고유(高誘)는 “처음과 끝을 두려워하면 몸의 가운데 부분이 두려워하지 않음이 무릇 얼마이겠는가? 항상 두려워한다는 말이다”라 하였다.

37 음(音): 예로부터 두 가지 해석 방식이 있어 왔다. 공영달은 복건의 말을 인용하여 “사슴은 좋은 풀을 얻으면 매에매에 서로 부른다. 곤경에 처하여 죽을 때가 되면 좋은 소리를 택할 겨를이 없는데 화급함이 닥쳤기 때문이다”라 하였다. 이는 자의(字意) 그대로 본 것이다. 두예는 “음은 나무 그늘(茠蔭)이 진 곳이다. 고자는 소리가 같으면 모두 서로 가차하였다”라 하였는데, 이는 음(蔭)으로 읽은 것이다. 『장자·인간세(人間世)』편에 “짐승은 죽을 때 소리를 가리지 않으니 숨이 막혀서 그렇다”라 하였으니, 선진(先秦)시대의 사람은 실로 음을 성음(聲音)으로 해석하였다. 복건의 설이 옳다.

小國之事大國也,	작은 나라가 대국을 섬길 때
德,	덕을 베풀면
則其人也;	사람의 도리를 다하며,
不德,	덕을 베풀지 않으면
則其鹿也,[38]	사슴이 되어
鋌而走險,[39]	후다닥 험한 곳으로 달리어
急何能擇?	다급하여지니 무엇을 가릴 수 있겠습니까?
命之罔極,	명이 끝이 없으니
亦知亡矣,[40]	또한 망하리라는 것을 알아서
將悉敝賦以待於鯈.[41]	우리 군대를 다 모아 조에서 기다릴 것입니다.
唯執事命之.	집사께서는 하명만 하십시오.
文公二年六月壬申,[42]	문공 2년 6월 임신일에

38 소국은 대국에 있어 대국이 덕이 있으면 소국은 곧 사람이며, 덕이 없으면 소국은 곧 사람이라는 말이다.

39 정(鋌): 두예는 "빨리 달리는 모습"이라고 하였다. 이는 소국이 사슴이 된다면 사슴이 다급하여져서 길을 가리지 않는 것처럼 험난한 곳으로 달아나 어려움을 범할 것이라는 말이다.

40 두예는 "진나라의 명이 끝이 없음을 말하였다"라 하였다. 이는 진나라의 정나라를 대하는 명이 조금도 준칙이 없으며 정나라는 이에 또한 위망해지리라는 것을 알고 있다는 말이다.

41 조(鯈): 마찬가지로 또한 "숙(儵)"이라고도 한다. 두예는 "조는 진나라와 정나라의 경계로 군사들로 진나라를 막으려 한다는 밀이다"라 하였다.

42 정문공 2년 6월 임신일로 노나라 장공 23년 6월 20일이다.

朝于齊. — 제나라를 조현하였습니다.

四年二月壬戌,[43] — 4년 2월 임술일에는

爲齊侵蔡, — 제나라를 위하여 채나라를 쳐들어갔으며

亦獲成於楚. — 또한 초나라와 강화를 얻어 내었습니다.

居大國之間, — 대국의 사이에 끼어서

而從於强令, — 강국의 명령을 좇는 것이

豈其罪也?[44] — 어찌 죄가 되겠습니까?

大國若弗圖, — 대국이 도모해 주시지 않는다면

無所逃命. — 명에서 달아날 곳이 없습니다.

晉鞏朔行成於鄭,[45] — 진나라 공삭이 정나라에서 화친을 맺었는데

趙穿, 公壻池爲質焉.[46] — 조천과 공서지가 볼모가 되었다.

---

43 노장공 25년 2월에는 임술일이 없다.

44 강령(强令): 대국의 압력을 행사하여 가하는 명령. 심흠한의 『보주(補注)』에서는 "이는 뒤늦게 제나라의 일을 끌어다 쓴 것이다. 그리되는 까닭은 양대국 사이에 끼어서 위급함을 구원하였기 때문이다. 제나라는 그때 죄를 지은 적도 없는데 진나라가 어떻게 가혹하게 구하겠는가?"라 하였다.

45 공삭(鞏朔): 진나라 대부로 성공 2년에는 공백(鞏伯)으로 불리고, 또한 사장백(士壯伯)이라고도 하였다.

46 공서지에 대해서는 8년의 『전』과 『주』에 상세하다.

秋,	가을에
周甘歜敗戎于邥垂,[47]	주나라 감촉이 심수에서 오랑캐를 물리쳤는데
乘其飮酒也.[48]	그들이 술 마시는 틈을 타서였다.
冬十月,	겨울 10월에
鄭大子夷, 石楚爲質于晉.[49]	정나라 태자 이와 석초가 진나라의 볼모가 되었다.
襄仲如齊,	양중이 제나라로 가서
拜穀之盟.	곡의 결맹을 배사하였다.
復曰,[50]	복명하여 말하였다.
"臣聞齊人將食魯之麥.[51]	"신은 제나라 사람이 노나라의 보리를 먹으려 한다고 들었습니다.
以臣觀之,	신이 살펴보건대

47 감촉(甘歜): 『독본(讀本)』에서는 "아마 왕자대(王子帶)의 후손일 것이다"라 하였다.
심수(邥垂): 『수경주·이수(伊水)』 및 『청일통지』에 의하면 지금의 하남성 낙양시(洛陽市) 남쪽에 있을 것이다.

48 두예는 "성왕 원년 진후가 융 사람을 진나라 왕과 화평시킨 일의 복선이다"라 하였다.

49 정태자 이 및 석초는 모두 이미 앞의 『전』에 보인다.

50 노나라 임금에게 돌아와 알린 것이다.

51 다음 해의 『전』에서 "제후가 군사를 낼 시기를 명하였다"라 하였으니 이 "노나라의 보리를 먹으려 한다"는 것은 노나라를 치려는 것을 이른다.

將不能.[52]	할 수 없을 것입니다.
齊君之語偷.[53]	제나라 임금의 말이 구차합니다.
臧文仲有言曰,[54]	장문중이 말하기를
'民主偷,	'백성의 주인이 구차하면
必死.'"[55]	반드시 죽을 것이다'"라 하였습니다.

문공 18년

經

十有八年春王二月丁丑,[1]	18년 봄 주력으로 2월 정축일에
公薨于臺下.[2]	공이 대 아래에서 훙거하셨다.

---

52 이 장(將)자는 소공 5년 『전』의 "예의 본말이 여기에 있게 될 것이다(將於此乎在)"의 장(將)자와 같다. 거의〔殆〕라는 뜻으로 불긍정을 표시한다. 또한 선공 6년의 『전』과 『주』에 상세하다.

53 두예는 "투(偷)는 구차(苟且)하다는 뜻과 같다"라 하였다.

54 장문중은 장손신(臧孫辰)의 시호이다. 『예기·옥조(玉藻)』편에 "사가 임금이 있는 곳에서 대부를 말할 때 이미 죽었으면 시호나 자를 칭한다"라 하였다. 공영달은 "임금 앞에서 신하를 이를 때 저 대부가 살아 있으면 선비는 그 이름을 부른다. 저 대부가 이미 죽었다면 사는 임금의 앞에서 말할 때 시호를 일컫는다. 시호가 없으면 자를 일컫는다. 그 이름을 부르지 않는 것은 공경하고 존귀하기 때문이다"라 하였다. 양중은 노나라의 경으로 임금의 앞에서 장손신을 칭할 때 또한 이름을 부르지 않았으니 다만 사가 아니기 때문에 그렇다.

55 양공 31년 『전』에 목숙(穆叔)의 말이 수록되어 있는데 "조맹(趙孟)은 죽으려 할 때 그 말이 구차하였으니 백성의 주인답지 않았다"라 하였으며, 이와 같은 뜻이다.

1 십유팔년(十有八年): 임자년 B.C. 609년으로 주광왕(周匡王) 4년이다. 2월 초1일 을묘일이 동지로, 건해(建亥)이다. 윤달이 있다. 정축일은 23일이다.

秦伯罃卒.[3]	진백 앵이 죽었다.
夏五月戊戌,[4]	여름 5월 무술일에
齊人弑其君商人.	제나라 사람이 그 임금 상인을 죽였다.
六月癸酉,[5]	6월 계유일에
葬我君文公.	우리 임금이신 문공을 장사 지냈다.
秋,	가을에
公子遂叔孫得臣如齊.[6]	공손수와 숙손득신이 제나라로 갔다.
冬十月,	겨울 10월에
子卒.[7]	태자께서 돌아가셨다.

---

2 『독본(讀本)』에서는 "대 아래서 홍거하였다는 것은 노침(路寢)이 아님을 말한 것이다"라 하였다. 이 대는 당연히 궁중의 대일 것이며, 혹자는 천대(泉臺)라고도 한다. 천대는 교외에 있으며 또한 이미 16년에 헐어 버렸으므로 꼭 그렇지는 않음을 알겠다. 심흠한의 『보주(補注)』에서는 "대 아래는 병으로 자리에 누운 곳이 아니라 갑자기 홍거한 것이며, 혹자는 높은 곳을 오르다가 떨어졌다고도 하는데 모두 알 수가 없다. 『곡량전』에서는 '대 아래는 정침이 아니다'라고 하였다"라 하였다.

3 『전』이 없다. 「진본기」에서는 "강공은 즉위 12년에 죽었으며 아들인 공공(共公)이 즉위하였다"라 하였다. 선공 4년의 『경』에 의하면 공공은 이름이 도(稻)이다. 진목공의 죽음은 『경』에 기록되지 않았으며, 진나라 임금의 죽음은 이에 이르러 처음으로 기록되었다.

4 무술일은 15일이다.

5 계유일은 21일이다.

6 두 경(卿)이 함께 사자가 되었는데도 『경』에 기록된 것은 이곳 및 정공 6년의 "계손사와 중손하기가 진나라에 갔다"라 한 두 차례뿐이다. 정공 6년의 『전』에서는 "계환자가 진나라로 간 것은 정나라의 포로를 바치기 위함이다. 양호는 억지로 맹의에게 부인의 폐백에 보답하게 하였다"라 하였으니 두 사람이 함께 간 것은 각기 사명이 있어서이지 한 사람은 정사이고 나머지 한 사람은 부사인 것이 아니므로 두예는 "두 경(卿)을 기록한 것은 두 가지 일을 행하기 위해서이지 서로 부사가 된 것은 아니다"라 하였다.

夫人姜氏歸于齊.	부인 강씨가 제나라에서 돌아왔다.
季孫行父如齊.[8]	계손행보가 제나라로 갔다.
莒弑其君庶其.	거나라에서 임금 서기를 죽였다.

傳

十八年春,	18년 봄에
齊侯戒師期,[9]	제후가 군사를 낼 시기를 명하였는데
而有疾.	병이 들었다.
醫曰,	의원이 말하였다.
“不及秋,	“가을이 이르기 전에
將死.”[10]	죽을 것입니다.”
公聞之,[11]	공이 그 말을 듣고
卜,	점을 치고는
曰,	말하였다.

---

7 자(子): 문공의 태자 악(惡)이다. “자(子)”라 일컬은 것은 희공 9년『전』에서 이른 “무릇 상중일 때는 공후를 자라 한다”라 한 것과 같다. 그곳의『주』에 상세하다. “졸(卒)”이라 하고 “시(弑)”라고 일컫지 않은 것은『전』에서 “꺼린 것이다”라 하였다. 태자 악의 아우인 시(視) 또한 피살당하였으며, 태자가 아니고 나이 또한 어려서『전』에서는 기록하지 않았다.

8『전』이 없다.

9 선공 12년의『전』에 “군정이 령을 내리지 않아도 갖추어졌다(軍政不戒而備)”라는 말이 있는데 두예는 “계는 칙령이다”라 하였다. 계사기라는 것은 군사를 내어 노나라를 칠 기한을 정하고 명령을 하달하는 것이다.

10 의원이 제후의 병은 가을이 되기 전에 죽을 것이라고 말하였다.

11 공(公): 노문공이다.

"尙無及期!"[12]	"군사를 낼 시기 이전이기를 바란다."
惠伯令龜.[13]	혜백이 귀갑에 알리고
卜楚丘占之,	복초구가 점을 치고는
曰,	말하였다.
"齊侯不及期,	"제후는 군사를 낼 때까지 이르지 못할 것인데
非疾也;	질병 때문이 아니며,
君亦不聞.[14]	임금님께서도 듣지를 못할 것입니다.
令龜有咎."[15]	귀갑에 알리게 한 사람도 재앙이 있을 것입니다."
二月丁丑,	2월 정축일에
公薨.	공이 돌아가셨다.
齊懿公之爲公子也,	제의공이 공자였을 때

12 상(尙): 희망과 기원을 바라는 부사이다.

13 영귀(令龜): 곧 『주례·천관·대복(天官·大卜)』의 명귀(命龜)로 점을 칠 즈음에 점칠 일을 거북에게 알리는 것이다. 명귀에는 말이 있으니 『의례·사상례(士喪禮)』에 장례의 일에 대한 명귀의 말이 수록되어 있는데, "애자(哀子) 아무개가 오는 아무 날에 아버지 아무개를 장사 지낼 점을 치는데 돌아가신 아버지를 광중에 내려도 가까운 날에 재앙이 있어서 뉘우치는 날이 없겠습니까?"라는 말이 있다. 지금의 은허(殷墟) 복사에도 명귀(命龜)의 말이 있다.

14 두예는 "임금이 제후보다 먼저 죽음을 말한다"라 하였다.

15 두예는 "영귀를 말하는 사람에게도 흉조가 있을 것임이 점복의 조짐에 보인다는 말이다. 혜백의 죽음에 대한 복선이다"라 하였다.

與邴歜之父爭田, 병촉의 아버지와 전지를 다투었으나

弗勝.[16] 이기지를 못하였다.

及卽位, 즉위를 하자

乃掘而刖之,[17] 무덤을 파서 그 다리를 자르고

而使歜僕.[18] 병촉은 마부로 삼았다.

納閻職之妻, 염직의 아내를 거두고는

而使職驂乘.[19] 염직을 참승으로 삼았다.

夏五月, 여름 5월에

公游于申池.[20] 공이 신지에서 놀았다.

---

16 「제세가」에서는 "처음에 의공이 공자 였을 때 병융(丙戎)의 아버지와 사냥을 하다가 사냥감을 다투었으나 이기지를 못하였다"라 하여 병촉을 병융이라 하였다. 그러나 「위세가」에는 또한 병촉으로 되어 있어 『좌전』과 같다. 전렵(田獵)으로 전(田)을 해석하였는데, 『좌씨』의 문의를 가지고 논하여 보건대 쟁전(爭田)은 그대로 아마 전지를 다툰다는 뜻일 것이며, 성공 11년과 17년 및 소공 17년의 『전』에 모두 전지를 다투는 일이 있는 것으로 이를 입증할 수 있다.

17 굴(掘)은 무덤에서 시체를 파내는 것을 말하고, 월(刖)은 그 다리를 절단하는 것이다. 아마 이때 병촉의 아버지가 이미 죽은 것 같다. 「제세가」에도 같다.

18 복(僕): 어자(御者)를 말함. 그를 위해 수레를 몰게 하는 것이다.

19 참승(驂乘): "參乘"이라고도 하고 배승(陪乘)이라고도 함. 여기서는 동사로 쓰일 수도 있고 명사로 쓰일 수도 있다. 옛날 수레를 탈 때 수레 오른쪽에 타는 사람이다. 옛날 수레를 탈 때는 길을 인도하는 사람〔導者〕이 왼쪽에 있고 어자가 가운데 있으며 또 한 사람은 수레의 오른쪽에 자리를 잡는데, 이 때문에 융거에서는 거우(車右)라고 하며 그 나머지는 참승(驂乘)이라고 한다. 참(驂)이라는 것은 3으로 세 사람을 취하여 명의로 삼은 것일 것이다. 「제세가」에서는 "용직(庸職)의 아내가 미인이었는데 공이 궁 안으로 들이게 하고 용직은 참승이 되게 하였다"라 하였다. 『설원·복은(復恩)』편에서는 "용직의 아내를 빼앗고 용직으로 하여금 참승이 되게 하였다"라 하였다. "염직(閻職)"이 모두 "庸職"으로 되어 있는데, 염(閻)과 용(庸)은 아마 한번 소리가 바뀐 것 같다. 「초어 하」에서는 "병촉과 염직이 동산의 대나무 숲에서 의공(懿公)을 죽였다"라 하여 두 사람의 성명이 『좌전』과 같다.

二人浴于池.	두 사람이 못에서 몸을 씻었다.
歜以扑抶職.[21]	병촉이 말채찍으로 염직을 쳤다.
職怒.	염직이 화를 냈다.
歜曰,	병촉이 말하였다.
"人奪女妻而不怒,	"남이 제 마누라를 빼앗아가도 화 한 번 내지 않더니
一抶女,	한 번 너를 쳤기로서니
庸何傷?"[22]	뭐가 그리 해로운가?"
職曰,	염직이 말하였다.
"與刖其父而弗能病者何如?"	"아버지의 다리를 잘랐는데도 원한을 품지 않는 사람과는 어떠한가?"
乃謀弑懿公,	이에 모의하여 의공을 죽이고는
納諸竹中.[23]	시체를 대나무 숲으로 밀어 넣었다.

---

20 두예는 "제나라 남쪽 성의 서문을 신문(申門)이라 하는데, 제나라의 성에는 못이 없고 이 문의 좌우에만 못이 있으며 아마 이것인 것 같다"라 하였다. 양공 18년『전』에 진나라가 제후의 군사를 거느리고 제나라를 쳤는데 "신지의 대나무를 불태우고" "또 동곽과 북곽을 불태웠으니" 신지는 제나라 도성 바깥의 못임에는 의심이 없고 지금의 산동성 치박시(淄博市) 서쪽에 있을 것이며, 두예의 말이 옳은 것 같다.

21 복질(扑抶): 두예는 "복은 채찍이다"라 하였다. 수레를 몰 때 말을 때리는 대나무 채찍이다. 질은 채찍질을 하는 것이다.

22 용하(庸何): 용(庸) 또한 하(何)자와 같은 뜻이다. 용과 하는 같은 뜻의 단어를 연용한 것으로, 용안(庸安)과 같은 말이다.

23 의공을 죽여 그 시체를 대나무 숲에 들여놓은 것이다.「제세가」및『설원·복은』편에도 모두 이 일이 수록되어 있으며,『좌전』과는 내용이 대동소이하다.

歸,

돌아와서는

舍爵而行.[24]

사당에 술을 올려 고하고는 달아났다.

齊人立公子元.[25]

제나라 사람들은 공자 원을 세웠다.

六月,

6월에

葬文公.[26]

문공을 장사 지냈다.

秋,

가을에

襄仲, 莊叔如齊,[27]

양중과 장숙이 제나라로 갔는데

惠公立故,

혜공이 즉위했기 때문이고

且拜葬也.[28]

아울러 문공의 장례에 참석한 것을 배사(拜謝)하기 위함이었다.

---

24 사작(舍爵): 환공 2년의 『전』과 『주』에 보인다. 정공 8년 『전』에서는 "자언(子言)이 계씨(季氏)의 종묘에 술을 올리는(舍爵) 것을 분명히 해놓고 나갔다"라 하였으니 사작은 곧 종묘에 제사를 지내는 것이다. 두예는 다만 "음주"라고만 풀이하였는데 충분치 못하다. 두 사람이 의공을 죽인 후에 감히 조상의 사당에 알린 후에 도망을 갔는데, 두예는 "제나라 사람들이 의공을 미워하여 두 사람은 두려울 것이 없었다"라 한 것이다.

25 「제세가」에서는 "의공이 즉위하였는데 교만하여 백성들이 따르지 않았다. 제나라 사람들은 의공의 아들을 폐하고 위나라에서 공자 원을 맞아들여 세웠는데 곧 혜공이다. 혜공은 환공의 아들이다. 어머니가 위나라 여인이어서 소위희(小衛姬)라 불렀다. 제나라의 난리를 피하였으므로 위나라에 있게 된 것이다"라 하였다.

26 『전』에는 헛되이 세운 예가 없는데, 이 대목은 『경』에는 보충 설명한 곳이 없이 『전』에 세운 것은 본래 다음의 주석과 나누어지지 않았을 것이며 "拜葬"의 복선이 된다.

27 양중(襄仲): 공자 수(公子遂)이다.
장숙(莊叔): 득신(得臣)이다.

文公二妃. 문공의 둘째 비

敬嬴生宣公.[29] 경영은 선공을 낳았다.

敬嬴嬖, 경영은 총애를 받았으나

而私事襄仲.[30] 사사로이 양중을 섬겼다.

宣公長, 선공이 자라자

而屬諸襄仲.[31] 양중에게 선공을 맡겼다.

襄仲欲立之, 양중이 그를 즉위시키려 하자

叔仲不可.[32] 숙중이 동의하지 않았다.

---

28 두예는 "양중은 혜공의 즉위를 축하하였고, 장숙은 제나라가 (문공의) 장례식에 참석한 것을 배사하였다"라 하였다.

29 「노세가」에서는 "문공에게는 두 비가 있었다. 장비(長妃)는 제나라 여인으로 애강(哀姜)이며 아들 악(惡)과 시(視)를 낳았다. 다음 비인 경영은 총애를 받아서 아들 퇴(倭)를 낳았다"라 하였다. 사마천의 서술은 당연히 『좌전』을 근본으로 삼았을 터인데 지금 『전』의 문장은 "문공이비" 아래로는 다만 "경영이 선공을 낳았다"는 것만 말하여 문의가 완전치 못하다. 유문기의 『구주소증(舊注疏證)』에서는 "'경영' 위에는 탈구(奪句)가 있는 것 같으며, 『전』은 이곳에서 악과 시가 난 것을 밝혔을 것이다"라 하였는데 일리가 있으며, 『전』에서는 아마 원래 "문공은 두 비가 있었는데 원비(元妃)는 제강으로 악 및 시를 낳았으며, 다음 비는 경영으로 선공을 낳았다(文公二妃, 元妃齊姜, 生惡及視, 次妃敬嬴, 生宣公)"라 하였을 것이다. 이 구절에 탈문(脫文)이 없다면 "문공의 두 번째 비인 경영은 선공을 낳았다(文公二妃敬嬴, 生宣公)"라 하였을 것이며, 이비(二妃)는 차비(次妃)와 같은 말이다. 또한 14년 『전』의 "주문공의 원비인 제강은 정공을 낳았으며, 두 번째 비인 진희는 첩치를 낳았다(邾文公元妃齊姜, 生定公; 二妃晉姬, 生捷菑)"라 한 것과 같다. "敬嬴"은 『공양전』에는 "경웅(頃熊)"으로 되어 있으니 초나라 여인이며, 믿을 만하지 못한 것 같다.

30 경영이 사사로이 양중과 결탁한 것을 말하며, 「노세가」에서는 "퇴(倭)가 사사로이 양중을 섬겼다"라 하여 사사로이 양중을 섬긴 사람이 선공이라 하였는데, 『전』의 뜻에 부합하지 않는 것 같다.

31 경영이 선공을 양중에게 부탁한 것이다. 민공 2년 『전』의 "성풍이 성계의 점괘를 듣고 결탁하여 희공을 부탁하였다(成風聞成季之繇, 乃事之, 而屬僖公焉)"의 사(事)와 촉(屬) 두 자의 뜻이 이곳과 같다.

仲見於齊侯而請之, 중이 제후를 뵙고 부탁하니

齊侯新立, 제후는 막 즉위하여

而欲親魯, 노나라와 친하게 지내고자

許之.[33] 그것을 허락하였다.

冬十月, 겨울 10월에

仲殺惡及視,[34] 중이 악 및 시를 죽이고

而立宣公. 선공을 세웠다.

書曰"子卒", "태자께서 돌아가셨다"라 기록한 것은

諱之也.[35] 꺼려서이다.

仲以君命召惠伯,[36] 중은 임금의 명으로 혜백을 불렀는데

---

32 숙중(叔仲): 혜백(惠伯)으로 곧 숙팽생(叔彭生)이다.

33 공영달은 "악은 제후(齊侯)의 조카인데 제후가 악을 폐할 것을 허락한 것은 악이 적자로 왕위를 이으면서 제나라의 은혜를 받아들이지 않아서이다. 선공은 나라를 나누어 얻지는 않았으나 은혜를 진 것이 반드시 두터웠다. 제후가 새로 즉위하자 노나라와 친하게 지내고자 도왔으므로 이를 허락한 것이다"라 하였다.

34 출강(出姜)은 문공 4년 노나라에 왔으니 악(惡)이 아무리 나이가 많아도 13, 4세였을 따름이다.

35 "시(弑)"나 "살(殺)"로 기록하지 않고 "졸(卒)"로 기록한 것은 스스로 죽은 것 같으므로 꺼렸다고 말한 것이다. 공후(公侯)를 상중에 자(子)로 일컫는 것은 희공 9년의 『전』에 보인다. 『공양전』에서는 "'자졸(子卒)'이라 한 것은 누구를 이르는가? 자적(子赤)을 이른다"라 하여 "적"이 그 이름이라 하여 『전』에서 이름을 악이라 한 것과는 다르다. 시 및 혜백의 죽음을 모두 기록하지 않은 것은 또한 어쩔 수 없이 꺼린 것이다.

36 문공이 죽으면 태자 악이 즉위를 해야 하니 이곳의 군(君)은 악을 가리키므로 두예는

其宰公冉務人止之,[37]	그의 재신인 공염무인이 말리며
曰,	말하였다.
"入必死."	"들어가면 반드시 죽을 것입니다."
叔仲曰,	숙중이 말하였다.
"死君命可也."	"임금의 명을 따라 죽는 것은 괜찮다."
公冉務人曰,	공염무인이 말하였다.
"若君命,	"임금의 명령이라면
可死;	죽어도 괜찮지만,
非君命,	임금의 명령도 아닌데
何聽?"	어찌 따르시렵니까?"
弗聽,	그의 말을 듣지 않고
乃入,	들어갔는데
殺而埋之馬矢之中.[38]	죽여서 말똥 속에 묻었다.

"자악(子惡)의 명을 사칭하였다"라 하였다.

37 재(宰): 경대부의 가신의 우두머리를 재라고 한다. 공염은 복성(複姓)이다. 송나라의 운서(韻書) 『광운(廣韻)』의 "공(公)"자의 주에 보인다.

38 심흠한의 『보주(補注)』에서는 "『설문』에서는 '시(屎)는 똥〔糞〕이다'라 하였으며, 『운회』에서는 '시(矢)자와도 통하여 쓴다'라 하였다. 『장자·인간세(人間世)』에 '말을 사랑하는 사람은 광주리로 똥을 담아낸다(以筐盛矢)'라는 말이 있는데, 『음의(音義)』에서는 '시(矢)는 시(屎)라고도 한다'라 하였다"라 했다. 장병린의 『독(讀)』에서는 마시(馬矢)를 궁전 곁의 작은 땅의 명칭일지도 모른다고 하였는데, 근거도 없을 뿐 아니라 문의와도 부합되지 않는다. 장사(長沙) 마왕퇴(馬王堆) 3호묘에서 출토된 백서(帛書) 『춘추사어(春秋事語)』에서는 "동문(東門) 양(襄: 襄仲)이 죽여서 □길(□路)에 묻었다"라 하였으니 반드시 말똥

公冉務人奉其帑以奔蔡,	공염무인이 그 처자를 받들어 채나라로 도망을 갔는데
旣而復叔仲氏.[39]	조금 있다가 숙중씨를 복위시켰다.

夫人姜氏歸于齊,	부인 강씨가 제나라에서 돌아왔는데
大歸也.[40]	대귀였다.
將行,	가려는데
哭而過市,	곡을 하며 저자를 지나며
曰,	말하였다.
"天乎!	"하늘이시여!
仲爲不道,	양중이 부도하여
殺嫡立庶."	적자를 죽이고 서자를 세웠습니다."
市人皆哭.	저자의 사람들이 모두 소리 내어 울었다.
魯人謂之哀姜.[41]	노나라 사람은 애강이라 하였다.

속에 묻은 것은 아닐 것이다.

39 그의 아들 숙중씨(叔仲氏)를 복위시킨 것이다. 『예기·단궁(檀弓)』의 『정의(正義)』에서는 『세본(世本)』을 인용하여 "숙아(叔牙)는 무중휴(武仲休)를 낳았고, 휴는 혜백팽(惠伯彭)을 낳았으며, 팽은 피(皮)를 낳았는데 숙중씨이다"라 하였다.

40 강씨는 곧 문공 4년의 출강(出姜)으로 악과 시의 어머니이다. 그 아들들이 피살되어 대귀를 하지 않을 수 없었다. 『시경·패풍·연연(邶風·燕燕)』의 공영달의 주석〔소(疏)〕에서 "대귀하는 것은 돌아가지 않는다는 말이다. 귀녕(歸寧)을 한 사람은 이따금씩 돌아가기도 하는데, 여기서는 돌아가서 다시는 오지 않았으므로 대귀라고 한 것이다"라 하였다.

41 애강(哀姜): 「노세가」의 『색은(索隱)』에서는 "이 애(哀)는 시호가 아니며, 아마 울면서 저

莒紀公生大子僕,[42]	거기공은 태자 복을 낳았으며
又生季佗,[43]	또한 계타를 낳았는데
愛季佗而黜僕,[44]	계타를 사랑하여 복을 쫓아냈으며
且多行無禮於國.	또한 나라에 무례함을 많이 저질렀다.
僕因國人以弑紀公,[45]	복은 백성들을 업고 기공을 죽이고
以其寶玉來奔,	그 보옥을 가지고 도망쳐 와서
納諸宣公.	선공에게 바쳤다.
公命與之邑,	공이 그에게 고을을 주라고 명하면서
曰,	말하였다.

자를 지나갔기 때문에 백성들이 슬퍼하여 애강이라 불렀으므로 살아 있는데 애라고 일컬은 것이다"라 하였다. 출강(出姜)이라 한 것도 대귀를 했기 때문에 그렇게 부른 것이다. 유문기의 『구주소증(舊注疏證)』에서는 "출(出) 또한 시호가 아니다. 부인은 제나라에서 죽어서 시호를 짓지 않았을 것이다"라 하였다. 소공 32년의 『전』에서는 사묵(史墨)이 조간자(趙簡子)에게 "노문공이 죽자 동문수(東門遂)가 적자를 죽이고 서자를 세워서 노나라 임금은 이에 나라를 잃게 되었고 정권은 계씨(季氏)에게 넘어갔다"라 하였는데, 『사기』는 이 말에 근거하였으며, 「노세가」에서는 이 때문에 "노나라는 이 때문에 공실이 낮아지고 3환(桓)이 강해졌다"라 하였다.

42 『경』에 의하면 거기공은 이름이 서기(庶其)이다. 두예는 "기는 호이다. 거이(莒夷)는 시호가 없기 때문에 별호(別號)가 있다"라 하였다. 유월(兪樾)의 『평의(平議)』에서는 "기는 곧 거나라의 읍 이름인데 기공은 아마 읍을 가지고 호를 삼았을 것이다"라 하였다.

43 계타(季佗): 거거구공(莒渠丘公)이다.

44 출(黜): 폐출(廢黜)하는 것을 말함. 『국어·주어(周語) 중』에 "왕이 적후(狄后)를 쫓아냈다"라는 말이 있고, 「진어(晉語) 1」에는 "공이 태자 신생(申生)을 쫓아내고 해제(奚齊)를 세웠다"라는 말이 있는데, 위소의 주석에서는 모두 "출은 폐하는 것이다(黜, 廢也)"라 하였다.

45 시(弑): 살(殺)로 되어 있는 판본도 있다.

"今日必授!"	"오늘 반드시 주라!"
季文子使司寇出諸竟,[46]	계문자가 사구에게 국경까지 그를 쫓아내게 하고는
曰,	말하였다.
"今日必達!"[47]	"오늘 반드시 이르게 하라!"
公問其故.	공이 그 까닭을 물었다.
季文子使大史克對曰,[48]	계문자가 태사극을 보내어 대답하게 하였다.
"先大夫臧文仲敎行父事君之禮,[49]	"선대부 장문중이 행보에게 임금을 섬기는 예법을 가르쳤사온데
行父奉以周旋,	행보가 이를 받들어 주선하여
弗敢失隊,[50]	감히 실추시키지 않고
曰,	말하였습니다.
"見有禮於其君者,	임금에게 예의 바른 자를 보거든
事之,	그를 섬기길

46 노나라 경계로 축출(逐出)하는 것을 말한다.

47 달(達): 「노어(魯語) 상」에는 "통할 통(通)"자로 되어 있는데 통과 달은 모두 같은 뜻으로, 지금의 철저하게 집행한다는 뜻이다.

48 『시경·노송·경(魯頌·駉)』의 서문에서는 "계손행보가 주나라에 명을 청하여 사극이 이 「송」을 지었다"라 하였으니 태사극 또한 사극으로 간단하게 일컬은 것이다. 「노어(魯語) 상」에는 "이혁(里革)"으로 되어 있는데, 위소는 "이혁은 노나라 태사극이다"라 하였다.

49 계손행보는 선공 이전에는 장손신(臧孫辰)으로 칭하여 이름을 부르지 않았는데, 17년의 『전』과 『주』에 상세히 보인다.

50 추(隊): 추(墜)와 같은 뜻이다.

如孝子之養父母也;	효자가 부모를 봉양하듯 하고,
見無禮於其君者,	그 임금에게 무례한 자를 보거든
誅之,	죽이기를
如鷹鸇之逐鳥雀也."[51]	매나 새매가 새나 참새를 쫓아내듯 하여라."
先君周公制周禮曰,[52]	선군 주공은 『주례』를 지어 말하기를
"則以觀德,[53]	"예의 법칙으로 덕을 관찰하고
德以處事,[54]	덕으로 일을 처리하며
事以度功,[55]	일로 공을 헤아리고
功以食民."[56]	공으로 백성들의 식읍을 먹는다"라 하였습니다.

51 응전(鷹鸇): 모두 맹금으로 육식성이다. 한나라 적방진(翟方進)이 이 말을 인용한 적이 있는데, 『한서·적방진전(漢書·翟方進傳)』에 보인다.

52 주례(周禮): 『전』에 의하면 주공 희단(姬旦)이 지은 책 이름이거나 편명인 것 같은데 지금은 이미 없어졌다. 이 책을 『주관(周官)』〔곧 『주례(主禮)』〕으로 보면 큰 실수다. 『주관』은 양주(兩周)의 유사(遺辭)나 구의(舊義)와 큰 간격은 없으나 「고공기(考工記)」를 제외하면 전국시대에 이루어졌을 것이다.

53 칙(則): 6년 『전』에 "그들을 예법으로 이끌어(道之禮則)"라는 말이 있는데 이곳의 칙(則)자 또한 같은 뜻으로 쓰였다. 예법을 가지고 사람의 덕을 살핀다는 뜻이다. 덕에는 흉과 길이 있는데, 부합하면 길덕(吉德)이 되고 부합하지 않으면 흉덕(凶德)이 된다.

54 처사(處事): 두예는 "처(處)는 제(制)와 같다"라 하였다. 처리(處理), 처치(處置)와 같은 뜻이다. 처사는 곧 일을 처리하다의 뜻이다. 「노어 상」에 "인자는 공적을 따지고 지자는 사물을 처리할 것(處物)을 따진다"는 말이 있고, 같은 책 하편에는 "아침저녁으로 일을 처리한다(朝夕處事)"라는 말이 있는데 처(處)자의 뜻은 모두 같다. 공영달은 "선덕(善德)이 있기만 하면 일을 떳떳하게 처단할 수 있으므로 '덕으로 일을 처리한다'라 하였다"라 하였다.

55 탁공(度功): 그 효과에 의하여 그 공로의 유무와 대소를 평가하는 것을 말한다.

56 이 구절에는 두 가지 뜻이 있다. 두예는 "'食'은 기르는 것(養)이다"라 하였다. 『석문(釋

作誓命曰,[57] 『서명』을 지어 말하였습니다.

"毁則爲賊,[58] "(예칙을) 허무는 것을 도적이라 하며

掩賊爲藏.[59] 도적을 숨겨 주는 것을 숨겨 준다 한다.

竊賄爲盜,[60] 재물을 훔치는 것을 도둑이라 하며

盜器爲姦.[61] 기물을 도둑질하는 것을 간이라 한다.

文)』에서는 "'食'의 음은 사(飼)이다"라 하였다. 공영달은 "백성들이 자치를 못하여 임금을 세워 길러 주고 일을 일으켜 공을 이룬다"라 하였다. 이것이 첫 번째 뜻이다. 다케조에 고코(竹添光鴻)의 『회전(會箋)』에서는 "공을 이룬 후에 식읍을 받고 전지를 받아 백성들에게서 먹는다. 이것은 '수레와 옷으로 보답한다(車服以庸)'는 뜻과 같다. 「진어」에 '공(公)은 공물(貢)을 먹고 대부는 채읍의 조세를 거두어 먹으며 사(士)는 녹전(祿田)을 받아먹고, 서민은 그 힘으로 먹으며, 공상(工商)의 관에 종사하는 사람은 관름(官廩)으로 먹고 살고, 노예는 그 직무에 따라 먹으며, 가신(宰)은 대부의 가전(加田)을 받아먹는다'라는 것과 구법이 같다. 두예가 '食'을 그르다는 뜻으로 풀이한 것은 정확치 않다"라 하였다. 둘 다 뜻이 통하나 뒤의 설이 비교적 낫다.

57 서명(誓命): 역시 주공 희단(姬旦)이 지은 편명인 것 같으나 지금은 역시 망실되었다.

58 예를 허물어 버리는 것을 적이라고 한다는 뜻이다. 『맹자·양혜왕(梁惠王) 하』의 "인을 해치는 것을 적이라고 한다(賊仁者謂之賊)"라 한 뜻과 비슷하다.

59 두예는 "엄(掩)은 숨기는 것(匿)이다"라 하였다. 공영달은 "적인(賊人)을 숨겨 주는 것이 장(藏)이며, 죄인을 숨겨 준다는 말이다"라 하였다. 청나라 황생(黃生)의 『의부(義府)』에서는 "장(藏)자는 곧 장(臧)자의 오자이다. 옛날의 '藏'자와 '贓'자는 모두 '臧'이라 하였는데, 후인이 전사를 하다가 잘못하여 초두(艸)를 더하였다. '엄적위장(掩賊爲臧)'은 훔친 물건을 얻고 그 사람을 숨겨 주는 것을 말하는데, 지금의 범법자를 이르는 것과 같다"라 하였는데 공영달의 설보다 낫다. 주준성(朱駿聲)도 장(藏)은 곧 장(贓)의 속자라 하였다.

60 절회(竊賄): 두예는 "회(賄)는 재물이다"라 하였고, 공영달은 "남의 재물을 훔치는 것을 도둑질(盜)이라고 한다"라 하였다.

61 12년의 『전』에서 양중(襄仲)이 옥을 사절하면서 옥을 큰 기물(大器)라 하였다. 이 기(器)자 또한 대기(大器)와 중기(重器: 성공(成公) 12년 및 14년의 『전』에 보임)를 이른다. 남의 일반 재물을 훔침 것은 도(盜)이며, 남의 보물을 훔친 것은 간(姦)이라는 말이다. 『전』의 아래 위의 문장의 뜻을 가지고 해석하면 이와 같다. 「노어」에서는 "보물을 훔친

主藏之名,[62]	범법자를 숨겨 준다는 이름이 붙어
賴姦之用,[63]	도둑질한 기물을 이롭게 여기는 것은
爲大凶德,	큰 흉덕이 되며
有常,	규정된 형벌이 있어
無赦.[64]	용서가 되지 않는다.
在九刑不忘."[65]	구형에 있음이 망령되지 않다."

사람은 귀(宄: 도둑)이며, 도둑의 재물을 쓰는 것은 간(姦)이다"라 하여 『전』의 뜻과는 다르다.

62 두예는 "적을 숨겨 주었다는 이름을 얻은 것이다"라 하였다.

63 뢰(賴): 옛날에는 이(利)자와 많이 통용하였다. 「주어(周語) 중」에 "선왕이 어찌 거기에서 이로움이 있겠는가?(先王豈有賴焉)"라는 말이 있고 「진어(晉語)」에 "임금이 그 이로움을 얻었다(君得其賴)"라는 말이 있는데, 위소(韋昭)는 "뢰는 이로움이다(賴, 利也)"라 하였다.
용(用): 곧 "기물을 도둑질하는 것을 간이라 한다(盜器爲姦)"의 "器"와 같은 뜻이다. 『좌전』에는 "기용(器用)"이 연용되어 쓰인 것이 모두 열다섯 차례인데, 이를테면 은공 5년의 "재료가 기물의 쓰임을 갖추기에 부족하다(其材不足以備器用)"라 한 것이나, 11년의 "무릇 너의 각종 기물이며 재물을 허나라에 두지 마라(凡而器用財賄, 無寘於許)" 한 것이 모두 이의 뜻이다. 이로써 "用"이 곧 "器"의 뜻으로 쓰였음을 알 수 있고, "器用"은 같은 뜻의 글자가 연용되었음을 알 수 있다. 이 구절의 뜻은 간인(姦人)이 훔친 대기(大器)를 이롭게 여긴다는 것을 말한다.

64 장공 14년 및 소공 31년의 『전』에는 모두 "주나라에는 규정된 형이 있다(周有常刑)"는 말이 있고, 소공 25년의 『전』에는 "규정된 형은 사면이 되지 않는다(常刑不赦)"라는 말이 있으며, 애공 3년의 『전』에서는 또한 "곧 규정된 형이 있고 사면이 되지 않는다(則有常刑無赦)"라는 말이 있으니 이곳의 유상(有常)이라는 것은 규정된 형벌(常刑)이 있다는 것으로 애공 3년의 『전』과 같은 뜻이다. 『일주서·대광해(逸周書·大匡解)』에서는 "규정된 형벌이 있어 사면이 되지 않는다(有常不赦)"라 하였고 『전국책·위책(戰國策·魏策) 4』에서 인용한 『헌지(獻之) 상』편에도 같은 말이 있는데, 이곳의 상(常)자는 모두 상형(常刑), 곧 규정된 형벌을 말한다.

65 구형(九刑): 아홉 가지 형벌을 말하며, 소공 6년의 『전』에서도 형법의 조문 이름이라 하였다. 『한서·형법지(刑法志)』 및 『상서·여형(尙書·呂刑)』의 정현의 주석에 의하면 묵(墨)·의(劓)·월(刖)·궁(宮)·대벽(大辟)의 5형에다가 유(流)·속(贖)·편(鞭)·복(扑)의 4형을 추가한 것이다.

行父還觀莒僕,[66]	행보가 두루 거복을 살펴보니
莫可則也.	본받을 만한 것이라고는 없습니다.
孝敬, 忠信爲吉德,	효경과 충신은 길덕이옵고
盜賊, 藏姦爲凶德.	도적과 장간은 흉덕입니다.
夫莒僕,	저 거복은
則其孝敬,	효경으로 보면
則弑君父矣;	임금과 아비를 죽였고,
則其忠信,	충신으로 보면
則竊寶玉矣.	보옥을 훔쳤습니다.
其人,	그 사람은
則盜賊也;	도적이오며,
其器,	그 기물은
則姦兆也.[67]	도둑질한 장물입니다.

불망(不忘): 망(忘)은 곧 망(妄)의 뜻이다. 이 구절은 큰 흉덕이 있는 사람에게는 정절(情節)의 경중에 따라 9형 가운데 하나를 가지고 적절히 처벌을 하여도 또한 과도하지 않음을 말한다.

66 환관(還觀): 두예는 "환(還)은 주선(周旋)의 뜻이다"라고 하였다. 곧 환관이란 말은 두루 살펴봄, 세심하게 살펴본다는 뜻이다. 『장자·추수(秋水)』편에 "장구벌레와 게와 올챙이를 보아도 나만 한 것이 없다네(還視虷蟹與科斗, 莫吾能若也)"라는 말이 있는데 『석문(釋文)』에서는 "'還'의 음은 '선'(旋)으로 돌아본다는 뜻이다"라 하였으며, 장병린의 『독(讀)』에서도 "환(還)은 살펴보는 것(觀)과 같다"라 하였다. 환(還)과 관(觀)을 같은 뜻의 단어가 연용된 것으로 보면 뜻이 더 낫다.

67 두예는 "조(兆)는 역(域)이다"라 하였다. 아마 거복이 바친 기물이 간사한 사람의 무리에 속한다는 말일 것이다. 유월(兪樾)의 『평의(平議)』에서는 "조(兆)는 조(佻)자의 뜻으로 보아야 한다. 『국어·주어(周語) 중』에 '인을 더럽히는 것이 조이다(姦仁爲佻)'라는 말이 있

保而利之,[68] 지켜 주어 쓰면

則主藏也.[69] 범법자를 숨겨 주는 것입니다.

以訓則昏, 이로써 교훈을 삼으면 어두워져서

民無則焉.[70] 백성들은 취할 법이 없게 됩니다.

不度於善,[71] 좋은 것에 속하지 않고

而皆在於凶德, 모두 흉덕에 있기 때문에

是以去之. 그를 버렸습니다.

昔高陽氏有才子八人,[72] 옛날 고양씨에게는 재자 여덟 명이 있었는데

는데 이 간조(姦佻)의 뜻이다"라 하였다. 장병린의 『독(讀)』에서는 "위 구절에서는 도적을 나란히 병렬하였으니 간조(姦兆) 또한 나란히 열거한 것이다. 간(姦)은 곧 위 문장의 '기물을 도둑질하는 것을 간이라 한다(盜器爲姦)'의 간(姦)자이며, 조(兆)는 「주어(周語)」의 '극지(郤至)가 하늘의 공로를 훔쳐서(佻天之功) 자신의 힘으로 삼았다'라 할 때의 조(佻)자로 훔친다(偸)는 뜻이다"라 하였다. 유월과 장병린의 설이 더 낫다.

68 선공이 그 사람을 지켜 주고 그 기물을 이롭게 여기는 것을 말한다.

69 장(藏): 위의 "도적을 숨겨 주는 것을 장이라고 한다(掩賊爲藏)"는 것을 말한다.

70 이를 백성들의 교훈으로 삼으면 혼미하고 어지러워져서 백성들이 취할 만한 법칙이 없어진다는 말이다.

71 두예는 "택(度)은 거처〔居〕한다는 뜻이다"라 하였다. 이런 행위는 길덕의 유에 속하지 않는다는 것을 말한다.

72 『사기·오제본기(史記·五帝本紀)』에서는 "전욱(顓頊) 고양(高陽)은 황제(黃帝)의 손자이면서 창의(昌意)의 아들이다"라 하였다. 『색은(索隱)』에서는 송충(宋衷)의 말을 인용하여 "전욱은 이름이고, 고양은 천하를 가졌을 때의 호이다"라 하였다. 또한 장안(張晏)의 말을 인용하여 "고양은 흥기한 곳의 지명이다"라 하였다. 재자(才子)의 자(子)는 분명 아들을 이른 것은 아니며 아래에서 말한 "순임금은 요임금의 신하로 8개를 등용했다"라 한 것은 연대가 미치지 못한다. 그러므로 「오제본기(五帝本紀)」의 『색은(索隱)』에서는 가규의 설을 인용하여 "그 후대의 자손을 일러 자(子)라고 하였다"라 하였고 두예는 여기에 근거하여 "팔인(八人)은 그 먼 후예〔苗裔〕이다"라 하였다.

蒼舒, 隤敳, 檮戭, 大臨, 尨降, 庭堅, 仲容, 叔達,[73] 창서, 퇴개, 도연, 대림, 방항, 정견, 중용, 숙달이라고 하였으며,

齊, 聖, 廣, 淵, 明, 允, 篤, 誠,[74] 공정하고 통달하였으며 너그럽고 사려 깊으며 밝고 신실하고 독실하고 진실되어

天下之民謂之八愷.[75] 천하의 백성들은 이들을 일러 8개라고 하였습니다.

高辛氏有才子八人,[76] 고신씨에게는 재자 여덟 명이 있었는데

---

73 퇴개(隤敳)와 도연(檮戭)은 『잠부론(潛夫論)』에는 각각 "隤凱"와 도연(桃演)으로 되어 있다. "敳"와 "戭"은 "凱"와 "演"의 이체자이다. 이 여덟 명에 대해서는 이미 고찰할 수가 없다. 후인들은 이들을 순임금이 등용했다 하여 『서경·우서·순전(書經·虞書·舜典)』에서 근거를 찾기도 하였으며, 두예는 "이들은 곧 수(垂)·익(益)·우(禹)·고요(皐陶)의 무리이다"라 하였고 공영달과 『수경주·낙수(洛水)』에서는 이를 더 인신하여 설명하였는데 모두 근거가 부족하다. 정견(庭堅)은 5년의 『주』에도 보인다.

74 공영달의 주석〔소(疏)〕에서는 이렇게 말하였다. "이는 여덟 명을 모두 서술하여 그 덕을 총괄적으로 말한 것이다. 혹은 그 마음을 캐고 그 행실에 의거하여 한 자(字)가 하나의 일이라 하였는데 그 뜻 또한 더욱 잘 통한다. 제(齊)는 중(中)의 뜻으로, 마음을 따름이 도(道)에서 말미암아 행동거지가 모두 치우치지 않는 것이다. 성(聖)은 통한다는 뜻으로, 여러 가지 직무에 널리 통달하여 여러 일에 모두 통하는 것이다. 광(廣)은 너그럽다는 뜻으로, 기량(器量)이 크고 도량이 너그럽고 큰 것이다. 연(淵)은 깊다는 뜻으로, 지혜를 두루 갖출 수 있고 사려가 깊고 멀다는 것이다. 명(明)이라는 것은 달(達)한다는 뜻으로, 일을 이해함에 깊고 은미함까지 밝게 보는 것이다. 윤(允)은 믿는다는 뜻으로, 처음부터 끝까지 어그러지지 않으며 언행이 부합하는 것이다. 독(篤)은 두텁다는 뜻으로, 지(志)와 성(性)이 어질고 삼가 교유가 정성스럽고 조밀한 것이다. 성(誠)은 실(實)의 뜻으로, 마음가짐이 순수하고 곧으며, 행동이 곧고 충실한 것이다."

75 개(愷): 두예는 "화(和)의 뜻이다"라고 하였다.

76 「오제본기」에서는 "제곡(帝嚳) 고신(高辛)은 황제(黃帝)의 증손자이다. 고신은 전욱에게 족형제의 아들이 된다"라 하였다.

伯奮, 仲堪, 叔獻, 季仲, 伯虎, 仲熊, 叔豹, 季狸,[77] 백분, 중감, 숙헌, 계중, 백호, 중웅, 숙표, 계리라 하였으며,

忠, 肅, 共, 懿, 宣, 慈, 惠, 和,[78] 충실하고 공경스러우며 공손하고 아름다우며 주밀하고 자애로우며 은혜롭고 화해로워

天下之民謂之八元.[79] 천하의 백성들은 이들을 일러 8원이라 하였습니다.

---

77 백분(伯奮)과 백호(伯虎)의 백(伯)은『한서·고금인표(古今人表)』에는 모두 "柏"으로 되어 있다.「인표(人表)」에는 계웅(季熊)이 있는데 안사고(顔師古)는 곧 계리(季貍)라 하였다. 중웅(仲熊)은『잠부론·오덕지(五德志)』편에는 중웅(仲雄)으로 되어 있다. 두예는 "이들은 직(稷)·설(契)·주호(朱虎)·웅비(熊羆)의 무리이다"라 하였다. 공영달은 "설의 후손은 은나라이고, 직의 후예는 주나라이며,『사기』에서는 은나라와 주나라 모두 제곡(帝嚳)의 후예라고 하였다. 이곳에서 말한 백호와 중웅은『서경』에 주호가 웅비가 있으며, 이 둘은 글자가 비슷하여 '이들은 직(稷)·설(契)·주호(朱虎)·웅비(熊羆)의 무리이다'라 한 것임을 알 수 있다.『서경』에는 더욱이 기(夔)와 용(龍)의 무리가 있는데 또한 마땅히 원(元)과 개(愷)의 안에 있는 자가 있을 것이다. 다만 더 확실히 증명할 수가 없고 이름과 자가 또 달라 누가 누구와 하나인지 알지 못하므로 더 이상 말하지 않는다"라 하였다.『산해경·대황동경(山海經·大荒東經)』에서는 "제준(帝俊)이 중용(中容)을 낳았다"고 하였고 또한『산해경·해내경(山海經·海內經)』에서는 "제준은 계리(季釐)를 낳았다"라 하였는데, 왕국유(王國維)의「은 복사 중의 선공과 선왕을 고찰함(殷卜辭中先公先王考)」에서는 제준은 곧 제곡이고 중용과 계리(季釐)는 곧 중웅과 계리(季貍)라고 하였다. 그러나 옛 전설은 책마다 달라 고찰을 할 수도 없고 할 필요도 없어 잠깐 참고로 갖추어 둔다.

78 공영달은 "이것 또한 그 덕을 총괄적으로 말한 것으로 의미상 또한 서로 통할 수 있다. 충(忠)은 남에게 숨김이 없이 마음을 다하여 윗사람을 받드는 것이다. 숙(肅)은 경(敬)의 뜻으로 시기에 맞추어 삼가고 부지런히 일을 처리하는 것이다. 공(共)은 몸을 다스림에 삼가고 관직에 임하여 잘 다스리는 것이다. 의(懿)는 아름다운 것이며, 자신을 보존함이 정하고 순수하며 몸을 세워 나감이 순수하고 도타운 것이다. 선(宣)은 두루라는 뜻이며, 생각이 두루 미치는 것이다. 자(慈)는 사랑이 마음에서 나오고 생각이 사물을 덮는 것이다. 혜(惠)는 성격이 애긍심이 많아 궁핍한 사람을 구하는 것을 좋아하는 것이다. 화(和)는 도량이 너그럽고 간결하여 사물과 어그러지고 다툼이 없는 것이다"라 하였다.

此十六族也,[80]	이 열여섯 씨족은
世濟其美,	대대로 그 아름다움을 이어받아
不隕其名.[81]	그 명성을 떨어뜨리지 않았습니다.
以至於堯,	요임금에게 이르기까지
堯不能擧.[82]	요임금은 등용할 수 없었습니다.
舜臣堯,	순임금이 요임금의 신하가 되어
擧八愷,	8개를 등용하여
使主后土,[83]	후토를 주관하게 하여
以揆百事,[84]	갖은 일을 헤아리게 하니

---

79 『주역·문언전(周易·文言傳)』에 "원은 잘 자라게 하는 것이다(元, 善之長也)"라 하였다. 범문란(范文瀾: 1893~1969)의 『중국통사간편(中國通史簡編)』에서는 "8개는 우(禹)를 우두머리로 하는 각 종족을 가리키고, 팔원은 설을 우두머리로 하는 각 종족을 가리킨다. 설과 제곡의 거리는 단 1세대가 아니고, 요와 기(棄), 지(摯)의 연대는 서로 가까워 제곡과의 거리는 또한 당연히 다만 1세대가 아니다. 정말 분명히 제곡의 한 세계에서 함께 나왔다면 동족의 후예일 것이고 결코 같은 아버지의 형제는 아닐 것이다"라 하였다.

80 "16인(十六人)"이라 하지 않고 "16족(十六族)"이라고 한 것은 본래 그 씨족을 가지고 말한 것이기 때문에 아래에서 "대대로 그 아름다움을 이어받았다"고 하였다. 공영달은 유현(劉炫)의 말을 인용하여 "각기 큰 공이 있는데 모두 씨족(氏族)을 하사받았으므로 족(族)이라 칭한 것이다"라 하였다.

81 공영달은 "'세제기미'는 후세에서 전세의 아름다움을 이은 것이며, '불운기명'은 전세의 아름다운 명성을 실추시키지 않은 것이다. 대대로 현인이 있어 적선하여 그 몸에 이르는 것을 말한 것이다"라 하였다. 금기원(金其源)의 『독서관견(讀書管見)』에서는 "『여씨춘추·용민(用民)』편의 고유(高誘)의 주석에서는 '한 사람의 몸이 죽는 것을 세(世)라고 한다'라 하였으니 한 몸〔一身〕으로 세(世)자를 풀어야 한다"라 하였다.

82 불(不)은 가나자와 문고본(金澤文庫本)에는 불(弗)로 되어 있고, 「오제본기」에는 미(未)로 되어 있다.

83 두예는 "후토는 국토를 맡아 다스리는 관직이다. 우(禹)는 사공(司空)이 되어 물과 땅을 평정하였으니 곧 땅을 주관하는 관직이다"라 하였다.

84 두예는 "규(揆)는 헤아린다(度)는 뜻이다"라 하였다.

莫不時序,[85]	순리대로 되지 않은 것이 없어
地平天成.[86]	땅이 평정을 찾고 하늘은 평안해졌습니다.
擧八元,	8원을 등용하여
使布五敎于四方,[87]	다섯 가지 가르침을 사방에 펴게 하니
父義, 母慈, 兄友, 弟共, 子孝,	아버지는 의롭고 어머니는 인자하며 형은 우애가 있고 아우는 공손하며 아들은 효성스러워
內平外成.[88]	안은 평정을 찾고 바깥은 평안해졌습니다.
昔帝鴻氏有不才子,[89]	옛날에 제홍씨에게는 될 성싶지 않은 자식이 있었는데

85 시서(時序): 왕인지(王引之)의 『상서술문(尙書述聞)』에 의하면 시서(時序)는 승서(承敍)와 같다. 승서는 위의 명령을 잘 받들어 따르는 것이다. 청나라 초 염약거(閻若璩)의 『상서고문소증(尙書古文疏證) 4』에서는 "곧 『맹자』(「만장(萬章) 상」)의 '일을 주관하게 함에 일이 잘 다스려졌다(使之主事, 而事治)'는 것을 이른다"라 하였다.

86 희공 24년의 『전』에 의하면 이 말은 「하서(夏書)」의 글이다.

87 두예는 "설(契)은 8원 중에 있다"라 하였다. 공영달은 "『서경·우서·순전(書經·虞書·舜典)』에서는 '설이여! 백성들은 서로 화친하지 않으며 오륜을 따르지 않소. 그대를 사도(司徒)에 명하니 오교를 삼가 펴되 너그러이 하오'라 하였다. 『서경』에서는 오교를 폈는데 여기서는 '8원을 등용하여 오교를 펴게 했다'라 하였으므로 이로써 '설이 8원 중에 있음'을 알겠다"라 하였다.

88 두예는 "내는 제하(諸夏)이고 외는 이적(夷狄)이다"라 하였다. 다케조에 고코(竹添光鴻)의 『회전(會箋)』에서는 "이는 일가(一家)를 가지고 말한 것이므로 내는 집〔家〕을 말하고 외는 향당(鄕黨)을 이른다"라 하였다.

89 제홍(帝鴻): 「오제본기」의 『집해(集解)』에서는 가규의 말을 인용하여 "제홍은 황제(黃帝)이다"라 하였다. 청나라 이이덕(李貽德)의 『춘추좌씨전가복주집술(春秋左氏傳賈服注輯

掩義隱賊,[90]	사악한 사람을 덮어 주고 도적을 숨겨 주었으며
好行凶德;	흉덕을 행하기를 좋아했으며,
醜類惡物.[91]	악물이나 비슷하였습니다.
頑嚚不友,[92]	완악하고 간악하며 우애롭지 못한 자들과
是與比周,	무리 지어 가까이 지내니
天下之民謂之渾敦.[93]	천하의 백성들은 그를 일러 혼돈이라 하였습니다.

述)』에서는 "『산해경·대황동경(山海經·大荒東經)』에서는 '제준(帝俊)은 제홍을 낳았다'라 하였다. 제준은 곽씨는 제순(帝舜)이라고 하였다. 필씨원(畢氏沅)은 『제왕세기(帝王世紀)』에 의거하여 제곡(帝嚳)이라고 단정하였는데, 『전』에서 이른바 '제홍씨'는 『산해경』과 합치하는지 미심쩍다. 가규는 '황제'라 하였는데 어떤 근거인지 모르겠다. 고적(古籍)은 망실되었으니 뭐라고 살피어 단정 짓기 어렵다"라 하였다.

90 이 구절에 대해서는 두예가 주석을 달지 않았으니 "의(義)"자를 글자 뜻 그대로 보았는데, 인의(仁義)를 가리고 간적(姦賊)을 비호한다는 뜻이다. 유월의 『평의(平議)』와 장병린의 『독(讀)』에서는 모두 "掩義"와 "隱賊"이 같은 뜻이라 하였으며 "의(義)"는 "아(俄)"와 뜻이 통하여 사악〔邪〕하다는 뜻이라 하였다. 『서경·주서·입정(周書·立政)』편의 "이에 세 집에는 사악한 백성이 없었다(玆乃三宅無義民)"와 『서경·주서·여형(周書·呂刑)』편의 "멋대로 사악하게 굴어 안팎에서 난을 일으킨다(鴟義姦宄)"는 왕인지의 『술문(述聞)』에 의하면 의(義)자는 모두 아(俄)자의 뜻으로 보고 읽어야 한다.

91 추류(醜類): "醜"자는 "類"자의 뜻으로, 이 말은 같은 뜻의 글자가 연용되어 쓰였으며 여기서는 동사로 쓰였다. 악물(惡物)은 목적으로 악물과 서로 비슷하다는 뜻이다.

92 희공 24년의 『전』에서는 "마음으로 도덕과 정의의 도를 법칙으로 삼지 못함이 완악함이고 입으로 충성과 신의의 말을 하지 못하는 것이 간악한 것입니다(心不則德義之經爲頑, 口不道忠信之言爲嚚)"라 하였다. 이 구절의 뜻은 완악하고 간악하며 형제와 우애롭지 못한 사람이라는 뜻이다. 혼돈(渾敦)은 그것을 끌어다 비슷한 유로 삼은 것이다.

93 혼돈(渾敦): 「오제본기」에는 "渾沌"으로 되어 있다. 『좌전』의 이곳에서 말한 "사흉(四凶)"이 『서경·우서·순전(書經·虞書·舜典)』에는 "사죄(四罪)"로 되어 있으니 나중에 이곳을 말한 사람은 이 "사흉"을 저 "사죄"로 여길 것이므로 이 혼돈(渾敦)을 저곳의 환두(讙兜)

少皞氏有不才子,[94]	소호씨에게는 될 성싶지 않은 자식이 있었는데
毁信廢忠,[95]	신의를 허물고 충직함을 버렸으며
崇飾惡言;[96]	나쁜 말을 꾸미며,
靖譖庸回,[97]	참소하는 말을 편히 여기고 간사한 사람을 신용하며
服讒蒐慝,[98]	유언비어로 중상하고 악인을 숨겨 주며

로 생각할 것이다. 따라서 「오제본기」의 『집해(集解)』에서는 가규의 설을 인용하여 "부재자(不才子)는 환두의 먼 후손일 것이다"라 하였다. 두예는 "혼돈은 열리어 통하지 않는(不開通) 모습이다"라 하여 첩운연면사로 보았는데 자못 일리가 있다.

94 소공 17년『전』에서 "우리 고조 소호(少皞) 지(摯)가 즉위하였다"라 하였으니 소호의 이름은 지이다. 두예는 "소호는 금천씨(金天氏)의 호이며 황제(黃帝)의 뒤를 이었다"라 하였다. 호(皞)는 "皓"라고도 하며 "昊"라고도 한다. 「오제본기」의 『색은(索隱)』에서는 황보밀(皇甫謐) 및 송충(宋衷)의 말을 인용하여 소호(少昊)는 곧 황제(黃帝)의 아들 현효(玄囂)이라 하였는데, 『좌전』에서 서술한 세차(世次)에 의하면 자못 서로 부합한다.

95 공영달은 "훼신(毁信)이란 것은 신의를 행하기에 충분치 못하여 허물어버리는 것이다. 폐충(廢忠)이라는 것은 충(忠)을 무익하다 하여 폐기시키는 것이다"라 하였다. 「오제본기」에는 "毁信惡忠"으로 되어 있다.

96 숭식(崇飾): 「주어 중」에 "용모를 꾸밈이 있다(容貌有崇)"라는 말이 있고, 「초어 하」에 "용모의 꾸밈(容貌之崇)"이라는 말이 있는데, 위소는 모두 "숭은 꾸미는 것(飾)이다"라 하였다. 곧 "崇"과 "飾"은 같은 뜻의 말을 연용한 것이다.

97 『서경·우서·요전(書經·虞書·堯典)』에서는 공공(共工)에 대해 "말은 잘하나 행동이 다르다(靜言庸違)"라 하였는데, 청나라 단옥재(段玉裁)는 『상서찬이(尚書撰異)』에서 "'靜譖庸回'는 곧 '靜言用違'이다"라 하였다. "靜譖"이 "靜言"인지 아닌지에 대해서는 여전히 이설이 있지만 "庸回"가 곧 "庸違"임에는 아무런 문제가 없다. 회(回)와 위(違)는 옛날에 많이 통용하였다. 두예와 공영달의 주석에 따르면 정참(靖譖)이란 것은 중상모략하여 참소하는 것을 편안히 여기는 것이다. 용회(庸回)라는 것은 사악한 사람을 신용하는 것을 이른다.

98 복참(服讒): 두예는 "복은 행하는 것이다(服, 行也)"라 하였다. 복참은 곧 참언을 시행하는 것을 이른다.

以誣盛德,[99]	덕이 많은 이를 무고하니
天下之民謂之窮奇.[100]	천하의 백성들은 그를 일러 궁기라 하였습니다.
顓頊氏有不才子,[101]	전욱씨에게는 될 성싶지 않은 자식이 있었는데
不可敎訓,	가르칠 수도 없었으며
不知話言;[102]	좋은 말을 할 줄도 몰랐다.
告之則頑,[103]	일러 주면 완악해지고
舍之則嚚,[104]	버려두면 간악해졌으며
傲很明德,[105]	밝은 덕을 깔보고 따르지 않아

수특(蒐慝): 두 가지 뜻이 있다. 복건과 두예는 모두 "숨기는 것(隱)"이라 하였다. 이는 대개 수(廋)자로 본 것으로 『광아(廣雅)』 및 『방언(方言)』에서는 모두 "수(廋)는 숨기는 것이다"라 하였다. 곧 수특(蒐慝)은 위의 "掩義藏賊"과 같은 뜻으로 악을 저지르는 자를 숨겨 준다는 것을 말한다. 수(蒐)자를 글자의 뜻 그대로 보면 『이아·석고(爾雅·釋詁)』에서 말한 "모으다(聚)"라는 뜻으로, 간특(姦慝)한 사람을 모으는 것을 이른다.

99 덕이 많은 사람을 무함하고 모멸하는 것을 말한다.

100 궁기(窮奇): 옛날에는 「상서(尙書)」의 공공(共工)에 해당한다고 하였다. 두예는 "행실이 사납고 좋아한 것이 기괴한 것이다"라 하였다. 『산해경』의 「서산경(西山經)」과 「해내북경(海內北經)」 및 『신이경(神異經)』 등에서는 모두 궁기란 괴수가 있다 하였고, 혹자는 공공의 성질이 이 짐승과 비슷하므로 짐승의 이름으로 이름을 지었다라고 하였는데 족히 믿을 것이 못 된다.

101 전욱(顓頊)은 곧 고양(高陽)으로 이미 앞에 보인다.

102 화언(話言): 선언(善言)과 같은 말. 상세한 것은 6년의 『전』과 『주』에 보인다.

103 두예는 "덕의(德義)를 마음속에 받아들이지 않는 것이다"라 하였다.

104 두예는 "충신(忠信)을 말하지 않는 것이다"라 하였다.

105 오흔(傲很): "傲"는 "嫯"자의 가차자인 것 같다. 『설문』에서 "오(嫯)는 오만하다(侮傷)는 뜻이다"라 하였다. 흔(很)은 『설문』에서 "순종하여 따르지 않는 것이다(不聽從)"라 하였다. 이 구절은 밝은 덕을 깔보고 따르지 않는다는 말과 같다. 소공 26년의 "傲很威儀" 역시 위의를 무시한다는 뜻이다.

以亂天常,	하늘의 상도를 어지럽히니
天下之民謂之檮杌.[106]	천하의 백성들은 그를 일러 도올이라 하였습니다.
此三族也,	이 세 족속은
世濟其凶,	대대로 그 흉악함을 이어
增其惡名,[107]	악명만 더하여
以至于堯,	요임금에까지 이르렀는데
堯不能去.	요임금도 없앨 수가 없었습니다.
縉雲氏有不才子,[108]	진운씨에게는 될 성싶지 않은 자식이 있었는데
貪于飮食,	음식을 탐내고

106 도올(檮杌): 「오제본기」의 『집해(集解)』에서는 가규(賈逵)의 말을 인용하여 "도올은 흉포하고 완악하기가 짝이 없는 모양이다"라 하였고 두예도 그렇게 말하였다. 곧 가규와 두예가 이른바 도올은 흉포하고 완악하기 짝이 없는 것으로 보았다. 공영달의 주석〔소(疏)〕에서는 복건의 말을 인용하여 『신이경(神異經)』에 도올이라는 짐승이 있는데, 곤(鯀)의 성질이 그 짐승과 비슷하여 호로 삼았다고 하였다. 가규와 두예는 모두 도올은 곧 곤이라고 하였는데 두예의 아버지인 두서(杜恕)만 「고과소(考課疏)」에서 "곤을 죽이고 사흉을 추방했다〔『삼국지 · 위지 · 두서전(三國志. · 魏志. · 杜恕傳)』에 보임〕"라 하여 곤을 사흉에서 제외시켜 구별한 것 같은데, 『서경 · 우서 · 순전(書經 · 虞書 · 舜典)』의 본의와 부합하지 않는 것 같다.

107 이상 두 구절은 위의 8개와 8원이 "대대로 그 아름다움을 이어받아 그 명성을 떨어뜨리지 않았다(世濟其美, 不隕其名)"는 말과 완전히 상반되는 말로, 종신토록 악행을 저지르는데 불과했을 따름이라는 말이다.

108 진운씨(縉雲氏): 「오제본기」의 『집해(集解)』에서는 가규(賈逵)의 말을 인용하여 "진운씨는 강성(姜姓)으로 염제(炎帝)의 아득한 후손이며, 황제 때는 진운(縉雲)의 관직을 맡았다"라 하였다. 공영달은 "소공 17년의 『전』에서는 황제는 구름을 가지고 관직의 이름으로 삼았다라 하였으므로 진운이 황제 때의 관명임을 알겠다. 복건은 '하관(夏官)이 진운씨이다'라 하였다"라 하였다.

冒于貨賄,[109]	재화를 탐하여
侵欲崇侈,[110]	침탈하여 가지려는 마음이 많아
不可盈厭,[111]	만족할 수가 없었고
聚斂積實,[112]	재산을 긁어모으는데
不知紀極,[113]	한정이 없었으며
不分孤寡,[114]	고아와 과부에게도 나누어 주지 않았고
不恤窮匱,	궁하고 없는 사람들마저 구휼하지 않아
天下之民以比三凶,[115]	천하의 백성들이 삼흉에 비기어
謂之饕餮.[116]	도철이라고 하였습니다.

---

109 모(冒): 역시 탐(貪)과 같은 뜻이다. 애공 11년의『전』에 "탐내어 물리는 일이 없었다(貪冒無厭)"라는 말이 있고, 「주어 상」에는 "탐욕스럽고 편벽되고 사악하였다(貪冒辟邪)"는 말이 있으며, 「정어(鄭語)」에는 "거기에다 탐욕스럽기까지 하였다(而加之以貪冒)"라는 말이 있는 것으로 보아 탐과 모가 같은 뜻으로 연용되었음을 알 수 있다.

110 숭치(崇侈): 두 글자 모두 많다는 뜻. 소공 8년의『전』에 "궁실이 많다(宮室崇侈)"는 말이 있는데 역시 연용하여 썼다.

111 영염(盈厭): 같은 뜻의 문자가 연용된 것으로, 지금의 만족스럽다는 뜻과 같다.

112 적실(積實):『설문』에서 "적은 모은다는 뜻이다(積, 聚也)"라 하였다. 단옥재(段玉裁)는 "벼〔禾〕와 조〔粟〕은 모두 적(積)이라 할 수 있다"라 하였다. 두예는 "실(實)은 재물〔財〕이다"라 하였으니 "적실"은 재물과 곡식의 뜻과 같다.

113 기극(紀極): 한도(限度)라는 말과 같다. 기(紀)과 극(極)은 동의어가 연용되어 쓰인 것이다. 「주어 상」에 "이런 나라가 망하면 10년을 넘지 않으니 운수의 한도이다(數之紀也)"라는 말이 있는데 "數之紀"는 곧 "數之極"과 같은 말이다. 또한 「노어 하」에 "키가 큰 사람이라도 열 배를 넘지 않음이 수의 한도이다(數之極)"라는 말이 있다.

114 이 구절은 고아나 과부라고 하더라도 재화를 나누어 주지 않았다는 것을 말하며, 다음 구절의 "不恤窮匱"와 같은 뜻이다.

115 삼흉(三凶): 두예는 "황제의 자손이 아니기 때문에 따로 삼흉에 견주었다"라 하였다.

舜臣堯,	순이 요임금의 신하가 되어
賓于四門,[117]	사방의 문을 열어
流四凶族,[118]	사흉을 유배시키고
渾敦, 窮奇, 檮杌, 饕餮,	혼돈과 궁기, 도올, 도철을
投諸四裔,[119]	사방의 먼 변방으로 내던져

---

116 도철(饕餮): 가규와 복건, 두예는 모두 "재물을 탐내는 것을 도(饕)라 하고 음식을 탐내는 것을 철(餮)이라 한다"라 하였다. 왕념손(王念孫)은 "재물을 탐내고 음식을 탐하는 것을 총칭하여 도철이라 한다. 도철은 하나의 소리가 전변(轉變)된 것으로 재물을 탐내는 것을 도라 하고 음식을 탐내는 것을 철이라고 구분할 수 없다"라 하였다. 『신이경』에도 도철이라는 괴수가 있다 하였고, 『산해경·북해경(北海經)』에는 포효(狍鴞)라는 괴수가 있는데, 주석자인 곽박(郭璞)은 또한 곧 『좌전』의 도철이라고 하였다. 『여씨춘추·선식람(先識覽)』에서는 "주나라의 정(鼎)에는 도철의 그림이 새겨져 있는데 머리만 있고 몸은 없으며, 이는 사람을 잡아먹는데 아직 삼키지 않았는데도 해가 자신의 몸에 미쳐 있다는 것을 말한 것이다"라 하였다. 곧 도철을 짐승으로 생각한 지가 유래가 오래되었음을 알 수 있다. 혹자는 도철은 곧 「상서」의 삼묘(三苗)라고도 한다.

117 빈우사문(賓于四門): 『상서·순전(尙書·舜典)』(『서경·우서·순전(書經·虞書·舜典)』)에 나오는 말이다. 공영달은 "정현은 '賓'을 '擯'으로 생각하였으며, 순이 상빈(上擯)이 되어 제후를 맞이하는 것을 이른다고 하였다"라 하였다. 한편 두예는 문자 그대로 보아 "사방의 문을 열고 사방의 말을 들으려고 뭇 현자들을 빈례로 맞는 것이다"라 하였다. 사문은 마융은 사방의 문이라 하였고, 청나라 손성연(孫星衍)은 『상서금고문주소(尙書今古文注疏)』에서 명당궁(明堂宮) 담장의 네 문이라 하였다.

118 두예는 "사흉의 죄상에 따라 유배하여 추방시킨 것이다"라 하였다.

119 사예(四裔): 예(裔)는 멀리 떨어진 변방지역을 이른다. 예토(裔土)라고도 한다. 사예는 사방의 먼 변방지역이다. 『상서·순전(尙書·舜典)』(『서경·우서·순전(書經·虞書·舜典)』)에서는 "공공(共工)은 유주(幽州)로 유배시키고, 환두(讙兜)는 숭산(崇山)으로 추방하였으며, 삼묘(三苗)는 삼위(三危)로 귀양 보냈고, 곤(鯀)은 우산(羽山)에서 죽였다"라 하였다. 옛날 사람들은 유주를 북예(北裔)라 하였으며, 아울러 옛 늙은이들이 전하기를 지금의 북경시 밀운현(密雲縣) 동북쪽에 순임금이 공공을 유배시켜 살던 곳이 있다고 하였다. 숭산은 남예로 『통전(通典)』 및 남송(南宋) 축목(祝穆)의 지리서(地理書) 『방여승람(方輿勝覽)』에서는 지금의 호남성 대용현(大庸縣)의 숭산이라 하였으며, 『청일통지』에서는 이곳은 환두를 추방한 곳이 아니며 환두를 추방한 숭산은 교(交)·광(廣)사이에 있을 것이라고 하였다. 삼위는 서예로 그 소재지는 일치하지 않아 어떤 사람은 지금의 감숙성 돈황(敦煌) 근처에 있다고 하고, 어떤 이는 감숙성 조서산(鳥鼠山) 서쪽에

以禦螭魅.[120]

이매를 막았습니다.

是以堯崩而天下如一,

이런 까닭에 요임금이 죽어도 천하에서 한결같이

同心戴舜,

한 마음으로 순을 추대하여

以爲天子,

천자가 되었는데

以其擧十六相,

16재상을 들어 쓰고

去四凶也.

사흉을 없앴습니다.

故虞書數舜之功,

그러므로 「우서」에서는 순의 공로를 늘어놓아

曰"愼徽五典,

'삼가 오전을 아름답게 하시니

있다고도 하며, 감숙성 천수시(天水市)에 있다고 하는 사람도 있고, 감숙성 임담현(臨潭縣) 서남쪽의 옛 첩주(疊州) 서쪽이라고도 하며, 심지어 어떤 사람은 지금의 운남성, 사천성 및 지금의 티벳(서장(西藏))에 있다고도 한다. 우산은 동예인데 두 가지 설이 있다. 하나는 곧 지금의 강소성 동해현(東海縣)·공유현(贛楡縣) 및 산동성 담성현(郯城縣) 사이에 있는 우산이라는 설이고, 하나는 지금의 산동성 봉래현(蓬萊縣) 남쪽의 우산이라는 설이다. 요컨대 순임금이 사흉을 유배시킨 것은 어디까지나 전설로 사예의 소재지는 지금에 와서는 더 이상 밝히기가 어렵고, 그냥 예로부터 이런 설이 전해 올 뿐이므로 얽매일 필요는 없을 것이다.

120 이매(螭魅): 이(螭)는 『설문』에서 "용과 같은데 누렇다"라 하였으며, 또한 "离"자가 있는데 "산신(山神)이다"라 하였다. 매(魅)는 『설문』에는 "鬽"로 되어 있으며, "늙은 정물(精物)이다"라 하였다. 요컨대 이매는 옛날 사람들의 환상속의 괴물로 사람들에게 해를 끼칠 수 있는 것으로, 선왕 3년 『전』에서 왕손만(王孫滿)은 구정(九鼎)에 대하여 말하기를 "정을 주조하여 만들 때 사물의 형상을 솥에다 새기고 온갖 사물을 거기에 갖추어 백성들로 하여금 신령스럽고 간사함을 알게 하였다. 그러므로 백성들이 내와 늪, 산과 숲에 들어가도 불약을 만나지 않았다. 이매며 망량을 만나지 않을 수 있었다(鑄鼎象物, 百物而爲之備, 使民知神、姦. 故民入川澤、山林, 不逢不若. 螭魅罔兩, 莫能逢之)"라 하였다. 어(禦)라는 것에 대하여 공영달은 "이는 사방의 먼 곳으로 추방하여 이매가 사람들을 해치려고 하면 이 네 사람으로 하여금 저 이미의 재화(災禍)를 선인(善人)들을 대신하여 받게끔 한다는 것을 말한다"라 하였다.

五典克從",[121] 오전이 잘 따르게 되었다'라 하였는데

無違敎也. 가르침을 어긴 적이 없음을 말한 것입니다.

曰"納于百揆,[122] '온갖 일을 맡기시니

百揆時序", 모든 일이 순조롭다'라 하였는데

無廢事也.[123] 일을 폐함이 없음을 말한 것입니다.

曰"賓于四門, '사방의 문에서 제후들을 맞게 하시니

四門穆穆",[124] 사방의 문에 화기가 넘치게 되었다'라 하였는데

無凶人也. 이는 흉한 사람이 없음을 말한 것입니다.

---

121 이곳에 인용된 말은 모두 『상서·순전(尙書·舜典)』(『서경·우서·순전(書經·虞書·舜典)』)에 보인다. 공영달을 가탁한 주석(『위공전(僞孔傳)』)에서는 "휘는 아름답다는 뜻이다. 오전(五典)은 오상(五常)의 가르침으로, 아버지는 의롭고 어머니는 자애로우며 형은 우애가 있고 동생은 공손하며 아들은 효성스러운 것이다. 순임금은 신중하고 아름답게 이 도를 독실히 행하여 팔원을 등용하여 그들을 사방에 보내니 오교(五敎)가 따르게 되어 명을 어기는 일이 없었다"라 하였다.

122 백규(百揆): 관명(官名)이 아니라 백사(百事), 곧 온갖 일이라는 뜻이다.
시서(時序): 승순(承順), 곧 이어받아 잘 따른다는 뜻이다. 이 두 구절은 각종 업무에 받아들여 이들 각종 업무가 조리를 갖추어 별일이 없이 순조롭게 끝난다는 말과 같다.

123 두예는 "이는 8개(八愷)의 공이다"라 하였다.

124 「오제본기」에서는 "사문(四門)에서 손님을 접대하는 일을 맡겼더니 사문에서 일을 보는 사람들이 빈객에게 정중하고 화목하게 대하여 제후들과 먼 곳에서 온 손님들이 모두 순을 공경하였다"라 하였다. 이는 "빈객이 모두 공경하였다"는 말로 "四門穆穆"을 해석한 것이다. 『집해(集解)』에서는 마융의 말을 인용하여 "사문은 사방의 문이다. 제후와 군신들이 조회하는 것을 순이 맞아들였는데 모두 아름다운 덕이 있었다"라 하였는데, 이는 "모두 아름다운 덕이 있었다"는 말로 "四門穆穆"을 해석한 것이다.

舜有大功二十而爲天子,[125]	순임금은 큰 공 스무 가지를 세우시어 천자가 되셨는데
今行父雖未獲一吉人,	지금 행보는 비록 길한 사람 하나를 얻지 못했지만
去一凶矣.	흉한 사람 하나도 없애지 못했습니다.
於舜之功,	순임금의 공에 비하면
二十之一也,	20분의 1이니
庶幾免於戾乎!"[126]	거의 죄는 면하게 되겠습니다!"

宋武氏之族道昭公子,[127]	송나라 무씨의 족인이 소공의 아들을 이끌고
將奉司城須以作亂.[128]	사성 수를 거느리고 난을 일으키려 하였다.
十二月,	12월에

---

125 대공이십(大功二十): 열여섯 재상을 등용한 것과 사흉을 제거한 것을 말한다.

126 여(戾)는 죄라는 뜻이다. 「노어 상」과 『전』의 기록은 각기 상세한 곳과 소략한 곳이 있고 또한 이동(異同)도 있다.

127 가나자와 문고본(金澤文庫本)에는 "송무와 목의 족속이 소공의 아들을 이끌었다(宋武穆之族導昭公子)"라 되어 있고, 『석문(釋文)』에서도 "본래는 혹 '武穆之族'으로 되어 있기도 한데 아래의 문장을 취하여 함부로 추가한 것이다"라 하였다. 선왕 3년 『전』의 "무씨가 꾀한 것이었다(武氏之謀也)"라 한 것을 가지고 고찰해 보면 궐기를 한 사람은 무씨이며 목의 족속은 실로 따랐으므로 무와 목의 족속이 쫓겨나게 되었다.

128 두예는 "문공이 소공을 시해하였으므로 무씨의 족속이 그 아들을 데리고 난을 일으켰다"라 하였다. 사성 수는 문공의 동복동생이며, 16년의 『전』에 보인다.

宋公殺母弟須及昭公子, 송공이 동복아우 수 및 소공의 아들을 죽이고

使戴, 莊, 桓之族攻武氏於司馬子伯之館,[129] 대와 장, 환의 일족에게 사마자백의 집에서 무씨를 공격하게 하여

遂出武, 穆之族.[130] 마침내 무와 목의 일족을 쫓아냈다.

使公孫師爲司城.[131] 공손사에게 사성을 맡겼다.

公子朝卒,[132] 공자 조가 죽자

使樂呂爲司寇,[133] 악려로 하여금 사구가 되게 하여

以靖國人.[134] 백성들을 안정시켰다.

---

129 『독본(讀本)』에서는 "대족(戴族)은 황(皇)·악(樂)·화(華) 세 씨이다. 장족(莊族)은 중(仲)씨이다. 환족은 상(向)·어(魚)·탕(蕩)·린(鱗)의 네 씨이다"라 하였다. 두예는 "사마자백(子伯)은 화우(華耦)이다"라 하였다. 16년 『전』에 의하면 이때 화우는 이미 죽었다.

130 선왕 3년의 『전』에서 "무와 목의 족속들을 모두 쫓아냈다"라 하였으니 무족과 목족이 모두 쫓겨난 것이다. 목족은 아울러 쫓겨나기도 했으니 두예는 "무씨네와 당파를 지었기 때문"이라고 하였다. 선공 3년 『전』에 의하면 조나라로 쫓아냈을 것이다.

131 문공의 아우 수를 대신한 것이다. 두예는 "공손사는 장공의 손자이다"라 하였다.

132 16년 『전』에서는 "공자 조(公子朝)는 사구(司寇)였다"라 하였다.

133 공영달은 『세본(世本)』을 인용하여 "대공(戴公)은 악보술(樂甫術)을 낳았고, 술은 석보택(碩甫澤)을 낳았으며, 택은 이보수(夷父須)를 낳았고, 수는 대사구 여(呂)를 낳았다"라 하였으니 악려(樂呂)는 대공(戴公)의 증손자다. 나머지 상세한 것은 7년의 『전』과 『주』에 보인다.

134 이정국인(以靖國人): 『좌전』에는 이 말이 여러 차례 보이는데 성공 15년, 양공 15년, 소공 13년 및 22년에 보인다. 「송세가」에서는 "2년에 소공의 아들이 문공의 동모제 수와 무(武)·목(繆)·대(戴)·장(莊)·환(桓)의 족속을 이끌고 난을 일으켜 문공이 그들을 모두 죽이고 무와 목의 일족을 내쫓았다"라 하였다. 『전』의 기록에만 의거하면 대와 장, 환 3족속은 문공이 무의 족속을 공격하는데 도운 사람이다.

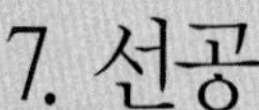

7. 선공

宣公

(기원전 608년~기원전 591년)

이름은 퇴(俀)이고 문공의 아들이며, 어머니는 경영(敬嬴)이다. "俀"는 "왜(倭)"라고도 하며 공영달의 소(疏) 및 『공양전』의 양사훈(楊士勛)의 소(疏)에서는 『세본(世本)』을 인용하여 모두 "倭"라고 하였다. 『신서·절사(新序·節士)』편에서는 선공이 문공의 아우라고 했는데, 무슨 근거로 그렇게 말했는지 모르겠다.

선공 원년

經

元年春王正月,[1]	원년 봄 주역으로 정월에
公即位.[2]	공이 즉위하였다.
公子遂如齊逆女.[3]	공자 수가 제나라로 가서 여인을 맞았다.
三月,	3월에
遂以夫人婦姜至自齊.[4]	수가 부인 며느리 강씨를 데리고 제나라에서 왔다.
夏,	여름에
季孫行父如齊.	계손행보가 제나라로 갔다.

---

1 원년(元年): 계축년 B.C. 608년으로 주광왕(周匡王) 5년이다. 동지가 정월 12일 신유일로 건자(建子)이다.

2 『전』이 없다.

3 문공 4년의 『전』에서 "제나라에서 며느리 강씨를 맞았는데 경이 가지 않은 것은 예의가 아니었다(逆婦姜於齊, 卿不行, 非禮也)"라 하였다. 이번에는 경이 갔으니 대체로 당시의 예법에 부합하였다. 문공이 죽고 겨우 1년밖에 안 되었는데 선공이 서둘러 혼례를 올렸으므로 후대의 논자들이 많이 놀렸지만 당시로 봐서는 반드시 예의가 아닌 것은 아니었다.

4 부강(婦姜): "부(婦)"라고 칭한 것은 시어머니가 있다는 말로 문공 4년과 같다. "제강(婦姜)"이라 한 것은 문공 4년의 『경』, 『전』과 같으며, 또한 은공 8년의 "부규(婦嬀)"라고 한 것과 같다. 성공 14년의 『경』과 『전』에서는 "부강씨(婦姜氏)"라 기록하였다. "氏"자가 있고 없고 한 것은 당시의 습관적인 표현으로 언급할 만한 예가 보이지 않는다. 『공양전』과 『곡량전』 및 공영달의 소(疏)에서 인용한 복건(服虔)의 설은 모두 "氏"자가 없는 것은 폄하한 것이라 하였는데, 이는 망설(妄說)이다. 두예는 "'씨'를 기록하지 않은 것은 궐문일 것이다"라 하였는데 또한 확실치 않다. 구본에는 이 구를 앞 구인 "역녀(逆女)"와 한 구로 이어 놓았는데, 여기서는 『전』의 뜻에 의하여 나누어 별도의 구로 독립시켰다.

晉放其大夫胥甲父于衛.[5]	진나라가 대부 서갑보를 위나라로 쫓아냈다.
公會齊侯于平州.[6]	공이 평주에서 제후를 만났다.
公子遂如齊.	공자 수가 제나라에 갔다.
六月,	6월에
齊人取濟西田.[7]	제나라 사람이 제수 서쪽의 전지를 빼앗았다.
秋,	가을에
邾子來朝.[8]	주자가 내조했다.
楚子, 鄭人侵陳,[9]	초자와 정나라 사람이 진나라를 침략하고
遂侵宋.	마침내 송나라를 침략했다.

5 후한(後漢) 때 허신(許愼)의 『설문해자(說文解字)』에서는 "방은 쫓는 것이다"라 하였다. 두예는 "방이라는 것은 죄를 지어 파면된 자를 용서하여 먼 곳으로 보내는 것이다"라 하였다.

6 평주(平州): 두예에 의하면 지금의 산동성 내무현(萊蕪縣) 서쪽에 있을 것이다. 명말청초(明末淸初) 왕부지(王夫之)의 『패소(稗疏)』에서는 『수경주·제수(泲水)』에 근거하여 지금의 환대현(桓臺縣) 경계에 있다고 하였는데 확실치 않은 것 같다.

7 희공 31년 『전』에서 "제수 서쪽의 전지를 취하였는데 조나라 땅을 나누어 받은 것이다. 조수 이남에서 동으로 제수에까지 이르렀다(取濟西田, 分曹地也. 自洮以南, 東傅于濟)"라 하였다. 제수 서쪽의 땅은 본래 진(晉)나라에게서 얻었는데, 지금은 제나라에게 뇌물로 준 것이다. 「연표」에서는 "제혜공(齊惠公) 원년 노나라 제수 서쪽의 땅을 취하였다"라 하였다.

8 『전』이 없다. 주나라는 환공 15년에 한 차례 노나라에 내조했으며 장공과 민공, 희공, 문공 때는 한번도 내조한 사실이 보이지 않는다. 이번에 내조한 것은 선공이 갓 즉위하였으므로 새 임금에게 내조한 것이다.

9 초나라가 정벌을 하면서 초자(楚子)라고 기록한 것은 여기서 비롯된다.

晉趙盾帥師救陳.[10]	진나라 조돈이 군사를 이끌고 진나라를 구원하였다.
宋公, 陳侯, 衛侯, 曹伯會晉師于棐林,[11]	송공과 진후, 위후, 조백이 배림에서 진나라 군사와 만나서
伐鄭.[12]	정나라를 쳤다.
冬,	겨울에
晉趙穿帥師侵崇.[13]	진나라 조천이 군사를 이끌고 숭나라를 쳤다.

---

10 『전』에서는 "진나라와 송나라를 구원하였다"라 하였는데, 『경』에서는 다만 "진나를 구원하였다"고만 기록하고 "송나라를 구원하였다"고는 기록하지 않은 것에 대해 두예는 "『경』에 '송'자가 없는 것은 아마 궐문일 것이다"라고 하였다. 공영달은 복건의 설을 인용하여 "조돈이 이미 진나라를 구원한 후에 초나라 군사가 송나라를 쳤는데, 조돈이 송나라를 구원하려 하자 초나라는 군사를 풀고 떠났다"라 하였다.

11 비림(棐林): "棐"는 『공양전』에는 "斐"로 되어 있다. 명말청초(明末淸初) 고조우(顧祖禹)의 『방여기요(方輿紀要)』에서는 비림이 지금의 하남성 신정현 동쪽 25리 지점에 있다고 하였다. 그러나 양공 31년의 『전』에서는 위양공(魏襄公)이 초나라로 갈 때 "정나라를 지나게 되니 인단(印段)이 비림으로 가서 위로하였다"라 하였으니 비림은 신정 북쪽 3, 40리 지점에 있어야 할 것이다.

12 공영달은 "진나라는 본래 군사를 일으켜 진(陳)나라와 송(宋)나라를 구원하려고 하였는데 초나라 군사가 이미 떠났으므로 네 나라 임금이 진나라 군사들과 만나 함께 정나라를 쳤다. '비림에서(于棐林)'라 한 것은 회합의 예를 거행한 후에 정벌한 것이다. 환공 15년에 '공이 송공과 위후(衛侯), 진후(陳侯)를 이(袲)에서 만나 정나라를 쳤다'라 한 것도 또한 회합의 예를 행하고 정벌한 것으로 이것과 같다"라 하였다.

13 숭(崇): 『공양전』에는 "유(柳)"로 되어 있다. 모기령(毛奇齡)의 『춘추간서간오(春秋簡書刊誤)』에서는 "숭은 진(秦)나라의 동맹국인데 『공양전』에서 '유(柳)'자로 고치고 '천자의 읍(天子之邑)'이라 하였으니 진(晉)나라에 책서를 보내어 진(秦)에 화친을 구하면서 먼저 숭을 쳐서 화친을 이루려고 하니 합치되지 않는다"라 하였는데 따를 만하다. 조탄(趙坦)의 『이문전(異文箋)』에서는 "제나라 사람들은 '崇'을 '柳'로 읽었으며 『공양전』에서 '崇'을 '柳'라 한 것은 바로 제나라 사람의 방언이 변전된 것이다"라 하였는데 "崇"과 "柳"는 고음이 같지 않아 전변될 수가 없으니 조탄의 설은 옳지 않은 것 같다. 은나라 때는 숭나

晉人, 宋人伐鄭.

진나라 사람과 송나라 사람이 정나라를 쳤다.

傳

元年春王正月,

원년 봄 주력으로 정월에

公子遂如齊逆女.

공자 수가 제나라로 가서 여인을 맞았다.

尊君命也.[14]

임금의 명령을 존중한 것이다.

三月,

3월에

遂以夫人婦姜至自齊.

수가 부인 강씨와 제나라에서 왔다.

尊夫人也.[15]

부인을 존중한 것이다.

라가 있었는데 숭후호(崇侯虎)가 그 임금으로 문왕에게 멸망당하였으며, 『시경·대아·문왕유성(文王有聲)』에 "이미 숭나라 쳐서, 풍에 읍 만들었네(旣伐于崇, 作邑于豐)"라는 말이 있고, 양공 31년의 『전』에 "문왕이 숭나라를 침에 거듭 군사를 내자 항복하여 신하가 되었다"라 한 것이 이를 말한다. 이 숭나라는 문왕이 멸한 숭나라와는 다를 것이며 청나라 강영(江永)의 『고실(考實)』에서는 따로 봉하였다고 하였는데, 혹 그럴지도 모르겠다. 그 위치는 정확히 가리킬 수 없으며, 옛 숭나라는 지금의 섬서성 호현(戶縣)의 동쪽에 있었으나 이 숭나라는 반드시 여기에 있지는 않았을 것이다. 왕부지(王夫之)의 『패소(稗疏)』에서는 "이 숭나라는 필시 위(渭)수 북쪽 하(河)수의 가에 있었을 것이며 진(秦)나라와 동맹국이기는 해도 그 땅은 진(晉)나라와 가까웠을 것이다"라 하였는데 자못 일리가 있다. 유월(兪樾)은 『유루잡찬(兪樓雜纂)』 권28에서 지금의 하남성 숭현(嵩縣)에 있다고 하였다. 숭은 진(秦)나라와 진(晉)나라에게 보두 비교적 멀어 정확하지 않은 것 같다.

14 이는 "공자 수"라고 칭한 까닭을 해석한 것이다. 두예는 "제후의 경이 나라를 드나듦에 이름과 씨(氏)를 일컫는 것은 임금의 명을 존중하기 위함이다. 『전』을 여기서 시작한 것은 돌아온 기록과 다르므로 이를 해석한 것이다"라 하였다.

15 이는 "공자 수"라고 하지 않고 "수"라고만 한 까닭을 풀이한 것이다. 성공 14년의 『경』에

夏,	여름에
季文子如齊,	계문자가 제나라로 가서
納賂以請會.[16]	재물을 바치고 만날 것을 청하였다.
晉人討不用命者,	진나라가 명령을 따르지 않은 자를 벌하여
放胥甲父于衛.[17]	서갑보를 위나라로 추방하였다.
而立胥克.[18]	그러고는 서극을 세웠다.
先辛奔齊.[19]	선신은 제나라로 달아났다.
會于平州,[20]	평주에서 만나

"가을에 숙손교여가 제나라로 가서 여자를 맞았다"라 하였고, 또한 "9월에 교여가 부인 강씨와 제나라에서 왔다"라 하였으며, 『전』에서도 "가을에 선백이 제나라로 가서 여자를 맞았다. 족(族)을 일컬은 것은 임금의 명을 높인 것이다." "9월에 교여가 부인 강씨와 제나라에서 왔다. 족(族)을 버린 것은 부인을 높인 것이다"라 하였다. 이곳에서 "족을 일컬었다", "족을 버렸다"라는 표현을 쓰지 않은 것에 대하여 두예는 "공자는 당시의 총호(寵號)이며 족이 아니므로 『전』에서 '족을 버렸다'라 말하지 않았다"라 하였다.

16 두예는 "선공은 왕위를 찬탈하여 회합에 들지 못하였으므로 재물을 써서 청한 것이다"라 하였다. 뇌(賂)는 곧 제(濟) 땅 서쪽의 전지이다.

17 명령을 따르지 않은 것은 문공 12년의 하곡의 전역을 가리킨다. 조천과 서갑이 험지로 진나라 군사를 몰려고 하지 않은 것이다. 조천은 조돈의 측실 및 공서(公壻)였던 까닭에 추궁을 당하지 않았지만 서갑 또한 7, 8년 후에야 추궁을 당하는 것이니 그 까닭을 모르겠다. 서갑을 서갑보로 칭하는 것은 희공 11년의 『경』과 『주』에 보인다.

18 두예는 극(克)은 갑(甲)의 아들이라고 했다.

19 두예는 "신(辛)은 갑(甲)의 속대부(屬大夫)이다"라 했다.

20 제후(齊侯)와 회합한 것이다. 재물을 갖다 바치며 회합할 것을 청하여 비로소 이 회합이 있게 되었다.

以定公位.[21] 공의 군위를 안정시켰다.

東門襄仲如齊拜成.[22] 동문양중이 제나라로 가서 화친에 대하여 배사하였다.

六月, 6월에

齊人取濟西之田, 제나라 사람이 제 땅 서쪽의 전지를 취하였는데

爲立公故, 공을 세워 주었기 때문에

以賂齊也. 제나라에 예물로 바친 것이었다.

宋人之弑昭公也,[23] 송나라 사람이 소공을 시해함에

晉荀林父以諸侯之師伐宋,[24] 진나라 순림보가 제후의 군사들을 거느리고 송나라를 쳐서

宋及晉平, 송나라는 진나라와 화친을 맺고

宋文公受盟于晉.[25] 송문공은 진과의 맹약을 받아들였다.

---

21 곧 제후의 승인을 얻었다는 뜻이다.

22 두예는 "회합을 하게 된 것을 감사한 것이다"라 하였다.

23 문공 16년에 있었다.

24 문공 17년에 있었다.

25 17년의 『전』에서는 "오히려 문공을 세우고 돌아왔다(猶立文公而還)"라 하였으니 곧 이 『전』에서 맹약을 받아들인 일이다.

又會諸侯于扈,	또한 호에서 제후들과 회맹하여
將爲魯討齊,[26]	노나라를 위해 제나라를 치고자 하였으나
皆取賂而還.[27]	모두 뇌물을 받고 돌아갔다.
鄭穆公曰,	정목공이 말하였다.
"晉不足與也."	"진나라와는 동맹을 맺을 만하지 못하다."
遂受盟于楚.	마침내 초나라와의 맹약을 받아들였다.
陳共公之卒,[28]	진공공이 죽었는데
楚人不禮焉.[29]	초나라 사람이 예의를 표하지 않았다.
陳靈公受盟于晉.	진영공이 진나라와의 맹약을 받아들였다.
秋,	가을에
楚子侵陳,	초자가 진나라를 침공하고

26 문공 15년에 있었다. 여기서 17년의 일을 먼저 서술하고 나중에 15년의 일을 서술한 것은 아마 송나라의 일을 주로 생각했기 때문일 것이다.

27 『전』에서 분명히 말하였다. 송나라의 재물을 받은 것을 문공 17년의 『전』에서는 말하지 않았는데, 이는 곁에서 보충하여 말한 글이다.

28 문공 13년에 죽었다.

29 불례(不禮): 아마 초나라에서 상례와 장례에 참석하지 않은 것을 가리킬 것이다.

遂侵宋.[30]	마침내 송나라를 침공하였다.
晉趙盾帥師救陳, 宋.[31]	진나라 조돈이 군사를 거느리고 진나라와 송나라를 구원하였다.
會于棐林,	비림에서 만났는데
以伐鄭也.	정나라를 치기 위함이었다.
楚蔿賈救鄭,[32]	초나라 위가가 정나라를 구원하러 나섰다가
遇于北林,[33]	북림에서 마주쳐
囚晉解揚.[34]	진나라 해양을 사로잡았다.
晉人乃還.	진나라 사람이 이에 돌아갔다.

---

30 「연표」에서는 "초장왕 6년 송나라와 진(陳)나라를 쳐서 우리를 등지고 진나라에 복종하였기 때문이다"라 하였고, 또 말하기를 "송문공 3년 초나라와 정나라가 우리나라를 쳤는데 우리나라가 초나라를 배반했기 때문이다"라 하였다.

31 청나라 장총함(張聰咸)의 『좌전두주변증(左傳杜注辨證)』(이하 『변증(辨證)』)에서는 『경』에 "송(宋)"자가 없다고 하여 "송"자를 아래쪽에 붙여 읽어야 한다고 했는데, 그러면 "송나라가 비림에서 회합하였다(宋會于棐林)"가 되는데 실로 믿을 수 없다. 아마 초나라가 진(陳)나라와 송나라를 쳐서 진(晉)나라가 그 두 나라를 구원한 것이며, 또한 비림에서 회합한 나라는 네 나라인데 어째서 "송"나라만 말할 수 있는가? 「연표」에서는 "진영공 13년 조돈이 진(陳)나라와 송나라를 구원하였다"라 하였으니 사마천도 "진나라와 송나라를 구원하였다(救陳宋)"라는 것을 한 구로 삼았다.

32 위가(蔿賈)는 이미 희공 27년 및 문공 16년의 『전』에 보이며, 이후로는 또한 4년의 『전』에 보인다.

33 북림(北林): 정나라 땅으로 지금의 하남성 정주시(鄭州市) 동남쪽, 신정현(新鄭縣) 북쪽에 있을 것이다.

34 해양(解揚): 이미 문공 8년의 『전』에 보이며, 선공 15년의 『전』에 의하면 해양은 나중에 이미 진나라로 돌아갔다.

晉欲求成於秦.	진나라가 진나라와 화친을 구하고자 하였다.
趙穿曰,	조천이 말하였다.
“我侵崇,	“우리가 숭나라를 치면
秦急崇,	진나라는 숭나라를 급박하게 여겨
必救之.[35]	반드시 구원할 거요.
吾以求成焉.”[36]	우리는 이를 가지고 화친을 구합시다.”
冬,	겨울에
趙穿侵崇.	조천이 숭나라를 쳤다.
秦弗與成.[37]	진나라는 그들과 화친을 맺지 않았다.

晉人伐鄭,	진나라가 정나라를 쳤는데
以報北林之役.[38]	북림의 전역을 앙갚음하기 위함이었다.
於是晉侯侈,	이때 진후는 사치를 일삼았고

35 숭나라는 진(秦)나라의 동맹국이므로 진(晉)나라가 침공을 하면 진나라에서는 반드시 위급한 일이라 여겨 구원을 할 것이라는 말이다.

36 이로써 말미암아 화친을 청한다는 말이다.

37 『독본(讀本)』에서는 “진(秦)나라는 조천의 계략을 알았지만 숭나라만 구원하고 진나라와 화친은 맺지 않았다”라 하였다.

38 두예는 “해양을 사로잡은 것을 앙갚음한 것이다”라 하였다.

趙宣子爲政, 조선자가 정사를 맡아 다스렸는데

驟諫而不入,[39] 누차 간언을 하여도 받아들이지 않았으므로

故不競於楚.[40] 초나라와는 상대가 되지 않았다.

선공 2년

經

二年春王二月壬子,[1] 2년 주력으로 2월 임자일에

宋華元帥師及鄭公子歸生帥師,[2] 송나라 화원이 군사를 거느리고 정나라 공자 귀생이 거느린 군대와

---

39 취간(驟諫): 누차 간하는 것이다. 누차 간하였으나 영공이 듣지 않은 것을 이른다. 「진세가」에서는 "조돈과 수회(隨會)가 앞에서 여러 차례 간하였으나 듣지 않았다"라 하였는데 아마 여기에 근본하였을 것이다.

40 경(競): 쟁(爭), 곧 다툰다는 뜻이다. 양공 26년 『전』에서는 "신은 마음으로 다투지 않고 힘으로 다툽니다(臣不心競而力爭)"라는 말이 있고, 『장자·제물론(莊子·齊物論)』에는 "구분과 분변이 있고 겨루고 다툼이 있다(有競有爭)"라는 말이 있으니, 경(競)과 쟁(爭)이 모두 같은 뜻임을 알겠다. 이 구절은 초나라와 싸워서는 안 된다는 말과 같다. 두예는 "경은 강(强)한 것이다"라 하여 다음 해 『전』의 "저 종족은 초나라에서 강하다(彼宗競於楚)"의 경(競)자와 같은 뜻이라 하였는데, 구법 또한 서로 비슷하여 또한 통한다. 두예는 "이듬해에 정나라가 송나라를 치는 것의 복선이다"라 하였다.

1 이년(二年): 갑인년 B.C. 607년으로 주광왕(周匡王) 6년이다. 정월 23일 병인일이 동지로 건자(建子)이다. 2월에는 임자일이 없다.

2 모든 『춘추(春秋)』의 『경』을 통틀어 이곳의 화원과 귀생 및 애공 2년의 조앙과 한달의 경우에만 주어와 목적어에 각기 군사를 거느렸다(帥師)라 하였다.

戰于大棘.[3]	대극에서 싸웠다.
宋師敗績,	송나라 군사가 대패하여
獲宋華元.[4]	송나라 화원을 사로잡았다.
秦師伐晉.	진나라 군사가 진나라를 쳤다.
夏晉人宋人衛人陳人侵鄭.	여름에 진나라, 송나라, 위나라, 진나라 사람이 정나라를 쳤다.
秋九月乙丑,[5]	가을 9월 을축일에
晉趙盾弑其君夷皐.[6]	진나라 조돈이 그 임금 이고를 죽였다.
冬十月乙亥,[7]	겨울 10월 을해일에
天王崩.[8]	천자가 붕어하셨다.

3 대극(大棘): 이때는 송나라 땅으로 『방여기요(方輿紀要)』에서는 "대극성은 귀덕부(歸德府) 영릉현(寧陵縣) 서남쪽 70리 지점에 있다"고 하였으니, 지금의 하남성 휴현(睢縣)의 남쪽에 있었을 것이다.

4 『휘찬(彙纂)』에서는 "온 『경』을 다 찾아보아도 무릇 그 군사를 물리친 것은 기록하지 않고 그 임금 및 장수를 사로잡은 것을 기록한 것은 두 차례가 있는데, 한나라와 싸워 양공 8년 정나라가 '채공(蔡公) 자섭(子燮)을 사로잡았다'라 한 것이다. 먼저 그 군사를 물리친 것을 기록하고 나중에 그 임금 및 장수를 사로잡은 것을 기록한 것은 다섯 번으로 이번 전역과 장공 14년의 형(荊)이 채나라 군사를 물리치고 채후를 돌려보낸 것, 희공 원년 노나라가 거(莒)나라 군사를 물리치고 거나(莒拏)를 사로잡은 것, 소공 23년의 오나라가 돈(頓)·호(胡)·심(沈)·채(蔡)·진(陳)·허(許)의 군사를 물리치고 호자(胡子)와 심자(沈子)가 멸망하고 진나라 하설(夏齧)을 사로잡은 것, 애공 11년 '제나라 군사가 대패하여 제나라 국서(國書)를 사로잡았다'라 한 것이 있다"라 하였다.

5 을축일은 26일이다.

6 고(皐)는 『공양전』에는 "獋"로 되어 있는데, 음이 같으므로 통가할 수 있다.

7 을해일은 6일이다.

8 『전』이 없다. 천왕(天王)은 주나라 광왕(匡王)이다. 「주본기」에서는 "광왕 6년 붕어하고 아우인 유가 즉위하니 곧 정왕(定王)이다"라 하였다.

傳

二年春,	2년 봄
鄭公子歸生受命于楚伐宋,[9]	정나라 공자 귀생이 초나라의 명으로 송나라를 쳤는데
宋華元, 樂呂御之.[10]	송나라 화원과 악여가 막았다.
二月壬子,	2월 임자일에
戰于大棘.	대극에서 싸웠다.
宋師敗績.	송나라 군사가 대패했다.
囚華元,	화원을 사로잡고
獲樂呂,[11]	악여의 시신과

9 두예는 "초나라의 명을 받은 것이다"라 하였다. 청나라 장림(臧琳)의 『경의잡기(經義雜記)』에서는 "『전』에 본래 '수(受)'자가 없으므로 두예의 주석에서 '초나라의 명을 받았다'고 하였다. 『전』에 본래 '초나라에서 명을 받았다(受命于楚)'라 하였으면 문장의 뜻이 이미 분명하여졌으므로 두예는 주석을 달 필요가 없었을 것이다"라 하였다. 청나라 유문기(劉文淇)의 『구주소증(舊注疏證)』에서는 "「송세가」에서 '문공 4년 봄 정나라가 초나라의 명을 받아 송나라를 쳤다(鄭命楚伐宋)'라 하여 또한 '受'자가 없다"라 하였다. 곧 "命"자가 "명을 받다(受命)"의 뜻임을 알 수 있다. 12년의 『전』에 "皆命而往"이라는 말이 있는데 곧 "모두 명을 받고 갔다"는 뜻이다.

10 어(御)는 곧 어(禦)자와 같은 뜻이다. 화원은 우사(右師)로 정사를 맡고 있었으며 이미 문공 16년의 『전』에 보인다. 악여는 사구로 문공 18년의 『전』에 보인다.

11 『경』에서는 "獲華元"이라 하였는데 『전』에서는 "囚華元"이라 하였으니 "囚"를 가지고 "獲"자를 해석한 것이다. 아마 "獲"에는 산 것과 죽은 것의 차이가 있을 것이다. 희공 15년 『경』과 『전』의 "獲晉侯"는 산 채로 잡은 것이며, 선공 12년 『전』에서 "모두 포개어져 있는 것을 나무 밑에서 찾았다(皆重獲在木下)", "연윤양로를 쏘아 죽여서 마침내 그 시체를 수레에 실었다(射連尹襄老, 獲之, 遂載其尸)"라 한 것은 모두 죽은 것을 얻은 것이다. 여기서 "囚"자를 가지고 "獲"자를 해석하였는데 산 채로 잡은 것을 말한다. 그런데 "獲樂呂"라 분별하여 말하였으니 곧 죽은 것을 얻은 것을 알 수 있다. 그러므로 악려는 더 이상 보이지 않는다. 『경』에서 기록하지 않은 것은 주된 장수가 아니기 때문이다.

及甲車四百六十乘,[12]	병거 460승을 얻었고
俘二百五十人,	250명을 포로로 잡았으며
馘百.	백 명의 목을 베었다.
狂狡輅鄭人,[13]	광교가 정나라 사람을 맞아 싸우니
鄭人入于井.	정나라 사람이 우물로 들어갔다.
倒戟而出之,	극을 거꾸로 하여 꺼내 주니
獲狂狡.[14]	도리어 광교를 사로잡았다.
君子曰,	군자가 말하였다.
“失禮違命,	“예의를 잃고 명을 어겼으니
宜其爲禽也.	사로잡히는 것이 당연하다.
戎,	전쟁에서는
昭果毅以聽之之謂禮.[15]	과단성과 강의함을 밝혀서 그것을 따르는 것을 예라고 한다.
殺敵爲果,	적을 죽이는 것이 과단성이고

12 갑거(甲車): 곧 병거(兵車)를 말함. 병거를 끄는 말에 갑옷을 입히므로 이렇게 부른다.

13 로(輅): 맞아 싸우다. 희공 15년의 『전』과 『주』에 보임.

14 『독본(讀本)』에서는 “정나라 사람이 우물 안으로 들어가 피하였는데, 광교가 극의 자루를 거꾸로 내려 주어 잡고 올라와서는 정나라 사람이 도리어 광교를 사로잡은 것이다”라 하였다.

15 『대대례·사대(大戴禮·四代)』편에 나오는 말임. 두예는 “청(聽)은 항상 귀에 담고 마음에 두어 그 정령(政令)을 들을 생각을 하는 것이다”라 하였다. 이 구절은 전쟁을 하는 일은 과단성 있고 강의(剛毅)한 정신을 표명하는 데 있는데, 오직 과단성과 강의함을 발양하여 마음속에서 생각하고 밖으로 행동하는 것을 예라고 한다는 말이다.

致果爲毅.[16]
과단성을 이루는 것이 강의함이다.

易之,
그것을 바꾸면

戮也."[17]
형벌을 받게 된다."

將戰,
싸우려 할 때

華元殺羊食士,
화원이 양을 잡아 병사들을 먹였는데

其御羊斟不與.[18]
어자인 양짐에게는 주지 않았다.

及戰,
싸울 때

曰,
말하였다.

"疇昔之羊,[19]
"지난날 양은

子爲政;
그대가 알아서 했지만

今日之事,
오늘의 일은

我爲政."[20]
내가 알아서 한다."

---

16 공영달은 "이 과감함을 이루는 것을 의(毅)라고 하며 강의함으로 공을 세울 수 있어야 함을 말하였다"라 하였다.

17 역은 반(反)고 같다. 공영달은 "이 도를 뒤집어 반대로 하면 형벌을 받고 죽음에 부합한다"라 하였다.

18 양짐은 「송세가」에는 양갱(羊羹)으로 되어 있다. 육즙을 갱(羹)이라 하며, 또한 짐(斟)이라고도 하므로 양갱은 곧 양짐이다.

19 주석(疇昔): 전일(前日)이라는 뜻이며, 수석(誰昔)이라고도 한다.

20 『여씨춘추·찰미(察微)』에는 "어제의 일은 그대가 맡아서 다스렸지만 오늘의 일은 내가 맡아서 다스린다(昨日之事, 子爲制, 今日之事, 我爲制)"로 되어 있는데, 청나라 진수화(陳樹華)의 『춘추내전고증(春秋內傳考證)』(이하 『고증(考證)』) 및 청나라 홍양길(洪亮吉)의 『고(詁)』에서는 모두 진시황의 이름이 정(政)이어서 바꾸었다고 하였는데 그럴듯하다.

輿入鄭師,[21]

수레를 몰아 정나라 군사에게 들어갔으므로

故敗.

패하게 된 것이다.

君子謂羊斟“非人也,

군자가 양짐에 대하여 말하기를 “사람도 아니다.

以其私憾,

사적인 유감 때문에

敗國殄民,[22]

나라는 패하고 백성은 해를 입었으니

於是刑孰大焉?

이보다 더 큰 형벌이 어디 있겠는가?

詩所謂‘人之無良’者,[23]

『시』에서 이른바 ‘어질지 못한 사람’이란 것이

其羊斟之謂乎!

양짐을 이른 것이로다!

殘民以逞.”[24]

백성을 해쳐 자기의 뜻을 이루었다.”

宋人以兵車百乘, 文馬百駟以贖華元于鄭.[25]

송나라 사람이 병거 백 승과 털빛이 좋은 말 4백 마리를 가지고 정나라에서 화원을 넘겨받기로 하였다.

---

21 『여씨춘추·찰미』에는 “마침내 정나라 군중으로 몰고 들어갔다(遂驅入於鄭士)”로 되어 있다.

22 진민(殄民): 다음의 “잔민(殘民)”과 같은 뜻이다.

23 『시경·소아·각궁(角弓)』에 나오는 말로 지금의 판본에는 “民之無良”으로 되어 있다.

24 백성을 해쳐가며 자기의 뜻을 이룬 것이다.

25 문마(文馬): 두 가지 뜻이 있다. 하나는 털빛이 무늬가 좋은 것이고, 하나는 무늬를 그려 넣은 말이다. 「주본기」에 “여융(驪戎)의 문마를 구하였다”는 말이 있고, 『상서대전』에 “산

半入,[26]	반이 들어갔을 때
華元逃歸.[27]	화원이 도망쳐 돌아왔다.
立于門外,	문밖에 서서
告而入.[28]	알리고 들어갔다.
見叔牂,[29]	숙장을 보았는데
曰,	말하였다.
"子之馬然也?"[30]	"그대의 말이 그런 것인가?"
對曰,	대답하여 말하였다.
"非馬也,	"말 때문이 아니라

의생(散宜生)이 견융씨(犬戎氏)에게 가서 몸이 얼룩지고 갈기가 붉으며 닭의 눈을 한 훌륭한 말을 취하였다"는 말이 잇는 것으로 보아 전자가 맞는 것 같다. 백사(百駟)는 말 백 마리로 「송세가」에는 "문마사백필(文馬四百匹)"로 되어 있다.

26 속물(贖物)이 겨우 반이 들어간 것이다.

27 「연표」에는 "화원의 속물을 보냈는데 도망쳐 돌아왔다"를 이듬해에 열입하였다.

28 두예는 "송나라 성문에 알린 후에 들어간 것으로 구차하지 않았음을 말한 것이다"라 하였다.

29 숙장(叔牂): 두예는 "숙장은 양짐이다. 신분이 비천하여 먼저 돌아올 수 있었다"라 하였다. 공영달은 가규의 말을 인용하여 "숙장은 송나라의 성문을 지키는 대부이다"라 하였으니, 숙장과 양짐을 두 사람으로 본 것이다. 상하의 문의를 가지고 살펴보건대 통할 수 없다. 두예가 숙장이 비천하여 먼저 돌아올 수 있었다는 것도 근거가 없다. 청나라 완지생(阮芝生)의 『좌전두주습유(左傳杜注拾遺)』(이하 『두주습유(杜注拾遺)』)에서는 "그가 화원을 적에 떨어뜨렸으니 몸을 빼서 달아나 화원과 함께 잡히지 않은 것 같다"라 하였는데 정리에 가까운 것 같다.

30 이는 화원이 한 말이다. 어떤 사람은 숙장이 한 말이라고 하는데 문리상 합치하지 않아 믿을 수가 없다. 야(也)는 야(邪)와 같은 뜻으로 의문사이다. 화원이 양짐이 자기를 팔아 넘긴 것을 알았기 때문에 말을 완곡히 하여 힐문하기를 "그대가 정나라의 군중으로 달려간 것은 그대의 말이 그렇게 한 것인가?"라고 하였다. 두예는 "화원이 그를 보고 위로한 것이다"라 하였으니 이 구절을 직간한 말로 본 것인데 이는 틀렸다.

其人也."	그것을 모는 사람 때문이었습니다."
旣合而來奔.[31]	대답을 마치고는 도망쳐 왔다.
宋城,	송나라가 성을 쌓는데
華元爲植,	화원이 장주(將主)가 되어
巡功.[32]	성 쌓는 일을 시찰하였다.
城者謳曰,	성 쌓는 사람들이 노래하여 말하였다.
"睅其目,[33]	"퉁방울눈에
皤其腹,[34]	배는 볼록한데

---

31 두예는 "숙장은 말을 마치고 마침내 노나라로 달아났다. 합(合)은 답(答)과 같다"라 하였다.

32 식(植): 예로부터 두 가지 뜻이 있다. 두예는 "식은 장주(將主)이다"라 하였다. 『주례·대사마(周禮·大司馬)』에 "대역(大役)에는 그 식(植)을 붙인다"라는 말이 있는데, 정중(鄭衆)의 주석에서는 "식은 부곡(部曲)의 장리(將吏)를 말한다"라 하였고, 손이양(孫詒讓)의 『정의(正義)』에서는 "대역에는 사람이 매우 많아 대략 군법의 부서대로 따르므로 또한 장리가 있다. 선정(先鄭)은 대체로 식을 부곡에서 무리를 모으는 명칭이라 하였는데, 『장자·전자방(莊子·田子方)』에 '열사가 무리를 허물고 군중을 흩었다(列士壞植散羣)'라는 것이 곧 이러한 뜻이다. 부곡에서 무리를 모으는 것을 식이라 하여서 이로 인해 통솔하는 장리를 일컫게 되었다. 『주례·대광(大匡)』편에는 '대오에는 장리가 있다(伍有植)'라는 말이 이것이다"라 하였는데, 이것이 첫 번째 뜻이다. 정현은 「대사마」의 식(植)을 "성을 쌓는 기둥(築城楨)"이라 하였다. 옛날 사람들은 담을 쌓을 때 세우는 기둥〔楨〕과 널판〔榦〕이 있었다. 담의 양쪽 끝에 세우는 두 나무를 정이라 하고, 담 양쪽에 세우는 판을 간이라고 한다. 『상서·비서(費誓)』의 "솟은 것은 곧 정과 간이었다(峙乃楨榦)"라 한 것이 이를 말한다. 이것이 또 한 가지 뜻이다. 『주례』의 "屬其植"은 혹 정현의 "성을 쌓는 기둥(築城楨)"의 뜻일지도 모르며, 이 문장의 식은 당연히 두예가 말한 장(長)일 것이다. 이는 화원이 성을 쌓는 책임자가 되어 공사를 둘러보며 시찰하는 것이다.

33 한(睅): 『설문(說文)』에서는 "큰 눈(大目)"이라 하였고, 두예는 "튀어나온 눈(出目)"이라 하였다. 눈이 크면 많이 튀어나오게 되며, 지금 이른바 팽팽하게 부풀어 오른 것이다. 두 뜻 모두 통한다.

棄甲而復.[35] 갑옷 버리고 돌아왔다네.

于思于思,[36] 수염 덥수룩한데

棄甲復來."[37] 갑옷 버리고 돌아왔다네."

使其驂乘謂之曰, 참승을 시켜 말하게 하기를

"牛則有皮, "소는 가죽이 있고

犀兕尙多,[38] 무소와 코뿔소가 아직 많은데

---

34 파(皤): 두예는 "큰 배(大腹)"라 하였다.

35 이상 세 구절의 목(目)·복(腹)·복(復)은 고음이 각(覺)부에 속하며, 운자로 쓰였다. 위 두 구절은 화원의 외모를 형용한 것이다. 마지막 구절은 전쟁에서 진 것을 가리키며, 복(復)은 도망쳐 온 것을 가리킨다.

36 우사(于思): 『시경·제풍·노령(詩經·齊風·盧令)』편에 "그 사람 멋지고 또 덥수룩하다네(其人美且偲)"라는 말이 나오는데 『석문(釋文)』에서는 "시는 수염이 많은 모양(多鬚貌)"이라 하였다. 이곳의 사(思)는 시(偲)와 같은 뜻이다. 우(于)는 어조사로 아무런 뜻이 없다. 두예는 "우사는 수염이 많은 모양이다"라 하여 우사를 하나로 이어 풀이하였는데, 뜻이 조금 미치지 못하는 것 같다. 공영달은 "우사"를 머리가 흰 모양이라 하였는데 두예보다도 정확하지 못하다.

37 사(思)와 래(來)는 고음이 모두 해(咍)부에 속하며, 운자로 쓰였다. 부래(復來)는 그가 순찰을 온 것을 가리킨다.

38 서시(犀兕): 무소의 가죽은 주름이 많고 두껍다. 시(兕)는 들소와 비슷한데 푸르다. 옛날에는 갑옷을 만드는 재료가 세 가지가 있었는데 소와 무소, 코뿔소 가죽이었다. 『순자·유효(儒效)』편에서 이른바 "(갑옷을 만드는 재료가 되는) 세 가죽을 없앴다(定三革)"라는 것이 바로 이것을 말한다. 무소와 코뿔소의 가죽은 비교적 단단해서 『주례·고공기·함인(考工記·函人)』에서는 "무소 갑옷은 백 년이 가고, 코뿔소 가죽은 2백 년이 간다"라 하였는데, 공영달은 "서적에 전하는 것을 두루 살펴보면 무소와 코뿔소 두 짐승은 모두 남방에서 나며 송나라에는 없었다. 설사 송나라에 파급이 되었다하더라도 반드시 많지는 않았을 것이다. '아직 많다(尙多)'고 한 것은 노래의 답일 따름이다"라 하였다. 청나라 무억(武億)의 『좌전의증(佐傳義證)』(이하 『의증(義證)』)에서는 "코뿔소 또한 모두 남방에서 나지는 않는다. 『시경·소아·길일(小雅·吉日)』에 '큰 코뿔소도 잡네(殪此大兕)'라 하였고, 급군(汲郡)의 『고문(古文)』에서 '이왕(夷王) 6년 왕이 사림(社林)에서 사냥을 하였는데 코뿔소 한 마리를 잡아서 돌아왔다'라 하였으니 동주(東周)의 기내(畿內)에도 있었다. 『국어(國語)』에서는 '지난날 우리 선군이신 당숙(唐叔)이 도림(徒林)에서 코뿔소를 쏘아 죽여 큰 갑옷을 만들었다'라 하였으니 진나라에도 있었다. 『관자·소광(小匡)』편에

棄甲則那?"[39] 갑옷을 버린들 어떠한가?"라 하니

役人曰, 일꾼들이 말하였다.

"從其有皮,[40] "가죽이 있다 하더라도

丹漆若何?"[41] 붉은 옻칠은 어떡하겠는가?"

華元曰, 화원이 말하였다.

"去之! "가자꾸나!

夫其口衆我寡."[42] 저들은 입이 많고 우리는 적다."

서 '무기와 갑옷, 코뿔소 방패, 극(戟) 두 자루를 넣어 준다'라 하였고 전한(前漢) 때 환관(桓寬)이 편찬한 『염철론(鹽鐵論)』에서는 '강한 제나라와 굳센 정나라에는 무소와 코뿔소의 갑옷이 있다'라 하였으니 제나라와 정나라에도 모두 이런 것이 있었다. 무소는 주로 남방에서 나지만 가죽은 다른 지방으로 무역이 가능했다. 물산이 모이는 것은 송나라도 많다고 할 수 있다"라 하였다.

39 나(那): 내하(奈何)의 합음이다. 명말청초(明末淸初) 고염무(顧炎武)의 『일지록(日知錄)』 권32에서는 "짧게 말하면 '那'고, 길게 말하면 '奈何'인데 마찬가지이다"라 하였다. 피(皮)·다(多)·나(那)는 고음이 모두 가(歌)부에 있으며, 운자로 쓰였다.

40 종(從): 종(縱)과 같다. 설사 ~하더라도. 양보형을 나타내는 접속사이다.

41 가죽은 가질 수 있게 하더라도 그 가죽을 더욱 단단하게 하는 붉은 옻칠은 할 수가 없으니 이는 어떻게 하겠느냐는 말이다.

42 거지~아과(去之~我寡): 이 구절에 대해서는 세 가지 해석이 있어왔다. 첫째, 송(宋)나라 임요수(林堯叟)의 『좌전구해(左傳句解)』[이하 『구해(句解)』]와 청나라 호명옥(胡鳴玉)의 『정와잡록(訂訛雜錄)』에서는 모두 "去之夫" 세 자를 하나의 구로 보았으며, "이 역부들에게서 떠나자"는 뜻이라 하였다. 둘째, 청나라 진수화(陳樹華)의 『고증(考證)』에서도 "去之夫" 세 자를 하나의 구로 보았는데 "부(夫)는 조사로 윤(允)자의 뜻으로 보아야 한다"고 하였다. 셋째, 장병린(章炳麟)의 『독(讀)』에서 "부(夫)자 한 자가 하나의 구가 되어야 한다고 하였다. 여기서는 모두 따르지 않는다. 청나라 완원(阮元)의 『교감기(校勘記)』 및 도홍경(陶鴻慶: 1859~1918)의 『좌전별소(左傳別疏)』[이하 『별소(別疏)』]에서는 "夫其口衆我寡" 여섯 자를 하나의 구로 보아야 한다고 하였는데, 지금은 그 설을 따른다. 두 사람은 모두 부(夫)자를 대명사 저(들)로 보았다. "夫其口衆"은 저들의 입은 많다는 것이다. 부(夫)자를 첫머리의 발어사로 보면 또한 뜻이 통하지 않는다.

秦師伐晉,	진나라가 진나라를 친 것은
以報崇也,[43]	숭나라를 친 전역을 앙갚음하기 위함이었으며
遂圍焦.[44]	마침내 초를 에워쌌다.
夏,	여름에
晉趙盾救焦,	진나라 조돈이 초를 구원하면서
遂自陰地,[45]	마침내 음지에서
及諸侯之師侵鄭,	제후의 군사들과 함께 정나라를 침공하여
以報大棘之役.[46]	대극의 전역에 대한 앙갚음을 했다.

---

43 원년에 진나라 조천이 군사를 거느리고 숭나라를 침공하였다. 보숭(報崇)은 진나라가 숭나라를 침공한 전쟁을 보복한다는 말과 같다.

44 초(焦): 지금의 하남성 섬현(陝縣) 남쪽에 있으며, 이미 희공 30년의 『전』과 『주』에 보인다.

45 음지(陰地): 두예에 의하면 그 땅은 매우 넓어 하남성 섬현에서 숭현(嵩縣)에 이르는 무릇 황하 이남, 진령(秦嶺)산맥의 이북이 모두 이곳이다. 이는 광의의 음지이다. 그러나 또한 수소(戍所)도 있어서 수소도 또한 음지라 하였는데, 애공 4년에서는 "만자적(蠻子赤)이 진(晉)나라 음지로 달아났다"라 하였고, 또한 "음지를 지키고 있는 대부 사멸(士蔑)에게 말하게 하였다"라 한 것이 이것이다. 지금의 하남성 노지현(盧氏縣) 동북쪽에 옛날에 음지성이 있었는데 바로 이곳일 것이다. 이는 협의의 음지이다. 이 음지가 가리키는 곳은 노지 동북쪽의 음지성일 것이다.

46 정나라가 대극에서 송나라 군사를 물리친 것은 이해 봄이다. 「정세가」에서는 "진나라는 조천에게 군사를 주어 정나라를 치게 하였다"라 하였는데 청나라 양옥승(梁玉繩)의 『지의(志疑)』에서는 "천(穿)은 돈(盾)이 되어야 한다"라 하였다.

楚鬪椒救鄭,	초나라 투란초가 정나라를 구원하면서
曰,	말하였다.
"能欲諸侯,	"제후가 되기를 추구하면서
而惡其難乎?"[47]	그 어려움을 싫어하겠는가?"
遂次于鄭,	마침내 정나라에 주둔하고서
以待晉師.	진나라 군사를 기다렸다.
趙盾曰,	조돈이 말하였다.
"彼宗競於楚,[48]	"저 종족은 초나라에서 강하니
殆將斃矣.	거의 죽게 될 것이다.
姑益其疾."[49]	잠시 저들의 병을 더하게 하자."
乃去之.	그러고는 곧 떠났다.

晉靈公不君,[50]	진영공은 임금답지가 않았고

---

47 제후의 지위를 얻고자 하면 어려움을 싫어할 수 없다는 말이다.

48 피종(彼宗): 투초(鬭椒)와 약오씨(若敖氏)의 종족이다. 약오씨는 자문(子文) 이래 대대로 영윤을 지냈다.
경어초(競於楚): 경(競)은 강하다는 뜻이다. 이 구절은 대대로 초나라의 강자였다는 말이다.

49 두예는 "약함을 보여서 그들을 교만하게 하려는 것이다. 4년의 초나라가 약오씨를 멸하는 것의 복선이다"라 하였다.

50 불군(不君): 『논어·안연(顔淵)』편에 "아비가 아비답지 못하고, 자식이 자식답지 못하다(父不父, 子不子)"라는 말이 나오는데 이는 임금이 임금답지 못한 것이다. 곧 군위(君位)에 있으면서 언행(言行)이 임금의 도에 부합하지 않는다는 말이다. 『여씨춘추·과리(呂氏

厚斂以彫牆；[51]	세금을 많이 거두어 궁전의 담을 치장하였다.
從臺上彈人，	대위에서 사람에게 탄환을 쏘아
而觀其辟丸也；[52]	그들이 탄환을 피하는 것을 구경하였다.
宰夫胹熊蹯不熟，[53]	요리사가 곰 발바닥을 삶았는데 익지 않았다고

春秋·過理)』편에 "진영공은 무도(無道)했다"는 말이 나오는데, 불군(不君)과 무도(無道)는 같은 뜻이다.

51 『잠부론·부치(潛夫論·富侈)』편에서는 "진영공은 부세를 많이 걷어 담장을 치장했다(厚賦以雕墻)"라 하였는데 후렴(厚斂)은 곧 후부(厚賦)이다. 두예는 "조는 그림을 그리는 것이다"라 하였다.

52 환(丸)은 곧 탄환(彈)이다. 『관자·경중 정(管子·輕重丁)』에서는 "탄궁을 끼고 탄환을 품고 물가로 가서 물총새와 제비, 작은 새를 쏜다"라 하였고, 「경중 무(戊)」편에서는 "뭇 새들이 위에 있으면 장정들은 탄알을 드리우고 아래에서 잡고 쏘며 종일 돌아오지 않는다"라 하였으니 탄궁도 탄이라 하였고 탄궁을 쏘는 것도 탄이라 하였다. 탄환은 주로 흙으로 만들었는데, 『잠부론·부치(潛夫論·富侈)』편에서 "혹은 좋은 흙을 가져다가 탄환을 만들어 내다 팔았다"라 한 것이 이를 말한다. 『공양전』 선공 6년에는 "영공은 무도해서 여러 대부들을 모두 입조케 한 다음에 대 위에 올려놓고 탄궁을 가져다가 탄환을 쏘아 자기는 쫓고 탄환을 피하여 이를 즐거움으로 삼았다"라 하였다. 『곡량전』에서도 "영공은 대부들을 입조케 하여 마구 탄환을 쏘고 그들이 탄환을 피하는 것을 구경했다"라 하였다. 그렇다면 대는 궁내에 있고 탄환으로 쏜 것은 대부가 되는데 믿기에는 의심스럽다. 당나라 이길보(李吉寶)의 『원화군현지(元和郡縣志)』에서는 "진영공의 대는 강주(絳州) 정평현(正平縣: 정평의 옛 성은 지금의 신강현 서남쪽에 있다) 서북쪽 31리 지점에 있다"라 하였는데 부회한 이야기인 것 같다.

53 재부(宰夫): 이 재부는 곧 『주례·천관(天官)』의 선부(膳夫)인데 천자의 요리사를 선부라 하고, 제후의 요리사를 재부(천자에게는 달리 재부가 있는데 『주례·천관』에 보이며 이 재부와 명칭은 같아도 사실은 다르다)라고 한다. 그러므로 장공 19년의 『전』에서 말한 주혜왕(周惠王)이 "선부의 봉록을 거두었다(收膳夫之秩)"라 하였는데, 여기서는 재부라 한 것이다. 정나라에도 재부가 있었는데 선공 4년의 『전』에 보인다. 선부는 또한 선재(膳宰)라고도 한다. 재부는 임금이 먹는 음식의 요리를 담당하였다. 이(胹)는 삶는 것이다. 웅번(熊蹯)은 『맹자·고자(孟子·告子) 상』에 나오는 웅장(熊掌)이다. 곰 발바닥은 맛은

殺之,	그를 죽여
寘諸畚,[54]	삼태기에 담아 두고
使婦人載以過朝.[55]	궁녀로 하여금 이고 조정을 지나가게 하였다.
趙盾, 士季見其手,[56]	조돈과 사계가 그 손을 보고

매우 좋은데 익히기가 어렵다. 문공 원년의 『전』과 『주』를 참조하여 보라.

54 분(畚): 『설문(說文)』에서는 "부들로 짠 기물(蒲器)이다"라 하였고, 두예는 "새끼(草索)를 가지고 만든다"라 하였다. 재질은 부들이나 새끼 어느 것이든 상관이 없다. 양식을 담는 데 쓰는 것으로 『열자·황제(列子·黃帝)』에서 "이에 양식을 빌려 삼태기를 메고 자화의 문 앞으로 갔다(因假糧荷畚之子華之門)"라 한 것으로 알 수 있다. 또한 흙을 담을 수도 있어서 『열자·탕문(湯問)』편에서 "키와 삼태기를 발해의 꼬리에 옮겼다(箕畚運於渤海之尾)"라 한 것으로 알 수 있다. 여기서는 죽은 시체를 담은 것이다.

55 『시경·주송·치의(周頌·緇衣)』편에 "제복(祭服) 정결한데, 공손히 관을 썼네(絲衣其紑, 載弁俅俅)"라는 구절이 있는데, 정현은 "재(載)는 '일 대(戴)'자와 같다"라 하였다. 이 재(載)자도 같은 뜻으로 쓰였을 것이며, 삼태기를 머리에 이고 조정을 지난 것을 말한다. 『여씨춘추·과리(過理)』편에서는 "궁녀에게 이고 조정을 지나게 함으로써 위세를 보였다"라 하였고, 「진세가」에서는 "궁녀에게 그 시체를 들고 나가 버리게 하여 조정을 지나갔다"라 하였으니 조정을 지나게 한 까닭은 두 가지 설이 있다. 위세를 보이기 위함이라면 조돈과 사계가 "그 손을 보고 그 까닭을 물어서" 비로소 알게끔 하지 않았을 것이므로 「진세가」의 설이 비교적 정리에 가깝다. 『공양전』 선공 6년에서는 "조돈이 조회를 마치고 나가서 여러 대부들과 조정에 서 있었다. 어떤 사람이 삼태기를 매고 조정의 작은 문으로 나가는 것이었다. 조돈이 말하기를 '저것은 무엇이냐? 삼태기를 어찌하여 작은 문으로 내느냐?'라 하고는 불렀다. 이르지를 않고 말하기를 '그대는 대부시니 보고 싶으면 와서 보십시오'라 하였다. 조돈이 가서 보니 놀랍게도 죽은 사람이었다. 조돈이 말하였다. '이것이 무엇이냐?' 대답하였다. '요리사입니다. 곰 발바닥이 익지 않았다고 공이 노해서 말(斗)로 쳐 죽이고는 사지를 잘라서 내게 갖다 버리라고 하였습니다'"라 하였다. "삼태기를 매고 조정의 작은 문(閨)으로 나갔다"라 하였는데, 금악(金鶚)의 『구고록예설위고(求古錄禮說闈考)』에 의하면 규(閨)는 소침(小寢)의 문이다. 진영공이 요리사를 소침에서 죽여 사람을 시켜 삼태기에 시체를 담아 소침의 문으로 나가게 하였다. 제후에게는 세 개의 소침문이 있는데 문은 모두 남향이며 동쪽과 서쪽의 소침은 노침(路寢) 뒤쪽 양 곁에 있으므로 노문 바깥의 조정에서 볼 수가 있다.

56 죽은 사람의 손이 밖으로 드러난 것이다.

問其故,	그 까닭을 물어보고는
而患之.	걱정을 하였다.
將諫,	간언을 하려다가
士季曰,	사계가 말하였다.
"諫而不入,[57]	"그대가 간하여도 받아들이지 않으면
則莫之繼也.[58]	이을 사람이 없습니다.
會請先,[59]	제가 먼저 간할 것을 청하니
不入,	받아들이지 않으면
則子繼之."	그대가 계속 간하십시오."
三進,	세 번이나 나아가
及溜,	낙숫물이 떨어지는 곳에 이르니
而後視之,[60]	그제서야 보고는

57 양수달(楊樹達)의 『독좌전(讀左傳)』에서는 "입(入)은 '들일 납(納)'자와 같다"라 하였다.

58 조돈은 정경(正卿)인데 간하여도 영공이 받아들이지 않으면 더 이상 이어서 간언할 수 있는 사람이 없다는 것이다.

59 사계는 수회(隨會)이다. 회는 자기의 이름을 자칭한 것이다.

60 사회가 세 번이나 앞으로 나아가 마지막으로 섬돌 사이의 낙숫물이 떨어지는 곳에 이르자 영공이 비로소 고개를 들고 눈을 떠서 본 것이다. 앞의 두 차례는 진영공이 모르는 척하고 보지 않았다. 세 번 나아갔다는 것은 처음에는 문에 들어간 것으로 『의례·연례(儀禮·燕禮)』의 "소신(小臣)이 경대부를 들이는데 경대부는 모두 문의 오른쪽으로 들어가 북면하여 동쪽으로 오른다"라 한 것이 이것을 말한다. 경대부가 문을 들어간 후에는 「연례」에 의하면 "공이 동쪽 층계의 동남쪽에 내려서서 남향을 하여 경에게 가까이 간다. 경은 서면하여 북쪽으로 올라 대부에 가까이 간다. 대부는 모두 조금씩 나아간다"라 하였는데, 사회가 단신으로 입조한 예가 이와 같은지는 모르겠다. 그러나 두 번째로

曰,	말하였다.
"吾知所過矣,	"내 잘못을 아니
將改之."	고치리라."
稽首而對曰,	머리를 조아리고 대답하여 말하였다.
"人誰無過,	"사람이 누구인들 허물이 없겠습니까?
過而能改,	허물을 고칠 수만 있다면
善莫大焉.	이보다 더 큰 선은 없습니다.
詩曰,	『시경』에서 말하기를
'靡不有初,	'처음은 잘하지 않는 사람이 없으나
鮮克有終.'[61]	끝을 잘할 수 있는 이는 드물다네'라 하였습니다.

나아간 것이 문에서 뜰로 들어갔음은 알 수 있다. 뜰로 들어간 다음에는 계단을 올라 낙숫물이 떨어지는 곳에 서는데, 이것이 세 번째 나아간 것이다. 『관자·중광(中匡)』편에 "관자가 돌아와 들어가니 병풍을 등지고 서서 공이 그와 말을 하지 않았다. 조금 중정(中庭)으로 나아갔는데도 공은 말을 하지 않았다. 조금 더 부당(傅堂)으로 나아가니 공이 말하였다. ……"라 하였으니, 이 일과 비슷하다. 공영달은 "유(溜)는 처마 밑의 물이 떨어지는 곳이다"라 하였다. 청나라 심흠한(沈欽韓) 또한 "류(溜)는 곧 류(霤)이다. 문 안의 류(溜)가 있다. 「연례(燕禮)」의 '손님이 잡은 포(脯)를 문내류(門內霤)에서 종인(鍾人)에게 내렸다' 한 것이 이것이다. 섬돌 사이의 류(溜)가 있다. 『의례(儀禮)』「향음주례(鄉飮酒禮)」의 '경쇠와 섬돌 사이에 낙숫물이 모인다'는 것이 이것을 말한다. 이곳의 낙숫물이 떨어지는 곳에 이르렀다는 것은 섬돌 사이의 낙숫물이다"라 하였다. 섬돌 사이의 낙숫물이 떨어지는 곳에 이르렀다는 것은 곧 대청으로 들어가려는 것으로 곧 『관자』의 부당(傅堂)에서 제환공이 어쩔 수 없이 관중과 말을 하는 것을 말하며 여기서는 진영공이 어쩔 수 없이 수회를 보는 것이다.

夫如是,	대체로 이와 같으니
則能補過者鮮矣.	허물을 고칠 수 있는 사람은 드뭅니다.
君能有終,	임금님께서 유종의 아름다움을 거둘 수만 있다면
則社稷之固也,[62]	사직이 굳건해질 것이니
豈唯羣臣賴之.	어찌 저희 신하들만 힘입겠습니까?
又曰'袞職有闕,	또한 말하기를 '곤의에 마침 구멍 있으시면
惟中山甫補之',[63]	중산보가 기워 준다네'라 하였으니

---

61 『시경·대아·탕(大雅·蕩)』의 구절이다. 사람들이 시작은 있으나 마침은 없는 것을 말하며, 정현은 "백성들이 처음에는 모두 훌륭한 도를 바라나 나중에는 악한 습속에 물드는 것이다"라 하였다.

62 양공 21년의 『전』에 "나라의 일을 꾀하여 과실이 적고 사람들에게 은혜를 베풀고 가르치어 할 일을 게을리 하지 않는 사람으로는 숙상(叔向)이 있었습니다. 사직을 공고히 하였으니(社稷之固也) 10세손까지도 죄를 용서받을 것입니다"라는 말이 있는데, 이곳의 "固"자는 양공 조의 고자와 같은 뜻이다. 『설문(說文)』에서는 "고(固)는 사방이 막힌 것이다"라 하였으니, 지금의 지키어 막는다는 뜻임을 알 수 있다. 양수달(楊樹達)의 『독좌전(讀左傳)』에서는 "고(固)자는 호(祜)로 읽어야 한다. 『이아·석고(爾雅·釋詁)』에서 '호(祜)는 복이다'라 하였다. 양공 2년의 『전』에서는 '그대의 청은 제후의 복이니 어찌 우리 임금님만 거기에 힘입겠습니까?'라는 말이 나오는데 문장의 뜻이 이것과 똑같다"라 하였다. 뜻은 통하지만 양공 21년의 『전』과는 맞지 않으니 글자의 뜻을 바꾸지 않는 것이 타당할 것 같다.

63 『시경·대아·증민(大雅·烝民)』편의 구절이다. 곤(袞)은 천자 및 상공의 예복이다. 직(職)은 적(適)과 같은 뜻이다. 성공 16년 『전』의 "나를 보자마자 빨리 피했다(識見不穀而趨)"의 식(識)과 같은 뜻이다. 후한의 제유(諸儒)들은 "袞職"을 이어서 많이 읽었다. 정현의 주석에서는 또한 "곤직(袞職)이라는 것은 왕의 말을 감히 물리치지 못하는 것이며 왕의 직책에 빠진 것이 있으면……"이라 하였다. 이는 실로 『시경』의 본래 뜻과는 맞지 않다. 중산보(中山甫)는 주선왕(周宣王) 때의 현신인 번후(樊侯)이므로 또한 번중보(樊中甫)라

能補過也.	허물을 보완할 수 있었습니다.
君能補過,	임금이 허물을 보완할 수 있으면
袞不廢矣."[64]	임금님의 직무는 폐하여지지 않습니다."
猶不改.	그래도 고치지 않았다.
宣子驟諫,	선자가 자주 간언하자
公患之,[65]	공이 근심하여
使鉏麑賊之.[66]	서예로 하여금 그를 해치게 하였다.
晨往,	새벽에 갔는데
寢門闢矣,	침문은 열려 있었으며

고도 일컬었으며, 당시 경사로 선왕을 보좌하여 중흥시켰다. 「증민」편은 곧 윤길보(尹吉甫)가 중산보를 찬미한 시이다. 보(補)는 옷을 깁는 것이다. 시는 곤의(袞衣)가 구멍 난 것을 가지고 왕의 과실을 비유하였으며 곤의의 구멍 난 곳을 기우는 것을 가지고 중산보가 임금의 과실을 바로잡을 수 있음에 비유하였다.

64 곤의가 곤의가 된 이유를 잃지 않음을 말한다. 수회는 곤의를 가지고서 진나라 사직에 비유한 것 같으며, 중산보는 진영공을 비유한 것 같다. 중산보는 주나라 천자의 경사이며, 진후는 후백이니 또한 상당하겠다. 이 구절은 진영공이 허물을 보완할 수만 있다면 진나라의 사직은 허물어지지 않을 것임을 이른다.

65 「진어 5」에서는 "영공이 포학하여 조선자가 자주 간하니 공이 근심하였다"라 하였다. 위소는 주석에서 "환은 싫어하는 것〔疾〕이다"라 하였다. 『여씨춘추·과리(過理)』편에서는 "조돈이 자주 간하였으나 듣지 않고 공이 미워하였다〔惡〕"라 하였다. 환(患)과 질(疾), 오(惡)는 모두 뜻이 서로 비슷하다.

66 서예(鉏麑): 『여씨춘추』에는 "저예(沮麑)"로 되어 있고, 『설원·입절(說苑·立節)』편에는 "서지미(鉏之彌)"로 되어 있으며, 『한서·고금인표(漢書·古今人表)』에는 "서예(鉏麑)"로 되어 있다. 「진세가」에서는 "서예로 하여금 조돈을 저격하게〔刺〕 하였다"라 하여, 자(刺)자를 가지고 적(賊)자를 해석하였다. 고유(高誘)의 『여씨춘추』의 주석에서도 "적은 죽이는 것〔殺〕이다"라 하였다.

盛服將朝.[67]	조복을 다 입고 조회를 가려 하였다.
尙早,	아직 일찍 하여
坐而假寐.[68]	앉은 채로 선잠이 들었다.
麑退,	서예가 물러나
歎而言曰,	탄식을 하여 말하였다.
"不忘恭敬,[69]	"공경을 잊지 않으니
民之主也.[70]	백성의 주인이다.
賊民之主,	백성의 주인을 해치는 것은
不忠;	충성스럽지 못하고,
棄君之命,	임금의 명령을 저버리는 것은

---

67 조의(朝衣)와 조관(朝冠)을 이미 갖추어 입고 쓰고는 곧 조회에 가려함을 말한다.

68 가매(假寐): 의관을 벗지 않고 잠이 든 것이다. 「진어 5」도 『좌전』과 같다. 『공양전』에서는 "영공이 마음속으로 그것을 부끄러워하여 이에 용사 아무개로 하여금 가서 그를 죽이게 하였다. 용사가 그 대문으로 들어가니 문을 지키는 사람이 없었고, 규문(閨門)으로 들어갔더니 문을 지키는 사람이 없었으며, 대청으로 올라갔더니 그곳에도 사람이 없었으며, 숙이어 방문을 엿보았더니 막 물고기와 밥을 먹고 있었다"라 하여 『좌전』과는 조금 다르다.

69 공경(恭敬): 새벽에 일어나 의관을 갖추고 조회에 나가려는 것을 가리킨다.

70 청나라 혜동(惠棟)의 『보주(補注)』에서는 "고유(高誘)는 '대부(大夫)를 주(主)라 일컬으므로 민지주라고 하였다'라 하였다. 소공 5년의 『전』에서 안자(晏子)가 자한(子罕)에게 이르기를 '선인(善人)을 잘 쓸 수 있는 것을 백성의 주인이라 한다'라 한 것에 의하면 또한 대부를 일러 주(主)라 하였다"라 하였다. 이 설은 무리는 없지만 또한 실수에 얽매인 듯하다. 대부를 주라고 한 것은 다만 협의의 주일 뿐이다. 대부가 아니어도 또한 주라고 할 수 있었으니 애공 26년 『전』에서 "만약 그 사람을 얻으면 사방이 주인으로 생각할 것이다"라 하였는데, 이 주자는 대부를 주라고 한 것이라 볼 수 없으며, 이는 광의의 주이다. 이 주자 또한 이와 같을 것이다. 「진어 5」에서는 "대체로 공경을 잊지 않으니 사직의 중진이다(社稷之鎭)"라 하였는데, 이 "民之主"와 "社稷之鎭"은 말은 다르지만 뜻은 같다.

不信.	신의롭지 못하다.
有一於此,[71]	이 가운데 하나만 취하느니
不如死也."[72]	죽느니만 못하다."
觸槐而死.[73]	홰나무에 부딪쳐 죽었다.
秋九月,	가을 9월에
晉侯飮趙盾酒,	진후가 조돈에게 술을 내고
伏甲,	갑사를 숨겨 두었다가
將攻之.[74]	공격을 하려고 하였다.

71 불충(不忠)과 불신(不信) 가운데 둘 중 하나만 있다는 말이다.

72 「진어 5」에서는 "나라의 중진을 해치는 것은 충성스럽지 못한 것이고, 명령을 받았는데 저버리는 것은 신의가 없는 것이다. 이 가운데 하나의 명분만 누리느니 죽느니만 못하다"라 하였다. 「진세가」에서는 "충신을 죽이고, 임금의 명을 저버리는 것은 그 죄가 마찬가지이다"라 하였다. 『여씨춘추·과리(過理)』편만 『좌전』과 대동소이하다.

73 「진어 5」에서는 "뜰〔庭〕의 홰나무에 부딪쳐 죽었다"라 하였고, 『여씨춘추』에서도 "이에 뜰〔廷〕의 홰나무에 부딪쳐 죽었다"라 하였다. "庭"과 "廷"은 통하여 쓰며, 홰나무가 뜰 안에 있었다는 말이다. 그러나 뜰은 조돈의 뜰인가 진영공의 외정(外廷)인가? 위소는 「진어」의 주석에서 "정은 외조(外朝)의 뜰이다. 『주례』에 왕의 외주에는 홰나무 세 그루가 있으며 삼공(三公)이 그곳에 선다하였고, 제후의 조정〔朝〕에는 홰나무 세 그루가 있는데 삼경(三卿)이 그곳에 선다고 하였다"라 하였다. 이 설은 혜동(惠棟)과 마종련(馬宗璉), 홍양길(洪亮吉)이 주장하였다. 혜동은 "아마 당시에 서예가 물러나서 영공의 외정에 있는 홰나무에 부딪친 것이니 임금에게 돌아와서 죽은 것이다"라 하였다. 두예는 위소의 주석을 쓰지 않고 "홰나무는 조돈의 뜰에 있는 홰나무이다"라 하였다. 옛날에는 조정의 위차를 나타내는데 실로 홰나무를 썼고, 개인 집의 뜰에도 홰나무가 있었다. 「진어 9」에서는 범헌자(范獻子)가 동숙(董叔)을 잡아서 조정〔廷〕의 홰나무에 매달았다라 하였으니, 곧 범씨(范氏)의 조정에 있는 홰나무이다. 서예는 이미 조돈의 집에 이르렀으니 무엇 때문에 다시 조정에서 죽겠는가? 두예의 설이 비교적 합리적이다. 『공양전』에서는 "마침내 목을 베어 죽었다"라 하여 다른 책들과 다르다.

74 『공양전』에서는 "마침내 목을 베어 죽었다"라 한 아래에서 이어 "영공이 듣고 노하여 죽이고자 하는 마음을 더욱 심하게 키웠다. 아무도 가려는 사람이 없어 이에 궁중에 갑사를 숨기고 조돈을 불러 음식을 대접했다"라 하였다.

其右提彌明知之,[75]	조돈의 거우인 제이명이 이를 알아차리고는
趨登,[76]	종종걸음으로 올라가
曰,	말하기를
"臣侍君宴,	"신하가 임금을 모신 연회에서
過三爵,	석 잔을 넘게 마시는 것은
非禮也."[77]	예의가 아닙니다"라 하였다.
遂扶以下.[78]	마침내 부축해서 내려갔다.

---

75 우(右)는 조돈의 거우(車右)이다. 아마 때마침 막 시찰을 하다가 발각해 내고 종종걸음으로 올라가 구하였을 것이다. 진작부터 알았다면 일찌감치 말하여 대비하게 하였을 것이다. 제미명(提彌明)은 『공양전』에는 "기미명(祁彌明)"으로 되어 있으며, 『석문(釋文)』에서는 "祁"는 또한 "기(祇)"로도 되어 있다라 하였다. 「진세가」에서는 "시미명(示眯明)"으로 되어 있는데, 글자의 음은 서로 멀지 않으나 잘못하여 예상의 굶주린 사람(翳桑餓人)과 하나로 합치시켰다.

76 종종걸음으로 당(堂) 위에 올라간 것이다. 청나라 장림(臧琳)의 『경의잡기(經義雜記)』에서는 "『좌전』에서 이른바 추등(趨登)이라는 것은 계단으로 올라가 부른 것일 따름이다"라 하였다.

77 고대에 임금이 신하에게 연회를 베푸는 것은 두 가지가 있었다. 하나는 정연례(正燕禮)이고 하나는 소연례(小宴禮)이다. 정연례는 『의례·연례(儀禮·燕禮)』에 상세한 기술이 있는데, 신발을 벗고 대청 위로 올라가 술잔을 마신 횟수를 헤아리지 않으며 세 잔에 그치지 않았을 따름이다. 다만 소연례는 세 잔을 넘게 마시지 않았으니 『예기·옥조(禮器·玉藻)』편에서 이른바 "임금이 술잔을 내리면 자리를 넘어 두 번 절하고 머리를 조아리고 받는다. 군자가 (임금 앞에서) 술을 마실 때는 한 잔을 받으면 태도가 밝고 엄숙하고, 두 잔을 받으면 태도를 기쁘게 하고, 석 잔째는 예의상 그만두고 삼가 자리로 물러간다"라 한 것이다. 이는 아마 소음주례일 것으로 연회를 베푼 사람은 조돈 한 사람뿐이었으므로 제미명이 "석 잔을 넘으면 예의가 아니다"라 하였으며, 아마 조돈에게 빨리 물러나라고 재촉한 것일 것이다.

78 『석문(釋文)』에서는 "부(扶)는 복건(服虔)의 주석에는 선(跣)으로 되어 있으며 지금의 두 예본에도 종종 선(跣)으로 된 것이 있다"라 하였다. 가나자와 문고본(金澤文庫本)에도 선(跣)으로 되어 있다. "遂扶以下"와 "遂跣以下"는 뜻이 다르다. "遂扶以下"라는 것은

公嗾夫獒焉,[79]	공이 사나운 개를 시켜 조돈을 물게 하였는데
明搏而殺之.[80]	제미명이 싸우다 쳐 죽였다.
盾曰,	조돈이 말하였다.
"棄人用犬,	"사람을 버려두고 개를 쓰니
雖猛何爲!"	사나운들 무엇을 하겠는가!"
鬪且出.[81]	싸우면서 빠져나갔다.

제미명이 말을 끝내고 이어 조돈을 부축하여 대청을 내려간 것이다. "遂跣以下"라는 것은 조돈이 제미명이 말하는 것을 듣고 깨달아 급하여 버선이나 신발을 신을 겨를도 없이 맨발로 대청을 내려온 것이다. 『의례·연례(燕禮)』에 의하면 손님과 대부는 모두 신발을 벗고 대청으로 올라가며, 『예기·소의(少儀)』에서도 "대체로 제례에 있어서 실내나 마루 위에서 신을 벗는 일이 없다. 그러나 연례에서는 벗는다"라 하였는데, 정현은 "연회에는 신발을 벗는 것을 기쁘게 생각한다"라 하였다. 이로써 신발을 벗었다는 증거로 삼을 수 있다. 애공 25년의 『전』에서는 위후(衛侯)가 여러 대부들에게 술을 내리는 것을 서술하고 있는데 저사성자(褚師聲子)가 버선을 신고 자리에 오르자 위후가 화를 내었다 하였는데, 이는 버선을 벗었다고 풀이한 것이다. 선(跣)은 "발이 땅에 가까운 것이다"라 하였다. 공영달은 거의 부(扶)라고 하였고, 청나라 사람들은 선(跣)이라고 많이 주장하였다. 두 설이 모두 통한다.

79 주(嗾): 개를 부리는 것이다. 전한(前漢) 말 양웅(揚雄)의 『방언(方言)』에서는 "진(秦)나라와 진(晉)나라의 서쪽 변방, 기(冀)와 농(隴)의 서쪽에서는 개를 부리는 것을 초(哨)라고 한다"라 하였다. 청나라 단옥재(段玉裁)의 『설문해자주(說文解字注)』에서는 "초(哨)와 주(嗾)는 하나의 소리가 전변된 것이다"라 하였다. 지금 사주(使嗾)는 이 뜻에서 파생되었다.

오(獒): 두예는 "맹견(猛犬)이다"라 하였다. 이는 아마 다음 구절의 "사나운들 무엇을 하겠는가"라 한 것을 뜻으로 삼은 것일 것이다. 『이아·석축(爾雅·釋畜)』에서는 "네 자가 넘는 개를 오(獒)라 한다"라 하였다. 『설문(說文)』에서는 "개는 사람의 마음을 알아 부릴 수 있다"라 하였다.

80 박(搏): 싸우는 것이다.

81 매복해 있던 갑사들과 싸우면서 나간 것이다. 이때는 매복한 갑사들이 이미 나왔을 것이다. 청나라 유기(劉淇)의 『조자변략(助字辨略)』에서는 "차(且)자는 두 가지 일을 하는 것을 나타내는 말로, 바야흐로 이렇게 하면서 또한 저렇게 하는 것을 말한다"라 하였다.

提彌明死之.[82]	제미명이 그 싸움에서 죽었다.
初,	처음에
宣子田于首山,[83]	선자가 수산에서 사냥을 하였는데
舍于翳桑,[84]	예상에서 쉬다가

차(且)자를 두 번 쓴 것이 있는데 『한비자·십과(韓非子·十過)』편의 "또한 두려워하며 또한 기뻐하였다(且恐且喜)" 한 것이 이것이다. 『좌전』에는 차(且)자를 한번밖에 쓰지 않았다. 성공 13년 『전』에 "적나라는 응답을 하고는 또한 미워하였다(狄應且憎)"라는 말이 있다.

82 『공양전』에서는 "조돈의 거우 기미명(祁彌明)은 나라의 역사(力士)로 재빨리 조돈을 따라 들어가 대청 아래에 서 있었다. 조돈이 식사를 끝내자 영공이 조돈을 불러 말하기를 '내가 듣건대 그대의 검은 날카로운 검이라 하니 그대가 나에게 보여주면 내 살펴보고자 한다'라 하였다. 조돈이 일어나 검을 바치려 하였다. 기미명이 아래에서 부르면서 말하기를 '나으리! 배불리 드셨으면 나오시지 무슨 까닭으로 임금이 있는 곳에서 칼을 뽑습니까?'라 하였다. 조돈이 알아채고 계단을 건너뛰어 달아났다. 영공에게는 말을 잘 듣는 개가 있었는데 오(獒)라고 하였다. 오를 불러 시키니 오도 계단을 건너뛰어 따라갔다. 기미명이 맞아 물리치며 그 목을 꺾어 놓았다. 조돈이 돌아보며 말하기를 '임금의 오(獒)가 나의 오보다 못 하구나'라 하였다"라 하였다. 이곳에는 검을 바친 한 가지 일이 추가되어 있다. 「진세가」의 서술은 대체로 『좌전』을 근본으로 삼은 것 같은데, 다만 제미명이 시미명(示眯明)으로 되어 있고, 모두 진나라의 재부(宰夫)라 하였으니 『전』과 다른 점이다.

83 수산(首山): 곧 수양산(首陽山)이며 또 곧 뇌수산(雷首山)으로, 지금의 산서성 영제현(永濟縣) 동남쪽에 있다. 중조산(中條山)은 곧 서쪽 뇌수에서 시작하여 구불구불 동쪽으로 뻗어 간 것으로 청나라 호위(胡渭)의 『우공추지(禹貢錐指)』에서는 "뇌수의 산맥은 중조가 되어 동쪽 원곡(垣曲)에서 다한다"라 하였다.

84 예상(翳桑): 『여씨춘추·보경(報更)』편에 "조선맹(趙宣孟)이 도읍인 강(絳)으로 올라가려 하고 있는데, 말라죽은 뽕나무 아래에 굶주린 사람이 있는 것을 발견하였다"라는 말이 있다. 『회남자·인간훈(淮南子·人間訓)』에서는 "조선맹이 시든 뽕나무 아래서 굶주린 사람을 살려 주었다"라 하였다. 『공양전』에서는 "'그대는 아무 때에 먹을 것으로 나를 뽕나무 아래서 살려 준 사람입니다'라 하였다"라 하였다. 「진세가」에서는 "처음에 조돈이 일찍이 수산에서 사냥을 하였는데, 뽕나무 아래에 굶주린 사람이 있는 것을 보았다"라 하였다. 모두 뽕나무라 하였기 때문에 두예는 "예상은 뽕나무 가운데 그늘이 많은 것이다"라 하였다. 그러나 강영(江永)의 『고실(考實)』에서는 예상은 당연히 수산 사이에 있는 지명일 것이라 하였고, 왕인지의 『술문(述聞)』에서도 "아래에서 '예상의 굶주린 사람'이라 하였으니 예상은 당연히 지명이다. 희공 23년 『전』에 '뽕나무 아래서 모의하였다(謀於桑下)'는 말이 있는데, 이 예를 보건대 그늘이 진 뽕나무라 한다면 당연히 '舍于翳桑下'라

見靈輒餓,	영첩이 주린 것을 보고
問其病.	병이 들었는지 물어보았다.
曰,	말하기를
"不食三日矣."[85]	"먹지 못한 지가 사흘이 되었습니다"라 하였다.
食之,[86]	먹여 주었더니
舍其半.[87]	절반은 남겼다.
問之.[88]	그 이유를 물었더니
曰,	말하였다.
"宦三年矣,[89]	"종노릇한 지가 3년이 되었는데

던가 '翳桑下之餓人'이라 해야 할 것이다. 지금 이곳은 지명이므로 '아래(下)'라고 하지 않았다. 또한 『전』에서 무릇 '~에서 쉬었다(舍于)'라 한 것은 구절의 끝이 예외 없이 모두 지명이다"라 하였다. 청나라 마종련(馬宗璉)의 『보주(補注)』도 같이 말하였다. 왕인지의 설이 옳다.

85 영첩이 답한 말이다. 『여씨춘추·보경(報更)』편에서는 "선맹이 그에게 묻기를 '그대는 어찌하여 이렇게 굶었는가?'라 하자 대답하여 말하였다. '신은 강(絳)에서 벼슬하였는데 돌아오는 길에 양식이 떨어졌으나 구걸 다니는 것을 부끄러워하고 스스로 취하는 것은 싫어하여 이 지경에 이르렀습니다'"라 하였다.

86 조돈이 그에게 먹을 것을 준 것이다.

87 영첩이 그 가운데 반을 남겨 따로 둔 것이다.

88 조돈이 그 까닭을 물은 것이다. 『여씨춘추·보경(報更)』편에서는 "선맹이 건포 두 개를 주었더니 절을 하고 받아 감히 그것을 먹지를 않아 그 까닭을 물었다"라 하였다.

89 「진세가」의 『집해(集解)』에서는 복건의 말을 인용하여 "환(宦)은 벼슬공부를 하는 것이다"라 하였다. 두예는 "환은 배우는 것이다"라 하였다. 『예기·곡례(曲禮)』편에는 "벼슬하고 스승을 섬기다(宦學事師)"라는 말이 있는데, 공영달은 웅씨(熊氏)의 말을 인용하여 "환은 사환(仕宦)의 일을 배우는 것이다"라 하였으니 여기서 말한 "宦三年矣"라는 것은 사환의 일을 배운 지가 3년이 되었다는 말이다. 이상 한 가지 뜻이다. 청말(淸末) 유월(兪樾)의 『다향실경설(茶香室經說)』에서는 "옛날에는 배우고 난 뒤에 벼슬에 들어갔으

未知母之存否,	어머니께서 살아 계신지 여부를 모르겠으며
今近焉,	지금 가까이 있으니
請以遺之."[90]	갖다 드렸으면 합니다."
使盡之,	다 먹게 하고는
而爲之簞食與肉,[91]	그를 위해 대그릇에 밥과 고기를 담아
寘諸橐以與之.[92]	자루에 넣어 그에게 주었다.
旣而與爲公介,[93]	얼마 후 영공의 호위갑사가 되었는데
倒戟以禦公徒而免之.[94]	극을 돌려 공의 갑사 무리들을 막아 벗어나게 해주었다.

며 따로 사환의 학문이 있다는 것은 듣지 못하였다. 「월어(越語)」에서는 범려(范蠡)와 함께 오나라에 들어가서 종살이를 하였다(與范蠡入宧於吳)"라 하였고, 주석에서는 '환은 신하로 종살이 하는 것이다'라 하였다. 영첩이 이른바 환(宧)도 아마 또한 남의 종이 된 것일 것이다. 그러므로 있을 곳을 잃고 이렇게 굶주리는 처지까지 이른 것이다. 희공 17년 『전』에 "첩은 진나라의 시녀가 되었다(妾爲宧女焉)"라는 말이 있는데, 두예는 "환은 진나라를 섬겨 첩이 된 것이다"라 하였다. 이 『전』의 환(宧)자의 뜻 또한 저와 같다"라 하였다. 유씨(兪氏)의 설이 일리가 있다.

90 여기까지는 영첩이 대답한 말이다.

91 단(簞): 옛날의 밥을 담는 원형의 대광주리이다. 『논어·옹야(雍也)』와 『맹자·이루(離婁) 하』에서는 모두 "일단사(一簞食)"라 하였다.

92 탁(橐): 희공 28년의 『전』과 『주』에 상세하다.

93 두예는 "영첩이 영공의 갑사가 되었다"라 하였다. 여(與, yù)는 거성으로 참여하다의 의미이다.

94 도극(倒戟): 도과(倒戈)와 같다. 「진세가」에서는 "영공의 잠복한 갑사들을 도리어 쳤다(反擊靈公之伏士)"라 하여 "반격"이라는 말로 "도극"을 해석하였는데, 옳다. 앞에 나온 『전』의 "극(의 자루)을 거꾸로 하여 꺼내 주었다(倒戟而出之)"의 "倒戟"과는 다르다.

공도(公徒): 잠복한 갑사들로 거병(車兵)이 아니라 보병(徒兵)이었기 때문에 이렇게 말한

問何故.[95]	그 까닭을 물었더니
對曰,	대답하여 말하기를
"翳桑之餓人也."	"예상의 굶주렸던 사람입니다"라 하였다.
問其名居,[96]	그의 이름과 거처를 물었더니
不告而退,[97]	알려 주지 않고 물러나
遂自亡也.[98]	마침내 스스로 달아났다.
乙丑,	을축일에

것이다.

면지(免之): 조돈을 화에서 벗어나게 한 것이다. 「진세가」에서는 "잠복한 갑사들이 나아갈 수가 없어 마침내 조돈을 벗어나게 했다"라 하였다.

95 조돈이 그가 극의 방향을 갑사들 쪽으로 돌린 까닭을 물은 것이다.

96 성명과 거처를 물은 것으로 보답을 하고자 해서였을 것이다.

97 후인들은 혹 영첩이 스스로 그 성명을 말해 주지도 않았는데 『전』의 작자가 어떻게 그 이름을 알게 되었는가를 의심한다. 그 사람이 이미 영공의 호위병인 줄을 몰랐을 것이며, 조돈은 사후에 반드시 그 이름을 알 수 있었을 것이다. 또한 서예(鉏麑)가 영공이 보낸 사람인 것과 마찬가지로 반드시 그 내력을 아는 사람이 있어서 역사를 기록한 사람이 알아낼 수 있었을 것이다. 『공양전』은 서예와 영첩에 대해 모두 성씨를 말하지 않았으니 『공양전』은 『공양전』대로이고, 『좌전』은 『좌전』대로이다.

98 두예는 "영첩도 떠났다"라 하였다. 「진세가」에서 이 일을 기술하면서 또한 도망친 사람이 조돈을 구한 사람이라 하였고 조돈이 아니라고 하였다. 왕인지의 『술문(述聞)』에서는 "이는 조돈이 도망친 것이지 영첩이 도망친 것이 아니라는 것을 말하였다. '선자가 수산에서 사냥을 했다'에서 '알리지 않고 물러났다'까지는 조돈이 벗어날 수 있었던 까닭을 밝혔다. 조돈이 벗어났으므로 마침내 달아났다. 달아나는 것은 자신의 뜻에서 나왔으므로 임금이 쫓아내는 것을 기다리지 않은 것이므로 '스스로 달아났다'라 한 것이다. 도망을 가자마자 곧 돌아왔으므로 아래의 문장에서 '선자는 미처 국경을 나가지 않았다가 돌아왔다'라 하였고 태사(大史)가 '망명하여 국경을 넘지 않았다'고 한 것이다"라 하였다. 그러나 수(遂)자의 의미를 가지고 생각건대 두예이 설이 비교적 나은 것 같다. 『여씨춘추·보경(報更)』편에서는 영첩이 "돌아와 싸우다 죽었다"라 하여 『전』과는 다르다.

趙穿攻靈公於桃園.[99]	조천이 도원에서 영공을 죽였다.
宣子未出山而復.[100]	선자는 미처 산을 나가지 않았다가 돌아왔다.
大史書曰,	태사가 기록하여 말하기를
"趙盾弑其君,"	"조돈이 그 임금을 죽였다"라 하고
以示於朝.	조정에 보였다.
宣子曰,	선자가 말하기를
"不然."	"그렇지 않다"라 하자,
對曰,	대답하여 말하였다.
"子爲正卿,	"그대는 정경으로

99 살(殺): 각판본에는 "칠 공(攻)"으로 되어 있으며, 가나자와 문고본(金澤文庫本)에만 "煞"로 되어 있다. "殺"과 "煞"은 같은 뜻의 이체자이다. 왕인지의 『술문(述聞)』에서는 본래 "殺"이었음을 상세히 논하였으며, 『공자가어·정론(正論)』편에서는 『좌전』을 인용하였는데 역시 "殺"로 되어 있다.

100 산(山): 두예는 "진나라 경계에 있는 산이다"라 하였다. 왕인지의 『술문(述聞)』에서는 "「진어」에 '양처보(陽處父)가 위(衛)나라에 갔다가 돌아오면서 영(甯)에 들렀는데, 영영(甯嬴)이 따라오다가 산(山)에 이르러 돌아갔다'라는 말이 있으며, 위소(韋昭)는 '산은 하내(河內)의 온산(溫山)이다'라 하였다. 『전』에서는 '온에 이르러 돌아갔다'라 하였으니 '아직 산을 나서지 않았다'는 것 또한 온산을 벗어나지 않았음을 이른다. 두예의 주석에서는 상세히 고찰하지 않았다. 또한 이때 진나라의 경계는 남으로는 황하(河)에까지 이르렀는데 산은 그 안에 있다. 곧 산을 나서도 경계를 넘지 않게 되는 것이므로 '진나라 경계의 산'이라고 할 수 없다"라 하였다. 온산은 지금의 하남성 수무현(修武縣) 북쪽 50리 지점에 있다.
도원(桃園): 「진어 5」의 위소의 주석에서는 "도원은 원(園)의 이름이다"라 하였고, 「진세가」에서는 "조돈은 마침내 달아났는데 진나라 경계를 벗어나지 않았다. 을축일에 조돈의 곤제(昆弟)인 장군 조천이 도원에서 영공을 죽이고 조돈을 맞았는데, 조돈이 평소에 고귀한 행동을 하였기 때문에 백성들의 마음을 얻었으며, 영공은 어려서부터 사치스러워 백성들이 따르지 않았으므로 시해되어 바뀌었다. 조돈은 복위하였다"라 하였다.

亡不越竟,[101]	망명하여 국경을 넘지 않았고
反不討賊,	오히려 적도를 토벌하지도 않았으니
非子而誰?"[102]	그대가 아니라면 누구이겠는가?"
宣子曰,	선자가 말하였다.
"嗚呼!	"아아!
詩曰'我之懷矣,	『시경』에서 말하기를 '나의 편안함이여,
自詒伊慼.'[103]	스스로 이 시름을 남겼다네'라 하더니
其我之謂矣."	나를 이름이로구나."
孔子曰,	공자가 말하였다.
"董狐,[104]	"동호는

101 경(竟): 경(境)과 같다.

102 『공양전』과 『곡량전』 및 「진세가」도 대략 『좌전』과 같다.

103 각판본에는 "詩曰"이란 두 자가 없다. 두예는 "일시(逸詩)이다"라 하였으니 두예가 의거한 판본에는 "詩曰" 두 자가 있었다. 두예는 이 두 구절을 일시라 하였는데, 지금 유행하는 『시경·패풍·웅치(邶風·雄稚)』에 "나의 안이함이여, 스스로 이 걱정 남겼다네(我之懷矣, 自詒伊阻)"라는 구절이 있는데 인용된 시와 글자 하나의 차이가 있을 뿐이다. 그래서 왕숙(王肅)은 이 시는 곧 「웅치(雄稚)」의 시라고 하였다. 『시경·소아·소명(小雅·小明)』에는 "마음 근심스러움이여, 스스로 이 슬픔 남겼다네(心之憂矣, 自詒伊戚)"라는 구절이 있다. 척(戚)은 곧 척(慼)이며, 아래 구절은 『시경』과 합치되나 위 구절은 다르므로 「소명」을 인용한 것은 아닌 것 같다. 정현은 "회(懷)는 안이함〔安〕이다. 이(伊)는 예(緊)가 되어야 하며, 예는 시(是)와 같다"라 하였다. 모씨의 주석〔『전(傳)』〕에서는 "이(詒)는 남기는 것(遺)이다"라 하였다. 시의 뜻은 내가 미련을 둔 것이 많아서 국경을 넘지 않고 돌아왔으니 내 스스로 이 근심을 남긴 것이라는 말이다.

104 동호(董狐): 곧 태사(太史)이다.

古之良史也,	옛날의 훌륭한 사관으로
書法不隱.[105]	기록하는 법도에 숨김이 없었다.
趙宣子,	조선자는
古之良大夫也,	옛날의 훌륭한 대부로
爲法受惡.[106]	기록하는 법 때문에 오명을 받아들였다.
惜也,	안타깝구나,
越竟乃免."[107]	국경만 넘었으면 벗어났을 텐데."
宣子使趙穿逆公子黑臀于周而立之.[108]	선자는 조천에게 주나라에서 공자 흑둔을 맞아들여 세우게 하였다.
壬申,[109]	임신일에
朝于武宮.[110]	무궁에서 조제를 올렸다.

105 두예는 "조돈의 죄를 숨기지 않았다"라 하였다.

106 왕숙(王肅)은 "서법(書法) 때문에 임금을 죽였다는 오명을 받아들인 것이다"라 하였다.

107 「진세가」에는 "越竟"이 "出疆"으로 되어 있다. 심흠한의 『보주(補注)』에서는 "창황하게 다른 나라로 도망을 가서 의리상 다시 돌아오지 않았으면 임금을 죽였다는 오명에서 벗어날 수 있었다는 말이다"라 하였다.

108 「진세가」에서는 "조돈이 조천으로 하여금 주나라에서 양공의 아우 흑둔을 맞이하게 하여 즉위시키니 곧 성공(成公)이다. 성공은 문공의 어린 아들로 그 어머니는 주나라 여인이다"라 하였다. 「주어 하」에서는 "또한 내가 듣자 하니 성공이 태어날 때 그 어머니가 신이 그 볼기에 먹으로 '진나라를 가지게 할 것이다'라 썼으므로 이름을 흑둔(검은 볼기라는 뜻)이라 하였다"라 하였다.

109 임신일은 10월 3일이다.

110 무궁(武宮): 곡옥(曲沃)의 무공(武公)의 사당이다. 진후(晉侯)는 즉위할 때마다 반드시 이곳을 조현하며, 상세한 것은 희공 24년의 주를 보라.

初,	처음에
麗姬之亂,[111]	여희의 난 때
詛無畜羣公子,[112]	공자들을 남겨 두지 않겠다고 맹세하여

111 여희(麗姬): "麗"는 "驪"라고도 하며, 옛날에는 통하여 썼다. 『전』의 다른 곳에서는 모두 "驪姬"로 되어 있는데 이곳에만 "麗姬"로 되어 있다.

112 저(詛): 신에게 제사를 지내면서 아무개에게 화를 내려달라고 하는 예로, 이미 은공 11년의 『전』과 『주』에 보인다. 옛날에는 맹저(盟詛)의 법이 있는데, 맹은 큰 것이고 저는 작은 것이다. 그러나 모두 희생을 죽여 피를 바르고 맹세를 알리고 신에게 밝히는 것으로, 만약 위배됨이 있으면 신이 화를 내렸다. 양공 11년 『전』에 "계무자(季武子)가 삼군을 일으키려 함에 희굉(僖閎)에게 맹세하고 오부지구(五父之衢)에 저주〔詛〕를 빌었다" 하였고, 정공 6년의 『전』에서는 "양호(陽虎)가 주사(周社)에서 공 및 삼환(三桓)과 맹약하였는데, 박사(亳社)에서 백성들과 맹세를 하고 오부지구에서 저주를 빌었다"라 하였으니 모두 맹세를 먼저하고 저주를 나중에 하였다. 저(詛)라는 것은 사람들로 하여금 감히 어기지 못하게 하는 것이다. 「진어 2」의 위소의 주석에서는 "여러 공자는 헌공의 서얼 및 선군의 지파의 여러 사람이다"라 하였다. 「진어 2」에서는 "여희가 이미 태자 신생(申生)을 죽이고 또 두 공자를 참소하여 말하기를 '중이(重耳)와 이오(夷吾)가 모두 참여하여 신생의 공군〔共君: 곧 태자 신생(申生)〕의 일을 알고 있습니다'라 하였다. 헌공(獻公)이 엄초(閹楚)에게 명하여 중이를 죽이라 하니 중이는 적(狄)나라로 도망갔다. 가화(賈華)에게 이오를 죽이게 하니 이오는 양(梁)나라로 도망갔다. 여러 공자를 모두 쫓아내고 이에 해제(奚齊)를 세웠다. 이때부터 법령을 만들어 나라에는 공족(公族)이 없어지게 되었다"라 하였다. 여기에서 이른바 "여러 공자를 모두 쫓아내었다"는 것이 곧 "공자들을 남겨 두지 않았다"는 것이다. "이때부터 법령을 만들어 나라에는 공족이 없게 되었다"의 공족은 관명으로 아래에 상세하게 보인다. 여러 공자들을 남겨 두지 않았으니 공족이란 관명은 절로 없어지게 되었다. 그러니 헌공과 여희는 당시 공자들을 남겨 두지 않았을 뿐만 아니라 또한 후세에 남게 되는 것까지 금하였다. 공영달은 복건(服虔)의 말을 인용하여 "여희와 헌공 및 여러 대부들은 공자들을 남겨 놓지 않겠다고 맹세하여 두 아들이 나라를 온전히 다스리게 하고자 하였다"라 하였는데 옳은 말이다. 문공 16년 『전』에 의하면 문공의 아들 옹(雍)은 진(秦)나라에 있으며 악(樂)은 진(陳)나라에 있고, 이해의 『전』에 의하면 흑둔은 주나라에 있으며, 「주어 하」에 의하면 양공(襄公)의 증손자인 주(周)는 주나라에 있고 문공과 양공의 공자는 모두 타국에 있으니, 이는 헌공과 여희 때부터 혜공(惠公)과 회공(懷公), 문공, 양공, 영공에 이르기까지 진나라에서는 이 영을 따라 아직 고치지 않은 것이다.

自是晉無公族.[113]	이때부터 진나라에는 공족이 없어졌다.
及成公卽位,	성공이 즉위하자
乃宦卿之適而爲之田,[114]	이에 경의 적자에게 벼슬을 주어 전지를 주고

113 공족(公族): 두 가지 뜻이 있다. 모든 임금(公)의 동성의 자제들을 공족이라 하는데, 이는 광의의 공족이다. 희공 28년『전』에 "원진과 극진이 중군의 공족들을 거느리고 옆에서 그들을 쳤다(原軫､郤溱以中軍公族橫擊之)"라는 말이 있는데, 중군의 공족이라는 것은 중군 중에서 진나라 공실의 자제들로 조직된 것을 말한다. 문공 7년의『전』에는 "공족은 공실의 지엽입니다(公族, 公室之枝葉也)"라는 말이 있는데, 이 공족은 곧 송 소공이 제거하고자 한 공자들을 가리키며 또한 광의의 공족이다. 공족대부 또한 줄여서 공족이라 하는데 이는 협의의 공족이다. "이때부터 진나라에는 공족이 없어지게 되었다"라는 것은 진나라는 이 이후로 공족대부라는 관직이 없어지게 되었다는 말이다. 두예는 "공자가 없기 때문에 공족의 관직을 폐한 것이다"라 하였다.『예기·문왕세자(文王世子)』편에서는 "주공이 섭정(攝政)의 자리에 올랐는데, 서자(庶子)라는 관직은 공족의 자제를 교도하여 효제와 친화 우애 등을 가르쳐 부자간의 의리와 장유간의 질서를 밝히는 것이다"라 하였다. 이 말이 믿을만 하다면 공족이라는 관직은 주나라 초기에 이미 있었으며, 동족의 자제를 교훈하는 직책을 맡았음을 알 수 있다.『시경·위풍·분저여(魏風·汾沮洳)』에 "특히 공족과 달라(殊異乎公族)"라는 구절이 있는데, 정현은 "공족은 주군과 동성의 소목(昭穆)이다"라 하였는데, 또한 이 뜻이다. 금문 중에도 공족이란 말이 보이는데 모두 서주의 기물에서 보이며, 뜻은 모두 왕실의 관명이니 서주 때도 오히려 이 관직이 있었다. 진나라에는 본래 이 관직이 있었으니 마땅히 동성으로 삼았을 것이다. 헌공과 여희 때에는 폐지하여 다시 설치하지 않았으며, 이해에 이르러 다시 설치하였지만 이성으로 세웠으며, 이로 인해 경의 자제들을 겸하여 관장하였으니 성공 18년『전』에서 이른바 "한무기(韓無忌)가 공족대부가 되어 경의 자제들을 가르치게 하였다" 한 것으로 알 수 있다. 공영달은 공조(孔晁)의『국어주(國語注)』를 인용하여 "공족대부는 공족 및 경대부의 자제들을 관장하는 관직이다"라 하였는데,『경』과『전』을 가지고 고찰해 보면 믿을 만하다.

114 적(適): 곧 적자(適子)이다.
환(宦): 사(仕), 곧 관직이다. 경의 적자에게 관직을 내리는 것이다.
위지전(爲之田): 여지전(與之田), 곧 전지를 주다. 양공 23년의『전』에 "제후가 장흘에게 전지를 주려 하였다(齊侯將爲臧紇田) 장손(臧孫)이 그 말을 듣고 제후를 찾아뵈었다. 그와 함께 진(晉)나라를 치자고 하였다. 대답하여 말하기를 '많다면 많겠지만 그대는 쥐 같소'라 하였다. 이에 그에게 전지를 주지 않았다(乃不與田)"라는 말이 있다. 위에서

以爲公族.[115]	공족으로 삼았다.
又宦其餘子,[116]	또한 그 여자들에게 벼슬을 주어
亦爲餘子;[117]	또한 여자로 삼았으며,
其庶子爲公行.[118]	그 서자들은 공행으로 삼았다.
晉於是有公族, 餘子, 公行.[119]	진나라는 이에 공족과 여자, 공행이 있게 되었다.

는 "將爲之田"이라 하고 아래에서는 "乃不與田"이라 한 것으로 보아 "爲之田"이 곧 "與之田"임을 알 수 있다.

115 공족대부로 삼은 것이다.

116 여자(餘子): 『주례·지관·소사도(小司徒)』에서는 "무릇 나라의 큰일에는 백성을 이르게 하고, 큰 사고가 있으면 여자(餘子)를 이르게 한다"라 하였다. 『일주서·적광(逸周書·糴匡)』편에서는 "풍년에 여자는 예(藝)에 힘쓰고, 농작물이 잘 되지 않는 해에 여자는 농사에 힘쓰며, 큰 흉년에 여자는 모여서 운반한다"라 하였다. 『관자·문(問)』편에서는 "여자로 부모가 살아계신데 봉양하지 않고 나가서 떠난 자가 몇 사람인가? 여자 중 갑병을 이기고 항오(行伍)를 가진 자가 몇 사람인가?"라 하였다. 『장자·추수(莊子·秋水)』편에는 "수릉(壽陵)의 여자가 한단에서 걸음걸이를 배웠다"는 말이 있다. 『여씨춘추·보경(報更)』편에는 "장의(張儀)는 위씨(魏氏)의 여자이다"라는 말이 있다. 『여씨춘추·이속(離俗)』편에는 "제나라와 진(晉)나라가 전쟁을 하는데 평아(平阿)의 여자가 극을 잃어버리고 방패를 얻었다"는 말이 있다. 『전국책(戰國策)』에는 "연나라와 조나라가 오래도록 서로 공격을 하니 여자의 힘이 해자와 진채에서 다하였다"라는 말이 있다. 『설원·입절(說苑·立節)』편에는 "필힐(佛肸)이 중모(中牟)를 가지고 반란을 일으켰는데, 성 북쪽의 여자 전기(田基)만이 나중에 이르렀다"는 말이 있다. 위에 열거한 것을 통틀어 보건대 여자(餘子)라는 말은 아마 적자(適子)라는 말에 대하여 말한 것으로, 지서[支庶: 적자(適子) 이외의 중자(衆子)]를 모두 일러 "여자"라 하였으며, 또한 『맹자·등문공(滕文公) 상』이서 이른바 "여부(餘夫)"와 같다. 그러나 이곳의 "여자"는 "서자(庶子)"와는 다르므로 두예는 "여자는 적자(適子)의 동모제[母弟]이다"라 하였다.

117 이 여자(餘子)는 곧 관직 이름이다. 두예는 "또한 여자의 정사(政事)를 다스린다"라 하였다.

118 또한 그 서자들에게 관직을 주어 공행으로 삼았음을 말하며, 위의 문장을 이어서 생략된 문장이다. 두예는 "서자는 첩의 자식이다. 공의 병거의 행렬을 통솔하는 일을 맡았다"라 하였다.

119 『시경·위풍·분저여(汾沮洳)』에는 공족과 공로, 공행이 있는데, 이곳에서는 공족과 여

趙盾請以括爲公族,[120]	조돈이 괄을 공족으로 삼을 것을 청하여
曰,	말하였다.
"君姬氏之愛子也.[121]	"군희씨의 사랑하는 아들입니다.
微君姬氏,	군희씨가 없었더라면
則臣狄人也."[122]	신은 적나라 사람이 되었을 것입니다."
公許之.	공이 허락하였다.
冬,	겨울에
趙盾爲旄車之族,[123]	조돈은 모거족이 되었고

자, 공행이 있으니 여자는 곧 공로임을 알 수 있다.

120 조괄(趙括)은 조돈의 이복동생으로 희공 14년 『전』에서는 "문공은 딸을 조최에게 시집보내었는데 원동과 병괄, 누영을 낳았다(文公妻趙衰, 生原同·屛括·樓嬰)"라 하였으니 괄은 곧 병괄이며, 또한 곧 아래의 병계(屛季)이다. 조돈이 조괄을 공족 대부로 삼을 것을 청한 것이다.

121 군희씨(君姬氏): 곧 조희로 진문공의 딸이며, 조최에게 시집가서 조괄을 낳은 사람으로 진성공에게는 누이와 남동생 간이다. 조괄은 조희의 가운데 아들로 조괄의 위에는 조동이 있는데 조동에게 물려주지 않고 조괄에게 물려준 것은 조괄이 그 어머니가 사랑하는 아들이었기 때문이다. "군희씨"라 일컬은 것은 조돈이 적모(嫡母)로 보아서이다.

122 조최는 먼저 적나라에서 숙외(叔隗)에게 장가가서 조돈을 낳았는데, 희공 23년 『전』에 보인다. 진나라로 돌아온 후에 조희가 조최에게 숙외와 조돈을 영접하여 진나라로 데려오라고 군이 청하고 또한 조돈을 적자로 생각하였는데, 희공 24년의 『전』에 보인다.

123 모거지족(旄車之族): 곧 여자(餘子)이며, 또한 곧 공로(公路)이다. 『시경·위풍·분저여(汾沮洳)』의 정현의 주석에서는 "공로는 주군의 모거(軞車)이다"라 하였는데, 이 모거(軞車)는 곧 모거(旄車)이며, 또한 곧 제후가 타는 융로(戎路)로 또한 융거(戎車)라고도 한다. 모거라고 한 것은 『시경·소아·출거(小雅·出車)』에서 "거북과 뱀 그린 깃발 세우고, 소꼬리 털 단 깃대 세운다(設此旐矣, 建彼旄矣)"란 데서 나왔는데, 융거에는 소꼬리를 단 깃대인 모(旄)가 있으므로 모거(旄車)라고 하였다. 조돈은 본래 적자(嫡子)이므로 공족대부가 되어야 한다. 지금 이미 조괄에게 그것을 물려주었으므로 여자(餘子)

使屛季以其故族爲公族大夫.[124] 병계를 그 옛 가족이라 하여 공족대부가 되게 하였다.

선공 3년

經

三年春王正月,[1]	3년 봄 주력으로 정월
郊牛之口傷,[2]	교제에 쓸 소의 입에 상처가 나서
改卜牛.[3]	소를 다시 점쳤다.

로 자처하며 정경으로 모거지족을 겸하여 맡아 평상시에는 경의 여자를 가르치고 전시에는 그들을 통솔하여 임금의 융거를 맡는다.

124 기(其)자는 조돈을 가리킨다. 고족(故族)은 조숙(趙夙) 이래의 족속을 말한다. 조돈은 본래 적자로 대종(大宗)이므로 옛 예법상 족속을 거두어야 하므로 그들을 통솔하는 것이다. 지금 조돈은 이미 공족을 조괄에게 물려주었으므로 또한 그가 통솔해 오던 고족(故族)을 조괄에게 넘겨주었다. 「연표」에서는 "조씨가 공족을 내렸다"라 하였고, 「진세가」에서는 "조씨가 공족이 되게 하였다"라 하였다. 내렸다(賜)라 한 것은 아마 공족대부는 본래 같은 성으로 만드는데, 지금 진나라에서는 이성(異姓)으로 만들었으니 "내렸다(賜也)"라 하였다. 『독본(讀本)』에서는 "조씨(趙씨)가 경(卿)의 족속을 강성하게 하고자 하여 이에 성공에게 청하여 공족이라는 관직을 빌려 공족지관을 경족(卿族)이라 하였다"라 하였다.

1 삼년(三年): 을묘년 B.C. 606년으로 주정왕(周定王) 원년이다. 2월 초4일 신미일이 동지로 건해(建亥)이다.

2 교(郊): 곡식이 잘되기를 비는 제사로 환공 5년의 『전』과 『주』에 보인다. 교제를 지낼 때는 반드시 먼저 소를 택하여 점을 쳐보고 점괘가 길하게 나오면 기른 후에 교제를 지낼 날을 점친다. 날짜를 점치기 전에는 소(牛)라 하고 이미 날짜를 점친 후에는 생(牲)이라 바꿔 부른다. 희공 31년 『전』에서 "소는 날짜를 점쳐서 잡으면 생이라 한다(牛卜日曰牲)"고 한 것이 이것을 말한다. 여기서 "교우(郊牛)"라 한 것으로 보아 아직 날짜를 점치지 않았음을 알 수 있다.

牛死,	소가 죽어
乃不郊.[4]	이에 교제를 지내지 못했다.
猶三望.[5]	세 곳의 망제는 그대로 지냈다.
葬匡王.[6]	광왕을 장사 지냈다.
楚子伐陸渾之戎.[7]	초자가 육혼지융을 쳤다.
夏,	여름에
楚人侵鄭.	초나라 사람이 정나라를 침공했다.
秋,	가을에
赤狄侵齊.[8]	적제가 제나라를 침공하였다.

---

3 입에 상처가 나면 다시 쓸 수 없으므로 이에 다른 소를 택하여 다시 점을 쳐서 점괘가 길하면 길러서 쓰려고 한 것이다. 『공양전』에서는 "생(牲)을 기를 때는 2마리를 길러 점을 친다. 제생(帝牲)이 불길하면 직생(稷牲)을 끌고 와 점을 본다. 제생은 석 달을 씻긴다. 곡식신의 사당에 있는 것은 이를 갖추어 볼 뿐이다"라 하였는데, 만약 이 말대로라면 소를 점치는 일은 두 차례에 한하며 이곳의 "소를 다시 점쳤다"라는 것은 곧 "직생을 끌고 와 점을 보는" 것이니 반드시 『좌씨』의 뜻에 부합하지는 않는다.

4 새로 점친 소가 또 죽어 이에 교제를 거행하지 않은 것이다. 이곳의 『전』에서 "예의에 맞지 않았다(非禮)"라 한 것은 마땅히 다시 소를 점쳐 교제를 없애지 않아야 했다는 것을 말하는 것 같다.

5 노나라의 세 망제는 동해와 태산, 회수(淮水)에 제사를 지내는 것으로, 희공 31년의 『전』과 『주』에 상세하다.

6 『전』이 없다. 광왕은 지난해 10월에 죽었으며, 이곳에서는 "광왕을 장사 지냈다"라고만 하여 달을 밝히지 않았는데, 앞의 글에 이어 정월이라고 보면 겨우 4개월이 지나서 장사를 지낸 것이다. 당시의 예법에 의하면 천자는 7개월 만에 장사를 지낸다. 곧 광왕을 3월에 장사를 지낸다 하더라도 또한 7개월이 되지 않는다.

7 『곡량전』에는 "육혼융(陸渾戎)"이라 되어 있고 『공양전』에는 "분혼융(賁渾戎)"으로 되어 있어 모두 "之"자가 없다. 『공양전』에서 "陸"을 "賁"이라 한 것에 대해 청(淸)나라 전대흔(錢大昕)은 『잠연당답문(潛研堂答問)』에서 전사(轉寫) 과정에서의 잘못이라고 하였다. 육혼지융은 희공 22년의 『전』과 『주』를 보라.

8 『전』이 없다. 적(狄)은 춘추시대에 접어든 이래 모두 다만 "狄"이라고만 기록하였다. 희공

宋師圍曹.[9] 송나라 군사가 조나라를 에워쌌다.

冬十月丙戌,[10] 겨울 10월 병술일에

鄭伯蘭卒.[11] 정백 난이 죽었다.

葬鄭穆公.[12] 정목공을 장사 지냈다.

傳

三年春, 3년 봄에

不郊, 교제를 지내지 않고

而望, 망제를 지낸 것은

33년 『전』의 기(箕)의 전역 때 처음으로 "백적자(白狄子)"란 칭호가 보이는데, "적적(赤狄)"이란 칭호는 이곳에서 보인다. 이곳에서부터 『경』에는 적적은 네 차례 보이고 백적은 세 번 보인다. 노씨와 갑씨, 유우, 탁진이 이 적적이다. "적(狄)"이라 통하여 말하는 것은 청나라 종문증(鍾文蒸: 1818~1877)의 『곡량보주(穀梁補注)』에서는 "『좌전』과 『국어』, 『여씨춘추』 및 두예의 『춘추좌씨전집해(春秋左氏傳集解)』「후서(後序)」에서 인용한 『급총기년(汲冢紀年)』을 가지고 고찰해 보면 장공 32년 적이 형(邢)을 벌하고 희공 33년에는 진(晉)나라 사람이 기(箕)에서 적을 물리치는데 모두 백적이다. 민공 2년 적이 위(衛)나라로 들어가고 희공 24년에는 적이 정나라를 치며, 문공 7년에는 적이 우리나라의 서쪽 변방을 침입하는데 모두 적족이다"라 하였다. 청나라 고동고(顧棟高)의 『대사표(大事表)』 권39에서는 성공 3년의 『전』에서 "장구여(廧咎如)를 치고 적제의 잔당을 토벌하였다"라 하고, 이어서 "이해에 적제의 종족은 모두 절멸했다"라 하였다. 또한 말하기를 "옛 중국에서는 백적을 적이라 하였는데 더 이상 구별하지 않았다"라 하였다. 정확한가의 여부는 상세하지 않다.

9 또한 「연표」에 보이며 『경』과 합치된다.

10 병술일은 23일이다.

11 정백란(鄭伯蘭): 정목공이다. 희공 33년에 즉위하였다. 「정세가」에서는 "22년 정목공이 죽었다. 아들 이(夷)가 즉위하니 영공(靈公)이다"라 하였다.

12 『전』이 없다. 당시의 예법에 의하면 제후는 죽은 지 5개월 만에 장사를 지내는데 이때는 아직 5개월이 되지 않았다.

皆非禮也.[13]	모두 예의에 맞지 않다.
望,	망제는
郊之屬也.	교제에 속한 것이다.
不郊,	교제를 지내지 않았으면
亦無望可也.[14]	또한 망제도 없애는 것이 옳다.

晉侯伐鄭,	진후가 정나라를 쳐서
及郔.[15]	연에까지 이르렀다.
鄭及晉平,	정나라는 진나라와 화의를 맺었는데
士會入盟.[16]	사회가 들어가 맹약을 맺었다.

楚子伐陸渾之戎,	초자가 육혼지융을 쳐서

13 두예는 "소가 비록 상하고 또 죽었다 하더라도 마땅히 다시 다른 소를 점쳐 그중에 길한 것을 취해야 하며 교제는 폐할 수 없음을 말하였다"라 하였다.

14 이미 희공 31년의 『전』에 보인다. 두예는 "다시 전(傳)을 단 것은 소가 죽은 것과 점이 길하지 않음이 다른 것을 싫어한 것이다"라 하였다. 희공 31년의 『전』과 『경』에 상세하다.

15 연(郔): 주량(朱梁)이 보충 간행한 『석경』과 송본, 가나자와 문고본(金澤文庫本)에는 모두 "延"으로 되어 있다. 심흠한의 『보주(補注)』, 청나라 홍양길(洪亮吉)의 『고(詁)』, 청나라 엄가균(嚴可均)의 『석경교문(石經校文)』에서는 모두 연(延)은 곧 연진(延津)이라 하였으며, 또한 은공 원년 『전』의 늠연(廩延)으로 지금의 하남성 활현(滑縣)이다. 연진(延津)에서 "延"이라 하였으니 이곳 또한 "延"이 되어야 한다. 강영(江永)의 『고실(考實)』에서는 "12년에 '초자가 북으로 군사를 내어 연(郔)에 주둔하였다'는 말이 있는데, 두예가 '정나라 북쪽이다'라 한 곳과 동일한 곳으로 필(邲)에 가까우며 정주(鄭州)에 있다"라 하였다. 지리를 가지고 고찰해 보건대 강영의 설이 비교적 이치에 맞아 지금은 그것을 좇아 "郔"이라 한다.

16 두예는 "여름에 초나라가 정나라를 침공한 것의 전(傳)이다"라 하였다.

遂至於雒,[17]	마침내 낙에 이르러
觀兵于周疆.[18]	주나라의 경내에서 군대를 사열했다.
定王使王孫滿勞楚子.[19]	정왕이 왕손만을 보내 초자를 위로했다.
楚子問鼎之大小, 輕重焉.[20]	초자가 정의 크기와 무게를 묻자
對曰,	대답하여 말하였다.
"在德不在鼎.[21]	"덕에 있지 정에 있지 않습니다.

---

17 육혼지융은 지금의 하남성 숭현(嵩縣) 및 이천현(伊川縣)의 경계에 있다. 낙(雒)은 낙수(雒水)를 가리키며 지금은 낙수(洛水)라 하고, 섬서성 낙남현(洛南縣) 총령산(冢嶺山)에서 나와 동남쪽으로 흘러 단수(丹水)와 합류하며 동쪽으로 하남성 노씨(盧氏)와 낙령(洛寧)을 경유하여 의양(宜陽)에 이르러 간하(澗河)를 받아들이고 또 낙양시를 경유하며 전수(瀍水)를 받아들이며, 언사현(偃師縣)에서 이하(伊河)를 받아들여 공현(鞏縣) 동북쪽의 낙구(洛口)에 이르러 황하로 흘러든다. 초장왕은 이미 이천에 이르렀으며 조금 북쪽으로 가서 곧 낙양시 남쪽의 낙수 곁에 이르렀다.

18 관병(觀兵): 군사를 늘어놓고 위세를 보이는 것으로 희공 4년의 『전』과 『경』에 상세하다. 주강(周疆): 주나라 왕실의 경계 내라는 말이다. 「초세가」에서는 "주나라 성 밖에서 군대를 사열했다(觀兵於周郊)"라 하여 "郊"자를 가지고 "疆"자를 해석하였는데 또한 주나라 경내라는 뜻이다.

19 로(勞)는 위로하는 것을 말한다. 초장왕이 이미 주나라의 성 밖에까지 이르러 정왕이 사신을 보내 위로한 것이다. 왕손만은 주나라의 대부이다. 희공 33년의 『전』에 "왕손만이 아직 어렸다"라는 말이 있는데 이때와는 이미 21년의 격차가 있다. 『의례·근례(覲禮)』 및 『주례·추관·대행인(秋官·大行人)』에 모두 교외에서 위로하는 예법이 수록되어 있다.

20 두예는 "주나라를 핍박하여 천하를 가지고자 하는 뜻을 보였다"라 하였다. 정(鼎)은 곧 구정으로 이미 환공 2년의 『전』과 『주』에 보인다. 「주본기」에서는 "초장왕이 육혼지융을 치고 낙에 주둔하면서 사람을 보내 구정에 대하여 묻게 하였다"라 하였다.

21 바로 다음의 "덕이 아름답고 밝으면 비록 작아도 무거울 것입니다. 간사하고 혼란하다면 비록 크다 하나 가벼울 것입니다"라는 말을 개괄한 것이다. 정의 크기와 무게는 임금의 덕에 있는 것이지 정 자체에 있는 것이 아니라는 뜻이다. 「초세가」에는 이 아래에 오히려 "장왕이 말하기를 '그대는 구정을 막을 수 없소. 초나라가 창칼의 예봉을 꺾는다면 구정을 만들기에 족하오'라 하니 왕손만이 말하기를 '아아! 임금께서는 잊으셨습니까?'라 하였다"의 몇 마디 말을 한 후에 다음 문장과 이어진다.

昔夏之方有德也,	옛날 하나라가 바야흐로 덕이 있을 때는
遠方圖物,[22]	먼 나라 사람들이 사물을 그려 바쳤고
貢金九牧,[23]	구주의 우두머리들에게 쇠를 바치게 하여
鑄鼎象物,[24]	정을 주조하여 만들 때 사물의 형상을 솥에다 새기고

---

22 먼 곳의 각종 물상을 그림으로 그린 것이다. 『광아·석고(廣雅·釋詁)』에서는 "도(圖)는 그리는 것이다"라 하였다.

23 두예는 "구주의 목들에게 쇠를 공물로 바치게 한 것이다"라 하였다. 목은 주의 장〔州長〕으로 『예기·곡례(曲禮) 하』에서 "구주의 장이 천자의 나라에 들어가는 것을 목(牧)이라 한다"라 한 것이 이를 말한다. 『예기·왕제(王制)』편에는 "주에는 백이 있다(州有伯)"라는 말이 있는데 정현 또한 "은(殷)나라에서는 주의 장을 백(伯)이라 하였고, 우(虞)나라·하(夏)나라 및 주나라에서는 모두 목(牧)이라 하였다"라 하였다. 하나라 때 천하를 구주로 나누었다고 하는데 『상서·우공(尙書·禹貢)』편에서 이를 알 수 있다. "공금구목(貢金九牧)"은 천하에서 쇠를 바쳤다는 말과 같다.

24 옛날 하나라에서 솥을 주조한 사람에 대해서는 두 가지 설이 있는데, 일설에는 우임금이라 하여 "바야흐로 덕이 있을" 때는 우임금 때를 가리킨다고 하였으며, 일설에는 계(啓)를 가리킨다고 하였으니 "바야흐로 덕이 있을 때"는 계(啓)의 때를 가리킨다고 하였다. 『묵자·경주(墨子·耕柱)』편에서는 "옛날 하후개(夏后開)가 비렴(蜚廉)으로 하여금 산천에서 쇠를 잘라 곤오(昆吾)에서 정을 주조하였다. 구정이 이미 완성되자 세 나라로 옮겼다"라 하였다. 하후개는 곧 계(啓)이며, 이는 계가 구정을 주조하였다는 설이다. 「초세가」에서는 "옛날 우(虞)와 하(夏)나라가 성하였을 때는 먼 지방에서 모두 이르러 구주의 장이 쇠를 바쳐 정을 주조하고 사물을 그려 놓았다"라 하였는데, "우·하가 성하였을 때"는 우임금 때를 가리킨다. 『후한서·명제기(後漢書·明帝紀)』에서는 영평(永平) 6년의 조칙을 기술하여 "옛날 우임금이 구주의 장이 바친 금을 거두어 정을 주조하고 사물을 그렸다"라 하여 또한 우임금 때의 일이라 하였다. 정을 주조하고 사물을 그린 것은 구주에서 공물로 바친 쇠를 가지고 정을 주조하고 그려 바친 사물의 그림에 의거하여 주조하여 형상을 나타낸 것이다. 그러나 지금까지 옛날에 보이던 것을 고찰하면 하나라의 기물이 없으니 또한 정을 주조하고 사물을 그린 것은 또한 하나라 초기의 생산 수준으로는 할 수 없을 것 같다. 여기서 여러 설이 분분한 것은 모두 옛 전설인 것 같다.

百物而爲之備,	온갖 사물을 거기에 갖추어
使民知神, 姦.[25]	백성들로 하여금 신령스럽고 간사함을 알게 하였습니다.
故民入川澤, 山林,	그러므로 백성들이 내와 늪, 산과 숲에 들어가도

---

25 백물(百物)은 만물(萬物)과 같음. 만물을 모두 정에다 주조하여 백성들에게 어떤 것이 신령스러운 것이고 어떤 것이 간사한 것인지를 두루 알게 한 것이다. 청나라 필원(畢沅)의 『산해경신교정(山海經新校正)』의 서(序)에서는 "『산해경』의 「해내경(海內經)」 네 편과 「해외경(海外經)」 네 편은 주나라와 진(秦)나라 때 서술한 것이다. 우임금은 정을 주조하여 사물을 그려 백성들에게 신령함과 간사함을 알게 하였다. 그 글에 의하면 나라 이름이 있고 산천이 있으며 신령하고 기괴한 것이 있으니 이것이 정에 그린 것이다. 정은 진나라 때 없어졌으므로 선대의 사람들은 여전히 그 그림을 말하여 책에다 밝힐 수 있었다"라 하였다. 심흠한의 『보주(補注)』에서는 "지금 『산해경』에서 말한 형상과 물색은 아마 정에 그린 것일 것이다"라 하였다. 홍량길(洪亮吉)의 『고(詁)』에서도 "지금 『산해경』의 「해내」와 「대황(大荒)」 등의 편은 곧 후인이 하나라의 정을 기록한 글이다"라 하여, 모두 『산해경』에 정에 그린 문자 기록이 있다고 생각하였는데, 반드시 믿을 만한 것은 아니다. 『여씨춘추』에서는 여러 차례 정에 그려 놓은 물상(物象)을 언급하고 있는데, 「선식람(先識覽)」편에서는 "주나라의 정(鼎)에는 도철(饕餮)의 그림이 새겨져 있는데 머리만 있고 몸은 없으며, 이는 사람을 잡아먹는데 아직 삼키지 않았는데도 해가 자신의 몸에 미쳐 있다는 것을 말한 것이다"라 하였다. 「신세(愼勢)」편에서는 "주나라의 정에는 코끼리를 그려 넣었는데 이는 군주의 이치에 통하기 위한 것이었다"라 하였고, 「이위(離謂)」편에서는 "주나라의 정에는 〔훌륭한 장인(匠人)이었던〕 수(倕)의 그림이 그려져 있는데 손가락을 깨무는 모습이며, 선왕이 진실됨이 없이 교묘하게 꾸미는 일은 해서는 안 된다는 것을 나타내 보일 수 있었다"라 하였고, 「적위(適威)」편에서는 "주나라의 정에는 절곡(竊曲)이(라는 벌레가) 있는데 모양이 매우 길고 아래위가 모두 굽었으며, 이는 극단적인 것은 실패할 것이라는 것을 보여주기 위한 것이다"라 하였다. 이른바 주의 정이라는 것은 당연히 여기서 이른바 하나라의 정일 것이다. 그 대략을 보면 이른바 우임금이 주조한 정은 다만 백성들에게 신령함과 간사함을 알게 하기 위함이 아니었으며, 또한 모범과 경계〔法戒〕를 기탁한 것으로 『전』의 글에서는 법계는 언급하지 않았다. 그 말이 믿을 만하다면 이른바 "말하고" "드러내고" 운운한 것은 아마 『여씨춘추』를 지은 자가 생각한 것일 것이다.

不逢不若.[26]	뜻하지 않은 것을 만나지 않았습니다.
螭魅罔兩,[27]	이매며 망량을
莫能逢之.[28]	만나지 않을 수 있었습니다.
用能協于上下,	이로써 상하가 화목하여
以承天休.[29]	하늘이 내려 준 것을 받을 수 있었습니다.
桀有昏德,	걸은 덕이 혼탁하여
鼎遷于商,[30]	정이 상으로 옮겨가
載祀六百.[31]	6백 년이 지났습니다.

26 불약(不若): 약(若)은 순(順)의 뜻이다. 불약(不若)은 불순(不順)으로 자신에게 불리한 사물을 가리킨다. 『후한서·명제기(明帝紀)』에서는 "악기를 만나지 않았다(不逢惡氣)"라 하여 악기(惡氣)라는 말로 "不若"을 해석하였다. 사실 불약은 곧 다음의 "이매망량" 따위이다. 혜동(惠棟)의 『보주(補注)』에서는 후한 때 장형(張衡)의 「동경부(東京賦)」 및 진(晉)나라 곽박(郭璞)의 『이아·석고주(爾雅·釋詁注)』에서 『좌전』을 인용하면서 모두 "禁禦不若"이라 하였고, 또한 두예는 다음 문장 "莫能逢之"가 비로소 『주』에 나오는데 의거하여 장형과 곽박이 본래 "禁禦不若"이라 하였다는 것을 따라야 한다고 하였는데 일리가 있다.

27 이매(螭魅): 이미 문공 18년의 『전』과 『주』에 보인다.
망량(罔兩): 『설문(說文)』에는 "蛧蜽"으로 되어 있으며, "산천의 정물이다(山川之精物也)"라 하였다. 「노어 하」에서는 "목석 가운데 괴이한 것을 망량(蛧蜽)이라고 한다"라 하였으니 이매와 망량은 모두 고인들의 환상 속의 괴물이다.

28 봉(逢): 두예는 "봉은 만나는 것(遇)이다"라 하였다.

29 두예는 "백성에게 재해(災害)가 없으니 상하가 화목하여 하늘의 도움을 받은 것이다"라 하였다. 용(用)자는 인(因)자의 뜻이다. 휴(休)는 사(賜)의 뜻이다. 이는 모두 고대의 전설로 신빙성 있는 역사는 아니다. 『논형·유증(儒增)』편에서도 이 점에 대하여 이미 언급을 하였다.

30 상나라의 탕임금이 하나라의 걸왕을 토벌하였으므로 정이 상왕조로 옮겨간 것이다.

31 재사(載祀): 재(載)와 사(祀)는 모두 "해 년(年)"자의 뜻이다. 고인들은 재(載)라 하기도 하

商紂暴虐,	상나라 주가 포학하여
鼎遷于周.[32]	정이 주나라로 옮겨 왔습니다.
德之休明,[33]	덕이 아름답고 밝으면
雖小,	비록 작아도
重也.[34]	무거울 것입니다.
其姦回昏亂,	간사하고 혼란하다면
雖大,	비록 크다 하나
輕也.[35]	가벼울 것입니다.

고 사(祀)라 하기도 하며, 혹은 년(年), 혹은 세(歲)라고도 하는데 사실상 모두 한 가지의 뜻이다. 『이아·석천(釋天)』에서는 "하(夏)나라에서는 세라 하였고, 상(商)나라에서는 사, 주나라에서는 년, 당(唐)·우(虞)에서는 재라고 하였다"라 하였는데 또한 다 그런 것은 아니다. "載祀六百"은 재사(載祀)는 같은 뜻의 글자가 연속으로 쓰인 복사(複詞)로 은상(殷商)이 나라를 소유한 것이 6백 년이라는 말이다. 『한서·율력지(律曆志)』에서는 "걸왕을 토벌한 때부터 주(紂)왕을 토벌했을 때까지가 629년이다"고 했고, 「은본기」의 『집해(集解)』에서는 삼국시대 촉(蜀)나라 초주(譙周)의 『고사고(古史考)』를 인용하여 또한 "은나라는 무릇 31세 6백여 년"이라 하였으므로 『전』에서 "殷載祀六百"이라 하였다. 6백 년이라는 것은 정수만 든 것이다. 「은본기」의 『집해(集解)』에서 인용한 『급총기년(汲冢紀年)』에서는 "탕임금이 하나라를 멸하고 수(受)에 이르렀을 때까지는 햇수로 496년이다"라 하였는데 믿을 만하지 못하다. 근인이 지은 『은력보(殷曆譜)』에서는 성탕(成湯) 원년(B.C. 1715)에서 주(紂)왕 52년, 또한 곧 주무왕 즉위년까지는 모두 629년이라고 하였는데 은나라는 실제는 주왕 63년, 곧 주무왕 11년부터 계산을 해야 하는데 이해에 주(紂)를 멸하였으므로 곧 640년이 된다.

32 무왕이 주나라를 쳐서 멸하였으므로 구정은 또 주나라로 귀속되었다. 『일주서·세부(逸周書·世俘)』에서는 "갑자일 아침 상나라에 이르러 붙었는데 상나라 주왕을 죽였다. 신해일에 포로와 은왕의 정을 바쳤다"라 하였으니 이것도 또한 은나라의 정을 옮긴 일설이다.

33 "덕약휴명(德若休明)"과 같은 말이다. 휴는 미선(美善), 곧 아름답다는 뜻이고, 명은 광명(光明)이라는 뜻이다.

34 군주가 아름다운 덕을 갖추고 있으면 구정이 비록 작다고 하더라도 또한 무거울 것이니 옮길 수가 없다는 말이다.

天祚明德,[36]	하늘이 복을 내려 덕이 밝은 임금은
有所厎止.[37]	머무는 곳이 있습니다.
成王定鼎于郟鄏,[38]	성왕은 겹욕에 정을 안치하여
卜世三十,	세대를 점치니 30세요
卜年七百,[39]	햇수를 점치니 7백 년이었으니
天所命也.	하늘이 명한 것입니다.

---

35 군주의 덕이 간사하고 혼란하면 구정이 비록 크다고 하더라도 가벼워서 옮길 수 있다는 말이다.

36 조(祚): 복(福)과 같은 말.

37 지지(厎至): 지(厎)는 정하다, 이르다의 뜻. "厎"와 "止"는 뜻이 서로 가까워서 함께 쓰였으며, 여기서는 거의 고정되다의 뜻으로 쓰였다. 하늘이 덕이 밝은 사람에게 복을 내리면 반드시 고정되는 것이 있어 때에 따라 변할 수 있는 것이 아니라는 말이다.

38 겹욕(郟鄏): 곧 환공 7년 『전』의 겹(郟)으로 주나라 때의 왕성(王城), 한나라 때의 하남(河南)으로 지금의 낙양시에 있다. 「초세가」의 『색은(索隱)』에서는 "『주서(周書)』에 의하면 겹은 낙읍 북산의 이름이다"라 하였다. 경상번(京相璠)은 "겹은 산의 이름이고, 욕은 읍이다"라 하였다. 송나라 악사(樂史)의 『태평환우기(太平寰宇記)』에서는 망산(邙山)이 곧 겹산(郟山)의 별명이라고 하였다. 심흠한의 『보주(補注)』에서는 "『속지(續志)』에서는 '하남현 동쪽 성문의 이름은 정문이다'라 하였고, 『당육전(唐六典)』에서는 '동도(東都)의 성 남쪽은 세 개의 문이 있는데, 가운데의 것을 정정(定鼎)이라고 한다'라 하였다. 한유(韓愈)의 「정씨네 열 번째 교리를 전송하며 지어준 글(送鄭十校理序)」에서는 '정정문(定鼎門) 문밖에 자리를 펴고 앉았다'라 하였는데, 이는 옛사람들이 성왕(成王)이 정을 안치한 일을 가지고 성문의 이름을 삼은 것이다"라 하였다.

39 『한서·율력지(律曆志)』에서는 "주나라는 모두 63왕 867년이다"라 하였다. 공영달은 "점친 햇수를 넘었다"라 하였다. 다케조에 고코(竹添光鴻)는 "구정을 정한 것은 성왕 20년 갑인년이고 구정이 사수〔泗〕에 빠진 것은 현왕(顯王) 42년 갑오년이다. 안치한 해부터 빠진 해까지가 모두 701년이니 정확하게 7백 년이란 수와 합치된다"라 하였다. 왕손만이 말한 "세대를 점치고" "연수를 점치는" 것은 주나라가 몇 세나 전하고, 몇 년이나 갈 수 있을까 하는 것으로, 거두절미하여 7백 년이란 수에 맞출 수는 없는 것이다. 『진서·배해전(晉書·裴楷傳)』에 진무제(晉武帝)가 갓 등극하는 것이 기록되어 있는데, 책(策)을 찾아 몇 세수(世數)의 다소를 점치는 것이 있으니 곧 그 뜻을 취하였음을 알 수 있다. 전인들은 좌씨가 예언을 좋아한다고 말하는데, 곧 이로써 『좌전』의 저작 연대를 고찰할 수 있으니 무리는 아니다.

周德雖衰,	주나라의 덕이 비록 쇠하였으나
天命未改.	하늘의 명은 바뀌지 않았습니다.
鼎之輕重,	정의 무게는
未可問也."[40]	물을 만한 것이 아닙니다."

夏,	여름에
楚人侵鄭,	초나라 사람이 정나라를 침공하였는데
鄭卽晉故也.[41]	정나라가 진에게 가서 붙었기 때문이다.

宋文公卽位三年,[42]	송문공이 즉위한 지 3년 만에
殺母弟須及昭公子,	동모제인 수와 소공의 아들을 죽였는데
武氏之謀也.	무씨의 획책이었다.

40 「초세가」에서는 이 말을 쓰고 아울러 말하기를 "초나라 왕이 이에 돌아갔다"라 하였으며, 「주본기」에서도 "왕이 보낸 사신 왕손만이 응하여 말을 하니 초나라 군사가 이에 떠났다"라 하였다. 『전』에서 초왕이 돌아가거나 군사가 떠난 것을 말하지 않은 것은 말하지 않아도 알 수 있기 때문이다.

41 즉(卽): "나아갈 취(就)"자와 같은 뜻이다. 정나라가 진나라에 붙은 것은 곧 위의 『전』의 "정나라가 진나라와 화의를 맺었다(鄭及晉平)"는 것이다.

42 송문공 즉위 3년은 곧 송문공 2년으로, 송소공이 피살된 후 송문공이 곧 즉위를 하였지만 이듬해에야 비로소 개원을 하였다.

使戴, 桓之族攻武氏於司馬子伯之館,	대와 환의 일족들로 하여금 사마인 자백의 집에서 무씨를 공격하게 하여
盡逐武, 穆之族.[43]	무씨와 목씨의 일족을 모두 쫓아냈다.
武, 穆之族以曹師伐宋.[44]	무씨와 목씨의 일족이 조나라 군사를 가지고 송나라를 쳤다.
秋,	가을에
宋師圍曹,	송나라 군사가 조나라를 에워쌌는데
報武氏之亂也.	무씨의 난을 보복한 것이었다.

冬,	겨울에
鄭穆公卒.	정목공이 죽었다.
初,	처음에
鄭文公有賤妾曰燕姞,[45]	정문공에게 천첩이 있었는데 연길이라 했으며

---

43 이 일은 문공 18년에 있었다. 그해의 『전』에서는 "대(戴)·장(莊)·환(桓)족"이라고 하였는데 여기서는 장족이 없으며, 이는 아마 생략하였기 때문일 것이다.

44 『독본(讀本)』에서는 "조나라 군사가 송나라를 친 것은 그해를 모르겠다. 『전』에서는 추후에 말하여 지금 조나라를 친 것이라 해석하였다"라 하였다.

45 정문공 원년은 노장공 22년이다. 「정세가」에서는 이 일을 정문공 24년에 열입시켰으니 곧 노희공 11년인데, 무슨 근거인지는 모르겠다. 그 말이 믿을 만하다면 정목공은 이해에 태어났다고 가정할 수 있다. 정목공은 희공 33년에 즉위하였으며 당시 나이 22세로,

夢天使與己蘭,[46]

꿈에 천사가 자기에게 난을 주면서

曰,

말했다.

"余爲伯儵.[47]

"나는 백조다.

余,

나는

而祖也.[48]

너의 선조이다.

以是爲而子.[49]

이것을 너의 아들로 삼을 것이다.

以蘭有國香,[50]

난초에는 나라에서 가장 아름다운 향기가 있기 때문에

人服媚之如是."[51]

사람들이 이와 같이 차고 다니면서 좋아하게 될 것이다."

즉위 22년 만에 죽었으니 죽었을 때의 나이는 44세였다. 남연은 길성이며, 은공 5년의 『전』과 『주』에 보인다. 연길은 남연(南燕)의 딸이다.

46 천사(天使): 하늘의 사자이다. 성공 5년 『전』의 "영이 천사를 꿈꾸었다(嬰夢天使)"라 할 때의 천사와 같은 뜻이다. 「정세가」에는 "하늘이 그에게 난을 주는 꿈을 꾸었다(夢天與之蘭)"라 하여 "使"자가 빠져 있다.

47 조(儵): 『설문(說文)』에는 "姞"자의 아래에 "鯈"를 끌어다 놓았다. 홍양길(洪亮吉)의 『고(詁)』에서는 "조(儵)는 곧 조(鯈)인데, 다만 편방만 위로 옮겼을 따름이다"라 하였다.

48 백조는 남연의 조상이다. 청나라 이이덕(李貽德)의 『춘추좌씨전가복주집술(春秋左氏傳賈服注輯述)』에서는 "황제(黃帝)의 아들로 성을 얻은 자가 열두 명인데, 길(姞)도 그중의 하나이다. 백조는 마땅히 길(姞)성을 받은 자이다"라 하였다.

49 난(蘭)을 그의 아들로 삼다. 두예는 "난을 여자의 이름으로 삼는다"라 하였는데 『전』의 뜻이 아닌 것 같다.

50 성공 16년 『전』에 "국사(國士)"라는 말이 있고, 성공 2년에는 "국보(國寶)"라는 말이 있으며, 희공 10년의 『공양전』에 "국색(國色)"이라는 말이 있는데, 이 "국향(國香)"이라는 말도 유사하게 쓰였으며 온 나라에서 으뜸가는 향기임을 말한다. 장병린의 『독(讀)』에서는 "한 나라에는 난초가 많은데 어찌 '국사(國士)'처럼 하나만 있고 둘은 없겠는가?"라 하였다. 이어서 말하기를 "고문의 '국(國)'자는 '혹(或)'이라 하였으며 본래는 '혹향(或香)'이고 '혹(或)'은 '욱(郁)'자의 가차자이다. 욱(郁)은 향기가 많은 것이므로 '蘭有郁香'이라 한 것이다"라 하였는데, 잘못 안 것이다.

既而文公見之,
얼마 후 문공이 그를 보고

與之蘭而御之.[52]
난초를 주면서 잠자리를 모시게 했다.

辭曰,[53]
말하기를

"妾不才,
"첩은 재주가 없사온데

幸而有子.
요행히 애를 가지게 되면

將不信,[54]
믿지 않을 것이니

敢徵蘭乎?"[55]
감히 난초를 신물로 삼아도 되겠습니까?"

---

51 『회남자·설산훈(說山訓)』에 "군자들이 그것을 찬다(君子服之)"는 말이 있는데, 고유(高誘)는 "복은 차는 것(佩)이다"라 하였다. 두예는 "미는 사랑스러운 것(愛)이다"라 하였다. 미복지(服媚之)는 차고 다니면서 사랑하는 것이다.

52 후한(後漢) 때 채옹(蔡邕)의 『독단(獨斷)』에서는 "어(御)라는 것은 들이는 것(進)이다. 무릇 의복을 옷에 걸치고 음식을 입에 넣고 비첩(妃妾)이 침상에서 모시는 것을 모두 어라고 한다"라 하였다. 「정세가」에서는 "꿈 이야기를 문공에게 말해 주니 문공이 그녀와 잠자리를 같이하고 그에게 난초를 주어 증거로 삼게 하였다"라 하였다. 이와 같이 말했다면 연길이 먼저 문공에게 꿈 이야기를 해준 후에 정문공이 잠자리로 간 것이니 『전』의 뜻과는 부합하지 않는 것 같다. 『전』에서는 문공이 우연히 난초를 주어 그곳으로 갈다고 한 것 같다.

53 『예기·단궁(檀弓) 상』에 "사람을 시켜 호돌에게 말하게 하였다(使人辭於狐突曰)"라는 말이 있는데 정현은 "사(辭)는 알린다(告)는 말과 같다"라 하였다.

54 장(將)자는 가설(假設)을 나타내는 접속사로 만약이라는 뜻이다. 『장자·재유(莊子·在宥)』편에 "천하가 그 본래의 자연스런 상태에 편히 머물러 있다면(天下將安其性命之情) 이 여덟 가지 일은 없어도 그만이다. 천하가 그 본래의 자연스런 상태에 편히 머물러 있지 못하면(天下將不安其性命之情) 이 여덟 가지는 비로소 꽁꽁 묶여 뒤엉킨 채 세상을 어지럽히게 된다"는 말이 있는데 이곳의 장(將)자 역시 약(若)자의 의미로 쓰였다.

55 징란(徵蘭): 난초를 신물(信物)로 삼는 것이다. 이 구절에는 두 가지 해석이 있다. 두예는 "장차 믿음을 받지 못할까 두려워하였으므로 문공이 내려준 난초로 회임한 달수를 헤아리고자 하는 것이다"라 하였다. 다케조에 고코(竹添光鴻)는 "첩은 재주가 없어서 지금 임금님을 모시게 되었지만 다행히 길몽이 응하여 공자를 낳더라도 남들이 믿지 않을

公曰,
공이 말하기를

“諾.”
“좋다”라 하였다.

生穆公,
목공을 낳았는데

名之曰蘭.
이름을 난이라 하였다.

文公報鄭子之妃曰陳嬀,[56]
문공이 정자의 비 진규와 간음하여

生子華, 子臧.
자화와 자성을 낳았다.

子臧得罪而出.[57]
자장은 죄를 짓고 도망쳤다.

誘子華而殺之南里,[58]
자화를 꾀어 남리에서 죽이고

使盜殺子臧於陳, 宋之間.[59]
자장은 진나라와 송나라 사이에서 죽였다.

것이므로 감히 이번에 내려준 난초를 가지고 신물로 삼으면 안 되겠습니까?라 말하는 것과 같다”라 하였다. 이는 연길이 정문공에게 대답한 말이 되므로 “사람들이 장차 믿지 못한다”는 말을 할 리가 없으니, 두예의 말이 비교적 믿을 만하다.

56 환공 18년 『전』에서는 “채중이 진나라에서 정자를 맞아 세웠다(祭仲逆鄭子于陳而立之)”라 하였고, 장공 14년의 『전』에서는 “부하가 정자 및 그의 두 아들을 죽여 여공에게 바쳤다(傅瑕殺鄭子及其二子, 而納厲公)”라 하였다. 이에 의하면 정자는 곧 자의(子儀)로 문공의 숙부임을 알 수 있다. 자위는 진(陳)에서 아내를 맞았는데 그 비를 진규(陳嬀)라고 하였다. 『시경·패풍·웅치(邶風·雄稚)』의 공영달의 주석에서는 복건(服虔)의 말을 인용하여 “친속의 처와 간음하는 것을 보(報)라 한다. 『한률(漢律)』에서는 계부(季父)의 처와 간음하는 것을 보라고 한다”라 하였다. 『진서·석륵재기(晉書·石勒載記) 하』에서는 “또한 글을 내려 백성들이 형수와 간음하는 것(不聽報嫂)을 듣지 않게 금하였다”라 하였는데, 이곳의 보(報) 역시 간음의 뜻으로 쓰였다.

57 희공 24년의 『전』에 “정자화의 아우 자장이 송나라로 달아났다”는 말이 있는데, 그곳의 주에 상세하다.

58 희공 16년의 『전』에 보인다. 남리는 정나라 땅으로 양공 26년의 『전』에서 “초자가 정나라를 쳐서 남리로 들어갔다”라는 말로 알 수 있다. 『휘찬(彙纂)』 양공 16년에서는 “지금의 신정현(新鄭縣) 남쪽 5리 지점에 남리라는 지명이 있다”라 하였다.

59 희공 24년의 『전』에 보인다.

又娶于江,	또한 강에서 아내를 맞아
生公子士.	공자 사를 낳았다.
朝于楚,	초나라를 조현하는데
楚人酖之,	초나라 사람이 짐새의 독을 마시게 하여
及葉而死.[60]	섭에 이르러 죽었다.
又娶于蘇,[61]	또한 소에서 아내를 맞아
生子瑕, 子兪彌.	자하와 자유미를 낳았다.
兪彌早卒.	유미는 일찍 죽었다.
洩駕惡瑕,	설가는 하를 미워하였으며
文公亦惡之,	문공 또한 그를 미워하였으므로
故不立也.[62]	세우지 않았다.

60 섭(葉): 초나라 땅으로 그 옛 성은 지금의 하남성 섭현(葉縣) 남쪽 30리 지점에 있다. 혜동(惠棟)의 『보주(補注)』에서는 혜사기(惠士奇)의 설을 인용하여 "초나라는 강(江)을 멸하였는데 그곳에서 난 사람이 해가 될까 봐 미워하였으므로 짐독을 먹인 것이다"라 하였다.

61 소(蘇): 본래 옛 나라 이름인데 여기서는 곧 소분생(蘇忿生)의 소인 것 같으며, 또한 곧 온(溫)으로, 은공 11년의 『전』과 『주』에 상세히 보인다.

62 희공 31년의 『전』에서는 "정나라 설가가 공자 하를 미워하였으며 정백 역시 그를 미워하였으므로 공자 하가 초나라로 달아났다(鄭洩駕惡公子瑕, 鄭伯亦惡之, 故公子瑕出奔楚)"라 하였고, 「정세가」에서는 "처음에 정문공에게는 세 부인이 있었고 총애하는 아들이 다섯 명이었는데, 모두 죄를 지어 일찍 죽었다"라 하였다. 세 부인은 간음한 진규와 아내로 맞은 강과 소이다. 총애한 아들 다섯 명은 자화·자장·공자 사·자하·자유미이다. 이 다섯 아들은 맞는데, 총애를 하였다는 것은 아니다. 또한 "모두 일찍 죽었다"는 것도 확실치 않으며, 아마 희공 33년까지만 해도 초나라는 "공자 하를 들이려" 하였다.

公逐羣公子,	공이 공자들을 쫓아내어
公子蘭奔晉,	공자 난은 진나라로 달아났으며
從晉文公伐鄭.[63]	진문공을 따라 정나라를 쳤다.
石癸曰,	석계가 말하였다.
"吾聞姬, 姞耦,[64]	"내가 듣자 하니 희씨와 길씨가 통혼을 하면
其子孫必蕃.[65]	그 자손이 반드시 번성한다고 합니다.
姞,	길은
吉人也,[66]	길한 사람이라는 뜻으로
后稷之遠妃也.[67]	후직의 원비입니다.
今公子蘭,	지금 공자 란은

---

63 희공 30년『전』에서는 "정나라 공자 난이 진나라로 달아났는데, 진후가 정나라를 치는 데 따라갔다. 정나라를 포위하는 일에 끼지 않게 해달라고 청하였다. 이를 허락하고 동쪽에서 명을 기다리게 하였다(鄭公子蘭出奔晉, 從於晉侯伐鄭, 請無與圍鄭. 許之, 使待命于東)"라 하였고, 「정세가」에서는 "공이 노하여 여러 공자 들을 쫓아내었다. 자란은 진나라로 달아났는데, 진문공으로부터 정을 에워쌌다"라 하였다.

64 두예는 "길(姞)성은 희(姬)의 배우자가 되어야 한다는 말이다"라 하였다.

65 번(蕃): 희공 23년『전』과『주』에 보인다.

66 길(姞)자는 길(吉)의 음을 따랐으므로 "吉"이라 하여도 된다.『시경·소아·도인사(小雅·都人士)』에 "윤·길이라 한다(謂之尹吉)"라는 구절이 있는데, 정현은 "길(吉)은 길(姞)의 뜻으로 읽는다. 윤씨와 길씨는 주나라 왕실에서 혼인한 구성이다"라 한 것으로 알 수 있다. 그러므로 이 길인(吉人)으로 길(姞)자를 풀이했다. 길(姞)성의 길(姞)은 모두 길(姞) 아니면 길(吉)이라 하였는데,『시경·대아·한혁(大雅·韓奕)』에서도 "한나라 길씨 혼처 알아보았네(爲韓姞相攸)"라 하여 길(姞)로 하였음을 보면 알 수 있다.

67 후직의 원비 역시 길성이었다. 주나라의 융흥은 후직에게서 비롯되었다.

姞甥也,	길씨의 생질로
天或啓之,	하늘이 혹 그의 앞길을 열어 주면
必將爲君,	반드시 장차 임금이 될 것이며
其后必蕃.	그 후손은 반드시 번성할 것입니다.
先納之,	먼저 그들을 받아들이면
可以亢寵."[68]	총애를 지킬 수 있을 것입니다."
與孔將鉏, 侯宣多納之,	공장서 및 후선다와 함께 그를 받아들여
盟于大宮而立之,[69]	태궁에서 맹약하고 즉위시키고
以與晉平.[70]	진나라와는 화평을 맺었다.
穆公有疾,	목공이 병이 나서

---

68 항총(亢寵): 항(亢)에는 가려서 보호해 준다는 뜻이 있다. 희공 28년의 『전』과 『주』에 보인다. 항총은 쇠하지 않는 것에서 총행(寵幸)을 보호해 준다는 말과 같다. 두예는 "항은 지극한 것[極]이다"라 하였다. 극총(極寵)이라는 것은 총행이 가장 높은 곳까지 이르게 하는 것이다. 역시 뜻이 통한다.

69 태궁(大宮): 두예는 "태궁은 정나라의 조상을 모신 사당(鄭祖廟)이다"라 하였다.

70 이 일은 희공 30년에 있었다. 그해의 『전』을 참고하여 보라. 「정세가」에서는 "당시 공자 난은 진문공을 섬기면서 그를 매우 공경했고 진문공도 그를 매우 좋아하였다. 그러던 중 공자 난은 진나라에서 정나라로 돌아가 태자가 되려고 몰래 움직였다. 진문공은 공자 난을 되돌려 보내 태자로 삼으려고 이 일을 정나라에 알리자 정나라 대부 석규가 말하였다. '길씨 성의 딸은 후직의 원비이고 그녀의 후손은 반드시 흥성한다고 들었습니다. 공자 난의 모친은 길씨 성의 후손입니다. 하물며 부인의 아들들은 모두 죽고 없는데, 그 나머지 서자 중에서도 난처럼 현능한 사람은 없습니다. 지금 진나라의 포위는 견고하고 진나라는 계속 공자 난을 태자로 삼을 것을 요구하고 있습니다. 이것보다 더 좋은 조건은 없습니다.' 드디어 정나라가 진나라의 요구를 허락하고, 진나라와 동맹을 맺고 공자 난을 태자의 자리에 앉히자 진나라 군대는 비로소 철수하였다"라 하였다.

曰,	말하였다.
“蘭死,	“난초가 죽으면
吾其死乎!	나는 죽을 것이다!
吾所以生也.”	나를 태어나게 했기 때문이다.”
刈蘭而卒.[71]	난초를 베고 죽었다.

선공 4년

經

四年春王正月,[1]	4년 봄 주력으로 정월에
公及齊侯平莒及郯.[2]	공과 제후가 거나라와 담나라가 화평케 했으나

---

71 예란이졸(刈蘭而卒): 이 구절에는 예로부터 세 가지 해석이 있다. 난초 꽃이 열매를 맺자 다른 사람이 베어 가지니 목공이 이에 죽었다는 것이 첫 번째 해석이다. 심흠한의 『보주(補注)』에서는 “목공이 자신의 생사를 시험하고 싶어 난초를 베었더니 과연 죽었다”라 하였는데 이것이 두 번째 해석이다. 어떤 사람이 잘못 난초를 베었는데 이 때문에 목공이 죽었다는 것이 세 번째 해석이다. 그러나 목공은 10월에 죽었으며 이해는 후인의 추산에 의하면 건해(乾亥)이므로 하력의 7월에 해당하여 난초를 벨 때는 아닌 것 같으며, 혹 벨 만하였다면 목공이 특히 심은 뿌리일 것이다. 두예는 “『전』에서 목씨가 정나라에서 크게 흥한 까닭은 하늘이 도왔기 때문이라는 말이다”라 하였다.

1 사년(四年): 병진년 B.C. 605년으로 주정왕(周定王) 2년이다. 2월 15일 병자일이 동지로 건해(建亥)이며, 윤달이 있다.

2 거나라와 담나라는 사이가 좋지 못하여 노선공 및 제혜공이 함께 조정을 하고자 하였다. 거나라는 은공 2년의 『경』과 『주』에 보인다. 담은 나라 이름으로 소공 17년의 『전』에 의하면 소호(少皞)씨의 후손이니 곧 기(己)성이다. 그러나 『사기·진본기찬(秦本紀贊)』에서는

莒人不肯.	거나라 사람이 기꺼워하지 않았다.
公伐莒,	공이 거나라를 치고
取向.[3]	상을 취하였다.
秦伯稻卒.[4]	진백 도가 죽었다.
夏六月乙酉,[5]	여름 6월 을유일에
鄭公子歸生弑其君夷.[6]	정나라 공자 귀생이 그 임금 이를 죽였다.
赤狄侵齊.[7]	적적이 제나라를 침공했다.

"진나라의 선대는 영(嬴)성인데 그 후예가 봉지를 나누어 받았으며, 나라를 성으로 삼았는데 서씨(徐氏)와 담씨가 있다"라 하였으니, 담나라는 백익(百益)에게서 나온 것 같다. 『한서·지리지(地理志)』에서는 "소호(少昊)의 후예로 영성(盈姓)이다"라 하였는데, 영(盈)은 곧 영(嬴)이다. 곧 그 출신은 『좌전』을 따랐고 성은 『사기』를 따른 것이다. 「초세가」 경양왕(頃襄王) 18년에 담나라가 있으니 담나라는 전국시대에 이르기까지도 여전히 존속하였다. 담나라의 옛 성은 지금의 산동성 담성(郯城)현 서남쪽 22리 지점에 있을 것이다.

3 상(向)은 곧 은공 2년 "거인이 상에 들어갔다"라 한 향상으로 지금의 산동성 거현(莒縣) 남쪽 70리 지점이다. 본래 나라였는데 거나라 사람이 취하였다. 이제 노나라가 다시 거나라에게 취하였다. 두예는 "동해(東海) 승현(承縣) 동남쪽에 상성(向城)이 있는데 멀어서 의심스럽다"라 하였으니, 곧 지금의 산동성 조장시(棗莊市) 동남쪽이다. 두예는 멀다고 스스로 의심하였으니 다른 사람들은 믿지 않았다.

4 『전』이 없다. 진백 도는 『좌전』에서 그 시호를 들지 않았는데 『곡량전』의 양씨의 소(疏)에서 인용한 『세본(世本)』 및 「진본기」에 의하면 진공공(秦共公)일 것이다. 「연표」에 의거하면 진공공의 이름은 화(和)이며 「진본기」의 『색은(索隱)』에 의하면 "이름이 가(豭)이다." 또한 『전』에 의하면 진공공은 재위 4년 만에 죽었는데 「진본기」에서는 "공공은 즉위한지 5년 만에 죽었다"라 하여 또한 『전』과 다르다.

5 을유일은 26일이다.

6 『연표』에서는 "정영공 이 원년에 공자 귀생이 자라 때문에 영공(靈公)을 죽였다"라 하였다. 10년의 『전』에 의하면 정나라 임금 이의 첫 시호는 "유(幽)"였었는데, 나중에 시호를 "영(靈)"으로 바꾸었다.

7 『전』이 없다. 적적(赤狄)은 이미 3년의 『경』과 『전』에 보인다.

秋,	가을에
公如齊.[8]	공이 제나라로 갔다.
公至自齊.[9]	공이 제나라에서 돌아왔다.
冬,	겨울에
楚子伐鄭.	초자가 정나라를 쳤다.

傳

四年春,	4년 봄
公及齊侯平莒及郯,	공이 제후와 함께 거나라 및 담나라를 화평시키려 하였는데
莒人不肯.	거나라 사람이 기꺼워하지 않았다.
公伐莒,	공이 거나라를 치고
取向,	상을 취하였는데
非禮也.	예의에 맞지 않았다.
平國以禮,	나라를 화평시킴은 예로써 해야지
不以亂.[10]	난리로 하지 않는다.

---

8 『전』이 없다. 3년의 『경』과 『전』에 보인다.

9 『전』이 없다. 환공 2년의 『전』에서는 "공이 당(唐)나라에서 돌아와 종묘에 알렸다"라 하였으니 "지(支)"자는 모두 돌아와 종묘에 고한 것이다. 이는 또한 당연하다.

10 제후 간의 불화를 조정할 때는 마땅히 "예"를 가지고 행해야 하며 "난"을 가지고 해서는 안 된다는 것이다. 은공 4년의 『전』에서 중중(衆仲)이 말하기를 "신이 듣기에 덕으로 백성들을 화합시킨다고는 하였어도 난리로 한다는 말은 듣지를 못했습니다(臣聞以德和民, 不聞以亂)"라 하였는데, 거기서 말한 난(亂)은 군사를 가지고 정나라를 친 것이며,

伐而不治,	쳐서 다스리지 않는 것이
亂也.	난리이다.
以亂平亂,	난리로 난리를 평정하면
何治之有?	무슨 다스림이 있겠는가?
無治,	다스림이 없으면
何以行禮?	무엇으로 예를 행하는가?

楚人獻黿於鄭靈公.[11]	초나라 사람이 정영공에게 자라를 바쳤다.
公子宋與子家將見.[12]	공자 송과 자가가 뵈려고 하였다.
子公之食指動,[13]	자공의 식지가 움직였는데
以示子家,	자가에게 보여주면서
曰,	말하였다.
"他日我如此,	"예전에 내가 이럴 때
必嘗異味."	반드시 별미를 맛보았었지."

여기서 말한 난은 군사를 가지고 거나라를 친 것이다.

11 원(黿): 『설문(說文)』에서는 "큰 자라이다(大鼈)"라 하였다. 자라는 속칭 각어(脚魚)라고도 하고 또한 단어(團語)라고도 한다. 정영공은 목공의 태자이다. 목공이 지난해 죽었으니 이해는 영공 원년이다.

12 두예는 "송은 자공이다. 자가는 귀생(歸生)이다"라 하였다.

13 식지(食指): 두 번째 손가락이다. 옛날에는 엄지손가락을 거지(巨指)라 하였다. 두 번째 손가락은 식지, 중지(中指)는 장지(將指), 네 번째 손가락은 무명지(無名指), 새끼손가락은 소지(小指)라 하였다.

及入, 들어가니

宰夫將解黿,[14] 요리사가 자라를 가르려 하였는데

相視而笑. 서로 쳐다보며 웃었다.

公問之, 공이 물어보았더니

子家以告. 자가가 알려 주었다.

及食大夫黿,[15] 대부들에게 자라를 먹일 때

召子公而弗與也.[16] 자공을 불러서는 그에게는 주지 않았다.

子公怒, 자공이 노하여

染指於鼎, 솥에다 손가락을 찍어

嘗之而出. 맛보고는 나갔다.

公怒, 공이 노하여

欲殺子公. 자공을 죽이려 하였다.

子公與子家謀先.[17] 자공이 자가와 선수 칠 것을 도모하니

子家曰, 자가가 말하였다.

---

14 해원(解黿): 『장자·양생주(莊子·養生主)』에 "포정이 소를 잡았다(庖丁解牛)"는 말이 있는데, 이 해우(解牛)는 산 소를 죽여서 가르는 것이고, 여기서는 이미 삶아서 갈라 먹기 편하게 하려는 것이다. 그래서 「정세가」에서는 "들어갔더니 영공에게 자라 국을 바치는 것을 보았다"라 하였다.

15 청나라 왕념손(王念孫)은 원(黿)자 아래에 갱(羹)자가 있어야 한다고 하였다.

16 두예는 "손가락이 움직여도 효과가 없음을 보여주고자 한 것이다"라 하였다.

17 두예는 "영공보다 먼저 난을 일으키는 것이다"라 하였다.

"畜老,[18]	"가축도 늙으면
猶憚殺之,	오히려 죽이기를 꺼리는데
而況君乎?"	하물며 임금이겠는가?"
反譖子家.[19]	그러고는 도리어 자가를 무함하였다.
子家懼而從之.	자가는 두려워 그를 따랐다.
夏,	여름에
弑靈公.[20]	영공을 죽였다.
書曰,	기록하기를
"鄭公子歸生弑其君夷",	"정나라 공자 귀생이 그 임금 이를 죽였다"라 하였는데
權不足也.[21]	권력이 부족해서였다.
君子曰,	군자는 말하였다.
"仁而不武,	"어질면서 무용이 없으면
無能達也."[22]	통할 수가 없다."

---

18 가축이 이미 늙은 것을 말한다.

19 두예는 "공에게 자가를 무함한 것이다"라 하였다.

20 『사기·정세가』와 『설원·복은(說苑·復恩)』편에도 이 일이 모두 기록되어 있는데 오히려 자가를 무함한 일은 없다. 아마 『전』의 문장을 취하면서 생략한 것 같다.

21 『경』에서 귀생만 기록한 까닭을 풀이하였다. 자공의 지위가 자가보다 높은 것 같으므로 "권력이 부족해서였다"라 하였다. 두예는 "자가의 권력이 난을 막기에는 부족하였고 무함을 두려워하여 임금을 죽이는 일에 가담하였으므로 가장 악하다고 기록하였다"라 하였다.

22 두예는 "처음에 가축이라 칭한 것은 인이며, 자공을 꾸짖어 없애지 않은 것은 무용이 없는 것이다. 그러므로 스스로 인도에 통할 수가 없었으며 임금을 죽이는 죄에 빠진 것

凡弑君,	무릇 임금을 죽임에
稱君,	임금의 이름을 말하는 것은
君無道也;[23]	임금이 무도하기 때문이며,
稱臣,	신하의 이름을 말하는 것은
臣之罪也.[24]	신하가 죄를 지었기 때문이다.
鄭人立子良.[25]	정나라 사람이 자량을 세웠다.
辭曰,	사양하여 말하였다.
"以賢,[26]	"현명하기로 치면

이다"라 하였다. 청나라 주빈(朱彬)의 『경전고증(經傳考證)』에서는 "달은 통(通)자와 같으며 행한다는 뜻이다. 귀생은 송의 말을 듣고 마땅히 적을 토벌하였음이 의리이거늘 그렇게 하지 않고 임금을 죽이는 죄를 저질렀으므로 처음에는 비록 악함을 막았지만 종내는 행할 수가 없었다"라 하였다. 『설원·복은(說苑·復恩)』에도 이 일이 수록되어 있는데 『전』의 말을 많이 썼으며 마지막 부분에서는 "자하(子夏)가 말하기를 '『춘추』는 임금이 임금답지 않고 신하가 신하답지 않으며 아비가 아비답지 못하고 자식이 자식답지 못한 것을 기록한 것이다. 이는 하루의 일이 아니며 시나브로 여기까지 이른 것이다'라 하였다"라 하였다. 자하의 말과 이곳의 "군자가 말하기를"이라 한 것은 다르다. 『한비자·난(難) 4』에서는 "현명한 임금은 노여워하면서도 성은 내지 않는다. 노여워 성을 내면 신하들이 죄를 지을까 두려워하여 가볍게 일을 꾸며 실행하니 임금이 위태로워진다. 그러므로 영대(靈臺)의 연회에서 위후(衛侯)는 성을 내었으나 죽이지 않아 저사(褚師)가 난을 일으켰고, 자라탕을 먹자 정군(鄭君)이 성을 내었으나 죽이지 않았으므로 자공이 임금을 죽였다"라 하였으니, 이는 법가의 각도에서 이 일을 논한 것이다.

23 두예는 "칭군(稱君)이라는 것은 임금의 이름만 기록하여 나라가 죽였다는 것을 일컬은 것으로 뭇 백성들이 함께 버렸다는 뜻이다"라 하였다.

24 공영달은 두예의 『춘추석례(春秋釋例)』[이하 『석례(釋例)』]를 인용하여 "칭신(稱臣)이라는 것은 시해한 자의 이름을 기록하는 것으로 앞으로 올 세상에 드리워 끝내 불의로 생각하여 용서할 수 없다는 것이다"라 하였다.

25 자량(子良)은 목공(穆公)의 서자로 공자 거질(公子去疾)이다.

26 이현(以賢): 논현(論賢)이란 말과 같다. 현명함을 가지고 논한다면의 뜻이다. 『맹자·만장(萬章) 하』에 "지위를 가지고 말하자면 그대는 임금이고 나는 신하요. 덕을 가지고 말하면 그대가 나를 섬겨야 할 것이요"라는 말이 있다.

則去疾不足;	거질이 부족하고,
以順,[27]	순위로 치면
則公子堅長."	공자 견이 연장자이다."
乃立襄公.[28]	이에 양공을 세웠다.
襄公將去穆氏,[29]	양공이 목씨를 없애고
而舍子良.[30]	자량만 남겨 두려고 했다.
子良不可,	자량이 안 된다고 하면서
曰,	말하였다.
"穆氏宜存,	"목씨가 있어야 한다는 것이
則固願也.	저의 굳은 바람입니다.
若將亡之,	그들을 없애려면
則亦皆亡,	또한 모두 없앨 것이니
去疾何爲?"[31]	거질만 남겨 무얼 하겠습니까?"

---

27 순(順): 장소(長少), 곧 나이의 많고 적음이다.

28 양공은 곧 공자 견(公子堅)이다. 「정세가」에서는 "정나라 사람이 영공의 아우인 거질을 세우려고 하였는데, 거질이 사양하면서 말하기를 '반드시 현명함으로 말하면 거질이 못났고, 반드시 연장으로 말하면 공자 견이 연장자이다'라 하였다. 견은 영공의 서제(庶弟)로 거질의 형이다. 이에 공자 견이 즉위하니 곧 양공이다"라 하였다. 「정세가」에서는 양공을 영공의 서제라 하였으며, 서광(徐廣)이 인용한 「연표(年表)」에서는 "영공의 서형"이라 하였는데 누가 옳은지 상세하지 않다.

29 두예는 "형제들을 쫓아내는 것이다"라 하였다. 목씨는 목공의 여러 아들들로 양공에게는 형제가 된다. 「정세가」에서는 "양공이 즉위하자 목씨(繆氏)를 없애려 하였다. 목씨는 영공 자공의 일가족을 죽였다"라 하여 목씨(穆氏)를 자공의 일족이라 하였는데, 『전』의 뜻과는 합치되지 않는다.

30 두예는 "임금의 자리를 나에게 넘겼기 때문이다"라 하였다.

乃舍之,	이에 그들을 남겨 두고
皆爲大夫.[32]	모두 대부로 삼았다.
初,	처음에
楚司馬子良生子越椒.[33]	초나라 사마 자량이 자월초를 낳았다.
子文曰,	자문이 말하였다.
“必殺之!	“반드시 죽이리라!
是子也,	이 아이는
熊虎之狀而豺狼之聲;[34]	그 형상은 곰과 호랑이요 그 목소리는 늑대와 승냥이이니
弗殺,	이 녀석을 죽이지 않는다면
必滅若敖氏矣.	반드시 약오씨를 멸할 것이다.
諺曰,	속담에서 말하기를

---

31 두예는 “무엇 때문에 나 혼자 남겨두었느냐는 말이다”라 하였다. 원어(原語)에 생략이 있는 것 같다.

32 『전』의 내용을 가지고 고찰해 보건대 목공의 아들은 31명인데, 나중에 한(罕)·사(駟)·풍(豐)·유(游)·인(印)·국(國)·량(良)의 7족만 드러나므로 이들을 칠목(七穆)이라 한다.

33 자량은 투백비(鬪伯比)의 아들이며 영윤 자문(子文)의 동생으로, 관직은 사마(司馬)이다. 자월초는 곧 투초(鬪草)로, 문공 9년의 『전』과 『주』에 상세하다.

34 지(之)자는 여기서 “그 기(其)”자의 용법으로 쓰였다. 그 형상은 곰과 호랑이를 닮았고, 그 목소리는 승냥이와 이리를 닮았다는 말이다.

'狼子野心.'[35]	'이리의 새끼는 야수의 마음이 있다'라 하였는데
是乃狼也,	이 녀석이야말로 곧 이리이니
其可畜乎?"[36]	어찌 기를 수 있겠는가?"
子良不可.	자량은 안 된다고 하였다.
子文以爲大慼.	자문은 크게 근심하였다.
及將死,	죽으려 할 때
聚其族,	그 일족을 모아 놓고
曰,	말하였다.
"椒也知政,	"초는 정사를 맡거든
乃速行矣,	속히 떠나서
無及於難."	화가 미치지 않도록 하여라."
且泣曰,	또한 눈물을 흘리며 울면서 말하기를
"鬼猶求食,[37]	"귀신이 먹을 것을 구한다면

35 「초어 하」의 섭공자고(葉公子高)의 말에 "어떤 사람이 말하기를 '이리의 새끼는 야수의 마음을 가지고 있다'라 하였다" 하였으며, 소공 28년의 『전』에서도 "대청에 이르러 그 음성을 듣고 돌아와 말하기를 '이는 승냥이와 이리의 소리이다. 이리의 새끼는 야수의 마음을 가지고 있다'라 하였다"는 말이 있으니 초나라와 진(晉)나라에는 모두 이 속담이 전하여졌다.

36 기(其): "어찌 기(豈)"자의 뜻으로 쓰였다.

37 유(猶): 가정을 나타내는 약(若)자의 의미로 쓰였다. 양공 20년의 『전』에 "귀신이 있다면(猶有鬼神) 나는 굶주릴 것이니 와서 먹지 않을 것이다"라는 말이 있고, 소공 27년의 『전』에는 "귀신이 있다면(猶有鬼神) 이번에는 반드시 패할 것이다"라는 말이 있으며, 또

若敖氏之鬼不其餒而!"[38]	약오씨의 귀신이 어찌 굶주리지 않겠는가!"
及令尹子文卒,[39]	영윤 자문이 죽자
鬬般爲令尹,[40]	투반이 영윤이 되었고
子越爲司馬.	자월은 사마가 되었다.
蔿賈爲工正,[41]	위가는 공정이 되었는데
譖子揚而殺之,[42]	자양을 무함하여 죽이니

한 12년의 『전』에는 "만약 빠진 것이 있다면(猶有闕也) 점을 쳐서 길한 괘가 나오더라도 그렇지는 못할 것이다"는 말이 있는데 이곳의 유(猶)자는 모두 같은 뜻으로 쓰였다.

38 약오씨지귀(若敖氏之鬼): 약오씨네 일족의 조상을 말함. 『논어·위정(爲政)』편에 "그 귀신이 아닌데 제사를 지낸다면(非其鬼而祭之) 이는 아첨하는 것이다"의 귀(鬼)자도 조상을 가리킨다.

불기뇌이(不其餒而): 뇌(餒)는 "주릴 아(餓)"자의 뜻이다. 장차 굶주리지 않겠는가라는 말과 같으며, 자손이 멸절되어 제사를 지내 주는 사람이 없을 것이라는 뜻이다. 이(而)자는 여기서 어기사로 쓰였다.

39 유문기(劉文淇)의 『구주소증(舊注疏證)』에서는 "자문이 죽은 연도를 『전』에서는 밝히지 않았다. 장공 30년의 『전』에 의하면 자문은 영윤이 되었다. 희공 23년에는 저사를 자옥에게 주었다. 그가 영윤으로 있은 지는 무릇 28년이다. 이때에는 이미 나이가 많아 늙었을 것이니 그가 죽은 해는 아마 희공 말년일 것이다"라 하였다.

40 투반(鬬般): 반(般)은 옛날에 반(班)자와 많이 통용하여 썼다. 그래서 『한서·서전(敍傳)』에서는 자문의 일을 기록하여 "초나라 사람들은 호반(虎班)이라 하였으며 그 아들은 호로 삼았다"라 하였는데, 안사고는 "자문의 아들 투반(鬬班) 역시 초나라의 영윤이 되었다"라 주석을 달았다. 장공 28년 및 30년의 『전』에도 투반(鬬班)이라는 사람이 나오는데 다른 인물이다. 희공 23년의 『전』에 의하면 자문은 성득신(成得臣) 자옥(子玉)에게 영윤의 자리를 물려준다. 자옥이 죽은 후에는 위여신(蔿呂臣)이 잇는데 희공 28년 『전』에 보인다. 그 후 자상(子上)이 또 이어받는데 희공 33년 및 문공 원년 『전』에 보인다. 성대심(成大心)이 또 자상을 잇는다. 성대심은 문공 12년에 죽고 성가(成嘉)가 이었다. 투반이 영윤이 된 것은 아마 성가를 이은 것일 것이다.

41 위가는 희공 27년의 『전』에 보인다. 장공 22년 『전』의 두예의 주석에서 공정(工正)은 백공을 관장하는 벼슬이라 하였다. 초나라에는 또한 공윤(工尹)이 있는데 문공 10년과 선공 12년, 성공 16년, 소공 12, 19, 27년, 애공 18년 『전』에 보인다.

子越爲令尹,[43] 자월이 영윤이 되고

己爲司馬.[44] 자신은 사마가 되었다.

子越又惡之,[45] 자월이 또 그를 미워하여

乃以若敖氏之族, 이에 약오씨네 일족을 가지고

圄伯嬴于轑陽而殺之,[46] 백영을 요양에 가두어 죽이고

遂處烝野,[47] 마침내 증야에 거처하며

將攻王. 왕을 공격하려 하였다.

王以三王之子爲質焉,[48] 왕이 세 왕의 아들을 인질로 삼았으나

弗受. 그 인질을 받지 않았다.

---

42 위가가 자월초를 위하여 왕에게 투반을 참소하여 죽인 것이다.

43 투초가 투반을 대신한 것이다. 「초세가」에서는 "장왕 9년 약오씨를 재상으로 삼았다"라 하였으니 자월이 영윤이 된 것은 곧 이해의 일이다.

44 위가가 투초를 대신한 것이다.

45 투초가 또한 위가를 미워한 것이다.

46 두예는 "어(圄)는 가두는 것이다. 백영은 위가의 자이다"라 하였다.
요양(轑陽): 두예는 다만 "초나라의 읍"이라고만 말하고 소재지에 대해서는 언급하지 않았다. 고동고(顧棟高)의 『춘추여도(春秋輿圖)』에서는 지금의 호북성 강릉현(江陵縣) 경계에 있다고 하였다. 심흠한의 『지명보주(地名補注)』에서는 요하(潦河)의 북쪽이 그곳일 것이라고 하였다. 요하의 근원은 두 군데가 있는데, 하나는 하남성 남양현(南陽縣) 서쪽 마치평(馬峙坪)에서 흘러나오며, 하나는 현 북쪽 조봉산(曹峰山)에서 나오며 하나로 합류하여 진평현(鎭平縣) 동쪽에서 삼란하(三瀾河)가 되고, 또 남으로 흘러 신야현(新野縣) 경계에서 단수(湍水)와 합쳐진다.

47 증야(烝野): 고동고의 『춘추여도(春秋輿圖)』에서는 증야 또한 강릉현(江陵縣)의 경계에 있다고 하였으며, 심흠한의 『지명보주(地名補注)』에서는 곧 지금의 하남성 신야(新野)현이라고 하였다.

48 삼왕지자(三王之子): 초문왕(楚文王), 성왕(成王), 목왕(穆王)의 자손이다.

師于漳澨.[49]	이에 장서에서 군사를 일으켰다.
秋七月戊戌,[50]	가을 7월 무술일에
楚子與若敖氏戰于皐滸.[51]	초자가 약오씨와 고호에서 싸웠다.
伯棼射王,[52]	백분이 왕을 쏘았는데
汰輈,[53]	수레의 끌채를 지나
及鼓跗,[54]	북 걸이를 뚫고
著於丁寧.[55]	징에 맞았다.

---

49 초성왕이 장서에서 군사를 일으킨 것이다. 두예는 "장서는 장수(漳水) 가이다"라고 하였다. 장수는 지금의 호북성 남장현(南漳縣) 서남쪽의 봉래동산(蓬萊洞山)에서 발원하여 동남쪽으로 종상(鍾祥)과 당양(當陽)을 거쳐 저수(沮水)와 합류하며, 또 동남쪽으로 강릉현을 거쳐 장강으로 흘러든다. 위의 요양과 증야가 고동고의 설처럼 강릉의 경계에 있다면 이 장서 또한 강릉에 있어야 하며, 지금의 하용진(河溶鎭)에 있을 것이다. 요양과 증야가 심흠한의 설처럼 하남성 신야에 있다면 이 장서는 형문(荊門)현 서쪽에 있어야 하며 장수의 동쪽 기슭이 된다. 심흠한의 설이 비교적 합리적이다.

50 무술일은 9일이다.

51 고동고의 『춘추여도(春秋輿圖)』에서는 고호는 호북성 지강현(枝江縣)에 있고, 심흠한의 『지명보주(地名補注)』에서는 호북성 양양현(襄陽縣) 서쪽에 있다고 하였는데, 심흠한의 설이 비교적 정확하다.

52 백분(伯棼): 투초의 자이며, 또한 희공 28년의 『전』과 『주』에 보인다. 양공 26년의 『전』에는 백분(伯賁)으로 되어 있다. 분(棼)과 분(賁)은 고음이 같아서 통하여 썼다.

53 태주(汰輈): 두예는 "태는 지나가는 것(過)이다"라 하였고, 소공 26년 『전』의 같은 말의 주석에서는 "태는 화살이 세고 빠른 것(激)이다"라 하였다. 이 두 가지 주석을 합하여 보면 태는 화살이 날아가는 힘이 강하고 격하게 지나간다는 뜻이다. 주는 거원(車轅), 곧 수레의 끌채이다.

54 고부(鼓跗): 곧 북을 걸어놓는 북 걸이〔鼓架〕이다. 옛날의 군제(軍制)는 원수가 친히 기와 북을 잡았는데, 초장왕이 지금 스스로 장수가 되었기 때문에 또한 친히 북을 쳤다. 그러므로 북 걸이가 여기에 있는 것이다.

55 정녕(丁寧): 「진어 5」에 "순우(淳于)와 정녕을 가지고 전쟁을 하는 것은 백성을 경각시키기 위함이다"라는 말이 있고, 「오어」에는 "종을 울리고 정녕을 친다"는 말이 있는데, 위소(韋昭)는 "정녕은 징〔鉦〕을 말한다"라 하였다. 정(鉦)은 아마 정녕(丁寧)의 합음(合音)일 것이다. 『시경·소아·채기(小雅·采芑)』편에 "징잡이 징치고 북치네(鉦人伐鼓)"라는 구

又射,	또 쏘니
汏輈,	끌채를 지나
以貫笠轂.[56]	수레의 덮개를 관통하니

절이 있는데 모씨의 주석〔모전(毛傳)〕에서는 "징을 가지고 사람을 조용하게 하고 북을 가지고 격동시킨다"라 했다. 『설문(說文)』에서는 "정은 징〔鐃〕이다. 방울〔鈴〕과 비슷하며 가운데를 잡고 아래위가 통한다"라 하였다. 단옥재(段玉裁)는 주석을 달고 "탁(鐲)과 령(鈴), 정(鉦), 뇨(鐃) 네 가지는 비슷하면서도 다른 점이 있다. 정(鉦)은 령과 비슷하면서도 령과 다른 것이며, 탁과 령은 종과 비슷한데 자루가 있어 혀로 소리를 낸다. 정(鉦)은 혀가 없다. 자루가 중간에 있는 것은 자루의 반은 위에 있고 반은 아래에 있어서 조금씩 넓어지면서 그 구멍이 그것 때문에 막이 부분에 닿게 되며 자루를 잡고 흔들어 몸체와 함께 쳐서 소리를 낸다"라 하였다. 종합하여 말하면 정녕은 군중에서 쓰는 기물로 울려서 군대를 거두는 것인데, 형태가 령과 비슷하면서도 조금 다르다. 이 구절은 백분이 쏜 화살이 강하고 날카로워 날아와 수레 끌채를 통과하고 북 걸이의 발을 꿰뚫고 지나가 징에 맞았다는 것이다.

56 관(貫): 꿰뚫다, 관통하다.
입곡(笠轂): 쓰개 모양의 덮개를 씌운 수레이다. 단옥재는 또한 등(簦)자를 말하면서 "삿갓 모양의 쓰개로 자루가 있으며, 덮개와 같고 곧 지금의 우산(雨繖)이다. 『사기』에 '신발을 신고 우산을 진다(躡屩負簦)'라 했다. 생각건대 등(簦) 또한 립(笠)이라 하며, 함께 말하여 구별하지 않았다"라 하였다. 곧 등 또한 립이라 부를 수 있는 것이다. 『의례·사상례(士喪禮)』에 "일상의 기물로는 지팡이와 쓰개, 부채가 있다(燕器杖笠翣)"라 하였다. 말한 사람이 립(笠)은 곧 등(簦)이라 하였다. 이곳의 립(笠) 역시 곧 수레 위의 덮개이다. 두예는 "병거(兵車)에는 덮개가 없다"고 하였는데 이는 근거가 없는 말이다. 옛날의 병거에는 덮개가 있어야 했는데, 흐리면 비를 막고 맑으면 해를 가렸다. 게다가 이때는 더울 때였으므로 더욱 덮개가 있어야 했다. 덮개에는 활모양의 살이 있어서 여닫는데 편하게 하였는데 『주례·고공기·주인(周禮·考工記·輈人)』에 "덮개의 활모양 살은 28개가 있다"라 한 것이 이것이다. 수레바퀴에는 바퀴살이 있는데 30개의 바퀴살이 모이는 곳을 곡(轂)이라 하며 28개의 살이 모이는 곳도 곡이라고 한다. 그렇다면 입곡이라는 것은 수레 덮개를 여닫는 살이 모이는 곳이다. 전기(錢綺)는 또 말하기를 "덮개는 왕을 가려 주는 것이니 수레의 정중앙에 있어야 한다. 『전』에서는 백분이 쏜 화살 두 대가 모두 끌채를 지나갔다 하였는데, 끌채는 수레의 앞에 있으며 또한 수레의 중앙에 있는데, 화살 한 대는 조금 아래 북 걸이에 미쳤고 한 대는 조금 위로 덮개를 꿰뚫었으니, 모두 거의 왕을 맞힐 뻔한 매우 위험한 상황이었으므로 군사들이 두려워하며 퇴각한 것이다"라 하였다. 이 설은 당시의 상황에 아주 잘 맞는다. 옛사람들이 곡(轂)을 수레바퀴로 오해하여 오류가 많게 되었다. 백문과 초장왕의 두 수레는 정면으로 마주보고 달려와 서로 만났으므로 그 화살이 똑바로 날아오는 것이며, 굽어서 수레의 바퀴를 맞힐 도리가 없다.

師懼,	군사들이 겁을 먹고
退.	물러났다.
王使巡師曰,[57]	왕이 군사를 순시하게 하고 말하였다.
"吾先君文王克息,[58]	"우리 선군이신 문왕이 식나라를 이길 때
獲三矢焉,	화살 세 대를 얻었는데
伯棼竊其二,	백분이 그 가운데 두 대를 훔쳤으니
盡於是矣."[59]	이제 다 떨어졌다."
鼓而進之,	북을 울려 쳐들어가서
遂滅若敖氏.[60]	이에 약오씨를 멸하였다.
初,	처음에
若敖娶於䢵,[61]	약오가 운에서 아내를 취하여

57 홍양길(洪亮吉)의 『고(詁)』에서는 "『광아(廣雅)』에서 순(徇)은 순(巡)이라고 하였다. 순사(巡師)는 곧 군사를 순시하는 것(循師)이다"라 하였다.

58 이 일은 장공 14년 『전』과 『주』에 보인다.

59 좋은 화살이 이미 다 떨어져서 적을 두려워할 것이 없다고 사기를 고무시키는 것이다.

60 「초세가」에서는 "장왕 9년 약오씨를 재상으로 삼았다. 사람 가운데 어찌다 왕에게 참소하는 자가 있어 죽을 것이 두려워 오히려 왕을 공격하였는데, 왕이 약오씨 일족을 격멸하였다"라 하였다. 투초가 왕을 공격한 것이 참소하여 죽을까 두려워했다는 말로 『좌전』에서 서술한 것과는 차이가 있다. 양공 26년의 『전』에서는 "약오씨의 난으로 백분의 아들 분황(賁皇)이 진나라로 달아났다"라 하였다.

61 「초세가」에 의하면 초나라 선군 약오씨는 서주 말 동주 초에 해당하며 이곳의 약오씨와는 같은 사람이 아니다. 운(䢵)은 곧 운(鄖)으로 환공 11년의 『전』과 『주』에 보인다. 청나라 정대중(程大中)의 『산당집·운자국고(山堂集·鄖子國考)』에서 운(䢵)과 운(鄖)은 두 나라라 했는데 명확하지 않은 것 같다.

生鬬伯比.	투백비를 낳았다.
若敖卒,	약오가 죽자
從其母畜於䢵,[62]	그 어미를 따라 운에서 양육되었는데
淫於䢵子之女,	운자의 딸과 간음하여
生子文焉.	자문을 낳았다.
䢵夫人使棄諸夢中.[63]	운부인이 그를 몽에 버리게 하였다.
虎乳之.	호랑이에 그에게 젖을 주었다.
䢵子田,	운자가 사냥을 갔다가
見之,	그를 발견하고는
懼而歸.	두려워하여 돌아왔다.
夫人以告,[64]	부인이 사실대로 아뢰자

62 휵(畜): 기르는 것이다.

63 남송(南宋) 때 홍흥조(洪興祖)의 『초사·초혼(楚辭·招魂)』의 보주(補注)에서는 "초나라에서는 풀이 난 늪지를 몽(夢)이라 한다"라 하였다. 구설에는 몽은 곧 초나라의 운몽택(雲夢澤)이라고 하였는데, 장강의 남북으로 걸쳐 있으며, 이 몽은 반드시 장강 북쪽에 있을 것이다. 소공 3년의 『전』에서는 "왕이 강 남쪽의 몽에서 사냥을 하였다"라 하여 "강 남쪽의 몽"을 말하였는데, 아마 강 북쪽에 있는 것과 구별하기 위해서일 것이다. 여기서는 모두 다만 "몽" 한 자만 말하였다. 또한 단독으로 "운(雲)"이라고도 하였는데, 정공 4년 및 5년의 『전』에 "운중(雲中)으로 들어갔다", "왕이 운중(雲中)에서 도적을 만났다"라 한 것으로 알 수 있다. 합하여 운몽(雲夢)이라 하는데, 『상서·우공(禹貢)』에 "운몽의 땅이 보이고 잡초는 스러졌다(雲夢土作乂)"라 한 것이 이것이다. 운(雲)이나 몽(夢)은 서로 이어지지 않은 소택지(沼澤地)이다.

64 부인(夫人) 두 자가 빠진 판본도 있다. 운자가 돌아와서 그가 본 일을 다 말했을 것이므로 운부인이 마침내 그 딸이 사통하여 아들을 낳은 사실을 이른 것이다.

遂使收之.	마침내 그를 거두게 하였다.
楚人謂乳穀,[65]	초나라 사람들은 젖은 곡이라 하고
謂虎於菟,[66]	호랑이를 오도라 하므로
故命之曰鬪穀於菟.[67]	그를 투곡오도라 하였다.
以其女妻伯比.	그 딸을 백비의 아내로 주었다.
實爲令尹子文.[68]	바로 영윤 자문이다.
其孫箴尹克黃使於齊,[69]	그 손자인 잠윤 극황이 초나라에 사신으로 갔다가

---

65 곡(穀): 가나자와 문고본(金澤文庫本)에는 "穀"으로 되어 있는데 본자를 쓴 것 같다. 『설문(說文)』에서는 "곡은 젖이다"라 하였다. 『한서·서전(敍傳)』의 여순(如淳)의 주석에서는 "소와 양의 젖을 곡이라고 한다"라 하였다. 청나라 완원(阮元)의 『적고재종정이기관지(積古齋鐘鼎彝器款識)』 권5에서는 "『괵숙준명(虢叔尊銘)』에 '괵숙(虢叔)이 숙은곡(叔殷穀)을 만들어 짐에게 술을 따르다'라는 말이 있는데, 여기서 곡은 술동이의 이름이다. 『설문(說文)』에서 '곡은 젖이다'라 하였다. 『좌전』 선공 4년에 '초나라 사람은 젖을 곡(穀)이라 하였다'라 하였는데 곡(穀)일 것이다. 이기(彝器)를 무릇 젖 모양으로 만드는 것은 사람을 기른다는 뜻을 취한 것이다. 이 준은 곡(穀)이라는 이름을 붙였으므로 반드시 젖의 형태일 것이다"라 하였다.

66 오도(於菟): "烏艬"라고도 하며 『한서·서전(敍傳)』에서는 또한 "於檡"라고도 하였는데 글자의 음이 같거나 서로 비슷하기는 하지만 다른 글자이다.

67 왕인지의 『술문(述聞)』 에서는 "『전』에서 무릇 '명지왈모(命之曰某)'라고 했을 때 명(命)은 모두 명(名)의 뜻으로 쓰였는데, 성씨와 이어서 말한 것은 없다. '鬪'자는 아마 다른 편의 '鬪穀於菟'를 따른 연문일 것이다. 『한서·서전(敍傳)』에서는 '그러므로 곡오도라 하였다(故名穀於檡)'라 하였고, 『논어·공야장(公冶長)』편의 황(皇)씨의 주석에서는 '그러므로 그것을 곡오도라 하였다(故名之穀於菟)'라 하여 모두 '鬪'자가 없다"라 하였는데 이 설이 옳다.

68 투곡오도(鬪穀於菟)는 영윤 자문이다. 두예는 "투씨는 비로소 자문이 영윤이 되었다"라 하였다.

69 잠윤(箴尹): 두예는 "잠윤(箴尹)은 관직 이름이다"라 하였다. 『여씨춘추·물궁(勿躬)』편의 고유(高誘)의 주석에서는 "초나라에는 잠윤이란 관직이 있는데, 간언하는 신하〔諫臣〕이다"라 하였다. 또한 침윤(鍼尹)이라고도 하며 정공 4년의 침윤(鍼尹) 고(固)는 또한

還及宋,	돌아오는 길에 송나라에 이르렀을 때
聞亂.	난리가 일어났다는 말을 들었다.
其人曰,[70]	그를 따르던 종자가 말하였다.
"不可以入矣."	"들어갈 수 없겠습니다."
箴尹曰,	잠윤이 말하였다.
"棄君之命,	"임금의 명을 버린다면
獨誰受之?[71]	누구인들 받아 주겠는가?
君,	임금은
天也,	하늘이니
天可逃乎?"	하늘로부터 달아나겠는가?"
遂歸,	마침내 돌아가
復命,	복명을 하고
而自拘於司敗.[72]	사패에게서 스스로를 구금하였다.

애공 16년의 잠윤 고(固)이다. 두예는 또 말하기를 "극황은 자양(子揚)의 아들이다"라 하였다.

70 기인(其人): 극황의 종자로, 문공 6년 및 7년의 "其人"과 용법이 같다.

71 독(獨): 어기를 나타내는 부사어로 의문구(疑問句)에 상용되며 실제적인 뜻은 없다. 양공 26년 『전』의 "자목이 말하기를 '아니 공족이나 인척도 없단 말이오?'(子木曰, 夫獨無族姻乎)"와 28년 『전』의 "종가에서 나를 피하지 않는데 내가 어찌 피한단 말인가?(宗不余辟, 余獨焉辟之)"의 독(獨)자는 모두 같은 용법으로 쓰였다.

72 사패(司敗): 초나라의 사법(司法)을 주관하는 관직으로 문공 10년의 『전』과 『주』에 상세하다.

王思子文之治楚國也,	왕은 자문이 초나라를 다스린 것을 생각하여
曰,	말하였다.
“子文無後,	“자문에게 후사가 없으면
何以勸善?”	어떻게 선한 일을 권면하겠는가?”
使復其所,[73]	그 지위를 회복하게 하고
改命曰生.[74]	이름을 생이라 바꾸었다.
冬,	겨울에
楚子伐鄭,	초자가 정나라를 쳤는데
鄭未服也.[75]	복종하지 않았기 때문이었다.

73 극황을 다시 잠윤의 관직에 임용시켜 준 것을 말함.

74 두예는 “그 이름을 바꾼 것이다”라 하였다. 혜사기는 “유향(劉向)이 갱생(更生)으로 이름을 바꾼 것은 여기에 근거한다”라 하였다.

75 두예는 “지난해에 초나라가 정나라를 침공하였지만 원하는 바를 이루지 못하였으므로 ‘복종하지 않았다’라고 한 것이다”라 하였다.

선공 5년

經

五年春,[1]	5년 봄
公如齊.	공이 제나라로 갔다.
夏,	여름에
公至自齊.	공이 제나라에서 돌아왔다.
秋九月,	가을 9월에
齊高固來逆叔姬.[2]	제나라 고고가 와서 숙희를 맞았다.
叔孫得臣卒.[3]	숙손득신이 죽었다.

---

1 오년(五年): 정사년 B.C. 604년으로 주정왕(周定王) 3년이다. 정월 25일 신사일이 동지로 건자(建子)이다.

2 숙희(叔姬): 『공양전』과 『곡량전』에는 자숙희(子叔姬)로 되어 있는데, 자숙희는 이미 시집을 간 뒤의 호칭이다. 문공 12년의 『전』과 『주』에 상세하다. 이때 숙희는 아직 성혼이 되지 않았으므로 "子"자가 있어서는 안 되며, 아래의 『경』에서 "겨울에 제나라 고고가 자숙희와 함께 왔다"라 한 것은 그때 이미 성혼하였으므로 "子"자를 앞에 두었으며, 이 둘은 때가 다르므로 호칭도 다른 것이다. 『공양전』과 『곡량전』에 "子"자가 있는 것은 잘못이다. 장공 27년의 『경』의 "거경(莒慶)이 와서 숙희(叔姬)를 맞았다"라 한 것도 이와 같은데, 또한 "子"자가 없다. 송나라 장흡(張洽)의 『춘추집주(春秋集注)』에서 "고고가 자숙희와 함께 왔다"라 한 것에 의하면 당연히 『공양전』과 『곡량전』의 '子'자가 '叔姬'의 앞에 있는 것을 따라야 한다"라 하였고, 홍양길(洪亮吉)의 『고(詁)』에서도 그렇게 말하였다. 이는 모두 "자숙희"가 의미하는 것이 무엇인지를 모르고 잘못 말한 것이다. 고고는 곧 14년 『전』의 고선자(高宣子)이다. 양공 29년 『전』의 공영달의 주석〔소(疏)〕에서는 『세본』을 인용하여 "경중〔敬仲: 고혜(高傒)〕은 장자(莊子)를 낳고, 장자는 경자(傾子)를 낳았으며, 경자는 선자(宣子)를 낳았다"고 하였다. 장자 및 경자는 모두 『좌전』에는 보이지 않는다.

3 『전』이 없다. 은공 원년의 『전』에서는 "중보가 죽음에 공이 소렴에 들어가 보지 않았으므로 날짜를 기록하지 않았다(衆父卒, 公不與小斂, 故不書日)"라 하였다. 여기서도 날짜를 기록하지 않았기 때문에 두예는 "날짜를 기록하지 않은 것은 공이 소렴에 들어가 보지 않았기 때문이다"라고 하였는데 이는 『좌씨』의 뜻이다. 『후한서·공융전(孔融傳)』에서는

冬,	겨울에
齊高固及子叔姬來.	제나라 고고가 자숙희와 함께 왔다.
楚人伐鄭.	초나라 사람이 정나라를 쳤다.

傳

五年春,	5년 봄
公如齊.	공이 제나라로 갔다.
高固使齊侯止公,[4]	고고가 제후로 하여금 공을 머물게 하고
請叔姬焉.[5]	숙희를 청하였다.

夏,	여름에
公至自齊,	공이 제나라에서 돌아왔는데
書,	기록한 것은
過也.[6]	허물이 있었기 때문이다.

공융의 의논〔議〕을 인용하여 "『춘추』에서는 숙손득신이 죽었을 때 양중(襄仲)의 죄를 밝히지 않았다고 폄하해서 날짜를 기록하지 않았다"라 하였다. 이는 『공양전』의 후한(後漢) 말 하휴(何休: 129~182)의 주석과 같으며 『좌씨』의 뜻이 아니다. 『휘찬(彙纂)』에서는 "중수〔仲遂: 곧 양중(襄仲)〕는 반역자의 신세가 되어 죽어도 날짜를 기록하지 않았는데 하물며 득신 따위이겠는가?"라 하였는데, 일리가 있다.

4 지(止): 머물게 하다.

5 두예는 "선공을 억류하고 성혼을 강제한 것이다"라 하였다.

6 『전』의 뜻을 미루어 보건대 "이를 지(至)"자를 쓴 까닭은 허물이 있음을 보여주는 것이다. 옛 역사는 임금에게 잘못이 있을 때도 또한 그 잘못을 기록한다. 장공 23년 『전』에서는

秋九月,	가을 9월에
齊高固來逆女,	제나라 고고가 와서 여인을 맞았는데
自爲也.	스스로 취한 것이다.
故書曰"逆叔姬",	그래서 "숙희를 맞았다"고 기록하였는데
卿自逆也.[7]	경이 스스로 맞이하였기 때문이다.

冬,	겨울에
來,[8]	왔는데

"임금의 거둥은 반드시 기록하는데, 기록을 하고서 법도에 맞지 않으면 후손들에게 무엇을 보여주겠는가?(君擧必書. 書而不法, 後嗣何觀?)"라 하였고, 「노어 상」에서는 "임금이 지은 것이 예에 맞으면 법도에 맞다 하고, 예에 어긋났으면 또한 그 어긋난 것을 기록한다(君作而順, 則故之; 逆, 則亦書其逆也)"라 하였으며, 전한(前漢) 시대 가의(賈誼)의 『신서·보부(新書·保傅)』편에서는 "천자가 허물이 있으면 사관은 반드시 그것을 기록한다. 사관의 뜻은 허물을 기록하지 못하게 되면 죽고 선재(膳宰)는 맛있는 음식을 거둔다"라 하였다. 허물이라는 것은 두예는 "공이 억류되어 있었는데도 이웃나라의 신하와 통혼을 하였다"라 하였는데 옳다. 환공 2년의 『전』에서 종묘에 고하는 것(告廟)을 일러 지(至)라고 기록하였는데 이번의 "至"자는 종묘에 고하는 것을 지로 기록한 예는 아니다. 과연 종묘에 고하였는지 고하지 않았는지는 억측을 할 수가 없다. 두예는 "종묘에서 음지(飮至)의 예를 행한 것"이라 하였는데 반드시 이렇다 하기는 어렵다.

7 경(卿)자는 즉(卽)자로 된 판본도 있다. 당시의 제후들이 신부를 맞을 때는 경으로 하여금 국경으로 나가 맞이하여 오게 하는데, 은공 2년 『전』에서 "기나라의 열수가 와서 친영을 하였는데 경이 임금을 위해 맞이한 것이다(紀裂繻來逆女, 卿爲君逆也)"라 한 것이 이런 경우이다. 나머지는 장공 24년의 『경』과 『주』에 상세하다. 경대부 이하가 아내를 맞을 때는 반드시 친영을 한다. 이는 고고가 직접 와서 그 신부를 맞이하여 가는 것으로 장공 17년 『경』의 "거경(莒慶)이 숙희(叔姬)를 맞았다"라 한 것과 같다. 그러므로 "직접 맞은 것이다(自爲)", "경이 스스로 맞이하였다(卿自逆也)"라 하였다.

8 이는 위의 문장에 이어 주어가 생략된 것으로 "제나라 고고와 자숙희가 온 것"을 가리킨다.

反馬也.[9] 말을 돌려주기 위해서였다.

楚子伐鄭.[10] 초나라가 정나라를 쳤다.

陳及楚平. 진나라가 초나라와 화평을 맺었다.

晉荀林父救鄭, 진나라 순림보가 정나라를 구원하여

伐陳.[11] 진나라를 쳤다.

---

9 말을 반환한 예법은 이곳에만 보인다. 공영달의 주석 및 정현(鄭玄)의 「잠고황(箴膏肓)」에 의하면 고대의 사인(士人)이 아내를 맞이할 때는 남편 집의 수레를 타고 남편 집의 말을 몰게 되므로 『의례·사혼례(士昏禮)』에는 말을 반환하는 일이 수록되어 있지 않다. 대부 이상이 아내를 맞이할 때는 친정집의 수레를 타고 친정집의 말을 몬다. 혼례를 올리고 석 달이 지난 뒤에는 남편 집에서 수레는 남겨 두고 말은 돌려준다. 정현이 "수레를 남겨 두는 것은 아내의 도리이다"라 한 것은 아마 아내가 감히 남편의 집에서 스스로 반드시 오래도록 머물 수 없어 하루아침에 쫓겨나면 이 수레를 타고 돌아가리라는 것을 말하며, 두예가 이른바 "감히 스스로 편안히 여길 수 없음을 겸손히 여기는" 뜻이다. 정현이 또한 "말을 돌려주는 것은 사위의 뜻이다"라 한 것은 남편의 집에서 이후로는 감히 아내를 내쫓는 일이 생기지 않을 것임을 보여주는 것이다. 두예의 주석과 공영달의 주석에서는 말을 반환할 때는 마땅히 사람을 보내야 하며 고고가 직접 가서는 안 된다고 하였는데, 정현은 이런 뜻을 비치지 않았고 『전』은 더욱 이런 뜻이 없다.

10 「정세가」에서는 "초나라는 정나라가 송나라의 뇌물을 받고 화원(華元)을 풀어 준 일에 노하여 정나라를 쳤다"라 하였다. 「진세가」에서는 "성공 3년 정백이 막 즉위하였는데 진나라에 붙어 초나라를 버렸다. 초나라에서 노하여 정나라를 쳤다"라 하였다. 모두 초나라가 정나라를 친 까닭을 서술하였다.

11 『사기·연표』 및 「정세가」는 『좌전』을 온전히 인용하였다.

선공 6년

經

六年春,[1]	6년 봄
晉趙盾·衛孫免侵陳.[2]	진나라의 조돈과 위나라 손면이 진나라를 침공하였다.
夏四月.	여름 4월.
秋八月,	가을 8월에
螽.[3]	황충이 발생했다.
冬十月.	겨울 10월.

傳

六年春,	6년 봄
晉·衛侵陳,	진나라와 위나라가 진나라를 침공하였는데
陳卽楚故也.[4]	진나라가 초나라에 붙었기 때문이다.

---

1 육년(六年): 무오년 B.C. 603년으로 주정왕(周定王) 4년이다. 2월 초7일 정해일이 동지로 건해(建亥)이며, 윤달이 있다.

2 유문기(劉文淇)의 『구주소증(舊注疏證)』에서는 "손면은 두예의 주석이 없으며 면은 이해의 『경』에만 보이는데 위나라 대부일 것이다"라 하였다.

3 『전』이 없다.

4 유문기(劉文淇)의 『구주소증(舊注疏證)』에서는 "전 해의 『전』 '진나라가 초나라와 화평을 맺었다(陳及楚平)'라는 말에 이어서 말하였다"라 하였다. 「연표」의 진(晉)·위(衛)·진(陳) 나라가 기록된 이 일의 연대는 『전』과 부합한다.

夏,	여름에
定王使子服求后于齊.[5]	정왕이 자복에게 제나라에서 왕후를 구하게 하였다.

秋,	가을에
赤狄伐晉,[6]	적적이 진나라를 쳤는데
圍懷及邢丘.[7]	회와 형구를 에워쌌다.
晉侯欲伐之.	진후가 치고자 하였다.
中行桓子曰,[8]	중항환자가 말하였다.
"使疾其民,[9]	"그 백성들을 괴롭히게 하여
以盈其貫.[10]	죄악이 가득 차게 하면

---

5 두예는 "자복은 주나라 대부이다"라 하였다.

6 적적은 3년 『경』과 『주』에 보인다.

7 한(漢)나라 한영(韓嬰)의 『한시외전(韓詩外傳)』 권3에 "무왕이 주(紂)를 벌하고 형구(邢丘)에 이르렀는데, 형구라는 이름을 회(懷)로 바꾸었다"라는 말이 있는데, 그 말대로라면 회와 형구는 한곳으로 전후의 다른 명칭이다. 다만 『전』의 글로 고찰해 보건대 그렇지는 않은 것 같다. 『사기·진본기』에서는 "소양왕(昭襄王) 41년 여름 위(魏)나라를 공격하여 형구와 회를 취하였다"라 하였으니 회와 형구는 두 곳으로 전국시대까지 이러하였다. 회는 이미 은공 11년 『전』에 보이며, 지금의 하남성 무척현(武陟縣) 서남쪽에 있는데 『상서·우공(禹貢)』편에서 이른바 "담회의 일을 마쳤다(覃懷厎績)"라 한 것이 바로 이곳이다. 형구는 곧 하남성 온현(溫縣) 동쪽 20리 지점에 있는 평고(平皐)의 옛 성인데, 회와 형구 두 곳이 다만 매우 가까울 뿐이다.

8 중항환자(中行桓子): 곧 순림보(荀林父)이다.

9 청나라 심동(沈彤)의 『소소(小疏)』에서는 "질(疾)은 해치는 것이다. 질기민(疾其民)은 백성의 부역을 무겁게 하는 것이다"라 하였다. 청나라 유월(俞樾)의 『평의(平議)』에서는 "질은 병(病)과 같다. 질기민은 그 백성을 피로하게 만든다는 것(病其民)과 같다"라 하였다. 유월의 설이 보다 합리적이어서 "백성의 부역을 무겁게 하는 것"에 국한되지 않을 것이다.

將可殪也.[11] 쓰러뜨릴 수 있을 것입니다.

周書曰'殪戎殷',[12] 『주서』에서 '큰 은나라 쓰러뜨렸네' 라 한 것이

---

10 영관(盈貫)은 만관(滿貫)과 같은 말이다. 『한비자·설림(說林) 하』에 "성질이 사나운 사람과 이웃한 사람이 있었는데 집을 팔고 그 사람을 피하려고 하였다. 어떤 사람이 말하기를 '그 사람은 악행이 극에 달할 것이니(是其貫將滿矣) 그대는 잠시만 기다리시지요'라 하였다. 이에 답하여 말하기를 '나는 그가 나에게 그 악행을 채울까 두렵소이다(吾恐其以我滿貫也)'라 하고는 마침내 그곳을 떠났다"라는 말이 있다. 관(貫)은 『설문(說文)』에서는 "돈을 꿰는 것이다(錢貝之毌也)"라 하였다. 관(毌)은 『설문(說文)』에서 "사물을 꿰어서 그 상태를 유지하는 것이다. 皿에 횡으로 일(一)자를 그은 것인데 皿는 보화의 형상이다"라 하였다. 곧 "毌"와 "貫"은 한 자로, 한 자는 다만 형태를 본떴을 뿐이고 한 자는 조개 패(貝)자를 더한 회의자이다. 그러므로 청나라 초순(焦循)은 『좌전보소(左傳補疏)』〔이하 『보소(補疏)』〕에서 "관(貫)은 돈 꿰미로 끈을 가지고 돈을 꿰면 하나하나 겹쳐져서 동그랗게 꽉 차게 된다. 전쟁이 한 차례 더 많아지면 백성들의 피로도 한 번 더 많아지게 되는데 이것이 '꿰미가 꽉 찬 것(盈其貫)'이다"라 하였다. 이것 및 『한비자』의 관(貫)은 모두 돈 꿰미를 죄악의 꿰미로 빌려 비유한 것이며 위고문 『상서·태서(泰誓)』에서도 "상나라는 죄악이 꽉 찼다(商罪貫盈)"라 하였으며, 이 때문에 후대에 "악의 꿰미가 꽉 찼다(惡貫滿盈)"라는 속어가 생겨났다. 옛날의 형법 예에는 무릇 사사로이 절도를 하여 숨기어 그가 얻은 수를 헤아려 죄가 이미 죽은 자에 이르는 것을 또한 만관(滿貫)이라 하였다. 두예는 "관은 습(習)과 같다"라 하였는데, 이는 틀렸다.

11 장(將): 부사로 거의〔殆〕라는 뜻이다. 문공 17년 『전』의 "할 수 없을 것이다(將不可)"라는 것과 용법이 같다. 『장자·추수(莊子·秋水)』편의 "지금 그대는 두 강가 사이에서 나와 대해를 바라보고 스스로가 그 얼마나 꼴불견인가를 깨달은 셈이요. 그대는 거의 더불어 대도를 말할 수 있다 하겠소(爾將可與語大理矣)"의 장(將)자와 같은 뜻이다. 문공 17년의 『전』과 『주』에 상세하다.

에(殪): 『설문(說文)』에서는 "죽는 것이다"라 하였다. 『시경·소아·길일(小雅·吉日)』편에 "큰 외뿔소 죽였다네(殪其大兕)"라는 구절이 있는데, 모씨의 주석에서는 "에는 다 쏘아서 죽이는 것이다"라 하였다. 이곳의 에(殪)는 곧 일거에 멸절시킨다는 뜻이다.

12 『상서·강고(康誥)』편에 "하늘이 이에 문왕에게 크게 명하시어 대국인 은나라를 쳐서 멸하시니(天乃大命文王殪戎殷) 크게 그 명을 받은 것이다"라는 말이 있는데, 『이아·석고(釋詁)』에서는 "융은 크다는 뜻이다(戎, 大也)"라 하였다. 에융은(殪戎殷)은 대국인 은나라를 멸절시킨 것이다. 주나라는 항상 은나라를 일컬어 "대국은(大國殷)"이나 "대방은(大邦殷)"이라 불렀으니 『상서·소고(尚書·召誥)』편의 "하늘에 계신 상제께서 그 원자(元子)와 이 대국은(大國殷)의 명을 바꾸었다"라 한 것과 "하늘이 이미 큰 나라 은〔大邦殷〕의 명을 끊어 버리셨다"라 한 것이 이것이다. 또한 "천읍상(天邑商)"이라고도 하는데, 『상

此類之謂也."[13]	바로 이런 것을 말하는 것입니다."
冬,	겨울에
召桓公逆王后于齊.[14]	소환공이 제나라에서 왕후를 맞았다.
楚人伐鄭,	초나라 사람이 정나라를 쳐서
取成而還.[15]	성을 취하고 돌아갔다.

서·다사(尙書·多士)』편의 "그래서 나는 감히 그대들을 큰 상나라 도읍〔天邑商〕에서 구하려는 것이오"라는 것이 이것이다. 또한 "대상(大商)"이라고도 하는데, 『시경·대아·대명(大雅·大明)』편 "실로 저 무왕께서는, 이에 큰 상나라를 벌하였네(諒彼武王, 肆伐大商)"라는 것이 이것이다. 이 융은(戎殷)은 "대상", "대국은", "대방은", "천읍상"과 같은 뜻이다. 『일주서·세부(世俘)』편에서는 "갑인일에 목야(牧野)에서 융은(戎殷)을 알현하였다" 하여 또한 "융은"이라 하였다. 옛날 해석에는 융(戎)을 병융(兵戎)으로 풀이하였는데 틀렸다.

13 주나라 문공과 무왕이 주(紂)의 악행이 꽉 차기를 기다린 후에 한꺼번에 멸하였다는 것을 뜻한다. 내가 적적을 기다리는 것 또한 이와 같다. 두예는 "15년에 진(晉)나라가 적을 멸하는 『전』의 복선이다"라 하였다.

14 천자가 부인을 맞을 때는 친영을 하지 않고 경을 보내어 맞이하는 것은 이미 환공 8년의 『경』과 『주』에 상세하다. 여기의 소환공은 정왕을 대신하여 왕후를 맞이하는 것이다. 두예는 "소환공은 왕의 경사(卿士)이다. 노나라와 상관없는 일이므로 기록하지 않았다. 성공 2년 왕이 제나라는 생구(甥舅)의 나라인 것의 복선이다"라 하였다.

15 두예는 "9년과 11년의 『전』에서 일컬은 여(厲)의 전역이 이때 있었을 것이다"라 하였다. 심흠한의 『주소고증(注疏考證)』에서는 "9년 『전』에서는 '초자가 여의 전역 때문에 정나라를 쳤다'라 하였는데, 두예는 '6년 초나라가 정나라를 치고 여(厲)에서 화친을 맺었다. 화친을 맺고 얼마 후 정백이 도망쳐 돌아갔다'라 하였고, 11년의 『전』에서는 '여의 전역에서 정백이 도망쳐 돌아가니 이때부터 초나라는 뜻을 얻지 못하였다'라 하였다. 두예는 '6년에 있었을 것이다'라 하였다. 이 『전』에서 이미 '화친을 맺고 돌아갔다'라 하였는데, 정백이 또한 어찌 도망쳐 돌아올 수 있겠는가? 두예의 주석에서는 전후로 모두 '개(蓋)'라고 하였는데 개(蓋)는 의문사이다"라 하였다.

鄭公子曼滿與王子伯廖語,[16]	정나라 공자 만만이 왕자 백료에게 말하기를
欲爲卿.	경이 되고 싶다고 하였다.
伯廖告人曰,	백료가 남에게 말하기를
"無德而貪,	"덕이 없으면서 탐내는 것은
其在周易豐䷶之離䷝,[17]	『주역』 풍괘䷶가 이괘䷝로 변해 감에 있으니
弗過之矣."[18]	3년을 넘지 못할 것이다."
間一歲,	1년 만에
鄭人殺之.[19]	정나라 사람이 그를 죽였다.

---

16 두예는 "두 사람은 정나라 대부이다"라 하였다. 심흠한의 『보주(補注)』에서는 "왕자는 주나라 사람인 것 같으며 정나라 대부는 아니다. 정나라에는 왕자가 없다"라 하였다. 혜사기도 똑같이 말했다. 주나라는 원래부터 왕자가 있었고, 초나라는 자칭 왕이라 일컬었으니 또한 왕자가 있었다. 그러면 열국에도 왕자가 있으니 문공 11년 『전』에 제나라에 왕자 성보(王子成父)가 있었으며, 양공 8년 및 11년의 『전』에는 정나라에 왕자 백변(王子伯駢)이 있었으니 이 왕자 백료 혹 또한 정나라 대부일 것이다. 유월(兪樾)의 『평의(平議)』에서는 이 왕자 백료는 실은 초나라 대부라고 하였는데 아무런 근거가 없다.

17 유문기의 『구주소증(舊注疏證)』에서는 "『전』에서는 점서(占筮)라 하고 『주역』의 문장이나 『요사(繇辭)』를 많이 원용하였다. 이는 구어이지 점·서는 아니다. 그러나 차례로 든 '풍괘'가 '이괘'로 변해 간 문장에는 잇는 것이 없으니 빠진 부분이 있는 것 같다"라 하였다. 「풍괘」의 여섯째 효(爻)가 음에서 양으로 변하니 「이괘」가 되므로 두예는 「풍괘」 맨 위의 음효[上六]의 효사를 들어 "「풍괘」의 상륙(上六)에서는 '그 집을 훌륭하게 하여 그 집을 덮는다. 그 문을 엿보니 고요하여 사람이 없다. 3년이 되도록 보이지 않는다. 나쁘리라'라 하였는데, 덕이 없으면서 그 집을 크게 하면 3년이 지나지 않아 반드시 멸망하리라는 뜻을 취하였다"라 하였다. 풍기옥(豐其屋)은 그 집을 높고 크게 한다는 것과 같다. 부(蔀)는 햇볕을 가린다는 뜻이다. 부기가(蔀其家)는 정원의 시렁을 베로 가리거나 창문에 발을 건다는 말과 같다. 집이 아무리 높고 커도 문정(門庭)이 적막하고 고요하여 3년토록 그 집에 사람이 보이지 않으므로 흉하다는 것이다.

18 두예는 "3년을 넘지 않는 것이다"라 하였다.

선공 7년

經

七年春,[1]	7년 봄
衛侯使孫良夫來盟.[2]	위후가 손량부로 하여금 와서 맹약을 맺게 하였다.
夏,	여름에
公會齊侯伐萊.[3]	공이 제후를 만나 내나라를 쳤다.

---

19 『한서·오행지(漢書·五行志) 중지상(中之上)』의 당(唐)나라 때 안사고(顔師古)의 주석에 의하면 중간에 1년이 뜬 해를 이르는 것이다. 앞뒤를 이으면 3년이 흐른 것이다.

1 칠년(七年): 기미년 B.C. 602년으로 주정왕(周定王) 5년이다. 정월 18일 임신일이 동지로 건자(建子)이다.

2 손량부(孫良夫): 곧 손환자(孫桓子)이다.
내맹(來盟): 『춘추』에서 다른 나라의 대부가 "와서 맹약을 맺었다(來盟)"라 기록한 것은 모두 다섯 차례이다. 이곳과 환공 14년의 "정백이 아우인 어를 보내어 맹약을 맺게 하였다(鄭伯使其弟語來盟)"에서는 모두 "使"자를 썼다. 민공 2년의 "제나라의 고자가 와서 맹약하였다(齊高子來盟)"와 희공 4년의 "초나라 굴완이 군영으로 와서 회맹하였다(楚屈完來盟于師)"라 한 것 및 문공 15년의 "송나라 사마 화손이 와서 맹약하였다(宋司馬華孫來盟)"라 한 것에서는 모두 바로 "來盟"이라고만 말하였다. 성공 3년의 『전』에서는 "위후가 손량부로 하여금 와서 조빙케 하고 아울러 맹약을 다졌다(衛侯使孫良夫來聘, 且尋盟)"라 하였는데, 맹약을 다진 것은 곧 이번에 와서 맺은 맹약을 다진 것이다.

3 내(萊): 나라 이름. 「제세가」에서 "내후(萊侯)가 치러 와서 함께 영구(營丘)를 다투었다"라 한 것이 바로 이 나라이다. 성은 고찰하지 못하겠는데, 혹자는 양공 2년『전』의 "제후(齊侯)가 여러 강성(姜姓)의 종씨와 부인들로 하여금 와서 장례식에 참가하게 하였는데 내자(萊子)를 불렀으나 내자는 참석하지 않았다"라 한 것에 의거하여 내나라 또한 성이 강이라고 하였다. 그러나 공영달은 "『세족보』에서는 내나라의 성을 알지 못하였다. 제후가 내자를 부른 것은 그 성이 강씨여서가 아니다. 이웃한 작은 나라여서 능멸하려는 의도로 불러 여러 강성의 종씨와 부인들을 따라와서 노나라로 향하게 하고자 한 것일 따름이다. 내자는 깔본다고 생각하였으므로 참석하지 않으려고 하였다"라 하였으니 내나라는 반드시 강성(姜姓)은 아닐 것이다. 『안자춘추·내편·문상(晏子春秋·內篇·問上)』에서는 "경공(景公)이 이(𦾔)나라를 쳤다"라 하였는데, 손성연(孫星衍)은 이(𦾔)나라가 곧 내나라라고

秋, 가을에

公至自伐萊.[4] 공이 내나라를 치고 돌아왔다.

大旱.[5] 크게 가물었다.

冬, 겨울에

公會晉侯·宋公·衛侯·鄭伯·曹伯于黑壤.[6] 공이 흑양에서 진후와 송공·위후·정백·조백을 만났다.

傳

七年春, 7년 봄

衛孫桓子來盟, 위나라 손환자가 와서 맹약을 맺었다.

始通.[7] 처음으로 통교를 하였다.

하였으며, 양공 6년 『전』의 "제나라가 내나라를 멸하고 내나라를 예(郳)로 옮겼다"라 한 글에 의하면 당시 내나라는 이미 일찌감치 제나라에 멸망당하였다. 이(釐)가 그래도 바로 내나라인 것 같으며 『안자춘추』에서 말한 것은 실로 소설로 역사적 사실로 삼기에는 부족하다. 제후(齊侯)의 박종〔鎛鐘: 또한 숙이종(叔夷鐘)이라고도 함〕의 명문에서 "내 너에게 이나라 도읍〔釐都〕의 麥劇를 내린다"라 하였으니 이(釐)는 또한 곧 내나라이다. 또한 내(逨)라고도 한다. 혹자는 내나라는 지금의 산동성 창읍현 동남쪽에 있을 것이라 하였으며, 두예 및 『통지·씨족략(通知·氏族略)』에서는 황현 동남쪽 25리 지점의 옛 황성이 그곳이라 하였는데 그곳에 내산(萊山)이 있기 때문이라고 하였다. 청말(淸末) 민국초(民國初) 나진옥(羅振玉: 1866~1940)의 『삼대길금문존(三代吉金文存)』에서는 이백의 정〔釐伯鼎〕이 이곳에서 출토되었다고 하였으니 두예의 설은 비교적 믿을 만하다.

4 『전』이 없다.

5 『전』이 없다. 희공 21년의 『전』과 『주』에 상세하다.

6 흑양(黑壤)은 곧 황보(黃父)로 문공 17년의 『전』과 『주』에 보인다.

7 노선공 즉위 7년이 되어서야 위나라와 비로소 수교를 하였으므로 처음으로 통교(通交)하

且謀會晉也.[8] 또한 진나라와의 회합을 모의하였다.

夏, 여름에

公會齊侯伐萊, 공이 제후와 만나 내나라를 쳤는데

不與謀也. 모의에 참여하지 않았기 때문이다.

凡師出, 무릇 군사를 내는데

與謀曰"及", 모의에 참여하였으면 "급"이라 하고

不與謀曰"會".[9] 모의에 참여하지 않았으면 "회"라 한다.

였다고 한 것이다.

8 곧 흑양의 회합이다.

9 두예는 "모의에 참여하였다는 것은 동지의 나라가 서로 이해를 따지는 일에 참여하여 계책을 이루어 행하는 것이므로 이어서 미치는 것(連及)으로 문장을 짓는다. 어쩔 수 없이 명에 응하여 출병을 하면 외부에서 와서 회합한 것(外合)으로 문장을 짓는다. 모두 노나라에 의거하여 말한 것이다"라 하였다. 『휘찬(彙纂)』에서는 "『좌씨』가 이른바 '모의에 참여하였다'는 것은 피차간에 함께 이 나라를 치려는 것이므로 '及'이라 하였다. 이른바 '모의에 참여하지 않았다'는 것은 다른 나라가 정벌을 하고자 하는데 우리는 특히 군사를 가지고 따르는 것이므로 '회'라고 하는 것이다. 내나라는 제나라 동쪽에 있고 노나라는 제나라 서쪽에 있다. 노는 내나라에 있어 제나라와의 사이를 중간에서 떼어 놓으므로 특히 제나라가 치고자 하여 노나라가 가서 도운 것일 뿐이므로 '회'라고 기록한 것이다"라 하였다. 그러나 이 예를 『경』과 『전』에서 고찰해 보면 또한 반드시 그렇지는 않다. 이를테면 은공 10년의 『전』에서는 "공작이 중구에서 제나라 군주 후작과 정나라 군주 백작을 만났다. 계축일에 등에서 맹약을 맺고 출병할 기일을 정했다(公會齊侯·鄭伯于中丘. 癸丑, 盟于鄧, 爲師期)"라 하였으니 노나라는 제나라, 정나라와 함께 송나라를 쳤으므로 "모의에 참여한 것"이라 할 수 있지만, 『경』에서는 그대로 "휘가 군사를 이끌고 제나라 사람, 정나라 사람과 만나 송나라를 쳤다(翬帥師會齊人·鄭人伐宋)"라 하였다. 또한 환공 16년의 『전』에서도 "조에서 만나 정나라를 칠 것을 모의하였다(會于曹, 謀伐鄭也)"라 하였으니 노나라는 송·위·채나라가 정나라를 치는 데 참여한 것인데도 또한 "모의에 참여한 것(與謀)"이지만 『경』에서는 그대로 "공이 송공과 위후, 진후, 채후와 만나 정나라를 쳤다(公會

赤狄侵晉,	적적이 진나라를 침공하여
取向陰之禾.[10]	상음의 보리를 베어 갔다.

鄭及晉平,	정나라가 진나라와 화평을 맺었는데
公子宋之謀也,	공자 송의 모의였으므로
故相鄭伯以會.[11]	정백을 도와 회합에 참여하였다.
冬,	겨울에
盟于黑壤.	흑양에서 맹약하였다.
王叔桓公臨之,[12]	왕숙환공이 감독관으로 임하여

宋公衛侯陳侯蔡侯伐鄭)"라 하였다. 이는 모두 "급"자와 "회"자를 써야 하는 예이다.

10 두예는 "여기에는 '가을 추(秋)'자가 없는데 궐문인 것 같다"라 하였다. 두예는 노나라의 역법으로 계산을 하여 여름에는 벨 보리가 없고 반드시 가을이라야 있을 것으로 보아 『전』에 "秋"자가 빠졌다고 하였다. 그러나 이는 진나라의 일이고 진나라는 하력(夏曆)을 쓰는데, 보리는 하지 전에 익으니 진나라의 역법으로 계산을 해보면 실로 "秋"자는 있어서는 안 되는 것이니 두예의 설은 생각을 해보아야 한다. 두예는 또한 "진나라는 환자의 계책을 썼으므로 적을 놓아주었다"라 하였다.
상음(向陰): 두예는 주석을 달지 않았다. 청나라 고동고(顧棟高)의 『대사표(大事表)』에서는 "곧 주나라의 상읍(向邑)이다"라 하였다. 주나라의 상읍은 은공 11년의 『전』에 보이며, 지금의 하남성 제원현(濟源縣) 남쪽에 있다. 강영(江永)의 『고실(考實)』에서도 똑같이 말했다. 심흠한의 『지명보주(地名補注)』에서는 『방여기요(方輿紀要)』의 상양수(向陽水)를 끌어다 그곳이라 하였다. 상양수는 이미 말라 버렸으며, 지금은 상양진(向陽鎮)이라 하고 지금의 태원시(太原市) 서북쪽에 있다. 그러나 『전』에서는 "상음"이라 하고 "상양"이라고는 하지 않았으니 심흠한의 설은 믿음직하지 못한 것 같다.

11 공자 송이 정양공의 상례(相禮)가 되어 제후들의 회합에 참여한 것이다.

12 두예는 "왕숙환공은 주나라의 경사이다. 천자의 명을 받들어 제후들을 감독하기 위해 임하였다"라 하였다. 『독본(讀本)』에서는 "왕숙환공을 기록하지 않은 것은 감독으로 임하기만 하고 회맹에는 참여하지 않아서이다"라 하였다.

以謀不睦.	화목하지 못한 나라들을 모의하였다.
晉侯之立也,[13]	진후가 즉위함에
公不朝焉,	공이 조현하지 않았으며
又不使大夫聘,[14]	또한 대부도 조빙하러 보내지 않으니
晉人止公于會.	진나라 사람이 회합에서 공을 억류하였다.
盟于黃父,[15]	황보에서 맹약하였는데
公不與盟.[16]	공이 맹약에 참여하지 않았다.
以賂免.[17]	뇌물을 써서 벗어났다.
故黑壤之盟不書,[18]	그러므로 흑양의 맹약을 기록하지 않은 것은
諱之也.[19]	이 사실을 꺼려서이다.

---

13 진성공은 노나라 선공 2년에 맞아 와서 즉위시켰다.

14 양공 원년의 『전』에서는 "무릇 제후가 즉위하면 소국은 조현하고 대국은 빙문하여 우호를 잇고 신의를 맺으며, 일을 모의하여 빠진 것을 채우는 것이 예법 가운데 큰 것이다"라 하였다. 이는 노나라가 진나라에 조회도 않고 빙문도 않았으므로 예법을 잃은 것이었다.

15 황보는 진나라 땅으로 문공 17년의 『전』과 『주』에 보인다.

16 진후가 가둔 까닭이다.

17 노나라가 진나라에 뇌물을 바쳐 선공이 돌아올 수 있었다.

18 흑양은 회합했다고만 기록하고 회맹은 기록하지 않았다.

19 성공 16년 사수(沙隨)의 회합에서 진후는 성공을 보지 않았는데도 『경』에는 그대로 기록하였으며, 소공 13년 평구(平丘)의 회맹에서 소공은 회맹에 참여하지 않았는데 또한 『경』에 기록하였다. 꺼리지 않은 이유는 배척은 당하였지만 억류되지는 않았기 때문이

선공 8년

經

八年春,[1]	8년 봄
公至自會.[2]	공이 회합에서 돌아왔다.
夏六月,	여름 6월에
公子遂如齊,	공자 수가 제나라로 가다가
至黃乃復.[3]	황에 이르러 돌아왔다.
辛巳,[4]	신사일에

다. 억류되면 꺼리므로 소공 16년의 『전』에서도 "주나라의 역으로 정월에 공이 진나라에 있었다. 진나라 사람이 공을 억류하였다. 기록하지 않은 것은 이 사실을 꺼려서이다"라 하였다.

1 팔년(八年): 경신년 B.C. 601년으로 주정왕(周定王) 6년이다. 정월 29일 정유일이 동지로 건자(建子)이다. 윤달이 있다.

2 『전』이 없다.

3 『전』이 없다.
황(黃): 당연히 노나라에서 제나라로 가는 도중에 있는 읍일 것이다. 아래의 『경』에서 "중수가 수에서 죽었다(仲遂卒于垂)"라 하였는데, 수는 제나라의 읍이니 황은 제나라의 읍임을 알 수 있다. 은공 원년에 나오는 황은 송나라 읍이며, 환공 8년에 나오는 황은 나라로 확실히 모두 이곳의 황은 아니다. 이곳의 황은 곧 환공 17년 『경』에 나오는 황으로 지금의 치천진(淄川鎭) 동북쪽에 있으며, 나머지는 환공 17년의 『경』과 『주』에 상세하다. 심흠한의 『지명보주(地名補注)』에서는 『산동통지(山東通志)』를 인용하여 "황성은 관현(冠縣)의 남쪽에 있다"라 하였지만 관현 남쪽의 황성은 곧 전국시대 삼진(三晉)의 읍으로 「조세가」에서 이른바 "경후(敬侯) 8년 위기성(魏其城)을 쳐서 빼앗았다"는 것이 이것인데, 제나라와 노나라의 길과는 아주 멀어서 그 오류는 변별을 기다리지 않아도 된다. 공영달은 "「빙례(聘禮)」에서는 '빈객이 국경에 들어와 죽는 것을 수(遂)라 한다. 빈객이 죽었으면 명이 없으면 관에다 염을 해서 넣어 조정으로 가져가 명을 기다린다'라 하였다. 애공 15년의 『전』에서는 '조빙(朝聘)을 하는 도중에 죽으면 그 시체를 모시고 조빙의 예를 행한다'고 하였는데, 이는 빙문을 하는 경계에 들어갔으니 곧 수행해야 한다. 황은 제나라 경계인데 수는 병으로 돌아온 것은 예의가 아니다"라 하였다.

有事于大廟,[5] 태묘에서 체제(禘祭)의 일이 있었는데

仲遂卒于垂.[6] 중수가 수에서 죽었다.

壬午,[7] 임오일에

猶繹.[8] 오히려 다음 날 제사를 올릴 수 있었다.

萬入, 만무는 넣고

去籥.[9] 약무는 쓰지 않았다.

---

4 신사일은 16일이다.

5 유사(有事): 체제(禘祭)이다. 소공 45년『경』에 "무궁에서 일이 있었다(有事于武宮)"라는 말이 있는데,『전』에서는 "무공에게 체제를 올린 것이다(禘于武公)"라 하였으니 이로써 일이 있다는 것이 곧 체제임을 알 수 있다.『예기·명당위(明堂位)』에서는 "늦여름 6월에 태묘에서 체례로 주공을 제사 지냈다"라 하였으니 노나라의 체제는 정해진 달이 없다. 희공 8년의『경』과『주』에 상세하며 이 체제는 마침 6월에 있었다.

6 공자 수를 중수라고 일컫는 것은 또한 공자 우(公子友)를 계우(季友)라 일컫는 것과 같으며, 중과 계는 모두 그 항차(行次)를 나타낸다. 수는 제나라 땅인데, 이에 대해 두예는 주석을 달지 않았다. 혹자는 은공 8년의 수가 그곳이라고 하는데 틀렸다. 은공 8년의 수는 위(衛)나라 땅으로 그 땅은 지금의 조현(曹縣) 북쪽에 있어서 노나라와 제나라의 중간에 있는 읍이 아니다. 강영(江永)의『고실(考實)』에서는 지금의 산동성 평음현(平陰縣) 경계일 것이라고 하였는데, 또한 옳은지 아닌지 모르겠다. 제나라 읍이라는 것을 알 수 있는 것은『춘추』의 예에 따르면 국내에서 죽은 경우에는 지명을 기록하지 않기 때문이다. 여기서는 지명을 기록하였으므로 바로 제나라의 읍임을 알 수 있다.
중수가 어느 날에 죽었는지는 딱히 정하기가 어렵지만, 그가 죽은 곳이 노나라의 도읍인 곡부(曲阜)에서 어쩌면 하루의 여정도 되지 않을 것이다. 혹 중수가 전날 죽었다면 노나라의 도읍에는 신사일에 비로소 알려졌을 것이다. 당일 날 죽었는데 그날로 알려졌다면 수와 곡부의 거리는 다만 백 리 이내일 것이다.

7 임오일은 17일이다.

8 역(繹): 제사 다음 날 또 제사를 지내는 것이다. 정식 제사는 반드시 시체가 있어야 하는데 대신 제사를 받는 것이다. 역제(繹祭)는 대신 제사를 받는 사람으로 이 시체를 공경하는 것이다.

9 만(萬): 은공 5년의『전』과『주』에 보인다.

戊子,[10]	무자일에
夫人嬴氏薨.[11]	부인 영씨가 돌아가셨다.
晉師白狄伐秦.[12]	진나라 군사와 백적이 진나라를 쳤다.
楚人滅舒蓼.[13]	초나라 사람이 서료를 멸하였다.

거약(去籥): 만무(萬舞) 중에 약무(籥舞)가 있는데, 약이라는 것은 고대의 악기로 불어서 춤의 박자를 맞추는 것이다. 형태는 피리와 비슷한데, 『설문(說文)』에서는 "구멍이 셋"이라 하였으며, 『시경·패풍·간혜(邶風·簡兮)』 모씨의 주석에서는 "구멍이 여섯"이라 하였고, 『광아·석악(釋樂)』에서는 "구멍이 일곱"이라 하여 구멍의 개수가 다르다. 거약이라는 것은 『공양전』에서는 "소리가 있는 것을 버린 것"이라 하였는데 옳다. 『예기·단궁(檀弓)하』에서는 "중수가 수에서 죽었는데 임오일에 역제를 지내고 만무를 넣었는데 약무는 없앴다. 공자가 말씀하시기를 '예의가 아니다. 경이 죽으면 역제를 지내지 않는다'라 하였다"라 하였다. 이로써 말하자면 경좌(卿佐)가 죽었을 때는 역제를 폐지해야 한다. 『의례·유사철(有司徹)』 가공언(賈公彦)의 주석에서는 이 말을 인용하고 아울러 말하기를 "경좌가 죽으면 정식 제사보다 가벼워도 폐지하는 것은 합당치 않다. 그러나 역제의 예는 가벼우니 마땅히 폐하여야 하나 폐하지 않는다"라 하였는데 혹 그럴지도 모르겠다.

10 무자일은 23일이다.

11 『전』이 없다. 영(嬴)은 『공양전』과 『곡량전』에 모두 "웅(熊)"으로 되어 있다. 아마 고문(古文)의 "嬴"자는 형태가 "熊"과 가까워서 전인들이 잘못하여 "熊"자로 풀었는데 금문 『경』에서 그대로 따른 것일 것이다. 영씨는 곧 선공의 어머니 경영(敬嬴)으로 문공의 두 번째 비이며, 문공 18년의 『전』과 『주』에 보인다.

12 백적은 희공 33년의 『전』에 처음 보이며, 『경』에서는 이곳에서 처음 보인다. 「연표」에서는 "진성공(晉成公) 6년 노나라와 함께 진(秦)나라를 쳤다"라 하여 백적에 대해서는 언급하지 않고 노나라를 언급하였는데 『전』의 문장을 잘못 해석한 까닭인 것 같으며, 『전』과 『주』에 상세하다.

13 서료(舒蓼): 료(蓼)는 『곡량전』에는 "료(鄝)"로 되어 있는데, 두 글자 모두 "료(翏)"가 성부로 서로 통용할 수 있었다. 서료는 군서(羣舒)의 하나로 문공 14년 『전』에서는 "자공(子孔)·반숭(潘崇)이 군서를 습격하고자 하여 공자 습(公子爕)과 자의(子儀)에게 지키게 하고 서료를 쳤다"라 한 것으로 분명히 증명된다. 두예는 서와 료는 두 나라라고 하였다. 서는 처음에 서(徐)에 빼앗겼는데 희공 3년의 『경』에 보이며, 이어서 초나라에 빼앗겼으니 문공 12년의 『전』에 보인다. 료는 문공 5년에 이미 초나라에 멸망당하고 또 어찌 서가 여와 함께 멸하겠는가? 문공 14년의 『전』과 『주』에 상세하다.

秋七月甲子,[14]	가을 7월 갑자일에
日有食之,	일식이 있었는데
旣.[15]	개기일식이었다.
冬十月己丑,[16]	겨울 10월 기축일에
葬我小君敬嬴.[17]	우리 소군 경영을 장사 지냈다.
雨,	비가 내려
不克葬.[18]	장례를 지내지 못하였다.
庚寅,[19]	경인일
日中而克葬.[20]	정오에 장례를 치를 수 있었다.

---

14 갑자는 그믐날이다.

15 『전』이 없다. 7월에는 일식이 없었고 10월 갑자일 초하루에 개기일식이 있었으며, 서북쪽에서 강소(江蘇)에 이르기까지 모두 관측할 수 있었다. 7월(七月)의 "七"자는 필시 "十"자의 잘못일 것이다. 고문의 "七"자와 "十"자는 형태가 비슷하여 쉬 잘못 썼다. 「연표」에서도 "7월에 일식이 있었다"라 하였으니, 서한 때 이미 잘못 알았거나 혹 『사기』에는 잘못이 없었으나 후인이 잘못 『춘추』에 근거하여 고쳤을 것이다. 아니면 『경』에는 본래 "가을 7월(秋七月)" 석 자만 있었고 "일식이 있었다(日有食之)"는 "겨울 10월(冬十月)" 아래에 있던 것을 본문에서 잘못하여 빠뜨린 지 오래되었을 것이다.

16 기축일은 26일이다.

17 경영(敬嬴): 『공양전』과 『곡량전』에는 "경웅(頃熊)"으로 되어 있는데 따를 수가 없으며 문공 18년 『전』의 주석에 보인다.

18 극(克): 능(能)자의 의미로 쓰였다.

19 경인일은 27일이다.

20 정공 15년의 『경』에 "정사일에 우리 정공을 장사 지냈다. 비가 와서 장사를 지낼 수가 없었다. 무오일에 해가 기울어서야 장사를 지낼 수 있었다"라 하였는데, 이 구절과 뜻이 같다. 이(而)자는 내(乃)의 뜻이다. 고대에는 갑(甲)·병(丙)·무(戊)·경(庚)·임(壬)의 다섯 홀수일을 강일(剛日)이라 하였고, 을(乙)·정(丁)·기(己)·신(辛)·계(癸)의 다섯 짝수일은 유일(柔日)이라 하였다. 춘추 때는 매장을 모두 유일(柔日)에 하였는데, 이날 비가 내려 다음 날로 바꾸었으니 어쩔 수 없어서이지 강일(剛日)을 쓴 것은 아니다. 한나라 때는 이런 금기가 없어서 고조(高祖)는 병인일에, 무제는 갑신일에, 소제는 임신일에, 원제는 병

城平陽.[21] 평양에 성을 쌓았다.

楚師伐陳.[22] 초나라 군사가 진나라를 쳤다.

傳

八年春, 8년 봄에

白狄及晉平. 백적이 진나라와 화평하였다.

夏, 여름에

會晉伐秦.[23] 진나라와 만나 진나라를 쳤다.

晉人獲秦諜,[24] 진나라 사람이 진나라의 간첩을 잡아

殺諸絳市, 강의 저자에서 죽였는데

六日而蘇.[25] 6일 만에 살아났다.

술일에, 애제는 임인일에 장사를 지냈으니 모두 강일(剛日)에 장사를 지낸 것이다.

21 평양(平陽): 노나라 읍으로 곧 한나라 동평양(東平陽)인데, 지금의 산동성 신태현(新泰縣) 서북쪽에 있다. 애공 27년 『전』의 평양은 서평양으로 이곳과는 다른 땅이다.

22 「연표」에서는 "진영공 13년 초나라가 우리나라를 쳤다"라 하였다.

23 진(晉)나라와 만나 진(秦)나라를 친 것은 백적이다. 『전』은 위 "백적이 진나라와 화평했다"는 것을 이어 "백적" 두 자를 생략하였는데, 이는 『경』에서 "진나라 군사와 백적이 진나라를 쳤다"라 기록한 것으로 알 수 있다. 사마천은 "여름에 진나라와 만나 진나라를 쳤다(夏, 會晉伐秦)"를 잘못 단독으로 전(傳)을 세웠는데, 회(會)자 위에 주어가 없어 노나라 역사로 잘못 알아 자신을 일컫지 않는다 하여 생략한 것이다. 그러므로 「연표」에는 진성공 6년에서 "노나라와 함께 진나라를 쳤다"라 기록하여 백적은 언급하지 않고 노나라를 언급하였다.

24 첩(諜): 『설문(說文)』에서는 "첩은 군중의 반간(反間)이다"라 하였다. 오늘날의 간첩, 정찰병이다. 위·진(魏·晉)에서 송나라 이후로는 모두 세작(細作)이라 하였다.

25 소(蘇)는 죽었다가 새로 살아나는 것이다. 또한 소(甦)라고도 한다. 「연표」에서는 "진나라 성공 6년 노나라와 함께 진나라를 쳐서 진나라 간첩을 붙잡아 강의 저자에서 죽였는

有事于大廟,	태묘에서 일이 있었는데
襄仲卒而繹,	양중이 죽어서 다음 날 장사를 지냈다.
非禮也.[26]	이는 예의가 아니었다.

楚爲衆舒叛,	초나라는 뭇 서씨의 나라들이 반란을 일으켜
故伐舒蓼,[27]	이에 서료를 쳐서
滅之.	멸하였다.
楚子疆之.[28]	초자는 강계를 정하였다.
及滑汭,[29]	활의 물굽이까지 이르러

데 6일 만에 살아났다"라 하였다. 백적을 노나라라 한 것 외에 나머지는 모두 『전』과 합치된다. 그러나 「진본기」에서는 "환공 3년 진나라가 우리 한 장수를 패퇴시켰다"라 하였는데, 『사기』에서 이른바 "환공 3년"은 실은 환공 4년으로 또한 바로 이해이며, 또한 "한 장수를 패퇴시켰다"라 하였다. 「진세가」에서는 또한 "성공 6년 진(晉)나라를 쳤는데 진나라 장수 적(赤)을 사로잡았다"라 하였는데, 적이 장수의 이름인지는 모르겠으며 『색은(索隱)』에서는 "적은 척(斥)으로 척후병(斥候兵)을 말한다. ……" 하여 이 간첩이 마땅히 진나라 장수일 것이라고 하였다.

26 『경』과 『주』에 상세하다.

27 고(故)자는 위 구절에 붙여서 읽어도 된다.

28 두예는 "그 경계를 바로잡은 것이다"라 하였다.

29 활(滑): 두예 "활은 물 이름이다"라 하였는데, 지금은 이미 어디에 있는지 상세하지 않다. 『휘찬(彙纂)』에서는 "당연히 지금의 강소성 여주부(廬州府) 동쪽 경계에 있을 것이다"라 하였으니, 지금의 합비시(合肥市)와 여강현(廬江縣) 동쪽에 있을 것이며, 소현(巢縣)과 무위(無爲)의 사이에 있다. 심흠한의 『지명보주(地名補注)』에서는 "아마 지금의 단양호(丹陽湖)일 것이다"라 하였으나 또한 반드시 근거가 있는 것은 아니다.
예(汭): 물굽이.

盟吳, 越而還.[30]

오나라, 월나라와 맹약을 맺고 돌아왔다.

30 오나라와 월나라가 처음으로 만난 것이다. 오나라는 희성(姬姓)으로, 주나라 태자 태백(太伯)과 중옹(仲雍)의 후예이다. 『사기』에 「오세가」가 있다. 공영달은 『보(譜)』를 인용하여 "수몽(壽夢)에 이르러 왕을 칭하였다. 수몽 위로 여러 세는 알 수는 있으나 해를 모른다. 수몽 원년은 노나라 성공 6년이다. 부차 15년은 기린이 잡힌 해다. 23년 노애공 22년 월나라가 오나라를 멸했다"라 하였다. 오나라는 자칭 "공어〔工䱷: 자감종(者減鐘)〕", "공오〔攻吳: 오왕검(吳王劍)〕", "공오〔攻吳: 오왕부차감(吳王夫差鑑)〕"라고 하였으며, 또한 "간(干)"이라고도 하였다. 또한 우한(禺邗)이라고도 하며, 우한왕호(禺邗王壺)가 전하는데 곧 애공 13년 황지(黃地)의 모임 뒤에 만든 것이다. 오나라는 자칭 왕이라 하였으며 이기(彝器)가 이와 같다. 「오어」에서는 또한 "오백(吳伯)", "오공(吳伯)"이라 하였으며, 춘추 때는 "오자(吳子)"라 칭하였다. 오나라는 처음에 매리(梅里)에 나라를 세웠는데, 청초(淸初) 고사기(高士奇)의 『지명고략(地名考略)』에 의하면 지금의 강소성 무석현(無釋絃) 동남쪽 저점 30리의 매리향(梅李鄕)에 있을 것이다. 옛날 태백성(泰伯城)이라 칭한 것이 그곳이다. 제번(諸樊)에 이르러 비로소 오로 옮겼는데, 지금의 소주시(蘇州市)이다.
월(越): 월나라의 기물인 자궁종(者沔鐘)에서는 자칭 "월(戉)"이라 하였다. 『주례·고공기(周禮·考工記)』와 『사기·초세가(史記·楚世家)』, 『한서·천문지(漢書·天文志)』에는 모두 "월(粵)"로 되어 있고, 「월세가(越世家)」의 『색은(索隱)』에서는 『죽서기년(竹書紀年)』을 인용하여 "오월(於越)"로 되어 있으며, 정공 5년과 14년의 『전』 및 『공양전』에는 "於越"로 되어 있다. 오(於)는 발성사(發聲詞)이다. 「월세가」에서는 "그 선조는 우(禹)의 아득한 후예이며 하후(夏后) 제소강(帝少康)의 서자이다. ……"라 하였다. 양옥승(梁玉繩)의 『사기지의(史記志疑)』 권22에서는 그렇지 않음을 변별하였다. 그러나 범문란(范文瀾: 1893~1969)의 『중국통사간편(中國通史簡編)』에서는 "갑골문에 월국(戉國)이 있는데 곧 월국(越國)이다. 『오월춘추·월왕무여외전(越王無余外傳)』에는 무여가 처음으로 봉작을 받은 것 및 자손의 흥망성쇠 등의 일이 기록되어 있는데, 근거가 있는 것 같다"라 하였다. 월나라는 회계(會稽)에 봉하여졌는데 곧 지금의 절강성 소흥현(紹興縣)으로 절강 항주시(杭州市) 남쪽에서 동해에 이르는 땅을 가지고 있었다. 공영달은 『보(譜)』를 인용하여 "해변은 남해에 있으며 중원과는 통하지 않는다. 20여 세가 흘러 윤상(允常)에 이르러 노정공 5년에야 비로소 오나라를 쳤다. 윤상이 죽자 아들은 구천(句踐)이 즉위하였는데 월왕(越王)이 되었다. 월왕 원년은 노정공 14년이다. 노애공 22년 구천이 오나라를 멸하였으며 중국을 제패하고 죽었다. 춘추 후 7세 만에 초나라에 크게 져서 마침내 미약해졌다"라 하였으며, 마침내 초나라에 멸망당하였다.

晉胥克有蠱疾,[31]	진나라 서극이 정신 착란을 일으키는 병이 있어서
郤缺爲政.[32]	극결이 정사를 맡았다.
秋,	가을에
廢胥克,	서극을 폐하고
使趙朔佐下軍.[33]	조삭을 하군좌로 삼았다.

冬,	겨울에
葬敬嬴,	경영의 장사를 지냈는데
旱,[34]	가뭄이 들어
無麻,	삼이 없어서

---

31 고질(蠱疾): 고(蠱)는 『설문(說文)』에서는 "뱃속의 벌레(腹中蟲)이다"라 하였다. 단옥재는 "중(中)과 충(蟲)은 모두 거성으로 읽는다. 충(蟲)은 식물(食物)이다. 복중고라는 것은 배안에 음식물의 독에 중독된 것을 말한다"라고 주석을 달았다. 소공 원년의 『전』에서는 진(秦)나라 의화(醫和)가 진후(晉侯)의 병을 진찰해 보고는 "정신착란인 것 같습니다. 귀신이 붙은 것도 아니고 음식이 잘못된 것도 아니며 혹란되어 뜻을 상하게 한 것입니다(疾如蠱, 非鬼非食, 惑以喪志)"라 하였다. 곧 옛날에 이른바 고질(蠱疾)이란 것은 곧 식물에 중독된 것이며, 혹 귀신에 미혹되었다 생각하기도 하였는데 그 현상은 신경이 착란을 일으키는 것이라 하였다. 유월(兪樾)의 『평의(平議)』에서는 이 고(蠱)자를 "고(痼)자의 뜻으로 읽어야 한다. 고는 지병이다. 『설문(說文)』에는 고(㽽)라 하였는데 고(蠱)와 음이 같아서 통용할 수 있었다"라 하였다. 뜻은 통하나 자의를 깨뜨리지 않는 것이 타당하다.

32 조돈이 이미 죽고 극결이 그 뒤를 이어 정사를 맡은 것이다.

33 두예는 "조삭은 조돈의 아들로 서극을 대신하였다. 성공 17년에 서동(胥童)이 극씨(郤氏)를 원망하게 되는 복선이다"라 하였다.

34 7년의 『경』에는 "큰 가뭄(大旱)"이라 기록하였다.

始用葛茀.[35]	비로소 칡으로 관을 끄는 끈을 만들어 썼다.
雨,	비가 내려
不克葬,	장사를 지낼 수 없었는데
禮也.	예에 맞았다.
禮,	예에 맞는 것은
卜葬,	장례일을 점침에
先遠日,	먼저 먼 날로 하는 것은
避不懷也.[36]	생각지 않는다는 것을 회피하기 위함이다.

35 불(茀): 또한 불(紼), 발(綍)이라고도 한다. 관을 끄는 끈이다. 초빈 때 이미 있으며, 영구를 싣는 수레〔옛날에는 순거(輴車)라 하였다〕에 묶어 놓아 화재에 대비하였는데, 화재가 생기면 영구를 끌어 불을 피하는데 썼을 것이다. 장례 때는 영구의 밑에 깔아서 썼다. 『주례·지관·수인(地官·遂人)』에 의하면 천자의 장례 때는 육불(六紼)을 썼다. 또한 『예기·상복대기(喪服大記)』에 의하면 임금은 사불(四紼)을 썼고, 대부와 사는 이불(二紼)을 썼다. 『예기·곡례(曲禮) 상』에서는 "장례를 도울 때는 반드시 불(紼)을 잡아야 한다"라 하였다. 그러므로 후세에서는 장사를 배웅하는 것을 집불(執紼)이라고 한다. 마(麻)는 대마(大麻)로 암수〔雌雄〕가 그루가 다른데 수컷을 시(枲), 또는 마(麻)라 하고 꽃이 진 뒤에 뽑아서 물에 담가 두는데, 그 껍질은 하포(夏布)를 짤 수 있다. 암컷은 저마(苴麻)라 하여, 또한 마포(麻布)를 짤 수 있고, 올이 가는 것을 치(絺), 거친 것을 격(綌)이라 한다. 시용갈불(始用葛茀)이란 것은 이 이후로는 불(紼)에는 마를 쓰지 않고 갈(葛)로 바꿔 썼음을 말하며, 희공 33년 『전』에서 "진나라는 이에 비로소 검은색 상복을 입었다(晉於是始墨)"라 한 것과 뜻이 같다.

36 복장~피불회(卜葬~避不懷): 복장(卜葬)은 장사 지내는 날을 점치는 것이다. 선원일(先遠日)은 이 달 하순에 먼저 다음 달 하순을 점쳐 보고 불길하면 중순을 점치며, 또 불길하면 상순을 점치는데 먼 날부터 점쳐서 가까운 날에 미친다. 대체로 고인들은 부모의 장례가 이미 끝나고 나면 그 슬픔이 점차 사라지는 것은 효자가 그렇게 하고 싶어서 그러는 것이 아니라 부득이해서 그렇게 되는 것일 따름이라고 생각했기 때문에 장례를 지낼 기일을 점칠 때 먼 날을 먼저 점침으로써 장례를 구함에 급급해하지 않고 약하게나

城平陽,	평양에 성을 쌓았는데
書,	기록한 것은
時也.[37]	시의적절했기 때문이다.

陳及晉平.	진나라가 진나라와 화평을 맺었다.
楚師伐陳,	초나라 군사가 진나라를 치고
取成而還.[38]	화친하고 돌아갔다.

마 효심을 편다는 것을 표시할 따름이다. 『예기·곡례(曲禮) 상』에서 "상사에는 먼 날을 먼저 한다(喪事先遠日)"라 한 것도 또한 이런 뜻이다. 피불회(避不懷)라는 것은 이미 돌아가신 부모를 마음속으로 그리워하지 않는다는 마음을 비하여 면하는 것으로, 이미 장례가 끝이 나면 그리워하는 마음이 점차 약해지게 된다. 비로 장례를 지낼 수 없었다는 것이 합리적이냐 아니냐 하는 것에는 예로부터 두 가지 설이 있다. 『좌씨』는 예의에 맞다고 하였고, 『곡량전』에서는 "장삿날이 잡히면 비 때문에 멈추지 않는다. 비로 장사를 치르지 못하면 상제(喪制)에 맞지 않는다"라 하였으니 예가 아니라고 생각하였다. 그러나 『예기·왕제(王制)』편에서는 "서인은 줄로 매달아 하관을 하고 장사는 비 때문에 그치지 않는다"라 하였는데, 그 문장의 뜻을 미루어 보건대 장례를 비 때문에 그치지 않는 것은 서인만이 이러하며 천자나 제후는 그렇지 않다는 것이다. 『여씨춘추·개춘론(開春論)』에도 위혜왕(魏惠王)의 죽음이 기록되어 있는데, 하늘에서 큰 눈이 내려 뭇 신하들이 장사 지낼 날을 바꿀 것을 청하며 아울러 문왕(文王) 때부터 이미 그랬다고 하였다.

37 이 조목은 겨울 10월 경영을 장사 지낸 후에 있어서 전인들은 평양에 성을 쌓은 것 또한 10월이라 하였다. 그래서 송(宋)나라 조붕비(趙鵬飛)의 『춘추경전(春秋經筌)』에서는 "『좌씨』의 예에 '수성이 황혼녘에 남방에 보이면 판자를 댄다(水昏正而栽)'(장공 29년의 『전』)라 하였다. 수성이 황혼녘에 남방에 보인다 한 것은 하나라의 10월이지 주나라의 10월이 아니다. 지금 '10월'이라 기록한 것을 보고 마침내 '시의적절'하다고 하는 것은 하나라와 주나라의 정삭(正朔)의 차이를 모르는 것이다. 섭몽득(葉夢得)의 『좌전언(左傳讞)』과 학경(郝敬)의 『춘추비좌(春秋非左)』의 설도 이와 같다. 이 설은 맞는 것 같지만 틀렸다. 이 조목에 월이 없는 것은 겨울 10월 경영의 장례 뒤와 붙어 있기는 하지만 또한 반드시 10월이라고는 할 수 없다. 11월, 12월이라도 일찍이 괜찮지 않은 적이 없었다. 또한 윤달이라도 있으면 역법가(曆法家)들은 윤달이 5월에 있다고 미루어 말하니 11월에 평양에 성을 쌓았다는 것 또한 '시의적절'하다고 기록하지 않은 덕이 없다"라 하였다.

38 두예는 "진나라와 초나라가 강함을 다툼을 말하였다"라 하였다.

선공 9년

經

九年春王正月,[1]	9년 봄 주력으로 정월에
公如齊.[2]	공이 제나라로 갔다.
公至自齊.[3]	공이 제나라에서 돌아왔다.
夏,	여름에
仲孫蔑如京師.[4]	중손말이 경사로 갔다.
齊侯伐萊.[5]	제후가 내나라를 쳤다.
秋,	가을에

1 구년(九年): 신유년 B.C. 600년으로 주정왕(周定王) 7년이다. 정월 초10일 임인일이 동지로 건자(建子)이다.

2 『전』이 없다.

3 『전』이 없다.

4 중손말은 공손오(公孫敖)의 손자이며 문백곡(文伯穀)의 아들인 맹헌자(孟獻子)이다. 『좌전』에 노나라 대부가 경사로 간 것을 기록한 것은 모두 일곱 차례가 있는데, 그중 다섯 번은 모두 연고가 있어서였다. 희공 30년에는 공자 수(公子遂)가 경사로 갔는데 재(宰)인 주공(周公)의 빙문에 대한 답방이었으며, 문공 원년에는 숙손득신(叔孫得臣)이 경사로 갔는데 소백(召伯)이 내린 명에 배사하기 위해서였고, 8년에는 공손오가 경사로 갔는데 양왕(襄王)의 상에 조의를 표하기 위해서인데 이르지도 못하고 다시 돌아왔으며, 9년에는 숙손득신이 경사로 갔는데 양왕의 장례에 참석하기 위해서였고, 소공 22년에는 숙앙(叔鞅)이 경사로 갔는데 경왕의 장례에 참석한 것이다. 빙문 때문에 간 것은 이곳의 중손말 및 양공 24년의 숙손표(叔孫豹)밖에 없다. 그런데 이 두 차례 모두 왕이 예의가 있다고 여겼다.

5 『전』이 없다. 원(元)나라 이렴(李廉)의 『춘추제전회통(春秋諸傳會通)』[이하 『회통(會通)』]에서는 "동래(東萊)에 내산(萊山)이 있는데 제나라를 따르는 소국이다. 제나라는 7년부터 노나라와 만나 그 나라를 쳤는데 금년에 또 스스로 쳤으며, 마침내 양공 6년에 그들을 멸하게 된다"라 하였다.

取根牟.[6]	근모를 취하였다.
八月,	8월에
滕子卒.[7]	등자가 죽었다.
九月,	9월에
晉侯·宋公·衛侯·鄭伯·曹伯會于扈.[8]	진후와 송공, 위후, 정백, 조백이 호에서 회합하였다.
晉荀林父帥師伐陳.[9]	진나라의 순림보가 군사를 거느리고 진나라를 쳤다.
辛酉,[10]	신유일에

6 근모(根牟): 나라 이름. 송(宋)나라 섭몽득(葉夢得)의 『춘추공양전언(春秋公羊傳讞)』에서는 근모는 부용국이라 하였는데 그럴듯하다. 지금의 산동성 기수현(沂水縣) 남쪽에 있다. 송(宋)나라 악사(樂史)의 『태평환우기(太平寰宇記)』에서는 안구(安丘)에 있다고 하였는데 이는 틀렸다. 소공 8년 『전』에서 "홍(弘)에서 가을 군사훈련을 크게 행하였는데 근모에서 상(商)·위(衛)까지 이르렀다"라 하였으니, 바로 이때 취한 근모의 땅이다. 『공양전』에서는 근모가 주(邾)나라 땅이라고 하였으며, 고동고(顧棟高)의 『대사표·삼전이동(三傳異同)』편(篇)에서는 이를 반박하여 "주나라는 노나라 남쪽에 있으며 근모는 노나라 동북쪽에 있는데, 주나라는 소국이니 읍이 어찌 이곳까지 이를 수 있겠는가?"라 하였는데, 그 말이 옳다.

7 은공 7년의 『전』에서는 "등나라 후작이 죽었다. 이름을 기록하지 않은 것은 동맹을 맺지 않았기 때문이다(滕侯卒. 不書名, 未同盟也)"라 하였고, 희공 23년의 『전』에서는 "무릇 제후로 함께 맹약을 하였으면 죽었을 때 이름으로 부고를 하는 것이 예이다. 이름으로 부고를 하면 『춘추』에도 기록을 하고 그렇지 않으면 기록을 하지 않는다(凡諸侯同盟, 死則赴以名, 禮也. 赴以名, 則亦書之, 不然則否)"라 하였으니 여기에서 기록을 하지 않은 것은 아마 동맹을 하지 않았기 때문일 것이며, 또한 이름으로 부고를 하지 않았기 때문이다.

8 호는 정나라 땅으로 이미 문공 7년의 『경』과 『주』에 보인다.

9 「연표」에서는 "환자로 하여금 초나라를 치게 하였다. 제후의 군사로 진나라를 치고 정나라를 구하였다"라 하였다. 정나라를 구한 사람은 극결이며 또한 순림보가 아니다. 사마천이 무슨 근거로 그랬는지 모르겠다.

10 9월에는 신유일이 없다. 두예는 "날짜에 착오가 있다"라 하였다.

晉侯黑臀卒于扈.[11]	진후 흑둔이 호에서 죽었다.
冬十月癸酉,	겨울 10월 계유일에
衛侯鄭卒.[12]	위후 정이 죽었다.
宋人圍滕.	송나라 사람이 등을 에워쌌다.
楚子伐鄭.[13]	초자가 정나라를 쳤다.
晉郤缺帥師救鄭.[14]	진나라 극결이 군사를 거느리고 정나라를 구하였다.
陳殺其大夫洩冶.[15]	진나라가 그 대부인 설야를 죽였다.

傳

九年春,	9년 봄

11 호는 본래 정나라의 읍으로 『수경주·하수(水經注·河水)』에서는 『죽서기년(竹書紀年)』을 인용하여 "출공(出公) 22년에 하수〔河〕가 호에서 끊어졌다"라 하였으니 그 후로 진나라 소유가 된 것 같다. 『공양전』에서는 이때 호는 이미 진나라 읍이었다고 하였는데 믿을 수 없다. 『경』에는 으레 나라 안에서 죽으면 지명을 쓰지 않는다. 여기서 지명을 기록한 것으로 보아 호는 이때까지만 해도 아직은 진나라의 소유가 아님을 알 수 있다. 호는 진나라가 제후들을 모은 땅으로 "회합에서 죽었다(卒于會)"라고 말하지 않은 것은 회합이 이미 끝났기 때문이다. 장례에 대해 기록하지 않은 것은 노나라에서 참석하지 않았기 때문이다.

12 『전』이 없다.

13 「연표」에서는 "초장왕 14년 정나라를 쳤다"라 하였다.

14 「연표」에서는 "초장왕 14년 정나라를 쳤다. 진나라 극결이 정나라를 구하고 우리나라를 물리쳤다"라 하였다.

15 설은 『공양전』과 『곡량전』에는 "泄"로 되어 있다. 가나자와 문고본(金澤文庫本)에도 마찬가지이다. 나머지는 은공 원년의 『전』과 『주』에 상세하다.

王使來徵聘.[16]	주나라 왕의 사자가 와서 빙문해 줄 것을 요구하였다.
夏,	여름에
孟獻子聘于周.[17]	맹헌자가 주나라를 빙문하였다.
王以爲有禮,	왕은 예의가 있다고 여겨
厚賄之.	그에게 예물을 두터이 내렸다.

秋,	가을에
取根牟,	근모를 취하였는데
言易也.[18]	쉬웠음을 말한 것이다.

滕昭公卒.[19]	등소공이 죽었다.

---

16 왕사(王使): 주정왕(周定王)의 사자이다.
징빙(徵聘): 노나라에서 사신을 파견하여 주나라를 빙문하였으면 하는 뜻을 드러낸 것이다. 이 말은 『춘추』에는 기록되어 있지 않다.

17 "우(于)"자는 "어(於)"자로 된 판본도 있다.

18 양공 13년의 『경』에 "시를 취하였다(取邿)"는 말이 있는데, 『전』에서는 "무릇 취하였다고 기록한 것은 쉬웠음을 말하는 것이다"라 하였고, 성공 6년의 『경』에는 "전을 취하였다(取鄟)"는 말이 있는데 『전』에서는 또한 "쉬웠음을 말하였다"라 하였다. 소공 4년의 『경』에서는 "증을 취하였다(取鄫)"라 하였는데, 『전』에서는 "증을 취한 것은 쉬웠음을 말하였다. 거(莒)에 난리가 났을 때 저구공(著丘公)이 일어섰으나 증을 순무하지 못하였다. 증이 반란을 일으켜 왔으므로 취하였다고 말한 것이다. 무릇 읍을 이겼을 때 군사의 무리를 쓰지 않은 것을 취하였다고 한다"라 하였다. 종합해 보면 무릇 읍이나 나라를 취하는데 매우 쉽게 취하였으면 "취(取)"자를 쓴다. 그러나 군사를 쓸 경우도 있고, 쓰지 않을 경우도 있다. 이때 근모를 취함에는 증의 경우처럼 그 나라에 반란을 일으켜 항복해 온 것이 아니라 군사를 쓴 것이다.

會于扈,	호에서 회합을 갖고
討不睦也.[20]	복종하지 않는 나라를 치기로 했다.
陳侯不會.[21]	진후는 참석하지 않았다.
晉荀林父以諸侯之師伐陳.[22]	진나라 순림보가 제후의 군사들을 가지고 진나라를 쳤다.
晉侯卒于扈,	진후가 호에서 죽자
乃還.[23]	이에 돌아갔다.

冬,	겨울에
宋人圍滕,	송나라 사람이 등나라를 에워쌌는데,
因其喪也.[24]	상을 당한 틈을 탄 것이다.

19 두예는 "송나라가 등나라를 에워쌌기 때문이다"라 하였다. 대체로 또한 『경』의 "등자(滕子)"가 곧 소공임을 풀이한 것일 것이다.

20 7년 흑둔의 맹약에서 복종하지 않는 나라를 도모하였는데, 여기서는 호에서 회합을 갖고 복종하지 않는 나라들을 치고자 한 것이다. 아마 이때는 진(晉)나라와 초(楚)나라가 강역을 다투었는데 초나라를 따르는 제후들은 진나라에 복종하지 않았으므로 진나라가 호에서 회합을 갖고 그들을 치려고 한 것이다.

21 지난해에 진나라는 초나라와 강화를 맺었다.

22 『경』에서는 제후의 군사를 기록하지 않았는데, 두예는 제후의 군사에는 따로 장수가 없었다고 하였는데 순림보가 통괄하여 통솔한 것이다.

23 「진세가」에서는 "7년에 성공이 초장왕과 강역을 다투어 호에서 제후들을 회합하였다. 진(陳)나라는 초나라가 회합을 갖지 않은 것을 두려워하였다. 진(晉)나라는 중항환자(中行桓子)를 시켜 진나라를 치게 하였다"라 하였다.

24 등나라에서는 소공(昭公)의 상이 있었다.

陳靈公與孔寧, 儀行父通於夏姬,[25]	진영공과 공녕, 의행보가 하희와 사통을 하였는데
皆衷其衵服,[26]	모두 하희의 속옷을 입고
以戱于朝.	조정에서 서로 시시덕거렸다.
洩冶諫曰,	설야가 간하여 말하였다.
"公卿宣淫,[27]	"왕과 경이 음란한 짓을 드러내면
民無效焉,[28]	백성들은 거기에서 본받을 것이 없고
且聞不令.[29]	또한 명예가 좋지 않게 되니

---

25 하희(夏姬)는 정목공(鄭穆公)의 딸로 진(陳)나라 대부 어숙(御叔)의 아내이고, 하징서(夏徵舒)의 어머니이다. 하희(夏姬), 하징서라 일컫는 것은 아마 어숙이 하를 채읍으로 삼았기 때문일 것이다. 혹자는 징서의 조부의 자 자하(子夏)를 씨로 삼은 것이라고 하였다. 공녕과 의행보에 대해 두예는 "진나라의 경(陳卿)"이라 하였는데, 「진세가」에서는 대부라고 하였다. 아래의 『전』의 문장 "왕과 경이 음란한 짓을 드러내다"라 한 것에 의하면 경인 것 같다. 공녕은 곧 11년 『경』의 공손녕(公孫寧)이다. 무릇 음란한 것을 통(通)이라 하는데 환공 18년의 『전』과 『주』에 보인다.

26 충(衷): 『설문(說文)』에서는 "속옷(裏褻衣)"이라 하였다. 여기서는 동사로 쓰였으며, 양공 27년 『전』의 "안에 갑옷을 받쳐 입다(衷甲)"와 같은 뜻으로 쓰였다. 안에 입는다는 것을 이른다. 그래서 두예는 "속에 입는 것이다(懷也)"라 하였다.
일(衵): 『설문(說文)』에서 "날마다 입는 옷이다"라 하였다. 그래서 두예는 "몸에 가까운 옷(近身衣)"이라고 하였다. 기일복(其衵服)은 하희의 땀받이를 말한다. 세 사람 모두 입고 있었다.

27 선(宣): 선양(宣揚)한다는 뜻이다.

28 효(效)자는 "効"로 되어 있는 판본도 있는데, 속자이다. 민무효(民無效)는 백성들이 본받을 것이 없다는 말이다. 「진세가(陳世家)」에는 "임금과 신하가 음란하면 백성들이 무엇을 본받겠습니까?(君臣淫亂, 民何孝焉)"라 하였는데 같은 뜻이다.

29 문(聞): 거성(去聲)으로 읽으며, 명예라는 뜻이다.
령(令): 선(善)과 같은 뜻이다. 『시경·대아·문왕(大雅·文王)』에 "훌륭한 평판 그치지 않는다(令聞不已)"라는 말이 있는데, 여기서는 오히려 악명이 매우 높음을 말하였다. 청나라 우창(于鬯)의 『향초교서(香草校書)』에서는 도치된 구라 하고 "不令且聞"과 같다고 하

君其納之!”[30] 임금께옵서는 그것을 거두십시오.”

公曰, 공이 말하였다.

“吾能改矣.” “내 고치리라.”

公告二子. 공이 두 사람에게 알렸다.

二子請殺之, 두 사람이 그를 죽일 것을 청하자

公弗禁, 공이 그것을 금하지 않으니

遂殺洩冶.[31] 마침내 설야를 죽였다.

孔子曰, 공자가 말하였다.

“詩云, “『시경』에서 말하기를

‘民之多辟, ‘백성들 사벽한 이 많거늘,

無自立辟.’[32] 스스로 법도를 세우지 말기를’이라 하였으니

였는데 “훌륭하지 못한 평판이 또한 밖으로 백성들에게까지 알려졌다”라는 뜻이라 하였는데 확실치 않은 것 같다.

30 두예는 “속옷을 넣어 숨기는 것이다”라 하였다.

31 『곡량전』 및 『열녀전』의 기록은 『전』과 대략 같다. 한나라 가의(賈誼)의 『신서·잡사(新書·雜事)』에서는 “진영공(陳靈公)이 설야(泄冶)를 죽이니 등원(鄧元)이 진(陳)나라를 떠났는데 족속들을 데리고 옮겼다”라 하였으며 『대대예기·보부(大戴禮記·保傅)』편에서도 그렇다 하였다. 등원의 일은 『좌전』 및 기타 현존하는 고적에는 아무 데도 보이지 않는다.

32 『시경·대아·판(大雅·板)』의 구절이다. 벽(辟)은 “僻”이라고도 하며 당시에는 “辟”자가 정자였다. 다벽(多辟)의 “辟”은 사악함〔邪〕이고, 입벽(立辟)의 “辟”은 법도〔法〕이다. 이 구절의 뜻은 백성들이 많이 사벽해져서 나라가 위태로워졌으니 스스로 법도를 세워서 몸을 위태롭게 하지 말라는 것이다. 전한(前漢) 때 장형(張衡)의 「사현부(思賢賦)」에 “백성들 많이 사벽함 봄이여, 법도 세워 몸 위태해질까 두렵다네(覽烝民之多辟兮, 畏立辟以危身)”라는 구절이 있는데 이 구절의 뜻을 쓴 것이다.

其洩冶之謂乎!"[33] 아마 설야를 이르는 것인저!"

楚子爲厲之役故,[34] 초자가 여의 전역 때문에

伐鄭. 정나라를 쳤다.

晉郤缺救鄭. 진나라 극결이 정나라를 구원하였다.

鄭伯敗楚師于柳棼.[35] 정백이 유분에서 초나라 군사를 물리쳤다.

---

33 『공자가어·자로초견(孔子家語·子路初見)』편에서는 "자공이 말하였다. '진영공이 음란한 행위를 대놓고 하여 설야가 바른 말로 간하니 임금이 그를 죽여 버렸습니다. 이는 비간(比干)이 간하다 죽은 것과 같으니 인하다 할 수 있겠습니까?' 공자가 말씀하셨다. '비간은 주(紂)에 있어 친하기로는 아버지뻘이고 벼슬은 소사(少師)로, 충성으로 갚고자 하는 마음이 종묘에 있었고 자신을 굳게 하여 반드시 죽음으로 다투려 하여 몸이 죽을 것을 바랐으니 주(紂)도 뉘우쳐 깨달으려 했다. 그 근본 되는 뜻과 정은 인에 있는 사람이다. 설야는 영공에 있어 골육의 친함도 없고 총애를 품고 떠나지 않아 어지러운 조정에서 벼슬살이를 하며, 구구한 한 몸으로 한 나라의 음란하고 혼탁함을 바로잡고자 하였으니 뜻을 굽히지 않았다 하겠다. 『시경』에서 이르기를 "백성들 사벽한 이 많거늘, 스스로 법도를 세우지 말기를!"이라 하였으니 아마 설야를 두고 하는 말이로다!'"라 하였다. 『공자가어』는 왕숙(王肅)이 지은 것으로 이 말은 반드시 믿을 만하지는 않다. 아마 『좌전』에 바탕을 두고 덧붙인 것일 것이다. 곧 『좌전』에서 인용한 공자의 말은 곧 후세에서 또한 자못 논의가 많고 의심을 하였다.

34 두예는 "6년에 초나라가 정나라를 치고 여(厲)에서 화친을 맺었다. 화친이 성립된 후 정백이 도망쳐 달아났다. 이 일은 11년에 보인다"라 하였다. 두예는 여의 전역이 곧 6년의 초나라가 정나라를 친 전역이라고 생각하였는데, 이는 추측한 말로 6년의 『전』과 『주』에 상세하다.

35 두예는 "유분은 정나라 땅이다"라 하였다. 지금은 없어졌다. 「진세가」에서는 "진나라는 중항환자로 하여금 진나라를 치게 하였는데 정나라를 구하기 위함이었다. 초나라와 싸워 초나라를 물리쳤다"라 하였다. 그 말대로라면 정나라를 구한 사람은 순림보이지 극결이 아니며, 초나라 군사를 물리친 나라는 진나라이지 정나라는 아니다. 『전』는 다르

國人皆喜, 백성들이 모두 기뻐하였는데

唯子良憂曰,[36] 자량만은 근심스레 말하였다.

"是國之災也, "이는 나라의 재앙이니

吾死無日矣."[37] 내가 죽을 날이 머지않았구나."

선공 10년

經

十年春,[1] 10년 봄

公如齊. 공이 제나라로 갔다.

公至自齊.[2] 공이 제나라에서 돌아왔다.

齊人歸我濟西田.[3] 제나라 사람이 우리 제수 서쪽의 전지를 돌려주었다.

다. 「연표」에서는 "초장왕 14년 정나라를 쳤는데 진나라 극결이 정나라를 구하고 우리나라를 물리쳤다"라 하여 또한 정나라를 구한 것은 극결로 『전』과 같다.

36 자량은 곧 공자 거질(公子去疾)로 4년의 『전』에 보인다.

37 두예는 "이때부터 진나라와 초나라가 군사를 내어 번갈아 정나라를 쳤으며, 12년에 마침내 초자가 정나라에 드는 화가 있었다"라 하였다.

1 십년(十年): 임술년 B.C. 599년으로 주정왕(周定王) 8년이다. 정월 21일 무신일이 동지로 건자(建子)이며, 윤달이 있다.

2 『전』이 없다.

3 원년의 『전』에 의하면 선공은 막 즉위하자 제수 서쪽의 전지를 뇌물로 바쳐 회합을 청하였다. 이곳의 "제나라 사람이 우리 제수 서쪽의 전지를 돌려주었다" 한 것과 정공 10년 『경』에서 말한 "제나라 사람이 와서 운(鄆), 환(讙), 귀음(歸陰)의 전지를 돌려주었다" 한

夏四月丙辰,[4]	여름 4월 병진일에
日有食之.[5]	일식이 있었다.
己巳,[6]	기사일에
齊侯元卒.[7]	제후 원이 죽었다.
齊崔氏出奔衛.[8]	제나라 최씨가 위나라로 달아났다.
公如齊.	공이 제나라로 갔다.
五月,	5월에
公至自齊.[9]	공이 제나라에서 돌아왔다.
癸巳,[10]	계사일에
陳夏徵舒弑其君平國.	진나라 하후서가 그 임금 평국을 죽였다.

것 및 애공 8년 『경』에서 말한 "제나라 사람이 환(讙) 및 천(闡)을 돌려주었다"라 한 것 세 가지는 문장을 변환시켜 기록한 것으로 뜻의 예가 없는 것 같다. 두예는 "왔다고 말하지 않은 것은 공이 제나라로 가서 받았기 때문이다"라 하였는데, 『곡량전』의 뜻을 쓴 것으로 『경』의 뜻은 아니다. 그렇다면 애공 8년에서 "왔다(來)"라 기록하지 않고 또한 "우리(我)"도 기록하지 않았으니 "공이 제나라로 가서 받은 것"이 아니며 또한 무슨 까닭이 있겠는가?

4 병진일은 초하룻날이다.

5 『전』이 없다. 두예는 "초하룻날이라고 기록하지 않은 것은 사관이 잊은 것이다"라 하였는데, 이는 B.C. 599년 3월 6일의 금환일식이다.

6 기사일은 14일이다.

7 「제세가」에서는 "10년에 혜공(惠公)이 죽어 아들인 경공(頃公) 무야(無野)가 즉위하였다"라 하였다.

8 『곡량전』에서는 "씨라는 것은 온 겨레붙이가 다 빠져나왔다는 말이다"라 하였다. 두예는 이 뜻을 써서 "온 겨레붙이가 나갔음을 드러내었다"라 하였는데 실로 『경』의 뜻이 아니다. 『전』에 의하면 씨를 기록한 것은 대체로 알렸음을 따랐기 때문이다.

9 『전』이 없다.

10 계사일은 8일이다.

六月,	6월에
宋師伐滕.	송나라 군사가 등나라를 쳤다.
公孫歸父如齊.	공손귀보가 제나라로 갔다.
葬齊惠公.[11]	제나라 혜공을 장사 지냈다.
晉人·宋人·衛人·曹人伐鄭.[12]	진나라 사람, 송나라 사람, 위나라 사람, 조나라 사람이 위나라를 쳤다.
秋,	가을에
天王使王季子來聘.[13]	주나라 천자가 왕계자를 보내어 내빙케 했다.
公孫歸父帥師伐邾,	공손귀보가 군사를 이끌고 주나라를 쳐서
取繹.[14]	역을 취하였다.

---

11 『전』이 없다. 두예는 "귀보는 양중(襄仲)의 아들이다"라 하였다. 『전』에서는 또한 "자가(子家)"라 하였는데, 자일 것이다. 하북 당현(唐縣)에서 출토된 귀보돈(歸父敦)은 바로 이 사람이 지은 것이다. 『경』과 『전』의 기록에 의하면 노나라는 경(卿)을 장례에 참석시키는데 양왕(襄王)과 경왕(景王), 진(晉)나라 양공(襄公), 평공(平公), 소공(昭公)과 이해의 제혜공(齊惠公) 및 송평공(宋平公), 등성공(滕成公)의 여덟 차례만 보일 뿐이다.

12 두예는 "정나라가 초나라와 화평을 맺었기 때문이다"라 하였다.

13 『전』에서는 "유강공(劉康公)"이라고 하였는데, 채읍이 유(劉)이고 시호가 강공(康公)이기 때문일 것이다. 『공양전』에서는 왕계자를 천왕(天王)의 "동모제(母弟)"라 하였고 『곡량전』에서는 "왕자(王子)"라고 하였다. 두예는 『공양전』의 설을 썼다. 그러나 17년의 『전』에서 "무릇 태자의 동모제로 공이 있으면 '공자'라 하고 없으면 '제'라고 한다(凡大子之母弟, 公在曰公子, 不在曰弟)"라 한 예에 따르면 과연 천왕(天王)의 동모제였다면 "天王使其弟季子來聘"이라고 기록했어야 한다. 지금 그렇지 않으니 『공양전』의 설이 반드시 『좌씨』와 부합하는 것은 아니다. 『공양전』의 설대로라면 왕계자는 주광왕(周匡王)의 아들이며, 『곡량전』의 설대로라면 주정왕(周定王)의 아들이다.

大水.[15] 홍수가 졌다.

季孫行父如齊. 계손행보가 제나라로 갔다.

冬, 겨울에

公孫歸父如齊. 공손귀보가 제나라로 갔다.

齊侯使國佐來聘.[16] 제후가 국좌로 하여금 내빙케 했다.

饑.[17] 기근이 들었다.

楚子伐鄭. 초자가 정나라를 쳤다.

傳

十年春, 10년 봄

---

14 "역(繹)"은 『공양전』에는 "유(蘱)"로 되어 있는데 그 까닭을 모르겠다. 두예는 "역은 주(邾)나라의 읍이다"라 하였다. 공영달은 "문왕 13년의 『전』에서는 주(邾)가 역(繹)으로 옮겼으니 역은 주나라의 도읍이다. 다시 다른 역읍이 있는데 지금 노나라가 벌하여 취한 것은 주나라의 도읍이 아니다. 또한 역산으로 인하여 명명하였는데, 주나라의 도읍 곁에 가까이 있을 따름인 듯하다"라 하였다. 나머지는 문공 13년의 『전』과 『주』에 보인다.

15 『전』이 없다.

16 『춘추』의 예는 옛 임금이 죽고 새 임금이 즉위했을 경우 당년에는 자(子)라고 하다가 해를 넘기면 작위(爵)를 쓴다. 제혜공은 죽은 후 아직 해를 넘기지 않았는데도 여기서 "제후(諸侯)"라고 한 것은 또한 성공 4년 정양공이 죽어서 해를 넘기지 않았는데도 『경』에서 정도공(鄭悼公)을 "정백(鄭伯)"이라 일컬은 것과 같다. 두예는 "이미 장사를 지내 임금이 되었으므로 군(君)이라고 칭하였다"라 하였는데, 회맹과 통하면 그렇지 않고 다른 일에 통하게 하면 그럴지도 모르겠다. 환공 13년의 『경』과 『주』 및 희공 9년의 『전』과 『주』를 서로 대조하여 보라. 「주어 하」의 "제나라 국좌(國佐)가 뵈었다"의 위소의 주석에서는 "국좌는 제나라의 경이며 국귀보(國歸父)의 아들 국무자(國武子)이다"라 하였다. 전하는 기물로는 국차담(國差罎)이 있으며, 청나라 방준익(方濬益)의 『철유재이기고석(綴遺齋彝器考釋)』 권28에서는 "국차(國差)는 곧 제나라 국무자이다"라 하였다.

17 『전』이 없다. 두예는 "수재가 발생하여 곡식이 익지 않았다"라 하였다.

公如齊.	공이 제나라로 갔다.
齊侯以我服故,	제후는 우리가 복종하였다 하여
歸濟西之田.[18]	제수 서쪽의 전지를 돌려주었다.

夏,	여름에
齊惠公卒.	제나라 혜공이 죽었다.
崔杼有寵於惠公,[19]	최저는 혜공의 총애를 받았는데
高, 國畏其偪也,[20]	고씨와 국씨가 그가 핍박하는 것을 두려워하여

---

18 두예는 "공이 해마다 제나라에 조현하였기 때문이다"라 하였다. 원나라 왕극관(王克寬)의 『춘추호씨전찬소(春秋胡氏傳纂疏)』(이하 『찬소(纂疏)』)에서는 "공은 네 번 제후를 조현했다"라 하였다.

19 『경』에서는 "최씨"라 하고 『전』에서는 "최저(崔杼)"라 하였으니 최씨는 곧 최저이다. 후인들은 양공 25년에 최저가 제장공을 죽이는데, 이때와는 51년이라는 격차가 있으니 최저는 이때 당연히 어렸을 것이므로 어찌 "고씨와 국씨가 그가 핍박하는 것을 두려워할" 수 있었겠는가라 하여 의심하였다. 최저는 약관에 총애를 받았으므로 정치를 맡지는 않았어도 총애가 있으면 권력이 있었을 것이니 고씨와 국씨가 두려워할 만했다는 것을 모른 것이다. 『당서·재상세계표(唐書·宰相世系表)』에서는 "최씨는 강성(姜姓)에서 나왔으며 제나라 정공급(丁公伋)의 적자인 계자가 숙을(叔乙)에게 나라를 양보하여 최(崔)를 식읍으로 받아 마침내 최씨가 되었다. 제남(濟南) 동조현(東朝縣) 서북쪽의 최씨성(崔氏城)이 바로 이것이다(최씨성은 지금의 산동성(山東省) 장구현(章丘縣) 서북쪽에 있을 것이다). 계씨(季氏)는 목백(穆伯)을 낳았고, 목백은 옥(沃)을 낳았으며, 옥은 야(野)를 낳았고, 8세손 요(夭: 요는 희공 28년의 『전』에 보인다)는 저(杼)를 낳았는데 제나라의 정경(正卿)이다"라 하였다.

20 제나라의 고씨와 국씨는 대대로 제나라의 상경(上卿)으로, 희공 12년 『전』의 관중(管仲)이 이른바 "천자의 두 수신 국과 고가 있다(有天子之二守國·高在)"라 한 것이 이들을 말한다. 이 고씨는 당연이 고고(高固: 이미 선공 7년과 17년, 성공 2년의 『전』에 보이며, 선공 15년의 『경』에서는 또한 고선자(高宣子)라고 칭하였는데 선공 14년의 『전』에 보인다)이고, 국씨는 당연히 곧 국좌이다.

公卒而逐之,	공이 죽자 쫓아내니
奔衛.[21]	위나라로 달아났다.
書曰"崔氏",	"최씨"라고 기록한 것은
非其罪也;	그의 죄가 아니기 때문이며,
且告以族,	또한 족이라고 알리고
不以名.[22]	이름으로 하지 않았기 때문이다.
凡諸侯之大夫違,[23]	무릇 제후의 대부가 나라를 떠나면
告於諸侯曰,	제후들에게 알리기를
"某氏之守臣某,[24]	"아무개의 수신 아무개가
失守宗廟,	종묘를 지키지 못하게 되었으므로
敢告."	감히 알립니다"라 한다.
所有玉帛之使者則告;[25]	옥백을 가지고 사자의 왕래가 있었던 나라에는 알리고

21 성공 17년에 제후는 또 최저를 대부로 삼았으니 또한 돌아왔을 것이다.

22 아래의 문장에 의하면 이번에 알렸을 때는 "최씨의 수신(崔氏之守臣)"이라고 기록하고 "저(杼)"는 말하지 않았다.

23 나라를 떠난 것을 위(違)라 하는데, 날아난 것이나 추방된 것을 따지지 않는다. 『논어·공야장(公冶長)』의 "최저가 제나라 임금을 죽이자 진문자는 말 10승을 가지고 있었으나 버리고 떠났다(崔子弑齊君, 陳文子有馬十乘, 棄而違之)"라 한 것은 저절로 나라를 떠난 것이라 하였는데, 여기서는 달아나거나 쫓겨난 것을 말할 것이다. 그러므로 두예는 "쫓겨나 달아난 것이다"라 하였다.

24 두예는 "위의 아무개씨는 성이고, 아래의 아무개는 이름이다"라 하였다. 공영달은 "최씨의 수신 저(崔氏之守臣杼)라 말하는 것과 같다"라 하였다.

25 두예는 "옥백을 들고 가는 사자를 빙(聘)이라 한다"라 하였다. 공영달은 "빙례(聘禮)는 옥을 잡고 명령을 전달하며, 비단을 잡고 향연 때 바치므로 '옥백을 들고 가는 사자를

不然, 그렇지 않으면

則否.[26] 그렇게 하지 않는다.

公如齊奔喪.[27] 공이 제나라로 가서 분상하였다.

陳靈公與孔寧, 儀行父飮酒於夏氏.[28] 진영공이 공녕, 의행보와 함께 하씨의 집에서 술을 마셨다.

빙이라 한다'라 하였다. 아래의 주에서는 '은정과 우호로 만나지 않았기 때문에 또한 알리지 않았다'라 하였다. 또한 소공 20년에 '조(曹)나라 공손회(公孫會)가 몽(鄸)에서 송나라로 달아났다'라 하였는데, 주에서 '일찍이 옥백을 든 사자가 와서 알렸으므로 기록하였다'라 하였으니, 두예는 달아난 사람의 몸에 일찍이 저 나라에서 옥백을 지닌 사자의 신분이 있었기 때문에 이미 서로 만났으니 알린 것으로 생각하였다. 달아난 사람이 일찍이 빙문을 가지 않았다면 은정(恩情)과 우호로 만나지 않았으므로 알리지 않는다. 오직 달아난 자가 일찍이 빙문을 한 나라에만 알리고 나머지는 알리지 않는다. 유현(劉炫)은 옥백을 든 사자는 나라에 우호적인 외교가 있는 나라에는 모두 알리는 것이지 달아난 사람 한 사람만 가리키는 것이 아니라고 하였다"라 하였다. 최저의 경우를 가지고 논한다면 노나라에 사신으로 온 일이 보이지 않는데 또한 와서 알렸다면 유현의 설이 두예보다 좀 낫다.

26 두예는 "은정과 우호로 만나지 않았기 때문에 또한 알리지 않았다"라 하였다. 두예가 이른바 "은정과 우호"가 달아난 자 개인의 은정과 우호라면 위 문장의 공영달의 해석은 『전』의 뜻을 가리키는 것이 아니다. 국가의 은정과 우호를 가리킨다면 유현의 설은 벗어나지 않는다.

27 청나라 하작(何焯)의 『의문독서기(義門讀書記)』에서는 "혜공이 그 지위를 안정시킨 것을 공덕으로 생각하였기 때문에 분상(奔喪)하였다"라 하였다.

28 「주어 중」에서는 "하씨는 진나라 대부 하징서(夏徵舒)의 집이다"라 하였다. 『시경·진풍·주림(陳風·株林)』의 서문에서는 "영공을 풍자한 것이다. 하희(夏姬)와 간음하여 수레를 달려 조석으로 그치지 않았다"라 하였다. 시의 첫 장에서는 "무엇 때문에 주 땅의 숲에 갔나? 하남에 갔던 것. 주 땅의 숲에 간 것이 아니라, 하남에 간 것이지(胡爲乎株林, 從夏南. 匪適株林, 從夏南)"라 하였다. 모씨의 주석〔전(傳)〕에서는 "하남은 하징서이다"라 하였다. 곧 영공은 하희와 간음하면서 하징서를 피하지 않았다. 「주어 중」에서는 "진영공은 공녕, 의행보와 함께 남관을 쓰고 하씨에게 들어갔다. 선자가 말하기를 '지금 진후

公謂行父曰, 공이 행보에게 말하였다.

"徵舒似女." "징서가 그대를 닮았구려."

對曰, 대답하여 말했다.

"亦似君." "또한 임금님도 닮았습니다."

徵舒病之.[29] 징서가 그 말에 분노하였다.

公出, 공이 나가자

自其廐射而殺之.[30] 마구간에서 활을 쏘아 죽였다.

二子奔楚.[31] 두 사람은 초나라로 달아났다.

는 이어온 상속의 법도도 생각지 않고 그 배우자와 비빈을 버려둔 채 경좌(卿佐)를 거느리고 하씨와 간음을 일삼으니 또한 희씨성을 욕보이는 것이 아닙니까? 곤면(袞冕) 같은 예복을 버리고 남면을 쓰고 나가니 예법을 업신여기는 것이 아닙니까?'"라 하였다. 이에 의하면 진영공이 남관을 한 것은 미행(微行)을 한 것 같다. 『예기·예운(禮運)』편에서는 "제후가 문병이나 조상이 아닌데 신하들의 집에 드나드는 것을 군신 간에 희학질을 한다고 한다"라 하였다. 정현은 "진영공이 공녕, 의행보와 함께 자주 하씨의 집에 가서 죽음을 초래하였다"라 하였다.

29 두예는 "영공이 즉위한 지는 지금이 15년째이고 하장서는 이미 경이 되어 나이가 많으니 영공의 아들로 의심을 받을 리 없다. 이는 아마 하희가 음탕하였기 때문에 그 아들이 많이 닮았다고 놀린 것이다"라 하였다. 「진세가」에서는 "15년에 영공이 두 아들과 함께 하씨의 집에서 술을 마셨다. 공이 두 아들을 놀리며 '징서가 너와 닮았다'라 하니 두 아들이 '공도 닮았습니다'라 하였다. 이에 징서가 노하였다"라 하였다. 사마천은 영공의 말대로 두 아들이라 하였는데 『전』에서 의행보 한 사람만 아들이라 한 것과 조금 다르다.

30 「진세가」의 『집해(集解)』에서는 『좌전』을 인용하면서 "공이 마구간에서 나오자(公出自其廐)"를 한 구절로 생각하였는데 따를 수 없다. 청나라 무억(武億)의 『경독고이(經讀考異)』에서는 사정을 고려해 보면 이렇게 읽는 것이 더 낫다고 하였는데 또한 틀렸다. 「진세가」에서는 "영공이 술자리를 파하고 나오니 징서가 마구간 문에 강노수를 잠복시켜 놓았다가 영공을 쏘아 죽였다"라 하였으니 사마천은 "공이 나가자(公出)"을 한 구로 보았으며, "그 마구간에서 쏘아 죽였다(自其廐射而殺之)"를 또 한 구절로 삼았는데 옳다. 지금은 이 설을 따른다. 「연표」에서는 "하징서는 그 어머니를 모욕했다 하여 영공을 죽였다"라 하였다.

31 「진세가」에서는 "공녕과 의행보는 모두 초나라로 달아났으며 영공의 태자인 오(午)는 진

滕人恃晉而不事宋,	등나라 사람이 진나라를 믿고 송나라를 섬기지 않자
六月,	6월에
宋師伐滕.[32]	송나라 군사가 등나라를 쳤다.

鄭及楚平,[33]	정나라가 초나라와 화평을 맺자
諸侯之師伐鄭,[34]	제후의 군사가 정나라를 쳐서
取成而還.	성을 취하고 돌아왔다.

秋,	가을에
劉康公來報聘.[35]	유강공이 와서 보답 차 빙문하였다.

(晉)나라로 달아났다. 징서가 스스로 진후에 즉위하였다"라 하였다.

32 양공 27년 송나라의 맹약 때 송나라 사람이 등나라에 청하였으나 숙손표(叔孫豹)는 송나라의 속국이라 하였으며, 정공 원년 성주(成周)의 축성 때 송나라 중기(仲幾)가 등나라는 송나라를 위해 일한다 하였으니 곧 등나라가 송나라에 핍박을 당한 것의 시말이다.

33 두예는 "지난해 초나라 군사를 물리쳤는데 초나라가 깊은 원한을 가질까 걱정이 되어 화평을 맺은 것이다"라 하였다.

34 『경』의 첫머리에 "진나라 사람(晉人)"이라 기록하였는데, 진나라가 주가 되었다고 생각한 것이다.

35 두예는 "맹헌자(孟獻子)의 빙문에 보답한 것이다. 곧 왕계자(王季子)이다"라 하였다. 유(劉)는 은공 11년 『전』의 "왕이 정나라에게서 오(鄔)와 유(劉), 위(蔿), 우(邘)의 전지를 취하였다"라 할 때의 유(劉)로, 춘추시대 전반에는 정나라의 읍이었다가 환왕(桓王) 때 주나라의 읍이 되었다. 정왕 때는 유강공(劉康公)이 처음으로 유를 식읍으로 삼았다. 지금의 하남성 언사현(偃師縣) 남쪽에 있다. 양공 14년에 유정공(劉定公)이 있다. 「국어·주어 중」에 유강공이 노나라를 빙문하고 돌아가서 주정왕과 노나라의 여러 대부의 일을 논하였다.

師伐邾,	군사가 주나라를 쳐서
取繹.[36]	역을 취하였다.
季文子初聘于齊.[37]	계문자가 처음으로 제나라를 방문하였다.
冬,	겨울에
子家如齊,	자가가 제나라로 갔는데
伐邾故也.[38]	주나라를 쳤기 때문이었다.
國武子來報聘.[39]	국무자가 와서 보답 차 방문하였다.
楚子伐鄭.[40]	초자가 정나라를 쳤다.
晉士會救鄭,	진나라 사회가 정나라를 구원하여
逐楚師于潁北.[41]	영수 북쪽으로 초나라 군사를 쫓아냈다.

36 두예는 "자가가 제나라로 간 것의 주석이다"라 하였다.
37 두예는 "제후(齊侯)가 막 즉위하였다"라 하였다.
38 두예는 "노나라가 소국을 침공하였으므로 제나라에게 토벌을 당할까 걱정이 되었으므로 가서 사죄한 것이다"라 하였다.
39 아마 계문자의 빙문을 보답한 것일 것이다.
40 정나라가 진나라와 화평했기 때문일 것이다.
41 영수(潁水): 하남성 등봉현(登封縣) 서쪽 경계인 영곡(潁谷)에서 발원하여 동남쪽으로

諸侯之師戍鄭.　제후의 군사가 정나라를 지켰다.

鄭子家卒.　정나라 자가가 죽었다.

鄭人討幽公之亂,　정나라 사람이 유공의 난을 꾸짖어

斲子家之棺,[42]　자가의 관을 쪼개고

而逐其族.　그 족속들을 몰아냈다.

改葬幽公,　유공을 새로 장사 지내고

謚之曰"靈".[43]　시호를 "영"이라고 하였다.

흘러 우현(禹縣)·임영(臨潁)·서화(西華)를 거쳐 남쪽에서 사하(沙河)와 합쳐서 동쪽으로 흘러간다. 고동고의 『대사표(大事表)』 권8의 상에 의하면 이곳의 영수 북쪽은 우현의 북쪽에 있을 것이다. 성공 16년 제후들이 영수의 가에서 군사를 일으켰으며, 양공 10년에는 진나라 군사가 초나라와 영수를 끼고 대치하였는데 역시 우현의 영수이다. 심흠한의 『지명보주(地名補注)』에서는 이 영수의 북쪽은 신정현(新鄭縣)에 있다고 하였는데 확실치 않은 듯하다.

42 자가가 정영공(鄭靈公)을 죽인 일은 4년의 『경』과 『전』에 보인다.
착관(斲棺): 부관참시(剖棺斬屍)하는 것을 말한다. 『삼국지·위지·왕릉전(三國志·魏志·王凌傳)』에 "조정에서는 모두 『춘추』의 대의를 논의하니, 제나라의 최저와 정나라의 귀생(歸生)은 사후에 형을 더하여 시신을 꺼내 늘어놓고 사람들에게 보인 후 관을 부쉈는데 이 일은 방책에 기록되어 있다. 왕릉과 영호우의 죄는 옛 전적과 같이 해야 했다. 이에 왕릉과 영호우의 무덤을 파헤쳐 관을 쪼개고 저자 가까운 곳에서 사흘 동안 시신을 보였다"는 말이 있다. 『진서·유뢰지전(晉書·劉牢之傳)』에는 "유뢰지의 상이 단도(丹徒)로 돌아가자 환현(桓玄)이 관을 쪼개어 참수하게 하고 시신을 저자에 드러내 보였다"는 기록이 있고, 『위서·한자희전(魏書·韓子熙傳)』에는 원의(元義)가 청하왕(淸河王) 역(懌)을 해치자 한자희 등이 글을 올려 "화가 이루어지는 끝은 실로 유등(劉騰)에게서 말미암았습니다. 유등은 관을 쪼개어 해골을 참수하고 그 오족을 없애야 합니다"라 하니 마침내 유등의 관을 쪼갰다고 하였다. 곧 위·진·육조(六朝)에서는 모두 관을 쪼개는 것〔斲棺〕을 부관(剖棺)이라 생각하였다. 두예는 "관을 깎아 얇게 하여 경의 장례를 따르지 못하게 한 것이다"라 하였는데 억설(臆說)이다.

43 처음에는 시호를 "유(幽)"로 하였다가 시호를 "영(靈)"으로 바꾼 것이다.

선공 11년

經

十有一年春王正月.[1]	11년 봄 주력으로 정월.
夏,	여름에
楚子·陳侯·鄭伯盟于辰陵.[2]	초자와 진후, 정백이 진릉에서 맹약했다.
公孫歸父會齊人伐莒.[3]	공손귀보가 제나라 사람을 만나 거나라를 쳤다.
秋,	가을에
晉侯會狄于欑函.[4]	진후가 찬함에서 적과 만났다.

---

1 십유일년(十有一年): 계해년 B.C. 598년으로 주정왕(周定王) 9년이다. 정월 초2일 계축일이 동지로 건자(建子)이다.

2 진릉(辰陵): 『곡량전』에는 "이릉(夷陵)"으로 되어 있다. 청나라 장수공(臧壽恭)의 『춘추좌씨고의(春秋左氏古義)』에서는 "진(辰)자가 이(夷)자가 된 것은 예서로 바뀔 때 잘못된 것 같다"라 하였고, 청나라 조탄(趙坦)의 『이문전(異文箋)』에서는 "방음(方音)이 전변된 것"이라 하였는데, 희공 원년 『경』의 "이의(夷儀)"가 『공양전』에는 "진의(陳義)"로 된 것과 같다.
이 진후가 진성공(陳成公)이라면 이때 진(晉)나라에 있어서 아직 후(侯)가 되지 않았으니 또한 진(晉)나라를 떠나 초나라와 맹약을 맺을 수가 없다. 하징서라고 한다면 초나라가 여름에 그와 맹약하고 겨울에는 또 토벌하여 죽이므로 『독본(讀本)』에서는 "난을 토벌한 것은 그 본뜻이 아님을 알겠다"라 하였다.
두예는 "진릉은 진(陳)나라 땅이다"라 하였다. 『청일통지(淸一統志)』에 의하면 지금의 하남성 회양현(淮陽縣) 서쪽 60리 지점에 있다. 홍양길(洪亮吉)의 『고(詁)』에서는 『곡량전』에서 "이릉(夷陵)"이라 한 데 의거해야 한다고 했으니 지금의 호북성 의창현(宜昌縣)으로 이는 잘못되었다.

3 『전』이 없다.

4 두예는 "진후가 회합에 가서 참여하였으므로 적나라를 회합의 주인으로 생각하였다. 찬함은 적나라 땅이다"라 하였다. 공영달은 "진후가 적을 만난 것은 적은 저쪽에 있어서 진

冬十月,

겨울 10월에

楚人殺陳夏徵舒.[5]

초나라 사람이 진나라 하징서를 죽였다.

丁亥,[6]

정해일에

楚子入陳.[7]

초자가 진나라로 들어갔다.

納公孫寧儀行父于陳.[8]

공손녕과 의행보를 진나라에 들여보냈다.

나라에서 가서 만난 것이다. 그러므로 『전』에서는 진나라 대부가 적나라를 부르려 했는데, 극성자(郤成子)가 움직일 것을 권하여 진후가 친히 갔으므로 적이 회합의 주인이 된 것이다. 성공 15년의 '종리(鍾離)에서 오나라와 만났다' 한 것이나 양공 10년 '조(柤)에서 오나라와 만났다'라 한 것은 그 뜻이 이와 같다"라 하였다. 두예는 진후가 적나라에 가서 만났으므로 찬함은 적나라 땅이라 하였으며, 지금은 그 소재지가 상세하지 않다. 심흠한의 『지명보주(地名補注)』에서는 찬함은 곧 은공 11년 『전』의 찬모(欑茅)라 하였는데, 찬모는 지금의 하남성 수무현(修武縣)에 있으니 진나라와 적나라가 만난 곳이 아닌 것 같다.

5 「연표」에서는 "초장왕 6년 제후들을 거느리고 진나라 하징서를 죽이고 진영공의 아들 오(午)를 세웠다"라 하였다.

6 정해일은 11일이다.

7 『전』에서는 "마침내 진나라로 들어가 하징서를 죽였다"라 하였다. 사리를 따져 보면 필시 먼저 진나라에 들어간 뒤에 하징서를 죽였을 것이다. 그러나 『경』에서는 "진나라 징서를 죽였다"라는 말을 먼저 쓰고 나중에 "진나라에 들어갔다"라는 것을 썼는데, 두예는 "초자는 먼저 하징서를 죽이고 진나라를 현으로 삼고자 하였으며, 나중에 신숙시(申叔時) 등의 간언을 받아들여 이에 다시 진나라에 봉하였는데 그 땅을 가지고 있지 않았으므로 '들다'라는 말을 '하징서를 죽였다'란 말의 뒤에 썼다"라 하였다.

8 『경』에 '납'자를 쓴 것은 모두 여섯 번으로 장공 9년의 "자규를 들여보냈다(納子糾)"와 문공 14년의 "첩치를 들여보냈다(納捷菑)"는 다투는 나라이다. 희공 25년의 "돈자를 들여보냈다(納頓子)"와 소공 12년의 "북연백을 들여보냈다(納北燕伯)"는 나라를 잃은 자이며, 애공 2년의 "위나라 세자 괴외를 들여보냈다(納衛世子蒯聵)"는 또한 그 아들과 다투는 자이며, 대부를 들여보낸 것은 이곳뿐이다.

傳

十一年春,	11년 봄
楚子伐鄭,	초자가 정나라를 쳐서
及櫟.[9]	역에 이르렀다.
子良曰,[10]	자량이 말하였다.
"晉, 楚不務德而兵爭,	"진나라와 초나라는 덕을 닦는 것은 힘쓰지 않고 무력을 다투니
與其來者可也.	쳐들어온 사람의 편이 되는 것도 괜찮을 겁니다.
晉, 楚無信,	진나라와 초나라는 신의가 없으니
我焉得有信?"	우린들 어찌 신용이 있겠습니까?"
乃從楚.	이에 초나라를 따랐다.
夏,	여름에
楚盟于辰陵,	초나라가 진릉에서 맹약하니
陳, 鄭服也.	진나라와 정나라가 복종하였다.
楚左尹子重侵宋,[11]	초나라 좌윤 자중이 송나라를 침공하니

9 역(櫟): 지금의 우현(禹縣)이며, 나머지는 환공 15년의 『경』과 『주』에 상세하다.

10 자량(子良): 곧 공자 거질(公子去疾)이다. 선공 4년의 『전』에 보인다.

11 자중(子重): 곧 성공 2년 『경』의 공자 영제(公子嬰齊)로 초장왕의 동생이며, 또한 여윤 자중이라고도 일컬어지고 장군 자중이라고도 일컬어지는데 이때는 좌윤이었다.

王待諸郔.[12] 초장왕이 연에서 기다렸다.

令尹蔿艾獵城沂,[13] 영윤 위애렵이 기에서 성을 쌓았는데

使封人慮事,[14] 봉인으로 하여금 공사를 계획하게 하고서

---

12 두예는 연이 초나라 땅이라 하였으며, 『휘찬(彙纂)』에서는 이 때문에 "하남성 항성현(項城縣)의 경계에 있을 것이다"라 하였으니 3년 및 12년의 연은 두 곳이다. 청나라 무억(武億)의 『의증(義證)』에서는 "자중이 송나라를 침공하니 초장왕이 남겨 성원하여 반드시 갑자기 초나라 경계로 돌아오지 못하게 하였다. 연 땅은 넓이와 둘레가 넓어 다른 읍을 덮고 있으며, 정나라 성 북쪽에서 늠연(廩延)에 이르는 곳이 모두 그 땅이므로 '연(延: 늘이다의 뜻)'이라는 이름이 붙게 되었다. 아래 12년의 『전』의 문장에서 '초자가 북쪽 연에 군사를 주둔시켰다'라 하였고 『주』에서는 '연은 정나라 북쪽 땅이다'라 한 것이 이를 말한다. 아마 '연에서 기다렸다'라 한 것은 연의 남쪽 경계일 것이며, '연에서 주둔하였다'라 한 것은 연의 북쪽 경계일 것이다. 한곳인데 전후로 두 번 보이며, 『전』에서 특히 '초자가 북으로'라는 것으로 표시하였다. 두씨는 그 뜻에 이르지 못하였으며, 『주』에서 초나라 당이라 한 것은 옳지 못하다"라 하였다. 무억의 설이 말은 잘 하였으나 사실은 틀렸으며 또한 증거도 없다. 『휘찬(彙纂)』에서는 연은 항성현 경계에 있으며, 지망(地望)으로 고려하면 자못 정리에 가까운 듯하나 정확한 증거가 없다. 고사기(高士奇)의 『지명고략(地名考略)』에서는 "이때 초자는 진(陳), 정나라와 진릉에서 맹약을 하였으니 진나라와 가까운 땅일 것이다"라 하였다. 요컨대 이 연은 당연히 진나라와 송나라, 정나라와 멀지 않을 것이다.

13 두예는 위애렵은 곧 손숙오(孫叔敖)라 하였는데 또한 곧 12년 『전』의 위오(蔿敖)이며, 공영달은 『세본(世本)』을 인용하여 "애렵은 숙오의 형이다"라 하였다. 두 설이 같지 않다. 후인들 가운데 위애렵과 손숙오가 한 사람이라고 주장하는 사람들은 이해에는 "영윤 위애렵"이라 하였고, 이듬해에는 "영윤 손숙오"라 하였는데, 연년 간에 초나라 영윤이 두 사람이었다는 것을 듣지 못하였다고 하였다. 두 사람이라고 주장하는 사람들은 위오의 자는 순숙(孫叔)으로 오를 이미 숙(叔)이라 하였으니 마땅히 형이 있었을 것이라고 하였다. 두 설 가운데 누가 옳은지는 상세하지 않다.
기(沂): 초나라의 읍이다. 『휘찬(彙纂)』에서는 지금의 하남성 정양현(正陽縣) 경계에 있을 것이라 하였고, 심흠한의 『보주(補注)』에서는 곧 삼국시대의 유기(流沂)가 그곳이라고 하였으며 지금의 호북성 악성현(鄂城縣) 동쪽 20리 지점이라고 하였다. 두 곳의 거리는 매우 멀어 정공 5년 『전』의 "기(沂)에서 부개왕(夫槩王)을 크게 물리쳤다"라 한 것으로 미루어 보건대 앞의 설이 비교적 온당한 것 같다.

以授司徒.[15]	사도에게 보고하게 하였다.
量功命日,[16]	공력을 가늠하여 일자를 헤아리고
分財用,[17]	재료와 용구를 분배하며
平板榦,[18]	널과 지주를 고르게 하고
稱畚築,[19]	삼태기와 공이의 균형을 맞추며
程土物,[20]	흙과 재목을 계산해 보고

---

14 봉인(封人): 『좌전』 은공 원년에 영곡(潁谷)의 봉인이 있고, 환공 11년에는 채(祭)의 봉인이 있으며, 문공 14년에는 소(蕭)의 봉인이 있고, 소공 19년에는 격양(郹陽)의 봉인이, 21년에는 여(呂)의 봉인이 있으며, 『논어·팔일(八佾)』편에는 의(儀)의 봉인이 있는데 이 봉인들은 모두 봉강(封疆)을 맡아 지키는 관직이다. 이곳의 봉인은 위의 봉인들과는 다르다. 『주례·지관』에 봉인이 있는데 "무릇 봉국(封國)에는 사직의 제단을 설치하여 그 사방의 강역을 봉하며, 도읍의 봉역(封域) 또한 이와 같이 한다"라 하였으니 성곽의 건축을 관장하는 것이다. 두예는 "봉인은 당시 축성을 주관하는 사람이다"라 하였는데 그 대의만 얻었을 뿐이다.

여사(慮事): 고염무(顧炎武)의 『보정(補正)』에서는 "여는 헤아리는 것(籌度)이다"라 하였다. 여기서는 공사를 헤아리고 공정과 공사에 필요한 것을 계산하는 것이다.

15 봉인은 사도의 속관이므로 공사의 계획을 세우는 일이 끝나면 사도에게 올린다. 두예는 "사도는 군역을 관장한다"라 하였다.

16 남송(南宋) 때 여조겸(呂祖謙)의 『춘추좌씨전설(春秋左氏傳說)』에서는 "양공(量功)은 공력(功力)의 다과를 헤아리는 것이고, 명일(命日)은 일자의 다소를 재는 것이다"라 하였다.

17 재(財)는 "材"자와 통하여 쓴다. 용(用)은 용구(用具)이다. 성을 쌓을 때는 반드시 얼마간의 공정 단계를 나누어야 하므로 단계별로 소용되는 재료와 공구의 다소를 계산하여 나누어 일에 편하게 하는 것이다.

18 평판간(平板榦): 판(板)은 성이나 담을 쌓을 때 쓰이는 양쪽에 대는 널이다. 간(榦)은 "幹"이라고도 하며 성을 쌓을 때 양쪽 끝에 세우는 지주이다. 평판간이라는 것은 높낮이를 고르게 하여 성을 쌓는 것을 고르게 하는 것이다.

19 칭분축(稱畚築): 분(畚)은 흙을 담는 기물로 삼태기라고 하며, 2년 『전』과 『주』에 상세하다. 축(築)은 흙을 다지는 공이이다. 칭분축이라는 것은 흙을 운반하는 공력과 흙을 쌓아 다지는 공력이 상칭하게 하여 흙을 쌓는 공역에 부족함이 없게 하여, 이로 인해 재료, 곧 흙을 기다리느라 작업이 멈추는 일이 없게 하고 또한 흙을 쌓는 일이 뜨게끔 하는 일이 없게 함을 말한다.

20 정토물(程土物): 토(土)는 성을 쌓을 때 소용되는 흙으로 성의 길이를 계산하여 흙의 양

議遠邇,[21] 멀고 가까움을 논의하며

略基趾,[22] 성의 토대를 순시하고

具餱糧,[23] 건량과 양식을 갖추며

度有司.[24] 유사를 헤아린다.

事三旬而成,[25] 30일만 일하면 완성되는데

不愆于素.[26] 원래의 계획과 어그러짐이 없다.

을 계산하는 것으로 지금의 토방(土方: 토목공사를 할 때 파낸 흙을 재는 단위. m^3)과 같은 뜻이다. 물(物)은 재목을 말하며, 약간의 토방에는 반드시 다소간의 재목이 필요하다. 정토물이란 것은 토방과 재목을 모두 먼저 계산하고 기한을 정하여 미리 대비해 둠으로써 공사가 정지되고 재료를 기다리는 일이 없게 하는 것이다.

21 두예는 "노력(勞力)을 균등히 하는 것이다"라 하였다.

22 약(略)은 곧 은공 5년 『전』의 "내 그 땅을 순방하려는 것이오(吾將略地焉)"의 약(略)자와 같은 뜻이다. 변경을 순시하는 것을 말한다. 성곽의 토대 또한 성교(城郊)의 경계이므로 약(略)자를 쓴 것이다. 여조겸의 『춘추좌씨전설(春秋左氏傳說)』에서는 "먼저 성의 토대를 순시하여 너비와 높이, 방원(方圓), 곡직을 모두 안배하는 것이다"라 하였다.

23 후(餱)는 미숫가루 같은 건식(乾食)을 말한다. 『시경·대아·공류(大雅·公劉)』에 "이에 미숫가루와 양식 싼다네(乃裹餱糧)"라는 말이 있다. 여조겸의 『춘추좌씨전설(春秋左氏傳說)』에서는 "먼저 역부들의 양식을 갖추는 것을 말한다"라 하였다.

24 축성을 하는 일은 공정이 크기 때문에 각 방면에 주관하는 사람이 있으며 이를 일러 유사(有司)라고 한다. 사람의 재능을 잘 헤아려 능력별로 직무를 주어 상칭되게 하는 것을 탁유사(度有司)라고 한다.

25 두예는 "10일을 순이라 한다"라 하였다.

26 두예는 "본래 생각하였던 기일을 넘지 않는 것이다. 『전』에서는 숙오(叔敖)가 백성들을 잘 부린다고 하였다"라 하였다. 애공 원년 『전』에 "공사를 함에 아홉 주야 동안 하여 자서가 원래 생각하였던 대로 하였다(如子西之素)"라는 말이 있는데, 두예는 또한 "자서는 본래 보루를 쌓는데 9일 만에 완성을 하려고 계획하였다"라 하였으니 소(素)는 원래의 계획을 이른다. 『광아·석고(廣雅·釋詁)』에서는 "소는 본래〔本〕라는 뜻이다"라 하였다.

晉郤成子求成于衆狄.[27]	진나라 극성자가 뭇 적나라에게 화친을 구하였다.
衆狄疾赤狄之役,[28]	뭇 적나라는 적성의 노역을 괴로워하여
遂服于晉.	마침내 진나라에 복종하였다.
秋,	가을에
會于欑函,	찬함에서 만났는데
衆狄服也.[29]	뭇 적나라가 복종하였기 때문이다.
是行也,	이번에 갈 때
諸大夫欲召狄.	대부들이 적나라 사람을 부르고자 했다.
郤成子曰,	극성자가 말하였다.
"吾聞之,	"내가 듣건대
非德,	덕이 없으면
莫如勤,[30]	수고를 함만 못하고

27 극성자는 기결(冀缺)로 또한 곧 극결(郤缺)이며, 이미 문공 13년의 『전』에 보인다. 고동고의 『대사표(大事表)』 권39에서는 "중적은 백적(白狄)의 종족이며 선우비(鮮虞肥)·고(鼓) 따위가 이들이다"라 하였다.

28 중적이 적적(赤狄)의 역사를 괴로워한 것이다. 두예는 "적적은 노씨(潞氏)로 가장 강하였기 때문에 중적을 복종시켜 사역을 시킨 것이다"라 하였다.

29 고동고의 『대사표(大事表)』에서는 "진후에 친히 회합에 있었던 것은 아마 적적의 무리를 이끌고 그 도움을 끊으려는 것일 것이다. 15년에 이르러 마침내 노씨를 멸하였다"라 하였다.

30 유문기(劉文淇)의 『구주소증(舊注疏證)』에서는 "「석고(釋詁)」에서는 '근(勤)은 수고〔勞〕

非勤,	수고가 아니면
何以求人?[31]	어떻게 남에게서 구하겠습니까?
能勤,	수고를 할 수 있으면
有繼.[32]	공을 잇게 됩니다.
其從之也.[33]	차라리 그들에게 가십시오.
詩曰,	『시경』에서 말하길
'文王旣勤止.'[34]	'문왕께서 수고하셨다네'라 하였습니다.
文王猶勤,	문왕께서도 오히려 수고를 하셨는데
況寡德乎?"[35]	하물며 덕이 없는 사람이겠습니까?"

冬,	겨울에
楚子爲陳夏氏亂故,	초자가 진나라 하씨가 난을 일으켰다 하여
伐陳.[36]	진나라를 쳤다.

한다는 뜻이다'라 하였다. 덕이 없이 먼 곳을 복종시키려면 수고를 하여 먼 곳을 복종시킨다는 말이다"라 하였다.

31 자신이 수고를 하지 않으면 남이 나에게 복종하게 할 수 없다는 말이다.

32 두예는 "수고를 하면 공을 잇게 된다"라 하였다.

33 종(從)은 취(就)의 뜻이다. 고염무(顧炎武)의 『보정(補正)』에서는 "가서 적과 회합하는 것을 말한다"라 하였다.

34 『시경·주송·뇌(周頌·賚)』의 구절이다.

35 과덕(寡德): 과덕지인(寡德之人), 곧 덕이 없는 사람이다.

36 두예는 "10년에 하징서가 임금을 죽였다"라 하였다. 올 여름 초장왕이 오히려 하징서를

謂陳人"無動![37]	진나라 사람에게 "동요하지 말라!
將討於少西氏".[38]	소서씨를 토벌하려고 한다"라 하였다.
遂入陳,	마침내 진나라로 들어가서
殺夏徵舒,	하징서를 죽이고
轘諸栗門.[39]	율문에서 거열형에 처했다.
因縣陳.[40]	이로 인하여 진나라에 현을 설치했다.

진후라 생각하고 맹약을 맺고는 겨울에 하징서를 토벌하였으니 다만 그가 임금을 죽였기 때문만은 아니다. 혹자는 하징서가 영공을 죽이고 스스로 즉위하여 진나라에 반드시 불복하는 사람들이 있었으므로 쉽사리 절로 반란이 일어나 초나라도 이를 빌미로 진나라를 토벌한 것이라고 하였다.

37 동(動): 놀라 두려워한다는 뜻이다. 소공 48년『전』에 "장차 큰 상서로움이 있을 것이니 백성들이 진동(震動)할 것이다"라는 말이 있는데, 진동(震動)은 진경(震驚)과 같은 말이다.「진세가」에는 "진나라 사람들에게 말하기를 '놀라지 말라!(無驚)'라 하였다"로 되어 있으니, 경(驚)자로 동(動)자를 해석한 것이다.『맹자·진심(盡心) 하』에 무왕(武王)이 은나라를 토벌하는 일을 서술하면서 "왕이 말하였다. '두려워하지 말라!(無畏) 너희들을 편안하게 하고 백성들을 적으로 대하지 않겠다'"라 하였는데 문장의 뜻이 이와 비슷하다.

38 소서씨(少西氏): 곧 하징서이다. 하징서의 조부는 자가 자하(子夏)이며 이름은 소서(小西)이므로 "소서씨"라고 말하였다.「진세가」에서는 "초장왕이 하징서가 영공을 죽였다 하여 제후들을 거느리고 진나라를 쳤다. 진나라에게 말하기를 '놀라지 말라! 나는 하징서를 주벌할 뿐이다'라 하였다" 하였다. "하징서를 주벌하였다(誅徵舒)"는 "소서씨를 토벌한다"는 것과 뜻이 같다.

39 환(轘): 환공 17년의『전』과『주』에 보인다. 율문(栗門)은 진(陳)나라의 성문이다.

40 두예는 "진나라를 멸하고 초나라의 현으로 삼은 것이다"라 하였다. 아래의 "재후와 현공이 모두 과인을 경하한다"는 말에 의하면 초나라는 이 전에 이미 현을 세웠다.「초세가」에서는 "16년 진나라를 벌하고 하징서를 죽였다. 징서가 그 임금을 죽였으므로 그를 죽였다. 이미 진나라를 깨뜨리고 현으로 삼았다"라 하였다.『회남자·인간훈(人間訓)』에서는 "진나라 하징서가 그 임금을 죽이자 초장왕이 그를 토벌하였다. 진나라 사람은 명을 따랐다. 장왕은 죄를 토벌하고 군사를 보내어 진나라를 지켰다"라 하였다. "군사를 보내어 진나라를 지켰다"는 것은 또한 멸하여 그 나라를 가졌다는 뜻이다.

陳侯在晉.[41]	진후는 진나라에 있었다.
申叔時使於齊,[42]	신숙시가 제나라에 사신으로 갔다가
反,	돌아와
復命而退.	복명을 하고 물러났다.
王使讓之,	왕이 사신을 보내어 꾸짖어
曰,	말하였다.
"夏徵舒爲不道,	"하징서가 무도하여
弑其君,	그 임금을 죽임에
寡人以諸侯討而戮之,[43]	과인이 제후들을 거느리고 그를 죽이니
諸侯, 縣公皆慶寡人,[44]	제후와 현공이 모두 과인을 경하하거늘

41 진후는 이때 진(晉)나라에 있었다. 진후는 곧 영공의 태자 오(午)로 진성공(陳成公)이다. 그가 진나라로 달아난 일은 『경』과 『전』에 보이지 않는다. 「진세가」에서는 하징서가 영공을 죽이고 공녕과 의행보가 모두 초나라로 달아난 아래쪽에 연관시켰는데 또한 10년 여름의 일인 듯하다. 양공 25년 『전』에서 정(鄭) 자산(子産)은 "하씨의 난 때 성공이 온 나라를 유랑하다가 우리나라의 힘에 의해 본국으로 들어갔다"라 하였으니 성공의 입국은 일찍이 정나라를 통하였다.

42 「진세가」의 『집해(集解)』에서는 가규의 말을 인용하여 "숙시는 초나라의 대부이다"라 하였다.

43 공영달은 "『경』에는 '제후'가 없는데 '제후들을 거느리고 토벌하였다'는 것은 당시 초나라의 속국들이 따라갔기 때문이다. 12년 필(邲)의 전역 때 『경』에서는 '당'(唐)은 기록하지 않고 '당후(唐侯)가 좌거(左拒)가 되었다' 하였으며, 소공 17년 장안(長岸)의 전역에서 『경』에서는 '수(隨)'를 기록하지 않았는데, 『전』에서는 '수나라 사람에게 배를 지키게 했다' 하였으니 이때 또한 제후가 있었던 것은 분명하나 다만 초나라의 속국이었기 때문에 알리지 않았을 따름이다"라 하였다. 「진세가」에서는 "제후들을 거느리고 진나라를 쳤다"라 하였다.

女獨不慶寡人,	너는 유독 과인을 경하하지 않으니
何故?"[45]	어찌 된 까닭이냐?"
對曰,	대답하여 말했다.
"猶可辭乎?"[46]	"아직 변명해도 괜찮겠습니까?"
王曰,	왕이 말하였다.
"可哉!"	"괜찮다!"
曰,	말하였다.
"夏徵舒弑其君,	"하징서가 그 임금을 죽인 것은
其罪大矣;	그 죄가 크고,
討而戮之,	그를 토벌하여 죽인 것은
君之義也.	임금님께서 정의로운 것입니다.
抑人亦有言曰,[47]	그러나 사람들은 또한 이렇게도 말합니다.

---

44 두예는 "초나라의 현대부(縣大夫)는 모두 '공'이라 하였다"라 하였다. 왕인지의 『술문(述聞)』에서는 "현공은 현윤(縣尹)이라는 말과 같으며 공후(公侯)의 공과는 다르다. 초나라가 왕을 참칭(僭稱)하고 그 신하들을 공이라 참칭한 것이라 한다면, 초나라의 관직 가운데 영윤이나 사마 같이 귀한 것이 없는데 어찌하여 영윤과 사마를 공이라 칭하지 않고, 공이라 칭하는 것이 오히려 현대부에 있다는 말인가? 양공 25년 『전』에서 '제나라 당공(棠公)의 처는 동곽언(東郭偃)의 누이이다'라 하였는데 두예는 '당공은 제나라 당읍의 대부이다'라 하여 제나라의 현대부 또한 공이라 칭하였으니 공의 현대부의 통칭이지 공후에 참람되이 비긴 것이 아니다"라 하였는데, 왕인지의 설이 옳다.

45 「초세가」와 「진세가」, 『회남자·인간훈』에도 이 일이 모두 수록되어 있다.

46 사(辭)는 희공 4년의 『전』과 『주』에 보인다.

47 억(抑): 가벼운 반전을 표시하는 접속사이다. 그러나.

‘牽牛以蹊人之田,[48]	‘소를 끌고 남의 밭을 지나갔는데
而奪之牛.’[49]	그의 소를 빼앗았다.’
牽牛以蹊者,	소를 끌고 지나간 것은
信有罪矣;	실로 죄가 있습니다.
而奪之牛,	그러나 그의 소를 빼앗은 것은
罰已重矣.[50]	벌이 너무 과한 것입니다.
諸侯之從也,[51]	제후들이 따른 것은
曰討有罪也.	죄지은 자를 토벌한 것이라 합니다.
今縣陳,	지금 진나라를 현으로 만든 것은
貪其富也.	그 부를 탐내어서입니다.
以討召諸侯,	토벌을 명목으로 제후를 불러 놓고
而以貪歸之,[52]	탐내는 것으로 귀결 짓는다면

48 혜(蹊): 경(徑), 곧 지름길이라는 뜻이다. 여기서는 동사로 쓰였으며, 소를 끌고 남의 밭으로 지나가서 지름길로 삼았다는 말이다.

49 이 구절은 가나자와 문고본(金澤文庫本)에는 탈지(奪之)앞에 전주(田主)라는 두 글자가 더 있다. 「진세가」에는 “속담에 ‘소를 끌고 남의 밭을 질러가면 밭주인이 그 소를 빼앗는다(牽牛徑人田, 田主奪之牛)’라 하였다”로 되어 있고, 「초세가」에도 대략 같아서 “田主取其友”로 되어 있다. 『회남자 · 인간훈』에는 또한 “소를 끌고 남의 밭을 질러가면 밭주인이 그 사람을 죽이고 그 소를 빼앗는다(牽牛蹊人之田, 田主殺其人而奪之牛)”로 되어 있다. “殺其人”이 『회남자』에서 추가한 것이라는 점만 빼면 모두 “田主奪之牛”라 하였으니 『전』의 문장에도 “田主”라는 두 자가 있어야 할 것 같다. 기실 꼭 그럴 필요는 없다. 『좌씨』의 문장은 간결하여 “田主”는 말하지 않아도 알 수 있으니 본래부터 꼭 있어야 하는 것은 아니다. 탈지우(奪之牛)는 그 사람의 소를 빼앗는 것이다.

50 이(已): 태(太), 곧 지나치게라는 뜻이다.

51 가나자와 문고본(金澤文庫本)에는 “從楚也”로 되어 있는데, “楚”자는 아마 베껴 쓴 사람이 보충해 넣은 것 같다.

無乃不可乎?"[53]	안 되는 것이 아니겠습니까?"
王曰,	왕이 말하였다.
"善哉!	"훌륭하도다.
吾未之聞也.[54]	내 여태 듣지를 못했도다.
反之,	돌려준다면
可乎?"	되겠는가?"
對曰,	대답하여 말했다.
"吾儕小人所謂'取諸其懷而與之'也."[55]	"우리 소인들이 이른바 '그 품 안에서 꺼내어 그에게 주는 것'입니다."
乃復封陳.[56]	이에 다시 진에 봉하였다.
鄉取一人焉以歸,	고을에서 한 사람씩 취하여 돌아가

52 귀(歸): 종(終)자와 같은 뜻이다.

53 「초세가」와 「진세가」, 『회남자 · 인간훈』의 문의(文意)는 대략 서로 같다.

54 유문기의 『구주소증(舊注疏證)』에서는 "미지문(未之聞)은 초나라의 신하들 가운데 이런 말을 올린 자가 없음을 말한다"라 하였다.

55 두예는 "신숙시가 소인의 뜻은 얕다고 겸손하게 말하면서, 그 사람의 품에서 빼앗은 것을 돌려주는 것이 돌려주지 않는 것보다 낫다고 비유하여 말했다"라 하였다. 오제소인(吾儕小人)은 당시의 관용어로 양공 17년 및 30년의 『전』에도 보인다. 소공 원년의 『전』에서는 "오제투식(吾儕偷食)"이라 하였고, 24년 『전』에서는 "우리가 무엇을 알겠습니까"라 하여 "吾儕"를 연용하였다.

56 「진세가」에서는 "장왕이 말하기를 '좋다'라 하자 이에 진영공의 태자 오를 진(晉)나라에서 맞아 즉위시키어 다시 예전처럼 진나라의 임금이 되게 하였으니 곧 성공(成公)이다"라 하였다. 「초세가」에서는 "장왕이 이에 진나라의 뒤를 회복시켰다"라 하였다. 『회남자 · 인간훈』에서는 "왕이 말하기를 '좋다'라 하고 이에 진나라를 지키는 것을 그만두고 진나라의 후사를 세웠다. 제후들이 듣고는 모두 초나라에 조회하였다"라 하였다.

謂之夏州.[57]	하주라고 하였다.
故書曰"楚子入陳.	그러므로 말하기를 "초자가 진나라로 들어갔다.
納公孫寧, 儀行父于陳",	공손녕과 의행보를 진나라로 들여보냈다"라고 하였다.
書有禮也.[58]	예의가 있었음을 기록한 것이다.

厲之役,	여의 전역에서
鄭伯逃歸,[59]	정백이 도망쳐 돌아갔는데

57 유문기의 『구주소증(舊注疏證)』에서는 "초나라는 대개 진나라의 백성을 포로로 고을마다 각각 한 사람씩 잡아 초나라 땅에 별도로 하주를 세워 무공을 드러낸 것일 것이다"라 하였다. 강영(江永)의 『고실(考實)』에서는 "하주는 아마 북안의 장강과 한수〔江·漢〕가 합류하는 사이에 있을 것이며, 그 뒤로 한수(漢水)에는 마침내 하(夏)라는 이름이 있게 되었다"라 하였다. 『청일통지』에 의하면 하주(夏州)는 지금의 호북성 무한시(武漢市) 한양(漢陽) 북쪽에 있을 것이다.

58 「진세가」에도 이 일이 수록되어 있는데, 끝에서 "공자가 역사를 읽다가 초나라에서 다시 진(陳)나라에 이르자 말씀하셨다. '어질구나, 초장왕은! 천승의 나라를 가벼이 여기고 한마디 말을 중하게 여겼다'"라 하였다. 『공자가어·호생(好生)』편에서도 "공자가 역사를 읽다가 초나라에서 다시 진(陳)나라에 이르자 아아! 하고 탄식을 하시며 말씀하셨다. '어질구나, 초왕은! 천승의 나라를 가벼이 여기고 한마디 말의 신의를 중하게 여겼다. 신숙의 말이 아니었더라면 그 옳은 뜻을 이르게 할 수 없었을 것이며, 장왕의 어짊이 아니었더라면 그 가르침을 받아들일 수 없었을 것이다'"라 하였다. 초장왕이 진나라를 현으로 삼지 않고 회복시킨 것은 공구(孔丘)의 "없어진 나라를 세우고 끊어진 세대를 잇는 것〔興滅國, 繼絶世: 『논어·요왈(堯曰)』편〕"의 뜻과 부합하므로 『좌씨전』에서는 "예의가 있다"고 말한 것이다. 그러나 공녕과 의행보를 들여보낸 것이 "예의가 있는 것"인지의 여부에 대해서는 후인 중에 의심한 사람도 있고, 변별한 사람도 있으나 역사를 고찰하는 데 해당하는 것이 아니므로 수록하지 않았다.

59 두예는 "6년에 있었을 것이다"라 하였다. "여의 전역(厲之役)"은 『경』과 『전』에는 보이지 않는데 두예는 6년의 "초나라가 정나라를 쳐서 화평을 이루고 돌아갔다"라 한 조목에 해당하는 것으로 보았다. 6년의 『전』과 『주』에 상세하다.

自是楚未得志焉.[60] 이로부터 초나라는 정나라에서 뜻을 얻지 못하였다.

鄭既受盟于辰陵,[61] 정나라는 진릉에서 맹약을 받아들였을 뿐 아니라

又徼事于晉.[62] 또한 진나라에 섬길 것을 구하였다.

선공 12년

經

十有二年春,[1] 12년 봄

葬陳靈公.[2] 진영공을 장사 지냈다.

楚子圍鄭.[3] 초자가 정나라를 에워쌌다.

---

60 6년에 정나라는 초나라와 화평을 맺기는 했지만 7년에는 또한 진(晉)나라와 화평을 맺고 8년에는 정백이 또한 진나라 및 제후들과 호(扈)에서 회합을 하며, 9년에는 정백이 또한 초나라 군사를 물리치고, 10년에는 정나라가 또한 초나라와 화평을 맺기는 하였으나 제후의 군사가 정나라를 쳐서 다시 화평을 이루고 돌아가며, 11년에는 또 초나라를 따른다. 수년 동안 진(晉)나라와 초나라는 전쟁을 치르는데 정나라는 모두 어쩔 수 없이 와서 참여한다.

61 이해 여름의 일이다.

62 요(徼): 구한다는 뜻이다. 이 구절은 다음 해 『전』의 "12년 봄 초자가 정나라를 에워쌌다"는 것과 서로 이어져 있는데 여기서는 그 원인을 서술하였다.

1 십유이년(十有二年): 갑자년 B.C. 597년으로 주정왕(周定王) 10년이다. 정월 13일 무오일이 동지로 건자(建子)이다.

2 『전』이 없다. 두예는 "역적을 토벌하고 나라를 회복시킨 뒤 21개월이 지난 후에야 장사를 지내게 되었다"라 하였다.

夏六月乙卯,[4] 여름 6월 을묘일에

晉荀林父帥師及楚子戰于邲,[5] 진나라 순림보가 군사를 거느리고 필에서 초자와 싸웠는데

晉師敗績. 진나라 군사가 대패했다.

秋七月. 가을 7월.

冬十有二月戊寅,[6] 겨울 12월 무인일에

---

3 『전』에서는 "석 달 만에 이겼다. 황문으로 들어가 대로에 이르렀다(三月, 克之. 入自皇門, 至于逵路)"라 하여, 실제로는 들어갔는데 『경』에서는 "에워쌌다(圍)"라 한 것은 아마 초나라가 들어가기는 했어도 다시 물러났기 때문일 것이다. 전인들은 이에 대하여 의논이 분분하지만 모두 반드시 타당하다고 생각할 만한 것이 없다.

4 6월에는 을묘일이 없다.

5 두예는 "필(邲)은 정나라 땅이다"라 하였다. 『여씨춘추·지충(至忠)』편에서는 "형(荊)은 군사를 일으켜 양당(兩棠)에서 싸워 진나라에 대승을 거두었다"라 하였다. 『가자·선성(賈子·先醒)』편에서는 "장왕은 송나라를 에워싸고 정나라를 치고 이에 진나라 사람과 양당에서 싸워 진나라 사람에게 크게 이겼다"라 하였다. 손인화(孫人和: 1894~1966)의 『좌환만록·양당고(左宦漫錄·兩棠考)』에서는 "양당은 곧 필 땅이다"라 하였다. 필은 본래 하천 이름으로 곧 변하(汴河)이며, 변하는 또한 변거(汴渠)라고도 하였다. 그 상류는 형독(滎瀆)으로 또한 남제(南濟)라고도 하며, 처음으로 하수〔河〕를 받아 형양에서는 낭탕거(蒗蕩渠)라고 한다. 양당은 곧 낭탕으로 문자는 다르나 음은 같다. 또한 석문거(石文渠)라고도 하는데, 고조우(顧祖禹)의 『방여기요(方輿紀要)』 권47의 하음현〔河陰縣: 정주(鄭州) 북쪽 50리 지점에 있었으나 지금은 없어졌다〕에서는 "석문거는 현 서쪽 20리 지점에 있으며 형독이 하수를 받아들인 곳으로 진나라와 초나라가 싸울 때 초나라는 필에 주둔하였는데 곧 이곳이다"라 하였다. 왕부지(王夫之)의 『패소(稗疏)』에서는 "『전』에서는 초자는 관(管)에 머물렀다고 하였는데, 지금의 정주에 있다. 진나라 군사는 오(敖)와 호(鄗) 사이에 있었으며 하수를 건너 남쪽, 바로 하음에 있으며 하수 변의 남안은 아마 정나라 북쪽 경계일 것이다"라 하였다. 그렇다면 진나라와 초나라가 교전한 곳은 반드시 지금의 정주시 서북쪽, 형양현의 동북쪽에 있을 것이다. 이길보(李吉甫)의 『원화군현지(元和郡縣志)』에서 정주 동쪽 6리 지점의 필성(邲城)이 그곳이라 한 이래 후세에서는 주로 그 설을 많이 따랐는데, 『전』의 문장으로 고찰해 보건대 실은 부합하지 않는다. 청말(淸末) 민국초(民國初) 양수경(楊守敬: 1839~1915)의 『춘추열국도(春秋列國圖)』 또한 필을 형양 동북쪽에 넣었는데 견해가 있다고 할 만하다.

6 무인일은 8일이다.

楚子滅蕭.[7]	초나라가 소나라를 멸하였다.
晉人, 宋人, 衛人, 曹人同盟于淸丘.[8]	진나라 사람, 송나라 사람, 위나라 사람, 조나라 사람이 청구에서 동맹을 맺었다.
宋師伐陳.	송나라 군사가 진나라를 쳤다.
衛人救陳.	위나라 사람이 진나라를 구원하였다.

傳

十二年春,	12년 봄
楚子圍鄭,[9]	초자가 정나라를 에워싼 지
旬有七日.	17일이 되었다.
鄭人卜行成,[10]	정나라 사람이 화평을 행하는 것에 대하여 점을 쳤더니
不吉;	불길하였다.

---

7 소(蕭)나라는 이미 장공 12년의 『전』과 『주』에 보인다. 이해에 초자는 소나라를 멸하였는데 양공 10년『전』에서 초나라가 소나라를 에워쌌고, 정공 11년 "송공(宋公)의 아우 진(辰)이 소나라로 들어가 반란을 일으켰다" 하였으니 이후에 다시 송나라의 읍이 되었다. 전국시대에 이르러서는 다시 초나라의 읍이 되었다.

8 『휘찬(彙纂)』에서는 "이것이 대부가 동맹한 것의 시초이다"라 하였다. 두예는 "청구는 위나라 땅이다"라 하였다. 지금의 하남성 복양현(濮陽縣) 동남쪽 70리, 곧 견성현(鄄城縣) 서남쪽 40리 지점에 있을 것이다.

9 이는 지난해의 『전』 "정나라는 진릉에서 맹약을 받아들였을 뿐 아니라 또한 진나라에 섬길 것을 구하였다"라 한 것과 밀접한 관계가 있어서 이어서 읽어야 한다.

10 초나라에 화평을 구하고자 하여 거북점을 쳐서 물어본 것이다.

卜臨于大宮,[11]	태궁에서 곡을 하고
且巷出車,[12]	또한 거리로 병거를 몰고 갈 것을 점쳤더니
吉.	길하였다.
國人大臨,[13]	도성의 사람이 크게 울고
守陴者皆哭.[14]	성가퀴를 지키는 사람이 모두 곡을 하였다.
楚子退師.	초자가 군사를 물렸다.
鄭人修城.	정나라 사람들이 성을 수축하였다.
進復圍之,	나아가 다시 에워쌌는데

---

11 임(臨): 곡을 하는 것이다.
태궁(大宮): 태조의 사당〔廟〕이다. 제후의 태조의 사당을 많이 태궁이라 하는데, 양공 25년 『전』의 "태궁에서 백성들과 맹세하였다"는 것은 제나라 태조의 사당이다. 나머지는 은공 11년의 『전』과 『주』에 상세하다.

12 『태평어람』 권480에서는 가규(賈逵)의 주석을 인용하여 "항출거(巷出車)는 거리에 늘어놓고 곤궁에 처하였지만 항복하지 않음을 보여주는 것으로 반드시 싸우려고 하는 것이다"라 하였다. 혜동(惠棟)의 『보주(補注)』에서는 "아래에서 정나라가 다시 성을 수축하였으니 가규의 설이 매우 옳다"라 하였다. 두예는 "수레를 거리로 몰고 나가는 것은 곧 옮겨져 편안히 살 수 없음을 보여주는 것이다"라 하여 가규의 설을 쓰지 않았는데 확실치 않은 것 같다.

13 대림(大臨): 성안의 사람들이 모두 곡을 한 것이다.

14 수비(守陴): 성 위의 여장(女牆), 곧 성가퀴이다. 또한 비예(陴倪)라고도 하며, 『묵자·비성문(備城門)』에서는 "비예는 너비가 석 자, 높이가 두 자 다섯 치이다"라 하였는데 이는 그 규격이다. 성을 지키는 사람은 반드시 성에 올라 성가퀴를 지켜야 하므로 수비는 곧 수성(守城)이다. 「비성문」에서는 또한 "지키는 법은 50보에 장정이 10명, 한창때의 여자가 20명, 노약자와 어린애가 10명으로, 계산하면 50보에 40명이다"라 하였는데 이 또한 매우 가깝다. 성을 지키는 장사병들이 태궁에서 곡을 할 수 없으므로 성가퀴에서 곡을 하는 것이다.

三月,	석 달 만에
克之.[15]	이겼다.
入自皇門,[16]	황문으로 들어가
至于逵路.[17]	대로에 이르렀다.
鄭伯肉袒牽羊以逆,[18]	정백이 윗옷을 벗어 맨몸을 드러내어 양을 끌고 맞으며

---

15 삼월(三月)에는 두 가지 뜻이 있을 수 있는데, 한 가지는 늦봄 3월이고, 또 한 가지는 3개월이 지났다는 뜻이다. 여기서는 두 번째 의미로 쓰였다. 공영달은 "늦봄에 이긴 것이 아님을 알 수 있는 것은 아래에서 '6월에 진나라 군사가 정나라를 구원하여 하수에 이르렀는데 정나라가 이미 초나라와 화평을 맺었다는 소리를 듣자 환자는 돌아가려 했다' 하였으니 곧 하수에 이르려 했다면 정나라는 아직도 패하지 않은 것이고, 하수에 이르러 패했다는 소리를 들었으면 여전히 군사를 돌리려 했을 것이며, 나라에서 패하였다는 소리를 들었으면 군사를 반드시 내지 않았을 것이다. 늦봄에 이겼다면 6월에야 진나라 사람이 들었을 리가 없었을 것이므로 이로써 삼월(三月)이 늦봄이 아님을 알 수 있다"라 하였다. 또 말하기를 "『경』과 『전』에서 모두 '봄에 정나라를 에워쌌다'라 하였는데 에워싼 것이 몇 월부터 시작되었는지 모른다. 에워싸고 17일이 지나 군사가 물러났는데, 성을 수축한다는 소리를 듣고 다시 진격하여 에워싸고 석 달 만에야 이겼으니 처음부터 이겼을 때까지는 무릇 120여 일이 걸렸으며, 아마 3월에 비로소 에워싸서 6월이 되어서야 이겼을 것이다"라 하였다.

16 황문(皇門): 「초세가」의 『집해(集解)』 및 『태평어람』 권480에서는 모두 가규의 말을 인용하여 "정나라의 성문"이라 하였고, 『공양전』 하휴(何休)의 『춘추공양해고(春秋公羊解詁)』에서는 "정나라 외성의 문(鄭郭門)"이라 하였다.

17 규로(逵路): 은공 11년 『전』의 "대규(大逵)"의 『주』를 보라.

18 「초세가」의 『집해(集解)』에서는 가규의 말을 인용하여 "육단견양(肉袒牽羊)은 항복하여 종이 됨을 보이는 것이다"라 하였다. 이이덕(李貽德)의 『춘추좌씨전가복주집술(春秋左氏傳賈服注輯述)』에서는 "육단견양은 신하로 복종함을 보여주는 것으로 예로부터 이런 예가 있었다. 『사기·송미자세가(宋微子世家)』에 '주무왕이 은나라를 이기자 미자는 이에 제기를 지니고 군의 영문으로 갔는데, 맨몸을 드러내고 얼굴을 묶은 후 왼손에는 양을 끌고 오른손에는 창을 잡았다'라 한 것이 이것이다"라 하였다. 한(漢)나라 가의(賈誼)의 서지(書誌) 『가자·선성(賈子·先醒)』편에서는 "장왕이 송나라를 에워싸고 정나라를 치자 정백은 맨몸을 드러낸 채 양을 끌고 비녀를 받들고 나라를 바쳤다"라 하였다. 장병린의 『독(讀)』에서는 잠(簪)은 지(誌)로 읽어야 하며, 정나라의 국서(國書)와 지도 따위라

曰,	말하였다.
"孤不天,[19]	"제가 천의를 따르지 않고
不能事君,	임금님을 섬길 수 없어서
使君懷怒以及敝邑,	임금님께서 노기를 품고 저희 땅에 이르게 하였으니
孤之罪也,	저의 죄로
敢不唯命是聽?	감히 명을 따르지 않겠습니까?
其俘諸江南,	포로로 잡아 장강 남쪽에 두고
以實海濱,[20]	해변을 채운다 해도

고 하였다.

19 가나자와 문고본(金澤文庫本)에는 "孤實不天"으로 되어 있다. 두예는 "하늘의 보살핌을 받지 못한 것이다"라 하였다. 이 말은 아래의 구절 "불능사군(不能事君)"과 잇기 어렵다. 불천(不天)이라는 것은 하늘의 지의(旨意)를 이어서 받들지 못하였다는 뜻이다. 두예의 주석은 확실치 않다.

20 정백을 포로로 삼아 장강 남쪽의 변경에 둔다는 뜻이며, 또한 월왕(越王) 구천(句踐)이 오왕(吳王) 부차(夫差)를 용동(甬東)으로 옮기려 한 것과 같다. 강 남쪽(江南)은 곧 해변으로 고사기(高士奇)의 『지명고략(地名考略)』에서는 "초나라는 처음에 단양(丹陽)에 도읍을 정하였는데 지강(枝江)에 있었으며 강 남쪽에서 살았다. 나중에 영도(郢都)로 옮겼는데 형주부(荊州府)에 있었으며 강 북쪽에 있었다. 별도로 악(鄂)에도 도읍을 두었는데 곧 무창부(武昌府)이며, 또한 강 남쪽에 있었다. 형주 이남은 모두 초나라의 이른바 강남이다. 초나라는 나처(那處)로 권(權)을 옮기고, 형산(荊山)으로 여섯 소국을 옮겼는데 강 북쪽에 있었으며, 나(羅)를 지강(枝江)으로 옮기고 허(許)를 화용(華容)으로 옮겼는데 강 남쪽에 있었으며, 정나라는 스스로를 이에 비기려고 하였을 따름이다. 춘추 때에는 남해가 있는지도 몰랐으며, 굴완(屈完)이 제환공에게 '과인은 남해에 산다'고 한 것은 크다는 것을 거만하게 과장하여 표현한 말에 지나지 않으며 실제 초나라의 경계는 아니다. 정나라가 해변을 채울 것을 청한 것 또한 스스로를 폄하함으로써 그들을 기쁘게 하려는 것이다"라 하였다. 이 말은 매우 옳다. 청나라 염약거(閻若璩)의 『잠구차기(潛丘箚記)』 권3에서는 "俘諸江南"과 "以實海濱"을 두 절로 나누었는데 실로 『전』의 뜻과는 부합하지 않는다. 「정세가」에서는 "강 남쪽으로 옮겼다(遷之江南)"라 하였고, 「초세가」에

亦唯命;	또한 명대로 하겠으며,
其翦以賜諸侯,[21]	잘라서 제후에게 내리어
使臣妾之,[22]	신을 종으로 삼는다 해도
亦唯命.	또한 명대로 하겠습니다.
若惠顧前好,[23]	만약 은혜로이 이전의 우호를 돌보시어
徼福於厲, 宣, 桓, 武,[24]	주나라 여왕과 선왕, 우리 환공과 무공에게 복을 빌어
不泯其社稷,[25]	그 사직을 없애지 않고
使改事君,[26]	다시 임금님을 섬기게 하여

서는 "강 남쪽의 손님으로 삼았다(賓之江南)"로 하여 각각 한 구절씩을 취하였는데 이로써 사마천 또한 두 구를 하나의 뜻으로 생각하였음을 알 수 있다.

21 『주례·추관·서관(秋官·敍官)』의 정현의 주석에서는 "전(翦)은 단멸(斷滅)을 말한다"라 하였다. 성공 2년의 『전』에 "내 잠시 이 진나라를 쳐 없애고 와서 아침을 먹겠다(余姑翦滅此而朝食)"라는 말이 있고, 소공 30년 『전』에는 "오나라를 쳐 없애고 큰 다른 성을 봉하게 하시렵니까?(使翦喪吳國而封大異姓乎)"라는 말이 있는데, 전멸(翦滅)과 전상(翦喪)은 같은 뜻의 한자어가 연속으로 쓰인 것으로 정현의 뜻을 증명할 수 있다.

22 정나라를 멸망시키는 것을 말하며, 나누어 제후들에게 내리면 정나라 사람은 남자는 신하가 되고 여자는 첩이 된다는 말이다. 신첩이란 말은 노비(奴婢)라는 뜻으로 희공 17년의 『전』과 『주』에 보인다.

23 두예는 "초나라와 정나라는 대대로 맹서(盟誓)한 우호가 있었다"라 하였다.

24 요복(徼福): 복을 구하는 것이다. 여(厲), 선(宣)은 주나라의 여왕과 선왕이이다. 정환공(鄭桓公)은 여왕의 아들로 정나라가 여기서 나왔다. 그러니 정환공이 선왕에 봉하여졌을 때는 선왕은 정나라가 스스로 봉한 것이다. 환·무(桓·武)는 정나라 환공과 무공이다. 정환공은 정나라에 처음으로 봉하여진 시조이고, 무공은 환공의 아들이다. 이 구절의 의미는 초나라가 만약 정나라의 선조들의 복과 도움을 구한다면이라는 말이다.

25 두예는 "민(泯)은 멸(滅)과 같다"라 하였다. 「초세가」에서는 "그 사직을 멸절시키지 않았다(不絶其社稷)"라 하였는데 같은 뜻이다. 성공 2년의 『전』에서도 "그 사직을 멸절시키지 않았다(不泯其社稷)"라 하였다.

夷於九縣,[27]	여러 현과 같게 해주신다면
君之惠也,	이는 임금님의 은혜요
孤之願也,	제가 원하는 것이나
非所敢望也.	감히 바라는 것은 아닙니다.
敢布腹心,[28]	감히 속마음을 펼치니
君實圖之."	임금께옵서는 실로 도모하시기 바랍니다."

---

26 개(改): 갱(更)과 같은 뜻이다. 다시 임금을 섬기다와 같은 뜻이다.

27 이어구현(夷於九縣): 『예기·곡례(曲禮) 상』에 "추이와는 다투지 않는다(在醜夷不爭)"는 말이 있는데, 공영달은 "추이는 모두 동등한 무리를 이름이다"라 하였다. 『사기·유후세가(留侯世家)』에 "지금 여러 장군들은 모두 폐하의 옛 동료입니다(今諸將皆陛下故等夷)"라는 말이 있는데, 등(等)과 이(夷)는 같은 뜻이 연용되어 쓰인 것으로 이(夷)자 또한 등(等)과 같은 뜻이 있다. 이어구현이라는 말은 곧 구현과 같다는 말이다. 구현이라는 것은 초나라가 여러 소국을 멸하여 모두 현으로 삼았으니, 장공 18년『전』에 "초무왕이 권나라를 이기고 투민에게 현윤이 되게 하였다(楚武王克權, 使鬪緡尹之)" 하였고, 애공 17년『전』에서는 "실로 신과 식을 현으로 삼았다(實縣申息)"라 하였으며, 지난해의 『전』에서는 "이에 진나라를 현으로 삼았다(因縣陳)"라 한 것으로 모두 증명할 수 있다. 정나라의 토지는 비교적 커서 다만 초나라의 한 현만은 아니기 때문에 구현이라고 하였다. 구(九)는 허수로 쓰일 수 있는데, 청나라 왕중(汪中)의『술학·석(述學·釋) 39』에서 이미 상세하게 말하였으니 구현은 곧 제현(諸縣)이라는 말과 같다.『경전석문』과 공영달의 주석〔소(疏)〕 및 우창(于鬯)의『향초교서(香草校書)』에서는 모두 9를 실수로 오해하여 모국(某國) 모현(某縣)을 실제로 들었는데 이는『전』의 뜻이 아니다.「정세가」에는 "군왕께서 여왕과 선왕, 환공과 무공을 잊지 않으시어 그 사직을 슬피 여겨 차마 없애지 않고 불모지라도 내려 다시 군왕을 섬기게만 한다면 ……" 하였다. "불모지라도 내려(錫不毛之地)"라는 말은 옮긴다는 뜻으로 정백(鄭伯)의 본의가 아닐 것이다. 위에서 "그 사직을 없애지 않는다"라 하였으니 초나라에 복종하여 속국이 되어 진(陳)·채(蔡)·당(唐)·수(隨)·허(許)나라와 같은 무리가 된다는 것이다.

28『상서·반경(般庚) 하』에서는 "이제 나는 마음과 배, 콩팥과 창자를 다 펼쳐 보여 그대 백성들에게 내 뜻을 모두 고한다(今予其敷心腹腎腸, 歷告爾百姓于朕志)"라 하였는데, 이곳의 "布服心"은 곧「반경」의 "敷腹心"과 같으니 이런 관용어의 유래가 이미 오래되었음을 알 수 있다.

左右曰,	좌우에서 말하였다.
"不可許也,	"허락할 수 없습니다.
得國無赦."[29]	나라를 얻었으면 용서란 없습니다."
王曰,	왕이 말하였다.
"其君能下人,	"그 임금이 남에게 잘 낮추니
必能信用其民矣,	반드시 그 백성들에게 신용이 있을 것이다.
庸可幾乎!"[30]	어찌 바랄 수 있겠느냐!"
退三十里而許之平.[31]	30리를 물리어 화평을 허락하였다.
潘尫入盟,[32]	반왕이 들어가 맹약하였고
子良出質.[33]	자량이 나와 인질이 되었다.

---

29 좌우(左右): 『공양전』에서는 "장군자중(將軍子重)"이라 하였는데 아래의 인용문에 보인다. 「정세가」에서는 "초나라의 여러 신하들이 말하기를 '영(郢)에서 여기까지 사대부들이 수고한 지가 오래되었거늘 지금 나라를 얻고 버리다니 어찌 된 무슨 일입니까?'라 하였다"라 하였다.

30 희공 15년 『전』에 "진나라가 어찌 다할 수 있겠는가?(晉其庸可冀乎?)"라는 말이 있는데 이곳의 "庸可幾乎"와 뜻이 같으니, 이는 그후로는 무궁함을 바란다는 말이다. 희공 15년의 『전』과 『주』를 참조하라. 「초세가」에서는 "어찌 끊어질 수 있겠는가(庸可絶乎)"로 고쳤는데 『전』의 뜻이 아닌 것 같다. 「정세가」에는 "장왕이 말하기를 '치는 까닭은 복종하지 않는 것을 치는 것이다. 이제 이미 복종하였으니 아직도 무얼 더 구한다는 말인가'라 하였다"고 되어 있다.

31 「초세가」에는 "장왕이 스스로 손에 기를 들고 좌우로 군사들에게 영을 내려 군사를 이끌고 30리를 떠나 주둔하고는 마침내 화평을 허락하였다"라 하였다.

32 반왕(潘尫): 아래의 『전』에 의하면 자는 사숙(師叔)이며, 『만씨씨족략(萬氏氏族略)』에서는 문공 원년의 반숭(潘崇)의 아들이라고 하였는데 그럴듯하다.

33 초나라에 인질로 나간 것이다. 『공양전』에서 이 일에 대하여 서술한 것은 『좌전』과는 다른 점도 있고 같은 점도 있는데 사마천이 이 일에 대하여 서술한 것은 『좌전』과 『공양전』

夏六月,	여름 6월에
晉師救鄭.	진나라 군사가 정나라를 구원하였다.
荀林父將中軍,[34]	순림보가 중군장이 되었고
先穀佐之;[35]	선곡이 보좌하였다.
士會將上軍,[36]	사회가 상군장이 되었고
郤克佐之;[37]	서극이 그를 보좌하였다.
趙朔將下軍,[38]	조삭이 하군장이 되고
欒書佐之.[39]	난서가 보좌하였다.

을 섞어서 썼다.

34 8년의 『전』에서 "극결(郤缺)이 정사를 맡았다"라 하였는데, 이때는 극결이 이미 죽었으므로 순림보가 대신한 것이다.

35 선곡(先穀): 「진세가」에서는 "선진(先軫)의 아들이다"라 하였다. 청나라 제소남(齊召南)의 『고증(考證)』에서는 "『전』을 가지고 고찰해 보건대 진(軫)의 아들 선차거(先且居)이며, 선차거의 아들 선극(先克)은 문공 9년 기정(箕鄭) 등에게 피살되었으니 이 선곡은 선진의 손자이거나 증손자일 것이며, 『사기』는 믿을 만하지 못하다"라 하였다. 일리가 있는 말이다. 선곡은 청구(淸丘)의 맹약에서 또한 원곡(原穀)이라 한 것은 선진 등이 원(原)을 채읍으로 하였기 때문이다. 그 본인은 체(彘)에 식읍을 두었으므로 또한 체자(彘子)라고도 한다. 체는 지금의 산서성 곽현(霍縣) 동북쪽에 있다. 문공 12년 하곡(河曲)의 전역에서 순림보가 중군좌였는데, 여기서는 순림보를 대신한 것이다.

36 두예는 "하곡의 전역에서는 극결이 상군장이었으며 선공 8년에는 조돈을 대신하여 정사를 맡아 중군장이 되었는데, 사회가 상장군을 대신한 것이다"라 하였다.

37 극극(郤克): 극결의 아들 극헌자(郤獻子)이다. 문공 2년 유변(臾駢)이 상군좌였는데 여기서는 유변을 대신한 것이다.

38 문공 12년에는 난순(欒盾)이 하군장이었는데 여기서는 난순을 대신하였다.

39 청나라 장응창(張應昌)의 『춘추속사·변례편(春秋屬辭·辨例編)』에서는 "환공 2년의 『전』에서 '진나라가 환숙(桓叔)을 곡옥(曲沃)에 봉하고 정후(靖侯)의 손자 난빈(欒賓)이 그를 보좌하였다'라 하였으며, 난빈의 아들은 성공숙(成共叔)으로 환공 3년의 『전』에 보인다. 성의 아들 지(枝)는 희공 27년의 『전』에 보이며, 지의 아들 순(盾)은 문공 12년의 『전』에 보이고, 서는 순의 아들 무자(武子)이다"라 하였다. 문공 12년에는 서신(胥臣)이 하군좌였는데, 선공 8년 극결이 서신을 폐하고 조삭으로 하여금 그를 대신하게 하였으

趙括, 趙嬰齊爲中軍大夫,[40]	조괄과 조영제는 중군대부가 되었으며
鞏朔, 韓穿爲上軍大夫,[41]	공삭과 한천은 상군대부가 되었고
荀首, 趙同爲下軍大夫.[42]	순수와 조동은 하군대부가 되었다.
韓厥爲司馬.[43]	한궐은 사마가 되었다.
及河,	하수에 이르러
聞鄭旣及楚平,	정나라가 이미 초나라와 화평하였다는 말을 듣고

며, 여기서는 또 조삭을 대신한 것이다.

40 조괄(趙括)과 조영제(趙嬰齊)는 곧 희공 24년의 병괄(屛括)과 누영(樓嬰)으로 조돈의 이복동생이다. 이 사람의 이름은 영제(嬰齊)인데, 옛날에는 사람의 이름을 외자와 복자〔單複〕의 이름을 함께 썼으므로 성공 4년과 8년에는 또한 조영(趙嬰)이라고도 하였으며, 희공 24년에는 또한 누영(樓嬰)이라고도 하였는데, 이는 신공무신(申公巫臣)을 그냥 굴좌(屈坐)라 하고 악기리(樂祁犁)를 또한 악기(樂祁)라고 하는 것과 같다.

41 공삭(鞏朔)은 이미 문공 17년의 『전』과 『주』에 보인다. 한천(韓穿)의 자와 시호는 고찰할 수 없다.

42 「조세가」의 『색은(索隱)』에서 인용한 『세본』에 의하면 진나라 대부 서오(逝遨)는 순림보를 낳았고 또한 순수(荀首)를 낳았으므로 두예는 "순수는 순림보의 아우이다"라 하였다. 조동(趙同)은 곧 희공 24년 『전』의 원동(原同)으로 조괄과 조영제의 동복형이다.

43 「한세가」의 『색은(索隱)』에서는 『세본』을 인용하여 "한만(韓萬)은 곡옥(曲沃) 환숙(桓叔)의 아들이다. 한만은 구백(賕伯)을 낳았고 구백은 정백간(定伯簡)을 낳았으며, 정백간은 여(輿)를 낳았고 여는 헌자궐(獻子厥)을 낳았다"라 하였으니, 한궐은 한만의 현손자이다. 공영달이 인용한 『세본』은 정백간 1대를 빠뜨렸으므로 "한궐은 한만의 증손자이다"라고 하였는데, 틀렸다. 사마천은 「한세가」를 지으면서 『세본』의 환숙에게서 나왔다는 설을 채택하지 않았는데 「진어 8」에서 한선자(韓宣子)가 숙상(叔向)에게 배사하면서 "환숙 이하로 그대가 내린 것을 아름답게 여겼다"라 한 것을 살피지 않았는데, 『세본』이 믿을 만하다는 것을 알 수 있다. 희공 15년에는 한간(韓簡)의 언행을 서술하였는데 또한 공영달이 인용한 『세본』에 한간 1대가 빠져 있음을 증명할 수 있다. 성공 2년의 『전』에서는 또한 "한궐이 자여가 자기에게 말하는 것을 꿈꿨다"라 하였으니 『세본』의 설을 더욱 믿을 만하다.

桓子欲還,[44]	환자가 돌아가려 하면서
曰,	말하였다.
“無及於鄭而勦民,[45]	“정나라에는 미치지도 못하고 백성들만 수고롭혔으니
焉用之?	무슨 소용이 있겠는가?
楚歸而動,[46]	초나라가 돌아간 뒤에 움직여도
不後.”[47]	늦지 않다.”
隨武子曰,[48]	수무자가 말하였다.
“善.	“훌륭합니다.
會聞用師,	내가 듣기에 군사를 쓰는 것은
觀釁而動.[49]	틈을 살피어 움직인다고 하였습니다.
德, 刑, 政, 事, 典, 禮不易,[50]	덕행, 형벌, 정사, 사업, 전칙, 예의가 바뀜이 없으면

44 환자(桓子): 중군장 순림보의 시호이다.

45 무급어정(無及於鄭): 정나라가 이미 초나라에 항복하여 구원이 이미 늦은 것을 말한다. 초(勦): 『설문(說文)』에서는 “수고롭히는 것이다”라 하였다.

46 초나라가 돌아가기를 기다려 다시 군사를 움직여 정나라를 쳐서 초나라에 항복한 것을 꾸짖는다는 말이다.

47 미치지 않음이 아니라는 것이다.

48 수무자(隨武子): 사회(士會)이다. 희공 28년의 『전』과 『주』에 보인다.

49 흔(釁): 환공 8년 『전』의 “원수에게 틈이 생겼으니 놓쳐서는 안 됩니다(讎有釁, 不可失也)”라 할 때의 “釁”과 같은 뜻이다. 두예는 환공의 “釁”에 대해서는 “옥에 난 티의 틈이다”라 하였는데, 여기서는 “죄이다”라 하여 두 가지 뜻으로 나누었는데, 틀렸다.

50 불역(不易): 그 도에 부합된다는 말이다. 역(易)에는 개변(改變)의 뜻이 있고, 또한 위반의 뜻도 있다. 애공 원년 『전』의 “우리 선대부 자상이 그것을 위반하였다(吾先大夫子常易之也)”는 것이 이의 뜻이다.

不可敵也,	대적할 수가 없으니
不爲是征.[51]	이런 나라는 정벌하지 않습니다.
楚君討鄭,[52]	초나라 임금이 정나라를 토벌함에
怒其貳而哀其卑.[53]	두 마음을 품은 것에 노하였고 자세를 낮추자 불쌍히 여겼습니다.
叛而伐之,	배반을 하자 토벌하고
服而舍之,[54]	복종을 하자 용서를 해주었으니
德, 刑成矣.	덕행과 형벌을 이루었습니다.
伐叛,	배반한 것을 친 것은
刑也;	형벌이고,
柔服,[55]	복종한 것을 어루만진 것은
德也,	덕행입니다.
二者立矣.	두 가지가 섰으니
昔歲入陳,[56]	지난해에는 진나라로 들어가고

51 부정시(不征是)와 같은 뜻이다.

52 군(君): 완각본에는 "軍"으로 되어 있는데 가나자와 문고본(金澤文庫本)과 완원(阮元)의 『교감기(校勘記)』에 의거하여 고쳤다.

53 정양공이 비굴한 말로 복종할 것을 구하는 것이다. 「연표」의 "정양공 8년 초나라가 우리나라를 에워쌌는데 우리가 자세를 낮추어 풀었다"라 한 것은 이 뜻을 쓴 것이다.

54 사(舍): 『문선·변망론(文選·辨亡論)』의 이선(李善: ?~689)의 주석에서는 "용서하였다(赦之)"라고 인용하였는데, 아마 그 뜻을 쓴 것 같다.

55 이미 복종한 자는 부드러운 덕(柔德)으로 안무(按撫)하였다는 뜻.

56 하징서를 죽인 일을 말한다.

今玆入鄭,[57]	올해는 정나라로 들어감에
民不罷勞,[58]	백성들은 피로하게 여기지 않고
君無怨讟,[59]	임금에게 원망함이 없으니
政有經矣.[60]	정령에 상도가 있는 것입니다.
荊尸而擧,[61]	진을 벌려 출정을 함에
商, 農, 工, 賈不敗其業,[62]	상과 농·공·상이 그 생업을 망치지 않고
而卒乘輯睦,[63]	보졸과 거병이 화목하니
事不奸矣.[64]	일을 침범하지 않습니다.

---

57 금자(今玆): 『좌전』에는 모두 열한 차례 "금자(今玆)"라는 말이 쓰이는데 모두 "금년(今年)"이라는 뜻으로 쓰였다. 『여씨춘추·임지(任地)』편에 "올해는 벼가 잘되었고, 내년에는 보리가 잘될 거요(今玆美禾, 來玆美麥)"라는 말이 있는데, 고유는 "자는 해라는 뜻이다(玆, 年也)"라 주석을 달았다. 자(玆)자는 아마 재(載)자의 가차자인 것 같으므로 해라는 뜻이 있을 것이다.

58 피(罷): "疲"와 같은 뜻이다.

59 원독(怨讟): 『설문(說文)』에서는 "통원이라는 뜻이다(痛怨)"라 하였다. "怨讟"은 같은 뜻의 글자가 연용되어 쓰인 것이다. "君無怨讟"은 백성들이 임금에 대하여 원망이 없다는 뜻이다. 위 구절에서 "民"자를 썼으므로 아래 구절에서는 "君"자로 고쳐 썼다. 『설문(說文)』에서는 "民無怨讟"으로 인용하였는데 대체로 그 뜻을 쓴 것일 것이다. 소공 원년 『전』에 "백성들은 비방에나 원망이 없었다(民無謗讟)"라는 말이 있고, 8년의 『전』에는 "원망에 백성들에게서 움직였다(怨讟動於民)"는 말이 있는데 모두 이 뜻으로 쓰였다.

60 경(經)은 두예는 "상이다(常)"라 하였다. 정치에는 상법(常法)이 있다는 것을 말한다.

61 형시(荊尸): 장공 4년의 『전』과 『주』를 보라.

62 여기서는 상(商)과 고(賈)를 나누어 말하였다. 『주례·태재(太宰)』에서는 "여섯째는 상고가 재물을 크게 유통하는 것이다"라 하였으며, 정현은 "행상을 상(商)이 하고, 머물러 하는 것을 고(賈)라고 한다"라 하였다.

63 보병(步兵)을 졸(卒)이라 하고, 거병(車兵)을 승(乘)이라 한다. 집(輯)은 화목하다는 뜻이다.

64 두예는 "간은 범(犯)하는 것이다"라 하였다. 이 구절의 뜻은 서로 각자 범하지 않는다는

蔿敖爲宰,[65]	위오는 집정자가 되어
擇楚國之令典;[66]	초나라의 훌륭한 법령을 택하였으며
軍行,	군대가 출병할 때
右轅,	우군은 거원(車轅)을 따르고
左追蓐,[67]	좌군은 풀을 베어 자고 쉴 때를 대비하며

것이다.

65 두예는 "재(宰)는 영윤(令尹)이다. 위오는 손숙오(孫叔敖)이다"라 하였다. 공영달은 "『주례』의 육경(六卿) 가운데 태재(大宰)가 우두머리여서 마침내 재(宰)를 상경(上卿)이라 부르게 되었다. 초나라의 신하는 영윤이 우두머리이기 때문에 타국에서 논할 때는 영윤을 재(宰)라고 한다. 초나라에는 또한 별도로 태재라는 관직이 있지만 위차와 맡은 일이 낮은데, 『전』에서 말한 '태재 백주리(大宰伯州犁)'" 같은 것이 곧 이것이다.

66 령(令)은 훌륭한 것이다. 전(典)은 법(法)이고 예(禮)이다. 영전(令典)은 예법과 정령 가운데 훌륭한 것이다.

67 여기에는 두 가지 뜻이 있다. 두예와 공영달은 좌우를 보졸 가운데 병거의 좌우에 있는 자라 하였다. 대체로 병거 1승에는 보졸 72명이 따르는데 싸울 때는 좌우로 나뉘어 각기 36명이 된다. 오른쪽에 있는 36명은 거원을 끼고 가며(초나라의 진법은 거원이 주가 되며 거원을 낀다는 것은 실은 수레를 끼는 것이다), 좌우로 또한 각 18명씩이 불시의 사태에 대비한다. 왼쪽에 있는 36명은 풀 더미를 모아 쉴 준비를 하게 하는데 이것이 첫 번째 뜻이다. 병거에 보졸 72명이 딸리는 것은 전국시대의 진법이다. 춘추시대의 진법에 따르면 병거 한 대에 10명뿐이다. 다케조에 고코(竹添光鴻)의 『회전(會箋)』에서는 부손(傅孫)의 설에 근거하여 이를 더욱 인신하여 말하였다. "좌우와 아래는 '전모'와 '중권', '후경'에 대하여 말한 것이니 또한 좌우의 군을 말하는 것이지 수레의 좌우는 아니다. 아마 초나라는 그 군대를 5부(部)로 나누어 각자 소임이 있었다. 원(轅)은 장군의 원이며 우원(右轅)은 우군이 장군의 원(轅)이 향하는 곳을 따라 나가고 물러나는 것을 말하는데, 아래 문장에서 '영윤은 수레 및 기를 남쪽으로 돌렸다'라 하였고 또한 '원(轅)을 돌려 북쪽으로 갔다'한 것이 이를 말한다"라 하였다. 나중의 설이 비교적 합리적이다. 두예는 "追蓐"을 "풀더미를 모아 잘 것을 대비하는 것"으로 풀이하였다. 오개생(吳闓生: 1877~1948)의 『문사견미(文史甄微)』에서는 "'추욕(追蓐)은 당시의 방언일 것이며, 말하는 사람은 희망의 문장으로 풀이 하는데 그렇지 않다"라 하였다. 비록 확증적인 것은 보이지 않지만 그래도 또한 일리가 있다.

前茅慮無,[68] 전군은 기치를 들고 길을 열어 의외의 사태를 막고

中權,[69] 중군은 계책을 세우며

後勁.[70] 후군은 강병으로 뒤를 차단합니다.

百官象物而動,[71] 백관은 자기를 상징하는 깃발로 행동을 지휘하여

---

68 모(茅)는 곧 『공양전』의 "정백은 웃통을 벗어 상체를 드러내고 왼손에는 모정(茅旌)을 잡았다"라 할 때의 모정인 것 같다. 『예기·잡기(雜記) 하』에서는 "영구는 갈대(로 만든 수기)로 선도한다(御柩以茅)"는 말이 있으니 또한 모정으로 선도함을 말한다. 초나라 군사의 전군(前軍)은 혹 모정을 표지로 삼았기 때문에 "전모(前茅)"라고 이른 것이다. 모정(茅旌)이라는 것은 혹자는 갈대〔茅〕로 만들었다고 한다. 왕인지(王引之)의 『술문(述聞)』에서는 "모(茅)는 풀의 이름이고, 정(旌)은 기장(旗章)의 속이니 두 가지는 절대 서로 통할 수가 없는데 어찌하여 모(茅)를 정(旌)이라 할 수 있겠는가? 모는 모(旄)로 읽어야 한다. 대체로 정(旌)의 장식은 깃털〔羽〕로 하거나 모(旄)로 하였다. 모(旄)는 소꼬리이다. 장식으로 모(旄)를 쓰는 것을 모정(旄旌)이라 한다"라 하였는데, 이 설이 옳다. 옛날의 군제(軍制)에 전군(前軍)은 길을 탐색하며 정(旌)을 표지로 후군에게 알리는데 『예기·곡례(曲禮) 상』에서 이른바 "앞에 물이 있으면 청작을 그린 기를 걸고(載靑旌), 앞에 흙먼지가 있으면 우는 솔개〔鳴鳶〕를 그린 기를 걸며, 앞에 병거와 기병이 있으면 나는 기러기 그림을 그린 기를 걸고, 앞에 군대가 있으면 호랑이 무늬를 걸며, 앞에 맹금이나 맹수가 있으면 비휴(貔貅)를 그린 기를 건다"라는 말에 정현이 주석을 달고 "재(載)는 (기의 장식인) 정(旌)을 들어 여러 사람에게 알리는 것이다"라 한 것이다. 당(唐)나라 두우(杜佑)의 『통전(通典)』에서는 당나라 명장 이정(李靖)의 병법서 『이위공병법(李衛公兵法)』을 인용하여 "진영을 옮길 때는 먼저 척후 기병을 앞에 보내 오색의 기〔旍: 旌과 같음〕를 지니게 하여 도랑과 구덩이를 보면 노란 기를 들고, 큰 길을 만나면 흰 기를, 물과 시내를 만나면 검은 기를, 숲을 만나면 푸른 기를, 들불을 만나면 붉은 기를 든다. 북을 다섯 번 쳐서 그에 응하여 서로 들리게 한다"라 하였다.

여무(慮無): 반드시 있지 않을 일을 생각하는 것으로, 예기치 못한 일에 대비한다는 뜻일 것이다.

69 두예는 "중군은 계책을 제정한다(制謀)"라 하였다.

70 두예는 "뒤는 정병으로 후군을 삼는다"라 하였다.

71 백관(百官): 장병린의 『독(讀)』에서는 "백관은 군중의 직책이 있는 자를 통괄하여 가리킨다"라고 하였는데 아래 위의 문장이 모두 군사의 일을 말한 것에 의하면 일리가 있다.

물(物): 『주례·대사마(大司馬)』의 "뭇 군리(軍吏)들은 기물(旗物)로 한다"와 같은 책 『주

軍政不戒而備,[72]	군정이 명령을 내리지 않아도 완비되니
能用典矣.[73]	전장을 잘 운용한다고 할 수 있습니다.
其君之擧也,[74]	그 임금이 등용함에
內姓選於親,[75]	동성 중에서는 가장 가까운 친척을 선발하고
外姓選於舊.[76]	이성 중에서는 구신들의 자손들 가운데서 선발하였습니다.
擧不失德,[77]	등용함에 덕 있는 이를 잃지 않았고

례·춘관·사상(周禮·春官·司常)」의 "대부와 사는 물(物)을 세우고, 사도(師都)는 기를 세운다"의 물(物)과 같다. 본래는 정기(旌旗)의 일종이었으나 여기서는 정기의 통칭으로 빌려 썼다. 두예는 "물은 유(類)와 같다"라 하였고, 공영달의 주석〔소(疏)〕에서는 "유(類)는 정기에 사물 등을 그린 것이다. 백관은 존비가 달라 세운 것에 각기 사물이 있으며 세운 물건의 형상을 본떠 행동하였다"라 하였는데 뜻은 얻었으나 훈(訓)은 잃었다. 이에 의하면 백관은 각기 그 정기를 세우는데, 그 정기에는 지위와 맡은 일을 표시하고 이에 따라 행동을 하는 것을 이른다.

72 계(戒): 두예는 "칙령(勅令)"이라 하였다. 공영달은 "군대의 정교(政敎)가 칙령과 호령을 기다리지 않아도 절로 갖추어지는 것이다"라 하였다.

73 섭적(葉適)은 "무릇 병거가 갖추어야 할 것을 모두 갖추고, 행군에 있어야 할 것이 모두 있어서 사회(士會)가 전장(典章)을 잘 운용한다고 생각한 것으로 창졸간에 구하거나 일에 임하여 맞출 수 있는 것이 아니다"라 하였다.

74 거(擧): 인재를 선발하는 것을 말한다.

75 내성(內姓): 동성(同姓)을 말한다.
친(親): 지계(支系) 중 친근한 사람이다.

76 구(舊): 세신(世臣), 곧 대대로 섬겨 온 신하를 말한다.

77 공영달은 "인재의 선발에 덕을 잃음이 없는 것이다"라 하였다.

賞不失勞.[78]	상을 줌에 수고한 자를 놓치지 않았습니다.
老有加惠,[79]	늙은이에게는 은혜를 더해 주고
旅有施舍.[80]	나그네에게는 베풂이 있었습니다.
君子小人,	군자와 소인에게는
物有服章.[81]	각기 규정된 복색이 있습니다.
貴有常尊,[82]	귀한 자는 항상 존귀함을 누리고,
賤有等威,[83]	천한 자는 등급에 따른 위의가 있게 하였으니

---

78 공영달은 "상을 내림에 공로가 있는 자를 빠뜨리지 않은 것이다"라 하였다.

79 청나라 소영(邵瑛)의 『유현규두지평(劉炫規杜持平)』에서는 "이는 연로자에게 은혜를 더하여 주는 것을 말하는 것으로 가산(賈山)이 이른바 '90이 된 사람은 외아들이 있으면 부역을 맡지 않으며, 80이 된 사람은 두 사람의 부세를 면하여 준다'란 것이고, 또한 예에서 이른바 집장(執醬), 집작(執爵), 축열(祝餲), 축경(祝鯁)이다"라 하였다.

80 여(旅): 곧 여객(旅客)이다. 『주례·지관·유인(地官·遺人)』에서는 기려(羈旅)라 하였다. 시사(施舍): 왕인지의 『술문(述聞)』에서는 "고인들이 시사를 말한 것에는 두 가지 뜻이 있는데 하나는 요역(繇役)을 면하는 것이고, 하나는 덕과 은혜를 베푸는 것인데 옛날에는 사(舍)와 여(予)의 소리가 비슷해서이며 시사는 사여(賜予)를 말한다. 선공 12년 『좌전』의 '旅有施舍'는 내리어 부족함이 없게 하는 것을 말한다"라 하였다.

81 군자와 소인은 위차를 가지고 말한 것이며 각기 일정한 의복의 색채가 있는 것으로, 두예가 이른바 "존비를 구별한 것"이라는 것이다.

82 존귀한 자는 정해진 높이는 제도와 의절(儀節)이 있어 또한 서로 간에 함부로 넘어서지 않는 것이다.

83 이 구절은 두 가지 해석이 있다. 마종련(馬宗璉)의 『보주(補注)』에서는 "'요는 복을 신하로 삼고 복은 대를 신하로 삼는다(僚臣僕, 僕臣臺)'라 한 따위와 같은 것이다"라 하였다. 이 말은 소공 7년 『전』에 나오는 말로 비록 이른바 천한 자라도 또한 각기 신속(臣屬)이 있으니 이것이 이른바 등급에 따른 위의가 있는 것이다. 이것이 첫 번째 해석이다. 다케조에 고코(竹添光鴻)의 『회전(會箋)』에서는 "위(威)는 외(畏)와 통하며 천한 자는 두려워할만한 등급이 있어 구태여 존귀한 자를 범하지 않는다"라 하였는데 이것이 또 하나의 설이며, 후자의 설이 비교적 뛰어나다.

禮不逆矣.	예를 거스르지 않은 것입니다.
德立, 刑行,	덕이 서고 형벌이 행해지며
政成, 事時,	정치가 이루어지고 일이 때맞춰 시행되며
典從, 禮順,	전장을 따르고 예에 순종하니
若之何敵之?	그들을 어떻게 대적하겠습니까?
見可而進,	가능성이 보이면 진군하고
知難而退,	어려움을 알면 물러나는 것이
軍之善政也.[84]	군정을 행함에 좋은 계책입니다.
兼弱攻昧,	약소국을 겸병하고 우매한 나라를 공격하는 것은
武之善經也.[85]	용병의 좋은 경략입니다.
子姑整軍而經武乎![86]	그대는 우선 군대를 정돈하고 무용을 경영하십시오.

84 유문기의 『구주소증(舊注疏證)』에서는 "이 말은 옛 병가의 말에서 나온 것 같다"라 하였다. 『오자·요적(吳子·料敵)』편에서는 "무릇 이에 적만 못하면 피하기를 의심하지 말라. 이른바 '가능성이 보이면 진군하고 어려움을 알면 물러난다'는 것이다"라 하였는데 이곳에서 인용한 말은 어쩌면 『좌전』에서 인용을 하였거나 아니면 직접 옛 병서에서 인용을 하였을 것이다.

85 심흠한의 『보주(補注)』에서는 "『주서·무칭해(周書·武稱解)』에 '약한 나라를 공격하고 바르지 않은 것을 습격하는 것이 무(武)의 법도(經)이다'라는 말이 있다"라 하였다.

86 고(姑): 고차(姑且), 잠깐의 뜻이다.
정군(整軍)은 "어려움을 알면 물러난다"는 것을 말하고, 경무(經武)는 "약소국을 겸병하고 우매한 나라를 공격하는 것"이다.

猶有弱而昧者,	오히려 약소하고 우매한 나라가 있는데
何必楚?	왜 꼭 초나라겠습니까?
仲虺有言曰,[87]	중훼가 말하기를
'取亂侮亡',	'어지러운 나라를 차지하고 망한 나라를 업신여긴다' 하였으니
兼弱也.[88]	약한 나라를 겸병하는 것입니다.
汋曰,[89]	「작」에서는 말하기를
'於鑠王師![90]	'아 아름답도다, 무왕의 군사여!

87 두예는 "중훼는 탕(湯)의 좌상(左相)으로 설(薛)나라의 조상 해중(奚仲)의 후예이다"라 하였다.

88 양공 14년의 『전』에서 중항헌자(中行獻子)가 말하기를 "중훼가 말하기를 '망한 나라는 업신여기고 어지러운 나라는 차지한다'라 하였으니 망해 가는 자는 밀어붙이고 존속할 나라는 단단히 해둠이 나라를 다스리는 길입니다"라 하였고, 또한 30년의 『전』에서도 자피(子皮)가 말하기를 "「중훼지지(仲虺之志)」에서 말하기를 '어지러운 나라는 차지하고 망한 나라는 업신여긴다'라 하였으니 망해 가는 나라는 밀어붙이고 존속할 나라는 단단히 해둠이 나라에 이롭습니다"라 하여 모두 중훼의 말을 인용하였는데 뜻은 같으나 문자가 조금 다르다. 「상서」의 「서(序)」에서는 "탕(湯)이 하(夏)에서 돌아와 대경(大坰)에 이르니 중훼가 『고(誥)』를 지었다"라 하였다. 옛 「상서」에는 본래 「중훼지고」가 있었는데 『좌전』에서 인용한 말이 혹 거기에서 나온 것일 수도 있다. 「상서」의 『소(疏)』에서는 정현의 주석을 인용하여 "「중훼지고」는 없어졌다"고 하였으니 지금 「상서」의 「중훼지고」는 곧 위고문이다.

89 작(汋): 『시경·주송(周頌)』의 편명이다. 지금 판본에는 「작(酌)」으로 되어 있다. 『석문(釋文)』에서는 "또한 '「작(汋)」'이라고도 한다"라 하였으며, 『춘추번로(春秋繁露)』에는 "汋"으로 되어 있다.

90 오(於): 감탄사로 여기서는 찬미를 나타낸다. 이 자는 별도로 읽어야 하는데 4자가 한 구를 이루므로 떼어 놓지 않았다.
삭(鑠): 아름답다는 뜻이다. 이 구절은 "아아! 아름답도다, 왕의 군대여"라는 말과 같다.

遵養時晦',[91]	군대 거느리고 이 우매한 나라 취하셨도다'라 하였으니
耆昧也.[92]	우매한 나라를 공격한 것입니다.
武曰,[93]	「무」에서는 말하기를
'無競惟烈.'[94]	'비길 데 없이 공 많으시네'라 하였습니다.
撫弱耆昧,	약한 나라를 어루만지고 우매한 나라를 쳐서
以務烈所,	공이 있는 곳을 힘쓰시는 것이
可也."[95]	옳습니다."
彘子曰,[96]	체자가 말하였다.

91 모씨의 주석〔모전(毛傳)〕에서는 "준(遵)은 거느린다는 뜻이고, 양(養)은 취한다는 뜻이며, 회(晦)는 어둡다는 뜻이다"라 하였는데 『좌전』의 뜻에 근본하였다. 청나라 진환(陳奐)의 『시모씨전소(詩毛氏傳疏)』에서는 "준(遵)의 뜻은 거느린다(率)는 것으로 솔(率)은 솔(逹)과 같다"라 하였다. 솔(逹)은 곧 지금의 솔령(率領)과 같은 뜻으로 또한 솔(帥)이라고도 한다. 시(時)자는 시(是)자와 같은 뜻이다. 이 구절의 뜻은 군대를 거느리고 이 혼매(昏昧)한 자를 공격하여 취한다는 것이다.

92 진환(陳奐)의 『시모씨전소(詩毛氏傳疏)』에서는 "기미는 곧 우매한 나라를 공격하는 것(攻昧)이다"라 하였다.

93 무(武): 『시경·주송(周頌)』의 편명.

94 『시경·주송·열문(周頌·烈文)』에 "이를 데 없이 훌륭한 사람(無競維人)"이라는 구절이 있는데, 모씨의 주석〔모전(毛傳)〕에서는 "경은 강(彊)한 것이다"라 하였다. 모씨의 주석에서는 "열은 업(業)이다"라 하였다. 정현은 "상나라를 이긴 공업보다 강한 것이 없는 것으로 강한 것을 말한다"라 하였다.

95 공영달은 "사회(士會)는 반드시 초나라를 대적하지 말고 나머지 제후들 가운데 약한 나라를 아울러 어루만지고 제후 가운데 우매한 나라를 쳐서 무왕이 공업을 이룬 것을 힘쓰는 것이 옳다고 하였다"라고 하였다.

96 체자(彘子): 곧 선곡(先縠)으로 위의 『주』에 보인다.

“不可.	“안 됩니다.
晉所以霸,	진나라가 패자가 된 것은
師武, 臣力也.	군사가 용감하고 신하들이 힘을 다해서입니다.
今失諸侯,	지금 제후들을 잃으면
不可謂力;	힘을 다하였다 할 수 없으며,
有敵而不從,	적이 있는데 쫓지 않으면
不可謂武.	용감하다고 할 수 없습니다.
由我失霸,[97]	우리로 말미암아 패권을 잃는다면
不如死.	죽느니만 못합니다.
且成師以出,	또한 군사를 이루어 나섰다가
聞敵强而退,	적이 강하다는 것을 듣고 물러나면
非夫也.[98]	사나이가 아닙니다.
命爲軍帥,[99]	명을 받아 군대의 장수가 되었는데
而卒以非夫,[100]	사나이답지 못한 것으로 마치는 것을

97 진나라는 문공과 양공 이래 오랫동안 패주가 되었다. 선곡은 이것 때문에 잃게 될까 걱정한 것이다.

98 두예는 “장부(丈夫)가 아니다”라 하였다. 『예기·곡례(曲禮) 상』에 “장부가 되려면 시동처럼 앉는다(若夫, 坐如尸)”라는 말이 있는데, 정현은 “장부가 되고자 한다면이라는 말이다”라 하였다. 애공 11년 『전』의 “이는 내가 장부가 되지 못함을 이르는 것이다(是謂我不成丈夫也)”는 이곳의 “非夫也”와 의미가 가깝다.

99 이 구절은 “命有軍帥”로 된 판본도 있다.

唯羣子能, 그대들은 할 수 있을지언정

我弗爲也." 저는 그렇게 못합니다."

以中軍佐濟.[101] 중군의 좌를 거느리고 강을 건넜다.

知莊子曰,[102] 지장자가 말하였다.

"此師殆哉! "이 군사는 위태하도다!

周易有之, 『주역』에 이런 괘상(卦象)이 있으니

在師䷆之臨䷒,[103] 사괘䷆가 임괘䷒로 변하는 것으로

曰, 말하기를

'師出以律, '군사를 냄에 군율로써 하니

否臧, 잘되지 않으면

凶.'[104] 흉하다'라 하였습니다.

---

100 장부답지 못한 것으로 끝내는 것을 말한다.

101 두예는 "좌(佐)는 체자가 통솔한 군대이다. 제(濟)는 황하를 건너는 것이다"라 하였다.

102 지장자(知莊子): 지(知)는 또한 "智"라고도 한다. 지장자는 곧 순수(荀首)로『통지·씨족략(氏族略) 3』에서는 "순수는 별도로 지읍(智邑)의 식읍을 받아먹었으므로 또한 지씨(智氏)가 되었다"라 하였다.

103 감(坎)괘가 아래에 있고 곤(坤)괘가 위에 있는 것이 사(師)괘이며, 첫 번째 효(爻)가 음에서 양으로 변하면 감이 태(兌)괘로 변하며, 태괘가 아래에 있고 곤괘가 위에 있는 것이 임(臨)괘이다.

104 사괘의 밑에서 첫 번째 음효〔初六〕의 효사(爻辭)이다.
사출이율(師出以律): 괘는 사괘이며 초육(初六)은 첫째 효인데, 군사를 쓰려면 반드시 먼저 군사를 일으켜야 하므로 "師出"이라 하였다. 무릇 군사를 낼 때는 반드시 법제로 호령하여 가지런하게 하므로 "師出以律"이라 하였다.
부장(否臧): 불선(不善)과 같은 말. 다음 구절의 "執事順成爲臧, 逆爲否" 또한 바로 이 뜻이다. 이 구절 전체의 뜻은 무릇 군사를 낼 때는 반드시 법제로 호령을 하여야 하며,

執事順成爲臧,[105]	일을 집행함에 순리대로 이루어지는 것을 장이라 하고
逆爲否.[106]	거스르는 것을 부라고 합니다.
衆散爲弱,[107]	무리가 흩어지면 약해지고
川壅爲澤.[108]	내가 막히면 못이 됩니다.
有律以如己也,[109]	율법을 가지고 있으면 자신이 지휘하는 것과 같으므로
故曰律.	율이라고 합니다.
否臧,	집행이 훌륭하지 않으면
且律竭也.[110]	또한 율이 다하게 됩니다.
盈而以竭,[111]	가득 찼으나 마르는 것처럼

이렇게 하지 않으면 "일을 집행함에 순리대로 이루어짐"과는 도가 반대로 행하여지는 것이니 흉하다는 말이다.

105 무릇 일을 행함에 그 도에 순응하게 행하여 성취가 있으면 훌륭한 것이라는 말이다.

106 그 도를 거슬러 패하여 무너지면 훌륭하지 않은 것이라는 말이다.

107 이하 두 구절은 괘상(卦象)을 풀이한 것이다. 사괘가 임괘로 변한 것은 감괘가 태괘로 변하였기 때문이다. 「진어(晉語) 4」에서는 "감괘는 많은 것이다"라 하였다. 감괘는 많은 상인데 감괘가 변하여 많은 것이 흩어진 상이 된 것이다. 태괘는 소녀(少女)이기 때문에 유약하다. 감괘가 태괘로 변한 것은 많은 것이 흩어져 약하게 된 것이다.

108 두예는 "감괘는 내[川]인데 지금 변하여 태괘가 되었으며, 태괘는 못[澤]이니 이는 내가 막힌 것이다"라 하였다. 흐르는 물이 막혀 진흙이 쌓인 것이 못이다.

109 호령할 수 있는 법제를 가지고 있으면 삼군을 지휘할 수 있는 것이 한 사람인 것 같아 마치 자신이 자신을 지휘하는 것과 같음을 말한다.

110 갈(竭): 진(盡), 궁(窮) 곧 다하다의 뜻이다. 일을 집행하는데 순조롭게 이루지 못하면 법제와 호령이 다한 것이라는 말이다. 두예는 "갈은 무너지는 것(敗)이다"라 하였는데, 고훈(古訓)에는 이런 뜻이 없고 또한 아래의 문장 "盈而以竭"의 뜻과 상관이 없으므로 이 뜻은 취하지 않는다.

111 이는 괘의 상사(象辭)를 아울러 논한 것으로 감괘는 내로 냇물이 가득 차는 것을 말하

夭且不整,[112]	막히어 정돈되지 않으니
所以凶也.	이것이 흉한 까닭입니다.
不行之謂臨,[113]	옮기어 가지 않는 것을 임괘라 하는데
有帥而不從,[114]	장수가 있는데도 따르지 않는다면
臨孰甚焉?	임이 어느 것이 이보다 심하겠습니까?
此之謂矣.[115]	이를 이르는 것입니다.
果遇,	과연 적을 만나면
必敗,[116]	반드시 패할 것입니다.
彘子尸之,[117]	체자께서 그 주동자가 될 것이니

는데 애공 9년의 『전』에서 "내에 물이 가득 차서 놀 수 없는 것과 같다"라 한 것이 이를 말한다. 그러므로 "찼다"라 하였는데 이 괘상이다. 내가 막혀 못이 되면 못은 쉽게 마르며, 또한 군사를 내는데 율법으로 하지 않으면 율법이 다하며 이 두 다하다(竭)의 말은 서로 상응하므로 "盈而以竭"이라 하였는데 이는 괘상 및 괘사의 뜻이다.

112 요(夭)는 『장자·소요유(莊子·逍遙遊)』의 "아무런 가로막히는 것이 없이(莫之夭閼者)"의 "夭"자와 같은 뜻으로 쓰였으며, 요알(夭閼)은 막힌다는 뜻이다. 내가 막히어 못이 되는 것은 물이 막히는 것이다. 많은 것이 흩어지는 것이 정돈되지 않은 것이다.

113 감괘가 변하여 태괘가 되었으니 곧 내가 막히어 못이 된 것으로 임괘가 되며, 못물은 흐르지 않으므로 임괘는 물이 가지 않아 이루어진 것이다.

114 체자가 중군수의 명령을 따르지 않는 것은 장수가 있어도 따르지 않는 것이니 군중의 법제와 호령이 행하여지지 않음이 심한 것이다.

115 두예는 "체자가 명을 어긴 것이 또한 물이 흐를 수 없음과 같음을 비유하였다"라 하였다.

116 만약 적을 만나게 되면 반드시 패할 것이라는 말이다.

117 시(尸): 양공 27년의 『전』에 "맹약을 주관하는 것을 따르는 것이 아닙니다(非歸其尸盟也)"라는 말이 나오는데, 두예는 "시는 주관하는 것(主)이다"라 하였다. 이는 체자가 이 화를 주동한다는 말이다.

雖免而歸,[118]	비록 죽음을 당하지 않고 돌아간다 하더라도
必有大咎."[119]	반드시 큰 죄가 있을 것입니다."
韓獻子謂桓子曰,[120]	한헌자가 환자에게 말하였다.
"彘子以偏師陷,[121]	"체자가 일부의 군사를 데리고 함락되었다면
子罪大矣.	그대의 죄가 커지게 됩니다.
子爲元帥,	그대는 원수이니
師不用命,	군사들이 명을 따르지 않는 것은
誰之罪也?	누구의 죄입니까?
失屬, 亡師,[122]	소속도 잃고 군사도 잃으면
爲罪已重,[123]	죄가 매우 크니
不如進也.	진군함만 못합니다.
事之不捷,[124]	싸워서 이기지 못한다 하더라도

---

118 비록 전사하는 것을 면하고 진나라로 돌아가더라도라는 말이다.

119 끝내는 반드시 화해(禍害)가 있을 것이라는 말이다. 두예는 "이듬해에 진나라에서 선곡을 죽이는 배경이 된다"라 하였다.

120 한헌자(韓獻子): 곧 한궐(韓厥)이다.

121 편사(偏師): 체자는 중군좌만 거느리고 황하를 건넜기 때문에 이렇게 말하였다.

122 실속(失屬): 속(屬)에 대해 두예는 정나라라고 하였다. 아래 문장의 "속국을 얻다(得屬)"과 같으니 "속국을 잃는다"는 것은 체자가 패하면 반드시 정나라를 잃고 체자는 일부의 군사만으로 지게 되므로 군사를 잃는다고 말하였다.

123 이(已): 매우라는 뜻.

124 나라의 대사는 제사와 전쟁에 있는데 이곳의 일은 전쟁을 가리킨다. 이 구절은 가정형으로 아래에서는 "若事之捷"이라 하여 가정형을 나타내는 접속사 "若"자가 있다. 약

惡有所分. 죄악을 분담할 사람이 있습니다.

與其專罪,[125] 죄를 오로지 쓰는 것보다는

六人同之, 여섯 명이 함께 쓰면

不猶愈乎?" 오히려 낫지 않겠습니까?"

師遂濟.[126] 군사가 마침내 도하하였다.

楚子北師次於郔.[127] 초자는 군사를 북으로 돌리어 연에 주둔하였다.

沈尹將中軍,[128] 침의 윤이 중군장이 되었으며

(若)자는 있어도 되고 없어도 되는데 의미는 똑같다.

125 전죄(專罪): 원수 한 사람이 이 죄를 뒤집어쓰는 것을 말한다.

126 「진세가」에서는 『좌전』을 절취하여 "초장왕이 정나라를 에워싸자 정나라는 진나라에 위급함을 알렸다"라고만 하였다. 정나라가 진나라에 위급함을 알린 것은 필연적인 일이었으나 『좌전』에서는 말하지 않았다. 「정세가」에서는 "진나라는 초나라가 정나라를 친다는 말을 듣고 군사를 일으켜 정나라를 구원하였다. 반대하는 무리가 있어서 느렸으므로 황하에 이르렀을 즈음에는 초나라 군사는 이미 떠났다"라 하였다. 반대하는 무리가 있어서 느렸다는 말은 『좌전』에 기록되어 있지 않으며, 『공양전』과 『곡량전』에도 없다.

127 연(郔): 지금의 정주시(鄭州市) 북쪽에 있으며, 3년의 『전』과 『주』에 상세하다.

128 침윤(沈尹): 이에 대해서는 고래로 자못 이설이 많다. 하나는 손숙오(孫叔敖)가 이미 영윤이 되어 중군장을 맡았으니 침윤은 곧 손숙오라는 설이다. 침(沈)은 곧 침(寢)으로 곧 지금의 침구(寢丘)이다. 『여씨춘추·맹동기(孟冬記)』와 『사기·골계열전(滑稽列傳)』에 의하면 침구에 봉해진 사람은 손숙오의 아들이지만 『한비자·유로(喩老)』편에서는 "초장왕이 이미 승리하여 하옹(河雍)에서 사냥을 하고 돌아가 손숙오에게 상을 내렸다. 손숙오는 한간(漢間)의 모래와 돌이 있는 곳을 청하였다. ……" 하였으니 손숙오는 필(郯)의 전역 후에 실제로 침구에 봉하여졌으므로 침윤이라고 하였다는 것이다. 하나는 손숙오와 침윤은 두 사람이라는 것이다. 고적(古籍) 및 『좌전』을 고찰해 보면 뒤의 설이 사실에 더 가깝다. 『묵자·소염(所染)』편에서는 "제나라 환공은 관중과 포숙에게 물들었고, 진나라 문공은 구범(舅犯)과 고언(高偃)에게 물들었으며, 초나라 장왕은 손숙(孫叔)과 침윤(沈尹)에게 물들었고, 오나라 합려는 오원(伍員)과 문의(文義)에게 물들었으며, 월나라 구천은 범려(范蠡)와 대부종(大夫種)에게 물들었다"라 하였다. 관중과

子重將左,[129]	자중은 좌군의 장,
子反將右,[130]	자반은 우군의 장이 되었는데
將飮馬於河而歸.[131]	하수에서 말에게 물을 먹이고 돌아가려 했다.
聞晉師旣濟,	진나라 군사가 이미 돌아갔다는 말을 듣고
王欲還,	왕은 돌아가려 하였는데

포숙 등은 모두 두 사람이니 손숙과 침윤 또한 반드시 두 사람일 것이다. 『여씨춘추·당염(當染)』편에도 이 말이 있는데 "형장왕(荊莊王)은 손숙오와 침윤증(沈尹蒸)에게 물들었다"라 되어 있고, 「존사(尊師)」편에서는 또한 "초장왕은 손숙오와 침윤무(沈尹巫)"를 스승으로 삼았다 하였으며, 「찰전(察傳)」편에서는 또한 "초장왕은 침윤무에게서 손숙오에 대하여 들었다"라 하였고, 「찬능(贊能)」편에서는 또한 "손숙오와 침윤경(沈尹莖)은 서로 친구가 되었다"라 하였다. 『신서·잡사(新序·雜事) 5』에서는 또한 "초장왕은 손숙오와 침윤축(沈尹竺)에게서 배웠다"라 하였으니, 손숙과 침윤은 동시대의 두 사람임이 더욱 분명하다. 그 이름은 혹자는 "증(蒸)"이라 하였고, 혹자는 "무(巫)"·"서(筮)"·"경(莖)"·"축(竺)"이라 하였는데, 글자 모양이 엇비슷하여 누가 옳은지 모르겠다. 『한시외전(韓詩外傳)』 권2에는 침의 영윤이 손숙오에게 나아간 일이 수록되어 있고, 『신서·잡사(新序·雜事) 1』과 전한(前漢) 말기 유향(劉向)의 『열녀전·현명전(列女傳·賢明傳)』에 모두 있는데 침의 영윤은 우구자(虞丘子)라 하였으며, 침윤이라는 것은 침현(沈縣)의 대부(『여씨춘추·존사(尊師)』편의 고유(高誘)의 주석)라 하였는데 성이 우구(虞丘)이므로 또한 우구자라고도 한다고 하였다. 침은 초나라의 현이며, 혹 곧 침나라로 생각하지만 침나라는 춘추 말엽까지도 있었으니 초나라가 이때 토지를 전부 차지하지 못하였을 것이며, 혹 문공 3년 초나라가 침나라를 칠 때 일찍이 그 당의 일부를 얻어 초나라의 현으로 삼았을 것이다. 『좌전』 양공 24년 초강왕(楚康王) 때 침윤수(沈尹壽)가 있고, 소공 4년 영왕(靈王) 때 침윤사(沈尹射)가 있으며 5년에는 침윤적(沈尹赤)이, 19년에는 침윤술(沈尹戌)이 있고, 애공 17년 혜왕(惠王) 때는 침윤주(沈尹朱)가, 애공 18년에는 따로 침윤(寢尹)이 있으니, 침(沈)은 반드시 곧 침구(寢丘)도 아닐 것이고 더욱이 반드시 손숙오의 봉지도 아닐 것이다.

129 자중(子重): 곧 공자 영제(公子嬰齊)이다.

130 자반(子反): 두예는 "자반은 공자 측(公子側)이다"라 하였다.

131 「진세가」에서는 "초나라는 이미 정나라를 정복하고서 황하에서 말에게 물을 먹여 위명을 뽐내고 떠나고자 하였다"라 하였다.

嬖人伍參欲戰.[132]	총신인 오참이 싸우고자 하였다.
令尹孫叔敖弗欲,[133]	영윤 손숙오가 그렇게 하고 싶지 않아
曰,	말하였다.
“昔歲入陳,	“지난해에는 진나라에 들어갔는데
今茲入鄭,	올해는 정나라로 들어가면
不無事矣.[134]	일이 없지 않을 것입니다.
戰而不捷,	싸워서 이기지 못하면

---

132 『예기·치의(緇衣)』에 “폐어의 사람으로 장후를 미워하지 말고, 폐어의 사로 대부 경사를 미워하지 말라(毋以嬖御人疾莊后, 毋以嬖御士疾莊士大夫卿士)”는 말이 있는데, 정현은 “폐어의 사람은 애첩이고, 폐어의 사는 애신(愛臣)이다”라 하였다. 그러나 『좌전』을 가지고 논하면 애첩이나 애신은 모두 폐인(嬖人)이라 칭할 수 있다. 은공 3년 『전』에 “공자인 주우는 애첩의 아들이었다(公子州吁, 嬖人之子也)”라는 말이 있고, 소공 7년의 『전』에 “애첩 주압은 맹지를 낳았다(嬖人婤姶生孟摯)”라 하였는데 모두 애첩이다. 『안자춘추·내편·간(晏子春秋·內編·諫) 상』에 폐인(嬖人) 영자(嬰子)가 있는데 또한 애첩이다. 이곳의 폐인 및 성공 2년 『전』의 “경공의 총신 노포취괴가 성문을 공격하였다(頃公之嬖人盧蒲就魁門焉)”와 소공 원년 『전』의 “순오의 총신이 보병의 대열을 짓는 것을 따르려 하지 않았다(荀吳之嬖人不肯卽卒)”와 애공 16년의 “위후가 꿈을 점쳤는데 총신이 태숙희자에게 술을 요구하였다(衛侯占夢, 嬖人求酒於大叔僖子)”는 모두 애신의 뜻이다. 『맹자·양혜왕(梁惠王) 하』에 폐인 장창(臧倉)이 있는데, 역시 애신이라는 뜻이다. 폐인은 또한 폐총(嬖寵)이라고도 한다. 희공 24년 『전』의 “총신을 버리고 세 어진 이를 등용하였다(弃嬖寵而用三良)”는 애신을 말한다. 소공 3년 『전』의 “지금 폐총을 잃었다(今嬖寵之喪)”는 애비(愛妃)를 말한다. 또한 “연간공은 폐총이 많았다(燕簡公多嬖寵)”라 한 것은 혹 남녀가 다 있을 것이다.
오참(伍參): 두예는 “참은 오사(伍奢)의 조부이다”라 하였다.

133 손숙오란 사람에 대해서는 선진과 양한의 고서에 수록되어 있는 전설이 매우 많으며, 『맹자』와 『순자』, 『여씨춘추』, 『사기』, 『설원』, 『신서(新序)』, 『열녀전』, 『논형』 등의 책에 산견된다.

134 불(不)자는 여기서 “아닐 비(非)”자의 뜻으로 쓰였다.

參之肉其足食乎?”[135]	참의 고기를 먹은들 족하겠습니까?”
參曰,	오참이 말하였다.
“若事之捷,	“싸워서 이긴다면
孫叔爲無謀矣.[136]	손숙은 계책이 없는 것이 되고
不捷,	이기지 못하면
參之肉將在晉軍,	내 육신은 진나라 군대에 있게 될 것인데
可得食乎?”	먹을 수나 있겠습니까?”
令尹南轅, 反旆,[137]	영윤이 수레를 남쪽으로 향하고 깃발을 돌리니
伍參言於王曰,	오참이 왕에게 말하였다.
“晉之從政者新,[138]	“진나라의 집정자는 새로 임명되어

135 옛사람들이 어떤 사람을 매우 원망할 때 곧 “그 사람의 고기를 먹어도 시원치 않다(食其肉猶不足)”라 하는데, 희공 33년 『전』에 문영(文嬴)이 세 장수에게 말하기를 “우리 임금이 그들을 잡아먹는다고 하여도 성에 차지 않을 것이다(寡君若得而食之, 不厭)”라는 말이 나오는데 불염(不厭) 또한 부족(不足)의 뜻이다.

136 청나라 손성연(孫星衍)의 『문자당집·손숙오명자고(問字堂集·孫叔敖名字考)』에서는 “위가(蔿賈)에게는 두 아들이 있을 것인데, 하나는 위애렵(蔿艾獵)이고 하나는 위오(蔿敖)로 자는 숙오이다. 오는 이미 숙(叔)이라 하였으니 마땅히 형이 있을 것이다”라 하였다.

137 적군이 북쪽에 있으니 수레의 끌채가 당연히 북으로 향하여야 하는데, 영윤이 수레를 돌려 남으로 향하였으므로 끌채를 남쪽으로 돌린 것이다. 패(旆)는 군진의 앞에 세우는 큰 기인데, 큰 깃발 역시 그 방향을 반대로 한 것이다.

138 종정자(從政者): 순림보(荀林父)를 가리킨다. 지난해 가을만 해도 전임자인 극결(郤缺)이 아직 재위에 있어서 『전』에서 “진나라 극성자가 뭇 적(狄)족과 강화를 구하였다”라 하였으니, 순림보가 집정자가 된 것은 아무리 오래 되어도 몇 개월에 지나지 않을 것이다. 남송(南宋) 말 왕응린(王應麟)이 실증풍(實證風)의 찰기(札記: 짤막한 수기류)를 모

未能行令.	영을 잘 행하지 못합니다.
其佐先縠剛愎不仁,[139]	그를 보좌하는 선곡은 강퍅하고 어질지 못하여
未肯用命.	명을 따르려 하지 않습니다.
其三帥者,	세 장수는
專行不獲.[140]	전권을 행사하고 싶은데 하지 못합니다.
聽而無上,[141]	듣고자 하나 윗사람이 없으니
衆誰適從?[142]	뭇사람들 가운데 누가 오로지 따르려 하겠습니까?
此行也,	이번에는
晉師必敗.	진나라 군사가 반드시 질 것입니다.
且君而逃臣,[143]	그리고 임금이면서 신하를 도피하면
若社稷何?"[144]	사직은 어떻게 하겠습니까?"

아 편찬한 『곤학기문(困學紀文)』의 주(注)에서는 염약거의 설을 인용하여 "순림보가 집정한 것은 본월(本月)의 일이다"라 하였는데 추측한 말이다.

139 퍅(愎): 사납고 어그러진 것이다.

140 두예는 "마음먹은 대로 하고 싶어도 하지 못한다는 말이다"라 하였다.

141 명령을 따르고자 해도 따를 만한 상사가 없다는 말이다.

142 적(適): 주(主), 전(專) 곧 오로지의 뜻이다.

143 초장왕은 임금이고 순림보는 진나라의 신하이므로 "임금이면서 신하를 도피한다"고 한 것이다.

144 임금으로써 신하를 도피하면 나라를 욕보이는 것이라는 말이다. 희공 28년의 『전』에 "임금이 신하를 피하는 것은 수치이다(以君辟臣, 辱也)"라는 말이 있다.

王病之,	왕이 그 말을 싫어하여
告令尹改乘轅而北之,	영윤에게 다시 수레를 북으로 몰게 하여
次于管以待之.[145]	관에서 주둔하며 기다리게 하였다.
晉師在敖, 鄗之間.[146]	진나라 군사는 오와 호 사이에 있었다.
鄭皇戌使如晉師,[147]	정나라 황술이 진나라 군사에게 사신으로 가서
曰,	말하였다.
"鄭之從楚,	"정나라가 초나라를 따른 것은
社稷之故也,	사직 때문이지
未有貳心.[148]	두 마음을 품어서가 아닙니다.

145 왕이 관에 주둔하고서 영윤을 기다린 것이다. 관(管)은 지금의 하남성 정주시(鄭州市)에 있으며, 나머지는 희공 24년의 『전』과 『주』에 상세하다.
『공양전』에서는 "이미 진나라 군사가 정나라를 구원하러 이르러 싸움을 청하자 장왕이 허락하였다. 장군 자중(子重)이 간하기를 '진나라는 대국입니다. 임금님의 군사는 오래 머물러 피곤하니 임금께서는 청컨대 허락하지 마십시오'라 하였다. 장왕이 말하였다. '약자는 우리가 위엄을 드러내고, 강자는 우리가 피하니 이 때문에 과인이 천하에 설 도리가 없다.' 군사를 돌리게 하고 진나라 군사를 맞았다"라 하였다. 『한시외전』 권6과 『신서·잡사(新序·雜事) 4』도 같으며, 싸우려고 한 사람은 장왕이며 싸우려하지 않은 사람은 자중으로 『전』과 다르다.

146 오호(敖鄗): 두 산 이름으로 모두 하남성 형양현(滎陽縣) 북쪽에 있다.

147 황술(皇戌): 정나라의 경(卿)으로 또한 성공 2년과 3년, 4년, 5년에 보인다.

148 정나라가 초나라에 굴복한 것은 나라가 멸망하려는 것을 구하기 위해서이지 진나라에 딴 뜻을 품은 게 아니며, 마음은 여전히 진나라에 있다는 말이다.

楚師驟勝而驕,[149]	초나라 군사는 여러 차례나 이겨 교만하며
其師老矣,[150]	그 군사는 출병한 지가 오래되어 지쳤고
而不設備.	방비마저 하지 않고 있습니다.
子擊之,	귀국이 치고
鄭師爲承,[151]	정나라 군사가 잇는다면
楚師必敗."	초나라 군사는 반드시 패할 것입니다."
彘子曰,	체자가 말하였다.
"敗楚, 服鄭,	"초나라를 물리치고 정나라를 복종시키는 일은
於此在矣.	여기에 있습니다.
必許之!"	필히 허락하셔야 합니다!"
欒武子曰,[152]	난무자가 말하였다.
"楚自克庸以來,[153]	"초나라는 용나라를 이긴 이래로

149 취승(驟勝): 취(驟)는 누(屢), 곧 자주라는 뜻이다. 초장왕은 용(庸)을 멸한 이래 누차 진(陳)나라와 송(宋)나라를 쳤으며, 또한 육혼융(陸渾戎)을 쳐서 주나라 경계에서 군대를 사열하였고, 또한 서(舒)를 멸하였으며, 작년에는 또한 진(陳)나라를 치고 금년에는 또 정(鄭)나라를 쳤는데 모두 승리하였다.

150 처음으로 정나라를 에워싼 이래 지금까지 이미 수개월이 지났을 것이므로 "오래되어 지쳤다(老矣)"라 하였다.

151 두예는 "승은 잇는 것(繼)이다"라 하였다.

152 난무자는 난서(欒書)이다.

其君無日不討國人而訓之于民生之不易, 禍至之無日, 戒懼之不可以怠;[154] 그 임금은 민생은 쉽지 않으며 화가 이름에 날이 없고 경계를 게을리 해서는 안 된다고 백성들을 다잡고 훈계하지 않은 날이 없으며,

在軍, 군중에서는

無日不討軍實而申儆之于勝之不可保, 紂之百克而卒無後,[155] 군대의 물자를 다잡아 승리는 보장할 수 없으며 주는 백번을 이겼으나 끝내 후사가 없었다고 하며 거듭 경계하였고

訓之以若敖, 蚡冒篳路藍縷以啓山林.[156] 약오와 분모가 시거(柴車)와 남루한 옷으로 산림을 열었다고 훈계하지 않은 날이 없습니다.

---

153 용나라를 이긴 것은 문공 16년의 일이다.

154 두예는 "토(討)는 다스리는 것이다"라 하였다. 우(于)는 "써 이(以)"자의 뜻이다. 이 구절은 민생은 쉽지 않으며 화가 이르는 것은 날이 없고 경계를 게을리 하지 않아야 한다는 것으로 백성들을 가르쳤다는 것을 말한다. 이(易)는 난이(難易)의 이(易)로 민생이 간난(艱難)함을 이른다.

155 승리를 보장할 수 없으며, 주가 백 번을 이겼으나 끝내 후사가 없게 된 것으로 거듭 군대를 경계하고 있다. 군실(軍實)은 여기서 군중의 지휘관과 전사 등을 가리킨다. 신경(申儆)은 재삼 경계한다는 말과 같다. 『설문(說文)』에서는 "경(儆)은 계(戒)와 같은 뜻이다"라 하였다. 경(儆)과 경(警)은 한 글자의 이체자인 것 같다. 『사기·율서(律書)』에 "하나라의 걸왕과 은나라의 주왕은 맨손으로 승냥이와 이리를 물리칠 수 있었고, 뜀박질로 네 마리 말이 끄는 수레를 뒤쫓을 수 있었으니 용맹함이 결코 작지 않았다. 백 번 싸우면 그때마다 이기어(百戰克勝) 제후들이 두려워하고 복종하였으니 권력이 가볍지 않았다"라는 말이 있는 것으로 "주는 백 번을 이겼다"는 뜻을 알 수 있다.

箴之曰,	경계하여 말하기를
'民生在勤,	'민생은 부지런한 데 있으며
勤則不匱.'[157]	부지런하면 다함이 없다'라 하였습니다.
不可謂驕.[158]	교만하다고 할 수는 없습니다.
先大夫子犯有言曰,	선대부인 자범이 말하기를
'師直爲壯,	'군대를 쓰는 일은 곧으면 씩씩하고
曲爲老.'[159]	굽으면 피로하게 된다'라 하였습니다.
我則不德,	우리는 덕이 없으면서

---

156 약오(若敖): 초나라의 선군으로 이름은 웅의(熊儀)이며 주유왕(周幽王) 때 임금으로 「초세가」에 상세히 보인다.
분모(蚡冒): 역시 초나라의 선군으로 문공 16년의 『전』과 『주』에 보인다.
필로(篳路): 두예는 "시거(柴車)이다"라 하였다. 공영달은 "가시와 대나무의 덤불로 짠 문을 필문(篳門)이라 하니 필로 또한 가시와 대나무로 짠 수레이므로 필로를 시거라고 하였다"라 하였다.
남루(藍縷): 쌍성 연면사이다. 양웅(揚雄)의 『방언(方言)』에서는 "초나라에서는 무릇 사람이 가난하여 옷이 더럽게 찢어진 것을 남루라고 한다"라 하였다. 두예는 "남루는 해진 옷이다"라 하였다.
계(啓): 개벽(開闢), 곧 개척한다는 뜻이다.
이 구절의 뜻은 초나라 선군은 시거를 타고 헤진 옷을 입고 산림을 개척한 일로 사졸들에게 고하였다는 말이다.

157 민생(民生)은 곧 위에 나온 "민생은 쉽지 않다"라 할 때의 민생으로 백성의 생활이라는 뜻이다.
『예기·월령(月令)』편에 "곧 백성은 모자람이 없고 위에도 쓰임에 모자람이 없다(則民不匱, 上無乏用)"라는 말이 나오는데, 정현은 "궤(匱) 또한 핍(乏)과 같은 뜻이다"라 하였으며, 이곳의 궤(匱)의 뜻 또한 마찬가지이다.

158 이는 "초나라 군사는 여러 차례나 이겨 교만하다"한 말을 반박한 것이다.

159 희공 28년의 『전』을 보라.

而徼怨于楚.[160] 초나라의 원한을 샀습니다.

我曲楚直, 우리는 굽었고 초나라는 곧으니

不可謂老.[161] 피로하다고 할 수 없습니다.

其君之戎分爲二廣,[162] 그 임금의 군대를 2광으로 나누었는데

廣有一卒,[163] 광에는 하나의 졸이 있고

卒偏之兩. 졸은 두 개의 편으로 나눕니다.

右廣初駕,[164] 우광이 먼저 움직여

數及日中,[165] 한낮까지 이르며

左則受之, 좌광이 그것을 받아

以至于昏.[166] 밤까지 이릅니다.

---

160 요(徼): 구하다, 요구하다.

161 이는 “그 군사는 출병한 지가 오래되어 지쳤다”는 말을 반박하는 것이다.

162 기군지융(其君之戎): 초왕의 친병(親兵)과 융거(戎車)를 말한다. 광(廣)은 거성(去聲)이다. 초왕의 친병을 두 갈래로 나누었는데 각부를 광(廣)이라 한 것을 말한다.

163 광유일졸(廣有一卒): 매 부의 융거에 하나의 졸(卒)이 있을 따름이라는 것이다. 그 수는 편(偏)의 둘이므로 또한 졸편지양(卒偏之兩)이라고 하였다. 아래에서 “초자가 광 30승을 탔다”라 한 것으로 보건대, 편(偏)은 15승(乘)이며 양편은 30승이 된다. 초나라는 30승이 1졸이며 1졸은 광(廣)이다. 이곳의 졸은 융거의 수이며 보병의 수를 가리키지 않는데, 옛사람들은 「사마법(司馬法)」 및 『주례』에서 백 명을 졸로 보는 설을 가지고 증명하였으며, 융거와 보병이 한데 섞여 있어 얽히어 맑지가 않으며 그 설 또한 서로 같지 않다.

164 초(初): 선(先)과 같은 뜻으로 쓰였다.

165 수(數): 시각[漏刻]을 헤아리다. 장병린은 매(每)라고 풀이하여 이 구절을 한낮에 이를 때마다라고 하였는데, 수(數)를 매(每)라고 풀이한 용례가 없다.

166 아래의 “우광은 닭이 울면 멍에를 지워 한낮이 되면 풀었고, 좌광은 그 뒤를 이어받아 해가 지면 풀었다(右廣鷄鳴而駕, 日中而說; 左則受之, 日入而說)”라 한 것과 문장은

內官序當其夜,[167]	내관이 차례대로 밤을 맡으며
以待不虞.	불의의 일에 대비하고 있습니다.
不可謂無備.[168]	방비가 없다고 할 수 없습니다.
子良,	자량은
鄭之良也;	정나라의 훌륭한 신하입니다.
師叔,	사숙은
楚之崇也.[169]	초나라에서 받드는 사람입니다.
師叔入盟,	사숙이 들어가 맹약을 맺고
子良在楚,[170]	자량이 초나라에 있으니
楚, 鄭親矣.	초나라와 정나라는 친합니다.
來勸我戰,	와서 우리더러 싸우라고 부추기는 것은
我克則來,[171]	우리가 이기면 오고
不克遂往,[172]	이기지 못하면 가서
以我卜也![173]	우리를 가지고 점치려는 것입니다.

다르지만 똑같은 뜻이다.

167 내관(內官): 왕 좌우의 가까운 신하.
서(序): 차례대로.

168 이는 "방비를 하지 않고 있다"는 말을 반박한 것이다.

169 사숙은 곧 반왕(潘尫)이며, 초나라 사람들이 존숭하는 사람이다.

170 자량은 인질로 초나라에 있다.

171 와서 진나라에 복종하는 것이다.

172 가서 초나라를 따르는 것이다.

鄭不可從."	정나라는 따를 수 없습니다."
趙括, 趙同曰,	조괄과 조동이 말하였다.
"率師以來,	"군대를 거느리고 온 것은
唯敵是求.	다만 적과 싸우기 위해서입니다.
克敵, 得屬,[174]	적을 이기고 속국을 얻는다면
又何俟?	또한 무엇을 기다리겠습니까?
必從彘子!"	반드시 체자를 따라야 합니다."
知季曰,[175]	지계가 말하였다.
"原, 屛,	"원과 병은
咎之徒也."[176]	화를 자초하는 무리들입니다."
趙莊子曰,[177]	조장자가 말하였다.

173 우리의 싸움의 승부를 보고 진나라를 따를 것인지 초나라를 따를 것인지 결정을 하려는 것이므로 "우리를 가지고 점친다"라고 하였다.

174 극적(克敵): 능히 초나라를 이기는 것이다.
득속(得屬): 능히 정나라를 얻어 종속시키는 것을 말한다.

175 지계(知季): 곧 지장자(知莊子) 순수(荀首)이다.

176 원·병(原·屛): 원은 조동이고 병은 조괄이며, 희공 24년의 『전』과 『주』에 상세하다.
구(咎): 앙구(殃咎), 곧 재앙과 같은 말이다. 체자를 논하여 "비록 죽음을 당하지 않고 돌아간다 하더라도 반드시 큰 죄가 있을 것입니다(雖免而歸, 必有大咎)"라 한 것을 말한다. 성공 8년에 조동과 조괄은 피살된다.
도(徒): 도(塗)자의 뜻을 가차하여 썼다. 『노자』 제50장에 "살 길이 열에 셋 있다면 죽을 길도 열에 셋 있다(生之徒十有三, 死之徒十有三)"라는 말이 있다. 또한 제76장에서 "그러므로 딱딱하고 강한 것은 죽음의 길이요, 부드럽고 약한 것은 삶의 길이다(故堅强者死之徒, 柔弱者生之徒)"라는 말이 있다. 이 구절은 조괄과 조동의 말을 실행하는 것은 곧 재앙을 자초하는 길이라는 말과 같다. 두예 이래 모두들 도(徒)를 도당(徒黨)으로 해석하여 구(咎)를 체자를 가리킨다 하였는데 틀렸다.

177 장자(莊子): 조삭(趙朔)이다.

"欒伯善哉![178]

"난백의 말이 훌륭하도다!

實其言,[179]

그의 말을 실천하면

必長晉國."[180]

반드시 진나라를 장구하게 할 것입니다."

楚少宰如晉師,[181]

초나라의 소재가 진나라 군사에게 가서

曰,

말하였다.

"寡君少遭閔凶,

"우리 임금께서는 어려서 우환을 만나

不能文.[182]

사령(辭令)에 능하지 못합니다.

聞二先君之出入此行也,[183]

듣자 하니 두 선군께서 이 길을 드나드신 것이

---

178 난백(欒伯): 곧 난서(欒書)이다. 오개생(吳闓生)의 『문사견미(文史甄微)』에서는 "조장자는 조괄과 조동의 조카이므로 감히 조괄과 조동을 책망하지 못하고 이에 난백을 훌륭하다 하였다"라 하였다.

179 실(實)은 실천이라는 말과 같다. 다음의 『전』에 "이에 경이라 기록하지 않은 것은 그의 말을 실천하지 않았기 때문이다(於是卿不書, 不實其言也)"라 말한 것으로 알 수 있다. 두예는 "실은 채운다는 뜻과 같은데, 난서의 행실이 이 말을 능히 채울 수 있음을 말하였다"라 하였는데, 이는 틀린 것 같다.

180 두예는 장(長)자를 거성으로 보아 "長晉國"을 난서가 마땅히 진나라의 집정자가 될 것이라고 하였는데, 『전』의 뜻과 부합되지 않는다. 이 구절은 아마 난서의 말을 실행한다면 반드시 진나라가 장구하게 할 수 있을 것이라는 말이다. 장은 장구(長久)의 뜻이다.

181 소재(少宰): 관직 이름. 송나라에도 소재가 있었으며 태재(大宰)의 부관으로 성공 15년 『전』에 "상대(向帶)가 태재가 되었고 어부(魚府)가 소재가 되었다"라는 말이 있다. 초나라도 또한 마찬가지이다.

182 희공 23년 『전』에 "자범이 말하기를 '저는 조최의 문사만 못합니다'(子犯曰, 吾不如衰之文也)"라는 말이 나오는데, 이곳의 "不能文" 또한 당시에 외교의 사령을 겸허하게 표현한 말일 것이다. 그 말이 솔직하고 문식(文飾)이 없다는 것을 말한다.

將鄭是訓定,[184]	정나라를 훈시하여 안정시키고자 함이었다니
豈敢求罪于晉?[185]	어찌 감히 진나라에게 죄를 빌겠습니까?
二三子無淹久!"[186]	그대들은 오래 머물지 마시오!"
隨季對曰,[187]	수계가 대답하여 말하였다.
"昔平王命我先君文侯曰,[188]	"지난날 평왕께서는 우리 선군이신 문후에게 명하시기를
'與鄭夾輔周室,	'정나라와 함께 주 왕실을 보좌하여
毋廢王命!'	왕명을 폐하지 말라!' 하셨습니다.
今鄭不率,[189]	지금 정나라가 따르지 않아

183 두 선군(二先君)은 초성왕(楚成王)과 목왕(穆王)이다. 성왕은 목왕의 부친이며 장왕의 조부이다. 성왕 6년은 곧 노나라 장공 28년으로 초나라 영윤 자원이 정나라를 쳤으며, 목왕 8년은 노나라 문공 9년인데 초나라 목왕이 낭연에서 군사를 일으켜 정나라를 쳤는데, 이때 이 두 임금이 이 길을 출입한 사실을 말한다. 행(行)은 길이다. 출입은 왕래와 같은 뜻이며 이 길은 초나라에서 정나라에 이르는 길이다.

184 이 구절은 "將訓定鄭"의 도치구이다.

185 초나라의 선군이 이곳에 온 것은 정나라를 안정시키기 위함이지 진(晉)나라와 싸우기 위함이 아니며 우리가 이곳에 온 것도 마찬가지라는 말이다.

186 엄구(淹久): 성공 2년의 『전』에 "수레와 군사를 임금의 땅에 오래 머무르게 하지 말라(無令輿師淹於君地)"라는 말이 나오는데, 두예는 "엄은 오래(久)라는 뜻이다"라 하였다. 이곳의 엄구(淹久)는 같은 뜻의 글자가 연용되어 쓰인 것이다. 두예는 이곳에서는 "엄은 머무르는 것(留)이다"라 하였는데 확실치 않다.

187 수계(隨季): 곧 사회(士會), 수무자(隨武子)이다.

188 문후(文侯): 진(晉)나라 문후 구(仇)이다. 주나라 평왕 때 정무공과 함께 주나라 왕실을 안정시켰는데, 은공 6년의 『경』에서 이른바 "우리 주나라가 동쪽으로 천도할 때 진나라와 정나라에 의지하였습니다(我周之東遷, 晉·鄭焉依)"라 한 것이 이를 말하는 것이므로 평왕이 그들에게 "정나라와 함께 주나라 왕실을 보좌하라"라 명한 것이다.

寡君使羣臣問諸鄭,	우리 임금께서 뭇 신하들로 하여금 정나라에게 묻게 한 것이지
豈敢辱候人?[190]	어찌 감히 후인을 욕보이겠습니까?
敢拜君命之辱."	감히 임금이 내리신 명을 받들겠습니다."
彘子以爲諂,	체자는 아첨이라고 생각하여
使趙括從而更之,[191]	조괄로 하여금 뒤쫓아 고쳐서
曰,	말하게 하였다.
"行人失辭.[192]	"행인이 말에 실수가 있었습니다.
寡君使羣臣遷大國之迹於鄭,[193]	우리 임금께서는 뭇 신하들에게 정나라에서 대국의 자취를 옮기게 하고는

189 솔(率): "좇을 순(循)"자와 같은 뜻이다. 지금 왕명을 따르지 않음을 말한다. 왕명을 따르지 않는 것은 진나라와 친하지 않은 것이다.

190 후인(候人): 옛 관직명. 『시경·조풍·후인(曹風·候人)』에 "저 후인이여, 긴 창 짧은 창 매고 있다네(彼候人兮, 何戈與祋)"라는 구절이 있고, 「주어(周語) 중」에 "후인이 인도한다(候人爲導)"라는 말이 있다. 『주례·하관·후인(夏官·候人)』에 의하면 도로에서 빈객을 맞고 전송하는 관리이다. 그냥 후(候)라고만 부르기도 한다. 이 구절의 뜻은 초나라 관리를 맞이하고 보낼 수고를 할 필요가 없다는 말로, 이 일은 초나라와는 상관이 없음을 나타낸다. 두예는 적정(敵情)을 살피는 척후라고 하였는데 문의가 통하지 않는다.

191 경(更): 개(改)자와 같은 뜻으로 쓰였다. 소재에게 대답할 말을 고친 것이다.

192 행인(行人): 이미 환공 9년의 『전』과 『주』에 보인다. 다만 행인에는 전관(專官)이 있고 겸관(兼官)이 있는데, 이를테면 양공 26년 『전』의 자원(子員)과 자주(子朱)는 전관이다. 겸관으로 『경』에 보이는 것은 모두 여섯 차례인데 양공 11년과 18년, 소공 8년과 23년, 그리고 정공 6년과 7년이다. 이곳의 행인 수계는 본직은 상군수(上軍帥)이며 임시로 초나라의 소재를 접대하여 응대하는 겸직이다.

193 초나라는 일찍이 정나라에 이른 적이 있는데 여기서 "그 자취를 옮긴다"라 한 것은 외교적인 어투로 직언하면 너희 나라의 군대를 정나라에서 빼내라는 말이다.

曰,	말하기를
'無辟敵!'[194]	'적을 피하는 일이 없도록 하여라!'라 하였습니다.
羣臣無所逃命."[195]	뭇 신하들은 명에서 도피할 길이 없습니다."
楚子又使求成于晉,	초자는 또 진나라에 화친을 구하게 하니
晉人許之,	진나라 사람이 허락하여
盟有日矣.[196]	맹약할 날을 잡았다.
楚許伯御樂伯,	초나라 허백이 악백의 어자가 되었고
攝叔爲右,	섭숙이 거우가 되어
以致晉師.[197]	진나라 군사에게 싸움을 돋우었다.

---

194 피(辟): "피할 피(避)"자와 같은 뜻이다.

195 초나라와 싸우지 않으면 안 된다는 말이다.

196 이미 맹약할 기일을 약정한 것이다.

197 초나라의 세 장수는 이미 위의 문장에 보이는데, 악백 등은 거기 없는 것으로 보아 아마 그 부하인 것 같다.
옛날의 병거는 원수가 아니면 어자가 중간에 있고 사수가 왼쪽에 있으며 창과 방패가 오른쪽에 있기 때문에 여기서 허백이 가운데 있고 악백은 활과 화살을 가지고 왼쪽에, 섭숙은 창과 방패를 가지고 오른쪽에 있다.
치사(致師): 옛날에는 전투를 하려 할 때 먼저 용력이 있는 군사로 하여금 적을 범하게 하는데 바로 두예의 주석에서 이른바 "단거(單車)로 싸움을 돋우는 것"이다. 『주례·하관·환인(夏官·環人)』에 "싸움을 돋우는 일을 맡았다(掌致師)"라 하였다. 『일주서·극은해(逸周書·克殷解)』에는 "목야(牧野)에 진을 치고 제신(帝辛)이 좇았다. 무왕(武王)은 상보(尙父)와 백부(伯夫)로 하여금 적에 싸움을 걸게 하였다"라는 말이 있다. 그 말이 믿을 만하면 적에 싸움을 거는 일은 유래가 매우 오래됨을 알 수 있다. 공영달은 "초자

許伯曰,	허백이 말하였다.
"吾聞致師者,	"내가 듣기에 단독으로 싸움을 거는 사람은
御靡旌, 摩壘而還."[198]	기가 쓰러지게 달려 적진을 스친 후 돌아온다고 하였다."
樂伯曰,	악백이 말하였다.
"吾聞致師者,	"내가 듣건대 단독으로 싸움을 거는 사람은
左射以菆,[199]	거좌가 좋은 화살로 쏘고
代御執轡,	어자 대신 고삐를 잡으면
御下,	어자가 내려
兩馬, 掉鞅而還."[200]	말을 정리하고 가슴걸이를 바르게 한 후에 돌아온다 하였다."

가 이미 화친을 구하고서 또 싸움을 돋우는 것은 화친하고자 하지 않는 뜻을 보임으로써 진나라 장수들을 현혹시키기 위함이다"라 하였다.

198 두예는 "미정은 (병거를) 빨리 모는 것이다(靡旌, 驅疾也)"라 하였다. 대체로 수레를 빨리 몰면 한쪽이 조금 기울어져 깃발이 반드시 경사가 져 눕는 것 같아보이므로 이렇게 말했을 것이다. 마(摩)는 두예는 "가까이 가는 것이다"라 하였다. 『예기·악기(樂記)』의 정현의 주에서는 "마는 박과 같다(摩猶迫也)"라 하였으니, 마루(摩壘)는 적의 영루(營壘)에 가까이 접근하는 것이다. 군대의 진을 친 벽을 누(壘)라고 한다.

199 좌(左): 거좌이며 악백은 궁시(弓矢)를 가지고 수레의 왼쪽에 있었다.
추(菆): 두예는 "화살 가운데 좋은 것이다"라 하였다. 공영달은 "아래에 장자(莊子)가 '쏠 때마다 화살을 뽑아 좋은 화살은 주자의 화살통에 넣었다(每射, 抽矢, 菆, 納諸廚子之房)'라 하였으니 좋은 화살을 골라 남긴 것이며, 이로써 추(菆)가 좋은 화살임을 알 수 있다"라 하였다.

200 양마(兩馬): 두 가지 해석이 있을 수 있다. 두예는 복건(服虔)의 말에 근거하여 "양은 꾸미는 것이다"라 하였다. 『주례·지관·봉인(地官·封人)』에 "그 소 희생제물을 꾸민다

攝叔曰,	섭숙이 말하였다.
"吾聞致師者,	"내가 듣건대 단독으로 싸움을 거는 사람은
右入壘,	거우가 적진으로 들어가
折馘, 執俘而還."[201]	적을 죽여 귀를 베어 포로를 잡아 돌아온다 하였다."
皆行其所聞而復.	모두들 그 들은 것을 행하고 돌아왔다.
晉人逐之,	진나라 사람이 그들을 쫓아
左右角之.[202]	좌우 양쪽에서 공격하였다.
樂伯左射馬,	악백이 왼쪽으로 말을 쏘고

(飾其牛牲)"라는 말이 있는데, 정현은 청결하게 닦는 것이라 하였다. 곧 양마는 말의 털을 깨끗하게 쓸며 닦는다는 뜻으로 이것이 첫 번째 해석이다. 유월(俞樾)의 『평의(平議)』에서는 "양은 나란히 배열하는 것이다. 수레 한 대에는 말 네 필이 있는데, 가운데 있는 두 말은 복마(服馬)이고 곁에 있는 두 말은 참(驂)이라고 하며 『시경』에서 말한 '복마 두 마리 머리 가지런하고(兩服齊首)', '두 곁말 손과 같다(兩驂如手)'라 한 것이 모두 가지런함을 말한 것이다. 이때 거우가 적의 영루에 들어가 수레가 영루 바깥에서 기다리고 있었으므로, 어자가 수레에서 내려 그 말을 가지런하게 하여 참마 두 마리와 복마 두 마리가 흐트러진 것을 가지런하게 한 것으로 또한 한가함을 보여주는 뜻이다"라 하였는데 이것이 또 하나의 해석이다. 뒤의 설이 비교적 합리적이다.

도앙(掉鞅): 두예는 "도는 바로잡는 것이다(掉, 正也)"라 하였다. 도앙은 말의 목 가죽끈을 정리하여 바로잡는 것이다.

201 우는 거우(車右)로, 섭숙은 거우이다. 먼저 적진에 들어간 후 적을 죽여 귀를 베고 포로를 잡았다. 절괵(折馘)은 적을 죽인 후에 그 왼쪽 귀를 자른 것이며, 집부(執俘)는 적을 생포하는 것이다.

202 진나라 사람은 모두 세 길로 나누었는데 가운데 있는 사람이 쫓았으며 바로 포계이다. 나머지는 두 갈래로 펼쳐서 좌우에서 협공을 한 것이다.

而右射人,	오른쪽으로는 사람을 쏘니
角不能進.	양각이 진격할 수 없었다.
矢一而已.[203]	화살은 한 대뿐이었다.
麋興於前,	큰 사슴이 앞에서 튀어나오니
射麋,	사슴을 쏘아
麗龜.[204]	등을 맞혔다.
晉鮑癸當其後,	진나라 포계가 그 뒤에 다다랐는데
使攝叔奉麋獻焉,	섭숙에게 사슴을 받들어 그에게 바치게 하고는
曰,	말하였다.
"以歲之非時,	"해가 사냥할 철이 아니어서
獻禽之未至,[205]	바친 짐승이 이르지 않았을 것이니

---

203 악백의 화살이 겨우 하나 남은 것이다.

204 여(麗)는 곧 착(著)과 같은 뜻으로 맞혔다는 뜻이다. 귀(龜)는 금수의 등 부위이다. 옛날 사냥을 할 때는 쏜 화살이 먼저 등에 맞아서 겨드랑이에 이르는 것을 잘 쏘는 것이라고 하였다. 당(唐)나라 때 이연수(李延壽)가 편찬한 『북사·곡률광전(北史·斛律光傳)』에 "선(羨)과 광(光)은 모두 말을 달리며 활을 잘 쏘아 매일같이 사냥을 갔다 오게 하였는데 곧 잡은 짐승을 헤아렸다. 광이 잡은 것은 적었지만 반드시 등에 맞아 겨드랑이에 이르렀으며, 선은 잡은 것은 많았지만 중요한 곳에 맞지 않았다. 광은 항상 상을 받고 선은 어떨 때는 매를 맞기까지 했다. 사람들이 그 까닭을 물었더니 말하기를 '명월(明月: 광의 자)은 반드시 등 위에 화살을 맞혔는데 풍락(豐樂: 선의 자)은 아무데나 손을 대어 맞았으니 숫자는 많아도 형과는 차이가 크다'라 하였다"라는 말이 있다. 곧 악백이 사슴을 쏜 것은 등에 명중을 하였는데 또한 그 활을 잘 쏘는 것을 묘사한 것이다.

205 헌금(獻禽): 곧 짐승을 바치는 것이다. 『설문(說文)』에서는 "금은 다니는 짐승의 총칭이다"라 하였다. 이때는 주력으로 6월이었으니 하력으로는 4월로, 『주례·천관·수인(天

敢膳諸從者."[206]	감히 종자들의 반찬으로 바칩니다."
鮑癸止之,[207]	포계가 추격을 그만두게 하고는
曰,	말하였다.
"其左善射,	"저들 거좌는 활을 잘 쏘고
其右有辭,[208]	그 거우는 말을 잘하니
君子也."	군자이다."
旣免.[209]	모두들 벗어났다.
晉魏錡求公族未得,[210]	진나라 위기가 공족이 되기를 구하였으나 되지 못하자
而怒,	노하여
欲敗晉師.	진나라 군사를 패퇴시키려고 하였다.

官·獸人)』에서는 "여름에는 사슴을 바친다(夏獻麋)"라 하였으니 사슴은 여름철의 사냥감이었는데 이때는 초여름이었으므로 "때가 아니다", "이르지 않았다"라 한 것이다.

206 선저종자(膳諸從者): 종자에게 바쳐 반찬으로 충당하라는 말이다. 『의례·공식대부례(公食大夫禮)』에 "재부는 기장 서쪽에 벼를 바친다(宰夫膳稻於粱西)"라는 말이 있는데, 정현은 "선은 바친다는 말과 같다(膳猶進也)"라고 주석을 달았다.

207 그 무리들이 더 이상 쫓지 못하게 제지한 것이다.

208 사령(辭令)에 뛰어난 것을 말한다.

209 기(旣): 모두〔盡〕라는 뜻이다. 악백과 허백, 섭숙 세 사람 모두 생포될 처지에서 벗어난 것을 말한다.

210 위기(魏錡): "錡"의 음은 "기" 또는 "의"이다. 위기는 아래에서는 또한 주무자(廚武子)라고도 하며, 성공 16년『전』에서는 또한 여기(呂錡)라고도 한다. 두예는 위주(魏犨)의 아들이라고 하였으며, 공영달은『세본』을 인용하여 위주의 손자라고 하였다. 전해지는 기물에 여종(郘鐘)이 있는데 왕국유(王國維)는 그 명문 "나는 필공(畢公)의 손자, 여백〔郘白: 곧 백(伯)〕의 아들"이란 것에 의거하여 여기(呂錡)는 후인이 지은 것〔『관당집림(觀堂集林)』 권18〕이라고 정하였다.

공족(公族): 곧 공족대부(公族大夫)이며, 선공 2년의『전』에 보인다.

請致師,	싸움을 걸 것을 청하였으나
弗許.	허락하지 않았다.
請使,	사자를 청하니
許之.	허락하였다.
遂往,	마침내 가서
請戰而還.	싸움을 청하고 돌아왔다.
楚潘黨逐之,[211]	초나라 반당이 그를 뒤쫓아
及熒澤,[212]	형택에 이르렀는데
見六麋,	사슴 여섯 마리를 보고
射一麋以顧獻,[213]	그중 한 마리를 쏘아 돌아보며 바치고는
曰,	말하였다.
"子有軍事,	"그대는 군무가 있으니
獸人無乃不給於鮮?[214]	수인에게 신선한 것이 넉넉지 않을 것 아닙니까?

211 두예는 성공 16년『전』에 의거하여 반당은 반왕(潘尫)의 아들이라고 하였다.

212 형택(熒澤): 곧 형택(滎澤)이다.『상서·우공(禹貢)』에서 이른바 "형파의 못물이 이미 잘 막혔다(滎陂既豬)"라 한 곳이다. 동한〔東漢: 후한(後漢)〕 이래 이미 막혀 평지가 되었지만 그곳 사람들은 여전히 형택(滎澤)이라 부르고 있다. 그 땅은 지금의 하남성 형택 폐현의 남쪽과 지금의 형양현(滎陽縣) 동쪽에 있을 것이다.

213 위기가 사슴 여섯 마리를 보고 그중 한 마리를 쏘아 잡아 수레를 돌려 반당에게 바친 것이다.

214 수인(獸人):『주례·천관』에 수인이 있는데 사냥과 짐승의 공납을 관장하던 관리로, 제후들에게도 당연히 이 관직이 있었을 것이다.

敢獻於從者."	감히 종자들에게 바칩니다."
叔黨命去之.[215]	숙당은 그들에게서 떠나라고 명하였다.
趙旃求卿未得,[216]	조전이 경이 되기를 구하였으나 되지 못하였으며
且怒於失楚之致師者,[217]	또한 초나라에서 싸움을 걸어온 자들을 놓친 것에 노하여
請挑戰,[218]	싸움을 돋우기를 청하였으나
弗許.	그것을 허락하지 않았다.
請召盟,	맹약을 맺도록 불러올 것을 청하자

급(給): 넉넉하다의 뜻이다. 이 구절은 당신은 군사(軍事)가 있기 때문에 수인의 관직이 신선한 짐승을 넉넉하게 댈 수 없었을 것이라는 말이다.

215 숙당은 곧 반당이다. 부하들에게 떠나가서 쫓지 말라고 명령한 것이다.

216 두예는 "조전은 조천(趙穿)의 아들이다"라 하였다.

217 악백 등이 진나라 군사에게 싸움을 걸었는데 진나라에서 놓아준 것이다.

218 도전(挑戰): 옛사람들은 거의 치사(致師: 싸움을 걸다)와 같은 뜻이라 하였다. 그러나 상세히 고찰해 보면 두 가지 해석이 있을 것이다. 「진어 3」에서는 "송인 한간에게 싸움을 걸게 하였다(公令韓簡挑戰)"라 하였는데, 희공 15년의 『전』에서는 "마침내 싸움을 청하게 하였다(遂使請戰)"라 하였으니 여기서는 도전(挑戰)의 뜻이 청전(請戰)과 같다. 이것이 첫 번째 해석이다. 「오어(吳語)」에서는 "오늘 저녁에는 반드시 공격하여 민심을 넓히겠다(今夕必挑戰, 以廣民心)"라는 말이 있는데, 그 다음의 문장에 의하면 곧 군사를 일으켜 나가 공격한다는 뜻이다. 『전국책·초책(戰國策·楚策) 1』에서는 "군사가 여의치 않으면 싸우지 말고(無與挑戰), 곡식이 여의치 않으면 오래 버티지 말라"는 말이 나오는데, 이 도전의 뜻 또한 「오어」와 같다. 곧 이 도전의 뜻은 치사(致師)와는 다르니 하나는 병거 한 대와 단신으로 적진에 나아가는 것이고, 하나는 군대를 구성하여 나가는 것이다. 이것이 또 하나의 해석이다. 조전이 도전을 청한 것은 이 두 가지 해석이 모두 통한다. 도전(挑戰)을 치사(致師)와 같다고 하고 또한 단신으로 전진에 나가는 것이라고 한 것은 아마 초·한(楚·漢) 사이에 비롯되었을 것이다.

許之,	허락하여
與魏錡皆命而往.[219]	위기와 함께 모두 명을 받고 갔다.
郤獻子曰,[220]	극헌자가 말하였다.
"二憾往矣,[221]	"유감을 품은 두 사람이 갔으니
弗備,	대비하지 않으면
必敗."	반드시 패할 것입니다."
彘子曰,	체자가 말하였다.
"鄭人勸戰,	"정나라 사람이 싸움을 권하였을 때
弗敢從也;	감히 그것을 따르지 않았으며,
楚人求成,	초나라 사람이 화친을 구할 때
弗能好也.	그들과 우호를 맺을 수 없었소.
師無成命,	이는 군중에 제대로 된 명이 없었기 때문이니
多備何爲?"	대비를 많이 한들 무엇하겠소?"
士季曰,	사계가 말하였다.
"備之善.	"대비를 하는 것이 좋습니다.

219 개명(皆命): 모두 명령을 받았다는 뜻이다. 또한 선공 2년『전』의 "命于楚"가 곧 "초나라에게서 명을 받았다"는 뜻인 것과 마찬가지이다.『석경』에는 "皆"와 "命" 사이에 "受"자라는 방주(旁注)를 달았는데 아마 그 뜻을 몰라서 그랬을 것이다.

220 두예는 "헌자는 극극(郤克)이다"라 하였다.

221 이감(二憾): 위기와 조선을 가리킨다.

若二子怒楚,[222]	두 사람이 초나라를 노하게 하여
楚人乘我,[223]	초나라 사람이 세력을 믿고 우리를 괴롭히면
喪師無日矣,	군사를 잃을 날이 머지않을 것이니
不如備之.	대비를 함만 못합니다.
楚之無惡,	초나라가 나쁜 뜻이 없다면
除備而盟,	대비를 않고 맹약을 맺음이
何損於好?	어찌 우호를 맺음에 손해가 있겠는가?
若以惡來,	나쁜 뜻을 품고 오더라도
有備,	대비가 있으면
不敗.	패하지 않을 것이오.
且雖諸侯相見,	또한 비록 제후들끼리 상견한다 하더라도
軍衛不徹,	군대의 시위를 거두지 않는 것은
警也."	경계하기 위함이오."

222 노초(怒楚): 초나라로 하여금 노하게 하는 것이다.

223 「주어(周語) 중」에 "남이 불의한 것을 업신여겼다(乘人不義)"라는 말이 나오는데 위소는 "승은 업신여기는 것(陵)이다"라 하였다. 『한서·진탕전(陳湯傳)』에 "이사(吏士)들이 기뻐하여 크게 소리치며 그들을 좇았다(大呼乘之)"라는 말이 있는데 안사고는 "승은 좇는 것(逐)이다"라 하였다. 이곳의 승(乘)자의 뜻이 그것과 비슷한데, 세력을 믿고 남을 죽인다는 뜻인 것 같다.

彘子不可.[224]	체자는 안 된다고 하였다.
士季使鞏朔, 韓穿帥七覆于敖前,[225]	사계는 공삭과 한천에게 군사를 거느리고 오의 앞쪽 일곱 군데에 매복을 하게 하였으므로
故上軍不敗.	상군은 패하지 않았다.
趙嬰齊使其徒先具舟于河,	조영제도 그 무리들에게 먼저 황하에서 배를 갖추게 하였으므로
故敗而先濟.[226]	패하였지만 먼저 건너갔다.
潘黨旣逐魏錡,[227]	반당이 이미 위기를 쫓고
趙旃夜至於楚軍,[228]	조전이 밤에 초나라 군에 이르러
席於軍門之外,[229]	군문 바깥에 자리를 깔고
使其徒入之.[230]	그 무리들을 들어오게 하였다.

---

224 두예는 "대비를 하지 않으려는 것이다"라 하였다.

225 칠복(七覆): 일곱 곳에 복병을 두는 것이다.
오(敖): 곧 위에 나온 "진나라 군사는 오와 호 사이에 있었다(晉師在敖鄗之間)"라 한 오산(敖山)으로, 진나라가 그곳에 곡창을 설치하였으므로 나중에는 또한 오창(敖倉)이라고도 한다.

226 이는 사계의 주장대로 대비를 하여 상·하군의 일을 중간 중간 수차례 언급을 하고 나중의 일을 찾아 그 결과를 말한 것이다.

227 두예는 "위기가 쫓겨나 물러난 것을 말한다"라 하였다.

228 두예는 "두 사람이 비록 모두 명을 받았지만 갈 때 서로 따르지 않고 조전이 나중에 이른 것이다"라 하였다. 유문기(劉文淇)는 『구주소증(舊注疏證)』에서 "위기는 쫓겨나 명을 이룰 수 없었으므로 다만 조전이 초나라 군에 이른 일만 밝혔다. 두예의 주석은 틀렸다"라 하였다. 두 사람이 함께 갔다면 반당이 한 사람만 쫓아낼 이유가 없으며 또한 밤을 기다리지도 않았을 것이므로 두예의 주석은 틀리지 않은 것 같다.

229 조전이 스스로 군문 바깥에 자리를 깐 것이다.

230 그 무리가 군문 안으로 들어간 것이다.

楚子爲乘廣三十乘,
초자는 승광을 만들었는데 30승이었으며

分爲左右.[231]
이를 좌우로 나누었다.

右廣鷄鳴而駕,[232]
우광은 닭이 울면 멍에를 지워

日中而說;[233]
한낮이 되면 풀었고,

左則受之,
좌광은 그 뒤를 이어받아

日入而說.
해가 지면 풀었다.

許偃御右廣,
허언이 우광의 어자가 되었고

養由基爲右;[234]
양유기가 거우가 되었으며,

彭名御左廣,
팽명은 좌광의 어자가 되었고

屈蕩爲右.[235]
굴탕이 거우가 되었다.

---

231 이 구절은 초자가 30승을 좌우광으로 나누고 매광을 15승으로 하였다고 오해하기 매우 쉽다. 두예의 잘못 또한 여기서 말미암는다. 이 구절은 초자가 승광을 좌우로 나누고 매광을 30승으로 한 것을 말한다. 이렇게 해석하지 않으면 위의 "卒偏之兩" 및 성공 7년『전』의 "以兩之一卒適吳" 등과 같은 여러 구절을 충분히 해석할 수 없게 된다. 모두 위의『전』과『주』에 상세하다.

232 진간(塵簡)『편년기(編年記)』에 "〔소왕(昭王)〕 25년 12월 갑오일 닭이 울 때 희(喜)가 났다"라 하였으니 진(秦)나라도 닭이 우는 것을 가지고 시간을 기록하였다.

233 세(說): 푼다는 뜻으로, 곧 지금의 수레에서 말을 푼다는 뜻이다.

234 양공 13년『전』에서는 양유기를 양숙(養叔)이라 하였으니 성이 양이고 이름은 유기이며 자가 숙임을 알 수 있다. 소공 30년『전』에서 "감마윤(監馬尹)인 대심(大心)으로 하여금 오(吳)나라 공자 를 맞게 해 양(養)에 거주케 하였다"라 하였으니, 초나라에 양읍이 있었고 유기는 혹 읍을 씨로 삼았을 것이다. 양유기는 활을 잘 쏘았으며 성공 16년『전』에 보인다.『전국책·서주책(西周策)』에서는 "초나라에 양유기라는 사람이 있는데 활을 잘 쏘아 버드나무에서 백 보나 떨어진 곳에서 활을 쏘면 백발백중이었다"라 하였다.

235 두예는 "초나라 왕이 번갈아 타기 때문에 각각 어자와 거우가 있다"라 하였다. 굴탕은 또한 양공 15년 및 25년의『전』에도 보인다. 양공 25년은 이해와는 50년이라는 격차가

乙卯,	을묘일에
王乘左廣以逐趙旃.[236]	왕이 좌광을 타고 조전을 쫓았다.
趙旃棄軍而走林,[237]	조전은 군사를 버리고 숲으로 달아나
屈蕩搏之,[238]	굴탕이 그와 싸워
得其甲裳.[239]	그 갑옷의 아랫도리를 얻었다.
晉人懼二子之怒楚師也,	진나라 사람이 두 사람이 초나라 군사를 노하게 할까 두려워
使軘車逆之.[240]	돈거로 그들을 맞이하게 하였다.

있으므로 두 굴탕은 한 사람이 아닐 것이다.

236 조전은 밤에 초나라 군사에 이르렀으며, 혹자는 을묘일 하루 전, 곧 갑인일의 일이라고도 하는데, 그렇다면 조전이 군문 밖에 머무른 것이 꼬박 하룻밤이 되어 사리에 맞지 않는 듯하다. 또한 조전의 무리가 초나라 군문으로 들어왔으니 초나라 군사 또한 밤을 넘기며 기다려 그 다음 날에야 싸웠겠는가? 조전이 밤에 초나라 군사에게 이르렀다는 것은 저녁에 초나라 군사에 이르렀다는 말과 같으며, 밤은 막 밤이 되려 할 때이므로 초왕이 좌광을 타고 쫓았으며 반당 또한 진나라 돈거의 먼지를 바라볼 수 있었다.

237 주림(走林): 숲 속으로 달아난 것이다.

238 굴탕은 거우로 수레에서 내려 조전과 격투를 벌였다.

239 갑상(甲裳): 『주례·고공기·함인(考工記·函人)』에서는 "무릇 갑옷을 만들 때는 반드시 먼저 모양을 만들고 그런 다음에 가죽을 마른다"라 하였고, 『회남자·병략훈(兵略訓)』에서는 "가죽을 잘라 갑옷을 만든다"라 하였으니 갑옷은 혁제품이다. 「함인(函人)」에서는 또한 "상려(上旅)와 하려를 재보고 무게를 한결같이 한다"라 하였다. 려(旅)는 곧 려(膂)로 려 위쪽을 상려라 하고 려 아래쪽을 하려라 하는데, 곧 허리 이하, 허리 이상이라는 말이다. 상려는 곧 의(衣)이고, 하려는 곧 상(裳)이다. 옛 사람들이 갑의(甲衣)와 갑상(甲裳)을 만들 때는 반드시 무게가 똑같도록 하였으므로 "무게를 한결같이 한다"라 하였다. 이 갑상은 곧 「함인」에서 이른바 하려이며 『한서』의 소림(蘇林)의 주석에서 이른바 비곤(髀裩)이다.

240 돈거(軘車): 『설문(說文)』에서는 "병거이다"라 하였다. 양공 11년 『전』의 정나라 사람이 진후(晉侯)에게 바친 뇌물을 보면 광거(廣車)가 있고 돈거(軘車)가 있으며 또한 병거가 있으니 돈거 또한 병거의 일종이다. 복건은 돈(軘)자가 둔(屯)자를 따랐다하여 진지를

潘黨望其塵,[241]	반당이 그 먼지를 바라보고
使騁而告曰,	달려가 고하게 하기를
"晉師至矣!"	"진나라 군사가 이른다!"라 하였다.
楚人亦懼王之入晉軍也,	초나라 사람 역시 왕이 진나라 군사를 들이는 것을 두려워하여
遂出陳.	마침내 나가서 진을 벌렸다.
孫叔曰,	손숙이 말하였다.
"進之!	"진격하라!
寧我薄人,[242]	차라리 우리가 적에게 다가갈지언정
無人薄我.	적이 우리에게 다가오게 하지 말라.
詩云,	『시』에서 이르기를
'元戎十乘,	'큰 병거 열 대가
以先啓行',[243]	앞장서 열며 가네'라 하였는데
先人也.[244]	적보다 먼저 공격하였다는 말이다.

지키는 수레라고 하였는데 그럴지도 모르겠다.

241 반당은 아마 위기를 쫓느라 여전히 길에 있었을 것이다.

242 박(薄): 박(迫)과 같은 뜻이다.

243 『시경·소아·유월(小雅·六月)』의 구절이다. 『사기·삼왕세가(三王世家)』의 『집해(集解)』에서는 전한(前漢) 때 한영(韓嬰)의 「장구(章句)」를 인용하여 "원융(元戎)과 대융(大戎)은 병거이다. 병거는 대융 10승이 있는데 바퀴에는 무늬가 없고 말은 갑옷을 입혔으며 멍에 위로는 모두 칼과 극(戟)이 있으며 함군지거(陷軍之車)라고 하는데, 맞부딪쳐 먼저 적군의 대오를 열기 때문이다"라 하였다. 이와 같다면 원융은 함거자거로 10승을 먼저 보내어 적군과 돌진하는 것이다. 계행(啓行)은 적의 대오를 열어젖히는 것이다.

244 선인(先人): 선(先)은 옛날에는 거성(去聲)으로 읽었다. 선인은 적보다 먼저 쳐들어가는

軍志曰'先人有奪人之心',[245]

『군지』에서는 '적보다 먼저 공격하면 적의 마음을 빼앗는다'라 하였으니

薄之也."[246]

적진에 다가간다는 말이다."

遂疾進師,

마침내 빨리 군사를 진격시키니

車馳, 卒奔,

수레가 내닫고 군사가 달려

乘晉軍.

진나라 군사를 습격했다.

桓子不知所爲,

환자는 어찌할 바를 몰라

鼓於軍中曰,

군중에서 북을 치며 소리쳤다.

"先濟者有賞!"

"먼저 건너는 자에게는 상을 주겠다!"

中軍, 下軍爭舟,[247]

중군과 하군이 배를 다투니

舟中之指可掬也.[248]

배 안의 손가락이 손으로 움킬 정도였다.

것으로 요즘으로 치면 기선을 제압한다는 뜻이다.

245 두예는 "적의 전의를 빼앗는 것이다"라 하였다.

246 왕념손(王念孫)은 초본(抄本)『북당서초·거부(北堂書鈔·車部) 1』과『통전·병(通典·兵) 15』에서 인용한 것에 의하여 "薄之也"는 원래 "薄之可也"로 되어 있으며, 위의 문장을 총결하는 것이라 하였다.

247 위에서 "조영제도 그 무리들에게 먼저 황하에서 배를 갖추게 하였으므로 패하였지만 먼저 건너갔다(趙嬰齊使其徒先具舟于河, 故敗而先濟)"라 하였는데, 조영제는 중군대부로 먼저 건넌 것은 그가 이끌던 일부에 지나지 않을 것이므로 중군의 다른 부대는 여전히 건너지를 못하여 하군과 배를 다툰 것일 것이다.

248 먼저 배에 오른 사람들이 너무 많이 탈까 걱정하여, 혹은 적이 추격해 올까 봐 두려워하거나 혹은 배가 무거워 가라앉을까 두려워하였으며, 나중에 온 자들이 뱃전을 기어오르려 하였으므로 먼저 탄 사람들이 칼로 기어오르는 사람들의 손가락을 자른 것이다. 배 안의 손가락을 움킬 수 있다는 것은 그 많음을 말한 것이다. 「진세가」에서는 "진

晉師右移,[249] 진나라 군사는 오른쪽으로 옮겼는데

上軍未動.[250] 상군은 움직이지 않았다.

工尹齊將右拒卒以逐下軍.[251] 공윤 제가 오른쪽에서 맞서던 군사를 이끌고 하군을 쫓았다.

楚子使唐狡與蔡鳩居告唐惠侯曰,[252] 초자가 당교와 채구거를 시켜 당혜후에게 알리게 하였다.

나라 군사가 패하여 황하로 달려가 다투어 건너는데 배 속에는 사람의 손가락이 매우 많았다"라 하였는데, 그 뜻을 말한 것이다. 국(掬)은 『설문(說文)』에서 "깍지 낀 손이다"라 하였으며, 두 손을 합하여 물건을 들고 있는 형태이다. 또한 국(匊)이라고도 한다. 『시경·당풍·초료(唐風·椒聊)』의 "알알이 영글어 두 줌이나 되네(蕃衍盈匊)"와 같은 책 「소아·채록(小雅·采綠)」의 "한 줌도 되지 않네(不盈一匊)"라 한 것이 바로 이의 뜻으로 쓰였다. 그러나 나중에는 주로 단위사로 많이 쓰이게 되었는데 줌, 움큼 등의 뜻이다. 『공양전』에서는 "장왕이 북을 울리니 진나라 군사가 크게 패하여 진나라 무리 가운데 달아난 자들은 배 속의 손가락이 움킬 정도나 되었다"라 하였다. 한영(韓嬰)의 『한시외전(韓詩外傳)』 권6과 『신서·잡사(新序·雜事) 4』에도 이 일이 있는데 기술은 거의 비슷한데 문자만 조금 더 상세할 뿐이며 장왕이 조전을 쫓지 않았다 하고 장왕이 군사에게 북을 울렸다 한 것은 『전』과 다르다. 「정세가」에서는 "장왕이 듣고 돌아와 진나라 군사를 쳤다. 정나라는 도리어 초나라를 도와 하수가에서 진나라 군사를 크게 격파하였다"라 하였다. 「진세가」에서도 "정나라가 새로 초나라에 붙자 두려워하여 오히려 초나라를 도와 진나라를 공격하였다"라 하였다. 정나라가 초나라를 도운 일은 『전』에는 없다.

249 하수가 오른쪽에 있기 때문에 중군과 하군이 모두 무너져 오른쪽으로 하수로 간 것이다.

250 오(敖) 앞에서 7의 매복을 설치하였으므로 움직이지 않았다.

251 공윤(工尹): 공윤은 관직 이름이고 제(齊)는 사람 이름으로 초나라의 대부이다.
좌거·우거(左拒·右拒): 방형진(方形陣)으로 이미 환공 5년의 『전』에 보인다. 초나라는 우거의 군사를 가지고 진나라 하군을 맞았으며, 진나라 하군은 중군의 왼쪽에 있었던 것 같다.

252 공영달은 "이는 아직 싸우기 이전에 알린 것이다. 『경』에서 당후를 기록하지 않은 것은 초나라에만 복속되었으므로 보이지 않기 때문이다"라 하였다. 당교와 채구거를 두예는 모두 초나라 대부라 하였다. 당(唐)은 춘추시대의 나라로 「초세가」의 "초소왕(楚昭王)이 당나라를 멸하였다"라 한 부분의 『정의(正義)』에서는 『세본』을 인용하여 "희(姬)성의 나라이다"라 하였다. 『통지·씨족략(氏族略) 2』에서는 당은 기(祁)성이라 하였는데 아마 또 다른 당나라일 것이다. 이기(彝器)에 당자치(唐子觶)가 있는데, "당자조을(唐

“不穀不德而貪,	“불곡이 부덕하고 탐욕스러워
以遇大敵,	큰 적을 만났으니
不穀之罪也.	불곡의 죄요.
然楚不克,	그러나 초나라가 이기지 못한다면
君之羞也.	임금의 수치요.
敢藉君靈,[253]	감의 임금의 복을 빌려
以濟楚師.”	초나라 군사가 (이기기를) 바라오.”
使潘黨率游闕四十乘,[254]	반당으로 하여금 보충 병거 40승을 끌고 가게 해서
從唐侯以爲左拒,	당후를 좇아 좌거로 삼아
以從上軍.	상군을 좇게 했다.

子祖乙)”이란 글이 새겨져 있다. 그 땅은 곧 지금의 호북성 수현(隨縣) 서북쪽의 당현진(唐縣鎭)일 것이다.

253 두예는 “자(藉)는 가차(假借)와 같다”라 하였다. 『광아·석언(廣雅·釋言)』에서는 “영(靈)은 복(福)이다”라 하였다. 애공 24년 『전』에 “과군께서 주공에게 복을 구하려 하였고 장씨에게 복을 빌기를 바랐다(寡君欲徼福於周公, 願乞靈於臧氏)”라는 말이 있는데, “乞靈”과 “徼福”은 호문(互文)이다. 『한서·동중서전(董仲舒傳)』에 “하늘의 복을 받고 귀신의 복을 누린다(受天之祜, 享鬼神之靈)”라는 말이 있는데, “享靈”과 “受祜” 또한 호문으로 그 뜻을 알 수 있다.

254 두예는 “유궐(游闕)”을 “유거는 빠진 곳을 보충하는 병거이다(游車補闕者)”라 하였다. 이런 병거는 본래 전장에서 순유를 하다가 필요한 곳이 있으면 즉시 투입하여 보충하는 것이다. 혜동(惠棟)의 『보주(補注)』에서는 「제어(齊語)」의 “융거(戎車)는 유거(游車)가 부서지기를 기다린다”는 말을 인용하여 이 유궐(游闕)을 증명하였는데 확실치 않으며, 「제어」의 유거는 군주가 유희용으로 타는 수레이지 병거가 아니다. 『주례·춘관·거복(春官·車僕)』에 궐거(闕車)가 있는데 정현은 바로 이 문장의 유궐을 인용하여 적용시켰으니 유궐은 궐거이다.

駒伯曰,[255]	구백이 말하였다.
"待諸乎?"[256]	"그들을 막아 볼까요?"
隨季曰,	수계가 말하였다.
"楚師方壯,[257]	"초나라 군사들은 바야흐로 사기가 충만하여
若萃於我,[258]	우리에게 몰린다면

---

255 구백(駒伯): 두예는 곧 극극(郤克)이라 하였다. 그러나 성공 7년의 『전』에도 구백이 나오는데 두예는 또한 곧 극극의 아들 극기(郤錡)라고 하였으니, 이와 같다면 극극과 극기 부자가 함께 구백이라는 자를 썼을 것인데 그렇지는 않은 것 같다. 이 구백은 당연히 극기일 것으로 부자가 함께 군중에 있었는데 춘추시대에는 이런 예가 적지 않으며, 이해에는 지장자(知莊子)와 지앵(知罃), 봉대부(逢大夫)와 그 두 아들과 언릉(鄢陵)의 전투의 범문자(范文子)와 범개(范匃)가 모두 그렇다.

256 왕인지(王引之)의 『술문(述聞)』에서는 "대저(待諸)는 막는다는 뜻이다. 「노어(魯語)」에 '큰 원수를 거느리고 작은 나라를 협박하니 누가 그들을 막겠는가?(其誰云待之)'라는 말이 있고 「초어(楚語)」에 '유독 무슨 힘으로 그들을 막겠는가?(其獨何力以待之)'라는 말이 있는데, 위소는 모두 '대는 막는 것(禦)이다'라 하였다. 소공 7년의 『전』에 '진나라 군사는 필시 이를 것인데 우리는 막을 방법이 없다(吾無以待之)'라는 말이 있고, 『관자·대광(管子·大匡)』편에는 '포숙이 이것을 가지고 난을 일으키면 임금께서는 반드시 막아 낼 수가 없을 것입니다(君必不能待也)'라 하였고, 『관자·제분(制分)』편에서는 '적들이 많다 하여도 제지하여 막을 수 없을 것입니다(不能止待)'라 하였으며, 『손자·구변(孫子·九變)』편에는 '군사를 쓰는 방법은 오지 않는 것을 의지하지 말며 우리가 막을 수 있는 것을 믿는 것이다(恃吾有以待也)'라 하였고, 『묵자·칠환(七患)』편에서는 '걸은 탕의 대비를 막지 못하여(桀無待湯之備) 쫓겨났으며, 주는 무의 대비를 막지 못하여(紂無待武之備) 죽임을 당했다'라 하였는데, 이는 대(待)를 막다는 뜻으로 생각한 것이다. 적을 막는 것을 대(待)라 하므로 궁실에서 비바람을 막는 것 또한 대(待)라고 한다. '겹문을 쳐서 열어 드러난 손님들이 (비를) 피하게 한다'와 '위의 서까래와 아래의 지붕으로 비바람을 막는다'는 것이 이런 뜻이다"라 하였다.

257 『역·대장(易·大壯)』의 『석문(釋文)』에서는 왕숙(王肅)의 주석을 인용하여 "장은 성한 것이다"라 하였다. 이는 기가 성한 것을 말하며 지금 투지가 앙양되었다는 것을 말한다.

258 『역·췌(易·萃)』괘의 「단사(彖辭)」에서 "췌는 모이는 것(聚)이다"라 하였다. 『시경·진풍·묘문(陳風·墓文)』에 "올빼미 모여드네(有鴞萃止)"라는 구절이 있는데, 모씨의 주석〔모전(毛傳)〕에서 "췌는 모이는 것(集)이다"라 하였다.

吾師必盡,
우리 군사는 반드시 전멸할 것이니

不如收而去之.
거두어서 돌아감만 못하다.

分謗, 生民,[259]
비난을 분산시키고 백성을 살리는 것이

不亦可乎?"
또한 옳지 않겠는가?"

殿其卒而退,[260]
그 군사들을 후군으로 삼아 물러나니

不敗.
패하지 않았다.

王見右廣,
왕이 우광의 수레를 보고

將從之乘.
좇아서 타려고 하였다.

屈蕩戶之曰,[261]
굴탕이 말리며 말하였다.

"君以此始,
"임금께서 이 수레로 시작하셨으니

亦必以終."[262]
또한 반드시 끝장을 봐야 합니다."

自是楚之乘廣先左.
이로부터 초나라의 승광은 좌광이 선두였다.

---

259 두예는 "함께 달아나는 것이 비방을 분산시키는 것이고, 싸우지 않는 것이 백성을 살리는 것이다"라 하였다.

260 사회(士會)가 상군을 이끌고 스스로 그 군사의 후군으로 삼은 것이다.

261 호(戶): "尸"로 잘못된 판본도 있다. 두예는 "호는 저지(止)하는 것이다"라 하였으며 "扈"라고도 한다. 소공 17년『전』의 "백성들이 음일에 빠지지 않도록 말렸다(扈民無淫)"이 호(扈)이다.

262 "써 이(以)"자 아래에 지시대명사인 "此"자가 생략되었다.

晉人或以廣隊不能進,[263]	진나라 사람은 혹 병거가 추락하여 나아갈 수가 없었는데
楚人惎之脫扃.[264]	초나라 사람이 횡목을 빼라고 가르쳐 주었다.
少進,	조금 나아갔으나
馬還,[265]	말이 빙빙 돌기만 하니
又惎之拔旆投衡,[266]	또한 깃발을 뽑고 멍에를 집어던지라고 가르쳐 주어
乃出.	겨우 빠져나갔다.
顧曰,	돌아보며 말하였다.
"吾不如大國之數奔也."[267]	"우리는 대국처럼 여러 차례 달아나지를 못해서 그렇다."[267]

---

263 "혹(或)"이라고 말한 것은 대부대가 아니고 1, 2승에 불과하기 때문이다. 광(廣)은 병거이다. 추(隊)는 추(墜)의 본자이다. 이 구절은 진나라 사람의 병거 한 두 대가 구덩이에 빠져 나아갈 수 없음을 말한다.

264 기(惎): 두예는 "가르치는 것이다"라 하였다.
경(扃): 수레 앞쪽의 가로막이 나무[橫木]으로 수레 위의 병기를 묶어 놓는 곳이다. 이 구절은 초나라 사람이 진나라 사람에게 수레 앞의 가로막이 나무를 뽑아 버려 구덩이에서 빠져나가라고 가르친 것이다.

265 환(還): 빙빙 돌며 나아가지 못하는 것이다.

266 패(旆): 큰 깃발. 이 구절의 "拔旆投衡"을 두예는 한 가지 일로 보고서 깃발을 뽑아 멍에 위로 던지는 것이라 하였다. 형은 거액(車軛)으로 끌채 앞의 가로나무로 말의 목에 거는 것이다. 유문기(劉文淇)의 『구주소증(舊注疏證)』에서는 황승길(黃承吉)의 설을 인용하여 "이는 두 가지 일로 깃발을 뽑아 내던지고 또한 멍에도 뽑아 버린 것이다. 투(投)라는 것은 수레 밖으로 던지는 것으로 '拔旆'와는 호문을 이루며 발(拔) 또한 투(投)이며, 투 또한 발의 뜻이다. 이 두 가지를 수에 바깥으로 내던지면 수레가 가볍고 말이 편하게 되어 구덩이에서 나갈 수 있다. ……" 하였는데, 이 설이 비교적 낫다.

267 진나라 사람의 수레가 빠졌는데도 초나라 사람은 그들을 포로로 잡지 않고 오히려 구

趙旃以其良馬二濟其兄與叔父,[268]	조전이 그의 좋은 말 두 마리로 형과 숙부를 보내고
以他馬反.	다른 말로 돌아갔다.
遇敵不能去,	적을 만나 갈 수가 없어서
棄車而走林.[269]	수레를 버리고 숲으로 달아났다.
逢大夫與其二子乘,[270]	봉대부가 두 아들과 함께 수레를 타고 있었는데
謂其二子無顧.[271]	두 아들에게 돌아보지 말라고 하였다.
顧曰,	돌아보며 말하기를
"趙傁在後."[272]	"조 어르신이 뒤에 있습니다"라 하였다.

덩이에서 빠져나갈 방법을 가르쳐 주었다. 이는 아마 초나라 사람이 끝까지 추격할 마음이 없음을 보여주는 것인 듯하다. 『공양전』에서는 "장자(莊子)가 말하기를 '아! 우리 두 임금이 서로 좋아하지 않으니 백성들이 무슨 죄가 있는가?'라 하고는 군사들을 돌아가게 하여 진나라의 적을 편안하게 해주었다"라 하였으니, 이로써 이러한 사실을 알 수 있다. 진나라 사람들이 초나라 사람들 덕분에 이미 벗어났는데 오히려 초나라 사람을 비웃으며 구덩이에서 벗어나는 지혜가 초나라 사람보다 못한 것은 초나라 사람들이 늘 달아나 이런 경험이 있는 것만 못하기 때문이라고 말한 것이다.

268 유문기의 『구주소증(舊注疏證)』에서는 "이 조전은 이미 좌광을 지나 진나라 군사에게 돌아갈 때의 일이므로 아래에서 '다른 말로 돌아갔다'라 한 것이다"라 하였다. 혹자는 이로써 춘추시대에 이미 단기(單騎)의 싸움이 있었다는 증거로 드는데 그렇지 않다. 아마 좋은 말 두 마리로 복마를 삼아 수레를 끈 것이지 두 사람이 각기 한 마리씩 타고 간 것은 아닐 것이다.

269 이는 두 번째로 수레를 버리고 숲으로 달아난 것이다.

270 두예는 "봉은 씨이다"라고 하였다.

271 두예는 "조전을 보지 않게 하려는 것이다"라고 하였다.

272 수(傁): "叟"와 같다.

怒之,	이에 노하여
使下,	내리게 하고는
指木曰,	나무를 가리키며 말하기를
“尸女於是.”[273]	“여기서 네 시신을 거둘 것이다”라 하였다.
授趙旃綏,[274]	조전에게 끈을 내려 주어
以免.	벗어났다.
明日以表尸之,[275]	다음 날 표식으로 시신을 거두었는데
皆重獲在木下.[276]	모두 포개어져 있는 것을 나무 밑에서 찾았다.
楚熊負羈囚知罃,[277]	초나라 웅부기가 지앵을 사로잡으니

273 시여(尸女): 희공 32년의 『전』에서는 “필시 이 사이에서 죽을 것이니 내 너의 뼈를 거두리라!(必死是閒, 余收爾骨焉)”라 하였다. 『공양전』에서는 “너희들이 죽으면 반드시 효(殽)의 험한 바위에서일 것이니 내가 그곳에서 너희의 시신을 거두겠다”라 하였고, 『곡량전』에서도 “내가 이곳에서 너희의 시신을 거두겠다”라 하였으며, 『여씨춘추·회과(悔過)』편에서도 또한 “내가 너희의 시신을 거두기가 쉽다”라 하였으니, 시여(尸女)는 너희의 시체의 뼈를 거두는 것을 말한다.

274 수(綏): 수레에 오를 때 당기는 끈이다.

275 표지(標誌)가 된 것에 의하여 그 시체를 수습한 것이다.

276 두예는 “형제가 시신이 포개어진 채 죽은 것이다”라 하였다. 획(獲)은 얻었다는 것이다. 두 아들의 시신을 그 나무에서 얻었다는 것이다.

277 두예는 “부기는 초나라의 대부이다”라 하였다. 「조세가」의 『색은(索隱)』에서는 『세본』은 인용하여 “서오(逝遨)는 장자(莊子) 수(首)를 낳았으며, 수는 무자(武子) 앵(罃)을 낳았다”라 하였으니 지앵은 지장자의 아들이다. 「진어 7」에 의하면 지앵의 자는 자우(子羽)이다.

知莊子以其族反之,[278]	지장자가 그의 족속들을 가지고 반격하여
廚武子御,[279]	주무자가 어자가 되고
下軍之士多從之.	하군의 군사들이 많이 따랐다.
每射,	쏠 때마다
抽矢,	화살을 뽑아
菆,	좋은 화살은
納諸廚子之房.[280]	주자의 화살집에 넣었다.
廚子怒曰,	주자가 노하여 말하였다.
"非子之求,[281]	"자식은 구하지 않고
而蒲之愛,[282]	화살을 아끼니

---

278 족(族): 「초어 상」의 위소의 주석에서는 "족은 부하(部屬)이다"라 하였고, 두예는 "가병(家兵)"으로 해석하였다. 사실 당시의 각급 귀족들은 모두 종족의 성원과 사적인 부하들로 조성된 군대를 보유하고 있었는데, 대외적인 전투가 있으면 종종 국가 군대의 골간으로 편입되곤 했었다. 지장자의 "족"은 가병(家兵)이기도 하면서 또한 부하이기도 할 것이다.

279 주무자(廚武子): 두예는 "무자는 위기(魏錡)이다"라 하였다. 아마 주를 식읍으로 하였기 때문에 주무자라 한 것 같다.

280 옛날 사수의 전통(箭筒)은 등에 있었는데, 지장자는 화살을 쏠 때마다 등에서 화살을 뽑았으며 만약 좋은 화살(菆)이 나오면 쏘지 않고 주자의 전통에 넣어 쓸 때가 있으면 뽑아내기 편하도록 한 것이다.

281 비(非): "아니 불(不)"자의 뜻으로 쓰였다. 이 구절은 자식을 구하지 않는다는 뜻이다.

282 포(蒲): 곧 좋은 화살(菆)의 원료이다. 『시경·왕풍·양지수(王風·揚之水)』의 공영달의 주석에서 인용한 삼국시대 오(吳)나라 육기(陸璣)의 『모시초목조수충어소(毛詩草木鳥獸蟲魚疏)』에서는 "포류(蒲柳)는 두 가지가 있는데 껍질에 완전히 푸른 것은 소양(小楊)이라 하고, 껍질이 붉은 것은 대양(大楊)이라 하며 그 잎은 모두 버들잎보다 길고 넓은데 모두 화실대로 쓸 수 있다"라 하였다. 남송(南宋) 때 섭융례(葉隆禮)의 『거란국지

董澤之蒲,	동택의 포류(蒲柳)를
可勝旣乎?"[283]	다 담을 수 있겠습니까?"
知季曰,	지계가 말하였다.
"不以人子,	"남의 자식이 아니고서야
吾子其可得乎?[284]	내 자식을 어찌 구할 수 있겠는가?
吾不可以苟射故也."	내 함부로 쏠 수 없기 때문이다."
射連尹襄老,[285]	연윤 양로를 쏘아

(契丹國志)』 권27에서는 "서루(西樓)에는 부들이 있는데 물가에서 총생하며 줄기는 하나이고 잎은 버들 같은데, 길이는 여덟 자에서 한 길이 되지 않으며 화살을 만드는데 구부러지거나 휘지 않고 단단하다"라 하였으니, 부들로도 화살대를 만들 수 있음을 충분히 입증할 수 있을 것이다.

283 동택(董澤): 지금의 산서성 문희현(聞喜縣) 동북쪽 40리 지점에 있다. 고동고의 『대사표(大事表)』 권8의 상에서는 "그곳에서 양류(楊柳)가 나는데 화살을 만들 수 있다"라 하였다. 청나라 호위(胡渭)의 『우공추지(禹貢錐指)』 권7에서는 "옛날 화살대〔矢笴〕의 재료로는 대나무가 있고 나무가 있는데, 대나무가 둘로 양(揚)의 조릿대〔篠〕와 형(荊)의 균소(箘簵)이며, 나무가 둘로 형(荊)의 고(楛)와 기의 부들〔蒲〕이다"라 하였다.
승(勝): 진(盡)과 같은 뜻이다. 모두, 다.
기(旣): 『광아·석고(廣雅·釋詁)』에는 "摡"로 되어 있으며, "취(取)하는 것이다"라 하였다. 청나라 왕념손(王念孫)의 『광아소증(廣雅疏證)』에서는 "『옥편(玉篇)』에 의하면 '摡' 음이 '희'(許氣切)이며, 「소남(召南)」의 '매실 따서, 바구니에 주워 담았네(摽有梅, 頃筐摡之)'라는 구절을 인용하였는데, 지금 판본에는 '塈'로 되어 있다. 모씨의 주석에서는 '摡는 취(取)한다는 뜻이다'라 하였다. 선공 12년의 『전』에서는 '동택의 포(蒲)를 다 주워 담으려 하십니까?'라 하였는데, 기(旣) 또한 개(摡)와 통하여 쓸 수 있다. 다 주워 담을 수 없다는 말이다"라 하였다.

284 기(其): 기(豈)와 같은 뜻으로 쓰였다.

285 연윤(連尹): 「진어 7」의 위소의 주석에서 "연윤은 초나라의 관직 이름이다"라 하였다. 청나라 양이승(梁履繩)의 『보석(補釋)』에서는 "『사기·회음후열전(淮陰侯列傳)』에 초나라의 관직 이름으로 연오(連敖)가 있는데 아마 곧 연윤의 유제(遺制)인 것 같다"라 하였다. 홍양길(洪亮吉)의 『고(詁)』에서는 "연은 초나라의 지명이며, 양로가 이곳의 윤으로 있었기 때문에 관직으로 그를 일컬은 것이다"라 하였다. 그러나 양공 14년의 『전』에서 "공자 추서(公子追舒)는 잠윤(箴尹)이 되고 굴탕(屈蕩)은 연윤이 되었으며, 양유기

獲之,	죽여서
遂載其尸;	마침내 그 시체를 수레에 실었으며,
射公子穀臣,[286]	공자 곡신을 쏘아
囚之.	사로잡았다.
以二者還.[287]	두 사람을 데리고 돌아왔다.
及昏,	저녁이 되어
楚師軍於邲.	초나라 군사는 필에 주둔하였다.
晉之餘師不能軍,	진나라의 패잔병들은 대오를 이룰 수 없어
宵濟,	밤에 강을 건너는데
亦終夜有聲.[288]	또한 밤새도록 소리가 났다.
丙辰,[289]	병진일에

(養由基)는 궁구윤(宮廐尹)이 되어 백성들을 다스렸다"라 한 것을 보면 연윤은 지방관이 아니라 조정의 관직이며, 양이승의 설이 사실에 가깝다. 베른하르트 칼그렌〔Bernhard Karlgren: 중국명 고본한(高本漢)〕은 브루만〔卜魯曼〕의 설에 근거하여 연윤은 수레를 관장하는 관리라 하였는데, 또한 추측일 따름이다.

286 성공 2년의 『전』에 의하면 공자 곡신은 초왕의 아들이다.

287 성공 3년의 『전』에서는 "진나라 사람이 초나라 공자 곡신과 연윤 양로의 시체를 초나라에 돌려주면서 지앵을 돌려줄 것을 구하였다. 이때 순수(荀首)가 중군좌였으므로 초나라 사람이 그것을 허락하였다"라 하였다. 「진어 7」에서는 "필의 전역에서 여기는 하군에서 지장자를 보좌하였으며 초나라 공자 곡신과 연윤 양로를 잡아 자우(子雨)를 벗어나게 하였다"라 하였는데, 곧 이 일을 말한다.

288 고염무(顧炎武)의 『보정(補正)』에서는 "군사가 떠들썩한 것이 더 이상 대오를 갖추지 못한 것을 말한다"라 하였다.

289 6월에는 을묘일이 없으니 또한 병진일도 없다. 지금 추산해보면 을묘·병진일은 7월 13, 14일일 것이다.

楚重至於邲,[290] 초나라의 치중(輜重)이 필에 이르러

遂次于衡雍.[291] 마침내 형옹에 머물렀다.

潘黨曰, 반당이 말하였다.

"君盍築武軍而收晉尸以爲京觀?[292] "임금님께서는 어찌하여 무군을 쌓아 진나라의 시체를 거두어 경관을 만들지 않습니까?

---

290 두예는 "중은 치중이다"라 하였다. 공영달은 "치중은 물건을 싣는 수레이다. 앞뒤를 덮어서 물건을 싣는 것을 치거(輜車)라 하며, 물건을 실으면 반드시 무거우므로 중거(重車)라 하고, 사람들이 당겨서 가므로 연(輦)이라 한다. 치와 중, 연은 하나의 사물이다. 양공 13년『전』에 '진근보가 중거를 끌고 부역하러 갔다(秦堇父輦重如役)'는 말이 있는데, 이 수레를 끄는 것이다. 치중은 기물과 양식을 싣고 항상 뒤에 있으므로 을묘일에 싸웠는데 병진일에야 필에 이른 것이다"라 하였다.

291『한비자·유래(喩老)』편에서는 "초장왕이 승전을 한 후 하옹(河雍)에서 군사를 사열했다"라 하였는데, 하옹이 곧 형옹으로 전국시대 때는 또한 원옹(垣雍)이라고도 했으며, 하남성 원무(原武) 폐현〔지금은 원양현(原陽縣)으로 편입되었다〕 서북쪽 5리 지점에 있다. 황하는 옛날에 그 북쪽 22리 지점에 있었다.『회남자·인간훈(人間訓)』에서는 "초장왕은 하와 옹 사이에서 이미 진나라에 전승하였다"라 하여 하와 옹을 두 곳으로 보았는데 아닐 것이다.

292 합(盍): 하불(何不)의 합음. 어찌 ~아니하다.
무군·경관(武軍·京觀):『한서·적방진전(翟方進傳)』에 왕망(王莽)이 적의(翟義)를 공격하여 깨뜨린 후 그 삼족을 멸하고 종족의 후사를 죽여 모두 함께 묻고는 무군봉(武軍封)을 쌓았는데 너비가 사방 6장(丈)에 높이가 6척(尺)으로, 거기에는 "반노와 역적의 우두머리가 있는 곳(反虜逆賊鱷鯢在所)"라고 적어 놓았다. 이는 왕망과 유흠(劉歆)의 "무군"과 "경관"인데, 혹 춘추시대 때의 법제와 가까울 것이다. 이로써 보건대 무군과 경관은 아마 한 가지로 진나라 군사의 시체를 거두어 봉토를 쌓으면 곧 무군이라 부르고, 표목(表木)을 세워 글씨를 쓰면 경관이라 하였을 것이다. 두예는 "군영을 축조해 무공을 드러내는 것"을 "무군"이라 하였고, "시체를 쌓고 그 위에 봉분을 쌓는 것"을 "경관"이라 하여 두 가지 일로 나누어 보았는데, 틀린 것 같다. 안사고는「적방진전」의 주석을 달고 "경은 높은 언덕이다. 관은 궁궐의 형태와 같아서 이른다"라 하여 경관은 또한 다만 경으로만 부를 수도 있었다.『여씨춘추·불광(不廣)』편에서는 "제(齊)나라가 늠구(廩丘)를 공격하자 조(趙)나라는 공청(孔靑)으로 하여금 죽음을 각오한 군사들을 거느리고 가서 이를 구해주게 하였는데, 그는 제나라 군사와 싸워 그들을 크게 물리쳤다. 제나라의 장군이 죽고, 수레를 얻은 것이 이천 대이며, 삼만 구의 시체를 얻어 경

臣聞克敵必示子孫,	신이 듣건대 적을 이기면 반드시 자손에게 보이어
以無忘武功."	무공을 잊지 않는다고 합니다."
楚子曰,	초자가 말하였다.
"非爾所知也.	"그대가 아는 것이 아니다.
夫文,[293]	대체로 문자는
止戈爲武.[294]	지자와 과자가 합쳐져서 무자가 되었다.
武王克商,	무왕은 상나라를 이기고
作頌曰,	송을 지어 말하기를
'載戢干戈,	'방패와 창 거두며
載櫜弓矢.[295]	활과 화살 활집에 넣었네.

(京) 두 개를 만들었다"라 하였다. 『회남자·남명훈(覽冥訓)』에서는 "분묘를 파헤치고 해골을 들어내며, 충거(衝車)를 크게 만들고 경(京)을 높이 쌓는다"란 말로 경(京)자만 쓸 수도 있다는 것을 알 수 있다.

293 문(文): 두예는 "문은 글자이다"라 하였다. 단옥재(段玉裁)의 「설문서목주(說文書目注)」에서는 "『주례·외사(外史)』와 『예기·빙례(聘禮)』, 『논어·자로(子路)』편에서는 모두 '명(名)'이라 하였으며, 『좌전』에서는 '바를 정자를 거꾸로 쓰면 핍자가 된다(反正爲乏)', '그칠 지자와 창 과자가 합쳐져서 무자가 되었다(止戈爲武)', '그릇 명자와 벌레 충자가 합쳐져서 고자가 되었다(皿蟲爲蠱)'라 하였는데, 모두 문(文)이라 하였다. 〈육경(六經)〉에는 '자'라는 말이 없다. 진나라가 돌에 새긴 글에서 '쓰는 문자를 같이 했다(同書文字)'라 하였는데 이것이 '자(字)'자를 말한 시초이다"라 하였다.

294 무(武): 갑골문에는 창 과(戈)자 밑에 그칠 지(止)자가 있는 형태로 사람이 과(戈)를 들고 가는 모양을 형상화하였는데, 춘추시대 사람들이 철학적 의의를 부여하였으며 이른바 "전쟁으로 전쟁을 그치게 함"이라는 것이며, 또한 "형벌을 내려 형벌을 없애는 것", "죽이어 죽이는 것을 그치게 하는 것"의 뜻과 같은데, 글자를 만든 초기에는 실로 뜻이 꼭 이러할 수는 없었을 것이다.

我求懿德,[296]	내 아름다운 덕 구하여
肆于時夏,[297]	이 「하」의 음악 가운데 펴노니,
允王保之.'[298]	실로 임금께선 나라 보전하시겠네'라 하였다.

---

295 이 두 구절과 이어지는 세 구절은 모두 『시경·주송·시매(周頌·時邁)』에 나오는 것이다. 『전』의 뜻에 의거하면 「시매」는 무왕이 상나라를 이긴 후에 지은 것이 되지만 「주어(周語) 상」에서 채공모보(祭公謀父)는 주공이 지은 것이라 하였으며, 『후한서·이고전(李固傳)』의 주석에서 인용한 『한시장구(韓詩章句)』에서는 또한 성왕을 찬미하여 지은 것이라 하였으니 곧 서주 초기의 시로 동주 이후의 사람들은 이미 그 작자가 누구인지 확실히 알 수가 없게 되었다.

재(載): 조사로서 아무런 의미가 없다.

즙(戢): 『설문(說文)』에서는 "병기를 감추는 것이다"라 하였다. 은공 4년의 『전』에 "무력이라는 것은 불과 같은 것이어서 꺼서 그치게 하지 않으면 절로 타오르게 됩니다(夫兵, 猶火也, 弗戢, 將自焚也)"라 하여 즙(戢)을 거두다(斂), 그치다(止)라고 풀이하였는데 아마 인신된 뜻일 것이다.

고(櫜): 본래는 명사로 활집이라는 뜻이니, 소공 원년의 『전』에서 "활집을 드리우고 들어갈 것을 청하였다(請垂櫜而入)"라 한 것으로 증명할 수 있다. 여기서는 동사로 쓰여 활을 활집에 넣는다는 뜻인데, 『시경·소아·동궁(小雅·彤弓)』의 "붉은 활 시위 느슨하게 함이여, 받아서 활집에 넣네(彤弓弨兮, 受言櫜之)"라는 것은 동사로 쓰인 것이다.

296 의(懿): 정현은 "의는 아름답다(美)는 뜻이다"라 하였다.

297 사(肆): 정현은 "사는 편다(陳)는 뜻이다"라 하였다.

하(夏): 모씨의 주석[모전(毛傳)]에서는 "하는 크다(大)는 뜻이다"라 하였고, 정현의 주석에 의하면 하(夏)는 음악의 이름인데, 하라고 명명한 까닭은 "악가에서 큰 것을 하라 한다" 하기 때문인데 『주례·춘관·종사(春官·鍾師)』의 「구하(九夏)」가 이런 뜻이다.

시(時): 시(是)와 같은 뜻으로, 이것[此]이라는 뜻이다.

이 구절의 뜻은 내가 이 아름다운 덕을 구하여 그것을 이 「하」의 음악 가운데 편다는 것을 말한다.

298 윤(允): 조사로 아무 뜻이 없다.

보지(保之): 이 「하」의 음악을 보존하는 것으로, 곧 이 아름다운 덕을 보존한다는 뜻이다. 하(夏)가 크다는 뜻이므로 "保大"라고 하였다. 사(肆)자를 고(故)자로 해석하고, 어시(於時)를 어시(於是)로, 하(夏)를 대(大)로 해석하여 이 구절을 "故於是大"로 보아도 통한다. 곧 "允王保之"는 실로 천하를 다스리어 이를 보존한다는 뜻으로 해석한다. 다음에 나오는 "保大"의 뜻에 의하면 이 설이 비교적 『전』의 뜻에 부합한다.

又作武,	또한 「무」를 지었는데
其卒章曰,	그 마지막 장에서 말하기를
'耆定爾功.'[299]	'이러한 공 이루셨네'라 하였다.
其三曰,	세 번째 장에서는
'鋪時繹思,	'이 은덕 펴며 잘 궁구해야 하리.
我徂惟求定.'[300]	내 가서 다만 안정되길 바랐다네'라 하였고,
其六曰,	여섯째 장에서는
'綏萬邦,	'온 세상 평화롭게 하시니
屢豐年.'[301]	풍년 거듭되네'라 하였다.

299 이 구절은『시경·주송·무(周頌·武)』의 끝 구절이다. 혹자는 "졸장(卒章)"을 말구(末句)로도 해석하는데 반드시 그렇지는 않을 것이다. 고금의『시경』의 편차는 모두 다 같지는 않기 때문에 다음에 나오는「뇌(賚)」와「환(桓)」은 모두「무(武)」에 속하니 이 구절은 아마 원래「무(武)」의 끝장이었을 것이다. 기(耆)는 모씨의 주석에서 "이르는 것(致)이다"라 하였으며, 두예는 "무왕이 주(紂)를 토벌하고 그 공을 세우기에 이르렀다는 것을 말한다"라 하였다.

300 여기에 나오는 구절은 지금은『시경·주송·뇌(周頌·賚)』편에 들어 있다.『좌전』에서는「무」의 셋째 장이라고 하였는데 아마 고금의『시경』의 편차가 달라서일 것이다.
포(鋪): 지금의『시경』에는 "부(敷)"로 되어 있는데 음이 같으며 통용한다.『시경』에서는 "문왕께서 수고하신 업적, 내 물려받았다네. 잘 궁리해서, 나 또한 안정되기 바라네(文王旣勤止, 我應受之. 敷時繹思, 我徂維求定)"로 되어 있다. 응(應)은 응(膺)의 뜻으로 읽어 당하다, 받다의 뜻이다. 부(敷)는 편다는 뜻이다. 역(繹)은 펴는 것이다. 사(思)는 어조사로 뜻이 없다. 조(徂)는 간다는 뜻이다. 문왕이 이미 수고한 덕이 있으니 내가 그것을 이어받아 이 수고한 덕을 펼치어 내가 주(紂)을 치러 감에 오로지 안정되기만을 구할 따름이라는 말이다.

301 이 구절은 지금의『시경·주송·환(周頌·桓)』편에 수록되어 있다. 여기서「무」의 여섯째 장이라 한 것도 또한 고금의 편차가 같지 않기 때문이다. 청나라 공광삼(孔廣森)의『경학치언(經學卮言)』에서는『좌전』의 서술 순서는 반드시 주나라 음악의 바른 순서는

夫武,	저 무라는 것은
禁暴, 戢兵, 保大, 定功, 安民, 和衆, 豐財者也,[302]	강포함을 금하고, 전쟁을 그치며, 큰 것을 지키고, 공업을 안정시키며, 백성을 편안케 하고, 대중을 조화롭게 하며 재산을 풍부하게 하는 것이므로
故使子孫無忘其章.[303]	자손들로 하여금 빛남을 잊지 않게 하는 것이다.
今我使二國暴骨,	지금 나는 두 나라로 하여금 뼈가 드러나게 하였으니
暴矣;	강포함이며,
觀兵以威諸侯,[304]	무력을 내보이어 제후들을 위협하였으니

아닐 것이라 하였다.
수(綏)는 편안하다는 뜻이다. 모든 나라가 안정될 수 있으면 대중들은 절로 화락할 것이므로 아래에서 "대중을 조화롭게 한다"라는 말로 이 뜻을 총결하였다.

302 지(止)와 과(戈)의 뜻이 합쳐져서 무(武)가 되는데, 강포함을 금하는 것이다. 방패와 창을 거두고 활과 화살을 활집에 넣는 것은 전쟁을 그치는 것이다. 이 「하」악을 펴서 왕이 그것을 보존하는 것이 큰 것을 보존하는 것이다. 이러한 공을 이루었다는 것이 공업을 안정시키는 것이다. 내 가서 다만 안정되기를 바란다는 것은 백성을 편안케 하는 것이다. 만방을 편안하게 하는 것이 대중을 조화롭게 하는 것이다. 풍년이 거듭된다는 것은 재산이 풍부해지는 것이다.

303 왕념손은 "무릇 공이 현저히 드러나는 것을 장(章)이라고 한다. 「노어」에서는 '지금 한마디로 변경을 피하면 그 드러난 공이 클 것이다'라 하였고, 「진어」에서는 '덕으로 복성들을 통괄하면 그 드러난 공이 클 것이다'라는 말이 있는데 의미가 이와 같다. '자손들로 하여금 그 빛나는 공을 잊지 않게 했다'는 것은 위에서 이른바 '자손들에게 무공을 잊지 말 것을 보여주는 것이다'라는 것이다"라 하였다.

304 관병(觀兵): 희공 4년의 『전』과 『주』에 보인다.

兵不戢矣;	전쟁을 그치지 않은 것이고,
暴而不戢,	강포한데도 거두지 않았으니
安能保大?	어찌 큰 것을 지키겠는가?
猶有晉在,	그런데도 오히려 진나라가 남아 있으니
焉得定功?	어떻게 공업을 안정시키겠는가?
所違民欲猶多,	백성들이 하고자 하는 바를 어긴 것이 많으니
民何安焉?	백성이 어찌 안정되겠는가?
無德而强爭諸侯,[305]	덕이 없는데도 제후들과 억지로 다투었으니
何以和衆?	어떻게 대중을 화합시키겠는가?
利人之幾,[306]	남의 위기를 이롭게 여기고
而安人之亂,	남의 어지러움을 편안히 여겼으며
以爲己榮,	나의 영광으로 여겼으니
何以豐財?	어찌 재산을 풍부히 하겠는가?
武有七德,	무에는 일곱 가지 덕이 있는데
我無一焉,	나는 그 가운데 하나도 없으니

305 강은 상성(上聲)으로 '억지로'라는 뜻이다.

306 기(幾): 두예는 "위태롭다(危)는 뜻이다"라 하였다.

何以示子孫?	자손들에게 무엇을 보여주겠는가?
其爲先君宮,	선군의 신궁을 지어
告成事而已,[307]	일을 이루었음을 알릴 뿐
武非吾功也.[308]	무력은 나의 공이 아니다.
古者明王伐不敬,[309]	옛날 현명한 임금은 불경한 나라를 쳐서
取其鯨鯢而封之,[310]	그 우두머리를 잡아 죽여 봉분을 쌓아

---

307 두예는 "선군에게 제사를 지내고 전쟁에서 이겼음을 알린 것이다"라 하였다. 공영달은 "『예기·증자문(曾子問)』에서 '옛날에는 군사가 출동할 때 반드시 천묘(遷廟)의 신주를 모시고 갔는데 제거(齊車)에 싣고 갔으며, 그것은 반드시 존경함이 있음을 말한 것이다'라 하였다. 『상서·감서(甘誓)』편에서는 '명을 잘 받드는 사람은 조상들 앞에서 상을 내린다(用命賞于祖)'라 하였는데, 천묘의 조주(祖主)를 이른다. 선군의 신궁을 짓는 것은 이 천묘의 신주를 위하여 신궁을 짓고 여기에서 그것을 제사 지내는 것이다. 고성사(告成事)라는 것은 전쟁에서 이긴 것을 알리는 것이다. 『예대전기(禮大傳記)』[곧 『예기대전(禮記大傳)』]에서는 '목(牧)의 들판은 무왕이 대사를 치른 곳(전쟁에서 이긴 곳)인데 이미 승리를 하고는 목실(牧室)에서 제사를 올렸다'라 하였는데, 또한 새로 묘실을 지어 제사를 올린 것을 말한다"라 하였다. 유문기의 『구주소증(舊注疏證)』에서는 "(공영달의) 『소(疏)』의 설에 의하면 초나라는 천묘의 신주를 가지고 갔으며, 제후의 다섯 사당은 『좌씨』의 형제는 소목(昭穆)의 뜻이 다르다는 것을 쓴다면 장왕(莊王)은 무왕(武王)·문왕(文王)·도오(堵敖)·성왕(成王)·목왕(穆王)을 제사지낼 수 있었다"라 하였다.

308 이번 전쟁에서 이긴 것을 무공으로 삼기에 족하지 않다는 말이다.

309 성공 2년의 『전』에서 "만이와 융적이 왕명을 따르지 않고 주색에 빠져 상도를 무너뜨리면 왕명으로 그들을 정벌하는데 곧 포로를 바치는 예가 있다. 왕이 친히 받아들이고 위로하니 불경함을 징벌하고 공이 있음을 권면하기 위함이다(蠻夷戎狄, 不式王命, 淫湎毁常, 王命伐之, 則有獻捷. 王親受而勞之, 所以懲不敬·勸有功也)"라 한 것으로 불경(不敬)의 뜻을 알 수 있다.

310 예경(鯢鯨): 경(鯨)은 "鱷"이라고도 한다. 경(鯢)과 예(鯨)는 모두 바닷속의 큰 물고기이다. 공영달은 진(晉)나라 배연(裴淵)의 『광주기(廣州記)』를 인용하여 "경예는 길이가 백척이며 수컷을 경이라 하고 암컷을 예라 한다"라 하였다. 여기서는 큰 악인의 우두머리

以爲大戮,	큰 형벌로 삼았으니
於是乎有京觀以懲淫慝.[311]	이에 경관을 만들어 도리를 어기고 사특한 자를 징계하였다.
今罪無所,[312]	지금 (진나라는) 죄를 저지른 것이 없고
而民皆盡忠以死君命,	백성들은 모두 충성을 다하여 임금의 명에 따라 죽었으니
又可以爲京觀乎?"[313]	또한 어찌 경관을 짓겠는가?"
祀于河,[314]	황하의 신에 제사를 지내고
作先君宮,[315]	선군의 신궁을 지어
告成事而還.[316]	전쟁에서 이겼음을 고하고 돌아갔다.

를 비유하는 말로 쓰였다.

311 음특(淫慝): 불경을 가리켜 말한 것으로 일반적인 음악(淫惡)의 뜻이 아니다. 성공 2년 『전』에서도 "친한 사이를 공경하고 음란하고 사특함을 금하기 위함이다(所以敬親暱,禁淫慝也)"라 하여 친닐(親暱)이 음특과 상대되는 것으로 보았는데, 친닐은 왕명을 받드는 것을 가리키니 음특 또한 그 뜻이 위의 "불경"과 같음을 알 수 있다.

312 두예는 "진나라는 죄를 범한 것이 없다"라 하였다. 다음 해의 『전』에 "죄를 돌릴 곳이 없다(罪無所歸)"라는 말이 있는데, 또한 이곳과 마찬가지 뜻이다. 귀(歸)자를 생략하였는데 아마 당사의 습관적인 상투어인 것 같으며 글자를 생략해도 뜻이 명백하기 때문이다. 이는 진나라가 큰 죄를 짓지 않았는데도 우리가 승리하였으니 죄를 돌릴 사람이 없다는 것이다. 두예는 그 뜻은 터득했지만 그 말뜻을 이해하지 못했다.

313 가이(可以): 하이(何以)로 되어 있는 판본도 있다. 왕념손과 홍양길은 모두 가이(可以)는 하이(何以)의 뜻이라고 하였는데 매우 옳다. 가(可)자는 글자의 뜻 그대로 보아도 뜻이 통하고 "하(何)"의 뜻으로 읽으면 더욱 좋다.

314 황하의 신에게 제사를 지내는 것이다.

315 초무왕(楚武王) 등 여러 왕의 사당을 짓는 것이다.

316 『설원·복은(復恩)』편에서는 초장왕이 밤에 술을 마시다가 어떤 미인이 갓끈을 끊어 이르자 모두에게 갓끈을 끊으라고 했다 하였다. 이 사람이 필(邲)의 전투에서 다섯 번을

是役也,	이번 전역은
鄭石制實入楚師,[317]	정나라 석제가 실로 초나라 군사를 끌어들여
將以分鄭,	정나라를 나누어
而立公子魚臣.[318]	공자 어신을 세우고자 한 것이다.
辛未,[319]	신미일에
鄭殺僕叔及子服.[320]	정나라가 복숙 및 자목을 죽였다.
君子曰,	군자가 말하였다.
"史佚所謂'毋怙亂'者,[321]	"사일이 이른바 '어지러움을 믿지 말라'라 한 것은
謂是類也.	이런 것을 말하는 것이다.
詩曰,	『시』에서는 말하기를

싸워 다섯 번이나 적을 격퇴시켜 장왕에게 보답하였다고 하였다.

317 정나라 석제가 초나라 군사에게 사신으로 갔다가 정나라로 들어간 것을 다케조에 고코(竹添光鴻)의 『회전(會箋)』에서는 『공양전』의 "임금께서 신으로 하여금 요역을 하지 못하게 하는 것을 구실삼아 이에 과인이 임금님의 옥면(玉面)을 뵐 수 있게 되었습니다"는 말을 증거로 삼아 초나라가 정나라를 포위한 것이 석제로 말미암은 것이라 하였는데, 이는 『좌씨』와는 부합되지 않는 것 같다. 혜동은 위의 『전』 "3월에 이겼다(三月克之)"의 『보주(補注)』에서 "이때 정나라 석제가 안으로 이간하여 초나라가 정나라를 이길 수 있었다"라 하였는데, 『좌씨』의 문의에 비교적 합치된다.

318 공영달은 "석제가 초나라 군사를 정나라로 끌어들인 것은 장차 정나라를 분할하여 반은 초나라에 주고 반은 취하여 공자 어신을 정나라 임금으로 세워 자신이 총애를 받아 전단하려 한 것이다"라 하였다.

319 신미일은 7월 29일이다.

320 두예는 "복숙은 어신이다. 자복은 석제이다"라 하였다.

321 희공 15년의 『전』과 『주』를 보라.

'亂離瘼矣,[322]
爰其適歸',[323]
歸於怙亂者也夫!"[324]

'난리에 병들었으니
어디로 돌아가야 하리'라 하였으니
남의 어지러움을 믿은 자에게
죄가 돌아간 것이다."

鄭白, 許男如楚.[325]

정백과 허남이 초나라로 갔다.

秋,
晉師歸,
桓子請死,[326]
晉侯欲許之.

가을에
진나라 군사가 돌아갔는데
환자가 죽기를 청하니
진후가 이를 허락하려 하였다.

---

322 『시경·소아·사월(小雅·四月)』의 구절이다. 난리(亂離)는 하나의 말이다. 『이아·석고(釋詁)』에서는 "막(瘼)은 병(病)이다"라 하였다. 여기서는 부사로 쓰여 난리가 심함을 형용하였다. 『문선(文選)』에 수록된 반악(潘岳)의 「관중(關中)」 시에서 이선(李善)은 『한시』를 인용하여 "난리가 이에 심한 것이다(亂離斯莫)"라 하였는데 막(莫)은 막(瘼)과 같으며, 이로써 더욱 이 뜻을 잘 알 수 있다.

323 원(爰): 언(焉)의 뜻으로 쓰여 어디라는 뜻이다.
적귀(適歸): 적(適)자의 뜻은 희공 5년의 『전』과 『주』에 보인다.

324 시의 원래 뜻은 당시는 천하가 매우 혼란하여 어디로 돌아갈 수 있겠는가 하는 뜻이다. 여기서 시를 인용한 것은 그 뜻을 변화시켜 쓴 것으로 화해(禍害)가 심하여 죄를 어느 사람에게 돌리느냐 하는 것이며, 죄를 남의 혼란함을 믿는 자에게 돌리어 자신의 이로움으로 삼는다는 것을 말한다.

325 두예는 "14년에 진(晉)나라가 정나라를 치는 사건의 복선이다"라 하였다.

326 공영달은 "『예기·단궁(禮記·檀弓) 상』에서는 '남의 군사의 장수가 되어 싸우다가 패하면 죽고, 남의 나라 일을 맡아보다가 나라가 위태롭게 되면 망한다'라 하였다. 지금 환자는 장군으로 군사가 패하였으니 죽음을 청한 것이다"라 하였다.

士貞子諫曰,[327]	사정자가 간하여 말하였다.
“不可.	“안 됩니다.
城濮之役,	성복의 전역에서
晉師三日穀,	진나라 군사는 사흘을 먹었는데도
文公猶有憂色.	문공은 오히려 근심하는 기색이 있었습니다.
左右曰,	좌우에서 말하기를
‘有喜而憂,	‘기쁜 일이 있는데도 근심하시니
如有憂而喜乎?’[328]	근심스런 일이 있으면 기뻐하시겠습니까?’라 하자,
公曰,	공이 말하기를
‘得臣猶在,	‘득신이 아직 건재하니
憂未歇也.[329]	근심이 다하지 않았다.
困獸猶鬪,[330]	곤경에 처한 짐승도 오히려 싸우거늘
況國相乎?’	하물며 나라의 재상이겠느냐?’라 하였습니다.

327 두예는 “정자(貞子)는 사악탁(士渥濁)이다”라 하였다.
328 지금 기쁜 일이 있는데도 오히려 근심을 하니 근심이 있으면 기뻐하겠느냐는 말이다.
329 헐(歇): 갈(竭), 진(盡)과 같은 말. 다하다.
330 『순자 · 애공(哀公)』편에 “짐승은 궁지에 처하면 덤벼든다(獸困則攫)”라는 말이 있다. 『한시외전』 권2에서는 “짐승은 궁지에 처하면 문다(獸困則齧)”라는 말이 있다. 『회남자 · 제속훈(齊俗訓)』에는 “짐승은 궁지에 처하면 들이받는다(獸困則觸)”라는 말이 있는데 모두 이 뜻과 비슷하다.

及楚殺子玉,	초나라가 자옥을 죽이자
公喜而後可知也.[331]	공이 기뻐함을 나중에 알 수 있었습니다.
曰,	이에 말씀하시기를
'莫余毒也已.'[332]	'나를 해치는 이가 없어졌도다'라 하였습니다.
是晉再克而楚再敗也,[333]	이에 진나라는 거듭 이기고 초나라는 거듭 패하였는데
楚是以再世不競.[334]	초나라는 이로 인해 두 세대 동안 강해지지 못하였습니다.
今天或者大警晉也,[335]	지금 하늘이 혹 진나라를 크게 깨우치려는 듯한데
而又殺林父以重楚勝,	또한 순림보를 죽여 거듭 초나라가 이기게 한다면
其無乃久不競乎?[336]	오래도록 강하여지지 않게 될 것 아니겠습니까?

331 두예는 "기쁜 기색이 얼굴에 드러난 것이다"라 하였다.

332 이상의 일은 모두 이미 희공 28년의 『전』과 『주』에 보인다.

333 이미 그 나라를 이긴 데다 그 나라의 재상까지 죽였으니 한쪽은 거듭 이긴 것이고 한쪽은 거듭 진 것이 된다.

334 재세(再世): 성왕(成王)과 목왕(穆王)이다.
불경(不競): 불강(不强)과 같은 말이다.

335 가나자와 문고본(金澤文庫本)에는 "或者" 밑에 "將"자가 있다. 두예는 "경은 경계(戒)이다"라 하였다.

336 장차 오래도록 강하지 않게 될 것이라는 말이다.

林父之事君也,	순림보가 임금님을 섬김에
進思盡忠,	나아가서는 충성을 다 바칠 생각을 하고
退思補過,[337]	물러나서는 허물을 보완할 생각을 하니
社稷之衛也,[338]	사직의 위사(衛士)이온데
若之何殺之?	그를 죽이면 어떻게 되겠습니까?
夫其敗也,	대체로 그가 패한 것은
如日月之食焉,	일식, 월식이나 같으니
何損於明?"[339]	밝음을 어찌 덜겠습니까?"
晉侯使復其位.[340]	진후는 그의 직위를 회복시켜 주게 하였다.

冬,	겨울에

337 진사(進思) 두 구절은 금본 『효경(孝經)』의 「사군(事君)」장에도 있는데, 이는 곧 『효경』을 지은 사람이 『좌전』을 인용한 것이며, 여기서 『효경』을 인용한 것은 아니다.

338 사직을 지키는 사람이라는 뜻이다.

339 패배는 일시적인 현상이라는 말이다. 일식과 월식은 고인들이 비유로 상용하는 것이었는데, 이를테면 『논어·자장(子張)』에서 "자공이 말하기를 '군자의 허물은 일식, 월식과 같아서 허물이 있으면 모든 사람이 다 볼 수가 있고, 고쳤을 때는 사람들이 모두 우러른다(子貢曰, 君子之過也, 如日月之食焉, 過也, 人皆見之, 更也, 人皆仰之)'"라 하였으며, 『맹자·공손추(公孫丑) 하』편에도 이 말이 있다.

340 「진세가」에서는 이 일을 서술하면서 사정자(士貞子)를 수회(隨會)라 하였다. 『설원·존현(尊賢)』편에서도 이 일을 기록하면서 『좌전』을 써서 사정자를 사정백(士貞伯)이라 하였는데, 생각건대 진경공(晉景公)을 소공(昭公)으로 잘못 안 것 같다.

楚子伐蕭,	초자가 소나라를 쳤는데
宋華椒以蔡人救蕭.	송나라 화초가 채나라 사람들을 가지고 소나라를 구원하였다.
蕭人囚熊相宜僚及公子丙.[341]	소나라 사람이 웅상선료와 공자 병을 사로잡았다.
王曰,	왕이 말하기를
"勿殺,	"죽이지 말라
吾退."	우리가 물러나겠다"라 하였다.
蕭人殺之.	소나라 사람은 그들을 죽였다.
王怒,	왕이 노하여
遂圍蕭.	소나라를 에워쌌다.
蕭潰.[342]	이에 소나라는 무너졌다.
申公巫臣曰,[343]	신공무신이 말하였다.

341 양이승(梁履繩)의 『보석(補釋)』에서는 "애공 16년에 웅의료(熊宜僚)가 있으므로 '웅'을 씨로 삼았으며, 이 '웅상(雄相)'은 씨로 특히 이름이 같을 따름이다. 소공 25년의 웅상매(熊相禖)는 그 후예이다"라 하였다.

342 고염무(顧炎武)의 『보정(補正)』에서는 "아래에 '다음 날 소나라가 궤멸되었다'란 문장이 있으니 이는 연문일 것이다. 여기서 '소나라가 궤멸되었다'라 하였으면 아래에서는 '마침내 소나라로 진격하였다'라고 말할 수 없다"라 하였는데, 고염무의 설은 옳은 것 같지만 실은 틀렸다. 이 단락은 총서(總敍)이고 "소나라가 궤멸되었다"는 것은 결과이다. 아래의 두 단락에서 소나라를 포위하는 과정 중의 두 일을 보충적으로 서술한 것이지 이 "소나라가 궤멸되었다"는 것이 연문은 아니다.

343 무신(巫臣)은 신현(申縣)의 윤(尹)이므로 신공무신이라 칭하였다. 씨가 굴(屈)이므로 2년의 『전』에서는 도한 굴무(屈巫)라고도 칭하였다. 양공 26년의 『전』에 의하면 자는 자령(子靈)이다.

"師人多寒."	"군사들이 많이 추워합니다."

王巡三軍, 왕은 삼군은 순시하고

拊而勉之,[344] 무마하고 격려하니

三軍之士皆如挾纊.[345] 삼군의 군사들이 모두 솜옷을 입은 것 같았다.

遂傅於蕭.[346] 마침내 소나라로 진격하였다.

還無社與司馬卯言, 환무사가 사마인 묘에게 말하고

號申叔展.[347] 신숙전을 불렀다.

叔展曰, 숙전이 말하였다.

"有麥麴乎?"[348] "누룩이 있는가?"

曰, 말하기를

"無." "없는데"라 하였다.

"有山鞠窮乎?"[349] "산국궁은 있는가?"

曰, 말하기를

344 부(拊): 무(撫)자와 통한다. 무마하고 위로 격려하는 것을 말한다.

345 광(纊): 솜이다.

346 소(蕭)자 아래에 성(城)자가 있는 판본도 있는데, 없는 것이 타당하다. 부(傅)자의 뜻은 은공 11년의 『전』과 『주』에 보인다.

347 두예는 "환무사는 소나라의 대부이다. 사마 묘와 신숙전은 모두 초나라 대부이다. 무사가 평소에 숙전을 알고 있었기 때문에 묘를 통하여 부른 것이다. 호(號)는 평성으로 부른다는 뜻이다"라 하였다.

348 맥국(麥麴): 곧 누룩으로 술을 빚는데 쓰며, 보리를 쪄서 만들므로 맥국이라 한다.

349 산국궁(山麴窮): 곧 궁궁(芎藭)이로, 지금 사천성에서 나는 것은 천궁(川芎)이라고 한다. 격년생 풀로 뿌리는 약으로 쓴다.

"無."[350]	"없는데"라 하였다.
"河魚腹疾奈何?"[351]	"습한 병이 생기면 어떻게 하는가?"
曰,	말하기를
"目於眢井而拯之."[352]	"마른 우물을 보면 거기서 구한다네."
"若爲茅絰,	"띠로 띠를 만들어 놓고
哭井則己."[353]	우물에서 울고 있으면 날세."

---

350 당시 두 나라 군대가 대적하고 있었기 때문에 바른 말로 하기에는 편하지 않은 데가 있어 은어(隱語)를 가지고 비유한 것이다. 맥국과 산국궁이 무엇을 비유하는가에 대해서는 고금의 설이 매우 많다. 두예는 가규(賈逵)의 설에 근본하여 두 가지는 모두 습기를 막아 주는 것으로 신숙전이 이것을 말한 것은 환무사가 진흙 속으로 달아나 피할 것이라는 것을 암시한다고 하였다. 그런데 무사는 이 뜻을 이해하지 못하고 "없다"고 대답하였으므로 숙전이 다시 "습한 병이 생기면 어떻게 하는가?"라는 말로 유도를 하자 무사가 비로소 이해를 한 것이다. 상하의 뜻을 잘 파헤치면 자못 일리가 있다. 이외에 초순(焦循) 및 장총함(張聰咸), 유월(兪樾) 등도 각기 나름의 설이 있으나 모두 상하의 문의에 해당하지 않으므로 수록하지 않는다.

351 이는 숙전이 다시 물은 것으로 의미는, 양자에게 습한 것을 방지하는 약물(藥物)이 모두 없으면 습한 것을 근심하는 병 따위를 장차 어떻게 할 것인가라는 것이다. 하어복질(河魚腹疾)은 옛날의 습관적인 말로 물의 습함 때문에 생기는 병을 비유하는 것이다. 그 뜻은 재삼 낮은 곳으로 달아나는 것을 암시하는 것이다. 선진시대에는 "하(河)"자가 황하를 가리키지 않은 적이 없었다. 하어(河魚)는 황하의 물고기이다. 『회남자·숙진훈(俶眞訓)』에서는 "그러므로 황하의 물고기는 눈이 맑을 수가 없다"라 하였는데, 허신은 "하수는 탁하여 눈이 맑을 수가 없다"라고 주석을 달았다.

352 원정(眢井): 물이 없어 마른 우물이다. 이는 무사가 답한 말로 그 뜻을 비유한 것이므로 "네가 마른 우물을 보면 나를 구해 달라"라는 말로 대답을 한 것이다.

353 이 또한 숙전의 말로 버려진 우물은 반드시 많을 것이니 그가 있는 곳을 정확히 알기는 어려울 것이라는 말이다. 그러므로 띠를 엮어 끈을 만들 수가 있는데, 끈의 형태가 띠와 비슷하여 우물 끝에 놓아 표지로 삼는 것이다. 또한 무사가 다른 사람으로 오인할까 걱정하여 다시 가르쳐 주기를 우물에서 우는 자가 있으면 곧 자신이라고 하는 말이다. 청나라 요내(姚鼐)의 『좌전보주(左傳補注)』(이하 『보주(補注)』)에서는 "기(己)"는 "이(已)"로 "哭井則已"로 보았는데, 내가 우물에서 울면 구출해 낼 수 있으리라는 말이다. 이 뜻 역시 통한다.

明日, 다음 날

蕭潰. 소나라는 궤멸되었다.

申叔視其井, 신숙이 그 우물을 보니

則茅絰存焉, 띠로 만든 띠가 있어서

號而出之.[354] 불러 구출해 냈다.

晉原縠, 宋華椒, 衛孔達, 曹人同盟于淸丘, 진나라 원곡과 송나라 화초, 위나라 공달, 조나라 사람이 청구에서 맹약을 맺고는

曰, 말하였다.

"恤病, "환란이 있는 나라는 구원하고

討貳." 두 마음 품은 나라는 친다."

於是卿不書,[355] 이에 경이라 기록하지 않은 것은

不實其言也.[356] 그 말을 실천하지 않았기 때문이다.

---

354 두예는 "호는 우는 것이다"라 하였다. 이곳의 호(號)와 위의 "號申叔展"의 호(號)는 글자의 뜻이 다르다. 소리를 내어 울어 눈물이 없는 것을 호(號)라 하는데, 위의 문장 "哭井則己"에 응한 것이다. 이길보(李吉實)의 『원화군현지(元和郡縣志)』에서는 마른 우물이 지금의 안휘성 소현(蕭縣)의 옛 치소〔지금의 치소는 이미 용성진(龍城鎭)으로 옮겨갔다〕의 북쪽 2백 보의 거리에 있다고 하였는데, 아마 부회하여 말한 것일 것이다.

355 『경』에서는 모두 "사람 인"자를 썼는데 원곡 등 경의 성명을 기록하지 않은 것이다.

356 맹약이 있었지만 실행하지 않은 것이다. 두예는 "송나라가 진나라를 치자 위나라가 구원하였는데 두 마음을 품은 것을 치지 않은 것이다. 초나라가 송나라를 치니 진나라가 구원하지 않았는데 환란이 있는 나라를 구원하지 않은 것이다"라 하였다.

宋爲盟故,	송나라는 맹약을 맺었다 하여
伐陳.[357]	진나라를 쳤다.
衛人救之,[358]	위나라 사람이 구원하였는데
孔達曰,	공달이 말하였다.
"先君有約言焉.[359]	"선군께서 약속을 하였습니다.
若大國討,[360]	대국이 치면
我則死之."[361]	우리는 그 나라를 위해서 죽겠다."

선공 13년

經

十有三年春,[1]	13년 봄에

---

357 진나라는 이때 초나라에 붙었는데 송나라가 맹약의 "두 마음을 품은 나라는 친다" 한 뜻에 의하여 진나라를 쳤으므로, 다음 해의『전』에서는 군자의 말을 인용하여 "청구의 맹약은 오직 송나라만이 면할 수 있다"라 하였다.

358 위나라 또한 청구의 맹약에 참여한 나라로 송나라를 돕지 않고 오히려 진나라를 구원하여 "두 마음을 품은 나라는 친다"는 약속의 말을 어겼다.

359 선군은 위성공(衛成公)을 가리킨다. 위성공과 진공공(陳共公)은 옛 우호가 있었으니 문공 원년 진양공(晉襄公)이 위나라를 치자 위성공이 진공공에게 알리니 진공공이 그를 위해 도모한 것으로 알 수 있다. 그러므로 공달이 구실로 삼아 맹약을 저버리고 진나라를 구하고자 한 것이다.

360 대국(大國): 진(晉)나라를 가리킨다.

361 두예는 "14년에 위나라가 공달을 죽이는 일의 복선이다"라 하였다.

1 십유삼년(十有三年): 을축년 B.C. 596년으로 주정왕(周定王) 11년이다. 정월 24일 계해일이 동지로 건자(建子)이다. 윤달이 있다.

齊師伐莒.[2]	제나라 군사가 거나라를 쳤다.
夏,	여름에
楚子伐宋.	초자가 송나라를 쳤다.
秋,	가을에
螽.[3]	황충이 발생하였다.
冬,	겨울에
晉殺其大夫先穀.	진나라가 그 대부 선곡을 죽였다.

傳

十三年春,	13년 봄
齊師伐莒,	제나라 군사가 거나라를 쳤는데
莒恃晉而不事齊故也.[4]	거나라가 진나라를 믿고 제나라를 섬기지 않았기 때문이다.

---

2 거(莒)는 『공양전』에는 "위(衛)"로 되어 있다. 왕극관(王克寬)의 『찬소(纂疏)』에서는 "『경』을 가지고 증명하건대 전후로 모두 제나라와 위나라가 원한을 산 일이 없는데 거나라에 대해서는 4년에 평정하였는데 하고자 하지 않아 노나라가 쳤으며, 11년 제나라가 다시 쳤으니 이는 '거나라를 친' 것임에 의심할 바 없다"라 하였다.

3 『전』이 없다. 두예는 "재해가 되었으므로 기록하였다"라 하였다.

4 『전국책·제책(齊策) 5』에서는 "거나라는 월(越)나라를 믿다가 멸하였다"라 하였는데, "월"은 아마 "진(晉)"의 잘못일 것이다. 『묵자·비공(非攻)』편에서는 "동방에 거라는 나라가 있었는데 나라가 매우 작으며 큰 나라 사이에 끼어 있었다. 대국을 공경하고 섬기지 않으니 대국들도 그에 따라 사랑하고 이롭게 해주지 않았다. 그래서 동쪽에서는 월나라 사람들이 그 나라의 땅을 깎아먹었고, 서쪽에서는 제나라가 땅을 점령해 갔다"라 하였으니, 거나라가 월나라를 믿지 않은 것이 분명하다.

夏,
楚子伐宋,
以其救蕭也.[5]
君子曰,
"淸丘之盟,
唯宋可以免焉."[6]

여름에
초자가 송나라를 쳤는데
소나라를 구원하였기 때문이다.
군자가 말하였다.
"청구의 맹약은
오직 송나라만이 면할 수 있다."

秋,
赤狄伐晉,
及淸,[7]
先縠召之也.[8]

가을에
적적이 진나라를 쳐서
청에까지 이르렀는데
선곡이 불러들인 것이었다.

冬,

겨울에

---

5 소나라를 구한 일은 지난해의 『전』에 보인다.

6 청구의 맹약을 한 나라는 진(晉)나라와 송(宋)나라, 위(衛)나라가 있는데, 송나라만이 "두 마음을 품은 나라를 쳤으며", 위나라는 맹약을 저버리고 진나라를 구원하였고, 진나라는 이번에 또한 송나라를 구원하러 오지 않아 "환란이 있는 나라를 구원한다"는 맹약을 저버렸으므로 송나라만이 조롱에서 벗어날 수 있다고 하였으니, 이는 대체로 진나라와 위나라를 책망하는 것이다.

7 두예는 "청은 일명 청원(淸原)이라고도 한다"라 하였다. 청원은 희공 31년의 『전』과 『주』에 보인다.

8 두예는 "필(邲)의 싸움에서 뜻을 얻지 못하였으므로 적을 불러서 변란을 일으키려 한 것이다"라 하였다. 「진세가」에서는 "경공(景公) 4년 선곡이 먼저 계책을 내어 황하의 가에서 진나라 군사가 패전을 하였으므로 죽음을 당할까 두려워 적(翟)으로 달아났다가 적나라와 함께 진나라를 치기로 모의하였다"라 하여 『좌전』과는 다르다.

晉人討邲之敗與淸之師,	진나라 사람이
歸罪於先縠而殺之,	죄를 선곡에게 돌리고 죽였으며
盡滅其族.[9]	그 일족을 멸족시켰다.
君子曰,	군자가 말하였다.
“‘惡之來也,[10]	“‘형륙을 부르는 것은
己則取之’,[11]	자기가 취하는 것이다’라 하였는데,
其先縠之謂乎!”	아마 선곡을 두고 이른 것일 것이다.”

淸丘之盟,	청구의 맹약으로
晉以衛之救陳也,	진나라는 위나라가 진나라를 구원하였다 하여
討焉.[12]	이를 꾸짖었다.
使人弗去,[13]	사자가 그곳을 떠나지 않고

---

9 「진세가」에서는 선곡이 “적(翟)나라와 함께 진나라를 치기로 모의하였다. 진나라에서 낌새를 채고 선곡을 멸족하였다”라 하여 필(邲)에서의 패배는 말하지 않았는데, 당시의 사정과 맞지 않는 듯하다. 소공 3년『전』에서는 원씨(原氏)를 노예로 강등시켰다고 하였으니 그 지족(支族)도 쇠퇴해진 것 같다.

10 『순자·부국(富國)』편에 “그러므로 혹은 아름답게도 혹은 악하게도 된다(故使或美或惡)”라는 말이 있는데, 양경(楊倞)은 “아름답다는 것은 포총(褒寵)을 말하고, 악하다는 것은 형륙(刑戮)을 이른다”라 하였다.

11 이는 예로부터 있던 말인 것 같다.

12 진나라가 청구에서의 맹약에 근거하여 위나라를 꾸짖은 것이다. 토(討)는 다음의 문장에 의하면 사자를 보내어 문책하는 것이며 군사를 일으켜 치는 것은 아니다.

13 심흠한(沈欽韓)의『보주(補注)』에서는 “위나라를 문책하러 온 진나라 사자가 가려고 하지 않은 것으로 요령(要領)을 얻고자 함이었다”라 하였다.

曰,	말하기를
"罪無所歸,	"죄가 돌아갈 곳이 없으면
將加而師."[14]	곧 너희들에게 군사를 가하겠다"라 하였다.
孔達曰,	공달이 말하였다.
"苟利社稷,	"진실로 사직을 이롭게 한다면
請以我說,[15]	청컨대 저를 가지고 말하십시오.
罪我之由.[16]	죄는 제게서 말미암은 것입니다.
我則爲政,	제가 집정이 되어
而亢大國之討,	대국이 꾸짖는 데 맞섰으니
將以誰任?[17]	장차 누구를 맡겠습니까?
我則死之."[18]	제가 그 책임을 지고 죽겠습니다."

14 이(而)는 이(爾)와 같다. 만약 죄를 지은 수괴를 징벌하지 않으면 장차 군사를 이끌고 오겠다는 뜻이다.

15 나를 가지고 해명을 하라는 말과 같다.

16 그 죄는 나로 인해 말미암았다는 말과 같다.

17 왕념손은 "항은 맞서는 것(當)이다. 내가 이에 위나라의 정사를 맡아 다스리며 진나라의 문책에 맞섰으니 죄를 다른 사람에게 떠맡길 수 없다는 말이다"라 하였다.

18 이 장은 다음 해의 『전』 "공달이 목을 매어 죽었다"와 이어서 읽어야 하며, 아마 본래는 하나의 『전』이었는데 후인에 의해 갈렸을 것이다.

선공 14년

經

十有四年春,[1]	14년 봄
衛殺其大夫孔達.	위나라가 그 대부 공달을 죽였다.
夏五月壬申,[2]	여름 5월 임신일에
曹伯壽卒.[3]	조백 수가 죽었다.
晉侯伐鄭.	진후가 정나라를 쳤다.
秋九月,	가을 9월에
楚子圍宋.	초자가 송나라를 에워쌌다.
葬曹文公.[4]	조문공을 장사 지냈다.
冬,	겨울에
公孫歸父會齊侯于穀.	공손귀보가 곡에서 제후와 회합하였다.

---

1 십유사년(十有四年): 병인년 B.C. 595년으로 주정왕(周定王) 12년이다. 정월 초6일 기사일이 동지로 건자(建子)이다.

2 임신일은 11일이다.

3 『전』이 없다. 「조세가」에서는 "공공(共公)이 죽자 아들인 문공 수가 즉위하였다. 문공은 재위 23년에 죽어 아들 선공(宣公) 강(彊)이 즉위하였다"라 하였으며, 『색은(索隱)』에서는 "『좌전』에 의하면 선공의 이름은 려(廬)이다"라 하였다.

4 『전』이 없다.

傳

十四年春,	14년 봄에
孔達縊而死,	공달이 목을 매어 죽으니
衛人以說于晉而免.[5]	위나라 사람이 이를 진나라에 말하여 벗어났다.
遂告于諸侯曰,	마침내 제후들에게 알려 말하기를
"寡君有不令之臣達,[6]	"과군에게는 불초한 신하 달이 있었는데
構我敝邑于大國,[7]	우리나라를 대국과 미워하게 하였으나
旣伏其罪矣.	이미 죄를 받았다.
敢告."[8]	감히 알린다"라 하였다.
衛人以爲成勞,[9]	위나라 사람이 이룬 공로가 있다 하여

5 이것으로 진나라에 해명하여 정벌당할 것을 면한 것이다.

6 불령(不令): 불선(不善)과 같은 말이다. 성공 6년『전』의 "이긴다 하더라도 좋지 못하다(雖克, 不令)"라 한 것과 10년『전』의 "충은 훌륭한 덕이지만 그(훌륭한) 사람이 아니면 안 되거늘 하물며 훌륭하지 못한 사람이겠는가?(忠爲令德, 非其人猶不可, 況不令乎?)"라 한 것과 소공 22년『전』의 "과군께서는 임금님께 훌륭하지 못한 신하가 있다는 말을 듣고 임금님을 걱정하셨소(寡君聞君有不令之臣爲君憂)"의 여러 "令"은 모두 "선(善)"자로 해석해야 한다.

7『시경·소아·청승(小雅·靑蠅)』에 "참해하는 자들 나쁜 사람들이어서, 우리 두 사람 미워하게 하네(讒人罔極, 構我二人)"라는 구절이 있으며, 공영달은 "구(構)라는 것은 양쪽 끝을 얽어 합하여 두 사람으로 하여금 미워하게 하고 교란시키는 것이다"라 하였는데 이 구자 또한 그 뜻이 같다.

8 두예는 "모든 자살한 대부도 모두 각국에 부고한다"라 하였다.

復室其子,[10]	그 아들에게 공실의 딸을 주고
使復其位.[11]	그 직위를 회복시켜 주었다.

夏,	여름에
晉侯伐鄭,	진후가 정나라를 쳤는데
爲邲故也.[12]	필의 전역 때문이었다.
告於諸侯,	제후들에게 알리고
蒐焉而還.[13]	군대 사열을 하고 돌아갔다.

---

9 성로(成勞): 구훈(舊勳)과 같은 말로 당시의 관용어였다. 이 구훈은 곧 공달이 위성공을 도와 나라를 회복시킨 것을 가리킨다. 『예기·제통(祭統)』의 공회(孔悝)의 정의 명〔정명(鼎銘)〕에 "그대의 선조 장숙은 성공을 잘 보좌하여 받들었다. 성공이 장숙에게 명하여 피난을 가서 한양까지 갈 때 수행하였고 후에 성공이 주나라 왕궁에 갇혀 있을 때에도 이를 따라 여기저기 돌아다니기를 꺼리지 않았다(乃祖莊叔, 左右成公, 成公乃命莊叔隨難于漢陽, 卽宮于宗周. 奔走無射)"라는 말이 있는데, 장숙이 곧 공달이며 문공 원년의 『전』과 『주』에 보인다. 한양으로 피난 갈 때 수행한 것은 위성공이 초나라로 달아났을 때 수행한 것으로 희공 28년의 『전』과 『주』에 보인다. 주나라 왕궁에 갇혀 있었다는 것은 진나라가 위성공을 잡아 경사(京師)에 유폐시킨 것인데, 공달이 또한 따라갔으며 이 일 역시 희공 28년의 『전』과 『주』에 보인다. 여기저기 돌아다니기를 꺼리지 않은 것은 공달이 위성공의 일을 위하여 분주하게 돌아다니기를 싫어하지 않은 것이다. 이것이 곧 "성로(成勞)"이다.

10 실(室)은 여기서 동사로 쓰였으며, 취처(娶妻)의 뜻으로 쓰였다. 두예는 "딸을 그 아내로 준 것"이라 하였고, 공영달은 "위후가 딸을 아내로 준 것을 말한다"라 하였는데 믿을 만하다. 그 아들은 『예기·제통(祭統)』에서 인용한 『세본(世本)』에 의하면 득려숙곡(得閭叔穀)이다. 또한 문공 원년의 『전』과 『주』에도 보인다.

11 두예는 "부친의 녹위(祿位)를 잇게 한 것이다"라 하였다.

12 두예는 "진나라가 필에서 패하자 정나라는 마침내 초나라에 붙었다"라 하였다. 「정세가」에서는 "양공 10년 진나라가 와서 정나라를 쳤는데 진나라를 배반하고 초나라와 친했기 때문이다"라 하였다. 「진세가」에서는 "경공 5년 정나라를 쳤는데 초나라를 도와주었기 때문이다"라 하였다.

13 수(蒐): 두예는 "거마를 검열하는 것이다"라 하였다.

中行桓子之謀也,	이는 중항환자의 계책으로
曰,	말하기를
"示之以整,[14]	"정돈된 모습을 보여주어
使謀而來."[15]	고려해 보고 귀순해 오게 하라"라 하였다.
鄭人懼,	정나라 사람이 두려워하여
使子張代子良于楚.[16]	자장으로 하여금 초나라에서 자량을 대신하게 하였다.
鄭伯如楚,	정백이 초나라로 간 것은
謀晉故也.[17]	진나라를 모의하기 위해서였다.
鄭以子良爲有禮,[18]	정나라는 자량이 예의가 있다고 생각하였으므로
故召之.	그를 부른 것이었다.

---

14 정(整): 대오를 가지런히 하고 군기를 엄격하게 밝히는 것이다. 은공 9년 『전』의 "융은 가볍고 정연하지 않다(戎輕而不整)"라 한 것으로 알 수 있다.

15 정나라로 하여금 스스로 모의해서 진나라에 와서 복종하게 하는 것이다.

16 자장(子張): 두예에 의하면 목공(穆公)의 손자로 아마 곧 양공 20년 『전』의 공손흑굉(公孫黑肱)일 것이며, 또한 백장(伯張)이라고도 한다. 자량은 12년에 초나라의 인질이 되었다.

17 진나라에 맞설 것을 모의하는 것이다.

18 두예는 "나라를 사양한 예가 있다"라 하였다. 자량이 나라를 사양한 것은 4년의 『전』에 보인다.

楚子使申舟聘于齊,[19]

초나라는 신주로 하여금 제나라를 빙문케 하고는

曰,

말하기를

"無假道于宋."[20]

"송나라에 길을 빌리지 말라"라 하게 했다.

亦使公子馮聘于晉,

또한 공자 풍을 진나라에 빙문케 하고

不假道于鄭.

정나라에서 길을 빌리지 않았다.

申舟以孟諸之役惡宋,[21]

신주는 맹제의 역에서 송나라에 죄를 지었는데

曰,

말하기를

"鄭昭, 宋聾,[22]

"정나라는 밝고 송나라는 흐리멍덩하여

晉使不害,[23]

진나라로 가는 사자는 해를 입지 않겠지만

我則必死."

나는 반드시 죽을 것이다"라 하였다.

---

19 신주(申舟): 곧 문공 10년 『전』의 문지무외(文之無畏)로 그해의 『주』에 상세하다.

20 무가도(無假道): 송나라에게 그 땅을 지나간다는 청을 하지 않는 것이다. 초장왕이 길을 빌리는 것을 금하면서도 송나라를 지나가려는 것은 생트집을 잡아 싸움을 걸고자 하는 것이다.

21 송나라에서 초목왕(楚穆王)이 맹제(孟諸)에서 사냥을 할 때 인도하였는데, 신주가 송공(宋公)의 명을 어기고 그 종을 매질한 것으로, 문공 10년의 『전』에 보인다.

22 소·롱(昭·聾): 소는 눈이 밝은 것이고, 롱은 귀가 어두운 것이다. 여기서는 정나라는 일을 잘 이해하고 송나라는 일을 잘 헤아리지 못함을 비유하였다.

23 진나라에 사신으로 가는 사람은 위해(危害)가 없을 것이라는 말이다.

王曰,	왕이 말하였다.
"殺女,	"너를 죽이면
我伐之."[24]	내가 치겠다."
見犀而行.[25]	서를 보이고는 떠났다.
及宋,	송나라에 이르니
宋人止之.	송나라 사람이 그를 제지했다.
華元曰,	화원이 말하였다.
"過我而不假道,	"우리나라를 지나면서 길을 빌리지 않는 것은
鄙我也.[26]	우리를 속현으로 여기는 것이다.

---

24 송나라에서 너를 죽이면 내가 반드시 치겠다는 말이다.

25 서(犀)는 신주의 아들이다. 데려다 초장왕에게 보이고 난 후에 사신으로 나간 것이다. 그 아들을 데려다 보인 까닭은 "너를 죽이면 내가 치겠다"는 말을 굳게 하려는 것이며, 다음 해『전』의 "신서가 왕의 말 앞에서 머리를 조아렸다"는 일과 상관이 있다. 두예는 "왕에게 아들을 부탁한 것이다"라 하였는데 확실치 않다. 정공 6년의『전』에 송나라 악기(樂祁)가 진나라에 사자로 가면서 또한 그 아들을 보이고는 떠나는데, 곧 후사로 세우는 것이며 그 일은 이와 같긴 하지만 뜻은 다르다.

26 옛날에는 무릇 다른 나라의 경계를 넘을 때면 반드시 길을 빌려야 하였으므로『의례·빙례(聘禮)』편에 "나라를 지날 때 길을 빌리는(過邦假道)" 예가 있다.「주어(周語) 중」에 "정왕(定王)이 단양공(單襄公)으로 하여금 송나라를 조빙케 하였는데, 마침내 진(陳)나라에 길을 빌려 초나라를 조빙하였다"라 하였다. 주나라가 비록 쇠미해졌지만 여전히 천자의 나라이며, 진나라는 더욱 작은 나라로 왕의 사신이 작은 나라를 지나가는데도 반드시 길을 빌렸으니 길을 빌리지 않고도 지나간다는 것은 다만 본국에서만 이렇게 할 수 있으므로 화원이 "우리를 속현으로 여긴다"고 말한 것이다. 비아(鄙我)라는 것은 우리를 그 변방의 읍현(邑縣)으로 본다는 것이다.『여씨춘추·행론(行論)』편에는 "초장왕이 문무외를 제나라에 사자로 보냈는데 그는 송나라 땅을 통과하면서 먼저 길을 빌리지 아니하였다. 돌아갈 때 화원이 송소공(宋昭公)에게 일러 아뢰기를 '지난번 갈 때도 길을 빌리지 않더니 돌아올 때도 길을 빌리지 아니하니 이는 송나라를 시골의 속읍으로 여기기

鄙我,	우리를 속현으로 여기면
亡也.[27]	망한 것이다.
殺其使者,	그 사자를 죽이면
必伐我.	반드시 우리를 칠 것이다.
伐我,	우리를 쳐도
亦亡也.	또한 망한 것이다.
亡一也."	망하기는 마찬가지이다."
乃殺之.[28]	이에 그를 죽였다.
楚子聞之,	초자가 그 말을 듣고
投袂而起.[29]	소매를 떨치며 일어섰다.

때문입니다'라 하였다"라는 말이 있다. "송나라를 시골의 속읍으로 여긴다"는 것은 송나라를 초나라의 시골 속읍으로 여기는 것이며, 이를 가지고 이 뜻을 해석할 수 있다. 고염무(顧炎武)의 『보정(補正)』에서는 비(鄙)를 비박(鄙薄)으로 해석하였는데 이는 『전』의 뜻이 아니다. 또한 『여씨춘추』에서 "갈 때도 길을 빌리지 않더니 올 때도 빌리지 않는다" 하였으니 문무외를 죽인 것은 제나라에서 초나라로 돌아가며 다시 송나라를 지날 때이므로 『전』에서 말한 것과는 맞지 않는 듯하다. "화원이 송소공에게 말하였다"라 한 것도 문공(文公)을 소공(昭公)으로 잘못 말하였다.

27 소공 19년의 『전』에서 "이는 진나라의 현의 속읍이니 어찌 나라라 하겠는가?"라 한 것과 16년 『전』의 "내 또한 속읍으로 여기니 지위를 잃은 것이다"라 한 것도 어의(語義)가 이에 가깝다.

28 『여씨춘추·행론(行論)』편에서는 "이에 문무외를 양량(楊梁)의 제방에서 죽였다"라 하였는데, 양량은 지금의 하남성 상구시(商丘市) 동남쪽에 있다.

29 『회남자·주술훈(主術訓)』에서는 "초장왕은 문무외가 송나라에서 죽은 것을 슬퍼하여 소매를 떨치고 일어섰다(奮袂而起)"라 하였으니 이 투메(投袂)는 곧 분메(奮袂)일 것이다. 『여씨춘추·행론(行論)』편에서는 "장왕이 바야흐로 소매를 자르는데 그 말을 듣고는 '아!' 하면서 소매를 내던지고 일어섰다"라 하였으니, 이는 투메(投袂)를 그 소매를 던져서 버린 것으로 해석한 것으로 이는 『전』의 뜻이 아니다.

屨及於窒皇,[30]	앞뜰에 이르러서야 신발이 이르렀고
劍及於寢門之外,[31]	침문 밖에 이르러서야 검이 이르렀으며
車及于蒲胥之市.[32]	포서의 저자에 이르러서야 수레가 왔다.
秋九月,	가을 9월에
楚子圍宋.[33]	초자가 송나라를 에워쌌다.
冬,	겨울에
公孫歸父會齊侯于穀,[34]	공손귀보가 곡에서 제후를 회합하면서

30 질황(窒皇): 곧 장공 19년 『전』의 질황(絰皇)으로 노침(路寢) 앞의 뜰이다. 『여씨춘추·행론』편에는 "屨及諸庭"으로 되어 있어 "庭"으로 "질황"을 풀이하였고, 심흠한(沈欽韓)과 무억(武億)도 모두 그 설을 그대로 따랐는데 옳다. 이때 초장왕은 노침에 있었는데 옛날 사람들은 실내에서는 신발을 신지 않았다. 신주가 피살되었다는 말을 듣고 노하여 일어나 뛰쳐나갔는데 미처 신발을 신지 않은 것이다. 급(及)은 신발을 가지고 간 사람이 쫓아가 미친 것이다.

31 쫓아간 사람이 노침의 바깥에 미쳐서야 비로소 검을 바친 것이다. 노침은 뜰 밖에 있다.

32 포서지시(蒲胥之市): 『여씨춘추』에는 "포소지시(蒲疏之市)"로 되어 있는데 서(胥)와 소(疏)자는 서로 통한다. 포서는 지명으로 저자가 그 중앙에 있으며, 수레가 비로소 이곳까지 쫓아온 것이다.

33 「송세가」에서는 "문공 16년 초나라의 사자가 송나라를 지났는데, 송나라는 지난 원한이 있어 초나라 사자를 붙잡았다. 9월에 초나라 장왕이 송나라를 에워쌌다"라 하여, "초나라 사자를 죽였다"고 하지 않고 "초나라 사자를 붙잡았다"라 하여 『전』과 다를 뿐만 아니라 또한 「초세가」 및 「연표」의 "초나라 사자를 죽였다"한 것과도 다른데 아마 사마천이 의도적으로 다르게 하였을 것이다.

34 공손귀보는 10년의 『경』과 『주』에 보인다. 곡은 장왕 7년의 『경』과 『주』에 보인다.

見晏桓子,[35]	안환자를 뵙고
與之言魯,	그와 함께 노나라 이야기를 하며
樂.[36]	즐거워하였다.
桓子告高宣子曰,[37]	환자가 고선자에게 알리어 말하였다.
"子家其亡乎![38]	"자가는 도망칠 것이다!
懷於魯矣.[39]	노나라를 그리워하고 있기 때문이다.
懷必貪,	그리움이 있으면 반드시 탐심이 있고
貪必謀人.	탐심이 있으면 남을 모해하기 마련이다.
謀人,	남을 모해하면
人亦謀己.	남도 자신을 모해한다.
一國謀之,	온 나라에서 모해하니
何以不亡?"[40]	어떻게 도망치지 않겠는가?"

35 두예는 "환자는 안영(晏嬰)의 부친이다"라 하였다. 안(晏)은 아마 읍(邑)을 씨로 삼은 것일 것이며, 지금의 제하현(齊河縣) 서북쪽 25리 지점에 있는 안성(晏城)이 그곳일 것인데, 『태평환우기(太平寰宇記)』에서는 안영성(晏嬰城)이라고 하였다.

36 공손귀보는 선공(宣公)의의 총애를 받았는데, 18년의 『전』에 보이며, 즐거워하였다는 것은 이 사실을 즐기는 것이다.

37 두예는 "선자는 고고(高固)이다"라 하였다.

38 자가(子家): 귀보의 자이다. 망(亡)은 달아나는 것이다.

39 회(懷): 곧 희공 24년 『전』의 "그리워함과 편안함(懷與安)"의 "懷"로 여기서는 그 총애를 그리워하는 것이다.

40 두예는 "18년에 귀보가 제나라로 달아나는 것의 복선이다"라 하였다.

孟獻子言於公曰,[41] 맹헌자가 공에게 말하였다.

“臣聞小國之免於大國也, “신이 듣건대 소국이 대국의 죄에서 벗어나려면

聘而獻物,[42] 빙문하고 예물을 바쳐야 하니

於是有庭實旅百;[43] 이때는 예물이 뜰을 가득 채우게 되며,

朝而獻功,[44] 조현하고 공로를 바치면

於是有容貌采章, 이때는 용모와 채장이 있으며

嘉淑而有加貨,[45] 아름답고 훌륭한 예물에 재화를 더하는데

謀其不免也. 면하지 못할까 계책을 세워서입니다.

---

41 맹헌자(孟獻子): 중손말(仲孫蔑)로, 문공 15년의 『전』에 보인다.

42 공영달은 “신이 듣기에 소국이 대국의 죄에서 벗어나려면 경으로 하여금 대국에 조빙하게 하여 옥백과 피폐(皮幣) 같은 예물을 바쳐야 합니다”라 하였다.

43 정실여백(庭實旅百): 소국이 대국을 빙문할 때 바치는 예물을 말함. 두예는 “주인도 백품의 변두(籩豆)를 뜰 가득히 늘어놓아 빈객에게 답례한다”라 하였는데 틀렸다. 또한 장공 22년의 『전』과 『주』에도 보인다.

44 나라의 임금이 직접 대국으로 가는 것을 조(朝)라고 한다. 헌공(獻功)은 나라를 다스리거나 정벌한 공을 바치는 것이다. 청나라 소영(邵瑛)은 『유현규두지평(劉炫規杜持平)』에서 “노나라는 실로 바칠 만한 정벌한 공이 없다”라 하였는데, 이는 아마 둘을 말한 것으로 노나라만을 가리켜 말할 필요는 없다.

45 용모(容貌)와 채장(采章) 등은 또한 모두 소국이 대국에게 바치는 예물로 두예는 대국이 보답하는 예물이라 하였는데 위와 같이 틀린 것이다. 용모와 채장은 아마 현훈기조(玄纁璣組) 및 우모치혁(羽毛齒革) 등의 여러 물건을 가리키는 것 같은데 모두 의복을 채우고 깃발을 장식하는 것들이다. 채장(采章)은 물채(物采)와 문장(文章)이다. 가숙(嘉淑)은 아름다운 물건이다. 가화(加貨)는 정해진 것 외의 예물이다. 가(加)는 가변(加籩)이라 할 때의 가(加)이다.

誅而薦賄, 벌을 받고 뇌물을 바치면

則無及也.[46] 때에 미치지 못합니다.

今楚在宋, 지금 초왕은 송나라에 있으니

君其圖之!" 임금님께서는 도모하시지요!"

公說.[47] 공이 옳다고 하였다.

선공 15년

經

十有五年春,[1] 15년 봄

公孫歸父會楚子于宋. 공손귀보가 송나라에서 초자를 만났다.

夏五月, 여름 5월에

宋人及楚人平.[2] 송나라 사람이 초나라 사람과 화평을 맺었다.

---

46 두예는 "천은 바치는 것(進)이다. 견책을 당하여 가면 죄를 해명할 수 없다는 말이다"라 하였다.

47 이는 마땅히 다음 해의 『전』 "공손귀보가 송나라에서 초자와 만났다"라는 구절과 이어서 읽어야 하는데, 아마 원래는 하나의 『전』이었을 것이다.

1 십유오년(十有五年): 정묘년 B.C. 594년으로 주정왕(周定王) 13년이다. 정월 16일 갑술일이 동지로 건자(建子)이다. 윤달이 있다.

2 공영달은 "『전』에 맹세의 말이 수록되어 있으면 이 화평은 맹약이 있는 것이다. 맹약을 기록하지 않은 것을 두예의 『석례(釋例)』에서는 '송나라 사람이 초나라 사람과 화평을 맺었

六月癸卯,[3]	6월 계묘일에
晉師滅赤狄潞氏,[4]	진나라 군사가 적적노씨를 멸하였는데
以潞子嬰兒歸.[5]	노자영아를 데리고 돌아갔다.
秦人伐晉.	진나라가 진나라를 쳤다.
王札子殺召伯, 毛伯.	왕찰자가 소백과 모백을 죽였다.
秋,	가을에
螽.[6]	황충이 발생하였다.
仲孫蔑會齊高固于無婁.[7]	중손말이 무루에서 제나라 고고를 만났다.
初稅畝.	처음으로 전무에 부세를 거두었다.

는데, 실은 맹약을 맺은 것인데도 화평이라 기록한 것은 말을 따라갔기 때문이다'라 하였다"라 하였다.

3 계묘일은 18일이다.

4 노(潞): 나라 이름으로 적적(赤狄)의 별종인데, 노씨라고 하는 것은 아마 당시의 이른바 이적의 나라는 혹 여전히 씨족사회가 있었을 것이므로 그 나라 이름에 씨자를 띠게 된 것 같은데, 이를테면 갑씨(甲氏) 및 고락씨(皐落氏), 그리고 이 노씨 같은 것이 있다. 그 나라는 지금의 산서성 노성현(潞城縣) 동북쪽 40리 지점에 있을 것이다.

5 『춘추』에서는 당시 이른바 이적(夷狄)의 나라에 모두 "자(子)"자를 가지고 일컫는데, 두예는 "자"를 작위라고 하였으나 틀렸다.

6 『전』이 없다.

7 『전』이 없다. "무루(無婁)"는 『공양전』에는 "모루(牟婁)"로 되어 있다. 모루는 은공 4년의 『경』에 보이는데 이미 거(莒)나라의 읍이 되었으며, 이때 거나라는 진(晉)나라를 믿고 제나라를 섬기지 않았으며, 제나라와 노나라는 실로 그 땅에서 서로 만날 수가 없었다. 두예는 "무루는 기(杞)나라의 읍이다"라 하였는데, 어디에 근본 하였는지는 모르겠지만 곧 모루라고 하지 않았으니 따를 만하다. "무(無)"자와 "모(牟)"자는 통하여 쓸 수 있으며, 『공양전』에는 "牟婁"로 되어 있다. 무(無)의 음이 변한 것 같은데 곧 은공 사년의 "모루(牟婁)"는 아니다. 무루는 지금 어디 있는지 상세하지 않다.

冬,	겨울에
蝝生.[8]	황충의 유충이 발생하였다.
饑.	기근이 들었다.

傳

十五年春,	15년 봄에
公孫歸父會楚子于宋.[9]	공손귀보가 송나라에서 초자를 만났다.

宋人使樂嬰齊告急于晉,	송나라 사람이 악영제로 하여금 진나라에 위급을 알리게 하여
晉侯欲救之.	진후가 구원하고자 하였다.
伯宗曰,[10]	백종이 말하였다.
"不可.	"아니 되옵니다.

---

8 연(蝝): 『설문(說文)』에서 동중서의 설을 인용한 것 및 『이아(爾雅)』 곽박의 주석에 의하면 황충의 유충으로 날개가 없는 것이다. 『한서·오행지(五行志)』에서 유흠의 말을 인용한 것에 의하면 비부(蚍蜉)로 날개가 있는 것이며, 곡식을 먹어 치워 재해가 된다. 장공 29년 『전』의 "무릇 재해가 되지 않으면 기록하지 않는다"라 한 것에 의하면 이는 필시 재해가 되었을 것이다. 그러므로 앞의 설은 반드시 믿을 만하지는 않다.

9 이는 마땅히 지난해 『전』의 마지막 장과 이어서 읽어야 한다.

10 백종(伯宗): 당나라 임보(林寶)의 『원화성찬(元和姓纂)』에서는 『세본』을 인용하여 "진(晉)나라의 손백기(孫伯起)는 백종을 낳았는데 그대로 씨로 삼았다"라 하였다. 「진어 5」의 위소의 주석에서는 "백종은 진나라 대부 손백규(孫伯糾)의 아들이다"라 하였다. 백규와 백기는 한 사람일 것이다.

古人有言曰,	옛사람이 말하기를
‘雖鞭之長,	‘채찍이 아무리 길다 해도
不及馬腹.’[11]	말의 배까지는 미치지 못한다’라 하였습니다.
天方授楚,[12]	하늘이 바야흐로 초나라를 보우하고 있으니
未可與爭.	더불어 다툴 수는 없습니다.
雖晉之强,	아무리 진나라가 강하다 한들
能違天乎?	하늘을 어길 수 있겠습니까?
諺曰,	속담에 말하기를
‘高下在心.’[13]	‘높고 낮음은 마음에 있다’라 하였습니다.
川澤納汚,[14]	내와 못은 더러운 것을 받아들이고
山藪藏疾,[15]	산림과 수택은 해충을 감추고 있으며

---

11 이는 아마 진나라가 강하기는 하지만 또한 초나라와 다툴 수는 없을 것이라고 비유하여 말한 것일 것이다.

12 수(隨)나라 계량(季梁)도 이 말을 하였는데, 환공 6년의 『전』에 보인다. 「진세가」와 「정세가」에는 하늘이 "바야흐로 초나라를 열어주었다(天方開楚)"로 되어 있다.

13 일을 처리하다 보면 어떨 때는 성과가 높기도 하고 어떨 때는 낮기도 한데 오직 마음속 헤아림이 타당하냐에 말미암는다는 말이다.

14 내와 늪의 물은 또한 더러움도 받아들인다는 말이다.

15 산수(山藪): 산림과 수택(藪澤)이다. 『예기·월령(月令)』에 "산림수택(山林藪澤)"이라는 말이 있는데, 공영달은 "물이 없는 곳을 수(藪)라고 한다"라 하였다. 산수(山藪)에는 초목이 많으며 해독을 끼치는 것이 살고 있기 때문에 장질(藏疾)이라 하였다.

瑾瑜匿瑕,[16]	아름다운 옥은 흠집을 숨기고
國君含垢,[17]	임금은 치욕을 품고 참는 것이
天之道也.	하늘의 도입니다.
君其待之!"[18]	임금님께서는 기다리십시오!"
乃止.	이에 그만두었다.
使解揚如宋,	해양을 송나라에 보내어
使無降楚,[19]	초나라에 항복하지 않게 하여
曰,	말하였다.
"晉師悉起,	"진나라가 군사를 모두 일으켜
將至矣."	이를 것입니다."
鄭人囚而獻諸楚.[20]	정나라 사람이 가두고는 초나라에 바쳤다.

16 근유(瑾瑜): 미옥(美玉)으로 그 바탕은 매우 아름답지만 그 사이에 티(瑕疵)가 없는 것이 없다.

17 이상의 세 구절이 이 구절을 끄집어냈다. 함구(含垢)에 대하여 두예는 "치욕을 참는 것이다"라 하였다. 『노자』에 "나라의 온갖 더러움을 한 몸에 지녀야 그 땅과 곡식의 주인이라 할 것이다(受國之垢, 是謂社稷主)"라 하였다. 이 구절의 뜻은 아마 나라의 임금은 사직의 장구한 이익을 중시하여야 하며 작은 것을 참지 않음으로써 사직에 위해를 끼쳐서는 안 된다는 것일 것이다.

18 초나라가 쇠퇴해질 것을 기다려 일을 도모하라는 뜻이다.

19 「정세가」에서는 "이에 장사를 구하였는데 곽(霍) 사람 해양(解揚)으로 자는 자호(子虎)로 초나라를 속여 송나라로 하여금 항복을 하지 않도록 하였다"라 하였다. 해양은 일찍이 이미 진나라의 대부가 되었으며 문공 8년의 『전』에 보인다. 선공 원년에는 일찍이 초나라의 죄수가 되었던 적이 있으며, 이때는 이미 진나라로 돌아갔으므로 한때 구하여 얻은 장사라 하면 안 될 것으로 사마천은 아마 이설을 채택하였을 것이다. 『설원·봉사(奉使)』편의 서술은 『사기』에 근본한 것이다.

楚子厚賂之,	초자가 그에게 재물을 두터이 주고는
使反其言.[21]	반대로 말하게 하였다.
不許.	허락하지 않았다.
三而許之.	세 번 만에 허락하였다.
登諸樓車,[22]	누거에 올라
使呼宋人而告之.	송나라 사람을 불러 알리게 하였다.
遂致其君命.[23]	결국은 임금의 명령을 전달하였다.
楚子將殺之,	초자가 그를 죽이려 하여
使與之言曰,	그에게 말하게 하였다.
"爾既許不穀,	"네가 이미 나에게 허락을 해놓고는
而反之,	거꾸로 하였으니
何故?	무슨 까닭이냐?
非我無信,	내가 신용이 없는 것이 아니라

20 「정세가」에서는 "정나라를 지나는데 정나라는 초나라와 친하여 이에 해양을 잡아 초나라에 바쳤다"라 하였다.

21 진나라가 구원하러 오지 않을 것이라고 말하게 한 것이다.

22 누거(樓車): 아마 곧 성공 16년『전』의 소거(巢車)일 것으로 아마 병거 가운데 비교적 높은 것이며 적을 망보기 위한 것일 것이다. 나머지는 성공 16년의『전』과『주』에 상세하다.

23 「정세가」에서는 "마침내 초나라와의 언약을 어겨 진나라 임금의 명을 전하여 말하기를 '진나라가 바야흐로 모든 병력을 있는 대로 동원하여 송나라를 구원하러 올 것이니 송나라가 위급하더라도 부디 초나라에 투항하지 않으면 진나라 군사가 지금 이를 것이다'라 하였다"라 하였다.『설원·봉사(奉使)』편에도 이 일이 수록되어 있다.

女則棄之.	네가 그것을 저버렸다.
速卽爾刑!”	속히 너의 형벌에 임하라!”
對曰,	대답하여 말하였다.
“臣聞之,	“신이 듣건대
君能制命爲義,	임금은 명을 제정할 수 있음이 의리이옵고
臣能承命爲信,[24]	신하는 명을 받들 수 있는 것이 신의라
信載義而行之爲利.	신의로 의를 실어 행하는 것이 이(利)라 한다고 하였습니다.
謀不失利,	계책을 내어 이(利)를 잃지 않고
以衛社稷,	사직을 지키는 것이
民之主也.[25]	백성의 주인입니다.
義無二信,[26]	의리에는 두 가지 신의가 없고
信無二命.[27]	신의에는 두 가지 명이 없습니다.

24 명령을 제정하고 발포하는 것이 군주의 일이니 이렇게 하는 것이 당연하고 합리적이며, 명령을 받아 이를 끝까지 관철시키는 것은 신하의 일로 이를 신의로 지켜야 한다는 말이다. 승(承)은 받들어 행하는 것이다.

25 『전』에는 모두 다섯 번 “백성의 주인이다(民之主也)”라는 말이 나오는데 모두 경대부를 가리키니, 이를테면 선공 2년에서는 진나라 조돈(趙盾)을 가리키고 소왕 5년에서는 정나라 한호(罕虎)를 가리키며 여기서는 해양이 은연중에 자신을 가리키고 있다.

26 두예는 “의를 행하고자 하는 사람은 두 가지 신의를 행하지 않는다”라 하였다.

27 두예는 “신의를 행하고자 하는 사람은 두 가지 명을 받지 않는다”라 하였다.

君之賂臣,	임금께서 제게 재물을 내린 것은
不知命也.[28]	명을 모르는 것입니다.
受命以出,	명을 받자와 나왔으니
有死無霣,[29]	죽더라도 실추시키지 않아야 하거늘
又可賂乎?	또한 재물이 가당키나 하겠습니까?
臣之許君,	신이 임금께 허락한 것은
以成命也.[30]	명을 이루기 위해서였습니다.
死而成命,	죽음으로 명을 이루었으니
臣之祿也.[31]	신의 복입니다.
寡君有信臣,[32]	과군께는 신의 있는 신하가 있고
下臣獲考死,[33]	하신은 명을 이루고 죽게 되었으니
又何求?"	또한 무엇을 바라겠습니까?"
楚子舍之以歸.[34]	이에 초자는 풀어 주어 돌려보냈다.

---

28 이는 초왕이 "신의에는 두 가지 명이 없다"는 말을 모르기 때문에 해양에게 재물을 내려 배반하도록 바꾸어 그의 명을 전하게 하였다는 말이다.

29 운(霣)자는 "隕"과 같은 뜻이며 두예는 "실추시키는 것(廢隊)이다"라 하였다. 죽는 한이 있더라도 명을 버릴 수는 없다는 말이다.

30 신이 임금에게 허락한 것은 임금의 사명을 완성하고자 하는 것이라는 말이다.

31 『설문(說文)』에서 "녹(祿)은 복이다"라 하였다.

32 두예는 "자신이 임금의 명을 폐기하지 않았기 때문이다"라 하였다.

33 두예는 "考"자에서 구절을 끊었으며 "死"자는 아래 구절에 붙여 읽었는데 틀렸다. 고사(考死)는 한 단어로 『상서·홍범(洪範)』의 "고종명(考終命)"과 같은 말이다. 여기서는 타당하게 죽는 것을 이른다.

34 「정세가」에서는 "초왕의 여러 아우가 모두 왕에게 사면하라고 간하여 이에 해양을 사면하여 돌려보냈다. 진나라는 그에게 상경의 벼슬을 내렸다"라 하였다. 『설원·봉사』편에서

夏五月,	여름 5월에
楚師將去宋,[35]	초나라 군사가 송나라를 떠나려 하자
申犀稽首於王之馬前曰,	신서가 왕의 말 앞에서 머리를 조아리고 말하였다.
"毋畏知死而不敢廢王命,	"무외는 죽을 줄을 알면서도 왕의 명을 감히 폐하지 않았는데
王棄言焉."[36]	왕께서는 말을 버리십니까?"
王不能答.	왕은 대답을 할 수가 없었다.
申叔時僕,[37]	신숙은 당시 마부였는데
曰,	말하였다.
"築室,	"집을 짓고
反耕者,[38]	농사짓는 사람들을 돌아오게 하면

도 이렇게 말하였다. 초나라가 해양을 돌려보낸 것이 누구의 진언으로 말미암아서인가에 대해서는 「진세가」에도 보인다. 진나라에서 상경의 벼슬을 내린 일은 아마 없을 것이다. 해양이 정말로 진나라의 상경이 되었다면 반드시 『전』의 문장에 다시 등장을 할 것인데 해양은 더 이상 보이지 않는다.

35 지난해 가을 9월 초자가 송나라를 에워싼 날로부터 지금까지는 이미 아홉 달이 지났는데, 「송세가」와 「초세가」에서는 모두 "송나라를 에워싼 지 다섯 달이 되었다"라고 잘못 말하고 있다. 『공양전』 및 「송세가」에서는 모두 초나라 군사들의 양식이 다했다고 하였는데 그럴지도 모르겠다.

36 두예는 "송나라를 복종시키지 못하고 떠나기 때문에 말을 버렸다고 하였다"라 하였다. 지난해 신주(申舟)가 제나라를 빙문한 『전』을 참고하라.

37 이때 신숙시는 왕을 위해 수레를 몰았다.

38 유문기(劉文淇)의 『구주소증(舊注疏證)』에서는 "집을 짓고 농사짓는 사람들을 되돌아오게 하는 것은 옛사람들이 군사를 포위하여 오래 머물게 하는 방법일 것이다. 『진서·

宋必聽命."

송나라는 반드시 명을 따를 것입니다."

從之.

그 말대로 하였다.

宋人懼,

송나라 사람이 두려워하여

使華元夜入楚師,

화원에게 밤에 초나라 군사에게 잠입하게 하여

登子反之牀,

자반의 침상으로 올라가

起之,[39]

그를 일으켜

曰,

말하였다.

"寡君使元以病告,

"과군께서 나를 보내어 곤경을 알리게 하여

曰,

말하기를

'敝邑易子而食,

'우리나라는 자식을 바꾸어 잡아먹고

석륵재기(晉書·石勒載記)」에 석륵이 이용(李龍)을 보내어 서감(徐龕)을 치는데 서감이 굳게 지키기만 할 뿐 싸우지를 않자, 이에 집을 짓고 농민을 돌아오게 하여 길게 늘어서서 에워싸 지키게 하였다.「모용준전(慕容儁傳)」에는 모용각(慕容恪)이 광고(廣固)에게 나아가 에워쌌는데 여러 장수들이 모용각에게 빨리 공격을 하라고 권하였다. 모용각이 말하기를 '저들이나 우리나 세력이 균등하고 또한 강한 원조가 있으니 옭아매어 지키면서 피폐해지기를 기다리는 수밖에 없다'라 하고는 이에 집을 짓고 농민들을 돌아오게 하여 굳게 진루를 에워쌌다.「독발누단전(禿髮耨檀傳)」에서는 몽손(蒙孫)이 낙도(樂都)를 에워쌌으나 30일 동안 이기지를 못하였다. 이에 집을 짓고 농민들을 돌아오게 하여 지구전을 썼다. 이는 모두 신숙시의 계책을 쓴 것이다"라 하였다.

39 화원이 어떻게 밤에 초나라 군영으로 들어갔으며 또한 자반의 침상에 올라갈 수 있었는지에 대해서는 후인들이 자못 많이 추측을 하였으나 여기에는 수록하지 않는다.

析骸以爨.[40]	해골을 쪼개어 때는 실정입니다.
雖然,	비록 그렇기는 하나
城下之盟,	성 아래의 맹약은
有以國斃,	나라가 망해도
不能從也.[41]	따를 수가 없습니다.
去我三十里,[42]	우리에게서 30리만 물리면
唯命是聽.'"[43]	명을 따르겠습니다'라 하였습니다."
子反懼,	자반이 두려워하여
與之盟,[44]	그와 맹약을 하고
而告王.	왕에게 알렸다.
退三十里,	30리를 물리고
宋及楚平.	송나라는 초나라와 화평을 맺었다.
華元爲質.[45]	화원은 인질이 되었다.
盟曰,	맹약하여 말하기를
"我無爾詐,	"우리는 귀국을 속이지 않으니

40 식량과 연료가 다 떨어져 곤란이 극도에 달하였다는 것을 말한다.

41 나라와 함께 망할지라도 성하(城下)의 맹약을 따를 수는 없다는 말이다.

42 30리는 1사(舍)이다.

43 이상은 화원이 송공의 말을 전술한 것이다.

44 공영달은 복건의 말을 인용하여 "화원과 사적인 맹약을 맺고 군사를 물릴 것을 허락하였다"라 하였다.

45 성공 2년 및 5년의 『전』에 의하면 화원은 아마 오래지 않아 송나라로 귀국하여 공자 위구(公子圍龜)를 대신하였을 것이다.

爾無我虞."[46]	귀국도 우리를 속이지 마십시오"라 하였다.
潞子嬰兒之夫人,	노자 아영의 부인은
晉景公之姊也.	진나라 경공의 누이이다.
酆舒爲政而殺之,	풍서가 위정자가 되어 그를 죽이고
又傷潞子之目.	또 노자의 눈에 상해를 입혔다.
晉侯將伐之.	진후가 그를 치려고 하였다.
諸大夫皆曰,	대부들이 모두 말하기를
"不可.	"안 됩니다.

46 우(虞): 기(欺), 곧 속인다는 뜻이다. 이는 두 나라 모두 서로 속이지 않겠다는 말이다. 이 전역에서 초나라 장수로는 또한 자중(子重)이 있는데, 성공 7년의 『전』에 보인다. 『공양전』에서는 "장왕이 송나라를 포위하였는데 군중에는 7일치의 양식뿐이어서 이 양식이 다할 때까지 이기지 못하면 진채를 뽑고 돌아가야 하였다. 이에 사마자반으로 하여금 사다리를 타고 송나라의 성을 엿보게 하고 송나라 화원 또한 사다리를 타고 나와 그를 만났다. ……"라 하였으며, 나머지는 『전』에서 서술한 정황과 대동소이하다. 『한시외전』의 서술도 같은데 대개 여기에 근거한 것 같다. 『여씨춘추·행론(行論)』에서는 "군사를 일으켜 송나라를 에워싼 지 9개월이 되니 송나라 사람들은 자식을 바꿔 잡아먹고 뼈를 쪼개어 땠다. 송공이 상체를 드러내고 희생을 끌고 상복을 입은 후 어려움을 호소하기를 '대국에서 용서해 주고 도모해 주신다면 명을 따르겠습니다'라 하니, 장왕이 '진실되도다, 송공의 말이!'라 하고는 이에 40리를 물리고 노문(盧門)의 문밖에 군대를 주둔시키니 강화를 맺고 돌아가기 위함이었다"라 하여 전반적으로 모두 『전』과는 다른데, 아마 전해진 말이 갈라져서일 것이다. 『연표』에서는 또한 정나라를 "초나라를 도와 송나라를 쳤다"라 하였는데 『전』에는 또한 수록되지 않았으며, 「세가」에서도 말하지 않았으니 이는 다만 "애양을 잡은 것"만 가리켜 말한 것 같다. 지난해 9월 초나라가 송나라를 포위한 이래 이해의 초나라와 송나라가 강화를 맺을 때까지는 모두 9개월로 『여씨춘추·신세(愼勢)』편과 『여씨춘추·행론(行論)』편에서 모두 "송나라를 포위한 지 9개월"이라 말한 것은 옳다. 『사기·연표』 및 「송세가」, 「초세가」에서는 "5개월"이라 하였는데 틀렸다.

酆舒有三儁才,[47]	풍서에게는 세 가지 빼어난 재주가 있으니
不如待後之人."[48]	나중의 사람을 기다림만 못합니다" 라 하였다.
伯宗曰,	백종이 말하였다.
"必伐之.	"반드시 쳐야 합니다.
狄有五罪,	적에게는 다섯 가지 죄가 있으니
儁才雖多,	빼어난 재주가 많다 한들
何補焉?	무슨 보탬이 되겠습니까?
不祀,	제사를 지내지 않는 것이
一也.[49]	첫째입니다.
耆酒,	술을 좋아하는 것이
二也.[50]	둘째입니다.
棄仲章而奪黎氏地,	중장을 버리고 여씨의 땅을 빼앗은 것이

47 준(儁): 준(俊)과 같다. 공영달은 "세 가지 빼어난 재주가 있다는 것은 재예가 남보다 나은 것이 세 가지가 있다는 것을 알 따름이며 그 세 가지가 어떤 것인지는 모른다"라 하였다.

48 노나라에 준재가 없어지고 난 다음에 침만 못하다는 말이다.

49 그 조상에게 제사를 드리지 않는 것을 말한다.

50 기(耆)는 기(嗜)와 같다. 상나라의 주(紂)는 술을 좋아하였으며 옛날에는 이것이 멸망당한 이유 중의 하나로 간주하였으므로 주나라 초기에는 술을 즐기는 것을 엄금하였으니, 『상서·주고(酒誥)』 같은 것을 보면 알 수 있다.

三也.[51]	셋째입니다.
虐我伯姬,	우리 백희를 죽인 것이
四也.[52]	넷째입니다.
傷其君目,	임금의 눈에 상해를 입힌 것이
五也.	다섯째입니다.
怙其儁才,[53]	그 빼어난 재주를 믿고
而不以茂德,[54]	아름다운 덕을 펴지 않았으니
玆益罪也.[55]	이는 더욱 죄가 큽니다.
後之人或者將敬奉德義以事神人,	나중의 사람이 혹 덕행과 의리를 삼가 받들어 신명을 섬기어

---

51 두예는 중장은 노나라의 현인이라 하였다. 여(黎)는 본래 은상(殷商)의 옛 나라로 「상서」의 「서백감려(西伯戡黎)」가 곧 이것이다. 『여씨춘추·신대람(愼大覽)』에서 말한 무왕이 제요(帝堯)의 후예를 여에 봉하게 하였다는 것이 또한 바로 이것이다. 청나라 『가경일통지(嘉慶一統志)』에 의하면 여나라는 본래 지금의 산서성 장치현(長治縣) 서남쪽 30리 지점에 있는 여후령(黎侯嶺) 아래에 있으며 그 후에 진(晉)나라가 여후(黎侯)를 세웠다고 하였는데, 혹 지금의 여성현(黎城縣) 북쪽으로 옮겼을 것이다. 이 구절은 두 가지 일을 한꺼번에 말하는데 아마 중장이 일찍이 여씨의 땅을 빼앗은 것을 간하자 그를 쓰지 않고 버린 것일 것이다.

52 혜동(惠棟)의 『보주(補注)』에서는 "위에서는 '풍서가 위정자가 되어 그를 죽였다'라 하고 여기서는 '죽였다(虐)'라 한 것은 『상서·여형(呂刑)』에 '다섯 가지 사나운 형벌을 만들었다(惟作五虐之刑)'라 한 것을 『묵자』에서는 '다섯 죽이는 형벌(五殺之刑)'이라 인용하였으며, 『논어』(「요왈(堯曰)」)에서는 '가르치지 않고 죽이는 것을 학이라 한다(不敎而殺謂之虐)'라 하였고, 18년의 『전』에서는 또한 '무릇 내부에서 그 임금을 죽이는 것을 시라고 한다(凡在內虐其君曰弑)'라 하여 모두 '학(虐)'을 '살(殺)'로 보았다"라 하였다.

53 호(怙): 믿는 것(恃)이다.

54 무덕(茂德): 미덕(美德) 또는 성덕(盛德)과 같다.

55 자(玆)는 차(此)와 같다. 죄상을 더하는 것이라는 말과 같다.

而申固其命,[56]	그 명운을 펴서 공고히 한다면
若之何待之?[57]	그 어찌 기다리겠습니까?
不討有罪,	죄가 있는데도 토벌하지 않고
曰'將待後',	'나중을 기다리리라' 하고는
後有辭而討焉,[58]	후임자가 말을 하여서야 토벌한다면
毋乃不可乎?	안 되지 않겠습니까?
夫恃才與衆,	대체로 재주와 대중을 믿는 것은
亡之道也.	멸망의 길입니다.
商紂由之,[59]	상나라의 주는 그 길을 갔기 때문에
故滅.	멸망당하였습니다.
天反時爲災,[60]	하늘이 때를 위반하면 재해가 되고
地反物爲妖,[61]	땅이 물성을 위반하면 이변이 되며
民反德爲亂.[62]	백성이 덕을 위반하면 화란이 됩니다.

56 그 국가의 명운을 굳게 한다는 말과 같다.

57 만약 풍서를 잇는 위정자가 그 덕의(德義)를 잘 받들 수 있고 또한 귀신에게 제사를 잘 지내어 그 국가를 강하고 굳세게 만든다면 토벌을 할 수 없을 것이라는 뜻이다.

58 후유사(後有辭): 풍서의 후계자가 잘 다스리는데 토벌한다면 진나라가 도리가 없게 된다는 것을 말한다.

59 유(由): 그 길을 따라 가는 것으로, 상나라 주(紂)임금은 전하기에 또한 재주와 백성을 믿은 자라고 한다.

60 추워야 하는데 덥고 더워야 하는데 추우면 재해가 된다는 것이다.

61 뭇 사물이 그 상성(常性)을 잃는 것을 고인들은 요괴(妖怪)라 하였다.

62 일을 행하는 준칙이 덕인데 그것을 위반하면 화란이 된다.

亂則妖災生.[63]	화란이 생기면 이변과 재해가 생겨납니다.
故文,	그러므로 문자는
反正爲乏.[64]	정자를 거꾸로 하면 핍자가 됩니다.
盡在狄矣."	이는 모두 적에 달렸습니다."
晉侯從之.	진후가 그대로 하였다.
六月癸卯,[65]	6월 계묘일에
晉荀林父敗赤狄于曲梁,[66]	진나라 순림보가 곡량에서 적적을 물리쳤으며,
辛亥,[67]	신해일에는

63 천재(天災)와 지요(地妖)는 백성들의 화란에서 발생함을 이른다.

64 소전(小篆)의 정(正)자는 正이며 핍(乏)자는 丏으로 모양이 정자의 반대인 것같이 생겼으므로 종백이 "정자를 거꾸로 하면 핍자가 된다"고 하였다. 『설문(說文)』에서도 이 말을 인용하여 핍(乏)자를 설명하였는데, 사실 조자의 원래 뜻은 이렇지는 않았을 것이다. 청나라 왕소란(王紹蘭)의 『경설(經說)』 권4에서는 『주례·춘관·사인(春官·射人)』의 정사농(鄭司農)의 주석을 가지고 풀이하여 말하기를, "화살을 받는 것을 정(正)이라 하고 화살을 막는 것을 핍(乏)이라 하여 그 쓰임이 상반된다"라 하여 본 『전』의 글과는 맞지 않는다. 백종의 뜻은 아마 풍서가 정도와 상반되게 행하므로 반드시 궁핍한데 이를 것이라는 말일 것이다.

65 계묘일은 18일이다.

66 곡량은 둘이 있는데 양공 3년 『전』의 양간(楊干)이 난을 일으킨 곡량은 지금의 하북성 영년현(永年縣) 경계에 있고, 이곳의 곡량은 노국(潞國) 부근에 있을 것으로 하북에서 멀지 않을 것인데 두예는 두 곳을 한 곳으로 생각하였다. 남조(南朝) 양(梁)나라 유소(劉昭)의 『후한서·군국지(郡國志)』 주석에서는 『상당기(上黨記)』를 인용하여 곡량은 노성(潞城) 서쪽 10리에 있다고 하였는데 옳다. 지금의 명칭은 석량(石梁)으로 노성현 북쪽 40리 지점에 있다. 그런데 이길보(李吉寶)의 『원화군현지(元和郡縣志)』에서는 지금의 산서성 심현(沁縣)의 조금 서쪽에서 남쪽, 옛 단량성(斷梁城) 동북쪽 40리 지점에 있다고 하였는데, 여기서는 그 설을 따르지 않는다.

67 신해일은 26일이다. 『경』에서는 "계묘"일이라 하였는데, 두예는 부고를 따른 것이라고 하

滅潞.	노를 멸하였다.
酆舒奔衛,	풍서는 위나라로 달아났는데
衛人歸諸晉,	위나라 사람이 진나라로 돌려보내어
晉人殺之.	진나라 사람이 그를 죽였다.

王孫蘇與召氏, 毛氏爭政,[68]	왕손소와 소씨 및 모씨가 정치를 놓고 다투어
使王子捷殺召戴公及毛伯衛,[69]	왕자 첩으로 하여금 소대공 및 모백위를 죽이게 하고는
卒立召襄.[70]	마침내 소양을 세웠다.

秋七月,	가을 7월에
秦桓公伐晉,	진나라 환공이 진나라를 쳤는데
次于輔氏.[71]	보씨에 머물렀다.
壬午,[72]	임오일에

였다.

68 두예는 "세 사람이 모두 왕의 경사이다"라 하였다.

69 두예는 "왕자 첩은 곧 왕찰자(王札子)이다"라 하였다.

70 두예는 "양은 소대공(召戴公)의 아들이다"라 하였다.

71 두예는 "보씨는 진(晉)나라 땅이다"라 하였다. 『조읍현지(朝邑縣志)』에 의하면 조읍(朝邑) 서북쪽 13리 지점에 보씨성이 있으니 곧 지금의 섬서성 대려현(大荔縣) 동쪽에서 20리가 안 된다.

72 임오일은 27일이다.

晉侯治兵于稷,[73]	진후가 직에서 군사훈련을 행하고는
以略狄土,[74]	적나라 땅을 강탈한 후
立黎侯而還.[75]	여후를 세우고 돌아갔다.
及雒,[76]	낙에 이르러
魏顆敗秦師于輔氏,	위과가 보씨에서 진나라 군사를 물리치고
獲杜回,	두회를 사로잡았는데
秦之力人也.	진나라의 역사였다.
初,	처음에
魏武子有嬖妾,[77]	위무자에게는 애첩이 있었는데
無子.	자식이 없었다.
武子疾,	무자는 병이 들자

73 직(稷): 진(晉)나라 땅. 지금의 산서성 직산현(稷山縣) 남쪽 50리 지점에 직산(稷山)이 있는데, 산 아래에 직정(稷亭)이 있으며 전하는 바로는 진후가 군사훈련을 행한 곳이라 한다.

74 양웅(揚雄)의 『방언(方言)』에서 "약(略)은 강제로 빼앗는 것이다"라 하였다. 진나라가 비록 노나라를 멸하기는 하였지만 나머지 적나라는 반드시 복종을 하지 않았을 것이므로 진나라가 군사 훈련을 하여 강제로 빼앗은 것이다.

75 여(黎)는 본래 오래된 나라로 소공 4년의 『전』에 보인다. 노나라가 여씨의 땅을 빼앗았는데 진나라가 다시 복위시킨 것이다. 『방여기요(方輿紀要)』에 의하면 산서성 여후성은 지금의 여성현(黎城縣) 동북쪽 80리 지점에 있다.

76 낙은 진(晉)나라 땅이다. 『방여기요(方輿紀要)』에 의하면 낙수(洛水)는 포성현(蒲城縣) 동남쪽으로 흘러 조읍진(朝邑鎭) 남쪽에 이르러 황하로 흘러든다. 곧 낙은 낙수 때문에 얻게 된 이름으로 지금의 대려현(大荔縣) 동남쪽에 있다.

77 두예는 "무자는 위주(魏犨)로 위과의 아버지이다"라 하였다.

命顆曰,	위과에게 명하기를
"必嫁是."	"반드시 이 애를 개가시키거라"라 하였다.
疾病,[78]	병이 위독해지니
則曰,	말하기를
"必以爲殉!"[79]	"반드시 순장시켜라!"라 하였다.
及卒,	죽자
顆嫁之,	위과는 그 여자를 개가시키고는
曰,	말하기를
"疾病則亂,[80]	"병이 위독해지면 정신이 혼란해지니
吾從其治也."[81]	내 정신이 맑을 때의 명을 따랐다"라 하였다.
及輔氏之役,	보씨의 전역 때

78 고인들은 병이 위독해지는 것을 질병이라 하였다.

79 첩을 순장시키는 것은 노예사회의 유속(遺俗)으로, 고고학적 발굴에 나타난 것을 보면 감숙성 무위(武威)의 황낭낭대(皇娘娘臺) 및 임하(臨夏)의 진위가(秦魏家), 제가(齊家) 문화의 씨족 공묘에서는 남자 하나 여자 하나, 혹은 남자 하나 여자 둘의 합장묘가 발견되었다. 남자는 위를 보고 누워 사지가 곧게 펴져 있는데 죽은 사람이고 여자는 곁으로 구부러진 채 누워 사지가 남자의 시체에 붙어 있는데 순장된 사람이다.

80 란(亂): 사람의 신지(神智)가 맑지 못한 것을 말하므로 술에 취하였을 때도 란(亂)이라 하는데 『논어·향당(鄕黨)』편에서 "술은 정해진 양은 없었는데 어지러워질 때까지 이르지는 않았다(唯酒無量, 不及亂)"라 한 것으로 알 수 있다.

81 치(治): 위의 란(亂)과 상대되는 말로 신지가 맑게 깨어 있을 때를 이른다. 『열자·양주(列子·楊朱)』편에 "그대는 어찌하여 때때로 깨어 있지 않느냐(子奚不時其治也)"라는 말이 있는데, 깨어 있을 때를 찾는다는 것을 이른다.

顆見老人結草以亢杜回.[82]	위과는 노인이 풀을 엮어 두회를 막는 것을 보았다.
杜回躓而顚,[83]	두회가 고꾸라져 넘어졌으므로
故獲之.	그를 사로잡았다.
夜夢之曰,	밤이 되어 그 노인이 나오는 꿈을 꾸었는데 말하기를
"余,	"나는
而所嫁婦人之父也.[84]	그대가 개가시킨 부인의 아비요.
爾用先人之治命,	그대가 선인의 정신이 맑을 때의 명을 따랐으므로
余是以報."[85]	내가 보답을 한 것이오"라 하였다.

---

82 『광아·석고(釋詁)』에서 "항은 막는 것(遮)이다"라 하였다. 풀을 엮어 그가 가는 길을 가로막는 것을 이른다. 두예는 "항은 맞서서 막는 것(禦)이다"라 하였는데 확실치 않다.

83 지(躓): 갈 때 발이 장애물에 걸려 넘어지는 것이다. 『설문(說文)』에는 "疐"로 되어 있는데 "걸리어 가지 못하는 것이다"라 하였다. 「연책」의 "첩에게 약을 따라 바치게 하였는데 첩이 일부러 넘어져 엎어버렸다(佯躓而覆之)"와 『열자·설부(說符)』에서 "뜻이 있는 사람은 말이 그루터기와 구덩이에 엎어지거나(足躓株埳) 머리가 나무에 닿아도 스스로 알지를 못한다"라는 것이 모두 이런 뜻이다. 전(顚)은 부(仆), 곧 전복된다는 뜻이다.

84 이(而): 2인칭 대명사로 이(爾)와 같은 뜻이다.

85 「진어(晉語) 7」에서는 "지난날 노(潞)나라를 이긴 전역에서 진(秦)나라가 진(晉)나라의 공을 허물려고 했는데, 위과가 보씨에서 진나라 군사를 물리치고 친히 두회를 막아 그 공로가 경종(景鍾)에 새겨졌다"라 하였다. 이 일은 미신으로 믿을 수는 없지만, 또한 당시에 산 사람을 순장시키지는 않았지만 그래도 여전히 사람을 순장시키는 습속이 있음을 알 수 있다. 1969년 후마(侯馬)의 교촌(喬村)에서 전국시대에 사람을 순장한 묘가 발견되어 전국시대에도 사람을 순장시켰음을 알 수 있다.

晉侯賞桓子狄臣千室,[86]

진후는 환자에게 적나라 신하 천 호를 상으로 주었으며

亦賞士伯以瓜衍之縣,[87]

또한 사백에게는 과연의 현을 상으로 주고

曰,

말하였다.

“吾獲狄土,

“내가 적 땅을 얻은 것은

子之功也.

그대의 공이다.

微子,

그대가 없었더라면

吾喪伯氏矣.”[88]

나는 백씨를 잃었을 것이다.”

羊舌職說是賞也,[89]

양설직이 이번에 내린 상을 두고

曰,

말하기를

“周書所謂‘庸庸祗祗’者,[91]

“『주서』에서 이른바 ‘쓸 만한 사람을 쓰고 공경할 만한 사람을 공경한다’는 것은[90]

---

86 적신(狄臣): 적나라 사람으로 노예가 된 사람이다. 실(室)은 그들이 거주하던 곳이기 때문에 단위사로 쓰였다. 노예를 상으로 내렸다면 경작할 토지도 함께 상으로 내렸을 것이다.

87 두예는 “사백은 사정자(士貞子)이다”라 하였다. 사악탁(士渥濁)이 순림보(荀林父)를 죽이도록 간한 일은 12년의『전』에 보인다. 과연의 현은『휘찬(彙纂)』에서는 곧 지금의 산서성 효의현(孝義縣) 북쪽 10리 지점의 과성(瓜城)이라고 하였다.

88 백씨는 순림보이며 자가 백(伯)이므로 “백씨(伯氏)”라 불렀는데, 다음 해『전』에서 주정왕(周定王)이 사회(士會)를 계씨(季氏)라 부른 것과 같다. 만약 네가 없었더라면 나는 순림보를 잃었을 것이라는 뜻이다.

89 두예는 “양설직은 숙상(叔向)의 아버지이다”라 하였다. 설(說)은 해설하다, 천명하다의 뜻이다.

90 두예는 “『주서』는「강고(康誥)」이다. 용(庸)은 용(用)과 같다. 지(祗)는 공경하다이다. 문

謂此物也夫.[91]	이런 무리를 이르는 것이로고.
士伯庸中行伯,[92]	사백이 중항백을 쓰자
君信之,	임금께서는 믿으셨고
亦庸士伯,[93]	또한 사백을 쓰셨는데
此之謂明德矣.	이를 일러 밝은 덕이라고 합니다.
文王所以造周,	문왕이 주나라를 세운 것도
不是過也.	이에 지나지 않습니다.
故詩曰'陳錫哉周',[94]	그러므로 『시』에서 이르기를 '이로움 펴서 내리시어 주나라 세우셨네'라 하였는데
能施也.	베풀 수 있었음을 말합니다.
率是道也,[95]	이 도를 따른다면

왕이 쓸 만한 사람을 쓰고 공경할 만한 것을 공경할 수 있었다는 것이다"라 하였다.

91 물은 따위(類)이다. 소공 원년 『전』의 "말로 무리를 안다(言以知物)"와 「진어 6」의 "초목이 나는 것처럼 각기 그 무리로써 한다(各以其物)"에서 위소와 두예는 모두 말하기를 "물은 무리이다"라 하였다.

92 사백이 중항환자를 쓸 만하다고 생각한 것을 가리킨다. 이 용(庸)자는 동사로 의동(意動) 용법이다.

93 또한 사백을 쓸 만하다고 생각한 것이다.

94 『시경·대아·문왕(大雅·文王)』편에 보인다. 「주어 상」에서는 "「대아」에서는 '이로움 펴서 내리시어 주나라 세우셨네'라 하였으니 이로움을 펴고 어려움을 두려워한 것 아니겠는가? 그러므로 능히 주나라를 세워 지금에 이른 것이다"라 하였다. "哉"자는 "載"로 되어 있는데 고자는 통용된다. "이로움을 편다(布利)"로 "陳錫"을 해석 하였으니, 진은 편다는 뜻이고, 석(錫)은 내린다는 뜻이며, 그 이로움을 펴서 나에게 내려 주는 것을 말한다. 『전』에서도 "능히 베푼다(能施)"는 말로 "陳錫"을 풀이하였다. 재(哉)와 재(載)는 모두 창시(創始)의 뜻이며 『전』에서도 "주나라를 만들다(造周)"라는 말로 "哉周"를 해석하였다. 모두 「진어」에서 인용한 『시』와 뜻이 부합한다.

其何不濟?”	그 어찌 이루지 못하겠습니까?”
晉侯使趙同獻狄俘于周,	진후가 조동으로 하여금 주나라에 적의 포로를 바치게 하였는데
不敬.	공경스럽지 않았다.
劉康公曰,[96]	유강공이 말하기를
“不及十年,	“10년이 되지 않아
原叔必有大咎.[97]	원숙에게는 필시 큰 화가 있을 것이다.
天奪之魄矣.”[98]	하늘이 그의 넋을 빼앗았다.”
初稅畝,[99]	처음으로 전무에 부세를 거둔 것은
非禮也.	예의에 맞지 않았다.
穀出不過藉,[100]	징수하는 곡식은 규정된 부세를 넘으면 안 되니

95 그 도를 따라서 행하는 것이다.

96 두예는 “유강공은 왕계자(王季子)이다”라 하였다.

97 두예는 “원숙은 조동(趙同)이다”라 하였다.

98 지(之): “그 기(其)”자의 뜻이다. 소공 25년의 『전』에서는 “마음이 정하고 상쾌한 것을 일러 혼백이라고 한다. 혼백이 떠나면 어찌 오래갈 수 있겠는가?”라 하였다. 대체로 고인들은 사람은 껍질 외에 별도로 이른바 “혼백”이 있다고 생각하였다. 두예는 “성공 8년 진나라가 조동을 죽이는 것의 복선이다”라 하였다.

99 이때부터 전무(田畝)의 많고 적음에 따라 세금을 거두었다. 이는 고대의 제도에 대한 큰 개혁으로 진보적인 의의와 작용이 있다.

以豐財也.	재산을 풍부하게 하기 위함이다.
冬,	겨울에
蝝生,	황충의 유충이 발생해
饑.	기근이 들었다.
幸之也.[101]	다행으로 여겨서이다.

---

100 자(藉): 「노어 하」에 "선왕이 토지를 제정하여 전부를 힘에 따라 징수한다(先王制土, 藉田以力)"라는 말이 있는데, 곧 이 자(藉)의 뜻이다. 자(藉)는 빌리다, 남의 도움을 입는다는 뜻으로 백성들의 힘을 빌려 농사를 짓는다는 뜻이다. 아마 은·주 이래 정전제(井田制)가 행하여졌을 것이다. 정전제에는 사전(私田)도 있고 공전(公田)도 있다. 농노는 공전에서 무상의 노동의 의무를 행하는데 이것이 이른바 자법(藉法)이다. 그 후 생산력이 날로 발전하자 이 생산력을 속박하는 정전제가 쇠퇴하게 되었다. 처음으로 전부에 세금을 부과하였다는 것은 노나라가 정식으로 정전제를 폐지하여 없애겠다는 것을 공표한 것으로 토지의 사유권을 승인하여 일률적으로 세금을 걷겠다는 것을 표명한 것이다.

101 황충의 유충이 발생하여 재해가 되었으며 기근이 들기까지 하였는데 어째서 "다행히 여겼다"라 한 것인지 실로 이해할 수가 없다. 두예는 "황충의 유충이 재해를 일으키지 않았는데도 기록을 한 것은 다행스럽게도 그것이 겨울에 발생하여 사물에 해가 되지 않았기 때문이다"라고 하였는데 이 또한 통할 수 없다. 노나라의 겨울은 하력으로 가을인데 어찌하여 "사물에 해가 되지 않았는가?" 또한 『경』과 『전』에서 분명히 "기근이 들었다"라 하였으니 해가 된 것은 분명하다. 우창(于鬯)의 『향초교서(香草校書)』에서는 "幸"은 실은 "㚔(은은 놀라게 할 녑, 다행 행)"이라 하였는데 『설문(說文)』에서는 "사람을 경계하는 것이다"라 하였다. "㚔"자를 따르는 자는 예서에서는 모두 "幸"자를 따르는데 이를테면 집(執), 칩(蟄), 숙(塾)자 등이 모두 그러하므로 후인들이 "㚔"자를 "幸"자로 혼동하여 요행이니 행운으로 해석하였는데, 이는 실로 잘못된 것이다. "㚔之"는 "벌을 내린 것이다(罪之)"라는 뜻인데, 곧 선공이 전무에 세금을 부과한 것을 벌주었다는 것이다. 이는 『공양전』의 뜻을 쓴 것인데 완전히 합치되지는 않는다. 『곡량전』에서는 "황충의 유충이라 한 것은 전무에 세금을 부과한 것이 재해가 되지 않았다는 것이다"라 하여 또한 『공양전』의 뜻을 반박하였다. 그러나 『공양전』에서도 "황충의 유충이 발생한 것은 기록하지 않는다. 이는 어째서 기록한 것인가? 다행스럽게 여겨서이다"라 하였으니 『공양전』에서도 "행(幸)"으로 보았다.

선공 16년

經

十有六年春王正月.[1]	16년 봄 주력으로 정월.
晉人滅赤狄甲氏及留吁.[2]	진나라 사람이 적적갑씨 및 유우를 멸하였다.
夏,	여름에
成周宣榭火.[3]	성주의 선사에 화재가 발생하였다.

---

1 십유육년(十有六年): 무진년 B.C. 593년으로 주정왕(周定王) 14년이다. 지난해 윤12월 27일 기묘일이 동지로 건축(建丑)이다.

2 두예는 "갑씨와 유우는 적적의 별종(別種)이다. 진나라가 이미 노씨(潞氏)를 멸하고 이해에 또 그 잔당을 합병한 것이다"라 하였다. 갑씨는 고동고의 『대사표(大事表)』 권5에서 지금의 하북성 계택현 경계에 있다고 하였는데 그 근거를 모르겠으며 믿을 만하지 못하다. 청나라 서문청(徐文凊)의 『관성석기(管城碩記)』 권11에서는 『수경주(水經注)』에 근거하여 지금의 기현(祁縣)에는 후갑(侯甲)이 있으며 후갑수(侯甲水)는 후갑산에서 발원한다고 하였는데, 산은 지금의 무향현(武鄕縣)에 있다. 이에 의거하면 갑씨는 혹 지금의 둔류(屯留) 북쪽 백 리 내외에 있을 것이다. 유우(留吁)는 진나라가 멸한 후에 순류(純留)로 고쳤으며, 양공 18년 『전』의 "손괴(孫蒯)를 순류에서 잡았다"라 한 그 순류이다. 지금의 산서성 둔류현 남쪽 10리 지점에 있다.

3 사(榭)는 『공양전』에는 사(謝)로 되어 있는데 통한다. 화(火)는 『공양전』과 『곡량전』에 모두 "재(災)"로 되어 있다. 성주(成周)는 은공 3년의 『전』과 『주』에 보인다. 선사(宣榭)는 송(宋)나라 여대림(呂大臨)의 『고고도(考古圖)』에 실려 있는 주변돈(周㠱敦)의 명문(銘文)에 "왕이 선사(宣榭)에 이르렀다"라는 말이 있고, 괵계자백반(虢季子盤銘)에도 "왕이 선사(宣廟)에 이르렀다"는 말이 있는데 아마 본래는 사(射)로 되어 있었던 듯하며, 그 후에 편방을 추가하여 사(榭)가 되었을 것이다. 사(榭)는 토대 위에 지어진 청당(廳堂)식 건축으로 활을 쏘고 무를 강습하는 데 쓰인다. 「초어 상」에서는 "옛 선왕이 대사(臺榭)를 지음에 사(榭)는 군사적인 일을 강습함에 지나지 않았고, 대(臺)는 올라서 기상의 길흉을 관망하는 데 지나지 않았으므로 사는 다만 위에서 사졸들을 검열할 수 있었을 뿐이고 대는 다만 올라가 기상의 길흉을 헤아릴 뿐이었다"라 하였다. 『가자·예(賈子·禮)』편에서는 "흉년이 들면 곡식이 익지 않고 대로 가는 문에 길이 나지 않고 사는 관찰하는 것을 그만둔다"라 하였다. 『공양전』과 『곡량전』에서는 모두 선사(宣榭)를 악기를 보관하는 곳이라 하였

秋,	가을에
郯伯姬來歸.	담백희가 돌아왔다.
冬,	겨울에
大有年.[4]	크게 풍년이 들었다.

傳

十六年春,	16년 봄에
晉士會帥師滅赤狄甲氏及留吁鐸辰.[5]	진나라 사회가 군사를 이끌고 적적갑씨 및 유우 탁진을 멸하였다.
三月,	3월에
獻狄俘.[6]	적나라의 포로를 바쳤다.
晉侯請于王,	진후가 왕에게 청하자
戊申,[7]	무신일에

는데 틀렸다. 선사라 한 것은 공양달이 복건의 말을 인용하여 "무위를 선양하는" 뜻이라고 하였으며, 『공양전』에서는 선왕(宣王)의 묘당에 있다고 하였다. 그러나 선왕의 묘당은 성주에 있을 수가 없을 것이므로 『공양전』의 설은 틀렸다. 선사는 또한 소궁(邵宮)에 있으니 반드시 선궁(宣宮)은 아니다.

4 『전』이 없다. 『곡량전』에서는 "오곡이 아주 잘 익은 것을 크게 풍년이 들었다고 한다"라 하였다. 복사(卜辭)의 "㞢年"은 곧 "풍년"이라는 뜻이다.

5 두예는 "탁진을 기록하지 않은 것은 유우에 속한 부족이기 때문이다"라 하였다. 두예가 말한 것에 의하면 탁진은 지금의 산서성 노성현(潞城縣)과 둔류현(屯留縣) 부근에 있을 것이다.

6 두예는 "왕에게 바친 것이다"라 하였다.

7 무신일은 27일이다.

以黻冕命士會將中軍,[8] 불면으로 사회에게 중군장을 명하고

且爲大傅.[9] 아울러 태부로 삼았다.

於是晉國之盜逃奔于秦.[10] 이에 진나라의 도적은 진나라로 달아났다.

羊舌職曰, 양설직이 말하였다.

“吾聞之, “내가 듣건대

‘禹稱善人,[11] ‘우임금이 훌륭한 사람을 등용하자

不善人遠’, 훌륭하지 못한 사람이 멀어졌다’라 하였는데

---

8 불면(黻冕): 고대의 예복의 일종이다. 불은 옷을 가리켜 말하는데 『시경·진풍·종남(秦風·終南)』에 “불 무늬 상의에 수놓은 아랫도리(黻衣繡裳)”라는 구절이 있고, 『예기·예기(禮記·禮器)』에서는 “천자는 곤룡포를 입고 제후는 보(黼)를, 대부는 불(黻)을, 사는 검은 상의에 분홍빛 하의를 입는다”라 하였다. 청나라 금악(金鶚)의 『예설(禮說)』에서는 “곤룡은 상의를 말하며 하의를 말하는 것이 아니니 보불(黼黻)은 모두 상의를 말함을 알 수 있다”라 하였는데 옳은 말이다. 『시경·진풍·종남(秦風·終南)』의 “불의(黻衣)”는 “수상(繡裳)”과 상대되며 또한 『대대예기·오제덕(大戴禮記·五帝德)』편에서도 “황제는 보불(黼黻)의 상의에 큰 띠, 수놓은 하의를 입었다”라 하였다. 『안자춘추·내편·간(晏子春秋·內編·諫) 상』편에서는 “경공이 보불의 상의를 입고 수놓은 하의를 입었다”라 한 것으로 보아 보불은 모두 상의를 말하였음이 더욱 분명하다. 불의는 청색과 흑색의 두 색으로 아(亞)자 형태의 꽃무늬를 수놓은 것으로 환공 2년의 『전』과 『주』에 상세히 나와 있다. 면(冕)은 예모(禮帽)이다. 이 불면은 당시 경대부들의 예복으로 『논어·태백(泰伯)』편에서 우(禹)를 말하여 “의복을 검소하게 하시면서도 불과 면의에 대해서는 아름다움을 다하셨다(致美好黻冕)”라 하여 제복(祭服)으로 써서 여기와는 다르다.

9 『좌전』에 의하면 문공 6년에는 양처보(陽處父)가 태부가 되고, 성공 18년에는 사악탁(士渥濁)이 태부가 되며, 양공 16년에는 양설힐(羊舌肸)이 태부가 되니 아마 진나라의 예형(禮刑)을 주관하는 가까운 관직이었던 것 같으며, 여기서는 중군수(中軍帥)를 겸하였던 것 같다.

10 『열자·설부(說符)』편에 치옹(郄雍)이 도둑을 보는 고사가 있는데, 끝에서 역시 “이에 수회(隨會)에게 정사를 맡기자 도둑 떼들이 진(秦)나라로 달아났다”라 하였다.

11 칭(稱): 천거한다는 뜻이다. 선발하여 임용하는 것이다.

此之謂也夫.	이를 이른 것이로구나.
詩曰'戰戰兢兢,	『시경』에서는 '벌벌 떨기를
如臨深淵,	깊은 못을 굽어보듯
如履薄冰',[12]	살얼음을 밟듯 한다'라 하였는데
善人在上也.[13]	훌륭한 사람이 위에 있기 때문이다.
善人在上,	훌륭한 사람이 위에 있으니
則國無幸民.[14]	나라에 요행을 바라는 백성이 없어졌다.
諺曰,	속담에서 말하기를
'民之多幸,	'백성들에게 요행수가 많으면
國之不幸也',	나라가 불행하다'라 하였는데

12 『시경·소아·소민(小雅·小旻)』편에 나오는 구절이다. 전전긍긍은 두려워하고 조심하는 모양이다. 여림심연(如履薄氷)은 떨어질까 두려워하는 것이다. 여리박빙(如履薄氷)은 빠질까 두려워하는 것이다.

13 훌륭한 사람이 위에 있으면 백성들이 모두 두려워하고 조심하여 감히 망발을 하지 않는다는 것이다.

14 행민(幸民): 만에 하나 요행을 바라는 백성을 말한다. 『관자·칠법(七法)』에서는 "조정에 정치가 행하여지지 않으면 상벌이 불명해진다. 상벌이 불명해지면 백성들에게 요행심이 생긴다. 상벌이 밝아지면 사람들이 요행을 바라지 않는다. 사람들이 요행을 바라지 않으면 용사가 그것을 권한다"라 하였다. 또한 「정법(正法)」편에서는 "그것을 막아 지의(志意)를 끊어 버려 백성들로 하여금 요행을 바라지 않게 한다"라 하였다. 또한 「명법(明法)」편에서도 "사적인 은혜를 행하고 공이 없는 사람에게 상을 내리면, 이는 백성들로 하여금 요행을 추구하게 하고 윗사람에게 바라도록 하는 것이다"라 하였는데, 이곳의 행(幸)자는 모두 같은 뜻이다. 다만 다른 것은 양설직이 말한 "백성들에게 요행이 없게 한다"는 것의 관건은 "훌륭한 사람이 위에 있다"는 것에 있으며, 『관자』의 경우에는 "법을 밝히는 것(明法)"에 있을 따름이다.

是無善人之謂也."	이는 훌륭한 사람이 없기 때문이다."
夏,	여름에
成周宣榭火,	성주 선화에 불이 났는데
人火之也.	사람이 불을 지른 것이었다.
凡火,	무릇 불은
人火曰火,	사람이 낸 불은 화라 하고
天火曰災.[15]	하늘이 낸 불은 재라고 한다.
秋,	가을에
郯伯姬來歸,	담백희가 돌아왔는데
出也.[16]	쫓겨난 것이었다.
爲毛, 召之難故,[17]	모·소의 난 때문에

15 『경』에서 노나라의 화재(災)에 대해 기록한 것은 6번으로 환공 14년 어름(御廩)의 화재, 희공 24년 서궁(西宮)의 화재, 성공 3년 신궁(新宮)의 화재, 정공 3년 치문(雉門) 및 양관(兩觀)의 화재, 애공 3년의 환궁(桓宮)과 희궁(僖宮), 4년 박사(亳社)의 화재이다. 제후의 화재(災)는 다섯 번 기록되었는데 장공 20년 제나라의 큰 화재, 양공 9년 및 30년의 송나라의 화재, 소공 9년 진나라의 화재, 18년 송나라와 위나라, 진(陳)나라, 정나라의 화재이다. 이해만 "화(火)"라고 기록하였다.

16 담백희는 담나라 임금에게 시집을 갔다가 버림을 받고 돌려보내진 여인일 것이다. "제후가 부인을 쫓아내는" 예는 『예기·잡기(雜記) 하』에 보인다.

17 모·소의 난은 지난해 『전』에 보인다.

王室復亂,	왕실이 다시 어지러워지자
王孫蘇奔晉.[18]	왕손소가 진나라로 달아났다.
晉人復之.	진나라 사람이 복위시켰다.
冬,	겨울에
晉侯使士會平王室,[19]	진후가 사회로 하여금 왕실을 화평케 하니
定王享之.	정왕이 향례로 맞았다.
原襄公相禮.[20]	원양공이 상례가 되었다.
殽烝.[21]	효증을 올렸다.
武季私問其故.[22]	무계가 가만히 그 까닭을 물었다.

---

18 두예는 "모·소의 도당이 소씨(蘇氏)를 치려고 하였기 때문에 달아난 것이다"라 하였다.

19 평은 화(和)의 뜻이다. 주나라 왕실의 여러 경사 간의 갈등을 조정하여 화해시킨 것이다. 「주어(周語) 중」에는 "진후(晉侯)가 수회(隨會)를 주나라에 빙문케 하였다"로 되어 있어서 『좌전』만큼 정확하지 않다.

20 두예는 "원양공은 주나라의 대부이다"라 하였다. 상례(相禮)는 환공 18년의 『경』과 『주』에 보인다.

21 고대의 제사와 연회에서 희생을 죽여 제기인 조(俎)에 올리는 것을 증(烝)이라 한다. 증(烝)은 올린다는 뜻으로 조(俎)에 올리는 것을 말한다. 희생제물을 통째로 조에 올릴 때는 익히지를 않는데 전증(全烝)이라 하며 하늘에 제사를 지낸 때만 이렇게 한다. 희생제물을 절반만 조에 올리는 것을 방증(房烝)이라 하고 또한 체천(體薦)이라고도 한다. 희생의 몸통을 잘라서 뼈에 고기가 붙어 있는 채로 조에 올리는 것을 효증(殽烝)이라 하며 또한 절조(折俎)라고도 한다. 효(殽)는 곧 효(肴)로 곡물(穀物)이 아니면서 먹을 수 있는 것을 효(肴)라고 하는데, 여기서 효는 자(胾)에 대가 되는 뜻으로 말하였다. 뼈에 고기가 있는 것을 효(殽)라 하는데, 지금의 갈비와 같다. 순수한 살점만 저민 것을 자(胾)라고 한다. 효증(殽烝)은 손님과 주인이 먹을 수 있는 것으로, 전증(全烝)과 방증(房烝)은 차려놓기만 할 뿐 먹을 수는 없다.

22 무계(武季)는 "武子"로 되어 있는 판본도 있다. 두예는 이에 대해 "무(武)는 사회(士會)의 시호이며, 계는 자이다"라 하였는데, 이는 두예가 근거한 판본은 "무계"로 되어 있었다

王聞之,	왕이 그 말을 듣고
召武子曰,	무자를 불러 말하였다.
"季氏![23]	"계씨!
而弗聞乎?[24]	그대는 들어보지 못하였소?
王享有體薦,[25]	왕의 향례에는 체천이 있고
宴有折俎.[26]	연회에는 절조가 있소.
公當享,[27]	공에게는 향례를 베풀어야 하고
卿當宴.[28]	경에게는 연례를 베풀어야 하는 것이
王室之禮也."	왕실의 예법이오."

는 것을 말한다. 「주어 중」에는 "범자(范子)가 원공(原公)에게 사적으로 물었다. ……"라 되어 있는데, 범자는 곧 무계이다.

23 『좌전』에 의하면 춘추시대에 주나라 천자가 제후의 경대부를 부르는 호칭은 두 가지가 있다. 희공 12년 『전』에서 주양왕(周襄王)은 관중(管仲)을 구씨(舅氏)리고 부르는 것이 첫 번째 경우이다. 두 번째는 50세 이후의 경우에 부르는 자(字)로 백(伯)·중(仲)·숙(叔)·계(季)인데 여기서는 사회를 "계씨(季氏)"라 하였고, 성공 2년에는 공삭(鞏朔)을 "공백(鞏伯)"이라 하였으며, 소공 45년에는 순력(荀躒)을 "백씨(伯氏)"라 하였고, 적담(籍談)을 "숙씨(叔氏)"라고 부른 것이 모두 그런 예이다.

24 이(而): 이(爾)와 같다.

25 체천(體薦): 방증(房烝)으로 위에 보인다.

26 절조(折俎): 곧 효증(殽烝)으로 그 뼈마디를 자른 후에 조(俎)에 올리므로 또한 절조(折俎)라고도 하는 것이다. 향(享)은 향(饗)과 같으며, 향과 연은 같은 뜻으로 쓰일 때도 있는데 여기서는 뜻이 구별된다. 향(享)에는 체천(體薦)이라는 것이 있는데, 연회를 베풀 때 형식만 구비할 뿐 빈주(賓主)가 모두 음식을 먹지 않는 것이다. 연(宴)은 절조(折俎)로 함께 음식을 먹는 것이다.

27 공(公)은 제후를 말한다. 천자는 제후에게 향례(享禮)를 베푼다.

28 천자가 제후의 경을 초대하면 연례(宴禮)를 베푼다.

武子歸而講求典禮, 무자가 돌아와 전례의 의식을 강구하여

以修晉國之法.[29] 진나라의 법을 닦았다.

선공 17년

經

十有七年春王正月庚子,[1] 17년 봄 주력으로 정월 경자일에

許男錫我卒.[2] 허남 석아가 죽었다.

丁未,[3] 정미일에

蔡侯申卒.[4] 채후 신이 죽었다.

夏, 여름에

葬許昭公.[5] 허소공을 장사 지냈다.

---

29 「주어 중」에도 이 일이 기록되어 있는데 문장이 비교적 번다하다. 끝에서 말하기를 "무자는 마침내 감히 대꾸를 하지 못하고 물러나 돌아와 3대(代)의 전례(典禮)를 모아서 이에 차례를 바로잡아 진(晉)나라의 법으로 삼았다"라 하였다.

1 십유칠년(十有七年): 기사년 B.C. 592년으로 주정왕(周定王) 15년이다. 정월 초8일 갑신일이 동지로 건자(建子)이다. 경자일은 24일이다.

2 『전』이 없다. 그 아들인 영공(靈公) 영(寧)이 재위를 이어받았다. 성공 2년의 『전』에 의하면 허영공은 즉위할 때 어렸다.

3 정미일은 2월 2일이며, 여기서 월을 쓰지 않은 것은 사관이 빠뜨린 것 같다.

4 『전』이 없다. 그 아들 경후(景侯) 고(固)가 즉위하였다. 성공 2년의 『전』에 의하면 그가 즉위하였을 때도 또한 매우 어렸다.

5 『전』이 없다.

葬蔡文公.[6]	채문공을 장사 지냈다.
六月癸卯,	6월 계묘일에
日有食之.[7]	일식이 있었다.
己未,[8]	기미일에
公會晉侯, 衛侯, 曹伯, 邾子同盟于斷道.[9]	공이 진후, 위후, 조백, 주자와 단도에서 회합하고 함께 맹약하였다.
秋,	가을에
公至自會.[10]	공이 회합에서 돌아왔다.
冬十有一月壬午,	겨울 11월 임오일에
公弟叔肹卒,[11]	공의 아우인 숙힐이 죽었다.

---

6 『전』이 없다.

7 『전』이 없다. 6월 을사일이 초하루면 계묘일은 있을 수가 없으며 또한 이달에는 일식이 없다. 5월 을해일이 초하룻날이 되는 달에는 확실히 금환일식이 있어서 곡부에서는 1분 이상 관측이 가능하였는데, 일월에 오기가 있었는지는 알 수 없다. 왕도(王韜)는 선공 7년 6월 계묘일이 초하룻날이 되는 달에 일식이 있었다고 하였으며, 청나라 풍징(馮澂)의 『춘추일식집증(春秋日食集證)』에서도 "왕도의 설이 옳다"라 하였는데, 착간(錯簡)인 것 같다.

8 왕도(王韜)는 는 8월 16일로 추산을 하였는데 잘못되었다. 6월 15일이 되어야 한다.

9 두예는 "단도는 진나라 땅이다"라 하였다. 『휘찬(彙纂)』 및 『대사표(大事表)』에서는 모두 지금의 산서성 심현(沁縣) 동북쪽의 단량성(斷梁城)이 그곳이라고 하였는데 확실하지는 않다. 심흠한의 『보주(補注)』에서는 단도는 『전』의 "권초(卷楚)"와 한곳이라고 하였으며 지금의 하남성 원양현(原陽縣) 서쪽의 한나라가 설치한 권현(卷縣)이 그곳이라 하였는데, 또한 반드시 믿을 만하지는 않다. 『전』의 "야왕(野王)", "원(原)", "온(溫)" 등의 여러 곳을 가지고 추정해 보건대 단도와 권초는 지금의 제원현(濟源縣) 서남쪽 일대에 있을 것이다.

10 『전』이 없다.

11 임오일은 11일이다.

傳

十七年春,	17년 봄
晉侯使郤克徵會于齊.[12]	진후가 극극으로 하여금 제나라를 회맹에 부르게 하였다.
齊頃公帷婦人使觀之.[13]	제나라 경공이 휘장을 치고 부인에게 구경을 하게 했다.
郤子登,	극자가 오르자
婦人笑於房.[14]	부인이 방에서 웃었다.

12 극극은 12년의 『전』과 『주』에 보인다. 징(徵)은 무르는 것이다. 진나라가 단도의 회합을 가지고자 하여 극극으로 하여금 제나라를 빙문케 하여 참가하게 한 것이다.

13 유(帷): 포백(布帛)으로 둘러쳐서 장막을 만든 것이다. 부인은 곧 제경공의 어머니인 소동숙자(蕭同叔子)인데, 성공 2년 안(鞌)의 전역 후에 진(晉)나라가 이 때문에 인질로 삼고자 하였다.

14 극극(郤克)은 절름발이여기 때문에 계단을 오를 때 소동숙자가 웃은 것이다. 소동숙자는 다른 책에는 또한 소동질자(蕭同姪子)로 되어 있다. 방(房)은 『설문(說文)』에서는 "실(室)은 곁에 있다"라 하였고, 단옥재(段玉栽)는 "당(堂) 안은 가운데는 정실(正室)이고 좌우는 방(房)인데 이른바 동방(東房)과 서방(西房)이라는 것이다"라고 주석을 달았다. 『공양전』에서는 "진나라 극극(克郤)은 장손허(臧孫許)와 동시에 제나라를 빙문했다. 소동질자는 제나라 임금의 어머니로, 도약대에 올라 손님들을 엿보니 어떤 이는 다리를 절고 어떤 이는 애꾸였는데 이에 절름발이에게 절름발이를 맞게 하고 애꾸에게 애꾸를 맞게 하였다"라 하였다. 『설원·경신(敬愼)』편에서도 "진나라와 노나라에서 빙문을 갔는데 사자를 희롱하였다"라 하였다. 『곡량전』에서는 "계손행보(季孫行父)는 대머리였고 진나라 극극은 애꾸였으며 위나라 손량부(孫良夫)는 절름발이, 조(曹)나라 공자 수(公子手)는 곱사등이로 함께 제나라를 빙문하였다. 제나라는 대머리에게 대머리의 수레를 몰게 하고, 애꾸에게 애꾸의 수레를 몰게 하였으며, 절름발이에게는 절름발이의, 곱사등이에게는 곱사등이의 수레를 몰게 하였다. 소동질자가 대 위에서 그것을 보고 웃었는데 손님들에게 들렸다"라 하였다. 「진세가」에서는 "극극을 제나라에 사자로 보냈다. 제경공의 어머니가 누대 위에서 그것을 구경하고는 웃었다. 그 이유는 극극은 곱사등이이었고 노나라 사자는 절름발이었으며, 위나라의 사자는 애꾸였는데 또한 같은 사람을 시켜 똑같이 인도하였기 때문이다"라 하였다.

獻子怒,	헌자가 노하여
出而誓曰,	나가면서 맹세하여 말하였다.
"所不此報,	"이것을 갚지 않으면
無能涉河!"[15]	황하를 건너지 못할 것이다!"
獻子先歸,	헌자가 먼저 돌아가면서
使欒京廬待命于齊,	난경려에게 제나라에서 명을 기다리게 하고서는
曰,	말하였다.
"不得齊事,	"제나라 일을 끝낼 수 없다면
無復命矣."[16]	복명하지 말라."
郤子至,[17]	극자가 이르러
請伐齊.	제나라를 칠 것을 청하였다.

15 소(所): 맹세하는 말에 쓰이는 가정형을 나타내는 접속사로 "만약~한다면(若)"과 같은 뜻이다. 사마천은 "출(出)"은 제나라의 경계를 나간 것이라 생각하였으므로 「진세가」에서 "극극이 노하여 돌아가다가 황하의 가에 이르러 말하기를 '제나라에게 (당한 이 치욕을) 갚지 않으면 하백(河伯)이 지켜보리라!'라 하였다"고 하였다. 이는 황하의 신에게 맹세하였음을 말한다. 『공양전』에서는 "두 대부는 나가면서 한 사람은 문 안쪽에서, 한 사람은 문 바깥쪽에 기대어 말하다가 해가 옮기어 간 후에야 떠났다. 제나라 사람들이 모두 말하기를 '환란이 반드시 여기에서 일어날 것이다'라 하였다"라 하였다. 『곡량전』에서 말한 것도 대략 이와 같아서 모두 『좌전』과는 다르다.

16 극극이 사명을 완수하지 못하고 돌아가는 것이므로 "먼저 돌아갔다"라고 한 것이다. 난경려는 그의 부관(옛날에는 상개(上介)라고 하였다)이니 제나라에 남아 반드시 제경공으로 하여금 회합에 참여하도록 한 후에 귀국하여 복명을 하게 한 것이다. "不得齊事"는 제나라에 갔던 사명을 완수하지 못한 것을 말한다. 두예는 "제나라의 죄를 밝히게 하였다(使得齊之罪)"라 하였는데 틀렸다.

17 진나라에 이른 것이다.

晉侯弗許.	진후는 그것을 허락하지 않았다.
請以其私屬,[18]	가병을 가지고 할 것을 청하였으나
又弗許.[19]	또한 허락지 않았다.
齊侯使高固, 晏弱, 蔡朝, 南郭偃會.[20]	제후가 고고, 안약, 채조, 남곽언으로 하여금 회합케 하였다.
及斂盂,[21]	염우에 이르러
高固逃歸.[22]	고고는 도망쳐 돌아갔다.
夏,	여름에
會于斷道,	단도에서 회합하였는데
討貳也.[23]	두 마음을 품은 것을 치기 위함이었다.
盟于卷楚,[24]	권초에서 맹약하였는데

18 두예는 "사속은 가병(家兵)이다"라 하였다. 그 가족들로 구성된 병거와 사졸들을 거느리고 가서 제나라를 칠 것을 청한 것을 말한다.

19 「진세가」에서는 "나라에 이르러 임금에게 청하고 제나라를 치려고 하였다. 경공이 그 까닭을 묻자 '그대의 원망을 가지고 나라를 번거롭게 할 수 있겠는가?'라 하여 듣지 않았다"라 하였다.

20 고고(高固)는 곧 고선자(高宣子)이며, 안약(晏弱)은 곧 안환자(晏桓子)로 모두 14년 『전』 및 『주』에 보인다.

21 염우(斂盂): 희공 28년의 『전』과 『주』에 보인다.

22 두예는 "극극이 원망한다는 것을 들었기 때문이다"라 하였다.

23 이(貳): 『전』에서는 어떤 나라인지 말하지 않았는데, 이때 송나라는 이미 초나라와 화평을 맺었고, 정나라와 진나라, 채나라 또한 모두 초나라에 붙었으므로 이(貳)는 여러 나라를 가리킬 것이다. 이미 제나라의 부름을 받았으니 원래 제나라와 함께하지 않는 것이 두 마음을 품은 것이다.

24 두예는 "권초는 곧 단도(斷刀)이다"라 하였으며, 청나라 진립(陳立)의 『공양의소(公羊義疏)』에서는 "단도와 권초는 두 곳인 것 같다"라 하였는데, 두 곳이라 하더라도 거리는 멀

辭齊人.[25] 제나라 사람을 사절했다.

晉人執晏弱于野王,[26] 진나라 사람이 야왕에서 안약을 붙잡았으며

執蔡朝于原,[27] 원에서는 채조를 잡았고

執南郭偃于溫.[28] 남곽언은 온에서 붙잡았다.

苗賁皇使,[29] 묘분황이 사자로 가다가

見晏桓子. 안환자를 만났다.

歸, 돌아가서

言於晉侯曰, 진후에게 말하였다.

"夫晏子何罪? "안자에게는 무슨 죄가 있습니까?

昔者諸侯事吾先君,[30] 지난날 제후들이 우리 선군을 섬길 때

皆如不逮,[31] 모두 미치지 못할 듯이 하여

지 않았을 것이다.

25 제나라 사람이 참여하는 것을 거절하는 것이다.

26 야왕(野王): 지금의 하남성 심양현(沁陽縣)의 치소에 있다.

27 원(原): 은공 11년의 『전』의 『주』에 보인다.

28 온(溫): 역시 은공 11년의 『전』의 『주』에 보인다.

29 묘분황(苗賁皇): 「진어 5」에는 "苗棼皇"으로 되어 있다. "賁"과 "棼"은 고음이 같으며 통가(通假)할 수 있다. 양공 26년의 『전』에 의하면, 묘분황은 초나라 투초(鬪椒)의 아들로 선공 4년 초나라가 약오씨(若敖氏)를 멸하자 진나라로 달아났으며, 진나라에서는 묘읍(苗邑)을 주었다. 묘는 지금의 하남성 제원현(濟源縣) 서남쪽에 있다. 이는 묘분황이 이때 막 사자로 나서서 야왕을 지났음을 말한다.

30 가나자와 문고본(金澤文庫本)에는 "諸侯" 아래에 "갈 지(之)"자가 있다.

31 『논어·계씨(季氏)』에 "선을 보면 미치지 못할 듯이 한다(見善如不及)"는 말이 있는데 "如不及"은 이곳의 "如不逮"와 같은 뜻이다. 미치지 못할 것 같으므로 그렇게 되도록 노력

擧言羣臣不信,[32]	모두들 말하기를 뭇 신하들이 신의가 없어
諸侯皆有貳志.[33]	제후들이 모두 두 마음을 품었다고 하였습니다.
齊君恐不得禮,[34]	제나라 임금은 예우를 받지 못할까 걱정하여
故不出,	나서지를 않고
而使四子來.	네 사람을 오게 하였습니다.
左右或沮之,[35]	좌우에서 혹 그것을 말리며
曰,	말하기를
'君不出,	'임금께서 나가시지 않으면
必執吾使.'	반드시 우리 사자를 붙잡을 것입니다'라 하였습니다.
故高子及斂盂而逃.	그리하여 고자는 염우에 이르러 도망쳤습니다.
夫三子者曰,	저 세 사람은 말하기를
'若絶君好,	'임금님 사이의 우호를 단절시키느니

하는 것이며, 두예는 "급급(汲汲)함을 말한다"라 하였는데, 그 뜻을 제대로 파악하였다.

32 거(擧): "다 개(皆)"와 같은 뜻이다.

33 이는 제후들이 모두 진(晉)나라의 뭇 신하들이 믿지 않아 모두 두 마음을 품는다고 하는 것이다. 묘분황은 당시 감히 임금을 물리치지 못하였으므로 군신(羣臣)이라 하였다.

34 예우를 받지 못했다는 말과 같으며, 곧 욕을 보았다는 뜻이다.

35 저(沮): 저지(沮止)하다. 제나라 임금의 근신(近臣) 중에 누가 저지하였다는 말이다.

寧歸死焉.' 차라리 거기서 죽겠다'라 하였습니다.

爲是犯難而來. 이 때문에 어려움을 무릅쓰고 왔습니다.

吾若善逆彼以懷來者.[36] 우리는 저들을 잘 맞아 오도록 회유하는 것이 마땅합니다.

吾又執之,[37] 우리가 또한 그들을 붙잡아

以信齊沮,[38] 제나라의 저지시킨 사람에게 믿게 하였으니

吾不旣過矣乎?[39] 우리가 이미 잘못을 저지른 것이 아닙니까?

過而不改, 잘못을 하고서도 고치지 않고

而又久之,[40] 또한 오래도록 그렇게 하여

以成其悔, 그들을 후회하게 한다면

何利之有焉? 무슨 이익이 있겠습니까?

使反者得辭,[41] 돌아간 사람은 변명하게 하고

---

36 약(若): 마땅히, 당연히의 뜻. 마땅히 성대하게 영접하여 진나라에 사자로 오는 사람의 마음을 회유해야 한다는 뜻이다.

37 이 구절은 생략된 부분이 있으며, 우리나라가 그들을 잘 맞지도 않았고 오히려 붙잡았다는 뜻이다.

38 제나라의 제지한 사람으로 하여금 실증을 예측하게 만든 것이다.

39 과(過): 착오(錯誤)와 같은 뜻.

40 오래도록 붙잡아두고 석방하지 않는 것이다.

41 반자(返者): 고고(高固)를 가리킨다.

而害來者,	온 사람은 해치어
以懼諸侯,[42]	제후들을 두렵게 하였으니
將焉用之?"	무슨 소용이 있겠습니까?"
晉人緩之,[43]	진나라 사람이 그들을 느슨하게 대하니
逸.[44]	달아났다.
秋八月,	가을 8월에
晉師還.[45]	진나라 군사가 돌아갔다.

范武子將老,[46]	범무자가 늙었다고 은퇴하려 함에

---

42 제후들이 진(晉)나라를 두렵게 여기는 것이다.

43 잡힌 죄수의 감시를 느슨하게 한 것이다.

44 18년『전』의 증(繒)에서의 맹약에서 "채조와 남곽언이 도망쳐서 돌아갔다"라 하였고 안약은 언급하지 않은 것으로 보아 이때 도망친 사람은 안약 한 사람 뿐임을 알 수 있다.

45 혜동(惠棟)의『보주(補注)』에서는 혜사기(惠士奇)의 말을 인용하여 "진나라가 아직 군사를 내지 않았는데 '진나라 군사가 돌아갔다'라 한 것은 단도(斷道)에서 두 마음을 품은 군사를 친 것이 아니겠는가? 아마 빠진 문장이 있는 것 같다"라 하였다. 그러나 정공 4년의『전』에서 "임금의 행차에는 사(師)가 따르고 경의 행차에는 여(旅)가 따른다"라 하였으니, 회맹에는 사와 여가 수행할 수 있다. 아마 회맹에 수행했던 사나 여가 진나라로 돌아간 것 같다.

46 범무자(范武子): 곧 진나라의 중군수(中軍帥)인 사회(士會)임. 처음에는 수(隨)에 봉하여져 수무자(隨武子)라 하였으며, 나중에 범(范)에 고쳐 봉하여졌으므로 범무자라 하였다. 이후에 그의 자손들은 춘추시대가 끝날 때까지 모두 범(范)이라 일컬어졌다. 옛날 사람들은 거의가 사회가 봉하여진 범이 곧『맹자』의 "범에서 제로 갔다(自范之齊)"라 할 때의 범이라 하였고, 고동고의『대사표(大事表)』에서도 이 설을 주장하였으며 또한 사회의 무덤 역시 산동성 범현(范縣: 범현은 지금은 없어졌음) 동쪽 3리 지점에 있다고 하였다. 그러나 그곳은 진나라와는 멀리 떨어져 있어 믿기가 힘들다.
노(老): 칭로(稱老)하고 관직에서 물러나는 것이다.「진세가」에서는 "위문자(魏文子)가

召文子曰,[47]	문자를 불러 말하였다.
“燮乎!	“섭아!
吾聞之,	내가 듣건대
喜怒以類者鮮,[48]	기뻐하고 성내는 것을 법도에 맞게 행하는 자는 드물고
易者實多.[49]	바꾸어 행하는 자는 실로 많다고 하였다.
詩曰,	『시』에서 말하기를
‘君子如怒,	‘군자가 노하신다면
亂庶遄沮.	어지러움 바로 막아 내실 것이네.
君子如祉,	군자가 기뻐하신다면
亂庶遄已.’[50]	어지러움 바로 끝날 것이라네’라 하였다.

늙어서 쉴 것을 청하였다”라 하였는데 틀렸다.

47 문자(文子): 사섭(士燮)으로 무자의 아들이다.

48 류(類): 법(法)과 같은 뜻. 희로(喜怒)가 예법에 합당한 것을 이류(以類)라 하고, 그렇지 않으면 이불류(以不類)라고 한다. 『공자가어·오의해(五儀解)』에 “분노를 예법에 맞지 않게 하였다(忿怒不類)”라는 말이 있다.

49 역(易): 반역(反易), 곧 거꾸로라는 뜻이다. 그 도〔희로(喜怒)를 법도에 맞게 함〕를 거꾸로 행하는 자가 실로 많다는 뜻이다. 또한 경이(輕易), 곧 가볍게라고 풀이할 수도 있는데 경솔하게 기뻐하거나 화를 내는 사람이 실로 많다는 뜻이다.

50 이상은 『시경·소아·교언(小雅·巧言)』에 나오는 말이다. 저(沮)와 이(已)는 같은 뜻으로 모두 그친다는 뜻이다. 천(遄)은 빨리라는 뜻이다. 지(祉)는 기뻐하다의 뜻이다. 군자가 노하거나 혹은 기뻐하면 모두 거의 어지러움을 그치게 할 수 있다는 뜻이다. 노(怒)와 저(沮)는 고음이 모두 모(模)부에 속하였으며, 운자로 쓰였다. 지(祉)와 이(已)는 고음이 해(咍)에 속하며, 여기서 운자로 쓰였다.

君子之喜怒,	이는 군자가 기뻐하고 성내는 것은
以已亂也.	어지러움을 끝내기 위함이라는 것이다.
弗已者,	그것을 끝내지 못한다면
必益之.[51]	반드시 더하여질 것이다.
郤子其或者欲已亂於齊乎.[52]	극자가 혹 제나라의 어려움을 끝내려 하겠는가?
不然,	그렇지 않다면
余懼其益之也.	내 그가 어려움을 더할까 걱정된다.
余將老,	내 늙어 물러나려 하여
使郤子逞其志,[53]	극자가 그 뜻을 만족하게 하면
庶有豸乎.[54]	거의 풀릴 것이다.
爾從二三子唯敬."[55]	너는 여러 경대부들을 따라 공경할지어다."
乃請老.	이에 늙었다 하고 물러났다.
郤獻子爲政.[56]	극헌자가 집정자가 되었다.

---

51 그 어지러움을 그치고자 하지 않는다면 반드시 어지러움이 더하여질 것이라는 말이다.

52 기(其): 장차, 곧 그렇게 되리라는 것을 나타내는 부사로 쓰였다.
혹자(或者): 긍정이 아님을 나타내는 부사로 쓰였다.

53 령(逞): 쾌하다. 이 구절의 뜻은 그의 심지(心志)를 쾌하게 하다, 그의 심원(心願)을 만족시키다라는 것이다.

54 치(豸): 해(解), 곧 풀리다의 뜻. 환란이 풀리게 될 것이라는 말이다.

55 이삼자(二三子): 진나라의 여러 경대부들을 가리킴.

冬,	겨울에
公弟叔肸卒,	공의 아우 힐이 죽었는데
公母弟也.[57]	공의 동모제이다.
凡大子之母弟,	무릇 태자의 동모제로
公在曰公子,	공이 있으면 공자라 하고
不在曰弟.[58]	없으면 제라고 한다.

---

56 「진어 5」에서는 "극헌자가 제나라로 빙문을 갔는데 제경공이 부인에게 구경을 시키고는 웃게 하였다. 극헌자가 노하여 돌아와 제나라를 칠 것을 청하였다. 범무자가 조회에서 돌아와 말하기를 '섭아! 내가 듣건대 남이 노하기를 구한다면 반드시 해독(害毒)을 얻게 된다고 하였다. 저 극자가 노함이 심하니 제나라에서 뜻을 이루지 못하면 반드시 진나라에서 터질 것이다. 정권을 얻지 못한다면 어떻게 노함을 풀겠느냐? 내 곧 정치에서 물러나 그의 노함을 풀어 주려 하니 나라 안의 일을 나라 밖의 것으로 바꾸지 말게 하라. 너는 부지런히 경대부를 좇아 임금의 명을 받들어 공경할지어다'라 하고는 곧 늙었다 하여 물러났다"라 하였다.

57 『곡량전』에서는 숙힐이 선공이 악(惡)과 시(視)를 죽이고 스스로 즉위하였을 때(문공 18년의 『전』에 보임) 매우 불평하였으므로 "신발을 짜서 먹고 죽을 때까지 선공이 내리는 음식을 먹지 않았다"고 하였다. 『곡량전』에서 이를 말한 것은 아마 숙힐이 이미 선공의 동복아우임에 근거하여 그의 죽임 외에는 일찍이 『경』과 『전』에 더 이상 보이지 않으므로 이렇게 추측하여 말하였을 것인데 사실은 그렇지 않을 것이다. 당나라 임보(林寶)의 『원화성찬(元和姓纂)』에서는 『세본』을 인용하여 "혜백숙힐(惠伯叔肸)"이라 하였고 또한 그 아들 공손영제(公孫嬰齊)가 이미 경(卿)이 된 것이 『경』에 보이며, 영제는 숙로자숙(叔老子叔)을 낳았고, 자숙은 숙궁(叔弓)을 낳았으며, 숙궁은 첩(輒)과 앙(鞅)을 낳았고, 첩은 예(詣)를 낳았는데 또한 모두 『경』에 보이니 그 사람에게 시호가 있고 자손대대로 경이 되었음을 알 수 있다. 이로써 숙힐은 벼슬을 하지 않았던 것이 아닐 것임을 알 수 있다.

58 이는 통례(通例)이다. 그러나 동모제는 부친이 살아 있지 않더라도 또한 "공자(公子)"라 칭하였으니, 이를테면 장공 25년과 27년의 『경』에서 두 번 "공자 우가 진나라로 갔다(公子友如陳)"라 하였는데 계우는 장공의 동모제로 당시 환공은 이미 죽었다. 또한 이를테면 소공 원년 괵(虢)의 회합에서 "진공자 초(陳公子招)"라 하였고, 8년에는 "진후의 아우인 초가 진나라 세자 언사를 죽였다(晉侯之弟招殺陳世子偃師)라 하였는데, 이는 아마 그 일이 같지 않아 문장의 편의에 따라 어떨 때는 제(弟)라 하고, 또 어떨 때는 공자(公子)라 한 것으로 실로 반드시 기록의 예에 얽매일 필요는 없는 것이다.

凡稱弟,	무릇 제라 칭한 것은
皆母弟也.[59]	모두 동모제이다.

선공 18년

經

十有八年春,[1]	18년 봄
晉侯衛世子臧伐齊.	진후와 위나라 세자 장이 제나라를 쳤다.
公伐杞.[2]	공이 기나라를 쳤다.
夏四月.	여름 4월.
秋七月,	가을 7월에
邾人戕鄫子于鄫.[3]	주나라 사람이 증나라에서 증자를 죽였다.

---

59 이 또한 통례일 뿐이다. 『경』 전체를 통틀어 고찰해 보면 동모제라도 제(弟)라 일컫지 않은 경우가 있지만, 동모제가 아닌데도 제(弟)라 일컬은 경우는 없으니 이 예는 예외가 없다. 정공 11년의 『경』을 예로 들자면 진(辰)은 송경공(宋景公)의 동모제이므로 "제진(弟辰)"이라 하였다. 그가 만약 공자 지(公子地)일 것 같았다면 진(晉)의 서형(庶兄)이었으므로 10년의 『경』에서 "공자 지"라 하였지 "제(弟)"라고는 하지 않았으니 구분이 이렇게 분명하였다. 청나라 황식삼(黃式三)의 『춘추석(春秋釋)』에서는 "『춘추』에서 동모의 형제를 기록할 때는 종법을 중시하였다"라 하였다.

1 십유팔년(十有팔年): 경오년 B.C. 591년으로 주정왕(周定王) 16년이다. 정월 20일 경인일이 동지로 건자(建子)이다.

2 『전』이 없다.

甲戌,[4]	갑술일에
楚子旅卒.[5]	초자 여가 죽었다.
公孫歸父如晉.	공손귀보가 진나라에 갔다.
冬十月壬戌,[6]	겨울 10월 임술일에
公薨于路寢.	공이 노침에서 돌아가셨다.
歸父還自晉,	귀보가 진나라에서 돌아오다가
至笙.[7]	생에 이르렀다.

---

3 "증(鄫)"은 『곡량전』에는 "繒"으로 되어 있으며, 나머지는 희공 14년의 『경』과 『전』에 상세하다. 두예는 "『전』에서는 의례적으로 '외부에서 온 것을 장(戕)이라 한다'라 하였으며, 주나라 대부가 증나라에 가서 증자를 죽인 것이다"라 하였다.

4 갑술일은 7일이다.

5 "여(旅)"는 『곡량전』에는 "呂"로 되어 있고, 『시가』에는 "侶"로 되어 있는데 음이 같아서 통가(通假)할 수 있다.
초나라 임금의 죽음이 『춘추』에 기록된 것은 여기에서 시작된다. 그러나 『춘추』가 끝날 때까지 초나라 임금의 장례가 기록된 적은 없다. 양공 29년 『전』에서는 "초나라 강왕을 장사 지냈는데 공 및 진후(陳侯), 정백, 허남(許男)이 배웅했다"라 하였는데, 『경』에서는 또한 초나라 강왕의 장사를 기록하지 않았다. 『공양전』에서는 "어째서 장사를 기록하지 않았는가? 오나라와 초나라 임금의 장사를 기록하지 않은 것은 그 호(號)를 피하기 때문이다"라 하였다. 『예기·방기(坊記)』에 "공자께서 말씀하시기를 '하늘에는 해가 둘이 없으며 땅에는 임금이 둘이 없고 집에는 주인이 둘이 없으며 높은 지위에는 윗사람이 둘이 없으니, 이는 백성에게 군신의 분별을 보여주는 것이다. 『춘추』에서는 초나라와 월나라 왕의 상례를 일컫지 않았는데, 백성들의 의혹을 두려워하였기 때문이다'라 하였다"는 말이 있는데, 정현은 "초나라와 월나라 임금은 왕호(王號)를 참칭하였으므로 상례를 일컫지 않았고 장례를 기록하지 않았다"라 하였다. 대체로 장례를 기록할 때는 반드시 "초나라 아무개 왕을 장사 지냈다"라 기록을 해야 하는데, 이는 그 왕호를 인정하는 것과 같아서 기록을 하지 않음으로써 피한 것이다. 사실 이기(彝器)의 명문에서 왕이라 자칭한 사람을 고찰해 보면 초나라와 오나라, 월나라에 국한되지 않는다. 그러나 『경』에서는 모두 "왕(王)"이라 기록하지 않고 거의 "자(子)"라 기록하였다.

6 임술일은 26일이다.

7 생(笙): 『공양전』과 『곡량전』에는 모두 "정(檉)"으로 되어 있는데, 고음이 같아서 가차할 수 있었다. 생이 어느 곳인지는 고찰할 수 없으며, 강영(江永)의 『고실(考實)』에서는 곧 장공

遂奔齊.

마침내 제나라로 달아났다.

傳

十八年春,

18년 봄

晉侯, 衛大子臧伐齊,

진후와 위나라 태자 장이 제나라를 쳐서

至于陽穀.[8]

양곡에 이르렀다.

齊侯會晉侯盟于繒,[9]

제후가 증에서 진후를 만나 맹약을 맺었는데

以公子彊爲質于晉.

공자 강을 진나라에서 인질로 삼았다.

晉師還.

진나라 군사가 돌아왔다.

蔡朝, 南郭偃逃歸.[10]

채조와 남곽언이 도망쳐 돌아갔다.

夏,

여름에

9년 『전』의 생두(生竇)로 지금의 산동성 조현(曹縣) 동북쪽에 있다고 하였는데 또한 추측하여 한 말일 따름이다. 송대(宋代) 나필(羅泌)의 『노사·국명기주(路史·國名紀注)』에서는 생은 성공 2년 『전』의 신(莘)과 한곳이라 하였는데 또한 믿을 수가 없다.

8 양곡(陽穀): 희공 3년의 『경』과 『주』에 보인다. 「연표」에서는 "제나라 경공 8년 진나라가 우리나라를 쳐서 패배시켰다"라 하였다. 『전』에 제나라를 패배시켰다는 말이 없고 「세가」에서도 언급하지 않았으므로 「연표」에는 어쩌면 다른 근거가 있을 것 같다.

9 증(繒): 어딘지 고찰할 수가 없다. 그러나 증(鄫)나라의 증(鄫)은 결코 아니다. 아마 지금의 산동성 양곡현에 가까울 것이다.

10 두예는 "진나라가 이미 제나라와 맹약을 맺자 지키는 사람이 느슨하게 풀어져 도망칠 수 있었다"라 하였다.

公使如楚乞師,	공이 초나라에 사자를 보내 군사를 청하여
欲以伐齊.[11]	제나라를 치고자 하였다.

秋,	가을에
邾人戕鄫子于鄫.	주나라 사람이 증나라에서 증자를 죽였다.
凡自內虐其君曰弒,[12]	무릇 내부에서 스스로 그 임금을 죽인 것을 시라고 하며
自外曰戕.[13]	외부에서 죽인 것을 장이라고 한다.

---

11 주량(朱梁)의 보각본(補刻本) 『당석경』에는 "욕(欲)"자 위에 "장(將)"자가 있는데 함부로 덧붙인 것 같으며, 각 판본에는 모두 이 글자가 없다. 두예는 "공은 제나라를 섬기지 않아 제나라가 진나라와 맹약을 맺자 두려워서 초나라에 군사를 요청하였다"라 하였다.

12 각 판본에는 모두 "內"자가 없고 『당석경』 및 가나자와 문고본(金澤文庫本)에만 "內"자가 있다. 완원(阮元)의 『교감기(校勘記)』에서는 "『주례·대사마(大司馬)』의 『정의』와 당나라 이선(李善)이 「위도부(魏都賦)」의 주석에서 인용한 『전』에는 모두 '內'자가 있다"라 하여 보충하였다.
학(虐): 죽인다는 뜻으로, 15년의 『전』과 『주』에 보인다.

13 『춘추』에서는 "장(戕)"자를 쓰지 않았으며 이곳에서만 단 한 차례가 쓰였을 뿐이다. 『전』에서는 양공 31년의 "문지기가 대오를 죽였다(閽戕戴吳)"에서 한번 쓰였는데, 이는 아마 주나라에서 사람을 증나라로 보내어 암살한 것 같다. 『설문(說文)』에서는 "장(戕)은 다른 나라의 신하가 와서 임금을 시해한 것을 장(戕)이라 한다"라 하여 『좌전』의 뜻을 취하였으며, 그 나라에서 죽였다는 말이다. 그 나라의 바깥에서 죽였거나 타국에서 공공연하게 다른 나라의 임금을 죽였다면 또한 살(殺)이라고 한다. 이를테면 소공 11년 "초자 건(虔)이 채후(蔡侯) 반(般)을 신나라로 꾀어내 죽였다(殺之于申)"라 한 것이나 정공 4년 "채나라 공손성(公孫姓)이 군사를 이끌고 침(沈)나라를 멸하고 침자 가(嘉)를 데리고 돌아와 죽였다(殺之)"라 한 경우가 그렇다.

楚莊王卒,	초나라 장왕이 죽어서
楚師不出.[14]	초나라 군사가 나가지 않았다.
旣而用晉師,[15]	얼마 후 진나라 군사를 쓰니
楚於是乎有蜀之役.[16]	초나라는 이에 촉을 치는 전역을 일으켰다.

公孫歸父以襄仲之立公也,	공손귀보는 양중이 공을 세웠다 하여
有寵,[17]	총애를 받아
欲去三桓,	삼환을 제거하고
以張公室.	공실을 확장시키고자 하였다.
與公謀,	공과 공모하고

14 이 일은 “공이 초나라에 사자를 보내 군사를 청하였다(公使如楚乞師)”는 것과 바로 붙어 있고 “가을에 주나라 사람이 증자를 죽였다(秋, 邾人戕鄫子于鄫)”라는 말에 의해 단절되었는데, 『좌전』에 본래 『전』과 떨어져서 서로 이어져 있는 예이다. 청나라 유월(兪樾)의 『평의(平議)』 및 『고서의의거례(古書疑義擧例)』 권6에서는 이하 21자는 착간(錯簡)이라 하였고, 오개생(吳闓生)의 『좌전미(左傳微)』 또한 이 21자를 옮겨 “欲以伐齊”와 서로 이어 놓았다. 문의(文義)로 보면 그렇고, 『전』의 예로 보면 한 칸이 모자란다.

15 성공 2년 안(鞌)의 전역을 가리킨다. 노나라는 본래 초나라 군사를 청하여 제나라를 치고자 하였는데 초나라 군사가 나오지 않자 오래지 않아 진나라 군사를 가지고 제나라를 쳤다는 뜻이다.

16 촉(蜀)의 전역은 성공 2년 겨울에 있었으며, 그해의 『전』에 상세하다. 촉은 노나라 땅으로 혹자는 지금의 산동성 태안현(泰安縣) 서쪽에 있었다고도 하고, 혹자는 지금의 문상현(汶山縣) 서쪽의 촉산호(蜀山湖)가 그곳이라고 한다. 성공 2년의 『전』에 의하면 양교(陽橋)와 가까울 것이니 앞의 설이 비교적 정확하다.

17 양중이 악(惡)과 시(視)를 죽이고 선공을 세운 것은 문공 18년 『전』에 보인다. 귀보(歸父)는 양중의 아들이므로 총애를 받았다.

而聘于晉,	진나라를 조빙하여
欲以晉人去之.[18]	진나라 사람을 가지고 제거하고자 하였다.
冬,	겨울에
公薨.	공이 돌아가셨다.
季文子言於朝曰,	계문자가 조정에서 말하였다.
"使我殺適立庶以失大援者,	"나로 하여금 적자를 죽이고 서자를 세워 대국의 도움을 잃게 한 것은
仲也夫!"[19]	중이로다!"
臧宣叔怒曰,[20]	장선숙이 노하여 말하였다.
"當其時不能治也,	"그 당시에 다스릴 수가 없었으니
後之人何罪?[21]	후인에게 무슨 죄가 있겠는가?

---

18 진(晉)나라 사람의 힘을 빌리고자 한 것이다.

19 죄를 양중에게 돌리고 공손귀보를 없애려는 것이다. "적자를 죽이고 서자를 세운" 것은 양중의 계책이다. "대국의 도움을 잃었다"의 "대국의 도움"은 누구를 가리키는지 모르겠으며, 제(齊)나라를 가리키면 선공이 막 즉위하였을 때 제나라를 섬김을 매우 부지런히 하였을 것이며 제나라 또한 힘껏 도와주었는데, 근자에 비로소 틈이 생겼다. 두예는 "남쪽으로는 초나라와 통하였으나 공고히 할 수 없었던 데다가 또한 제나라와 진나라를 굳게 섬길 수 없었으므로 '대국의 도움을 잃었다'라고 한 것이다"라 하였다. 뜻은 통하지만 "적자를 죽이고 서자를 세운" 것과는 관계가 밀접하지 못하다. 심흠한의 『보주(補注)』에서는 이를 "행보(行父)가 궤변으로 대중을 속인 것"이라 하였는데 뜻이 나름대로 그럴듯하다.

20 장선숙(臧宣叔): 곧 장손허(臧孫許)로 장문중(臧文仲) 진(辰)의 아들이며 무중흘(武仲紇)의 아버지이다.

21 계손행보(季孫行父)의 꿍꿍이를 탄로한 것이다. 계손행보는 귀보가 삼환을 제거하려는 데 원한을 품고 쫓아내려 하였으며, 드러내 놓고 말하기가 불편하여 그 아비를 단죄하는 말로 칭탁한 것이다. 장손허는 양중이 대국의 원조를 잃었다고 한다면 그 당시에 다

子欲去之,[22] 그대가 그를 제거하고 싶으면

許請去之."[23] 허나라가 청컨대 제거하겠다."

遂逐東門氏.[24] 마침내 동문씨를 쫓아내었다.

子家還,[25] 자가가 돌아오다가

及笙,[26] 생에 이르러

壇帷,[27] 단을 쌓고 휘장을 쳐서

復命於介.[28] 상개(上介)에게 복명하였다.

스렸어야 했으며 그 아들은 죄가 없으므로 책임을 지지 않아야 한다는 말이다.

22 점차 계손행보의 음모가 분명해지는 것이다.

23 두예는 장손허는 "당시 사구로 있었으며 형의 집행을 주관하고 있었다"고 하였는데, 다른 근거가 없으니 아마 추측한 말일 것이다.

24 양중의 일족이 동문씨라 불리는 것은 희공 26년의 『전』과 『주』에 보인다. 『공양전』 성공 15년의 『전』에서는 "선공이 죽었을 때 성공은 어렸다. 장선숙이란 자가 재상이었다. 임금이 죽었는데 울지 않아 여러 대부들을 모아 놓고 물었더니 '지난날 숙중혜백(叔仲惠伯)의 일을 누가 하였소?'라 하였다. 여러 대부들이 모두 함께 우루루 말하기를 '중씨입니다. 그렇지 않습니까?'라 하였다. 이에 귀보의 집으로 보낸 후에 임금에게 곡하였다"라 하여 동문씨를 쫓아낸 것은 장손허가 제창한 것으로 생각하여 『전』과는 다르다.

25 자가(子家): 귀보의 자.

26 『공양전』에서는 귀보가 오다가 여기에 이르러 선공이 죽고 자기 집안은 쫓겨났다는 말을 들었다고 하였다.

27 흙을 쌓는 것을 단(壇)이라 하고, 땅을 쓰는 것을 선(墠)이라 하는데, 어떨 때는 단(壇)을 또한 선(墠)이라 하기도 했다. 혹자는 귀보가 흙을 쌓지 않고 다만 잡초만 없애고 터를 만들어 예를 행하였을 뿐이라고 하며, 『공양전』에도 이 일이 기록되어 있는데 "墠帷"라 하였으니 이 "壇"자는 "선(墠)"으로 읽어야 할 것이다. 그러나 『예기·곡례(曲禮) 하』에 "대부와 사는 나라를 떠날 때 국경을 넘으면 단을 쌓아 국도를 향하여 운다"는 의식이 있으니 도중에 대부와 사는 본래 단을 설치할 수 있었으니 하물며 귀보가 노나라의 상경이었음이겠는가? 이 "壇"자는 당연히 흙을 쌓아 만든 단이어야 한다. 유(帷)는 베와 비단으로 그 단을 둘러싼 것이다.

28 『의례·빙례(聘禮)』에 의하면 사자가 사신으로 나감에 그 임금이 죽었다는 말을 들었을 때 이미 빙문하는 나라의 국경에 들어섰다면 그대로 빙문하는 일을 끝마쳐야 한다. 귀국을 하면 죽은 임금의 관 앞에서 죽은 임금을 향하여 복명을 해야 하는데 「빙례」에서

旣復命,	복명을 끝내고
袒, 括髮,[29]	웃통을 벗고 머리를 묶은 후
卽位哭,[30]	자리로 가서 소리 내어 울고
三踊而出.[31]	세 번 뛴 후에 나갔다.

이른바 "임금을 빙문하는데 나중에 죽었을 경우 국경을 들어섰으면 완수한다. 돌아와서는 규홀을 들고 빈(殯) 앞에서 복명을 한다"라 한 것이 이것이다. 다만 귀보는 이때 비로소 계손행보가 이미 그 집안을 쫓아냈다는 말을 들었으므로 귀국하지 않고 도중에 단과 휘장을 설치하여 자리를 만들고 부사(副使)를 향해 복명을 하였으니 부사를 가지고 죽은 임금을 대신하고자 한 것이었다. 복명할 때의 의례와 절차는 「빙례」에 보인다. 공영달은 이것을 일러 "상개(介)는 남면을 해야 하고 귀보는 상개의 앞에서 북면을 하고 규홀을 들고 복명을 하였다"라 하였는데 그럴지도 모른다.

개(介): 사자에는 상개(上介)가 있고 중개(衆介)가 있다. 상개는 부사이고 중개는 조수이다. 여기서는 상개를 가리킨다.

29 단(袒): 옛날에는 길흉을 막론하고 모두 단좌(袒左)하였는데, 겉옷의 왼쪽을 벗어 내의를 노출시킨 것이다. 형을 받았을 경우에는 오른쪽을 벗어 맨살을 드러내었다. 단은 석(裼)이라고도 하는데 모두 몸을 드러내지 않는다. 몸을 드러내었다면 "육단(肉袒)" 혹은 "단석(袒裼)"이라고 한다. 단석에도 두 가지 뜻이 있는데 몸통을 드러낸 것이 있으니 『시경·정풍·대숙우전(鄭風·大叔于田)』의 "웃통 벗고 맨손으로 호랑이 잡네(袒裼暴虎)"와 『맹자·공손추(公孫丑) 상』에서 "비록 내 곁에서 웃통을 벗고 벌거숭이로 있어도(雖袒裼裸裎於我側)"라 한 것이 바로 이 뜻이다. 『예기·내칙(內則)』의 "공경할 일이 있지 않으면 감히 웃통을 벗지 않는다"라 한 것은 몸을 노출시키지 않는 것이다.

괄발(括髮): 삼(麻)으로 머리털을 묶는 것이다. 옛사람들은 관(冠)을 쓸 때 반드시 먼저 머리를 묶었으며, 어떨 때는 끈(組)으로 묶기도 하였고 어떤 때는 검은 명주(緇縞)를 가지고 묶기도 하였는데 모두 사(纚)라고 하였다. 머리를 묶은 후에는 다시 머리를 안정시키는 비녀를 질렀는데 이것을 계(笄)라 하였으며, 그런 후에야 관을 썼다. 막 상을 당하였으면 먼저 관을 벗는다. 또 이틀이 지나면 계사(笄纚)를 벗기는데 이때 삼으로 머리를 묶는다. 또한 「빙례」에 의하면 복명을 한 후에는 "나가서는 웃통을 드러내고 머리를 묶는다"라 하였는데, 이때는 나라에 돌아올 수가 없었으므로 귀보 또한 그 의식대로 행한 것이다.

30 귀보가 자기의 자리로 가서 곡을 한 것이다.

31 용(踊): 「빙례」에서는 또한 "문의 오른쪽으로 들어가 자리로 가서 뛴다"라 하였는데, 옛날에는 상을 당하면 가슴을 치며 뛰는(擗踊) 의식이 있었다. 벽(擗)은 가슴을 치는 것이며, 용은 돈족(頓足)과 같은 뜻이다. 남자는 뛰고 여자는 가슴을 쳐서 애통함이 지극함을 나타낸다.

遂奔齊.

마침내 제나라로 달아났다.

書曰“歸父還自晉”,

“귀보가 진나라에서 돌아왔다”라 기록한 것은

善之也.

훌륭하게 여긴 것이다.

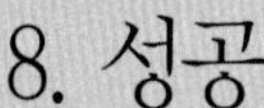

8. 성공

成公

(기원전 590년~기원전 573년)

이름은 흑굉(黑肱)이다. 『공양전』 성공 15년의 『전』에서는 "선공이 죽었을 때 성공은 어렸다"라 하였고, 성공은 즉위 14년 만에 아내를 얻은 것으로 추측하였는데 믿을 만하다.

성공 원년

經

元年春王正月,[1] 원년 봄 주력으로 정월에

公即位.[2] 공이 즉위하였다.

二月辛酉,[3] 2월 신유일에

葬我君宣公.[4] 우리 임금이신 선공을 장사 지냈다.

無冰.[5] 얼음이 얼지 않았다.

三月, 3월에

作丘甲.[6] 구갑법을 만들었다.

夏, 여름에

---

1 원년(元年): 신미년 B.C. 590년으로 주정왕(周定王) 17년이다. 동지가 2월 초하룻날 을미일로 건해(建亥)이다. 윤달이 있다.

2 『전』이 없다.

3 신유(辛酉)일은 27일이다.

4 『전』이 없다.

5 『전』이 없다. 『시경·빈풍·칠월(詩經·豳風·七月)』에 “섣달에 쾅쾅 얼음 깨어, 정월에 얼음 창고에 넣는다네(二之日鑿冰沖沖, 三之日納于凌陰)”라는 구절이 있다. “이지일(二之日)”은 곧 하력으로 12월이며 주력으로 2월이다. 소공 4년의 『전』에서도 “옛날에는 해가 북쪽 땅에 있을 때 얼음을 갈무리한다(古者日在北陸而藏冰)”라 하였는데, “해가 북쪽 땅에 있다(日在北陸)”는 것 또한 주력으로 2월이다. 『예기·월령(禮記·月令)』 12(季冬)월에 “얼음이 가장 성한데 못의 물이 깊숙이 단단하게 얼어붙으면 얼음을 채취하도록 명한다”라 하였다. 계동 12월은 주력으로 2월이다. 고대에는 주력으로 2월에 얼음을 채취하고 얼음을 저장하는 예를 행하였음을 알 수 있다. 날씨가 따뜻하여 못의 물이 얼지를 않으면 이 예를 행할 수가 없으므로 사관이 “얼음이 얼지 않았다”라고 기록한 것이다. 이는 건해(建亥)지만 동지가 2월 삭일에 있어서 건자(建子)와의 차이가 크지 않아 기온이 크게 차이가 없었다.

6 『전』에 상세하다.

臧孫許及晉侯盟于赤棘.[7]
장손허가 적극에서 진후와 맹약하였다.

秋,
가을에

王師敗績于茅戎.[8]
주나라 군사가 모융에게 대패하였다.

冬十月.
겨울 10월.

傳

元年春.
원년 봄에

晉侯使瑕嘉平戎於王,[9]
진후가 하가를 보내 주천자에게 융과 화평을 맺도록 하였으며

單襄公如晉拜成.[10]
단양공이 진나라로 가서 화평을 이루어 준 데 감사를 표했다.

劉康公徼戎,[11]
유강공이 융의 화평을 틈타

---

7 장손허(臧孫許): 선공 18년의 『전』에 상세하다. 12년의 『전』에 의하면 적극은 진(晉)나라 땅으로 지금 어디 있는지는 확실치 않다.

8 모(茅): 『공양전』과 『곡량전』에는 모두 "무(貿)"로 되어 있다. 고음이 같아 가차하여 썼다. 나머지는 『전』에 상세하다.

9 하가(瑕嘉): 곧 문왕 13년 『전』의 첨가(詹嘉)이다. 그곳에 상세히 나와 있다. 문왕 17년에 "주나라 감탁(甘歜)이 심수(邥垂)에서 융을 물리쳤다"라 하였는데, 두예는 이는 곧 심수의 전역으로 발생한 묵은 원한을 화평시킨 것이라고 하였다. 하가가 융을 화평시킨 것은 이전의 일일 것이다. 주나라 군사는 모융에게 패하여 부득불 그 기원을 추서한 것이다.

10 단양공(單襄公): 『국어·주어(國語·周語) 중』 위소(韋昭)의 주에 의하면 곧 주나라의 경사(卿士)인 단조(單朝)이다. 또한 『국어·주어(國語·周語) 하』에 의하면 그 아들은 단경공(單頃公)이다.
배성(拜成): 진나라가 조정한 것이 효과가 있어서 감사의 표시를 한 것이다.

11 유강공(劉康公): 선공 10년의 『경』과 『전』에 보인다.
요융(徼戎): 융이 강화할 때 방비하지 않는 틈을 타서 요행(僥倖)히 융을 쳐서 이기려고

將遂伐之.	마침내 그를 치려고 하였다.
叔服曰,[12]	숙복이 말하기를
"背盟而欺大國,[13]	"맹약을 저버리고 대국을 속이면
此必敗.	이는 반드시 패합니다.
背盟,	맹약을 어기면
不祥;	상서롭지 못하고,
欺大國,	대국을 속이는 것은
不義;	의롭지를 못합니다.
神, 人弗助,[14]	신과 사람이 도와주질 않는데
將何以勝?"	어떻게 이기시려 합니까?"라 하였다.
不聽,	듣지를 않고
遂伐茅戎.[15]	마침내 모융을 쳤다.

하는 것이다. 북송(北宋) 때(1039년) 운서(韻書)인 『집운(集韻)』에는 "儌倖"이라 하였는데 송나라 모황(毛晃)의 『증운(增韻)』에서는 후인들이 "徼"와 "儌"를 하나로 섞어놓았다고 하였다. 명나라 때 『홍무정운(洪武正韻)』에서도 "徼"와 "儌"를 혼동하였다.

12 숙복(叔服): 문공 원년의 『경』에 보인다.

13 대국(大國): 진(晉)나라를 가리킨다.

14 신(神)은 불상(不詳)을, 인(人)은 불의(不義)를 이어서 말하였다.

15 모융(茅戎): 두예는 "융의 별종(戎別種)"이라 하였다. 『수경주·하수(水經注·河水)』에서는 "하수는 북쪽으로 모성(茅城)을 마주하고 있기 때문에 모정(茅亭)이라고 하였으며 모융의 읍이다"라 하였다. 『청일통지(清一統志)』에 의하면 지금의 산서성 평륙현(平陸縣) 서남쪽에 있다. 그러나 명말청초(明末清初) 왕부지(王夫之)의 『패소(稗疏)』에서는 지금의 평륙현은 진(晉)나라 땅이라고 하였으며, 황하 가에 있는데 교통의 요로로 한족과 융족이 한데 섞여 살 리가 없으며, 또한 성주(成周)와 멀어서 주나라가 정벌하여 공격하지도 않았을 것이라고 하였다. 이 모융이 있는 곳은 은공 11년 전의 찬모(欑茅)로 지금의 하남성 수무현(修武縣)일 것이다. 이 두 가지 설을 제외하고도 『수경·하수주(河水注)』의

三月癸未,[16]	3월 계미일에
敗績於徐吾氏.[17]	서오씨에서 대패하였다.
爲齊難故,[18]	제나라의 침공 때문에
作丘甲.[19]	구갑제를 만들었다.

"지관(軹關)의 서쪽을 지나 묘정(苗亭)을 거친다"는 것에 의거하여 모융이 지금의 제원현(濟源縣) 서쪽에 있다는 설도 있다. 평륙의 모진(茅津)은 낙양과는 250리가 되며, 수무는 낙양과 210리이다. 묘정이 낙양과 가장 가까워 8, 90리밖에 되지 않고 또한 주나라의 읍이니 아마 이곳인 듯하다. 『노사·국명기(路史·國名紀)』의 나평(羅苹)의 주(注)에서는 모융은 진류(陳留)에 있다고 하였는데 진류가 춘추시대 때에 정나라의 유읍(留邑)임을 몰랐으며, 또한 낙양과 360리나 되어 주나라 천자에게 죄를 지을 일이 없을 뿐만 아니라 동주 또한 정나라를 넘어서 치기가 어려웠다. 신빙성이 없음이 분명하다.

16 계미(癸未)일은 19일이다.

17 서오씨(徐吾氏): 정현의 소(疏)에 의하면 서오씨는 모융의 안에 있는 취락지로 교전이 벌어졌던 곳이다. 숙복의 말에 의하면 진나라에게 패하였으며 『공양전』에서도 그렇다고 하였다.

18 선공이 즉위하면서 제나라를 지극히 공경하게 섬겼다. 그러나 17년 단도(斷道)의 맹약 때 노나라와 진(晉)나라 등 여러 나라가 연맹을 맺고 제나라를 적으로 삼았다. 18년 노나라는 또한 초나라에게 군사를 청하여 제나라를 치려고 하였으며, 초나라가 군사를 내지 않았으므로 제나라의 침공을 막아야 했다.

19 『주례·지관·소사도(周禮·地官·小司徒)』와 복건(服虔)의 주석에서 인용한 『사마법(司馬法)』(전국시대 제(齊)나라 사마양저(司馬穰苴)가 저작한 병법서)에서는 모두 "구부(九夫)가 정(井)이 되고 사정이 읍(邑)이 되며 사읍은 구(丘)가 되고 사구가 전(甸)이 된다"라 하였으니 "구(丘)"는 지방의 기층(基層)이 되는 조직의 이름이다. 소공 4년에 "구부(丘賦)"가 있고, 『손자·작전(孫子·作戰)』편에는 "구역(丘役)"이 있으며, 『장자·칙양(莊子·則陽)』편에는 "구리(丘里)"가, 『맹자·진심(孟子·盡心) 하』에는 "구민(丘民)"이 있는데, 이곳의 여러 "구"는 모두 이와 같은 뜻이다. 갑(甲)에는 두 가지 뜻이 있는데, 하나는 개갑(鎧甲), 즉 갑옷이라는 뜻이고, 하나는 갑사(甲士)라는 뜻이다. 『곡량전』에서는 이 갑을 분명히 개갑이라 하였다. "구갑제를 만들었다"는 것은 곧 1구(丘)의 사람에게 모두 개갑을 만들게 한 것이다. 『좌전』과 『공양전』에는 모두 이 뜻이 없다. 하휴(何休)는 『곡량전』을 가지고 『공양전』을 해석하였는데 반드시 『공양전』의 본의에는 부합하지 않으니, 1구(丘)의 사람들에게 모두 개갑을 만들라 하는 것은 통행되기 어려울 것이다. 청나라 모기령(毛奇齡)의 『춘추전』과 『경문(經問)』에서는 "매 구(丘)마다 갑옷과 얼마간의 말굴레를 내

聞齊將出楚師,[20]	제나라가 초나라 군사를 내려 한다는 말을 듣고
夏,	여름에
盟於赤棘.[21]	적극에서 맹약하였다.
秋,	가을에
王人來告敗.[22]	주나라 왕의 사자가 와서 패전했다고 알렸다.

놓게 하였다"라 하였다. 그러나 장비만 늘리고 사졸(士卒)은 늘리지 않는 것은 난을 방비하는 도리로는 또한 완전치 못한 것이다. 이 "갑"자는 갑사를 두루 가리키는 것이 정확할 것이다. 갑사에는 갑옷도 있고 또한 사람도 있다. "구갑제를 만들었다"는 것은 내용에 이설이 많고 더욱 복잡하다. 두예는 본래 매 구는 16정이며 융마(戎馬) 1필과 소 3두를 내놓았고, 매 전은 64정으로 전차 1량과 융마 4필, 소 12두, 갑사 3명, 보졸 72명을 내었다고 하였다. 지금 노나라는 1구로 하여금 1전의 부(賦)를 내게 하여 무단히 4배를 증가시켰다. 이 설은 매우 합리적이지 못하다. 백성들이 부담을 이기지 못한 것은 차치하고 사실대로 논하면 노나라에는 본래 2군이 있었는데 이때 군부(軍賦)를 4배나 징수하였다면 8군으로 확충시킨 것이 되는데 어찌하여 애공 11년에 이르러서야 비로소 "3군을 만들었다"라고 하는가? 그 후로 호안국(胡安國)과 손각(孫覺), 고염무(顧炎武), 만사대(萬斯大), 공원개(龔元玠), 심흠한(沈欽韓) 등은 모두 이 설을 바로잡아 혹자는 다만 부(賦)의 3분의 1만 더하였다 하였고, 혹자는 다만 부(賦)의 4분의 1만 더하였다 하였으며, 혹자는 "다만 갑사만 더하고 보졸은 옛날같이 하였다" 하였지만 모두가 추측한 것일 뿐 모두 확증은 없다. 지금 사람들도 "구갑제를 만들었다"는 데 대하여 또한 각자의 견해가 따로 있다. 범문란(范文瀾: 1893~1969)은 『중국통사간편(中國通史簡編)』에서 "곧 1구에서 일정 수량의 군부를 내는 것으로 구에 속한 사람은 각자 경전(耕田)하는 수에 따라 배당을 나누어 공전제(公田制)에서처럼 농부가 동등한 군부를 내는 것과는 다르다"라 하여 군부(軍賦)를 개혁한 것으로 보았으며, 또한 선공 15년의 "처음으로 전무에 부세를 거두었다(初稅畝)"라 한 것과 연계시켰는데 비교적 합리적이다. 기타 설은 인용하지 않는다.

20 제나라가 초나라 군사를 함께 거느리고 치러 온다는 뜻이다.

21 『경』에 의하면 장손허는 진나라로 가서 진후와 맹약하였다.

22 『전』에 의하면 주나라 군사가 대패한 것은 3월의 일이지만 『경』에서는 "가을에 주나라

冬,	겨울에
藏宣叔令脩賦, 繕完, 具守備,[23]	장선숙이 군부(軍賦)를 정돈하고 성곽을 보수하고 방어 태세를 갖추라 하고는
曰,	말하였다.
"齊, 楚結好,	"제나라와 초나라가 우호를 맺어
我新與晉盟,	우리는 새로 진나라와 맹약하였는데,
晉, 楚爭盟,	진나라와 초나라가 맹주를 다툰다면
齊師必至.	제나라 군사가 반드시 이를 것이다.
雖晉人伐齊,	진나라 사람이 제나라를 친다 하여도
楚必救之,	초나라가 반드시 구원할 것이니
是齊, 楚同我也.[24]	이는 제나라와 초나라가 함께 우리에게 맞서는 것이다.

군사가 대패하였다"라 기록하였다. 이 조는 『경』에서 "가을"이라고 기록한 것은 주나라 왕실에서 제후들에게 통고한 것이 가을이었다는 것을 설명한 것이다.

23 수부(脩賦): 수와 부는 한 가지 일로 곧 양공 25년 『전』의 "量入脩賦"의 "脩賦"와 같으며, 군부를 다스리는 것으로 또한 곧 "구갑제를 만든" 정령을 시행하는 것이다.
선완(繕完): 역시 한 가지 일로 양공 31년 『전』의 "繕完葺牆"의 "繕完"으로 성곽을 수리하는 것이다. "선(繕)"이라고만 할 수도 있으니 양공 30년 『전』의 "繕城郭" 같은 경우가 있고, "완(完)"이라고만 할 수도 있으니 은공 원년 『전』의 "大叔完聚"와 같은 경우로 곧 "完城郭"과 같은 뜻이다. 『독본(讀本)』에서는 선완(繕完)을 갑병을 수선하고 성곽을 완성하는 것의 두 가지라 하였는데 역시 뜻이 통한다. 요컨대 방비하여 지키는 작업이 구비된 것이다.

24 두 나라가 함께 우리나라를 적으로 생각한다는 뜻이다.

知難而有備,[25] 화난이 있음을 알고 방비를 하면

乃可以逞."[26] 풀릴 것이다."

성공 2년

經

二年春,[1] 2년 봄

齊侯伐我北鄙. 제후가 우리나라 북쪽 변경을 쳤다.

夏四月丙戌,[2] 여름 4월 병술일에

衛孫良夫帥師及齊師戰于新築,[3] 위나라 손량부가 군사를 거느리고 신축에서 제나라 군사와 싸웠는데

衛師敗績. 위나라 군사가 대패하였다.

六月癸酉,[4] 6월 계유일에

---

25 난(難): 거성(去聲)이다.

26 령(逞): 해(解)와 같은 뜻이다. 우환이 풀릴 것이라는 것을 말한다. 은공 9년의 『전』과 『주』를 보라.

1 이년(二年): 임신년 B.C. 589년으로 주정왕(周定王) 18년이다. 정월 12일 경자일이 동지로 건자(建子)이다.

2 병술일은 29일이다.

3 신축(新築): 『전』에 의하면 위나라의 지명으로 『휘찬(彙纂)』에서는 지금의 하북성 위현(魏縣) 남쪽에 있다고 하였다. 나머지는 『전』과 『주』에 상세하다.

4 계유일은 17일이다.

季孫行父，臧孫許，叔孫僑如，公孫嬰齊帥師會晉郤克，衛孫良夫，曹公子首及齊侯戰于鞌，[5] 계손행보와 장손허, 숙손교여, 공손영제가 군사를 거느리고 진나라 극극과 위나라 손량부, 조나라 공자 수를 만나 안에서 제후와 싸웠는데

齊師敗績. 제나라 군사가 대패하였다.

秋七月, 가을 7월에

齊侯使國佐如師. 제후가 국좌로 하여금 군중에 가게 하였다.

己酉,[6] 기유일에

及國佐盟于袁婁.[7] 국좌와 원루에서 맹약을 맺었다.

八月壬午,[8] 8월 임오일에

宋公鮑卒. 송공 포가 죽었다.

庚寅,[9] 경인일에

---

5 공손영제(公孫嬰齊): 숙힐(叔肸)의 아들로 중영제(仲嬰齊)라고도 하며, 시호는 성백(聲伯)이다.
조공자 수(曹公子首)의 수(首)는 『공양전』 및 『곡량전』에 "手"로 되어 있는데 음(音)이 같아서 통용하였다.

6 기유일은 23일이다.

7 원루(袁婁)의 원(袁)은 『공양전』 및 『곡량전』에는 "爰"으로 되어 있는데, 두 자는 고음이 가깝다. 나머지는 『전』과 『주』에 상세하다.

8 임오일은 27일이다.

9 경인일은 9월 5일이다. 『전』에서는 9월이라 하였는데 여기서는 8월 아래에 붙인 것을 왕도(王韜)는 "사관의 잘못"이라고 하였다.

衛侯速卒.[10] 위후 속이 죽었다.

取汶陽田.[11] 문양의 전지를 취하였다.

冬, 겨울에

楚師, 鄭師侵衛. 초나라 군사와 정나라 군사가 위나라를 침공하였다.

十有一月, 11월에

公會楚公子嬰齊于蜀.[12] 공이 초나라 공자 영제를 촉에서 만났다.

丙申,[13] 병신일에

公及楚人, 秦人, 宋人, 陳人, 衛人, 鄭人, 齊人, 曹人, 邾人, 薛人, 鄫人盟于蜀. 공이 초나라 사람, 진나라 사람, 송나라 사람, 진나라 사람, 위나라 사람, 정나라 사람, 제나라 사람, 조나라 사람, 주나라 사람, 설나라 사람, 증나라 사람과 함께 촉에서 맹약하였다.

---

10 속(速)은 『공양전』에 "遬"으로 되어 있고 『사기』에도 같은데 음이 같아서 통가하였다.

11 두예는 "진(晉)나라가 제나라로 하여금 노나라에 돌려주게 하였다"라 하였다.

12 공자 영제는 곧 자중(子重)으로 일찍이 장군, 좌윤 및 영윤이 되었었다. 선공 11년의 『전』에 상세하다.

13 병신일은 12일이다.

傳

二年春,

2년 봄

齊侯伐我北鄙,

제후가 우리나라 북쪽 변경을 치고

圍龍.[14]

용을 에워쌌다.

頃公之嬖人盧蒲就魁門焉.[15]

경공의 총신 노포취괴가 성문을 공격하였다.

龍人囚之.

용 사람들이 그를 사로잡았다.

齊侯曰,

제후가 말하였다.

"勿殺,

"죽이지 마라,

吾與而盟,

내 너희들과 맹약을 맺었으니

無入而封."[16]

너희 땅에 들어가지 않겠다."

弗聽,

그 말을 듣지 않고

殺而膊諸城上.[17]

죽여서 성벽 위에다 내걸었다.

齊侯親鼓,

제후가 친히 북을 치고

---

14 용(龍): 지금의 산동성 태안현(泰安縣) 동남쪽에 있다. 『사기』에는 "융(隆)"으로 되어 있다. 「연표」에서는 "제나라가 우리나라 융을 취하였다(齊取我隆)"를 원년에 열입하고 있어 『전』과는 다르다.

15 『통지·씨족략(氏族略) 5』에서는 "노포씨는 강(姜)성으로 제환공의 후예이다"라 하였는데 무슨 근거인지 모르겠다. 문(門)은 성을 공격하는 것을 말한다.

16 이(而): "너 이(爾)"자와 같은 뜻이다.
봉(封): "지경 경(境)"자와 같은 뜻이다.

17 박(膊): 전한(前漢) 말 양웅(揚雄)의 『방언(方言)』에서는 "드러내는 것(暴)이다"라 하였고, 위(魏)나라 장읍(張揖)의 『광아(廣雅)』에서는 "펼치는 것(張)이다"라 하였는데, 곧 지금의 드러내다, 진열하다의 뜻에 해당한다. 이 구절은 희공 28년의 "尸諸城上"과 뜻이 같다.

士陵城. 병사들이 성에 올랐다.

三日, 사흘 만에

取龍. 용을 차지하였다.

遂南侵, 마침내 남쪽을 침공하여

及巢丘.[18] 소구에 이르렀다.

衛侯使孫良夫, 石稷, 甯相, 向禽將侵齊,[19] 위후가 손량부와 석직, 영상, 상금장으로 하여금 제나라를 침공하게 하여

與齊師遇.[20] 제나라 군사와 맞닥뜨렸다.

---

18 소구(巢丘): 용과의 거리가 멀지 않을 것이므로 어쩌면 태안현 경계와 떨어져 있지 않을 것이다.

19 두예에 의하면 손량부는 손림보(孫林父)의 아들이다. 석직은 석작(石碏)의 4세손이다. 영상은 영유(甯兪)의 아들이다. 영상의 상(相)은 옛날에는 거성(去聲)으로 읽었다. 상금장(向禽將)은 "금장"이 이름일 것이다. "상금"을 성명으로 보고 "장"을 별도로 읽는 사람도 있는데 확실치 않을 것이다. 「위세가」에서는 "목공(穆公) 11년 손량부가 노나라를 구원하여 제나라를 쳤다"라 하여, 사마천은 이번 출군을 노나라를 구원한 것이라 하였다.

20 두 나라 군대가 마주친 곳에 대하여 『전』에서는 말하지 않았는데, 제나라 군사가 노나라를 치고 직접 회군을 한다면 길을 돌아 위나라의 신축을 경유할 리 없을 것이다. 『휘찬(彙纂)』에서는 서로 마주친 곳이 신축에 있다고 하고 말하기를 "사정을 참작해 보건대 아마 위나라가 제나라를 치기 위해 일으킨 군사는 아직 위나라 경내에 있었을 것이며, 제나라는 이미 노나라를 치고 마침내 승세를 타고 위나라를 치고자 하여 두 나라 군사가 신축에서 만나 싸웠을 따름이다"라 하였다. 이 설은 통하기 어렵다. 제나라가 과연 위나라를 공격하였다면 위나라 장수 석직은 군사를 물릴 것을 주장하지 않았을 것이다. 다음 두 가지 설이 비교적 합리적이다. 첫째, 서로 마주친 곳은 신축이 아니라 제나라와 위나라의 변경에 있을 것이다. 제나라가 위나라의 제나라로 향해 진군하는 군대를 만났다면 당연히 위나라 군사를 몰아붙여 후퇴하게 하고 난 뒤에 그들을 뒤쫓아 신축에 이르러 싸웠어야 할 것이다. 둘째, 서로 만난 곳이 신축에 있다면 신축은 위현(魏縣)의 남쪽에 있지 않으며, 제나라와 위나라의 변경에 있을 것이다. 명말청초(明末淸初) 왕

石子欲還.	석자가 돌아가려 하였다.
孫子曰,	손자가 말하였다.
"不可.	"아니 되오.
以師伐人,	군사를 가지고 남을 치는데
遇其師而還,	그 군사를 만나 돌아가면
將謂君何?[21]	임금께는 어떻게 말할 셈이오?
若知不能,[22]	싸울 수 없음을 안다면
則如無出.[23]	마땅히 나오지 않았어야 했소.
今既遇矣,	이제 이미 마주쳤으니
不如戰也."	싸움만 못하오."
夏,	여름에
有□□□□□.[24]	□□□□□가 있었다.
石成子曰,[25]	석성자가 말하였다.

부지(王夫之)의 『패소(稗疏)』에서는 신축이 "제나라와 위나라가 교차하는 경계"로 지금의 산동성 혜민현(惠民縣)에 있다고 하였다. 그러나 왕부지는 잘못된 것에 근거하여 결론은 믿을 수가 없다. 또한 혜민현은 북쪽에 치우쳐 제나라와 위나라 양군이 모두 그곳을 지나갈 필요성이 없다. 그러나 "제나라와 위나라가 교차하는 경계"에 있다는 설은 생각건대 아주 그른 것은 아니다.

21 장차 어떻게 임금께 복명을 하겠느냐는 말과 같다.

22 불능(不能): "不能戰", 싸울 수 없다는 말과 같다.

23 여(如): 응당(應當)이라는 뜻과 같다.

24 원문에 빠진 곳이 있다. 이 단락은 마땅히 신축에서 싸운 일을 서술하였을 것이다. 신축에서의 전투는 여름 4월에 있었으므로 "하(夏)"로 읽어야 함을 알 수 있다.

25 석성자는 석직(石稷)이다.

"師敗矣,	"군사가 패하였는데
子不少須,	그대는 조금도 기다리지 않으시니
衆懼盡.[26]	전군이 다 죽을 것 같습니다.
子喪師徒,[27]	그대는 군대를 잃고 나면
何以復命?"	어떻게 복명하시겠습니까?"
皆不對.[28]	아무도 대답하지 않았다.
又曰,	또 말하였다.
"子,	"그대는
國卿也.	나라의 경입니다.
隕子,	그대가 떨어지면
辱矣.[29]	치욕입니다.
子以衆退,	그대가 무리들을 거느리고 물러나시면
我此乃止."[30]	나는 여기에서 막겠습니다."

---

26 수(須): 기다리다. 이 구절의 뜻은 손량부가 만약 조금 기다리어 적을 감당해 내지 않고 급작스레 후퇴한다면 전군이 섬멸당할 것이라는 것을 말한다.

27 상사도(喪師徒): 바로 위 구절의 "衆盡"을 가리킨다.

28 손량부 등의 사람이 모두 대답하지 못한 것이다. 사실은 조금 머물러 적을 막으려하지 않은 것이다.

29 운(隕): 『설문(說文)』에서는 "운(抎)"으로 인용하고 "잃음이 있는 것이다"라 하여 손실(損失)로 해석하였다. 이 말은 손량부에게만 말한 것이다. 머물러 막으면 자연 피살되거나 포로가 될 위험성이 있으므로 "그대가 떨어지면 치욕입니다"라 한 것이다. 석직은 여러 장수들이 모두 조금도 머물려 하지 않는 것을 보았기 때문에 다시 말투를 바꾼 것이다.

30 나는 이곳에 머물러 제나라 군사를 막겠다는 뜻이다. "我此乃止"는 "我乃止此"의 변형

且告車來甚衆.[31]	또한 병거가 많이 왔다고 알렸다.
齊師乃止,	제나라 군사가 이에 멈추고
次于鞫居.[32]	국거에서 머물렀다.
新築人仲叔于奚救孫桓子,[33]	신축 사람 중숙우해가 손환자를 구원하여
桓子是以免.[34]	환자가 이 때문에 벗어났다.
旣,[35]	얼마 후
衛人賞之以邑,	위나라 사람이 그에게 상으로 읍을 내리자
辭,	사양하면서

구이다.

31 거(車): 곧 신축의 원군의 병거를 가리킨다. 이는 석직이 멈추지 말고 저항할 것을 요구하다가 다시 원군의 병거가 많이 왔다고 군중에 알림으로써 사람들의 마음을 안정시키는 것이다.

32 제나라는 위나라 군대가 정지하였다가 후퇴하고 또 맞서는 것을 보고 또한 원군이 장차 이를 것이라는 말을 들었으므로 더 이상 나아가지 못한 것이다. 국거는 『후한서·군국지(郡國志)』에 의하면 지금의 하남성 봉구현(封丘縣)에 있다. 그러나 봉구는 신축에서, 위나라 도읍 제구(帝丘)에서 비교적 멀리 떨어져 있고 또한 남쪽에 치우쳐 있으므로 꼭 제나라의 행군 목표는 아닐 것이다.

33 환자는 손량부이다. 신축 사람은 곧 신축 대부이다.

34 『가자·심미(賈子·審微)』편에서는 "제나라 사람이 위나라를 공격하자 속손우해가 군사를 거느리고 맞아 제나라 군사를 크게 물리쳤다"라 하였다. 숙손우해는 곧 중숙우해(仲叔于奚)이다. 제나라 군사가 일찍이 대패하였던 것은 『좌전』에는 수록되어 있지 않다.

35 기(旣): 곧 "旣而"와 같은 뜻. 문공 원년 『전』의 "초자가 상신을 태자로 삼으려 하였으며, 얼마 후에는 또 왕자 직을 세우고자하였다(楚子將以商臣爲大子, 旣, 又欲立王子職)"와 「주어(周語) 상」의 "영공을 쓴다면 주나라는 반드시 패할 것이다. 얼마 후 영공은 경사가 되었다(旣, 榮公爲卿士)"의 "旣"와 같은 용법이다. 『가자·심미(賈子·審微)』편에는 "위나라는 이에 온(溫)을 상으로 내렸다"라 하였다.

請曲縣, 繁纓以朝.[36]

곡현과 번영으로 조회할 것을 청하였다.

許之.

그것을 허락하였다.

仲尼聞之曰,

중니가 그 말을 듣고 말하였다.

"惜也,

"애석하도다,

不如多與之邑.

그에게 읍을 많이 줌만 못하다.

唯器與名,[37]

기물과 명호는

不可以假人,

남에게 빌려 줄 수 없으니

君之所司也.[38]

임금이 관할하는 것이기 때문이다.

名以出信,[39]

명호로 위신을 나타내고

信以守器,[40]

위신으로 기물을 지키며

---

36 현(縣): "懸"과 같으며, 종·경(鐘·磬) 등의 악기를 시렁에 거는 것을 가리킨다. 고대에 천자의 악기는 4면에 걸어 궁실의 사면에 담장이 있는 형상과 같았으므로 "궁현(宮懸)"이라 하였으며, 제후는 남쪽면의 악기를 치워 3면에다 걸었는데 이를 "헌현(軒懸)"이라 하였으며 또한 "곡현(曲懸)"이라고도 하였다. 곡(曲)자의 갑골문은 [illegible]으로 사방 가운데 한 면이 없는 형상이므로 이렇게 말한 것이다. 대부는 좌우의 양쪽 면에만 악기를 거는데 이를 "판현(判懸)"이라고 하며, 사(士)는 동쪽이나 섬돌 사이에만 악기를 거는데 이를 "특현(特懸)"이라고 한다. 중숙우해가 "곡현"의 예를 청한 것은 대부로써 참람되이 제후의 예를 쓴 것이다.
번(繁): 『설문(說文)』에는 "緐"으로 되어 있다. 말갈기 앞의 장식으로 역시 제후의 예법이다.

37 기·명(器·名): 기(器)는 "곡현" 및 "번영" 등의 기물을 가리킨다. 명은 당시의 작호(爵號)를 가리킨다.

38 기·명(器·名)은 모두 임금이 장악하여 신민(臣民)을 다스리는 도구로 남에게 빌려 줄 수 없음을 말한다.

39 모종의 작호가 있으면 모종의 위신을 부여한다는 말이다.

40 모종의 위신이 있으면 그가 얻은 기물을 유지할 수 있다는 말이다.

器以藏禮,[41]	기물로 예를 갈무리하고
禮以行義,[42]	예로써 의를 행하며
義以生利,[43]	의로써 이익을 내고
利以平民,[44]	이익을 가지고 백성들을 다스리는 것이
政之大節也.	정치의 대강이다.
若以假人,	남에게 빌려 준다면
與人政也.	남에게 정사를 맡기는 것이다.
政亡,	정치가 망하면
則國家從之,	나라가 그것을 따를 것이니
弗可止也已."[45]	그리되는 것을 막을 수 없다."

孫桓子還於新築,	손환자는 신축에서 돌아와
不入,[46]	들어가지 않고

---

41 각종의 기물을 제정함으로써 존비와 귀천을 나타내어 당시의 예를 체현한다는 말이다.

42 의는 예를 따라서 행한다는 말이다.

43 의를 행한 연후에 대중의 이익이 난다는 말이다.

44 평(平): 치리(治理), 곧 다스린다는 말. 『맹자·이루(離婁) 하』에 "군자는 정치를 다스린다(君子平其政)"는 말이 있고, "평치(平治)"를 달아 쓸 수도 있는데 『맹자·공손추(公孫丑) 하』에 "대체로 하늘이 천하를 다스리지 않고자 함이었다(夫天未欲平治天下也)"라는 말이 있다.

45 『공자가어·정론(孔子家語·正論)』편에 이 일이 실려 있는데 이와 대체로 같다. 『가자·심미(審微)』편에도 이 일이 실려 있는데 약간 차이가 있다.

46 국도로 들어가지 않은 것이다.

遂如晉乞師.

마침내 진나라로 가서 군사를 청하였다.

臧宣叔亦如晉乞師.

장선숙 또한 진나라로 가서 군사를 청하였다.

皆主郤獻子.[47]

모두 극헌자를 주인으로 삼았다.

晉侯許之七百乘.

진후는 그들에게 7백 승을 허락하였다.

郤子曰,

극자가 말하였다.

"此城濮之賦也.[48]

"이는 성복의 전역 때의 수입니다.

有先君之明與先大夫之肅,

선군의 영명함과 선대부의 민첩함이 있어

故捷.[49]

이겼습니다.

克於先大夫,

나는 선대부에 비하면

---

47 두 경이 모두 극극을 주인으로 삼은 것인데, 아마 극극이 진나라의 중군장수로 정권을 쥐고 있기 때문일 것이다. 선공 17년 극극은 또한 일찍이 제경공의 어머니의 비웃음을 받아 원수를 갚으리란 맹세를 한 적이 있다.

48 성복의 전역 때 진나라는 병거 7백 승을 내었는데, 희공 28년의 『전』에 보인다.

49 선대부는 어쩌면 일찍이 본국의 경대부가 된 사람 본인의 조상을 가리킬 수도 있을 것인데, 이를테면 『예기·단궁(檀弓) 하』의 조무(趙武)처럼 "실로 천수를 다하여 선대부가 묻힌 구원의 무덤에 묻힐 수 있을 것이다(是全要領以從, 先大夫於九京也)" 그러나 일반적으로는 본국의 전배 경대부를 널리 가리키는 데 쓰여 반드시 본인의 동족일 필요는 없다. 여기서도 널리 가리키는 것으로 실제로는 선진(先軫), 호언(狐偃), 난지(欒枝) 등의 여러 사람을 가리킨다. 청나라 마종련(馬宗璉)의 『보주(補注)』에서는 "극곡(郤穀)을 가리킨다"라 하였지만, 극곡이 일찍이 진문공의 중군수가 된 적이 있긴 해도 성복의 전역 이전에 죽어 성복의 전역에서는 지휘를 한 적이 없으므로 믿을 수 없다.
숙(肅): 경숙(敬肅)하다는 뜻이 아니라 민첩하다는 뜻으로 쓰였다. 재주가 민첩함을 갖추었으니 적에게 승리를 거둘 수 있었다는 말이다.

無能爲役,[50]	일꾼이 될 수도 없으니
請八百乘."	8백 승을 청합니다."
許之.	허락하였다.
郤克將中軍,	극극이 중군장이 되고
士燮佐上軍,[51]	사섭은 상군좌가 되었으며
欒書將下軍,[52]	난서는 하군장,
韓厥爲司馬,[53]	한궐은 사마가 되어
以救魯, 衛.	노나라와 위나라를 구원하였다.
臧宣叔逆晉師,	장선숙은 진나라 군사를 맞아
且道之.[54]	또한 그들을 인도하였다.

50 선대부와 서로 비교한다면 그 일꾼이 되기에도 부족하다는 뜻.

51 좌(佐): 완각본(阮刻本)에는 "장(將)"으로 되어 있다. 4년의 『전』에 의하면 사섭은 또한 상군좌이며, 13년 『전』에 의하면 사섭은 그제서야 상군장이 되었으니 이때는 단지 상군좌가 되었을 뿐일 것이므로 『석경』, 가나자와 문고본(金澤文庫本) 등에 따라 고쳤다. 「제세가」에도 상군장으로 되어 있는데 사마천의 잘못이다. 중군좌와 상군수에 대해서는 말하지 않았는데 다음의 『전』에 의하면 중군좌는 순수(荀首)일 것이고, 상군좌는 순경(荀庚)일 것이다. 진나라는 각 군의 장(將)과 좌(佐)에 각기 딸린 부대가 있었는데, 이때 순수와 순경 및 그 부대는 모두 출동하지 않았다. 이번 전역은 성복의 전역에 비하여 병거가 1백 승이 더 많다. 성복의 전역 때는 3군의 장·좌(將·佐)가 모두 출동하였는데, 이번 전역에서는 3군의 장·좌가 절반밖에 출동을 하지 않은 것으로 보아, 진나라가 명목상으로는 3군이라고 하지만 매 군의 실력이 이미 크게 확충되었음을 알 수 있다.

52 선공 12년 필(邲)의 전역에서는 조삭(趙朔)이 하군장이었다. 이때 조삭은 아마 이미 죽었을 것이므로 당시 하군좌였던 난서가 이어받은 것이다. 하군좌 또한 출동하지 않았으며, 하군좌가 누구인지는 고찰할 수 없다.

53 필의 전역 때 한궐은 이미 사마였는데 이때도 여전히 사마이다.

54 도(道): 도(導)와 같다. 향도(嚮導)가 되어 길을 연다는 뜻이다.

季文子帥師會之.	계문자는 군사를 거느리고 그들을 만났다.
及衛地,	위나라 땅에 이르러
韓獻子將斬人,[55]	한헌자가 사람을 참하려 하자
郤獻子馳,	극헌자가 달려가
將救之.	그를 구하고자 하였다.
至,	이르렀을 때는
則旣斬之矣.	이미 그를 참한 뒤였다.
郤子使速以徇,	극자는 속히 조리돌리게 하고는
告其僕曰,	그 종에게 알리기를
"吾以分謗也."[56]	"내 비방을 나누려고 그런다"라 하였다.
師從齊師于莘.[57]	군사가 신에서 제나라 군사를 좇았다.

55 한헌자는 곧 한궐(韓厥)이다. 진나라는 사마가 군법을 담당하고 있었는데, 희공 28년 『전』의 "기만이 군령을 어기자 사마가 그를 죽였다(祁瞞奸命, 司馬殺之)"라 한 것이나 「진어(晉語) 3」에서 진혜공(晉惠公)이 사마인 열(說)에게 경정(慶鄭)을 참하게 한 것 등을 보면 이를 알 수 있다. 한궐이 사마로써 법령을 어긴 사람을 참수한 것이다.

56 「진어(晉語) 5」의 문장은 이와 거의 같다. 『한비자·난(韓非子·難) 1』에도 이 일이 수록되어 있는데, 또한 평론이 곁들여져 있다.

57 제나라 군사는 노나라를 치고 위나라에 이긴 후 돌아갔는데, 진나라 군사가 자취를 좇아 이른 것이다. 신(莘)은 몇 곳이 있다. 환공 16년의 신은 위나라 땅으로 지금의 산동성 신현(莘縣) 북쪽에 있으며, 장공 10년의 신은 채(蔡)나라 땅이고, 장공 32년의 신은 괵(虢)나라 땅이며, 희공 28년의 유신지허(有莘之墟)는 또한 옛 신국(莘國)이다. 지리적으로 고찰해보면 이 신은 마땅히 환공 16년의 신으로 위나라에서 제나라에 이르는 요로

六月壬申,[58]	6월 임신일에
師至于靡笄之下.[59]	군사가 미계의 아래에 이르렀다.
齊侯使請戰,	제후가 싸움을 청하게 하고는
曰,	말하였다.
"子以君師辱於敝邑,	"그대가 임금의 군사를 거느리고 우리나라에 왔으니
不腆敝賦,	강하지 않고 변변찮은 군대지만
詰朝請見."[60]	내일 아침 보기를 청하오."
對曰,	대답하여 말하였다.
"晉與魯, 衛,	"진나라와 노나라, 위나라는
兄弟也,[61]	형제인데
來告曰,	와서 이르기를

(要路)일 것이다. 두예는 환공 16년의 『전』에서는 "위나라 땅"이라 하였고 이곳의 주에서는 "제나라 땅"이라 하였으니, 위의 것 말고도 제나라에도 신읍이 있다는 말인데 확실치 않다.

58 임신일은 16일이다.

59 미계(靡笄): 산 이름으로 곧 지금의 산동성 제남시(濟南市)에 있는 천불산(千佛山)이다. 청나라 강영(江永)의 『고실(考實)』에서는 장청현(長淸縣)에 있다고 하였는데 부정확하다.

60 부전(不腆): 희공 33년의 『전』과 『주』를 보라.
부(賦): 군부(軍賦)를 가리킴. 윗 문장의 "此城濮之賦也"의 "賦"와 같은 뜻이다.
힐명(詰明): 다음 날 아침. 이곳의 제후가 전쟁을 약속한 말은 "너희들이 군대를 이끌고 우리나라로 왔으니 우리나라 군대가 강하지는 않지만 내일 아침 한번 보기를 바란다"는 뜻이다.

61 진나라와 노나라, 위나라는 모두 희(姬)성의 나라이므로 "형제"라고 한 것이다.

'大國朝夕釋憾於敝邑之地.'[62]
'대국이 아침저녁으로 우리 땅에 이르니 원한을 풀고자 한다'라 하여

寡君不忍,
과군께서 참지 못하고

使羣臣請於大國,
뭇 신하들로 하여금 대국에 청하게 하고

無令輿師淹於君地.[63]
군사를 임금님의 땅에 오래 머물게 하지 말라 하셨습니다.

能進不能退,
나아갈 수는 있어도 물러날 수는 없으니

君無所辱命."[64]
임금의 명을 욕되이 할 것 없습니다."

齊侯曰,
제후가 말하였다.

"大夫之許,
"대부가 허락한 것은

---

62 대국(大國)은 제나라를 가리키며, 폐읍(敝邑)은 노나라와 위나라를 자칭한 것이다. 노나라와 위나라가 진나라에게 알린 원문은 "齊國朝夕釋憾於敝邑之地"이 되어야 할 것이며, 양공 16년『전』의 목숙(穆叔)이 한 말과 같을 것이다. 진(晉)나라 사람이 제(齊)나라에 대하여 전술(轉述)하면서 제나라가 제3자에서 제2자가 되기 때문에 "제국(齊國)"을 "대국(大國)"으로 바꾼 것이다.

63 진나라 임금이 제나라가 노나라와 위나라를 침공하는 것을 차마 보지 못하였기 때문에 뭇 신하들로 하여금 제나라에게 청하게 하였지만, 또한 진나라 군사로 하여금 제나라 경계에 오래 머물게 하지 않은 것을 말하는데, 속전속결로 승부를 가리자는 뜻이다. 여사(輿師)의 여(輿)는 중(衆)과 같은 뜻이며 또한 "사여(師旟)"라 할 수도 있다. 엄(淹)은 구(久), 즉 오래라는 뜻이다.

64 이 두 구절은 진나라 장수의 말로 "우리는 명을 받고 왔으니 전진만 있을 뿐 후퇴는 할 수 없으며, 이미 내일 서로 보기로 한 약속이 있으니 우리는 제나라 군사를 허사로 돌아가지 않게 할 것이다"라는 말이다. "君無所辱命"은 임금의 명을 욕되게 하는데 이르지 않겠다는 말로 전투를 수락한다는 말이다. 두예는 "더 이상 임금의 명령이 필요 없다"고 하였는데 틀렸다.

寡人之願也;	과인의 바람이며,
若其不許,	허락을 하지 않았더라도
亦將見也."[65]	또한 보려던 참이었소."
齊高固入晉師,[66]	제나라의 고고가 진나라 군사에게 들어가
桀石以投人,[67]	돌을 들어 사람에게 던지고
禽之而乘其車,	그를 사로잡아 병거에 태우고는
繫桑本焉,[68]	뽕나무 뿌리를 묶어
以徇齊壘,	제나라 진영을 돌면서
曰,	말하였다.
"欲勇者賈余餘勇!"[69]	"용맹하고자 하는 사람은 나의 남은 용기를 사라!"
癸酉,	계유일에
師陳于鞌.[70]	군사가 안에서 진채를 벌였다.

---

65 제후의 말은 진나라가 전투를 수락하든 말든 반드시 일전을 불사할 것이라는 것이다.

66 고고는 선공 17년의 『전』과 『주』를 보라.

67 걸(桀): 든다(擧)는 뜻이다.

68 상본(桑本): 뽕나무 뿌리이다. 뽕나무 뿌리를 수레에 매달아 다른 병거와는 다름을 보여주는 것이다.

69 고(賈): 산다(買)는 뜻이다. 환공 10년 『전』의 "해악을 사려는 것인가?(其以賈害也)"의 고(賈)자와 같은 뜻이다. 두예는 "파는 것(賣)이다"라 하였는데 틀렸다.

70 안(鞌): "안(鞍)"과 같다. 안(鞌)은 곧 역하(歷下)로 지금의 제남시(濟南市) 서쪽에 있다. 당(唐)나라 두우(杜佑)의 『통전(通典)』에서는 지금의 평음현(平陰縣) 동쪽에 있다고 하였는데 믿을 수 없다. 『곡량전』에서는 "안은 도성에서 5백 리 떨어져 있다"라 하였다. 명말청초(明末淸初) 고염무(顧炎武)의 『일지록(日知錄)』에서는 "지금의 62리가 안 되는 것

邴夏御齊侯,[71]	병하가 제후의 어자가 되고
逢丑父爲右.	봉축보가 거우가 되었다.
晉解張御郤克,[72]	진나라에서는 해장이 극극의 어자가 되고
鄭丘緩爲右.[73]	정구완이 거우가 되었다.
齊侯曰,	제후가 말하였다.
"余姑翦滅此而朝食."[74]	"내 잠시 이 진나라를 쳐 없애고 와서 아침을 먹겠다."
不介馬而馳之.[75]	말에 갑옷도 입히지 않고 치달았다.
郤克傷於矢,	극극은 화살을 맞고 다쳐
流血及屨,	피가 신발까지 흘렀으나
未絶鼓音,	북소리를 끊지 않고

이 옛날의 백 리이다. 안이 도성에서 5백 리 떨어졌다는 것은 지금의 역성(歷城)에서 임치(臨淄)까지가 겨우 330리라는 것이다"라 하였다.

71 문공 18년의 『전』에 병촉(邴歜)이 있고, 양공 25년에는 병사(邴師)가 있으며, 정공 13년에는 병의자(邴意玆)가 있는데 모두가 제나라 사람으로 병(邴)을 씨(氏)로 삼은 것이다.

72 문공 8년에 해양(解揚)이 있고 양공 3년에는 해호(解狐)가 있는데, 모두 진나라 사람이며 해를 씨로 삼은 것이다.

73 아래에 "완이 말하기를(緩曰)"이라는 말이 있는 것으로 보아 완(緩)은 이름이고 정구(鄭丘)가 씨임을 알 수 있다.

74 전멸(翦滅): 동의사가 연용하여 쓰인 것으로 선공 12년의 『전』과 『주』에 상세하다. 두예는 "전(翦)은 다하다(盡)이다"라 하였는데, 틀렸다.
조(朝): 조모(朝暮)의 조(朝)자이다. 장병린(章炳麟)의 『독(讀)』에서는 「제세가」에서 "모여서 먹었다(會食)"라 한 것에 근거하여 조회(朝會)의 조(朝)라고 하였는데, 『전』의 뜻과 부합하지 않는다.

75 개(介): 갑(甲)과 같은 뜻이다. "不介馬"는 말에게 갑옷을 씌우지 않은 것이다. 도홍경(陶鴻慶)의 『별소(別疏)』에서는 부마(副馬)를 갖추지 않은 것이라고 해석하였는데, 틀렸다.

曰,	말하였다.
"余病矣!"[76]	"나는 다쳤다!"
張侯曰,[77]	장후가 말하였다.
"自始合,[78]	"처음 맞붙을 때부터
而矢貫余手及肘,[79]	화살이 내 손과 팔꿈치를 꿰뚫었지만
余折以御.[80]	나는 꺾고 마차를 몰았소.
左輪朱殷,[81]	왼쪽 바퀴가 검붉게 물들었지만
豈敢言病?[82]	어찌 감히 다쳤다는 말을 하겠습니까?
吾子忍之!"	그대는 참으시오!"
緩曰,	완이 말하였다.

---

76 「진세가」에서는 "극(郤)이 벽으로 되돌아 들어가려고 했다"라 하였는데, 혹 당시 극극(郤克)의 본의인 듯하다.

77 장후는 곧 해장(解張)이다. 장(張)은 자이고, 후는 이름이다. 고인들이 이름과 자를 이어서 말할 때는 자를 먼저 쓰고 이름을 뒤에 쓴다.

78 합(合): 교전(交戰)을 말한다.

79 「제세가」에서는 "내가 처음 들어가 두 번 다쳤다"라는 말로 이 구절을 해석하였는데, 장후는 두 번 화살에 맞았으며 한번은 손을 관통하였고 한번은 팔꿈치를 관통하였다는 뜻이다.

80 절(折): 화살대를 꺾어서 부러뜨린 것으로 화살촉을 뽑아낼 겨를이 없었다는 것이다.

81 주은(朱殷): 은(殷)은 검붉은 색이다. 주은(朱殷)은 지금의 "은홍(殷紅)"과 같은 뜻으로 피가 왼쪽 수레바퀴까지 흘러 검붉은 색으로 물들였다는 말이다.

82 『순자·의병(荀子·議兵)』편에 "장수는 죽음으로 북을 지키고, 어자는 죽음으로 말고삐를 지킨다(將死鼓, 御死轡)"라는 말이 있는데, 맡은 바 직책에 힘을 다하라는 말이니 장후가 감히 "다쳤다는 말"을 할 리가 없다.

“自始合,	“처음 맞붙을 때부터
苟有險,	실로 험난한 곳이 있으면
余必下推車,	나는 반드시 내려 수레를 밀었지만
子豈識之?[83]	그대가 어찌 알았겠습니까?
然子病矣!”	그러니 그대는 실로 다친 것이오!”
張侯曰,	장후가 말하였다.
“師之耳目,	“군사의 이목이
在吾旗鼓,	나의 깃발과 북에 있어
進退從之.[84]	나아가고 물러감에 그것을 따릅니다.
此車一人殿之,[85]	이 병거는 한 사람이라도 엄중히 지키기만 하면
可以集事.[86]	전투를 완수할 수 있습니다.

83 같은 병거를 타고 있으면서도 주장(主將)이 거우가 내려 수레를 미는 것도 알지 못하니 주장이 부상을 매우 심하게 당하였으며, 또한 북을 치는 데만 전심전력을 기울였음을 알 수 있다.

84 『손자 · 군쟁(軍爭)』편에서는 「군정(軍政)」을 인용하여 “말해도 서로 묻지 않으므로 쇠북을 치는 것이고, 보아도 서로 보이지 않으므로 깃발을 흔드는 것이다. 쇠북과 깃발은 한 사람의 이목이다. 사람이 전일(專一)하게 되면 용감한 자는 혼자 나아가지 않게 되고 겁 많은 사람도 홀로 물러나지 않게 되니, 이것이 뭇사람들을 쓰는 방법이다”라 하였는데, 이 말을 가지고 주해(註解)로 삼을 수 있다.

85 전(殿): 진수(鎭守)와 같은 뜻.

86 집(集): 완성하다.

若之何其以病敗君之大事也?	무엇 때문에 아프다 하여 임금의 큰일을 그르치려고 합니까?
擐甲執兵,[87]	갑주를 두르고 병기를 든 것은
固卽死矣,[88]	실로 사지로 나아가기 위함이니
病未及死,	아파도 죽지는 않았으니
吾子勉之!”	그대들은 힘쓰시오!”
左幷轡,	왼손으로는 고삐를 한꺼번에 쥐고
右援枹而鼓.[89]	오른손으로는 북채를 당기어 북을 쳤다.
馬逸不能止,	말이 내달아 멈출 수가 없으니
師從之.	군사들이 그 뒤를 쫓았다.
齊師敗績.	제나라 군사는 대패했다.
逐之,	그들을 쫓아
三周華不注.[90]	화부주산을 세 바퀴나 돌았다.

87 환(擐): 입다.

88 즉(卽): 취(就), 곧 나아가다.

89 포(枹): 북채로, 부(桴)라고도 한다. 장후가 왼손으로는 고삐를 한꺼번에 쥐고 오른손으로는 북채를 잡고 극극 대신 북을 치는 것이다.

90 「진어 5」에는 “화부주산을 세 바퀴 돌았다(三周華不注之山)”로 되어 있어 화부주가 산 이름임을 알 수 있으며, 지금의 제남시(濟南市) 동북쪽에 있다. 『수경주·제수(水經注·濟水)』에 의하면 이 산은 “외로운 봉우리에 특히 솟아 있어서(孤峰特拔)” 세 바퀴를 돌 만하다. 명나라 진계유(陳繼儒)의 『서초(書蕉)』에서 인용한 『구역지(九域志)』에서는 “대명호(大明湖)는 화부주산을 바라보고 있는데 물속에 있는 것 같다”라 하였다.

韓厥夢子輿謂己曰,[91]	한궐이 꿈을 꾸었는데 자여가 자신에게 말하기를
"旦辟左右!"[92]	"아침에 왼쪽이나 오른쪽을 피하라!"라고 하였다.
故中御而從齊侯.[93]	그리하여 가운데서 수레를 몰며 제후를 쫓았다.
邴夏曰,	병하가 말하였다.
"射其御者,	"저 어자를 쏘십시오,
君子也."[94]	군자입니다."
公曰,	공이 말하였다.
"謂之君子而射之,	"군자라고 하면서 쏘는 것은
非禮也."	예가 아니다."
射其左,	거좌를 쏘아
越於車下.[95]	수레 아래로 떨어뜨렸다.

91 두예에 의하면 자여(子輿)는 한궐(韓厥)의 아버지이다.

92 단(旦): "또 차(且)"자로 되어 있는 판본도 있다.
피(辟): "피할 피(避)"자와 같다. 고대의 군제는 천자나 제후가 친히 원수가 되거나 혹은 다른 사람이 원수가 되면 병거의 가운데에 서는데 북 아래에 있다. 원수가 아니라면 어자가 중앙에 있고 본인은 그 왼쪽에 있게 된다. 한궐은 사마로 응당 수레의 왼쪽에서 활쏘기를 맡았을 것이다.

93 한궐은 꿈에 그 아버지가 수레의 좌우를 피하라 일렀으므로 어자를 대신하여 중앙에 서서 고삐를 잡았다.

94 한궐의 거동과 태도가 군자와 같으므로 제후에게 그를 쏘라고 청한 것이다.

95 월(越): 추(墜)자와 같은 뜻으로 쓰였다. 떨어지다.

射其右,

거우를 쏘아서는

斃于車中.

수레 안에서 죽게 하였다.

綦毋張喪車,[96]

기모장이 수레를 잃고

從韓厥曰,

한궐을 쫓아와 말하였다.

"請寓乘!"[97]

"붙어서 타게 해주십시오!"

從左右,[98]

거좌와 거우의 자리에 서려 하였는데

皆肘之,[99]

그때마다 팔꿈치로 밀어 내어

使立於後.

뒤에 서게 하였다.

韓厥俛,

한궐은 몸을 숙여

定其右.[100]

거우를 고정시켰다.

逢丑父與公易位.[101]

봉축보가 공과 자리를 바꿨다.

將及華泉,[102]

화천에 다 이르렀을 때

---

96 기무장(綦毋張): 기무가 성이고 이름은 장이다. 진나라의 대부이다.

97 우(寓): 기탁하는 것이다. 한궐의 수레에 끼어 타는 것이다.

98 기무장이 수레에 올라 수레의 왼쪽이나 오른쪽에 서려 한 것이다.

99 한궐이 그때마다 팔꿈치로 밀쳐서 물러나게 한 것이다.

100 면(俛): 부(俯)와 같다. 한궐이 몸을 아래로 숙여서 거우의 시체가 수레에서 떨어지지 않도록 하였으므로 제경공과 봉축보가 자리를 바꾸어 볼 수가 없었던 것이다.

101 본래는 제경공이 가운데 있었고 봉축보가 오른쪽에 있었다. 지금은 봉축보가 가운데 있고 제경공이 수레의 오른쪽에 있는 것이다. 한궐은 이 두 사람을 본 적이 없기 때문에 그 얼굴을 구분할 수 없었다. 고대의 군사의 복장은 임금과 장좌(將佐)가 같았는데, 희공 5년『전』에서 "군복 씩씩하게 차려입고(均服振振)"라 한 것이 이것을 말한다. 그러므로 자리를 바꾸면 충분히 적을 속일 수 있다.『공양전』에서는 "봉축보의 얼굴이 경공과 비슷하고 의복이 경공과 비슷하였다"라 하였는데 근거가 되기에 충분치 않다.

驂絓於木而止.[103]	참마가 나무에 걸려 멈추었다.
丑父寢於轏中,[104]	축보는 잔거(棧車)에서 자다가
蛇出於其下,	아래쪽에서 뱀이 나와
以肱擊之,	팔꿈치로 치다가
傷而匿之,	부상을 당하였는데 그 사실을 숨겼으므로
故不能推車而及.[105]	수레를 밀 수가 없어 따라잡혔다.
韓厥執縶馬前,[106]	한궐이 고삐를 잡고 말 앞에서
再拜稽首,	두 번 절한 후 머리를 조아리고
奉觴加璧以進,[107]	술잔을 받들고 벽옥까지 더하여 바치며 나아가
曰,	말하였다.

102 화천은 화부주산 아래에 있는 샘이다.

103 참(驂): 좌우의 양쪽에 있는 말이다.
괘(絓): 걸리는 것이다. 양 참마가 수목에 걸린 것이다.

104 잔(轏): 곧 잔거(棧車)로, 대나무 수레이다.

105 봉축보가 잔거에서 자다가 뱀을 쳐서 팔꿈치에 부상을 당한 것은 싸움이 있기 전의 일이며, 상처를 숨기고 속인 것은 거우가 되지 못할까 걱정해서일 것이다. 보충적인 서술이 없는데 곧 봉축보는 정구완처럼 수레를 밀 수가 없어서 한궐에게 따라잡힌 것이다.

106 집(縶)자는 『설문(說文)』에는 "칩(馽)"으로 인용하였는데, "馽"은 곧 "縶"자이다. 청나라 장림(臧琳)의 『경의잡기(經義雜記)』와 단옥재(段玉裁)의 『주』에서는 모두 "馬"자는 "馽"자 때문에 잘못 들어간 연문이라고 하였다. 호옥진(胡玉縉: 1859~1940)은 한궐이 잡은 고삐는 곧 제후의 걸린 말고삐라 하였는데 꼭 그렇지만은 않을 것이다. 군의 장수는 적국의 군주를 보면 고삐를 잡는 것이 당시의 예법이었다.

107 양공 25년 『전』에서 정나라 자전(子展)이 진후(陳侯)가 싸움에 진 것을 볼 때도 "말고삐를 잡고""두 번 절하고 머리를 조아리고" 술을 바친 것으로 보아 당시의 통례가 이러하였음을 알 수 있다. 여기서는 "벽옥을 더한 것"이 하나 많다.

“寡君使羣臣爲魯, 衛請,	“과군께서 뭇 신하들로 하여금 노나라와 위나라를 위하여 청하여
曰,	말하기를
‘無令輿師陷入君地.’	‘군대를 임금님의 땅에 깊이 들어가게 하지 말라’ 하였습니다.
下臣不幸,	하신은 불행히도
屬當戎行,[108]	때마침 병거의 행렬과 맞닥뜨려
無所逃隱.[109]	달아나 숨을 곳이 없었습니다.
且懼奔辟,[110]	또한 달아나 피하면
而忝兩君.[111]	두 임금을 욕보일까 두려웠습니다.
臣辱戎士,	신이 욕되이 융사가 되었으니
敢告不敏,[112]	고하건대 민첩하지 못하지만

---

108 속(屬): 적(適)과 같은 뜻. 마침.
융행(戎行): 군려(軍旅)의 군사를 말함. 남북조시대 진(晉)나라 육기(陸機)의 「변망론(辨亡論)」에서는 “여몽을 군려에서 뽑고, 잡힌 포로 가운데서 반준을 알아보았다(拔呂蒙於戎行, 識潘濬於繫虜)”라는 말이 나오는데, 양(梁)나라 소명태자(昭明太子) 소통(蕭統)의 『문선(文選)』에 주석을 단 이선(李善)은 『삼국지·(三國志·吳志)』를 인용하여 “여몽의 나이 15, 6세 때 등당(鄧當)을 따라 적을 쳤는데 손책(孫策)이 보고 기이하게 여기어 끌어다 곁에 두었다”라 하였다. 이는 육기가 『좌전』을 인용한 것이다. 또한 병거가 길이나 전장을 가는 것을 말하기도 한다.

109 자신은 군대의 직분을 수행하기 때문에 복무에서 도피할 수가 없다는 말이다.

110 피(辟): 피(避)와 같다.

111 스스로 싸우는데 노력하지 않을 수 없다는 말이다. 첨(忝)은 욕보이는 것이다. 양군(兩君)은 진나라 임금과 제나라 임금을 말한다.

112 감(敢): 존경의 뜻을 나타내는 부사로 뜻이 없다.
불민(不敏): 당시의 관용적인 겸사이다. 『논어·안연(論語·顔淵)』편에도 “회가 비록 민첩하지 못하지만(回也不敏)”이라는 말이 나온다.

攝官承乏."[113]	빠진 관원을 대신하여 빠진 것을 잇겠습니다."
丑父使公下,	봉축보가 공에게 내리게 하여
如華泉取飮.[114]	화천으로 가 물을 떠오게 했다.
鄭周父御佐車,[115]	정주보가 좌거를 몰고
宛茷爲右,	완패가 거우가 되어
載齊侯以免.	재후를 태우고 벗어났다.
韓厥獻丑父,	한궐이 봉축보를 바치어
郤獻子將戮之,	극헌자가 그를 죽이려 하니
呼曰,	소리쳐 말하였다.
"自今無有代其君任患者,[116]	"끝내 임금을 대신하여 환난을 떠맡을 사람이 없었고
有一於此,	여기에 나 하나가 있는데

113 섭(攝): 대신.
승핍(承乏): 또한 겸사로, 어떤 일에 사람이 모자라 스스로 이어서 맡을 수 있다는 뜻이다. 이는 실로 당시의 사령(辭令)으로, 실제 뜻은 임무를 집행하여 이 가짜 제후(齊侯)를 잡으려는 것이다.

114 『공양전』에서는 "경공(頃公)에게 마실 물을 떠오게 하자 경공이 마실 물을 가지고 왔다. 말하기를 '맑은 것으로 바꾸어 와라!'라 하자 경공이 이로 인하여 달아나 돌아오지 않았다"라 하였다. 『좌전』에 의하면 경공은 다만 이번에 수레에 내려 달아났다. 봉축보가 제경공을 수레에서 내리게 하여 즉시 달아나게 하였으니 어찌 어리석게 진짜로 물을 떠서 왔겠는가? 『공양전』의 말은 믿을 수가 없다.

115 좌거(佐車): 부거(副車)이다.

116 자금(自今): 이 두 자는 문장에 순조롭지 못하다. 자(自)자는 졸(卒)자의 뜻을 가차한 것 같다. 마침내라는 뜻이다. 지금껏 임금을 대신하여 근심을 떠맡은 사람이 없음을 말한다.

將爲戮乎?”	죽이려 하는가?”
郤子曰,	극자가 말하였다.
“人不難以死免其君,	“저 사람은 죽음으로 그 임금을 벗어나게 함을 어렵게 여기지 않았는데
我戮之,	내가 그를 죽이는 것은
不祥.	상서롭지 못하다.
赦之,	그를 용서해 주어
以勸事君者.”	임금을 섬기는 자들을 권면토록 하라.”
乃免之.[117]	이에 그를 사면하였다.
齊侯免,	제후는 벗어난 뒤에
求丑父,	봉축보를 찾아
三入三出.[118]	세 번이나 들락날락했다.
每出,	나설 때마다

117 『공양전』과 『설원·경신(說苑·敬愼)』편에서는 모두 극극이 봉축보를 죽였다고 하여 『좌전』 및 『사기』와는 다르다.

118 삼입삼출(三入三出): 첫째는 진나라 군사에게 들어갔다 나온 것이고, 두 번째는 적의 군사에게 들어갔다 나온 것이며, 세 번째는 위나라 군사에게 들어갔다가 나온 것이다. “적졸(狄卒)”이니 “위사(衛師)”니 하는 것은 모두 진나라의 우군이다. 우창(于鬯)의 『향초교서(香草校書)』에서는 “진나라 군대에서 얻지 못하여 다시 적나라 군대로 들어가 찾은 것이며, 적나라 군대에서 찾지를 못하여 다시 위나라 군대로 들어가 찾은 것이다”라 하였다.

齊師以帥退.[119]	제나라 군사는 끼고 물러났다.
入於狄卒,[120]	적의 군사에 들어가자
狄卒皆抽戈, 楯冒之.[121]	적의 군사가 모두 창과 방패를 들고 그를 보호하였다.
以入於衛師,	위나라 군사에게 들어가니
衛師免之.[122]	위나라 군사도 벗어나게 하였다.
遂自徐關入.[123]	마침내 서관으로 해서 들어갔다.
齊侯見保者,[124]	제후는 지키는 사람을 보자
曰,	말하였다.
"勉之!	"힘쓸지어다!
齊師敗矣!"	제나라 군사가 패하였다."
辟女子.[125]	여자에게 길에서 물러서라 하였더니

119 제후가 적군에게서부터 나올 때마다 제나라 군대는 그를 옹호하여 후퇴하여 그가 부상을 입거나 사망을 하는 것을 면하게 하였다는 뜻이다.

120 적나라 사람은 전차병이 없고 보병만 있기 때문에 "적졸(狄卒)"이라 하였다.

121 순(楯): 순(盾)과 같다.
모(冒): 덮다(覆)의 뜻. 적나라 군사들이 모두 창과 방패를 빼서 제후를 보호하였다는 뜻이다.

122 적나라와 위나라가 진나라의 우군이기는 하지만 모두 제후에게 위해를 가하려 하지 않고 도리어 그를 보호한 것이다.

123 서관(徐關): 또한 17년의 『전』에도 보이며, 제나라 땅으로 지금의 산동성 치천진(淄川鎭) 서쪽에 있을 것이다. 혹자는 치박(淄博)시 서남쪽이라고 한다.

124 보(保): 6년 『전』의 "위나라 사람이 지키지 않았다(衛人不保)"의 "保"와 같은 뜻으로 쓰였다. 수위(守衛)의 뜻이다. 두예는 지나는 성읍을 지키는 사람으로 해석하였다.

125 벽(辟): 행인을 벽제(辟除)하는 것이다. 고대에는 통치자가 외출을 하면 앞장서서 길을 열며 행인들을 길에서 피하도록 하였다. 『주례·추관·사사(周禮·秋官·士師)』에서 이른

女子曰,	여자가 말하였다.
“君免乎?”	“임금께서는 벗어나셨습니까?”
曰,	말하기를
“免矣.”	“벗어나셨다”라 하니
曰,	말하였다.
“鋭司徒免乎?”[126]	“병기를 맡은 사도는 벗어났습니까?”
曰,	말하기를
“免矣.”	“벗어났다”라 하였다.
曰,	말하기를
“苟君與吾父免矣,	“실로 임금과 우리 아버지께서 화에서 벗어나셨다면
可若何?”	어찌할 수 있겠는가?”라 하였다.
乃奔.	이에 달아났다.
齊侯以爲有禮.[127]	제후는 예가 있다고 여겼다.
旣而問之,	얼마 후 물어보니

바 “왕이 평상시에 출입을 할 때면 앞에서 벽제를 한다(前驅而辟)”라 한 것과 『맹자·이루(離婁) 하』에서 “출행할 때에는 사람들을 벽제한다(行辟人)”라 한 것이 모두 이를 말한다.

126 예(銳): 옛날의 모(矛) 따위의 병기로 『상서·고명(尚書·顧命)』편에서는 “한 사람이 관을 쓰고 날카로운 창을 들었다(一人冕執銳)”라 하였다. 예사도(銳司徒)는 아마 이러한 무기를 관장하는 관직일 것이다.

127 먼저 임금에 대하여 묻고 나중에 아비에 대하여 물었기 때문이다.

辟司徒之妻也.[128]	벽사도의 아내였다.
予之石窌.[129]	그에게 석류를 주었다.
晉師從齊師,	진나라 군사는 제나라 군사를 쫓아
入自丘輿.[130]	구여에서 제나라로 들어갔다.
擊馬陘.[131]	마형을 쳤다.
齊侯使賓媚人賂以紀甗, 玉磬與地.[132]	제후는 빈미인으로 하여금 기의 시루와 옥경, 땅을 뇌물로 바치게 하였다.

128 벽(辟): 두예는 벽(辟)을 "壁"의 가차자라 하였으며, 이 때문에 "누벽을 주관하는 사람(主壘壁者)"이라 하였다.

129 석류(石窌): 제나라 땅으로 산동성 장청현(長淸縣) 동남쪽에 있다. 한나라 동중서(董仲舒)의 『춘추번로·죽림(春秋繁露·竹林)』편에서는 "이 이후로 경공은 두려워하여 음악을 듣지 않고 술과 고기를 먹지 않았으며. 안으로는 백성들을 사랑하여 병문안을 하고 조상을 하였고, 밖으로는 제후들을 공경하여 회합에서 맹약에 참여하여 죽을 때까지 나라가 평안하였다"라 하였다. 『공양전』 및 「제세가」, 『설원·경신(敬愼)』편에도 이와 비슷한 기록이 있다.

130 『좌전』에는 모두 세 차례 구여(丘輿)가 보이는데, 이 구여는 제나라의 읍으로 청나라 고동고(顧棟高)의 『대사표(大事表)』에 의하면 지금의 산동성 익도현(益都縣) 서남쪽에 있을 것이며, 혹자는 치박시 남쪽에 있다고 한다. 3년 『전』에 나오는 구여는 정나라의 읍이며, 애공 14년 『전』의 구여는 곧 노나라 땅이다.

131 마형(馬陘): 「제세가」에는 "마릉(馬陵)"으로 되어 있다. 청초(淸初) 고사기(高士奇)의 『지명고략(地名考略)』에서는 "두 개의 이름이 있다"고 하였으며, 청나라 양이승(梁履繩)의 『보석(補釋)』에서는 "형(陘)과 릉(陵)은 소리가 가까워 와전되었다"고 하였는데 실은 "陵"은 오자이며, 청나라 양옥승(梁玉繩)은 『지의(志疑)』에서 마릉은 제나라 땅이 아니라고 하였다. 『수경주·치수(淄水)』에 의하면 곧 양공 25년 『전』의 "엄중(弇中)"이다. 고동고(顧棟高)의 『대사표(大事表)』에 의하면 지금의 익도현(益都縣) 서남쪽에 있는데 당연히 구여의 북쪽에 있을 것이니 남연(南燕)의 모용덕(慕容德)이 도읍으로 삼은 광고(廣固)일 것이다.

132 빈미인(賓媚人): 곧 국좌(國佐)로 『경』문의 "국좌가 군중으로 갔다(國佐如師)"라 한 것과 『공양전』 및 『곡량전』의 두 전으로부터 모두 알 수 있다. 청나라 오식분(吳式芬)의 『군고록(攈古錄)』에서는 허한(許翰)의 설을 인용하여 명문(銘文) "국차가 한 해의 일을

"不可,	"안 된다고 하면
則聽客之所爲."[133]	그들이 하자는 대로 들어주어라."
賓媚人致賂.	빈미인이 뇌물을 바쳤다.
晉人不可,[134]	진나라 사람이 안 된다고 하면서
曰,	말하였다.
"必以蕭同叔子爲質,	"반드시 소동숙자를 인질로 삼고
而使齊之封內盡東其畝."[135]	제나라 경내의 밭두둑을 모두 동쪽으로 나게 하라."

맡았다(國差立〔蒞〕事歲)"라 말에 의거하여 곧 국차가 만든 기물이라 하였다. 차(差)자와 좌(佐)자는 옛날에 통용하였다. 곧 국좌는 일찍이 제나라의 정사를 맡았었다. 『한서·고금인표(漢書·古今人表)』에서는 빈미인을 중상(中上)에 열거하고 국좌는 중하(中下)에 열거하여 두 사람으로 나누었는데, 곽말약(郭沫若)이 이미 그 잘못을 지적하였다.

언(甗): 옛날의 음식을 익히는 기물의 일종이다. 흙을 구워 만든 것이 있는데 『주례·고공기·도인(周禮·考工記·陶人)』에 보인다. 청동기로 만든 것이 있는데 상체는 둥글고 귀가 둘 있는 것이 정(鼎) 같고, 하체는 다리가 셋 있어서 역(鬲)과 비슷한데 중간에는 종다래끼를 설치하여 반 고리가 있어 가지고 다니며 여닫을 수가 있다. 종다래끼 위에는 십자로 된 구멍이나 직선으로 된 구멍이 4~5개 있다. 상하가 분리되는 것도 있고 분리되지 않는 것도 있다. 기언(紀甗)은 청동기일 것으로 제나라가 기나라를 멸할 때 얻은 기물일 것이다.

옥경(玉磬): 두예는 이것 또한 제나라가 기나라를 멸할 때 얻은 것이라고 하였다. 아래의 문장에 의하면 기언과 옥경은 극극에게 뇌물로 바친 것이다. 그러나 두예(杜預)는 「춘추경전집해후서(春秋經傳集解後序)」에서 『죽서기년』을 인용하여 "제나라 국좌가 와서 옥경과 기공의 언을 바쳤다"라 하였으니 진후에게 바친 것이다. 땅은 위나라와 노나라 두 나라에 돌려준 것이다.

133 이는 제후가 빈미인을 파견할 때 한 지시로 "不可" 위에 "가로 왈(曰)" 한 자가 빠진 것 같다. "객(客)"은 진나라를 가리킨다. 진나라가 허락을 하지 않는다면 하는 대로 맡기되 우리는 최후의 일전을 결정하겠다는 뜻이다.

134 진나라 사람은 극극일 것이다.

135 봉내(封內): 경내(境內)와 같은 말이다.
무(畝): 밭두둑으로 지금의 "롱(壟)"과 같은 뜻이다. 옛날 사람들은 농사를 지을 때 땅

對曰,	대답하여 말하였다.
"蕭同叔子非他,	"소동숙자는 다른 사람이 아니라
寡君之母也.	과군의 모친이십니다.
若以匹敵,	대등하다고 한다면
則亦晉君之母也.	또한 진나라 임금님의 모친인 것입니다.
吾子布大命於諸侯,[136]	그대가 제후에게 큰 명령을 선포하면서
而曰必質其母以爲信,	반드시 그 모친을 인질로 함을 신표로 하시니
其若王命何?[137]	왕명은 어떻게 하시겠습니까?
且是以不孝令也.[138]	또한 이는 불효를 가지고 명하는 것입니다.

의 형세와 물의 형세에 의하여 이랑 사이의 도로를 동서 방향이나 남북 방향으로 내었기 때문에 『시경·소아·신남산(小雅·信南山)』에서 "그 이랑을 동남쪽으로 내었다(東南其畝)"라 하였고, 『시경·제풍·남산(齊風·南山)』에서는 "그 이랑이 가로 세로로 났다(衡縱其畝)"라 하였다. 옛날 사람들은 주로 남북으로 많이 다녔다. 진나라는 제나라의 서쪽에 있어서 제나라의 이랑이 주로 남북으로 났다면 시내와 도로 또한 남북향이 많을 것이며 진나라가 동쪽으로 제나라를 향하여 진군한다면 지형과 도로에 불리함이 있을 것이므로 진나라가 "그 이랑을 모두 동쪽으로 할 것"을 강화 조건의 하나로 내걸었던 것이다. 『상군서·상형(賞刑)』편과 『여씨춘추·간선(簡選)』편 및 『한비자·외저설(外儲說) 우상(右上)』편 등에 의하면 진문공이 위나라를 칠 때 일찍이 위나라로 하여금 강제로 "이랑을 동으로 내게" 하였는데, 이 기술이 믿을 만하다면 진나라는 패전국으로 하여금 밭두둑의 방향을 강제로 바꾸게 한 것이 이번 한번 뿐만은 아니다.

136 오자(吾子): 극극을 가리킬 것이다.

137 주나라 왕실의 명은 이러하지 않으니 너희들은 장차 어떻게 대처를 하겠느냐는 말이다. 제나라는 "왕명(王命)"이란 말을 빌려서 진나라에 대응하고 있다.

詩曰,
『시』에서 말하기를

‘孝子不匱,
‘효자의 효심 다하여 끝남이 없으니,

永錫爾類.’[139]
길이길이 그대들에게 복 내리리’라 하였으니,

若以不孝令於諸侯,
불효를 가지고 제후에게 명을 내린다면

其無乃非德類也乎?[140]
도덕의 준칙이 아닌 것이 아닙니까?

先王疆理天下,[141]
선왕께옵서 천하를 구획하고 지리를 나누실 때

物土之宜,[142]
땅에 마땅한 것을 살피어

而布其利.[143]
거기에 이로운 것을 뿌리게 하였습니다.

---

138 모씨(母氏)를 인질로 삼아 적국으로 보내는 것은 불효이니 너희들은 “불효”를 가지고 제후들에게 명하는 것이라는 말이다.

139 은공 원년의 『전』의 『주』에 보인다.

140 고인들은 항상 “류(類)”자를 “덕(德)”과 “의(義)” 등 여러 자의 아래에 두었다. “덕류(德類)”는 곧 『시경·대아·탕(大雅·蕩)』의 “의류(義類)”와 같은 뜻이다. “도덕법칙”이라는 말과 같다.

141 강(疆)은 경계를 획분(畫分)하다의 뜻이고, 리(理)는 지리를 나누다의 뜻이다. 고인들은 농전(農田) 수리(水利)를 말할 때 이 두 자를 상용하였다. 『시경·소아·신남산(小雅·信南山)』에 “경계 잡고 다스리어, 남북 동서로 이랑 뻗었네(我疆我理, 南東其畝)”라는 말이 있고, 『시경·대아·면(大雅·緜)』에는 “경계 내고 다스리어, 밭 내고 이랑 내네(迺疆迺理, 迺宣迺畝)”라는 구절이 있다.

142 『의례·기석례(儀禮·既夕禮)』에 “총인물토(冢人物土)”라는 말이 있는데 정현은 “물(物)은 상(相: 去聲)과 같으며 그 땅이 매장을 할 만한 곳인지 살펴보고 경영을 하는 것이다”라 하였다. 소공 32년의 『전』에 “물토방(物土方)”이란 말이 있는데, 두예는 “물은 살피는 것(相)이다”라 하였다. 물은 동사로 쓰일 수 있으며, 뜻은 “고찰하다”이다.

143 토지의 적응성을 고찰하여 생산에 유리한 작물을 뿌리는 것이다.

故詩曰,	그러므로 『시』에서 말하기를
‘我疆我理,	‘경계 잡고 다스리어
南東其畝.’[144]	남북 동서로 이랑 뻗었네’라 하였습니다.
今吾子疆理諸侯,	지금 그대는 제후의 땅을 획분하고 다스리면서도
而曰‘盡東其畝’而已,	‘그 이랑을 모두 동쪽으로 하라’라 할 뿐이니
唯吾子戎車是利,	그대의 융거가 이롭게만 하려 할 뿐
無顧土宜,[145]	토지의 타당함은 돌아보지 않았으니
其無乃非先王之命也乎?	이는 곧 선왕의 명이 아니지 않습니까?
反先王則不義,	선왕을 어기는 것은 의롭지 못하니
何以爲盟主?	어떻게 맹주가 되겠습니까?
其晉實有闕.[146]	진나라에는 실로 과실이 있게 되는 것입니다.
四王之王也,[147]	네 임금이 천하를 다스릴 때는

144 『시경·소아·신남산(小雅·信南山)』의 구절이다. 해석은 이미 위의 주석에 보인다.

145 무고(無顧): 곧 원하지 않는 것이다.

146 궐(闕): 과실(過失)이다.

147 사왕(四王): 장공 32년 및 성공 13년의 『전』에서는 모두 “우(虞)·하(夏)·상(商)·주(周)”라고 하였으니 곧 순(舜)·우(禹)·탕(湯)·무〔武, 혹은 문(文)〕를 말한다. 두예는 “우(虞)·탕(湯)·문(文)·무(武)”라고 하였으니 3대의 네 왕이므로 『전』의 뜻에 부합하지 않는다.

樹德而濟同欲焉;[148]	덕을 세워 공동의 욕구를 이루었고,
五伯之霸也,[149]	오패가 패자가 되었을 때는
勤而撫之,	부지런하고 그들을 위무하여
以役王命.[150]	왕을 위해 목숨을 바쳤습니다.
今吾子求合諸侯,	지금 그대는 제후들을 규합하여
以逞無疆之欲,[151]	끝없는 욕심을 이루려 하니
詩曰,	『시』에서 말하기를
'布政優優,	'정사 베푸심 넉넉하시니
百祿是遒.'[152]	갖은 복 다 모여들었네'라 하였습니다.

---

148 수덕·제동욕(樹德·濟同欲): 당시의 상투어로 애공 원년과 소공 4년에도 같은 말이 나온다.

149 오패(五伯): 두예는 "하백(夏伯) 곤오(昆吾), 상백(商伯) 대팽(大彭), 시위(豕韋), 주백(周伯) 제환(齊桓), 진문(晉文)"이라 하였는데, 『모시정의(毛詩正義)』에서 인용한 복건의 설 및 응소(應劭)의 『풍속통』(『풍속통의(風俗通儀)』)의 설과 같다. 『석문(釋文)』에서는 혹자의 설을 인용하여 "제환, 진문, 송양(宋襄), 진목(秦穆), 초장(楚莊)"이라 하였는데, 두예의 설이 옳다. 후자의 설은 전국시대에 와서 비로소 생겼는데, 이를테면 『맹자·고자(告子) 하』에서 "오패 가운데는 환공이 가장 성하였다"라 한 것이 그 예이다.

150 왕(王)은 패(霸)의 상대되는 말로, 전국시대 때의 왕(王)과 패(霸)의 뜻과는 조금 다르다. 『관자·패언(管子·霸言)』편에서는 "대체로 나라를 풍요롭게 하는 것을 패(霸)라 하고, 올바름을 겸한 나라를 왕(王)이라고 한다"라 하였으며, 또한 말하기를 "천하의 많은 것을 얻은 자는 왕이고 그 반을 얻은 사람은 패이다"라 하였는데, 이곳의 뜻과 비슷하다. 『맹자·공손추(公孫丑) 상』에서 "힘으로 인(仁)을 빌리는 것을 패(霸)라 하고, 덕으로 인을 행하는 것을 왕(王)이라 한다"라 한 것은 전국시대의 설이다. 춘추시대에는 천하를 통일한 사람을 왕(王)이라 하였고, 당시 천하를 위해 함께 힘을 바치는 것을 패(霸)라고 하였다.

151 무강(無疆): 무지경(無止境)과 같음. 강(疆)은 본래 강계(疆界)의 뜻인데 여기서는 인신된 뜻으로 쓰였다.

子實不優,[153]	그대는 실로 넉넉하지 못하여
而棄百祿,	갖은 복을 버리니
諸侯何害焉?	제후에게 무슨 해가 되겠습니까?
不然,	그렇지 않다면
寡君之命使臣,	과군께서 사신에게 명하시어
則有辭矣.	말씀하셨습니다.
曰,	말씀하시기를
'子以君師辱於敝邑,	'그대가 임금의 군사를 거느리고 우리나라에 오셨는데
不腆敝賦,	변변치 못한 우리 군대로
以犒從者.[154]	종자들을 호궤하였습니다.
畏君之震,[155]	임금님의 위세를 두려워하여
師徒橈敗.[156]	군사가 실패하였습니다.
吾子惠徼齊國之福,[157]	그대가 제나라에 복을 베풀어

152 『시경·상송·장발(商頌·長發)』에 있는 구절. "布"는 지금 통행하는 판본에는 "敷"로 되어 있는데, 두 글자는 옛날에는 통용하였다. 우우(優優)는 온화하고 느슨한 모양. 주(遒)는 모이다의 뜻. "百祿是遒"는 "遒百祿"의 도치구이다.

153 불우(不優): "不優優"가 생략된 형태.

154 두 나라가 싸운 것을 말하며, 호로(犒勞)라는 것은 당시의 외교 사령(辭令)이다.

155 진(震): 위(威)자와 같은 뜻. 성공 13년 및 소공 원년의 『전』에 "畏君之威"라는 말이 있는데 이 구절과 같은 뜻이다.

156 요패(橈敗): 실패(失敗)라는 뜻이다.

157 혜(惠)와 요복(徼福): 희공 4년 『전』의 『주』를 보라.

不泯其社稷,[158]	그 사직을 없애지 않고
使繼舊好,	옛 우호를 이어가게 한다면
唯是先君之敝器,	선군의 부서진 기물과
土地不敢愛.[159]	토지를 아끼지 않을 것입니다.
子又不許,	그대가 또한 허락을 하지 않는다면
請收合餘燼,[160]	청컨대 남은 깜부기라도 수합하여
背城借一.[161]	성을 등지고 일전을 벌이겠습니다.
敝邑之幸,[162]	우리나라가 요행히 이기더라도
亦云從也;[163]	또한 따를 것인데,
況其不幸,	하물며 불행해진다면
敢不唯命是聽?'"	감히 명을 따르지 않겠습니까?'"
魯, 衛諫曰,[164]	노나라와 위나라에서 간하여 말하였다.
"齊疾我矣.[165]	"제나라는 우리를 통한해하고 있습니다.

158 선공 12년『전』의『주』를 보라.
159 애(愛): 애석(愛惜). 곧 아낀다는 뜻이다.
160 신(燼): 깜부기. 물체가 타고 남은 것. 여기서는 패잔병이라는 뜻으로 쓰였다.
161 자신들의 성 아래에서 최후의 결전을 벌인다는 뜻이다.
162 행(幸): 요행히 전쟁에서 이기다.
163 운(云): 아무런 뜻이 없다. 희공 15년『전』의『주』를 보라.
164 극극(郤克)에게 간하는 것이다.
165 질(疾): 원한을 갖다.

其死亡者,	사망한 사람이
皆親暱也.	모두 친밀한 사람들이기 때문입니다.
子若不許,	그대가 허락지 않는다면
讎我必甚.	우리에게 반드시 심하게 원한을 가질 것입니다.
唯子,	그대라 한들
則又何求?[166]	또 무엇을 구합니까?
子得其國寶,	그대는 그 나라의 보물을 얻고
我亦得地,[167]	우리도 땅을 얻으며
而紓於難,[168]	화난(禍難)이 풀리면
其榮多矣.	그 영광이 크게 될 것입니다.
齊, 晉亦唯天所授,[169]	제나라와 진나라 또한 하늘이 부여한 나라이니
豈必晉?"	어찌 반드시 진나라이겠습니까?"
晉人許之,	진나라 사람이 허락하여
對曰,	대답하여 말하였다.
"羣臣帥賦輿,[170]	"뭇 신하들이 병거를 거느린 것은

166 이 구절의 유(唯)는 "비록 수(雖)"자와 같은 뜻으로 쓰였음. 당신이라 할지라도 또한 구할 만한 것이 없다는 뜻.

167 바친 뇌물에 노나라와 위나라를 침공하여 얻은 땅이 포함되어 있다.

168 서(紓): 완(緩), 곧 느슨하게 풀다의 뜻이다. 또한 장공 30년의 『전』과 『주』에도 보인다.

169 유(唯): "인(因)"자의 뜻으로 쓰였다. 또한 희공 2년의 『전』과 『주』에 보인다.

以爲魯, 衛請.	노나라와 위나라의 청 때문이었습니다.
若苟有以藉口,[171]	만약 그럴듯한 말을 가지고
而復於寡君,[172]	과군께 복명한다면
君之惠也.	임금의 은혜입니다.
敢不唯命是聽?”	감히 명을 듣지 않겠습니까?”
禽鄭自師逆公.[173]	금정이 군중에서 공을 맞이하였다.
秋七月,	가을 7월에
晉師及齊國佐盟於爰婁.[174]	진나라 군사가 제나라 국좌와 원루에서 맹약을 맺었다.
使齊人歸我汶陽之田.[175]	제나라 사람으로 하여금 우리나라 문양의 땅을 돌려주게 하였다.

170 부여(賦輿): 병거(兵車)라는 뜻이다.

171 약구(若苟): 같은 뜻의 말이 연용해서 쓰인 말이다. 가정형을 나타낸다. 소공 4년의 『전』에도 같은 용례가 보인다.

172 조금 소득이 있으면 우리 임금에게 대답하여 복명하겠다는 말이다.

173 금정(禽鄭): 노나라 대부. 노성공은 노나라에서 와 진나라 군사와 회합을 하였는데 금정이 군중에서 맞이한 것이다.

174 원루(爰婁): 『곡량전』에 의하면 임치(臨淄)와 50리 떨어져 있으니 지금의 산동성 임치진(臨淄鎭) 서쪽에 있을 것이다.

175 희공 원년의 『전』에 의하면 노나라는 이미 문양의 전지를 계씨(季氏)에게 돌려주었다. 제나라가 그것을 취하여 지금 또 노나라에게 준 것은 아마 계손행보(季孫行父)의 뜻일 것이다. 유월(兪樾)의 『빈맹집(賓萌集)』에서는 이 “문양의 전지”는 “노나라의 옛 땅”이 아니라 “진나라 사람이 제나라 사람으로 하여금 떼어서 노나라에게 사과하게 한 것”이라 하였는데 믿을 수 없다.

公會晉師於上鄍.[176] 공이 상명에서 진나라 군사와 회합하였다.

賜三帥先路三命之服.[177] 세 장수에게 선로와 삼명의 명복을 하사하였다.

司馬, 司空, 輿帥, 候正, 亞旅皆受一命之服.[178] 사마와 사공·여수·후정·아려는 모두 일명의 명복을 받았다.

---

176 상명(上鄍): 고사기(高士奇)의 『지명고략(地名考略)』에서는 제나라와 위나라 두 나라가 교차하는 경계로 지금의 산동성 양곡현(陽穀縣) 경계에 있다고 하였다.

177 삼수(三帥): 극극(郤克)과 사섭(士燮), 난서(欒書)이다.
로(路): 로(輅)라고도 한다. 고대의 천자와 제후가 타는 수레를 로(路)라고 하며, 경대부가 천자와 제후로부터 내려 받은 수레 또한 로(路)라고 하였다. 그러므로 『시경·소아·채미(小雅·采薇)』편에서 "저 수레 어떤 것인가? 군자의 수레라네(彼路斯何, 君子之車)"라 하였다. 『상서·고명(顧命)』 및 『예기·교특생(郊特牲)』에 의하면 로에는 세 가지 등급이 있는데, 대로(大路)와 선로(先路) 및 차로(次路)이다. 『주례·춘관·건거(春官·巾車)』에 의하면 로(路)에는 옥로(玉路), 금로(金路), 상로(象路), 혁로(革路), 목로(木路)의 다섯 가지가 있다. 목로가 가장 소박한데, 이미 환공 2년 『전』의 대로(大路)의 『주』에 보인다. 혁로는 소가죽으로 끌고 옻칠을 한 수레이다. 여기다 다시 옥석(玉石)이나 청동(青銅) 혹은 상아(象牙)로 장식을 하면 이것이 곧 옥로, 금로, 상로가 된다. 『좌전』에서는 오로를 말하지 않았으니 두 가지는 어떻게 비겨야 할지 모르겠다. 양공 19년 『전』에서는 진후가 주나라 왕에게 청하여 정나라 공손채(公孫蠆)에게 대로를 추사(追賜)하였고, 26년 『전』에서는 "정백이 진(陳)나라에 들어간 공로를 포상하면서 자전(子展)에게 연회를 베풀고 선로와 삼명의 복을 하사 하였으며, 자산(子産)에게는 차로와 재명의 복을 하사하였다"라 한 것으로 보아 세 등급의 로는 모두 천자와 제후로부터 경대부에게 내리는 것임을 알 수 있다. 경대부가 내리는 상을 받지 않고 자신의 수레를 타면 몸은 비록 상경이라 할지라도 또한 로(路)라 칭하지 않기 때문에 소공 4년의 『전』에 "제일 높은 경도 로가 없다(冢卿無路)"라는 말이 있다. 희공 33년의 『전』과 『주』를 참조하여 보라.

178 사마(司馬): 한궐(韓厥)이다.
사공(司空): 군사(軍事) 공정을 담당하는 관직일 것이다. 청나라 왕명성(王鳴盛)의 『상서후안(尙書後案)』에서는 「목서(牧誓)」의 사도(司徒), 사마(司馬), 사공(司空) 등을 말하면서 모두 "군중에서 맡은 바 직책이 있는 사람"이라고 하였는데, 이 문장에서 말한 일명의 복을 받은 사람 또한 이렇게 해석을 해야 할 것이다. 두예는 "여수(輿帥)는 병거를 주관한다"라 하여 "여(輿)"를 거여(車輿)로 해석하였으며, 『회남자·병략(兵略)』편에

八月,	8월에
宋文公卒,[179]	송나라 문공이 죽었는데
始厚葬,	비로소 후장을 하였는데
用蜃, 炭,[180]	조개를 태운 재와 숯을 쓰고

서는 "관리가 근신하고 있는지 선택하고 임명하는 것, 행동거지가 시의에 적절한지, 관리와 사졸의 관리에 방법이 있는지, 병기와 갑옷을 잘 손질하고 있는지 살피는 것이 사마의 직책이다. 편제가 가지런한지, 조직이 엄밀한지, 북과 깃발이 명확한지 살피는 것이 위(尉)의 직책이다. 적을 보면 어려운지 쉬운지를 알아내고 척후병을 보냄을 소홀히 하지 않는 것이 후(候)의 직책이다. 길이 통하게 하고 치중(輜重)을 운행하며 사졸들의 차역(差役)을 고르게 하며 군대의 상하가 화목하게 하고, 우물과 아궁이를 통하게 하는 것이 사공의 직책이다. 뒤에서 거두어 갈무리하고 군사를 옮김에 본대에서 떨어지지 않게 하며 잃어버린 수레가 없게 하고, 치중을 버리지 않도록 하는 것이 여의 직책이다"라 하였다. 청나라 혜동(惠棟)의 『보주(補注)』에서는 "여(輿)는 대중이다. 여수(輿帥)는 무리들을 군대의 뒤에서 거느리는 것이다"라 하였다. 혜동의 설은 『회남자·병략』편의 "뒤에서 거두어 갈무리하고 군사를 옮김에 본대에서 떨어지지 않게 하며 잃어버린 수레가 없게 하고, 치중을 버리지 않도록 하는 것이 여의 직책이다"라 한 데서 고유(高誘)가 "여는 대중이다. 후(候)는 대중을 거느리고 군의 뒤에 있는다"라 한데 그 근거를 두었다. 마땅히 『회남자』의 본문을 올바른 것으로 보아야 한다. "후정(候正)"은 군중에서 정찰과 첩보를 주관하는 사람이다. 18년 『전』에 후엄(候奄)이 있는데, 청나라 고동고(顧棟高)의 『대사표(大事表)』 권10에서는 "후엄은 곧 후정일 것이며, 『국어(國語)』에는 원후(元候)로 되어 있다"라 하였다.

아려(亞旅): 이미 문공 15년의 『전』의 『주』에 보인다.

이 일은 양공 19년의 『전』과 함께 참고하여 볼 만하다.

179 그 아들 공공(共公)이 이어서 즉위하였다.

180 신·탄(蜃·炭): 신(蜃)은 큰 방합(蚌蛤)이다. 신·탄을 두예는 한 가지, 곧 조개를 태운 재라고 하였다. "신탄"을 한 단어로 본 것은 또한 『주례·추관·적발씨(秋官·赤髮氏)』에도 보이니 두예의 설이 근거가 없는 것은 아니다. 공영달의 주석〔소(疏)〕에서는 유현(劉炫)의 설을 인용하여 "조개를 태운 재를 쓴 이후에 숯을 쓴다"라 하여 "신탄"을 조개를 태운 재와 숯의 두 가지로 보았다. 아래의 "거마(車馬)"가 두 가지인 것에 의하면 유현의 설 또한 일리가 있다. "신"은 곧 신을 태운 재, 곧 생석회(生石灰)이며 "탄"은 곧 목탄(木炭)이다. 이 두 가지를 묘혈(墓穴)에 두는 것은 습기를 빨아들이기 위함이다. 『여씨춘추·절상(節喪)』편에서는 당시의 부자들은 후장(厚葬)을 한다고 하여 "돌을 쌓고 숯을 쌓아 그 바깥을 두른다"고 하였으니 관곽의 바깥에 숯을 썼음을 알 수 있는데, 이는 당시 상류계급의 습속이었다. 조개를 태운 재를 사용한 것에 대해서는 다만 『주례·

益車, 馬,[181]	수레와 말을 더하였으며
始用殉,[182]	비로소 순장을 하여
重器備.[183]	기물을 두터이 갖추었다.
槨有四阿,[184]	곽에는 사아가 있었고

지관·장신(地官·掌蜃)』편에만 보이는데, 천자만이 이를 썼다. 여기서 말한 "후장"은 장사(長沙)의 마왕퇴(馬王堆) 2호 한묘(漢墓) 같은 발굴 실황을 가지고 고찰해 보건대 응당 숯을 썼을 것이다. 『진서·석계룡재기(晉書·石季龍載記) 하』에는 석호(石虎)가 춘추시대 조양자(趙襄子)의 묘를 발굴한 내용이 기록되어 있는데, "처음에는 숯을 얻었는데 한 길여 깊이였다"라 한 것으로 보아 신과 탄이 두 가지 사물임을 알 수 있다. 또한 『한서·혹리전(漢書·酷吏傳)』에는 장사치와 부자가 매장한 물건에 대하여 기록하고 있는데 그 가운데 목탄이 있다. 『삼국지·위지·문제기(三國志·魏志·文帝紀)』에는 조비(曹丕)의 「종제(終制)」가 수록되어 있는데, 매장에는 숯을 쓰지 않는다라 한 것으로 보아 또한 한나라와 위나라 때는 장례를 할 때 모두 숯을 썼음을 알 수 있다.

181 고대의 천자와 제후는 거마(車馬)를 가지고 수장(隨葬)을 하였다. 신촌(辛村) 서주(西周)의 묘에서는 다른 하나의 전용 갱이 발견되었는데, 뼈가 있는 시령 72개와 마차 12량이 있었다. 서주 말에서 춘추 초기의 상촌령(上村嶺)의 괵국(虢國) 묘에서는 수레 10량과 말 24필이 있었으며, 다른 묘에는 수레 5량과 말 10필이 있는 것이 둘이었고, 작은 거마갱(車馬坑)과 아울러 거마의 기물이 있는 것이 하나였으며, 달리 거마의 기물이 있는 것이 셋이 있었는데 아마 등급에 따라 다른 것 같다. 곧 실제의 말과 실제의 수레로 수장(隨葬)을 하였음을 지하에서 발굴한 출토물로 알 수 있는 것이다.

182 산 사람을 순장하는 것은 은나라 때 가장 심하였다. 광명일보(光明日報) 1950년 3월 19일의 학술(學術) 부간(副刊)에 수록된 곽보균(郭寶均)의 「은상의 순장자에 대한 역사적 사실을 적음(記殷商殉人之史實)」은 전형적인 큰 묘에 대하여 기술하고 있는데, 순장을 한 사람이 4백 명에 이르고 있다. 그러나 서주 이후로는 생산력의 제고로 말미암아 노예에게서 잉여노동을 착취할 수 있었으므로 산 사람을 순장하는 풍속은 점차 줄어들었지만 또한 완전히 단절될 수는 없었다. 여기서 말한 "비로소 순장을 하였다"는 것은 송문공 이전에는 송나라에서 순장을 한 적이 없다는 것을 말하는 것 같다. 송나라는 위치가 중원에 처하였으며 또한 은나라의 후예인데도 왜 이때에 이르러서야 "비로소 순장을 하였는지"에 대해서는 문헌이 부족하여 아직도 발굴을 통한 더 나은 증거가 필요하다.

183 중(重): 평성으로, 두예는 "중은 많다는 뜻과 같다"라 하였다. "기비(器備)"는 용품(用品)을 가리킨다. 양공 5년과 9년의 『전』에도 이 말이 나오는데, 9년의 것은 군에서 쓰는 용품을 가리킨다. 각종 용품이 고대에는 또한 수장(隨葬)을 하는 데 쓰였다. 송문공의 수장에는 용품이 특히 많았다는 말이다.

棺有翰, 檜.[185]	관에는 한과 회가 있었다.
君子謂華元, 樂擧"於是乎不臣.[186]	군자가 화원과 악거에 대해 이르기를 "여기서는 신하답지가 않았다.
臣,	신하는
治煩去惑者也,[187]	어지러움을 다스리고 의혹되는 것을 없애는 사람으로

---

184 사아(四阿): 본래는 고대의 천자의 궁실과 종묘의 건축 형식인데 묘혈(墓穴) 또한 이런 형식을 모방하여 곽 위에 썼으므로 "곽에는 사아가 있었다"한 것이다. 사아에는 몇 가지 해석이 있는데 손이양(孫詒讓)의 『주례·고공기·장인(考工記·匠人)』의 "四阿重屋"의 『정의(正義)』가 가장 믿을 만하다. "곽에는 사아가 있었다"라 한 것을 가지고 논하면 고대의 외관의 곽을 만드는 것은 후대와는 달라서 대체로 관의 사방 둘레는 장방형의 나뭇가지를 쌓아서 이루었다. 『의례·사상례(士喪禮)』에 의하면 곽을 다 쌓은 후 위에다 다시 갱목(坑木)을 걸치는데 횡으로 세 개, 종으로 두 개를 걸친 다음에 자리를 더하여 흙을 덮는데 사(士)의 곽은 위가 평평하다. 천자의 곽 또한 관의 사방의 둘레를 나무를 포개어 관의 재목과 높이를 가지런하게 하고 또한 위로 쌓으며, 쌓을 때는 모난 구멍이 점차 좁아져서 사방이 언덕의 형태를 보이는데, 방옥(房屋)의 "사아(四阿)"의 법제와 같다. 일정한 정도의 높이에 이르면 또한 비교적 작은 모난 구멍 위에 갱목과 자리를 더한다.

185 두예의 주석에 의하면 한(翰)은 관목 곁의 장식이며, 회(檜)는 관목 위의 장식인데 모두 천자가 쓰는 것이다. 형태와 재료가 어떠하였는가에 대해서는 이미 고찰이 불가능하다. 송문공은 이듬해 2월에야 비로소 장례를 지내는데 죽은 때로부터 7개월이 지났다. 『예』에 의하면 천자는 7개월 만에 장례를 치르고 제후는 5개월 만에 장례를 치른다. 이로써 송문공의 후장은 천자의 예법을 참람되이 쓴 것임을 알 수 있다. 『여씨춘추·안사(呂氏春秋·安死)』편에서는 "송나라가 망하지도 않아서 동쪽 무덤이 솟아올랐다"라 하였는데, 고유(高誘)는 "동쪽 무덤"은 곧 송문공의 묘라고 하였다. 이 말이 믿을 만하다면 송문공의 무덤은 끝내 후장으로 인하여 도굴로 파헤쳐진 것이다.

186 악거는 당시 송나라의 집정대신이었지만 『좌전』에는 이곳 한 곳에서밖에 보이지 않는다.

187 『역림·귀매지대유(易林·歸妹之大有)』에 "어두움에 의지해 밤에 놀며 임금과 서로 만난다. 번민과 의혹을 제거하고 없애어(解除煩惑) 마음이 근심스럽게 하지 않는다"라는 말이 있고, 또한 「여지소우(旅之小過)」에는 "어두움에 의지해 밤에 놀며 대신과 함께 한다. 번민과 의혹을 제거하고 없애어(解除煩惑) 나를 근심스럽게 하지 않는다"라는 말이

是以伏死而爭.	이 때문에 죽음을 무릅쓰고 간쟁을 한다.
今二子者,	지금 두 사람은
君生則縱其惑,[188]	임금이 살았을 때는 의혹된 것을 제멋대로 하게 하였고
死又益其侈,	죽어서는 사치를 더하게 하였는데
是棄君於惡也,	이는 악에다 임금을 버린 것이니
何臣之爲?"[189]	어찌 신하라 하겠는가?"
九月,	9월에
衛穆公卒,	위목공이 죽었는데
晉三子自役弔焉,[190]	진나라의 세 사람이 전역에서 조문을 하고
哭於大門之外.[191]	대문 바깥에서 곡을 하였다.

있다. 두 곳의 "解除煩惑"는 곧 이 구절을 인용한 것이다. 여기서는 "煩"을 "번민과 근심(煩憂)"로 풀이하였는데 본의에 합치되지는 않을 것이다. 이곳의 번(煩)은 어지럽다(亂)는 의미일 것이다. 『주례·고공기·궁인(考工記·弓人)』의 정현의 주석에서는 "번은 어지럽다는 뜻이다(煩, 亂也)"라 하였다. 어지럽기 때문에 다스리는 것이다.

188 "의혹된 것을 제멋대로 하게 했다"는 것이 무엇을 가리키는지 모르겠다. 두예는 문공 18년 동복 동생인 수(須)를 죽인 것을 가리킨다고 하였고, 문공 16년의 송나라 소공을 죽이고 스스로 즉위한 것을 가리킨다고 하는 사람도 있는데 모두 믿기 어렵다.

189 하신지위(何臣之爲)는 위하신(爲何臣)의 도치구이다. 『경전석사(經傳釋詞)』 권2에서는 "어떤 신하가 있겠느냐(何臣之有)"라고 하였는데 또한 통한다.

190 진삼자(晉三子): 삼(三)은 "이(二)"로 된 판본도 있는데 틀렸다. 삼자는 진나라의 장수 극극(郤克)과 사섭(士燮), 난서(欒書)의 세 사람을 가리킨다.

衛人逆之,
위나라 사람은 그들을 맞았고

婦人哭於門內.[192]
부인은 문 안에서 곡을 하였다.

送亦如之.
보낼 때도 또한 그렇게 하였다.

遂常以葬.[193]
마침내 상례로 삼아 장례를 치렀다.

楚之討陳夏氏也,[194]
초나라가 진나라의 하씨를 쳤을 때

莊王欲納夏姬.
장왕은 하희를 받아들이려고 하였다.

申公巫臣曰,[195]
신공무신이 말하였다.

"不可.
"안 됩니다.

君召諸侯,
임금님께서 제후들을 부르신 것은

以討罪也;
죄를 꾸짖기 위함이온데,

今納夏姬,
지금 하희를 받아들이면

貪其色也.
여색을 탐하는 것이 됩니다.

---

191 『예기·잡기(雜記)』에 의하면 이웃 나라의 관원이 명을 받들어 조문을 오면 조문하는 사람은 문으로 들어가 대청으로 올라가 곡을 하며 조문을 해야 한다. 그러나 이 세 사람은 진나라 임금의 명을 받들지 않았고, 군사를 이끌고 복명을 하러 가던 도중에 위나라를 경유하게 되어 내친김에 조문을 한 것이므로, 상례(常禮)대로 행할 수가 없어 다만 대문 밖에서 곡을 하고 조문을 한 것이다.

192 『예기·상대기(喪大記)』에 의하면 부인은 대청에서 곡을 한다. 이곳의 "문 안에서 곡을 한" 것도 또한 조문객이 "대문 바깥에서 곡을 하였기" 때문이다.

193 이후의 다른 나라의 관원들이 조문을 하러 와서도 또한 모두 대문 바깥에서 예를 행하는 것을 상례로 여기어 장례를 치를 때까지 쭉 이어졌던 것을 말한다.

194 이 일은 선공 11년의 『전』에 보인다.

195 신공무신은 선공 12년 『전』의 『주』에 보인다.

貪色爲淫.	여색을 탐하는 것은 음탕한 것입니다.
淫爲大罰.	음탕하면 큰 벌을 받습니다.
周書曰,	『주서』에서 말하기를
'明德愼罰',	'덕을 밝히고 벌 받을 일을 삼갔다'라 하였는데
文王所以造周也.[196]	이는 문왕께서 주나라를 세운 까닭입니다.
明德,	덕을 밝히는 것은
務崇之之謂也;[197]	그것을 높이는 것을 이름이고,
愼罰,	벌 받을 일을 삼가는 것은
務去之之謂也.[198]	그것을 없애는 것을 힘쓰는 것을 이릅니다.
若興諸侯,	제후들을 일으켜
以取大罰,[199]	큰 벌을 취한다면

196 이는 『상서·강고(康誥)』편을 끌어다가 덧붙여 개괄하여 다시 쓴 것이다. 「강고」편의 원문은 "너의 크게 밝으신 문왕께서는 덕을 밝히고 벌을 삼가시었으며, 감히 홀아비와 과부들도 업신여기지 않으셨고 수고하시고 공경하시며 위엄이 있으시게 백성들을 밝히셨다. 그리하여 우리 중화 땅에 처음으로 구역을 만드셨다(惟乃丕顯考文王, 克明德愼罰, 不敢侮鰥寡, 庸庸祗祗威威顯民. 用肇造我區夏)"로 되어 있다. "造周"는 곧 「강고」의 "造區夏"이다.

197 덕(德)을 높이는 것이다.

198 벌 받을 일을 없애는 것이다.

199 초나라가 진(陳)나라를 친 전역은 초장왕이 일찍이 그 속국들을 출동시켰으므로 "제후들을 일으켰다"고 한 것이다. "큰 벌을 취한다"는 것은 위의 "음탕하면 큰 벌을 받는다"

非愼之也.
삼가는 것이 아닙니다.

君其圖之!"
임금님께서는 고려해 보시기 바랍니다!"

王乃止.
왕이 이에 그만두었다.

子反欲取之,[200]
자반이 그를 취하려 하자

巫臣曰,
무신이 말하였다.

"是不祥人也.
"이 사람은 상서롭지 못한 사람입니다.

是夭子蠻,[201]
이 사람은 자만을 요절하게 하였고

殺御叔,[202]
어숙을 죽였으며

弑靈侯,[203]
영후를 죽였고

戮夏南,[204]
하남을 죽였으며

는 것에 대한 말이다.

200 자반은 선공 12년의 『전』과 『주』에 보인다.

201 자만(子蠻): 두예는 정영공(鄭靈公)의 아들이며 하희의 오빠라고 하였다. 그러나 소공 28년 『전』에 의하면 하희의 오빠는 자가 자학(子貉)이며, 자학은 실은 정영공의 자이다. 자만은 정영공의 자가 아니다. 소공 28년의 『전』에서는 또한 하희가 세 남편을 죽였다고 하였는데, 이로써 추측컨대 자만은 혹 그 첫 남편인 듯하다. 소공 28년의 『전』과 『주』를 참조하라. 전한(前漢) 말기 유향(劉向)의 『열녀전·얼폐(列女傳·孼嬖)』에서는 이 문장을 썼는데 이 구절이 없다.

202 어숙(御叔): 하희의 다음 남편으로 또한 곧 하장서(夏徵舒)의 아버지이다. 「초어 상」에 의하면 진(陳)나라 공자 하(公子夏)의 아들이다. 자만과 어숙은 아마 둘 다 모두 단명하여 일찍 죽었으므로 무신이 그 죄를 하희에게 돌렸을 것이다.

203 시(弑)는 "살(殺)"로 된 판본도 있다. 영후(靈侯)는 곧 진영공(陳靈公)으로 하희 때문에 피살되었다.

204 하남(夏南): 곧 하징서(夏徵舒)이다.

出孔, 儀,[205]	공녕과 의행보를 내쫓았고
喪陳國,[206]	진나라를 잃게 하였으니
何不祥如是?	이쯤 되면 상서롭지 않음이 어떻겠습니까?
人生實難,	사람은 살아가기가 실로 어려운데
其有不獲死乎![207]	아마도 제때 죽기 어려울 것입니다.
天下多美婦人,	천하에는 아름다운 부인도 많은데
何必是?"	왜 꼭 이 사람입니까?"
子反乃止.	자반은 이에 그만두었다.
王以予連尹襄老.	왕은 연윤양로에게 주었다.
襄老死於邲,	양로는 필에서 죽어
不獲其尸.[208]	그 시신을 찾지 못하였다.
其子黑要烝焉.[209]	그 아들 흑요가 하희와 간통하였다.
巫臣使道焉,	무신이 그를 끌고 오게 하여

---

205 공녕(孔寧)과 의행보(儀行父)는 이 때문에 일찍이 초나라로 달아났었다.

206 진(陳)나라는 초나라에게 멸망당하였다. 이상의 여러 일은 선공 11년과 12년의 『전』에 보인다.

207 고인들은 선종(善終)을 하지 못할 때 "不得死"라고 하였는데, 『논어·선진(先進)』편의 "온당한 죽음을 얻지 못할 것이다(不得其死然)"라 한 것이 그것이다. 또한 "不獲死"라고도 하는데 소공 25년 『전』에도 같은 말이 나온다. 이 구절의 뜻은 사람이 세상에서 실로 살아가기가 쉽지 않은데 그대가 만약 하희를 아내로 맞이한다면 제명에 죽지 못하는 나쁜 일이 발생할 것이라는 것이다.

208 연윤양로와 그의 죽음은 선공 12년의 『전』과 『주』에 보인다.

209 흑요(黑要): 양로의 아들이다. 요는 평성이다.

曰,	말하였다.
"歸,	"돌아가 있으면
吾聘女."[210]	내 그대를 아내로 삼겠소."
又使自鄭召之,	또한 정나라에서 사람을 부르게 하여
曰,	말하였다.
"尸可得也,	"시신은 찾을 수 있으니
必來逆之."[211]	반드시 와서 맞으시오."
姬以告王.	하희가 왕에게 알리니
王問諸屈巫.[212]	왕이 굴무에게 물어보았다.
對曰,	대답하여 말하였다.
"其信.	"믿을 만합니다.
知罃之父,	지앵의 아비는
成公之嬖也,[213]	성공의 총신이고
而中行伯之季弟也,[214]	중항백의 막내아우로

210 도(道)는 "導"와 같다. 사도언(使道焉)은 사람을 시켜 하희에게 뜻을 내비쳐 정나라의 친정에 돌아가 있게 한 후에 무희가 그를 아내로 삼겠다는 것이다. 『예기·내칙(內則)』에 "빙은 아내가 되는 것이다(聘則爲妻)"라 하였다.

211 무신이 하희에게 정나라로 돌아가게 하고는 다시 정나라로 하여금 하희를 불러들이게 한 것이다. 사인(使人)은 하희를 말하며, 네가 만약 온다면 양로의 시신을 얻을 수 있다는 것이다.

212 굴무(屈巫): 곧 무신(巫臣)이다.

213 진성공(晉成公)은 당시 진나라 임금인 경공(景公)의 아버지이다.

新佐中軍, 새로 중군좌가 되었는데

而善鄭皇戌, 정나라의 황술과 친하고

甚愛此子.[215] 이 아들을 매우 사랑합니다.

其必因鄭而歸王子與襄老之尸以求之.[216] 그는 반드시 정나라를 통하여 왕자와 양로의 시신을 돌려주고 청할 것입니다.

鄭人懼於邲之役, 정나라 사람은 필의 전역에서 겁을 집어먹고

而欲求媚於晉, 진나라에게 아첨을 하고자 할 것이니

其必許之." 아마 반드시 허락할 것입니다."

王遣夏姬歸. 왕은 하희를 돌려보냈다.

將行,[217] 가려 할 즈음에

謂送者曰, 보내는 사람에게 말하였다.

"不得尸, "시신을 얻지 못하면

吾不反矣."[218] 내 돌아오지 않겠다."

---

214 지앵(知罃)의 아버지는 순수(荀首)이고, 중항백은 곧 순림보(荀林父)이다. 필(邲)의 전역 때 지앵은 초나라에 사로잡혔다.

215 차자(此子): 지앵을 가리킨다.

216 왕자는 곧 공자 곡신(公子穀臣)으로 순수에게 사로잡혔으며, 선공 12년『전』에 보인다.

217 하희가 정나라로 떠나는 것이다.

218 하희는 무신의 의사 표시를 받아들여 정나라로 돌아가 무신이 와서 아내로 맞아줄 것을 기다리고 있는 것이며, 양로의 시신을 찾는다는 것은 구실에 지나지 않는다. 하희 또한 무신 및 자신이 다시 초나라로 돌아가지 않으리라는 것을 알고 있으므로 "돌아가

巫臣聘諸鄭,[219]	무신이 정나라에게 하희를 아내로 맞겠다고 하자
鄭伯許之.	정백은 이를 허락하였다.
及共王卽位,	공왕이 즉위하였을 때
將爲陽橋之役,[220]	단양의 전역을 일으키고자 하여
使屈巫聘於齊,	굴무를 제나라에 조빙케 하고
且告師期.	또한 군사를 낼 시기를 알렸다.
巫臣盡室以行.[221]	무신은 집안을 모두 정리하여 떠났다.
申叔跪從其父,[222]	신숙궤가 아버지를 따랐는데
將適郢,	영으로 가려던 차에
遇之,	그를 만나
曰,	말하였다.
"異哉!	"이상하도다!

지 않겠다"는 것은 사실이고 "시신을 얻지 못하면"이라는 것은 사실이 아니다.

219 하희를 아내로 맞는다는 것이다.

220 양교(陽橋): 노나라 땅으로 지금의 산동성 태안현(泰安縣) 서북쪽에 있다. 양교의 전역은 아래에 보인다.

221 진실(盡室): 집안과 그 재산을 모두 거느리는 것을 말한다. 또한 선공 12년의 『전』과 『주』에도 보인다.

222 신숙궤(申叔跪): 두예에 의하면 신숙시(申叔時)의 아들이다. 신숙시는 선공 11년의 『전』에 보인다.

夫子有三軍之懼,[223]
저 사람은 삼군의 두려움을 갖고 있어야 하는데

而又有桑中之喜,[224]
또한 상중지희를 가지고 있으니

宜將竊妻以逃者也."[225]
아내를 훔쳐 달아날 자일 것이다."

及鄭,
정나라에 이르러

使介反幣,[226]
부사로 하여금 폐백을 되돌리게 하고

而以夏姬行.
하희와 함께 떠났다.

將奔齊.
제나라로 달아나려다가

齊師新敗,[227]
제나라가 막 패한 것을 알고는

曰,
말하였다.

---

223 부자(夫子): 3인칭 존칭 대명사로 쓰였다. 무신은 군사적 사명을 지고 제나라로 떠나기 때문에 반드시 위엄과 두려움을 가지고 종사해야 한다는 것이다.

224 상중(桑中): 위나라의 지명으로 하남성 기현(淇縣)의 경내에 있을 것이다. 『시경·용풍(鄘風)』에 「상중(桑中)」편이 있는데, 민간의 남녀가 밀회하는 것을 읊은 연가로 "누구를 생각하였던가? 아름다운 강씨네 맏딸이라네. 상중에서 나 기다리다가, 상궁으로 나 맞아들이더니, 기수 가까지 나 바래다주더군(云誰之思, 美孟姜矣. 期我乎桑中, 要我乎上宮, 送我乎淇之上矣)"이라는 구절이 있는데, 여기서 "상중"이란 말을 빌려 쓴 것은 무신과 하희의 사적인 언약을 암시하는 것이다.

225 의(宜): 태(殆)와 같은 뜻. 아마 ~할 것이다.

226 개(介): 부사(副使)이다. 사명이 끝나고 제나라에서 초나라에 주는 예물을 부사를 통해 딸려 보내고 자신은 돌아가서 복명을 하지 않은 것이다. 무신은 사명을 완수하고 돌아가던 도중에 "부사로 하여금 폐백을 돌려주게" 하였을 것이다. 『신서·잡사(新序·雜事) 1』에서는 "신공무희는 사명을 저버리고 도중에 도망쳐서 하희를 따라 진나라로 갔다"라 하였으니, 이는 무신이 제나라에 가지도 않고 도망을 간 것으로 『전』의 뜻과는 맞지 않는다. 제나라에 사신으로 갔다가 또 정나라로 돌아간 것은 하희를 맞기 위해서이다.

227 안(鞌)의 전역 때 진나라에 패한 것이다.

“吾不處不勝之國.”	“내 이기지 못한 나라에는 살지 않겠다.”
遂奔晉,	마침내 진나라로 달아나
而因郤至,[228]	극지를 통하여
以臣於晉.	진나라에서 신하가 되었다.
晉人使爲邢大夫.[229]	진나라 사람은 그를 형의 대부로 삼았다.
子反請以重幣錮之.[230]	자반이 무거운 폐백으로 그를 금고 할 것을 청하였다.
王曰,	왕이 말하였다.
“止!	“그만두어라!
其自爲謀也則過矣,[231]	그가 스스로를 위해 도모한 것은 지나치지만

228 『좌전』 성공 2년과 11년의 공영달의 주석〔소(疏)〕에서는 『세본(世本)』을 인용하여 극지는 극표(郤豹)의 현손이며 극극(郤克)은 극표의 증손이라고 하였으니, 극지는 극극의 족질(族姪)이 된다. 이때 진나라에서는 극극이 전사를 맡고 있었다.

229 형(邢): 진(晉)나라의 읍 이름. 양이승(梁履繩)의 『보석(補釋)』에서는 곧 선공 6년의 형구(邢丘)라 하였는데 곧 지금의 하남성 온현(溫縣) 동북쪽의 평고(平皐)의 옛 성이며, 청나라 이이덕(李貽德)의 『춘추좌씨전가복주집술(春秋左氏傳賈服注輯述)』에서는 옛 형국(邢國)으로 곧 지금의 하북성 형대시(邢臺市)라고 하였다. 양이승의 설이 비교적 타당하다.

230 고(錮): 후한 이후에는 금고(禁錮)라 하였으며 근대의 “영원히 녹용〔錄用: 임용(任用)〕되지 않게 하는 것”에 해당한다. 『신서·잡사(新序·雜事) 1』에서는 “영윤이 그 가족을 옮기려 하였다”라 하여 『전』과 조금 다르다.

231 과(過): 과실, 과오이다.

其爲吾先君謀也則忠. 그 우리 선군을 위하여 도모한 것은 충성스러웠다.

忠, 충성은

社稷之固也, 사직을 공고히 하는 것인데

所蓋多矣.[232] 덮은 것이 많았도다.

且彼若能利國家,[233] 또한 그가 나라를 이롭게 할 수 있다면

雖重幣, 폐백이 많은들

晉將可乎?[234] 진나라가 옳다고 하겠는가?

若無益於晉, 진나라에 이로움이 없다면

晉將棄之, 진나라가 그를 버릴 것이니

何勞錮焉?"[235] 무엇 때문에 금고를 하는 수고를 끼치겠는가?"

晉師歸, 진나라 군사가 돌아갈 때

范文子後入.[236] 범문자가 나중에 들어갔다.

---

232 개(蓋): 덮는 것이며, 여기서는 곧 호위(護衛)한다는 뜻이다.

233 진(晉)나라에 유리하다는 말이다.

234 진나라가 장차 금고 하는 데 동의하지 않을 것이라는 말이다.

235 7년에 초나라는 무신의 일족을 몰살시키며 무신은 이로 인해 진나라에게 오나라와 연결해 주고 아울러 오나라의 군사력을 지도하여 오나라가 초나라와 적수가 되게 한다. 이 장은 이 일의 본말을 서술하는 것이다.

236 범문자(范文子): 사섭(士燮)이다.

武子曰,[237]	무자가 말하였다.
“無爲吾望爾也乎?”[238]	“내가 너를 바란다고 하지 않았느냐?”
對曰,	대답하여 말하였다.
“師有功,	“군사가 공을 세워
國人喜以逆之,	백성들이 기쁘게 맞이하는데
先入,	먼저 들어가면
必屬耳目焉,[239]	반드시 이목이 그리로 쏠릴 것이오니
是代帥受名也,	이는 장수를 대신하여 명성을 얻는 것이어서
故不敢.”	감히 그렇게 하지 않았습니다.”
武子曰,	무자가 말하였다.
“吾知免矣.”[240]	“내 네가 환난을 면하겠음을 알겠다.”
郤伯見,[241]	극백이 뵙자
公曰,	공이 말하였다.

237 무자(武子): 사회(士會)로 사섭의 아버지이다.

238 위(爲): 위(謂)와 같다. 「진어 5」에서는 “섭(燮)아! 너도 내가 너를 얼마나 바랐는지 알지 않느냐?”라 하였는데, 이 구의 주해로 삼을 만하다.

239 촉(屬): 취(聚), 주(注)와 같은 뜻. 모이다, 집중하다. 촉이목(屬耳目)은 뭇사람들의 이목이 나에게로 집중되게 하는 것이다.

240 범문자가 이렇게 겸손하니 화해(禍害)와 형륙(刑戮)에서 벗어날 수 있을 것이라는 말이다.

241 극백(郤伯): 극극(郤克)이다. 백(伯)은 자이다.
현(見): 진경공(晉景公)을 들어가 뵙는 것이다.

“子之力也夫!”	“그대의 공이로다!”
對曰,	대답하여 말하였다.
“君之訓也,	“임금님의 가르침이요
二三子之力也,	신하들의 힘이지
臣何力之有焉?”	신에게 무슨 힘이 있었겠습니까?”
范叔見,[242]	범숙이 뵙자
勞之如郤伯.[243]	극백과 같이 위로를 하였다.
對曰,	대답하여 말하였다.
“庚所命也,[244]	“순경이 명한 것이고
克之制也,[245]	극극이 절제한 것이지
燮何力之有焉?”	저에게 무슨 힘이 있었겠습니까?”
欒伯見,[246]	난백이 뵙자
公亦如之.	공이 또한 그렇게 하였다.
對曰,	대답하여 말하였다.
“燮之詔也,	“사섭이 지시하였고

242 범숙(范叔): 곧 범문자(范文子)이다.

243 로(勞): 거성(去聲)이다.

244 경(庚): 순경(荀庚)이다. 『사기·조세가(趙世家)』의 주석서인 『색은(索隱)』에서 인용한 『세본(世本)』에 의하면, 순경은 순림보(荀林父)의 아들이며 순언(荀偃)의 아버지이다. 순경은 이때 상군장이었는데 출전하지 않았으며, 사섭이 상군좌로 상군장의 명을 받았을 것이다.

245 극극(郤克)은 중군수로 상군은 그의 절제(節制)를 받는다.

246 난백(欒伯): 난서(欒書)이다.

士用命也,	병사들이 명령을 따른 것이지
書何力之有焉?"[247]	저에게 무슨 힘이 있었겠습니까?"

宣公使求好于楚,[248]	선공이 초나라에 우호를 청하게 하였는데
莊王卒,	장왕이 죽고
宣公薨,	선공이 돌아가셔서
不克作好.[249]	우호를 맺을 수가 없었다.
公卽位,	공이 즉위하여
受盟於晉,[250]	진나라와의 맹약을 받아들이어
會晉伐齊.[251]	진나라와 만나 제나라를 쳤다.
衛人不行使于楚,[252]	위나라 사람도 초나라에 사신을 보내지 않고
而亦受盟於晉,	또한 진나라와의 맹약을 받아들여
從於伐齊.[253]	제나라를 치는 것을 따랐다.

247 「진어 5」에는 "저(書)는 상군에게서 명을 받아 하군의 군사들에게 명하였고, 하군의 군사들이 명을 따랐으니 저에게 무슨 힘이 있었겠습니까?"라 하였는데 이 구절의 주해로 삼을 만하다.

248 선공은 일찍이 사자를 초나라에 파견한 적이 있는데, 선공 18년의 『전』에 보인다.

249 두 곳의 호(好)자는 모두 거성(去聲)이다.

250 지난해 진나라와 적극(赤棘)의 맹약이 있었다.

251 곧 이 해의 안(鞌)의 전역이다.

252 초나라로 빙문하러가지 않은 것이다.

253 안(鞌)의 전역에는 위나라 군사도 있었다.

故楚令尹子重爲陽橋之役以救齊.[254]	그리하여 초나라 영윤 자중은 양교의 전역을 일으켜 제나라를 구원하였다.
將起師,	군사를 일으킬 즈음에
子重曰,	자중이 말하였다.
"君弱,[255]	"임금이 어리고
羣臣不如先大夫,	뭇 신하들이 선대부들만 못하여
師衆而後可.	군사가 많은 다음이라야 되겠다.
詩曰,	『시』에서 말하기를
'濟濟多士,	'신하들 많고 위엄 있으니
文王以寧.'[256]	문왕 편안하시리라'라 하였습니다.
夫文王猶用衆,	저 문왕도 오히려 많은 군사를 부렸거늘
況吾儕乎?	하물며 우리겠습니까?
且先君莊王屬之曰,[257]	또한 선군이신 장왕께서도 당부하시기를
'無德以及遠方,	'먼 곳까지 미칠 덕이 없으면

254 자중(子重): 11년의 『전』과 『주』에 보인다.

255 양공 13년의 『전』에 의하면 초공왕(楚共王)이 열 살 때 장왕이 죽었으니 금년에 공왕의 나이는 겨우 12, 3세일 것이다.

256 『시경·대아·문왕(大雅·文王)』의 구절이다. "제제(濟濟)"는 행동거지에 위엄이 있는 모양이며, 인재가 많은 모양으로 해석할 수도 있다. 녕(寧)은 편안한 것이다.

257 촉(屬): "囑"과 같다. 공왕을 우리에게 촉탁(囑託)하였다는 말이다.

莫如惠恤其民,	백성들에게 은혜를 베풀고 구휼하여
而善用之.'”	그들을 잘 씀만 못하다'라 하셨습니다.”
乃大戶,[258]	이에 크게 호구를 정리하고
已責,[259]	부채를 탕감하였으며
逮鰥,[260]	홀아비에게 은덕을 베풀고
救乏,[261]	가난한 자들을 구제하였으며
赦罪.[262]	죄인들을 사면하였다.
悉師,[263]	군사를 있는 대로 일으켰고
王卒盡行.[264]	왕실의 병졸들도 다 갔다.
彭名御戎,	팽명이 융거의 어자가 되었고
蔡景公爲左,	채경공이 거좌가 되었으며
許靈公爲右.[265]	허령공이 거우가 되었다.

---

258 호구를 깨끗하게 정리한 것이다.

259 이(已): 그치다(止)라는 뜻이다. 채(責)는 “債”와 같은 뜻. 백성들이 나라에 진 부채를 면제하여 주는 것이다.

260 체(逮): 미치다(及)의 뜻. 은혜가 연로한 홀아비에게까지 미친 것이다.

261 구핍(救乏): 생활이 곤란한 자들을 구제하다.

262 이상은 “백성들에게 은혜를 베풀고 구휼하는(惠恤其民)” 시책을 이행한 것이다.

263 나라의 군사를 모두 일으킨 것이다. 이는 “그들을 쓰는(用之)” 것에 해당한다.

264 초왕의 호위군까지 모두 출동한 것이다.

265 공왕은 비록 가지 않았지만 “호위병까지 모두 출동하여” 그 병거의 세력은 함께 가는 것이나 같았다. 공왕이 병거를 탔다면 곧 중간에 자리 잡고 어자는 왼쪽에, 거우는 오른쪽에 있게 된다. 지금은 공왕이 나가지 않았으므로 어자가 중간에 있고 나머지 두 사람이 각기 좌우에 있었다.

二君弱,	두 임금이 어리어
皆强冠之.[266]	모두 가까스로 관례를 올렸다.
冬,	겨울에
楚師侵衛,	초나라 군사가 위나라를 침공하고
遂侵我師于蜀.[267]	마침내 촉에서 우리나라 군사를 침공하였다.
使臧孫往.[268]	장손을 사자로 보내려고 하였다.
辭曰,	사양하며 말하기를
"楚遠而久,[269]	"초나라는 멀리 떠났고 오래되었으니
固將退矣.	반드시 곧 물러날 것입니다.
無功而受名,	공도 세우지 않고 명예를 얻는 일을
臣不敢."[270]	신은 감히 하지 못하겠습니다"라 하였다.
楚侵及陽橋,	초나라의 침공이 양교까지 미치자

266 성년이 되지 않았지만 가까스로 관례를 행한 것이다. 거좌와 거우가 되려면 반드시 관례를 행한 이후라야 한다.

267 촉(蜀): 선공 18년『전』의『주』를 보라.

268 장손(臧孫): 곧 장선숙(臧宣叔) 장손허(臧孫許)이다.

269 초나라가 군대를 출동하여 본국을 멀리 떠나온 데다 시간도 이미 오래되었음을 말한다.

270 장손허는 초나라 군대가 스스로 물러날 것으로 보고 만약에 가서 교섭을 한다면 반드시 초나라를 물리쳤다는 헛된 명성을 누릴까 봐 이 때문에 사명을 거절하였다.

孟孫請往賂之以執斲, 執鍼, 織紝,[271] 맹손이 목수와 직공, 직포공을 뇌물로 보낼 것을 청하여

皆百人, 모두 백 명씩으로 하고

公衡爲質,[272] 공위를 볼모로 삼아

以請盟. 맹약을 청하니

楚人許平. 초나라 사람이 화평을 허락하였다.

十一月, 11월에

公及楚公子嬰齊, 蔡侯, 許男, 秦右大夫說, 宋華元, 陳公孫寧, 衛孫良夫, 鄭公子去疾及齊國之大夫盟于蜀.[273] 공이 초나라 공자 영제, 채후, 허남, 진나라 우대부 열, 송나라 화원, 진나라 공손녕, 위나라 손량부, 정나라 공자 거질 및 제나라 대부와 촉에서 맹약을 맺었다.

---

271 맹손(孟孫)은 곧 맹헌자(孟獻子) 중손말(仲孫蔑)이다. 두예에 의하면 집착(執斲)은 목공(木工)을 가리키고, 집침(執鍼)은 여자 봉재공을 가리키며, 직임(織紝)은 포백(布帛)을 짜는 공인을 가리킨다.

272 두예는 "공형(公衡)은 성공(成公)의 아들이다"라 하였다. 다만 성공은 이때 필시 자식이 없었을 것이므로 아마 선공의 아들인 것 같으며 두예의 말은 믿기 어렵다.

273 우대부열(右大夫說): 우대부는 아마 진(秦)나라의 관직 이름인 것 같다. 양공 11년에 진나라에는 또한 "우대부 첨(詹)"이 있다. 청나라 장자초(張自超)의 『춘추송주변의(春秋宋朱辨義)』에서는 "12나라가 촉에서 맹약하였는데 진나라는 대부가 참여하였다. 진나라는 노나라와 거리가 멀어 약속을 하고 진나라가 비로소 이르렀다면 이렇게 신속히 이를 수 없을 것이므로 진나라 대부 또한 반드시 초나라 군중을 따르던 자일 것이다"라 하였는데 별 무리가 없다. 두예는 "제나라 대부의 이름을 기록하지 않은 것은 경이 아니었기 때문이다"라 하였다. 『경』에는 오히려 조(曹)·주(邾)·설(薛)·증(鄫)의 네 나라가 회맹에 참가하였지만 『전』에서는 말하지 않고 생략하였다.

卿不書,	경의 이름을 기록하지 않은 것은
匱盟也.[274]	성의가 결핍된 맹약이었기 때문이다.
於是乎畏晉而竊與楚盟,	이때 진나라를 두려워하여 몰래 초나라와 맹약을 맺었으므로
故曰"匱盟".	"성의가 결핍된 맹약"이라고 하였다.
蔡侯, 許男不書,	채후와 허남을 기록하지 않은 것은
乘楚車也,	초나라의 수레를 타서
謂之失位.[275]	군위를 상실하였음을 이른 것이다.
君子曰,	군자는 말하였다.
"位其不可不愼也乎!	"군위는 삼가지 않을 수가 없도다!
蔡, 許之君,	채나라와 허나라 임금은
一失其位,	한번 그 군위를 잃어
不得列於諸侯,	제후의 반열에 설 수 없었으니
況其下乎!	하물며 그 아래의 사람이겠는가!

274 두예는 "궤는 모자란 것이다(匱, 乏也)"라 하였다. 「진어 5」에서는 "모자라다고 한 것은 사실이 아니다"라는 말이 있는데, 위소(韋昭)는 "궤는 모자란 것이다"라 하였다. 이는 곧 성의가 결핍된 회맹이라는 뜻이다. 그러므로 이듬해에 노나라와 송나라, 위나라의 여러 나라가 또한 진(晉)나라 군사와 만나 정나라를 공격하였다. 심흠한(沈欽韓)의 『보주(補注)』에서는 "궤는 공(空)이다. 헛되이 이 맹약을 가진 것을 말한다."라 하였다. 유월(兪樾)은 『평의(平議)』에서 궤(匱)를 "회(讀)"로 보아 "속인 것이다"라 하였다. 장병린(章炳麟)의 『독(讀)』에서 "궤(潰)"로 보아 "도망치다"라 하였는데, 모두 억지로 곡해한 것이다.

275 『경』에서는 채(蔡)나라와 허(許)나라의 두 나라를 기록하지 않았다. 한 나라의 임금으로서 초왕의 수레를 타고 거좌와 거우가 되었으므로 "군위를 잃었다(失位)"라 한 것이다.

詩曰,	『시』에서 말하기를
‘不解于位,	‘재위에 있으며 나태하지 않으면
民之攸塈.’[276]	백성들이 쉬리로다’라 하였는데
其是之謂矣.”	아마 이것을 이르는 것일 것이다.”
楚師及宋,	초나라 군사가 송나라에 이르렀을 때
公衡逃歸.	공형은 도망쳐 돌아갔다.
臧宣叔曰,	장선숙이 말하였다.
“衡父不忍數年之不宴,[277]	“형보가 몇 년간의 불안함을 참지 못하여
以棄魯國,	노나라를 버렸으니
國將若之何?	나라에서 장차 이를 어찌할꼬?
誰居?[278]	누구인가?
後之人必有任是夫!	후인 중에 반드시 이를 떠맡을 사람이 있을 것이다!
國棄矣.”[279]	국가를 버렸음이다.”
是行也,	이번 군행에서

276 『시경·대아·가락(大雅·假樂)』의 구절이다. 해(解)는 해(懈)의 뜻이다. 기(塈)는 휴식하다의 뜻이다. 왕위에 있는 자가 게으르고 나태하지 않으면 백성들은 휴식을 할 수 있다는 뜻이다.

277 형보(衡父): 곧 공형(公衡)이다. 연(宴)은 편안하다는 뜻이다.

278 거(居): 조사로 의문을 표시한다.

279 공형이 나라를 포기하여 그 후인이 반드시 이 때문에 화를 입을 것이라는 뜻이다.

晉辟楚,[280]	진나라가 초나라를 피한 것은
畏其衆也.	그 많음을 두려워해서였다.
君子曰,	군자가 말하였다.
"衆之不可以已也.[281]	"대중은 그만둘 수 없다.
大夫爲政,[282]	대부가 위정을 하는데도
猶以衆克,	오히려 대중으로 이겼는데
況明君而善用其衆乎?	하물며 밝은 임금이 그 대중을 잘 씀이겠는가?
大誓所謂商兆民離,	「태서」에서 이른바
周十人同者,[283]	주나라는 열 사람이 마음이 같았다고 하는 것은
衆也."	대중을 말한다."
晉侯使鞏朔獻齊捷于周.[284]	진후는 공삭으로 하여금 주나라에 제나라의 포로를 바치게 했다.

280 피(辟): "避"와 같다.

281 이(以)자가 없는 판본도 있다.

282 대부(大夫): 광의의 뜻으로는 경(卿)을 포괄하는데, 사실은 초나라의 주수(主帥)인 자중(子重)을 가리킨다.

283 태서(大誓): 곧 「태서(泰誓)」로 「상서(尙書)」의 편명이다. 금본 「태서」는 위서(僞書) 중의 위서이다. 소공 24년 『전』에서도 「태서(大誓)」를 인용하여 "주(紂)에게는 억조의 이인(夷人)이 있었으나 또한 덕에서 떠남이 있었으며, 나에게는 잘 다스리는 신하 열 명이 있는데 마음이 같고 덕이 같다(余有亂臣十人, 同心同德)"라 하였는데, 아마 원문인 것 같으며 이곳의 "商兆民離, 周十人同" 여덟 자는 이를 개괄한 말인 것 같다.

王弗見,	왕은 그를 보지 않고
使單襄公辭焉,	단양공으로 하여금 그것을 사절하게 하고는
曰,	말하였다.
"蠻夷戎狄,	"만이와 융적이
不式王命,[285]	왕명을 따르지 않고
淫湎毁常,[286]	주색에 빠져 상도를 무너뜨리면
王命伐之,	왕명으로 그들을 정벌하는데
則有獻捷.[287]	곧 포로를 바치는 예가 있다.
王親受而勞之,[288]	왕이 친히 받아들이고 위로하니
所以懲不敬, 勸有功也.[289]	불경함을 징벌하고 공이 있음을 권면하기 위함이다.
兄弟甥舅,[290]	형제나 이성의 제후가
侵敗王略,[291]	왕이 정한 경계를 침범하여

---

284 헌첩(獻捷): 곧 포로를 바치는 것이다. 공삭(鞏朔)은 이미 문공 17년 『전』의 『주』에 보인다.

285 식(式): 용(用)자의 뜻으로 쓰였다.

286 음(淫)은 여색에 빠지는 것이고, 면(湎)은 술에 빠지는 것이다. 훼상(毁常)은 규구와 법도를 무너뜨리는 것이다.

287 선공 15년과 16년에 진(晉)나라가 두 차례에 걸쳐 적(狄)의 포로를 주나라에 바친 것이 그 예이다.

288 로(勞): 거성(去聲)이다.

289 벌(伐)은 불경한 것을 징계하는 것이고, 로(勞)는 공이 있는 자들을 권면하는 것이다.

290 형제(兄弟)는 동성(同姓)의 제후를 가리킨다. 생구(甥舅)는 이성(異姓)의 제후를 가리키는데, 이성 제후 간에는 혼인 관계가 많기 때문이다.

王命伐之,[292]	왕명으로 정벌하는데
告事而已,	사실만 아뢸 따름이며
不獻其功,[293]	포로를 바쳐 공로로 삼지 않으니
所以敬親暱, 禁淫慝也.	친한 사이를 공경하고 음란하고 사특함을 금하기 위함이다.
今叔父克遂,[294]	지금 숙부는 공을 이룰 수 있어
有功于齊,	제나라에서 공을 세우고는
而不使命卿鎭撫王室,	천자의 명을 받은 경을 보내어 왕실을 진무하지 않고
所使來撫余一人,[295]	여일인을 위무하기 위해 보낸 자로
而鞏伯實來,[296]	그런데 공백이 실로 왔음이니
未有職司於王室,[297]	주나라 왕실에 맡은 직무가 없는 데다

---

291 약(略)은 두예는 "법도를 경략하는 것(經略法度)"이라 하였다. 혜동(惠棟)과 홍양길(洪亮吉)은 "토지에 봉하고 경략하는 것(封略土地)"라 하였는데, 두예의 설이 비교적 타당하다.

292 음란하고 사특함을 금하는 것이다.

293 친한 이를 공경함이다.

294 숙부(叔父): 진나라 경공(景公)이다.
극(克): "능할 능(能)"자의 뜻으로 쓰였다.
수(遂): 순조롭게 공을 이루다.

295 여일인(余一人): 은나라에서 진(秦)나라 때까지는 천자가 자신을 칭할 때 "여일인(余一人)"이나 "여일인(予一人)" 혹은 "아일인(我一人)"이라 하였다.

296 이(而): 심흠한의 『보주(補注)』에서는 "너 이(爾)"자의 뜻으로 보았다. 그러나 이 말은 진 경공에게 한 말이기 때문에 공삭에게는 쓸 수가 없다. 접속사로 쓰였다.
실래(實來): 환공 6년 『경』의 『주』를 보라.

又奸先王之禮.[298] 또한 선왕의 예를 위배하였다.

余雖欲於鞏伯,[299] 내 비록 공백을 좋아하나

其敢廢舊典以忝叔父?[300] 어찌 감히 옛 전법을 폐기하여 숙부를 욕보이겠는가?

夫齊, 대체로 제나라는

甥舅之國也,[301] 생구의 나라이고

而大師之後也,[302] 태사의 후예이니

寧不亦淫從其欲以怒叔父,[303] 어찌 또한 사욕을 방종하게 하여 숙부를 노하게 할 것이며

抑豈不可諫誨?"[304] 아니면 어찌 타일러 가르칠 수가 없겠는가?"

---

297 선공 12년의 『전』에 의하면 공삭은 당시에 상군대부였으며, 이듬해 『전』에 의하면 이듬해에 비로소 경이 되니 당시는 여전히 "명을 받은 경(命卿)"이 아니었다. 명경(命卿)은 주왕실로부터 임명된 경이다. 『예기·왕제(王制)』에 "대국의 삼경은 모두 천자로부터 임명되고, 다음 나라의 삼경은 이경이 천자로부터 임명된다"라 하여 "명경(命卿)"의 제도를 알 수 있다. 공삭은 이미 "명경"이 아니었으므로 "주나라 왕실에서 맡은 직무가 없었다"라 하였다. 진후가 보낸 사자의 신분이 높지 않음을 싫어한다는 뜻이다.

298 포로를 바치지 않아야 하는데 바친 것을 말한다.

299 욕(欲): 좋아하다(好: 去聲)의 뜻. 내가 공백을 좋아하기는 하지만이라는 뜻이다.

300 기(其): 기(豈)와 같은 뜻으로 쓰였다.
첨(忝): 욕되게 하다. 이 구절은 구례(舊例)를 폐기하고 포로를 받아들이는 것은 진후에 대한 모욕이라는 말이다.

301 당시 왕후 또한 제(齊)나라 여인이었다. 선공 6년의 『전』을 보라.

302 태사(大師): 제나라의 시조인 여상(呂尙)이다.

303 녕(寧): 힐문할 때 쓰는 부사. 어찌.
불(不): 어조사로 뜻이 없다. 여기서는 부정부사로 쓰이지 않았다.
종(從): "縱"과 같다.

304 제나라는 이미 우리나라와 혼인한 나라인 데다 태공의 후예이니 진나라가 정벌하러

士莊伯不能對.[305] 사장백은 대답을 할 수가 없었다.

王使委於三吏,[306] 왕은 삼공에게 맡기게 하고

禮之如侯伯克敵使大夫告慶之禮,[307] 후백이 적을 이겼을 때 대부를 보내어 경하를 고할 때의 예로 그를 예우하여

降於卿禮一等.[308] 경을 예우하는 것보다 한 등급을 낮추었다.

王以鞏伯宴,[309] 왕은 공백에게 연례를 베풀어 주고

而私賄之.[310] 사사로이 예물을 내렸다.

使相告之曰,[311] 상에게 알리게 하여 말하기를

가는데 어찌 제나라가 사욕을 제멋대로 하여 진나라를 격노하게 할 것이며, 아니면 제나라는 완전히 약을 구할 수 없을 것이라는 뜻이다.

305 사장백(士莊伯): 곧 공삭이다.

306 삼리(三吏): 두예에 의하면 곧 삼공(三公)이다. 『주서·대광(大匡)』편에 "왕이 이에 총경(冢卿)과 삼로(三老) 및 삼리(三吏)를 불렀다"는 말이 나오는데, 공조(孔晁)의 주석에서도 "삼리는 삼경(三卿)이다"라 하였다. 금문(金文)의 "일 사(事)"자와 "관리 리(吏)"자는 같은 자인데, 『시경·소아·우무정(小雅·雨無正)』의 "삼사대부(三事大夫)"와 『일주서·대광(逸周書·大匡)』편의 "三吏大夫"는 아마 곧 이 "삼리(三吏)"일 것이다. 주정왕이 공삭을 접대하는 일을 삼리에게 맡긴 것이다.

307 포로를 바칠 때의 예법을 쓰지 않고 경하를 아뢸 때의 예를 쓴 것이다. 경하를 아뢸 때의 예법의 내용은 이미 알 수 없게 되었다.

308 공삭이 실은 대부이지 경이 아니기 때문이다.

309 이(以): "줄 여(與)"자의 뜻으로 쓰였다. 당시에는 정식으로 사자를 초대하면 먼저 향례(享禮)를 행하고 예가 끝나면 연례를 베푼다. 그러나 공삭에게는 연례만 베풀고 향례는 행하지 않았다.

310 경하를 아뢸 때의 예법에는 아마 예물을 주는 것이 없을 것이기 때문에 이때 공삭에게 내린 예물을 사사로이 예물을 내렸다 한 것이다.

311 상(相): 거성(去聲)으로, 예법을 행할 때 돕는 자이다.

"非禮也, "예가 아니니

勿籍!"[312] 문서에 올리지 말라!"라 하였다.

성공 3년

經

三年春王正月,[1] 3년 봄 주력으로 정월에

公會晉侯, 宋公, 衛侯, 曹伯伐鄭.[2] 공이 진후와 송공, 위후, 조백을 만나 정나라를 쳤다.

辛亥,[3] 신해일에

葬衛穆公.[4] 위목공을 장사 지냈다.

二月, 2월에

公至自伐鄭.[5] 공이 정나라를 치고 돌아왔다.

甲子,[6] 갑자일에

---

312 이런 접대는 예에 맞지 않기 때문에 사책(史冊)에 기록하지 말도록 부탁한 것이다.

1 삼년(三年): 계유년 B.C. 588년으로 주정왕(周定王) 19년이다. 정월 22일 을사일이 동지로 건자(建子)이다.

2 송나라와 위나라의 두 임금을 작위로 일컬었다. 환공 13년의 『경』과 『주』에 상세하다.

3 신해일은 28일이다.

4 『전』이 없다.

5 『전』이 없다.

6 갑자일은 12일이다.

新宮災,[7]	신궁에 화재가 나
三日哭.[8]	사흘간 울었다.
乙亥,[9]	을해일에
葬宋文公.[10]	송문공을 장사 지냈다.
夏,	여름에
公如晉.	공이 진나라에 갔다.
鄭公子去疾帥師伐許.	정나라의 공자 거질이 군사를 거느리고 허나라를 쳤다.
公至自晉.[11]	공이 진나라에서 돌아왔다.
秋,	가을에
叔孫僑如帥師圍棘.	숙손교여가 군사를 거느리고 극을 에워쌌다.
大雩.[12]	큰 기우제를 지냈다.
晉郤克, 衛孫良夫伐廧咎如.[13]	진나라 극극과 위나라 손량부가 장구여를 쳤다.

7 『공양전』과 『곡량전』의 두 『전』에서는 모두 신궁을 선공의 사당이라고 하였으며, 두예도 그대로 따랐다.

8 『전』이 없다. 『예기·단궁(檀弓) 하』에서는 "그 선인의 집을 태우면 사흘을 울고, 그리하여 신궁에 불이 나면 또한 사흘을 운다고 하였다"라 하였다.

9 을해일은 23일이다.

10 『전』이 없다. 지난해 『전』의 『주』를 참고하라.

11 『전』이 없다.

12 『전』이 없다.

13 장(廧)은 『공양전』에는 "將"으로 되어 있고, 『곡량전』에는 "牆"으로 되어 있는데 음이 같

冬十有一月,	겨울 11월에
晉侯使荀庚來聘.	진후가 순경을 내빙케 했다.
衛侯使孫良夫來聘.	위후가 손량부를 내빙케 했다.
丙午,[14]	병오일에
及荀庚盟.	순경과 맹약했다.
丁未,[15]	정미일에
及孫良夫盟.	손량부와 맹약했다.
鄭伐許.[16]	정나라가 허나라를 쳤다.

傳

三年春,	3년 봄에
諸侯伐鄭,	제후들이 정나라를 치려고
次于伯牛,[17]	백우에 주둔하였는데
討邲之役也.[18]	필의 전역을 성토하기 위함이었다.
遂東侵鄭.	마침내 동쪽으로 정나라를 침공하였다.

아서 통용하였다.

14 병오일은 28일이다.

15 정미일은 29일이다.

16 『전』이 없다.

17 백우(伯牛): 정나라 서쪽의 지명일 것이며 지금의 어느 곳인지는 상세히 고찰하기 힘들어졌다.

18 필의 전역은 선공 12년에 있었다. 이 전역에서 정나라는 진나라에 두 마음을 가졌었다.

鄭公子偃帥師禦之,[19] 정나라 공자 언이 군사를 거느리고 막았는데

使東鄙覆諸鄤,[20] 동쪽 변경의 군대를 만에 매복시켜

敗諸丘輿.[21] 구여에서 물리쳤다.

皇戌如楚獻捷. 황술이 초나라로 가서 포로를 바쳤다.

夏, 여름에

公如晉, 공이 진나라로 가서

拜汶陽之田.[22] 문양의 전지에 대한 일을 배사하였다.

許恃楚而不事鄭, 허나라가 초나라를 믿고 정나라를 섬기지 않자

---

19 공자 언(公子偃): 두예에 의하면 정나라 목공(穆公)의 아들이며 또한 곧 6년『전』의 자유(子游)이다.

20 복(覆): 매복(埋伏)하다.
만(鄤):『전』의 내용에 의하면 정나라 동쪽의 땅일 것이다.『수경주·하수(河水)』에 만수(鄤水)가 있는데, 사수(汜水)와 합류하며 곧 정나라 서북쪽에 있으니 아마 다른 곳일 것이다.

21 구여(丘輿): 또한 정나라 동쪽에 있을 것이다.

22 지난해에 진나라가 제나라에게 문양의 전지를 노나라에게 돌려주라고 하여 이에 노성공이 진나라에 가서 배사한 것이다.『경』과『전』에 의하면 문공 13년 노나라가 진나라를 조빙한 이후 이해에 이르러 두 번째로 진나라를 조빙한 것이며 그 중간의 27년간은 조빙하지 않았다.

鄭子良伐許.

정나라 자량이 허나라를 쳤다.

晉人歸楚公子穀臣與連尹襄老之尸于楚,

진나라 사람이 초나라 공자 곡신과 연윤양로의 시신을 초나라로 돌려주면서

以求知罃.

지앵을 청하였다.

於是荀首佐中軍矣,

이때 순수가 중군좌였으므로

故楚人許之.[23]

초나라 사람이 이를 허락하였다.

王送知罃,

왕이 지앵을 보내면서

曰,

말하였다.

"子其怨我乎?"

"그대는 아마 나를 원망하렸다?"

對曰,

대답하여 말하였다.

"二國治戎,[24]

"두 나라가 전쟁을 함에

臣不才,

신이 재주가 없어

不勝其任,

소임을 이기지 못하고

以爲俘馘.[25]

포로가 되었습니다.

---

23 이상 모두 지난해의 『전』과 선공 12년의 『전』을 참조해 볼 만하다.

24 치융(治戎): 이곳의 치융 및 16년 『전』의 치융은 희공 23년 『전』의 "치병(治兵)"과 뜻이 같으며, 곧 교전(交戰)과 같은 뜻이다.

25 부괵(俘馘): 지앵은 사로잡히기(俘)는 했어도 목이 잘리지(馘)는 않았다. 이 괵(馘)자는 비슷한 뜻으로 연용되는 글자이다.

執事不以釁鼓,[26] 집사께서 나를 죽여 피를 북에 바르지 않고

使歸卽戮, 돌아가 형륙을 받게 하시니

君之惠也. 임금님의 은혜입니다.

臣實不才, 신이 실로 재주가 없는 것이온데

又誰敢怨?" 또한 누구를 감히 원망하겠습니까?"

王曰, 왕이 말하였다.

"然則德我乎?" "그렇다면 나에게 감지덕지하는가?"

對曰, 대답하여 말했다.

"二國圖其社稷, "두 나라가 그 사직을 도모하여

而求紓其民,[27] 백성들의 긴장을 풀어 주고자

各懲其忿,[28] 각기 분노를 누르고

以相宥也. 서로 용서하기로 하였습니다.

兩釋纍囚, 양국에서 억류된 포로를 풀어 주어

以成其好. 우호를 이루고자 합니다.

二國有好, 양국이 우호를 이루는 것은

臣不與及, 신과는 상관이 없으니

---

26 흔고(釁鼓): 희공 33년『전』의『주』를 보라.

27 서(紓): 풀다, 느슨하게 하다.

28 징(懲): 징계(懲戒)하다.

其誰敢德?”	누가 감히 감지덕지하겠습니까?”
王曰,	왕이 말하였다.
“子歸,	“그대가 돌아가면
何以報我?”	어떻게 나에게 보답을 하겠는가?”
對曰,	대답하여 말했다.
“臣不任受怨,	“신은 원망을 할 만한 일도 없고
君亦不任受德,	임금께서도 은덕을 베풀 만한 일이 없사와
無怨無德,	원망도 은덕도 없사오니
不知所報.”	보답할 바를 모르겠나이다.”
王曰,	왕이 말하였다.
“雖然,	“그렇더라도
必告不穀.”	반드시 불곡에게 고하라.”
對曰,	대답하여 말하였다.
“以君之靈,	“임금님의 영위(靈威)함으로
纍臣得歸骨於晉,	포로였던 신이 몸을 진나라로 돌아가게 되었으니
寡君之以爲戮,	과군께서 죽이신다면
死且不朽.	죽어서도 또한 썩지 않을 것입니다.

若從君之惠而免之,	만약 임금님의 은혜를 따라 사면하여
以賜君之外臣首;[29]	임금님의 외신인 저에게 내리시고,
首其請於寡君,	제가 과군께 청하여
而以戮於宗,[30]	종묘에서 죽게 된다 하더라도
亦死且不朽.	또한 죽더라도 썩지 않을 것입니다.
若不獲命,[31]	만약에 명을 얻지 못하여
而使嗣宗職,[32]	종자(宗子)의 일을 잇게 하여
次及於事,	순서대로 일에 미쳐
而帥偏師,	군사의 일부를 거느리고
以修封疆.	변방을 지키는 일을 맡아
雖遇執事,	비록 집사를 만나더라도

29 당시 경대부는 다른 나라 임금에게 자신을 외신(外臣)이라 일컬었으며, 여기서 지앵은 초나라 임금에게 또한 자신의 부친의 이름을 직접 칭하고 있다.

30 종(宗): 종묘(宗廟)이다. 순수(荀首)는 지앵의 부친일 뿐만 아니라 또한 순씨(荀氏)네 소종(小宗)의 종자(宗子)로 본족의 성원에 대한 생사여탈권이 있다. 다만 먼저 임금의 동의를 얻어야 한다.

31 두예는 "임금이 죽이는 것을 허락하지 않는 것이다"라 하였다.

32 종직(宗職): 두예는 "조종(祖宗)의 지위와 관직을 잇는 것이다"라 하였다. 청나라 홍양길(洪亮吉)의 『고(詁)』에서는 순수(荀首)의 부친은 경이 된 적이 없으므로 "조종(祖宗)의 지위와 관직을 이었다."고 할 수 없으며, 따라서 "종직은 부친의 관직이다"라 하였다. 그러나 이때 순수는 마침 중군좌로 있으면서 관직에서 물러나겠다고 하지 않았으므로 홍양길의 설은 믿을 수가 없다. 심흠한은 『보주(補注)』에서 "종직이란 말은 종자(宗子)의 일이라는 말과 같다. 아래의 '순서대로 일에 미쳐'라는 말은 곧 순서에 따라 진나라의 일을 맡는 것이다"라 하였는데 비교적 타당하다.

其弗敢違,	감히 그 일을 어기지 않고
其竭力致死,	있는 힘을 다해 죽더라도
無有二心,	두 마음을 가지지 않음으로써
以盡臣禮,	신하의 예를 다하는 것이
所以報也."	보답하는 길입니다."
王曰,	왕이 말하였다.
"晉未可與爭."	"진나라와는 싸울 만하지 못하다."
重爲之禮而歸之.	두터이 예우하여 돌려보냈다.

秋,	가을에
叔孫僑如圍棘,[33]	숙손교여가 극을 에워싸고
取汶陽之田.	문양의 전지를 차지하였다.
棘不服,	극이 불복하였기 때문에
故圍之.[34]	에워싼 것이다.

---

33 극(棘): 강영(江永)의 『고실(考實)』에서는 두예의 주석에 의거하여 지금의 산동성 비성현(肥城縣) 남쪽에 있다고 하였으며, 심흠한의 『지명보주(地名補注)』에서는 『산동통지(山東通志)』에 의거하여 태안현(泰安縣) 서남쪽의 경계에 있다고 하였다. 『수경주·문수(汶水)』에서는 극정(棘亭)은 문수 북쪽 80리 지점에 있다고 하였는데, 이 두 설과 모두 합치될 만하다.

34 노나라의 성읍(城邑)이 불복하거나 반란을 일으켜 포위를 한 것은 『경』과 『전』의 기록에 의하면 모두 일곱 차례가 있는데 이것이 첫 번째이다. 나머지는 소공 13년에 비(費)를 포위했고, 정공 6년에는 운(鄆)을 포위하였으며, 10년에는 후(郈)를 포위했고(두 번), 12년에는 성(成)을 포위하였다.

晉郤克, 衛孫良夫伐廧咎如,[35]	진나라 극극과 위나라의 손량부가 장구여를 치고
討赤狄之餘焉.[36]	적적의 잔당을 토벌하였다.
廧咎如潰,	장구여는 궤멸되었는데
上失民也.[37]	위에서 민심을 잃었기 때문이다.

冬十一月,	겨울 11월에
晉侯使荀庚來聘,[38]	진후가 순경으로 하여금 와서 조빙케 하고
且尋盟.[39]	아울러 맹약을 다졌다.
衛侯使孫良夫來聘,	위후가 손량부로 하여금 와서 조빙케 하고
且尋盟.[40]	아울러 맹약을 다졌다
公問諸臧宣叔曰,	공이 장선숙에게 그 일을 물었다.

---

35 장구여(廧咎如)는 희공 23년 『전』의 『주』에 보인다.

36 적적(赤狄)의 부족은 매우 많은데, 이를테면 노씨(潞氏), 갑씨(甲氏), 유우(留吁), 탁진(鐸辰) 같은 족속이며 전후로 모두 진(晉)나라에 멸망당하였고 남은 것이라고는 장구여뿐이었으므로 "적적의 잔당을 토벌하였다"고 하였다.

37 두예는 "이는 『전』에서 『경』을 해석한 문장인데 『경』에는 '廧咎如潰'의 넉 자가 없으니, 이는 아마 『경』에서 이 네 자를 빠뜨렸을 것이다"라 하였다. 『곡량전』에도 이 네 자가 없으므로 두예의 주석은 꼭 믿을 만하지는 않다.

38 순경(荀庚)은 순림보(荀林父)의 아들이다.

39 원년에 있은 적극(赤棘)의 맹약을 다진 것이다.

40 선공 7년의 맹약을 다진 것이다.

“中行伯之於晉也,	“중항백은 진나라에서
其位在三;[41]	지위가 세 번째이며,
孫子之於衛也,	손자는 위나라에서
位爲上卿,	지위가 상경이니
將誰先?”	누구와 먼저 할까?”
對曰,	대답하여 말하였다.
“次國之上卿,	“차등국의 상경은
當大國之中,[42]	대국의 중경에 해당하고
中當其下,	중경은 하경에 해당하며
下當其上大夫.[43]	하경은 상대부에 해당합니다.
小國之上卿,	소국의 상경은
當大國之下卿,	대국의 하경에 해당하며
中當其上大夫,	중경은 상대부에 해당하고
下當其下大夫.[44]	하경은 하대부에 해당합니다.
上下如是,	상하가 이런 것이
古之制也.	옛 법제입니다.

41 중항백(中行伯): 곧 순경이다. 당시 진나라는 극극(郤克)이 중군수로 위차가 첫 번째였으며, 순수는 중군좌로 두 번째, 순경은 상군수로 세 번째였다. 두예는 하단에서 답한 말에 의거하여 “지위가 세 번째에 있다”는 것을 하경이라고 추정하였다.

42 중(中): 중경(中卿)이다.

43 차등국의 경대부는 대국의 경대부보다 한 등급이 낮다.

44 소국의 경대부는 대국의 경대부보다 두 등급이 낮다.

衛在晉,	위나라는 진나라에 있어
不得爲次國.[45]	차등국이 되지도 못합니다.
晉爲盟主,	진나라가 맹주이니
其將先之."[46]	진나라와 먼저 해야 합니다."
丙午,	병오일에
盟晉;	진나라와 맹약을 맺고,
丁未,	정미일에는
盟衛,	위나라와 맹약을 맺었는데
禮也.[47]	예의에 합당하였다.

十二月甲戌,[48]	11월 갑술일에
晉作六軍.[49]	진나라가 6군을 만들었다.

---

45 겨우 소국에 지나지 않는다는 말이다.

46 상술한 원칙대로 두 사람의 등급을 계산하면 위나라의 상경은 진나라의 하경에 상당하니 손량부와 순경은 동급의 관원이 된다. 다만 진나라는 대국일 뿐 아니라 또한 맹주이므로 순경이 또한 당연히 우선이라는 것이다.

47 원(元)나라 이렴(李廉)의 『회통(會通)』에서 계산한 것에 의거하면 빙문하고 맹약까지 맺은 것은 모두 다섯 차례로, 이 두 번을 제외하고도 11년에 진나라 극주(郤犨)와 맹약한 것과 양공 7년에 위나라 손림보(孫林父)와의 맹약, 15년의 송나라 상술(向戌)과 맹약한 것이 있다.

48 갑술일은 26일이다.

49 「연표」와 「제세가」, 「진세가」에는 "6군(六軍)"이 모두 "6경(六卿)"으로 되어 있는데, 아마 아래의 "모두 경이 되었다(皆爲卿)"란 것과 연관 지어 착오를 일으킨 것 같다.

韓厥, 趙括, 鞏朔, 韓穿, 荀騅, 趙旃皆爲卿,[50] 한궐과 조괄, 공삭, 한천, 순추, 조전이 모두 경이 되었는데

賞鞌之功也. 안에서 세운 공에 대한 상이었다.

齊侯朝于晉, 제후가 진나라를 조빙하고

將授玉.[51] 구슬을 주려고 하였다.

郤克趨進曰,[52] 극극이 종종걸음으로 나아가 말하였다.

---

50 순추(荀騅): 「진세가」의 『색은(索隱)』에 의하면 시호는 문자(文子)이다. 진나라는 원래 3군이 있었는데 이때 중, 상, 하의 3군을 증설하여 모두 6군이 되었다. 삼군에 원래 각기 장좌(將佐)가 있어 육경이 되며, 지금 새로 삼군을 증설하여 또한 각기 장(將)·좌(佐)가 있어 여섯 명의 경을 더한 것이다. 6년의 『전』에서는 "한헌자는 새로 설치한 중군의 장수가 되었다"라 하였는데, 두예는 이 이름의 순서에 따라 추산하여 "한궐이 새 중군의 장이 되고 조괄이 좌가 되었으며, 공삭은 새 상군의 장이 되고 한천이 좌가 되었으며, 순추가 새 하군의 장수가 되고 조전이 좌가 되었다"라 하였다. 「진세가」에서는 "한천(韓穿)"이 조천(趙穿)으로 잘못 되어 있다.

51 고대에는 제후들끼리 서로 조현할 때 "옥을 주고(授玉)", "옥을 받는(受玉)" 예절이 있었다. 6년 『전』에서는 "정백이 진나라로 가서 화친을 배사하였는데 동쪽 기둥의 동쪽에서 옥을 주었다(授玉于東楹之東)"라 하였고, 정공 15년의 『전』에서는 "주은공(邾隱公)이 와서 조현하였는데 주자(邾子)는 옥을 높이 집어 들었고 공은 옥을 낮게 받았다(公受玉卑)"라 하였는데 모두 이 예법을 증명하는 것이다. 「진세가」에서는 "제나라 경공이 진나라에 와서 진경공을 왕으로 삼으려고 하였으나 경공은 사양하여 감히 받아들이지 않았다"라 하였으며, 「연표」와 「제세가」의 기록 또한 같다. 사마천은 "수옥(授玉)"을 "왕으로 높이다(尊爲王)"로 해석하였거나 아니면 "玉"자를 "王"자로 알았기 때문일 것이다.

52 극극(郤克)은 당시 상빈(上擯: 주인 쪽에서 예를 행할 때의 수석 보좌관)으로 중정(中庭)에 있었고 두 임금은 당상에 있었다. 구슬을 주려고 할 즈음에 나아가 말을 하였을 때는 반드시 작계(阼階: 동쪽 계단)의 서쪽에 있었을 것이다. 중정에서 조계의 서쪽까지 가려면 거리가 꽤 멀어 종종걸음으로 가야 하며, 그렇지 않으면 제때에 이르기 어렵다. 동시에 또한 종종걸음으로 나아감으로써 공경을 보여준 것이다.

"此行也,
"이번에 오신 것은

君爲婦人之笑辱也,[53]
부인이 비웃어 모욕한 것 때문이니

寡君未之敢任."[54]
과군께서 감히 맡으실 일이 아닙니다."

晉侯享齊侯.
진후는 제후에게 향연을 베풀었다.

齊侯視韓厥.[55]
제후는 한궐을 응시하고 있었다.

韓厥曰,
한궐이 말하였다.

"君知厥也乎?"[56]
"임금께서는 저를 아십니까?"

齊侯曰,
제후가 말하였다.

"服改矣."[57]
"복색이 바뀌었구려."

韓厥登,
한궐이 당상에 올라

擧爵曰,
술잔을 들고 말하였다.

"臣之不敢愛死,[58]
"신이 감히 죽음을 아끼지 않은 것은

爲兩君之在此堂也."[59]
두 임금께서 이 대청에 있게 하려는 것 때문이었습니다."

---

53 극극이 제경공의 모친에게 비웃음을 당한 일을 가리키며 선공 17년의 『전』에 보인다.
54 극극의 이 말은 여전히 그때 웃음거리가 된 원한을 토로하고 있다.
55 시(視): 응시하다.
56 지(知): 알아보다.
57 안(鞍)의 전역 때는 갑옷을 입었는데 지금은 조복을 입고 있다.
58 애(愛): 석(惜), 곧 아끼다.
59 한궐의 이 말은 그 뜻이 극극이 불만을 토로함을 구제하려는 데 있다. 두 임금이 당상

荀罃之在楚也,[60]	순앵이 초나라에 있을 때
鄭賈人有將寘諸褚中以出.[61]	정나라 상인 중에 자루에 넣어서 빼내려던 자가 있었다.
旣謀之,	계획은 했지만
未行,	실행을 하지도 못하였는데
而楚人歸之.	초나라 사람이 그를 돌려보냈다.
賈人如晉,	상인이 진나라로 가자
荀罃善視之,[62]	순앵이 그를 잘 보아
如實出己.	실제 자신을 구출한 듯이 하였다.
賈人曰,	상인이 말하였다.
“吾無其功,	“내게 그런 공이 없는데도
敢有其實乎?	감히 실제 있었던 것처럼 할 수 있겠습니까?
吾小人,	나는 소인으로
不可以厚誣君子.”[63]	군자를 완전히 속일 수는 없습니다.”

에서 연회를 베풀어 사이가 좋은 것은 바로 내가 전쟁 중에 용감하게 쫓았던 목적이었다는 뜻이다.

60 순앵(荀罃)은 곧 지앵(知罃)이다.

61 저(褚): 옷 따위를 넣는 데 쓰는 자루. 정나라 상인은 지앵을 자루에 담아 초나라에서 도망하려 했던 것 같으며, 이는 마치 『공양전』 애공 6년의 『전』에서 진걸(陳乞)이 큰 자루에 공자 양(公子陽)을 담아 실어 냈던 일과 비슷하다.

62 시(視): 대우하다.

63 『광아·석고(廣雅·釋詁)』에서 “무(誣)는 속이는 것이다”라 하였다. 『예기·표기(表記)』에서는 “녹을 받는 것은 속이지 않는다(受祿不誣)”라 하였는데, 주석에서 “일에 믿음직하

遂適齊. 마침내 제나라로 갔다.

성공 4년

經

四年春,[1] 4년 봄

宋公使華元來聘. 송공이 화원을 보내 빙문하게 하였다.

三月壬申,[2] 3월 임신일에

鄭伯堅卒.[3] 정백 견이 죽었다.

杞伯來朝. 기백이 와서 조현하였다.

夏四月甲寅,[4] 여름 4월 갑인일에

臧孫許卒.[5] 장손허가 죽었다.

公如晉. 공이 진나라에 갔다.

지 않은 것을 무라고 한다"라 하였으니 역시 속인다는 뜻이다. 이곳의 무(誣)자와 같은 뜻이다.

1 사년(四年): 갑술년 B.C. 587년으로 주정왕(周定王) 20년이다. 2월 초4일 신해일이 동지로 건해(建亥)이다. 윤달이 있다.

2 3월에는 임신일이 없다. 일월에 착오가 있었을 것이다. 두예는 "임신일은 2월 28일이다"라 하였는데 또한 부정확하다. 실은 2월 25일이다.

3 『전』이 없다.

4 갑인일은 8일이다.

5 『전』이 없다.

葬鄭襄公.[6]	송양공을 장사 지냈다.
秋,	가을에
公至自晉.	공이 진나라에서 돌아왔다.
冬,	겨울에
城鄆.[7]	운에 성을 쌓았다.
鄭伯伐許.[8]	정백이 허나라를 쳤다.

傳

四年春,	4년 봄에
宋華元來聘,	송나라 화원이 와서 빙문하였는데
通嗣君也.[9]	왕위를 이은 임금과 통호하기 위함이었다.

---

6 『전』이 없다.

7 운(鄆): 노나라에는 운이란 지명이 두 군데 있다. 그 가운데 동운은 이미 문공 12년 『경』의 『주』에 보인다. 이곳은 서운을 말한다. 16년의 『전』에서 "공이 돌아오는 길에 운에서 기다렸다"라 한 것이 곧 서운이다. 제나라에 가까우며 소공 25년과 26년, 29년 및 정공 6년과 7년, 10년에 보이는 여러 운(鄆)이 모두 서운이다. 지금의 산동성 운성현(鄆城縣) 동쪽 16리 지점에 있다.

8 정양공(鄭襄公)이 죽고 해를 넘기지도 않았는데 정도공(鄭悼公)을 작위로 칭한 것에 대해서는 희공 9년 『전』의 『주』를 보라.

9 사군(嗣君) 송공공(宋共公)을 가리킨다. 문공 원년의 『전』의 "무릇 임금이 즉위하면 경이 나가서 두루 조빙한다(凡君卽位, 卿出幷聘)"는 기록에 의하면 이때가 송공공이 노나라에 처음으로 조빙한 것이다. 또한 『경』과 『전』의 기록에 의하면 이 이전에는 송나라가 조빙을 하러 온 일이 보이지 않는다. 노나라 문공 11년에 공자 수(公子遂)가 송나라로 갔는데 송나라의 답방이 실려 있지 않다. 이 이후로도 8년에 화원(華元)이 온 것과 양공 15년 상술(向戌)이 온 것, 소공 12년 화정(華定)이 온 것 세 번 뿐이다. 춘추 240~250년간을 통틀어 노나라와 송나라 두 나라가 왕래하고 통호(通好)한 것이 이렇게 적다는 것은 정

杞伯來朝,	기백이 와서 조현하였는데
歸叔姬故也.[10]	숙희를 돌려보내려는 까닭이었다.

夏,	여름에
公如晉.	공이 진나라로 갔다.
晉侯見公,	진후가 공을 만나 봄에
不敬.	공경스럽지 않았다.
季文子曰,	효문자가 말하였다.
"晉侯必不免.	"진후는 반드시 면하지 못할 것이다.
詩曰,	『시』에서 말하기를
'敬之敬之!	'공경할지어다, 공경할지어다!
天惟顯思,	하늘은 밝으시고
命不易哉!'[11]	천명은 지탱하기 쉽지 않도다!'라 하였다.
夫晉侯之命在諸侯矣,[12]	진후의 명은 제후에게 있으니
可不敬乎!"	공경하지 않을 수 있겠는가!"

리상 부합되지 않으며 기록에 빠뜨린 것이 있을 것이다.

10 숙희는 노나라의 공주로 기백의 부인이 된 사람일 것이다. 기백이 쫓아내고자 하여 먼저 와서 조현한 것이다. 이듬해 봄 기숙희는 "돌아오고" 8년에 죽는다.

11 『시경·주송·경지(周頌·敬之)』의 구절이다. 희공 22년의 『전』과 『주』에 상세하다.

12 진경공이 제후의 패주가 되는 것은 제후들이 그를 따를지 저버릴지에 의해 그 운명이 결정될 수 있을 것이라는 말이다.

秋,	가을에
公至自晉,	공이 진나라에서 돌아왔는데
欲求成于楚而叛晉.[13]	초나라에 화친을 청하고 진나라를 배반하고자 하였다.
季文子曰,	효문자가 말하였다.
"不可.	"안 됩니다.
晉雖無道,	진나라가 비록 무도하나
未可叛也.	아직 배반해서는 안 됩니다.
國大, 臣睦,	나라는 크고 신하가 화목하며
而邇於我,	우리나라와 가까운 데다
諸侯聽焉,	제후들이 그 말을 듣고 있으니
未可以貳.	아직 두 마음을 품어서는 안 됩니다.
史佚之志有之曰,[14]	「사일의 기록」에서 말하기를
'非我族類,[15]	'우리와 같은 종족이 아니면
其心必異.'	그 마음이 반드시 다르다'라 하였습니다.
楚雖大,	초나라가 크긴 하지만
非吾族也,	우리와 동족이 아니니

13 진경공이 접견할 때 불경했기 때문이다.
14 사일(史佚)은 희공 15년의 『전』과 『주』에 보인다.
15 족류(族類): 동족을 가리킨다.

其肯字我乎?"[16]	어찌 우리를 사랑하려 하겠습니까?"
公乃止.	공이 이에 그만두었다.

冬十一月,	겨울 11월에
鄭公孫申帥師疆許田.[17]	정나라 공손신이 군사를 거느리고 허나라의 전지를 정하였다.
許人敗諸展陂.[18]	허나라 사람이 전피에서 그들을 물리쳤다.
鄭伯伐許,	정백이 허나라를 쳐서
取鉏任, 泠敦之田.[19]	서암과 영돈의 전지를 차지하였다.
晉欒書將中軍,[20]	진나라 난서가 중군장이 되고
荀首佐之,	순수가 좌가 되었으며
士燮佐上軍,	사섭이 상군좌가 되어
以救許伐鄭,	허나라를 구원하고 정나라를 쳐서
取氾, 祭.[21]	범과 제를 차지하였다.

---

16 기(其): "어찌 기(豈)"자의 뜻으로 쓰였다.
자(字): 사랑하는 것이다.

17 공손신(公孫申): 곧 10년과 14년 『전』의 숙신(叔申)이다. 지난해 정나라가 허나라를 침공한 적이 있는데, 올해 또 군대를 거느리고 와서 그 경계를 정하자 허나라 사람에게 패한 것이다. 14년에 정나라는 또 허나라를 치는데 허나라는 어쩔 수 없이 이때 공손신이 정한 전지를 가지고 정나라와 화친을 청하였다.

18 전피(展陂): 지금의 하남성 허창시(許昌市) 서북쪽에 있을 것이다.

19 서임(鉏任)과 영돈(泠敦)은 지금의 허창현(許昌縣) 경내에 있을 것이다.

20 극극(郤克)을 대신하였다.

楚子反救鄭,	초나라 자반이 정나라를 구원하니
鄭伯與許男訟焉,[22]	정백과 허남이 시비를 가릴 것을 제기함에
皇戌攝鄭伯之辭.[23]	황술이 정백을 대신하여 말하였다.
子反不能決也,	자반은 판결을 내릴 수가 없어
曰,	말하였다.
"君若辱在寡君,[24]	"임금님들께서 우리 임금님을 조현하신다면
寡君與其二三臣共聽兩君之所欲,	우리 임금님께서 두세 신하와 더불어 두 임금님께서 바라는 바를 들으시어
成其可知也.[25]	시비를 가림을 알게 될 것입니다.

---

21 범·제(氾·祭): "氾"은 음이 범이고, "汜"는 음이 사로 두 글자가 본래 같지 않은데 형태가 비슷하여 쉽게 와전된다. 두예에 의하면 "氾"은 본래 "汜"가 되어야 하고 희공 24년『전』의 "氾"과는 다르며, 곧『수경』의 사수(汜水)인데『수경』이후 모두 "巳"자를 따라 "汜"가 되었으며, 그 땅은 지금의 하남성 옛 사수현〔汜水縣: 현은 지금은 이미 없어졌으며 지금의 형양현(滎陽縣) 서북쪽과 공현(鞏縣)의 동북쪽에 있다〕에 있다. 제(祭)는 지금의 정주시(鄭州市) 북쪽에 있으며, 중모현(中牟縣)에 있다고도 한다. 범과 제 두 읍은 거리가 비교적 멀어 진나라가 전후의 시간을 두고 차지하였을 것이다.「연표」와「진세가」에서는 모두 다만 "범을 취하였다"라 하여 제를 취한 것은 기록하지 않았다.

22 두 사람이 자반 앞에서 시비곡직을 다툰 것이다.

23 섭(攝): 대신하다. 황술이 정도공(鄭悼公)을 대신하여 발언한 것이다.

24 재(在): 존문(存問), 곧 찾아뵙고 안부를 여쭙다. 또한 은공 11년의『전』과『주』에도 보임. 이곳의 "辱在寡君"은 당시의 외교 사령(辭令)으로 두 나라 임금을 초나라에 조현케 하고 싶다는 뜻이다.

25 성(成):『시경·대아·면(大雅·緜)』의 "우나라와 예나라 잘못 따지다가 화해하였네(虞芮質其成)"의 "成"과 같다. 그 시비를 판단하여 두 나라가 각기 그 타당함을 얻게 함으로써 쟁송을 그치게 한다는 뜻이다.

不然,	그렇지 않다면
側不足以知二國之成."[26]	저는 두 나라의 시비를 가림을 알 수가 없습니다."
晉趙嬰通于趙莊姬.[27]	진나라 조영이 조장희와 간통하였다.

성공 5년

經

五年春王正月,[1]	5년 봄 주력으로 정월에

---

26 측(側): 자반의 이름. 이듬해 정도공(鄭悼公)과 허령공(許靈公)은 초나라로 가서 소송을 하게 된다.

27 조영(趙嬰): 곧 희공 24년『전』의 누영(樓嬰)이며 선공 12년『전』의 조영제(趙嬰齊)인데, 그곳의『주』에 상세하다.
조장희(趙莊姬): 조삭(趙朔)의 아내. 조삭의 시호가 "장(莊)"이기 때문에 장희라고도 일컫는다. 조삭은 조돈(趙盾)의 아들로 선공 12년 하군장이었으며, 이때는 이미 죽었을 것이다. 조영과 조장희는 시숙과 질부로써 간통을 한 것이다.「조세가」에서는 "조삭은 성공(成公)의 누이를 아내로 삼았다"라 하였으니 조장희는 진문공의 딸이다. 희공 24년의『전』에 의하면 조최의 아내가 곧 문공의 딸이니, 사마천이 말한 대로라면 조삭 또한 문공의 딸을 얻은 것으로 조부와 손자가 자매를 얻은 것이 되어 정리에 맞지 않는다. 가규(賈逵)와 복건(服虔)은 모두 조장희를 성공의 딸이라 하였는데 비교적 이치에 맞는다. 사마천은 아마 전국시대의 이설을 취한 것 같으며, 양옥승(梁玉繩)의『지의(志疑)』에서는『사기』에 오자가 있다고 하였는데 또한 반드시 그렇지는 않다.『신서·절사(新序·節士)』편에서도 "조삭은 성공의 누이를 아내로 삼았다"라 하였으니 설에 유래가 있음을 알겠다. 이 구절은 다음 해『전』의 "원과 병이 제나라로 추방하였다(原屛放諸齊)"와 이어서 읽어야 한다.

1 오년(五年): 을해년 B.C. 586년으로 주정왕(周定王) 21년이다. 정월 15일 병진일이 동지로 건자(建子)이다.

杞叔姬來歸.[2]	기숙희가 돌아왔다.
仲孫蔑如宋.	중손말이 송나라로 갔다.
夏,	여름에
叔孫僑如會晉荀首于穀.[3]	숙손교여가 곡에서 진나라 순수를 만났다.
梁山崩.	양산이 무너졌다.
秋,	가을에
大水.[4]	큰 물난리가 났다.
冬十有一月己酉,[5]	겨울 11월 기유일에
天王崩.	천자께서 붕어하셨다.
十有二月己丑,[6]	12월 기축일에

公會晉侯, 齊侯, 宋公, 衛侯, 鄭伯, 曹伯, 邾子, 杞伯同盟于蟲牢.[7]

공이 진후와 제후, 송공, 위후, 정백, 조백, 주자, 기백을 만나 충뢰에서 동맹을 맺었다.

---

2 지난해의 『전』에서 "기백이 와서 조현하였는데 숙희를 돌려보내려는 까닭이었다"라 하였으므로 이 해에 숙희가 노나라로 돌아온 것이다. "제후가 부인을 내보내는" 예절은 『예기·잡기(雜記) 하』에 기술되어 있다.

3 "荀首"는 『공양전』에는 "荀秀"로 되어 있다. "首"와 "秀"는 옛 음이 같은 운부에 있어서 통가할 수 있었다. 곡(穀)은 제나라 땅으로 장공 7년의 『경』과 『주』에 보인다.

4 『전』이 없다.

5 기유일은 12일이다.

6 기축일은 23일이다.

7 충뢰(蟲牢): 지금의 하남성 봉구현(封丘縣) 북쪽이며 또한 양공 18년 및 정공 8년의 『전』에 보인다.

傳

五年春,	5년 봄에
原, 屛放諸齊.[8]	원과 병이 그를 제나라로 쫓아냈다.
嬰曰,	영이 말하였다.
“我在,	“내가 있어서
故欒氏不作.[9]	난씨가 난을 일으키지 못하였소.
我亡,	내가 가고나면
吾二昆其憂哉.[10]	나의 두 형제는 우환이 생길 거요.
且人各有能, 有不能,[11]	또한 사람마다 잘하고 못하는 것이 있으니
舍我,	나를 놓아준들
何害?”	무슨 해가 되겠소?”
弗聽.	그 말을 듣지 않았다.
嬰夢天使謂己,	영이 꿈을 꾸었는데 천사가 자신에게 이런 말을 하였다.

---

8 이 구절은 지난해의 『전』 “진나라 조영이 조장희와 간통하였다”라 한 것과 밀접하게 이어져 있으며, 조동(趙同)과 조괄(趙括)이 조영제를 제나라로 쫓아낸 것을 말한다. 원과 병은 선공 12년의 『전』과 『주』에 보인다.

9 난씨(欒氏)는 난서(欒書) 등을 말한다. 이때 난서는 중군장으로 진나라의 집정자였다. “작(作)”은 화란을 일으키는 것을 가리킨다.

10 곤(昆): 형이다. 조동(趙同)과 조괄(趙括)은 조영(趙嬰)의 두 형이다.

11 나는 비록 규구와 예법을 잘 지키지 못하지만 조씨를 잘 보호할 수 있으나 조동과 조괄은 그렇게 하지 못한다는 말이다.

"祭余,	"나를 제사 지내면
余福女."	내 너에게 복을 주리라."
使問諸士貞伯.[12]	사정백에게 물어보게 하였다.
貞伯曰,	사정백이 말하였다.
"不識也."[13]	"모르겠습니다."
旣而告其人曰,[14]	조금 있다가 그 사람에게 말하였다.
"神福仁而禍淫.	"신은 어진 사람에게는 복을, 음란한 사람에게 화를 내립니다.
淫而無罰,	음란한데도 벌을 내리지 않으면
福也.	바로 복입니다.
祭,	제사를 지낸들
其得亡乎?"[15]	화가 없어지기야 하겠습니까?"
祭之,	제사를 지냈는데
之明日而亡.[16]	그 다음 날 쫓겨났다.

---

12 사정백(士貞伯): 곧 선공 12년의 사정자(士貞子)이며, 성공 18년의 사악탁(士渥濁)이다. 선공 15년의 『전』에서는 사백(士伯)이라 칭하였고, 아래에서는 또한 간단하게 정백(貞伯)이라고도 하였다.

13 불식(不識): 알지 못하다.

14 기인(其人): 조영이 사악탁에게 물어보라고 보낸 심부름꾼이다. 사악탁은 모른다고 하였다가 얼마 후 심부름꾼에게 사적으로 말을 하여 자신의 뜻을 일러 주었다. 애공 26년 『전』에서 위출공(衛出公)이 자공(子貢)에게 물으러 보냈을 때도 이 경우와 같은 상황이 있는데, 혹 고인들의 문답에 이런 예절이 있는지도 모르겠다.

15 두예는 "추방될 수 있는 것을 복으로 여기는 것이다"라 하였는데 틀렸다. "其得亡乎"는 "어찌 화가 없을 수 있겠는가"라는 말과 같으며, "亡"은 "없을 무(無)"자와 통한다.

孟獻子如宋,

맹헌자가 송나라로 갔는데

報華元也.[17]

화원에게 보답하기 위해서였다.

夏,

여름에

晉荀首如齊逆女,

진나라 순수가 제나라로 가서 여인을 맞이하였으므로

故宣伯餫諸穀.[18]

선백이 곡에서 음식을 보내 주었다.

梁山崩,[19]

양산이 무너지자

晉侯以傳召伯宗.[20]

진후는 전거로 백종을 불렀다.

---

16 8년에 조동과 조괄은 진나라에서 피살되는데 이 『전』은 그 원인을 먼저 서술한 것이다.

17 지난해에 송나라 화원이 빙문을 왔는데 올해는 중손말이 답빙을 간 것이다.

18 선백은 곧 숙손교여(叔孫僑如)로 문공 11년의 『전』에 보인다.
운(餫): 야외에서 행군하는 사람들에게 음식물을 보내주는 것이다.

19 양산(梁山)은 여러 곳에 있는데 『시경·대아·한혁(大雅·韓奕)』편에 보이는 양산은 지금의 북경시 방산현(房山縣) 동북쪽에 있으며, 『맹자·양혜왕(梁惠王) 하』에 보이는 양산은 지금의 섬서성 건현(乾縣) 서북쪽에 있고, 이곳의 양산은 지금의 섬서성 한성현(韓城縣)의 황하와 멀지 않은 곳에 있을 것이다. 본래는 옛 양나라의 명산으로 희공 19년 진(秦)나라가 양나라를 멸하였으며, 문공 10년에는 진(晉)나라가 또한 진(秦)나라를 치고 차지하였으므로 『이아·석산(爾雅·釋山)』에서는 "진망(晉望)"이라고 하였는데, 곧 진나라가 제사 지내는 명산이란 뜻이다. 혹자는 곧 산서성 이석현(離石縣) 동북쪽의 여량산(呂梁山)이라고도 하지만 여량산은 황하와의 거리가 백여 리나 되어 비교적 멀다. 『공양전』과 『곡량전』, 『한시외전(韓詩外傳)』에서는 모두 양산이 무너져 황하를 막았다고 하였는데, 그 말이 믿을 만하다면 분명 여량산은 아닐 것이다. 『곡량전』과 『한시외전』 권8에서는 또한 황하는 진후가 백종의 말대로 하여 다시 흐르게 되었다고 하였으니 『논형·감허(論衡·感虛)』에서는 이미 "이곳을 말한다"고 하였다.

20 전(傳): 거성으로 전거(傳車)이다. 전거는 옛날 역참(驛站)의 전용 수레로 도중의 역참에 이를 때마다 수레와 말, 어자를 바꾸어 계속 나아가게 하여 속도를 매우 빠르게 했다.

伯宗辟重,	백종이 큰 수레에 길을 열게 하면서
曰,	말하였다.
“辟傳!”[21]	“전거를 피하라!”
重人曰,[22]	큰 수레를 끄는 사람이 말하였다.
“待我,	“나를 기다림이
不如捷之速也.”[23]	지름길로 가는 것보다 빠르지 않습니다.”
問其所.	그가 사는 곳을 물었다.
曰,	말하기를
“絳人也.”	“강 사람입니다”라 하였다.
問絳事焉.	강의 일을 물었더니

백종(伯宗): 진나라 대부이다. 「진어 5」의 위소(韋昭)의 주석에서는 “손백규(孫伯糾)의 아들”이라고 하였다. 『곡량전』에는 “백존(伯尊)”으로 되어 있고, 청나라 왕인지(王引之)의 『춘추명자해고(春秋名字解詁)』에서는 “백종의 자는 존(尊)이다”라 하였다.

21 벽중(辟重): 벽(辟)은 “闢”과 같으며, 중(重)은 중거(重車)로 화물을 싣는 수레이다. 형체가 비교적 크기 때문에 「진어(晉語)」에서는 “대거(大車)”라 하였다. 인력으로 당기어 끌며 『곡량전』과 『한사외전』에서는 또한 “연(輦)”이라 하였다. 「진어 5」에서는 “큰 수레를 만나 길에서 엎어져 서서 말하기를 ‘전거를 피하라’라 하였다”라 하였다. 수레가 엎어졌다는 말은 믿을 수가 없다. 수레가 길에서 전복되면 일시에 피하고 양보하지 못하게 되며, 피하고 양보할 수 있는 처지가 못 된다. 수레가 전복되지 않았을 때만 비로소 “전거를 피하라”라고 할 수 있게 되는 것이다. 『맹자 · 이루(離婁) 하』의 “다닐 때는 사람을 피하는 것이 옳다(行辟人可也)”는 것은 곧 이 “辟”자의 뜻이다. 『곡량전』 및 『한시외전』에서 연(輦)을 끄는 사람을 채찍질했다는 것은 더욱 믿을 수 없다. “辟傳”의 “辟”은 “避”자와 같다. “辟傳”은 전거에게 길을 양보하여 피해 주라는 것이다.

22 중인(重人): 중거를 압송하거나 끌고 가는 사람이다.

23 첩(捷): 지름길(捷徑)로 가다.

曰,	말하였다.
“梁山崩,	“양산이 무너져
將召伯宗謀之.”	백종을 불러 도모하고자 합니다.”
問將若之何.	장차 어떻게 했으면 좋을지 물어보았더니
曰,	말하였다.
“山有朽壞而崩,	“산에 썩은 흙이 있어 무너진 것을
可若何?[24]	어떻게 할 수 있겠습니까?
國主山川,[25]	나라는 산천을 근본으로 하니
故山崩川竭,	산이 무너지고 내가 마르면
君爲之不擧, 降服, 乘縵, 徹樂, 出次,[26]	임금은 고기를 끊고 소복을 입으며 무늬 없는 수레를 타고 음악을 연주하지 않으며 나가서 거처하며

24 고인들은 지진으로 산이 무너지는 이유를 몰랐지만 이 사람만은 양산이 무너진 것이 자연현상임을 알고 “귀신이 화복을 내리리라는” 따위의 예언을 하지 않았다. 이 사람은 당연히 당시의 하층민일 것이다.

25 나라는 산천을 주로 한다는 뜻으로, 「주어 상」에서 이른바 “대체로 나라는 반드시 산천에 의지한다”는 말과 같은 뜻이다. 두예는 “주(主)는 제사를 주재하는 것”이라 하였는데, 『전』의 뜻과는 맞지 않는다.

26 불거(不擧): 식사 때 희생을 죽인 것을 올리지 않고 나물과 고기반찬을 풍성하게 올리지 않으며 음악으로 입맛을 돋우지 않는 것이다. “擧”의 뜻은 장공 20년의 『전』과 『주』에 상세하다.

강복(降服): 두예는 “성복(盛服)을 더는 것”이라 하였는데, 곧 평상시의 화려한 의복을 입지 않는 것이다. 『주례·춘관·사복(春官·司服)』에 “大裁素服”이란 말이 있는데 정현은 “강복”은 “흰 옷과 흰 관(素服縞冠)”이라고 하였으니 곧 흰색 옷을 입고 흰 명주로 된 관

祝幣,[27]	폐백을 늘어놓아 바치고
史辭以禮焉.[28]	태사가 글을 지어 예를 다합니다.
其如此而已.	이와 같을 따름입니다.
雖伯宗,	백종이라 한들
其若之何?”	그것을 어찌하겠습니까?”
伯宗請見之.[29]	백종이 그에게 알현할 것을 청하였다.
不可.	안 된다고 하였다.
遂以告,	마침내 그대로 고하였다.
而從之.[30]	그러자 그대로 따랐다.

을 쓰는 것이다. 『곡량전』에서는 “임금이 흰 것을 가까이한다”라 하였는데 옳다.

승만(乘縵): 만(縵)에는 두 가지 뜻이 있는데, 두예는 “수레에 무늬가 없는 것”이라 하였으니 채색 장식을 하지 않은 수레를 말하며, 왕념손(王念孫)은 『광아소증(廣雅疏證)』 「석고(釋詁)」의 “만(曼)은 없는 것이다”라 한 조목 아래에서 이 설을 인신하였다. 『주례·춘관·건거(春官·巾車)』에서는 “경은 하만(夏縵)을 탄다”라 하였는데, 심흠한의 『보주(補注)』에서는 만(縵)은 곧 하만(夏縵)이라고 하였다. 왕의 경이 타는 수레를 타는 것은 스스로를 낮추고 꾸짖는다는 뜻이다. 두 설이 모두 통한다.

철악(徹樂): 『주례·춘관·대사악(春官·大司樂)』편에서는 “사진(四鎭)과 오악(五嶽)이 무너지면 음악을 없애게 한다”라 하였다.

출차(出次): 평상시에 거처하던 곳을 떠나는 것이다. 두예는 “교외에 머무는 것이다”라 하였다.

27 축폐(祝幣): 신에게 바치는 예물을 늘어놓는 것이다. 두예는 “옥백(玉帛)을 진열하는 것이다”라 하였다.

28 축(祝)은 본래 제사 때 글을 짓는 것을 담당하는 관리이며, 또한 신에게 바치는 예물을 진설하는 것도 담당하며, 사(史)는 신에게 제사를 지낼 때 제문을 읽어 제사를 지내는 신에게 예를 올린다.

29 현(見): 거성으로, 중인(重人)을 데려다 진후에게 알현하게 하는 것이다.

30 중인이 한 말을 진후에게 고하니 진후가 그대로 따른 것이다. 『곡량전』과 『한시외전』 권8

許靈公愬鄭伯于楚.[31]	허령공이 정백을 초나라에 고소하였다.
六月,	6월에
鄭悼公如楚訟,	정도공이 초나라에 가서 송사를 하였으나
不勝,	이기지 못하고
楚人執皇戌及子國.[32]	초나라 사람은 황술 및 자국을 붙잡았다.
故鄭伯歸,	그리하여 정백은 돌아가
使公子偃請成于晉.[33]	공자 언에게 진나라와 화친을 맺게 하였다.
秋八月,	가을 8월에
鄭伯與晉趙同盟于垂棘.[34]	정백과 진나라 조동이 수극에서 맹약하였다.

에서는 모두 백종이 몰래 속여 중인의 일을 받아들인 것이라고 하였고, 또한 공자의 말을 인용하여 그 "선을 물리친 것"을 꾸짖고 있다.

31 이 일은 지난해의 『전』에 보인다. 자반의 말 때문에 허령공이 먼저 원고가 된 것이다.

32 자국(子國): 정목공의 아들 공자 발(公子發)이다. 「정세가」에서는 "도공(悼公)이 아우 여(犂)로 하여금 초나라에서 송사를 걸게 했다. 송사가 곧지 못하여 초나라는 곤(睔)을 가두었다"라 하여 『좌전』과는 다르다. 사마천은 혹 다른 근거가 있는 것 같다.

33 공자 언(公子偃)은 이미 3년의 『전』과 『주』에 보인다.

34 수극(垂棘): 진나라 땅으로, 심흠한의 『지명보주(地名補注)』에 의하면 지금의 산서성 노성현(潞城縣) 북쪽에 있을 것이다. 또한 희공 2년의 『전』에도 보인다.

宋公子圍龜爲質于楚而歸,[35]	송나라 공자 위귀가 초나라의 볼모에서 돌아오자
華元享之.[36]	화원이 그에게 향례를 베풀었다.
請鼓譟以出,	북을 울리고 시끄럽게 나갔다가
鼓譟以復入,[37]	북을 울리며 시끄럽게 다시 들어오기를 청하며
曰,	말하였다.
"習攻華氏."	"화씨를 공격할 연습입니다."
宋公殺之.	송공이 그를 죽였다.

冬,	겨울에
同盟于蟲牢,	충뢰에서 동맹을 맺었는데
鄭服也.	정나라가 복종하여서이다.
諸侯謀復會,	제후들이 다시 회맹할 것을 모의하자
宋公使向爲人辭以子靈之難.[38]	송공은 상위인을 보내어 자령의 난을 말하게 하였다.

35 두예는 "위귀(圍龜)는 문공의 아들이다"라 하였다. 다음의 『전』에 의하면 자는 자령(子靈)이다.

36 선공 15년에 화원(華元)은 초나라로 가서 볼모가 되었으며, 성공 2년 이전에 송나라로 되돌아왔다. 이때 위귀가 초나라의 볼모가 되었다가 돌아왔는데, 이로 인하여 두예는 위귀가 볼모가 되어 이에 화원을 대신하였다고 생각하였다.

37 북을 치고 고함을 지르며 화원의 문으로 출입할 것을 청한 것이다.

十一月己酉, 11월 기유일에

定王崩.[39] 정왕이 붕어하였다.

성공 6년

經

六年春王正月,[1] 6년 봄 주력으로 정월에

公至自會.[2] 공이 회맹에서 돌아왔다.

二月辛巳,[3] 2월 신사일에

立武宮. 무궁을 세웠다.

取鄟.[4] 전나라를 차지하였다.

---

38 송공공(宋共公)은 회맹에 참여하지 않으려 했는데, 위귀가 화씨를 공격하려다 피살된 일을 가지고 말하였다. 15년의 『전』에서 공영달이 『세본(世本)』을 인용하여 "환공은 상보혜(向父肹)를 낳았다" 운운한 것에 의하면 상위인(向爲人)은 아마 송환공(宋桓公)의 후예일 것이다.

39 두예는 "『경』에는 충뢰의 맹약 위에 있는데 『전』에는 아래에 있으니 달이 거꾸로 섞인 것이다. 뭇 주석가들의 『전』에는 모두 이 여덟 자가 없다. 연문인 것 같다"라 하였다. 다케조에 고코(竹添光鴻)의 『회전(會箋)』에서는 정왕의 장례를 기록하지 않았는데, 이 『전』을 지은 것은 아마 정왕의 시호를 쓴 것이지 결코 연문은 아닐 것이라고 하였다. 충뢰의 맹약이 앞에 있는 것은 자령(子靈)이 가을에 피살되어 송공(宋共)이 이 때문에 회맹을 사절하고 이르러 『경』의 순서를 따를 필요가 없어졌기 때문이라고 하였다. 자못 일리가 있다.

1 육년(六年): 병자년 B.C. 585년으로 주간왕(周簡王) 원년이다. 정월 25일 신유일이 동지로 건자(建子)이다.

2 『전』이 없다.

3 신사일은 16일이다.

衛孫良夫帥師侵宋.	위나라 손량부가 군사를 거느리고 송나라를 침공하였다.
夏六月,	여름 6월에
邾子來朝.[5]	주자가 와서 조현하였다.
公孫嬰齊如晉.[6]	공손영제가 진나라로 갔다.
壬申,[7]	임신일에
鄭伯費卒.	정백 비가 죽었다.
秋,	가을에
仲孫蔑, 叔孫僑如帥師侵宋.	중손말과 숙손교여가 군사를 거느리고 송나라로 쳐들어갔다.
楚公子嬰齊帥師伐鄭.	초나라 공자 영제가 군사를 거느리고 정나라를 쳤다.
冬,	겨울에
季孫行父如晉.	계손행보가 진나라로 갔다.
晉欒書帥師救鄭.[8]	진나라 난서가 군사를 거느리고 정나라를 구원하였다.

4 전(鄟): 속국으로 소국이다. 지금의 산동성 담성현(郯城縣) 동북쪽 30여 리 지점에 있다. 『공양전』에서는 "주루(邾婁)의 읍"이라 하였는데, 『춘추경』에서는 읍을 취하면 반드시 속한 나라를 연계시켰으며 단독으로 모모라고 기록한 것은 모두 나라이다.

5 『전』이 없다.

6 영제(嬰齊)는 이미 2년 『경』의 『주』에 보인다.

7 임신일은 9일이다.

8 "救"자는 『공양전』에는 "侵"으로 되어 있다. 지난해 충뢰(蟲牢)의 맹약에서 정나라가 진나라에 복종하였으므로 초나라가 정나라를 치자 진나라가 정나라를 구원하였다. 이듬해

傳

六年春,	6년 봄에
鄭伯如晉拜成,[9]	정백이 진나라로 가서 화친을 허락함을 배사하였는데
子游相,[10]	자유가 상으로
授玉于東楹之東.[11]	동영의 동쪽에서 수옥의 예를 올렸다.
士貞伯曰,	사정백이 말하였다.
"鄭伯其死乎!	"정백은 죽을 것이다!
自棄也已.[12]	스스로를 존중하지 않을 따름이니.

초나라가 또 정나라를 치자 진나라는 제후들을 이끌고 정나라를 구원하였다. 곧 『공양전』에 "정나라를 침공하였다"한 것은 잘못임을 알 수 있다.

9 지난해 수극(垂棘)과 충뢰(蟲牢)의 두 차례 회맹에 대한 답방으로 배사한 것이다.

10 자유(子游): 공자 언(公子偃)의 자이다. 옛사람들은 이름이 "偃"이면 "游"를 자로 많이 썼는데, 이를테면 정나라 사언(駟偃)의 자가 자유(子游: 소공 16년『전』의『주』)이며, 진나라 순언(荀偃)의 자는 백유(伯游: 양공 13년의『전』)이고, 적언(籍偃) 또한 자가 자유〔子游:「진어(晉語) 7」의『주』〕이며, 오나라 언언(言偃)의 자 또한 자유〔子游:『사기·중니제자열전(史記·仲尼弟子列傳)』〕이다.
상(相): 정도공(鄭悼公)이 예를 행할 때의 보조이다.

11 고대의 당상에는 동서 양쪽에 큰 기둥이 있었는데, 이를 동영(東楹)과 서영(西楹)이라 하였다. 두 기둥의 가운데를 중당(中堂)이라 하였다. 빈주(賓主)가 신분이 대등할 때는 수옥(授玉)과 수옥(受玉)의 예를 두 기둥 사이에서 행하였다. 손님의 신분이 주인보다 낮은 경우에는 중당과 동영의 사이, 곧 동영의 서쪽에서 행하였다. 진경공과 정도공은 모두 일국의 임금으로 당시의 상례대로라면 이 예법을 두 기둥 사이에서 행하여야 했다. 정도공이 진경공을 패주(霸主)로 생각하여 신분이 평등한 예를 행하지 못했다 하더라도 또한 중당과 동영 사이에서 예를 올려야 했다. 지금 진경공은 편안한 자세에 걸음도 느릿한데 정도공은 빠른 걸음에 지나치게 겸손하여 마침내 동영의 동쪽에서 수옥의 예를 행하여 더욱 자세를 낮추어 드러내고 있다.

12 자기(自棄): 스스로를 존중하지 않는 것이다.

視流而行速,[13]	눈빛은 흔들리고 걸음은 빨라
不安其位,	그 위차를 불안해하니
宜不能久."[14]	오래갈 수 없을 것이다."

二月,	2월에
季文子以鞌之功立武宮,[15]	계문자가 안에서의 공로로 무궁을 세웠는데
非禮也.	예의에 맞지 않았다.

13 시류(視流): 『가자·용경(賈子·容經)』편에 "조정에서 보는 것이 단정하기가 평형한 듯하다"라는 말이 있는데, 유(流)는 물이 흐르는 것 같고 또한 평형을 잃어 허둥대는 것 같은 것이다.
행속(行速): 위의 『주』에 보인다.

14 의(宜): 거의라는 뜻으로 쓰였다.

15 안(鞌)의 전역은 2년에 있었다. 이 무궁과 소공 15년 『경』의 무궁은 다르다. 하나는 노나라 무공의 사당인데 『경』과 『전』의 글이 명백하여 믿을 수 있다. 이곳의 무궁은 다음 문장 "무공을 세우는 것은 자신에게서 말미암는다"는 말에 의거하면 무공의 사당으로 해석해서는 안 되며 무공을 드러내기 위한 기념물로 봐야 한다. 장병린(章炳麟)의 『춘추좌씨의의답문(春秋左氏疑義答問) 4』에서는 노공(魯公)이 거처하고 있는 궁 바깥에 있다고 하였으며, 군사용 울타리를 설치하여 사마문과 같았으며 아울러 지키는 주둔 병사도 있었다고 하였다. 아마 추측하여 한 말일 것이다. 『한비자·외저설·좌상(外儲說·左上)』에서는 "송옥(宋玉)은 제나라와 원수가 져서 무궁을 세웠다"라 하였는데 이 무궁의 뜻과 같다. 『공양전』에서는 "무공(武公)의 궁"이라 해석을 하였는데 실로 믿을 수가 없다. 두예는 선공 12년의 무군(武軍)으로 해석하였는데 또한 반드시 그렇지는 않을 것이다. 선공 12년 필(邲)의 전역 후에 반당(潘黨)이 초왕에게 무군을 쌓을 것을 청하는데 이는 곧 전쟁이 끝난 후 적의 시체를 모아 매장하는 것이며, 계손행보(季孫行父)는 무궁을 쌓는데 전쟁이 끝나고 4년 뒤의 일이라 적병의 시체를 모아서 파묻는 것은 아니었다. 또한 무군은 전장에다 쌓는 것인데, 이 무궁은 노나라 도성 안에 쌓았을 것이다.

聽於人以救其難,[16]	남의 부탁으로 그 어려움을 구원하면
不可以立武.[17]	무공을 세울 수가 없다.
立武由己,	무공을 세우는 것은 자신에게서 말미암는 것이지
非由人也.	타인에게서 말미암는 것이 아니기 때문이다.

取鄟,[18]	전을 차지하였다라는 것은
言易也.[19]	쉬웠음을 말한 것이다.

三月,	3월에

---

16 안(鞌)의 전역은 노나라가 진나라에게 파병을 요청하여 제나라가 쳐들어온 위난을 구원한 것이며 병사(兵事)도 모두 진나라 사람의 지휘를 따른 것이었다.

17 입무(立武): 기념물을 만들어 무공을 드러내는 것이다.

18 전(鄟): 『곡량전』에서는 "나라이다"라 하였고, 『공양전』에서는 "주루(邾婁)의 읍이다"라 하였다. 섭옥삼(葉玉森: 1880~1933)의 『철운장귀습유(鐵雲藏龜拾遺)』 권217에서는 "전에서(于專)"라 하였는데 안타깝게도 전후의 글자는 민멸되어 분간할 수가 없다. 『소둔을편(小屯乙編)』 811에 이 글자가 두 번 나오는 것으로 보아 『공양전』의 설은 믿을 수가 없다. 전(鄟)의 소재지에 대해 고동고(顧棟高)의 『대사표(大事表)』에서는 지금의 산동성 담성현(郯城縣) 동북쪽에 있다고 하였으며, 청나라 필원(畢沅)의 『진서지리지신보정(晉書地理志新補正)』 권1에서는 곧 소공 26년의 전릉(鄟陵)이라 하였는데, 지금의 산동성 연주(兗州) 일대에 있을 것이다.

19 선공 9년의 『전』과 『주』에 상세하다.

晉伯宗, 夏陽說, 衛孫良夫, 寗相, 鄭人, 伊雒之戎, 陸渾, 蠻氏侵宋,[20]

진나라 백종과 하양열, 위나라의 손량부와 영상, 정나라 사람, 이락지융, 육혼, 만씨가 송나라로 쳐들어갔는데

以其辭會也.[21]

회맹을 거절하였기 때문이다.

師于鍼.[22]

침에서 주둔하였는데

衛人不保.[23]

위나라 사람이 지키지 않으니

說欲襲衛,

하양열이 위나라를 기습하고자 하여

曰,

말하였다.

"雖不可入,

"들어갈 수는 없더라도

多俘而歸,

포로를 많이 잡아 돌아가면

有罪不及死."

죄가 있어도 죽음에까지는 이르지 않을 것이다."

---

20 하양열(夏陽說): 진나라 대부이다. 하양은 아마 지명일 것이며, 곧 희공 2년『전』의 하양(下陽)이다. 하양열은 아마 하양을 식읍으로 하였기 때문에 씨로 삼았을 것이다.
이락지융(伊雒之戎): 희공 11년의『전』과『주』에 보인다.
육혼(陸渾): 곧 희공 22년『전』의 육혼지융(陸渾之戎)으로 그곳의『주』에 상세하다.
만씨(蠻氏): 두예에 의하면 곧 소공 16년의 융만(戎蠻)으로 지금의 하남성 임여현(臨汝縣) 서남쪽과 여양현(汝陽縣)의 동남쪽에 있을 것이며, 애공 4년에 초나라가 멸하였다.

21 송공공(宋共公)이 재차 화합할 것을 거절한 일은 지난해의『전』에 보인다.

22 침(鍼): 위나라의 읍으로 당시 위나라의 도읍인 제구(帝丘)와 멀지 않으며, 지금의 하남성 복양현(濮陽縣) 부근에 있다. 희공 28년의『전』에 침장자(鍼莊子)가 나오는데 아마 침을 그 식읍으로 하였을 것이다.

23 위나라에서는 손량부와 영상이 군사를 거느리고 연합군의 일원으로 참전하였으므로 연합군이 그 성밖에 주둔하고 있었는데 수비를 세워 주지 않았다.

伯宗曰,	백종이 말하였다.
"不可.	"아니 되오.
衛唯信晉,	위나라는 진나라만 믿기 때문에
故師在其郊而不設備.	군사를 성 밖에 두고 대비를 하지 않은 것이오.
若襲之,	기습한다면
是棄信也.	믿음을 버리는 것입니다.
雖多衛俘,	아무리 위나라의 포로가 많다 한들
而晉無信,	진나라에 신의가 없다면
何以求諸侯?"	어떻게 제후들에게 구하겠소?"
乃止.	이에 그만두었다.
師還,[24]	군사가 돌아가자
衛人登陴.[25]	위나라 사람이 성가퀴로 올라갔다.

晉人謀去故絳,[26]	진나라 사람이 고강을 떠날 것을 모의하니

24 송나라를 공격하고 돌아간 것이다. 위나라를 거쳐서 돌아간 군사는 진나라 군사뿐일 것이다. 위나라 군사는 따라서 돌아갔다. 그 나머지 군사, 이를테면 정나라 군사 등은 위나라로 에둘러갈 필요성이 없었다.

25 비(陴): 선공 12년『전』의『주』에 보인다. 위나라 사람들이 여전히 경계심을 잃지 않은 것이다.

26 진나라는 이 이후 신전(新田)으로 천도하였는데, 신전은 또한 강(絳)이라고도 하며, 이로 인하여 고도인 강은 고강이라고 일컬어 구분하였다. 강은 은공 5년『전』의『주』에 상

諸大夫皆曰,	여러 대부들이 모두 말하였다.
"必居郇, 瑕氏之地,[27]	"반드시 순과 하씨의 땅에 거처해야
沃饒而近鹽,[28]	땅이 기름지고 염에 가까워
國利君樂,	나라는 이롭고 임금님은 즐거울 것이니
不可失也."	놓쳐서는 안 됩니다."
韓獻子將新中軍,	한헌자는 새로 편성한 중군의 장수가 되었으며
且爲僕大夫.[29]	또한 복대부였다.
公揖而入.[30]	공이 읍을 하고 들어갔다.

세하다.

27 순·하(郇·瑕): 순은 이미 희공 24년『전』의『주』에 보이며, 하(瑕)는 이미 희공 30년『전』의『주』에 보인다. 순은 해지(解池)의 서북쪽에 있고, 하는 해지의 남쪽에 있다. 면적이 매우 커서 전부를 진나라의 도성으로 구획하기가 불가능하며, 여기서 말한 "순과 하의 땅에 거처한다"는 아마 그 가운데 일부만 택한 것일 것이다. 두예는 순·하(郇·瑕)를 옛 나라라고 하였는데 틀렸다.

28 염(鹽): 염지(鹽池)로 지금은 해지(解池)라고 한다.『목천자전(穆天子傳)』(작가 미상의 중국에서 가장 오래된 역사소설로 위(魏)나라 무렵의 작품)에서 "염(鹽)에 이르렀다"라 한 말과『설문(說文)』에서 "염은 하동(河東)의 염지(鹽池)이다"라 한 것으로 알 수 있다.

29 복대부(僕大夫): 옛 주석에서는 모두 곧『주례·하관』의 태복(大僕)의 관이라 하였으며, 궁중의 일을 관장한다고 하였다.

30 진경공과 신하들이 조례를 마치고 물러나 노문(路門)의 안으로 들어가는 것이다. 당시의 예법에 의하면 제후에게는 세 개의 대문 및 삼조가 있는데, 첫째 중문(重文) 안은 외조(外朝)이고, 둘째 중문 안은 치조(治朝)이며, 셋째 중문은 노문(路門)이고 문 안은 연조(燕朝)이다. 진경공이 조회를 본 곳은 치조 아니면 외조이다. 청나라 전기(錢綺)의『좌전찰기(左傳札記)』에서는 천도를 논한 곳은 외조에서였을 것이라 하였다.
공읍(公揖): 뭇 신하들에게 읍을 한 것이지 한궐 한 사람에게 한 것은 아니다. 당시의 예법에 의하면 임금이 조회를 볼 때는 뭇 신하들에게 두루 읍을 하고 물러났다.

獻子從.[31]	헌자가 따랐다.
公立於寢庭,[32]	공이 침전의 뜰에 서서
謂獻子曰,	헌자에게 말하였다.
"何如?"	"어떤가?"
對曰,	대답하였다.
"不可.	"불가하옵니다.
郇, 瑕氏土薄水淺,	순과 하씨의 땅은 척박하고 물이 얕아
其惡易覯.[33]	오물이 쉽게 모입니다.
易覯則民愁,	쉽게 모이면 백성들이 근심하게 되고
民愁則墊隘,[34]	백성들이 근심하면 쇠약해지고

---

31 한궐은 이미 복대부를 겸직하고 있었는데 『주례·사사(司士)』와 「태복(大僕)」에 의하면 뭇 신하들이 물러난 후에도 태복은 여전히 군왕의 퇴조를 인도하여야 한다. 그러므로 진경공이 내조로 들어가면 다른 신하들은 모두 물러나 흩어지고 한궐만이 따라 들어간다. 고염무(顧炎武)의 『일지록(日知錄)』 권27에서는 "복대부라는 것은 임금의 가까운 신하이기 때문에 홀로 임금을 따라 침정으로 들어간다"라 하여 여기서는 가까운 신하로 해석을 하였는데, 『전』의 뜻에는 꼭 합치되지 않는다.

32 침(寢): 노침(路寢)으로 정침(正寢)이라고도 한다. 임금은 일반적으로 이곳에서 정무를 보며 재계를 하고 병이 들었을 때도 또한 이곳에 거처한다. 침정(寢庭)은 노침의 바깥에 있는 정원이다.

33 오(惡): 오염 물질, 쓰레기.
구(覯): 두예는 "우연히 만나다"라고 해석하였다. 구는 또한 구(構)자의 가차자로도 해석을 할 수 있다. 『시경·소아·사월(小雅·四月)』에 "내 매일 화를 당하니(我日構禍)"라는 말이 있는데 곧 이루다, 합하다, 맺어지다의 뜻이다. 아래의 "流其惡"와는 정반대의 뜻이다.

34 점애(墊隘): 『좌전』에는 모두 세 차례 이 말이 쓰였는데, 모두 이약(羸弱), 곧 약하다는 말로 해석할 수 있다. 이곳 외의 나머지 두 번은 양공 9년과 25년에 보인다. 두예는 세 곳의 해석이 각기 다른데 확실치 않다.

於是乎有沈溺重腿之疾.[35]	이에 풍습과 다리가 붓는 병이 생깁니다.
不如新田,[36]	신전만 못하온대
土厚水深,	그곳은 땅이 두텁고 물이 깊으며
居之不疾,	거주함에 병이 나지 않고
有汾, 澮以流其惡,[37]	분수와 회수가 그 오물을 흘려보내며
且民從教,[38]	또한 백성들이 교화를 잘 따르니
十世之利也.	10세의 이로움이 있습니다.
夫山, 澤, 林, 鹽,	대체로 산과 못, 숲과 소금은
國之寶也.	나라의 보배입니다.
國饒,	나라가 풍요로우면
則民驕佚.[39]	교만에 빠지게 됩니다.

---

35 침약(沈弱): 풍습병(風濕病)이다.
종(重): 지금의 종(腫)자이다.
추(腿): 다리가 붓는 병이다.

36 신전(新田): 지금의 후마시(侯馬市)로 고강(故絳)과는 50리 떨어져 있다.

37 분·회(汾·澮): 분수는 신전 서북쪽을 경유하여 흐른다. 회수는 신전을 경유하여 분수로 유입된다.

38 백성들이 복종하는데 습관이 되었다는 말이다.

39 「노어 하」에서 공보문백(公父文伯)의 어머니가 말하기를 "옛날에 성왕께서 백성들 있는 곳에 처할 때는 척박한 땅을 골라 거처하고, 그 백성들을 수고롭히며 썼으므로 천하를 오래도록 다스렸다. 대체로 백성들은 수고를 하면 생각하고, 생각을 하게 되면 선한 마음이 생긴다. 편안해지면 음란해지고, 음란해지면 선한 것을 잊으며, 선한 것을 잊으면 악한 마음에 생긴다. 기름진 땅에 사는 백성들이 재주가 없음은 편안하기 때문이다"라 하였는데, 한궐의 말과 참고하여 대조할 볼 수 있다. 여기서는 "옥요(沃饒)"를 반박한 것

近寶,	보물이 가까우면
公室乃貧.[40]	공실은 가난해집니다.
不可謂樂."	즐거움이라 해서는 안 됩니다."
公說,	공이 기뻐하며
從之.	그 말대로 하였다.
夏四月丁丑,[41]	여름 4월 정축일에
晉遷于新田.[42]	진나라는 신전으로 천도하였다.

六月,	6월에
鄭悼公卒.[43]	정도공이 죽었다.

이다.

40 "염에 가깝다"한 것을 반박하였다. 국도(國都)가 이로운 땅에 가까이 있으면 어떻게 공실이 빈궁해지는가 하는 것은 쉽사리 이해할 수 없다. 공영달은 국도가 보배로운 곳에 가까우면 백성들이 농업을 버리고 상업에 종사하여 빈부의 겸병이 현격해지는 것이라고 하였다. 가난한 사람은 관부에 바칠 것이 없고 부자는 또한 징세를 많이 할 수가 없어 국가의 부세가 이로 인해 감소해질 것이라는 말이다.

41 정축일은 13일이다.

42 당숙(唐叔)이 봉해진 곳이 태원시(太原市)가 아니라고 한다면 진나라는 전후로 네 차례 천도를 하였는데, 모두 평양(平陽: 지금의 임분현(臨汾縣) 서남쪽)에서 사방으로 150리 이내에 있었다. 익(翼)은 지금의 익성현(翼城縣) 동남쪽 35리 지점에 있다. 곡옥(曲沃)은 문희현(聞喜縣) 동북쪽에 있는데 익과는 약 150리 떨어져 있다. 고강(故絳)은 지금의 분성(汾城) 남쪽 신강(新絳) 북쪽에 있으며 동으로 익과 약 백 리 정도 떨어져 있다. 신전(新田)은 곧 지금의 후마시(侯馬市)로 익과는 수십 리밖에 떨어져 있지 않다.

43 이 『전』에는 두 가지 뜻이 있다. 첫째는 『경』에서 아직 장례를 기록하지 않아 시호를 표시할 수가 없었으므로 이곳에서 그의 시호를 보충하여 기록하였다는 것이다. 두 번째는 위의 『전』에서 사악탁(士渥濁)이 정백이 곧 죽을 것이라고 예언하였는데, 이로써 그의 예언이 효험이 있다는 것을 증명하였다는 것이다. 『경』에는 "정백 비가 죽었다"는 기록이 "공손영제가 진나라로 갔다"는 기록의 뒤에 있는데, 『전』에서는 "진나라로 갔다", "송나

子叔聲伯如晉,[44] 자숙성백이 진나라로 가서
命伐宋.[45] 송나라를 칠 것을 명했다.

秋, 가을에
孟獻子, 叔孫宣伯侵宋, 맹헌자와 숙손 선백이 송나라로 쳐들어갔는데
晉命也. 진나라의 명 때문이었다.

楚子重伐鄭, 초자가 거듭 정나라를 쳤는데
鄭從晉故也. 정나라가 진나라를 따랐기 때문이었다.

冬, 겨울에
季文子如晉, 계문자가 진나라로 가서
賀遷也.[46] 천도를 경하하였다.

라를 쳤다”를 연속으로 서술하였으므로 앞에 들었다.

44 자숙성백(子叔聲伯): 곧 공손영제(公孫嬰齊)이다.

45 진나라 사람이 노나라로 하여금 송나라를 치게 하였다. 3월에 진나라 백종(伯宗) 등이 일찍이 제후의 군사를 거느리고 송나라를 침공하였는데도 송나라는 여전히 진나라를 따르지 않아 다시 노나라로 하여금 송나라를 치게 한 것이다.

46 특사(特使)를 보내어 진나라의 천도를 경하한 것이다.

晉欒書救鄭, 진나라 난서가 정나라를 구원하러 가다가

與楚師遇於繞角.[47] 요각에서 초나라 군사와 마주쳤다.

楚師還.[48] 초나라 군사는 돌아갔다.

晉師遂侵蔡. 진나라 군사는 마침내 채나라로 쳐들어갔다.

楚公子申, 公子成以申, 息之師救蔡, 초나라 공자 신과 공자 성이 신과 식의 군사를 가지고 채나라를 구원하여

禦諸桑隧.[49] 상수에서 막았다.

趙同, 趙括欲戰, 조동과 조괄이 싸우고자 하여

請於武子,[50] 무자에게 청하니

武子將許之. 무자가 허락하려 하였다.

知莊子, 范文子, 韓獻子諫曰,[51] 지장자와 범무자, 한헌자가 간하여 말했다.

---

47 요각(繞角): 두예에 의하면 정나라 땅이다. 강영(江永)의 『고실(考實)』에서는 "채(蔡)나라 땅일 것이다"라 하였으며, 지금의 하남성 노산현(魯山縣) 동남쪽에 있다. 강영의 설이 비교적 믿을 만하다.

48 양공 26년의 『전』에 의하면 진(晉)나라는 일찍이 석공(析公)의 계책을 써서 밤에 초나라 군사에 다가가 초나라 군사가 밤에 무너졌다.

49 상수(桑隧): 지금의 하남성 확산현(確山縣) 동쪽에 있다.

50 무자(武子): 난서(欒書)이다.

51 지장자(知莊子)는 순수(荀首)이고, 범문자(范文子)는 사섭(士燮)이며, 한헌자(韓獻子)는 한궐(韓厥)이다.

"不可.	"안 됩니다.
吾來救鄭,	우리가 정나라를 구원하러 옴에
楚師去我,	초나라 군사가 우리에게서 떠나
吾遂至於此,[52]	우리가 마침내 이곳에 이르게 되었으니
是遷戮也.[53]	이는 살육의 대상을 옮긴 것입니다.
戮而不已,	죽이기를 그치지 않고
又怒楚師,	또한 초나라 군사를 노하게 하였으니
戰必不克.	싸우면 반드시 이기지 못할 것입니다.
雖克,	이긴다 하더라도
不令.[54]	좋지 못합니다.
成師以出,[55]	군사를 정돈하여 나와
而敗楚之二縣,[56]	초나라의 두 현을 물리치는 것이
何榮之有焉?	무슨 영광이 있겠습니까?
若不能敗,	물리칠 수 없다면
爲辱已甚,[57]	욕됨이 매우 심할 것이니

52 차(此): 채나라 땅을 가리킨다.
53 천륙(遷戮): 채나라로 쳐들어간 것이다.
54 싸움에서 이긴다 하더라도 또한 좋은 일이 아니다. 령(令)은 선(善)의 뜻이다.
55 선공 12년의 『전』에도 이 말이 있다.
56 이현(二縣): 신(申)과 식(息) 두 곳의 군사이다.

不如還也."	돌아감만 못합니다."
乃遂還.	이에 마침내 돌아갔다.
於是軍帥之欲戰者衆.[58]	이때 장수 가운데 싸우고자 하는 사람이 많았다.
或謂欒武子曰,	혹자가 난무자에게 말하였다.
"聖人與衆同欲,	"성인은 뭇사람들과 하고자 함이 같아서
是以濟事,	이 때문에 일을 이루는 것이니
子盍從衆?	그대는 어찌 뭇사람들을 따르지 않습니까?
子爲大政,[59]	그대는 집정대신으로
將酌於民者也.	민의를 헤아려야 할 것입니다.
子之佐十一人,[60]	그대의 보좌관 11명 가운데
其不欲戰者,	싸우려는 자는
三人而已.	세 사람일 뿐입니다.

57 이(已): 매우, 너무.

58 수(帥): "사(師)"로 된 판본도 있다.

59 대정(大政): 「주군종명(鼄君鐘銘)」의 "大正"으로 집정대신이다. 이곳과 7년 『전』의 "子爲大政"은 문공 7년과 선공 2년, 양공 4년 및 21년 『전』에서 "그대는 정경이다(子爲正卿)"라 한 것과 뜻이 같다.

60 공영달이 인용한 복건(服虔)의 설에 의하면 11인은 중군좌 순수(荀首), 상군장 순경(荀庚)과 상군좌 서섭(士燮), 하군장 극기(郤錡)와 하군좌 조동(趙同), 신중군장 한궐(韓厥)과 신중군좌 조괄(趙括), 신상군장 공삭(鞏朔)과 신상군좌 한천(韓穿), 신하군장 순추(荀騅)와 신하군좌 조전(趙旃)이다. 하군장좌를 빼고는 모두 3년과 4년의 『전』에 보인다.

欲戰者可謂衆矣.	싸우려는 자가 많다고 할 수 있습니다.
商書曰,	「상서」에서 말하기를
'三人占,	'세 사람이 점을 치면
從二人,'[61]	두 사람을 따른다'라 하였습니다.
衆故也."	많기 때문입니다."
武子曰,	무자가 말하였다.
"善鈞從衆.[62]	"훌륭함이 같다면 다수를 따른다.
夫善,	선이라는 것은
衆之主也.[63]	대중을 주도하는 것이다.
三卿爲主,	삼경이 주도하면
可謂衆矣.[64]	많다고 할 수 있다.
從之,	따르는 것이
不亦可乎?"	또한 옳지 않겠는가?"

61 『주서·홍범(洪範)』편에 나온다. 원문은 "세 사람이 점을 치면 두 사람의 말을 따른다(三人占, 則從二人之言)"로 되어 있다. 고대의 복서(卜筮)는 세 사람에게 물어보는데, 이를테면 애공 9년 『전』의 "사조(史趙)와 사묵(史墨), 사귀(史龜)에게 점을 쳐보았다"라는 것이 있으며, 각 사람의 판단은 반드시 같을 수가 없을 것이며 그 가운데 같은 두 사람의 의견을 따른다.

62 균(鈞): "均"과 같다. 비로소 다수의 말을 따르는 것이다.

63 훌륭한 것이 있는데 많으면 그것을 따른다.

64 「주어」에 "세 사람은 많다(三人爲衆)"는 말이 있는 것으로 보아 "三人爲衆"은 당시에 이런 말이 있었던 것 같다.

성공 7년

經

七年春王正月,[1]	7년 봄 주력으로 정월에
鼷鼠食郊牛角,	생쥐가 교제에 쓸 소의 뿔을 갉아먹어
改卜牛.[2]	소를 바꾸어 새로 점을 쳤다.
鼷鼠又食其角,	생쥐가 또 그 뿔을 갉아먹으니
乃免牛.[3]	이에 소를 쓰지 않았다.
吳伐郯.	오나라가 담나라를 쳤다.
夏五月,	여름 5월에
曹伯來朝.	조백이 와서 조현하였다.
不郊,	교제는 지내지 않고
猶三望.[4]	세 곳의 망제는 그대로 지냈다.

1 칠년(七年): 정축년 B.C. 584년으로 주간왕(周簡王) 2년이다. 동지가 2월 초7일 병인일로 건해(建亥)이다. 또한 윤달이 있다.

2 혜서(鼷鼠): 생쥐. 『본초강목 · 수부(獸部)』에서는 "생쥐는 매우 작아 잘 보이지가 않으며 사람 및 소, 말의 피부를 먹어 상처를 낸다"라 하였다. 『춘추』에는 생쥐가 교우(郊牛)를 파먹은 것이 세 차례 보이는데 이 해와 정공 15년, 애공 원년이다. 교제에 올릴 소를 준비해놓았는데, 생쥐에게 생채기가 나서 다른 소로 바꾸고 그 길흉을 점쳤다. 교제를 지낸 날을 점치지 않았으면 그냥 우(牛)라 하고, 지낼 날을 점쳐 얻었으면 생(牲)이라 한다. 희공 31년 및 선공 3년 『경』의 『전』 및 『주』에 보인다.

3 『전』이 없다. 면우(免牛)는 희공 31년의 『경』과 『주』에 보인다.

4 『전』이 없다. 희공 31년의 『전』과 『주』에 보인다.

秋,	가을에
楚公子嬰齊帥師伐鄭.	초나라 공자 영제가 군사를 거느리고 정나라를 쳤다.

公會晉侯, 齊侯, 宋公, 衛侯, 曹伯, 莒子, 邾子, 杞伯救鄭.

공이 진후와 제후, 송공, 위후, 조백, 거자, 주자, 기백과 만나 정나라를 구원하였다.

八月戊辰,[5]	8월 무진일에
同盟于馬陵.[6]	마릉에서 동맹을 맺었다.
公至自會.[7]	공이 회맹에서 돌아왔다.
吳入州來.[8]	오나라가 주래로 들어갔다.
冬,	겨울에
大雩.[9]	큰 기우제를 올렸다.
衛孫林父出奔晉.	위나라의 손림보가 진나라로 달아났다.

---

5 무진일은 11일이다.

6 마릉(馬陵): 『전』의 『주』에 보인다.

7 『전』이 없다.

8 오(吳)나라는 여기에서 처음으로 『경』에 보인다. 오나라는 선공 8년 『전』의 『주』에 보인다. 주래(州來): 나라 이름. 지금의 안휘성 봉대현(鳳臺縣). 오탁신(吾卓信)의 『한서지리지보주(漢書地理誌補注)』에서는 성공 7년 오나라가 주래로 들어갔고 소공 4년에 이르러 연단(然丹)이 주래에 성을 쌓아 오나라를 방비하였으며, 번갈아 오나라와 초나라의 속국이 되었다라 하였다. 23년 계보(鷄父)의 전역에서 초나라 군사가 크게 달아나자 주래는 마침내 오나라 소유가 되었으며, 계찰(季札)을 이곳에 봉하여 연주래(延州來)가 되었다.

9 『전』이 없다. 이는 가물어서 기우제를 지낸 것으로 환공 5년의 『전』과 『주』에 보인다.

傳

七年春,	7년 봄
吳伐郯,[10]	오나라가 담나라를 치니
郯成.[11]	담나라가 강화를 맺었다.
季文子曰,	계문자가 말하였다.
"中國不振旅,[12]	"중국이 군대를 정돈하지 못하여
蠻夷入伐,	만이가 들어와 쳐도
而莫之或恤.	그것에 대해 어쩌다 근심하지도 않으니
無弔者也夫![13]	훌륭한 이가 없음이로다.
詩曰,	『시』에서 말하기를
'不弔昊天,	'하늘이 선하지 못하니
亂靡有定',[14]	어지러움이 진정되지 않는구나'라 하였는데

---

10 담(郯): 선공 4년의 『경』과 『주』에 보인다.

11 담나라가 오나라와 화친하였다는 것은 실은 담나라가 오나라에 복종한 것이다.

12 중국(中國): 당시 화하(華夏) 각국의 총칭이다.
진려(振旅): 희공 28년 『전』의 『주』에 보인다. 이는 만이에 대해 위엄이 없다는 뜻으로 차용한 것이다.

13 갑골문과 금문의 "숙(叔)"자와 "조(弔)"자는 같은 글자이다. 숙(叔)은 "淑"과 같으며 선(善)의 뜻이다. "無弔者"는 훌륭한 임금(善君)이 없다는 것이다. 선군(善君)은 패주(霸主)를 가리킨다. 이 구절은 소공 16년 『전』의 "패주가 없도다(無伯也夫)"라는 말과 같다.

14 이 구절은 『시경·소아·절남산(小雅·節南山)』편에 보이는 구절. 부조(不弔)는 불숙(不淑), 곧 좋지 않은 것임. 호(昊)의 본의는 광대무변하다는 뜻이며, 호천(昊天)은 창천(蒼天) 곧 하늘을 말함. 이 구절의 뜻은 하늘이 어질지 않으면 어지러움이 진정되지 않는다

其此之謂乎!	아마도 이것을 말하렷다!
有上不弔,[15]	패주가 있어도 선하지 못하니
其誰不受亂?	누가 어지러움을 당하지 않겠는가?
吾亡無日矣."	우리가 망할 날이 머지않았구나!"
君子曰,	군자가 말하였다.
"知懼如是,	"두려움을 아는 것이 이와 같으니
斯不亡矣."[16]	이 사람은 망하지 않을 것이다."

鄭子良相成公以如晉,	장나라 자량이 상이 되어 성공을 모시고 진나라로 가서
見,[17]	알현하고
且拜師.[18]	또한 군사를 보낸 일에 배사했다.

夏,	여름에
曹宣公來朝.[19]	조선공이 와서 조현하였다.

는 것을 말함.

15 윗사람이 있는데 선하지 못하다는, 말로 두예는 "상(上)은 패주를 이른다"라 하였다.

16 담나라는 노나라와 그다지 멀지 않으며, 오나라는 당시에 "만이(蠻夷)"로 마침내 쳐들어 와서 담나라까지 이르렀으니 노나라의 집정대신은 자연히 두려웠을 것이다.

17 현(見): 거성(去聲)이다. 정성공(鄭成公)이 즉위한 지 오래되지 않아 처음으로 패주를 조현한 것이다.

18 지난해에 진나라가 군사를 내어 정나라를 구원한 것을 배사한 것이다.

19 『전』의 문장에 『경』에 대한 설명이나 보충이 없는데, 공영달의 주석〔소(疏)〕에 의하면 경

秋,	가을에
楚子重伐鄭,	초나라 자중이 정나라를 치고
師于汜.[20]	범에 주둔하였다.
諸侯救鄭.	제후들이 정나라를 구원하였다.
鄭共仲, 侯羽軍楚師,[21]	정나라 공중과 후우가 초나라 군사를 에워싸고
囚鄖公鍾儀,[22]	운공 종의를 사로잡아
獻諸晉.	진나라에 바쳤다.
八月,	8월에는
同盟于馬陵,[23]	마릉에서 동맹을 맺고
尋蟲牢之盟,	충뢰의 맹약을 다졌는데
且莒服故也.[24]	또한 거나라가 복종하였기 때문이다.
晉人以鍾儀歸,	진나라 사람이 종의를 돌려보내면서

문에서는 "조백(曹伯)" 곧 "조선공(曹宣公)"이라고만 표시하였으니 이른바 "명호(名號)가 서로 드러낸 것이다"라는 것이라고 하였다.

20 범(汜): 두 곳이 있는데, 희공 14년의 『전』 및 이곳의 범은 남범(南汜)으로 하남성 양선현(襄城縣)에 있다. 희공 30년의 범은 동범(東汜)으로 하남성 중모현(中牟縣)에 있다. 남범이 초나라와 비교적 가깝다.

21 『설문(說文)』에서는 "군(軍)은 둥글게 에워싸는 것(圜圍)이다"라 하였다. 『광아·석언(釋言)』에서는 "군은 포위하는 것(圍)이다"라 하였다.

22 운(鄖): 환공 11년의 『전』과 『주』에 보인다.

23 마릉(馬陵): 두예는 "위나라 땅"이라고 하였으며, 지금의 하북성 대명현(大名縣) 동남쪽에 있다.

24 거(莒): 본래 제나라에 속하였으나 제나라가 진나라에 복종하여 거나라 또한 진나라에 복종하였다.

囚諸軍府.[25]	군수품 창고에 가두었다.
楚圍宋之役,[26]	초나라가 송나라를 에워싼 전역에서
師還,	군사가 돌아와
子重請取於申, 呂以爲賞田.[27]	자중이 신과 여의 전지를 취하여 상으로 줄 것을 청하였다.
王許之.	왕이 허락하였다.
申公巫臣曰,	신공 무신이 말하였다.
“不可.	“안 됩니다.
此申, 呂所以邑也,	이 신과 여가 읍이 되어서
是以爲賦,[28]	부세를 징수하여

25 군부(軍府): 두예에 의하면 곧 군수품 저장고이며 또한 전쟁 포로를 가두는 데도 썼다고 한다. 이 구절은 9년에 진후가 종의를 만나 보는 일의 복선이다.

26 선공 14, 5년 두 해의 『전』에 보인다.

27 신(申)은 은공 원년 『전』의 『주』에 보인다. 여(呂)는 옛 나라 이름이며, 강(姜)성으로 주목왕(周穆王)이 봉하였다. 「상서」에 「여형(呂刑)」편이 있는데 곧 여후(呂侯)가 지은 것이다. “郘”라고도 하며, 「정어(鄭語)」에서 “신(申)과 여(呂)가 바야흐로 강성하였다”라 하였으니, 주유왕(周幽王) 9년까지만 해도 국세가 강성하였는데 이때는 이미 초나라에게 멸망당하였다. 옛 성은 지금의 하남성 남양시(南陽市) 서남쪽에 있다.
자중(子重)은 여와 신 두 현의 일부를 얻고자 하였다. 옛날에는 본래 토지를 상으로 내리는 제도가 있었으니, 『주례·지관·재사(地官·載師)』편에서 이른바 “관전·우전·상전·목전으로 원교의 땅을 맡겼다”라 한 것으로 알 수 있다. 『주례·하관·사훈(夏官·司勳)』편에서 이른바 “육경에게 토지를 상으로 주는 법을 그 공과 같게 하는 것을 관장하였다”라 한 것으로 알 수 있다.

28 신·여(申·呂)의 토지가 모두 공가의 소유이기 때문에 신·여가 비로소 읍이 될 수 있었으므로 여기서 병부(兵賦)가 나오게 된다는 것이다.

以御北方.[29] 북방을 막았습니다.

若取之, 그것을 취한다면

是無申, 呂也,[30] 신과 여가 없어지는 것이니

晉, 鄭必至于漢."[31] 진나라와 정나라가 반드시 한수에까지 이를 것입니다.

王乃止. 왕이 이에 그만두었다.

子重是以怨巫臣. 자중이 이 일로 무신을 원망하였다.

子反欲取夏姬, 자반이 하희를 취하고자 하였는데

巫臣止之, 무신이 이를 말리더니

遂取以行,[32] 끝내 맞이하여 떠나니

子反亦怨之. 자반이 또한 그를 원망하였다.

及共王卽位, 공왕이 즉위하였을 때

子重, 子反殺巫臣之族子閻, 子蕩及淸尹弗忌及襄老之子黑要,[33] 자중과 자반이 무신의 일족인 자염과 자탕 및 청윤 불기 및 양로의 아들 흑요를 죽이고

---

29 어(御): "禦"와 같다.

30 만약에 두 읍의 일부 토지를 취하여 개인에게 상으로 내리면 신·여는 읍이 될 수 없다는 말이다.

31 신·여가 읍이 될 수 없으면 북방을 막아 낼 방법이 없고 그러면 진나라와 정나라가 한수까지 이를 수 있다는 말이다.

32 취(取): "娶"자와 같은 뜻이다. 무신이 하희를 맞아들여 진나라로 도망간 것은 2년의 『전』에 보인다.

33 자염(子閻)과 자탕(子蕩), 불기(弗忌)는 두예의 주석에 의하면 모두 무신(巫臣)의 일족이

而分其室.[34]	그 집안의 재산을 나누어 가졌다.
子重取子閻之室,	자중은 자각의 집을 차지하였고
使沈尹與王子罷分子蕩之室,	침윤과 왕자파로 하여금 자탕의 집을 나누게 하였으며
子反取黑要與淸尹之室.	자반은 흑요와 청윤의 집을 취하였다.
巫臣自晉遺二子書,[35]	무신이 진나라에서 두 사람에게 편지를 보내어
曰,	말하였다.
“爾以讒慝貪惏事君,[36]	“그대들은 사악과 탐욕으로 임금을 섬기고
而多殺不辜,	무고한 사람을 많이 죽였소.
余必使爾罷於奔命以死.”	내 반드시 그대들을 기필코 명에 분주하게 죽도록 하겠소.”

다. 청윤(淸尹)은 장병린(章炳麟)의 『독(讀)』에 의하면 지방의 관리가 아니라 조정의 관리이다. 「오이(吳彝)」에 “이에 청윤의 보배 준이를 만든다(用作靑允寶尊彝)”라는 말이 있는데, 이곳의 청윤이 곧 “淸允”을 가리키는 것인지는 모르겠다. 이 사건은 초공왕(楚共王) 즉위 2년 뒤에 발생하였을 것이며 『전』의 “공왕이 즉위하였을 때”의 뜻은 곧 초장왕이 즉위한 이후에라는 말이다.

34 실(室): 가재(家財)이다.

35 이자(二子): 자중(子重)과 자반(子反)이다. 「진세가」에서는 “무신이 노하여 자반에게 편지를 보냈다”로 되어 있어 자중이라는 말은 생략되었다.

36 참특(讒慝): 참(讒)과 특(慝)은 동의어로, 환공 6년 『전』의 『주』에 보인다.
탐람(貪惏): “탐할 람(婪)”자와 같으며, 탐(貪)내다의 뜻이다. 탐과 람은 같은 뜻이다.

巫臣請使於吳,	무신이 오나라에 사신으로 갈 것을 청하자
晉侯許之.	진후가 이를 허락하였다.
吳子壽夢說之.[37]	오자 수몽이 그를 좋아하였다.
乃通吳於晉,	이에 오나라를 진나라와 통교하게 하여
以兩之一卒適吳,	두 량의 졸오를 데리고 오나라에 갔는데
舍偏兩之一焉.[38]	한 량을 오나라에 남겼다.
與其射御,[39]	그들에게 궁수와 어자를 주고
敎吳乘車,	오나라에게 수레 타는 법을 가르쳤으며
敎之戰陳,	또한 그들에게 진을 세우는 법을 가르치고
敎之叛楚.	초나라에 반기를 들도록 하였다.

37 「오세가」에서는 무신(巫臣)이 진나라에서 오나라에 사신으로 간 것이 수몽(壽夢) 2년이라고 하였는데 곧 이해이다. 그해에 오나라에 사신으로 가서 그해에 병거로 전쟁을 하는 것을 가르쳤으며, 오나라는 그해에 초나라를 치고 내주(來州)로 들어가 초나라로 하여금 일곱 번이나 분명(奔命)을 하게 한 것이 되는데 반드시 이렇게 빨리 효력을 보지는 못하였을 것이다.

38 양지일졸(兩之一卒)은 두 쪽의 병거를 하나로 합친 것을 말하며, 곧 병거 30량이다. 두 쪽 가운데 하나는 버려두고 한 쪽만 남긴 것은 곧 15량은 오나라에 남겨두었다는 말이다. 선공 12년의 『전』과 『주』에 상세하다.

39 오나라에게 궁수(弓手)와 어자(御者)를 준 것이다. 기(其)자는 지시대명사 지(之)자의 뜻으로 쓰였다.

寘其子狐庸焉,	그 아들 호용을 그곳에 두어
使爲行人於吳.[40]	오나라에서 행인이 되게 하였다.
吳始伐楚, 伐巢, 伐徐,[41]	오나라가 비로소 초나라를 치고 소나라를 치며 서나라를 치니
子重奔命.[42]	자중이 명에 분주하였다.
馬陵之會,	마릉의 회합에서
吳入州來,	오나라가 주래로 들어갔을 때
子重自鄭奔命.	자중이 정나라에서 명에 분주하였다.
子重, 子反於是乎一歲七奔命.[43]	자중과 자반은 이에 한 해에 일곱 번이나 명을 받아 분주하였다.
蠻夷屬於楚者,	만이 중 초나라에 속하였던 나라를
吳盡取之,	오나라가 모두 차지하니
是以始大,	이로써 오나라가 비로소 커져서
通吳於上國.[44]	오나라가 상국과 통교하였다.

---

40 행인(行人): 환공 9년 및 선공 12년『전』의『주』에 보인다.

41 소(巢): 문공 12년『경』의『주』에 보인다.
서(徐): 장공 26년『경』의『주』에 보인다.

42 소와 서를 구하여 주었다. 이 일은 이해에 있었을 것이며 마릉의 회합 이전에 있었을 것이다.

43 일곱 차례나 명을 받들어 오나라를 막으러 달려갔다는 것이다.

44 상국(上國): 곧 중원의 여러 나라.「오세가」에는 "오나라가 이에 중국과 통교를 하였다"라 되어 있다.

衛定公惡孫林父.[45]

위나라 정공이 손림보를 미워하였다.

冬,

겨울에

孫林父出奔晉.

손림보가 진나라로 달아났다.

衛侯如晉,

위후가 진나라로 가니

晉反戚焉.[46]

진나라는 척을 돌려주었다.

성공 8년

經

八年春,[1]

8년 봄

晉侯使韓穿來言汶陽之田,

진후가 한천을 보내와서 문양의 전지를 말하여

歸之于齊.

제나라에 돌려주었다.

晉欒書帥師侵蔡.

진나라 난서가 군사를 거느리고 채나라로 쳐들어갔다.

---

45 손림보(孫林父): 손량부(孫良夫)의 아들로 시호는 "문(文)"이며, 또한 손문자(孫文子)라고도 한다.

46 척(戚)은 본래 손씨의 채읍인데 손림보가 진나라로 달아나면서 척읍이 혹 손씨를 따라 진나라로 간 것 같으며, 지금 돌려준 것이다. 척은 문공 원년『경』의『주』에 보인다.

1 팔년(八年): 무인년 B.C. 583년으로 주간왕(周簡王) 3년이다. 정월 18일 임신일이 동지로 건자(建子)이다.

公孫嬰齊如莒.	공손영제가 거나라로 갔다.
宋公使華元來聘.	송나라에서 사원을 보내어 조빙케 하였다.
夏,	여름에
宋公使公孫壽來納幣.	송공이 공손수를 보내와 폐백을 바쳤다.
晉殺其大夫趙同, 趙括.	진나라가 대부인 조동과 조괄을 죽였다.
秋七月,	가을 7월에
天子使召伯來賜公命.[2]	천자가 소백을 보내와서 공에게 명을 내렸다.
冬十月癸卯,[3]	겨울 10월 계묘일에
杞叔姬卒.	기숙희가 죽었다.
晉侯使士燮來聘.	진후가 사섭을 보내와 빙문케 하였다.
叔孫僑如會晉士燮, 齊人, 邾人伐郯.	숙손교여가 진나라의 사섭과 제나라 사람, 주나라 사람과 회합하여 담나라를 쳤다.

2 사(賜): 『공양전』과 『곡량전』에는 "錫"으로 되어 있다. 장공 원년과 문공 원년 『경』의 "錫命"으로 미루어 보건대 본래 "錫"자로 되어 있었을 것이다. 『예기·곡례(曲禮)』의 공영달의 주석〔소(疏)〕에서는 "來錫公命"으로 인용하였다.

3 계묘일은 23일이다.

衛人來媵.

위나라 사람이 잉첩을 보내왔다.

傳

八年春,

8년 봄

晉侯使韓穿來言汶陽之田,

진후가 한천으로 보내와서 문양의 전지를

歸之于齊.

제나라로 돌려주라고 하였다.

季文子餞之,[4]

계문자가 전별하면서

私焉,[5]

사사로이

曰,

말하였다.

“大國制義,

“큰 나라가 일을 처리하는 데 도의에 맞으면

以爲盟主,[6]

맹주가 되어

是以諸侯懷德畏討,

이 때문에 제후들이 덕을 그리워하고 토벌을 두려워하여

無有貳心.

두 마음을 가지지 않습니다.

謂汶陽之田,

문양의 전지는

敝邑之舊也,

우리나라의 옛 영토라 하여

---

4 전(餞): 주식(酒食)을 차려 놓고 전송하는 것.

5 사사로이 담화를 나누는 것이다.

6 대국이 사무의 처리가 합리적이고 적절하여 이 때문에 제후의 맹주가 된다는 뜻이다.

而用師於齊,[7]	제나라에 군사를 써서
使歸諸敝邑.[8]	우리나라에 돌려주게 하였습니다.
今有二命,	이제 명령을 달리하여
曰,	말하기를
'歸諸齊'.	'제나라로 돌려주라'라 하였습니다.
信以行義,	신용으로 도의를 행하고
義以成命,	도의로 명령을 완성하는 것은
小國所望而懷也.	소국이 바라고 그리워하는 것입니다.
信不可知,	신용을 알 수 없고
義無所立,	도의가 설 곳이 없다면
四方諸侯,	사방의 제후가
其誰不解體?[9]	그 누구인들 마음이 떠나지 않겠습니까?
詩曰,	『시』에서 말하기를
'女也不爽,	'여자인 나는 잘못이 없는데
士貳其行.[10]	남자인 그대는 행동이 같지 않다네.

---

7 용사(用師): 안(鞌)의 전역을 가리킨다.

8 문양의 전지를 안(鞌)의 전역의 결과로 제나라에서 노나라에 돌려주도록 압박한 것이다.

9 해체(解體): 와해(瓦解)와 같은 뜻.

10 왕인지(王引之)의 『시술문(詩述聞)』(『경의술문(經義述聞)』의 『시경(詩經)』 부분을 말하는 것 같다)에서는 "貳"는 "특(貣)"자의 오자일 것이라고 하였다. "貣"자는 곧 "특(忒)"자이다. 상(爽)과 특(忒)은 같은 뜻의 호문(互文)이다. 다만 정현(鄭玄) 이후 "貣"자를 모두

士也罔極,[11]	남자는 믿을 수 없는 것
二三其德.'[12]	마음이 이리저리 달라지네'라 하였습니다.
七年之中,[13]	7년 중에
一與一奪,	줬다가는 빼앗으니
二三孰甚焉?	전후로 달라짐이 무엇이 이보다 심하겠습니까?
士之二三,	남자가 전후로 달라져도
猶喪妃耦,[14]	오히려 배우자를 잃거늘
而況霸主?[15]	하물며 패주이겠습니까?
霸主將德是以,[16]	패주는 덕을 써야 하거늘
而二三之,	전후로 마음이 달라지면
其何以長有諸侯乎?	그 어떻게 오래도록 제후들의 마음을 가지겠습니까?

"貳"로 잘못 썼다. 시의 원래 뜻은 여자는 바야흐로 조금의 과실도 없이 시종여일한데 남자는 바야흐로 행위에 잘못이 있다는 것이다. 계문자는 "여(女)"를 노나라에 비유하였고, "士"를 진(晉)나라에 비유하였다.

11 극(極): 표준(標準).

12 이 구절은『시경·위풍·맹(衛風·氓)』편에 보인다.

13 성공 2년부터 8년까지 햇수로 7년이 지난 것을 말함.

14 비(妃): "짝 배(配)"자와 같음. 이 구절은 남자가 여자에게 신의가 없으니 곧 가우(嘉耦)를 잃게 될 것이라는 뜻.

15 패주가 신의가 없으면 잃는 것이 어찌 배우자를 잃는 정도에 그치겠느냐는 뜻이다.

16 이(以): "쓸 용(用)"자와 같은 뜻으로 쓰였음. 패주는 반드시 덕을 써야 한다는 말이다.

詩曰,	『시』에서 말하기를
‘猶之未遠,	‘생각이 멀지 못하여
是用大簡.’[17]	이 때문에 크게 권한다’라 하였습니다.
行父懼晉之不遠猶而失諸侯也,	저는 진나라가 생각이 멀지 못하여 이 때문에 제후들을 잃게 되는 것이 두려워
是以敢私言之.”[18]	이 때문에 감히 사사로이 말씀드리는 것입니다.”

晉欒書侵蔡,[19]	진나라 난서가 채나라로 쳐들어갔다가
遂侵楚,	마침내 초나라까지 쳐들어가
獲申驪.[20]	신려를 사로잡았다.
楚師之還也,[21]	초나라 군사가 돌아갈 때

---

17 『시경·대아·판(大雅·板)』에 보인다. 금본『시경』에는 “簡”이 “諫”으로 되어 있다. “猶”는 “猷”와 같은 뜻으로 쓰였으며, 계모(計謀)라는 뜻이다. 이 구절의 뜻은 모략(謀略)이 원대하지 않으므로 내가 극력 규권(規勸)한다는 것이다.

18 『공양전』에서는 “안(鞌)의 전역에서 제나라 군사는 대패하였다. 제후는 돌아가서 죽은 자를 위로하고 다친 자를 살폈으며 7년 동안 술을 마시지 않고 고기를 먹지 않았다. 진후가 그것을 듣고는 말하기를 ‘아! 어떻게 임금된 자로써 7년이나 술을 마시지 않고 고기를 먹지 않는단 말인가? 빼앗은 땅을 모두 돌려줘야겠구나’라 하였다”라 하였다.

19 두예는 6년에 채나라로 쳐들어갔던 일이 마음에 들지 않았기 때문이라고 하였다.

20 두예는 “신려는 초나라의 대부이다”라 하였다.

21 두예는 “6년에 요각(繞角)에서 맞닥뜨린 것을 말한다”라 하였다.

晉侵沈,
진나라가 침나라를 침공하여

獲沈子揖初,[22]
침자 읍초를 사로잡았는데

從知, 范, 韓也.[23]
순수와 사섭, 한궐의 의견을 따른 것이었다.

君子曰,
군자가 말하였다.

"從善如流,[24]
"훌륭한 말을 따르기를 물결 흐르듯 하였으니

宜哉!
마땅하였다!

詩曰,
『시』에서 말하기를

'愷悌君子,
'온화하고 겸손한 군자여,

遐不作人?'[25]
어찌 인재를 등용하지 않겠는가?'라 하였다.

求善也夫!
훌륭한 인재를 구함이로다!

作人,
인재를 등용함은

斯有功績矣."
이에 공적이 있음이로다."

---

22 두예는 초(初)자를 "이로부터(自初)"로 풀이하여 "침자읍(沈子揖)"을 한 구절로 끊고 "初"자를 다음 구절에 이어서 읽었는데, 문의상 통하기 어렵다. 여기서는 다케조에 고코(竹添光鴻)의 『회전(會箋)』을 따른다.

23 진나라가 침군(沈君)을 사로잡은 것은 아마 난서가 순수 등의 계략을 썼기 때문이라는 뜻이다.

24 소공 13년의 『전』에도 이 말이 있는 것으로 보아 당시의 상투어였음을 알 수 있다.

25 『시경·대아·한록(大雅·旱麓)』에 나오는 구절. "개제(愷悌)"는 금본 『시경』에는 "豈弟"로 되어 있다. 하불(遐不)은 "何不"과 같다. 온화하고 겸손한 군자가 무슨 까닭으로 인재를 기용하지 않겠느냐는 뜻이다.

是行也,	이번 출행에
鄭伯將會晉師,	정백이 진나라 군사와 회합하려는 길에
門于許東門,[26]	허나라의 동문을 공격하여
大獲焉.	포로를 많이 사로잡았다.

聲伯如莒,	성백이 거나라로 갔는데
逆也.[27]	친영을 한 것이다.

宋華元來聘,	송나라 화원이 와서 빙문하였는데
聘共姬也.[28]	공희를 맞아들이기 위해서였다.

夏,	여름에
宋公使公孫壽來納幣,	송공이 공손수를 보내와 납폐를 하게 하였는데
禮也.[29]	예의에 맞았다.

---

26 두예는 "허나라를 지날 때 방비가 없는 것을 보고 공격한 것이다"라 하였다.

27 두예는 "스스로 아내를 맞이하러 간 것이다"라 하였다.

28 이듬해의 『전』에 의하면 공희는 목공 소생이며 성공의 자매이다. 그 남편은 송공공으로 남편의 시호로 시호를 삼았기 때문에 공희라 한 것이다. 고대의 사인들이 혼인을 할 때는 육례가 있는데 장공 22년의 『전』과 『주』에 보인다. 육례를 행하기에 앞서 남자가 여자에게 중매쟁이를 보내 통혼의 뜻을 나타내는 것을 「사혼례(士昏禮)」에서는 "하달(下達)"이라 하였다. 공영달은 화원이 온 것은 곧 「사혼례」의 "하달"이라 하였다.

晉趙莊姬爲趙嬰之亡故,[30]	진나라 조장희는 조영이 망명을 하였기 때문에
譖之于晉侯,[31]	진후에게 참소하여
曰,	말하였다.
"原, 屛將爲亂."	"조동과 조괄이 난을 일으키려 하였습니다."
欒, 郤爲徵.[32]	난씨와 극씨가 증언을 해주었다.
六月,	6월에
晉討趙同, 趙括.[33]	진나라가 조동과 조괄을 토벌하였다.
武從姬氏畜于公宮.[34]	조무는 장희를 따라 공궁에서 자랐다.

---

29 공손수(公孫壽)는 문공 16년의 『전』에 보인다. 납폐(納幣)는 장공 22년 『경』의 『주』에 상세하다.

30 장희는 진성공(晉成公)의 딸이다. 조영(趙嬰)은 5년에 쫓겨났다.

31 지(之): 아래 문장의 원동(原同)과 병괄(屛括)을 가리킨다.

32 난씨와 극씨가 장희의 참소에 증인이 된 것이다.

33 「진세가」에서는 "조동과 조괄을 죽이고 그들을 멸족시켰다"라 하였다.

34 가나자와 문고본(金澤文庫本)에는 "무(武)"자 위에 "조(趙)"자가 있다. 조무는 조삭(趙朔)과 장희 사이에서 났으며 희씨(姬氏)는 곧 장희이다. 공궁(公宮)은 진경공의 궁이다. 진경공은 조무의 외숙이다. 조무가 어째서 진경공의 궁중에서 양육되었는가에 대해 청(淸)나라 만사대(萬斯大)의 『학춘추수필(學春秋隨筆)』에서는 「조세가」에 수록된 도안가(屠岸賈)가 조씨를 멸족시킨 일은 다 믿을 수는 없지만 "영공(靈公)의 적을 다스려 조돈(趙盾)을 이르게 했으며", "『좌전』의 기록과 합하면 확실히 믿을 만하다. 당시에 장희가 조동과 조괄을 참소하여 토벌하였으므로 마침내 영공을 시해한 일을 아울러 다스려 조동의 일을 추론(追論)하고 그 집을 멸하고자 하였다. 조무는 바야흐로 어렸으므로 어머니를 따라 공궁에 숨어 다행히 면할 수 있었다"라 하였다. 심흠한(沈欽韓)의 『보주(補注)』에서는 선공 2년의 『전』에 의거하여 이렇게 말하였다. 조돈은 조괄을 공족대부로 삼

以其田與祁奚.[35]	그래서 그 전지를 기혜에게 주었다.
韓厥言於晉侯曰,	한궐이 진후에게 말하였다.
"成季之勳,[36]	"성계의 공훈과
宣孟之忠,[37]	선맹의 충성이
而無後,	후대에는 없으니
爲善者其懼矣.	훌륭한 일을 한 사람들이 두려워합니다.
三代之令王皆數百年保天之祿.	3대의 훌륭한 임금은 모두 수백 년간 하늘의 복록을 보지하였습니다.
夫豈無辟王?[38]	대체로 어찌 사벽한 임금이 없었겠습니까?

아 조씨 종종의 종주로 삼았다. 이때 조괄이 피살되어 조씨네 종족의 제사는 그에 따라 폐기되었으므로 뒤에 한궐(韓厥)이 "후사가 없었다"는 말이 있게 되었다. 이전에 조무는 조괄에 의지하였는데 조괄이 피살되자 귀의할 데가 없어 다만 어머니를 따라 외숙의 집에서 양육되었다. 이 두 설은 비슷하여 믿기가 어렵다.

35 전지는 씨족의 주요 재산으로 조씨가 멸족되었을 때 조무만이 공궁에 숨어 화를 면할 수 있었으므로 전지가 공에 의해 거두어져 공이 다른 사람에게 상으로 내렸다. 기해(祁奚)는 고량백(高粱伯)의 아들이다. 『여씨춘추·거사(去私)』편 및 「개춘(開春)」편의 고유(高誘)의 주석에 의하면 자는 횡양(橫羊)이다. 양공 21년의 『전』에서는 또한 "기대부(祁大夫)"라 하였다. 기(祁)는 진나라의 읍이며 옛 성은 지금의 산서성 기현(祁縣) 동남쪽에 있다.

36 성계(成季): 조최(趙衰)로 진문공을 보좌한 공이 있다.

37 선맹(宣孟): 조돈(趙盾)이다. 「진어(晉語) 6」에서는 지무자(知武子)의 말을 서술하고 있는데, 또한 말하기를 "선자(宣子)의 충성을 어찌 잊을 수 있겠는가"라 하여 당시의 진나라 사람들이 모두 충심으로 조돈을 인정하고 있음을 알 수 있다.

38 벽(辟): "僻"과 같으며, 사벽(邪僻)의 뜻이다.

賴前哲以免也.[39]	전대의 밝은 임금에 힘입어 화를 면한 것입니다.
周書曰'不敢侮鰥寡',[40]	『주서』에서는 '감히 홀아비와 과부를 업신여기지 않았다' 하였습니다.
所以明德也."[41]	덕을 밝히기 위함이었습니다."
乃立武,	이에 조무를 세우고
而反其田焉.[42]	그 밭을 돌려주었다.
秋,	가을에
召桓公來賜公命.[43]	소환공이 와서 공의 작명을 내렸다.
晉侯使申公巫臣如吳,	진후는 신공 무신을 오나라로 보내어
假道于莒.	거나라에서 길을 빌리게 하였다.

---

39 전철(前哲): 곧 선대의 영왕(令王)을 가리킨다.

40 「상서·강고(康誥)」에 보인다.

41 17년의 『전』에 의하면 한궐(韓厥)은 어렸을 때 조돈(趙盾)에 의해 양육되었으므로 조무(趙武)를 위해 진언(進言)한 것이다.

42 「조세가」에서 조씨가 멸족된 것과 조무를 다시 세운 기록은 전적으로 전국시대 때의 전설을 채록하여 『좌전』 및 『국어』와는 달라 믿을 만한 사료가 되지 못한다. 「조세가」에 의하면 한궐이 진경공에게 조무를 다시 세울 것을 권한 일은 2년 뒤 진경공이 병을 앓을 때일 것이다. 다만 「연표」에서는 그대로 "조무의 전읍(田邑)을 회복시킨" 일을 이해에 열입하였다. 「진세가」에서 이 일을 서술한 것은 『좌전』에 근본하였다.

43 두예는 "소환공(召桓公)은 주나라의 경사이다"라 하였다. 『전』에서는 『경』의 소백(召伯)이 곧 소환공임을 밝혔다.

與渠丘公立於池上,[44]	거구공과 함께 못가에 서서
曰,	말하였다.
"城已惡."[45]	"성이 너무 악화되었습니다."
莒子曰,	거자가 말하였다.
"辟陋在夷,	"구석지고 좁은 데다 오랑캐 땅에 있으니
其孰以我爲虞?"[46]	그 누가 우리를 바라겠는가?"
對曰,	대답하여 말하였다.
"夫狡焉思啓封疆以利社稷者,	"대체로 간교하게 영토를 넓혀서 사직을 이롭게 할 것을 생각하는 자가
何國蔑有?	어느 나라엔들 없겠습니까?"
唯然,	바로 그렇기 때문에
故多大國矣.[47]	큰 나라가 많게 된 것입니다.

---

44 거구공은 곧 14년 『경』의 거자(莒子) 주(朱)이다. 거는 당시 이국(夷國)으로, 임금에게 시호가 없었으며 지명을 호로 삼았는데, 이를테면 양공 31년의 이비공(犂比公), 소공 4년의 저구공(著丘公), 소공 14년의 거교공(莒郊公), 희공 26년의 자평공(子平公) 같은 것이 있다. 소공 19년에 거공공(莒共公)이 있는데, 공(共) 또한 시호가 아니라 지명이다. 거구(渠丘)는 거나라 땅으로 『청일통지』에 의하면 지금의 산동성 거현(莒縣) 북쪽에 있다. 『후한서·군현지(郡縣志)』에서는 안구현(安丘縣)에 거구정(渠丘亭)이 있는데 아마 곧 이 양구일 것이라고 하였는데 틀렸다. 소공 11년의 "제 거구(齊渠丘)"는 제나라 땅이다. 지(池)는 성을 보호하는 냇물, 곧 해자이다.

45 이(已): 태(太), 곧 '너무'라는 뜻이다.

46 우(虞): 바라다. 이 편벽된 만이의 땅에 야욕을 부릴 사람이 없다는 뜻이다.

47 바로 이런 이유 때문에 큰 나라가 많아졌다는 뜻이다.

唯或思或縱也.[48]	어떤 나라는 생각하고 어떤 나라는 그냥 내버려 둡니다.
勇夫重閉,[49]	용감한 사나이도 겹겹이 문을 닫는데
況國乎?"[50]	하물며 나라이겠습니까?

冬,	겨울에
杞叔姬卒.	기숙희가 죽었다.
來歸自杞,	기나라에서 돌아왔기 때문에
故書.[51]	기록하였다.

晉士燮來聘,	진나라 사섭이 와서 빙문하여
言伐郯也,	담나라를 칠 것을 말하였는데
以其事吳故.[52]	오나라를 섬겼기 때문이었다.
公賂之,	공이 뇌물을 주고

---

48 큰 나라가 작은 나라를 침벌(侵伐)하여 영토를 넓힐 때 소국 가운데 혹 생각하여 대비하면 살아남고, 혹 방종하여 대비를 하지 않으면 이 때문에 망한다는 말이다.

49 중폐(重閉): 내외의 문호를 겹겹이 걸어 잠그는 것. 이는 고대의 관용어로 『예기 · 월령(月令)』과 『여씨춘추 · 절상(節喪)』, 『회남자 · 태족훈(泰族訓)』에도 보인다.

50 이듬해에 초나라가 거나라를 쳐서 거나라는 성이 무너져 궤멸되는데 이는 그 복선이다.

51 두예는 "쫓겨나 돌아온 것을 가여이 여겼기 때문에 죽음을 기록한 것이다. 다시 대부에게 시집을 갔다면 더 이상 죽음을 기록하지 않았을 것이다"라 하였다.

52 7년에 있었다.

請緩師.	군사를 늦출 것을 청하였다.
文子不可,[53]	문자가 안 된다고 하면서
曰,	말하였다.
"君命無貳,	"임금의 명령은 달라질 수 없으니
失信不立.[54]	신의를 잃으면 서지 못합니다.
禮無加貨,[55]	예물에는 재화를 더하지 않는 법이니
事無二成.[56]	일에는 두 가지 성과가 있을 수 없습니다.
君後諸侯,	임금께서 제후들보다 처진다면
是寡君不得事君也.[57]	과군께서는 임금님을 섬기실 수 없습니다.
燮將復之."[58]	저는 그대로 복명할 것입니다."
季孫懼,	계손이 두려워하여

53 문자(文子): 사섭(士燮)이다.

54 사명을 완수하지 못하여 신의를 잃으면 자립하기 어렵다는 것이다.

55 규정된 예물 이외에는 더 이상 주는 것을 받지 못한다는 뜻. 곧 뇌물 받기를 거절하는 것이다.

56 군사를 내느냐 늦추느냐 두 가지 중 한 가지만 취할 수 있다는 것으로, 군사를 늦추려는 것을 거절하는 것이다.

57 두예는 "제나라와 절교하려는 것이다"라 하였다.

58 이대로 진후에게 복명할 것이라는 말이다.

使宣伯帥師會伐郯. 선백으로 하여금 군사를 거느리고 담나라를 치는 일에 회합하게 하였다.

衛人來媵共姬,[59] 위나라 사람이 공희의 잉첩을 보내왔는데

禮也. 예의에 맞았다.

凡諸侯嫁女, 무릇 제후들이 딸을 출가시킬 때는

同姓媵之, 성이 같은 사람을 잉첩으로 삼으며

異姓則否.[60] 성이 다르면 안 된다.

성공 9년

經

九年春王正月,[1] 9년 봄 주력으로 정월에

---

59 잉(媵): 시집보낼 때 여자를 딸려 보내는 것이다. 예에 의하면 한 나라의 임금의 딸이 다른 나라 임금에게 시집을 가면 다른 나라에서 여자를 딸려 보낸다. 『공양전』에서는 "제후가 한 나라의 여자를 아내로 맞으면 두 나라에서 잉첩을 보낸다"라 하였다. 다만 공희가 시집갈 때는 위·진·제의 세 나라에서 잉첩을 보내왔다.

60 성공 10년의 "제나라 사람이 잉첩을 보내왔다"의 기록에는 『전』이 없는데, 이 『전』의 뜻에 의하면 "예의에 맞지 않은 것"이다.

1 구년(九年): 기묘년 B.C. 582년으로 주간왕(周簡王) 4년이다. 정월 29일 정축일이 동지로 건자(建子)이다.

杞伯來逆叔姬之喪以歸.	기백이 와서 숙희의 상구를 맞아 돌아갔다.
公會晉侯, 齊侯, 宋公, 衛侯, 鄭伯, 曹伯, 莒子, 杞伯,	공이 진후·제후·송공·위후·정백·조백·거자·기백과 회합하여
同盟于蒲.[2]	포에서 동맹을 맺었다.
公至自會.[3]	공이 회합에서 돌아왔다.
二月,	2월에
伯姬歸于宋.	백희가 송나라로 돌아갔다.
夏,	여름에
季孫行父如宋致女.[4]	계손행보가 송나라로 가서 백희를 위문하였다.
晉人來媵.[5]	진나라가 잉첩을 보내왔다.
秋七月丙子,[6]	가을 7월 병자일에
齊侯無野卒.[7]	제후 무야가 죽었다.
晉人執鄭伯.	진나라 사람이 정백을 잡아갔다.

2 포(蒲)는 환공 3년 『경』의 『전』에 보인다.

3 『전』이 없다.

4 치녀(致女)는 환공 3년 『전』의 『주』에 보인다.

5 두예는 "백희(伯姬)의 잉첩이다"라 하였다.

6 7월에는 병자일이 없으며 잘못된 것 같다. 두예는 병자일이 6월 1일이라 하였는데 이 역시 잘못되었다.

7 『전』이 없다.

晉欒書帥師伐鄭.	진나라 난서가 군사를 거느리고 정나라를 쳤다.
冬十有一月,	겨울 11월에
葬齊頃公.[8]	제경공을 장사 지냈다.
楚公子嬰齊帥師伐莒.	초나라 공자 영제가 군사를 거느리고 거나라를 쳤다.
庚申,[9]	경신일에
莒潰.	거나라가 붕궤되었다.
楚人入鄆.[10]	초나라 사람이 운으로 들어갔다.
秦人, 白狄伐晉.	진나라 사람과 백적이 진나라를 쳤다.
鄭人圍許.	정나라 사람이 허나라를 에워쌌다.
城中城.[11]	내성에 성을 쌓았다.

傳

九年春,	9년 봄

---

8 『전』이 없다.

9 경신일은 17일이다.

10 운(鄆)은 문공 12년 『경』의 『전』에 보인다.

11 『곡량전』에 의하면 중성(中城)은 곧 내성이다. 그렇다면 이 중성은 곧 노나라의 도읍인 곡부(曲阜)의 내성이다. 두예는 노나라 성읍의 이름이라 하고는 "동해(東海) 후구(厚丘)현 서남쪽"에 있다고 하였는데, 곧 지금의 강소성 술양현(沭陽縣) 경계에 있으며 노나라의 변경에서 미치지 못하는 곳이다. 두예의 주석은 믿을 수 없다. 정공 6년의 "성중성(城中城)"도 이와 같다.

杞桓公來逆叔姬之喪,[12]	기환공이 와서 숙희의 상구를 맞았는데
請之也.[13]	요청한 것이다.
杞叔姬卒,	기숙희의 죽음은
爲杞故也.[14]	기나라 때문이었다.
逆叔姬,	기숙희를 맞이한 것은
爲我也.[15]	우리나라 때문이었다.

爲歸汶陽之田故,[16]	문양의 전지를 돌려준 일 때문에
諸侯貳於晉.	제후들이 진나라에 두 마음을 품으니
晉人懼,	진나라 사람이 두려워하여
會於蒲,	포에서 만나
以尋馬陵之盟.[17]	마릉의 맹약을 다졌다.
季文子謂范文子曰,	계문자가 범문자에게 말하였다.

---

12 상(喪): 죽은 시신이다.

13 『곡량전』에서는 "부인의 상구가 나가는데 맞이하지 않아서 그렇게 요구하였다"라 하였다. 『공양전』에서는 기환공이 와서 숙희의 상구를 맞아간 것은 아마 노나라의 협박을 받았기 때문일 것이라고 하였다. 『좌전』에서는 이 때문에 노나라의 청이라고 하였다. 이 세 『전』은 뜻이 같다.

14 숙희가 죽은 것은 기나라에 의해 버림을 받았기 때문이라는 것이다.

15 기나라에서 와서 상구를 맞이한 것은 우리나라의 요청이 있었기 때문이라는 것이다.

16 이 일은 지난해에 보인다.

17 마릉의 맹약은 7년에 있었다.

“德則不競,[18] “덕행이 쇠약해졌는데

尋盟何爲?” 맹약은 무엇 때문에 다집니까?”

范文子曰, 범문자가 말하였다.

“勤以撫之,[19] “은근하게 위무하고

寬以待之,[20] 관대하게 대우하며

堅彊以御之,[21] 굳고 강하게 제어하고

明神以要之,[22] 신명을 밝힘으로써 제약하며

柔服而伐貳, 복종하는 나라는 회유하고
두 마음을 품은 나라는 치고

德之次也.”[23] 덕은 다음입니다.”

是行也, 이번에

將始會吳, 처음으로 오나라와 만나기로
하였으나

吳人不至. 오나라 사람이 오지 않았다.

---

18 경(競): 강하다는 뜻이다. 진나라가 노나라에게 문양의 전지를 제나라에 되돌려주게끔 핍박하여 이에 신의의 덕이 결핍되었다는 뜻이다.

19 은근히 안무(安撫)하는 것이다.

20 관대하게 대우하는 것이다.

21 강(彊)은 “疆”으로 잘못된 판본도 있다.

22 지(之)자는 모두 제후를 가리킨다. 명신요(明神要)는 회맹을 가리킨다.

23 덕을 베푸는 것을 강하게 할 수는 없지만 이렇게 하는 것은 또한 차등의 행위라는 말이다.

二月,	2월에 백희가
伯姬歸于宋.	송나라에서 돌아왔다.
楚人以重賂求鄭,	초나라 사람이 재물을 두터이 하여 정나라에 구하니
鄭伯會楚公子成于鄧.[24]	정백이 초나라의 공자 성을 등에서 만났다.
夏,	여름에
季文子如宋致女,	계문자가 송나라로 가서 백희를 위문하고
復命,	복명하니
公享之.[25]	공이 연례를 베풀어 주었다.
賦韓奕之五章.[26]	「한혁」의 5장을 읊었다.
穆姜出于房,[27]	목강이 방에서 나가더니

24 등(鄧)이라는 지명은 두 개가 보이는데, 하나는 채(蔡)나라 땅으로 환공 2년 『경』의 『주』에 보인다. 하나는 등나라로 환공 7년 『경』의 『주』에 보인다. 등나라는 노장공 16년 초나라에게 멸망당하였으며 장공 6년의 『전』에 보인다. 이는 아마 초나라의 등일 것이다.

25 『의례·연례(燕禮)』의 가공언(賈公彦)의 『소(疏)』에서 인용한 정현의 『목록(目錄)』에 의하면 제후와 경대부들은 외국에 사신으로 갔다가 돌아올 때 임금은 수고한 공로에 따라 연회를 베풀고 위로를 하는데, 여기서 말한 "公享之"가 바로 이것을 말한다.

26 한혁(韓奕): 『시경·대아(詩經·大雅)』의 편명. 제5장의 대의는 궐보(蹶父)가 한길(韓姞)에게 희망을 걸고 시집을 보내는 것으로, 한길이 시집을 가자 생활이 안락하고 또한 훌륭한 영예도 있었다는 것이다.

再拜,	두 번 절하고
曰,	말하였다.
"大夫勤辱,	"대부께서는 수고하시었소.
不忘先君,[28]	선군을 잊지 않음이
以及嗣君,[29]	사군에게 미치고
施及未亡人,[30]	이 미망인에게까지 미쳤으니
先君猶有望也.	선군께서도 오히려 바라셨을 것입니다.
敢拜大夫之重勤."	대부께서 거듭 수고하심에 배사하오."
又賦綠衣之卒章而入.[31]	또한 「녹의」의 졸장을 읊고 들어갔다.

晉人來媵,	진나라 사람이 잉첩을 보내왔는데

27 당시 제후의 궁실의 제도는 노침의 북쪽은 중간을 실(室)이라 하였고, 동서 양쪽을 방(房)이라 하였다. 실(室)의 북쪽에는 장벽(牆壁)이 있고 방의 북쪽에는 장벽이 없으며 다만 계단만 있다. 연례는 노침에서 거행하는데, 목강은 백희의 어머니이기 때문에 이때 동방(東房)에 있었으며 노침으로 통하는 문호(門戶)가 있었다. 계손행보가 읊조리는 「한혁(韓奕)」을 듣고 동방에서 나와 노침에 이른 것이다.

28 선군(先君)은 선공(宣公), 곧 목강의 남편이자 백희(伯姬)의 아버지를 가리킨다.

29 사군(嗣君): 성공을 가리키며 백희의 오빠이다.

30 미망인(未亡人): 당시에 과부가 스스로를 일컫는 말이었다.

31 녹의(綠衣): 『시경·패풍(邶風)』에 보이며, 마지막 장은 두 구절로 "내 옛사람 생각노니, 실로 내 마음 얻었다네(我思古人, 實獲我心)"인데, 목강의 뜻이 있는 곳이다. 『열녀전·정순(貞順)』편에도 목강의 일이 수록되어 있는데, "穆"이 "繆"로 되어 있으며, 같은 자이다.

禮也.[32] 예의에 맞았다.

秋, 가을에

鄭伯如晉, 정백이 진나라로 갔는데

晉人討其貳於楚也, 진나라 사람이 정백이 초나라에 두 마음을 품은 것을 책벌한 것이고

執諸銅鞮.[33] 동제에서 그를 잡아갔다.

欒書伐鄭, 난서가 정나라를 치니

鄭人使伯蠲行成, 정나라 사람이 백견으로 하여금 화친을 성사시키도록 하였는데

晉人殺之, 진나라 사람이 그를 죽였으니

非禮也. 예가 아니다.

兵交, 교전을 하는 중에도

使在其間可也.[34] 사자는 그 사이에 있을 수 있는 것이다.

---

32 두예는 "동성(同姓)이기 때문이다"라 하였다.

33 동제(銅鞮): 양공 31년의 『전』에 의하면 동제에는 진후의 별궁이 있다. 또한 소공 28년의 『전』에 의하면 일찍이 양설적이 식읍으로 삼았다. 정백이 잡힌 곳은 당연히 별궁에서일 것이다. 『가경일통지』에 의하면 동제는 지금의 산서성 심현(沁縣) 남쪽에 있다.

34 『후한서·내흡전(來歙傳)』에서는 "옛날에 열국 간에 교전을 할 때 사자가 그 사이에서 왕래를 하였는데, 정예병이라도 화친을 중시하고 싸우려 하지 않았기 때문이다"라 하였는데 이 말은 아마 여기에 그 근거를 두고 있을 것이다.

楚子重侵陳以救鄭.[35]	초나라 자중이 진나라로 쳐들어가 정나라를 구원하였다.
晉侯觀于軍府,	진후가 군부를 시찰하다가
見鍾儀.[36]	종의를 보았다.
問之曰,	그에 대해 묻기를
"南冠而縶者,	"남방 사람의 관을 쓰고 수금되어 있는 자가
誰也?"[37]	누구인가?"라 하자
有司對曰,	유사가 대답하였다.
"鄭人所獻楚囚也."	"정나라 사람이 바친 초나라 포로이옵니다."
使稅之.[38]	그를 풀어 주게 하고

35 진(陳)나라는 본래 초나라에 복종하였는데, 아마 이때는 마음을 고쳐 진(晉)나라에 복종하였던 것 같다.

36 종의가 군부에 수감된 것은 7년『전』에 보인다.

37 『회남자·주술훈(主術訓)』에는 초문왕(楚文王)이 해관(獬冠)을 즐겨 써 초나라 사람들이 본받았다는 기록이 있다. 남관은 아마 곧 이 해관일 것이다. 「주어 중」에서는 "진영공(陳靈公)과 공녕(孔寧), 의행보(儀行父)가 남관을 쓰고 하씨(夏氏)에게 갔다"라 하였으니, 진나라 사람도 이 관을 썼다. 후한(後漢) 시대 채옹(蔡邕)의『독단(獨斷)』,『후한서·여복지(輿服志)』의 주석 및 후한(後漢) 때 응소(應劭)의『한관의(漢官儀)』에 의하면 진(秦)나라가 초나라를 멸망시킨 후 남관을 근신인 어사에게 내렸다 한다.『전국책·진책(秦策) 5』에서는 "여불위(呂不偉)가 초나라 복장〔楚服〕을 입힌 후 뵙게 하였다"라 하였는데, 초복은 초나라 사람의 복장을 말하는 것이니 춘추·전국시대의 초나라 사람의 관복(冠服)은 다른 나라와는 달랐다.

38 "세(稅)"는 "탈(脫)"과 같다. 묶어서 구금한 것을 해제한 것이다.

召而弔之.[39]	불러서 위로를 하였다.
再拜稽首.[40]	두 번 절하고 머리를 조아렸다.
問其族.[41]	족관(族官)에 대하여 물었다.
對曰,	대답하기를
"泠人也."[42]	"영인입니다"라 하였다.
公曰,	공이 말하였다.
"能樂乎?"	"음악은 잘 연주하는가?"
對曰,	대답하였다.
"先父之職官也,	"선부의 직관이온데
敢有二事?"[43]	감히 두 가지 일을 하겠습니까?"
使與之琴,	그에게 금을 주게 하고는
操南音.[44]	남방의 음악을 연주하게 하였다.

---

39 조(弔): 위문하다.

40 종의가 진후를 향해 두 번 절하고 머리를 조아린 것은 그가 위로를 한 데 대한 감사의 표시이다.

41 『여씨춘추·이보(異寶)』편에 "問其名族"이라는 말이 있는데, 족(族)은 성씨(姓氏)이다. 그러나 아래의 대답한 말을 가지고 살펴보건대 이곳의 족(族)자는 성씨로 풀이해서는 안 될 것이다. 은공 8년의 『전』에서 "관직을 맡아 대대로 공로가 있으면 관직명으로 씨족을 삼습니다(官有世功, 則有官族)"라 하였는데, 족(族)은 관직에서 올 수가 있으니, 이곳의 족자는 마땅히 세관(世官)의 뜻일 것이다.

42 영인(泠人): 악관(樂官)으로 "伶人"이라고도 하는데, 「주어 하」에 "종이 완성되자 영인(伶人)이 소리가 좋다고 아뢰었다"라 한 것으로 알 수 있다. 줄여서 "伶"이라고도 하는데, 「노어 하」에서 "이제 영(伶)이 피리를 불며 노래를 하여 「녹명(鹿鳴)」의 제3장에까지 미쳤다"라 한 것으로 알 수 있다.

43 음악은 선부(先父)께서 관장하시던 직무인데 내가 어찌 감히 다른 일에 종사하겠느냐는 뜻이다.

公曰,	공이 말하였다.
"君王何如?"	"임금께서는 어떠한가?"
對曰,	대답하였다.
"非小人所得知也."	"소인이 알 수 있는 것이 아닙니다."
固問之.	굳이 물어보았다.
對曰,	대답하였다.
"其爲大子也,	"그분이 태자였을 때
師, 保奉之,[45]	사와 보가 그분을 받들었으며
以朝于嬰齊而夕于側也.[46]	아침에는 영제에게 저녁에는 측에게 가르침을 청했습니다.
不知其他."	나머지는 모르겠습니다."
公語范文子.	공이 범문자에게 말하니
文子曰,	문자가 말하였다.

44 남음(南音): 남방 각지의 악조(樂調)를 모두 남음(南音)이라고 할 수 있다. 『여씨춘추·음초(音初)』편에서는 남음은 하우(夏禹) 때 도산(塗山)의 여인에게서 일어났다고 하였는데, 이는 고대의 전설이다.

45 초공왕이 태자였을 때 그 부친인 장왕은 일찍이 그를 위해 사부를 선택해 주게 하고 가르칠 내용을 고려하게 하였는데, 「초어 상」에 보인다. 고대의 제왕은 태자에게 부(傅)와 사(師), 그리고 보(保)의 여러 관칙을 설치하여 가르치고 기르게 하였다. 『예기·문왕세자(文王世子)』에서는 "태부와 소부를 세워 양육하게 하는데, 부자와 군신의 도를 알게 하고자함이다. 사(師)라는 것은 일을 가지고 가르치고 덕으로 비유하는 것이다. 보(保)라는 것은 그 몸을 삼가서 보익(輔翼)하여 도로 귀의케 하는 것이다"라 하였다.

46 새벽에는 영윤 자중(子重)에게 가르침을 청하고, 저녁에는 또 사마인 자반(子反)을 방문하여 가르침을 청한 것이다.

“楚囚,	“초나라의 죄수는
君子也.	군자입니다.
言稱先職,	말할 때 선부의 직관을 일컬은 것은
不背本也;	근본을 저버리지 않은 것입니다.
樂操土風,[47]	음악을 연주함에 본국의 것으로 하니
不忘舊也;	옛것을 잊은 것이 아닙니다.
稱太子,	태자를 일컬었으니
抑無私也;[48]	사심이 없는 것이며,
名其二卿,	두 경의 이름을 불렀으니
尊君也.[49]	임금을 높인 것입니다.
不背本,	근본을 저버리지 않은 것은
仁也;	인이며,
不忘舊,	옛것을 잊지 않은 것은
信也;	신의입니다.

47 토풍(土風): 본향과 본토의 악조, 곧 남음을 가리킴.

48 억(抑)은 발어사임. 진경공이 초나라 임금에 대하여 묻자 초나라 임금이 태자였을 때의 일을 가지고 답하여, 초나라 임금이 어려서부터 현명하였다는 것을 밝힘으로써 초나라 임금을 칭찬한 것은 사적인 아첨이 아니라는 것이다.

49 예에 의하면 임금의 앞에서는 다른 신하가 자기의 부친이라도 모두 그 이름을 직접 부르게 되어 있다. 종의는 자중〔子重: 이름은 영제(嬰齊)〕과 자반〔子反: 이름은 측(側)〕의 이름을 직접 불렀는데 이는 곧 진나라 임금을 존중한다는 표시라는 것이다.

無私,	사심이 없는 것은
忠也;	충성이옵고,
尊君,	임금을 높인 것은
敏也.	민첩한 것입니다.
仁以接事,	인으로 일을 처리하고
信以守之,	신의로 지키며
忠以成之,	충성으로 이루고
敏以行之,[50]	민첩하게 행하니
事雖大,	일이 아무리 크다 한들
必濟.	반드시 이룰 것입니다.
君盍歸之,	임금님께서는 어찌 그를 돌려보내시어
使合晉, 楚之成."	진나라와 초나라가 화친을 이르게 하지 않으십니까?"
公從之,	공이 그 말대로 따라
重爲之禮,	예를 두터이 하여
使歸求成.	돌아가 화친을 청하게 하였다.
冬十一月,	겨울 11월에

50 이 세 "之"자는 모두 일을 가리킨다.

楚子重自陳伐莒,	초나라 자중이 진나라에서 거나라를 치면서
圍渠丘.[51]	거구를 에워쌌다.
渠丘城惡,	거구는 성이 부서지고
衆潰,	백성들은 흩어져
奔莒.	거나라로 달아났다.
戊申,[52]	무신일에
楚入渠丘.	초나라가 거구로 들어갔다.
莒人囚楚公子平.	거나라 사람이 초나라 공자 평을 사로잡았다.
楚人曰,	초나라 사람이 말하였다.
"勿殺,	"죽이지 마라,
吾歸而俘."	너희 포로를 돌려주겠다."
莒人殺之.	거나라 사람이 죽여 버렸다.
楚師圍莒.	초나라 군사가 거나라를 에워쌌다.
莒城亦惡,	거나라의 성 또한 부서져서
庚申,	경신일에

51 『청일통지』에 의하면 거구(渠丘)는 지금의 거현(莒縣) 북쪽에 있다. 그러나 초나라가 거나라를 치는데 어떻게 길을 돌아 북쪽에서 남쪽으로 왔겠는가? 거구는 아마 거현의 동남쪽에 있을 것이다.

52 무신일은 5일이다.

莒潰.	거나라는 무너졌다.
楚遂入鄆,	초나라가 마침내 운으로 들어갔는데
莒無備故也.	거나라의 방비가 없었기 때문이다.
君子曰,	군자가 말하였다.
“恃陋而不備,[53]	“편벽된 것을 믿고 대비를 하지 않는 것은
罪之大者也;	죄 가운데 큰 것이며,
備豫不虞,[54]	뜻하지도 않은 일에 대비하는 것은
善之大者也.	훌륭한 일 가운데서도 큰 것이다.
莒恃其陋,	거나라는 편벽됨을 믿고
而不修城郭,	성곽을 수리하지 않았으니
浹辰之間,[55]	12일 만에
而楚克其三都,[56]	초나라가 그 세 도성을 떨어뜨린 것은
無備也夫!	방비를 하지 않았음이로다.

---

53 루(陋): 지난해 거나라 임금이 “구석져 오랑캐 땅에 있다(辟陋在夷)”라 한 말에 대한 반응이다.

54 의외의 일에 미리 방비하는 것이다.

55 협진(浹辰): 협(浹)은 “땀이 등 전체에 흐른다(汗流浹背)”라 할 때의 협으로 두루의 뜻이다. 진(辰)은 자시부터 해시까지의 12진(辰)이다. 이기서는 무신일부터 경신일까지 지지(地支)가 한 바퀴 돈 것을 가리키며, 따라서 협진은 곧 12일이다.

56 삼도(三都): 거구(渠丘)와 거(莒), 그리고 운(鄆)이다. 운은 거의 북쪽에 있으며, 초나라가 운으로 들어간 것은 당연히 경신일에 거가 무너진 후일 것으로, 고인들의 말이 후세인처럼 주밀하지 못한 것 같다.

詩曰,	『시』에서 말하기를
‘雖有絲, 麻,	‘실과 삼이 있다 하더라도
無棄菅, 蒯;[57]	솔새와 기름 사초를 버리지 않으며,
雖有姬, 姜,	희씨와 강씨 같은 미녀가 있다고 하더라도
無棄蕉萃;[58]	초췌한 사람을 버리지 않는다.
凡百君子,	무릇 모든 군자들은
莫不代匱.’[59]	모자랄 때 대신하지 않음이 없도다’라 하였다.
言備之不可以已也.”	이는 대비함에는 끝이 있을 수 없음을 말한 것이다.”

秦人, 白狄伐晉,	진나라 사람과 백적이 진나라를 쳤는데

57 관괴(菅蒯): 모두 다년생 초본식물로 고인들이 자리와 신발, 밧줄을 꼬는 데 썼다. 상등과 차등의 재료가 있더라도 하등의 재료를 비축해 놓아야 한다는 뜻이다.

58 고인들이 전하는 바에 따르면 황제(黃帝)는 희성(姬姓)이고 염제(炎帝)는 강성(姜姓)이라고 하며, 당시로 치면 주(周)나라는 희성이고 제(齊)나라는 강성이어서 희씨와 강씨는 양대 성이었다. 초췌(蕉萃)는 곧 “憔悴”로 얼굴빛이 바짝 마른 모양이다. “희강”과 “초췌”는 상대되는 말이다. 고인들은 희씨와 강씨를 가지고 미녀를 대표하였는데, 이를테면 『시경·진풍·동문지지(陣風·東門之池)』에서는 “저 아리따운 희씨, 나와 함께 노래할 만하네(彼美叔姬, 可與晤歌)”라 하였고 『시경·진풍·형문(陣風·衡門)』에서는 “어떻게 아내 얻을까? 반드시 제나라의 강씨여야 하네(豈其取妻, 必齊之姜)”라는 구절이 있다. 아름다운 부인이 있다 하더라도 아름답지 못한 사람을 포기할 수 없음을 말한다.

59 궤(匱): 모자라다. 대궤(代匱)는 이것이 모자라거나 혹은 저것이 모자라다. 지금 전하는 『시경』에는 이 구절이 없다. 두예는 “일시(逸詩)”라고 하였다.

諸侯貳故也.[60] 제후가 두 마음을 품었기 때문이다.

鄭人圍許, 정나라 사람이 허나라를 에워쌌는데

示晉不急君也.[61] 진나라에게 임금이 급하지 않음을 보여주기 위함이었다.

是則公孫申謀之,[62] 이는 공손신이 꾸민 일로

曰, 말하기를

"我出師以圍許, "우리가 군사를 내어 허나라를 에워싸고

僞將改立君者,[63] 거짓으로 임금을 새로 세우려는 것처럼 하여

而紓晉使,[64] 진나라에 사자를 보내는 일을 늦추면

晉必歸君."[65] 진나라는 반드시 임금을 돌려줄 것이다"라 하였다.

---

60 제후들이 진나라에게 많이 두 마음을 가지자 진나라와 백적이 와서 친 것이다.

61 정성공은 진나라에 구류되어 있으므로 정나라가 고의로 진나라에게 임금이 잡혀 있는 것이 급무가 아니며 오히려 군사를 일으켜 허나라를 에워쌀 힘이 있음을 나타낸 것이다.

62 공손신(公孫申)은 성공 4년의 『전』과 『주』에 보인다.

63 위(僞)는 각 판본에 모두 "爲"로 되어 있는데, 가나자와 문고본(金澤文庫本)에 따라 이렇게 고쳤다. 이 구절의 뜻은 위장으로 다른 임금을 따로 세우려 한다는 것이다.

64 일시적으로 진나라에 사신을 보내지 않는 것을 말한다.

65 진나라는 이듬해에 정나라 임금을 송환한다.

城中城,	내성에 성을 쌓은 것을
書,	기록한 것은
時也.	시의적절했기 때문이다.

十二月,	12월에
楚子使公孫辰如晉,[66]	초자가 공손진으로 하여금 진나라에 가서
報鍾儀之使,	종의를 사자로 보낸 일을 보답하고
請修好, 結成.[67]	우호를 닦고 화친을 맺을 것을 청하였다.

성공 10년

經

十年春,[1]	10년 봄에

66 다음 해의 『전』에 의하면 공자 진(公子辰)은 자가 자상(子商)이며, 관직은 태재(大宰)이다.

67 「연표」에서 "초공왕 9년 겨울에 진나라와 화친하였다"라 한 것이 바로 이 일이다.

1 십년(十年): 경진년 B.C. 581년으로 주간왕(周簡王) 5년이다. 2월 초10일 임오일이 동지로 건해(建亥)이다. 윤달이 있다.

衛侯之弟黑背帥師侵鄭. 위후의 아우인 흑배가 정나라로 쳐들어갔다.

夏四月, 여름 4월에

五卜郊, 다섯 번이나 교제를 지낼 날을 점쳤으나

不從, 길하지 않아

乃不郊.[2] 이에 교제를 지내지 않았다.

五月, 5월에

公會晉侯, 齊侯, 宋公, 衛侯, 曹伯伐鄭.[3] 공이 진후와 제후, 송공, 위후, 조백을 만나 정나라를 쳤다.

齊人來媵.[4] 제나라 사람이 잉첩을 보내왔다.

丙午,[5] 병오일에

晉侯獳卒. 진후 누가 죽었다.

秋七月,[6] 가을 7월에

---

2 『전』이 없다. 희공 31년의 『경』과 『전』을 참조하라.

3 이 진후는 진여공(晉厲公)이다. 『전』에 의하면 진경공이 병들자 진나라 사람들이 태자를 임금으로 세워 제후와 만나 정나라를 쳤다.

4 『전』이 없다. 백희를 위해 딸려 보낸 여자이다. 8년과 9년에 위나라와 진나라에서 선후로 잉첩을 보내왔는데, 『전』에서는 모두 "예의에 맞았다"라 하였다. 『전』에서는 또한 이성(異姓)은 잉첩으로 삼지 않는다라 하였는데, 제나라 사람이 보낸 잉첩은 예의에 합당하지 않았다는 뜻이다.

5 『전』에 의하면 병오일은 6월에 있으며 6월 6일일 것이다. 『경』에는 "6월" 두 자가 없는데 당시의 사관이 빠뜨리고 기록을 하지 않은 것일 것이다.

6 『예기·중용(中庸)』의 공영달의 주석〔소(疏)〕에서는 "성공 10년에는 '겨울 10월'이라 기록하

公如晉.

공이 진나라로 갔다.

冬十月.

겨울 10월.

傳

十年春,

10년 봄

晉侯使糴茷如楚,[7]

진후가 적패로 하여금 초나라에 가게 하였는데

報大宰子商之使也.[8]

태자 상지가 사신으로 갔던 일을 알린 것이다.

衛子叔黑背侵鄭,[9]

위나라의 자숙흑배가 정나라로 쳐들어갔는데

晉命也.

진나라의 명령이었다.

鄭公子班聞叔申之謀.[10]

정나라 공자 반이 숙신의 계책을 들었다.

지 않았는데, 이에 대해 가규(賈逵)와 복건(服虔)은 시삭(視朔)하고 대에 오르지 않았기 때문이라고 하였다"라 하였다. 이에 의하면 가규와 복건이 본 판본에는 모두 이 조목이 없었으며, 이 때문에 포당(浦鏜)과 단옥재(段玉裁), 홍양길(洪亮吉), 장수공(臧壽恭) 등은 모두 이 세 자는 후인에 의해 첨가된 것이라고 하였다. 『공양전』에는 이 세 자가 없으며, 『곡량전』에는 있다.

7 적패(糴茷): 진(晉)나라 대부이다.

8 자상(子商)은 곧 공자 진(公子辰)으로, 지난해에 진나라에 사신으로 갔다.

9 자숙흑배(子叔黑背): 위목공(衛穆公)의 아들이며, 위정공(衛定公)의 아우이다.

三月,	3월에
子如立公子繻.[11]	자여가 공자 수를 세웠다.
夏四月,	여름 4월에
鄭人殺繻,	정나라 사람이 수를 죽이고
立髡頑,[12]	곤완을 세우니
子如奔許.	자여는 허나라로 달아났다.
欒武子曰,	난무자가 말하였다.
"鄭人立君,	"정나라 사람들이 임금을 세웠는데
我執一人焉,	우리가 한 사람을 잡고 있은들
何益?	무슨 이익이리오?
不如伐鄭而歸其君,	정나라를 쳐서 그 임금을 돌려보내고
以求成焉."	화친을 청함만 못하다."
晉侯有疾,	진후가 병이 나서

10 숙신의 계책은 지난해 『전』에 보인다.

11 자여(子如)는 곧 공자 반(公子班)이다. 「정세가」에서는 "정나라는 진나라를 근심하여 공자 여가 이에 성공의 서형인 수(繻)를 세웠다"라 하였으니, 공자 수는 곧 정양공(鄭襄公)의 아들이며 성공(成公)의 서형이다. 그러나 사마천은 자여가 공자 수를 세운 것을 진나라 난서(欒書)가 정나라를 포위한 데 대한 대응이라고 생각하였고, 『좌전』에서는 자여가 숙신이 "허위로 임금을 세운" 계책을 들었다고 하였다. 두 설이 같지 않다.

12 양공 7년의 『경』과 『전』에 의하면 곤완(髡頑)은 정성공의 태자 정희공(鄭僖公)이다. 『공양전』과 『곡량전』 양공 7년의 『경』에는 모두 "곤원(髡原)"으로 되어 있고, 「정세가」에는 "운(惲)"으로 되어 있다. 「정세가」에서는 "곤완을 세웠다"라고 기록하지 않고 또한 수가 피살된 것은 성공이 돌아온 후라고 하여, 그 근거가 다른 것 같다.

五月,	5월에
晉立太子州蒲以爲君,[13]	진나라는 태자 주포를 세워 임금으로 삼고
而會諸侯伐鄭.	제후를 모아 정나라를 쳤다.
鄭子罕賂以襄鐘,[14]	정나라 자한은 양공의 종을 뇌물로 주었으며
子然盟于脩澤,[15]	자연은 수택에서 맹약을 맺고
子駟爲質.[16]	자사를 인질로 삼았다.
辛巳,[17]	신사일에
鄭伯歸.	정백이 돌아갔다.

13 공영달은 응소(應劭)의 『구군휘의(舊君諱議)』를 인용하여 "옛날에 주목왕(周穆王)의 이름은 만(滿)이었고, 진여공(晉厲公)의 이름은 주만(州滿)이었다"라 하였으니, 한나라 말기에 응소가 의거한 『좌전』에는 "州蒲"가 "州滿"으로 되어 있었다. 「진세가」에는 "수만(壽曼)"으로 되어 있으며, 주(州)와 수(壽), 만(滿)과 만(曼)은 음이 가까워 통가할 수 있었다. 그러므로 당나라 유지기(劉知幾)의 『사통·잡박(史通·雜駁)』편 이후로 학자들은 금본 "蒲"자는 "滿"자와 형태가 비슷하여 잘못된 것이라 하였다. 『석문(釋文)』에서도 "주만이라고도 한다(或作州滿)"라 하였다. 진나라 경공이 아직 죽지도 않았는데 태자가 즉위하여 임금이 된 것을 두고 고염무(顧炎武)는 『일지록(日知錄)』 권14에서 이를 일러 "내선(內禪)이 비롯된 것"이라 하였다.

14 "종(鐘)"은 "鍾"으로 되어 있는 판본도 있다. 자한(子罕)은 목공의 아들로 곧 14년 『경』의 공자 희(公子喜)이다. 옛사람들 중에 희(喜)자 이름을 가진 사람은 자가 한(罕)인 경우가 많은데, 이를테면 송나라 악희(樂喜)의 자는 자한(子罕)이다. 양종(襄鐘)은 정나라 양공의 사당에 있는 종이다.

15 자연(子然): 목공의 아들로, 또한 양공 원년 및 19년의 『전』에 보인다.
수택(脩澤): 정나라 땅으로 지금의 하남성 원양현(原陽縣) 서남쪽에 있다.

16 자사(子駟): 곧 양공 9년 『전』, 10년 『경』의 공자 비(公子騑)로 또한 정목공의 아들이다.

17 신사일은 11일이다.

晉侯夢大厲,[18]	진후가 악귀가 나오는 꿈을 꾸었는데
被髮及地,[19]	머리를 땅까지 흩뜨린 채
搏膺而踊,[20]	가슴을 치고 뛰면서
曰,	말하였다.
"殺余孫,[21]	"내 자손들을 죽였으니
不義.	의롭지 못하다.
余得請於帝矣!"[22]	내 천제에게 청을 얻었다!"
壞大門及寢門而入.	대문 및 침문을 부수고 들어왔다.
公懼,	공이 두려워하여

18 대려(大厲): 악귀(惡鬼)를 여귀(厲鬼)라고 한다. 소공 7년의 『전』에 "여귀는 어떠합니까?(其何厲鬼也)"라 한 것으로 알 수 있다. 또한 줄여서 여(厲)라고도 하는데, 양공 17년 『전』에서 "네 아버지는 여가 되었다(爾父爲厲)"라 한 것으로 알 수 있다. 고인들은 또한 후사를 끊는 귀신은 항상 여(厲)가 된다고 생각하였으므로 『예기·제법(祭法)』에 "태려(泰厲)"니 "공려(公厲)"라는 말이 있는데, 정현은 고대의 제왕으로 후사가 끊긴 사람은 태려가 되고, 제후로 후사가 끊긴 사람은 공려가 된다고 하였다. 소공 7년의 『전』에서도 "귀신에게도 귀의할 곳이 있으면 여(厲)는 되지 않는다"라 하였다.

19 피(被): "披"와 같다.

20 박응(搏膺): 가슴을 치는 것이다.
용(踊): "뛸 도(跳)"자와 같다.

21 살여손(殺余孫): 8년에 진후가 조동(趙同)과 조괄(趙括)을 죽인 일을 가리킬 것이다. 진경공이 꿈에서 본 악귀는 조씨의 조상들의 환영이었을 것이다. 이 손(孫)자는 광의의 의미로 후손을 가리킨다. 「조세가」에서는 이 일을 기록하여 "진경공이 병이 나자 점을 쳤더니 대업(大業)의 후대가 순조롭지 못하여 결국 재앙이 생길 것이라는 점괘가 나왔다"라 하였다. 꿈을 꾼 것을 점쳤다는 것이 『좌전』과 다르지만 "대업의 후예"는 또한 조씨의 조상을 가리킨다.

22 상제에게 청하여 허락을 얻어 복수를 할 수 있을 것이라는 말이다. 희공 10년의 『전』에서 태자 신생(申生)의 말을 서술하여 "내가 천제께 청하여 허락을 얻어냈다. 진나라를 진나라에게 줄 것이다(余得請於帝矣, 將以晉畀秦)"라 하였다.

入于室.[23] 방으로 들어갔다.

又壞戶. 또 외짝문을 부수었다.

公覺, 공이 깨어

召桑田巫.[24] 상전의 무당을 불렀다.

巫言如夢. 무당의 말이 꿈과 같았다.

公曰, 공이 말하였다.

"何如?" "어떠한가?"

曰, 말하였다.

"不食新矣."[25] "햇곡식을 드시지 못할 것입니다."

公疾病,[26] 공의 병이 위독해져서

求醫于秦. 진나라에 의원을 청하였다.

秦伯使醫緩爲之.[27] 진백은 의원 완을 보내어 치료하게 하였다.

未至, 아직 이르지 않았을 때

公夢疾爲二豎子,[28] 공이 병이 두 어린아이가 되는 것을 꿈꾸었는데

---

23 실(室)은 침(寢)의 뒤에 있으며 외짝문(戶)이 있어 서로 통한다.

24 상전(桑田): 희공 2년의 『전』과 『주』에 보인다. 본래는 괵(虢)나라의 읍이었는데, 진나라가 괵나라를 멸망시킨 후에 진나라에 합병되었다.

25 신(新): 햇보리(新麥)이다. 햇보리를 맛보기 전에 죽을 것이라는 말이다.

26 질(疾)과 병(病)을 이어서 쓰면 병이 위중한 것을 말한다.

27 위(爲): 치료하다.

28 수자(豎子): 아동, 어린아이.

曰,	말하였다.
“彼,	“저 사람은
良醫也,	훌륭한 의원으로
懼傷我,	우리를 해칠까 두려우니
焉逃之?”[29]	어디로 도망을 가지?”
其一曰,	그중 하나가 말하였다.
“居肓之上,	“황의 위와
膏之下,[30]	고의 아래에 있으면
若我何?”	우리를 어찌하겠는가?”
醫至,	의원이 이르러
曰,	말하였다.
“疾不可爲也,	“병은 고칠 수 없습니다.
在肓之上,	황의 위와
膏之下,	고의 아래에 있어
攻之不可,	뜸으로도 안 될 것이고
達之不及,[31]	침을 놔도 미치지 못할 것이며

29 이 구절은 “우리를 해칠 것이 두려우니 도망을 가자!(懼傷我焉, 逃之)”로 읽을 수도 있다. 그러나 언(焉)자를 아래로 붙여 읽음만 못하다.

30 고황(膏肓): 고대 의학상으로는 심장의 끝 부분에 있는 지방을 고(膏)라 하고 심장과 횡격막 사이를 황이라고 하는데, 황의 위와 고의 아래에는 약과 침구(針灸)가 미치지를 못한다.

31 공(攻)은 뜸〔灸〕, 달(達)은 침을 가리켜 말하였음.

藥不至焉,	약효도 이르지 못할 것이니
不可爲也."	치료할 수 없습니다."
公曰,	공이 말하였다.
"良醫也."[32]	"훌륭한 의원이로다."
厚爲之禮而歸之.	예를 두터이 하여 돌려보냈다.
六月丙午,	6월 병오일에
晉侯欲麥,[33]	진후가 보리밥이 먹고 싶어
使甸人獻麥,[34]	전인에게 보리를 바치게 하여
饋人爲之.[35]	궤인에게 밥을 짓게 하였다.
召桑田巫,	상전의 무당을 불러
示而殺之.[36]	보여주고는 죽였다.
將食,	먹으려는데
張,[37]	배가 부풀어

32 꿈의 내용과 부합하였기 때문이다.

33 곧 햇보리를 맛보는 것이다. 『예기·월령(月令)』과 『여씨춘추·맹하기(孟夏紀)』에는 모두 햇곡식을 맛보는 예법이 있는데 참고해 볼 만하다.

34 전인(甸人): 천자와 제후에게는 모두 이 관직이 있는데, 『예기·제의(祭義)』에 의하면 제후는 적전(藉田) 백 무(畝)가 있으며 전인이 이 적전을 주관하고 아울러 농작물을 공급한다. 또한 곧 『주례·천관(天官)』의 전사(甸師)이다. 그러나 『주례·천관·대축(天官·大祝)』 및 『의례·연례(燕禮)』, 「대사의(大射儀)」, 「공식대부례(公食大夫禮)」, 「사상례(士喪禮)」, 『예기·문왕세자(文王世子)』, 「상대기(喪大記)」 및 「주어(周語) 중」에는 모두 전인(甸人)으로 되어 있는 것으로 보아 본명은 전인이며, 『주례』의 작자가 일시적으로 전사로 고친 것이다.

35 궤인(饋人): 제후를 위해 음식을 주재하는 관리로 『주례·천관』의 포인(庖人)에 해당한다.

36 궤인이 바친 햇보리를 보여주고 "햇곡식을 먹지 못할 것이다"고 한 예언에 분노한 것이다.

如厠,	변소에 갔다가
陷而卒.[38]	빠져서 죽었다.
小臣有晨夢負公以登天,[39]	환관 중에 새벽에 공을 업고 하늘을 오르는 꿈을 꾼 자가 있었는데
及日中,	한낮에
負晉侯出諸厠,	진후를 업고 변소에 갔다가
遂以爲殉.	마침내 순장되었다.

鄭伯討立君者,	정백이 임금을 세운 자들을 토벌하여
戊申,[40]	무신일에
殺叔申, 叔禽.[41]	숙신과 숙금을 죽였다.
君子曰,	군자가 말하였다.
"忠爲令德,	"충성은 미덕이지만
非其人猶不可,[42]	충성해야 할 사람이 아니면 행하지 않는데

37 장(張): 지금은 창(脹)이라고 한다. 배가 부풀어 오르는 것이다.

38 넘어져 변기통에 빠져 죽은 것이다.

39 소신(小臣): 환관(宦官)이다. 희공 4년『전』의『주』에 보인다.

40 무신일은 8일이다.

41 두예는 "숙금(叔禽)은 숙신(叔申)의 아우이다"라 하였다.

42 비기인(非其人): 예로부터 두 가지 풀이가 있었다. 하나는 충성을 다하는 사람을 가리키는데 여기서는 숙신을 가리키며, 숙신은 충성스런 덕을 행하기에 부족하다는 것을 이른

況不令乎?"[43]	하물며 선하지 않음에랴!"
秋,	가을에
公如晉.	공이 진나라에 갔다.
晉人止公,	진나라 사람이 공을 억류하고
使送葬.	송장하게 하였다.
於是羅茷未反.[44]	이때 적패는 아직 돌아오지 않았다.
冬,	겨울에

다는 뜻이다. 고염무가 인용한 육찬(陸粲)의 설에 보인다. 하나는 충성의 대상을 가리키는데 여기서는 정성공을 가리키며, 정성공에게는 충성을 바칠 수가 없다는 뜻이다. 두예의 주에 보인다. 『수서·장형전찬(隋書·張衡傳贊)』에 "대체로 충성은 아름다운 덕으로, 그 사람이 아닌데도 베푸는 것은 혹 안 되지 않겠습니까?"라는 말이 있는데 또한 두예의 말을 썼다. 또한 『여씨춘추·지충(至忠)』편의 고유(高誘) 주, 『후한서·두융전(竇融傳)』의 이현(李賢) 주에서 인용한 『좌전』의 이 말도 모두 이 뜻으로 쓰여 전통적으로 이러하였음을 알 수 있다. 고서(古書)에서 "非其人"이란 말은 매우 많이 쓰이는데 어떤 때는 본인을 가리켜 말하는 것으로, 이를테면 『주역·계사(周易·繫辭) 하』의 "실로 그 사람이 아니면 도를 헛되이 행하지 않는다"와 『공자가어·오제덕(五帝德)』편의 "나 또한 그 사람이 아니다"라 한 것이 모두 이런 뜻으로 쓰였다. 어떤 때는 또 상대방을 가리키기도 하였는데, 『맹자·진심(盡心) 하』의 "명예를 좋아하는 사람은 천승의 나라를 양보할 수 있으며, 실로 그럴 사람이 아니면 한 그릇의 밥과 한 그릇의 국도 얼굴빛에 나타나는 것이다"와 『순자·대략(大略)』편의 "그 사람이 아닌데 가르치는 것은 도둑에게 양식을 대주고 적에게 병기를 빌려 주는 것이다"라는 말이 이 뜻으로 쓰였다. 문법으로 보면 두 가지 해석이 모두 통할 수 있다.

43 두예는 "숙신은 충성을 하였으나 충성을 바칠 만한 사람을 얻지 못하여 도리어 자신을 해쳤다"라 하였다.

44 이때 적패는 초나라에 사신으로 나갔다가 아직 돌아오지 않았으며, 진나라는 노나라가 진나라를 따르는지 초나라를 따르는지 의심을 품고 있어서 억류시켜 노나라에 돌아가지 못하게 하였던 것이다. 이듬해의 『전』을 참조하라.

葬晉景公.	진경공을 장사 지냈다.
公送葬,	공이 송장하고
諸侯莫在.	제후는 아무도 없었다.
魯人辱之,[45]	노나라 사람이 욕되이 여겨
故不書,[46]	기록하지 않았는데
諱之也.	그 사실을 꺼린 것이다.

성공 11년

經

十有一年春王三月,[1]	11년 봄 주력으로 3월에
公至自晉.	공이 진나라에서 돌아왔다.
晉侯使郤犨來聘,	진후가 극주로 하여금 내빙케 하고
己丑,[2]	기축일에
及郤犨盟.[3]	극주와 맹약하였다.

---

45 욕지(辱之): 이 일을 치욕으로 생각하였다는 것이다.

46 『경』에서 노성공이 송장하였다는 것을 기록하지 않았을 뿐만 아니라 또한 "진경공을 장사 지냈다"는 사실은 기록을 하여야 하는데도 또한 기록하지 않았다.

1 십유일년(十有一年): 신사년 B.C. 580년으로 주간왕(周簡王) 6년이다. 정월 21일 정해일이 동지로 건자(建子)이다.

2 기축일은 24일이다.

3 극주(郤犨): 『공양전』에는 모두 "郤州"로 되어 있는데, 공영달의 주석〔소(疏)〕에서 인용한

夏,	여름에
季孫行父如晉.	계손행보가 진나라에 갔다.
秋,	가을에
叔孫僑如如齊.	숙손교여가 제나라에 갔다.
冬十月.	겨울 10월.

傳

十一年春王三月,	11년 봄 주력으로 3월에
公至自晉.	공이 진나라에서 돌아왔다.
晉人以公爲貳於楚,[4]	진나라 사람은 공이 초나라에 두 마음을 품고 있다고 생각하여
故止公.	공을 억류한 것이었다.
公請受盟,	공이 맹약을 받아들이겠다고 청하자
而後使歸.[5]	그런 뒤에야 돌아가게 하였다.

郤犨來聘,[6]	극주가 빙문을 왔는데

『세본』과 부합한다. "犨"와 "州"는 음이 서로 가까워 통용하였으며, 『예기·악기(樂記)』에서 인용한 『세본』의 "무중주(武仲州)"는 곧 『좌전』의 "위주(魏犨)"이거나 위무자(魏武子)이다.

4 4년의 『전』에 의하면 노성공은 일찍이 초나라와 우호를 맺고 진나라를 배반하려고 하였는데 아마 이 때문에 의심을 샀을 것이다.

5 노성공은 지난해 7월에 진나라에 간 이래 이때까지 모두 9개월째를 보내고 있다.

6 공영달이 인용한 『세본』에 의하면 극주(郤犨)와 극극(郤克)은 모두 극표(郤豹)의 증손자이며 두 사람은 종조형제(從祖兄弟)이다.

且涖盟.[7] 또한 맹약에 임한 것이었다.

聲伯之母不聘,[8] 성백의 어머니는 빙례를 행하지 않았는데

穆姜曰,[9] 목강이 말하였다.

"吾不以妾爲姒."[10] "나는 첩을 동서로 생각지 않는다."

---

7 위의 『전』에서 노성공이 맹서를 받아들일 것을 청하였으므로 진여공(晉厲公)이 극주를 파견하여 노나라와 맹약을 맺게 한 것이다.

8 성백(聲伯)은 곧 공손영제(公孫嬰齊)로, 성공 2년의 『경』과 『주』에 보인다. 불빙(不聘)은 중매를 통한 빙례를 행하지 않은 것이다. 『예기·내칙(內則)』에서는 "빙례를 올리면 아내가 된다(聘則爲妻)"라 하였으니 빙례를 행하지 않으면 첩이 되는 것이므로 아래에서 목강이 "나는 첩을 동서로 여기지 않는다"라 하였다.

9 목강(穆姜): 노선공의 부인. 성백의 아버지 숙힐(叔肹)과 노선공은 형제이므로 목강과 성백의 어머니는 동서지간이다.

10 사(姒): 『이아·석친(釋親)』에 의하면 두 가지 뜻이 있다. 「석친」에서는 "여자가 같은 아버지에게서 태어나면 먼저 태어난 사람은 사(姒)이고 나중에 태어난 사람은 제(娣)이다"라 하였다. 사제(姒娣)의 첫 번째 뜻은 곧 "자매(姊妹)"에 해당한다. 『이아』에 의하면 "자매"는 형제에 대한 여형제의 호칭이며, "제사(娣姒)"는 여형제 상호간에 부르는 호칭이다. 사실 여형제 간에는 또한 "자매"라고도 부를 수 있으니 『시경·패풍·천수(邶風·泉水)』에서 "그런 뒤에 언니 만나고 싶네(遂及伯姊)"라 한 것으로 알 수 있다. 이 뜻에서 인신되어 「석친」에서는 또한 말하기를 "손위 며느리가 손아래 며느리를 부를 때 제부(娣婦)라고 하며, 손아래 며느리가 손위 며느리를 부를 때 사부(姒婦)라고 한다"라 하였다. 이곳의 사(姒)는 곧 "사부"의 줄임말이다. "제사(娣姒)"의 두 번째 뜻은 곧 "동서(妯娌)"에 해당한다. 이곳에서는 목강은 형의 아내이고 성백의 어머니는 아우의 아내이므로 목강이 그를 일컬어 "사(姒)"라고 한 것으로, 소공 28년 『전』의 숙상(叔向)의 형수가 숙상의 아내를 "사"라고 일컫는 것과 같다. 그래서 공영달은 비록 아우의 처이긴 하나 형의 처보다 나이가 많아서 형의 처가 그를 "사"라고 부른다 하였다. 동서지간에는 연장자가 사(姒)이고 연소자는 제(娣)가 된다. 제사(娣姒)는 동서 본인의 나이에 의거하며 남편의 나이에 의거하지는 않는다. 이 설은 "사제"를 "자매"로 보아 본의와 서로 부합하여 매우 일리가 있다. 그러나 청나라 소진함(邵晉涵)의 『이아정의(爾雅正義)』와 청나라 왕념손(王念孫)의 『광아소증(廣雅疏證)』, 이이덕(李貽德)의 『춘추좌씨전가복주집술(春秋左氏傳賈服注輯述)』, 심흠한의 『보주(補注)』에서는 모두 이 설을 주장하지 않고 억지로 형의 처가 사

生聲伯而出之,	성백을 낳자 쫓아내니
嫁於齊管于奚,	제나라 관우해에게 시집가서
生二子而寡,[11]	두 아들을 낳고 과부가 되어
以歸聲伯.	성백에게 돌아갔다.
聲伯以其外弟爲大夫,[12]	성백은 이복동생을 대부로 삼았으며
而嫁其外妹於施孝叔.[13]	이복누이를 시효숙에게 시집보냈다.
郤犨來聘,	극주가 빙문을 와서
求婦於聲伯.	성백에게 아내를 구해 달라고 하였다.
聲伯奪施氏婦以與之.	성백은 시씨의 부인을 빼앗아 그에게 주었다.
婦人曰,	부인이 말하였다.
"鳥獸猶不失儷,	"금수도 오히려 짝을 잃지 않으려는데

(姒)이고, 아우의 처가 제(娣)라 하여 사제(姒娣)의 구별은 남편의 장유(長幼)에 따르며 동서간의 장유는 따르지 않는다고 하였다. 소진함은 "『좌전』에서 사(姒)라 한 것은 칭위(稱謂)를 하면서 어쩌다 한쪽을 생략한 것을 따른데 지나지 않는다"라 하였고, 이이덕과 심흠한은 동서끼리 상호간에 공경하여 서로 사(姒)라 부를 수 있다고 하였다. 이는 모두 사제(姒娣)의 본의가 명확하지 않은 것이다.

11 아래의 문장에 의하면 이자(二子)는 1남 1녀로, 옛 사람들은 딸에게도 "자(子)"라 할 수 있었다.

12 외제(外弟): 어머니가 관우해에게 시집가서 낳은 아들을 가리키며, 또한 곧 아버지는 다르고 어머니가 같은 아우로 외사촌 형제를 "외형제"라 하는 것과는 다르다.

13 두예는 "효숙은 노혜공(魯惠公)의 5세손이다"라 하였다.

子將若何?"[14]	그대는 어찌하려 하오?"
曰,	말하기를
"吾不能死亡."[15]	"나는 당신 때문에 죽거나 쫓겨날 수 없소"라 하였다.
婦人遂行.	부인이 마침내 극주에게 갔다.
生二子於郤氏.	극씨에게서 두 아들을 낳았다.
郤氏亡,[16]	극씨가 망하자
晉人歸之施氏.	진나라 사람은 그를 시씨에게 돌려보냈다.
施氏逆諸河,	시씨가 황하에서 그녀를 맞이하며
沈其二子.	두 아들을 빠트려 죽였다.
婦人怒曰,	부인이 노하여 말하였다.
"己不能庇其伉儷而亡之,[17]	"자기가 짝을 보호해 주지 못하여 떠나게 하고서는
又不能字人之孤而殺之,[18]	또 남의 고아를 사랑해 줄 수 없어 죽이니
將何以終?"	어떻게 끝이 좋겠소?"

---

14 자(子): 남편인 시효숙을 가리킨다.
15 효숙이 극주에게 죄를 지어 살해되거나 쫓겨나는 것을 두려워함을 말한다.
16 극씨는 17년에 멸족되며, 이는 뒷일을 찾아내어 결과를 말한 것이다.
17 기(己): 자기라는 말로 효숙을 말하며, 아래의 인(人)과 상대되는 말이다.
18 자(字): 자애(慈愛)의 뜻.

遂誓施氏.[19]	마침내 시씨에게 맹세하였다.
夏,	여름에
季文子如晉報聘,	계문자가 진나라로 가서 답빙을 하였는데
且涖盟也.	또한 맹약에 임한 것이었다.
周公楚惡惠, 襄之偪也,[20]	주공초는 혜왕과 양왕이 핍박하는 것을 미워하였으며
且與伯輿爭政,[21]	또한 백여와 정권을 쟁탈하였으나
不勝,	이기지 못하자
怒而出.	노하여 떠났다.
及陽樊,[22]	양번에 이르렀을 때
王使劉子復之,	왕이 유자를 보내어 그를 돌아오게 하자

---

19 두예는 "다시는 그의 아내가 되지 않겠다고 맹세한 것이다"라 하였다.

20 희공 30년『전』에 주공열(周公閱)이 있는데, 주공초는 그 후대일 것이다. 고동고(顧棟高)의『대사표(大事表)』에서는 열(閱)이 증손(曾孫)이라 하였는데 지나치게 천착하였음을 면할 수 없다.

21 백여(伯輿)는 본래 "伯與"로 되어 있는 것을『석문(釋文)』에 근거하여 고쳤다. 양공 10년의『전』에 주나라 왕실에 백여(伯輿)가 있는데, 둘 사이의 시차가 18년이므로 아마 다른 사람일 것이다.

22 양번(陽樊): 곧 은공 11년『전』의 번(樊)이며, 또한 희공 25년의『전』에도 보인다. 은공 11년의『전』과『주』에 상세하다. 이때는 이미 진나라의 읍이 되었다.

盟于鄄而入.[23]	견에서 맹세하고 들어갔다.
三日復出,	사흘 만에 다시 나와서
奔晉.	진나라로 달아났다.

秋,	가을에
宣伯聘于齊,	선백이 제나라를 빙문하고
以脩前好.[24]	전에 맺은 우호조약을 다졌다.
晉郤至與周爭鄇田,[25]	진나라의 극지가 주나라와 후전을 놓고 다투니
王命劉康公, 單襄公訟諸晉.	왕이 유강공 및 단양공에게 명하여 진나라에 소송을 하게 하였다.
郤至曰,	극지가 말하였다.
"溫,	"온은
吾故也,	우리 옛 땅이므로
故不敢失."[26]	감히 잃을 수가 없습니다."
劉子, 單子曰,	단자와 유자가 말하였다.

23 견(鄄): 주나라의 읍으로 소재지는 상세하지 않다.

24 전호(前好): 두예는 "안(鞌)의 전역 이전의 우호 관계이다"라 하였다.

25 후(鄇): 온(溫)의 별읍으로 지금의 하남성 척현(陟縣) 서남쪽에 있다.

26 온은 극지(郤至)의 채읍이므로 16년과 17년의 『전』에서는 극지를 또한 온계(溫季)라고도 한다. 극지는 온읍은 본래 극씨의 소유이며, 후(鄇)는 온의 별읍이라 하여 원래의 소유로 돌려주어야 한다고 한 것이다.

"昔周克商, "옛날에 주나라가 상나라를 이기자

使諸侯撫封,[27] 제후들로 하여금 봉토를 위무하게 함에

蘇忿生以溫爲司寇, 소분생은 온 땅으로 사구가 되게 하여

與檀伯達封于河.[28] 단백달과 함께 하에 봉하였습니다.

蘇氏卽狄, 소씨가 적에게 가서 붙으니

又不能於狄而奔衛.[29] 또한 적과 잘 지낼 수가 없어 위나라로 달아났습니다.

襄王勞文公而賜之溫,[30] 양왕이 문공의 노고를 치하하며 온을 내렸는데

狐氏, 陽氏先處之,[31] 호씨와 양씨가 그곳에 먼저 거처하였고

而後及子. 나중에야 그대의 차례가 되었습니다.

若治其故, 옛날 일을 따지면

---

27 『예기·문왕세자(文王世子)』의 정현의 주석에서는 "무(撫)는 '있을 유(有)'자와 같다"라고 하였다.

28 단백달(檀伯達)은 단에 봉하여져서 봉지를 씨로 삼았으며, 단은 주나라의 읍으로, 지금의 하남성 제원현(濟源縣) 경계에 있을 것이다. 온과 단은 함께 황하 북쪽에 있으며 또한 황하에 가깝기 때문에 "황하에 봉하였다"라 하였다.

29 희공 10년의 『전』과 『주』에 보인다.

30 희공 25년의 『전』에 보인다.

31 호주(狐湊)는 온의 대부로, 희공 25년의 『전』에 보인다. 양씨는 양처보(陽處父)를 가리키며, 온은 일찍이 양처보의 채읍이었다. 문공 6년 『전』의 『주』를 함께 보라.

則王官之邑也, 왕의 속관의 읍이니

子安得之?" 그대는 어찌하겠습니까?"

晉侯使郤至勿敢爭. 진후는 극지로 하여금 감히 다투지 않게 하였다.

宋華元善於令尹子重, 송나라 화원은 영윤 자중과 친하였고

又善於欒武子,[32] 또한 난무자와도 친하였는데

聞楚人旣許晉糴茷成,[33] 초나라 사람이 이미 진나라 패적에게 화친을 허락하였고

而使歸復命矣. 돌아가 복명하게 하였다는 말을 들었다.

冬, 겨울에

華元如楚, 화원이 초나라에 갔다가

遂如晉, 진나라까지 가게 되어

合晉, 楚之成.[34] 진나라와 초나라가 우호를 맺는 일을 주선하였다.

---

32 난무자(欒武子)는 진나라의 난서(欒書)이다.

33 진나라 적패(糴茷)가 초나라에 가서 화친을 청한 것은 작년 봄의 일이다.

34 다음해의 『전』을 참고하여 보라.

秦, 晉爲成,	진나라와 진나라가 우호를 맺어
將會于令狐.[35]	영호에서 만나려고 하였다.
晉侯先至焉.	진후가 먼저 그곳에 이르렀다.
秦伯不肯涉河,	진백은 황하를 건너려고 하지 않아
次于王城,[36]	왕성에 머무르며
使史顆盟晉侯于河東.[37]	사과를 보내어 황하의 동쪽에서 진후와 맹약하게 하였다.
晉郤犨盟秦伯于河西.[38]	진나라 극주는 황하 서쪽에서 진백과 맹약하였다.
范文子曰,[39]	범문자가 말하였다.
"是盟也何益?	"이 맹약이 무슨 이익이 있습니까?
齊盟,	재계하고 맹세함은
所以質信也.[40]	신의를 바탕으로 합니다.
會所,[41]	회맹을 하는 곳은

35 영호(令狐)는 희공 24년의 『전』과 『주』에 보인다.

36 왕성(王城)은 희공 15년의 『전』과 『주』에 보인다.

37 사과(史顆)는 진(秦)나라의 대부이다. 영호는 황하의 동쪽에 있다.

38 왕성은 황하의 서쪽에 있다.

39 범문자(范文子)는 사섭(士燮)이다.

40 제맹(齊盟): "齊"는 "재(齋)"와 같다. 「저초문(詛楚文)」에 "지난날 우리 선군이신 목공(穆公)과 초성왕(楚成王)은 힘껏 마음을 다하여 두 나라를 하나로 하여 혼인으로 맺고 맹세로 아름답게 하였다(袗以齊盟)"는 말이 있는데, 이곳의 제맹(齊盟)은 여기와 같은 뜻으로 쓰였다. 옛사람들은 맹세를 할 때 반드시 먼저 재계(齋戒)을 하였기 때문에 맹세를 또한 "재맹(齋盟)"이라고도 하였다.

41 회소(會所): 회맹을 하기로 약정한 곳을 말함.

信之始也. 신의가 비롯되는 것입니다.

始之不從, 비롯됨을 따르지 않았으니

其可質乎?"[42] 어찌 바탕이 있다 하겠습니까?"

秦伯歸而背晉成. 진백은 돌아가 진나라와의 우호를 저버렸다.

성공 12년

經

十有二年春,[1] 12년 봄

周公出奔晉. 주공이 진나라로 달아났다.

夏, 여름에

公會晉侯, 衛侯于瑣澤.[2] 공이 진후, 위후와 쇄택에서 만났다.

---

42 "가(可)"자는 완각본(阮刻本)에는 "어찌 하(何)"자로 되어 있는데, 『석경』과 가나자와 문고본(金澤文庫本) 등에 의해서 고쳤다. 기(其)자는 "어찌 기(豈)"자와 같은 뜻이다.

1 십유이년(十有二年): 임오년 B.C. 579년으로 주간왕(周簡王) 7년이다. 2월 3일 계사일이 동지로 건해(建亥)이다. 윤달이 있다.

2 쇄택(瑣澤): 『공양전』에는 "사택(沙澤)"으로 되어 있다. "沙"와 "瑣"는 옛 성부(聲部)와 운부(韻部)가 모두 같아 통가할 수 있다. 정공 7년의 『경』에는 "사에서 맹약하였다(盟于沙)"라 되어 있고, 『전』에는 "쇄에서 맹약하였다(盟于瑣)"로 되어 있는 것으로 더욱 잘 알 수 있다. 쇄택은 『휘찬(彙纂)』에서는 『진지도기(晉地道記)』에 의거하여 지금의 하북성 대명현(大名縣) 경계에 있다고 하였다. 왕부지(王夫之)의 『패소(稗疏)』에서는 지금의 하북성 섭현(涉縣)의 치소라고 하였다. 『전』에 의하면 진나라 땅일 것으로 왕부지의 설이 비교적 믿을 만하다.

秋,	가을에
晉人敗狄于交剛.[3]	진나라 사람이 교강에서 적을 물리쳤다.
冬十月.	겨울 10월

傳

十二年春,	12년 봄에
王使以周公之難來告.	주나라 왕의 사신이 주공의 화난(禍難)을 알려 왔다.
書曰"周公出奔晉",[4]	"주공이 진나라로 달아났다"라고 기록한 것은
凡自周無出,	무릇 주나라에서 도망을 나간 것은 나갔다고 하지 않는데
周公自出故也.[5]	주공이 스스로 나갔기 때문이다.

---

3 적적(赤狄)은 이미 진나라 사람에 의해 완전히 멸망당하였으니 이 적(狄)은 백적(白狄)일 것이다. 교강(交剛)의 소재지는 상세하지 않으며, 혹자는 곧 지금의 산서성 습현(隰縣)일 것이라고 하였다.

4 주공초(周公楚)가 진나라로 달아난 것은 지난해의 일이다. 『경』에서 이해에 기록한 것은 아마 주나라에서 금년 봄에 알려왔기 때문일 것이다.

5 이 구절은 『경』에서 "달아났다(出奔)"라고 기록한 까닭을 설명하고 있다. 『전』의 뜻은 아마 "넓은 하늘 아래는 왕의 땅이 아닌 곳이 없기" 때문에 주나라 왕실에서 외부로 도망간 것은 "날 출(出)"자를 쓰지 않는다는 것이다. 그런데 여기서 "出"자를 쓴 것은 주공 초가 스스로 달아났음을 나타내는 것이다. 주나라 왕실의 신하가 도망한 일로 『경』에 보이는 것은 모두 세 번 있는데, 양공 30년에 "왕자 하(王子瑕)가 진(晉)나라로 달아났으며", 소공 26년에는 "왕자 조(王子朝)가 초나라로 달아났는데" 두 번 모두 "出"이라 기록하지 않았으며, 이곳에서만 "出"이라고 기록하고 있다. 두예는 "천자에게는 외지라는 것이 없

宋華元克合晉, 楚之成,[6] 송나라 화원이 진나라와 초나라의 화친을 이룰 수 있어서

夏五月, 여름 5월에

晉士燮會楚公子罷, 許偃. 진나라 사섭이 초나라 공자 파와 허언과 회합하였다.

癸亥,[7] 계해일에

盟于宋西門之外, 송나라 서문 밖에서 맹약하여

曰, 말하였다.

“凡晉, 楚無相加戎, “무릇 진나라와 초나라는 서로 무력을 가하지 않고

好惡同之, 좋던 싫던 함께하여

同恤菑危,[8] 재난과 위급한 일은 함께 구휼하고

備救凶患. 재앙이 있으면 함께 구제한다.

若有害楚, 초나라를 해치는 나라가 있으면

則晉伐之; 진나라가 그 나라를 치고,

在晉, 진나라에 그런 일이 있으면

기 때문에 달아난 사람에게 ‘나갔다(出)’라 하지 않는다. 주공은 왕에 의해 되돌아왔는데도 스스로 주나라와 관계를 끊었으므로 나갔다(出)라 기록하여 그를 비난한 것이다”라 하였다.

6 화원이 진나라와 초나라 간에 화친을 도모하게 한 것은 지난해의 『전』에 보인다.

7 계해일은 4일이다.

8 치(菑): “재(災)”자와 같다.

楚亦如之.	초나라도 그렇게 한다.
交贄往來,[9]	사자가 왕래하여
道路無壅;	도로가 막힘이 없게 하고,
謀其不協,	협조하지 않는 나라가 있으면 도모하고
而討不庭.[10]	배반한 제후는 토벌한다.
有渝盟,	맹약을 저버리면
明神殛之,	신명이 벌을 내려
俾隊其師,[11]	군사를 실추시켜
無克胙國."[12]	나라를 향유하지 못하게 할 것이다."
鄭伯如晉聽成,[13]	정백이 진나라로 가서 화친을 듣고
會于瑣澤,[14]	쇄택에서 만났는데
成故也.[15]	화친을 맺었기 때문이다.

9 교지(交贄): 옛날에는 빙문(聘問)할 때 사자가 반드시 예물을 휴대하였는데 그 예물을 "지(贄)"라고 하였다. 교지가 왕래한다는 것은 곧 사자가 왕래한다는 뜻이다.

10 부정(不庭)의 뜻은 은공 10년 『전』의 『주』에 보인다. 이곳에서의 "부정"은 진나라와 초나라를 배반하는 제후들을 가리킨다.

11 추(隊): "墜"자와 같다.

12 이 맹세의 말은 또한 희공 28년의 『전』에도 보인다.

13 청(聽): 두예는 "청(聽)자는 받을 수(受)자와 같은 뜻이다. 진나라와 초나라가 이미 화친하였으므로 정나라가 가서 명을 받은 것이다"라 하였다.

14 "정백이 진나라로 갔다"한 말에 의하면 쇄택인 진나라 땅일 것이다. 심흠한(沈欽韓)의 『지명보주(地名補注)』에서는 정나라 땅이라 하였는데, 쇄택을 양공 11년의 쇄(瑣)와 같은 땅으로 보고 잘못 안 것 같다.

15 최적(崔適: 1854~1924)의 『춘추복시·외편(春秋復始·外篇)』에서는 양공 27년의 전쟁을

狄人間宋之盟以侵晉,	적의 사람이 송나라의 맹약을 틈타 진나라로 쳐들어가서는
而不設備.	방비를 않았다.
秋,	가을에
晉人敗狄于交剛.	진나라 사람이 적을 교강에서 물리쳤다.

晉郤至如楚聘,	진나라 극지가 초나라에 가서 빙문하고
且涖盟.	또한 맹약에 임했다.
楚子享之,	초자가 향례를 베풀어 주었는데
子反相,	자반이 상이 되었으며
爲地室而縣焉.[16]	땅 밑에 방을 만들고 악기를 걸어 두었다.
郤至將登,[17]	극지가 당상으로 오르려는데
金奏作於下,[18]	아래에서 금주가 시작되니

그만두는 회합의 잘못된 해석일 것이라 하였다.

16 현(縣): "懸"과 같다. 지하에다 종고(鐘鼓) 등 악기를 걸어 놓은 것이다. 지하실은 당연히 당하(堂下)에 있을 것이다.

17 등(登): 당상으로 올라가는 것. 극지는 서쪽 계단으로 당에 올랐다.

18 금주(金奏): 금(金)은 종박(鐘鎛)을 가리키며, 9종의 하악(夏樂)을 연주하는데 먼저 종박을 치고 나중에 고경(鼓磬)을 치는 것을 일러 금주라고 한다. 이 금주는 「구하(九夏)」의 하나인 「사하(肆夏)」였을 것이다. 양공 4년의 『전』에 의하면 「사하」는 본래 천자가 원후(元侯)들에게 향례를 베풀 때의 악곡으로 춘추시대의 제후들이 서로 만날 때도 이 악

驚而走出. 놀라서 달려 나갔다.

子反曰, 자반이 말하였다.

"日云莫矣,[19] "해는 오래되었고

寡君須矣,[20] 과군께서는 기다리시니

吾子其入也!" 그대는 드시지요!"

賓曰,[21] 손님이 말하였다.

"君不忘先君之好, "임금께선 선군의 우호를 잊지 않으시고

施及下臣, 하신에까지 은혜를 베푸시어

貺之以大禮,[22] 성대한 예를 베풀어 주시고

곡을 썼다. 얼마 후에는 제후의 경대부들도 이 악곡을 썼기 때문에 『예기·교특생(郊特牲)』에서 "대부가 「사하」를 연주한 것은 조문자(趙文子)에게서 말미암는다"라 하였다.

19 운(云)자는 뜻이 없는 조사이다. 모(莫)자는 "暮"자의 본자이지만 여기서는 혼모(昏暮)라는 뜻으로 쓰이지 않았다. 『예기·빙의(聘義)』에서는 "빙례와 사례〔聘射〕는 지극히 큰 예이다. 해가 밝을 무렵에 행사를 시작하여 날이 거의 한낮이 되어서야 예가 이루어진다. 굳세고 용기가 있는 자가 아니고서는 능히 행할 수 없다. 그러므로 굳세고 용기 있는 자가 장차 예를 행하려 하면 술이 맑고 사람이 목말라도 감히 마시지를 못한다. 고기가 마르고 사람이 주렸어도 감히 먹지 못한다. 날이 한창 때가 되고 사람이 피로해져도(日莫人倦) 엄숙하고 정제해서 감히 게으르지 못한다"라 하였다. 빙례는 새벽에 시작하여 오전에 마치므로 "日莫人倦"이라 할 때의 "日莫"는 황혼을 가리키는 것이 아니며 해가 정중앙에 갈 무렵을 가리킨다. 장병린(章炳麟)은 『가자·수정어(賈子·脩政語) 하』의 "넘실넘실 해가 비로소 떠오르듯, 쨍쨍하게 해가 정 중앙에 있듯(嘆嘆然如日之正中), 어둑어둑 해가 이미 지듯 한다"라는 말을 인용하여 이 "日莫"의 "莫"은 곧 "막막연(嘆嘆然)"의 "嘆"이라 하였으니 "日云莫矣"는 실제 해가 정중앙에 있는 것이다. 그러나 막 손님을 맞아 예를 행하는 중이라 해가 정중앙에 있을 수 없다. "日云莫矣"는 다만 시간이 이미 이르지 않다는 것을 나타낼 뿐이다.

20 수(須): 등대(等待), 곧 기다리다.

21 빈(賓): 극지(郤至)를 가리킨다.

重之以備樂.[23]	거기에 음악까지 갖추어 주셨습니다.
如天之福,	하늘이 복을 내려
兩君相見,	두 임금이 서로 만난다면
何以代此?[24]	무엇으로 이를 대신하겠습니까?
下臣不敢."	하신은 감히 받지 못하겠습니다."
子反曰,	자반이 말하였다.
"如天之福,	"하늘이 복을 내려
兩君相見,	두 임금께서 서로 만난다면
無亦唯是一矢以相加遺,[25]	또한 다만 화살 한 대를 쏘아 보낼 뿐
焉用樂,	어찌 음악을 쓰겠습니까?
寡君須矣,	과군께서 기다리시니
吾子其入也!"	그대는 드시지요!"
賓曰,	손님이 말하였다.
"若讓之以一矢,[26]	"화살을 한 대 먹인다면

22 황(貺): 사(賜)자와 같은 뜻. 내리다.

23 비악(備樂): 금주(金奏)를 가리킨다.

24 제후의 음악을 가지고 자기에게 연례를 행하면 진나라와 초나라의 임금이 서로 만날 때는 무엇을 더할 것이냐는 말이다.

25 무(無)자는 조사로 쓰였으며 아무런 뜻이 없다. 가유(加遺)는 같은 뜻의 말이 이어서 쓰인 것이다. 『시경·패풍·북문(邶風·北門)』의 모씨의 주석〔모전(毛傳)〕에서 "유는 가와 같다(遺, 加也)"라 하였다. 이 구절의 뜻은 진나라와 초나라의 임금이 전쟁 중에 처음으로 만난다는 것을 말한다.

26 양(讓): "饟"자의 뜻으로 쓰였다. 술과 밥으로 잘 대접한다는 뜻이다.

禍之大者,	화 중에서도 큰 것이니
其何福之爲?	어찌 복이라 하겠습니까?
世之治也,	세상이 다스려질 때는
諸侯間於天子之事,[27]	제후가 천자의 일을 하는 틈틈이
則相朝也,	서로 조현하였는데
於是乎有享, 宴之禮.	이때 향·연의 예법이 있게 되었습니다.
享以訓共儉,[28]	향례로는 공경과 검약을 가르쳤으며
宴以示慈惠.[29]	연례로는 자애와 은혜를 보였습니다.
共儉以行禮,	공경과 검약으로 예를 행하였으며
而慈惠以布政.	자애와 은혜로 정사를 폈습니다.
政以禮成,	정사는 예로 이루어졌으며
民是以息.	백성은 이로 인해 쉬었습니다.
百官承事,	백관이 일을 맡아 처리함에
朝而不夕,[30]	낮에만 하고 저녁때는 하지 않았는데

27 간(間): "겨를 가(暇)"의 뜻으로 쓰였다. 이 구절의 뜻은 주나라 왕조의 사명을 완수한 후에 남는 시간이라는 말이다. 이 말은 외교시의 상투어에 불과하다.

28 향례(享禮)에는 술과 음식이 차려져 있기는 해도 절대로 먹거나 마시지는 않으므로 "공경과 검약을 가르친다"고 하였다. 선공 16년 및 소공 5년『전』의『주』에 상세하다.

29 연례(宴禮)는 빈주(賓主)가 함께 술을 마시고 음식을 먹으므로 "자애와 은혜를 보인다"고 하였다.

30 한낮에 알현하는 것을 조(朝)라 하고, 저녁에 알현하는 것을 석(夕)이라 한다. 9년『전』에서 "아침에는 영제를 보고 저녁에는 측을 만났다(朝于嬰齊而夕于側)"라 한 것으로 알

此公侯之所以扞城其民也.[31]	이는 공후가 그 백성들의 간성이 되었기 때문이었습니다.
故詩曰,	그러므로 『시』에서는
'赳赳武夫,	'늠름한 무사는
公侯干城.'[32]	공후의 간성이라네'라 하였습니다.
及其亂也,	세상이 어지러워지자
諸侯貪冒,[33]	제후들이 사리를 탐하여
侵欲不忌,[34]	침탈에의 욕망을 꺼리지 않아
爭尋常以盡其民,[35]	작은 땅뙈기를 다투어 백성을 죽음에 이르게 하고
略其武夫,[36]	무사들을 망라하여
以爲己腹心, 股肱, 爪牙.	심복과 고굉, 조아로 삼았습니다.
故詩曰,	그래서 『시』에서 말하기를

수 있다. 당시에는 저녁에는 일이 없으면 임금을 조현하지 않았다.

31 한성(扞城)은 곧 간성(干城)과 같은 뜻이다. 여기서는 동사로 쓰였다.

32 『시경·주남·토저(周南·兎罝)』의 구절이다. 문일다(聞一多: 1899~1946)는 『시경신의(詩經新義)』에서 간(干)은 한(閈)자를 가차한 것으로 담(垣)이라는 뜻이며, 간성(干城)은 같은 뜻의 글자가 연용된 것이라 하였다.

33 탐모(貪冒): 모(冒)는 탐(貪)자의 뜻으로 쓰였다. 탐모는 같은 뜻의 글자가 연용된 것이다. 『좌전』에는 "탐모"라는 말이 세 차례 쓰였다. 또한 소공 31년 및 애공 11년의 『전』에 보인다.

34 불기(不忌): 거리낌이 없는 것.

35 심상(尋常): 8척을 심(尋)이라 하고 1장 6척, 곧 2심을 상이라고 한다. 심상은 척촌(尺寸)의 땅을 말한다.

진기민(盡其民): 백성들을 전쟁으로 내몰아 죽음에 이르게 하는 것을 말한다.

36 약(略): 취(取)하다.

‘赳赳武夫,	‘늠름한 무사는
公侯腹心.’[37]	공후의 심복이라네’라 하였습니다.
天下有道,	천하에 도가 있으면
則公侯能爲民干城,	공후가 백성의 간성이 되어
而制其腹心.	그 심복을 제어합니다.
亂則反之.	어지러우면 그 반대로 합니다.
今吾子之言,	지금 그대의 말은
亂之道也,	어지러울 때의 도로
不可以爲法.	법도로 삼을 수 없습니다.
然吾子,	그러나 그대는
主也,[38]	주인이니
至敢不從?”	제가 감히 따르지 않겠습니까?”
遂入,	마침내 들어가
卒事.	일을 끝냈다.
歸以語范文子.	돌아가 범문자에게 말하였다.
文子曰,	문자가 말하였다.

37 『시경』 위와 같은 시. 극지는 “公侯干城”과 “公侯腹心”을 두 절로 나누어 정반대의 뜻이 생겼는데, 이런 것을 “단장취의(斷章取義)”라 하며 이의 경우 『시경』의 원래 뜻과는 반드시 부합할 필요가 없다.

38 당시 임금이 경대부에게 향연례를 베풀 때 지위가 같지 않았으므로 임금은 자기를 주인이라 하지 않았다. 자반이 상(相)으로 초공왕을 대신하여 주인이 되었으므로 극지가 “그대는 주인입니다”라 한 것이다.

"無禮,	"무례한 사람은
必食言,	반드시 식언을 할 것이니
吾死無日矣夫!"[39]	내 죽을 날이 머지않았구나!"
冬,	겨울에
楚公子罷如晉聘,	초나라 공자 파가 진나라에 가서 빙문하고
且涖盟.	또한 맹약에 임하였다.
十二月,	12월에
晉侯與楚公子罷盟于赤棘.[40]	진후는 초나라 공자 파와 적극에서 맹약하였다.

성공 13년

經

十有三年春,[1]	13년 봄

39 가나자와 문고본(金澤文庫本)에는 "吾死亡無日也夫"로 되어 있다. 이 구절은 진나라와 초나라가 곧 대전을 벌일 것이라는 것을 미리 헤아린 것이다.

40 적극(赤棘)은 이미 원년『경』의『주』에 보인다.

1 십유삼년(十有三年): 계미년 B.C. 578년으로 주간왕(周簡王) 8년이다. 정월 13일 무술일이 동지로 건자(建子)이다.

晉侯使郤錡來乞師.[2] 진후가 극기를 보내와 군사를 청하게 하였다.

三月, 3월에

公如京師.[3] 공이 경사로 갔다.

夏五月, 여름 5월에

公自京師,[4] 공이 경사에서

遂會晉侯, 齊侯, 宋公, 衛侯, 鄭伯, 曹伯, 邾人, 滕人伐秦.

마침내 진후와 제후, 송공, 위후, 정백, 조백, 주나라 사람, 등나라 사람을 만나 진나라를 쳤다.

曹伯盧卒于師.[5] 조백 노가 군중에서 죽었다.

秋七月, 가을 7월에

公至自伐秦. 공이 진나라를 치고 돌아왔다.

冬, 겨울에

葬曹宣公. 조나라 선공을 장사 지냈다.

---

2 극기(郤錡): 17년의 『전』에서는 또한 구백(駒伯)이라고 하였다. 군사를 청한 것은 희공 26년 『경』의 『주』에 보인다.

3 두예는 "진나라를 치는 길에 경사를 지나치게 되어 왕을 조현한 것이다"라 하였다. 나머지는 희공 28년 『경』의 『주』에 상세하다.

4 『석경』에는 "공이 경사에서 돌아왔다(公至自京師)"로 되어 있으며, 청나라 유문기(劉文淇)의 『구주소증(舊注疏證)』에서는 "至"자는 당나라 사람이 첨가한 것이라고 하였고 완씨(阮氏)는 「교감기」에서 연문이라 하였다.

5 노(盧)는 『공양전』과 『곡량전』에는 "여(廬)"로 되어 있으며, 『좌전』의 『석문(釋文)』에 의하면 어떤 판본에 또한 "廬"로 되어 있다. 노(盧)와 여(廬)는 통용한다. 「관채세가(管蔡世家)」에서는 조선공(曹宣公)의 이름이 강(彊)이라 하여 『춘추』와 다르다.

傳

十三年春,	13년 봄
晉侯使郤錡來乞師,	진후가 극기를 보내와서 군사를 청하였는데
將事不敬.[6]	일 처리가 공경스럽지 못하였다.
孟獻子曰,	맹헌자가 말하였다.
"郤子其亡乎!	"극자는 망할 것이다!
禮,	예는
身之幹也;	몸의 줄기이며,
敬,	공경은
身之基也.[7]	몸의 터전이다.
郤子無基.	극자는 터전이 없다.
且先君之嗣卿也,[8]	또한 선대의 임금부터 대를 이은 경으로
受命以求師,	명을 받고 군사를 청함은
將社稷是衛,	사직을 보위하려는 것인데
而惰,	나태하니

6 일처리가 엄숙하지 못한 것이다.

7 공영달은 "간(幹)은 나무를 가지고 비유한 것이며, 기(基)는 장옥(牆屋)을 가지고 비유한 것이다"라 하였다.

8 극기(郤錡)는 극극(郤克)의 아들이다. 극극은 진경공의 상경이며 극기 또한 그 아들인 여공(厲公)의 경이기 때문에 "대를 이은 경(嗣卿)"이라 하였다.

棄君命也,	이는 임금의 명을 버린 것으로
不亡,	망하지 않고서
何爲?"[9]	어쩔 것인가?"

三月,	3월에
公如京師.	공이 경사로 갔다.
宣伯欲賜,[10]	선백이 왕이 내려 주는 것을 얻고자
請先使.[11]	먼저 갈 것을 청하였다.
王以行人之禮禮焉.[12]	왕은 행인의 예로 그를 예우하였다.
孟獻子從.[13]	맹헌자가 따랐다.
王以爲介而重賄之.[14]	왕은 부사라 하여 그에게 재물을 두터이 내렸다.

---

9 두예는 "17년에 진나라가 극기를 죽이는 것의 복선이다"라 하였다.

10 선백(宣伯)은 숙손교여(叔孫僑如)이다. 욕사(欲賜)는 주왕이 상으로 내려주는 것을 얻으려는 것이다.

11 선발대가 되어 주나라 왕조에 사신으로 나가는 것을 말한다.

12 보통의 외교관을 대하는 예절로 초대하여 상을 내리지 않은 것이다.

13 맹헌자(孟獻子)는 곧 중손말(仲孫蔑)로 노성공을 따라 상개(上介)가 되어 왕을 조현하였다.

14 맹헌자는 본래 노성공이 주나라 왕을 조현할 때의 상개(上介)였는데, 노성공이 예를 행하는 것을 보조하는 사람으로 주나라 왕의 임명을 거치지 않았으며, 「주어 중」에서는 "노후(魯侯)가 이르렀을 때 중손말이 부사(介)가 되었다"라 한 것으로 알 수 있다. 여기서 "왕이 부사로 여겨" 운운한 것은 아마 주나라 왕이 그를 상개인 줄 알고 이에 재물을 두터이 내린 것 같다. 주간왕이 선백에게는 재물을 내리지 않고 맹헌자에게는 내린 것은 왕손열(王孫說)의 건의를 따른 것으로 「주어 중」에 보인다.

公及諸侯朝王, 공이 제후들과 함께 왕을 조현하고

遂從劉康公, 成肅公會晉侯伐秦.[15] 마침내 유강공과 성숙공을 따라 진후와 만나 진나라를 쳤다.

成子受脤于社,[16] 성자가 사묘에서 고기를 받을 때

不敬. 공경스럽지 못하였다.

劉子曰, 유자가 말하였다.

"吾聞之, "내가 듣건대

民受天地之中以生,[17] 백성은 천지의 중화를 받아 태어난다고 하니

所謂命也.[18] 이른바 명이다.

是以有動作禮義威儀之則, 그런 까닭에 동작과 예의, 위의의 법칙이 있어

以定命也. 명을 정하는 것이다.

能者養以之福,[19] 능력이 있는 사람은 길러서 그것으로 복을 부르고

---

15 유강공은 곧 성공 10년『경』의 왕계자(王季子)로, 그곳의『주』에 보인다. 유강공과 성숙공 두 사람이『경』에 기록되지 않은 것은 주나라 왕실이 군사를 내지 않았기 때문이다.

16 성자(成子)는 곧 성숙공이다. 사직에서 고기를 받는 것은 민공 2년『전』의『주』에 보인다.

17 옛날 사람들은 천지에는 중화(中和)의 기운이 있는데 사람은 그것을 얻어 태어난다고 생각하였다.

18 명(命): 생명(生命)이다.

19 양이지복(養以之福):『한서·오행지(五行志)』와『한서·율력지(律曆志)』,「한산조령유웅비(漢酸棗令劉熊碑)」에는 모두 이렇게 되어 있는데,『당석경』이후 잘못되어 "養之以福"으로 도치되었으며, 지금의 각본은 모두 이 잘못을 따르고 있다. 가나자와 문고본(金澤文庫本)에는 잘못이 없어서 이를 따른다. 이 구절의 뜻은 동작과 예의, 위의의 법칙을 지

不能者敗以取禍.[20]	능력이 없는 사람은 깨뜨려 화를 취한다.
是故君子勤禮,	그런 까닭에 군자는 예를 부지런히 닦고
小人盡力.	소인은 있는 힘을 다한다.
勤禮莫如致敬,	예를 부지런히 닦는 것으로는 공경을 이루는 것만 한 것이 없고
盡力莫如敦篤.[21]	힘을 다하는 데는 돈독히 하는 것만 한 것이 없다.
敬在養神,[22]	공경은 신명을 봉양함에 있고
篤在守業.[23]	돈독함은 본업을 지키는 데 있다.
國之大事,	나라의 큰일은
在祀與戎.	제사와 전쟁에 있다.
祀有執膰,[24]	제사를 지낼 때는 고기를 나누어 주는 예가 있고
戎有受脤,	전쟁에는 제육을 받는 예가 있는데

키고 유지하면 행복을 부른다는 말이다. 지(之)자는 동사로 쓰였으며, 아래의 "敗以取禍"와는 상대되는 글이다.

20 패(敗)는 동작과 위의, 예의의 법칙을 파괴하는 것이다.

21 돈독(敦篤): 돈후(敦厚)하고 독실(篤實)함.

22 양신(養神): 귀신을 봉양하는 것.

23 독실함은 각기 본분을 편안히 여기는 데 있다.

24 번(膰)은 종묘에서 제사 지낸 고기를 제사가 끝이 나고 관련이 있는 사람들에게 나누어 주는 것이다.

神之大節也.[25]	이것이 신을 섬기는 큰 예절이다.
今成子惰,	지금 성자는 게을러
棄其命矣,	그 명을 버렸으니
其不反乎!"[26]	아마 돌아오지 못할 것이다!"

夏四月戊午,[27]	여름 4월 무오일에
晉侯使呂相絕秦,[28]	진후가 여상을 보내 진나라와 절교하게 하고
曰,	말하였다.
"昔逮我獻公及穆公相好,[29]	"지난날 우리 헌공과 목공은 사이가 좋아
戮力同心,	힘과 마음을 하나로 뭉쳐
申之以盟誓,[30]	맹서로 펴서 밝히고

25 집번(執膰)과 수신(受脤)의 예는 모두 귀신과 교제하는 큰 예절이라는 뜻.

26 성숙공이 죽으리라는 것을 미리 헤아린 것이다.

27 무오일은 5일이다.

28 여상(呂相): 위기(魏錡)의 아들 위상(魏相)이다. 위기를 여기라고도 하므로 위상 또한 여상이라고도 한다. 다음의 글은 곧 진나라와 절교를 하는 글인데, 아마 여상이 집필을 한 것 같으며 혹 여상을 통하여 전달된 것 같다. 그 후에 진나라가 「저초문(詛楚文)」을 지은 것은 이 글을 흉내 낸 것이다. 두예는 "진후의 명을 입으로 전한 것"이라 하였는데 확실치 않은 것 같다.

29 석체(昔逮): 체(逮)는 본래 미치다(及)의 뜻인데 장병린(章炳麟)은 『독(讀)』에서 이 "逮"자는 "及"으로 풀이하면 통할 수가 없으며, 여기서는 옛날이라는 뜻으로 읽어야 한다. 곧 석체(昔逮)는 고석(古昔), 곧 옛날이라는 뜻으로 보아야 뜻이 통한다.

30 진목공(秦穆公)과 진헌공(晉獻公)은 일찍이 맹서를 한 적이 있지만 『춘추』의 세 『전』에는 이 사실이 수록되지 않았다.

重之以婚姻.[31]	혼인으로 더하였습니다.
天禍晉國,	하늘이 진나라에 화를 내려
文公如齊,	문공은 제나라로 갔고
惠公如秦.[32]	혜공은 진나라로 갔습니다.
無祿,[33]	불행히도
獻公卽世.[34]	헌공이 세상을 떠났습니다.
穆公不忘舊德,	목공께선 옛 은덕을 잊지 못하여
俾我惠公用能奉祀于晉.[35]	우리 혜공으로 하여금 진나라에서 제사를 받들 수 있게 하였습니다.
又不能成大勳,	또한 큰 공을 세울 수 없어
而爲韓之師.[36]	한에서의 전역을 하였습니다.
亦悔于厥心,	또한 그 마음에서 뉘우치어
用集我文公,[37]	우리 문공을 성취하게 하였으니

---

31 진헌공의 딸은 진목공에게 시집가서 부인이 되었다.

32 문공(文公) 중이(重耳)는 각국으로 도망을 다녔고, 혜공(惠公) 이오(夷吾)는 도망을 다니다가 양(梁)나라에 이르렀다가 결국 진(秦)나라에 이르렀다. 이곳에서는 제나라와 진나라 두 대국만 들었다.

33 무록(無祿): 불행히도라는 뜻이다.

34 즉세(卽世): 취세(就世)와 같은 뜻으로 한위(漢魏) 사람은 하세(下世)라고도 하였으며 세상을 뜨다라는 뜻이다. 헌공은 희공 9년에 죽었다.

35 진(秦)나라가 혜공을 진(晉)나라로 들여보낸 일은 희공 15년의 『전』에 보인다.

36 한(韓)의 전역은 희공 15년의 『전』에 보인다.

37 집(集): 성취하게 하다. 이 구절은 목공이 중이를 호송하여 진나라로 들여보낸 일을 가리킨다. 희공 24년의 『전』에 보인다.

是穆之成也.[38]	이는 목공이 성취시킨 것입니다.
文公躬擐甲冑,	문공이 몸소 갑주를 두르고
跋履山川,	산과 내를 건너
踰越險阻,	험한 곳을 넘어
征東之諸侯,	동쪽의 제후를 정벌하여
虞, 夏, 商, 周之胤而朝諸秦,[39]	우·하·상·주의 후손들이 진나라에 조현하니
則亦既報舊德矣.[40]	또한 이미 옛 은덕을 갚은 것입니다.
鄭人怒君之疆埸,	정나라 사람이 임금님의 강역을 침노했을 때
我文公帥諸侯及秦圍鄭.[41]	우리 문공이 제후 및 진나라를 거느리고 정나라를 에워쌌습니다.
秦大夫不詢于我寡君,	진나라 대부가 우리 과군께 상의하지도 않고
擅及鄭盟.[42]	멋대로 정나라와 동맹을 맺었습니다.

---

38 성(成): 성취(成就).

39 이 일은 『춘추』의 세 『전』과 제자서에 모두 수록되어 있지 않다.

40 구덕(舊德): 혜공과 문공을 들여보낸 것을 가리켜 말한다.

41 진나라와 진나라가 정나라를 포위한 일은 희공 30년의 『전』에 보인다. 진문공이 망명 중일 때 정문공이 초대를 하지 않았으며 또한 진나라를 저버리고 초나라를 도왔으므로 정나라를 포위한 것이다. 편지에서 정나라 사람이 진나라 변경을 침범하였다고 하는데, 이는 아마 일시적인 외교 사령(辭令)인 것 같으며 당시의 사실과 꼭 부합하지는 않는다. 희공 30년의 『전』에서 이 일을 서술하였는데 또한 다만 진나라와 진나라 두 나라가 정나라를 포위하였다고만 말하였을 뿐 "문공이 제후들을 이끌었다"는 사실에 대해서는 언급하지 않았다.

諸侯疾之, 제후들이 이를 미워하여

將致命于秦.[43] 진나라에게 목숨을 바치려 하였습니다.

文公恐懼, 문공이 두려워하여

綏靜諸侯, 제후들을 어루만져 안정시켜

秦師克還無害, 진나라 군사들이 해를 입지 않고 돌아갈 수 있었으니

則是我有大造于西也.[44] 우리나라가 서쪽에 큰 은혜를 베푼 것입니다.

無祿, 불행히도

文公卽世, 문공께서 세상을 뜨시자

穆爲不弔,[45] 목공은 조문을 하지 않고

蔑死我君,[46] 돌아가신 우리 임금을 깔보고

---

42 정나라와 맹약을 맺은 사람은 실제로는 진목공인데 편지에서 "진나라 대부"라 한 것은 완곡하게 표현한 것이다.

43 희공 30년의 『전』에 의하면 진나라 군대를 공격하고자 한 사람은 사실은 호언(狐偃)이다.

44 대조(大造): 큰 공로.

45 부조(不弔): 불숙(不淑), 불상(不祥)과 같음. 선하지 않아 실덕(失德)하였다는 뜻으로 조문을 하지 않은 것을 가리킴. 다음의 "君又不祥"의 "不祥"과 같으며, 또한 성공 7년 『전』의 『주』에도 보임.

46 혜동(惠棟)의 『보주(補注)』와 무억(武億)의 『의증(義證)』에서는 모두 『석문(釋文)』에서 인용한 "蔑我死君"으로 되어 있는 판본을 따라야 한다고 하였으며, "死君"은 곧 희공 33년 『전』의 "其爲死君乎"의 "死君"이라고 하였는데, 다음의 "寡我襄公"과는 상대된다. 문장의 뜻을 살펴보면 확실히 비교적 순조롭게 통한다. 그러나 『삼국지·위문제기·종제(魏文帝紀·終制)』에 "蔑死君父"라는 말이 있는데, 곧 『좌전』의 이 구절을 쓴 것으로 조비(曹丕)가 읽은 『좌전』에는 이미 "蔑死"가 이어서 쓰였음을 볼 수 있다.

寡我襄公, 우리 양공이 어리다 하여

迭我殽地,[47] 우리 효 땅을 습격하여

奸絶我好,[48] 우리와의 우호를 끊어 버리고

伐我保城,[49] 우리의 성을 쳐서

殄滅我費滑,[50] 우리 비활을 멸망시키어

散離我兄弟,[51] 우리 형제들을 흩어 놓았으며

撓亂我同盟, 우리 동맹을 어지럽히고

傾覆我國家. 우리나라를 뒤엎었습니다.

我襄公未忘君之舊勳,[52] 우리 양공께서 임금님의 옛 공덕을 잊지 않으셨으나

而懼社稷之隕, 사직이 떨어질 것을 두려워하여

是以有殽之師.[53] 이 때문에 효에서 군사를 일으켰습니다.

---

47 질(迭): "軼"의 가차자로 곧 은공 9년 『전』의 "침질(侵軼)", 희공 32년의 "과질(過軼)"의 "軼"과 같은 뜻으로, 갑자기 쳐들어가 침범하는 것이다.

48 간절(奸絶): 알절(遏絶), 곧 단절(斷絶)하다의 뜻. 『당석경』에는 "아호(我好)"의 중간에 "동(同)"이라는 방주(旁注)를 달았으니 "我好"는 곧 "아동호(我同好)", 즉 동맹을 맺은 우호국이라는 뜻으로, 실제로는 정나라를 가리킨다.

49 보성(保城): 고사기(高士奇)의 『지명고략(地名考略)』에서는 보성은 지명이 아니며 보(保)는 곧 "堡"와 같은 뜻으로 작은 성〔小城〕이라고 하였다. 보성은 곧 동의어가 연용된 것이다.

50 진멸(殄滅): 멸절되다. 진멸은 동의어가 영용된 것. 진나라가 활(滑)을 멸한 일은 희공 33년의 『전』에 보인다. 비(費)는 활나라의 도성으로 비활은 곧 활나라이다.

51 정나라와 활나라는 진나라와 함께 희성(姬姓)으로 형제의 나라이다.

52 진문공을 들여보낸 공이다.

53 효(殽)의 전역은 희공 33년의 『전』에 보인다.

猶願赦罪於穆公.[54]	그래도 목공께 죄를 용서받기를 바라셨습니다.
穆公弗聽,	목공께서는 그 말을 듣지 않으시고
而卽楚謀我.	초나라와 우리나라를 도모하였습니다.
天誘其衷,[55]	하늘이 우리나라를 도와
成王隕命,	성왕이 죽으니
穆公是以不克逞志于我.[56]	목공은 이 때문에 우리나라를 도모하려던 뜻을 이루지 못하였습니다.
穆, 襄卽世,	목공과 양공이 세상을 뜨고
康, 靈卽位.	강공과 영공이 즉위하였습니다.
康公,	강공은
我之自出,[57]	우리나라 여자에게서 났는데도
又欲闕翦我公室,[58]	또한 우리 공실에 해를 끼치고
傾覆我社稷,	우리 사직을 뒤엎으려 하여

54 사(赦): "석(釋)"과 같으며, 푼다는 뜻이다. 이 구절의 뜻은 진나라에 화해를 얻을 수 있기를 바란다는 것을 보여주는 것이다.

55 천유기충(天誘其衷): 희공 28년『전』의『주』에 보인다.

56 문공 14년의『전』과『주』에 상세하다.

57 진강공(秦康公)은 진나라의 외생(外甥)이다.

58 궐전(闕翦): 청나라 여소객(余蕭客)의『고경해구침(古經海鉤沈)』에서 인용한 송본(宋本) 공영달의 주석〔소(疏)〕에 의하면 궐전은 손해(損害)라는 뜻이다.

帥我蝥賊,[59]	우리나라의 적도들을 이끌고
以來蕩搖我邊疆,[60]	우리나라의 변경에서 분탕질을 하여
我是以有令狐之役.[61]	우리나라는 이에 영호의 전역을 일으켰습니다.
康猶不悛,[62]	강은 그래도 뉘우치지 않고
入我河曲,	우리나라의 하곡으로 들어갔고
伐我涑川,[63]	우리나라의 속천을 쳤으며
俘我王官,[64]	우리나라의 왕관을 포로로 잡아갔고
翦我羈馬,	우리 기마를 쳤으니
我是以有河曲之戰.[65]	우리나라는 이에 하곡의 전투를 일으켰습니다.

---

59 모적(蝥賊): 『이아·석충(釋蟲)』에 의하면 모(蝥)는 싹의 뿌리를 갉아먹는 해충이며, 적(賊)은 싹의 마디를 갉아먹는 해충으로, 여기서는 국가에 위해를 끼치는 사람을 비유한다.

60 모적(蝥賊)은 공자 옹(公子雍)을 가리키며, 여기서는 진(秦)강공이 공자 옹을 진(晉)나라로 보낸 것을 가리키는데, 사실은 진나라가 사람을 보내어 맞이하였다. 문공 6년과 7년의 『전』에 보인다.

61 영호의 전역은 문공 7년의 『전』에 보인다.

62 전(悛): 회개(悔改)하다.

63 속천(涑川): 명말청초(明末清初) 고조우(顧祖禹)의 『방여기요(方輿紀要)』에 의하면 속수성은 지금의 산서성 영제현(永濟縣) 동북쪽에 있는데 곧 이 속천일 것이다. 두예는 속천은 곧 속수(涑水)라 하였는데, 속수는 원류가 매우 길어 하나의 성읍에 그치지 않아 이 구절을 해석하기에는 부족하다.

64 부(俘): 백성들을 잡아서 포로로 삼는 것이다. 왕관은 문공 3년 『전』의 『주』에 보인다. 진나라 강공이 진나라 속천을 치고 왕관을 포로로 잡은 일은 다른 기록에는 보이지 않는다.

東道之不通,	동쪽 길이 통하지 않은 것은
則是康公絶我好也.[66]	강공이 우리나라와의 우호관계 끊었기 때문입니다.
及君之嗣也,[67]	임금님께서 왕위를 이음에
我君景公引領西望曰,	우리 임금이신 경공은 목을 빼고 서쪽을 바라며 말씀하셨습니다.
'庶撫我乎!'[68]	'우리를 위무해 줄 것이다!'
君亦不惠稱盟,[69]	임금님께서도 맹약을 맺는 은혜를 베풀어 주지 않으시고
利吾有狄難,[70]	우리나라에 적의 난리가 있는 것을 이용하여
入我河縣,[71]	우리 하연으로 들어가고
焚我箕, 郜,[72]	기와 고를 불태웠으며

65 하곡에서의 전역은 문공 12년의 『전』에 보인다.

66 진(晉)나라는 진(秦)나라 동쪽에 있으며, 진나라와 진나라는 더 이상 우호를 맺어 왕래하지 않았으니, 이는 강공의 절교에서 말미암은 것이다.

67 진환공은 공공(共公)의 뒤를 이어 즉위하였다.

68 두예는 "진(秦)나라가 진나라를 무휼(撫恤)하기를 바란 것이다"라 하였다.

69 두예는 "진(晉)나라의 바람대로 함께 동맹을 하지 않으려는 것이다"라 하여 칭(稱)을 부합하다로 해석하였는데 틀렸다. 칭(稱)은 거행하다의 뜻이며, 칭맹(稱盟)은 곧 회맹을 거행한다는 뜻이다.

70 노선공 15년 진(晉)나라는 마침 군사를 움직여 적적(赤狄)의 노씨(潞氏)를 멸하였다.

71 하현(河縣): 유문기(劉文淇)의 『구주소증(舊注疏證)』에서는 하현은 하곡(河曲)의 변문(變文)일 것이라고 하였다.

72 기(箕)는 희공 33년 『경』의 『주』에 보인다. 고(郜)에 대해서는 두예가 주석을 달지 않았다. 심흠한은 『지명보주(地名補注)』에서 지금의 부산현(浮山縣)이라고 하였는데 확실치 않다. 혹자는 지금의 부산현 서쪽에 있다고 하였다. 고사기(高士奇)의 『지명고략(地名考

芟夷我農功,[73]	우리 농작물을 베어 갔고
虔劉我邊垂,[74]	우리 변방을 무찔러
我是以有輔氏之聚.[75]	우리는 이에 보씨의 전역이 있게 되었습니다.
君亦悔禍之延,	임금께서도 화가 늘어지는 것을 뉘우치시어
而欲徼福于先君獻, 穆,[76]	선군이신 헌공과 목공에게 복을 청하여
使伯車來命我景公曰,[77]	백거를 보내와 우리 경공에게 명하여 말하였습니다.
'吾與女同好棄惡,	'내 그대와 좋은 것은 함께하고 나쁜 것은 버려
復脩舊德,	다시 옛 덕을 닦아
以追念前勳.'	지난날의 공을 쫓아 생각하오.'
言誓未就,	맹세한 말이 이루어지기도 전에

略)』에서는 "황하의 가에 있는 읍"이라 하였는데, 기(箕)와 머지않을 것이다.

73 진(秦)나라 사람이 진나라 사람의 농작물을 강제로 베어 간 것이다.

74 수(垂): "陲"의 본자이다. 완각본(阮刻本)에는 수(陲)로 되어 있다.
건류(虔劉): 두예는 "모두 죽이는 것이다"라 하였으니 곧 진나라 변경에 있는 사람을 도륙하는 것이다. 그러나 『상서·여형(呂刑)』 공영달의 주석에서 인용한 정현의 주에서는 건류는 소요(騷擾)의 뜻이라고 하였다.

75 보씨지취(輔氏之聚): 곧 보씨의 전역을 말함. 전쟁을 하려면 뭇 백성들을 모아야 하므로 전쟁을 또한 취(聚)라고도 함. 이 전역은 선공 15년의 『전』에 보인다.

76 진헌공과 진목공은 사이가 좋았는데, 이미 앞에 보인다.

77 백거(伯車): 진환공(秦桓公)의 아들로 이름은 침(鍼)이며, 후자(后子)라고도 일컫는다.

景公卽世,	경공께서는 세상을 뜨시고
我寡君是以有令狐之會.[78]	우리 과군께서는 이에 영호의 회합이 있게 되었습니다.
君又不祥,[79]	임금께서는 또 좋지 않은 마음을 품으시어
背棄盟誓.	맹세를 저버렸습니다.
白狄及君同州,[80]	백적과 임금님은 같은 고을에 사나
君之仇讎,	임금님의 원수이옵고
而我昏姻也.[81]	우리와는 혼인한 사이입니다.
君來賜命曰,	임금께서 사람을 보내 명령을 내려 말씀하시기를
'吾與女伐狄.'	'우리는 그대와 적을 치겠다'라 하셨습니다.

78 이 글에서는 과군(寡君)이라 칭한 것이 세 차례이고, 아군(我君)이라 칭한 것인 한 차례인데 사신의 말투인 것 같다. 그러나 과인(寡人)이라 일컬은 것이 다섯 차례로 또한 진나라 임금의 말투인 것 같은데, 이는 옛날 사람이 문서를 낼 때 엄밀하지 못한 것을 보여준다. 마종련(馬宗璉)의 『보주(補注)』에서는 이 글을 두절로 나누었는데, 전반은 "昔逮我先公"에서 "寡君不敢顧昏姻"까지로 여상(呂相)의 말이라 하였고, 후반부는 "君有二心於狄"에서 "實圖利之"까지로 여상이 진여공을 대신하여 진나라를 힐난한 말이라 하였는데, 반드시 확실한 것은 아니다. 영호에서의 회합은 11년 『전』에 보인다.

79 불상(不祥): 위 "부조(不弔)"의 뜻과 같다.

80 급(及): 여기서는 개사(介詞)로 쓰였으며 용법은 "더불 여(與)"자와 같다.
동주(同州): 함께 『상서·우공(禹貢)』의 옹주(雍州)에 있는 것이다. 나머지는 희공 33년의 『전』과 『주』에 확실하다.

81 완각본에는 "我之昏姻也"로 되어 있는데, 「교감기」와 가나자와 문고본(金澤文庫本)을 따라 "之"자를 없앴다.

寡君不敢顧昏姻,	과군께서는 감히 혼인 관계로 되돌아보시지 않고
畏君之威,	임금님의 위엄을 두려워하여
而受命于吏.[82]	관리에게 명하였습니다.
君有二心於狄,[83]	임금께서는 또한 적에 두 마음을 품으시고
曰,	말씀하셨습니다.
'晉將伐女.'	'진나라가 너희를 칠 것이다.'
狄應且憎,[84]	적나라는 받아들이면서도 또한 미워하였으며
是用告我.	이를 우리에게 알려 왔습니다.
楚人惡君之二三其德也,	초나라 사람이 임금께서 이랬다저랬다 하는 것을 미워하여
亦來告我曰,	또한 사자를 보내와 우리에게 알리기를
'秦背令狐之盟,	'진나라가 영호의 맹약을 저버리고

82 수(受): "授"가 되어야 한다. "受"와 "授" 두자는 옛 금문(金文)에서는 모두 "受"라고 하였다.
명우리(命于吏): 진(秦)나라와 함께 적(狄)을 칠 준비를 하는 것이다.

83 유(有): "또 우(又)"자와 같은 뜻이다.

84 적(狄)이 한편으로는 받아들이면서도 한편으로는 싫어하는 것을 말한다. 「주어 중」에서는 "그 숙부는 실로 받아들이면서도 또한 미워하였다(應且憎)"라 하였고, 「진어(晉語) 8」에서는 "그대가 받아들이면서도 미워하는 것을 두려워하였다(應且增: 增은 憎과 같음)"라 하였다. 왕념손은 응(應)자는 받아들이다(接受)의 뜻이라 하였다.

而來求盟于我,	우리에게 와서 맹약을 청하기를
昭告昊天上帝, 秦三公, 楚三王曰,[85]	하느님과 진나라의 삼공, 초나라의 세 왕에게 밝게 아뢰노니
「余雖與晉出入,[86]	「우리가 비록 진나라와 출입은 하지만
余唯利是視.」[87]	우리는 이익을 볼 뿐이다」라 하였습니다.
不穀惡其無成德,	불곡은 그 덕행이 없음을 미워하여
是用宣之,	이로써 그 일을 선포하여
以懲不壹.'[88]	한결같지 못함을 징계하노라'라 하였습니다.
諸侯備聞此言,	제후들이 이 말을 다 듣고
斯是用痛心疾首,	이로 인하여 통한해하는 마음이 극에 달하여
暱就寡人.	과인을 가까이하였습니다.
寡人帥以聽命,	과인이 군사를 거느리고 명을 듣는 것은

85 호(昊): 광대무변(廣大無邊)한 모양.
진삼공(秦三公): 목공(穆公), 강공(康公), 공공(共公)이다.
초삼왕(樵三王): 성왕(成王), 목왕(穆王), 장왕(莊王)이다.

86 출입(出入): 왕래(往來)와 같은 뜻이다.

87 이는 진(秦)나라가 초(楚)나라에 대한 말로 초나라가 진(晉)나라에게 돌려서 말한 것이다.

88 이때 진(晉)나라와 초나라는 이미 화해하였으므로 초나라가 진나라에 알린 것이다.

唯好是求.	오직 우호를 추구해서입니다.
君若惠顧諸侯,	임금님께서 만약 제후들을 은혜로 돌보시고
矜哀寡人,	과인을 불쌍히 여기시어
而賜之盟,	맹약을 내려 주신다면
則寡人之願也,	이는 곧 과인의 바람이니
其承寧諸侯以退,[89]	제후들을 평안하게 하여 물러날 것이니
豈敢徼亂?	어찌 감히 전란을 바라겠습니까?
君若不施大惠,	임금님께서 큰 은혜를 베푸시지 않는다면
寡人不佞,[90]	과인은 재주가 없어
其不能以諸侯退矣.[91]	제후를 거느리고 물러날 수 없습니다.
敢盡布之執事,	감히 집사께 모두 펼쳐 보이오니
俾執事實圖利之."	집사로 하여금 실로 이익을 도모하게 하시기 바랍니다!"

---

89 승녕(承寧): 그만두게 하는 것, 안정시키는 것이다. 위의 "綏靜諸侯"와 같은 뜻이다. 두예는 "임금의 뜻을 이어 제후를 안정시켰다" 하여 "承寧"을 두 가지 뜻으로 나누었으나 확실치 않다.

90 불녕(不佞): 당시의 습관적인 말로 재주가 없다(不才), 불민(不敏)하다는 뜻.

91 완각본에는 "써 이(以)"자가 없는데 『석경』과 송본 및 가나자와 문고본(金澤文庫本)에 의하여 덧붙여 넣었다.

秦桓公旣與晉厲公爲令狐之盟,	진환공은 이미 진여공과 영호의 맹약을 맺고서도
而又召狄與楚,	또한 적과 초나라를 불러
欲道以伐晉,[92]	진나라를 치는데 끌어들이려 하니
諸侯是以睦於晉.	제후들은 이 때문에 진나라와 화목하여졌다.
晉欒書將中軍,	진나라는 난서가 중군장이 되고
荀庚佐之;[93]	순경이 보좌하였으며,
士燮將上軍,[94]	사섭이 상군장이 되고
郤錡佐之;[95]	극기가 보좌하였고,
韓厥將下軍,[96]	한궐이 하군장이 되고
荀罃佐之;[97]	순앵이 보좌하였으며,
趙旃將新軍,[98]	조전이 신군의 장수가 되고
郤至佐之.[99]	극지가 보좌하였다.

---

92 「진본기」에 의하면 영호의 맹약 이후 진환공(秦桓公)은 즉시 맹약을 저버리고 적과 연합하여 진나라를 칠 계책을 꾸몄다.

93 순경은 순수(荀首)를 대신하였다.

94 순경(荀庚)을 대신하였다.

95 사섭(士燮)을 대신하였다.

96 극기(郤錡)를 대신하였다.

97 조동(趙同)을 대신하였다.

98 한궐(韓厥)을 대신하였다.

99 조괄(趙括)을 대신하였다. 3년 봄에는 6군을 일으켰는데, 이 전투 및 언릉(鄢陵)의 전투에서 진나라는 4군만 일으켰을 뿐으로 신상군(新上君)과 신하군은 이미 모두 없앤 것 같다.

郤毅御戎,[100] 극의가 융거의 어자가 되고

欒鍼爲右.[101] 난침이 거우가 되었다.

孟獻子曰, 맹헌자가 말하였다.

“晉帥乘和,[102] “진나라는 장수와 갑사가 화목하니

師必有大功.” 군사들이 반드시 큰 공을 세울 것이다.”

五月丁亥,[103] 5월 정해일에

晉師以諸侯之師及秦師戰于麻隧.[104] 진나라 군사는 제후들의 군사를 가지고 마수에서 진나라 군사와 싸웠다.

秦師敗績, 진나라 군사는 크게 패하였고

獲秦成差及不更女父.[105] 진나라 성차와 불경인 여보를 사로잡았다.

---

100 두예에 의하면 극의(郤毅)는 극지(郤至)의 아우로 16년『전』에서는 또한 보의(步毅)라 칭하고 있다.

101 두예에 의하면 난침(欒鍼)은 난서(欒書)의 아들이다.

102 수(帥)는 군중의 장수이며, 승(乘)은 병거의 갑사(甲士)이다. 수승화(帥乘和)는 상하가 일치단결하였다는 말이다.

103 정해일은 4일이다.

104 마수(麻隧): 진나라 땅으로『청일통지』에서는 지금의 섬서성 경양현(涇陽縣) 북쪽에 있다고 하였으며,『방여기요(方輿紀要)』에서는 경양현의 서남쪽에 있다고 하였다.『일통지』가 사실에 가까운 것 같다.

105 불경(不更):『한서·백관공경표(百官公卿表)』및『속한서·백관지(百官志) 5』의 유소(劉昭)의 주에서 인용한 유소(劉劭)의『작제(爵制)』에 의하면 불경(不更)은 다만 진나라 상앙(商鞅)이 정한 4급의 관작으로 사(士) 가운데서는 가장 고급이니 대부에는 못 미치며 작위가 매우 낮은데,『좌전』에서는 그가 포획된 것을 기록하였을 뿐만 아니라 그 이름인 여보까지 기록하였으니 이는 혹 춘추시대의 불경은 상앙 이후의 불경과 명칭만 같

曹宣公卒于師.[106] 조선공이 군중에서 죽었다.

師遂濟涇,[107] 군사들은 마침내 경수를 건너

及侯麗而還.[108] 후려에까지 이르렀다가 돌아갔다.

迓晉侯于新楚.[109] 신초에서 진후를 맞았다.

成肅公卒于瑕.[110] 성숙공이 하에서 죽었다.

六月丁卯夜,[111] 6월 정묘일 밤에

鄭公子班自訾求入于大宮,[112] 정나라 공자 반이 자에서 대궁으로 들어가기를 청하였으나

고 실제는 달라 직위가 비교적 높았던 것 같다. 유소의 『작제』에서는 또한 "불경이라는 것은 거우(車右)이다"라 하였으니 이곳의 불경은 아마 곧 거우일 것이다.

106 『예기·단궁(檀弓) 하』에 "제후들이 진(秦)나라를 치는데, 조환공〔趙桓公: 환(桓)자는 선(宣)자가 되어야 한다〕이 회합에서 죽었다. 제후들이 반함(飯含)을 청하니 역습하게 하였다"라 하였다.

107 경수(涇水)는 경양현 남쪽을 경유한 후에 위수(渭水)로 들어간다. 「노어 하」에 의하면 당시 제후의 군대는 모두 경수를 건너려 하지 않았으며, 진나라의 숙상(叔向)이 노나라 숙손표(叔孫豹)를 찾으니 노나라 군이 먼저 강을 건너 각국의 군대가 이에 따라서 강을 건너갔다고 하였다.

108 당시 진(秦)나라는 옹〔雍: 지금의 봉상현(鳳翔縣) 남쪽〕에 도읍하여 진(晉)나라는 동북쪽에서 서남쪽을 향하여 진군하였으니, 경수를 건넌 것 또한 동북쪽에서 서남쪽으로 향하였으며, 후려(侯麗)는 경수의 남안에 있을 것이다. 혹자는 지금의 예천(禮泉)현 경계에 있을 것이라고 하였다.

109 신초(新楚): 진나라 땅으로 섬서성 구 조읍현(朝邑縣) 경계〔조읍은 지금은 이미 대려현(大荔縣)에 합병되어 들어갔다〕에 있을 것이다.

110 유강공(劉康公)의 예언이 효험이 있었다는 것을 설명하였다. 하(瑕)는 진나라 땅으로 희공 30년 『전』의 『주』에 보인다.

111 정묘일은 15일이다.

112 공자 반(公子班)이 허나라로 달아난 일은 10년 『전』에 보인다. 두예에 의하면 자는 정나라 땅이며, 공자 반은 허나라를 거쳐 정나라에 들어갔으며, 자는 정나라 남쪽에 있을

不能,	할 수 없자
殺子印, 子羽,[113]	자인과 자우를 죽이고
反軍于市.	군사를 되돌려 저자에 머물렀다.
己巳,[114]	기사일에
子駟帥國人盟于大宮,[115]	자사가 백성들을 이끌고 태궁에서 맹세하고
遂從師而盡焚之,[116]	마침내 군사들을 좇아가 모두 불태우고
殺子如, 子駹, 孫叔, 孫知.[117]	자여와 자방, 손숙과 손지를 죽였다.

曹人使公子負芻守,	조나라 사람이 공자 부추에게 지키게 하고
使公子欣時逆曹伯之喪.[118]	공자 흔시에게는 조백의 상구를 맞아들이게 하였다.

것이다. 고사기(高士奇)의 『지명고략(地名考略)』과 마종련(馬宗璉)의 『보주(補注)』에서는 모두 이 자(訾)는 곧 소공 23년 『전』의 자로 실은 주나라 땅이며, 정나라와 가깝고 지금의 하남성 공현(鞏縣) 자점(訾店)이라고 하였다. 그러나 공자 반이 허나라에서 정나라로 가면 길을 돌아 자점에 이를 필요가 없으므로 믿음직하지 못하다. 소공 13년의 『전』에도 자가 있는데 초나라 땅이다. 대궁(大宮)은 정나라의 조상을 모신 종묘이다.

113 두예에 의하면 자인과 자우는 모두 정목공의 아들이다. 이 자우는 공손휘〔公孫揮: 자가 자우(子羽)로 양공과 소공의 여러 해의 『전』에 보인다〕가 아니다.

114 기사일은 17일이다.

115 자사(子駟)는 10년 『전』의 『주』에 보인다.

116 가나자와 문고본(金澤文庫本)에는 종(從)자 아래에 "사(師)"자가 있다.

117 자여(子如)는 공자 반으로 이미 10년의 『전』과 『주』에 보인다. 두예에 의하면 자방(子駹)은 자여의 아우이며, 숙손은 자여의 아들이다. 손지(孫知)는 자방의 아들이다.

秋,	가을에
負芻殺其大子而立也.[119]	부추가 그 태자를 죽이고 즉위하였다.
諸侯乃請討之.	제후들이 이에 그를 칠 것을 청하였다.
晉人以其役之勞,[120]	진나라 사람이 그가 전역에서 공로가 있다 하여
請俟他年.	훗날을 기다릴 것을 청하였다.
冬,	겨울에
葬曹宣公.	조선공을 장사 지냈다.
旣葬,	장례가 끝나고
子臧將亡,[121]	자장이 망명하려 하자
國人皆將從之.	백성들이 모두 그를 따르고자 하였다.
成公乃懼,[122]	성공은 이에 두려워하여
告罪,	죄를 알리고

118 부추(負芻)와 흔시(欣時)는 모두 조선공의 서자이다. 흔시는 『공양전』 성공 16년의 『전』과 소공 20년 『전』에 모두 "희시(喜時)"로 되어 있으며, 『신서·절사(新序·節士)』에도 이 사실이 기록되어 있는데, 문장은 『좌전』의 것을 사용하였지만 이름은 『공양전』의 것을 따라 "희시"라 하였다.

119 태자(大子)는 선공의 태자이다.

120 역(役)은 진(秦)나라를 친 전역을 말한다.

121 자장(子臧): 흔시(欣時)의 자이다.

122 성공(成公): 부추(負芻)이다.

且請焉.[123] 아울러 그에게 청하였다.

乃反, 이에 돌아와

而致其邑.[124] 그 읍을 바쳤다.

성공 14년

經

十有四年春王正月,[1] 14년 주력으로 정월에

莒子朱卒.[2] 거자 주가 죽었다.

夏, 여름에

衛孫林父自晉歸于衛.[3] 위나라 손림보가 진나라에서 위나라로 돌아갔다.

秋, 가을에

---

123 자장에게 머물러 달아나지 말기를 청한 것이다.

124 자장이 나라로 돌아와 그 채읍을 성공에게 바친 것이다. 15, 16년의 『전』에 이 일에 이어 서술한 것이 있다.

1 십유사년(十有四年): 갑신년 B.C. 577년으로 주간왕(周簡王) 9년이다. 정월 24일 계묘일이 동지로 건자(建子)이다. 윤달이 있다.

2 『전』이 없다. 거자 주는 곧 거나라 거구공(渠丘公: 8년 『전』에 보임)으로 이름은 계타(季佗: 문공 18년 『전』에 보임)이며, 선공 원년에 즉위하여 이해까지 재위 기간이 모두 32년이다. 죽은 후에는 아들인 밀주(密州)가 계승하였는데, 이비공(犁比公)으로 불린다. 『곡량전』 양사훈(楊士勛)의 주석〔소(疏)〕에서는 "장례를 치르면 반드시 시호로 칭하여야 하는데, 거나라는 오랑캐로 시호가 없어서 장례를 기록하지 않았다"라 하였다.

3 두예는 "진나라가 그를 들여보내 주었기 때문에 돌아갔다고 하였다"라 하였다.

叔孫僑如如齊逆女. 숙손교여가 제나라에 가서 여자를 맞아들였다.

鄭公子喜帥師伐許.[4] 정나라 공자 희가 군사를 거느리고 허나라를 쳤다.

九月, 9월에

僑如以夫人婦姜氏至自齊.[5] 교여가 부인 강씨를 데리고 제나라에서 돌아왔다.

冬十月庚寅,[6] 겨울 10월 경인일에

衛侯臧卒. 위후 장이 죽었다.

秦伯卒.[7] 진백이 죽었다.

傳

十四年春, 14년 봄

衛侯如晉, 위후가 진나라로 갔는데

晉侯強見孫林父焉.[8] 진후가 억지로 손림보를 접견하게 하였다.

---

4 희(喜): 목공(穆公)의 아들로, 자는 자한(子罕)이다.

5 이때 선공의 부인인 목강이 여전히 살아 있어 새 며느리에게 시어머니기 있었으므로 "부(婦)"라 하였다. 문공 4년과 선공 원년의 두 『전』에서 "부(婦)"라 칭한 것과 같다.

6 경인일은 16일이다.

7 『전』이 없다. 진백은 곧 진환공이다. 『경』에서는 이름을 기록하지 않았는데, 송나라 고항(高閌)의 『춘추집주(春秋集注)』에서는 "사관이 그 이름을 빠뜨렸다"라 하였다. 그러나 『전』에서는 이후로 진나라 임금의 죽음에 모두 다만 "진백이 죽었다"라고만 하였으니 어찌 모두 "사관이 그 이름을 빠뜨렸다"고 하겠는가?

定公不可.	정공은 응하지 않았다.
夏,	여름에
衛侯旣歸,	위후가 이미 돌아가자
晉侯使郤犨送孫林父而見之.	진후는 극주에게 손림보를 보내어 그를 만나도록 하였다.
衛侯欲辭.	위후가 거절하려 하자
定姜曰,[9]	정강이 말하였다.
"不可.	"안 됩니다.
是先君宗卿之嗣也,[10]	이 사람은 선군 때 종경을 이은 사람이며
大國又以爲請.	대국에서 또 청하였습니다.
不許,	허락지 않으시면
將亡.[11]	망할 것입니다.
雖惡之,	아무리 미워도
不猶愈於亡乎?	망하는 것보다는 낫지 않습니까?

8 두예는 "손림보는 7년에 진나라로 달아났다. 억지로 보이려는 것은 돌아가게 하고자 해서이다"라 하였다. 위정공과 손림보를 억지로 만나게 한 것이다.

9 두예는 "정강은 정공의 부인이다"라 하였다.

10 선군은 정공의 부친인 위목공(衛穆公)을 가리키며, 종경은 손림보의 부친인 손량부(孫良夫)를 가리킨다. 선군종경은 한 단어로 곧 선군의 종경이라는 뜻이다. 공영달이 인용한 『세본』에 의하면 손씨는 위무공(衛武公)에게서 났으며 위나라 임금과 같은 종족이고, 손량부는 또한 당시 위나라의 집정대신이었다. 그러므로 "선군종경"이라 한 것이다.

11 만약에 진나라의 제의에 동의하지 않으면 곧 정벌을 당하여 위나라는 곧 망하게 될 것이라는 말이다.

君其忍之!
임금님께서 참으십시오!

安民而宥宗卿,[12]
백성을 편안케 하고 종경을 용서하면

不亦可乎?"
또한 괜찮지 않습니까?"

衛侯見而復之.[13]
위후가 만나 보고 복위시켰다.

衛侯饗苦成叔,[14]
위후가 고성숙에게 향례를 베풀었는데

甯惠子相.[15]
영혜자가 상이 되었다.

苦成叔傲.
고성숙이 오만하게 행동하였다.

寧子曰,
영자가 말하였다.

"苦成叔家其亡乎![16]
"고성숙의 집안은 망할 것이다!

---

12 이 종경은 곧 손림보 본인을 가리키는데, 일찍이 손량부가 위나라의 정권을 잡았던 것을 이어받았기 때문이다.

13 손림보의 직위와 채읍을 회복시켜준 것이다.

14 향(饗): 향연(享燕)의 향(享)은 『좌전』에는 모두 "享"으로 되어 있는데 이곳에서만 "饗"으로 되어 있다. "享"이 정자이고, "饗"은 가차자이다.
고성숙(苦成叔): 고성은 진나라의 지명으로 지금의 산서성 운성현 동쪽에서 조금 북쪽 약 22리 지점에 있다. 후한(後漢) 왕부(王符)의 『잠부론·지씨성(潛夫論·志氏姓)』과 『통지·씨족략(氏族略) 3』에 의하면 고(苦)를 읍 이름으로 삼은 것은 극주(郤犨)의 채읍이기 때문이라 하였으므로 고씨(苦氏)는 곧 극씨(郤氏)이다. 성(成)은 극주의 시호이고, 숙(叔)은 자이다. 극주는 피살되기는 하였지만 시호를 받는 데는 장애가 없었으니 극지(郤至)의 시호가 소자(昭子: 「진어 8」에 보임)라는 것과 같다. 두 설 가운데 어떤 것이 옳은지는 상세하지 않다. 극주가 고성숙으로 불리는 것은 「노어 상」과 「진어 6」에도 보인다.

15 영혜자(寧惠子): 영식(寧殖)이다.

16 각 판본에는 모두 "苦成家"로만 되어 있다. 『당석경』의 방주(旁注)에 "叔"이라 적어 놓았고, 당나라 구양순(歐陽詢) 등이 편찬한 유서(類書) 『예문유취(藝文類聚) 36』, 당나라 서견(徐堅) 등이 편찬한 유서(類書) 『초학기(初學記) 14』의 인용에는 모두 "숙"자가 있으며 「노어 상」에도 "고성숙의 집에서 두 나라를 맡으려 하였다"라 하여 "고성숙가"가 당시의 습관적인 칭위임을 알 수 있다. 가나자와 문고본(金澤文庫本)에 의해 "숙"자를 첨가

古之爲享食也,	옛날에 향례를 베푸는 것은
以觀威儀, 省禍福也,	위의를 관찰하고 화복을 살피기 위함이었다.
故詩曰,	그러므로 『시』에서 말하기를
‘兕觵其觩,[17]	‘쇠뿔 잔은 굽었어도
旨酒思柔.[18]	맛난 술은 부드럽네.
彼交匪傲,[19]	교만하지 않고 오만하지 않으니
萬福來求.’[20]	갖은 복 모인다네’라고 하였다.
今夫子傲,	지금 저치는 오만하니
取禍之道也.”	화를 취하는 도이다.”

秋,	가을에

하였다.

17 시굉(兕觥): 옛날 물소의 뿔로 만든 술잔으로 용량이 비교적 크며, 벌주를 마실 때도 사용하였고 소공 원년의 『전』에서는 또한 시작(兕爵)이라고도 하였다.
구(觩): 짐승의 뿔이 굽은 모양.

18 사(思): 구절의 중간에 들어가는 조사로 아무런 뜻이 없다.

19 피교비오(彼交匪傲): 곧 양공 27년 『전』의 “비교비오(匪交匪傲)”이다. “彼”와 “匪”는 옛날에 통가할 수 있었다. 교(交)는 “驕”의 가차자이다. 『시경·주송·사의(周頌·絲衣)』에 “쇠뿔잔은 굽었어도, 맛난 술은 부드럽네. 떠들지도 오만하지도 않으니, 선조들의 영광일세(兕觥其觩, 旨酒思柔, 不吳不敖, 胡考之休)”라는 구절이 있는데, “觥”은 “觵”이 본자이며 두 자는 통용한다. “不吳不敖”는 이곳의 “匪交匪敖”와 뜻이 같다. “吳”는 오만불손하다는 뜻이며, 교(交) 또한 오만하고 오만하다는 뜻이다.

20 이상은 『시경·소아·상호(小雅·桑扈)』의 구절이다. 구(求)는 모인다는 뜻이다. 래(來)는 조사로 도치를 나타낸다. 이 구절은 만복이 모여든다는 뜻이다.

宣伯如齊逆女.[21]	제선백이 제나라로 가서 여인을 맞아들였다.
稱族,	족명(族名)을 일컬은 것은
尊君命也.[22]	임금의 명을 높인 것이다.

八月,	8월에
鄭子罕伐許,[23]	정나라 자한이 허나라를 쳤는데
敗焉.[24]	그들에게 졌다.
戊戌,[25]	무술일에
鄭伯復伐許.	정백이 다시 허나라를 쳤다.
庚子,[26]	경자일에
入其郛.[27]	그 외성으로 들어갔다.
許人平以叔申之封.[28]	허나라 사람은 숙신이 봉한 땅을 가지고 화평하였다.

21 노성공을 위해 그 부인을 맞아 온 것이다.
22 『경』에서 "숙손교여"라 일컬은 것을 해석한 것으로, 선공 원년의 『전』을 참조하여 보라.
23 자한(子罕): 공자 희(公子喜)의 자이다.
24 두예는 "허나라에 진 것이다"라 하였다.
25 무오일은 23일이다.
26 경자일은 25일이다.
27 부(郛): 외성(外城).
28 허나라 사람이 숙신(叔申)의 봉지를 가지고 정나라와 화친을 맺은 것이다. 숙신의 봉지는 4년의 『전』과 『주』에 보인다.

九月,	9월에
僑如以夫人婦姜氏至自齊.	교여가 부인인 며느리 강씨를 데리고 제나라에서 돌아왔다.
舍族,[29]	족명을 버린 것은
尊夫人也.	부인을 높인 것이다.
故君子曰,	그러므로 군자가 말하였다.
"春秋之稱,[30]	"『춘추』의 기록은
微而顯,[31]	적으면서도 드러나고
志而晦,[32]	기록하였으되 깊으며
婉而成章,[33]	완전하면서도 장을 이루고
盡而不汚,[34]	다하였으되 더럽지 아니하며
懲惡而勸善,	악을 징계하고 선을 권하니
非聖人,	성인이 아니고서야
誰能脩之?"	누가 그렇게 지을 수 있겠는가?"

29 "숙손(叔孫)"이라 칭하지 않았다.

30 칭(稱): 말하다. 여기서는 『춘추』의 용사(用詞)와 조구(造句)를 말한다.

31 언사가 많지 않으면서 의의는 환하게 드러나는 것이다.

32 역사적 사실을 기록하였으면서 의의가 그윽하고 깊다는 것이다.

33 표현은 완곡하지만 순리대로 사장을 이룸을 말한다.

34 두예는 "사건을 직언하여 사실을 다하며 구부러진 데가 없다(無所汙曲)"라 하였다. 초순(焦循)은 『보소(補疏)』에서 "汙"를 "紆"로 풀이하였는데, 이는 두예가 "汙曲"이라는 말을 썼기 때문일 것이다.

衛侯有疾,	위후가 병들어
使孔成子, 寧惠子立敬姒之子衎以爲大子.[35]	공성자와 영혜자로 하여금 경사의 아들 간을 세워 태자로 삼도록 하였다.
冬十月,	겨울 10월에
衛定公卒.	위정공이 죽었다.
夫人姜氏旣哭而息,	부인 강씨가 곡을 끝내고 쉬는데
見大子之不哀也,	태자가 슬퍼하지도 않고
不內酌飮,[36]	거친 음식과 물을 마시지도 않는 것을 보고
歎曰,	탄식하여 말하였다.
"是夫也,	"이 사람은
將不唯衛國之敗,	장차 위나라를 그르치게만 할 것이 아닐 것인데
其必始於未亡人.[37]	반드시 이 미망인으로부터 비롯될 것이다.

35 공성자(孔成子): 공달(孔達)의 아들 공증서(孔烝鉏)이다.
경사(敬姒): 다음의 "부인강씨(夫人姜氏)"라는 말에 의하면 위정공의 첩일 것이다.
간(衎): 위헌공이다.

36 "납(內)"은 "納"과 같으며, "작(酌)"은 "勺"과 같다. 작음(酌飮)은 정공 4년 『전』의 "勺飮"과 같다. 『예기·상대기(喪大記)』에 의하면 죽은 사람을 초빈(草殯)을 하면 부인과 세부(世婦), 처첩들은 모두 거친 음식에 물을 마셔야 하는데, 작음(勺飮)이 바로 거친 음식과 물을 마시는 것을 가리킨다.

37 옛날에는 과부가 지신을 일러 미망인이라 하였다. 이미 장공 28년 『경』의 『주』에 보인다.

烏呼!	아아!
天禍衛國也夫!	하늘이 위나라에 화를 내리는도다!
吾不獲鱄也使主社稷."[38]	내 전을 얻어 사직을 주재하도록 하지 못하였구나."
大夫聞之,	대부 가운데 그 말을 듣고
無不聳懼.[39]	두려워하지 않는 사람이 없었다.
孫文子自是不敢舍其重器於衛,[40]	손문자는 이때부터 그 중요한 기물을 감히 위나라에 두지 않고
盡寘諸戚,[41]	그것을 모두 척에다 두었으며
而甚善晉大夫.[42]	그러고는 진나라 대부들과 친하게 지냈다.

38 전(鱄): 양공 4년의 『전』에 의하면 전은 간(衎)의 동모제(同母弟)이다.

39 용(聳): 송(悚)의 가차자이며, 두렵다는 뜻이다.

40 중기(重器): 보중지기(寶重之器)와 같은 말.

41 척(戚)은 본래 손씨의 채읍이었는데 손림보가 진나라로 도망가자 진나라에서는 일찍이 그것을 위나라 임금에게 돌려주었다. 손림보가 귀국하여 직위를 회복하자 위후가 또 그에게 돌려준 것이다.

42 나중의 일은 양공 14년의 『전』에 보인다.

성공 15년

經

十有五年春王二月,[1]	15년 봄 주력으로 2월에
葬衛定公.[2]	위나라 정공을 장사 지냈다.
三月乙巳,[3]	3월 을사일에
仲嬰齊卒.[4]	중영제가 죽었다.
癸丑,[5]	계축일에
公會晉侯, 衛侯, 鄭伯, 曹伯, 宋世子成, 齊國佐, 邾人同盟于戚.[6]	공이 진후와 위후, 정백, 송나라 세자 성, 제나라 국좌, 주나라 사람과 만나 척에서 동맹을 맺었다.
晉侯執曹伯歸于京師.[7]	진후가 조백을 붙잡아 경사로 보냈다.

---

1 십유오년(十有五年): 을유년 B.C. 576년으로 주간왕(周簡王) 10년이다. 정월 초5일 무신일이 동지로 건자(建子)이다.

2 『전』이 없다.

3 을사일은 3일이다.

4 『전』이 없다. 중영제는 중수(仲遂)의 아들이며, 공손귀보(公孫歸父)의 아우이다. 중수의 죽음은 선공 8년의 『경』에 보이고, 귀보가 제나라로 달아난 일은 선공 18년의 『경』과 『전』에 보인다. 영제는 그 후손으로 중씨(仲氏)라고 한다. 공영달은 유현(劉炫)의 설을 인용하여 "중수는 중씨가 되는 것을 받아들였으므로 그 자손이 중씨라 일컫은 것이다"라 하였다.

5 계축일은 11일이다.

6 송나라는 태자 성이 회맹에 출석하였다. 송나라 공공은 아마 당시 병중에 있었을 것이며, 6월에 송공은 죽는다.

7 『공양전』에는 "歸之于京師"로 되어 있는데 "지(之)"자는 연문이다.

公至自會.[8]	공이 회합에서 돌아왔다.
夏六月,	여름 6월에
宋公固卒.[9]	송공 고가 죽었다.
楚子伐鄭.	초자가 정나라를 쳤다.
秋八月庚辰,[10]	가을 8월 경진일에
葬宋共公.	송공공을 장사 지냈다.
宋華元出奔晉.	송나라 화원이 진나라로 달아났다.
宋華元自晉歸于宋.	송나라 화원이 진나라에서 송나라로 돌아갔다.
宋殺其大夫山.	송나라가 그 대부 산을 죽였다.
宋魚石出奔楚.[11]	송나라 어석이 초나라로 달아났다.
冬十有一月,	겨울 11월에

叔孫僑如會晉士燮, 齊高無咎, 宋華元, 衛孫林父, 鄭公子鰌, 邾人會吳于鍾離.[12]

숙손교여가 진나라 사섭, 제나라 고무구, 송나라 화원, 위나라 손림보, 정나라 공자 추, 주나라 사람과 회합을 갖고 종리에서 오나라와 만났다.

8 『전』이 없다.

9 고(固)는 『연표』 및 「송세가」와 『한서·고금인표(古今人表)』에는 모두 "가(暇)"로 되어 있는데, "固"와 "暇"는 옛 음이 가까워서 통용될 수 있었을 것이다.

10 경진일은 10일이다.

11 어석(魚石)은 『전』의 『주』에 보인다.

許遷于葉.	허나라가 섭으로 옮겨 갔다.

傳

十五年春,	15년 봄에
會于戚,	척에서 회합을 가졌는데
討曹成公也.[13]	조성공을 토벌하기 위함이었다.
執而歸諸京師.	잡아서 경사로 보냈다.
書曰"晉侯執曹伯",	"진후가 조백을 잡았다"라고 기록한 것은
不及其民也.[14]	그 백성들에게는 미치지 않았기 때문이다.
凡君不道於其民,	무릇 임금이 그 백성에게 무도하여
諸侯討而執之,	제후들이 성토하여 잡아간 것을

12 『경』에서는 "모일 회(會)"자를 두 번 썼는데, 두예는 오나라는 오랑캐로 전에는 중원의 여러 나라와 왕래를 한 적이 없다가 지금에야 비로소 와서 통교를 하였으므로 진나라가 제후의 대부들을 거느리고 가서 만났으므로 "회"자를 두 번 썼다. 명나라의 왕초(王樵)는 『춘추집전(春秋輯傳)』에서는 제후의 대부들이 먼저 모여 만나기로 약속을 한 후에 오나라와 만난 것인데, 『춘추』에서는 그 일을 그대로 기록하였다.
추(鰌): 종리(鍾離)는 『노사(路史)』에서 나라 이름이라 하였으며, 나머지는 『전』과 『주』에 상세하다.

13 13년 『전』에 조성공(曹成公)이 선공의 태자를 죽이고 스스로 즉위하자 제후들이 토벌할 것을 청하였으며 진나라가 훗날을 기다리자고 한 것을 말한 적이 있는데, 이때에야 그들을 토벌한 것이다.

14 조성공의 죄는 선공의 태자를 죽이고 스스로 임금으로 즉위한 것에 있을 뿐 해가 백성들에게는 미치지 않았으므로 잡은 사람인 "진후"를 기록하고 "진나라 사람"은 기록하지 않았다.

則曰"某人執某侯",[15]	"아무개 사람이 아무개 임금을 잡아갔다"고 하고
不然則否.[16]	그렇지 않으면 그렇게 하지 않는다.
諸侯將見子臧於王而立之.[17]	제후가 자장을 왕에게 알현시키고 임금으로 세우려 하였다.
子臧辭曰,	자장이 거절하며 말하였다.
"前志有之曰,[18]	"이전의 기록에서 말하기를
'聖達節,[19]	'성인은 절의에 통달하였고
次守節,[20]	다음은 절의를 지키는 것이며
下失節.'[21]	가장 못한 것은 절의를 잃는 것이다' 라 하였습니다.
爲君非吾節也.	임금이 되는 것은 저의 절의가 아니옵니다.

15 『춘추』에서는 제후끼리 서로 잡은 것에 대하여서는 일반적으로 "아무개 나라 사람이 아무개 제후를 잡았다"라고 기록하였는데, 반드시 잡힌 자가 모두 "백성에게 무도하지는 않았으며" 이런 예는 아마 다만 희공 28년 "진나라 사람이 위후를 잡아 경사로 보냈다"라고 한 것에만 적용될 것이다.

16 이는 『경』에서 "진후(晉侯)"라고 기록한 까닭을 풀이한 것이다.

17 자장(子臧): 13년의 『전』에 상세하다.

18 전지(前志): 고서(古書)이다.

19 최고의 도덕은 능히 나아가고 물러나며 능히 오르고 내림에 모두 절의에 부합하는 것이라는 뜻이다.

20 다음 단계는 적극적인 대처는 못하고 다만 소극적으로 절의를 지키는 것이라는 뜻이다.

21 최하등의 단계는 명리만 도모하여 절의라고는 없는 것이라는 뜻이다. 『신서·절사(新序·節士)』편에도 이 말이 실려 있는데 "하등은 절의를 잃지 않는 것(下不失節)"으로 되어 있으며, 홍양길(洪亮吉)은 『고(詁)』에서 『신서(新序)』가 잘못된 것이라고 하였다.

雖不能聖,	성인이 될 수는 없겠지만
敢失守乎?”	감히 지키는 것을 잃겠습니까?”
遂逃,	마침내 도망을 가서
奔宋.	송나라로 달아났다.

夏六月,	여름 6월에
宋共公卒.[22]	송나라 공공이 죽었다.

楚將北師,[23]	초나라가 북쪽으로 군사를 내려 하자
子囊曰,[24]	자낭이 말하였다.
“新與晉盟而背之,[25]	“막 진나라와 맹약을 맺고 저버린다면
無乃不可乎?”	이는 안 되지 않겠습니까?”
子反曰,	자반이 말하였다.
“敵利則進,[26]	“적정이 유리하면 나아가는 것이지
何盟之有?”	무슨 맹세가 있겠소?”

---

22 여기서는 송공의 시호만 전하고 있을 따름이다.
23 두예는 “정나라와 위나라를 침공하는 것이다”라 하였다.
24 자낭(子囊): 초장왕의 아들이며 공왕의 아우인 공자 정(公子貞)이다.
25 진나라와 초나라가 맹약을 맺은 것은 12년의 『전』에 보인다.
26 적정(敵情)이 우리에게 유리하면 나아간다는 것이다.

申叔時老矣,	신숙시는 늙어서
在申,[27]	신에 있었는데
聞之,	그 말을 듣고
曰,	말하였다.
“子反必不免.	“자반은 화를 면하지 못할 것이다.
信以守禮,[28]	신의를 가지고 예의를 지키며
禮以庇身,[29]	예의를 가지고 몸을 보호함에
信, 禮之亡,	신의와 예의가 없는데
欲免,	화를 면하려 한들
得乎?”[30]	되겠는가?”
楚子侵鄭,	초자는 정나라로 쳐들어가
及暴隧.[31]	폭수에 이르렀다.
遂侵衛,	마침내 위나라까지 쳐들어가
及首止.[32]	수지에 이르렀다.
鄭子罕侵楚,	정나라 자한이 초나라로 쳐들어가
取新石.[33]	신석을 취하였다.

27 두예는 “늙어서 본읍으로 돌아간 것이다”라 하였다.
28 신의는 예의를 지키는 것이라는 말이다.
29 예의는 생존을 보호하는 것이라는 말이다.
30 자반은 이듬해 언릉(鄢陵)의 전투에서 패하여 피살된다.
31 폭수(暴隧): 곧 문공 8년 『경』의 폭(暴)이며, 그해의 주석에 상세하다.
32 수지(首止): 위나라 땅으로 환공 18년 『전』의 『주』에 보인다.

欒武子欲報楚.[34] 난무자가 초나라에 보복을 하려고 하였다.

韓獻子曰,[35] 한헌자가 말하였다.

"無庸, "그럴 필요 없이

使重其罪, 그 죄가 중해지도록 하면

民將叛之.[36] 백성들이 그를 이반할 것이오.

無民, 백성이 없으면

孰戰?"[37] 누가 싸우겠소?"

秋八月, 가을 8월에

葬宋共公. 송공공을 장사 지냈다.

於是華元爲右師, 이때 화원이 우사였고

魚石爲左師,[38] 어석이 좌사였으며

蕩澤爲司馬,[39] 탕택은 사마,

---

33 신석(新石): 초나라의 읍으로 지금의 하남성 섭현(葉縣)의 경내에 있을 것이다.

34 난무자(欒武子): 진나라의 난서(欒書)로 당시 중군수(中軍帥)였으며 초나라에 보복을 하려는 것이다.

35 한헌자(韓獻子): 한궐(韓厥)이다.

36 맹약을 저버리고 백성들을 침략전쟁에 몰아넣었으므로 "죄가 중하여졌다"라 하였다.

37 백성들을 잃으면 누가 전투를 수행하겠는가라는 뜻. 이듬해 언릉(鄢陵)의 전역이 일어날 것을 암시하는 것이다.

38 어석(魚石): 두예에 의하면 공자 목이(公子目夷)의 증손자이다.

39 공영달은 『세본』을 인용하여 "공손수(公孫壽)는 대사마 훼(虺)를 낳았고, 훼는 사마 택(澤)을 낳았다"라 하였으므로 두예는 "탕택은 공손수의 손자이다"라 하였다. 이름이 산

華喜爲司徒,[40]	화희는 사도,
公孫師爲司城,[41]	공손사는 사성,
向爲人爲大司寇,	상위인은 대사구,
鱗朱爲少司寇,[42]	인주는 소사구,
向帶爲大宰,	상대는 태재
魚府爲少宰.	어부는 소재였다.
蕩澤弱公室,	탕택은 공실의 힘을 약화시키려고
殺公子肥.[43]	공자 비를 죽였다.
華元曰,	화원이 말하였다.
"我爲右師,	"나는 우사로
君臣之訓,	군신을 훈도하는 것은
師所司也.	우사가 맡는 것이다.

(山)이므로 「송세가」에서는 "당산(唐山)"이라 하였는데, "唐"과 "蕩"은 음이 가까워 통가할 수 있다.

40 공영달은 『세본』을 인용하여 "화보독(華父督)은 세자가(世子家)를 낳았고, 가는 계로(季老)를 낳았으며, 노는 사도 정(鄭)을 낳았고, 정은 사도 희를 낳았다"라 하였다. 따라서 두예는 "화보독의 현손"이라고 하였다.

41 공영달은 『세본』을 인용하여 "장공(莊公)은 우사 무(戊)를 낳았고, 무는 사도 사를 낳았다"라 하였으므로 두예는 "장공의 손자"라고 하였다.

42 공영달은 『세본』을 인용하여 "환공(桓公)은 공자 린(公子鱗)을 낳았고, 인은 동향관(東鄉矔)을 낳았으며, 관은 사도 문(文)을 낳았고, 문은 대사구 자주(子奏)를 낳았으며, 주는 소사구 주(朱)를 낳았다" 하였는데, 두예는 인주(鱗朱)는 "인관(鱗矔)의 손자"라 하여 『세본』과 맞지 않는다.

43 탕택이 공실을 약하게 하고자 하여 공자 비를 죽였다. 「송세가」에서는 "태자(太子) 비를 죽였다"라 하여 비가 송공공의 태자로 왕위를 이어야 하지만 아직 즉위하지 않았다.

今公室卑,	이제 공실이 낮아졌는데도
而不能正,	바로 잡을 수가 없으니
吾罪大矣.	나의 죄가 크다.
不能治官,[44]	직무를 다할 수 없는데
敢賴寵乎?"[45]	감히 총애를 이익으로 여기겠는가?"
乃出奔晉.[46]	이에 진나라로 달아났다.
二華,	두 화씨는
戴族也;[47]	대공의 씨족이며,
司城,	사성은
莊族也;	장공의 씨족이고
六官者皆桓族也.[48]	6관은 모두 환씨의 씨족이다.
魚石將止華元.[49]	어석이 화원을 저지하려 하였다.
魚府曰,	어부가 말하였다.

44 관(官)은 곧 『맹자·공손추(公孫丑) 하』의 "관수(官守)"와 같은 뜻. 이 구절은 직무를 다할 수 없다는 뜻이다.

45 뢰(賴): 이(利)와 같은 뜻. 총애를 얻는 것을 이익으로 생각하다.

46 「송세가」에서는 "사마 당산(唐山)이 태자비를 공격하여 죽이고 화원을 죽이려 하자 화원은 진나라로 달아났다"라 하였다.

47 화원과 화희는 모두 송대공(宋戴公)의 후손이므로 대족(戴族)이라고 하였다. 족(族)에는 두 가지 뜻이 있는데, 하나는 종족이라는 뜻이고 하나는 씨족이라는 뜻이다. 여기서는 씨족의 족으로 희공 7년 『전』의 "설씨(洩氏), 공씨(孔氏), 자인씨(子人氏)의 삼족(三族)"이라 할 때의 "족"과 같은 뜻이다.

48 어석과 탕택, 상위인, 인주, 상대, 어부는 모두 송환공(宋桓公)에게서 나왔다.

49 화원이 달아나는 것을 저지한 것이다.

"右師反,	"우사가 돌아오면
必討,	반드시 쳐서
是無桓氏也."[50]	이에 환씨를 없앨 것이다."
魚石曰,	어석이 말하였다.
"右師苟獲反,	"우사가 실로 돌아오게 되어
雖許之討,	비록 토벌을 하라 하더라도
必不敢.	반드시 감행을 하지 못할 것이다.
且多大功,[51]	또한 큰 공을 많이 세워
國人與之,	백성들이 그를 편드니
不反,	돌아오지 않으면
懼桓氏之無祀於宋也.[52]	환씨가 송나라에게 제사를 지내지 못할까 두렵다.
右師討,	우사가 치더라도
猶有戌在.[53]	술은 그대로 남아 있다.

50 환씨(桓氏)는 환족(桓族)과 같은 뜻이다. 화원이 탕택을 토벌하였기 때문에 환씨를 아울러 언급한 것 같다.

51 두예는 화원의 큰 공이 선공 15년 자반(子反)을 겁박하여 송나라의 포위를 푼 것과 성공 12년 진나라와 초나라의 화친을 꾀하여 청한 데 있다고 하였다. 실은 화원은 문공 16년 우사(右師)가 되어 집정한 이래 이미 30여 년이나 되었으니 어석(魚石)이 "큰 공이 많다"고 한 것은 아마 여기에 그치지 않을 것이며, 『좌전』에서는 다 기록을 하지 않았을 따름이다.

52 화원을 귀국하지 못하게 하자 백성들이 우르르 일어나 환족을 소멸시키려 한 데까지 이른 것 같다.

53 술(戌)은 상술(向戌)이다. 공영달은 『세본』을 인용하여 "환공(桓公)은 상보혜(向父肹)를

桓氏雖亡,	환씨가 망한다 하더라도
必偏."[54]	반드시 일부일 뿐이다."
魚石自止華元于河上.[55]	어석이 이에 스스로 황하의 가에서 화원을 막았다.
請討,[56]	칠 것을 청하니
許之,[57]	허락하여
乃反.[58]	이에 돌아왔다.
使華喜, 公孫師帥國人攻蕩氏,	화희와 공손사로 하여금 백성을 이끌고 탕씨를 공격하게 하여
殺子山.	자산을 죽였다.
書曰,	『경』에서 기록하기를

낳았으며, 혜는 사성 자수(訾守)를 낳았고, 수는 소사구 전(鱣) 및 합좌사(合左師)를 낳았다"라 하였는데, 합좌사가 곧 상술이다. 상술 또한 환족이다. 어석은 짐짓 화원이 탕택 및 환족을 토벌한다 하더라도 상술에게까지는 미치지 않을 것이라 생각한 것 같다. 아니면 상술은 화원의 무리였을 것이므로 일이 끝난 후 화원은 그를 좌사(左師)로 삼았다.

54 편(偏): 일부분.

55 하(河): 황하(黃河).

56 화원이 탕택을 토벌할 것을 청한 것이다.

57 어석이 동의한 것이다.

58 이에 의하면 화원은 황하 가까지만 미쳤다가 돌아왔다. 그러나 『경』과 『전』에서는 모두 "진나라로 달아났다(出奔晉)"라 하였고, 『경』에서는 또한 "진나라에서 송나라로 돌아갔다(自晉歸于宋)"라 기록하였기 때문에 어떤 사람은 아마 그 동기와 정치적인 배경을 따라 입언(立言)한 것이라고 하였고, 혹자는 또 말하기를 화원이 겨우 황하 가까지만 갔지만 이미 진나라 국경에 들어섰기 때문에 "진나라로 달아났다", "진나라에서"라 기록하였다고 하였다. 두 설 가운데 어떤 것이 옳은지는 상세하지 않다.

"宋殺其大夫山",	"송나라가 그 대부 산을 죽였다"라 한 것은
言背其族也.[59]	그 일족을 저버렸음을 말한 것이다.
魚石, 向爲人, 鱗朱, 向帶, 魚府出舍於睢上,[60]	어석과 상위인, 인주, 상대, 어부는 수수 가에 나가 머물렀다.
華元使止之,	화원이 만류하게 하였으나
不可.	듣지 않았다.
冬十月,	겨울 10월에
華元自止之,	화원이 직접 만류하였으나
不可,	듣지 않아
乃反.[61]	그만 돌아왔다.
魚府曰,	어부가 말하였다.
"今不從,	"지금 따르지 않으면
不得入矣.[62]	들어갈 수 없다.

---

59 두예의 『주』에 의하면 탕씨는 본래 송나라 공족이었지만 오히려 공실을 약하게 하고 해를 끼치려 하였으므로 그 이름을 기록하고 씨는 기록하지 않음으로써 죄가 있음을 밝혔다고 하였다. 곧 이곳의 족(族)자는 바로 "종족"의 뜻이라는 것이다.

60 수(睢): 수수는 본래 낭탕거(蒗蕩渠)의 지진(支津)으로, 옛날에는 하남성 기현(杞縣)에서 수현의 북쪽을 거쳐 또 동쪽으로 영릉(寧陵)과 상구시(商丘市) 남쪽을 거친 후 더 동쪽으로 하읍현(夏邑縣) 북쪽을 거친 다음에 동남쪽으로 흘렀다. 지금은 상류만 겨우 수현(睢縣) 근처에 있는 한 갈래가 혜제하(惠濟河)로 흘러들 뿐 나머지는 모두 막혀 버렸다. 수수의 가는 송나라의 도읍에서 멀지 않은 수하(睢河) 가일 것이다.

61 다섯 명은 돌아오려 하지 않았고 화원 혼자 돌아온 것이다.

右師視速而言疾,	우사는 눈알의 움직임이 빠르고 말이 빠르니
有異志焉.[63]	다른 뜻이 있을 것이다.
若不我納,	우리를 받아들이지 않으면
今將馳矣."	지금쯤은 빠르게 달리고 있을 것이다."
登丘而望之,	언덕에 올라 바라보았더니
則馳.[64]	빠르게 달리고 있었다.
騁而從之,[65]	말을 달려 그를 쫓으니
則決睢澨, 閉門登陴矣.[66]	수수의 제방을 트고 성문을 닫은 후 성가퀴로 올라갔다.
左師, 二司寇, 二宰遂出奔楚.[67]	좌사와 사구 두 사람, 재 두 사람은 마침내 초나라로 달아났다.
華元使向戌爲左師,	화원은 상술을 좌사로 삼고
老佐爲司馬,[68]	노좌를 사마,

62 지금 화원의 말을 따르지 않으면 나중에는 송나라의 도읍에 들어가기 어렵다는 말이다.

63 결코 진심으로 만류하는 것이 아님을 이른다.

64 다섯 사람이 언덕에 올라 화원을 바라보니 화원이 수레를 빨리 몰아 돌아가는데, 이는 다섯 사람이 돌아가는 것을 환영하지 않는다는 뜻을 보여준 것이라는 말이다.

65 다섯 사람 또한 수레를 몰아 화원을 따른 것이다.

66 수서(睢澨): 수수의 제방. 화원이 사람들에게 그 입구를 터뜨리게 하여 물로 상대를 막은 것이다. 성문을 닫고 성가퀴에 오른 것 또한 다섯 사람이 무력으로 공격하려는 것을 막기 위한 것이다.

67 달아난 사람은 5명인데『경』에서는 어석(魚石)만 기록하였다.

68 두예는 "노좌(路佐)는 대공(戴公)의 5세손이다"라 하였다.

樂裔爲司寇,	악예를 사구로 삼아
以靖國人.	백성들을 안정시켰다.

晉三郤害伯宗,[69]	진나라의 세 극씨는 백종을 음해하여
譖而殺之,	참소해 죽였는데
及欒弗忌.[70]	난불기에게까지 미쳤다.
伯州犁奔楚.[71]	백주리는 초나라로 달아났다.
韓獻子曰,	한헌자가 말하였다.
"郤氏其不免乎!	"극씨는 화를 면치 못하리로다!
善人,	훌륭한 사람은
天地之紀也,[72]	천지의 벼리인데
而驟絶之,[73]	누차 죽였으니
不亡,	망하지 않으면

---

69 삼극(三郤): 극기(郤錡)와 극주(郤犨), 극지(郤至)이다.
백종은 선공 15년『전』의『주』에 보인다.

70「진어 5」위소의 주석에 의하면 난불기(欒弗忌)는 백종의 도당이다.『좌전』에서는 이 때문에 백종을 해쳐 난불기에게까지 미쳤다 하였으며,「진어 5」에서는 "난불기가 난을 일으켜 여러 대부들이 백종을 해쳤다"라 하여 두 설이 다르다.

71 백주리는 백종(伯宗)의 아들이다.「진어 5」에 의하면 백주리가 초나라로 달아나도록 도와준 자는 필양(畢陽)이다. 백주리는 초나라로 달아난 후 태재(太宰)가 되는데, 이듬해와 소공 원년 및 여러『전』에 보인다.

72 한궐은 백종과 난불기가 모두 훌륭한 사람이라고 생각하였다.

73 취(驟): 여러 번. 전후로 두 사람을 살해했기 때문에 이렇게 말하였다.

何待?"[74]	무엇을 기다리겠는가?"
初,	처음에
伯宗每朝,	백종이 조회에 나갈 때마다
其妻必戒之曰,	그의 처가 꼭 그를 깨우쳐 말하기를
"'盜憎主人,	"'도둑은 주인을 미워하고
民惡其上.'[75]	백성들은 윗사람들을 미워한다' 하였는데
子好直言,	그대는 바른말 하기를 좋아하니
必及於難."[76]	반드시 화가 미칠 것입니다."

十一月,	11월에
會吳于鍾離,[77]	종리에서 오나라와 회합하였는데

---

74 17년에 진나라가 세 극씨를 죽이는 것을 예언한 것이다.

75 도둑은 주인을 미워할 수 없고 백성은 통치자를 싫어할 수 없다는 뜻이다. 그대는 녹위(祿位)가 높지 않으니 집정자에게 직언을 할 수가 없다. 이 두 마디는 아마 당시의 속담인 것 같으며 「주어 중」에서는 속담 "짐승은 그물을 미워하고 백성은 윗사람을 싫어한다"는 말을 인용하였으며, 『설원·경신(敬愼)』편에서는 「금인명(金人銘)」을 인용하여 "도둑은 주인을 원망하고 백성은 귀한 것을 해롭게 여긴다"라 하였으며, 『공자가어·관주(觀周)』편에서도 「금인명」을 인용하여 "도둑은 주인을 미워하고 백성은 윗사람을 원망한다"라 하였는데 대체로 뜻이 같다.

76 『열녀전·인지(仁智)』에서는 『좌전』과 「진어 5」에 의거하여 「진백종처(晉伯宗妻)」 1장을 연역해 냈다.

77 두예는 "종리는 초나라의 읍이다"라 하였다. 그러나 제후들과 오나라가 초나라에서 만났다는 것이 매우 이상하다. 두예가 종리를 초나라의 읍이라고 한 것은 소공 4년 『좌전』에서 "초나라 침윤의구(葴尹宜咎)가 종리에 성을 쌓았다"라 한 것에 근거한 것이다. 종리는 본래 소국으로, 『수경·회수주(淮水注)』와 『사기·오자서열전』의 『색은(索隱)』에서 인

始通吳也.	처음으로 오나라와 통교한 것이다.
許靈公畏偪于鄭,[78]	허영공이 정나라의 핍박을 두려워하여
請遷于楚.	초나라로 옮길 것을 청하였다.
辛丑,[79]	신축일에
楚公子申遷許于葉.[80]	초나라 공자 신이 허나라를 섭으로 옮겼다.

용한 『세본』에 의하면 종리는 영(嬴)성의 나라로 이때 멸망당하였는지의 여부는 상세하지 않다. 또한 당시 종리는 오나라와 초나라의 경계에 있었으며, 『곡량전』 소공 4년의 『전』에서는 "경봉(慶封)을 오나라 종리에 봉하였다"라 하였으니 종리가 이미 멸망하였더라도 오나라와 초나라 두 나라가 나누어 갖고 있었기 때문에 이 종리는 당연히 오나라의 읍일 것이다. 종리는 지금의 안휘성 봉양현(鳳陽縣) 동쪽에서 약간 북쪽에 있다.

78 지난해의 것을 가지고 논하면 정나라는 두 번이나 허나라를 침공하여 허나라가 마침내 "숙신의 봉지"를 정나라에게 준 것이다.

79 신축일은 3일이다.

80 구 섭성은 지금의 하남성 섭현 서남쪽에 있다. 허나라가 옮겨간 후에 본토는 정나라 소유가 되었으며 정나라 사람은 "구허(舊許)"라고 불렀다. 이후 허나라는 초나라의 속국이 되었으며 진나라의 회맹과 침벌에도 허나라는 모두 따르지 않았으며, 초나라에 일이 있으면 허나라는 따르지 않은 전역이 없었다.

성공 16년

經

十有六年春王正月,[1]	16년 봄 주력으로 정월에
雨,	비가 내려
木冰,[2]	나무가 얼었다.
夏四月辛未,[3]	여름 4월 신미일에
滕子卒.[4]	등자가 죽었다.
鄭公子喜帥師侵宋.	정나라 공자 희가 군사를 거느리고 송나라로 쳐들어갔다.
六月丙寅朔,	6월 병인 초하루에
日有食之,[5]	일식이 있었다.

---

1 십유육년(十有六年): 병술년 B.C. 575년으로 주간왕(周簡王) 11년이다. 정월 17일 갑신일이 동지로 건자(建子)이다.

2 『전』이 없다.
목빙(木冰): 곧 기상학에서 말하는 무송(霧淞)으로, 안개 낀 한랭한 날씨에 나무의 가지에 눈처럼 하얗게 응결되는 것을 말함. 속칭 수괘(樹卦)라고도 하며, 한나라 사람들은 목개(木介)라 하였고, 당나라 사람은 수개(樹介), 수가(樹架) 또는 수가(樹稼)라고 하였다. 유희(劉熙)의 『석명·석천(釋名·釋天)』에서는 "분(氛)은 가루(粉)이다. 추워서 윤기가 있으며 초목에 달라붙어 있는데, 추우면 얼어서 응결되며 색이 흰 것이 분의 형태와 같다"라 하였는데 곧 이것을 말한다.

3 신미일은 5일이다.

4 『춘추』에서 등나라 임금의 죽음을 기록하면서 이름을 기록하지 않은 경우가 모두 세 차례가 있는데, 은공 7년과 선공 9년 및 이해의 세 차례이다. 설이 선공 9년 『경』의 『주』에 보인다.

5 『전』이 없다. B.C. 575년 5월 9일의 개기일식이다.

晉侯使欒黶來乞師.[6] 진후가 난염을 보내 와 군사를 청하게 하였다.

甲午晦,[7] 갑오일 그믐에

晉侯及楚子, 鄭伯戰于鄢陵.[8] 진후가 초자 및 정백과 언릉에서 싸웠다.

楚子, 鄭師敗績. 초자와 정백의 군사가 대패하였다.

楚殺其大夫公子側.[9] 초나라가 그 대부 공자 측을 죽였다.

秋, 가을에

公會晉侯, 齊侯, 衛侯, 宋華元, 邾人于沙隨,[10] 공이 진후와 제후, 위후, 송나라 화원, 주나라 사람을 사수에서 만났는데

不見公. 공을 만나지 않았다.

公至自會.[11] 공이 회합에서 돌아왔다.

---

6 난염은 난서(欒書)의 아들이다.

7 6월은 작은 달이며, 갑오일은 29일이다.

8 언릉(鄢陵): 곧 은공 원년의 언(鄢)이다. 정나라는 언을 멸한 후에 처음에는 원래의 명칭을 썼으나 나중에 언릉으로 고쳤으며, 지금의 언릉현(鄢陵縣) 북쪽에 있다. 『수경주』에서는 "채택피(蔡澤陂)의 물은 언릉성 서북쪽으로 나가는데, 진나라와 초나라가 만나는 곳이다. 채택피는 동서가 45리, 남북이 십리로 흘러내려가 회양(淮陽) 부구(扶溝)로 흘러든다"라 하였다.

9 희공 28년 『경』의 "득신을 죽였다(殺得臣)"의 『주』를 참고하여 보라.

10 사수(沙隨): 송나라 땅으로 옛 사수국이다. 지금의 하남성 영릉현(寧陵縣) 북쪽에 있다.

11 『전』이 없다.

公會尹子, 晉侯, 齊國佐, 邾人伐鄭. 　공이 윤자와 진후, 제나라 국좌, 주나라 사람을 만나 정나라를 쳤다.

曹伯歸自京師. 　조백이 경사에서 돌아왔다.

九月, 　9월에

晉人執季孫行父, 　진나라 사람이 계손행보를 잡아

舍之于苕丘.[12] 　초구에 두었다.

冬十月乙亥,[13] 　겨울 10월 을해일에

叔孫僑如出奔齊. 　숙손교여가 제나라로 달아났다.

十有二月乙丑,[14] 　12월 을축일에

季孫行父及晉郤犨盟于扈.[15] 　계손행보 및 진나라 극주가 호에서 맹약하였다.

公至自會.[16] 　공이 회합에서 돌아왔다.

乙酉,[17] 　을유일에

刺公子偃.[18] 　공자 언을 죽였다.

---

12 초구(苕丘): 『공양전』에는 "苕"가 "招"로 되어 있다. 두 자는 모두 "소(召)"를 성부로 하여 통가할 수 있다. 초구는 진(晉)나라 땅으로 지금의 소재지는 확실치 않다.

13 을해일은 12일이다.

14 을축일은 3일이다.

15 호(扈): 정나라 땅으로 문공 7년 『경』의 『주』에 보인다.

16 『전』이 없다.

17 을유일은 23일이다.

18 자(刺)의 뜻에 대해서는 희공 28년 『경』의 『주』를 보라.

傳

十六年春, 16년 봄에

楚子自武城使公子成以汝陰之田求成于鄭.[19] 초자가 무성에서 공자 성으로 하여금 여음의 전지로 정나라에 화친을 청하게 하였다.

鄭叛晉, 정나라는 진나라를 배반하고

子駟從楚子盟于武城.[20] 자사는 초자를 따라 무성에서 맹약하였다.

夏四月, 여름 4월에

滕文公卒. 등문공이 죽었다.

鄭子罕伐宋, 정나라 자한이 송나라를 쳤는데

宋將鉏, 樂懼敗諸汋陂.[21] 송나라의 장서와 악구가 작피에서 물리쳤다.

---

19 무성(武城): 희공 6년 『전』의 『주』에 보인다.
공자 성(公子成): 성공 6년의 『전』에 보인다.
고동고(顧棟高)의 『대사표(大事表)』 7의 4에서는 초나라의 토지는 여수(汝水) 남쪽에 머물러 있으며 "여음의 전지"는 지금의 겹현(郟縣)과 섭현(葉縣)의 사이에 있을 것이라 하였다.

20 자사(子駟): 곧 공자 비(公子騑)로 10년의 『전』과 『주』에 보인다.

21 장서(將鉏): 두예는 악씨(樂氏)네 일족이라 하였고, 공영달은 "나온 곳을 모른다"고 하였다.
악구(樂懼): 공영달이 인용한 『세본』에 의하면 대공(戴公)의 6세손이라 하였다.
작피(汋陂): 송나라 땅이다. 마종련(馬宗璉)의 『보주(補注)』에서는 곧 작피(芍陂)로 지금

退,[22]	물러나
舍於夫渠,[23]	부거에 주둔하면서
不儆.[24]	경계를 하지 않았다.
鄭人覆之,[25]	정나라 사람이 매복하였다가 습격하여
敗諸汋陵.[26]	작릉에서 물리쳤다.
獲將鉏, 樂懼.	장서와 악구를 사로잡았다.
宋恃勝也.	송나라가 승리를 믿었기 때문이다.

衛侯伐鄭,	위후가 정나라를 쳐서
至于鳴雁,[27]	명안까지 이르렀는데
爲晉故也.[28]	진나라 때문이었다.

의 안휘성 수현(壽縣) 남쪽의 안풍당(安豐塘)이라 하였다. 그러나 정나라 군사가 송나라를 치면서 멀리 안휘성 수현까지 이르렀을 리 없으므로 이는 잘못되었음이 틀림없다. 아래의 작릉(汋陵)을 가지고 추측해 보건대 하남성 상구(商丘: 송나라의 도읍)와 영릉(寧陵) 사이에 있을 것이다.

22 송나라 군사가 물러난 것이다.

23 부거는 작피에서 멀지 않을 것이다.

24 경계를 하지 않은 것이다.

25 매복한 병사들을 가지고 습격한 것이다.

26 『원화지(元和志)』에 의하면 작릉은 지금의 하남성 영릉현 남쪽에 있다.

27 명안(鳴雁): 지금의 하남성 기현(杞縣) 북쪽에 있다.

28 진나라가 정나라를 치고자 하여 위나라가 먼저 출병한 것이다.

晉侯將伐鄭.	진후가 정나라를 치려고 하였다.
范文子曰,[29]	범문자가 말하였다.
“若逞吾願,	“우리의 바람에 만족하려면
諸侯皆叛,	제후가 모두 배반하여야
晉可以逞.[30]	진나라가 늦출 수 있을 것입니다.
若唯鄭叛,	진나라만 배반한다면
晉國之憂,	진나라의 근심은
可立俟也.”[31]	서서 기다릴 수 있습니다.”
欒武子曰,	난무자가 말하였다.
“不可以當吾世而失諸侯,	“우리 세대에 제후를 잃을 수는 없으니
必伐鄭.”	반드시 정나라를 쳐야 한다.”
乃興師.	이에 군사를 일으켰다.
欒書將中軍,	난서가 중군장이 되었고
士燮佐之;[32]	사섭이 보좌하였다.

29 범문자는 사섭(士燮)이다.

30 영(逞): 두 곳의 “逞”은 글자의 뜻이 같지 않다. 위의 영(逞)자는 옛날에는 쾌(快)하다의 뜻이었는데 곧 지금의 만족하다의 뜻이다. 아래의 영(逞)자는 영(縕)자의 가차자이며 늦추다의 뜻이다. 이상의 구절은 우리 임금의 바람이 만족하게 되려면 제후들이 모두 진나라를 배반해야 하며 진나라의 환난은 완화될 것이라는 뜻이다.

31 정나라를 치고 싶지 않은 것이다.

32 사섭이 순경(荀庚)을 대신한 것이다. 「진어 6」에서는 “난무자가 상군장이 되고 범문자가 하군장이 되었다”라 하여 『전』과는 다르다.

郤錡將上軍,[33]	극극은 상장군이 되었으며
荀偃佐之;[34]	순언이 보좌하였다.
韓厥將下軍;	한궐은 하군장이 되었고,
郤至佐新軍.[35]	극지가 신군의 좌가 되었다.
荀罃居守.[36]	순앵은 머물러 지켰고
郤犨如衛,	극주는 위나라에 갔다가
遂如齊,	마침내 제나라에 갔는데
皆乞師焉.	모두 군사를 청한 것이었다.
欒黶來乞師.	난염이 와서 군사를 청하자
孟獻子曰,	맹헌자가 말하였다.
"晉有勝矣."	"진나라가 승리할 것이다."
戊寅,[37]	무인일에
晉師起.[38]	진나라 군사가 출병하였다.
鄭人聞有晉師,	정나라 사람이 진나라가 군사를 일으켰다는 말을 듣고

33 두예는 "사섭을 대신하였다"라 하였다.
34 언(偃)은 순경의 자로, 극기를 대신한 것이다.
35 아래의 『전』에 의하면 극주는 신군장이다.
36 순앵이 하군을 가지고 국내를 지킨 것이다.
37 무인일은 12일이다.
38 『경』에 의하면 악염은 6월에 비로소 노나라에 도착하였는데, 극주가 위나라에 이르고 제나라에 이른 때와도 또한 가까우며, 진나라 군사는 4월에 일어났으니 제후의 군사가 모두 만나서 싸우지 않았으니 이상하다.

使告于楚,	초나라에 알리게 하였는데
姚句耳與往.[39]	요구이가 함께 갔다.
楚子救鄭.	초자가 정나라를 구원하였다.
司馬將中軍,[40]	사마가 중군장이 되었고
令尹將左,[41]	영윤은 좌군장이 되었으며
右尹子辛將右.[42]	우윤 자신은 우군장이 되었다.
過申,	신을 지나는 길에
子反入見申叔時,	자반이 들어가서 신숙시를 만나 보고
曰,	말하였다.
"師其何如?"	"이번 출병은 어떻겠습니까?"
對曰,	대답하여 말하였다.
"德, 刑, 詳, 義, 禮, 信,	"덕행과 형법, 경순(敬順), 의리, 예의, 신용은
戰之器也.[43]	전쟁의 도구이다.

39 요구이는 정식 사자가 아니며 다만 수행원일 뿐이므로 "함께 갔다"라 말한 것이다.

40 사마는 공자 측(公子側) 자반(子反)이다.

41 영윤(令尹): 공자 영제(公子嬰齊) 자중(子重)으로 좌군사(左軍師)가 되었다. 초나라의 관차(官次)에 의하면 영윤은 사마의 위에 있다. 그러나 사마는 군정을 주관하는 관직이어서 자반(子反)이 중군장을 맡은 것일까? 전해지는 기물에 왕자영차로(王子嬰次盧)가 있는데, 왕국유(王國維)는 초나라 공자 영제가 만든 것이라고 단정하였다.

42 자신(子辛): 곧 양공 원년과 5년『경』의 공자 임부(公子壬夫)로 우군장이다.

43 이 여섯 가지는 전쟁의 수단이라는 말이다.

德以施惠,	덕행으로써 은혜를 베풀고
刑以正邪,	형법으로는 사악한 것을 바로잡으며
詳以事神,[44]	경순으로는 귀신을 섬기고
義以建利,[45]	의리를 가지고 이익을 세우며
禮以順時,	예의를 가지고는 때에 순응하며
信以守物.[46]	신용으로는 만물을 지킨다.
民生厚而德正,[47]	민생이 두터워지면 덕이 바르게 되고
用利而事節,[48]	이로움이 있을 때 쓰면 일이 절도에 맞게 되며
時順而物成,[49]	때에 순응하면 만물이 이루어져서
上下和睦,	아래 위가 화목해지고
周旋不逆,	모든 행동이 거스름이 없어
求無不具,	구함에 갖추어지지 않음이 없고
各知其極.[50]	각자 그 준칙을 알게 된다.

44 『회남자·범론훈(氾論訓)』의 "祥於鬼神"과 같은 뜻으로 상(詳)은 "祥"과 통한다. 상은 귀신을 섬길 때 가져야할 태도로 순(順)과 선(善)이다.

45 의(義)는 이(利)의 근본으로 의가 있어야 이가 비로소 설 수 있다.

46 물(物)은 광의의 의미로 모든 사물을 두루 가리킨다. 신(信)은 모든 것을 지킨다는 뜻이다.

47 백성들의 생활이 풍성해지면 도덕이 단정해질 것이라는 뜻이다.

48 유리하면 백성을 쓴다는 것은 모든 거동이 나라에 유리할 때 행하면 거동이 절도에 맞게 된다는 뜻이다.

49 때에 순조롭게 움직이면 생산에 지장이 없으니 물산이 이루어진다는 뜻.

50 이렇게만 하면 상하가 화목해지고 모든 거동이 순조로워져서 추구하는 것이 갖추어지

故詩曰,	그러므로 『시』에서 말하기를
'立我烝民,	'우리 백성 안정되어
莫匪爾極.'[51]	법도에 맞지 않음이 없네'라 하였다.
是以神降之福,	그런 까닭에 신이 복을 내려
時無災害,	사철 재해가 없고
民生敦厖,[52]	민생은 두텁고 풍성해지며
和同以聽,[53]	화합하고 일치하여 정령을 들어
莫不盡力以從上命,	힘껏 윗사람의 명을 듣지 않음이 없으며
致死以補其闕,[54]	목숨을 바쳐 빠진 것을 채워 주니
此戰之所由克也.	이것이 전쟁에서 이기는 까닭이다.

지 않음이 없고 모든 사람이 준칙을 알게 된다는 것이다. 극(極)은 준칙이라는 뜻이다.

51 『시경·주송·사문(周頌·思文)』에 나오는 구절. 시의 뜻은 주나라의 선조인 후직(后稷)이 백성을 편안하게 하여 그 준칙에 부합하지 않는 사람이 없었다는 것이다. 증(烝)은 무리(衆)라는 뜻이다.

52 이 구절은 위의 "民生厚"와 같은 뜻. 돈(敦)은 후(厚)와 뜻이 같다. 방(厖)은 『방언』에서 "풍성하다는 뜻이다"라 하였다. 혹자는 "민생(民生)"을 "민성(民性)"으로 보아 백성이 돈후하다라고 해석하기도 하였는데, 실로 뜻은 통하지만 상하의 문의를 가지고 보면 앞의 설만 못하다. "사철 재해가 없기" 때문에 민생이 윤택해지며, 민생이 윤택해졌기 때문에 아래의 "和同以聽" 이하 여러 마디가 있게 된 것이다. "和同以聽" 등의 말은 실은 "덕이 바른 것(德正)"이다.

53 일치단결하여 정령을 듣는 것이다.

54 궐(闕): 두예는 "전사자(戰死者)"라 하였다. 명말청초(明末淸初) 고염무(顧炎武)의 『보정(補正)』에서는 육찬(陸粲)의 설을 인용하여 "군국(軍國)의 일에 결핍된 것이 있는 것"이라 하였다. 두예의 뜻에 따르면 보충(補充), 보족(補足)으로 해석을 해야 하고, 육찬의 설을 따른다면 보급(補給)으로 해석을 해야 한다. 아래의 "보졸승(補卒乘)"이란 말에 의하면 두예의 설이 비교적 안온하다.

今楚內棄其民,[55]	지금 초나라는 안으로는 백성을 버리고
而外絶其好;[56]	밖으로는 사이좋은 나라와 단절하며,
瀆齊盟,[57]	맹약을 업신여기고
而食話言;[58]	한 말을 어기며,
奸時以動,[59]	시령을 어기어 가며 움직이고
而疲民以逞.[60]	백성들을 피폐케 하여 뜻을 채운다.
民不知信,	백성들이 신의를 알지 못하니
進退罪也.[61]	나아가나 물러서나 죄를 짓는다.
人恤所底,[62]	사람마다 곤경에 이를 것을 근심하니
其誰致死?	그 누가 목숨을 바치겠는가?
子其勉之!	그대는 힘쓸지어다!

---

55 은혜를 베풀지 않아 덕이 없는 것이다.

56 의리로 이(利)를 세우지 않은 것이다.

57 독(瀆): 가볍게 여기다, 존경하지 않다의 뜻.
제맹(齊盟): 11년의 『전』과 『주』를 보라. 맹약을 업신여긴 것은 곧 15년 『전』의 "새로 진나라와 맹약하고 저버린 것"이다. 옛날 사람들은 맹약을 하면 반드시 귀신이 임하여 감독한다고 생각하였으며, 맹세를 업신여겼다는 것은 공경하게 귀신을 섬기지 않았다는 것을 말한다.

58 신용으로 사물을 지키지 않았다는 말이다.

59 바로 봄에 농사를 지을 때 군사를 움직인다는 말이다.

60 자신의 뜻만 만족시키려 하고 백성들을 피폐케 하는 것은 애석히 여기지 않는 것이다.

61 백성들이 신의가 어디 있는지를 몰라 나아가도 죄를 짓고 물러나도 죄를 짓는다는 것이다.

62 휼(恤): 근심하다.
지(底): 이르다.

吾不復見子矣."[63]	내 다시는 그대를 보지 못할 것이다."
姚句耳先歸,	요구이가 먼저 돌아가니
子駟問焉.	자사가 물었다.
對曰,	대답하여 말하기를
"其行速,	"행군이 빠르고
過險而不整.[64]	험한 곳을 지나면서도 대오가 가지런하지 못합니다.
速則失志,[65]	빠르면 뜻을 잃고
不整,	가지런하지 못하면
喪列.[66]	진열을 잃게 됩니다.
志失, 列喪,	뜻을 잃고 진열을 잃는다면
將何以戰?	무엇으로 싸우겠습니까?
楚懼不可用也."	초나라는 믿지 못할 것입니다"라 하였다.
五月,	5월에
晉師濟河.	진나라 군사가 황하를 건넜다.

63 신숙시가 초나라는 반드시 패할 것이며 자반은 반드시 죽을 것임을 예언한 것이다.
64 험난한 곳을 지날 때 행렬이 가지런하지 못한 것이다.
65 동작이 너무 빠르면 생각이 주밀하지 못하여진다는 것이다.
66 가지런하지 못하면 행렬을 잃게 된다는 것이다.

聞楚師將至,	초나라 군사가 이를 것이라는 말을 듣고
范文子欲反,	범문자는 돌아가려 하며
曰,	말하였다.
“我僞逃楚,[67]	“우리가 초나라를 피할 수만 있다면
可以紓憂.	근심을 늦출 수 있을 것입니다.
夫合諸侯,	제후를 규합하는 것은
非吾所能也,	우리가 잘하는 것이 아니니
以遺能者.	잘하는 사람에게 남겨 두시지요.
我若羣臣輯睦以事君,[68]	우리는 뭇 신하들이 화목하게 임금을 섬기기만 한다면
多矣.”[69]	충분할 것입니다.”
武子曰,	무자가 말하였다.
“不可.”	“안 된다.”
六月,	6월에
晉, 楚遇於鄢陵.	진나라와 초나라가 언릉에서 마주쳤다.
范文子不欲戰.[70]	범문자는 싸우려고 하지 않았다.

67 위(僞): “爲”자가 되어야 하며 가정형으로, 만약이라는 뜻이다.
68 약(若)자 아래에 “물러날 퇴(退)”자가 있는 판본도 있다.
69 다의(多矣): 환공 5년 『전』의 『주』에 보인다.

郤至曰,	극지가 말하였다.
“韓之戰,	“한의 전역은
惠公不振旅;[71]	혜공이 개선을 하지 못하였고,
箕之役,	기의 전역에서는
先軫不反命;[72]	선진이 복명을 하지 못하였으며,
邲之師,	필의 전역에서는
荀伯不復從,[73]	순백이 더 이상 좇지를 않았는데
皆晉之恥也.	이는 모두 진나라의 치욕입니다.
子亦見先君之事矣.	그대 또한 선군의 일을 보았을 것입니다.
今我辟楚,	이제 우리가 초나라를 피한다면
又益恥也.”[74]	또 치욕을 더하는 것입니다.”
文子曰,	문자가 말하였다.
“吾先君之亟戰也,[75]	“우리 선군께서 자주 전쟁을 한 것은

70 「진어 6」에 범문자의 말이 실려 있으니 참고하여 보기 바람.

71 진려(振旅)의 뜻은 희공 28년 『전』의 『주』에 보인다. 부진려(不振旅)는 곧 실패했다는 뜻이다.

72 선진(先軫)은 기의 전역에서 죽었다. 희공 33년의 『전』에 보인다.

73 필의 전역은 선공 12년의 『전』에 보인다. 순백(荀伯)은 위의 혜공과 선진의 예로 보건대 필의 전역에서 진군의 원수인 순림보일 것이다. 혹 순앵이라 하는 사람도 있는데 믿을 수 없다. “불부종(不復從)” 또한 곧 실패를 뜻하며, 혹은 당시의 습관적인 어투였는지도 모르겠다.

74 「진어 6」에서는 난서(欒書)가 한 말이라고 하였는데, 내용은 대동소이하다.

75 기(亟): 거성으로, 자주라는 뜻이다.

有故.

까닭이 있다.

秦, 狄, 齊, 楚皆彊,

진나라와 적, 제나라, 초나라가 모두 강하여

不盡力,

힘을 다하지 않으면

子孫將弱.

자손들이 약해질 것이었다.

今三彊服矣,

지금 세 강국은 복종을 하고

敵楚而已.[76]

초나라만 대적할 뿐이다.

惟聖人能外內無患.

성인만이 안팎으로 우환이 없이 할 수 있다.

自非聖人,[77]

성인이 아니라면

外寧必有內憂,

바깥이 편안하면 안에 근심이 있으니

盍釋楚以爲外懼乎?"[78]

어찌 초나라를 풀어 주어 바깥의 근심으로 삼지 않겠는가?"

甲午晦,

갑오일 그믐에

---

76 도홍경(陶鴻慶)의 『별소(別疏)』에서는 "적은 초나라뿐이다(敵, 楚而已)"로 구두를 떼었는데, 또한 뜻이 통한다.

77 자(自): 가정형을 나타내는 접속사로 쓰였다. 만약이라는 뜻이며, 주로 부정적인 경우에 쓰인다. 자비(自非)는 "만약 아니라면"의 뜻이다.

78 진나라 대신들은 대다수가 싸울 것을 주장하는데 사섭(士燮)만이 시종 후퇴를 주장하고 있다. 사섭은 여공(厲公)이 교만하고 사치로우며 신하들 간에 화목하지 못하여 싸워서 초나라를 이기면 나라 안의 근심이 더욱 늘어날 것이라 생각하여 초나라를 풀어 줌으로써 국내의 모순을 완화시키자는 것이지 전쟁을 두려워하여 그런 것은 아니다.

楚晨壓晉軍而陳.[79]
초나라는 진나라 군에 바짝 붙여 진을 쳤다.

軍吏患之.
진나라 군리는 이를 걱정했다.

范匃趨進,[80]
범개가 종종걸음으로 나아가

曰,
말하였다.

“塞井夷竈,[81]
“우물을 메우고 부뚜막을 평탄하게 하고

陳於軍中,
군중에 진을 치되

而疏行首.[82]
행렬간의 사이를 넓게 띄우십시오.

晉, 楚唯天所授,
진나라와 초나라는 하늘이 내린 나라인데

何患焉?”
무얼 그리 걱정하십니까?”

文子執戈逐之,[83]
문자가 창을 잡고 쫓아가서

曰,
말하였다.

---

79 초나라군이 새벽에 진나라군의 영루에 바짝 붙여 포진한 것이다.

80 범개(范匃): 사섭(士燮)의 아들 사개(士匃)로 시호는 선자(宣子)이다. 당시 아직 어려서 반위(班位)가 높지 않았기 때문에 빠른 걸음으로 다가간 것인데 첫째는 공경을 표하기 위하여, 둘째는 진언하기에 편하도록 그런 것이다.

81 이(夷): 평탄하게 고르는 것이다.

82 행수(行首): 곧 행도(行道)이다. 소행수(疏行首)는 행렬간의 도로를 띄워서 넓게 하는 것이다. 심흠한은 행수를 곧 「오어(吳語)」의 행두(行頭)라고 하였는데 매 행렬의 대오를 거느리는 사람을 말하며, 앞의 설보다 못하다. 옛사람들은 전쟁을 할 때 행렬을 넓게 하려고 하였는데 『사마법·정작(司馬法·定爵)』편에서 이른바 “무릇 군진은 행렬을 틔운다”라 한 것과 『회남자·도응훈(道應訓)』의 “대오를 틔워서 친다”는 것을 말한다.

83 문자(文子): 그 아버지 사섭(士燮)이다.

“國之存亡,
“나라의 존망은

天也,
하늘에 달려 있는데

童子何知焉?”
동자가 무엇을 알겠습니까?”

欒書曰,
난서가 말하였다.

“楚師輕窕,[84]
“초나라 군사는 가볍고 조급하니

固壘而待之,
영루를 굳게 하고 기다리면

三日必退.[85]
사흘이면 반드시 물러날 것입니다.

退而擊之,
물러날 때 그들을 치면

必獲勝焉.”[86]
반드시 승리할 수 있을 것입니다.”

郤至曰,
극지가 말하였다.

“楚有六間,[87]
“초나라에는 여섯 개의 틈이 있으니

不可失也.
잃을 수가 없습니다.

其二卿相惡,[88]
두 경이 서로 미워하며

王卒以舊,[89]
왕의 친병은 오래된 사람을 쓰고

---

84 경조(輕窕): 곧 “경조(輕佻)”이다. 견인(堅韌)의 반대이다.

85 초나라 군사는 일시적으로만 예기가 있을 뿐이므로 난서가 먼저 싸우지 말자고 한 것이다. 『한서·아부전(亞夫戰)』에서도 “초나라 병사는 경솔하여 예봉을 다투기가 어렵다”라 하였다.

86 「진어 6」에서는 난서는 제나라와 진(晉)나라 두 나라의 군대가 이른 후에 다시 싸우자고 하여 『전』과는 다르다.

87 간(間): 거성으로 간극(間隙), 틈을 말한다.

88 이경(二卿): 자반(子反)과 자중(子重)이다. 두 사람은 원한의 골이 깊어 패전 후에 자중이 자반을 핍박하여 자살하게 한다. 이것이 첫 번째 틈이다.

89 이구(以舊): 두 가지 해석이 있다. 두예는 “지치고 늙은 군대를 교체하지 않은 것이다”라

鄭陳而不整,[90]	정나라는 진을 쳤으나 가지런하지 못하며
蠻軍而不陳,[91]	만이는 대오는 이루었으나 군진을 갖추지 못하였고
陳不違晦,[92]	진을 치되 그믐을 피하지 않았으며
在陳而囂,[93]	진중에서 시끄럽고
合而加囂.[94]	합세하니 더욱 시끄럽습니다.
各顧其後,	각자 뒤를 돌아보며
莫有鬪心;[95]	투지라고는 없고,
舊不必良,[96]	오래되면 반드시 좋지 못한 데다

하였으니 "너무 오래되었다(太舊)"라는 뜻으로 보았다. 다케조에 고코(竹添光鴻)의 『회전(會箋)』에서는 "이(以)는 쓰는 것이다. 구(舊)는 구가(舊家)이다"라 하였다. 그러므로 아래에서 "오래되면 반드시 좋지 못하다"라 하였다. 후자의 설이 더 낫다. 이것이 두 번째 틈이다.

90 정나라 군대는 진세는 있지만 정제되고 엄숙하지 못하다는 것으로, 이것이 세 번째 틈이다.

91 「진어 6」에서는 "남이(南夷)와 초나라가 왔는데 함께 진을 치지 않았다"라 하였는데 만(蠻)은 곧 「진어 6」의 이(夷)이다. 군대가 있긴 하지만 진용(陣容)을 갖추지 않았다는 뜻으로, 이것이 네 번째 틈이다.

92 이날은 한 달의 마지막 날로 고대의 미신에 달이 끝나는 날에는 진세를 벌이고 전쟁을 하지 않는다는 것이 있었다. 그러므로 극지는 초나라 군사가 진채를 엮으면서 그믐날을 피하지 않은 것을 하나의 틈으로 본 것이다.

93 효(囂): "囂"자와 같다. 시끄럽다, 떠들썩하다는 뜻. 사병들이 진중에서 기율(紀律)이 없고 엄숙하지 못하다는 것이다.

94 진채가 합쳐지면 조용해져야 하는데 초나라 군사는 더욱 떠들썩하다는 것으로, 이것이 여섯 번째 틈이다.

95 「진어 6」에서는 "정나라 장수가 초나라를 돌아보고 초나라 장수는 오랑캐를 돌아보는 등 투지라고는 없었다"라 하였으니, 『좌전』의 각(各)자는 곧 정나라와 초나라 만이의 각 군을 가리킨다.

以犯天忌.[97]
하늘이 꺼리는 것을 범하였습니다.

我必克之."[98]
우리가 반드시 이길 것입니다."

楚子登巢車,[99]
초자가 소거에 올라

以望晉軍.
진나라 군대를 바라보았다.

子重使大宰伯州犁侍于王後.[100]
자중이 태재인 백주리로 하여금 왕의 뒤에서 시중들게 하였다.

王曰,
왕이 말하였다.

"騁而左右,
"좌우로 뛰어다니는데

何也?"[101]
무엇 하는 건가?"

曰,
말하였다.

---

96 왕의 친병들이 모두 오래된 집안의 자제로 반드시 강병이 아니라는 것이다.

97 범천기(犯天忌): 그믐날 군사를 쓰는 것을 가리킨다.

98 이것이 극지가 속전(速戰)을 주장하는 이유인데, 난서의 사흘간 굳게 지키자는 전략과는 정반대이다. 「진어 6」에 의하면 진여공은 극지의 계책을 쓴다. 「진어 6」에서는 또한 "난서는 이로 인해 극지를 원망하였다"라 하였고, 17년『전』에서도 "난서는 극지를 원망하였는데 자신의 의견을 따르지 않고서 초나라 군사를 물리쳤기 때문이다"라 하였다.

99 소거(巢車): 『설문(說文)』에서는 "초거(轈車)"로 인용하였는데, 병거의 일종으로 새의 둥지처럼 높으며 멀리서 적을 바라보는데 쓴다. 선공 15년의『전』에서는 또한 "누거(樓車)"라 하였다. 당나라 명장 이정(李靖)의 병법서『이위공병법(李衛公兵法)』에 소거(巢車)가 있는데, 바퀴가 여덟 개 달렸으며 위에는 높은 장대를 세우고 장대 위에는 녹로(轆轤)를 설치하였고 밧줄로 판옥(版屋)의 장대를 당긴다. 판옥은 가로와 세로가 4척이고 높이는 5척으로 열두 개의 구멍이 사면에 분포되어 있다. 수레는 밀 수도 당길 수도 있으며 둥글게 갈 수도 있는데 멀리 바라보는 용조로 쓴다. 이는 아마 후대의 소거일 것으로, 춘추시대의 소거는 형태와 만드는 법 등이 이미 상세하지 않다.

100 백주리(伯州犁): 진나라 백종(伯宗)의 아들이다. 백종은 화를 당한 후 초나라로 도망쳐 왔는데 초나라에서는 그를 태재로 임용하였다. 지난해의『전』을 참고하기 바람.

101 왕이 진나라의 병거가 좌우 양방향으로 내닫는 것이 무엇 때문이냐고 묻는 것이다.

"召軍吏也."[102]	"군리를 부르는 것입니다."
"皆聚於中軍矣."[103]	"모두 중군으로 모였군."
曰,	말하였다.
"合謀也."[104]	"모여서 계책을 세우는 것입니다."
"張幕矣."[105]	"장막을 치는데."
曰,	말하였다.
"虔卜於先君也."[106]	"선군의 영전에서 경건하게 점을 치는 것입니다."
"徹幕矣."[107]	"장막을 거두는군."
曰,	말하였다.
"將發命也."	"명령을 내리려는 것입니다."
"甚囂,	"매우 시끄러운 데다가

102 백주리가 대답한 말이다.

103 이는 또한 초나라 공왕이 물은 것으로 진나라의 군리들이 모두 중군으로 모이는 것은 무엇 때문이냐는 것이다.

104 공동으로 모의하는 것이라는 말이다.

105 장막을 펼치는 것은 또 무엇 때문이냐는 것이다.

106 옛날에 행군을 할 때는 반드시 선대 군왕의 신주를 수레에 싣고 동행하였다. 이는 곧 선군의 신주 앞에서 성심껏 점괘를 물은 것이다. 수레에 실은 신주는 『예기·증자문(曾子問)』에서는 "종묘의 신주를 옮겼다"고 하였고, 손이양(孫詒讓)의 『주례·소종백(小宗伯)』의 『정의(正義)』에서는 임금의 고조(高祖)의 부친과 조부의 신주라고 풀이하였다. 그러나 『춘추』를 가지고 고찰해 보면 노나라에서는 결코 종묘를 허무는 제도가 없었으므로 애공 3년까지도 환궁(桓宮: 환공의 사당)과 희궁(僖宮)이 있었다. 진나라가 이번 전역에서 싣고 온 선군의 신주가 누구의 것인지는 상세하지 않다.

107 장막을 이미 거둔 것은 또 무엇 때문인가라는 말이다.

且塵上矣."[108] 먼지까지 피어오르는데."

曰, 말하였다.

"將塞井夷竈而爲行也." "우물을 메우고 부뚜막을 고르고 행렬을 하려는 것입니다."

"皆乘矣, "모두 수레에 탔는데

左右執兵而下矣."[109] 좌우에서는 병기를 잡고 내리는군."

曰, 말하였다.

"聽誓也."[110] "군령을 듣는 것입니다."

"戰乎?" "싸우겠는가?"

曰, 말하였다.

"未可知也." "아직은 모르겠습니다."

"乘而左右皆下矣." "수레에 탔는데 좌우에서는 모두 내리는군."

曰, 말하였다.

"戰禱也."[111] "전쟁을 앞두고 기도를 드리는 것입니다."

---

108 시끌벅적 시끄러운 데다가 또한 먼지가 피어오르는 것은 무엇 때문인가라는 말이다.

109 모두 이미 병거에 올랐는데 수레의 좌우에서 또 모두 무기를 지니고 수레에서 내린 것이다. 고대의 병거는 원수의 수레에서만 원수가 중간에 있고 어자는 왼쪽에 위치한다. 일반적인 병거의 어자는 가운데 있으며 장수는 왼쪽에 위치한다. 이곳에서 말한 좌우는 당연히 일반 병거의 장수와 거우를 가리킨다.

110 군대에 호령을 선포하는 것도 또한 서(誓)라고 한다. 「상서」에 「감서(甘誓)」와 「탕서(湯誓)」편이 있고 민공 2년 『전』의 "서군려(誓軍旅)"라는 말로 이를 알 수 있다.

伯州犁以公卒告王.[112]	백주리는 진여공의 친병의 정황을 왕에게 알렸다.
苗賁皇在晉侯之側,[113]	묘분황은 진후의 곁에서
亦以王卒告.[114]	또한 초공왕의 친병의 정황을 알렸다.
皆曰,	모두들 말하였다.
"國士在,	"국사가 있는 데다
且厚,	또한 군세가 두터워
不可當也."[115]	당할 수가 없습니다."
苗賁皇言於晉侯曰,	묘분황이 진후에게 말하였다.
"楚之良,	"초나라의 양병은
在其中軍王族而已.	중군과 왕족만 있을 따름입니다.

111 싸우기에 앞서 귀신에게 기도를 올리는 것이다.

112 공졸(公卒): 진후의 군사. 이상은 초나라가 진나라를 정탐한 것을 서술하였는데, 백주리는 진나라 군의 동작만 가지고 초나라에 답하였으며 계책은 세우지 않았다.

113 묘분황(苗賁黃): 초나라 투초(鬪椒)의 아들. 진나라로 도망을 갔으며 선공 17년의 『전』과 『주』에 보인다. 초나라의 정황에 익숙하므로 진후의 곁에 있는 것이다.

114 초공왕의 군사를 가지고 진후에게 고한 것이다.

115 국사(國士)는 백주리를 가리키며, 재주가 있는 데다가 진나라의 정황에도 익숙하다. 공영달은 복건(服虔)의 설을 인용하여 "皆曰"의 문장은 백주리와 묘분황의 아래에 있기 때문에 "황분과 주리가 모두 말하기를 진나라와 초나라의 군사는 모두 임금의 곁에 있는 데다가 또한 진세가 두터워서 당할 수가 없다. 주리는 진나라가 강하다고 하였고, 분황은 초나라가 강하다고 말하였으므로 모두 말하였다고 한 것이다"라 하였다. 장림(臧琳)의 『경의잡기(經義雜記)』에서도 이 설을 주장하였다. 그러나 아래의 묘분황의 말과는 서로 모순이 있어서 믿을 수 없다. 공영달도 여기에 반박을 하였다.

請分良以擊其左右,	청컨대 양병을 나누어 좌우에서 치고
而三軍萃於王卒,	3군을 왕의 친병에게 집중시키면
必大敗之."[116]	반드시 크게 물리칠 것입니다."
公筮之.	공이 점을 쳐보았다.
史曰,	태사가 말하였다.
"吉.	"길합니다.
其卦遇復䷗,[117]	그 괘가 복괘䷗를 만났사온데
曰,[118]	말하기를
'南國蹙,[119]	'남쪽 나라가 쪼그라들 것이며
射其元王,[120]	왕을 쏘면
中厥目.'[121]	그 눈에 맞는다'라 하였습니다.

---

116 삼군(三軍)은 사군(四軍)이 되어야 하며, 중·상·하군과 신군(新軍)을 가리킨다. 양공 26년『전』에서 성자(聲子)가 이 일에 대서 추서(追敍)하여 "언릉의 전역에서 초나라는 새벽에 진나라에 바짝 붙어 진을 쳤는데 진나라가 숨으려 하였다. 묘문황이 말하기를 '초나라의 양병(良兵)은 중군과 왕족에게만 있을 따름이니 우물을 메우고 아궁이를 평탄하게 다져 진채를 이루어 맞붙고, 난씨와 범씨가 행렬을 바꾸어 꾀면 중항(中行)과 두 극씨는 반드시 두 목씨를 이길 것입니다. 내가 곧 사방에서 왕족을 모으면 반드시 대패시킬 것입니다'라 하니 진나라 사람이 따랐다"라 하여 비교적 상세하다.

117 「복괘」는「진괘(震卦)」가 아래에 있고,「곤괘(坤卦)」가 밑에 있다.

118 계사에서 말한 것이다.

119 축(蹙): "蹵"과 같으며, 위축되는 것이다. 또한 국토가 깎이어 작아지는 것이라고도 말할 수 있다.

120 "원(元)"자에서 구절을 끊고 "왕(王)"자를 다음 구절에 붙여 읽는 사람도 있는데 따를 수 없다.

121 두예는 "이는 복자(卜者)의 말이다"라 하였는데, "蹙"과 "目"자가 압운(고음은 함께 覺부

國蹙, 王傷, 나라가 위축되고 왕이 다치는데

不敗, 패하지 않는다면

何待?" 무엇을 기다리겠습니까?"

公從之.[122] 공이 그 말대로 하였다.

有淖於前,[123] 앞에 진흙 웅덩이가 있었는데

乃皆左右相違於淖.[124] 좌우에서 모두 진흙 웅덩이를 피하였다.

步毅御晉厲公, 보의가 여공의 어자가 되고

欒鍼爲右.[125] 난침이 거우가 되었다.

彭名御楚共王, 팽명이 초공왕의 어자가 되고

潘黨爲右.[126] 반당이 거우가 되었다.

石首御鄭成公, 석수가 정성공의 어자가 되고

唐苟爲右. 당구가 거우가 되었다.

欒, 范以其族夾公行.[127] 난씨와 범씨가 그 족속들을 데리고 공을 끼고 갔다.

에 속한다)으로 다음 문장과 이어지는 것으로 보면 요사(繇辭)가 되어야 하며, 희공 15년 『전』의 "千乘三去" 등의 구절과 서로 같다. 그곳의 주에 상세히 나와 있다.

122 묘분황의 계략과 태사의 복서에 따라 싸우는 것이다.

123 뇨(淖): 진흙 웅덩이로, 진나라 군의 영루 앞에 있는 것이다.

124 많은 사람들이 좌로 혹은 우로 진흙 웅덩이를 피해 가는 것을 말한다.

125 보의(步毅)와 난침(欒鍼)은 모두 성공 13년의 『전』에 보인다.

126 팽명(彭名)과 반당(潘黨)은 모두 이미 선공 12년의 『전』에 보인다.

127 족(族): 선공 12년 『전』의 "지장자가 그 족속들을 이끌고 반격하였다(知莊子以其族反之)"의 족(族)자와 뜻이 같다. 선공 12년 『전』과 『주』에 상세하다.

陷於淖.[128]	진흙 웅덩이에 빠졌다.
欒書將載晉侯.	난서가 진후를 태우려고 하였다.
鍼曰,	침이 말하였다.
"書退![129]	"서는 물러나시오!
國有大任,[130]	나라에 큰일이 있는데
焉得專之?	어찌 전담하려 하오?
且侵官,	또한 직권을 침해하는 것은
冒也;[131]	범하는 것이요,
失官,	직책을 잃는 것은
慢也;[132]	태만한 것이며,
離局,[133]	지위를 떠나는 것은
姦也.[134]	어지러운 것입니다.

128 아래의 문장에 의하면 진여공의 수레가 진흙 웅덩이에 빠진 것임을 알 수 있다.

129 난침(欒鍼)은 난서(欒書)의 아들이다. 고대의 예제에 의하면 "임금 앞에서는 신하의 이름을 부르도록"(『예기·곡례(禮記·曲禮) 상』에 보임) 되어 있어서 임금 앞에서는 뭇 신하들 사이에 모두 그 이름을 직접 불러야 했으므로 난침은 그 아버지에게도 또한 이름을 직접 부른 것이다.

130 대임(大任): 대사(大事)와 같음. 이 구절은 나라에 큰 일이 있는데 어찌 혼자 맡을 수가 있겠느냐는 것이다.

131 타인의 직권을 침범하는 것이 침관(侵官)인데, 모범(冒犯)이라 하였다.

132 진후를 원수의 수레에 실으면 반드시 자기의 직책은 버리게 될 것이라는 말이다. 이것이 곧 태만이라는 것이다.

133 국(局)은 곧『예기·곡례(曲禮) 상』에서 이른바 "각기 그 지위에 따른 일을 맡는다(各司其局)"의 국(局)자와 같은 뜻이다.

134 자기의 직책을 포기하면 반드시 속한 곳을 떠날 것이며 이것이 간(姦)이라는 것이다. 간은 어지럽다(亂)는 뜻이다.

有三罪焉, 이 세 가지 죄가 있으니

不可犯也." 범할 수 없소."

乃掀公以出於淖.[135] 이에 공을 들어 올려 진흙 웅덩이에서 벗어났다.

癸巳,[136] 계사일에

潘尫之黨與養由基蹲甲而射之,[137] 반왕의 아들 반당이 양유기와 함께 갑옷을 포개 놓고

徹七札焉.[138] 일곱 겹을 뚫었다.

以示王, 왕에게 보여주면서

曰, 말하기를

---

135 흔(掀): 들어서 끄집어내는 것이다. 문장에서는 "掀公"이라 하였는데, 실은 진여공의 융거(戎車)를 끌어내어 진흙 웅덩이에서 벗어나게 한 것이다.

136 계사일은 갑오일의 전날이다. 앞에서 갑오일의 일을 서술하였으며, 여기서는 보충하여 서술하는 것이다.

137 반왕지당(潘尫之黨): 반왕의 아들 반당이라는 뜻. 양공 23년『전』의 "신선우의 부지(申鮮虞之傅摯)"와 같다. 명말청초(明末清初) 주량공(周亮工: 1612~1672)의『서영(書影)』권8에서는 "반드시 당시에 이름이 같은 사람이 있어서 그럴 것이므로 특히 그 아버지를 들어서 구별한 것이다"라 하였다. 완지생(阮芝生)의 설도 같다.
반왕과 양유기는 모두 이미 선공 12년의『전』과『주』에 보인다.
준갑(蹲甲): 갑옷을 포개어 쌓아 놓은 것.

138 철칠찰(徹七札): 철(徹)은 꿰뚫는 것이다. 칠찰(七札)은 가죽 갑옷의 내외의 두께가 일곱 겹이라는 말. 당시의 가죽 갑옷은 일반적으로 모두 일곱 겹으로『여씨춘추·절사(節士)』편에 진혜공(晉惠公)의 거우가 몽둥이로 진목공을 쳤는데 여섯 겹은 깨뜨리고 한 겹만 남았다는 것을 서술하였고,『한시외전』권8에서는 제경공이 활로 일곱 겹을 꿰뚫는 것을 서술하였으며,『열녀전·변통(辯通)』에도 진평공(晉平公)이 활로 일곱 겹을 꿰뚫었다는 기록이 있다.

"君有二臣如此,	"임금님께 이런 신하가 둘이나 있으니
何憂於戰?"	어찌 전쟁을 근심하십니까?"라 하였다.
王怒曰,	왕이 노하여 말하였다.
"大辱國![139]	"나라를 크게 욕보이는 것이다!
詰朝爾射,	내일 아침 너희들이 활을 쏜다면
死藝."[140]	솜씨 때문에 죽을 것이다."
呂錡夢射月,[141]	여기가 꿈에서 달을 쏘아
中之,	명중시켰는데
退入於泥.	물러나 진흙에 빠지는 것을 보았다.
占之,	점을 쳤더니
曰,	말하였다.
"姬姓,	"희성은
日也;	해이며,
異姓,	다른 성은

139 대욕국(大辱國): 청나라 우창(于鬯)의 『향초교서(香草校書)』에서는 이 말이 다만 당시의 사람을 욕하는 속어일 뿐이라고 하였는데 자못 일리가 있다. 두 사람이 가죽 갑옷을 꿰뚫을 수 있는 것을 가지고 나라를 크게 욕보이는 것이라는 뜻이 통하지 않으며, 이곳에서는 다만 두 사람을 꾸짖으려고 과장되게 말하였을 따름이다.

140 내일 아침 싸움을 할 때 너희가 만약에 활을 쏜다면 그 재주 때문에 죽을 것이라는 말이다.

141 여기(呂錡): 진나라의 위기(魏錡)로, 선공 12년의 『전』과 『주』에 보인다.

月也,[142]	달이니
必楚王也.	필시 초나라 왕일 것이다.
射而中之,	쏘아 명중시키고
退入於泥,	물러나 진흙에 빠졌다는 것은
亦必死矣."	또한 반드시 죽을 것이다."
及戰,	싸우는 중에
射共王中目.	공왕을 쏘아 눈을 맞혔다.
王召養由基,	왕이 양유기를 불러
與之兩矢,	화살 두 개를 주면서
使射呂錡,	여기를 쏘게 하니
中項,	목에 맞아
伏弢.[143]	활집에 엎어졌다.
以一矢復命.	화살 한 대를 가지고 복명하였다.
郤至三遇楚子之卒,	극지는 세 번 초자의 친병을 만났는데
見楚子,	초자를 보면
必下,	반드시 내려서

142 일월(日月)에는 안팎의 뜻이 있다. 진나라는 희성이므로 희성은 안이며, 이성은 바깥이다. 장병린(章炳麟)의 『독(讀)』에 상세하다.

143 도(弢)는 활집이다. 여기가 목에 화살을 맞아 활집에 엎어져 죽었다는 것을 말한다.

免冑而趨風.[144]	투구를 벗고 바람처럼 달려갔다.
楚子使工尹襄問之以弓,[145]	초자는 공윤 양으로 하여금 활로 그의 안부를 묻게 하여
曰,	말하였다.
"方事之殷也,[146]	"바야흐로 전투가 한창인데
有韎韋之跗注,	붉은 쇠가죽이 발등까지 내려온 사람이 있으니
君子也.[147]	군자이다.
識見不穀而趨,	마침 불곡을 보고 달리니
無乃傷乎?"[148]	다치지나 않았는가?"

---

144 극지(郤至)는 초공왕을 만나면 반드시 수레에서 내려 투구를 벗고 앞으로 빨리 달려 공경을 나타냈다. 추풍(趨風)은 당시의 상투적인 언어로 전한(前漢) 말기 유향(劉向)의 『신서·선모(新序·善謀)』편에도 보인다.

145 공윤(工尹)은 관명이고 양(襄)은 그 이름이다. 문(問)은 안부를 묻는 것이다. 고대에 안부를 물을 때는 반드시 예물을 보내어 정의(情意)를 나타내었는데, 『시경·정풍·여왈계명(鄭風·女曰鷄鳴)』에서 "여러 가지 패물로 문후드린다(雜佩以問之)"라 한 것과 애공 11년 『전』의 "금으로 현다에게 문안드리게 하였다(使問弦多以琴)"라 한 것이 모두 이를 말한다.

146 사(事): 전쟁을 가리킨다.

147 매(韎): 적황색(赤黃色).
위(韋): 무두질하여 부드러운 쇠가죽.
부(跗): 발등.
두예에 의하면 부주(跗注)는 당시의 군복으로 지금의 바지와 같으며 길이가 발등에까지 이르렀다. 정현(鄭玄)의 「잡문지(雜問志)」에서는 옅은 붉은색의 부드러운 쇠가죽으로 만든 군복이라 하였으며, 심흠한(沈欽韓)의 『보주(補注)』에서도 이 설을 주장하고 있다. 죽간본(竹簡本) 제나라의 「손자(孫子)」에 "말갑(末甲)"이라는 말이 있는데, 말(末)은 곧 매(韎)로, 말갑은 매위지부주(韎韋之跗注)이니 정현의 설이 믿을 만하다.

148 식(識): 시간을 나타내는 부사어로 마침이라는 듯이다. 이는 초공왕이 공윤 양을 보내어 극지에게 안부를 물을 때의 말이다.

郤至見客,[149]	극지가 객을 만나 보고는
免冑承命,[150]	투구를 벗어 명을 받고
曰,	말하였다.
"君之外臣至從寡君之戎事,	"임금님의 외신인 제가 과군을 따라 전투를 치르느라
以君之靈,	임금님 덕택에
間蒙甲冑,[151]	갑주를 입는 데 끼이게 되었으니
不敢拜命.[152]	감히 명을 받들지 못합니다.
敢告不寧,[153]	감히 다치지 않았다는 말로
君命之辱.[154]	임금님의 명을 욕되이 받겠습니다.
爲事之故,[155]	전투를 치르는 중이라
敢肅使者."[156]	감히 사자께 숙배를 올립니다."

149 객(客): 곧 공윤 양이다.

150 면주(免冑): 주는 투구이다. 면주는 투구를 벗는 것이다.

151 간(間): 거성으로 장공 10년 『전』의 "또한 어찌 끼어들겠는가(又何間焉)"의 간(間)과 같은 뜻이다. 참여하다.

152 『예기·곡례(曲禮) 상』과 『예기·소의(少儀)』에서는 모두 "갑옷을 입은 자는 절하지 않는다(介者不拜)"라 하였다. 감히 초왕이 위문하는 명에 절하지 않는 것이다.

153 이 구절은 자기는 부상을 당하지 않았음을 나타내는 것이다. 녕(寧)은 은(憖)자의 뜻으로 읽는데 『방언(方言)』에서는 "은은 다친 것이다"라 하였다.

154 「진어 6」에서는 "拜君命之辱"이라 하였는데, 욕되이 임금의 위문을 받겠다는 말로, 실은 감당을 하지 못한다는 말이다. 나머지는 장공 11년 『전』의 『주』에 보인다.

155 가나자와 문고본(金澤文庫本)에는 사(事)자 앞에 집(執)자가 한 자 더 있는데 연문(衍文)이다.

156 「진어 6」에서는 "사자 때문에 감히 세 번 숙배했다"라 하였다. 왕념손은 이 때문에 "爲事之故"의 "事"는 "초나라의 사자가 와서 위문한 일"이라고 하였다.

三肅使者而退.	사자에게 세 번 숙배를 한 후 물러났다.
晉韓厥從鄭伯,	진나라 한궐이 정백을 쫓는데
其御杜溷羅曰,	어자인 두혼라가 말하였다.
"速從之?[157]	"빨리 쫓을까요?
其御屢顧,	그 어자가 자주 돌아보는 것으로 보아
不在馬,	마음이 말을 모는 것에 있지 않으니
可及也."	따라잡을 수 있겠습니다."
韓厥曰,	한궐이 말하였다.
"不可以再辱國君."[158]	"다시 임금을 욕보일 수는 없다."
乃止.	이에 그만두었다.
郤至從鄭伯,	극지가 정백을 쫓는데
其右茀翰胡曰,	거우인 불한호가 말하였다.

숙(肅): 곧 숙배(肅拜)이다. 본래는 고대의 부녀자들이 행하는 예절로 남자는 절(拜)이나 머리를 조아리는 것(頓首)으로 공경을 표하였다. 배든 돈수든 모두 반드시 허리를 굽혀야 했다. 극지는 투구는 벗었지만 몸에는 여전히 갑옷을 입고 있었다. 또한 고대에는 갑옷을 입은 사람은 절을 하지 않으므로 다만 숙배의 예만 행하여 선 채로 몸을 약간 숙이고 두 손을 모아 가슴에서 약간 아래로 옮긴 것이다.

157 묻는 말이다. 두혼라가 한궐에게 빨리 쫓을까의 여부를 보여 달라고 한 것이다.

158 2년 안의 전역에서 한궐은 이미 제경공을 바짝 쫓았었다. 청나라 완지생(阮芝生)의 『두주습유(杜注拾遺)』에서는 "임금을 두 번 욕보이는 것은 한 번의 싸움에서 그침을 말한 것이다. 초왕은 눈을 잃어 그때 이미 욕을 보았으므로 다시 정백을 욕보일 수 없다는 것이다"라 하였는데 역시 뜻이 통한다.

"諜輅之,[159]

"날랜 병사로 앞을 막으면

余從之乘,

내가 그쪽에서 수레에 올라

而俘以下."[160]

사로잡아 내려오겠습니다."

郤至曰,

극지가 말하였다.

"傷國君有刑."

"임금을 다치게 하면 형벌을 내린다."

亦止.

또한 그만두었다.

石首曰,

석수가 말하였다.

"衛懿公唯不去其旗,

"위의공은 깃발을 버리지 않아

是以敗於熒."[161]

이 때문에 형에서 패하였습니다."

乃內旌於弢中.

이에 활집 안에 깃발을 넣었다.

唐苟謂石首曰,

당구가 석수에게 말하였다.

"子在君側,

"그대는 임금 곁에 있으시오.

敗者壹大.[162]

패자는 임금을 보호하는 일에 전일해야 합니다.

---

159 따로 가볍고 날랜 군사를 보내어 중간에서 맞아 치게 하는 것이다.

160 자기는 뒤에서 쫓아가 수레로 뛰어 올라 초왕을 사로잡아 수레에서 끌어내린다는 것이다.

161 형(熒): 곧 형택(熒澤)이다. 위나라가 적(狄)과 형택에서 싸울 때 위나라 군사가 대패하였는데 위나라 임금이 깃발을 버리지 않아 이 때문에 피살되었다. 민공 2년의 『전』에 보인다.

162 일(壹)은 전일(專一)하다의 뜻. 대(大)는 정나라 임금을 가리킨다. 싸움에서 진 군사는 마음을 다하여 그 나라 임금을 보호해야 한다는 뜻이다. 고염무(顧炎武)도 "패자는 임금을 보호해야 하는 일에 전일한다는 것은 임금이 위기에서 벗어나지 못할까 걱정하는 것이다"라 하였다.

我不如子, 내 그대보다 못하니

子以君免, 그대는 임금님을 모시고 피하시오.

我請止." 내 청컨대 막아 보겠소."

乃死.[163] 이에 죽었다.

楚師薄於險,[164] 초나라 군사가 험지에서 핍박을 당하자

叔山冉謂養由基曰,[165] 숙산염이 양유기에게 말하였다.

"雖君有命,[166] "임금께서 명을 내렸다 해도

爲國故, 나라를 위한 것이니

子必射." 그대는 반드시 활을 쏘오."

乃射, 이에 활을 쏘고

再發, 다시 쏘았는데

盡殪.[167] 모두 죽었다.

叔山冉搏人以投,[168] 숙산염이 진나라 사람을 잡아 던졌는데

---

163 혼자 머물러 진나라 군사를 저지하여 막다가 전사한 것이다.
164 박(薄): "迫"과 같은 뜻이다. 초나라 군사가 험지에서 진나라 군사에게 핍박을 당하는 것이다.
165 숙산(叔山): 씨(氏)로, 『장자 · 덕충부(德充符)』에 숙산무지(叔山無趾)가 있다.
166 초공왕이 일찍이 "너희가 활을 쏘면 재주 때문에 죽을 것이다"라 질책한 것을 곧 임금이 활쏘기를 금한 명을 내린 것으로 본 것이다.
167 두 번 활을 쏘아 두 사람을 다 죽인 것이다.
168 진나라 사람을 포로로 잡아 진나라 군에 던진 것이다.

中車,	수레에 맞아
折軾.	가로나무가 부러졌다.
晉師乃止.	진나라 군사는 그제서야 멈추었다.
囚楚公子茷.[169]	초나라 공자 패를 사로잡았다.
欒鍼見子重之旌,	난침이 자중의 깃발을 보고
請曰,	청하여 말하였다.
"楚人謂夫旌,	"초나라 사람이 저 깃발은
子重之麾也,[170]	자중의 기치라 하였으니
彼其子重也.	저 사람은 자중일 것입니다.
日臣之使於楚也,[171]	지난날 신이 초나라에 사신으로 갔을 때
子重問晉國之勇,	자중이 진나라가 용감하냐고 물어
臣對曰,	신이 대답하기를
'好以衆整.'	'사람이 많고 정돈된 것을 좋아한다'라 하였습니다.
曰,	말하기를

169 공자 패(公子茷)는 「진어 6」에는 왕자 발구(王子發鉤)로 되어 있다. 청나라 왕인지(王引之)의 『춘추명자해고(春秋名字解詁)』에서는 이름이 구(鉤)이고 자는 발(發)이라 하였다. 발(發)과 패(茷)는 옛날에는 소리가 같았으므로 『좌전』에서는 페(茷)라 하였다.

170 난침이 자중의 기치를 알아본 것은 초나라 군에서 포로로 잡혔던 자에게서 알아냈을 것이다. 『묵자·기치(旗幟)』편에서는 "그 부서에 깃발을 세워 모두들 명백히 알게 하고 아무개의 기라고 한다"라 하였다. 기치 위에 성씨를 쓰는 것은 전국시대 이후의 제도이다.

171 일(日): 왕일(往日) 곧 지난날이라는 뜻.

'又何如?'	'또 어떠한가?'라 하길래
臣對曰,	신이 대답하여 말하기를
'好以暇.'	'태연자약한 것을 좋아한다'고 하였습니다.
今兩國治戎,	지금 두 나라가 교전 중에
行人不使,	사자 하나 보내지 않았으니
不可謂整;	정돈되었다 말할 수 없으며,
臨事而食言,	일에 임해서 식언을 하였으니
不可謂暇.[172]	태연자약하다고 할 수도 없습니다.
請攝飮焉."[173]	청컨대 대신 술을 보내게 해주십시오."
公許之.	공이 허락하였다.
使行人執榼承飮,[174]	행인으로 하여금 술통을 잡고 술을 받들게 하여
造于子重,[175]	자중에게 가서
曰,	말하였다.

172 전쟁에 임하여 지난날의 일을 이행하지 않았으니 태연자약하다고 할 수 없다는 것이다.

173 섭(攝): 대신이라는 뜻. 난침이 진여공의 거우로 떠날 수가 없기 때문에 사람을 보내 대신 자중에게 술을 올릴 것을 청한 것이다.

174 합(榼): 술을 담는 통. 승(承): 받들다.

175 조(造): 이르다.

"寡君乏使,	"과군께서 심부름시킬 사람이 모자라
使鍼御持矛,[176]	저로 하여금 창을 들고 시중을 들게 하여
是以不得犒從者,	이 때문에 종자들을 호궤할 수 없는지라
使某攝飮."[177]	저로 하여금 대신 술을 올리게 하였습니다."
子重曰,	자중이 말하였다.
"夫子嘗與吾言於楚,[178]	"그대는 일찍이 초나라에서 나와 이야기한 적이 있으니
必是故也.	필시 이 때문일 것이오.
不亦識乎?"[179]	기억력이 또한 좋지 않소?"
受而飮之,	받아서 마시고는
免使者而復鼓.	사자를 돌려보낸 후 다시 북을 울렸다.
旦而戰,	아침에 전투가 시작되었는데
見星未已.[180]	별이 보이도록 그치지 않았다.

176 어(御): 모시다. 그 옆에서 모시고 창을 잡고 있다는 것은 거우임을 뜻한다.

177 남을 대신하여 술을 바치다. 모(某)는 그 사람이 자칭하는 것으로 대체로 미천한 사람이기 때문에 아무개가 대신하였다고 기록하지 않았다.

178 부자(夫子): 난침을 가리킨다.

179 식(識): 기억하다. 이 구절은 기억력이 세다는 것을 말한다.

子反命軍吏察夷傷,[181]	자반이 군리에게 다친 정황을 살피게 하고
補卒乘,[182]	보병과 거병을 보충하였으며
繕甲兵,	갑옷과 무기를 손질하고
展車馬,[183]	수레와 말을 펼쳐 놓은 뒤
鷄鳴而食,	닭이 울자 밥을 먹고
唯命是聽.	명령을 들었다.
晉人患之.	진나라 사람이 근심하였다.
苗賁皇徇曰,	묘분황이 영을 돌리며 말하였다.
"蒐乘, 補卒,[184]	"수레를 검열하고 사병을 보충하며
秣馬, 利兵,	말을 먹이고 병기를 갈 것이며
脩陳, 固列,	군진을 정돈하고 전열을 굳게 하며
蓐食, 申禱,[185]	배불리 먹고 거듭 전승을 기원하라.
明日復戰!"	내일 다시 싸운다!"
乃逸楚囚.[186]	이에 초나라 포로를 풀어 주었다.

180 새벽부터 싸워 황혼이 질 때까지도 그치지 않았다는 것이다.

181 이(夷): 후대에는 "痍"라고 한다. 부상을 당한 것이다. 이상(夷傷)은 동의어이다.

182 보병과 전차병을 보충한 것이다.

183 전(展): 펼치는 것이다.

184 수(蒐): 검열하다. 유문기(劉文淇)의 『구주소증(舊注疏證)』에서 인용한 『이아·석고(釋詁)』에서는 "모으는 것이다"라 하였는데 역시 통한다.

185 욕식(蓐食)은 문공 7년의 『전』과 『주』를 보라. 신도(申禱)는 거듭 승리를 간구하는 기도를 올리는 것이다.

王聞之, 왕이 듣고

召子反謀. 자반을 불러 모의하였다.

穀陽豎獻飮於子反, 곡양수가 자반에게 술을 바쳐

子反醉而不能見.[187] 자반은 취하여 뵐 수가 없었다.

王曰, 왕이 말하였다.

"天敗楚也夫! "하늘이 초나라를 패하게 할 것이다!

余不可以待." 내 기다릴 수 없다."

乃宵遁. 이에 밤에 도망가서 숨었다.

晉入楚軍, 진나라가 초나라 군으로 들어가

三日穀.[188] 사흘간 초나라의 곡식을 먹었다.

范文子立於戎馬之前,[189] 범문자가 융마의 앞에 서서

曰, 말하였다.

"君幼,[190] "임금이 어린 데다

諸臣不佞, 신하들은 재주가 없는데

何以及此? 어째서 이렇게 되었습니까?

---

186 일부러 초나라의 포로를 풀어 주어 도망가게 하여 초나라에게 알리는 것이다.

187 자반은 이 때문에 죽는데, 그 일은 「초어 상」과 『여씨춘추 · 권훈(權勳)』편, 『한비자 · 십과(十過)』편 및 「식사(飾邪)」편, 『회남자 · 인간훈(人間訓)』, 『사기』의 「진세가」와 「초세가」, 『설원 · 경신(敬愼)』편에 모두 기록이 있는데 상세한 것은 대략 다르다. 곡양수(穀陽豎)는 혹은 "豎穀陽"으로, 혹은 "豎陽穀"으로 되어 있다.

188 희공 28년 『전』의 성복(城濮)의 역과 같다.

189 융마(戎馬): 진여공의 수레를 모는 말이다.

190 가나자와 문고본(金澤文庫本)과 「진어 6」에는 "君幼弱"으로 되어 있다.

君其戒之!	임금께서는 경계하십시오!
周書曰,	『주서』에서 말하기를
'惟命不于常.'[191]	'천명은 항상성이 없다'라 하였습니다.
有德之謂."	덕 있는 사람을 이른 것입니다."
楚師還,	초나라 군사가 귀환하다가
及瑕,[192]	하에 이르러
王使謂子反曰,	왕이 사람을 보내어 자반에게 말하였다.
"先大夫之覆師徒者,	"선대부가 군사를 잃은 것은
君不在.[193]	임금이 있지 않아서이다.
子無以爲過,	그대는 허물로 여기지 말라
不穀之罪也."	불곡의 죄다."
子反再拜稽首曰,	자반이 두 번 절하고 머리를 조아리며 말했다.
"君賜臣死,	"임금께서 신에게 죽음을 내리신다면

191 『상서·강고(康誥)』에 나오는 말이다.

192 하(瑕): 곧 환공 6년에 보이는 하이다. 하는 수국(隨國)의 땅이지만 수국이 이미 매우 약하여져 초나라의 부용국이 되었으므로 초나라 군사가 지나가도록 할 수밖에 없었다.

193 선대부는 성득신(成得臣: 자옥(子玉))을 가리키며, 진나라와 초나라의 성복의 전역에서 초군이 대패하였을 때 초성왕은 군중에 없었다.

死且不朽.	죽어도 썩지 않겠습니다.
臣之卒實奔,	신의 군사는 실로 달아났으니
臣之罪也."	신의 죄입니다."
子重使謂子反曰,[194]	자중이 사람을 보내 자중에게 말하였다.
"初隕師徒者,[195]	"처음에 군대를 잃은 자에 대해서는
而亦聞之矣.[196]	그대도 들었을 것이다.
盍圖之!"[197]	어찌 도모하지 않는가!"
對曰,	대답하여 말했다.
"雖微先大夫有之,	"비록 선대부께서 그렇게 하지 않았더라도
大夫命側,	대부께서 제게 명하시니
側敢不義?[198]	제가 감히 불의를 행하겠습니까?
側亡君師,	제가 임금님의 군사를 잃었으니
敢忘其死?"	감히 그 죽음을 잊겠습니까?"
王使止之,	왕이 그만두게 하였으나

---

194 사위(使謂)는 완각본에는 "부위(復謂)"로 되어 있다. 『석경』 및 각 판본에 의해 고쳤다.

195 자옥(子玉)을 가리킨다.

196 이(而): "爾"와 같다.

197 자중이 또한 자반에게 자살을 강요하고 있는데, 곧 극지가 이른바 "두 경이 서로 미워하는 것"이다.

198 선대부인 자옥이 자살로 사죄한 일이 아니더라도 내가 어찌 감히 삶을 탐하여 불의에 빠지겠는가라는 뜻이다.

弗及而卒.[199] 미치지 못하여 죽었다.

戰之日,[200] 싸움이 있던 날

齊國佐, 高無咎至于師, 제나라의 국좌와 고무구가 군중에 이르니

衛侯出于衛, 위후가 위나라에서 나오고

公出于壞隤.[201] 공은 괴퇴에서 나왔다.

宣伯通於穆姜,[202] 선백이 목강과 내통하여

欲去季, 孟而取其室.[203] 계·맹을 없애고 그 재산을 차지하려 하였다.

將行, 떠날 즈음

穆姜送公, 목강이 공을 보내고

而使逐二子. 두 사람을 쫓아내게 하였다.

公以晉難告,[204] 공이 진나라의 난을 알리고

---

199 『한비자』, 『여씨춘추』, 『회남자』에는 모두 초공왕이 "자반을 목잘라 죽였다"라 하였고 『설원』에서도 "자반을 목매어 죽였다"라 하였으며 「초세가」에서는 "왕이 노하여 자반을 쏘아 죽였다"라 하여 모두 『좌전』과는 다르다. 「진세가」에서는 『좌전』을 써서 "왕이 노하여 자반을 질책하니 자반이 죽었다"라 하였다.

200 가나자와 문고본(金澤文庫本)에는 "싸움이 있던 다음 날(戰之明日)"로 되어 있다.

201 싸움이 있던 날 제나라 군사가 비로소 이르렀고 노나라 임금은 막 국내에서 움직이기 시작하였다. 괴퇴(壞隤)는 고동고(顧棟高)의 『대사표(大事表)』에서는 곡부현(曲阜縣) 경내에 있을 것이라 하였다.

202 선백(宣伯): 숙손교여이다. 목강(穆姜)은 성공의 어머니이다. 목(穆)은 "繆"과 같다. 『열녀전·얼폐(孽嬖)』에서는 "총명하고 지혜로우나 행동이 난잡하였으므로 시호를 목(繆)이라 하였다"라 하였다.

203 계(季)는 계문자(季文子)이고, 맹(孟)은 맹헌자(孟獻子)이다.

204 진나라의 난은 곧 진나라가 노나라에게 출병하여 정나라를 치는 데 회동하라는 것을

曰,	말하기를
"請反而聽命."[205]	"돌아와서 명을 따르도록 하겠습니다"라 하였다.
姜怒,	강이 노하였는데
公子偃, 公子鉏趨而過,[206]	공자 언과 공자 서가 종종걸음으로 지나가자
指之曰,	그들을 가리키며 말하였다.
"女不可,	"네가 안 된다면
是皆君也."[207]	이들이 모두 임금이 될 수 있다."
公待於壞隤,	공이 괴퇴에서 기다리면서
申宮, 儆備, 設守,[208]	궁을 지키게 하고 경계를 강화하였으며 지킬 사람을 두느라
而後行,	출발이 늦어져서
是以後.	이 때문에 늦은 것이다.

말한다.

205 아래에 의하면 노성공의 이 말은 곧 핑계를 대고 거절한 말임을 알 수 있다.

206 가나자와 문고본(金澤文庫本)에는 "趨而過"로 되어 있다. 언(偃)과 서(庶) 두 사람은 성공의 서제(庶弟)이다.

207 노성공을 폐하고 이 두 사람을 세울 수 있음을 말한다.

208 신(申)은 옛날에 사(司)자와 함께 썼다. 이를테면 『장자·대종사(大宗師)』의 신도적(申徒狄)은 『석문(釋文)』에는 "사도적(司徒狄)"으로 되어 있고, 『사기·유후세가(留侯世家)』에는 "양을 신도로 삼았다(以良爲申徒)"로 되어 있는 것이 『집해(集解)』에서 인용한 서광(徐廣)은 "신도는 곧 사도이다(申徒卽司徒)"라 하였다. 신궁(申宮)은 곧 사궁(司宮)으로 곧 궁을 지킨다는 뜻이며, 경비(儆備)는 곧 경계와 대비를 강화하는 것이다. 설수(設守)는 각지를 지킬 사람을 두는 것이다.

使孟獻子守于公宮.[209]	맹헌자에게 공궁에서 지키게 하였다.
秋,	가을에
會于沙隨,	사수에서 회합하였는데
謀伐鄭也.[210]	정나라를 칠 계책을 세우기 위해서였다.
宣伯使告郤犨曰,	선백이 극주에게 말하게 하였다.
"魯侯待于壞隤,	"노후가 괴퇴에서 기다린 것은
以待勝者."[211]	누가 이기는지를 기다린 것이다."
郤犨將新軍,	극주가 신군장이 되었고
且爲公族大夫,	또한 공족대부로
以主東諸侯.[212]	동쪽의 제후를 주관하였다.
取貨于宣伯,	선백에게서 뇌물을 받고
而訴公于晉侯.[213]	진후에게 공을 참소하였다.

209 이는 곧 신궁(申宮)이다. 계문자는 군사를 거느리고 진나라가 정나라를 치러 가는 데 따라가게 하고, 맹헌자는 남아서 공궁을 지키게 함으로써 노송공이 이 두 사람을 없앨 뜻이 없음을 알 수 있다.

210 정나라는 아직도 진나라에 복종하지 않았다.

211 두예는 "진나라와 초나라의 승부를 살핀 것이다"라 하였는데, 노성공을 무함(誣陷)한 것이다.

212 동방의 제후국, 곧 제나라와 노나라 등을 초대하고 접대하는 일을 주관한 것이다.

213 소(訴): 『논어·헌문(憲問)』의 "공백료가 계손에게 자로를 비방하였다(公伯寮愬子路於季孫)"의 소(愬)와 같다. 헐뜯고 비방하다의 뜻.

晉侯不見公.[214]	진후는 공을 만나 주지 않았다.
曹人請于晉曰,	조나라 사람이 진나라에 청하여 말하였다.
"自我先君宣公卽世,[215]	"우리 선군이신 선공이 세상을 뜨신 이래
國人曰,	백성들이 말하기를
'若之何?	'어쩔 것인가?
憂猶未弭.'[216]	근심이 아직 그치지 않았으니'라 합니다.
而又討我寡君,[217]	또한 우리 과군을 토벌하여
以亡曹國社稷之鎭公子,[218]	조나라 사직의 중요한 공자를 도망하게 하였으니
是大泯曹也,[219]	이는 조나라를 크게 멸하는 것입니다.

---

214 『공양전』에서는 "공이 어리기" 때문이라고 하였는데, 청나라 양옥승(梁玉繩)의 『별기(瞥記)』에서는 이때 노성공의 나이가 이미 30여 세라고 하였으며, 진여공이 노성공을 접견하지 않은 것은 참언을 받아들여서라고 하였다.

215 조선공은 13년에 죽었다.

216 우(憂)는 선공이 죽고 태자가 피살된 것을 가리킨다.

217 지난해에 진나라가 조성공을 잡아갔다.

218 두예는 "자장이 송나라로 도망쳐 달아난 것을 말한다"라 하였다. 진(鎭)은 중(重)하다는 뜻.

219 두예는 "민(泯)은 멸(滅)하는 것이다"라 하였다.

先君無乃有罪乎?	선군께 죄라도 있는 것 아닙니까?
若有罪,	죄가 있다면
則君列諸會矣.[220]	어찌 임금께서 회맹에 참여시켰습니까?
君唯不遺德, 刑,[221]	임금께서는 덕행과 형벌을 잃지 않아
以伯諸侯,	제후의 패자가 되었는데
豈獨遺諸敝邑?[222]	어찌 우리나라에게만 그것을 잃으셨습니까?
敢私布之."[223]	감히 사사로이 뜻을 펼쳐 봅니다."

七月,	7월에
公會尹武公及諸侯伐鄭.[224]	공이 윤무공 및 제후들을 만나 정나라를 쳤다.
將行,	떠날 즈음에

220 열저회(列諸會): "列之於會"의 축약형. 지(之)는 여전히 선군 조선공을 가리키며, 회는 선공 17년 단도(斷道)의 회맹 등을 가리킨다. 두회는 지(之)자를 조성공을 가리킨다고 잘못 알았는데, 문의상으로나 이치상으로나 모두 부합되지 않는다.

221 유(遺): 잃는 것이다.

222 진나라 임금이 상을 줘야 할 곳에 상을 주고 벌을 내려야 할 곳에 벌을 내려 덕행과 형벌이 모두 과실이 없으므로 패제후라 칭하게 되었는데, 어찌 조나라에만 잃은 것이 있느냐는 것을 말한다.

223 두예는 "조백이 돌아갔는데 이름을 가지고 알리지 않은 전의 배경이다"라 하였다.

224 윤무공(尹武公)은 곧 『경』의 윤자(尹子)이다.

姜又命公如初.[225]	강이 또 처음과 같이 공에게 명했다.
公又申守而行.[226]	공은 또 수비를 세우고 갔다.
諸侯之師次于鄭西,	제후의 군사는 정나라 서쪽에 머물고
我師次于督揚,[227]	우리 군사는 독양에 머물러
不敢過鄭.	감히 정나라를 지나지 못하였다.
子叔聲伯使叔孫豹請逆于晉師,[228]	자숙독백은 숙손표로 하여금 진나라 군사를 맞게끔 청하게 하고
爲食於鄭郊.[229]	정나라 교외에서 밥을 짓게 하였다.
師逆以至.	진나라 군사가 우리가 이르는 것을 맞이하였다.
聲伯四日不食以待之,	성백은 나흘이나 먹지도 않고 기다렸는데
食使者而後食.[230]	사자를 먹게 한 후에 먹었다.

225 두예는 "다시 공에게 계·맹(季·孟)을 쫓아내라고 한 것이다"라 하였다.

226 궁을 맡아 지키게 한 것을 말한다.

227 두예는 "독양(督揚)은 정나라 동쪽의 땅이다"라 하였다. 양공 19년의 독양(督揚)과는 다른 곳인 것 같다.

228 자숙성백은 6년의 『전』과 『주』에 보인다. 숙손표는 교여의 아우이다. 아래의 『전』에서 "숙손표를 제나라로 불러서 세웠다"라 한 것과 소공 4년 『전』의 숙손표는 오래전에 이미 제나라에 있었으며 이때는 혹 국좌를 따라 제나라 군중에 있었는지도 모르겠다. 진나라 군사를 맞이할 것을 청한 것은 숙손표가 제나라에 청하여 노나라를 대표하여 진나라 군사를 청하여 가서 맞아 오라는 것이다.

229 성백이 정나라 교외에서 진군을 위해 식사를 준비하는 것이다.

230 사자는 마땅히 진나라 군의 사자일 것이며, 두예는 숙손표(叔孫豹)의 부사일 것이라고 하였는데 틀렸다. 다케조에 고코(竹添光鴻)의 『회전(會箋)』에서는 곧 숙손표라 하였는

諸侯遷于制田,[231]	제후들이 제전으로 옮겼고
知武子佐下軍,[232]	지무자는 하군좌가 되어
以諸侯之師侵陳,	제후의 군사를 이끌고 진나라로 쳐들어가
至於鳴鹿.[233]	명록에 이르렀다.
遂侵蔡.[234]	마침내 채나라로 쳐들어갔다.
未反,	돌아오지 않았는데
諸侯遷于潁上.[235]	제후들이 영상으로 옮겼다.
戊午,[236]	무오일에
鄭子罕宵軍之,	정나라 자한이 야습하니
宋, 齊, 衛皆失軍.[237]	송나라와 제나라, 위나라는 모두 군사를 잃었다.

데 역시 부정확하다.

231 제후들의 군사가 제전으로 옮긴 것이다. 고동고(顧棟高)의 『대사표(大事表)』에 의하면 제전은 지금의 하남성 신정현(新鄭縣) 동북쪽에 있다.

232 지무자는 곧 순앵(荀罃)으로 언릉(鄢陵)의 전역 때는 진나라에 남아 지키다가 이때 출군하였다.

233 명록(鳴鹿)은 지금의 하남성 녹읍현(鹿邑縣) 서쪽에 있다.

234 진(晉)나라가 진(陳)나라와 채나라를 친 까닭은 아마 진나라와 채나라가 초나라에 복종하였기 때문일 것이다.

235 영수(潁水)는 하남성 등봉현(登封縣) 서쪽에서 나와 동남쪽으로 우현(禹縣)과 임영(臨潁) 등지를 거친 이후에 회수(淮水)로 유입된다. 이 영상(潁上)은 영수의 가라는 뜻으로 지금의 우현 경내에 있을 것이다.

236 무오일은 24일이다.

237 정나라 자한이 야습을 감행하니 송나라와 제나라, 위나라는 모두 궤멸되어 흩어졌다는 말이다. 실군(失軍)의 뜻은 더는 군대를 이루지 못한다는 말과 같다. 복건은 군(軍)을 운(餫)자의 뜻으로 보아 "군량을 잃었다"라고 해석하였는데 믿을 수 없다. 유월(兪

曹人復請于晉.	조나라 사람이 다시 진나라에 청하였다.
晉侯謂子臧,[238]	진후가 자장에게 일렀다.
"反,	"돌아가면
吾歸而君."	내 그대의 임금을 돌려보내겠다."
子臧反,	자장이 돌아가자
曹伯歸.[239]	조백이 돌아갔다.
子臧盡致其邑與卿而不出.[240]	자장은 그 읍과 경의 자리를 모두 바치고 출사하지 않았다.

宣伯使告郤犫曰,	선백이 극주에게 이르게 하여 말하였다.
"魯之有季, 孟,	"노나라에 계씨와 맹씨가 있는 것은
猶晉之有欒, 范也,	진나라에 난씨와 범씨가 있는 것과 같으니
政令於是乎成.	정령이 이들에게서 이루어집니다.
今其謀曰,	지금 그들이 모의하여 말하기를

樾)의 『평의(平議)』에서는 "영루를 잃은 것이다"라 하였는데 또한 확실치 않다.

238 자장은 이때 송나라에 있었으니 진후는 사자를 보내어 말하였을 것이다.

239 조백이 주나라에서 돌아간 것으로 『신서·절사(新序·節士)』편에는 "진나라는 이에 천자에게 성공을 노나라로 돌려보내도록 말하였다"라 하였다.

240 불출(不出)은 출사하지 않은 것이다.

'晉政多門,[241]
'진나라의 정령은 많은 곳에서 나와

不可從也.
따를 수가 없다.

寧事齊楚,
제나라와 초나라를 섬기다가

有亡而已,
망하는 일이 있다 할지언정

蔑從晉矣.'[242]
진나라에는 복종하지 못하겠다'라 합니다.

若欲得志於魯,
노나라에서 뜻을 얻고자 한다면

請止行父而殺之,[243]
계손행보를 억류하여 죽이십시오.

我斃蔑也,[244]
우리는 중손말을 죽이겠습니다.

而事晉,
그런 뒤 진나라를 섬기면

蔑有貳矣.[245]
두 마음을 품는 일은 없을 것입니다.

魯不貳,
노나라가 두 마음을 품지 않으면

小國必睦.[246]
작은 나라들은 반드시 화목할 것입니다.

不然,
그렇지 않으면

---

241 진나라의 정령이 각각 큰 경의 문족에서 나와 통일이 될 수 없다는 것이다.

242 멸(蔑): "아니 불(不)"자와 같은 뜻. 「진어(晉語) 2」의 "내가 죽는다 하더라도 내 그것을 따르지 않겠다(吾蔑從之矣)"와 같은 용법이다.

243 계손행보(季孫行父): 계문자(季文子)이다.

244 중손말 맹헌자는 이때 남아서 공궁을 지키고 있었다.

245 멸(蔑): "없을 무(無)"자의 뜻으로 쓰였다. 희공 10년 『전』의 "성공하지 않을 리 없다(蔑不濟矣)"의 "蔑"자와 용법이 같다.

246 기타 작은 나라는 반드시 진나라에 복종할 것이라는 말이다.

歸必叛矣."[247]
돌아가서 반드시 배반할 것입니다."

九月,
9월에

晉人執季文子于苕丘.[248]
진나라 사람이 초구에서
계문자를 잡았다.

公還,
공이 돌아가는 길에

待于鄆,[249]
운에서 기다리면서

使子叔聲伯請季孫于晉.
자숙성백으로 하여금 진나라에
계손씨를 놓아달라고 청하게 했다.

郤犨曰,
극주가 말하였다.

"苟去仲孫蔑,
"실로 중손말을 없애고

而止季孫行父,
계손행보를 억류하여

吾與子國,
내 그대에게 나라를 준다면

親於公室."[250]
공실과 친하여질 것이오."

對曰,
대답하여 말하였다.

"僑如之情,
"교여의 정황은

---

247 계손행보를 죽이지 않으면 노나라를 배반하고 반드시 진나라를 배반할 것이라는 말.

248 『공양전』에서는 노성공과 진여공이 만날 때, 때를 놓쳐 진나라 사람이 노성공을 잡으려 하였는데 계손행보가 자신에게 책임을 돌려 공을 대신해 잡혔다고 하여 『좌전』과는 다르다.

249 운(鄆)은 4년의 『경』과 『주』에 보인다.

250 극주가 노나라에 국정을 성백(聲伯)에게 맡기라고 강요하고, 또한 성백을 노나라 공실보다 매우 가까이하는 것이다. 두예는 "親於公室"을 "노나라와 친함이 진나라 공실보다 심하다"고 해석하였는데 틀렸다. 성백의 외매(外妹)가 극주에게 시집간 것은 11년 『전』에 보이며, 이로 인해 극주가 이익을 내세워 꾀는 것이다.

子必聞之矣.[251] 그대도 반드시 들었을 것입니다.

若去蔑與行父, 중손말과 계손행보를 제거하면

是大棄魯國, 노나라를 크게 버리고

而罪寡君也. 과군을 징벌하는 것입니다.

若猶不棄,[252] 그래도 버리지 않고

而惠徼周公之福, 주공의 복을 입게 해주어

使寡君得事晉君,[253] 과군으로 하여금 진나라 임금님을 섬기게 해주신다면

則夫二人者, 저 두 사람은

魯國社稷之臣也. 노나라의 사직을 짊어질 신하입니다.

若朝亡之, 아침에 저들을 없애면

魯必夕亡. 노나라는 반드시 저녁에 망합니다.

以魯之密邇仇讎,[254] 노나라가 원수와 바짝 가까워져

亡而爲讎, 망하여 원수가 된다면

治之何及?"[255] 처리하려 한들 어찌 미치겠습니까?"

郤犨曰, 극주가 말하였다.

---

251 교여와 목강이 간통하고 아울러 계씨와 맹씨의 가산을 빼앗으려는 등의 실정이다.

252 노나라를 버리지 않는 것이다.

253 과군을 처벌하지 않는 것이다.

254 구수(仇讎)는 제나라와 초나라 등 여러 나라를 가리킨다.

255 노나라가 망하여 제나라와 초나라에 속한다면 진나라는 구원하려 해도 미치지 못할 것이라는 말이다.

"吾爲子請邑."	"내 그대에게 읍을 청하여 주겠소."
對曰,	대답하여 말하였다.
"嬰齊,	"영제는
魯之常隸也,[256]	노나라의 소신인데
敢介大國以求厚焉?[257]	감히 대국을 믿고 두터운 녹을 구하겠습니까?
承寡君之命以請,	과군의 명을 받들어 청하오니
若得所請,	청한 바를 이룰 수만 있다면
吾子之賜多矣,	그대가 내려 준 것이 많을 것인데
又何求?"[258]	또 무엇을 구하겠습니까?"
范文子謂欒武子曰,	범문자가 난무자에게 말하였다.
"季孫於魯,	"계손씨는 오나라에서
相二君矣.[259]	두 임금을 도왔습니다.
妾不衣帛,	첩은 비단 옷을 입지 않고

256 영제(嬰齊)는 성백의 이름이다. 예(隸)의 지위는 소공 7년의 『전』에 의하면 당시에 최하층이었으며, 성백이 스스로를 예에 비유한 것은 겸사이다. 정공 4년 위령공이 축타(祝佗)에게 종행(從行)토록 하는데 축타가 거절하면서 또한 "또한 대체로 축(祝)은 사직의 작은 신하입니다(社稷之常隸也)"라 하는데 이와 비슷하다.

257 개(介)는 믿다, 의지하다의 뜻. 두예는 "인할 인(因)"자의 뜻으로 보았는데 역시 통한다. 후(厚)는 후록(厚祿)으로 읍을 가리킨다.

258 「노어 상」에서는 "자숙성백(子叔聲伯)이 진나라에 가서 계문자에게 청하였다. 극주가 읍을 주려 하였으나 그것을 받지 않았다"라 하였다.

259 이군(二君)은 선공과 성공이다.

馬不食粟,	말은 곡식을 먹지 않았으니
可不謂忠乎?	충성스럽다 하지 않겠습니까?
信讒慝而棄忠良,	간악한 참소를 믿고 충성스럽고 어짊을 버리시면
若諸侯何?	제후들은 어떻게 하시렵니까?
子叔嬰齊奉君命無私,[260]	자숙영제는 임금의 명을 받듦에 사사로움이 없고
謀國家不貳,[261]	나라를 생각함에 두 마음을 품지 않아
圖其身不忘其君.[262]	그 몸을 생각하여 그 임금을 잊지 않았습니다.
若虛其請,[263]	그의 청을 헛되이 한다면
是棄善人也.	이는 훌륭한 사람을 버리는 것입니다.
子其圖之!"	그대는 잘 생각해 보소서!"
乃許魯平,	이에 노나라의 화평을 허락하고
赦季孫.	계손을 풀어 주었다.

260 두예는 "극주가 읍을 청하였는데 받지 않은 것이다"라 하였다.

261 두예는 "나흘 동안 밥을 먹지 않으면서 진나라를 굳게 섬긴 것이다"라 하였다.

262 두예는 "읍을 사양하고 음식을 먹지 않은 것은 모두 임금을 먼저 생각하고 자신을 뒤로 돌린 것이다"라 하였다. 심흠한의 『보주(補注)』에서는 두예의 주석을 취하여 세 마디는 곧 성백을 총평한 것이라 하였는데 또한 통한다.

263 그 청을 거절하였다는 뜻이다.

冬十月,	겨울 10월에
出叔孫僑如而盟之.[264]	숙손교여를 쫓아내고 맹약하였다.
僑如奔齊.	교여는 제나라로 달아났다.
十二月,	12월에
季孫及郤犨盟于扈.	계손과 극주가 호에서 맹약하였다.
歸,	돌아가서
刺公子偃.[265]	공자 언을 죽였다.
召叔孫豹于齊而立之.[266]	제나라에서 숙손표를 불러 세웠다.
齊聲孟子通僑如,[267]	제나라 성맹자가 교여와 사통하여
使立於高, 國之間.[268]	지위를 고씨와 국씨 사이에 두게 하였다.
僑如曰,	교여가 말하였다.
"不可以再罪."	"다시 죄를 지을 수는 없습니다."

---

264 출(出): 축출하다. 『주례·추관·사맹(秋官·司盟)』에서는 "만민의 명을 어긴 자에 대하여 맹약한다"라 하여 고대에 이른바 악신(惡臣)에 대하여 그 죄악을 늘어놓고 여러 대부들과 맹약한 일이 있음을 알 수 있다. 이는 교여를 축출하고 여러 대부들과 맹약한 것이다. 양공 23년의 『전』에 맹약한 말이 실려 있는데 "혹 숙손교여처럼 나라의 상도(常道)를 폐하고 공실을 엎지 말게 하라!"라 하였다.

265 공자 언과 공자 서 두 사람은 모두 목강이 지명하여 대신 세운 사람인데, 공자 언만 죽인 것에 대하여 두예는 "공자 언이 모의에 가담하였기 때문이다"고 하였다.

266 숙손씨의 후계자로 세운 것이다.

267 성맹자(聲孟子)는 제영공의 어머니로 송나라 여인이다. 교여가 제나라에 있으면서 제영공에게 여자를 바친 일은 양공 25년의 『전』에 보인다.

268 입(立)은 위(位)자와 같다. 고씨와 국씨는 제나라의 세습 상경으로 모두 희공 12년 『전』의 『주』를 참고하기 바람.

奔衛,	위나라로 달아났는데
亦間於卿.	또한 경 사이에 끼었다.

晉侯使郤至獻楚捷于周,	진후가 극지로 하여금 주나라에 초나라 포로를 바치게 하고는
與單襄公語,[269]	단양공과 이야기할 때
驟稱其伐.[270]	자주 그 자랑을 하였다.
單子語諸大夫曰,	단자가 여러 대부들에게 말하였다.
"溫季其亡乎![271]	"온계는 망하리로다!
位於七人之下,[272]	관위는 일곱 사람의 아래에 있으면서
而求掩其上.[273]	그 윗사람들을 덮기를 바란다.
怨之所聚,	원한이 모이는 것은
亂之本也.	화란의 근본이다.
多怨而階亂,[274]	원한이 많게 되면 화란의 사다리가 될 것이니

269 「주어 중」에도 이 일이 수록되어 있는데, "극지가 소환공(邵桓公)을 뵙고 이야기하는데 소공(邵公)이 단양공(單襄公)에게 일렀다. ……" 하여 『좌전』과는 내용이 다르다.

270 누차 자기의 공을 자랑하다. 「주어 중」의 기록에 극지가 자랑을 늘어놓은 말이 있다.

271 온계(溫季)는 곧 극지이다. 11년의 『전』과 『주』를 참고하기 바람.

272 극지는 이때 겨우 신군좌로 그 위에는 아직도 난서(欒書)·사섭(士燮)·극기(郤錡)·순언(荀偃)·한궐(韓厥)·순앵(荀罃)·극주(郤犨) 등 7명이 더 있다.

273 엄(掩): 개(蓋), 곧 덮는다는 뜻이다. 「주어 중」에서는 극지가 신군좌에서 일약 정권을 잡으려 하는 것이라고 하였다.

274 계(階)자는 은공 3년 『전』의 "화의 사다리가 될 것입니다(階之爲禍)"라는 말과 같다. 계

何以在位?　어떻게 관위에 있겠는가?

夏書曰,　「하서」에서 말하기를

'怨豈在明?　'원한이 어찌 밝은 곳에 있겠는가?

不見是圖.'[275]　보이지 않는 것을 생각한다'라 하였다.

將愼其細也.　미세한 곳을 신중히 하라는 것이다.

今而明之,　지금 드러내 놓고 하니

其可乎?"[276]　어찌 되겠는가?"

성공 17년

經

十有七年春,[1]　17년 봄

衛北宮括帥師侵鄭.[2]　위나라 북궁괄이 군사를 거느리고 정나라로 쳐들어갔다.

란(階亂)은 화란의 사다리라는 말이다.

275 이 두 구절은 본래 『일서(逸書)』인데 위작을 지은 자(僞者)가 위고문(僞古文) 「오자지가(五子之歌)」에 편입해 넣었다. 원한을 막는 것은 다만 환하게 드러나는 원한에 있는 것이 아니라 오히려 드러나지 않는 은미한 원한을 도모해야 한다는 것이다.

276 이듬해 극지 등은 피살된다.

1 십유칠년(十有七年): 정해년 B.C. 574년으로 주간왕(周簡王) 12년이다. 정월 27일 기미일이 동지로 건자(建子)이다. 윤달이 있다.

2 괄(括): 『공양전』에는 "결(結)"로 되어 있다. 두예는 "괄은 성공(成公)의 증손이다"라 하였다.

夏,	여름에
公會尹子, 單子, 晉侯, 齊侯, 宋公, 衛侯, 曹伯, 邾人伐鄭.	공이 윤자와 단자, 진후, 송공, 위후, 조백, 주나라 사람을 만나 정나라를 쳤다.
六月乙酉,[3]	6월 을유일에
同盟于柯陵.[4]	가릉에서 동맹을 맺었다.
秋,	가을에
公至自會.[5]	공이 회합에서 돌아왔다.
齊高無咎出奔莒.	제나라 고무구가 거나라로 달아났다.
九月辛丑,[6]	9월 신축일에
用郊.[7]	교제를 지냈다.

---

3 을유일은 26일이다.

4 『회남자·인간훈(人間訓)』에 "진여공이 가릉(嘉陵)에서 제후들을 규합하였다"라는 말이 있는데, 가릉(嘉陵)이 곧 가릉(柯陵)이다. 『이아·석지(釋地)』에서는 "릉은 가릉(加陵)보다 큰 것이 없다"라 하였는데, 가릉(加陵) 또한 곧 가릉(嘉陵)이다. 양이승(梁履繩)의 『보석(補釋)』에서는 이 가릉은 곧 장공 14년에 정여공(鄭厲公)이 쳐들어간 대릉(大陵)이 아닌가 하였는데 근거가 없다. 대릉은 지금의 하남성 허창시(許昌市) 남쪽, 임영현(臨潁縣) 북쪽 30리 지점에 있다. 심흠한의 『지명보주(地名補注)』에서는 지금의 하남성 내황현(內黃縣) 동북쪽에 있다고 하였는데, 내황의 가릉은 바로 양공 19년의 가(柯)이며 이 가릉이 아님을 몰랐다.

5 『전』이 없다. 가나자와 문고본(金澤文庫本)에는 "秋"자 아래에 "팔월(八月)"의 두 자가 있다.

6 신축일은 13일이다.

7 『전』이 없다. 환공 5년 『전』의 『주』를 참고하라.

晉侯使荀罃來乞師.[8]	진후가 순앵을 보내와 군사를 청하게 하였다.
冬,	겨울에
公會單子, 晉侯, 宋公, 衛侯, 曹伯, 齊人, 邾人伐鄭.	공이 단자와 진후, 송공, 위후, 조백과 제나라 사람 그리고 주나라 사람을 만나 정나라를 쳤다.
十有一月,	11월에
公至自伐鄭.[9]	공이 정나라 정벌에서 돌아왔다.
壬申,[10]	임신일에
公孫嬰齊卒于貍脤.[11]	공손영제가 이신에서 죽었다.
十有二月丁巳朔,	12월 정사 초하룻날
日有食之.[12]	일식이 있었다.
邾子貜且卒.[13]	주자 확이 죽었다.

8 『전』이 없다. 두예는 "정나라를 치려고 하기 때문이다"라 하였다.

9 『전』이 없다.

10 11월에는 임신일이 없다.

11 완각본에는 "齊"자가 탈루되어 있다. 신(脤)은 『공양전』에는 "진(軫)"으로 되어 있고 『곡량전』에는 "蜃"으로 되어 있다. 음이 가까워 또한 서로 통하여 쓴다. 이신은 지금 어느 곳인지 모른다.

12 『전』이 없다. B.C. 574년 10월 22일의 개기일식이다.

13 『전』이 없다. 주정공(邾定公)으로 재위 기간은 40년이며, 아들 경(牼)이 왕위를 이었는데 선공(宣公)이다.

晉殺其大夫郤錡, 郤犨, 郤至.	진나라가 대부 극기와 극주 그리고 극지를 죽였다.
楚人滅舒庸.[14]	초나라 사람이 서용을 멸하였다.

傳

十七年春王正月,	17년 봄 주력으로 정월에
鄭子駟侵晉虛, 滑.[15]	정나라 자사가 진나라의 허와 활로 쳐들어갔다.
衛北宮括救晉,	위나라 북궁괄이 진나라를 구원하여
侵鄭,	정나라로 쳐들어가
至于高氏.[16]	고씨에 이르렀다.
夏五月,	여름 5월에
鄭大子髡頑, 侯獳爲質於楚,[17]	나라 태자 곤완과 후누가 초나라의 볼모가 되고

---

14 서용(舒庸)은 희공 3년 『경』의 『주』에 보인다.

15 이 허(虛)는 환공 12년의 허와 같은 곳이 아니다. 그곳의 허는 송나라의 읍이고 이곳의 허는 진나라의 읍이다. 고동고(顧棟高)의 『대사표(大事表)』 7의 3에 의하면 지금의 하남성 언사현(偃師縣) 경계에 있을 것이다.
활(滑): 장공 16년, 희공 20년 및 33년의 『전』과 『주』에 상세하다.

16 고씨(高氏)는 지금의 하남성 우현(禹縣) 서남쪽에 있다.

17 후누(侯獳)는 정나라 대부이다. 조나라에도 후누라는 인물이 있는데, 희공 28년 『전』에 보인다.

楚公子成, 公子寅戍鄭.	초나라의 공자 성과 공자 인은 정나라를 지켰다.
公會尹武公, 單襄公及諸侯伐鄭,	공이 윤무공, 단양공 및 제후들과 회합하여 정나라를 쳤는데
自戲童至于曲洧.[18]	희동에서 곡유까지 이르렀다.
晉范文子反自鄢陵,[19]	진나라 범문자가 언릉에서 돌아와
使其祝宗祈死,[20]	축종에게 죽음을 빌게 하여
曰,	말하였다.
"君驕侈而克敵,	"임금이 교만방자한데 적을 이겼으니
是天益其疾也,	이는 하늘이 그 질병을 가중시킨 것으로
難將作矣.	화난이 곧 일어날 것이다.
愛我者唯祝我,[21]	나를 사랑하는 사람들이 나를 저주하여

18 희동(戲童): 곧 양공 9년의 희(戲)로 지금의 하남성 공현(鞏縣) 동남쪽과 등봉현(登封縣) 숭산(嵩山) 동북쪽에 있다.
곡유(曲洧): 곧 지금의 하남성 유천(洧川: 옛날에는 현이었는데 지금은 없어졌다)이다. 유천 서남쪽을 경유하여 다시 동남쪽으로 쌍계하(雙洎河) 곧 옛 유수(洧水)로 흘러간다.

19 지난해에 있었던 언릉의 전역에서 귀국한 것이다.

20 지난해에 있었던 언릉의 전역에서 귀국한 것이다.

21 옛날에는 저주(詛呪)하는 것도 축(祝)이라 하였다. 『상서·무일(無逸)』편의 "아니면 그 입이 저주할 것이다(否則厥口詛祝)"라 한 것과 『시경·대아·탕(大雅·蕩)』의 "속이고 저주

使我速死,	내가 빨리 죽게 해주어
無及於難,	화난에 미치지 않게 한다면
范氏之福也."	이는 범씨의 복일 것이다."
六月戊辰,[22]	6월 무진일에
士燮卒.[23]	사섭이 죽었다.

乙酉,	을유일에
同盟于柯陵,	가릉에서 동맹을 맺고
尋戚之盟也.[24]	척에서의 맹약을 다졌다.

楚子重救鄭,	초나라 자중이 정나라를 구원하여
師于首止.[25]	수지에서 군대를 주둔시켰다.
諸侯還.[26]	제후들이 돌아갔다.

하네(侯作侯祝)"의 축(祝)자는 모두 저주한다는 뜻이다.

22 무진일은 9일이다.

23 「진어 6」에서는 진여공 7년에 범문자가 죽었다고 하였는데, 모두 주력이다. 소공 25년의 『전』에서는 "겨울 10월 신유일에 소자(昭子)가 정침에서 재계하고 축종에게 죽음을 빌게 하였다. 무진일에 죽었다"라 하였는데, 두 일은 비슷하다. 두예는 이 두 곳에서 모두 말하기를 두 사람이 먼저 죽음을 빌고 나중에 자살(自裁)하였다고 하였다. 공영달이 인용한 유현(劉炫)의 설에서는 자살이 아니라고 하였다. 혹자는 두 사람은 모두 병으로 인해 죽음을 바랐으므로 죽음을 빌 때와 죽었을 때의 시간은 멀면 1년 가까이 될 것이고, 가까우면 또한 7일 정도 될 것이라고 하였다. 심흠한(沈欽韓)과 초순(焦循)은 모두 두예의 설을 반박하였는데 옳다.

24 두예는 "척의 맹약은 15년에 있었다"라 하였다.

25 수지(首止): 환공 18년의 『전』과 『주』에 보인다.

齊慶克通于聲孟子,[27]	제나라 경극이 성맹자와 사통하여
與婦人蒙衣乘輦而入于閎.[28]	부인과 함께 몽의 차림으로 연을 타고 작은 길로 통하는 문으로 들어갔다.
鮑牽見之,[29]	포견이 그것을 보고
以告國武子.[30]	국무자에게 알렸다.
武子召慶克而謂之.[31]	무자가 경극을 불러 그 일을 일렀다.
慶克久不出,[32]	경극이 오래도록 나가지 않고
而告夫人曰,[33]	부인에게 일러 말하였다.
"國子讁我."[34]	"국자가 나를 꾸짖습니다."
夫人怒.	부인이 노하였다.

---

26 두예는 "초나라가 강하여 두려워한 것이다"라 하였다.

27 두예의 주석에 의하면 경극은 경봉(慶封)의 부친이다. 성맹자는 지난해 『전』의 『주』에 보인다.

28 몽의(蒙衣): 부녀자들의 외출복. 애공 15년의 『전』에서는 혼량부(渾良夫)와 괴외(蒯聵)의 일을 말하여 "두 사람이 몽의 차림에 수레를 타고 시인(寺人)인 나(羅)가 사람이 수레를 몰아 공씨(孔氏) 집으로 갔다. 공씨의 늙은 난영(欒寧)이 그들이 누구냐고 묻자 인척의 첩이라고 일렀다"라 한 것으로 보아 몽의(蒙衣)는 당시 부녀자들이 외출할 때의 습속임을 알 수 있다. 경극 또한 남자로서 여장을 하고 한 부인과 함께 몽의를 하고 수레에 오른 것이다.
연(輦): 사람의 힘으로 끄는 수레
굉(閎): 궁중에 있는 협도(夾道)의 문, 항문(巷門).

29 두예는 "포견은 포숙아(鮑叔牙)의 증손이다"라 하였다.

30 국무자는 선공 10년 『경』의 『주』에 보인다.

31 위(謂): 고(告)자와 같은 뜻.

32 두예는 "부끄러워서 집에 누워 있으니 부인(聲孟子)이 이상하게 생각하였다"라 하였다.

33 부인은 성맹자이다.

34 적(讁): 두예는 "적은 견책(譴責)하는 것이다"라 하였다.

國子相靈公以會,[35]	국자는 영공을 도와 회합에 가고
高, 鮑處守.[36]	고무구와 포견이 남아 지켰다.
及還,	돌아올 때
將至,	곧 이르려 하자
閉門而索客.[37]	성문을 닫고 여객을 수색하였다.
孟子訴之曰,	맹자가 무함하여 말하였다.
"高, 鮑將不納君,	"고무구와 포견이 임금을 들이지 않고
而立公子角,[38]	공자 각을 세우려 하는데
國子知之."[39]	국자가 알고 있다."
秋七月壬寅,[40]	가을 7월 임인일에
刖鮑牽而逐高無咎.	포견은 월형에 처하고 고무구는 쫓아냈다.
無咎奔莒.	무구는 거나라로 달아났다.
高弱以盧叛.[41]	고약이 노를 기반삼아 반란을 일으켰다.

35 두예는 "정나라를 치는 데 참가한 것이다"라 하였다.
36 고는 고무구(高無咎)이고, 포는 포견(鮑牽)이다.
37 영공이 돌아오려 하자 성문을 닫고 행인을 검사하는 것으로, 경계의 예방조치이다.
38 각(角)은 경공의 아들이다.
39 지(知): 가담했다는 뜻. 희공 4년 『전』의 『주』를 참고하라.
40 임인일은 13일이다.
41 약(弱)은 무구의 아들이다. 노(盧)는 고씨의 채읍이며, 『방여기요(方輿紀要)』에 의하면

齊人來召鮑國而立之.[42]	제나라 사람이 포국을 불러들여 세웠다.
初,	처음에
鮑國去鮑氏而來爲施孝叔臣.[43]	포국이 포씨를 떠나 와서 시효숙의 가신이 되었다.
施氏卜宰,[44]	시씨가 가재를 점쳤는데
匡句須吉.[45]	광구수가 길하였다.
施氏之宰有百室之邑.	시씨의 가재는 백호의 채읍이 있었다.
與匡句須邑,	광구수에게 읍을 주고
使爲宰,	사재로 삼았는데
以讓鮑國而致邑焉.[46]	포국에게 양보하고 읍을 바쳤다.
施孝叔曰,	시효숙이 말하였다.
"子實吉."	"그대는 실로 길하다 했다."
對曰,	대답하여 말하였다.

지금의 산동성 장청현(長淸縣) 서남쪽에 있다.

42 국(國)은 두예에 의하면 견(牽)의 아우로 시호는 문자(文子)이다.

43 시효숙은 성공 11년의 『전』과 양백준의 『춘추좌전주』에 보인다.

44 가재(家宰)가 될 사람을 점친 것이다. 가재는 경대부가의 총관(總管)이다.

45 『광운(廣韻)』 광(匡)자 주에서는 후한(後漢) 때 응소(應劭)의 『풍속통의·성씨(風俗通儀·姓氏)』(약칭 『풍속통·성씨(風俗通·姓氏)』)을 인용하여 광은 노나라의 읍이라고 하였는데, 구수가 그곳의 재(宰)가 되어 이에 광을 씨로 삼은 것이다.

46 재의 관직과 채읍을 받지 않고 포국에게 양보한 것이다.

“能與忠良,	“충성스럽고 어진 이에게 주면
吉孰大焉?”	무엇이 이보다 더 길하겠습니까?”
鮑國相施氏忠,	포국은 시씨를 충심으로 도왔으므로
故齊人取以爲鮑氏後.	제나라 사람이 취하여 포씨의 후예로 삼았다.
仲尼曰,	중니가 말하였다.
“鮑莊子之知不如葵,	“포장자의 지혜는 규채만도 못하다.
葵猶能衛其足.”[47]	아욱은 그래도 그 뿌리는 지킨다.”

冬,	겨울에
諸侯伐鄭.	제후들이 정나라를 쳤다.
十月庚午,[48]	10월 경오일에
圍鄭.	정나라를 에워쌌다.

---

47 규(葵): 해바라기가 아니다. 해바라기의 중국 전래는 매우 늦다. 고인들은 항상 규(葵)를 식물이라고 생각하였는데, 『시경·빈풍·칠월(豳風·七月)』에서 “규채와 콩 삶는다(亨葵及菽)”라 한 것과 『주례』와 『의례』에 “규저(葵菹: 규채의 잎으로 만든 신 나물)”가 있는 것으로 알 수 있다. 또한 해바라기 잎은 먹을 수 없으니 이 규(葵)는 혹 금전자화규(金錢紫花葵)나 추규(秋葵)일 것이다. 옛날에는 규(葵)를 채소로 생각하였기 때문에 시들기 전에 땄으며 그 뿌리를 상하게 하지 않아 여린 잎이 다시 자라게 하고자 하였으므로 고시(古詩)에 “규채 딸 때 뿌리 상하게 하지 않으니, 뿌리 상하면 규채 나지 않는다네(採葵不傷根, 傷根葵不生)”라 하였다. “不傷根”은 “그 뿌리를 지킨다(衛其足)”는 것과 뜻이 부합한다. 왕숙(王肅)이 『공자가어』를 지으면서 이 장을 자주 썼는데 문장을 약간 변형시켰다. 중국에서는 해바라기가 아닌 규(葵)는 아욱이라 한다.

48 경오일은 12일이다.

楚公子申救鄭,	초나라 공자 신이 정나라를 구원하여
師于汝上.[49]	여수 가에 주둔하였다.
十一月,	11월에
諸侯還.	제후들이 돌아갔다.

初,	처음에
聲伯夢涉洹,[50]	성백이 원수를 건너는 꿈을 꾸었는데
或與己瓊瑰食之,[51]	어떤 사람이 자기에게 옥구슬을 먹임에
泣而爲瓊瑰盈其懷,[52]	눈물을 흘리니 옥구슬이 되어 품 안에 가득 찼다.
從而歌之曰,	따라가면서 노래하기를
"濟洹之水,	"원수 물 건너며
贈我以瓊瑰.	내게 옥구슬 준다네.

---

49 여(汝): 여수(汝水)이다. 16년『전』에서는 "초나라는 여음(汝陰)의 전지를 가지고 정나라에 화친을 구하였다"라 하였다.「제어」에서는 제환공이 "마침내 남쪽을 정벌하여 초나라를 쳤는데 여수를 건너 방성(方城)을 지나갔다"라 하여 여수가 초나라와 정나라가 교차하는 경계선에 있음을 알 수 있다.

50 원(洹): 원수는 곧 지금의 안양하(安陽河)이다.

51 경괴(瓊瓌):『시경』의 경거(瓊琚), 경요(瓊瑤), 경구(瓊玖)와 같아서 한 가지 물체로, 두예는 "瓊"과 "瓌"를 두 가지 물체로 보았는데 틀렸다. 경괴는 옥의 아름다운 돌로 만든 구슬의 다음가는 것이다.

52 울면서 흘린 눈물이 돌구슬이 되어 가슴에 가득 찬 것이다.

歸乎歸乎,	돌아가리라 돌아가리라
瓊瑰盈吾懷乎!"[53]	옥구슬 내 품에 가득 찼으니!"
懼不敢占也.[54]	두려워서 감히 점을 치지 못하였다.
還自鄭,	정나라에서 돌아와
壬申,	임신일에
至于貍脤而占之,	매신에 이르러 그 꿈을 점치게 하여
曰,	말하였다.
"余恐死,	"내 죽을까 두려워
故不敢占也.	감히 점을 치지 못하였다.
今衆繁而從余三年矣,	지금 이렇게 많은 사람들이 나를 따른 지 3년이나 되었으니
而無傷也."[55]	아무 일이 없을 것이다."
言之,	말을 하고는
之莫而卒.[56]	저녁이 되어 죽었다.

---

53 꿈속에서 부른 노래이다. 수(水), 괴(瑰), 귀(歸), 회(懷)는 운자로 고음은 모두 미(微)부에 속해 있다.

54 고인들은 죽은 후에 입에 돌구슬을 머금게 한다. 성백이 흉몽이라고 생각하여 감히 점을 쳐서 물어보지 않게 한 것이다.

55 성백이 처음에는 흉몽이라고 생각하였다가 지금은 따르는 사람도 많고 또한 3년이나 따랐으니 옥구슬이 품에 가득한 것은 그 효험이 여기에 있는 것으로 생각하여 또한 길몽이라 생각하였으므로 감히 점을 치고 또한 몸에 이상이 없을 것이라 한 것이다.

56 『시경·진풍·위양(秦風·渭陽)』의 공영달의 주석에서는 "言之, 至莫而卒"이라 인용하였다. "之莫"은 "저녁이 되어(至暮)"의 뜻이다.

齊侯使崔杼爲大夫,	제후는 최저를 대부로 삼고
使慶克佐之,	경극에게 그를 보좌하여
帥師圍盧.[57]	군사를 이끌고 노를 에워싸게 하였다.
國佐從諸侯圍鄭,	국좌는 제후들을 따라 정나라를 에워쌌는데
以難請而歸.[58]	화난을 들어 청하고 돌아갔다.
遂如盧師,[59]	마침내 노의 군사에게 가서
殺慶克,	경극을 죽이고
以穀叛.[60]	곡을 기반으로 하여 반란을 일으켰다.
齊侯與之盟于徐關而復之.[61]	제후는 그와 서관에서 맹약하고 관직을 회복시켜 주었다.
十二月,	12월에
盧降.	노가 항복하였다.
使國勝告難于晉,	국승으로 하여금 진나라에 화난을 알리게 하고

57 위의 『전』에서 "고약이 노(盧)를 기반으로 하여 반란을 일으켰다" 하였으므로 포위한 것이다.

58 제나라의 화난을 이유로 제후들에게 청하고 나라로 돌아간 것이다.

59 노를 포위한 군사들에게 이른 것이다.

60 곡(穀)은 장공 7년 『경』의 『주』에 보인다.

61 서관(徐關)은 2년의 『전』과 『주』에 보인다.

待命于淸.[63]	청에서 명을 기다렸다.

晉厲公侈,	진여공은 사치로운 데다가
多外嬖.[64]	총애하는 대부가 많았다.
反自鄢陵,	언릉에서 돌아오면서
欲盡去羣大夫,	여러 대부들을 다 없애고
而立其左右.[65]	그의 측근들을 세우고자 하였다.
胥童以胥克之廢也,	서동은 서극이 폐하여진 일로
怨郤氏,[66]	극씨를 원망하였는데
而嬖於厲公.	여공의 총애를 받았다.
郤錡奪夷陽五田,[67]	극기는 이양오의 전지를 빼앗았는데

62 국승(國勝): 국좌의 아들이다.

63 청(淸): 제나라의 읍으로 지금의 산동성 요성현(聊城縣) 서쪽〔옛 당읍현(堂邑縣) 동남쪽〕에 있다. 두예는 "제나라가 국좌를 토벌하고자하여 그 아들을 바깥에 남겼다"라 하였다.

64 외폐(外嬖): 아래의 서동과 이양오, 장어교 등의 사람을 말한다. 두예는 "총애하는 대부(愛行大夫)"라 하였는데 매우 옳다. 「진세가」에서는 "여공에게는 외부의 총애하는 여인이 많았다(厲公多外嬖姬)"라 하여 외폐희(外嬖姬)라는 말로 외폐(外嬖)를 해석하였는데, 『전』의 뜻과 맞지 않다.

65 좌우(左右): 곧 외폐(外嬖)이다. 「진세가」에서는 "뭇 대부들을 다 없애고 여인들의 형제들을 세우고자 하였다"라 하였는데, 이는 사마천이 애초에 외폐(外嬖)를 희(姬)로 잘못 풀이하여 어쩔 수 없이 좌우를 여인〔姬〕들의 형제라고 풀 수밖에 없었던 것이다.

66 극결(郤缺)이 서극(胥克)을 폐한 일은 선공 8년의 『전』에 보인다. 서동은 서극의 아들이다. 서동은 「진어 6」에는 "서지매(徐之昧)"로 되어 있는데, 왕인지(王引之)의 『춘추명자해고(春秋名字解詁)』에서는 동은 이름이고 지매는 자라고 하였다.

67 이양오는 아래에서는 "이양오(夷羊吾)"라 하였고 「진어 6」에서도 "이양오"라 하였다. 양(陽)과 양(羊)은 음이 같아 가차한다. 아래의 문장에 따르면 이양은 복성이다.

五亦嬖於厲公.	오 또한 여공의 총애를 받았다.
郤犨與長魚矯爭田,[68]	극주는 장어교와 전지를 다투었는데
執而梏之,	잡아서 차꼬를 채우고
與其父母妻子同一轅.[69]	그 부모처자와 함께 수레 끌채에 묶었다.
既,	얼마 후
矯亦嬖於厲公.	교 또한 여공의 총애를 받았다.
欒書怨郤至,	난서는 극지를 원망하였는데
以其不從己而敗楚師也,[70]	자신을 따르지 않고 초나라 군사를 물리쳤기 때문이었으며
欲廢之.	그를 폐출하고자 하였다.
使楚公子茷告公曰,	초나라 공자 패로 하여금 공에게 알리게 하여 말하였다.
"此戰也,	"이 싸움은
郤至實召寡君,[71]	극지가 실로 과군을 부른 것인데
以東師之未至也,[72]	동쪽 군사가 이르지 못한 것과

68 『광운(廣韻)』의 어(魚)자의 주석에서 장어(長魚)는 복성이라 하였다.

69 함께 수레의 끌채에 묶어 놓은 것이다.

70 언릉의 전역에서 난서는 굳게 지키다가 나중에 다시 출격하자고 하였고 극지는 속전을 주장하였는데 여공은 극지의 계책을 썼다. 지난해의 『전』과 『주』에 보인다.

71 두예는 "언릉의 전역은 진나라가 공자 패(公子茷)를 포로로 잡아 돌아갔다"라 하였다.

72 동사(東師): 제(齊)·노(魯)·위(衛) 세 나라의 군사를 말한다.

與軍帥之不具也,[73] 군의 장수가 갖추어지지 않은 것 때문에

曰, 말하기를

'此必敗, '이번에는 반드시 패할 것이니

吾因奉孫周以事君.'"[74] 나는 손주를 받들어 임금으로 섬기겠습니다'라 하였습니다."

公告欒書. 공이 난서에게 일렀다.

書曰, 난서가 말하였다.

"其有焉. "그런 일이 있었을 것입니다.

不然, 그렇지 않으면

豈其死之不恤,[75] 어찌 죽음을 돌보지 않고

而受敵使乎?[76] 적의 사자를 받아들였겠습니까?

---

73 진나라에는 사군(四軍)이 있는데 장수와 보좌까지 여덟 명이 있어야 하지만 순앵은 하군좌로 남아서 지켰고, 극주는 신군장으로 각국에 군사를 청하러 돌아다녔기 때문에 "군의 장수가 갖추어지지 않았다"라 하였다.

74 이는 허구로 극지(郤至)가 몰래 초공왕에게 말한 것으로, 군(君)은 초공왕을 가리킨다. 손주는 곧 손도공(孫悼公)이다. 「진세가」에서는 "도공 주(周)라는 사람은 조부가 희첩(姬捷)인데 진양공의 작은 아들로 왕위에 오르지 못하였기 때문에 환숙(桓叔)이라고 불렸고, 환숙은 주를 가장 사랑하였다. 환숙은 혜백 담(惠伯談)을 낳았고 담은 도공 주를 낳았다"라 하였다. 「진세가」에서는 난서에 대해 "이에 사람을 보내어 틈을 보아 초나라에 사죄하였다. 초나라는 사람을 보내 여공을 속였다……"라 하여 『좌전』과 같지 않다. 「진어 6」에서는 "싸움이 끝나자 왕자발구(王子發鉤)를 사로잡았다. 난서가 왕자발구에게 말하기를……"이라 하였는데 발구는 곧 공자 패(公子茷)이다. 나머지는 『좌전』과 부합한다.

75 휼(恤): 고려하다.

76 두예는 "언릉에서 싸울 때 초자가 활을 예물로 극지에게 문안한 것을 말한다"라고 하였다.

君盍嘗使諸周而察之?”[77]

임금께서는 어찌 주나라로 사자를 보내어 그를 살피시려 하지 않습니까?”

郤至聘于周,[78]

극지가 주나라를 빙문하니

欒書使孫周見之.

난서는 손주로 하여금 그를 만나 보게 하였다.

公使覘之,[79]

공이 그를 엿보게 하고는

信.[80]

믿었다.

遂怨郤至.

마침내 극지를 원망하였다.

厲公田,

여공이 사냥을 하는데

與婦人先殺而飮酒,

부인과 함께 먼저 사냥을 하고 술을 마시고

後使大夫殺.[81]

나중에 대부들에게 사냥을 하게 하였다.

---

77 두예는 “상(嘗)은 시(試)와 같은 뜻이다”라 하였다. 주(周)는 주나라 왕실을 가리킨다. 이때 손주는 주나라에서 단양공을 섬기고 있었는데 「주어 하」에 보인다. 진나라는 헌공 이후 여러 공자들을 두지 않았으며, 여러 공자들은 모두 진나라 밖에 있었다. 선공 2년 『전』의 『주』에 상세하다.

78 진나라 여공이 극지로 하여금 주나라 왕실에 가서 언릉의 포로를 바치게 한 것이다.

79 점(覘): 엿보는 것이다.

80 극지가 손주와 만난 것을 믿은 것이다.

81 살(殺): 사냥에서 짐승을 쏘는 것을 가리킨다. 『예기·왕제(王制)』와 『시경·소아·거공(小雅·車攻)』의 모씨의 주석에 의하면 사냥을 할 때 제후들이 화살을 쏘아 짐승을 죽인 다음에 대부들이 사냥을 하게 되며 부인은 사냥에 참여하지 않는다. 희공 22년 『전』의 “전쟁을 치를 때는 여자의 기물을 가까이하지 않는다(戎事不邇女器)”라는 말로 이를 알 수 있다.

郤至奉豕,	극지가 돼지를 바치자
寺人孟張奪之,	시인 맹장이 그것을 가로채니
郤至射而殺之.	극지가 활로 쏴 죽였다.
公曰,	공이 말하였다.
"季子欺余!"[82]	"계자가 나를 업신여기는구나!"
厲公將作難,	여공이 난을 일으키려 하자
胥童曰,	서동이 말하였다.
"必先三郤.[83]	"반드시 세 극씨를 먼저 치소서.
族大,	종족이 크고
多怨.[84]	원한이 많습니다.
去大族,	대족을 제거하면
不逼;[85]	핍박을 받지 않고,
敵多怨,	원한이 많은 사람을 대적하면
有庸."[86]	성공하기가 쉽습니다."
公曰,	공이 말하였다.

82 맹장(孟張)은 아마 진여공의 사람인 것 같다. 극지가 알리지 않고 돼지를 쏘아죽였으므로 여공이 "欺余"라고 하였다. 기(欺)는 경시하다, 업신여기다의 뜻이다.

83 반드시 먼저 극기와 극주, 극지 세 사람부터 시작해야 한다는 말이다.

84 11년『전』에 실려 있는 극주가 시효숙(施孝叔)의 처를 강탈한 일과 극지가 주(周)와 후(鄇)의 전지를 다투었던 일 및 이해의『전』에서 말한 전지를 빼앗은 일, 전지를 다툰 일 등의 여러 가지가 모두 원한이 많음을 초래한 것이다.

85 공실이 핍박을 받지 않게 된다는 것이다.

86 두예는 "원망이 많은 자를 토벌하면 성공하기가 쉽다"라 하였다.

"然."	"그렇다."
郤氏聞之,	극씨가 그 말을 듣고
郤錡欲攻公,	극기가 공을 공격하고자 하여
曰,	말하였다.
"雖死,	"죽는다 해도
君必危."	임금 또한 위태로워질 것이다."
郤至曰,	극지가 말하였다.
"人所以立,	"사람이 서는 것은
信, 知, 勇也.	신의와 지혜, 용기요.
信不叛君,	신의는 임금을 배반하지 않는 것이며
知不害民,	지혜는 백성을 해치지 않는 것,
勇不作亂.	용기는 반란을 일으키지 않는 것입니다.
失茲三者,	이 세 가지를 잃어버린다면
其誰與我?	누가 우리와 함께하겠소?
死而多怨,	죽어서 원망만 많아지는 것이니
將安用之?[87]	장차 어디에 쓰겠소?
君實有臣而殺之,	임금이 실로 신하를 가지고 있다가 죽이면

87 두예는 "모두 죽으면 그 원구(怨咎)가 많아지지 않을 것이란 말이다"라 하였다.

其謂君何?[88]　　임금께 뭐라 하겠습니까?
我之有罪,[89]　　내게 죄가 있다면
吾死後矣.　　내가 죽는 것은 늦은 것입니다.
若殺不辜,　　죄 없는 사람을 죽이면
將失其民,　　그 백성을 잃게 될 것이니
欲安,　　편안하고자 한들
得乎?[90]　　되겠소?
待命而已.　　명을 기다릴 따름입니다.
受君之祿,　　임금의 작록을 받아
是以聚黨.　　무리를 모으게 되었습니다.
有黨而爭命,　　무리가 있어서 명을 다툰다면
罪孰大焉?"[91]　　그보다 더 큰 죄가 있겠습니까?"
壬午,[92]　　임오일에
胥童, 夷羊五帥甲八百將攻郤氏,　　서동과 이양오가 갑사 8백 명을 거느리고 극씨를 공격하려 하였는데

---

88 임금을 어찌하겠느냐는 말이다.

89 가정형으로, 만약에 내게 죄가 있다고 한다면이라는 말이다.

90 두예는 "임금의 지위가 안정될 수 없다는 것을 말한다"라 하였다.

91 다음 네 구절은 희공 23년『전』에서 중이(重耳)가 "군부의 명에 의지하여 양생의 녹을 누리고 이에 사람들을 얻었다. 사람이 있는데 맞선다면 이보다 더 큰 죄가 없다(保君父之命而享其生祿, 於是乎得人. 有人而校, 罪莫大焉)"라 한 것과 같은 뜻이다.

92 임오일은 26일이다.

長魚矯請無用衆,	장어교가 많은 사람을 쓸 필요가 없다고 청하여
公使淸沸魋助之.[93]	공이 청비퇴로 하여금 그를 돕도록 하였다.
抽戈結衽,	창을 뽑고 옷깃을 묶어
而僞訟者.[94]	쟁송하는 것처럼 꾸몄다.
三郤將謀於榭,[95]	세 극씨가 정자에서 판결에 대해 상의하려는데
矯以戈殺駒伯, 苦成叔於其位.[96]	장어교가 그 자리에서 창으로 구백과 고성숙을 죽였다.
溫季曰,	온계가 말하였다.
"逃威也."[97]	"죄 없이 죽느니 도망가리라."
遂趨.	마침내 달아났다.
矯及諸其車,	장어교가 그 수레에까지 따라가
以戈殺之.	창으로 그를 죽였다.
皆尸諸朝.[98]	모두 조정에 시체를 늘어놓았다.

93 두예는 "비퇴 또한 총애하는 사람이다"라 하였다.

94 장어교와 청비퇴 두 사람이 각기 창을 뽑고 옷깃을 서로 묶어 쟁송을 하는 것처럼 위장한 것이다.

95 사(榭): 대(臺) 위에 세운 건물. 두예는 "무예를 익히는 집(講武堂)"이라 하였는데 틀렸다.

96 두예는 "위(位)는 앉은 곳이다"라 하였다. 구백은 극기(郤錡)이고, 고성숙은 극주(郤犨)이다.

97 위(威): 외(畏)자의 뜻으로 읽는다. 외(畏)는 죄도 없는데 살해되는 것을 말한다. 극지는 죄를 짓지도 않았는데 피살될 처지에서 달아나야겠다고 하였다.

胥童以甲劫欒書, 中行偃於朝.[99] 서동은 갑사로 조정에서 난서와 중항언을 겁박하였다.

矯曰, 교가 말하였다.

"不殺二子, "두 사람을 죽이지 않으면

憂必及君."[100] 근심이 반드시 임금님께 미칠 것입니다."

公曰, 공이 말하였다.

"一朝而尸三卿,[101] "하루아침에 세 경을 죽였으니

余不忍益也." 내 차마 더하고 싶지 않구려."

對曰, 대답하여 말하였다.

---

98 두예는 "그 시체를 조정에 늘어놓은 것이다"라 하였다. 옛날에는 사람을 죽이면 조정에 늘어놓기도 하였고 저자에 늘어놓기도 하였다. 『논어』 정현의 주석과 『한서·형법지』 응소(應劭)의 주석에서는 모두 대부 이상은 조정에 시신을 늘어놓고, 사(士) 이하는 저자에 늘어놓는다고 하였다. 그러나 최저(崔杼)는 제나라의 상경(上卿)인데도 피살된 후에 저자에 시체를 늘어놓았으며, 양공 28년의 『전』에 보인다. 공손흑(公孫黑)은 정나라의 상대부(上大夫)인데 피살된 뒤에 주씨지구(周氏之衢)에 시체를 늘어놓았으며, 소공 2년의 『전』에 보인다. 양이승(梁履繩)의 『보석(補釋)』에서는 "조정에 시신을 늘어놓든 저자에 늘어놓든 또한 죄의 경중에 따라 결정된다"라고 하였는데 그럴 수도 있겠다. 『여씨춘추·교자(驕恣)』편에서는 "이에 장어교로 하여금 극주와 극기, 극주를 조정에서 죽여 그 시체를 늘어놓게 하였다"라 하여 『좌전』과는 조금 다르다. 「진어 6」에서는 세 극씨가 "모두 자살하였다"고 하여 『좌전』과 더욱 다르다. 「진어 6」에서는 또한 진여공이 세 극씨의 재산을 몰수하여 부인들에게 나누어 주었다고 하였다. 이는 사실 진여공 7년의 일인데 「진세가」에서는 8년이라 하였다.

99 중항언은 곧 순언(荀偃)이다.

100 「진세가」에서는 이를 서동의 말이라 하였고, 「진어 6」에서는 장어교가 두 사람을 협박하여 공에게 한 말이라 하였다. 『한비자·내저설(內儲說) 하』에 이 일이 수록되어 있는데 서동과 장어교 두 사람이 한 말이라 하였다. 내용이 『좌전』과 다르다.

101 『한비자·육미(六微)』편는 "내가 하루아침에 세 경을 죽였다(吾一朝而夷三卿)"로 되어 있다.

"人將忍君.[102]	"그들은 임금님을 냉정하게 대할 것입니다.
臣聞亂在外爲姦,	신이 듣건대 화란이 외부에서 일어나는 것을 간이라 하며
在內爲軌.[103]	내부에서 일어나는 것을 궤라고 한다 하였습니다.
御姦以德,	간은 덕행으로 다스리고
御軌以刑.	궤는 형벌로 다스립니다.
不施而殺,	은혜를 베풀지 않고 죽이면
不可謂德;	덕행이라 할 수 없고,
臣逼而不討,	신하가 핍박을 하는데도 토벌하지 않으면
不可謂刑.[104]	형벌이라 할 수 없습니다.
德, 刑不立,	덕행과 형벌이 제대로 서지 않으면
姦, 軌並至,	간과 궤가 함께 이를 것이니

102 두예는 "인(人)은 난서와 중항언을 말한다"라 하였다.

103 궤(軌): 귀(宄)자의 가차(假借)라 하였다. 「진어 6」에는 "宄"로 되어 있다. 간악하다는 뜻.

104 여러 가지 말로 살피건대 "화란이 외부에서 일어나는 것"의 "외부(外)"는 국외가 아니라 조정의 바깥이다. 그 뜻은 백성들이 난을 일으키는 것을 "간(姦)"이라 하고, 조정의 신하들이 난을 일으키는 것을 "귀(宄)"라고 한다는 것이다. 간에 대한 대처는 덕행으로 하고, 귀에 대한 대처는 형벌로 한다. 백성을 대할 때는 먼저 은혜와 교화를 베풀지 않고 죽이면 덕행이라 할 수 없고, 조정의 신하들이 그 세력이 임금을 압박하는데 토벌하지 않으면 형벌이라 할 수 없다는 것이다. 두예는 원근(遠近)이란 말로 내외(內外)를 풀이하였는데 『전』의 뜻을 제대로 파악하지 못한 것이다.

臣請行."[105] 신은 떠나기를 청하옵니다."

遂出奔狄. 마침내 적으로 달아났다.

公使辭於二子曰,[106] 공은 두 사람에게 사과하게 하여 말하였다.

"寡人有討於郤氏, "과인이 극씨를 토벌하여

郤氏旣伏其辜矣, 극씨는 이미 그 죄를 빌었다.

大夫無辱,[107] 대부들은 욕되이 여기지 말라

其復職位!" 관위를 복직시켜 주겠다!"

皆再拜稽首曰, 모두 두 번 절하고 머리를 조아리며 말하였다.

"君討有罪, "임금님께서 죄 있는 자들을 토벌하였는데

而免臣於死, 신들은 죽음을 면하게 하였으니

君之惠也. 임금님의 은혜이옵니다.

二臣雖死, 두 신하가 죽는다 하더라도

敢忘君德?" 감히 임금님의 은덕을 잊겠습니까?"

乃皆歸. 이에 모두 돌아갔다.

公使胥童爲卿. 공은 서동을 경으로 삼았다.

---

105 두예는 "행은 떠나는 것(去)이다"라 하였다.
106 두예는 "난서와 중항언에게 사과한 것이다"라 하였다.
107 두예는 "서동이 겁박해서 잡았으므로 욕을 보였다 말한 것이다"라 하였다.

公遊于匠麗氏,[108]	공이 장려씨의 집에서 놀았는데
欒書, 中行偃遂執公焉.	난서와 중항언이 마침내 공을 잡았다.
召士匄,	사개를 불렀는데
士匄辭.	사개는 마다했다.
召韓厥,	한궐을 불렀더니
韓厥辭,	한궐이 마다하면서
曰,	말하였다.
"昔吾畜於趙氏,	"지난날 나는 조씨에게서 양육되었는데
孟姬之讒,	맹희가 조씨를 참소하였을 때도
吾能違兵.[109]	나는 무기를 쓰지 않았소.
古人有言曰'殺老牛莫之敢尸',[110]	옛사람들의 말에 '늙은 소를 잡을 때 감히 그 일을 맡지 말라'라 하였는데
而況君乎?	하물며 임금이겠소?

108 「주어 하」와 「진어 6」 및 『전』에 의하면 진여공은 익(翼)에서 피살되었으며, 또한 익땅에 장사 지냈으니 장려씨의 집은 익에 있을 것이다. 그러므로 「진세가」의 『집해』에서는 가규의 말을 인용하여 "장려씨는 진나라의 대부(外嬖)로 익에 사는 사람이다"라 하였다. 이 일은 또한 『여씨춘추』의 「금새(禁塞)」편과 「교자(驕恣)」편에도 보인다.

109 맹희(孟姬)가 조동(趙同)과 조괄(趙括)을 참소하여 죽인 일은 8년 『전』에 보인다. 당시 진후와 난씨, 극씨는 모두 조씨를 공격하여 멸하였는데 한궐은 유독 나는 무기를 들고 조씨를 공격할 수 없다고 하였다. "위병(違兵)"은 무기를 쓰지 않는 것이다.

110 시(尸): 주(主)와 같은 뜻이다. 옛 사람들은 소로 밭을 갈았는데 나이가 들어 늙어 쓸모가 없어지면 죽이려 하였으며 또한 감히 이를 주장하는 사람이 없었다.

二三子不能事君,	그대들이 임금을 섬길 수 없어서인데
焉用厥也?"[111]	어찌 저를 쓰시려고 합니까?"

舒庸人以楚師之敗也,	서용의 사람이 초나라 군사가 패한 것을 가지고
道吳人圍巢,[112]	오나라 사람을 끌어들여 소를 에워싸
伐駕,	가는 치고
圍釐, 虺,[113]	이와 훼를 에워싸고는
遂恃吳而不設備.	마침내 오나라를 믿고 방비를 하지 않았다.
楚公子橐師襲舒庸,	초나라 공자 탁사가 서용을 습격하여
滅之.	멸하였다.

閏月乙卯晦,[114]	윤달 을묘 그믐날에

111 「진어 6」에 이 일에 실려 있는데, 또한 말하기를 중항언이 한궐을 공격하려 하자 난서가 차마 그럴 수 없다고 하였다.

112 소(巢)는 문공 12년의 『경』과 『주』에 보인다.

113 가(駕)는 또한 양공 3년에도 보이는데, 고동고(顧棟高)의 『대사표(大事表)』 7의 4에 의하면 가와 이(釐)는 모두 지금의 안휘성 무위현(無爲縣) 경계에 있을 것이다. 훼(虺)는 지금의 안휘성 여강현(廬江縣) 경계에 있다.

114 달이 작아서 을묘일은 29일이다.

欒書, 中行偃殺胥童.	난서와 중항언이 서동을 죽였다.
民不與郤氏,	백성들은 극씨를 편들지 않았고
胥童道君爲亂,	서동은 임금을 끌어들여 난을 일으켰으므로
故皆書曰"晉殺其大夫."	모두 기록하기를 "진나라가 그 대부를 죽였다"라 하였다.

성공 18년

經

十有八年春王正月,[1]	18년 봄 주력으로 정월에
晉殺其大夫胥童.[2]	진나라가 대부 서동을 죽였다.
庚申,[3]	경신일에
晉弑其君州蒲.[4]	진나라가 임금인 주포를 죽였다.

---

1 십유팔년(十有八年): 무자년 B.C. 573년으로 주간왕(周簡王) 13년이다. 정월 초9일 갑자일이 동지로 건자(建子)이다.

2 두예는 "『전』에는 전년에 있는데 『경』에는 올봄에 있는 것은 부고장을 따랐기 때문이다"라 하였다. 고염무(顧炎武)의 『일지록(日知錄) 4』에서는 "이는 노나라가 윤달을 놓친 것이며 두예가 부고장을 따랐다고 한 것은 잘못이다"라 하였다. 그러나 『전』에서는 분명히 지난해 윤달 12월이라 하였으니 윤달을 놓친 것이 아님을 알 수 있다. 그러나 역법으로 말하면 윤2월이어야 한다. 아마 진나라는 하력(夏曆)을 썼는데, 노나라 사관이 주력으로 고쳐 썼으므로 어긋나게 되었을 것이다.

3 경신일은 5일이다.

4 포(蒲): "만(滿)"자가 되어야 할 것이다. 10년 『전』의 『주』에 보인다.

齊殺其大夫國佐.[5] 제나라가 대부인 국좌를 죽였다.

公如晉. 공이 진나라로 갔다.

夏, 여름에

楚子, 초자와

鄭伯伐宋. 정백이 송나라를 쳤다.

宋魚石復入于彭城.[6] 송나라의 어석이 다시 팽성으로 들어갔다.

公至自晉. 공이 진나라에서 돌아왔다.

晉侯使士匄來聘. 진후가 사개를 보내와 조빙케 하였다.

秋, 가을에

杞伯來朝. 기백이 와서 조빙하였다.

八月, 8월에

邾子來朝. 주자가 와서 조빙하였다.

築鹿囿.[7] 녹의 원유에 담을 쳤다.

己丑,[8] 기축일에

---

5 두예는 "국무자(國武子)이다"라 하였다.

6 팽성(彭城): 지금의 강소성 서주시(徐州市)이다.

7 녹유(鹿囿): 『춘추』에 "원유에 담을 친(築囿)" 기록은 모두 세 번 보이는데, 이해 및 소공 9년의 "낭의 원유에 담을 쳤다(築郎囿)" 한 것과 정공 13년의 "사연의 원유에 담을 쳤다(築蛇淵囿)"는 것이다. 낭과 사연이 모두 지명이니 이곳의 녹(鹿) 또한 지명일 것이다. 녹유(鹿囿)는 사슴을 기르는 원유는 아닐 것이다.

8 기축일은 7일이다.

公薨于路寢.	공이 노침에서 돌아가셨다.
冬,	겨울에
楚人, 鄭人侵宋.	초나라 사람과 정나라 사람이 송나라로 쳐들어갔다.
晉侯使士魴來乞師.[9]	진후가 사방을 보내와서 군사를 청하였다.
十有二月,	12월에

仲孫蔑會晉侯, 宋公, 衛侯, 邾子, 齊崔杼同盟于虛朾.[10]

중손말이 진후와 송공, 위후, 주자, 제나라 최저와 회합하여 허정에서 동맹을 맺었다.

丁未,[11]	정미일에
葬我君成公.	우리 임금 성공을 장사 지냈다.

傳

十八年春王正月庚申,[12]	18년 봄 주력으로 정월 경신일에

---

9 방(魴)은 『공양전』에는 "팽(彭)"으로 되어 있는데, "魴"과 "彭"은 고음이 서로 가까워 통가할 수 있었다.

10 허정(虛朾): 심흠한(沈欽韓)의 『지명보주(地名補注)』에 의하면 허정(虛朾)은 곧 지금의 산동성 사수현이니 노나라 땅이다. 원(元)나라 유고(兪皐)의 『춘추집전석의대성(春秋集傳釋義大成)』에서는 허정은 곧 허(虛)라고 하였다. 허는 환공 12년의 『경』 및 『주』에 보이는데 송나라 땅이다. 송나라 땅으로 보는 것이 비교적 정확하니 진나라는 필시 멀리 노나라 경계에까지 이르지 않았을 것이다.

11 정미일은 26일이다.

晉欒書, 中行偃使程滑弑厲公,[13] 진나라의 난서와 중항언이 정활로 하여금 여공을 죽이게 하여

葬之于翼東門之外, 익의 동문 바깥에 장사 지내고

以車一乘.[14] 수레 1승으로 하였다.

使荀罃, 士魴逆周子于京師而立之,[15] 순앵과 사방으로 하여금 경사에서 주자를 맞아들여 세우게 하였는데

生十四年矣. 열네 살이었다.

大夫逆于淸原.[16] 대부가 청원에서 맞이하였다.

---

12 이는 노나라의 역법(曆法)이며 진력(晉曆)으로는 실재 지난해 12월이다.

13 「진어 6」과 『여씨춘추·교자(驕恣)』편, 『회남자·인간훈(人間訓)』편에서는 모두 난서(欒書)와 순언(荀偃)이 진여공을 장려씨(匠麗氏)의 집에 유폐하였다가 석 달 만에 죽였다고 하였다. 『좌전』을 가지고 고찰해 보면 진여공은 17년 12월에 붙잡혔으며 윤달을 지나 18년 정월에 피살되었으니 딱 석 달이 지나서이다. 「진세가」에서는 "여공은 6일간 갇혔다가 죽었다"라 하여 여러 책들과 모두 맞지 않는다.

14 진여공은 그때 마침 익(翼)에 있었으므로 붙잡히고 피살된 것 또한 익에서였다. 익은 진나라의 옛 도읍으로 은공 5년과 환공 2년 『전』의 『주』를 참고하여 보기 바람. 장례에 대해서는 마땅히 진나라의 선군들과 함께 강(絳)에 장사를 지내야 하는데 다만 『주례·춘관·총인(春官·冢人)』에서 "무릇 싸우다 죽은 사람은 묘역에 들이지 않는다" 하였으니, 고대에 피살된 임금은 조상의 묘역에 장사 지내지 않았다. 이로 인해 진여공은 익에서 죽었기 때문에 익에다 장사 지낸 것이다. 양공 25년 『전』에서는 제나라의 최저가 제장공을 죽여 장사 지내는 것이 서술되어 있는데 또한 당시의 일반적인 의례에 비해 덜어 낸 것이 있지만 그래도 "하거 7승(下車七乘)"을 쓰고 있다. 두예는 "제후는 수레 7승을 가지고 장사 지낸다"라 하였다. 그러나 진여공의 장례에는 1승밖에 없으므로 두예는 "군후의 예로 장례를 올리지 않았다"라 하였다.

15 사방(士魴)은 사회(士會)의 아들로 식읍이 체(彘)이므로 체계(彘季)라 부른다. 「진어 7」에서는 체공자(彘恭子)라 칭하고 있으니 아마 시호는 공(恭)일 것이다. 체는 본래 선곡의 식읍이었는데 선곡(先穀)이 멸족된 후에 또 사방으로 고쳐 봉하였다. 체(彘)는 선공 12년 『전』의 『주』에 보인다. 주자는 곧 지난해 『전』의 손주(孫州)이다.

16 청원(淸原): 희공 31년의 『전』과 『주』에 보인다.

周子曰,
주자가 말하였다.

"孤始願不及此,
"내 처음에 이곳까지는 이르려 하지 않았는데

雖及此,
비록 여기까지 이르긴 하였지만

豈非天乎![17]
어찌 하늘의 뜻이 아니겠소!

抑人之求君,
또한 사람들이 임금을 구하는 것은

使出命也.
명령을 내게 함인데

立而不從,
세워 놓고도 따르지 않는다면

將安用君?
임금을 어디에 쓰겠는가?

二三子用我今日,
그대들이 내가 필요한 것도 오늘이고

否亦今日.[18]
그렇지 않은 것도 오늘이오.

共而從君,
공경하게 임금을 따르면

神之所福也."[19]
신께서 복을 내리실 것이오."

對曰,
대답하여 말했다.

"羣臣之願也,
"뭇 신하들의 바람이니

敢不唯命是聽."
감히 명을 따르지 않겠습니까?"

---

17 왕위에 오른 것을 하늘로 돌리고 군신이 추대한 힘이 아니었음을 나타낸 것이다.

18 16년『전』에서 "진나라의 정령은 많은 문족에서 나온다(晉政多門)"라 하였는데 도공(悼公)이 즉위하기 전이며, 이는 곧 정권을 거두어들이겠다는 것을 나타낸다.

19 두예는 "『전』에서는 도공이 조금이나마 재주가 있었기 때문에 스스로 공고히 할 수 있었다는 것을 말하였다"라 하였다.

庚午,[20]	경오일에
盟而入,[21]	맹약하고 들어가
館于伯子同氏.[22]	백자동씨의 집에 머물렀다.
辛巳,	신사일에
朝于武宮.[23]	무궁에 조현하고
逐不臣者七人.[24]	신하답지 않은 사람 일곱 명을 쫓아냈다.
周子有兄而無慧,[25]	주자에게는 형이 있었는데 지혜롭지 못하여
不能辨菽麥,	콩과 보리도 구분하지 못하여
故不可立.	즉위할 수가 없었다.

---

20 경오일은 15일이다.

21 「진세가」에서는 "닭을 잡아 대부들과 맹약하고 그를 옹립하였다"라 하였다.

22 백자동(伯子同): 진나라의 대부일 것이다. 진도공이 막 입국하여 백자동의 집에서 묵은 것이다.

23 신사일은 26일로 경오일과는 11일이라는 시차가 있다. 공영달은 복건본을 인용하여 "신미(辛未)일"이라 하였는데, 이날은 경오일의 다음 날이다. 장림(臧琳)의 『경의잡고』와 이 이덕(李貽德)의 『춘추좌씨전가복주집술(春秋左氏傳賈服注輯述)』, 전기(錢綺)의 『좌전찰기(左傳札記)』에서는 모두 복건본이 옳다고 하였다. 희공 24년에 진문공 또한 입국한 다음 날 무궁에 조현하였다. 다만 「진어 7」과 「진세가」에서는 모두 "신사일"이라 하고 "신미일"이라 하지 않았으니 복건본이 정확하지는 않을 것이다.
무궁(武宮)은 희공 24년의 『전』과 『주』에 보인다.

24 불신자(不臣者): 두 가지 해석이 있다. 첫째는 여공을 악으로 이끌어 당시의 도덕에 의하여 신하의 책무를 다하지 않은 자들이다. 둘째는 여공을 죽인 당파로 불신은 새로 등극하는 임금에 속한다. 두예는 "이양오(夷羊五) 등속의 무리이다"라 하였다.

25 두예는 "불혜(不慧)는 세속에서 이른바 백치(白癡)일 것이다"라 하였다. 두예가 본 판본에서는 "無"가 "不"로 되어 있는 것 같다.

齊爲慶氏之難故,[26] 제나라는 경씨의 난 때문에

甲申晦,[27] 갑신일 그믐날에

齊侯使士華免以戈殺國佐于內宮之朝.[28] 제후가 사인 화면으로 하여금 내궁의 조당에서 국좌를 창으로 쳐 죽이게 하였다.

師逃于夫人之宮.[29] 뭇 신하들이 부인의 궁으로 도망갔다.

書曰, 『경』에 기록하기를

"齊殺其大夫國佐", "제나라가 그 대부인 국좌를 죽였다"라 한 것은

棄命, 專殺, 以穀叛故也. 명을 버렸고, 멋대로 사람을 죽였으며, 곡을 기반으로 하여 반란을 일으켰기 때문이다.

---

26 국좌가 경극(慶克)을 죽인 일은 지난해의 『전』에 보인다.

27 왕도(王韜)는 3월 그믐이라 하였는데 틀렸다. 정월은 작은 달로 병진일이 초하루이니 정월 그믐날이다. 왕도는 정월이 작은 달인데 큰 달로 잘못 알았다.

28 두예의 주와 두예의 『세족보(世族譜)』에 의하면 "사(士)"는 관직 이름이고 화면(華免)은 사람의 성명이다. 사는 형벌을 관장하는 관직이므로 그로 하여금 국좌를 죽이게 한 것이다.
내궁(內宮): 두예는 부인의 궁이라 하였지만 다음에 "부인의 궁(夫人之宮)"이란 말이 따로 있으니 아마 이 내궁은 제후(齊侯)가 연거(燕居)하는 궁인 것 같으며 조(朝)는 내궁의 앞쪽에 있는 당(堂)인 것 같다. 제후가 국좌로 하여금 연침에 가게 하고 이로 인해 사람을 시켜 그를 죽였을 것이다.

29 사(師): 중(衆)과 같은 뜻. 그 당시 "내궁의 조(內宮之朝)"에 있던 다른 사람들을 가리킬 것이다. 여러 사람들이 어지럽게 흩어져 부인의 궁으로 진입한 것이다. 두예는 사(師)를 군대라고 해석하여, 화면이 실패할 것을 막았다는 뜻이라 하였으니 먼저 "내궁에 복병을 숨긴 것"이며 장병린은 이로 인해 도(逃)자를 숨는 것으로 해석하였는데 모두 믿을 수가 없다.

使淸人殺國勝.[31]	청 사람으로 하여금 국승을 죽이게 하였다.
國弱來奔.[32]	국약은 도망쳐 왔다.
王湫奔萊.[33]	왕추는 내로 달아났다.
慶封爲大夫,	경봉이 대부가 되었고
慶佐爲司寇.[34]	경좌는 사구가 되었다.
旣,	얼마 후
齊侯反國弱,	제나라가 국약을 돌려보내
使嗣國氏,	국씨를 잇게 하였는데
禮也.	예의에 맞았다.

二月乙酉朔,	2월 을유 초하룻날에
晉悼公卽位于朝.[35]	진도공이 조정에서 즉위하였다.

---

30 기명(棄命): 정나라를 치는 군사에 합류하라는 명을 버리고 먼저 돌아간 것을 가리킨다. 이 세 가지 일은 모두 지난해의 『전』에 보인다. 「주어 하」에는 단양공의 예언이 실려 있는데 국좌는 "음란한 나라에 서서 말을 있는 대로 다하기를 좋아하여 남의 허물을 지적해냈다"고 하여 끝내 피살될 것이라 하였다. 『좌전』의 설과는 다르다. 한유의 「양성론(陽城論)」에서는 이 일을 따다 썼는데 문인의 언사일 것이다.

31 국승(國勝)은 이때 "청에서 명을 기다렸으며" 지난해의 『전』에 보인다.

32 국약(國弱): 국승의 아우이다.

33 왕추(王湫): 국좌의 도당이다.

34 제나라의 대부는 제후(齊侯)의 경(卿)에 해당하며 광의의 대부가 아니다. 사구는 여전히 대부가 아니며 경좌(慶佐)는 양공 11년에야 비로소 대부가 된다. 두 사람은 모두 경극(慶克)의 아들이다.

35 완각본(阮刻本)에는 "진후도공(晉侯悼公)"으로 되어 있는데 "侯"자는 연문이므로 산거

始命百官,[36]	백관을 임명하기 시작하였으며
施舍, 已責,[37]	널리 베풀고 오래된 부채를 면제하였으며
逮鰥寡,[38]	은혜가 홀아비와 과부에게까지 미쳤고
振廢滯,[39]	쫓겨났거나 오래 머무른 자를 등용하였으며
匡乏困,[40]	가난하고 곤궁한 사람을 구휼하였고

하였다. 왕도(王韜: 1828~1897)의 『장력고정(長曆考正)』에 의하면 2월은 병술일이 초하룻날이고 4월은 을유일이 초하룻날이기 때문에 "이월을유"는 실은 노력(魯曆)으로 "4월 초하룻날이며 진나라는 하력을 썼다"고 하였다. 그러나 도공이 이와 같이 느릿느릿 즉위한 또한 이해할 수 없으니 왕도의 설 또한 확실치는 않다. 공영달의 주석[소(疏)]에서 인용한 「진어(晉語)」에는 "정월 을유일에 공이 즉위했다"라 하였으며, 전기(錢綺)의 『좌전찰기(左傳札記)』에서는 이는 "당나라 이전의 진본"이라고 하였다. 왕인지(王引之)의 『국어술문(國語述聞)』에서는 "십이월 을유"가 되어야 한다고 하였으며 "(『경』의) 정(正)자는 곧 십이(十二)가 잘못 합쳐진 것이다"고 하였다. 사리로 따지면 전기의 설이 믿을 만하다. 진나라 정월 을유 초하룻날은 곧 노나라 2월 을유 초하룻날일 것이다(왕도는 노나라 2월 병술 초하룻날이라고 하였는데 확실치 않은 것 같다. 정월이 작은 것을 정월이 큰 것으로 잘못 안 것 같다) 하력과 주력은 본래 두 달 차가 있는데 지금은 한 달 차밖에 나지 않는 것은 노나라에는 지난해에 윤달을 두었고 진나라는 아마 이해에 비로소 윤달을 두었기 때문인 것 같다. 『좌전』의 각 사건은 지극히 상관있는 것만 함께 배열하는 것을 제외하고 주로 노력(魯曆)에 의해 선후를 삼는다. 그러므로 도공이 비록 정월 초하룻날 즉위하였다 하더라도 노력에서는 여전히 제나라가 국좌를 죽인 뒤에 배열하는 것이다.

36 아래의 "위상을 경으로 삼았다……" 한 것이 곧 "백관을 임명한" 일이다.

37 시사(施舍): 사여(賜與)와 같은 뜻. 선공 12년 『전』의 『주』에 상세하다.
이채(已責): "責"는 "債"와 같다. 백성이 나라에 진 부채를 면제해 주는 것이다. 2년 『전』의 『주』에 보인다.

38 홀아비와 과부에게 은혜를 베푸는 것이다.

39 폐출(廢黜)되었거나 같은 관직에 오래도록 머물러 있었던 귀족을 기용하는 것이다.

40 두예는 "광(匡) 또한 구제(救濟)한다는 뜻이 있다"라 하였다. 생활이 곤란한 자들을 구

救災患, 재난과 근심이 있으면 원조하였으며

禁淫慝, 사악함을 금지하고

薄賦歛, 부세의 징세를 가볍게 하였으며

宥罪戾, 죄진 자를 용서하고

節器用, 기용을 절약하였으며

時用民,[41] 때맞춰 백성을 쓰고

欲無犯時.[42] 욕망이 농번기를 범하지 않게 하였다.

使魏相, 士魴, 魏頡, 趙武爲卿;[43] 위상과 사방, 위힐, 조무를 경으로 삼았으며,

荀家, 荀會, 欒黶, 韓無忌爲公族大夫,[44] 순가와 순회, 난염, 한무기를 공족대부로 삼아

제하는 것이다.

41 두예는 "백성을 때에 맞춰 부리는 것이다"라 하였다.

42 사욕(私慾) 때문에 농번기를 빼앗지 않도록 하는 것이다. 진문공도 즉위 초기에는 이렇게 하였으며 『여씨춘추 · 원란(原亂)』편에 보이는데, 도공이 이를 흉내 내어 행하고 있는 것이다.

43 위상(魏相): 곧 13년 『전』의 여상(呂相)으로 「진어 7」에서는 "여선자(呂宣子)를 하군좌로 삼았다"라 하였는데 그 시호인 선(宣)자를 쓴 것이다.
위힐(魏頡): 위과(魏顆)의 아들로 「진어 7」에서는 영호문자(令狐文子)라 하였는데, 영호는 그의 식읍이고 문자는 그 시호이다. 신군좌(新軍佐)이다.
조무(趙武): 이미 성공 8년의 『전』에 보인다. 「진어 7」에 의하면 조무가 경이 된 것은 위상(魏相)에서 죽은 후인데, 여기서는 아마 전후로 두 차례나 임명된 것을 종합하여 말한 것인 것 같다.

44 한무기(韓無忌): 「진어 7」과 『주』에 의하면 한궐(韓厥)의 장자로 공족 목자(穆子)라고도 칭한다. 공족은 그 관직이고 목(穆)은 시호로, 여공이 피살되었을 때 이미 공족대부였는데 여기서는 혹 거듭 새로 임명된 듯하다. 「진어 7」에서는 "난백(欒伯)이 공족대부를 청

使訓卿之子弟共儉孝弟.	경의 자제들을 공손하고 겸손하며 효도와 우애가 있도록 가르치게 하였다.
使士渥濁爲大傅,[45]	사악탁을 태부로 삼아
使修范武子之法;[46]	범무자의 법을 닦게 하였으며,
右行辛爲司空,[47]	우행신을 사공으로 삼아
使修士蔿之法.[48]	사위의 법을 닦게 하였다.
弁糾御戎,[49]	변규를 융거를 모는 관직에 임명하고
校正屬焉,[50]	교정을 그곳에 예속시키어

하였다. 공이 말하기를 순가(荀家)는 돈독하게 은혜로우며, 순회(荀會)는 문식이 있고 명민하고, 염(黶)은 과감하며, 무기(無忌)는 조용하다. 이 네 사람을 공족대부로 삼겠다"라 하였다.

45 사악탁(士渥濁): 곧 사정백(士貞伯)이며, 5년『전』의『주』에 보인다.

46 범무자(范武子): 곧 사회(士會)로 중군수로 태부를 겸하였으며, 선공 16년의『전』과『주』에 보인다.

47 「진어 7」에서는 "우행신(右行辛)이 사물을 명확히 계산하고 공을 정한 것을 알고 원사공(元司空)으로 삼았다"라 하였다. 위소의 주석에서는 "우행신은 진나라 대부 가신(賈辛)이다"라 하였다. 희공 10년『전』에 우행 가화(賈華)가 있는데, 위소는 우행신은 가화의 후손이므로 또한 가신이라고도 칭한다 하였는데, 만약 그렇다면 선대의 관직으로 씨를 삼은 것이다. 소공 22년『전』에도 가신이 있는데, 이해와의 시차가 50여 년이나 되므로 아마 다른 사람일 것이다.

48 사위(士蔿)는 헌공의 사공으로 장공 26년의『전』에 보인다.

49 「진어 7」에서는 "난규(欒糾)가 정사를 화목함으로 다스릴 수 있음을 알고 융어로 삼았다"라 하였다. 변규(弁糾)는 곧 난규이다.

50 양공 9년『전』에 "교정(校正)에게 말을 내게 했다"라는 말이 있으니 교정은 말을 관장하는 관직이다. 애공 3년의『전』에 보면 노나라에 교정이 있다.『주례·하관(夏官)』에 교인(校人)이 있는데 관장하는 직책이 교정과 같으며 다만 통속(統屬) 관계가 다를 뿐이다.

使訓諸御知義.[51]

여러 어자들이 도의를 알게끔 가르쳤다.

荀賓爲右,[52]

순빈을 거우에 임명하여

司士屬焉,[53]

사사를 그곳에 예속시켜

使訓勇力之士時使.[54]

용력이 있는 군사들을 때맞춰 부릴 수 있도록 가르치게 하였다.

卿無共御,

경은 정해진 어자를 없애고

立軍尉以攝之.[55]

군위를 세워 대신하게 하였다.

祁奚爲中軍尉,[56]

기해가 중군위가 되고

---

51 융어(戎御)는 제어(諸御)를 통솔한다. 융어는 임금의 융거를 모는 어자이고, 제어(諸御)는 일반 병거를 모는 어자이다. 교정은 융어에 속해 있으며 융어가 "제어를 가르치는 것"을 돕는다.

52 「진어 7」에서는 "순빈(荀賓)이 힘은 있지만 포악하지 않아서 융우로 삼았다"라 하였다.

53 『주례·하관』에 사사(司士)가 있는데 이 사사(司士)와는 다르다. 이 사사를 공영달은 『주례·하관』의 사우(司右)라고 하였으며, 다케조에 고코(竹添光鴻)의 『회전(會箋)』에서는 "아마 육경의 우(右)일 것이다"라 하였다.

54 거우(車右)는 반드시 용감하고 힘 있는 사람을 쓰는데, 이 "용력지사(勇力之士)"는 아마 일반 거우(병거에는 매 승마다 각기 거우가 있다)의 예비대인 것 같다. "시사(時使)"라는 것은 때에 맞추어 거우를 임명하여 가려 쓰는 것이다.

55 경(卿)은 각 군의 장수와 보좌(將佐)를 가리킨다. 이전의 각 군의 어자는 모두 정해진 인원에 정해진 사람이 있었는데, 민공 2년 『전』의 "양여자양(養餘子養)의 어자는 한이(罕夷)이며", 성공 2년 『전』의 "해장(解張)의 어자는 극지(郤至)이다"라 한 따위인데, 이때는 이 정해진 인원과 정해진 사람을 취소하고 군위(軍威)를 세워 그 일을 겸하여 대신하게 한 것이다. 민공 2년 『전』에서는 "양여자양의 어자는 한이이며 선단목(先丹木)이 거우, 양성(羊舌) 대부가 위이다"라 하였으니 이전의 제군(諸軍)의 어와 위는 각각 별개였으나 지금은 그것을 합병시킨 것이다.

56 「진어(晉語) 7」에서는 "공이 기해가 과감하고 음란하지 않은 것을 알고 원위(元尉)로 삼았다"라 하였다. 원위는 곧 중군위이다. 『여씨춘추·거사(去私)』편과 『주』에 의하면 기해의 자는 황양(黃羊)이다. 양공 21년의 『전』에서는 기대부라 칭하였다.

羊舌職佐之;[57]	양설직이 보좌하였으며,
魏絳爲司馬,[58]	위강이 사마가 되었고
張老爲候奄.[59]	장로는 후엄이 되었다.
鐸遏寇爲上軍尉,[60]	탁알구는 상군위가 되었고
籍偃爲之司馬,[61]	적언이 그 사마가 되었으며
使訓卒, 乘,[62]	보병과 거병을 가르치게 하여
親以聽命.[63]	보조를 맞춰 명을 따르게 하였다.

---

57 「진어 7」에서는 "양설직(羊舌職)이 총민(聰敏)하고 공손한 태도로 공급한다는 것을 알고 보좌하게 하였다"라 하였다. 양설직은 『설원·선설(善說)』편에는 "양식(養殖)"으로 되어 있으며, "30세 되던 해에 진나라 중군위가 되었으며 용감하고 인(仁)을 좋아하였다"라 하였다. 이에 의하면 곧 그의 나이는 이때 30을 넘지 않았어야 하는데, 선공 15년의 『전』에 이미 양설직이 보이는데 이해와는 23년이란 격차가 있으므로 『설원』의 말은 믿을 수가 없다.

58 「진어 7」에서는 "위강(魏絳)이 용감하고 난잡하지 않음을 알고 원사마로 삼았다"라 하였는데, 사마가 곧 원사마이며 또한 곧 중군사마이다. 『예기·악기(樂記)』의 공영달의 주석에서는 『세본』을 인용하여 "주(州)는 공자 강(公子降)을 낳았다"라 하였는데, 주는 곧 위주(魏犨)이고 강은 곧 위강이며 시호는 장자(莊子)이다.

59 「진어 7」에서는 "장로(張老)가 지혜롭고 속이지 않음을 알고 원후로 삼았다"라 하였는데, 후엄(候奄)이 곧 원후이며 또한 곧 성공 2년 『전』의 후정(候正)이다. 「진어(晉語) 8」 및 그곳의 위소의 주석에 의하면 "로(老)"는 그 이름이며 자는 맹(孟)이므로 또한 "장맹(張孟)"이라고도 칭한다.

60 「진어 7」에서는 "탁알구(鐸遏寇)가 공경스럽고 신실하며 강한 것을 알고 여위로 삼았다"고 하였다. 여위는 곧 상군위이다. 양공 25년 『전』에 제나라에 탁보(鐸父)가 있는데 탁(鐸)을 성으로 삼은 것이다. 그러나 『통지·씨족략(氏族略) 4』에 의하면 탁알구는 탁알이 복성이라 하였다.

61 「진어 7」에서는 "적언(籍偃)이 옛 직책을 돈독하게 잘 이끌고 공손한 태도로 공급한다는 것을 알고 여사마(輿司馬)로 삼았다"라 하였다. 여사마는 곧 상군사마일 것이다. 소공 15년 『전』의 공영달의 주석에서 인용한 『세본』에 의하면 "계자(季子)는 적유(籍游)를 낳고 적유는 담(談)을 낳았다"라 하였으니 적언은 곧 적유로 적담(籍談)의 아버지이다.

62 졸(卒)은 보병이고 승(乘)은 거병(車兵)이다.

63 친(親)은 보병과 거병 사이의 보조가 일치하는 것으로 선공 11년 『전』에서 "보졸과 거병

程鄭爲乘馬御,64	정정이 승마어가 되었으며
六騶屬焉,65	6추를 그곳에 예속시켜
使訓羣騶知禮.	여러 추들에게 예를 알게끔 가르치게 하였다.
凡六官之長,	무릇 6관의 우두머리는
皆民譽也.66	모두 백성이 기리는 사람들이다.
擧不失職,67	등용된 자는 직무를 잃지 않았고
官不易方,68	관직을 내림에 상도를 바꾸지 않았으며
爵不踰德,69	작위를 명함에 덕행을 넘지 않았고

이 화목하다(卒乘輯睦)"라 한 것이 곧 이 뜻이다. 청명(聽命)은 윗사람의 명을 듣고 따르는 것이다.

64 「진어 7」에서는 "정정(程鄭)이 단아하고 음란하지 않으며 또한 간언하기를 좋아하되 숨김이 없음을 알고 찬복(贊僕)으로 삼았다"라 하였다. 찬복은 곧 승마어일 것이다. 공영달의 주석에서 인용한 『세본』에 의하면 정정은 순씨(荀氏)의 별족이다. 「진어 7」 위소의 주에서는 "정정은 순추(荀騅: 성공 3년의 『전』에 보인다)의 증손이며 정계(程季)의 아들이다"라 하였다.

65 두예는 "6추(六騶)는 여섯 마구간(閑)의 추(騶)이다"라 하였다. 한(閑)은 마구간이다. 『주례·하관·교인(夏官·校人)』 및 정현의 주석에 의하면 천자에게는 열두 개의 마구간이 있고 제후는 여섯 개의 마구간이 있는데 마구간마다 216필의 말이 있다. 추(騶)는 관명으로 『예기·월령(月令)』의 정현의 주석에 의하면 『주례·하관』의 추마(騶馬)는 수레를 모는 것을 주관한다고 하였다. 공영달의 주석에서는 「교인」의 계산에 의거하여 6한(閑)의 추(雛)는 모두 108명이며, 정정이 거느린다고 하였다.

66 두예는 6관(六官)을 6경(六卿)이라 하였다. 그러나 이때 진나라에는 4군 8경이 있었는데, 양공 8년의 『전』에 이미 그 사실이 나와 있으므로 6관이라고 할 수는 없으며 두예의 설은 믿을 수 없다. 여기서 6관은 그냥 각 부문(部門)이라는 말과 같다.

67 발탁된 사람들은 모두 그 직무에 충실하다는 것을 말한다.

68 방(方): 상(常), 곧 상규(常規)를 말함.

69 그 덕행을 헤아려 작위를 주는데 초과하지 않게 하는 것. 『순자·군자(君子)』편에 "옛날

師不陵正, 사는 정을 넘지 않았으며

旅不偪師,[70] 여는 사를 핍박하지 않았으며

民無謗言, 백성들이 비방하는 말이 없었기 때문에

所以復霸也.[71] 다시 칭패하게 되었다.

公如晉, 공이 진나라로 간 것은

朝嗣君也.[72] 새로 즉위한 임금을 조위하기 위함이었다.

夏六月, 여름 6월에

鄭伯侵宋, 정백이 송나라로 쳐들어가서

及曹門外.[73] 조문의 바깥에 이르렀다.

에는 작위가 덕행을 넘지 않았다(古者爵不踰德)"라는 말이 있다.

70 정과 사, 려는 모두 일반 관리의 명위로 정은 사보다 크며, 사는 려보다 크다. 정은 각 부문의 우두머리일 것이다. 이 두 구절은 곧 윗사람의 뜻을 넘지 않는다는 것이다. 양공 10년의 『전』에 "관직의 사와 려는 그 부유함을 이기지 못한다(官之師旅不勝其富)"와 25년 『전』의 "백관의 정장사려(百官之正長師旅)"의 정과 사, 려는 모두 이 뜻이다.

71 두예는 "이상은 도공이 한 일을 통틀어 말한 것으로 반드시 모두 즉위하던 해에 이루어지지는 않았다"라 하였다.

72 사군(嗣君): 진도공(晉悼公)을 가리킨다.

73 두예는 "조문(曹門)은 송나라의 성문이다"라 하였다. 고동고(顧棟高)의 『대사표(大事表)』 7의 2에서는 송나라에서 조나라로 가려면 반드시 이 문으로 나서야 하므로 조문이라고 한다라 하였다. 조나라는 송나라의 서북쪽에 있으니 조문은 당연히 송나라의 서북문일 것이다.

遂會楚子伐宋,	마침내 초나라와 회합하여 송나라를 치고
取朝郟.[74]	조겹을 취하였다.
楚子辛, 鄭皇辰侵城郜,[75]	초나라 자신과 정나라 황진이 성고로 쳐들어가
取幽丘.[76]	유구를 취하였다.
同伐彭城,[77]	함께 팽성을 치고
納宋魚石, 向爲人, 鱗朱, 向帶, 魚府焉,[78]	송나라 어석과 상위인, 인주, 상대, 어부를 그곳으로 들여
以三百乘戍之而還.	3백 승으로 수를 서게 하고 돌아갔다.
書曰,	『경』에서는
"復入".	"복입"이라고 기록하였다.
凡去其國,	무릇 그 나라를 떠났다가
國逆而立之,	나라에서 맞아들여 세우면

74 『휘찬(彙纂)』에 의하면 조겹(朝郟)은 지금의 하남성 하읍현(夏邑縣)에 있을 것이다.

75 자신(子辛): 곧 양공 원년 『경』의 공자 임부(公子壬夫)인데, 일찍이 초나라의 우윤과 영윤이 된 적이 있으며 양공 5년에 피살되었다.

76 성고(城郜)와 유구(幽丘)는 지금의 안휘성 소현(蕭縣)에 있을 것이다.

77 이때 초나라는 군사를 두 갈래로 갈랐는데 정성(鄭城)과 초공(楚共)이 한 갈래를 맡아 송나라 조겹을 취하였고, 자신(子辛)과 황진(皇辰)이 또 한 갈래를 맡아 송나라 유구를 취하였으며, 그런 다음 두 갈래가 합쳐서 함께 팽성을 쳤다. 팽성은 곧 지금의 강소성 서주시(徐州市)이다.

78 이 5명은 송나라에서 초나라로 도망갔으며 15년의 『전』에 보인다. 15년의 『경』과 이해의 『경』의 5명은 모두 다만 어석(魚石) 한 사람만 기록하였다.

曰“入”;	“입”이라 기록하며,
復其位,	그 직위를 회복시킨 것을
曰“復歸”;	“복귀”라 기록하고,
諸侯納之,	제후들이 들여보낸 것을
曰“歸”,	“귀”라 기록하며,
以惡曰“復入”.[79]	나쁜 방법을 쓴 것을 “복입”이라고 기록한다.
宋人患之.[80]	송나라 사람이 그것을 근심하였다.
西鉏吾曰,	서서오가 말하였다.
“何也?[81]	“어떻습니까?

79 이 네 조목은 모두『춘추경』의 서법(書法) 조례(條例)를 기록한 것이지만『춘추』의 전 경과 경문을 고찰해 보면 매우 합치되지 않는다. 공영달의 주석〔소(疏)〕에서는 미봉책으로 덮으려 하였지만 사람들을 설복하기는 어려웠다. 후인들 이를테면 송나라 때 왕석(王晳)의『춘추황강론(春秋皇綱論)』, 유창(劉敞)의『춘추권형(春秋權衡)』, 손각(孫覺)의『춘추경해(春秋經解)』, 소초(蕭楚)의『춘추변의(春秋辨疑)』, 섭몽득(葉夢得)의『춘추좌전언(春秋左傳讞)』과『춘추고통론(春秋考統論)』, 청나라 때 장자초(張自超)의『춘추종주변의(春秋宗朱辨義)』, 진례(陳澧)의『동숙독서기(東塾讀書記)』에서는 모두 이를 변박하였다. 일본인 야스이 코(安井衡: 1799~1876)의『좌전집석(左傳輯釋)』에서는 원문이 “나라에서 맞아들여 세운 것을 귀라 하고 ……제후가 들여보낸 것을 입이라 한다(國逆而立之曰歸……諸侯納之曰入)”로 되어 있을 것이라 하여 “入”과 “歸” 두 자가 잘못되었을 것이라고 하였다. 오개생(吳闓生: 1877~1948)의『좌전미(左傳微)』에서는 부친인 오여륜(吳汝綸)의 설을 인용하여 “무릇『경』문에는 그러한 사실이 없는데 헛되이 해석한 것은 모두 후세의 경사(經師)가 한 것이며『좌씨』의 문장이 아니다”라 하였다. 여러 설은 모두 확증이 없어 여전히 의문으로 남아 있다.

80 이 구절은 위의 “以三百乘戍之而還”에 붙여야 하며, “書曰復入”은 삽입어이다.

81 부족한 것이 나의 근심이라는 말이다.

若楚人與吾同惡,[82]	초나라 사람이 우리와 같이 미워하여
以德於我,	우리에게 덕을 베풀면
吾固事之也,	우리는 본디 그를 섬겼으니
不敢貳矣.	감히 두 마음을 품지 않습니다.
大國無厭,	대국이 물림이 없어
鄙我猶憾.[83]	우리를 변경으로 삼고도 오히려 유감으로 여깁니다.
不然,	그렇지 않고
而收吾憎,	우리가 미워하는 사람을 거두어
使贊其政,[84]	정사를 돕게 하여
以間吾釁,	우리의 틈을 노린다면
亦吾患也.[85]	또한 우리의 근심입니다.
今將崇諸侯之姦而披其地,[86]	지금 제후 중에 간사한 사람을 높이고 그 땅을 나누어 주고

82 두예는 "미워하는 사람(惡)은 어석(魚石)을 이른다"라 하였다.

83 두예는 "우리가 초나라를 섬기면 우리나라를 변경의 읍으로 삼을 것이며 그래도 부족하다고 할 테니 이것이 우리의 근심이라는 말이다"라 하였다.

84 두예는 "함께 어석을 미워하지 않고 그를 등용하여 정사를 보좌하게 하는 것을 이른다"라고 하였다.

85 어석이 그 이용하려는 것을 받아들여 우리나라의 빈틈을 타는 것 또한 우리의 근심이라는 말이다.

86 숭(崇): 『상서·목서(牧誓)』의 "오직 사방에서 많은 죄를 짓고 도망 온 자들을 높이고 공경한다(乃惟四方之多罪逋逃是崇是長)"의 "崇"과 같은 뜻으로 존중한다는 뜻이다. 피

以塞夷庚.[87]	평탄한 길을 막으려 합니다.
逞姦而携服,[88]	간사한 자를 만족시키고 속국을 이반케 하며
毒諸侯而懼吳, 晉,[89]	제후에게 해독을 끼치고 오나라와 진나라를 두렵게 하는 것이니
吾庸多矣,	우리의 쓸모가 많아지는 것이지
非吾憂也.[90]	우리의 근심이 아닙니다.
且事晉何爲?	또한 진나라를 섬기는 것이 무엇 때문이겠습니까?
晉必恤之."[91]	진나라가 반드시 구원해 줄 것입니다."

(披)는 나눈다는 뜻이다. 숭간(崇姦)은 어석을 존귀하게 여기는 사람들을 가리키며, 피(披)는 송나라의 팽성을 취하여 어석을 봉하는 것을 가리킨다. 「송세가」에서는 "평공 3년 초나라 공왕이 송나라의 팽성을 함락시키고 송나라 좌사 어석을 그곳에 봉하였다"라 하였다.

87 이(夷)는 평평하게 하는 것이며, 경(庚)은 항(迒)과 뜻이 통하며 길이라는 뜻이다. 이경(夷庚)은 거마가 왕래하는 평평한 길이다. 팽성은 각 나라를 사이에 두고 왕래하는 요도로 지금 초나라가 군사를 파병하여 주둔시키고 있으므로 통하는 도로를 막은 것이라 하였다.

88 영간(逞姦): 간사한 어석 등으로 하여금 그 뜻을 이루게 하는 것이다.
휴복(携服): 본래 초나라에 복종한 나라를 이 때문에 두 마음을 갖게 한다는 것이다. 휴(携)는 떠난다(離)는 뜻이다.

89 이는 "평탄한 길을 막는 것(塞夷庚)"을 가리키며 각국의 왕래를 방해하고 더욱이 오나라와 진나라 사이의 반드시 거쳐야 하는 통로를 막은 것이므로 제후에게 해독을 끼쳐 오나라와 진나라로 하여금 두려움을 갖게 한다고 말하였다.

90 초나라가 이렇게 하면 족히 우리의 이익이 되고 우리의 우환은 되지 않는다는 것이다.

91 두예는 "송나라가 항상 진나라를 섬긴 것은 무엇 때문인가? 이런 환란이 있을 때를 생각해서라는 말이다"라 하였다.

公至自晉.	공이 진나라에서 돌아왔다.
晉范宣子來聘,	진나라의 범선자가 와서 빙문하고
且拜朝也.[92]	또한 조현한 것을 배사했다.
君子謂晉於是乎有禮.[93]	군자가 말하기를 진나라는 이번 일에 예의가 있었다고 하였다.

秋,	가을에
杞桓公來朝,	기환공이 내조하였는데
勞公,	공을 위로하고
且問晉故.	또한 진나라의 정황을 묻기 위함이었다.
公以晉君語之.[94]	공이 진나라 임금에 대하여 말해 주었다.
杞伯於是驟朝于晉,	기백이 이에 급히 진나라를 조현하고
而請爲昏.[95]	혼사를 청하였다.

---

92 노성공이 진도공(晉悼公)을 조현한 것에 대하여 배사한 것이다.

93 예는 왕래하는 것을 숭상하여 소국의 군후(君侯)는 대국을 조현하고, 대국은 경을 보내 조현한 것을 배사한다.

94 어지(語之): 두예는 "그 덕정(德政)을 말하였다"라 하였다.

95 취(驟): 빨리와 자주라는 두 가지 뜻이 있다. 이때 기환공(杞桓公)은 즉위한 지가 이미 64년이나 되었고 나이도 매우 많았기 때문에 여러 차례나 원행을 할 필요는 없었을 것이므로 여기서는 빨리로 해석하는 것이 더 타당할 것이다.

七月,

7월에

宋老佐, 華喜圍彭城,[96]

송나라 노좌와 화희가 팽성을 에워쌌는데,

老佐卒焉.[97]

노좌는 거기서 죽었다.

八月,

8월에

邾宣公來朝,

주선공이 내조하였는데

卽位而來見也.[98]

새로 즉위하였기 때문에 와서 조현한 것이다.

築鹿囿,

녹의 원유를 수축(修築)하였는데

書,

기록한 것은

不時也.[99]

철에 맞지 않았기 때문이다.

己丑,

기축일에

公薨于路寢,

공이 노침에서 돌아가셨는데

---

96 노좌(老佐)는 이때 사마(司馬)였으며, 15년의 『전』에 보인다.

97 두예는 "팽성(彭城)을 이기지 못한 까닭을 말한 것이다."

98 지난해 12월의 『경』에서 "주자(邾子) 확차(貜且)가 죽었다"라 하였으니 주선공(邾宣公)은 금년에 즉위하였다.

99 주나라의 8월은 하력으로 6월이니 농사일이 한창 바쁠 때여서 토목공사를 벌일 때가 아니다.

言道也.[100]	도리에 맞음을 말하였다.
冬十一月,	겨울 11월에
楚子重救彭城,	초나라 자중이 팽성을 구원하여
伐宋.	송나라를 쳤다.
宋華元如晉告急.	송나라 화원이 진나라에 가서 위급함을 알렸다.
韓獻子爲政,[101]	한헌자가 정치를 맡아 다스렸는데
曰,	말하기를
"欲求得人,[102]	"사람 얻기를 구하려면
必先勤之.[103]	반드시 먼저 그를 위해 힘을 써야 하오.
成覇, 安彊,[104]	패업을 이루고 강한 나라를 누르는 것은

100 장공 32년의 『경』에 상세하다.

101 이때 난서(欒書)는 늙어서 물러나지 않았으면 이미 죽었을 것이므로 한궐(韓厥)이 그를 대신하여 중군장(中軍將)이 되었다.

102 득인(得人): 구원해 줄 제후를 얻는 것을 말한다.

103 근지(勤之): 근(勤)은 로(勞)와 같은 뜻이다. 근지(勤之)는 그것을 위해 힘을 쓰는 것이다. 「진어 2」에 "진나라 사람이 우리를 위해 수고를 했다(秦人勤我矣)"라는 말이 나오는데 위소는 "근아(勤我)는 나를 돕는 것이다"라 하였다. 그러니 "도울 조(助)"자로 풀이를 하여도 뜻이 통한다.

104 안강(安彊): 석경과 송본, 가나자와 문고본(金澤文庫本)에는 모두 "疆"으로 되어 있다. 그렇게 보면 안강은 곧 강경(疆境)을 안정시킨다는 뜻이다. 초나라가 송나라만 치는 것이지 진나라를 치는 것은 아니어서 안강(安疆)이라고는 할 수 없다. 그러므로 그대로

自宋始矣."	송나라에서 시작됩니다"라 하였다.
晉侯師于台谷以救宋.[105]	진후는 태곡에서 싸워 송나라를 구원하였다.
遇楚師于靡角之谷,[106]	미각지곡에서 초나라 군사를 만났는데
楚師還.	초나라 군사는 돌아갔다.
晉士魴來乞師.	진나라의 사방이 와서 군사를 청하였다.
季文子問師數於臧武仲,[107]	계문자가 장무중에게 군사의 수를 물으니
對曰,	대답하여 말했다.
"伐鄭之役,	"정나라를 친 전역의
知伯實來,[108]	지백이 왔는데

"彊"자가 되어야 한다. 안(安)은 안(按)의 뜻으로 억지(抑止)한다는 뜻이다. 안강은 곧 『관자·패언(霸言)』편의 "강한 자를 누르고 약한 자를 돕는다(按强助弱)"는 "按强"이다. 곧 "彊"은 여기서 초나라를 가리킨다.

105 태곡(台谷): 소재지가 확실치 않다. 고사기(高士奇)의 『지명고략(地名考略) 5』에서는 혹자의 설을 인용하여 지금의 산서성 진성현(晉城縣) 경계에 있다고 하였는데 근거로 삼기에는 부족하다.

106 미각지곡(靡角之谷): 양공 20년의 『전』에 의하면 팽성 부근에 있어야 한다. 양공 26년 『전』에 진(晉)나라가 옹자(雍子)를 주모자로 삼아 초나라 군사를 궤멸시키는 기록이 실려 있다.

107 장무중(臧武仲): 곧 장손흘(臧孫紇)이다. 장선숙(臧宣叔)〔장손허(臧孫許)라고도 함〕의 아들이다. 얼마나 군대를 내야 하는가를 묻는 것이다.

108 지백(知伯): 곧 순앵(荀罃)이다. 이 일은 지난해의 『경』에 보인다.

下軍之佐也.	하군을 보좌하였습니다.
今彘季亦佐下軍,	지금 체계 또한 하군을 보좌하니
如伐鄭可也.	정나라를 칠 때만큼은 되어야 할 것입니다.
事大國,	큰 나라를 섬길 때는
無失班爵而加敬焉,[109]	작위의 차서를 잃지 않고 존경을 더해 주는 것이
禮也."	예의입니다."
從之.	그대로 따랐다.
十二月,	12월에
孟獻子會于虛朾,	맹헌자가 허정에서 만났는데
謀救宋也.	송나라의 구원을 모의하기 위함이었다.
宋人辭諸侯而請師以圍彭城.	송나라 사람이 제후들에게 감사를 표하고 군사를 청하여 팽성을 에워쌌다.
孟獻子請于諸侯而先歸會葬.	맹헌자가 제후들에게 청하여 먼저 돌아가 장례에 참가했다.

---

109 반작(班爵): 장공 23년의 『전』에 보인다. 이는 사자(使者)의 작위의 고저에 따서 군사의 많고 적음이 결정 되며 또한 거의 적지 않음을 말한다.

丁未, 정미일에

葬我君成公, 우리 성공을 장사 지냈는데

書, 기록한 것은

順也.[110] 순조로웠기 때문이다.

---

110 두예에 의하면 노침에서 죽고 5개월 만에 장사를 지냈으며 국가는 안정되었고 태자가 왕위를 이었기 때문에 "서순(書順)"이라고 하였다 했다. 장공은 또한 노침에서 죽었지만 자반(子般)이 피살되었으며, 선공은 노침에서 죽기는 하였지만 귀보(歸父)가 국외로 달아나 국내에 모두 성공처럼 죽은 후에 평온하지 않았다.

9. 양공

襄公

(기원전 572년~기원전 542년)

「노세가」에 의하면 이름은 오(午)이다. 성공의 아들로 정사(定似)에게서 났다.

양공 원년

經

元年春王正月,[1] 원년 봄 주력으로 정월에

公即位.[2] 공이 즉위하였다.

仲孫蔑會晉欒黶, 宋華元, 衛甯殖, 曹人, 莒人, 邾人, 滕人, 薛人圍宋彭城.[3] 중손말이 진나라 난염, 송나라 화원, 위나라 영식, 조나라 사람, 거나라 사람, 주나라 사람, 등나라 사람, 설나라 사람을 만나 송나라 팽성을 에워쌌다.

夏, 여름에

晉韓厥帥師伐鄭, 진나라 한궐이 군사를 거느리고 정나라를 쳤는데

---

1 원년(元年): 기축년 B.C. 572년으로 주간왕(周簡王) 14년이다. 동지가 정월 19일 기사일로 건자(建子)이다. 윤달이 있다.

2 『전』이 없다. 두예는 9년의 『전』 "사수에서 회합하던 해에 과군께서 나셨다. ……(會于沙隨之歲, 寡君以生)" 한 것에 의거하여 양공은 즉위하던 해에 4세였다고 하였다.

3 중손말(仲孫蔑): 선공(宣公) 9년의 『경』과 『주』에 보인다.
화원(華元): 문공(文公) 7년 및 16년의 『경』과 『주』에 보인다.
팽성(彭城): 성공 18년의 『경』과 『주』에 보인다. 이 일은 모두 성공 18년의 『경』과 『전』을 참고하여 보라.

仲孫蔑會齊崔杼, 曹人, 邾人, 杞人次于鄫.[4] 중손말이 제나라 최저, 조나라 사람, 주나라 사람, 기나라 사람과 회합하여 증에 머물렀다.

秋, 가을에

楚公子壬夫帥師侵宋.[5] 초나라 공자 임부가 군사를 거느리고 송나라를 침범하였다.

九月辛酉, 9월 신유일에

天王崩.[6] 천자께서 붕어하셨다.

邾子來朝.[7] 주자가 와서 조현하였다.

冬, 겨울에

衛侯使公孫剽來聘.[8] 위후가 공손표를 내빙케 했다.

晉侯使荀罃來聘.[9] 진후가 순앵을 내빙케 했다.

---

4 『공양전』에는 "증"이 "합(合)"으로 되어 있다. 한궐은 이미 선공 12년의 『전』과 『주』에 상세히 보인다. 최저는 이미 선공 10년의 『전』과 『주』에 상세히 보인다.
증(鄫): 두예의 『주』에서 "정(鄭)나라 땅으로 진류(陳留) 양읍현(襄邑縣) 동남쪽에 있다"라 하였는데, 대략 지금의 하남(河南) 휴현(睢縣) 동남쪽 40리 지점에 있다.

5 임부(壬夫): 자반(子反)의 아우 자신(子辛)이다. 안사고(顔師古)가 본 판본에는 "임부"가 "왕부(王夫)"로 되어 있다. 청나라 혜동(惠棟)의 『보주(補注)』에서는 "왕부"로 보아야 한다고 했는데 믿을 수 없으며, 청나라 완원(阮元)의 『교감기(校勘記)』에서 이미 반박하였다.

6 『전』이 없다. 신유일은 15일이다.

7 주자(邾子): 주선공(邾宣公)이다.

8 공손표(公孫剽): 자숙흑배(子叔黑背)의 아들이다. 공손표는 목공(穆公)의 손자이자 정공(定公)의 아우의 아들이다. 흑배는 성공 10년의 『전』과 『주』에 보인다.

9 이때 천자는 이미 죽었는데 구례(舊禮)에 의하여 제후들이 간혹 잠정적으로 빙문한 것이다. 두예의 『주』에서는 천자가 죽긴 하였지만 부고가 아직 이르지 않아 제후들이 듣지 못한 것이라 하였는데, 사자들이 이미 간 것은 그 시간이 대략 건자(建子)의 10월 초라고 계

傳

元年春己亥,	원년 봄 기해일에
圍宋彭城.[10]	송나라 팽성을 에워쌌다.
非宋地,	송나라 땅이 아닌데
追書也.[11]	추서한 것이다.
於是爲宋討魚石,	이때 송나라를 위해 어석을 토벌하였으므로
故稱宋,	팽성이라 일컬었으니
且不登叛人也,[12]	또한 모반한 사람들의 뜻을 반영하지 않고
謂之宋志.[13]	송나라의 뜻을 이른 것이다.
彭城降晉,[14]	팽성이 진나라에 항복하자

산하였다. 순앵은 곧 지앵(知罃)이다.

10 두예의 『주』에서는 "정월에는 기해일이 없으며 날짜를 착오한 것이다"라 하였다. 하단에서는 "2월에 제(齊)나라 태자 광(光)이 인질이 되었다……"라 하였는데, 팽성을 에워싼 것은 아무래도 정월의 일인 것 같으며 "기해"는 "을해(乙亥)"의 잘못인 것 같다. 을해일은 정월 25일이다.

11 정나라와 초나라가 팽성을 쳐서 송나라 어석 등을 받아들인 일은 성공 18년의 『전』에 보인다. 이때 팽성은 이미 어석 등에 의해 점거되었으므로 송나라 땅이 아니라고 하였다. 다만 어석은 송나라 신하이므로 "추서"하였다 한 것이다.

12 어석이 송나라에 반기를 들고 도망쳐 초나라에 이른 일은 성공 15년의 『전』에 보인다. 모반한 사람은 곧 어석 등을 가리킨다. 등(登)은 이룬다는 뜻이다. 부등(不登)은 곧 찬동하지 않는 것으로 직설하면 반대한다는 뜻이다.

13 은공(隱公) 원년에 "이것은 모두 정장공의 의지이다(謂之鄭志)"라 하였고, 여기서는 "송나라의 뜻을 이른 것이다"라 한 것은 모두 아무개의 본심을 탐토(探討)하여 한 말로 은공 원년의 『전』과 『주』에 상세히 보인다. 공영달의 『소(疏)』에서는 송나라 사람의 뜻은 팽성을 취하는 데 있다고 말하였는데 믿을 만하다.

晉人以宋五大夫在彭城者歸,[15]	진나라 사람이 팽성에 있는 송나라의 다섯 대부를 잡아서 돌아가
寘諸瓠丘.	호구에 안치하였다.
齊人不會彭城,	제나라 사람이 팽성을 치는 일에 회합하지 않아
晉人以爲討.[16]	진나라 사람이 토벌하였다.
二月,	2월에
齊大子光爲質於晉.[17]	제나라 태자 광이 진나라의 인질이 되었다.

夏五月,	여름 5월에
晉韓厥, 荀偃帥諸侯之師伐鄭,[18]	진나라의 한궐과 순언이 제후의 군사를 거느리고 정나라를 쳐서

---

14 26년의 『전』에서는 초자(楚子)의 말을 가지고 "진나라는 팽성을 항복시켜 송나라에 돌려주고 어석을 잡아서 돌아갔다(晉降彭城而歸諸宋, 以魚石歸)"라 하였으니 팽성은 마침내 송나라로 돌아갔다.

15 오대부(五大夫): 다섯 대부는 어석·상위인(向爲人)·인주(鱗朱)·상대(向帶)·어부(魚府)로 모두 성공 15년과 18년의 『전』에 상세히 보인다. 호구(瓠丘)는 곧 호구(壺丘)로, 지금의 산서(山西) 원곡현(垣曲縣) 동남쪽 약 50리 지점이다.

16 『연표』에 의하면 "우리가 정나라를 구원하지 않아 진나라가 우리를 쳤다"라 하였으니 진나라가 병사를 내어 제나라를 친 것이다.

17 「제세가」에 의하면 9년 뒤에야 광이 비로소 태자로 옹립된다. 여기서 "태자"라 말한 것은 아마 나중에 일컬은 것일 것이다.

18 성공 18년의 『전』에 의하면 당시 한궐은 정사를 담당하고 있으면서 스스로 중군 장수였으며, 순언은 부수(副帥)에 지나지 않았으므로 『경』에서는 한궐만 기록하였다.

入其郛,[19]	그 외성까지 들어가
敗其徒兵於洧上.[20]	그 보병을 유수의 가에서 패퇴시켰다.
於是東諸侯之師次于鄫,[21]	이에 동쪽 제후의 군사는 증에 주둔하며
以待晉師.	진나라 군사를 기다렸다.
晉師自鄭以鄫之師侵楚焦, 夷及陳.[22]	진나라 군사는 정나라에서 증의 군사로 초나라의 초·이 및 진나라로 쳐들어갔다.
晉侯, 衛侯次于戚,[23]	진후와 위후는 척에 주둔하여
以爲之援.[24]	그들을 도왔다.

19 부(郛): 곧 곽(郭)이며, 이미 은공 5년 『전』의 『주』에 상세히 보인다. 『공양전』 문공 15년 『전』에서는 "부(郛)는 무엇인가? 넓은 곽(恢郭)이다"라 한 것으로 보아 비교적 큰 외성을 부라 하는 것 같다. 『좌전』을 가지고 고찰해 보면 곽과 부는 구별이 없다.

20 유수(洧水): 하남성 등봉현(登封縣) 동쪽 양성산(陽城山)에서 발원하여 동으로 흘러 밀현(密縣)을 거쳐 진수(溱水)와 만나 동쪽으로 흘러 쌍계하(雙洎河)가 된다. 동쪽으로 신정(新鄭)·장갈(長葛)·유천(洧川)·언릉(鄢陵)·부구(扶溝)와 같은 여러 현을 거쳐 가로하(賈魯河)로 들어간다. 정나라의 도읍은 지금의 신정현 서북쪽에 있는 것 같은데, 유수는 그 서남쪽을 흐르며, 소공(昭公) 19년의 『전』에서는 "용이 시문의 바깥 유연에서 싸운다(龍鬪于時門之外洧淵)"라 하였는데, 유월(兪樾)은 시문은 곧 정나라 도읍의 서문이고 유연은 유수가 거쳐 가는 곳이라 하였다.

21 증(鄫): 이미 『경』의 『주』에 보인다.

22 초(焦)·이(夷) 두 읍은 본래 모두 진(陳)나라 땅이며, 희공 23년 『전』의 『주』에 상세하게 보인다.

23 척(戚): 문공 원년 『경』의 『주』에 보인다.

24 진(陳)나라를 침공하는 군사를 후원하는 것이다.

秋,	가을에
楚子辛救鄭,[25]	초나라 자신이 정나라를 구원하여
侵宋呂, 留.[26]	송나라의 여와 유를 침공하였다.
鄭子然侵宋,[27]	정나라 자연이 송나라를 침공하여
取犬丘.[28]	견구를 취하였다.

九月,	9월에
邾子來朝	주자가 와서 조현하였는데
禮也.	예의에 합당하였다.

冬,	겨울에
衛子叔, 晉知武子來聘,[29]	위나라 자숙과 진나라 지무자가 내빙하였는데
禮也.	예의에 합당하였다.
凡諸侯卽位,	무릇 제후의 즉위에

---

25 자신(子辛): 곧 공자 임부(壬夫)이다.

26 여(呂)와 유(留)는 송(宋)나라의 두 읍이다. 여는 지금의 서주시(徐州市) 동남쪽 약 50리 지점에 있으며, 여류산(呂留山)이 있는데 곧 여류홍(呂留洪)이다. 유(留)는 곧 장량(張良)을 유후(留侯)로 봉한 유이며, 지금의 패현(沛縣) 동남쪽, 서주시의 북쪽이다.

27 자연(子然): 정나라 목공(穆公)의 아들이다. 또한 성공 10년 『전』의 『주』에도 보인다.

28 견구(犬丘): 지금의 하남성 영성현(永城縣) 서북쪽 30리 지점이다.

29 자숙(子叔): 곧 공손표(公孫剽)이다.
지무자(知武子): 곧 순앵(荀罃)인데, 모두 『경』과 『주』에 상세히 보인다.

小國朝之,[30] 소국이 조현하고

大國聘焉,[31] 대국이 빙문하는 것은

以繼好, 結信, 謀事, 補闕,[32] 우호를 잇고 신의를 맺으며 국사를 모의하고 허물을 보충하는 것으로

禮之大者也. 예의 가운데서도 큰 것이다.

양공 2년

經

二年春王正月,[1] 2년 봄 주력으로 정월에

葬簡王.[2] 간왕을 장사 지냈다.

鄭師伐宋. 정나라 군사가 송나라를 쳤다.

夏五月庚寅,[3] 여름 5월 경인일에

---

30 이것은 주선자(邾宣子)가 노양공을 조현한 것을 가리킨다.

31 위(衛)나라는 비록 대국이 아니지만 노나라에 비해서는 그래도 또한 필적할 만하다. 진(晉)나라는 이때 비록 일찍 패제후로 일컬어졌으나 여전히 제후였다.

32 두예의 『주』에서는 "궐(闕)은 허물(過)과 같다"라 하였다.

1 이년(二年): 경인년 B.C. 571년으로, 주영왕(周靈王) 원년이다. 동지가 정월 초하루 을해일로 건자(建子)이다.

2 『전』이 없다. 은공 원년의 『전』에서 "천자는 죽은 후 7개월이 지나면 장례를 지낸다(天子七月而葬)"라 한 것에 의거하면 이는 겨우 다섯 달 만에 장사를 지낸 것이므로 두예의 『주』에서 "빠르다"고 하였다.

3 경인일은 18일이다.

夫人姜氏薨.[4] 부인 강씨가 돌아가셨다.

六月庚辰,[5] 6월 경진일에

鄭伯睔卒.[6] 정백 곤이 죽었다.

晉師, 宋師, 衛寗殖侵鄭.[7] 진나라 군사·송나라 군사·위나라 영식이 정나라를 침공하였다.

秋七月, 가을 7월에

仲孫蔑會晉荀罃, 宋華元, 衛孫林父, 曹人, 邾人于戚.[8] 중손말이 진나라 순앵과 송나라 화원, 위나라 손림보, 조나라 사람 주나라 사람과 척에서 회합하였다.

己丑,[9] 기축일에

葬我小君齊姜.[10] 우리 소군 제강을 장사 지냈다.

叔孫豹如宋.[11] 숙손표가 송나라로 갔다.

---

4 성공(成公)의 부인 강씨이다.

5 경인일은 경진일과는 50일의 거리가 있다. 두예는 "경진일은 7월 9일"이라 하였는데 옳다.

6 곤(睔): 성공의 이름이다.

7 진나라와 송나라는 모두 "사(師)"라 칭하고, 위나라만 군사를 이끄는 장수의 이름을 들었는데 예로부터 두 가지 설이 있다. 하나는 진나라와 송나라의 군사를 이끄는 사람의 관위가 높지 않은데 비하여 위나라 영식은 위나라의 경이라는 설이다. 다른 한 가지 설은 노나라 성공 2년에 "위후 속(速)이 죽었는데" 그해에 초나라 군사와 정나라 군사가 위나라를 침공했기 때문이라는 설이다. 이번에 정나라가 상을 당하자 위나라 또한 군사를 거느리고 침공하여 이에는 이로 갚아 주었으므로 그 주장(主將)의 이름을 기록한 것이다.

8 손림보(孫林父): 성공 7년의 『전』과 『주』에 보인다. 척 문공 원년의 『경』과 『주』에 보인다.

9 기축일은 18일이다.

10 두예는 "제(齊)는 시호이다"라 하였다.

11 숙손표는 성공 16년 이후로는 『경』과 『전』에 보이지 않는다. 이때는 계문자(季文子)가 비록 정권을 잡고 있었지만 이미 연로하여 회맹과 정벌에 관한 일은 중손말이 전담하고 있

冬, 겨울에

仲孫蔑會晉荀罃, 齊崔杼, 宋華元, 衛孫林父, 曹人, 邾人, 滕人, 薛人, 小邾人于戚, 중손말이 진나라 순앵, 제나라 최저, 송화원, 위나라 손림보, 조나라 사람, 주나라 사람, 등나라 사람, 설나라 사람, 소주 사람과 척에서 회합하였다.

遂城虎牢.[12] 마침내 호뢰에 성을 쌓았다.

楚殺其大夫公子申.[13] 초나라가 대부인 공자 신을 죽였다.

傳

二年春, 2년 봄에

鄭師侵宋, 정나라 군사가 송나라를 침공하였는데

楚令也.[14] 초나라의 명령이었다.

齊侯伐萊, 제후가 내나라를 쳤는데

었다. 숙손표는 이때야 비로소 노나라의 정치에 참여하게 되었다.

12 호뢰(虎牢): 장공 21년의 『전』과 『주』에 보인다.

13 공자 신(公子申): 성공 6년의 『전』에 처음 보인다.

14 두예는 "팽성(彭城) 때문이었다"라 하였다. 팽성은 본래 송나라 땅이었는데 초나라가 그것을 취하고 어석 등을 잡아들였다. 지난해 진나라와 송나라·노나라·위나라·조나라·거나라·주나라·등나라·설나라 등의 나라가 팽성을 항복시켰기 때문에 이해에 초나라가 정나라에게 송나라를 침공하라는 명을 내린 것이다.

萊人使正輿子賂夙沙衛以索馬牛,[15] 내나라 사람이 정여자로 하여금 숙사위에게 가려 뽑은 소와 말을 뇌물을 주게 하였는데

皆百匹, 모두 백 필이었으며

齊師乃還.[16] 제나라 군사가 이에 돌아갔다.

君子是以知齊靈公之爲“靈”也.[17] 군자는 이 때문에 제영공의 시호가 “영”이 된 것을 알았다.

夏, 여름에

齊姜薨. 제강이 돌아가셨다.

初, 처음에

---

15 정여자(正輿子): 내(萊)나라의 현대부이다. 『순자·요문(荀子·堯問)』편에서는 “내나라가 자마(子馬)를 쓰지 않자 제나라가 병탄하였다”라 하였는데, 양경(楊倞)의 『주』에서는 “혹자가 말하기를 정여자의 자는 자마라고 한다”라 하였다.
숙사위(夙沙衛): 양공 17년과 18, 19년에 자주 보이는데 일찍이 제나라의 소부(少傅)가 된 적이 있는데, 아마 제영공의 한때의 총신이었을 것이다. 색(索)은 선택한다는 뜻이다.
색우마(索牛馬): 정선한 우마라는 뜻이다. 『예기·곡례(禮記·曲禮) 하』에서는 “대부는 소를 가려 뽑는다(大夫以索馬)”라 하였는데 색(索)자는 이곳의 색자와 같은 뜻이다.

16 숙사위가 뇌물을 받고 제후에게 말한 것이다.

17 양공 13년의 『전』에서는 초나라 공왕(共王)이 임종을 암두고 유언을 말하는데 시호를 “영(靈)”이나 “여(厲)”로 해달라고 자청하는 것으로 보아 “영(靈)”은 나쁜 의미의 시호임을 알 수 있다. 제영공은 “내게 있을 따름인(在我而已)” 권위에 의지하여 태자 광(光)을 폐하고 아(牙)를 세웠으며, 아울러 숙사위가 소부가 되게 하여 마침내 제나라를 어지럽게 하였다. 양공 19년 『전』에 상세하다. 『중용』의 “문왕이 문이 된 까닭(文王之所以爲文)”과 『장자·칙양(莊子·則陽)』편의 “위영공이 영이 된 것(衛靈公之爲靈)” 등은 이 구절과 구법이 같다. 다만 주문왕(周文王)은 살아 있을 때의 호칭인데 『중용』의 작자가 죽은 뒤의 호로 잘못 알았다.

穆姜使擇美檟,[18]	목강이 아름다운 개오동나무를 가리게 하여
以自爲櫬與頌琴,[19]	자신이 널과 송금을 만들게 하였는데
季文子取以葬.[20]	계문자가 가져다가 장례를 치렀다.

君子曰,	군자가 말하였다.
"非禮也.	"예의가 아니다.
禮無所逆.	예는 거스르지 않는 것이다.
婦,	며느리는
養姑者也.	시어머니를 봉양하는 사람이다.
虧姑以成婦,[21]	시어머니를 허물어 며느리를 이루었으니

18 목강은 성공 9년과 11년, 16년의 『전』과 『주』에 상세하다.
가(檟): 가래나무〔楸〕이다. 가래나무는 목재가 세밀하여 기구 및 관목으로 쓰일 수 있다. 미가(美檟)는 가래나무 가운데 훌륭한 것이다.

19 츤(櫬): 몸 가까운 쪽의 관, 곧 널인데 후대인들이 몸 가까이 입는 내의를 친의(襯衣)라 하는 것과 같다.
송금(頌琴): 송나라 섭숭의(聶崇義)의 『삼례도(三禮圖)』에 의하면 송금(頌琴)은 길이가 7자 2치이고 너비는 1자 8치이며 25현이다. 목강은 이것을 만들어 순장할 때 부장품으로 삼았다. 송말원초(宋末元初) 마단림(馬端臨)의 『문헌통고·속악부(文獻通考·俗樂部)』에 송금이 있는데 심흠한(沈欽韓)의 『보주(補注)』에서는 옛날의 송금이 아니라고 하였는데 옳다.

20 목강은 성공 16년에 계씨(季氏)와 맹씨(孟氏)를 제거하려다가 뜻을 이루지 못하였으며, 그녀의 간부(姦夫)인 숙손교여(叔孫僑如) 또한 쫓겨나 이때는 이미 아무런 권세도 없었다. 9년의 『전』에 의하면 이미 동궁에 연금되었다.

21 고(姑): 후한(後漢) 허신(許愼)의 『설문해자(說文解字)』에서는 "고(姑)는 지아비의 어머니(夫母)이다"라 하였다. 옛날에는 남편의 부모를 "구고(舅姑)"라고 하였다. 목강(穆姜)은

逆莫大焉.	거스름이 그보다 큰 것은 없다.
詩曰,	『시』에서는 말하였다.
'其惟哲人,[22]	'오직 밝은 사람만이
告之話言,[23]	훌륭한 말을 일러 주면
順德之行.'[24]	덕에 순응하여 행한다네.'
季孫於是爲不哲矣.	계손은 이에 밝지 못하였다.
且姜氏,[25]	또한 강씨는
君之妣也.[26]	임금의 조모이시다.
詩曰,	『시』에서는 말하였다.
'爲酒爲醴,	'술 빚고 단술 빚어
烝畀祖妣,	조상들께 바치어
以洽百禮,	갖가지 예 알맞으니
降福孔偕.'"[27]	복 아주 두루 내리시네.'"

노나라 선공(宣公)의 부인이며 성공의 어머니이고, 제강(齊姜)은 성공의 부인이다. 목강과 제강은 고부간이다. 『이아·석친(爾雅·釋親)』편에서는 "아들의 처가 며느리〔婦〕이다"라 하였는데 바로 이곳의 부(婦)자의 뜻이다. 계손은 목강의 관과 송금을 빼앗아 제강의 장례용품으로 삼았기 때문에 당시 사람들이 "시어머니를 허물어 며느리를 이루었다"고 한 것이다.

22 철(哲): 지혜롭다는 뜻이다.

23 화언(話言): 선언(善言), 곧 훌륭한 말이라는 뜻이다. 문공 6년 『전』의 『주』에 상세하다.

24 순(順): 위의 역(逆)과 상대되는 개념이다. 『시경·대아·억(詩經·大雅·抑)』에 나오는 말.

25 강씨(姜氏): 목강을 가리킨다.

26 군지비(君之妣): 비(妣)는 조모이다. 군(君)은 양공을 가리킨다.

27 『시경·주송·풍년(詩經·周頌·豐年)』에 나오는 말. 주(酒)와 예(醴)는 모두 술이다. 하룻밤 동안 담가 빚은 술을 예(醴)라 하며, 단술〔甛酒〕 또한 예라 한다. 증(烝)은 올리는 것

齊侯使諸姜, 宗婦來送葬,[28]	제후가 여러 강씨와 종부들로 하여금 와서 송장하게 하였다.
召萊子.[29]	내자를 불렀다.
萊子不會,	내자가 모이지 않았기 때문에
故晏弱城東陽以偪之.[30]	안약이 동양에 성을 쌓아 핍박한 것이다.

鄭成公疾,	정성공이 병이 나자
子駟請息肩於晉.[31]	자사가 진나라에 복종하여 부담을 덜자고 청하였다.

이다. 비(畀)는 주는 것이다. 증비(烝畀)는 바친다는 뜻이다. 춘추시대(春秋時代)에는 할아버지의 배필을 비(妣)이라고 하였다. 『역』의 「효사(爻辭)」와 『시』의 「아」와 「송」 및 서주와 동주의 금문에서는 "조비(祖妣)"라 연용하지 않은 것이 없다. 조(祖)는 조부(祖父)이고 비(妣)는 조모(祖母)이다. 『이아·석친』과 『상서·요전(尙書·堯典)』에 이르러 비로소 "고비(考妣)"라는 말이 연용되었으며, 「곡례(曲禮) 하」에서 "살아 있을 때는 모라 하고 죽었을 때는 비라고 한다(生曰母, 死曰妣)"라 한 것은 곧 나중에 생겨난 변한 뜻이다. 흡(洽)은 맞다, 합당하다의 뜻이다. 백례(百禮)는 모든 예의라는 뜻이다. 공(孔)은 심히, 매우의 뜻이다. 해(偕)는 두루라는 뜻이다.

28 제강(諸姜): 제나라와 동성의 여인들과 제나라에 장가간 대부들이다. 종부(宗婦)는 동성인 대부의 부인으로, 장공 24년의 『전』에 보이는 "종부(宗婦)"와 같은 뜻이다. 『예기·단궁(檀弓) 하』에서는 "부인은 국경을 넘어서 조상하지 않는다(婦人不越疆而弔人)"라 하였다. 국경을 넘어 조상하는 것도 불가한데 국경을 넘어 송장하는 것은 당시의 예법에 더욱 합당하지 않았다.

29 내(萊)나라 및 이 일은 모두 선공 7년의 『경』과 『주』에 상세하다.

30 안약(晏弱): 선공 17년의 『전』과 『주』에 보이는데 곧 안환자(晏桓子)이다.
동양(東陽): 두예는 "제나라 국경의 상읍(上邑)"이라고 하였는데, 지금의 임구현(臨朐縣) 동쪽에 있는 것 같다.

31 자사(子駟): 곧 공자 비(公子騑)이며, 나머지는 성공 10년의 『전』과 『주』에 상세하다. 『회남자·범론편(淮南子·氾論篇)』의 고유(高誘)의 『주』에서는 "견(肩)은 짐을 지기 위해 애

公曰,	공이 말하였다.
“楚君以鄭故,	“초나라 임금은 정나라 때문에
親集矢於其目,[32]	친히 눈에 화살까지 맞았으니
非異人任,	다른 사람을 지키기 위함이 아니라
寡人也.[33]	과인 때문이었다.
若背之,	그를 저버린다면
是棄力與言,[34]	공로와 말을 버리는 것이니
其誰暱我?	그 누가 우리를 가까이하겠는가?
免寡人,[35]	과인을 책임에서 벗어나게 할 사람은
唯二三子.”	그대들뿐이다.”

쓰는 것이다”라 하였다. 두예의 『주』에 의하면, 그 뜻은 정(鄭)나라는 초(楚)나라에 복종하였는데 초나라의 정나라에 대한 요구가 지나쳐 정나라가 그 부담을 이기지 못하여, 자비가 다시 초나라에 복종했던 것을 바꾸어 진(晉)나라에 복종함으로써 초나라가 내린 역사(役事)와 가혹한 요구를 면하고자 하는 것이라고 하였다. 자못 정리에 합당하다.

32 성공 16년에 있은 진(晉)나라와 초(楚)나라의 언릉(鄢陵)에서의 전투에서 초나라 공왕(共王)은 진나라 여기(呂錡)가 쏜 화살에 눈을 맞았다.

33 정나라 성공이 스스로 초나라 임금이 눈에 부상을 당한 것은 다른 사람 때문이 아니라 자기를 구하기 위함이었다고 말하였다. 임(任)은 지킨다〔保〕는 뜻이다. “非異人任”은 곧 “非保異人”의 도치이다.

34 기력(棄力): 『석문(釋文)』에 의하면 “기력(棄力)”의 “力”은 복건(服虔)이 본 판본에는 “공(功)”자로 되어 있었다. 그러나 「진어(晉語) 2」에는 “작은 은혜와 모공에만 힘쓰고 덕을 닦는 데는 힘쓰지 않는다(務施與力而不務德)”라는 말이 나오는데 위소(韋昭)는 “역(力)은 공(功)이라는 뜻이다”라 하였으므로 “역(力)”자 또한 뜻이 통한다. 언(言)은 정나라와 초나라가 맹세한 말이다.

35 면(免): 사동용법(使動用法)으로 쓰였다. 나를 초나라의 공과 맹세한 말의 책임에서 벗어나게 하는 것을 말한다.

秋七月庚辰,	가을 7월 경진일에
鄭伯睔卒.	정백 곤이 죽었다.
於是子罕當國,[36]	이에 자한이 정권을 잡고
子駟爲政,	자사가 정사를 맡았으며
子國爲司馬.[37]	자국은 사마가 되었다.
晉師侵鄭.	진나라 군사가 정나라를 침공하였다.
諸大夫欲從晉.	여러 대부들이 진나라를 좇으려 하였다.
子駟曰,	자사가 말하였다.
"官命未改."[38]	"관의 명이 아직 바뀌지 않았다."

---

36 자한(子罕): 성공 10년의 『전』과 『주』에 보인다.
당국(當國): 두예는 "임금의 일을 섭정하는 것"이라 하였는데 명확치 않다. 『공양전·은공 원년』에서는 "단(段)은 누구인가? 정백의 아우이다. 어째서 아우라 칭하지 않았는가? 나라에 맞섰기 때문이다(當國也) 그 땅은 왜 밝혔는가? 나라에 맞서 대적하였기 때문이다(當國也)"라 하였으며, 하휴(何休)의 『주』에서는 "나라를 맡아 임금이 되려 하였기 때문에 그 뜻을 알 수 있으며 나라의 임금과 같게 하려 하였다"라 하였는데, 두예는 하휴의 영향을 받았다. 『공양전』에는 모두 아홉 번 "당국(當國)"이라는 말이 나오는데 모두 임금이 되거나 임금의 지위를 빼앗으려 하는 말로 생각하였다. 『좌전』의 뜻은 반드시 『공양전』과 같지는 않을 것이다. 『좌전』에서는 이해에 "子罕當國"이라는 말이 있고, 10년에는 "子駟當國"이라 하였으며, 또한 "子孔當國"이라 하였고, 19년에는 "子展當國"이라 하였는데 모두 정나라의 일이다. 27년에는 "慶封當國"이라 하였는데 제나라의 일이다. 두예는 이곳의 주석에서 "당국은 정권을 잡는다(秉政)는 뜻이다"라 하였는데, 제대로 파악하였다.

37 자국(子國): 성공 5년 『전』의 『주』에 보인다.

38 관명(官命): 『좌전』에는 모두 두 번 "관명(官命)"이란 말이 쓰였는데, 한번은 이곳에서이고 한번은 4년에서이다. 자국은 본래 진나라에 복종하자고 건의한 사람인데 성공의 말 때문에 그만두었다. 이 관명은 곧 정성공의 명령을 가리킨다. 춘추시대의 제도에는 임금이 죽으면 새 임금은 둘째 해에 비로소 개원을 한다. 또한 이때는 성공이 죽기는 하였지

會于戚, 척에서 회합하였는데

謀鄭故也.[39] 정나라의 일을 모의하고자 해서이다.

孟獻子曰,[40] 맹헌자가 말하였다.

"請城虎牢以偪鄭."[41] "호뢰에 성을 쌓아 정나라를 핍박합시다."

知武子曰, 지무자가 말하였다.

"善. "좋습니다.

鄫之會, 증의 회합 때

吾子聞崔子之言, 그대도 최자의 말을 들었는데

今不來矣.[42] 지금 오지 않았다.

滕, 薛, 小邾之不至, 등나라와 설나라, 소주가 오지 않은 것은

皆齊故也.[43] 모두 제나라 때문이다.

만 아직 장례를 치르지 않았으며 뒤를 이은 임금도 새로운 영(令)을 발포할 수가 없었으므로 이렇게 말하였다.

39 정나라를 진나라에 복종하게 하려는 방법을 상의하는 것이다.

40 맹헌자(孟獻子): 곧 노나라의 중손말(仲孫蔑)이다.

41 호뢰(虎牢): 곧 북제(北制)로 은공 5년의『전』과『주』에 보인다. 본래 정나라 땅으로 정나라의 서북쪽 국경의 험요지이다. 이때 아마 이미 진나라에게 빼앗겼을 것이므로 그곳에 성을 쌓아 지킴으로써 정나라를 굴복케 하는 구실로 삼았다.

42 증에서의 회합은 원년에 있었다. 지앵(知罃)은 비록 회합에 참여하지는 못하였지만 진나라에 한궐(韓厥)과 구언(荀偃)이 있었으므로 회의의 정황을 지앵이 스스로 알 수가 있었다. 중손말은 친히 회합에 참여하였고, 제나라는 최저(崔杼)를 대표로 삼았다. 아마 최저가 진나라에 불만이 있었으므로 지앵이 말한 것일 것이다.

43 세 소국은 제나라와 가깝고 진나라와는 멀기 때문에 제나라의 명령을 들어야 한다.

寡君之憂不唯鄭.[44]	과군의 근심은 다만 정나라뿐이 아니니
罃將復於寡君,	내가 과군께 복명을 하고
而請於齊.[45]	제나라에 청하겠습니다.
得請而告,[46]	청을 얻어 알린다면
吾子之功也.	그대의 공로입니다.
若不得請,[47]	청을 얻을 수 없게 된다면
事將在齊.[48]	제나라에 일이 생길 것입니다.
吾子之請,[49]	그대의 청은
諸侯之福也.[50]	제후들의 복이니
豈唯寡君賴之."[51]	어찌 다만 과군께만 이익이 되겠습니까?"

44 정나라를 근심하는 외에 또 제나라를 근심하는 것이다. 제나라와 정나라, 초나라가 연맹을 맺는다면 진나라는 칭패(稱霸)가 어려워진다. 그래서 이때는 전력으로 정나라를 굴복시킬 수가 없었으며, 따라서 중손말의 계책에 찬동한 것이다.

45 이 일을 진나라 도공(悼公)에게 알리고 아울러 제나라에게 회합하자고 청함으로써 제나라를 시험하는 것이다.

46 제나라에게 진나라의 요구를 듣게 하고 제후들에게 함께 호뢰에 성을 쌓자고 알리는 것이다.

47 제나라가 호뢰에 성을 쌓지 않으려는 것이다.

48 사(事): 대사(大事), 곧 군사적인 일을 가리킨다. 두예는 "제나라를 치려는 것이다"라 하였다.

49 "호뢰에 성을 쌓자고 청하는" 청이다.

50 호뢰에 성을 쌓기만 한다면 충분히 정나라를 항복시킬 수 있으며, 초나라는 다툴 수가 없어 전쟁을 면할 수 있다는 것이다.

51 뢰(賴): 믿다, 훌륭하다, 이득이 된다는 뜻이 있는데, 이 세 가지 뜻이 모두 통한다.

穆叔聘于宋,[52]	목숙이 송나라를 빙문하였는데
通嗣君也.[53]	왕위를 이은 일을 통보하기 위함이었다.

冬,	겨울에
復會于戚,	다시 척에서 회합하였는데
齊崔武子及滕, 薛, 小邾之大夫皆會,	제나라의 최무자 및 등나라, 설나라, 소주의 대부가 모두 모였으니
知武子之言故也.[54]	지무자의 말 때문이다.
遂成虎牢.	마침내 호뢰에 성을 쌓았다.
鄭人乃成.	정나라 사람이 이에 화친하였다.

楚公子申爲右司馬,	초나라 공자 신이 우사마가 되었는데
多受小國之賂,	소국의 뇌물을 많이 받아
以偪子重, 子辛.[55]	자중과 자신을 핍박하였다.

---

52 목숙(穆叔): 곧 숙손표(叔孫豹)이며, 목은 시호이다.

53 사군(嗣君): 노나라 양공을 가리킨다.

54 두예는 "무자가 '제나라에 일이 생길 것이다'라 말하자 제나라 사람이 두려워하여 소국을 거느리고 회합에 참여하였다"라 하였다.

55 자중(子重): 선공 12년의 『전』과 『주』에 보인다. 두예는 "그 권세를 핍박하여 빼앗았다"라 하였다.

楚人殺之,	초나라 사람이 그를 죽였으므로
故書曰,	기록하기를
"楚殺其大夫公子申."[56]	"초나라가 그 대부 공자 신을 죽였다"라 하였다.

양공 3년

經

三年春,[1]	3년 봄에
楚公子嬰齊帥師伐吳.[2]	초나라 공자 영제가 군사를 거느리고 오나라를 쳤다.
公如晉.	공이 진나라로 갔다.
夏四月壬戌,[3]	여름 4월 임술일에
公及晉侯盟于長樗.[4]	공 및 진후가 장저에서 맹약하였다.
公至自晉.[5]	공이 진나라에서 왔다.

---

56 두예는 "국가적인 토벌을 초래한 원인을 말한 기록이다"라 하였다.

1 삼년(三年): 신묘년 B.C. 570년으로, 주영왕(周靈王) 2년이다. 동지가 정월 12일 경진일로 건자(建子)이다.

2 『휘찬(彙纂)』에서는 "오나라와 초나라의 국경 분쟁은 이때부터 시작되었다"라 하였다. 공자 영제는 곧 자중(子重)으로, 성공 2년의 『경』과 『전』, 『주』에 상세하다.

3 임술일은 25일이다.

4 이때 양공은 겨우 6, 7세로 공경이 모시고 진나라의 회맹에 참여하였다. 장저는 진나라 도읍 근교의 지명인 것 같다.

六月, 6월에

公會單子, 晉侯, 宋公, 衛侯, 鄭伯, 莒子, 邾子, 齊世子光. 공이 단자와 진후·송공·위후·정백·거자·주자·제나라의 세자 광과 회합하였다.

己未,[6] 기미일에

同盟于雞澤.[7] 계택에서 동맹을 맺었다.

陳侯使袁僑如會.[8] 진후가 원교를 회합에 가게 하였다.

戊寅,[9] 무인일에

叔孫豹及諸侯之大夫及陳袁僑盟. 숙손표가 제후의 대부들 및 진나라 원교와 맹약하였다.

秋, 가을에

公至自會.[10] 회합에서 돌아왔다.

冬, 겨울에

晉荀罃帥師伐許. 진나라 순앵이 군사를 이끌고 허나라를 쳤다.

---

5 『전』이 없다.
6 기미일은 23일이다.
7 계택(雞澤): 『전』의 주에 상세하다.
8 원교는 나중에 이르렀다. 『전』에 상세하다.
9 6월에는 무인일이 없다. 무인은 7월 13일이다. 오자가 있는 것 같다.
10 『전』이 없다.

傳

三年春,	3년 봄에
楚子重伐吳,	초나라 자중이 오나라를 쳤는데
爲簡之師.[11]	선발된 군사였다.
克鳩玆,[12]	구자를 이기고
至于衡山.[13]	형산에 이르렀다.
使鄧廖帥組甲三百, 被練三千,[14]	등료로 하여금 조갑군 3백과 피련군 3천을 거느리고

11 두예는 "간은 훈련하여 뽑은 것이다(簡, 選練)"라 하였다. 아마 출병을 하기 전에 미리 훈련을 하여 군리와 사졸들을 뽑은 것일 것이다.

12 구자(鳩玆): 오나라의 읍으로 지금의 안휘성 무호시(無湖市) 동남쪽 25리에 있을 것이다.

13 형산(衡山): 또한 오나라 땅이다. 청초(淸初) 고사기(高士奇)의 『지명고략(地名考略)』에서는 당도현(當塗縣) 동북쪽 60리 지점의 횡산(橫山)이라고 하였다.

14 마융(馬融)은 조갑(組甲)은 꼰 끈으로 갑옷을 싸는 것으로 공족(公族)이 입는 것이라 하였다. 가규(賈逵)와 복건(服虔)은 꼰 끈으로 갑옷을 꿰는 것이며 전차병(車士)이 입는 것이라 하였다. 당나라 서견(徐堅) 등이 편찬한 유서(類書) 『초학기(初學記)』 권22에서 고찰해 보면 『주서(周書)』를 인용하여 "해가 풍년이 들지 않으면 갑옷을 끈으로 매지 않는다"라 하였고, 또한 「연책(燕策) 1」에서는 "(연나라 왕이) 친히 갑옷의 갑편을 꿰매고 (연왕의) 처는 친히 갑편에 명주실 끈을 꿴다(身自削甲扎, 妻自組甲絣)"라 하였다. 병(絣)은 명주실로 짠 띠인데 그것으로 갑편을 꿰어서 갑옷을 매년 곧 조갑(組甲)이라 하며 끈으로 꿰어서 만든 것보다는 당연히 더 견고하며, 곧 병기에 맞아도 꿰뚫고 살에 닿게 하는 것 또한 힘을 쓰지 못한다. 그러나 공력이 너무 많이 들어 해가 풍년이 들지 않으면 갑옷을 꿰는 데는 명주 띠를 쓰지 못한다. 이로써 보건대 가규와 복건의 설은 마융의 설보다 믿을 만하다. 마융은 또한 피련(被練)은 누인 명주로 갑옷을 싼 것으로 신분이 낮은 자가 입는 것이라 하였다. 가규는 비단으로 갑옷을 꿴 것으로 보졸이 입는 것이라 하였다. 『여씨춘추·거우(呂氏春秋·去尤)』편에서 고찰해 보건대 "주(邾)나라의 옛 법도에 의하면 갑옷을 만들 때에는 명주로써 이를 꿰매었다. 공식기(公息忌)가 주나라 임금에게 말하기를 '땋은 실로 바꾸어 꿰매는 것이 나을 것입니다. 무릇 갑옷이 견고해지는 이유는 구멍을 꽉 채우기 때문입니다. 그런데 이제 구멍이 꽉 찼는데도 힘을 받는 것은 반밖에 되지 않습니다. 무릇 땋은 실의 경우는 그렇지 아니하니, 구멍이 꽉 차면 전부 힘을 받습니다'라 하였다"고 하였다. 이로써 살펴보건대 가규의 설은 근거가 있다. 연(練)이라는 것

以侵吳.	오나라를 침공하게 하였다.
吳人要而擊之,[15]	오나라 사람이 중간에서 막아 공격하여
獲鄧廖.	등료를 사로잡았다.
其能免者,[16]	벗어날 수 있었던 사람이라고는
組甲八十, 被練三百而已.	조갑군 80과 피련군 3백뿐이었다.
子重歸,	자중이 돌아와
既飮至三日,	수행자들을 위로한 지 사흘 만에
吳人伐楚,	오나라 사람이 초나라를 쳐서
取駕.[17]	가를 빼앗았다.
駕,	가는
良邑也;	훌륭한 읍이고,
鄧廖,	등료
亦楚之良也.	역시 초나라의 훌륭한 장군이다.

은 삶은 생사(生絲)로 유연하고 깨끗하여 이것으로 갑편을 꿰어 만든 갑옷은 명주실을 꼬아서 갑옷을 꿰매는 것보다 만들기가 용이하지만 명주실을 꼬아 만든 띠보다는 견고하지 못하다. "조갑 3백", "피련 3천"은 조갑은 아마 전차병이고 피련은 보병일 것이다. 청나라 모기령(毛奇齡)은 『경문(經問)』에서 "조갑이라는 것은 가죽에 옻칠을 해서 꿰맨 것이며, 피련이라는 것은 솜을 누여서 짠 것이다"라 하였는데 또한 이 설과 가깝다.

15 중간에서 가로막고 공격한 것이다.

16 죽거나 포로가 된 것을 면한 것이다.

17 가(駕): 지금의 안휘성 무위현(無爲縣) 경계로 이미 성공 17년 『전』의 『주』에 보인다.

君子謂"子重於是役也,	군자가 이르기를 "자중은 이 싸움에서
所獲不如所亡."	얻은 것이 잃은 것만 못하였다"라 하였다.
楚人以是咎子重.	초나라 사람들이 이 때문에 자중을 책망하였다.
子重病之,	자중이 그것 때문에 속앓이를 하다가
遂遇心疾而卒.[18]	결국 마음의 병을 얻어 죽었다.

公如晉,	공이 진나라에 갔는데
始朝也.[19]	처음으로 조현한 것이다.
夏,	여름에
盟於長樗.	장저에서 맹약하였는데

---

18 심질(心疾): "질(疾)"은 완각본(阮刻本)에는 "病"으로 되어 있는데 가나자와 문고본(金澤文庫本)에 의거하여 고쳤다. 옛날의 이른바 심질(心疾)은 오늘날의 심장병이 아니라 오늘날의 정신병이다. 옛날부터 청대 중엽에 이르기까지는 마음의 작용을 뇌의 작용으로 잘못 알았다. 중국에 온 벨기에인 예수회 선교사 남회인(南懷仁: 페르디난트 페르비스트(Ferdinand Verbiest). 1623~1688)이 『궁리학(窮理學)』을 지어 기억을 하는 기능은 뇌에 있다고 말하였는데 그 책은 또한 결국 청나라에 의하여 태워져 없어졌으며 이 사건은 청나라 동함(董含)의 『삼강지략(三岡識略)』에 보인다. 소공 원년의 『전』에서는 "명이 지나치면 마음의 병이 생긴다(明淫心疾)"고 하였는데 또한 의미는 마음을 씀이 과도하면 뇌병이 생긴다는 것이다.

19 양공이 처음으로 패주(霸主)에게 조현한 것을 말한다. 양공이 진나라에 이른 것은 모두 다섯 차례이다.

孟獻子相.	맹헌자가 상이었다.
公稽首.[20]	공이 머리를 조아리니
知武子曰,	지무자가 말하기를
"天子在,	"천자가 계시는데
而君辱首,	임금께서 욕되이 머리를 조아리니
寡君懼矣."[21]	과군이 두려워하십니다"라 하였다.
孟獻子曰,	맹헌자가 말하였다.
"以敝邑介在東表,	"우리나라는 동쪽의 가에 끼어 있어
密邇仇讎,[22]	원수의 나라와 가까우므로
寡君將君是望,	과군께서 장차 임금님을 바라니
敢不稽首?"[23]	감히 머리를 조아리지 않겠습니까?"

晉爲鄭服故,[24]	진나라는 정나라가 복종하였기 때문에

---

20 계수(稽首): 희공 5년의 『전』과 『주』에 상세히 나와 있다.

21 이 말은 노후(魯侯)가 주나라 왕에게 비로소 머리를 조아리자 진나라 도공(悼公)이 이 대례(大禮)를 받지 않으려 하는 것을 말한다.

22 제나라와 초나라에서 막 흥기하기 시작한 오나라까지 모두 노나라와는 가깝고 진나라와는 멀다. 더욱이 제나라는 노나라와 가장 가깝다.

23 뜻을 굽히고 몸을 욕보임으로써 진나라의 구원을 바란 것으로, 이것이 중손말이 이제 6세에 불과한 양공으로 하여금 같은 반열의 임금에게 고두의 예를 시킨 까닭이다.

24 정나라가 진나라에 복종한 것은 지난해 겨울의 일이다.

且欲脩吳好,[25]	또한 오나라와 우호 관계를 맺으려 하였다.
將合諸侯.	제후들을 회합하고자 하였다.
使士匄告于齊曰,[26]	사개로 하여금 제왕에게 알리게 하기를
"寡君使匄,	"과군께서 저를 보낸 것은
以歲之不易,[27]	근래에 다스려지지 않는데도
不虞之不戒,[28]	뜻밖의 일을 경계하지 않아
寡君願與一二兄弟相見,	과군께서 한두 형제들과 서로 만나
以謀不協.[29]	협조하지 않는 나라를 모의하기를 원해서입니다.
請君臨之,	임금께서 왕림해 주시어
使匄乞盟."	저로 하여금 맹약을 구하게끔 청하였습니다"라 하였다.
齊侯欲勿許,	제후는 허락하지 않고자 하였으나

25 오나라와 우호를 맺는 것은 오나라가 점차 강대해져 충분히 초나라를 곤경에 빠뜨릴 수 있기 때문이다.

26 사개(士匄): 곧 성공 16년 『전』의 범개(范匄)로, 나머지는 성공 16년의 『전』과 『주』에 상세하다.

27 이(易): 거성(去聲)으로 평정하다, 다스리다의 뜻이다. 세지불이(歲之不易)는 근년에 제후들 사이에 분규가 많음을 말한다.

28 분규가 많은 데다가 또한 의외의 일에 대하여 아무런 경계와 대비도 없는 것이다.

29 불협(不協): 실은 제나라를 암시하여 가리키는 것으로 도공은 이번 제후와 회합한 자리에서 기실 연맹을 강화하고자 하는 것이다.

而難爲不協,	협조하지 않는다는 비난을 받을까 봐
乃盟於耏外.[30]	이에 외곽에서 맹약하였다.

祁奚請老,[31]	기해가 은퇴할 것을 청하니
晉侯問嗣焉.[32]	진후가 후임자를 물었다.
稱解狐,	해호를 말하였는데
其讎也,[33]	그의 원수였으며
將立之而卒.[34]	그 자리에 앉으려던 차에 죽었다.
又問焉.	또 후임자를 물었다.

---

30 이외(耏外): 이(耏)는 물 이름으로 곧 시수(時水)인데, 장공 9년의 『경』 "건시(乾時)"의 『주』에 상세하다. 이외(耏外)는 곧 제나라의 도읍 임치(臨淄)의 서북쪽 교외의 이수(耏水)와 가까운 곳이다.

31 기해(祁奚): 성공 8년 『전』의 『주』에 상세하며, 이때는 중군위(中軍尉)였다.
노(老): 관원이 벼슬에서 물러나 쉬는 일을 말한다. 「진어(晉語) 8」 위소(韋昭)의 주석에 의하면 기해는 진나라 평공(平公) 원년, 노나라 양공 16년이 되는 해에 다시 공족대부(公族大夫)가 된다.

32 사(嗣): 기해의 직무를 이어서 대신할 사람을 말한다.

33 해호는 기해와는 사적인 원한이 있었다.

34 입(立): 위(位)와 같은 뜻이다. 해호가 그 관직에 앉으려 할 때 해호가 세상을 떠난 것을 말한다. 이 일은 전국시대부터 한나라에 이르기까지 전설이 다른 갈래가 매우 많다. 『한비자·외저설·우하(韓非子·外儲說·右下)』에서는 해호가 그 원수를 조간주(趙簡主)에게 추천하니 하나는 재상이 되었고 하나는 상당(上黨)의 태수가 되었다고 하였다. 『한시외전(韓詩外傳)』 권9에서는 또한 조간주를 위문후(魏文侯)라고 하였다. 모두 기해가 원수를 추천한 행동을 해호에게 돌리고 있다. 『설원(說苑)』에는 "진문공이 구범(咎犯)에게 물었다"라고 되어 있다. 『여씨춘추·거사(去私)』편에만 대강이 『전』과 같은데 또한 진나라 평공이 물은 것으로 잘못되어 있다. 『좌전』이 옳다고 봐야 한다.

對曰,
대답하였다.

“午也可.”[35]
“오가 괜찮습니다.”

於是羊舌職死矣,[36]
이때 양설직이 죽으니

晉侯曰,
진후가 말하였다.

“孰可以代之?”[37]
“누가 그를 대신할 수 있겠는가?”

對曰,
대답하였다.

“赤也可.”[38]
“적이 괜찮습니다.”

於是使祁午爲中軍尉,
이에 기오로 하여금 중군위를 삼고

羊舌赤佐之.[39]
양설적이 보좌하였다.

君子謂祁奚“於是能擧善矣.[40]
군자가 기해에 대하여 말하기를
“이때 훌륭한 사람을 잘 천거하였다.

稱其讎,
그 원수를 말하였으니

不爲諂;[41]
아첨을 하지 않음이요,

---

35 두예는 “오는 기해의 아들이다”라 하였다. 이 일 또한 「진어 7」에 보이며, 아울러 “공이 기오로 하여금 군위(軍尉)가 되게 하였는데 평공이 죽자 군중(軍中)에는 잘못된 정령이 없었다”라 하였다.

36 성공 18년의 『전』에 의하면 “기해가 중군위가 되고 양설직이 보좌하였다.” 나머지는 선공 15년과 성공 18년의 『전』과 『주』에 상세하다. 어시(於是)는 이때라는 말이다.

37 대(代): 대신 잇는 것이다.

38 아래의 내용으로 보건대 적(赤)은 직(職)의 아들임을 알 수 있고, 자는 백화(伯華)이다.

39 두예는 “각기 그 부친을 대신한 것이다”라 하였다.

40 『여씨춘추·거사(去私)』편에는 “군자”가 “공자”로 되어 있고, 『사기·진세가』와 『신서·잡사(新序·雜事)』에는 그대로 “군자”로 되어 있다.

41 해호를 천거한 것을 가리킨다.

立其子, 그 자식을 세우니

不爲比;[42] 편당이 아니며,

擧其偏,[43] 보좌를 천거하였으되

不爲黨. 당파가 아니었다.

商書曰, 「상서」에서 말한

'無偏無黨, '치우치지 않고 삐뚤지 않으니

王道蕩蕩.'[44] 임금의 길은 넓고 넓도다'라 한 것은

其祁奚之謂矣. 기해를 두고 말한 것이리라.

解狐得擧, 해호는 천거되고

祁午得位, 기오는 지위를 얻었으며

伯華得官, 백화는 관직을 얻었다.

建一官而三物成,[45] 하나의 관직을 세움에 세 가지가 이루어졌으니

---

42 그 아들을 천거한 것을 가리킨다. 『논어·위정(論語·爲政)』편에 "군자는 두루 사랑하고 편당을 하지 않는다(君子周而不比)"는 말이 있다.

43 편(偏): 보좌(佐)하다는 뜻이다. 양공 30년의 『전』에서 "또한 사마는 영윤의 보좌이다"라 하였다. 양설직은 본래 기해의 편좌(偏佐)였는데 오늘날로 치면 부관이다. 양설직이 죽자 그 아들을 천거한 것이다.

44 『상서·홍범(尙書·洪範)』에 나오는 말이다. 탕탕(蕩蕩)은 후한(後漢) 때 반고(班固)의 『백호통의·호편(白虎通義·虎篇)』에 의하면 도덕이 지대한 모양이다. 『묵자·겸애(墨子·兼愛) 하』에서는 "주나라의 『시』에서 말하기를"이라고 인용하였다. 손이양(孫詒讓)은 "옛날에는 『시』와 『서』를 또한 호칭(互稱)하는 경우가 많았다"라 하였다.

45 두예는 "하나의 관직은 군위(軍尉)이다. 물(物)은 일이다." 삼사(三事)는 곧 위에서 말한 득거(得擧)와 득위(得位), 득관(得官)을 가리킨다.

能擧善也.	훌륭한 사람을 잘 천거한 것이다.
夫唯善,	대체로 오직 훌륭하기 때문에
故能擧其類.[46]	그와 같은 무리를 천거할 수 있었던 것이다.
詩云,	『시』에서 말하기를
'惟其有之,	'덕이 있는 사람만이
是以似之.'[47]	자기와 비슷한 사람을 추천한다네'라 하였으니
祁奚有焉."[48]	기해에게 그것이 있었도다."

六月,	6월에
公會單頃公及諸侯.[49]	공이 단경공 및 제후와 만났다.

46 선인(善人)만이 선인을 천거할 수 있다는 말이다. "부"(夫)자는 위의 구절로 붙여서 읽어 "能擧善也夫"로 해도 또한 뜻이 통한다.

47 『시』는 『시경·소아·상상자화(詩經·小雅·裳裳者華)』의 구절이다. "유(有)"자와 "사(似)"자는 고음이 모두 해(咍)부에 있으며 압운자이다. 모(毛)씨의 『전(傳)』과 정씨의 『전(箋)』에서는 모두 "似"를 "嗣"로 해석하였는데, 이 두 자는 고음이 본래 같아 통가(通假)할 수 있었다. 곧 『시』의 뜻은 선인만이 이 덕이 있으므로 그 자식이 능히 계속 이을 수 있다는 것이다. 청나라 호승공(胡承珙)의 『모시후전(毛詩後箋)』에서는 이 설을 극력 주장하였다. 청나라 위원(魏源)의 『시고미(詩古微)』에서는 이 두 구절의 듯은 "안에 있기 때문에 옳음이 바깥으로 드러난다"라 하였는데, 기해에게 이른 훌륭한 덕이 있기 때문에 그가 천거한 사람 또한 이 훌륭한 덕과 유사하다는 것이다. 두예는 "덕이 있는 사람만이 자기와 비슷한 사람을 천거할 수 있다"라 하였는데, 위원은 이 뜻과 같다.

48 『대대예기·위장군문자(大戴禮記·衛將軍文字)』편(篇)에는 또 다른 기해를 논한 말이 있다.

49 단경공(單頃公): 곧 『경』의 단자(單子)이다.

己未,	기미일에

同盟于鷄澤.[50]	계택에서 동맹을 맺었다.

晉侯使荀會逆吳子于淮上,[51]	진후가 순회에게 회상에서 오자를 맞이하게 하였는데

吳子不至.	오자는 오지 않았다.

楚子辛爲令尹,	초나라 자신이 영윤이 되어

侵欲於小國,[52]	소국을 침탈하여 욕심을 채우니

陳成公使袁僑如會求成.[53]	진성공이 원교로 하여금 회합에 가서 화친을 구하게 하였다.

晉侯使和組父告于諸侯.[54]	진후가 화조보로 하여금 제후에게 알리게 하였다.

---

50 계택(鷄澤): 지금의 하북 한단시(邯鄲市) 동쪽 조금 북쪽에 못이 있는데 곧 계택(雞澤)이다. 곡량(曲梁)의 옛 성이 또한 그곳 조금 동북쪽에 있다. 계구(雞丘)는 계택의 조금 남쪽에 있으며 지금의 비향(肥鄕) 및 성안(成安) 두 현과 모두 그리 멀지 않다. 혹자는 계택을 곧 계구라고도 하는데 정확하지 않은 것 같다.

51 순회(荀會): 성공 18년의 『전』과 『주』를 보라. 오자(吳子)는 수몽(壽夢)이다. 이번 회합은 본래 오나라와 우호 조약을 맺으려 한 것이기 때문에 사람을 보내어 국경에서 맞이하게 하였다. 회상(淮上)은 지금의 봉태현(鳳台縣) 경계, 회수(淮水)의 북쪽인 것 같다.

52 공영달은 "욕심이 많고 요구가 끝이 없으며 소국을 침해하였기 때문에 소국이 원망하였다"라 하였다.

53 진(陳)나라 또한 초나라에 등을 돌리고 진(晉)나라에 투항하였다. 두예는 "원교(袁僑)는 도도(濤塗)의 4세손이다"라 하였다. 『세족보(世族譜)』에서는 "시호는 환자(桓子)이다"라 하였다.

54 화조보(和組父): 이곳 한곳에서만 보이며, 관작은 미상이다. 두예는 "진(陳)나라의 복종을 알린 것이다"라 하였다.

秋,	가을에
叔孫豹及諸侯之大夫及陳袁僑盟,	숙손표가 제후의 대부 및 진나라의 원교와 맹약을 맺었는데
陳請服也.	진나라가 복종을 청하였음이다.

晉侯之弟揚干亂行於曲梁,[55]	진후의 아우 양간이 곡량에서 군대의 행진을 어지럽히자
魏絳戮其僕.[56]	위강이 그의 종을 죽였다.
晉侯怒,	진후가 노하여
謂羊舌赤曰,	양설적에게 말하였다.
"合諸侯,	"제후를 회합한 것은
以爲榮也.	영예로운 것이다.
揚干爲戮,[57]	양간이 욕을 보았으니

55 계택의 회합에서 있었던 일을 가리킨다. 고대의 회맹에는 병거(兵車)의 회합이 있고 승거(乘車)의 회합이 있었다. 승거의 회합에도 군대가 따르는데 정공 4년의 『전』 "임금이 가고 군사가 따른다(君行師從)"라 한 것으로 알 수 있다. 군대가 있으면 행렬을 갖추고 군의 위용을 갖추게 된다. 난행(亂行)이라는 것은 군대의 행렬을 어지럽히는 것이다. 곡량은 곧 계택 부근에 있으며 이미 위에 보인다.

56 종〔僕〕은 양간(楊干)의 수레를 모는 자이다. 이때 위강(魏絳)은 중군사마였으며 진나라 군대의 군법을 주관하였다. 성공 18년 『전』에 상세하다. 「진어(晉語) 5」에서 "조선자(趙宣子)가 한헌자(韓獻子)를 영공(靈公)에게 말하여 사마가 되었다. 하곡(河曲)의 싸움에서 조맹(趙孟)의 사인이 그가 타고 있는 수레가 행렬을 어지럽혔으므로 한헌자가 그를 잡아서 죽였다"라 한 것으로 보아 군대의 행렬을 범한 자는 사마가 반드시 법을 집행하여 죽였음을 알 수 있다.

57 양간의 마차를 모는 사람을 죽이는 것은 양간을 욕보이는 것과 같으며, 이른바 "개를 때리며 주인을 업신여기는 것(打狗欺人)"이다. 그러므로 "양간위륙(揚干爲戮)"이라 말하였

何辱如之?[58]	어떤 욕이 그만 하겠는가?
必殺魏絳,	반드시 위강을 죽일 터이니
無失也!"[59]	놓치지 말지어다!"
對曰,	대답하였다.
"絳無貳志,[60]	"위강은 두 뜻을 품지 않았으며
事君不辟難,[61]	임금을 섬김에 어려움을 피하지 않았고
有罪不逃刑,	죄가 있으면 형벌에서 달아나지 않았으며
其將來辭,[62]	곧 와서 말을 할 것이니
何辱命焉?"[63]	어찌 욕되이 명을 내리십니까?"
言終,	말이 끝나자
魏絳至,	위강이 이르러

다. 위륙(爲戮)은 욕을 본다는 뜻이다.

58 하욕여지(何辱如之): 지금 말로 한다면 어떤 모욕이 그것보다 더하겠는가라는 것이다. 이 욕은 또한 진나라 도공 스스로도 욕을 보았다고 생각하는 것이다.

59 양공 19년의 『전』에 의하면 군위(軍尉)의 직위는 사마보다 높은데, 양설적은 막 중군위좌가 되었기 때문에 진나라 도공이 명을 내려 죽이게 할 수 있었던 것이다.

60 무이지(無貳志)는 한 마음이라는 말과 같으며, 나라를 사랑하여 공무에만 매달림을 말한다.

61 피(辟): 피(避)자와 같다. 어려움이 있어도 도피하거나 하지 않았다는 말이다.

62 기(其): 긍정하지 않음을 표시하는 부사로 "혹자(或者)"보다 어감이 가볍다.
래(來): 공이 있는 곳으로 오는 것이다.
사(辭): 할 말이 있다는 것이다.

63 진후가 사람을 보내어 죽일 필요도 없이 곧 스스로 와서 말할 것이라는 말이다.

授僕人書,[64]	복인에게 글을 주고
將伏劍.[65]	칼을 빼어 자살하려 했다.
士魴, 張老止之.[66]	사방과 장로가 말렸다.
公讀其書,	공이 그 글을 읽어 보니
曰,	이러하였다.
"日君乏使,[67]	"지난날 임금님께서 부릴 사람이 부족하다고
使臣斯司馬.[68]	신으로 하여금 사마를 맡게 하였습니다.
臣聞'師衆以順爲武,[69]	신이 듣건대 '군사는 순명하는 것이 무이며

64 『주례·하관·태복(周禮·夏官·太僕)』의 아래에 어복(御僕)이 있는데, 관리가 긴급히 올리는 글을 접수하는 것을 주관한다. 제후에 있어서는 태복을 복대부(僕大夫)라 하는데, 이를테면 성공 6년의 『전』에는 "한헌자는 새로 편성한 중군의 장수가 되었으며 또한 복대부였다(韓獻子將新中軍, 且爲僕大夫)"라는 말이 있다. 다만 이곳의 복인은 곧 복대부의 속관으로, 또한 태복의 아래에 어복이 있는 것과 같으며 관리들이 긴급하게 올리는 글을 접수한다.

65 복검(伏劍): 또한 희공 10년의 『전』에 보이는데 곧 부검(負劍)이다. "負"와 "伏"은 고음이 서로 가까워서 통하여 쓸 수 있었다. 『묵자·절장(節葬) 하』에 "비유하자면 남에게 칼에 엎어져 죽게 하고는 그 목숨을 구하려는 것과 같다(譬猶使人負劍, 而求其壽也)"라는 말이 있다. 무릇 칼을 뽑아 자살하는 것은 모두 부검(負劍)이라고 할 수 있으며, 또한 바뀌어 복검(伏劍)이 되었다.

66 사방(士魴)과 장로(張老)는 모두 성공 18년의 『전』과 『주』에 보인다. 사방은 이미 경이며, 장로는 후엄(候奄)이다.

67 일(日): 석일(昔日)과 같은 뜻으로 도공이 막 즉위한 때를 가리킨다.
핍사(乏使): 일을 시킬 사람이 결핍된 것을 말한다.

68 사(斯): 사(司)와 고음이 같으며, 사(司)의 뜻으로 읽어야 한다. 주관한다는 뜻이다.

69 사중(師衆)은 하나의 단어로 사려(師旅)와 같은 뜻이다. 순(順)은 군기, 군령에 복종한

軍事有死無犯爲敬'.[70]	군대의 일은 죽을지언정 범하지 않는 것이 경'이라 하였습니다.
君合諸侯,	임금님께서 제후를 규합하셨는데
臣敢不敬?[71]	신이 감히 공경하지 않겠습니까?
君師不武,[72]	임금의 군사가 순명하지 않고
執事不敬,[73]	군사의 일을 맡은 사람이 죽지 않고 범한다면
罪莫大焉.	죄가 그보다 큰 것이 없습니다.
臣懼其死,[74]	신은 죽을죄를 지어 두려우며
以及揚干,	양간에게까지 미쳤으니
無所逃罪.	죄를 피해 달아날 곳이 없습니다.
不能致訓,[75]	훈계에 이르지도 못하고
至於用鉞,[76]	부월을 쓰는 지경에 이르러
臣之罪重,	신의 죄가 중하니

다는 뜻이다.

70 군려(軍旅)에 종사하면서 죽을지언정 군기를 범하지 않는 것이 경(敬)이라는 뜻이다.

71 내가 어찌 군기와 군법을 진행하지 않겠습니까라는 뜻이다.

72 이는 반대로 말한 것이다. 불무(不武)는 군기를 위반하여 범한 자를 말한다.

73 관련된 군리가 감히 군법을 집행하지 않는 것을 말한다.

74 집사가 불경한 것이 가장 큰 죄로 사형에 해당한다는 말이다.

75 내가 먼저 사람들에게 훈계하여 알릴 수 없었음을 말한다.

76 양간의 종을 죽이는데 대부(大斧)를 썼음을 알 수 있다. 「노어(魯語) 상」에 "큰 형벌에는 갑병을 쓰고 그 다음에는 부월(斧鉞)을 쓴다"라 하였다.

敢有不從以怒君心?[77]	감히 따르지 않고 임금님의 마음을 노하게 하겠습니까?
請歸死於司寇."[78]	청컨대 사구에게 죽게 하여 주십시오."
公跣而出,[79]	공은 맨발로 나와서
曰,	말하였다.
"寡人之言,[80]	"과인의 말은
親愛也;[81]	친애하는 것 때문이며,
吾子之討,[82]	그대를 치죄하는 것은
軍禮也.[83]	군법이기 때문이다.
寡人有弟,	과인에게는 아우가 있는데
弗能敎訓,	가르쳐 훈계할 수가 없어
使干大命,[84]	군령을 범하게 하였으니

---

77 부종(不從): 형륙(刑戮)을 따르지 않는 것이다. 위에서 이미 자기의 죄가 중함을 말하였으므로 여기서 따르지 않는다는 것은 스스로 형을 따르지 않겠다는 뜻이다.
노(怒): 동사 사동용법이다. 진나라 임금의 마음을 노하게 하는 것이다. 여기서는 아마 위강이 미리 진나라 도공이 화를 낼 것이라 짐작하였기 때문에 먼저 주동하여 글을 올린 것이다.

78 사구(司寇): 나라의 법관이다.

79 옛날 사람들은 방에 들어갈 때는 신이나 덧신을 벗고, 방을 나설 때는 신이나 덧신을 신었다. 진나라 도공은 위강이 자살할까 봐 두려워 맨발로 나온 것이다.

80 양설적에게 한 말을 이른다.

81 양간이 그의 아우이기 때문에 "친애하는 것 때문이다"고 말하였다.

82 양간의 종을 죽이는 것을 가리킨다.

83 군례(軍禮): 군법과 같은 말이다.

84 대명(大命): 군령(軍令)을 말한다.

寡人之過也.	과인의 잘못이다.
子無重寡人之過也,[85]	그대는 과인이 거듭 잘못을 저지르게 하지 말기를
敢以爲請."[86]	감히 청하노라."
晉侯以魏絳爲能以刑佐民矣,	진후는 위강이 능히 형벌로 백성을 도왔다 하여
反役,[87]	회맹에서 돌아와
與之禮食,[88]	예식을 베풀어 주고
使佐新軍.[89]	새로운 군대를 보좌하게 하였다.
張老爲中軍司馬,[90]	장로는 중군사마가 되고
士富爲候奄.[91]	사부는 후엄이 되었다.

---

85 중(重): 평성으로, 거듭이라는 뜻이다. 이는 위 "歸死於司寇"에 대한 답이다. 위강이 이것 때문에 죽는다면 자기가 다시 과오를 저지르는 것이라는 말이다.

86 위강에게 부디 죽지 말아달라고 청하는 것이다.

87 회맹한 일에서 돌아온 것을 말한다.

88 예식(禮食): 공이 대부들에게 음식을 내리는 예법이다.

89 9년의 『전』에서는 "위강은 공이 많았으며 조무를 현명하다고 생각하여 그를 보좌로 삼았다(魏絳多功, 以趙武爲賢, 而爲之佐)"라 하였다. 「진어 7」에 의하면 당시 조무는 이미 신군의 장수였으며 위강이 그를 보좌하였다. 사미는 대부이고 신군의 보좌는 경의 반열이다.

90 위강을 대신한 것이다. 19년의 『전』에 의하면 진나라 군리의 차제(次第)는 군위(軍尉)·사마(司馬)·사공(司空)·여위(輿尉)·후엄(候奄)이다. 장로는 후엄에서 사마가 되었으니 진급한 것이다.

91 두예는 "장로를 대신한 것이다. 사부는 사회(士會)의 별족이다"라 하였다. 사부는 이곳에만 보인다. 「진어 7」에는 "범헌자에게 후엄을 시켰다"라 하고 위소는 "헌자(獻子)는 범문자의 일족의 형제 사부이다"라 주석을 달았다. 청나라 홍양길(洪亮吉)의 『고(詁)』에서는 "범씨(范氏)에게는 두 사람의 헌자(獻子)가 있다"라 하였다.

楚司馬公子何忌侵陳,[92] 초나라 사마 공자 하기가 진나라를 침공하였는데

陳叛故也.[93] 진나라가 반기를 들었기 때문이다.

許靈公事楚, 허나라 영공이 초나라를 섬기어

不會于鷄澤. 계택의 회합에 참여하지 않았다.

冬, 겨울에

晉知武子帥師伐許. 진나라의 지무자가 군사를 거느리고 허나라를 쳤다.

양공 4년

經

四年春王三月,[1] 4년 봄 주력으로 3월

己酉,[2] 기유일에

陳侯午卒. 진후 오가 죽었다.

---

92 공자 하기는 이곳에만 보인다.

93 진(陳)나라가 진(晉)나라에게 복종하기를 청한 것은 앞에 보인다.

1 사년(四年): 임진년 B.C. 569년으로, 주영왕(周靈王) 3년이다. 동지가 정월 22일 을유일로 건자(建子)이다. 윤달이 있다.

2 3월에는 기유일이 없다.

夏,	여름에
叔孫豹如晉.	숙손표가 진나라에 갔다.
秋七月戊子,[3]	가을 7월 무자일에
夫人姒氏薨.[4]	부인 사씨가 돌아가셨다.
葬陳成公.[5]	진나라 성공을 장사 지냈다.
八月辛亥,[6]	8월 신해일에
葬我小君定姒.[7]	우리나라 소군 정사를 장사 지냈다.
冬,	겨울에
公如晉.	공이 진나라에 갔다.
陳人圍頓.	진나라 사람이 돈을 에워쌌다.

傳

四年春,	4년 봄에

---

3 무자일은 28일이다.

4 "사(姒)"는 『공양전』에는 "익(弋)"으로 되어 있다. 평성과 입성의 대전(對轉: 주요 원음(元音)이 서로 같은 음성(陰聲)과 양성(陽聲)·입성(入聲) 간에 서로 전변하는 것) 통가(通假)인 것 같다. 두예는 사씨는 "성공의 첩으로 양공의 어머니"라고 했는데 믿을 만하다. 다만 사씨를 기(杞)나라 여인이라고 한 것은 무슨 근거인지 모르겠다. 후한(後漢) 말 하휴(何休)의 『춘추공양해고(春秋公羊解詁)』에서는 "거(莒)나라 여인"이라고 하였는데 또한 반드시 그렇지는 않다. 『공양전』 양공 5년에서는 또한 증(鄫)나라와 노나라는 외숙과 생질간이라고 하였으니 사씨 또한 증나라 여인인 것 같다. 기나라과 증나라, 거나라는 모두 사성(姒姓)이며, 『공양전』의 설은 비교적 이르다.

5 『전』이 없다. 다섯 달 만에 장사를 지냈다.

6 신해일은 22일이다.

7 『전』이 없다. 정(定)은 시호이다. 죽은 날로부터 장사를 지낸 날까지가 겨우 23일이다.

楚師爲陳叛故,	초나라 군사는 진나라가 반란을 일으켰다는 이유로
猶在繁陽.[8]	여전히 번양에 있었다.
韓獻子患之,[9]	한헌자가 그것을 근심하여
言於朝曰,	조정에서 말하였다.
"文王帥殷之叛國以事紂,[10]	"문왕이 은나라에 반기를 든 나라를 거느리고 주를 섬긴 것은
唯知時也.	시기를 아셨기 때문입니다.
今我易之,[11]	지금 우리는 그것을 뒤바꾸었으니
難哉!"	어렵습니다!"

三月,	3월에
陳成公卒.	진나라 성공이 죽었다.
楚人將伐陳,	초나라 사람이 진나라를 치려다가

8 번양은 지금의 하남 신채현 북쪽에 있다. 여전히 번양에 있다는 것은 작년에 초나라 공자 하기(何忌)가 군사를 거느리고 진(陳)나라를 침공하였는데, 진나라는 초나라에 불복하였으며 초나라 또한 아직 물러나지 않았다. 번양은 진나라와는 약 2백여 리 떨어져 있는데 진격할 수도 물러날 수도 있었다.

9 한궐(韓厥)은 일찍이 이미 성왕 18년에 진(晉)나라의 중군장수가 되어 정사를 맡았었다.

10 『일주서·정전(逸周書·政典)』편에서는 "문왕은 여섯 주의 제후를 모아 상나라를 섬겼다"라 하였다. 『논어·태백(泰伯)』편에서는 "천하를 셋으로 나누어 그 둘을 가졌는데도 복종하여 은나라를 섬겼다"라 하였다. 전하는 말에 의하면 당시에는 천하를 9주로 나누었는데 문왕이 그 가운데 6주를 얻었으므로 셋으로 나누어 그 둘을 가졌다고 하였다.

11 두예는 "진나라의 힘으로는 초나라를 복종시킬 수 없으므로 진(陳)나라를 받아들이는 것은 때가 아니다"라 하였다.

聞喪乃止.[12]	상고가 났다는 말을 듣고 그만두었다.
陳人不聽命.[13]	진나라 사람은 명을 듣지 않았다.
臧武仲聞之,[14]	장무중이 이 말을 듣고는
曰,	말하였다.
"陳不服於楚,	"진나라가 초나라에 복종하지 않으면
必亡.	반드시 망한다.
大國行禮焉,	대국이 예를 행하는데도
而不服;	복종하지 않았으며,
在大猶有咎,[15]	큰 나라에도 오히려 재앙이 있을진대
而況小乎?"	하물며 작은 나라이겠는가?"
夏,	여름에
楚彭名侵陳,[16]	초나라 팽명이 진나라를 침공하였는데

12 19년의 『전』에서는 "진나라의 사개가 제나라를 침공하였는데 곡에 이르러 상고가 났다는 말을 듣고는 돌아갔으니 예의에 합당하다"라 한 것으로 보아 당시에는 상고가 난 나라를 치지 않는 것이 예법이었음을 알 수 있다.

13 두예는 "초나라의 명령을 듣지 않은 것이다"라 하였다.

14 장무중(臧武仲): 성공 18년 『전』의 『주』에 보인다.

15 『설문(說文)』에서는 "구는 재앙이다(咎, 災也)"라 하였다. 『여씨춘추·치락(侈樂)』편 고유(高誘)의 『주』에서도 "구는 재앙〔殃〕이다"라 하였다. 장공 21년의 『전』에 "정백은 허물을 본받으니 그에게도 화가 있겠구나!(鄭伯效尤, 其亦將有咎!)"라는 말이 있는데 곧 이 뜻이다.

16 팽명(彭名)은 이미 선공 12년의 『전』에 보인다.

陳無禮故也.	진나라가 무례하였기 때문이다.
穆叔如晉,[17]	목숙이 진나라로 갔는데,
報知武子之聘也.[18]	지무자의 빙문에 대한 보답이었다.
晉侯享之,[19]	진후가 향례를 베풀어 주면서
金奏肆夏之三,[20]	종으로 「사하」의 세 악장을 연주하였는데
不拜.[21]	절하지 않았다.
工歌文王之三,[22]	악공이 「문왕」의 세 악장을 노래하였는데
又不拜.	또 절하지 않았다.
歌鹿鳴之三,[23]	「녹명」의 세 악장을 노래하자

17 목숙(穆叔): 곧 숙손표(叔孫豹)이다.

18 순앵(荀罃)이 노나라를 빙문한 일은 원년에 있었다.

19 유문기(劉文淇)의 『구주소증(舊注疏證)』에서는 "향례(享禮)는 지금은 없어졌고 음악을 쓰는 것은 이 『전』에서만 보인다"라 하였다.

20 금주(金奏): 종박(鐘鎛)으로 연주하고 북으로 박자를 맞추는 것이다.
사하(肆夏): 악장의 이름인데 가사는 지금 없어졌다. 『주례·춘관·종사(春官·鐘師)』에서는 "종과 북으로 「구하(九夏)」를 연주한다"라 하였는데, 「사하」는 「구하」의 하나이다. 다만 「노어 하」에 의하면 「사하」의 세 악장은 「사하」와 「번알(樊遏)」, 「거(渠)」이다. 「번알(樊遏)」과 「거(渠)」는 곧 「종사」에 나오는 「소하(韶夏)」와 「납하(納夏)」이다.

21 진나라에서 이 음악을 연주하였는데, 목숙이 응답하지 않은 것이다.

22 두예는 "공은 악공이다. 「문왕」의 세 악장은 「문왕」, 「대명(大明)」, 「면(緜)」이다"라 하였다. 두예는 「노어 하」에 근거를 두고 말하였다. 가(歌)라는 것은 노래만 부르는 것이 아니라 음악도 있는 것이다.

23 두예는 "「소아(小雅)」의 첫 머리 「녹명(鹿鳴)」과 「사모(四牡)」, 「황황자화(皇皇者華)」이다"라 하였으며, 이 역시 「노어 하」에 근거한 것이다.

三拜.[24]	세 번 절하였다.
韓獻子使行人子員問之,[25]	한헌자가 행인 자원으로 하여금 그 까닭을 묻게 하니
曰,	말하였다.
"子以君命辱於敝邑,	"그대가 임금의 명으로 우리나라를 찾아 주어
先君之禮,	선군의 예에 따라
藉之以樂,[26]	음악을 올리어
以辱吾子.	그대를 대하였소.
吾子舍其大,[27]	그대가 큰 것은 버리고
而重拜其細.[28]	잗단 것에는 거듭 절하니
敢問何禮也?"	감히 묻노니 무슨 예입니까?"
對曰,	대답하여 말하였다.
"三夏,	"「삼하」는

---

24 삼배는 한 곡을 노래할 때마다 목숙이 절하여 답례한 것이다.

25 행인(行人)은 환공 9년 및 선공 12년의 『전』과 『주』에 보인다. 양공 26년의 『전』에 의하면 진나라에는 행인이 여럿 있었으며 자원이 가장 재덕이 있었다.

26 두예는 "자(藉)는 드리는 것(薦)이다"라 하였다. 『좌전』 소공 15년에 "이기를 왕에게 드렸다(薦彝器於王)"라는 말이 있는데, 두예는 "천은 바치는 것(獻)이다"라 하였다. 『예기·제의(祭義)』에 "경대부는 제후에게 잘 드리는 것이 있다(卿大夫有善薦於諸侯)"라는 말이 있는데, 정현(鄭玄)은 "천은 드리는 것(進)이다"라 하였다.

27 대(大): 「사하」 및 「문왕」의 세 악장을 가리킨다.

28 중배(重拜): 중은 평성이다. 거듭 절한다는 것은 한번 하고 두 번 하고 세 번 절하는 것이다.
세(細): 「녹명」의 세 악장을 말한다.

天子所以享元侯也,[29]	천자가 원후에게 베푼 것으로
使臣弗敢與聞.	사신은 감히 그것을 듣지 못합니다.
文王,	「문왕」은
兩君相見之樂也,	두 임금이 만날 때의 음악으로
使臣不敢及.[30]	사신이 감히 미치지를 못합니다.
鹿鳴,	「녹명」은
君所以嘉寡君也,[31]	임금께서 과군을 좋게 본 것이니
敢不拜嘉?[32]	감히 좋게 본 것을 절하지 않겠습니까?
四牡,	「사모」는
君所以勞使臣也,[33]	임금께서 사신을 위로하는 것이니
敢不重拜?[34]	감히 거듭 절하지 않겠습니까?
皇皇者華,	「황황자화」는

29 「사하」의 세 악장은 천자가 성대한 연회를 베풀어 원후를 초대하여 연주하는 것이라는 말이다. 두예는 "원후는 목백(牧伯)이다"라 하였다. 곧 제후의 우두머리를 원후라고 한다.

30 이상에서 사(使)자는 각 판본에 없고 『시경대아소아보정의(詩經大雅小雅譜正義)』 및 『태평어람(太平御覽)』 권542 두 군데만 있는데, 지금은 왕인지(王引之)의 『술문(述聞)』의 설을 따라 보충하였다.

31 「녹명」에는 "내게 좋은 손님 있네(我有嘉賓)", "내게 주나라로 가는 큰 길을 보여주시네(示我周行)"와 같은 구절이 있다.

32 진나라 임금이 노나라 임금을 훌륭하게 본 것에 절하여 감사하는 것이다.

33 「사모」의 서문에서는 "「사모」는 사신이 옴에 위로하는 것이다. 공을 세움에 알아주니 기쁘다"라 하였고, 시에서는 "어찌 돌아감 생각지 않으리오? 왕의 일 견고히 하지 않을 수 없다네(豈不懷歸, 王事靡盬)"라 한 구절이 있다.

34 두 번째 절한 것은 곧 진나라 임금이 자기를 위로한 것에 대하여 감사한 것이다.

君敎使臣,	임금께서 사신을 가르쳐
曰,	말하기를
'必諮於周.'[35]	'반드시 두루 물을지어다'라 하였는데
臣聞之,	신이 듣기에
'訪問於善爲咨,[36]	'찾아가 선인에게 묻는 것을 자라 하고
咨親爲詢,[37]	친척에 대해 묻는 것이 순이며
咨禮爲度,[38]	예에 대하여 묻는 것을 도,
咨事爲諏,[39]	일에 대하여 묻는 것을 추.
咨難爲謀.'[40]	어려움에 대하여 묻는 것을 모라 한다' 하였습니다.

35 「황황자화」에는 "이에 두루 자문하여 묻도다(周爰咨諏)", "이에 두루 자문하여 모의하도다(周爰咨謀)", "이에 두루 자문하여 헤아리도다(周爰咨度)", "이에 두루 자문하여 묻도다(周爰咨詢)" 등의 구절이 있다. 『시경』에는 "咨"로 되어 있고 『전』에는 "諮"로 되어 있는데 두 자는 통용한다. 「노어 하」에서는 "충직하고 믿음직한 것이 주이다(忠信爲周)"라 하였는데, 『시경』 모씨(毛氏)의 『전』에서 그것을 인용하였으며 옛 뜻은 이와 같다. "必諮於周"는 반드시 이른바 충직하고 신의 있는 사람에게 자문을 구하는 것을 이른다.

36 선(善)은 곧 선인(善人)이며, 주(周)는 이른바 충직하고 신의 있는 사람이다.

37 위의 구절 "訪問於善"은 자문을 하는 대상이고, 이 이하는 자문을 하는 내용이다. 친(親)은 친척이다.

38 두예는 "예의(禮宜)를 묻는 것이다"라 하였다.

39 「황황자화」의 "이에 두루 자문하여 묻도다(周爰咨諏)"라는 구절에 모씨의 『전』에서는 "일에 대하여 자문하는 것이 추(諏)이다"라 하였는데, 이 『전』의 문장을 쓴 것일 것이다. "사(事)"는 「노어 하」에는 "재(才)"로 되어 있는데 "事"와 "才"는 고음이 같은 운부에 속해 있다. 두예는 "정사(政事)를 묻는 것이다"라 하였다.

40 「노어 하」에는 "咨事爲謀"로 되어 있고, 『설문(說文)』에서는 "咨難爲謀"이라 하였는데

臣獲五善, 신이 다섯 훌륭함을 얻었으니

敢不重拜?"[41] 감히 거듭 절하지 않겠습니까?"

秋, 가을에

定姒薨. 정사가 돌아가셨다.

不殯于廟,[42] 종묘에 빈을 하지 않았으며

無櫬,[43] 널을 쓰지 않았고

不虞.[44] 우제를 지내지 않았다.

匠慶謂季文子曰,[45] 장경이 계문자에게 말하였다.

『좌전』의 뜻을 그대로 쓴 것이다. 난(難)은 곤란(困難)의 "난"이라는 뜻으로 읽을 수도 있고 또한 난이(難易)의 "난"이라는 뜻으로도 읽을 수 있는데 이 두 뜻은 서로 관련이 있다.

41 이는 세 번 절한 까닭에 대하여 풀이하였다.

42 주나라는 조상의 사당에 관을 두었다가 장례를 기다리는 예법을 쓰고 있었는데, 희공 8년의 『전』과 『주』에 상세하다. 청나라 왕중(汪中)의 『경의지신기(經義知新記)』에서는 "빈궁(殯宮)은 모두 종묘를 이른다. ……" 하였는데 믿을 수 없다.

43 공영달은 「단궁 상」의 "임금이 즉위하면 벽을 만든다(君卽位而爲椑)"란 문장에 근거하여 정사(定姒)는 출가 후 마땅히 벽을 만들었어야 한다고 생각했다. 벽(椑)은 곧 관이다. 다만 정사는 성공의 천첩이었기 때문에 꼭 출가하면서 관을 만들지는 않았을 것이다.

44 우(虞): 제례(祭禮)이다. 죽은 사람을 장사지낸 후에 산 사람들이 빈궁을 도로 가져와 제사를 지내 죽은 사람의 영혼을 편안하게 하는 것이 우례(虞禮)이다. 우례는 반드시 곡을 하며 또한 반곡(反哭)이라고도 한다. 『의례』에는 「사우례(士虞禮)」편이 있다. 이 『전』은 양공이 어리고 권력은 계손행보(季孫行父)에게 있는데 행보는 결코 부인의 예로 정사를 대하지 않았으며, 혹은 제강(齊姜)을 이미 성공의 부인으로 상례를 치렀기 때문에 정사에게까지 다시 이렇게 하자는 않아도 된다는 것을 반영하고 있다.

45 장경(匠慶): 옛날에 장(匠)은 거의 목공이었다. 두예는 "장경은 노나라의 대장(大匠)이다"라 하였다. 『장자·달생(達生)』편에 재경(梓慶)이 나오는데 성현영(成玄英)은 곧 이 장경(匠慶)이라고 하였다.

"子爲正卿,	"그대는 정경인데
而小君之喪不成,[46]	소군의 상을 치르지 않는다면
不終君也.[47]	임금이 송종을 못하게 하는 것이오.
君長,[48]	임금이 장성하면
誰受其咎?"[49]	누가 그 책임을 지겠소?"
初,	처음에
季孫爲己樹六檟於蒲圃東門之外,[50]	계손이 자기가 쓰려고 포포의 동문 바깥에 가래나무 여섯 그루를 심었는데
匠慶請木,[51]	장경이 나무를 청하자
季孫曰,	계손이 말하기를

46 『공양전』 은공 원년의 『전』에서는 "어머니는 자식 때문에 귀하여진다(母以子貴)"라 하였는데, 정사는 양공의 생모이기 때문에 장(匠)이 "소군"이라 하였으며, 아울러 부인의 상으로 치를 것을 청한 것이다.

47 종(終): 송종(送終)이다. 『논어·학이(學而)』편에 "종을 삼가고 멀리 돌아가신 분을 추모하면(愼終追遠) 백성의 덕이 두터운 데로 돌아갈 것이다"라는 말이 있는 것으로 보아, 당시 부모의 상을 당하면 반드시 마음을 다하였던 것을 알 수 있다. 부종군(不終君)이라는 것은 노양공으로 하여금 그 생모의 상을 마치지 못하게끔 하는 것이다. 두예는 "임금을 섬기는 도를 마치지 못하는 것"이라 하였는데 틀렸다.

48 이때 양공은 아직 8세도 되지 않았다.

49 두예는 "양공이 자라면 계손에게 책임을 물을 것이다"라 하였다. 장경이 이 말로 계손을 윽박지른 것이다.

50 포포(蒲圃): 장포(場圃)의 이름이다. 그 땅이 어떤 것은 비교적 넓어 각 방향으로 문이 있다. 동문은 포포의 동문이다. 19년에 공이 포포에서 진나라의 여섯 경에게 연회를 베풀었고, 정공 8년에는 양호(陽虎)가 포포에서 계씨에게 연회를 베풀려고 하였으니 또한 그 땅이 작지 않았음을 알 수 있다.

51 정사의 관을 만들 나무를 청한 것이다.

"略."[52] "대충 하시오"라 하였다.

匠慶用蒲圃之櫝, 장경이 포포의 가래나무를 쓰니

季孫不御.[53] 계손이 막지 않았다.

君子曰, 군자가 말하였다.

"志所謂'多行無禮,[54] "『지』에서 이른바 '무례한 행동을 많이 범하면

必自及也', 반드시 자기에게 미친다'라 한 것은

其是之謂乎!"[55] 아마 이것을 두고 말한 것일 것이다!"

冬, 겨울에

公如晉聽政.[56] 공이 진나라에 가서 정사를 들었다.

---

52 략(略): 간략하다는 뜻이다. 반드시 좋은 나무를 가려 쓸 필요가 없다는 뜻이다. 두예는 "도리로 취하지 않은 것을 략(略)이라 한다"라고 하였다. 심흠한(沈欽韓)의 『보주(補注)』에서는 훔친다는 뜻이라고 하였다. 노나라의 정경(正卿)이 임금의 부인을 장사 지낼 때 사람들에게 관목을 훔치게 하였다는 말인데 이럴 리는 없다.

53 어(御): 두예는 "어는 막는다(止)는 뜻이다"라 하였다.

54 지(志): 아마 옛 책의 이름일 것이다.

55 이는 아마 계손을 책망하는 말일 것이다.

56 청정(聽政): 두 가지 뜻이 있다. 한 가지는 국가의 일을 다스리는 것으로 희공 9년의 『전』에서 말한 "송양공이 즉위하였는데 공자 목이를 어질다고 생각하여 좌사로 삼아 정사를 다스리게 하였다(宋襄公卽位, 以公子目夷爲仁, 使爲左師以聽政)" 한 것으로 여기서는 송나라의 정치를 다스린 것이다. 한 가지는 다른 사람의 요구를 받아들인 것인데 이곳에서 쓰인 뜻이 이것이다. 8년의 『전』에는 "공이 진나라로 가서 조현하고 또한 조빙의 수에 대한 명을 들었다"라 하였고, 또 말하기를 "형구에 모여서 조빙할 수를 명하여 제후의 대부로 하여금 명을 듣게 하였다. ……" 하였으니 더욱 입증할 수 있다. 그래서 두예는 "공부(貢賦)의 다소를 정하는 정사를 받아들였다"라 하였다.

晉侯享公,	진후가 공에게 향연을 베풀자
公請屬鄫.[57]	공이 증나라를 복속시켜 줄 것을 청하였다.
晉侯不許.	진후가 허락하지 않았다.
孟獻子曰,	맹헌자가 말하였다.
"以寡君之密邇於仇讎,	"과군께서 원수의 나라들과 매우 가까워
而願固事君,[58]	굳게 임금님을 섬기어
無失官命.[59]	관명을 어기지 않기를 원하십니다.
鄫無賦於司馬,[60]	증나라는 사마에게 부세를 내지 않고
爲執事朝夕之命敝邑,[61]	집사는 아침저녁으로 우리나라에게 명하는데
敝邑褊小,	우리나라는 비좁고 작아

57 노나라 양공이 진나라 도공에게 증나라를 부용국으로 삼는 데 동의해 줄 것을 청한 것이다. 두예는 "증나라는 소국이어서 노나라에 복속시켜 수구(須句)나 전유(顓臾) 같은 나라들처럼 노나라가 공부를 내는 데 도움이 되게 한 것이다"라 하였고, 또 말하기를 "공은 당시 7세였으므로 아마 보좌한 사람의 말일 것이다"라 하였다. 증나라는 희공 14년 『경』의 『주』에 상세하며, 영토는 지금의 조장시(棗莊市) 동쪽에 있다.

58 고(固): 순수하고 견고함을 말함. 비록 가까운 이웃나라로부터 압박을 받지만 진나라를 섬기는 마음을 바꾸지 않겠다는 뜻이다.

59 관명(官命): 진나라 임금의 명령이다. 진나라가 징발하면 빠짐없이 바치리라는 뜻이다.

60 진나라의 사마는 제후의 공부를 주관하는 일을 겸하였다. 진나라는 증나라에는 공부를 책정하지 않았다는 것을 말한다.

61 아침저녁으로 노나라에 명한다는 것으로 보아 진나라가 복속한 나라에 대한 요구가 매우 부지런하였음을 알 수 있다.

闕而爲罪,[63]	궐로 죄를 짓게 될 것 같아서이니
寡君是以願借助焉."[64]	과군께서는 이 때문에 거기서 도움을 빌고자 하는 것입니다."
晉侯許之.	진후가 허락하였다.
楚人使頓間陳而侵伐之,[65]	초나라 사람이 돈나라에게 진나라의 틈을 보아 치게 하였으므로
故陳人圍頓.	진나라 사람이 돈나라를 에워쌌다.
無終子嘉父使孟樂如晉,[66]	무종자 가보가 맹악으로 하여금 진나라로 가게 하여
因魏莊子納虎豹之皮,[67]	위장자를 통하여 호랑이와 표범 가죽을 바치고

---

62 필요한 물품을 바침에 만족할 길이 없다는 말이다.

63 궐(闕): 두예는 "바치지 않는 것이다"라 하였다.

64 대국은 소국을 수탈하고 소국은 또 더 작은 나를 수탈하는 것이다.

65 돈(頓): 진나라에 가까운 소국으로, 희공 23년의 『전』과 『주』 및 25년의 『전』에 상세하다. 두예는 "간은 빈틈을 살피는 것이다"라 하였다.

66 무종(無終): 산융(山戎)의 나라 이름이다. 본래 지금의 산서성 태원시(太原市)에 있었던 것 같으며, 나중에 진(晉)나라에 병합되어 지금의 하북성 내원현(淶源縣) 일대로 옮기었다고 또 지금의 계현(薊縣) 소재지로 달아났으며, 최후에는 핍박을 받아 장가구시 북쪽 장성 바깥에까지 이르게 되었다. 이때는 아직 산서에 있었다. 여러 책에서 말한 울현(蔚縣)과 옥전(玉田)은 무종의 옛 땅인데 모두 확실치 않다.
가보(嘉父): 무종국 임금의 이름이다. 『춘추』에서는 문화가 비교적 낙후한 나라의 임금에게는 으레 자(子)라 칭하였다. 가보는 산융 여러 나라의 우두머리일 수도 있다. 두예는 "맹악은 그 사신이다"라 하였다.

67 위장자(魏莊子): 곧 위강(魏絳)이다.

以請和諸戎.[68]	여러 융족과 화친할 것을 청했다.
晉侯曰,	진후가 말하였다.
"戎狄無親而貪,	"융적은 친척도 없고 탐욕스러우니
不如伐之."	치는 것만 못하다."
魏絳曰,	위강이 말하였다.
"諸侯新服,	"제후가 비로소 복종을 하고
陳新來和,	진나라가 막 와서 화친을 청하였으니
將觀於我.[69]	우리를 살펴볼 것입니다.
我德,	우리가 덕이 있으면
則睦;[70]	가까이할 것이고,
否,	그렇지 않으면
則攜貳.[71]	등지고 떠날 것입니다.
勞師於戎,	융족에다 군사를 수고롭힌다면
而楚伐陳,	초나라가 진나라를 쳐도
必弗能救,	반드시 구원을 할 수 없을 것이니
是棄陳也.	이는 진나라를 포기하는 것입니다.

68 이로써 맹악이 여러 융족을 대표한다는 것을 알 수 있다.

69 장차 우리의 행동을 관찰하게 될 것이라는 말이다.

70 목(睦): 친하다, 후대하다. 우리에게 덕이 있으면 우리를 가까이하고 우리를 후대할 것이라는 말이다.

71 휴이(攜貳): 당시의 상용어로 배반하여 등지고 떠날 것이라는 말이다.

諸華必叛.[72]	중화의 제후들이 반드시 반기를 들 것입니다.
戎,	융족은
禽獸也.[73]	금수입니다.
獲戎, 失華,	융족을 얻고 중화를 잃는다면
無乃不可乎!	안 되지 않겠습니까!
夏訓有之曰,[74]	『하훈』에 이런 말이 있습니다.
'有窮后羿—'"[75]	'유궁후예는—'"
公曰,	공이 말하였다.
"后羿何如?"	"후예가 어쨌는가?"
對曰,	대답하였다.
"昔有夏之方衰也,	"옛날에 하나라가 바야흐로 쇠퇴할 즈음에
后羿自鉏遷于窮石,[76]	후예는 서에서 궁석으로 옮기어

---

72 제화(諸華): 중원에 있는 여러 문화가 비교적 높은 나라들을 가리킨다.

73 당시 중원의 여러 나라들의 문화는 이미 매우 높았는데, 융족은 중원의 나라들보다 낙후되었거나 아직 원시사회의 상황에 있었기 때문에 금수로 본 것이다.

74 하훈(夏訓): 두예는 "『하훈』은 하나라의 책이다"라 하였다.

75 위강의 말이 채 끝나지도 않았으며, 다음은 진나라 도공이 갑자기 끼어들어 질문을 한 것이다. 여러 『좌씨』를 말한 책 가운데 일본인 나카이 세키토쿠(中井積德)의 『춘추좌전조제략(春秋左傳雕題略)』만이 바로 보았다.
유궁(有窮): 부락 이름으로 지금의 하남 낙양시(洛陽市) 서쪽에 있다.
후(后): 임금. 곧 당시의 추장이다.

76 서(鉏): 지금의 하남 골현(滑縣) 동쪽 15리 지점이다.
궁석(窮石): 곧 궁곡(窮谷)으로 낙양시 남쪽에 있다.

因夏民以代夏政.[77]	하나라 백성들을 통하여 하나라의 정치를 대신하였습니다.
恃其射也,	그 활 솜씨를 믿고
不脩民事,	백성의 일은 닦지 않고
而淫于原獸,[78]	사냥에만 탐닉하여
棄武羅, 伯因, 熊髡, 尨圉,[79]	무라와 백인, 웅곤, 방어를 버리고
而用寒浞.	한착을 썼습니다.
寒浞,[80]	한착은

77 두예는 "우(禹)임금의 손자 태강(大康)이 음탕방일하여 나라를 잃자 하나라 사람들이 그 아우 중강(仲康)을 세웠다. 중강 또한 미약하였다. 중강이 죽자 아들 (相)이 즉위하였는데 예(羿)가 마침내 상을 대신하였는데 유궁이라 불렀다"라 하였다. 「하본기」의 『정의(正義)』에서는 『제왕기(帝王紀)』(곧 『제왕세기(帝王世紀)』인데 당나라 사람들은 "世"자를 쓰는 것을 피하였다)를 인용하여 "제예(帝羿) 유궁씨(有窮氏)는 그 선조의 성씨가 무엇인지 알려져 있지 않다. 제곡(帝嚳) 위로는 대대로 사정(射正)을 담당하였다. 곡(嚳)에 이르러 동궁(彤弓) 및 소시(素矢)를 하사하여 서(鉏)에 봉하여 임금이 되어 활 쏘는 것을 담당하였다. 우(虞), 하(夏)를 거쳤다. 하나라가 쇠퇴하자 서(鉏)에서 궁석으로 옮겼는데 하나라의 백성들을 이용하여 하나라의 정사를 대신 다스렸다"라 하였다.

78 원수(原獸): 「하본기」의 『정의(正義)』에서는 『제왕기』를 인용하여 "淫于田獸"라 하였는데, 원수(原獸)와 전수(田獸)는 동의어이다.

79 백인(伯因): 완각본(阮刻本)에는 백곤(伯困)으로 되어 있는데 『교감기』를 따라 고쳤다. 두예는 "네 아들은 모두 예(羿)의 현신(賢臣)이다"라 하였다. 「하본기」의 『정의(正義)』에서는 『제왕기』를 인용하여 "그의 훌륭한 신하인 무라, 백인(伯姻), 웅곤, 방어를 버렸다"라 하였다. "방어(尨圉)"는 『잠부론·오덕지(潛夫論·五德志)』편 및 『문선(文選)』의 환온(桓溫)의 「초수를 천거하는 표장(薦譙秀表)」의 주석에서 인용한 『전』에서는 "용어(龍圉)"로 되어 있다. "尨"자와 "龍"자는 통용된다. 또한 송나라의 운서(韻書) 『광운(廣韻)』에서는 "하나라 때 무라국(武羅國)이 있었는데 그 후손들이 씨로 삼았다"라 하였다. 무라국이 곧 이곳의 무라의 나라인 것 같다.

80 한착(寒浞): 한(寒)은 부락 이름으로 지금의 산동 유현(濰縣)의 소재지, 곧 옛 한정(寒亭)이다. 한착은 부락국가를 씨로 삼았다.

伯明氏之讒子弟也,[81]	백명씨의 사특한 자식으로
伯明后寒棄之,[82]	한나라 임금 백명이 버렸는데
夷羿收之,[83]	이예에서 그를 거두어
信而使之,	믿고 부리어
以爲己相.	자기의 승상으로 삼았습니다.
浞行媚于內,[84]	착은 궁녀들에게 아첨을 일삼고
而施賂于外,	밖으로는 뇌물을 뿌리며
愚弄其民,	그 백성들을 우롱하고
而虞羿于田.[85]	예를 사냥에 빠지게 하였습니다.
樹之詐慝,	사특한 자들을 세워
以取其國家,[86]	그 나라를 빼앗으니
外內咸服.	안팎에서 모두 복종하였습니다.
羿猶不悛,[87]	예는 그래도 깨닫지를 못하고
將歸自田,[88]	사냥에서 돌아오려 하니

---

81 백명(伯明): 한국(寒國)의 추장 이름이다.

82 백명후한(伯明后寒): 한후백명(寒后伯明)과 같은 말이다. 한국의 임금 백명이다.

83 두예는 이(夷)는 예(羿)의 씨라고 하였다. 『제왕세기』에서는 "제예(帝羿)는 그 선조의 성이 무엇인지 알려지지 않았다"라 하였는데, 이(夷)는 곧 종족 이름이다.

84 내(內): 두예는 "내는 궁인(宮人)이다"라 하였다. 아래에서 "한착은 예의 처첩들과 통하였다(浞因羿室)"라 하였으니 곧 한착이 일찍부터 예의 처첩들과 내통한 것이다.

85 우(虞): 오(娛)와 같다. 예로 하여금 사냥을 즐기어 돌아오지 않게 한 것이다.

86 예는 하후상(夏后相)의 왕위를 찬탈하였고, 한착은 또 예의 왕위를 사취(詐取)하였다.

87 전(悛): 두예는 "전은 고치는 것(改)이다"라 하였다. 『소이아·광언(小爾雅·廣言)』에서는 "전은 깨닫는 것(覺)이다"라 하였다. 깨닫는다는 뜻이 비교적 낫다.

家衆殺而亨之,[89]	집안사람들이 그를 죽여 삶아
以食其子,[90]	그 자식들에게 먹이니
其子不忍食諸,[91]	그 자식들은 차마 먹지를 못하고
死于窮門.[92]	궁의 문에서 죽고
靡奔有鬲氏.[93]	미는 유격씨에게로 달아났습니다.
浞因羿室,[94]	착은 예의 처첩들에게서
生澆及豷,[95]	요와 희를 낳았는데

---

88 사냥에서 조정으로 돌아가는 것이다.

89 가중(家衆): 원래는 예의 집 사람들이었다가 나중에 한착에게 매수된 사람들을 말한다. 팽(亨): 지금은 "烹"으로 쓰며, 삶는다는 뜻이다. 「하본기」의 『정의』에서는 『제왕기』를 인용하여 "한착은 도오(桃梧)에서 예를 죽여 삶았다"라 하였다. 『회남자·전언훈(詮言訓)』에서는 예는 도부(桃棓)에서 죽었다고 하였다. 『맹자·이루(離婁) 하』에서는 봉몽(逢蒙)이 예를 죽였다고 하였다. 『초사·이소(楚辭·離騷)』에서는 "예 방탕하게 놀며 사냥에 빠짐이여, 또한 큰 여우 쏘아잡기 즐겼다네. 실로 어지러운 무리들 좋은 종말 드묾이여, 착 또한 그 처첩 탐내었다네(羿淫游以佚田兮, 又好射夫封狐. 固亂流其鮮終兮, 浞又貪夫厥家)"라 하였다. 또한 「천문(天問)」에서도 "착은 순호를 아내로 삼아, 아내에게 현혹되어 이에 도모하였다네. 어찌 예의 힘이 세어서, 모두 나가 이를 삼켜 멸할 계획을 했는가?(浞娶純狐, 眩妻爰謀. 何羿之射革, 而交吞揆之)"라 하였다.

90 사(食): 먹이다.
기자(其子): 예(羿)의 아들이다.

91 제(諸): "지(之)"자의 뜻으로 쓰였다.

92 궁문(窮門): 두예는 "그를 도성의 문에서 죽였다(殺之國門)"라 하였으니 궁문은 궁(窮)나라의 성문을 말한다. 그러나 청나라 뇌학기(雷學淇)의 『개암경설(介菴經說)』의 「궁서심관고(窮鉏鄩灌考)」에서 궁문은 곧 궁석(窮石)으로 낙양시 남쪽에 있다고 하였다.

93 유격씨(有鬲氏): 「하본기」의 『정의(正義)』에서 인용한 『제왕기』에서는 "처음에 하나라의 유신(遺臣)을 미(靡)라고 하였는데 예를 섬겼다. 예가 죽자 유격씨에게 도망갔다"라 하였다. 유격씨는 부락 이름으로 『속산동고고록(續山東考古錄)』에 의하면 그 땅이 지금의 산동 덕주시(德州市) 동남쪽 25리 지점에 있다.

94 실(室): 처첩을 가리킨다.

95 요(澆): 곧 『논어·헌문(憲問)』편의 "예는 활을 잘 쏘고 오는 배를 끌고 다녔다(羿善射, 奡盪舟)"라 할 때의 오(奡)이며, 또한 『설문(說文)』의 "희(豷)" 아래에 있는 오(敖)이다.

恃其讒慝詐僞, 그 참특한 사술을 믿고

而不德于民, 백성들에게 덕을 베풀지 않았으며,

使澆用師, 요로 하여금 군사를 써서

滅斟灌及斟尋氏.[96] 짐관씨와 짐심씨를 멸하게 하였습니다.

處澆于過,[97] 요는 과에 살게 하고

處豷于戈.[98] 희는 과에 살게 하였습니다.

靡自有鬲氏, 미는 유격씨에서

收二國之燼,[99] 두 나라의 유민을 거두어

以滅浞而立少康.[100] 착을 멸하고 소강을 세웠습니다.

---

96 짐관(斟灌)·짐심(斟尋): 『수경·거양수(水經·巨洋水)』와 『노사·후기(路史·後記)』 권13에서는 모두 『죽서기년(竹書紀年)』을 인용하여 "상(相)은 짐관(斟灌)에 살았다"라 하였는데 이것이 착이 짐관을 멸한 까닭이다. 짐관과 짐심은 모두 부락 이름이다. 짐관은 지금의 산동성 범현(范縣) 북쪽 관성진(觀城鎭)에 있고, 짐심은 언사현(偃師縣) 동북쪽 13리 지점에 있다.

97 과(過): 부락 이름으로 두예에 의하면 지금의 산동성 액현(掖縣) 조금 서북쪽의 바다 가까운 곳에 있다. 혹은 지금의 태강현(太康縣) 동남쪽에 있을 수도 있다. 『노사·국명기(路史·國名紀) 6』에서는 하나라의 유과(有過)는 곧 의(猗)성의 나라라 하였지만 은공 10년 『좌전』의 공영달의 주〔소(疏)〕 및 「급취편(急就篇)」의 주에서 인용한 『세본씨·성편(世本氏·姓篇)』 및 『잠부론·지씨성(志氏姓)』에서는 모두 "과는 임(任)성"이라 하였다.

98 과(戈): 역시 부락국가이다. 두예는 "과는 송나라와 정나라의 사이에 있었다"라 하였다.

99 신(燼): 두예는 "신은 유민이다(燼, 遺民)"라 하였다.

100 『태평어람(太平御覽)』 권82에서 인용한 『제왕세기』에서는 "처음에 하나라에서 제상(帝相)을 죽일 때 비는 유잉씨(有仍氏)의 딸이었는데 후민(后緡)이라 하였으며, 바야흐로 임신을 하였는데 구멍으로 도망을 쳐서 유잉으로 돌아가 소강(少康)을 낳았다"라 하였다. 또 말하기를 "미(靡)는 유격씨에게 달아나 짐(斟)과 심(尋) 두 나라의 유민을 거두어 한착을 죽이고 소강을 세웠다"라 하였다. 나머지는 애공 원년의 『전』에 상세하다.

少康滅澆于過,	소강씨는 과에서 요를 멸하고
后杼滅豷于戈,[101]	후저는 과에서 희를 멸하여
有窮由是遂亡,[102]	유궁은 이로 인해 마침내 망하였으니
失人故也.	인심을 잃었기 때문입니다.
昔周辛甲之爲大史也,[103]	옛날 주나라 신갑이 태사가 되어
命百官,	백관에게 명하여
官箴王闕.[104]	왕의 허물을 간하게 하였습니다.
於虞人之箴曰,[105]	「우인지잠」에서 말하기를

---

101 후저(后杼): 두예는 "후저는 소강의 아들이다"라 하였다. 『태평어람』 권82에서 인용한 『제왕세기』에서는 "제령(帝寧)은 후여(后予)라고도하며 어떨 때는 공손만(公孫曼)이라고도 하는데 우(禹)의 공적을 본받을 수 있었다. 재위 기간은 17년이었다"라 하였다. 후저는 또한 「노어 상」에도 보인다. 애공 원년의 『전』에 의하면 후저는 아마 둘째 요(姚)씨 소생인 것 같다. 「하본기」에는 우(禹)가 나중에 분봉한 국가에 과씨(戈氏)가 있다는 기록이 있다. 청말(淸末)·민국초(民國初) 나진옥(羅振玉: 1866~1940)의 『은허서계고석·전편(殷墟書契考釋·前編)』의 7·34·2의 복사(卜辭)에 "과로 들어가게 하였다(令入戈)"라는 말이 있는데, 섭옥삼(葉玉森: 1880~1933)은 이 문장을 끌어다 증명하였다.

102 『태평어람』 권82에서 인용한 『제왕세기』에서는 "한착 유궁씨는 이미 예의 제위를 찬탈하고 다시 유궁의 호를 이었다"라 하였다.

103 신갑(辛甲): 「주본기」의 『집해(集解)』에서 인용한 유향(劉向)의 『별록(別錄)』에서는 "신갑은 옛 은나라의 신하로 주(紂)를 섬겼는데, 대개 75차례를 간하였으나 듣지를 않았다. 떠나 주나라에 이르렀다. 소공(召公)이 이야기를 해보고 현명하다고 여겨 문왕(文王)에게 알렸다. 문왕이 친히 맞이하여 공경으로 삼고 장자(長子)에 봉하였다"라 하였다. 『한서·예문지(漢書·藝文志)』의 도가에 『신갑』 29편이 있으며, 청나라 마국한(馬國翰)에게 편집본이 있다.

104 관잠(官箴): 『상서·반경(盤庚)』에 "오히려 서로 훈계를 돌보게 하였다(猶胥顧于箴言)"라는 말이 있는데, 잠(箴)은 곧 경계하고 간한다는 뜻이다. 『일주서』에 실려 있는 하·상의 잠언 및 『여씨춘추·근청(謹聽)』편에서 인용한 『주잠(周箴)』은 모두 믿음이 가지 않는다.
궐(闕): 과실이라는 뜻이다.

105 우인(虞人): 사냥〔田獵〕을 관장하는 관리. 이 「우잠(虞箴)」 이후로 잠은 곧 하나의 문체

‘芒芒禹迹,	‘까마득한 우의 자취
畫爲九州,[106]	구주로 나누고
經啓九道.[107]	많은 길 구획하여 열었다네.
民有寢, 廟,[108]	백성들 침실과 사당 있고
獸有茂草;	짐승들에겐 무성한 풀 있으며,
各有攸處,[109]	각기 처할 곳 있고
德用不擾.[110]	덕 이로 인해 어지럽지 않았다네.
在帝夷羿,	이예 임금 되어
冒于原獸,[111]	사냥 탐하여
忘其國恤,[112]	나라 걱정일랑 잊고
而思其麀牡.[113]	짐승들만 생각하였구나.

가 되었다.

106 두예는 “망망은 먼 모양이다. 획(畫)은 나눈다는 뜻이다”라 하였다.

107 경계(經啓): 『주례·수인(遂人)』의 정현의 주에서는 “경은 구획하여 경계를 긋는 것이다”라 하였다. 경계는 경략(經略)하여 개통하는 것이다.
구도(九道): 구(九)는 많다는 것을 말한다. 옛 주석에서는 “구주의 길(九州之道)”이라고 하였는데 뜻을 잃고 구애된 것 같다.

108 산 사람에게는 침실이 있고 죽은 사람에게는 사당이 있는 것을 말한다.

109 유(攸): 상고시대에는 “攸”자를 쓰고 나중에는 “소(所)”자를 썼다.

110 덕(德): 사람과 짐승의 본질을 가리켜 말한다.
용(用): “인할 인(因)”자의 뜻으로 쓰였다.
요(擾): 어지럽다는 뜻이다.
이 구절의 뜻은 당시에는 또한 짐승을 생활하는 데 자원으로 생각하였으며, 이 잠은 다만 사냥을 너무 많이 해서는 안 된다는 것을 말하였다.

111 모(冒): 탐내다.

112 휼(恤): 근심하다(憂)의 뜻.

113 우모(麀牡): 우(麀)는 암사슴이고, 모(牡)는 수컷이다. 우모는 짐승을 두루 일컫는다.

武不可重,[114]	무는 중시할 수 없는데
用不恢于夏家.[115]	이로써 하나라 왕조 키우지 못했다네.
獸臣司原,[116]	수신은 사냥을 담당하니
敢告僕夫.'[117]	감히 복부에게 아뢰나이다'라 하였습니다.
虞箴如是,	「우잠」이 이러하니
可不懲乎?"[118]	경계하지 않을 수 있겠습니까?"
於是晉侯好田,	이때 진후가 사냥을 좋아하였기 때문에
故魏絳及之.	위강이 그것을 언급하였다.
公曰,	공이 말하였다.
"然則莫如和戎乎?"	"그렇다면 융족과 화친하느니만 못하다는 것인가?"

---

114 사냥 또한 무(武)라고 할 수 있다.
중(重): 평성과 거성 모두 뜻이 통한다. 많다, 여러 차례라는 뜻이다.

115 회(恢): 넓다, 크다.
용(用): 인(因)자의 뜻으로 쓰였다. 이 구절의 뜻은 이것 때문에 국가를 멸망케 한다는 것이다.

116 수신(獸臣): 짐승을 주관하는 신하로, 곧 우인(虞人)을 바꾸어 부른 것이다.
원(原): 위 원수(原獸)의 원(原)과 같은 뜻으로 사냥을 말한다.

117 복부(僕夫): 3년 『전』의 복인(僕人)을 말하는 것 같다. 감히 직접 "감히 임금께 고합니다(敢告君王)"라 말할 수가 없는 것이니 후인(後人)이 "좌우"나 "시자(侍者)"에게 말하는 것과 같다.

118 징(懲): "앞의 일을 징계하고 나중의 일을 조심한다(懲前毖後)"라 할 때의 징(懲)의 뜻이다.

對曰,	대답하였다.
“和戎有五利焉,	“융족과 화친하면 다섯 가지 이득이 있습니다.
戎狄荐居,[119]	융적은 풀을 좇아다니며 살고
貴貨易土,[120]	재화를 귀히 여기고 땅은 쉽게 여기니
土可賈焉,[121]	땅을 살 수 있는 것이
一也.	그 첫 번째입니다.
邊鄙不聳,[122]	변경에 두려움이 없으면
民狎其野,[123]	백성들이 그들을 가까이 여기어
穡人成功,[124]	농부들이 공을 이룰 수 있는 것이
二也.	그 두 번째입니다.
戎狄事晉,	융적은 진나라를 섬기면

---

119 천(荐): 천(薦)과 같으며 풀이라는 뜻이다. 『장자·제물론(齊物論)』에 “미록은 풀을 먹는다(麋鹿食薦)”는 말이 있다. 『한서·종군전(終軍傳)』에 “북쪽 오랑캐는 가축을 따라 풀을 좇아다니며 산다(北胡隨畜薦居)”라는 말이 있는데, 곧 이곳의 천거(荐居)와 같은 뜻으로 물과 풀을 따라다니며 사는 것을 말한다. 곧 당시의 융족은 기본적으로 유목생활을 하였다는 것이다.

120 귀(貴)와 이(易)는 반대의 뜻으로 귀중(貴重), 경천(輕賤)의 뜻이다. 이 구절의 뜻은 재화를 중시하고 토지를 경시한다는 말이다.

121 그 토지를 사들일 수 있다는 말이다.

122 용(聳): 두예는 “용은 두려워한다(懼)는 뜻이다”라 하였다. 융족과 화친을 하면 융족이 변경을 침범하지 않는다는 뜻이다.

123 압(狎): 두예는 “압은 가까이 한다(習)는 뜻이다”라 하였다. 그 변경 가까이에 살며 마음이 편안하다는 뜻이다.

124 색인(穡人): 당시 변경지방의 농부들을 관리하는 사람인 것 같다.

四鄰振動,	사방의 제후들이 두려워 떨고
諸侯威懷,[125]	제후들도 두려움을 품을 것이니
三也.	그 세 번째입니다.
以德綏戎,[126]	덕으로 융족을 위무하면
師徒不勤,[127]	장사병을 수고롭게 하지 않고
甲兵不頓,[128]	병기도 상하지 않으니
四也.	그 네 번째입니다.
鑒于后羿,[129]	후예를 귀감삼아
而用德度,[130]	도덕과 법도를 쓰면
遠至, 邇安,[131]	먼 나라는 이르고 가까운 나라는 편안히 여길 것이니
五也.	그 다섯 번째입니다.
君其圖之!"	임금님께선 잘 도모해 보소서!"
公說,[132]	공이 기뻐하였다.

125 우리에게 위엄이 있어 두려워 복종한다는 뜻이다.
126 완(綏): 안무(安撫)하다.
127 사도(師徒): 장사병(將士兵).
근(勤): 수고하다.
128 갑병(甲兵): 모든 방어와 공격 무기를 두루 가리킨다.
돈(頓): 부서지다.
129 두예는 "후예를 귀감과 경계로 삼는 것이다"라 하였다.
130 덕도(德度): 도덕 법칙이다.
131 멀리 있는 나라는 와서 조현하고, 인근에 있는 나라는 우리나라를 편안히 여기는 것이다.

使魏絳盟諸戎.[133]	위강으로 하여금 여러 융족들과 맹약케 하였다.
修民事,	백성 다스리는 일을 닦고
田以時.[134]	사냥을 때에 맞추어 하였다.
冬十月,	겨울 10월에
邾人, 莒人伐鄫,	주나라 사람과 거나라 사람이 증나라를 쳤다.
臧紇救鄫,[135]	장흘이 증나라를 구원하여
侵邾,[136]	주나라를 침공하였는데
敗於狐駘.[137]	호태에서 패하였다.
國人逆喪者皆髽,[138]	죽은 사람을 맞이하는 백성들이 모두 북상투를 하였는데

---

132 열(說): 열(悅)과 같다.

133 제융(諸戎): 무종(無終)뿐만 아니라 모든 유목 부락이 거의 다 이르렀다.

134 「진어 7」에도 이 일이 서술되어 있는데 여기처럼 상세하지는 않다. 「진세가」에는 양공 3년에 기록되어 있다.

135 장흘(臧紇): 곧 장손흘(臧孫紇) 무중(武仲)이다.

136 증나라를 구하기 위하여 주나라를 친 것이다.

137 이해에 노나라는 이미 진나라의 동의를 얻어 증나라를 부용국으로 삼았기 때문에 주나라와 거나라가 증나라를 치자 노나라는 반드시 구원하여야 했다.
호태(狐駘): 지금의 산동 등현(滕縣) 동남쪽 20리 지점에 있는 호태산(狐駘山)으로 1933년 고고학적 발굴이 있었다. 아마 이때 노나라 병사들이 이미 주나라의 경계를 깊숙이 들어간 것 같다. 『예기·단궁(檀弓) 상』에는 "狐駘"가 "대태(臺駘)"로 되어 있으며, 정현은 "대(臺)는 호(壺)가 되어야 하며 오자이다"라 하였다. 호태(壺駘)는 곧 호태(狐駘)이다. 호(狐)와 호(壺)는 음이 가까워 통용하여 쓴다.

魯於是乎始髽.[139]	노나라에서는 이때 북상투가 비롯되었다.
國人誦之曰,[140]	백성들이 이를 원망해 풍자하여 말하였다.
"臧之狐裘,[141]	"장흘의 여우 갖옷
敗我於狐駘.[142]	우리나라 호태에서 패배시켰네.

---

138 역(逆): 맞이하다. 노나라가 패하여 돌아오는데 사망한 장사병들도 함께 보내어 친속에서 관리까지 모두 나아가 전사자를 맞이한 것이다.
좌(髽): 북상투. 『예기·상복소기(喪服小記)』의 공영달의 주석〔소(疏)〕에 의하면 본래는 부인의 상복으로 세 가지가 있다. 한 가지는 마좌(麻髽)로 삼〔麻〕과 머리카락을 반씩 서로 묶었다. 한 가지는 포좌(布髽)로 옛날의 한 자 네 치 너비의 베〔布〕를 이마 위에서 구부려 머리카락에 얽는 것이다. 한 가지는 노계좌(露紒髽)로 머리카락을 묶는 것이나 비녀를 쓰지 않고 삼만 써서 머리카락을 묶는 것이다. 세 가지 북상투는 각기 쓰일 때가 있다. 이곳의 북상투는 삼으로 머리카락을 묶은 북상투인 것 같다. 부인들뿐만 아니라 모든 사망자를 맞으러 나온 사람이 모두 썼기 때문에 재료를 취하기가 쉽고 또한 쉽게 만들 수가 있으니 사망자를 맞으러 나온 사람이 많음을 알 수 있다. 또한 노나라 군사 중 사망자가 많은 것도 알 수 있다.

139 『예기·단궁(檀弓) 상』에서는 "노나라 부인들이 북상투를 써서 조상한 것은 대태(臺駘)에서 패한 것에서 시작되었다"라 하였는데 결코 이 구절을 해석한 것은 아니다. "죽은 사람을 맞이하는 백성들(國人迎喪者)"이 부인(婦人)만을 가리킨 것이 아니라는 것이 첫째 이유이고, "죽은 자를 맞이하는 것(迎喪)"과 "조상(弔喪)"이 같지 않은 것이 두 번째 이유이다. 부인의 북상투는 일상적인 예법인데 이때는 남자들도 북상투를 할 수 있었다. 그 후의 문헌에서는 노나라 남자들의 북상투를 기록하지 않아서, 혹 「단궁」이 노나라 부인들이 북상투를 한 것이 호태에서 패한 것을 조문한 것에서 비롯되었다고 생각하였다.

140 송(誦): 『설문(說文)』에서는 "송은 풍자〔諷〕하는 것이다"라 하였다. 명나라 말 장자열(張自烈)의 『정자통(正字通)』에서는 "송은 원망하는 말(怨辭)이다"라 하였다.

141 호구(狐裘): 여우 갖옷은 아주 귀중한 의복으로 장손은 대부였기 때문에 당연히 가질 수가 있었다. 이 전역(戰役)은 노나라의 10월 곧 하력으로는 8월이어서 호구를 입을 때가 아니며, 대체로 호구를 가지고 호태를 상기시킨 것으로 이는 고대 시가에서 쓰는 비흥(比興)의 수법이다.

142 패(敗): 사동용법으로 쓰였다.
구(裘)와 태(駘)는 고음이 모두 해(咍)부에 속한 평성으로 압운하였다.

我君小子,[143] 우리 임금 소자인데

朱儒是使.[144] 측근을 보냈다네.

朱儒朱儒, 측근이여 측근이여

使我敗於邾."[145] 우리나라 주에서 패하게 하였구나."

양공 5년

經

五年春,[1] 5년 봄

---

143 소자(小子): 당시 양공은 생모인 정사(定姒)의 상을 당한 상태로 고인들은 임금을 소자라고 칭할 수 있었다. 『시경·대아·억(大雅·抑)』의 "실로 소자를 어지럽히네(實虹小子)", "아아 소자여(於乎小子)"의 소자는 모두 주여왕(周厲王)을 가리킨다. 두예는 "양공이 어렸기 때문에 소자라고 하였다"라 하였는데, 억측일 것이다.

144 주유(朱儒): 주유(侏儒)라고도 하며, 두 가지 뜻이 있다. 「진어(晉語) 4」에 "주유(侏儒)는 당기게 할 수 없다"는 말이 있는데, 위소(韋昭)는 "주유는 키가 작은 사람이다"라 하였다. 장흘이 왜소했기 때문에 주유(朱儒)로 불리게 된 것이다. 「정어(鄭語)」에서는 "주유(侏儒)와 척시(戚施)는 임금님을 곁에서 모신다"라 하였는데, 위소는 "주유는 웃기는 사람(優笑之人)이다"라 하였다. 『관자·입정(管子·立政)』편에서는 "나라에 마침 근심이 있으면 우창(優倡)과 주유가 일어나 나라의 일을 의논한다"라 하였고, 『한비자·팔간(八姦)』편에서도 "우소(優笑)와 난쟁이는 좌우의 근습(近習)이다"라 하였으니, 곧 주유는 임금의 어릿광대 신하로 사람들의 천시를 받았다. 그러나 이 뜻은 이곳과는 맞지 않는데, 대체로 장씨(臧氏)는 개개로 노나라의 경을 지냈으니 우창(優倡)으로 비길 만한 인물이 아니다.

자(子)와 사(使)는 운자로 고음이 모두 해(咍)부에 속한 상성(上聲)이었다.

145 주(邾)는 작은 나라인데 노나라가 대패하여 노나라 사람들이 치욕으로 생각한 것이다.

1 오년(五年): 계사년 B.C. 568년으로, 주영왕(周靈王) 4년이다. 동지가 정월 초4일 경인일로 건자(建子)이다.

公至自晉. 공이 진나라에서 돌아왔다.

夏, 여름에

鄭伯使公子發來聘.[2] 정백이 공자 발로 하여금 내빙케 했다.

叔孫豹, 鄫世子巫如晉.[3] 숙손표와 증나라 세자 무가 진나라에 갔다.

仲孫蔑, 衛孫林父會吳于善道.[4] 중손말과 위나라의 손림보가 선도에서 오나라와 회동하였다.

秋, 가을에

大雩. 기우제를 지냈다.

楚殺其大夫公子壬夫. 초나라가 그 대부 공자 임부를 죽였다.

公會晉侯, 宋公, 陳侯, 衛侯, 鄭伯, 曹伯, 莒子, 邾子, 滕子, 薛伯, 齊世子光, 吳人, 鄫人于戚. 공이 진후와 송공, 진후, 위후, 정백, 조백, 거자, 주자, 등자, 설백, 제나라 세자 광, 오나라 사람, 증나라 사람과 척나라에서 만났다.

公至自會.[5] 공이 회합에서 돌아왔다.

---

2 두예는 "발(發)은 자(子産)의 부친이다"라 하였다.

3 두예에 의하면 증나라는 이미 노나라의 부용국이었으므로 그 태자는 노나라의 대부에 비할 수 있기 때문에 숙손표와 함께 기록한 것이다.

4 선도(善道): 도(道)는 『공양전』과 『곡량전』에는 모두 "稻"로 되어 있다. 음이 비슷하여 통한다. 선도(善道)는 지금의 강소성 우이현(盱眙縣) 북쪽이다.

5 『전』이 없다.

冬,	겨울에
戍陳.[6]	진나라를 지켰다.
楚公子貞帥師伐陳.[7]	초나라 공자 정이 군사를 거느리고 진나라를 쳤다.
公會晉侯, 宋公, 衛侯, 鄭伯, 曹伯, 莒子, 邾子, 滕子, 薛伯, 齊世子光救陳.[8]	공이 진후, 송공, 위후, 정백, 조백, 거자, 주자, 등자, 설백, 제나라 세자 광을 만나 진나라를 구하였다.
十有二月,	12월에
公至自救陳.[9]	공이 진나라를 구원하고 돌아왔다.
辛未,[10]	신미일에
季孫行父卒.	계손행보가 죽었다.

傳

五年春,	5년 봄에

6 두예는 "제후가 척의 회합에서 모두 진나라를 지키라는 명을 받고 각자 나라로 돌아가 군대를 보내어 지켰는데 더 이상 군대를 보냈다는 각국의 통보가 없어서 노나라만 지켰다고 기록한 것이다"라 하였다.

7 정(貞): 장왕(莊王)의 아들 자양(子襄)으로 나중에 양씨(襄氏)가 된다.

8 각 판본에는 원래 "莒子、邾子、滕子、薛伯"의 여덟 자가 없는데 『공양전』과 『곡량전』에는 있다. 청나라 장수공(臧壽恭)은 『좌전』에서 "전사(傳寫)하는 과정에서 잘못 빠진 것"이라 하였는데 옳다. 가나자와 문고본(金澤文庫本)에 의거하여 보충하였다.

9 『전』이 없다.

10 신미일은 20일이다.

公至自晉. 공이 진나라에서 돌아왔다.

王使王叔陳生愬戎于晉,[11] 왕이 왕숙 진생에게 진나라에 융족의 일을 하소연하게 하자

晉人執之. 진나라 사람이 그를 잡았다.

士魴如京師, 사방이 경사로 가서

言王叔之貳於戎也.[12] 왕숙이 융족에 두 마음을 가졌다고 말하였다.

夏, 여름에

鄭子國來聘,[13] 정나라 자국이 내빙하였는데

通嗣君也.[14] 왕위 계승을 달린 것이다.

穆叔覿鄫大子于晉, 목숙이 증나라 태자를 진나라에 보이고

---

11 두예는 "왕숙은 주나라의 경사(卿士)이다. 융족이 주나라 왕실을 능멸하고 사납게 굴었으므로 맹주(盟主)에게 고소한 것이다"라 하였다.

12 두예는 "왕숙이 도리어 융족에게 두 마음을 가져 사신으로 간 뜻을 잃었으므로 진나라가 그를 체포한 것이다"라 하였다. 우창(于鬯)의 『향초교서(香草校書)』에서는 이는 진나라 사람이 왕숙을 무고한 말로, 아마 진나라는 지난해에 위강으로 하여금 융족과 맹약을 맺었으므로 필시 융족을 토벌하지 않으려 했을 것이므로 왕숙을 붙잡아 융족에게 해명하려 하였기 때문이라 하였다. 이 말은 억측인 것 같다.

13 자국(子國): 곧 공자 발(公子發)로 나중에 국씨(國氏)가 된다.

14 사군(嗣君): 정희공(鄭僖公)을 말하며 이때 즉위한 지 3년이 되었다.

以成屬鄫.[15] 증나라를 속국으로 하는 일을 이루었다.

書曰, 기록하기를

"叔孫豹, 鄫大子巫如晉",[16] "숙손표와 증나라 태자 무가 진나라에 갔다"라 하였다.

言比諸魯大夫也. 노나라의 대부에 비견됨을 말한 것이다.

吳子使壽越如晉,[17] 오자가 수월을 진나라로 가게 하였는데

辭不會于鷄澤之故,[18] 계택의 회합에 못간 까닭을 말하고

且請聽諸侯之好.[19] 또한 제후의 우호조약을 따를 것을 청하니

---

15 숙손표가 증나라 태자를 대동하고 진나라로 가 진나라의 국경(國卿)들과 사적인 회동을 갖고 증나라를 노나라에 복속시키는 수속을 이룬 것이다.

16 공영달은 "노나라의 대부 두 사람이 동행한 것에 대해서는 모두 '급(及)'이라고 말하지 않았다. 문공 18년에는 '공자 수와 숙손득신이 제나라로 갔다(公子遂·叔孫得臣如齊)'라 하였고 정공 6년에는 '계손사와 중손하기가 진나라에 갔다(季孫斯·仲孫何忌如晉)'라 하였는데 이런 따위가 모두 이러하다"라 하였다. 이는 『경』에서 두 사람 사이에 "급"자를 첨가하지 않은 것을 풀이한 것이다.

17 오자(吳子): 이름은 승(乘)이며, 자는 수몽(壽夢)이다.
수월(壽越): 오나라의 대부일 것이다. 『풍속통(風俗通)』〔『풍속통의(風俗通儀)』〕 및 『통지·씨족략(通志·氏族略)』에서는 모두 수씨(壽氏)는 수몽의 후손이라고 하였는데, 이때 수몽과 수월이 동시에 존재하니 어떻게 수월이 수몽의 후손이 되겠는가?

18 사(辭): 해명과 사과 두 뜻을 겸하고 있다. 계택의 회합은 3년의 『경』과 『전』에 상세하다.

19 청(聽): 듣다, 따르다, 복종하다.

晉人將爲之合諸侯,	진나라 사람이 그 때문에 제후를 모아
使魯, 衛先會吳,	노나라와 위나라로 하여금 먼저 오나라를 만나게 하고
且告會期.	또한 회합할 기일을 알려 주게 하였다.
故孟獻子, 孫文子會吳于善道.[20]	그래서 맹헌자와 손문자가 선도에서 오나라와 회합하였다.

秋,	가을에
大雩,	기우제를 지낸 것은
旱也.[21]	가물었기 때문이다.

楚人討陳叛故,[22]	초나라 사람이 진나라가 반기를 든 까닭을 캐묻자
曰,	말하였다.
"由令尹子辛實侵欲焉."[23]	"영윤 자신이 실로 침탈하고 탐욕을 부려서입니다."

20 두예는 "두 사람 모두 진나라의 명을 받고 간 것이다"라 하였다.

21 건자(建子) 해의 가을은 곧 하력(夏曆)의 여름으로, 비가 필요하였지만 가물었기 때문에 비를 바라는 의식을 크게 거행하였다.

22 진(陳)나라가 초나라에 반기를 든 일은 3년의 『전』에 보인다. 이 구절은 초나라에 반기를 든 원인을 질문한 것이다.

乃殺之.[24]	이에 죽여 버렸다.
書曰"楚殺其大夫公子壬夫",	"초나라가 그 대부 공자 임부를 죽였다"라 기록한 것은
貪也.	탐욕을 부렸기 때문이다.
君子謂"楚共王於是不刑.[25]	군자가 이르기를 "초나라 공왕은 이에 형벌을 내리지 않았다.
詩曰,	『시』에서 이르기를
'周道挺挺,[26]	'큰 길 쭉쭉 뻗어 있으니
我心扃扃.[27]	내 마음 밝게 살피리라.
講事不令,[28]	모의한 일 훌륭하지 못하니
集人來定.'[29]	사람 모아 결정하리라'라 하였다.
己則無信,	자기는 신의가 없으면서
而殺人以逞,[30]	남을 죽여 뜻을 이루었으니

---

23 이 구절은 진나라가 초나라에 답한 말이다.

24 자신(子辛)을 죽인 것이다.

25 어시(於是): 이 일에 대하여.

26 주도(周道): 대로.
정정(挺挺): 매우 곧다, 똑바르다.

27 경경(扃扃): 밝게 살피는 것이다. 유월(俞樾)은 『평의(平議)』에서 "경경은 경경(耿耿)과 같은 뜻으로 불안하다는 뜻이다"라 하였는데 "큰 길이 곧게 쭉 뻗어 있다"고 한 위의 구절과 상통하지 않기 때문에 믿을 수가 없다. 우창(于鬯)은 『교서(校書)』(『향초교서(香草校書)』)에서 "경경은 신실(信實)과 같다"라 하였는데 아래 구절의 "자기는 신의가 없다"라 한 것과는 상응하지만 훈고상 근거가 없다.

28 두예는 "모의한 일이 훌륭하지 않은 것을 말한다"라 하였다.

29 두예는 "현인을 모아서 결정해야 한다"라 하였다.
이상은 일시(逸詩)로 지금 전하는 『시경』에는 보이지 않는다.

不亦難乎?	또한 어렵지 않겠는가?
夏書曰,	「하서」에서는 말하기를
'成允成功.'"[31]	'믿음을 이루어야 공을 이룬다'라 하였다."

九月丙午,[32]	9월 병오일에
盟於戚,	척에서 맹약하였는데
會吳,	오나라를 만나고
且命戍陳也.[33]	또한 진나라를 지킬 것을 명한 것이었다.
穆叔以屬鄫爲不利,[34]	목숙은 증나라를 속국으로 삼는 것을 이롭지 않게 여겨
使鄫大夫聽命于會.[35]	증나라 대부로 하여금 회합에서 명을 따르게 하였다.

30 두예는 "공왕(共王)이 자반(子反)과 공자 신(申) 및 임부(壬夫)를 죽이는 등 8년 동안 세 경(卿)을 죽여 제후를 복속시키고자 하였으므로 옳지 않다고 생각한 것이다"라 하였다.

31 이 또한 『일서(逸書)』인데 『위고문상서』를 지은 자가 지금의 「대우모(大禹謨)」편에 몰래 집어넣었다. 두예는 "윤은 믿는다는 뜻이다. 신뢰를 이룬 다음에 공을 이룸이 있다는 것을 말하였다"라 하였다.

32 병오(丙午): 23일이다.

33 진(晉)나라가 맹주로 진나라가 제후들에게 진(陳)나라를 지키게끔 명한 것이다.

34 이듬해의 거(莒)나라가 증나라를 멸한 일을 가지고 추론해 보건대 노나라는 반드시 보위(保衛)의 책임을 다 하였으나 역부족이었던 것 같다.

35 증나라는 독립국의 신분으로 맹회에 참가하여 직접 회합에서 맹주의 명을 들은 것이다.

楚子囊爲令尹.[36]	초나라 자낭이 영윤이 되었다.
范宣子曰,	범선자가 말하였다.
“我喪陳矣.[37]	“우리는 진나라를 잃을 것이다.
楚人討貳而立子囊,[38]	초나라 사람이 두 마음을 품은 것을 따지고 자낭을 세웠으니
必改行,[39]	반드시 행동을 고치고
而疾討陳.	급히 진나라를 토벌할 것이다.
陳近於楚,[40]	진나라는 초나라와 가깝고
民朝夕急,[41]	백성은 아침저녁으로 급하게 여기니
能無往乎?[42]	가지 않을 수 있겠는가?
有陳,	진나라를 가지는 것은
非吾事也,	우리 일이 아니니
無之而後可.”[43]	없애고 난 다음에야 옳을 것이다.”

36 초나라는 이미 옛 영윤이었던 임부를 죽이고 공자 정(公子貞)을 대신 영윤으로 임명하였다. 자낭은 공자 정의 아들이다. 성공 15년『전』의『주』를 참조하여 보면 상세하다.

37 진나라가 장차 우리나라에게 불복할 것이라는 말이다.

38 토이(討貳): 곧 위에서 진나라가 반기를 든 까닭을 성토한 것이다.

39 자신(子辛)이 한 행동을 바꾸는 것이다.

40 진(陳)나라는 지금의 하남 회양현(淮陽縣) 소재지로, 초나라와는 가깝고 진(晉)나라와는 멀었다.

41 초나라 군대가 쳐들어오기 쉽고, 진나라는 병란의 근심에 시시각각 위급해질 것이라는 말이다.

42 왕(往): 초나라에 가서 귀속하는 것이다.

43 진(晉)나라의 국력이 진(陳)나라를 오래도록 지키기에는 역부족이이서 진나라를 포기하는 것만이 괜찮을 것이라는 말이다.

冬,	겨울에
諸侯戍陳.[44]	제후들이 진나라를 지켰다.
子囊伐陳.	자낭이 진나라를 쳤다.
十一月甲午,[45]	11월 갑오일에
會于城棣以救之.[46]	성체에서 모여 구원하였다.

季文子卒.	계문자가 죽었다.
大夫入斂,	대부를 입렴할 때
公在位.[47]	공이 자리에 앉았다.
宰庀家器爲葬備,[48]	재신이 집안의 기물을 갖추어 장례 용품으로 삼았다.
無衣帛之妾,	비단옷을 입은 첩이 없었고
無食粟之馬,	곡식을 먹는 말이 없었으며
無藏金玉,	갈무리해 놓은 금과 옥이 없었고

---

44 각기 군사를 진나라에 주둔시켜 초나라의 공격을 막는 것이다.

45 갑오(甲午): 12일이다.

46 성체(城棣): 지금의 하남 원양현(原陽縣) 소재지 북쪽에 있다.

47 『예기·상대기(喪大記)』에 의하면 대부는 대렴(大斂)을 하는데, 국군(國君)이 친히 참관을 하며 동쪽 서단(序端)에 임금의 자리를 설치하는데 서쪽을 향한다. 대렴은 당상(堂上)에서 하고 당은 남쪽을 향하며 동서로는 담장이 있는데, 이 담장의 모서리를 서단(序端)이라고 한다.

48 재(宰): 계씨(季氏)의 가신(家臣)의 우두머리.
비(庀): 갖춘다는 뜻이다. 그 집안의 기물을 가지고 장구(葬具)를 삼는다는 뜻이다.

無重器備,[49] 중복되는 기물이 없었으니

君子是以知季文子之忠於公室也, 군자는 이로 인해 계문자가 왕실에 충성하였음을 알았다.

"相三君矣,[50] "세 임금을 보좌하면서

而無私積, 사적으로 축적한 것이 없으니

可不謂忠乎?"[51] 충성스럽지 않다 하겠습니까?"

양공 6년

經

六年春王三月,[1] 6년 봄 주력으로 3월,

壬午,[2] 임오일에

杞伯姑容卒.[3] 기백 고용이 죽었다.

---

49 무중(無重): 중(重)은 평성으로, 딱 한 가지만 갖추고 쌍으로 된 것이 없는 것을 말한다. 기비(器備): 모든 용구.

50 계손행보(季孫行父)는 문공 6년에 『경』에 보이는 것으로 보아 벼슬살이를 한 것이 이르다는 것을 알 수 있다. 선공 8년에 양중(襄仲)이 죽자 계손이 재상이 되었으며, 선공과 성공·양공의 세 임금을 두루 거치며 무릇 33년을 섬겼다.

51 「노세가」에서는 이 문장을 채택하였다.

1 육년(六年): 갑오년 B.C. 567년으로, 주영왕(周靈王) 5년이다. 동지가 정월 14일 을미일로 건자(建子)이다.

2 임오(壬午): 2일이다.

3 공영달의 주석[소(疏)]에서 인용한 『세본(世本)』에 의하면 고용은 바로 기성공(杞成公)의 아우이다.

夏, 여름에

宋華弱來奔.[4] 송나라 화약에 도망쳐 왔다.

秋, 가을에

葬杞桓公.[5] 기환공을 장사 지냈다.

滕子來朝. 등자가 와서 조현하였다.

莒人滅鄫.[6] 거나라 사람이 증나라를 멸하였다.

冬, 겨울에

叔孫豹如邾. 숙손표가 주나라로 갔다.

季孫宿如晉.[7] 계손숙이 진나라로 갔다.

十有二月, 12월에

齊侯滅萊.[8] 제후가 내나라를 멸하였다.

傳

六年春, 6년 봄에

---

4 약(弱): 『공양전』에는 "익(溺)"으로 되어 있으나 『당석경(唐石經)』에는 그대로 "弱"으로 되어 있다. 두예는 "화초(華椒)의 손자이다"라 하였다.

5 『전』이 없다.

6 증(鄫): 희공 14년의 『경』과 『주』에 상세하다.

7 계손숙(季孫宿): "숙(宿)"은 『국어』에는 "夙"으로 되어 있으며, 공영달의 주석[소(疏)]에서 인용한 『세본(世本)』 및 『예기·단궁(檀弓)』 정현의 『주』에도 모두 "夙"으로 되어 있다. "宿"과 "夙"은 모양은 다르지만 같은 뜻의 글자이다. 계손숙은 행보(行父)의 아들이다. 노나라의 경으로 자손이 서로 지위를 이었다. 숙의 계부(繼父)는 경이었지만 이때는 중손말이 집정하고 있었다.

8 내(萊): 선공 7년 『경』의 『주』에 보인다.

杞桓公卒. 기환공이 죽었다.

始赴以名, 처음으로 이름을 적어 부고를 하였는데

同盟故也.[9] 동맹을 맺었기 때문이다.

宋華弱與樂轡少相狎,[10] 송나라의 화약과 악비는 어려서는 서로 친압하였는데

長相優,[11] 장성해서는 서로 놀리고

又相謗也.[12] 또한 서로 비방하였다.

子蕩怒,[13] 자탕이 노하여

以弓梏華弱于朝.[14] 조정에서 활을 화약에게 씌웠다.

---

9 기환공은 희공 24년에 즉위하였으며 재위 기간이 70년인데, 일찍이 다만 노나라 성공과만 5년과 7년, 9년에 노나라와 동맹을 맺었으며, 양공 때에는 동맹을 맺은 사실이 보이지 않고 여기서 말한 동맹은 전대의 것을 가리켜 말할 것이다. 기나라는 춘추시대로 접어든 이래 임금의 죽음에 이름을 기록한 적이 없다. 기성공(杞成公)은 희공 23년에 죽었는데 또한 다만 "기자가 죽었다(杞子卒)"라 기록하였다. 이 이후로 기나라 임금의 죽음과 장례가 모두 『노춘추』에 기록되었다. 나머지는 희공 23년 『경』의 『주』에 상세하다.

10 화약·악비(華弱·樂轡): 『좌전』 환공 원년 공영달의 주〔소(疏)〕에서 인용한 『세본』에 의하면 "화보독(華父督)은 대공(戴公)의 손자이고 호보열(好父說)의 아들이다"라 하였으며, 또한 『예기·단궁(檀弓) 하』 공영달의 주〔소(疏)〕에의 인용한 『세본』에 의하면 "대공은 악보술(樂父術)을 낳았고 악보술은 석보원역(石甫願繹)을 낳았다. ……"라 하였으니, 화보독과 악보술 2씨(氏)는 모두 송나라 대공의 후예이며 대대로 송나라의 경대부를 지냈다. 압(狎): 지나칠 정도로 친근하여 서로를 깔보는 것이다.

11 우(優): 두예는 "우는 조롱하고 놀리는 것이다"라 하였다.

12 방(謗): 비방하다, 헐뜯다.

13 자탕(子蕩): 두예는 "자탕은 악비이다"라 하였다.

14 활을 목에다 씌우고 조금 있다가 그 시위를 잡아당기는 것이다.

平公見之,	평공이 그것을 보고
曰,	말하였다.
"司武而梏於朝,[15]	"사마의 직책에 있으면서 조정에서 고랑이 채워지니
難以勝矣."[16]	승리하기 어렵겠다."
遂逐之.	마침내 그를 쫓아내었다.
夏,	여름에
宋華弱來奔.	송나라 화약이 도망쳐 왔다.
司城子罕曰,[17]	사성 자한이 말하였다.
"同罪貳罰,	"죄는 같은데 벌이 다른 것은
非刑也.	올바른 형이 아니다.
專戮於朝,[18]	조정에서 멋대로 욕을 보였으니
罪孰大焉!"[19]	어떤 죄가 이보다 크겠는가!"

15 사무(司武): 곧 사마(司馬)이다. 무(武)와 마(馬)는 고음이 같으며, 또한 송나라의 사마의 직책은 군사의 일을 맡아보았다. 성공 15년의 『전』에 의하면 노좌(老佐)가 사마이며, 또한 성공 18년의 『전』에 의하면 노좌는 팽성(彭城)의 전역에서 포위되어 죽었는데 어쩌면 그때 화약이 대신하였을 것이다. 『독좌전(讀左傳)』에 의거하였다.

16 송평공의 뜻은 나라에서 군대의 일을 주관하는 우두머리가 남에게 조정에서 질곡을 당하면 전쟁에서 다른 나라와 싸워 승리를 이끌고자 하는 것은 더욱 쉽지 않을 것이라는 말이다. 승(勝)은 평성으로 볼 수도 있을 것 같은데 이겨 낸다는 뜻이다.

17 사성(司城): 곧 사공(司空)이다. 『예기·단궁 하』 공영달의 주〔소(疏)〕에의 인용한 『세본』에 의하면 자한(子罕)은 대공(戴公)의 6세손이다. 이때 국정을 맡고 있었다.

18 전륙(專戮): 전(專)은 천(擅)과 같은 뜻이다. 육(戮)은 욕보이다의 뜻이다. 자탕이 조정에서 화약에게 활을 씌운 것은 멋대로 욕보인 것이라는 말이다.

19 숙(孰): "어찌 하(何)"와 같은 뜻이다.

亦逐子蕩. 또한 자탕도 쫓아내었다.

子蕩射子罕之門, 자탕이 자한의 문에 활을 쏘며

曰, 말하였다.

"幾日而不我從!"[20] "며칠만 있으면 나를 따르지 않겠는가!"

子罕善之如初.[21] 자한은 처음처럼 그에게 잘해 주었다.

秋, 가을에

滕成公來朝, 등나라 성공이 와서 조현하였는데

始朝公也.[22] 처음으로 공을 조현한 것이다.

莒人滅鄫, 거나라 사람이 증나라를 멸하였는데

鄫恃賂也.[23] 증나라가 뇌물을 믿었기 때문이었다.

---

20 오래지 않아 나도 네가 나라 밖으로 쫓겨나게 하지 않겠는가라는 뜻이다.

21 송나라의 집정이 비록 마음속에 시비가 있어도 약자를 기만하고 악한 자를 두려워하여 끝내 죄인을 화나게 하지 않았음을 이른다.

22 등나라 임금은 은공 11년과 환공 2년, 문공 12년에 노나라를 조현한 이후 『경』과 『전』에 더 이상 노나라를 조현했다는 기록이 보이지 않는다. 문공 12년에서 이해까지는 또한 48년이고 양공이 즉위한 지 이미 6년이 되었다. 『전』에는 "처음으로 공을 조현하였다(始朝公)"라는 말이 누차 보이는데 모두 오래도록 조현하지 않았다는 뜻이다.

23 뇌물을 받은 자가 누구인지는 『전』에서 말하지 않았다. 노나라에 뇌물을 주었다고 하는 사람도 있고 거나라에 뇌물을 주었다고 하는 사람도 있는데 모두 근거가 없다. 이때 증나라는 이미 노나라와는 부용국이라는 관계에서 떨어져 나갔으니 노나라가 구원할 수 없었음을 분명히 알 수 있는데 하필이면 뇌물을 주겠는가? 『전국책·위책(戰國策·魏策)

冬,	겨울에
穆叔如邾,	목숙이 주나라에 가서
聘,	빙문하고
且修平.[24]	아울러 화친을 맺었다.
晉人以鄫故來討,	진나라 사람이 증나라 때문에 와서 꾸짖어
曰,	말하였다.
"何故亡鄫?"[25]	"무엇 때문에 증나라가 망하였는가?"
季武子如晉見,	계무자가 진나라에 가서 조현하고
且聽命.[26]	또한 명을 따랐다.
十一月,	11월에

4』에서는 "증(繒)나라는 제나라를 믿고 월나라에게 사납게 굴었는데 제나라의 화자(和子)가 난리를 일으키자 월나라 사람이 증나라를 멸망시켰다"라 하였다. 이는 아마 전국시대 책사(策士)의 일시적인 말로 믿을 만한 사실이 되기에 충분치 않다. 『공양전』과 『곡량전』에서는 다른 성씨를 세웠다는 설을 만들어 내었는데 더욱 터무니가 없다.

24 4년에 주나라와 싸워서 노나라가 호태(狐駘)에서 패한 적이 있는데 이는 증나라를 구원하려고 했기 때문이다. 지금은 증나라가 이미 거나라에게 멸망당하였으므로 숙손표와 주나라가 화친을 맺은 것이다. 노나라가 주나라를 빙문한 것은 『춘추』의 『경』과 『전』에 이 조목뿐이다.

25 증나라는 노나라에게 복속당하였다가 거나라가 멸하였는데 노나라가 구원하지 않았다는 뜻이다. 사실 노나라가 증나라를 내버려 둔 것은 증나라를 보호할 힘이 없었음을 자각하였기 때문이다.

26 진나라의 처치를 듣고 따르는 것이다.

齊侯滅萊,[27] 제후가 내나라를 멸하였는데

萊恃謀也.[27] 내나라가 계책을 믿었기 때문이었다.

於鄭子國之來聘也,[28] 정자국이 내빙하였던

四月, 4월에

晏弱城東陽,[29] 안약이 동양에 성을 쌓고

而遂圍萊. 마침내 내나라를 에워쌌다.

甲寅,[30] 갑인일에

堙之環城,[31] 성을 두르고 흙을 쌓아

傅於堞.[32] 성가퀴에 닿게 하였다.

及杞桓公卒之月,[33] 기환공이 죽은 달

乙未,[34] 을미일에

27 두예는 "숙사위(夙沙衛)에게 뇌물을 준 계책이다. 이 일은 2년에 있었다"라 하였다.

28 자국(子國)이 노나라를 빙문한 것은 지난해 4월의 일이며 『전』에서는 "왕위 계승을 통보하였다"라 하였는데 아마 동시에 제나라도 빙문한 것 같다.

29 안약(晏弱)은 이미 2년에 동양에 성을 쌓아 내나라를 핍박하였으며 또한 5년 4월에도 다시 동양에 성을 쌓았다.

30 지난해 4월 병진일 초하루인데 갑인일이 있을 수 없다.

31 인(堙): 인(垔)이라고도 하며 흙을 쌓아 산을 만드는 것이다. 내나라의 성 사방을 둘러싸고 토성을 쌓는 것을 말한다. 『손자·모정(孫子·謀政)』편에서는 "성문에 이르는 것(距闉)"이라 하였는데 고대의 성을 공격하는 방법 중의 하나이다.

32 첩(堞): 비(陴), 여장(女牆)이라고도 하며 성가퀴를 말함. 선공 12년 『전』의 『주』에 상세하다.

33 이해 3월이다. 포위를 한 지 1년이 지났다.

34 을미(乙未): 15일이다.

王湫帥師及正輿子, 棠人軍齊師,[35] 왕추가 군사를 거느리고 정여자, 당나라 사람과 함께 제나라 군사를 공격하였는데

齊師大敗之.[36] 제나라 군사가 대패시켰다.

丁未,[37] 정미일에는

入萊. 내나라로 들어왔다.

萊共公浮柔奔棠.[38] 내나라의 공공 부유는 당나라로 달아났다.

正輿子, 王湫奔莒, 정여자와 왕추는 거나라로 달아났는데

莒人殺之. 거나라 사람이 그를 죽여 버렸다.

四月, 4월에

陳無宇獻萊宗器于襄宮.[39] 진무우가 양궁에게 내나라 종묘의 기물을 바쳤다.

---

35 왕추(王湫): 제나라 국좌(國佐)의 무리이다. 제나라가 국좌를 죽이자 왕추는 내(萊)나라로 달아났는데, 이 사실은 성공 18년의 『전』에 보인다.
정여자(正輿子): 2년 『전』의 『주』에 보인다.
당(棠): 내나라의 읍으로, 지금의 산동성 평도현(平度縣) 동남쪽에 있을 것이다. 혹은 산동성 즉묵현(卽墨縣) 남쪽 80리 지점에 있을 것으로 생각되기도 하는데 내나라의 국경이 여기까지 미치지는 못할 것이다.

36 왕추 등을 패배시킨 것이다.

37 정미(丁未): 27일이다.

38 공공부유(共公浮柔): "공(共)"은 내나라가 망한 후에 그 유민이 부여한 시호일 것이고 부유는 이름이다. 당은 동남쪽에 있다.

39 진무우(陳無宇): 경중의 현손으로 『사기·전경중세가(田敬仲世家)』에 보인다.
양궁(襄宮): 두예는 "제양공(齊襄公)의 묘당"이라고 하였는데, 만약 그렇다면 양공에서

晏弱圍棠,	안약은 당나라를 에워싸고
十一月丙辰,[40]	11월 병진일에
而滅之.[41]	멸하였다.
遷萊于郳.[42]	내나라를 예로 옮겼다.
高厚, 崔杼定其田.[43]	고후와 최저가 그 전지를 정하였다.

영공(靈公)까지는 이미 8대나 되어 구례(舊禮)에 의하면 양공의 묘당은 응당 이미 존재하지 않아야 한다. 또한 무슨 까닭으로 다른 묘당에 바치지 않고 양공의 묘당에만 바쳤겠는가? "양(襄)"자는 "혜(惠)"자가 되어야 할 것 같으며, 문공 11년 『전』의 "제양공" 또한 "제혜공"의 오자이다. 그 주석에 상세하다. 혜공이 일찍이 노나라 선공 7년 및 9년에 내나라를 쳤기 때문에 내나라 종묘의 기물을 그 묘당에 바친 것이다.

숙이종(叔夷鐘)이 전해 내려오는데 그 명문(銘文)에 "이(釐)의 노복 350가(家)를 내렸다……" 하였는데, 이(釐)는 곧 내(萊)이고 "이의 노복(釐僕)"은 내나라를 멸한 후의 포로로 노예가 된 자를 가리킨다. 이 종은 내나라를 멸한 후에 제작하였다. 곽말약(郭沫若: 1892~1978)은 『양주금문사대계고석(兩周金文辭大系考釋)』에서 "아마 이 전역에서 숙이의 공이 가장 컸던 것 같다"라 하였는데 『전』에는 잘 나타나지 않는다.

40 11월에는 병진일이 없으며, 11월은 『경』에 따라 12월이 되어야 한다. 병진일은 12월 10일이다.

41 당(棠)은 내나라의 한 읍에 불과한데도 『전』에서는 정중하게 월일(月日)까지 들먹이며 "멸하였다"라 한 것은 내나라 임금이 이곳에 있었으며, 내나라 임금이 이것 때문에 죽은 것이 틀림없다. 『공양전』에서는 "나라가 멸망당하면 임금은 죽는다"라 하였는데 사실이다.

42 예(郳): 내나라의 백성을 예로 옮긴 것이지 내나라 임금을 옮긴 것이 아니다. 예는 『설문(說文)』에서 "제나라 땅"이라고 하였으니 허신(許愼)은 이 예를 장공 5년의 예나라로 생각지 않았다. 안타깝게도 예의 땅이 어디 있는지 지금은 고찰할 수가 없다.

43 정기전(定其田): 내나라의 전지(田地)에 대한 처분 결정을 내린 것이다. 제나라가 이미 내나라를 멸하였으므로 반드시 그 토지를 분배하여 제나라의 군신(君臣)에게 주어야 했는데, 먼저 고후와 최저의 실질적인 고찰을 거쳐 방안을 내어 강역을 주었다.
두예는 "고후는 고고의 아들이다"라 하였다. 최저는 선공 10년 『전』의 『주』에 상세하다.

양공 7년

經

七年春,[1]	7년 봄에
郯子來朝.[2]	담자가 와서 조현하였다.
夏四月,	여름 4월에
三卜郊,	세 차례 교제를 지내고 점을 쳤으나
不從,	불길하여
乃免牲.[3]	희생을 놓아주었다.
小邾子來朝.	소주자가 와서 조현하였다.
城費.	비에 성을 쌓았다.
秋,	가을에
季孫宿如衛.	계손숙이 위나라에 갔다.
八月,	8월에
螽.[4]	황충이 발생하였다.
冬十月,	겨울 10월에

1 칠년(七年): 을미년 B.C. 566년으로, 주영왕(周靈王) 6년이다. 동지가 정월 26일 신축일로 건자(建子)이며, 이해에 윤년이 있었다.

2 담자(郯子): 담나라는 기성(己城), 혹은 영성(嬴姓)이며, 옛 성은 지금의 산동성 담성현(郯城縣) 경계에 있다.

3 복교(卜郊)와 면생(免牲)은 모두 희공 31년의 『전』과 『주』에 상세하다. 나머지는 『전』의 『주』에 상세하다.

4 『전』이 없다. 두예는 "재해가 되었으므로 기록한 것이다"라 하였다.

衛侯使孫林父來聘. 위후가 손림보로 하여금 내빙케 하였다.

壬戌,[5] 임술일에

及孫林父盟. 손림보와 회맹하였다.

楚公子貞帥師圍陳.[6] 초나라 공자 정이 군사를 거느리고 진나라를 에워쌌다.

十有二月, 12월에

公會晉侯, 宋公, 陳侯, 衛侯, 曹伯, 莒子于鄬.[7] 공이 위에서 진후, 송공, 진후, 위후, 조백, 거자와 회합하였다.

鄭伯髡頑如會,[8] 정백 곤완이 회합에 갔는데

未見諸侯, 제후들을 만나지 못하고

丙戌,[9] 병술일에

卒于鄵.[10] 조에서 죽었다.

陳侯逃歸. 진후가 도망쳐서 돌아갔다.

---

5 임술일은 21일이다.

6 나라를 포위한 대부의 이름을 기록한 것은 여기서 비롯된다.

7 위(鄬): 『곡량전』에는 "위(隔)"로 되어 있는데 마찬가지이다. 두예는 "정(鄭)나라 땅이다"라 하였다. 지금의 하남 노산현(魯山縣) 경계에 있을 것이다.

8 완(頑): 『공양전』과 『곡량전』에는 "원(原)"으로 되어 있는데, 고음이 같으며 통가(通假)하였다.

9 병술(丙戌): 16일이다.

10 조(鄵): 『공양전』과 『곡량전』에는 "조(操)"로 되어 있는데, 역시 음이 같으며 통가하였다. 두예는 "조는 정나라 땅이다"라 하였다.

傳

七年春,	7년 봄에
郯子來朝,	담자가 와서 조현하였는데
始朝公也.	처음으로 공을 조현하는 것이었다.
夏四月,	여름 4월에
三卜郊,[11]	세 차례 교제를 지내고 점을 쳤으나
不從,	불길하여
乃免牲.	희생을 놓아주었다.
孟獻子曰,	맹헌자가 말하였다.
"吾乃今而後知有卜, 筮.[12]	"나는 지금 이후에야 복·서를 알게 되었다.
夫郊祀后稷,	대체로 후직에게 교사를 올리는 것은

---

11 교(郊): 두 가지 뜻이 있다. 『효경』(「聖治」장(章))의 "옛날에 주공이 후직(后稷)에게 교사(郊祀)를 지내어 하늘과 짝지었고, 명당(明堂)에서 문왕(文王)을 높이어 제사 지냄으로써 상제(上帝)에 짝지웠다"라 한 것과 『예기·교특생(郊特牲)』에서 "만물은 하늘에 근본을 두고 있고 사람은 조상에 근본을 두고 있으니 이것이 상제에 배향하는 까닭이다. 교제라는 것은 크게 근본에 보답하고 처음으로 돌아가는 것이다", 『공양전』 선공 3년의 "교제는 어찌하여 반드시 후직에게 제사 지내는가? 왕자(王者)는 반드시 그 조상을 짝지운다. ……"라 한 것에 의하면 교제는 원래 하늘에 제사 지내는 예식이다. 하늘에 제사를 지낼 때는 반드시 함께 제사를 받는 사람을 배향하였는데 주나라의 시조가 후직이었기 때문에 후직을 배향한 것이다. 이것이 원래의 뜻이다. 그 후 또 후직을 농경을 시작한 사람으로 여기어 사람들이 하늘에 제사를 지내면 하늘이 반드시 보답하리라 믿어 이에 잘 수확을 할 수 있게 기구하는 뜻이 생겨났다. 아래의 문장에서는 전적으로 이 뜻을 가지고 말하였다. 나머지는 환공 5년과 희공 31년의 『전』과 『주』에 상세하다.

12 복서(卜筮): 복과 서는 구별이 있는데, 여기서는 복(卜)을 통하여 서(筮)에 미치는 것이다.

以祈農事也.	농사가 잘되기를 비는 것이다.
是故啓蟄而郊,[13]	그런 까닭으로 경칩이 되면 교제를 지내고
郊而後耕.	교제를 지낸 후에 밭을 갑니다.
今旣耕而卜郊,[14]	지금은 이미 밭을 갈았는데 교제를 지내고 점을 보았으니
宜其不從也."[15]	불길한 것이 마땅할 것입니다."

南遺爲費宰.[16]	남유가 비의 현재가 되었다.
叔仲昭伯爲隧正,[17]	숙중소백이 수정이 되어

---

13 계칩(啓蟄): 고대의 절기 이름이다. 당시에는 아직 24절기가 구비되지 않았다. 두예는 "계칩은 주력으로 건인(建寅)의 달이다"라 하였다. 나머지는 환공 5년 『전』의 『주』에 상세하다.

14 전한(前漢) 때 대덕(戴德)의 『대대예기·하소정(大戴禮記·夏小正)』에서 "정월에 농사를 지으면 눈처럼 고루 윤택해지게 된다"라 한 것에 의하면 고대에는 밭 갈기를 지금의 음력 정월에 시작했던 것 같다. 주력으로 4월은 곧 하력으로 2월이니 이미 밭을 갈았으므로 맹헌자가 이렇게 말하였다.

15 점복(占卜)은 귀갑을 쓴다. 맹헌자의 이 말은 귀갑에 신령함이 있음을 찬미한 말인 것 같다. 교사에서 점복을 치는 것은 때를 넘기면 귀갑이 자연히 세 차례 뜻이 다르게 된다. 다만 희공 31년 『전』에서 "예에 의하면 일상적인 제사는 점을 치지 않는다(禮不卜常祀)"라 한 것에 의하면 교제에서 점을 치는 것은 이미 그 예법을 어긴 것이다. 복법(卜法)은 은상(殷商) 시대에 자주 보이며 지금 확보된 갑골복사는 그 수가 만을 헤아린다. 서법(筮法)은 『주역(周易)』을 쓰며 서주에서 비롯되었다. 다만 『춘추경』에는 복점은 있는데 서점은 없다. 『전』의 서점은 『주역』을 많이 쓴다.

16 비재(費宰): 희공 원년 『전』에서 "공이 계우에게 문양의 땅과 비를 내렸다(公賜季友汶陽之田及費)"한 이후로 비는 계씨의 사읍(私邑)이 되었다. 재는 현재(縣宰)이다.

17 숙중소백(叔仲昭伯): 혜백(惠伯)의 손자로 이름은 대(帶)이다.
수정(隧正): 『주례』의 수인(遂人)일 것이며 그 직책은 또한 도역(徒役)을 관장한다.

欲善季氏,	계씨와 잘 지내보고자
而求媚於南遺.	남유에게 아첨을 하였다.
謂遺,	남유에게 이르기를
"請城費,[18]	"비에 성을 쌓으면
吾多與而役."[19]	내 너에게 인부를 많이 주겠다"라 하였다.
故季氏城費.	그리하여 계씨는 비에 성을 쌓았다.

小邾穆公來朝,	소주목공이 와서 조현하였는데
亦始朝公也.[20]	또한 처음으로 공을 조현한 것이다.

秋,	가을에
季武子如衛,	계무자가 위나라에 갔다.
報子叔之聘,	자숙이 빙문한 것에 대해 답빙하였으며

18 남유로 하여금 계손숙에게 비성을 쌓도록 청구한 것이다.

19 이(而): 2인칭 대명사. 이(爾)와 같다. 징발한 도역(徒役)은 곧 수〔遂: 교외(郊外)〕에 거주하는 백성일 것이다.

20 역(亦)은 위의 문장 "담자가 와서 조현하였는데 처음으로 공을 조현하는 것이었다"를 이은 것으로, 문공 12년『전』의 "또한 처음으로 공을 조현한 것이다(亦始朝公也)"와 용법이 같다.

且辭緩報,	또한 답빙을 늦춘 것에 대해 말하였는데
非貳也.[21]	두 마음을 품은 것이 아니라고 하였다.
冬十月,	겨울 10월에
晉韓獻子告老,[22]	진나라 한헌자가 치사하였는데
公族穆子有廢疾,[23]	공족 목자에게 고질병이 있었는데도
將立之.[24]	세우고자 하였다.
辭曰,	사퇴하여 말하였다.
"詩曰'豈不夙夜?	"『시』에서 말하기를 '어찌 새벽부터 밤까지 생각 않겠소만
謂行多露.'[25]	길에 이슬 많으니 어찌하리오'라 하였고

---

21 자숙(子叔)이 노양공을 빙문한 것은 원년의 일인데, 6년 뒤에야 비로소 보답을 하였으므로 해명을 하고 사죄를 한 것이다. "계택의 회합에 못간 까닭을 말하였다(辭不會于雞澤之故)"라 한 것과 용법이 같다.

22 고로(告老): 늙었음을 아뢰고 치사한 것이다.

23 공족목자(公族穆子): 이름은 무기(無忌)이며, 두예는 "한궐(韓厥)의 장자로 성공 18년에 공족대부가 되었다"라 하였다.
폐질(廢疾): 폐(廢)는 폐(癈)와 같으며, 『설문(說文)』에서는 "폐는 고질병〔固病〕이다"라 하였다. 혹자는 오래도록 치료를 해도 낫지 않는 병이라고 하고, 혹자는 잔폐(殘廢), 곧 불구의 병이라 하였다.

24 한궐을 대신 경으로 앉히는 것이다.

25 이상 두 구절은 『시경·국풍·소남·행로(國風·召南·行露)』의 구절이다. 시의 본의는 여자와 남자가 사랑하여 남자가 강권하고 여자는 예를 지켜 두려워하는 것이 있어 감히

又曰,	또 말하였습니다.
‘弗躬弗親,	‘몸소 하지 않고 친히 하지 않으면
庶民弗信.’[26]	백성들 믿지 않는다네.’
無忌不才,	저는 재주가 없으니
讓,	사양함이
其可乎?	옳을 듯합니다.
請立起也.[27]	청컨대 기를 세우십시오.
與田蘇游,[28]	전소와 교유하였는데
而曰‘好仁’.	‘인을 좋아한다’라 하였습니다.
詩曰,[29]	『시』에서 말하기를
‘靖共爾位,[30]	‘다스림에 그대 자리 삼가고,

못한다는 것이다. 여자가 남자에게 대답하여 말하기를 어찌 아침이면 아침, 저녁이면 저녁마다 당신에게로 가고 싶지 않겠습니까만 도로에 이슬이 너무 많은 것을 어쩌겠는가라 하고 있다. 원시는 비유로 쓰였는데 여기서는 단장취구(斷章取句) 하여 자기에게는 병이 있어 조석으로 임금을 따르지 못하겠다는 말이다.

위(謂): 어찌.

행(行): 도로.

26 『시경·소아·절남산(小雅·節南山)』의 구절이다. 이 시를 인용한 뜻 또한 자기에게는 병이 있어 친히 일을 처리할 수 없으니 백성들에게 신뢰를 받을 수 없다는 말이다.

신(信): 옛날에는 신(申)의 뜻으로 읽었는데 같은 운이다.

27 무기(無忌)의 시호는 목자(穆子)이고, 기(起)는 그 아우로 시호는 선자(宣子)이다.

28 전소(田蘇): 두예는 "전소는 진(晉)나라의 현인이다. 전소가 기가 인을 좋아한다고 말한 것이다"라 하였다.

29 『시』는 『시경·소아·소명(小雅·小明)』의 구절이다.

30 이 구절의 뜻은 곧 『시경·대아·한혁(大雅·韓奕)』의 "너의 지위를 경건하고 공손히 하라(虔共爾位)"와 같으며 직위에 충실하고 삼가라는 것을 이른다.

好是正直.[31] 곧고 바름 좋아하기를.

神之聽之,[32] 신중히 하고 따라서

介爾景福.'[33] 그대에게 큰 복 내리기를'이라 하였습니다.

恤民爲德,[34] 백성을 구휼하는 것이 덕이고

正直爲正,[35] 바르고 곧게 하는 것이 정이며

正曲爲直, 굽은 것을 바르게 하는 것이 직이고

參和爲仁.[36] 세 가지가 조화된 것이 인입니다.

如是, 이렇게 하면

則神聽之, 신이 듣고

介福降之.[37] 큰 복을 내려 줄 것입니다.

---

31 직위의 내용에 충실하라는 말이다.

32 위의 지(之)자는 뜻이 없으며 곧 "神聽之"와 같다.

33 개(介)는 조사이고, 경(景)은 크다는 뜻이다.

34 두예는 "다스림에 그대의 자리 삼가기 때문에 백성을 구휼한다"고 하였다. 유월(俞樾)의 『다향실경설(茶香室經說)』에서는 『좌전』에서 인용한 『시』는 원래 "다스림에 너의 덕을 삼가라(靖共爾德)" 했기 때문에 이 구절은 "덕(德)"자를 해석한 것이라고 하였는데 틀렸다.

35 정직(正直): 다음 구절 "정곡(正曲)"과 상대되지만 "정직(正直)"은 명백하지가 않다. 이미 곧은데(直) 하필 바르다(正)고 하겠는가? 두예는 "자기의 마음을 바르게 하는 것"을 "정직"이라 하였으며, "남의 굽은 것을 바르게 하는 것"을 "정곡"이라 하였으니, 자신과 남을 가지고 원문의 직(直)과 곡(曲)으로 대신하였으니 비록 이 해석이 『시경』의 모씨의 『전』에 근거하였다고 하지만 분명히 억지스럽다. 정직이란 것은 자기에게 있는 곧은 도에 근본하여 행하는 것일 것이다.

36 삼화(參和): 덕(德)·정(正)·직(直)의 세 가지가 화하여 일체가 되는 것이다.

37 개(介): 크다는 뜻이다. 개(介)자를 가지고 『시』의 경(景)자를 해석한 것은 본 『시』의 뜻과는 다르다. 『시경·소아·초자(小雅·楚茨)』편의 "큰 복으로 갚아 주네(報以介福)"의 개

立之,	그를 세우는 것이
不亦可乎?”	또한 옳지 않겠습니까?”
庚戌,[38]	경술일에
使宣子朝,	선자더러 조회하게 하고
遂老.[39]	마침내 치사하였다.
晉侯謂韓無忌仁,	진후는 한무기가 어질다며
使掌公族大夫.[40]	공족대부를 관장하게 하였다.

衛孫文子來聘,	위나라 손문자가 내빙하였는데
且拜武子之言,[41]	또한 무자의 말에 사의를 표하고
而尋孫桓子之盟.[42]	계환자의 맹약을 다지기 위함이었다.
公登亦登.[43]	공이 오르자 또한 올랐다.

(介)자가 같은 뜻으로 쓰였다.

38 경술일은 9일이다.

39 한궐은 본래 중군 장수로 진나라의 정경(正卿)이었으며, 한기(韓起)는 그 직위를 계승한 데 지나지 않으며 정경은 아니다. 9년의 『전』에 의하면 지앵(知罃)이 중군 장수를 대신하였다.

40 공족대부는 한 사람이 아니며 여기서는 공족대부의 우두머리를 가리킨다.

41 두예는 “늦게 알린 것이 두 마음을 품은 것은 아니라는 말이다”라 하였다.

42 손환자(孫桓子): 환자는 곧 손량부(孫良夫)로 문자(文子)의 부친이다. 환자가 노나라를 빙문하고 결맹한 것은 성공 3년의 일이다.

43 『의례·빙례(聘禮)』에 의하면 빙문을 받는 나라의 임금은 뜰 가운데 서서 귀빈이 안으로 들기를 청한다. 손님이 들어선 후에는 세 번 읍(揖)을 하고 계단 앞까지 이른다. 제후의 계단은 일곱 계단인데 계단을 오른 후에 곧 전당에 오른다. 그러므로 계단 앞에 이르러서는 주인과 손님이 서로 양보한다. 예법에 의하면 임금이 먼저 두 계단을 오른 뒤에 손님이 한 계단을 오른다. 신하는 마땅히 뒤에서 임금과 한 계단 거리를 둔다. 지금 노나

叔孫穆子相,	숙손목자가 상이었는데
趨進,	빠른 걸음으로 나아가
曰,	말하기를
"諸侯之會,	"제후의 회합에서
寡君未嘗後衛君.[44]	과군은 위나라 임금에게 뒤진 적이 없는데
今吾子不後寡君,[45]	지금 그대가 과군보다 뒤지지 않으니
寡君未知所過.[46]	과군께서는 잘못을 알지 못한다.
吾子其少安!"[47]	그대는 멈추었으면!"이라 하였다.
孫子無辭,[48]	손자는 말도 않고
亦無悛容.[49]	또한 얼굴을 고치지도 않았다.
穆叔曰,	목숙이 말하였다.

라 양공이 계단을 오르는데 손림보(孫林父) 또한 따라서 같이 오르는 것이다.

44 노나라 임금과 위나라 임금은 지위가 같아 계단을 오르는데 함께하니 손림보는 노나라 임금을 위나라 임금처럼 보는 것이다.

45 『한비자 · 난(難) 4』에도 이 일이 실려 있는데 이 구절은 "지금 그대는 과군보다 한 등급 뒤처지지 않았다"로 되어 있다. 숙손의 뜻은 그대가 본국에서는 계단을 오를 때는 위나라 임금의 뒤에 있었는데, 노나라에 이르러서는 오히려 노나라 임금의 뒤에 있지 않다는 말이다.

46 이는 외교적인 사령(辭令)이다. 과군이 자신의 잘못이 어디에 있는지 모른다라는 것은 너에게 멸시당한다는 뜻이다.

47 안(安): 『이아 · 석고(釋詁)』에서는 "안은 멈추는 것(止)이다"라 하였다. 이는 그 걸음을 조금 멈추고자 한다는 뜻이다.

48 해명을 하지 않은 것이다.

49 전(悛): 깨달아 고치다.

"孫子必亡.	"손자는 반드시 망할 것이다.
爲臣而君,[50]	신하이면서 임금 행세를 하고
過而不悛,	허물이 있으면서 고치지 않았으니
亡之本也.[51]	망하는 근본이다.
詩曰,[52]	『시』에서 말하기를
'退食自公,[53]	'조정에서 물러나 밥을 먹는데
委蛇委蛇',[54]	느긋하고 느긋하다네'라 하였으니
謂從者也.[55]	순종함을 이른 것이다.
衡而委蛇,[56]	전횡을 하면서 느긋하니
必折."[57]	반드시 꺾일 것이다."

楚子囊圍陳,	초나라 자낭이 진나라를 에워싸고

50 임금과 나란히 가니 자기도 또한 임금처럼 행세하는 것이다.

51 『한비자·난(難) 4』에서는 "손자는 위나라에서 임금 행세를 하고 나중에 노나라에서는 신하 노릇을 하지 않았다"라 하였으니 임보(林父)는 위나라에 있을 때도 또한 위나라 임금과 필적하였다. 성공 7년 및 14년의 『전』에 의하면 위정공과 손림보의 관계는 지극히 나빠서 손림보가 진나라에 의지하고 지지하여 위정공이 부득이하게 그 지위를 회복시켜 주었다. 이때는 또한 정공의 아들인 헌공(獻公)이 재위에 있을 때로 그 전횡을 알만 하니 한비(韓非)가 그를 일러 "위나라에서 임금 행세를 하였다" 한 것이 원인이 없지 않다.

52 『시』는 「소남·고양(羔羊)」의 구절이다.

53 퇴식자공(退食自公): "自公退食"으로 조정에서 집으로 돌아가 식사를 하는 것이다.

54 위이(委蛇): 옛날에는 위이(逶移)로 읽었으며, 조용하고 자득한 모양을 나타낸다.

55 종(從): 순종하다. 조용하고 자득한 것은 임금에게 순종한 사람만이 이렇게 할 수 있다는 뜻이다.

56 형(衡): 곧 횡(横)으로 전횡한다는 뜻이다.

57 이런 사람은 조용하고 자득하여 후환을 생각지 않아 반드시 꺾이게 된다는 뜻이다.

會于鄬以救之.[58]	위에 모여 구원하였다.
鄭僖公之爲大子也,	정나라 희공이 태자였을 때
於成之十六年與子罕適晉,[59]	성공 16년에 자한과 함께 진나라에 갔는데
不禮焉.[60]	무례하였다.
又與子豐適楚,	또한 자풍과 초나라에 갔는데
亦不禮焉.[61]	마찬가지로 무례하였다.
及其元年朝于晉,[62]	희공 원년 진나라를 조현하였는데
子豐欲愬諸晉而廢之,	자풍이 진나라에 일러바치려다 그만두었는데
子罕止之.	자한이 말렸기 때문이다.
及將會于鄬,	위에서 회합을 가지려 할 즈음
子駟相,	자사가 상이었는데
又不禮焉.	또 무례하게 굴었다.
侍者諫,	시자가 간하였으나
不聽;	듣지를 않았으며

58 간단하게 『경』문을 서술한 것이다.
59 성(成): 노나라 성공이다. 노나라 성공 16년은 정나라 성공 10년이다.
60 언(焉)은 지시대명사로 지(之)와 같은 뜻이다. 자한에게 무례하게 굴었다는 뜻이다.
61 자한과 자풍은 모두 정목공의 아들로 희공보다 항렬이 두 등급 높다.
62 정나라 희공 원년은 노나라 양공 3년이다.

又諫, 또 간하자

殺之.[63] 죽여 버렸다.

及鄵, 조에 이르자

子駟使賊夜弑僖公,[64] 자사가 자객을 보내어 밤에 희공을 죽이고는

而以瘧疾赴于諸侯.[65] 갑작스런 병으로 죽었다고 제후들에게 부고를 했다.

簡公生五年,[66] 간공은 난 지 5년이 되었는데

奉而立之.[67] 받들어 제위에 앉혔다.

陳人患楚.[68] 진나라 사람이 초나라를 근심하였다.

---

63 진언한 시자를 죽인 것이다.

64 「정세가」에서는 주인(廚人: 요리사)을 시켜 독살하였다고 하였다.

65 학질(瘧疾): 유월(兪樾)의 『평의(平議)』에서는 학질(瘧疾)은 옛 판본에는 학질(虐疾)로 되어 있다고 하였다. 『서경·금등(書經·金縢)』에 "모진 학질을 만났다(遘厲虐疾)"라 하였는데 폭질(暴疾: 갑작스런 병)과 같은 뜻이다. 죽이고 난 다음 폭질로 부고한 것이 정황상 가까울 것이다.

66 간공(簡公): 희공의 아들이다.

67 청나라 고사기(高士奇)의 『좌전기사본말(左傳紀事本末)』에서는 "희공이 이런 행동을 한 것은 초나라를 버리고 진나라를 따른 것으로, 자사(子駟)는 관명을 집행하여 고치지 않고 이에 앞서 여러 대부들에 진나라를 따르기로 한 날 말하여 공이 초나라를 버리려 하였음을 알았으니 자사의 뜻이 아니다. 초나라 자양(子襄)이 정나라를 칠 때 자사와 자국(子國), 자이(子耳)는 초나라를 따르고자 하였고, 자공(子孔)과 자교(子蟜), 자전(子展)은 진나라를 기다리고자 하였는데 자사가 말하기를 '청컨대 초나라를 따르면 죄는 내가 감수하겠소'라 하였으니 자사는 실로 하루도 초나라를 잊은 적이 없다. 희공은 초나라를 버리고 몸은 살해되었으니 일이 이렇게 된 것은 필연적이다"라 하였다.

68 두예는 "초나라가 진나라를 포위하였기 때문이다"라고 하였다.

慶虎, 慶寅謂楚人曰, 경호와 경인이 초나라 사람에게 말하였다.

"吾使公子黃往, "내 공자 황을 가게 할 것이니

而執之."[69] 잡도록 하여라."

楚人從之.[70] 초나라 사람이 그대로 따랐다.

二慶使告陳侯于會, 두 경씨가 회합에서 진후에게 아뢰게 하여

曰, 말하였다.

"楚人執公子黃矣. "초나라 사람이 공자 황을 잡아갔습니다.

君若不來, 임금님께서 오시지 않는다면

羣臣不忍社稷宗廟,[71] 뭇 신하들이 차마 종묘사직이 망하는 것을 보지 못하고

懼有二圖."[72] 다른 일을 도모할까 두렵습니다."

陳侯逃歸.[73] 진후는 도망쳐서 돌아갔다.

---

69 두예는 "두 경씨는 진나라의 집정대부이다. 공자 황은 애공의 아우이다"라 하였다.

70 공자 황을 잡은 것이다.

71 나라가 망하는 것을 참지 못하는 것을 이른다.

72 초나라를 따르는 임금으로 고쳐 세울 것이라는 뜻이다.

73 이 회합에서 원래는 진나라를 구하고자 하였으나 진후가 회합에서 도망쳐 돌아갔으니 구원을 할 수 없을 것이다.

양공 8년

經

八年春王正月,[1]	8년 봄 주력으로 정월에
公如晉.	공이 진나라에 갔다.
夏,	여름에
葬鄭僖公.[2]	정나라 희공을 장사 지냈다.
鄭人侵蔡,	정나라 사람이 채나라를 침공하여
獲蔡公子燮.[3]	채나라 공자 섭을 사로잡았다.
季孫宿會晉侯, 鄭伯, 齊人, 宋人, 衛人, 邾人于邢丘.[4]	계손숙이 형수에서 진후, 정백, 제나라 사람, 송나라 사람, 위나라 사람, 주나라 사람과 회합하였다.
公至自晉.[5]	공이 진나라에서 돌아왔다.
莒人伐我東鄙.	거나라 사람이 우리 동쪽 변경을 쳤다.

---

1 팔년(八年): 병신년 B.C. 565년으로, 주영왕(周靈王) 7년이다. 동지가 정월 초7일 병오일로 건자(建子)이다.

2 『전』이 없다.

3 섭(燮): 『곡량전』에는 "습(濕)"으로 되어 있다. 이하 마찬가지이다. 아마 음이 비슷하여 통하여 썼을 것이다.

4 형구(邢丘): 선공 6년 『전』의 『주』에 상세하다.

5 『전』이 없다.

秋九月,	가을 9월에
大雩.	크게 기우제를 지냈다.
冬,	겨울에
楚公子貞帥師伐鄭.	초나라 공자 정이 군사를 거느리고 정나라를 쳤다.
晉侯使士匄來聘.	진후가 사개를 보내 내빙케 했다.

傳

八年春,	8년 봄
公如晉,	공이 진나라에 갔다.
朝,	아침에
且請朝聘之數.[6]	또 조빙의 수에 대해 들었다.

鄭羣公子以僖公之死也,	정나라의 여러 공자들이 희공의 죽음으로

---

6 조빙지수(朝聘之數): 두 가지 해석이 있다. 두예는 조빙할 때 소용되는 재물의 수로 생각하였고, 공영달은 소공(召公) 3년『전』에서 자태숙(子大叔)이 말한 "문공(文公)과 양공(襄公)이 패권을 잡았을 때는 제후들로 하여금 3년에 한 번씩 빙문케 하고 5년에 한 번씩 조현케 했다"라는 말을 인용하고, 아울러 말하기를 "양공 이후에는 진나라의 덕이 조금 쇠하여져 제후들이 조빙하는데 정해진 법도가 없었다", "도공(悼公)이 이에 명하여 문공과 양공과 같이 하도록 환원시켰다. ……"라 하였는데, 이는 또한 조빙을 하는 횟수를 가리켜 말한 것이다. 그러나 노양공은 즉위한 후 아직 8년도 되지 않았고 아직 어린데도 이미 세 차례나 진나라를 조현하였으며, 12년에도 조현하게 되니 또한 5년의 간격이 되지 않아 두예의 설이 비교적 정확하다.

謀子駟.[7]	자사를 모살하고자 했다.
子駟先之.[8]	자사가 먼저 손을 썼다.
夏四月庚辰,[9]	여름 4월 경진일에
辟殺子狐, 子熙, 子侯, 子丁.[10]	자호와 자희, 자후, 자정에게 죄를 씌워 죽였다.
孫擊, 孫惡出奔衛.[11]	손격과 손악이 위나라로 달아났다.

庚寅,[12]	경인일에
鄭子國, 子耳侵蔡,[13]	정나라 자국과 자이가 채나라를 침공하여
獲蔡司馬公子燮.	채나라의 사마 공자 섭을 사로잡았다.
鄭人皆喜,	정나라 사람들은 모두 기뻐하였는데
唯子產不順,[14]	자산만이 따르지 않고

---

7 자사를 모살(謀殺)하고자 한 것이다.

8 선수를 친 것이다.

9 경진일은 12일이다.

10 벽살(辟殺): 벽(辟)은 죄이다. 다른 죄가 있다는 구실을 씌워 죽인 것이다.

11 두예는 가규(賈逵)의 설에 근거하여 두 손씨는 자호(子狐)의 아들이라고 하였다.

12 경인일은 22일이다.

13 자이(子耳): 두예는 "자이는 자량(子良)의 아들이다"라 하였다.

14 자산(子產): 공손교(公孫僑)로 자국(子國)의 아들이다. 「진어 8」에서는 공손성자(公孫成子)라고 하였는데, 성(成)은 시호이다. 그러나 『좌전』에는 이후 자산의 이름과 자가 누차 보이는데, 유독 시호만은 들지 않았으니 그 까닭을 모르겠다.
불순(不順): 남을 따라 부화(附和)하지 않는 것이다. 『순자·수신(修身)』편에 "선으로 남

曰,	말하였다.
"小國無文德,	"작은 나라가 문덕은 없는데
而有武功,	무공만 세웠으니
禍莫大焉.	화가 그보다 큰 것은 없습니다.
楚人來討,[15]	초나라 사람이 와서 토벌하면
能勿從乎?[16]	따르지 않을 수 있겠습니까?
從之,	따르면
晉師必至.	진나라 군사가 필시 이를 것입니다.
晉, 楚伐鄭,	진나라와 초나라가 정나라를 치면
自今鄭國不四, 五年弗得寧矣."[17]	지금부터 정나라는 4~5년이 되지 않아 평안해질 수 없을 것입니다."
子國怒之曰,	자국이 그 말에 노하여 말하였다.
"爾何知!	"그대가 어찌 아는가?
國有大命,[18]	나라에는 대명이 있고
而有正卿,[19]	정경이 있는데

과 화창하는 것을 순이라고 한다(以善和人者謂之順)"라는 말이 있으니, 불순이라는 것은 남을 따라 부화하지 않는 것이다.

15 채(蔡)는 초나라의 동맹국이다. 채나라를 침공하는 것은 초나라에 도전하는 것이라는 말이다.

16 초나라 군대를 막아 낼 수 없을 것이라는 말이다.

17 정나라가 지금부터 최소한 4~5년 내로는 평안할 수 없을 것이라는 말이다.

18 대명(大命): 두예는 "대명은 군사를 일으키고 행군하는 명이다"라 하였다.

童子言焉,[20] 어린아이가 거기에 대해 말하니
將爲戮矣."[21] 장차 죽게 될 것이다."

五月甲辰,[22] 5월 갑진일에
會于邢丘, 형구에서 회합을 갖고
以命朝聘之數, 조빙의 수를 말하여
使諸侯之大夫聽命. 제후의 대부들로 하여금 명을 따르게 하였다.

季孫宿, 齊高厚, 宋向戌, 衛甯殖, 邾大夫會之. 계손숙과 제나라 고후, 송나라 상술, 위나라 영식, 주나라의 대부가 회동하였다.

---

19 정경(正卿): 자사(子駟)를 가리킨다. 당시 정나라의 정치를 전횡하고 있었다.

20 동자(童子): 미성년자를 말함. 『시경·위풍·환란(衛風·芄蘭)』의 "동자가 뿔송곳을 찼네(童子佩觿)"라 한 것이 이것이다. 자산은 노나라 소공 20년에 죽게 되니, 이해와는 44년의 거리가 있으니 이때는 나이가 어렸다.

21 『순자·신도(臣道)』편에서는 일시를 인용하여 "나라에는 대명이 있는데 사람들에게 알릴 수 없다면 그 몸을 방해한다"라 하였는데 청나라 혜사기(惠士奇)의 『보주(補注)』에서는 시의 뜻은 곧 자국이 노한 말의 근본이라고 하였다. 심흠한(沈欽韓)의 『보주(補注)』에서는 『한비자·외저설·좌하(外儲說·左下)』를 인용하여 "자산이 정나라 임금에게 충성을 다하자 자국이 노하여 꾸짖어 말하였다. '신하로서 다른 사람과는 달리 자기만이 군주에게 충성을 다하게 되면 다행히 군주가 현명할 경우에는 네 말을 들을 것이나, 만약 현명하지 않은 군주라면 들어주지 않을 것이다. 군주가 네 말을 들어줄지 그렇지 않을지는 아직 모르는 것이다. 그런데 너는 다른 신하들과 동떨어진 행동을 하고 있으니 머지않아 몸이 위태로워질 것이다. 그뿐만 아니라 끝내는 이 아버지까지도 위태롭게 할 것이다'"라 하였는데, 심흠한은 "아마 곧 이 『전』의 자산을 꾸짖는 말이 전해지면서 와전된 것일 것이다"라 하였다.

22 갑진일은 7일이다.

鄭伯獻捷于會,	정백은 회합에서 전리품을 바쳐
故親聽命.[23]	친히 명을 따른 것이다.
大夫不書,[24]	대부를 기록하지 않은 것은
尊晉侯也.	진후를 높여서이다.

莒人伐我東鄙,	거나라 사람이 우리나라 동쪽 변경을 치고
以疆鄫田.[25]	증나라 땅의 경계를 정했다.

秋九月,	가을 9월에
大雩,	크게 기우제를 올렸는데
旱也.	가뭄 때문이었다.

冬,	겨울에
楚子囊伐鄭,	초나라 자낭이 정나라를 쳤는데
討其侵蔡也.	채나라를 침공한 것을 성토한 것이었다.

---

23 정간공(鄭簡公)은 나이가 5세에 불과하다.

24 고후(高厚) 등 여러 사람의 이름을 기록하지 않은 것이다.

25 두예는 "거나라가 이미 증나라를 멸하자 노나라가 그 서쪽 경계를 침범하였으므로 노나라의 동쪽 변방을 쳐서 봉강(封疆)을 바르게 한 것이다"라 하였다.

子駟, 子國, 子耳欲從楚,[26]	자사와 자국, 자이는 초나라를 따르고자 하였고,
子孔, 子蟜, 子展欲待晉.[27]	자공과 자교, 자전은 진나라를 기다리고자 하였다.
子駟曰,	자사가 말하였다.
"周詩有之曰,[28]	"「주시」에서 말하기를
'俟河之淸,	'황하 맑기 기다리니
人壽幾何?[29]	사람 수명 얼마나 되나?
兆云詢多,[30]	점침 실로 많으니
職競作羅.'[31]	그물이라도 짜겠네.'

---

26 22년의 『전』에 의하면 자사(子駟)는 일찍이 정백을 따라 진나라를 조현하였는데 진후(晉侯)가 무례하게 굴었으므로 초나라를 따르고자 했다.

27 자공(子孔): 자공은 목공(穆公)의 아들이다.
자교(子蟜): 곧 공손채(公孫蠆)로 시호는 환자(桓子)이며, 자유(子游)의 아들이다.
자전(子展): 곧 공손사지(公孫舍之)이며 시호는 환자(桓子)이고, 자한(子罕)의 아들이다.
대진(待晉): 진나라의 구원을 기다리는 것이다.

28 이는 일시이다.

29 황하는 옛날부터 혼탁해서 『문선(文選)』「사현부(思縣賦)」의 이선(李善)의 주석에서 인용한 『역전(易傳)』에서는 "하(河)는 천 년에 한 번 맑아진다"라 하였으니 이는 순전히 전설로 고려의 여지가 없다. 이는 곧 사람의 삶은 많지 않아 황하수가 맑아지기를 기다리기가 어렵다는 말이다.

30 조(兆): 점을 치는 것.
운(云): 조사(助詞)로 뜻이 없다.
순(詢): 『이아·석고(釋詁)』에서는 "믿음(信)이다"라 하였다.

31 직경(職競): 『시경』에는 이 말이 두 번 보인다. 「대아·상유(大雅·桑柔)」의 "마땅히 다투어 그런 일 힘쓰네(職競用力)"와 『시경·소아·시월지교(小雅·十月之交)』의 "마땅히 사람에게서 말미암네(職競由人)"이며, 이 일시까지 모두 세 번이다. 직(職)은 마땅히(當)라는 뜻이고, 경(競)은 어사(語辭)이다. 이 두 구절은 점으로 물은 것이 실로 많아 마땅히 절로 그물이 될 따름이라는 말이다. 애공 21년의 『전』에 "비로 하여금 함께 그것을 다투게

謀之多族,[32]	계책 내는 사람이 많아
民之多違,[33]	백성들이 많이 어기면
事滋無成.[34]	일은 더욱 이루어지지 않을 것이오.
民急矣,[35]	백성들이 다급해졌으니
姑從楚,	잠시 초나라를 따르면서
以紓吾民.[36]	백성들을 풀어 줘야 하오.
晉師至,	진나라 군사가 이르면
吾又從之.	우리는 또 그를 따릅니다.
敬共幣帛,[37]	공경하게 폐백을 바치면서
以待來者,	오는 사람을 기다리는 것이
小國之道也.	소국의 도요.
犧牲玉帛,	희생과 옥백으로
待於二竟,[38]	두 나라의 경계에서 기다리면서

하였다(使肥與有職競焉)"라는 말이 있는데, 이곳의 경(競)은 또 다른 뜻이다.

32 무릇 공손씨의 아들에게 씨(氏)를 내리면 씨족이 된다. 이는 다만 조정의 경사와 많은 사람들이 그것을 모의한다는 말이다.

33 모의가 너무 많으면 사람들이 거의 따르지 않는다는 것이다.

34 자(滋): 더욱이라는 뜻으로 일이 더욱 성공하기 어렵다는 말이다. 자사가 제멋대로 결단하려는 것이다.

35 초나라 군대의 공격이 매우 성함을 말한다.

36 서(紓): 늦추는 것이다.

37 공(共): 공(供)과 같다.

38 경(竟): 경(境)과 같다. 이경(二境)은 초나라가 오고 진나라가 오는 정나라의 변경을 가리킨다.

以待彊者而庇民焉.	강한 자를 기다려 우리 백성을 비호합니다.
寇不爲害,	적이 해를 끼치지 않을 것이고
民不罷病,[39]	백성들은 피폐해지지 않을 것이니
不亦可乎?”	또한 옳지 않겠소?”
子展曰,	자전이 말하였다.
“小所以事大,	“작은 나라가 큰 나라를 섬기는 길은
信也.	신뢰입니다.
小國無信,	작은 나라는 신뢰가 없어
兵亂日至,	병란이 날로 이르러
亡無日矣.	망할 날이 머지않게 되오.
五會之信,[40]	다섯 번 회합하면서 쌓은 신의를
今將背之,	이제 저버리려 하니
雖楚救我,	초나라가 우리를 구원하려 한들
將安用之?	무슨 소용이 있겠습니까?
親我無成,[41]	우리와 가까이하여도 성과가 없으면
鄙我是欲,	우리를 변경으로 삼고자 할 것이니

39 피(罷): 지금의 피(疲)와 같다.

40 두예는 “3년의 계택(雞澤)의 회합, 5년의 척(戚)의 회합, 또한 성체(城棣)의 회합, 7년의 위(鄬)의 회합, 8년의 형구(邢丘)의 회합이다”라 하였다.

41 성(成): 종(終)의 뜻으로 쓰였다. 좋은 결말.

不可從也.[42]	따를 수가 없습니다.
不如待晉.	진나라를 기다림만 못하오.
晉君方明,	진나라 임금은 바야흐로 현명하고
四軍無闕,[43]	사군은 빠짐이 없으며
八卿和睦,[44]	여덟 경이 화목하니
必不棄鄭.	필시 정나라를 버려두지 않을 것이오.
楚師遼遠,	초나라 군사는 아득히 멀리 있어
糧食將盡,	양식은 곧 바닥나고
必將速歸,	필시 속히 돌아가려 할 것이니
何患焉?	무슨 근심을 하겠소?
舍之聞之,[45]	사지가 듣건대
杖莫如信.[46]	믿을 것이라고는 신의만한 것이 없다 하였다.

42 이 여러 구절은 우리가 다섯 회합의 신의를 저버리면 진나라가 반드시 우리를 칠 것이며, 초나라가 우리를 구원하려고 해도 또한 무슨 소용이 있겠느냐는 말이다. 초나라가 우리나라와 친하여도 좋은 결과가 없으면 오히려 우리를 그 변방의 현읍으로 삼고자 할 것이므로 초나라를 따를 수 없다는 것이다. 왕념손(王念孫)의 설을 썼다.

43 사군(四軍): 진나라에는 중·상·하·신(新)의 사군이 있다.
무궐(無闕): 전차병과 갑병이 완비되어 있음을 말한다.

44 팔경(八卿): 공영달은 9년의 『전』에 의거하여 8경이 순앵(荀罃)·사개(士匄)·순언(荀偃)·한기(韓起)·악염(欒黶)·사방(士魴)·조무(趙武)·위강(魏絳) 등 사군의 장수와 보좌라고 하였다.

45 사지(舍之): 자전(子展)의 이름이다.

46 능히 믿고 의지할 만한 것이라고는 신의를 지키는 것뿐이라는 말이다.

完守以老楚,[47]	견고하게 지며 초나라 군사를 지치게 하고
杖信以待晉,[48]	신의를 믿고 진나라를 기다리면
不亦可乎?"	또한 옳지 않겠소?"
子駟曰,	자사가 말하였다.
"詩云,[49]	"『시』에서 말하기를
'謀夫孔多,[50]	'꾀하는 이 너무 많아
是用不集.[51]	일이 되지 않는구나.
發言盈庭,	발언하는 자 온 뜰 가득
誰敢執其咎?[52]	누가 감히 그 허물 책임지려나?
如匪行邁謀,[53]	저 행인과 도모하는 것 같아
是用不得于道.'[54]	이에 길에서 벗어나게 되었다네'라 하였습니다.

47 완(完): 견고하다는 뜻. 견고하게 수비를 하면서 초나라 군사가 피로하게 하여 사기가 없게 하는 것을 말한다.

48 진나라는 반드시 정나라를 버리지 않을 것이라는 말이다.

49 『시』는 『시경·소아·소민(小雅·小旻)』이다.

50 공(孔): 매우.

51 집(集): 성취하다.

52 온 조정에서 발언을 하면서 누가 감히 잘못을 받아들이겠는가의 뜻.

53 비(匪): 피(彼)와 같은 뜻. 저, 그.
행매(行邁): 같은 뜻의 한자가 나란히 쓰인 것으로 『시경·왕풍·서리(王風·黍離)』에 "가는 길 맥없다네(行邁靡靡)" 같은 구절이 있다.

54 도(道): 도로. 이상 구절은 저 사람처럼 길을 가면서 행인과 의논을 하기 때문에 얻는 것이 없다는 것을 말한다.

請從楚,	청컨대 초나라를 따르고
騑也受其咎."[55]	그 허물은 내가 책임지겠소"라 하였다.
乃及楚平,	이에 초나라와 화평하고
使王子伯駢告于晉,[56]	왕자 백빈으로 하여금 진나라에 알리게 하여
曰,	말하였다.
"君命敝邑,	"임금께서는 우리나라에 명하시길
'修爾車賦,[57]	'너희 수레를 손질하고
儆而師徒,[58]	너희 군대를 경계하여
以討亂略.'[59]	난리를 토벌하라' 하셨습니다.
蔡人不從,	채나라 사람이 따르지 않아
敝邑之人不敢寧處,	우리나라 사람이 감히 편안히 있지 못하여

55 자사(子駟)는 원래 진나라를 따를 것을 주장하였으며, 2년의『전』에 보인다. 이번에 입장을 바꾸어 초나라를 따르려는 것은 22년『전』자산(子産)의 말에 의하면, 자사는 일찍이 이해에 있었던 형구(邢丘)의 회맹에서 모욕을 당하여 이 때문에 진나라에 원한을 품어서이다.

56 백변(伯駢): 선공 6년의『전』에 왕자백료(王子伯廖)가 보이는데, 또한 정나라의 대부이다. 백변이 백료의 아들이라고 하는 사람들도 있는데 그 근거를 모르겠다.

57 거부(車賦): 한 단어로 이곳에서만 보인다. 거승(車乘)과 같은 말이다.

58 경(儆): 경(警)자와 같은 뜻으로 경계하여 대비한다는 뜻이다.

59 난략(亂略): 한 단어로 역시 이곳에 밖에 보이지 않는다. 정당한 도리로 취하지 않는 것을 략(略)이라 하며 난(亂)자와 뜻이 가깝다.

悉索敝賦,[60]	우리 군사력을 다하여
以討于蔡,	채나라를 토벌하고
獲司馬燮,	사마 섭을 사로잡아
獻于邢丘.	형구에서 바쳤습니다.
今楚來討曰,	이제 초나라가 와서 꾸짖어 말하였습니다.
'女何故稱兵于蔡?'[61]	'너희는 무슨 까닭으로 채나라에 군사를 일으켰느냐?'
焚我郊保,[62]	우리나라 교외의 작은 성을 불태우고
馮陵我城郭.[63]	우리나라 성곽을 침범하였습니다.
敝邑之衆,	우리나라 백성들은
夫婦男女,[64]	모든 남녀를 불문하고
不遑啓處,[65]	한가로이 앉아 있을 겨를 없이

60 실색(悉索): 동의어가 연용된 것으로, 진(盡) 곧 모두, 다라는 뜻이다. 이 구절은 우리나라의 군사 역량을 모두 거둔다는 뜻이다.

61 칭(稱): "들 거(擧)"자와 같은 뜻이다.

62 교보(郊保): 보(保)는 지금은 보(堡)라 한다. 흙을 쌓아 성을 만든 것으로 지금의 토채(土寨)와 같다. 교보는 교외의 작은 성이다.

63 빙릉(馮陵): 동의어로 침공하다, 침략하다의 뜻이다.

64 부부는 기혼 남녀를 말하고, 남녀는 미혼 남녀나 홀아비 또는 과부를 말하며, 모든 백성이라는 뜻이다.

65 이 구절은 『시경·사모(四牡)』의 구절이다. 황(遑)은 한가한 겨를이라는 뜻. 소궤(小跪)를 계(啓)라고 한다. 옛날 사람들은 앉을 때 땅에 자리를 깔고 꿇어앉았다. 이 구절의 뜻은 한가로이 앉아 있을 겨를조차 없이 서로를 구조한다는 것을 말한다. 매우 다급함을 나타낸다.

以相救也.	서로를 구원하였습니다.
翦焉傾覆,[66]	송두리째 기울고 엎어지니
無所控告.	하소연할 곳이 없었습니다.
民死亡者,	백성들 중 사망한 사람은
非其父兄,	그 부형이 아니면
卽其子弟.	곧 그 자제였습니다.
夫人愁痛,[67]	사람마다 슬퍼하고 고통스러워하나
不知所庇.	비호할 줄을 몰랐습니다.
民知窮困,	백성들은 곤궁해지게 될 것을 알고서
而受盟于楚.	초나라와의 결맹을 받아들였습니다.
孤也與其二三臣不能禁止,	저랑 몇몇 신하는 금지할 수가 없어서
不敢不告."	감히 알리지 않을 수 없습니다."
知武子使行人子員對之曰,[68]	지무자는 행인 자원으로 하여금 대답하게 하여 말하였다.
"君有楚命,[69]	"임금님께서는 초나라의 명을 받고도

66 전언(翦焉)은 부사어이고, 경복(傾覆)은 가라앉는 모양이다.

67 부인(夫人): 두예는 "부인(夫人)은 사람마다(人人)이라는 뜻이다"라 하였다. 왕인지(王引之)의 『경전석사(經傳釋詞)』에서는 "부(夫)는 범(凡)과 같으며, 많다는 뜻이다"라 하였다.

68 지무자(知武子): 중군 장수 순앵(荀罃)이다.

69 두예는 "토벌을 당할 것이라는 명이다"라 하였다.

亦不使一个行李告于寡君,[70]	또한 한 사람의 행인도 과군에게 보내어 알리지 않고
而即安于楚.[71]	즉시 초나라를 편안히 받아들였습니다.
君之所欲也,	임금님께서 하고자 하면
誰敢違君?	누가 감히 임금님을 어기겠소?
寡君將帥諸侯以見于城下.	과군께서는 제후를 거느리고 성 아래서 뵙고자 하오.
唯君圖之."	임금님께서는 도모해 보십시오."

晉范宣子來聘,	진나라 범선자가 내빙하여
且拜公之辱,	또 공이 조현한 것을 배사하고
告將用師于鄭.	장차 정나라에 군사를 일으킬 것이라고 알렸다.
公享之.[72]	공이 향연을 베풀어 주었다.
宣子賦摽有梅.[73]	선자가 「표유매」를 읊으니

---

70 개(个): 원래는 "개(介)"로 되어 있었는데 『석문(釋文)』과 『석경』, 가나자와 문고본(金澤文庫本) 등에 의거하여 고쳤다.
행리(行李): 두예는 "행인(行人)이다"라 하였다.

71 사실은 먼저 통지하지 않고 초나라에게 굴복하였다는 것을 뜻한다.

72 향(享): 고대에는 향례(享禮)와 연례(宴禮)가 있었다. 향은 "饗"이라고도 하고, 연은 "燕"이라고도 한다. 향례는 술잔을 주고받으며 의례와 절차가 복잡하기 때문에 시를 읊는 일은 어려울 것 같다. 향(享)이 끝나면 연(宴)이므로 연 또한 향이라 할 수 있다. 아래의 사개와 계손숙이 서로 시를 읊은 것에 의하면 이 또한 연례임을 알 수 있다.

季武子曰,[74]	계무자가 말하였다.
"誰敢哉?[75]	"누가 감히 그러겠습니까?
今譬於草木,[76]	지금 초목에 비유하자면
寡君在君,[77]	과군은 임금님께 있어
君之臭味也.[78]	임금님의 향기입니다.
歡以承命,	기꺼이 명을 받자오니
何時之有?"[79]	어찌 때가 있겠습니까?"
武子賦角弓.[80]	무자가 이에 「각궁」을 읊었다.
賓將出,[81]	손님이 나가려 함에
武子賦彤弓.[82]	무자가 「동궁」을 읊었다.

73 표유매(摽有梅): 표(摽)는 떨어진다는 듯이다. 「표유매」는 「소남(召南)」의 시로 시의 본뜻은 남녀가 혼인을 제때 해야 한다는 것이다. 사개는 이 시를 읊어 노나라가 때에 맞추어 출병할 뜻을 기탁하였다.

74 향연을 할 때 계손숙이 상이었는데, 이때 노나라 양공은 불과 11세였을 따름으로 예를 몰랐기 때문에 계손이 응대한 것이다.

75 누가 감히 때에 맞추지 않겠습니까라는 뜻이다.

76 선자가 「표유매」를 읊었으므로 계무자가 초목으로 비유한 것이다.

77 재군(在君): 재는 "어(於)"자의 뜻으로 쓰였다. 군(君)은 진나라 임금이다.

78 취미(臭味): 기미(氣味), 곧 향기라는 뜻이다. 이 구절의 뜻은 노나라 임금은 진나라 임금에 대해 진나라 임금이 꽃과 과실이라면 노나라 임금은 단지 그 향기에 지나지 않으며, 진나라를 높일 뿐 아니라 또한 두 나라가 일심동체라는 것을 비유하고 있다.

79 기꺼이 명령을 받들어 시간을 지체하지 않겠다는 것이다.

80 각궁(角弓): 『시경·소아(小雅)』의 편명이다. "형제나 친척들은 서로 멀리 하지 않아야 한다(兄弟婚姻, 無胥遠矣)"는 데서 뜻을 취하였다.

81 빈(賓): 사개(士匄)이다.

82 동궁(彤弓): 『시경·소아(小雅)』의 편명이다. 「서(序)」에서 이르기를 "천자가 공이 있는 제후에게 물건을 하사한 것이다"라 하였다. 무자가 이 시를 읊은 뜻은 진도공(晉悼公)이 진문공의 패업을 계속 잇는 데 있다.

宣子曰,

선자가 말하였다.

"城濮之役,[83]

"성복의 전역에서

我先君文公獻功于衡雍,

우리 선군이신 문공께서 형옹에서 공을 바치어

受彤弓于襄王,

양왕으로부터 붉은 활을 받아

以爲子孫藏.

자손대대로 간직하고자 합니다.

匃也,

저는

先君守官之嗣也,[84]

선군으로부터 관직을 지켜 온 후손이니

敢不承命?"[85]

감히 명을 받들지 않겠습니까?"

君子以爲知禮.

군자는 예를 안다고 여겼다.

83 성복의 전역은 두예에 의하면 "희공 28년에 있었다."

84 「조세가(趙世家)」의 『색은(索隱)』 및 문공 13년 『전』의 공영달의 주석[소(疏)]에서 인용한 『세본(世本)』에 의하면, 사개의 증조부 성백결(成伯缺)은 회(會)를 낳았고 성공 때 경이 되었으며, 자신은 수무자회(隨武子會) 및 사섭(士燮)을 계승하여 경이 되었다.

85 두예는 "자신은 부친과 조부가 선군의 수관이었던 것을 이어 감히 명을 버리지 않고 진나라 임금을 바로잡고자 한다는 것을 말하였다"라 하였다.

양공 9년

經

九年春,[1] 9년 봄

宋災.[2] 송나라에 화재가 일어났다.

夏, 여름에

季孫宿如晉. 계손숙이 진나라로 갔다.

五月辛酉,[3] 5월 신유일에

夫人姜氏薨.[4] 부인 강씨가 돌아가셨다.

秋八月癸未,[5] 가을 8월 계미일에

葬我小君穆姜.[6] 우리 소군 목강을 장사 지냈다.

冬, 겨울에

---

1 구년(九年): 정유년 B.C. 564년으로, 주영왕(周靈王) 8년이다. 동지가 정월 18일 신해일로 건자(建子)이다.

2 『공양전』에는 "송나라에 화재가 났다(宋火)"로 되어 있다. 『공양전』의 글에 의하면 "宋災"가 되어야 하는데 아마 전사할 때의 착오인 것 같다.

3 신유(辛酉): 29일이다.

4 곧 목강(穆姜)으로, 성공의 어머니이다.

5 계미일은 23일이다.

6 『전』이 없다.

公會晉侯, 宋公, 衛侯, 曹伯, 莒子, 邾子, 滕子, 薛伯, 杞伯, 小邾子, 齊世子光伐鄭.

공이 진후, 송공, 위후, 조백, 거자, 주자, 등자, 설백, 기백, 소주자, 제나라 세자 광을 만나 정나라를 쳤다.

十有二月已亥,[7]

12월 기해일에

同盟于戲.[8]

희에서 동맹을 맺었다.

楚子伐鄭.

초자가 정나라를 쳤다.

傳

九年春,

9년 봄에

宋災,[9]

송나라에 화재가 났는데

樂喜爲司城以爲政,[10]

악희가 사성으로 정사를 맡아

---

7 두예는 "『전』에서는 '11월 기해일'이라 하였는데 장력(長曆)을 가지고 미루어 보건대 12월에는 기해일이 없으며 『경』의 착오이다"라 하였다. 기해일은 11월 10일이다.

8 희(戲): 성공 17년 『전』의 희동(戲童)이다. 희동산은 지금의 하남 등봉현(登封縣) 숭산(嵩山) 북쪽에 있다.

9 재(災): 선공 16년의 『좌전』에서는 "자연적으로 발생한 불(天火)을 재(災)라고 한다"라 하였다. 천화라는 것은 화재가 일어난 원인을 몰라 잘못을 아무에게도 돌릴 수가 없어 하늘로 돌리는 것이다. 양공 9년의 『공양전』에서는 "큰 불은 재(災), 작은 불은 화(火)라 한다"라 하였다.

10 악희(樂喜): 곧 자한(子罕)이다. 「단궁(檀弓) 하」의 『정의』에서 인용한 『세본』에서는 "경(傾)은 동향극(東鄕克)을 낳고, 극은 서향사조(西鄕士曹)를 낳았으며, 조는 자한을 낳았다"라 하였다. 『통지·씨족략(氏族略)』에서는 "악려(樂呂)의 손자 희(喜)의 자는 자한이다"라 하였다. 나머지는 문공 18년 『전』의 『주』에 상세하다. 문공 7년 및 성공 15년의 『전』에서는 송나라 육경의 차서를 우경(右卿)·좌경(左卿)·사마(司馬)·사도(司徒)·사성(司城)·사구(司寇)라고 하였다. 곧 사성의 차서는 다섯 번째이다. 우사는 비록 최고 귀하지

使伯氏司里.[11]	백씨에게 이항을 관할하는 일을 맡겼다.
火所未至,	불이 아직 미치지 못한 곳에는
徹小屋,[12]	작은 집은 철거하고
塗大屋,[13]	큰 집은 진흙을 칠하고
陳畚, 挶;[14]	삼태기와 들것을 늘어놓았다.
具綆, 缶,[15]	두레박줄과 장군을 갖추고
備水器;[16]	물을 옮기는 기구를 준비하였다.
量輕重,[17]	경중을 헤아려
蓄水潦,[18]	물을 저장해 놓고

만 현명하면 정사를 맡는데 화원(華元)의 경우이다. 자한은 위차가 다섯 번째이기는 하나 현명하고 재주가 있어 국정을 주관하였다.

11 사(使): 자한(子罕)이 시킨 것이다.
백씨(伯氏): 두예는 "백씨는 송나라 대부이다"라 하였다.
사리(司里): 관명이 아니다. 리(里)는 곧 이항(里巷)으로 성내의 백성들이 사는 곳이다. 사리라는 것은 성내의 가항(街巷)을 관할하는 것이다.

12 작은 집은 쉽게 철거되어 공터를 만들어 불을 떼어 놓는 것이다.

13 큰 집은 철거도 쉽지 않고 손실도 크므로 진흙을 발라 쉽게 연소되지 않게 하는 것이다.

14 진(陳): 늘어놓다.
분(畚): 삼태기. 풀을 꼰 끈으로 만들어 곡식을 담을 수도 있고 흙을 담을 수도 있다. 삼태기는 비교적 커서 심지어 진나라 영공은 시체를 담기도 하였다.
국(挶): 곧 국(梮)으로 국(輂)과 같으며, 흙을 들어 올리는 기구이다. 국은 혹 두 나무로 만들어 삼태기의 양쪽 귀를 꿰어 두 사람이 매고 흙을 나를 수도 있었다.

15 경(綆): 물을 긷는데 쓰는 끈. 두레박 줄.
부(缶): 물을 길어 넣는 기물. 장군.

16 수기(水器): 물을 채우는 기물로 동이〔盆〕, 옹기〔甕〕, 물독〔罃〕 같은 것이 모두 여기에 해당한다.

17 두예에 의하면 각 사람의 역량의 크기에 따라 임무의 경중을 분배하는 것이다.

積土塗;[19]	진흙을 쌓아 두었다.
巡丈城,[20]	성곽의 사방을 순시하고
繕守備,[21]	방비하는 도구를 손보았으며
表火道.[22]	불길이 나아가는 곳을 표시하였다.
使華臣具正徒,[23]	화신에게 도역을 올바르게 갖추게 하고
令隧正納郊保,[24]	수정에게는 교보의 도역을 들이게 하여
奔火所.[25]	불난 곳으로 달려가게 하였다.

---

18 축(蓄水潦): 축은 저장하여 갖추는 것이다. 료(潦)는 저장하여 둔 물. 이 구절은 물을 길을 수 있도록 갖추어두는 것이다.

19 도(塗): 명사로, 진흙이다.

20 장성(丈城): 하나의 단어인 것 같으며, 곧 성곽의 사위(四圍)이다. 장(丈)에 대해서는 대(大)의 오자라는 설도 있고 장(長)의 가차자라는 설도 있지만 모두 근거가 없다.

21 막고 지키는 도구를 수리하여, 화재 때문에 발생할지도 모르는 내환과 외구(外寇)를 경계하는 것이다.

22 화도(火道): 불길이 이르는 곳 및 나아갈 곳. 이곳을 표시하여 사람들로 하여금 달려가거나 피하게 하는 것이다. 이런 일은 백씨로 하여금 주관케 했다.

23 화신(華臣): 화원(華元)의 아들로 사도(司徒)이다. 『주례』에서 대사도는 도중(徒衆)을 맡아 다스리고, 소사도는 무릇 나라에 큰일이 있으면 백성을 모집한다고 하였다. 이것으로 사도가 도역(徒役)을 관장하는 사실을 알 수 있다. 어떨 때는 서울이나 교외에 통상적으로 일하는 역도를 대주기도 하였는데, 『주례·소사도(小司徒)』에 의하면 "무릇 도역을 뽑을 때는 한 집에 한 사람을 넘지 않는다"라 하였으나 이것이 정도(正徒)의 뜻이다.

24 이 문장에서는 모두 령(令)자를 말하였는데, 화신(華臣) 등 대관이 그 관속에게 명한 것이다.
수정(隧正): 1수(隧)의 장. 『주례』의 수인(遂人)을 가리키는 것 같다. 국도의 성이 있는 구역 바깥을 교(郊)라 하며, 교의 바깥을 수(隧)라 하는데 지금의 먼 교외라는 말과 같다.
납교보(納郊保): 보는 수(隧) 내에 있는 작은 성이다. 납교보는 교보(郊堡)의 도졸을 징발하여 국도로 보내는 것을 말한다.

25 보낸 교보의 도역들로 하여금 화재를 진압하게 하는 것이다.

使華閱討右官,[26]	화열로 하여금 우사의 관속을 다스리게 하여
官庀其司.[27]	그 맡은 일을 다 하게 하였다.
向戌討左,	상술에게는 좌사의 관속을 다스려
亦如之.[28]	또한 그와 같이 하게 하였다.
使樂遄庀刑器,[29]	악천으로 하여금 형구를 갖추어서
亦如之.[30]	또한 그렇게 하게 하였다.
使皇鄖命校正出馬,[31]	황운으로 하여금 교정에게 명하여 말을 내게 하고
工正出車,[32]	공정에게는 수레를 내게 하였다.
備甲兵,[33]	무기를 갖추어

---

26 화열(華閱): 또한 화원의 아들로, 화원을 이어 우사(右師)가 되었다. 우사에는 관속(官屬)이 있다.
토(討): 다스리다.

27 비(庀): 다스리다, 갖추다.
이상의 뜻은 자한이 화열으로 하여금 그 관속을 독촉하여 각자 맡은 바 책임을 다하게 하는 것을 말한다.

28 이 또한 자한이 상술(向戌)로 하여금 좌사의 관속을 독촉하여 그 직무를 다하게 한 것이다. 상술은 당시 좌사였다.

29 악천(樂遄): 사구(司寇)로 형관(刑官)이다. 형구를 갖추는 것은 대화재 중에는 반드시 비리를 저지르고 금령을 범하는 사람이 있기 때문에 형벌로 다스리는 것을 말한다.

30 각자 그 직책을 다하는 것이다.

31 황운(皇鄖): 황보충석(皇父充石: 문공 11년의 『전』과 『주』에 보인다)의 후손으로, 동향위인(東鄉爲人)의 아들이며, 송나라의 사마로 자는 초(椒)이다.
교정(校正): 사마의 속관으로 말을 주관하며, 『주례』에서는 교인(校人)이라 한다.

32 공정(工正): 역시 사마의 속관으로, 소공 4년의 『전』에 보인다.
『주례』의 수레를 관장하는 속관인 종백은 이것과 다르다. 거(車)는 전차이다.

33 갑옷과 무기를 구비하는 것이다.

庀武守.	무기고를 지키게 하였다.
使西鉏吾庀府守,[34]	서서오로 하여금 부고의 수장품을 보호하게 했고
令司宮, 巷伯儆宮.[35]	사궁과 항백에게는 궁중을 경비하게 하였다.
二師令四鄕正敬享,[36]	이사에게는 사방의 향정에게 경건히 제사를 올리게 하고
祝宗用馬于四墉,[37]	축종에게는 말을 가지고 사방의 성에서 제사를 지내게 하였으며

---

34 서서오(西鉏吾): 가규와 두예는 모두 서오가 태재(太宰)라 하였다.
부수(府守): 두예는 육관의 전책(典策)이라 하였고, 공영달의 주석〔소(疏)〕에서 인용한 유현(劉炫)의 설을 인용하여 부고의 수장품이라 하였다. 유현의 설이 비교적 나은 것 같다. 부고의 수장품은 물자와 재물뿐만 아니라 전책 또한 수장할 곳이 있는데, 유현의 뜻은 두예의 뜻을 포괄한다.
비(庀): 여기서는 위에서 쓰인 뜻과 다르게 쓰였다. 비(庇)와 같은 뜻으로 보호하는 것을 말한다.

35 사궁(司宮): 곧 『주례』의 내소신(內小臣)으로 궁내 엄인(奄人: 환관)의 우두머리이다. 소공 5년의 『전』에 초자가 양설힐(羊舌肹)을 사궁으로 삼으려 하는 것이 실려 있는 것으로 보아 사궁의 관직이 청대의 총관태감(總管太監)과 같다는 것을 알 수 있다. 『시경』에 「항백(巷伯)」이 있는데 끝에서 "시인 맹자(寺人孟子)"라 한 것으로 보아 항백 또한 엄인임을 알 수 있으며, 아마 궁중의 항침(巷寢)과 문호(門戶)를 주관하였을 것이다.

36 이사(二師): 좌사와 우사이다. 송나라의 도읍에는 사향(四鄕)이 있을 것이며 매 향마다 하나의 향정(鄕正), 곧 향대부(鄕大夫)가 있었다.
경향(敬享): 향은 제사를 지내는 것이다. 『주례·대축』에 의하면 나라에 천재가 있으면 사직과 모든 제사를 받을 신에게 두루 제사를 지냈다. 이 경향은 뭇 신에게 제사를 지내는 것일 것이다.

37 축종(祝宗): 성공 17년 『전』의 『주』에 보인다.
용마(用馬): 말을 죽여 제사를 지내는 것.
용(墉): 성(城).
청나라 심동(沈彤)의 『소소(小疏)』에 의하면 고대의 푸닥거리는 모두 말을 희생으로 썼다고 한다. 사방의 성에 말을 쓴 것은 성황신(城隍神)의 시초이다. 또한 청나라 양이승

祀盤庚于西門之外.[38]	서문 밖에서 반경에게 제사를 지내게 하였다.
晉侯問於士弱曰,[39]	진후가 사약에게 물었다.
"吾聞之,	"내 듣건대
宋災於是乎知有天道,[40]	송나라는 화재로 이에 천도가 있다는 것을 알았다니
何故?"	무슨 까닭인가?"
對曰,	대답하였다.
"古之火正,[41]	"옛 화정은
或食於心,	어떨 때는 심수의 식읍을 받기도 하고

(梁履繩)의 『보석(補釋)』에 상세하다.

38 반경(盤庚): 「은본기」와 『삼대세표(三代世表)』, 『한서·고금인표(古今人表)』 및 은허의 복사(卜辭)에서 모두 반경은 양갑(陽甲)의 아우로 은상(殷商)의 11대 임금이라고 하였는데, 송나라는 그를 먼 시조로 여겼다. 『수경(水經)』에 의하면 송나라 도읍의 네 성문은 동·남·북문에는 모두 고유한 이름이 있는 반면 서문에만 이름이 없다. 반경은 지금의 하남 안양시(安陽市) 안양하(安陽河) 양안의 은허로 도읍을 옮겼는데, 송나라의 도읍은 지금의 상구시(商丘市)이며, 은허는 그 서북쪽에 있으므로 서문 밖에서 제사를 지낸 것이다. 전인이 이르기를 서방은 소음(少陰)으로 불을 진압한다는 것을 취하였다고 하는데 곡설로 믿을 수가 없다.

39 사약(士弱): 사악탁(士渥濁)의 아들이며, 시호는 장자(莊子)이다.

40 송재(宋災): 이전에는 위에 붙여서 읽었는데 지금은 아래로 붙여서 읽는 것으로 고쳤다. 이 구절의 뜻은 송나라가 화재로 인하여 천도를 알게 된 것이며, 송나라가 천도를 알아 화재를 예지하였다고 하는 것이 아니다. 유월(兪樾)의 『평의(平議)』에 상세하다. 아마 당시에 이런 말이 떠돌았는데 진후가 듣고서 이해를 못하였기 때문에 이에 사약에게 물은 것이다.

41 화정(火正): 관직 이름으로 화성(火星)에 제사 지내는 것을 관장하고 화정(火政)을 행한다. 고대에는 오행(五行)에 각기 정(正)이 있었으며, 소공 29년의 『전』에 보인다.

或食於味,[42]	어떨 때는 유수의 식읍을 받기도 하여
以出內火.[43]	불을 내고 들였습니다.
是故味爲鶉火,	그런 까닭으로 유수를 순화라 하고
心爲大火.[44]	심수를 대화라 한 것입니다.
陶唐氏之火正閼伯居商丘,[45]	도당씨의 화정 알백은 상구에 살면서
祀大火,[46]	대화성을 제사 지냈고

42 식(食): 배식(配食)이다. B.C. 2200년경에는 봄의 밭갈이가 시작될 때 대화성이 초저녁에 동쪽에서 떠올랐다. 상대(商代)에 이르러 대화성이 동쪽에 떠오르는 것은 매우 늦었고 봄 밭갈이가 시작되면 순화(鶉火), 곧 유(柳)·성(星)·장(張)의 3수(宿)가 바로 남중의 하늘에 있었다.

43 출납화(出內火): 『예기·교특생(郊特牲)』에서는 "음력 3월에는 불을 질러 잡초를 태운다"라 하였고, 『주례·하관·사관(夏官·司爟)』에서는 "음력 3월에 불을 내면 백성들이 모두 그에 따른다. 음력 9월에 불을 거두어들이면 백성들이 또한 그렇게 한다"라 하였다. 『대대예기·하소정(大戴禮記·夏小正)』에서는 "5월에 처음으로 어두워지면 큰 불을 낸다"라 하였고 또 말하기를 "9월에는 불을 들인다"라 하였다. 종합적으로 살펴보건대 출납화(出內火)에는 두 가지 뜻이 있다. 하나는 심수(心宿)의 두 별이 보였다가 사라지는 것이며, 하나는 심수의 두 별이 보이는 것으로 기물을 만들기 위해 불을 쓰는 것이다. 복(伏)은 불을 금하는 것으로 곧 「월령(月令)」에서 "음력 3월에는 공사(工師)와 백공(百工)에게 명령하려 모두 각기 맡은 일을 처리하게 하고, 음력 9월에 서리가 비로소 내리면 백공은 쉰다"라 하였다.

44 순화·대화(鶉火·大火): 유수(柳宿)는 곧 순화이고 심수(心宿)는 대화이며, 여름밤에 빛나는 별의 하나이다. 대화는 실제로 이 별을 가리킨다.

45 알백(閼伯): 전하기로는 고신씨(高辛氏)의 먼 후예라고 하며, 소공 원년의 『전』과 『주』에 상세하다. 청나라 유심원(劉心源)의 『기고실길금문술(奇觚室吉金文述)』 권5에는 상구숙보(商丘叔簠)가 있는데 지명을 가지고 씨를 삼은 것 같다. 청나라 고동고(顧棟高)의 『대사표(大事表)』에 의하면 지금의 하남 상구시 서남쪽에 상구가 있는데 주위 3백 보를 세칭 알대(閼臺)라고 한다.

46 대화성을 제사 지내는 것이다.

而火紀時焉.[47]	대화성의 기록을 때에 맞추어 했습니다.
相土因之,[48]	상토가 그것을 이었으므로
故商主大火.[49]	상나라가 대화를 주관하였습니다.
商人閱其禍敗之釁,[50]	상나라 사람이 그 재화와 실패의 조짐을 살피니
必始於火,	반드시 불에서 시작되어
是以日知其有天道也."[51]	이런 까닭에 지난날 거기에 천도가 있음을 알게 되었습니다."
公曰,	공이 말하였다.
"可必乎?"[52]	"반드시 그렇다 하겠는가?"
對曰,	대답하였다.

---

47 대화성을 별자리로 삼아 그 이동한 자취를 보고 때를 정하는 것을 말한다.

48 상토(相土): 은상(殷商)의 선조로 『시경·상송·장발(商頌·長發)』과 『세본(世本)』에 보인다. 은허의 복사에는 토(土)를 제사 지낸 점의 기록이 자주 보이는데, 토는 곧 상토이다.

49 은상 때는 대화성을 제사의 주성(主星)으로 삼았다. 전대의 사람은 분야(分野) 및 성토(星土)를 가지고 그것을 설명하였는데 『좌전』을 가지고 파헤쳐 보면 믿을 것이 못된다. 명말청초(明末淸初) 황종희(黃宗羲)의 『남뢰문안(南雷文案)』 및 청나라 왕사정(王士禎)의 『거이록(居易錄)』에 상세하다.

50 열(閱): 『설문(說文)』에서 "열은 살피는 것이다"라 하였다.
흔(釁): 미리 나타나는 조짐. 상나라 사람이 고찰하여 재화와 실패의 미리 나타나는 조짐을 총결한다는 듯이다.

51 일(日): 지난날. 장병린(章炳麟)은 "日"을 "실(實)"자로 보았는데 따를 수가 없다. 이 구절의 뜻은 은상 때에는 다만 그 화패(禍敗)가 불에서 많이 기인한다고 총결하였으며, 따라서 지난날 스스로 자연 규율[곧 천도(天道)]을 장악했다고 생각하였다는 것이다.

52 진도공이 또 묻기를 이런 역사적 경험의 총결이 긍정할 수 있다고 하겠는가라 한 것이다.

"在道.[53]	"도에 있으니
國亂無象,	나라가 어지러워져도 조짐을 보여주지 않아
不可知也."[54]	알 수가 없습니다."

夏,	여름에
季武子如晉,	계무자가 진나라에 갔는데
報宣子之聘也.[55]	선자가 빙문한 것에 대한 답빙이었다.

穆姜薨於東宮.[56]	목강이 동궁에서 돌아가셨다.
始往而筮之,	처음에 가서 시초점을 쳐보았더니
遇艮之八䷗.[57]	간괘가 8로 변한 ䷗ 괘가 나왔다.

---

53 반드시 그렇지는 않고 국가의 치란(治亂)의 도에 있다는 말이다.

54 국정이 문란하면 하늘이 미리 조짐을 보여주지 않아 또한 알 수가 없다는 것이다.

55 진나라가 범선자로 하여금 노나라를 내빙케 한 것에 대한 보답한 것이다. 범선자의 내빙은 8년의 『전』에 보인다.

56 목강(穆姜): 양공의 조모로 성공을 없애고 그의 간부(姦夫) 교여(僑如)를 세우고자 하였는데, 성공 18년의 『전』에 보인다. 이 때문에 쫓겨나 동궁(東宮)으로 옮겼다. 동궁은 다른 궁의 이름이지 태자의 궁은 아니다.

57 『주역』은 모두 "구(九)"와 "육(六)"으로 말하는데, 변(變)이라는 것은 한 효(爻)가 다른 괘로 변하면 모(괘 이름)의 모(괘 이름)라고 한다. 이 복서의 간괘(艮卦)는 다섯 효가 모두 변하고 두 번째 효(아래에서 헤아려)만 변하지 않았으니 수괘(隨卦)가 되었다. "간의 수(艮之隨)"라고 말하지 않은 것에 대해 두예는 이는 『연산역(連山易)』이나 『귀장역(歸藏易)』을 썼기 때문이라 하였다. 그러나 이 두 『역』은 이미 알 수 없게 되었고 지금 세상에 전하는 『귀장역』은 위서이므로 더욱 증빙이 되지 못한다. 『좌전』에서 "팔(八)"이라 말한 것은 여기에 한번만 보인다. 『국어』에도 "팔"이라 말한 것이 두 번 뿐인데 모두 불변한 효

史曰,
사관이 말하였다.

“是謂艮之隨䷐.[58]
“이는 간괘가 수괘 ䷐로 변한 것입니다.

隨,
수는

其出也.[59]
나간다는 것입니다.

君必速出!”
소군께서는 반드시 빨리 나가게 될 것입니다!”

姜曰,
목강이 말하였다.

“亡![60]
“아니다!

是於周易曰,
『주역』에서 말하기를

‘隨,
‘수는

元, 亨, 利, 貞,
원·형·이·정하니

無咎.’[61]
허물이 없을 것이다’라 하였다.

元,
원은

體之長也.[62]
몸의 머리이고

를 말한 것이다. 아래에서 괘를 풀이하는데 여전히 『주역』을 가지고 풀이를 하였으니 두 예가 말한 것은 반드시 믿을 만하지 못하다.

58 수괘로 변한 것은 사관이 여전히 『주역』의 말을 하는 것이다.

59 수괘는 곧 사람을 따라 가는 것으로 달아나는 상이라는 뜻이다.

60 망(亡): 부정적으로 응대하는 말로 ~하지 않겠다는 뜻이다. 여기서는 나가지 않겠다는 말이다.

61 이는 수괘의 괘사(卦辭)이다.

62 원(元): “적나라 사람이 그의 머리를 돌려주었다(狄人歸其元)”라 할 때의 원으로, 머리이다. 수(首)는 신체에서 가장 높은 곳이다.

亨,	형은
嘉之會也.[63]	아름다움이 모인 것이며
利,	이는
義之和也.[64]	의가 화함이고
貞,	정은
事之幹也.[65]	사물의 줄기이다.
體仁足以長人,	인을 체현하면 사람의 우두머리가 될 것이고
嘉德足以合禮,[66]	덕을 아름답게 하면 예를 조화롭게 할 것이며

63 형(亨): 곧 향(享)이다. 무릇 아름다운 예에는 반드시 향이 있다. 향에는 주인이 있고 손님이 있기 때문에 모이는 것이라 하였다.

64 선공 15년의 『전』에서는 "신의로 의를 실어 행하는 것이 이이다(信載義而行之爲利)"라 하였으며, 『대대예기·사대(四代)』편에서는 "의는 이의 근본이다(義, 利之本也)"라 하였고 『묵자』「경(經) 상」 및 「경설(經說) 하」에서는 모두 "의는 이이다(義, 利也)"라 하였다. 대체로 옛사람들은 의(義)와 이(利)의 구변은 공리(公利)를 행하면 의이고 사리를 행하면 이라 하였다. 이(利)가 화(和)하여 공리(公利)가 되므로 목강은 의(義)라고 생각한 것이다.

65 『역·건괘(易·乾卦)』「문언전(文言傳)」에서는 "신실하고 견고하면 일의 근간이 될 수 있다(貞固足以幹事)"라 하였으며, 「문언전」의 『주』에서는 "정은 믿음이다(貞, 信也)"라 하였다. 『가자·도술(賈子·道術)』에서는 "언행을 하나로 포괄하는 것을 일러 정이라고 한다"라 하였다. 간(幹)은 간(榦)과 같으며 근본이고 몸이다.

66 합례(合禮): 합(合)은 흡(洽)과 통하며 『시경』의 「소아·빈지초연(小雅·賓之初筵)」과 「주송·풍년(周頌·豐年)」 및 「재삼(載芟)」에 모두 "모든 예를 합당케 한다(以洽百禮)"라는 구절이 있는데, 합례(合禮)는 곧 흡례(洽禮)이다. 합과 흡 두 자는 원래는 통용할 수 있었다. 합과 흡은 모두 화합, 조화되다의 뜻이 있다.

利物足以和義,[67]	사물을 이롭게 하면 의가 화하게 될 것이고
貞固足以幹事.[68]	성실하고 견고하면 일을 잘하게 된다.
然,[69]	그러니
故不可誣也,[70]	실로 속일수가 없으며
是以雖隨無咎.[71]	그렇기 때문에 수괘는 허물이 없다.
今我婦人,	지금 나는 부인으로
而與於亂.[72]	난에 참여하였다.
固在下位,[73]	실로 낮은 위치에 있으면서
而有不仁,[74]	또한 어질지 못하였으니

---

67 이물(利物): 사람에게 이롭다(利于人)과 같은 뜻이다. 이인(利人)이라 하면 의(義)의 총체적인 표현이므로 화의(和義)라 하였다.

68 『주역·고괘(周易·蠱卦)』의 주석에서는 그 임무를 감당하는 것을 간(幹)이라 하였다. 이 구절의 뜻은 신실하고 굳으면 일을 잘 처리한다는 뜻이다.
이상 여덟 구절은 모두 『주역·건괘』의 「문언전」에 보이는데 단 두 자만 같지 않다. 목강이 「문언전」의 말을 인용한 것이 아니라 「문언전」의 작자가 목강의 말을 그대로 쓴 것이다.

69 연(然): 떼어서 읽어야 하며 아와 같이(如此)라는 뜻이다.

70 고(故): 고(固)자와 같으며 어떤 판본에는 "固"자로 되어 있다. 이와 같아서 원래부터 속일 수가 없다는 뜻이다. 무(誣)는 속인다는 뜻이다.

71 만약 이 원형이정의 네 덕을 행한다면 속일 수가 없어서 비록 수괘를 만난다 하더라도 또한 재앙이 없을 것이라는 말이다.

72 목강 스스로 계씨(季氏)와 맹씨(孟氏)를 없애려 하였으며, 심지어 노나라 성공을 폐하고자 하였다고 말하였는데 이는 모두 노나라의 정치를 어지럽힌 것이다.

73 옛날에는 남존여비의 사상이 있었기 때문에 목강 스스로 위차가 아래에 있다고 말하였다.

74 유(有): 우(又)자와 같은 뜻이다. 그리고 또한 어질지 못했다는 말이다.
불인(不仁): 또한 성공을 핍박한 일을 가리킨다.

不可謂元.[75]	원이라 할 수 없다.
不靖國家,[76]	나라를 안정시키지 못하였으니
不可謂亨.[77]	형이라 할 수 없다.
作而害身,	일을 꾸며 몸을 해쳤으니
不可謂利.[78]	이라 할 수 없다.
棄位而姣,[79]	자리를 버리고 얼굴을 꾸몄으니
不可謂貞.[80]	정이라 할 수 없다.
有四德者,	네 덕이 있는 사람은
隨而無咎.[81]	수괘는 곧 허물이 없다.
我皆無之,	나는 그중 하나도 없으니

75 원(元): 한 몸의 머리이자 나아가 한나라의 우두머리라는 뜻으로 인신(引伸)되었다. 목강은 스스로 이르기를 아래의 지위에 있는 부인의 몸으로 노나라를 어지럽히려 하였으므로 원이라 이를 수 없다고 말하고 있다.

76 정(靖): 편안하다, 조용하다. 노나라를 어지럽혀 국가가 안정되지 못하게 하였다는 말이다.

77 나라가 편안하고 조용하지 않으니 어떻게 향연을 베풀 수 있으며, 그러므로 옳지 않다는 것이다.

78 목강이 실로 이런 일을 꾸미어 마침내 동궁에 유폐되어 갇히게 되었으므로 일을 꾸며 몸에 해를 끼쳤다고 하였다.

79 기위(棄位): 본연의 위치를 저버렸다는 것과 같은 말이다. 목강은 성공의 어머니로 태후의 지위를 지켜야 하며, 고대에는 자칭 미망인이라면 몸을 치장하고 꾸미지 않았다. 지금 목강은 선백(宣伯)과 사통하여 몸을 아름답게 꾸몄으므로 이렇게 말한 것이다. 교(姣)는 아름답다는 뜻이다.

80 정(貞): 원래는 성실하고 신의가 있다는 뜻인데 여자가 고대에 이른바 예의 바르고 스스로 지조를 지키는 것 또한 정이라 하였다. 앞뒤로 쓰인 두 정(貞)자는 쌍관어적인 뜻을 취하였으므로 구애될 수 없다.

81 이(而): 부사로 내(乃)와 같은 뜻이다.

豈隨也哉?[82]	어찌 수괘에 해당한다 하겠는가?
我則取惡,	나는 악함을 취하였으니
能無咎乎?[83]	허물이 없다 할 수 있겠는가?
必死於此,	반드시 여기서 죽어
弗得出矣."[84]	나가지 않게 될 것이다."

秦景公使士雃乞師于楚,[85]	진경공이 사견으로 하여금 초나라에 군사를 청하게 하여
將以伐晉,	진나라를 치려고 하였는데
楚子許之.	초자가 허락하였다.
子囊曰,	자낭이 말하였다.
"不可;	"안 됩니다.
當今吾不能與晉爭.	당장은 우리가 진나라와 다툴 수 없습니다.
晉君類能而使之,[86]	진나라 임금은 유능한 자를 분류하여 부리고

82 나는 원형이정의 네 덕이 없으므로 "허물이 없다(無咎)"고 말할 수 없다는 뜻이다. 『역』의 괘사의 본뜻은 원형을 하나로 읽는데 대길(大吉)과 같은 뜻이며, 이정을 하나로 읽는데 점을 치는데 이로움이 있음을 이른다. 목강은 네 개의 뜻으로 나누었다.

83 반드시 재앙이 있을 것이라는 말이다.

84 『열녀전·얼폐전(孼嬖傳)』에서도 목강의 이 일을 말하였다.

85 「진본기」의 『집해(集解)』에서 인용한 『세본(世本)』에서는 경공의 이름이 후백거(后伯車)라고 하였다. 전해지는 기물로는 진공종(秦公鐘) 등이 있는데 곧 진경공이 만든 것이다.

擧不失選,[87]	등용하여 선발함에 실수가 없으며
官不易方.[88]	관청에서는 그 정책을 쉬 바꾸지 않고
其卿讓於善,	경은 훌륭한 이에게 양보하고
其大夫不失守,[89]	대부는 지키는 것을 잃지 않으며
其士競於敎,[90]	사는 가르침에 노력하고
其庶人力於農穡,[91]	서민은 농사에 힘을 쓰며
商, 工, 皁, 隸不知遷業.[92]	상인과 공인 천역들은 생업을 옮길 줄을 모릅니다.
韓厥老矣,[93]	한궐은 늙어서 물러났고
知罃稟焉以爲政.[94]	지앵이 공경스레 정사를 행하고 있습니다.

86 류(類): 분류하다. 사람은 각기 능력이 있는데 그 능력의 크기와 다름에 따라 사용하므로 이렇게 말하였다.

87 인재를 선발함에 각기 그 있어야할 곳을 얻었다는 말이다.

88 소공 29년의『전』에 "관에서는 그 정책을 닦는다(官修其方)"는 말이 있다. 방(方)은 지금의 정책, 정령이라는 말과 같다.

89 지켜야 할 직무를 잃지 않는 것이다.

90 경(競): 강(彊)과 같으며, 노력한다는 뜻이다. 교훈에 노력하는 것이다.

91 서인(庶人): 농업 생산자이다.「진어 4」에 "서민들은 그 힘으로 먹는다(庶人食力)"라는 말이 있고,「주어 상」에는 "서민들은 천 이랑 밭에서 죽는다(庶民終于千畝)"라는 말이 농민임을 말해 준다.

92 상공조예(商工皁隸): 상인과 공인 및 조예(皁隸)가 모두 세세대대로 해온 일을 달갑게 여기는 것으로 직업을 바꿀 의사가 없음을 말한다. 조예(皁隸)는 천역(賤役)이다. 소공 7년의『전』에 "사의 신하는 조이고, 조의 신하는 여, 여의 신하는 예이다(士臣皁, 皁臣輿, 輿臣隸)"라는 말이 있다.

93 늙었음을 아뢰고 관직에서 물러난 것이다.

范匃少於中行偃而上之;[95]	범개는 중항언보다 어린데 그를 높이어
使佐中軍.[96]	중군을 보좌하게 하였습니다.
韓起少於欒黶,	한기는 난염보다 어린데도
而欒黶, 士魴上之,[97]	난염과 사방이 그를 높이어
使佐上軍.	상군을 보좌하게 하였습니다.
魏絳多功,	위강은 공이 많았는데
以趙武爲賢,	조무를 현명하다고 생각하여
而爲之佐.[98]	그를 보좌로 삼았습니다.
君明, 臣忠, 上讓, 下競.[99]	임금은 현명하고 신하는 충성스러우며 윗사람은 양보하고 아랫사람은 노력을 다하고 있습니다.

94 품(禀): 품(稟)의 속자로 경건하다는 뜻이다. 『방언(方言)』에 보인다. 지앵은 이때 중군장(中軍將)이었다.

95 중항언이 범개를 자기보다 높이었다는 말로, 왕인지의 『술문(述聞)』에서는 "而"자 아래에 "중항언" 석 자가 빠졌다고 하였는데 무리는 아닌 것 같다.

96 범개로 하여금 중군부수(中軍副帥)가 되게 한 것이다.

97 사방(士魴): 가나자와 문고본(金澤文庫本)에는 범방(范魴)으로 되어 있다. 왕인지의 『술문(述聞)』에서는 "사방" 두 자는 연문이라 하였는데, 그렇게 주장하기에는 증거가 부족하다. 아마 지앵이 중군장이고 범개가 보좌하였으며 중항언은 상군장일 것이다. 난염은 상군좌가 되어야 할 것인데 난염이 양보하여 사방에게 되게 하였으며, 사방 또한 양보하여 이에 한기로 하여금 상군좌가 되게 한 것이다. 이 문장에서는 그런 까닭에 "사방"이란 두 자가 있으며, 왕인지의 설은 틀렸다.

98 한강이 본래 신군수(新軍帥)가 되어야 하는데 조무가 재주가 많다고 여겨 이에 조무가 신군수가 되고 한강이 좌(佐)가 된 것이다.

99 군명(君明): 능력 있는 사람을 분류하여 그들을 잘 부림을 총결한 것이다.
신충·상양(臣忠·上讓): 경(卿)이 뛰어난 사람에게 양보함을 총결한 것이다.

當是時也,	지금은
晉不可敵,	진나라를 대적할 수 없으니
事之而後可.	섬긴 다음이라야 옳을 것입니다.
君其圖之!"	임금께서는 잘 생각해 보소서!"
王曰,	왕이 말하였다.
"吾旣許之矣,[100]	"내 이미 허락하였으니
雖不及晉,[101]	비록 진에 미치지 못한다 한들
必將出師."	반드시 군사를 낼 것이오."
秋,	가을에
楚子師于武城,[102]	초자가 무성에서 군사를 내어
以爲秦援.	진나라를 후원하였다.
秦人侵晉.	진나라 사람이 진나라를 침공하였다.
晉饑,	진나라는 기근이 들어
弗能報也.[103]	보복을 할 수 없었다.

하경(下競): 사(士) 및 서인(庶人), 공상조예(工商皁隸)까지 모두 그 힘을 다하여 직무를 잃지 않음을 총결한 것이다.

100 초공왕이 이미 사견(士雃)에게 출병을 하겠다고 허락한 것이다.

101 초나라가 진나라만 못한 것으로, 자낭의 말이 옳다는 것을 시인한 것이다.

102 무성(武城): 초나라 땅으로 지금의 하남성 남양시(南陽市) 북쪽이다. 희공 6년의 『전』에도 보인다.

103 이듬해에 진(秦)나라는 진(晉)나라에 보복한다.

冬十月, 겨울 10월에

諸侯伐鄭.[104] 제후가 정나라를 쳤다.

庚午,[105] 경오일에

季武子, 齊崔杼, 宋皇鄖從荀罃, 士匄門于鄟門,[106] 계무자와 제나라 최저, 송나라 황운은 전문에서 순앵과 사개를 따랐고

衛北宮括, 曹人, 邾人從荀偃, 韓起門于師之梁,[107] 위나라 북궁괄과 조나라 사람, 주나라 사람은 사지량에서 순언과 한기를 따랐으며

滕人, 薛人從欒黶, 士魴門于北門,[108] 등나라 사람과 설나라 사람은 북문에서 난염과 사방을 따랐고

杞人, 郳人從趙武, 魏絳斬行栗.[109] 기나라 사람과 예나라 사람은 조무와 위강을 따라 길에 심은 밤나무를 베었다.

---

104 이해 6월 정나라가 초나라를 조현한 적이 있으며, 22년의 『전』을 보면 진나라가 반드시 정나라를 치고 만 까닭이다.

105 경오일은 11일이다.

106 노나라와 제나라, 송나라 군사가 진나라 중군을 따른 것이다.
전문(鄟門): 정나라의 성문 이름. 고사기(高士奇)의 『지명고략(地名考略)』에서는 정나라의 동문이라 하였다.

107 위나라와 조나라, 주나라 군사가 진나라의 상군을 따른 것이다. 사지량은 『지명고략(地名考略)』에서 정나라의 서문이라 하였다. 사지량은 또한 양공 30년 및 소공 7년의 『전』에도 보인다.

108 등나라와 설나라 사람이 진나라의 하군을 따라 북문을 공격한 것이다.

甲戌,[110]	갑술일에
師于氾.[111]	범에 주둔하였다.
令於諸侯曰,	제후들에게 명을 내려 말하였다.
"修器備,[112]	"무기들을 잘 손보고
盛餱糧,[113]	건량을 담고
歸老幼,[114]	노약자는 돌려보낼 것이며
居疾于虎牢,[115]	병자는 호뢰에 머물게 하고
肆眚,[116]	과오가 있더라도 너그러이 봐줘
圍鄭."	정나라를 에워싸도록 하라."
鄭人恐,	정나라 사람이 두려워하여

109 예(郳): 『경』의 소주(小邾)이다. 이곳에서는 『경』의 거자(莒子)만 거론하지 않았는데 무슨 까닭인지 모르겠다.
조무와 위강은 신군장의 좌이다.
행률(行栗): 도로의 양쪽에 심어놓은 밤나무. 『시경·정풍·동문지선(鄭風·東門之墠)』에 "동문의 밤나무(東門之栗)"라는 구절이 보이는데, 『모전(毛傳)』에서도 또한 도로의 밤나무라 하였으며, 아마 정나라 사람들은 당시 밤나무 심기를 좋아한 것 같다. 참(斬)은 베는 것인데, 길을 내거나 무기의 재료로 쓰기 위해서일 것이다.

110 갑술일은 15일이다.

111 범(氾): 곧 동범수(東氾水)로 희공 30년의 『전』에 보인다. 지금의 하남 중모현(中牟縣) 서남쪽이다.

112 기비(器備): 모든 공수에 필요한 무기를 말한다.

113 후량(餱糧): 미숫가루 따위의 건량(乾糧)이다.

114 늙은이와 어린아이는 싸울 수가 없으므로 돌려보낸 것이다.

115 질병에 걸린 사람을 호뢰에 처하게 한 것이다. 호뢰는 은공 5년의 『전』에 보인다.

116 사(肆): 완화하다.
생(眚): 허물, 잘못. 『상서·순전(舜典)』에 "眚災肆赦"라는 말이 나오는데, 의도적으로 저지르지 않은 잘못은 용서할 수 있다는 뜻이다.

乃行成.[117]	화친을 행하였다.
中行獻子曰,	중항헌자가 말하였다.
"遂圍之,[118]	"결국 포위하여
以待楚人之救也,	초나라 사람이 구원하기를 기다렸다가
而與之戰.[119]	그들과 싸워야 합니다.
不然,	그렇지 않고서는
無成."[120]	화친은 없습니다."
知武子曰,[121]	지무자가 말하였다.
"許之盟而還師,	"허락하여 결맹하고 군사를 돌리어
以敝楚人.[122]	초나라 사람을 피폐하게 하여야 합니다.
吾三分四軍,[123]	우리는 사군을 셋으로 나누어
與諸侯之銳,[124]	제후의 정예병들과 함께

117 정나라가 화친을 구한 것이다.

118 위에서는 다만 정나라를 포위하라는 명령만 내렸는데 순언(荀偃)은 결국 정나라를 포위하였다.

119 초나라와 싸우는 것이다.

120 반드시 초나라를 패배시켜야 정나라가 마침내 진나라에 복종할 것이라는 말이다.

121 지무자(知武子): 곧 중군수인 지앵(知罃)이다.

122 정나라와 진나라가 결맹하면 초나라는 반드시 정나라를 쳐서 피폐해질 것이므로 초나라 사람을 피폐하게 한다고 하였다.

123 진나라에는 중·상·하·신의 4군이 있는데 세 파트로 나누어 돌아가며 싸우는 것이다.

124 진나라 군사에 각국의 전투력이 강대한 군사를 더하여 공동으로 초나라를 막는 것이다.

以逆來者,[125]	오는 것을 맞이한다면
於我未病,[126]	우리는 피로해지지 않을 것이고
楚不能矣.[127]	초나라는 오래가지 못할 것입니다.
猶愈於戰.[128]	오히려 싸우는 것보다 낫습니다.
暴骨以逞,[129]	뼈를 드러내며 뜻을 이루어
不可以爭.[130]	싸울 수는 없습니다.
大勞未艾.[131]	큰 수고가 그치지 않았으니
君子勞心,	군자는 마음을 수고롭히고
小人勞力,[132]	소인은 힘을 수고롭히는 것이
先王之制也."[133]	선왕의 법입니다."
諸侯皆不欲戰,	제후들이 모두 싸우려 하지 않아

---

125 영(迎): 맞아 싸우는 것이다.
내자(來者): 초나라를 가리킨다.

126 우리는 병력을 셋으로 나누어 싸울 때 두 군은 쉴 수 있다는 말이다.

127 초나라 군사는 쉴 수가 없기 때문에 반드시 오래가지 못할 것이라는 말이다.

128 이런 전략이 연합하여 정나라 성을 포위하고 초나라 군사를 맞아 결전을 벌이는 것보다 좋다는 말이다.

129 폭골(暴骨): 결전을 벌이다 보면 반드시 사망자가 나오게 마련이므로 이렇게 말하였다. 폭은 폭(曝)과 같으며 죽어서 백골이 드러나는 것을 말한다.
령(逞): 뜻을 즐겁게 하는 것이다.

130 전쟁에서 이김은 힘껏 싸움에 있지 않고 지모(智謀)에 달려 있다는 뜻이다.

131 애(艾): 멈추는 것이다. 장차 크게 수고할 일이 뒤에 남아 있으니 지금은 여전히 힘을 축적하여야 한다는 말이다.

132 이 상 두 구절은 또한 「노어 하」에도 보이고, 『맹자·등문공(滕文公) 상』에서도 "어떤 사람은 마음을 수고롭히고 어떤 사람은 힘을 수고롭힌다(或勞心, 或勞力)"라고 하였다.

133 「노어 하」에는 "선왕의 가르침이다(先王之訓也)"라 하였는데 뜻은 같다.

乃許鄭成. 이에 정나라의 화친을 허락했다.

十一月己亥,[134] 11월 기해일에

同盟于戲,[135] 희에서 동맹을 맺었는데

鄭服也. 정나라가 복종하였기 때문이다.

將盟, 동맹을 맺을 즈음에

鄭六卿, 정나라의 육경

公子騑, 公子發, 公子嘉, 公孫輒, 公孫蠆, 公孫舍之及其大夫, 門子,[136] 공자 비, 공자 발, 공자 가, 공손첩, 공손채, 공손사지 및 대부와 문자들이

皆從鄭伯. 모두 정백을 따랐다.

晉士莊子爲載書,[137] 진나라 사장자가 맹약의 글을 지어

---

134 기해일은 11월 10일이다. 『경』의 『주』를 참조하라.

135 희(戲): 『경』의 『주』에 보인다.

136 공자 비(公子騑): 자는 자사(子駟)이다.
공자 발(公子發): 자는 자국(子國)이다.
공자 가(公子嘉): 자는 자공(子孔)이다.
공손첩(公孫輒): 자는 자이(子耳)이다.
공손채(公孫蠆): 자는 자교(子蟜)이다.
공손사지(公孫舍之): 자는 자전(子展)이다.
문자(門子): 경(卿)의 적자이다.

137 사장자(士莊子): 곧 사약(士弱)이다.
재서(載書): 그냥 재(載)라고 하기도 한다. 『주례·추관·사맹(秋官·司盂)』의 정현의 주석에서는 "재는 맹약하는 글이다(載, 盟辭也)"라 하였다. 희생을 써서 구덩이를 파고 희생의 위에 글을 써서 파묻는다. 희생을 쓰지 않아도 재서(載書)라고 하는데, 정공 13년 『전』에 "맹약의 글이 하에서 있었다"라 한 것으로 알 수 있다.

曰,	말하였다.
“自今日旣盟之後,	“금일 이미 맹약을 맺은 후로
鄭國而不唯晉命是聽,[138]	정나라가 만약 다만 진나라의 명을 듣지 않고
而或有異志者,	혹여라도 다른 뜻을 품는다면
有如此盟!”	이 맹약대로 할 것이오!”
公子騑趨進曰,	공자 비가 빠른 걸음으로 나아가 말하였다.
“天禍鄭國,	“하늘이 정나라에게 화를 내려
使介居二大國之間,[139]	두 대국의 사이에 끼어 있게 하여
大國不加德音,	대국은 덕음을 베풀지 않아
而亂以要之,[140]	병란을 일으켜 말을 약속하게 하고
使其鬼神不獲歆其禋祀,[141]	귀신으로 하여금 깨끗한 제사를 흠향하지 못하게 하며
其民人不獲享其土利,	백성들은 토지의 이익을 누릴 수 없게 하고

138 이(而): “여(如)”자와 같으며 만약이라는 뜻이다.

139 개(介): 사이에 놓이다, 경계에 놓이다.
이대국(二大國): 진(晉)나라와 초나라.

140 란(亂): 병란.
요(要): 맹약의 말. 이 재서(載書)를 가리킨다.

141 흠(歆): 『설문(說文)』에서는 “흠은 귀신이 제물을 흠향하는 것(食氣)이다”라 하였다.
인(禋): 『설문(說文)』에서는 “인은 정결하게 제사를 지내는 것이다”라 하였다.

夫婦辛苦墊隘,[142]	부부들이 고생 끝에 아주 쇠약해져서
無所厎告.[143]	호소할 곳이 없습니다.
自今日既盟之後,	오늘 이미 맹약을 한 후에는
鄭國而不唯有禮與强可以庇民者是從,	정나라가 오직 예가 있고 강하여 백성을 보호해 줄 자를 따르지 않고
而敢有異志者,	감히 딴 뜻을 품는다면
亦如之!"[144]	또한 그렇게 될 것입니다!"
荀偃曰,	순언이 말하였다.
"改載書!"[145]	"맹약의 글을 고치시오!"
公孫舍之曰,	공손사지가 말하였다.
"昭大神要言焉.[146]	"밝게 대신께 맹약의 말을 하였습니다.

142 점애(墊隘): 위돈(委頓: 힘이 크게 꺾임)이라는 말과 같다. 쇠약함이 극에 이른 것이다. 또한 성공 6년의 『전』에도 보인다.

143 지고(厎告): "지(厎)"는 이른다(致)는 뜻이다. 지고(厎告)는 『상서·반경(盤庚)』의 "무릇 너희들이 오직 와서 하소연하게 될 것이다(凡爾衆其惟致告)"와 같다.

144 또한 이 맹약처럼 될 것이라는 말이다.

145 자사(子駟)가 맹약한 말을 고치려 하는 것이다. 사지(舍之)의 말에 의하면 진나라는 자국(子國)의 말을 반대하였다.

146 소(昭): 조(詔)와 같다. 후한(後漢) 말 유희(劉熙)가 지은 사서(辭書) 『석명(釋名)』에서는 "조(詔)는 비춘다는 뜻이다. 이것을 가지고 비추어 보여 밝게 그 연유를 알게 하는 것이다"라 하였다. 『주례·사맹(司盟)』에서는 "북면하여 맹약하는 글을 읽어 신에게 알린다"라 하였다.
요(要): 평성으로 약(約)과 같은 뜻이다. 곧 맹약을 가리킨다.

若可改也,	고칠 수 있다면
大國亦可叛也."	대국 또한 배반할 수 있습니다."
知武子謂獻子曰,	지무자가 헌자에게 말하였다.
"我實不德,	"내 실로 부덕하여
而要人以盟,[147]	남에게 맹약을 강요한다면
豈禮也哉?	어찌 예의롭다 하겠는가?
非禮,	예가 아니면
何以主盟?	어떻게 맹약을 주관하겠는가?
姑盟而退,	일단 맹약하고 물러나
修德, 息師而來,[148]	덕을 닦고 군사를 쉬게 하여 오면
終必獲鄭,	결국은 반드시 정나라를 얻을 것인데
何必今日?	어찌 꼭 오늘이어야 하겠는가?
我之不德,[149]	내가 부덕하면
民將棄我,	백성들이 나를 버릴 것이니
豈唯鄭?	어찌 정나라뿐이겠는가?
若能休和,	쉬게 하여 화목하게 할 수만 있다면
遠人將至,	먼 곳의 사람들이 이를 것이니

147 요(要): 강요하다, 협박하다.
148 식사(息師): 군대를 휴식시키는 것이다.
149 가정형으로 "내가 만약 부덕하다면"이라는 뜻이다.

何恃於鄭?”	어찌 다만 정나라만 믿을 것인가?”
乃盟而還.	이에 결맹하고 돌아갔다.

晉人不得志於鄭,[150]	진나라 사람이 정나라에서 뜻을 얻지 못하자
以諸侯復伐之.	제후들을 거느리고 다시 치려고 하였다.
十二月癸亥,[151]	12월 계해일에
門其三門.[152]	그 세 성문을 공격하였다.
閏月戊寅,[153]	윤달 무인일에
濟于陰阪,[154]	음반을 건너
侵鄭.	정나라를 침공하였다.
次於陰口而還.[155]	음구에서 머물다가 돌아갔다.

---

150 위『전』으로 살펴보건대 정나라가 맹약한 글에 “오직 예가 있고 강하여 백성을 보호해 줄 자를 따른다”라 하였으니 진나라에게만 복종하는 것이 아니므로 진나라가 뜻을 얻지 못한 것이라고 하였다.

151 계해일은 5일이다.

152 정나라의 세 성문을 공격하다. 위의『전』에 의하면 세 성문은 동·서·북문일 것이다. 남문만 남겨두고 공격하지 않은 것은 초나라 군사를 기다린 것일 것이다.

153 두예는 “이해에는 윤달 무인일이 있을 수 없다. 무인일은 12월 20일이다. ‘윤월(閏月)’은 ‘문오일(門五日: 5일 동안 성문을 공격하다)’이 되어야 할 것이다”라 하였는데 믿을 만하다.

154 음판(陰阪): 유수(洧水)를 도하하는 입구이다.『수경주·유수(洧水)』에서는 “이곳은 속칭 삼진구(參辰口)라고 한다”라 하였다. 지금의 신정현(新鄭縣) 서쪽에서 조금 북쪽에 있을 것이며 초화진(超化鎭)과 가깝다.

155 음구(陰口): 음구는 지금의 음판 북쪽에 있을 것이며, 음판과는 언덕을 마주하는 곳이

子孔曰,	자공이 말하였다.
“晉師可擊也,	“진나라 군사는 공격할 만합니다.
師老而勞,	군사들이 늙은 데다 피로하고
且有歸志,	또한 돌아가려는 뜻이 있으니
必大克之.”	반드시 크게 이길 것입니다.”
子展曰,	자전이 말하였다.
“不可.”	“안 됩니다.”

公送晉侯,	공이 진후를 전송하자
晉侯以公宴于河上,	진후는 하수 가에서 공에게 연회를 베풀고
問公年.	공의 나이를 물었다.
季武子對曰,	계무자가 대답하여 말하였다.
“會于沙隨之歲,	“사수에서 회합하던 해에
寡君以生.”[156]	과군께서 나셨습니다.”
晉侯曰,	진후가 말하였다.
“十二年矣,[157]	“12세구나.

다. 『수경주 · 유수(洧水)』에서 이른바 “구(口)라는 것은 물의 입구이다”라 한 것이다.

156 사수(沙隨)의 회합은 성공 16년에 있었다.

157 다만 집 나이(태어난 해를 한 살로 치는)로 12세인데 옛날에 이른바 해가 바뀌면 한 살을 더 먹는 것이다.

是謂一終,	이를 일종이라 하는데
一星終也.[158]	일성을 마치는 것이다.
國君十五而生子,	국군은 15세에 아들을 낳으니
冠而生子,	관례를 치른 후에 아들을 낳는 것이
禮也.[159]	예이다.
君可以冠矣.	임금은 관례를 치를 만한데

158 일세종(一歲終)은 시위일성(是謂一星)을 해석한 것이다. 이는 목성을 가리키는데 옛날에는 세성이라 하였다. 옛날 사람들은 하늘이 일주하는 것을 12차(次)로 나누었는데 목성은 1년에 1차(次)를 가며, 12년이면 하늘을 한 번의 일주하는 것을 다 채운다고 생각하여 12년을 1세성으로 삼았으며 해를 기록하는 데 썼다. 실은 목성이 하늘을 한 바퀴 도는 것 곧 공전 주기는 11년하고 백분의 86년이다. 옛사람들의 계산 착오는 유흠(劉歆)에 의하여 발견되었는데 초진법(超辰法)으로 그것을 바로잡고 144년 초진 1차라 하였으며, 비록 여전히 정확하지 않긴 하지만 선진과 서한 때보다는 훨씬 나았다. 동한 순제(順帝) 이후로는 세성 기년법을 쓰지 않았다. 조충지(祖沖之)에 이르러 "세성이 하늘을 일곱 바퀴 돌면 문득 초일위(超一位)이다"라 하였는데, 목성이 하늘을 일곱 번 돌면 84년이 된다. 84년이 초일차면 겨우 백분의 2년이 모자라게 되어 그 수가 비교적 정밀하다.

159 관(冠): 동자에서 성인이 되는 예식이다. 고대의 천자와 제후, 대부의 관례는 이미 상세히 알 수 없게 되었으며, 지금은 다만 「사관례(士冠禮)」만이 『의례(儀禮)』에 남아 있다. 다만 반드시 관례를 선행하여야 성인으로 보았으며 비로소 결혼을 할 수 있었는데, 이는 천자에서 사(士)까지 모두 마찬가지였다. 『어람(御覽)』(『태평어람(太平御覽)』) 권718에서는 『백호통(白虎通)』(『백호통의(白虎通義)』)을 인용하여 "남자가 어려서 장가를 가려면 반드시 관례를 올려야 했고, 여자가 어려서 시집을 가려면 반드시 계례(笄禮)를 올려야 했다"라 한 것으로 알 수 있다. 임금이 관례를 올리는 나이는 여러 설이 있다. 진도공(晉悼公)은 12세면 관례를 올릴 수 있다고 하였고, 15세면 아이를 낳을 수 있다고 하였다. 고유(高誘)가 주석한 『회남자·범론훈(氾論訓)』에서는 "임금은 12세에 관례를 올리고 관례를 올린 후 장가들어 15세에 아이를 낳으니 나라를 잇는 일이 중요하기 때문이다"라 하였는데, 아마 이 글의 영향을 받았을 것이다. 『상서·금등(金縢)』 정현의 주석에서도 "천자와 제후는 12세에 관례를 올린다"라 하였다. 『송서·예지(禮志) 1』에서는 가규와 복건의 설을 인용하여 모두 임금의 예법에는 12세에 관례를 올린다 하였다. 『순자·대략(大略)』편에서만 "천자와 제후는 19세에 관례를 올린다"라 하였는데, 양경(楊倞)의 주에서는 "신하보다 1년 먼저이다"라 하여 이와는 또 다르다.

大夫盍爲冠具?"[160]	대부는 어찌 관례를 올릴 도구를 마련하지 않는가?"
武子對曰,	무자가 대답하여 말하였다.
"君冠,	"임금의 관례는
必以祼享之禮行之,[161]	반드시 강신하여 흠향하는 예로 행하고
以金石之樂節之,[162]	금석의 음악으로 절도 있게 행하며
以先君之祧處之.[163]	선군의 조묘에서 거행해야 합니다.
今寡君在行,[164]	지금 과군은 길을 가는 중이라
未可具也,[165]	아직 갖추어지지 않았으니

160 합(盍): 하불(何不)의 합음자이다.
관구(冠具): 관례를 행할 때 쓰는 용구이다.

161 관향(祼享): 관(祼)은 관(灌)이라고도 하며 향료를 섞어서 끓여 만든 술을 땅에다 따라 제사를 받는 사람이나 빈객으로 하여금 향기를 맡게 하는 것이다. 이는 성대한 예절을 행하기 전의 서막이다. 향(享)은 향(饗)이라고도 하며 왕국유(王國維: 1877~1927)의 『관당집림(觀堂集林)』 권1에서는 "제후의 관례의 관향(祼享)은 「사관례(士冠禮)」의 예(醴)나 초(醮)에 해당한다"라 하였다. 관향은 곧 관의 예식을 갖춘 향례(饗禮)이다.

162 절지(節之): 절도가 있음을 표시한다. 『대대예기·공관(公冠)』편 및 노변(盧辯)의 주에 의하면 향례 때는 음악이 없고 관례 때는 음악이 있는데 이것이 곧 "금석의 음악으로 절도 있게 행하는 것"이다.

163 조(祧): 두예는 제후들의 시조의 종묘를 조(祧)라 한다 하였으니 사실 모든 묘당(廟堂)은 모두 조라 할 수 있는데, 명말청초(明末淸初) 고염무(顧炎武)의 『보정(補正)』과 청나라 서양원(徐養原)의 『완석노경설(頑石盧經說)』 및 유월(兪樾)이 모두 일찍이 논증하였으며, 또한 왕숙(王肅)설을 논박하였다.

164 행(行): 양수달(楊樹達: 1885~1956)의 『독좌전(讀左傳)』에서는 "행은 길이다"라 하였다.

165 길을 가는 도중이라 각종 관례를 올릴 용구를 구비할 수 없다는 것이다.

請及兄弟之國而假備焉."	청컨대 형제의 나라에 이르면 빌려서 갖추게 해주십시오."
晉侯曰,	진후가 말하였다.
"諾."	"좋다."
公還,	공이 돌아오다가
及衛,	위나라에 이르러
冠于成公之廟,[166]	성공의 종묘에서 관례를 올리면서
假鐘磬焉,	종경을 빌렸는데
禮也.	예의에 맞았다.

楚子伐鄭.	초자가 정나라를 쳤다.
子駟將及楚平,[167]	자사가 초나라와 화평하려는데
子孔, 子蟜曰,	자공과 자교가 말하였다.
"與大國盟,[168]	"대국과 맹약하고
口血未乾而背之,[169]	입의 피도 아직 안 말랐는데 배반한다면

166 성공(成公): 위(衛)나라의 성공으로 당시 위헌공의 증조부였다. 위나라의 시조는 강숙(康叔)으로 주무왕의 동복 아우여서 강숙의 종묘에서는 안 되었지만 성공의 종묘에서는 할 수 있었다. 이로써 조(祧)의 뜻이 반드시 시조의 사당은 아니었다는 것을 알 수 있다. 노나라와 위나라는 함께 주나라와는 친한 나라였으므로 위에서 "형제의 나라"라 하였다.

167 초나라를 막으려 하지 않고 초나라와 결맹을 하려는 것이다.

168 대국(大國): 진(晉)나라를 가리킨다.

可乎?" 되겠는가?"

子駟, 子展曰, 자사와 자전이 말하였다.

"吾盟固云'唯强是從', "우리의 맹약에서는 분명히 '강한 자만 따른다' 하였는데

今楚師至, 지금 초나라 군사는 이르고

晉不我救, 진나라는 우리를 구원하지 않으니

則楚彊矣. 초나라가 강한 것이다.

盟誓之言, 맹세의 말을

豈敢背之? 어찌 감히 배반하겠는가?

且要盟無質,[170] 또한 강요한 맹세에는 정성이 없어

神弗臨也.[171] 신이 그곳에는 임하지 않는다.

所臨唯信,[172] 임하는 것은 오직 믿음이며

信者, 믿음이라는 것은

言之瑞也, 말의 부신이고

善之主也, 선의 주체이니

---

169 진나라와 동맹을 할 때 삽혈(歃血)을 해야 했는데 입의 피가 마르지 않았다는 것은 오래지 않음을 말한다.

170 질(質): 공영달의 주석에서는 복건(服虔)의 말을 인용하여 "질은 성(誠)이다"라 하였다. 곧 성신(誠信), 곧 믿음이라는 뜻이다. 강요한 결맹은 실로 성신이 없다고 해도 된다는 말이다. 그래서 아래에서는 오로지 성신에 대해서만 말하였다.

171 임(臨): 이르다, 강림하다, 내림하다.

172 신이 강림하는 것은 다만 정성스런 맹회(盟會)뿐이라는 것이다.

是故臨之.[173]	이 때문에 임하는 것이다.
明神不蠲要盟,[174]	밝은 신은 강요한 맹약을 깨끗하게 여기지 않으니
背之,	저버리더라도
可也."	괜찮다."
乃及楚平.	이에 초나라와 화평하였다.
公子罷戎入盟,[175]	공자 파융이 들어가 맹약하였는데
同盟于中分.[176]	중분에서 함께 맹약하였다.
楚莊夫人卒,	초장왕의 부인이 죽어
王未能定鄭而歸.	왕이 정나라를 채 안정시키지도 못하고 돌아갔다.

晉侯歸,	진후가 돌아가자
謀所以息民.[177]	백성들을 쉬게 할 계책을 세웠다.
魏絳請施舍,[178]	위강이 덕과 은혜를 베풀 것을 청하여

173 위 "소림유신(所臨唯信)"의 구를 설명하였다.
174 견(蠲): 깨끗하다는 뜻이다. 강요한 맹약은 밝은 신이 버린 것이라는 것을 말한다.
175 정나라 도읍에 가서 맹회(盟會)를 하였다는 말이다.
176 중분(中分): 두예는 "중분은 정나라 성중의 마을 이름이다"라 하였다.
177 휴양시키고 생식(生息)하게 할 계책을 의논하는 것을 말함.
178 선공 12년 『전』의 『주』를 보라.

輸積聚以貸.[179]	재물을 옮기어 빌려 주었다.
自公以下,	공 이하
苟有積者,	실로 쌓아 놓은 것이 있으면
盡出之.	모두 꺼내 놓았다.
國無滯積,[180]	나라에 적체된 것이 없으니
亦無困人;[181]	또한 곤궁한 사람이 없어졌다.
公無禁利,[182]	임금이 이익을 금하지 않으니
亦無貪民.[183]	또한 탐욕스런 백성이 없었다.
祈以幣更,[184]	기도는 폐물로 바꾸고
賓以特牲,[185]	귀빈 접대는 한 마리의 희생으로 하였으며

179 수(輸): 화물을 운송하다.
적취(積聚): 재물을 가리킴. 이 구절의 뜻은 재물을 내어 백성들에게 빌려 주는 것을 말한다.

180 재화가 유통되어 생산에 이롭다는 말이다.

181 곤란하여 하소연할 곳이 없는 사람이 없는 것이다.

182 천택(川澤)과 산림(山林)의 이익을 백성들과 함께하는 것이다.

183 백성들 또한 탐욕을 추구하지 않는 것이다.

184 기도하는 데 희생을 쓰지 않고 피물이나 비단으로 대신하는 것이다. 피물은 여우나 오소리의 갖옷〔裘〕이고 폐는 명주 등의 재화를 말한다. 『예기·월령(月令)』과 『여씨춘추·중춘기(仲春記)』에서는 모두 "제사에 희생을 쓰지 않으며 규벽(圭璧)을 쓰고 피물과 비단으로 바꾸었다"라 하였는데 이와 비슷하다. 혜동(惠棟)은 경(更)을 경(梗)으로 보았으며, 『관자·사시(四時)』편에 "삼가 폐경(弊梗)으로 기도하였다"는 말이 있는데 왕인지(王引之) 또한 폐(弊)는 폐(幣)와 같고 경(梗)은 도제(禱祭), 곧 신에게 비는 제사라고 하였다. 폐경(幣梗)이라는 것은 경(梗), 곧 도제〔梗〕에 비단〔幣〕을 쓰는 것이다. 상세한 것은 『보정(補正)』과 『술문(述聞)』에 보이지만 근거로 든 것이 이와 같지 않아 믿을 만하지 못하다.

器用不作,[186] 기물을 새로 만들지 않았고

車服從給.[187] 수레와 복식은 쓸 만큼만 썼다.

行之期年,[188] 그렇게 1년을 시행하니

國乃有節.[189] 나라에 절도가 있었다.

三駕而楚不能與爭.[190] 세 번 출정하였으나 초나라는 더불어 다툴 수가 없었다.

양공 10년

經

十年春,[1] 10년 봄

---

185 귀빈을 잘 접대하는 데 한 가지 희생만을 쓰는 것을 말한다. 1생(牲)을 특(特)이라 한다.

186 새로운 기물을 만들지 않고 옛 기물만 쓰는 것이다.

187 거마와 복식은 쓸 만하면 그뿐이고 많이 남아도는 것을 추구하지 않는 것이다.

188 기년(期年): 기년(朞年)와 마찬가지이며, 1년이 된 것을 말한다.

189 애공 16년 『전』의 "초나라는 아직 절도가 없었다(楚未節也)"와 「월어(越語)」의 "지금 월나라는 또한 절도가 잡혔다(今越國亦節矣)"의 절(節)자는 모두 이 뜻으로 쓰였다. 절(節)자의 뜻은 매우 광범위해서 예절, 법도 등의 뜻이 있을 뿐만 아니라 지조를 지키는 것도 절이라 할 수 있다.

190 가(駕): 출병하는 것을 말한다. 두예는 "삼가는 세 번 군사를 일으킨 것이다. 10년의 우수(牛首)에서의 출병과 11년의 상(向)에서의 출병, 그해 가을 정나라 동문에서의 군사 시위를 이른다. 이 후로 정나라는 마침내 복종하였다"라 하였다.

1 십년(十年): 무술년 B.C. 563년으로, 주영왕(周靈王) 9년이다. 동지가 정월 28일 병진일로 건자(建子)이며, 윤달이 있다.

公會晉侯, 宋公, 衛侯, 曹伯, 莒子, 邾子, 滕子, 薛伯, 杞伯, 小邾子, 齊世子光會吳于柤.[2]	공이 진후, 송공, 위후, 조백, 거자, 주자, 등자, 설백, 기백, 소주자, 제나라 세자 광을 만나 사에서 오나라와 회합하였다.
夏五月甲午,[3]	여름 5월 갑오일에
遂滅偪陽.[4]	마침내 핍양을 멸하였다.
公至自會.[5]	공이 회합에서 돌아왔다.
楚公子貞, 鄭公孫輒帥師伐宋.	초나라 공자 정과 정나라의 공손첩이 군사를 거느리고 송나라를 쳤다.
晉師伐秦.	진나라 군사가 진나라를 쳤다.
秋,	가을에

2 사(柤): 초나라 땅으로 지금의 강소 비현(邳縣)의 북쪽에서 조금 서쪽의 가구(泇口)이다.

3 갑오일은 8일이다.

4 여기 쓰인 "수(遂)"자는 위 "사에서 오나라와 회합하였다(會吳于柤)"와 상관이 있다. 희공 4년의 『경』에서는 "채나라로 쳐들어가서 채나라가 완전히 무너지자 마침내 초나라를 쳤다(侵蔡, 蔡潰, 遂伐楚)"라 하였는데, 제나라의 뜻은 본래 초나라를 치는 데 있었으며 채나라를 침공한 것은 초나라를 치고자 한 것이었기 때문에 "마침내 초나라를 쳤다"고 한 것이다. 곧 진나라의 뜻은 본래 핍양을 멸하는 데 있었으며, 사에서 회합한 것은 핍양을 멸하고자 한 것이었기 때문에 "마침내 핍양을 멸하였다"라 한 것이다. 핍(偪)은 『곡량전』에는 "부(傅)"로 되어 있다. 『국어·정어(鄭語)』에서는 "운(妘)성의 나라는 언(鄢)·정(鄭)·노(路)·핍양(偪陽)이 있다"라 하였으니 핍양은 운(妘)성의 소국이다. 핍양은 지금의 비현(邳縣) 서북쪽, 즉 산동 역성(嶧城) 남쪽 50리 지점이며, 동남쪽으로는 사(柤)와 약 50리 떨어져 있다.

5 『전』이 없다.

莒人伐我東鄙.

거나라 사람이 우리나라 동쪽 변경을 쳤다.

公會晉侯, 宋公, 衛侯, 曹伯, 莒子, 邾子, 齊世子光, 滕子, 薛伯, 杞伯, 小邾子伐鄭.[6]

공이 진후, 송공, 위후, 조백, 거자, 주자, 제나라 세자 광, 등자, 설백, 기백, 소주자와 회합을 갖고 정나라를 쳤다.

冬,

겨울에

盜殺鄭公子騑, 公子發, 公孫輒.[7]

도둑이 정나라 공자 비와 공자 발, 공손첩을 죽였다.

戍鄭虎牢.

정나라의 호뢰를 지켰다.

楚公子貞帥師救鄭.

초나라 공자 정이 군사를 거느리고 정나라를 쳤다.

公至自伐鄭.[8]

공이 정나라를 치는 일에서 돌아왔다.

傳

十年春,

10년 봄에

---

6 두예는 "제나라 세자 광이 먼저 주둔지에 이르러 맹주에 의해 높여졌으므로 등자의 위에 있다"라 하였다. 이는 『전』의 문장에 근거한다.

7 비(騑): 『공양전』과 『곡량전』에는 모두 "비(斐)"로 되어 있다. 같은 음을 통가한 것이다. 자는 자사(子駟)이며, 올바른 자는 "비(騑)"가 되어야 한다.
『경문』에 "도(盜)"라 기록된 것은 여기서 비롯되었다.

8 『전』이 없다.

會于柤,[9]	사에서 회합하였는데
會吳子壽夢也.[10]	오자 수몽을 만난 것이다.
三月癸丑,[11]	3월 계축일에
齊高厚相大子光,	제나라 고후가 태자 광을 도와
以先會諸侯于鍾離,[12]	종리에서 제후를 먼저 만났는데
不敬.	불경스러웠다.
士莊子曰,	사장자가 말하였다.
"高子相大子以會諸侯,	"고자가 태자를 도와 제후를 만난 것은
將社稷是衛,	사직을 지키고자 함이었는데
而皆不敬,[13]	모두 불경스러웠으니
棄社稷也,	사직을 버린 것이다.
其將不免乎!"[14]	앞으로 면하지 못할 것이다!"
夏四月戊午,[15]	여름 4월 무오일에

9 사(柤): 『경』의 『주』에 보인다.

10 12년 『경』에 의하면 수몽의 이름은 승(乘)임을 알 수 있다.

11 계축일은 26일이다.

12 종리(鍾離): 종리는 지금의 안휘 봉양현(鳳陽縣) 동쪽에서 조금 북쪽 25리 지점에 있으며, 나머지는 성공 15년 『전』의 『주』에 상세하다.

13 고후와 태자 광의 일처리가 모두 엄숙하지 못한 것이다.

14 화를 면치 못할 것이라는 말이다. 19년에 제나라는 고후를 죽였으며, 25년에 광은 최저(崔杼)에게 피살되었다.

15 무오일은 초1일이다.

會于柤.	사에서 회합하였다.
晉荀偃, 士匃請伐偪陽,	진나라 순언과 사개가 청하기를 핍양을 치고
而封宋向戌焉.[16]	송나라 상술을 봉해 달라고 하였다.
荀罃曰,	순앵이 말하였다.
"城小而固,	"성이 작고 견고하여
勝之不武,	이긴다 해도 무용이 되지 못하고
弗勝爲笑."	이기지 못하면 웃음거리가 됩니다."
固請.	굳이 청하였다.
丙寅,[17]	병인일에
圍之,	에워쌌으나
弗克.[18]	이기지 못하였다.
孟氏之臣秦堇父輦重如役.[19]	맹씨의 신하 진동보가 중거를 끌고 전장에 갔다.
偪陽人啓門,[20]	핍양 사람이 문을 열자

16 정공 8년의 『전』에 "제후 가운데 송나라만이 진나라를 섬겼다"라 하였고 상술은 송나라의 현신이므로 진나라 사람이 핍양을 멸하고 그의 사읍으로 삼고자 한 것이다.

17 병인일은 9일이다.

18 핍양을 공격하여 이길 수 없었다는 것이다.

19 맹씨의 신하는 노나라 맹손씨의 가노(家奴)이다.
중(重): 중거(重車)이다. 행군할 때는 기물을 싣고 멈추면 영채가 된다.
연(輦): 사람의 힘으로 수레를 끌다.
여역(如役): 복역하는 곳에 이르다.

20 계(啓): 개(開)와 같다.

諸侯之士門焉.[21]	제후의 군사들이 문을 공격하였다.
縣門發,[22]	현문이 작동하자
郰人紇抉之,[23]	추 사람 흘이 들어올려
以出門者.[24]	성문으로 들어간 사람을 탈출시켰다.
狄虒彌建大車之輪,[25]	적사미가 큰 수레의 바퀴를 세우더니
而蒙之以甲,[26]	거기에 갑옷을 씌워
以爲櫓.[27]	방패로 삼았다.
左執之,[28]	왼손으로는 그것을 잡고
右拔戟,[29]	오른손으로는 극을 뽑아

---

21 성문이 열리자 제후의 군사들이 마침내 진공을 한 것이다.

22 현문(縣門): 현(縣)은 현(懸)과 같다. 현문에 대해서는 장공 28년 『전』의 『주』에 상세하다.

23 추(郰): 노나라의 읍으로 지금의 산동성 곡부현 동남쪽 약 40여 리 지점이다. 추나라 사람은 추읍의 대부로 곧 추재(郰宰)인데 지금은 현장(縣長)이라고 한다.
흘(紇): 곧 숙량흘(叔梁紇)로 공자의 부친이다.
결(抉): 궐(撅)과 같으며 들다, 높이 들다의 뜻이다. 손으로 현문을 들어 내려가지 않게 한 것이다.

24 성으로 공격하여 들어간 사졸들을 나가게 한 것이다.

25 적사미(狄虒彌): 노나라 사람이다. 『한서·고금인표(古今人表)』에는 적사미(狄斯彌)로 되어 있다.
대거(大車): 평지에서 치중을 싣는 수레. 바퀴의 높이가 고척(古尺)으로 9척이며, 바퀴의 둘레는 2장 8척이 넘고 승거(乘車)보다 크다.

26 가죽으로 만든 갑옷을 가지고 대거의 바퀴를 덮어 싼 것이다.

27 로(櫓): 방패(盾)의 한 가지로, 대순(大盾)이다. 후인들은 팽배(彭排) 혹은 방배(旁排)라고 한다. 유희(劉熙)의 『석명·석병(釋名·釋兵)』에서 이른바 "방배(旁排)로 공격에 맞서 막아 내는 것이다"라 한 것이다. 『한서·유굴리전(劉屈氂傳)』에 우거(牛車)를 가지고 방패로 삼는 것이 나오는데 적사미의 경우와 유사하다.

28 왼손으로 방패를 잡은 것이다.

29 오른손으로는 극(戟)을 가지고 적을 공격한 것이다.

以成一隊.[30]	일대를 맞아 싸웠다.
孟獻子曰,	맹헌자가 말하였다.
"詩所謂'有力如虎'者也."[31]	"『시』에서 이른바 '호랑이처럼 힘이 세다'라는 것이로다."
主人縣布,[32]	주인이 베를 걸자
堇父登之,	근보가 그리 올라가니
及堞而絶之.[33]	성가퀴에 이르자 그를 떨어뜨렸다.
隊,[34]	떨어지면
則又縣之.[35]	또 그것을 걸었다.
蘇而復上者三,[36]	깨어나 다시 오른 것이 세 번이나 되어

---

30 일대(一隊): 가규 및 두예의 설에 의하면 백 명이 1대이다. 『회남자』 고유(高誘)의 주석에서는 2백 명을 1대라 하였다. 당나라 명장 이정(李靖)의 병법서 『이위공병법(李衛公兵法)』에서 인용한 『사마법(司馬法)』(전국시대 제(齊)나라 사마양저(司馬穰苴)가 저작한 병법서)에서는 또 50명을 오(伍), 10오를 대라고 하였다. 아마 정할 수 없을 것 같다. 『사기·손오열전(孫吳列傳)』에서는 손무(孫武)가 오왕(吳王)의 총희 두 명을 각각 대장(隊長)으로 삼는다고만 하였고 몇 사람인지는 말하지 않았다. 여기서는 충봉(衝鋒)으로 성을 함락시키는 보병이다.

31 『시경·패풍·간혜(邶風·簡兮)』의 구절이다.

32 주인(主人): 핍양의 성을 지키는 장군이다.
현(縣): 현(懸)과 같다.

33 근보가 베를 잡고 성에 오르자 성을 지키는 자가 근보가 성가퀴에 미치기를 기다려 베를 잘라서 근보가 땅에 떨어지게 한 것이다.

34 추(隊): 추(墜)와 같다.

35 근보가 땅에 떨어지면 성을 지키는 사람이 또 베를 내건 것이다.

36 근보가 소생하여 또 베를 따라 오르고 성을 지키는 자가 또 베를 자르고 하기를 세 차례나 한 것이다.

主人辭焉,[37]	주인이 치사하고
乃退.	이에 물러났다.
帶其斷以徇於軍三日.[38]	그 자른 것을 허리에 두르고 군중에서 자랑한 것이 사흘이었다.
諸侯之師久於偪陽,	제후의 군사가 핍양에서 오래도록 주둔하자
荀偃, 士匃請於荀罃曰,	순언과 사개가 순앵에게 청하여 말하였다.
"水潦將降,	"장마비가 곧 내리려는데
懼不能歸,	돌아갈 수 없을까 두려우니
請班師."[39]	청컨대 군사를 돌렸으면 합니다."
知伯怒,[40]	지백이 노하여
投之以机,[41]	안석을 집어 던져
出於其間,[42]	그 둘 사이로 날아갔는데

---

37 성을 지키는 사람이 그 용기에 탄복하여 진근보에게 치사한 것이다.

38 근보가 그 자른 베를 허리띠처럼 감고 각 군영을 돌면서 보여준 것이 사흘이라는 말이다.

39 반(班): 환(還), 선(旋)과 같으며 돌아가는 것이다. 애공 24년의 『전』에서는 "전역에서 곧 돌아가려 한다(役將班矣)"라 하였는데, 이와 뜻이 같다.

40 지백(知伯): 곧 순앵(荀罃)으로 중군수이다.

41 궤(机): 곧 궤(几)로, 옛날 사람들은 무릎을 꿇고 땅에 자리를 깔고 앉았는데, 늙은 사람이나 존귀한 사람은 안석(几)에 기댈 수 있었다. 다만 안석은 길이가 3척으로 지금의 2척에 가깝고, 높이가 2척으로 지금의 1척 2~3촌이어서 손으로 던질 수가 없었을 것이다. 장병린(章炳麟)은 궤(机)는 기(機)를 차용한 것이라 하였는데, 옛날에는 대궁(大弓)을 노(弩)라 하였고, 화살을 발사할 수 있는 것을 기(機)라 하고 떠한 노아(弩牙)라고도 하였는데 투척하기가 쉬웠다. 장병린의 『독(讀)』에 상세하다.

曰,	말하였다.
“女成二事,[43]	“너희들은 두 가지 일을 꾸미고서
而後告余.	나중에 내게 일렀다.
余恐亂命,	나는 명령이 어지러워질 것을 두려워하여
以不女違.[44]	너희들의 청을 어기지 않았다.
女旣勤君而興諸侯,[45]	너희들은 이미 임금을 수고롭혀 제후들이 군사를 일으키게 하고
牽帥老夫以至於此,[46]	늙은이를 이끌어 이곳에 이르게 하였으니
旣無武守,[47]	굳게 지킬 무공이 없는 데다
而又欲易余罪,[48]	또한 나에게 죄를 뒤집어씌우고자 하여
曰,	말하기를

42 안석(궤(机))이 두 사람 사이로 나온 것이다.

43 두예는 “두 가지 일은 핍양을 쳐서 상술(向戌)을 봉하는 것이다”라 하였다.

44 순앵과 사개가 핍양을 칠 것을 청하자 지앵(知罃)은 처음에는 허락하지 않았지만 굳이 청하자 곧 따랐다. 장수들 가운데 각자 자기의 견해를 가지면 명령이 어지러워지기 때문에 지앵이 따른 것이다.

45 근군(勤君): 진군(晉軍)을 수고롭게 한 것이다.

46 노부(老夫): 지앵이 자칭한 것이다. 노선공 12년 진나라와 초나라의 필(邲)의 전역에 참전한 적이 있는데 그때 이미 성년이었을 것이다. 이때에는 또한 34년이 지났으니 그 나이를 계산하면 50세 이상이 되었을 것이므로 “노부”라 자칭한 것이다.

47 무수(武守): 무공을 굳게 지킨다고 말하는 것과 같다.

48 역(易): 베풀다, 끌다. 이여죄(易余罪)는 나에게 죄를 돌린다는 말과 같다.

'是實班師.	'이는 실로 군사를 돌려서이다.
不然,	그렇지 않다면
克矣.'[49]	이겼을 것이다'라 할 것이다.
余羸老也,[50]	내 약하고 늙었으니
可重任乎?[51]	무거운 죄를 감당하겠는가?
七日不克,	이레 동안에 이기지 못하면
必爾乎取之!"[52]	반드시 너희들의 목을 취하겠다."
五月庚寅,[53]	5월 경오일에
荀偃, 士匄帥卒攻偪陽,	순앵과 사개가 군사를 이끌고 핍양을 쳐서
親受矢, 石,[54]	화살과 돌을 친히 맞았다.
甲午,[55]	갑오일에

49 지앵이 순언이 죄를 돌린 말을 가정해서 한 말이다.

50 야(也): 여기서는 의(矣)의 뜻으로 쓰였다.

51 필(邲)의 전역에서 초나라의 포로가 되었는데 이는 주수(主帥)가 또 싸워서 이기지 못하였으므로 중임(重任)이라고 하였다. 임은 임죄(任罪), 곧 죄의 책임을 지는 것이다. 성공 2년 『전』의 "후인 중에 반드시 이를 떠맡을 사람이 있을 것이다(後之人必有任是夫)"의 임(任)자와 같은 뜻이다.

52 이호(爾乎): "於爾"와 같은 말이다. 반드시 너의 머리를 취하여 이기지 못한 죄를 사죄하겠다는 말이다.

53 경인일은 4일이다.

54 시(矢): 화살.
석(石): 또한 성을 지키는 무기로 성 위에서 공격하는 사를 치는 것이다. 『묵자·비성문(備城門)』에서 이른바 "2보마다 돌을 쌓아 놓는데 무게가 천 균(鈞)이상인 돌 백 개이다"라 한 것이다.

55 갑오일은 8일이다.

滅之.	섬멸하였다.
書曰"遂滅偪陽",	"마침내 핍양을 멸하였다"라 기록한 것은
言自會也.[56]	회합에서 온 것을 말한 것이다.
以與向戌.	상술에게 주었다.
向戌辭曰,	상술이 사양하여 말하기를
"君若猶辱鎭撫宋國,	"임금님께서 여전히 송나라를 안무하시어
而以偪陽光啓寡君,[57]	핍양으로 과군을 넓게 열어 주신다면
羣臣安矣,	뭇 신하들이 안심할 것이니
其何貺如之![58]	어떤 하사가 이와 같겠습니까!
若惠賜臣,	만약 신에게 내려 주신다면
是臣興諸侯以自封也,	이는 신이 제후의 군사를 일으켜서 스스로 봉한 것이니
其何罪大焉![59]	무슨 죄가 그것보다 크겠습니까!
敢以死請."	감히 죽음으로 청합니다."
乃予宋公.	이에 송공에게 주었다.

56 사(柤)의 회합에서 제후의 군사를 빌리게 압박한 것이다.

57 광계(光啓): 곧 광계(廣啓)와 같다. 광계는 강역을 확대한 것이다. 이 구절의 뜻은 과군으로 하여금 영역을 확대하게 한 것이라는 말이다.

58 황(貺): 사(賜), 곧 내리다라는 뜻이다. 두터이 내려 줌이 비할 바가 없다는 것이다.

59 각국의 군대를 동원하여 자기의 봉지를 얻게 하였으니 이보다 더 큰 죄가 없다는 것이다.

宋公享晉侯於楚丘,[60]	송공이 초구에서 진후에게 향연을 베풀어 주고
請以桑林.[61]	「상림」의 음악을 청하였다.
荀罃辭.[62]	순앵이 사양하였다.
荀偃, 士匄曰,	순언과 사개가 말하였다.
"諸侯宋, 魯,	"제후 중 송나라와 노나라에서
於是觀禮.[63]	이에 대한 예법을 볼 수 있습니다.
魯有禘樂,	노나라에는 체악이 있는데
賓祭用之.[64]	귀빈 접대와 제사 때 사용합니다.

60 초구(楚丘): 지금의 상구시(商丘市) 동북쪽, 산동 조현(曹縣) 동남쪽에 있다. 나머지는 은공 7년『경』의『주』에 상세하다.

61 상림(桑林): 원래 상산(桑山)의 숲으로 상탕(商湯)이 일찍이 이곳에서 기우제를 올렸는데,『여씨춘추·순민(順民)』편에서 "탕이 이에 몸 바쳐 상림에서 기도했다"라 하였고,『제왕세기』에서 "큰 가뭄이 든 지 7년이 되자 상림의 사당에서 기도를 하였다"라 한 것이 이것이다. 그 후 은상 및 송나라에서 성지로 받들어 신주를 세우고 제사를 바쳤으니『여람·성렴(呂覽·誠廉)』편(『여람』은『여씨춘추』의 별칭)에서 이른바 "대대로 장후(長侯)가 되어 은나라의 일상적인 제사를 지켰으며 서로 상림을 받들었다"라 한 것이다. 은나라는 이에「상림」의 음악이 있게 되었는데 이는 천자의 음악으로 송나라에서 그대로 썼다. 소공 21년의『전』에서 또한 말하기를 송나라에는 "상림지문(桑林之門)"이 있다라 한 것으로 보아 송나라가 상림을 중시하는 것을 알 수 있다. 여기서는 송나라가「상림」의 음악을 진도공에게 향연을 베풀 때 연주해 달라고 청한 것이며,『장자·양생주(養生主)』편에서 이른바 "「상림」의 춤과 합치된다"라 한 것이다.

62 순앵이 사양하며 이것은 감히 당치 않다고 한 것이다.

63 제후국들 중에서 노나라는 주나라 천자의 체례(禘禮)를 쓰며 송나라는 은상의 왕의 예를 사용하고 있으므로 다른 나라 사람이 가서 본 것이다.

64 노나라는 주나라 왕의 체악을 대빈(大賓)에게 향연을 베풀 때 및 대제(大祭) 때 사용하였다. 나머지는 공영달의 주석〔소(疏)〕에 상세하다.

宋以桑林享君,	송나라가 「상림」의 음악으로 임금님에게 향연을 베푸는 것이
不亦可乎?"[65]	또한 옳지 않겠습니까?"
舞,[66]	「상림」의 무를 추려고
師題以旌夏.[67]	악사의 장이 정하의 기를 가지고 앞장서 나왔다.
晉侯懼而退入于房.[68]	진후는 두려워하여 물러나 방으로 들어갔다.
去旌,	깃발을 치우자
卒享而還.[69]	향연을 마치고 돌아갔다.
及著雍,[70]	저옹에 이르자
疾.[71]	병이 났다.

---

65 손님이 노나라의 체악을 구경할 수 있으니 노후 역시 송나라의「상림」을 누릴 수 있다는 것이다.

66 「상림」을 춤추는 것이다.

67 사(師): 악대의 우두머리로 악대를 이끌고 들어온 것이다.
정하(旌夏): 정기(旌旗)의 일종으로 꿩 깃을 대나무 꼭대기에 이어 붙이고 깃은 또한 오색으로 물들인 것이다. 이 구는 악대의 우두머리가 정하를 들고 악공들을 이끌고 들어오는 것이다. 악단의 우두머리는 행수(行首)로 사람이 처음으로 이마를 보는 것과 같은데, 제(題)가 이마이므로 "제이(題以)" 운운한 것이다.

68 두예는 "정하는 일상적으로 보는 것이 아니어서 갑자기 그것을 보면 사람의 마음에 우연히 두려움이 생긴다"라 하였다.
방(房): 정실(正室)의 동서 양쪽으로 난 거처를 방이라고 한다.

69 여전히「상림」의 악무를 받고 있지만 너무 심한 정하(旌夏)는 뺀 것이다.

70 저옹(著雍): 두예는 "저옹은 진(晉)나라 땅이다"라 하였고, 고동고(顧棟高)의『대사표(大事表)』에서는 "대체로 진나라에서 제나라와 송나라로 갈 때 하(河) 이내의 땅일 것이다" 운운하였다.

卜,	점을 치자
桑林見.[72]	상림이 나타났다.
荀偃, 士匃欲奔請禱焉,[73]	순언과 사개가 달려가 기도할 것을 청하자
荀罃不可,	순앵이 안 된다며
曰,	말하였다.
"我辭禮矣,	"우리는 예를 사양하였는데
彼則以之.[74]	저들은 그것을 사용하였다.
猶有鬼神,[75]	귀신이 있다면
於彼加之."[76]	그곳에 화를 가할 것이다."
晉侯有間,[77]	진후가 병이 낫자
以偪陽子歸,	핍양자를 데리고 돌아가
獻于武宮,[78]	무궁에 바치고는

71 진후(晉侯)가 병이 난 것이다.

72 귀갑으로 질병에 대하여 점을 쳤더니 상림의 신을 만나보라는 점괘가 나온 것이다.

73 상림의 신을 모신 사당은 당연히 송나라 도읍에 있을 것인데 진나라 도공이 병이 들었을 때 이미 진나라의 경계로 들어섰기 때문에 두 사람이 되돌아 달려가서 기도를 하려 한 것이다.

74 이(以): 용(用)과 같은 뜻이다. 우리는 「상림」을 사양하고 쓰지 않았는데 송나라는 그대로 사용한 것이다.

75 유(猶): 만약에. 지앵은 귀신이 있다는 것을 믿지 않지만 또한 부정하여 반박을 하지도 않았다.

76 송나라에 화와 재앙을 더할 것이라는 말이다.

77 기도를 하지 않았는데 나은 것이다.

78 무궁(武宮): 진무공의 종묘로 진나라는 태조묘(太祖廟)라고 하기 때문에 진나라의 대사

謂之夷俘. 오랑캐 포로라 하였다.

偪陽, 핍양은

妘姓也. 운성이다.

使周內史選其族嗣, 주나라 내사로 하여금 그 족속으로 후사를 이을 사람을 뽑게 하여

納諸霍人,[79] 곽인에 들였는데

禮也.[80] 예의에 맞았다.

師歸, 군사가 돌아가자

孟獻子以秦堇父爲右.[81] 맹헌자는 진근보를 거우로 삼았다.

生秦丕玆, 진비자를 낳았는데

事仲尼.[82] 중니를 섬겼다.

는 반드시 무궁에서 거행하였다. 포로를 바치는 일도 태묘에서 하였으며, 「소우정(小盂鼎)」에는 주묘(周廟)에서 포로를 바친 것이 기록되어 있고, 「괵계자백반(虢季子白盤)」에도 목을 바친 일이 실려 있으며, 「어궤(敔簋)」에도 주나라에서 포로를 바친 것이 기록되어 있는데 모두 방증으로 삼을 수 있다.

79 후사를 이을 족속을 뽑아 핍양자(偪陽子)의 근친(近親)으로 쓰지 않고 운성의 제사를 받들게 한 것이다.
곽인(霍人): 진나라의 읍으로 지금의 산서 번치현(繁峙縣) 동쪽 교외에 있으며, 그 옛 나라와는 멀리 떼어 놓아 반란을 방지한 것이다.

80 두예는 "성(姓)을 멸하지 않은 것을 좋게 여겼으므로 예에 맞다고 하였다"라 하였다.

81 근보(堇父)에게 용력이 있으므로 거우로 삼은 것이다.

82 제소남(齊召南)은 진비자는 곧 「중니제자열전」의 진상(秦商)이라고 하였다. 『공자가어·칠십이제자해(七十二弟子解)』에서는 "진상은 노나라 사람으로 자는 부자(丕玆)이다" 운운하였다. 청나라 제소남(齊召南)의 『고증(考證)』에 보인다.

六月,

6월에

楚子囊, 鄭子耳伐宋,

초나라 자양과 정나라 자이가 송나라를 쳤는데

師于訾毋.[83]

자무에 주둔하였다.

庚午,[84]

경오일에

圍宋,

송나라를 에워싸고

門于桐門.[85]

동문을 공격하였다.

晉荀罃伐秦,

진나라 순앵이 진나라를 쳤는데

報其侵也.[86]

침공한 데 대한 보복이었다.

衛侯救宋,

위후가 송나라를 구원하여

師于襄牛.[87]

양우에 주둔하였다.

鄭子展曰,

정나라 자전이 말하였다,

"必伐衛.

"반드시 위나라를 칠 것이다.

不然,

그렇지 않으면

---

83 자무(訾毋): 송나라 땅으로 지금의 하남 녹읍현(鹿邑縣) 남쪽에 있을 것이다.

84 경오일은 14일이다.

85 동문(桐門): 송나라 도성의 북문이며 또한 소공 25년의 『전』과 『주』에도 보인다. 이미 포위를 한 후 그 동문을 공격한 것이다.

86 두예는 "침략은 9년에 있었다"라 하였다.

87 양우(襄牛): 위나라 땅으로, 나머지는 희공 28년의 『전』과 『주』에 상세하다.

是不與楚也.	초나라를 돕지 않는 것이다.
得罪於晉,	진나라에 죄를 얻고
又得罪於楚,	또 초나라에 죄를 얻으면
國將若之何?"	나라가 장차 어떻게 될 것인가?"
子駟曰,	자사가 말하였다.
"國病矣."[88]	"나라가 피폐해질 것이오."
子展曰,	자전이 말하였다.
"得罪於二大國,	"두 대국에 죄를 얻으면
必亡.	반드시 망한다.
病,	피폐해지는 것이
不猶愈於亡乎?"	그래도 망하는 것보다는 낫지 않겠는가?"
諸大夫皆以爲然.	여러 대부들이 모두 그럴듯하게 여겼다.
故鄭皇耳帥師侵衛,[89]	그리하여 정나라 황이가 군사를 거느리고 위나라를 침공하였는데
楚令也.[90]	초나라의 명령 때문이었다.

88 곤란하고 피로해지는 것이다.

89 황이(皇耳): 두예는 "황이는 황술(皇戌)의 아들이다"라 하였다.

90 또한 초나라의 명을 받들어 위나라를 침공한 것으로, 성공 6년 "진나라의 명이었다(晉命也)"라 한 것과 뜻이 같다.

孫文子卜追之,[91] 손문자가 추격하는 것에 대해 점을 쳐서

獻兆於定姜.[92] 정강에게 점괘를 바쳤다.

姜氏問繇.[93] 강씨가 요사를 물었다.

曰, 말하였다.

"兆如山陵, "징조가 산릉 같으니

有夫出征, 대부가 출정하면

而喪其雄." 그 빼어난 이를 잃는도다."

姜氏曰, 강씨가 말하였다.

"征者喪雄,[94] "출정한 자가 빼어난 이를 잃는 것은

禦寇之利也. 적을 막는 쪽에 유리한 것이다.

大夫圖之!" 대부는 잘 도모해 보시오!"

衛人追之, 위나라 사람이 쫓아가

孫蒯獲鄭皇耳于犬丘.[95] 손괴가 정황이를 견구에서 사로잡았다.

---

91 손문자(孫文子): 곧 손림보(孫林父)인데 당시 위나라 국정을 맡았다.

92 정강(定姜): 위나라 정공(定公)의 처이며 헌공(獻公)의 어머니이다.

93 조(兆)는 다만 거북의 등딱지를 지져서 생긴 균열일 뿐이며, 조에는 각기 요사(繇辭)가 있다. 『주례·태복(大卜)』에 의하면 요사는 또한 송(頌)이라고도 한다. 아래의 세 구절은 그 요사이다.

94 릉(陵)과 웅(雄)은 운자이다. 고음이 모두 등부(登部)에 속하였는데, 지금은 웅(雄)이 동부(東部)로 바뀌었다.

95 손괴(孫蒯): 손림보의 자이다.
견구(犬丘): 원년『전』의『주』에 보인다.

秋七月,	가을 7월에
楚子囊, 鄭子耳伐我西鄙.[96]	초나라 자낭과 정자이가 우리나라 서쪽 변경을 쳤다.
還,	돌아와서는
圍蕭.[97]	소를 에워쌌다.
八月丙寅,[98]	8월 병인일에
克之.	승리를 거두었다.
九月,	9월에
子耳侵宋北鄙.	자이가 송나라 북쪽 변경을 쳤다.
孟獻子曰,	맹헌자가 말하였다.
"鄭其有災乎!	"정나라에는 재앙이 있을 것이다.
師競已甚.[99]	군사들의 다툼이 너무 심하다.
周猶不堪競,[100]	주나라도 다툼을 견디지 못하거늘
況鄭乎!	하물며 정나라이겠는가!

96 "침(侵)"은 원래 "벌(伐)"로 되어 있는데, 『석경(石經)』과 송본, 순희본(淳熙本), 악본(岳本), 가나자와 문고본(金澤文庫本)을 따라 고쳤다. 이는 초나라와 정나라의 군사가 송나라를 친 김에 노나라를 침공한 것이다.

97 소(蕭): 송나라의 읍으로 지금의 안휘(安徽) 소현(蕭縣) 북쪽에서 조금 서쪽 45리 지점에 있다. 장공 12년 『전』의 『주』 및 선공 12년 『경』의 『주』를 참고할 만하다.

98 병인일은 11일이다.

99 경(競): 서로 다투는 것이다.
이(已): 매우.

100 주(周): 주나라 왕실을 이른다. 천자의 존엄에도 오히려 누차 군사를 일으키는 것을 견디지 못한다는 말이다.

有災,	재앙이 있다면
其執政之三士乎!"[101]	집정한 세 사람일 것이다!"
莒人間諸侯之有事也,[102]	거나라 사람이 제후들에게 병사가 있는 틈을 노렸으므로
故伐我東鄙.	우리나라 동쪽 변경을 쳤다.
諸侯伐鄭,	제후들이 정나라를 쳤는데
齊崔杼使大子光先至于師,	제나라 최저가 태자 광으로 하여금 주둔지에 먼저 이르게 하였으므로
故長於滕.[103]	등나라보다 낫게 여겼다.
己酉,[104]	기유일에

101 두예는 "정나라 간공은 아직 어려서 자사와 자국, 자이가 정권을 쥐고 있으므로 세 사람이 그 화를 떠안게 될 것이다. 아래에서 도둑(盜)이 세 대부를 죽인 배경이다"라 하였다.

102 간(間): 구멍을 내다.
유사(有事): 병사(兵事)를 일으키다.
이때 진나라와 초나라가 서로 싸웠는데 제나라와 노나라, 송나라 등이 모두 참여하였다.

103 계택(雞澤)의 회맹과 척(戚)의 회합, 진(陳)나라의 구원, 희(戲)의 맹약, 사(柤)의 회합에서 제나라 세자 광은 모두 서열이 여러 소국의 아래였는데 이해의 정나라를 치는 일에서는 등나라와 설나라, 기나라, 소주자의 위에 있다. 『주례·전명(典命)』에 의하면 제후의 적자는 천자의 명을 받으며, 그 임금을 대신하면 임금의 예보다 한 등급 낮추고, 명을 받지 않으면 피백(皮帛)으로 자남(子男)을 잇는다. 제나라 세자 광은 천자의 명을 받지 않았으므로 당연히 자남의 뒤를 이어야 한다. 그러나 진나라 도공이 초나라와 패권을 다투는데 제나라의 힘을 얻지 않으면 안 되므로 세자 광을 먼저 이르게 하여 나아가게 한 것이다.

104 기유일은 25일이다.

師于牛首.[105] 우수에 군사를 주둔시켰다.

初, 처음에

子駟與尉止有爭,[106] 자사가 울지와 다툼이 있었는데

將禦諸侯之師,[107] 제후의 군사를 막으려다가

而黜其車.[108] 그 수레를 줄였다.

尉止獲, 울지가 포로를 사로잡자

又與之爭.[109] 또 그와 다투었다.

子駟抑尉止曰, 자사가 울지를 억압하면서 말하였다.

"爾車非禮也."[110] "너의 병거는 예에 맞지 않다."

遂弗使獻.[111] 마침내 그 포로를 바치지 못하게 하였다.

105 우수(牛首): 정나라 땅으로 지금의 하남 통허현(通許縣) 조금 북쪽에 있으며, 나머지는 환공 14년의 『주』에 상세하다.

106 『수경·거수주(渠水注)』에서는 동한(東漢: 後漢) 권칭(圈稱)의 『진류풍속전(陳留風俗傳)』을 인용하여 진류(陳留)의 울지(尉氏)는 정나라 동쪽 변경의 폐옥(弊獄)의 관명이라 하였는데 정나라 대부 울지의 읍이다. 곧 울지는 관직 이름으로 씨를 삼은 것이다. 울지현은 지금의 하남 개봉시 남쪽에서 대략 서쪽 90리 지점에 있다. 양공 21년 『전』의 난영(欒盈)은 행인(行人)인데 "돌아가 울지의 손에 죽을 것이다"라 한 것으로 보아 울지가 법관임을 알 수 있다.

107 곧 위 "제후들이 정나라를 쳤다(諸侯伐鄭)"라 한 군사이다.

108 자사가 울지가 이끌어야 할 병거를 줄인 것이다.

109 울지가 적병을 포획하자 자사가 또 그와 전공을 다툰 것이다.

110 자사가 울지를 억압하여 그가 이끌어야 할 병거의 수를 줄여 놓고서 또 예가 아니라며 죄를 따지는 것이다.

111 자사가 이어서 울지에게 사로잡은 포로를 바치지 못하게 한 것이다.

初,　　　　처음에

子駟爲田洫,[112]　　　　자사가 밭과 도랑을 정리하니

司氏, 堵氏, 侯氏, 子師氏皆喪田焉.[113]　　　　사씨와 도씨, 후씨, 자사씨가 모두 밭을 잃었다.

故五族聚羣不逞之人因公子之徒以作亂.[114]　　　　그리하여 다섯 일족이 불만을 품은 사람들을 불러 모아 공자의 무리에 의지하여 난을 일으켰다.

於是子駟當國,[115]　　　　이때 자사가 정사를 전담하고 있었으며

子國爲司馬,　　　　자국은 사마,

子耳爲司空,　　　　자이는 사공,

子孔爲司徒.　　　　자공은 사도였다.

---

112 전혁(田洫): 밭 사이로 난 도랑으로 밭두둑을 아우른다. 전혁의 제도는 『주례·고공기·장인(考工記·匠人)』에 상세하다. 다만 각 나라와 각 시기에 통행되지는 않았을 것이다. 자사의 전혁에 대해 혹자는 수리(水利)를 손본 것을 이른다 하였고, 혹자는 전지의 경계를 정돈한 것을 말한다고 하였는데 모두 확실치 않다.

113 네 사람이 농지를 잃은 것은 아마 자사가 강탈하였기 때문일 것이며, 그렇지 않다면 이 때문에 살해당하지는 않았을 것이다.

114 오족(五族): 다섯 성씨와 같다. 울지(尉氏) 및 농지를 잃은 네 씨이다. 영(逞)은 만족스럽다는 뜻이다. 불령지인(不逞之人)은 만족할 수 없는 사람, 실의에 빠진 사람이다. 공자의 무리는 8년에 자사에 의해 피살된 자호(子狐)·자희(子熙)·자후(子侯)·자정(子丁)의 족당이다. 인은 빙자하다는 뜻이다.

115 어시(於是): 이때.
당국(當國): 정치를 전담하다. 다음 단계가 청정(聽政)이니 정사를 듣고 전담하지는 않는 것이다.

冬十月戊辰,[116]	겨울 10월 무진일에
尉止, 司臣, 侯晉, 堵女父, 子師僕帥賊以入,	울지와 사신, 후진, 도여보, 자사복이 적당을 이끌고 들어가.
晨攻執政于西宮之朝,	새벽에 서궁의 조정에서 집정대신들을 공격하여
殺子駟, 子國, 子耳,[117]	자사와 자국·자이를 죽이고
劫鄭伯以如北宮.[118]	정백을 겁박하여 북궁으로 갔다.
子孔知之,[119]	자공은 이 낌새를 알아채어
故不死.	죽지 않았다.
書曰"盜",	"도둑"이라고 기록한 것은
言無大夫焉.[120]	그 가운데 대부가 없었기 때문이었다.
子西聞盜,	자서는 적란이 일어났다는 말을 듣고
不儆而出,[121]	경비도 서지 않고 나가

116 무진일은 14일이다.

117 소공 4년의 『전』에 정나라 사람이 자산(子産)을 비방하여 말하기를 자국(子國)이 길에서 죽었다고 하였으니 이 세 사람은 아마 길에서 피살된 것 같다.

118 서궁과 북궁은 희공 20년 『경』의 『주』에 보인다.

119 자공(子孔): 공자 가(公子嘉)이다.

120 두예는 "울지 등 다섯 사람은 모두 사(士)이다. 대부는 경(卿)이라 이른다"라 하였다. 청나라 섭유(葉酉)의 『춘추구유(春秋究遺)』에서는 "'도살(盜殺)'이라 아뢴 것은 옛 역사의 기록을 이어받아 기록한 것이다"라 하였다.

121 두예는 "자서는 공손하(公孫夏)로 자사의 아들이다"라 하였다. 경(儆)은 경(警)과 같으며, 경계하다이다.

尸而追盜.[122]	시신을 수습하고 적도들을 쫓았다.
盜入於北宮,	적도들이 북궁으로 들어가자
乃歸,	이에 돌아가
授甲,	갑옷을 주니
臣妾多逃,[123]	남녀 노복들이 많이 도망갔고
器用多喪.[124]	기물도 많이 없어졌다.
子産聞盜,[125]	자산은 적란이 일어났다는 말을 듣고
爲門者,[126]	문지기를 두고
庀羣司,[127]	뭇 관리들을 갖추어
閉府庫,	부중의 창고를 닫고
愼閉藏,	신중히 갈무리하여 닫아
完守備,	수비를 완전히 하여
成列而後出,[128]	대열을 이룬 후에 나왔는데
兵車十七乘.[129]	병거가 17대였다.

122 시(尸): 시신을 수습하는 것이다. 선공 12년 『전』의 『주』에 상세하다.
123 신첩(臣妾): 집안의 남녀 노예이다.
124 이렇게 되면 갑옷을 주어 도둑들을 추적할 수 없게 된다.
125 자신의 부친 자국(子國) 또한 피살되었다.
126 문을 지키는 자를 두어 출입을 엄금한 것이다.
127 두예는 "뭇 관리들을 갖춘 것이다"라 하였다.
128 사병(私兵)을 가지고 대열을 이어 나간 것이다.
129 두예는 "1천275명이다"라 하였다.

尸而攻盜於北宮,[130] 시신을 수습하고 북궁에서 적도들을 공격하니

子蟜帥國人助之,[131] 자교가 백성들을 이끌고 도와

殺尉止, 子師僕, 울지와 자사복을 죽였으며

盜衆盡死.[132] 적도들은 모두 죽었다.

侯晉奔晉,[133] 후진은 진나라로 달아났고

堵女父, 司臣, 尉翩, 司齊奔宋.[134] 도여보 사신, 울편, 사제는 송나라로 달아났다.

子孔當國,[135] 자공이 국정을 담당하였는데

爲載書, 재서를 작성하여

以位序, 聽政辟.[136] 직위를 따르고 법을 따르게 하였다.

大夫, 諸司, 門子弗順,[137] 대부와 제사, 문자가 따르지 않을 경우

---

130 먼저 부친의 시신을 수습하고 난 후에 울지 등을 공격한 것이다.

131 자교(子蟜): 곧 공손채(公孫蠆)이다. 8년『전』의『주』에 상세하다.

132 도중(盜衆): "불만을 품은 사람들(羣不逞之人)"을 가리키는 것 같다.

133 혹자는 진후가 후선다(侯宣多)의 아들이라고 생각하는 사람도 있는데 근거가 없다.

134 두예는 "울편은 울지의 아들이며, 사제는 사신(司臣)의 아들이다"라 하였다.

135 두예는 "자사(子駟)를 대신 한 것이다"라 하였다.

136 이상 세 구절은 맹서의 말, 곧 재서의 주지(主旨)이다.
벽(辟): 법이다. 두예는 "여러 경으로부터 각 관사의 장은 각기 그 직위를 지켜 집정의 법을 받아들이고 조정의 정치에 간여하지 못하게 한 것이다"라 하였다. 대체로 자공이 정나라의 정치를 전횡하려는 것이다.

137 대부(大夫)는 여러 경(卿)을 말하고, 제사(諸司)는 여러 부문(部門)을 주관하는 사람, 문자(門子)는 여러 경의 적자(嫡子)이다.

將誅之.[138]	죽이려고 하였다.
子産止之,	자산이 막으면서
請爲之焚書.[139]	그것을 불태우기를 청하자
子孔不可,	자공이 안 된다고 하면서
曰,	말하였다.
"爲書以定國,	"재서를 만들어 나라를 안정시키는데
衆怒而焚之,	백성들이 노한다고 그것을 불태우면
是衆爲政也,	이는 백성들이 정치를 하는 것이니
國不亦難乎?"[140]	나라에 또한 어려움이 있지 않겠소?"
子産曰,	자산이 말하였다.
"衆怒難犯,	"백성들의 노함은 범하기기 어렵고
專欲難成,	오로지 하려는 욕심은 이루기가 어려운데
合二難以安國,	두 가지 어려움을 합하여 나라를 안정시키는 것은
危之道也.	위험한 도입니다.

138 두예는 "자공이 따르지 않는 사람을 죽이려는 것이다"라 하였다.
139 두예는 "자공을 저지하고 또 재서를 살라 없앨 것을 권한 것이다"라 하였다.
140 두예는 "나라를 잘 다스리기가 어렵다"라 하였다.

不如焚書以安衆,	재서를 불태워 백성을 안정시키는 것만 못하온대
子得所欲,[141]	그대는 하고자 함을 얻고
衆亦得安,	백성들도 편안함을 얻으니
不亦可乎?	또한 옳지 않겠습니까?
專欲無成,	오로지 하려는 욕심은 이루지 못할 것이고
犯衆興禍,	백성들을 범하는 것은 화를 일으키니
子必從之!"	그대는 반드시 따라야 합니다!"
乃焚書於倉門之外,[142]	이에 창문의 밖에서 재서를 불사르니
衆而後定.	백성들이 이후로 안정되었다.

諸侯之師城虎牢而戍之,[143]	제후의 군사들이 호뢰에 성을 쌓고 지켰는데
晉師城梧及制,[144]	진나라 군사는 오 및 제에 성을 쌓았고

---

141 국정을 맡는 것이다.

142 고사기(高士奇)의 『지명고략(地名考略)』에서 창문(倉門)은 정나라의 동남문이라고 하였다. 두예는 "조정에서 불사르지 않은 것은 원근에서 태우는 것을 보게 하고자 함이다"라 하였다.

143 호뢰(虎牢): 곧 은공 5년의 북제(北制)이다. 지금의 하남 형양(滎陽) 상가진(上街鎭)이다. 은공 원년 『전』의 『주』에 상세하다.

士魴, 魏絳戍之.	사방과 위강이 지켰다.
書曰"戍鄭虎牢",	"정나라 호뢰를 지켰다"라 기록한 것은
非鄭地也,	정나라 땅이 아니지만
言將歸焉.[145]	곧 돌려주려는 것을 말하였다.
鄭及晉平.	정나라와 진나라가 화평하였다.

楚子囊救鄭.	초나라 자낭이 정나라를 구하였다.
十一月,	11월에
諸侯之師還鄭而南,[146]	제후의 군사가 정나라를 두르고 남진하여
至於陽陵.[147]	양릉에 이르렀다.
楚師不退.	초나라 군사가 물러나지 않았다.
知武子欲退,[148]	지무자가 물러나려고 하면서
曰,	말하였다.

144 오(梧): 당연히 호뢰 부근에 있을 것이다.
제(制): 곧 호뢰인데 진나라는 또한 작은 성을 쌓아 군사를 주둔시키고 양식과 무기를 쌓아 두었다.

145 호뢰는 본래 정나라의 요해처인데, 이때 진나라 및 제후의 군사가 이미 점령을 하였으며 정나라가 굴복하자 돌려주었다.

146 환(還): 환(環)자와 같은 뜻으로 쓰였으며, 빙 돌아서 가는 것이다. 『석문(釋文)』에서는 "환(還)은 본래 또한 환(環)이라고 하였다"라 하였다.

147 양릉(陽陵): 정나라 땅으로 지금의 허창시(許昌市) 서북쪽에 있다.

148 지무자(知武子): 지앵(知罃)이다.

"今我逃楚,	"지금 우리가 초나라에게서 달아나면
楚必驕,	초나라는 필시 교만해질 것이며
驕則可與戰矣."	교만해지면 싸울 만할 것이다."
欒黶曰,	난염이 말하였다.
"逃楚,	"초나라로부터 달아나는 것은
晉之恥也.	진나라의 수치입니다.
合諸侯以益恥,	제후들과 연합하여 더욱 수치스러우니
不如死.	죽느니만 못합니다.
我將獨進."	내 홀로 진공하려 하오."
師遂進.	군사가 마침내 진격하였다.
己亥,[149]	기해일에
與楚師夾潁而軍.[150]	초나라 군사와 영수를 끼고 싸웠다.
子蟜曰,[151]	자교가 말하였다.
"諸侯既有成行,[152]	"제후군이 이미 대열을 갖추었으니
必不戰矣.	반드시 싸우지 않을 것이오.

149 기해일은 16일이다.

150 영(潁): 영수(潁水)는 선공 10년『전』의『주』에 상세하다.

151 교(蟜): 원래 "蹻"로 되어 있는데『사부총간(四部叢刊)』본과 가나자와 문고본(金澤文庫本) 및 고염무(顧炎武)의 설에 따라 고쳤다.

152 성행(成行): 군사들을 후퇴시킬 준비가 이미 다 되었다는 것을 말함.

從之將退,	따르면 곧 물러날 것이오,
不從亦退.[153]	따르지 않아도 물러날 것이오.
退,	물러나면
楚必圍我.	초나라는 반드시 우리를 에워쌀 것이오.
猶將退也,[154]	마찬가지로 물러날 것이니
不如從楚,	초나라를 따라서
亦以退之."[155]	또한 물러나게 함만 못합니다."
宵涉潁,[156]	밤에 영수를 건너
與楚人盟.[157]	초나라 사람과 맹약하였다.
欒黶欲伐鄭師,	난염이 정나라 군사를 치려고 하자
荀罃不可,	순앵이 안 된다고 하면서
曰,	말하였다.
"我實不能禦楚,	"우리는 실로 초나라를 막을 수 없으며
又不能庇鄭,[158]	또한 정나라를 보호할 수도 없었으니

153 진나라에 복종하든 말든 진나라 및 제후의 군사들이 모두 후퇴할 것이라는 말이다.

154 유(猶): 마찬가지이다.

155 초나라에 복종함으로써 초나라 군사를 물리는 것이다.

156 소(宵): 원래 소(霄)로 잘못 되어 있었는데 지금 『교감기(校勘記)』 및 가나자와 문고본(金澤文庫本)에 따라 바로잡았다. 정나라는 영수의 북쪽에 있으며 진나라 및 제후의 군사도 영수의 북쪽에 있으며, 초나라는 영수 남쪽에 있었다.

157 두예는 "밤에 건넌 것은 진나라가 알까 두려워해서이다"라 하였다.

鄭何罪?[159] 정나라가 무슨 죄인가?

不如致怨焉而還.[160] 원망을 품게 하고 돌아가느니만 못하오.

今伐其師, 지금 우리가 그 군사를 치면

楚必救之. 초나라는 반드시 구원할 것이오.

戰而不克, 싸우고 이기지 못하면

爲諸侯笑. 제후들의 웃음거리가 됩니다.

克不可命,[161] 이기는 것을 자신할 수 없으면

不如還也." 돌아가느니만 못하오."

丁未,[162] 정미일에

諸侯之師還, 제후의 군사가 돌아갔는데

侵鄭北鄙而歸.[163] 정나라 북쪽 변경을 침공하며 돌아갔다.

---

158 비(庇): 원래는 비(庀)로 되어 있었다. 완원(阮元)의 『교감기(校勘記)』에서는 "각 판본에는 '庇'로 되어 있다"라 하였다. 가나자와 문고본(金澤文庫本)에도 "庇"로 되어 있으며, 지금 그 의견을 따른다.

159 정나라와 초나라가 맹약을 맺은 것은 진나라가 정나라를 보호해 줄 수 없었기 때문이므로 정나라에 죄를 물을 수 없다는 말이다.

160 치원(致怨): 정나라로 하여금 초나라를 원망하게 하는 것을 말한다. 대체로 정나라가 초나라에 복종하면 초나라는 반드시 주구(誅求)가 끝이 없을 것이라는 말이다.

161 이때 제후의 군사들은 모두 돌아갈 계획을 세웠고 진나라 또한 회군하기로 결정하였으므로 이렇게 말한 것이다. 승리를 보장할 수 없다는 말과 같다. 명(命)은 믿음이다. 자신이 있음을 이르는 말이다.

162 정미일은 24일이다.

163 진나라 및 제후의 군사들이 돌아갈 때는 거의 반드시 정나라 북쪽 변경을 지나가게 되어 있으며 초나라 군사는 거의 남쪽 경계에 있다.

楚人亦還.	초나라 사람 또한 돌아갔다.
王叔陳生與伯輿爭政,[164]	왕숙 진생과 백여가 정권을 다투었는데
王右伯輿.[165]	왕은 백여를 편들었다.
王叔陳生怒而出奔.	왕숙 진생은 노하여 달아났다.
及河,	하수에 이르렀을 때
王復之,	왕이 그를 돌아오게 하여
殺史狡以說焉.[166]	사교를 죽여 그를 기쁘게 하였다.
不入,	들어오지 않고
遂處之.[167]	마침내 그곳에서 거처하였다.
晉侯使士匄平王室,[168]	진후가 사개로 하여금 왕실을 조정케 하니
王叔與伯輿訟焉.[169]	왕숙과 백여가 송사를 걸었다.

164 두예는 "두 사람은 왕의 경사(卿士)이다"라 하였다. 쟁정(爭政)은 쟁권(爭權)과 같다. 백여(伯輿)는 성공 11년의 『전』과 『주』에 보인다.

165 우(右): 조(助)와 같은 뜻이다. 돕다, 거들다.

166 사교(史狡): 왕숙 진생이 미워하는 사람일 것이다. 그러므로 영왕(靈王)이 그를 죽여 왕숙 진생을 기쁘게 한 것이다.

167 왕숙이 주나라로 들어가지 않고 결국 하수의 가에 거처한 것이다.

168 평(平): 화해시키는 것이다. 두 사람의 분쟁을 조정하는 것이다.

169 두예는 "곡직을 따지는 것이다"라 하였다.

王叔之宰與伯輿之大夫瑕禽坐獄於王庭,[170] 왕숙의 재와 백여의 대부 하금이 왕의 조정에서 송사를 하고

士匃聽之. 사개는 들었다.

王叔之宰曰, 왕숙의 재가 말하였다.

"篳門閨竇之人而皆陵其上,[171] "대나무 문과 쪽창을 낸 집 사람이 윗사람을 능가하니

其難爲上矣." 윗사람 노릇하기가 힘듭니다."

瑕禽曰, 하금이 말하였다.

"昔平王東遷, "옛날에 평왕께서 동쪽으로 서울을 옮길 때

吾七姓從王, 우리 일곱 성이 왕을 따르며

牲用備具,[172] 희생을 빠짐없이 갖추니

---

170 재(宰): 가신의 우두머리.
대부(大夫): 백여 측에 속한 대부.
좌옥(坐獄): 원고와 피고 쌍방 간에 송사에 임하는 것이다. 그냥 좌(坐)라고만도 하며, 소공 23년 『전』의 "진나라 사람이 주나라 대부와 시비를 변론하게 하였다(晉人使與邾大夫坐)" 같은 경우가 있다. 또한 희공 28년의 『전』과 『주』를 참조할 만하다. 두예는 "주나라의 예법에 명부(命夫)와 명부(命婦)는 몸소 송옥에 나가지 않기 때문에 재와 소속 대부를 시켜서 곡직을 논쟁하게 한 것이다"라 하였다.

171 필문규두(篳門閨竇): 두예는 "필문은 삽짝문〔柴門〕이다. 규두는 작은 외짝 문인데, 벽을 뚫어서 만들며 위쪽은 날카롭고 아래쪽은 방형이어서 형태가 규홀〔圭〕과 같다. 백여가 미천한 집인 것을 말한다"라 하였다. 『석문(釋文)』에서는 "규(閨)는 원래 규(圭)이다"라 하였다. 두예의 『주』에 의하면 그가 본 판본에도 또한 규(圭)로 되어 있었을 것이다. 능(陵)은 능가(凌駕)한다는 뜻이다.

172 생용(牲用): 한 단어로 희생이라는 뜻과 같다. 『상서·미자(微子)』에 "지금 은나라 백성이 하늘과 땅에 제사를 올릴 때 쓰는 갖가지 희생(犧牷牲用)을 훔쳐 가도 내버려 두고

王賴之,	왕께서 믿고
而賜之騂旄之盟,[173]	붉은 소로 맹약함을 내리시며
曰,	말하였습니다.
'世世無失職.'[174]	'대대로 직위를 잃지 않을지니라.'
若篳門閨竇,	대나무 문과 쪽창을 낸 사람이었다면
其能來東底乎?[175]	어찌 동쪽으로 이를 수 있었겠습니까?
且王何賴焉?[176]	또한 왕께서 어찌 믿었겠습니까?
今自王叔之相也,[177]	이제 왕숙이 정권을 잡은 이래
政以賄成,[178]	정권은 뇌물로 이루어지고

있으며 그것을 먹더라도 아무런 형벌도 받지 않습니다"라 하였다.

173 성모지맹(騂旄之盟): 두예는 "평왕이 천도할 때 대신으로 따른 사람이 일곱 성(姓)이며, 백여의 조부도 그 안에 있었고 왕의 희생을 갖추고 제사를 올리는 것을 담당하였다. 왕이 희생을 마련하는 것을 보고 믿어 그와 맹약하여 대대로 그 직위를 지키게 해주었다. 성모(騂旄)는 붉은 소이다. 성모를 쓴 것은 중요한 맹약으로 개나 닭을 쓰지 않았다는 것이다"라 하였다. 성(騂)은 『논어·옹야(雍也)』편에 "얼룩소의 새끼는 색이 붉고 또 뿔이 있다"라는 말이 있는데, 『주』에서는 "성(騂)은 붉은색이다"라 하였다. 나중에는 또 성(梓)이라고도 하였다. 『예기·단궁(檀弓)』편에서는 주나라 사람들은 붉은색을 숭상하여 희생을 붉은색 소를 썼다라 하였다.

174 맹약의 말은 길 것인데 여기서는 그 요점만 든 것이다.

175 지(底): 완본(阮本)에는 저(底)자로 되어 있는데, 여기서는 『석경』과 송본(宋本), 악본(岳本), 『석문(釋文)』을 따라 바로잡았다. 지(底)는 멈추다, 편안하다의 뜻이다. "來東底"는 동쪽으로 와서 편안히 머무른다는 뜻이다. 이 구절은 백여 또한 세가(世家)로 필문규두의 미천한 사람이 아님을 말하였다.

176 왕숙의 가신이 "필문규두의 사람"이라고 한 것을 반박한 것이다.

177 왕숙은 주나라의 상(相)이었으니 곧 주나라의 정권을 잡은 것이다.

178 뇌물이 공공연히 행해졌다는 말이다.

而刑放於寵.[179]	형법은 총신에게 맡겼습니다.
官之師旅,[180]	사려의 관원들까지
不勝其富,	그 부를 이길 수 없으니
吾能無篳門閨竇乎?[181]	우리가 대나무 문과 쪽창이 되지 않을 수 있었겠습니까?
唯大國圖之![182]	대국에서는 잘 헤아려 주십시오!
下而無直,	지위가 낮다고 곧지 않다면
則何謂正矣?"[183]	어찌 바르다고 하겠습니까?"
范宣子曰,[184]	범선자가 말하였다.
"天子所右,	"천자께서 도우면
寡君亦右之;	과군 또한 돕고,
所左,	돕지 않으면
亦左之."[185]	또한 돕지 않습니다."

---

179 형방어총(刑放於寵): 『회남자·병략(兵略)』의 주에서 "방(放)은 맡기는(寄) 것이다"라 하였다. 형기어총(刑寄於寵)은 곧 두예가 말한 "총신들이 형법을 멋대로 시행하고 법을 따르지 않았다는 것이다"는 것을 말한다.

180 사려(師旅): 하나는 군려(軍旅)라는 뜻이고, 하나는 뭇 유사(有司)를 말한다.

181 또 그 빈곤함을 왕숙이 탐오한 정치를 하는 탓으로 돌린 것이다.

182 대국(大國): 진(晉)나라를 가리킨다. 사개는 곧 진나라를 대표한다.

183 곡직은 상하를 구분하지 않으며, 하위에 있는 자가 이치가 있는데도 곧을 수 없다면 이는 올바른 것이라 할 수 없다는 것이다. 정(正)은 공평하다는 뜻이다. 정치의 정(政)으로 읽어도 뜻이 통한다.

184 범선자(范宣子): 곧 사개(士匄)이다.

185 두예는 "범선자는 백여가 옳다는 것을 알았으니 자기 마음대로 처결하고 싶지 않아서 왕에게 미룬 것이다"라 하였다. 우좌(右左)는 돕는 것과 돕지 않는 것이라는 말과 같다.

使王叔氏與伯輿合要,[186] 왕숙씨와 백여로 하여금 쟁송의 말을 취합하여 따지게 하니

王叔氏不能擧其契.[187] 왕숙씨는 요계를 들 수가 없었다.

王叔奔晉.[188] 왕숙은 진나라로 달아났다.

不書, 기록하지 않은 것은

不告也. 알리지 않았기 때문이다.

單靖公爲卿士以相王室.[189] 단정공이 경사가 되어 왕실을 도왔다.

양공 11년

經

十有一年春王正月,[1] 11년 봄 주력으로 정월에

---

186 합요(合要): 『주례·추관·향사(秋官·鄕士)』편에 "그 사형과 형벌을 받을 죄를 구분하여 의견을 밝힌다(異其死刑之罪而要之)"는 말이 있으며, 정현의 주석에서는 "요지(要之)는 그 죄법(罪法)의 요사(要辭)를 작성하는 것이다"라 하였다. 「상서」「강고(康誥)」의 "요수(要囚)"와 「여형(呂刑)」의 "유요(有要)"도 모두 이 뜻이다. 합요는 원고와 피고 쌍방 간에 쟁송한 죄상과 증언 등을 취하여 수합하는 것이다.

187 계(契): 곧 요사(要辭)를 기록한 문서이다. 양자의 소송에서 주영왕이 백여의 편을 들자 그 요사 또한 그른 것이라 여겼으므로 왕숙이 자기가 진성한 진술서를 꺼낼 수 없었던 것이다.

188 아마 사개가 그렇게 하도록 하여 왕숙에게 퇴로를 남긴 것 같다.

189 단정공(單靖公): 두예의 『세족보』에 의하면 단경공(單頃公)의 아들이다. 경공은 3년의 『전』에 보인다. 단정공이 왕숙을 대신하여 왕숙이 주나라로 돌아오지 않은 것이다.

1 십일년(十一年): 기해년 B.C. 562년으로, 주영왕(周靈王) 10년이다. 동지가 정월 10일 임

作三軍.	3군을 창설하였다.
夏四月,	여름 4월에
四卜郊,	네 차례 교제에 대한 점을 쳤으나
不從,	불길하여
乃不郊.[2]	교제를 지내지 않았다.
鄭公孫舍之帥師侵宋.[3]	정나라 공손사지가 군사를 거느리고 송나라를 침공하였다.

公會晉侯, 宋公, 衛侯, 曹伯, 齊世子光, 莒子, 邾子, 滕子, 薛伯, 莒伯, 小邾子伐鄭.

공이 진후, 송공, 위후, 조백, 제나라 세자 광, 거자, 주자, 등자, 설백, 거백, 소주자와 회합하여 정나라를 쳤다.

秋七月己未,[4]	가을 7월 기미일에
同盟于亳城北.[5]	박성의 북쪽에서 동맹하였다.

술일로 건자(建子)이다.

2 『전』이 없다. 희공 31년의 『경』과 『주』를 참조하라.

3 사지(舍之): 공자 희(喜)의 아들로 자는 자전(子展)이다.

4 기미일은 10일이다.

5 박(亳): 『공양전』과 『곡량전』에는 모두 "경(京)"으로 되어 있으며, 『곡양전』의 주석〔소(疏)〕에서는 또한 "『좌씨』의 『경』에는 '박성북(亳城北)'으로 되어 있고, 복씨(服氏)의 『경』에는 또한 '경성북(京城北)'으로 되어 있다"라 하였다. 혜동(惠棟)의 『공양고의(公羊古義)』에서는 "경(京)은 정나라 땅이며 형양(滎陽)에 있는데 은공 원년의 『전』에서 말한 '경성태숙(京城大叔)'이 바로 이것이다. 박성은 고찰할 길이 없으며 전사(傳寫)하면서 잘못된 것으로 마땅히 『공양전』과 『곡량전』을 따르는 것이 옳다"라 하였다. 청나라 장수공(臧壽恭)의 『춘추좌씨고의(春秋左氏古義)』에서는 "박은 또한 경이라고도 일컫는다"라 하였다. 그러나 『속한서·군국지(續漢書·郡國志)』에 의하면 형양에는 박정(薄亭)이 있는데 박정은 곧

公至自伐鄭.[6] 공이 정나라를 치고 돌아왔다.

楚子, 鄭伯伐宋. 초자와 정백이 송나라를 쳤다.

公會晉侯, 宋公, 衛侯, 曹伯, 齊世子光, 莒子, 邾子, 滕子, 薛伯, 杞伯, 小邾子伐鄭, 공이 진후, 송공, 위후, 조백, 제나라 세자 광, 거자, 주자, 등자, 설백, 기백, 소주자와 회합하고 정나라를 쳤는데

會于蕭魚. 소어에서 회합하였다.

公至自會.[7] 공이 회합에서 돌아왔다.

楚人執鄭行人良霄.[8] 초나라 사람이 정나라 행인 양소를 잡아갔다.

冬秦人伐晉. 겨울에 진나라 사람이 진나라를 쳤다.

傳

十一年春, 11년 봄에

季武子將作三軍,[9] 계무자가 3군을 창설하려고

박정(亳亭)이다. 1956년 정주(鄭州)의 금수하(金水河) 남안의 공사장에서 문자가 있는 전국시대의 도편(陶片)에 의하면 지하의 실물을 가지고 두예의 주석에서 "박성은 정나라 땅이다"라 한 것이 틀리지 않았음을 증명하였다. 곧 이 박성의 북쪽은 상대(商代) 유지(遺址)의 북쪽이다.

6 『전』이 없다.

7 『전』이 없다.

8 두예는 "양소는 공손첩(公孫輒)의 아들 백유(伯有)이다"라 하였다.

告叔孫穆子曰,	숙손목자에게 일러 말하였다.
"請爲三軍,	"청컨대 3군을 만들어
各征其軍."[10]	각기 군을 가지도록 합시다."
穆子曰,	목자가 말하였다.
"政將及子,	"정권이 곧 그대에게 미칠 것이니
子必不能."[11]	그대는 필시 하지 못할 것이다."

---

9 전인들은『상서·비서(費誓)』의 "노나라 사람의 3교와 3수(魯人三郊三遂)"라는 말에 의거하여 노나라는 초년에 이미 3군을 갖추었다고 생각하지만 이는 논거가 부족하다. 곧 백금(伯禽)이 일찍이 3군을 만든 것도 또한 "서이(徐夷)가 아울러 일어나 동쪽 교외를 열지 않기" 때문이었는데, 이는 노나라의 도읍 곡부가 크게 위협을 받았기 때문이다. 그 후로도 계속 3군을 유지하였는가 하는 것은 이미 증빙할 만한 문헌이 없다.『주례』의 군오(軍伍)의 제도의 의하면 1만 2천5백 명이 1군(軍)이 되는데 두예의 주석 또한 이 설을 따랐다.「노송·비궁(閟宮)」에서 "공의 무리는 3군(公徒三軍)"이라 하였는데, 만약 3군이라면 4만 명에 육박하게 된다. 성수(成數)만 들어 큰 것을 취하고 규모를 축소시키지 않아도 희공 때는 또한 2군이 된다. 또한 애공 11년의『전』에 의하면 맹유자(孟孺子)가 우사의 수(帥)이고 염유(冉由)가 좌사의 수이니 노나라는 겨우 좌우 2군밖에 없었다. 이것이 곧 노나라의 전군인지는 또한 긍정하기 어렵다. 여기서 이른 "3군을 창설했다"는 것은 분명 단순히 1군을 증가한 것이 아니며, 편제를 개편하여 3군을 조성한 것이다.

10 계씨가 3군을 창설하고자 하면서 노양공에서는 의견을 제시하지 않고 숙손에게 알린 것은 양공이 이때 겨우 13, 4세밖에 되지 않은 것 때문만은 아니다. 진도공이 즉위를 했다면 역시 겨우 14세였을 텐데 성인이 감히 일을 하지 못하고 말을 하지 못할 것이 있기 때문이다. 숙손은 대대로 사마를 지내어 군정을 장악하였으므로 알리지 않을 수 없었던 것이다.
각정기군(各征其軍): 이에 대해서는 전인들이 아무도 확실한 해석을 하지 않았다. 아래의 문장에 의하면 3가(三家)가 각기 1군씩을 갖는 것일 따름이다.

11 이때 계무자는 아직 어렸고 숙손표 목자가 정사를 다스리고 있었으며, 숙손의 뜻은 오래지 않아 정권이 너에게 갈 것이라는 것이다. 대체로 계문자는 양공 5년에 죽어 죽은 지 6년이 되었으며 숙손 또한 이미 늙었다. 계씨는 대대로 노나라의 상경(上卿)이었으므로 숙손이 계씨에게 양위하지 않을 수가 없다.
자필불능(子必不能): 숙손은 아마 계씨 한 사람이 정권과 군권을 전횡하여 3가를 단결시킬 수 없을 것이라고 생각한 것이다.

武子固請之.	무자가 굳이 청하였다.
穆子曰,	목자가 말하였다.
“然則盟諸?”[12]	“그러면 맹세를 할까?”
乃盟諸僖閎,[13]	이에 희공의 종묘 대문에게 맹세하고
詛諸五父之衢.[14]	오보지구에서 저주하였다.
正月,	정월에
作三軍,	3군을 창설하여
三分公室而各有其一.[15]	공실을 셋으로 나누어 각기 하나씩 가졌다.

12 저(諸): “지호(之乎)”의 합음자. 이 구절의 뜻은 숙손이 맹세로 신의를 얻으려는 것이다.

13 저(諸): “지어(之於)”의 합음자.
희굉(僖閎): 굉(閎)의 본래의 뜻은 이항(里巷)의 문이나, 이 희굉은 곧 희공의 사당의 대문이다.

14 저(詛): 제사를 지낸 신으로 하여금 맹세를 지키지 않은 자에게 화를 내리게 하는 것. 은공 11년『전』의『주』를 참조하여 볼 것.
오보지구(五父之衢): 정공 6년과 8년의『전』,『예기·단궁(檀弓)』,『한비자·외저설·우상(外儲說·右上)』편에도 보인다.『산동통지(山東通志)』에 의하면 곡부현 동남쪽 5리 지점에 있다.
「노어 하」에서는 “계무자가 3군을 만들었는데 숙손 목자가 안 된다고 하였다. ……”라 하여『전』과는 조금 다르다.

15 3분공실(三分公室)은 “작3군(作三軍)”과 연결되며 또한 아래의 문장과도 연결되어 말한 것 또한 당연히 3군을 창설한 일이며, 전인들은 노나라 공실의 재화와 세수(稅收)를 나눈 것이라고 해석하였는데 이는 분명 잘못이다. 노나라 양공의 재화를 셋으로 나누었다면 어찌 공공연히 반란이 일어나지 않았겠는가? 양공의 세수를 셋으로 나누었다면 노양공이 어째서 노양공이며 어떻게 생활해 나가겠는가? 모두 정리에 맞지 않다. 대체로 노나라의 군대는 본래 공실 소유였다. 지금 3군을 만들어 3군을 계손과 숙손, 맹손 세 가문의 사유로 개편하고 각 가문이 각기 1군의 지휘권과 편제의 권리를 가졌으므로 각기 하나씩 가졌다고 한 것이다. 기일(其一)이란 것은 1군을 말한다.

三子各毁其乘.[16] 세 사람은 각기 그 병력을 허물었다.

季氏使其乘之人, 계씨는 자기에게 편성된 병력들로 하여금

以其役邑入者無征, 복역과 부세를 들이는 자는 세금을 면제해 주고

不入者倍征.[17] 들이지 않는 자에게는 세금을 배로 내게 했다.

孟氏使半爲臣, 맹씨는 반은 신하로 삼게 하여

若子若弟.[18] 어떤 자는 아들 같고 어떤 자는 아우 같았다.

叔孫氏使盡爲臣, 숙손씨는 모두 신하가 되게 하여

---

16 3씨(三氏)는 본래 각자 사군(私軍)을 갖고 있었는데 지금 이미 공실의 병력을 얻었으므로 앞의 사군은 더 이상 존재할 필요가 없었다. 또한 노나라는 본래 3군이 없었는데 지금 3군을 만들어 병력이 모자라 사군(私軍)으로 충족시켰으며, 허는 방법은 또한 각기 달랐다.

17 이 이하는 다만 각기 그 병력을 허무는 것을 가지고 말하였다. 노나라 공실은 본래 2군이었는데 3군으로 개편하여 세 씨가 각기 하나씩 갖게 되었는데 그 병력의 내원은 여전히 노나라의 교수(郊遂)였다. 부족한 수는 세 씨가 각기 원래 가지고 있던 사군(私軍)으로 보충하였다. 사군(私軍)의 내원은 각자의 사읍(私邑)이었다. 계씨는 그 속읍의 노예를 모두 자유민으로 풀어 주었다. 역읍(役邑)은 곧 병역(兵役)을 제공하는 향읍으로 계씨에게 편입하였으며 계씨를 위해 복무하고 복역하면 그 집의 세수를 면해주었다. 계씨에게 들어가지 않은 사람은 그 세금을 두 배로 거두어서 면제해 준 액수를 보충하고 또한 종군하기를 장려하고 종군하지 않은 자는 징계를 한 것이다.

18 약(若): 혹(或)과 같은 의미로 쓰였다. 그 군적에 든 자는 모두 젊은 장정으로 혹자는 자유민의 아들이고 혹자는 자유민의 아우인데 모두 노예로 대하였으며 그 부형은 자유민이었다.

不然不舍.[19]	그렇지 않았다면 옛것을 버리지 않았을 것이다.
鄭人患晉, 楚之故,[20]	정나라 사람이 진나라와 초나라의 일로 근심하여
諸大夫曰,	여러 대부들이 말하였다.
"不從晉,	"진나라를 따르지 않으면
國幾亡.[21]	나라는 거의 망할 것입니다.
楚弱於晉,	초나라는 진나라보다 약하여
晉不吾疾也.[22]	우리 일로 서둘지 않을 것입니다.
晉疾,	진나라가 서두른다면

---

19 숙손씨는 여전히 노예제를 실시하였는데 모든 그의 사군(私軍)은 본래 노예였으며, 지금 그 군중에 보충되어 들어온 자도 모두 노예이다. "불연불사(不然不舍)"는 숙손씨만 가지고 말한 것으로 이렇게 하지 않으면 개편하지 않겠다는 것이다. 이는 곧 좌씨가 서술한 말이며, 두예는 맹세하고 저주한 말로 생각하였는데 더욱 옳지 않다.

20 정나라의 도읍은 지금의 신정현(新鄭縣)에 있는데 서북쪽으로는 주나라 왕실과 인접해 있고 남쪽으로는 채(蔡)나라와 인접해 있으며 동쪽으로는 송나라와 인접해 있고 서남쪽으로는 초나라와 인접해 있다. 중원의 패자로 일컬어지려면 반드시 먼저 정나라를 얻어야 한다. 진(晉)나라와 진(秦)나라가 패권을 다툴 때 정나라는 진나라와 진나라가 다투는 곳이 되었다. 지금은 진나라와 초나라가 패권을 다투어 또한 진나라와 초나라가 다투는 곳이 되었다. 국경은 누차 전장이 되었고 양공 이래 거의 매년 전쟁이 있었으므로 대부들이 근심을 한 것이다. 정인(鄭人)은 정나라의 경대부이다.

21 기(幾): 거의, 가깝다.

22 질(疾): 두예는 "질은 급하다는 뜻이다"라 하였다. 서둔다는 뜻이다. 9년『전』의 지무자(知武子)가 "어찌 정나라만 믿을 것인가?(何恃於鄭)"라 한 말로 보건대 뜻이 통할 만하다. 만약 질(疾)을 원한으로 해석한다 해도 순앵(荀罃, 곧 지무자(知武子))의 "정나라가 무슨 죄인가?(鄭何罪)"라 한 말로 보건대 또한 통한다.

楚將辟之.[23]	초나라는 피하게 될 것입니다.
何爲而使晉師致死於我,[24]	어떻게 해야 진나라로 하여금 우리에게 목숨을 바치게 하여
楚弗敢敵,	초나라가 감히 그들을 대적하지 못하게 할 것이며,
而後可固與也."[25]	그런 다음이라야 동맹이 견고해질 수 있을 것입니다."
子展曰,	자전이 말하였다.
"與宋爲惡,	"송나라에 도발을 감행하면
諸侯必至,	제후들이 반드시 이를 것이며
吾從之盟.	우리는 그들에게 복종하여 맹약을 맺습니다.
楚師至,	초나라 군사가 이르러
吾又從之,[26]	우리가 또 복종을 하면
則晉怒甚矣.[27]	진나라는 매우 진노할 것입니다.
晉能驟來,[28]	진나라는 빈번하게 올 수 있지만

---

23 피(辟): 피(避)자와 같다. 도피하다.

24 진나라가 서둘러 우리(정나라)를 얻으려 한다거나 우리를 매우 원망한다면 반드시 죽을 힘을 다해 우리를 공격할 것이라는 말이다.

25 이는 정나라의 여러 경들의 계책으로 초나라로 하여금 감히 진나라와 대적하지 못하게 한 후에 진나라와 결속을 다지자는 것이다.

26 초나라에 복종하는 것이다.

27 일부러 진나라의 분노를 야기시키는 것이다.

28 취(驟): 자주, 빈번히. 9년의 『전』에서 지무자의 계책을 서술하였는데 진나라 군대를 셋

楚將不能,	초나라는 그렇게 할 수 없을 것이므로
吾乃固與晉."[29]	우리는 실로 진나라와의 동맹이 견고해질 것입니다."
大夫說之,[30]	대부들이 기뻐하며
使疆場之司惡於宋.[31]	변경에 있는 관리들에게 송나라에 도발을 하도록 하였다.
宋向戌侵鄭,	송나라 상술이 정나라를 침공하여
大獲.[32]	크게 포로를 사로잡았다.
子展曰,	자전이 말하였다.
"師而伐宋可矣.[33]	"군사를 내어 송나라를 치는 것이 옳다.
若我伐宋,	우리가 송나라를 친다면
諸侯之伐我必疾,[34]	제후들이 우리를 맹렬하게 칠 것이니
吾乃聽命焉,	우리는 이에 명을 따르고

으로 나누어 돌아가면서 초나라를 막으면 진나라는 피로해지지 않고 초나라는 대적할 수 없을 것이라 한 것이다. 이 계책이 벌써 효과를 보이고 있는 것이다.

29 이는 자국(子國)이 여러 대부들의 모의를 보다 구체적인 계책으로 꾸민 것이다.

30 열(說): "열(悅)"과 같다.

31 송나라에 인접해 있는 관리들로 하여금 송나라에게 도발을 하게 한 것이다.

32 이 일은 『경』에는 기록되지 않았는데, 아마 정나라 자전이 계획 중에 있었기 때문인 것 같다.

33 사(師): 출사(出師), 군사를 내다, 출병시키다.

34 지(之)자와 벌(伐)자 사이에 가나자와 문고본(金澤文庫本)에는 사(師)자가 한 자 더 있다. 질(疾): 공격을 빠르고 맹렬하게 하는 것이다. 힘을 다하다.

且告於楚.	또한 초나라에 알립니다.
楚師至,	초나라 군사가 이르면
吾又與之盟,	우리는 또 그들과 맹약하고
而重賂晉師,	진나라 군사에게 두터운 뇌물을 주면
乃免矣."[35]	면하게 될 것입니다."
夏,	여름에
鄭子展侵宋.[36]	정나라 자전이 송나라를 침공하였다.

四月,	4월에
諸侯伐鄭.	제후들이 정나라를 쳤다.
己亥,[37]	기해일에
齊大子光, 宋向戌先至于鄭,	제나라 태자 광과 송나라 상술이 정나라에 먼저 이르러
門于東門.[38]	동문을 공격하였다.
其莫,[39]	그날 저녁

35 해마다 병란의 화를 당하여 나라가 망하게 되는 것을 면하는 것이다.

36 이 일은 『경』에 반드시 기록하여야 하는데, 그렇지 않으면 제후들이 정나라를 친 이유를 설명할 수가 없게 된다.

37 기해일은 19일이다.

38 『경』에서 제나라 세자 광을 거(莒)·주(邾)·등(滕)나라의 앞쪽에 기록한 것은 바로 이 때문인데 『전』에서는 더 이상 설명을 하지 않았다. 제나라는 정나라의 동북쪽에 있고 송나라는 정나라의 동쪽에 있으므로, 두 나라의 군대가 정나라의 동문에 주둔한 것이다.

39 모(莫): 모(暮)의 본자이다.

晉荀罃至于西郊,[40]	진나라 순앵이 서쪽 교외에 이르러
東侵舊許.[41]	동쪽으로 옛 허 땅을 침공하였다.
衛孫林父侵其北鄙.[42]	위나라의 손림보는 그 북쪽 변방을 침공하였다.
六月,	6월에
諸侯會于北林,[43]	제후들이 북림에서 회합을 갖고
師于向.[44]	상에 주둔하였다.
右還,[45]	오른쪽으로 돌아가
次于瑣.[46]	쇄에 머물렀다.

---

40 진나라는 정나라의 서쪽에서 왔기 때문에 먼저 서쪽 교외에 이른 것이다.

41 구허(舊許): 두 가지 설이 있다. 하나는 은공 8년『전』의 "태산의 팽을 허의 땅과 바꾸었다(以泰山之祊易許田)"라 할 때의 허읍(許邑)이라는 설이며, 하나는 은공 11년『경』의 "정백이 허나라로 들어갔다(鄭伯入許)"라 할 때의 허나라라는 설이다. 허나라는 노성공 15년 섭(葉)으로 옮겨 갔고 땅은 정나라로 편입되었으며 지금의 허창시(許昌市) 동쪽 36리 지점에 있다. 후자라고 주장하는 쪽이 비교적 많으니 기실 두 곳 다 일리가 있다. 소공 12년『전』에는 초영왕(楚靈王)이 "옛날에 우리 황조이신 백부 곤오께서는 옛 허 땅에 거처하셨다(昔我皇祖伯父昆吾舊許是宅)"라는 말이 있는데 이 구허(舊許) 또한 옛 허나라이다.

42 위나라는 정나라의 북쪽에 있으므로 정나라의 북쪽 변경으로 진군하여 침공하였다.

43 북림(北林): 곧 비(棐)로 지금의 신정현 북쪽 약 40리 지점에 있을 것이다. 또한 선공 원년의『전』과『주』에도 보인다.

44 상(向): 정나라 땅으로 은공 2년의 상국(向國) 및 은공 11년『전』의 상읍(向邑)과는 모두 다른 곳이다. 강영(江永)의『고실(考實)』에 의하면 지금의 하남 울지현(尉氏縣) 서남쪽 40리 지점에 있다.

45 오른쪽으로 돌았다는 것은 제후의 군사가 상(向)에서 또 서북쪽으로 가서 정나라의 도읍에 바짝 다가선 것이다.

46 쇄(瑣): 정나라 땅으로, 지금의 신정현 북쪽에서 겨우 10여 리 지점으로 정공 7년과 소공 5년의 진(晉)나라, 초나라의 쇄(瑣)와는 다른 곳이다.

圍鄭,[47]	정나라를 에워싸고
觀兵于南門,[48]	남문에서 군사 시위를 하고
西濟于濟隧.[49]	서쪽으로는 제수를 건넜다.
鄭人懼,	정나라 사람이 두려워하여
乃行成.	이에 화친을 맺었다.
秋七月,	가을 7월에
同盟于亳.	박에서 동맹을 맺었다.
范宣子曰,	범선자가 말하였다.
“不愼,	“신중하지 않으면
必失諸侯.[50]	반드시 제후를 잃을 것이오.
諸侯道敝而無成,	제후들이 길에서 지쳤을 것이니 성과가 없으면
能無貳乎?”[51]	두 마음을 품지 않을 수 있겠는가?”
乃盟.	이에 맹약을 하였다.

47 정나라의 각 성에는 모두 정나라를 치는 군사들이 있다.

48 남문에서 군사력을 보여주며 정나라와 초나라에게 무력시위를 하는 것이다.

49 제수(濟隧): 강 이름으로 옛날에는 옛 황하의 지류였으나 지금은 막히어 없어졌으며, 지금의 원양현(原陽縣) 서쪽에 있을 것이다. 증원군이나 후속군대가 제수로 건너온 것일 것이다.

50 불신(不愼): 청나라 요내(姚鼐)의 『보주(補注)』에서는 “이는 희(戱)에서의 맹약을 귀감으로 삼은 것으로 재서(載書)가 신중하지 않으면 정나라에게 모욕을 당한다는 것이다”라 하였으니, 이 불신은 맹약의 글을 가리킨다.

51 두예는 “여러 차례 정나라를 쳐서 모두 길에서 지친 것이다”라 하였다.

載書曰,	재서에서는 말하였다.
“凡我同盟,	“무릇 우리네 동맹은
毋蘊年,[52]	곡식을 쌓아 두지 말 것이고
毋壅利,[53]	이로움을 독점하지 말 것이며
毋保姦,[54]	죄인을 숨겨 주지 말 것이고
毋留慝,[55]	사악한 자를 남기지 말 것이며
救災患,[56]	재난과 환란이 있으면 구원하고
恤禍亂,[57]	화란을 도울 것이며
同好惡,[58]	선악을 같게 하고
獎王室.[59]	왕실을 도울지니라.
或間玆命,[60]	혹 이 명을 어기면
司愼, 司盟,[61]	사신과 사맹,

52 온년(蘊年): 『설문(說文)』에서는 “년(年)은 곡식이 익는 것이다”라 하였다. 『여씨춘추·임지(任地)』편 고유(高誘)의 주석에서는 “년은 곡식이다”라 하였다. 여기서는 곡식을 쌓아 놓지 않아 정나라의 재앙을 구원하지 말라는 것을 이른다.

53 옹리(壅利): 두예는 “산천의 이로움을 독점하는 것이다”라 하였다.

54 보간(保姦): 두예는 “죄인을 숨겨 주는 것이다”라 하였다. 타국의 죄인을 비호하는 것을 가리킨다.

55 유특(留慝): 특(慝)은 사악한 것이다. 사악한 자는 속히 없애라는 말이다.

56 재환(災患): 자연재해를 가리키는 것 같다.

57 화란(禍亂): 권리 투쟁을 가리킨다.

58 선악의 표준을 통일하여 선한 자는 모두 함께 좋아하고 악한 자는 함께 미워한다는 것이다.

59 장(獎): 두예는 “장은 돕는다는 뜻이다”라 하였다.

60 간(間): 범한다는 뜻이다.

61 『의례·근례(覲禮)』편의 주석〔소(疏)〕에서는 “이사(二司)는 천신(天神)이다. 사신(司愼)은

名山, 名川,[62] 명산과 명천,

羣神, 羣祀,[63] 뭇 신들과 제사를 지내는 자,

先王, 先公,[64] 선왕과 선공,

七姓, 十二國之祖,[65] 일곱 성과 열두 나라의 조상,

明神殛之,[66] 명신이 벌할 것이고

俾失其民, 그 백성을 잃게 할 것이며

隊命亡氏,[67] 임금을 죽이고 씨족을 멸하고

踣其國家."[68] 나라를 망하게 할지니라."

불경한 것을 살피고, 사맹은 맹세를 지킨다"라 하였다.

62 대산(大山)과 대천(大川)의 신이다.

63 군신(羣神): 각종 천신이다.
군사(羣祀): 천신 이외에 제사의 의식을 올리는 사람이다.

64 두예는 "선왕은 제후의 태조로 송나라 태조 제을(帝乙), 정나라 태조 여왕(厲王) 따위이다. 선공은 처음으로 임금에 봉해진 사람이다"라 하였다.

65 진(晉)·노(魯)·위(衛)·조(曹)·등(滕)나라는 희(姬)성이며, 주(邾)·소주(小邾)는 조(曹)성, 송(宋)나라는 자(子)성, 제(齊)나라는 강(姜)성, 거(莒)나라는 기(己)성, 기(杞)나라는 사(姒)성, 설(薛)나라는 임(任)성이다. 12국은 이때 정나라는 아직 맹약에 참여하지 않았으므로 계산에 넣지 않은 것이다. 유월(兪樾)의 『평의(平議)』의 설에 근거했다. 복건(服虔)의 주석에서는 정나라에 맹약에 참여하였고 진나라는 맹약을 주관한 나라여서 세지 않았다고 하였다.

66 극(殛): 주(誅)와 같은 뜻이다.

67 추(隊): 추(墜)와 같으며, 떨어진다는 뜻이다. 추명(墜命)은 그 임금을 죽인다는 말과 같다.
망씨(亡氏): 씨는 씨족(氏族)이다. 망씨(亡氏)는 멸족이라는 말과 같다. 그러나 정초(鄭樵)의 『통지·씨족략(通志·氏族略)』의 서문에서는 이 맹세를 인용하여 "씨족은 귀천을 구별하는 것이다. 귀한 자는 씨가 있고 천한 자는 이름만 있고 씨가 없다. 지금 남방의 오랑캐들에게는 이런 법도가 아직 남아 있다. 망씨는 직위를 빼앗고 나라를 잃는 것과 같음을 밝혔다"라 하였다.

68 북(踣): 넘어지다, 멸하다, 망하다.

楚子囊乞旅于秦.[69]	초나라 자낭이 진나라에 군사를 청하였다.
秦右大夫詹帥師從楚子,	진나라 우대부첨이 군사를 거느리고 초자를 따라
將以伐鄭.[70]	군사를 거느리고 정나라를 쳤다.
鄭伯逆之.	정백이 맞아들여
丙子,[71]	병자일에
伐宋.[72]	송나라를 쳤다.

九月,	9월에
諸侯悉師以復伐鄭,[73]	제후들이 군사를 다 동원하여 다시 정나라를 치니
鄭人使良霄, 大宰石㚟如楚,[74]	정나라 사람이 양소와 태재 석착으로 하여금 초나라로 가게 하여

69 걸려(乞旅): 걸사(乞師)와 같다. 군대의 지원을 요청하는 것.

70 장(將): 거성(去聲)으로, 인솔하다. 진나라가 소수의 군대를 내어 초나라에 지원하자 초나라가 왕이 거느리고 정나라를 쳤기 때문에 『경』에서는 진(秦)나라를 언급하지 않았다.

71 병자일은 27일이다.

72 이것은 정나라 자전이 미리 계획한 대로이다.

73 위 "선악을 같게 한다(同好惡)"는 맹세대로 한 것이다.

74 태재(大宰)는 경(卿)이긴 해도 어떤 때는 나라의 정권을 쥘 때도 있지만 어떤 때는 산경(散卿)이 되기도 한다. 정나라의 육경(六卿)은 모두 목공(穆公)의 후예로 이른바 칠목(七穆)이다. 이때 자공(子孔)은 사도(司徒)로 국정을 담당하였고 양소(良霄)는 정사(正使)였으며 석착(石㚟)은 비록 태재이기는 했지만 부사(副使)에 지나지 않았다.

告將服于晉, 진나라에 복종하려는 것을 알리게 하여

曰, 말하였다.

"孤以社稷之故, "저는 사직 때문에

不能懷君. 임금님을 생각할 수 없습니다.

君若能以玉帛綏晉,[75] 임금님께서는 옥백으로 진나라를 편안히 할 수 있습니다만……

不然, 그렇지 않다면

則武震以攝威之,[76] 무력을 떨치시어 그들을 두렵게 하는 것이

孤之願也." 저의 바람입니다."

楚人執之.[77] 초나라 사람이 그를 잡아갔다.

書曰"行人", "행인"이라고 기록한 것은

言使人也.[78] 사인이었기 때문이다.

---

75 수(綏): 편안히 하다. 진나라와 우호 관계를 갖는 것이다. 나머지는 희공 5년『전』의 "은덕으로 제후들을 편안하게 하다(以德綏諸侯)"에 상세하다. 이 구절은 끝나지 않았는데 다음 문장의 본의는 우리가 가장 희망하는 것이다. 다만 정나라는 이 때문에 다시 초공왕의 분노를 건드릴까 싶어 말하지 않은 것이다.

76 섭위(攝威): 문공 6년『전』의『주』에서는 "진은 두려워하다(威)"라 하였다. 섭(攝)은 "두려워할 섭(懾)"과 같다. 왕인지(王引之)의『술문(述聞)』에서는 "무릇 두려운 것을 섭(懾)이라 하는데, 사람을 두렵게 하는 것 또한 섭(懾)이라고 한다"라 하였으니 섭위(攝威)는 같은 뜻의 한자가 연용되어 쓰인 것이다.

77 양소와 석착 두 사람을 잡아간 것이다.

78 행인(行人): 선공 12년『전』의『주』에 상세하다.

諸侯之師觀兵于鄭東門.	제후들의 군사가 정나라 동문에서 군사 시위를 하였다.
鄭人使王子伯駢行成.	정나라 사람이 왕자 백병으로 하여금 화평을 청하게 했다.
甲戌,[79]	갑술일에
晉趙武入盟鄭伯.	진나라 조무가 들어가 정백과 맹약하였다.
冬十月丁亥,[80]	겨울 10월 정해일에
鄭子展出盟晉侯.	정나라 자전이 나와서 진후와 맹약하였다.
十二月戊寅,[81]	12월 무인일에
會于蕭魚.[82]	소어에서 회합하였다.
庚辰,[83]	경진일에
赦鄭囚,	정나라 죄수를 풀어 주고
皆禮而歸之;	모두 예우하여 돌려보냈다.
納斥候;[84]	척후병을 거두어들였으며

79 갑술일은 26일이다.
80 정해일은 9일이다.
81 무인일은 초1일이다.
82 소어(蕭魚): 강영(江永)의 『고실(考實)』에 의하면 허창시에 있을 것이다.
83 경진일은 3일이다.
84 척후(斥候): 정찰과 순라를 맡은 병사이다.
납(納): 거두어들이다. 곧 두예의 『주』에서 이른바 "서로 대비를 하지 않은 것"이다.

禁侵掠.[85]	침략을 금하였다.
晉侯使叔肸告于諸侯.[86]	진후가 숙힐로 하여금 제후들에게 알리게 하였다.
公使臧孫紇對曰,	공이 장손흘로 하여금 대답하게 하였다.
"凡我同盟,	"무릇 우리 동맹은
小國有罪,	소국에 죄가 있어
大國致討,	대국이 토벌함에
苟有以藉手,[87]	조금만 손을 빌리는 일이 있어도
鮮不赦宥,	용서하지 않은 적이 없었으므로
寡君聞命矣."	과군께서는 명을 따르겠습니다."
鄭人賂晉侯以師悝, 師觸, 師蠲;[88]	정나라 사람이 진후에게 사리와 사촉, 사견을 뇌물로 바치고,

---

85 이로써 이전에는 정나라에 대하여 침략과 약탈이 있었음을 알 수 있다.

86 숙힐(叔肸): 곧 양설힐(羊舌肸)이며 자는 숙상(叔向), 또는 숙예(叔譽)라고도 하며 『예기·단궁』과 『일주서·태자진해(太子晉解)』 및 『당서·재상세계표(唐書·宰相世系表) 1하』에 보인다. 이때 알린 것은 곧 정나라 죄수를 풀어 주고 척후병을 거두며 침략을 금한 세 가지이다.

87 자수(藉手): 남의 손을 빌림. 남의 힘이나 도움을 빌림. 복건(服虔)의 『주』에 의하면 조금만 얻은 것이 있어도 모두 자수라고 말할 수 있다. 성공 2년의 『전』에 "만약 그럴듯한 말을 가지고 과군께 복명한다면(若苟有以藉口, 而復於寡君)"이란 말이 있는데 역시 조그만 소득이라도 우리 임금에게 보고할 만한 것이 있으면 이라는 말이다.

88 세 사람은 모두 악사이다. 고대의 악사는 각기 하나씩의 재주를 전담하였는데, 『논어·미자(微子)』에 고방숙(鼓方叔)과 파도무(播鼗武), 격경양(擊磬襄)이 있는 것으로 보아 알 수 있다. 이 세 사람에 대하여 복건은 종사(鐘師), 박사(鎛師), 경사(磬師)라고 하였는데, 아래의 문장을 가지고 유추하여 말한 것 같다.

廣車, 軘車淳十五乘,[89] 광거와 돈거를 짝으로 15승

甲兵備, 갑옷와 병기를 갖추어

凡兵車百乘,[90] 무릇 병거 백 승,

歌鐘二肆,[91] 가종 두 세트

---

89 광거(廣車): 정현은 옆으로 늘어놓는 수레라고 하였으며, 선공 12년 초나라의 우광(右廣), 좌광(左廣)의 광(廣)과 같이 적을 공격하는 수레이다.
돈거(軘車): 복건은 주둔하며 지키는 수레라고 하였다.
순(淳): 순(純)과 같다. 고대의 투호(投壺)와 사례(射禮)에서는 산가지를 셀 때 한 개를 기(奇), 두 개를 순(純)이라고 하였다. 이 순(淳) 또한 우(耦)의 뜻이다. 광가와 돈거를 1순씩 짝지은 것으로 각 15승씩 모두 30승이라는 뜻이다.

90 두예는 "타 병거 및 광거, 돈거가 모두 백 승이다"라 하였다.

91 종(鐘): 이 종은 열을 맞추어 걸어서 일렬로 배열한 종이다. 『주례·소서(小胥)』에 의하면 "무릇 종경(鐘磬)을 거는데 반을 걸면 도(堵)이고 모두 걸면 사(肆)이다"라 하였다. 정현은 "8개씩 두 줄로 16개가 하나의 틀〔虡〕에 있는 것을 도라 하고, 종이 1도, 경이 1도인 것을 사라고 한다"라 하였다. 다만 여기서는 종만 말하였고 아래에서 또 "박과 경(及其鎛磬)"이라 하였으니 이 2사에는 경은 열거되어 있지 않다. 당란(唐蘭: 1901~1979)은 「소서(小胥)」의 본문은 "온전히 갖춘 것은 도이고 반을 갖춘 것은 사이다"가 되어야 한다고 하였다. 또한 출토된 편종을 고찰해 보면 사와 도의 수는 일정하지가 않다. 용경(容庚: 1894~1983)의 『상주이기통고·악기장(商周彝器通考·惡器章)』에서는 극종(克鐘)과 형인종(邢人鐘), 자장종(子璋鐘)은 종 두 개를 합쳐 전문〔全文: 문(文)은 종(鐘), 고악(鼓樂)이라는 뜻〕을 이루니 종 두 개가 1사(肆)가 되며, 괵숙(虢叔)의 편종은 종 네 개를 합쳐 전문을 이루니 종 네 개가 1사가 되고, 시편종(尸編鐘)은 첫째 조(組)가 종 7개를 합쳐 전문을 이루니 종 7개가 1사가 된다 운운하였다. 명문(銘文)의 길이를 사로 생각하는 것 또한 생각해 볼 만하다. 『문물(文物)』(74년 12期)에서 등소금(鄧少琴: 1897~1990)은 「사천 부릉에서 새로 출토된 착금 편종(四川涪陵新出土的錯金編鐘)」이란 글에서 신양(信陽) 장대관(長臺關)에서 출토된 편종 및 낙양(洛陽)에서 출토된 편종은 14매가 1열이 된다고 하였다. 그러나 1978년 5~6월에 수현(隨縣)〔호북성(湖北省)〕의 성(城) 관문에서 서북쪽으로 5리 떨어진 뇌고돈(擂鼓墩)에서 전국시대 초기의 무덤을 발굴하였는데 그 중에는 동편종 64건이 있었으며 뉴종(鈕鐘) 19건과 용종(甬鐘) 45건이 포함되어 있으며 3층으로 나뉘어 종틀에 걸려 있었다. 가장 큰 용종은 높이가 154.4cm, 무게는 203.6kg이고 형체와 중량은 모두 지난날 출토된 편종을 뛰어넘었다. 종틀은 구리와 나무로 만들었으며 상·중·하의 세 층으로 나누었고, 곡척(曲尺) 형을 교차시켜 가운데 묘실을 따라 서곽(西槨)의 담과 동곽의 담에 배치되어 있었다. 서쪽 시렁은 길이가 7.4m, 높이가 2.65m이며, 남쪽의 시렁은 길이가 3.35m, 높이가 2.73m이다. 나무 시렁은 채색된 그림

及其鎛, 磬;[92]	및 박과 경,
女樂二八.[93]	여악 16명을 바쳤다.
晉侯以樂之半賜魏絳,[94]	진후는 즐거워하면서 반을 위강에게 내리고
曰,	말하였다.

무늬가 가득하고 양쪽 끝은 모두 부조나 투조(透雕)의 청동벌로 장식을 더욱 부각시키는 효과를 내고 있다. 편종에는 모두 착금(錯金)의 전서(篆書)체 명문이 있는데 모두 2천8백여 자를 헤아리며 거의 악기와 관련된 기록이다. 뉴종(鈕鐘)의 명문은 율명(律名)과 계명(階名)이며, 용종 정면의 수·고(隧·固) 부위(곧 종의 입에서 상부의 정중앙 및 양쪽 뿔을 따르는 부위)의 명문은 계명, 이를테면 궁·상·각·치·우 등이다. 반면에 각 부위의 명문은 연속해서 읽을 수 있는데 증(曾: 종(鐘)은 증후을(曾侯乙)이 만들었다)나라와 초나라, 주나라, 제나라, 진(晉)나라 등지의 율명과 계명이 상호 대응 관계가 되도록 기록되어 있다. 소리 측정 및 명문 결합의 연구를 거친 후 초보적인 결과를 발표하였는데, 뉴종은 음조를 정하는 데 쓸 수 있고, 용종은 쳐서 음계를 내고 배합하여 악곡(樂曲)을 이루며, 아래 층의 용종은 연주 중에 음을 부각시키거나 화성 작용을 일으킬 수 있다. 출토된 편종과 종걸이는 이렇게 완정한 것이 없다. 실물 가지고 증명해 보면 논단할 수 있을 것 같은데, 음조와 음계가 완비되면 연주를 할 수 있고 악곡을 이루면 비로소 1사(肆)가 되는 것이다. 송나라 진양(陳暘)의 『악서(樂書)』에서는 옛날의 편종은 대가(大架)는 24개이고, 중가는 16개, 소가는 14개다 운운하였는데 비슷함을 얻은 것 같다. 정현 등의 주석은 출토된 실물을 가지고 증명해 보건대 모두 그다지 적절하지 못한 것 같다.

92 박(鎛): 『국어·주어(周語) 하』 영주구(伶州鳩)의 말에 의하면 작은 종이다. 정현의 『주례·춘관(春官)』「박사(鎛士)」 및 「서관(序官)」, 『의례·대사의(大射儀)』의 주석에 의하면 박은 종과 같이 생겼으면서도 크다고 하였다. 여기서 "及其鎛、磬"이라 한 것은 바로 그 쓰임이 가종(歌鐘)에 배합된다는 것을 가리킨다.

93 여악(女樂): 가무에 능한 미녀를 말한다. 고악(古樂)에서는 무용수 8인이 1열을 이루는데, 이를 일(佾)이라고 한다. 이팔(二八)은 곧 이일(二佾)이다. 「진어(晉語) 7」에서는 정백이 여공첩(女工妾) 30인, 여악 16(二八)명 및 보박(寶鎛), 노고(輅車) 30승을 바쳤다고 하여 『전』과는 다르다.

94 「진어(晉語) 7」에서는 "공이 위강에게 여악 18명과 가종 1사(肆)를 내렸다"라 하였다.

“子教寡人和諸戎狄以正諸華,	“그대가 과인에게 여러 융적과 화친하여 제화 화하를 바르게 하라고 가르쳐
八年之中,[95]	8년 동안
九合諸侯,[96]	아홉 번이나 제후를 회합하여
如樂之和,	음악이 조화로운 것처럼
無所不諧,[97]	화합되지 않음이 없게 하였으니
請與子樂之.”[98]	그대와 함께 이것을 즐겼으면 하노라.”
辭曰,	사양하여 말했다.
“夫和戎狄,	“대체로 융적과 화친한 것은
國之福也;	나라의 복입니다.
八年之中,	8년 동안

95 양왕 4년 융족과 화친한 때부터 지금까지 8년이다.

96 5년에 척(戚)에서 회합한 것이 첫째이고, 또 성체(城棣)에서 회합하여 진(陳)나라를 구한 것이 둘째이며, 7년에 위(鄬)에서 회합한 것이 셋째이고, 8년에 형구(邢丘)에서 회합한 것이 넷째이며, 9년에 희(戲)에서 맹약한 것이 다섯째이고, 10년에 사(柤)에서 회합한 것이 여섯째이며, 또 정나라 호뢰(虎牢)를 지킨 것이 일곱째이고, 11년에 박성(亳城)의 북쪽에서 동맹한 것이 여덟째이며, 또한 소어(蕭魚)에서 회합한 것이 아홉째이다. 「진어 7」에서는 “지금부터 8년 동안 일곱 번 제후를 회합하였다”라 하였는데, 공영달의 주〔소(疏)〕에서는 공조(孔晁)의 설을 인용하여 “진나라를 구원한 것과 정나라 호뢰를 지킨 것을 치지 않으면 나머지는 일곱 번이다”라 하였다. 유사배(劉師培: 1884~1919)의 『고서의의거례보(古書疑義擧例補)』에서는 “구(九)”는 허수라고 했는데 틀렸다.

97 음악의 화해(和諧)와 같다는 것이다.

98 락(樂): 즐기다.

九合諸侯,	아홉 번 제후를 회합하였는데
諸侯無慝,[99]	제후들이 사특함이 없음은
君之靈也,[100]	임금님의 위엄이요
二三子之勞也,[101]	여러 사람의 노고이지
臣何力之有焉?	신이 무슨 힘이 있겠습니까?
抑臣願君安其樂而思其終也.[102]	그러나 신은 그 즐거움을 편안히 여기되 그 끝을 잘 마무리하시기를 원하옵니다.
詩曰,[103]	『시』에서는 말하였습니다.
'樂只君子,[104]	'즐겁도다 군자여,
殿天子之邦.[105]	천자님의 나라 안정시키네.
樂只君子,	즐겁도다 군자여,
福祿攸同.[106]	복록 모이는도다.
便蕃左右,[107]	좌우 잘 다스려지니,

99 무특(無慝): 모두 순종한 것을 말한다.

100 영(靈): 위(威)자의 뜻으로 쓰였다.

101 이삼자(二三子): 중군수좌(中軍帥佐) 이하의 사람을 가리킨다.

102 억(抑): 역접의 접속사. 그러나. 이때 진나라 도공이 다시 패군을 잡은 형국은 이미 정하여져 위강이 교만해질까 봐 두려워하여 이 말을 한 것이다.

103 『시』는 『시경·소아·채숙(小雅·采菽)』편이다.

104 지(只): 조사로 뜻이 없다.

105 전(殿): 진무(鎭撫)하다.

106 유(攸): "바 소(所)"자와 같은 뜻으로 쓰이는 조사.
복록(福祿): 『모시』에는 "만복(萬福)"으로 되어 있다.

107 편번(便蕃): 『모시』에는 "평평(平平)"으로 되어 있고, 『한시』에는 "편편(便便)"으로 되어

亦是帥從.'[108] 또한 거느리고 따르는도다.'

夫樂以安德,[109] 대체로 음악으로 덕을 안정시키고

義以處之,[110] 의로움으로 직위에 처하며

禮以行之,[111] 예로써 행하고

信以守之,[112] 믿음으로 지키고

仁以厲之,[113] 인으로 면려하고

而後可以殿邦國, 同福祿, 來遠人,[114] 그런 다음에 나라를 안정시키고 복록을 함께하며 먼 곳의 사람을 오게 할 수 있는 것이

所謂樂也.[115] 이른바 즐거움입니다.

書曰,[116] 『서』에서는 말하였습니다.

'居安思危.'[117] '편안할 때 위태로움을 생각하라.'

있다. 모두 잘 다스려졌다는 뜻이다.

좌우(左右): 아래의 문장 및 정현의 주석〔전(箋)〕에 의하면 모두 부근의 소국을 말한다.

108 역시솔종(亦是帥從): "亦帥從是"의 도치이다.

109 악(樂): 음악이다.

110 두예는 "의(義)로써 직위에 처하는 것이다"라 하였다.

111 두예는 "교령(敎令)을 행하는 것이다"라 하였다.

112 두예는 "행하는 바를 지키는 것이다"라 하였다.

113 려(厲): 려(勵)와 같으며, 힘쓰는 것이다. 두예는 "풍속을 힘쓰는 것이다"라 하였다. 두예의 뜻은 쓸 만한데 지(之)자는 모두 덕(德)자의 지시대명사이다.

114 인용한 시구를 일일이 밝혔다. 원인(遠人)은 곧 "좌우(左右)"이다.

115 낙(樂): 진도공의 "그대와 함께 이것을 즐겼으면 하노라(請與子樂之)"에 대한 대답이다.

116 『서』는 "두예는 『일서』이다"라 하였다.

117 청나라 왕명성(王鳴盛)의 『상서후안(尙書後案)』에서는 위고문 「주관(周官)」의 "거총사위(居寵思危)"는 이 『전』에 근거하여 "安"을 "寵"으로 고쳤다고 하였다. 『일주서·정전(程典)』편에서는 "편안할 때 위태로움을 생각하고, 처음에 마칠 때를 생각하며, 가까운 곳

思則有備,	생각을 하면 대비가 있고
有備無患.	대비가 있으면 근심이 없게 됩니다.
敢以此規."[118]	감히 이것으로 바르게 간언 드립니다."
公曰,	공이 말하였다.
"子之敎,	"그대의 가르침을
敢不承命!	감히 명한대로 따르지 않겠는가!
抑微子,	그대가 아니었더라면
寡人無以待戎,	과인은 융적을 대할 방법이 없었을 것이고
不能濟河.	하수를 건널 수 없었을 것이다.
夫賞,	상이라는 것은
國之典也,	나라의 전장으로
藏在盟府,[119]	맹부에 간직되어 있으니

에서 대비를 생각하고, 먼 곳에서 가까운 곳을 생각하며, 늙어서는 갈 것을 생각한다. 대비가 없으면 엄격한 경계를 어기지 않는다"라 하였다. 혜사기(惠士奇)의 『보주(補注)』는 이것을 인용하였다. 양이승(梁履繩)의 『보석(補釋)』에서는 또한 "아래의 『전』에서는 '생각하면 대비가 있고 대비가 있으면 근심이 없다'라 하였는데 대체로 『주서』의 뜻을 개괄한 것 같다"라 하였지만 「정전」이 어느 때 지어졌는지는 특히 단정하기 어려우며, 『좌전』의 작자 또한 꼭 보지는 않았을 것이니 양이승의 설은 참고에 그칠 따름이다. 『전국책·초책(楚策)』 4에서 우경(虞卿)은 "신이 듣건대 『춘추』에서는 편안할 때 위태로운 것을 생각하고 위태로울 때는 편안함을 생각한다"라 하여 또한 『주서』는 언급하지 않았다.

118 규(規): 규정(規正), 규간(規諫), 규권(規勸).

119 희공 5년 및 26년 『전』의 『주』에 상세하다.

不可廢也.	폐할 수가 없노라.
子其受之!"[120]	그대는 받아 주었으면 한다!"
魏絳於是乎始有金石之樂,	위강이 이에 비로소 금석의 음악을 받으니
禮也.[121]	예의에 맞았다.

秦庶長鮑, 庶長武帥師伐晉以救鄭.[122]	진나라 서장 포와 서장 무가 군사를 거느리고 진나라를 쳐서 정나라를 구원하였다.

120 기(其): 명령의 어기를 띤 부사.

121 "시유(始有)"로부터 미루어 보건대 대부(大夫)의 제사 때 음악을 연주하는 것은 반드시 공(功)이 있어야 내려 준다는 것을 알 수 있다. 완원(阮元)의 『적고재종정의지(積古齋鐘鼎疑識)』에는 초양신여의종(楚良臣余義鐘)이 실려 있는데 명문의 뒤에서는 "고금의 여(鋁)와 박(鎛)을 얻어 화종(和鐘)을 주조하여 선조를 추모하고 우리 부형에게 음악을 연주한다"라 하였다. 완원은 "이 종은 대개 아(兒)가 만들어서 그 조부 여의(余義)를 제사 지낸 것일 것이다"라 하였다. 이 또한 사대부의 제사 때 음악이 있었다는 것을 증명해 준다.

122 서장(庶長): 진(秦)나라의 작위 이름이다. 상앙(商鞅)이 진나라의 작위를 만들 때 서장을 네 등급으로 나누었으며 제10작이 좌서장(左庶長)이고, 11작은 우서장, 17작은 사군(駟軍)서장, 18작은 대서장(大庶長)이었다. 『속한지·백관지(續漢志·百官志) 5』의 주석에서는 유소(劉劭)의 『작지(爵志)』를 인용하여 말하였다. "좌서장 이상에서 대서장까지는 모두 경대부이고 모두 장군이다." 『사기·진기』에서는 효공(孝公)이 상앙을 등용하기 이전에 서장이라는 명칭이 여러 번 보이는데, 진영공(秦寧公)은 춘추 초기인데 벌써 대서장이 있었다. 진효공 3년에 처음으로 상앙이 보이는데 좌서장에 임명하였다. 곧 서장 및 좌서장의 명칭은 그 유래가 아주 오래며 상앙이 연용하였거나 혹은 약간 변경하였을 것이다.

鮑先入晉地,	포가 먼저 진나라 땅으로 들어갔는데
士魴御之,[123]	사방이 막았으며
少秦師而弗設備.[124]	진나라 군사가 적어서 방비를 하지 않았다.
壬午,[125]	임오일에
武濟自輔氏,[126]	무가 보씨에서 건너
與鮑交伐晉師.	포와 함께 번갈아 진나라 군사를 쳤다.
己丑,[127]	기축일에
秦, 晉戰於櫟,[128]	진나라와 진나라가 역에서 싸워
晉師敗績,	진나라 군사가 대패하였는데
易秦故也.[129]	진나라를 얕보았기 때문이다.

---

123 이때 진후는 아직도 귀국하지 않았으며 사방이 나라에 머물면서 유수(留守)가 되었다.

124 진(秦)나라 군사의 수가 적다고 여긴 것이다.

125 임오일은 5일이다.

126 보씨(輔氏): 지금의 섬서성 대려현(大荔縣) 동쪽으로 20리가 되지 않는다. 또한 선공 15년 『전』의 『주』에 상세하다.

127 기축일은 12일이다.

128 역(櫟): 「진세가」의 『색은(索隱)』에서는 『석례(釋例)』를 인용하여 역은 하수(河水)의 북쪽에 있다고 하였다.

129 이진(易秦): 진나라 군대를 경시한 것이다. 「연표」 및 「진기」에서는 모두 진(秦)나라가 진(晉)나라를 역에서 패퇴시켰다고 하였으며, 「진세가(晉世家)」에서만 "진(秦)나라가 우리 역을 취하였다"라 하였는데 청나라 양옥승(梁玉繩)의 『지의(志疑)』에서는 "'취(取)'는 '패(敗)'자가 되어야 할 것 같다"라 하였다.

양공 12년

經

十有二年春王二月,[1]	12년 주력으로 2월에
莒人伐我東鄙,	거나라 사람이 우리나라 동쪽 변경을 치고
圍台.[2]	태를 에워쌌다.
季孫宿帥師救台,	계손숙이 군사를 거느리고 태를 구원하여
遂入鄆.[3]	마침내 운으로 들어갔다.
夏,	여름에
晉侯使士魴來聘.[4]	진후가 사방으로 하여금 내빙케 하였다.
秋九月,	가을 9월에
吳子乘卒.[5]	오자 승이 죽었다.

---

1 십이년(十二年): 경자년 B.C. 561년으로, 주영왕(周靈王) 11년이다. 『교감기』에서는 "『석경』과 송본(宋本), 족리본(足利本)에는 '이(二)'자가 '삼(三)'자로 되어 있는데 틀리지 않았다." 라 하였다. 그러나 가나자와 문고본(金澤文庫本)에는 그대로 "이(二)"로 되어 있어서 여기서는 고치지 않는다. 동지가 정월 21일 정묘로 건자(建子)이며, 윤달이 있다.

2 태(台): 읍을 에워쌌다고 기록한 것은 여기서 비롯되었으며, 송나라 고항(高閌)의 『춘추집주(春秋集注)』에 상세하다. 태(台)는 『곡량전』에는 "태(邰)"로 되어 있는데 "台"는 "邰"와 통하여 쓴다. 태는 지금의 산동 비현(費縣) 동남쪽 2, 3리 지점에 있다.

3 운(鄆): 『공양전』에는 "운(運)"으로 되어 있는데, 음이 같다. 나머지는 문공 12년의 『경』과 『주』에 상세하다.

4 『공양전』과 『곡량전』에는 "사팽(士彭)"으로 되어 있다. 성공 18년 『경』의 『주』에 설이 보인다.

冬,	겨울에
楚公子貞帥師侵宋.	초나라 공자 정이 군사를 거느리고 송나라를 침공하였다.
公如晉.[6]	공이 진나라로 갔다.

傳

十二年春,	12년 봄에
莒人伐我東鄙,	거나라 사람이 우리나라 동쪽 변경을 치고
圍台.	태를 에워쌌다.
季武子救台,	계무자가 태를 구원하여
遂入鄆,[7]	마침내 운으로 들어가
取其鐘以爲公盤.[8]	그 종을 취하여 양공의 식기로 삼았다.

---

5 승(乘): 곧 수몽(壽夢)이다. 오나라 임금의 죽음이 기록된 것은 대체로 처음으로 열국의 회동에 참여하였기 때문일 것이다.

6 노양공은 진도공의 정벌의 회합에 참가하지 않은 해가 없다. 3년에 처음으로 조현하고 4년과 8년 및 이해에는 일이 없었는데도 또한 조현하였다. 대개 한 해도 평안한 해가 없었던 것 같다.

7 모두 『경』의 『주』에 상세하다.

8 반(盤): 먹을 것을 담는 그릇. 희공 13년 『전』의 "이에 밥 한 소반을 드렸다(乃饋盤飧)"라 한 것으로 알 수 있다. 또한 욕조(浴槽)를 말하기도 하는데 『예기·대학(大學)』의 『정의』에 보인다.

夏,	여름에
晉士鲂來聘,	진나라 사방이 내빙하고
且拜師.[9]	아울러 군사를 낸 것에 배사하였다.

秋,	가을에
吳子壽夢卒,	오자 수몽이 죽어
臨於周廟,[10]	주묘에서 곡하였는데
禮也.	예에 맞았다.
凡諸侯之喪,	무릇 제후의 상에는
異姓臨於外,[11]	성이 다르면 바깥에서 곡하고,
同姓於宗廟,[12]	성이 같으면 종묘에서 곡하며
同宗於祖廟,[13]	종이 같으면 조묘에서 곡하고
同族於禰廟.[14]	족이 같으면 예묘에서 곡한다.

---

9 두예는 "지난해에 정나라 군사를 정벌한 것을 감사해한 것이다"라 하였다.

10 주묘(周廟): 두예는 주문왕의 묘당이라 하였다. 오나라의 선조는 태백(泰伯)이고 노나라의 선조는 주공(周公)인데 노나라에는 아마 태백의 묘당이 없기 때문에 문왕묘(文王廟)를 주묘(周廟)라 한 것 같다.
임(臨): 『예기·단궁(檀弓)』 정현의 주에서 "상(商)이 나서 곡하는 것을 임(臨)이라 한다"라 하였다.

11 두예는 "성 바깥에서 그 나라를 향하는 것이다"라 하였다.

12 종묘(宗廟): 주묘(周廟)이다.

13 조묘(祖廟): 처음으로 봉하여진 임금의 묘당이다.

14 예묘(禰廟): 두예는 "부친의 묘당이다. 동족은 고조 이하를 말한다"라 하였다.

是故魯爲諸姬, 이런 까닭으로 노나라는 여러 희씨들에게는

臨於周廟; 주묘에서 곡을 하였고,

爲邢, 凡, 蔣, 茅, 胙, 祭, 형·범·장·모·조·채씨에게는

臨於周公之廟.[15] 주공의 조묘에서 곡하였다.

冬, 겨울에

楚子囊, 秦庶長無地伐宋, 초나라 자낭과 진나라 서장 무지가 송나라를 치면서

師于楊梁,[16] 양량에서 주둔하였는데

以報晉之取鄭也.[17] 진나라가 정나라를 취한 것을 보복하기 위함이었다.

靈王求后于齊, 영왕이 제나라에서 왕후를 구하니

齊侯問對於晏桓子.[18] 제후가 안환자에게 대답을 물었다.

桓子對曰, 환자가 대답하여 말하였다.

---

15 두예는 "곧 조묘(祖廟)이다. 여섯 나라가 모두 주공의 갈라진 자손으로 따로 분봉되었기 때문에 함께 주공을 조상으로 삼는 것이다"라 하였다.

16 양량(楊梁): 『여씨춘추·행론(行論)』편에서 "송나라가 문무외(文無畏)를 양량지제(楊梁之隄)에서 죽였다"라 한 것이 바로 이곳이다. 양량은 지금의 하남 상구현(商丘縣) 동남쪽 30리 지점에 있다.

17 정나라를 취한 일은 작년에 있었다.

18 안환자(晏桓子): 안약(晏弱)으로 선공 14년 『전』의 『주』에 보인다.

"先王之禮辭有之.
"선왕께서 남기신 예사가 있습니다.

天子求后於諸侯,
천자가 제후에게서 왕후를 구하면

諸侯對曰,
제후는 이렇게 대답합니다.

'夫婦所生若而人,[19]
'부부가 낳은 몇몇 사람과

妾婦之子若而人.'
첩이 낳은 아들 몇몇이 있습니다.'

無女而有姊妹及姑姊妹,[20]
딸은 없고 자매와 고종 자매만 있으면

則曰,
이렇게 말합니다.

'先守某公之遺女若而人.'"[21]
'선군이신 아무개 공이 남긴 따님 몇몇이 있습니다.'"

齊侯許婚.
제후가 결혼을 허락하였다.

王使陰里結之.[22]
왕이 음리를 보내 언약하였다.

---

19 부부소생(夫婦所生): 자기와 적실(嫡室) 부인에게서 난 자식을 말한다.
약이인(若而人): 청나라 완지생(阮芝生)의 『두주습유(杜注拾遺)』에서는 "약이인은 약간인(若干人)이라는 말과 같다"라 하였다.

20 자매(姊妹): 아버지가 같은 소생이다. 『이아·석친(釋親)』에서는 "아버지의 자매를 고(姑)라 한다"라 하였다. 아버지보다 나이가 많은 사람을 고자(姑姊)라 하고, 아버지보다 나이가 어린 사람은 고매(姑妹)라 하며, 지금의 대고(大姑), 소고(小姑)라는 말과 같다.

21 선수(先守): 선군(先君)과 같다. 자매라면 모공(某公)은 그 부친의 시호를 쓰며, 고자매라면 그 조부의 시호를 쓴다.

22 결(結): 결(結)은 원래 "역(逆)"자로 되어 있었으나 『교감기』에 의거해 바로 잡았다. 결은 곧 결언(結言)과 같다. 『회남자·태족(泰族)』편에 "중매를 기다려 결언한다"는 말이 있고, 『후한서·최사전(崔駰傳)』에서도 "혼례가 있으면 결언한다"는 말이 있는 것으로 알 수 있다. 『공양전』 환공 3년에서는 "옛날에는 맹약을 하지 않으면 결언하고 물러난다(古者不盟, 結言而退)"라는 말이 있는데, 곧 구두로 약정한다는 뜻이다.
음리(陰里): 두예는 "음리는 주나라 대부이다"라 하였는데 맞는 말이며, 왕의 사자는 반드시 주나라 대부이기 때문이다. 『관자·경중정(輕重丁)』편에 의하면 제나라에 음리라는

公如晉朝,	공이 진나라에 가서
且拜士魴之辱,	또한 사방이 내빙해 준 것에 감사를 표했는데
禮也.	예의에 맞았다.

秦嬴歸于楚.[23]	진영이 초나라로 돌아갔다.
楚司馬子庚聘于秦,[24]	초나라 사마 자경이 진나라를 빙문했는데
爲夫人寧,[25]	부인을 위해 귀녕한 것으로
禮也.	예에 맞았다.

곳이 있는데 이것과는 별개의 것이다. 장병린은 이 때문에 "음리는 당연히 제나라 대부일 것이다"라 하였는데 믿을 수 없다.

23 진영(秦嬴): 『전』 아래의 문장 및 두예의 주석에 의하면 진영은 진경공의 여동생이며 초공왕(楚共王)의 부인으로, 초나라에 시집간 지 이미 오래되었으며, 여기서는 진나라로 돌아가 그 어머니를 뵈었고 또 초나라로 돌아가는 것이다.

24 자경(子庚): 두예는 "자경은 장왕(莊王)의 아들 오(午)이다"라 하였다.

25 영(寧): 여자가 이미 시집을 가서 친정으로 돌아가 어버이를 찾아뵙는 것을 영이라 한다. 곧 귀녕(歸寧)을 말한다.

양공 13년

經

十有三年春,[1]	13년 봄에
公至自晉.	공이 진나라에서 돌아왔다.
夏,	여름에
取邿.[2]	시를 취하였다.
秋九月庚辰,[3]	가을 9월 경진일에
楚子審卒.[4]	초자 심이 죽었다.
冬,	겨울에
城防.[5]	방에 성을 쌓았다.

---

1 십삼년(十三年): 신축년 B.C. 560년으로, 주영왕(周靈王) 12년이다. 동지가 정월 초2일 임신일로 건자(建子)이다.

2 시(邿): 『공양전』에는 "시(詩)"로 되어 있다. 『석문(釋文)』에서는 "邿"의 음은 시(詩)라고 하였다. 『설문(說文)』에 의하면 부용국이다. 『산동통지(山東通志)』에 의하면 지금의 제령시(齊寧市) 남쪽 50리 지점에 있다. 전해오는 기물로 시백정(邿伯鼎)이 있다. 또한 시계정(寺季鼎)이 있는데 "寺"는 곧 "邿"가 되어야 한다. 「시백정」의 명문에서는 "시백의 시조가 맹임(孟妊)의 제사 정을 짓는다"라 하였으니, 시는 임성(妊姓)임을 알 수 있다. 맹임은 그 딸일 것이다.

3 경진일은 14일이다.

4 초자심(楚子審): 두예는 "공왕(共王)이다"라 하였다. 『국어·초어 상』에서는 "장왕(莊王)이 사미(士亹)로 하여금 태자 잠(箴)의 스승이 되게 하였다"라 하였다. 위소(韋昭)의 주에서는 "잠은 공왕의 이름이다"라 하였다. 그러나 『춘추』 및 『사기』에는 모두 "심(審)"으로 되어 있다. 심(審)과 잠(箴)은 고음이 같은 운부에 속해 있다.

5 방(防): 이 방은 동쪽의 방이다. 은공 9년 『경』의 『주』에 보인다. 장왕 29년에 일찍이 성을 쌓은 적이 있는데 지금 또 성을 쌓는 것이다. 양공 17년 제나라 군사가 방에서 장손(臧孫)을 포위하였으며, 23년에는 장손이 주(邾)에서 방으로 가 후계자가 되기를 구하였는데 모두 이 방이다.

傳

十三年春,	13년 봄
公至自晉,	공이 진나라에서 돌아왔으며
孟獻子書勞于廟,[6]	맹헌자가 종묘에서 공로를 기록하였는데
禮也.[7]	예의에 맞았다.

夏,	여름에
邿亂,	시에서 난리가 일어나
分爲三.[8]	셋으로 나누어졌다.
師救邿,[9]	군사를 내어 시를 구원하였는데
遂取之.[10]	마침내 취하였다.
凡書取,	무릇 취하였다고 기록한 것은

---

6 맹헌자(孟獻子): 곧 중손말(仲孫蔑)이다.

7 『주례·하관·사훈(夏官·司勳)』에서는 "왕업을 도운 공을 훈(勳)이라 하고, 나라를 안정되게 한 공을 로(勞)라고 한다"라 하였는데 이는 아마 분별하여 말한 것 같다. 옛 훈고의 통례에 대장이 되는 문장에서는 다르고 산문에서는 통한다. 여기에서 공로를 기록하였다 한 것은 곧 환공 2년 『전』의 책훈(策勳)이다. 나머지는 환공 2년의 『전』과 『주』에 상세하다.

8 나라가 작은 데다 내적으로 불화가 일어나 셋으로 분열된 것이다.

9 노나라가 시를 구원한 것이다. 굳이 노나라임을 밝히지 않은 것은 노나라의 역사이기 때문이다.

10 「시계궤명(寺季簋銘)」에서는 "시계고공(寺季故公)이 보궤를 만들었다"운운하였다. 청나라 유심원(劉心源)의 『기고실길금문술(奇觚室吉金文述)』 권16에서는 완원(阮元)의 말을 인용하여 "시(寺)는 시(邿)를 생략한 것이다. 시계(邿季)는 거의 나라가 말하여 공에게 의탁하였으므로 '고공(故公)'이라고 하였다"라 하였다.

言易也;[11]	쉬웠음을 말한 것이다.
用大師焉曰滅;[12]	그곳에 큰 군사를 동원한 것을 멸했다 하고,
弗地曰入.[13]	그 땅을 차지하지 않으면 들어갔다고 한다.

荀罃, 士魴卒,[14]	순앵과 사방이 죽자
晉侯蒐于緜上以治兵.[15]	진후는 면상에서 사냥을 하면서 군사를 검열하였다.
使士匃將中軍,[16]	사개로 하여금 중군장이 되게 하였는데
辭曰,	사양하며 말하였다.

11 무릇『경』에서 타국이나 타국의 읍을 취한 기록은 모두 11번이 있으며, 노나라가 타국이나 타국의 읍을 취한 것이 일곱 차례이며, 제나라가 노나라의 읍을 취한 것이 애공 8년에 한 차례 있고, 타국끼리 서로 쳐서 취한 것이 세 차례이다. 선공 9년의『전』과『주』를 참조하라.

12『춘추』에 멸(滅)이라고 기록한 것은 모두 서른한 차례가 있는데 나라가 아닌 경우는 한 차례도 없으며, 시(邿)가 작긴 해도 또한 한 나라이므로 멸자를 썼다. 나머지는 문공 15년의『전』과『주』에 상세하다.

13 나라를 얻기는 하였지만 그 땅은 결코 보유하지 않았을 때 이따금 입(入)자를 썼다. 은공 2년과 문공 15년의 전과 주에 상세하다.

14 진(晉)나라 군대의 장수와 보좌 여덟 명 중 지금 두 명이 죽은 것이다.

15 수(蒐): 사냥으로 군사 훈련을 겸하는 것이다.
치병(治兵): 검열(檢閱). 둘 다 은공 5년의『전』과『주』에 보인다.
면상(緜上): 지금의 산서 익성현(翼城縣) 서쪽에 있다. 희공 24년『전』의『주』를 참조 바람.

16 사개(士匃)가 원래 중군좌였고 순앵이 중군장이었는데 이미 죽었으므로 사개가 그 자리를 채우는 것이 당연하다.

"伯游長.[17]	"백유가 나이가 많습니다.
昔臣習於知伯,	지난날 신은 지백과 친하여
是以佐之,	그런 까닭에 그를 보좌하였지
非能賢也.[18]	능력이 있고 어질어서가 아닙니다.
請從伯游."	백유를 따르게 해주십시오."
荀偃將中軍,[19]	순언이 중군장이 되었고
士匄佐之.	사개가 보좌하였다.
使韓起將上軍,	한기로 하여금 상군장이 되게 하였는데
辭以趙武.	조무에게 사양하였다.
又使欒黶,	또 난염에게 시켰더니
辭曰,	사양하여 말하였다.
"臣不如韓起,	"신은 한기만 못하고
韓起願上趙武,	한기가 조무가 상장이 되기를 원하니
君其聽之."	임금님께서는 따르시길 바랍니다."

17 백유(伯游): 순앵의 아들이다. 9년『전』에서도 "범개는 중항언보다 어린데 그를 높였다(范匄少於中行偃而上之)"라 하였다.

18 습어지백(習於知伯)이란 말은 지앵과는 서로를 잘 이해하여 밀접하게 협조할 수가 있어서 이 때문에 지앵은 장수가 되고 자신은 그를 보좌할 수 있었다는 말이다. "능현(能賢)"은 곧 "현능(賢能)"으로 은공 3년『전』의『주』에 보인다.

19 왕인지의『술문(述聞)』에서는 왕념손(王念孫)의 설을 인용하여 "순앵(荀罃)" 위에 "사(使)"자가 있어야 한다고 하였다.『어람』에서는 두 번 인용하였는데 모두 "사(使)"자가 있다. 사실 이 구절은 곧 이미 이루어진 일을 서술한 것이므로 사(使)자를 쓸 필요가 없다.

使趙武將上軍,	조무로 하여금 상군장이 되게 하였고
韓起佐之;	한기가 보좌하였다.
欒黶將下軍,	난염은 하군장이 되었으며
魏絳佐之.[20]	위강이 보좌하였다.
新軍無帥,	신군에는 장수가 없었는데
晉侯難其人,	진후가 그 적임자를 찾기 어려워
使其什吏率其卒乘官屬,	십리로 하여금 졸승과 관속을 거느리고
以從於下軍,	하군을 따르게 하였는데
禮也.[21]	예에 맞았다.
晉國之民是以大和,	진나라 백성은 이 때문에 크게 화합하였고
諸侯遂睦.[22]	제후들도 마침내 화목해졌다.

20 조무는 원래 신군수로 8경 가운데 서열이 일곱째였으며, 지금의 서열은 세 번째이다. 사개와 한기, 난염의 서열은 모두 옛날 그대로이다. 한강은 여섯째로 사방을 대신하였다.

21 양왕 25년의 『전』에서는 "6정과 5리, 30수, 3군의 대부, 백관의 정장, 사려 및 나라를 지키는 자들에게까지 모두 재물을 주었다(自六正、五吏、三十帥、三軍之大夫、百官之正長、師旅及處守者皆有賂)"라 하였는데, 이 십리(什吏)의 이(吏)는 곧 오리(五吏)의 이(吏)이다. 5리라는 것은 군위(軍尉), 사마(司馬), 사공(司空), 여위(輿尉), 후엄(候奄)이다. 매군에는 모두 이 5리가 있고, 5리에는 또한 각기 좌(佐: 副官)이 있으므로 여기서 십리(什吏)라 한 것이다. 십리(什吏)는 곧 십리(十吏)이다. 다케조에 고코(竹添光鴻)의 『회전(會箋)』을 참고하였다.

22 수목(遂睦): 이 때문에 모두 진나라에 복종하였다는 말이다.

君子曰,	군자가 말하였다.
“讓,	“양보는
禮之主也.	예의의 근본이다.
范宣子讓,[23]	범선자가 양보를 하니
其下皆讓.	그 아래서도 모두 양보하였다.
欒黶爲汏,[24]	난염은 교만하였는데도
弗敢違也.[25]	감히 그것을 어기지 않았다.
晉國以平,[26]	진나라는 이것 때문에 화합하여
數世賴之,[27]	여러 대가 이에 힘입었으니
刑善也夫![28]	선을 본받은 것이로다!
一人刑善,	한 사람이 선을 본받아
百姓休和,[29]	백관이 편안하고 화락해졌으니
可不務乎![30]	힘쓰지 않을 수 있겠는가?

23 범선자(范宣子): 곧 사개(士匄)로, 중군수의 직위를 순언(荀偃)에게 양보하였다.

24 대(汏): 원래는 “태(汰)”로 되어 있었으나 여기서는 완원의 『교감기』 및 가나자와 문고본(金澤文庫本)에 의하여 바로잡았다. 난염이 전횡한 것은 다음 해의 『전』에 보인다.

25 난염 또한 양보한 것이다.

26 평(平): 화(和)와 같은 뜻이다. 단결되었음을 말한다.

27 뢰(賴): 이롭다는 뜻.

28 형(刑): 본받다. 이 구절은 선을 본받는다는 것이다.

29 『상서·요전(堯典)』에 “구족이 화목하니 백성이 밝게 잘 다스려졌다(九族既睦, 平章百姓)”라 하였는데, 이곳의 백성(百姓)은 백관의 족성(族姓)을 말하며 지금의 백성과는 뜻이 다르게 쓰였다.

30 무(務): 이곳에 힘을 다하는 것이다.

書曰,	『서』에서는 말하기를
'一人有慶,[31]	'한 사람에게 경사가 있으면
兆民賴之,	만민이 이에 힘입을 것이며
其寧惟永.'[32]	그 편안함은 영원할 것이다'라 하였는데
其是之謂乎!	아마 이를 말하는 것일 것이다!
周之興也,	주나라가 흥하자
其詩曰,	『시』에서 말하기를
'儀刑文王,[33]	'문왕을 본받으면
萬邦作孚.'[34]	만방에서 믿을 것이다'라 하였는데
言刑善也.	그 훌륭함을 본받는 것을 말하였습니다.
及其衰也,	쇠퇴해지자
其詩曰,	『시』에서 말하기를
'大夫不均,	'대부 공평하지 못하고

31 경(慶): 선(善)의 뜻이다.

32 일인(一人)은 원래 천자(天子)를 가리키는데 이곳에서 「상서」를 인용한 사람은 원래의 뜻에 구애받지 않고 윗사람을 두루 가리켰다. 위에 있는 한 사람이 선을 행하면 아래에 있는 억만인이 모두 그 이로움을 누리고 국가의 안정을 오래도록 유지할 수 있다는 말이다. 이 말은 『상서·여형(呂刑)』편에 보인다.

33 의형(儀刑): 같은 뜻의 동사가 연용된 것으로 본받는다는 뜻.

34 부(孚): 신(信)과 같은 뜻. 만방에서 이 때문에 믿는다는 뜻이다. 『시』는 『시경·대아·문왕(大雅·文王)』에 나오는 구절이다.

我從事獨賢.'[35]	내가 하는 일만 현능하다네'라 하였는데
言不讓也.	양보하지 않음을 말한 것이다.
世之治也,	세상이 다스려지면
君子尙能而讓其下,	군자는 현능한 이를 숭상하여 아랫사람에게 양보하고
小人農力以事其上,[36]	소인은 노력하여 윗사람을 섬기니
是以上下有禮,	이 때문에 상하 간에 예가 있고
而讒慝黜遠,	참소하고 사특한 무리는 멀리 쫓겨났으니
由不爭也,	다투지 않은 데서 말미암은 것이며
謂之懿德.[37]	이를 일러 아름다운 덕이라고 한다.
及其亂也,	어지러울 때는
君子稱其功以加小人,[38]	군자는 그 공을 떠벌리며 소인을 능멸하고

35 『시』는 『시경·소아·북산(小雅·北山)』에 나오는 구절이다. 이 구절의 본의는 주나라 유왕(幽王)의 역사가 공평하지 않아 자기가 해야 할 일만 많다는 것을 풍자한 것이다. 현(賢)은 많다는 뜻이다. 다만 이 『시』를 인용한 사람은 현(賢)을 현능(賢能)의 뜻으로 보고 『시』의 뜻을 스스로 자랑하여 양보하지 않는다는 뜻으로 해석하였다.

36 왕인지는 『술문(述聞)』에서 "농력(農力)은 노력(努力)과 같은데 말이 전변된 것일 따름이다"라 하였는데 매우 정확하다. 심동(沈彤)의 『소소(小疏)』에서는 『당석경』에서는 처음에 전(展)으로 새겼다가 나중에 농(農)으로 고쳤다고 하였다. 아울러 진소장(陳少章)의 설을 인용하여 송본에는 농(農)자가 전(展)자로 되어 있는데 따라야 한다고 하였다. 이는 불확실하다.

37 의(懿): 아름답다.

小人伐其技以馮君子,[39]	소인은 그 재주를 자랑하며 군자를 멸시하니
是以上下無禮,	이 때문에 상하가 예가 없어
亂虐幷生,	변란과 포학함이 함께 생겨나는데
由爭善也,[40]	선을 다툼에서 말미암은 것이며
謂之昏德.	어두운 덕이라고 한다.
國家之敝,	나라가 피폐해지는 것은
恒必由之."	항상 여기에서 말미암는다."

楚子疾,	초자가 병이 나서
告大夫曰,[41]	대부들에게 일러 말하였다.
"不穀不德,	"불곡은 부덕한데도
少主社稷.[42]	어려서 사직을 맡았다.
生十年而喪先君,[43]	난 지 열 살에 선군을 여의어

---

38 칭(稱): 과장하다.
가(加): 능멸하다.

39 벌(伐): 위의 칭(稱)과 같은 뜻이다.
빙(馮): 곧 빙(憑)자와 같으며, 역시 위의 가(加)와 같은 뜻이다.

40 두예는 "스스로 선하다고 다툰 것이다"라 하였다.

41 부는 경(卿)을 말한다.

42 아래에 의하면 초공왕(楚共王)은 열 살 때 초나라 임금이 되었다.

43 선군(先君): 공왕의 아버지 양왕(襄王)이다.

未及習師保之教訓而應受多福,[44] 사보의 가르침을 미처 익히지도 못하여 많은 복을 받아서

是以不德,[45] 이런 까닭에 부덕하여

而亡師于鄢;[46] 언에서는 군사를 잃었으며,

以辱社稷, 사직을 욕되게 하고

爲大夫憂, 대부들을 근심하게 함이

其弘多矣.[47] 매우 컸도다.

若以大夫之靈, 만약에 대부들의 영명함으로

獲保首領以歿於地,[48] 머리를 잘 건사해서 땅에 묻히게 된다면

---

44 사보(師保): 『예기·문왕세자(文王世子)』편에서는 "3대의 왕이 세자를 가르침에 태부(太傅)는 앞에 있고 소부(少傅)는 뒤에 있었으며, 들어가면 보(保)가 있고 나오면 사(師)가 있었는데, 이는 가르치고 깨우쳐 덕을 이루게 함이다"라 하였다. 고대의 관제에는 태자 태사(太師)와 소사(少師), 태부와 소부, 태보(太保)와 소보(少保) 등 여러 관직을 두고 태자를 가르쳤다. 사보(師保)는 곧 이들 관직을 통틀어 가리키며 또한 사부(師傅)와 보부(保傅)로 두루 일컬을 수도 있었다. 초장왕은 일찍이 사미(士亹)로 하여금 공왕을 가르치게 하였는데 『초어 상』에 보이며, 다만 이때는 공왕이 어려서 고례(古禮)와 고훈(古訓)을 전문적으로 학습하지는 않았을 것이므로 가르침을 미처 익히지 못하였다고 말한 것이다.

응(應): 청나라 주빈(朱彬)은 『경전고증(經傳考證)』에서 응(膺)자의 뜻으로 보아야 한다고 하였다. 응수(膺受)는 같은 뜻의 낱말이 연용된 것이다.

다복(多福): 군왕의 지위를 가리킨다.

45 이상은 불곡부덕(不穀不德)을 해석한 것이다.

46 언릉(鄢陵)의 전투는 성공 16년에 있었다.

47 다홍(多弘): 『시경·소아·절남산(小雅·節南山)』에 "상란 매우 많고(喪亂多弘)"라 하였고, 양공 31년 『전』에서는 "참소와 사특함이 매우 많다(讒慝多弘)"라 하였는데, 모두 "다(多)"자와 "홍(弘)"자가 연용되었다. 이 구절은 진나라와 싸워서 패하여 국가의 치욕이 컸고 여러 대부들의 근심이 실로 많았다는 뜻이다.

48 당시의 상투어로 은공 3년의 『전』과 『주』를 참조하라.

唯是春秋窀穸之事, 所以從先君於禰廟者,[49]	이는 제사를 지내고 안장하며 예묘에서 선군을 따르는 것이니
請爲'靈'若'厲'.[50]	청컨대 '영'이나 '여'로 할지어다.
大夫擇焉."[51]	대부들은 선택하라."
莫對.[52]	아무도 대답을 않았다.

---

49 유시(唯是): 하나의 단어로 보아야 하며 사후의 시호를 의논하는 것을 말한다.
춘추둔석(春秋窀穸): 제후들은 죽은 후에 월제(月祭)와 사시(四時)의 제사 등을 지내는데, 춘추는 제사를 가리키고, 둔석은 안장하는 것을 가리킨다.
예묘(禰廟): 『예기·제법(祭法)』에 의하면 제후는 다섯 개의 묘당을 세우는데 곧 고묘〔考廟: 부묘(父廟)〕와 왕고묘〔王考廟: 조부묘(祖父廟)〕, 황고묘〔皇考廟: 증조묘(曾祖廟)〕, 현고묘〔顯考廟: 고조묘(高祖廟)〕 그리고 조고묘〔祖考廟: 처음으로 봉해진 선조의 묘(廟)〕이다. 『설문(說文)』에서는 "어버이의 묘당이다"라 하였다. 『예기·곡례(曲禮) 하』에서는 "살아서는 부(父)라 하고 죽어서는 고(考)라 한다"라 하였다. 왕이 죽은 후에 그 신주를 묘당에 들이는 것을 고묘(考廟), 또는 예묘(禰廟)라고 한다. 이를테면 초공왕이 살아있을 때는 그 부친인 장왕의 묘당을 예묘(禰廟)라 하였다. 공왕이 죽자 그 아들인 강왕(康王)이 왕위를 이었는데 초공왕의 묘당이 곧 예묘(禰廟)가 되고 장왕의 묘당은 왕고묘가 되는데, 이것이 곧 "예묘(禰廟)에서 선군을 따르는 것"이다. 이렇게 거슬러 올라가면 고조의 신주는 곧 소목(昭穆)의 차서에 따라 시조묘(始祖廟)에 안치되어 보관된다.

50 영약려(靈若厲): 시호(諡號)는 대략 서주 중엽 이후에 시작되었다. 영(靈)이나 여(厲)는 모두 좋지 않은 시호이다. 두예에 의하면 "나쁜 시호를 받아 선군에게 돌아가려는 것이다. 혼란한데도 덜어 내지 못하는 것을 영(靈)이라 하고, 무고한 사람을 죽이는 것을 여(厲)라고 한다"라 하였다. 약(若)은 혹(或)의 뜻이다. 『백호통·시편(白虎通·諡篇)』에서는 "장례에 임해서 시호를 정하는 것은 어째서인가? 뭇 사람들이 모여 현양(顯揚)하고자 함이다"라 하였다. 「초어 상」에서는 "장례를 치를 무렵 자낭(子囊)이 시호에 대하여 의논하였다"라 하였다. 『예기·단궁 하』에서도 "공숙문자가 죽자 그 아들 술이 임금에게 시호를 청하였다.……"라 하였으니 장례 이전에 시호를 의논하였음을 알 수 있다. 『공자가어』에서는 "이미 죽은 후에 시호를 의논하고 시호가 정하여지면 장례를 치르며 장례를 치른 후에 묘당을 세운다"라 하였는데 그 대략을 얻은 것일 따름이다. 초공왕이 "예묘에서 선군을 따르는 것"은 곧 시호를 의논하는 것을 가리켜 말한 것이다.

51 시호를 영(靈)이나 여(厲) 둘 중의 하나에서 택하라는 것이다.

52 대답을 하는 사람이 없다는 것은 동의하지 않음을 나타낸다.

及五命,	다섯 번 명을 내리자
乃許.	이에 허락하였다.
秋,	가을에
楚共王卒.	초나라 공왕이 죽었다.
子囊謀諡.	자낭이 시호를 의논하였다.
大夫曰,	대부가 말하였다.
"君有命矣."[53]	"임금의 명이 있었소이다."
子囊曰,	자낭이 말하였다.
"君命以共,	"임금께서 공으로 하라는 명을 내렸다면
若之何毁之?[54]	그것을 어떻게 허물겠소?
赫赫楚國,	혁혁한 초나라에
而君臨之,	군림하시고
撫有蠻夷,	오랑캐들을 어루만지시고
奄征南海,[55]	남해를 크게 정벌하시어
以屬諸夏,	여러 하에 귀속시키고

53 영(靈)이나 여(厲)로 시호를 정하라는 명령을 말한다.

54 자낭이 시호를 공(共)으로 하고 싶은데 또한 임금의 명으로 대부에게 답하고 있다.

55 『시경·대아·황의(大雅·皇矣)』에 "크게 사방을 가지셨다(奄有四方)"는 말이 있는데, 모씨의 주석〔전(傳)〕에서 "엄은 크다는 뜻이다"라 하였다. 또한 광대하게 사방을 가졌음을 이른다.

而知其過,	그 허물을 아셨으니
可不謂共乎?	공손하지 않다 할 수 있겠습니까?
請謚之'共'."	시호를 '공'으로 할 것을 청합니다."
大夫從之.[56]	대부들이 따랐다.

吳侵楚,	오나라가 초나라를 침공하자
養由基奔命,[57]	양유기가 급한 명을 받고 달려가고
子庚以師繼之.[58]	자경이 군사를 거느리고 뒤를 이었다.
養叔曰,[59]	양숙이 말하였다.
"吳乘我喪,	"오나라가 우리나라의 국상을 틈타
謂我不能師也,[60]	우리가 군사를 일으킬 수 없다고 하고
必易我而不戒.[61]	반드시 우리를 쉽게 보고 경계하지 않을 것이니

56 이 일은 「초어 상」에도 보인다.

57 분명(奔命): 급히 군중으로 달려가 선봉이 된 것을 말한다.

58 자경(子庚): 곧 공자 오(公子午)로 이때 사마였다.

59 양숙(養叔): 곧 양유기이다.

60 오나라는 초공왕이 죽은 틈을 타서 초나라를 침공하면서 초나라는 이미 군사를 정비하여 대적할 수 없다고 생각하였다.

61 이(易): 경시하다. 『설문(說文)』에는 이(傷)로 되어 있으며 "깔보는 것이다"라 하였다. 불계(不戒): 대비하여 경계하고 두려워하는 마음을 가지고 있지 않다.

子爲三覆以待我,[62]	그대는 세 군데서 매복을 하고 있다가 나를 기다리면
我請誘之."	내가 청컨대 그들을 유인해 내겠소."
子庚從之.	자경이 그대로 따랐다.
戰于庸浦,[63]	용포에서 싸워서
大敗吳師,	오나라 군사를 크게 무찌르고
獲公子黨.	공자 당을 사로잡았다.
君子以吳爲不弔,[64]	군자는 오나라를 옳지 않게 여겼으며
詩曰,	『시』에서는
"不弔昊天,[65]	"하늘이 마땅치 않게 여기니
亂靡有定."[66]	어지러워 안정될 날이 없다"라 하였다.

冬,	겨울에
城防.	방에 성을 쌓았다.

---

62 삼복(三覆): 세 군데서 매복을 하고 있는 것이다.

63 용포(庸浦): 두예는 "용포는 초나라 땅이다"라 하였다. 지금의 안휘 무위현(無爲縣) 남쪽 장강의 북안에 있을 것이다.

64 조(弔): 숙(淑)자와 옛날에는 원래 한 글자였으며, 숙(淑)은 선하다는 듯이다. 조(弔) 또한 선하다는 뜻이다.

65 부조호천(不弔昊天): 상천(上天), 창천(蒼天), 곧 하늘이라는 뜻. 이 구절은 "昊天不弔"의 도치구이다.

66 『시』는 『시경·소아·절남산(小雅·節南山)』의 구절이며, 이 구절의 뜻은 하늘이 너희를 좋지 않게 보아 이 때문에 나라에 화란이 일어나 안정되지 않는다는 것이다.

書事,	이 일을 기록한 것은
時也.	때에 맞았기 때문이었다.
於是將早城,	이때 일찍 성을 쌓으려 하였으나
臧武仲請俟畢農事,	장무중이 농사가 끝나기를 기다리자고 청하였는데
禮也.[67]	예에 맞았다.

鄭良霄, 大宰石臭猶在楚.[68]	정나라 양소와 태재 석착이 여전히 초나라에 있었다.
石臭言於子囊曰,	석착이 자낭에게 말하였다.
"先王卜征五年,[69]	"선왕은 정벌을 함에 5년을 점치는데
而歲習其祥,[70]	해마다 거듭 상서로운지 점을 쳐서
祥習則行.	상서로우면 행합니다.
不習,[71]	불길하면

67 농사가 끝나는 것이 때에 맞는 것이며, 예에 맞는 것이다.

68 두 사람은 정나라를 위해 초나라로 사신으로 갔다가 붙잡혔으며, 이 일은 11년의 『전』에 보인다.

69 『주례·천관·태복(天官·大卜)』에서는 여덟 가지 일에는 반드시 점을 친다고 하였는데 첫째가 정벌이다. 정(征)은 정중(鄭衆)은 정벌로 해석하였는데 옳다. 정현은 정행(征行), 순수(巡守)로 해석하였는데 틀렸다. 그러나 정벌하기 5년 전에 점을 치기 시작한다는 것은 사리에 맞지 않는 것 같으며 다른 책에도 이런 기록은 없다. 심동(沈彤)의 『소소(小疏)』에서는 "이는 아마 선왕의 이야기일 것이며 초자가 정나라를 치는 것이 불리하기 때문에 이 말을 한 것일 것이다. ……" 하였는데 통할 만 하다.

70 습(習): "습(襲)"으로 된 판본도 있다. "習"과 "襲"은 통용하며 중복(重複)이라는 뜻이다. 상(祥)은 길상(吉祥)이다. 이 구절은 5년 동안 매년 정벌이 길한가를 점친다는 것이다.

則增修德而改卜.[72]	더욱 덕을 닦아 새로 점을 칩니다.
今楚實不競,[73]	지금 초나라는 실로 강하지 못해서인데
行人何罪?[74]	행인이 무슨 죄가 있습니까?
止鄭一卿,[75]	진나라의 경 한 사람을 억류해서
以除其偪,[76]	핍박하는 사람을 없애 주어
使睦而疾楚,	화목하게 하고 초나라를 미워하게 하여
以固於晉,[77]	진나라와의 관계를 공고하게 하면
焉用之?[78]	어디에 쓰겠습니까?
使歸而廢其使,[79]	돌려보내어 사신으로 보낸 뜻을 폐기하게 하여

---

71 어떤 한 해 정벌할 것을 점쳐서 불길한 것이다.

72 증수덕(增修德): 더욱 덕을 닦다.
개복(改卜): 거듭 점을 치다. 『석문(釋文)』에서는 "불길즉증(不吉則增)에서 구절을 끊는다"라고 했는데 틀린 것 같다.

73 청나라 주빈(朱彬)의 『경전고증(經傳考證)』에서는 "불경(不競)은 초나라가 스스로 강해질 수 없다는 것을 말한다"라 하였다.

74 행인(行人): 양소와 석착 자신을 말한다.

75 일경(一卿): 두예는 "일경은 양소를 이른다"라 하였다.
지(止): 억류하다. 잡아 놓았다(執)고 말하지 않은 것은 외교적인 발언이기 때문이다.

76 양소는 성질이 강퍅(剛愎)해서 정나라의 군신을 핍박할 수 있었다. 초나라가 그를 억류해 두는 것은 그 핍박하는 사람을 없애 주는 것이라는 말이다.

77 정나라를 내적으로 화목하게 하여 초나라를 원망하게 하는 것이니 진나라에 복종하려는 마음을 굳게 하는 것이라는 말이다.

78 초나라에 무슨 이익이 있겠는가 하는 말이다.

79 사(使): 완각본에는 "소(所)"자로 되어 있는데, 두예의 주석과 『석문(釋文)』 및 가나자와

怨其君以疾其大夫,[80] 그 임금을 원망하게 하고
그 대부를 미워하게 하여

而相牽引也,[81] 서로 끌어당기게 하는 것이

不猶愈乎?"[82] 오히려 더 낫지 않겠습니까?"

楚人歸之.[83] 초나라 사람이 그들을 돌려보냈다.

양공 14년

經

十有四年春王正月,[1] 14년 봄 주력으로 정월에

문고본(金澤文庫本)에 의거하여 바로잡았다.
폐(廢): 기(棄), 곧 버린다는 뜻이다. 양소를 돌려보내면 정나라는 반드시 그를 자리에 앉혀야 하는 일이 생긴다는 뜻이다.

80 이(以): 여(與)의 뜻으로 쓰였다. 예가 양수달(楊樹達)의 『사전(詞詮)』에 보인다. 이 구절은 양소가 돌아가면 장차 정나라 임금을 원망하고 아울러 정나라의 여러 경을 원망할 것이라는 뜻이다.

81 이때 정나라가 불목해서 서로 견제를 하고 있었다.

82 유(愈): 『논어』 정현의 주석에서 "유는 승(勝)과 같다"라 하였다. 이 계책이 양소가 정나라로 돌아가지 않는 것보다 낫다는 말이다.

83 그 후에 양소는 과연 정나라의 근심거리가 되었다.

1 십사년(十四年): 임인년 B.C. 559년으로, 주영왕(周靈王) 13년이다. 동지가 정월 13일 정축일로 건자(建子)이다.

季孫宿, 叔老會晉士匄, 齊人, 宋人, 衛人, 鄭公孫蠆, 曹人, 莒人, 邾人, 滕人, 薛人, 杞人, 小邾人會吳于向.[2]

계손숙과 숙로가 진나라 사개, 제나라 사람, 송나라 사람, 위나라 사람, 정나라 공손채, 조나라 사람, 거나라 사람, 주나라 사람, 등나라 사람, 설나라 사람, 기나라 사람, 소주 사람을 만나 상에서 오나라와 회합하였다.

二月乙未朔,[3]

2월 을미일 초하룻날에

日有食之.[4]

일식이 있었다.

夏四月,

여름 4월에

---

2 채(蠆): 『공양전』에는 "채(囆)"로 되어 있다.
상(向): 두예는 정나라 땅이라고 하였으니 지금의 하남 울지현(尉氏縣) 서남쪽, 언릉현(鄢陵縣)의 서북쪽이며, 강영(江永)의 『고실(考實)』 및 심흠한(沈欽韓)의 『지명보주(地名補注)』에서는 모두 이 상(向)은 오(吳)나라 땅이라고 하였는데 지금의 안휘 회원현(懷遠縣) 서쪽 40리 지점에 있을 것이다. 은공 2년의 『전』을 참조하여 보라. "사람(人)"이라고 기록한 것과 이름을 기록한 것은 『전』에 보이며, "진나라를 쳤다(伐秦)"는 것은 『경』의 예와 같다.

3 이해는 건자(建子)로 2월 초하룻날은 양력으로는 1월 14일에 해당한다.

4 『전』이 없다. 지금 추측컨대 금환일식(金環日蝕)일 것이며, 장강과 황하 사이를 지나 노나라에서 볼 수 있었을 것이다.

叔孫豹會晉荀偃, 齊人, 宋人, 衛北宮括, 鄭公孫蠆, 曹人, 莒人, 邾人, 滕人, 薛人, 杞人, 小邾人伐秦.[5] 숙손표가 진나라 순언과 제나라 사람, 송나라 사람, 위나라의 북궁괄, 정나라의 공손채, 조나라 사람, 거나라 사람, 주나라 사람, 등나라 사람, 설나라 사람, 기나라 사람, 소주 사람과 만나 진나라를 쳤다.

己未,[6] 기미일에

衛侯出奔齊.[7] 위후가 제나라로 달아났다.

莒人侵我東鄙.[8] 거나라 사람이 우리나라 동쪽 변경을 침공했다.

---

5 진(秦)나라와 진(晉)나라가 교전을 한 것은 노나라 희공 33년 효(殽)의 전역에서 시작되어 68년이 지났으며, 이후로는 『춘추』에 더 이상 진나라와 진나라의 정벌에 대한 기록이 보이지 않는다.

6 기미일은 26일이다.

7 『공양전』에는 "위후간(衛侯衎)"으로 되어 있다. 청나라 모기령(毛奇齡)의 『춘추간서간오(春秋簡書刊誤)』 및 조탄(趙坦)의 『이문전(異文箋)』에서는 모두 『예기·곡례 하』의 "제후는 봉지를 잃으면 이름을 쓴다(諸侯失地, 名)"라 한 말에 의거하여 『경』에는 "간(衎)"자가 있어야 한다고 하였다. 그러나 청나라 장수공(臧壽恭)의 『춘추좌씨고의(春秋左氏古義)』에서는 공영달의 주석[소(疏)]에 의거하여 "봉지를 잃은 것에 이름을 쓰는 것은 『전』에는 그런 일이 없다. 『예기』의 글은 아마 『공양전』의 뜻에 의거한 것 같으며, 『좌전』에서는 통하지 않는다"라 하였는데 제대로 본 것 같다.
20년 『전』에서는 위나라 영식(甯殖)의 말을 인용하여 "내가 임금에게 죄를 지어 뉘우쳐도 미칠 수가 없어서 이름이 제후의 사책(史策)에 올랐는데, 말하기를 '손림보와 영식은 임금을 쫓아내었다.'……"라 하였으니 사책에는 본래 "위나라 손림보와 영식이 그 임금을 쫓아내었다(衛孫林父、甯殖出其君)"라 되어 있었다. 영식이 또 말하기를 "임금이 들어오면 덮어 줄 것이다"라 하였으니 지금 "위후가 제나라로 달아났다"라 한 것은 대개 영희(甯喜)가 그 부친의 유촉을 받들어 위후 간을 복위시켜 이 때문에 역사 기록을 고친 것일 것이다. 혹자는 말하기를 공구가 『춘추』를 개수(改修)하였다고도 하는데 믿을 수가 없다.

秋,	가을에
楚公子貞帥師伐吳.	초나라 공자 정이 군사를 거느리고 오나라를 쳤다.
冬,	겨울에

季孫宿會晉士匄, 宋華閱, 衛孫林父, 鄭公孫蠆, 莒人, 邾人于戚.[9]

계손숙이 진나라 사개, 송나라 화열, 위나라 손림보, 정나라 공손채, 거나라 사람, 주나라 사람과 척에서 회합하였다.

傳

十四年春,	14년 봄에
吳告敗于晉,[10]	오나라가 진나라에 패한 사실을 알리자
會于向,[11]	상에서 회합하였는데
爲吳謀楚故也.[12]	오나라를 위해 초나라를 도모하고자 했기 때문이다.

---

8 『전』이 없다. 두예는 "운(鄆)으로 쳐들어간 것을 보복한 것이다"라 하였다.

9 척(戚): 손림보의 채읍(采邑)으로, 지금의 하남 복양현(濮陽縣) 조금 동쪽에서 북쪽으로 10여 리 지점에 있다.

10 오나라가 초나라에게 패한 일은 지난해 『전』에 보인다. 진나라와 오나라는 동맹을 맺은 일이 있었으므로 오나라가 진나라에게 알린 것이다.

11 상(向)은 『경』의 『주』에 보인다.

12 두예는 "오나라를 위하여 초나라를 칠 것을 모의한 것이다"라 하였다.

范宣子數吳之不德也,[13]	범선자는 오나라의 부덕함을 꾸짖으며
以退吳人.[14]	오나라 사람을 물리쳤다.
執莒公子務婁,	거나라 공자 무루를 붙잡았는데
以其通楚使也.[15]	초나라 사신과 사통하였기 때문이었다.
將執戎子駒支,[16]	융자 구지를 붙잡으려는데
范宣子親數諸朝,[17]	범선자가 친히 그를 조정에서 꾸짖어
曰,	말하기를
"來!	"오라!
姜戎氏!	강융씨여!
昔秦人迫逐乃祖吾離於瓜州,[18]	옛날에 진나라 사람이 네 조상 오리를 과주에서 쫓아냈을 때

13 수(數): 상성(上聲)으로 꾸짖는다는 뜻이다.

14 이는 상에서 회합하여 공모한 결과를 말한 것이다. 아마 제후들이 초나라를 그다지 치고 싶지 않았거나, 아니면 진나라 또한 오나라가 초나라를 친 것을 무리라고 생각하였기 때문에 오나라는 초나라의 국상을 틈타 초나라를 쳐서는 안 된다고 꾸짖었으며, 이는 부도덕한 행위이기 때문에 오나라 사람을 거절하였을 수도 있다.

15 두예는 "거나라가 초나라에 두 마음을 품고 있었기 때문에 해마다 노나라를 쳤다"라 하였다.

16 두예는 "구지는 융자(戎子)의 이름이다"라 하였다.

17 회맹을 하는 곳에서도 또한 조정의 지위를 배치한다.

18 과주(瓜州): 옛 주석에서는 모두 곧 지금의 감숙성 돈황(敦煌)이라고 하였다. 고힐강(顧頡剛)은 지금의 진령(秦嶺) 고봉의 남북 양 언덕에 있다고 생각하였다. 『사림잡지·과주(史林雜識·瓜州)』에 상세하다. 과주의 융족은 본래 두 성이었는데 한 성은 강성(姜姓)으로 바로 이 융족이며, 한 성은 윤성(允姓)으로 소공 9년의 『전』에서 "옛 윤성의 간악한 족

乃祖吾離被苫蓋, 蒙荊棘以來歸我先君,[19]	네 조상 오리는 거적을 쓰고 가시나무를 쓰고 우리 선조에게 선군께 귀의하였는데
我先君惠公有不腆之田,[20]	우리 선조 혜공께서는 두텁지 않은 전지를 갖고도
與女剖分而食之.	너희에게 갈라 나누어 주어 먹여 주었다.
今諸侯之事我寡君不如昔者,	지금 제후들이 우리 과군을 섬기는 것이 지난날 같지 않은 것은
蓋言語漏洩,[21]	대체로 말이 새 나가서이니
則職女之由.[22]	곧 너희 때문이었다.
詰朝之事,	내일 아침의 일에
爾無與焉.	너희는 참석하지 말라.
與,	참석했다가는
將執女."	너희를 잡아 가둘 것이다."
對曰,	대답하여 말했다.

속이 과주에서 산다"한 것이 이것이다. 두예는 섞어서 하나로 하였는데 확실하지 않다.

19 점개(苫蓋): 동의어가 연용된 것으로 흰띠〔白茅〕로 짠 몸을 가리는 물건이다.
피(被): 피(披)와 같은 뜻이다.
몽(蒙): 쓰다. 가시를 썼다는 것은 머리에 가시로 짠 물건을 썼다는 것을 말한다.

20 전(腆): 많다는 뜻이다.

21 개(蓋): 위의 문장을 이어 원인을 나타내는 말이다. 『사전(詞詮)』에 예가 보인다.

22 직(職): 당(當)자와 같은 뜻이다. 이 구절의 뜻은 곧 너희로 말미암아서라는 뜻이다.

"昔秦人負恃其衆,	"지난날 진나라 사람은 그 무리를 믿고
貪于土地,	토지를 탐하여
逐我諸戎.[23]	우리 여러 융족을 쫓아냈습니다.
惠公蠲其大德,[24]	혜공께서 큰 덕을 밝히시어
謂我諸戎,	우리 여러 융족에게 이르기를
是四嶽之裔胄也,[25]	이들은 사악의 후예들이니
毋是翦棄.[26]	이들을 없애 버리지 말라고 하였습니다.
賜我南鄙之田,	우리 남쪽 변경의 전지를 내려 주셨는데
狐狸所居,	여우와 살쾡이가 살고
豺狼所嗥.[27]	이리와 승냥이가 울부짖는 곳이었습니다.

---

23 서융은 여전히 부락사회였으며 구지(駒支)가 각 부락의 수장이었으므로 여러 융족이라고 하였다.

24 견(蠲): 밝히다.

25 예주(裔胄): 두예는 "사악은 요임금 때의 방백으로 강성(姜姓)이다. 예(裔)는 멀다는 뜻이다. 주(胄)는 후예이다"라 하였다. 사실 예주는 같은 뜻의 한 단어이다. 「이소(離騷)」에 "고양 임금의 아득한 후예여(帝高陽之苗裔兮)"라는 말이 나오는데 왕일(王逸)은 "예(裔)는 후손〔胄〕이다"라 하였다.

26 이 구절은 도치구로 곧 "勿翦棄是"와 같다. 『시경·소남·감당(召南·甘棠)』의 모씨의 주석〔모전(毛傳)〕에서는 "전(翦)은 없애는 것이다"라 하였다. 전(翦)과 기(棄)는 서로 뜻이 가까운 자로 연용되었다.

27 호(嗥): 포효하다. 이 두 구절은 후치(後置) 형용사로 위의 전(田)을 꾸민다.

我諸戎除翦其荊棘,	우리 여러 융족은 가시덤불을 잘라 없애고
驅其狐狸豺狼,	여우와 살쾡이, 이리와 승냥이를 쫓아내어
以爲先君不侵不叛之臣,	선군의 침략도 않고 배반도 않는 신하가 되어
至于今不貳.	지금껏 두 마음을 품지 않았습니다.
昔文公與秦伐鄭,	지난날 문공이 진나라와 함께 정나라를 칠 때
秦人竊與鄭盟,	진나라 사람이 몰래 정나라와 맹약을 맺고
而舍戍焉,[28]	그곳에 수비를 두니
於是乎有殽之師.[29]	이에 효의 전역이 있게 되었습니다.
晉禦其上,	진나라는 그 위를 막고
戎亢其下,[30]	융족은 그 아래에 맞서
秦師不復,[31]	진나라 군사가 돌아가지 못한 것은

28 사(舍): 두다, 설치하다. 곧 희공 30년 『전』의 "진백이 기뻐하며 정나라 사람과 맹약을 맺고 기자와 봉손, 양손을 보내어 지키게 하였다(秦伯說, 與鄭人盟, 使杞子, 逢孫, 楊孫戍之)" 한 일이다.

29 희공 33년의 『전』을 보라.

30 항(亢): 항(抗)과 같은 뜻으로 저지하여 맞선다는 뜻이다.

31 곧 『공양전』의 "말 한 마리 수레 한 대 돌아가지 못했다(匹馬隻輪毋反者)"는 것이다.

我諸戎實然.[32]	우리 여러 융족이 실로 그렇게 했습니다.
譬如捕鹿,	비유컨대 사슴을 잡는데
晉人角之,	진나라 사람은 뿔을 잡고
諸戎掎之,[33]	여러 융족은 뒷다리를 잡아
與晉踣之.[34]	진나라와 함께 넘어뜨린 것입니다.
戎何以不免?[35]	융이 어떻게 면하지 못하겠습니까?
自是以來,[36]	이 이래로
晉之百役,	진나라는 모든 전역에서
與我諸戎相繼于時,[37]	우리 여러 융족이 때에 맞추어 함께하여
以從執政,[38]	집정을 따르기를

32 우리 여러 융족이 진나라 군사가 이 지경이 되도록 하였다는 뜻이다.

33 각·기(角·掎): 각(角)은 그 뿔을 잡는 것이다. 기(掎)는 뒷다리를 잡아당기는 것이다. 인신되어 무릇 앞에서 치는 것을 각(角)이라 하고, 뒤에서 끌어당기는 것을 기(掎)라 한다. 각은 곧 위의 "그 위를 막는 것(禦其上)"이며, 기는 곧 위의 "그 아래서 맞선(亢其下)"이다. 『후한서·원소전(袁紹傳)』의 「허선을 정벌하는 격문(伐許宣檄)」에서 "대군이 황하(黃河)에 배를 띄우고 앞의 뿔을 잡고(角其前), 형주(荊州)는 완·섭(宛·葉)을 내려가 뒤에서 발을 잡아당긴다(掎其後)"라 하였는데 곧 이 『전』의 뜻을 썼다. 청나라 초순(焦循)의 『보소(補疏)』를 참조하였다.

34 북지(踣之): 그것을 넘어지게 하다.

35 면(免): 죄의 책임에서 벗어나다.

36 시(是): 효(殽)의 전역을 가리킨다.

37 진나라의 모든 전역에서 우리 여러 융족은 진나라와 합동으로 전쟁을 하지 않은 적이 없다는 말이다. 상계우시(相繼于時)는 일찍이 중간에 끊어진 적이 없다는 말이다.

38 종(從): 좇다, 따르다.

猶殽志也,[39]	효에서의 뜻과 같이했으니
豈敢離逷?[40]	어찌 감히 멀리 떼어 놓겠습니까?
今官之師旅無乃實有所闕,[41]	지금 집정으로 있는 사려가 실로 잘못이 있어서
以攜諸侯,[42]	제후들과 손을 잡았는데
而罪我諸戎!	우리 여러 융족에게 죄를 씌우는 것 아닙니까!
我諸戎飮食衣服不與華同,	우리 여러 융족은 음식과 의복이 중화와 같지 않고
贄幣不通,[43]	예물도 교통하지 않고
言語不達,[44]	언어도 통하지 않으니
何惡之能爲?	어찌 나쁜 짓을 할 수 있겠습니까?
不與於會,	회합에 참석하지 않더라도
亦無瞢焉."[45]	또한 부끄러움이 없습니다."
賦靑蠅而退.[46]	「청승」을 읊고 물러났다.

39 효에서의 전역을 지원할 때와 그 마음이 같다는 말이다.

40 적(逷): 적(逖)자와 같은 뜻이다. 멀다, 어긋나다.

41 관지사려(官之師旅): 진(晉)나라의 집정(執政)을 가리킨다. 사려(師旅)는 성공 18년의 『전』과 『주』를 보라. 관지사려는 곧 진나라의 집정이다. 진나라 집정을 배척하여 말하지 않은 것은 외교상의 말투이다.

42 이 때문에 제후들이 두 마음을 가지게 되었다는 것이다.

43 제후들과 왕래를 하지 않는다는 것을 이른다.

44 달(達): 역시 통한다는 뜻이다.

45 몽(瞢): 번민하다, 부끄럽다, 근심하다의 뜻.

宣子辭焉,[47] 선자가 사과하고

使卽事於會, 회합에서 일에 임하게 하여

成愷悌也.[48] 참언을 믿지 않음을 보였다.

於是, 이때

子叔齊子爲季武子介以會,[49] 자숙제자가 계무자의 중개자로 회합에 참석하니

自是晉人輕魯幣而益敬其使.[50] 이로부터 진나라 사람이 노나라의 폐백을 덜어 주고 그 사신을 더욱 공경하였다.

吳子諸樊旣除喪, 오자 제번이 집상을 마치자

將立季札.[51] 계찰을 세우려 하였다.

---

46 청승(青蠅): 『시경·소아(小雅)』의 편명. 그 가운데 "화락한 군자는 참언을 믿지 않는다네(愷悌君子, 無信讒言)"라는 구절이 있다.

47 사(辭): 사(謝)와 같으며, 사과하다의 뜻.

48 두예는 "성개제(成愷悌)는 참언을 믿지 않는 것이다. (『경』에서) 기록하지 않은 것은 융은 진나라의 속국으로 독립적으로 회합에 참석할 수 없기 때문이다"라 하였다.

49 자숙제자(子叔齊子): 『경』의 숙로(叔老)이다. 숙씨는 또한 자숙씨(子叔氏)라고도 일컫는데, 이를테면 소공 2년의 『전』에서는 숙궁(叔弓)을 자숙자(子叔子)라 하고, 소공 21년의 『경』에서는 숙첩(叔輒)을 자숙(子叔)이라 하였다. 『예기·단궁(檀弓) 하』에는 자숙경숙(子叔敬叔)이 있다. 제자(齊子)는 두예는 숙로의 자(字)라고 하였는데, 고염무(顧炎武)는 숙로의 시호라고 하였다. 혹자는 숙로의 부친의 이름이 영제(嬰齊)이므로 그 아들은 제(齊)자를 자로 쓸 수가 없다고 하였다. 제자를 자로 쓸 수 없다면 또한 제자를 시호로도 쓸 수가 없다. 영제는 두 자를 이름으로 삼았는데 『예기』「곡례 상」과 「단궁 하」에서는 모두 "두 자 이름은 하나만 꺼리지 않는다"하였는데 바로 이를 말한다.

50 폐(幣): 곧 폐백(幣帛)이다. 이는 모든 예물로 바치는 것을 대표한다. 진나라가 노나라의 예물로 바치는 것을 경감해 준 것이다.

季札辭曰,	계찰이 사양하면서 말하였다.
"曹宣公之卒也,	"조선공이 죽었을 때
諸侯與曹人不義曹君,	제후가 조나라 사람과 조나라 임금을 의논하지도 않고
將立子臧.[52]	자장을 세우려 했습니다.
子臧去之,	자장이 떠나
遂弗爲也,	마침내 조나라 임금이 되지 않고
以成曹君.[53]	조나라 임금을 도왔습니다.
君子曰 '能守節.'[54]	군자는 '절개를 잘 지켰다'라 하였는데,
君,	임금은

51 오자 승〔吳子乘: 곧 수몽(壽夢)〕은 양공 12년 가을 9월에 죽었으며 제번(齊樊)은 이미 13년 정월에 즉위하였으니 계찰에게 양위한 것은 즉위하고 상을 마친 뒤이다. 춘추시대에는 혹 삼년상을 치르기도 하였는데 소공 15년 『전』에서 "왕은 1년에서 3년까지의 두 상이 있다"라 한 것으로 증명할 수 있다. 제번은 수몽의 장자이다. 양공 29년의 『공양전』에서는 "알(謁)이랑 여채(餘祭)랑 이매(夷昧)는 계찰과 어머니가 같은 네 명이다. 계자는 어려서부터 재주가 있어서 형제들이 모두 그를 사랑하여 함께 그를 임금으로 세우고자 하였다. 알이 말하였다. '지금 갑자기 계자에게 주면 계자는 오히려 받지 않을 것이다. 청컨대 아들에게 주지 말고 아우에게 주어 형제가 돌아가며 임금이 되어 계자에게 미치게 하자' 하니 모두들 '좋다' ……" 하였으니 제번은 일찍이 상을 끝내고 양위를 한 일이 없다. 『사기·오세가(吳世家)』에서는 이 일을 서술하여 계찰을 세운 것이 본래 수몽의 뜻이었고 제번은 아버지의 뜻 때문에 양위를 하였다고 하였으며, 또한 이 장(章)을 온전히 『전』의 문장으로 취하였으니 『공양전』 때문에 그런 것이 아님을 알 수 있다. 『공양전』의 알은 곧 『좌전』의 알(遏)로 고음이 서로 통하였다.

52 조선공(曹宣公)은 노성공 13년에 죽었다. 조군(曹君)은 조성공(曹成公) 부추(負芻)를 가리키며 태자를 죽이고 스스로 즉위했는데, 또한 성공 13년의 『전』에 보인다.

53 이 일은 또한 성공 15년과 16년의 『전』에 보인다.

54 능수절(能守節): 이 말은 원래 자장(子臧)이 한 말로 또한 성공 15년의 『전』에도 보인다.

義嗣也,[55]	의롭게 이어야 하는 것이니
誰敢奸君?[56]	누가 감히 임금을 범하겠습니까?
有國,	나라를 갖는다는 것은
非吾節也.[57]	나의 절개가 아닙니다.
札雖不才,	저는 비록 재주가 없으나
願附於子臧,	자장에게 붙음으로써
以無失節."	절개를 잃는 일이 없도록."
固立之,	그래도 굳이 세우려 하니
棄其室而耕,	집을 버리고 밭을 갈았는데
乃舍之.[58]	그제서야 내버려 두었다.

夏,	여름에
諸侯之大夫從晉侯伐秦,	제후의 대부가 진후를 따라 진나라를 쳤는데
以報櫟之役也.[59]	역의 전역을 보복하고자 해서였다.

---

55 의사(義嗣): 제번은 죽은 임금의 적장자이므로 당연히 계승을 해야 하기 때문에 이렇게 말하였다.

56 간(奸): 범하다.

57 자장이 임금을 사양하면서 말하기를 "임금이 되는 것은 내 절의(節義)가 아니다"라 하였는데 이와 뜻이 같다.

58 두예는 "『전』에서는 계찰이 사양한 것을 말하고 또한 오나라는 형제가 서로 전하였다는 것을 밝혔다"라 하였다.

59 역의 전역은 11년의 『전』에 보인다.

晉侯待于竟,[60]	진후가 국경에서 기다리면서
使六卿帥諸侯之師以進.	육경으로 하여금 제후의 군사들을 거느리고 진격하게 하였다.
及涇,[61]	경수에 이르러서도
不濟.[62]	건너지 않았다.
叔向見叔孫穆子,[63]	숙상이 숙손목자를 찾아보았더니
穆子賦匏有苦葉,[64]	목자가 「포유고엽」을 읊었었으며
叔向退而具舟.	숙상은 물러나 배를 갖추었다.
魯人, 莒人先濟.	노나라 사람과 거나라 사람이 먼저 건넜다.

---

60 경(竟)은 경(境)과 같다.

61 경(涇): 경수는 남북의 두 근원이 있으며 두 근원은 합쳐진 후에 섬서 빈현(彬縣)과 경양(涇陽), 고릉(高陵)을 거쳐 위하(渭河)로 유입된다. 이곳의 경수를 건넌 곳은 경양현 남쪽에 있을 것이다.

62 두예는 "제후의 군사가 건너려 하지 않은 것이다"라 하였다.

63 숙상(叔向): 곧 11년『전』의 숙힐(叔肸)이다. 그곳의『주』에 상세하다.
숙손목자(叔孫穆子): 곧 노나라의 숙손표(叔孫豹)이다.

64 포유고엽(匏有苦葉):『시경·패풍(邶風)』의 편명이다.「노어 하」에서는 "진숙상이 숙손목자를 찾아뵙고 말하였다. '제후들은 진(秦)나라가 공손하지 못하다고 토벌하는데 경수에 이르러 멈추니 진나라에 무슨 도움이 되겠는가?' 목자가 말하였다. '표의 일은「포유고엽」에 미치니 기타는 알지 못하겠다.' 숙상이 물러나 주우(舟虞)와 사마를 부르더니 말하였다. '대체로 쓴 박은 사람에게 재목이 되지 못하니 함께 건널 따름이다. 노나라 숙손이「포유고엽」을 읊었으니 반드시 건널 따름이다'"라 하였다. 포(匏)는 곧 박이며 호로(葫蘆)라고도 하는데 옛날 사람들은 호리병을 만들기도 하였다. 먹을 수는 없기 때문에 숙상이 "쓴 박은 사람들에게 재목이 되지 못한다"고 하였다. 그러나 깊은 물을 떠서 건널 때는 부낭(浮囊)으로도 쓰면 가라앉는 것을 면하게 하므로 가라앉는 것을 면하게 하기 때문에 숙상이 기뻐하며 "'함께 건널 따름이다'라 하였다."『갈관자·학문(鶡冠子·學問)』편에서는 "천한 것은 쓰임이 없는 데서 생겨나니 물살 한가운데서 배를 잃으면 호리병 하나가 천금의 가치가 있다"라 하였는데 바로 이 뜻이다.

鄭子蟜見衛北宮懿子曰,[65]	정나라 자교가 위나라 북궁의자를 보고 말하였다.
“與人而不固,	“남을 돕고자 하면서 굳게 하지 않으면
取惡莫甚焉,	악한 행동이 이보다 심한 것이 없을 것인데
若社稷何?”[66]	사직이야 어떻겠습니까?”
懿子說.	의자는 기뻐하였다.
二子見諸侯之師而勸之濟.[67]	두 사람은 제후의 군사를 보고 건널 것을 권하였다.
濟涇而次.	경수를 건너서 주둔하였다.
秦人毒涇上流,	진나라 사람이 경수의 상류에 독을 풀어
師人多死.[68]	군사들 중에 죽는 사람이 많았다.
鄭司馬子蟜帥鄭師以進,	정나라 사마 자교가 정나라 군사를 거느리고 진격하니
師皆從之,[69]	군사들이 모두 그를 따라

65 북궁의자(北宮懿子): 곧 북궁괄(北宮适)이다.

66 이 말의 뜻은 진나라에 복종하면서 다른 마음을 가지는 것은 가장 사람을 미워하게 하는 것이니 국가가 장차 어떻게 되겠느냐 하는 것이다.

67 노나라와 거나라가 이미 먼저 건넜고 정나라와 위나라의 군사 또한 반드시 건너려 할 것이니, 제후의 군사는 곧 제나라와 정나라, 송나라, 조나라, 주나라, 등나라, 설나라, 기나라 및 소주이다.

68 두예는 “독을 탄 물을 마셨기 때문이다”라 하였다.

至于棫林,[70]	역림에 이르렀지만
不獲成焉.[71]	성사시키지 못했다.
荀偃令曰,	순언이 명령하여 말하였다.
"鷄鳴而駕,	"닭이 울면 멍에를 지우고
塞井夷竈,[72]	우물을 막고 아궁이를 평탄하게 한 후
唯余馬首是瞻."	내 말 머리만 쳐다보라."
欒黶曰,	난염이 말하기를
"晉國之命,	"진나라의 명령에
未是有也.[73]	이런 것은 없었다.
余馬首欲東."[74]	나는 말 머리를 동쪽으로 향하고자 한다"라 하고
乃歸.	이에 돌아갔다.
下軍從之.	하군이 그를 따랐다.

69 19년에 자교는 죽으며, 진후는 주왕에게 대로(大路: 천자가 하사하는 수레의 총칭)를 내려 장례를 치러 줄 것을 청하는데 바로 이 때문이다.

70 역림(棫林): 두예는 "역림은 진(秦)나라 땅이다"라 하였다. 지금의 경양현(涇陽縣) 경수(涇水)의 서남쪽에 있을 것이다.

71 불획성(不獲成): 두예는 "진나라가 불복하였다"라 하였으니, 전쟁을 하면서 획성(獲成)이라 함은 적국이 굴복한 것을 말한다.

72 색정이조(塞井夷竈): 진을 펼치기에 편하도록 하는 것이다. 성공 16년의 『전』과 『주』에 상세하다.

73 진나라는 예로부터 이런 명령을 내린 적이 없다는 말이다.

74 진나라 군사는 서쪽에 있는데 동쪽으로 간다는 것은 돌아간다는 뜻이다.

左史謂魏莊子曰,[75]	좌사가 위나라 장자에게 일러 말하였다.
"不待中行伯乎?"[76]	"중항백을 기다리지 않습니까?"
莊子曰,	장자가 말하였다.
"夫子命從帥,[77]	"부자가 장수를 따르라 했는데
欒伯,	난백이
吾帥也,[78]	우리 장수이니
吾將從之.	내 그를 따를 것이다.
從帥,	장수를 따르는 것이
所以待夫子也."[79]	부자를 대하는 것이다."
伯游曰,	백유가 말하였다.
"吾令實過,	"내 명령이 실로 지나쳤으니

75 좌사(左史): 관직 이름이다. 『일주서·사기해(史記解)』에 "정월에 왕이 성남(成南)에 있었는데 새벽이 상쾌하여 삼공(三公)과 좌사, 융부(戎夫)를 불렀다"는 말이 있으며, 『문선·사현부(文選·思賢賦)』의 주석에서는 고문 『주서(周書)』를 인용하여 "주목왕이 좌사씨에게 사표(史豹)와 사량(史良)에 대하여 물었다"라 하였고, 소공 12년의 『전』에는 좌사 의상(倚相)이 있다. 『진서·직관지(晉書·職官志)』에서는 "저작랑은 주나라 좌사에 해당하는 일을 한다"라 하였다. 이 좌사는 군대를 따라다니면서 기술하는 관직일 것이다. 전인의 해설은 거의 이 사실을 밝히지 않았다.
장자(莊子): 위강(魏絳)이다.

76 중항백(中行伯): 곧 순언이다.

77 부자(夫子): 순언(荀偃)을 가리킨다.

78 난백은 하군수(下軍帥)이다.

79 좌사가 "不待中行伯"이라고 물었을 때의 대(待)는 기다린다는 뜻으로 중군수가 퇴군의 명령을 내리지 않았는데 제 멋대로 철군한 것은 옳지 않다는 뜻이다. 이곳의 "所以待"는 대하다〔對待〕의 뜻이다.

悔之何及,	뉘우친들 어찌 미칠 것이며
多遺秦禽."[80]	다만 진나라에 포로만 남길 뿐이다."
乃命大還.[81]	이에 전군의 철수를 명하였다.
晉人謂之"遷延之役".[82]	진나라 사람은 그것을 일러 "질질 끌기만 한 전역"이라 하였다.
欒鍼曰,	난침이 말하였다.
"此役也,	"이번 싸움은
報櫟之敗也.	역의 패배를 보복하기 위함이었다.
役又無功,	싸움에서 또 공을 세우지 못하였으니
晉之恥也.	진나라의 수치이다.
吾有二位於戎路,[83]	나는 병거대에서 지위가 두 번째이니
敢不恥乎?"	감히 치욕스럽지 않겠는가?"
與士鞅馳秦師,	사앙과 함께 진나라 군사 쪽으로 달려가

80 다(多): 다만, 마침. 왕인지(王引之)의 『술문(述聞)』에 상세하다.

81 대환(大還): 전군을 철수시키는 것이다.

82 천연(遷延): 처음에는 제후의 군사들이 경수를 건너지 않았는데 이어서 정나라 군사가 진군하였다가 후퇴하였으며 역림에 이르러서는 장수끼리 불화하여 대철수를 하였다. 천연(遷延)이라는 것은 질질 끌기만 하다가 아무런 성취도 없는 것을 말한다.

83 융로(戎路): 난침(欒鍼)은 난염(欒黶)의 아우로 이때 융우(戎右)였다. 융로는 장수가 타는 병거로 위치가 어자의 다음이었으므로 융로에 있다고 하는 것은 나는 2위라는 말이다. 두예는 "이위는 난염은 하군장이었고 난침은 융우라는 것을 이른다"라 하였다.

死焉.[84]	그곳에서 죽었다.
士鞅反.	사앙은 돌아왔다.
欒黶謂士匃曰,	난염이 사개에게 말하였다.
"余弟不欲往,	"내 동생은 가고 싶어 하지 않았는데
而子召之.[85]	그대 아들이 불러내었소.
余弟死,	내 동생은 죽고
而子來,	그대 아들은 왔으니
是而子殺余之弟也.[86]	이는 그대의 아들이 내 아우를 죽인 것이오.
弗逐,	그를 쫓아내지 않으면
余亦將殺之."	나 또한 그를 죽일 것이오."
士鞅奔秦.	사앙은 진나라로 달아났다.
於是齊崔杼, 宋華閱, 仲江會伐秦.[87]	이때 제나라의 최저와 송나라의 화열, 중강이 만나서 진나라를 쳤다.
不書,	기록하지 않은 것은

84 사앙(士鞅): 사개(士匃)의 아들이다.

85 이(而): 이(爾)와 같다. 아래의 두 이(而)자도 같다.

86 여(余): 대명사로 주어로 쓰일 수 있으며 또한 목적어의 위치에 쓰일 수도 있다. 「모공정의 명문(毛公鼎銘)」에서는 "나에게 선왕의 그 덕을 알렸다(告余先王若德)"라 하여 "지(之)"자를 쓰지 않았다. 또한 "余之弟"는 금문(金文)에는 이런 용법이 없다. 여기서 말한 "余之弟"는 『상서·강고(康誥)』의 "짐의 그 아우(朕其弟)"와 같은 뜻이다.

87 중강(仲江): 송나라 공손사(公孫師)의 아들이다.

惰也.[88]	게을리 해서이다.
向之會亦如之.[89]	상의 회합 또한 그러하다.
衛北宮括不書於向,[90]	위나라 북궁괄을 상의 회합에서는 기록하지 않고
書於伐秦,	진나라를 치는 데는 기록한 것은
攝也.[91]	잘 도왔기 때문이다.
秦伯問於士鞅曰,	진백이 사앙에게 물었다.
"晉大夫其誰先亡?"	"진나라 대부 중에 누가 먼저 망하겠는가?"
對曰,	대답하였다.
"其欒氏乎!"	"아마 난씨일 것입니다!"
秦伯曰,	진백이 말하였다.
"以其汰乎?"	"교만해서인가?"
對曰,	대답하였다.
"然.	"그렇습니다.

88 제나라와 송나라는 모두 대국으로 『경』의 예대로라면 경의 이름을 기록하여야 하는데 일에 임하여 태만하여 경수(涇水)를 건너지 않으려 한 것처럼 되었으므로 사람의 이름만 적은 것이다.

89 상의 회합에서도 제나라 사람과 송나라 사람의 이름을 기록하였는데 예가 같다.

90 두예는 "역시 게을리 한 것이다"라 하였다.

91 섭(攝): 정돈이라는 뜻이 있고, 또한 도와준다는 뜻이 있는데 이곳에서는 두 가지 의미가 모두 통할 수 있다. 심흠한(沈欽韓)의 『보주(補注)』에서는 전자의 의미를 주장하였고, 유월(兪樾)의 『평의(平議)』에서는 후자의 의미를 주장하였다.

欒黶汰虐已甚,[92]	난염은 교만과 포학함이 그렇게 심한데도
猶可以免,	오히려 면할 수 있으니
其在盈乎!"[93]	영에 있어서이겠습니까!"
秦伯曰,	진백이 말하였다.
"何故?"	"무슨 까닭인고?"
對曰,	대답하였다.
"武子之德在民,	"무자의 덕이 백성에 있는 것이
如周人之思召公焉,	주나라 사람이 소공을 생각하는 것과 같아
愛其甘棠,	감당까지 사랑하였으니
況其子乎?[94]	하물며 그 아들이겠습니까?
欒黶死,	난염이 죽으면
盈之善未能及人,	난영의 선함은 남들에게도 미치지 못하며
武子所施沒矣,[95]	무자가 베푼 것은 없어질 것이고

92 이심(已甚): 너무 심하다.

93 영(盈): 난염(欒黶)의 아들이다.

94 두예는 "무자는 난서(欒書)로 난염의 아버지이다. 소공석(召公奭)이 소송을 처리하면서 감당(甘棠)나무 아래 머물렀는데, 주나라 사람이 그를 생각하여 그 나무를 해치지 않고 베지 말라는 내용의 시를 지었으며 「소남(召南)」에 있다"라 하였다.

95 세월이 조금만 오래되면 혜택이 남아 있기 어렵다는 말이다.

而黶之怨實章,[96]	염을 원망함이 실로 환해질 것이니
將於是乎在."[97]	이곳에 있을 것입니다."
秦伯以爲知言,	진백은 식견이 있는 말이라고 생각하여
爲之請於晉而復之.[98]	진나라에 그를 복권시켜 주도록 청하였다.

衛獻公戒孫文子, 甯惠子食,[99]	위헌공이 손문자와 영혜자에게 식사를 하자고 하자
皆服而朝,[100]	모두 조복을 입고 입조하였으나
日旰不召,[101]	해가 지도록 부르지 않고
而射鴻於囿.	동산에서 기러기만 쏘고 있었다.
二子從之,[102]	두 사람이 헌공을 좇았는데

---

96 장(章): 창명(彰明)과 같은 뜻이다.

97 망하는 것이 여기에 있을 것이라는 말이다.

98 16년 봄 사앙은 공족대부(公族大夫)가 되었으니 그가 귀국한 것은 16년 이전일 것이다. 진나라가 난씨를 멸한 일은 21년의 『전』에 보인다.

99 계식(戒食): 함께 식사를 하자고 약속하는 것을 말한다.

100 두예는 "조복을 입고 조정에서 명을 기다리는 것이다"라 하였다. 조복은 현관〔玄冠: 검으면서 적색을 띤 예모(禮帽)〕, 치포의(緇布衣), 소적(素積)으로 하의를 만들고〔생견(生絹)으로 하의를 만드는데 허리춤에 주름이 있다〕, 상의와 모자는 모두 검은색이다. 하의는 흰색이다.

101 간(旰): 해가 지는 것이다.

102 두예는 "동산으로 공을 좇아간 것이다"라 하였다.

不釋皮冠而與之言.[103]	피관도 벗지 않고 그들에게 말을 하였다.
二子怒.	두 사람이 노하였다.
孫文子如戚,[104]	손문자가 척으로 가서
孫蒯入使.[105]	손괴가 입조하여 명을 청하였다.
公飮之酒,	공이 그에게 술을 내려 주고
使大師歌巧言之卒章.[106]	태사로 하여금 「교언」의 마지막 장을 노래하게 하였다.
大師辭.[107]	태사가 거절하였다.

103 피관(皮冠): 흰 사슴의 가죽으로 만든 모자로 사냥할 때 쓰는 것이다. 임금이 신하를 접견할 때 신하가 조복을 입으면 당시의 의절(儀節)대로라면 피관을 벗어야 한다. 소공 12년『전』에는 초자(楚子)가 자혁(子革)을 볼 때 피관을 벗는 것을 서술한 것으로 알 수 있다. 곧 군신(君臣)이 서로 만나 볼 때 또한 반드시 피관이나 투구를 벗어야 한다. 성공 16년의『전』에서 "극지가 객을 만나 보고는 투구를 벗었다(郤至見客免冑)"라 한 것이 이것이다. 손림보(孫林父)와 영식(甯殖)은 조복을 입었는데 위헌공은 그들을 보고도 피관을 벗지 않았으니 고의로 그들을 욕보인 것일 것이다.『여씨춘추·신소(愼小)』편에서는 "위헌공이 손림보와 영식에게 식사를 하자고 하였는데 기러기가 동산에 모여들어 우인(虞人)이 알렸다. 공이 동산으로 가서 기러기를 쏘았다. 두 사람이 임금을 기다리다가 해가 저물었는데도 공이 이르지 않았다. 왔는데 피관을 벗지 않고 두 사람을 보았다. ……"라 하였다. 이는 두 사람이 공을 찾아 동산에 간 적이 없다는 것으로『전』과는 내용이 조금 다르다.

104 척(戚): 손씨의 채읍으로 지금의 하남 복양현(濮陽縣) 북쪽이다. 나머지는 문공 원년의『경』과『주』에 상세하다.

105 괴(蒯): 손문자(孫文子)의 자이다. 입조하여 명을 청한 것이다.

106 태사(大師): "大"는 "太"와 같다. 태사는 악관의 우두머리이다.
교언(巧言):『시경·소아(小雅)』의 편명이다. 그 마지막 장에서 말하기를 "저 사람 어떤 사람인가? 황하 물가에 산다네. 힘도 없고 용기도 없으니, 어지러움 일삼고 있네(彼何人斯, 居河之麋. 無拳無勇, 職爲亂階)"라 하였다. 두예는 "헌공은 이로써 문자를 비유하려고 하였는데 황하 가에 머물면서 난을 일으키려 한다는 것이다"라 하였다.

107 태사는 그것이 반드시 문자가 난을 일으키는 것을 재촉하리라는 것을 알았기 때문이다.

師曹請爲之.[108]	사조가 하겠다고 청하였다.
初,	처음에
公有嬖妾,	공에게 애첩이 있었는데
使師曹誨之琴,	사조로 하여금 거문고를 가르치게 하였는데
師曹鞭之.	사조가 그를 채찍질하였다.
公怒,	공이 노하여
鞭師曹三百.	사조에게 채찍 3백 대를 때렸다.
故師曹欲歌之,	일부러 사조가 그것을 노래하고자 하여
以怒孫子,	손자를 노하게 하여
以報公.[109]	공에게 보복하였다.
公使歌之,	공이 그것을 노래하게 하여
遂誦之.[110]	마침내 그것을 낭송하였다.
蒯懼,	괴가 두려워하여

108 사조(師曹): 태사가 위촉한 악인(樂人)이다.

109 채찍을 맺은 원한을 보복한 것이다.

110 가(歌)와 송(誦)은 같지 않다. 가는 반드시 악보에 의거해야 하며, 송은 억양에 따라 오르내릴 뿐이다. 『주례·대사악(大司樂)』의 정현의 주석에서는 “소리로 박자를 맞추는 것을 송이라 한다”라 하였는데, 소리로 박자를 맞춘다는 것은 다만 풍송(諷誦)하는 가락이라 하여 악보를 가리키지 않으므로 「진어(晉語) 3」 위소(韋昭)의 주석에서는 “노래하지 않는 것을 송이라 한다”라 하였다. 두예는 “손괴가 이해하지 못할까 걱정이 되었기 때문”이라고 하였으니 『맹자·고자(告子) 하』의 “요의 말을 송독하였다(訟堯之言)”는 송으로 보았다. 이 송은 송독(誦讀)한다는 뜻이다.

告文子.	문자에게 일렀다.
文子曰,	문자가 말하였다.
“君忌我矣,	“임금께서는 나를 꺼리는 것이니
弗先,	선수를 치지 않으면
必死.”[111]	반드시 죽을 것이다.”
幷帑於戚而入,[112]	척에다 온 집안사람들을 한데 모아 놓고
見蘧伯玉,[113]	거백옥을 만나자
曰,	말하였다.
“君之暴虐,	“임금님의 포학함은

111 선수를 치지 않으면 반드시 위헌공의 손에 죽을 것이라는 말이다.

112 옛날에는 “幷帑於戚”을 한 구로 끊어서 읽고 “而入”은 아래쪽으로 붙여 읽었는데 확실치 않다. 여기서는 우창(于鬯)의 『향초교서(香草校書)』를 따른다.
노(帑): 자제(子弟)와 신복(臣僕) 등 모든 가솔들을 광범위하게 가리킨다. 위나라는 성공 때 이미 제구(帝丘)로 천도를 하였는데 곧 지금의 복양현(濮陽縣) 서남쪽 20여 리 지점의 전욱성(顓頊城)이다. 손문자의 가솔들은 원래 두 곳에 나뉘어 있었는데 하나는 채읍인 척(戚)에 있었고, 하나는 도읍인 제구에 있었다. 이때 반란을 일으키려고 가솔들을 척에 모아 놓은 다음에 거느리고 제구로 들어갔다. “而入”이라는 것은 도읍으로 들어가 위헌공을 공격하는 것이다. 옛날에는 “而入見蘧伯玉”으로 읽었는데, 거백옥은 영공의 신하인지 아니면 공구(孔丘)와 친구인지는 확실하지 않다. 영공은 헌공의 손자로 노소공 8년에 즉위하여 애공 2년에 죽는다. 이때부터 위영공의 죽음까지는 67년의 거리가 있다. 이때 거백옥은 매우 어렸을 것이며 반드시 고위 관직에 있지 않았을 것이므로 손림보가 반드시 그를 찾아보지는 않았을 것이다.

113 이는 손림보가 도읍으로 들어갔을 때 우연히 거백옥을 만났을 것이며, 거백옥이 그가 병력을 이끌고 가는 것을 보았기 때문에 어쩔 수 없이 그에게 말을 한 것이다.
거백옥(蘧伯玉): 이름은 원(瑗)이며, 시호는 성자(成子)이고 거장자무구(蘧莊子無咎)의 아들이다.

子所知也. 그대가 아는 바요.

大懼社稷之傾覆, 사직이 기울고 엎어질까 몹시 두려우니

將若之何?" 어떻게 하시렵니까?"

對曰, 대답하였다.

"君制其國, "임금께서 나라를 다스리시는데

臣敢奸之?[114] 신하가 감히 범하겠습니까?

雖奸之, 비록 범한다 할지라도

庸知愈乎?"[115] 어찌 나을 줄 알겠습니까?"

遂行, 마침내 떠나

從近關出.[116] 가까운 관문으로 나갔다.

公使子蟜, 子伯, 子皮與孫子盟于丘宮,[117] 공이 자교와 자백, 자피로 하여금 손자와 구궁에서 맹약을 하게 하였는데

---

114 간(奸): 범하는 것이다.

115 용(庸): 반문(反問)하는 부사로, 어찌라는 뜻으로 쓰였다. 이 구절의 뜻은 옛 임금을 폐하고 새 임금을 세운다 하더라도 새 임금이 옛 임금보다 더 나으리라는 것을 어찌 알겠는가라는 뜻이다.

116 나라의 경계에는 관(關)이 있는데, 위나라는 사방이 모두 나른 나라와 이웃해 있어 거백옥이 빨리 국경을 벗어나 화란을 면하고자 하였으며, 이에 가장 가까운 국경의 문을 통해 나라를 빠져나간 한 것이다. 『사기·위세가(衛世家)』에도 이 일이 서술되어 있는데 비교적 간략하다.

117 자교(子蟜) 등 세 사람은 모두 위나라의 공자이다.
구궁(丘宮): 위나라의 도읍에 있을 것이며, 손림보의 병사가 이미 공의 궁에 들이닥쳤기 때문에 공이 어쩔 수 없이 손씨에게 화해를 청하였다. 두예의 주석은 이 몇 구절에

孫子皆殺之.	손자가 그들을 모두 죽여 버렸다.
四月己未,	4월 기미일에
子展奔齊,[118]	자전은 제나라로 달아나고
公如鄄.[119]	공은 견으로 갔다.
使子行請於孫子,[120]	자행으로 하여금 손자에게 청하게 하니
孫子又殺之.[121]	손자가 또 그를 죽였다.
公出奔齊,	공이 제나라로 달아나자
孫氏追之,	손씨가 그를 쫓아가
敗公徒于河澤,[122]	하택에서 공을 무리를 패배시키자
鄄人執之.[123]	견의 사람이 그들을 붙잡아 갔다.
初,	처음에
尹公佗學射於庾公差,	윤공타가 유공차로부터 활쏘기를 배웠는데

대해 오류가 많다.

118 두예는 "자전은 위헌공의 아우이다"라 하였다. 아마 위헌공이 제나라로 달아나려고 하자 자전이 앞장을 선 것 같다.

119 견(鄄): 지금의 산동 견성현(鄄城縣) 서북쪽이며, 나머지는 장공 24년의 『경』과 『주』에 상세하다.

120 원래는 "청(請)"자가 없었는데 가나자와 문고본(金澤文庫本)과 완원의 『교감기』를 따라 추가하였다. 두예의 주석에 의하면 두예가 본 판본에도 또한 "請"자가 있었다.

121 두예는 "화해를 청하도록 보낸 것이다. 자행은 여러 공자 중의 하나이다"라 하였다.

122 하택(河澤): 또한 "아택(阿澤)"이라고도 한다. 지금의 산동 양곡현(陽穀縣) 동북쪽으로 운하(運河)가 경유하는 곳이다.

123 위헌공의 패잔병들을 붙잡아 간 것이다.

庾公差學射於公孫丁. 유공차는 공손정에게서 활쏘기를 배웠다.

二子追公,[124] 두 사람이 공을 뒤쫓았을 때

公孫丁御公. 공손정이 공의 수레를 몰았다.

子魚曰,[125] 자어가 말하였다.

"射爲背師, "활을 쏘면 스승을 저버리게 되고

不射爲戮, 쏘지 않으면 죽게 되니

射爲禮乎?"[126] 쏘는 것이 예인가"

射兩軥而還.[127] 양쪽 멍에를 쏘고 돌아왔다.

尹公佗曰, 윤공타가 말하였다.

"子爲師,[128] "그대는 스승을 위해 그러지만

我則遠矣."[129] 내게는 먼 사이이다."

乃反之.[130] 이에 되돌렸다.

---

124 이자(二子): 윤공타(尹公佗)와 유공차(庾公差)이다.

125 자어(子魚): 유공차의 자이다.

126 "쏘는 것이 예이다(射爲禮)"라는 것은 쏘거나 쏘지 않는 것 두 가지 중 쏘는 것이 예에 맞다는 것을 말한다. 두예는 "예의로 쏘는 것은 맞히는 것을 추구하지 않는다"하였는데 이는 『전』의 뜻이 아니다.

127 구(軥): 옛날의 수레는 말 네 마리가 끌었는데 중간에 있는 말 두 마리를 양복(兩服)이라고 하였으며, 끌채의 끝에는 횡목(橫木)이 있는데 이를 형(衡)이라 했고 이 형의 아래에 묶는 굽은 나무가 있는데 양복의 목에 끼우는데 이것이 구(軥), 곧 멍에이다.

128 위(爲): 거성(去聲)이다. 너는 공손정이 스승이기 때문에 쏘아서 맞히지를 못한다는 뜻이다.

129 공손정은 그 스승의 스승이어서 관계가 비교적 멀다는 것이다.

130 수레를 돌려 다시 위헌공을 추격한 것이다.

公孫丁授公轡而射之,	공손정이 헌공에게 고삐를 주고 그를 쏘아서
貫臂.[131]	팔뚝을 꿰뚫었다.
子鮮從公.[132]	자선이 공을 따랐다.
及竟,	국경에 이르러
公使祝宗告亡,	공이 축종으로 하여금 도망간 것을 고하게 하고
且告無罪.[133]	또한 죄가 없음을 고하게 하였다.
定姜曰,	정강이 말하였다.
"無神,	"신이 없다면
何告?	어찌하여 고하는가?

131 공손정이 윤공타를 쏘아 화살이 윤공타의 팔뚝을 꿰뚫은 것이다. 『맹자·이루(離婁) 하』에서는 "정나라 사람이 자탁유자(子濯孺子)로 하여금 위나라를 침략하게 하자 위나라에서는 유공지사(庾公之斯)로 하여금 그를 추격하게 하였다. 자탁유자가 말하기를 '부자께서는 어찌하여 활을 잡지 않습니까?' 하고 묻자 자탁유자는 '오늘 나는 병이 나서 활을 잡을 수가 없다네'라고 대답하였다. 유공지사가 말하기를 '소인은 활쏘기를 윤공지타에게서 배웠고, 윤공지타는 활쏘기를 부자에게서 배웠으니, 나는 차마 부자의 도로써 도리어 부자를 해칠 수 없습니다. 그러나 오늘의 일은 국가의 일이니 제가 감히 그만둘 수 없습니다' 하고는 화살을 뽑아 수레바퀴에 두들겨 살촉을 빼버린 후 네 개의 화살을 쏜 뒤에 돌아갔다"라 하였다. 공영달의 주석[소(疏)]에서는 이 문장을 인용하여 "그 성과 이름은 이와 대략 같은데 의를 행한 것은 이와는 정반대이다. 한 사람의 몸에서 이런 두 가지 행위가 나올 수 없다. 맹자 같은 변사의 말은 혹 거짓을 덧붙여 한 말일 것이므로 이 『전』이 사실일 것이다"라 하였다.

132 두예는 "자선(子鮮)은 헌공의 동복아우이다"라 하였다.

133 두예는 "종묘에 고한 것이다"라 하였다. 우창(于鬯)은 축종 또한 공을 따라 갔기 때문에 국경에 단을 만들고 신에게 고하게 한 것이라고 하였다. 『향초교서(香草校書)』에 상세하다.

若有,	만약 있다면
不可誣也.	속일 수가 없다.
有罪,	죄가 있는데
若何告無?	어찌하여 없다고 고하는가?
舍大臣而與小臣謀,[134]	대신들은 버려두고 소신들과 모의하였으니
一罪也.	첫 번째 죄이다.
先君有冢卿以爲師保,[135]	선군께서 총경을 남기어 사보로 삼았는데
而蔑之,[136]	그들을 멸시하였으니
二罪也.	두 번째 죄이다.
余以巾櫛事先君,	나는 수건과 빗을 들고 선군을 섬겼는데도
而暴妾使余,[137]	종 부리듯 나를 포학하게 부렸으니

134 사(舍): 사(捨)와 같다.

135 총경(冢卿): 손림보와 영식을 가리킨다. 경좌(卿佐)가 되는 것은 곧 그 사보(師保)가 되는 것으로 아래 『전』의 “임금을 세우고 경좌를 삼는 것은 경좌로 하여금 지키게 하는 것이다(有君而爲之貳, 使師保之)”란 것을 보면 알 수 있다.

136 멸(蔑): 경시하다, 멸시하다.

137 정강(定姜)은 정공(定公)의 정실부인으로 곧 헌공의 적모(嫡母)이다. 비록 생모는 아니지만〔헌공은 경사(敬姒) 소생이다〕 또한 공경을 다하여 봉양하여야 한다. 포첩사여(暴妾使余)라는 것은 나를 매우 포학하게 대하여 비첩(婢妾)처럼 한다는 것이다. 노성공 14년 『전』 및 『주』에서 이 사실을 족히 알 수 있다. 청나라 마종련(馬宗璉)의 『보주(補注)』에서는 『시경 · 연연(燕燕)』을 인용하여 “선군 생각하시어 나를 걱정하였다(先君之思, 以勗寡人)는 것은 노시(魯詩)의 설에서는 헌공이 정강에게 무례하게 굴어 정강이

三罪也.	세 번째 죄이다.
告亡而已,	도망가는 것만 고할 뿐
無告無罪!"[138]	죄가 없다는 것은 고하지 마라!"
公使厚成叔弔于衛,[139]	공이 후성숙으로 하여금 위나라에 위문하게 하여
曰,	말하였다.
"寡君使瘠,[140]	"과군께서 저를 보내신 것은
聞君不撫社稷,[141]	임금님께서 사직을 잃고
而越在他竟,[142]	국경을 넘어 타국에 계시니
若之何不弔?[143]	그것을 어찌 위로하지 않겠습니까?

시를 지어 헌공이 마땅히 선군인 정공을 생각하여 나에게 효도를 하여야 한다"라 하였는데 이로써 또 증명할 수가 있다. 『열녀전·모의전(母儀傳)』에서는 이곳의 문자를 온전히 썼다.

138 위의 "무(無)"자는 금지부사로 "물(勿)"의 뜻이며, 아래의 "무(無)"자는 유무(有無)라 할 때의 무(無)자이다.

139 『예기·단궁 상』의 『정의(正義)』에서는 『세본』을 인용하여 "효공(孝公)은 혜백혁(惠伯革: 정현의 주석에는 "革"이 "鞏"자로 되어 있다)을 낳았는데 그 후손은 후씨(厚氏)이다"라 하였는데, "후(厚)"자 또한 "后"로 되어 있으며, 『잠부론·지씨성(潛夫論·志氏姓)』에서는 "노나라의 공족에는 후씨(后氏)가 있다"라 하였고, 「단궁 상」에 후목(后木)이 있는 것으로 알 수 있다. 『좌전』에는 또한 "후(郈)"로 되어 있는데, 이를테면 소공 25년 『전』에 "후씨는 쇠로 발톱을 만들어 (닭의) 발에 씌웠다(郈氏爲之金距)"라는 말이 있으며, 「노어」에도 "후(郈)"로 되어 있는데, 이를테면 "문공(文公)이 후경자(郈敬子)의 집을 없애려 했다"라 하였다. "厚", "后", "郈" 세 자는 모두 통한다.

140 척(瘠): 후성숙(厚成叔)의 이름이다.

141 불무(不撫): 무(撫)는 가진다는 뜻이다. 불유사직(不有社稷)은 왕위를 잃은 것을 말한다.

142 월(越): 파월(播越), 곧 도망갔다는 뜻이다. 왕인지의 『술문(述聞)』에 상세하다.

143 조(弔): 휼(恤), 곧 불쌍하게 여기는 것이다.

以同盟之故,	동맹국인 까닭에
使瘠敢私於執事,[144]	저로 하여금 감히 사사로이 집사께
曰,	말하게 하기를
'有君不弔,[145]	'임금이 선량하지 못하고
有臣不敏;[146]	신하가 민첩하지 못하며,
君不赦宥,	임금이 너그러이 용서하지 못하고
臣亦不帥職,[147]	신하 또한 직무를 다하지 못하여
增淫發洩,[148]	오래도록 쌓인 것이 터져 나온 것이니
其若之何?'"	그것을 어찌하겠습니까?'"라 하게 했습니다.
衛人使大叔儀對,[149]	위나라 사람이 태숙의로 하여금 대답하게 하여

144 감(敢): 경의를 표시하는 부사이다.
집사(執事): 두예는 "집사는 위나라의 여러 대부들이다"라 하였다.

145 조(弔): 숙(淑)과 같으며, 선하다는 뜻이다.

146 민(敏): 두예는 "민은 통달하다는 뜻이다"라 하였다. 이상은 임금은 선량하지 못하고 신하는 일에 통달하지 못하였다는 것이다.

147 임금이 신하를 관대하게 용서하지 못하고 신하 또한 신하의 직책을 다하지 않는 것이다.

148 증음(增淫): 오래 쌓인 것이다. 이 설은 장병린(章炳麟)의 『독(讀)』에 보인다. 위정공(衛定公)이 죽고 헌공이 막 즉위했을 때부터 손림보는 척(戚)에서 중무장을 하고 진(晉)나라의 경과 교의를 두터이 했다. 위헌공과 손씨가 싫어하여 틈새가 생긴 지가 이때 거의 이미 18년이나 되었다. 싫어함이 이미 오래되고 그런 기미가 새어 나온 지 오래되어 결국 임금을 내쫓기에 이른 것이다.

149 태숙(大叔): "大"는 "太"와 같다. 태숙의의 시호는 문자(文子)이다. 양공 29년의 『경』에서는 "세숙의이다(世叔儀)"라 하여 『경』에는 "세(世)"로 되어 있고 『전』에는 "태(大)"로

曰,

말했다.

"羣臣不佞,[150]

"뭇 신하들이 재주가 없어

得罪於寡君.

과군께 죄를 지었습니다.

寡君不以卽刑,[151]

과군께서는 형벌에 처하지 않고

而悼棄之,[152]

그들을 버리고 멀리 피신하여

以爲君憂.

임금님께 심려를 끼쳤습니다.

君不忘先君之好,

임금님께서는 선군의 우호를 잊지 않으시고

辱弔羣臣,[153]

욕되이 저희 신하들을 위문하시고

又重恤之.[154]

또 거듭 불쌍히 여겼습니다.

敢拜君命之辱,[155]

감히 임금님의 위문에 감사하고

重拜大貺."[156]

거듭 저희를 불쌍히 여기심에 감사드립니다."

厚孫歸,

후손이 돌아가

되어 있다.

150 영(佞): "재주 재(才)"자의 뜻이다.

151 뭇 신하들을 형벌로 내몰지 않은 것이다.

152 도(悼): 임요수(林堯叟)는 상도(傷悼)로 해석하였다. 유월(兪樾)의 『평의(平議)』에서는 탁(卓)의 가차이며 멀다는 뜻이라 하였다. 뭇 신하들을 멀리 버렸다는 것은 도망간 것을 가리킨다. 장병린의 『독(讀)』에서는 도(悼)를 도망가는 것이라 하였다. 윗사람이 아랫사람에게서 도망가는 것을 도(逃)라고 한다. 모두 뜻이 통한다.

153 신하들이 그 임금을 잃은 것을 위로한 것이다.

154 또한 신하들이 불민하여 직무를 다하지 못한 것을 가엽게 생각한 것이다.

155 첫 번째로 임금을 잃은 것을 위로한 데 대해 감사해하였다.

156 다시 뭇 신하들을 가엽게 생각한 것을 감사해한 것이다.

復命,	복명하고
語臧武仲曰,	장무중에게 말하였다.
"衛君其必歸乎!	"위나라 임금은 반드시 돌아갈 것입니다!
有大叔儀以守,[157]	태숙의가 지키고
有母弟鱄以出.[158]	동복아우 전이 따라 나갔습니다.
或撫其內,	혹자는 국내를 위무하고
或營其外,[159]	혹자는 밖에서 경영하니
能無歸乎!"	돌아갈 수 없겠습니까!"
齊人以郲寄衛侯.[160]	제나라 사람이 내를 주어 위후를 우거하게 하였다.
及其復也,[161]	복위할 때
以郲糧歸.[162]	내의 양곡을 가지고 돌아갔다.

---

157 태숙의는 위나라에 있었다.

158 전(전(鱄))은 곧 자선(子鮮)으로 헌공을 따라 도망하였다. 나머지는 성공 14년의 『전』을 참조 바람.

159 국내에는 태사의가 위무함이 있고, 국외에는 자선이 경영함이 있다는 말이다.

160 내(郲): 곧 양공 6년 "제후가 내를 멸했다(齊侯滅郲)"라 할 때의 내이며, 선공 7년 『경』의 『주』에 상세하다.
기(寄): 우(寓), 곧 깃들어 살다. 제후가 나라를 잃고 타국에 우거하는 것을 기공(寄公)이라 한다. 『의례·상복(喪服)』의 『전』에서 이른바 "기공이란 무엇인가? 나라를 잃은 임금이다"라 한 것이다. 또한 우공(寓公)이라고도 하는데 『예기·교특생(郊特牲)』에서 이른바 "제후는 우공(寓公)을 신하로 대우하지 않는다"라 한 것이다. 마종련(馬宗璉)의 『보주(補注)』에서는 이 때문에 "제나라는 내(郲)를 가지고 위후를 우거하게 해주었는데, 이는 우공(寓公)의 예로 위헌공을 대우한 것이다"라 하였다.

161 위헌공이 귀국하여 복위한 것은 12년 뒤의 일로, 이는 나중의 일을 미리 말한 것이다.

右宰穀從而逃歸,[163]	우재곡이 따라서 달아났다가 돌아오니
衛人將殺之.	위나라 사람이 그를 죽이려 하였다.
辭曰,	핑계를 대고 말하였다.
"余不說初矣.[164]	"내가 처음의 일을 기뻐했던 것은 아니다.
余狐裘而羔袖."[165]	나는 여우 갖옷에 양 소매를 단 것이다."
乃赦之.	이에 그를 용서해 주었다.
衛人立公孫剽,[166]	위나라 사람이 공손표를 세우고
孫林父, 甯殖相之,	손림보와 영식이 그를 도와
以聽命於諸侯.[167]	제후의 명을 들었다.

---

162 두예는 "그의 탐욕을 말한 것이다"라 하였다.

163 우재곡(右宰穀): 위나라 대부이다.

164 열(說): 열(悅)과 같다. 초(初)는 위헌공을 따른 것을 가리킨다. 내가 공을 따른 일은 나도 기뻐하지 않는다라는 말이다.

165 여기에는 두 가지 해석이 있어왔는데 둘 다 뜻이 통한다. 두예 주의 뜻을 따르면 호(狐)는 귀중한 것으로 선(善)을 비유하며, 고(羔)는 악함을 비유한다. 여우 털로 갖옷을 만들고 작은 양의 털로 소매를 만든 것은 "온몸이 모두 선한데 조금 악이 있을 뿐으로 자기는 비록 임금을 따라 도망갔지만 그 죄는 크지 않다는 말이다." 도홍경(陶鴻慶)의 『별소(別疏)』에서는 "『시경·당풍(唐風)』에 '양 갖옷에 표범 소매(羔裘豹袪)'라는 구절이 있는데, 모씨의 주석〔전(傳)〕에서는 '본말이 같지 않아 재위에 있으면서 백성과 마음이 다른 것이다'라 하였다. 여기서 그렇게 말한 것 또한 몸은 비록 임금을 따랐으나 임금과 마음이 달라 갖옷의 본말이 같지 않다는 것과 같다"라 하였다.

166 공손표(公孫剽): 두예는 "표는 목공의 손자이다"라 하였다.

167 두예는 "맹회의 명을 들은 것이다"라 하였다. 대체로 제후가 그와 맹약하면 옳다는 것을 안 것이다.

衛侯在郲,	위후는 내에 있었는데
將紇如齊唁衛侯.[168]	흘을 제나라로 보내 위후를 위로하였다.
衛侯與之言,	위후가 그와 말을 하는데
虐.[169]	사나웠다.
退而告其人曰,[170]	물러나 그 사람에게 일러 말하였다.
"衛侯其不得入矣.[171]	"위후는 위나라로 들어가지 못할 것이다.
其言糞土也.[172]	그 말이 썩은 흙이다.
亡而不變,	망하였는데도 변하지 않았으니
何以復國?"	어떻게 나라로 돌아가겠는가?"
子展, 子鮮聞之,	자전과 자선이 그 말을 듣고
見臧紇,	장흘을 찾아뵙고
與之言,	그에게 말하였는데
道.[173]	순하였다.

168 흘(紇): 무중(武仲)의 이름이다.
언(唁): 『설문(說文)』에서는 "변고를 당한 사람을 위로하는 것이다(弔生也)"라 하였다.

169 원래는 "위후(衛侯)"가 중복되지 않았는데 『석경』과 순희본, 악본 및 가나자와 문고본(金澤文庫本)에 의하여 덧붙였으며, 이래야 문장이 순조롭게 된다.

170 기인(其人): 장흘(臧紇)의 부하이다.

171 기(其): 태(殆), 곧 거의라는 뜻. 긍정하지 않음을 나타내는 부사어.

172 분토(糞土): 학(虐)을 비유하였다.

173 도(道): 따르다, 순조롭다. 『관자·군신(君臣)』편에서는 "이치에 순응해서 잃지 않는 것을 도(道)라고 한다"라 하였다. 양수달(楊樹達)의 『독좌전(讀左傳)』에 상세하다.

臧孫說,[174]
장손이 기뻐하며

謂其人曰,
사람들에게 말하였다.

“衛君必入.
“위나라 임금은 반드시 위나라로 들어갈 것이다.

夫二子者,
저 두 사람이

或輓之,
혹은 당기고

或推之,
혹은 미니

欲無入,[175]
들어가고 싶지 않은들

得乎?”[176]
되겠는가?”

師歸自伐秦.[177]
군사들이 진나라를 치고 돌아갔다.

晉侯舍新軍,
진후가 신군을 폐지한 것은

禮也.[178]
예의에 맞았다.

成國不過半天子之軍.[179]
대국은 천자의 군사의 절반을 넘지 않는다.

周爲六軍,
주나라는 6군이니

---

174 장손(臧孫): 곧 흘(紇)이다.

175 앞에서 끌어당기는 것을 만(輓)이라 하고 뒤에서 미는 것을 추(推)라고 한다.

176 두예는 “26년의 위후가 귀국한 『전』의 배경이다”라 하였다.

177 각국의 군사들이 모두 돌아간 것이다. 아래에서는 진나라의 일만 말했다.

178 사(舍): 사(捨)와 같으며, 폐지한다는 뜻이다.

179 성국(成國): 두예는 “성국은 대국이다”라 하였다. 『여씨춘추 · 귀인(貴因)』편 고유(高誘)의 주에서는 “성국은 천승을 이룬 나라(成千乘之國)이다”라 하였다.

諸侯之大者,	제후국 가운데 큰 나라도
三軍可也.[180]	3군이면 된다.
於是知朔生盈而死,[181]	이때 지삭이 영을 낳고 죽었는데
盈生六年而武子卒,[182]	영이 난 지 6년 만에 무자가 죽었으며
彘裘亦幼,[183]	체구 또한 어려서
皆未可立也.	세울 수 없었다.
新軍無帥,	신군에 장수가 없었으므로
故舍之.[184]	폐지한 것이다.

師曠侍於晉侯.[185]	사광이 진후를 모셨다.
晉侯曰,	진후가 말하였다.

---

180 『주례·하관·서(夏官·序)』에서는 "무릇 군대를 편제할 때 1만 2천5백 명이 군(軍)이 된다. 주나라 왕은 6군, 대국은 3군, 다음 나라는 2군, 소국은 1군을 둔다"라 하였다.

181 『사기·조세가(趙世家)』의 『색은(索隱)』에서 인용한 『세본(世本)』에서는 "서오(逝遨)는 장자수(莊子首)를 낳았고, 수는 무자앵(武子罃)을 낳았으며, 앵은 장자삭(莊子朔)을 낳았고, 삭은 도자영(悼子盈)을 낳았다.……"라 하였으니 영은 삭의 아들이다. 두예는 영을 삭의 아우라고 하였는데 틀렸다.

182 무자(武子): 영의 조부 지앵(知罃)이다. 지앵이 정권을 잡고 있던 말년에 지삭(知朔)은 이미 죽어 미처 경에 오를 수가 없었다.

183 체구(彘裘): 사방(士魴)의 아들이다.

184 13년의 『전』에서도 "신군에 장수가 없었다"라 하였는데 여기서는 또 그 이유를 말하였다. 곧 진나라에 이른바 장수가 없다는 것은 강족(强族)이 경의 지위를 세습하였는데, 지씨(知氏)와 사씨(士氏)는 모두 강족으로 계승하는 연령이 어릴 따름이었다.

185 사광(師曠): 두예는 "사광은 진나라 악태사(樂大師) 자야(子野)이다"라 하였다.

"衛人出其君,	"위나라 사람이 그 임금을 쫓아냈으니
不亦甚乎?"	또한 심하지 않은가?"
對曰,	대답하였다.
"或者其君實甚.[186]	"어쩌면 그 임금이 너무 지나쳤던 것 같습니다.
良君將賞善而刑淫,	훌륭한 임금은 선한 자에게 상을 내리고 음탕한 자에게는 벌을 내리며
養民如子,	백성을 기르기를 아들처럼 하고
蓋之如天,	덮어 주기를 하늘처럼 하며
容之如地;[187]	포용하기를 땅처럼 합니다.
民奉其君,	백성은 그 임금을 받들어
愛之如父母,	사랑하기를 부모처럼 하고
仰之如日月,	우러르기를 해와 달처럼 하며
敬之如神明,	존경하기를 신명처럼 하고
畏之如雷霆,	두려워하기를 우레와 천둥처럼 하니
其可出乎?[188]	어찌 쫓아낼 수 있겠습니까?

186 심(甚): 과도하다는 것을 이른다.

187 백성을 덮어 주는 것이 하늘처럼 높고 크며, 백성을 포용하여 감싸주는 것이 땅처럼 넓고 두터움을 말한다.

188 기(其): "어찌 기(豈)"자와 용법이 같다.

夫君,	대체로 임금은
神之主而民之望也.[189]	신의 주인이고 백성의 희망입니다.
若困民之主,[190]	만약 백성의 생활을 곤핍하게 하고
匱神乏祀,[191]	귀신에게 제사 지내는 일이 없어지게 한다면
百姓絶望,	백성은 희망이 끊길 것이고
社稷無主,	사직에는 주인이 없을 것이니
將安用之?[192]	장차 어디에 쓰겠습니까?
弗去何爲?	그를 없애 버리지 않는다면 어떻게 하겠습니까?
天生民而立之君,	하늘이 백성을 내고 그들에게 임금을 세워 준 것은
使司牧之,	하여금 그들을 다스려
勿使失性.	본성을 잃지 않게 하려는 것입니다.

189 이(而): 본래 "야(也)"로 되어 있었는데 지금은 『석경』과 송본, 순희본, 악본 및 가나자와 문고본(金澤文庫本)에 따라 바로 잡았다.

190 주(主): 『신서·잡사(新序·雜事)』편과 『설원·군도(說苑·君道)』편에는 모두 "곤민지성(困民之性)"으로 되어 있는데, "주(主)"는 "생(生)"자와 형태가 비슷하여 생긴 잘못일 것이다. "생(生)"과 "성(性)"은 옛날에는 본래 통용할 수 있었다. 「주어(周語) 상」에 "귀신에게 제사 지내는 일이 없게 하면 백성들의 재산을 곤핍하게 한다(困民之財)"라는 말이 나오는데, 이 두 구절과 같은 뜻이다. 백성의 생활을 곤핍하게 하는 것이 곧 백성의 재산을 곤핍하게 하는 것이다.

191 궤(匱)와 핍(乏)은 뜻이 같으며 이 구절의 뜻은 귀신이 제사를 주재할 사람을 잃었다는 것이다.

192 하필 임금이 필요하겠느냐는 뜻이다.

有君而爲之貳,[193]	임금을 세우고 경좌(卿佐)를 만들어 준 것은
使師保之,	경좌로 하여금 지키게 하여
勿使過度.	도를 지나치게 하지 않게 하려는 것입니다.
是故天子有公,	이런 까닭에 천자에게는 공이 있고
諸侯有卿,	제후에게는 경이 있으며
卿置側室,	경은 측실을 두고
大夫有貳宗,[194]	대부에게는 이종이 있으며
士有朋友,[195]	사에게는 붕우가 있고
庶人, 工, 商, 皁, 隷, 牧, 圉皆有親暱,	서인과 공인·상인·하인· 노예·목자·마부에게도 모두 친한 사람이 있어
以相輔佐也.	서로 보좌하는 것입니다.
善則賞之,[196]	선하면 선양하고

193 이(貳): 두예는 "이(貳)는 경좌(卿佐)이다"라 하였다.

194 이 여러 구절의 뜻은 모두 환공 2년 『전』의 『주』에 상세하다.

195 환공 2년의 『전』에 "사는 자제들을 복예(僕隷)로 삼는다(士有隷子弟)"는 말이 있는 것으로 보아 이 "붕우"는 "자제들을 복예로 삼는 것"을 가리키는 것 같다. 환공 2년의 『전』에 "각기 친소(親疎)가 있다(各有分親)"라 한 것 및 아래의 "모두 친한 사람이 있다(皆有親暱)" 한 것으로 미루어 보건대 "붕우"는 지금의 붕우의 뜻은 아니다. 아마 같은 종족이거나 같은 출신의 사문(師門)일 것이다〔청나라 유보남(劉寶楠)의 『논어·학이(學而)』편 "有朋自遠方來"의 『정의(正義)』에 보인다〕.

196 상(賞): 상을 내린다 할 때의 상이 아니다. 보좌하는 사람이 올바른 것을 대할 수 없을 때 주인이 상을 행하는 것이다. 두예는 "선양(宣揚)을 이른다"라 하였다. 「진어(晉語) 9」

過則匡之,[197] 지나치면 바로잡으며

患則救之, 환란이 있으면 구원해 주고

失則革之.[198] 실패를 하면 바로잡아 줍니다.

自王以下各有父兄子弟以補察其政.[199] 왕 이하 각기 부형과 자제가 있어서 그 정치를 보충하고 살피게 합니다.

史爲書,[200] 사관은 기록하고

瞽爲詩,[201] 악사는 시를 지으며

工誦箴諫,[202] 악공은 경계하고 간하는 글을 암송하고

大夫規誨,[203] 대부는 규간하여 가르치며

에서 말한 "임금을 섬기는 자는 허물을 간하고 훌륭한 일은 기린다(賞善)"라 할 때의 상(賞) 또한 이와 같다. 위소는 상선(賞善)은 기 아름다움을 따르려는 것이다라고 주석을 달았는데 또한 뜻이 통한다.

197 광(匡): 정(正)자의 뜻이다.

198 혁(革): 고친다는 뜻이다.

199 두예는 "그 허물과 과실을 보충하고 그 득과 실을 살피는 것이다"라 하였다.

200 두예는 "태사를 이르니 임금이 무슨 행동을 하면 기록하는 것이다"라 하였다.

201 고(瞽): 악사(樂師)를 이른다. 『주례·천관·서관(天官·序官)』의 정현의 주에서는 "무릇 음악의 노래는 반드시 고몽(瞽矇)으로 하여금 그것을 짓게 하고 현지자(賢智者)에게 명하여 태사(大師)와 소사(小師)를 삼게 한다"라 하였다. 「주어 상」의 "악사가 곡조를 바쳤다(瞽獻曲)"는 것은 곧 이곳의 "악사가 시를 짓는다(瞽爲詩)"는 것이며, 악사가 시를 노래한다는 것은 반드시 곡조를 연주하는 것이다.

202 공(工): 공영달의 주석〔소(疏)〕에서는 "『의례』에서는 악인(樂人)을 통틀어 공(工)이라고 한다"라 하였다.
송(誦): 노래도 하다가 읽기도 하는 것이다.
잠간(箴諫): 모두 규간(規諫)하고 바로잡는 글이다.

203 규(規): 바로잡는 것이다.

士傳言,[204]	사는 말을 전하고
庶人謗,[205]	서인은 비방하며
商旅于市,[206]	장사치는 저자에서 비평을 하고
百工獻藝.[207]	백공은 재주를 바칩니다.
故夏書曰,	그러므로 「하서」에서 말하기를
'遒人以木鐸徇於路,[208]	'주인이 목탁을 가지고 거리를 돌아다니며

회(誨): 교도(敎導)하다, 계도(啓導)하다. 이 구절은 「주어 상」의 "가까운 신하는 규간을 다한다(近臣盡規)"는 것과 같은 뜻이다.

204 두예는 "사(士)는 벼슬이 낮아서 빨리 아뢰어 이르게 할 수 없으므로 임금의 과실을 들으면 대부에게 전하여 고한다"라 하였다.

205 이 또한 『상서·무일(無逸)』편의 "낮은 백성들이 당신을 원망하고 당신을 욕한다(小人怨汝詈汝)"는 뜻과 같다. 「주어 상」에서 소공(邵公)은 "그러므로 천자가 정사를 들을 때 공경에서 여러 사들까지는 시를 바치고 악공은 곡을 바치며 사관은 기록을 바치고 악사는 경계의 글을 바치고 봉사는 읊고 소경은 암송하며 백공(百工)이 간하고 서인(庶人)은 말을 전하며 근신은 규간을 다하고 친척은 보충하고 살피며 고사(瞽史)는 가르친다……" 하였는데 사광이 한 말과 뜻이 가깝다.

206 상려(商旅): 상(商)과 려(旅)는 같은 뜻의 한자가 연용된 것이다. 『주역·복괘(復卦)』의 "장사치가 다니지 않는다(商旅不行)", 『주례·고공기(考工記)』의 "사방의 진기한 것을 유통시켜 도움을 주는 것을 일러 상려(商旅)라고 한다", 『예기·월령(月令)』편의 "관세와 시장의 세를 경감하여 장사치를 오게 한다(來商旅)"한 것으로 알 수 있다. 이 구절 "상려우시(商旅于市)"는 위의 문장을 이어서 동사가 생략되었는데, 『한서·가산전(賈山傳)』의 "서인은 길에서 비방하고, 장사치는 저자에서 비평한다(庶人謗於道, 商旅議於市)"처럼 의(議)자 한 자를 더하여 이 구절을 해석하면 옳다. 두예는 "려(旅)는 진열한다는 뜻으로 화물을 진열하는 것이다……" 하였으며, 왕인지(王引之)의 『술문(述聞)』에서는 려(旅)를 려(臚)로 읽어 말을 전하는 것으로 보았는데, 모두 려(旅)를 동사로 잘못 본 것이다.

207 백공(百工): 각종 공장(工匠)을 말한다. 『주례·고공기(考工記)』에서 "곡직을 살피고 다섯 가지 재목을 가공하여 백성들에게 기물을 갖추어 주는 자를 일러 백공이라 한다"라 하고, 아래 문장에서 "공인들은 재주 있는 일을 가지고 간한다"라 한 것이 바로 이곳의 "재주를 바친다(獻藝)"는 뜻이다.

官師相規,[209]	관리 우두머리들은 서로 바로잡아 주고
工執藝事以諫.'[210]	공인들은 재주 있는 일을 가지고 간하라'고 하였습니다.
正月孟春,	정월 맹춘이 되면
於是乎有之,	이에 그렇게 하여
諫失常也.[211]	상도를 벗어난 것을 간하였습니다.
天之愛民甚矣,	하늘이 백성을 사랑함이 지극하니
豈其使一人肆於民上,[212]	어찌 한 사람으로 하여금 백성의 위에서 방자하게 하며
以從其淫,[213]	제멋대로 황음한 일을 하여
而棄天地之性?[214]	천지의 본성을 버리겠습니까?

---

208 주인(遒人): 『상서·위공전(僞孔傳)』에서 말한 "명령을 선포하는 관직이다."
순(徇): 순행하면서 명령을 선포하는 것이다.
목탁(木鐸): 금속 주둥이에 나무 혀로 된 방울이다. 금속 주둥이에 금속 혀로 된 것은 금탁(金鐸)이라고 한다. 금탁은 무사(武事)에 쓰이고, 목탁은 문교(文敎)에 쓰인다.

209 관사(官師): 일관(一官)의 장(長)으로 지위는 그리 높지 않다. 양공 15년 『전』의 "관사가 단정공을 따랐다(官師從單靖公)"라 한 것과 『예기·제법(祭法)』의 "관사는 일묘이다(官師一廟)", 『한서·가의전(賈誼傳)』의 "관사는 소리이다(官師小吏)"라 한 것으로 알 수 있다.

210 이상 『서』는 일서(逸書)인데, 『위고문상서』를 지은 자가 지금의 「윤정(胤征)」편에 집어넣었다.

211 춘추시대 이전에는 천자와 제후에게 간관이 있어서 무슨 일이 있으면 간언할 수 있었으며, 하위 관직에 있는 자로부터 백공(百工) 등에 이르기까지 정월이 되어 주인(遒人)이 거리를 순행만 하면 누구든지 진언할 기회가 있었다.

212 사(肆): 방자(放恣)하다.

213 종(從): 종(縱)자와 같은 뜻으로 쓰였다.

214 기천지지성(棄天地之性): 곧 백성을 버리는 것이다.

必不然矣."	반드시 그렇지는 않을 것입니다."
秋,	가을에
楚子爲庸浦之役故,[215]	초자가 용포의 전역 때문에
子囊師于棠,[216]	자낭이 당에서 군사를 일으켜서
以伐吳.	오나라를 쳤다.
吳人不出而還.[217]	오나라 사람이 나오지 않아서 돌아갔다.
子囊殿,	자낭이 후미를 맡았는데
以吳爲不能而弗儆.	오나라가 공격할 수 없을 것으로 여겨 경계를 하지 않았다.
吳人自皐舟之隘要而擊之.[218]	오나라 사람이 고주의 좁은 땅에서 허리를 잘라 그들을 쳤다.
楚人不能相救,	초나라 사람은 서로 구원할 수가 없었으며
吳人敗之,	오나라 사람이 그들을 무찔렀다.
獲楚公子宜穀.	초나라 공자 의곡을 사로잡았다.

215 용포지역(庸浦之役): 지난해의 『전』과 『주』를 보라.

216 당(棠): 지금의 강소성 육합현(六合縣) 조금 서쪽에서 북쪽으로 25리 지점에 있다.

217 각 판본에는 모두 "사람 인(人)"자가 없는데 가나자와 문고본(金澤文庫本)에 따라 추가하였다.

218 두예는 "고주는 오나라의 험하고 좁은 길이다"라 하였다. 요(要)는 "허리 요(腰)"자의 본자인데 여기서는 동사로 쓰였다. 그 허리를 절단한다는 의미이다.

王使劉定公賜齊侯命,[219]	왕이 유정공으로 하여금 제후에게 명을 내리게 하고
曰,	말하였다.
"昔伯舅大公右我先王,[220]	"지난날 백구 태공이 우리 선왕을 도울 때
股肱周室,	주나라 왕실의 고굉지신이었고
師保萬民.	만민의 사보였다.
世胙大師,[221]	대대로 태사로 보답하여
以表東海.[222]	동해의 본보기가 되었다.
王室之不壞,	왕실이 무너지지 않은 것은
繄伯舅是賴.[223]	아, 백구에 힘입어서였도다.
今余命女環,[224]	지금 내 너 환에게 명하노니

219 두예는 "곧 제나라와 혼인하려 하였기 때문이다. 정공은 유하(劉夏)이다"라 하였다.

220 태공(大公): "大"는 "태(太)"와 같다. 태공은 곧 여상(呂尙)으로 성은 강(姜)이므로 또한 강태공(姜太公)으로도 불린다.
우(右): 『시경·벌목(伐木)』의 『정의(正義)』에서는 "우아선왕(右我先王)"을 "좌아선왕(佐我先王)"으로 인용하였으며, 우(又)는 좌조(佐助), 곧 돕는다는 뜻이다.

221 조(胙): 보수(報酬)와 같은 뜻이다. 태사는 곧 태공인데 주문왕(周文王)이 여상을 스승으로 삼았기 때문이다.

222 표(表): 모범, 귀감이라는 뜻이다. 동해 여러 나라의 본보기가 되었다는 뜻이다. 29년 『전』의 "동해의 본보기가 된 사람은 아마 태공일 것이다!(表東海者, 其大公乎)"의 표(表)자와 뜻이 같다.

223 예(繄): 의미가 없는 발어사로 은공 원년 『전』의 "아, 나만 어머니가 안 계시도다!(繄我獨無)"의 예(繄)와 같다.
백구(伯舅): 태공을 가리킨다. 주나라 왕은 이성(異姓) 제후에게 선후와 장유를 막론하고 모두 백구나 구씨(舅氏)라 불렀다. 혹자는 이 백구는 제환공(齊桓公)을 가리킨다고 하였는데 위의 문장과 이어지지가 않으므로 믿을 수가 없다.

茲率舅氏之典,[225]	구씨의 법도를 부지런히 따라
纂乃祖考,[226]	그대 선조를 잇고
無忝乃舊.[227]	그대 조상을 욕되게 하지 마라.
敬之哉!	공경할지어다!
無廢朕命!"	짐의 명을 폐하지 마라!"

晉侯問衛故於中行獻子.[228]	진후가 위나라의 일을 중항헌자에게 물었다.
對曰,	대답하였다.
"不如因而定之.	"따라서 안정시킴만 못합니다.
衛有君矣,[229]	위나라에 임금이 있는데
伐之,	그들을 치면

---

224 환(環): 두예는 "환은 제영공의 이름이다"라 하였다.

225 자솔(玆率): 자(玆)는 자(孶)자의 가차자로 부지런하다는 듯이다. 솔(率)은 순(循), 곧 좇는다는 의미이다.
전(典): 상(常), 경(經) 곧 떳떳한 법도라는 뜻이다. 이성 제후들은 주나라 왕실을 도와야 할 상법(常法)이 있다.

226 찬(纂): 잇다, 계승하다.
내(乃): 대칭(對稱) 대명사, 곧 높은 사람을 대할 때 쓰는 대명사이다. 금문에서는 대칭 대명사로 내(乃)자를 많이 쓰고 있다.

227 첨(忝): 욕보이다.
구(舊): 곧 위에서 말한 조고(祖考)이다. 『관자·목민(牧民)』편의 "조상을 욕보였다(忝祖舊)"의 구(舊)자가 곧 이 구(舊)자의 뜻이다.

228 고(故): "일 사(事)"자와 같은 뜻이다. 두예는 "위나라가 임금을 좇아낸 일에 대해 토벌을 해야 하는가를 물은 것이다. 헌자는 순언(荀偃)이다"라 하였다.

229 두예는 "표(剽)가 이미 즉위하였다"라 하였다.

未可以得志,	뜻을 얻지 못하게 될 것이고
而勤諸侯.[230]	제후들만 수고롭히게 됩니다.
史佚有言曰,	사일이 말하기를
'因重而撫之.'[231]	'중대한 일에 따라 위무한다'라 하였습니다.
仲虺有言曰,[232]	중훼는 말하기를
'亡者侮之,	'망한 나라는 모욕을 주고
亂者取之.	어지러운 나라는 취하며
推亡, 固存,	망할 나라는 밀어 넘어뜨리고 살아남은 나라는 굳게 해주는 것이
國之道也.'[233]	나라의 도이다'라 하였습니다.
君其定衛以待時乎!"[234]	임금님께서는 정나라를 안정시켜 때를 기다리시오소서!"
冬,	겨울에
會于戚,	척에서 회합하였는데

230 제후의 군사를 동원하여 위나라를 치는데 위나라는 이미 임금을 세웠으니 반드시 이길 수 없다는 말이다.

231 중(重): 두예는 "무거운 것은 옮길 수가 없으니 곧 위나라를 위무하여 안정시키는 것이다"라 하였다. 중(重)은 위상공(衛殤公)이 이미 왕위를 안정시킨 것을 이른다.

232 중훼(仲虺): 두예는 "중훼는 탕(湯)임금의 좌상(左相)이다"라 하였다.

233 순언이 말한 뜻은 "고존(固存)" 두 자에 있다. 곧 옛 말을 써서 "인이정지(因而定之)"란 말을 인신하여 밝힌 것이다.

234 두예는 "그 혼란해질 때를 기다려 정벌하자는 것이다"라 하였다.

謀定衛也.[235] 위나라를 안정시킬 것을 모의한 것이다.

范宣子假羽毛於齊而弗歸,[236] 범선자가 제나라에서 깃과 털을 빌려서 돌려주지 않으니

齊人始貳. 제나라 사람이 비로소 두 마음을 품었다.

楚子囊還自伐吳, 초나라 자낭이 오나라를 치고 돌아오는 길에

卒.[237] 죽었다.

將死, 죽으려 할 때

遺言謂子庚,[238] 자경에게 유언을 남겼다.

"必城郢!"[239] "반드시 영에 성을 쌓으라!"

---

235 손림보가 회합에 참석하였으니 곧 위에서 말한 "제후의 명을 들었다(以聽命於諸侯)"는 것이다.

236 우모(羽毛): 우는 새의 깃이며, 모는 모(旄)라고도 하며 모우(旄牛: 긴 털을 가진 소)의 꼬리이다. 우와 모는 모두 춤출 때 쓸 수 있으며 『주례·악사(樂師)』의 우무(羽舞)와 모무(旄舞)로 알 수 있다. 또한 깃대나 의장품의 장식으로 쓸 수도 있다. 『맹자·양혜왕(梁惠王) 하』에서 "깃과 털의 아름다움을 본다(見羽毛之美)"라 한 것이 이것이다.

237 『여씨춘추·고의(高義)』편(『설원·입절(說苑·立節)』 및 『법언·구사(法言·舊事)』도 이를 따랐다)에서는 "형〔荊, 곧 초(楚)〕나라 사람이 오나라 사람과 싸우려 할 때 형나라는 군사는 적었고 오나라는 군사가 많아 임금에게 복명하지 않고 달아났다가 마침내 칼에 엎어져서 죽었다"라 하여 『좌전』과는 다르다.

238 자경(子庚): 곧 공자 우(公子午)로 자낭을 이어 영윤이 되었다.

239 『사기·초세가(楚世家)』에 의하면 초문왕(楚文王) 원년에 비로소 영을 도읍으로 정한

君子謂,	군자가 말하였다.
“子囊忠.	“자낭은 충성스럽다.
君薨,	임금이 돌아가심에
不忘增其名;[240]	그 이름을 잊지 않았고,
將死,	죽으려 할 때
不忘衛社稷,	위나라의 사직을 잊지 않았으니
可不謂忠乎?	충성스럽다 하지 않을 수 있겠는가?
忠,	충성은
民之望也.	백성이 우러르는 것이다.
詩曰,	『시』에서 말하기를
‘行歸于周,[241]	‘행실이 충신으로 귀결되니
萬民所望.’[242]	만민이 우러르는 바로다’라 하였으니
忠也.”	충성스럽도다.”

다. 『세본』에 의하면 초무왕 때는 이미 영을 도읍으로 삼았다. 장공 18년 『전』에 파(巴)나라 사람이 “마침내 초나라 성문에 이르렀다(遂門于楚)”라 하였으니 그때는 이미 성을 쌓았을 것이다. 그러므로 『속한서·군국지(郡國志)』에서는 “강릉현(江陵縣) 북쪽 10여 리 지점에 기남성(紀南城)이 있는데 초나라 왕이 도읍으로 삼은 곳이다. 동남쪽에 영성(郢城)이 있는데 자낭이 쌓은 것이다”라 하였다.

240 13년의 『전』에 상세하다.

241 주(周): 정현의 주석〔전(箋)〕에서 “주는 충신(忠信)이다”라 하였다.

242 『시』는 『시경·소아·도인사(小雅·都人士)』의 수구(首句)이다.

양공 15년

經

十有五年春,[1]	15년 봄에
宋公使向戌來聘.	송공이 상술로 하여금 내빙케 했다.
二月己亥,[2]	2월 기해일에
及向戌盟于劉.[3]	상술과 유에서 맹약했다.
劉夏逆王后于齊.[4]	유하가 제나라에서 왕후를 맞았다.
夏,	여름에
齊侯伐我北鄙,	제후가 우리나라 북쪽 변경을 치고
圍成.[5]	성을 에워쌌다.

---

1 십오년(十五年): 계묘년 B.C. 558년으로, 주영왕(周靈王) 14년이다. 동지가 정월 24일 계미일로 건자(建子)이다.

2 기해일은 11일이다.

3 유(劉): 공영달의 주석〔소(疏)〕에 의하면 유는 아마 노나라의 도성인 곡부성(曲阜城) 바깥 가까운 곳일 것이다.

4 유하(劉夏): 『공양전』에서는 "천자의 대부"라 하였고, 『곡량전』에서는 "사(士)이다"라 하였으며, 『좌전』에서는 "관사(官師)"라 하였으니 그가 경(卿)임에는 틀림이 없을 것 같다. 양공 14년의 『전』에서는 시호를 정공(定公)이라 하였는데 혹 나중에 승진되어 죽은 후 시호를 받은 것이 아닌가 한다. 주나라의 제도에 천자는 아내를 얻을 때 친영(親迎)을 하지 않으며 경으로 하여금 가서 맞아오게 하고 공(公)이 감독한다. 유하는 경이 아니므로 옛날의 『춘추』를 말하는 사람은 기록하는 것이라 여겼다. 사실 『춘추』의 242년은 주나라 왕실이 12왕이 이어지며 왕후를 맞이하는 것을 기록한 것은 단 두 차례뿐인데, 한번은 환공 8년에 있었고 한번은 이곳에서이다. 나머지 열 차례는 어째서 기록하지 않았는지 이에 대해서는 확실히 연구가 부족하다.

5 성(成): 『산동통지(山東通志)』에 의하면 지금의 산동 영양현(寧陽縣) 동북쪽 90리 지점이다. 또한 "성(郕)"이라고도 한다.

公救成, 공이 성을 구원하여

至遇.[6] 우에 이르렀다.

季孫宿, 叔孫豹帥師城成郛.[7] 계손숙과 숙손표가 군사를 거느리고 성에 외성을 쌓았다.

秋八月丁巳,[8] 가을 8월 정사일에

日有食之. 일식이 있었다.

邾人伐我南鄙. 주나라 사람이 우리 남쪽 변경을 쳤다.

冬十有一月癸亥,[9] 겨울 11월 계해일에

晉侯周卒.[10] 진후 주가 죽었다.

---

6 우(遇): 노나라 땅으로 지금의 곡부와 영양(寧陽) 사이에 있을 것이다. 아래의 군사를 이끌고 성에 외성을 쌓았다는 기록에 의하면 제나라는 성을 얻지 못하였을 것이며, 혹 노나라가 출병을 하자 포위를 푼 것 같다.

7 제나라 군사들이 혹 이미 그 외성을 허물었을 것이므로 노나라의 두 경이 군사를 거느리고 성을 쌓았을 것이다. 부(郛)는 외성이다.

8 『전』이 없다. 이해는 주력으로 건자(建子)이며 삼통(三統), 사분(四分) 및 대연수시술(大衍授時術)의 추산을 막론하고 정사는 7월 초하룻날이며, 두예는 "8월에는 정사일이 없으며 정사일은 7월 1일이다"라 하였으니 매우 정확하다. 정사일의 일식은 서력으로 5월 31일의 부분일식에 해당하며 일식이 극에 달한 시각은 8시 25분 4초이다. 『경』에서 8월 정사일로 기록한 데 대해 청나라 풍징(馮澂)은 "오류는 윤달을 하나 더 둔 데 있다"라 하였으며, 『춘추일식집증(春秋日食集證)』에 상세하다. 그러나 다음 달 병술일 초하룻날〔청나라 학자 왕도(王韜)는 정해일 초하루로 잘못 알았다〕 또한 부분일식이 있었는데 중국에서는 볼 수 없었으며 또한 7월 정사일 초하룻날을 따르는 것이 정확하다.

9 계해일은 9일이다.

10 진도공은 노나라 성왕 18년에 즉위하였는데 당시 나이가 이미 14세로 즉위 후 만 16년이 지났으니 죽었을 때는 30세에 불과하였다.

傳

十五年春,	15년 봄에
宋向戌來聘,	송나라 상술이 내빙하고
且尋盟.[11]	아울러 맹약을 다졌다.
見孟獻子,	맹헌자를 만나 보고
尤其室,[12]	그 집에 대해 꾸짖어
曰,	말하였다.
"子有令聞而美其室,[13]	"그대에게는 훌륭한 평판이 있는데 집을 아름답게 꾸몄으니
非所望也."	바라는 바가 아니오."
對曰,	대답하였다.
"我在晉,	"내가 진나라에 있을 때
吾兄爲之.	우리 형님이 이렇게 하였소.
毁之重勞,[14]	헐자니 힘이 가중될 것이고
且不敢間."[15]	또한 감히 그르다고도 못하겠소."

11 두예는 "2년 표(豹)의 내빙에 보답하고 11년 박(亳)의 맹약을 다진 것이다"라 하였다.

12 우(尤): 두예는 "우는 지나침을 책망한 것이다"라 하였다.

13 영문(令聞): 훌륭한 명성. 문(聞)은 옛날에 거성(去聲)으로 읽었다. 『예기· 단궁 상』 및 『한비자·외저설·좌하』에는 맹헌자의 검약한 이야기가 있으며, 『신서·자사(新序·刺奢)』 편에는 맹헌자가 선비를 양성하는 이야기가 있는데, 상술이 이른바 훌륭하다는 평판은 혹 이것을 가리키는 게 아닌가 한다.

14 중(重): 경중(輕重)의 중(重)이다. 집을 허물고자 하니 또 아름다운 집을 허무는 노고가 가중될 것 같다는 말이다.

15 간(間): 『방언』에서는 "간은 그르다(非)는 뜻이다"라 하였다. 감히 형이 지은 것을 그르다

官師從單靖公逆王后于齊.[16] 관사가 단정공을 따라 제나라에서 왕후를 맞이하였다.

卿不行, 경이 가지 않은 것은

非禮也. 예가 아니었다.

楚公子午爲令尹,[17] 초나라 공자 오가 영윤이 되었으며

公子罷戎爲右尹, 공자 파융은 우윤이 되고

蔿子馮爲大司馬,[18] 위자풍은 대사마가 되었고

公子橐師爲右司馬, 공자 낭은 우사마가 되었으며

公子成爲左司馬, 공자 성은 좌사마가 되었고

屈到爲莫敖,[19] 굴도는 막오가 되었으며

公子追舒爲箴尹,[20] 공자 추서는 잠윤이 되었고

고 하지 못하겠다는 말이다.

16 관사(官師): 전 해의 『전』의 주석 및 이 조목의 『경』의 주석을 보라.

17 『설원·권모(權謀)』편에 "초나라 공자 오가 진(秦)나라에 사신으로 가자 진나라가 그를 가두는" 사건이 있는데 진(晉)나라 평공(平公) 때의 일이다. 하남성 석천(淅川) 하사(下寺)의 초나라 무덤에서 왕자 오의 정(王子午鼎)이 출토되었는데 왕자 오가 곧 이 공자 오이다.

18 『정의』에서 인용한 『세본』에서는 위문렵(蔿文獵)은 손숙오(孫叔敖)의 형이고, 풍(馮)은 애렵(艾獵)의 아들이라고 하였다.

19 「초어 상」 위소의 주석에서는 "굴도(屈到)는 초나라의 경 굴탕(屈蕩)의 아들 자석(子夕)이다"라 하였다.

20 『여씨춘추』 고유(高誘)의 주석에서는 "초나라에는 잠윤이라는 관직이 있는데 간관(諫官)이다"라 하였다. 두예는 "추서(追舒)는 장왕의 아들 자남(子南)이다"라 하였다. 청나라 주무기(周懋琦)와 유한(劉瀚)이 엮은 『형남췌고편(荊南萃古編)』에 왕손유자종(王孫遺者鐘)이 있는데, 유상(劉翔)이 왕손유자에게 이르는 것으로 곧 이 공손추서이다.

屈蕩爲連尹,	굴탕은 연윤이 되었으며
養由基爲宮廄尹,	양유기는 궁구윤이 되어서
以靖國人.	백성들을 안정시켰다.
君子謂,	군자가 말하였다.
"楚於是乎能官人.	"초나라는 이때 사람을 관직에 잘 썼다.
官人,	사람을 관직에 쓰는 것은
國之急也.	나라의 급선무이다.
能官人,	사람을 관직에 잘 쓰면
則民無覦心.[21]	과분함을 바라는 마음이 없어지게 된다.
詩云,	『시』에서 이르기를
'嗟我懷人,	'아, 내 사람 그리워하여
寘彼周行',[22]	그들 큰 길에 둔다네'라 하였는데

21 유(覦): 유기(覦覬), 곧 분에 넘치는 일을 바라는 것을 말한다. 유능한 자를 택하여 적당한 관직에 배치하니 다른 사람들에게 분수에 넘치는 마음이 남아 있지 않은 것이다. 사실 9명 중 5명은 공자 이고, 굴(屈)씨는 대성(大姓)으로 본래 초나라의 동족이며 위(蔿)씨 또한 옛 영윤의 종자(從子)이니 모두가 세족이다.

22 『시』는 『시경·주남·권이(周南·卷耳)』의 구절이다. 원래는 아녀자가 남편이 멀리 나간 것을 그리워하는 시로, 권이를 캐고 또 캐도 한쪽 광주리도 차지 않아 마음속으로 그리워하는 사람을 탄식하며 무심결에 다시 따면서 광주리를 큰길에 두는 내용이다. 『좌전』의 작자는 자의적으로 이 시를 해석하였으며, 후인들도 이를 그대로 따랐으니 이를테면 청나라 진환(陳奐)의 『모시전소(毛詩傳疏)』에서는 "군자를 그리워하고 현인을 관직에 등용하여 주나라의 관위에 둔다는 것은 모두 『좌씨』의 설에 근본한다. ……"라 하였다.

能官人也.	사람을 관직에 잘 쓰는 것을 말하였다.
王及公, 侯, 伯, 子, 男,	왕 및 공, 후·백, 자, 남,
甸, 采, 衛, 大夫,	전복과 채복, 위복 및 대부가
各居其列,	각기 그 있어야 할 곳에 있는 것이
所謂周行也."[23]	이른바 주행이라는 것이다."

鄭尉氏, 司氏之亂,	정나라의 울지와 사씨의 난 때
其餘盜在宋.[24]	그 잔당은 송나라에 있었다.
鄭人以子西, 伯有, 子産之故,	정나라 사람들은 자서와 백유, 자산 때문에
納賂于宋,[25]	송나라에 뇌물을 바쳤는데
以馬四十乘,[26]	말 40승과
與師茷, 師慧.[27]	사벌과 사혜로 하였다.

23 두예는 "왕 이하 제후와 대부가 각기 그 직책을 맡으니 이것이 시의 주행(周行)의 뜻이라는 것이다. 전(甸)·채(采)·위(衛)는 오복(五服)의 이름이다. 천자가 거처하는 천 리를 기(圻)라 하고 그 바깥을 후복(侯服)이라 하며, 그 다음을 전복(甸服), 그 다음을 남복(男服), 그 다음을 채복(采服), 그 다음을 위복(衛服)이라 하며, 5백 리가 1복이다. 후복과 남복을 언급하지 않은 것은 대략 든 것이다"라 하였다.

24 난은 10년의 『전』에 보인다.

25 자서의 부친 자사(子駟), 백유의 부친 자이(子耳), 자산의 부친 자국(子國)은 모두 울지와 사씨에게 살해되었다.

26 승(乘): 말 네 필이 1승이다. 두예는 "160필이다"라 하였다.

27 사(師)는 악사(樂師)이고, 벌과 혜는 그 이름이다.

三月, 3월에

公孫黑爲質焉.[28] 공손흑이 인질이 되었다.

司城子罕以堵女父, 尉翩, 司齊與之,[29] 사성자한이 도여보와 위편, 사제를 그들에게 주니

良司臣而逸之,[30] 사신을 훌륭하게 여겨 도망가게 하여

託諸季武子,[31] 그를 계무자에게 맡겼으며

武子寘諸卞.[32] 무자는 그를 변에 두었다.

鄭人醢之三人也.[33] 정나라 사람이 이 세 사람을 젓을 담았다.

師慧過宋朝,[34] 사혜가 송나라 조정을 지나가다가

將私焉.[35] 소변을 보려고 하였다.

其相曰, 그 상이 말하기를

"朝也."[36] "조정입니다"라 하니

慧曰, 혜가 말하기를

---

28 공손흑(公孫黑): 자사(子駟)의 아들로 자는 자석(子晳)이다.
29 정나라에 준 것이다.
30 량(良): 동사로 의동용법(意動用法)으로 쓰였으며 사마씨를 어질게 본 것이다.
31 노나라 정경(正卿)에게 사신을 보호하게끔 부탁한 것이다.
32 변(卞): 지금의 산동 사수현(泗水縣) 동쪽 50리 지점에 있다.
33 지삼인(之三人): 이 세 사람이다. 지(之)는 지시형용사로 쓰였다. 세 사람은 도여보와 위편, 사제이다.
34 조(朝): 조정(朝廷).
35 사(私): 소변(小便).
36 상(相): 『순자 · 성상(成相)』편에 "소경에게 상(相)이 없으면 얼마나 더듬거리겠는가?"라는 말이 있는데, 맹인을 부지(扶持)해 주는 사람 또한 상이라고 한다.

"無人焉."	"아무도 없다"라 하였다.
相曰,	상이 말하기를
"朝也,	"조정에
何故無人?"	무슨 까닭으로 아무도 없다 하십니까?"라 하니
慧曰,	혜가 말하였다.
"必無人焉.	"필시 아무도 없을 것이다.
若猶有人,	사람이 있다면
豈其以千乘之相易淫樂之矇?[37]	어찌 천승지국의 상을 음탕한 음악을 연주하는 악사와 바꾸겠는가?
必無人焉故也."[38]	반드시 사람이 없기 때문일 것이다."
子罕聞之,	자한이 그 말을 듣고
固請而歸之.[39]	굳이 청하여 돌려보냈다.
夏,	여름에

37 천승지상(千乘之相): 두예는 자산(子產) 등이라 하였다. 송나라가 자산 등의 사람을 위하여 주동적으로 도여보 등인을 돌려보내지 않다가 반드시 뇌물로 악사와 말 등을 받고 난 후에야 돌려보냈으니 이것이 곧 상(相)을 몽(矇)과 바꾼 것이라는 뜻이다.
음악(淫樂): 공구(孔丘)는 "정나라의 음악은 음탕하다(鄭聲淫)"고 하였는데, 여기서 "음탕한 음악(淫樂)"이라 하였으니 어쩌면 정나라의 악곡은 실로 이러했던 것 같다.

38 인(人): 인재(人才), 현인(賢人).

39 송공(宋公)에게 굳이 청한 것이다.

齊侯圍成,	제후가 성을 에워쌌는데
貳於晉故也.[40]	진나라에 두 마음을 품었기 때문이었다.
於是乎城成郛.[41]	이에 성에 외성을 쌓았다.

秋,	가을에
邾人伐我南鄙,[42]	주나라 사람이 우리나라 남쪽 변경을 쳤다.
使告于晉.	사신을 보내 진나라에 알렸다.
晉將爲會以討邾, 莒,[43]	진나라는 회합을 갖고 주나라와 거나라를 토벌하려다가
晉侯有疾,	진후가 병이 들어
乃止.[44]	이에 그만두었다.
冬,	겨울에
晉悼公卒,	진나라 도공이 죽어

40 제나라와 노나라는 모두 진(晉)나라의 동맹국인데, 제나라는 범선자가 우모(羽旄)를 빌려 돌려보내지 않은 것 때문에 진나라에 두 마음을 품었으며 이 때문에 노나라의 읍을 침범한 것이다.

41 『경』의 두 문장을 합쳐 하나의 『전(傳)』으로 하였다.

42 두예는 "또한 진나라에 두 마음을 품었기 때문이다"라 하였다.

43 두예는 "12년과 14년에 거나라 사람이 노나라를 쳤는데 아직 토벌하지 않았다"라 하였다.

44 잠시 회합을 멈췄으니 절로 또한 토벌을 하지 않은 것이다.

遂不克會.	끝내 회합을 이루지 못했다.
鄭公孫夏如晉奔喪,	정나라 공손하가 가서 조문하고
子蟜送葬.[45]	자교가 장례식에 참석하였다.
宋人或得玉,	송나라 사람 중에 어떤 사람이 옥을 얻어
獻諸子罕.	그것을 자한에게 바쳤다.
子罕弗受.	자한이 그것을 받지 않았다.
獻玉者曰,	옥을 바친 자가 말하였다.
"以示玉人,[46]	"옥 세공인에게 보였더니
玉人以爲寶也,	옥 세공인이 보물이라 하여
故敢獻之."	감히 바치는 것입니다."

---

45 소공 30년『전』에서 정유길(鄭游吉)은 "선왕의 제도에 제후의 상에는 사가 조문을 하며 대부는 송장을 한다. 오직 가호·빙향·3군의 일에만 이에 경을 보낸다(先王之制,諸侯之喪, 士弔, 大夫送葬. 唯嘉好、聘享、三軍之事於是乎使卿)"라 하였다. 실은 제후는 맹주에게 일찌감치 이 선왕의 제도를 행하지 않았다. 소공 3년에 정유길은 또한 "옛날 문공과 양공이 패권을 잡았을 때는 제후를 번거롭게 하지 않았습니다. 임금이 죽으면 대부는 조문하고 경은 장사를 지내는 일에 함께합니다. ……(昔文、襄之覇也, 其務不煩諸侯, 君薨, 大夫弔, 卿共葬事)" 하였으니 또한 선왕의 제도보다 한 등급을 넘었다. 지금 진도공이 죽어 정나라는 공손하를 진나라로 보내어 분상하게 하였는데, 분상은 곧 조문을 가는 것이다. 공손하는 곧 자서(子西)로 정나라의 경이다. 또한 자교를 보내어 송장하게 하였는데 송장은 곧 장례에 참석하는 것이다. 자교는 곧 정나라의 경 공손채(公孫蠆)이다.

46 두예는 "옥인(玉人)은 옥을 잘 다루는 사람이다"라 하였다.

子罕曰,	자한이 말하였다.
"我以不貪爲寶,	"나는 탐내지 않는 것을 보배로 여기고
爾以玉爲寶.	너는 옥을 보배로 여긴다.
若以與我,	나에게 준다면
皆喪寶也,	모두 보물을 잃는 것이니
不若人有其寶."[47]	각자 그 보물을 가짐만 못하다."
稽首而告曰,	머리를 조아리며 말하였다.
"小人懷璧,	"소인이 벽옥을 품어
不可以越鄕,[48]	이 고을을 넘을 수가 없어
納此以請死也."[49]	이것을 바쳐 죽음을 면하게 해주십시오."
子罕寘諸其里,[50]	자한이 그 고을에 구슬을 두고
使玉人爲之攻之,[51]	옥 세공인으로 하여금 그 옥을 가공하게 해주어
富而後使復其所.[52]	부자가 되게 한 후에 그가 있던 곳으로 돌아가게 하였다.

47 각자가 각자의 보물을 가지는 것을 이른다.
48 두예는 "반드시 도적에게 해를 당할 것이라는 말이다"라 하였다.
49 두예는 "죽음을 벗어날 수 있도록 청한 것이다"라 하였다.
50 자한이 살고 있는 고을이다.
51 공(功): 두예는 "공은 다스리는 것이다"라 하였다.
52 복건(服虔)은 "보옥으로 부자가 된 것이다"라 하였고, 복기소(復其所)는 그를 고향으로

十二月,　　12월에

鄭人奪堵狗之妻,　　정나라 사람이 도구의 처를 빼앗아서

而歸諸范氏.[53]　　범씨에게 돌려주었다.

양공 16년

經

十有六年春王正月,[1]　　16년 봄 주력으로 정월에

葬晉悼公.　　진나라 도공을 장사 지냈다.

三月,　　3월에

公會晉侯, 宋公, 衛侯, 鄭伯, 曹伯, 莒子, 邾子, 薛伯, 杞伯, 小邾子于湨梁.[2]　　공 진후와 송나라 사람, 위후, 정백, 조백, 거자, 주자, 설백, 기백, 소주자와 추량에서 회합하였다.

보내 준 것이다. 『회남자·정신훈(精神訓)』에도 이 일이 나오는데 고유의 주석에서는 이 문장을 인용하였다.

53 두예는 "도구와 도여보의 족속이다. 구는 진나라 범씨에게 장가갔다. 정나라 사람이 이미 도여보를 죽였으므로 도구가 범씨 때문에 난을 일으킬까 두려워하여 그 처를 빼앗아 범씨에게 돌려줌으로써 먼저 자른 것이다"라 하였다.

1 십륙년(十六年): 갑진년 B.C. 557년으로, 주영왕(周靈王) 15년이다. 동지가 2월 초5일 무자일로 건해(建亥)이며, 윤달이 있다.

2 제후(齊侯)는 직접 오지 않고 고후(高厚)만 보내왔으며, 고후 또한 회맹에서 도망갔으므로 제나라는 없다.

추량(湨梁): 추수(湨水)의 제방의 다리이다. 『이아·석지(釋地)』에서 "다리는 추량(湨梁)보

戊寅,[3] 무인일에

大夫盟. 대부들이 맹약하였다.

晉人執莒子, 邾子以歸. 진나라 사람이 거자와 주자를 잡아서 돌려보냈다.

齊侯伐我北鄙. 제후가 우리나라 북쪽 변경을 쳤다.

夏, 여름에

公至自會.[4] 공이 회합에서 돌아왔다.

五月甲子,[5] 5월 갑자일에

地震.[6] 지진이 일어났다.

叔老會鄭伯, 晉荀偃, 衛甯殖, 宋人伐許. 숙로가 정백과 진나라 순언, 위나라 영식, 송나라 사람을 만나 허나라를 쳤다.

秋, 가을에

齊侯伐我北鄙, 제후가 우리나라 북쪽 변경을 쳐서

圍成.[7] 성을 에워쌌다.

다 큰 것이 없다"라 한 것이 이것이다. 추수는 하남성 제원현(濟源縣) 서쪽에서 발원하여 동쪽으로 맹현(孟縣)을 경유하여 또 동남쪽으로 흘러 황하(黃河)로 유입된다. 추량 또한 제원현 서쪽에 있을 것이다.

3 무인일은 26일이다.

4 『전』이 없다.

5 갑자일은 13일이다.

6 『전』이 없다.

7 성(成): "성(郕)"으로 되어 있는 판본도 있고, 『석문(釋文)』에도 "성(郕)"으로 되어 있다. 여기서는 『석경』과 송본, 악본을 따라 "성(成)"으로 하였다.

大雩.[8]	큰 기우제를 올렸다.
冬,	겨울에
叔孫豹如晉.	숙손표가 진나라로 갔다.

傳

十六年春,	16년 봄에
葬晉悼公.	진나라 도공을 장사 지냈다.
平公卽位,	평공이 즉위하고
羊舌肹爲傅,[9]	양설힐이 부가 되었으며
張君臣爲中軍司馬,[10]	장군신은 중군사마가 되고
祁奚, 韓襄, 欒盈, 士鞅爲公族大夫,[11]	기해와 한양, 난영, 사앙이 공족대부가 되었으며

8 『전』이 없다.

9 힐(肹): 곧 숙상(叔向)이다. 성공 18년 『전』에서 사악탁(士渥濁)이 태부(太傅)가 되었다고 하였는데, 양설힐 또한 이때 사악탁을 대신하여 태부가 되었다. 「진어 7」에서는 진도공이 양설힐이 『춘추』에 익숙하다 하여 이에 숙상을 불러 태자 표(豹)의 스승으로 삼았다고 하였다. 지금 표는 진나라의 왕위를 계승하였으므로 그를 태부로 삼은 것이다. 태부의 관직은 상설하여 경과 대부가 모두 될 수 있었다. 선공 16년의 『전』에서는 사회(士會)가 중군이라고 하였으며 또한 태부가 되었다고 하였으니 중군수로 겸직한 것이다. 소공 5년의 『전』에서는 초영왕이 양설힐을 상대부라고 하였으니 양설힐은 상대부로 태부가 된 것 같다. 양처보(陽處父)는 태부였는데 또한 중군수로 바뀌었다. 문공 16년의 『전』을 보라.

10 두예는 "장로(張老)의 아들로 그 부친을 대신한 것이다"라 하였다.

11 기해(祁奚): 이미 양공 3년에 늙어서 퇴직을 하였는데 13년 후에 다시 공족대부가 되었으며 21년 『전』에서는 숙상을 구한다. 마종련(馬宗璉)의 『보주(補注)』에서는 기해는 기우(祁午)일 것이라 하였는데 틀린 것 같다.
한양(韓襄): 한무기(韓無忌)의 아들이다. 한무기가 공족대부를 장악한 것은 양공 7년 『전』에 보인다. 『통지·씨족략(氏族略) 5』에서는 『세본』을 인용하여 "진나라 한궐(韓厥)은

虞丘書爲乘馬御.[12]	우구서가 승마어가 되었다.
改服, 修官,[13]	옷을 갈아입고 현능한 관리를 뽑아
烝于曲沃.[14]	곡옥에서 증제를 지냈다.
警守而下,[15]	도성에 수비를 두어 지키고 내려와
會于溴梁.[16]	격량에서 회합하였다.
命歸侵田.	침략한 전지를 돌려주라고 명하였다.
以我故,	우리나라 때문에
執邾宣公, 莒犂比公,[17]	주선공과 거여비공을 잡아가면서
且曰,	또한 말하였다.
"通齊, 楚之使."[18]	"제나라 초나라의 사자와 교통하였다."

무기(無忌)를 낳았고 무기는 양(襄)을 낳았으며 양은 자어(子魚)를 낳았다"라 하였다.

12 우구서(虞丘書): 『광운(廣韻)』 구(丘)자의 주에서 우구(虞丘)는 복성(複姓)이라 하였다. 『통지·씨족략(氏族略) 3』에서는 우구는 진나라의 읍이라 하였으니 우구서는 읍을 씨로 삼은 것이다.

13 개복(改服): 상복을 벗고 길복(吉服)을 입는 것이다.
수관(修官): 현능한 자를 가려 뽑는 것이다. 유월(兪樾)의 『평의(平議)』에서는 "관(官)은 관(館)의 고자와 통한다. 수관(修官)은 곧 수관(修館)이다. 격량에서 회합하면서 그곳에 있는 관사(館舍)를 먼저 수리한 것이다. ……"라 하였는데 또한 뜻이 통한다.

14 증(烝): 제사의 이름이다. 환공 5년의 『전』에서 "칩충이 겨울잠에 들어가면 증제를 지낸다(閉蟄而烝)"라 하였다.

15 경수(警守): 국도에 수비를 배치하는 것이다.
하(下): 황하를 따라 내려가는 것이다.

16 격량(溴梁): 『경』의 『주』에 상세하다.

17 지난해의 『전』에 보인다. 거나라 임금은 지명으로 부르는 경우가 많은데, 여비 또한 지명이다. 청나라 장총함(張聰咸)의 『변증(辨證)』에 상세하다.

18 주나라와 거나라 두 임금의 사자가 제나라와 초나라 사이를 왕래한 죄를 물은 것이다.

晉侯與諸侯宴于溫,[19]	진후가 제후들과 온에서 연회를 열고
使諸大夫舞,	대부들로 하여금 춤을 추게 하고는
曰,	말하였다.
"歌詩必類."[20]	"시를 노래하되 반드시 어울리게 하라."
齊高厚之詩不類.	제나라 고후의 시가 어울리지 않았다.
荀偃怒,	순언이 화를 내면서
且曰,	또한 말하였다.
"諸侯有異志矣."[21]	"제후 중에 다른 마음을 가진 사람이 있을 것이다."
使諸大夫盟高厚,	여러 대부들로 하여금 고후에게 맹세하게 하니
高厚逃歸.	고후는 도망쳐 돌아갔다.

19 온(溫): 지금의 소재지 서남쪽으로 격수(湨水)가 지난다.

20 가시(歌詩): 왕소란(王紹蘭)은 "옛날 사람들은 춤을 출 때 반드시 시를 노래하였으므로 『묵자』「공맹편(公孟篇)」에서는 '시 3백을 춤춘다'라 하였다"라 하였다. 『경설(經說) 4』에 상세하다. 『초사·구가·동군(楚辭·九歌·東君)』에서도 "시 펼침이여 모여서 춤춘다네(展詩兮會舞)"라 하였고, 『시경·소아·거할(小雅·車舝)』에서도 "노래하고 춤추네(式歌且舞)"라고 한 것으로 알 수 있다.

필류(必類): 한편으로는 반드시 춤과 짝이 맞아야 하며 나아가 본인의 사상을 더욱 잘 표현하여야 한다는 것이다.

21 고후가 노래한 시에서 어울리지 않는 것이 나왔다는 것이다.

於是叔孫豹, 晉荀偃, 宋向戌, 衛甯殖, 鄭公孫蠆, 小邾之大夫盟曰,

이때 숙손표와 진나라 순언, 송나라 상술, 위나라 영식, 정나라 공손채, 소주의 대부가 맹약하여 말했다.

"同討不庭."[22]

"불충한 자는 함께 토벌한다."

許男請遷于晉.[23]

허남이 진나라에 천도할 것을 청하였다.

諸侯遂遷許,[24]

제후들이 마침내 허나라의 도읍을 옮기려 하였으나

許大夫不可,

허나라 대부가 안 된다고 하자

晉人歸諸侯.[25]

진나라 사람이 제후들을 돌려보냈다.

鄭子蟜聞將伐許,

정나라 자교가 허나라를 치려는 말을 듣고

---

22 부정(不庭): 은공 10년 『전』의 『주』에 상세하다. 이곳의 부정(不庭)은 옛 말을 차용한 것으로 실제로는 맹주인 진나라에 불충하다는 것을 가리켜 한 말로, 성공 12년 『전』의 부정(不庭)과 뜻이 가깝다.

23 허나라는 본래 지금의 하남 허창시(許昌市) 동쪽 36리 지점에 도읍을 정하였는데, 노성공 15년에 허영공(許靈公)이 정나라의 위협에서 도피하고자 하여 초나라가 허나라를 섭(葉)으로 옮겼는데, 곧 지금의 섭현 조금 서쪽에서 남쪽으로 30리 지점인 섭현의 옛 성으로, 이때부터 허나라는 초나라의 부용국이 되었다. 이번에 허나라가 진나라에게 허나라를 옮겨 달라고 청한 것은 멀리 초나라를 떠나 진나라에 복종하고자 하는 의도이다.

24 사실은 허나라를 옮기려다가 이루지 못하였으므로 옮기려던 땅을 말하지 않은 것이다.

25 제후들은 각자 돌아가게 하고 진나라 군사만으로 허나라의 대부를 친 것이다.

遂相鄭伯以從諸侯之師.[26]	마침내 정백을 도와 제후들의 군사를 따랐다.
穆叔從公.	목숙이 공을 따랐다.
齊子帥師會晉荀偃.	제자가 군사를 거느리고 진나라 순언을 만났다.
書曰"會鄭伯",	"정백을 만났다"라 기록한 것은
爲夷故也.[27]	공평하게 하기 위함이었다.
夏六月,	여름 6월에
次于棫林.[28]	역림에서 머물렀다.
庚寅,[29]	경인일에
伐許,	허나라를 치면서
次于函氏.[30]	함씨에 머물렀다.

26 이 이하는 처음에 제후들을 동원한 일을 보충하여 서술한 것이다.

27 『경』에서는 "숙로가 정백과 진나라 순언·위나라 영식·송나라 사람을 만나 허나라를 쳤다"라 하였는데 『춘추』는 노나라의 역사여서 당연히 노나라 위주이므로 숙로를 먼저 기록하였다. 정백은 임금이고 순언은 각군의 주수이지만 결국 진나라의 신하이므로 정백의 뒤에 열거하였다. 이(夷)는 평평하다는 뜻이다. 이와 같은 서열이라야 공평하다는 뜻이다.

28 역림(棫林): 허나라 땅으로 지금의 하남 섭현 동북쪽에 있다. 14년 『전』의 진나라 땅인 역림과는 명칭은 같지만 다른 곳이다.

29 경인일은 9일이다.

30 함씨 또한 허나라 땅으로 지금의 섭현 북쪽에 있다.

晉荀偃, 欒黶帥師伐楚,	진나라의 순언과 난염이 군사를 거느리고 초나라를 쳤는데
以報宋揚梁之役.[31]	송나라 양량의 전역을 보복하고자 함이었다.
楚公子格帥師,	초나라 공자 격이 군사를 거느리고
及晉師戰于湛阪.[32]	진나라 군사와 침판에서 싸웠다.
楚師敗績.	초나라 군사가 대패하였다.
晉師遂侵方城之外,[33]	진나라 군사가 마침내 방성의 바깥을 침공하고
復伐許而還.[34]	다시 허나라를 치고 돌아갔다.

秋,	가을에
齊侯圍成,[35]	제후가 성을 에워쌌는데

31 제후들의 군사가 이미 돌아가서 진나라 군사 홀로 진격했다. 양량의 전역은 12년의 『전』에 보인다.

32 침판(湛阪): "湛"은 잠이라고도 읽는다. 침수(湛水)는 지금의 하남 보풍현(寶豐縣) 동남쪽에서 발원하여 동쪽으로 섭현(葉縣)을 거쳐 양성현(襄城縣) 경계에 이르러 북여하(北汝河)로 유입된다. 침수의 북쪽에 긴 언덕이 하나 있는데 곧 이 침판으로 지금의 평정산시(平頂山市) 북쪽에 있다.

33 방성(方城): 희공 4년의 『전』과 『주』에 상세하다. 본래 초나라 북쪽 경계이다. 나중에 초나라가 더욱 확장하여 방성의 바깥에 또 초나라에 속하는 땅을 두었는데, 진나라 군사는 방성까지는 들어가지 못하였다.

34 허나라가 천도를 하지 않았기 때문이다.

35 성(成): 각 판본에는 모두 "성(郕)"으로 되어 있는데 기실 성(成)이나 성(郕)은 같은 곳으로 지금은 판본을 감정하여 하나로 통일한다.

孟孺子速徼之.[36]	맹유자 속이 허리를 잘라 공격하였다.
齊侯曰,	제후가 말하였다.
"是好勇,[37]	"이 사람은 용맹함을 좋아하니
去之以爲之名."[38]	떠나서 그 명성을 이루어 주리라."
速遂塞海陘而還.[39]	속이 마침내 해형을 막고 돌아왔다.

冬,	겨울에
穆叔如晉聘,	목숙이 진나라에 가서 빙문하고
且言齊故.[40]	또한 제나라의 일을 말하였다.

---

36 맹유자(孟孺子): 헌자(獻子)의 아들로 이름은 속(速)이며 시호는 장자(莊子)이다. 요(徼): 중간을 차단하여 잘라 치는 것이다.

37 시(是): 이 사람, 곧 맹유자를 가리킨다. 『논어·헌문(憲問)』편에 "변장자의 용감함(卞莊子之勇)"이란 말이 있는데, 청나라 조탄(趙坦)의 『보벽재찰기(寶甓齋札記)』에서는 "변장자는 곧 맹유자"라 하였는데 믿을 수 없다.

38 포위군을 철수해서 맹속의 용맹하다는 명성을 이루어 주는 것을 말한다. 18년 『전』에 의하면 안영(晏嬰)이 제영공을 일러 "실로 용맹이 없다"라 하였으니 사실은 겁을 먹고 도망친 것이다.

39 해형(海陘): 두예는 다만 "해형은 노나라의 좁은 길이다"라고만 하였다. 성(成)은 지금의 산동 영양현(寧陽縣) 북쪽에 있는데 이미 환공 8년 『경』의 『주』에서 상세하게 밝혔다. 성의 북쪽은 제나라 경계와 가까우니 해형은 제나라와 노나라 사이의 좁은 길이다. 『설문(說文)』에서 "형은 산이 잘린 구덩이이다"라 하였으며, 단옥재(段玉裁)의 『주』에서는 "산이 두 시내 사이에 있으므로 산이 잘린 구덩이라 한다"라 하였다. 이른바 해형이라는 것은 좁은 길에 물이 있는 것이다. 그 땅은 성의 북쪽, 대문하(大汶河)와 사수(泗水) 사이에 있을 것이다. 강영(江永)의 『고실(考實)』에서는 해자에 구애되어 제성의 경계에 있다고 했는데 확실치 않다.

40 제나라가 노나라를 거듭 친 것을 말한 것이다.

晉人曰,	진나라 사람이 말하였다.
"以寡君之未禘祀,[41]	"과군께서 체제사를 지내지 못하였고
與民之未息,[42]	백성들이 아직 쉬지를 못하였습니다.
不然,	그렇지 않았다면
不敢忘."	감히 잊지 않았을 것입니다."
穆叔曰,	목숙이 말하였다.
"以齊人之朝夕釋憾於敝邑之地,	제나라 사람이 아침저녁으로 우리나라 땅에 원한을 풀려고 하여
是以大請.	이렇게 큰 청을 드리는 것입니다.
敝邑之急,	우리나라의 화급함은
朝不及夕,	아침에 저녁을 기약하지 못하여
引領西望曰,	목을 빼고 서쪽을 바라보며 말하기를
'庶幾乎!'[43]	'아마 올 것이다!'라 하고 있습니다.
比執事之間,[44]	집사께서 틈이 있을 때면
恐無及也."	아마 미치지 못할 것입니다."

41 체사(禘祀): 곧 진도공의 신주를 태묘에 바치는 길제로, 민공 2년의 『전』과 『주』, 희공 33년의 『전』과 『주』에 상세하다.

42 두예는 "막 허나라 및 초나라를 친 것이다"라 하였다.

43 두예는 "진나라가 와서 구원해 주기를 바라는 것이다"라 하였다.

44 비(比): 거성(去聲)이다. 급(及)의 뜻으로, '~할 때가 되어서'라는 말이다.

見中行獻子,	중항헌자를 만나 보고
賦圻父.[45]	「기보」를 읊었다.
獻子曰,	헌자가 말하였다.
"偃知罪矣,	"저는 죄를 아니
敢不從執事以同恤社稷,	감히 집사를 따라 함께 사직을 구하지 않아
而使魯及此!"	노나라가 이 지경에 이르게 하겠습니까!"
見范宣子,	범선자를 만나 보고
賦鴻雁之卒章.[46]	「홍안」의 마지막 장을 읊었다.
宣子曰,	선자가 말하였다.
"匄在此,[47]	"제가 여기에 있으니
敢使魯無鳩乎!"[48]	감히 노나라를 편안케 하지 않겠습니까!"

45 기보(圻父): 지금은 「기보(祈父)」라고 하며, 『시경·소아(小雅)』의 편명이다. 두예는 "시인이 기보가 왕을 보좌하는 사람으로 그 직무를 수행하지 않아 백성들로 하여금 곤란과 어려움의 근심을 겪게 하여 머물 곳이 없게 한 것을 질책하였다"라 하였다.

46 두예는 "「홍안」은 『시경·소아(小雅)』의 편명이다. 마지막 장에서는 '기러기 날며, 우는 소리 구슬프네. 오직 이 밝은 사람만이, 우리 고생한다 하네(鴻雁于飛, 哀鳴嗸嗸. 維此哲人, 謂我劬勞)'라 하였으며, 노나라가 근심과 괴로움에 슬퍼하는 것이 기러기가 갈 곳이 없는 것과 같음을 말하였다. 큰 기러기를 홍(鴻)이라 하고 작은 기러기를 안(雁)이라 한다."

47 개(匄): 선자(宣子)의 이름이다.

48 「진어 9」의 위소의 주석에서는 "구는 편안한 것이다"라 하였다.

양공 17년

經

十有七年春王二月庚午,[1]	17년 봄 주력으로 2월 경오일에
邾子牼卒.[2]	주자 경이 죽었다.
宋人伐陳.	송나라 사람이 진나라를 쳤다.
夏,	여름에
衛石買帥師伐曹.[3]	위나라의 석매가 군사를 거느리고 조나라를 쳤다.
秋,	가을에
齊侯伐我北鄙,	제후가 우리나라 북쪽 변경을 치고
圍桃.[4]	도를 에워쌌다.
高厚帥師伐我北鄙,[5]	고후가 군사를 거느리고 우리나라 북쪽 변경을 치고

1 십칠년(十七年): 을사년 B.C. 556년으로, 주영왕(周靈王) 16년이다. 동지가 정월 16일 계사일로 건자(建子)이다.
2월 경오일은 23일이다.

2 『전』이 없다. 두예는 "선공(宣公)이다"라 하였다. 『공양전』과 『곡량전』에는 "경(牼)"이 "간(瞯)"으로 되어 있다. 청나라 단방(端方)의 『도재길금록(陶齋吉金錄)』 권1에는 주공경종(邾公牼鐘) 네 개가 있어서 『좌씨전』의 정확함을 증명해 주고 있다. 주자는 지난해에 진나라로 잡혀갔으며, 여기서 죽은 것은 반드시 본국에서 죽었을 것이므로 손언이 말하기를 "진나라 사람이 얼마 후 용서해 주었다"라 하였다.

3 두예는 "매는 석직(石稷)의 아들이다"라 하였다.

4 도(桃): 『공양전』에는 "조(洮)"로 되어 있다. 지금의 산동 문상현(汶上縣) 북쪽에서 동쪽으로 약35리 지점에 있다.

5 고후(高厚)의 위에 『공양전』과 『곡량전』에는 모두 "제(齊)"자가 있다. 장수공(臧壽恭)은

圍防.	방을 에워쌌다.
九月,	9월에
大雩.[6]	크게 기우제를 올렸다.
宋華臣出奔陳.[7]	송나라 화신이 진나라로 달아났다.
冬,	겨울에
邾人伐我南鄙.	주나라 사람이 우리나라 남쪽 변경을 쳤다.

傳

十七年春,	17년 봄에
宋莊朝伐陳,	송나라 장조가 진나라를 치고
獲司徒卬,	사도앙을 사로잡았는데
卑宋也.[8]	송나라를 깔보았기 때문이다.

衛孫蒯田于曹隧,[9]	위나라 손괴가 조수에서 사냥을 하고

"『경』에는 '도를 에워쌌다'의 아래에서 위의 문장을 덮었으므로 제(齊)와 연결되지 않았으며, 『공양전』과 『곡량전』에서는 잘못 '제'(齊)자가 연문이 되었다"라 하였다.

6 『전』이 없다.

7 『전』에서는 화신이 달아난 것이 11월이라 하였고, 『경』에서는 가을이라고 기록하였는데 그 까닭을 알지 못하겠다.

8 두예는 "사도앙은 진(陳)나라의 대부이다"라 하였다.
비송(卑宋): 진(陳)나라가 송나라를 경시하였기 때문에 패한 것이다.

飮馬于重丘,[10]	중구에서 말을 물 먹였는데.
毁其甁.[11]	그 병을 깨뜨리자
重丘人閉門而詢之,[12]	중구의 사람들은 문을 닫고 욕을 하여
曰,	말했다.
"親逐而君,[13]	"친히 네 임금을 쫓아내었으니
爾父爲厲.[14]	네 아버지는 악귀가 되었을 것이다.
是之不憂,	이것을 근심하지 않고
而何以田爲?"	어째서 사냥질이나 하느냐?"
夏,	여름에
衛石買, 孫蒯伐曹,	위나라의 석매와 손괴가 조나라를 쳐서
取重丘.[15]	중구를 취하자

9 조수(曹隧): 조나라 땅이다. 두예는 "국경을 넘어와서 사냥을 하였다. 손괴는 손림보의 아들이다"라 하였다.

10 중구(重丘): 옛날 나라 이름이다. 『일주서·사기해(史記解)』에서는 "적양(績陽)은 강력하여 사방을 정벌하였는데 중구는 그들에게 미녀를 주었다"라 하였다. 『노사·국명기(路史·國名紀) 6』에서는 이 『전』을 인용하여 그 사실을 입증하였는데 옳다. 중구는 지금의 산동 임평현(茌平縣) 서남쪽 약 20리 지점에 있을 것이다.

11 『옥편』에서는 "병은 물을 긷는 기물이다"라 하였다.

12 구(詢): 후(詬)와 같은 뜻으로 꾸짖어 욕을 하는 것이다.

13 이(而): 이(爾)와 같다. 손림보가 위헌공을 쫓아낸 것이 손괴가 사신으로 들어온 것 때문이므로 친히 쫓아냈다고 한 것이다. 이 일은 14년의 『전』에 보인다.

14 여(厲): 악(惡)자와 같은 뜻.

15 공영달의 주석〔소(疏)〕에서는 "『경』에서 타국의 정벌을 기록할 때는 으레 원수를 기록할 따름이다. 이 『경』에서 이미 석매를 기록하고 괴는 경인데도 기록하지 않았다"라 하였다.

曹人愬于晉.[16]

조나라 사람들이 진나라에 하소연하였다.

齊人以其未得志于我故,[17]

제나라 사람이 우리나라에서 아직 뜻을 이루지 못하였으므로

秋,

가을에

齊侯伐我北鄙,

제후가 우리나라 북쪽 변경을 치고

圍桃.

도를 에워쌌다.

高厚圍臧紇于防.[18]

고후가 방에서 장흘을 에워쌌다.

師自陽關逆臧孫,

군사가 양관에서 장손을 맞아

至于旅松.[19]

여송에 이르렀다.

鄹叔紇, 臧疇, 臧賈帥甲三百,[20]

추숙흘과 장주, 장가가 갑병 3백을 이끌고

宵犯齊師,

밤에 제나라 군사를 범하여

---

16 두예는 "이듬해 진나라 사람이 석매를 잡아가는 『전』의 배경이다"라 하였다.

17 두예의 주석에서는 지난해에 성을 포위하였다가 맹유자를 피하였다고 하였다.

18 제나라는 2군으로 나누어 1군은 제영공이 직접 통솔하여 도(桃)를 포위하였으며, 1군은 고후가 통솔하여 방(防)을 포위하였다. 방은 장씨(臧氏)의 채읍이다.

19 노나라 군사는 양관(陽關)에서 출동하여 장흘을 영접하였으며 여송에 이르러 나아가지 않았다. 양관은 지금의 태안현(泰安縣) 동쪽으로 치우친 남쪽 약 60리 지점이며, 여송은 방과 멀지 않다. 방은 지금 사수현(泗水縣) 서남쪽 28리 지점에 있으니 양관은 방과 60여 리의 거리이다.

20 추숙흘(鄹叔紇): 곧 공구(孔丘)의 아버지이다.
장주·장가(臧疇·臧賈): 장흘과 형제이다. 나머지는 23년의 『전』에 상세하다.

送之而復.[21]	보내 주고 돌아갔다.
齊師去之.	제나라 군사가 그곳을 떴다.
齊人獲臧堅,[22]	제나라 사람이 장견을 사로잡자
齊侯使夙沙衛唁之,[23]	제후가 숙사위로 하여금 위문하게 하고
且曰"無死".	또 말하기를 "죽는 일이 없도록 하라" 하였다.
堅稽首曰,	장견이 머리를 조아리면서 말하였다.
"拜命之辱.	"명을 욕되이 내리심에 감사합니다.
抑君賜不終,[24]	그러나 임금님께서는 죽지 말라는 은명을 내리시고는
姑又使其刑臣禮於士."[25]	짐짓 또한 형을 받은 신하를 보내시어 사를 예우하셨습니다."
以杙抉其傷而死.[26]	말뚝으로 상처를 후벼서 죽었다.

---

21 추숙흘 등 세 사람은 본래 포위된 방성에 있었는데 밤에 갑자기 장흘을 에워싸고 호송하여 여송에 이르렀다가 다시 방성으로 돌아가 지킨 것이다. 곧 방의 바깥에는 원군이 있고 안에는 지키는 군사가 있게 된 것이다.

22 두예는 "견은 장흘(臧紇)의 족속이다"라 하였다.

23 언(唁): 위문하다, 위로하다.

24 억(抑): 역접의 접속사. 다만, 그러나.
사부종(賜不終): 앞의 "曰無死"를 변형시킨 말. 전인들은 거의 이해를 하지 못하였다.

25 고(姑): 고(故)를 가차하여 썼음. 일부러, 고의로.
형신(刑臣): 풍사위를 가리키며, 그가 환관이기 때문에 이렇게 말하였다.
사(士): 장견이 자칭한 말. 환관으로 하여금 사에게 명을 내리게 한 것은 당시에는 예가 아니었기 때문에 사가 수치스럽게 생각하였다.

26 익(杙): 말뚝. 한쪽 끝이 뾰족하고 기울어졌음.

冬,	겨울에
邾人伐我南鄙,	주나라 사람이 우리나라 남쪽 변경을 쳤는데
爲齊故也.[27]	제나라 때문이었다.

宋華閱卒,	송나라 화열이 죽자
華臣弱皐比之室,[28]	화신이 고비의 집안을 약하게 보고
使賊殺其宰華吳,[29]	도적을 시켜 그 재신인 화오를 죽이게 하니
賊六人以鈹殺諸盧門合左師之後.[30]	도적 여섯 명이 검으로 노문의 합좌사네 집 뒤에서 죽였다.

결(抉): 도려내다, 후비다.
상(傷): 상처.

27 두예는 "제나라가 아직 노나라에서 뜻을 얻지 못하였으므로 주나라가 도와준 것이다"라 하였다. 오개생(吳闓生: 1877~1948)의 『문사견미(文史甄微)』에서는 "주나라 사람이 우리를 친 것은 『경』에서 화신이 달아난 후의 일인데 『전』에서 여기에 분류한 것은 좌씨의 글이 다 『경』의 차서 및 시간의 선후에 의거한 것은 아니라는 것을 입증하는 것이다"라 하였다.

28 두예에 의하면 화신은 화열의 아우이다. 고비는 화열의 아들이다. 약(弱)은 약하게 보고 침해하는 것이다.

29 기재(其宰): 고비 집안의 총관(總管)이다. 송나라 정공열(程公說)의 『춘추분기세보(春秋分紀世譜) 7』에 의하면 화독(華督)의 두 아들은 가(家)와 계로〔季老, 성공 15년의 『소(疏)』에는 "秀老"로 되어 있다〕이다. 계로는 정(鄭)을 낳았고, 정은 희(喜)를 낳았으며, 희는 오(吳)를 낳았다.

30 피(鈹): 칼처럼 생겼는데 양쪽에 날이 있는 보검의 한 종류이다.
저(諸): 지어(之於)의 합음자이다. 화오를 합좌사의 집 뒤에서 죽인 것이다.
노문(盧門): 송나라의 성문이다.
합좌사(合左師): 곧 상술(向戌)이다. 관직이 좌사였으며 채읍이 합향(合鄕)이어서 합좌

左師懼,	좌사가 두려워하여
曰,	말하였다.
"老夫無罪."	"이 늙은이는 죄가 없소."
賊曰,	도적이 말하였다.
"皐比私有討於吳."[31]	"고비가 사사로이 오를 친 것이오."
遂幽其妻,[32]	마침내 그의 처를 유폐하고는
曰,	말하였다.
"畀余而大璧."[33]	"너의 큰 벽옥을 내게 주시오."
宋公聞之,	송공이 듣고는
曰,	말하였다.
"臣也不唯其宗室是暴,	"화신은 그 종실을 포악하게 대하였을 뿐만 아니라
大亂宋國之政,[34]	송나라의 정치를 크게 어지럽혔으니
必逐之."	반드시 쫓아내야 한다."
左師曰,	좌사가 말하였다.

사라고 불렀다. 합은 지금의 산동 조장시(棗莊市)와 강소 패현(沛縣) 사이에 있을 것이다.

31 이는 사실 헛소리로, 고비의 이름을 빌린 것이며 고비는 곧 주인이다.

32 유(幽): 유폐하는 것이다.
기처(其妻): 화오의 처이다.

33 비(畀): 주다.

34 화신이 종실을 속이고 능멸하였을 뿐만 아니라 또한 송나라의 정령을 크게 어지럽혔음을 말한 것이다.

"臣也,	"화신은
亦卿也.	또한 경입니다.
大臣不順,[35]	대신이 화합하지 않는 것은
國之恥也.	나라의 수치이니
不如蓋之."[36]	덮어 둠만 못합니다."
乃舍之.[37]	이에 내버려 두었다.
左師爲己短策,[38]	좌사가 자신이 쓸 짧은 채찍을 만들어
苟過華臣之門,	실로 화신의 집 문을 지날 때면
必騁.[39]	반드시 빨리 달렸다.
十一月甲午,[40]	11월 갑오일에
國人逐瘈狗.[41]	백성들이 미친개를 쫓았는데
瘈狗入於華臣氏,	미친개가 화신씨의 집으로 들어갔다.
國人從之.	백성들이 그를 따랐다.

---

35 순(順): 화순(和順)하다.

36 개(蓋): 엄개(掩蓋), 가리다, 덮어 두다.

37 사(舍): 사(捨)와 같다. 풀어 주고 죄를 씌우지 않다.

38 책(策): 마편(馬鞭), 말채찍.

39 빙(騁): 빨리 달리다. 공영달의 주석〔소(疏)〕에서는 "말을 모는 사람을 도와 말을 때려서 달리게 한 것은 매우 미워하는 것이다. 반드시 짧은 채찍을 쓰는 것은 사적으로 말 모는 사람을 도와 남이 알지 못하게 하려는 것이다"라 하였다.

40 갑오일은 22일이다.

41 계구(瘈狗): 『설문(說文)』 및 『한서·오행지(五行志)』에는 모두 제(狾)로 인용하였는데 고음이 같았으며, 계구(瘈狗)는 광견(狂犬), 곧 미친개라는 뜻이다.

華臣懼,	화신이 두려워하여
遂奔陳.[42]	마침내 진나라로 달아났다.

宋皇國父爲大宰,	송나라 황국보가 태재가 되어
爲平公築臺,	평공을 위해 대를 쌓았는데
妨於農收.[43]	농사의 수확에 방해가 되었다.
子罕請俟農功之畢,	자한이 농사가 끝나기를 기다릴 것을 청하였으나
公弗許.	공이 그것을 허락지 않았다.
築者謳曰,	대를 쌓는 사람이 노래하기를
"澤門之晳,[44]	"택문의 얼굴 흰 분
實興我役.	우리 부역에 동원하셨네.
邑中之黔,	읍 안의 얼굴 검으신 분
實慰我心."[45]	실로 우리 마음 위로하시네."

42 두예는 "화신의 마음이 절로 불안하여 미친개를 쫓는 것을 보자 놀라서 달아난 것이다"라 하였다.

43 농수(農收): "수(收)"는 원래 "공(功)"으로 되어 있었다. 두예는 "주나라의 11월은 지금의 9월로 (농산물을) 거두어들일 때이다"라 하였으니 두예가 의거한 판본에도 "수(收)"로 되어 있었으며, 지금은 『석경』과 송본, 순희본, 악본, 찬도본(纂圖本), 아시카가본〔족리본(足利本)〕 및 『석문(釋文)』과 가나자와 문고본(金澤文庫本)을 따라 바로잡는다.

44 석·역(晳·役): 운으로, 고음은 모두 석(錫)부에 있었다. 택문지석(澤門之晳)은 황국보를 가리킨다. 택문에 살고 얼굴이 희고 밝아서 이렇게 불렀다. 택문(澤門)은 곧 『맹자·진심(盡心) 상』의 질택지문(垤澤之門)으로 송나라 동성(東城)의 남쪽 문이다.

45 검·심(黔·心): 운으로 고음은 모두 침담(侵覃)부에 있었다. 옛날의 노래에는 운이 많았

子罕聞之,	자한은 그것을 듣자
親執扑,[46]	친히 채찍을 잡고
以行築者,[47]	쌓는 사람들을 순행하며
而抶其不勉者,[48]	열심히 하지 않는 사람을 매질하면서
曰,	말하였다.
"吾儕小人皆有闔廬以辟燥濕寒暑.[49]	"우리 소인들도 모두 집이 있어서 가뭄과 비, 더위와 추위를 피하는데
今君爲一臺,	지금 임금님이 대 하나를 짓는데
而不速成,	그것 하나 빨리 완성하지 못하니
何以爲役?"	어찌 일을 했다 하겠는가?"
謳者乃止.	노래하던 사람이 이에 그쳤다.
或問其故.[50]	어떤 사람이 그 까닭을 물었다.
子罕曰,	자한이 말하였다.
"宋國區區,[51]	"송나라는 자그마해서

다. 자한(子罕)은 성내에 살면서 얼굴빛이 검었으므로 사람들이 읍 안의 얼굴 검으신 분(邑中之黔)이라고 불렀다.

46 복(扑): 대나무 채찍이다. 또한 문공 10년 『전』의 『주』에도 보인다.

47 행(行): 순행을 하며 감독하는 것.

48 질(抶): 매질하다, 채찍질하다.

49 합려(闔廬): 합(闔)은 원래 목판 문짝이라는 뜻이며, 여기서 합려(闔廬)는 한 단어로 집을 말한다.
피(辟): "피할 피(避)"자와 같다.

50 자한에게 어째서 열심히 일을 하지 않는 사람에게 매를 때리느냐고 물은 것이다.

而有詛有祝,[52]	저주가 있고 축원이 있으면
禍之本也."[53]	화의 근본이 된다."

齊晏桓子卒,[54]	제나라 안환자가 죽자
晏嬰麤縗斬,[55]	안영이 거친 참최 상복을 입고
苴絰, 帶, 杖,[56]	저로 만든 수질과 허리띠, 지팡이에
菅屨,[57]	짚신을 신고

---

51 구구(區區): 작은 모양.

52 저축(詛祝): 훼예(毁譽). "實興我役"은 저주하는 말이다. "實慰我心"은 기리는 말이다. 저축(詛祝)은 훼예(毁譽)라는 말과 같다.

53 『안자춘추·내편(內篇)』의 「간(諫) 하」 및 「잡(雜) 상」에는 모두 이 일을 채택하여 안영(晏嬰)의 일이라 하였다.

54 환자(桓子): 곧 안약(晏弱)으로 안영(晏嬰)의 부친이다.

55 안영(晏嬰): 『사기』에 전이 있다.
추최참(麤縗斬): 추(麤)는 조(粗)자와 통하여 쓴다. 추최참은 거친 베로 짠 참최(斬衰)이다. 최(縗)는 최(衰)와 같다. 고대의 상복에는 자식은 부친상을 당하면 참최를 3년간 입는다. 두예는 추(麤)는 3승포(三升布)라 하였고, 정현은 『예기·잡기(雜記)』에 주석을 달면서 "추최질(麤縗斬)이라는 것은 실 가닥이 자참(齊斬)의 사이에 있는 것으로, 실 가닥이 3승 반이나 3승 같은데 꿰매지 않은 것이다. 참최는 삼승을 정격으로 하고 미세하게 하면 추(麤)에 속한다"라 하였다. 고대의 베는 주로 삼을 가지고 짰는데, 곧 지금의 대마(大麻)나 황마(黃麻)이다. 암수의 나무가 다르다. 숫마는 모시(枲)라 하고, 암마는 저(苴)라 한다. 저는 좋지 않으며 상복의 참최나 자최(齊衰)를 만들 때만 쓰인다. 베는 80 가닥을 1승(升)이라 하며, 베의 너비는 2척 2촌(주척으로 대략 지금의 22센티미터)이니, 3승은 240 가닥으로 짜며 가장 가는 베를 30승, 곧 2천4백 가닥으로 짜는 것에 비하면 매우 거칠고 성글다. 정현은 3승 반이라고 하였는데 가닥 수는 여전히 3승이지만 가닥의 거칠기가 3승 반에 비길 만하다는 뜻이다. 참은 단을 꿰매지 않고 옷의 가장가리를 꿰매지 않은 것이다. 자최는 가장자리를 꿰맨다.

56 저질(苴絰)과 저대(苴帶), 저장(苴杖)이다. 질(絰)은 수질(首絰)을 가리키며 곧 상복을 입을 때 머리에 숫마로 짠 것을 쓰는 것이다. 저대는 허리에 묶으며 대대(大帶)를 닮았다. 저장은 죽장(竹杖), 곧 대나무 지팡이이다.

57 관구(菅屨): 관(菅)은 다년생 초본 식물이다. 관구는 상복을 입을 때 신는 짚신이다.

食鬻,[58] 죽을 먹으며

居倚廬,[59] 여막에 거처하고

寢苫, 枕草.[60] 거적에서 자고 풀을 베었다.

其老曰,[61] 늙은이가 말하였다.

"非大夫之禮也."[62] "대부의 예가 아닙니다."

曰, 말하였다.

"唯卿爲大夫."[63] "경만이 대부가 될 수 있다."

---

58 죽(鬻): 지금은 죽(粥)이라고만 쓴다. 장례를 올리기 전에 효자는 죽을 먹는다.

59 의려(倚廬): 거상 때 임시로 얽는 시렁이다. 여(廬)는 여막인데, 중문 밖 동쪽 담 아래에 있으며 풀로 가리개 양쪽을 가리는데 진흙을 바르지 않고 북쪽으로 문을 낸다. 장례를 치른 후에는 다시 안에다 진흙으로 돋우고 서쪽으로 문을 낸다.

60 침점(寢苫): 점(苫)은 볏짚으로 짠 자리로 효자가 그 위에 누워 있는다. 풀로 베개를 만든다.

이상은 모두 안영이 자식으로 부친의 상을 행한 예이다. 이는 『의례·사상례(士喪禮)』 및 「상복(喪服)」 등 여러 편과 비교해 보면 추최참과 참최 및 풀을 베는 것만 흙덩이를 베는 것과 다르다.

61 기로(其老): 안씨네 재(宰)이다.

62 소공 15년 『전』에 숙상의 말이 실려 있는데, 첫 번째는 "왕은 1년에 삼년 복을 입을 상을 두 번이나 당했다(王一歲而有三年之喪二焉)"라 하였고 또 말하기를 "삼년상은 귀한 신분이라 하더라도 수복하는 것이 예이다(三年之喪, 雖貴遂服, 禮也)"라 하였다. 『예기·중용(中庸)』에는 공구(孔丘)가 "삼년상은 천자에까지 이르렀으니 부모의 상은 귀천에 상관없이 한결같다(三年之喪達乎天子, 父母之喪無貴賤一也)"고 하였다. 『맹자·등문공(滕文公) 상』에서는 맹가(孟軻)가 말하기를 "삼년상에 자소의 복을 입고 미음과 죽을 먹음은 천자부터 서민에 이르기까지 3대가 같이하였다(三年之喪, 齊疏之服, 飦粥之食, 自天子達於庶人, 三代共之)"라 하였다. 이로 보건대 삼년상은 주대(周代) 때부터 실제 있었던 것 같다. 그러나 춘추시대에는 이미 실행하지 않았으므로 안영이 이를 행하자 재신이 말린 것이다.

63 대부의 뜻은 광의의 의미와 협의의 의미가 있다. 광의의 대부는 경 또한 대부라고 할 수 있는 것이다. 협의의 대부는 경을 포괄하지 않는다. 안영이 "경만이 대부가 될 수 있다"라 한 것은 이 두 뜻과 맞지 않는다. 심흠한의 『보주(補注)』에서는 "제후의 경은 천자의 대부에 해당한다. 안자(晏子)는 제나라에서 경이 아니었으므로 이 말로 속인 것이다"라

양공 18년

經

十有八年春,[1]	18년 봄에
白狄來.[2]	백적이 왔다.
夏,	여름에
晉人執衛行人石買.[3]	진나라 사람이 위나라 행인 석매를 잡아갔다.
秋,	가을에
齊師伐我北鄙.[4]	제나라 군사가 우리나라 북쪽 변경을 쳤다.
冬十月,	겨울 10월에

하였다. 그런데 정현은 『예기· 잡기 상』에서 이 『전』의 말을 인용하고 "이는 평중(平仲)의 예이다"라 하였다. 『안자춘추·잡편(雜篇) 상』에서도 이 일을 인용하였는데, 공구의 평을 인용하여 "안자는 해를 멀리 할 수 있을 것이다. 자기가 옳게 여기는 것으로 남의 그른 것을 논박하지 않았으며, 겸손한 말로 허물을 피한 것이니 의롭도다!"라 하였다. 위서 『공자가어』에도 이 일이 실려 있다. 두예도 이 때문에 말하기를 "안자는 자신이 행하는 예가 옳다고 여겨 당시의 실례를 배척하는 것을 싫어하였다. 그러므로 겸손한 말로 간략하게 가로에게 답한 것이다"라 하였다.

1 십팔년(十八年): 병오년 B.C. 555년으로, 주영왕(周靈王) 17년이다. 동지가 정월 27일 무술일로 건자(建子)이다.

2 두예는 "조현하였다고 말하지 않은 것은 조현의 예를 행할 수 없었기 때문이다"라 하였다.

3 두예는 "석매는 곧 조나라를 친 자로 즉시 본죄를 징계하여 다스리는 것이 마땅하며, 진나라는 그가 행인의 사자가 된 것 때문에 그를 잡았으므로 행인을 기록하여 진나라를 치죄한 것이다"라 하였다.

4 "제사(齊師)"는 『곡량전』에는 "제후(諸侯)"로 되어 있다. 두예는 "제후를 기록하지 않은 것은 제후가 국경을 넘어 들어오지 않아서이다"라 하였으니 두예가 근거한 『좌씨춘추』에는 "제사(齊師)"로 되어 있음이 틀림없다.

公會晉侯, 宋公, 衛侯, 鄭伯, 曹伯, 莒子, 邾子, 滕子, 薛伯, 杞伯, 小邾子同圍齊.[5]

공이 진후와 송공, 위후, 정백, 조백, 거자, 주자, 등자, 설백, 기백, 소주자를 만나 함께 제나라를 에워쌌다.

曹伯負芻卒于師.[6]

조백 부추가 군중에서 죽었다.

楚公子午帥師伐鄭.

초나라 공자 오가 군사를 거느리고 정나라를 쳤다.

傳

十八年春,

18년 봄에

白狄始來.

백적이 처음으로 왔다.

夏,

여름에

晉人執衛行人石買于長子,[7]

진나라 사람이 위나라의 행인 석매를 장자에서 잡아가고

---

5 "함께 에워쌌다(同圍)"고 기록한 것은 『춘추』에는 이곳 한 차례밖에 없으므로 두예는 "제나라가 수차례나 불의를 행하여 제후들이 한 마음으로 함께 제나라를 에워쌌다"라 하였다. 모두 12나라로 진나라를 추종하는 제후는 모두 다 왔다.

6 『전』이 없다. 두예는 장례는 희공 4년의 허남(許男) 신신(新臣)과 같이 치르는 것이 마땅하다고 하였다. 희공 4년의 『전』에 상세하다.

7 장자(長子): 지금의 산서 장자현(長子縣) 서쪽 교외에 있다.

執孫蒯于純留,[8]	손괴를 순류에서 잡아갔는데
爲曹故也.[9]	조나라 때문이었다.
秋,	가을에
齊侯伐我北鄙.	제후가 우리나라 북쪽 변경을 쳤다.
中行獻子將伐齊,	중항헌자가 제나라를 치려 할 때
夢與厲公訟,	꿈에 여공과 소송을 하였는데
弗勝.[10]	이기지 못하였다.
公以戈擊之,	공이 과로 치니
首隊於前,[11]	머리가 앞에 떨어져
跪而戴之,	무릎을 꿇어 머리에 이고
奉之以走,[12]	받쳐 들고 달아났는데

---

8 순류(純留): 본래 유우국(留吁國)으로, 선공 16년 진(晉)나라가 멸하였으며 순류(純留)라고 하고 둔류(屯留)라고도 한다. 지금의 산서 둔류현(屯留縣) 남쪽 10리 지점에 있다.

9 지난해의 『전』을 보라. 장병린(章炳麟)의 『독(讀)』에서는 "유자준〔劉子駿, 곧 유흠(劉歆)〕의 「수초부(遂初賦)」에서는 '주나라 권력 잃음 슬퍼함이여, 수차 욕을 보고도 척결하지 못하였네. 손괴 둔류에서 잡아 옴이여, 길에서 주나라 왕의 군사 구원하였다네'라 하였다. 유자준의 설에 의하면 석매와 손괴가 조나라를 칠 때 주나라 군사가 조나라를 도왔던 것 같으며 또한 위나라에 패하자 조나라 사람이 진나라에 고소하여 진나라가 주나라 군사를 구원하여 석매와 손괴를 잡아간 것 같다. 그 일은 탁(鐸)과 우(虞)등 제가가 전한 것에 근거해야 하며 『좌전』은 옛 설이다"라 하였다.

10 순언이 여공을 죽인 일은 성공 17년과 17년의 『전』에 보인다.

11 과(戈)는 굽은 병기로 적의 목에 걸어 그 머리를 자를 수 있으므로 순언의 꿈에 그 머리가 앞에 떨어진 것이다. 추(隊)는 추(墜)와 같다.

12 머리에 이고 이를 받쳐 들어 다시 떨어지는 것을 방지하는 것이다.

見梗陽之巫臯.[13]	경양의 무고를 만났다.
他日,	훗날
見諸道,[14]	길에서 보고
與之言,	그에게 얘기를 하였더니
同.[15]	같다고 하였다.
巫曰,	무당이 말하였다.
"今玆主必死.[16]	"올해 대부께서는 반드시 죽을 것입니다.
若有事於東方,	동쪽에서 일이 있다면
則可以逞."[17]	뜻대로 하실 수 있을 것입니다."

---

13 경양(梗陽): 진나라의 읍으로 지금의 산서 청서현 치소이다.
고(臯): 무당의 이름이다.
이상은 순언의 꿈을 서술하였다.

14 무고를 길에서 만난 것이다.

15 순언이 꿈 이야기를 해주었더니 무고 또한 동시에 이 꿈을 꾼 것이다.

16 금자(今玆): 금년(今年). 「진어 8」에서는 "3대를 모신 사람은 군(君)이라 하고, 2대 이하는 주(主)라고 한다"라 하였다. 3대 동안 대부의 가신을 지낸 사람은 대부를 군이라 부르고, 1대나 2대에 걸쳐 대부의 가신을 지낸 사람은 주라고 부른다는 뜻이다. 그러나 『좌전』에서 보면 다 그런 것은 아니다. 성공 이전에는 대부를 모두 군이라 불렀다. 양공 이후에는 대부를 여러 번 주라 부른 것이 보인다. 꼭 가신만 대부를 주라 부른 것이 아니라 이와 같이 무고는 또한 순언의 가신도 아니었고, 또한 곡옥(曲沃) 사람도 난영(欒盈)에게, 성전(成鱄)과 위무(魏戊)가 위서(魏舒)에게, 사묵(史墨)과 공손방(公孫尨)도 조앙(趙鞅)에게 모두 가신이 아니었지만 또한 주라고 불렀다. 심지어 난기(欒祁)는 사개(士匄)의 부친이고, 난염에게는 부(夫)인데도 모두 주라 불렀다. 진의화(秦醫和)는 조무(趙武)에게, 위태자 괴외(蒯聵)는 조앙에게 다른 나라 사람이다. 그런데도 또한 사람을 칭하여 주라 하였다. 곧 동열에 있는 사람 또한 주라 부를 수 있었으니 이를테면 사개가 순언에게 한 것과 주앙이 순력(荀躒)에게 한 것이 이런 경우이다.

17 영(逞): 뜻을 얻다. 순언은 비록 이듬해 2월에 죽지만 이는 곧 주력을 가지고 말한 것이

獻子許諾.	헌자가 허락하였다.
晉侯伐齊,	진후가 제나라를 치면서
將濟河,	황하를 건너려는데
獻子以朱絲系玉二瑴,[18]	헌자가 붉은 실로 구슬 두 쌍을 이어 매어
而禱曰,	기도하여 말하였다.
"齊環怙恃其險,	"제환이 그 험함을 믿고
負其衆庶,[19]	사람이 많음을 등에 업고
棄好背盟,	우호를 버리고 맹약을 저버려
陵虐神主.[20]	백성들에게 잔학하게 굽니다.
曾臣彪將率諸侯以討焉,[21]	배신 표가 제후들을 거느리고 거들을 토벌하려 하니
其官臣偃實先後之.[22]	관신 언이 실로 앞뒤에서 끌겠습니다.

고 진나라는 하력을 쓴다. 따라서 주력으로 이듬해 2월은 실은 하력으로는 이해 12월에 해당하므로 "올해 대부께서는 반드시 죽을 것입니다"라는 말은 맞아떨어진다.

18 각(瑴): 쌍옥으로, 각(珏)이라고도 한다.

19 부(負): 믿다.
중서(衆庶): 사람이 많다.

20 신주(神主): 두예는 "신주는 백성이다"라 하였다.

21 증신(曾臣): 배신(陪臣)과 같다. 증(曾)과 배(陪)는 모두 중(重, 平聲)의 의미가 있다. 천자는 신(神)에게 신하이며, 제후는 천자의 신하이므로 신 앞에서 증신(曾神)이라 일컫는 것이다. 제후는 천자에게 신하이며, 제후의 신하는 천자에게 배신(陪臣)이라 한다. 그 뜻을 취함은 마찬가지이다. 표(彪)는 진평공(晉平公)의 이름이다.

22 관신(官臣): 『주례·대종백(大宗伯)』의 "여섯째 명은 관직을 설치할 수 있는 권한을 내린다(六命賜官)"라 한 데 대한 정현의 주석에 의하면 천자의 명을 받아 스스로 관리를 설치하여 가읍(家邑)을 다스릴 수 있는 자를 관신이라 한다고 했다. 두예는 "관직을 지키

苟捷有功,[23]	실로 이겨서 공을 세워
無作神羞,[24]	신을 부끄럽게 하지 않는다면
官臣偃無敢復濟.[25]	관신 언은 감히 다시 건너지 않겠습니다.
唯爾有神裁之."[26]	오직 신께서 재결하여 주십시오."
沈玉而濟.	구슬을 가라앉히고 건넜다.
冬十月,	겨울 10월에
會于魯濟,[27]	노나라 제수에 모여
尋溴梁之言,[28]	격량에서 맹세한 말을 다지고
同伐齊.	함께 제나라를 쳤다.
齊侯禦諸平陰,[29]	제후가 그들을 평음에서 막았는데

는 신하"라 하였는데 확실치 않다.

선후(先後): 『시경·대아·면(大雅·緜)』에 "나에게는 선후가 있다(予曰有先後)"라는 구절이 있는데, 모씨의 주석[모전(毛傳)]에서는 "서로 앞뒤로 이끌어주는 것을 선후라고 한다"라 하였다. 선후는 찬조(贊助)와 같은 뜻이다.

23 첩(捷)이 곧 공이 있는 것이다. 사어(詞語)가 중복된 것으로 하나의 단어로 보아도 족하다.

24 두예는 "수는 부끄럽다는 뜻이다"라 하였다.

25 순언은 무고의 말을 믿고 반드시 죽을 것임을 알았기 때문에 감히 다시는 건너지 않을 것이라 하였다.

26 유(有)는 의미가 없는 접두어이다.

27 제수(濟水)는 노나라에 있는 것이므로 노제(魯濟)라 하였다.

28 격량의 맹약은 16년에 있었다. "불충한 자는 함께 토벌한다(同討不庭)"라 맹약한 말을 가리킨다. 제나라는 원래 진나라와 동맹국이었는데, 지난 4년간 여섯 번이나 노나라의 변경을 치고 네 번이나 노나라의 읍을 포위하였으니 이것이 곧 맹약의 말을 배반한 것이다.

29 평음(平陰): 지금의 산동 평음현(平陰縣) 동북쪽 35리 지점이다.

塹防門而守之,[30] 방문에 참호를 파고 지켰는데

廣里.[31] 너비가 1리였다.

夙沙衛曰, 숙사위가 말하였다.

“不能戰, “싸울 수 없으니

莫如守險.”[32] 험한 곳에서 지킴만 못합니다.”

弗聽. 그 말을 듣지 않았다.

諸侯之士門焉,[33] 제후의 병사들이 문을 공격하여

齊人多死. 제나라 사람이 많이 죽었다.

范宣子告析文子,[34] 범선자가 석문자에게 알리어

---

30 참(塹): 참호를 파다.
방문(防門): 옛날에는 평음의 남쪽에 있었으며 또한 지금의 평음현 동북쪽 약 32리 지점에 있다.

31 광리(廣里): 두예는 판 참호의 너비가 1리라고 하였다. 『수경주·제수(濟水)』편에서는 경상번(京相璠)의 말을 인용하여 “평음성 남쪽에 장성(長城)이 있는데 동으로는 바다까지 이르고 서로는 제수(濟水)에 이르며 물길이 경유하는데, 방문(防門)이라 하고 평음까지는 3리로 제후가 방문에 참호를 팠다는 곳이 바로 이곳이다. 방문의 북쪽에는 광리(光里)가 있는데 제나라 사람들은 광(廣)의 음은 광(光)과 같다고 한다”라 하였으니 광리를 지명으로 생각한 것이며, 그렇다면 이 구절은 “방문에 참호를 파고 광리를 지켰다(塹防門, 而守之光里)”로 읽어야 한다. 그러나 제후의 군사들이 노나라 제수에서 제나라로 향하였으니 남에서 북으로 간 것인데 광리는 방문의 북쪽에 있어서 제후들이 오는 방향과는 서로 반대가 되고, 또한 방문에 참호를 판 것이 곧 평음을 방어하기 위한 것이므로 아래의 문장에서 평음으로 들어간다고 하였고 광리를 말하지 않았으니 광리가 지명이 아님을 충분히 알 수 있다.

32 두예는 “방문은 충분히 험하지 않다는 것을 말한다”라 하였다. 『관자·경중 정(輕重丁)』편에서는 “장성(長城)의 남쪽은 노나라이고 장성의 북쪽은 제나라이다”라 하였다. 심흠한은 『관자』에서 말한 장성은 곧 태산을 경계로 한다고 하였다. 숙사위가 말한 뜻은 태산의 험준함을 지키는 것이 마땅할 것 같으며 방문에 참호를 파서 거점으로 삼는 것은 부당하다는 것이다.

33 문(門): 방문(防門)을 공격하는 것이다.

曰,	말하였다.
"吾知子,[35]	"내 그대를 아는데
敢匿情乎?	감히 실정을 숨기겠는가?
魯人, 莒人皆請以車千乘自其鄉入,[36]	노나라 사람, 거나라 사람이 모두 병거 천 승을 가지고 자기 나라에서 쳐들어갈 것을 청하여
旣許之矣.	이미 그것을 허락하였소.
若入,[37]	들어간다면
君必失國.[38]	임금께선 반드시 나라를 잃을 것이오.
子盍圖之!"[39]	그대는 어찌 도모하지 않소!"
子家以告公.	자가가 공에게 알렸다.
公怒.	공이 노하였다.
晏嬰聞之,	안영이 그 말을 듣고

34 두예는 "석문자는 제나라 대부 자가(子家)이다"라 하였다.

35 지(知): 잘 알다, 서로 알다.

36 향(鄉): 향(嚮)과 같으며, 곧 지금의 "향할 향(向)"자이다. 노나라는 제나라 도성 임치(臨淄) 서남쪽에 있고, 거나라는 제나라 도성의 동남쪽에 있다. 그곳에서 들어간다는 것은 두 나라의 군사가 하나는 서북쪽으로 하나는 동북쪽으로 함께 제나라 도읍을 공격한다는 말이다.

37 2천 승의 병력이 제나라 도읍을 공격하는 것이다.

38 국(國): 국가. 국도가 파괴되면 각국의 병사들이 모두 국경을 넘게 될 것이므로 나라가 반드시 망할 것이라는 말이다.

39 합(盍): 하불(下不)의 합음. 두려움에 놀라는 말일 것이다.

曰,	말하였다.
"君固無勇,	"임금께선 실로 용맹함이 없고
而又聞是,	또 이 말까지 들으셨으니
弗能久矣."[40]	오래가지 못할 것이다."
齊侯登巫山以望晉師.[41]	제후가 무산에 올라 진나라 군사를 바라보았다.
晉人使司馬斥山澤之險,[42]	진나라 사람이 사마로 하여금 산과 늪의 험한 곳을 열게 하여
雖所不至,	이르지 못할 곳이라도
必旆而疏陳之.[43]	반드시 깃발을 듬성듬성 꽂아 늘어놓게 하였다.
使乘車者左實右僞,[44]	병거를 타는 사람에게는 왼쪽에는 실제 사람을 오른쪽에는 허수아비를 태우게 하고
以旆先,[45]	깃발을 세워 앞세우고

40 두예는 이 말을 "진나라를 오래 대적할 수 없다"라고 해석하였는데, 안영의 본의는 제후의 목숨이 오래 남지 않았을 것을 뜻할 것이다.

41 무산(巫山): 지금의 산동 비성현(肥城縣) 서북쪽 60리〔곧 평음현(平陰縣) 동북쪽〕 지점에 있으며, 일명 효당산(孝堂山)이라고도 한다.

42 척(斥): 개척하다, 제거하다.

43 험난한 곳이라 대오가 이르지 못하더라도 큰 깃발을 세워 듬성듬성하게 진을 세워 놓은 것이다.

44 병거에 오르는 사람은 세 사람인데, 한 사람은 중앙에 있고 한 사람은 왼쪽에 있으며, 한 사람은 융우(戎右) 혹은 거우(車右)이다. 왼쪽에 있는 사람은 실재 사람을 두고 오른쪽에 있는 사람은 위장한 사람이라는 것이다.

輿曳柴而從之.[46]	수레는 섶을 끌며 따르게 하였다.
齊侯見之,	제후가 그것을 보고는
畏其衆也,	무리가 많아 두렵게 여겼다.
乃脫歸.[47]	이에 군중에서 이탈하여 돌아갔다.
丙寅晦,[48]	병인일 그믐날에
齊師夜遁.	제나라 군사가 야음을 틈타 도망쳤다.
師曠告晉侯曰,	사광이 진후에게 일러 말하였다.
"鳥烏之聲樂,[49]	"까마귀 소리가 즐거운 것을 보니
齊師其遁."	제나라 군사는 달아났을 것입니다."
邢伯告中行伯曰,[50]	형백이 중항백에게 일러 말하였다.
"有班馬之聲,[51]	"말이 돌아가는 소리가 나니

45 큰 깃발을 세우고 앞장세운 것이다.

46 흙먼지를 날리게 해서 대군이 달리는 것처럼 한 것이다. 희공 28년 성복(城濮)의 전역에서도 진(晉)나라는 또한 일찍이 이 계책을 써서 초나라를 유인한 적이 있다.

47 탈귀(脫歸): 제나라의 군진에서 몸을 빼내어 돌아간 것이다.

48 10월은 작은 달로 그믐날은 29일이다. 그믐날이라 한 것은 달빛이 없는 틈을 타서 달아났다는 것이다.

49 조오(鳥烏): 그냥 까마귀로, 『예기·예운(禮運)』에서 다랑어를 어유(魚鮪)라 했는데 그냥 유(鮪)인 것과 마찬가지이다. 『손자·행군(行軍)』편에서는 "까마귀가 모여 있는 곳은 비어 있다〔까마귀(烏)가 새(鳥)로 되어 있는 판본도 더러 있다〕"라 하였고, 장공 28년의 『전』에서는 "초나라의 군막에 까마귀가 있다"라 하였으며, 다음에서도 "성 위에 까마귀가 있다"라 하였는데, 모두 옛날 사람들이 까마귀를 가지고 정정을 알아보는 방법이다.

50 두예는 "형백(邢伯)은 진나라 대부 형후(邢侯)이다. 중항백(中行伯)은 헌자(獻子)이다"라 하였다.

51 반마(班馬): 심흠한의 『보주(補注)』에서는 『주역·준괘(屯卦)』 밑에서 두 번째 음효〔六二〕

齊師其遁."	제나라 군사는 달아났을 것입니다."
叔向告晉侯曰,	숙상이 진후에게 일러 말하였다.
"城上有烏,[52]	"성 위에 까마귀가 있으니
齊師其遁."	제나라 군사는 달아났을 것입니다."
十一月丁卯朔,	11월 정묘일 초하룻날
入平陰,	평음으로 들어가
遂從齊師.	마침내 제나라 군사를 좇았다.
夙沙衛連大車以塞隧而殿.[53]	숙사위는 큰 병거를 끌어다 길을 막고 후위를 맡았다.
殖綽, 郭最曰,	식작과 곽최가 말하였다.
"子殿國師,	"그대가 군사의 후위를 맡는다는 것은
齊之辱也.	제나라의 치욕입니다.
子姑先乎!"	그대는 우선 먼저 가십시오."
乃代之殿.	이에 그 대신 후위를 맡았다.

의 효사(爻辭) "말을 탔는데 나아가지 않는다"(乘馬班如)라는 말을 인용하여 곧 말이 서성거리며 나가지 않는 것이라고 하였다. 혜동의 『보주(補注)』 및 청나라 풍등부(馮登府)의 『십삼경고답문(十三經詁答問)』에서는 반(班)과 환(還) 2자는 옛날에는 뜻이 통하였으며 반마는 곧 말을 돌리는 것이라고 하였다. 뒤의 설이 비교적 낫다.

52 성(城): 평음성(平陰城)을 가리킬 것이다.

53 련(連): 련(輦)의 가차자이며, 여기서는 동사로 쓰여 수레를 끝다는 뜻으로 쓰였다.
수(隧): 산중의 소로이다. 『장자·마제(馬蹄)』편에서 "산에 지름길이 없다(山無蹊隧)"라 한 것으로 알 수 있다.

衛殺馬於隘以塞道.[54]	위가 좁은 길에서 말을 죽여 길을 막았다.
晉州綽及之,[55]	진나라 주작이 따라잡아
射殖綽,	식작을 쏘아
中肩,	어깨를 맞혀
兩矢夾脰,[56]	두 화살이 목을 낀 것처럼 되었으며
曰,	말하였다.
"止,	"서면
將爲三軍獲;	삼군의 포로가 될 것이며,
不止,	서지 않으면
將取其衷."[57]	가운데를 맞힐 것이오."
顧曰,	돌아보며 말하였다.
"爲私誓."[58]	"내게 맹세하라."
州綽曰,	주작이 말하였다.

54 『수경·제수주(濟水注)』와 당나라 이길보(李吉寶)의 『원화군현지(元和郡縣志)』에 의하면 지금의 산동 장청현(長淸縣) 동남쪽이 위나라가 좁은 길을 막은 곳으로, 격마산(隔馬山)이라고 한다.

55 좇아가 따라잡은 것이다.

56 협두(夾脰): 두(脰)는 목이다. 주작은 두 발을 쏘았는데, 한 발은 왼쪽 어깨에 맞았고 한 발은 오른쪽 어깨에 맞아 모두 목에 가까웠으므로 목에 끼었다고 말한 것이다.

57 충(衷): 중심, 가운데. 다시 도망가지 않으면 우리 3군의 포로가 될 것이고, 계속 도망을 가면 내가 더 쏘아 너의 한가운데를 맞히겠다는 뜻이다.

58 개인 대 개인 간의 약속이기 때문에 사서(私誓)라고 한 것이다. 식작이 잡혀 죽을까 봐 두려워한 것이다.

"有如日!"	"해가 있다!"
乃弛弓而自後縛之.[59]	이에 활을 거두고 뒤에서 그를 묶었다.
其右具丙亦舍兵而縛郭最,[60]	거우인 구병도 병사를 버리고 곽최를 묶었는데
皆衿甲面縛,[61]	모두 갑옷은 벗기지 않고 뒤에서 결박하여
坐于中軍之鼓下.	중군의 북 아래에 앉혀 놓았다.
晉人欲逐歸者,	진나라 사람은 돌아가는 자를 쫓으려 했고,
魯, 衛請攻險.	노나라와 위나라에서는 험요처를 공격할 것을 청했다.
己卯,[62]	기묘일에
荀偃, 士匃以中軍克京茲.[63]	순언과 사개가 중군을 가지고 경자를 이겼다.
乙酉,[64]	을유일에

59 이(弛): 활을 푼 것이다. 뒤에서 식작의 손을 결박하였다.

60 기우(其右): 주작의 거우이다. 거우는 주로 과(戈)와 방패를 쓰는데, 그 병기를 내려놓은 것이다.

61 금갑(衿甲): 두예는 "갑옷을 벗기지 않은 것이다"라 하였다.
면박(面縛): 곧 뒤에서 결박한 것이다.

62 기묘일은 13일이다.

63 경자(京茲): 지금의 평음현(平陰縣) 동쪽이다. 경자와 시, 노는 모두 태산의 줄기에 있는데, 이것이 험요처를 공격한 것이다.

64 을유일은 19일이다.

魏絳, 欒盈以下軍克邿;[65]	위강과 난영이 하군을 가지고 시를 이겼으며,
趙武, 韓起以上軍圍盧,[66]	조무와 한기는 상군으로 노를 에워쌌으나
弗克.	이기지 못하였다.
十二月戊戌,[67]	12월 무술일에
及秦周,[68]	진주에 이르러
伐雍門之萩.[69]	옹문의 가래나무를 베었다.
范鞅門于雍門,	범앙은 옹문의 성문을 공격하였는데
其御追喜以戈殺犬于門中;	어자인 추희가 과로 문 안에서 개를 죽였으며,
孟莊子斬其楢以爲公琴.[70]	맹장자는 참죽나무를 베어 공의 거문고를 만들었다.

---

65 시(邿): 『청일통지(淸一統志)』에 의하면 시산(邿山)은 평음현 서쪽 12리 지점에 있다.

66 노(盧): 지금의 장청현(長淸縣) 서남쪽 25리 지점이다. 또한 은공 3년의 『전』에 보인다.

67 무술일은 2일이다.

68 진주(秦周): 『여씨춘추·권훈(權勳)』편에서는 달자(達子)가 또 그 나머지 군사를 거느리고 진주에 주둔하였다고 하였다. 혜동(惠棟)의 『보주(補注)』에서 인용한 혜사기(惠士奇)의 설 및 청나라 양옥승(梁玉繩)의 『여자교보(呂子校補)』에서는 모두 진주를 옹문 가까이 있는 곳이라고 하였는데 믿을 만하다. 제후의 군사들이 이미 제나라의 도읍 임치의 밖에까지 이르러 포위한 것이다.

69 추(萩): 곧 추(楸)이며, 숙(橚)이라고도 하고 가래나무이다. 『안자춘추·외편(外篇)』의 "경공(景公)이 정실(箐室)에 올라 바라보니 옹문의 가래나무〔橚〕를 베고 있는 사람이 보였다"라 한 것이 있는데 곧 이것이다. 낙엽교목으로 목직이 치밀해서 기물을 만들 수 있다. 옹문(雍門): 『전국책·제책 1』 및 『회남자·남명훈(覽冥訓)』에서는 모두 제나라의 서문 이름이라고 하였다.

70 순(楢): 참죽나무로 거문고를 만들 수 있고, 또한 수레의 끌채를 만들 수도 있다.

己亥,[71]	기해일에
焚雍門及西郭, 南郭.	옹문 및 서곽과 남곽을 불태웠다.
劉難, 士弱率諸侯之師焚申池之竹木.[72]	유난과 사약은 제후의 군사를 거느리고 신지의 대나무를 태웠다.
壬寅,[73]	임인일에
焚東郭, 北郭,	동곽과 북곽을 태우고
范鞅門于揚門.[74]	범앙은 양문을 공격하였다.
州綽門于東閭,[75]	주작은 동려의 문을 공격하였는데
左驂迫,[76]	왼쪽 곁말이 끼어서
還于門中,[77]	문 안을 도니

공(公): 노양공을 가리킨다. 혜사기는 공금(公琴)은 곧 2년『전』의 송금(頌琴)이라고 하였는데, 송(頌)과 공(公)은 고대에는 통용했다.

71 기해일은 3일이다.

72 유난·사약(劉難·士弱): 진나라 대부이다.
신지(申池): 신문(申門) 바깥에 있다. 경상번(京相璠)과 두예는 모두 신문은 곧 제나라 성 남쪽의 첫째 문이라 하였다.『진서·모용덕재기(晉書·慕容德載記)』에는 "여러 노인들에게 신지에서 연회를 베풀었다"라 하였는데 곧 이 못이다. 신지에는 대나무가 많다.

73 임인일은 6일이다.

74 양문(揚門): 원나라 우흠(于欽)의『제승(齊乘)』에 따르면 양문은 제나라 성의 서북쪽 문이다.

75 동려(東閭): 제나라의 동문이다.

76 박(迫): 군(窘), 곧 막히다, 촉(促), 곧 협소하다는 뜻. 병거(兵車)가 꽉 끼고 도로가 넓지 않아 왼쪽 말이 앞으로 나갈 수가 없는 것이다.

77 문중(門中)은 원래 "동문중(東門中)"으로 되어 있었는데, 여기서는『교감기』를 따라 "동(東)"자를 뺐다. 주작의 병거가 동문 안에서 빙빙 맴도는 것이다.

以枚數闔.[78]

문짝의 젖꼭지 모양의 쇠못을 세었다.

齊侯駕,

제후가 멍에를 얹어

將走郵棠.[79]

우당으로 달아나려고 했다.

大子與郭榮扣馬,[80]

태자와 곽영이 고삐를 잡고

曰,

말하였다.

"師速而疾,[81]

"군사가 빠르고 용맹하니

略也.[82]

약탈하려는 것입니다.

將退矣,[83]

곧 물러나려는데

---

78 21년의 『전』에서는 "주작이 말하였다. '동려의 전역 때 신의 왼쪽 곁마가 끼어서 문 안을 맴돌 때 젖꼭지 모양의 쇠못 수를 알았다(州綽曰, "東閭之役, 臣左驂迫, 還於門中, 識其枚數)'"라 하였는데 그곳의 "매(枚)"가 곧 이곳의 "매(枚)"이다. 『주례·고공기·부씨(考工記·鳧氏)』에서는 "종의 띠를 전(篆)이라 하고, 전의 사이를 매(枚)라 한다"라 하였다. 정중(鄭衆)은 "매는 종유(鐘乳)이다"라 하였고 초순(焦循)의 『보소(補疏)』에서는 "문짝 위에는 쇠못을 배치해 놓는데 종유(鐘乳) 같은 것이 있으므로 또한 매라고도 한다. 이매수합(以枚數闔)은 문짝의 매를 헤아린다(數闔之枚)와 같다"라 하였다. 나중에는 성문과 궁문에 거의 동(銅)으로 종유를 만들어 놓았다. 합(闔)은 문작이다.

79 우당(郵棠): 곧 6년 『전』의 당(棠)인데, 지금의 산동 평도현(平度縣) 동남쪽에 있는 것 같다. 그곳의 『주』에 상세하다.

80 태자(大子): 곧 태자 광(光)이다.
곽영(郭榮): 제나라의 대부이다.
구(扣): 말을 잡아당기는 것이다. 『광아·석고(廣雅·釋詁)』에서는 구는 잡는〔持〕 것이라 하였다. 청나라 왕념손(王念孫)의 『광아소증(廣雅疏證)』에서는 "구(扣)라는 것은 당기어 잡는 것이다"라 하였다.

81 속(速): 제후들의 군사들의 행군속도가 빠른 것을 말한다. 성공 16년 『전』의 "행군이 빠르다(其行速)"란 것으로 알 수 있다.
질(疾): 공격이 용맹한 것을 말한다. 양공 11년의 『전』을 보라.

82 약(略): 재물을 탈취하는 것이다.

83 이런 행위는 지구전으로 땅을 빼앗으려는 뜻이 없다는 것을 말한다.

君何懼焉?	임금님께서는 무엇을 두려워하십니까?
且社稷之主不可以輕,[84]	또한 사직의 주인은 가벼이 움직일 수 없고
輕則失衆.	가벼우면 무리를 잃게 됩니다.
君必待之!"	임금님께서는 기다리시오소서!"
將犯之.[85]	깔아뭉개려 하였다.
大子抽劍斷鞅,[86]	태자가 검을 뽑아 말의 뱃대끈을 자르자
乃止.	이에 그만두었다.
甲辰,[87]	갑진일에
東侵及濰,[88]	동쪽을 침략하여 유에 미치고
南及沂.[89]	남쪽으로는 기까지 미쳤다.

84 경(輕): 진중함의 반대. 가벼운 행동, 곧 도주하는 것을 말한다.

85 제영공이 두 사람을 치고 심지어 짓밟고 앞으로 가려는 것이다. 『소이아·광언(小爾雅·廣言)』에서는 "범은 부딪친다는 뜻이다"라 하였다. 「단궁 하」에는 "남의 벼를 범한다(犯人之禾)"는 말이 있는데, 주석에서 "밟는 것이다"라 하였다.

86 앙(鞅): 말의 가슴걸이, 뱃대끈. 태자가 말의 뱃대끈을 끊으니 가운데 두 말의 가로막대가 분리되어 수레를 지탱할 수가 없게 된 것이다.

87 갑진일은 8일이다.

88 유(濰): 유수(濰水)는 산동 거현(莒縣) 서북쪽의 유산(濰山)에서 발원하여 땅속으로 흐르다가 기옥산(箕屋山)에 이르러 다시 모습을 보이며, 동으로 흘러 제성현(諸城縣) 동북쪽에 이르러 꺾이어 북으로 흘러 창읍(昌邑)을 거쳐 바다로 흘러든다. 유에 미쳤다는 것은 군대가 유수의 서안 및 북안에까지 이르렀다는 것이다.

89 기(沂): 기수는 곧 대기하(大沂河)로 산동 몽음현(蒙陰縣) 북쪽, 기원현(沂源縣) 서쪽에서 발원하여 기수와 기남(沂南), 임기(臨沂)를 거쳐 강소 비현(邳縣)에 이르러 황하로 흘

鄭子孔欲去諸大夫,	정나라 자공이 여러 대부를 제거하려고 하여
將叛晉而起楚師以去之.[90]	진나라에 반기를 들고 초나라 군사를 일으켜 제거하려고 했다.
使告子庚,[91]	자경에게 알리게 했더니
子庚弗許.	자경이 허락하지 않았다.
楚子聞之,	초자가 그 말을 듣고
使楊豚尹宜告子庚曰,[92]	양돈윤의로 하여금 자경에게 알리게 하여 말했다.

러든다. 기에 미쳤다는 것은 군대가 제나라 경계의 기수 유역에 이르렀다는 것이다. 나머지는 애공 2년 "기수 서쪽에서 사냥을 하였다(沂水田)"의 『경』의 『주』에 상세하다. 「진세가」와 「제세가」에도 이 일이 수록되어 있는데 『전』과는 조금 차이가 있다.

90 정나라가 진나라를 따른 것은 양공 11년 소어(蕭魚)의 회합으로부터 8년이란 시간이 지나도록, 참석하지 않은 회합이 없었고 따라 출정하지 않은 전쟁이 없었다.

91 자경(子庚): 초나라 영윤(令尹) 공자 오(午)이다.

92 양돈윤의(楊豚尹宜): "양(楊)"은 또한 "양(揚)"이라고도 하며, 두 자는 옛날에 통용되었다. 양돈윤의(楊豚尹宜)의 설명에 대해서는 몇 가지 설이 있다. 송나라 임요수(林堯叟)는 『춘추좌전보주(春秋左傳補注)』에서 양돈(揚豚)은 읍 이름이라 하였고, 고염무(顧炎武)의 『일지록(日知錄) 4』에서는 양돈윤(揚豚尹)이 관직 이름이라고 하였는데 모두 믿을 만하지 못하다. 양이승(梁履繩)의 『보석(補釋)』에서는 『설원·봉사(奉使)』편의 "초장왕이 진(晉)나라를 치고자 하여 돈윤(豚尹)으로 하여금 살피게 하였다"는 말에 의거하여 『주관(周官)』의 시인(豕人)이나 양인(羊人) 따위와 같으며, 양(揚)이 씨이고 의(宜)가 이름이라고 하였다. 그러나 또 소공 17년 『정의』에서 인용한 『세본』의 "목왕(穆王)은 왕자 양(揚)을 낳았고, 양은 윤(尹)을 낳았으며, 윤은 개[匃, 영윤개(令尹匃)가 되어야 한다]를 낳았다"라 한 말에 의거하여 윤(尹)자 아래에는 모두 당연히 "의(宜)"자가 있어야 하며, 『세본』에 탈문(脫文)이 있다 운운하였는데, 더 얽혔다. 『설원·봉사』편에만 돈윤이라는 관직에 근거를 댈 만한 것이 있는데, 돈윤은 사자(使者)이며 시인(豕人)이나 양인(羊人) 같은 따위의 관직이 아님을 알 수 있다. 양이 씨이고 의가 이름이라는 것 또한 믿을 만하다. 『세본』에서 말한 것은 별도의 일이다. 윤은 목왕의 손자이며, 이때 초강왕(楚康王)은 곧 목왕의 증손인데 연대에 또한 차이가 있다.

"國人謂不穀主社稷而不出師,	"백성들이 불곡은 사직의 주인이면서도 군사를 내지 않으니
死不從禮.[93]	죽어서 예를 좇지 못할 것이라고 한다.
不穀卽位,	불곡이 즉위한 지가
於今五年,	이제 5년인데
師徒不出,	군사를 내지 않았으니
人其以不穀爲自逸而忘先君之業矣.[94]	사람들은 불곡이 스스로 안일함에 빠져 선군의 사업을 잊었다고 생각한다.
大夫圖之,	대부들이 그것을 도모함이
其若之何?"	어떻겠는가?"
子庚嘆曰,	자경이 탄식하여 말하였다.
"君王其謂午懷安乎![95]	"군왕께서는 오가 안일함만 도모한다 하시는 듯하다.
吾以利社稷也."	저는 사직을 이롭게 하려는 것이다."
見使者,	사자를 보고는

93 두예는 "선군의 업을 이을 수 없다면 죽어서 선군의 예우(禮遇)를 따르지 못하게 될 것이라는 말이다"라 하였다.

94 두예는 "자기가 일찍이 군대를 통솔하여 친히 나간 적이 없음을 이른다"라 하였다. 업(業)은 패업(霸業)이다.

95 회안(懷安): 곧 초왕이 자일(自逸)이라 하는 것으로, 안일함을 도모하는 것을 말한다.

稽首而對曰, 머리를 조아리며 대답하여 말했다.

"諸侯方睦於晉, "제후들이 바야흐로 진나라와 화목하나

臣請嘗之.[96] 신이 시험해 보겠습니다.

若可, 괜찮다면

君而繼之.[97] 임금께서 이에 그 뒤를 이으십시오.

不可, 괜찮지 않을 경우

收師而退, 군사를 거두어 물러나면

可以無害, 해가 없이 할 수 있을 것이고

君亦無辱."[98] 임금님께도 욕됨이 없을 것입니다."

子庚帥師治兵於汾.[99] 자경이 군사를 거느리고 분에서 군사를 검열하였다.

於是子蟜, 伯有, 子張從鄭伯伐齊,[100] 이때 자교와 백유, 자장이 정백을 따라 제나라를 쳤으며

子孔, 子展, 子西守. 자공과 자전, 자서가 지켰다.

二子知子孔之謀,[101] 두 사람은 자공의 계책을 알고

---

96 상(嘗): 시탐(試探)하다.

97 이(而): 내(乃), 이에.

98 임금이 친히 출병하지 않으므로 치욕이 없는 것이다.

99 분(汾): 『전국책·초책(楚策) 1』의 "초나라 북쪽에 분형(汾陘)의 변경이 있다"라 한 것이 바로 이 분(汾)이다. 두예는 서진(西晉)의 양성현(襄城縣) 동북쪽에 분구성(汾丘城)이 있다고 하였는데, 지금의 허창시(許昌市) 서남쪽 영수(潁水)의 양안에 있을 것이다.

100 두예는 "자장은 공손흑굉(公孫黑肱)이다"라 하였다.

完守入保.[102]	수비를 강화하고 들어가 굳게 지켰다.
子孔不敢會楚師.[103]	자공은 감히 초나라 군사와 만나지 않았다.
楚師伐鄭,	초나라 군사는 정나라를 치면서
次於魚陵.[104]	어릉에 머물렀다.
右師城上棘,[105]	우사가 상극에 성을 쌓고
遂涉潁.	마침내 영수를 건넜다.
次于旃然.[106]	전연에 머물렀다.

101 이자(二子): 자전과 자서이다.

102 완수(完守): 완(完)에는 견고하다는 뜻이 있다. 『맹자·이루(離婁) 상』에 "성곽이 견고하지 못하다(城郭不完)"라는 말이 이 뜻이며, 『맹자역주』에 상세하다.
입보(入保): 성보(城堡)에 들어가 굳게 지키는 것이다.

103 국내에 대비가 있기 때문이다.

104 어릉(魚陵): 옛날에는 어릉을 어치산(魚齒山)이라 생각하였다. 어치산은 지금의 평정산시(平頂山市) 서북쪽에 있으며, 초나라가 정나라를 정벌할 때 허창시 서남쪽에서 군사를 검열하였는데 군사는 오히려 노산현(魯山縣) 일대로 물러났으니, 고염무(顧炎武)의 『보정(補正)』에서는 원수기(苑守己)의 설에 의거하여 이를 의심하였는데 옳다. 어릉은 미상이다.

105 상극(上棘): 지금의 우현(禹縣) 남쪽에 있을 것이다. 두예가 이른바 "영수를 건너려 하였기 때문에 물가에 임시방편으로 작은 성을 쌓아 진퇴의 대비로 삼은 것이다"라는 것이다. 『수경·영수주(潁水注)』에서는 "영수는 또 상극성 서쪽에 이르렀다가 다시 성 남쪽으로 흐른다"라 하였는데 옳다.

106 전연(旃然): 전연수(旃然水)는 형양현(滎陽縣) 남쪽 35리 지점에서 나오는데, 곧 색수(索水)이다.

蔿子馮, 公子格率銳師侵費滑, 胥靡, 獻于, 雍梁,[107] 위자풍과 공자 격이 정예병을 거느리고 비활과 서미, 헌우, 옹량을 침공하였으며

右回梅山,[108] 오른쪽으로 매산을 돌아

侵鄭東北, 정나라 동북쪽을 침공하였는데

至于蟲牢而反.[109] 충뢰에 이르러 돌아왔다.

子庚門于純門,[110] 자경이 순문을 공격하고

107 위자풍(蔿子馮): 곧 25년 『전』의 원자풍(薳子馮)으로, 위(蔿)와 원(薳) 두 자는 통용한다.
비활(費滑): 지금의 언사현(偃師縣) 남쪽 구지진(緱氏鎭)이며, 나머지는 장공 16년의 『경』에 상세하다.
서미(胥靡): 지금의 언사현 동쪽에 있다.
헌우(獻于): 두예는 정나라의 읍이라 하였는데, 어디에 있는지는 상세하지 않다. 우창(于鬯)의 『교서(校書)』(『향초교서(香草校書)』)에서는 곧 성공 17년 『전』의 허(虛)라 하였는데, 진(晉)나라의 읍이지만 언사현의 경계를 가지고 말하였으니 혹 이때 정나라에 속하였는지는 잘 모르겠다. 잠깐 참고 삼아 남겨둔다.
옹량(雍梁): 옹(雍)은 강영(江永)의 『고실(考實)』에서는 곧 옹씨(雍氏)라고 하였는데, 지금의 우현(禹縣) 동북쪽에 있다. 양(梁)은 곧 한(漢)나라의 양현(梁縣)으로 본래는 주(周)나라의 소읍이었으며, 지금의 임여현(臨汝縣) 동쪽에 있다. 고동고(顧棟高)의 『대사표(大事表)』에서는 옹량을 한 곳이라고 하였는데, 곧 30년 『전』의 옹량으로 지금의 우현 동북쪽에 있다. 고동고의 설이 비교적 낫다.

108 매산(梅山): 지금의 정주시(鄭州市) 서남쪽에 있으며 신정현(新鄭현)과 접경 지역이다.

109 충뢰(蟲牢): 지금의 봉구현(封丘縣) 북쪽이다. 초군은 세 갈래였는데, 좌사는 어릉에 머물면서 영윤 자경의 인솔을 받았다. 우사는 전연에 머물렀는데, 15년 『전』에서 "초나라 공자 오가 영윤이 되었으며 공자 파융은 우윤이 되고 위자풍은 대사마가 되었다(楚公子午爲令尹, 公子罷戎爲右尹, 蔿子馮爲大司馬)" 한 것으로 추측컨대 당연히 공자 파융의 인솔을 받았을 것이다. 위자풍은 대사마로 정예병을 이끌었느니 곧 이곳의 충뢰에 이르러 돌아간 군사이다.

110 순문(純門): 정나라 도성의 외곽문으로 장공 28년의 『전』과 『주』에 보인다.

信于城下而還.[111]	성 아래서 이틀을 머무르다 돌아왔다.
涉於魚齒之下.[112]	어치의 아래로 건너갔다.
甚雨及之.[113]	큰비가 내렸다.
楚師多凍,	초나라 군사가 많이 동상에 걸려
役徒幾盡.[114]	잡역부들도 거의 죽었다.
晉人聞有楚師,	진나라 사람이 초나라가 군사를 일으켰다는 것을 듣자
師曠曰,	사광이 말하였다.
“不害.	“해롭지 않습니다.
吾驟歌北風,[115]	내가 여러 차례나 북풍을 노래하고
又歌南風,[116]	또 남풍을 노래하였는데

111 신(信): 이틀 밤을 머무는 것인데, 정나라 군사가 굳게 지키기만 하고 나와서 싸우지 않았기 때문이다.

112 두예는 “어치산 아래에 치수(滍水)가 있기 때문에 건넜다고 말하였다”라 하였다. 어치산은 지금의 평정산시(平頂山市) 서북쪽이다. 치수는 지금은 사하(沙河)라고 부른다.

113 『회남자·설림훈(說林訓)』에 “짙은 안개가 낀 아침에는 가는 글씨를 쓸 수 있다(甚霧之朝可以細書)”는 말이 있고, 『장자·천하(天下)』편에서 “큰비를 흠뻑 맞고 모진 바람을 맞는다(沐甚雨, 櫛疾風)” 한 것으로 보아 심무(甚霧)와 심우(甚雨)는 대무(大霧)와 대우(大雨)를 이른다.

114 역도(役徒): 군중에서 잡역을 하는 사람.

115 취(驟): 자주.

116 풍(風): 곡조를 가리킨다. 『시경』에는 국풍(國風)이 있는데 각국의 악곡이다. 북풍이니 남풍이니 하는 것은 오늘날의 북곡과 남곡이나 같다. 성공 9년 『전』에서 종의(鍾儀)가 거문고로 남음을 연주하는데 오문자(吳文子)가 말하기를 “음악을 연주함에 본국의 것으로 한다(樂操土風)”라 하였으니, 곧 초나라의 곡조를 연주하는 것이다.

南風不競,[117]	남풍은 강하지 못하고
多死聲.	죽는 소리가 많았습니다.
楚必無功."[118]	초나라는 반드시 공을 이루지 못할 것입니다."
董叔曰,	동숙이 말하였다.
"天道多在西北.	"하늘의 도가 서북쪽에 많이 있습니다.
南師不時,	남쪽 군사가 때에 맞지 않으니
必無功."[119]	반드시 공을 이루지 못할 것입니다."
叔向曰,	숙상이 말하였다.
"在其君之德也."[120]	"그 임금의 덕에 있습니다."

117 경(競): 강하다는 뜻이다.

118 옛날 사람들의 미신 가운데에는 악률을 가지고 출병의 길흉을 점치는 것이 많았는데, 『주례·태사(大師)』에서 이른바 "태사는 같은 음률을 잡고 군사의 소리를 들어서 길흉을 점친다"라 한 것이 이를 말한다. 사광이 풍(風)을 노래한 것 또한 이와 유사하다.

119 천도(天道): 목성(木星)이 가는 길. 이해에 목성은 황도대(黃道帶)에서 추자(娵訾)를 지나갔는데 12지(十二支) 가운데 해(亥)에 해당하므로 천도가 서북쪽에 있다고 하였으며, 또한 말하기를 남사〔南師: 곧 초군(楚軍)〕의 출정이 하늘의 때에 맞지 않으며 반드시 공을 이루지 못할 것이라 한 것이다.

120 두예는 "천시(天時)와 지리(地利)가 인화(人和)만 못하다는 것을 말하였다"라 하였다.

양공 19년

經

十有九年春王正月,[1]	19년 봄 주력으로 정월에
諸侯盟于祝柯.[2]	제후들이 축가에서 맹약하였다.
晉人執邾子.	진나라 사람이 주자를 잡아갔다.
公至自伐齊.[3]	공이 제나라 정벌에서 돌아왔다.
取邾田,	주나라의 전지를 취하였는데
自漷水.[4]	곽수부터였다.
季孫宿如晉.	계손숙이 진나라로 갔다.
葬曹成公.[5]	조성공을 장사 지냈다.
夏,	여름에

---

1 십구년(十九年): 정미년 B.C. 554년으로, 주영왕(周靈王) 18년이다. 동지가 2월 초9일 갑진일로 건해(建亥)이며, 윤달이 있다.

2 제후(諸侯): 곧 지난해 제나라를 포위하였던 제후들이다.
축가(祝柯): 『공양전』에는 "축아(祝阿)"로 되어 있다. 가(柯)와 아(阿)는 고음이 함께 가성(可聲)을 따르므로 서로 통용할 수 있었다. 축가는 지금의 산동 장청현(長淸縣) 동북쪽 30여 리 지점이 있다.

3 『전』이 없다.

4 곽수(漷水): 곽수는 지금 등현(滕縣) 동북쪽 1백 리의 술산(沭山) 산록에서 발원하여 등현의 남쪽, 곧 남사하(南沙河)를 거쳐 운하로 유입된다. 다만 두예에 의하면 진나라 때 곽수는 지금의 역성〔嶧城, 폐역성(廢嶧城)의 소재지〕 서북쪽의 고성 서남쪽에서 발원하여 노나라를 거쳐 지금의 어대현(魚臺縣) 동북쪽에서 사수(泗水)로 유입된다. 이는 어쩌면 옛 곽수가 흐르는 곳이었을 것이다.

5 『전』이 없다.

衛孫林父帥師伐齊.	위나라 손림보가 군사를 거느리고 제나라를 쳤다.
秋七月辛卯,[6]	가을 7월 신묘일에
齊侯環卒.[7]	제후 환이 죽었다.
晉士匄帥師侵齊,	진나라 사개가 군사를 거느리고 제나라를 쳤는데
至穀,	곡에 이르러
聞齊侯卒,	제후가 죽었다는 소리를 듣고
乃還.[8]	이에 돌아왔다.
八月丙辰,[9]	8월 병진일에
仲孫蔑卒.[10]	중손말이 죽었다.
齊殺其大夫高厚.	제나라가 그 대부인 고후를 죽였다.

6 신묘일은 28일이다.

7 "환"(環)은 『공양전』에는 "원(瑗)"으로 되어 있다. 환(環)과 원(瑗)은 고음이 함께 한(寒)부에 있었고 뜻도 비슷하였으므로 통가(通假)할 수 있었다. 『사기』는 『좌전』과 『곡량전』을 따라 "환(環)"으로 되어 있다.

8 곡(穀): 지금의 동아현 남쪽의 동아진이며, 나머지는 장공 7년의 『경』과 『주』에 상세하다. 두예는 "이른 곳 및 돌아온 곳을 상세히 기록한 것은 예에 맞음을 훌륭하게 여긴 것이다"라 하였다.

9 병진일은 23일이다.

10 『전』이 없다. 『논어·공야장(公冶長)』의 『정의』에서 인용한 『세본(世本)』 및 두씨(杜氏)의 『세족보(世族譜)』에서는 말은 경보(慶父)의 증손자라고 하였다. 중손씨는 말에 이르러 비로소 졸(卒)이라 기록되며, 그 후로는 중손속(仲孫速), 중손갈(仲孫羯), 중손확(仲孫玃), 중손하기(仲孫何忌) 등이 서로 이어가며 노나라의 정권을 잡는데, 그 죽음에 모두 졸(卒)이라고 기록하였다.

鄭殺其大夫公子嘉.[11] 정나라가 그 대부인 공자 가를 죽였다.

冬, 겨울에

葬齊靈公.[12] 제나라 영공을 장사 지냈다.

城西郛.[13] 서성의 외성을 쌓았다.

叔孫豹會晉士匄于柯.[14] 숙손표가 가에서 진나라 사개를 만났다.

城武城.[15] 무성에 성을 쌓았다.

傳

十九年春, 19년 봄에

諸侯還自沂上, 제후가 기수 가에서 돌아와

盟于督揚,[16] 독양에서 맹약하고

曰, 말하기를

"大毋侵小." "큰 나라는 작은 나라를 침공하지 마라"라 하였다.

---

11 가(嘉): 『공양전』에는 "희(喜)"로 되어 있다. 조탄(趙坦)의 『이문전(異文箋)』에서는 "글자가 바뀌었을 것이다"라 하였다.

12 『전』이 없다.

13 두예는 "노나라 서쪽 외성이다"라 하였다.

14 『청일통지』에 의하면 가성(柯城)은 지금의 하남 내황현(內黃縣) 동북쪽에 있다. 장공 13년의 가(柯)와는 다른 곳이다.

15 이는 제나라에 가까운 무성으로, 지금의 가상현(嘉祥縣) 경계에 있다.

16 독양(督揚): 곧 축가(祝柯)로 『경』과 『주』에 보인다.

執邾悼公,	주도공을 잡아간 것은
以其伐我故.[17]	우리나라를 쳤기 때문이었다.
遂次于泗上,[18]	마침내 사수 가에 머물며
疆我田.[19]	우리나라 국토를 획정하였다.
取邾田,	주나라의 전지를 빼앗아
自漷水歸之于我.[20]	곽수부터는 우리나라로 귀속시켰다.
晉侯先歸.	진후가 먼저 돌아갔다.
公享晉六卿于蒲圃,[21]	공이 진나라 6경에게 포포에서 향연을 베풀고
賜之三命之服;	그들에게 삼명의 명복을 내렸으며,
軍尉, 司馬, 司空, 輿尉, 候奄,	군위와 사마, 사공, 여위, 후엄에게는
皆受一命之服;[22]	모두 일명의 명복을 내렸다.

17 두예는 "노나라를 친 일은 17년에 있었다"라 하였다.

18 곧 애공 8년 『전』의 사수 가(泗上)로 지금의 곡부현(曲阜縣) 동북쪽에 있으며 사수현에서 경내로 유입된다. 고동고(顧棟高)의 『대사표(大事表)』 8의 상에 보인다.

19 두예는 "바로 주(邾)나라와 노나라의 경계이다. 사(沙)는 물 이름이다"라 하였다.

20 아마 곽수 서쪽의 전지는 아마 본래 노나라 땅이었을 것인데 주나라가 취하였을 것이며, 혹은 또한 원래 주나라 땅일 것이다. 지금 약국의 강토를 획정하는 데 곽수를 경계로 하여 무릇 곽수 서쪽의 전지가 노나라에게 돌아갔으므로 『경』과 『전』에서 모두 "주나라의 전지를 취하였다"라 말하였다.

21 포포(蒲圃): 4년의 『전』과 『주』에 보인다.

22 성공 2년 "세 장수에게 선로와 삼명의 명복을 하사하였다. 사마와 사공·여수·후정·아려는 모두 일명의 명복을 받았다(賜三帥先路三命之服. 司馬、司空、輿帥、候正、亞旅皆受一命之服)"의 『전』과 『주』를 참고하여 보라.

賄荀偃束錦, 加璧, 乘馬,[23]	순언에게는 비단 다섯 필을 주고 벽옥과 말 네 필을 더하였는데
先吳壽夢之鼎.[24]	오나라 수몽의 정보다 먼저 주었다.
荀偃癉疽,[25]	순언은 등창을 앓았으며
生瘍於頭.[26]	머리에는 종기가 났다.
濟河,	황하를 건너다가
及著雍,[27]	저옹에 이르러
病,[28]	병이 악화되어
目出.	눈이 튀어나왔다.

23 속금(束錦): 금(錦)은 채색과 꽃무늬가 있는 비단. 한 속(束)은 열 단(端)으로 두 단은 한 필(匹)이니 비단 다섯 필이다.
가벽(加璧): 비단에다 벽옥을 더하였기 때문에 이렇게 말한다.
승마(乘馬): 말 네 필. 사(四)를 승(乘)이라 할 수 있다.

24 희공 33년의 『전』에 현고(弦高)가 "가죽 넉 장으로 먼저 예의를 표하고 소 열두 마리로 군사들을 위로하였다(以乘韋先, 牛十二犒師)"는 말이 나오는데 이곳의 "先吳壽夢之鼎"은 구법이 다르다. 현고는 가죽 넉 장을 먼저 준 것이고 여기서는 비단 다섯 필을 먼저 내린 것이다. "先吳壽夢之鼎"이라는 것은 오나라 수몽의 정보다 먼저라는 뜻이다. 26년 『전』의 "정백이 자전에게 향연을 베풀고 선로와 삼명의 명복을 내렸는데 팔읍의 앞이었다(鄭伯享子展, 賜之先路三命之服, 先八邑)"라 한 것과 같다. 또한 선로와 삼명의 명복을 팔읍보다 먼저 내렸다는 뜻이다. 이는 대개 가벼운 물건을 먼저 쓴 것이다. 전인들의 주석에서는 이런 구법을 거의 밝히지 못했다.

25 단저(癉疽): 목덜미의 등창을 말한다. 처음에는 쌀알 같다가 나중에 점차 단단해져서 얼얼해지고 또 가려워지며 통증이 심해진다. 종기가 큰 것은 둥근 가지만하고 보랏빛을 띠며 치료하기가 쉽지 않다.

26 양(瘍): 뇌의 악성종양.

27 저옹(著雍): 이미 10년 『전』의 『주』에 보인다.

28 병(病): 등창의 증세가 더욱 심해진 것을 이른다.

大夫先歸者皆反.	대부들 가운데 먼저 돌아갔던 자들이 모두 되돌아왔다.
士匃請見,	사개가 뵙기를 청하였으나
弗內.[29]	들여보내지 않았다.
請後,[30]	후계자를 물어보았더니
曰,	말하기를
"鄭甥可."[31]	"정나라 출신이면 좋다"라 하였다.
二月甲寅,[32]	2월 갑인일에
卒,	죽었는데
而視,	눈은 뜨고 있었고
不可含.[33]	함을 할 수가 없었다.
宣子盥而撫之曰,[34]	선자가 씻고 시신을 어루만지며 말하였다.
"事吳敢不如事主!"[35]	"오를 섬김을 감히 주를 섬김만 못하겠습니까!"

---

29 사개는 중군좌(中軍佐)로 장령(將領) 중의 서열이 둘째였다.

30 사람을 시켜 순언에게 누구를 후계자로 세울까 물어본 것이다.

31 정생(鄭甥): 정나라 출신(鄭出)이라는 말과 같다. 순오(荀吳)의 어머니가 정나라 여자이기 때문에 순오를 정생이라 부른 것이다.

32 갑인일은 19일이다.

33 죽은 후 눈은 감지 않고 입은 닫혀 있다는 말이다. 옛날에는 구슬이나 옥, 쌀, 조개 따위를 죽은 사람의 입에 넣는데 이것을 함(含)이라고 한다. 본래는 함(唅)이라고 한다.

34 사개가 친히 씻고 난 다음에 시신을 어루만진 것이다.

35 어찌 감히 ~만 못하겠습니까란 말과 같다.

猶視.

여전히 눈을 뜨고 있었다.

欒懷子曰,[36]

난회자가 말하였다.

"其爲未卒事於齊故也乎?"[37]

"제나라의 일을 미처 끝내지 못하여서이옵니까?"

乃復撫之曰,

이에 다시 시신을 어루만지며 말하였다.

"主苟終,

"주께서 실로 돌아가셨는데

所不嗣事于齊者,

제나라 치는 일을 잇지 않는다면

有如河!"[38]

황하의 벌 같은 것이 있을 것입니다!"

乃瞑,

이에 눈을 감고

受含.[39]

함을 받았다.

宣子出,

선자가 나와서

曰,

말하였다.

---

36 두예는 "회자는 난영(欒盈)이다"라 하였다.

37 제나라 치는 일을 미처 끝내지 못한 것이다.

38 사사(嗣事): 계속하여 종사하겠다는 말이다.

39 『석문(釋文)』에서는 환담(桓譚)의 말을 인용하여 "순언은 병이 나서 눈이 튀어나왔는데 막 죽었을 때는 눈이 감겨지지 않았다가 시신이 차가워지자 눈이 감겼는데 그가 알 수 있는 것이 아니었다"라 하였다. 『논형·사위(死僞)』편에서는 "순언은 병이 들어 죽을 때 괴로워하다가 눈이 튀어나왔다. 눈이 나오면 입이 다물어지고 입이 다물어지면 함(哈)을 할 수 없게 된다. 선자(宣子)가 어루만지던 처음에는 그런 이유로 눈을 감지 못하고 입을 열지 못했다. 조금 지나 기가 쇠하여 회자(懷子)가 어루만졌을 때는 그 때문에 눈이 감기고 입이 열려 함을 하였다. 이는 순언의 병 때문이지 죽어서 정신이 입과 눈에 한으로 맺힌 것이 아니다"라 하였다. 환담과 왕충(王充)의 논리는 사리로 보면 사실에 근접하지만 『전』의 뜻과는 부합되지 않는다. 『전』에서는 귀신이나 괴이한 말을 즐겨하였다.

"吾淺之爲丈夫也."[40]	"내가 장부를 얕게 보았다."
晉欒魴帥師從衛孫文子伐齊.[41]	진나라 난방이 군사를 거느리고 위나라 손문자를 따라 제나라를 쳤다.
季武子如晉拜師,[42]	계무자가 진나라에 가서 군사를 낸 것에 감사하자
晉侯享之.	진후가 그에게 향연을 베풀었다.
范宣子爲政,[43]	범선자가 정사를 보았는데
賦黍苗.[44]	「서묘」를 읊었다.
季武子興,[45]	계무자가 일어나

---

40 이는 사개가 스스로 한탄한 말로 순언을 작게 보아 그를 대장부로 보지 않았다는 것을 이른다.

41 이는 『경』의 "여름에 위나라 손림보가 군사를 거느리고 제나라를 쳤다(夏, 衛孫林父帥師伐齊)"라 한 것의 『전』이다. 『경』의 문장의 차서에 의하면 "季武子如晉拜師"의 다음에 놓여야 하지만 『좌전』에서 여기에 배열한 것은 혹 난영이 "제나라를 치는 일을 잇는다"라 한 말을 해서 이어서 언급하였기 때문일 것이다. 『전』에서는 "난방이 군사를 거느리고 위나라 손문자를 따랐다"라 한 것으로 손림보자 주장(主將)이라는 것을 증명할 수 있기 때문에 『경』에서는 다만 손림보만 기록하였는데, 난방은 손씨의 족인(族人)일 따름이다.

42 두예는 "제나라를 토벌한 것에 대해 감사한 것이다"라 하였다. 혹은 또한 "주나라의 전지를 빼앗아 곽수부터 귀속시킨 것"에 대한 감사일 수도 있다.

43 중군좌에서 중군장으로 승진하였다.

44 서묘(黍苗): 『시경·소아(小雅)』의 편명이다. 첫 두 구절은 "무성한 기장 싹, 단비가 적시네(芃芃黍苗, 陰雨膏之)"이다.

45 흥(興): 좌중에서 일어서는 것이다.

再拜稽首,
두 번 절하고 머리를 조아리며

曰,
말하였다.

"小國之仰大國也,
"소국이 대국을 우러름이

如百穀之仰膏雨焉.
백곡이 기름진 비를 우러름과 같습니다.

若常膏之,[46]
항상 윤택하게 해주기만 한다면

其天下輯睦,[47]
천하가 화목하게 될 것이니

豈唯敝邑?"[48]
어찌 다만 우리나라뿐이겠습니까?"

賦六月.[49]
「유월」을 읊었다.

季武子以所得於齊之兵作林鐘而銘魯功焉.[50]
계무자가 제나라에서 노획한 병기로 대림의 종을 만들고 노나라의 공을 새겼다.

臧武仲謂季孫曰,
장무중이 계손에게 일러 말하였다.

"非禮也.
"예가 아닙니다.

---

46 고(膏): 윤택하게 하는 것이다. 위 고우(膏雨)의 고(膏)는 형용사인데, 이곳의 고(膏)는 동사이다.

47 기(其): 장차.

48 어찌 다만 우리나라만 혜택을 받겠습니까란 말이다.

49 유월(六月): 역시 『시경·소아(小雅)』에 있으며, 윤길보(尹吉甫)가 주선왕(周宣王)을 도와 정벌한 것을 읊은 시이다. 진후를 윤길보에게 비긴 것이다.

50 임종(林鐘): 곧 「주어(周語) 하」의 "경왕(景王)이 무역(無射)의 종을 주조하고 그것을 위해 대림(大林)을 만들었다"라 한 대림(大林)이다. 종 이름에는 항상 줄여서 임(林)이라 한다.

夫銘,	대체로 명이란 것은
天子令德,[51]	천자가 덕을 새기고
諸侯言時計功,[52]	제후는 때에 맞춰 공을 헤아림을 말하고
大夫稱伐.[53]	대부는 정벌한 것을 일컫습니다.
今稱伐,	지금 정벌을 칭하면
則下等也;	등급을 낮추는 것이고,
計功,	공을 헤아리면
則借人也;[54]	남에게 힘을 빌린 것이며,
言時,	때를 말하면
則妨民多矣,	백성을 방해한 것이 많은 것이니
何以爲銘?[55]	어떻게 명을 짓겠습니까?
且夫大伐小,	또한 대체로 큰 나라가 작은 나라를 쳐서
取其所得,	그 얻을 것을 취하여
以作彝器,[56]	이기를 만들고

---

51 영덕(令德): 영(令)은 동사이며, 영덕(令德)은 곧 덕을 새기는 것이다.

52 두예는 "거행함이 때에 맞고 움직여서 공을 세울 수 있으면 명을 지을 만하다"라 하였다.

53 『채옹집·명론(蔡邕集·銘論)』에서는 "진나라 위과(魏顆)가 보씨(輔氏)에서 두회(杜回)를 사로잡아 그 공을 경종(景鐘)에 새겼으니, 이른바 대부가 정벌을 일컬은 것이다"라 하였다.

54 두회는 "진(晉)나라의 힘을 빌린 것이다"라 하였다.

55 세 가지 중 하나도 명을 지어 새길만한 것이 없다는 것이다.

銘其功烈,[57] 그 공훈을 새겨서

以示子孫, 자손들에게 보여주는 것은

昭明德而懲無禮也. 밝은 덕을 밝혀 무례함을 징계하는 것입니다.

今將借人之力以救其死,[58] 지금은 거의 남의 힘을 빌려서 죽음을 구원한 것인데

若之何銘之? 그것을 어찌 명문을 지어 새기겠습니까?

小國幸於大國,[59] 소국이 요행히 대국을 이겼는데

而昭所獲焉以怒之,[60] 노획한 것을 밝혀 대국을 노하게 하는 것은

亡之道也." 망하는 길입니다."

齊侯娶于魯, 제후는 노나라에서 아내를 맞았는데

曰顔懿姬, 안의희라고 했으며

無子. 자식이 없었다.

---

56 이기(彝器): 『설문(說文)』에서는 "이(彝)는 종묘의 떳떳한 기물(常器)이다"라 하였다. 종종(鐘鼎)이 종묘의 떳떳한 기물이다.

57 공렬(功烈): 열(烈) 또한 공이라는 뜻이다. 동의어가 함께 쓰였다.

58 장(將): 태(殆), 곧 거의라는 뜻. 사실은 사실인데 긍정하지 않을 때 쓰는 말로, 완곡한 표현이다.

59 소국은 노나라, 대국은 제나라를 가리킨다.
행(幸): 요행히 싸워서 승리를 얻은 것이다.

60 종정에 공을 새기면 제나라를 격노케 하기에 충분하다는 것이다.

其姪鬷聲姬,	그 질녀인 종성희가
生光,	광을 낳았는데
以爲大子.[61]	태자로 삼았다.
諸子仲子, 戎子,[62]	제자인 중자와 융자 중에서
戎子嬖.	융자가 사랑을 받았다.
仲子生牙,	중자는 아를 낳았는데
屬諸戎子.[63]	융자에게 맡겼다.
戎子請以爲大子,	융자가 태자로 삼을 것을 청하니
許之.[64]	허락하였다.
仲子曰,	중자가 말하였다.
"不可.	"안 됩니다.

61 두예에 의하면 두 여자는 모두 희(姬)성이다. 의희의 어머니의 본래 성은 안(顔)이었고, 성희의 어머니의 본래 성은 종인데 이 때문에 호로 삼았다. 의와 성은 모두 죽은 후의 시호이다. 형제의 자녀를 질(姪)이라 한다. 고대에는 상류층 인물들이 아내를 들일 때 부인이 적실이 되는 외에 부인의 집에서 또한 그 누이나 질녀를 시집으로 딸려 보내는데 이를 잉(媵)이라 한다.

62 『관자·계(戒)』편에 중부제자(中婦諸子)가 있는데, 방현령(房玄齡)의 주석에서 "중부제자는 내관(內官)을 부르는 것이다"라 하였다. 내관이라는 것은 제후와 천자의 희첩(姬妾)의 별명이며 궁내에서 거처하며 관계(官階)가 있으므로 내관이라고 한다. 『사기·진기(秦記)』에 당팔자(唐八子)가 있으며 「양후전(穰侯傳)」에는 미팔자(芈八子)가 있고, 『한서·외척전』 및 「광릉여왕전(廣陵厲王傳)」에도 팔자(八子)와 칠자(七子)가 있는데 팔자와 칠자는 모두 제자(諸子)이다. 「제세가(齊世家)」에는 중희(仲姬)와 융희(戎姬)로 되어 있는데, 이 희(姬)는 희첩(姬妾)이라는 뜻이지 성이 아니다. 융자(戎子)와 중자(仲子)의 자는 성이다.

63 촉(屬): 촉(囑)과 같다. 촉탁(囑託)하다. 융자에게 자기 자식처럼 길러 달라는 것으로 곧 융자가 총애를 받았기 때문이다.

64 두예는 "제후(齊侯)가 허락한 것이다"라 하였다.

廢常,	상도(常道)를 폐하면
不祥;[65]	상서롭지 못하며,
間諸侯,	제후를 범하는 것은
難.[66]	어렵습니다.
光之立也,	광이 서서
列於諸侯矣.[67]	제후의 반열에 있습니다.
今無故而廢之,[68]	지금 까닭도 없이 폐하면
是專黜諸侯,[69]	이는 멋대로 하여 제후를 낮게 보는 것이니

65 상(常): 늘 실행하여야 하는 규정과 법칙과 같다. 후사를 세울 때는 정실부인이 낳은 맏이를 먼저 세운다. 정실부인에게 아들이 없으면 서출(庶出) 가운데 나이가 가장 많은 사람을 세우는데 입장(立長)이라 한다. 소공 26년『전』에서 "옛날에 선왕께서 명하시기를 왕후에게 적자가 없으면 연장자를 택하여 세우라(擇立長)"한 것으로 알 수 있다. 안의희는 정실부인으로 아들이 없고, 공자 광이 가장 나이가 많아 태자로 세웠으니 이것이 곧 "상(常)"이다.

66 간(間): 촉범(觸犯)하다.
난(難): 성공하기 어렵다.

67 3년 계택(雞澤)의 회맹과 5년 척(戚)의 회맹, 또한 진(陳)나라를 구원하고 9년에 정나라를 친 일, 희(戱)의 동맹, 10년의 사(柤)에서 오(吳)와의 회동, 11년에 정나라를 친 일, 박성(亳城) 북쪽에서의 동맹, 소어(蕭語)에서의 회맹에 태자 광이 모두 참여하였으므로 "제후의 반열에 있었다"고 한 것이다.

68 고(故):『논어·미자(微子)』의 "옛 친구는 큰 까닭이 없으면 버리지 않는다(故舊無大故, 則不棄也)"의 "대고(大故)"의 고(故)와 같은 뜻이다. 대고는 대죄(大罪), 악역(惡逆)을 이른다. 여기서 고는 또한 죄악(罪惡)이라는 뜻이다.

69「제세가」의『집해(集解)』에서는 복건(服虔)의 설을 인용하여 광(光)이 "여러 차례 제후의 정벌과 회맹을 좇았으니" 그가 태자라는 것은 이미 제후들에게 공인된 것이라 하였다. 지금 폐위시킨다면 이는 멋대로 제후들을 무시한다는 것이다.『옥편(玉篇)』에서 출(黜)은 얕잡아 보다라는 뜻이라 하였다.

而以難犯不祥也.[70]	어려운 일로 상서롭지 못함을 범하는 것입니다.
君必悔之."	임금께옵서는 반드시 뉘우치게 될 것입니다."
公曰,	공이 말하였다.
"在我而已."[71]	"내게 있을 따름이다."
遂東大子光.[72]	마침내 태자 광을 동쪽으로 보냈다.
使高厚傅牙,[73]	고후를 아의 태부가 되게 하여
以爲大子,	태자로 삼았으며
夙沙衛爲少傅.	숙사위는 소부로 삼았다.
齊侯疾,	제후가 병이 나자
崔杼微逆光,[74]	최저가 몰래 광을 맞아들여
疾病而立之.[75]	병이 심해지자 광을 태자로 세웠다.
光殺戎子,	광이 융자를 죽여
尸諸朝,[76]	조정에 시신을 늘어놓았는데
非禮也.	예가 아니었다.

70 이루기 어려운 일로 상도를 폐하는 상서롭지 못한 일을 범하는 것이라는 말이다.
71 태자를 폐립한 것은 자기에게서 말미암은 것으로 제후를 돌아보지 않았다는 것이다.
72 태자 광을 동쪽 변경으로 옮긴 것이다.
73 고후가 아(牙)의 태부가 된 것이다.
74 『설문(說文)』에서 미(微)는 은밀히 행한 것이라 하였다.
75 제후(齊侯)의 병이 위독해져서 최저가 다시 공자 광을 태자로 세운 것이다.
76 융자의 시신을 조정에 늘어놓은 것이다.

婦人無刑.[77]	부인에게는 형벌이 없다.
雖有刑,	형벌이 있더라도
不在朝市.	조정이나 저자에 늘어놓지 않는다.
夏五月壬辰晦,[78]	여름 5월 임진 그믐날에
齊靈公卒.	제영공이 죽었다.
莊公卽位.[79]	장공이 즉위하였다.
執公子牙於句瀆之丘.[80]	공자 아를 구독지구에서 붙잡았다.
以夙沙衛易己,[81]	숙사위가 자기를 바꾸었다 생각하여
衛奔高唐以叛.[82]	위는 고당으로 달아나 반란을 일으켰다.

晉士匄侵齊,	진나라 사개가 제나라를 침공하였다가

77 무형(無刑): 공영달의 주석〔소(疏)〕에서 인용한 복건의 주석에서는 부녀자에게만 적용하기 위해 만든 형법 조목이 없다는 것이라 하였다. 고대의 오형(五刑)에는 궁형(宮刑)만이 남녀가 달랐고 나머지는 모두 남자를 위해서 설치되었다. 부녀자가 죄를 지으면 남자의 죄형(罪刑)에 비추어 집행하였다. 두예는 "경(黥)과 월(刖)형이 없는 것이다"라 하였다.

78 『경』에는 7월이라 기록하였고, 『전』에서는 5월이라 기록하였는데, 제나라는 하력을 쓰고 『경』은 노나라의 역사이므로 주력으로 고친 것이다. 임진일은 29일이다.

79 장공은 곧 태자 광이다.

80 구독지구(句瀆之丘): 또한 21년, 28년, 환공 12년, 애공 6년의 『전』에도 보이며, 제나라 경내에 있을 것이다.

81 광이 자기가 폐립된 것이 숙사위 때문이라고 생각한 것이다.

82 고당(高唐): 『청일통지』에 의하면 고당성은 지금의 우성현(禹城縣) 서남쪽, 곧 지금의 고당현 동쪽 35리 지점에 있다.

及穀,[83]	곡에 이르러
聞喪而還,	상이 있다는 소리를 듣고 돌아왔는데
禮也.[84]	예에 맞았다.

於四月丁未,[85]	4월 정미일에
鄭公孫蠆卒,	정나라 공손채가 죽어서
赴於晉大夫.[86]	진나라 대부에게 부고를 냈다.
范宣子言於晉侯,	범선자가 진후에게 말하였는데
以其善於伐秦也.[87]	진나라를 칠 때 훌륭하였기 때문이었다.
六月,	6월에
晉侯請於王,	진후가 왕에게 청하여
王追賜之大路,	왕이 대로를 추사하여
使以行,[88]	장례를 치르게 하였으니

83 『경』의 『주』에 보인다.

84 『공양전』에서는 "상(喪)이 있는 나라를 치지 않은 것을 크게 여겼기 때문이다"라 하였다.

85 정미일은 13일이다.

86 이 장(章)은 주나라 왕이 공손채에게 대로를 추사하여 그 죽음을 추서하지 않을 수 없는 것을 서술하였으며, 첫째 구절은 "4월 정미일에 정나라 공손채가 죽었다(四月丁未鄭公孫蠆卒於四月丁未)"의 도치구이다.

87 14년의 『전』에 보이며, 공손채는 제후들의 군사를 보고 경수(涇水)를 건널 것을 권하였다.

88 대로(大路): 『시경·소아·채미(小雅·采薇)』의 공영달의 주석에서는 정현의 「잠고황(箴膏肓)」을 인용하여 이렇게 말했다. "경(卿) 이상이 타는 수레는 모두 대로(大路)라고 한다.

禮也. 예에 맞았다.

秋八月, 가을 8월에

齊崔杼殺高厚於灑藍,[89] 제나라 최저가 쇄람에서 고후를 죽이고

而兼其室.[90] 그의 집을 몰수하였다.

書曰, 기록하기를

"齊殺其大夫", "제나라가 그 대부를 죽였다"라 하였는데

從君於昏也.[91] 임금의 어리석은 명을 따랐기 때문이다.

鄭子孔之爲政也專,[92] 정나라 자공이 집정하면서 천단을 일삼으니

『시』에서 이르기를 '저 노 무엇인가? 군자의 수레라네(彼路斯何, 君子之居)'라 하였는데, 이는 대부의 수레를 노(老)라 일컬은 것이다"라 하였다. 두예는 천자가 내린 수레 또한 대로라고 총칭한다고 하였다.

행(行): 장례를 치르는 것이다. 사(士) 이상의 장례는 영구차가 앞에 있고, 도거(道車)와 고거(槀車)가 차례로 따르며, 대부 이상은 견거(遣車)가 있다. 주왕이 수레를 내려 장례를 치르게 한 것을 심흠한의 『보주(補注)』에서는 "영구차를 따라 가는 것이다"라 하였다.

89 쇄람(灑藍): 고사기(高士奇)의 『지명고략(地名考略)』에서는 혹자의 설을 인용하여 임치의 성 밖에 있다고 하였다.

90 실(室): 재화와 채읍이다.

91 제영공은 태자 광을 폐하고 공자 아를 세웠는데 이는 어리석은 일이다. 또한 고후는 아의 스승이 되어 태자가 되게 하였으므로 임금의 어리석은 명을 따랐다고 한 것이다.

92 두예는 "군력을 전횡한 것이다"라 하였다.

國人患之,	백성들이 그것을 근심하여
乃討西宮之難與純門之師.[93]	이에 서궁의 난과 순문의 전역을 따졌다.
子孔當罪,[94]	자공이 유죄의 판결을 받자
以其甲及子革, 子良氏之甲守.[95]	그 갑사 및 자혁과 자량의 갑사를 가지고 지켰다.
甲辰,[96]	갑진일에
子展, 子西率國人伐之,	자전과 자서가 백성을 이끌고 그를 쳐서
殺子孔,	자공을 죽이고
而分其室.	가산을 나주었다.
書曰,	『경』의 기록에서
"鄭殺其大夫",	"정나라가 그 대부를 죽였다" 한 것은
專也.	천단하였기 때문이다.
子然, 子孔,	자연과 자공은
宋子之子也;	송자의 아들이며,

93 서궁의 난은 10년의 『전』에 보이고, 순문의 전역은 지난해의 『전』에 보인다.

94 당죄(當罪): 고대의 형법 용어이다. 『한서·형법지(刑法志)』에서 "그 죄명을 가지고 갚아야 한다"라 하였고, 「양운전(楊惲傳)」에 "정위가 운의 대역무도한 죄를 다스렸다"는 말이 있고, 「진탕전(陳湯傳)」에는 "정위 증수가 이 죄를 다스렸다" 하였으며, 『사기·장석지풍당열전(張釋之馮唐列傳)』에 "정위가 이를 다스렸다"한 말로 알 수 있다.

95 두예는 "스스로 지킨 것이다"라 하였다.

96 갑진일은 11일이다.

士子孔, 사자공은

圭嬀之子也.[97] 규규의 아들이다.

圭嬀之班亞宋子,[98] 규규의 서열이 송자 다음이어서

而相親也; 서로 친하였으며

二子孔亦相親也.[99] 두 자공도 서로 친하였다.

僖之四年, 정희공 4년에

子然卒;[100] 자연이 죽고

簡之元年, 정간공 원년에

士子孔卒.[101] 사자공이 죽었다.

司徒孔實相子革, 子良之室,[102] 사도공이 실로 자혁과 자량의 집을 도와

---

97 『통지·씨족략(氏族略) 3』에서는 "정나라 공자 가(嘉)는 자가 자공(子孔)이며, 또한 공자 지(志)가 있는데 사자공(士子孔)이라 부르며, 모두 목공(穆公)의 아들이다"라 하였다. 두예는 "송자와 규규는 모두 정목공의 첩이다"라 하였다.

98 두예는 "아는 다음이다"라 하였다.

99 이(二): 원래 "사(士)"로 되어 있었는데 여기서는 『석경』과 송본에 따라 바르게 잡았다. 두 자공은 곧 공자 가(嘉)와 공자 지(志)로 어머니가 다른 이복형제이다. 그 어머니끼리 서로 친하여 자식들 또한 서로 친하였다. 27년 『전』에 두 자석(子石)이 있는데 정나라 인단(印段)과 공손단(公孫段)이 모두 자가 자석(子石)이며, 소공 3년 『전』에는 두 명의 선자(宣子)가 있는데, 사개(士匃)와 한기(韓起)는 모두 시호가 선(宣)이므로 선자라고 일컫는다.

100 정희공 4년은 노양공 6년에 해당한다.

101 정간공 원년은 노양공 8년에 해당한다.

102 사도공(司徒孔): 곧 자공(子孔)으로 양공 10년 이전에 사도가 되었으므로 사도공이라고 하였다.
자혁(子革): 자연(子然)의 아들로 자공의 친조카이다.
자량(子良): 사자공의 아들이며 또한 자공의 조카이다.

三室如一,[103]	세 집이 한 집 같았으므로
故及於難.[104]	화난이 닥치게 되었다.
子革, 子良出奔楚.	자혁과 자량은 초나라로 달아났다.
子革爲右尹.[105]	자혁은 우윤이 되었다.
鄭人使子展當國,	정나라 사람이 자전에게 나라를 맡겼으며
子西聽政,	자서는 정치를 들었으며
立子産爲卿.	자산을 경으로 세웠다.

齊慶封圍高唐,[106]	제나라 경봉이 고당을 에워쌌으나
弗克.	이기지를 못했다.
冬十一月,	겨울 11월에
齊侯圍之.	제후가 그곳을 에워쌌다.
見衛在城上,	숙사위가 성 위에 있는 것이 보여
號之,[107]	그를 부르니

103 자공과 자혁, 자량의 집이 모두 자공으로부터 말미암았으므로 한 집 같다고 말한 것이다.

104 그러므로 자혁과 자량의 갑사가 자공의 수비군이 되어 또한 화에 미쳤다는 것이다.

105 초나라의 우윤이 된 것은 소공 12년과 13년의 『전』에 보인다. 한 군데서는 정단(鄭丹)이라 하였고, 한 군데서는 연단(然丹)이라 하였다. 정단이라 한 것은 본국을 칭한 것이고, 연단이라 한 것은 그 부친의 자를 씨로 삼았기 때문이다.

106 숙사위가 고당으로 달아나서 반란을 일으켰기 때문이다.

107 호(號): 부르는 것이다.

乃下.[108]	곧 내려왔다.
問守備焉,	수비가 어떠냐고 묻자
以無備告.[109]	방비가 없다고 알렸다.
揖之,	그에게 읍을 하고
乃登.[110]	이에 올랐다.
聞師將傅,[111]	군사들이 다다를 것이라는 것을 듣고는
食高唐人.[112]	고당 사람들을 먹였다.
殖綽, 工僂會夜縋納師,[113]	식작과 공루회가 밤에 밧줄을 늘어뜨려 군사를 들이자
醢衛于軍.	군중에서 숙사위를 젓을 담았다.

108 숙사위가 성을 내려온 것이다.

109 제장공이 숙사위에게 수비가 어떠냐고 물었고, 숙사위가 제장공에게 수비가 없다고 알렸다.

110 옛날 사람들은 사람을 들어가게 할 때나 다른 사람과 이별을 할 때는 모두 읍을 한다. 제후가 숙사위에게 읍을 하자 숙사위가 스스로 답례를 하고 성으로 올라간 것이다. 숙사가 성을 내려와 제후(齊侯)와 이야기를 나누었지만 성과 강으로 떨어져 보호가 되었으므로 두려워하지 않았다.

111 숙사위가 제나라 군사들이 성을 타고 진공을 할 것이라는 것을 들은 것이다.

112 숙사위가 고당의 사람들에게 힘을 다하게 하기 위해서 그들에게 잘 먹인 것이다.

113 식작은 이미 18년 『전』에 보인다. 이때는 아마 이미 제나라에 반기를 들었을 것이다.
공루회(工僂會): 공루가 성이고, 회가 이름이다. 장공 17년 『전』에 공루씨(工婁氏)가 보이는데 본래는 수(遂) 사람이었으나 나중에 아마 제나라 사람이 되었을 것이다. 양공 31년 『전』에 공루쇄(工僂灑)가 있는데 『광운(廣韻)』에서는 공루쇄(工婁灑)로 인용하였다.
야추납사(夜縋納師): 야음을 틈타 밧줄을 아래로 드리워 제나라 군사가 들어오게 한 것이다.

城西郛,	서쪽에 외성을 쌓았는데
懼齊也.	제나라를 두려워해서였다.

齊及晉平,	제나라와 진나라가 화평을 맺고
盟于大隧.[114]	대수에서 맹약하였다.
故穆叔會范宣子于柯.	그래서 목숙이 가에서 범선자를 만났다.
穆叔見叔向,	목숙은 숙상을 보고
賦載馳之四章.[115]	「재치」의 4장을 읊었다.
叔向曰,	숙상이 말하였다.
"肹敢不承命!"[116]	"제가 감히 명을 받들지 않겠습니까!"
穆叔歸,	목숙이 돌아가자
曰,	말하였다.
"齊猶未也,[117]	"제나라는 아직 그만두지 않을 것이니

---

114 대수(大隧): 고사기(高士奇)의 『지명고략(地名考略) 3』에서는 혹자의 설을 인용하여 대수는 지금 고당현(高唐縣)에 있다고 하였다.

115 두예는 "4장에서는 '큰 나라 끌어들이고 싶으나, 어느 나라에 의지하고 어느 나라에 가야 하나?'라 하였다. 공(控)은 당기는 것이다. 큰 나라를 끌어당겨 스스로 구조하겠다는 뜻을 취한 것이다"라 하였다. 나머지는 문공 13년 『전』의 『주』에 상세하다.

116 두예는 "숙상이 제나라가 결맹으로 복종하지 않을 것임을 헤아렸으므로 노나라를 구원하는 것을 허락한 것이다"라 하였다.

117 침공하여 정벌하는 것을 그치지 않는 것이다.

不可以不懼.”	두려워하지 않을 수 없습니다.”
乃城武城.	이에 무성에 성을 쌓았다.

衛石共子卒,[118]	위나라 석공자가 죽었는데
悼子不哀.[119]	도자가 애도하지 않았다.
孔成子曰,[120]	공성자가 말하였다.
“是謂蹷其本,[121]	“이를 그 근본을 뽑아 버린다는 것이니
必不有其宗.”[122]	반드시 그 종실을 남겨 놓지 않을 것이다.”

양공 20년

經

二十年春王正月辛亥,[1]	20년 봄 주력으로 신해일에

---

118 공자 (共子): 공자는 석매(石買)이다.

119 도자(悼子): 석매의 아들 석악(石惡)이다.

120 공성자(孔成子): 위나라의 경 공증서(孔烝鉏)이다. 『예기·제통(祭統)』의 『정의(正義)』에서 인용한 『세본』에서는 “공장숙 달(孔莊叔達)은 득려숙곡(得閭叔穀)을 낳았고, 곡은 성숙증서(成叔烝鉏)를 낳았다”라 하였다.

121 두예는 “궐(蹷)은 발(拔)과 같다.” 뽑는다는 뜻이다. 소공 23년 『전』에 “밀어서 넘어뜨렸다(推而蹷之)”는 말이 있는데 이 궐(蹷)은 넘어뜨린다는 뜻이며 또한 뜻이 통한다.

122 유(有): 보유하다. 18년 석악은 달아나게 된다.

仲孫速會莒人盟于向.[2]	중손속이 상에서 거나라 사람을 만났다.
夏六月庚申,[3]	여름 6월 경신일에

公會晉侯, 齊侯, 宋公, 衛侯, 鄭伯, 曹伯, 莒子, 邾子, 滕子, 薛伯,

杞伯, 小邾子盟于澶淵.[4]	공이 전연에서 진후, 제후, 송공, 위후, 정백, 조백, 거자, 주자, 등자, 설백, 기백, 소주자를 만나 전연에서 맹약하였다.
秋公至自會.[5]	가을에 공이 회합에서 돌아왔다.
仲孫速帥師伐邾.	중손속이 군사를 거느리고 주나라를 쳤다.
蔡殺其大夫公子燮.[6]	채나라가 그 대부 공자 섭을 죽였다.
蔡公子履出奔楚.[7]	채나라 공자 리가 초나라로 달아났다.

---

1 이십년(二十年): 무신년 B.C. 553년으로, 주영왕(周靈王) 19년이다. 동지가 정월 19일 기유일로 건자(建子)이다.
신해일은 21일이다.

2 "속(速)"은 『공양전』에는 "속(遬)"으로 되어 있으며, 이하 같다.
상(向): 지금의 거현(莒縣) 남쪽 70리 지점에 있다. 은공 2년의 『경』과 『주』에 상세하다.

3 경신일은 3일이다.

4 단연(澶淵): 지금의 하남 복양현(濮陽縣) 서북쪽에 있다. 요내(姚鼐)의 『보주(補注)』에서는 "이곳은 옛날에는 위나라 땅이었으나 이때는 이미 진(晉)나라에 빼앗겼다"라 하였다.

5 『전』이 없다.

6 공자 섭(公子燮): 장공의 아들이다. 『곡량전』에는 "습(濕)"으로 되어 있으며 8년 『경』의 『주』에 상세하다.

7 공자 리(公子履): 섭(燮)의 아우이다.

陳侯之弟黃出奔楚.[8]	진후의 아우인 황이 초나라로 달아났다.
叔老如齊.	숙로가 제나라로 갔다.
冬十月丙辰朔,	겨울 10월 병진일 초하룻날
日有食之.[9]	일식이 있었다.
季孫宿如宋.	계손숙이 송나라로 갔다.

傳

二十年春,	20년 봄
及莒平.	거나라와 화평을 맺었다.
孟莊子會莒人盟于向,	맹장자가 상에서 거나라 사람을 만나 맹약하였는데
督揚之盟故也.[10]	독양의 맹약 때문이었다.

夏,	여름에
盟于澶淵,	전연에서 맹약하였는데

8 황(黃): 『공양전』과 『곡량전』에는 모두 "광(光)"으로 되어 있고, 이하 같다. 조탄(趙坦)의 『이문전(異文箋)』에서는 두 글자는 옛날에는 형태가 비슷하였으며, 음과 뜻도 서로 비슷하다고 하였다.

9 『전』이 없다. 이는 곧 서력 8월 31일의 금환일식이다.

10 독양의 맹약은 지난해에 있었다. 거나라가 수차례 노나라를 쳐서 두 나라는 또 상호간에 맹약을 하고 화평을 맺어 이후로 16년간은 교전을 하지 않는다.

齊成故也.[11]	제나라와의 화평 때문이었다.
邾人驟至,[12]	주나라 사람이 누차 이르렀는데
以諸侯之事弗能報也.[13]	제후의 일로 보복을 해주지 못할 것으로 여겼기 때문이다.
秋,	가을에
孟莊子伐邾以報之.	맹장자가 주나라를 쳐서 보복하였다.
蔡公子燮欲以蔡之晉,[14]	채나라 공자 섭이 채나라를 가지고 진나라에 가려고 하자
蔡人殺之.	채나라 사람이 그를 죽였다.
公子履,	공자 리는
其母弟也,	그 동모제였으므로
故出奔楚.[15]	초나라로 달아났다.

11 제나라와 진나라의 화평은 지난해에 있었다. 맹약에 참여한 나라는『경』에 나열되어 있다.

12 취(驟): 자주, 누차. 15년 및 17년에 노나라를 침략한 적이 있다.

13 노나라가 해마다 제후들의 정벌과 회맹에 참여하였기 때문에 보복을 할 수가 없다는 것을 말한다.

14 이채지진(以蔡之晉): 채나라를 가지고 진나라에 복종하겠다는 말과 같다.

15 두예는 "형과 함께 공모했기 때문이다"라 하였다. 실제로 이와 같았다면 공자 리는 당연히 진나라로 달아나야 했을 것이다. 혹은 원래 참여하지 않았는데 형제이기 때문에 혐의를 입고 화를 입을까봐 초나라로 가서 혐의를 면하려 했을 수도 있다.

陳慶虎, 慶寅畏公子黃之偪,[16]
진나라 경호와 경인이 공자 황의 핍박을 두려워하여

愬諸楚曰,
초나라에 하소연하여 말했다.

“與蔡司馬同謀.”[17]
“채나라 사마와 함께 모의하였습니다.”

楚人以爲討,
초나라 사람이 꾸짖으니

公子黃出奔楚.[18]
공자 황이 초나라로 달아났다.

初,
처음에

蔡文侯欲事晉,
채나라 문후는 진나라를 섬기고자 하여

曰,
말하였다.

“先君與於踐土之盟,[19]
“선군께서 천토의 맹약에 참여하여

晉不可棄,
진나라를 버릴 수 없고

且兄弟也.”
또한 형제이다.”

畏楚,
초나라를 두려워하여

不能行而卒.[20]
행하지를 못하고 죽었다.

---

16 이경(二慶)은 진나라의 경(卿)이다. 『잠부론·지씨성(志氏姓)』에 의하면 본래는 규(嬀)성이었으며 경을 씨로 삼았다. 『세족보』에서는 경호는 환공의 5세손이라고 하였다.
외핍(畏偪): 공자 황이 정권을 핍탈할까 두려워한 것이다.

17 채사마(蔡司馬): 곧 공자 섭이며 일찍이 채나라의 사마가 되었다. 8년의 『전』을 참조하라.

18 두예는 “초나라로 달아나 스스로 해결하려고 하였다”라 하였다.

19 두예는 “선군은 문후(文侯)의 부친인 장후(莊侯) 갑오(甲午)이다. 천토의 맹약은 희공 28년에 있었다”라 하였다.

楚人使蔡無常,[21]	초나라 사람이 채나라를 부리는 데 일정한 법도가 없었으니
公子燮求從先君以利蔡,	공자 섭이 선군을 따라 채나라를 이롭게 하려다가
不能而死.	하지 못하고 죽었다.
書曰,	기록에
"蔡殺其大夫公子燮",	"채나라가 그 대부 공자 섭을 죽였다"라 한 것은
言不與民同欲也;[22]	백성들과 하고자 하는 바를 함께하지 못하였음을 말하고,
"陳侯之弟黃出奔楚",	"진후의 아우 황이 초나라로 달아났다"라 한 것은
言非其罪也.[23]	그의 죄가 아님을 말한 것이다.

---

20 두예는 "선공 17년에 문후(文侯)는 죽었다"라 하였다.

21 사(使): 역사의 징발이다.
무상(無常): 일정 한도나 표준, 시간이나 횟수 같은 것이 없었다는 것이다.

22 「채세가」 및 다른 책들에 의거하여 미루어 보건대 채장공(蔡莊公)은 노나라 문공 15년 초에 죽었으며, 그해 6월에 진나라 극결(郤缺)이 채나라를 쳤으며, 11월에는 채후 및 제후들이 진나라와 호에서 맹약을 맺었는데, 곧 문후이다. 문후의 죽음은 이해에 이미 또한 40년이나 되었다. 채나라는 초나라와 가깝고 진나라와는 멀며, 초나라가 또 날로 강폭해지니 그 나라의 사대부들이 실로 초나라를 섬기는 데 안주하였으므로 공자 섭이 변화를 꾀하다 실패한 것이다.

23 아우라고 일컬은 것은 진후가 두 경씨(慶氏)를 쓴 것에 그 죄를 돌린 것이다. 공영달의 주석〔소(疏)〕에서 인용한 『석례(釋例)』에서는 "형이면서 아우를 해친 것에 대하여 아우라 일컬으면서 형의 죄를 밝힌 것이다"라 하였다. 그러므로 소공 원년의 『전』에서도 "기록하기를 진백(秦伯)의 아우 침(鍼)이 진(晉)나라로 달아났다고 한 것은 진백에게 죄를 묻는 것이다"라 하였다.

公子黃將出奔, 공자 황이 달아나려 할 때

呼於國曰, 나라에 큰 소리로 말했다.

“慶氏無道, “경씨는 무도하여

求專陳國, 진나라를 전횡하고자 하였고

暴蔑其君,[24] 임금을 모멸하였으며

而去其親,[25] 친속을 없애려 하였으니

五年不滅, 5년 안에 망하지 않으면

是無天也.”[26] 이는 하늘이 없는 것이다.”

齊子初聘于齊, 제자가 처음으로 제나라를 빙문하였는데

禮也.[27] 예에 맞았다.

冬, 겨울에

季武子如宋, 계무자가 송나라에 갔는데

報向戌之聘也.[28] 상술의 빙문에 보답한 것이다.

---

24 폭멸(暴蔑): 경만(輕慢)과 같다. 깔보다, 능멸하다, 모멸하다.

25 공자 황 자신은 진후의 친속이라는 말이다.

26 12년에 진(陳)나라는 두 경씨를 죽인다.

27 제자(齊子): 곧 『경』의 숙로(叔老)이다. 이해에 장공이 막 즉위하였으므로 초빙(初聘)이라고 하였다. 원한을 떨어내고 우호조약을 맺었으므로 예의에 맞다고 하였다.

28 상술의 빙문은 15년에 있었다.

褚師段逆之以受享,[29]	저사단이 그를 맞이하여 향연을 받았는데
賦常棣之七章以卒.[30]	「상체」의 7장과 졸장을 읊었다.
宋人重賄之.	송나라 사람이 예물을 두터이 하여 주었다.
歸,	돌아가서
復命,	복명을 하여
公享之,	공이 향연을 베풀어 주니
賦魚麗之卒章.[31]	「어려」의 마지막 장을 읊었다.
公賦南山有臺.[32]	공은 「남산유대」를 읊었다.
武子去所,[33]	무자가 자리를 피하면서

29 저사단(褚師段): 관직 이름인데 여기서는 관직을 가지고 씨를 삼은 것이다. 단의 자는 자석(子石)이다. 무자가 송공의 향연을 받은 것이다.

30 상체(常棣): 『시경·소아(小雅)』의 편명이다. 왕인지의 『술문(述聞)』에서는 "이(以)자는 여(與)자와 같다. 졸(卒)은 졸장이다. 「상체」의 7장과 졸장을 읊은 것이다. 졸(卒)자 아래에 장(章)자가 없는 것은 위에 있어서 생략한 것이다"라 하였다. 7장은 "처자가 잘 화합하니, 금과 슬을 타는 듯하네. 형제가 이미 모여 있으니, 화락하고 즐거운 것이네(妻子好合, 如鼓瑟琴. 兄弟旣翕, 和樂且湛)"라 하였고, 마지막 장은 "그대 집안 화목케 하고, 그대 처자들 즐겁게 하네. 그렇게 되도록 궁리하고 꾀하면, 정말 그렇게 될 것이네(宜爾家室, 樂爾妻帑. 是究是圖, 亶其然乎)"라 하였다. 곧 계무자의 뜻은 노나라와 송나라는 혼인을 맺은 나라로 화목하게 서로 처하여 각기 그 집안을 즐겁게 하여야 한다는 것이다.

31 어려(魚麗): 『시경·소아(小雅)』의 편명이다. 졸장에서는 "음식이 많이 있으니, 마침 때에 맞도다(物其有矣, 維其時矣)"라 하였다. 공의 송나라 빙문의 명이 시의적절했음을 비유한다.

32 남산유대(南山有臺): 두예는 "「남산유대」는 『시경·소아(小雅)』의 편명이다. 그 '즐겁도다 우리 님, 나라의 기틀일세(樂只君子, 邦家之基)', '나라의 빛이라네(邦家之光)'라는 뜻을 취하였으며 무자가 사명을 받든 것이 능히 나라의 광휘가 되었다는 것을 비유한다"라 하였다.

曰,
말하기를

“臣不堪也.”
“신은 감당하지 못합니다”라 하였다.

衛寗惠子疾,
위나라 영혜자가 병이 나자

召悼子曰,[34]
도자에게 일러 말하였다.

“吾得罪於君,
“내가 임금에게 죄를 지어

悔而無及也.
뉘우쳐도 미칠 수가 없어서

名藏在諸侯之策,
이름이 제후의 사책에 남아 있는데

曰,
말하기를

‘孫林父, 寗殖出其君.’
‘손림보와 영식은 임금을 쫓아내었다’라 하였다.

君入,
임금이 들어온다면

則掩之.
덮어 줄 것이다.

若能掩之,
덮어 줄 수 있다면

則吾子也.[35]
내 아들이다.

若不能,
할 수 없다면

猶有鬼神,[36]
귀신이 있다 하더라도

---

33 거소(去所): 두예는 “거소는 자리를 피하는 것이다”라 하였다.

34 소(召): 조(詔)의 뜻을 가차한 것이다. 알리다.
도자(悼子): 영희(寗喜)이다.

35 네가 이 일을 덮을 수 있어야 비로소 나의 아들이라는 것을 이른다.

吾有餒而已,	내 굶주림만 있을 따름으로
不來食矣."[37]	와서 먹지 않을 것이다."
悼子許諾,	도자가 허락하자
惠子遂卒.[38]	혜자가 마침내 죽었다.

양공 21년

經

二十有一年春王正月,[1]	21년 봄 주력으로 정월에
公如晉.	공이 진나라에 갔다.
邾庶其以漆, 閭丘來奔.[2]	주나라의 서기가 칠과 여구를 가지고 도망쳐 왔다.
夏,	여름에
公至自晉.[3]	공이 진나라에서 왔다.

36 유(猶): 가정형을 나타내는 접속사. 약(若)과 같다. 연이어 가정형의 문장을 써서 달리 썼다.

37 와서 제사를 받지 않을 것이라는 말로, 자식으로 인정을 하지 않겠다는 말이다.

38 두예는 "26년의 위후가 귀국하는『전』의 복선이다"라 하였다.

1 이십유일년(二十有一年): 기유년 B.C. 552년으로, 주영왕(周靈王) 20년이다. 동지가 2월 초1일 갑인일로 건해(建亥)이며, 윤달이 있다.

2 칠·여구(漆·閭丘): 지금의 산동 추현(鄒縣) 동북쪽에 있으며, 여구는 또한 칠의 동북쪽 10리 지점에 있다.

3『전』이 없다.

秋,　　가을에

晉欒盈出奔楚.　　진나라 난영이 초나라로 달아났다.

九月庚戌朔,　　9월 경술 초하룻날

日有食之.[4]　　일식이 있었다.

冬十月庚辰朔,　　겨울 10월 경진일 초하룻날에

日有食之.[5]　　일식이 있었다.

曹伯來朝.　　조백이 와서 조현하였다.

公會晉侯, 齊侯, 宋公, 衛侯, 鄭伯, 曹伯, 莒子, 邾子于商任.[6]
공이 상임에서 진후, 제후, 송공, 위후, 정백, 조백, 거자, 주자와 회합하였다.

傳

二十一年春,　　21년 봄에

4 『전』이 없다. 서력으로 8월 20일의 금환일식으로 서북쪽에서 동남쪽에 이르기까지 모두 볼 수 있었다.

5 『전』이 없다. 이날은 일식에 들어갈 기한이 아니었는데 사관이 잘못 기록하였거나 사천(司天)의 관리가 오인하였을 것이다. 두 달에 걸쳐 연속으로 일식이 일어나는 경우도 있지만 모두 부분일식이며, 한 곳에서 연이어 일어날 수 있는 일이 아니다. 개기일식이나 금환일식이 있은 뒤에는 절대로 두 달 연속으로 일식이 일어날 수 없다. 9월 초하룻날 이미 금환일식이 있었으므로 10월에는 절대로 다시 일식이 일어날 수 없다.

6 상임(商任): 두예는 "상임은 소재지를 빠뜨렸다(地闕)"라 하였다. 명말청초(明末淸初) 고조우(顧祖禹)의 『방여기요(方輿紀要)』에서는 옛 임성(任城)은 지금의 하북 임현(任縣) 동남쪽에 있었는데, 그 땅이 상허(商墟)에 가까우므로 상임이라 한다고 하였다. 고동고(顧棟高)의 『대사표(大事表)』에서는 지금의 안양현(安陽縣)에 위(衛)나라 상임이 있다고 하였다.

公如晉,	공이 진나라에 갔는데
拜師及取邾田也.[7]	출병 및 주나라의 전지를 취하게 한 것에 배사한 것이었다.
邾庶其以漆, 閭丘來奔,[8]	주나라 서기가 칠과 여구를 가지고 도망쳐 왔는데
季武子以公姑姊妻之,[9]	계무자가 공의 고모를 아내로 삼게 하고
皆有賜於其從者.	그 종자들에게도 모두 재물을 내렸다.
於是魯多盜.	이때 노나라에는 도둑이 많았다.
季孫謂臧武仲曰,	계손이 장무중에게 일러 말하였다.
"子盍詰盜?"[10]	"그대는 어찌하여 도둑을 다스리지 않소?"

7 제나라를 정벌한 것 및 주의 전지를 취한 것은 모두 18년의 『전』에 보인다.

8 서기(庶其): 두예는 "서기는 주(邾)나라의 대부이다"라 하였다.

9 고자(姑姊): 지금의 고모(姑母)라는 말과 같다. 12년 『전』의 『주』에 상세하다. 양공의 고모는 선공의 딸이며 성공의 자매이다. 성공은 즉위 후 14년이 지나서야 비로소 아내를 맞이하였으니 즉위했을 때는 매우 어렸으니 그 자매들도 아직 늙지 않았을 것이다. 다만 선공이 죽은 지 이미 39년이란 세월이 있으므로 성공의 자매들은 또한 40세 이상일 것이다. 두예는 고(姑)와 자(姊)를 둘로 나누었는데 실로 잘못되었다. 다만 과부라 한 것은 무리는 되지 않는다. 고염무는 소보(邵寶)의 설을 인용하여 고자는 노나라의 종녀로 성공에게는 누이(妹)가 된다고 하였으며, 홍양길(洪亮吉)의 『고(詁)』에서는 "아마 양공의 종고모이거나 재종고모일 것이다"라 하였는데 모두 곡설이다.

10 합(盍): 하불(何不)의 합음자이다.
힐(詰): 다스리다, 금하다, 막다.

武仲曰,	무중이 말하였다.
"不可詰也.	"다스릴 수가 없습니다.
紇又不能."[11]	저는 또 능력도 없습니다."
季孫曰,	계손이 말하였다.
"我有四封,[12]	"우리나라에 사방의 경계가 있거늘
而詰其盜,	도둑을 다스리는 일을
何故不可?	무슨 까닭으로 못한다 하는가?
子爲司寇,[13]	그대는 사구로
將盜是務去,	도둑을 없애는 일을 힘써야 하거늘
若之何不能?"	그 어찌 능력이 없다 하는가?"
武仲曰,	무중이 말하였다.
"子召外盜而大禮焉,	"그대가 바깥의 도둑을 불러 크게 예우하는데
何以止吾盜?	어떻게 우리나라의 도둑을 그치게 합니까?
子爲正卿,	그대가 정경으로
而來外盜;	바깥의 도둑을 오게 하고서는

11 무중이 자기는 다스릴 능력이 없다고 말하는 것이다.

12 사봉(四封): 사방의 경계이다.

13 사구(司寇): 형관(刑官)이다. 『주례』에 의하면 후국(侯國)은 사구의 일을 사공(司空)이 겸하여 하며, 그 아래에 대부(大夫)가 있는데 소사구(小司寇)가 된다고 하였는데, 지금의 『주례』가 반드시 당시의 관제에 합치하는지 모르겠다.

使紇去之,[14]	저로 하여금 없애게 하니
將何以能?	어떻게 할 수 있겠습니까?
庶其竊邑於邾以來,	서기는 주나라에서 읍을 훔쳐 왔는데
子以姬氏妻之,	그대가 희씨를 아내로 삼아 주고
而與之邑.[15]	그에게 읍을 주었습니다.
其從者皆有賜焉.	그 종자들에게도 모두 재물을 내렸습니다.
若大盜禮焉以君之姑姊與其大邑,[16]	큰 도둑에게 임금의 고모와 큰 읍으로
其次皁牧輿馬,	다음으로는 노예와 거마를
其小者衣裳劍帶,[17]	작은 것은 의복과 검으로 예우를 하니
是賞盜也.	이는 도둑에게 상을 주는 것입니다.
賞而去之,	상을 주면서 없애 버리라 하니
其或難焉.[18]	어렵지 않겠습니까?

---

14 지(之): 국내의 도둑을 가리킨다.

15 다른 읍을 준 것으로 칠(漆)과 여구(閭丘)를 가리킨 것이 아니다.

16 언(焉): 지(之)자와 같은 용법이다.
기대읍(其大邑): 양공의 고모의 대읍이다. 곧 시집갈 때 지참금인 것 같다.

17 기차·기소자(其次·其小者): 서기에게 준 예물의 다음 것과 작은 것을 말한다. 혹자는 서기의 종자를 가리키는 것과 상관이 있다고도 한다. 종자에게는 높고 낮음이 있으므로 내리는 것에도 크고 작은 것이 있는 것이다.

18 기혹(其或): 긍정을 하지 않음을 나타내는 부사. 비교적 완곡한 표현을 할 때 쓴다.

紇也聞之,	제가 듣건대
在上位者洒濯其心,[19]	위에 있는 사람은 그 마음을 깨끗이 씻어
壹以待人;[20]	한결같이 사람을 대하며,
軌度其信,[21]	그 성심을 법도에 맞게 하여야
可明徵也,[22]	분명히 증명할 수 있고
而後可以治人.	그런 다음에 사람을 다스릴 수가 있습니다.
夫上之所爲,	대체로 윗사람이 하는 바는
民之歸也.[23]	백성이 따르는 것입니다.
上所不爲,	위에서 하지 않는 것을
而民或爲之,	백성들이 혹 하게 되면
是以加刑罰焉,	이 때문에 형벌을 가하니
而莫敢不懲.[24]	감히 징계를 하지 않음이 없습니다.

19 마음을 씻는 것은 의법(儀法)에 합당하게 하는 것이다.

20 사람을 성실하게 대하는 것이니 한결같이 하여 둘 셋으로 하지 않는 것이다.

21 궤도(軌度): 동사로 쓰였으며, 궤범(軌範)에 맞게 하는 것이다.
신(信): 『설문(說文)』에서는 "신은 정성스럽다는 뜻이다"라 하였다.

22 명징(明徵): 곧 희공 27년 『전』의 "그 말을 분명한 증거로 삼았다(明徵其辭)"라 할 때의 명징(明徵)과 같다. 이 구절의 뜻은 위에 있는 사람은 그 성심을 법도에 맞게 하고 반드시 행동으로 표현을 하여야 사람들에게 그 믿음을 증명할 수 있다는 말이다.

23 상류층에 있는 사람의 행위를 하류층의 사람이 따라서 본받는다는 말로 "위에서 좋아하는 것이 있으면 아래에는 반드시 그보다 심한 것이 있게 된다"(『맹자·등문공(滕文公)상』)는 것과 같다. 가나자와 문고본(金澤文庫本)에는 "귀(歸)"자 위에 "소(所)"자가 있다.

24 징(懲): 징계(懲戒).

若上之所爲,	위에서 하는 일을
而民亦爲之,	백성들이 또한 하게 되는 것은
乃其所也,[25]	곧 그런 법도이니
又可禁乎?	또한 금할 수 있겠습니까?
夏書曰,	「하서」에서는 말하기를
'念玆在玆,	'이것을 생각함이 여기에 있고
釋玆在玆,	이것을 놓음이 여기에 있으며
名言玆在玆,	이 이름을 말하는 것도 여기에 있고
允出玆在玆,[26]	이 믿음이 나오는 것도 여기에 있으니
惟帝念功',[27]	임금만이 공을 기록한다'라 하였습니다.
將謂由己壹也.	이는 자기의 한결같음에서 말미암음을 말한 것 같습니다.
信由己壹,	믿음이 자기의 한결같음에서 말미암은

25 내기소(乃其所): 『예기·애공문(哀公問)』의 정현의 주에서는 "소(所)는 도(道)와 같다"라 하였다. 내기소(乃其所)는 형세가 반드시 그렇게 될 것이라는 말과 같다.

26 생각하여 하는 것이 여기에 있고, 버리어 하지 않음이 여기에 있고 호령하고 말하는 것이 여기에 있으며 성실하게 행하는 것이 여기에 있다는 것이다. 이는 모두 당시의 궤범을 표준으로 삼는 것을 가리킨다.

27 임금만이 이 성공을 기록할 수 있다는 말이다. 『논어·공야장(公冶長)』편의 황간(皇侃)의 주석에서 "념(念)은 적어서 기록하는 것(識錄)이다"라 하였다. 이상은 『일서(逸書)』인데 위고문에서 「대우모(大禹謨)」에 넣었다.

而後功可念也."[28]	이후라야 공을 생각할 수 있습니다."
庶其非卿也,	서기는 경은 아니지만
以地來,	땅을 가지고 와서
雖賤,	신분이 낮은데도
必書,	반드시 기록한 것은
重地也.	땅을 중시한 것이다.

齊侯使慶佐爲大夫,	제후가 경좌로 하여금 대부가 되게 하여
復討公子牙之黨,	다시 공자 아의 무리를 토벌하여
執公子買于句瀆之丘.	공자 매를 구독지구에서 잡았다.
公子鉏來奔.	공자 서가 도망쳐 왔다.
叔孫還奔燕.[29]	숙손환은 연나라로 달아났다.

夏,	여름에
楚子庚卒.	초나라 자경이 죽었다.
楚子使薳子馮爲令尹,	초자가 원자풍으로 하여금 영윤이 되게 하니

---

28 성심이 자기에게서 말미암아 한결같이 나온 다음에야 공을 기록할 수 있다는 말이다.
29 매(買)와 서(鉏), 환(還)은 모두 제나라의 공족이다.

訪於申叔豫.[30]	신숙예를 찾아갔다.
叔豫曰,	숙예가 말하였다.
“國多寵而王弱,	“나라에 총애하는 사람은 많고 왕은 약하니
國不可爲也.”[31]	나라를 다스릴 수 없다.”
遂以疾辭.	마침내 병을 대고 물러났다.
方暑,	바야흐로 더웠는데
闕地,	땅을 파서
下冰而床焉.[32]	얼음을 깔고 침상을 놓았다.
重繭,[33]	겹 솜옷을 입고
衣裘,[34]	갖옷을 입은 후
鮮食而寢.[35]	조금만 먹고 누웠다.
楚子使醫視之.	초자가 의원을 보내어 살피게 했다.

30 원자풍이 신숙예를 방문한 것이다. 사람과 상의하는 것을 방(訪)이라고 한다. 두예는 “숙예는 숙시(叔時)의 손자이다”라 하였다.

31 본의는 영윤이 될 수 없다는 것으로 나라를 다스릴 수 없다는 것이 아니다. 다만 영윤이 곧 국사를 주지하는 사람이기 때문에 이렇게 말한 것이다. 양수달(楊樹達)의 『독좌전(讀左傳)』에서는 국(國)자는 연문(衍文)이라 하였는데 그렇게 보면 문장은 순조롭게 되지만 그렇다는 확실한 증거가 부족하다.

32 지하실에 살면서 얼음까지 놓은 다음에 침상을 놓았으니 한기가 특히 심할 것이라는 말이다.

33 중견(重繭): 견(繭)은 새 솜옷이다. 중견(重繭)은 두 겹으로 된 솜옷이다.

34 또 갖옷까지 입은 것이다.

35 선(鮮)은 적다는 뜻이다. 적게 먹고 누워 있는 것이다.

復曰, 복명하여 말했다.

"瘠則甚矣, "야윈 정도가 심하나

而血氣未動."[36] 혈기는 움직이지 않습니다."

乃使子南爲令尹.[37] 이에 자남으로 하여금 영윤을 삼았다.

欒桓子娶於范宣子,[38] 난환자는 범선자에게서 아내를 얻어

生懷子.[39] 회자를 낳았다.

范鞅以其亡也,[40] 범앙이 도망갔던 것 때문에

怨欒氏,[41] 난씨를 원망하였으므로

故與欒盈爲公族大夫而不相能.[42] 난영과 함께 공족대부가 되었으나 서로 잘 지낼 수가 없었다.

桓子卒, 환자가 죽자

欒祁與其老州賓通,[43] 난기가 가로인 주빈과 사통하여

---

36 의원이 돌아와 보고하기를 자풍이 몹시 야위기는 했지만 혈기는 정상으로 병이 없음이 분명하다고 한 것이다.

37 두예는 "자남은 공자 추서(追舒)이다. 22년에 추서를 죽이게 되는 복선이다"라 하였다.

38 환자(桓子): 난염(欒黶)이다.
선자(宣子): 사개(士匃)이다. 이 구절은 사개의 딸을 아내로 맞았다는 것을 말한다.

39 회자(懷子): 난영(欒盈)이다.

40 범앙(范鞅): 곧 사앙(士鞅)이다.

41 사앙이 난염에게 쫓겨 진나라로 달아났던 일은 14년의 『전』에 보인다.

42 두 사람이 함께 공족대부가 된 일은 16년의 『전』에 보인다.
불상능(不相能): 불상득(不相得)과 같은 말이다. 함께 살 수가 없다는 것이다.

43 난기(欒祁): 난염의 처이며, 사개의 딸, 난영의 어머니이다. 범씨는 요(堯)임금의 후대로

幾亡室矣.[44]	집이 거의 거덜 나게 되었다.
懷子患之.	회자가 그것을 근심하였다.
祁懼其討也,	난기는 치죄를 당할까 봐 두려워하여
愬諸宣子曰,	선자에게 일러바쳐 말하기를
"盈將爲亂,	"난영이 난리를 일으키려 하여
以范氏爲死桓主而專政矣,[45]	범씨가 환자를 죽여 정권을 전횡하였다며
曰,	말하기를
'吾父逐鞅也,[46]	'우리 아버지가 사앙을 쫓아내었는데도
不怒而以寵報之,[47]	화를 내지 않고 총애로 보답하였으며
又與吾同官而專之.[48]	또한 나와 관직을 같게 하여 전적으로 맡겼다.
吾父死而益富.[49]	우리 아버지가 죽자 더욱 부자가 되었다.

전해지며 본래 기성(祁姓)이었다. 주나라 때는 부녀자는 성을 들고 씨를 쓰지 않았으므로 난기라 하는 것이다. 노는 노실(老室)로, 대부(大夫)의 가신의 우두머리이다.

44 난씨의 재산 거의 모두가 그 재상인 주빈에게 빼앗긴 것이다.

45 이때 범선자는 중군장이었고 난염은 이미 죽었으므로 난기가 난영을 참소하여 난영이 난염의 죽음이 범씨의 악랄한 수단에서 나왔다고 한 것이다.

46 오부(吾父): 난영이 난염을 이르는 것이다.

47 불노(不怒): 사앙이 귀국을 하였는데도 선자가 노하지 않은 것을 이른다.
총보(寵報): 공족대부가 된 것을 이른다.

48 함께 공족대부가 되었는데 일을 전적으로 맡긴 것이다.

49 범씨가 더욱 부자가 된 것이다.

死吾父而專於國,	우리 아버지를 죽이고 국정을 전횡하였으니
有死而已,	죽음만이 있을 뿐
吾蔑從之矣.'[50]	내 저들을 따르지는 않을 것이다'라 하였습니다.
其謀如是,	그 음모가 이와 같으니
懼害於主,[51]	아버님을 해칠까 두려워
吾不敢不言."	제가 감히 말하지 않을 수 없습니다."
范鞅爲之徵.[52]	범앙이 그 말을 증명하였다.
懷子好施,[53]	회자는 은혜를 베풀기를 좋아하여
士多歸之.	선비들이 많이 귀의하였다.
宣子畏其多士也,	선자는 그 선비 많음을 두려워하여
信之.	그 말을 믿었다.
懷子爲下卿,[54]	회자는 하경이었는데
宣子使城著而遂逐之.[55]	선자가 저에 성을 쌓게 하고는 마침내 쫓아냈다.

---

50 난기가 난영이 차라리 죽을지언정 난을 일으키려 한다고 참소한 것이다.
51 난기가 사개를 주(主)라 한 것이며, 이는 여자가 아버지를 주라 일컫는 것이다.
52 징(徵): 증(證)의 뜻이다.
53 시(施): 남에게 은혜를 베풀다.
54 하군좌(下軍佐)는 위차가 여섯 번째이다.
55 저(著): 고사기(高士奇)의 『지명고략(地名考略)』에서는 저는 곧 저옹(著雍)일 것이라고 하였다. 저옹은 10년의 『전』과 『주』에 보인다.

秋,
가을에

欒盈出奔楚.
난영이 초나라로 달아났다.

宣子殺箕遺, 黃淵, 嘉父, 司空靖, 邴豫, 董叔, 邴師, 申書, 羊舌虎, 叔羆,[56]
선자가 기유, 황연, 가부, 사공정, 병예, 동숙, 병사, 신서, 양설호, 숙비를 죽이고

囚伯華, 叔向, 籍偃.[57]
백화, 숙상, 적언을 가두었다.

人謂叔向曰,
사람들이 숙상에게 말하기를

"子離於罪,[58]
"그대가 죄에 걸렸으니

其爲不知乎?"[59]
지혜롭지 못하기 때문이 아니오?"

叔向曰,
숙상이 말하였다.

---

56 두예는 "영 사람은 모두 진나라의 대부로 난영의 무리이다. 양설호는 숙상의 아우이다"라 하였다. 양이승(梁履繩)의 『보석(補釋)』에서는 공씨의 『세족보보(世族譜補)』를 인용하여 기유(箕遺)는 문공 7년 『전』의 기정(箕鄭)의 후손으로 기(箕)를 채읍으로 하여 마침내 읍을 씨로 삼은 것이라고 하였다. 소공 22년에는 또 다른 한 사람의 기유가 나온다. 『통지·씨족략 3』에서는 "병예는 병(邴)을 식읍으로 하였기 때문에 씨로 삼았다"라 하였다. 「진어 9」에 의하면 동숙(董叔)은 또한 범씨의 사위인데 사앙이 일찍이 욕을 보인 적이 있었다. 고사기의 『좌전성명동이고(左傳姓名同異考)』에서는 양설씨(羊舌氏)에다 숙비(叔羆)를 넣지 않고 잡인에 넣었다. 『당서·재상세계표(宰相世系表)』에서는 "호(虎)는 자가 숙비이다"라 하여 바로 한 사람으로 보았는데, 더욱 잘못되었다.

57 이는 아마 고인들의 연좌죄인 것 같으며 진나라의 법률에서는 노예로 적몰되었다. 『여씨춘추·개춘론(開春論)』에서는 "난영은 진나라에서 죄를 지어 진나라는 양설호를 죽였으며 숙향(叔嚮)은 그로 인해 노예가 되었다"라 하였다. 「진어 8」에도 이 일이 실려 있는데 이것과는 다르며 참고할 만하다. 「진어 8」에는 또한 범선자와 백화(伯華), 적언(籍偃)의 문답이 실려 있으며, 이 세 사람은 나중에 모두 풀려난다.

58 리(離): 리(罹)자와 같다. 걸리다.

59 지(知): 지(智)자와 같다.

"與其死亡若何?[60]	"죽거나 도망가는 것에 비하면 어떻소?
詩曰,	『시』에서 말하기를
'優哉游哉,	'느긋하고 자유롭게
聊以卒歲',	애오라지 세월 보내려네'라 하였으니
知也."[61]	이것이 지혜로운 것이오."
樂王鮒見叔向,[62]	악왕부가 숙상을 찾아보고
曰,	말하였다.
"吾爲子請."	"내 그대를 위해 청해 보겠소."
叔向弗應.	숙상이 그 말에 대꾸를 하지 않았다.
出,[63]	나가는데도
不拜.[64]	절도 하지 않았다.

60 죽는 것에 비하여서는 어떠한가 하는 말로, 비록 수감이 되긴 하였지만 죽는 것보다는 낫다는 말이다.

61 『시』는 일시이다. 지금의 『시경·소아·채숙(小雅·采菽)』편의 졸장에 "의젓하고 점잖게, 다 당도하셨네(優哉游哉,, 亦是戾矣)"라는 구절이 있는데 끝 구절이 다를 뿐 아니라 시의 뜻도 다르다. 사람들이 범씨에게 붙지 않은 것을 지혜롭지 않게 여기자 숙상은 한가로이 세월을 보내면서 각 대가족의 다툼에 개입하지 않는 것을 지혜로운 것이라고 한다. 숙상이 수감된 것은 다만 양설호의 형이기 때문이다.

62 악왕부(樂王鮒): 『광운』 왕자(王字)의 주석에서 "악왕"은 복성(複姓)이다고 하였는데 틀렸다. 다음의 23년 『전』에서는 그 이름을 칭하여 왕부(王鮒)라 하였고, 소공 원년 『전』에서도 악환자(樂桓子)를 일컬어 그 씨가 악(樂)이라 한 것으로 알 수 있다.

63 악왕부가 나간 것이다.

64 숙상이 절하지 않은 것이다.

其人皆咎叔向.	그곳의 사람들이 모두 숙상을 나무랐다.
叔向曰,	숙상이 말하였다.
“必祁大夫.”[65]	“반드시 기대부만이 할 수 있다.”
室老聞之,[66]	실로가 그 말을 듣고
曰,	말하였다.
“樂王鮒言於君,	“악왕부가 임금께 말씀드리면
無不行,	행해지지 않음이 없는데
求赦吾子,	그대를 사면토록 청구하겠다는데도
吾子不許.	그대는 허락하지 않았소.
祁大夫所不能也,	기대부가 할 수 없는데도
而曰必由之,	반드시 그 사람이어야 한다고 하니
何也?”	어째서입니까?”
叔向曰,	숙상이 말하였다.
“樂王鮒,	“악왕부는
從君者也,[67]	임금을 따르는 자이니

65 기대부(祁大夫): 두예는 “기대부는 기해(祁奚)이다. 식읍이 기에 있어 이 때문에 씨로 삼은 것이다”라 하였다. 이 구절은 나를 구원할 수 있는 사람은 기대부라는 말이다. 기는 지금의 산서 기현 동남쪽이다.

66 실로(室老): 양설씨네 가신의 우두머리이다.

67 임금에게 순종하지 않음이 없다는 말이다.

何能行?	어찌 능히 행하겠는가?
祁大夫外擧不棄讎,	기대부는 바깥사람을 천거함에 원수를 버리지 않고
內擧不失親,[68]	안에서 천거하되 친함을 잃지 않으니
其獨遺我乎?[69]	어찌 나만 버려두겠는가?
詩曰,	『시』에서 말하기를
'有覺德行,	'덕행 정직하면
四國順之.'[70]	온 나라에서 따르네'라 하였으니
夫子覺者也."[71]	부자는 정직한 분이시다."
晉侯問叔向之罪於樂王鮒.	진후가 악왕부에게 숙상의 죄를 물었다.
對曰,	대답하였다.
"不棄其親,	"친척을 버리지 않는 사람은
其有焉."[72]	아마 그일 것입니다."

---

68 3년의 『전』을 보라.

69 기(其): 기(豈)와 같은 용법으로 쓰였다.

70 유각(有覺): 『시』는 『시경·대아·억(大雅·抑)』편이다. 모씨의 주석〔전(傳)〕에서는 "각은 곧다는 뜻이다"라 하였다. 사실은 유각이 하나의 단어로 정직한 모습인데, 덕행이 정직함을 형용한다.

71 부자(夫子): 제3자에 대한 경칭이다. 여기서는 기대부를 가리킨다. 기해가 정직한 사람이라는 말이다.

72 기친(其親): 양설호(羊舌虎)를 가리킨다. 숙상이 형제를 버리지 않았으니 함께 공모하였을 것이라는 말이다. 이는 숙상이 아무런 반응을 보이지 않은 데 앙심을 품고 불난 데 부채질을 하는 것이다.

於是祁奚老矣,[73]	이때 기해는 은퇴하였는데
聞之,	그 말을 듣고
乘馹而見宣子,[74]	역마를 타고 가서 선자를 뵙고
曰,	말하였다.
"詩曰,	"『시』에서 말하기를
'惠我無疆,	'우리에게 은혜 베풂 끝이 없으니
子孫保之.'[75]	자손들이 지켜 주리라' 하였고,
書曰,	『서』에서 말하기를
'聖有謩勳,	'성인의 모훈 있어
明徵定保.'[76]	밝게 징험하여 잘 지키리라'라 하였습니다.
夫謀而鮮過, 惠訓不倦者,	대체로 계책을 세우며 허물이 적고 가르침을 베풀기에 게을리 하지 않는 사람은
叔向有焉,	숙상이 있사온데

---

73 기해(祁奚)가 은퇴한 것은 3년이었으며, 16년에 또 나와 공족대부가 되었으니 이때까지가 또 6년으로 다시 늙었음을 알리고 집에서 은거하였다.

74 일(馹): 전거(傳車), 곧 역말이다. 이때 기해의 거처가 아마 진나라의 도읍인 신강(新絳)에서 멀었을 것이므로 역말을 타고 빨리 왔을 것이다.

75 『시경·주송·열문(周頌·烈文)』의 구절이다.

76 일서(逸書)인데 위고문상서에서는 「윤정(胤征)」에 넣었다. 모(謩)는 모(謨)와 같으며, 모략(謀略)이라는 뜻이다. 훈(勳)은 훈(訓)의 가차자이다. 위고문 「윤정」에는 훈(訓)으로 고쳐놓았다. 이 구절의 뜻은 모략이 있고 훈회(訓誨)가 있는 사람은 마땅히 밝게 믿어 편안하게 지켜준다는 것이다.

社稷之固也,[77]
사직의 버팀목이오니

猶將十世宥之,[78]
열 세대라도 용서하시어

以勸能者.
현능한 사람을 권장하여야 합니다.

今壹不免其身,
지금 한 세대에 그 몸조차
사면하지 않으면서

以棄社稷,
사직을 버리니

不亦惑乎?
또한 의혹스럽지 않습니까?

鯀殛而禹興,[79]
곤이 극형을 받았지만
우가 등용되었으며

伊尹放大甲而相之,
이윤은 태갑을 쫓아내었지만
그를 도왔는데

卒無怨色;[80]
끝내 원망하는 기색이 없었으며

管, 蔡爲戮,
관숙과 채숙이 죽었어도

周公右王.[81]
주공은 왕을 도왔습니다.

---

77 고(固): 국가의 주석(柱石)이라는 말과 같다.

78 10대를 용서해 준다는 것이다.

79 곤은 치수에 공이 없어 순이 유배를 보냈으나 또 그 아들은 우를 등용하여 마침내 성공하였다.

80 이윤은 원래 상탕(商湯)의 상(相)이었다. 태갑은 탕의 손자로 즉위한 후에 황음무도하여 이윤이 그를 쫓아내어 동궁(桐宮)에서 3년을 거처한 후 태갑이 개과천선하자 복위를 시켰으며 자기는 상이었으나 태갑은 끝내 원망하는 기색이 없었다.

81 관숙과 채숙, 주공은 모두 형제이며, 관숙과 채숙이 주나라에 반기를 들어 은나라를 다시 일으키려는 자들을 돕자 주공이 마침내 관숙과 채숙을 죽여 반란을 평정하고 성왕을 도왔다. 이상 몇 구절은 먼저 부자라도 미치지 못하는 것을 말하고, 다음으로는 군신간에도 원망함을 생각지 않는 것을 말하여, 거듭 형제가 같지 않음을 말하였다.

若之何其以虎也棄社稷?	그 어찌 양설호 때문에 사직을 버리겠습니까?
子爲善,	그대가 훌륭한 일을 하면
誰敢不勉?	누가 감히 힘쓰지 않겠습니까?
多殺何爲?”	많이 죽여서 무엇을 하겠습니까?”
宣子說,	선자는 기뻐하며
與之乘,[82]	그와 함께 수레를 타고
以言諸公而免之.[83]	공에게 말하고 그를 사면했다.
不見叔向而歸,[84]	숙상을 보지도 않고 돌아갔으며
叔向亦不告免焉而朝.[85]	숙상 또한 사면을 알리지 않고 조현하였다.
初,	처음에
叔向之母妬叔虎之母美而不使,[86]	숙상의 어머니가 숙호의 어머니가 아름다움을 시기하여 모시지 못하게 하자

82 기해는 역말을 타고 와서 조현을 못하므로 사개가 그와 함께 수레를 탄 것이다.

83 진평공에게 진언하여 숙상을 사면한 것이다.

84 기해는 이미 숙상을 구해 주고는 그를 만나 보지도 않고 돌아갔는데 악왕부가 숙상을 구해 주기도 전에 먼저 은혜를 사려는 행동과는 정반대이다.

85 숙상 또한 기해에게 자기가 사면되었다는 것을 알리지 않고 조정으로 달려간 것이다. 『여씨춘추·개춘론(開春論)』에서도 기해가 범선자를 찾아가 보고 숙상을 구해 준 일을 서술하였는데 말미에서 다만 “선자는 이에 관리에게 말하여 숙상을 꺼내라고 하였다”라고만 되어 있다. 『설원·설선(說善)』편에서도 『여씨춘추』의 것을 썼다.

86 사(使): 시침(侍寢), 곧 잠자리에서 모시는 것이다. 아래에서 “가서 시침하게 하였다(使王侍寢)”라 한 것으로 알 수 있다. 또한 사(使)라고만 말할 수도 있는데, 소왕 25년의 『전』

其子皆諫其母.	그 아들이 모두 어머니에게 간하였다.
其母曰,	그 어머니가 말하였다.
"深山大澤,	"깊은 산과 큰 못에는
實生龍蛇.	실로 용과 뱀이 난다.
彼美,	저는 아름다우니
余懼其生龍蛇以禍女.	내 그가 용과 뱀을 낳아 너희에게 화를 끼칠까 두렵다.
女,	너희는
敝族也.[87]	쇠퇴한 족속이다.
國多大寵,[88]	나라에서 큰 은총을 많이 누리니
不仁人閒之,[89]	어질지 못한 사람이 이간질하면
不亦難乎?	또한 어려워지지 않겠느냐?
余何愛焉?"[90]	내 어찌 그를 아끼겠느냐?"
使往視寢,	가서 시침하게 하였는데

에서 "공약이 나의 잠자리를 모시려고 하였다(公若欲使余)"라 한 것이 이와 같은 뜻이다. 『논형·언독(言毒)』편에는 "不使視寢"으로 되어 있는데, 대개 자기의 뜻을 덧붙여 넣은 것 같다. 나중의 사람들이 『석경』에 또한 "시침(侍寢)"이라 두 자(二字)로 방주(旁注)를 달았는데 믿을 수 없으며, 『교감기』에 상세하다.

87 두예는 "폐(敝)는 쇠퇴한 것이다. 용사(龍蛇)는 기괴한 것을 비유한다"라 하였다.

88 두예는 "6경이 정권을 제멋대로 하는 것이다"라 하였다.

89 간(閒): 이간질하다. 6경 가운데 도발하는 것이다.

90 애(愛): 석(惜), 곧 아까워하는 것이다.

生叔虎,

숙호를 낳았으며

美而有勇力,

아름답고 용력이 있어

欒懷子嬖之,

난회자는 그를 총애하였다.

故羊舌氏之族及於難.

그리하여 양설씨의 집안이 난에 미치게 된 것이다.

欒盈過於周,

난영이 주나라를 지나는데

周西鄙掠之.[91]

서나라 서쪽 변경에서 그를 노략질하였다.

辭於行人曰,[92]

주나라 행인에게 말하였다.

"天子陪臣盈,[93]

"천자의 배신인 영이

得罪於王之守臣,[94]

왕의 수신에게 죄를 지어

將逃罪.

죄에서 도망치게 되었습니다.

罪重於郊甸,[95]

거듭 교전에서 죄를 지어

---

91 두예는 "재물을 겁략(劫掠)하는 것이다"라 하였다.

92 『주례』 추관(秋官)에 대행인(大行人)과 소행인(小行人)이 있다. 소행인은 빈객의 고소를 접수한다.

93 배신(陪臣): 두예는 "제후의 신하가 천자에게 일컬을 때 배신이라고 한다"라 하였다.

94 수신(守臣): 『예기·옥조(玉藻)』에서는 "제후가 천자에게 말하기를 모토(某土)의 수신(守臣) 모(某)라고 한다"라 하였는데, 수신은 왕실을 위하여 국토를 지키는 신하를 이른다. 여기서는 진후를 가리킨다. 홍량길(洪亮吉) 등은 제후의 명경(命卿) 또한 수신이라 부를 수 있었으며 간략하게 수(守)라 하였는데, 희공 12년의 『전』에서 "천자의 두 수신 국과 고가 있다(有天子之二守國,高在)"라 한 것으로 알 수 있으며, 곧 사개(士匄)를 가리킨다. 앞의 설이 더 훌륭하다.

95 두예는 "거듭 교전에서 죄를 얻었다는 것은 교전에서 침략을 당하였다는 것을 이른다. 곽(郭)의 바깥을 교(郊)라 하고, 교의 바깥을 전(甸)이라 한다"라 하였다.

無所伏竄,	엎드려 숨을 곳이 없어
敢布其死,[96]	감히 죽음을 무릅쓰고 말씀드립니다.
昔陪臣書能輸力於王室,[97]	지난날 배신 서가 왕실에 힘을 다하니
王施惠焉.[98]	왕께서 은혜를 베풀어 주셨습니다.
其子黶不能保任其父之勞.[99]	그 아들 염이 그 아비의 공로를 지켜 드릴 수 없었습니다.
大君若不棄書之力,[100]	대군께서 서의 능력을 버리지 않으시려거든
亡臣猶有所逃.	망신이 그래도 달아날 곳이 있겠습니다.
若棄書之力,	서의 능력을 버리시고
而思黶之罪,	염의 죄를 생각하시어

---

96 포사(布死): 두예는 "포는 늘어놓는 것이다"라 하였다. 포사(布死)는 죽음을 무릅쓰고 말한다는 뜻과 같다.

97 수력(輸力): 힘을 바치다, 또한 힘을 다하다로 해석할 수 있다.

98 난서(欒書): 난영의 조부. 난서는 아마 주나라 왕실을 위해 힘을 다하여서 왕이 상을 내린 것 같다. 『전』에는 수록되어 있지 않다.

99 임보(任保): 『설문(說文)』과 『광아(廣雅)』에서는 모두 임(任)은 보(保)의 뜻이라고 하였다. 곧 동의사가 연용된 것으로 보수(保守)·보지(保持)·보전(保全)과 같은 말이다. 「주어 상」에 "부지런히 조심스레 지키고 조심한다(疊疊怵惕, 保任戒懼)"라는 말이 있고, 『주례·대사도(大司徒)』에는 "그것을 지키게 한다(使之相保)"라는 말이 있는데 정현은 "보는 임(任)과 같다"라 하였으니 또한 보(保)와 임(任)이 같은 뜻임을 알 수 있다.

100 대군(大君): 두예는 "천왕(天王)을 이른다"라 하였다.

臣,	신은
戮餘也,[101]	죽음에서 살아남았으니
將歸死於尉氏,[102]	위씨에게 돌아가 죽어
不敢還矣.	감히 돌아오지 않겠습니다.
敢布四體,[103]	숨김없이 아뢰니
唯大君命焉."	대군께서는 명만 내리십시오."
王曰,	왕이 말하였다.
"尤而效之,[104]	"허물이 있는데 그것을 본받으면
其又甚焉."	그 잘못이 더욱 심할 것이다."
使司徒禁掠欒氏者,	사도로 하여금 난씨를 약탈한 자를 구금하여
歸所取焉,[105]	가져간 것을 돌려주게 하고

101 육여(戮餘): 도망하는 사람이 다행히 죽임을 당하는 일을 면하였기 때문에 스스로 죽음에서 살아남았다고 하였다.

102 위씨(尉氏): 『한서·지리지』 위씨(尉氏) 아래에 있는 응소(應劭)의 주석에서는 "옛날에는 옥관(獄官)을 위씨라 하였다"라 하였다. 진(晉)나라에는 군위(軍尉)가 있는데 또한 형륙(刑戮)을 관장하였다.

103 포사체(布四體): 두예는 "포사체는 숨김이 없음을 말한다"라 하였고, 혹자는 부월(斧鉞)을 받을 것이라는 말이라고 하였는데, 두 설 모두 뜻이 통한다.

104 우(尤): 두예는 진나라가 난영을 쫓아낸 것을 주나라 왕이 비난하면서 자기는 그것을 본받아 다시 약탈할 수 없는 것이라 하였다. 우(尤)는 원래 우(訧)라 하며, 허물, 죄이다. 여기서는 모두 동사로 쓰였다.

105 심흠한의 『보주(補注)』에서는 "향(鄕)과 수(遂), 도(都), 비(鄙)는 모두 사도가 관장한다"라 하였다.

使候出諸轘轅.[106] 후인으로 하여금 환원으로 쫓아내게 하였다.

冬, 겨울에

曹武公來朝, 조나라 무공이 내조하였는데

始見也.[107] 처음 조현한 것이다.

會於商任,[108] 상임에서 회합을 하였는데

錮欒氏也.[109] 난씨를 금고 하기 위함이었다.

齊侯, 衛侯不敬. 제후와 위후가 불경하였다.

叔向曰, 숙상이 말하였다.

"二君者必不免. "두 사람은 반드시 면하지 못할 것이다.

會朝, 회합과 조현은

---

106 후(候): 곧 후인(候人)이다. 『주례·하관(夏官)』에 후인이 있는데, "방(方: 제후가 파견한 사자)이 나라를 다스리는 일로 오면 인솔하여 조정에 이르게 한다. 돌아갈 때는 국경까지 전송한다"라 하였다. 「주어 중」에서도 "후인은 인도한다"라 하였다. 『시경·조풍·후인(曹風·候人)』 모씨의 주석에서는 "후인은 도로에서 빈객을 맞고 보내는 자이다"라 하였다.
환원(轘轅): 산 이름으로 하남 등봉현(登封縣) 서북쪽 30리 지점에 있으며, 또한 공현(鞏縣)의 서남쪽에 걸쳐 있다. 험도(險道)이다.

107 두예는 "즉위하고 3년 만에 처음으로 공을 조현한 것이다"라 하였다.

108 제후와 회합한 것은 이미 『경』에 보이며, 여기서는 더 이상 서술하지 않았다.

109 난씨를 금고 하는 것으로 제후들로 하여금 난씨를 받아들일 수 없게 한 것이다.

禮之經也;[110]	예의 중요한 도리이다.
禮,	예는
政之輿也;[111]	정사를 싣는 것이고
政,	정치는
身之守也.[112]	몸을 지키는 것이다.
怠禮,	예를 태만히 하면
失政;	정치를 잃고,
失政,	정치를 잃으면
不立,[113]	서지 못하니
是以亂也."[114]	이런 까닭에 어지러워지게 된다."
知起, 中行喜, 州綽, 邢蒯出奔齊,[115]	지기와 중항희, 주작, 형괴가 제나라로 달아났는데
皆欒氏之黨也.	모두 난씨의 무리였다.

110 제후끼리 서로 만나는 것과 천자나 패주, 혹은 대국을 조현하는 것은 예의 강상(綱常)이라는 말이다.

111 정치는 예를 싣고 행한다는 것이다.

112 두예는 "정치가 보존되면 몸이 편안하다"라 하였다. 『예기·예운(禮運)』편에 "정치라는 것은 임금이 몸을 갈무리하는 것이다"라는 말이 있는데 바로 이 뜻이다.

113 예를 태만히 하면 정치에 잘못이 있게 되고, 정치에 과실이 있으면 몸을 세우기가 힘들다는 말이다.

114 두예는 "25년에 제나라가 광(光)을 죽이고, 26년에 위나라가 표(剽)를 죽이는 복선이다"라 하였다.

115 네 사람은 모두 진나라의 대부이다.

欒王鮒謂范宣子曰,	악왕부가 범선자에게 일러 말하였다.
"盍反州綽, 邢蒯?	"어찌 주작과 형괴를 돌아오지 않게 하십니까?
勇士也."	용사입니다."
宣子曰,	선자가 말하였다.
"彼欒氏之勇也,	"저들은 난씨의 용사이니
余何獲焉?"[116]	내가 어찌 저들을 얻겠는가?"
王鮒曰,	왕부가 말하였다.
"子爲彼欒氏,	"그대가 저 난씨가 되면
乃亦子之勇也."[117]	또한 그대의 용사가 되는 것입니다."
齊莊公朝,	제장공이 조현하고
指殖綽, 郭最曰,	식작과 곽최를 가리키며 말하였다.
"是寡人之雄也."[118]	"이들은 과인의 수탉이오."
州綽曰,	주작이 말하였다.
"君以爲雄,	"임금님께서 수탉이라시면
誰敢不雄?[119]	누가 감히 수탉이 아니라 하겠습니까?

116 획(獲): 얻다. 내가 얻을 수 없다는 말이다.

117 두예는 "그대가 난씨처럼 그들을 대해주면 또한 그대의 사람이 된다는 것이다"라 하였다. 다음의 내용에 의하면 사개는 이 계책을 쓰지 않는다.

118 『설문(說文)』에서는 "웅은 새의 수컷이다"라 하였다. 여기서는 아마 수탉으로 그 용맹을 비유하였는데, 춘추시대에는 투계(鬪鷄)를 가지고 즐겨 승부를 겨루었다.

然臣不敏,[120]
그러나 신은 불민하나

平陰之役,
평음의 전역에서

先二子鳴."[121]
두 사람보다 먼저 울었습니다."

莊公爲勇爵,[122]
장공이 용사의 작을 만드니

殖綽, 郭最欲與焉.
식작과 곽최가 거기에 들려고 하였다.

州綽曰,
주작이 말하였다.

"東閭之役,
"동려의 전역 때

臣左驂迫,
신의 왼쪽 곁마가 끼어서

還於門中,
문 안을 맴돌 때

識其枚數,[123]
젖꼭지 모양의 쇠못 수를 알았으니

其可以與於此乎?"
여기에 끼일 수 있다 하겠습니까?"

公曰,
공이 말하였다.

"子爲晉君也."
"그대는 진나라 임금을 위해서였다."

---

119 누가 감히 수탉으로 생각하지 않겠느냐는 말이다.

120 불민(不敏): 겸양의 말로, 부재(不才)와 같은 뜻이다.

121 두예는 "18년에 진나라가 제나라를 쳐서 평음에 이르렀는데 주작이 식작과 곽최를 사로잡았으므로 스스로를 닭싸움에서 이긴 것에 비유하여 먼저 울었다고 한 것이다"라 하였다. 『태평어람』 권91에서는 『시자(尸子)』를 인용하여 "전쟁은 이를테면 투계와 같아 이긴 자가 먼저 운다"라 하였다.

122 용작(勇爵): 작(爵)은 고대의 술을 마시는 기물로 용작은 용사에게 술을 내리는 것이다. 두예는 "작위를 만들어 용사에게 명하는 것"이라 하였으며, 심흠한(沈欽韓)과 요내(姚鼐)는 모두 한(漢)나라 때의 무공작(武功爵)과 같은 것이라고 생각하였는데, 두 가지 설 중 어느 것이 옳은지 모르겠다.

123 18년의 『전』에 보인다.

對曰,

대답하여 말하였다.

"臣爲隸新,[124]

"신은 막 신하가 되었사오며

然二子者,

그러나 두 사람은

譬於禽獸,

금수에 비유컨대

臣食其肉而寢處其皮矣."[125]

신은 그 고기를 먹고 그 가죽을 깔고 잔 것입니다."

양공 22년

經

二十有二年春王正月,[1]

22년 봄 주력으로 정월에

公至自會.[2]

공이 회합에서 돌아왔다.

夏四月.

여름 4월.

秋七月辛酉,[3]

가을 7월 신유일에

---

124 내가 막 와서 너의 신하가 되었다는 말이다.

125 『예기·방기(坊記)』 정현의 주석에서는 "옛날에는 희생을 죽여 그 고기를 먹고 그 가죽에 앉았다"라 하였다. 주작(州綽)이 18년에 식작(殖綽)을 쏘아 맞혔으므로 이 말을 하였다.

1 이십이년(二十二年): 경술년 B.C. 551년으로, 주영왕(周靈王) 21년이다. 동지가 정월 12일 기미일로 건자(建子)이다.

2 『전』이 없다.

3 신유일은 16일이다.

叔老卒.[4] 숙로가 죽었다.

冬, 겨울에

公會晉侯, 齊侯, 宋公, 衛侯, 鄭伯, 曹伯, 莒子, 邾子, 薛伯, 杞伯, 小邾子于沙隨.[5] 공이 사수에서 진후와 제후, 송공, 위후, 정백, 조백, 거자, 주자, 설백, 기백, 소주자와 회합하였다.

公至自會.[6] 공이 회합에서 돌아왔다.

楚殺其大夫公子追舒.[7] 초나라가 대부 공자 추서를 죽였다.

傳

二十二年春, 22년 봄

臧武仲如晉.[8] 장무중이 진나라로 갔다.

雨, 비가 내리는 날

---

4 『전』이 없다. 두예는 "자숙제(子叔齊)의 아들이다"라 하였다. 14년의 『경』과 『전』 및 『주』를 참고하여 보라.

5 『공양전』과 『곡량전』에는 "주자(邾子)" 아래 "등자(滕子)" 두 자가 있는데, 여기서는 아마 좌씨(左氏)가 빠뜨렸을 것이다.
사수(沙隨): 송나라 땅으로 지금의 하남 영릉현(寧陵縣) 서북쪽에 있으며 성공 16년의 『경』과 『주』에도 보인다.

6 『전』이 없다.

7 추서(追舒): 곧 지난해 영윤이 된 자남(子南)으로 장왕(莊王)의 아들이다. 나중에 자남씨(子南氏)가 된다.

8 공영달은 복건(服虔)의 말을 인용하여 "무중이 경이 아니기 때문에 기록하지 않았다"라 하였다. 홍양길(洪亮吉)의 『고(詁)』에서는 "대체로 노나라는 대국의 예와 같아 삼경이었는데 이때는 계손사(季孫斯)와 숙손표(叔孫豹), 중손속(仲孫遬)이 모두 경이었기 때문에 복건이 그렇게 말하였다"라 하였다.

過御叔.	어숙을 지났다.
御叔在其邑,[9]	어숙은 그의 읍에 있었는데
將飮酒,	술을 마시려 하다가
曰,	말하였다.
"焉用聖人?[10]	"성인이 무슨 소용인가?
我將飮酒,	나는 술을 마시려는데
而己雨行,	자기는 빗속을 가니
何以聖爲?"[11]	성인이 무엇이란 말인가?"
穆叔聞之,	목숙이 그것을 듣고
曰,	말하였다.
"不可使也,[12]	"자기는 일컬어지지도 않으면서

9 어숙(御叔): 두예는 어숙은 노나라 어읍(御邑)의 대부라고 하였다. 『청일통지』에 의하면 어읍은 지금의 산동 운성현(鄆城縣) 동쪽 12리 지점에 있는데 지금은 어둔(御屯)이라 한다.

10 『주례·대사도(大司徒)』의 정현의 주석(注)에서는 "성은 통달하여 먼저 아는 것이다"라 하였다. 『장자·거협(胠篋)』편에서는 "방 안에 무엇이 있는지 잘 알아맞히면 성인이다"라 하였다. 이는 대체로 무중이 지혜가 많기 때문으로, 『논어·헌문(憲問)』편에서 공자도 "장무중(臧武中)의 지혜와 같다면"이라 하였다. 일을 헤아려 늘 맞혔으므로 당시에 성인이라 하였다. 『공자가어·안회(顔回)』편에서 안회기 말하기를 "무중은 세칭 성인이라 한다"라 하였는데, 곧 여기서 근본을 둔 것이다.

11 이 몇 구절은 "我將飮酒而已"로 구절을 끊어 읽기도 하는데 이는 양이승(梁履繩)의 『보석(補釋)』에서 장이(張彛)의 설을 끌어다 쓴 것이다. 도홍경(陶鴻慶)의 『별소(別疏)』의 설도 같다. 기(己)는 자기(自己)의 기이며, 이이(而已)의 이가 아니며 이는 『석경』에서 알 수 있다. 어숙은 나는 마침 술 마실 준비를 하는데 그 자신은 우중에 이리 왔으니 총명함이 무슨 소용이라는 말이다.

12 『시경·소아·우무정(小雅·雨無正)』에서는 "부릴 수 없다고 일러지는 자는, 천자에게 죄를 짓는다(云不可使, 得罪於天子)"라는 말이 나오는데 공영달은 "자기의 뜻을 일컫지 않는 것이 불가사이다"라 하였다. 이곳의 불가사 또한 자기의 뜻을 일컫지 않음을 이른다.

而傲使人,[13]	사신으로 가는 사람에게 오만하게 구니
國之蠹也."	나라의 좀벌레다."
令倍其賦.[14]	부세를 배로 매기게 하였다.

夏,	여름에
晉人徵朝于鄭.[15]	진나라 사람이 정나라 임금을 불러 조현하게 했다.
鄭人使少正公孫僑對,[16]	정나라 사람이 소정인 공손교로 하여금 대답하게 하여
曰,	말했다.
"在晉先君悼公九年,	"진나라 선군 도공 9년에
我寡君於是卽位.[17]	우리 과군께서는 이에 즉위하였습니다.

---

13 사인(使人): 무중이 사신의 명을 받들어 진나라로 가기 때문에 사인(使人)이라 일컬었다.

14 어(御)는 아마 어숙의 사읍(私邑)일 것이다. 『주례·사훈(司勳)』의 정현의 주에 의하면 채읍의 수입은 3분의 1은 상납하고 읍을 받은 사람이 3분의 2를 차지한다. 지금 부세를 배로 하라 하였으니 3분의 2를 상납하라는 것이다.

15 두예는 "정나라 임금을 불러 조현하게 한 것이다"라 하였다.

16 소정공손교(少正公孫僑): 소정은 곧 아경(亞卿)이다. 19년의 『전』에서는 "정나라 사람이 자전에게 나라를 맡겼으며 자서는 정치를 들었으며 자산을 경으로 세웠다(鄭人使子展當國, 子西聽政, 立子産爲卿)"라 하였으니 자산의 서열이 세 번째이며 청정(聽政)의 다음에 해당한다. 임금 이하 대군을 쥔 자를 대정(大政)이라 하는데 소공 15년 『전』으로 알 수 있다. 대정은 『한서·오행지(五行志)』에는 대정(大正)으로 되어 있는데, 정(政)과 정(正) 두 글자는 통용하여 쓸 수 있다. 소정은 대정에 대하여 말한 것이다. 공손교는 곧 자산이다.

卽位八月,	즉위 여덟 달 만에
而我先大夫子駟從寡君以朝于執事,[18]	우리 선대부 자사가 과군을 따라 집사께 조현하였으나
執事不禮於寡君,[19]	집사께서는 과군을 예우하지 않으셨으니
寡君懼.	과군이 두려워하였습니다.
因是行也,	이때의 걸음으로 인해
我二年六月朝于楚,[20]	우리 임금 2년 6월에 초나라에 조현하였고
晉是以有戱之役.[21]	진나라는 이 때문에 희의 전역을 일으켰습니다.
楚人猶競,[22]	초나라 사람은 강한데도
而申禮於敝邑.[23]	오히려 우리나라에 예를 뻗어 주었습니다.

17 진도공 9년은 곧 정간공 원년이다.

18 이때 정간공은 겨우 6세로 5월에 형구(邢丘)에서 포로를 바쳤는데 아마 이때 진나라에 조현하러 간 것 같다. 『경』과 『전』에 기록하지 않은 것은 노나라의 일이 아니기 때문이며, 또한 상례(常禮)이기 때문이다. 집사는 진나라 임금을 감히 똑바로 말하지 않는 경어이다.

19 이 일은 상세하지 않다.

20 『경』과 『전』에는 역시 실려 있지 않다.

21 희에서 동맹한 일은 9년의 『전』에 보인다.

22 경(競): 강(强)하다는 뜻이다.

23 진나라가 여러 차례 정나라를 치자 초나라는 여러 차례 정나라를 구원하였으니 이것이 곧 이른바 예를 뻗은 것이다.

敝邑欲從執事,	우리나라는 집사를 따르고 싶어도
而懼爲大尤,[24]	큰 허물을 저지른 것을 두려워하여
曰,	말하기를
'晉其謂我不共有禮',[25]	'진나라는 우리가 예의를 베푼 나라에 공손치 못하다 할 것이다'라 하며
是以不敢攜貳於楚.	이 때문에 감히 초나라에 두 마음을 가지지 못하고 있습니다.
我四年三月,	우리 임금 4년 3월에
先大夫子蟜又從寡君以觀釁於楚,[26]	선대부 자교가 또한 과군을 따라 초나라에 틈이 있는가를 살피니
晉於是乎有蕭魚之役.[27]	진나라는 이에 소어의 역을 일으켰습니다.
謂我敝邑,	우리나라에게 말하기를

24 우(尤): 우(訧)와 같다. 허물, 과실, 죄.

25 불공유례(不共有禮): 공(共)은 공(恭)과 같다. 유례(有禮)는 진(晉)나라를 말한다. 불공유례는 유례자에게 공손치 못하다는 말과 같다. 기실 정나라는 두 파로 나누어졌는데, 한 파는 초나라를 추종하기를 주장하였고, 한 파는 진나라를 추종하는 것을 주장하였다. 초나라를 추종하는 파가 득세를 하여 자산은 이 때문에 말을 잘 꾸며서 대답을 하였다.

26 이 일 또한 『경』과 『전』에 실려 있지 않다. 조현(朝)이라 말하지 않고 틈이 있는가 살폈다고 한 것 또한 수식하는 말이다. 관흔(觀釁)은 틈이 있는지 없는지 잘 살펴보는 것을 말한다.

27 11년의 『전』에 상세하다.

邇在晉國,	진나라에 가까이 있으니
譬諸草木,	초목에 비유컨대
吾臭味也,	우리는 냄새일 따름이니
而何敢差池?[28]	어찌 감히 일치하지 않는가 하였습니다.
楚亦不競,	초나라 또한 강하지가 않아
寡君盡其土實,[29]	과군께서는 땅에서 나는 것을 모두 바치고
重之以宗器,[30]	거기에 종묘의 기물까지 더해서
以受齊盟.[31]	맹약을 받아들였습니다.
遂帥羣臣隨于執事,	마침내 뭇 신하들을 거느리고 집사를 따라
以會歲終.[32]	세종의 회합에 참여하였습니다.

28 이는 실은 정나라 사람이 스스로 이른 것으로 진나라가 정나라에 이른 말이 아니다. 정나라 사람들이 스스로 의논하기를 정나라는 진나라와 가깝고 또한 동성(同姓)이니 진나라가 초목이라면 정나라는 그 향기로 진나라를 섬기는 것을 감히 일치하지 않겠느냐는 말이다. 차지(差池)는 일치하지 않는 것이다. 때로는 초나라에 복종하고 때로는 진나라에 복종하는 것을 말한다. 소어의 역 이후로 진나라는 실은 진나라에 심복하였다.

29 토실(土實): 토지에서 나는 것을 말한다.

30 중(重): 평성이다. 종묘의 기물을 더해 주었다는 말이다.
종기(宗器): 종묘에서 쓰는 정(鼎)·궤(簋)·종(鐘)·경(磬) 같은 예악(禮樂)의 기물.

31 제맹(齊盟): 제는 재(齋)와 같다. 제맹에 대해서는 성공 11년의 『전』의 『주』에 상세하다.

32 『주례·천관·재부(天官·宰夫)』에서는 "한 해가 끝나면 뭇 관리들로 하여금 한 해의 회계 장부를 총결하여 확정하게 한다"라 하였다. 춘추시대에 패주를 높여 섬길 때도 이렇게 하였다. 정간공이 진도공을 따라 세종의 회합에 참가하였다는 것은 『경』과 『전』에 또한 수록되어 있지 않다.

貳於楚者,	초나라에 두 마음을 품은
子侯, 石盂,	자후와 석우는
歸而討之.[33]	귀국하여 토벌하였습니다.
溴梁之明年,	격량의 회맹이 있은 이듬해
子蟜老矣,	자교는 늙었고
公孫夏從寡君以朝于君,[34]	공손하는 과군을 따라 임금님을 조현하여
見於嘗酎,[35]	상제를 지내는 것을 보고
與執燔焉.[36]	제육을 나누어 받았습니다.
間二年,	2년이 지나
聞君將靖東夏,[37]	임금님께서 동쪽을 다스리시려 하자

33 자후와 석우는 아마 정나라의 대부일 것이다. 두예는 석우는 곧 석착(石㚟)이라 하였는데 잘못되었을 것이다. 석착과 양소(良霄)는 노양공 11년에 초나라로 가서 초나라에 붙잡혔다가 석착의 계책으로 13년에야 정나라로 돌아오게 된다. 11년의 세종회 때까지도 석착은 여전히 초나라에 있었다.

34 격량(溴梁)의 회합과 맹약은 16년에 있었으며 그 이듬해는 17년이다. 정나라가 진나라를 조현한 일은 『경』과 『전』에 또한 수록되어 있지 않다. 자사와 자교를 자로 부른 것은 그들이 죽었기 때문이며, 공손하는 살아 있으므로 이름을 불렀다.

35 상주(嘗酎): 주(酎)는 『광운』에서 "세 번 거듭 술을 빚는 것"이라 하였으니 연속 세 번 거른 순주(醇酒)이다. 『한서·경제본기(景帝本紀)』에 "고묘주(高廟酎)"라는 말이 있는데 새로 빚은 순주로 고제의 종묘에서 제사를 지내는 것을 말한다. 이고의 상(嘗) 또한 제사 이름으로 하력으로 7월에 지내며, 환공 5년의 『전』과 『주』에 상세하다. 상주는 아마 순주를 가지고 상제를 지내는 것일 것이다.

36 여(與): 참여하다.
집번(執燔): 번(燔)은 번(膰)과 같으며, 제육(祭肉)이다. 이 구절은 일찍이 제사를 도와 제사를 지낸 후 제육을 나누어 받은 것을 말하며, 또한 성공 13년 『전』 "제사를 지낼 때는 고기를 나누어 주는 예가 있다(祀有執膰)"의 『주』를 보라.

四月,	4월에
又朝以聽事期.[38]	또 조현하고 일의 시기를 들었습니다.
不朝之間,	조현하지 않는 사이에는
無歲不聘,	빙문을 하지 않은 해가 없고
無役不從.	따르지 않은 전역이 없었습니다.
以大國政令之無常,[39]	대국의 정령이 정해진 기준이 없어서
國家罷病,[40]	나라는 피폐하여지고
不虞荐至,[41]	우환이 번갈아 이르러
無日不愓,[42]	두려워하지 않은 날이 없었사오니
豈敢忘職?[43]	어찌 감히 직무를 잊겠습니까?
大國若安定之,	대국이 안정시켜 주신다면
其朝夕在庭,	아침저녁으로 뜰에 있을 것이오니

---

37 정동하(靖東夏): 18년에 정나라는 제후들과 회합하여 제나라를 포위하였으며, 20년 6월에 정나라는 또한 전연에서 제후들과 회합하고 맹약하였다. 격량의 회맹이 있은 이듬해니 2년이 지나서라고 말한 것은 정나라가 거의 진나라를 위해 분주히 다니느라 겨를이 없었다는 것을 말한다. 제나라를 포위한 일과 전연(澶淵)의 맹약은 모두 진나라가 제나라를 복종시키기 위한 일이었고 제나라는 동쪽에 있으므로 정동하(靖東夏)라 한 것이다.

38 전연의 맹약은 6월에 있었는데 정백은 두 달 먼저 가서 회합의 기약을 들었다.

39 무상(無常): 정해진 기준이 없는 것이다.

40 피병(罷病): 병 또한 피로한 것이다. 『맹자·공손추(公孫丑) 상』에 "오늘은 피곤하다(今日病矣)"는 말이 있다. 피(罷)와 병(病)은 같은 뜻이다.

41 불우(不虞): 우환(憂患)을 말한다.
천(荐): 『한서·종군전(終軍傳)』의 주석에서 "천은 거듭이라는 뜻이다."

42 척(愓): 두렵다는 뜻이다.

43 직(職): 진나라를 조현하는 일을 가리킨다.

何辱命焉?[44]	어찌 욕되이 명을 내리시겠습니까?
若不恤其患,	그 근심을 구휼하지 않고
而以爲口實,[45]	핑계만 대신다면
其無乃不堪任命,	어찌 명령을 견딜 수가 없어서
而翦爲仇讎?[46]	버리어 원수가 되지 않겠습니까?
敝邑是懼,	우리나라는 이를 두려워하니
其敢忘君命?[47]	어찌 감히 임금님의 명을 잊겠습니까?
委諸執事,[48]	집사께 모든 것을 맡기오니
執事實重圖之."[49]	집사께서는 실로 거듭 생각해 보시오소서."

秋,	가을에

44 욕명(辱命): 정나라(임금)를 불러 조현하게 하는 것이다.

45 구실(口實): 세 가지 뜻이 있다. 하나는 입안의 음식이라는 뜻인데, 『주역·이괘(頤卦)』 괘사의 "스스로 음식을 구한다(自求口實)"는 말과, 25년『전』의 "임금의 신하된 자가 어찌 구실만 위하겠느냐?(臣君者, 豈爲其口實?)"라 한 것 같은 것이 그것이다. 또 한 가지 뜻은 이야깃거리, 핑계인데「초어 하」의 "과군으로 하여금 핑계를 대지 않게끔 해주십시오"라는 것과 이곳의 경우가 이 뜻이다.

46 전(翦): 기(棄)와 같은 뜻이다. 14년『전』에 "이들을 없애버리지 말라고 하였습니다(毋是翦棄)"라는 말이 있다.

47 기(其): "어찌 기(豈)"자의 뜻으로 쓰였다.

48「제책」에 "그대에게 맡기기를 원합니다(願委之于子)"라는 말이 있다. 위(委)는 부(付)와 같은 뜻이다.

49 중도(重圖):『여씨춘추·회과(悔過)』편 고유(高誘)의 주에 "중은 깊이[深]라는 뜻이다"라 하였다. 중도(重圖)는 심사(深思)라는 뜻과 같다.

欒盈自楚適齊.[50]	난영이 초나라에서 제나라로 갔다.
晏平仲言於齊侯曰,	안평중이 제후에게 말하였다.
"商任之會,	"상임의 회맹에서
受命於晉.[51]	진나라의 명을 받아들였습니다.
今納欒氏,	지금 난씨를 받아들여
將安用之?	어디에 쓰시려 하십니까?
小所以事大,	소국이 대국을 섬기는 것은
信也.	신의입니다.
失信,	신의를 잃으면
不立.[52]	서지 못합니다.
君其圖之."	임금님께서는 생각해 보십시오."
弗聽.	그 말을 듣지 않았다.
退告陳文子曰,[53]	물러나 진문자에게 말하였다.
"君人執信,	"임금 된 이는 신의를 지키고
臣人執共.[54]	신하된 사람은 공경함을 잡습니다.

50 난영(欒盈): 「진세가」 및 「전경중세가(田敬仲世家)」에는 모두 난령(欒逞)으로 되어 있다. 영(盈)과 령(逞)은 고음이 같은 운에 속한다.

51 난씨를 금고하라는 명을 받았다는 것을 말한다.

52 신의를 잃으면 몸을 세우고 나라를 세우지 못한다는 말이다.

53 진문자(陳文子): 이름은 수무(須無)이며, 「전경중세가(田敬仲世家)」에서 진완(陳完)의 증손자라 하였다.

54 공(共): "공경할 공(恭)"자와 같다.

忠, 信, 篤, 敬,
上下同之,
天之道也.
君自棄也,
弗能久矣."[55]

충성과 신의, 독실함, 공경은
상하가 함께하는 것이
하늘의 도입니다.
임금님께선 스스로 이를 버리시니
오래갈 수가 없을 것입니다."

九月,
鄭公孫黑肱有疾,[56]
歸邑于公,
召室老宗人立段,[57]
而使黜官, 薄祭.[58]

9월에
정나라 공손흑굉이 병에 걸려
공에게 식읍을 돌려주고
실로와 종인들을 불러 단을 세우고
가신들을 줄이고 제사를
적게 하라고 하였다.

---

55 두예는 "25년에 제나라가 그 임금인 광(光)을 죽이는 것의 복선이다."이라 하였다. 「제세가」 및 「전제세가(田齊世家)」에서는 모두 진문자 또한 간언하였다고 하였다.

56 공손흑굉(公孫黑肱): 자가 자장(子張)이다.

57 실로(室老): 곧 재(宰)이며, 가신(家臣)과 군리(群吏)의 장으로 호광충(胡匡衷)의 『의례석관(儀禮釋官)』에 보인다.
종인(宗人): 또한 종로(宗老)로 애공 24년 『전』의 "종인으로 하여금 그 예를 바치게 하였다(使宗人釁夏獻其禮)" 한 것과 「노어(魯語) 하」에서 "공보문백의 어머니가 문백을 장가들이려고 그 종로에게 향연을 베푸니 종로가 거북점 치는 사람에게 여자 측 집안의 가족을 점치게 하였다(公父文伯之母欲室文伯, 饗其宗老, 老請守龜卜室之族)" 한 것으로 보아 종인은 아마 종실의 예의를 관장하는 것 같다.
단(段): 흑굉의 아들이다. 『설문(說文)』에는 공손단(公孫㱻)으로 되어 있다. 두씨의 『세족보』에서는 석단의 자는 자석(子石)이고 시호는 헌자(獻子)라 하였다. 『광운』에서는 자(字)의 주를 인용하여 "석단은 목공의 아들 인(印)에게서 나왔으며 왕의 부친의 자를 씨로 삼았다"라 하였다.

祭以特羊,[59]	제사 때는 양을 쓰고
殷以少牢,[60]	큰 제사에는 소뢰를 쓰게 하고
足以共祀,	제사를 지내기에 충분할 정도만 남기고
盡歸其餘邑,	그 나머지 읍은 모두 돌려주게 하고는
曰,	말하였다.
"吾聞之,	"내가 듣건대
生於亂世,	어지러운 세상에서 살려면
貴而能貧,	귀하면서도 가난할 수 있어야
民無求焉,	백성들이 구하는 것이 없어
可以後亡.	나중에 망할 수 있다.
敬共事君與二三子.[61]	공경을 다하여 임금과 대신들을 섬겨라.

58 출관(黜官): 심흠한의 『보주(補注)』에서는 "출관(黜官)이라는 것은 그 가신을 줄이라는 것을 말하지 단이 관직을 받는 것을 물리치라는 것이 아니다"라 하였다.

59 제(祭): 사시(四時)마다 지내는 상제(常祭)를 말한다.
특양(特羊): 양 한 마리. 대부의 상제는 소뢰의 궤식(饋食)의 예를 써야 하는데 이는 줄이라는 것을 따른 것이다.

60 은(殷): 성대한 제사로 곧 『예기·증자문(曾子問)』의 "상을 끝낸 이후에 은제를 지낸다(服除而后殷祭)"는 것이다. 은제는 줄여서 은(殷)이라고도 하며, 겹체(祫禘)라 한다.
소뢰(少牢): 원래는 태뢰(大牢)를 써야 하나 소뢰로 줄인 것인데, 양과 돼지를 쓴다.

61 공(共): 공(恭)과 같다.
이삼자(二三子): 여러 대신들을 가리킨다. 단에게 공경을 다하여 섬기게끔 하라는 것이다.

生在敬戒,[62]	사는 길은 경계에 있지
不在富也."	부에 있지 않다."
己巳,[63]	기사일에
伯張卒.	백장이 죽었다.
君子曰,	군자가 말하였다.
"善戒.	"훌륭한 경계로다.
詩曰,	『시』에서 말하기를
'愼爾侯度,[64]	'그대 공후의 법도 삼가
用戒不虞.'	불의의 환란을 경계하라'라 하였는데
鄭子張其有焉."[65]	정나라 자장이 있을 것이다."
冬,	겨울에
會于沙隨,	사수에서 회합을 가졌는데
復錮欒氏也.[66]	다시 난씨를 금고 하기 위해서였다.

62 경(敬): 경(儆)과 같으며, 『설문(說文)』에서는 "경(儆)은 경계〔戒〕하는 것이다"라 하였다. 지금은 경(警)으로 쓴다.

63 기사일은 25일이다.

64 『시』는 『시경·대아·억(大雅·抑)』편이다.
신(愼): 지금의 판본에는 "근(謹)"으로 되어 있다.
후도(侯度): 공후(公侯)의 법도이다. 소공 12년의 『전』에 "우리 왕의 법도를 생각한다(思我王度)"는 말이 있는데 후도는 왕도와 같은 뜻이다.

65 기(其): 긍정하지 않음을 나타내는 부사이다.

66 이 회합에는 모두 12 또는 13국이 모였으며, 진나라의 사개(士匄)가 난영이 제나라에 있음을 알고 다시 제후들을 모아 그를 금고 한 것이다.

欒盈猶在齊.[67]	난영은 여전히 제나라에 있었다.
晏子曰,	안자가 말하였다.
“禍將作矣.	“화란이 일어날 것이다.
齊將伐晉,	제나라가 진나라를 칠 것이니
不可以不懼.”[68]	두려워하지 않을 수 없다.”

楚觀起有寵於令尹子南,	초나라 관기가 영윤 자남의 총애를 받아
未益祿而有馬數十乘.[69]	봉록이 늘지도 않았는데 말이 40필이었다.
楚人患之,	초나라 사람이 이를 근심하자
王將討焉.	왕이 그를 토벌하려 했다.
子南之子棄疾爲王御士,[70]	자남의 아들 기질이 왕의 어사가 되었는데

67 제나라는 진나라의 명을 받아들이지 않았다.

68 두예는 “이듬해 제나라가 진나라를 치게 되는 복선이다”라 하였다.

69 미익록(未益祿): 『순자·강국(彊國)』편에 “큰 공을 이미 세워야 사대부는 작위가 더해지고, 관인(官人)은 녹봉이 더해지며, 서인들은 녹이 더하여진다”라는 말이 있다. 여기서 말한 미익록(未益祿)이라는 것은 관기(觀起)가 곧 서인으로 관(官)에 있는 자라는 것이다(『맹자·만장(萬章) 하』와 『예기·왕제(王制)』에 보인다) 『상서대전』에서는 “서인은 나무수레에 단마(單馬)이다”라 하였다. 지금 관기는 말이 수십 승이나 되니 자남의 세력을 알 수 있다.

70 어사(御士): 모시고 수레의 말을 모는 사람. 『예기·치의(緇衣)』에서 인용한 「섭공지고명(葉公之顧命)」(섭(葉)은 祭(채)가 되어야 한다)에서는 “총애하는 어사(御士) 때문에 장사(莊士)와 대부, 경사를 미워하지 말라”라 하였다. 희공 24년 『전』의 『주』를 참조하라.

王每見之,	왕이 그를 볼 때마다
必泣.[71]	꼭 눈물을 흘렸다.
棄疾曰,	기질이 말하였다.
"君三泣臣矣,[72]	"임금님께서 신을 보고 세 번이나 눈물을 흘리시니
敢問誰之罪也?"	감히 누구의 죄인지 여쭙습니다."
王曰,	왕이 말하였다.
"令尹之不能,[73]	"영윤이 무능한 것은
爾所知也.	네가 아는 바이다.
國將討焉,	나라에서 토벌을 하려는데
爾其居乎?"[74]	너는 남겠느냐?"
對曰,	대답하여 말했다.
"父戮子居,	"아비가 죽임을 당하였는데 자식이 남아 있다면
君焉用之?	임금께서는 그를 어디에 쓰시렵니까?
洩命重刑,	명령을 누설하면 형벌이 무거워질 것이니

71 읍(泣): 눈물만 흘리고 소리는 내지 않는 것.

72 세 번이나 나를 보고 우는 것을 말한다.

73 『순자·권학(勸學)』편의 양씨의 주석과 『한서·백관공경표(百官公卿表)』의 안사고(顔師古) 주에서는 모두 "능은 선(善)의 뜻이다"라 하였다.

74 그 아버지를 죽이고 그 자식을 남겨 두려는 것이다. 거(居)는 도망을 가지 않는 것이다.

臣亦不爲."[75]	신 또한 하지 않겠습니다."
王遂殺子南於朝,[76]	왕은 마침내 조정에서 자남을 죽이고
轘觀起於四竟.[77]	관기를 거열형에 처하고 사방으로 돌려 보였다.
子南之臣謂棄疾,	자남의 신하가 기질에게 말하였다.
"請徙子尸於朝."[78]	"주군의 시신을 조정에서 옮겨 주시오."
曰,	말하였다.
"君臣有禮,	"임금과 신하에겐 예가 있으니
唯二三子."[79]	대신들밖에 없습니다."
三日,	사흘 만에
棄疾請尸.[80]	기질이 시신을 치울 것을 청하였다.

75 초나라 임금의 명을 아비에게 누설하여 그 아비가 항명이라도 하여 난을 일으킨다면 그 벌이 더욱 엄중해지리라는 것이다.

76 「노어 상」에서는 "그러므로 큰 형벌은 들판에서 행하고 작은 형벌은 저자에서 집행한다"라 하였는데 위소의 주석에서는 "사형을 집행할 때 대부 이상은 조정에 시신을 전시하고 사 이하는 저자에 시신을 전시한다"라 하였다.

77 환(轘): 거열형이다. 그 몸을 찢어서 사방의 경계로 돌려 보이는 것이다.

78 자(子): 『광아·석고(釋詁)』에서는 "자(子)는 군(君)이다"라 하였으며, 여기서는 자남을 가리킨다. 자남의 신하가 기질을 위하여 조정에서 자남의 시신을 훔치려 하는 것을 말한다.

79 이삼자(二三子): 여러 대신들을 말한다. 기질은 초나라 임금이나 대신들이 시신을 옮기는 것이 예이며, 다른 사람이 명령을 범하여 시신을 옮기지 않았으면 하고 바라는 것이다.

80 혜동(惠棟)의 『보주(補注)』에서는 『주례·장륙(掌戮)』의 말을 인용하여 "무릇 사람을 죽인 사람은 저자에서 효수하여 사흘 동안 방치해 둔다"라 하였다. 곧 시신을 진열하는 것은 사흘을 넘지 않는다. 지금은 이미 사흘이 되었으므로 기질이 시신을 달라고 청한 것이다.

王許之.	왕이 허락하였다.
旣葬,	장례를 치르자
其徒曰,	그 무리가 말하였다.
"行乎?"	"떠날 것입니까?"
曰,	말하였다.
"吾與殺吾父,	"내 나의 아비를 죽이는 일에 참여하였는데
行將焉入?"	떠난들 어디로 가겠는가?"
曰,	말하였다.
"然則臣王乎?"[81]	"그러면 왕의 신하가 되겠습니까?"
曰,	말하였다.
"棄父事讎,	"아비를 버리고 원수를 섬기는 일을
吾弗忍也."	나는 차마 그렇게는 못한다."
遂縊而死.	마침내 목을 매어 죽었다.
復使薳子馮爲令尹,	다시 원자풍을 영윤으로 삼고
公子齮爲司馬,	공자 기가 사마가 되었고
屈建爲莫敖.[82]	굴건이 막오가 되었다.

81 왕의 신하가 되는 것이다.

82 「초어 상」 위소의 주에서는 "건(建)은 굴도(屈到)의 아들 자목(子木)이다"라 하였다. 굴도는 15년에 보인다.

有寵於薳子者八人,	원자에게 총애를 받은 사람이 여덟 명이었는데
皆無祿而多馬.	모두 녹봉도 없으면서 말이 많았다.
他日朝,	훗날 조회 때
與申叔豫言,	신숙예에게 말을 걸었는데
弗應而退.[83]	아무런 대꾸도 없이 물러났다.
從之,	그를 따라갔더니
入於人中.[84]	사람들 속으로 들어갔다.
又從之,	또 따라갔더니
遂歸.[85]	마침내 돌아갔다.
退朝,	조정에서 물러나
見之,[86]	그를 만나 보고는
曰,	말하였다.
"子三困我於朝,[87]	"그대가 조정에서 나를 세 번이나 곤란케 하여
吾懼,	내가 두려워

83 신숙이 아무런 대꾸도 하지 않고 돌아간 것이다.
84 원자가 그를 뒤쫓았지만 신숙이 군중 속에 이른 것이다.
85 원자가 또 그를 좇았지만 신숙이 이에 집으로 돌아간 것이다.
86 원자가 퇴조하여 신숙의 집으로 가서 그를 만나본 것이다.
87 삼곤(三困): 첫 번째 곤란케 한 것은 대꾸도 않고 물러난 것이고, 두 번째 곤란케 한 것은 군중 속으로 들어간 것이며, 세 번째 곤란에 빠뜨린 것은 결국 돌아간 것이다.

不敢不見.	감히 찾아보지 않을 수 없었소.
吾過,	내게 잘못이 있으면
子姑告我,	그대는 잠깐 나에게 알려 줄 것이지
何疾我也?"[88]	어찌하여 나를 미워하는가?"
對曰,	대답하였다.
"吾不免是懼,	"내 면하지 못할까 두려우니
何敢告子?"[89]	어찌 감히 그대에게 이르겠소?"
曰,	말하였다.
"何故?"	"무슨 까닭인가?"
對曰,	대답하여 말하였다.
"昔觀起有寵於子南,	"지난날 관기가 자남에게 총애를 받았는데
子南得罪,	자남이 죄를 짓자
觀起車裂,	관기는 거열형에 처해졌으니
何故不懼?"	무슨 까닭으로 두려워하지 않겠습니까?"
自御而歸,[90]	손수 수레를 몰고 돌아갔는데
不能當道.[91]	길을 바로 갈 수가 없었다.

88 질(疾): 미워하다, 싫어하다.
89 내가 죄에서 벗어나지 못할까 두려워하여 감히 당신에게 알려 주지 못하는 것이다.
90 원자풍이 친히 수레를 모는 것이다.

至,	집에 이르러
謂八人者曰,	여덟 명에게 말하였다.
"吾見申叔,	"내 신숙을 보았는데,
夫子所謂生死而肉骨也.[92]	부자는 이른바 죽은 이를 살리고 뼈에 살을 붙이는 사람이다.
知我者如夫子則可;[93]	나를 아는 것이 부자와 같다면 머물 수 있지만
不然,	그렇지 않으면
請止."[94]	청컨대 그만두었으면 한다."
辭八人者,	여덟 사람을 물리쳤는데
而後王安之.	그 후에야 왕이 편안히 여겼다.

十二月,	12월에
鄭游眅將歸晉,[95]	정나라 유판이 진나라로 돌아가려 했는데

91 당도(當道): 수레가 올바른 길을 가다. 두예는 "원자가 두려워하여 뜻이 수레의 말을 모는 데 있지 않은 것이다"라 하였다.

92 생사(生死): 죽은 사람을 다시 살아나게 하다.
육골(肉骨): 백골에 살이 돋아나게 하다.

93 가(可): 머물 수 있다.

94 『여씨춘추·하현(下賢)』편에 "또한 그만둘 수 있다(亦可以止矣)"라는 말이 있는데 고유(高誘)는 "지(止)는 그만두는 것이다"라고 주석을 달았으며, 이곳의 "請止"는 곧 절교를 하겠다는 뜻의 완곡한 표현이다.

95 유판(游眅): 판(眅)은 판(販)이라고도 한다. 유판은 두씨의 『세족보』에 의하면 공손채의

未出竟,	국경을 넘지 않아
遭逆妻者,[96]	아내를 맞이하는 사람을 만나
奪之,[97]	아내를 빼앗아
以館于邑.[98]	읍에 묵었다.
丁巳,[99]	정사일에
其夫攻子明,	그 남편이 자명을 공격하여
殺之,	죽이고는
以其妻行.	그 아내와 함께 떠났다.
子展廢良而立大叔,[100]	자전이 양을 폐하고 태숙을 세우며
曰,	말하였다.
"國卿,	"한 나라의 경은
君之貳也,	임금 다음가는 사람이고
民之主也,	백성의 주인으로
不可以苟.[101]	구차히 해서는 아니 되오.

아들로 자는 자명(子明)이며 시호는 소자(昭子)이다.

96 옛날에는 장가를 가는 사람이 반드시 친히 가서 영접을 해야 했다.

97 그의 아내를 빼앗은 것이다.

98 곧 그 읍에 유숙하면서 더 이상 길을 가지 않은 것이다.

99 12월에는 정사일이 없다. 정사일은 11월 14일이며, 위의 12월은 11월이 되어야 할 것 같다.

100 양(良): 유판의 아들이다.
태숙(大叔): 곧 유길(游吉)로 또한 공손채(公孫蠆)의 아들이자 유판의 동생이다. 태숙은 또한 세숙(世叔)이라고도 한다.

101 구(苟): 구차하다, 신중하지 못하다.

請舍子明之類."[102]	자명의 무리를 버리기를 청하오."
求亡妻者,	아내를 잃은 사람을 찾아서
使復其所.[103]	있던 곳으로 돌아가게 하였다.
使游氏勿怨,	유씨에게는 원한을 갖지 말게 하여
曰,	말하였다.
"無昭惡也."[104]	"악행을 밝혀 드러내지 말라."

양공 23년

經

二十有三年春王二月癸酉朔,[1]	23년 봄 주력으로 2월 계유 초하룻날에
日有食之.[2]	일식이 있었다.

---

102 사(舍): 사(捨)와 같다. 자명의 무리는 량(良)을 가리키는데, 대체로 부자가 모두 사악하였다.

103 아내를 잃은 자가 자명을 죽이고는 반드시 도망을 갈 것이므로 자전이 그를 구하여 고향으로 돌아가게 한 것이다.

104 원(怨): 원한을 가지면 서로 간에 보복을 하게 되어, 유판(游販)의 악행이 환히 드러나게 되는 것이다.

1 이십삼년(二十三年): 신해년 B.C. 550년으로, 주영왕(周靈王) 22년이다. 동지가 정월 23일 을축일로 건자(建子)이며, 윤달이 있다.

2 『전』이 없다. 이는 양력 1월 5일의 금환식으로 신강(新疆)에서부터 복건(福建)까지 모두 볼 수 있었다.

三月己巳,[3]	3월 기사일에
杞伯匄卒.	기백 개가 죽었다.
夏,	여름에
邾畀我來奔.[4]	주나라 비아가 도망쳐 왔다.
葬杞孝公.[5]	기효공을 장사 지냈다.
陳殺其大夫慶虎及慶寅.	진나라가 그 대부 경호 및 경인을 죽였다.
陳侯之弟黃自楚歸于陳.	진후의 아우 황이 초나라에서 진나라로 돌아갔다.
晉欒盈復入于晉,	진나라 난영이 다시 진나라로 들어갔다가
入于曲沃.	곡옥으로 들어갔다.
秋,	가을에
齊侯伐衛,	제후가 위나라를 치고
遂伐晉.	마침내 진나라를 쳤다.
八月,	8월에
叔孫豹帥師救晉,	숙손표가 군사를 거느리고 진나라를 치고

3 기사일은 28일이다.
4 『전』이 없다. 『공양전』에는 "비(畀)"가 "비(鼻)"로 되어 있다. 비(畀)와 비(鼻)는 고음이 같다.
5 『전』이 없다.

次于雍榆.[6]	옹유에 머물렀다.
己卯,[7]	기묘일에
仲孫速卒.	중손속이 죽었다.
冬十月乙亥,[8]	겨울 10월 을해일에
臧孫紇出奔邾.	장손흘이 주나라로 달아났다.
晉人殺欒盈.	진나라 사람이 난영을 죽였다.
齊侯襲莒.	제후가 거나라를 습격했다.

傳

二十三年春,	23년 봄에
杞孝公卒,	기효공이 죽자
晉悼夫人喪之.[9]	진나라 도공의 부인이 상복을 입었다.
平公不徹樂,	평공이 음악을 거두지 않았으니
非禮也.	예의에 맞지 않았다.

6 옹유(雍榆): 지금의 하남 준현(浚縣) 서남쪽 골현(滑縣) 서북쪽에 있다.

7 기묘일은 10일이다.

8 을해일은 7일이다.

9 성공 18년의 『전』에 따르면 "기백이 이에 급히 진나라를 조현하고 혼사를 청하였다(杞伯於是驟朝于晉, 而請爲昏)"고 하였는데 그해에 기환공(杞桓公)은 이미 늙었으며, 진도공은 겨우 14세로, 혹자는 그 어린 딸을 진도공의 부인으로 삼았을 것이라고 하며, 기효공(杞孝公)의 어린 누이는 진평공(晉平公)의 어머니가 된다. 도공의 부인은 오빠의 상복을 입은 것으로 아래의 "선자(宣子)는 검은 상복에 두건을 쓰고 요질을 하였다"라 한 『전』의 『주』에 보인다.

禮,	예에 따르면
爲鄰國闕.[10]	이웃나라를 위해서 철폐해 주어야 한다.

陳侯如楚,[11]	진후가 초나라로 갔는데
公子黃愬二慶於楚,[12]	공자 황이 초나라에 두 경씨를 고소하자
楚人召之.	초나라 사람이 불렀다.
使慶樂往,[13]	경락을 가게 해서
殺之.	그를 죽여 버렸다.
慶氏以陳叛.	경씨는 진나라를 가지고 반란을 일으켰다.
夏,	여름에
屈建從陳侯圍陳.[14]	굴건이 진후를 따라 진나라를 에워쌌다.
陳人城,[15]	진나라 사람이 성을 쌓는데

10 궐(闕): 음악을 거두는 것이다. 이웃 나라에 상이 있으면 제후 또한 음악을 연주하지 않았다. 기효공은 진평공에게는 비록 생질이지만 고례에 제후는 기년(朞年)의 상 때는 상복을 입지 않기 때문에 이웃 나라가 그것을 꾸짖은 것이다.

11 두예는 "조빙한 것이다"라 하였다.

12 이경(二慶): 경호(慶虎)와 경인(慶寅)이다.두 경씨가 자황을 참소하여 자황이 초나라로 달아난 것이 자명한데, 20년의 『전』에 보인다.

13 두 경씨가 감히 스스로 가지 못한 것이다.

14 굴건(屈建): 초나라의 막오(莫敖)로 지난해의 『전』에 보인다.

版隊而殺人.[16] 널빤지가 떨어져 사람이 죽었다.

役人相命,[17] 역인들이 서로 명을 전하여

各殺其長,[18] 각기 그 우두머리를 죽이니

遂殺慶虎, 慶寅. 마침내 경호와 경인을 죽였다.

楚人納公子黃. 초나라 사람이 공자 황을 들였다.

君子謂慶氏, 군자가 경씨에 대하여 말하였다.

"不義, "의롭지 못함은

不可肆也.[19] 제멋대로 방치해 둘 수 없다.

故書曰, 그러므로 『서』에서 말하기를

'惟命不于常.'"[20] '천명은 항상 있을 수 없다'라 하였다."

晉將嫁女于吳, 진나라가 오나라로 딸을 시집보내려 하면서

---

15 성을 쌓아 항거하는 것이다.

16 판추(版隊): 옛날에는 성을 쌓을 때 두 장의 널빤지를 대고 흙을 채워 절굿공이로 이를 다져 쌓았는데 이른바 판축법(板築法)이라는 것이다. 추(隊)는 추(墜)와 같다. 성을 쌓는 널빤지가 성 아래로 떨어져 경씨가 이 때문에 성을 쌓던 역인(役人)을 죽인 것이다.

17 서로 영(令)을 전한 것이다.

18 기장(其長): 역부(役夫)의 우두머리이다. 이는 역부들이 기의(起義)한 것을 말한다.

19 사(肆): 방종(放縱)하다. 의롭지 못한 마음을 방종하게 할 수 없음을 말한다. 사(肆)는 또한 사(赦)로도 해석할 수 있는데, 양공 9년 『전』의 "과오가 있더라도 너그러이 봐주다(肆眚)"라 할 때의 사(肆)와 같은 뜻이다.

20 『서』는 「강고(康誥)」의 구절이다. 『예기·대학(大學)』에서는 이 구절을 인용하여 해석하기를 "선하면 얻고 선하지 못하면 잃음을 말한다(道善則得之, 不善則失之矣)"라 하였다.

齊侯使析歸父媵之,[21]	제후가 석귀보로 하여금 잉첩을 보내게 하여
以藩載欒盈及其士,[22]	가리개를 한 수레에 난영과 무사들을 태워
納諸曲沃.[23]	곡옥으로 들여보냈다.
欒盈夜見胥午而告之.[24]	난영이 밤에 서오를 찾아가 알렸다.
對曰,	대답하여 말하였다.
"不可.[25]	"안 됩니다.
天之所廢,	하늘이 폐한 것을
誰能興之?	누가 일으킬 수 있습니까?
子必不免.[26]	그대는 반드시 면하지 못할 것입니다.

21 석귀보로 하여금 잉첩을 호송하게 한 것이다.

22 번(藩): 두예는 "번은 수레에 가리개가 있는 것이다. 잉첩이 그 안에 있는 것처럼 보이게 한 것이다"라 하였다.

23 곡옥(曲沃): 두예는 "난영의 식읍이다"라 하였다. 곡옥은 원래 무공(武公)이 가문을 일으킨 곳이므로 장왕 28년의 『전』에서 "곡옥은 임금님의 종읍이다(曲沃, 君之宗也)"라 했으며, 무궁(武宮)이 그곳에 있어서 타인을 봉하여 사읍(私邑)으로 삼을 수 없었다. 난씨는 실로 정후(靖侯)의 후손인 난빈(欒賓)의 후예(환공 2년의 『전』을 보라)이긴 하지만 또한 사사로이 곡옥에 웅거해서는 안 되었다. 혹은 「진세가(晉世家)」에서 "곡옥은 익(翼)보다 크다"고 말한 것처럼 난씨를 봉한 곳이 다만 그 일부의 토지일 뿐이지만 또한 곡옥이라 하였을 수도 있고, 아니면 청나라 장기(張琦)의 『전국책석지(戰國策釋地)』에서 말한 것처럼 도림지새(桃林之塞)를 일명 곡옥이라 불렀을 수도 있다. 무궁이 있는 곡옥은 지금의 산서 문희현(聞喜縣) 동쪽에 있으며, 도림새가 있는 곡옥은 지금의 하남 섬현(陝縣) 서남쪽 40리 지점에 있는데 지금의 곡옥진(曲沃鎭)이다.

24 서오(胥午): 두예는 "서오는 곡옥을 지키는 대부이다"라 하였다.

25 거사를 할 수 없다는 말이다.

26 죽음을 면치 못할 것이라는 말이다.

吾非愛死也,[27]	내 죽음을 아까워해서가 아니라
知不集也."[28]	거사가 성공하지 못함을 알기 때문입니다."
盈曰,	난영이 말하였다.
"雖然,	"비록 그렇다 하더라도
因子而死,	그대 때문에 죽는다면
吾無悔矣.	내 여한이 없겠소.
我實不天,	나는 실로 하늘의 도움을 못 받아서이고
子無咎焉."[29]	그대는 아무런 잘못이 없소."
許諾.[30]	허락하였다.
伏之而觴曲沃人,[31]	그를 숨기고 곡옥의 사람들에게 술을 내렸다.
樂作,	음악이 시작되자
午言曰,	서오가 말하였다.

27 애(愛): 석(惜), 아까워하다.

28 불집(不集): 두예는 "집은 이루다의 뜻이다"라 하였다. 거사가 성공하지 못할 것이라는 것을 안 것이다.

29 거사가 성공하지 못하는 것은 실로 내가 하늘의 도움을 받지 못해서이고 너에게는 아무런 잘못이 없다는 것을 말한다.

30 서오가 허락한 것이다.

31 서오가 난영을 숨기고 곡옥의 병사들에게 연회를 베푼 것이다.

“今也得欒孺子何如?”[32]	“지금 난유자를 얻는다면 어떠하겠는가?”
對曰,	대답하였다.
“得主而爲之死,	“주인을 얻어 그를 위해 죽는다면
猶不死也.”[33]	죽어도 죽는 것이 아닙니다.”
皆歎,	모두가 탄식을 하고
有泣者.	눈물을 흘리는 자도 있었다.
爵行,[34]	술잔이 돌자
又言.[35]	또 말하였다.
皆曰,	모두들 말하였다.
“得主,	“주인을 얻는다면
何貳之有!”[36]	어찌 두 마음을 가지겠습니까!”
盈出,	난영이 나와서

32 난유자(欒孺子): 난영을 가리키며, 아마 난염(欒黶)의 계승자이기 때문에 유자(孺子)라 불렀을 것이다. 난영은 일찌감치 하군좌(下軍佐)가 되었기 때문에 그 나이는 반드시 어리지 않았을 것이다. 『예기·단궁(檀弓) 하』에서는 구범(舅犯) 또한 중이(重耳)를 유자라 부른다. 중이는 17세에 망명을 하였는데 이는 노희공 5년에 해당되며, 9년에 진헌공(晉獻公)이 죽은 뒤에 진목공(秦穆公)이 비로소 중이를 받아들일 뜻을 품었는데, 그때 중이는 이미 20여 세인데도 오히려 유자로 부르는 것으로 보아 유자는 결코 나이가 어린 것을 칭하는 것이 아님을 알 수 있다. 희공 15년 “세금을 거두고 무기를 수리하여 어린 태자를 보좌하라(征繕以輔孺子)”의 『전』의 『주』를 참고하라.

33 죽더라도 살아 있는 것과 같다는 말이다.

34 서로 술잔을 든다는 말과 같다.

35 서오가 또 말한 것이다.

36 죽어도 두 마음을 품지 않을 것임을 말한 것이다.

偏拜之.[37]
그들에게 두루 배사하였다.

四月,
4월에

欒盈帥曲沃之甲,
난영이 곡옥의 갑사들을 거느리고

因魏獻子,[38]
위헌자에 의지하여

以晝入絳.[39]
낮에 강으로 들어갔다.

初,
처음에

欒盈佐魏莊子於下軍,[40]
난영은 하군에서 위장자를 보좌하였는데

獻子私焉,[41]
헌자가 사적으로 총애하여

故因之.
그에 의지한 것이다.

趙氏以原, 屛之難怨欒氏.[42]
조씨는 원과 병의 난으로 난씨를 원망하였다.

韓, 趙方睦.[43]
한기와 조무는 바야흐로 화목하였다.

中行氏以伐秦之役怨欒氏,[44]
중항씨는 진나라를 친 전역으로 난씨를 원망하여

---

37 두예는 "모든 사람이 자기를 생각하는 것에 감사해한 것이다"라 하였다.

38 헌자(獻子): 위서(魏舒)이다.

39 강(絳): 진나라의 도읍으로, 지금의 산서 후마시(侯馬市)이다.

40 장자(莊子): 위강(魏絳)으로, 위헌자의 아버지이다.

41 사(私): 두예는 "사는 서로 가까이하여 사랑한 것이다"라 하였다.

42 성공 8년의 『전』에 보인다. 조장희(趙莊姬)가 진후에게 원동(原同)과 병괄(屛括)을 참소하였는데 난씨와 극씨(郤氏)가 증언을 해주어 원동과 병괄이 이로 인해 피살된 사건이다.

43 두예는 "한기(韓起)가 조무(趙武)에게 양보하였으므로 화목한 것이다"라 하였다.

而固與范氏和親.[45]	실로 범씨와 화친하였다.
知悼子少,[46]	도자가 어린 것을 알고
而聽於中行氏.[47]	중항씨를 따랐다.
程鄭嬖於公.[48]	정정은 공의 총애를 받았다.
唯魏氏及七輿大夫與之.[49]	위씨 및 칠여대부만이 참여하였다.
樂王鮒侍坐於范宣子.[50]	악왕부가 범선자를 모시고 앉아 있었다.
或告曰,	어떤 사람이 일러 말하였다.
"欒氏至矣."[51]	"난씨가 온답니다."
宣子懼.	선자가 두려워하였다.
桓子曰,[52]	환자가 말하였다.

---

44 중항씨는 곧 순씨(荀氏)의 한 지파이다. 진나라를 토벌한 전역은 14년의 『전』에 보인다. 순언(荀偃)이 중군수였는데 난염(欒黶)이 명을 따르려 하지 않아 이 때문에 완전 철수를 하였었다.

45 두예는 "범선자(范宣子)는 중군에서 중항언(中行偃)을 보좌하였다"라 하였다.

46 도자(悼子): 지앵(知罃)의 아들 순영(荀盈)으로 당시 나이가 17세였다.

47 지씨와 중항씨는 모두 진나라 대부 서오(逝遨)의 후손이므로(「조세가」의 『색은(索隱)』에서 인용한 『세본』에 보인다) 지앵은 중항오(中行吳)를 따랐다.

48 성공 18년의 공영달의 주석(소(疏))에서 인용한 『세본』에서는 정정(程鄭)은 순씨의 별족이라고 하였다. 성공 18년의 『전』의 『주』에 상세하다.

49 칠여대부(七輿大夫): 희공 10년 『전』의 『주』에 보인다.
이는 두 파의 역량을 서술한 것이다. 한씨와 조씨, 순씨(지씨와 중항씨는 모두 순씨)가 한 파를 결성하였고, 난씨는 심하게 고립되어 위씨 및 칠여대부만이 그를 돕는 것이다.

50 시좌(侍坐): 선자가 앉아 있고 악왕부 역시 모시고 앉은 것이다.

51 백주 대낮에 강으로 들어왔기 때문에 사람들이 알아차릴 수 있었던 것이다. 위희(魏禧)가 이를 논하여 이것이 난영의 패착이라고 하였다.

52 두예는 "환자는 악왕부이다"라고 하였다.

"奉君以走固宮,[53]	"임금을 모시고 고궁으로 달아나면
必無害也.	반드시 해가 없을 것입니다.
且欒氏多怨,	또한 난씨에게는 원망하는 사람이 많고
子爲政,	그대는 정사를 맡고 있으며
欒氏自外,[54]	난씨는 밖에서 오고
子在位,	그대는 지위에 있으니
其利多矣.[55]	그 이로움이 많습니다.
旣有利權,	이미 이권이 있는 데다
又執民柄,[56]	백성들의 상벌권까지 쥐고 있으니
將何懼焉?	무엇을 두려워하겠습니까?
欒氏所得,	난씨가 얻은 것이라고는
其唯魏氏乎,	위씨뿐인 데다
而可强取也.[57]	무력으로 빼앗을 수 있습니다.
夫克亂在權,	난리를 이기는 것은 권력에 있으니

53 고궁(固宮): 진후의 별궁이다. 두예는 그곳에는 대관(臺關)이 있어서 수비를 할 수 있다고 하였는데 혹 그럴지도 모르겠다.

54 자외(自外): 바깥에서 오는 것이다.

55 안에 있는 것과 밖에서 오는 것이 다르며, 지위에 있으면서 정치를 맡는 것과 권력과 세력이 없는 것이 다르므로 이익이 많다고 하였다.

56 민병(民柄): 두예는 "상벌을 내리는 것이 민병이다"라 하였다.

57 강한 힘으로 빼앗아 자기의 것으로 삼을 수 있다는 뜻이다.

子無懈矣!"
그대는 게을리 하지 마십시오!"

公有姻喪,[58]
공에게 인척의 상이 있어

王鮒使宣子墨縗, 冒, 絰,[59]
왕부가 선자로 하여금 검은 최복과 두건, 요질을 하게 하고

二婦人輦以如公,[60]
두 부인과 함께 연에 올라 공에게 가면서

奉公以如固宮.
공을 모시고 고궁으로 가게 하였다.

范鞅逆魏舒,
범앙이 위서를 맞으니

則成列旣乘,[61]
열을 지어 수레에 올라

將逆欒氏矣.[62]
난씨를 맞으려 했다.

趨進,
앞으로 나아가

曰,
말하였다.

"欒氏帥賊以入,
"난씨가 도적들을 이끌고 오니

鞅之父與二三子在君所矣,[63]
저의 아비와 대신들은 임금이 계신 곳에 있으면서

---

58 곧 위의 진도공의 부인이 그 오빠인 기효공(杞孝公)의 상을 당한 것이다.

59 최·모·질(縗·冒·絰): 최는 최복(衰服), 모(冒)는 두건, 질은 요질(腰絰)이다. 이 세 가지는 모두 검은색이다. 이는 부인의 상복으로 도부인이 입는 것이며, 선자(宣子)로 하여금 거짓으로 도부인의 시어(侍御)가 되게 하여 그 복장 또한 진도공의 부인과 같게 한 것이다.

60 두 부인과 함께 연에 오른 것을 말하며 두 부인이 연을 끈 것이 아니다. 옛날에는 부인이 연을 미는 일이 없었다.

61 부대가 이미 도열을 하였고 병거에도 모두 사람이 올라탔음을 말한다.

62 난영의 병사를 맞아 회합하려는 것이다.

63 이삼자(二三子): 여러 대신들이다.

使鞅逆吾子.	저로 하여금 그대를 맞게 하였습니다.
鞅請驂乘."[64]	제가 청컨대 참승이 되겠습니다."
持帶,[65]	띠를 가지고
遂超乘.[66]	마침내 수레로 뛰어올랐다.
右撫劍,[67]	오른손으로는 검을 어루만지고
左援帶,	왼손으로는 띠를 당기며
命驅之出.[68]	몰아 나가게 명하였다.
僕請,[69]	마부가 물으니
鞅曰,	앙이 말하기를
"之公."	"공에게 간다"라 하였다.
宣子逆諸階,[70]	선자 또한 섬돌에서 그를 맞이하면서
執其手,	그 손을 잡고
賂之以曲沃.[71]	곡옥을 주었다.

---

64 이는 범앙이 위서에게 한 말이다.
65 대(帶): 곧 수(綏)로, 수레에 오르는 띠이며 이것을 잡아당기면서 수레에 오른다.
66 두예는 "헌자(獻子)의 수레에 뛰어 오른 것이다"라 하였다.
67 곧 강력하게 겁을 주어 협박하는 것이다.
68 행렬에서 나가는 것이다.
69 복(僕): 수레를 모는 사람.
청(請): 가는 곳을 묻는 것이다.
70 헌자를 맞이한 것이다.
71 난씨의 읍을 주겠다고 허락한 것이다.

初,	처음에
斐豹,	비표는
隸也,	노예로
著於丹書.[72]	단서에 죄상이 적혀 있었다.
欒氏之力臣曰督戎,	난씨의 힘센 신하로 독융이라는 자가 있었는데
國人懼之.	백성들이 그를 두려워하였다.
斐豹謂宣子曰,	비표가 선자에게 말하기를
"苟焚丹書,	"단서를 태워 없애기만 한다면
我殺督戎."	제가 독융을 죽이겠습니다"라 하니
宣子喜,	선자가 기뻐하며
曰,	말하였다.
"而殺之,[73]	"내가 그를 죽였는데도
所不請於君焚丹書者,	임금께 단서를 불태우겠다고 청하지 않는다면
有如日!"	태양이 증인이 될 것이다!"
乃出豹而閉之.[74]	이에 표를 내보내고 문을 닫았다.

72 단서(丹書): 두예는 "아마 죄를 지어 관노로 적몰되어 붉은 글씨로 그 죄상을 기록한 것일 것이다"라 하였다. 단서는 붉은색으로 간독에 기록하는 것이다.

73 이(而): 이(爾)와 같다.

74 궁문 밖으로 배표를 내보낸 후에 궁문을 잠근 것이다.

督戎從之.	독융이 그를 쫓아갔다.
踰隱而待之,[75]	낮은 담을 넘어 그를 기다리다가
督戎踰入,	독융이 넘어 들어오자
豹自後擊而殺之.	표가 뒤에서 공격하여 그를 죽였다.
范氏之徒在臺後,[76]	범씨의 무리가 대 뒤에 있는데
欒氏乘公門.[77]	난씨가 공의 문을 올랐다.
宣子謂鞅曰,	선자가 앙에게 말하였다.
"矢及君屋,	"화살이 임금의 집에 닿으면
死之!"[78]	가서 죽어라!"
鞅用劍以帥卒,	앙이 검으로 병사들을 인솔하여
欒氏退,	난씨가 물러나자
攝車從之.[79]	수레에 뛰어올라 그들을 쫓았다.
遇欒樂,[80]	난악을 만나자
曰,	말하였다.
"樂免之.	"악은 그만두라.

75 은(隱): 짧은 담, 낮은 담. 배표가 낮은 담을 넘어 숨어서 독융을 기다린 것이다.
76 두예는 "공의 대 뒤이다"라 하였다.
77 두예는 "승은 오르는 것이다"라 하였다.
78 난씨의 화살이 진후의 집에까지 미친다면 너는 싸우다가 죽으라는 말이다.
79 섭거(攝車): 심흠한의 『보주(補注)』에서는 "범앙이 이미 보병전에서 난씨의 공격을 물리치고 다시 수레에 올라 난씨를 추격하여 쫓은 것이다. 섭거는 수레에 오른다는 것과 같은 뜻이다"라 하였다.
80 두예는 "난악은 난영의 족속이다"라 하였다.

死,	죽으면
將訟女於天."[81]	하늘에서 너를 고소하겠다."
樂射之,	악이 그에게 활을 쏘았으나
不中;	맞지 않았으며,
又注,[82]	다시 살을 매겼으나
則乘槐本而覆.[83]	수레가 홰나무에 걸려 엎어졌다.
或以戟鉤之,	누가 극으로 걸어서 당기니
斷肘而死.	팔꿈치가 잘려 죽었다.
欒魴傷.	난방은 상처를 입었다.
欒盈奔曲沃.	난영은 곡옥으로 달아났다.
晉人圍之.[84]	진나라 사람이 그곳을 에워쌌다.

秋,	가을에
齊侯伐衛.	제후가 위나라를 쳤다.
先驅,[85]	선봉은

81 범앙이 난악에게 싸우지 말게 한 것을 말하며, 면지(免之)의 지(之)는 뜻이 없다. 싸워서 내가 죽는다면 하늘에서 너를 고소할 것이라는 말이다.

82 두예는 "주는 시위에 화살을 매기는 것이다"라 하였다.

83 괴본(槐本): 홰나무 뿌리가 요철 모양으로 땅위로 튀어 나온 것. 난악의 수레바퀴 하나가 그곳에 부딪쳐 평형을 잃고 전복된 것이다.

84 「진세가」와 「제세가」에서는 제장공이 난영을 파견한 것을 아래 『전』에서 진나라를 친 일과 하나의 일로 생각하였다. 「진어 8」에도 이 일이 수록되어 있는데 『전』과는 다르다. 또한 유신(兪辛)이란 것이 있는데 『전』에는 수록되어 있지 않다.

穀榮御王孫揮,	곡영이 왕손휘의 수레를 몰고
召揚爲右;	소양이 거우가 되었으며,
申驅,[86]	다음 부대는
成秩御莒恒,	성질이 거항의 수레를 몰고
申鮮虞之傅摯爲右.[87]	신선우의 부지가 거우가 되었다.
曹開御戎,	조개가 융거를 몰고
晏父戎爲右.[88]	안보융이 거우가 되었다.
貳廣,[89]	부거는
上之登御邢公,	상지등이 형공의 수레를 몰고
盧蒲癸爲右;	노포계가 거우가 되었으며,
啓,[90]	좌익은
牢成御襄罷師,	뇌성이 양파사의 수레를 몰고
狼蘧疏爲右;	낭거소가 거우가 되었으며,
胠,[91]	우익은
商子車御侯朝,	상자거가 조후의 수레를 몰고

85 선구(先驅): 두예는 "선구는 선봉의 군사이다"라 하였다.
86 신구(申驅): 두예는 "신구는 전군(前軍)의 다음 부대이다"라 하였다.
87 부지(傅摯): 두예는 "부지는 신선우의 아들이다"라 하였다.
88 이는 제장공의 수레이다.
89 이광(貳廣): 공의 부거(副車)이다.
90 계(啓): 두예는 "좌익(左翼)을 계라 한다"라 하였다.
91 거(胠): 두예는 "우익(右翼)을 거라 한다"라 하였다.

桓跳爲右;	환도가 거우가 되었으며,
大殿,[92]	후군은
商子游御夏之御寇,	상자유가 하지어구의 수레를 몰았으며
崔如爲右;	최여가 거우가 되었고,
燭庸之越駟乘.[93]	촉용지월이 사승이 되었다.
自衛將遂伐晉.[94]	위나라에서 마침내 진나라를 치려고 하였다.
晏平仲曰,	안평중이 말하였다.
"君恃勇力,	"임금께서는 용력을 믿고
以伐盟主.[95]	맹주를 토벌하려 하십니다.
若不濟,	성공을 하지 못한다면
國之福也.	나라의 복입니다.
不德而有功,	부덕하면서 공을 세운다면

92 대전(大殿): 두예는 "대전은 후군이다"라 하였다.

93 청나라 계복(桂馥)의 『찰박(札樸)』 권2에서는 계(啓)는 곧 계(肾)라고 하였는데, 『산해경』 곽박의 주에서 "계(肾)는 곱창이다"라 하였다. 세 가지는 모두 몸에서 이름을 취하였다. "전(殿)"은 곧 "전(臀: 볼기)"이고 "거(胠)"는 곧 겨드랑이이다. 두예는 "네 사람이 함께 후위의 수레[殿車]를 탄 것이다"라 하였다. 이는 제장공의 병력과 부서(部署)를 말한 것이다.

94 위나라를 치는 것은 다음인데 행군을 하려면 반드시 위나라를 지나가야 한다. 진나라를 치는 것이 주가 되어서 이에 이와 같은 부서가 있게 되었다.

95 전연(澶淵)·상임(商任)·사수(沙隨)의 회합에서 제나라는 모두 진나라를 맹주로 받들었다.

憂必及君."[96]	근심이 반드시 임금님께 미칠 것입니다."
崔杼諫曰,	최저가 간하여 말하였다.
"不可.	"안 됩니다.
臣聞之,	신이 듣건대
'小國閒大國之敗而毀焉,[97]	소국이 대국이 무너진 틈을 타서 무너뜨리려 한다면
必受其咎.'	반드시 재앙을 입게 된다' 하였습니다.
君其圖之."	임금님께서는 잘 생각해 보시기 바랍니다."
弗聽.	그 말을 듣지 않았다.
陳文子見崔武子,[98]	진문자가 최무자를 찾아보고
曰,	말하였다.
"將如君何?"	"임금을 어떻게 하려는가?"
武子曰,	무자가 말하였다.
"吾言於君,	"내가 임금께 말씀을 드렸지만

96 이 일은 『안자춘추·내편·문(問) 상』에도 보인다.

97 간(閒): 빈틈을 노리다.
대국지패(大國之敗): 패(敗)는 허물어지다의 뜻인데, 진나라에 난씨의 변란이 있는 것을 가리킨다. 이 구절은 제나라가 진나라에 내란이 발생한 틈을 타고 무력을 동원한다는 말이다.

98 무자(武子): 두예는 "무자는 최저(崔杼)이다"라 하였다.

君弗聽也.	임금께서는 듣지 않으셨습니다.
以爲盟主,[99]	맹주로 생각하면서
而利其難.	그 어려움을 이롭게 여깁니다.
羣臣若急,	뭇 신하들이 급박하게 되면
君於何有?[100]	임금이 어디에 있겠습니까?
子姑止之."[101]	그대는 잠시 그만두십시오."
文子退,	문자가 물러나
告其人曰,	그 종자에게 일렀다.
"崔子將死乎!	"최자는 죽을 것이다!
謂君甚而又過之,[102]	임금이 심하다면서 또 그보다 지나치니
不得其死.[103]	제 수명을 다하지 못할 것이다.
過君以義,	의를 행함이 임금보다 낫다 해도
猶自抑也,	오히려 스스로 억제를 해야 하거늘
況以惡乎?"[104]	하물며 악행이겠는가?"

99 진나라를 맹주로 삼는 것이다.

100 무엇이 임금에게 있겠는가라는 말로 급박하게 되면 임금을 돌보지 못한다는 말이다.

101 그대는 잠깐만 그만 두라는 말과 같다. 지(之)자는 목적어가 아니며, 예가 『문언문법(文言文法)』에 보인다.

102 위군심(謂君甚): 군주가 너무 사납다고 지적하는 것을 말한다.
우과지(又過之): 급박하면 임금을 죽일 것이라는 말로 그 죄가 임금이 맹주를 치는 것보다 심하다는 것이다.

103 선종(善終)을 하지 못할 것이라는 말이다.

齊侯遂伐晉,	제후가 마침내 진나라를 쳐서
取朝歌.[105]	조가를 취하였다.
爲二隊,	2군으로 나누어
入孟門,	맹문으로 들어가고
登大行.[106]	태항산을 올랐다.
張武軍於熒庭,[107]	형정에서 무군을 쌓고
戍郫邵,[108]	비소를 지켰으며

---

104 자기가 의로움을 행하는 것이 임금이 의를 행함을 뛰어넘는다고 하더라도 오히려 마땅히 스스로 억제를 해야 하는데 하물며 스스로 악행을 저지르는 것이겠느냐는 뜻이다.

105 조가(朝歌): 지금의 하남 기현(淇縣)이다.

106 이대(二隊): 2군(軍), 또한 2도(道), 곧 두 갈래로 해석할 수도 있으며, 문공 16년의 『전』을 참조하기 바람. 맹문이 한 갈래이고 태항이 한 갈래이다. 『사기·오기전(吳起傳)』에 "은주(殷紂)의 나라는 왼쪽은 맹문이고 오른쪽은 태항이다"라 한 것으로 알 수 있다.
맹문(孟門): 지금의 하남 휘현 서쪽에 있으며 태항산의 좁은 길이다.
태항(大行): 진(晉)나라 곽연생(郭緣生)의 『술정기(述征記)』 및 『원화군현지(元和郡縣志)』의 태항형(太行陘)인 것 같으며, 조조(曹操)의 「추위를 괴로워함(苦寒行)」에서 이른바 "북쪽으로 태항산 오르니, 어렵구나 얼마나 험난한지. 양장판 꾸불꾸불, 수레바퀴 꺾이네(北上太行山, 艱哉何巍巍. 羊腸坂詰屈, 車輪為之摧)"라 한 것이다. 지금의 하남 심양현(沁陽縣) 서북쪽 30리 지점에 있는데 태항산 8형(陘) 중의 하나이다. 고사기(高士奇)의 『지명고략(地名考略)』에서는 "당시 제나라는 경무장 병으로 깊이 들어가 이미 조가를 취하여 군사를 둘로 나누어 한 갈래는 백형(白陘)으로 들어갔는데 조가에서 험한 길을 잡았으며, 한 갈래는 태항산으로 올라 하내(河內)에서 그 중심을 내려다보았다"라 하였다.

107 장무군(張武軍): 두예는 누벽(壘壁)을 쌓은 것이라 하였는데 틀렸을 것이다. 선공 12년의 『전』과 『주』에 상세하다. 이 또한 진나라 군의 시체를 형정에 거두어 표목(表木)을 세워 놓은 것이다.
형정(熒庭): 곧 환공 2년 『전』의 형정(陘庭)이며, 지금의 산서 익성현(翼城縣) 동남쪽 75리 지점에 있으며 서쪽으로는 진나라 도읍과 백리도 되지 않는다.

108 비소(郫邵): 곧 문공 6년 『전』의 비(郫)이며, 지금의 하남 제원현(濟源縣) 서쪽 1백리 지점의 소원현(邵源縣)이다. 『지명고략(地名考略)』에서는 "비소는 태항산 남쪽 경계에 있으며, 정나라 위나라와 닿아 있고 지키면서 퇴각시의 습격을 방비하였다"라 하였다.

封少水,[109]	소수에서 봉분을 쌓아
以報平陰之役,[110]	평음의 전역을 보복하고
乃還.	이에 돌아갔다.
趙勝帥東陽之師以追之,[111]	조승이 동양의 군사를 거느리고 추격하여
獲晏氂.[112]	안리를 사로잡았다.
八月,	8월에
叔孫豹帥師救晉,	숙손표가 군사를 거느리고 진나라를 구원하여
次于雍榆,	옹유에 머물렀으니

109 봉소수(封少水): 소수는 곧 지금의 심수(沁水)로, 산서 심원현(沁源縣) 북쪽의 여러 골짜기에서 발원하여 남으로 안택(安澤)과 심수(沁水), 양성(陽城)을 거쳐 초작시(焦作市) 남쪽에 이르러 옛 황하로 흘러든다. 이곳에서 봉시(封尸)한 곳은 아마 지금의 심수현 부근일 것이다. 봉(封)은 곧 봉시(封尸)로, 또한 진나라 군사의 시체를 거두어 한 구덩이에 함께 매장하여 높은 더미를 쌓은 것이다.

110 평음의 역은 18년의 『전』에 보인다.

111 조승(趙勝): 곧 「노어 하」의 한단승(邯鄲勝)으로, 조전(趙旃)의 아들이고, 시호는 경자(傾子)이며 한단을 채읍으로 삼았고, 한단오(邯鄲午)의 부친이다.
동양(東陽): 곧 진나라의 태항산 동쪽에 속한 땅을 두루 가리키며, 대략 지금의 하북 형태(邢台) 지구 및 한단(邯鄲) 지구 일대의 땅을 포괄한다.

112 안리(晏氂): 곧 「노어 하」의 안래(晏萊)이다. 안영(晏嬰)은 아들을 둘 낳았는데, 하나는 리(氂)이고 하나는 어(圉)이다. 어는 애공 6년의 『전』에 보인다. 「노어 하」에서는 "자복혜백(子服惠伯)이 한선자(韓宣子)를 보고 말하였다. '지난날 난씨(欒氏)의 난 때 제나라 사람이 진나라의 화란을 틈타 조가(朝歌)를 쳐서 취하였습니다. 우리 선군이신 양공은 감히 편안히 처하시지 않고 숙손표(叔孫豹)로 하여금 모든 갑병을 통솔하게 하였는데, 다리에 병이 있는 사람까지 다 동원하였으며 집에 있는 사람이라고는 없이 군리(軍吏)를 따라 옹유(雍渝)에 머물렀습니다. 한단승(邯鄲勝)과 함께 제나라 군사의 왼쪽을 공격하여 안래(晏萊)를 사로잡았습니다. 제나라 군사는 진나라 군사가 물러난 다음에야 감히 회군을 하였습니다'"라 하였다.

禮也.[113]

예에 맞았다.

季武子無適子,[114]

계무자에게는 적자가 없었고

公彌長,[115]

공미가 장자였는데

而愛悼子,[116]

도자를 사랑하여

欲立之.

세우고 싶어 했다.

訪於申豐曰,[117]

신풍을 찾아가서 말하였다.

"彌與紇,

"미와 흘을

吾皆愛之,

내가 모두 사랑하는데

欲擇才焉而立之."[118]

그 중에 재주 있는 아이를 뽑아
세울까 하오."

申豐趨退,

신풍은 빨리 물러나

歸,

돌아가서는

盡室將行.[119]

온 집안을 거느리고 떠나려 하였다.

---

113 옹유(雍榆)에 머물렀다는 것은 노나라의 대군이 이곳에 주둔한 것이지 전투를 한 것은 아니다. 진나라의 조승이 제나라의 퇴각하는 군사를 추격하자 노나라 역시 협공을 하였는데, 이 사실은 「노어 하」에 보인다.

114 적실부인에게서는 아이가 나지 않았다.

115 공미(公彌): 뒤의 공서(公鉏)이다.

116 도자(悼子): 이름이 흘(紇)이다. 공미와 도자 두 사람은 모두 첩의 소생이다.

117 방(訪): 묻다, 상의하다.
신풍(申豐): 계씨의 가신.

118 고대의 예법에는 적자가 없으면 장자(長子)를 세운다. 여기서 재주 있는 사람을 가려 뽑는다는 것은 흘을 세우고자 하는 핑계이다.

他日,	훗날
又訪焉.	또 그를 찾았다.
對曰,	대답하여 말하였다.
"其然,	"그렇다면
將具敝車而行."[120]	제 수레를 갖추어 떠나려 합니다."
乃止.[121]	이에 그만두었다.
訪於臧紇.	장흘을 찾아갔다.
臧紇曰,	장흘이 말하였다.
"飮我酒,	"제게 술을 내리면
吾爲子立之."	제가 그대를 위해 세우겠습니다."
季氏飮大夫酒,	계씨는 대부들에게 술을 내리고
臧紇爲客.[122]	장흘은 상객이 되었다.
旣獻,[123]	술을 드리자
臧孫命北面重席,[124]	장손이 북쪽을 향하여 자리를 겹으로 하고

119 신풍이 이 일에 간여하고 싶지 않았으므로 대답을 하지 않고 물러났으며 돌아와서는 온 가족이 다른 곳으로 가려고 한 것이다.

120 기연(其然): 가정의 뜻을 나타내는 접속사. 만약. 이와 같다면 나의 수레를 갖추어 달아나겠다는 말이다.

121 두예는 "그만두고 흘을 세우지 않았다는 것이다"라 하였다.

122 두예는 "상빈(上賓)이 된 것이다"라 하였다.

123 손님들에게 술을 드린 것이다.

124 장손(臧孫): 곧 장흘(臧紇)이다. 노나라는 계(季)·맹(孟)·숙(叔)·장(臧)·후(郈)의 다섯

新尊絜之.[125]	새 술잔을 깨끗이 씻도록 명하였다.
召悼子,	도자를 불러
降,	내려가
逆之.[126]	맞았다.
大夫皆起.[127]	대부가 모두 일어났다.
及旅,[128]	모두가 술을 권할 때
而召公鉏,	공서를 불러
使與之齒.[129]	그와 나란히 하게 하니

씨의 지위를 이은 자는 모두 손(孫)이라 불렀다.

북면(北面): 도자에게 자리를 마련해 준 것으로 남면(南面)하게 하여 그를 높인 것이다.

중석(重席): 자리를 두 겹으로 한 것이다. 옛날에는 땅에 자리를 깔고 앉았는데 자리의 층차(層次)는 그 지위의 고저에 의거하였다. 『의례·향음주례(鄕飮酒禮)』에서는 "공(公)은 세 겹이고 대부는 두 겹으로 하였다"라 하였다. 곧 중석은 대부의 자리이다.

125 신준(新尊): "준(尊)"은 원래 "준(樽)"으로 되어 있었는데 육덕명(陸德明)의 『경전석문(經典釋文)』에 의거하여 바로잡았다. 완원(阮元)의 『교감기』에 상세한 설명이 있다. 신준은 새 술잔이다.

결(絜): 지금은 "결(潔)"로 쓴다. 새 술잔을 쓰는데도 또 깨끗이 씻는 것을 말한다.

126 장손이 사람을 시켜 흘을 불러오게 하여 흘이 오자 장손이 일어나 계단을 내려가 그를 맞아 들어와 앉은 것이다.

127 대부(大夫): 뭇 손님들이다. 상빈이 일어나니 뭇 손님들이 당연히 일어난 것이다. 장흘이 이렇게 계흘을 대하니 계흘이 계무자의 후계자가 되었고 여러 대부들이 공인하게 된 것이다.

128 여(旅): 여수(旅酬)이다. 곧 주인이 상(相)으로 하여금 손님을 편안하게 하고, 손님은 주인에게 술을 따르며 주인은 개(介)에게 술을 따르면 개는 뭇 손님들에게 술을 권하는데, 뭇 손님들은 장유와 존비에 따라 서로 술로 공경을 표시하고 동시에 자리를 배정하게 된다. 그냥 여(旅)라고만 하기도 하고 혹은 수(酬)라고만이라고도 한다. 수(酬)는 수(醻)라고도 하며 『시경·소아·소변(小雅·小弁)』에서 말한 "마치 술잔 받으시는 듯(如或醻之)"가 곧 이것이다. 『예기·중용(中庸)』에서 말한 "여수 때 아랫사람이 윗사람을 위하여 (술잔을 올림은) 천한 이에게까지 미치는 것이다(旅酬下爲上, 所以逮賤也)" 것이 곧 이 여수이다.

季孫失色.[130]	계손이 얼굴빛을 잃었다.
季氏以公鉏爲馬正,[131]	계씨가 공서를 마정으로 삼자
慍而不出.[132]	화를 내며 나가지 않았다.
閔子馬見之,[133]	민자마가 그것을 보고
曰,	말하였다.
"子無然.[134]	"그대는 그러지 마시오.
禍福無門,	화와 복에는 문이 없고
唯人所召.[135]	오직 사람이 부르는 것입니다.

---

129 여수는 천한 이에게까지 미치는 것인데 비로소 공서를 부르고 아울러 공서로 하여금 일반의 빈객들과 자리의 차서가 같게 한 것은 공서를 서자로 본 것이다. 심흠한의 『보주(補注)』에서는 "「향음주례」에서는 이미 여수를 했으면 사(士)는 들어가지 않고 사가 들어가면 여수를 하는 것이 절도에 맞는 것이라고 했다. 여수를 하였는데 공서를 불러서 사의 예로 그를 대한 것은 그가 작위를 잇지 못할 것이라는 것을 밝힌 것이다"라 하였다.

130 두예는 "아마 공서가 따르지 않은 것일 것이다"라 하였다. 혹은 또한 장흘의 이번 일이 너무 돌발적이었다고 생각한 것일 것이다.

131 계무자가 공서를 무마하기 위한 것이다. 마정(馬正)은 곧 대부가의 사마(司馬)로, 대부를 위해 토지의 군부(軍賦)를 주관하는 관직이다. 『주례·하관·가사마(夏官·家司馬)』의 주에 보인다.

132 원망을 하며 하지 않은 것이다.

133 민자마(閔子馬): 곧 민마보(閔馬父)이다. 장사(長沙) 마왕(馬王堆)퇴 3호에서 출토된 백서(帛書) 『춘추사어(春秋事語)』에 민자신(閔子辛)이 있는데 이 사람인지 아닌지 모르겠다.

134 무(無): 무(毋)와 같다. 금지하는 말이다.
연(然): 여차(如此), 이와 같다.

135 이 말은 당시의 상투어일 것이다. 『순자·대략(大略)』편에 "화는 복과 이웃하여 아무도 그 문을 모른다"라 하였고, 『회남자·인간훈(人間訓)』편에서는 "대체로 화가 오는 것은 사람이 절로 생기게 하는 것이고, 복이 오는 것은 사람이 절로 이루는 것이다. 화와 복은 문이 같고, 이(利)와 해(害)는 이웃이다"라 하였으며, 『문자·미명(文子·微明)』편에도 이 말이 있다. 그 뜻이 서로 가깝다.

爲人子者,	사람의 아들이 되어서는
患不孝,	효도를 못할까 근심할 것이지
不患無所.[136]	그 지위를 근심하지 않소.
敬共父命,	부친의 명을 공경히 따른다면
何常之有?[137]	어찌 일정함이 있겠는가?
若能孝敬,	능히 효도하고 공경할 수 있다면
富倍季氏可也.[138]	부가 계씨의 배는 됨 직할 것이오.
姦回不軌,[139]	간사하여 법도에서 벗어난다면
禍倍下民可也."	화가 백성의 배는 됨 직하오."
公鉏然之,	공서가 그럴듯하게 여겨
敬共朝夕,[140]	아침저녁으로 공경을 다하고
恪居官次.[141]	관직에 신중히 처하였다.

136 소(所): 지위(地位)라는 말과 같다.

137 부친의 명에 공경을 다하기만 할 따름이라면 일에는 정하여진 것이 없어 변화가 있을 수 있다는 말이다.

138 두예는 "아비가 총애하면 부유하게 될 수 있다"라 하였다. 유월(兪樾)은 아래의 "화가 백성의 배가 된다"는 말에 의해 부(富)는 복(福)으로 읽어야 한다고 했는데, 또한 뜻이 통한다. 공영달은 "도자가 이미 적자가 되어 계씨의 뒤를 잇게 될 것이므로 도자를 계씨로 부른 것이다"라 하였다.

139 간회(姦回): 회는 간사하다(邪), 어지럽다의 뜻. 간 또한 간사하다(邪), 어지럽다는 뜻이다. 간회(姦回)는 같은 뜻의 낱말이 연용되어 쓰인 것이다.
불궤(不軌): 법도에 맞지 않다.

140 그 아비에게 아침저녁으로 문안을 드리고 밥상을 봐드린 것이다. 『예기·문왕세자』를 참고하라.

141 각(恪): 본래는 각(愙)이라고 하였으며 공경하다, 근신하다의 뜻.
관차(官次): 관직, 직위와 같은 말.

季孫喜,	계손이 기뻐하여
使飮己酒,	자기에게 주연을 베풀게 하여
而以具往,	주기를 모두 갖추어 가서
盡舍旃.[142]	다 그곳에 그대로 두었다.
故公鉏氏富,	그리하여 공서는 부자가 되었고
又出爲公左宰.[143]	또 공의 좌재로 출사하였다.
孟孫惡臧孫,	맹손은 장손을 미워하였고
季孫愛之.	계손은 그를 사랑하였다.
孟氏之御騶豐點好羯也,[144]	맹씨의 어추인 풍점이 갈을 좋아하여
曰,	말하였다.
"從余言,	"제 말을 따르면
必爲孟孫."[145]	반드시 맹손이 될 수 있습니다."
再三云,	재삼 이르니

142 계무자가 공서로 하여금 공서의 집에서 자기를 청하여 음식을 대접하게 하였는데 잔치할 때 쓰는 기구들을 모두 공서의 집으로 갖추어 가서 두고 가져가지 않은 것이다.
전(旃): 지언(之焉)의 합음자.

143 노나라 임금에게 출사하여 노공의 좌재가 된 것이다.

144 어추(御騶): 말을 기르고 아울러 수레를 모는 관직으로, 성공 18년의 『전』에 승마어(乘馬御)가 있는데 육추(六騶)를 그곳에 예속시켰다.
풍점(豐點): 성이 풍이고 이름이 점일 것이다.
갈(羯): 맹장자(孟莊子)의 서자이며 유자 질(孺子秩)의 아우로, 효백(孝伯)이라고도 한다.

145 맹장자의 후계자가 되는 것이다.

羯從之.	갈이 그대로 따랐다.
孟莊子疾,	맹장자가 병이 나자
豐點謂公鉏,	풍점이 공서에게 말하였다.
"苟立羯,	"실로 갈을 세운다면
請讎臧氏."[146]	장씨의 원수를 갚기를 청하겠습니다."
公鉏謂季孫曰,	공서가 계손에게 말하였다.
"孺子疾固其所也.[147]	"유자 질이 본래 그 자리를 이어야 했습니다.
若羯立,[148]	갈을 세운다면
則季氏信有力於臧氏矣."[149]	계씨가 장씨보다 더 힘이 있을 것이라 믿을 것입니다."
弗應.[150]	대꾸를 하지 않았다.
己卯,	기묘일에
孟孫卒.[151]	맹손이 죽었다.

146 장손이 공서를 버리고 도자를 세우는 계책을 세우게 하였으므로 풍점이 그 원수를 갚으라고 선동한 것이다.

147 이미 유자(孺子)라고 칭하였으니 이미 맹씨의 후계자로 정하여졌음이 확실하다는 것이다. 기소(其所)는 본래 맹씨의 후계자가 되어야 할 사람이라는 말이다.

148 질(秩)을 폐하고 갈을 후사로 세우게 하는 것이다.

149 계손은 원래 도자를 세우려 하였는데 장씨가 그것을 성사시키는 것을 겨우 도와줬다. 맹씨는 이미 질을 후사로 세웠는데 만약 계씨가 그를 폐하고 갈을 세운다면 그 세력이 장씨보다 클 것이라는 말이다.

150 계씨가 허락을 하지 않은 것이다.

公鉏奉羯立于戶側.[152]	공서가 갈을 받들어 문 곁에 서 있게 하였다.
季孫至,	계손이 이르러
入,	들어와
哭,	곡을 하고
而出,	나가서
曰,	말하였다.
“秩焉在?”	“질은 어디에 있는가?”
公鉏曰,	공서가 말하였다.
“羯在此矣.”[153]	“갈이 여기 있습니다.”
季孫曰,	계손이 말하였다.
“孺子長.”[154]	“유자가 장자요.”

---

151 맹손(孟孫)은 『경』의 중손속(仲孫速)이다. 맹·숙·계는 모두 환공의 서자이며, 환공의 적장자인 동(同)이 즉위하여 장공이 되었다. 장공에게는 세 아우가 있는데 장유를 따지면 맹·숙·계가 되어야 한다. 그러나 경보(慶父) 또한 공중(共仲)이라 칭하여 그 후로 곧 중을 씨로 삼았다. 그리하여 『경』에서는 중손이라 하였고 『전』에서는 맹손이라 하였는데 기실 마찬가지이다.

152 고대의 상례에 의하면 사자의 시신은 여전히 방에 있으며 후사자는 문곁에서 남쪽을 보고 서서 조문 오는 귀빈을 맞이하는데, 『예기·단궁(檀弓) 상』에서 이른바 “사구 혜자(惠子)의 상 때 문자가 물러나 적자를 부지하고 남쪽을 보면서 서 있었다”는 것이 이것을 말한다. 「증자문(曾子問)」에 의하면 상례 때는 원래 두 고(孤)가 없는 것 같다. 「단궁 하」에서는 또 말하기를 “대부의 상 때 서자는 조상을 받지 않는다”라 하였는데, 갈이 문 곁에 서서 조상을 받으니 유자 질은 후계자가 아닌 것이다.

153 계손이 질을 물은 것은 여전히 질을 맹씨의 후계자로 생각한 것이다. 공서는 갈이라고 대답을 하였으니 갈을 후계자로 생각한 것이다.

154 계손은 여전히 질을 유자라고 하였으니 뜻을 바꾸지 않은 것이다.

公鉏曰,	공서가 말하였다.
"何長之有?	"장자가 어디 있습니까?
唯其才也.[155]	재주만 있으면 되는 것이오.
且夫子之命也."[156]	또한 부자의 명입니다."
遂立羯.	마침내 갈을 세웠다.
秩奔邾.[157]	질은 주나라로 달아났다.
臧孫入哭,	장손이 들어가 곡을 하는데
甚哀,	매우 슬퍼하였으며
多涕.	눈물을 많이 흘렸다.
出,	나오자
其御曰,	그의 어자가 말하였다.
"孟孫之惡子也,	"맹손이 그대를 미워하였는데도
而哀如是.	이렇게 슬퍼하시네요.
季孫若死,	계손이 죽는다면
其若之何?"	어떻겠습니까?"
臧孫曰,	장손이 말하였다.
"季孫之愛我,	"계손이 날 사랑한 것은

155 이는 계손이 도자를 택하여 세운 말을 가지고 다시 계손에게 답한 것이다.
156 죽은 사람의 명을 바로잡은 것이다. 부자는 맹장자(孟莊子)를 가리킨다.
157 도망가지 않았으면 피살될 위험성이 있었기 때문이다.

疾疢也;[158] 병이었고,

孟孫之惡我, 맹손이 날 미워한 것은

藥石也.[159] 약과 침이다.

美疢不如惡石.[160] 좋은 병이라도 나쁜 침만 못한 법이다.

夫石猶生我,[161] 대체로 침은 오히려 나를 살리지만

疢之美, 병은 좋아도

其毒滋多.[162] 그 독이 더욱 많다.

孟孫死, 맹손이 죽었으니

吾亡無日矣."[163] 내가 망할 날도 머지않았다."

孟氏閉門, 맹씨가 문을 닫고

告於季孫曰, 계손에게 일러 말하였다.

---

158 질진(疾疢): 또한 진질(疢疾)이라고도 하는데, 이를테면 『맹자·진심(盡心) 상』에서는 "사람 중에 덕의 지혜와 기술의 지혜를 가지고 있는 자는 항상 어려움 속에 있다(恒存乎疢疾)"라 한 것이 있고, 질(疾)과 진(疢)은 같은 뜻의 낱말이다.

159 약석(藥石): 약(藥)은 초목으로 병을 치료할 수 있는 것을 말한다. 석(石)은 종유(鐘乳)나 반석(礬石), 자석(磁石) 따위의 병을 치료할 수 있는 것이며, 혹은 옛날의 침은 돌을 썼음을 이르기도 하는데 이를 폄석(砭石)이라 한다.

160 미진(美疢): 이를테면 『맹자·양혜왕 하』에서 "과인에게는 병이 있으니 과인은 용맹함을 좋아합니다"라든가, "과인은 미색을 좋아합니다"의 용맹을 좋아하고 미색을 좋아하는 것 따위이다. 혹은 고통이 없는 병을 가리킨다고도 한다.

악석(惡石): 돌로 침을 만들어 찌르면 늘 고통이 따르기 때문에 이렇게 말하였다.

161 병을 치료할 수 있어서 나를 살린다는 말이다.

162 자(滋): 더욱 많다는 뜻.

163 무일(無日): 무다일(無多日), 날이 많지 않다는 말이다.

“臧氏將爲亂,	“장씨가 난을 일으키려 하여
不使我葬.”[164]	우리가 장례를 치르지 못하게 한다.”
季孫不信.	계손은 그 말을 믿지 않았다.
臧孫聞之,	장손은 듣고
戒.[165]	경계하였다.
冬十月,	겨울 10월에
孟氏將辟,[166]	맹씨가 묘도를 닦으려고
藉除於臧氏.[167]	장씨에게 역부를 빌리려 하였다.
臧孫使正夫助之,[168]	장손이 정부로 하여금 돕게 하고
除於東門,[169]	동문에서 묘도를 닦을 때
甲從己而視之.[170]	갑사들로 하여금 자기를 따라 시찰케 했다.
孟氏又告季孫.	맹씨가 또 계손에게 알렸다.

164 두예는 “장씨에게 공서의 복수를 해주려는 것이다”라 하였다.

165 두예는 “대비를 하는 것이다”라 하였다.

166 벽(辟): 벽(闢)과 통하여 쓴다. 두예는 “벽(辟)은 장도를 뚫는 것이다”라 하였다. 곧 갱도를 뚫는 것이다. 여기서는 묘도를 닦는다는 뜻으로만 해석된다.

167 자제(藉除): 자(藉)는 빌리는 것이다. 제(除)는 곧 소공 12년 및 18년『전』의 제도(除徒)로 묘도를 닦는 역부(役夫)이다.

168 정부(正夫): 노나라 도읍 3향(鄕) 중의 정졸(正卒)로 곧 양공 9년『전』의 송(宋)의 정도(正徒)이다. 장손은 사구(司寇)를 맡고 있었으며 혹 또한 이 일을 겸하여 관장하였을 것이다.

169 동문에서 묘도를 닦는 것이다.

170 장손이 또한 갑사들로 하여금 자기를 따르게 하여 정졸들이 묘도를 닦는 것을 시찰하게 한 것이다.

季孫怒,[171] 계손이 노하여

命攻臧氏. 장씨를 공격하라는 명을 내렸다.

乙亥, 을해일에

臧紇斬鹿門之關以出, 장흘이 녹문의 관문을 자르고 나가

奔邾.[172] 주나라로 달아났다.

初, 처음에

臧宣叔娶于鑄,[173] 장선숙이 주나라에서 아내를 얻었는데

---

171 장손이 갑사들을 따르게 한 것은 맹씨가 자기를 공격하는 것을 방어하기 위한 것이지 남을 공격하려는 것이 아니다. 계손이 먼저 "난을 일으키려는" 참소를 듣고 믿지 않았는데 이때 또 참소를 듣고 아울러 갑사가 있다는 것까지 알게 되자 이에 그것을 믿고 노한 것이다.

172 녹문(鹿門): 노나라 도성 남쪽 성의 동문이다. 주(邾)는 곡부 동남쪽에 있어서 이 문으로 나가면 지름길이 된다. 『설문(說文)』에서는 "관(關)은 나무를 가로로 놓아 문호를 지탱하는 것이다"라 하였다. 가의의 『신서(新書)』에서는 "예양이 말하기를 '나는 중항씨를 섬겼는데 휘장을 주어 입히고 빗장을 주어 베게 하였다'라 하였다." 빗장은 횡목이기 때문에 벨 수 있다. 『증운(增韻)』에서는 문모(門牡)라고 하였는데 문빈(門牝)에 질러 넣기 때문이라고 하였다.

173 주(鑄): 『여씨춘추·신대람(新大覽)』에서는 "무왕(武王)이 은(殷)나라를 이기고 황제(黃帝)의 후손을 주(鑄)에 봉하라고 명했다"라 하였다. 세상에 전하는 기물로 주공보(鑄公簠)가 있는데, 명문에서 "주공(鑄公)이 맹임거모(孟妊車母)의 잉보(媵簠)를 만들다"라 하였다. 또한 「진어 4」에 의하면 임성(任姓)이 황제의 후손이니 주공보는 곧 이 주나라의 기물이다. 또한 주자숙흑신보(鑄子叔黑臣簠)가 제동현(濟東縣)의 옛 치소 경계에서 출토되었는데 이 나라에서 주조한 것인지는 모르겠다. 청나라 성욱(盛昱)의 『울화관금문(鬱華館金文)』에서는 "이 기물은 청주(青州)에서 나왔으며 더욱 합치된다"라 하였다. 주(鑄)는 또한 "축(祝)"이라고도 하는데 고음은 평성과 입성을 마주 전환시켜 통가하였다. 주(鑄)는 지금의 산동 비성현(肥城縣) 남쪽 대문하(大汶河) 북안에 있으며 고동고(顧棟高)의 『대사표(大事表)』에서는 영양현(寧陽縣) 서북쪽에 주성(鑄城)이 있다고 하였다. 곽말약(郭沫若: 1892~1978)은 『양주금문사대계고(兩周金文辭大系考)』에서 "주나라는 결국 제나라 사람의 압박을 받아 이곳에서 나라가 멸망했다"라 하였다.

生賈及爲而死.[174] 가와 위를 낳고 죽었다.

繼室以其姪, 그 질녀를 계실로 삼았는데

穆姜之姨子也,[175] 목강의 이종으로

生紇, 흘을 낳았으며

長於公宮. 공의 궁에서 자랐다.

姜氏愛之,[176] 강씨가 그를 사랑하여

故立之.[177] 세웠다.

臧賈, 臧爲出在鑄.[178] 장가와 장위가 나가서 주나라에 있었다.

소공 25년 공이 소자(昭子)로 하여금 주에서 돌아오게 한 것도 또한 곧 이곳이다.

174 주(鑄)나라의 여자가 죽은 것이다.

175 이자(姨子): 청나라 이자명(李慈銘)의 『월만당일기(越縵堂日記)』에서는 "『이아(爾雅)』에서는 '처의 자매가 모두 출가하면 이(姨)라고 한다'라 하였다. 어머니의 자매는 『이아』에서 종모(從母)라고 분명히 말하였으며, 『의례·상복(喪服)』장에도 모두 같으며, 일찍이 별칭이 없었다. 유희〔劉熙: 유희의 『석명(釋名)』〕에 이르러 이에 어머니의 자매를 이(姨)라 하였으며, 진나라 두예의 『좌전』의 주석과 공영달의 주석〔소(疏)〕에서 운운한 것은 당연한 말이라고 생각하였다"라 하였다. 장공 10년 『전』에서 "채후가 말하기를 '나의 처제이다'라 하였다(蔡侯曰吾姨也)"라 한 것을 보면 이자명의 설이 확실하다. 다만 두예는 목강을 선공의 부인으로 생각하여 처의 자매가 있을 수가 없게 되었으므로 유희의 설을 고쳐서 종모(從母)를 이(姨)라 하였으며 선진시대에 이런 호칭이 없는 것을 몰랐다. 목강의 이자(姨子)는 곧 선공의 이자이며 목강의 자매이다. 남편의 호칭도 또한 따라서 이(姨)라고 한다. 곧 장공 10년 『전』에서 "채후가 말하기를 '나의 처제이다'라 하였다(蔡侯曰吾姨也)"라 한 것으로 입증된다. 『여씨춘추·장공(長攻)』편에서는 "채후가 말하기를 '식부인은 나의 처제이다(息夫人, 吾妻之姨也)'라 하였다"라 하였는데, 고유(高誘)의 주에서는 "아내의 여동생을 이(姨)라 한다"라 하였다. "오처지이(吾妻之姨)"가 어찌 목강의 이(姨)와 같은 뜻이 아니겠는가? 목강의 이자(姨子)는 곧 목강의 여동생의 아들이다.

176 강씨(姜氏): 목강(穆姜)이다.

177 흘을 선숙의 후사로 세운 것이다.

臧武仲自邾使告臧賈,[179]	장무중이 주나라에서 장가에게 알리게 하고
且致大蔡焉,[180]	또한 대채를 바치면서
曰,	말하였다.
"紇不佞,[181]	"제가 재주가 없어
失守宗祧,[182]	종묘의 제사를 지키지 못하여
敢告不弔.[183]	감히 저의 불민함을 고합니다.
紇之罪不及不祀,[184]	저의 죄가 제사를 지내지 않는 데까지 미치지는 않았으니
子以大蔡納請,	그대가 대채를 바치고 청하면
其可."[185]	될 것입니다."
賈曰,	가가 말하였다.
"是家之禍也,	"이는 가문의 재화이지

178 물러나 외삼촌의 집으로 돌아간 것이다. 제소남(齊召南)의 『고증(考證)』에서는 "17년의 『전』에 장가(臧賈)가 갑사 3백 명을 거느리고 밤에 제나라 군사를 범하여 그를 보내 주고 돌아갔다. 이 가(賈) 또한 일찍이 노나라로 돌아갔는데 흘이 주(邾)나라로 달아났을 때 가 또한 주(鑄)나라에 있었을 따름이다"라 하였다.

179 가(賈)는 무중(武仲)의 적장형(嫡長兄)이다.

180 대채(大蔡): 『한서·식화지(食貨志)』에서는 "원귀(元龜)를 채(蔡)라 한다"라 하였다. 대채는 큰 거북이다. 옛날에는 거북으로 점을 쳤는데 거북이 클수록 더욱 신령하다고 생각하였다.

181 불녕(不佞): 비재(非才)와 같은 듯이다.

182 종묘에 제사를 지낼 수 없는 것이다.

183 불조(不弔): 옛 조(弔)자는 곧 숙(淑)자로, 불숙(不淑), 불선(不善)이라는 뜻이다.

184 두예는 "후사가 있으리라는 말이다"라 하였다.

185 대채를 바치고 장씨(臧氏)의 후사를 세울 것을 청하면 행하여질 것이라는 말이다.

非子之過也.	그대의 잘못이 아니오.
賈聞命矣."	나는 명을 듣겠소."
再拜受龜,	두 번 절하고 거북을 받아
使爲以納請,[186]	위로 하여금 바치고 청하게 하자
遂自爲也.[187]	마침내 스스로를 청하였다.
臧孫如防,[188]	장손이 방으로 가서
使來告曰,	사람을 보내와서 알리기를
"紇非能害也,	"저는 사람을 잘 해치는 것이 아니라
知不足也.[189]	지혜가 모자랐습니다.
非敢私請.[190]	감히 사적으로 청하는 것이 아닙니다.
苟守先祀,[191]	실로 선대의 제사를 지켜
無廢二勳,[192]	두 공업을 이룬 분이 폐하여지지만 않는다면
敢不辟邑!"[193]	감히 읍을 피하지 않으리오!"

186 가(賈)가 위(爲)로 하여금 자기를 위하여 거북을 바치고 청하라는 말이다.
187 위(爲)가 자기의 형인 가(賈)를 위하여 청하지 않고 자기를 위해 청하였다는 말이다.
188 두예는 "방은 장손(臧孫)의 읍이다"라 하였다.
189 지(知): 지(智)와 같다. 갑사를 따르게 한 것이 바로 공서(公鉏)의 무고와 맞아떨어진 것이다.
190 씨족 전체를 위하여 청하는 것이지 개인적인 청이 아니라는 것이다.
191 수(守): 보존하다.
192 무(無): 불(不)자의 뜻으로 쓰였다.
이훈(二勳): 두예는 "이훈은 문중(文仲)과 선숙(宣叔)이다"라 하였다.

乃立臧爲.	이에 장위를 세웠다.
臧紇致防而奔齊.	장흘은 방을 바치고 제나라로 달아났다.
其人曰,[194]	그 사람이 말하였다.
"其盟我乎?"[195]	"우리에게 맹세하겠지요?"
臧孫曰,	장손이 말하였다.
"無辭."[196]	"맹세하지 않을 것이다."
將盟臧氏,	장씨에게 맹세를 하려는데
季孫召外史掌惡臣而問盟首焉.[197]	계손이 외사로 악신을 관장하는 사람을 불러 맹세의 말을 물었다.
對曰,	대답하여 말하였다.
"盟東門氏也,	"동문씨에게 맹세하여서는

---

193 피(辟): 피(避)와 같다. 방을 떠나 다른 곳으로 가는 것이다. 『논어·헌문(憲問)』편에 "장무중이 방읍을 가지고 노나라의 후계자를 세워 줄 것을 요구하였으니, 비록 임금을 협박하지는 않았다고 말하나 나는 믿지 않는다"라는 말이 보인다.

194 기인(其人): 장무중이 제나라로 달아날 때 따라간 사람이다.

195 달아난 사람에게 맹세하는 것은 성공 16년의 『전』과 『주』에 보인다.

196 무사(無辭): 쫓겨난 자를 위하여 맹세를 하면 반드시 그 죄를 헤아릴 것인데, 그 죄가 연장자를 폐하고 연소자를 세운 것이라면 계손이 감히 말하지 않을 것이므로 이렇게 말하였다.

197 악신(惡臣): 도망쳐 외국에 있는 신하. 고동고(顧棟高)는 말하였다. "『상서·주고(酒誥)』에 의하면 제후들에 내사(內史)가 있을 수 있으니 또한 외사(外史)도 있는 것이다." 『주례』에 외사가 있는데 관장하는 직책은 같지 않다. 두예의 주와 공영달의 주〔소(疏)〕에서는 사관(史官)은 몸이 밖에 있으므로 외사라고 하는 것이지 관명은 아니라고 하였다. 맹수(孟首): 왕인지(王引之)의 『술문(述聞)』에서는 맹도(孟道)라고 하였고, 『회전(會箋)』에서는 수(首)는 사(辭)라고 하였는데 모두 뜻이 통한다.

曰‘毋或如東門遂不聽公命,[198]	‘혹여라도 동문수처럼 공의 명을 따르지 않고
殺適立庶’.	적자를 죽이고 서자를 세우지 말라’라 하였습니다.
盟叔孫氏也,	숙손씨에게는 맹세하기를
曰‘毋或如叔孫僑如欲廢國常,	‘혹여라도 숙손교여처럼 나라의 상도를 폐하고
蕩覆公室.’”[199]	공실을 뒤엎으려 하지 말라’라 하였습니다.”
季孫曰,	계손이 말하였다.
“臧孫之罪皆不及此.”	“장손의 죄가 아무래도 여기까지 미치지는 않을 것이다.”
孟椒曰,	맹초가 말하였다.
“盍以其犯門斬關?”	“어찌 성문을 범하고 빗장을 자른 것을 쓰지 않습니까?”
季孫用之,	계손이 그것을 쓰니
乃盟臧氏,	이에 장씨에게 맹세하여
曰,	말하였다.

198 동문수(東門遂): 곧 양중(襄仲)이다. 적자 악(惡)을 죽이고 선공(宣公)을 세운 일은 문공 18년의 『전』에 보인다.

199 성공 16년의 『전』과 『주』에 보인다.

"毋或如臧孫紇干國之紀,[200]	"혹여라도 장손흘처럼 나라의 기강을 범하여
犯門斬關!"	성문을 범하고 빗장을 자르지 마라."
臧孫聞之,	장손이 그 말을 듣고
曰,	말하였다.
"國有人焉,	"나라에 사람이 있다면
誰居?[201]	누구일까?
其孟椒乎!"[202]	아마 맹초일 것이다.!"

晉人克欒盈于曲沃,	진나라 사람이 곡옥에서 난영을 이기고
盡殺欒氏之族黨.	난씨의 족당들을 모두 죽였다.
欒魴出奔宋.	난방은 송나라로 달아났다.
書曰,	기록하기를
"晉人殺欒盈",	"진나라 사람이 난영을 죽였다"라 하고

200 무(毋): 원래는 "무(無)"로 되어 있었는데 여기서는 『경전석문』을 따라 바로 잡았다. 완원(阮元)의 『교감기』에 상세하다.
간(干): 범하다.

201 거(居): 의문조사로 여(歟)와 같은 뜻이다.

202 두예는 "맹초는 맹헌자(孟獻子)의 손자 자복혜백(子服惠伯)이다"라 하였다. 「노어 하」의 위소(韋昭)의 주에서는 "혜백은 중손타(仲孫他)의 아들 자복초(子服椒)이다"라 하였다.

不言大夫,	대부를 말하지 않은 것은
言自外也.[203]	밖에서 왔음을 말한 것이다.

齊侯還自晉,	제후가 진나라에서 돌아왔는데
不入,[204]	들어오지 않고
遂襲莒.	결국 거나라를 습격하였다.
門于且于,[205]	차우의 성문을 공격하다가
傷股而退.[206]	넓적다리에 상처를 입고 물러났다.
明日,	다음 날
將復戰,	다시 싸우려고
期于壽舒.[207]	수서에서 만나기로 기약하였다.
杞殖, 華還載甲夜入且于之隧,[208]	기식과 화환이 갑사를 싣고 밤에 차우의 협로로 들어가
宿於莒郊.	거나라의 교외에서 묵었다.
明日,	다음 날

203 두예는 "밖에서 임금을 범하고 들어왔으므로 더 이상 진나라의 대부가 아니다"라 하였다.
204 두예는 "나라에 들어가지 않은 것이다"라 하였다.
205 두예는 "차우는 거나라의 읍이다"라 하였다. 산동 거현(莒縣)의 경내에 있을 것이다.
206 두예는 "제후(齊侯)가 부상을 당한 것이다"라 하였다.
207 두예는 "수서는 거나라 땅이다"라 하였다. 거현의 경계일 것이다. 제후가 그 군대와 수서에서 모이기로 약속한 것이다.
208 기식과 화환은 제나라의 대부이다. 차우지수(且于之隧)는 차우에 있는 협로(狹路)이다.

先遇莒子於蒲侯氏.[209]	먼저 거자를 포후씨에서 만났다.
莒子重賂之,	거자가 뇌물을 두터이 하고서
使無死,	죽지 않게 해달라고 하면서
曰,	말하기를
"請有盟."[210]	"맹약을 청합니다"라 하였다.
華周對曰,[211]	화주가 대답하여 말하기를
"貪貨棄命,	"재화를 탐내어 목숨을 버리는 것은
亦君所惡也.	또한 임금도 싫어하는 바요.
昏而受命,[212]	어제저녁에 명을 받고
日未中而棄之,[213]	해가 정오도 되지 않았는데 버리니,
何以事君?"[214]	어떻게 임금을 섬기겠소?"
莒子親鼓之,	거자가 친히 북을 치며
從而伐之,	따라서 그를 치고
獲杞梁.[215]	기량을 잡았다.

209 두예는 "포후씨는 거나라에 가까운 읍이다"라 하였다. 소공 14년의 『전』에 거나라 대부 자부(玆夫)가 있는데 포여후(蒲餘侯)라 부르며, 포여후가 곧 포후인 것 같다.

210 두 사람이 갑사를 이끌고 밤에 험로로 거나라 교외의 읍으로 들어가다가 거자가 거느린 대군을 만나 반드시 싸워서 죽을 처지에 놓인 것이다. 거자가 싸우지 않게 하려 하였기 때문에 맹약을 맺고 물러나기를 청한 것이다.

211 화주(華周): 곧 화환(華還)이다. 『한서·고금인표(古今人表)』에는 화주(華州)로 되어 있고, 『설원·입절(立節)』편에는 화주(華舟)로 되어 있다.

212 어제저녁에 제후의 명을 받고 온 것이다.

213 오늘 아직 정오도 되지 않았는데 명을 저버리는 것이다.

214 반드시 싸우려고 하는 것을 말한다.

莒人行成.[216]	거나라 사람이 화청을 행하였다.
齊侯歸,	제후가 돌아오는 길에
遇杞梁之妻於郊,	교외에서 기량의 아내를 만났는데
使弔之.	조문하게 하였다.
辭曰,	거절하여 말하기를
"殖之有罪,	"식이 죄가 있다면
何辱命焉?[217]	어찌 명을 욕되이 하겠습니까?
若免於罪,	만약 죄가 없다면
猶有先人之敝廬在,	아직도 선인의 쓰러진 오두막이 있으니
下接不得與郊弔."[218]	하첩은 교외의 조문을 받아들일 수 없습니다."

---

215 이 획(獲)은 죽은 것을 얻은 것으로 곧 기량이 전사한 것이다. 량(梁)은 기식(杞殖)의 자로, 기식의 처가 "식에게 죄가 있다면"이라 한 것으로 알 수 있다.

216 『설원·입절(立節)』편에 기량과 화주의 일이 수록되어 있는데 『전』과는 다르다.

217 가정을 나타내는 구절이다. 기식에게 만약 죄가 있다면 어찌 감히 욕되이 임금의 조상을 받겠느냐는 말이다.

218 이 구절을 복건은 "猶有先人之敝廬在下"로 끊었는데 따르지 않는다. 『예기·단궁(檀弓) 하』에도 이 일이 수록되어 있는데, 또한 "則有先人之敝廬在"로 되어 있는 것으로 알 수 있다. 기량의 아내가 기량의 널을 맞이하다가 교외의 들판에서 제후를 만난 것이다. 고례에 의하면 이른바 천한 자들만이 교외에서 조상을 받게 되어 있다. 기량은 곧 대부이므로 그 처가 조상을 사절한 것이다. 『예기·단궁 하』에 "애공(哀公)이 사람을 시켜 괴상(蕢尙)을 조상케 하는데 길에서 만나자 길에서 비켜 궁실의 형상을 그려 그곳에서 조상을 받았다. 증자(曾子)가 말하기를 '괴상은 기량의 처보다도 예를 모르는구나'라 하였다"는 말이 있는데, 정현은 "조문의 예를 들에서 행하는 것은 그른 것이다"라 하였다. 다만 『예기·단궁 하』에서는 또한 "임금이 길에서 널을 만나면 반드시 사람을 시켜 조문케 한다"라 하였으니 제나라 장공이 사람을 시켜 조문케 한 것은 또한 옛 예법에 부합

齊侯弔諸其室.	제후가 그의 집에서 조문을 하였다.
齊侯將爲臧紇田.[219]	제후가 장흘에게 땅을 내리려 하였다.
臧孫聞之,	장손이 이 말을 듣고
見齊侯,	제후를 뵙고
與之言伐晉.[220]	진나라를 친 일을 말하였다.
對曰,	대답하여 말하였다.
"多則多矣,[221]	"많기는 많습니다만
抑君似鼠.[222]	임금님은 쥐 같았습니다.
夫鼠,	쥐라는 놈은
晝伏夜動,	낮에는 엎드려 있다가 밤에 움직여
不穴於寢廟,[223]	종묘에 구멍을 내지 않으니
畏人故也.	사람을 두려워하기 때문입니다.

하며, 기량의 처가 조문을 사절한 것도 옛 예법에 부합한다. 『맹자·고자(告子) 하』에서는 "화주와 기량의 처는 그 남편에게 곡을 잘하였다"라 하였고, 『설원·설선(說善)』편과 『열녀전·정순(貞順)』편에서는 부연하여 "성을 향해 곡을 하니 모퉁이가 무너지고 성이 그 때문에 허물어졌다"라 하였으니 더욱 과장된 말로 사실이 아니다.

219 두예는 "그에게 전읍(田邑)을 주는 것이다"라 하였다.

220 두예는 "제후가 진나라를 친 공을 스스로 말하였다"라 하였다.

221 『주례·사훈(司勳)』편에서는 "전공(戰功을 다(多)라고 한다"라 하였다. 여기서는 전공이 많은 것을 이른다.

222 억(抑): 단(但)과 같은 역접의 접속사이다.

223 『시경·소아·교언(小雅·巧言)』에 "빛나도다 침묘여(奕奕寢廟)"라는 말이 있으니 참묘는 한 단어, 곧 종묘이다.

今君聞晉之亂而後作焉,[224]	지금 임금께서는 진나라의 난리를 들은 후에 거병하였다가
寧將事之,	안정되자 섬기려 하니
非鼠如何?"[225]	쥐가 아니고 무엇이겠습니까?"
乃弗與田.[226]	이에 그에게 땅을 주지 않았다.
仲尼曰,	중니가 말하였다.
"知之難也.	"지혜롭기는 어려운 것이다.
有臧武仲之知,[227]	장무중의 지혜를 가지고서도
而不容於魯國,	노나라에 용납되지 않았으니
抑有由也.[228]	말미암음이 있는 것이다.
作不順而施不恕也.[229]	일을 함에 따르지 않고 시행함에 헤아리지 않아서이다.
夏書曰,	「하서」에서는 말하기를
'念茲在茲',	'이것을 생각함이 여기에 있다' 하였으니

224 작(作): 두예는 "작은 군사를 일으키는 것이다"라 하였다.
225 여하(如何): 『교감기』에서는 "여하(如何)는 곧 이하(而何)이다"라 하였다.
226 두예는 "장손이 제후가 패하려는 것을 알고 그 읍을 받지 않으려 했기 때문에 쥐에 비유하여 화를 돋우어 그만두게 하려 한 것이다"라 하였다.
227 지(知): 지(智)와 같다. 이 구절은 『논어·헌문(憲問)』편에도 보인다.
228 억(抑): 말의 첫머리에 나오는 조사로 뜻이 없다.
229 일을 함에 적자가 없으면 장자를 세우는 예를 따르지 않은 것이고, 베풂에 폐위된 자의 마음을 헤아리지 않은 것이다.

順事, 恕施也."　사리를 따르고 헤아려 베풀라는 것이다."

양공 24년

經

二十有四年春,[1]　24년 봄에

叔孫豹如晉.　숙손표가 진나라에 갔다.

仲孫羯帥師侵齊.　중손갈이 군사를 거느리고 제나라를 쳤다.

夏,　여름에

楚子伐吳.　초자가 오나라를 쳤다.

秋七月甲子朔,　가을 7월 갑자일 초하룻날에

日有食之,　일식이 있었는데

既.[2]　개기일식이었다.

齊崔杼帥師伐莒.　제나라 최저가 군사를 거느리고 거나라를 쳤다.

---

1 이십사년(二十四年): 임자년 B.C. 549년으로, 주영왕(周靈王) 23년이다. 동지가 정월 초4일 경오일로 건자(建子)이다.

2 『전』이 없다. 서력 6월 19일의 일식은 개기일식이었는데, 경에서 "기(既)"라고 기록한 것은 눈으로 체험했기 때문일 것이다.

大水.[3]	큰 홍수가 났다.
八月癸巳朔,	8월 계묘일 초하룻날
日有食之[4]	일식이 있었다.

公會晉侯, 宋公, 衛侯, 鄭伯, 曹伯, 莒子, 邾子, 滕子, 薛伯, 杞伯,

小邾子于夷儀.[5]	공이 이의에서 진후·송공·위후·정백·조백·거자·주자·등자·설백·기백·소주자와 회합하였다.
冬,	겨울에
楚子, 蔡侯, 陳侯, 許男伐鄭.	초자와 채후·진후·허남이 정나라를 쳤다.
公至自會.[6]	공이 회합에서 돌아왔다.
鍼宜咎出奔楚.[7]	진나라 침의구가 초나라로 달아났다.
叔孫豹如京師.	숙손표가 경사로 갔다.
大饑.[8]	큰 기근이 들었다.

---

3 『전』이 없다.

4 『전』이 없다. 7월 초하룻날 이미 개기일식이 있었으므로 8월 초하룻날 다시 일식이 있을 리 없다. 혹자는 사관의 잘못이라고 생각하였다. 청말(淸末) 추백기(鄒伯奇)의 『추미군유서(鄒微君遺書)』에서는 "아마 문공 11년 8월의 일식이 이곳으로 탈간(脫簡)되었을 것이다"라 하였다. 청나라 풍징(馮澂)의 『집증(集證)』에서도 "문공 11년 8월 계사 초하룻날의 일식일 것이며, 이곳으로 탈간되었다"라 하였다.

5 『공양전』에는 "진의(陳儀)"로 되어 있다. 희공 원년 『경』의 『주』에 보인다.

6 『전』이 없다.

7 두예는 "진침자(陳鍼子)의 8세손이다"라 하였다.

8 『전』이 없다. 『곡량전』에서는 오곡이 다 거두어들여지지 못한 것을 큰 기근〔大饑〕라고 한다고 하였다.

傳

二十四年春,	24년 봄에
穆叔如晉,	목숙이 진나라로 갔는데
范宣子逆之,[9]	범선자가 맞으며
問焉,	물어서
曰,	말하였다.
"古人有言曰,	"옛사람이 말하기를
'死而不朽',[10]	'죽어서도 썩지 않는다'라 하였는데
何謂也?"	무엇을 이름입니까?"라 하였다.
穆叔未對.	목숙이 채 대답을 하지 못하였다.
宣子曰,	선자가 말하였다.
"昔匄之祖,	"옛날 저의 조상은
自虞以上爲陶唐氏,[11]	우 이상은 도당씨였고
在夏爲御龍氏,[12]	하나라 때는 어룡씨였으며

9 심흠한(沈欽韓)의 『보주(補注)』에서는 "빙례는 손님이 근교에 이르면 임금이 경으로 하여금 조복과 비단으로 위로하게 한다"라 하였다.

10 「진어 8」에도 이 일이 수록되어 있는데, 위소의 주석에서는 "몸이 죽어도 이름이 썩어서 없어지지 않는 것을 말한다"라 하였다.

11 우(虞) 이상은 도당씨는 우순(虞舜) 이후에는 더 이상 현저해지지 않았다는 말이다. 소왕 29년의 『전』에서도 "유하(有夏)의 공갑(孔甲)에 이르러 유도당씨(有陶唐氏)는 이미 쇠퇴하였다"라 하였다. 혹은 지금의 산서 청서현(淸徐縣) 동남쪽 40리 지점에 도당성이 있고 도당씨가 살던 곳이라 하는데, 아마 부회한 이야기일 것이다.

12 소왕 29년의 『전』에서는 "유하 공갑에 이르러 유도당씨는 이미 쇠퇴하였고, 그 후에 유루(劉累)가 있었는데 씨를 내리길 어룡(御龍)이라 하였다"라 하였다. 『청일통지』에 의하

在商爲豕韋氏,[13]	상나라 때는 시위씨
在周爲唐杜氏,[14]	주나라 때는 당두씨
晉主夏盟爲范氏,[15]	진나라가 화하의 맹약을 주관할 때는 범씨였으니

면 지금의 하남 임영현(臨潁縣) 북쪽 15리 지점에 어룡성이 있는데 또한 부회한 데서 나왔을 것이다.

13 소왕 29년의 『전』에서는 "씨를 내려 어룡이라 하여 시위(豕韋)의 후손을 대신하였다"라 하였고, 또 여기서 "상나라 때에는 시위씨이다"라 하였고, 두예는 "시위씨의 후손을 대신한 것이다"라고 주석을 달고 "경(更)은 대신하는 것이다. 유루(劉累)가 팽성(彭姓)의 시위를 대신한 것이다. 유루는 얼마 뒤 노현(魯縣)으로 옮겼으며 시위는 나라를 수복하였다가 상나라에 이르러 망하였다. 유루의 후세가 다시 그 나라를 이어 시위씨가 되었다"라 하였다. 『당서·재상세계표(唐書·宰相世系表)』에서는 "위씨는 풍성(風姓)에서 나왔다. 전욱(顓頊)의 손자인 대팽(大彭)은 하나라의 제후인데, 소강(少康)이 그의 다른 손자 원철(元哲)을 시위에 봉하였으며, 활주(滑州) 위성(韋城)이 바로 이곳이다. 시위와 대팽은 번갈아 상백(商伯)이 되었다. 주왕 난(赧) 때 비로소 나라를 잃어 팽성으로 옮겼고, 나라를 씨로 삼았다. ……" 하였는데, 이는 대체로 『한서·위현전(韋賢傳)』의 위맹(韋孟)의 「풍간시(諷諫詩)」에 근거한 것이다. 『국어』와 『좌전』에서 비록 일찍이 시위를 언급하였었고, 『시경·상송·장발(商頌·長發)』에서 "위와 고가 이미 쳤다(韋顧旣伐)"라 하였고 정씨의 주석에서는 위를 시위로 생각하였으니, 시위는 이미 상나라에 의해 망하여 나라가 이미 존재하지 않게 되었으며, 겨우 씨성만 남아 있었을 따름이다. 이후의 책에서 전하는 것에서는 나라 이름으로서 시위는 보이지 않는데 위맹은 "유주(有周)에 이르러 대대로 회동하였다"라 하였으니 그 조상을 과장한 듯하며 반드시 역사적 사실에 부합하지는 않을 것이다. 전하는 바에 의하면 하남의 옛 활현의 치소〔지금의 치소는 도구진(道口鎭)으로 옮겼으며 옛 치소의 조금 서쪽에 있다〕 동남쪽 50리 지점에 위향(韋鄕)이 있는데 곧 옛 시위국이다.

14 당두(唐杜): 두예는 "두 나라 이름"이라고 하였으나 틀렸다. 실은 한 나라 이름으로 두(杜)라고도 하고 당두(唐杜)라고도 하며 초(楚)나라를 형초(荊楚)라고도 하는 것과 같다. 『당세·재상세계표 12』와 『통지·씨족략 2』에서도 모두 두씨(杜氏)를 또한 당두씨(唐杜氏)라고도 한다 하여 두예의 주(注)를 따르지 않았다. 춘추시대 이전에 이미 멸절되었다. 문공 6년 『전』에 "두기는 임금님 때문에(杜祁以君故)"라는 말이 있는 것으로 보아 두나라의 성이 기(祁)임을 알 수 있다. 이기(彝器)로는 두백력(杜伯鬲)이 있는데 그 명문에서는 "두백〔杜白, 곧 백(伯)〕이 숙기준력(叔嫦障鬲)을 만들다"라 하였다. 양수달의 『금문설·두백력발(金文說·杜伯鬲跋)』에 상세하다. 지금의 섬서 서안시(西安市) 동남쪽 장안현(長安縣) 동북쪽에 두릉(杜陵)이 있는데, 아마 곧 당두의 옛 나라일 것이다.

其是之謂乎?”	이를 이름이 아니겠습니까?”
穆叔曰,	목숙이 말하였다.
“以豹所聞,	“내가 들은 바로는
此之謂世祿,[16]	이것은 세록이라 하지
非不朽也.	썩지 않는 것은 아닙니다.
魯有先大夫曰臧文仲,	노나라에는 선대부가 있으니 장문중이라 하였고
旣沒,	이미 죽은 후에는
其言立,[17]	그 말이 섰으니
其是之謂乎!	이를 이름일 것입니다!
豹聞之,	제가 듣자 하니
‘大上有立德,	‘최상의 것으로는 입덕이 있고
其次有立功,	그 다음으로는 입공,

15 진나라는 제후이기는 하나 실은 화하(華夏)의 맹주이므로 우(虞)·하(夏)·상(商)과 나란히 열거하였다. 『산동통지(山東通志)』에서는 진나라 범무자(范武子)의 채읍이 범현(范縣: 지금의 옛 범현 치소로, 새 범현은 이미 앵도원(櫻桃園)으로 치소를 옮겼다) 동남쪽 30리 지점의 범성(范城)에 있다고 하였으니 곧 옛 환성(豢城)이며, 성터는 옛날과 같고 하나의 탑만이 외로이 남아 있다고 하였다.

16 성공 8년의 『전』에서 한궐(韓厥)은 “3대의 훌륭한 임금은 모두 수백 년간 하늘의 복록을 보지하였습니다(三代之令王皆數百年保天之祿)”라 하였다.

17 두예는 “입(立)이라는 것은 없어져 끊어지지 않는 것을 이른다”라 하였다. 가나자와 문고본(金澤文庫本)에는 “입(立)”자의 아래에 “어세(於世)” 두 자가 있는데 『석문(釋文)』에서 이른바 속본(俗本)과 같다.

其次有立言.'[18]	그 다음으로는 입언이 있다'라 하였습니다.
雖久不廢,	오래되어도 없어지지 않았으니
此之謂不朽.	이를 일러 썩지 않는다라는 것입니다.
若夫保姓受氏,	성을 지키고 씨를 받아
以守宗祊,[19]	종묘를 잘 지켜
世不絶祀,	대대로 제사가 끊어지지 않게 하는 것 같은 것은
無國無之.	그렇게 하지 않는 나라가 없습니다.
祿之大者,	이는 작록이 큰 것으로
不可謂不朽."	썩지 않는다고는 말할 수 없습니다."

范宣子爲政,	범선자가 정사를 보는 동안

---

18 입덕이 최고이고 입공은 그 다음이며 입언은 또 그 다음이라는 말이다. 희공 24년의 『전』에 "가장 좋은 것은 덕으로 백성을 어루만지는 것이며 그 다음은 친척을 가까이하여 서로 미치게 하는 것이다(大上以德撫民, 其次親親, 以相及也)"는 말이 있고, 『회남자·태족훈(泰族訓)』에서는 "몸을 다스리는 것은 정신을 기르는 것이 가장 낫고 그 다음은 육체를 기르는 것이다(治身太上養神, 其次養形)"라 하였는데 여러 "태상(大上)"과 "기차(其次)"는 모두 이 뜻과 같다. 청나라 유정섭(兪正燮)의 『계사존고(癸巳存稿)』 "태상(太上)" 조에서는 "대체로 태상이라는 것은 사람에게는 가장 높은 것이고 덕에 있어서는 가장 아름다운 것이며 일에 있어서는 지당한 것이고 때에 있어서는 지고(至古)한 것이다"라 하였는데 반드시 믿을 만하지는 않다.

19 종팽(宗祊): 종묘와 같다. 「주어(周語) 중」의 "이제 종묘〔宗祊〕가 크게 민멸되려 한다"는 것과 같다. 혹자는 종사(宗祏)로 생각하였으나 확실치 않다.

諸侯之幣重,[20]
제후의 공물이 중하여

鄭人病之.
정나라 사람이 이를 괴로워하였다.

二月,
2월에

鄭伯如晉,
정백이 진나라로 갔는데

子産寓書於子西,[21]
자산이 자서에게 편지를 맡겨

以告宣子,[22]
선자에게 알리게 하여

曰,
말하였다.

“子爲晉國,[23]
“그대가 진나라를 다스림에

四鄰諸侯不聞令德,
사방의 이웃 제후들에게 훌륭한 덕은 들리지 않고

而聞重幣,
공물이 중하다는 소리만 들리니

僑也惑之.
제가 그것에 의혹이 듭니다.

僑聞君子長國家者,
제가 듣건대 군자가 국가를 다스림에

非無賄之患,
재화가 없는 것을 근심하는 것이 아니라

20 폐중(幣重): 진나라는 패주로 제들이 조빙을 하러 갈 때 폐백을 바쳐야 했다. 이 폐백은 일체의 공물을 가리킨다.

21 우(寓): 부치다, 부탁하다.
자서(子西): 공손하(公孫夏)로 공손비(公孫騑)의 아들이다.

22 아래의 문장에 의하면 자서는 정백을 도와 진나라에 갔으므로 자산이 그에게 부탁하여 선자에게 편지를 부친 것을 알 수 있다.

23 위(爲): 다스리다.

而無令名之難.[24]	훌륭한 명성이 없음을 근심한다고 하였습니다.
夫諸侯之賄聚於公室,	대체로 제후의 제물이 공실로 모이면
則諸侯貳.[25]	제후들이 두 마음을 품을 것입니다.
若吾子賴之,[26]	만약 그대가 그것에 힘입는다면
則晉國貳.[27]	진나라가 두 마음을 가질 것입니다.
諸侯貳,	제후들이 두 마음을 가지면
則晉國壞;[28]	진나라는 무너질 것이고,
晉國貳,	진나라가 두 마음을 가지면
則子之家壞,[29]	그대의 집이 무너질 것이니
何沒沒也![30]	어찌 그리 밝지 못합니까?
將焉用賄?	장차 재물을 어디에 쓰시렵니까?
夫令名,	대체로 아름다운 명성은
德之輿也;	덕을 싣는 수레이며,

---

24 난(難): 근심하다의 뜻이다. 재화가 없음을 근심하지 않고 훌륭한 평판이 없는 것을 근심한다는 뜻. 회(賄)는 재화이다.

25 임금이 재화를 끌어 모으면 내부가 분열된다는 것이다.

26 뢰(賴): 이롭다는 뜻. 이것을 자기의 이로움으로 여기다.

27 범선자가 이것 때문에 또한 재화를 끌어 모은다면 진나라의 내부 또한 분열될 것이라는 말이다.

28 제후국 내에 난이 일어나면 진나라는 맹주로서 또한 해를 입을 것이라는 말이다.

29 진나라 내부가 분열되면 권력을 잡고 있는 신하도 화를 당한다는 것이다.

30 몰몰(沒沒): 매매(昧昧)라는 말과 같으며, 명백하지 않다, 흐리멍텅하다의 뜻.

德,	덕은
國家之基也.	국가의 기틀입니다.
有基無壞,[31]	기틀이 있으면 허물어지지 않는데
無亦是務乎![32]	또한 이를 힘쓰시지 않으십니까!
有德則樂,	덕이 있으면 화락하고
樂則能久.	화락하면 오래갈 수 있습니다.
詩云'樂只君子,[33]	『시』에 이르기를 '즐겁도다 우리 님,
邦家之基',[34]	나라의 기틀일세'라 하였으니
有令德也夫!	이는 훌륭한 덕이 있는 것입니다!
'上帝臨女,	'하느님께서 너를 굽어보시니
無貳爾心',[35]	너의 마음을 둘로 가지지 말라' 하였으니
有令名也夫!	이는 아름다운 명성이 있는 것입니다!
恕思以明德,[36]	너그러운 생각으로 덕을 밝히면

---

31 기초가 있으면 허물어지지 않는다는 말이다.

32 무역시무(無亦是務): "無亦務是"의 도치구. 무(無)는 불(不)과 같은 용법으로 쓰였다. 무(務)는 전력을 다하다의 뜻.

33 지(只): 조사로 뜻이 없다. 이 구절은 군자낙지(君子樂只)의 도치이다.

34 시는 『시경·소아·남산유대(小雅·南山有臺)』의 구절이다.

35 하느님이 내려다보시니 오로지 한 마음 한 덕을 가지라는 말이다. 시는 『시경·대아·대명(大雅·大明)』의 구절이다.

36 혜동(惠棟)의 『보주(補注)』에서 인용한 『주서·정전(周書·程典)』에서는 "덕을 삼가 반드시 몸소 너그러이 하고, 너그러움으로 덕을 밝힌다"라 하였다. 자기가 하기 싫은 것을 남

則令名載而行之,	아름다운 명성이 그것을 싣고 행하는 것이니
是以遠至邇安.[37]	이런 까닭에 먼 나라는 이르고 가까운 나라는 편안해집니다.
毋寧使人謂子,[38]	사람들로 하여금 그대를 일러
'子實生我',	'그대가 실로 우리를 살렸다'라 말하게 할지언정
而謂'子浚我以生'乎?[39]	'그대가 우리를 착취하여 살아간다'라 하게 하십니까?
象有齒以焚其身,[40]	코끼리는 이빨이 있기 때문에 그 몸을 쓰러뜨리니
賄也."[41]	재물이기 때문입니다."
宣子說,	선자가 기뻐하며
乃輕幣.	공물을 가볍게 하였다.
是行也,	이번에

에게 베풀지 않음을 이른다. 진나라가 다른 사람들에게는 과중한 공물을 용납지 않으면서 남들이 자기에게는 무거운 공물을 내라고 하니 이는 너그럽지 못하다는 것이다.

37 먼 곳에 있는 제후들은 내조(來朝)하고 인근의 제후들은 마음을 편안히 한다는 것이다.

38 무녕(毋寧): 무녕(無寧)과 같으며, 무녕은 또 녕(寧)의 뜻이다. 무(毋)와 무(無)는 조사로 뜻이 없다.

39 「진어 9」에 "백성의 고혈을 빼앗는다(浚民之膏澤)"는 말이 있는데 이곳의 준(浚)자와 같은 뜻이며, 지금의 착취한다는 말이다.

40 분(焚): 공영달의 주〔소(疏)〕에서는 복건의 말을 인용하여 "분(焚)은 분(僨)의 뜻으로 읽는다. 분(僨)은 쓰러지다〔僵〕의 뜻이다"라 하였다.

41 상아가 돈의 가치가 있기 때문이라는 말이다.

鄭伯朝晉,	정백이 진나라를 조현한 것은
爲重幣故,	과중한 공물 때문이었고
且請伐陳也.	또한 진나라를 쳐달라고 청하기 위함이었다.
鄭伯稽首,	정백이 머리를 조아리자
宣子辭.[42]	선자가 사절하였다.
子西相,	자서가 상이었는데
曰,	말하였다.
"以陳國之介恃大國,[43]	"진나라가 대국을 믿고서
而陵虐於敝邑,	우리나라를 욕보이고 포학하게 굴어
寡君是以請請罪焉,[44]	과군께서는 이 때문에 죄를 묻기를 청하는 것이니
敢不稽首?"[45]	감히 머리를 조아리지 않겠습니까?"
孟孝伯侵齊,	맹효백이 제나라를 쳤는데
晉故也.[46]	진나라 때문이었다.

---

42 과도한 예절을 사절하여 감히 받지 않겠다는 것이다.

43 개시(介恃): 인(因)의 뜻이다. 개시는 믿고 의지하다의 뜻이다. 대국은 초나라를 가리킨다.

44 청청(請請): 원래는 청(請)자가 중복되지 않았는데, 『석문(釋文)』과 『교감기』 및 가나자와문고본(金澤文庫本)에 의거하여 "청(請)"자를 중복하였다. 청청(請請)은 진(陳)나라를 청죄(請罪)할 것을 청하는 것으로, 곧 진나라의 정벌을 청하는 것이다.

45 두예는 이듬해 정나라가 진나라를 쳐들어가는 복선이라고 하였다.

夏,

여름에

楚子爲舟師以伐吳,[47]

초자가 수군을 조직하여 오나라를 쳤는데

不爲軍政,[48]

군정이 갖추어지지 않아

無功而還.

공을 세우지 못하고 돌아왔다.

齊侯旣伐晉而懼,

제후가 이미 진나라를 치고는 두려워하여

將欲見楚子.

초자를 만나 보고자 하였다.

楚子使薳啓彊如齊聘,[49]

초자가 원계강으로 하여금 제나라로 가서 빙문케 하고

且請期.[50]

아울러 시기를 물었다.

齊社,[51]

제나라는 군사(軍社)를 설치하여 제사를 지내고

---

46 지난해에 제나라가 진나라를 쳤는데 노나라가 진나라를 위하여 제나라를 침공한 것이다.

47 주사(舟師): 두예는 "주사는 수군이다"라 하였다.

48 군정(軍政): 두예는 "상벌의 차등을 베풀지 않은 것이다"라 하였다. 그러나 선공 12년 『전』의 "군정이 경계하여 갖추어지지 않았다(軍政不戒而備)"라는 말에 공영달은 군정을 군의 정교(政敎)로 해석하였다.

49 강(彊): 원래는 "강(疆)"으로 되어 있었다. 제후의 신하는 강토(疆土)를 개척한다는 뜻을 가지고 이름을 지어서는 안 되기 때문에 강(彊)자가 원본이었을 것이므로 지금 그대로 강(彊)으로 하였으며, 이하 마찬가지이다.

50 두예는 "회합할 시기를 청한 것이다"라 하였다.

51 사(社): 아마 군사(軍社)일 것으로, 곧 정공 4년 『전』의 "임금이 군대를 거느리고 출정함에 토지신에 제사를 지내고 북에 희생의 피를 바른다(君以軍行, 祓社, 釁鼓)"라 할 때의 사(社)이다. 『주례·소종백(小宗伯)』에서는 "크게 군사를 일으킬 때라면 유사를 거느리고

蒐軍實,[52]	군의 장비를 모두 모아
使客觀之.[53]	손님에게 구경을 시켰다.
陳文子曰,	진문자가 말하였다.
“齊將有寇.	“제나라는 외침을 받을 것이다.
吾聞之,	내가 듣건대
兵不戢,	무기를 거두지 않으면
必取其族.”[54]	반드시 비슷한 일을 당하게 된다고 하였다.”

秋,	가을에
齊侯聞將有晉師,[55]	제후가 진나라가 군사를 일으킬 것이라는 말을 듣고
使陳無宇從薳啓彊如楚,	진무우로 하여금 원계강을 따라 초나라로 가게 하여
辭,[56]	말하고

군사(軍社)를 세운다”라 하였는데, 이는 군사 출정을 할 때 사(社)를 세우는 것이다. 군대가 크게 검열을 한다면 또한 사주(社主)를 세워 제사를 지낼 것인데, 곧 이 사(社)를 말한다.

52 군실(軍實): 병거 및 군수 장비를 가리킨다. 수군실(蒐軍實)은 곧 대검열(大檢閱)을 말한다.

53 객(客): 곧 원계강이다.

54 취기족(取其族): 두예는 “즙(戢)은 거두어들이는 것이다. 족(族)은 류(類)와 같다. 취기족(取其族)은 도리어 스스로 해친다는 뜻이다”라 하였다.

55 두예는 “이의(夷儀)의 군사이다”라 하였다.

且乞師.	또 군사를 청하였다.
崔杼帥師送之,	최저가 군사를 거느리고 전송하고
遂伐莒,	마침내 거나라를 치고
侵介根.[57]	개근을 침공하였다.
會于夷儀,[58]	이의에서 회합하고
將以伐齊.	제나라를 치려고 하였다.
水,[59]	수재로
不克.[60]	해내지 못했다.
冬,	겨울에
楚子伐鄭以救齊,[61]	초자가 정나라를 쳐서 제나라를 구원하여
門于東門,	동문을 공격하고

---

56 두예는 "진나라가 군사를 일으켜 만날 수 없게 되었다는 말을 한 것이다"라 하였다.

57 개근(介根): 본래는 거나라의 옛 도읍으로, 지금의 산동 고밀현(高密縣) 동남쪽 40리 지점, 곧 교현(膠縣) 서남쪽 7리 지점으로 은공 2년『경』의『주』를 함께 참조하라.

58 이의(夷儀): 지금의 하북 형대시(邢臺市) 서쪽. 이곳은 진나라 땅이다. 형(邢)의 이의로 옮기면 산동 요성현(聊城縣) 서남쪽 12리 지점에 있으며, 민공 2년의『전』의『주』를 참조하라. 회합에 참가한 12국은『경』을 보라.

59『경』에서 "큰 홍수가 났다"고 하였으니, 수재를 입은 나라가 노나라만은 아니다.

60 불극(不克): 정벌을 할 수 없는 것이다.

61 두예는 "제나라 무우(無宇)가 군사를 청했기 때문이다"라 하였다.

次于棘澤.[62]	극택에 머물렀다.
諸侯還救鄭.	제후들이 환군하여 정나라를 구원하였다.
晉侯使張骼, 輔躒致楚師,[63]	진후가 장격과 보력으로 하여금 초나라 군사에게 싸움을 걸면서
求御于鄭.[64]	정나라에 어자를 요구하였다.
鄭人卜宛射犬,[65]	정나라 사람이 완사견을 가지고 점을 보았더니
吉.	길하다는 점괘가 나왔다.
子大叔戒之曰,	자태숙이 경계하여 말하였다.
"大國之人不可與也."[66]	"대국의 사람은 당할 수 없습니다."
對曰,	대답하여 말했다.

62 극택(棘澤): 정나라 도성의 동문을 선제공격하고 대군을 극택에 주둔시킨 것이다. 극택은 지금의 하남 신정현(新鄭縣) 동남쪽이며 장갈(長葛)에 가깝다.

63 『당서·재상세계표(宰相世系表) 2 하』에서는 주선왕(周宣王)의 경사(卿士) 장중(張仲)의 후손으로 진(晉)나라를 섬겨 대부가 되었고, 장후〔張侯, 곧 해장(解張)으로 성공 2년의 『전』에 보인다〕는 장로(張老)를 낳았으며(성공 18년의 『전』에 보인다), 장로는 적(趯, 소공 3년의 『전』에 보인다)을 낳았고, 적은 격(骼)을 낳았다. 양이승(梁履繩)의 『보석(補釋)』에서는 "진나라에 해장이 있는데 자는 장후(張侯)이니 자를 가지고 씨를 삼으라고 명했음이 틀림없다. 『당표』는 다 의거할 수 없다"라 하였다.
치사(致師): 곧 싸움을 돋우는 것으로, 선공 12년의 『전』과 『주』에 상세하다.

64 두예는 "정나라 사람을 얻어 스스로 수레를 몰게 하고자 한 것은 지리를 잘 알기 때문이다"라 하였다.

65 완사견(宛射犬): 사견은 정나라의 공손(公孫)인데, 아래의 내용에서 알 수 있다. 완에 식읍을 두었기 때문에 완사견이라고 한 것이다. 완은 지금의 허창시 서북쪽에 있다.

66 불가여(不可與): 여(與)는 대적하다, 당하다의 뜻. 불가여(不可與)는 대등한 예로 대할 수 없다는 것을 말한다.

“無有衆寡,	“많고 적음을 막론하고
其上一也.”[67]	상관이 되는 것은 마찬가지입니다.”
大叔曰,	태숙이 말하였다.
“不然,	“그렇지 않다.
部婁無松柏.”[68]	작은 흙산에는 소나무와 잣나무가 없다.”
二子在幄,[69]	두 사람이 군막에 있는데
坐射犬於外;[70]	사견은 밖에 앉혔으며
既食,	다 먹고
而後食之.[71]	그 다음에 먹게 하였다.
使御廣車而行,[72]	광거를 몰고 가게 하고
己皆乘乘車.[73]	자기들은 모두 병거에 탔다.

---

67 나라와 나라 사이에는 병사의 수가 많음에 있지 않으며, 자신은 어자이니 분명히 거좌나 거우의 상관으로 이는 각국이 마찬가지라는 것이다.

68 부루(部婁): 『설문(說文)』에서는 부루(附婁)로 인용하고 “작은 흙산이다”라 하였다. 『문선·위도부(魏都賦)』 이선(李善)의 주에서는 또한 배루(培塿)로 인용하였다. 작은 흙산은 큰 나무를 낼 수 없으므로 이에 소국은 대국과 평행할 수 없음을 말한 것이다.

69 이자(二子): 장격과 보력이다.
악(幄): 곧 소공 13년 『전』의 악막(幄幕)으로 군대에서 쓰는 장막이다. 군막, 막사.

70 사견을 막사 바깥에 앉힌 것이다.

71 두 사람이 먼저 먹고 다 먹은 후에 사견에게 먹게 한 것이다.

72 광거(廣車): 적을 공격하는 병거. 11년 『전』의 『주』에 보인다. 『주례·춘관(春官)』의 거복(車僕)에 광거가 있는데, 곧 이 광거이다.

73 기(己): 두 사람 자신이다.
승거(乘車): 평상시에 타는 전차로 단독으로 싸움을 거는 광거가 아니다.

將及楚師,	초나라 군사에게 다 와 가자
而後從之乘,[74]	나중에 그를 따라 수레에 올라
皆踞轉而鼓琴.[75]	모두 수레 뒤쪽의 횡목에 걸터앉아 금을 탔다.
近,	가까워지자
不告而馳之.[76]	알리지도 않고 내달렸다.
皆取胄於橐而胄,[77]	모두 주머니에서 투구를 꺼내 쓰고
入壘,	진루로 들어가
皆下,	다 내리더니
搏人以投,[78]	사람을 잡아 던져
收禽挾囚.[79]	사로잡아 포로를 옆구리에 끼었다.
弗待而出.[80]	그들을 기다리지도 않고 나왔다.
皆超乘,[81]	모두 수레에 뛰어올라

74 초나라 군영에 다 와 가자 자기의 수레를 버리고 사견이 모는 광거에 올라탄 것이다.

75 두 사람이 모두 수레 뒤쪽의 횡목에 걸터앉아 금을 타는 것이다.
준(蹲): 진(軫)이다. 수레 뒤쪽에 있는 횡목(橫木)이다.

76 이미 초나라의 군영에 가까워지자 사견이 두 사람에게 알리지 않고 수레를 달려 들어간 것이다.

77 고(橐): 갑주를 넣어 두는 주머니이다.
주(胄): 투구이다. 아래쪽의 주자는 동사로 투구를 쓰는 것이다.
개(皆): 역시 두 사람만을 가리킨다.

78 초나라 군사와 싸워 다른 초나라 군영에 있는 병사들에게 던진 것이다.

79 금(禽): 금(擒)과 같다. 사로잡은 초나라 병사이다. 수(囚)와는 같은 뜻의 다른 말이다. 거두어들이기도 하고 겨드랑이에 끼기도 한 것이다.

80 사견이 또 두 사람을 기다리지 않고 독자적으로 수레를 몰아 적진을 나간 것이다.

抽弓而射.[82]	활을 빼서 쏘았다.
旣免,[83]	벗어났다고 생각되자
復踞轉而鼓琴,	다시 수레 뒤의 횡목에 걸터앉아 금을 타면서
曰,	말하였다.
"公孫!	"공손!
同乘,	함께 병거를 타면
兄弟也,	형제인데
胡再不謀?"[84]	어찌하여 두 번이나 상의도 않았는가?"
對曰,	대답하였다.
"曩者志入而已,[85]	"아까는 쳐들어가려는 마음이 있어서였을 따름이고
今則怯也."[86]	지금은 겁이 나서입니다."

---

81 두 사람이 모두 수레에 뛰어 오른 것이다.

82 활은 본래 수레의 양쪽에 끼워 놓았는데 두 사람이 이미 수레에 올라 추격병을 물리치기 위하여 활을 꺼내어 쏜 것이다.

83 이미 위험지역을 벗어나다.

84 호(胡): 완각본에는 "고(故)"로 되어 있는데 『교감기』 및 가나자와 문고본(金澤文庫本)에 따라 고쳤다. 같은 수레에 타고 전투를 하면 형제와 같은데 무슨 까닭으로 두 차례나 진영을 벗어나면서도 부르지 않았느냐 하는 말이다.

85 낭자(曩者): "알리지 않고 달린 것"으로, 심중에 적진으로 들어가려는 생각이 꽉 차서 상의할 겨를이 없었던 것이다.

86 금(今): "기다리지 않고 나온 것"으로, 마음속으로 적은 많고 우리는 적어 급박하여 기다릴 수가 없었다는 것이다.

皆笑,[87]	모두 웃으면서
曰,	말하였다.
"公孫之亟也!"[88]	"공손이 성급하구나!"
楚子自棘澤還,	초자가 극택에서 돌아와
使薳啓彊帥師送陳無宇.	원계강으로 하여금 군사를 거느리고 진무우를 전송하게 했다.
吳人爲楚舟師之役故,	오나라 사람이 초나라의 수군이 싸움을 걸었던 것 때문에
召舒鳩人.[89]	서구 사람을 불렀다.
舒鳩人叛楚.	서구 사람이 초나라에 반기를 들었다.
楚子師于荒浦,[90]	초자는 황포에 주둔하고
使沈尹壽與師祁犁讓之.[91]	침윤 수와 사기리로 하여금 질책하게 하였다.

87 두 사람이 부탁한 말을 안 것이다.

88 두예는 "극은 급하다는 뜻이다. 그 성질이 급해서 굴욕을 견딜 수 없었음을 말하였다"라 하였다.

89 서구(舒鳩): 초나라의 속국으로, 지금의 안휘 서성현(舒城縣)이다. 명말청초(明末清初) 방이지(方以智)의 『통아(通雅)』 권14에서는 소현(巢縣)에 있다고 하였는데 확실치 않다.

90 황포(荒浦): 서구의 땅이다. 고조우(顧祖禹)의 『방여기요(方輿紀要)』에서는 황리하(黃陂河)는 서성현 동남쪽 15리 지점에 있다고 하였는데, 둘레가 8리 남짓이라고 하였다. 황피는 곧 황포의 음이 전변된 것이다.

91 사기리(師祁犁): 두예는 "두 사람은 초나라 대부이다"라 하였다. 『광운』 "사(師)"자의 주에서 사기(師祁)는 복성(複姓)이라 하였고, 『통지·씨족략 5』에서는 사기는 관직 이름을

舒鳩子敬逆二子,	서구자는 공경스레 두 사람을 맞아
而告無之,	그런 일이 없다고 알리고
且請受盟.	아울러 맹약을 받아들일 것을 청하였다.
二子復命,	두 사람이 복명하자
王欲伐之.	왕이 그를 치려 하였다.
薳子曰,[92]	원자가 말하였다.
"不可.	"안 됩니다.
彼告不叛,	저들이 반기를 들지 않았다고 알렸고
且請受盟,	또 맹약을 받아들이겠다고 청하였는데
而又伐之,	또 그들을 친다면
伐無罪也.	죄 없는 것을 치는 것입니다.
姑歸息民,	잠시 돌아가 백성들을 쉬게 하고
以待其卒.	결과를 기다리십시오.
卒而不貳,	끝내 두 마음을 품지 않으면
吾又何求?	우리가 또 무엇을 추구하겠습니까?

씨로 삼았다고 하였다. 그러나 양이승(梁履繩)의 『보석(補釋)』에서는 반왕(潘尫)의 자가 사숙(師叔)이어서 그 후손이 자를 씨로 삼았고 기리는 이름일 것이라고 의심하였다. 그러나 한나라의 낭중(郎中)에 사기번(師祁番)이 있으니 또한 사기는 복성이다. 양(讓)은 질책하여 꾸짖는 것이다.

92 두예는 "영윤 원자풍(薳子馮)이다"라 하였다.

若猶叛我,	그래도 우리에게 반기를 든다면
無辭,	할 말이 없을 것이고
有庸."[93]	우리는 공을 세우게 됩니다."
乃還.	이에 돌아갔다.

陳人復討慶氏之黨,	진나라 사람이 다시 경씨의 도당을 토벌하자
鍼宜咎出奔楚.	침의구가 초나라로 달아났다.

齊人城郟.[94]	제나라 사람이 겹에 성을 쌓았다.
穆叔如周聘,	목숙이 주나라로 가서 빙문하고
且賀城.	또한 성 쌓은 일을 치하하였다.
王嘉其有禮也,	왕이 예의가 있음을 가상히 여겨
賜之大路.[95]	그에게 대로를 내렸다.

晉侯嬖程鄭,	진후가 정정을 총애하여

93 저들은 할 말이 없을 것이고, 이때 우리가 치면 공이 있을 것이라는 말이다.

94 겹(郟): 곧 겹욕(郟鄏)으로, 선공 3년의 『전』과 『주』에 상세하다. 「주어 하」에서는 "영왕 22년 곡(穀)과 낙(洛)의 전투에서 왕궁이 무너지려 하였다"라 하였으니 지난해에 주나라 왕궁이 무너졌다. 두예는 "제나라가 진나라를 배반하여 천자에게 잘 보이려 하였으므로 왕을 위해 성을 쌓은 것이다"라 하였다.

95 대로(大路): 두예는 "대로는 천자가 내리는 수레의 총칭이다"라 하였다.

使佐下軍.[96]	하군을 보좌하게 하였다.
鄭行人公孫揮如晉聘,[97]	정나라 행인 공손휘가 진나라로 가서 빙문하니
程鄭問焉,	정정이 그에게 물어
曰,	말하였다.
"敢問降階何由?"[98]	"감히 묻건대 낮추는 도리는 어떻게 해야 합니까?"
子羽不能對,	자우는 대답을 할 수가 없었고
歸以語然明.[99]	돌아가면서 연명에게 말하였다.
然明曰,	연명이 말하였다.
"是將死矣.	"이 사람은 곧 죽을 것입니다.
不然,	그렇지 않으면
將亡.[100]	도망을 갈 겁니다.
貴而知懼,	귀하여져서 두려움을 알고
懼而思降,	두려워하여 낮출 것을 생각하면
乃得其階.[101]	이에 도리를 얻을 것입니다.

96 두예는 "난영(欒盈)을 대신한 것이다"라 하였다.
97 두예는 "휘는 자우(子羽)이다"라 하였다.
98 항계(降階): 항급(降級)과 같다.
99 연명(然明): 두예는 "연명은 종말(鬷蔑)이다"라 하였다.
100 망(亡): 도망가는 것이다.
101 득기계(得其階): 그 재주와 덕에 적합한 관직을 얻는다는 말과 같다.

下人而已,[102]	남에게 낮추는 것일 따름이지
又何問焉?	또한 어찌 그것을 묻겠습니까?
且夫旣登而求降階者,	또한 대체로 이미 올랐으면 낮출 도리를 추구하는 것이
知人也,[103]	지혜로운 사람인데
不在程鄭.[104]	정정에게는 있지 않습니다.
其有亡釁乎![105]	아마 도망갈 조짐일 것입니다.
不然,	그렇지 않으면
其有惑疾,[106]	아마 미혹된 병이 있어서
將死而憂也."[107]	죽을 것을 근심해서일 것입니다."

102 지위를 남에게 양보하여 남의 밑에 있어야 할 따름이라는 것이다.

103 이미 고위 관직에 올라가면 스스로 지키기가 어려움을 깨달아 스스로 낮추는 것을 추구하면 이것이 곧 지혜가 밝은 사람이라는 것이다.

104 정정은 아첨하여 총애를 얻어 경의 지위까지 상승하였으니 이와 같이 밝고 지혜로운 사람이 아니라는 것이다.

105 망흔(亡釁): 도망갈 조짐.

106 혹질(惑疾): 미혹된 병으로, 심신이 불안하여 의심이 많은 것을 말한다. 소공 원년『전』의 혹질(惑疾)과는 다른 뜻이다.

107 두예는 "이듬해 정정(程鄭)이 죽는 복선이 된다"라 하였다.

양공 25년

經

二十有五年春,[1] 25년 봄에

齊崔杼帥師伐我北鄙. 제나라 최저가 군사를 거느리고 우리나라 북쪽 변경을 쳤다.

夏五月乙亥,[2] 여름 5월 을해일에

齊崔杼弑其君光. 제나라 최저가 그 임금 광을 죽였다.

公會晉侯, 宋公, 衛侯, 鄭伯, 曹伯, 莒子, 邾子, 滕子, 薛伯, 杞伯, 小邾子于夷儀. 공이 이의에서 진후, 송공, 위후, 정백, 조백, 거자, 주자, 등자, 설백, 기백, 소주자와 회합하였다.

六月壬子,[3] 6월 임자일에

鄭公孫舍之帥師入陳. 정나라 공손사지가 군사를 거느리고 진나라로 들어갔다.

秋八月己巳, 가을 8월 기사일에

諸侯同盟于重丘.[4] 제후들이 중구에서 동맹을 맺었다.

---

1 이십오년(二十五年): 계축년 B.C. 548년으로, 주영왕(周靈王) 24년이다. 동지가 정월 15일 을해일로 건자(建子)이다.

2 을해일은 17일이다.

3 임자일은 24일이다.

4 『전』에서는 "가을 7월 기사일에 중구에서 동맹을 맺었다"라 하였으며, 두예는 "기사일은 7월 12일이며 『경』은 잘못되었다"라 하였는데 믿을 만하다.
제후(諸侯): 이의에서 회합한 제후들이다.

公至自會.[5]	공이 회합에서 돌아왔다.
衛侯入于夷儀.	위후가 이의로 들어갔다.
楚屈建帥師滅舒鳩.[6]	초나라 굴건이 군사를 거느리고 서구를 멸하였다.
冬鄭公孫夏帥師伐陳.[7]	겨울에 정나라 공손하가 군사를 거느리고 진나라를 쳤다.
十有二月,	12월에
吳子遏伐楚,[8]	오자 알이 초나라를 쳤는데
門于巢,[9]	소나라 도성의 성문을 공격하다가
卒.	죽었다.

傳

二十五年春,	25년 봄에

중구(重丘): 제나라 땅으로 고조우(顧祖禹)의 『방여기요(方輿紀要)』에서는 지금의 산동 요성현(聊城縣) 동남쪽 50리 지점이라고 하였다. 『청일통지』에서는 지금의 덕주시(德州市) 동북쪽 경계에 있다고 하였다. 심흠한의 『지명보주(地名補注)』에서는 옛 성은 지금의 하북 오교현(吳橋縣) 경계에 있을 것이라고 하였다. 혹은 또한 산동 거야현(巨野縣) 서남쪽일 것이다.

5 『전』이 없다.

6 두예는 "『전』에는 위후가 이의로 들어갔다의 위에 있고 『경』에는 아래에 있는데 알린 대로 따라서이다"라 하였다.

7 "하(夏)"는 『공양전』에는 "채(蠆)"로 되어 있다. 이는 『공양전』의 착오로 『좌전』에 의거하면 "19년 4월 정미일에 정나라 공손채는 죽었다."

8 알(遏): 제번(諸樊)이다. 『공양전』과 『곡량전』에는 "알(謁)"로 되어 있다.

9 소(巢): 지금의 안휘 소현(巢縣) 동북쪽 5리 지점에 있는 거소(居巢)의 옛 성터가 곧 옛 소국(巢國)이다.

齊崔杼帥師伐我北鄙,
제나라 최저가 군사를 거느리고 우리나라 북쪽 변경을 쳤는데

以報孝伯之師也.[10]
효백의 전역을 보복하기 위함이었다.

公患之,
공이 그것을 근심하여

使告于晉.
진나라에게 알리게 하였다.

孟公綽曰,[11]
맹공작이 말하였다.

"崔子將有大志,
"최자는 장차 큰 야망이 있어

不在病我,
우리를 괴롭히는데 뜻이 있지 않아

必速歸,
반드시 속히 돌아갈 것이니

何患焉?[12]
어찌 그것을 근심하십니까?

其來也不寇,[13]
와서는 약탈도 하지 않고

使民不嚴,[14]
백성들을 엄격하게 부리지도 않으니

異於他日."
다른 날과는 다릅니다."

齊師徒歸.[15]
제나라 군사는 아무것도 하지 않고 돌아갔다.

---

10 지난해에 맹효백(孟孝伯)이 제나라를 침공하였다.

11 두예는 "맹공작은 노나라 대부이다"라 하였다. 공구(孔丘)는 "맹공작은 조(趙)나라와 위(衛)나라의 가로(家老)가 되기에는 넉넉하지만 등(滕)나라와 설(薛)나라의 대부가 될 수는 없다"라 하였다. 『논어·헌문(憲問)』편에 보인다.

12 우려할 필요가 없다는 것이다.

13 두예는 "노략질하여 해치지 않았다"라 하였다.

14 두예는 "백성의 마음을 얻으려는 것이다"라 하였다.

15 두예는 "도(徒)는 공(空)이라는 뜻이다"라 하였는데, 곧 "우리를 괴롭히는 데 뜻이 있지 않다"는 것이다.

齊棠公之妻,	제나라 당공의 아내는
東郭偃之姊也.[16]	동곽언의 누이이다.
東郭偃臣崔武子.[17]	동곽언은 최무자의 신하이다.
棠公死,	당공이 죽자
偃御武子以弔焉.	동곽언이 무자의 수레를 몰아 조문하였다.
見棠姜而美之,	당강을 보고 아름답게 여겨
使偃取之.[18]	동곽언에게 시집을 보내라고 하였다.
偃曰,	동곽언이 말했다.
"男女辨姓,[19]	"남녀는 성을 변별하는데
今君出自丁,	지금 당신은 정공 출신이고
臣出自桓,	저는 환공 출신이니
不可."[20]	안 됩니다."

---

16 두예는 "당공은 제나라 당읍(棠邑)의 대부이다"라 하였다. 당은 강영(江永)의 『고실(考實)』에서 곧 18년 『전』의 우당(郵棠)으로, 지금의 산동 평도현(平度縣) 동남쪽에 있을 것이라 하였다. 고동고(顧棟高)의 『대사표(大事表)』에서는 지금의 당읍진〔棠邑鎭, 당읍(棠邑) 폐현(廢縣)의 치소〕이라 하였다. 『열녀전·얼폐(孽嬖)』에 「동곽강전(東郭姜傳)」이 있다.

17 최저의 신하라는 말이다. 최저(崔杼, 이름), 최자(崔子, 높임말), 최무자(崔武子, 시호)는 모두 같은 사람이다.

18 동곽언에게 자기를 위하여 시집을 보내라고 한 것이다.

19 변(辨): 구별하는 것이다. 곧 동성끼리는 혼인하지 않는다는 것이다.

20 정(丁): 제정공(齊丁公)으로 태공(大公)의 아들이다. 정공의 아들은 을공(乙公)이고, 을공의 아들은 계공(癸公)인데 모두 간지(干支)를 썼으며 이때까지만 해도 시법(謚法)이라는 것이 없었다. 공영달은 정공(亭公)이 시호라고 하였는데 틀렸다.
환(桓): 환공 소백(小白)이다. 최씨는 정공에게서 나왔고, 동곽언은 환공에게서 나왔으

武子筮之,	무자가 점을 쳐보았더니
遇困䷮之大過䷛.[21]	곤䷮이 대과䷛로 변한 괘를 얻었다.
史皆曰,	사관들이 모두 말하기를
“吉.”[22]	“길합니다”라 하였다.
示陳文子,	진문자에게 보였더니
文子曰,	문자가 말하였다.
“夫從風,[23]	“지아비는 바람을 따르고
風隕妻,[24]	바람은 아내를 떨어뜨리니
不可娶也.	아내로 맞을 수 없습니다.
且其繇曰,	또한 그 「요사」에서 말하기를
‘困于石,	‘돌에 곤란을 당하고
據于蒺梨,[25]	납가새에 의거하고 있어서
入于其宮,	그 집에 들어가도
不見其妻,	아내를 보지 못하니

므로 다 같이 강성(姜姓)이어서 혼인을 올릴 수 없다는 말이다.

21 곤괘는 감(坎)괘가 아래에 있고 태(兌)괘가 위에 있는 것이다. 대과괘는 손(巽)괘가 아래에 있고 태괘가 위에 있는 것이다. 이는 세 번째 효인 육삼(六三)이 구삼(九三)으로, 곧 음효가 양효로 변하여 감괘가 손괘가 된 것이다.

22 사관들은 다만 곤괘만 가지고 말하였다. 태괘는 소녀이고 감괘는 중년 남자여서 소녀가 중년 남자의 짝이 되는 것이므로 길한 것이다.

23 감괘는 중년 남자이므로 부(夫)라고 하였다. 변하여 손괘가 되었는데 손괘는 바람이므로 바람을 따른다고 하였다.

24 태괘가 여전히 위에 있으므로 바람이 아내를 떨어뜨린다고 하였다.

25 리(梨): 지금의 『주역』에는 “려(蔾)”로 되어 있다.

凶.'[26]	흉하다'라 하였습니다.
困于石,	돌에 곤란을 당한다는 것은
往不濟也;[27]	가도 건널 수 없는 것이며,
據于蒺梨,	납가새에 의거하고 있다는 것은
所恃傷也;[28]	믿는 것에 상처를 입는 것이고,
入于其宮,	집에 들어가도
不見其妻,	그 아내를 보지 못하리니
凶,	흉하여
無所歸也."[29]	돌아갈 곳이 없습니다."
崔子曰,	최자가 말하였다.
"嫠也,[30]	"과부이니
何害?	무슨 해가 되겠는가?
先夫當之矣."[31]	전 남편이 그 일을 당하였다."
遂取之.	마침내 아내로 맞았다.

26 이는 곤괘 육삼(六三)의 효사(爻辭)이다. 궁(宮)과 흉(凶)은 운자이다. 변화가 육삼에 있기 때문에 복서에서 그「요사」를 쓴 것이다.

27 곤괘를 가지고 말하였는데, 감(坎)은 또 험하고 물이 되어 돌 때문에 곤란을 겪어 가더라도 건널 수가 없다는 것이다.

28 질려(蒺藜), 곧 납가새의 과피(果皮)에는 뾰족한 가시가 있어 그것을 의지하고 믿으면 반드시 상처를 입는다는 것이다.

29 진문자는 또한 변괘 및「요사」를 가지고 말하였다.

30 리(嫠): 과부.

31 선부(先夫): 당공(棠公)을 말한다. 당공이 이미 그 흉액을 받아 죽었다는 말이다.

莊公通焉,[32]	장공이 사통하여
驟如崔氏,[33]	자주 최씨에게 가니
以崔子之冠賜人.	최자의 모자를 다른 사람에게 주었다.
侍者曰,	시자가 말하였다.
"不可."	"안 됩니다."
公曰,	공이 말하였다.
"不爲崔子,	"최자가 아니더라도
其無冠乎?"[34]	어찌 모자가 없겠느냐?"
崔子因是,[35]	최자는 이 때문에 원한을 품었고
又以其間伐晉也,[36]	또한 난을 틈타 진나라를 치려고 하여
曰,	말하였다.
"晉必將報."	"진나라가 반드시 보복을 할 것이다."

32 통(通): 간음을 통이라 한다.

33 취(驟): 누차, 자주.

34 기(其): 어찌 기자의 뜻으로 쓰였다. 이 구절은 쓰지 않는 최자의 모자를 어찌 다른 사람이 쓰게 할 수 없느냐는 것이다. 최자의 모자라고 다른 모자와 다를 바가 없다는 뜻이다. 심흠한의 『보주(補注)』에서는 "당강은 결국 최자의 아내가 아니니 다른 사람에게 줄 모자가 없는 것을 근심하겠느냐는 말이다. 지금 최자의 집에 있으니 마침 최자의 관을 쓸 수 있는 것이다"라 하였다.

35 두예는 "이로 인해 공에게 노하였다는 것이다"라 하였다.

36 두예는 "진나라의 어려움을 틈타 진나라를 친 것이다"라 하였다. 23년의 『전』에 보인다.

欲弑公以說于晉,	공을 죽여 진나라를 기쁘게 해주려 하였으나
而不獲間.[37]	기회를 잡지 못하였다.
公鞭侍人賈擧,[38]	공이 시인 가거를 매질하고는
而又近之,	또 그를 가까이하니
乃爲崔子間公.[39]	이에 최자에게 공을 죽일 기회를 만들어 주었다.
夏五月,	여름 5월에
莒爲且于之役故,[40]	거나라가 차우의 전역 때문에
莒子朝于齊.	거자가 제나라를 조현하였다.
甲戌,[41]	갑술일에
饗諸北郭.	북곽에서 그에게 향연을 베풀었다.
崔子稱疾,	최자는 병을 핑계로
不視事.[42]	정사를 보지 않았다.
乙亥,	을해일에
公問崔子,[43]	공이 최자를 문병하고는

37 간(間): 빈틈, 기회이다.

38 가거(賈擧): 장공의 근신에는 두 명의 가거가 있다. 하나는 시인 가거이고, 하나는 난 때 죽은 가거이다.

39 최자를 위해 장공을 죽일 기회를 찾아 주는 것이다.

40 지난해의 『전』에 보인다.

41 갑술일은 16일이다.

42 두예는 "장공이 오게 하려는 것이다"라 하였다.

遂從姜氏.	마침내 강씨를 찾았다.
姜入于室,	강씨는 방으로 들어가더니
與崔子自側戶出.	최자와 함께 곁문으로 나갔다.
公拊楹而歌.[44]	공은 기둥을 치면서 노래를 하였다.
侍人賈擧止衆從者而入,	시인 가거는 뭇 종자들이 들어가는 것을 막고
閉門.[45]	문을 잠갔다.
甲興,[46]	갑사들이 일어나자
公登臺而請,[47]	공이 대에 올라 청하였지만
弗許;	허락하지 않았고,
請盟,	맹약을 청하였지만
弗許;	허락하지 않았으며,
請自刃於廟,	태묘에서 자진하겠다고 해도

43 두예는 "문병한 것이다"라 하였다. 아래에서 "명을 들을 수가 없다"라 한 것에 의하면 장공은 미처 최저를 보지 못하였다.

44 부영이가(拊楹而歌): 부(拊)는 가볍게 치는 것이다. 『사기·제세가』에는 부영(拊楹)이 "기둥을 끌어안고"라는 뜻의 옹주(擁柱)로 되어 있는데, 영(楹)이 곧 주(柱)이다. 복건은 "공은 강씨가 자기가 밖에 있는 것을 몰랐다고 생각하였으므로 노래를 하여 명한 것이다. 일설에는 공이 속았다는 것을 알아차리고 나가지 못하게 될까 두려워하였으므로 노래를 하며 스스로 후회하였다고도 한다"라 하였다.

45 장공의 종자들을 문 밖에서 잠근 것이다.

46 최저의 갑사들이 일어나 장공을 공격한 것이다. 『한비자·간겁시신(姦劫弑臣)』에는 "최자의 무리 가거(賈擧)가 최자의 무리를 이끌고 공을 공격하였다"로 되어 있다.

47 「제세가」에는 "풀어 줄 것을 청했다(請解)"로 되어 있으며, 죽음을 면할 수 있게 해달라고 청한 것이다.

弗許.[48]	허락하지 않았다.
皆曰,	모두들 말하였다.
"君之臣杼疾病,[49]	"임금님의 신하 최저는 병세가 위중하여
不能聽命.[50]	명을 들을 수 없습니다.
近於公宮,[51]	궁궐에 가까운데
陪臣干掫有淫者,[52]	배신들은 야경을 돌며 간음한 자를 잡을 뿐
不知二命."[53]	두 가지 명은 모릅니다."
公踰牆,	공이 담을 넘자
又射之,[54]	또한 활을 쏘니

48 이는 모두 장공이 갑사들을 지연시킬 계책으로 그가 저항한 것이다. 이 일은 『전국책·초책(楚策) 4』에도 수록되어 있다.

49 질병(疾病): 병세가 심한 것이다.

50 두예는 "친히 공의 명을 들을 수 없는 것이다"라 하였다.

51 최자의 거처는 장공의 궁에서 가깝다.

52 배신(陪臣): 최저의 신하는 장공에게는 배신이 된다.
간추(干掫): 야경을 돌면서 범법자를 체포하는 것이다. 줄여서 추(掫)라고만 하기도 한다. 소공 20년의 『전』에 "손님이 야경을 돌려고 하자(賓夜掫) 주인이 말렸다. 손님이 말하였다. '밖의 침입자를 막는 일을 허락받지 못한다면 이는 과군을 무시하는 처사입니다.' 이에 친히 목탁을 잡고 저녁 내내 횃불 피우는 일에 참여하였다."는 말이 있다. 추(掫)는 곧 외부의 침입자를 막는 것이기 때문에 붙여서 간추(干掫)라고 하였다. 간추유음자(干掫有淫者)는 곧 야간 순찰을 하며 간음한 자를 체포하는 것이다.

53 최자의 명을 집행할 줄만 알지 그 외의 것은 모른다는 뜻이다.

54 우(又): 두 가지 해석이 있다. 하나는 갑사들이 일어나 이미 공을 쏘았는데 여기서 다시 쏘았다는 것이다. 유월(兪樾)의 『평의(平議)』에서는 유(有)자의 뜻으로 읽어 유사지(有射之) 곧 어떤 사람이 활을 쏘았다는 뜻으로 보아야 한다고 하였다.

中股,	넓적다리에 맞아
反隊,[55]	다시 떨어져
遂弑之.	마침내 그를 죽였다.
賈擧, 州綽, 邴師, 公孫敖, 封具, 鐸父, 襄伊, 僂堙皆死.[56]	가거, 주작, 병사, 공손오, 봉구, 탁부, 양이, 누인도 모두 죽었다.
祝佗父祭於高唐,[57]	축타보가 고당에서 제사를 지내고
至,	이르러
復命,	복명을 하고는
不說弁而死於崔氏.[58]	변모도 벗지 않고 최씨의 집에서 죽었다.
申蒯,	신괴는
侍漁者,[59]	어세를 거두는 자였는데

---

55 반추(反隊): 추(隊)는 추(墜)와 같다. 반추는 담장 안으로 다시 떨어졌다는 말이다.

56 두예는 "이 여덟 사람은 모두 제나라의 용력이 있는 신하들로 공의 총애를 받아 공과 함께 최자의 집에서 죽었다"라 하였다. 주작(州綽)은 이미 18년 및 21년의 『전』에 보인다.

57 고당(高唐): 두예는 "고당에는 제나라의 별묘(別廟)가 있다"라 하였다. 고당은 지금의 산동 고당현(高唐縣) 동쪽 35리 지점이다.

58 탈(說): "벗을 탈(脫)"자와 같다.
변(弁): 작변(爵弁)으로 제복(祭服)을 입을 때 쓴다.

59 시어(侍漁): 양이승(梁履繩)의 『보석(補釋)』에서는 "제나라는 어염(魚鹽)의 이익을 독점하였는데 시어(侍魚)의 관은 아마 어세를 감독하고 거두는 자일 것이다. 당나라 서견(徐堅) 등이 편찬한 유서(類書) 『초학기·인부(初學記·人部) 상』에서는 유향(劉向)의 『신서(新序)』를 인용하여 '신괴는 바다에서 고기를 잡는 사람이다'라 한 것이 이를 말한다. 지금의 『신서』에는 이 말이 없다"라 하였다.

退,	퇴청하여
謂其宰曰,	그의 가재에게 이르기를
“爾以帑免,[60]	“너는 처자를 면하게 하라,
我將死.”	나는 죽을 것이다”라 하였다.
其宰曰,	가재가 말하였다.
“免,	“면하는 것은
是反子之義也.”[61]	그대의 충의에 반하는 행동입니다.”
與之皆死.[62]	그와 함께 죽었다.
崔氏殺鬷蔑于平陰.[63]	최씨는 평음에서 종멸을 죽였다.
晏子立於崔氏之門外,[64]	안자가 최씨의 문밖에 서 있었다.
其人曰,[65]	그의 종자가 말하였다.

60 탕(帑): 신괴의 처자로, 그의 가재에게 잘 지켜 줄 것을 부탁한 것이다. 두예는 “탕은 가재의 처자이다”라 하였는데 정확하지 않은 것 같다.

61 두예는 “임금을 위해 죽는 충의에 반하는 것이다”라 하였다.

62 개(皆): “함께 해(偕)”자의 가차자이다.

63 장공의 어머니는 종성희(鬷聲姬)라고 하는데, 이 종멸은 혹 그 어머니의 무리로 또한 평음을 지키고 있었으며, 평음은 임치의 바깥을 둘러싸고 있는 험지이기 때문에(18년『전』에 보인다) 최자가 그를 죽인 것이다.『사기·제세가』에서는 최저가 장공을 죽인 일을 서술하면서 한 사람도 죽지 않았다 하였고,『한시외전』에서는 죽은 사람이 10여 명이라고 했으며,『안자춘추·내편·잡 상(晏子春秋·內編·雜 上)』에서는 죽은 사람이 10명,『신서·의용(義勇)』과『설원·입절(立節)』편에서는 모두 신괴(邢蒯聵로 되어 있다)가 그의 종과 함께 죽었다고 하였다.

64 축타보 및 신괴의 죽음은 아마 안자가 문밖에 서 있은 일이 있은 후에 있었을 것이다. 8명의 죽임 때문에 연달아 미친 것이다. 안자가 이른 것에 대해 두예는 “난리가 났다는 것을 듣고 온 것이다”라 하였는데 옳다.

65 기인(其人): 안자를 수행하는 사람으로『안자춘추·내편·잡 상(內編·雜 上)』에는 “종자(從者)”로 되어 있다.

"死乎?"	"따라 죽으시겠습니까?"
曰,	말하였다.
"獨吾君也乎哉,	내 혼자만의 임금인가?
吾死也?"[66]	그렇다면 내 따라 죽겠다."
曰,	말하였다.
"行乎?"	"도망가시겠습니까?"
曰,	말하였다.
"吾罪也乎哉,	"내가 저지른 죄인가?
吾亡也?"	그렇다면 내 도망가리라."
曰,	말하였다.
"歸乎?"	"돌아가시겠습니까?"
曰,	말하였다.
"君死,	"임금이 죽었는데
安歸?[67]	어디로 돌아가겠는가?
君民者,[68]	백성의 임금이 된 사람이
豈以陵民?[69]	어찌 백성들을 능가하겠느냐?

66 이 구절은 "내가 죽는다면 내 혼자만의 임금이 될 것이다(獨吾君也乎哉, 吾死也)"가 되어야 한다. 한 사람이 독점한 임금이 아니기 때문에 먼저 이렇게 말한 것이다.

67 안(安): 처소를 표시하는 의문대명사이다. 안귀(安歸)는 어느 곳으로 돌아가겠느냐는 말이다.

68 군민(君民): 백성의 임금이 된 사람이라는 뜻이다.

69 어찌 그것을 가지고 백성의 위에서 능가하겠는가의 뜻이다.

社稷是主.[70]	사직을 주관하는 것이다.
臣君者,	임금의 신하된 자가
豈爲其口實?	어찌 봉록만 위하겠느냐?
社稷是養.[71]	사직을 기르기 위함이다.
故君爲社稷死,	그러므로 임금이 사직을 위하여 죽으면
則死之;	따라 죽을 것이며,
爲社稷亡,	사직을 위하여 도망을 갔다면
則亡之.	따라서 도망을 갈 것이다.
若爲己死,	만약에 자기의 사적인 일 때문에 죽고,
而爲己亡,	자신의 일 때문에 도망을 간다면,
非其私暱,[72]	사적으로 친한 관계가 아니라면
誰敢任之?[73]	누가 감히 그렇게 하겠느냐?
且人有君而弑之,[74]	하물며 남이 임금을 세우고 또 죽였는데

70 사직을 주관한다는 것이다.

71 신하가 임금에게 있어서 어찌 봉록을 위할 것이며, 사직을 보양(保養)하는 것이라는 뜻이다.

72 사닐(私暱): 개인적으로 가까이하여 총애하는 사람이다.

73 감히 하고 감히 하지 않는 것은 합리적인 것과 합리적이지 않은 것에서 기인한다는 말이다. 합리적이지 않은데도 죽거나 도망간 것이며, 당시 사람들과 후인들의 평가를 두려워하는 것이기 때문에 누가 감히 하겠는가라고 하였다.

吾焉得死之?	내 어찌 따라 죽을 수 있을 것이며,
而焉得亡之?[75]	어찌 도망을 갈 수 있을 것이고,
將庸何歸?”[76]	또한 장차 어디로 돌아가겠느냐?”
門啓而入,	문을 열어 주자 들어와서
枕尸股而哭.	시체의 머리를 자기의 넓적다리에 누이고는 소리 내어 울었다.
興,[77]	일어나
三踊而出.	세 번을 뛰고서는 나갔다.
人謂崔子,	사람들이 최자에게 말하였다.
“必殺之!”[78]	“반드시 죽이셔야 합니다!”
崔子曰,	최자가 말하였다.
“民之望也,[79]	“백성의 명망을 얻은 자이니
舍之,	놔두면
得民.”[80]	민심을 얻을 수 있다.”

74 장공은 최저가 세웠기 때문에 “인유군(人有君)”이라 하엿으며, 인(人)은 최저를 가리킨다.

75 언득(焉得): 어찌 능히라는 뜻이다. 최저가 세우고 또 죽였으니 내 어찌 그를 위해 죽고 그를 위해 도망을 갈 수 있겠느냐는 것을 말한다.

76 용하(庸何): 청나라 유기(劉淇)의 『조자변략(助字辨略)』 권1에서는 “용하는 중언(重言)한 것이다”라 하였다.

77 곡을 할 때는 반드시 땅에 엎드려야 하며, 곡을 끝내고 일어선 것이다.

78 안자를 죽이라는 것이다.

79 백성들이 마음으로 앙망하는 사람이라는 뜻이다.

80 풀어 주어 죽이지 않으면 나는 민심을 얻게 된다는 뜻이다. 『안자춘추·내편·잡 상(內編·雜 上)』에도 이 일이 수록되어 있는데 『전』과는 다른 것이 있으니, 전국시대의 전설

盧蒲癸奔晉,	노포계는 진나라로 달아나고
王何奔莒.[81]	왕하는 거나라로 달아났다.
叔孫宣伯之在齊也,[82]	숙손선백이 제나라에 있을 때
叔孫還納其女於靈公,[83]	숙순환이 그 딸을 영공에게 바쳐
嬖,	총애하여
生景公.[84]	경공을 낳았다.
丁丑,[85]	정축일에
崔杼立而相之,	최저가 그를 세우고 상이 되었으며
慶封爲左相,	경봉이 좌상이 되어
盟國人於大宮,[86]	태궁에서 백성들에게 맹세하여
曰,	말하였다.
"所不與崔, 慶者—"[87]	"최저와 경봉 편에 서지 않는다면—"

일 것이다.

81 두예는 "두 사람은 장공의 무리이다. 28년『전』의 경사(慶舍)를 죽이게 되는 복선이다"라 하였다.

82 두예는 "선백은 노나라의 속손교여(叔孫僑如)로 성공 16년에 제나라로 달아났다"라 하였다.

83 두예는 "환은 제나라의 군공자로 선백의 딸을 영공에게 바쳤다"라 하였다. 경공의 어머니는 나중에 목맹희(穆孟姬)로 일컬어지는데, 소공 10년의『전』에 보인다.

84 경공은 장공의 이복동생이다.

85 정축일은 19일이다.

86 태궁(大宮): 태공(太公)의 사당이다.

87 맹약하는 말이 끝나지 않았는데 안영이 끼어들어 고친 것이다.

晏子仰天歎曰,	안자가 하늘을 우러러 탄식하여 말하였다.
“嬰所不唯忠於君,	“내가 오직 임금께 충성하고
利社稷者是與,	사직을 이롭게 하는 자의 편이 되지 않는다면
有如上帝.”	하느님이 증인이 될 것이다.”
乃歃.[88]	이에 피를 마셨다.
辛巳,[89]	신사일에
公與大夫及莒子盟.[90]	공이 대부 및 거자와 맹약하였다.
大史書曰,	태사가 기록하기를
“崔杼弑其君.”	“최저가 그 임금을 죽였다”라 하였다.
崔子殺之.	최자가 그를 죽였다.
其弟嗣書,	그 아우가 이어서 기록하였더니
而死者二人.[91]	그렇게 죽은 사람이 두 사람이 되었다.

88 『회남자 · 정신훈(精神訓)』편에서는 “안자가 최저와 맹약을 하였는데 사지에 임해서도 그 뜻을 바꾸지 않았다”라 하고, 또 말하기를 “그러므로 안자는 인(仁)으로 압박을 할 수는 있어도 무력으로 겁박할 수 없었다”라 하였다. 고유(高誘)의 주에서는 “안자는 최저의 맹약을 따르지 않아 곧 죽게 되었다. 안자가 말하였다. ‘굽은 극(戟)은 어째서 굽지 않는가? 곧은 모(矛)는 어째서 꺾이지 않는가?’ ……”라 하였다.

89 신사일은 23일이다.

90 두예는 “거자가 제나라로 조현을 갔다가 최저가 일으킨 난을 만나 떠나지 못하였으므로 다시 경공과 맹약한 것이다”라 하였다.

91 태사의 아우들이 모두 이와 같이 이어 썼으므로 연이어 죽은 사람이 또한 두 사람이다.

其弟又書,	그 아우가 또 기록하자
乃舍之.	이에 내버려 두었다.
南史氏聞大史盡死,	남사씨가 태사들이 다 죽었다는 말을 듣고
執簡以往.[92]	죽간을 잡고 갔다.
聞旣書矣,	이미 기록하였다는 말을 듣자
乃還.[93]	이에 돌아갔다.
閭丘嬰以帷縛其妻而載之,	여구영이 장막으로 그 아내를 묶어서 싣고
與申鮮虞乘而出,[94]	신선우와 함께 수레를 타고 나갔는데
鮮虞推而下之,[95]	선우가 그를 밀어서 떨어뜨리며
曰,	말하였다.

---

92 그대로 죽간에 "최저가 그 임금을 죽였다"라 쓰고는 그것을 들고 간 것이다.

93 『신서·절사(節士)』편에도 이 일이 수록되어 있다.

94 박(縛): 각 판본에는 "박(縛)"으로 되어 있고 가나자와 문고본(金澤文庫本)에는 전(縛)으로 되어 있다. 『설문(說文)』에서 "박은 묶는 것이다", "전은 희고 선명한 색이다"라 하였다. 자음(字音)과 뜻이 모두 다른데 형태가 비슷하여 잘못되기 쉽다. 여기서는 "박(縛)"으로 바로잡는다. 심흠한의 『보주(補注)』에서는 "부인이 수레를 탈 때는 원래 장막으로 된 치마를 입는다. 「맹(氓)」에서 '기수는 넘실넘실, 수레 휘장 적셨다네(淇水湯湯, 漸車帷裳)'라 하였는데 이른바 부인이 타는 수레의 덮개이다. 지금 창졸간에 난을 만나 상도(常度)대로 할 수가 없어서 곧장 휘장으로 아내를 싸서 수레에 태운 것이다"라 하였다. 두예는 "두 사람은 장공의 근신(近臣)이다"라 하였다. 염구는 복성인데 그 식읍을 씨로 삼았을 것이다.

95 두예는 "영의 처를 내리게 한 것이다"라 하였다.

“君昏不能匡,	“임금이 어리석은데도 바로잡을 수 없으며
危不能救,	위기에 처해서는 구원해 줄 수도 없고
死不能死,	죽어도 따라 죽을 수도 없으며
而知匿其暱,[96]	가까운 사람만 숨길 줄 아니
其誰納之?”	누가 받아 주겠는가?”
行及弇中,[97]	길을 떠나 엄중에 이르러
將舍.[98]	묵으려 하였다.
嬰曰,	영이 말하였다.
“崔, 慶其追我.”	“최씨와 경씨가 우리를 쫓습니다.”
鮮虞曰,	선우가 말하였다.
“一與一,	일대일로 하면
誰能懼我?”[99]	누가 우리를 두렵게 할 수 있겠는가?”
遂舍,	마침내 묵었다.
枕轡而寢,[100]	고삐를 베고 잤고

96 두예는 “닉(匿)은 숨기는 것이다. 닐(暱)은 친한 것이다”라 하였다.

97 엄중(弇中): 고조우(顧祖禹)의 『방여기요(方輿紀要)』에 의하면 임치(臨淄)의 서남쪽에 엄중욕(弇中峪)이 있는데 두 산 사이의 경계를 이루고 있으며 내무현(萊蕪縣)까지 이르고 길이는 3백 리이다.

98 사(舍): 숙박하는 것이다.

99 길이 좁아 수레가 나란히 갈 수 없으며 맞싸우면 1대 1로밖에 대적할 수 없으니 우리를 두렵게 할 수 없다는 것이다. 여(與)는 대적하다의 뜻이다.

食馬而食,[101]	말을 먹이고 먹었으며
駕而行.	멍에를 지워 떠났다.
出弇中,	엄중을 나서면서
謂嬰曰,	영에게 일러 말하였다.
"速驅之!	"속히 달아나시오!
崔, 慶之衆,	최씨와 경씨는 무리가 많아
不可當也."[102]	당해 낼 수가 없습니다."
遂來奔.	마침내 도망쳐 왔다.
崔氏側莊公于北郭.[103]	최씨는 북곽에 장공을 묻어 두었다.
丁亥,[104]	정해일에
葬諸士孫之里.[105]	사손지리에 장사 지냈다.

100 두예는 "말을 잃을까 두려워한 것이다"라 하였다.

101 먼저 말을 먹이고 난 후에 자기들이 먹는 것으로, 쫓아오는 자가 이르면 쉽게 도망갈 준비를 한 것이다.

102 두예는 "길이 넓어 많은 무리를 쓸 수 있기 때문에 당할 수 없다는 것이다"라 하였다.

103 유월(兪樾)의 『다향실경설(茶香室經說)』에서는 "측(側)"은 "즉(堲)"과 통한다고 하였다. 즉(堲)은 곧 『예기·단궁 상』의 "하후씨의 즉주(夏后氏堲周)"라고 할 때의 "즉주"인데 흙을 구워 벽돌을 만들어 관의 밖에 두르는 것이다.

104 정해일은 29일이다.

105 두예는 "사손은 사람의 성으로 마을의 이름을 삼은 것이다. 죽은 지 13일 만에 장사를 지냈으며 다섯 달을 기다리지 않았다"라 하였다. 옛날에는 일가족은 모두 가족묘에 매장을 해야 하는데 흉사로 죽은 사람만 따로 장사 지내어 징벌을 나타내었다. 『주례·춘관·총인(春官·冢人)』에 "전쟁 중에 죽은 사람은 왕족의 무덤에 들이지 않는다(不入兆域)"는 말이 있으며, 애공 2년의 『전』에서 조간자가 맹세하여 말하기를 "만약 죄가 있다면 교수형을 시켜 세 치짜리 오동나무 관에 속관에 비목은 쓰지 말고 소박한 수레에 갈기를 자르지 않은 말을 써서 가족의 묘에 들이지 말 것이니(無入於兆), 하경에게 내리는 벌입니다"라 하였다. 여기서 장공을 사손지리에 장사 지내는 것 또한 "가족의 묘

四翣,[106] 네 개의 삽을 썼고

不蹕,[107] 벽제는 하지 않았으며

下車七乘,[108] 하거가 7승이었으며

不以兵甲.[109] 갑병은 쓰지 않았다.

에 들이지 않은" 장례이다. 성공 18년 『전』의 『주』에 상세하다.

106 삽(翣): 자루가 긴 부채 모양의 기물로 옛날에는 새털을 가지고 만들었으며, 장례 때 영구차를 따라 양쪽에서 들고 따라가는데 장례를 치를 때는 묘갱(墓坑)에 세워 둔다. 한나라의 제도에 삽은 나무로 만들며 너비가 세 자이며 높이는 세 자 네 치, 방형으로 양쪽 모서리는 높으며 자루의 길이는 다섯 자인데 흰 베를 씌우는데, 흰 베에는 그림을 그리며 양쪽을 아래로 드리운 것이 선진(先秦)과는 조금 다르다. 『예기·예기(禮器)』에 의하면 천자는 8삽이고, 제후는 6삽, 대부는 4삽이다. 여기서 4삽을 쓴 것은 대부로 깎아내린 것이다.

107 필(蹕): 『주례』의 「대사구(大司寇)」와 「사사(士師)」에 의하면 대사(大事)와 대상(大喪)에는 반드시 필(蹕)을 하게 되어 있다. 필(蹕)은 통행을 금지시키고 도로를 깨끗이 치우며 아울러 비상경계를 하는 것이다. 여기서는 필을 하지 않았으니 대상(大喪)으로 인정을 하지 않은 것이다.

108 하거(下車): 예로부터 두 가지 해석이 있다. 복건은 견거(遣車)라고 하였는데, 곧 장례 때 제사 때 드리는 물건을 싣는 수레로 묘혈에 함께 매장을 하며 나무로 만든다. 두예는 송장(送葬)의 수레로, 제나라가 옛날에는 상공의 예를 따라 본래 아홉 량을 썼는데 지금은 일곱 량으로 줄인 것이라 하였다. 본래는 좋은 수레를 써야 하나 지금은 조악한 수레를 썼으므로 하거(下車)라 한 것이다. 문장의 뜻과 옛날의 예제로 논하면 두예의 설이 낫다. 대체로 견거는 제후는 원래 7승을 쓰는데 지금 그대로 7승을 쓰니 강등이나 덜어 냄이 없는 것이다. 이 전에서는 원래 최저가 임금의 예법에 맞게 장례를 치르지 않았기 때문에 『경』에서도 장공의 장례에 대해서는 기록하지 않았다. 견거가 줄어들지 않았는데 또 하필 말하겠는가?

109 병갑(兵甲): 옛날에는 큰 출빈(出殯) 때는 갑병이 따랐다. 임금의 장례 때는 군진을 갖추어야 했다. 이를테면 한나라 때 곽광(霍光)을 장사 지낼 때 몇 대의 군대를 동원하여 송장하였다. 여기서 갑병을 쓰지 않은 것은 또한 깎아내린 것이다. 복건의 풀이대로라면 갑병의 토용(土俑)이 없는 것이다. 진시황의 무덤 근처에서 병마용갱이 발견되었는데 춘추시대에는 꼭 있지는 않았다. 『여씨춘추·안사(安死)』편에서는 "제나라가 망하지도 않아서 장공의 무덤은 파헤쳐졌다"고 하였는데 장공은 장사를 성대하게 치르지 않았으므로 이는 믿을 수 없다.

晉侯濟自泮,[110]	진후가 반에서 건너와
會于夷儀,	이의에서 회합하여
伐齊,	제나라를 쳤는데
以報朝歌之役.[111]	조가의 전역을 보복하기 위함이었다.
齊人以莊公說,[112]	제나라 사람은 장공의 일을 가지고 해명하며
使隰鉏請成,[113]	습서를 보내 화평을 청하였다.
慶封如師.	경봉이 군사에게 갔다.
男女以班.[114]	남여 노예를 구분하여 보냈다.

---

110 청나라 호위(胡渭)의 『우공추지(禹貢錐指)』에서는 반수(泮水)는 태산의 분수령(分水嶺)에서 발원하며 곧 북문하(北汶河)이다. 『태안주지(泰安州志)』에서는 참문(塹汶)이라 하였는데 지금의 태안현(泰安縣) 남쪽에 있다. 조일청(趙一淸)은 분수령은 두 갈래로 갈라져 반은 서남쪽으로 흘러 계수촌(界首村)에 이르러 북쪽으로 꺾이어 장청현(長淸縣)의 중천(中川)으로 흘러들어 청하(淸河)에 이르며, 반은 동남쪽으로 흘러 도화욕(桃花峪)에 이르기 때문에 반수(泮水)라 한다고 하였다. 양이승(梁履繩)의 『보석(補釋)』에 상세하다. 그러나 지형을 가지고 살펴보면 이 설은 의심스럽다. 다음에서는 이의에서 회합을 가졌다 하였는데, 이의는 셋이 있다. 요성(聊城) 서남쪽의 이의와 덕주시(德州市) 북쪽의 이의, 혹은 형대시(邢臺市) 서쪽의 이의를 막론하고 모두 태안의 서북쪽에 있는데, 진후가 먼저 태안의 남쪽에서 건넜다면 또한 꺾어서 돌아와 이의에 이르러 제후들과 회합을 하여야 하나 이럴 리는 없을 것이다.

111 조가의 전역은 23년 『전』에 보인다.

112 장공을 죽인 일을 가지고 진나라에게 해명한 것이다. 『설문(說文)』에서는 "설은 말로 풀이한 것이다"라 하였다.

113 두예는 "습서는 습붕(隰朋)의 증손자이다"라 하였다.

114 남녀이반(男女以班): 곧 아래의 진후(陳侯)가 남녀 노예의 무리를 구별하여 엮게 한 것이며, 애공 원년 『전』에서는 채나라 사람이 남녀 노예를 구별하여 엮어 보냄으로써 항복을 표시하였다.

賂晉侯以宗器, 樂器.[115] 진후에게 종묘의 기물과 악기를 뇌물로 주었다.

自六正, 五吏, 三十帥, 三軍之大夫, 百官之正長, 師旅及處守者皆有賂.[116] 6정과 5리, 30수, 3군의 대부, 백관의 정장, 사려 및 나라를 지키는 자들에게까지 모두 재물을 주었다.

晉侯許之. 진후가 그것을 허락하였다.

使叔向告於諸侯. 숙상으로 하여금 제후들에게 알리게 하였다.

公使子服惠伯對曰, 공이 자복혜백으로 하여금 대답하게 하였다.

"君舍有罪, "임금께서 죄 있는 나라를 용서하시어

以靖小國, 소국을 안정시키니

君之惠也. 임금님의 은혜입니다.

---

115 두예는 "종기는 제사 기물이다. 악기는 종경 따위이다"라 하였다.

116 육정(六正): 6경, 곧 3군의 장수와 보좌이다.
오리(五吏): 군위(軍尉)와 사마(司馬), 사공(司空), 여위(輿尉), 후엄(候奄)인 것 같으며, 양공 19년 『전』에서 모두 1명(命)의 복을 받은 자들이다.
삼십수(三十帥): 사수(師帥)이다. 『주례·하관·사마(夏官·司馬)』에 의하면 1만 2천5백 명이 군(軍)이고 2천5백 명이 사(師)이며, 사수는 모두 중대부이니 1군 5사이다. 사수는 혹 또한 정부(正副)가 있을 수도 있으므로 3군은 15사이며 30수이다.
삼군지대부(三軍之大夫): 매군의 기타 군무를 맡아 다스리는 자이다.
백관지정장(百官之正長): 곧 진나라의 각 부문의 책임을 진 자로 사려(師旅)는 그 관속이다.

寡君聞命矣."[117]

과군께서는 명을 따르겠습니다."

晉侯使魏舒, 宛沒逆衛侯,[118]

진후가 위서, 완몰로 하여금 위후를 맞아들이게 하여

將使衛與之夷儀.[119]

위나라로 하여금 이의를 주게 하였는데

崔子止其帑,

최자가 그 처자를 억류하고

以求五鹿.[120]

오록을 구하였다.

初,

처음에

陳侯會楚子伐鄭,[121]

진후가 초자를 만나 정나라를 쳤는데

當陳隧者,[122]

진나라가 가는 도로에는

井堙, 木刊,[123]

우물을 메우고 나무를 베어 내니

---

117 『사기·연표』와 「진세가」에서는 모두 "진나라는 제나라를 정벌하여 고당(高唐)까지 이르렀다"라 하여 『전』과 다르다.

118 위간(衛衎: 헌공(獻公))은 양공 14년에 제나라로 달아났다. 역(逆)은 맞이하는 것이다.

119 이의(夷儀)는 본래 형(邢)나라 땅인데 희공 원년의 『경』에서 "형이 이의로 옮겼다"한 곳이 바로 이곳이다. 위나라가 형나라를 멸하고 위나라의 읍으로 삼았다. 지금 진나라가 위나라를 압박하여 이 읍을 나누고 간(衎)을 살게 하였다. 이의는 지금의 산동 요성현(聊城縣) 서남쪽 12리 지점인데 민공 2년의 『전』과 『주』를 참조하기 바란다.

120 두예는 "최저가 위나라의 오록을 얻고자 하였으므로 위후의 처자를 제나라에 억류하여 인질로 삼은 것이다"라 하였다. 오록은 지금의 하남 복양현(濮陽縣) 남쪽이다.

121 지난해 겨울에 있었다.

122 수(隧): 도로이다.

鄭人怨之.	정나라 사람이 이를 원망하였다.
六月,	6월에
鄭子展, 子産帥車七百乘伐陳,	정나라 자전과 자산이 병거 7백 승을 이끌고 진나라를 쳐서
宵突陳城,[124]	밤에 진나라 성을 갑자기 공격하여
遂入之.	결국 들어갔다.
陳侯扶其大子偃師奔墓,	진후가 태자인 언사를 부축하여 무덤으로 달아나다가
遇司馬桓子,[125]	사마 환자와 맞닥뜨리자
曰,	말했다.
"載余!"	"나를 태워 다오!"
曰,	말하였다.
"將巡城."	"성을 순시해야 합니다."
遇賈獲,[126]	가획과 맞닥뜨렸는데
載其母妻,	그 어미와 처를 태우고 있었으나

123 인(堙): 메우다.
간(刊): 없애다. 진나라 군사가 지나가는 땅에는 우물이 메워지고 나무가 잘려 나간 것이다.

124 돌(突): 『설문(說文)』에서는 "돌은 개가 구멍에서 잠깐 고개를 내미는 것이다"라 하였다. 「계사전」에서는 "개는 구멍에 몸을 숨기고 사람을 살피다가 사람이 의식하지 않으면 갑자기 나온다"라 하였다. 이곳의 돌(突)자는 당장 돌연히 진공한다는 뜻이다.

125 환자(桓子): 곧 양공 3년 『전』의 원교(袁僑)가 아닌가 한다.

126 가획(賈獲): 두예는 "가획은 진나라의 대부이다"라 하였다.

下之,[127]	내리게 하고
而授公車.[128]	공에게 수레를 주었다.
公曰,	공이 말하였다.
"舍而母."[129]	"네 어미는 태우라."
辭曰,	사절하여 말하였다.
"不祥."[130]	"상서롭지 못합니다."
與其妻扶其母以奔墓,	그 아내와 함께 어미를 부축하여 무덤으로 달려갔는데
亦免.[131]	또한 면하였다.
子展命師無入公宮,	자전이 군사들에게 궁궐에는 들어가지 말라고 명하고
與子産親御諸門.[132]	자산과 함께 친히 성문에서 통제하였다.
陳侯使司馬桓子賂以宗器.	진후가 사마환자로 하여금 종묘의 기물을 바치게 하였다.
陳侯免,	진후는 상복을 입고

127 그 어미와 처를 수레에서 내리게 한 것이다.
128 수레를 진후(陳侯)에게 준 것이다.
129 사(舍): 안치(安置)하다. 그 어미가 그와 동승하고자 했던 것이다.
130 두예는 "위급하기는 하지만 그래도 남녀의 분별이 없게 하고자 하지 않은 것이다"라 하였다.
131 진후(陳侯) 및 그 태자가 화를 면했을 뿐만 아니라 가획 등도 화를 면한 것이다.
132 어(御): 주(主), 제(制)와 같은 뜻으로 쓰였다. 친히 궁궐의 문을 통제한 것이다. 혹은 어(禦)자의 뜻으로도 읽는데 역시 뜻이 통한다.

擁社,[133]	신주를 안은 채
使其衆男女別而纍,[134]	그 무리로 하여금 남녀를 나누어 엮게 하고는
以待於朝.	조정에서 기다렸다.
子展執縶而見,	자전은 굴레를 쥐고 찾아가
再拜稽首,	두 번 절하고 머리를 조아리고
承飮而進獻.[135]	술잔을 받들어 갖다 바쳤다.
子美入,	자미는 들어와서
數俘而出.[136]	포로를 세고는 나갔다.
祝祓社,[137]	축은 불제를 지내고
司徒致民,	사도는 백성을 바치고
司馬致節,	사마는 병부를 바치고

---

133 문(免): 상복을 입다.
옹(擁): 『설문(說文)』에서는 "안는다는 뜻이다"라 하였다. 싣는다는 뜻도 있는데, 안는다는 뜻이 더 낫다.
사(社): 사주(社主)이다. 이는 나라가 망하게 되어 항복하는 것을 나타낸다.

134 기중(其衆): 백관 및 장좌(將佐)를 가리킨다. 스스로 결박하고 명을 기다리는 것이다.

135 이는 외신(外臣)이 전쟁에 이겼을 때 적국의 임금을 찾아보는 예법으로, 성공 2년에 한궐(韓厥)이 제후(齊侯)를 만나 볼 때도 고삐를 쥐고 두 번 절한 후 머리를 조아리고 술잔을 받들고 벽옥을 더하여 바쳤다. 승음(承飮)은 술잔을 받드는 것이다.

136 두예는 "자미는 자산이다. 다만 사로잡은 포로의 숫자만 헤아렸을 뿐 데리고 돌아가지는 않은 것이다"라 하였다.

137 이는 정나라의 축이 진나라의 토지신(土地神)에게 불제를 지낸 것으로, 군대를 끌고 들어와 그 나라 귀신의 노여움을 살까 봐 상서롭지 못한 것에 불제를 지낸 것이다. 『사기·은본기(殷本紀)』에 무왕이 주를 참형에 처한 다음 날 "길을 치우고 사당을 수리하였다" 한 것도 또한 이 뜻이다.

司空致地,	사공은 땅을 바치고
乃還.[138]	돌아갔다.

秋七月己巳,[139]	가을 7월 기사일에
同盟于重丘,	중구에서 동맹을 맺었는데
齊成故也.	제나라가 화친을 했기 때문이다.

趙文子爲政,[140]	조문자가 집정이 되어
令薄諸侯之幣,[141]	제후들의 공물을 가볍게 하고
而重其禮.	예는 두터이 하게 하였다.
穆叔見之.	목숙이 그를 만나 보았다.
謂穆叔曰,	목숙에게 일러 말하였다.
"自今以往,	"지금부터는

---

138 삼사(三司)는 또한 모두 정나라의 관직이다. 진나라는 스스로 나라가 망하였다고 생각하였으며, 정나라는 백성과 병마를 거두어 주둔하고 있던 땅과 함께 돌려주고 범한 것이 없음을 보여주었다. 그러므로 사도는 그 백성을 돌려주고 사마는 병부(兵符)를 돌려주었으니 곧 그 지휘권을 회복시켜준 후에 사공이 그 토지를 돌려주고 난 후에 군사를 돌린 것이다.

139 기사일은 14일이다.

140 이때 사개(士匄)는 이미 죽고 조무(趙武)가 대신하였다. 「단궁 하」에서는 "진나라 헌문자(獻文子)가 집을 낙성하였다……" 하고는 또한 "문자(文子)가 말하기를 무(武)는 여기서 노래를 할 수 있을 것이다"라 하였으니 문자는 시호가 헌문이며 또한 줄여서 문이라고도 하였다.

141 24년에 사개는 이미 공물을 가볍게 하였는데 여기서 또 경감시킨 것이다. 박(薄)은 경(輕)자와 같은 뜻으로 쓰였다.

兵其少弭矣.[142]	병란이 조금 그칠 것이오.
齊崔, 慶新得政,	제나라의 최저와 경봉은 새로 정권을 얻어
將求善於諸侯.	제후들에게 잘 지낼 것을 구할 것이오.
武也知楚令尹.[143]	나는 초나라 영윤을 알고 있소.
若敬行其禮,[144]	공경히 예를 행하고
道之以文辭,[145]	문사로 이끌어
以靖諸侯,	제후를 안정시킨다면
兵可以弭."	병란은 그칠 것이오."

楚薳子馮卒,	초나라 원자풍이 죽자
屈建爲令尹,[146]	굴건이 영윤이 되고
屈蕩爲莫敖.[147]	굴탕이 막오가 되었다.

---

142 미(弭): 그치다.

143 두예는 "영윤은 굴건(屈建)이다"라 하였다.

144 진나라가 스스로 예를 따라 행한 것이다.

145 도(道): 『순자·영욕(榮辱)』편의 양(楊)씨의 주석에서 "도는 말하는 것이다"라 하였다. 이는 초나라와 왕래하면서 외교 사령(辭令)이 반드시 좋아야 한다는 것이다.

146 굴건은 아래의 내용에 의하면 자가 자목(子木)임을 알 수 있다. 이는 중구(重丘)의 맹약 이전의 일로 조무가 잘 안다고 했던 영윤이 바로 이 사람이다.

147 두예는 "굴건을 대신한 것이다. 선공 12년에 있은 필(邲)의 전역 때 초나라에는 굴탕(屈蕩)이 있었는데 좌광(左廣)의 우(右)가 되었다. 『세본』에서는 '굴탕은 굴건의 조부이다'라 하였다. 지금 이곳의 굴탕은 그와는 성명만 같다"라 하였다.

舒鳩人卒叛楚,[148] 서구 사람이 마침내 초나라에 반기를 들자

令尹子木伐之, 영윤 자목이 그들을 쳐서

及離城,[149] 이성에 이르니

吳人救之. 오나라 사람이 그들을 구원하였다.

子木遽以右師先,[150] 자목이 급히 우사로 먼저 이르러

子彊, 息桓, 子捷, 子駢, 子盂帥左師以退. 자강과 식환, 자첩, 자변, 자우가 좌사를 이끌고 물러났다.

吳人居其間七日.[151] 오나라 사람은 그 사이에서 이레를 머물렀다.

子彊曰, 자강이 말하였다.

"久將墊隘,[152] "오래 있으면 쇠약해지고

隘乃禽也,[153] 쇠약해지면 사로잡히니

---

148 원래는 "초(楚)"자를 아래로 붙여 읽었는데, 여기서는 홍양길(洪亮吉)의 『고(詁)』를 따라 고쳤다.

149 이성(離城): 두예는 "이성은 서구의 성이다"라 하였으니 지금의 서성현(舒城縣) 서쪽에 있을 것이며, 초군이 서구에 이를 때 거치게 되는 읍이다. 홍양길(洪亮吉)의 『고(詁)』에서는 곧 종리(鍾離)라고 하였는데, 종리는 지금의 안휘 봉양현(鳳陽縣) 동북쪽 20리 지점에 있는 것을 말하는 것인지 모르겠으며, 멀리 서성의 동북쪽에 있어서 초나라가 서구를 칠 때 이곳까지는 행군하지 않았을 것이다.

150 거(遽): 급히. 두예는 "먼저 서구에 이른 것이다"라 하였다.

151 초나라의 우사와 좌사 사이에 머문 것이다.

152 점애(墊隘): 이약(羸弱)과 같다. 성공 6년『전』의『주』에 상세하다.

153 병사들이 오래도록 적진에 머물면서 적들과 대치하면 몸이 약해져서 반드시 포로로 잡히게 될 것이라는 말이다. 애(隘)는 곧 점애(墊隘)이다.

不如速戰.	속히 싸움만 못합니다.
請以其私卒誘之,[154]	청컨대 사졸로 저들을 유인하고자 하니
簡師,	군사를 가려 뽑아
陳以待我.[155]	진세를 벌려 나를 기다리시오.
我克則進,	내가 이기면 진격하고
奔則亦視之,[156]	달아나더라도 또한 잘 살피면
乃可以免.[157]	곧 면할 수 있을 것입니다.
不然,	그렇지 않으면
必爲吳禽."	반드시 오나라에 사로잡힐 것입니다."
從之.	그 말을 따랐다.
五人以其私卒先擊吳師,	다섯 사람이 그 사졸들을 가지고 먼저 오나라 군사를 치자
吳師奔;	오나라 군사들이 달아났으며,
登山以望,	산에 올라 바라보다가
見楚師不繼,[158]	초나라 군사가 이어지지 않는 것을 보고

154 사졸(私卒): 각 장령(將領)의 가병(家兵)일 것이며, 역시 참전하였다.

155 자강이 식환 등 네 사람과 모의하여 이에 네 사람이 정예병을 선발하여 진세를 벌려 그를 기다리게 하려는 것이다.

156 두예는 "그 형세를 잘 살피어 그들을 구조하는 것이다"라 하였다.

157 사로잡히게 되는 것에서 벗어나는 것이다.

復逐之,[159]	다시 쫓았는데
傅諸其軍,[160]	그 군에 근접하자
簡師會之.[161]	뽑힌 정병들이 모였다.
吳師大敗.	오나라 군사는 대패했다.
遂圍舒鳩,	마침내 서구를 에워싸니
舒鳩潰.	서구는 무너졌다.
八月,	8월에
楚滅舒鳩.[162]	초나라가 서구를 멸하였다.

衛獻公入于夷儀.[163]	위헌공이 이의로 들어갔다.

鄭子産獻捷于晉,[164]	정나라 자산이 진나라에 전리품을 바치고
戎服將事.[165]	융복으로 일을 보았다.

---

158 초나라는 원래 사병(私兵)을 미끼로 하여 오나라 군사를 유인하였다.
159 오나라가 사병(私兵)을 쫓은 것이다.
160 부(傅): 근접하다. 초나라 군사에 가까워진 것이다.
161 초나라가 선발한 정예병과 5인의 사병(私兵)이 모여서 오나라 군사를 공격한 것이다.
162 두예는 "다섯 사람이 오나라 군사를 물리쳐 마침내 전진하여 자목에게 이르러 서구를 함께 포위하여 멸한 것이다"라 하였다.
163 두예는 "다음의 이의에서 영희(甯喜)에게 말하는 것의 복선이다"라 하였다.
164 진(陳)나라로 쳐들어간 공을 바친 것이다.
165 융복(戎服): 두예는 "융복은 군복으로 조복(朝服)과는 다르다"라 하였다.

晉人問陳之罪.[166]	진나라 사람이 진나라의 죄를 묻자
對曰,	대답하여 말하였다.
“昔虞閼父爲周陶正,[167]	“지난날 우알보가 주의 도정이 되어
以服事我先王.[168]	우리 선왕을 섬겼습니다.
我先王賴其利器用也,[169]	우리 선왕께선 그가 기용을 이롭게 한 것과
與其神明之後也,[170]	신명의 후예임을 훌륭히 여기어
庸以元女大姬配胡公,[171]	이에 원녀인 태희를 호공의 배필로 삼아
而封諸陳,	진나라에 봉하여
以備三恪.[172]	삼각을 갖추었습니다.

---

166 아래의 내용에 의하면 물은 사람은 사약(士弱)이다. 지난해 정나라가 일찍이 진나라 정벌을 요청한 적이 있는데 진나라 사람이 허락지 않았었다.

167 도정(陶正): 송나라 왕응린(王應麟)의 『곤학기문(困學紀聞)』 권4에 “순(舜)이 강가에서 질그릇을 구웠는데 그릇이 거칠고 볼품이 없지 않았는데도 주(周)의 도정(陶正)은 오히려 우알보에게 그것을 만들라고 하였다”라는 말이 있고, 『주례·고공기』에서도 “유우씨는 도기 만드는 사람을 숭상했다”라 하였다. 도정은 도기 만드는 일을 관장하는 관직이다.

168 선왕(先王): 주무왕(周武王)을 가리킨다.

169 뢰(賴): 훌륭하다는 뜻인데, 여기서는 가상히 여기다라는 말과 같다.

170 신명(神明): 우순(虞舜)을 가리킨다. 「초어 상」에서 “무정(武丁)의 신명과 같다”라 한 것과 같은 뜻이다. 알보(閼父)는 순의 후손이다.

171 용(庸): 접속사로 쓰였으며, 내(乃)와 같은 뜻이다.
원녀태희(元女大姬): 무왕의 장녀이므로 태희라고 하였다. 태(大)는 태(太)와 같다. 양옥승(梁玉繩)의 『사기지의(史記志疑)』 권19에서는 “호공(胡公)은 알보〔遏父, 곧 알보(閼父)〕의 아들이며, 『당서·세계표』(곧 「재상세계표」 1의 하)에서는 무왕은 원녀를 알보의 아내로 주어 호공을 낳았다고 하였는데 거짓이다”라 하였다.

172 삼각(三恪): 『예기·악기(樂記)』에서는 “무왕은 은나라를 이기고 상(商)으로 돌아와 수레

則我周之自出,　　곧 우리는 주나라에서 나와

至于今是賴.[173]　　지금껏 도움을 받고 있습니다.

桓公之亂,　　환공의 난 때

蔡人欲立其出,[174]　　채나라 사람이 그 출신을 세우려 하자

我先君莊公奉五父而立之,[175]　　우리 선군이신 장공이 오보를 받들어 세우자

蔡人殺之.[176]　　채나라 사람이 그를 죽였습니다.

我又與蔡人奉戴厲公.　　우리는 또 채나라 사람과 함께 여공을 추대하였습니다.

至於莊, 宣,　　장공과 선공에 이르기까지

皆我之自立.[177]　　모두 우리가 스스로 세웠습니다.

에서 미처 내리기도 전에 황제(黃帝)의 후손을 계(薊)에 봉하고 제요(帝堯)의 후손을 축(祝)에 봉하였으며 제순(帝舜)의 후손을 진(陳)에 봉하였다"라 하였다. 『예기·교특생(郊特牲)』의 공영달의 주석에서는 옛 『춘추좌씨』의 설을 인용하여 주나라가 황제와 요·순의 후손을 봉하고 삼각이라 하였다고 하였다. 두예는 우·하·상의 후손을 삼각이라고 하였으며, 공영달의 주석에서는 그것을 변호하였는데 고인의 전설에 부합되지 않는 것 같다.

173 두예는 "진나라는 주나라의 외손이므로 지금까지 주나라의 덕을 입고 있다는 말이다"라 하였다.

174 두예는 "진환공 포(鮑)가 죽자 이에 진나라에는 난이 일어났는데 이 일은 노환공 5년에 있었다. 채출(蔡出)은 환공의 아들 여공(厲公)이다"라 하였다.

175 두예는 "오보타는 환공의 아우이다. 태자 면(免)을 죽이고 그 자리를 대신하여 정장공이 이에 그 왕위를 안정시킨 것이다"라 하였다.

176 두예는 "그 소생을 세우고자 하였기 때문이다"라 하였다.

177 두예는 "진장공과 선공(宣公)은 모두 여공의 아들이다"라 하였다.

夏氏之亂,	하씨의 난 때
成公播蕩,	성공이 정처 없이 떠돌자
又我之自入,	또한 우리가 스스로 들어가게 한 것은
君所知也.[178]	임금님께서도 아시는 대로입니다.
今陳忘周之大德,	지금 진나라는 주나라의 큰 덕을 잊어
蔑我大惠,[179]	우리의 큰 은혜를 버리고
棄我姻親,	우리의 인척을 버렸으며
介恃楚衆,[180]	초나라의 군사가 많음을 믿고
以馮陵我敝邑,	우리나라를 침범하여 능멸하니
不可億逞,[181]	그들을 만족시켜 줄 수가 없어
我是以有往年之告.[182]	우리는 이에 지난해에 알렸습니다.
未獲成命,[183]	명을 얻지 못하였으므로

---

178 파탕(播蕩): 정처 없이 유리하다. 선공 10년에 하징서(夏徵舒)는 진영공(陳靈公)을 죽였으며, 진성공 오(午)의 즉위는 선공 11년에 있었는데 아마 진(晉)나라에서 정나라를 통하여 입국시킨 것일 것이다.

179 멸(蔑): 버리다, 멸(滅)하다.

180 개시(介恃): 문공 6년『전』에 "사람의 총애를 이용하다(介人之寵)"라는 말이 있는데, 두예는 "개는 인(因)과 같다"라 하였다. 장시(仗恃)와 뜻이 가까우며, 개(介)와 시(恃)는 비슷한 뜻이 연용된 말이다.

181 억령(億逞): 만족하다는 뜻.

182 두예는 "정백이 머리를 조아리고 진(晉)나라에게 진(陳)나라를 쳐달라고 청한 일을 말한다"라 하였다.

183 두예는 "진(陳)나라를 정벌하는 명을 얻지 못한 것이다"라 하였다.

則有我東門之役.[184]	우리나라의 동문을 치는 전역이 있게 되었습니다.
當陳隧者,	진나라가 가는 길에는
井堙, 木刊.	우물을 메우고 나무를 베어 버렸습니다.
敝邑大懼不競而恥大姬,[185]	우리나라는 강하지 못한 데다 태희가 치욕을 당할까 두려웠는데
天誘其衷,	하늘이 그들을 미워하여
啓敝邑之心.[186]	우리나라의 마음을 열어 주었습니다.
陳知其罪,	진나라는 그 죄를 알고
授手于我.[187]	우리에게 머리를 내주어
用敢獻功."	이에 감히 전리품을 바칩니다."
晉人曰,	진나라 사람이 말하였다.
"何故侵小?"[188]	"무슨 이유로 소국을 침공하였는가?"
對曰,	대답하였다.
"先王之命,	"선왕의 명에

184 지난해에 진(陳)나라는 초나라를 따라 정나라 도성의 동문을 쳤다.

185 정나라가 약하여 태희가 하늘에서 욕을 당하게 하지나 않을까 크게 걱정한 것이다. 불경(不競)은 불강(不强)과 같은 뜻이다.

186 우리가 진(陳)나라를 치도록 하는 마음을 열어주었다는 것이다.

187 수수(授手): 곧 수수(授首)이며, 『공자가어』에는 "授首"로 되어 있는데, 죄인이 징벌을 받는 것을 말한다.

188 정나라는 크고 진(陳)나라는 작다. 침(侵)은 침범하다의 뜻.

唯罪所在,	죄가 있는 곳이라면
各致其辟.[189]	각기 형을 집행하라고 하였습니다.
且昔天子之地一圻,[190]	또한 옛날에 천자의 땅은 1기이며
列國一同,[191]	열국은 1동인데
自是以衰.[192]	이로부터 차차 감하여졌습니다.
今大國多數圻矣,	지금 대국은 땅이 거의 수 기나 되니
若無侵小,	소국을 침공함이 없었더라면
何以至焉?"	어떻게 거기까지 이르렀겠습니까?"
晉人曰,	진나라 사람이 말하였다.
"何故戎服?"	"무슨 까닭으로 융복을 하고 있는가?"
對曰,	대답하였다.
"我先君武, 莊爲平, 桓卿士.[193]	"우리 선군이신 무공과 장공은 평왕과 환왕의 경사입니다.

189 벽(辟): 형(刑)의 뜻이다.

190 기(圻): 기(畿)라고도 한다. 『시경·상송·현조(商頌·玄鳥)』에서 "나라의 기는 천리(邦畿千里)"라 한 것이 이를 말한다. 1기(圻)는 사방 천리이다.

191 1동(一同): 사방 5백 리이다. 『백호통·봉공제후(白虎通·封公諸侯)』편에서는 "제후의 봉지는 백 리를 넘지 않는다"라 하여 『주례·지관·대사도(地官·大司徒)』의 "제공(諸公)의 땅은 봉해진 강토가 사방 5백 리이다. 제후(諸侯)는 사방 4백 리이다. ……"라 한 것과 다른데 당연히 『좌전』이 옳다.

192 두예는 "쇠는 차츰 내려가는 것이다"라 하였다. 『맹자·만장(萬章) 하』에서는 "천자의 제도에 땅은 사방 천 리이며, 공후는 모두 사방 백 리, 백은 70리, 자·남은 50리로 무릇 4등급이다"라 하였다. 70, 50리가 곧 차츰 내려가는 것이다.

193 은공 3년의 『전』에서는 "정나라 무공과 장공이 평왕의 경사가 되었다(鄭武公,莊公爲平

城濮之役,[194] 성복의 전역에서

文公布命,[195] 문공께서 명을 펴시어

曰, 말하기를

'各復舊職.'[196] '각자 옛 직책에 복귀하라'고 하였습니다.

命我文公戎服輔王, 우리 문공에게 융복을 입고 왕을 보필하도록 명하여

以授楚捷—不敢廢王命故也."[197] 초나라의 전리품을 바치오니—감히 왕명을 폐하지 못하는 것입니다."

士莊伯不能詰,[198] 사장백이 더 이상 캐묻지를 못하고

復於趙文子. 조문자에게 복명하였다.

文子曰, 문자가 말하였다.

"其辭順.[199] "그 말이 순리에 맞다.

犯順, 순리에 맞는 것을 범하면

王卿士)"라 하였다. 정장공은 평왕 28년에 즉위하였고, 즉위 23년에 평왕이 죽자 다시 환왕의 경사가 되었다.

194 희공 28년에 있었다.

195 문공(文公): 진문공이다.

196 곧 정백이 여전히 주왕의 경사가 되는 것이다.

197 이 구절은 생략된 것이다. 진나라와 초나라의 성복의 전역에서 정문공이 융복으로 포로를 바쳤는데 지금 또한 융복으로 포로를 바치는 것은 감히 왕명을 폐할 수 없기 때문이라는 것이다.

198 두예는 "사장백은 사약(士弱)이다"라 하였다. 힐(詰)은 힐문하다, 힐책하다의 뜻.

199 이치에 맞게 문채가 이루어진 것이다.

不祥."	상서롭지 못하다."
乃受之.	이에 받아들였다.
冬十月,	겨울 10월에
子展相鄭伯如晉,	자전이 정백을 도와 진나라로 가서
拜陳之功.[200]	진나라의 공을 배사하였다.
子西復伐陳,	자서가 다시 진나라를 치니
陳及鄭平.	진나라는 정나라와 화평을 맺었다.
仲尼曰,	중니가 말하였다.
"志有之,[201]	"옛 기록에 적혀 있기를
'言以足志,	'말로 뜻을 이루고
文以足言.'	문채로 말을 이룬다' 하였다.
不言,	말하지 않으면
誰知其志?	누가 그 뜻을 알겠는가?
言之無文,	말해도 문채가 없으면
行而不遠.	행해도 멀리 가지 못한다.
晉爲伯,	진나라가 패주인데
鄭入陳,	정나라가 진나라로 들어갔으니

200 두예는 "진나라가 그 공을 받아 준 것을 감사해한 것이다"라 하였다.
201 두예는 "지(志)는 옛 서적이다"라 하였다.

非文辭不爲功.	문사가 아니었으면 공을 이루지 못하였을 것이다.
愼辭也."	문사는 삼가야 하는 것이다."

楚蔿掩爲司馬,[202]	초나라 위엄이 사마가 되어
子木使庀賦,[203]	자목이 부세를 다스리게 하여
數甲兵.[204]	병기를 검열하였다.
甲午,[205]	갑오일에
蔿掩書土, 田,[206]	위엄은 토지와 전지를 기록하되
度山林,[207]	산림을 헤아리고
鳩藪澤,[208]	수택에서 나는 것을 모았으며

---

202 위엄(蔿掩): 『한서·고금인표』에는 "원엄(薳奄)"으로 되어 있고, 두예는 "위자풍(蔿子馮)의 아들이다"라고 하였다.

203 비(庀): 다스리다.
부(賦): 아래의 내용에 의하면 전택(田澤)과 목축의 세수가 있고 또한 군비로 충당되는 군부(軍賦)도 있다. 이 부세는 채읍에서 공에게 상납하는 것 및 서민들에게서 징발하는 것도 있고 또한 국가 자체의 수입도 있다.

204 수갑병(數甲兵): 수(數)는 헤아리다, 검열하다. 곧 검사하여 계산하는 것이다. 갑병은 일체의 무기를 두루 가리킨다.

205 갑오일은 10월 8일이다.

206 서토전(書土田): 아래에 의하면 이는 전체를 총괄한 것이고 아래에서는 아홉 갈래로 나누어 말하였는데, 곧 토(土)와 전(田)의 두 가지 일이다.

207 두예는 "산림의 재목을 헤아려 국가의 쓰임에 대는 것이다"라 하였다.

208 구(鳩): 원래는 구(勼)로 되어 있으며 모은다는 뜻이다.
수택(藪澤): 택(澤)은 물이 고여 있는 곳이다. 물이 드물면 수(藪)라고 한다. 산림과 수택에서 나는 것들로는 이를테면 「초어 하」에서 이른 금(金)·목(木)·죽(竹)·전(箭)·귀(龜)·주(珠)·치(齒)·각(角)·피(皮)·혁(革)·우(羽)·모(毛)로 모두 헤아려서 모은 것이다.

辨京陵,[209]	고지와 언덕을 구별하고
表淳鹵,[210]	염분을 띤 땅은 표시하며
數疆潦,[211]	비가 오면 물에 잠기는 땅을 계산하고
規偃豬,[212]	저수지를 규획하며
町原防,[213]	제방 사이의 좁은 땅을 획분하고
牧隰皐,[214]	소택지에서는 방목하고

---

209 변경릉(辨京陵): 두예는 "변은 구별한다는 뜻이다. 아주 높은 것을 경이라 한다. 큰 언덕을 능(陵)이라 한다"라 하였다. 각종 고지를 구별하여 측량하여 나무를 심을 곳과 행군을 대비한 것이다.

210 순(淳)은 염분을 띤 땅이며, 표(表)는 나무를 세워 표시한 것이다.

211 강(疆)은 강(彊)이 되어야 한다. 강료(彊潦)는 땅의 성질이 딱딱한데 물을 받으면 고이는 것이다. 또한 계산 한 것이다. 염분을 띤 땅 및 수몰지는 그 세금을 경감해 준다는 것을 말한다.

212 언저(偃豬): 언(偃)은 또한 언(堰)이라고도 하고 언(匽), 언(隁)이라고도 한다. 『주례·궁인(宮人)』에 "우물과 방죽을 세운다(爲其井匽)"라 하였고, 『한서·동탁전(董卓傳)』에서는 "방죽을 만들어 물고기를 잡는다"라 하였다. 『주례·도인(稻人)』편에는 "저로 물을 모은다(以豬畜水)"라는 말이 있는데 저(豬)는 또한 저(瀦)라고도 한다. 「상서」의 「위공전(僞孔傳)」에서는 "물이 머무는 곳을 저라 한다(水所停曰瀦)"라 하였다. 곧 언저(偃豬)는 저수지로 물을 가두었다가 관개(灌漑)에 대비하는 것이다. 강료(疆潦)가 흐르는 물인 것과는 다르며 언저는 곧 저수(貯水)를 말한다. 규(規)는 규획한다는 뜻이다.

213 정(町): 전한(前漢) 말기 사유(史游)가 편찬한 문자교본(文字教本) 『급취편(急就篇)』의 주석에서 "정은 한편 밭을 다스리는 곳이다"라 하였다. 진(秦)나라 이사(李斯)의 자서(字書) 『창힐편(倉頡篇)』에서는 "정은 밭의 구역이다"라 하였다. 여기서는 동사로 쓰여 작은 전지(田地)를 획분하는 것이다.
원방(原防): 『이아·석지(釋地)』에서는 "곡식을 심어 먹을 만한 곳을 원이라 한다"라 하였다. 방(防) 또한 제방 사이에 있는 경작이 가능한 땅을 말한다. 원과 방은 뜻이 같다. 모두 제방 사이의 협소한 경작지이다.

214 습고(隰皐): 『이아·석지(釋地)』에서는 "낮은 습지를 습(隰)이라 한다"라 하였다. 『한서·가산전(賈山傳)』의 주에서 "고는 물가의 진흙이 있는 땅이다"라 하였다. 습고에는 수초가 많아 소와 양을 목축할 수 있다.

井衍沃,[215]	평탄하고 비옥한 땅은 정전제를 실시하여
量入脩賦,[216]	들어오는 것을 헤아려 부세를 닦고
賦車, 籍馬,[217]	수레와 말의 징발하는 양을 정하였으며
賦車兵, 徒兵, 甲楯之數.[218]	병거와 보졸의 병기, 갑옷과 방패의 수를 정해 징수하였다.
旣成,	완성이 되자
以授子木,	자목에게 바쳤는데
禮也.	예에 맞았다.

十二月,	12월에
吳子諸樊伐楚,	오자 제번이 초나라를 쳐서

---

215 연옥(衍沃): 두예는 "연옥은 평평하고 아름다운 땅이다. 곧 『주례』와 같이 정전제를 만든 것이다. 6척이 보(步)이고, 백보가 무(畝)이며, 백부가 부(夫), 9부가 정(井)이다"라 하였으니 초나라는 이때까지도 정전제를 시행하고 있었다.

216 공사의 모든 수획(收獲)을 헤아려 부세법을 수정하는 것이다.

217 부적(賦籍): 공영달은 "부와 적은 모두 세법이다. 백성의 재산을 세금으로 거두어 거마를 갖추게 하는 것이다"라 하였다.

218 도병(徒兵): 각 판본에는 모두 "도졸(徒卒)"로 되어 있는데, 여기서는 『석경』 및 송본(宋本)에 따라 바로잡았다. 홍양길(洪亮吉)의 『고(詁)』도 이와 같다. 이곳의 두 병(兵)자는 모두 병기를 가리키며, 전차병과 보졸이 쓰는 무기가 다르기 때문에 거병과 도병이라고 하였다.
갑순(甲楯): 방어하여 지키는 무기이다. 갑은 갑주를 두루 말한 것이다. 순은 곧 순(盾)으로 간(干)과 로(櫓)를 두루 말한 것이다.

以報舟師之役.[219]	수군의 전역을 보복하였다.
門于巢.[220]	소의 성문을 공격하니
巢牛臣曰,	소의 우신이 말하였다.
"吳王勇而輕,	"오왕은 용감하나 가벼우니
若啓之,[221]	성문을 열어 주면
將親門.[222]	친히 성문으로 들어올 것이다.
我獲射之,	내 그를 쏘아
必殪.[223]	죽이고 말 것이다.
是君也死,	이 임금이 죽으면
彊其少安."[224]	변경이 조금 안정될 것이다."
從之.	그 말을 따랐다.
吳子門焉,	오자가 성문으로 들어오자
牛臣隱於短牆以射之,[225]	우신이 야트막한 담에 숨어 있다가 그를 쏘니

219 초나라 수군이 쳐들어왔던 전역은 지난해 여름에 있었다.

220 소(巢): 지금의 안휘 소현(巢縣) 동북쪽 5리 지점이다.

221 계(啓): 성문을 열어주는 것을 말하며, 은공 원년『전』의 "부인이 성문을 열어 주기로 하였다(夫人將啓之)"의 계(啓)와 같은 뜻이다.

222 문(門): 성문으로 들어가는 것을 말한다.

223 에(殪): 두예는 "에는 죽는 것이다"라 하였다.

224 강(彊): 완각본에는 "강(彊)"으로 되어 있다. 여기서는 송본과 순희본 및 가나자와 문고본(金澤文庫本)을 따라 정정하였다. 강은 초나라의 오나라에 인접한 변경이다.

225 단장(短牆): 23년『전』의 "유은(踰隱)"의 은(隱)이다.

卒.[226]	죽었다.
楚子以滅舒鳩賞子木.	초자가 서구를 멸한 공로로 자목에게 상을 내렸다.
辭曰,	사양하여 말하기를
"先大夫蔿子之功也."	"선대부 위자의 공입니다"라 하고
以與蔿掩.[227]	위엄에게 주었다.
晉程鄭卒,	진나라 정정이 죽자
子產始知然明,[228]	자산이 비로소 연명을 알아보고
問爲政焉.	정치에 대해 물어보았다.
對曰,	대답하였다.
"視民如子.	"백성을 아들처럼 보아야 합니다.
見不仁者,	어질지 못한 자를 보면
誅之,	죽이기를

226 후한(後漢) 때 조엽(趙曄)의 역사서 『오월춘추(吳越春秋)』에서는 제번이 계찰에게 제위를 전하려다가 하늘을 우러러 죽기를 바랐다 운운하였는데 믿을 수 없다.

227 두예는 "왕년에 초자는 서구를 치려다가 위자풍(蔿子馮)이 군사를 물리고 반란을 일으키길 기다리자고 청하여 초자가 이를 따랐는데 마침내 서구를 얻었다. 그러므로 자목이 상 받기를 사절하고 그 아들에게 준 것이다"라 하였다.

228 지난해에 연명은 정정이 죽을 것이라고 예언하였다.

如鷹鸇之逐鳥雀也."[229]	매와 새매가 새와 참새를 쫓듯이 해야 합니다."
子産喜,	자산은 기뻐하여
以語子大叔,	자태숙에게 이야기하고는
且曰,	또한 말하기를
"他日吾見蔑之面而已,	"다른 날에는 내가 말의 얼굴만 보았을 따름인데
今吾見其心矣."[230]	오늘은 내 그의 마음을 보았습니다" 라 하였다.
子大叔問政於子産.	자태숙이 자산에게 정치에 대하여 물으니
子産曰,	자산이 말하였다.
"政如農功,	"정치는 농사와 같으니
日夜思之,	밤낮으로 생각을 하고
思其始而成其終,	그 처음을 생각하고 결과가 어떻게 될지 생각하여
朝夕而行之.	밤낮으로 행하여야 합니다.
行無越思,[231]	행하되 생각한 바를 넘지 않기를

229 어질지 못한 자를 죽이지 않는 사람은 작은 인자함을 가질 수 없다는 말이다.
230 연명의 성명은 종말(鬷蔑)로 얼굴이 매우 못생겼다는 말이 소공 28년『전』에 보이는데, 그 마음은 매우 식견이 있었다.
231 이미 생각한 것을 행하고 생각하지 않은 것은 망령되이 행하지 않는 것이다.

如農之有畔,[232]	밭에 두둑이 있는 것처럼 하면
其過鮮矣."	그 허물이 적을 것입니다."
衛獻公自夷儀使與甯喜言,[233]	위헌공이 이의에서 영희에게 말하게 하였더니
甯喜許之.	영희가 허락하였다.
大叔文子聞之,[234]	태숙문자가 그 말을 듣고
曰,	말하였다.
"烏呼!	"아아!
詩所謂'我躬不說,	『시』에서 이른바 '내 자신도 받아들이지 못하면서
皇恤我後'者,[235]	내 후사를 걱정할 겨를이 있겠는가?'라는 것이니
甯子可謂不恤其後矣.	영자는 그 후손을 걱정하지 않았다 하리라.

232 반(畔): 밭두둑이다.

233 두예는 "복위시켜 줄 것을 구한 것이다"라 하였다.

234 두예는 "태숙의(大叔儀)이다"라 하였다.

235 『시』는 『시경·패풍·곡풍(邶風·谷風)』과 『시경·소아·소변(小雅·小弁)』에 보인다. "열(說)"은 지금의 『시』에는 "열(閱)"로 되어 있으며 용납한다는 뜻이다. "황(遑)" 또한 "황(皇)"으로 되어 있으며, 겨를이라는 뜻이다. 휼(恤)은 『설문(說文)』에서 "근심하다, 거둔다는 뜻이다"라 하였다. 또한 돌아보고 생각한다는 뜻으로 해석할 수도 있다. 시의 뜻은 내 몸조차 오히려 용납되지 않는데 나의 후손을 생각할 겨를이 어디 있겠느냐는 것이다.

將可乎哉?	어떻게 되겠는가?
殆必不可.[236]	반드시 되지 못할 것이다.
君子之行,	군자가 일을 행함에는
思其終也,[237]	그 끝을 생각하고
思其復也.[238]	다시 할 것을 생각해야 한다.
書曰,	『서』에서는 말하기를
'愼始而敬終,	'시작을 삼가고 끝을 공경히 하면
終以不困.'[239]	끝내 곤경에 처하지 않는다'라 하였다.
詩曰,	『시』에서는 말하기를
'夙夜匪懈,	'밤낮으로 게을리 하지 않고
以事一人.'[240]	한 사람만을 섬긴다'라 하였다.

236 태필(殆必): 태(殆)는 의심의 뉘앙스를 풍기는 단어이고, 필(必)은 긍정의 단어이다. 두 글자를 연용하면 긍정을 하지 않는 듯하면서도 실은 긍정을 나타낸다.

237 결과를 생각하는 것이다.

238 계속하여 다시 이렇게 할 수 있는 것을 생각하는 것이다.

239 두예는 "일서이다"라 하였다. 『일주서·상훈(常訓)』편에서는 "작은 일을 신중히 시작하여 끝을 공경하게 하면 곧 곤경에 처하지 않게 된다"라 하였다. 후한(後漢) 때 서간(徐幹)의 『중론·법상(中論·法象)』편에서도 『서』를 인용하여 "시작을 신중히 하고 공경히 하면 끝내 곤경에 처하지 않는다"라 하였다. 위고문 「채중지명(蔡仲之命)」에서는 이 뜻을 표절하여 그 문장을 변형시켜 "그 처음을 신중히 하고 그 끝을 생각하면 끝내 곤경에 처하지 않는다"라 하였다.

240 두예는 "한 사람은 임금을 비유하였다"라 하였다. 문공 3년의 『전』에서도 이 시를 인용한 적이 있다. 숙야(夙夜)는 아침저녁, 조석과 같은 말이다. 해(解)는 해(懈)와 같고, 해태(懈怠)는 해타(懈惰), 곧 게으르다는 뜻이다.

今甯子視君不如弈棋,	지금 영자가 임금을 보는 것이 바둑을 둠만 못하니
其何以免乎?	어떻게 면할 수 있겠는가?
弈者擧棋不定,	바둑을 두는 데도 돌 놓을 곳을 정해 놓지 않으면
不勝其耦;[241]	짝을 이길 수 없거늘
而況置君而弗定乎?	하물며 임금을 안치하면서 그에 대해 정하지 않음이겠는가?
必不免矣.	반드시 면하지 못할 것이다.
九世之卿族,	9대를 전한 경의 가문이
一擧而滅之,	일거에 멸망당하게 되었으니
可哀也哉!"[242]	실로 슬프도다!"
會于夷儀之歲,[243]	이의에서 회합을 하던 그해에
齊人城郟.[244]	제나라 사람이 겹에 성을 쌓았다.

---

241 우(耦): 바둑을 두는 상대방.

242 두예는 "영씨는 위무공(衛武公)에게서 나왔으며, 희공(僖公)에 이르기까지 9세이다"라 하였다. 청나라 이자명(李慈銘)의 『월만당일기(越縵堂日記)』 광서(光緖) 임오년(1882) 3월 20일에 「좌전구세경족해(左傳九歲卿族解)」가 있는데 비교적 믿을 만하다. 그 나머지 여러 설은 위무공을 세지 않았는데 이는 『전』의 뜻과 합치되지 않는다.

243 회이의(會夷儀): 두예는 "24년에 있었다. 회이의(會夷儀)라 바로 말하지 않은 것은 25년 이의의 회합과 구별하기 위해서이다"라 하였다. 『석문(釋文)』에서는 "이 『전』은 원래 나중에 수정하여 이룬 것으로 전권인 25년의 『전』에 이어야 하는데 나중에 간편(簡編)이 문드러지고 탈간되어 후인이 베껴 써서 이곳에 있게 되었다"라 하였다.

其五月, 그해 5월에

秦, 晉爲成, 진나라와 진나라가 화친을 맺었는데

晉韓起如秦涖盟, 진나라의 한기가 진나라로 가 맹약에 임했으며

秦伯車如晉涖盟.[245] 진나라의 백거가 진나라로 가서 맹약에 임했다.

成而不結.[246] 화친을 맺었지만 굳지는 않았다.

양공 26년

經

二十有六年春王二月辛卯,[1] 26년 봄 주력으로 2월 신묘일에

---

244 겹(郟): 곧 왕성으로 옛 낙읍(洛邑)이다.

245 두예는 "백거는 태백(泰伯)의 아우 침(鍼)이다"라 하였다.

246 두예는 "견고하게 맺지 못한 것이다. 전(傳)은 후년에 수정하여 완성한 것이므로 전년도의 말미에 이어야 하는데 특별히 건너뛰어 이곳에 둔 것은 베껴 쓰면서 실수한 것이다"라 하였다. 유월(兪樾)의 「좌전 고본의 분년 고찰(左傳古本分年考)」에서는 "이 전(傳)은 기실 '26년 봄(二十六年春)'의 위에 있어야 한다. 대체로 좌씨는 『전』을 지으면서 원래 매년을 한 편으로 나눈 적이 없으며 나중에 편차를 가한 자가 매년 반드시 해를 해의 위에다 놓고자 하여 다시 한 자를 더 두는 것을 용납지 않아 이에 전년의 말에 나누어 놓았으며 이로 인해 문의가 불안한 것이 많다. 지금 『경』의 문으로 띄워 마침내 외로이 권수(卷首)에 매달려 있게 되어 이어서 붙일 곳이 없게 되었으며, 두씨는 이 때문에 베껴 써서 이곳으로 건너뛰어 오게 되었다고 생각하였다"라 하였다. 유씨의 설이 매우 정확하며, 나머지는 은공 원년의 『경』 앞에 위치한 『전』의 주석에 상세하다.

1 이십육년(二十六年): 갑인년 B.C. 547년으로, 주영왕(周靈王) 25년이다. 동지가 정월 25일 경진일로 건자(建子)이다.

衛甯喜弑其君剽. 위나라의 영희가 그 임금 표를 죽였다.

衛孫林父入于戚以叛.[2] 위나라 손림보가 척으로 들어가 반란을 일으켰다.

甲午,[3] 갑오일에

衛侯衎復歸于衛.[4] 위후 간이 위나라로 복위하였다.

夏, 여름에

晉侯使荀吳來聘.[5] 진후가 순오로 하여금 내빙케 하였다.

公會晉人, 鄭良霄, 宋人, 曹人于澶淵. 공이 진나라 사람·정나라 양소·송나라 사람·조나라 사람과 전연에서 회합하였다.

秋, 가을에

宋公殺其世子痤.[6] 송공이 그 세자인 좌를 죽였다.

신묘일은 7일이다.

2 반(叛)이란 기록은 이곳에서 처음 보인다. 『경』에서 반(叛)이라 기록한 것은 여섯 차례에 모두 12명이다. 이곳이 처음이고, 소공 21년의 송나라 화해(華亥)와 상녕(向寧), 화정(華定)이 두 번째이며, 정공 11년의 송공의 아우 진(辰) 및 중타(仲佗), 석강(石彄), 공자 지(公子地)가 세 번째이고, 정공 13년의 진나라 조앙(趙鞅)이 네 번째이며, 또한 진나라 순인(荀寅) 및 사길야(士吉射)가 다섯 번째, 애공 14년의 송나라 상퇴(向魋)가 여섯 번째이다.

3 갑오일은 2월 10일이다.

4 복귀(復歸): 『경』에 복귀라는 기록은 네 차례가 있는데 모두 이름을 적었다. 희공 28년 위후 정(鄭) 및 위나라 원훤(元咺), 조백 양(襄) 및 이곳일 따름이다. 성공 18년의 『전』에서 "무릇 나라를 떠났다가 그 왕위를 회복하는 것을 복귀라 한다"라 하였다.

5 순오(荀吳): 순언의 아들로, 19년의 『전』과 『주』에 보인다.

6 『곡량전』에는 "좌(痤)"가 "좌(座)"로 되어 있다. 둘 다 좌(坐)에서 음을 따왔다.

晉人執衛甯喜.	진나라 사람이 위나라 영희를 잡아갔다.
八月壬午,[7]	8월 임오일에
許男甯卒于楚.	허남영이 초나라에서 죽었다.
冬,	겨울에
楚子, 蔡侯, 陳侯伐鄭.	초자와 채후, 진후가 정나라를 쳤다.
葬許靈公.	허나라 영공을 장사 지냈다.

傳

二十六年春,	26년 봄
秦伯之弟鍼如晉修成,[8]	진백의 아우 침이 진나라로 가서 화친을 체결하는데
叔向命召行人子員.	숙상이 행인 자원을 부르게 하였다.
行人子朱曰,	행인 자주가 말하였다.
"朱也當御."[9]	"제가 맡아야 합니다."
三云,	세 번을 말했지만
叔向不應.	숙상은 대꾸를 하지 않았다.

7 임오일은 초하룻날이다.

8 이 단락은 지난해의 마지막 장에 이어서 읽어야 한다.

9 당어(當御): 봉직(奉職)이라는 말과 같다. 「진어 8」에는 "주가 여기 있습니다(朱也在此)"로 되어 이다. 어(御)는 나간다는 뜻이다.

子朱怒,	자주가 노하여
曰,	말했다.
"班爵同,[10]	"직위와 등급이 같은데
何以黜朱於朝?"[11]	어찌하여 저를 조종에서 몰아내는 것입니까?"
撫劍從之.[12]	검을 가지고 그를 따랐다.
叔向曰,	숙상이 말하였다.
"秦, 晉不和久矣.	"진나라와 진나라는 불목한 지가 오래되었네.
今日之事,	오늘의 일이
幸而集,[13]	다행히 성사되면
晉國賴之.	진나라는 이에 힘입게 될 것이네.
不集,	성사가 되지 않는다면
三軍暴骨.[14]	3군이 뼈를 드러낼 것이네.
子員道二國之言無私,[15]	자원은 두 나라에 오가는 말을 함에 사심이 없는데

10 직위와 등급이 서로 같다는 말이다.
11 출(黜): 물리치다. 필요가 없다는 것을 말한다.
12 무(撫): 지니다. 숙상을 좇아가며 으르는 것이다.
13 집(集): 두예는 "집(集)은 이룬다는 뜻이다"라 하였다.
14 전쟁이 곧 일어나게 될 것이라는 말이다.
15 무사(無私): 국가의 이익만 있을 뿐 사심이나 사견이 없다는 것이다.

子常易之.[16]	그대는 늘 바꿨다네.
姦以事君者,	간사하게 임금을 섬기는 자는
吾所能御也."[17]	내가 능히 막을 수 있네."
拂衣從之.[18]	옷깃을 떨치며 그를 좇았다.
人救之.[19]	남들이 그를 뜯어말렸다.
平公曰,	평공이 말하였다.
"晉其庶乎![20]	"진나라는 잘 다스려질 것이다!
吾臣之所爭者大."	내 신하들이 다투는 것이 대사이다."
師曠曰,	사광이 말하였다.
"公室懼卑.	"공실이 낮아질까 두렵습니다.
臣不心競而力爭,[21]	신하가 마음으로 겨루지 않고 힘으로 싸우며
不務德而爭善,	덕은 힘쓰지 않고 낫다고 다투어
私欲已侈,	사욕이 이미 넘치니
能無卑乎!"[22]	낮아지지 않을 수 있겠습니까!"

16 자주가 두 나라 사이에 오가는 말을 하는 것은 늘 사사로이 바꿨다는 뜻이다. 「진어 8」 위소의 주에서는 "역은 변한다는 뜻이다"라 하였다.

17 어(御): 어(禦)와 같다. 막는다는 뜻이다.

18 불의(拂衣): 옷깃을 떨치다. 곧 다투려 한다는 뜻일 것이다.

19 『설문(說文)』에서는 "구(救)는 제지하는 것이다"라 하였다.

20 두예는 "거의 잘 다스려질 것이라는 말이다"라 하였다.

21 두예는 "두 사람이 마음으로 충성을 겨루지 않고 칼을 잡고 옷깃을 떨친 것을 이른다"라 하였다.

衛獻公使子鮮爲復,[23]	위헌공이 자선으로 하여금 복위를 꾀하게 하니
辭.	사절하였다.
敬姒强命之.[24]	경사가 억지로 명하였다.
對曰,	대답하였다.
"君無信,	"임금께서 신의가 없어
臣懼不免."	제가 면하지 못할까 두렵습니다."
敬姒曰,	경사가 말하였다.
"雖然,	"비록 그러하나
以吾故也."	나를 봐서라도 하라."
許諾.	허락하였다.
初,	처음에
獻公使與寗喜言,	헌공이 영희에게 말하게 하니
寗喜曰,	영희가 말하였다.
"必子鮮在.	"반드시 자선이 있어야 합니다.
不然,	그렇지 않으면
必敗."	반드시 패할 것입니다."

---

22 「진어 8」에서도 이 일을 말하였는데 내용이 대동소이하다.

23 자선(子鮮): 헌공의 아우인 전(鱄)이다.
위복(爲復): 자기를 위해서 복위를 꾀해 달라는 것이다.

24 경사(敬姒): 헌공 및 자선의 어머니이다.

故公使子鮮.	그리하여 공이 자선을 보냈다.
子鮮不獲命於敬姒,[25]	자선은 경사에게서 명을 얻지 못하여
以公命與甯喜言,	공이 영희에게 명한 말을
曰,	말하였다.
"苟反,[26]	"돌아가게만 되면
政由甯氏,	정치는 영씨가 맡을 것이고
祭則寡人."	제사는 과인이 지낼 것이다."
甯喜告蘧伯玉.	영희가 거백옥에게 알렸다.
伯玉曰,	백옥이 말하였다.
"瑗不得聞君之出,[27]	"저는 임금께서 나간 것을 듣지 못하였는데
敢聞其入?"[28]	감히 들어오는 것을 듣겠습니까?"
遂行,	마침내 떠나가
從近關出.[29]	가까운 관문으로 나갔다.

25 불획명(不獲命): 경사는 다만 자선을 억지로 가게만 하였을 뿐 나머지는 알려 주지 않았다.

26 반(返): 귀국하는 것이다.

27 두예는 "14년에 손씨(孫氏)가 헌공을 축출하려 했을 때 원(瑗)은 달아나 가까운 관문으로 나갔다"라 하였다.

28 감히 헌공이 입국하는 것을 듣지 못하겠다는 말이다.

29 『논어·위령공(衛靈公)』편에 공구(孔丘)가 그에 대해 논하여 말하기를 "군자로다 거백옥은! 나라에 도가 있으면 출사하고 나라에 도가 없으면 거두어 속에 감추는구나"라 하였다. 거원은 두 차례나 가까운 관문을 통해 나라를 빠져나갔는데 혹 이것이 곧 공구가

告右宰穀.[30]	우재 곡에게 알렸다.
右宰穀曰,	우재 곡이 말하였다.
“不可.	“안 됩니다.
獲罪於兩君,[31]	두 임금에게 죄를 지으면
天下誰畜之?”[32]	천하에 누가 그것을 용인하겠습니까?”
悼子曰,	도자가 말하였다.
“吾受命於先人,	“나는 선인에게서 명을 받자 왔으니
不可以貳.”[33]	두 마음을 품을 수 없다.
穀曰,	곡이 말하였다.
“我請使焉而觀之.”	“제가 그곳에 사자로 가서 살펴보기를 청합니다.”
遂見公於夷儀.	마침내 이의에서 공을 만나 뵈었다.
反,	돌아와서는

말한 거두어 속에 감춘다 한 것인 듯하다.

30 우재곡(右宰穀): 두예는 “위나라의 대부이다”라 하였다. 우재는 아마 관직을 가지고 씨로 삼은 것일 것이다. 『여씨춘추·관표(觀表)』편에 우재곡신(右宰穀臣)이 후성자(郈成子)에게 술을 따라 주는 장면이 나오는데 이 우재곡신이 곧 우재곡이며, 마왕퇴(馬王堆) 3호 묘에서 출토된 백서(帛書)에서는 영희의 일이 곧 우재곡이 한 것으로 되어 있다.

31 두예는 “앞서는 헌공을 쫓아내고 지금은 표를 죽인 것이다”라 하였다.

32 두예는 “축(畜)은 용(容)과 같다”라 하였다.

33 두예는 “도자는 영희이다. 명을 받은 일은 20년에 있다”라 하였다. 마왕퇴(馬王堆) 3호 묘에서 출토된 백서(帛書) 『춘추사어(春秋事語)』에도 이 일이 수록되어 있는데 “영소자(甯召子)”로 되어 있으며, 소(召)와 도(悼)는 고음이 서로 같다.

曰,	말하였다.
"君淹恤在外十二年矣,[34]	"임금님께서는 외국에서 12년 동안 체류하고 근심하셨으면서도
而無憂色,	슬픈 기색이라곤 없었고
亦無寬言,	또한 너그러운 말도 없었으니
猶夫人也.[35]	아직도 그런 사람입니다.
若不已,[36]	그만두지 않는다면
死無日矣."	죽을 날이 머지않았습니다."
悼子曰,	도자가 말하였다.
"子鮮在."	"자선이 있다."
右宰穀曰,	우재 곡이 말하였다.
"子鮮在,	"자선이 있다 한들
何益?	무슨 보탬이 되겠습니까?
多而能亡,	기껏해야 도망이나 가게 될 텐데
於我何爲?"[37]	우리에게 무엇이란 말입니까?"

---

34 엄휼(淹恤): 엄(淹)은 엄류(淹留), 곧 오래 머무는 것이다. 휼(恤)은 근심한다는 뜻이다. 오래 머무르며 우환을 당했다는 말은 피난하였다는 뜻이다. 두예는 구(久)자로 엄(淹)자를 풀이하였는데 그렇게 되면 "12년이 되었다"는 말과 의미가 중복되며 확실치 않다.

35 부(夫): 그것이라는 뜻이다. 이 구절은 여전히 이런 사람이라는 뜻이다.

36 이(已): 그치다. 공을 복위시키려는 계획을 그만두지 않는다면이라는 뜻이다.

37 자선이 있다고 하더라도 우리가 피살당하는 데에는 아무런 보탬이 되지 않는다는 것을 말한다. 그는 기껏해야 달아나는 데 지나지 않을 것이니 우리에게 무슨 일을 해줄 수 있겠느냐는 것을 말한다. 이(而)는 즉(則)자와 같은 뜻이다.

悼子曰,	도자가 말하였다.
“雖然,	“비록 그러하나
不可以已.”	그만둘 수는 없다.”
孫文子在戚,[38]	손문자는 척에 있었고
孫嘉聘於齊,[39]	손가는 제나라를 빙문하였으며
孫襄居守.[40]	손양은 도성에 남아 지키고 있었다.
二月庚寅,[41]	2월 경인일에
甯喜, 右宰穀伐孫氏,	영희와 우재 곡이 손씨를 쳤으나
不克,	이기지 못하고
伯國傷.[42]	백국이 부상을 당하였다.
甯子出舍於郊.[43]	영자는 나와서 교외에 머물렀다.
伯國死,	백국이 죽자
孫氏夜哭.	손씨가 밤에 곡을 하였다.
國人召甯子,	백성들이 영자를 부르자
甯子復攻孫氏,	영자가 다시 손씨를 쳐서
克之.	이겼다.

38 척(戚): 본래 손씨의 식읍이었기 때문에 손림보(孫林父)가 척에 있었다.
39 가·양(嘉·襄): 손림보의 두 아들이다.
40 거수(居守): 위나라 도읍에 있는 집에 남아 지키는 것이다.
41 경인일은 6일이다.
42 두예는 “백국은 손양이다”라고 하였다.
43 두예는 “달아나려는 것이다”라고 하였다.

辛卯,	신묘일에
殺子叔及大子角.[44]	자숙 및 태자 각을 죽였다.
書曰"甯喜弑其君剽",	『경』에 "영희가 그 임금 표를 죽였다"라 기록한 것은
言罪之在甯氏也.	죄가 영씨에게 있었기 때문이다.
孫林父以戚如晉.	손림보는 척을 가지고 진나라로 갔다.
書曰"入于戚以叛",	『경』에 "척으로 들어가 반란을 일으켰다"라 기록한 것은
罪孫氏也.	손씨의 죄를 책문한 것이다.
臣之祿,	신하의 봉록은
君實有之.	임금이 실로 갖고 있다.
義則進,	도의에 맞으면 나아가고
否則奉身而退.	그렇지 않으면 몸을 보전하여 물러나야 한다.
專祿以周旋,[45]	봉록을 오로지하여 남과 주선하였으니
戮也.[46]	죽어 마땅하다.

44 자숙(子叔): 곧 위후 표이다. 「위세가」 및 「연표」에서는 상공(殤公)이라 부르는데 아마 추시(追謚)일 것이다. 표의 아버지는 자숙흑배(子叔黑背)인데 여기서는 어쩌면 그 아버지를 자숙이라 부른 것 같다. 태자 각 또한 피살되어 마침내 후사가 끊어졌다.

45 전록(專祿): 손림보가 사사로이 척을 가지고 간 것을 가리킨다.

甲午,	갑오일에
衛侯入.	위후가 들어갔다.
書曰“復歸”,	『경』에 “복위하였다”로 기록한 것은
國納之也.	나라에서 받아들였기 때문이다.
大夫逆於竟者,	대부가 변경에서 맞이하자
執其手而與之言;	그 손을 잡고 그에게 말을 하였으며,
道逆者,	길에서 맞이하자
自車揖之;	수레에서 읍을 하였고,
逆於門者,[47]	문에서 맞이하는 자들에게는
頷之而已.[48]	고개만 끄덕였을 뿐이다.
公至,	공이 이르자
使讓大叔文子曰,	태숙문자를 꾸짖게 하여 말하였다.
“寡人淹恤在外,	“과인이 오래도록 바깥에서 근심을 할 때
二三子皆使寡人朝夕聞衛國之言,[49]	대부들은 모두 과인에게 위나라의 소식을 알려 주었는데

46 그 죄가 죽임을 당할 만하다는 것이다.

47 문(門): 성문이나 궁문을 이르는 것인지 알 수 없다.

48 함(頷): 『설문(說文)』에서 암(頷)으로 인용하였으며 “고개를 숙이는 것이다(低頭)”라 하였는데, 곧 고개를 끄덕이는 것이다.

49 두예는 “이삼자는 여러 대부들이다”라 하였다.

吾子獨不在寡人.[50]	그대만 유독 과인에게 문후하지 않았다.
古人有言曰,	옛사람이 말하기를
‘非所怨,	‘원망할 것이 아니면
勿怨.’[51]	원망하지 않는다’ 하였는데
寡人怨矣.”	과인은 원망하노라.”
對曰,	대답하여 말했다.
“臣知罪矣.	“신은 죄를 알고 있습니다.
臣不佞,	신이 재주가 없어
不能負羈紲以從扞牧圉,[52]	굴레와 고삐를 지고 따르며 어가를 지킬 수 없었으니
臣之罪一也.	신의 첫 번째 죄입니다.
有出者,	나가신 분도 있고
有居者,[53]	계신 분도 있어
臣不能貳,	신은 두 마음을 품고
通外內之言以事君,	안팎의 소식을 통하게 하여 임금을 섬길 수 없었으니

50 재(在): 두예는 “재는 문후하는 것이다”라 하였다.
51 내가 지금 원망하는 것은 마땅히 원망해야 할 것이라는 말이다.
52 임금을 따라 피난한다는 말과 같다.
53 두예는 “나간 것은 간(衎)을 이르고 남아 있다는 것은 표(剽)를 가리킨다”고 하였다.

臣之罪二也.	신의 두 번째 죄입니다.
有二罪,	두 가지 죄를 지었으니
敢忘其死?”	감히 죽음을 잊었겠습니까?”
乃行,	이에 떠나
從近關出.	가까운 관문으로 나갔다.
公使止之.	공이 그를 만류하게 하였다.

衛人侵戚東鄙,	위나라 사람이 동쪽 변경을 침공하여
孫氏愬于晉,	손씨가 진나라에 하소연하니
晉戍茅氏.[54]	진나라가 모씨를 지켰다.
殖綽伐茅氏,[55]	식작이 모씨를 쳐서
殺晉戍三百人.	진나라의 지키던 군사 3백 명을 죽였다.
孫蒯追之,	손괴가 식작을 쫓았으나
弗敢擊.	감히 치지를 못하였다.
文子曰,	문자가 말하였다.

54 척은 위나라의 도읍인 제구(帝丘)의 동북쪽에 있는데 서로간의 거리가 80리쯤 된다. 두예는 모씨가 곧 척의 동쪽 변경이라고 하였다.

55 두예는 이곳의 식작은 곧 제나라의 용사 식작이라고 하였다. 주작(州綽)은 최저가 제장공을 죽일 때 죽었으며 식작은 혹 위나라로 달아났을 것이다.

"厲之不如."[56]	"악귀만도 못하다."
遂從衛師,	이에 마침내 위나라 군사를 쫓아가
敗之圉.[57]	어에서 무찔렀다.
雍鉏獲殖綽.[58]	옹저는 식작을 사로잡았다.
復愬于晉.[59]	다시 진나라에 하소연하였다.

鄭伯賞入陳之功,	정백이 진나라를 공격한 공을 상 주면서
三月甲寅朔,	3월 갑인일 초하루에
享子展,	자전에게 향연을 베풀고
賜之先路三命之服,[60]	선로와 삼명의 명복을 내렸는데
先八邑;	여덟 읍보다 앞서 내렸고,

56 여(厲): 악귀이다. 진나라의 수비대 3백 명이 피살되어 죽었는데 옛사람들은 모두 악귀가 되었을 것이라고 생각하였다. 지금 네가 감히 공격을 하지 못하니 오히려 그 악귀들보다 못하다는 말이다.

57 어(圉): 괴(蒯)는 문자의 아들로, 아버지의 말에 격분하여 다시 위나라 군사를 쫓아 어에서 패퇴시킨 것이다. 어는 지금의 복양현(濮陽縣) 동쪽에 있다. 소공 5년『전』에 보이는 어는 곧 정나라 땅으로 이곳의 어가 아니다.

58 두예는 "옹저는 손씨의 신하이다"라 하였다.

59 손씨가 다시 진나라에 제소한 것이다. 손림보가 척에다 귀중한 기물을 안치하고 진나라 대부들을 잘 대한 지가 이제 30여 년이 되었으며, 그 식읍을 진나라에 귀속시켜 의지하여 섬기는 것이다.

60 선로(先路): 목로(木路)로 성공 2년『전』의『주』에 보인다. 고대에는 예물을 보낼 때 먼저 가벼운 것을 보내는데 여기서는 노복(路服)을 읍(邑)의 앞에 보낸 것이다. 19년『전』의『주』에 상세하다.

賜子產次路再命之服,	자산에게는 차로와 재명의 명복을 내렸는데
先六邑.	여섯 읍보다 앞서 내렸다.
子產辭邑,	자산이 읍을 사양하며
曰,	말하였다.
"自上以下,	"위에서 아래까지
降殺以兩,[61]	둘씩 줄어드는 것이
禮也.	예입니다.
臣之位在四,[62]	신의 위차는 네 번째에 있고
且子展之功也,	또한 자전의 공이니
臣不敢及賞禮,	신은 감히 상과 예를 받지 못하겠사오니
請辭邑."	청컨대 읍을 사양하겠습니다."
公固予之,[63]	공이 굳이 그에게 주자
乃受三邑.	이에 세 읍을 받았다.

---

61 강(降): 원래는 "융"(隆)으로 되어 있었는데 지금은 『석경』과 송본, 가나자와 문고본(金澤文庫本)에 의거하여 바로잡았다. 『한서·위현성전(韋玄成傳)』에서 인용한 것도 또한 "강쇄"(降殺)로 되어 있다. 「왕망전(王莽傳)」에서는 왕망이 이 말을 그대로 습용하여 "9 이하는 둘씩 줄여서 1까지 이른다"라 하였는데 9, 7, 5, 3, 1로 각기 2씩 줄어드는 것을 이른다.

62 27년의 『전』에 의하면 정나라의 경의 차서는 자전(子展)·백유(伯有)·자산(子西)·자산의 순이니 자산의 위차(位次)는 네 번째가 된다.

63 여(予): 여(與)와 같다. 주다.

公孫揮曰,
공손휘가 말하였다.

"子産其將知政矣.[64]
"자산은 지정이 될 만하다.

讓不失禮."
겸양하면서도 예를 잃지 않았다."

晉人爲孫氏故,
진나라 사람이 손씨 때문에

召諸侯,
제후들을 불러

將以討衛也.
위나라를 토벌하려고 하였다.

夏,
여름에

中行穆子來聘,[65]
중항목자가 내빙하러 왔는데

召公也.[66]
공을 부르기 위해서였다.

楚子, 秦人侵吳,
초자와 진나라 사람이 오나라를 침공하였는데

及雩婁,[67]
우루에 이르러

64 지정(知政): 『국어』에는 세 번 이 말이 보인다. 송나라 위료옹(魏了翁)의 『독서잡초(讀書雜抄)』에서는 "후세의 관제(官制)에서 위에 지(知)자를 붙이는 것은 여기에서 비롯되었다"라 하였다.

65 중항목자(中行穆子): 곧 『경』의 순오(荀吳)이다. 『회남자·무칭(繆稱)』에는 "중항무백(中行繆伯)"으로 되어 있고, "손으로 호랑이를 잡았다"라 하였으며, 고유(高誘)는 진나라의 신하라고 주석을 달았다.

66 두예는 "공을 불러 전연의 회맹에 참가시키려는 것이다"라 하였다.

67 우루(雩婁): 지금의 하남 상성현(商城縣) 동쪽에 있으며, 안휘 금채현(今寨縣) 북쪽이다.

聞吳有備而還.	오나라가 대비한다는 말을 듣고 돌아갔다.
遂侵鄭.	마침내 정나라를 침공하였다.
五月,	5월에
至于城麇.[68]	성균에 이르렀다.
鄭皇頡戍之,	정나라 황힐이 지켰는데
出,	나와서
與楚師戰,	초나라 군사와 싸우다가
敗.	패하였다.
穿封戌囚皇頡,	천봉술이 황힐을 사로잡았는데
公子圍與之爭之,	공자 어가 그와 공을 다투어
正於伯州犁.	백주리에게 판정을 청하였다.
伯州犁曰,	백주리가 말하였다.
"請問於囚."	"포로에게 물어봅시다."
乃立囚.	이에 포로를 세웠다.
伯州犁曰,	백주리가 말하였다.
"所爭,	"다투는 것은
君子也,	군자이니

68 성균(城麇): 두예는 주석을 달지 않았으며, 미상이다.

其何不知?"[69] 그 어찌 모르겠는가?"

上其手,[70] 그 손을 올리고

曰, 말하였다.

"夫子爲王子圍,[71] "부자는 왕자 위로

寡君之貴介弟也."[72] 과군의 존귀한 아우이시다."

下其手,[73] 그 손을 내리고

曰, 말하였다.

"此子爲穿封戌, "이 사람은 천봉술로

方城外之縣尹也. 방성 바깥의 현윤이다.

誰獲子?"[74] 누가 그대를 사로잡았는가?"

囚曰, 포로가 말하였다.

"頡遇王子, "제가 왕자와 맞닥뜨렸는데

弱焉."[75] 힘이 달렸습니다."

戌怒, 천봉술이 노하여

---

69 황힐이 군자이니 어찌 명백히 알지 않겠느냐는 말로, 이는 암시이다.

70 그 손을 높이 올려 공자 위를 향한 것이다.

71 위(圍)는 초나라 공왕(共王)의 아들로 초나라에서는 왕자(王子)로 자칭하였는데, 『춘추』의 『경』과 『전』에서는 거의 공자(公子)로 개칭하였다.

72 귀개(貴介): 개(介)는 크다는 뜻이다. 귀개는 지위가 고귀하다는 것을 말한다.

73 손을 아래로 향하여 천봉술을 가리킨 것이다.

74 한번은 손을 들어 부자를 칭하고, 한번은 손을 내려 차자(此子)라 칭하였으니 의도가 분명하다.

75 약(弱): 겨루어 이기지 못한 것이다. 왕자에게 잡혔다는 뜻이다.

抽戈逐王子圍,	과를 빼서 왕자 어를 쫓았으나
弗及.	미치지 못하였다.
楚人以皇頡歸.	초나라 사람이 황힐을 데리고 돌아갔다.
印堇父與皇頡戍城麇,	인근보가 황힐과 함께 성균을 지켰는데
楚人囚之,[76]	초나라 사람이 그를 사로잡아
以獻於秦.	진나라에 바쳤다.
鄭人取貨於印氏以請之,[77]	정나라 사람이 인씨에게서 재화를 취하여 그를 청하니
子大叔爲令正,[78]	자태숙이 영정으로서
以爲請.[79]	이 뜻을 청하는 글을 지었다.
子産曰,	자산이 말하였다.
"不獲.[80]	"얻지 못할 것이다.
受楚之功,	초나라의 공을 받고
而取貨於鄭,	정나라에서 재화를 취하면
不可謂國,	나라라고 할 수 없으니

76 인근보(印堇父)를 사로잡은 것이다.
77 인씨에게서 재화를 가져다가 진나라에 인근보를 속량해 줄 것을 청한 것이다.
78 두예의 주에 의하면 문건의 초하는 일을 주관하는 관리이다.
79 속량을 청하는 글을 지은 것이다.
80 인근보를 얻을 수 없을 것이라는 말이다.

秦不其然.[81]	진나라는 그렇게 하지 않을 것이다.
若曰'拜君之勤鄭國.	'임금님께서 정나라를 위해 힘쓰신 데 대해 감사드립니다.
微君之惠,	임금님의 은혜가 아니었더라면
楚師其猶在敝邑之城下.'	초나라 군사는 아직도 우리나라의 성 아래에 있을 것입니다'라 말한다면
其可."[82]	될 것입니다."
弗從,	그를 따르지 않고
遂行.	마침내 떠났다.
秦人不予.[83]	진나라 사람은 주지 않았다.
更幣,	폐백을 바꾸고
從子產,	자산을 따르니
而後獲之.[84]	그제서야 얻게 되었다.

81 초나라가 바친 공을 팔아서 정나라의 재화를 얻는 것은 국가적 차원에서 해야 할 일이 아니므로 진나라는 이렇게 하지 않을 것이라는 말이다.

82 정나라는 진나라 군사와 싸운 적이 없어서 진나라가 비록 군사를 낸다 해도 정나라는 도리어 은혜로 여긴다는 것으로, 초나라 군사가 물러난 것은 사실 진나라 때문이니 진나라가 장차 감동해서 인근보를 돌려보낼 것이라는 말이다.

83 재화로 인근보를 속량했으나 진나라는 주지 않은 것이다.

84 두예는 "다시 사자를 보내어 폐백을 바치고 자산의 말을 써서야 근보를 얻었다는 것이다"라 하였다.

六月, 6월에

公會晉趙武, 宋向戌, 鄭良霄, 曹人于澶淵, 공이 전연에서 진나라 조무, 송나라 상술, 정나라 양소, 조나라 사람과 회합하고

以討衛, 위나라를 토벌하고

疆戚田. 척의 전지를 정하였다.

取衛西鄙懿氏六十以與孫氏.[85] 위나라 서쪽 변경 의씨의 60읍을 취하여 손씨에게 주었다.

趙武不書, 조무를 기록하지 않은 것은

尊公也.[86] 공을 높여서이다.

向戌不書, 상술을 기록하지 않은 것은

後也.[87] 늦었기 때문이다.

鄭先宋, 정나라를 송나라 앞에 둔 것은

---

85 의씨(懿氏): 척의 서북쪽에 있으며, 지금의 복양현 서북쪽 57리 지점이다.
육십(六十): 복건은 60읍이라고 하였는데 믿을 만하다. 소공 5년『전』에 "동쪽 변경의 30읍을 취하여 남유(南遺)에게 주었다"라 한 것으로 알 수 있다. 읍은 크고 작은 것이 있으며, 나라는 자칭 폐읍(敝邑)이라 하는데 곧 나라이며,『시경·상송·은무(商頌·殷武)』의 "상땅의 도읍 정연하고(商邑翼翼")라 한 것은 경사이니 이것이 큰 것이다.『주례·소사도(小司徒)』의 "4정을 읍으로 한다(四井爲邑)"와「이재(里宰)」의 "인근 고을의 많고 적음을 관장한다"라 한 것에 대해 정현은 "읍은 이와 같다"라 한 것은 백성들이 거처하는 곳이거나 변경의 취락지인데 이 60읍은 또한 이것이다.

86『경』에서 "진나라 사람(晉人)"이라 기록하고 "진나라 조무(晉趙武)"라 기록하지 않은 것은 임금은 신하와 평등하지 않기 때문에 공을 높인 것이라 한 것이다.

87『경』에서 "송나라 사람(宋人)"이라 기록하고 "송나라 상술(宋向戌)"이라 기록하지 않은 것이다.

不失所也.[88]	때를 잃지 않았기 때문이다.
於是衛侯會之.[89]	이때 위후도 회합에 이르렀는데
晉人執甯喜, 北宮遺,[90]	진나라 사람이 영희와 북궁유를 잡아
使女齊以先歸.[91]	여제로 하여금 데리고 먼저 돌아가게 하였다.
衛侯如晉,	위후가 진나라에 가니
晉人執而囚之於士弱氏.[92]	진나라 사람이 붙잡아서 사약씨의 집에 가두었다.
秋七月,	가을 7월에
齊侯, 鄭伯爲衛侯故如晉,	제후와 정백이 위후 때문에 진나라로 갔는데
晉侯兼享之.	진후가 함께 연회를 베풀어 주었다.
晉侯賦嘉樂.[93]	진후는 「가락」을 읊었다.

88 『경』에서 "정나라 양소"를 먼저 기록하고 "송나라 사람"을 나중에 기록한 것이다. 두예는 "불실소(不失所)"를 "기일에 맞추어 이른 것이다(如期至)"라 해석하였다.

89 두예는 "진나라 사람이 그를 잡으려 하여 회합에 참가할 수 없었으므로 기록하지 않았다"라 하였다.

90 북궁유(北宮遺): 북궁괄(北宮括)의 아들로 시호는 성자(成子)이다.

91 청나라 고사기(高士奇)의 『춘추좌전성명동이고(春秋左傳姓名同異考)』에서는 "여제는 여숙후(女叔侯)라고도 하고 또한 사마후(司馬侯)라고도 한다(모두 29년의 『전』에 보인다)"라 하였다. 여제로 하여금 영희와 북궁괄을 데리고 먼저 진나라로 돌아가게 한 것이다.

92 두예는 "사약은 진나라의 옥을 관장하는 대부이다"라 하였다. 씨(氏)는 가(家)와 같다.

93 가락(嘉樂): 『시경·대아(大雅)』의 편명. 현행본에는 「가락(假樂)」으로 되어 있다. 두예는 "아름답고 즐거운 군자, 아름다운 덕 밝디 밝네. 백성과 관리 적절히 하시니, 하늘에서 복 받으셨다네(假樂君子, 顯顯令德. 宜民宜人, 受祿于天)"의 뜻을 취하였다 하였으며,

國景子相齊侯,[94]	국경자가 제후의 상례가 되어
賦蓼蕭.[95]	「요소」를 읊었다.
子展相鄭伯,	자전이 정백의 상례가 되어
賦緇衣.[96]	「치의」를 읊었다.
叔向命晉侯拜二君,[97]	숙상이 진후에게 두 임금에게 배사하도록 명하고
曰,	말하였다.
"寡君敢拜齊君之安我先君之宗祧也,	"과군께서는 감히 제나라 임금이 우리 선군의 종묘를 안정시킨 데 배사하고
敢拜鄭君之不貳也."[98]	감히 정나라 임금이 두 마음을 품지 않은 것에 배사합니다."

제나라와 정나라의 두 임금을 아름답고 즐겁게 여긴 것일 것이다.

94 두예는 "경자는 국약(國弱)이다"라 하였다.

95 요소(蓼蕭): 『시경·소아(小雅)』의 편명. 제나라가 이미 위후를 위하여 왔으니 「요소」를 읊은 것은 그 "우리 님 만나 보니, 아주 즐겁고 속 편하네. 형제간에 우애 좋으니, 아름다운 덕 오래고 즐겁구나(既見君子, 孔燕豈弟. 宜兄宜弟, 令德壽豈)" 등의 여러 구절의 뜻을 취하였을 것이다. 진나라와 정나라는 형제의 나라이다.

96 치의(緇衣): 『시경·정풍(鄭風)』의 편명이다. 아마 "당신이 등청하셨다가 돌아오면, 내 당신께 음식 차려 올리리다(適子之館兮, 還, 予授子之粲兮)"에서 뜻을 취한 것 같으며, 진나라가 능히 제후와 정백이 친히 오는 것을 보고, 진나라가 그들이 원하는 것을 하락할 수 있기를 바란 것이다.

97 명(命): 여기서는 고(告), 즉 알리다와 같은 뜻으로 쓰였다.

98 두 임금이 읊은 시는 본래 위후를 풀어 주는 데 뜻이 있었으며 숙상은 이를 분명히 알았으나 진후가 위후를 풀어 주지 않으려고 하자 숙상이 이에 고의로 그 뜻을 오해한 것처럼 하여 진나라 임금으로 하여금 배사하게 한 것이다. 시의 해석에는 본래 통달한 해석이 없으므로 각기 그들이 추구하는 바를 취한 것이다. 공영달의 주석에서는 유현(劉炫)의 말을 인용하여 "「요소」의 수장에서는 '우리 님 만나 뵙고, 즐거이 웃고 이야기하니,

國子使晏平仲私於叔向,[99]	국자가 안평중으로 하여금 사사로이 숙상에게
曰,	말하게 하였다.
"晉君宣其明德於諸侯,	"진나라 임금께서는 제후들에게 밝은 덕을 펴시어
恤其患而補其闕,[100]	환난을 구휼하고 빠진 것을 채워 주며
正其違而治其煩,[101]	어긋난 것을 바로잡고 번거로운 것을 다스려
所以爲盟主也.	맹주가 된 것입니다.
今爲臣執君,	지금 신하로 임금을 잡았으니
若之何?"[102]	이를 어찌하시겠습니까?"
叔向告趙文子,	숙상이 조문자에게 알리자
文子以告晉侯.	문자가 그대로 진후에게 알렸다.

즐겁고 편안하네(旣見君子, 燕笑語兮, 是以有譽處兮)'라 하였는데, 진후에게는 성예(聲譽)가 있어 항상 자리에 처하여 이 때문에 종묘가 안정될 수 있었다는 것을 말하였다"라 하였고, 또 심씨(沈氏)의 말을 인용하여 "「치의」의 수장에서는 '검은 옷 잘 어울리시니, 헤지면 다시 지어 드리지요. 당신이 등청하셨다가 돌아오면, 내 당신께 음식 차려 올리리다(緇衣之宜兮, 敝, 予又改爲兮. 適子之館兮, 還, 予授子之粲兮)'라 하였으니, 항상 의복을 드리고 음식을 바쳐 두 마음을 갖지 않는 것이다"라 하였다.

99 사적으로 숙상에게 말한 것이다.

100 휼(恤): 근심하다, 또 구하다의 뜻이 있다.

101 위(違): 예에서 어긋난 것이다.
번(煩): 「고공기(考工記)」 정현의 주석에서는 "어지러운 것이다"라 하였다. 성공 2년의 『전』에도 "어지러운 것을 다스린다(治煩)"라는 말이 있다.

102 두예는 "진나라가 손림보를 위하여 위후를 잡아둔 것을 이른다"라 하였다.

晉侯言衛侯之罪,	진후는 위후의 죄를 말하고
使叔向告二君.	숙상으로 하여금 두 임금에게 알리게 하였다.
國子賦轡之柔矣,[103]	국자는 「비지유의」를 읊었고
子展賦將仲子兮,[104]	자전은 「장중자혜」를 읊었다.
晉侯乃許歸衛侯.	진후가 이에 위후의 귀국을 허락하였다.
叔向曰,	숙상이 말하였다.
"鄭七穆,[105]	"정나라의 일곱 가문 가운데

103 비지유의(轡之柔矣): 두예는 "일시로 『주서(周書)』에 보이며 정치를 관대히 해서 제후를 안정시키는 것이 부드러운 고삐가 강한 말을 제어하는 것과 같다는 뜻을 취한 것이다"라 하였다. 『일주서·태자진(大子晉)』편에서는 『시』를 인용하여 "말 굳셈이여, 고삐 부드럽도다. 말 또한 굳세지 않고, 고삐 또한 부드럽지 않네. 지기 온화하니, 나에게서 취함 의심하지 않네(馬之剛矣, 轡之柔矣. 馬亦不剛, 轡亦不柔. 志氣麃麃, 取予不疑)"라 하였는데 곧 이 시일 것이다.

104 장중자혜(將仲子兮): 두예는 "「장중자(將仲子)」는 『시경·정풍(鄭風)』의 시이다. 사람들의 말이 두렵다는 뜻을 취하여, 위후가 비록 다른 죄가 있을지라도 사람들은 오히려 진나라가 신하를 위하여 임금을 잡았다고 이야기할 것이라는 것을 말한 것이다"라 하였다. 대체로 그 시에는 "어찌 그것 감히 아끼겠어요? 남의 말 많음 두려우시지요. 도련님 그립지만, 사람들 말 많음 또한 두렵답니다(豈敢愛之, 畏人之多言. 仲可懷也, 人之多言, 亦可畏也)"라는 구절이 있다.

105 칠목(七穆): 두예의 주석 및 공영달의 주석[소(疏)]에 의하면 정목공은 아들이 11명인데 자연(子然)과 자공(子孔), 사자공(士子孔)의 세 일족은 이미 망했고, 자우(子羽)는 경이 되지 못하여 남아 있는 일족은 정치를 맡은 7족으로, 이때에 이르러서는 자전(子展) 공송사지(公孫舍之)는 한씨(罕氏)가 되었고, 자서(子西) 공손하(公孫夏)는 사씨(駟氏)가 되었으며, 자산(子産) 공손교(公孫僑)는 국씨(國氏)가 되었고, 백유(伯有) 양소(良霄)는 양씨(良氏)가 되었고, 자태숙(子大叔) 유길(游吉)은 유씨(游氏)가 되었으며, 백석공(伯石公) 손단(孫段)은 풍씨(豐氏)가 되었고, 자석(子石) 인단(印段)은 인씨(印氏)가 되었으므로 칠목(七穆)이라고 한 것이다.

罕氏其後亡者也,	한씨가 가장 나중에 망할 것이니
子展儉而壹."[106]	자전은 검약하고 전일하다."

初,	처음에
宋芮司徒生女子,[107]	송나라 예사도는 딸을 낳았는데
赤而毛,	피부가 붉고 털이나
棄諸堤下,	둑 아래 버렸는데
共姬之妾取以入,[108]	공희의 첩이 가지고 들어와
名之曰棄.	이름을 기라고 하였다.
長而美.	자라면서 아름다워졌다.
平公入夕,[109]	평공이 들어와 저녁 문안을 올리자
共姬與之食.	공희가 함께 식사를 하였다.
公見棄也,	공의 눈에 기가 보였는데
而視之,	자세히 살펴보고
尤.[110]	우물로 여겼다.

106 두예는 "자전은 정나라 자한의 아들이다. 몸가짐이 검소하고 마음을 씀이 전일하다"라 하였다.

107 두예는 "예사도는 송나라 대부이다"라 하였다. 『통지·씨족략 2』에서는 예씨는 주나라와 동성의 나라로 나라 이름을 씨로 삼았다고 하였다. 후손으로 예백만(芮伯萬)이 있으며(환공 3년) 「제세가」에는 제경공의 첩에 예희(芮姬)가 있다고 하였다.

108 두예는 "공희는 송백희(宋伯姬)이다"라 하였다. 송나라 공공(共公)의 부인이다.

109 두예는 "평공은 공희의 아들이다"라 하였다. 입석(入夕)은 저녁 문안 인사이다.

110 우물(尤物): 『장자·서무귀(徐無鬼)』편에 "부자는 인물 가운데 매우 뛰어나신 분입니다

姬納諸御,[111]	공희가 그를 시녀로 주자
嬖,	총애하여
生佐,[112]	좌를 낳았는데
惡而婉.[113]	못났지만 온순하였다.
大子痤美而很,[114]	태자 좌는 잘생겼지만 사나워
合左師畏而惡之.[115]	합좌사가 두려워하고 미워하였다.
寺人惠牆伊戾爲大子內師而無寵.[116]	시인 혜장이려는 태자내사가 되었지만 총애를 받지 못하였다.
秋,	가을에
楚客聘於晉,	초나라 사자가 진나라로 빙문을 가다가
過宋.	송나라를 지나게 되었다.

(夫子, 物之尤也)"라는 말이 있는데 인물 가운데 부자가 가장 뛰어나다는 말이다. 소공 28년『전』에 "대저 빼어난 물건이 있으면 족히 사람을 옮긴다(夫有尤物, 足以移人)"라는 말이 있기 때문에 후세에서는 주로 매우 아름다운 부인을 우물이라 하였다. 이곳의 우자 또한 매우 아름답다는 뜻인데 인(人)자를 생략하였을 따름이다.

111 공희가 이에 평공에게 보내어 시첩으로 삼은 것이다.

112 두예는 "좌는 원공(元公)이다"라 하였다.

113 악(惡): 외모가 추악한 것이다.
완(婉): 성정이 온순한 것이다.

114 미(美): 외모가 잘생긴 것이다.
흔(很): 한(狠)과 같으며, 심성이 사납고 독한 것이다.

115 합좌사(合左師): 두예는 "합좌사는 상술(向戌)이다"라 하였다.

116 혜장이려(惠牆伊戾): 두예는 "혜장(惠牆)은 씨이고, 이려(伊戾)는 이름이다"라 하였다.
내사(內師): 태자궁 내의 환관의 우두머리인 것 같다. 그러므로 시인(寺人)인 것이다.

大子知之,[117]	태자는 그를 잘 알아
請野享之,	들판에서 향연을 베풀어 주게끔 청하였다.
公使往.	공이 가게 하였다.
伊戾請從之.[118]	이려가 따라가기를 청하였다.
公曰,	공이 말하였다.
"夫不惡女乎?"[119]	"저는 너를 미워하지 않느냐?"
對曰,	대답하였다.
"小人之事君子也,	"소인이 군자를 섬김은
惡之不敢遠,	미워하여도 감히 멀리하지 않고
好之不敢近,	좋아하여도 감히 가까이하지 않으며
敬以待命,	공경하게 명을 기다리니
敢有貳心乎?	감히 두 마음을 갖겠습니까?
縱有共其外,	외적으로는 모시는 사람이 있을지라도
莫共其內,[120]	내적으로는 모시는 사람이 없기에

117 지(知): 서로 간에 잘 아는 것이다.

118 태자를 따라가 객을 접대하는 것이다.

119 부(夫): 인칭대명사로, 피(彼)와 같다.
여(女): 여(汝)와 같다.

120 공(共): 공(供)과 같다. 공봉(供奉)하다. 이 구절의 뜻은 태자에게 밖에서는 그를 위해 일하는 사람이 있어도 안에서는 일하는 사람이 없다는 것이다.

臣請往也."	신이 가기를 청합니다."
遣之.	보내 주었다.
至,	이르자
則欿,	곧 구덩이를 파고
用牲,	희생을 써서
加書,	맹약문을 얹고는
徵之,[121]	증거로 삼아
而騁告公,[122]	달려가 공에게 알리도록 하여
曰,	말하였다.
"大子將爲亂,	"태자가 난을 일으키려고
旣與楚客盟矣."	이미 초나라 사자와 맹약하였습니다."
公曰,	공이 말하였다.
"爲我子,[123]	"나의 후사인데
又何求?"	또 무엇을 추구하겠느냐?"
對曰,	대답하였다.
"欲速."[124]	"속히 되려는 것입니다."

121 이는 이려가 허위로 꾸며 낸 것이다. 감(欿)은 감(坎)이라고도 하며, 구덩이를 파는 것이다. 양이나 소를 써서 그 희생 위에다 맹약의 글을 올려서 허위로 태자가 일찍이 초나라의 객과 맹약한 흔적을 만들어 증거로 삼은 것이다.

122 빙(騁): 치(馳), 곧 달리다.

123 자(子): 사자(嗣子)이다. 애공 27년『전』의 "추하게 생긴 데다 용기가 없으면 어떻게 사자가 되겠는가(惡而無勇, 何以爲子)"의 자(子)자와 같은 뜻이다.

公使視之,	공이 살펴보게 하였더니
則信有焉.[125]	실로 그러하였다.
問諸夫人與左師,[126]	여러 부인과 좌사에게 물었더니
則皆曰,	모두 말하였다.
"固聞之."[127]	"확실히 그렇게 들었습니다."
公囚大子.	공이 태자를 가두었다.
大子曰,	태자가 말하였다.
"唯佐也能免我."	"좌만이 나를 벗어나게 해줄 것이다."
召而使請,[128]	불러서 청하게 하였더니
曰,	말하였다.
"日中不來,	"한낮이 되어도 오지 않으면
吾知死矣."	내 죽을 것을 알겠다."
左師聞之,	좌사가 그 말을 듣고
聒而與之語.[129]	지루하게 그와 이야기하였다.
過期,[130]	시간이 지나자

124 두예는 "빨리 임금의 지위를 얻고자 함을 말한다"라 하였다.

125 신(信): 성(誠), 실로. 정말로 초객과 맹약한 증거가 있다는 것이다.

126 부인(夫人): 두예는 "좌의 어머니인 기(棄)이다"라 하였다.

127 고(固): 『이아 · 석고(釋詁)』에서는 "고는 공고하다는 뜻이다"라 하였다. 확실히 그렇게 들었다고 말하는 것과 같다.

128 좌를 불러 그로 하여금 공에게 청하도록 한 것이다.

129 괄(聒): 지루하게 얘기하여 쉬지 않는 것이다.

130 한낮이 지나도 좌에게 오지 않은 것이다.

乃縊而死.	이에 목을 매어 죽었다.
佐爲大子.	좌가 태자가 되었다.
公徐聞其無罪也,	공이 차츰 그 죄 없음을 알게 되자
乃亨伊戾.[131]	이려를 삶아 죽였다.
左師見夫人之步馬者,[132]	좌사가 부인의 말을 걸리는 것을 보고는
問之.	그에 대해 물었다.
對曰,	대답하였다.
"君夫人氏也."	"군부인의 것입니다."
左師曰,	좌사가 말하였다.
"誰爲君夫人?	"누가 군부인이지?
余胡弗知?"[133]	내가 어째서 그것을 몰랐지?"
圉人歸,[134]	어인이 돌아가서
以告夫人.	부인에게 일렀다.
夫人使饋之錦與馬,	부인이 그에게 비단과 말을 보내게 하고

131 팽(亨): 팽(烹)과 같다.

132 보마(步馬): 말을 슬슬 산책시키는 것이다. 『한서·공우전(貢禹傳)』에 "마구간의 말이 곡식을 먹고 실로 크게 살이 찌면 기가 성해지고 성을 내게 되는데 이럴 때는 날마다 걷게 한다(日步作之)"는 말이 있는데 곧 이 보마의 뜻과 같다.

133 기(棄)는 시첩에서 임금의 부인까지 이르렀는데 그 출신이 낮고 천하여 좌사가 그를 깔본 것이며 또한 자기를 중히 여기게 하고자 하여 일부러 이 질문을 한 것이다.

134 어인(圉人): 곧 말을 산책시킨 사람이다.

先之以玉,	먼저 옥을 주면서
曰,	말하였다.
"君之妾棄使某獻."	"임금님의 첩 기가 저를 보내 드리게 하였습니다."
左師改命曰,	좌사가 이에 고쳐 불러
"君夫人."[135]	"군부인"이라 하고
而後再拜稽首受之.	그런 다음에 절하고 머리를 조아린 후 그것을 받았다.

鄭伯歸自晉,	정백이 진나라에서 돌아와
使子西如晉聘,	자서로 하여금 진나라에 가서 빙문케 하였더니
辭曰,	치사하여 말하였다.
"寡君來煩執事,	"과군께서 오시어 집사를 번거롭게 하여
懼不免於戾,[136]	죄에서 벗어나지 못할까 두려워하여
使夏謝不敏."[137]	저를 보내어 불민함을 사죄하게 하였습니다."

---

135 기가 한 말 가운데서 "군지첩(君之妾)"을 "군부인(君夫人)"으로 고쳐 부르게 한 것이다.

136 려(戾): 죄려(罪戾)이다. 두예는 "대국에 불경하여 죄를 지은 것을 스스로 두려워한다는 말이다"라 하였다.

137 하(夏): 두예는 "하는 자서의 이름이다"라 하였다.

君子曰,	군자가 말하였다.
"善事大國."	"대국을 잘 섬겼다."

初,	처음에
楚伍參與蔡大師子朝友,[138]	초나라 오참이 채나라 태사 자조와 벗이었는데
其子伍擧與聲子相善也.[139]	그 아들 오거가 성자와 친했다.
伍擧娶於王子牟,[140]	오거는 왕자 모에게서 아내를 맞았는데
王子牟爲申公而亡,[141]	왕자 모는 신공이었는데 도망을 치니
楚人曰,	초나라 사람이 말하였다.
"伍擧實送之."[142]	"오거가 실로 그를 보낸 것이다."
伍擧奔鄭,	오거는 정나라로 달아났다가
將遂奔晉.	결국 진나라로 달아나려 했다.
聲子將如晉,	성자가 진나라로 가려다가

---

138 송나라 정공열(程公說)의 『춘추분기세보(春秋分紀世譜)』에서는 "공자 조(公子朝)는 문공의 아들이다"라 하였다. 그렇다면 채경공(蔡景公)의 아우이다.

139 오거(伍擧): 자서(子胥)의 조부 초거(椒擧)이다.
성자(聲子): 자조의 아들이다. 곧 공손귀생(公孫歸生)이다.

140 왕자 모(王子牟): 일찍이 신공(申公)이 된 적이 있으므로 아래에서 또 신공자 모라고도 하였다.

141 두예는 "죄를 지어 달아난 것이다"라 하였다.

142 송(送): 호송하다.

遇之於鄭郊,	정나라 교외에서 그와 마주쳤다.
班荊相與食,[143]	풀을 깔고 함께 밥을 먹으며
而言復故.[144]	돌아갈 일을 말하였다.
聲子曰,	성자가 말하였다.
“子行也,	“그대는 가시오,
吾必復子.”[145]	내 반드시 그대를 돌아오게 할 테니.”
及宋向戌將平晉, 楚,	송나라 상술이 진나라와 초나라를 화평케 할 때
聲子通使於晉,	성자는 진나라에 사신으로 갔다가
還如楚.[146]	돌아와 초나라로 갔다.
令尹子木與之語,	영윤 자목이 그와 이야기하다가
問晉故焉,[147]	진나라의 일을 묻고는
且曰,	또한 말하였다.
“晉大夫與楚孰賢?”	“진나라 대부와 초나라 대부는 누가 현명한가?”

143 반형(班荊): 형(荊)은 풀이름이며, 반형은 풀을 베어 땅에다 깔고 임시로 자리를 대신하여 깔고 앉는 것이다. 반(班)은 까는 것이다.

144 고(故): 일이다. 곧 초나라로 돌아갈 일이다.

145 이는 이해 이전에 일어난 일이다. 『국어·초어 상』에서는 또한 초거(椒擧, 오거(伍擧))가 승마(乘馬)를 들이니 성자가 받았고 어쩌고저쩌고한 일을 서술하였으며 나머지는 『전』과 같다.

146 진나라와 초나라가 화평한 일은 이듬해에 있고 여기서는 미리 의사소통을 하는 작업의 일환으로 성자 또한 참여하였다.

147 고(故): 일이라는 뜻이다.

對曰,	대답하여 말했다.
“晉卿不如楚,[148]	“진나라의 경은 초나라만 못해도
其大夫則賢,	대부는 현명하여
皆卿材也.	모두가 경의 재목입니다.
如杞梓, 皮革,	이를테면 소태나무와 가래나무, 피혁이
自楚往也.	초나라에서 산 것과 같습니다.
雖楚有材,	비록 초나라에 재목이 있긴 하나
晉實用之.”	진나라가 실로 그들을 쓰고 있습니다.”
子木曰,	자목이 말하였다.
“夫獨無族, 姻乎?”[149]	“거기에는 동족과 친척도 없는가?”
對曰,	대답하여 말했다.
“雖有,	“있긴 하나
而用楚材實多.	초나라의 재목을 씀이 실로 많습니다.
歸生聞之,	제가 듣자 하니
善爲國者,	나라를 잘 다스리는 사람은

148 이 말은 먼저 자목을 기쁘게 한 것이다.

149 부(夫): 지시대명사로, 피(彼)와 같은 뜻이다. 진나라를 가리킨다.
족인(族姻): 족은 동족이고, 인은 친척이다.

賞不僭而刑不濫.[150]	상이 지나치지 않으며 형벌이 넘치지 않는다 합니다.
賞僭,	상이 지나치게 되면
則懼及淫人;[151]	사악한 사람에게 미칠까 두렵고,
刑濫,	형벌이 넘치면
則懼及善人.	선인에게 미칠까 두렵습니다.
若不幸而過,	불행히 과오가 있을 때는
寧僭,	지나치게 될지언정
無濫.[152]	넘치지 않아야 합니다.
與其失善,[153]	선인을 잃느니
寧其利淫.[154]	차라리 사악한 사람을 이롭게 해야 합니다.
無善人,	선인이 없으면
則國從之.[155]	나라에도 그 피해가 따릅니다.

150 참·람(僭·濫): 지나치다, 넘치다의 뜻으로, 모두 과실이 있거나 부당하다는 뜻이며, 여기서는 상을 주지 않아야 하는데 상을 주고 벌을 내리지 않아야 하는데 벌을 내리는 것을 이른다.

151 음(淫): 사악(邪惡)하다는 뜻이다. 『예기·방기(坊記)』편에 "형벌로 사악함을 막는다(刑以防淫)"이라는 말이 있고, 『여씨춘추·고악(古樂)』편에 "올바른 것이 있고 사악한 것이 있다(有正有邪)"는 말이 있다.

152 이 말은 『순자·치사(致士)』편에도 보이는데 당연히 『좌전』에 근거하였을 것이다.

153 형벌을 남용한 잘못이다.

154 상이 지나친 잘못이다.

155 남용이 없는 이치를 펴서 밝혔다. 나라에 선인이 없으면 나라도 그에 따라 해를 입는다는 말이다.

詩曰‘人之云亡,	『시』에서 말하기를 ‘어진 사람 없으니,
邦國殄瘁’,[156]	나라가 병들었네’라 하였습니다
無善人之謂也.	선인이 없음을 이른 것입니다.
故夏書曰‘與其殺不辜,	그러므로 「하서」에서 말하기를 ‘무고한 자를 죽이기보다
寧失不經’,[157]	상법을 지키지 않는 사람을 잃겠다’ 하였으니
懼失善也.	선인을 잃을까 두려워한 것입니다.
商頌有之曰,	「상송」에서 말하기를
‘不僭不濫,	‘지나치지도 않고 넘치지도 않으며
不敢怠皇.[158]	조금도 게으르거나 한가롭지도 않네.
命于下國,	밑의 나라에 명하시어

156 『시경·대아·첨앙(大雅·瞻卬)』의 구절이다. 운(云)은 어조사로 아무런 뜻이 없다. 『시경』 모씨의 주석〔모전(毛傳)〕에서는 “진(殄)은 다하다의 뜻이다. 췌(瘁)는 병들다의 뜻이다”라 하였다. 진(盡)과 췌(瘁)는 같은 뜻의 말이 연용된 것이다. 『주례·도인(稻人)』의 정현의 주석에서는 “진은 병들다의 뜻이다”라 하였다. 두예는 모씨의 주석을 썼는데 틀렸다.

157 두예는 “일서(逸書)이다”라 하였다. 『한서·노온서전(路溫舒傳)』에 실려 있는 「상덕완형서(尙德緩刑書)」 및 『설원·귀덕(貴德)』편에는 모두 이 두 구절을 인용하고 있는데 아마 모두 『좌전』에서 전용(轉用)하여 인용한 것 같다. 『위고문상서』의 작자는 「대우모(大禹謨)」편에 넣었다.
불경(不經): 올바른 법을 지키지 않는 사람이다.

158 태황(怠皇): 태는 해태(懈怠), 곧 게으르다는 뜻이고, 황은 『시경』에는 “황(遑)”으로 되어 있는데 겨를이란 뜻이다. 여기서는 감히 게으름을 피우지 않는다는 뜻이다.

封建厥福',[159]	그 복 크게 세웠다네'라 하였습니다.
此湯所以獲天福也.	이는 탕이 하늘의 복을 얻은 까닭입니다.
古之治民者,	옛날에 백성을 다스리는 자는
勸賞而畏刑,[160]	상을 권하고 형벌을 두려워하여
恤民不倦.[161]	백성을 걱정하는 일을 게을리 하지 않았습니다.
賞以春夏,	봄과 여름에 상을 내리고
刑以秋冬.	가을과 겨울에 형벌을 내렸습니다.
是以將賞,	이런 까닭에 상을 내리려 할 때는
爲之加膳,	이 때문에 반찬을 더하였으며
加膳則飫賜,[162]	반찬을 더하면 실컷 먹고 내려 줄 수 있으니
此以知其勸賞也.[163]	이로써 그 상을 권함을 알게 하였습니다.

159 『시경·상송·은무(商頌·殷武)』의 구절이다. 봉(封)은 크다는 뜻이다.

160 『여씨춘추·위욕(爲欲)』편에서는 "곧 이 세 가지는 권하기에 충분치 않다"라 하였으며, 고유(高誘)는 "권은 즐겁다는 뜻이다"라 하였다. 두예는 "상을 즐겨 행하고 형벌 쓰는 것을 꺼리는 것이다"라 하였는데, 권(勸)을 환(歡)자의 가차자로 본 것이다. 그러나 글자의 의미 그대로 읽어서 권면하다로 해석하는 것이 비교적 타당할 것 같다.

161 휼(恤): 근심하는 것이다.

162 사람에게 상을 내리는 것을 음식을 더 주는 것으로, 음식을 더 주면 안주가 많아 남은 것을 아랫사람에게 내려 배불리 먹게 할 수 있다는 것이다. 어(飫)는 배가 부르다는 뜻이다.

163 상을 내림을 즐기는 것이다.

將刑,	형벌을 내리려 할 때는
爲之不擧,[164]	이 때문에 반찬을 줄였으니
不擧則徹樂,	반찬을 줄이면 음악을 그쳐
此以知其畏刑也.	이로써 그 형벌을 두려워함을 알게 하였습니다.
夙興夜寐,	새벽 일찍 일어나 밤늦게 잠자리에 들며
朝夕臨政,	아침저녁으로 친히 정사에 임하였으니
此以知其恤民也.	이로써 백성을 근심함을 알게 하였습니다.
三者,	세 가지는
禮之大節也.	예의 중대한 규칙입니다.
有禮,	예가 있으면
無敗.	실패가 없습니다.
今楚多淫刑,	지금 초나라는 형벌이 지나치게 남용되고 있으며
其大夫逃死於四方,	그 대부들은 사방으로 죽음을 피해 달아나

164 장공 20년의 『전』에 "대체로 사구가 형을 집행할 때는 임금도 이로 인하여 음악을 듣지 않는다(夫司寇行戮, 君爲之不擧)"라는 말이 있는데, 거(擧)는 음식을 풍부하게 하는 것이며, 아울러 음악으로 먹는 것을 돕는 것이다. 장공 20년 『전』의 『주』에 상세하다.

而爲之謀主,	그들의 모주가 되어
以害楚國,	초나라에 해를 끼치는 데도
不可救療,[165]	치료하여 구제할 수 없으니
所謂不能也.[166]	이른바 능하지 못하다고 하는 것입니다.
子儀之亂,	자의의 난 때
析公奔晉,[167]	기공이 진나라로 달아났는데
晉人寘諸戎車之殿,[168]	진나라 사람이 그를 융거의 뒤에 배치하여
以爲謀主.	모주로 삼았습니다.
繞角之役,[169]	요각의 전역 때
晉將遁矣,	진나라 군사가 달아나려고 하는데
析公曰,	기공이 말하기를
'楚師輕窕,[170]	'초나라 군사는 경망스러워

165 료(療): 두예는 "료는 다스리는 것(治)이다"라 하였다. 치는 곧 치료(治療)의 치이다.

166 두예는 "이른바 초나라 사람이 그 재목을 잘 쓸 수 없다는 것이다"라 하였다. 이는 글자를 너무 많이 보태어 풀이한 것으로 확실하지 않을 것이다. 능(能)자는 내(耐)자의 가차자로 참는다는 뜻이다. 불능(不能)은 서로 참지 못한다는 뜻으로 형벌이 많이 넘칠 따름이기 때문이다.

167 두예는 "문공 14년에 있었다"라 하였다.

168 전(殿): 두예는 후군이라고 하였다. 그러나 융거는 마땅히 진후의 수레일 것이므로 마땅히 중군에 있을 것이며 모주(謀主)는 후군에 있을 수가 없으므로 융거지전(戎車之殿)은 아마 진후의 융거 뒤쪽일 것이다.

169 성공 16년의 『전』에 보인다.

170 경조(輕窕): 곧 경조(輕佻)와 같으며, 경망스러워 진중하지 못한 것이다.

易震蕩也.	쉽게 흔들린다.
若多鼓鈞聲,[171]	일제히 북소리를 더 내고
以夜軍之,[172]	밤에 전군이 들이치면
楚師必遁.'	초나라 군사는 반드시 달아날 것이다'라 하여
晉人從之,	진나라 사람이 그대로 따르자
楚師宵潰.	초나라 군사는 밤에 허물어졌습니다.
晉遂侵蔡,	진나라는 마침내 채나라를 침공하였으며
襲沈,	침나라를 습격하여
獲其君,[173]	그 임금을 사로잡고
敗申, 息之師於桑隧,	신과 식의 군사를 상수에서 무찔렀으며
獲申麗而還.	신려를 사로잡아 돌아갔습니다.
鄭於是不敢南面.[174]	정나라는 이에 감히 남쪽을 보지 않았습니다.
楚失華夏,	초나라가 화하를 잃은 것은

171 균(鈞): 두예는 "균은 소리를 함께 내는 것이다"라 하였다.
172 군지(軍之): 전군이 모여서 함께 공격한다는 말이다.
173 침자(沈子) 읍초(揖初)를 사로잡은 것이다. 성공 8년의 『전』에 보인다.
174 감히 초나라에 복종하지 않은 것이다. 초나라는 정나라 남쪽에 있기 때문에 남면(南面)이라고 하였다.

則析公之爲也.	기공이 그렇게 해서입니다.
雍子之父兄譖雍子,	옹자의 부형이 옹자를 참소하자
君與大夫不善是也,[175]	임금과 대부가 시비곡직을 중재하지 않아
雍子奔晉,	옹자는 진나라로 달아났으며
晉人與之鄐,[176]	진나라 사람이 그에게 축을 주고
以爲謀主.	모주로 삼았습니다.
彭城之役,	팽성의 전역에서
晉, 楚遇於靡角之谷.[177]	진나라와 초나라는 미각지곡에서 마주쳤습니다.
晉將遁矣,	진나라 군사가 달아나려는데
雍子發命於軍曰,	옹자가 전군에 명을 내리기를
'歸老幼,	'늙은이와 어린이는 돌려보내고
反孤疾,	고아와 병자를 보낼 것이며
二人役,	두 사람이 복역하면
歸一人.[178]	한 사람은 돌려보내라.

175 불선시(不善是): 두예는 "그 곡직을 바르게 따지지 못한 것이다"라 하였다. 선(善)에는 조정하여 화해시킨다는 뜻이 있는 것 같다. 『예기·학기(學記)』의 주에서 "선은 해(解)의 뜻이다"라 하였고, 『맹자·진심(盡心) 상』의 주에서는 "선은 제(濟)와 같다"라 하였다. 불선시(不善是)는 곧 조정하여 구제할 수 없었다는 것이다.

176 소공 14년 『전』에서 "형후와 옹자가 축의 땅을 다투었다(晉邢侯與雍子爭鄐田)"라 하였으니 축은 곧 형나라에 가까운 나라이다. 지금의 하남 온현(溫縣) 부근이다.

177 성공 18년의 『전』에 보인다.

簡兵蒐乘,[179]	병사를 뽑고 수레를 검열하고
秣馬蓐食,[180]	말에게 꼴을 먹이고 병사들을 배불리 먹여
師陳焚次,[181]	군진을 펼치고 군영을 불태워
明日將戰.'	내일 싸울 것이다.'
行歸者,[182]	돌아갈 사람을 보내고
而逸楚囚,[183]	초나라 포로들을 편안하게 해주었습니다.
楚師宵潰.	초나라 군사는 밤이 되자 무너지기 시작하였습니다.
晉降彭城而歸諸宋,	진나라는 팽성을 항복시켜 송나라에 돌려주고
以魚石歸.[184]	어석을 잡아서 돌아갔습니다.
楚失東夷,	초나라는 동이를 잃고
子辛死之,[185]	자신은 거기서 죽었으니

178 늙은이와 어린이 및 고아와 병자, 형제 두 사람이 함께 복역하는 사람은 모두 집으로 돌려보낸 것이다.

179 보병을 정선하고 전차병을 검열하는 것이다.

180 말마(秣馬): 말을 배불리 먹이는 것이다.
욕식(蓐食): 병사들을 배불리 먹이는 것이다.

181 군대의 군진 배치를 끝내고 묵었던 군막을 불태운 것이다.

182 귀자(歸者): 노(老)·유(幼)·고(孤)·약(弱) 등이다.

183 초나라 포로의 감시를 느슨하게 하여 마음대로 도망가게 한 것이다. 일부러 초나라가 알게끔 한 것이다.

184 양공 원년의 『전』에 보인다.

則雍子之爲也.	이는 옹자가 그렇게 한 것입니다.
子反與子靈爭夏姬,[186]	자반은 자령과 하희를 놓고 다투며
而雍害其事,[187]	그 일을 막아서 방해하여
子靈奔晉,	자령이 진나라로 달아나니
晉人與之邢,[188]	진나라 사람은 그에게 형을 주고
以爲謀主,	그를 모주로 삼아
扞禦北狄,	북적을 막고
通吳於晉,	오나라를 진나라와 소통시켜
敎吳叛楚,	오나라가 초나라를 배반하도록 하고
敎之乘車, 射御, 驅侵,	수레 타는 법과 활쏘기, 병거의 침공법 등을 가르쳤으며
使其子狐庸爲吳行人焉.[189]	그 아들 고용이 오나라의 행인이 되게 하였습니다.

185 자신은 전사한 것이 아니라 실은 양공 5년에 초나라에 피살되었다.

186 자령(子靈): 곧 무신(巫臣)이며, 일찍이 신윤(申尹)이 되었으므로 또한 신공무신(申公巫臣)이라고 한다. 씨(氏)는 굴(屈)이며 성공 2년『전』에서는 또한 굴무(屈巫)라 하였다. 양공 31년『전』의 굴호용(屈狐庸)은 그 아들이다. 하희를 다툰 일은 성공 2년의『전』에 보인다.

187 옹(雍): 옹(壅)과 같다. 옹해(壅害)는 조애(阻礙), 파괴(破壞)와 같다.

188 형(邢): 곧 지금의 하남 온현(溫縣) 평천(平皋)의 옛 성이다. 또 성공 2년의『경』의『주』에 보인다.

189 성공 7년의『전』을 참조하라.

吳於是伐巢, 取駕, 克棘, 入州來.[190]	오나라는 이에 소를 치고 가를 취하였으며 극을 이기고 주래로 들어갔습니다.
楚罷於奔命,	초나라는 분주한 명에 지쳐
至今爲患,	지금까지 근심거리가 되었으니
則子靈之爲也.	곧 자령이 그렇게 한 것입니다.
若敖之亂,[191]	약오의 난 때
伯賁之子賁皇奔晉,[192]	백분의 아들 분황이 진나라로 달아났는데
晉人與之苗,[193]	진나라 사람이 그에게 묘를 주고
以爲謀主.	모주로 삼았습니다.
鄢陵之役,[194]	언릉의 전역에서
楚晨壓晉軍而陳.	초나라는 새벽에 진나라 군사에 바짝 붙어 진세를 폈습니다.
晉將遁矣,	진나라 군사가 달아나려는데

190 가(駕): 지금의 안휘 무위현(無爲縣) 경계이며, 이미 성공 17년 및 양공 3년의 『전』의 『주』에 보인다.
주래(州來): 지금의 안휘 봉대현(鳳臺縣)으로 모두 성공 7년의 『전』의 『주』에 상세하다.
극(棘): 지금의 하남 영성현(永城縣) 남쪽이다.

191 약오의 난은 선공 4년의 『전』에 보인다.

192 백분(伯賁): 선공 4년의 『전』에는 백분(伯棼)으로 되어 있으며 고자(古字)는 통한다.

193 묘(苗): 진나라의 읍으로 『수경(水經)』 권4 「기수주(濝水注)」에 의하면 지금의 하남 제원현(濟源縣) 서쪽에 있을 것이다.

194 성공 16년의 『전』에 보인다.

苗賁皇曰,	묘분황이 말하기를
'楚師之良在其中軍王族而已,	'초나라 군사의 정예병은 중군에 있는 왕족뿐이니
若塞井夷竈,	우물을 막고 아궁이를 덮어
成陳以當之,	진세를 펴고 맞서서
欒, 范易行以誘之,[195]	난서와 사섭이 행렬을 바꾸어 그들을 꾀어낸다면
中行, 二郤必克二穆,[196]	중항과 이극이 반드시 이목을 이길 것이니
吾乃四萃於其王族,[197]	내 이에 사방에서 그 왕족을 모아
必大敗之.'	반드시 크게 물리칠 것이오'라 하니

195 난·범(欒·范): 난은 난서(欒書)로 당시 중군장이었다. 범은 사섭(士燮)으로 당시 중군좌였다. 난·범역행(欒·范易行)은 「초어 상」에는 "중하를 바꾼다면(若易中下)"로 되어 있으며, 위소는 『좌전』에 의해 해석하여 말하기를 "중하는 중군의 하이다"라 하였다. 공영달의 주석[소(疏)]에서는 정중의 말을 인용하여 "역행은 중군이 하군과 졸오(卒伍)를 바꾼 것이다"라 하였다. 청나라 장림(臧琳)의 『경의잡기(經義雜記)』에서는 중하군을 서로 바꾸었다고 하였다. 그러나 이상의 설은 모두 통하기 어렵다. 성공 16년의 『전』에서는 "난씨와 범씨가 그 족속들을 데리고 공을 끼고 갔다(欒,范以其族夾公行)"라 하였으니 난·범역행(欒·范易行)이라는 것은 공을 끼고 가지 않고 각자 그 가병을 데리고 먼저 나아가 초나라의 대군을 유인한 것이다.

196 중항(中行): 곧 순언(荀偃)이며, 당시에 상군좌였다.
이극(二郤): 극기(郤錡)와 극지(郤至)이다. 극기는 당시 상군장이었고, 극지는 당시 신군좌였다.
이목(二穆): 초나라의 자중(子重)과 자신(子辛)이다. 자중은 좌군수(左軍帥)이고, 자신은 우군수이다. 두 사람은 모두 초목왕(楚穆王) 소생이므로 이목이라 하였다.

197 그 좌우군을 패퇴시키면 진나라의 중·상·하·신군의 4군은 모두 초나라 중군의 왕족을 집중 공격할 수 있다는 것이다. 성공 16년 『전』을 참조하라.

晉人從之,	진나라 사람이 그대로 따랐습니다.
楚師大敗,	초나라 군사는 대패하고
王夷, 師熸,[198]	왕은 부상을 당하고 군사는 사기가 식었으며
子反死之.	자반은 거기서 죽었습니다.
鄭叛, 吳興,	정나라가 반기를 들고 오나라가 흥기하여
楚失諸侯,	초나라가 제후를 잃게 되면
則苗賁皇之爲也."	묘분황이 그렇게 한 것입니다."
子木曰,	자목이 말하였다.
"是皆然矣."	"이는 모두 그렇소."
聲子曰,	성자가 말하였다.
"今又有甚於此者.[199]	"지금 또한 이보다 심한 것도 있습니다.
椒擧娶於申公子牟,	초거가 신공자 모에게서 아내를 얻었는데
子牟得戾而亡,[200]	자모가 죄를 지어 도망가자

198 왕이(王夷): 이(夷)는 부상을 당하다의 뜻이다. 진나라의 여기(呂錡)가 초공왕을 쏘아 눈을 맞혔으니 곧 왕이 부상을 당한 것이다.
잠(熸): 불이 꺼지다는 뜻인데, 여기서는 초나라 군사의 사기가 떨치지 못함을 비유하였다.

199 자(者): 각 판본에는 이 글자가 없으며, 『석경』에서는 곁에다 "자"자를 더하였다. 글의 형세로 보아 있는 것이 타당하므로 가나자와 문고본(金澤文庫本)에 의하여 덧붙였다.

君大夫謂椒擧,[201]	군대부가 초거에게 이르기를
'女實遣之.'	'네가 사실 그를 보낸 것이다'라 하여
懼而奔鄭,	두려워 정나라로 달아나
引領南望,	목을 빼고 남쪽을 바라보며
曰,	말하기를
'庶幾赦余.'	'나를 용서해 줄 것이다'라 하였는데
亦弗圖也.[202]	또한 거기에 대해서는 도모하지 않았습니다.
今在晉矣.	지금 진나라에 있습니다.
晉人將與之縣,	진나라 사람이 그에게 현을 주고
以比叔向.[203]	숙상과 대등하게 해주려 합니다.
彼若謀害楚國,	저가 만약 초나라를 해칠 계책을 꾸민다면
豈不爲患?"	어찌 근심거리가 되지 않겠습니까?"
子木懼,	자목이 두려워하여
言諸王,	왕에게 말하였더니

200 려(戾): 죄를 짓다.

201 초나라 임금 및 그 대부이다.

202 두예는 "초나라는 이번에도 고려하지 않았다는 뜻이다"라 하였다.

203 명나라 육찬(陸粲)의 『좌전부주(左傳附註)』에서는 "그의 봉록을 숙상과 대등하게 해주는 것이다. 숙상은 상대부이니 대체로 오거를 상대부로 처우하는 것이다"라 하였다.

益其祿爵而復之.	봉록과 직위를 더해 주며 복귀시켰다.
聲子使椒鳴逆之.[204]	성자는 초명으로 하여금 그를 맞이하게 하였다.

許靈公如楚,	허령공이 초나라로 가서
請伐鄭,[205]	정나라를 칠 것을 청하였다.
曰,	말하였다.
"師不興,	"군사를 일으키지 않으면
孤不歸矣."	저는 돌아가지 않겠습니다."
八月,	8월에
卒于楚.	초나라에서 죽었다.
楚子曰,	초자가 말하였다.
"不伐鄭,	"정나라를 치지 않으면
何以求諸侯?"	어떻게 제후이기를 바라겠는가?"
冬十月,	겨울 10월에
楚子伐鄭,	초자가 정나라를 치자

---

204 초명(椒鳴): 오거의 아들이며, 오사(伍奢)의 아들이다. 「초어 상」에도 이 일이 수록되어 있는데 같은 곳도 있고 다른 곳도 있다.

205 정나라와 허나라는 묵은 원한이 있으며, 16년에도 정백이 군사를 거느리고 진나라를 따라 허나라를 쳤다.

鄭人將禦之.	정나라 사람이 막으려 하였다.
子産曰,	자산이 말하였다.
“晉, 楚將平,	“진나라와 초나라가 화평을 맺으려 하고
諸侯將和,	제후들이 화목해지려는데
楚王是故昧於一來.[206]	초나라 왕은 이 때문에 무분별하게 한번 쳐들어왔습니다.
不如使逞而歸,[207]	그 뜻을 이루고 돌아가게 하여
乃易成也.	화평이 쉽게 되도록 함만 못합니다.
夫小人之性,	대체로 소인의 성품은
釁於勇, 嗇於禍, 以足其性, 而求名焉者,[208]	틈을 만드는 데 용감하고 화를 탐내며 그 성품을 만족시켜 명예를 추구하는 것인데
非國家之利也,	국가의 이익이 아니니
若何從之?”	어떻게 그것을 따르겠습니까?

---

206 매(昧): 주제넘다, 분별이 없다, 외람되다.

207 초나라로 하여금 뜻을 이루고 돌아가게 하는 것이다.

208 흔(釁): 틈. 틈이 보이면 혈기에 기대는 용기이다. 이 구절은 “勇於釁”의 도치구이다. 색어화(嗇於禍): 색(嗇)은 탐하다의 뜻. 소인은 어지럽지 않은 것을 두려워하는데 『시경·대아·상유(大雅·桑柔)』에 “백성 어지러운 것 탐하고(民之貪亂)”라는 구절이 있고, 「주어 하」에는 “우리 선왕이신 여왕(厲王)과 선왕(宣王), 유왕(幽王), 평왕(平王) 이래 하늘의 화를 탐하였다(貪天禍)”라 하였으므로 “색어화”는 곧 화를 탐한다는 뜻이다. 소인(小人)은 당연히 초나라를 막으려 하는 정나라 사람을 가리킬 것이며, 이들에 대하여 자신은 원대한 견해가 없고 큰 시국에 어둡다고 생각한 것이다.

子展說,	자전이 기뻐하며
不禦寇.	외적을 막지 않았다.
十二月乙酉,[209]	12월 을유일에
入南里,[210]	남리로 들어가
墮其城.	그 성을 허물었다.
涉於樂氏,[211]	악씨에서 건너가
門于師之梁.[212]	사지량의 성문을 공격하였다.
縣門發,[213]	현문을 작동시키자
獲九人焉.[214]	아홉 사람을 사로잡았다.
涉于氾而歸.[215]	범수를 건넜다가 돌아왔다.
而後葬許靈公.	그런 다음에야 허령공을 장사 지냈다.

---

209 을유일은 5일이다.

210 초나라가 남리로 들어간 것이다. 남리는 지금의 신정현(新鄭縣) 남쪽 5리 지점인데 아마 그 옛터일 것이다.

211 악씨(樂氏): 역시 신정현 경계에 있다. 유수(洧水)를 건너는 입구의 이름이다. 남쪽에서 건너 북쪽을 향한 것이다.

212 사지량(師之梁): 정나라의 성문이다.

213 정나라가 외적을 방어하지는 않았지만 안으로는 사실 대비가 있었던 것이다. 초나라가 성문을 공격하자 이에 현문을 내려 굳게 지킨 것이다.

214 정나라 사람 가운데 성문 밖에 있던 자가 현문이 내려와 성으로 들어갈 수 없게 되어 초나라에게 사로잡힌 것이다.

215 범(氾): 곧 남범(南氾)으로 지금의 하남 양성현(襄城縣) 남쪽 1리 지점이다. 범성(氾城)의 아래는 곧 여수(汝水)이며, 북쪽에서 남쪽을 향하여 여수를 건너 돌아온 것이다. 범(氾)은 희공 24년『전』의『주』에 상세하게 보인다.

衛人歸衛姬于晉,[216]	위나라 사람이 위희를 진나라에 시집보내니
乃釋衛侯.[217]	이에 위후를 풀어 주었다.
君子是以知平公之失政也.	군자는 이에 평공이 실정을 한 것을 알았다.

晉韓宣子聘于周,	진나라의 한선자가 주나라를 빙문하였는데
王使請事.[218]	왕이 무슨 일인지 물어보게 하였다.
對曰,	대답하였다.
"晉士起將歸時事於宰旅,[219]	"진나라의 사 한기가 재려에게 공직을 바치려 왔을 뿐

---

216 진평공의 첩 가운데는 희성(姬姓)인 사람이 네 명인데 그중의 하나이다.

217 수개월 전에 진나라가 위후를 풀어 주게끔 허락하였는데, 아직까지 실행을 않고 있다가 이때가 되어 여자를 얻은 다음에 풀어 준 것이다.

218 청사(請事): 사정을 묻는 것이다. 고대의 조빙의 예는 갓 입경(入境)을 하여 주인이 천자라면 사(士)로 하여금 청사(請事)하게 하는데 무엇 때문에 왔느냐고 묻는다. 조빙의 예절이 끝나면 주인이 또 빈자(擯者: 빈객을 접대하는 자)로 하여금 묘문(廟門)에서의 차서를 청사하게 한다. 이는 곧 빈자의 청사이다.

219 천자는 제후보다 높으니 천자의 신하 또한 제후의 신하보다 높다. 천자의 상사는 삼명(三命)이고 중사는 재명(再命), 하사(下士)는 일명(一命)이다. 그러므로 『예기·곡례 하』에서는 "열국의 대부는 천자의 나라에 들어가면 모사(某士)라고 한다"라 하였다. 천자의 상사는 삼명인데 삼명은 열국의 상경(上卿)이다. 그러므로 한기는 진나라에서는 경이지만 주나라에서는 사(士)라 일컬어진다.
시사(時事): 두예는 "시사는 사시(四時)의 공직(貢職)이다. 재려는 총재(冢宰)의 하사(下士)로, 재려에게 직공을 바친다고 한 것은 감히 높은 사람을 가리키지 않은 것이다"라 하였다.

無他事矣."

다른 일은 없습니다."

王聞之,

왕이 듣고는

曰,

말하였다.

"韓氏其昌阜於晉乎![220]

"한씨는 진나라에서 크게 창성할 것이다!

辭不失舊."

사령이 옛 전통을 잃지 않았도다."

齊人城郟之歲,[221]

제나라 사람이 겹에 성을 쌓던 해

其夏,

그해 여름에

齊烏餘以廩丘奔晉.[222]

제나라 오여가 늠구를 가지고 진나라로 달아났다.

襲衛羊角,[223]

위나라의 양각을 습격하여

---

220 창부(昌阜): 『풍속통·산택(山澤)』편에서는 "부(阜)라는 것은 무성한 것이다"라 하였다. 『주례·태재(大宰)』에서는 "상고(商賈)는 재화를 성하게 유통시킨다(阜通)"라 하였는데, 주석에서 "부(阜)는 성(盛)한 것이다"라 하였다. 창부는 창성이라는 말과 같다.

221 24년에 있었다.

222 오여(烏餘): 두예는 "오여는 제나라의 대부이다"라 하였다. 오는 씨일 것이고 여는 이름이다. 소공 21년에 보면 제나라에 오지명(烏枝鳴)이 있고, 23년에는 거(莒)나라에 오존(烏存)이 있는데 모두 씨가 오이다.
늠구(廩丘): 『청일통지』에 의하면 옛 범현(范縣: 지금 범현의 치소는 이미 옛 치소 서쪽의 앵도원(櫻桃園)으로 옮겼다)의 동남쪽이며, 『범현지』에서는 현의 동남쪽 70리 지점에 있는 의동보(義東堡)에 있다고 하였다. 늠구는 원래 위나라의 읍이었는데 혹 제나라가 취하여 오여에게 주었을 것이며 그 때문에 오여가 그 읍을 가지고 진나라로 달아날 수 있었던 것이다.

223 양각(羊角): 『산동통지(山東通志)』에 의하면 양각성은 운성현(鄆城縣) 서북쪽에 있으며, 범현과는 경계가 닿아 있으므로 『범현지』에도 이 성이 수록되어 있다.

取之;	취하고,
遂襲我高魚.[224]	마침내 우리나라 고어를 습격하였다.
有大雨,	큰 비를 만나
自其竇入,[225]	배수구로 들어가
介于其庫,[226]	무기고에서 갑옷으로 무장하고
以登其城,	성으로 올라가
克而取之.	싸워서 취하였다.
又取邑于宋.[227]	또한 송나라에서 읍을 취하였다.
於是范宣子卒,[228]	이때 범선자가 죽어서
諸侯弗能治也.	제후들이 그들을 다스리지 못해서였다.
及趙文子爲政,	조문자가 집정을 하고서야
乃卒治之.[229]	마침내 그들을 다스렸다.
文子言於晉侯曰,	문자가 진후에게 말하였다.

224 고어(高魚): 고어는 지금의 운성현 북쪽, 양각성의 동쪽, 견성현(鄄城縣)의 동북쪽에 있다.

225 두(竇): 성에서 물을 내보내는 구멍이다. 독(瀆)이라고도 하는데 『순자·수신(修身)』편의 "배수구를 열었다(開其瀆)"라는 것이 이를 말한다. 큰 비가 와서 배수구를 열어 오림이 무리를 거느리고 이를 틈타 성으로 들어간 것이다.

226 고어의 병기고로 들어가 그 갑옷으로 사졸들을 무장시킨 것이다.

227 이는 모두 24년의 일이다.

228 범선자(范宣子): 선자는 곧 사개(士匄)로 또한 범개(范匄)라고도 한다. 25년에 죽었다.

229 곧 금년의 일이다.

“晉爲盟主,	“진나라는 맹주이니
諸侯或相侵也,	제후들끼리 간혹 서로 침공하면
則討而使歸其地.	토벌하여 그 땅을 돌려주게 해야 합니다.
今烏餘之邑,	지금 오여의 성읍은
皆討類也,[230]	모두 토벌해야 할 것들이니
而貪之,	그것을 탐내서는
是無以爲盟主也.	맹주가 될 수 없습니다.
請歸之!”	청컨대 돌려주십시오!”
公曰,	공이 말하였다.
“諾.	“좋다.
孰可使也?”	누구를 보낼 만한가?”
對曰,	대답하여 말했다.
“胥梁帶能無用師.”[231]	“서량대가 군사를 쓰지 않고도 할 수 있습니다.”
晉侯使往.[232]	진후가 가게 하였다.

230 모두 침탈하여 온 것으로 토벌할 열(列)에 있는 것이다.

231 서량대(胥梁帶): 정공열(程公說)의 『춘추분기세보(春秋分紀世譜)』에 의하면 서갑보(胥甲父, 문공 12년과 선공 원년의 『전』에 보인다)는 서오(胥午, 23년 『전』에 보인다)를 낳았으며, 오는 서량대를 낳았다. 무용사(無用師)는 다음 해의 『전』에 상세하다.

232 이 단락은 다음 해의 첫 단락에 이어서 읽어야 하며 “이십칠년춘(二十七年春)”에 이어서 떼어야 한다.

양공 27년

經

二十有七年春,[1] 27년 봄에

齊侯使慶封來聘. 제후가 경봉으로 하여금 내빙케 하였다.

夏, 여름에

叔孫豹會晉趙武, 楚屈建, 蔡公孫歸生, 衛石惡, 陳孔奐, 鄭良霄, 許人, 曹人于宋.[2] 숙손표가 송나라에서 진나라 조무, 초나라 굴건, 채나라 공손귀생, 위나라 석악, 진나라 공환, 정나라 양소, 허나라 사람, 조나라 사람과 회합하였다.

衛殺其大夫甯喜. 위나라가 그 대부 영희를 죽였다.

---

1 이십칠년(二十七年): 을묘년 B.C. 546년으로, 주영왕(周靈王) 26년이다. 동지가 2월 7일 병술일로 건해(建亥)이며 윤달이 있다.

2 "공환(孔奐)"은 『공양전』에는 "공원(孔瑗)"으로 되어 있고 뒤로 마찬가지이다. 환(奐)과 원(瑗)은 고음이 모두 한(寒)부에 들어 있으며 음이 가까워 서로 통하여 썼다. 두예는 "『전』에 따르면 회합에 참여한 나라는 14개국인데 제나라와 진(秦)나라는 외교가 없어 서로 보지 않았으며, 주(邾)나라와 등(滕)나라는 남의 속국이었기 때문에 맹약에 참가하지 않았다. 송나라가 주인이니 송나라 땅이었다면 송나라도 맹약에 참가했음을 알 수 있다. 그러므로 『경』에서는 아홉 나라의 대부만 차서에 의해 기록하였다. 초나라가 먼저 피를 마셨는데도 진(晉)나라를 먼저 기록한 것은 신의를 귀하게 여겼기 때문이다. 진(陳)나라는 진(晉)나라에서의 회맹에서 늘 위나라의 위에 있었는데 공환이 상경이 아니기 때문에 석악의 아래에 있게 되었다"라 하였다.

衛侯之弟鱄出奔晉.[3]	위후의 아우 전이 진나라로 달아났다.
秋七月辛巳,[4]	가을 7월 신사일에
豹及諸侯之大夫盟于宋.	표 및 제후의 대부들이 송나라에서 맹약했다.
冬十有二月乙亥朔,[5]	겨울 12월 을해일 초하룻날에
日有食之.	일식이 있었다.

傳

二十七年春,	27년 봄에
胥梁帶使諸喪邑者具車徒以受地,	서량대가 성읍을 잃은 나라들로 하여금 수레와 보병을 갖추어 땅을 받아 가게 하였는데
必周.[6]	반드시 은밀하게 하도록 하였다.
使烏餘具車徒以受封.[7]	오여로 하여금 수레와 보병을 갖추고 봉지를 받아 가게 하였다.

3 "전(鱄)"은 『곡량전』에는 "전(專)"으로 되어 있다. 자가 자선(子鮮)이니 "전(鱄)"이 되어야 한다. "전(專)"은 가차한 글자이다.

4 신사일은 5일이다.

5 "해(亥)"는 원래 "묘(卯)"로 되어 있었는데 여기서는 완원의 『교감기』와 가나자와 문고본(金澤文庫本)에 의하여 고쳤다. 나머지는 『전』의 『주』에 상세하다.

6 주(周): 『관자·추언(樞言)』편에서는 "주(周)라는 것은 입 밖으로 내지 않고 얼굴에 드러나지 않게 하는 것이다"라 하였다. 『설문(說文)』에서는 "주는 은밀한 것이다"라 하였다.

7 또한 수레와 보병을 갖추게 한 것은 그 나머지 무리들이 난을 일으킬 것을 막으려는 것이다.

烏餘以其衆出,[8]	오여가 그 무리들을 이끌고 나오자
使諸侯僞效烏餘之封者,[9]	제후들을 오여에게 봉지를 드리러 온 자들로 위장시켜
而遂執之,	마침내 그를 잡고
盡獲之.[10]	모두 사로잡았다.
皆取其邑,	그 읍을 모두 취하여
而歸諸侯.[11]	제후에게 돌려주었다.
諸侯是以睦於晉.	제후들은 이에 진나라와 화목하게 지냈다.

齊慶封來聘,	제나라 경봉이 내빙하였는데
其車美.	그 수레가 아름다웠다.
孟孫謂叔孫曰,	맹손이 숙손에게 말하기를
"慶季之車,[12]	"경계의 수레가
不亦美乎!"	또한 아름답지 않은가!"라 하자
叔孫曰,	숙손이 말하였다.

8 두예는 "봉지를 받으러 나온 것이다"라 하였다.

9 두예는 "효는 드리는 것이다. 제나라와 노나라, 송나라로 하여금 마치 읍을 바치고 오여를 봉하는 사람들인 것처럼 가장한 것이다"라 하였다.

10 두예는 "그 무리들을 모두 사로잡은 것이다"라 하였다.

11 늠구를 제나라에 돌려주고, 양각은 위나라에, 고어는 노나라에 돌려준 것이다.

12 경계(慶季): 곧 경봉(慶封)이다. 『예기·단궁』에서는 "50이 되면 백중으로 부른다(五十以伯仲)"라 하였는데, 경봉은 항렬이 가장 어리므로 경계라 칭한 것이다.

“豹聞之,	“제가 듣건대
‘服美不稱,	‘복색의 아름다움이 사람과 걸맞지 않으면
必以惡終.’[13]	반드시 나쁘게 끝날 것이다’라 하였으니
美車何爲?”	아름다운 수레가 무슨 소용이 있습니까?”
叔孫與慶封食,[14]	숙손이 경봉과 식사를 하는데
不敬.	불경하였다.
爲賦相鼠,[15]	이 때문에 「상서」를 읊었는데도
亦不知也.	알아차리지 못하였다.

衛寗喜專,[16]	위나라 영희가 전권을 행사하니

13 그 사람이 입은 옷과 거마, 장식이 그 사람과 서로 어울리지 않으면 반드시 나쁜 결과를 얻게 된다는 것이다. 이는 대체로 고어일 것으로 『예기·표기(表記)』에서는 “군자는 그 복장을 갖추어 입었는데도 그 용모가 없는 것을 부끄러워한다” 하였다. 또한 『시경·조풍·후인(曹風·候人)』을 인용하여 “저 사람의 아들, 그 복색이 어울리지 않네(彼其之子, 不稱其服)”라 하였다. 또한 희공 24년의 『전』에서는 “의복이 적합하지 않으면 몸의 재앙이다. 『시』에서 말하기를 ‘저 사람이여, 옷 어울리지 않는다네’라 하였다(服之不衷, 身之災也. 詩曰, 『彼己之子, 不稱其服)”라 하였다.

14 식(食): 간단한 연회이다.

15 상서(相鼠): 『시경·용풍(鄘風)』의 시이다. 시에 “사람이 체모가 없으면, 죽지 않고 무얼하는가?(人而無儀, 不死何爲)”, “사람이 염치가 없으면, 죽지 않고 무엇을 기다리는가?(人而無止, 不死何俟)”, “사람이 예의가 없으면, 어찌 빨리 죽지 않는가?(人而無禮, 胡不遄死)”라 읊은 구절이 있다.

16 조정의 정권을 꽉 쥐고 있는 것이다.

公患之,	공이 그것을 근심하니
公孫免餘請殺之.[17]	공손면여가 그를 죽이기를 청하였다.
公曰,	공이 말하였다.
“微甯子,	“영자가 없었더라면
不及此.	여기에 이르지 못하였을 것이다.
吾與之言矣.[18]	내가 그에게 말하였다.
事未可知,[19]	일은 알 수 없고
祇成惡名,	악명만 얻을 것이니
止也.”[20]	그만두라.”
對曰,	대답하였다.
“臣殺之,	“신이 죽이겠사오니
君勿與知.”	임금님께서는 끼지 마십시오.”
乃與公孫無地, 公孫臣謀,	이에 공손무지, 공손신과 모의하여
使攻甯氏,	영씨를 공격하게 하였으나
弗克,	이기지 못하고
皆死.[21]	모두 죽었다.

17 면여(免餘): 두예는 “면여는 위나라의 대부이다”라 하였다.

18 복위할 때 “정치는 영씨가 맡을 것이고 제사는 과인이 지낼 것이다(政由甯氏, 祭則寡人)”는 말을 자선(子鮮)이 공의 명으로 영희(甯喜)에게 알렸다.

19 그를 죽이는 일이 반드시 성공할지 기필할 수 없다는 것이다.

20 감히 죽이지 말라는 말이다.

21 공손무지와 공손신이 모두 죽은 것이다.

公曰, 공이 말하였다.

"臣也無罪, "신은 죄가 없는데도

父子死余矣!"[22] 부자가 나 때문에 죽었다!"

夏, 여름에

免餘復攻甯氏, 면여가 다시 영씨를 공격하여

殺甯喜及右宰穀, 영희 및 우재곡을 죽였다며

尸諸朝.[23] 조정에 시신을 늘어놓아 보였다.

石惡將會宋之盟, 석악이 송나라의 회맹에 가려고

受命而出, 명을 받고 나오다가

衣其尸, 시신에 옷을 입히고

枕之股而哭之.[24] 넓적다리를 베고 곡을 하였다.

欲斂以亡,[25] 염을 하고 도망치려 하였는데

懼不免,[26] 면하지 못할까 두려워하여

且曰, 또한 말하기를

22 부자가 나를 위하여 죽었다는 말이다. 두예는 "헌공이 쫓겨났을 때 공손신의 아버지가 손씨에게 피살되었다"라 하였다.

23 두예는 『경』에서 우재곡의 이름을 기록하지 않은 것은 경이 아니기 때문이라고 하였다. 『여씨춘추』 및 『공총자(孔叢子)』에는 "우재곡신(右宰穀臣)"으로 되어 있으며, 후손을 노나라 후성자(郈成子)에게 부탁한 고사가 있는데 참고할 만하다.

24 영희의 시신을 베고 영희를 위해 곡을 한 것이다.

25 시신에 옷을 입힌 것이 이미 소렴을 한 것이다. 곧 이곳의 염은 대렴(大斂)이다. 시신을 관에 넣는 것을 대렴이라고 하며, 관을 묘혈에 넣는 것 또한 염이라고 할 수 있다.

26 죄화(罪禍)에서 벗어나지 못할 것을 두려워한 것이다.

"受命矣."
"명을 받았다"라 하고

乃行.
이에 떠났다.

子鮮曰,
자선이 말하였다.

"逐我者出,[27]
"우리를 쫓아낸 자는 도망가고

納我者死.[28]
우리를 받아들인 사람은 죽었다.

賞罰無章,
상벌에 밝은 법이 없으니

何以沮勸?[29]
어떻게 그만두게 하고
권하게 하겠는가?

君失其信,
임금이 신용을 잃으면

而國無刑,
나라에 형벌이 없어지는 것이니

不亦難乎?
또한 어렵지 않겠는가?

且鱄實使之."[30]
아울러 내가 실로 그렇게 되도록
한 것이다."

遂出奔晉.
마침내 진나라로 달아났다.

公使止之,
공이 말리게 하였지만

不可.
되지 않았다.

及河,
황하에 이르러

---

27 손림보(孫林父)는 헌공을 쫓아내어 진나라로 달아나게 했다.

28 영희(甯喜)는 헌공을 받아들였는데 피살되었다.

29 저권(沮勸): 저(沮)는 지(止)의 뜻이며, 사람들이 악행을 저지르는 것을 그치게 하는 것이다. 권(勸)은 면(勉)의 뜻이며 사람들이 선행을 하도록 권면하는 것이다.

30 영희로 하여금 헌공을 받아들이게 한 것이다.

又使止之,	또 그를 말렸는데
止使者而盟於河.	사자를 억제하면서 황하에 맹세하였다.
託於木門,[31]	목문에 몸을 맡기고선
不鄕衛國而坐.[32]	위나라 쪽을 향해서는 앉지도 않았다.
木門大夫勸之仕,	목문의 대부가 그에게 벼슬을 권하자
不可,	안 된다면서
曰,	말하였다.
"仕而廢其事,	"벼슬을 하면서 일을 팽개치면
罪也;	죄를 짓는 것이며,
從之,[33]	따르면
昭吾所以出也.[34]	내가 도망간 것이 밝혀질 것이다.

---

31 탁(託): 기탁하여 살면서 출사하지 않는 것이다.
목문(木門): 두예는 진(晉)나라의 읍이라 하였다. 『태평환우기(太平寰宇記)』에서는 목문성은 지금의 하남 창주시(滄州市)에 있다고 하였지만 진나라의 땅은 여기까지 미친 적이 없으므로 믿을 수가 없다. 고동고(顧棟高)의 『대사표(大事表)』에서는 하북 하간현(河間縣) 서북쪽 3리 지점에 있다고 하였는데 비교적 믿을 만하다. 『곡량전』에서는 "진나라로 달아나 한단(邯鄲)에서 신코의 장식을 짰다"라 하였지만 정공 13년의 『전』에 의하면 한단은 이때 위나라에 속하였으며 진나라의 성읍이 아니었으므로 믿을 수가 없다.

32 『공양전』에서는 전(鱄)은 처자에게 맹약하고 위나라 땅을 밟지 않으며 위나라 곡식을 먹지 않겠다고 하였다. 『곡량전』에서는 "죽을 때까지 위나라를 입 밖에 꺼내지 않았다"라 하였다.

33 그 일을 폐하지 않는 것이다.

34 벼슬을 하여 잘 다스리면 달아난 죄상이 위나라에서 이미 온 세상에 밝혀질 것이라는 말이다.

將誰愬乎?[35]	누구에게 하소연하겠는가?
吾不可以立於人之朝矣."	내 다른 사람의 조정에 설 수 없다."
終身不仕.	죽을 때까지 출사하지 않았다.
公喪之如稅服終身.[36]	공이 죽을 때까지 상복을 입었다.
公與免餘邑六十,	공이 면여에게 60개의 읍을 주자
辭曰,	사양하여 말하였다.
"唯卿備百邑,[37]	"경만이 백 개의 읍을 갖추는데
臣六十矣.[38]	신은 60개를 가지고 있습니다.
下有上祿,	밑에서 윗사람의 봉록을 가지고 있으면
亂也.[39]	어지러워집니다.

35 호소할 만한 곳이 없다는 말이다.

36 세복(稅服): 위헌공은 29년 여름에 죽으며, 자선은 그보다 조금 먼저 죽었을 것이다. 고례에 따르면 천자와 제후는 방계의 친속을 위한 1년 상도 하지 않으며 형제에 대해서도 상복을 입지 않는다고 하였다. 그러나 선자가 죽자 그를 위해 상복을 입었는데 기복(朞服)이 아닌 세복(繐服)을 입었다. 세복(稅服)은 곧 세복(繐服)이다. 세(稅)는 퇴로 읽을 수도 있다. 세복(繐服)은 가늘고 설핀 소공(小功)의 상복 올과 같다. 곧 세복은 소공의 복을 입는 5개월을 넘지 않는데 여기서 종신(終身)이라 한 것은 다섯 달이 되기 전에 위후가 죽어서일 것이다.

37 백읍(百邑): 고대의 촌락에는 흙으로 만든 성보(城堡)가 있었기 때문에 읍(邑)이라고도 하며, 여기서 백읍(百邑)이라 한 것은 사실 백 개의 촌장(村莊)일 따름이다.『논어·공야장(公冶長)』과『곡량전』장공 9년의『전』에서는 모두 "10집의 읍(十室之邑)"이라 하였으니 그 규모가 작음을 알 수 있다. 이 또한 옛날의 규정이었으나 나중에는 형식적인 규정이 되고 말았으며, 필요할 때만 인용하였다.「제나라 자중강의 박의 명문(齊子仲姜鎛銘)」에서는 "후씨(侯氏)가 299개의 읍을 하사하였다"는 말이 나오는데 곧 한꺼번에 거의 3백 개에 가까운 읍을 하사한 것이다.

38 나는 이미 60읍을 가지고 있다는 말이다.

臣弗敢聞.	신은 감히 이 말을 듣지 않겠습니다.
且甯子唯多邑,	또한 영자는 다만 읍이 많아서
故死,	죽었으니
臣懼死之速及也."	신은 죽음이 빨리 이르게 될까 두렵습니다."
公固與之,	공이 굳이 그에게 주니
受其半.	절반만 받았다.
以爲少師.	소경으로 삼았다.
公使爲卿,	공이 경으로 삼게 하니
辭曰,	사양하여 말하였다.
"大叔儀不貳,[40]	"태숙의는 두 마음을 품지 않아
能贊大事,[41]	능히 큰일을 도울 수 있으니
君其命之."	임금께서는 그를 임명하소서."
乃使文子爲卿.[42]	이에 문자로 하여금 경을 삼았다.

39 면여는 대부인데 상경의 녹읍(祿邑)을 가지는 것이다.

40 26년『전(傳)』에 태숙의가 "신은 두 마음을 품을 수 없다(臣不能貳)"라 한 말이 실려 있다.

41 찬(贊): 돕다.

42 마왕퇴(馬王堆) 3호 묘에서 출토된 백서(帛書)『춘추사어(春秋事語)』에도 이 일이 수록되어 있는데 끝에 "영소자〔甯召子, 도자(悼子)〕를 쳐서 조정에서 죽였다. 공이 말하기를 '태숙의는 (중간의 여섯 자는 모호하다) 두 마음을 품지 않는다'라 하고 경으로 삼았다"는 말이 있다.

宋向戌善於趙文子,
송나라 상술이 조문자와 친하였고

又善於令尹子木,
또한 영윤 자목과도 친하여

欲弭諸侯之兵以爲名.[43]
제후의 전쟁을 그치게 하는 것으로 명성을 쌓고자 하였다.

如晉,
진나라로 가서

告趙孟.
조맹에게 일렀다.

趙孟謀於諸大夫.
조맹이 여러 대부들과 상의하였다.

韓宣子曰,
한선자가 말하였다.

"兵,
"전쟁은

民之殘也,[44]
백성을 해치는 것이고

財用之蠹,[45]
재력을 갉아먹는 좀벌레이며

小國之大菑也.[46]
소국의 큰 재난이다.

將或弭之,
그치게만 한다면

雖曰不可,[47]
안된다고 하면서도

---

43 미(弭): 미병(弭兵)의 뜻은 조문자(趙文子)에게서 나왔으며 25년의 『전』에 보인다. 온양(醞釀)된 지 이미 오래되어 각국에서 거의 알게 되었으며, 26년 『전』의 정나라 자산의 말에 보인다. 상술이 이 일을 성사시켜 명예를 얻고자 한 것이다.

44 백성들을 해치는 것이라는 말이다.

45 재용(財用)을 소모하는 것이라는 말이다. 『설문(說文)』에서 "좀〔蠹〕은 나무 속의 벌레이다"라 하였다. 나중에는 모든 식물(食物)의 해충을 좀이라고 하였다. 소공 3년 『전』의 "공은 썩은 좀벌레를 모았다(公聚朽蠹)"라는 말로 그 뜻을 알 수 있다.

46 치(菑): 재(災)자와 같은 뜻이다.

47 전쟁은 반드시 그치게 할 수 없다는 말이다.

必將許之.	반드시 허락할 것이다.
弗許,	허락지 않아
楚將許之,	초나라가 허락하여
以召諸侯,	제후들을 부르면
則我失爲盟主矣.”	우리는 맹주의 지위를 잃는 것이다.”
晉人許之.	진나라 사람이 허락하였다.
如楚,[48]	초나라로 가니
楚亦許之.	초나라 또한 허락하였다.
如齊,	제나라로 갔는데
齊人難之.[49]	제나라 사람이 난처해했다.
陳文子曰,	진문자가 말하였다.
“晉, 楚許之,	“진나라와 초나라가 허락하였으니
我焉得已?	내 어찌 그만둘 수 있겠습니까?
且人曰‘弭兵’,	또한 사람들이 ‘전쟁을 그치자’라 하는데
而我弗許,	우리가 그것을 허락하지 않으면
則固攜吾民矣,[50]	실로 우리 백성들이 두 마음을 갖게 하는 것이니

48 상술이 초나라에 이른 것이다.
49 난지(難之): 전쟁을 그치는 일을 허락하지 않으려 한 것이다.
50 우리 백성으로 하여금 집정자에게 두 마음을 갖게 하는 것이다.

將焉用之?”	장차 어디에 쓰겠소?”
齊人許之.	제나라 사람이 허락하였다.
告於秦,	진나라에 알리니
秦亦許之.	진나라도 허락하였다.
皆告於小國,	모두 소국에 이르니
爲會於宋.	송나라에서 회합을 가졌다.
五月甲辰,[51]	5월 갑진일에
晉趙武至於宋.	진나라 조무가 송나라에 이르렀다.
丙午,[52]	병오일에
鄭良霄至.	정나라 양소가 이르렀다.
六月丁未朔,	6월 정미일 초하룻날
宋人享趙文子,	송나라 사람이 조문자에게 향연을 베풀었는데
叔向爲介.[53]	숙상이 개빈이 되었다.
司馬置折俎,	사마가 자른 고기를 도마에 담아 올렸는데
禮也.[54]	예에 맞았다.

51 갑진일은 27일이다.

52 병오일은 29일이다.

53 개(介): 조무가 주빈이 되고 숙상이 부빈(副賓)이 되었는데, 이를 일러 개(介)라고 하였다.

54 『주례·대사마(大司馬)』에 의하면 사마는 회동에서 음식을 바치는 일을 주관하며, 이곳에서 고기를 도마에 담아 올린 일은 이 때문에 사마가 한 것이다. 또한 선공 16년의 『전』

仲尼使擧是禮也,	중니가 이 예법을 기록하여 올리게 한 것은
以爲多文辭.[55]	문사가 많다고 생각하여서이다.
戊申,[56]	무신일에
叔孫豹, 齊慶封, 陳須無, 衛石惡至.	숙손표와 제나라 경봉, 진나라 수무, 위나라 석악이 이르렀다.
甲寅,[57]	갑인일에
晉荀盈從趙武至.[58]	진나라 순영이 조무를 따라 이르렀다.

에서는 "왕의 향례에는 체천이 있고 연례에는 절조가 있소. 공에게는 향례를 베풀어야 하고 경에게는 연례를 베풀어야 하는 것이오(王享有體薦, 宴有折俎, 公當享, 卿當宴)"라 하였다. 이것은 제후가 경에게 향례를 베푸는 것으로 향례의 예법에는 당연히 절조(折俎)가 있다. 절조는 곧 희생물을 일절(一節) 일단(一段)으로 잘라 도마 위에 놓는 것이다. 공영달의 주석〔소(疏)〕 및 선공 16년의 『전』과 『주』에 보인다.

55 두예는 "송나라 상술은 전쟁을 그치게 하는 뜻을 스스로 아름답게 여겨 조무를 공경하게 맞았으며, 조무와 숙상은 이 향연의 회합으로 인하여 빈주의 말을 펼쳐 놓았기 때문에 중니가 문사가 많다고 여긴 것이다"라 하였다. 『석문(釋文)』에서는 심(沈)씨의 말을 인용하여 "거(擧)는 기록한 것이다"라 하였다. 공구(孔丘)는 양공 21년(『공양전』과 『곡량전』의 설)이나 22년(「공자세가」)에 태어났으니 이때에는 7세를 넘지 않았다. 이 이후에 이때의 사료를 읽어서 빈주의 문사가 매우 많음을 본 것이다. 진나라와 초나라는 이미 대규모 출병에 나태해져 침벌(侵伐)을 당하지 않은 것이 송나라는 무릇 65년이고, 노나라는 45년, 위나라는 47년, 조나라는 59년이다. 그러나 소규모 전쟁은 여전하여 노나라는 군사를 이끌고 운(鄆)을 취하였고, 진나라는 군사를 거느리고 적(狄)을 취하였으며, 초나라는 오나라를 쳐서 뢰(賴)를 멸하였는데 문사처럼 모든 전쟁을 종식한 것은 아니다.

56 무신일은 2일이다.

57 갑인일은 8일이다.

58 조무는 이미 먼저 도착하였고, 순영은 갑인일에 그를 따라 와서 조무를 따른 것이니 조무가 주인이 된 것이다.

丙辰,[59] 병진일에

邾悼公至. 주도공이 이르렀다.

壬戌,[60] 임술일에

楚公子黑肱先至,[61] 초나라 공자 흑굉이 먼저 이르러

成言於晉.[62] 진나라와 협정하였다.

丁卯,[63] 정묘일에

宋向戌如陳,[64] 송나라 상술이 진나라로 가서

從子木成言於楚.[65] 자목을 따라 초나라에 관한 조건을 협정하였다.

戊辰,[66] 무진일에

滕成公至. 등성공이 이르렀다.

子木謂向戌, 자목이 상술에게 이르기를

請晉, 楚之從交相見也.[67] 진나라와 초나라를 따르는 나라들이 서로 조현하게 하라 하였다.

---

59 병진일은 10일이다.

60 임술일은 16일이다.

61 선지(先至): 영윤 자목보다 먼저 이른 것이다.

62 진나라와 맹약한 것이다.

63 정묘일은 21일이다.

64 완각본에는 상(向)자가 빠져 있는데, 여기서는 『교감기』 및 가나자와 문고본(金澤文庫本)에 의하여 추가하였다.

65 초나라 영윤 자목은 진(陳)나라에 있는데 상술이 진나라로 와서 공동으로 전쟁을 그치는 회합 가운데 초나라와 관련 있는 말을 약정한 것이다.

66 무진일은 22일이다.

67 진(晉)나라와 초나라는 각기 동맹국이 있는데 초나라가 진나라의 동맹국에게 초나라를

庚午,[68]	경오일에
向戌復於趙孟.	상술이 조맹에게 그대로 전하였다.
趙孟曰,	조맹이 말하였다.
"晉, 楚, 齊, 秦,	"진나라와 초나라, 제나라, 진나라는
匹也,[69]	필적하여
晉之不能於齊,	진나라는 제나라를 어찌할 수 없는 것이
猶楚之不能於秦也.[70]	초나라가 진나라를 어찌할 수 없는 것과 같다.
楚君若能使秦君辱於敝邑,	초나라 임금이 진나라 임금으로 하여금 우리나라에 조현하게 한다면
寡君敢不固請於齊?"[71]	과군께서도 감히 제나라에 굳이 청하시지 않겠는가?"
壬申,[72]	임신일에
左師復言於子木,[73]	좌사가 다시 자목에게 말하여
子木使馹謁諸王.[74]	자목이 전거로 왕에게 아뢰게 하니

조현하게끔 청하고 초나라의 동맹국은 진나라를 조현하도록 청한 것이다.

68 경오일은 24일이다.

69 당시에는 이 네 나라의 지위가 서로 필적하였다.

70 진나라는 제나라를 지휘할 수 없고, 초나라 또한 진나라를 지휘할 수 없다는 것이다.

71 조맹이 이 말로 초나라를 난처하게 한 것이다.

72 임신일은 26일이다.

73 좌사는 곧 상술이며, 좌사는 그의 관직이다.

74 일(馹): 곧 전거(傳車)로 그냥 전(傳)이라고도 한다. 후대의 역(驛)과 같은데 역은 말을 쓰

王曰,	왕이 말하였다.
"釋齊, 秦,	"제나라와 진나라는 놔두고
他國請相見也."[75]	다른 나라들은 서로 조현하게 하라."
秋七月戊寅,[76]	가을 7월 무인일에
左師至.[77]	좌사가 이르렀다.
是夜也,	이날 밤에
趙孟及子皙盟,	조맹과 자석이 맹약을 하고
以齊言.[78]	말을 일치시켰다.
庚辰,[79]	경진일에
子木至自陳.	자목이 진나라에서 왔다.
陳孔奐, 蔡公孫歸生至.[80]	진나라 공환과 채나라의 공손귀생이 이르렀다.
曹, 許之大夫皆至.	조나라와 허나라의 대부가 모두 이르렀다.
以藩爲軍.[81]	울타리를 쳐서 군의 경계로 삼았다.

는데 지나지 않을 따름이다. 알(謁)은 알리는 것이다.

75 두예는 "『경』에서 제나라와 진나라를 기록하지 않은 까닭이다"라 하였다.

76 무인일은 2일이다.

77 두예는 "진나라에서 돌아온 것이다"라 하였다.

78 제언(齊言): 자석은 초나라 공자 흑굉이다. 두예에 의하면 제언이라는 것은 맹약의 말을 통일시켜 맹약할 때 다시는 쟁송을 못하게 하는 것이다.

79 경진일은 4일이다.

80 두예는 "두 나라의 대부와 자목이 함께 이른 것이다"라 하였다.

81 비록 회맹은 하였지만 군려(軍旅)는 가지고 있었다. 번(藩)은 곧 울타리로, 대나무 바자

晉, 楚各處其偏.[82]	진나라와 초나라는 각기 그 양쪽에 주둔했다.
伯夙謂趙孟曰,[83]	백숙이 조맹에게 말하였다.
"楚氛甚惡,	"초나라의 분위기가 매우 험악하여
懼難."[84]	난리를 일으킬까 두렵습니다."
趙孟曰,	조맹이 말하였다.
"吾左還,[85]	"우리가 왼쪽으로 돌아가
入於宋,	송나라로 들어가면
若我何?"	우리를 어쩌겠는가?"
辛巳,[86]	신사일에
將盟於宋西門之外.	송나라 서문 밖에서 맹약을 할 참이었다.

를 엮어서 담을 만든 것이다. 성루와 참호를 만들지 않아 서로 거리낌이 없다는 것을 보여주는 것이다.

82 두예는 "진나라는 북쪽에 처하고 초나라는 남쪽에 처하였다"라 하였다.

83 백숙(伯夙): 두예는 곧 순영(荀盈)이라 하였는데, 공영달은 복건의 말을 인용하여 "백숙은 진나라의 대부이다"라 하였으니 순영이 아니라고 생각한 것이다. 청나라 왕소란(王紹蘭)의 『경설(經說)』에서는 "위에서는 '진나라 순영이 조무를 따라 이르렀다'라 하고 아래에서는 '진나라 순영이 마침내 초나라로 가서 맹약에 임하였다'라 하였으므로 두예가 『전』의 문장에 의거하여 그렇게 안 것이다"라 하였다.

84 난(難): 거성으로, 환난이라는 뜻이다. 「진어 8」에서는 "제후의 대부들이 송나라에서 맹약을 하였는데 초나라 영윤 자목이 진나라 군을 습격하고자 하여 말하기를 '진나라 군사를 모조리 죽이고 조무를 죽인다면 진나라는 약해질 것이다'라 하였다. ……"라 하였는데, 이는 아마 초나라의 분위기가 매우 험악하다는 것을 해석한 것 같다.

85 환(還): 선(旋)자와 같은 뜻으로 쓰였다. 왼쪽으로 돌아서 가는 것이다.

86 신사일은 5일이다.

楚人衷甲.[87]	초나라 사람이 안에 갑옷을 입고 있었다.
伯州犁曰,	백주리가 말하였다.
"合諸侯之師,	"제후의 군대를 모아 놓고
以爲不信,	믿지 못한다면
無乃不可乎?	안 되는 것 아니겠습니까?
夫諸侯望信於楚,	제후들은 초나라에 믿음을 바라서
是以來服.	이 때문에 와서 복종하였습니다.
若不信,	만약 신의를 지키지 않는다면
是棄其所以服諸侯也."	제후들을 복종시키는 것을 버리는 것입니다."
固請釋甲.	굳이 갑옷을 벗기를 청하였다.
子木曰,	자목이 말하였다.
"晉, 楚無信久矣,	"진나라와 초나라는 신용이 없어진 지 오래되었으니
事利而已.[88]	이익만 일삼을 뿐이오.
苟得志焉,	뜻만 얻을 수 있다면
焉用有信?"	신용이 있음이 무슨 소용이겠소?"

87 충갑(衷甲): 옷 안에 갑옷을 입고 있는 것이다.
88 우리에게 유리한 일만 할 따름이라는 말이다.

大宰退,[89]	태재가 물러나
告人曰,	사람들에게 알렸다.
"令尹將死矣,	"영윤이 돌아가시려는데
不及三年.[90]	3년이 되지 않을 것이오.
求逞志而棄信,	뜻을 만족시킴을 구하고자 신의를 버린다면
志將逞乎?	뜻은 어떻게 만족시키겠소?
志以發言,	뜻으로 말을 하고
言以出信,	말로 신의를 낳으며
信以立志.[91]	신의로 뜻을 세웁니다.
參以定之.[92]	세 가지로 그것을 정할 수 있소.
信亡,[93]	신의가 없으면
何以及三?"[94]	어떻게 3년에 이르겠소?"

89 두예는 "태재는 백주리이다"라 하였다.

90 3년 내에 반드시 죽을 것이라는 말이다.

91 지(志)는 의지, 사상이다. 모종의 사상이 있은 다음에 언론으로 발하는 것이다. 이미 모종의 언론이 있으면 반드시 언론에 합당한 행위가 있게 되니 이를 일러 신의를 낳는다〔出信〕는 것이다. 언행이 서로 부합하면 사상과 의지를 족히 수립할 수 있다.

92 언(言)·신(信)·지(志)의 세 가지가 서로 관련되어 통일됨을 서로 믿고 난 다음에 정할 수 있다는 것이다.

93 초나라는 본래 송나라 상술 및 진나라 조맹과 함께 모두 약정을 하려고 했다. 지금 맹약을 폐기하고 무력으로 뜻을 만족시키고 이익을 추구하려 하니 이것이 신용이 없는 것이다.

94 지(志)·언(言)·신(信)의 세 가지 중 신(信)이 없으면 3년을 살 수 없다는 말이다.

趙孟患楚衷甲,	조맹이 초나라가 안에 갑옷을 입은 것을 근심하여
以告叔向.	숙상에게 알렸다.
叔向曰,	숙상이 말하였다.
"何害也?	"무슨 해가 되겠는가?
匹夫一爲不信,	필부 한 사람이 신의가 없어도
猶不可,	오히려 안 되어
單斃其死.[95]	모두 엎어져 죽었소.
若合諸侯之卿,	제후의 경을 모아 놓고
以爲不信,	불신을 행한다면
必不捷矣.[96]	반드시 성공하지 못하오.
食言者不病,[97]	식언을 하는 사람은 남을 곤란하게 하지 않으니
非子之患也.	그대가 근심할 것이 아니오.
夫以信召人,	신의로 사람을 불러 놓고
而以僭濟之,[98]	거짓으로 이용을 하려 든다면

---

95 단(單): 탄(殫)과 같은 뜻으로 쓰였다. 다하다.
폐(斃): 부(踣)와 같으며 앞으로 쓰러지는 것이다. 지금은 부(仆)라 한다. 이 구절은 신의가 없는 사람은 선종(善終)하는 사람이 없다는 것을 말한다.

96 첩(捷): 이기다, 성공하다.

97 식언(食言): 신의를 지키지 못하는 것으로 애공 25년『전』의 "이 사람은 식언이 많다(是食言多矣)"의 식언과 같다.
불병(不病): 생략된 표현으로, 사람을 공경에 빠뜨리기에 충분치 않다는 뜻이다.

必莫之與也,[99]	반드시 아무도 찬동을 하지 않을 것이니
安能害我?	어찌 해가 될 수 있겠소?
且吾因宋以守病,[100]	또한 우리가 송나라에 의지하여 괴롭히는 것을 지키면
則夫能致死.[101]	저들도 모두 죽도록 싸울 수 있을 것이오.
與宋致死,[102]	송나라와 함께 목숨을 걸고 싸우면
雖倍楚可也,[103]	초나라는 배가 되어도 괜찮을 것이니
子何懼焉?	그대는 무엇을 두려워하오?
又不及是.[104]	또한 여기까지는 미치지 못할 것이오.
曰弭兵以召諸侯,	전쟁을 그친다면서 제후를 소집하여

98 참제(僭濟): 참(僭)은 『설문(說文)』에서는 "거짓이다"라 하였다. 『시경·교언(巧言)』의 정현의 주에서는 "믿지 않는 것이다"라 하였다. 『주역·계사(繫辭)』의 왕필(王弼)의 주에서는 "제(濟)는 이용하는 것이다"라 하였다.

99 필시 찬동하는 사람이 없을 것이라는 것이다.

100 수병(守病): 초나라가 우리를 괴롭히는 것을 지키는 것이다. 명나라 육찬(陸粲)의 『좌전부주(左傳附註)』 및 청나라 고염무(顧炎武)의 『좌전보정(左傳補正)』(『좌전두해보정(左傳杜解補正)』)에서는 "병(病)"자를 아래쪽으로 붙여 읽었는데 따르지 않는다.

101 부(夫): 진(晉)나라 군사를 가리킨다. 부(夫)는 사람마다라는 뜻과 같다. 양공 8년의 "사람마다 슬퍼하고 고통스러워한다(夫人愁痛)"의 부인(夫人)의 뜻과 같다.

102 송나라 군사도 또한 죽을힘을 다하여 초나라에 대항할 것이라는 말이다.

103 초나라 군사를 배로 늘려도 항거할 수 있다는 말이다.

104 숙상은 초나라가 감히 진나라를 공격할 수 없을 것이라고 생각하였기 때문에 이렇게 말하였다.

而稱兵以害我,[105]	전쟁을 일으켜 우리에게 위해를 가한다면
吾庸多矣,[106]	우리의 쓸모가 많아질 것이니
非所患也."[107]	근심할 것이 아니오."
季武子使謂叔孫以公命曰,	계무자가 숙손에게 공의 명을 이르게 하여 말했다.
"視邾, 滕."[108]	"주나라와 등나라와 같이 보게 하라."
旣而齊人請邾,	얼마 후 제나라 사람이 주나라를 청하고
宋人請滕,	송나라 사람이 등나라를 청하니
皆不與盟.[109]	모두 맹약에 참석하지 않았다.
叔孫曰,	숙손이 말하였다.
"邾, 滕,	"주나라와 등나라는
人之私也;[110]	남들의 속국이고

---

105 두예는 "칭(稱)은 거(擧)의 뜻이다"라 하였다.

106 용(庸): "쓸 용(用)"자와 같은 뜻이다. 초나라가 신의를 저버리고 제후를 버리면 우리에게 크게 유용할 것이라는 말이다.

107 「진어 8」에도 이 일이 수록되어 있는데, 또한 "자목이 진나라 군사를 습격하고자 하였다"라 하였다. 숙상의 말 또한 다르다.

108 계손이 노공의 명으로 숙손표에게 말하기를 노나라를 주(邾)나라와 등(滕)나라와 견주어 달라는 말이다. 주나라와 등나라는 소국이어서 부세가 가벼운데, 계손은 이미 진나라에 속하고 또 초나라에 속하여 두 나라에 공물을 바치면 국력이 감당할 수 없다고 걱정한 것이다.

109 제나라는 주나라를 속국으로 삼고 송나라는 등나라를 속국으로 삼았다. 속국은 맹회에 참석하지 않는다.

我,	우리나라는
列國也,	열국인데
何故視之?	무슨 까닭으로 그렇게 보게 하십니까?
宋, 衛,	송나라와 위나라가
吾匹也."[111]	우리에 필적합니다."
乃盟.	이에 맹약하였다.
故不書其族,[112]	이 때문에 그 족명을 쓰지 않았는데
言違命也.	명을 어긴 것을 말한 것이다.
晉, 楚爭先.[113]	진나라와 초나라가 앞을 다투었다.
晉人曰,	진나라 사람이 말했다.
"晉固爲諸侯盟主,	"진나라는 실로 제후의 맹주이니,
未有先晉者也."	진나라에 앞선 나라는 없었소."
楚人曰,	초나라 사람이 말하였다.
"子言晉, 楚匹也,	"그대가 진나라와 초나라가 대등하다 해놓고
若晉常先,	진나라가 늘 먼저 한다면

110 사사로이 타국에 속하여 독립국이 아니라는 말이다.

111 노나라는 송나라, 위나라와 대등하다는 것이다. 송나라와 위나라가 맹약에 참석했다면 노나라도 당연히 맹약에 참석해야 한다는 것이다.

112 『경』에서 "표 및 제후의 대부"라 기록하고 속손표라고 기록하지 않은 것을 말한다.

113 두예는 "먼저 맹약의 피를 마시는 것을 다툰 것이다"라 하였다.

是楚弱也.	이는 초나라를 약하게 여기는 것이오.
且晉, 楚狎主諸侯之盟也久矣,[114]	또한 진나라와 초나라가 번갈아 제후의 맹약을 주관한 지 오래되었는데
豈專在晉?”	어찌하여 오로지 진나라에만 있다고 하십니까?”
叔向謂趙孟曰,	숙상이 조맹에게 말하였다.
“諸侯歸晉之德只,[115]	“제후들은 진나라의 덕에 귀의한 것이지
非歸其尸盟也.[116]	맹약을 주관하는 것에 귀의한 것이 아닙니다.
子務德,	그대는 덕행에 힘쓰고
無爭先.	앞을 다투지 마십시오.
且諸侯盟,	또한 제후들끼리 맹약할 때
小國固必有尸盟者,[117]	소국은 실로 반드시 맹약을 주관하는 자가 있으니

114 압(狎): 두예는 “압은 바꾸는 것이다”라 하였다. 공영달의 주석에서는 “진나라와 채나라, 정나라와 허나라는 남쪽(곧 초나라)을 섬기는 듯하다가 북쪽(곧 진나라)을 섬기기도 하였는데, 성공 2년 초나라 공자 영제(嬰齊)가 촉에서의 회맹을 성사시키니 제후국의 대부들에 모두 있었고, 이때 진나라와 초나라가 번갈아가며 제후의 맹약을 주관한 지가 실로 오래되었다”라 하였다.

115 지(只): 조사로 아무런 뜻이 없다.

116 시(尸): 두예는 “시는 주관하는 것이다”라 하였다.

楚爲晉細,[118] 초나라를 진나라보다 작게 만듦이

不亦可乎?" 또한 옳지 않겠습니까?"

乃先楚人.[119] 이에 초나라 사람이 먼저 하게 했다.

書先晉, 진나라를 먼저 기록한 것은

晉有信也.[120] 진나라에 신용이 있었기 때문이다.

壬午,[121] 임오일에

宋公兼享晉, 楚之大夫, 송공이 진나라와 초나라의 대부에게 아울러 향연을 베풀고

趙盟爲客,[122] 조맹은 객이 되었으며

子木與之言, 자목이 그에게 말을 걸었으나

弗能對; 대답을 할 수가 없었다.

使叔向侍言焉, 숙상으로 하여금 모시고 말하게 하였으나

子木亦不能對也. 자목 또한 대할 수가 없었다.

乙酉,[123] 을유일에

---

117 소국(小國)을 위쪽으로 붙여 읽는 경우도 있는데 틀렸다. 애공 17년의『전』에 의하면 맹주(盟主)가 먼저 피를 마시고 소의 귀를 잡는 등 여러 가지 일을 집행하는데 곧 타국 대부의 집사이다.

118 초나라는 소국의 회맹을 주관하는 자라는 말이다.

119「진어 8」에도 이 일이 수록되어 있는데, 숙상의 말이 이와 다른 곳이 있다.

120「진어 8」을 참조하라.

121 임오일은 6일이다.

122 객(客): 상빈(上賓)으로 후대의 잔치 손님 가운데 수석(首席)에 앉는 자이다.

123 을유일은 9일이다.

宋公及諸侯之大夫盟于蒙門之外.[124]	송공 및 제후의 대부가 몽문의 밖에서 맹약하였다.
子木問於趙孟曰,	자목이 조맹에게 물어서 말하였다.
"范武子之德何如?"[125]	"범무자의 덕은 어떠합니까?"
對曰,	대답하였다.
"夫子之家事治,	"이분의 집은 잘 다스려져
言於晉國無隱情,	진나라에게 말하는 것이 정을 숨김이 없고
其祝史陳信於鬼神無愧辭."[126]	그 축사는 귀신에게 참된 것만 말하고 부끄러운 말이 없습니다."
子木歸以語王.	자목이 돌아가 왕에게 말하였다.
王曰,	왕이 말하였다.
"尙矣哉![127]	"고상하구나!
能歆神, 人,[128]	귀신과 사람을 기쁘게 할 수 있으니

124 몽문(蒙門): 송나라 도읍 동북쪽에 몽성(蒙城)이 있으니 몽문은 송나라 도읍의 동북쪽으로 이 문을 나서면 몽성에 이르게 되는 것이다.

125 범무자(范武子): 사회(士會)이다. 현명함으로 각국에 알려져 있다.

126 신(信): 성(誠)과 같다. 귀(鬼)는 아래 문장의 인(人)이며, 사람이 죽으면 귀(鬼)라 한다.

127 상(尙): 숭(崇), 고(高)의 뜻이다.

128 흠(歆): 흔(欣), 기뻐하다. 「주어 상」에 "백성이 기뻐하고 덕이 있다고 여기다(民歆而德之)"라는 말이 있고, 또한 "귀신을 섬기고 백성을 보호하면 기뻐하지 않는 사람이 없다(事神保民, 莫弗欣喜)"는 말이 있는데 바로 이 뜻이다. 두예는 "흠향하다"라 하였는데 또한 뜻이 통한다.

宜其光輔五君以爲盟主也."[129] 다섯 임금을 크게 도와 맹주가 되게 한 것이 마땅하도다."

子木又語王曰, 자목이 또 왕에게 말하였다.

"宜晉之伯也, "진나라가 패주가 된 것은 당연합니다.

有叔向以佐其卿, 숙상 같은 이가 그 경을 보좌하면

楚無以當之, 초나라는 그를 당해 낼 수가 없으니

不可與爭." 함께 다툴 수가 없습니다."

晉荀盈遂如楚涖盟.[130] 진나라 순영이 마침내 초나라로 가서 맹약에 임하였다.

鄭伯享趙孟于垂隴,[131] 정백이 수롱에서 조무에게 향연을 베풀었는데

子展, 伯有, 子西, 子産, 子大叔, 二子石從.[132] 자전과 백유, 자서, 자산, 자태숙, 두 자석이 따랐다.

---

129 오군(五君): 두예는 "오군은 문(文)·양(襄)·영(靈)·성(成)·경공(景公)이다"라 하였다. 「진어 8」에서는 "무자(武子)에 이르자 문공과 양공을 보좌하여 제후가 되니 제후들이 두 마음을 먹지 않았다. 경이 되어서는 성공과 경공을 보좌하니 군사가 패하는 일이 없었다. 성공의 수〔帥, 원래는 사(師)로 되어 있었는데 왕인지의 설을 따라 고침〕가 되어서는 태부가 되었다" 운운한 것으로 알 수 있다.

130 두예는 "진나라와 초나라가 거듭 우호조약을 맺은 것이다"라 하였다.

131 조무 등이 송나라에서 귀국하면서 정나라의 국경을 지나게 된 것이다.
수롱(垂隴): 지금의 형양현(滎陽縣) 동북쪽에 있다.

132 이자석(二子石): 두예는 "두 자석은 인단(印段)과 공손단(公孫段)이다"라 하였다. 양수

趙孟曰,	조맹이 말하였다.
“七子從君,	“일곱 분께서 임금님을 수행하시니
以寵武也.	제게는 영예입니다.
請皆賦,	청컨대 모두 시를 읊으시어
以卒君貺,[133]	임금님께서 내려 주신 연회를 끝내시고
武亦以觀七子志.”[134]	저 또한 일곱 분의 뜻을 살펴보겠습니다.”
子展賦草蟲.[135]	자전이 「초충」을 읊었다.
趙孟曰,	조맹이 말하였다.
“善哉,	“훌륭하십니다.
民之主也!	백성의 주인이십니다!
抑武也,	그러나 저는
不足以當之.”[136]	이를 감당할 만하지 못합니다.

달(楊樹達: 1885~1956)의 『적미거금문설·정자석정발(積微居金文說·鄭子石鼎跋)』에서는 두 자석 가운데 하나가 주조한 것이라 하였다.

133 일곱 사람이 정나라 임금을 수행하여 나에게 연회를 베푸니 이는 나를 존귀하게 대하는 것이며, 청컨대 일곱 분 모두 시를 읊어 정나라 임금이 내려 주신 것을 완성하라는 것이다. 황(貺)은 내린다는 뜻이다.

134 두예는 “시를 가지고 마음을 말하는 것이다”라 하였다.

135 초충(草蟲): 두예는 “「초충」은 『시경·소남(召南)』의 시이다. 시에서 말하기를 ‘군자 볼 수 없으니, 마음 어수선하네. 뵙기만 한다면, 만나기만 한다면, 이 마음 놓이겠네(未見君子, 憂心忡忡. 亦旣見止, 亦旣覯止, 我心則降)’라 하였으니, 이는 조맹을 군자로 여긴 것이다”라 하였다.

136 조무가 자전이 「초충」을 읊은 뜻이 나라를 걱정하면서 진나라를 믿는데 있음을 안 것이

伯有賦鶉之賁賁.[137]	백유가 「순지분분」을 읊었다.
趙孟曰,	조맹이 말하였다.
"牀笫之言不踰閾,[138]	"남녀의 잠자리에서의 정담은 문지방을 넘지 않는데
況在野乎?[139]	하물며 들판에서이겠습니까?
非使人之所得聞也."[140]	사인이 듣게 해서는 안 될 것입니다."
子西賦黍苗之四章.[141]	자서가 「서묘」의 4장을 읊었다.
趙孟曰,	조맹이 말하였다.
"寡君在,	"과군이 계신데
武何能焉?"[142]	제가 무슨 능력이 있겠습니까?"
子產賦隰桑.[143]	자산은 「습상」을 읊었다.

다. 억(抑)은 다만이라는 뜻. 다만 스스로 군자가 되기에는 부족하게 생각하는 것이다.

137 순지분분(鶉之賁賁): 『시경·용풍(鄘風)』의 시이다. 시금의 판본에는 「순지분분(鶉之奔奔)」으로 되어 있다. 「시서(詩序)」에 의하면 이 시는 위선강이 음란한 것을 풍자해서 지은 것이다. 그래서 조맹이 "상자지언(牀笫之言)"이라 생각한 것이다. 그러나 백유가 이 시를 읊은 뜻은 실은 "그 사람 옳지 못한데, 내가 임금으로 모셔야 하나?(人之無良, 我以爲君)"에 있으므로 조맹이 또 물러나 "임금을 속이고 공공연히 원망하는 데 뜻이 있으며 빈객의 영광으로 삼는다"라 말하였다.

138 상자(牀笫): 침상이다. 상자지언(牀笫之言)은 곧 남녀의 침상에서의 정담이다. 역(閾): 문지방.

139 수롱은 정나라의 한 읍이었으므로 들판〔野〕이라 하였다.

140 사인(使人): 조맹 자신을 가리킨다. 진나라 임금을 대표하여 회맹에 참석하였다는 것을 말한다.

141 서묘(黍苗): 두예는 "「서묘」는 『시경·소아(小雅)』의 시이다. 4장에서 '빈틈없이 사성의 일을, 소백께서 다스리시며, 위엄 있게 길 가는 무리, 소백께서 지휘하시네(肅肅謝功, 召伯營之. 烈烈征師, 召伯成之)'라 하였는데, 조맹을 소백(召伯)에 비한 것이다"라 하였다.

142 성공을 하게 한 공이 진군에게 있지 자기의 능력이 아니라는 것이다.

趙孟曰,
조맹이 말했다.

“武請受其卒章.”[144]
“저는 그 졸장을 받아들이겠습니다.”

子大叔賦野有蔓草.[145]
자태숙이 「야유만초」를 읊었다.

趙孟曰,
조맹이 말하였다.

“吾子之惠也.”
“그대의 은혜요.”

印段賦蟋蟀.[146]
인단이 「실솔」을 읊었다.

趙孟曰,
조맹이 말하였다.

“善哉,
“훌륭하도다,

保家之主也!
가족을 지키는 주인이로다!

吾有望矣.”[147]
제게는 희망이 있습니다.”

公孫段賦桑扈.[148]
공손단이 「상호」를 읊었다.

---

143 습상(隰桑): 두예는 “「습상」은 『시경·소아(小雅)』의 시이다. 군자를 만나 보기를 생각하여 마음을 다하여 섬기고는 이미 군자 만났으니 그 즐거움이 어디 있는가? 하는 뜻을 취한 것이다”라 하였다.

144 두예는 “졸장에서는 ‘마음에 그를 사랑하고 있으니 어찌 말하지 않겠는가? 마음속에 간직하고 있으니, 어느 날이나 잊겠는가?(心乎愛矣, 遐不謂矣. 中心藏之, 何日忘之)’라 하였다. 조무는 자산이 경계해 가르쳐 주기를 바란 것이다”라 하였다.

145 야유만초(野有蔓草): 두예는 “「야유만초」는 『시경·정풍(鄭風)』의 편명이다. ‘우연히 서로 만났으니, 나의 바람에 맞았네(邂逅相遇, 適我願兮)’의 뜻을 취한 것이다”라 하였다. 자태숙이 조무와는 처음 만났으므로 뜻하지 않게 만난 것을 말하였다.

146 실솔(蟋蟀): “「실솔」은 『시경·당풍(唐風)』의 편명이다. ‘너무 편안히 생각지 말고, 그 처한 곳 생각하네. 즐거움 좋아하되 황음하지 않으니, 훌륭한 선비가 경계할 바라네(無已大康, 職思其居. 好樂無荒, 良士瞿瞿)’라 하였다. 두려운 마음으로 예의를 돌아보는 것이다”라 하였다.

147 두예는 “능히 경계하고 두려워하여 직분을 폐기하지 않는 것이 집안을 지키는 것이다”라 하였다.

148 상호(桑扈): 이상 다섯 명은 모두 그의 자를 일컬었는데 인단과 공손단만은 이름을 일

趙孟曰,	조맹이 말하였다.
"'匪交匪敖',	"'저 사귐 오만하지 않다' 하였으니
福將焉往?[149]	복이 어디로 가겠습니까?
若保是言也,	이 말을 지킨다면
欲辭福祿,	복록을 사양하고자 한들
得乎?"	되겠습니까?"
卒享,	향연이 끝나자
文子告叔向曰,	문자가 숙상에게 일러 말하였다.
"伯有將爲戮矣.	"백유는 죽임을 당할 것입니다.
詩以言志,	시는 뜻을 말하는 것인데
志誣其上而公怨之,	임금을 속이고 공공연히 원망하는 데 뜻이 있으며
以爲賓榮,	빈객의 영광으로 삼으니
其能久乎?[150]	어찌 오래갈 수 있겠습니까?

컬었다. 두 사람 모두 자가 자석이므로 자를 일컬으면 분별을 하지 못하겠기에 이렇게 하였다. 두예는 "「상호」는 『시경·소아(小雅)』의 편명이다. 군자가 예와 문덕이 있으므로 하늘의 도움을 받을 수 있다는 데서 뜻을 취하였다"라 하였다.

149 「상호」의 마지막 두 구절은 "저 사귐 오만하지 않으니, 만복 온다네(彼交匪敖, 萬福來求)"이다. 피(彼)는 여기에는 비(匪)로 되어 있는데 이 두 자는 서로 통하여 쓴다. 성공 14년의 『전』에서는 이 시를 인용하여 "피교비오(彼交匪敖)"라 하였다. 조맹은 이 두 구절의 뜻을 취하였다.

150 백유가 시를 읊은 것은 실은 "그 사람 옳지 못한데, 내가 임금으로 모셔야 하나?(人之無良, 我以爲君)"에 있기 때문에 조문자가 물러나면서 이 말을 하였다.

幸而後亡."[151]

요행이 있다면 나중에 망할 것입니다."

叔向曰,

숙상이 말하였다.

"然,

"그렇다,

已侈,[152]

너무 교만하여

所謂不及五稔者,[153]

이른바 5년에 미치지 못한다는 것은

夫子之謂矣."

이런 사람을 이른다."

文子曰,

문자가 말하였다.

"其餘皆數世之主也.

"그 나머지는 모두 여러 세대를 이을 주인입니다.

子展其後亡者也,

자전은 가장 나중에 망할 것이니

在上不忘降.[154]

위에 있으면서 내려가는 것을 잊지 않아서입니다.

印氏其次也,

인씨는 그 다음으로

樂而不荒.[155]

즐거워하면서도 방종하지 않아서입니다.

---

151 요행이 있다면 나중에 반드시 망할 것이라는 말이다.

152 이(已): 태(太), 너무. 백유가 지나치게 사치로운 것을 말함.

153 오임(五稔): 5년. 양소가 5년 내에 반드시 죽게 될 것이라는 말이다. 이는 그 행실을 논한 것이다.

154 그가 읊은 「초충(草蟲)」의 "내 마음 내려가네(我心則降)"란 구절을 가리킨다.

155 인단은 「실솔(蟋蟀)」을 읊었는데, 그 가운데 "즐거움 좋아하되 황음하지 않다(好樂無荒)"이라는 구절이 있다.

樂以安民,	즐거워하여 백성을 안정시키고
不淫以使之,	과분하지 않게 부리니
後亡,	후에 망하더라도
不亦可乎!"	또한 옳지 않겠습니까!"

宋左師請賞,	송나라 좌사가 상을 청하여
曰,	말하였다.
"請免死之邑."[156]	"죽음을 면한 읍을 청합니다."
公與之邑六十,	공은 그에게 읍 60개를 주고
以示子罕.[157]	자한에게 보여주었다.
子罕曰,	자한이 말하였다.
"凡諸侯小國,	"무릇 제후의 소국은
晉, 楚所以兵威之,	진나라와 초나라가 병기로 위협하여

156 좌사(左師): 상술이다. 전쟁을 그치게 하느라 분주히 뛰어다닌 공로가 있으므로 상을 청한 것이다.
면사(免死): 두 가지 해석이 있다. 두예는 "겸손하게 면사지읍(免死之邑)이라고 말하였다"라 하였다. 다케조에 고코(竹添光鴻)의 『회전(會箋)』에서는 "이번 맹약은 규모가 매우 커서 삽혈(歃血)을 하려할 때 번거로운 말로 다투었다. 일이 깨졌더라면 상술의 죄는 죽음을 벗어나지 못하였을 것이다. 지금 다행히 성공을 하였으므로 면사지읍이라 한 것이다"라는 것이 첫 번째 해석이다. 심흠한의 『보주(補注)』에서는 "만약 후세에 공신을 봉한 철권(鐵券)이 있다면 몸이 죽음을 세 번 면할 수 있는데 자손도 한번 죽음을 면한다"라 하였는데 또 한 가지 해석이다. 두예의 해석이 더 나은 것 같다.

157 읍을 주었다면 반드시 문건이 있을 것이며, 곧 문건을 자한에게 보여준 것이다.

畏而後上下慈和,	두려워하게 한 뒤에 상하가 자애롭고 화목할 수 있었으며
慈和而後能安靖其國家,	자애롭고 화목해진 뒤에 그 나라를 안정시킬 수 있어
以事大國,	큰 나라를 섬기어
所以存也.	살아남게 되었습니다.
無威則驕,	위협함이 없으면 교만해지고
驕則亂生,	교만해지면 난이 발생하며
亂生必滅,	난이 발생하면 반드시 멸망하니
所以亡也.	이것이 망하게 되는 까닭입니다.
天生五材,[158]	하늘이 다섯 가지 재용을 내어
民並用之,[159]	백성들이 두루 쓰고 있으니
廢一不可,	한 가지라도 버려서는 안 되는데
誰能去兵?[160]	누가 병기를 없앨 수 있습니까?
兵之設久矣,[161]	병기가 설치된 것은 이미 오래되었는데

158 오재(五材): 두예는 "금(金)·목(木)·수(水)·화(火)토·(土)이다"라 하였다.

159 병(並): 두루.

160 병기는 금(金), 목(木)을 사용하여 만들고, 주조할 때는 수(水), 화(火)를 쓰며 또한 반드시 토지에 세워야 하므로 토지에서 취하는 것이다.

161 원시시대의 인류는 석기로 무기를 만들었다. 청동 무기가 제작되기 시작한 것은 오늘날 확실히 알려진 것으로는 상은시대의 병기가 매우 많다.

所以威不軌而昭文德也.	상도를 벗어난 자를 으르고 문덕을 밝히기 위함이었습니다.
聖人以興,[162]	성인은 이로써 흥하고
亂人以廢.[163]	난을 일으키는 자는 이로써 폐하여졌으니
廢興, 存亡, 昏明之術,	흥폐와 존망, 혼명의 방법이
皆兵之由也.[164]	모두 병기에서 말미암은 것입니다.
而子求去之,	그런데 그대가 그것을 없애려 하니
不亦誣乎!	또한 속임수가 아닙니까?
以誣道蔽諸侯,[165]	속이는 도로 제후들을 덮으면
罪莫大焉.	그것보다 더 큰 죄는 없습니다.
縱無大討,	설사 크게 토벌을 당하지 않더라도
而又求賞,	또한 상을 구하니
無厭之甚也."[166]	욕심을 내어 크게 만족하지 않는 것입니다."

162 성인이 병기로 흥기한 것이다.

163 난인이 병기로 망한 것이다.

164 모두 병기에서 말미암은 것이라는 말이다.

165 무도(誣道): 사술(詐術)로 속인다는 것과 같은 뜻이다.
폐(蔽): 막다, 덮다, 가리다. 폐는 사람들로 하여금 밝게 통하지 않게 한다. 혹자는 도폐(道蔽)를 이어서 읽어야 한다고 하는데 믿을 만하지 못하다.

166 염(厭): 만족하다.

削而投之.[167]	그것을 깎아 내고 집어 던졌다.
左師辭邑.	좌사는 읍을 사양했다.
向氏欲攻司城.[168]	상씨가 사성을 공격하려 하였다.
左師曰,	좌사가 말하였다.
"我將亡,	"내 망할 뻔하였는데
夫子存我,	이분께서 지켜 주셨으니
德莫大焉.	이보다 더 큰 덕은 없다.
又可攻乎?"	또한 공격할 수 있겠는가?"
君子曰,	군자가 말하였다.
"'彼己之子,	"'저분께서는
邦之司直',[169]	나라에서 바로잡는 일 맡으셨네'라 하였으니
樂喜之謂乎!	악희를 이른 것이다!
'何以恤我,	'어떻게 내게 내려 주실까?

167 옛사람들은 죽간(竹簡)이나 목독(木牘)에 기록하였는데 잘못 쓰면 서도(書刀)로 그 글자의 흔적을 깎아냈다. 이는 송나라 임금이 간찰(簡札)을 자한에게 보여주자 자한이 그 글자를 깎아 낸 후 땅에다 간찰을 내던진 것이다.

168 사성(司城): 자한이 사성이다.

169 『시경·정풍·고구(鄭風·羔裘)』의 구절이다. 기(己)는 지금은 기(其)로 되어 있다. 조사로 아무 뜻이 없다. 사직(司直)은 모씨의 주석에서는 "사는 주관하는 것이다"라 하였다. 소(疏)에서는 "한 나라의 사람은 곧게 되는 것을 주관한다"라 하였다. 한무제 때 이 때문에 사직(司直)이란 관직을 설치하여 승상을 도와 법을 받들지 않는 관리를 검거하게 하였다.

我其收之',[170]	내 그것 거두리로다' 하였으니
向戌之謂乎!"[171]	상술을 이른 것이다!"
齊崔杼生成及彊而寡,[172]	제나라의 최저는 성과 강을 낳고 홀아비가 되어
娶東郭姜,[173]	동곽강을 아내로 맞아
生明.	명을 낳았다.
東郭姜以孤入,[174]	동곽강은 전남편의 아들을 데리고 시집왔는데
曰棠無咎,[175]	당무구라고 하였으며
與東郭偃相崔氏.[176]	동곽언과 함께 최씨를 도왔다.
崔成有病而廢之,	최성이 병에 걸리자 그를 폐하고

---

170 두예는 일시(逸詩)라고 하였는데 실은 『시경·주송·유천지명(周頌·維天之命)』의 "어떻게 우리에게 내려 주시고, 우리 그것 받을까(假以溢我, 我其收之)"라는 구절을 변형시킨 것이다. 가(假)는 곧 하(遐)의 가차자로, 어찌라는 뜻이다. 휼(恤)은 『설문(說文)』과 『광운(廣韻)』에서는 "밀(謐)"로 인용하였으며, 『시경』에는 일(溢)로 되어 있다. 음이 서로 비슷하여 서로 통하는데 실은 모두 "사(賜)"자의 가차자이다. 시의 뜻은 어떻게 우리에게 내려 주며 우리가 어떻게 그것을 거두는가 하는 것이다.

171 두예는 "상술이 그 잘못을 잘 안 것을 훌륭히 여긴 것이다"라 하였다.

172 과(寡): 『소이아·광의(廣義)』에서는 "무릇 아내가 없고 지아비가 없는 것을 일러 과(寡)라 한다"라 하였다. 『묵자·사과(辭過)』편에서는 "궁중에 갇혀 있는 여인이 없어서 천하에는 홀아비〔寡夫〕가 없었다"라 하였다. 여기서 과(寡)는 환(鰥)과 같은 뜻이다.

173 동곽강(東郭姜): 동곽씨는 강성(姜姓)으로, 또한 25년의 『전』에 보인다.

174 고(孤): 전남편인 당공(棠公) 소생의 아들이다.

175 당무구(棠無咎): 두예는 "무고는 당공의 아들이다"라 하였다.

176 동곽언(東郭偃): 두예는 "동곽언은 당강(棠姜)의 동생이다"라 하였다.

而立明.	명을 세웠다.
成請老于崔,[177]	성이 최에서 여생을 보내기를 청하자
崔子許之,	최자가 이를 허락하였다.
偃與無咎弗予,	언과 무구는 그것을 주면 안 된다고 하며
曰,	말하였다.
"崔,	"최는
宗邑也,	종묘가 있는 성읍이니
必在宗主."[178]	반드시 종주가 있게 해야 합니다."
成與彊怒,	성과 강이 노하여
將殺之,	그를 죽이려고
告慶封曰,	경봉에게 일러 말하였다.
"夫子之身,	"부자의 신상은
亦子所知也,	또한 그대가 아는 바이니
唯無咎與偃是從,	오직 무구와 언만 따르려 하여
父兄莫得進矣.	부로와 가형이 진언을 할 수 없습니다.
大恐害夫子,[179]	부자를 해칠까 크게 두려워

177 최(崔): 지금의 산동 제양현(濟陽縣) 동쪽에서 조금 북쪽 35리 지점이다.
178 두예는 "종읍은 종묘가 있는 곳이다. 종주는 최명을 이른다"라 하였다.
179 부자(夫子): 두예는 "부자는 최저를 이른다"라 하였다.

敢以告."	감히 고합니다."
慶封曰,	경봉이 말하였다.
"子姑退.	"그대는 잠시 물러나 있거라.
吾圖之."	내 생각해 보겠다."
告盧蒲嫳.[180]	노포별에게 알렸다.
盧蒲嫳曰,	노포별이 말하였다.
"彼,[181]	"저 사람은
君之讎也.	그대의 원수입니다.
天或者將棄彼矣.	하늘도 아마 저 사람을 버리려 할 것입니다.
彼實家亂,	그 실로 집안에 난리가 났는데
子何病焉?	그대는 무엇을 걱정하십니까?
崔之薄,	최씨가 약해지는 것은
慶之厚也."	경씨가 강해지는 것입니다."
他日又告.[182]	훗날 또 알렸다.
慶封曰,	경봉이 말하였다.
"苟利夫子,	"부자에게 이롭기만 하면

180 노포별(盧蒲嫳): 두예는 "별은 경봉의 속대부(屬大夫)이다. 경봉이 최성과 최강의 말을 별에게 알린 것이다"라 하였다.

181 피(彼): 최저를 가리키며, 최장공을 죽인 사람이다.

182 최성과 최강이 또 경봉에게 알린 것이다.

必去之.[183] 반드시 없애 버리겠소.

難, 어려움에 처하면

吾助女."[184] 내 반드시 그대를 도울 것이오."

九月庚辰,[185] 9월 경진일에

崔成, 崔彊殺東郭偃, 棠無咎於崔氏之朝.[186] 최술과 최강이 최씨의 조정에서 동곽언과 당무구를 죽였다.

崔子怒而出, 최자는 노해서 나가고

其衆皆逃, 그의 무리들은 모두 달아나

求人使駕, 멍에를 맬 사람을 구하였으나

不得. 얻지 못하였다.

使圉人駕,[187] 어인에게 멍에를 매게 하여

寺人御而出,[188] 시인이 수레를 몰고 나가며

且曰, 또한 말하였다.

"崔氏有福, "최씨에게 복이 있다면

183 거짓말을 한 것이다. 의미는 최저에게 유리하기만 하면 반드시 동곽언과 당무구를 죽이겠다는 것이다.

184 위난이 있으면 내가 구조를 해주겠다는 것이다.

185 경진일은 5일이다.

186 옛날에는 제후 및 대부들도 모두 외조(外朝)와 내조(來朝)가 있었는데, 여기서는 아마 최저의 외조일 것이다.

187 어인(圉人): 어인은 원래 말을 기르는 직책인데 여기서는 그에게 멍에를 지우게 한 것이다.

188 어자(御者) 또한 도망을 가고 없었으므로 환관인 시인이 수레를 몬 것이다.

止余猶可."[189]	내게서 그치는 것이 괜찮을 것이다."
遂見慶封.	마침내 경봉을 만나 보았다.
慶封曰,	경봉이 말하였다.
"崔, 慶一也.[190]	"최씨와 경씨는 한 집안이나 마찬가지요.
是何敢然?	이 어찌 감히 그런단 말이오?
請爲子討之."	청컨대 그대를 위해 토벌해 드리리다."
使盧蒲嫳帥甲以攻崔氏.	노포별로 하여금 갑사를 이끌고 최씨를 공격하게 하였다.
崔氏堞其宮而守之.[191]	최씨는 그들의 궁성에 담을 덧쌓아 지켰다.
弗克,	이기지 못하여
使國人助之,	백성들에게 돕게 하여
遂滅崔氏,	마침내 최씨를 멸하고
殺成與彊,	성과 강을 죽였으며
而盡俘其家,	온 집안사람을 사로잡았고

189 두예는 "집안이 멸망하고 화가 자신에게 그치지 않을 것을 걱정한 것이다"라 하였다.

190 두예는 "한 집안이나 마찬가지라는 말이다"라 하였다.

191 첩기궁(堞其宮): 유희(劉熙)의 『석명·석궁실(釋名·釋宮室)』에서는 "성 위의 담을 혹 첩(堞)이라고도 하는데, 중첩하였다는 뜻을 취한 것이다"라 하였다. 곧 첩에는 중첩의 의미가 있음을 알 수 있다. 이곳의 첩기궁은 궁성의 담장을 덧쌓았음을 이른다.

其妻縊.[192]	그 처는 목을 매었다.
嫳復命於崔子,	노포별은 최자에게 복명하고
且御而歸之.[193]	다시 수레를 몰고 돌려보냈다.
至,	이르고 보니
則無歸矣.	돌아갈 곳이 없었다.
乃縊.[194]	이에 목을 매었다.
崔明夜辟諸大墓.[195]	최명은 밤에 태묘로 피하였다.
辛巳,[196]	신사일에
崔明來奔.[197]	최명이 도망쳐 왔으며
慶封當國.	경봉이 국정을 맡았다.

楚薳罷如晉涖盟,	초나라 원파가 진나라로 가서 맹약에 임하니
晉侯享之.	진후가 향연을 베풀어 주었다.

---

192 처(妻): 두예는 "동곽강이다"라 하였다.
193 귀지(歸之): 그를 집으로 돌려보낸 것이다.
194 두예는 "'그 집을 들어가도 그 아내를 볼 수 없으니 흉하다'는 점괘가 마침내 들어맞은 것이다"라 하였다.
195 피(辟): 피(避)와 같다.
태묘(大墓): 최씨의 공동묘지이다. 이는 최명이 죽지 않은 까닭을 말하였다.
196 신사일은 6일이다.
197 『당서·제상세계표』 권2의 하에서는 "최저는 제나라의 정경(正卿)이며 아들은 명(明)인데 노나라로 달아나 양(良)을 낳았다"라 하였다.

將出,	나서려고 하면서
賦旣醉.[198]	「기취」를 읊었다.
叔向曰,	숙상이 말하였다.
“薳氏之有後於楚國也,	“원씨가 초나라에서 후손이 번창한 것은
宜哉!	당연하다!
承君命,	임금의 명을 받들어
不忘敏.[199]	민첩하게 하기를 잊지 않았다.
子蕩將知政矣.[200]	자탕은 곧 국정을 맡게 될 것이다.
敏以事君,	임금을 섬김에 민첩하고
必能養民,	반드시 백성을 잘 기를 것이니
政其焉往?”[201]	정권이 어디로 가겠는가?”

崔氏之亂,[202]	최씨의 난 때

198 두예는 “「기취」는 『시경·대아(大雅)』의 편명이다. ‘이미 술에 취하였고, 이미 덕 배부르네. 군자께서 만년토록 큰 복 누리시길(旣醉以酒, 旣飽以德. 君子萬年, 介爾景福)’이라 하였는데, 진후(晉侯)를 찬미한 것으로 그를 태평 군자에 비유하였다”라 하였다.

199 이미 취하고 이미 배부른 것은 향례(享禮)에 감사해하는 것이며, 만년토록 큰 복을 누리리라는 것은 진후를 칭송한 것이고, 나가려 하면서 이 시를 읊은 것은 그때를 매우 잘 포착한 것이니 이른바 일에 민첩하다는 것이다.

200 자탕은 곧 원파이다. 머지않아 초나라의 영윤이 된다.

201 두예는 “정치가 반드시 그에게 돌아갈 것임을 말하였다”라 하였다.

202 곧 25년에 최저가 제장공을 죽인 것이다.

申鮮虞來奔,[203] 신선우가 도망쳐 왔는데

僕賃於野,[204] 들판에서 품팔이를 하면서 종이 되어

以喪莊公.[205] 장공을 위해 상을 입었다.

冬, 겨울에

楚人召之, 초나라 사람이 그를 불러

遂如楚, 마침내 초나라로 가서

爲右尹. 우윤이 되었다.

十一月乙亥朔,[206] 11월 을해일 초하룻날

日有食之. 일식이 있었다.

辰在申,[207] 진이 신에 있었는데

---

203 25년의 『전』에도 보인다.

204 들판에는 자유로운 빈민이 있어서 고용할 수가 있다.

205 제장공을 위해 복상한 것이다.

206 서력 10월 13일의 개기일식이다. 『경』에서는 "12월 을해일 초하루"라 하였는데 청나라 강영(江永)의 『군경보의(羣經補義)』에서는 "『경』의 문장은 베껴 쓰기가 잘못된 것이다. 이해 7월에 『경』에 신사일이 있으니 을해일 초하룻날은 필시 11월일 것이다"라 하였다. 명말청초(明末淸初) 왕부지(王夫之)의 『패소(稗疏)』에서도 "12월 을해일 초하루의 일식은 곧 11월이다. 강급(姜岌) 및 『대연(大衍)』, 『수시(授時)』도 모두 같다"라 하였다.

207 진(辰): 두병(斗柄)을 말한다. 두병이 신(申)을 가리키는 것은 주력으로는 9월이 된다. 그러나 일식이 『전』에서는 11월이라고 기록되어 있으니 서로 두 달이나 차이가 나므로 『좌전』의 작자는 당시 역법을 주관하는 사람이 과실이 있었으며 두 차례나 윤달을 두어야 하는데 두지 않았다고 생각한 것이다. 청나라 오수일(吳守一)의 『춘추일식질의(春秋日食質疑)』에서는 "지금의 역법으로 추산해 보건대 건신(建申)과 건유(建酉)의 달에는 모두 서로 들어가지 않아 일식이 아니다. 다시 윤달을 놓친 것이 아니다"라 하였다.

司曆過也, 역법을 맡은 사람이 실수하여

再失閏矣. 거듭 윤달을 놓쳤다.

양공 28년

經

二十有八年春,[1] 28년 봄에

無冰. 얼음이 얼지 않았다.

夏, 여름에

衛石惡出奔晉. 위나라 석악이 진나라로 달아났다.

邾子來朝. 주자가 와서 조현하였다.

秋八月, 가을 8월에

大雩. 크게 기우제를 올렸다.

仲孫羯如晉. 중손갈이 진나라로 갔다.

冬, 겨울에

齊慶封來奔. 제나라의 경봉이 도망쳐 왔다.

강영(江永)의 『군경보의(羣經補義)』에서는 "'진이 신에 있었는데 역법을 맡은 사람이 실수하여 거듭 윤달을 놓쳤다'라 한 것은 좌씨가 잘못 안 것이다"라 하였다.

1 이십팔년(二十八年): 병진년 B.C. 544년으로, 주영왕(周靈王) 27년이다. 동지가 정월 18일 신묘일로 건자(建子)이다.

十有一月, 11월에

公如楚. 공이 초나라로 갔다.

十有二月甲寅,[2] 12월 갑인일에

天王崩.[3] 천자께서 돌아가셨다.

乙未,[4] 을미일에

楚子昭卒.[5] 초자 소가 죽었다.

傳

二十八年春, 28년 봄에

無冰.[6] 얼음이 얼지 않았다.

梓愼曰,[7] 재신이 말하였다.

"今玆宋, 鄭其饑乎! "올해 송나라와 정나라는 기아에 허덕일 것입니다!

---

2 갑인일은 16일이다.

3 주(周)나라 영왕(靈王)이다.

4 두예는 "12월에는 을미일이 없다. 날이 잘못되었다"라 하였다. 공영달은 "갑인일의 42일 뒤라야 을미일이 되니 갑인일과 을미일은 같은 달이 될 수 없다. 『경』에는 11월과 12월이 있는데 월은 오류를 허용하지 않으니 일자가 잘못되었음을 알겠다"라 하였다. 왕도(王韜)는 "혹자는 틀림없이 윤달에 있을 것이라 하였지만 역법을 가지고 추정해 보건대 이해에는 끝까지 윤달이 있을 수 없다"라 하였다.

5 두예는 "강왕(康王)이다"라 하였다.

6 이해는 건자(建子)이니 지금의 음력으로 치면 11월과 12월, 이듬해 1월이 봄으로 곧 오늘날의 겨울에 해당한다. 곡부 일대에는 얼음이 얼어야 하는데 얼음이 얼지 않았으므로 이는 이상 기후이다.

7 두예는 "재신은 노나라의 대부이다"라 하였다.

歲在星紀,	세성이 성기에 있어야 하는데
而淫於玄枵.[8]	현효를 지나쳤습니다.
以有時菑,[9]	천시의 재난이 있으니
陰不堪陽.[10]	음기가 양기를 이기지 못합니다.
蛇乘龍,[11]	뱀자리가 용자리를 타고 있는데

8 세(歲)는 곧 세성(歲星)으로 또한 곧 목성이다. 목성의 공전 주기는 11.86년인데 옛사람들〔전한(前漢) 말기 유흠(劉歆)의 『삼통력(三統曆)』 이전〕은 이를 12년으로 잘못 생각하였다. 이미 12년으로 잘못 알고 있는 데다가 주천(周天: 천체가 궤도를 한 바퀴 도는 일)을 12차(次)로 나누었다. 차(次)라는 것은 해와 달이 만나는 곳이다. 해와 달은 매년 12번 만나기 때문에 12차로 나누었는데 12궁(宮)에 상당하며, 매차는 30도(주천은 360도)이다. 중국 고대의 천문학자들은 세성을 가지고 해를 기록하다가 또 12지(支)를 배합하였는데, 12지는 또한 태세(太歲)라 하였으며 세성의 공전 주기가 12년이 되지 않는 것을 몰랐는데도 12지는 고정불변이었다. 또한 12지를 12차에 배합하였으니 객관적인 천상과는 당연히 맞지 않았다. 12차의 차서는 강루(降婁), 대량(大梁), 실침(實枕), 순수(鶉首), 순화(鶉火), 순미(鶉尾), 수성(壽星), 대화(大火), 절목(折木), 성기(星紀), 현효(玄枵), 추자(娵訾)이다. 재신에 의거해서 추산을 하면 이해의 세성은 성기에 있어야 하는데 관찰해 본 결과 실재로는 현효에 있었다. 음(淫)은 지나쳤다는 것이다. 그러므로 "현효를 지나쳤다"라고 한 것이다. 성기는 황도 12궁의 마갈궁(摩羯宮)에 해당하며 28수 중에는 두수(斗宿)와 우수(牛宿)의 중간이다. 12지 중에는 축(丑)에 있다. 현효는 황도 12궁의 보병궁(寶甁宮)에 해당하며, 28수 중에는 여(女), 허(虛), 위(危)의 3수(宿)이고, 12지 중에는 자(子)가 된다. 세성의 공전 주기를 옛사람의 12년을 1주천(태양을 도는)으로 계산한다면 실제 목성의 속도로 계산하면 1주천마다 세성이 0.14년을 초과하게 되니 7주(84년)가 지난 후에는 0.98년을 초과하게 되어 대략 1차와 같게 된다. 『삼통력』의 작자가 그 차이의 잘못을 알아차려 144년이면 세성이 145차 간다고 하였는데 오차가 여전히 작지 않다. 남북조(南北朝) 시대의 조충지(祖冲之: 429~500)의 『역의(曆議)』에서는 하늘을 일곱 바퀴 돌면 1위(位)를 넘게 된다고 하여 겨우 0.2가 부족하게 되어 비교적 가까워졌다. 세성으로 해를 기록하는 것은 천상과 합치될 수 없으므로 동한 순제(順帝) 이후로는 폐기하여 쓰지 않았다.

9 치(菑): 재(災)자와 통하여 쓴다. 시재(時災)는 천시(天時)가 비정상적인 재난이다.

10 옛사람들은 한랭(寒冷)한 것을 음이라 하였고, 온난(溫暖)한 것을 양이라 하였다. 얼음이 얼어야 하는데 얼지 않았으니 이는 곧 추워야 하는데 따뜻한 것이므로 음이 양을 이기지 못한 것이라 하였다.

11 사승룡(蛇乘龍): 옛날 사람들은 세성을 목이라 하였고 목은 청룡이다. 현효에 머물렀는데 현효는 여(女), 허(虛), 위(危)의 3수(宿)에 해당한다. 허(虛)와 위(危)는 옛날에 뱀이라

龍,	용자리는
宋, 鄭之星也.[12]	송나라와 정나라의 별자리입니다.
宋, 鄭必饑.	송나라와 정나라는 반드시 기아에 빠질 것입니다.
玄枵,	현효는
虛中也.[13]	허수가 중간입니다.
枵,	효수는
秏名也.[14]	소모하는 이름입니다.
土虛而民秏,	토지는 비고 백성은 소모되니
不饑何爲?”	어떻게 기아에 허덕이지 않겠습니까?”
夏,	여름에

고 생각하였다. 용이 빨리 가서 자리를 잃어 허(虛), 위(危)의 수(宿) 아래로 나왔으며 용이 아래에 있고 뱀이 위에 있으므로 이렇게 말하였다.

12 이는 옛날의 분야(分野)의 설인데 토지의 강역을 하늘의 성수(星宿)에 짝 지운 것이다. 『사기·천관서(天官書)』에서는 “하늘에는 열수(列宿)가 있고 땅에는 주성(州城)이 있다”라 하였다. 또 말하기를 “송나라와 정나라의 강역은 세성에서 기다린다”라 하였으니 곧 이 “용은 송나라와 정나라의 별”이라는 뜻이다.

13 현효에는 3수가 있는데 여(女), 허(虛), 위(危)이다. 허수가 중간에 있다.

14 모(秏): 원래 모(耗)로 되어 있었는데 여기서는 송본(宋本)을 따라 바로잡는다. 모(耗)의 속체(俗體)이다. 명나라 말 장자열(張自烈)의 『정자통(正字通)』에서는 “무릇 사물을 헛되이 쓰는 것을 효(枵)라고 하고 사람이 굶주리는 것을 효복(枵腹)이라 한다”라 하였다.

齊侯, 陳侯, 蔡侯, 北燕伯, 杞伯, 胡子, 沈子, 白狄朝于晉,[15]	
	제후와 진후, 채후, 북연백, 기백, 호자, 침자, 백적이 진나라를 조빙하였다.
宋之盟故也.[16]	송나라에서의 맹약 때문이었다.
齊侯將行,	제후가 떠나려는데
慶封曰,	경봉이 말하였다.
"我不與盟,[17]	"우리는 회맹에 참석도 하지 않았는데
何爲於晉?"[18]	어째서 진나라를 조현해야 합니까?"
陳文子曰,[19]	진문자가 말했다.

---

15 북연(北燕): 곧 희(姬)성의 연나라로 『사기』에 「연소공세가(燕召公世家)」가 있다. 도읍은 계(薊)로 곧 지금의 북경시이다. 북경 유리하(琉璃河) 서주(西周)에서는 대량의 청동기가 출토되었는데 명문에 의하면 북연이 처음으로 봉해진 곳임을 알 수 있으며, 그 도읍은 지금의 유리하 동가림(董家林)의 옛 성이다. 북연백은 「세가」에 의하면 연의공(燕懿公)이다.

호(胡): 둘이 있는데 하나는 희(姬)성의 나라로 『한비자·세난(說難)』편에서 정무공(鄭武公)이 호는 형제의 나라라고 한 것과 애공 8년 『전』의 제후(齊侯)가 호희(胡姬)를 죽인 것이 이 호이다. 정무공에 의하여 멸하여졌으며 옛 성은 지금의 하남 누하시(漯河市) 일대에 있었을 것이다. 이 호자는 귀(歸)성의 나라로 31년 『전』의 호녀(胡女) 경귀(敬歸)로 알 수 있다. 옛 성은 지금의 안휘 부양현(阜陽縣) 치소에 있었다. 정공 15년 초나라에 의해 멸망되었다. 이는 당연히 귀성의 호나라이다.

16 송지맹(宋之盟): 송나라에서의 맹약에서 진나라와 초나라의 종속국들이 서로 조현하자고 하였으므로 채후 등이 진나라를 조현한 것이다.

17 송나라에서의 맹약에 제나라와 진(秦)나라는 참석하지 않았다.

18 어진(於晉): 진나라에 조현하는 것이다.

19 『논어·공야장(公冶長)』에서는 최저가 제장공을 죽이자 진문자가 가산을 버리고 제나라를 떠났다고 하였는데, 『좌전』에는 실려 있지 않다. 이때 일찌감치 제나라로 돌아왔을 것이다.

"先事後賄,[20]	"일을 먼저 하고 재물은 나중에 생각하는 것이
禮也.	예입니다.
小事大,	작은 나라가 큰 나라를 섬김에
未獲事焉,[21]	일을 얻지 못하였더라도
從之如志,[22]	그 뜻대로 따르는 것이
禮也.	예입니다.
雖不與盟,	비록 회맹에 참석하지 않았더라도
敢叛晉乎?	감히 진나라를 배반하겠습니까?
重丘之盟,[23]	중구의 맹약을
未可忘也.	아직 잊지 않았습니다.
子其勸行!"	그대는 아무래도 떠날 것을 권해야 할 듯하오!"

衛人討甯氏之黨,	위나라 사람이 영씨의 도당을 토벌하였기 때문에

20 회(賄): 재화를 말한다. 진나라에 조현하려면 반드시 적지 않은 재화가 필요할 것이다. 진문자는 대체로 경봉이 재산을 아끼는 것에 초점을 맞춰 말한 것이다 그 뜻은 진나라를 섬기는 것이 우선이고 재화는 당연히 나중에 생각해야 한다는 것이다.

21 송나라의 맹약에 참석하지 못한 것을 말한다.

22 지(之): 진나라를 가리킨다. 지(志)는 진나라의 의도를 말한다. 진나라의 의도대로 조현을 가라는 것을 말한다.

23 맹약은 25년에 있었다.

故石惡出奔晉.	석악이 진나라로 달아났다.
衛人立其從子圃,[24]	위나라 사람이 그 조카인 포를 세우고
以守石氏之祀,	석씨의 제사를 지켰으니
禮也.[25]	예에 맞았다.

邾悼公來朝,	주도공이 와서 조현하였는데
時事也.[26]	철에 따른 일이었다.

秋八月,	가을 8월에
大雩,	큰 기우제를 올렸는데
旱也.	한발 때문이었다.

蔡侯歸自晉,	채후가 진나라에서 돌아오면서

24 종자(從子): 형제의 아들이다. 『예기·단궁(檀弓) 상』에서는 "형제의 아들은 유자(자식과 같다)이다(兄弟之子猶子也)"라 하였다. 그래서 근래의 사람들은 종자를 유자라 많이 일컫는다. 지금 말하는 질(姪)은 종고질(從姑姪)을 이른다. 종자라는 명칭은 위·진 이후에야 비로소 일상적으로 보인다.

25 두예는 "석악의 선조인 석작(石碏)이 위나라에 공을 세워, 악의 죄는 제사를 지내지 않는 데까지는 이르지 않았으므로 예에 맞다고 한 것이다"라 하였다. 석작의 일은 은공 4년의 『전』에 보인다.

26 시사(時事): 사시의 조빙을 이른다. 『경』에 이를 기록한 것은 송나라의 회맹과는 무관한 것임을 표명한다. 송나라의 맹약은 진나라와 초나라만 조현하기로 했다.

入于鄭.[27]	정나라에 들어갔다.
鄭伯享之,	정백이 향연을 베풀어 주었는데
不敬.[28]	불경스러웠다.
子産曰,	자산이 말했다.
"蔡侯其不免乎![29]	"채후는 면하지 못할 것이다!
日其過此也,[30]	지난날 이곳을 지날 때
君使子展迋勞於東門之外,[31]	임금께서 자전으로 하여금 동문 밖으로 가서 위로하게 하였는데
而傲.	오만하였다.
吾曰猶將更之.[32]	내 아무래도 고쳐야 할 것 같다고 하였다.
今還,	지금 돌아오는데
受享而惰,	향례를 받으면서 불경스러우니
乃其心也.	이는 그 마음이라는 것이다.

27 진나라(지금의 후마시(侯馬市))에서 채나라(지금의 하남 상채현(上蔡縣) 서남쪽)로 돌아가려면 반드시 정나라 국경을 지나가야 한다. 정나라로 들어갔다(入于鄭)는 것은 정나라 도읍으로 들어간 것을 말한다. 지금의 신정현(新鄭縣)이다.

28 채후가 불경한 것이다.

29 두예는 "화를 면하지 못하는 것이다"라 하였다.

30 일(日): 지난날, 이전.
과차(過此): 진나라로 갈 때 정나라를 지나간 것을 가리킨다.

31 왕(迋): 왕(往)과 같다.
로(勞): 위로하다.

32 경(更): 고치다.

君小國,[33]	소국의 임금이면서
事大國,[34]	대국을 섬기는데
而惰傲以爲己心,	불경스럽고 오만하게 자기의 마음을 가지니
將得死乎?[35]	제대로 죽을 수 있겠는가?
若不免,[36]	면하지 못한다면
必由其子.	반드시 그 자식에게서 말미암을 것이다.
其爲君也,	임금이 되어
淫而不父.[37]	음탕하고 부도가 없다.
僑聞之,	내가 듣건대
如是者,	이런 사람은
恒有子禍."[38]	항상 자식의 화가 있다."

---

33 소국의 임금이 되는 것이다.

34 정나라는 채나라보다 크다.

35 득사(得死): 선종(善終)을 말한다. 이 구절은 어찌 죽을 수 있겠는가 하는 말로, 선종을 할 수 없다는 것이다. 나쁜 일로 죽으면 제대로 죽지 못할 것(不得其死)이라고 한다. 양공 23년『전』에서 최저를 논할 때와『논어·선진(先進)』편에서 자로(子路)를 논하여 모두 "제대로 죽지 못할 것이다"라 하였다.

36 피살을 면치 못하다.

37 불부(不父): 며느리와 간통하는 것은 아버지로서 하지 말아야 할 것이므로 이렇게 말하였다.

38 두예는 "30년에 채나라 세자 반(班)이 임금을 죽이는 복선이다"라 하였다.

孟孝伯如晉,	맹효백이 진나라로 가서
告將爲宋之盟故如楚也.[39]	송나라의 맹약 때문에 초나라로 갈 것이라 알렸다.
蔡侯之如晉也,	채후가 진나라에 갈 때
鄭伯使游吉如楚.	정백이 유길로 하여금 초나라에 가게 하였다.
及漢,[40]	한수에 이르러
楚人還之,[41]	초나라 사람이 그를 돌려보내며
曰,	말하였다.
"宋之盟,	"송나라에서의 맹약에
君實親辱.[42]	임금께서는 실로 친히 참석하였소.
今吾子來,	지금 그대가 오니
寡君謂吾子姑還,	과군께서 말씀하시기를 그대가 일단 돌아가면
吾將使馹奔問諸晉而以告."[43]	내 전거를 보내어 진나라에 물어본 다음 알려 주겠다고 하였소."

39 두예는 "노나라는 진(晉)나라의 속국이므로 진나라에 알리고 간 것이다"라 하였다.
40 한(漢): 한수(漢水).
41 유길을 돌아가게 한 것이다.
42 군(君): 정나라 임금이다. 정백이 친히 송나라의 맹약에 참석한 것을 말한다.
43 두예는 "정나라 임금이 와서 조현을 해야 하는가의 여부를 묻는 것이다"라 하였다.

子大叔曰, 자태숙이 말하였다.

"宋之盟, "송나라에서의 맹약에서

君命將利小國, 임금께서는 소국을 이롭게 하고

而亦使安定其社稷, 또한 그 사직을 안정시키게 하고

鎭撫其民人, 그 백성들을 진무하여

以禮承天之休,[44] 예로써 하늘의 복을 받게 하였으니,

此君之憲令,[45] 이는 임금님께서 반포하신 법령이자

而小國之望也. 소국의 바람입니다.

寡君是故使吉奉其皮幣,[46] 과군께선 이런 까닭에 저로 하여금 예물을 받들고

以歲之不易,[47] 금년에 기근이 들어

44 휴(休): 두예는 "휴는 복록이다"라 하였다. 그러나 금문(金文)에서는 휴(休)자가 항상 사여(賜予), 곧 내려 주다로 해석된다.

45 헌(憲): 두예는 "헌은 법(法)이다"라 하였다.

46 고대에는 조빙(朝聘)을 할 때 피폐(皮幣)를 예물로 많이 썼다. 이를테면 『맹자·양혜왕하』에서 "피폐로 섬겼다(事之以皮幣)"라 한 것이 이를 말한다. 『맹자』 조기(趙岐)의 주석에 의하면 피(皮)는 여우와 오소리의 가죽이며 폐는 비단을 말한다. 『주례·태재(大宰)』에는 구공(九貢)이 있는데 그 가운데 폐공(幣貢)이 있으며, 정현은 "폐공은 옥과 말, 가죽, 비단이다"라 하였다. 이것이 곧 광의의 폐(幣)이다.

47 세지불이(歲之不易): 3년 『전』에서는 "근래에 다스려지지 않는데도 뜻밖의 일을 경계하지 않아 과군께서 한두 형제들과 서로 만나 협조하지 않는 나라를 모의하기를 원해서입니다(以歲之不易, 不虞之不戒, 寡君願與一二兄弟相見, 以謀不協)"라 하였다. 소공 4년의 『전』에서는 "근래에 잘 다스려지지 않아 과인은 두세 임금과 우호를 맺어 사이좋게 지내기를 원하오(以歲之不易, 寡人願結驩於二三君)"라 하였는데, 모두 "以歲之不易" 다음에 "相見"과 "結驩"을 말하였다. 여기서 "奉其皮幣"를 먼저 말하고 다음에 "以歲之不易"를 말한 것은 양수달(楊樹達)의 『독좌전(讀左傳)』에서는 베껴 쓰기를 하다가 잘못되어 바뀐 것이라고 하였다. 두예는 이해가 잘 다스려지지 않은 것을 "이해에 기황(饑荒)

聘於下執事.[48]	하집사를 빙문케 하였습니다.
今執事有命曰,	지금 집사께서 명하시기를
女何與政令之有?[49]	네 어찌 정령에 참여할 수 있느냐?
必使而君棄而封守,[50]	반드시 네 임금으로 하여금 네 봉지를 지키는 일을 버려두고
跋涉山川,[51]	산을 넘고 물을 건너
蒙犯霜露,	서리를 맞고 이슬을 밟아
以逞君心.[52]	임금님을 만족시키라 하였습니다.
小國將君是望,	소국은 임금을 바라니
敢不唯命是聽?	감히 명을 듣지 않겠습니까?
無乃非盟載之言,[53]	맹세의 말이 아니니
以闕君德,	임금의 덕을 잃게 하고
而執事有不利焉,	또한 집사께 이롭지 않지 않겠습니까?
小國是懼.[54]	소국은 이것이 두렵습니다.

의 어려움이 있어서"라고 하였다.

48 그 임금에게 직언을 하고 싶지 않아서 겸양하여 집사라고 한 것이다. 여기에다 하(下)자까지 더하여 겸양에 또 겸양을 한 것이다.

49 여(女): 유길을 가리킨다. 너(유길)는 정나라의 정령에 참여하기에 부족하다는 말이다.

50 이(而): 이(爾)와 같다.

51 발(跋): 산을 가는 것을 말한다.
섭(涉): 물을 가는 것을 말한다.

52 초나라 임금의 뜻을 기쁘게 하는 것이다.

53 맹재(盟載): 재(載)는 재서(載書), 곧 맹서(盟書)이다. 맹(盟)과 재(載)는 같은 뜻이다.

不然,	그렇지 않으면
其何勞之敢憚?”[55]	어찌 수고를 감히 꺼리겠습니까?”
子大叔歸,	자태숙이 돌아가
復命.	복명하였다.
告子展曰,	자전에게 일러 말하기를
“楚子將死矣.	“초자는 죽을 것입니다.
不修其政德,	정사와 덕행은 닦지 않고
而貪昧於諸侯,[56]	제후들에게 탐욕스럽고 눈이 멀어
以逞其願,	그 바람을 만족시키고자 하니
欲久,	오래 살고자 한들
得乎?[57]	되겠습니까?
周易有之,	『주역』의
在復䷗之頤䷚,[58]	복괘䷗가 이괘䷚로 변한 효사에서
曰,	말하기를
‘迷復,	‘회복할 길을 잃어

54 소국시구(小國是懼): “小國懼是”의 도치이다.

55 어떤 노고도 감히 두려워하지 않고 우리 임금이 반드시 초나라에 내조(來朝)할 것이라는 말이다.

56 탐매(貪昧): 애공 11년『전』의 “탐내는 것이 끝이 없다(貪冒無厭)”의 “貪冒”와 같다. 초나라가 자기 나라를 받들기를 탐한다는 말이다.

57 세상에 오래 살기 힘들다는 말이다.

58 복(復)䷗: 진(震)이 아래이고 곤(坤)이 위인 괘이다.
이(頤)䷚: 진(震)이 아래이고 간(艮)이 위인 괘이다.

凶',[59]	흉하다'라 하였는데
其楚子之謂乎!	초자를 이른 말일 것입니다!
欲復其願,[60]	그 바람을 실천하고자 해도
而棄其本,[61]	그 근본을 버려
復歸無所,	돌아갈 곳이 없으며
是謂迷復,	이것을 일러 회복할 길을 잃었다고 하는 것이니
能無凶乎?	흉하지 않을 수 있겠습니까?
君其往也,	임금께서는 가셔서
送葬而歸,	송장한 후 돌아오시어
以快楚心.	초나라의 마음을 즐겁게 해주십시오.
楚不幾十年,[62]	초나라는 10년 가까이가 안 되어

59 복괘(復卦)과 이괘(頤卦)로 변한 것은 밑에서 여섯 번째 음효가 양효로 변한 것이므로 복괘의 상육(上六)의 효사(爻辭)를 썼다.

60 복(復): 복언(復言)의 복으로, 실천한다는 뜻이다.

61 두예는 "덕을 닦지 않는 것이다"라 하였다. 고형(高亨: 1900~1986)의 「좌전과 국어의 주역설 통해(左傳國語的周易說通解)」에서는 "미복(迷復)은 길을 잃고 나서야 돌아올 생각을 하여 자기가 좋아하는 곳으로 돌아가길 희망하지만 원래 왔던 길을 잃어버려 그 결과 돌아갈 곳이 없다는 것을 말한다"라 하였다. 원래의 길을 잃었다는 것은 그 근본을 버렸다는 것으로 해석을 해도 통한다.

62 기(幾): 가깝다는 뜻으로 복괘(復卦) 상육(上六)의 효사에 "10년이 되도록 정벌할 수 없다(至于十年不克征)"라는 말이 있다. 자태숙이 초나라는 거의 10년 가까이가 안 되어 제후들을 근심할 수 없다고 한 것은 아마 여기에 그 근거를 두었을 것이다. 미능휼제후(未能恤諸侯)는 곧 쟁패를 다툴 수 없다는 말로 당시의 관용어였다. 휼(恤)은 근심하다의 뜻이다.

未能恤諸侯也,	제후를 근심할 수 없을 것이오니
吾乃休吾民矣."	우리는 우리 백성을 쉬게 하시면 됩니다."
裨竈曰,	비조가 말하였다.
"今玆周王及楚子皆將死.	"금년에는 주나라 왕 및 초자가 모두 죽을 것입니다.
歲棄其次,[63]	세성이 자리를 잃고
而旅於明年之次,[64]	명년에 있어야 할 자리를 운행하고 있어
以害鳥, 帑,	조탕을 해치니
周, 楚惡之."[65]	주나라와 초나라가 그 해악을 입을 것입니다."
九月,	9월에
鄭游吉如晉,	정유길이 진나라로 가서

63 곧 성기(星紀)에 있지 않다는 것이다.

64 여(旅): 운행하다. 내년의 자리는 곧 현효(玄枵)이다.

65 두예는 "세성이 있는 곳에는 그 나라의 복이 있다. 북쪽에서 자리를 잃으면 화의 충격이 남쪽에 있다. 남쪽은 주조(朱鳥)이고 조미(鳥尾)를 탕(帑)이라 한다. 순화(鶉火)와 순미(鶉尾)는 주(周)와 초(楚)가 나누어진 것이므로 주나라 왕과 초자가 그 허물을 받는다. 모두 세성이 자리를 지나친 것을 논하였는데 재신(梓愼)은 송나라와 정나라가 기근이 들 것이라 하였고, 비조는 주나라와 초나라 왕이 죽을 것이라 하여 『전』에서는 이를 다 들어 점복은 사람에게 달렸다는 것을 보여주었다"라 하였다. 주조(朱鳥)는 곧 주작(朱雀)으로 남방의 정(井)·귀(鬼)·류(柳)·성(星)·장(張)·익(翼)·진(軫) 7수(宿)의 총칭이다. 순화는 28수 중의 류(柳)·성(星)·장(張) 3수에 있으며, 순미는 익(翼)수와 진(軫)수이다.

告將朝于楚以從宋之盟.	초나라를 조빙하여 송나라의 맹약을 따를 것이라 아뢰었다.
子產相鄭伯以如楚.	자산이 정백을 도와 초나라로 갔다.
舍不爲壇.[66]	막사를 짓고 단을 만들지 않으니
外僕言曰,	외복이 말하였다.
"昔先大夫相先君適四國,[67]	"옛날에 선대부가 선군을 도와 사방의 나라로 갈 때는
未嘗不爲壇.	단을 쌓은 적이 없습니다.
自是至今亦皆循之.[68]	그로부터 지금껏 또한 모두 따랐습니다.
今子草舍,[69]	그대는 지금 풀에다 그냥 막사를 지으니
無乃不可乎?"	안 되는 것 아닙니까?"
子產曰,	자산이 말하였다.

66 고대에는 국군(國君)이 다른 나라에 이르면 단을 설치하여 교외에서 위로하는 예를 받았다. 먼저 들판의 풀을 깨끗이 제거하여 탄탄하게 고른 후에 흙을 쌓아 단을 만든다. 탄탄하게 고르는 것을 장(場)이라고 하며 또한 선(墠)이라고도 한다. 단은 장(場) 안에 있으며『상서·금등(金縢)』의 "세 단이 선을 같이 한다(三壇同墠)"라 한 것으로 알 수 있다. 사(舍)라는 것은 교외에 유궁(帷宮)을 만드는 것으로 정문(旌門)을 설치하여 교외에서 위로의 예를 받는 곳이다.

67 외복(外僕): 관직 이름으로 단(壇)과 사(舍)를 만드는 것을 주관한다.
선대부와 선군은 이전의 정나라의 군신을 두루 가리킨다.
사국(四國): 사방의 각국이다.

68 선대부가 선군을 도울 때를 가리킨다.

69 초사(草舍): 풀을 제거하지 않고 사를 만드는 것이다.

"大適小,[70]	"대국이 소국에 갈 때는
則爲壇;	단을 만듭니다.
小適大,	소국이 대국에 갈 때는
苟舍而已,	막사만 지을 따름이니
焉用壇?	무엇 때문에 단을 만들겠습니까?
僑聞之,	내가 듣건대
大適小有五美,	대국이 소국에 갈 때는 다섯 가지 좋은 점이 있으니
宥其罪戾,	그 죄과를 용서해 주고
赦其過失,	그 과실을 사면해 주며
救其菑患,	그 재난을 구원해 주고
賞其德刑,[71]	덕행과 법도에 상을 내리며
敎其不及.[72]	미치지 못하는 것을 가르치는 것입니다.
小國不困,	소국은 이로 곤란을 겪지 않으며
懷服如歸,	마음속으로 복종하기를 집으로 돌아간 듯하니

---

70 대(大)는 대국(大國)이고, 소(小)는 소국(小國)이다.

71 형(刑): 법(法)이다. 덕이 있으면 법칙으로 삼을 수 있고, 법이 있으면 모범으로 삼을 수 있다.

72 이 다섯 가지 좋은 점은 물론 한 나라에서 한때 진행되는 것이 아니며, 당연히 그렇게 해야 되는 자를 가려서 그렇게 하는 것이다.

是故作壇以昭其功,	이런 까닭에 단을 만들어 그 공을 밝히고
宣告後人,	후세의 사람들에게 널리 알리어
無怠於德.	덕을 닦는 데 게을리 하지 않게 하는 것입니다.
小適大有五惡,	소국이 대국으로 갈 때는 다섯 가지 나쁜 점이 있으니,
說其罪戾,[73]	그 죄과를 말해야 하고
請其不足,	부족한 것을 청해야 하며
行其政事,[74]	그 정사를 행해야 하고
共其職貢,[75]	공물을 바쳐야 하며
從其時命.[76]	수시로 내리는 명을 따르는 것입니다.
不然,	그렇지 않으면
則重其幣帛,[77]	그 폐백을 무겁게 하여
以賀其福而弔其凶,	그 복을 치하하고 그 흉사를 위로하는데

73 설(說): 해설, 해석, 해명하다. 대국이 스스로 그 죄과를 꾸미는 것이다.

74 두예는 "대국의 정치를 받들어 행하는 것이다"라 하였다.

75 공(共): 공(供)과 같다. 소국은 대국에게 공물을 바쳐야 한다는 것이다.

76 시명(時命)을 따르는 것을 나쁜 것으로 여겼는데, 이 시명은 물론 소공 30년『전』의 "큰 나라를 섬기려면 그 시명을 공손히 받드는 데 있다(事大在共其時命)"의 "時命"과는 다르다. 불시(不時)의 명 또한 따르는 것을 말한다.

77 폐백(幣帛): 넓은 의미의 폐백으로, 모든 공부(貢賦)를 두루 가리킨다.

皆小國之禍也, 이는 모두 소국의 화이니

焉用作壇以昭其禍? 어찌 단을 만들어 그 화를 밝히겠습니까?

所以告子孫, 그러므로 자손들에게 알리어

無昭禍焉可也."[78] 그 화를 밝히지 않음이 옳을 것이오."

齊慶封好田而耆酒,[79] 제나라 경봉은 사냥을 좋아하고 술을 즐겨

與慶舍政,[80] 경사에게 정사를 맡기고

則以其內實遷于盧蒲嫳氏,[81] 처첩과 재산을 노포별의 집으로 옮기어

易內而飮酒.[82] 처첩을 바꾸어가며 술을 마셨다.

數日, 며칠 만에

國遷朝焉.[83] 온 나라가 그곳으로 옮기어 조현하였다.

---

78 정나라가 압박을 받아 초나라를 조현하는 것이므로 자산의 행동과 말이 이렇다.

79 전(田)은 사냥하다의 뜻이고, 기(耆)는 기(嗜)와 같다.

80 두예는 "사(舍)는 경봉의 아들이다. 경봉이 국정을 맡아 직접 다스리지 않고 사에게 맡긴 것이다"라 하였다.

81 내실(內實): 두예는 "내실(內實)은 보물과 처첩이며, 옮기어 별(嫳)의 집에서 사는 것이다"라 하였다.

82 내(內): 처첩(妻妾)이다.

83 경봉이 비록 그 아들 사에게 정사를 맡겼지만 자기가 여전히 국정을 맡아 다스리는 명분이 있어서 여러 대부들이 노포별의 집으로 가서 조현하는 것이다.

使諸亡人得賊者,[84]	여러 도망가려는 사람들로 하여금 잔당을 잡아서
以告而反之,	알려 주면 돌려보낸다 하였으므로
故反盧蒲癸.	노포계를 돌려보냈다.
癸臣子之,[85]	계는 자지의 신하가 되었는데
有寵,	총애하여
妻之.[86]	딸을 아내로 주었다.
慶舍之士謂盧蒲癸曰,[87]	경사의 사가 노포계에게 일러 말하였다.
"男女辨姓,	"남녀는 성을 구별해야 하는데
子不辟宗,	그대는 종실을 피하지 않으니
何也?"[88]	어째서입니까?"
曰,	말하였다.
"宗不余辟,[89]	"종실이 나를 피하지 않는데

84 망인(亡人): 최저의 난을 피한 자들이다.
적(賊): 공영달은 장공(莊公)의 무리라고 하였는데 틀렸다. 곧 최씨의 잔당이다. 도망을 하려던 사람이 최씨의 잔당을 잡아서 경씨에게 알려 주면 그 공으로 죄를 면해 주고 나라로 돌아가게 하는 것을 말한다.

85 자지(子之): 경봉의 자이다. 계가 그의 신하가 되었다.

86 두예는 "자지가 그의 딸을 계에게 아내로 준 것이다"라 하였다.

87 경대부의 가신(家臣)은 그 우두머리를 장(長)이라 하고, 그 나머지는 모두 사(士)라 두루 일컬을 수 있었다.

88 옛 예법에 동성끼리는 결혼을 하지 않았기 때문에 이렇게 말하였다. 경봉과 노포씨는 모두 강(姜)성이어서 동종(同宗)이기 때문에 이렇게 말하였다.

89 "宗不辟余"가 도치된 구절이다. 경사가 딸을 시집보내려 한다는 것을 말한다.

余獨焉辟之?[90]	내가 유독 그것을 피한단 말이오?
賦詩斷章,	시를 읊으며 단장취구 하는 것과 같으니
余取所求焉,[91]	내 구하는 것만 취할 뿐
惡識宗?"	어찌 종실을 알겠소?"
癸言王何而反之,[92]	계가 왕하에게 말하여 돌아가게 하니
二人皆嬖,	두 사람이 모두 총애를 받아
使執寢戈而先後之.[93]	침과를 잡고 앞뒤로 지키게 하였다.
公膳日雙鷄,[94]	조정에서 주는 음식은 하루에 닭 두 마리였는데
饔人竊更之以鶩.[95]	옹인이 몰래 그것을 오리로 바꾸었다.
御者知之,[96]	어자가 그것을 알아채고는

90 언(焉): 의문부사로, 하(何)와 같다.

91 부시단장(賦詩斷章): 비유어. 춘추시대에 외교를 할 때는 항상 시를 읊어 뜻을 나타내었는데, 읊는 자와 듣는 자가 각기 구하는 바를 취하는 것으로 본래의 뜻은 돌아보지 않고 단장취의(斷章取義) 하는 것이다.

92 경사(慶舍)에게 말하는 것으로 왕하를 제나라로 돌아가게 하는 것이다.

93 침과(寢戈): 두예는 "침과는 몸 가까이 두는 무기이다"라 하였다. 두 사람 모두 경사의 근위병이 되어 어떨 때는 사의 앞에 있다가 어떨 때는 사의 뒤에 있다가 하는 것이다.

94 공선(公膳): 공의 조정에서 업무를 처리할 때 쓰는 음식으로 조정에서 익힌 음식을 공급한다. 육조(六朝) 때는 객식(客食)이라 하였고 당나라 때는 당찬(堂饌)이라 하였다. 매일 닭이 두 마리라는 것은 대부의 선식(膳食)일 것이다.

95 옹인(饔人): 요리의 일을 주관하는 사람.
목(鶩): 집오리. 들오리는 부(鳧)라 한다.

則去其肉,	그 고기는 버리고
而以其洎饋.[97]	국물만 올려서 먹게 했다.
子雅, 子尾怒.[98]	자아와 자미가 노하였다.
慶封告盧蒲嫳.[99]	경봉이 노포별에게 알렸다.
盧蒲嫳曰,	노포별이 말하였다.
"譬之如禽獸,	"그들을 금수에 비유하지면
吾寢處之矣."[100]	우리는 그것을 깔고 자게 될 것이오."
使析歸父告晏平仲.[101]	석귀보로 하여금 안평중에게 알리게 하였다.
平仲曰,	평중이 말하였다.
"嬰之衆不足用也,	"나의 무리는 쓰기에 부족하고
知無能謀也.[102]	지혜는 꾀를 낼 수 없소.
言弗敢出,[103]	감히 그것을 꺼내어 말하지 않을 것이니

96 어자(御者): 음식을 올리는 사람.

97 계(洎): 육즙(肉汁).

98 두예는 "두 사람은 모두 혜공(惠公)의 손자이다"라 하였다. 『여씨춘추·신행(愼行)』편의 고유(高誘)의 주에서는 "공손조(公孫竈)는 혜공의 손자이며 공자 난견(欒堅)의 아들 자아이다. 채(蠆)는 혜공의 손자이며 공자 고기〔高祈, 기고(祈高)가 되어야 한다〕의 아들 자미이다"라 하였다.

99 공선(公膳)의 일은 당국자에게 책임이 있는데 자아와 자미가 경봉에게 화를 내니 경봉이 노포별에게 알린 것이다.

100 옛날에는 짐승을 죽이면 그 고기는 먹고 가죽에서 잤다.

101 경씨가 안영과 함께 자아와 자미를 죽일 일을 공모하고자 한 것이다.

102 지(知): 지(智)와 같다.

有盟可也."[104]	맹세를 함이 옳을 듯하오."
子家曰,	자가가 말하기를
"子之言云,[105]	"그대의 말이 이러한데
又焉用盟?"	또한 어찌 맹세할 필요가 있겠습니까?"
告北郭子車.[106]	북곽자거에게 일렀더니
子車曰,	자거가 말하였다.
"人各有以事君,	"사람마다 각기 임금을 섬길 이유가 있는 것이지
非佐之所能也."[107]	제가 잘하는 것이 아닙니다."
陳文子謂桓子曰,[108]	진문자가 환자에게 일러 말하였다.
"禍將作矣,	"화란이 일어날 것이니
吾其何得?"	우리가 무엇을 얻겠는가?"

---

103 감히 비밀을 누설하지 않겠다는 것이다.

104 안영이 경봉의 음모에 참여하지 않겠다는 것을 말을 꾸며 사절한 것이다. 또한 화가 자기에게 미칠까 두려워서 감히 말하지 않겠다고 한 것이다.

105 두예는 이 자가는 석귀보라 하였지만 아래에 또 자가가 있으니 곧 경봉이다. 같은 단락에서 이름이 같은 사람이 출현하는 것은 『좌전』의 체례에 의하면 반드시 씨나 호를 덧붙여 분별하였으니 이를테면 정나라에는 두 자석(子石)이 있는데 나중의 문단에서는 곧 모두 이름을 썼으니 인단(印段)과 공손단(公孫段)이다. 이곳의 같은 자가는 당연히 한 사람 모두 경봉이다. 석귀보가 안영의 말을 경봉에게 알리니 경봉이 대답한 것이다. 운(云)은 이와 같다는 뜻이다.

106 두예는 "자거는 제나라의 대부이다"라 하였다. 이 또한 경봉이니 경봉이 석귀보를 시켜서 알리게 한 것이다.

107 두예는 "좌는 자거의 이름이다"라 하였다.

108 두예는 "환자는 문자의 아들 무우(無宇)이다"라 하였다.

對曰,	대답하여 말했다.
“得慶氏之木百車於莊.”[109]	“장에서 경씨의 나무 백 수레를 얻을 것이오.”
文子曰,	문자가 말하였다.
“可慎守也已.”[110]	“삼가 잘 지켜야 할 것이오.”
盧蒲癸, 王何卜攻慶氏,	노포계와 왕하가 경씨를 공격하려고 점을 보고
示子之兆,[111]	자지에게 점괘를 보여주며
曰,	말하였다.
“或卜攻讎,	“혹자가 원수를 칠 점을 보았기에
敢獻其兆.”	감히 그 점괘를 올립니다.”
子之曰,	자지가 말하였다.
“克,	“이기긴 하겠지만
見血.”	피를 보겠네.”
冬十月,	겨울 10월에
慶封田于萊,[112]	경봉이 내에서 사냥을 하는데

---

109 장(莊): 임치(臨淄) 성의 큰 거리 이름이다. 『맹자·등문공 상』에서 “끌어다가 장(莊)과 악(嶽) 사이에 두었다”라 한 곳이다. 『일지록(日知錄)』에서는 “이는 진씨 부자가 은어(隱語)로 서로 비유하고 있는 것이다”라 하였다. 나무는 곧 집을 짓는 재료이며, 장(莊)은 경도의 거리인데 경씨는 반드시 패하여 내가 정권을 얻을 수 있겠다는 뜻이다.

110 얻으면 잃지 않을 것이라는 말이다.

111 자지(子之): 곧 경사(慶舍)이다.
조(兆): 거북의 갈라진 무늬인데, 이 갈라진 무늬로부터 길흉을 점친다.

陳無宇從.	진무우가 따랐다.
丙辰,[113]	병진일에
文子使召之,	문자가 그를 부르게 하여
請曰,	청하여 말하였다.
"無宇之母疾病,	"무우의 어머니가 병이 위독하니
請歸."	돌아가게 해주십시오."
慶季卜之,[114]	경계가 그 일에 대해 점을 쳐보고는
示之兆,	그에게 점괘를 보여주었더니
曰,	말하였다.
"死."[115]	"죽을 것이다."
奉龜而泣,[116]	거북을 받쳐 들고 눈물을 흘리니
乃使歸.	이에 돌려보냈다.
慶嗣聞之,[117]	경사가 그것을 듣고
曰,	말하였다.
"禍將作矣."[118]	"화가 일어나겠구나."

---

112 내(萊): 지금의 산동 창읍현(昌邑縣) 동남쪽이다. 임치와의 거리는 약 150리 정도이다.

113 병진일은 17일이다.

114 두예는 "계는 경봉이다"라 하였다.

115 점괘를 무우에게 보여주었더니, 무우가 죽을 괘라고 말한 것이다.

116 무우가 거북을 받쳐 들고 거짓으로 운 것이다. 무우는 반드시 돌아가려고 하였으므로 어머니가 죽게 될 것이라는 거짓말에 애석해하지 않았다.

117 사(嗣): 두예는 "사는 경봉의 일족이다"라 하였다.

118 진무우가 돌아간다는 말을 듣고 반드시 화가 일어날 것임을 안 것이다.

謂子家,	자가에게 일러 말하였다.
"速歸,[119]	"속히 돌아가시오.
禍作必於嘗,[120]	화는 상제 때 일어날 것이니
歸猶可及也."	돌아오면 그래도 미칠 수 있을 것이오."
子家弗聽,	자가는 그 말을 듣지 않았고
亦無悛志.[121]	또한 뜻을 바꾸지도 않았다.
子息曰,[122]	자식이 말하였다.
"亡矣!	"망하겠구나!
幸而獲在吳, 越."	잘하면 오나라나 월나라에는 있게 되겠다."
陳無宇濟水,	진무우는 물을 건너
而戕舟發梁.[123]	배를 부수고 다리를 끊었다.
盧蒲姜謂癸曰,[124]	노포강이 계에게 일러 말하였다.

119 자가(子家): 경봉의 아들이다.
120 상(嘗): 두예는 "상은 추제(秋祭)이다"라 하였다. 제나라는 하력을 쓰니 노나라의 겨울은 하력의 가을이다.
121 전(悛): 잘못을 고치는 것이다. 회개하는 뜻이 없다는 것을 말하였다.
122 자식은 경사(慶舍)의 자이다.
123 장(戕): 파괴하다.
발량(發梁): 발은 곧 철거하는 것이고, 량은 교량이다.
124 강(姜): 두예는 "강은 계의 처로 경사의 딸이다"라 하였다.

"有事而不告我,

"일이 있는데도 나에게 알리지 않으면

必不捷矣."

반드시 성공하지 못할 것입니다."

癸告之.

계가 그것을 알려 주었다.

姜曰,

강이 말하였다.

"夫子愎,[125]

"아버지는 강퍅해서

莫之止,

아무도 말릴 수가 없고

將不出.

나오지 않을 것입니다.

我請止之."

제가 청컨대 말려 보겠습니다."

癸曰,

계가 말하였다.

"諾."

"좋소."

十一月乙亥,[126]

11월 을해일에

嘗于大公之廟,

태공의 묘당에서 상제를 올렸는데

慶舍涖事.[127]

경사가 그 일에 임하려 했다.

盧蒲癸告之,

노포계가 알리고

且止之,

또 그만두게 했으나

弗聽,

듣지 않고

---

125 퍅(愎): 고집이 세고 강한 것이다.

126 을해일은 7일이다.

127 리(涖): 제사 지내는 일에 임한 것이다. 장(將)자가 생략되었으며, 곧 일에 임하려 한다는 뜻이다.

曰,

말하였다.

"誰敢者?"

"누가 감히 그러겠는가?"

遂如公.[128]

마침내 태묘로 갔다.

麻嬰爲尸,[129]

마영이 시동이 되고

慶奊爲上獻.[130]

경혈이 상헌이 되었다.

盧蒲癸, 王何執寢戈,

노포계와 왕하가 침과를 잡았고

慶氏以其甲環公宮.[131]

경씨는 갑병을 공궁에 둘렀다.

陳氏, 鮑氏之圉人爲優.[132]

진씨와 포씨의 어인이 광대가 되었다.

慶氏之馬善驚,[133]

경씨의 말은 잘 놀라

士皆釋甲, 束馬,[134]

갑사들이 갑옷을 벗고 말을 묶어

而飮酒,

술을 마시고

且觀優,

또 광대를 구경하려고

---

128 공(公): 공이 있는 곳, 곧 태공묘이다.

129 시(尸): 시동(尸童). 고대의 제사에는 살아 있는 사람이 제사를 받아먹게 하였는데 이를 시(尸)라 한다.

130 상헌(上獻): 상헌은 곧 상빈(上賓)으로 속리 가운데서 선발한다. 『의례·유사철(有司徹)』에서 "상빈은 잔을 씻어서 올린다"라 한 것이 이를 말한다. 또한 빈장(賓長)이라고도 한다.

131 두예는 "묘당은 궁내에 있다"라 하였다.

132 어인(圉人): 말을 기르는 사람.
우(優): 배우. 연극 및 곡예를 하는 사람.

133 선(善): 『순자·해폐(解蔽)』편의 양경(楊倞)의 주에서 "좋아하는 것과 같다"라 하였다.
경(驚): 펄쩍 뛰어 내닫는 것을 말한다.

134 속(束): 두예는 "속은 묶어 두는 것이다"라 하였다. 말이 놀라 달아나지 않게 하는 것이다.

至於魚里.[135]	어리에 이르렀다.
欒, 高, 陳, 鮑之徒介慶氏之甲.[136]	난과 고, 진, 포의 무리가 경씨의 갑옷을 입었다.
子尾抽桷,[137]	자전이 서까래를 뽑아
擊扉三,[138]	문짝을 세 번 치고
盧蒲癸自後刺子之,	노포계는 뒤에서 자지를 찌르고
王何以戈擊之,	왕하가 과로 찍어
解其左肩.[139]	왼쪽 어깨를 잘랐다.
猶援廟桷,[140]	그래도 묘당의 서까래를 잡아당겨
動於甍.[141]	용마루가 흔들렸다.
以俎, 壺投,[142]	조와 호를 집어 던져
殺人而後死.[143]	사람을 죽인 후에 죽었다.

135 어리(魚里): 두예는 "어리는 마을 이름이다. 광대가 어리에 있어서 구경하러 간 것이다"라 하였다. 고동고(顧棟高)의 『대사표(大事表)』 권7의 1에서는 "어리는 궁문에 가까운 바깥에 있을 것이다"라 하였다. 『산동통지』에서는 진문자의 옛 거처가 이곳에 있었다고 하였는데 무슨 근거인지 모르겠다.

136 난·고·진·포(欒·高·陳·鮑): 두예는 "난은 자아(子雅)이고, 고는 자미(子尾)이며, 진은 진수무(陳須無)이고, 포는 포국(鮑國)이다"라 하였다. 경씨의 갑사들이 이미 갑옷을 벗었기 때문에 네 씨족의 무리가 가져다 입은 것이다.

137 각(桷): 위(魏)나라 장읍(張揖)의 『박아(博雅)』〔『광아(廣雅)』라고도 부름〕에서는 "망치〔槌〕이다"라 하였다.

138 비(扉): 문짝.

139 그 왼쪽 어깨를 쳐서 떨어뜨린 것이다.

140 각(桷): 방형의 서까래이다.

141 맹(甍): 동량(棟梁)이다. 유희(劉熙)의 『석명(釋名)』에서는 용마루라 하였다.

142 조호(俎壺): 조는 고기를 담는 기물이고, 호는 술을 담는 기물이다.

遂殺慶繩, 麻嬰.[144]	마침내 경승과 마영을 죽였다.
公懼,	공이 두려워하자
鮑國曰,	포국이 말하였다.
"羣臣爲君故也."[145]	"군신들이 임금님을 위해서 그런 것입니다."
陳須無以公歸,	진수무는 공을 데리고 돌아갔는데
稅服而如內宮.[146]	제복을 벗고 내궁으로 갔다.
慶封歸,	경봉이 돌아오다가
遇告亂者.	난을 알린 자를 만났다.
丁亥,[147]	정해일에
伐西門,	서문을 쳤으나
弗克.	이기지 못하였다.
還伐北門,	다시 북문을 쳐서
克之.	이겼다.
入,	들어가
伐內宮,[148]	내궁을 쳤으나

143 두예는 "힘이 세다는 것을 말하였다"라 하였다.
144 두예는 "경승은 경혈이다"라 하였다. 두 사람은 모두 경씨의 일당이다.
145 두예는 "공실을 높이고자 한 것이며 반란이 아니라는 것을 말하였다"라 하였다.
146 탈복(稅服): 탈(稅)은 탈(脫)과 같다. 복(服)은 제복(祭服)이다.
147 정해일은 19일이다.
148 성으로 들어가 내궁을 공격하였는데 진씨와 포씨의 무리들이 내궁에 있었기 때문이다.

弗克.	이기지 못하였다.
反,	돌아가
陳于嶽,[149]	악에다 진을 치고
請戰,	싸우기를 청하였으나
弗許,	허락하지 않아
遂來奔.	결국 도망쳐 왔다.
獻車於季武子,	계무자에게 수레를 바쳤는데
美澤可以鑑.[150]	화려하고 윤택하기가 비출 수가 있을 정도였다.
展莊叔見之,[151]	전장숙이 그것을 보고는
曰,	말하였다.
"車甚澤,	"수레가 이렇게 광택이 나니
人必瘁,[152]	사람들이 반드시 고달팠을 것이며

149 악(嶽): 『산동통지』에서는 악리(嶽里)는 임치의 남쪽 거리에 있다고 하였는데 믿을 만하지 않다. 이항(里巷)이 협소하여 진을 펼치기에 부족하므로 악은 큰 거리가 되어야 한다. 『맹자·등문공 하』에서는 "끌어다가 장(莊)과 악(嶽) 사이에 두었다"는 말이 있는데, 고염무의 『일지록』에서는 또한 악을 마을 이름이라 하여 "~의 사이(之間)"의 두 자는 부적절하다고 하였는데 틀린 것 같다.

150 수레에는 나무로 만든 것과 구리로 만든 것이 있는데, 나무 수레에는 옻칠을 한다. 화려할 뿐만 아니라 광휘가 있어 사람을 비출 수가 있다는 것이다.

151 두예는 "노나라의 대부이다"라 하였다.

152 췌(瘁): 『문선(文選)』 육기(陸機)의 「탄서부(嘆逝賦)」에 대한 당나라 이선(李善)의 주석에서 "췌(瘁)는 훼(毁)자의 뜻이다"라 하였다. 췌는 곧 초췌(憔悴)의 뜻이다. 인(人)은 타인(他人)이라는 뜻이다.

宜其亡也."	도망친 것이 당연하다."
叔孫穆子食慶封,[153]	숙손목자가 그에게 식사를 대접하였는데
慶封氾祭.[154]	경봉이 두루 제사를 지냈다.
穆子不說,	목자가 기뻐하지 않아
使工爲之誦茅鴟,[155]	악공에게 「모치」를 외게 하였는데도
亦不知.	또한 눈치를 채지 못하였다.
旣而齊人來讓,[156]	얼마 후 제나라 사람이 와서 꾸짖으니
奔吳.	오나라로 달아났다.
吳句餘予之朱方,[157]	오나라의 구여가 그에게 주방을 주어

153 식(食): 연회를 베푼 것이다.

154 고대에는 음식을 먹기 전에 반드시 먼저 제사를 지냈는데, 『논어·향당(鄕黨)』편에서 "거친 밥과 나물국이라도 반드시 제사를 지냈다(雖疏食菜羹, 瓜祭)", "임금을 모시고 밥을 먹을 적에 임금이 제사를 지내면 먼저 밥을 잡수셨다(侍食於君, 君祭, 先飯)"라 한 것이 이를 말한다. 제식(祭食)의 예는 청나라 능정감(凌廷堪)의 『예경석례(禮經釋例)』와 손이양(孫詒讓)의 『주례·춘관·태축(春官·大祝)』의 "변구제(辨九祭)"의 『정의(正義)』에서 매우 상세하게 말하였다. 범제(氾祭)라는 것은 태축(大祝)의 주제(周祭), 「곡례(曲禮)」의 편제(徧祭)와 같으며, 숙손이 경봉에게 연회를 베풀 때 경봉이 해야 할 행동이 아니었으며, 경봉은 예법을 몰라서 그랬던 것이다.

155 모치(茅鴟): 두예는 "공(工)은 악사이다. 「모치」는 일시로 불경함을 풍자하였다." 지난해의 『전』에서 "숙손이 경봉과 식사를 하는데 불경하였다. 이 때문에 「상서」를 읊었는데도 알아차리지 못하였다"라 하였는데 금년에 경봉이 또 실례를 하였으므로 읊지 않고 「모치」를 왼 것이다.

156 노나라에서 난을 피해 도망간 경봉을 받아 준 일을 꾸짖은 것이다.

157 구여(句餘): 두예는 "구여는 오자 이말(夷末)이다. 주방은 오나라의 읍이다"라 하였다.

聚其族焉而居之,	일족을 모아 그곳에서 살게 해주었는데
富於其舊.[158]	옛날보다 더 부유했다.
子服惠伯謂叔孫曰,	자복혜백이 숙손에게 일러 말하였다.
"天殆富淫人,	"하늘은 사악한 사람을 부유하게 하는 것 같아
慶封又富矣."	경봉은 더 부유해졌습니다."
穆子曰,	목자가 말하였다.
"善人富謂之賞,	"선한 사람의 부는 상이라 하고
淫人富謂之殃.[159]	사악한 사람의 부는 재앙이라 하오.
天其殃之也,	하늘이 아마 그에게 재앙을 내려
其將聚而殲旃."[160]	모아서 그들을 섬멸하려는 듯하오."

복건은 여구를 여채(餘祭)로 생각하였으며, 공영달은 "두예가 이말이라고 생각한 것에 대해 이렇게 말하였다. 경봉이 이해 말에 막 노나라로 도망쳐 왔는데 제나라 사람이 와서 꾸짖자 이에 다시 오나라로 도망갔다. 이듬해 5월에 문지기가 여채(餘祭)를 죽였으니 그사이에는 경봉에게 읍을 내릴 수가 없었으므로 구여를 이말로 생각한 것이다"라 하였다. 그러나 경봉이 오나라로 도망간 것은 29년 초인 것 같으며, 여채가 읍을 내린 것 또한 충분히 가능하여 복건이 옳은 것 같다. 주방은 지금의 강소 진강시(鎭江市) 동쪽 단도진(丹徒鎭) 남쪽이다.

158 제나라에 있을 때보다 더욱 부유해진 것이다. 「오세가」에서는 오왕이 딸을 경봉에서 시집보냈다고 하였다.

159 이곳의 상(賞)과 앙(殃)은 운자이다. 고음이 함께 양당(陽唐)부에 있으며, 이 말은 성어(成語)이다.

160 섬전(殲旃): 섬(殲)은 섬멸로, 모두 죽이는 것이다. 전(旃)은 지언(之焉)의 합음자이다.

癸巳,[161] 계사일에

天王崩. 천자께서 돌아가셨다.

未來赴, 부고도 오지 않았고

亦未書, 기록도 하지 않았으니

禮也. 예에 맞았다.

崔氏之亂, 최씨의 난 때

喪羣公子, 공자들이 도망을 갔으므로

故鉏在魯, 서는 노나라에 있었고

叔孫還在燕, 숙손환은 연나라에 있었으며

賈在句瀆之丘.[162] 가는 구독지구에 있었다.

及慶氏亡, 경씨가 도망갈 때

皆召之, 모두 불러

具其器用, 기물과 용구를 갖추어

而反其邑焉. 그 읍을 돌려주었다.

---

161 계사일은 11월 25일이다.

162 이는 21년 제장공이 다시 공자 아의 도당을 토벌했던 일이다. 제장공의 즉위는 최저의 도움을 받은 것이었기 때문에 그 근원으로 거슬러 올라가 최씨의 난이라 한 것이다. 21년 전에서는 "공자 매를 구독지구에서 붙잡았다(執公子買於句瀆之丘)"라 하였는데 여기서는 가(賈)라고 하였는데, 매(買)와 가(賈)는 모양이 비슷하여 완원의 『교감기』에서 "무엇이 옳은지 모르겠다"라 하였다.

與晏子邶殿其鄙六十,[163]	안자에게 패전의 변두리 60읍을 주었는데
弗受.	그것을 받지 않았다.
子尾曰,	자미가 말하였다.
“富,	“부는
人之所欲也,	사람들이 바라는 것인데
何獨弗欲?”	어찌하여 유독 그리 하려 않는가?”
對曰,	대답하여 말했다.
“慶氏之邑足欲,	“경씨의 읍이 욕망을 만족시켜
故亡.	그런 까닭에 도망을 갔습니다.
吾邑不足欲也,	나의 읍은 욕망을 만족시켜 주지 못하지만
益之以邶殿,	패전의 것을 더하여
乃足欲.	이에 만족시키게 되었습니다.
足欲,	욕망이 만족되면
亡無日矣.	망할 날이 머지않은 것입니다.
在外,	밖에 있으면

163 패전기읍(邶殿其邑): 패전은 지금의 산동 창읍현(昌邑縣) 서북쪽 근교이다. 기(其)는 지(之)지의 뜻으로 쓰였다. “패전기읍”은 패전의 읍이라는 뜻이다. 패전은 제나라의 큰 읍으로 그 근교의 변두리 또한 넓다.
육십(六十): 육십 읍으로, 지난해『전』의『주』를 보라.

不得宰吾一邑.[164]	나의 읍 하나도 관리할 수 없습니다.
不受邶殿,	패전을 받지 않은 것은
非惡富也,	부를 미워해서가 아니라
恐失富也.	부를 잃을까 두려워해서입니다.
且夫富,	또한 대체로 부라는 것은
如布帛之有幅焉.[165]	포백에 폭이 있는 것과 같습니다.
爲之制度,	그 법도를 정해 놓으면
使無遷也.[166]	변하지 않게 됩니다.
夫民,	대체로 백성은
生厚而用利,[167]	생활이 풍부해지고 기용이 많아지기를 바라니
於是乎正德以幅之,[168]	이에 덕을 바르게 하여 제한함으로써
使無黜嫚,[169]	모자라거나 과도하지 않게 하니

---

164 만약에 도망을 가서 밖에 있으면 나는 단 하나의 읍도 주재할 수 없다는 말이다.

165 폭(幅): 『설문(說文)』에서는 "폭은 포백의 너비이다"라 하였다. 부(富)와 폭(幅)은 모두 복(畐, 人없음)에서 소리가 나왔으므로 서로 비유를 한 것이다.

166 고대의 베는 너비가 두 자 두 치이며 백(帛)은 너비가 두 자 네 치로 이것이 곧 제도이며 증감할 수가 없었다. 『예기·왕제(王制)』편에 "폭의 너비와 좁기가 양에 맞지 않으면 저자에서 팔지 못한다"는 말이 있다.

167 생후(生厚): 생활을 누림이 풍후(豊厚)하고자 함을 이른다.
용리(用利): 기물과 재화가 부요(富饒)해지고자 함을 이른다.

168 도덕을 단정히 하여 제한하는 것을 말한다. 이곳의 폭(幅)자는 포백의 폭에서 인신되어 제한의 뜻으로 쓰였다.

169 출(黜): 낮추다, 물러나다. 여기서는 부족하다는 뜻으로 쓰였다.

謂之幅利.[170]
이를 일러 이익을 제한한다고 합니다.

利過則爲敗.
이익이 지나치면 실패하게 됩니다.

吾不敢貪多,
저는 감히 많은 것을 탐내지 않으니

所謂幅也."
이른바 폭을 정한 것입니다."

與北郭佐邑六十,
북곽좌의 읍 60개를 주니

受之.
받았다.

與子雅邑,
자아에게 읍을 주니

辭多受少.
사양한 것이 많았고 조금만 받았다.

與子尾邑,
자미에게 읍을 주니

受而稍致之.[171]
받아서는 또 모두 바쳤다.

公以爲忠,
공이 충성스럽게 여겨

故有寵.
총애하게 되었다.

釋盧蒲嫳于北竟.[172]
노포별을 북쪽 변경에 풀어 주었다.

求崔杼之尸,
최저의 시신을 구하여

將戮之,
육시하려 하였지만

만(嫚): 만(漫)자의 가차자로 쓰였다. 물이 넘쳐서 범람하는 것이 만(漫)인데, 여기서는 지나치게 하다의 뜻으로 쓰였다.

170 그 이익을 제한하는 것이다.

171 초(稍): 『광아·석고(釋詁)』에서는 "초(稍)는 다라는 뜻이다"라 하였다. 경공에게 모두 돌려준 것이다.

172 석(釋): 노포별은 원래 경봉의 일당이었다. 석(釋)은 추방하는 것으로, 북쪽 변경으로 쫓아낸 것을 말한다. 소공 3년의 『전』에서는 또 말하기를 제후(齊侯)가 거(莒)에서 사냥을 하는데 노포별이 그를 뵙자 또 북연(北燕)으로 쫓아내었다고 하였다.

不得.	찾지 못했다.
叔孫穆子曰,	숙손목자가 말하였다.
“必得之.	“반드시 찾을 것입니다.
武王有亂臣十人,[173]	무왕에게는 잘 다스린 신하 열 사람이 있었는데
崔杼其有乎?[174]	최저에게 설마 있겠습니까?
不十人,	열 사람이 되지 않으면
不足以葬.”[175]	안장할 수 없습니다.”
旣,	얼마 후
崔氏之臣曰,	최씨의 신하가 말하였다.
“與我其拱璧,[176]	“그의 큰 벽옥을 제게 주면
吾獻其柩.”	제가 그 널을 바치겠습니다.”
於是得之.	이에 얻게 되었다.
十二月乙亥朔,[177]	12월 을해일 초하룻날

173 난신(亂臣): 『설문(說文)』에서는 “난(亂)은 다스리는 것이다”라 하였다. 난신은 천하를 다스리는 신하이다. 『논어·태백(泰伯)』편에 “무왕(武王)이 말하기를 ‘나에게는 잘 다스리는 신하 열 명이 있다(予有亂臣十人)’라 하였다”라는 말이 있는데 정현의 주석에서는 “열 사람은 문모(文母)와 주공(周公), 소공(召公), 태공(大公), 필공(畢公), 영공(榮公), 대전(大顚), 굉요(閎夭), 산의생(散宜生), 남궁괄(南宮括)이다”라 하였다.

174 기(其): “기(豈)”와 같은 용법으로 쓰였다. 최저에게는 없다는 말이다.

175 명나라 소보(邵寶)의 『좌휴(左觿)』에서는 “없으면 장례를 치를 수 없고, 장례를 치르지 않았으면 시신을 얻을 수 있다”라 하였다.

176 공벽(拱璧): 큰 벽옥. 최저에게는 큰 벽옥이 있었는데 그 사람이 그것을 갖고 싶어 한 것이다.

齊人遷莊公,[178]	제나라 사람이 장공을 이장하면서
殯于大寢.[179]	대침에서 빈을 하였다.
以其棺尸崔杼於市.	그 관에다 최저의 시신을 저자에 내보이니
國人猶知之,[180]	백성들이 아직 그를 알아보고
皆曰,	모두 말하기를
"崔子也."[181]	"최자다"라 하였다.

爲宋之盟故,	송나라의 맹약 때문에
公及宋公, 陳侯, 鄭伯, 許男如楚.	공 및 송공, 진후, 정백, 허남이 초나라로 갔다.
公過鄭,	공이 정나라를 지날 때
鄭伯不在,[182]	정백은 있지 않았고
伯有迋勞於黃崖,[183]	백유가 황애로 가서 위로하였는데

---

177 11월에 을해일과 정해일이 있으니 12월 초하룻날은 을해일이 될 수 없다. 을(乙)은 곧 기(己)와 형태가 비슷하여 잘못된 것이다. 「제세가」에서는 "가을〔秋〕에 제나라 사람이 장공을 이장하였다"라 하였는데 "추(秋)"자는 잘못되었을 것이다.

178 이장한 것이다.

179 빈(殯): 장사를 지내기 전에는 먼저 빈(殯)을 한다. 『설문(說文)』에서는 "빈(殯)은 주검〔死, 尸〕이 관에 있으면 널로 옮겨 장사를 지내게 되는데 손님으로 그를 대하기 때문이다"라 하였다.

대침(大寢): 곧 노침(路寢)이며, 천자와 제후의 정실(正室)이다.

180 지(知): 인식(認識), 곧 알아보는 것이다.

181 그 시신이 아직 썩어서 부패하지 않은 것을 말한다.

182 두예는 "이미 초나라에 있다"라 하였다.

不敬.[184]	불경하였다.
穆叔曰,	목숙이 말하였다.
"伯有無戾於鄭,[185]	"백유가 정나라에서 죄를 짓지 않는다면
鄭必有大咎.[186]	정나라는 반드시 큰 재난이 발생할 것이다.
敬,	공경은
民之主也,	백성의 주체인데
而棄之,	버리니
何以承守?[187]	어떻게 이어서 지키겠는가?
鄭人不討,	정나라 사람이 토벌하지 않으면
必受其辜.[188]	반드시 화를 입게 될 것이다.
濟澤之阿,[189]	나루와 늪의 물가와

---

183 왕로(迋勞): 다른 나라 임금이 국경을 지나면서 국도에 들어가지 않으면 대부가 나가서 위로를 하는데, 위의 "임금께서 자전으로 하여금 동문 밖으로 가서 위로하게 하였다(君使子展迋勞於東門之外)" 한 것도 또한 그러하다.
황애(黃崖): 『수경주』의 양수달의 주석에 의하면 황애는 지금의 신정현 북쪽에 있다.

184 백유가 불경스러운 것이다.

185 려(戾): 죄이다.

186 두예는 "백유가 죽음을 당하지 않으면 반드시 도리어 정나라 임금에게 해가 될 것이라는 말이다"라 하였다.

187 두예는 "선조를 계승하여 그 집안을 지킬 도리가 없다는 말이다"라 하였다.

188 고(辜): 앙(殃)과 같다. 화(禍)이다.

189 제택(濟澤): 나루터를 제라고 하고, 수초가 얽힌 곳을 택이라 한다.
아(阿): 물가이다. 제택지아(濟澤之阿)는 박토(薄土), 곧 척박한 땅이라는 말과 같다.

行潦之蘋, 藻,[190]
길바닥에 고인 물의 개구리밥과 마름을

寘諸宗室,[191]
종묘에 놓고

季蘭尸之,
제사를 지내도 받는 것은

敬也.[192]
공경하였기 때문이다.

敬可棄乎?”[193]
경을 어찌 버릴 수 있는가?”

及漢,
한수에 미쳐

楚康王卒.
초강왕이 죽었다.

公欲反.
공이 돌아가려고 했다.

叔仲昭伯曰,
숙중소백이 말하였다.

“我楚國之爲,
“우리는 초나라를 위한 것이지

---

190 행료(行潦): 행은 도로이고, 료는 고인 물이다.
빈조(蘋藻): 빈은 부평초이고, 조는 수초이다. 우리 말로 개구리밥과 마름이다.

191 두예는 “종묘에 올리는 것이다”라 하였다. 곧 제수품이라는 뜻으로 쓰였다.

192 이상 여러 구절의 뜻은『시경·소남·채빈(召南·采蘋)』과 같다. 시에는 “어디에서 개구리밥 딸까? 남쪽 시내 가라네. 어디에서 마름 딸까? 저 도로의 고인 물이라네(于以采蘋, 南澗之濱. 于以采藻, 于彼行潦)”라는 구절이 있고, 또 “어디에 그것을 올릴까? 종묘 대청이라네. 누가 그것 주관하나? 제나라 막내딸이라네(于以奠之, 宗室牖下. 誰其尸之, 有齊季女)”라는 구절도 있다. 계란(季蘭)은 곧『시』의 계녀(季女)이다. 유월(俞樾)의『평의(平議)』에서는 계란은 곧『시경·소아·거할(小雅·車舝)』의 “어여쁜 막내딸 시집간다네(思孌季女逝兮)”의 어여쁜 막내딸(思孌季女)로 란(蘭)을 가차하여 련(孌)이 되었다고 하였는데 그럴듯하나 사실은 틀렸다. 청나라 왕지창(汪之昌)의『청학재집·계란시의 풀이(青學齋集·季蘭尸之解)』에서는 계란은 실은 사람 이름이라고 하였는데 오히려 하나의 설로 갖추어 둘 만하다. 은공 3년의『전』에서도 이 시를 인용하였는데, 여기서는 공경만 말했다면 거기에서는 충신(忠信)을 말하였을 따름이다.

193 두예는 “30년에서 정나라가 양소(良宵)를 죽이는 전의 복선이다”라 하였다.

豈爲一人?[194]	어찌 한 사람을 위해서이겠습니까?
行也!”	가시죠!”
子服惠伯曰,	자복혜백이 말하였다.
“君子有遠慮,	“군자는 원대한 생각이 있고
小人從邇.	소인은 가까운 것을 따른다.
飢寒之不恤,	춥고 배고픈 것도 돌보지 않는데
誰遑其後?[195]	누가 그 뒤를 돌볼 겨를이 있겠는가?
不如姑歸也.”	일단 돌아감만 못하다.”
叔孫穆子曰,	숙손목자가 말하였다.
“叔仲子專之矣,[196]	“숙중자는 오로지할 만합니다만
子服子,	자복자는
始學者也.”[197]	초학자입니다.”
榮成伯曰,[198]	영성백이 말하였다.
“遠圖者,	“먼 것을 도모하는 것이

194 두예는 “소백은 숙중대(叔仲帶)이다”라 하였다. 내가 온 것은 초나라를 위해서이지 강왕 한 사람을 위해서가 아니라는 뜻이다.

195 누가 나중의 결과를 돌아볼 겨를이 있겠는가라는 뜻. 위의 글을 이어 동사 휼(恤)이 생략되었다. 『시경·패풍·풍속(邶風·風俗)』의 “내 몸도 용납되지 않거늘, 내 뒤 걱정할 겨를이 있겠는가?(我躬不閱, 遑恤我後)”는 생략하지 않았다. 다음의 “누가 초나라를 돌볼 수 있겠는가?(誰能恤楚)”도 생략하지 않았다.

196 두예는 “오로지 쓸 만하다는 말이다”라 하였다.

197 두예는 “식견이 원대하지 않다는 말이다”라 하였다.

198 두예는 “성백은 영가아(榮駕鵞)이다”라 하였다. 두예의 『세족보』에서는 또한 “숙힐(叔肸)의 증손자이다”라 하였다. 숙힐은 선공(宣公)의 아우이다.

忠也.”	충성스럽습니다.”
公遂行.[199]	공은 결국 갔다.
宋向戌曰,	송나라 상술이 말하였다.
“我一人之爲,	“우리는 한 사람을 위해서 왔지
非爲楚也.	초나라를 위한 것이 아니오.
飢寒之不恤,	춥고 배고픈 것도 돌보지 못하거늘
誰能恤楚?[200]	누가 초나라를 돌볼 수 있겠소?
姑歸而息民,	일단 돌아가서 백성을 쉬게 합시다.
待其立君而爲之備.”	그 임금이 즉위하거든 그에 대한 대비나 합시다.”
宋公遂反.[201]	송공이 마침내 돌아왔다.

楚屈建卒,	초나라 굴건이 죽었는데
趙文子喪之如同盟,	조문자가 동맹국의 예로 상례를 치러 주었으니
禮也.[202]	예에 맞았다.

---

199 그대로 계속 초나라로 간 것이다.

200 초나라를 돌보는 것은 송나라의 근심이라는 말이다.

201 「노어 하」에도 이 내용이 수록되어 있는데, 소백의 말이 매우 상세하게 서술되어 있으며, 또한 다른 곳도 있다.

202 송나라의 맹약은 27년의 『전』에 보인다. 진나라는 조무를 맹약의 주무자로 하였고, 초나라는 굴건을 주무자로 하였으므로 동맹국과 같이 하였다고 한 것이다.

王人來告喪,	주나라 왕의 사자가 와서 국상이 난 것을 알려 주어
問崩日,	붕어하신 날을 묻자
以甲寅告,[203]	갑인일이라고 알리어
故書之,	기록하게 되었는데
以徵過也.[204]	잘못을 징벌한 것이다.

양공 29년

經

二十有九年春王正月,[1]	29년 봄 주력으로 정월에
公在楚.	공이 초나라에 있었다.
夏五月,	여름 5월에
公至自楚.[2]	공이 초나라에서 왔다.
庚午,[3]	경오일에

---

203 실재로는 계사일에 죽었다.

204 『석문(釋文)』에서는 "징(徵)은 본래 아마 징(懲)으로 되어 있었을 것이다"라 하였다. 징은 징(懲)의 뜻으로 읽으며, 벌(罰)이다.

1 이십구년(二十九年): 정사년 B.C. 544년으로, 주경왕(周景王) 원년이다. 동지가 정월 29일 병신일로 건자(建亥)이며 윤달이 있다.

2 지난해 11월 노양공이 초나라에 갔는데 이해 5월에 돌아왔으니 무릇 7개월이 지났다.

3 경오일은 6월 5일이다. 여기서 달을 기록하지 않은 것은 사관의 실수일 것이다.

衛侯衎卒.[4] 위후 간이 죽었다.

閽弑吳子餘祭. 혼인이 오자 여채를 죽였다.

仲孫羯會晉荀盈, 齊高止, 宋華定, 衛世叔儀, 鄭公孫段, 曹人, 莒人, 滕人, 薛人, 小邾人城杞.[5] 중손갈이 진나라 순영, 제나라 고지, 송나라 화정, 위나라 세숙의, 정나라 공손단, 조나라 사람, 거나라 사람, 등나라 사람, 설나라 사람, 소주국 사람과 만나 기나라에 성을 쌓았다.

晉侯使士鞅來聘. 진후가 사앙으로 하여금 내빙케 했다.

杞子來盟.[6] 기자가 와서 맹약하였다.

吳子使札來聘.[7] 오자가 찰로 하여금 내빙케 하였다.

秋九月, 가을 9월에

葬衛獻公.[8] 위헌공을 장사 지냈다.

齊高止來奔北燕.[9] 제나라 고지가 북연으로 달아났다.

---

4 『전』이 없다.

5 "의(儀)"는 『공양전』에는 "제(齊)"로 되어 있다. "거인(莒人)" 아래에 『공양전』과 『곡량전』에는 "주(『공양전』에는 으레 주루(邾婁)로 되어 있다)인(邾人)"이 있다.

6 원나라 왕극관(王克寬)의 『춘추호전부록찬소(春秋胡傳附錄纂疏)』에서는 "기나라는 장공 27년부터 백(伯)으로 칭하여졌으며 희공 23년과 27년에 이르러 두 번 자(子)로 일컬어졌다. 이 후에는 모두 백(伯)으로 일컬어지며 이해의 맹약에 올 때만 자(子)로 일컬어졌다. 이후로는 춘추시대가 끝날 때까지 백으로 일컬어진다."

7 오나라의 빙문은 이때가 처음이다.

8 『전』이 없다.

冬,	겨울에
仲孫羯如晉.	중손갈이 진나라로 갔다.

傳

二十九年春王正月,	29년 봄 주력으로 정월에
公在楚,	공이 초나라에 있었다는 것은
釋不朝正于廟也.[10]	태묘에 조정하러 가지 않은 것을 해석한 것이다.
楚人使公親襚,[11]	초나라 사람이 공으로 하여금 친히 수의를 입히게 하니

---

9 북연(北燕): 처음으로 『춘추』에 보인다.

10 "공이 초나라에 있었다(公在楚)"고 기록한 까닭이 대체로 "태묘에 조정하러 가지 않았다"는 것으로 해석한 것이다. 제후는 매월 초하루가 되면 조상의 사당〔祖廟〕에 가서 양을 죽여 제사를 드린 후에 조정으로 돌아와 청정(聽政)을 한다. 전자를 곡삭(告朔), 시삭(視朔) 또는 청삭(聽朔)이라 하며, 후자를 조묘(朝廟), 조향(朝享), 혹은 조정(朝正)이라고 한다. 곡삭의 예가 크지만 춘추 중기 이후에는 천자, 제후가 모두 친히 임하지 않고 다만 양을 죽였을 따름이므로 "자공이 곡삭의 희생양을 없애려고〔『논어·팔일(論語·八佾)』〕" 했던 것이다. 여기서 곡삭(告朔)이라 말하지 않고 조정(朝正)이라 한 것은 혹 노나라는 이때 이미 곡삭을 하지 않았을 것이기 때문일 것이다.

11 수(襚): 죽은 사람에게 옷을 입혀 주는 것이다. 함(含), 수(襚), 모(冒), 림(臨)은 제후의 사신이 이웃나라의 상을 조문할 때 행하는 예로 『예기·잡기(雜記) 상』에 상세하다. 이때 노공이 초나라에 이르자 초나라 사람이 마침내 노공더러 친히 그것을 하게 했다. 『예기·단궁(檀弓) 하』에도 이 일이 실려 있는데, "양공이 형(荊)나라를 조빙하였는데 강왕이 죽었다. 형나라 사람이 '반드시 습을 해줄 것을 청합니다' ……"라 하였는데, 정현의 주석에서 말하기를 "양공으로 하여금 옷을 입히게 한 것이다"라 하였으니 수(襚)가 곧 습(襲)임을 알 수 있다. 그러나 노양공은 지난해 11월 초나라로 가다가 한수에 이르렀을 때 초강왕이 죽었다. 하래의 빈의 불제에 의하면 강왕은 이미 대렴을 하여 널을 안장하여 멈추어 놓았다. 빈을 마친 후에 수(襚)를 하는 것은 「잡기 상」에도 보이는데 죽은 사람의 의복을 널의 동쪽에 두는 것이다. 심지어 죽은 지 이미 10년이 된 후에 수(襚)를 하는 경

公患之.	공이 이를 근심하였다.
穆叔曰,	목숙이 말하였다.
"祓殯而襚,	"빈을 하고 불제를 지낸 후 수의를 입히는 것은
則布幣也."[12]	폐백을 바치는 것과 같습니다."
乃使巫以桃, 茢先祓殯.[13]	이에 무당으로 하여금 복숭아나무 가지와 갈대 빗자루로 빈을 하고 불제를 지내게 하였는데
楚人弗禁,	초나라 사람이 그것을 금하지 않았다가
既而悔之.[14]	얼마 후 그것을 뉘우쳤다.
二月癸卯,[15]	2월 계묘일에

우도 있었으니 문공 9년『전』의 "진나라 사람이 와서 희공과 성풍(成風)의 수의를 주었다"는 것이 이것이니 다만 받았을 따름이다.

12 불(祓): 상서롭지 못한 것을 떨쳐 버리는 제사이다. 먼저 빈의 불제를 올리고 난 다음에 수의를 드리는 것은 조현을 하여 포폐를 드리는 것과 다름이 없다는 것이다. 포폐(布幣)는 조빙할 때 예물로 가져간 피폐(皮幣)를 늘어놓는 것이다.

13 도열(桃茢): 복숭아나무 가지와 갈대 빗자루로 먼저 널 위에서 불제를 하는 것이다. 열(茢)은 갈대를 엮어 만든 빗자루이다.『예기·단궁 하』에 의하면 "임금이 신하의 상에 임할 때에는 무축으로 하여금 복숭아나무 가지와 갈대 빗자루를 갖게 하고 창을 잡게 하는데 악귀를 쫓는 것이다(君臨臣喪, 以巫祝桃茢執戈, 惡之也)"라 하였으니 복숭아나무 가지와 갈대 빗자루로 빈에 불제를 올리는 것은 곧 신하의 상에 임한 예임을 알 수 있다.

14 원래는 노나라 임금을 신하로 보려다가 도리어 노나라 임금이 신하의 상에 임한 예가 된 것이기 때문이다.

15 계묘일은 6일이다.

齊人葬莊公於北郭.[16]

제나라 사람이 북쪽 외성에다 장공을 장사 지냈다.

夏四月,

여름 4월에

葬楚康王,

초강왕을 장사 지냈는데

公及陳侯, 鄭伯, 許男送葬,

공 및 진후, 정백, 허남이 송장을 하여

至於西門之外,

서문 밖에 이르렀으며

諸侯之大夫皆至于墓.

제후의 대부들도 모두 무덤까지 이르렀다.

楚郟敖卽位,[17]

초나라 겹오가 즉위하고

王子圍爲令尹.[18]

왕자 위는 영윤이 되었다.

鄭行人子羽曰,

정나라의 행인 자우가 말하였다.

"是謂不宜,

"이를 일러 타당치 않다는 것으로

必代之昌.

반드시 대신 창성할 것이다.

松柏之下,

소나무 잣나무 아래에는

其草不殖."[19]

풀이 자라지를 못한다."

---

16 두예는 "병란으로 죽은 임금은 조상의 묘역에 들어가지 못하므로 북쪽 외성에 장사 지낸 것이다"라 하였다.

17 두예는 "겹오는 강왕의 아들 웅균(雄麇)이다"라 하였다.

18 두예는 "위는 강왕의 아우이다"라 하였다.

19 이는 왕자 위는 강하고 세력이 있는데 겹오는 어리고 약하다는 것을 말한다. 위는 소나

公還,	공이 돌아오다가
及方城.	방성에 이르렀다.
季武子取卞,[20]	계무자가 변을 취하여
使公冶問,[21]	공야에게 묻게 하였더니
璽書追而與之,[22]	봉인한 편지를 뒤따라 양공에게 보내어

무와 잣나무이며 겹오는 겨우 그 아래의 풀에 지나지 않을 따름이라는 것이다. 「진어 9」에서 사줄(士茁)도 "소나무 잣나무가 있는 땅에는 흙이 기름지지 못하다"라 하였는데 또한 이 뜻이다. 두예는 "소왕 원년에 위가 겹오를 죽이게 되는 복선이다"라 하였다.

20 변(卞): 두예는 "변읍을 취하여 자기의 영지를 늘린 것이다"라 하였다. 변은 지금의 사수현(泗水縣) 동쪽, 수수(洙水)의 북안이다. 본래 노나라 공실의 읍이었으므로 「노어 하」에도 이 일이 수록되어 있으며, 양공이 초나라 군사를 내어 노나라를 치려다가 영성백이 그만 두도록 극력 권하여 이에 돌아갔다고 하였다.

21 「노어 하」에는 "계야(季冶)로 하여금 맞게 하였다"로 되어 있다. 문(問)은 문후하는 것이고, 역(逆)은 영접하는 것이다. 양공은 아직 초나라 경계를 떠나지 않았고 아울러 계무자 또한 양공이 귀환하는 일정을 알기가 어려웠을 것이므로 『좌전』이 비교적 정확할 것이다. 두예는 공야를 "계씨의 속대부"라 하였는데 「노어 하」 위소의 주에서는 "계야는 노나라의 대부로 계씨의 족자(族子)인 야(冶)이다"라 하였다. 아래의 내용에서 "그 읍을 바쳤다……" 한 것에 의하면 계씨의 속대부임이 분명하다.

22 봉인한 편지를 뒤늦게 공야에게 주어 양공에게 바치게 한 것이다. 새(璽)는 인장이다. 후한(後漢) 때 채옹(蔡邕)의 「독단(獨斷)」에서는 "옛날에는 존비(尊卑) 간에 모두 썼다"라 하였다. 『한비자·외저설(外儲說) 좌하』에 의하면 서문표(西門豹)가 업(鄴)의 현령이 되자 위문후(魏文侯)가 그의 새(璽)를 거두었다 하였으니 대부의 관인 역시 새(璽)라고 하였으니 곧 존비 간에 모두 새(璽)라는 명칭을 쓴 것이다. 진시황이 비로소 천자의 인장을 새라고 하였지만 『한서·백관표』 안사고(顔師古)의 주석에서 인용한 『한서의(漢書儀)』에서는 제후왕의 인장 역시 새라고 칭하였다. 옛날에는 인니(印泥)가 없어서 기록을 봉할 때는 인장을 썼는데, 먼저 진흙으로 입구를 봉하고 난 다음에 도장을 찍었으며, 이런 사실은 근세에야 발견되었고 이를 봉니(封泥)라고 한다. 청나라 사람 오식분(吳式芬)과 진개기(陳介祺)는 일찍이 『봉니고략(封泥考略)』을 함께 편집한 적이 있는데 참고해 볼 만하다. 청나라 서견(徐堅)의 『서경직관인보·자서(西京職官印譜·自序)』에서는 인장은 "주나라에서 시작되어 진나라에서는 그대로 따랐으며 한나라 때 방법이 갖추어졌다"라 하였다. 『주례·추관·직금(秋官·職金)』에서는 "푯말을 만들고 도장을 찍었다(楬而璽

曰,	말하였다.
"聞守卞者將叛,	"변을 지키던 자가 반란을 일으키려기에
臣帥徒以討之,	신이 무리를 이끌고 토벌하여
旣得之矣.	이미 얻었습니다.
敢告."[23]	감히 알립니다."
公冶致使而退,[24]	공야가 심부름꾼의 일을 마치고 물러나
及舍,	막사에 이른
而後聞取卞.[25]	다음에야 변을 취하였다는 것을 들었다.
公曰,	공이 말하였다.
"欲之而言叛,	"욕심을 내고 반란이라 말하니
祇見疏也."[26]	소원하게 보는 것일 따름이다."
公謂公冶曰,	공이 공야에게 말하였다.

之)"라 하였으니 또한 새(璽)를 쓴 증거이다.

23 이것이 봉인한 편지의 내용이다. 대체로 계무자가 변(卞)을 얻으려 하였기 때문에 양공이 국내에 없는 틈을 타서 변의 대부가 반란을 일으키려 한다는 구실로 차지한 것이다.

24 치사(致使): 노공의 안부를 묻는 것, 또한 봉인한 편지를 건네는 것이다.

25 공야는 실로 봉인한 편지의 내용을 몰랐으며 양공이 열어 본 후에야 밖에서 전하여 듣고 비로소 알게 된 것이다.

26 양공이 분노하여 한 말이다. 계무자가 욕심을 내어 거리낌 없이 나에게 말한다는 뜻이다. 변에 반란이 일어났다는 구실로 그곳을 차지한 것은 한갓 나를 소원하게 본다는 것이다.

“吾可以入乎?”[27]	“내가 들어갈 수 있겠느냐?”
對曰,	대답하여 말하였다.
“君實有國,	“임금님이 실로 나라를 가지고 있는데
誰敢違君?”[28]	누가 감히 임금님을 어기겠습니까?”
公與公冶冕服.[29]	공이 공야에게 면복을 주었다.
固辭,	굳이 사양하여
强之而後受.	억지로 권한 후에야 받았다.
公欲無入.	공은 들어가려 하지 않았다.
榮成伯賦式微,[30]	영성백이 「식미」를 읊고
乃歸.	이에 돌아갔다.
五月,	5월에
公至自楚.	공이 초나라에서 돌아왔다.
公冶致其邑於季氏,[31]	공야는 그의 읍을 계씨에게 바치고
而終不入焉.[32]	끝내 들어가지 않았다.

27 계씨가 자기에게 이롭지 못한 행동을 할까 걱정한 것이다.

28 공야는 국내에는 감히 양공에게 맞설 사람이 없다고 생각한 것이다.

29 양공이 공야가 계씨가 그래서는 안 된다고 생각한 것을 안 것이다. 두예는 “경의 복색인 현면을 상으로 준 것이다”라 하였다.

30 식미(式微): 『시경·패풍(邶風)』의 편명이다. “쇠하고 쇠하였으니, 어찌 돌아가지 않겠는가?(式微式微, 胡不歸)”라는 구절이 있다. 영성백(榮成伯)이 입국을 권한 것이다. 식(式)은 발어사이다.

31 계씨가 내려 준 읍을 돌려준 것으로 자신의 그의 신하가 아님을 보여준 것이다.

曰,	말하기를
"欺其君,	"임금을 속이고
何必使余?"[33]	하필이면 나를 보냈단 말인가?"
季孫見之,	계손이 그를 보러 가면
則言季氏如他日;[34]	계씨에게 다른 날과 똑같이 이야기하였으며,
不見,	보지 않으면
則終不言季氏.	끝내 계씨에 대해서는 말하지 않았다.
及疾,	병이 나자
聚其臣,[35]	그 가신들을 모아 놓고
曰,	말하였다.
"我死,	"내가 죽으면
必無以冕服斂,	반드시 면복으로 염을 하지 말 것이니
非德賞也.[36]	덕으로 받은 상이 아니기 때문이다.

32 두예는 "계손씨의 집에 들어가지 않은 것이다"라 하였다.

33 공야가 계손이 공의 안부를 물은 것은 거짓이고 편지를 보내 변을 취한 것이 사실임을 안 것이다.

34 계씨가 그를 찾으면 한결같이 지난날 했던 대로 계손과 말한 것이다.

35 신(臣): 공야를 위해 일하던 사람들이다.

36 공야가 계손 때문에 노나라 임금을 속인 것을 스스로 한탄하여 노나라 임금이 상으로 준 것이지만 덕이 있는 것이라 여기지 않아서 상으로 받은 옷으로 염하려 하지 않은 것

且無使季氏葬我."
또한 계씨에게 나를 장사 지내게 하지 말라."

葬靈王,[37]
영왕을 장사 지내는데

鄭上卿有事.[38]
정나라 상경에게 일이 생겼다.

子展使印段往.
자전이 인단으로 하여금 가게 하였다.

伯有曰,
백유가 말하였다.

"弱,[39]
"어려서

不可."
안 됩니다."

子展曰,
자전이 말하였다.

"與其莫往,[40]
"아무도 가지 않는 것보다는

弱,
어린것이

不猶愈乎?
그래도 낫지 않겠는가?

詩云,
『시』에서 말하기를

'王事靡鹽,[41]
'나라 일 든든하지 못하니

이다.

37 두예는 "기록하지 않은 것은 노나라는 참석하지 않았기 때문이다"라 하였다.

38 이때 정백은 여전히 초나라에 있었다. 정나라의 상경인 자전은 나라를 지키느라 떠날 수가 없었던 것이다.

39 나이가 어린 것이다.

40 막(莫): 사람이 없는 것이다.

41 왕사(王事): 『일지록』에서는 "무릇 대국과 외교를 할 때 조빙과 회맹, 정벌의 일을 일러

不遑啓處.'[42]　앉아 있을 겨를도 없네'라 하였다.

東西南北,　동서남북으로

誰敢寧處?　누가 감히 편안히 거처하겠느냐?

堅事晉, 楚,　진나라와 초나라를 굳게 섬기는 것은

以蕃王室也.[43]　왕실의 울타리이기 때문이다.

王事無曠,[44]　왕의 일에 빠진 것이 없으면 되지

何常之有?"[45]　무슨 일상적인 예가 있겠는가?"

遂使印段如周.　마침내 인단으로 하여금 주나라로 가게 했다.

吳人伐越,　오나라 사람이 월나라를 쳐서

獲俘焉,　포로를 잡아

以爲閽,[46]　문지기로 삼은 후

왕사(王事)라고 하며 그 나라의 일은 국사(國事)라고 한다"라 하였다.
미(靡): 없다는 뜻이다.
고(盬): 견고하지 못함, 세밀하지 못함이라는 뜻이다.

42 『시경·소아·사모(小雅·四牡)』의 구절이다. 황(遑)은 겨를이라는 뜻이다. 계(啓)는 꿇어 앉다〔跪〕는 뜻. 처(處)는 거처한다는 뜻. 옛날 사람들은 꿇어앉는다는 말로 앉는다는 것을 대신하였다. 궤(跪)는 무릎은 땅에 대고 몸을 곧추세우는 것이고, 처(處)는 무릎을 땅에 대고 엉덩이로 발꿈치를 깔고 앉는 것이다. 이곳의 궤처(跪處)는 편안히 거처한다는 말과 같다. 이 시의 뜻은 왕사에 종사하느라 착실하고 면밀해서 편안히 거처할 겨를이 없다는 말이다.

43 번(蕃): 번(藩)과 같다. 옛날에는 번병(蕃屏)이라 하였으며, 보호한다는 뜻이다.

44 광(曠): 궐실(闕失)과 같은 말이다.

45 상례대로 상경을 가게 함만 못하다는 말이다.

使守舟.	배를 지키게 하였다.
吳子餘祭觀舟,	오자 여채가 배를 구경하는데
閽以刀弑之.[47]	문지기가 칼로 그를 죽였다.

鄭子展卒,	정나라 자전이 죽고
子皮卽位.[48]	자피가 즉위하였다.
於是鄭饑,	이때 정나라는 기근이 들었는데
而未及麥,	아직 보리철이 되지 않아
民病.	백성들이 피폐했다.
子皮以子展之命餼國人粟,[49]	자피는 자전의 명으로 백성들에게 곡식을 보냈는데
戶一鍾,[50]	호당 한 종씩이었으며

46 혼(閽): 문지기.

47 마왕퇴 3호묘에서 출토된 백서(帛書) 『춘추사어(春秋事語)』에서는 "오나라가 월나라를 쳐서 그 백성을 포로로 잡아 돌아가서는 다시 형벌을 내리지 않고 그 배를 지키게 하였다. 기조(紀譆)가 말하였다. '형벌을 내리지 않고 배를 지키게 하였으니 놀러가는 것은 화가 됩니다. 형을 받은 사람은 형을 부끄러워하고 무고한 사람을 슬피 여기며 원한을 가지고 틈을 엿보니 천만 번이라도 반드시 쓴맛이 있을 것입니다.' 오자 여채(余祭)가 배를 구경하는데 문지기가 그를 죽였다"라 하였다.

48 두예는 "자피가 부친을 대신하여 상경이 되었다"라 하였다. 30년의 사(駟)와 양(良)의 다툼에 의하면 자피는 한마디로 결정을 하고 또한 자산(子産)에게 정치를 물려주었다. 소공 원년에서는 정나라 경의 서열을 서술하고 있는데 한호(罕虎: 자피)와 공손교(公孫僑: 자산)이니 자산이 집정은 하였지만 자피의 서열이 여전히 그 위에 있었다.

49 자전지명(子展之命): 자전의 명이라는 것은 두예는 "상중이었기 때문에 부친의 명이라고 하였다"고 하였으며, 공영달은 "아마 죽을 날이 가까워 왔을 때일 것이며 죽었을 때는 백성들이 이미 굶주렸기 때문에 그 생시의 유명(遺命)을 빌린 것이다"라 하였다.

是以得鄭國之民,	이로 인해 정나라의 민심을 얻었으므로
故罕氏常掌國政,	한씨는 늘 국정을 장악하게 되었고
以爲上卿.	상경이 되었다.
宋司城子罕聞之,	송나라 사성 자한이 그 말을 듣고
曰,	말하였다.
"鄰於善,[51]	"선을 가까이하는 것이
民之望也."[52]	백성들의 바람이다."
宋亦饑,	송나라 또한 기근이 들어
請於平公,[53]	평공에게 청하여
出公粟以貸;	공의 곡식을 내어 빌려 주었으며,
使大夫皆貸.	대부들에게도 모두 빌려 주게 하였다.
司城氏貸而不書;[54]	사성씨는 빌려 주고 차용증도 쓰지 않았으며
爲大夫之無者貸.[55]	없는 대부를 위해서까지 빌려 주었다.

50 일종(一鍾): 종(鍾)은 당시의 6섬 4말에 해당하며 지금은 겨우 1.3섬일 따름이다.
51 선을 가까이하는 것이다.
52 백성들이 앙망하는 것이라는 말이다.
53 사성 자한의 청이다.
54 차용증을 쓰지 않은 것으로 갚는 것을 구하지 않은 것이다.
55 자한이 또 곡식이 없는 대부 대신 백성들에게 빌려 준 것이다.

宋無飢人.	송나라에는 주린 사람이 없게 되었다.
叔向聞之,	숙상이 듣고는
曰,	말하였다.
"鄭之罕,[56]	"정나라의 한씨와
宋之樂,[57]	송나라의 악씨는
其後亡者也,	가장 나중에 망할 것이니
二者其皆得國乎![58]	두 사람 모두 국정을 잡게 될 것이다!
民之歸也.	백성이 귀속했기 때문이다.
施而不德,	베풀고 덕으로 여기지 않아야 하는데
樂氏加焉,[59]	악씨는 거기에 한술 더 떴으니
其以宋升降乎!"[60]	송나라와 함께 부침할 것이다!"
晉平公,	진평공은
杞出也,[61]	기나라 여자에게서 낳으므로

---

56 자전과 자피는 한씨이다.

57 송나라 자한은 악씨이다.

58 두예는 "국정을 장악할 것이라는 것이다"라 하였다.

59 가(加): 승(勝)과 같은 뜻이다. 자기의 곡식을 다른 대부 대신에 빌려 주었으니 베풀고 자기의 덕으로 여기지 않은 것이다.

60 이(以): 여(與)와 같은 뜻이다. 송나라의 성쇠에 따라 부침을 하여 나라와 운명을 같이할 것이라는 것이다.

故治杞.[62] 기나라의 도성을 수축했다.

六月, 6월에

知悼子合諸侯之大夫以城杞, 지도자가 제후의 대부를 모아 기나라의 성을 쌓는데

孟孝伯會之, 맹효백이 참여하였으며

鄭子大叔與伯石往. 정나라 자태숙이 백석과 함께 갔다.

子大叔見大叔文子,[63] 자태숙은 태숙문자를 보더니

與之語. 그에게 말을 걸었다.

文子曰, 문자가 말하였다.

"甚乎其城杞也!"[64] "기나라에 성을 쌓는 것이 심합니다!"

子大叔曰, 자태숙이 말하였다.

"若之何哉! "그것을 어찌할까!

晉國不恤周宗之闕,[65] 진나라는 주나라 종실의 부족함은 돌보지 않고

而夏肄是屛,[66] 하나라의 남은 나라만 비호하니

---

61 진도공(晉悼公)의 부인은 기나라 여자이다.

62 치(治): 두예는 "치(治)는 땅을 정리하고 성을 쌓는 것이다"라 하였다. 소공 원년의 『전』과 두예의 『주』에 의하면 기나라는 순우(淳于)로 천도를 하였으므로 성을 쌓는 것이다. 순우는 지금의 산동 안구현(安丘縣) 동북쪽 30여 리 지점이다.

63 문자(文子): 두예는 "문자는 위나라 태숙의(大叔儀)이다"라 하였다.

64 외가를 위해 성을 쌓느라 제후를 동원하였으므로 "심하다"고 한 것이다.

65 주종(周宗): 심흠한의 『보주(補注)』에서는 "주종은 주나라 왕실을 말한다"라 하였다.

66 하이(夏肄): 기나라는 하나라의 후예이므로 이렇게 말하였다. 이(肄)는 남았다는 뜻이다. 병(屛): 곧 울타리로, 보호한다는 뜻이다. 이 구절은 진나라가 주나가가 쇠약해지는 것

其棄諸姬, 여러 희씨를 버림을

亦可知也已.[67] 또한 알 만합니다.

諸姬是棄, 여러 희씨를 버리면

其誰歸之?[68] 누가 그에게 돌아가겠습니까?

吉也聞之, 제가 듣건대

棄同, 卽異,[69] 동성을 버리고 이성에 다가서는 것을

是謂離德. 일러 덕을 이반한다고 하였습니다.

詩曰, 『시』에서 말하기를

'協比其鄰, '이웃들과 사이좋게 지내고

昏姻孔云.'[70] 인척들과도 아주 잘 주선하네'라 하였는데

晉不鄰矣,[71] 진나라는 가까이하려 하지 않으니

은 걱정하지 않고 하나라 유민들의 나라만 도우려 한다는 것을 말한다.

67 주나라 종실은 희씨의 본(本)인데 주나라 종실을 오히려 근심하여 높이지 않으니 희성의 여러 나라들이 진나라에게 버림받음을 절로 알 만하다는 것이다. 노나라와 정나라, 위나라는 모두 희성이다.

68 진나라 또한 희성인데 동성의 나라가 오히려 팽개쳐지니 다른 나라는 더욱 귀의하지 않을 것이라는 말이다.

69 즉(卽): 다가가다. 동성의 나라를 버리고 이성의 나라를 친근하게 대하는 것을 말한다.

70 『시경·소아·정월(小雅·正月)』에 나오는 구절이다. 협비(協比)는 가까이하여 붙는다는 뜻이다. 공(孔)은 매우라는 뜻이다. 운(云)은 모씨의 주석에서는 "주선하는 것이다"라 하였고, 정현은 "벗하다와 같다"라 하였다. 인(鄰)의 본의는 서로 가까이 하는 것인데 여기서는 여러 희(姬)씨들을 가리킨다. 시는 가까이하는 자를 친애하는 사람은 인척이 매우 두루 우호를 주선할 것이라는 뜻이다. 나머지는 희공 22년의 『전』과 『주』에 상세하다.

71 인(鄰): 여기서는 동사로 쓰였으며, 진나라는 동성의 국가를 동성의 국가로 여기지 않는다는 뜻이다.

其誰云之?”[72] 누가 그와 주선하려 하겠습니까?”

齊高子容與宋司徒見知伯,[73] 제나라 고자용과 송나라 사도가 지백을 찾아보았는데

女齊相禮. 여제가 상례가 되었다.

賓出, 손님이 나가자

司馬侯言於知伯曰, 사마후가 지백에게 말하였다.

“二子皆將不免. “두 사람은 모두 면하지 못할 것입니다.

子容專,[74] 자용은 제멋대로이고

司徒侈,[75] 사도는 사치로우니

皆亡家之主也.” 모두 일족을 망치는 주범들입니다.”

知伯曰, 지백이 말하였다.

“何如?” “어떠한가?”

對曰, 대답하여 말했다.

“專則速及,[76] “제멋대로이면 빨리 이르고

---

72 누가 그와 함께 우호를 주선하려하겠는가? 하는 뜻이다.

73 두예는 “자용은 고지(高止)이다. 사도는 화정(華定)이다. 지백은 순영(荀盈)이다. 여제는 사마후(司馬侯)이다”라 하였다. 대신이 외빈을 접견할 때는 의절(儀節)을 맡는 사람이 있는데 이것이 곧 상례(相禮)가 하는 일이다.

74 전(專): 스스로 옳다고 여겨 멋대로 행하는 것을 말함.

75 치(侈): 사치(奢侈).

76 급(及): 화에 미치는 것.

侈將以其力斃,[77]	사치하면 그 힘 때문에 죽을 것이며
專則人實斃之,	제멋대로이면 사람들이 실로 죽일 것이고
將及矣."[78]	곧 미칠 것입니다."

范獻子來聘,	범헌자가 내빙하여
拜城杞也.[79]	기나라에 성을 쌓은 것을 배사하였다.
公享之,	공이 연회를 베풀어 주고
展莊叔執幣.[80]	전장숙에게 폐백을 올리게 하였다.
射者三耦.[81]	활을 쏘는 사람은 세 조였다.

---

77 힘이 있으면 도리어 죽음에 이르게 된다는 것이다.

78 가나자와 문고본(金澤文庫本)에는 "侈將及矣"로 되어 있으며, 『석문(釋文)』에서 인용한 오본(誤本)도 같다. 두예는 "이는 가을에 고지가 연나라로 달아나고 소공 20년에 화정이 진나라로 달아나게 되는 복선이다"라 하였다.

79 두예는 "노나라가 기나라의 성을 쌓은 것을 배사한 것이다"라 하였다.

80 집폐(執幣): 두예는 "공이 장차 손님에게 술을 내리려 한 것이다"라 하였다. 폐(幣)는 속백(束帛)이다. 향례 중에는 주인이 손님에게 술을 권하면 속백을 보내는데, 이를 수폐(酬幣)라 한다. 「공식대부례(公食大夫禮)」에 의하면 손님은 세 번 식사를 한 후에 공이 재부(宰夫)의 속백을 받아 보답한다 하였으니 집폐(執幣)는 재부의 일인데, 장숙이 이때 어쩌면 재부가 아니었을까 한다.

81 사(射): 이는 향례에 이은 활쏘기이다. 「장유화명(長由盉銘)」에서는 "목왕(穆王)이 하역(下減)의 거처에 앉아 목왕이 향례를 베풀었는데 형백〔井白, 곧 형백(邢白)〕이 활쏘기를 하였다"라 하였으니, 이는 목왕이 형백에게 향례를 베푼 후에 곧 형백과 활쏘기를 한 것임을 알 수 있다.
우(耦): 두 사람을 우(耦)라 한다. 옛날에 천자와 제후의 활쏘기는 6조로 나누어 했고, 제후와 제후끼리는 4조였는데, 이곳 제후와 경대부의 활쏘기는 3조로 했다. 고례(古禮)에 의하면 3조가 먼저 쏘는데 네 발씩 쏘며, 『시경·제풍·의차(齊風·猗嗟)』에 "쏘았다면

公臣不足,[82] 공신이 부족하여

取於家臣. 가신에게서 취하였다.

家臣, 가신은

展瑕, 展玉父爲一耦;[83] 전하와 전옥보가 한 조가 되고,

公臣, 공신은

公巫召伯, 仲顔莊叔爲一耦,[84] 공무소백과 중안장숙이 한 조가 되었으며

鄫鼓父, 黨叔爲一耦.[85] 증고보와 당숙이 한 조가 되었다.

晉侯使司馬女叔侯來治杞田,[86] 진후가 사마 여숙후에게 와서 기나라의 전지를 다스리게 하였는데,

과녁을 꿰뚫는데, 네 화살 같은 곳에 꽂히네(射則貫兮, 四矢反兮)"라는 구절이 있는 것으로 알 수 있다. 그런 다음에 주인과 손님이 쏜다.

82 세 조(짝)는 6명이 있어야 하는데 이 6명은 모두 반드시 예의에 익고 활을 잘 쏘는 사람이어야 했다. 당시 노나라 공실은 이미 지위가 많이 낮아져서 재능이 있는 사(士)는 거의 사문(私門)에 있었으므로 공실에서는 6명도 갖출 수가 없었던 것이다.

83 왕(王): 원래는 "옥(玉)"으로 되어 있었다. 지금은 『석경』과 가나자와 문고본(金澤文庫本), 송본에 의거하여 왕으로 고쳤다. 이 조(耦)가 아마 상우(上耦)인 것 같다.

84 이 조가 차우(次耦)인 것 같다. 『광운(廣韻)』의 "공(公)"자의 주석 및 "중(仲)"자의 주석, 그리고 『통지·씨족략 4』에 의하면 모두 공무와 중안을 복성(複姓)이라 하였고, 『노사·고신기(路史·高辛紀) 하』에서는 또한 공무와 중인은 모두 공족이라고 하였으며, 청나라 유정섭(兪正燮)의 『계사존고(癸巳存稿)』 권1에서만 "공무는 관직이고, 소백은 씨이며, 중은 자인데 한 사람이다. 안은 씨이고, 장숙은 시자(謚字)인데 한 사람이다"라 하였다. 여기서는 취하지 않는다.

85 아마 하우(下耦)일 것이다.

86 여숙후(女叔侯): 곧 여제(女齊)로 관직이 사마여서 위에서는 또 사마후(司馬侯)라고 불렀다.
치기전(治杞田): 노나라로 하여금 전에 가져갔던 기나라의 전지를 돌려주게 하는 것이다.

弗盡歸也.[87] 모두 다 돌려주지는 않았다.

晉悼夫人慍曰,[88] 진도공의 부인이 노하여 말하였다.

"齊也取貨,[89] "제가 재물을 취한 것을

先君若有知也, 선군이 아셨더라면

不尙取之."[90] 취하도록 돕지 않았을 것이다."

公告叔侯. 공이 후숙에게 알렸다.

叔侯曰, 후숙이 말하였다.

"虞, 虢, 焦, 滑, 霍, 楊, 韓, 魏,[91] "우나라와 괵나라, 초나라, 활나라, 곽나라, 양나라, 한나라와 위나라는

---

87 돌려준 것이 많지 않은 것이다.

88 진도부인(晉悼夫人): 곧 평공의 모친으로 기나라 여인이다.
온(慍): 노하다, 원망하다.

89 취화(取貨): 두예는 수뢰(受賂)라 하였다. 그러나 아래의 숙후가 답한 말에서 수뢰의 말은 하지 않았으니 두예의 설은 확실치 않은 듯하다. 취화는 또한 기나라의 전지를 취한 것이니, 전지 역시 화(貨)이기 때문이다.

90 불상취지(不尙取之): 상(尙)은 『이아·석고(釋詁)』에서는 "돕는 것이다(右)"라 하였다. 학의행(郝懿行)의 주석에서는 "『시경·억(抑)』에 '그래서 하느님은 그대를 돕지 않는다(肆皇天不尙)'라는 구절이 있는데, 천명(天命)이 돕지 않음을 말한 것이다"라 하였다. 이곳의 불상취지(不尙取之)는 여제가 전지를 기나라에 다 돌려주지 않은 것을 말한다. 선군이 알았더라면 돕지 않았을 것이라는 말이다.

91 양(楊)은 원래 "양(揚)"으로 되어 있었는데 여기서는 『석경』의 초각(初刻)과 가나자와 문고본(金澤文庫本) 및 단옥재의 설(완원의 『교감기』에 인용)에 의하여 "양(楊)"으로 고쳤다.
이 여덟 나라는 선후로 진(晉)나라에 의해 멸망당하였다. 우(虞)나라와 괵(虢)나라 등 여섯 나라는 이미 앞에 보인다. 초(焦)나라는 지금의 하남 삼문협시(三門峽市) 동쪽 2리 지점이다. 『사기』에 의하면 주무왕이 신농씨의 후손을 초나라에 봉하였다고 하는데 이 설은 믿을 것이 못된다. 신농이란 이름은 『주역·계사(繫辭)』에 처음으로 보이는데, 『사기·봉선서(封禪書)』에서는 "옛날에 태산과 양보(梁父)에서 봉선제를 올린 제후가 72명

皆姬姓也,	모두 희성이며
晉是以大.	진나라는 이 때문에 커졌습니다.
若非侵小,	작은 나라를 침탈하지 않으면
將何所取?	어디서 취하겠습니까?
武, 獻以下,	무공과 헌공 아래로는
兼國多矣,[92]	나라를 겸병함이 많아졌으니
誰得治之?	누가 그들을 다스릴 수 있었겠습니까?
杞,	기나라는
夏餘也,[93]	하나라의 후손인데
而卽東夷.[94]	동이를 가까이하였습니다.
魯,	노나라는

이나 제[이오(夷吾): 관중(管仲)의 이름]가 기억하는 것은 12명밖에 되지 않으며 신농은 태산과 운운(云云)에서 봉선제를 올렸습니다"라 하였는데 이 또한 관중에게 가탁하였을 따름이다. 초나라는 희성의 나라라고 『좌전』에서 분명히 말하였는데 어찌 신농의 후예가 되겠으며, 또한 주무왕 때는 신농씨가 있는 줄도 몰랐다. 희공 23년 『전』의 초(焦)는 진(陳)나라의 읍으로 이곳과는 이름은 같으나 땅은 다르다. 양(楊)나라는 일설에는 주선왕(周宣王)의 아들 상보(尙父)가 유왕(幽王) 때 양후(楊侯)로 봉해졌다고 하며, 일설에는 당숙우(唐叔虞)의 후손으로 주무왕 때 이르러 제나라에게 양보하여 백교(伯僑)를 낳았는데 주천자에게 돌려주니 양후에 봉했다고 한다. 진나라는 멸하고 양설씨(羊舌氏)의 읍으로 삼았다. 고동고(顧棟高)의 『대사표(大事表)』 권5에서는 "지금의 산서 홍동현(洪洞縣) 동남쪽 18리에 양성(楊城)이 있다"고 하였다.

92 두예는 "무공과 헌공은 진나라가 비로소 흥성하게 된 임금이다"라 하였다.

93 하여(夏餘): 위의 하이(何肄)와 같은 뜻이다.

94 두예는 "오랑캐의 예를 행한 것이다"라 하였다.

周公之後也,	주공의 후예로
而睦於晉.	진나라와 화목하게 지내고 있습니다.
以杞封魯猶可,	기나라를 노나라에 봉해도 괜찮을 듯하니
而何有焉?[95]	거기에 무엇이 있겠습니까?
魯之於晉也,	노나라는 진나라에
職貢不乏,	공물이 모자라지 않고
玩好時至,	좋아하는 것을 때맞춰 보내며
公卿大夫相繼於朝,	공경대부가 이어서 조빙하고
史不絶書,	사관의 기록이 끊어지지 않으며
府無虛月.[96]	부고에는 빈 달이 없습니다.
如是可矣,	이 정도면 되었거늘
何必瘠魯以肥杞?[97]	어찌 꼭 노나라를 마르게 해서 기나라를 살찌우려 합니까?
且先君而有知也,[98]	또한 선군께서 아셨더라면
毋寧夫人,	부인 스스로 할지언정
而焉用老臣?"[99]	어찌 노신을 쓰겠습니까?"

95 언(焉): 어시(於是)와 같다. 어찌 기나라가 있겠느냐라는 것이다. 심중(心中)에 기나라가 있어서는 안 된다는 것이다.

96 두예는 "노나라에게 공물을 받지 않은 달이 없는 것이다"라 하였다.

97 척(瘠): 『설문(說文)』에는 척(膌)으로 되어 있으며, "말랐다는 뜻이다"라 하였다.

98 이(而): 여(如)자와 같은 뜻이다. 가정을 나타내는 말로, 만약이라는 뜻이다.

杞文公來盟,[100]	기문공이 와서 맹약하였는데
書曰"子",	"자"라고 기록한 것은
賤之也.[101]	비천하게 여겼던 것이다.

吳公子札來聘,[102]	오나라 공자 계찰이 내빙하여
見叔孫穆子,	숙손목자를 찾아뵈니
說之.[103]	기뻐하였다.
謂穆子曰,	목자에게 말하였다.
"子其不得死乎![104]	"그대는 아마 제때 죽지 못할 것 같습니다!
好善而不能擇人.[105]	선한 것을 좋아하면서도 사람을 가릴 수 없습니다.
吾聞君子務在擇人.	제가 듣기에 군자가 힘쓸 것은 사람을 가리는 데 있다 하였습니다.

---

99 복건(服虔)은 "무녕(毋寧)은 녕(寧)과 같다"라 하였다. 선군이 만약 알았더라면 부인 스스로 그렇게 하게 했을지언정 하필 나보고 그렇게 하겠느냐는 뜻이다. 부인 스스로 그렇게 하게 했을 것이라는 것은 옛날에는 부녀자들은 외교를 하지 않았으니 이 일은 선군 또한 그렇게 하지 않았을 것이라는 말이다.

100 두예는 "노나라가 그 전지(田地)를 돌려줬기 때문에 맹약한 것이다"라 하였다.

101 두예는 "오랑캐의 예를 쓴 것을 천하게 여긴 것이다"라 하였다. 기나라는 무릇 여섯 차례 노나라를 조빙하였는데 이후로는 더 이상 조빙하지 않는다.

102 찰(札): 계찰(季札)이라고도 하며, 오나라 왕 수몽(壽夢)의 넷째 아들이다.

103 열(說): 열(悅)과 같다.

104 부득사(不得死): 천수를 누리지 못한다는 것으로, 나쁘게 죽는다는 말이다.

105 사람을 선택하여 쓸 수 없는 사람은 사람의 선악을 알 수가 없다는 것이다.

吾子爲魯宗卿,	그대는 노나라의 종경으로
而任其大政,	큰 정치를 맡고서
不愼擧,[106]	신중하게 등용하지 않으니
何以堪之?	어떻게 감내하겠습니까?
禍必及子!"[107]	화가 반드시 그대에게 미칠 것입니다!"
請觀於周樂.[108]	주나라의 음악을 구경시켜 달라고 하였다.
使工爲之歌周南, 召南,[109]	악공을 시켜 그에게 「주남」과 「소남」을 노래해 주었더니

---

106 사람을 등용하는데 신중하지 않다는 것이다.

107 두예는 "소공 4년 수우(竪牛)가 난을 일으키는 복선이 된다"라 하였다.

108 노나라는 주나라 왕실의 우(虞)·하(夏)·상(商)·주(周) 4대의 악무(樂舞)를 전하여 받았기 때문에 계찰이 구경할 것을 청한 것이다. 옛 예법에는 빙문한 나라에서 본래 구경을 청하는 예가 있다.

109 가(歌): 도가(徒歌)와 현가(弦歌)가 있다. 여기서는 현가를 말하며, 곧 각국의 악곡으로 가창(歌唱)을 반주하는 것이다.
주남·소남(周南·召南): 『시경』의 두 편명이다. 남(南)에는 두 가지 해석이 있다. 첫째는 악명(樂名)이라는 설인데, 『시경·소아·고종(小雅·鼓鍾)』의 "아도 연주하고 남도 연주한다(以雅二南)" 한 것으로 알 수 있다. 둘째는 주공(周公) 단(旦)과 소공(召公) 석(奭)의 교화가 북쪽에서 남쪽으로 내려와 기주에서 강·한(江·漢)까지 덮어 남방의 나라도 남이라고 할 수 있었다는 것으로, 『좌전』 성공 9년에서 "남방 사람의 관을 쓰고 수금되어 있는 자(南冠而縶者)"라 한 것으로 알 수 있다. 또한 이남(二南)에서는 누차 강·한(江·漢)을 말하였으므로 이 설도 일리가 있다. 은상(殷商)의 문화는 고고학적 발굴에 의하면 이미 강서(江西)의 청강(淸江), 호북(湖北)의 무한(武漢), 호남(湖南)의 석문(石門)·영향(寧鄕)까지 이르렀고, 심지어 서남쪽으로 사천(四川)의 검천(劍川)에까지 이르러 주나라 초기의 문화는 강·한(江·漢)을 포괄하였으므로 더욱 가능성이 있다. 『좌전』 희공 28년에서는 "한수 북쪽의 여러 희씨(漢陽諸姬)"라 하였으니 한수에도 또한 희성의 나라가 있었으니 더욱 충분히 주나라 문화가 광범위한 지역을 포괄하였음을 알 수

曰,	말하였다.
"美哉!	"아름답군요!
始基之矣,	비로소 기틀을 닦았으나
猶未也,	아직은 충분치 못합니다.
然勤而不怨矣."[110]	그러나 부지런하여 원망이 없습니다."
爲之歌邶, 鄘, 衛,[111]	「패풍」과 「용풍」, 「위풍」을 노래해 주었더니
曰,	말하였다.
"美哉淵乎![112]	"아름답고, 깊군요!
憂而不困者也.	슬퍼하면서도 곤궁하지 않은 것입니다.
吾聞衛康叔, 武公之德如是,[113]	제가 듣건대 위강숙과 무공의 덕이 이렇다 하니

있다.

110 기지(基之): 왕업의 기초를 닦았지만 아직은 성공을 못하였고, 백성들의 노고가 많으나 원망을 하지 않는다는 것이다. 근(勤)은 노(勞)와 같은 뜻이다. 계찰이 시와 음악을 논함에 음악을 먼저 논하고 그 다음에 가사와 춤을 논하였다. 이곳의 "미재(美哉)"는 그 음악이 훌륭하다는 것이다. "시기지(始基之)" 이하는 그 가사를 논한 것이다.

111 패·용·위(邶·鄘·衛): 원래는 세 나라로 이른바 삼감(三監)인데, 삼감이 주나라에 반란을 일으키자 주공이 그들을 평정하여 나중에 모두 위(衛)나라에 편입시켰으므로 계찰이 다만 위나라만 말한 것이다. 패(邶)는 지금의 하남 탕음현(湯陰縣) 동남쪽 약 30리 지점에 있다. 용(鄘)은 지금의 하남 신정시(新鄭市) 서남쪽 약 30리 지점에 있다. 위(衛)나라의 도성은 곧 지금의 하남 기현(淇縣)의 옛 조가(朝歌)이다. 이 세 나라는 본래 은주(殷紂)의 왕기(王畿)였다.

112 연(淵): 깊다.

113 강숙이 이때 관숙(管叔)과 채숙(蔡叔)을 만나 은나라를 가지고 반란을 일으켰다. 위무

是其衛風乎!"[114]	「위풍」일 것입니다!"
爲之歌王,[115]	「왕풍」을 노래해 주었더니
曰,	말하였다.
"美哉!	"아름답군요!
思而不懼,[116]	생각을 하면서도 두려워하지 않으니
其周之東乎!"[117]	주나라가 동천을 한 것이겠습니다!"
爲之歌鄭,	「정풍」을 노래해 주었더니
曰,	말하였다.
"美哉![118]	"아름답군요!
其細已甚,[119]	세밀하기가 지나치게 심하니
民弗堪也.[120]	백성들이 그것을 견디지 못하겠습니다.

공은 강숙의 9세손으로 유왕과 포사의 난을 만나 이로부터 근심을 하였다. 그러나 그것을 곤경이라고 생각하지는 않았으며 무공이 일찍이 군사를 가지고 주나라를 도와 융(戎)족을 평정하였다.

114 강숙(康叔): 주공(周公)의 아우이다. 주나라 초기에는 시호가 없었으므로 강은 시호가 아니다. 강숙은 처음에는 강(康)을 식읍으로 하였는데, 『괄지지(括地志)』에 의하면 옛 강성(康城)은 지금의 하남 우현(禹縣) 서북쪽 35리 지점에 있다. 후에 위(衛)로 봉지를 옮겼다.

115 왕(王): 곧 동주(東周) 낙읍(雒邑) 왕성(王城)의 악곡이다.

116 두예는 "종주(宗周)가 망하였으므로 생각이 근심스러운 것이다. 그래도 선왕의 유풍이 있기 때문에 두려워하지 않는 것이다"라 하였다.

117 이것은 아마 동천한 이후의 악시(樂詩)일 것이라는 말이다.

118 이것은 음악을 논한 것이다.

119 이는 시의 가사를 논한 것으로, 말한 것이 주로 남녀 간의 자질구레한 일로 정치와 관련된 것은 매우 적다는 것이다. 이(已)는 너무, 지나치게라는 뜻이다.

是其先亡乎!"[121]	먼저 망할 것 같습니다!"
爲之歌齊,	「제풍」을 노래해 주었더니
曰,	말하였다.
"美哉,	"아름답군요,
泱泱乎!	깊고도 넓으니!
大風也哉![122]	대국의 음악 같습니다!
表東海者,	동해의 본보기가 된 사람은
其大公乎![123]	아마 태공일 것입니다!
國未可量也."	나라를 헤아릴 수가 없군요."
爲之歌豳,[124]	「빈풍」을 노래해 주었더니
曰,	말하였다.
"美哉,	"아름답군요,

120 교화가 이러하니 정치의 정세가 볼만하므로 백성들이 차마 견디어 낼 수 없을 것이라는 말이다.

121 정나라는 B.C. 376년 곧 주안왕(周安王) 26년에 망한다. 한애후(韓哀侯) 원년 정나라를 멸하고 한나라는 정나라로 옮겼으므로 전국시대의 한나라는 또한 정나라라고도 칭한다.

122 여기서는 음악을 논하였다.

123 동해 여러 나라의 본보기가 된 사람은 아마 강태공의 나라일 것이라는 말이다.

124 「빈풍(豳風)」은 지금의 『시경』에는 「진풍(秦風)」 뒤에 있으며, 「빈풍」의 앞에는 「위풍(魏風)」, 「당풍(唐風)」, 「진풍(陳風)」, 「회풍(檜風)」, 「조풍(曹風)」의 여러 「국풍(國風)」이 있어서, 노나라의 가시(歌詩)의 차서는 지금의 판본과는 다르다.
빈(豳)은 주나라의 옛 나라로 공류(公劉)가 도읍한 곳이고, 태왕(太王)이 적(狄)을 피하여 옮긴 곳으로 『맹자·양혜왕(梁惠王) 하』에서 이른바 "옛날 태왕은 빈〔邠, 곧 빈(豳)〕에 거처하면서 기산의 아래에 읍을 정하여 그곳에서 살았다"라 한 곳이다. 빈은 지금의 섬서 빈현(彬縣) 동북쪽 20여 리 지점이다.

蕩乎!	넓고 틉니다!
樂而不淫,	즐거우면서도 넘치지 않으니
其周公之東乎!"[125]	주공이 동정을 하였을 때일 것입니다!"
爲之歌秦,	「진풍」을 노래해 주었더니
曰,	말하였다.
"此之謂夏聲.[126]	"이를 하성이라고 합니다.
夫能夏則大,[127]	하성을 낼 수 있으면 크고,
大之至也,	큼이 지극하니
其周之舊乎!"[128]	주나라의 옛 음악이겠군요!"

---

125 두예는 "낙이불음은 절제가 있음을 말한다. 주공은 관숙과 채숙의 난을 만나 3년 동안 동정을 하였는데, 성왕을 위해 후직의 선공들은 감히 황음을 일삼지 않아 왕업을 이루었으므로 주공이 동정을 한 것일 것이라 말한 것이다"라 하였다. 계찰이 한편으로는 "주나라가 동천을 하였다" 하고, 한편으로는 "주공이 동정을 하였다"라 말한 뜻은 분명히 다르니 아마 「왕풍(王風)」은 동주의 작품이고, 「빈풍」은 서주 때 지은 것이므로 이 "주공지동"을 두예는 동정으로 해석하였을 것이다.

126 옛날에는 서방을 하(夏)라고 하였다. 『여씨춘추·고악(古樂)』편에 "영윤(伶倫)은 대하(大夏)의 서쪽에서 왔다"는 말이 있는데, 고유(高誘)는 "대하는 서방의 산이다"라고 주석을 달았다. 춘추시대에 진(陳)나라 공자 소서(少西)의 자는 자하(子夏)였고, 정나라 공자 손하(孫夏)의 자는 자서(子西)였으며, 동진에 이르러 혁련발발(赫連勃勃)이 내몽고(內蒙古)의 악이다사(鄂爾多斯) 및 섬서성 등지에 의거하여 국호를 대하(大夏)라 하였는데 또한 하(夏)라고만 부르기도 하고, 당나라 또한 하주(夏州)라 불렀다. 송나라 때 이르러 조원호(趙元昊)가 나라를 세우고 대하(大夏)라고 하였는데 역사적으로는 서하(西夏)라고 하였으니, 하성(夏聲)이라고 하는 것은 곧 서방의 소리이다.

127 하(夏): 『방언(方言)』에서는 "하는 크다는 뜻이다. 관문에서 서쪽으로는 무릇 사물이 장대한 것을 사랑하고 크게 여겨 하(夏)라고 하였다"라 하였다.

128 진(秦)나라는 주(周)나라의 옛 땅을 모두 가지고 있었다.

爲之歌魏,[129] 「위풍」을 노래해 주었더니

曰, 말하였다.

“美哉, “아름답군요!

渢渢乎![130] 둥둥 떠다니는군요!

大而婉,[131] 거칠면서도 완곡하고

險而易行,[132] 험한 데도 쉽게 가니

以德輔此, 덕으로 이를 보필하면

則明主也.”[133] 현명한 군주일 것입니다.”

爲之歌唐,[134] 「당풍」을 노래해 주었더니

---

129 위(魏): 본래 희(姬)성의 나라로 지금의 산서 예성현(芮城縣) 북쪽에 있으며, 민공 원년 진헌공(晉獻公)이 멸하였다.

130 풍풍(渢渢): 풍(渢)은 범으로도 읽는다. 『한서·지리지』에 “아름답도다 둥둥 떠다니네(美哉, 渢渢乎)”라는 말이 있는데 안사고(顏師古)는 “풍풍은 뜬 모습이다”라 하였다. 이 또한 그 악곡을 논한 것이다. 아래의 여러 구절은 시의 가사를 논한 것 같다.

131 대이완(大而婉): 대(大)는 조(粗), 즉 거칠다는 뜻이다. 「위풍」에는 풍자시가 많으며 「갈구(葛屨)」에서는 심지어 “이로써 풍자한다(是以爲刺)”라고 밝히기까지 하였지만 그 언사는 비교적 완곡하고 부드러운데, 「분저여(汾沮洳)」, 「원유도(園有桃)」 등이 있다.

132 험(險)과 이(易)는 상대되는 말로 『주역·계사(繫辭) 상』에 “괘에는 작고 큰 것이 있고, 괘사에는 험하고 쉬운 것이 있다”라는 말이 있다. 계찰 당시에 위나라는 일찌감치 진나라 위씨의 채읍이 되었는데, 여기서는 그 정령과 습속 등을 말하였으며 비록 어렵더라도 가는 것이 매우 쉽다는 것이다. 『설문(說文)』에서는 “험은 어려움에 막힌 것이다”라 하였고, 북송(北宋) 때 정도(丁度) 등이 편찬한 운서(韻書) 『집운(集韻)』에서는 “어려운 것이다”라 하였다. 두예는 “험(險)은 검(儉)자가 되어야 하며 오자이다”라 하였는데 확실치 않다.

133 「오세가」에는 “맹주(盟主)”로 되어 있다. 청나라 심도(沈濤)의 『동울두재수필(銅熨斗齋隨筆)』에서는 『좌전』에도 “맹주”가 되어야 한다고 하였는데 확실치 않다.

134 당(唐): 당(唐)나라 숙목(叔穆)이 처음으로 봉해진 곳으로 지금의 산서 태원시(太原市)에 있다.

曰,	말하였다.
“思深哉!	“생각이 깊습니다.
其有陶唐氏之遺民乎![135]	아마 도당씨의 유민이 아니겠습니까!
不然,	그렇지 않다면
何其憂之遠也?[136]	어찌 근심이 이렇게 멀겠습니까?
非令德之後,	아름다운 덕을 가진 자의 후손이 아니라면
誰能若是?”	누가 이렇게 할 수 있겠습니까?
爲之歌陳,[137]	「진풍」을 노래해 주었더니
曰,	말하였다.
“國無主,	“나라에 주인이 없으면
其能久乎!”[138]	어찌 오래갈 수 있겠습니까!”

135 도당(陶唐): 요(堯)는 원래 도(陶)에 봉하여졌으며 나중에 당(唐)으로 옮겼다. 당은 옛날의 요의 도읍이었으므로 “陶唐氏之遺民”이라 하였다. 남조(南朝) 양(梁)나라 유협(劉勰)의 『유자·풍속(劉子·風俗)』편에서는 “진(晉)나라에는 당(唐)·우(虞)의 풍도(風道)가 있다”라 하여 당(唐)뿐만 아니라 또한 우(虞)까지 언급하였는데 분명히 증거로 삼기에는 부족하다.

민(民): 『석경』 및 왕념손(王念孫)의 설에는 “풍(風)”으로 되어 있다. 그러나 다음에서 “非令德之後”라 하였으므로 민(民)이라 하는 것이 옳다.

136 기(其): 원래는 없었는데 여기서는 『석경』과 「당풍」의 『정의』의 인용, 가나자와 문고본(金澤文庫本)에 의거하여 더하였다.

137 진(陳): 진나라 땅은 지금의 하남 개봉시(開封市) 동쪽, 안휘 박현(亳縣) 북쪽이다. 시에 「완구(宛丘)」가 있는데 진나라 도읍 완구로 지금의 하남 회양현(淮陽縣)이다.

138 애공 18년 『전』에서는 “7월 기묘일에 초나라 공손조(公孫朝)가 군사를 거느리고 진(陳)을 멸했다”라 하였다. 진나라가 멸망당한 때와 이해까지는 불과 65년이다.

自鄶以下無譏焉.[139]	「회풍」 이하로는 비평하지 않았다.
爲之歌小雅,	「소아」를 노래해 주었더니
曰,	말하였다.
"美哉!	"아름답군요!
思而不貳,[140]	생각이 있지만 두 마음이 없고
怨而不言,[141]	원한이 있지만 말을 하지 않으니
其周德之衰乎?	주나라의 덕이 쇠한 것 아닐까요?
猶有先王之遺民焉."[142]	그래도 선왕의 유민이 있습니다."
爲之歌大雅,	「대아」를 노래해 주었더니
曰,	말하였다.
"廣哉,	"넓습니다,
熙熙乎![143]	화락하군요!
曲而有直體,[144]	곡절이 있으면서도 본체는 곧으니

139 회(鄶): 또한 "회(檜)"라고도 한다. 회나라는 축융(祝融)의 후손이라고 전하여지며, 지금의 하남 정주시(鄭州市) 남쪽에 있고 정무공(鄭武公)에 의해 멸망당하였다. 회 이하로는 아직 「조풍(曹風)」이 남아 있다.

140 두예는 "문왕과 무왕의 덕을 생각하여 이반하려는 마음이 없는 것이다"라 하였다. 다케조에 고코(竹添光鴻)의 『회전(會箋)』에서는 "사(思)는 슬픈 생각으로 문·무왕을 생각하는 것이 아니다"라 하였는데, 더 나은 뜻인 것 같다.

141 두예는 "슬픈 음이 있는 것이다"라 하였다.

142 선왕(先王): 당연히 주(周)나라의 문왕(文王)과 무왕(武王), 성왕(成王), 강왕(康王) 등 여러 왕을 가리킬 것이다. 복건(福建)은 주나라의 덕이 쇠하였다는 것은 유왕(幽王)과 여왕(厲王)의 정치일 것이라고 하였다.

143 희희(熙熙): 화락한 모양.

144 악곡에 억양(抑揚)과 돈좌(頓挫), 고하(高下)의 묘가 있으면서도 본체는 곧다는 것을

其文王之德乎!”	아마 문왕의 덕인 것 같습니다!”
爲之歌頌,	「송」을 노래해 주었더니
曰,	말하였다.
“至矣哉!	“지극합니다!
直而不倨,[145]	곧으면서도 거만하지 않고
曲而不屈,[146]	완곡하되 꺾이지 않았으며
邇而不偪,[147]	가까이하면서도 핍박함이 없고
遠而不攜,[148]	멀리 있으면서도 두 마음을 가짐이 없으며
遷而不淫,[149]	옮겨 가면서도 어지러움이 없고
復而不厭,[150]	반복을 하여도 싫증이 나지 않으며
哀而不愁,[151]	슬퍼하되 근심이 없고

말한다.

145 직(直): 『설문(說文)』에서는 “직은 똑바로 보는 것이다”라 하였다. 『상서·홍범(尙書·洪範)』 공영달의 주석에서는 “직은 사사로움이 없는 것이다”라 하였다.
거(倨): 거만하다, 불손하다.

146 구부릴 수 있지만 꺾이지는 않는 것이다.

147 핍(偪): 핍(逼)과 같으며 침범하여 핍박하는 것이다. 임금과 가까이할 수는 있지만 임금을 침범하지는 않는 것이다.

148 서로 간의 거리가 멀기는 하지만 임금과 나라에 두 가지 마음을 갖지 않는 것이다.

149 음(淫): 어지러운 것[『여씨춘추·고악(呂氏春秋·古樂)』편 고유(高誘)의 주], 기울고 사악한 것[『예기·유행(禮記·儒行)』편 정현(鄭玄)의 주]이다. 비록 옮기어가지만 사악하거나 어지럽지 않은 것이다.

150 비록 반복하여 왕래하지만 싫증이 나서 지침이 없는 것이다.

151 두예는 “운명을 알았기 때문이다”라 하였다.

樂而不荒,[152]	즐거워하되 거칠지 않으며
用而不匱,[153]	써도 다함이 없고
廣而不宣,[154]	넓되 드러내지 않으며
施而不費,[155]	베풀되 허비함이 없고
取而不貪,[156]	취하되 탐냄이 없으며
處而不底,[157]	머물되 정체함이 없고
行而不流.[158]	가되 흘러감이 없습니다.
五聲和,[159]	5성이 화하고
八風平.[160]	8풍이 고릅니다.

---

152 두예는 "예로 절제하였기 때문이다"라 하였다.

153 용(用): 그 덕을 행하였음을 말하였으므로 두예는 "덕이 아주 크기 때문이다"라 하였다. 유월(兪樾)의 『평의(平議)』에서는 "용(用)은 곤(困)자의 오자인 것 같다"라 하였는데 믿기 부족하다.

154 마음이 넓지만 스스로 나타내지 않는 것이다.

155 『논어·요왈(堯曰)』편에 "백성들이 이롭게 여기는 것에 따라 이롭게 해주니 이것이 또한 은혜를 베풀되 허비하지 않는 것이 아니겠는가?(因民之所利而利之, 斯不亦惠而不費乎?)"라는 말이 있다. 시(施)는 은혜를 베푸는 것이다.

156 두예는 "의로운 다음에 취하는 것이다"라 하였다. 취하는 것이 있어도 욕망에 만족함이 쉬운 것이다.

157 처(處): 움직이지 않는 것이다.
저(底): 정체하는 것, 그치는 것이다. 두예는 "도로 지킨 것이다"라 하였다.

158 바로 위의 구절과 정반대의 뜻이다. 행동을 하되 방탕한 쪽으로 흐르지 않는 것이다. 두예는 "의(義)로 절제하는 것이다"라 하였다.

159 오성(五聲): 궁(宮)·상(商)·각(角)·치(徵)·우(羽)의 5성이 잘 어울리는 것이다.

160 팔풍(八風): 팔풍은 『여씨춘추·유시(有始)』편에 보이며, 또한 『회남자·지형훈(地形訓)』과 『설문(說文)』에도 보이는데 그 명칭은 다르지만 모두 8방의 바람을 말하였다. 은공 5년의 『전』에서 "여덟 음절로 팔풍을 행한다(所以節八音以行八風)"라 하였으니 계찰이 이른바 8풍이 고르다는 것은 또한 악곡이 잘 어울린다는 것을 가리킬 따름이다.

節有度,
절주에 척도가 있고

守有序,[161]
지킴에 순서가 있으니

盛德之所同也."[162]
성한 덕과 함께하는 것입니다."

見舞象箾, 南籥者,[163]
「상소」와 「남약」의 춤을 보고는

曰,
말하였다.

"美哉!
"아름답군요!

猶有憾."[164]
아직 유감은 있지만요."

見舞大武者,[165]
「대무」의 춤을 보고는

---

161 두예는 "8음이 화음을 이룰 수 있는 것은 절주에 법도가 있기 때문이다. 서로의 차례를 빼앗음이 없다는 것은 지킴에 순서가 있기 때문이다"라 하였다. 이는 모두 악기의 절주와 박자가 그 올바름을 얻고 음계의 조화가 본체를 얻는 것이다.

162 송(頌): 「주송(周頌)」과 「노송(魯頌)」, 「상송(商頌)」이 있다. 「주송」은 주나라 초기의 작품으로 문왕과 무왕, 성왕 등 여러 왕을 찬양한 것이고, 「노송」은 희공(僖公)을 칭송한 작품이며, 「상송」은 송나라 양공(襄公)을 칭송한 작품으로, 모두 종묘의 악가이며 『시·대서(大序)』에서 이른바 "성덕(盛德)의 형용(形容)을 찬미하여 그 성공을 신명에게 알리는" 것이다. 계찰은 「송」의 악곡만 논하였을 뿐 세 「송」에서 칭송한 인물의 덕의 고하와 공의 대소를 논하지 않았기 때문에 "성한 덕과 함께하는 것"이라 하였다.

163 『시경·주송·유청(周頌·維淸)』의 서(序)에서는 "상무(象舞: 전쟁 때 적을 찌르고 치는 것을 형상한 춤)를 춤춘 것이다"라 하였다. 소(箾)는 소(簫)와 같다. 「상소」를 춤추었다고 하는 것은 아마 소(簫)를 연주하고 상무를 춤춘 것일 것이다. 『시경·패풍·간혜(邶風·簡兮)』에서는 "왼손으로 약을 잡고, 오른손으로는 꿩깃을 잡네(左手執籥, 右手秉翟)"라는 구절이 있으니, 약(籥)과 적(翟: 꿩 깃털)은 모두 춤출 때 쓰는 도구이다. 약(籥)은 모양이 피리와 비슷한 악기로 『맹자·양혜왕(梁惠王) 하』에서 "피리와 소의 음(管籥之音)"이라 한 것으로 알 수 있다. 남약을 춤추었다는 것은 아마 남악을 연주하고 약무를 배합한 것일 것이다.

164 「상소」와 「남약」은 모두 주문왕을 칭송한 춤이므로 두예는 "아름답구나라고 한 것은 그 형용을 찬미한 것이다. 문왕이 자기 대에 미처 태평을 이루지 못한 것을 한한 것이다"라 하였다.

165 두예는 "무왕의 음악이다"라 하였다.

曰,	말하였다.
"美哉!	"아름답군요!
周之盛也,	주나라가 흥성하였을 때
其若此乎!"	이와 같았을 것입니다!"
見舞韶濩者,[166]	「소호」의 춤을 보고는
曰,	말하였다.
"聖人之弘也,	"성인이 크지만
而猶有慙德,[167]	그래도 부끄러운 덕이 있으며
聖人之難也."	성인이 어려워하는 것입니다."
見舞大夏者,[168]	「대하」의 춤을 보고는
曰,	말하였다.
"美哉!	"아름답군요!
勤而不德,[169]	부지런하면서도 덕으로 여기지 않으니

166 소호(韶濩): 『주례·춘관·대사악(春官·大司樂)』에는 「대호(大濩)」로 되어 있다. 정현은 "은탕(殷湯)의 음악이다"라 하였다.

167 참(慙)은 참(慚)과 같으며, 부끄럽다는 뜻. 부끄럽다는 뜻은 계찰이 아마 상탕(商湯)이 걸(桀)을 정벌한 것을 하극상이라고 여겼기 때문에 "그래도 부끄러운 덕이 있다"고 하여 불만을 표출한 것이다.

168 두예는 "우(禹)의 음악이다"라 하였다.

169 『회남자·무칭훈(繆稱訓)』편에 "우임금은 버린 공로가 없고 버린 재물이 없지만 스스로 오히려 불만이 있는 듯 여겼다"는 말이 있는데 이 구절을 해석한 것 같다. 부덕(不德)은 스스로 덕이 있다고 여기지 않는 것이다.

非禹,
우가 아니면

其誰能修之?"[170]
누가 이렇게 닦을 수 있겠습니까?"

見舞韶箾者,[171]
「소소」의 춤을 보고는

曰,
말하였다.

"德至矣哉,
"덕이 지극하고도

大矣!
큽니다!

如天之無不幬也,[172]
하늘에 덮개가 없는 것과 같고

如地之無不載也.
땅이 싣지 않음이 없음과 같습니다.

雖甚盛德,[173]
덕이 아무리 성하다 하여도

其蔑以加於此矣,
여기에 더할 만한 것이 없으니

觀止矣.[174]
구경하는 것을 그만두겠습니다.

若有他樂,
다른 음악이 있다 하더라도

吾不敢請已."[175]
저는 감히 청하지 않을 따름입니다."

---

170 수지(修之): 이 악무를 만들었다는 말이다. 『여씨춘추·고악(古樂)』편에서는 "우임금이 즉위하자 천하가 열심히 일해서 밤낮으로 게을리 하지 않았다. 고요(皐陶)에게 명하여 「하약(夏籥)」을 지어 아홉 번 연주하여 그 공을 밝히게 하였다"라 하였다.

171 소(箾)는 소(簫)와 같다. 「소소(韶箾)」는 「소소(簫韶)」라고도 한다. 『상서·익직(益稷)』에서 "소소(簫韶)를 아홉 번 연주하였다"는 것이 이것이다. 우순(虞舜)의 악무라고 전하여진다.

172 도(幬): 덮는다는 뜻이다.

173 수(雖): 유(唯)와 같은 뜻이다.

174 최대한도로 진선진미(盡善盡美)하므로 그만 구경하겠다고 하였다.

175 청나라 강신영(姜宸英)의 『담원찰기(湛園札記)』에서는 "계찰이 음악을 구경할 때 악공을 시켜 노래하게 하니 처음에는 부르는 것이 어느 나라의 시인지 몰랐다. 소리를 듣고 난 다음에야 구별을 하였으므로 모두 상상한 말이기 때문에 '이는 「위풍」일 것이다!', '주

其出聘也,	그가 출국하여 빙문한 것은
通嗣君也.[176]	왕위를 이은 것을 통보하기 위함이었다.
故遂聘于齊,	그리하여 마침내 제나라를 빙문하였는데
說晏平仲,[177]	안평중을 좋아하여
謂之曰,	그에게 말하였다.
"子速納邑與政.[178]	"그대는 빨리 봉읍과 정권을 돌려주십시오.
無邑無政,	봉읍과 정권이 없으면
乃免於難.	화를 면할 수 있습니다.
齊國之政將有所歸,	제나라의 정권을 귀의하는 곳이 있을 텐데
未獲所歸,	귀의할 곳을 얻지 못하면
難未歇也."[179]	어려움이 그치지 않을 것입니다."

나라가 동천한 것일 것이다!'라 하였다. 춤추는 것을 보고서야 어느 대의 음악인지 알고 직접 본대로 찬양하였을 따름이니 다시 비평하지 않은 것이다"라 하였다.

176 사군(嗣君): 두예는 여채(餘祭)라고 하였고, 가규(賈逵)와 복건(服虔)은 이매(夷昧)라 하였다. 이때 여채는 즉위한 지 4년이 지났으며 계찰이 사신으로 나가기 전에 여채는 이미 피살되었고 이매가 새로 즉위하였으니 가규와 복건의 설이 비교적 믿을 만하다.

177 열(說): 열(悅)과 같다.

178 납(納): 두예는 "납은 공에게 돌려주는 것이다"라 하였다.

179 헐(歇): 식(息), 곧 그치는 것이다.

故晏子因陳桓子以納政與邑,	그러므로 안자는 진환자를 통하여 정권과 봉읍을 돌려주었는데
是以免於欒, 高之難.[180]	이로 인하여 난씨와 고씨의 난을 면하게 되었다.
聘於鄭,	정나라를 빙문해서는
見子産,	자산을 만나 보았는데
如舊相識.	오래전부터 잘 아는 것 같았다.
與之縞帶,[181]	그에게 명주 띠를 주자
子産獻紵衣焉.[182]	자산은 모시옷을 바쳤다.
謂子産曰,	자산에게 말하였다.
"鄭之執政侈,[183]	"정나라의 집정자는 사치로우니
難將至矣,	화난이 이를 것이며
政必及子.	정권은 반드시 그대에게 이르게 될 것입니다.
子爲政,	그대가 정치를 하면
愼之以禮.	예로써 신중히 하십시오.

180 난·고(欒·高)의 난은 소공 10년『전』에 보인다.

181 호(縞): 흰 색의 생견(生絹)이다.
대(帶): 신(紳)이라고도 하며 큰 띠이다.

182 저의(紵衣): 저(紵)는 마(麻)이다. 마로 짠 옷을 저의라 한다.「정세가」에서는 "자신은 계자를 후대했다"라 하였으니 곧 이렇게 서로 선물을 준 것을 말하는 것 같다.

183 집정(執政): 백유(伯有)를 가리킨다.

不然,	그렇지 않으면
鄭國將敗.”	정나라는 무너지게 될 것입니다.”
適衛,	위나라로 가서는
說蘧瑗, 史狗, 史鰌, 公子荊, 公叔發, 公子朝,[184]	거원과 사구, 사추, 공자 형, 공숙발, 공자 조를 보고 기뻐하여
曰,	말했다.
“衛多君子,	“위나라에는 군자가 많으니
未有患也.”	환난이 없을 것입니다.”
自衛如晉,	위나라에서 진나라로 가서
將宿於戚,[185]	척에 묵으려 하다가

184 거원(蘧瑗): 거백옥(蘧伯玉)이다. 『논어·헌문(憲問)』편에서 이른바 “그 허물을 적게 하고자 하나 잘 못하고”, 『회남자·원도(原道)』편에서 이른바 “나이 50이 되어서 49년의 잘못을 알았다”고 한 사람이다.
사구(史狗): 두예는 “사조(史朝)의 아들 문자(文子)이다”라 하였다.
사추(史鰌): 곧 사어(史魚)이다. 또한 정공 13년의 『전』과 『논어·위령공(衛靈公)』편, 『대대예기·보부(保傅)』편에도 보인다.
공자 형(公子荊): 『논어·자로(子路)』편에서 공자가 집에 거처하기를 잘하였다고 하였다.
공숙발(公叔發): 두예는 “공숙문자(公叔文子)이다”라 하였다. 『예기·단궁(檀弓)』편과 『논어·헌문(憲問)』편 등에 모두 그가 행한 일이 실렸었다.
공자 조(公子朝): 소공 20년 『전』의 공자 조가 아니다. 양옥승(梁玉繩)의 『사기지의(史記志疑)』에서는 “공손조(公孫朝)”의 잘못이 아닌가 의심하였다.

185 척(戚): 손문자(孫文子)의 읍이다. 계찰은 아마 오나라〔지금의 소주시(蘇州市)〕에서 먼저 곡부(曲阜)로 갔다가 다시 임치(臨淄)로 갔을 것이다. 임치에서 지금의 신정현(新鄭縣)으로 갔다가 북쪽으로 가서 위(衛)나라의 도읍 제구(帝丘)로 갔으며, 그런 다음에 북쪽으로 가서 척〔지금의 복양시(濮陽市) 북쪽에서 조금 동쪽〕으로 갔다가 다시 서쪽으로 길을 잡아 진(晉)나라로 갔다. 「오세가」에서는 “숙(宿)에서 묵으려고 하였다”라 하였는데 틀렸다. 『색은(索隱)』에서는 억지 해석을 하였는데 믿기 어렵다.

聞鐘聲焉,	종소리가 들리어
曰,	말하였다.
“異哉!	“이상하구나!
吾聞之也,	내가 듣건대
辯而不德,[186]	변란이 있는데 덕을 닦지 않으면
必加於戮.	반드시 죽임을 당한다 하였다.
夫子獲罪於君以在此,	이 사람은 임금에게 죄를 지어 이곳에 있는데
懼猶不足,	두려움이 아직 부족하고
而又何樂?	또한 어떻게 즐긴단 말인가?
夫子之在此也,	이 사람이 여기에 있는 것은
猶燕之巢于幕上.[187]	제비가 장막 위에 둥지를 튼 것과 같다.
君又在殯,[188]	임금이 또한 빈 중에 있는데
而可以樂乎?”	즐길 수가 있단 말인가?”
遂去之.[189]	마침내 그곳을 떠났다.

186 양이승(梁履繩)의 『보석(補釋)』에서는 변(辯)은 변(變)의 뜻으로 읽어야 한다고 하였으며, 신하가 임금을 쫓아낸 것은 바르지 못하다고 하였다. 이미 변란이 일어났는데도 덕을 닦지 않는 것이다.

187 막(幕): 장막(帳幕)이다. 수시로 철거할 수 있는 것이다. 그 위에 제비가 둥지를 틀면 지극히 위험하다.

188 이때 헌공(獻公)이 죽어 아직 장사도 지내지 않았다.

189 두예는 “머물러 묵지 않았다”라 하였다.

文子聞之,	문자가 듣고는
終身不聽琴瑟.[190]	죽을 때까지 금과 슬의 연주를 듣지 않았다.
適晉,	진나라로 가서
說趙文子, 韓宣子, 魏獻子,	조문자와 한선자, 위헌자를 좋아하여
曰,	말하였다.
"晉國其萃於三族乎!"[191]	"진나라는 이 삼족에 모이게 될 것입니다!"
說叔向.	숙상을 좋아하여
將行,	떠나려 하면서
謂叔向曰,	숙상에게 일러 말하였다.
"吾子勉之!	"그대는 힘쓰시오!
君侈而多良,[192]	임금은 사치를 좋아하고 훌륭한 사람이 많으며
大夫皆富,	대부들도 모두 부유하여
政將在家.[193]	정사가 사가에 있게 될 것입니다.

190 두예는 "의를 듣고 고칠 수 있었다"라 하였다. 금슬은 음악 가운데 작은 것이고 종고(鐘鼓)는 음악 가운데 큰 것이다. 이는 작은 것으로 큰 것을 개괄한 것이다.

191 두예는 "진나라의 정치는 이 세 가문에 집중될 것이다"라 하였다.

192 양(良): 양신(良臣)을 이른다.

193 정권이 공실에서 대부에게로 떨어질 것이라는 말이다.

吾子好直,　　그대는 직언을 좋아하니

必思自免於難."　　반드시 스스로 난에서 벗어날 것을 생각해야 합니다."

秋九月,　　가을 9월에

齊公孫蠆, 公孫竈放其大夫高止於北燕.[194]　　제나라 공손채와 공손조가 그 대부 고지를 북연으로 추방했다.

乙未,[195]　　을미일에

出.　　나갔다.

書曰,　　기록하기를

"出奔",　　"달아났다"라 한 것은

罪高止也.　　고지의 죄를 물은 것이다.

高止好以事自爲功,[196]　　고지는 일 꾸미기를 좋아하고 자기의 공으로 삼은 데다

且專,　　전횡을 하였으므로

故難及之.　　난이 미친 것이다.

---

194 두예는 "채는 자미(子尾)이고, 조는 자아(子雅)이다"라 하였다.
방(放): 나라 밖으로 쫓아내는 것이다. 공영달은 손성연(孫星衍)의 『석례(釋例)』를 인용하여 "방(放)이라는 것은 죄를 지어 면직시킨 후 용서하여 멀리 보내는 것이다"라 하였다.

195 을미일은 2일이다.

196 일을 일으키기를 좋아하고 또한 매번 그 일을 자기의 공으로 여기는 것이다.

冬, 겨울에

孟孝伯如晉, 맹효백이 진나라로 갔는데

報范叔也.[197] 범숙의 빙문에 보답하고자 함이었다.

爲高氏之難故, 고씨의 난 때문에

高豎以盧叛.[198] 고수가 노를 기반으로 반란을 일으켰다.

十月庚寅,[199] 10월 경인일에

閭丘嬰帥師圍盧.[200] 여구영이 군사를 거느리고 노를 에워쌌다.

高豎曰, 고수가 말하였다.

"苟使高氏有後, "실로 고씨로 하여금 후손이 있게 한다면

請致邑."[201] 읍을 바치겠습니다."

齊人立敬仲之曾孫酀,[202] 제나라 사람이 경중의 증손을 연에다 세웠으니

197 두예는 "범숙은 사앙(士鞅)이다. 이해 여름에 내빙하였다"라 하였다.

198 노(盧)는 고씨의 봉읍으로 지금의 산동 장청현(長淸縣) 서남쪽, 평음현(平陰縣)의 동북쪽에 있다. 두예는 "수는 고지의 아들이다"라 하였다.

199 경인일은 27일이다.

200 여구영은 일찍이 25년에 노나라로 도망쳐 왔으며, 28년 경씨가 여러 도망자들을 귀국하게 하였는데 영도 아마 이때 제나라로 돌아간 것 같다.

201 두예는 "임금에게 봉읍을 돌려주는 것이다"라 하였다.

202 두예는 "경중(敬仲)은 고혜(高傒)이다"라 하였다. 연(酀)은 곧 나중의 고언(高偃)인데,

良敬仲也.[203]	경중을 어질게 여겼기 때문이다.
十一月乙卯,[204]	11월 을묘일에
高豎致盧而出奔晉,	고수가 노를 바치고 진나라로 달아나니
晉人城緜而寘旃.[205]	진나라가 면에 성을 쌓아 그곳에 거처하게 했다.

鄭伯有使公孫黑如楚,[206]	정나라 백유가 공손흑으로 하여금 초나라에 가게 하였더니
辭曰,	사양하여 말하였다.
"楚, 鄭方惡,	"초나라와 정나라는 바야흐로 사이가 나쁜데
而使余往,	저를 가게 하는 것은

연(鄢)과 언(偃)은 음이 가까워 통하여 쓸 수 있다. 공영달의 주석에서는 두 번 『세본(世本)』을 인용하였는데 한번은 고지는 경중의 현손의 아들이라 하였고, 한번은 고언이 경중의 현손이라 하였다. 그러나 옛 사람들은 손자 이후의 자손은 몇 대를 뛰어넘은 것을 막론하고 모두 증손(曾孫)이라 할 수 있었으며 꼭 손자의 아들이라야 증손으로 불렀던 것은 아니다. 『시경 · 소아 · 신남산(小雅 · 信南山)』에 "잘 일구신 언덕과 진펄, 증손자가 경작하네(畇畇原隰, 曾孫田之)"라는 구절이 있는데, 공영달은 정현의 말을 인용하여 "손자 이하 선조를 섬기면 모두 증손이라 하였다"라 한 것이 이를 말한다.

203 두예는 "양(良)은 현(賢)과 같다"라 하였다.

204 을묘일은 23일이다.

205 면(緜): 곧 면상(緜上)이며 또한 곧 개산(介山)인데, 지금의 산서 개휴현(介休縣) 동남쪽이다.
전(旃): 지언(之焉)의 합음자이다.

206 두예는 "흑은 자석(子晳)이다"라 하였다.

是殺余也."	저를 죽이는 것이오."
伯有曰,	백유가 말하였다.
"世行也."	"대대로 갔소."
子晳曰,	자석이 말하였다.
"可則往,	"갈 만하면 가고
難則已,	어려우면 그만이지
何世之有?"[207]	어찌 대대로 갔다고 그러시오?"
伯有將强使之.	백유가 억지로 그를 보내려고 하였다.
子晳怒,	자석이 노하여
將伐伯有氏,	백유씨를 치려고 하니
大夫和之.[208]	대부들이 그들을 화해시켰다.
十二月己巳,[209]	12월 기사일에
鄭大夫盟於伯有氏.	정나라 대부가 백유씨에게 맹세했다.
裨諶曰,[210]	비심이 말했다.
"是盟也,	"이 맹세가
其與幾何?[211]	얼마나 갈 것인가?

207 갈 만하면 가고 위난이 있으면 그만두어서 이른바 대대로 사자가 되는 것은 없다는 것이다.

208 양측 집안이 무력을 쓰려 하자 나머지 대부들이 화해를 시킨 것이다.

209 기사일은 7일이다.

210 비심(裨諶): 『고금인표(古今人表)』에는 비침(卑湛)으로 되어 있고, 『논어·헌문(憲問)』편에는 그대로 비심(裨諶)으로 되어 있다.

詩曰,	『시』에서 말하기를
‘君子屢盟,	‘군자가 자주 맹세하니
亂是用長.’[212]	난리 이 때문에 불어나리라’라 하였다.
今是長亂之道也,	지금 이것이 난리가 불어나는 길이니
禍未歇也,	화가 그치지 않고
必三年而後能紓.”[213]	필히 3년 후에야 풀릴 것이다.”
然明曰,	연명이 말하였다.
“政將焉往?”	“정권은 어디로 갈 것 같소?”
裨諶曰,	비심이 말하였다.
“善之代不善,[214]	“선인으로 악인을 대신하는 것이
天命也,	천명이니
其焉辟子產?[215]	그 어찌 자산을 피해 가겠는가?
擧不踰等,	등용에 등급을 넘지 않으니
則位班也.[216]	서열도 그 자리에 있다.

211 곧 “其幾何歟”가 변한 구절이다. 오래 갈 수 없다는 말이다.
212 『시경·소아·교언(小雅·巧言)』의 구절이다. 환공 12년의 『전』에도 이 구절을 인용하였다.
213 서(紓): 해제(解除)하다.
214 좋은 사람으로 나쁜 사람을 바꾸는 것이다.
215 피(辟)는 피(避)와 같다. 두예는 “정권이 반드시 자산에게로 돌아갈 것이라는 말이다”라 하였다.
216 서열대로라면 자산이 집정하여야 한다는 말이다.

擇善而擧,	선인은 택하여 등용한다면
則世隆也.[217]	세상에서 높일 것이다.
天又除之,[218]	하늘이 또 그들을 소제하느라 그러는지
奪伯有魄,[219]	백유의 넋을 빼앗고
子西卽世,[220]	자서는 세상을 떠나게 하였으니
將焉辟之?[221]	자산이 어찌 회피할 수 있겠는가?
天禍鄭久矣,	하늘이 정나라에 화를 내린 지가 오래되었으니
其必使子産息之,	반드시 자산으로 하여금 종식시켜
乃猶可以戾.[222]	이에 그런대로 안정을 시킬 수 있을 것이다.
不然,	그렇지 않으면
將亡矣."	곧 망할 것이다."

217 선인(善人)을 등용한다면 자산이 세상에서 중시될 것이라는 말이다.

218 제지(除之): 자산을 위해 길을 깨끗이 치워 주다.

219 『대대예기·소한(小閒)』편에 "하나라와 상나라 같은 경우는 하늘이 그 넋을 빼앗아(天奪之魄) 덕을 내지 않았다"는 말이 있으니 남에게 나쁜 짓을 하면 하늘이 넋을 뺏는다고 한다. 이는 백유가 선종을 하지 못할 것이라는 말이다.

220 서열을 가지고 보면 백유가 집정을 하여야 하는데 그 사람이 악행으로 죽은 것이다. 그 다음 서열이 자서인데 자서 또한 이미 죽었다.

221 정나라의 정권을 잡는데 자산이 그 책임을 사양하지 못할 것이라는 것이다.

222 여(戾): 안정시키다.

양공 30년

經

三十年春王正月,[1]	30년 봄 주력으로 정월에
楚子使薳罷來聘.[2]	초자가 원파로 하여금 내빙케 했다.
夏四月,	여름 4월에
蔡世子般弒其君固.	채나라 세자 반이 그 임금 고를 죽였다.
五月甲午,[3]	5월 갑오일에
宋災,	송나라에 재난이 발생하여
宋伯姬卒.[4]	송백희가 죽었다.
天王殺其弟佞夫.[5]	천자가 그 아우 영부를 죽였다.
王子瑕奔晉.	왕자 하가 진나라로 달아났다.
秋七月,	가을 7월에
叔弓如宋,	숙궁이 송나라로 가서
葬宋共姬.[6]	송나라 공희를 장사 지냈다.

---

1 삼십년(三十年): 무오년 B.C. 543년으로, 주경왕(周景王) 2년이다. 동지가 정월 초10일 신축일로 건자(建子)이다.

2 피(罷): 『공양전』에는 파(頗)로 되어 있으며, 이하 마찬가지이다.

3 갑오는 5일이다.

4 『공양전』과 『곡량전』에는 "백희" 위에 "송"자가 없다.

5 영부(佞夫)는 『공양전』에는 "연부(年夫)"로 되어 있다.

6 『곡량전』에는 "공희" 위에 "송"자가 없다.

鄭良霄出奔許,　　정나라 양소가 허나라로 달아나

自許入于鄭,　　허나라에서 정나라로 들어갔는데

鄭人殺良霄.　　정나라 사람이 양소를 죽였다.

冬十月,　　겨울 10월에

葬蔡景公.[7]　　채나라 경공을 장사 지냈다.

晉人, 齊人, 宋人, 衛人, 鄭人, 曹人, 莒人, 邾人, 滕人, 薛人, 杞人, 小邾人會于澶淵,　　진나라 사람과 제나라 사람, 송나라 사람, 위나라 사람, 정나라 사람, 조나라 사람, 거나라 사람, 주나라 사람, 등나라 사람, 설나라 사람, 기나라 사람, 소주 사람이 전연에서 회합하였는데

宋災故.　　송나라의 재난 때문이었다.

傳

三十年春王正月,　　30년 봄 주력으로 정월에

楚子使薳罷來聘,　　초자가 원파로 하여금 내빙케 했는데

通嗣君也.[8]　　왕위를 계승하였음을 통고하기 위함이었다.

---

7 『전』이 없다.

8 두예는 "겹오(郟敖)가 즉위한 것이다"라 하였다. 문공 9년 초나라가 월초(越椒)를 보내어 노나라를 빙문하게 한 이래 이때까지 75년이 지나도록 서로 빙문한 적이 없었다. 이해 이

穆叔問王子圍之爲政何如.[9]	목숙이 왕자 위의 정사를 돌봄이 어떤가 물었다.
對曰,	대답하여 말하였다.
"吾儕小人食而聽事,	"우리네 소인배들이야 밥이나 먹고 하는 일을 따라도
猶懼不給命,[10]	오히려 명하신 대로 못하여
而不免於戾,	죄를 못 면할까 두려우니
焉與知政?"	어찌 정사를 돌봄에 참여하겠습니까?"
固問焉,	굳이 그에게 물어보았으나
不告.	알려 주지 않았다.
穆叔告大夫曰,	목숙이 대부에게 일러 말하였다.
"楚令尹將有大事,[11]	"초나라 영윤이 큰일을 일으키려 하고
子蕩將與焉助之,[12]	자탕이 참여하여 도와주려면서
匿其情矣."	그 속마음을 숨기고 있습니다."

후로는 오나라 초나라를 막론하고 아무도 빙문을 하러 오지 않는다.

9 원래는 "위(圍)"자가 없었으며『석문(釋文)』한 판본에 있었고, 두예의 주석본에도 있어서 그에 따라 추가하였다. 두예는 "왕자위는 영윤이다"라 하였다.

10 불급명(不給命): 급(級)은 족(足)과 같은 뜻이다. 사명을 완수하기에도 부족하다는 것을 말한다.

11 왕을 죽이고 스스로 즉위하려는 것을 말한다.

12 자탕(子蕩): 원파(薳罷)의 아들이다. 이 구절의 "조지(助之)"는 아래 구절로 붙여 읽기도 하나 여기서는 다케조에 고코(竹添光鴻)의『회전(會箋)』을 따랐으며, 더 낫다.

子產相鄭伯以如晉,	자산이 정백을 도와 진나라로 갔는데
叔向問鄭國之政焉.	숙상이 그에게 정나라의 정치를 물었다.
對曰,	대답하여 말했다.
"吾得見與否,	"제가 여부를 알 수 있는 것이
在此歲也.	올해에 있을 것입니다.
駟, 良方爭,[13]	사씨와 양씨가 바야흐로 다투고 있는데
未知所成.[14]	조정이라고 하는 것을 모릅니다.
若有所成,	조정이 있으면
吾得見,	제가 볼 수 있어서
乃可知也."	곧 알 수 있을 것입니다."
叔向曰,	숙상이 말하였다.
"不旣和矣乎?"	"이미 화해하지 않았습니까?"
對曰,	대답하여 말했다.
"伯有侈而愎,[15]	"백유는 사치롭고 강퍅하며
子晳好在人上,	자석은 남의 위에 있기를 좋아하여

13 사·량(駟·良): 사씨는 자석(子晳)이고, 양씨는 백유(伯有)이다.
14 성(成): "대부들이 그들을 화해시켰다(大夫和之)"라 할 때의 화(和)와 같은 뜻이다. 지금의 조정이라는 뜻이다.
15 교만하고 사치로우며 고집이 센 것을 말한다.

莫能相下也.	아무도 지려 하지 않습니다.
雖其和也,	화해를 하더라도
猶相積惡也,	오히려 서로 증오가 쌓여
惡至無日矣."[16]	증오가 극에 달할 날이 머지않았습니다."

二月癸未,[17]	2월 계미일에
晉悼夫人食輿人之城杞者,[18]	진나라 도공의 부인이 역졸(役卒)로 기나라에 성을 쌓은 자들에게 먹을 것을 내렸는데
絳縣人或年長矣,[19]	강현의 어떤 사람들은 나이가 많은데
無子而往,[20]	자식이 없어 직접 갔으며
與於食.	먹을 것을 내리는데 참석하였다.

---

16 오래지 않아 곧 폭발할 것이라는 말이다.

17 이월(二月): 원래는 "삼월(三月)"로 되어 있던 것을 여기서는 완원의 『교감기』 및 가나자와문고본(金澤文庫本)을 따라 바로잡았다. 계미일은 22일이다.

18 여인(輿人): 곧 기(杞)나라에 성을 쌓은 역졸(役卒)로 희공 28년 『전』의 여인(輿人)과 같은 뜻이며, 소공 4년 『전』의 여인은 천리(賤吏)이다. 기나라에 성을 쌓은 것은 작년의 일인데 이는 기나라의 성을 다 쌓고 진나라로 이미 돌아간 자로 진도공의 부인이 위로를 하려고 음식을 내린 것이다.

19 혹(或): 어떤 사람이다. 이 사람의 성명은 모르는데 혜동(惠棟)의 『보주(補注)』에서는 곧 『맹자·만장(萬章) 하』의 해당(亥唐)이라고 하였고, 또한 곧 『태평어람』 권37에서 인용한 『한자(韓子)』의 당해(唐亥)라고도 하였는데 이는 천착부회(穿鑿附會)한 것으로 믿을 수가 없다.

20 자식이 없기 때문에 가서 기나라의 성을 쌓은 것이다.

有與疑年,[21]	어떤 사람이 그의 나이를 의심하여
使之年.[22]	그 나이를 말하게 하였다.
曰,	말하였다.
"臣.	"신은
小人也,	소인으로
不知紀年.	나이를 기록할 줄 모릅니다.
臣生之歲,	신이 난 해는
正月甲子朔,	정월 갑자일이 초하루였고
四百有四十五甲子矣,[23]	445갑자가 되었고
其季於今三之一也."[24]	그 나머지는 오늘까지 3분의 1입니다."
吏走問諸朝.[25]	관리가 조정으로 달려가서 물어보았다.
師曠曰,	사광이 말하였다.

---

21 『주례·지관·향대부(鄕大夫)』에 의하면 도읍에서는 20세(7척)에서 60까지, 지방에서는 15세(6척)에서 65세까지는 역사가 있으면 가야 했다. 이 사람은 너무 늙은 것 같아 그 나이를 의심한 것이다.

22 두예는 "그 나이를 말하게 한 것이다"라 하였다.

23 60일이 한 갑자인데 이미 445갑자가 지난 것이다.

24 기계(其季): 기말(其末), 기여(其餘)와 같다. 445갑자의 마지막 갑자가 금일까지 3분의 1이 돈 갑자이니 갑자에서 계미까지 딱 20일이다.

25 두예는 "모두들 알지 못하였기 때문에 물은 것이다"라 하였다.

“魯叔仲惠伯會郤成子于承匡之歲也.[26]	“노나라 숙중혜백이 승광에서 극성자를 만난 해입니다.
是歲也,	이해에는
狄伐魯,	적이 노나라를 쳐서
叔孫莊叔於是乎敗狄于鹹,	숙손장숙이 이에 함에서 적을 무찔러
獲長狄僑如及虺也, 豹也,	장적교여 및 훼랑 표를 사로잡았는데
而皆以名其子.[27]	모두 그 아들의 이름을 지었습니다.
七十三年矣.”[28]	73년 되었습니다.”
史趙曰,	사조가 말하였다.
“亥有二首六身,	“해(亥)자는 이(二)가 머리가 되고 육(六)이 몸통이 되며
下二如身,	이(二)를 몸 위로 보내면
是其日數也.”[29]	그 날수가 됩니다.”

---

26 두예는 “문공 11년에 있었다”라 하였다. 진나라는 하력을 쓰니 문공 11년 인월(寅月: 正月) 갑자일 초하룻날은 주력으로는 3월이 된다.

27 문공 11년의 『전』에서는 다만 숙손득신(叔孫得臣, 곧 장숙(莊叔))이 장적교여를 사로잡아 이름을 선백(宣伯)이라고 하였다는 것만 말하였다. 선백의 아우로는 숙손표(叔孫豹)가 있으니 이름이 훼(虺)인 것은 아마 숙중소백(叔孫昭伯)일 것이며 자는 대(帶)이다.

28 강(絳) 사람은 B.C. 615년 주력으로 3월 초하룻날 태어났으니 이해까지 치면 74가 되는데, 옛사람들은 태어난 해도 나이에 더하였으니 74세가 실수가 된다.

29 『설문(說文)』에는 해(亥)자가 㐶로 되어 있으며, 이사(李斯)가 쓴 비문에는 해(亥)자의 방(旁) ㄒ|이 모두 정(丁)자형으로 되어 있으므로 제가(諸家)들이 말하는 해(亥)가 이(二)의 머리를 갖고 있다는 것은 곧 위의 두 획의 이(二)로 2만을 대표한다. 육(六)이 몸통이 된다는 것은 옛날 사람들은 계산을 할 때 육(六)을 어떨 때는 ⊥로 쓰고 어떨 때는 ⊤라

士文伯曰,
사문백이 말하였다.

“然則二萬六千六百有六旬也.”[30]
“그렇다면 2만 6천660일입니다.”

趙孟問其縣大夫,[31]
조맹이 그 현의 대부를 물었더니

則其屬也.[32]
그의 속리였다.

召之而謝過焉,[33]
그를 불러 사과하고는

曰,
말하였다.

“武不才,
“내가 재주가 없어

任君之大事,
임금의 큰일을 맡았는데

以晉國之多虞,[34]
진나라에 근심이 많아

하였으니 결론적으로 가로획은 5이고 세로획은 1이 되어 5에다 1을 더하면 6이 되는 것이다. [illegible]은 모두 육(六)의 숫자로 구성한 것이다. 이(二)를 몸 위로 보낸다는 것은 위쪽의 이(二)를 아래에 두면 육(六)을 몸통으로 한 몸통이 되니 그 형태는 [illegible]가 되어 옛 숫자로 하면 2666이 된다. 이런 설법(說法)은 소전(小篆)의 글자만을 가지고 말한 것으로 천착에 가깝다. 청나라 왕단리(王端履)의 『중론문재필록(重論文齋筆錄)』에서는 또한 왕소란(王紹蘭)의 설을 인용하여 상종(商鐘)의 명(銘)의 “길일정해(吉日丁亥)”의 해(亥)가 “[illegible]”로 되어 있는데 2가 머리가 되고 6이 몸이 되는 것과 딱 부합한다 운운하였는데 또한 반드시 정확하지는 않다. 춘추전국시대에는 각국의 자체(字體)가 원래 그다지 통일되지 않았는데 사조나 진나라의 당시 자체를 가지고 말하였으니 지금은 억지로 해석을 할 필요가 없다. 이 구절을 말한 것은 매우 많으나 모두 인용하지는 않는다.

30 육천(六千)은 완각본에는 이천(二千)으로 잘못 되어 있는데, 여기서는 가나자와 문고본(金澤文庫本)과 『석경』, 순희본을 따라 정정하였다. 노인이 445갑자를 지났고 마지막 갑자는 3분의 1밖에 지나지 않았다고 하였으므로 실은 224번의 60일에다 20일을 지났으므로 모두 합하면 2만 6천660일이 된다. 여기서 말한 2만 6천660은 2만 6천660일이며, 또 6순(旬), 60일이다.

31 노인에게 그 현의 대부가 누구인가 물은 것이다.

32 곧 조무의 속리이다.

33 사과(謝過): 미안하다는 뜻이다.

34 우(虞): 근심하다.

不能由吾子,[35]	그대를 쓰지 못하여
使吾子辱在泥塗久矣,	그대로 하여금 욕되이 진흙에 오래 있도록 하였으니
武之罪也.	저의 죄입니다.
敢辭不才."	감히 저의 재주 없음에 사죄드립니다."
遂仕之,	마침내 그를 임용하여
使助爲政.	정사를 돕게 하였다.
辭以老.	늙었다고 사양하였다.
與之田,	그에게 전지를 주고
使爲君復陶,[36]	임금을 위해 요역을 면제하는 일을 하게 하여

35 유(由): 두예는 "유는 쓴다는 뜻이다"라 하였다.

36 복요(復陶): 소공 12년『전』에 "왕은 가죽 모자를 쓰고 진나라 복요를 입었다(王皮冠, 秦復陶)"는 말이 있는데 두예는 "진나라가 준 깃털 옷이다"라 하였으니 복요는 의복의 이름이다. 두예는 이곳에서는 "복요는 의복을 주관하는 관직이다"라 하였으니 혹 곧 이것으로 추측한 것일 것이다.『계사존고(癸巳存稿)』권1에서는 "사위군(使爲君)이라는 것은 사람으로 하여금 임금의 명을 전하게 하는 것이다. 복(復)이라는 것은 사복(賜復: 세금을 면제함)의 복이다. 요(陶)는 고요(皐陶)의 요로, 요(陶)는 요(繇)와 통한다. 그 전지를 더해 주었다 하였으니 임금의 명으로 그 요역을 면해 주고 벼슬을 주어 강의 현사가 된 것이다"라 하였다. 아래에서 "강의 현사가 되었다" 하였으니 진나라 임금의 의복을 주관하는 관직을 겸할 수는 없었을 것이다. 아마 현사(縣師)는 교외에 있으며 의복을 주관하는 관리는 공궁에 있다. 유월(兪樾)의 설이 통하기는 하지만 "위군(爲君)"을 "사람으로 하여금 임금의 명을 전하게 하는 것"이라 한 것은 글자를 더하여 풀이한 것으로 곡해한 것 같다. 위군복요(爲君復陶)라는 것은 임금을 위해 요역의 면제를 처리해 주는 일로 이로 인하여 강의 현사가 된 것이다.

以爲絳縣師,[37]
강의 현사가 되었으며

而廢其輿尉.[38]
그 여위를 파면하였다.

於是魯使者在晉,
이때 노나라의 사자가 진나라에 있었는데

歸以語諸大夫.
돌아가서 이 일을 여러 대부에게 말하였다.

季武子曰,
계무자가 말하였다.

"晉未可媮也.[39]
"진나라는 깔볼 수가 없다.

有趙孟以爲大夫,[40]
조맹 같은 이가 대부가 되고

有伯瑕以爲佐,[41]
백하 같은 이가 보좌하며

有史趙, 師曠而咨度焉,[42]
사조와 사광 같은 사람이 고문이 되고

有叔向, 女齊以師保其君.[43]
숙상과 여제 같은 사람이 임금의 사보가 되었다.

---

37 현사(縣師): 두예는 "현사는 지역을 관장하여 민가와 백성을 다스린다"라 하였다.

38 폐(廢): 면직(免職)하는 것이다.
여위(輿尉): 요역의 징발을 관장하는 자로 홀아비 늙은이를 요역에 보냈으므로 면직한 것이다.

39 유(媮): 박대하다. 여기서는 경시하다의 뜻으로 쓰였다.

40 대부(大夫): 이곳의 대부는 경대부(卿大夫)라 할 때의 대부의 뜻과는 구별되며, 조무는 기실 진나라의 국정을 맡았으니, 대부는 상경(上卿)과 같다.

41 백하(伯瑕): 사개(士匄)의 자로 곧 사문백(士文伯)이다.

42 자탁(咨度): 지금의 고문(顧問), 자문(諮問)이다.

43 「진어 7」에는 사마후가 진도공의 질문에 대답하기를 양설힐(羊舌肸)은 『춘추』에 익숙하다고 하는 것이 실려 있다. 이에 숙상을 불러 태자 표(彪)의 스승이 되게 하였으니 숙상은 평공(平公)이 태자였을 때 곧 그 스승이었다. 「진어 8」에서는 또한 "숙상이 사마후의

其朝多君子,	그 조정에 군자가 많으니
其庸可媮乎![44]	어찌 깔볼 수가 있겠는가!
勉事之而後可."	그들을 열심히 섬긴 후에야 될 것이다."

夏四月己亥,[45]	여름 4월 기해일에
鄭伯及其大夫盟.[46]	정백과 그 대부가 맹약하였다.
君子是以知鄭難之不已也.[47]	군자는 이로써 정나라의 난이 그치지 않을 것임을 알았다.

蔡景侯爲大子般娶於楚,	채경후가 태자 반을 위해 초나라에서 아내를 맞아 주었는데
通焉.[48]	사통을 하였다.
大子弑景侯.	태자가 경후를 죽였다.

아들을 보자 어루만지고 눈물을 흘리며 말하기를 '그 아버지가 죽은 후 함께 일을 논할 사람이 없어졌습니다. 옛날에는 그 아버지가 시작한 것을 내가 끝내고, 내가 시작한 것을 아버지가 끝내면 옳지 않은 것이 없다'고 하였습니다"라 하였다. 이로써 숙상과 여제가 함께 사보가 된 것을 알 수 있다.

44 용(庸): 어찌.

45 4월에는 기해일이 있을 수 없다.

46 두예는 "사(駟)씨와 양(良)씨가 다투기 때문이다"라 하였다.

47 작년에 여러 대부가 맹약하였고, 금년에는 정나라의 군신이 함께 맹약하였으니 난이 끊이질 않았기 때문이다.

48 28년『전』에서 자산이 이미 말하였다.

初,	처음에
王儋季卒,[49]	왕의 아우 담계가 죽자
其子括將見王,	그 아들 괄이 왕을 뵙고는
而歎.[50]	한숨을 쉬었다.
單公子愆期爲靈王御士,[51]	단의 공자 건기가 위영왕의 어사가 되어
過諸廷,[52]	조정을 지나다가
聞其歎,	그 한숨 소리를 듣고
而言曰,	말하였다.
"烏乎![53]	"아아!
必有此夫!"[54]	반드시 이것을 가질 것이다!"
入以告王,	들어가서 왕에게 알리고는
且曰,	또한 말하였다.
"必殺之!	"반드시 죽이셔야 합니다!
不慼而願大,[55]	슬퍼하지는 않고 바람이 크며

49 두예는 "담계는 주영왕의 아우이다"라 하였다.

50 두예는 "괄이 상(喪)을 마치고 영왕을 뵙기 위해 조정에 들어가 한숨을 쉰 것이다"라 하였다.

51 어사(御士): 시어(侍御)하는 사이다.

52 제(諸): 조사로 "어(於)"자의 뜻으로 쓰였다. 두예는 "건기가 조정을 지나가는 것이다"라 하였다.

53 오호(烏乎): 오호(嗚呼)와 같다.

54 두예는 "이 조정의 정권을 가지려 한다는 것이다"라 하였다.

視躁而足高,[56]	시선이 일정치 않고 발이 높으니
心在他矣.	마음이 다른 데 있습니다.
不殺,	죽이지 않으면
必害."	반드시 해가 됩니다."
王曰,	왕이 말하였다.
"童子何知!"[57]	"동자가 무얼 아느냐!"
及靈王崩,	영왕이 죽자
儋括欲立王子佞夫.[58]	담괄이 왕자 영부를 세우려 하였다.
佞夫弗知.	영부는 그것을 알지 못하였다.
戊子,[59]	무자일에
儋括圍蔿,[60]	담괄이 위를 에워싸고
逐成愆.[61]	성건을 쫓아냈다.

55 척(戚): 『설문(說文)』에는 척(慽)으로 되어 있으며, 근심한다는 뜻이다. 그 아버지가 죽어서 상복을 벗자마자 이미 남은 슬픔이 없으며, 조정에 이르러서는 바람이 매우 크다는 것이다.

56 시조(視躁): 곳곳을 둘러보는 것을 말한다.
족고(足高): 환공 13년 『전』에서 "걸음걸이가 높아 마음이 견고하지 못하기 때문이다(擧趾高, 必不固矣)"라 한 것과 같다.

57 동자(童子): 단건기(單愆期)를 가리킨다. 성공 16년 『전』에서 범문자(范文子)가 그 아들에게 "동자가 무엇을 알겠습니까?(童子何知焉)"라 하였고, 「진어 5」에서는 수무자(隨武子)가 아들에게 "너는 동자이다(爾童子)"라 하였는데, 동자는 모두 나이가 어리고 무지한 사람을 말한다.

58 두예는 "영부는 영왕의 아들이며 경왕의 아우이다"라 하였다.

59 무자일은 28일이다.

60 위(蔿)는 은공 11년 『전』의 『주』에 보인다.

61 5대 10국(五代十國) 후촉(後蜀) 때 풍계선(馮繼先)의 『춘추명호귀일도(春秋名號歸一圖)』

成愆奔平畤.[62]	성건은 평치로 달아났다.
五月癸巳,[63]	5월 계사일에
尹言多, 劉毅, 單蔑, 甘過, 鞏成殺佞夫.[64]	윤언다와 유의, 단말, 감과, 공성이 영부를 죽였다.
括, 瑕, 廖奔晉.[65]	괄과 하, 요는 진나라로 달아났다.
書曰,	기록하기를
"天王殺其弟佞夫",	"천자가 그 아우 영부를 죽였다"라 한 것은
罪在王也.[66]	죄가 왕에게 있음을 말한 것이다.

或叫于宋大廟,[67]	누군가 송나라 태묘에서 외치어

에서는 『석례(釋例)』에 의거하여 단공자 건기와 성건이 한 사람이라고 하였다. 금본 『세족보(世族譜)』의 잡인(雜人)에서는 건기와 성기를 병렬하였다. 두예는 "성건은 위읍의 대부이다"라 하였다.

62 평치(平畤): 두예는 "주나라의 읍이다"라 하였다. 또한 낙양(洛陽)과 멀지 않을 것이다.

63 계사일은 4일이다.

64 두예는 "다섯 사람은 주나라의 대부이다"라 하였다. 양이승(梁履繩)의 『보석(補釋)』에서는 "윤언다와 유, 단은 동렬(同列)이며 대대로 윤씨의 경이 되었음이 틀림없다. 두씨의 『세족보』에서는 윤언다를 잡인(雜人)이라 하였는데 어찌 그 가계가 상세하지 않은가?"라 하였다. 만씨(萬氏)의 『씨족략(氏族略)』에서는 윤언다는 무공(武公)의 후손이라고 하였는데 또한 그 근거를 모르겠다.

65 『춘추』에는 "왕자하가 진나라로 달아났다"라고만 기록하고 담괄과 요는 기록하지 않았는데, 두예는 괄과 요가 천하였기 때문이라고 하였다. 혹자는 괄이 난리를 일으킨 우두머리로 실로 쫓겨나야했기 때문에 하를 기록하고 괄은 생략했다고 하였다.

66 두예는 "영부가 몰랐기 때문이다. 『경』에서는 '송나라에 재난이 발생하였다'라 한 아래에 기록하였는데 알려 온 순서를 따른 것이다"라 하였다.

67 규(叫): 크게 외치다.
태묘(大廟): 곧 애공 26년 『전』의 대윤이 태궁(大宮)에 공을 초빈(草殯)하였다 한 태궁으

曰,	말하였다.
"譆譆,	"희희,
出出."[68]	출출."
鳥鳴于亳社,[69]	박사에서 새가 울었는데
如曰,	마치
"譆譆."	"희희" 하는 것 같았다.
甲午,	갑오일에
宋大災.	송나라에 큰 화재가 났다.
宋伯姬卒,	송나라의 백희가 죽었는데
待姆也.[70]	보모(保姆)를 기다렸기 때문이다.

로 미자(微子)의 사당일 것이며, 춘추의 열국들은 모두 처음으로 봉하여진 임금의 대묘를 세웠다.

68 "희희출출"은 의성어이다.

69 박사(亳社): 송나라에는 박사(亳社)가 있는데, 아마 송나라는 은상(殷商)의 후손일 것이다. 애공 4년의 『경』에서 "박사에서 화재가 났다"라 한 것은 노나라의 박사이다.

70 모(姆): 두예는 "모는 여사(女師)이다"라 하였다. 『공양전』 하휴(何休)의 주석에서는 "예법에 후부인(后夫人)은 반드시 부모(傅母)가 있었는데 행실을 바르게 하고 몸을 보호하는 것을 보필하고자 함이었다. 늙은 대부를 뽑아 부(傅)로 삼고 늙은 대부의 부인을 뽑아 모(母)로 하였다"라 하였다. 『곡량전』에서는 말하였다. "백희의 집에 불이 일어나자 좌우에서 '부인 잠시 불을 피하셔야지요?'라 하자 백희가 '부인의 올바른 행동은 부모(傅母)가 없으면 밤에 대청을 내려가지 않는 것이다'라 하였다. 좌우에서 또 '부인 잠시 불을 피하셔야죠?'라 하니 백희가 '부인의 올바른 행동은 부모(傅母)가 없으면 밤에 대청을 내려가지 않는 것이다'라 하였다. 마침내 불길이 미쳐 죽었다." 『공양전』에서는 말하였다. "송나라에 화재가 일어났는데 백희가 그곳에 있었다. 유사가 알려 말하였다. '불길이 이르니 나가시지요.' 백희가 말하였다. '안 된다. 내가 듣기에 부인이 밤에 나갈 때는 부모가 보이지 않으면 대청에서 내려가지 않는다.' 부(傅)는 이르렀는데 모(母)가 이르지 않아 불길이 미쳐 죽었다."

君子謂宋共姬,	군자가 공희를 일러 말하였다.
"女而不婦.	"규녀의 행동이지 부녀로서의 행동이 아니었다.
女待人,	규녀는 사람을 기다리지만
婦義事也."[71]	부녀는 옳은 일을 기다려야 한다."
六月,	6월에
鄭子産如陳莅盟,	정나라 자산이 진나라에 가서 맹약에 임하고
歸,	돌아와
復命.	복명하였다.
告大夫曰,	대부들에게 일렀다.
"陳,	"진나라는
亡國也,	망할 나라이니

71 여자가 시집가지 않았으면 여(女)라 하고, 이미 시집을 갔으면 부(婦)라 한다. 군자가 백희의 행동을 일러 여도(女道)이지 부도(婦道)는 아니라고 하였다. 여도는 보부(保傅)가 없으면 대청을 내려가지 않아야 하지만 부도는 편의대로 행동을 할 수 있는데 하필이면 불구덩이 속에 장사를 치르는가 하는 말이다. 백희는 송공공(宋共公)의 부인이므로 또한 송공희(宋共姬)라고도 한다. 공공에게 시집온 것이 성공 9년이었는데 시집온 지 6년 만에 공공이 죽어 과부살이를 한 지가 34년이며 이때는 나이가 이미 60 남짓 되었을 것이다. 좌씨는 당시 사람들의 논의를 들어 공희의 행동이 현명하지 않다고 보았으며, 『공양전』, 『곡량전』 및 『회남자·태족훈(泰族訓)』, 『열녀전』 등과는 다르다. 서한 장창(張敞)의 상주문에서도 "임금의 모부인이 대청을 내려갈 때는 부모(傅母)를 따라야 한다"라 하였는데, 『한서·장칭전』에 보이며, 또한 『곡량전』의 뜻을 쓴 것이다.

不可與也.[72]	우호를 맺을 필요가 없습니다.
聚禾粟,	양식을 모으고
繕城郭,	성곽을 수선하여
恃此二者,	이 둘을 믿고는
而不撫其民.	백성들을 위무하지 않습니다.
其君弱植,[73]	임금은 뿌리가 약하고
公子侈,[74]	공자는 사치로우며
大子卑,[75]	태자는 비루하고
大夫敖,[76]	대부는 오만하며
政多門,[77]	정령이 나오는 갈래가 많고
以介於大國,[78]	큰 나라 사이에 끼어 있으니
能無亡乎?	망하지 않을 수 있겠습니까?
不過十年矣."[79]	10년을 넘기지 못할 것입니다."

72 두예는 "우호를 맺을 수가 없다는 것이다"라 하였다.

73 약식(弱植): 뿌리가 든든하지 못하다는 말과 같다. 애공에게는 폐질(廢疾)이 있었다.

74 공자 류(留)를 말한다.

75 태자 언사(偃師)이다.

76 오(敖): 오(傲)와 같다.

77 두예는 "정령이 한 사람에게서 나오지 않는 것이다"라 하였다. 이 네 가지 말은 소공 8년의 『전』을 참조하면 절로 알 수 있다.

78 두예는 "개(介)는 사이에 놓여 있는 것이다"라 하였다. 진나라는 나라는 작은데 대국 사이에 있다는 것을 말한다.

79 두예는 "소공 8년 초나라가 진나라를 멸하는 복선이 된다"라 하였다.

秋七月,	가을 7월에
叔弓如宋,[80]	숙궁이 송나라로 갔는데
葬共姬也.[81]	공희를 장사 지내기 위해서였다.

鄭伯有耆酒,	정나라 백유는 술을 좋아하여
爲窟室,[82]	움을 파고 방을 만들어
而夜飮酒,	밤에 술을 마셨으며
擊鐘焉.	종을 울렸다.
朝至,	아침이 되어도
未已.[83]	그치지 않았다.
朝者曰,	조현 온 사람이 말했다.
"公焉在?"[84]	"주공은 어디 계시오?"
其人曰,[85]	그 사람이 말했다.

---

80 숙궁(叔弓): 『세본』과 『예기·단궁 下』 및 두예의 『세족보』에 의하면 숙궁은 숙로(叔老)의 아들이며 노나라 선공의 아우 숙힐(叔肸)의 증손으로 자숙경숙(子叔敬叔)으로 불리기도 한다.

81 두예는 "백희가 화재의 변을 당한 것을 슬프게 여겨 경을 보내 장례에 참석하게 한 것이다"라 하였다. 소공 3년의 『전』에 의하면 "임금이 죽으면 대부가 조상하고 경이 장례에 참석하며, 부인이 죽으면 사가 조상하고 대부가 송장한다"라 하였다. 이 예법대로라면 숙궁을 송나라로 보내서는 안 되었으므로 두예가 이를 특별한 예로 생각한 것이다.

82 굴실(窟室): 곧 지금의 지하실이다.

83 여러 경대부들이 먼저 백유를 조현하는 것이 제나라의 대부가 경봉을 조현하는 것과 같았다. 조현한 자들이 이미 이르렀는데도 백유는 술 마시기를 아직도 그치지 않은 것이다.

84 공(公)은 백유이다. 백유의 가신이 그 주인을 높여서 백유를 공이라고 부른 것이다. 조현 온 사람들도 그대로 물은 것이다.

"吾公在壑谷."[86]	"우리 주공께선 골짜기의 계곡에 계십니다."
皆自朝布路而罷.[87]	모두들 조당(朝堂)에서 흩어져 헤어졌다.
旣而朝,[88]	얼마 후 조현하고
則又將使子晳如楚,	또 자석을 초나라로 보내 놓고는
歸而飮酒.	돌아와서 술을 마셨다.
庚子,[89]	경자일에
子晳以駟氏之甲伐而焚之.	자석이 사씨의 무장 병력으로 그를 치고 불을 질렀다.
伯有奔雍梁,[90]	백유는 옹량으로 달아나서
醒而後知之.	술에서 깬 후에야 그 사실을 알았다.
遂奔許.	마침내 허나라로 달아났다.
大夫聚謀.	대부들이 모여서 모의를 했다.
子皮曰,	자피가 말하였다.

---

85 기인(其人): 질문을 받은 백유의 가신이다.

86 학곡(壑谷)은 지하실을 가리킨다.

87 포로(布路): 두예는 "포로는 분산된다는 뜻이다"라 하였다. 백유의 조당에서 흩어져 돌아가는 것을 말한다.

88 조(朝): 백유 및 뭇 신하들이 함께 정나라 임금을 조현한 것이다.

89 경자일은 11일이다.

90 옹량(雍梁): 지금의 신정현(新鄭縣) 서남쪽 45리, 장갈현(長葛縣) 서북쪽 약 40리 지점이다. 또한 곧 18년의 옹량으로 그곳에서는 우현(禹縣)의 동북쪽이라고 하였는데, 실은 같은 곳이다.

"仲虺之志云,[91]	"「중훼지지」에서는 말하기를
'亂者取之,	'난리가 발생한 나라는 취하고
亡者侮之.	망한 나라는 모욕을 안긴다.
推亡, 固存,	망한 나라는 밀어내고 남은 나라는 굳게 하는 것이
國之利也.'[92]	나라의 이익이다'라 하였다.
罕, 駟, 豐同生,[93]	한씨와 사씨, 풍씨는 같은 소생인데
伯有汰侈,[94]	백유가 오만하고 사치로워
故不免."[95]	면하지 못한 것이다."
人謂子產就直助彊.[96]	어떤 사람이 자산에게 곧은 편에 서서 강한 자를 도우라고 하였다.
子產曰,	자산이 말하였다.
"豈爲我徒?[97]	"어찌 우리의 무리가 아니겠습니까?
國之禍難,	나라의 화난에

91 중훼(仲虺): 두예는 "중훼는 탕(湯)의 좌상이다"라 하였다.

92 이(利): 14년의 『전』에는 "이(利)"가 "도(道)"로 되어 있다.

93 두예는 "한(罕)은 자피(子皮)이고, 사(駟)는 자석(子晳)이며, 풍(豐)은 공손단(公孫段)이다. 세 가문은 본래 동복형제 간이었다"라 하였다.

94 태(汰): 교만, 오만한 것이다.

95 두예는 "세 가문은 동복 출신인데 백유는 외로운 데다가 사치했기 때문에 망하였다"라 하였다.

96 두예는 "당시에는 자석이 곧고 삼가(三家)가 강하다고 하였다"라 하였다. 이 네 글자(就直助彊)는 다른 사람이 자산에게 한 건의를 개괄한 것이며 원어는 아닐 것이다.

97 도(徒): 두예는 "도는 무리라는 뜻이다. 사(駟)씨와 양(良)씨를 무리로 생각지 않는다는 말이다"라 하였다.

誰知所敝?[98]	누가 그칠 것을 알겠습니까?
或主彊直,	혹 집정자가 강직하면
難乃不生.[99]	화가 어찌 발생하지 않을 것입니까.
姑成吾所."[100]	잠시 내 뜻을 이루겠소."
辛丑,[101]	신축일에
子産斂伯有氏之死者而殯之,[102]	자산이 백유씨의 죽은 자들을 거두어 매장해 주고
不及謀而遂行.[103]	미처 모의도 않고 마침내 떠났다.
印段從之.[104]	인단이 따랐다.
子皮止之.	자피가 그를 막았다.
衆曰,	모두들 말하였다.
"人不我順,[105]	"그 사람은 우리를 따르지 않는데
何止焉?"	무엇 때문에 그를 막는 거요?"

98 폐(敝): 원래는 "경(儆)"으로 되어 있었으나 틀렸을 것이다. 여기서는 가나자와 문고본(金澤文庫本)을 따라 바르게 잡았다. 폐(敝)는 폐(弊)의 가차자로, 『주례·대사마(大司馬)』 정현의 주에서 "폐(弊)는 그치는 것이다"라 하였다.

99 내(乃): 영(寧)의 뜻이다. 어찌. 환난이 어찌 발생하지 않겠는가 하는 것을 말한다.

100 성(成): 정(定)하다의 뜻이다.
소(所): 뜻이다. 이 구절은 잠시 나의 뜻을 이르겠다는 것을 말한다.

101 신축일은 12일이다.

102 빈(殯): 『논어·향당(鄕黨)』의 "우리 집에 빈소를 차리라(於我殯)" 할 때의 빈(殯)이다. 관에 넣고 매장하는 일을 두루 가리킨다.

103 여러 대부들과 모여서 상의도 하지 않고 곧장 떠난 것이다.

104 자산이 훌륭하다고 여겨 그를 따른 것이다.

105 백유 편의 죽은 사람들을 거두어 장사 지내 준 일을 말한다.

子皮曰,	자피가 말하였다.
"夫子禮於死者,	"저분이 죽은 자에게도 예우를 하는데
況生者乎?"	하물며 산 사람이겠는가?"
遂自止之.[106]	결국 직접 그를 저지하였다.
壬寅,[107]	임인일에
子產入.	자산이 들어갔다.
癸卯,[108]	계묘일에
子石入.[109]	자석이 들어갔다.
皆受盟于子皙氏.[110]	모두 자석씨의 집에서 맹약을 받아 냈다.
乙巳,[111]	을사일에
鄭伯及其大夫盟于大宮,[112]	정백 및 대부들이 태궁에서 맹약하고
盟國人于師之梁之外.[113]	사지량의 문밖에서 백성들과 맹세하였다.

106 자산을 저지한 것이다.
107 임인일은 13일이다.
108 계묘일은 14일이다.
109 자석(子石): 곧 인단이다. 위에서 인단이라고 말한 것은 정나라에는 자석(子石)이 두 명 있기 때문이다.
110 자석(子皙)의 집이다.
111 을사일은 16일이다.
112 태궁(大宮): 곧 태묘(太廟)이다. 황숙을 처음으로 임금에 봉했던 사당이다.
113 두예는 "사자량은 정나라의 성문이다"라 하였다.

伯有聞鄭人之盟己也,	백유는 정나라 사람들이 자기 때문에 맹세한 것을 듣고
怒;[114]	노하였으며,
聞子皮之甲不與攻己也,	자피의 갑사들이 자기를 공격하지 않을 것이라는 말을 듣고는
喜,	기뻐하며
曰,	말하였다.
"子皮與我矣."[115]	"자피는 내 편이구먼."
癸丑,[116]	계축일
晨,	새벽에
自墓門之瀆入,[117]	묘문의 배수구로 들어가
因馬師頡介于襄庫,[118]	마사힐을 통하여 양고에서 갑옷을 입혀
以伐舊北門.	옛 북문을 쳤다.
駟帶率國人以伐之.[119]	사대가 백성들을 데리고 그를 쳤다.

114 자기 때문에 백성들이 맹세하였다는 것은 공동으로 자기에게 맞선다는 것이기 때문이다.

115 자피가 도울 것이라고 잘못 생각한 것이다.

116 계축일은 24일이다.

117 「진풍(陳風)」에 「묘문(墓門)」이 있는데 왕일(王逸)은 "진나라의 성문일 것이다"라 하였으므로 두예도 또한 "정나라의 성문"이라고 주석을 달았다. 독(瀆)은 두(竇)의 가차자로 배수구이다.

118 두예는 "마사힐은 자우(子羽)의 손자이다"라 하였다. 힐(頡)의 도움을 빌려 양고의 갑옷을 가져다가 자기의 무리에게 입힌 것이다.

119 두예는 "사대는 자서(子西)의 아들이며 자석(子晳)의 종주(宗主)이다"라 하였다.

皆召子産.[120] 모두 자산을 불렀다.

子産曰, 자산이 말하였다.

"兄弟而及此, "형제이면서도 이 지경이 이르렀으니

吾從天所與."[121] 내 하늘이 편드는 곳을 따르겠다."

伯有死於羊肆.[122] 백유는 양고기 가게에서 죽었다.

子産襚之,[123] 자산이 옷을 입혀 주고

枕之股而哭之,[124] 넓적다리에 누워서 곡을 한 후

斂而殯諸伯有之臣在市側者,[125] 대렴을 하여 저자 곁에 있는 백유의 신하 집에 관을 안치하고

旣而葬諸斗城.[126] 얼마 후 두성에 장사 지냈다.

子駟氏欲攻子産.[127] 자사씨가 자산을 공격하려 하였다.

子皮怒之, 자피가 이 사실에 노하여

---

120 두예는 "사대와 백유가 모두 부른 것이다"라 하였다.

121 양소와 사대는 모두 목공(穆公)의 증손자니 형제의 항렬이고, 자산과 자석, 백석은 모두 목공의 손자이니 또한 형제의 항렬이다. 종천소여(從天所與)는 하늘이 도와 이기는 자를 따르겠다는 것이다.

122 양사(羊肆): 양을 파는 거리이다.

123 시신에 옷을 입하는 것으로, 소렴(小殮)을 말한다.

124 침지고(枕之股): 그 넓적다리를 벤 것이다. 지(之)는 기(其)자의 뜻으로 쓰였다. 백유의 넓적다리를 베개로 삼은 것이다.

125 렴(斂): 대렴(大斂)으로 시신을 입관하는 것이다. 빈(殯)은 관을 안치시키는 것이다.

126 두성(斗城): 지금의 하남 폐진류현(廢陳留縣, 곧 지금의 진류진(陳留鎭)) 남쪽 35리, 통허현(通許縣) 동북쪽에 있다.

127 자사씨(子駟氏): 곧 사씨(駟氏)로, 숙궁(叔弓)과 숙로(叔老)를 자숙씨(子叔氏)라고 하는 것과 같다. 사씨가 자산을 불렀는데 가지 않았으며 또 백유를 장사 지내 주었으므로 공격하려고 한 것이다.

曰,	말하였다.
“禮,	“예는
國之幹也.[128]	나라의 뼈대요.
殺有禮,[129]	예가 있는 사람을 죽인다면
禍莫大焉.”	이보다 더 큰 화는 없소.”
乃止.[130]	이에 그만두었다.
於是游吉如晉還,	이때 유길이 진나라에 갔다가 돌아왔는데
聞難,	난리가 났다는 말을 듣고
不入.	들어가지 않았다.
復命于介.[131]	부사에게 복명하게 하였다.
八月甲子,[132]	8월 갑자일에
奔晉.	진나라로 달아났다.
駟帶追之,	사대가 그를 추격하여
及酸棗.[133]	산조에 이르렀다.
與子上盟,	자상과 맹약하고

128 간(幹): 골간(骨幹), 지주(支柱)와 같다.
129 유례(有禮): 예가 있는 사람.
130 두예는 “백유를 염을 하여 장사 지내 준 것을 예가 있는 것으로 여긴 것이다”라 하였다.
131 개(介): 유길의 부관이다. 부관을 시켜 도성에 들어가 대신 복명하게 한 것이다.
132 갑자일은 초6일이다.
133 산조(酸棗): 지금의 하남 연진현(延津縣) 서남쪽이다.

用兩珪質于河.[134]
규옥 두 개를 하수에 가라앉혔다.

使公孫肹入盟大夫.[135]
공손힐로 하여금 들어가 대부와 맹약하게 하였다.

己巳,[136]
기사일에

復歸.[137]
복귀하였다.

書曰"鄭人殺良霄",
기록하기를 "정나라 사람이 양소를 죽였다"라 하고

不稱大夫,
대부라 일컫지 않은 것은

言自外入也.
밖에서 들어온 것을 말한 것이다.

於子蟜之卒也,[138]
자교가 죽어

將葬,
장사를 지내려고

公孫揮與裨竈晨會事焉.[139]
공손휘와 비조가 새벽에 만나 일을 협의했다.

過伯有氏,
백유씨 집을 지나는데

其門上生莠.[140]
그 문 위에 강아지풀이 났다.

子羽曰,
자우가 말하였다.

---

134 두예는 "자상은 사대이다. 규(珪)를 하(河)에 가라앉혀 신표로 삼은 것이다"라 하였다.
135 공손힐은 아마 곧 부관일 것이다.
136 기사일은 11일이다.
137 두예는 "유길이 돌아간 것이다"라 하였다.
138 두예는 "자교는 공손채(公孫蠆)이다. 19년에 죽었다"라 하였다.
139 새벽에 두 사람이 함께 상사(喪事)에 대해 상의한 것이다.
140 유(莠): 『본초』에서는 "구미초(狗尾草), 곧 강아지풀이다"라 하였다.

"其莠猶在乎?"[141] "강아지풀이 아직 있지?"

於是歲在降婁,[142] 이때 세성이 강루에 있었는데

降婁中而旦.[143] 강루가 하늘 중앙에 있을 때 아침이 되었다.

裨竈指之,[144] 비조가 그것을 가리키며

曰, 말하였다.

"猶可以終歲,[145] "아직 세성이 다 돌 수는 있지만

歲不及此次也已."[146] 세성이 이 위차에 미치지는 못할 것이다."

及其亡也,[147] 그가 망할 때

---

141 두예는 "자우는 공손휘(公孫揮)이다. 강아지풀로 백유를 비유하였으며, 오래 존속할 수 없음을 안 것이다"라 하였다.

142 강루(降婁): 규루(奎婁)라고도 하며, 12성차(星次)의 하나로 황도 12궁의 백양궁(白羊宮)에 상당한다.

143 『예기·월령(月令)』에서는 "계하(季夏, 곧 음력 6월)에는 아침에 규(奎)가 하늘의 중앙에 있다"라 하였다. 「월령」의 계하는 주력의 8월이고 하력의 6월이다. 공손채는 양공 19년 주력으로 4월 13일에 죽었으며 7월에 장례를 치렀을 것이며, 혹 사정이 있어서 늦추어져 8월에 장례를 치렀을 수도 있는데 딱 강루가 주천에 있을 때 하늘이 막 밝아 오는 것이다.

144 지(之): 강루를 가리킨다. 이때는 해는 막 뜨려 하는데 하늘은 아직 어두웠으므로 누수(婁宿)의 세 별을 볼 수 있었다.

145 종세(終歲): 세성〔歲星, 목성(木星)〕이 해를 한 바퀴 도는 것을 끝내는 것이다. 목성이 강루에 있는 것으로 계산을 하면 대량(大梁)과 침실(沈實), 순수(鶉首), 순화(鶉火), 순미(鶉尾), 수성(壽星), 대화(大火), 석목(析木), 성기(星紀), 현효(玄枵), 추자(娵訾)를 거쳐 다시 강루에 이르면 한 해가 끝난다. 백유가 아직 목성이 이번의 해를 한 바퀴 돌 때까지는 살아 있을 것이라는 뜻이다.

146 자우와 비조가 백유를 논하였을 때는 양공 19년으로 곧 목성이 강루에 머물던 해이다. 비조가 또 이르기를 백유는 목성이 재차 강루에 있을 때까지 살 수 없을 것이라고 하였다.

歲在娵訾之口,[148]	세성이 추자의 언저리에 있었으며
其明年乃及降婁.[149]	그 이듬해에는 곧 강루에 미쳤다.
僕展從伯有,	복전이 백유를 따라
與之皆死.[150]	그와 함께 죽었다.
羽頡出奔晉,[151]	우힐은 진나라로 달아나서
爲任大夫.[152]	임의 대부가 되었다.
鷄澤之會,[153]	계택의 회합에서
鄭樂成奔楚,	정나라 낙성이 초나라로 달아났다가
遂適晉.	마침내 진나라로 갔다.
羽頡因之,	우힐이 그에 의지하여
與之比而事趙文子,	그와 나란히 하여 조문자를 섬겼는데
言伐鄭之說焉.[154]	정나라를 치자는 말을 하였다.

---

147 백유가 피살된 것이다.

148 28년에는 목성이 현효에 있었으니 29년에는 자추에 있었을 것이며, 30년 주력 7월은 곧 백유가 죽은 연월로 목성이 바로 추자를 지나고 있었지만 강루에 미치지 못하였기 때문에 "세성이 추자의 언저리에 있었다"고 말한 것이다.

149 비조의 예언이 사실이었음을 입증하였다.

150 두예는 "복전은 정나라 대부로 백유의 무리이다"라 하였다.

151 우힐은 곧 사마힐이며, 마사는 그의 관직이다. 우(羽)는 곧 그 씨로 조부인 자우(子羽)를 씨로 삼은 것이다.

152 임(任): 진(晉)나라의 읍으로 지금의 하북 임현(任縣) 동남쪽에 있다.

153 두예는 "3년에 있었다"라 하였다.

154 정나라를 치자고 진언한 것이다.

以宋之盟故, 송나라의 맹약 때문에

不可.[155] 할 수가 없었다.

子皮以公孫鉏爲馬師.[156] 자피는 공손서를 마사로 삼았다.

楚公子圍殺大司馬蔿掩而取其室.[157] 초나라 공자 위가 대사마 위엄을 죽이고 그 재산을 몰수했다.

申無宇曰,[158] 신무우가 말하였다.

"王子必不免. "왕자께서는 반드시 면하지 못할 것이다.

善人, 선인은

國之主也. 나라의 주축이다.

王子相楚國, 왕자께서 초나라의 승상이라면

將善是封殖,[159] 선인을 배양하여야 하는데

而虐之, 해치고 있으니

是禍國也. 이는 나라에 화를 일으키는 것이다.

且司馬, 또한 사마는

令尹之偏,[160] 영윤의 보좌이며

155 두예는 "송나라에서 전쟁을 그치자고 맹약했기 때문이다"라 하였다.

156 두예는 "서(鉏)는 자한(子罕)의 아들로 우힐을 대신하였다"라 하였다.

157 위엄이 대사마가 된 것과 정치를 행한 것은 25년『전』에 보인다.

158 두예는 "무우는 신윤(芋尹)이다"라 하였다.

159 마땅히 선인을 봉식(封殖, 곧 배양(培養))시켜야 한다는 것이다.

而王之四體也.[161]	왕의 사지이다.
絶民之主,	백성의 주축을 끊고
去身之偏,	몸의 보좌를 없애며
艾王之體,[162]	왕의 사지를 잘라서
以禍其國,	나라에 화를 끼치니
無不祥大焉.[163]	그보다 더 큰 불상은 없을 것이다.
何以得免?"[164]	어떻게 면하겠는가?"

爲宋災故,	송나라의 화재 때문에
諸侯之大夫會,	제후의 대부들이 모여
以謀歸宋財.[165]	송나라에 재화를 보낼 일을 상의했다.
冬十月,	겨울 10월에

160 두예는 "편(偏)은 돕는 것이다"라 하였다.
161 왕의 수족(手足)이라는 말이다.
162 애(艾): 예(刈)의 뜻으로 읽는다. 베어서 없애는 것이다.
163 "불상이 그보다 큰 것이 없다(不祥莫大焉)"는 말과 같다.
164 두예는 "소공 13년 초나라가 영왕을 죽이는 복선이 된다"라 하였다.
165 귀(歸): 궤(饋)자의 가차자이다. 민공 2년의 『전』에 "공에게 한 수레분의 말을 보냈다(歸公乘馬)", "부인에게 어물피로 장식한 수레를 보냈다(歸夫人魚軒)"는 말이 있고, 『논어·양화(陽貨)』에 "공자 에게 돼지를 보냈다(歸孔子豚)"와 「미자(微子)」에 "제나라 사람이 여악을 보냈다(齊人歸女樂)"라는 말이 있다. 이 귀(歸)는 무도 보내주다(饋贈)의 뜻이다.

叔孫豹會晉趙武, 齊公孫蠆, 宋向戌, 衛北宮佗, 鄭罕虎及小邾之大夫會于澶淵.[166] 숙손표가 진나라 조무와 제나라 공손채, 송나라 상술, 위나라 북궁타, 정나라 한호 및 소주의 대부를 모아 전연에서 회합하였다.

旣而無歸於宋, 그 뒤에 송나라로 보낸 재화가 없었기 때문에

故不書其人.[167] 그 사람들을 기록하지 않았다.

君子曰, 군자가 말하였다.

"信其不可不愼乎! "신의는 삼가지 않을 수 없는 것이다!

澶淵之會, 전연의 회합에서

卿不書,[168] 경의 이름을 기록하지 않은 것은

不信也. 신의가 없었기 때문이다.

夫諸侯之上卿, 제후의 상경이면서

會而不信, 회합을 하여도 신의가 없어

---

166 북궁타(北宮佗): 두예는 "타는 북궁괄(北宮括, 원래 括자는 없었으나 여기서는 완원(阮元)의 『교감기(校勘記)』와 가나자와 문고본(金澤文庫本)을 따라 추가하였다)의 아들이다"라 하였다.
전연(澶淵): 이 전연은 또한 복양현(濮陽縣) 서북쪽에 있는 전연으로 12년의 『경』의 『주』에 보인다. 『후한서·군국지(郡國志)』에서는 패국(沛國) 저추(杼秋)에 전연취(澶淵聚)가 있다고 하였는데, 유소(劉昭)의 주에서는 이해의 문장을 인용하였으니 아마 이 전연을 송나라 땅으로 생각한 것 같다.

167 『경』에서는 회합에 참석한 사람들의 성명을 기록하지 않고 다만 아무개(某人)라고만 하였는데 『전』에서는 그 사람을 상세하게 열거하였다.

168 회합에 참석한 사람들은 모두 열국의 상경들이었다.

寵, 名皆棄,[169]	존귀함과 이름을 모두 버렸으니
不信之不可也如是.	신의가 없으면 안 된다는 것이 이와 같다.
詩曰,	『시』에서 말하기를
'文王陟降,	'문왕께서 오르내리심
在帝左右',[170]	천제의 좌우에 있었다네'라 하였는데
信之謂也.	신의를 이른 것이다.
又曰'淑愼爾止,	또 말하기를 '네 행동거지 조심해서 삼가고
無載爾僞',[171]	네 거짓일랑 행하지 말라' 하였으니
不信之謂也."	신의 없음을 이른 것이다."
書曰"某人某人會于澶淵,	기록하기를 "아무개 아무개가 전연에서 회합하였는데
宋災故",	송나라의 화재 때문이었다"라 한 것은

169 총(寵): 집정의 지위를 가리킨다. 총은 영(榮), 존(尊)의 뜻이다. 이름은 그 씨족의 이름이다.

170 『시경·대아·문왕(大雅·文王)』의 구절이다. 척(陟)은 오르다의 뜻이다. 이 구절은 문왕이 오르거나 내려갈 때는 모두 천제(天帝)의 곁에 있다는 것을 말한 것이다.

171 두예는 "일시이다"라 하였는데 『시경』에는 "無載爾僞"라는 구절이 없다. 그러나 『시경·대아·억(大雅·抑)』에 "네 행동거지 조심해서 삼가고, 거동에 잘못 없기를(淑愼爾止, 不愆于儀)"라는 구절이 있는데, 혹 인용한 것이 이 시가 아닌가 하며, 아마 전수되는 과정에서 달라진 듯하다. 숙(淑)은 선(善)과 같다. 신(愼)은 근(謹)과 같다. 지(止)는 거지(擧止)이다. 이 구절은 너의 행동을 아주 신중히 해서 너의 거짓을 드러내지 말라는 것이다. 재(載)는 행(行), 위(爲)와 같은 뜻이다.

尤之也.[172] 그 죄를 물은 것이다.

不書魯大夫, 노나라 대부의 이름을 기록하지 않은 것은

諱之也.[173] 꺼려서이다.

鄭子皮授子産政.[174] 정나라 자피가 국정을 자산에게 넘겨주었다.

辭曰, 사양하면서 말하였다.

"國小而偪,[175] "나라는 작고 바짝 붙어 있으며

族大, 寵多, 공족은 방대하고 총애 받는 사람이 많아

不可爲也."[176] 다스릴 수가 없습니다."

子皮曰, 자피가 말하였다.

"虎帥以聽, "내가 거느리고 들으면

---

172 우(尤): 『설문(說文)』에는 "우(訧)"로 되어 있으며, "죄이다"라 하였다. 『경』에서 회합을 기록하면서 무슨 일로 회합한 것인지 아무 설명을 하지 않고 다만 "송나라의 화재 때문(宋災故)"이라고만 말하였는데, 기실 송나라의 화재에 아무런 도움을 주지 못하였기 때문에 죄를 물었다고 한 것이다.

173 『경』에는 "노나라 사람(魯人)"이라 기록한 적이 없지만 숙손표가 사실 회합에 참석하였다.

174 두예는 "백유가 죽고 자피가 국정을 맡아 보다가 자산이 현명하다 하여 그에게 양보한 것이다"라 하였다.

175 두예는 "대국에 바짝 붙어 있는 것이다"라 하였다.

176 위(爲): 『논어·위정』편의 "선생께서는 어찌 정사를 하지 않으십니까?(子奚不爲政)"의 위(爲)자의 뜻으로 쓰였다. 두예는 "위는 다스린다는 말과 같은 뜻이다"라 하였다.

誰敢犯子?	누가 감히 그대를 범하겠는가?
子善相之.	그대는 잘 도와주시오.
國無小,	나라는 작은 데 있는 것이 아니며
小能事大,	작은 나라가 큰 나라를 섬길 수 있어야만
國乃寬."[177]	나라가 이에 좀 여유 있게 되오."
子產爲政,	자산이 국정을 다스리고
有事伯石,[178]	백석에게 일을 이루게 하려고
賂與之邑.[179]	그에게 읍을 주었다.
子大叔曰,	자태숙이 말하였다.
"國皆其國也,	"나라는 모두의 나라인데
奚獨賂焉?"[180]	어찌 그에게만 줍니까?"
子產曰,	자산이 말하였다.
"無欲實難.	"욕망이 없이 하기는 실로 어렵소.
皆得其欲,	모두들 그 욕망을 얻게 하고자

177 「오어(吳語)」 위소(韋昭)의 주에서는 "관은 느슨한 것이다"라 하였다. 관완(寬緩)은 촉급하지 않은 것이다.

178 백석(伯石): 곧 공자 단(公子段)으로 자는 자석(子石)이다. 백석이라고 한 것은 인단(印段)과 구별하기 위해서이다. 이 구절의 뜻은 그로 하여금 임무를 완수하게 하는 것이다.

179 읍을 그에게 준 것이다.

180 언(焉): 지(之)자의 뜻으로 쓰였다. 나라는 백성들의 나라인데 어찌하여 그에게만 주는가라는 뜻이다.

以從其事,	그 일에 종사하게 하여
而要其成.[181]	그들이 성공하기를 바랍니다.
非我有成,	성사시키도록 함이 나에게 있지 않으면
其在人乎?[182]	어찌 다른 사람에게 있겠습니까?
何愛於邑,[183]	어찌 읍을 아낄 것이며
邑將焉往?"[184]	읍이 장차 어디로 가겠습니까?"
子大叔曰,	자태숙이 말하였다.
"若四國何?"[185]	"사방의 이웃나라들은 어찌하겠습니까?"
子産曰,	자산이 말하였다.
"非相違也,	"서로 어긋나게 하려는 것이 아니라
而相從也,	서로 따르게 하려는 것이니
四國何尤焉?[186]	사방의 나라들이 무엇을 탓하겠습니까?

181 요(要): 평성이다. 취하다, 구하다, 바라다.

182 기(其): 기(豈)자의 뜻으로 쓰였다. 내가 성사시키지 못한다면 어찌 다른 사람에게 있겠는가라는 뜻이다. 국사의 성패는 정치를 주관하는 사람이 사람을 씀에 있다는 뜻이다.

183 애(愛): 아끼다.

184 읍은 아까워할 것이 없으니 나라의 신하가 읍을 얻으면 여전히 국가에 있으며 그것을 가지고 다른 곳으로 갈 수 없다는 것을 말한다.

185 사국(四國): 사방의 이웃 나라. 자태숙이 다른 나라의 의론을 두려워한 것이다.

186 내가 준 읍은 뭇 신하들이 서로 분열되게 하는 것이 아니라 서로 순종시키는 것이므로 사방의 이웃 나라들이 내게 죄를 물을 수 없다는 것을 말한다.

鄭書有之曰,[187]	『정서』에 이런 말이 있습니다.
'安定國家,	'국가를 안정시키려면
必大焉先.'[188]	반드시 대족을 우선시하라.'
姑先安大,	잠시 큰 것을 먼저 안정시키고
以待其所歸."[189]	그 귀의하는 것을 기다리겠습니다."
旣伯石懼而歸邑,	얼마 후 백석이 두려워하여 읍을 돌려주었으나
卒與之.	끝내 그에게 주었다.
伯有旣死,	백유가 죽자
使大史命伯石爲卿,	태사로 하여금 백석을 경으로 삼는 명을 내리게 하니
辭.[190]	사양하였다.
大史退,	태사가 물러나니
則請命焉.[191]	그에게 명을 청하였다.
復命之,	다시 그에게 명하였는데
又辭.	또 사양하였다.

187 정서(鄭書): 정나라의 사적(史籍)이다.

188 필선대(必先大)가 도치된 것이다. 언(焉)은 문장 중의 조사로 도치할 때 쓰인다. 대(大)는 대족(大族)이다. 『맹자·이루(離婁) 상』의 "정사를 하기가 어렵지 않으니 대신의 집안에 죄를 짓지 말아야 한다(爲政不難, 不得罪於巨室)"는 말이 곧 이 뜻이다.

189 잠시 먼저 대족을 안정시켜 놓고 다시 대족이 어디로 돌아가는가를 보겠다는 것이다.

190 백석이 받지 않은 것이다.

191 백석이 태사에게 자기에게 내린 명을 고쳐줄 것을 청한 것이다.

如是三,	이렇게 세 번을 하고서야
乃受策入拜.	책명을 받고 들어가 배사하였다.
子產是以惡其爲人也,[192]	자산은 이 때문에 그 사람됨을 미워하였으나
使次己位.[193]	자기의 다음 지위에 앉혔다.
子產使都鄙有章,[194]	자산은 도읍과 변경에 구별이 있게 하였고
上下有服;[195]	상하 간에는 맡은 일이 있게 하였으며,
田有封洫,[196]	전지에는 경계와 도랑이 있게 하였고

---

192 실은 경의 자리를 얻고자 하면서도 세 번이나 거짓으로 사양한 것을 말한다.

193 두예는 "그가 난을 일으킬까 두려워하여 그를 총애한 것이다"라 하였다.

194 도(都): 여러 가지 뜻이 있다. 『설문(說文)』에서는 "선군의 옛 종묘를 가지고 있는 것을 도(都)라 한다"라 하였다. 장공 28년의 『전』에 "무릇 성읍은 종묘와 선군의 신주가 있으면 '도'라 하고 없으면 '읍'이라고 한다(凡邑, 有宗廟先君之主曰都, 無曰邑)"는 말이 있는데, 이것의 협의이다. 『공양전』 희공 16년의 『전』에서 하휴(何休)는 "사람들이 모여 있는 곳을 도라한다"라 하였으므로 은공 원년의 『좌전』에 "큰 도읍이라 할지라도 국도의 3분의 1을 넘지 못하고, 중간 도성은 5분의 1, 작은 도성은 구분의 일을 넘지 못하게 되어 있습니다(大都, 不過參國之一 中, 五之一, 小, 九之一)"라는 말이 있는데, 중도니 소도니 하는 것은 모두 반드시 종묘와 선군의 신주가 없을 것이며, 『맹자·공손추(公孫丑) 하』에서도 평륙(平陸)을 도라 하였는데 평륙은 다만 제후국의 작은 읍일 따름인 것과 같으며, 이는 광의의 도이다. 이곳의 도(都)와 비(鄙)는 대가 되어 비(鄙)는 비야(鄙野)이며, 곧 이 도는 광의의 도로 무릇 대부들의 채읍과 제후국의 하읍(下邑)을 모두 도(都)라고 할 수 있다.

장(章): 『공자가어·자공문(子貢問)』에 "상하 간에 장(章)이 있다"는 말이 있는데 주석에서 "구별하는 것이다"라 하였다. 대개 도(都)에는 대부와 사(士) 및 공상(工商)이 많으며, 비(鄙)에는 전지와 농부가 많아 이로 인해 같지 않은 것이 있음을 말할 것이다.

195 복(服): 사(事), 직(職)이라는 듯이다. 상하 간에 각기 맡은 일을 해냄이 있는 것이다.

196 봉혁(封洫): 봉(封)은 전지의 경계이다. 혁(洫)은 도랑이다. 『설문(說文)』에서는 너비와

廬井有伍.[197]	농가에는 부세가 있게 하였다.
大人之忠儉者,[198]	대부 가운에 충성스럽고 검소한 자는
從而與之;[199]	그를 좇아 친하였으며,
泰侈者因而斃之.[200]	교만하고 사치로운 자는 이 때문에 그를 넘어지게 하려 했다.
豐卷將祭,[201]	풍권이 제사를 지내려고
請田焉.[202]	사냥을 청하였으나
弗許,[203]	그것을 허락하지 않았다.

깊이가 넉 자인 것을 구(溝)라 하고, 너비와 깊이가 여덟 자인 것을 혁(洫)이라고 하였는데, 이곳의 혁은 또한 구(溝)를 포괄하며 밭 사이의 수로로 관개나 배수를 하는 것이다. 청나라 하작(何焯)의 『의문독서기(義門讀書記)』에서는 "10년에 자사가 전혁(田洫)을 만들었는데 자산 또한 자사를 따랐기 때문에 수리한 것이다"라 하였다. 다만 아래의 내용을 보면 자산의 봉혁은 자사의 것에 비하여 같지 않은 것이 있는 것 같다.

197 여정(廬井): 여(廬)는 여사(廬舍)이다. 여정은 하나의 단어로 전야(田野)의 농사(農舍)이다. 정전(井田)은 아홉 명이 정(井)이 되는데 이곳에서는 물을 긷는 우물이다. 경전(耕田)이 이미 경계를 고치고 크고 작은 도랑을 만들었으니 여사(廬舍) 또한 따로 배치를 한 것이다.
오(伍): 곧 다음에 나오는 "나의 밭을 가져다가 세금 내주었지(取我田疇而伍之)"의 오(伍)와 같다. 부세(賦稅)이다.

198 대인(大人): 경대부이다.

199 여(與): 친(親), 허(許), 거(擧)의 뜻이다. 친근하게 지내거나 인정하는 것 혹은 뽑아서 선발하는 것이다.

200 태치(泰侈): 위의 "백유는 오만하고 사치로웠다(伯有汰侈)"의 "태치(汰侈)"와 같다.
폐(斃): 넘어진다는 뜻이다. 죄를 씌워 관직에서 떠나게 하는 것이다.

201 정목공의 아들이 공자 풍(公子豐)이니 풍권 또한 목공의 후손으로 풍을 씨로 쓴 것이다. 두예의 『세족보(世族譜)』에는 풍권을 잡인(雜人)에 넣었는데 그 근거를 모르겠다.

202 조상의 제사를 지내려고 제수품을 사냥할 수 있도록 허락해 주기를 청한 것이다.

203 자산이 허락하지 않은 것이다.

曰,	말하기를
“唯君用鮮,	“임금만이 신선한 것을 쓰니
衆給而已.”[204]	일반인들이 쓰는 것을 줄 뿐이오.”
子張怒,[205]	자장이 노하여
退而徵役.[206]	물러나 역도(役徒)들을 불러 모았다.
子産奔晉,	자산이 진나라로 달아나려 하자
子皮止之,	자피가 그를 말리고는
而逐豐卷.	풍권을 쫓아냈다.
豐卷奔晉,	풍권이 진나라로 달아나자
子産請其田, 里,[207]	자산이 그의 전지와 집을 청하였다가
三年而復之,[208]	3년 만에 그를 귀국시켜
反其田, 里及其入焉.[209]	전지와 집, 그리고 그동안의 수입을 돌려주었다.

204 오직 임금만이 갓 사냥한 짐승을 제사에 쓸 수 있으며, 일반 대중들은 그 유무를 보고 대체로 충족할 따름이라는 것이다.

205 자장은 풍권의 자이다.

206 역도(役徒)들을 불러 모아 자산을 공격하려 한 것이다.

207 리(里): 『설문(說文)』에서 리(里)는 거(居), 곧 주택이라 하였다. 『시경·정풍·장중자(鄭風·將仲子)』에 “우리 집에 넘어오지 말라(無踰我里)”라는 구절이 있는데, 모씨의 주석에서는 리(里)는 거처라 하였다. 두예는 “공에게 청하여 몰수되어 들어가지 않게 한 것이다”라 하였다.

208 3년 후에 다시 풍권(豐卷)으로 하여금 귀국하게 한 것이다.

209 아울러 풍권의 경지와 집 및 3년 동안의 총수입을 풍권에게 돌려준 것이다. 『맹자·이루(離婁) 하』에 “유고로 떠나면 임금이 사람으로 하여금 그를 이끌어 국경을 나가게 하고 또 그가 가는 곳에 먼저 연락을 취해 준다. 떠난 지 3년이 되어도 돌아오지 않으면

從政一年,	정치에 종사한 지 1년 만에
輿人誦之,[210]	사람들이 그를 칭송하여
曰,	말하였다.
"取我衣冠而褚之,[211]	"나의 의관을 가져다가 갈무리해 두고
取我田疇而伍之.[212]	나의 밭을 가져다가 세금 내주었지.
孰殺子産,	누가 자산을 죽인다면
吾其與之."[213]	내 그 돕겠네."
及三年,	3년 만에
又誦之,	또 그를 칭송하여
曰,	말하였다.

그런 다음에 그의 경지와 집을 거둔다"라 한 말이 있는 것으로 보아 이것이 옛 예법인 것 같다.

210 송(誦): 『주례·대사악(大司樂)』에 "흥(興)·도(道)·풍(諷)·송(誦)·언(言)·어(語)"라는 말이 있는데 정현의 주석에서는 "목소리로 절주를 맞추는 것을 송이라 한다"라 하였다.

211 저(褚): 『여씨춘추·악성(樂成)』편에서는 "내게는 의관이 있는데 자산이 갈무리시켰다(子産貯之)"라 하였다. 저(褚)는 곧 저(貯)의 뜻으로 쓰였음을 알 수 있다. 양관(楊寬: 1914~2005)의 『고사신탐(古史新探)』에서는 저(貯)는 재산에 물리는 세금이라고 하였는데 취할 만하다.

212 오(伍): 당나라 혜림(慧琳)이 편찬한 불교용어사전 『일체경음의(一切經音義)』에서는 이사(李斯)의 『창힐편(倉頡篇)』을 인용하여 "주(疇)는 경지이다"라 하였다. 「악성(樂成)」편에는 "내게는 경지 있는데 자산이 세금을 물어주었다(我有田疇, 而子産賦之)"로 되어 있다. 이 "오(伍)"자 또한 "부(賦)"의 가차자로 전세를 납부하는 것이다. 소공 4년에는 또한 구부(丘賦)라고 고쳐 썼다.

213 기(其): 장차라는 뜻이다.
여(與): 「악성(樂成)」편 고유의 주에서는 "도울 조(助)자와 같은 뜻이다"라 하였다. 저(褚), 오(伍), 여(與)자는 운자이다.

"我有子弟, "내게 자제 있는데

子産誨之;[214] 자산이 가르쳤고,

我有田疇, 내게 밭이 있는데

子産殖之.[215] 자산이 불려 주었네.

子産而死,[216] 자산이 죽는다면

誰其嗣之?"[217] 누가 그를 잇겠는가?"

양공 31년

經

三十有一年春王正月.[1] 31년 봄 주력으로 정월.

夏六月辛巳,[2] 여름 6월 신사일에

公薨于楚宮. 공이 초궁에서 돌아가셨다.

秋九月癸巳,[3] 가을 9월 계사일에

---

214 회(誨): 교회(敎誨), 곧 가르치는 것이다.

215 식(殖): 생산량을 증식시키는 것이다.

216 이(而): 가정을 나타내는 접속사이다. 여(如)자와 같은 뜻이다.

217 사(嗣): 계승하다. 회(誨), 식(殖), 사(嗣)는 운자이다.

1 삼십일년(三十一年): 기미년 B.C. 542년으로, 주경왕(周景王) 3년이다. 동지가 정월 21일 정미일로 건자(建子)이다.

2 신사일은 28일이다.

3 계사일은 11일이다.

子野卒.	자야가 죽었다.
己亥,[4]	기해일에
仲孫羯卒.	중손갈이 죽었다.
冬十月,	겨울 10월에
滕子來會葬.[5]	등자가 와서 장례에 참석하였다.
癸酉,	계유일에
葬我君襄公.	우리 임금 양공을 장사 지냈다.
十有一月,	11월에
莒人弑其君密州.[6]	거나라 사람이 그 임금 밀주를 죽였다.

傳

三十一年春王正月,	31년 봄 주력으로 정월에
穆叔至自會.[7]	목숙이 회합에서 돌아왔다.
見孟孝伯,	맹효백을 찾아뵈니
語之曰,	그에게 말했다.

---

4 기해일은 17일이다.

5 계유일은 21일이다.

6 『교감기』에서는 "『전』에서는 매주서(買朱鉏)라 하였다"라 하였다. 단옥재(段玉裁)는 "이는 『좌경(左經)』에서는 '밀주'라 하였고 『좌전』에서는 '매주서'로 해석하였으니 어찌 이하(夷夏)의 말을 가지고 서로 훈을 한 것이 아니겠는가?"라 하였다. 단옥재의 『경운루집·밀주설(經韵樓集·密州說)』에 상세하다.

7 두예는 "전연(澶淵)의 회합에서 돌아온 것이다"라 하였다.

"趙孟將死矣.
"조맹은 곧 죽을 것이오.

其語偸,[8]
그 말이 안일함만 꾀하여

不似民主.[9]
백성의 주인답지 못합니다.

且年未盈五十,[10]
또한 나이가 50도 차지 않아

而諄諄焉如八, 九十者,[11]
8, 90은 된 자처럼 주절주절하니

弗能久矣.
오래가지 못할 것입니다.

若趙孟死,
조맹이 죽는다면

爲政者其韓子乎![12]
위정자는 한자가 될 것입니다!

吾子盍與季孫言之,
그대는 어찌 계손에게 말하지 않습니까?

可以樹善,[13]
일찌감치 우호를 맺을 수 있는

君子也.[14]
군자라고 말이지요.

晉君將失政矣,
진나라 임금이 실정을 하여

若不樹焉,[15]
만약 우호를 맺어

---

8 투(偸): 구차하고 안일함만 꾀하는 것으로, 원대한 생각이라고는 조금도 없는 것을 말함. 문공 17년의 "제나라 임금의 말이 구차합니다(齊君之語偸)"의 『전』의 『주』를 참고하라.

9 조맹은 진나라의 집정인데 그 말은 백성의 주인답지 못하다는 것이다.

10 두예는 "성공 2년 안(鞌)의 전투에서 조삭(趙朔)이 이미 죽었으니 이때 조문자가 막 태어났다고 하더라도 양공 30년 전연의 회합에서는 나이가 47, 8세쯤 되었을 것이므로 50이 채 되지 않았다고 한 것이다"라 하였다.

11 순순(諄諄): 말을 지루하게 쉬지 않고 하는 모양.

12 두예는 "한자는 한기(韓起)이다"라 하였다.

13 일찍이 한기와 우호를 맺을 만하다는 것을 말한다.

14 한기는 군자다운 사람이니 노나라와 우호를 맺은 것을 잊지 않을 것이라는 말이다.

使早備魯,[16]	일찌감치 노나라를 대비하지 않게 하고
旣而政在大夫,	얼마 후 정권이 대부에게 있게 되면
韓子懦弱,	한자는 나약하고
大夫多貪,	대부는 탐욕이 많아
求欲無厭,	요구와 욕심이 끝이 없을 것이고
齊, 楚未足與也,[17]	제나라와 초나라는 함께할 만하지 못합니다.
魯其懼哉!"[18]	노나라는 두렵게 될 것입니다!"
孝伯曰,	효백이 말했다.
"人生幾何,	"사람이 얼마나 산다고
誰能無偸?	누군들 구차함이 없을 수 있겠습니까?
朝不及夕,	아침 일이 저녁에 미치지 못하거늘
將安用樹?"	우호를 맺은들 어디에 쓰겠습니까?"
穆叔出,	목숙이 나와서
而告人曰,	다른 사람에게 알렸다.

---

15 수(樹): 위의 수선(樹善)을 말한다.

16 한자에게 일찌감치 노나라를 위한 예비 공작을 하라는 것이다.

17 제나라와 초나라와는 국교를 맺기에 부족하니 노나라가 부득불 진나라를 섬기지만 진나라 대부의 만족할 줄 모르는 요구를 만족시키기 어렵다는 말이다.

18 노나라가 두려워할 만한 곤경에 빠지리라는 것이다.

"孟孫將死矣. "맹손이 죽으려 합니다.

吾語諸趙孟之偸也, 내가 그에게 조맹의 구차함을 말하였는데

而又甚焉." 또한 그보다 심하였습니다."

又與季孫語晉故,[19] 또한 계손에게 진나라의 일을 말하였는데

季孫不從. 계손이 따르지 않았다.

及趙文子卒,[20] 조문자가 죽었을 때

晉公室卑, 진나라 공실은 낮아져서

政在侈家.[21] 정권이 사치로운 대부의 집에 있었다.

韓宣子爲政, 한선자가 집정하였지만

不能圖諸侯.[22] 제후들을 도모할 수가 없었다.

魯不堪晉求, 노나라가 진나라의 요구를 견디지 못하여

讒慝弘多,[23] 참소하는 사특한 자가 많아져서

---

19 고(故): 일이다. 두예는 "맹손에게 했던 말과 같은 것이다"라 하였다.

20 두예는 "소공 원년에 있었다"라 하였다.

21 치가(侈家): 위의 "대부는 탐욕이 많아 요구와 욕심이 끝이 없을 것이다(大夫多貪, 求欲無厭)"라 한 것과 상응한다.

22 제후의 패주가 되기를 구하는 것을 도모할 수 없다는 것이다.

23 참특(讒慝): 희공 28년 『전』의 『주』에 상세하다.
홍(弘): 또한 많다는 뜻이다. 옛사람들은 홍다(弘多)를 또한 늘 연용하였다. 이를테면 『시경·소아·절남산(小雅·節南山)』의 "상란 많다네(喪亂弘多)" 같은 것이 있다.

是以有平丘之會.[24]	이 때문에 평구의 회합이 있게 되었다.
齊子尾害閭丘嬰,[25]	제나라 자미가 여구영을 근심하여
欲殺之,[26]	죽이고자 하여
使帥師以伐陽州.[27]	군사를 거느리고 양주를 치게 하였다.
我問師故.[28]	우리나라는 군사를 일으킨 까닭을 물었다.
夏五月,	여름 5월에
子尾殺閭丘嬰,	자미가 여구영을 죽이고
以說于我師.[29]	우리나라 군사에게 해명하였다.
工僂灑, 渻竈, 孔虺, 賈寅出奔莒.[30]	공루쇄와 성조, 공훼, 가인은 거나라로 달아났다.

24 두예는 "평구의 회합은 소공 13년에 있게 되는데 진나라 사람이 계손여의를 잡아갔다"라 하였다.

25 해(害): 근심하다, 해가 될까 두려워하다.

26 여구영의 일은 25년의 『전』에 보인다. 당시 노나라로 도망갔는데 아마 경봉(慶封)이 도망간 사람들을 불러들였을 때 영 또한 제나라로 돌아간 것 같다.

27 양주(陽州): 이때는 노나라의 읍(邑)이었으며, 제나라와 접경을 이루고 있었다. 정공 8년 노나라가 제나라를 침공하자 양주의 성문을 공격하여 이미 제나라의 소유가 되었다. 지금의 산동 동평현(東平縣) 북쪽 경계이다.

28 두예는 "노나라가 군사를 이끌고 가서 제나라가 무슨 이유로 우리나라를 정벌하였는가 물은 것이다"라 하였다.

29 설(說): 해명하다. 여구영의 죄를 가지고 핑계를 댄 것이다.

30 두예는 "네 사람은 여구영의 무리이다"라 하였다.

出羣公子.[31]	여러 공자들을 축출하였다.
公作楚宮.[32]	공이 초궁을 지었다.
穆叔曰,	목숙이 말하였다.
"大誓云,	"『태서』에서 이르기를
'民之所欲,	'백성이 하고자 하는 것을
天必從之.'[33]	하늘은 반드시 따른다'라 하였다.
君欲楚也夫,	임금께선 초나라 사람이 되고 싶어
故作其宮.	궁전을 지었다.
若不復適楚,	다시 초나라에 가지 않으면

공루쇄(工僂灑): 공루가 씨이고 쇄가 이름이며, 19년에 공루회(工僂會)가 있고, 장공 17년『전』의 공루씨(工婁氏)는 곧 공루씨(工僂氏)이다.

성조(渻竈); 『석문(釋文)』에서는 서본(徐本)에는 본래 "성(省)"으로 되어 있다고 하였으며, 소공 22년『전』에 송나라에 성장(省臧)이 있다.

31 두예는 "소공 10년에 난(欒)씨와 고(高)씨의 난 때 여러 공자 들을 복귀시키는 복선이 된다"라 하였다.

32 두예는 "초나라에 갔다가 그 궁전을 훌륭하게 여겨 돌아와 지은 것이다"라 하였다. 「진시황본기」에서는 진나라는 제후들을 격파할 때마다 그 궁실의 도화를 그려 그것을 모방하여 함양(咸陽)의 북쪽 언덕에 그대로 지었다고 하였다. 이것이 그 선례이다.

33 두예는 "지금의『상서·태서』에는 또한 이 말이 없어 제유(諸儒)들이 의심하였다"라 하였다. 두예가 본「태서」는 곧 서한 후기에 얻어 본「태서」로 후한(後漢) 때 마융(馬融)의「상서전서(尙書傳序)」에서는 "그 문장이 얕고 드러나는 것 같다"라 하였고, 또한 "나는「상서」를 많이 보았는데 인용된「태서」는「태서」에 있지 않은 것이 매우 많다"라 하였다. 의심한 제유들 중에는 마융도 들어 있는 것이다. 왕숙(王肅) 또한 말하기를 "「태서」는 근자에야 얻었으니 본래는『경』이 아니다"라 하였으니 또 한 가지 예이다. 서한 후에 얻은「태서」는 이미 망실되었고 동진 대 매색(梅賾)이 또한 고문「상서」를 바쳤는데, 그 안에는「태서」3편이 있었으며「예기」와「태서」에 인용된「태서」를 모두 탐색해보면 더욱 믿을 수가 없다.

必死是宮也.”	반드시 이 궁전에서 죽을 것이다.”
六月辛巳,	6월 신사일에
公薨于楚宮.	공이 초궁에서 돌아가셨다.
叔仲帶竊其拱璧,[34]	숙중대가 그의 큰 벽옥을 훔쳐
以與御人,	어인에게 주고
納諸其懷,	품속에 넣어 보냈다가
而從取之,	곧 그것을 취하여
由是得罪.[35]	이 때문에 죄를 얻었다.
立胡女敬歸之子子野,[36]	호의 여인 경귀의 아들 자야를 세워
次于季氏.	계씨에게 머물게 하였다.
秋九月癸巳,	가을 9월 계사일에
卒,	죽었는데
毁也.[37]	너무 슬퍼해서였다.

己亥,	기해일에
孟孝伯卒.	맹효백이 죽었다.

34 공벽(拱璧): 양공의 큰 벽옥이다.

35 두예는 "죄를 얻었다는 것은 노나라 사람이 그를 박대하였기 때문에 자손들이 노나라에서 뜻을 얻지 못하리라는 것이다"라 하였다.

36 두예는 "호는 귀성(歸姓)의 나라이다. 경귀는 양공의 첩이다"라 하였다.

37 두예는 "너무 슬퍼하여 몸이 수척해져서 목숨을 잃기에 이른 것이다"라 하였다.

立敬歸之娣齊歸之子公子裯.	경귀의 동생 제귀의 아들 주를 세웠다.
穆叔不欲,	목숙은 그렇게 하고 싶지 않아
曰,	말하였다.
"大子死,	"태자가 죽었을 때
有母弟,	동복아우가 있으면
則立之;	그를 세우고,
無,	없으면
則立長.	연장자를 세웁니다.
年鈞擇賢,	나이가 같으면 현명한 사람을 택하고
義鈞則卜,[38]	현명함이 같으면 점을 치는 것이
古之道也.	옛 법도입니다.
非適嗣,[39]	적사도 아닌데
何必娣之子?	하필이면 동생의 아들입니까?
且是人也,	또한 이 사람은
居喪而不哀,	상을 치르면서도 슬퍼하지 않고
在慼而有嘉容,[40]	상중인데도 기뻐하는 기색이 있으니

38 균(鈞): 균(均)과 같다. 두예는 "의균(義鈞)은 현명함이 같다는 말이다"라 하였다. 소공 26년『전』의 "나이가 같으면 덕으로 하고, 덕이 같으면 점으로 한다(年鈞以德, 德鈞以卜)"는 말이 두예의 풀이를 증명할 수 있다.

39 두예는 "자야가 적사가 아니라는 말이다"라 하였다.

是謂不度.[41]	이를 일러 법도에 맞지 않는다는 것입니다.
不度之人,	법도에 맞지 않는 사람은
鮮不爲患.	환난을 일으키지 않음이 드뭅니다.
若果立之,	정말 그를 세우신다면
必爲季氏憂."	반드시 계씨의 우환이 될 것입니다."
武子不聽,	무자는 듣지 않고
卒立之.	결국 그를 세웠다.
比及葬,	장례를 치를 때
三易衰,[42]	최복을 세 번 바꾸어 주었으나
衰衽如故衰.[43]	최복의 옷깃이 옛 최복과 같았다.
於是昭公十九年矣,	이때 소공은 나이가 19세였는데
猶有童心,	여전히 동심을 가지고 있어서
君子是以知其不能終也.[44]	군자는 이 때문에 그가 끝이 좋을 수 없을 것임을 알았다.

40 재척(在慼): 척(慼)은 슬퍼하다의 뜻. 부모가 죽은 것을 재척(在慼)이라 한다.
유가용(有嘉容): 얼굴에 기쁜 기색이 있음을 말한다.

41 부도(不度): 『예기·제통(祭統)』의 공영달의 주석에서는 『효경·원신계(援神契)』를 인용하여 "천자의 효를 취(就)라 하고 제후는 도(度)라 한다"라 하였으니 부도는 곧 불효(不孝)라는 말과 같다.

42 최(衰): 효복(孝服), 곧 상복이다.

43 임(衽): 옷깃. 고대의 상복은 옷깃이 비교적 길어서 아랫도리의 끝을 덮었다. 세 번이나 옷을 갈아입었는데도 갈아입은 새 옷이 갈아입기 전의 옷깃과 같다는 것으로 아이와 같이 장난치기를 좋아하여 의복이 쉬 더러워진다는 것을 알 수 있다.

冬十月,	겨울 10월에
滕成公來會葬,	등성공이 장례에 참석하였다.
惰而多涕.[45]	불경했으나 눈물을 많이 흘렸다.
子服惠伯曰,	자복혜백이 말하였다.
"滕君將死矣.	"등나라 임금은 곧 죽을 것이다.
怠於其位,[46]	그 자리에서 태만한 데다가
而哀已甚,[47]	슬픔이 지나치게 심하니
兆於死所矣,[48]	장례의 조짐을 드러낸 것으로
能無從乎?"[49]	따라 죽지 않을 수 있겠는가?"

癸酉,	계유일에
葬襄公.	양공을 장사 지냈다.
公薨之月,	공이 돌아가신 달에
子産相鄭伯以如晉,	자산이 정백을 도와 진나라로 갔는데
晉侯以我喪故,	진후는 우리나라의 국상 때문에

---

44 두예는 "소공 25년 '공이 제나라로 도망갔다' 한 복선이 된다"라 하였다.
45 타(惰): 두예는 "불경한 것이다"라 하였다.
46 타(惰), 곧 불경한 것을 말한다.
47 이(已): 너무. 눈물을 많이 흘린 것을 말한다.
48 사소(死所): 장례(葬禮)를 말한다.
조(兆): 곧 죽을 조짐이다.
49 두예는 "소공 3년 '등자가 죽었다'라 한 복선이다"라 하였다.

未之見也.	그들을 만나지 않았다.
子産使盡壞其館之垣而納車馬焉.[50]	자산이 빈관의 담을 모두 허물어 수레와 말을 들이게 하였다.
士文伯讓之,[51]	사문백이 그것을 힐책하여
曰,	말하였다.
"敝邑以政刑之不修,	"우리나라는 정치와 형법이 닦여지지 않아
寇盜充斥,[52]	도둑들이 득시글거려
無若諸侯之屬辱在寡君者何,[53]	제후의 신하들이 욕되이 과군을 빙문하는 것을 어쩌지 못하여
是以令吏人完客所館,[54]	이런 까닭에 관리들로 하여금 빈객이 머무는 곳을 수선하게 하여
高其閈閎,[55]	문을 높이고
厚其牆垣,	담장을 두텁게 해서
以無憂客使.	손님과 사신의 근심을 없게 하였소.

---

50 관(館): 빈관이다.

51 사문백(士文伯): 곧 사개(士匄)이다. 『광운』에서는 『세본(世本)』을 인용하여 "사공씨는 사개의 아우 타(佗)가 진나라 사공이 되어 관직 이름을 가지고 씨를 삼았다"라 하였으니 사개는 이때 혹 또한 사공이었을 것이며 제후의 빈관은 그가 관장하였을 것이다.

52 충척(充斥): 충만한 것이다. 폄하하는 뜻으로 상용된다.

53 욕재(辱在): 공경을 나타내는 부사이다. 「빙례기(聘禮記)」의 정현의 주석에서는 "재(在)는 존(存)으로 존후(存候)하는 것을 이른다"라 하였다. 욕재는 조빙(朝聘)과 같은 말이다.

54 소관(所館): 관(館)은 동사이며, 소관은 곧 명사이다.

55 한굉(閈閎): 모두 문(門)이라는 뜻이다.

今吾子壞之,	지금 그대가 그것을 허물었으니
雖從者能戒,[56]	종자들이 경계를 할 수 있다 하더라도
其若異客何?	다른 손님은 어떻게 하겠소?
以敝邑之爲盟主,	우리나라가 맹주이어서
繕完, 葺牆,[57]	담을 수선하고 담장에 띠를 이어
以待賓客.	빈객들을 접대하였소.
若皆毁之,	그것을 모두 허물어 버리면
其何以共命?[58]	어떻게 명에 대겠소?
寡君使匄請命."[59]	과군께서는 저로 하여금 명을 묻게 하였소."
對曰,	대답하여 말하였다.
"以敝邑褊小,	"우리나라는 작고 좁은 데다가
介於大國,	대국의 사이에 끼어 있는 까닭에
誅求無時,[60]	책망하여 요구함이 시도 때도 없어

---

56 계(戒): 경계(警戒)하다. 도둑을 막는 것이다.

57 완(完): 원(院)의 가차자이다. 『묵자·대취(大取)』편에 "담 밑(院下)의 쥐와 비슷하다"〔손이양(孫詒讓)의 『묵자한고(墨子閒詁)』에는 원(院)을 갱(阬)으로 고쳤는데 잘못되었다〕라는 말이 있는데 『광아·석궁(釋宮)』에서는 "원(院)은 원(垣)이다"라 하였다.

58 공명(共命): 원하는 것을 공급하는 것이다.

59 두예는 "담을 허문 명을 물은 것이다"라 하였다.

60 두예는 "주(誅)는 책(責)이다"라 하였다. 책구(責求)는 곧 바칠 공물을 책망하는 것이다.

是以不敢寧居,	이에 감히 편안히 거처할 수가 없는지라
悉索敝賦,	우리나라의 재물을 모두 거두어
以來會時事.[61]	수시로 와서 조회를 하였습니다.
逢執事之不閒,[62]	집사께서 한가하지 못한 때를 만나
而未得見;	만나 뵐 수도 없고
又不獲聞命,	또한 명도 들을 수 없으며
未知見時.	뵐 때를 알지 못합니다.
不敢輸幣,[63]	예물을 감히 보내 드리지도 못하고
亦不敢暴露.[64]	또한 감히 햇볕을 쬐고 이슬을 맞히지도 못합니다.
其輸之,[65]	보내 드리면
則君之府實也,	임금님 창고의 재물이 되겠지만
非薦陳之,[66]	바쳐서 드린 것이 아니니
不敢輸也.[67]	감히 보내 드리지를 못합니다.

61 두예는 "수시로 와서 조회하는 것이다"라 하였다.

62 불한(不閒): 겨를이 없는 것이다.

63 수폐(輸幣): 수(輸)는 보내다의 뜻. 폐(幣)는 예물을 가리킨다. 예물을 진나라의 부고(府庫)로 보내는 것을 이른다.

64 폭로(暴露): 낮에는 햇볕에 쪼이고 밤에는 이슬을 맞히는 것이다.

65 기(其): 약(若)과 같으며 가정을 나타낼 때 쓰는 접속사이다.

66 천(薦): 드리다, 바치다.
진(陳): 진열하다.

67 옛날에는 빙문할 때 바치는 예물을 뜰에다 진열하였으니 곧 장공 22년 『전』의 "정실(庭

其暴露之,	햇볕을 쬐고 이슬을 맞힌다면
則恐燥濕之不時而朽蠹,[68]	마름과 습함이 불시에 찾아와 썩고 벌레가 먹을까 두려우니
以重敝邑之罪.	우리나라의 죄가 가중될 것입니다.
僑聞文公之爲盟主也,[69]	제가 듣건대 문공이 맹주가 되었을 때는
宮室卑庳,[70]	궁실은 낮아
無觀臺榭,[71]	볼 만한 대와 정자도 없었으나
以崇大諸侯之館,	제후의 빈관은 높고 크게 지어
館如公寢;[72]	빈관이 공의 침궁 같았으며,
庫廐繕修,[73]	창고와 마구간은 깨끗이 수선하였고
司空以時平易道路,[74]	사공이 정기적으로 도로를 평탄하게 하였으며

實)"이다.

68 후두(朽蠹): 후(朽)는 사물이 절로 부패하는 것이다. 두(蠹)는 벌레에 파먹혀 부서지는 것이다.

69 교(僑): 두예는 "교는 자산의 이름이다. 문공은 진나라 중이(重耳)이다"라 하였다.

70 비비(卑庳): 비(卑)와 비(庳)는 같은 뜻이다.

71 대사(臺榭): 공영달의 주석[소(疏)]에서는 "사방이 높은 곳을 대(臺)라 한다. 대 위에 집이 있는 것을 사(榭)라 한다. 대와 사는 모두 높아 올라가 관망(觀望)할 수 있으며, 관망할 대와 사가 없음을 이른다"라 하였다.

72 공영달의 주석[소(疏)]에서는 "지난날 문공의 객관이 오늘날 진나라 임금의 노침(路寢)과 같다는 말이다"라 하였다.

73 객관 내의 창고와 마굿간을 수리하여 폐백(幣帛)을 넣어 두고 거마를 들일 수 있게 하였다는 것을 말한다.

74 도로를 수리하여 평탄하게 하는 것을 평이(平易)라 한다.

圬人以時塓館宮室;[75] 미장이가 정기적으로 빈관의 궁실을 흙손질하였다고 합니다.

諸侯賓至, 제후의 빈객이 이르면

甸設庭燎,[76] 전인이 뜰에 불을 밝히고

僕人巡宮;[77] 복인이 빈궁을 순시하였으며,

車馬有所,[78] 거마는 댈 곳이 있었고

賓從有代,[79] 빈객의 수행원을 대신하는 자가 있으며

巾車脂轄,[80] 건거는 비녀장에 기름을 쳤고

---

75 오인(圬人): 지금의 미장공이다.
멱(塓): 진흙을 바르는 것이다.

76 정료(庭燎): 두예는 "정료는 뜰에다 불을 피우는 것이다"라 하였다. 「주어 중」에서는 "전인(甸人)은 장작을 쌓고, 화사(火師)는 횃불을 감독한다"라 하였다. 『시경·소아·정료(小雅·庭燎)』에 "뜰의 횃불 빛(庭燎之光)"이라는 구절이 있는데, 모씨의 주석〔모전(毛傳)〕에서는 "정료는 큰 화톳불이다"라 하였다. 『의례·대사(大射)』에서는 "전인(甸人)은 뜰에서 큰 횃불을 들고 있는다"라 하였으니 정료에는 두 가지의 뜻이 있다. 하나는 뜰에서 장작에 불을 붙여 빛을 내는 것이고, 하나는 지금의 큰 횃불인데 뜰에서 손으로 잡고 있는 것이다. 전(甸)은 곧 「대사(大射)」의 전인(甸人)이며, 또한 곧 『주례·천관(天官)』의 전사(甸師)이다.

77 순궁(巡宮): 두예는 "야경을 도는 것이다"라 하였다.

78 마굿간이 이미 수선되었기 때문이다.

79 두예는 "객을 대신해서 일하는 것이다"라 하였다.

80 건거(巾車): 두 가지 뜻이 있다. 하나는 건을 동사로 보는 것으로 『주례·춘관(春官)』의 「서관·건거(序官·巾車)」의 정현의 주석에서는 "건은 옷과 같다"라 하였으니 건거는 베로 수레를 덮는 것이다. 하나는 명사로 『주례』의 건거의 관직이다. 두예의 주에서 말한 "건거는 수레를 주관하는 관직이다"라 한 것은 후자의 설을 따른 것으로, 옳다. 애공 3년의 『전』에서는 "교인(校人)은 말을 타고 건거(巾車)는 비녀장에 기름을 친다"라 하였으니 교인이 관직 이름이라면 건거 또한 관직 이름임에 의심이 없다.
지할(脂轄): 할(轄)은 할(舝)이라고도 하며 차축의 끄트머리를 꿰는 작은 철봉으로 수레바퀴가 빠져나가지 않고 고정시키는 것이다. 지(脂)는 기름인데, 여기서는 동사로 쓰여

隷人, 牧, 圉各瞻其事;[81]	예인과 목인, 어인이 각기 그 일을 보았으며,
百官之屬各展其物;[82]	백관들은 각기 그 예물을 펼쳐 놓았습니다.
公不留賓,[83]	공께서는 빈객을 오래 머물지 않게 하였고
而亦無廢事;[84]	또한 할 일을 없애게 하지도 않았습니다.
憂樂同之,	슬픔과 즐거움을 함께하고
事則巡之;[85]	일이 있으면 순무해 주었으며,

기름을 칠하는 것이다. 지할은 굴대에 기름을 쳐서 녹이 슬지 않게 하는 동시에 수레바퀴가 잘 굴러가게 하는 것이다.

81 예인(隸人): 곧 『주례·하관(夏官)』의 예복(隸僕)인 것 같으며, 오침(五寢)을 청소하는 일을 관장한다. 이곳의 제후의 예인 또한 객관의 청소를 아울러 관리하였다.
목(牧): 소공 7년의 『전』에 "소는 기름이 있다(牛有牧)"는 말이 있는데, 『설문(說文)』에서는 이 때문에 "소를 기르는 사람이다"라 하였다. 실은 모든 방사(放飼)는 모두 목(牧)이라 할 수 있는데, 『맹자·공손추(公孫丑) 하』에 "지금 사람에게서 소와 양을 받아 그것을 기르는 사람(牧者)이 있다"라 한 것으로 알 수 있다.
어(圉): 소공 7년의 『전』에 "말은 먹여줌이 있다(馬有圉)"는 말이 있는데, 어는 곧 『주례·하관(夏官)』의 어인(圉人)으로 먹이를 먹여 기르는 일을 관장한다.
첨(瞻): 『설문(說文)』에서는 "보는 것이다"라 하였다. 이런 사람들이 본래 각자 맡은 직책으로 빈객을 접대하는 것이다.

82 전물(展物): 두예는 "전(展)은 펼치는 것이니, 뭇 관리들이 각기 그 사물을 펼쳐놓고 손님을 기다리는 것이다"라 하였다. 「주어 중」에서는 "선재(膳宰)는 음식을 만들고 늠인(廩人)은 음식을 바친다" 하였으니 곧 첨사(瞻事)를 말하고, "사마는 꼴을 펼쳐 놓고 공인(工人)은 수레를 벌려 놓으며 백관은 물건을 내놓는다"라 하였으니 곧 전물(展物)을 말한다. 이 단락은 「주어 중」에서 인용한 주나라의 「추관(秋官)」을 참고하여 볼만하다.

83 손님이 오면 손님이 까닭 없이 오래 머물게 하지 않는 것을 말한다.

84 일 처리가 빠르게 되니 손님이나 주인이 일을 폐하는데 이르지 않는다는 것이다.

85 순(巡): 안무(按撫)하다. 일이 있으면 안무하는 것이다.

敎其不知,	모르는 것을 가르치고
而恤其不足.	부족한 것은 구휼하셨습니다.
賓至如歸,	손님이 집에 돌아간 듯이 하였으니
無寧菑患;[86]	어찌 재난과 근심이 있었을 것이며,
不畏寇盜,	도둑을 두려워하지 않았으니
而亦不患燥濕.	또한 마르고 습함을 걱정하지도 않았습니다.
今銅鞮之宮數里,[87]	지금 동제의 궁은 수 리나 되고
而諸侯舍於隸人,[88]	제후들은 노예의 집에 머물게 하여
門不容車,	문은 수레가 들어가지 못하게 하고
而不可踰越;[89]	넘을 수도 없으며,
盜賊公行,	도적이 공공연히 횡행하고
而天厲不戒.[90]	질병을 대비할 수 없습니다.

86 두예는 "대우를 받는 것이 이와 같으니 어찌 재환(災患)이 있을 수 있겠느냐는 말이다. 무녕(無寧)은 곧 녕(寧)과 같다"라 하였다.

87 동제(銅鞮): 두예는 "동제는 진나라의 이궁(離宮)이다"라 하였다. 동제궁은 산서 심현(沁縣) 남쪽 25리 지점에 있다. 심현의 서넘쪽 45리 지점에 동제산이 있는데 일명 자금산(紫金山)이라고 한다. 또한 동제수가 있는데 심현 북쪽에서 나오며 동남쪽으로 흘러 양원현(襄垣縣)을 거쳐 탁장수(濁漳水)로 들어가는데 지금은 탁장서원(濁漳西源)이라고 한다.

88 예인(隸人)의 집에 머문다는 것이다.

89 문이 협소하여 수레가 들어갈 수가 없고, 수레가 또한 담장을 넘어갈 수도 없다는 것으로 사문백의 "문을 높였다"는 말을 반박한 것이다.

90 천려(天厲): 천(天)은 원래 요(夭)로 되어 있었는데, 여기서는 『교감기』에서 인용한 진수화(陳樹華)의 설 및 가나자와 문고본(金澤文庫本)을 따라 고쳤다. 두예는 "려(厲)는 재

賓見無時,	빈객을 접견함에 때가 없고
命不可知.[91]	명을 알 수가 없습니다.
若又勿壞,	또한 허물지 않았더라면
是無所藏幣以重罪也.	예물을 놔둘 곳이 없어서 죄가 가중될 것입니다.
敢請執事,[92]	감히 청컨대 집사께서는
將何所命之?	무엇으로 명하시겠습니까?
雖君之有魯喪,	비록 임금님께서 노나라의 상을 당하셨지만
亦敝邑之憂也.	또한 우리나라의 슬픔이기도 합니다.
若獲薦幣,[93]	만약 예물을 바치게 한 후
修垣而行,	담장을 수리하고 가게 한다면
君之惠也,	임금님의 은혜이오니
敢憚勤勞!"	수고로움을 감히 꺼리겠습니까!"
文伯復命.	문백이 복명하니
趙文子曰,	조문자가 말하였다.

(災)와 같으며 물난리가 시도 때도 없음을 말한다"라 하였다. 애공 원년의 『전』에 "天有菑厲"라는 말이 있는데 두예는 "려는 질역(疾疫)이다"라 하여 두 가지 설이 달라 모순을 보이고 있는데 후자의 설이 옳을 것이다. 려(厲)는 곧 려(癘)의 가차자이다.

91 명(命): 진나라 임금의 접견의 명령이다.

92 청(請): 여쭙는 것이다.

93 두예는 "천(薦)은 바치는 것이다"라 하였다.

"信.[94] "실로 그렇다.

我實不德, 내가 실로 부덕하여

而以隷人之垣以贏諸侯,[95] 노예들의 집에 담을 쌓아 제후를 받았으니

是吾罪也." 나의 죄이다."

使士文伯謝不敏焉. 문백으로 하여금 불민함을 사죄하게 하였다.

晉侯見鄭伯, 진후가 정백을 접견하였는데

有加禮,[96] 예를 더하여 주고

厚其宴, 好而歸之.[97] 연회와 좋은 재화를 두터이 하여 돌려보냈다.

乃築諸侯之館. 이에 제후의 빈관을 짓게 하였다.

叔向曰, 숙상이 말하였다.

"辭之不可以已也如是夫! "사령을 그만둘 수 없음이 이와 같습니다!

子産有辭, 자산이 말을 하면

諸侯賴之,[98] 제후들이 그 덕을 보니

---

94 두예는 "실로 자산의 말과 같다는 것이다"라 하였다.

95 영(贏): 두예는 "영(贏)은 받는 것이다"라 하였다.

96 두예는 "정해진 예에 공경함을 더한 것이다"라 하였다.

97 후기연호(厚其宴好): 곧 희공 29년 『전』의 "연회에 상등의 예물을 더하였다(加燕好)"라 한 것이다. 연(燕)은 연례(燕禮)이고, 호(好)는 좋은 재화이다. 연(燕)은 연(宴)과 같다.

98 뢰(賴): 이롭게 하는 것이다. 제후 또한 그 이익을 얻는다는 것이다.

若之何其釋辭也?[99]	그 어찌 사령을 버리겠습니까?
詩曰'辭之輯矣,	『시』에서 말하기를 '말이 부드러우면
民之協矣;	백성들이 융화되고,
辭之繹矣,	말이 기꺼우면
民之莫矣.'[100]	백성들이 안정되네'라 하였으니
其知之矣."	그는 이를 안 것입니다."
鄭子皮使印段如楚,	정나라 자피가 인단을 초나라로 보내
以適晉告,	진나라에 간 이유를 알렸는데
禮也.[101]	예에 맞았다.
莒犂比公生去疾及展輿.[102]	거나라의 이비공이 거질 및 전여를 낳았다.

99 석(釋): 버리는 것이다.

100 두예는 "『시·대아(大雅)』이다. 언사가 화목하면 백성들이 협동하고, 언사가 기쁘면 백성들이 안정된다는 것이다. 막(莫)은 정(定)과 같다"라 하였다. 『시경·대아·판(大雅·板)』의 구절이다. 지금 판본에는 "협(協)"이 "흡(洽)"으로 되어 있으며, 『열녀전』에는 『좌전』과 같이 인용하였다. "역(繹)"은 "역(懌)"으로 되어 있으며 『석문(釋文)』과 『설문(說文)』은 『좌전』과 같다. 곧 금본 『시경』은 대개 다른 판본을 따른 것 같다. 역(繹)은 조리가 창달하다는 것으로 해석할 수 있다. 역(懌)은 마음이 기뻐서 진심으로 복종하는 것이다.

101 두예는 "대국을 섬기는 예를 얻은 것이다"라 하였다. 『전』에서 인단이 초나라에 간 것은 진나라에 간 것을 알린 것이라고 한 것은 송나라의 맹약에서 서로 조현하기로 한 것 때문이다. 그러므로 "대국을 섬기는 예를 얻은 것이다"라 하였다. 진나라에 간 일은 위의 『전』에 보인다.

旣立展輿,[103]	이미 전여를 세웠다가
又廢之.	또 그를 폐하였다.
犂比公虐,	이비공은 모질어서
國人患之.	백성들이 근심하였다.
十一月,	11월에
展輿因國人以攻莒子,[104]	전여가 백성들에 의지하여 거자를 공격하여
弑之,	죽이고
乃立.[105]	즉위하였다.
去疾奔齊,	거질은 제나라로 달아났는데
齊出也.[106]	제나라 여인에게서 났기 때문이다.
展輿,	전여는
吳出也.[107]	오나라 여인에게서 났다.
書曰"莒人弑其君買朱鉏",	"거나라 사람이 그 임금 매주서를 죽였다"라 기록한 것은
言罪之在也.[108]	죄가 그에게 있음을 말한 것이다.

102 두예는 "이비는 거자(莒子) 밀주(密州)의 호이다"라 하였다.

103 두예는 "세자로 세운 것이다"라 하였다.

104 인(因): 『논어·학이(學而)』편의 "그 친할 만한 사람을 잃지 않음을 믿다(因不失其親)"의 인(因)과 같다. 의지하다[依]의 뜻이다.

105 두예는 "전여가 즉위하여 임금이 된 것이다"라 하였다.

106 두예는 "어머니가 제나라 여인이다"라 하였다.

107 두예는 "이듬해에 오나라로 달아나는 복선이 된다"라 하였다.

吳子使屈孤庸聘于晉,[109] 오자가 굴호용으로 하여금 진나라를 빙문케 하였는데

通路也.[110] 길을 트기 위함이었다.

趙文子問焉, 조문자가 물어서

曰, 말하였다.

"延州來季子其果立乎?[111] "연주래계자가 과연 왕이 될 것인가?

巢隕諸樊,[112] 소에서 제번이 떨어지고

閽戕戴吳,[113] 문지기가 대오를 죽였으니

天似啓之,[114] 하늘이 열어 준 것 같은데

---

108 매주서(買州鉏): 곧 밀주(密州, 『경』의 주를 참고하라)로, 매(買)와 밀(密)은 음이 가까우며 "주서(朱書)"를 급히 읽으면 음이 "주(州)"에 가깝고, "주"를 느리게 읽으면 음이 "주서"에 가깝다.

109 두예는 "호용은 무신(巫臣)의 아들이다. 성공 7년에 오나라에 가서 행인(行人)이 되었다"라 하였다. 성공 7년의 『전』을 참고할 만하다.

110 두예는 "오나라와 진나라의 길을 트는 것이다"라 하였다. 사실은 29년에 계찰(季札)이 이미 진나라로 갔는데, 이번에 또 호용을 오게 한 것은 오나라와 진나라 사이의 왕래를 밀접하게 하기 위해서이다.

111 계자(季子): 곧 계찰이다. 처음에 연릉(延陵)에 봉하여졌기 때문에 「단궁 하」 및 『사기』에서는 자주 연릉계자라고 부르는데 여기서 연(延)이라고 한 것은 생략하여 부른 것이다. 연릉은 지금의 강소 상주시(常州市)이다. 나중에 주래(州來)에 더하여 봉하여졌기 때문에 여기서는 연주래계자라 한 것이다. 주래는 지금의 안휘 봉대현(鳳臺縣)으로 본래는 초나라의 읍이었는데, 성공 7년에 오나라로 편입되었다가 나중에 다시 초나라의 소유가 되기 때문에 소왕 4년에 연단(然丹)이 주래에 성을 쌓는다. 소공 13년 오나라가 주래를 멸하고 나중에 또 초나라가 얻게 되며 애공 2년에 채나라가 주래로 옮긴다.

112 25년 『전』에 제번이 소를 공격하다가 죽었다.

113 대오는 곧 여채(餘祭)인데 문지기에게 피살되었으며, 29년의 『전』에 보인다.

114 계(啓): 은공 원년 『전』의 "모부인이 성문을 열어 주기로 하였다(夫人將啓之)"라 한 계(啓)이며, 계자에게 임금이 되는 문을 열어 주었다는 뜻이다.

何如?”	어떠한가?”
對曰,	대답하였다.
“不立.	“왕이 되지 않을 것입니다.
是二王之命也,[115]	이는 두 왕의 명이지
非啓季子也.	계자에게 열어 준 것은 아닙니다.
若天所啓,	하늘이 열어 준다면
其在今嗣君乎![116]	아마 지금 계승한 임금에 있을 것입니다!
甚德而度.[117]	덕행과 법도가 아주 많습니다.
德不失民,	덕행은 백성을 잃지 않으며
度不失事.	법도는 일을 그르치지 않습니다.
民親而事有序,	백성들이 가까이하고 일에 순서가 있는 것이
其天所啓也.	아마 하늘이 열어 준 것일 것입니다.
有吳國者,	오나라를 가지는 사람은
必此君之子孫實終之.[118]	반드시 이 임금의 자손이 실로 끝을 볼 것입니다.

115 이왕지명(二王之命): 제번과 여채의 죽음을 말한다.

116 두예는 “사군(嗣君)은 이매(夷昧)이다”라 하였다.

117 품덕을 잘 갖추고 있고 행동에는 법도가 있는 것이다.

118 「오세가」에 의하면 오왕 료(吳王僚)는 여매(餘昧)의 아들이며 공자 광〔公子光, 곧 오왕 합려(闔廬)〕은 제번의 아들인데, 공자 광은 요(僚)를 죽이고 스스로 즉위하여 태자 부

季子,	계자는
守節者也.	절조를 지키는 사람입니다.
雖有國,	나라를 갖게 해도
不立."	왕이 되지 않을 것입니다."

十二月,	12월에
北宮文子相衛襄公以如楚,[119]	북궁문자가 위양공을 도와 초나라에 갔는데
宋之盟故也.[120]	송나라의 맹약 때문이었다.
過鄭,	정나라를 지나는데
印段迋勞于棐林,[121]	인단이 비림으로 가서 그들을 위로하였는데

차(夫差)에게 전하여 월나라에게 멸망당한다. 정말 이 설과 같다면 오나라를 끝나게 한 사람은 곧 제번의 자손이며 여매의 자손은 아닌데, 사마천은 아마 잘못된 설에 의거한 것 같다. 「오세가」의 『색은(索隱)』에서는 "여기서는 (광을) 제번의 아들이라고 하였는데 『계본(系本)』[곧 『세본(世本)』으로 당나라 사람이 세(世)자를 피휘(避諱)하였을 것이다]에서는 이매(夷昧)의 아들이라고 하였다"라 하였다. 『좌전』 소공 27년의 공영달의 주석에서도 『세본』을 인용하여 "이매가 광을 낳았다"라 하였으니, 광은 확실히 이매의 아들이지 제번의 아들이 아니다. 공영달은 또 복건의 말을 인용하여 "이매는 광을 낳고 폐하였다. 요는 이매의 서형이다. 이매가 죽자 요가 대신 즉위하였으므로 광이 우리 왕의 계승자다라 하였다"라 하였다. 복건의 설은 곧 양공 29년의 『공양전』을 쓴 것이다. 청나라 이자명(李慈銘)의 『월만당일기(越縵堂日記)』에서도 "합려는 이매의 아들이 틀림없다"라 하였다. 이것이 곧 오나라를 가지는 사람은 이 임금[이매(夷昧)]의 자손이 실로 끝을 볼 것이다라는 것이다.

119 문자(文子): 두예는 "문자는 북궁타(北宮佗)이다. 양공은 헌공(獻公)의 아들이다"라 하였다. 헌공의 죽음과 장례는 『전』에서 모두 말하지 않았으므로 『주』에서 말한 것이다.

120 진나라와 초나라가 서로 찾아보기로 했기 때문이다.

如聘禮而以勞辭.[122] 빙문의 예와 같이 하여 교로(郊勞)의 언사를 썼다.

文子入聘.[123] 문자가 들어와서 빙문하였다.

子羽爲行人,[124] 자우가 행인이 되었고

馮簡子與子大叔逆客.[125] 풍간자와 자태숙이 손님을 맞았다.

事畢而出,[126] 일이 끝나고 나가면서

言於衛侯曰, 위후에게 말하였다.

"鄭有禮, "정나라에는 예가 있어서

其數世之福也, 여러 세대가 복을 누릴 것이니

其無大國之討乎! 아마 대국이 토벌하는 일이 없을 것입니다!

詩云, 『시』에서 말하기를

'誰能執熱, '누가 뜨거운 것 쥐면

逝不以濯.'[127] 씻지 않을 수 있겠는가?'라 하였습니다.

---

121 비림(棐林): 곧 북림(北林)이다. 지금의 신정현(新鄭縣) 북쪽 약 40리 지점에 있다. 그냥 비(棐)라 하기도 한다.

122 의절(儀節)을 빙문의 예와 같이 하여 교로(郊勞)의 언사를 쓴 것이다.

123 두예는 "인단(印段)에게 보답한 것이다"라 하였다.

124 『주례』에 의하면 대행인(大行人)은 대빈(大賓)과 대객(大客)의 예의를 관장하며, 태뢰(太牢) 및 소뢰(小牢), 말먹이와 쌀 등으로 음식을 대접하는 일 등을 총괄한다.

125 두예는 "문자를 맞은 것이다"라 하였다. 『세본(世本)』에서는 "풍씨(馮氏)는 귀성(歸姓)이며, 정나라의 대부 풍간자(馮簡子)의 후손이다"라 하였다.

126 문자가 나간 것이다.

禮之於政,	예는 정치에 있어
如熱之有濯也.	뜨거우면 씻는 것과 같습니다.
濯以救熱,	씻어서 뜨거운 것을 식히니
何患之有?"	무슨 근심이 있겠습니까?"
子産之從政也,	자산이 정치에 종사함에
擇能而使之;	현능한 사람들을 택하여 부렸으니,
馮簡子能斷大事;[128]	풍간자는 대사를 잘 결단하였다.
子大叔美秀而文,[129]	자태숙은 용모가 수려하고 문사가 있었으며
公孫揮能知四國之爲,[130]	공손휘는 사방 제후국의 정령을 잘 알아

---

127 『시경·대아·상유(大雅·桑柔)』의 구절이다. 서(逝)는 어조사로 아무런 뜻이 없다. 단옥재(段玉裁)의 『경운루집·시집열해(經韵樓集·詩執熱解)』에서는 말하였다. "시의 뜻을 살펴보면 집열(執熱)은 촉열(觸熱), 고열(苦熱)과 같다. 탁(濯)은 몸을 씻는 것이다. 탁은 척(滌), 곧 씻는다는 뜻으로 탁발(濯髮)인 목(沐), 탁신(濯身)인 욕(浴), 탁족(濯足)인 세(洗)를 모두 씻는다고 할 수 있다. 이 시는 누가 더위를 괴로워하면서 목욕을 하여 몸을 깨끗이 하여 상쾌해지기를 추구하지 않겠느냐는 것이다"라 하였다.

128 풍간자(馮簡子): 위의 말 역시 풍간자를 말하였다. 간자(簡子)는 시호인 것 같으며 이 사람은 다시는 안 보이기 때문에 이름과 자는 알지 못한다.

129 미수(美秀): 외모와 행동거지를 말한다.
문(文): 전장제도와 시악(詩樂)에 익숙하다는 것을 말하며, 자범(子犯)이 말하기를 "저는 조최의 문사만 못합니다(吾不如衰之文也)"라 한 것(희공 23년)이 바로 이 문(文)자의 뜻이다. 『설원·정리(政理)』편에는 "결단을 하는데 뛰어났고 문사가 있었다(善決而文)"라 하였다.

130 사국(四國): 사방의 제후를 말한다. 위(爲)는 정령(政令)이다.

而辨於其大夫之族姓, 班位, 貴賤, 能否,[131]	각국 대부의 성씨, 서열과 작위, 귀천과 재능의 유무에 환하였고
而又善爲辭令.	또한 사령을 짓는 데 뛰어났다.
裨諶能謀,	비심은 계책에 뛰어났는데
謀於野則獲,	들판에서 계책을 세우면 타당함을 얻었고
謀於邑則否.[132]	읍에서 계책을 세우면 그렇지 못했다.
鄭國將有諸侯之事,	정나라에 제후의 일이 있을 것 같으면
子產乃問四國之爲於子羽,	자산이 이에 자우에게 사방의 나라에서 한 일을 묻고
且使多爲辭令;	또한 사령을 많이 짓게 하였다.
與裨諶乘以適野,	비심과는 수레를 타고 들판으로 가서
使謀可否;	가부를 모의하게 했다.

131 변(辨): 『순자·부국(富國)』편의 주석에서 "밝게 살피는 것이다"라 하였다.
족성(族姓): 성씨(姓氏)이다. 소공 30년 『전』의 "우리 성씨를 편안하게 하였다(而寧吾族姓)"와 『상서·여형(呂刑)』의 "공경하시오, 백관의 우두머리와 족성을(敬之哉官伯族姓)"이라 한 것이 모두 족(族)과 성(姓)을 붙여서 말한 것이다.

132 획(獲): 그 타당함을 얻는 것이다. 부(否)는 얻지 못하는 것이다.

而告馮簡子使斷之.	그리고 풍간자에게 알리어 판단하게 하였다.
事成,	일이 이루어지면
乃授子大叔使行之,	이에 자태숙에게 주어 행하게 하여
以應對賓客,	빈객들을 응대하게 하니
是以鮮有敗事.	이런 까닭에 일을 그르침이 거의 없었다.
北宮文子所謂有禮也.[133]	이것이 북궁문자가 이른바 예가 있다고 한 것이다.

鄭人游于鄕校,[134]	정나라 사람이 향교에서 놀면서
以論執政.	집정에 대하여 논하였다.
然明謂子產曰,	연명이 자산에게 말하였다.
"毁鄕校如何?"	"향교를 허는 것이 어떻겠습니까?"
子產曰,	자산이 말하였다.

---

133 『설원·정리(政理)』편은 이 말을 따랐으나 조금 다르다. 『논어·헌문(憲問)』편에서는 "사명(辭命: 외교문서)을 만들 때는 비심이 초하고, 세숙(世叔)이 토론하였으며 행인인 자우가 수식을 하고, 동리(東里)의 자산이 윤색을 하였다"라 하여 『전』과 다르다.

134 향교(鄕校): 두예는 "향리의 학교이다"라 하였다. 『맹자·등문공 상』에서는 "상(庠)과 서(序), 학(學), 교(校)를 만들어 가르쳤다"라 하였으니, 국학(國學, 지금의 대학(大學))은 천자에게만 있었으며 제후에게는 상(庠), 서(序), 교(校)만 있었을 따름이다. 정나라의 학교는 향교라 하였다. 『맹자』에서는 "하(夏)나라는 교(校)라 하였다"라 하였는데 꼭 이렇지는 않을 것이다.

"何爲?	"무엇 때문에 그러는가?
夫人朝夕退而游焉,	사람들이 아침저녁으로 물러나 그곳에서 쉬면서
以議執政之善否.	집정의 좋고 나쁨을 의논하오.
其所善者,	그 훌륭하게 여긴 것을
吾則行之;	내 행할 것이요,
其所惡者,	좋지 않게 여긴 것을
吾則改之,	내 고칠 것이니
是吾師也.	나의 스승이오.
若之何毁之?	그러니 어찌 그것을 허물겠소?
我聞忠善以損怨,	내 훌륭한 일을 충실히 하여 원망을 던다는 말은 들었어도
不聞作威以防怨.	위압적인 행동을 하여 원망을 막는다는 말은 못 들었소.
豈不遽止?[135]	갑자기 막는 것이야 어찌 못하겠소?
然猶防川.	그러나 내를 막는 것과 같소.
大決所犯,	크게 터져 범하면
傷人必多,[136]	다치는 사람이 반드시 많을 것이니

135 위압적으로 원망을 막으면 원망이 급히 그치게 될 것이라는 말이다.
136 냇물의 입구를 크게 터뜨리면 범하는 것이 크다는 말이다.

吾不克救也.	내 구원해 줄 수 없소.
不如小決使道,[137]	작게 터뜨려 이끌게 함만 못하고
不如吾聞而藥之也."[138]	내가 들어서 약으로 삼음만 못하오."
然明曰,	연명이 말하였다.
"蔑也今而後知吾子之信可事也.	"제가 지금에야 그대가 실로 일을 하실 만한 분임을 알았습니다.
小人實不才,	소인은 실로 재주가 없사오니
若果行此,	과연 이를 행하기만 하면
其鄭國實賴之,	정나라가 그에 힘입음이
豈唯二三臣?"[139]	어찌 다만 두세 신하뿐이겠습니까?"
仲尼聞是語也,	중니가 이 말을 듣고
曰,	말하였다.
"以是觀之,	"이로써 살펴보건대
人謂子産不仁,	사람들이 자신을 어질지 않다고 한다면
吾不信也."[140]	내 믿지 않을 것이다."

137 도(道): 도(導)와 같다. 인도하여 흐르게 하는 것이다. 「국어」 위소(韋昭)의 주석에서는 "도는 통하게 하는 것이다"라 하였는데 또한 옳다.

138 약(藥): 두예는 "자기의 약석(藥石)으로 삼는 것이다"라 하였다. 약(藥)은 료(療)의 가차자이다. 『설문(說文)』에서는 다스리는 것(治)이라고 하였다.

139 『신서·잡사(雜事) 4』에서는 『전』을 따와서 자구를 약간 고쳤다.

140 공자는 이때 겨우 열한 살이었으니 나중에 듣고 이렇게 논하였을 것이다.

子皮欲使尹何爲邑.[141]	자피가 윤하를 읍재로 삼으려고 하였다.
子産曰,	자산이 말하였다.
"少,	"어려서
未知可否."[142]	가부를 알지 못합니다."
子皮曰,	자피가 말하였다.
"愿,[143]	"성실한 데다가
吾愛之,	내 그를 아끼니
不吾叛也.	나를 배반하지 않을 것입니다.
使夫往而學焉,[144]	그를 보내어 배우게 하면
夫亦愈知治矣."	또한 갈수록 다스리는 것을 알게 될 것입니다."
子産曰,	자산이 말하였다.
"不可.	"아니 되오.
人之愛人,	사람이 사람을 아끼는 것은
求利之也.	이롭게 해줌을 구하는 것입니다.

141 윤하(尹何): 자피의 직속 신하이다.
위읍(爲邑): 가읍(家邑)의 재(宰)이다.
142 두예는 "윤하의 나이가 어린 것이다"라 하였다.
143 원(愿): 두예는 "삼가고 선량한 것이다"라 하였다.
144 부(夫): 두예는 "부는 윤하를 이른다"라 하였다.

今吾子愛人則以政,[145]	지금 그대가 사람을 아껴 정치를 맡기려 하니
猶未能操刀而使割也,	칼을 잡을 줄도 모르는데 자르게 하는 것과 같아
其傷實多.[146]	다치는 것이 실로 많을 것입니다.
子之愛人,	그대가 남을 아낀다는 것은
傷之而已,	그를 상하게 할 뿐이니
其誰敢求愛於子?	누가 감히 그대의 사랑을 받기를 추구하겠습니까?
子於鄭國,	그대는 정나라의
棟也.	동량입니다.
棟折榱崩,	동량이 꺾이고 서까래가 무너지면
僑將厭焉,[147]	제가 깔리게 될 터인즉
敢不盡言?	감히 다 말하지 않겠습니까?
子有美錦,[148]	그대에게 아름다운 비단이 있다면
不使人學製焉.[149]	남들로 하여금 마름질을 배우게 하지 않을 것입니다.

145 두예는 "정사를 그에게 주는 것이다"라 하였다.

146 두예는 "자신이 다치는 것이 많은 것이다"라 하였다.

147 압(厭): 압(壓)과 같다. 자산이 정사를 돌보지만 실은 자피에 의해 결정된다. 자피가 실패하면 자산 또한 반드시 그 영향을 받게 될 것이므로 나도 깔리게 될 것이라고 한 것이다.

148 금(錦): 채색의 꽃무늬가 있는 비단.

大官, 大邑,	대관과 대읍은
身之所庇也,[150]	몸을 가려 주는 것인데
而使學者製焉,	배우는 자로 하여금 재단하게 하니
其爲美錦不亦多乎?[151]	아름다운 비단을 생각함이 또한 더욱 많음이 아니겠습니까?
僑聞學而後入政,[152]	저는 배운 후에 정치에 종사한다는 말은 들었어도
未聞以政學者也.[153]	정치를 가지고 배운다는 것은 아직 듣지 못하였습니다.
若果行此,	실로 이를 행한다면
必有所害.	반드시 해가 있을 것입니다.
譬如田獵,	사냥을 예로 들자면
射御貫,	활을 쏘면서 수레를 모는 데 익숙하면
則能獲禽,[154]	짐승을 잡을 수 있지만

149 재봉사가 아닌 사람에게 아름다운 비단을 주고 재단하는 법을 배우게 하지 않는 것이다.

150 읍재(邑宰)는 자피씨의 대관이고, 자파는 그 비호를 받는다는 것이다.

151 대관 대읍이 아름다운 비단에 있어 실로 천만 필의 아름다운 비단으로도 견주기 어렵다는 것이다.

152 곧 『논어·자장(子張)』편의 "학문을 하고 여가가 있으면 벼슬을 한다(學而優則仕)"는 뜻이다.

153 『논어·선진(先進)』편에 "자로가 자고로 하여금 비땅의 읍재가 되게 하였다. 공자가 말씀하시기를 '남의 아들을 해치는구나'라 하였다(子路使子羔爲費宰. 子曰, 賊夫人之子)"는 말이 있는데 또한 이 뜻이다.

154 관(貫): 『이아·석고(釋詁)』에서는 "관은 익숙한 것(習)이다"라 하였다. 지금은 관(慣)이

若未嘗登車射御,	수레에 타본 적도 없으면서 활을 쏘고 수레를 몬다면
則敗績厭覆是懼,	전복되어 깔릴 것이나 겁낼 것이니
何暇思獲?”[155]	어느 겨를에 잡을 생각이나 하겠습니까?”
子皮曰,	자피가 말하였다.
“善哉!	“훌륭하오!
虎不敏.	내가 불민하였소.
吾聞君子務知大者, 遠者,	내가 듣건대 군자는 원대한 것을 알기를 힘쓰고
小人務知小者, 近者.	소인은 비근한 것을 알기를 힘쓴다 하오.
我,	나는
小人也.	소인이올시다.
衣服附在吾身,	의복이 내 몸에 붙어 있으면
我知而愼之;[156]	내 그것을 알고 삼가는데,

라고 한다.
금(禽): 금(擒)과 같다. 또한 명사로도 쓰일 수 있다. 『설문(說文)』에서는 “금은 달리는 짐승을 통틀어 부르는 것이다”라 하였다. 『이아』에서는 새를 금(禽)이라 하였다. 이 금 자는 조수를 통틀어 일컫는다.

155 수레에 오른 적이 없는데 수레를 타고 짐승을 사냥하면 수레가 전복되어 사람이 깔릴까 봐 미처 짐승을 잡을 마음이 생기지 않는다는 것이다.

156 아름다운 비단을 배우는 사람에게 재단하지 않게 하겠다는 것이다.

大官, 大邑所以庇身也,	대관 대읍이 몸을 가려 주는데도
我遠而慢之.[157]	내 멀리하고 태만히 하였소.
微子之言,	그대의 말이 아니었던들
吾不知也.	나는 몰랐을 것입니다.
他日我曰,	전에 내 말하기를
子爲鄭國,	그대는 정나라를 다스리고
我爲吾家,[158]	나는 내 집이나 다스려
以庇焉,	덮어 주면
其可也.	옳을 것이라 하였소.
今而後知不足.	지금에야 부족함을 알았소이다.
自今請,	지금부터 청컨대
雖吾家,	비록 내 집안일이라도
聽子而行."	그대의 말을 따라 행하겠소."
子産曰,	자산이 말하였다.
"人心之不同如其面焉,	"사람의 마음이 다름이 그 얼굴과 같으니

157 만(慢): 두예는 "만은 쉽게 생각하는 것이다"라 하였다. 은공 3년 『공양전』에 "장례를 경솔히 한 것이다(慢葬也)"라는 말이 있는데 하휴(何休)는 "만은 가벼이 여긴 것이다"라 하였다. 만에는 경시하다의 뜻이 있다.

158 위(爲): 다스리다.

吾豈敢謂子面如吾面乎? 제가 어찌 감히 그대의 얼굴이 제 얼굴과 같다고 하겠습니까?

抑心所謂危,[159] 그러나 마음이 이른바 위태로운 것은

亦以告也." 또한 알려 드리겠습니다."

子皮以爲忠, 자피는 충성스럽게 여겨

故委政焉, 그에게 정치를 맡겼으며

子産是以能爲鄭國. 자산은 이로써 정나라를 잘 다스릴 수 있었다.

衛侯在楚, 위후가 초나라에 있을 때

北宮文子見令尹圍之威儀,[160] 북궁문자가 영윤 위의 태도를 보고

言於衛侯曰, 위후에게 말하였다.

"令尹似君矣,[161] "영윤이 이미 임금처럼 구니

---

159 억(抑): 역접의 접속사. 그러나.

160 왕념손(王念孫)은 "위(威)"자는 연문이라 하였으며, 의(儀)는 용의(容儀)이다. 『한서·오행지』에서 이 말을 인용하였는데 "위(威)"자가 없다.

161 사군(似君): 공영달은 "영윤의 위의가 이미 국왕의 모습인 것을 말한다"라 하였다. 유월(兪樾)의 『다향실경설(茶香室經說)』에서는 이 설을 극력 주장하고 또한 공영달이 본 판본에는 아마 "已君矣"로 되어 있었을 것이라고 하였다. 그러나 공영달은 또 복건의 말을 인용하여 본래 "以君"으로 되어 있었을 것이라고 하였는데, "以"와 "似"는 고서에서 많이 혼동하였으니 「노어 하」에는 "오히려 임금 같다(抑君也)"는 말이 있는데 위소는 "임금과 같은 것이다(似君也)"라 하였으니 아마 위소도 『좌전』에 의거하여 "사(似)"라 하였을 것이다. 이를테면 『사기·고조본기』에 "조금 전에 부인과 아이들을 보았더니 모두 당신을 닮았습니다"(鄕者夫人嬰兒皆似君)라는 말이 있는데 『한서·고제기』에는 "鄕者夫人兒子皆以君"으로 되어 있다. 『주역·명이·단사(明夷·彖辭)』에는 "문왕이 이것을 사용하였다(文王以之)", "기자가 이것을 사용하였다(箕子以之)"라는 말이 있는데, 『석

將有他志.[162]	딴 뜻을 품을 것입니다.
雖獲其志,	그 뜻을 얻는다 하더라도
不能終也.	끝이 좋을 수 없을 것입니다.
詩云,	『시』에서 말하기를
'靡不有初,	'시작이 없지 않으나
鮮克有終.'[163]	끝까지 좋은 수는 드물다네'라 하였습니다.
終之實難,	잘 끝맺기가 실로 어려우니
令尹其將不免."	영윤은 아마 면하지 못할 것입니다."
公曰,	공이 말하였다.
"子何以知之?"	"그대가 어떻게 그것을 아는가?"
對曰,	대답하였다.
"詩云,	"『시』에서 말하기를

문(釋文)』에서는 "'이(以)'는 순본(荀本)과 상본(向本)에는 모두 '似'로 되어 있다" 한 것으로 알 수 있다. 여기서도 마땅히 "이(以)"가 되어야 한다. 이(以)는 이(已)와 통하는데 『사기·유후세가』의 "은나라 치는 일이 이미 끝났다(殷事以畢)"의 이(以)도 이(已)의 뜻이다. 「진어 4」의 "그것을 들은 사람은 내가 이미 없앴습니다(吾以除之)"의 이(以)도 이(已)의 뜻으로 쓰였으니, 곧 『좌전』 희공 23년의 "그것을 들은 사람을 제가 죽였사옵니다(其聞之者, 吾殺之矣)"라는 것이다. 『장자·지북유(知北游)』편의 "편연히 예로부터 이미 실로 있었다(以固存)"과 "성인이 이미 그것을 잘랐다(以斷之)"도 모두 이(以)자의 뜻이다. 그 예가 아직도 많이 있지만 다 들지는 않는다. 이 "令尹已君矣"는 공영달의 주석〔소(疏)〕에서 해석한 것과 같이 "이미 국왕의 모습을 하고 있다"는 것이다.

162 의절(儀節)이 초왕과 같으니 왕을 죽이고 그를 대신하지 않으면 안 될 것이라는 것이다.

163 『시경·대아·탕(大雅·蕩)』편의 구절이다.

‘敬愼威儀,
‘위의 공경하고 삼가야,

惟民之則.’[164]
백성들 본받는다네’라 하였습니다.

令尹無威儀,
영윤은 위의가 없으니

民無則焉.
백성들이 본받지 않을 것입니다.

民所不則,
백성들이 본받지 않는 사람이

以在民上,
백성의 위에 있으니

不可以終.”
끝이 좋을 수 없을 것입니다.”

公曰,
공이 말하였다.

“善哉!
“훌륭하도다!

何謂威儀?”
무엇을 위의라 하는가?”

對曰,
대답하여 말했다.

“有威而可畏謂之威,
“위엄이 있어서 두려워하게 할 만한 것을 위라 하고

有儀而可象謂之儀.[165]
의표가 있어서 본받게 할 만한 것을 의라 합니다.

君有君之威儀,
임금에게 임금의 위의가 있으면

---

164 『시경 · 대아 · 억(大雅 · 抑)』편의 구절이다. 지금의 판본에는 “유(惟)”가 “유(維)”로 되어 있다.

165 이 의(儀)자는 위에서 말한 “영윤 위의 태도를 보고(見令尹圍之儀)”의 의(儀)와는 내포된 뜻이 다르다. 영윤 위의 태도라는 것은 그가 의식 등을 행하는 것을 가리켜 말하였으며, 『시』 및 이곳의 의(儀)는 그 의용(儀容)과 행동거지, 언어를 우러러 보는 것을 가리켜 말한 것이다.

其臣畏而愛之,	그 신하들이 두려워하면서도 사랑하게 되니
則而象之,	본받을 것이고
故能有其國家,	그리하여 그 나라를 가질 수가 있어
令聞長世.	명성이 오랜 세월 들리게 하는 것입니다.
臣有臣之威儀,	신하에게는 신하의 위의가 있으면
其下畏而愛之,	그 수하가 두려워하면서도 사랑하므로
故能守其官職,	그 관직을 지킬 수 있고
保族宜家.	일족을 보호하고 집안을 화목하게 하는 것입니다.
順是以下皆如是,	이를 따르면 그 아래로는 모두 이와 같으니
是以上下能相固也.	이 때문에 상하가 서로 든든해질 수 있습니다.
衛詩曰,	「위시」에서 말하기를
'威儀棣棣,	'의젓한 그 용모
不可選也',[166]	칠 것도 없다네'라 하였으니

166 『시경·패풍·백주(邶風·柏舟)』의 구절이다. 「패풍(邶風)」과 「용풍(鄘風)」, 「위풍(衛風)」은 모두 「위풍」이라 할 수 있다. 체체(棣棣)는 편안하고 화락한 모양. 선(選)은 산(算), 수(數), 곧 치다, 헤아리다의 뜻. 위의가 많아서 헤아릴 수도 없다는 것을 말한다.

言君臣, 上下, 父子, 兄弟, 內外, 大小皆有威儀也. 임금과 신하, 상하, 부자, 형제, 내외, 대소 간에 모두 위의가 있음을 말한 것입니다.

周詩曰, 「주시」에서 말하기를

'朋友攸攝, '벗들도 서로 도우니

攝以威儀',[167] 위의로 도왔다네'라 하였으니

言朋友之道必相敎訓以威儀也. 붕우의 도도 반드시 위의로 서로 교훈을 주었다는 것을 말합니다.

周書數文王之德,[168] 『주서』에서는 문왕의 덕을 열거하여

曰'大國畏其力, 말하기를 '대국은 그 힘을 두려워하고

小國懷其德',[169] 소국은 그 덕을 그리워한다'라 하였으니

言畏而愛之也. 두려워하면서 사랑한다는 것을 말하였습니다.

詩云'不識不知, 『시』에서 말하기를 '부지불식중에

順帝之則',[170] 천제의 법칙 따른다네'라 하였으니

---

167 두예는 "『시경·대아(大雅)』이다. 유(攸)는 소(所)의 뜻이다. 섭(攝)은 돕는 것이다." 이 구절은 『시경·대아·기취(大雅·旣醉)』편에 보인다. 시의 뜻은 붕우 간에 도움이 되는 것은 위의로 한다는 것이다.

168 두예는 "『일서(逸書)』이다"라 하였다.

169 『위고문상서』에는 「무성(武成)」편에 집어넣었다.

言則而象之也.	그것을 본받았다는 것을 말한 것입니다.
紂囚文王七年,[171]	주가 문왕을 7년간 가두자
諸侯皆從之囚,	제후들이 모두 좇아서 갇혔고
紂於是乎懼而歸之,	주는 이에 두려워서 보내 주니
可謂愛之.	사랑하였다고 할 만합니다.
文王伐崇,	문왕이 숭나라를 칠 때
再駕而降爲臣,[172]	두 번 출병하여 항복시켜 신하가 되게 하자
蠻夷帥服,	만이들이 잇달아 복종을 하니
可謂畏之.	두려워했다고 할 만합니다.
文王之功,	문왕의 공은
天下誦而歌舞之,	천하에서 찬송하고 노래하고 춤추니
可謂則之.	준칙으로 삼았다 할 수 있습니다.

---

170 『시경·대아·황의(大雅·皇矣)』편의 구절이다. 두예는 "또한 문왕이 일을 행함에 생각대로 한 것이 없었고 다만 하늘을 본받는 데 있었다는 것을 말한다"라 하였다.

171 금본 『죽서기년(竹書紀年)』에서는 주(紂)가 "23년에 서백(西伯)을 유리(羑里)에 감금하고, 29년에 서백을 풀어 주니 제후들이 서백을 맞아 정(程)으로 돌아갔다"라 하였다. 전한(前漢) 때 가의(賈誼)의 『신서(新書)』에서도 "문왕은 유리에 구속되었다가 7년 후에 벗어나게 되었다"라 하였다. 그러나 『상서대전』, 『사기·주본기』 및 「제세가」, 『회남자』등의 책에서 말한 것은 모두 7년이 되지 않는다 하였으니 또한 제후들이 그를 좇은 일은 없는 것이다.

172 희공 19년의 『전』과 『주』에 상세하다. 이 구절은 "降之爲臣" 곧 숭나라로 하여금 항복시켜 신하가 되게 하였다로 읽어야 한다. 여기서는 목적어를 생략한 것이다.

文王之行,	문왕의 행적은
至今爲法,	지금껏 법도로 삼으니
可謂象之.	본받았다고 할 수 있습니다.
有威儀也.	위의가 있기 때문입니다.
故君子在位可畏,	그러므로 군자는 재위에 있으면 두렵게 할 만하고
施舍可愛,[173]	베풀어 내리면 사랑스럽고
進退可度,[174]	나아가고 물러남에 법도가 있으며
周旋可則,	주선에는 준칙이 있고
容止可觀,	형용과 거지에는 볼 만한 것이 있게 하며
作事可法,	일을 함은 본받게 할 만한 것이 있고
德行可象,	덕행은 본받을 만하게 하고
聲氣可樂;	목소리와 기는 즐겁게 할 만하고
動作有文,	동작에는 문채가 있으며
言語有章,[175]	언어에는 조리가 있어서
以臨其下,	아래 사람들에게 임하니

173 소공 30년『전』에 "베풀어 내려 줌에 게으름이 없다(施舍不倦)"는 말이 있는데 이곳의 시사(施舍)와 함께 모두 베풀어 내려 준다는 뜻이다.

174 가도(可度): 도(度)는『설문(說文)』에서는 "법제(法制)이다"라 하였다. 가도는 곧 가법(可法)으로 가칙(加則)과 같은 뜻이다.

175 유장(有章): 지금의 말로 조리(條理)가 있는 것과 같다.

謂之有威儀也."[176]

위의가 있다고 하는 것이다."

176 가의의 『신서·용경(容經)』편에도 이 비슷한 말이 있는데, 아마 『전』에 근거하여 약간 변화시켰을 것이다.